J. von Staudingers
Kommentar zum Bürgerlichen Gesetzbuch
mit Einführungsgesetz und Nebengesetzen
Buch 5 · Erbrecht
§§ 1967–2063
(Rechtsstellung des Erben)

Kommentatorinnen und Kommentatoren

Dr. Karl-Dieter Albrecht
Vorsitzender Richter am Bayerischen Verwaltungsgerichtshof a. D., München

Dr. Christoph Althammer
Professor an der Universität Regensburg

Dr. Georg Annuß, LL.M.
Rechtsanwalt in München, Außerplanmäßiger Professor an der Universität Regensburg

Dr. Christian Armbrüster
Professor an der Freien Universität Berlin, Richter am Kammergericht a. D.

Dr. Arnd Arnold
Professor an der Universität Trier, Dipl.-Volksw.

Dr. Markus Artz
Professor an der Universität Bielefeld

Dr. Marietta Auer, S.J.D.
Professorin an der Universität Gießen

Dr. Martin Avenarius
Professor an der Universität zu Köln

Dr. Ivo Bach
Professor an der Universität Göttingen

Dr. Christian Baldus
Professor an der Universität Heidelberg

Dr. Wolfgang Baumann
Notar in Wuppertal, Professor an der Bergischen Universität Wuppertal

Dr. Winfried Bausback
Professor a. D. an der Bergischen Universität Wuppertal, bayerischer Staatsminister der Justiz a. D., Mitglied des Bayerischen Landtags

Dr. Roland Michael Beckmann
Professor an der Universität des Saarlandes, Saarbrücken

Dr. Dr. h. c. Detlev W. Belling, M.C.L.
Professor an der Universität Potsdam

Dr. Andreas Bergmann
Professor an der Fernuniversität Hagen

Dr. Falk Bernau
Richter am Bundesgerichtshof, Karlsruhe

Dr. Marcus Bieder
Professor an der Universität Osnabrück

Dr. Werner Bienwald
Professor an der Evangelischen Fachhochschule Hannover, Rechtsanwalt in Oldenburg

Dr. Tom Billing
Rechtsanwalt in Berlin

Dr. Eike Bleckwenn
Rechtsanwalt in Hannover

Dr. Reinhard Bork
Professor an der Universität Hamburg

Dr. Wolfgang Breyer
Rechtsanwalt in Stuttgart

Dr. Jan Busche
Professor an der Universität Düsseldorf

Dr. Georg Caspers
Professor an der Universität Erlangen-Nürnberg

Dr. Dr. h. c. Tiziana Chiusi
Professorin an der Universität des Saarlandes, Saarbrücken

Dr. Michael Coester, LL.M.
Professor an der Universität München

Dr. Dr. h. c. Dagmar Coester-Waltjen, LL.M.
Professorin an der Universität Göttingen

Dr. Thomas Diehn
Notar in Hamburg

Dr. Katrin Dobler
Richterin am Oberlandesgericht Stuttgart

Dr. Heinrich Dörner
Professor an der Universität Münster

Dr. Werner Dürbeck
Richter am Oberlandesgericht Frankfurt a. M.

Dr. Anatol Dutta, M. Jur.
Professor an der Universität München

Dr. Christina Eberl-Borges
Professorin an der Universität Mainz

Dr. Dres. h. c. Werner F. Ebke, LL.M.
Professor an der Universität Heidelberg

Dr. Jan Eickelberg, LL.M.
Professor an der Hochschule für Wirtschaft und Recht, Berlin

Jost Emmerich
Richter am AG München

Dr. Volker Emmerich
Professor an der Universität Bayreuth, Richter am Oberlandesgericht Nürnberg a. D.

Dipl.-Kfm. Dr. Norbert Engel
Ministerialdirigent a. D., Rechtsanwalt in Erfurt

Dr. Cornelia Feldmann
Rechtsanwältin in Freiburg i. Br.

Dr. Matthias Fervers
Akad. Rat a. Z. an der Universität München

Dr. Timo Fest, LL.M.
Professor an der Universität zu Kiel

Dr. Karl-Heinz Fezer
Professor an der Universität Konstanz, Honorarprofessor an der Universität Leipzig, Richter am Oberlandesgericht Stuttgart a. D.

Dr. Philipp S. Fischinger, LL.M.
Professor an der Universität Mannheim

Dr. Holger Fleischer
Professor am Max-Planck-Institut für ausländisches und internationales Privatrecht, Hamburg

Dr. Robert Freitag, Maître en droit
Professor an der Universität Erlangen-Nürnberg

Dr. Jörg Fritzsche
Professor an der Universität Regensburg

Dr. Tobias Fröschle
Professor an der Universität Siegen

Dr. Susanne Lilian Gössl, LL.M.
Akad. Rätin a. Z. an der Universität Bonn

Dr. Beate Gsell, Maître en droit
Professorin an der Universität München, Richterin am Oberlandesgericht München

Dr. Karl-Heinz Gursky
Professor an der Universität Osnabrück

Dr. Thomas Gutmann, M. A.
Professor an der Universität Münster

Dr. Martin Gutzeit
Professor an der Universität Gießen

Dr. Martin Häublein
Professor an der Universität Innsbruck

Dr. Johannes Hager
Professor an der Universität München

Dr. Felix Hartmann, LL.M.
Professor an der Freien Universität Berlin

Dr. Wolfgang Hau
Professor an der Universität München

Dr. Rainer Hausmann
Professor an der Universität Konstanz

Dr. Stefan Heilmann
Vorsitzender Richter am Oberlandesgericht Frankfurt, Honorarprofessor an der Frankfurt University of Applied Sciences

Dr. Jan von Hein
Professor an der Universität Freiburg i. Br.

Dr. Christian Heinze
Professor an der Universität Hannover

Dr. Stefan Heinze
Notar in Köln

Dr. Tobias Helms
Professor an der Universität Marburg

Dr. Dr. h. c. mult. Dieter Henrich
Professor an der Universität Regensburg

Dr. Carsten Herresthal, LL.M.
Professor an der Universität Regensburg

Christian Hertel, LL.M.
Notar in Weilheim i. OB.

Dr. Stephanie Herzog
Rechtsanwältin in Würselen

Joseph Hönle
Notar in München

Dr. Ulrich Hönle
Notar in Waldmünchen

Dr. Clemens Höpfner
Professor an der Universität Münster

Dr. Bernd von Hoffmann †
Professor an der Universität Trier

Dr. Dr. h. c. Heinrich Honsell
Professor an der Universität Zürich, Honorarprofessor an der Universität Salzburg

Dr. Norbert Horn
Professor an der Universität zu Köln, Vorstand des Arbitration Documentation and Information Center e.V., Köln

Dr. Rainer Hüttemann
Professor an der Universität Bonn

Dr. Martin Illmer, MJur
Richter am Landgericht Hamburg, Privatdozent an der Bucerius Law School

Dr. Florian Jacoby
Professor an der Universität Bielefeld

Dr. Rainer Jagmann
Vorsitzender Richter am Oberlandesgericht Karlsruhe a. D.

Dr. Ulrich von Jeinsen
Rechtsanwalt und Notar in Hannover, Honorarprofessor an der Universität Hannover

Dr. Joachim Jickeli
Professor an der Universität zu Kiel

Dr. Dagmar Kaiser
Professorin an der Universität Mainz

Dr. Bernd Kannowski
Professor an der Universität Bayreuth

Dr. Rainer Kanzleiter
Notar a. D. in Ulm, Honorarprofessor an der Universität Augsburg

Dr. Christoph A. Kern, LL.M.
Professor an der Universität Heidelberg

Dr. Sibylle Kessal-Wulf
Richterin des Bundesverfassungsgerichts, Karlsruhe

Dr. Christian Kesseler
Notar in Düren, Honorarprofessor an der Universität Trier

Dr. Fabian Klinck
Professor an der Universität Bochum

Dr. Frank Klinkhammer
Richter am Bundesgerichtshof, Karlsruhe, Honorarprofessor an der Universität Marburg

Dr. Steffen Klumpp
Professor an der Universität Erlangen-Nürnberg

Dr. Jürgen Kohler
Professor an der Universität Greifswald

Dr. Sebastian Kolbe
Professor an der Universität Bremen

Dr. Stefan Koos
Professor an der Universität der Bundeswehr München

Dr. Rüdiger Krause
Professor an der Universität Göttingen

Dr. Heinrich Kreuzer
Notar in München

Dr. Lena Kunz, LL.M.
Akad. Mitarbeiterin an der Universität Heidelberg

Dr. Clemens Latzel
Privatdozent an der Universität München

Dr. Arnold Lehmann-Richter
Professor an der Hochschule für Wirtschaft und Recht Berlin

Dr. Saskia Lettmaier
Professorin an der Universität Kiel

Stefan Leupertz
Richter a. D. am Bundesgerichtshof, Honorarprofessor an der TU Dortmund

Dr. Johannes Liebrecht
Professor an der Universität Zürich

Dr. Martin Löhnig
Professor an der Universität Regensburg

Dr. Dr. h. c. Manfred Löwisch
Professor an der Universität Freiburg i. Br., Rechtsanwalt in Lahr (Schw.), vorm. Richter am Oberlandesgericht Karlsruhe

Dr. Dirk Looschelders
Professor an der Universität Düsseldorf

Dr. Stephan Lorenz
Professor an der Universität München

Dr. Katharina Lugani
Professorin an der Universität Düsseldorf

Dr. Robert Magnus
Professor an der Universität für Wirtschaft und Recht, Wiesbaden

Dr. Ulrich Magnus
Professor an der Universität Hamburg, Affiliate des MPI für ausländisches und internationales Privatrecht, Hamburg, Richter am Hanseatischen Oberlandesgericht zu Hamburg a. D.

Dr. Peter Mankowski
Professor an der Universität Hamburg

Dr. Heinz-Peter Mansel
Professor an der Universität zu Köln

Dr. Peter Marburger †
Professor an der Universität Trier

Dr. Wolfgang Marotzke
Professor an der Universität Tübingen

Dr. Sebastian A. E. Martens
Professor an der Universität Passau

Dr. Dr. Dr. h. c. mult. Michael Martinek, M.C.J.
Professor an der Universität des Saarlandes, Saarbrücken, Honorarprofessor an der Universität Johannesburg, Südafrika

Dr. Annemarie Matusche-Beckmann
Professorin an der Universität des Saarlandes, Saarbrücken

Dr. Gerald Mäsch
Professor an der Universität Münster

Dr. Felix Maultzsch, LL.M.
Professor an der Universität Frankfurt a. M.

Dr. Jörg Mayer †
Honorarprofessor an der Universität Erlangen-Nürnberg, Notar in Simbach am Inn

Dr. Dr. Detlef Merten
Professor an der Deutschen Universität für Verwaltungswissenschaften Speyer

Dr. Tanja Mešina
Staatsanwältin, Stuttgart

Dr. Rudolf Meyer-Pritzl
Professor an der Universität zu Kiel, Richter am Schleswig-Holsteinischen Oberlandesgericht in Schleswig

Dr. Morten Mittelstädt
Notar in Hamburg

Dr. Peter O. Mülbert
Professor an der Universität Mainz

Dr. Dirk Neumann
Vizepräsident des Bundesarbeitsgerichts a. D., Kassel, Präsident des Landesarbeitsgerichts Chemnitz a. D.

Dr. Hans-Heinrich Nöll
Rechtsanwalt in Hamburg

Dr. Jürgen Oechsler
Professor an der Universität Mainz

Dr. Hartmut Oetker
Professor an der Universität zu Kiel, Richter am Thüringer Oberlandesgericht in Jena

Wolfgang Olshausen
Notar a. D. in Rain am Lech

Dr. Dirk Olzen
Professor an der Universität Düsseldorf

Dr. Sebastian Omlor, LL.M., LL.M.
Professor an der Universität Marburg

Dr. Gerhard Otte
Professor an der Universität Bielefeld

Dr. Lore Maria Peschel-Gutzeit
Rechtsanwältin in Berlin, Senatorin für Justiz a. D. in Hamburg und Berlin, Vorsitzende Richterin am Hanseatischen Oberlandesgericht zu Hamburg i. R.

Dr. Frank Peters
Professor an der Universität Hamburg, Richter am Hanseatischen Oberlandesgericht zu Hamburg a. D.

Dr. Christian Picker
Professor an der Universität Konstanz

Dr. Andreas Piekenbrock
Professor an der Universität Heidelberg

Dr. Jörg Pirrung
Richter am Gericht erster Instanz der Europäischen Gemeinschaften i. R., Honorarprofessor an der Universität Trier

Dr. Dr. h. c. Ulrich Preis
Professor an der Universität zu Köln

Dr. Maximilian Freiherr von Proff zu Irnich
Notar in Köln

Dr. Thomas Raff
Notarassessor, Kandel

Dr. Manfred Rapp
Notar a. D., Landsberg am Lech

Dr. Dr. h.c. Thomas Rauscher
Professor an der Universität Leipzig, Professor h.c. an der Eötvös Loránd Universität Budapest, Dipl.Math.

Dr. Peter Rawert, LL.M.
Notar in Hamburg, Honorarprofessor an der Universität Kiel

Eckhard Rehme
Vorsitzender Richter am Oberlandesgericht Oldenburg i. R.

Dr. Wolfgang Reimann
Notar a. D., Honorarprofessor an der Universität Regensburg

Dr. Tilman Repgen
Professor an der Universität Hamburg

Dr. Dieter Reuter †
Professor an der Universität zu Kiel, Richter am Schleswig-Holsteinischen Oberlandesgericht in Schleswig a. D.

Dr. Christoph Reymann, LL.M. Eur.
Notar in Neustadt b. Coburg, Professor an der Privaten Universität Liechtenstein

Dr. Reinhard Richardi
Professor an der Universität Regensburg, Präsident des Kirchlichen Arbeitsgerichtshofs der Deutschen Bischofskonferenz, Bonn

Dr. Volker Rieble
Professor an der Universität München, Direktor des Zentrums für Arbeitsbeziehungen und Arbeitsrecht

Dr. Daniel Rodi
Akad. Rat a. Z. an der Universität Heidelberg

Dr. Anne Röthel
Professorin an der Bucerius Law School, Hamburg

Dr. Christian Rolfs
Professor an der Universität zu Köln

Dr. Dr. h. c. Herbert Roth
Professor an der Universität Regensburg

Dr. Ludwig Salgo
Apl. Professor an der Universität Frankfurt a. M.

Dr. Anne Sanders
Professorin an der Universität Bielefeld

Dr. Renate Schaub, LL.M.
Professorin an der Universität Bochum

Dr. Martin Josef Schermaier
Professor an der Universität Bonn

Dr. Gottfried Schiemann
Professor an der Universität Tübingen

Dr. Eberhard Schilken
Professor an der Universität Bonn

Dr. Peter Schlosser
Professor an der Universität München

Dr. Martin Schmidt-Kessel
Professor an der Universität Bayreuth

Dr. Günther Schotten
Notar a. D. in Köln, Honorarprofessor an der Universität Bielefeld

Dr. Robert Schumacher, LL.M.
Notar in Köln

Dr. Roland Schwarze
Professor an der Universität Hannover

Dr. Andreas Schwennicke
Rechtsanwalt und Notar in Berlin

Dr. Maximilian Seibl, LL.M.
Oberregierungsrat im Bayerischen Staatsministerium für Gesundheit und Pflege, München

Dr. Stephan Serr
Notar in Ochsenfurt

Dr. Reinhard Singer
Professor an der Humboldt-Universität Berlin, vorm. Richter am Oberlandesgericht Rostock

Dr. Dr. h. c. Ulrich Spellenberg
Professor an der Universität Bayreuth

Dr. Sebastian Spiegelberger
Notar a. D. in Rosenheim

Dr. Ansgar Staudinger
Professor an der Universität Bielefeld

Dr. Malte Stieper
Professor an der Universität Halle-Wittenberg

Dr. Markus Stoffels
Professor an der Universität Heidelberg

Dr. Michael Stürner
Professor an der Universität Konstanz

Burkhard Thiele
Präsident des Oberlandesgerichts Rostock, Präsident des Landesverfassungsgerichts Mecklenburg-Vorpommern

Dr. Christoph Thole
Professor an der Universität zu Köln

Dr. Karsten Thorn
Professor an der Bucerius Law School, Hamburg

Dr. Gregor Thüsing, LL.M.
Professor an der Universität Bonn

Dr. Judith Ulshöfer
Notarassessorin in Ludwigshafen am Rhein

Dr. Barbara Veit
Professorin an der Universität Göttingen

Dr. Bea Verschraegen, LL.M., M.E.M.
Professorin an der Universität Wien, adjunct professor an der Universität Macao

Dr. Klaus Vieweg
Professor an der Universität Erlangen-Nürnberg

Dr. A. Olrik Vogel
Rechtsanwalt in München

Dr. Markus Voltz
Notar in Offenburg

Dr. Reinhard Voppel
Rechtsanwalt in Köln

Dr. Rolf Wagner
Professor an der Universität Potsdam, Ministerialrat im Bundesjustizministerium

Dr. Christoph Andreas Weber
Privatdozent an der Universität München

Dr. Johannes Weber, LL.M.
Notarassessor, Geschäftsführer des Deutschen Notarinstituts, Würzburg

Gerd Weinreich
Vorsitzender Richter am Oberlandesgericht Oldenburg a. D., Rechtsanwalt in Oldenburg

Dr. Matthias Wendland, LL.M.
Privatdozent an der Universität München

Dr. Domenik H. Wendt, LL.M.
Professor an der Frankfurt University of Applied Sciences

Dr. Olaf Werner
Professor an der Universität Jena, Richter am Thüringer Oberlandesgericht Jena a. D.

Dr. Daniel Wiegand, LL.M.
Rechtsanwalt in München

Dr. Wolfgang Wiegand
Professor an der Universität Bern

Dr. Peter Winkler von Mohrenfels
Professor an der Universität Rostock, Richter am Oberlandesgericht Rostock a. D.

Dr. Felix Wobst
Notarassessor

Dr. Hans Wolfsteiner
Notar a. D., Rechtsanwalt in München

Heinz Wöstmann
Richter am Bundesgerichtshof, Karlsruhe

Redaktorinnen und Redaktoren

Dr. Christian Baldus

Dr. Dr. h. c. mult. Christian von Bar, FBA

Dr. Michael Coester, LL.M.

Dr. Heinrich Dörner

Dr. Hans Christoph Grigoleit

Dr. Johannes Hager

Dr. Dr. h. c. mult. Dieter Henrich

Dr. Carsten Herresthal, LL.M.

Sebastian Herrler

Dr. Dagmar Kaiser

Dr. Dr. h. c. Manfred Löwisch

Dr. Ulrich Magnus

Dr. Peter Mankowski

Dr. Heinz-Peter Mansel

Dr. Peter O. Mülbert

Dr. Gerhard Otte

Dr. Lore Maria Peschel-Gutzeit

Dr. Peter Rawert, LL.M.

Dr. Volker Rieble

Dr. Christian Rolfs

Dr. Dr. h. c. Herbert Roth

Dr. Markus Stoffels

Dr. Wolfgang Wiegand

J. von Staudingers
Kommentar zum Bürgerlichen Gesetzbuch mit Einführungsgesetz und Nebengesetzen

Buch 5
Erbrecht
§§ 1967–2063
(Rechtsstellung des Erben)

Neubearbeitung 2020
von
Katrin Dobler
Lena Kunz
Thomas Raff
Martin Löhnig
Wolfgang Marotzke

Redaktor
Christian Baldus

ottoschmidt – De Gruyter · Berlin

Die Kommentatorinnen und Kommentatoren

Neubearbeitung 2020
§§ 1967–1974: Lena Kunz
§§ 1975–2017: Katrin Dobler
§§ 2018–2031: Thomas Raff
§§ 2032–2057a: Martin Löhnig
§§ 2058–2063: Wolfgang Marotzke

Neubearbeitung 2016
§§ 1967–1974: Anatol Dutta
§§ 1975–2017: Katrin Dobler
§§ 2018–2031: Karl-Heinz Gursky
§§ 2032–2057a: Martin Löhnig
§§ 2058–2063: Wolfgang Marotzke

Neubearbeitung 2010
§§ 1967–2017: Wolfgang Marotzke
§§ 2018–2031: Karl-Heinz Gursky
§§ 2032–2057a: Olaf Werner
§§ 2058–2063: Wolfgang Marotzke

Neubearbeitung 2002
§§ 1967–2017: Wolfgang Marotzke
§§ 2018–2031: Karl-Heinz Gursky
§§ 2032–2057a: Olaf Werner
§§ 2058–2063: Wolfgang Marotzke

Dreizehnte Bearbeitung 1996
§§ 1967–2017: Wolfgang Marotzke
§§ 2018–2031: Karl-Heinz Gursky
§§ 2032–2057a: Olaf Werner
§§ 2058–2063: Wolfgang Marotzke

Sachregister

Dr. Martina Schulz, Pohlheim

Zitierweise

Staudinger/Kunz (2020) Vorbem 1 zu §§ 1967 ff
Staudinger/Dobler (2020) § 1975 Rn 1

Zitiert wird nach Paragraph bzw Artikel und Randnummer.

Hinweise

Das Abkürzungsverzeichnis befindet sich auf www.staudingerbgb.de.

Der **Stand der Bearbeitung** ist Dezember 2019.

Am Ende eines jeden Bandes befindet sich eine Übersicht über den aktuellen Stand des „Gesamtwerk Staudinger".

MIX
Papier aus verantwortungsvollen Quellen
FSC® C016439
FSC www.fsc.org

Die Deutsche Nationalbibliothek verzeichnet diese Publikation in der Deutschen Nationalbibliografie; detaillierte bibliografische Daten sind im Internet über http://dnb.dnb.de abrufbar.

ISBN 978-3-8059-1308-9

Satz: jürgen ullrich typosatz, Nördlingen.

Druck und Bindearbeiten: Hubert & Co., Göttingen.

Umschlaggestaltung: Bib Wies, München.

∞ Gedruckt auf säurefreiem Papier, das die DIN ISO 9706 über Haltbarkeit erfüllt.

Inhaltsübersicht

* Zitiert wird nicht nach Seiten, sondern
nach Paragraph bzw Artikel und Randnummer;
siehe dazu auch „Zitierweise“.

Vorwort

Erfreulich kurz nach der letzten Neubearbeitung (2016) kann der Band wieder vorgelegt werden. Einige Veränderungen waren in kurzer Zeit zu bewältigen. Namentlich musste Karl-Heinz Gursky aus gesundheitlichen Gründen seine Kommentierungen aufgeben. Der Staudinger verdankt ihm außerordentlich viel, und neue Autoren können nur versuchen, die Lücke zu füllen. Für die §§ 2018–2031 hat diese Aufgabe Herr Notarassessor Dr. Thomas Raff übernommen und die Kommentierung umfassend neu gefasst. Systematisch neu zu bearbeiten waren auch die §§ 1967–1974, da Herr Professor Dr. Anatol Dutta, M. Jur. (Oxford), an anderer Stelle einspringen musste; der Abschnitt spiegelt § 1922 und wurde daher von Frau Dr. Lena Kunz, LL.M. (Chicago), mit übernommen. Allen Genannten gilt der Dank von Verlag und Redaktor ebenso wie Frau Dr. Katrin Dobler, Herrn Professor Dr. Wolfgang Marotzke und Herrn Professor Dr. Martin Löhnig, die ihre Kommentierungen in gewohnter Staudinger-Manier fortgeführt haben. Den Leserinnen und Lesern sind wir, wie immer, für alle Hinweise zu den Kommentierungen dankbar.

Heidelberg, im März 2020 — Christian Baldus

Allgemeines Schrifttum

Das Sonderschrifttum ist zu Beginn der einzelnen Kommentierung bzw in den Fußnoten innerhalb der Kommentierung angeführt.

Alternativkommentar zum Bürgerlichen Gesetzbuch, Bd 6: Erbrecht (1990)
Anwaltkommentar, Bd 5: Erbrecht, hrsg v KROISS, ANN und J MAYER (2. Aufl 2007; 3. Aufl s NomosKommentar)
BABUSIAUX, Wege zur Rechtsgeschichte – Römisches Erbrecht (Wien 2015)
BAMBERGER/ROTH/HAU/POSECK, Kommentar zum Bürgerlichen Gesetzbuch, Bd 5 (4. Aufl 2020)
BAUMGÄRTEL/LAUMEN/PRÜTTING, Handbuch der Beweislast, Bürgerliches Gesetzbuch Erbrecht (3. Aufl 2009), bearb v SCHMITZ
Beck'sches Notarhandbuch (7. Aufl 2019)
BROX/WALKER, Erbrecht (28. Aufl 2018)
BURANDT/ROJAHN, Erbrecht (3. Aufl 2019)
DAMRAU/TANCK (Hrsg), Praxiskommentar Erbrecht (4. Aufl 2020)
DERNBURG, Das bürgerliche Recht des Deutschen Reichs und Preußens, 5. Bd (3. Aufl 1911), bearb v ENGELMANN
EBENROTH, Erbrecht (1992)
ERMAN, Handkommentar zum Bürgerlichen Gesetzbuch, 2. Bd (15. Aufl 2017)
ESCH/BAUMANN/SCHULZE ZUR WIESCHE, Handbuch der Vermögensnachfolge (7. Aufl 2009)
FERID/FIRSCHING/DÖRNER/HAUSMANN, Internationales Erbrecht (Loseblattsammlung Stand Juni 2015)
FIRSCHING/GRAF, Nachlassrecht (10. Aufl 2014)
FRIESER (Hrsg), Fachanwaltskommentar Erbrecht (4. Aufl 2013)
GROLL, Praxis-Handbuch Erbrechtsberatung (5. Aufl 2019)
GROBE-WILDE/OKART (Hrsg), Deutscher Erbrechtskommentar (2. Aufl 2010)
Handbuch Pflichtteilsrecht (4. Aufl 2017), bearb v J MAYER, SÜSS, TANCK, BITTLER und WÄLZHOLZ
Handkommentar Bürgerliches Gesetzbuch (10. Aufl 2019), darin Erbrecht bearb v HOEREN
JAKOBS/SCHUBERT, Die Beratung des Bürgerlichen Gesetzbuchs in systematischer Zusammenstellung der unveröffentlichten Quellen, Erbrecht, 1. u 2. Teilband (2002)
JAUERNIG, Bürgerliches Gesetzbuch mit Erläuterungen (17. Aufl 2018), darin Erbrecht bearb v STÜRNER
JOHN, Grundzüge des Erbrechts (1981)
JurisPraxiskommentar-BGB, Erbrecht (8. Aufl 2017)
KIPP/COING, Erbrecht (14. Aufl 1990)
Kompaktkommentar Erbrecht s FRIESER
KORINTENBERG, GNotKG Gerichts- und Notarkostengesetz (21. Aufl 2020)
LANGE, KNUT WERNER, Erbrecht (2. Aufl 2017)
LANGE/KUCHINKE, Lehrbuch des Erbrechts (5. Aufl 2001)
LANGE/WULFF/LÜDTKE-HANDJERY, Höfeordnung (11. Aufl 2015)
LANGENFELD/FRÖHLER, Testamentsgestaltung (5. Aufl 2015)
LEIPOLD, Erbrecht (21. Aufl 2016)
vLÜBTOW, Erbrecht, 2 Bde (1971)
MEINCKE, Erbschaftsteuer- und Schenkungsteuergesetz (17. Aufl 2018)
MICHALSKI/SCHMIDT, BGB-Erbrecht (5. Aufl 2019)
Münchener Kommentar zum Bürgerlichen Gesetzbuch, Bd 11: Erbrecht (8. Aufl 2020)
MUSCHELER, Erbrecht I und II (2010)
NIEDER/KÖSSINGER, Handbuch der Testamentsgestaltung (6. Aufl 2020)
NomosKommentar BGB, Bd 5: Erbrecht, hrsg v KROISS, ANN und J MAYER (5. Aufl 2018)
PALANDT, Bürgerliches Gesetzbuch (79. Aufl 2020), darin Erbrecht bearb v WEIDLICH

Planck, Kommentar zum Bürgerlichen Gesetzbuch, V. Bd (4. Aufl 1930), bearb v Ebbecke, Flad, Greiff und Strecker

Prütting/Wegen/Weinreich, BGB (14. Aufl 2019)

Reichsgerichtsrätekommentar, BGB-RGRK, Das bürgerliche Gesetzbuch mit besonderer Berücksichtigung der Rechtsprechung des Reichsgerichts und des Bundesgerichtshofes, Kommentar hrsg v Mitgliedern des Bundesgerichtshofes, Bd V (12. Aufl 1974 f), bearb v Johannsen und Kregel

Reimann/Bengel/Dietz, Testament und Erbvertrag (7. Aufl 2020)

Röthel, Erbrecht (18. Aufl 2020)

Soergel, Bürgerliches Gesetzbuch, Bd 21–23 (13. Aufl 2002/2003)

Stobbe, Handbuch des Deutschen Privatrechts, Bd 5 (2. Aufl 1885)

Strohal, Das deutsche Erbrecht, 2 Bde (3. Aufl 1903 f)

Voci, Pasquale, Diritto ereditario romano II / I (2. Aufl Milano 1963/1967)

Wöhrmann, Landwirtschaftserbrecht (10. Aufl 2011).

Titel 2
Haftung des Erben für die Nachlassverbindlichkeiten

Vorbemerkungen zu §§ 1967–2017

Schrifttum

BARELLA, Die Haftung des Erben für die Nachlaßschulden (Möglichkeiten der Haftungsbeschränkung), Betrieb 1959, Beil 6 (zu Heft 23)
BARTELMANN, Die Haftung für die Nachlaßschulden im Falle des Verkaufs der Erbschaft (Diss Rostock 1935)
BARTHOLOMEYCZIK, Die Regelung der Erbenhaftung, Erwerb, Sicherung und Abwicklung der Erbschaft, JbAkDR 1939/1940, 82
BARTSCH, Fälle zu Erbenhaftung, ZErb 2010, 351
BARTSCH, Wann ist eine Nachlassverbindlichkeit zweifelsfrei?, ErbR 2012, 201
BAUER, Die Haftung des Erben (1961)
BEHR, Vollstreckungsmöglichkeiten des Nachlaßgläubigers, JurBüro 1996, 120
BINDER, Rechtsstellung des Erben nach dem deutschen bürgerlichen Gesetzbuch II (1903) 19–250, III (1905) 272–355
BINGNER, Bemerkungen zu dem zweiten Entwurfe eines bürgerlichen Gesetzbuchs für das deutsche Reich, SächsArch 5 (1895) 593, 595 ff
ders, Bemerkungen zu dem definitiven Entwurfe eines bürgerlichen Gesetzbuchs für das deutsche Reich, SächsArch 6 (1896) 1, 15 ff
BLEY/MOHRBUTTER, Vergleichsordnung, Erl zu § 113 VerglO (4. Aufl 1980)
BÖHM, Haftung für Nachlaßverbindlichkeiten nach BGB, Gruchot 42 (1898) 455 sowie 683
BOEHMER, Erbfolge und Erbenhaftung (1927)
ders, Der Übergang des Pflichtlebens des Erblassers auf den Erben, in: RG-FS III (1929) 216
ders, Eintritt des Erben in pflichtbelastete Rechtslagen des Erblassers, JW 1938, 2634
BORCHERDT, Die Haftung des Erben für die Nachlaßverbindlichkeiten, AcP 94 (1903) 197
BÖRNER, Das System der Erbenhaftung, JuS 1968, 53 sowie 108
BREDEMEYER, Das kaufmännische Einzelunternehmen im Nachlass, ZErb 2013, 294
vBRESKA, Die Nachlaßverbindlichkeiten des Erben (1913)
BÜCKLEIN, Die Inventarerrichtung im Erbrecht (1936)
BUSCH, Die Haftung des Erben (2008)
DAMRAU, Aktuelle Gläubigeransprüche gegen bekannte und unbekannte Erben, in: FS Bengel/Reimann (2012) 49
DAUNER-LIEB, Zwangsvollstreckung bzw Nachlaßverwaltung und Nachlaßkonkurs, in: FS Gaul (1997) 93
dies, Unternehmen in Sondervermögen (1998)
DOVE, Gutachten über die zweckmäßigste Regelung des Inventarrechts und die im Entwurf des Bürgerlichen Gesetzbuches versuchte Gestaltung derselben, 20. Deutscher Juristentag I (1889) 88
ECCIUS, Haftung der Erben für Nachlaßverbindlichkeiten, Gruchot 43 (1899) 603 und 801
EHRENKÖNIG, Die Erbenhaftung – ein Vorschlag zur Neuregelung (1991) (dazu SCHUBERT FamRZ 1992, 762)
ENDRISS, Der Miterbe als Nachlassgläubiger (2003)
ENNEPER, Die Reform der Erbenhaftung im Erbrechtsausschuß der Akademie für Deutsches Recht (1993)
FISCHINGER, Die Beschränkung der Erbenhaftung in der Insolvenz (2013)
GEHM, Die Haftung für Steuerschulden nach privatrechtlichen Normen, StBp 2019, 277
GRAF, Möglichkeiten der Haftungsbeschränkung für Nachlassverbindlichkeiten, ZEV 2000, 125
GRÜNDER, Die materiellen Voraussetzungen und die prozessuale Geltendmachung der be-

schränkten Haftung des Alleinerben im Vergleich mit der des Miterben (Diss Heidelberg 1912)
Hagen, Die Haftung für Nachlaßverbindlichkeiten, JherJb 42 (1901) 43
M Harder/Müller-Freienfels, Grundzüge der Erbenhaftung, JuS 1980, 876
Heiss, Der Tod des Unterhaltspflichtigen, NZFam 2016, 485
Hellmann KritV 39 (1897) 212 (zu Strohal, Das deutsche Erbrecht nach dem bürgerlichen Gesetzbuche vom 18. August 1896)
Herzog, Nachlasshaftung und Nachlassinsolvenz, ErbR 2013, 70 sowie 104
Hoepfner, Grundzüge der Erbenhaftung, Jura 1982, 169
Höver, Zur Schuldenhaftung des Erben, DFG 1938, 4 sowie 21
Jaeger, Erbenhaftung und Nachlaßkonkurs (1898)
Joachim, Erbenhaftung (4. Aufl 2018) (vormals: Die Haftung des Erben für Nachlassverbindlichkeiten)
Joachim/Janzen, Gehören Erbschaftssteuerschulden zu den Nachlassverbindlichkeiten iSv § 1967 Abs. 2 BGB?, ZEV 2018, 74
Joachim, Das Recht der Erbenhaftung, notar 2019, 3
Jungfer, Die Erbenhaftung im Rahmen des Problems „Schuld und Haftung" (Diss Breslau 1916)
Kaltwasser, Der überschuldete Nachlass – Eine Untersuchung zur Verantwortlichkeit von Nachlasspflegern und Fiskalerben bei der Verwaltung überschuldeter Nachlässe (2016)
Klook, Die überschuldete Erbschaft. Der Erbe als Berechtigter und als Treuhänder der Nachlaßgläubiger (1998)
König, Nachlaßverbindlichkeiten im Verhältnis von Vorerben und Nacherben, MecklZ 52, 189, 225 sowie 269
Kopp, Probleme der Nachlaßabwicklung bei kollisionsrechtlicher Nachlaßspaltung – Haftung für Nachlaßverbindlichkeiten (1997)
Krautwig, Die Erbenhaftung und die Möglichkeiten ihrer Beschränkung, MittRhNotK 1967, 178
Kretzschmar, Die Haftung des Erben für die Nachlaßverbindlichkeiten, ZBlFG 9 (1908/1909) 49
ders, Die Haftung der Miterben für die Nachlaßverbindlichkeiten unter besonderer Berücksichtigung der Beweislast dabei, ZBlFG 15 (1914/1915) 325
Krüger/Tegelkamp, Familienrechtliche Rechtspositionen im Erbrecht, ErbR 2012, 34
Krüger, Familienrechtliche Auskunftsansprüche im Erbrecht, ErbR 2018, 557
Lange, Die Regelung der Erbenhaftung (3. Denkschr d ErbrA d AkDR 1939)
ders, Die Neugestaltung des deutschen Erbrechts, DR 1942, 1713, 1719
Langenbahn, Schulden geerbt – was nun? Hinweise für die Praxis der Schuldnerberatung, ZVI 2009, 480
Lübke, Privatautonome Verhaltensvorgaben für Gesellschafter-Erben (Habilitationsschrift Heidelberg 2017 in Vorbereitung)
Luttermann, Die Erbenhaftung bei Kommanditanteilen, ZErb 2008, 139
Marotzke, Die Stellung der Nachlassgläubiger in der Eigeninsolvenz des Erben, in: FS Otte (2005) 223
Martin, Die Haftung des Erben für die Nachlaßverbindlichkeiten (1909)
Meyer, Praktische Streifzüge auf dem Gebiet der Erbenhaftung (1904)
ders, Ist zu tadeln, daß ein ausdrücklicher Ausspruch im BGB darüber, ob grundsätzlich der Erbe unbeschränkt oder beschränkt für die Nachlaßverbindlichkeiten hafte, fehlt?, SeuffBl 70 (1905) 79
Molitor, Vereinbarungen über die Erbenhaftung, JherJb 69 (1920) 283
Münchmeyer, Haftung des Erben und Miterben für die Nachlaßverbindlichkeiten (1899)
Munk, Die zweckmäßigste Regelung des Inventarrechts mit Bezug auf den Entwurf eines bürgerlichen Gesetzbuches für das Deutsche Reich nebst einem Gegenentwurf, 20. Deutscher Juristentag I (1889) 30
Muscheler, Die Haftungsordnung der Testamentsvollstreckung (1994); zitiert: Testamentsvollstreckung
ders, Universalsukzession und Vonselbsterwerb (2002); zitiert: „Universalsukzession"

ders, Die Haftung des Erben im preußischen ALR, in: FS Kroeschell (1997) 739
Noack, Vollstreckung gegen Erben, JR 1969, 8
Osthold, Instrumente im Recht der Erbenhaftung (Teil 1): Das Inventarrecht des BGB – Schutz des Erben oder Waffe der Gläubiger?, ErbR 2016, 610
ders, Instrumente im Recht der Erbenhaftung (Teil 2): Das Aufgebotsverfahren, eine öffentliche Verheimlichung?, ErbR 2016, 670
ders, Erben und Haftung – Plädoyer zur Reform der Erbenhaftung aus historisch-kritischer Perspektive unter Berücksichtigung dogmatischer und praktischer Aspekte (2020)
Olsen, Die Erbenhaftung, Jura 2001, 520
Otte, Die Verjährung erbrechtlicher Ansprüche, ZGS 2010, 157
Paech, Die Haftung für Nachlaßverbindlichkeiten bei Vereinigung mehrerer Erbteile in einer Hand (Diss Königsberg 1906)
Pflaum, Die unbeschränkte Haftung des Erben, DJZ 1900, 67
Planck, Die Haftung des Erben für die Nachlaßverbindlichkeiten, DJZ 1899, 365
Raape, Das Haftungsgestaltungsrecht des Erben, JherJb 72 (1922) 293
Riesenfeld, Die Erbenhaftung nach dem Bürgerlichen Gesetzbuch (1916 in 2 Bänden)
Rudorff, Beschränkte Haftung von Erben, Abkömmlingen, Vermächtnisnehmern und Ehegatten, Gruchot 51 (1907) 574
Rüger, Aus dem Erbrechte des Deutschen Bürgerlichen Gesetzbuchs, SächsArch 9 (1899) 401, 471
Schindler, Erbrecht und Unterhalt – Probleme der §§ 1586b und 1579 Nr 7 BGB, FPR 2006, 121
J P Schmidt, Transfer of Property on Death and Creditor Protection: The Meaning and Role of "Universel Succession", in: FS Gretton (2017) 323–337, zugleich Max Planck Private Law Research paper No 18/3
K Schmidt, Zum Prozeßrecht der beschränkten Erbenhaftung, JR 1989, 45
Schmidt-Kessel, Was ist Nachlass?, WM 2003, 2086
Schmidt-Rimpler, Eigentum und Dienstbarkeit …, zugleich ein Beitrag zur Lehre von der Konfusion dinglicher Rechte nebst einem Exkurs über die Erbenhaftung (Diss Halle/Saale 1911)
Schneider, Uneingeschränkte Prozesskostenhilfe bei Einrede der beschränkten Erbenhaftung, ErbR 2011, 51
Schöller, Die Haftung des Erben für die Nachlaßverbindlichkeiten und für Schadensersatz bei der Liquidation des Nachlasses nach dem Bürgerlichen Gesetzbuche, SeuffBl 64 (1899) 387
K Schreiber, Die Haftung des Erben für Nachlassverbindlichkeiten, Jura 2010, 177
O Schreiber, Schuld und Haftung als Begriffe der privatrechtlichen Dogmatik (1914)
Schuhmann, Der Erbe und die Nachlassverbindlichkeit, ErbR 2011, 105
Schwedler, Das Erlöschen der Schuldverhältnisse durch Vereinigung von Recht und Verbindlichkeit nach bürgerlichem Recht (Halle/Saale 1897)
Siber, Haftung für Nachlaßschulden nach geltendem und künftigem Recht (Schrift der AkDR 1937)
Singer, Die Haftung des Erben für Nachlaßverbindlichkeiten nach dem BGB und Nebengesetzen, SeuffBl 64 (1899) 321
Strauss, Der notleidende Nachlass bei Auslandsberührung – zugleich ein Beitrag zur Abgrenzung zwischen EuErbVO und EuInsVO (2015)
Wendt, Die Haftung des Erben für die Nachlaßverbindlichkeiten, AcP 86 (1896) 353
Wesener, Zur Erbenhaftung in historischer Sicht, in: FS Lübtow (1991) 113
Wilke, Die Haftung des Erben für die Nachlaßverbindlichkeiten (1898)
Windel, Über die Modi der Nachfolge in das Vermögen einer natürlichen Person beim Todesfall (1998)
Zacher-Röder/Grimm-Hanke, Der Unterhaltsanspruch im Todesfall, FPR 2011, 264
Zehner, Versicherungssumme und Nachlaßinteressenten, AcP 153 (1954) 424
Zillmann, Die Haftung der Erben im internationalen Privatrecht. Eine rechtsvergleichende Untersuchung zum deutschen und französischen Recht (1998).

Systematische Übersicht

Alphabetische Übersicht

Siehe Register.

I. Die Systematik und Reichweite des zweiten Titels

1 Wie der gesamte zweite Abschnitt des Fünften Buches (Rechtliche Stellung des Erben, §§ 1942–2063 BGB) gilt auch der zweite Titel dieses Abschnitts sowohl für den kraft Gesetzes als auch für den durch Verfügung von Todes wegen berufenen Erben.

1. Gliederung des zweiten Titels (§§ 1967–2017)

2 Der zweite Titel gliedert sich in fünf Untertitel. **Untertitel 1 (§§ 1967–1969 BGB)** spricht zunächst die *„Haftung"* des Erben für die *„Nachlassverbindlichkeiten"* grundsätzlich aus (§ 1967 Abs 1 BGB), legt dann deren *Begriff* fest (§ 1967 Abs 2 BGB) und ordnet mit den Beerdigungskosten (§ 1968 BGB) und dem Dreißigsten (§ 1969 BGB) damit zusammenhängende Fragen. **Untertitel 2 (§§ 1970–1974 BGB)** regelt mit den Bestimmungen über das *Aufgebot der Nachlassgläubiger* ein Instrument, das dem Erben hilft einen unübersichtlichen und ggf überschuldeten Nachlass zu ordnen. Es soll dem Erben Aufschluss über den Stand des Nachlasses geben, seine Entschließungen ermöglichen und ihn gegen unbekannte Gläubiger sichern (§ 1973 BGB). Auch ohne Aufgebot schützt § 1974 BGB den Erben vor gewissen *säumigen Gläubigern.* **Untertitel 3 (§§ 1975–1992 BGB)** ordnet die Voraussetzungen an, unter denen die *Beschränkung der Haftung des Erben* herbeigeführt werden kann (Nachlassverwaltung, Nachlassinsolvenzverfahren, Unzulänglichkeitseinrede bei dürftigem oder durch Vermächtnisse bzw Auflagen überschwertem Nachlass). **Untertitel 4 (§§ 1993–2013 BGB)** regelt die *Inventarerrichtung,* welche die Nachlassgläubiger zur Klarstellung des aktiven Nachlassbestandes verlangen können. An gewisse Verletzungen der Inventarpflicht knüpft das Gesetz die endgültig *unbeschränkte Haftung* des Erben (vgl §§ 1994 Abs 1 S 2, 2005, 2006 Abs 3, 2013 BGB). **Untertitel 5 (§§ 2014–2017 BGB)** gibt dem noch nicht unbeschränkbar haftenden Erben während einer angemessenen *Schonfrist,* auch noch nach Annahme der Erbschaft, gewisse *„aufschiebende Einreden"*, um den Nachlass in Ruhe sichten zu können. Weiterführend zur Struktur des zweiten Titels Rn 15–18.

2. Gesetzliche Ergänzungen und Abwandlungen

a) Abwandlungen im materiellen Recht

3 Die Vorschriften des zweiten Titels werden **im BGB** durch folgende Vorschriften ergänzt und abgewandelt:

- § 211 BGB hinsichtlich der Ablaufhemmung der Verjährung (s hierzu und zur Aufhebung des § 197 Abs 1 Nr 2 BGB die Hinweise bei Rn 114–117),
- § 1629a BGB bei *Minderjährigkeit* des Erben (s hierzu auch die Hinweise in Rn 14),
- §§ 2058–2063 BGB für den Fall der *Erbenmehrheit* (vgl auch § 2007 BGB zur Haftung des zu *mehreren Erbteilen* berufenen Allein- oder Miterben) (s im Überblick zu Schuld und Haftung bei Erbenmehrheit sowie zum Verweigerungsrecht aus § 2059 Abs 1 S 1 BGB bei Rn 29–31, 49 ff; Staudinger/Marotzke § 2059 Rn 2 f),
- §§ 2143–2146 BGB hinsichtlich der Haftung von *Vor-* und *Nacherben,*

- §§ 1432, 1437, 1439, 1455 Nr 1, 3, 1459, 1461 BGB, hinsichtlich der Haftung in Gütergemeinschaft lebender *Ehegatten* für die Verbindlichkeiten eines zum Gesamtgut gehörenden Nachlasses (vgl dazu Staudinger/Dobler § 2008 Rn 2),

- §§ 1942 Abs 2, 1966, 2011 BGB für den Fall, dass der *Fiskus gesetzlicher Erbe* ist (vgl auch § 780 Abs 2 ZPO; s auch§ 32 Abs 7 IntErbRVG für den Fall, dass der Staat sein neues Aneignungsrecht für erbenlose Nachlässe, die im Inland belegen sind, aber ausländischem Erbstatut unterliegen, nach § 32 IntErbRVG ausübt, vgl ferner Art 33 EuErbVO [zur Verordnung näher Rn 205 ff]),

- § 1958 BGB hinsichtlich des Erben, der das *Ausschlagungsrecht* noch hat,

- § 2314 Abs 2 BGB hinsichtlich der Kosten zur Erfüllung des Auskunfts- und Wertermittlungsanspruchs des Pflichtteilsberechtigten gegenüber dem Erben,

- §§ 2382–2385 BGB hinsichtlich der Haftung für Nachlassverbindlichkeiten in den Fällen des Erbschaftskaufs und der in § 2385 BGB bezeichneten anderen auf *Veräußerung der Erbschaft* gerichteten Verträge, ferner §§ 2036, 2037 BGB hinsichtlich der Haftung des Käufers eines Miterbenanteils im Falle der Ausübung des Vorkaufsrechts der anderen Miterben gem § 2035 BGB,

- § 1963 BGB hinsichtlich des Unterhaltsanspruchs der *Mutter,* die zZ des Erbfalls die Geburt *eines Erben* zu erwarten hat,

- § 884 BGB hinsichtlich der unbeschränkten Haftung des Erben, soweit ein Anspruch gegen den Erblasser durch *Vormerkung* im Grundbuch gem § 883 BGB gesichert ist; vgl auch die ähnlichen Bestimmungen in §§ 1137 Abs 1 S 2, 1211 Abs 1 S 2 BGB *(Hypothek, Pfandrecht)* sowie § 1971 Rn 1 ff, Staudinger/Dobler Vorbem 2 zu §§ 1975 ff, § 1990 Rn 25, § 2016 Rn 4 f; vgl ferner § 768 Abs 1 S 2 BGB, der klarstellt, dass sich der *Bürge* nach dem Tod des Hauptschuldners nicht darauf berufen kann, dass der Erbe für die Hauptverbindlichkeit nur beschränkt hafte.

In der **HöfeO** ist **§ 15 HöfeO** hinsichtlich der Haftung des Hoferben und deren Verhältnis zur Haftung der übrigen Erben (vgl auch **§ 16 Abs 2 GrdstVG** bei gerichtlicher Zuweisung eines landwirtschaftlichen Betriebes an einen Miterben) zu berücksichtigen. 4

Im **HGB** ist hinsichtlich der Haftung des Erben, der ein zum Nachlass gehörendes Handelsgeschäft fortführt, **§ 27 HGB** und bezüglich der Haftung des Erben eines Teilhabers einer OHG für die Geschäftsschulden **§ 139 HGB** zu beachten; vgl hierzu Staudinger/Kunz [2017] § 1922 Rn 194, 270 ff). Weiterführend § 1967 Rn 226 ff sowie die entsprechenden Kommentierungen zum HGB. 5

b) Verfahrensrechtliche Ergänzungen

Die Regelungen zur Erbenhaftung im materiellen Recht werden durch das Verfahrensrecht vielfältig ergänzt. Überhaupt erschließt sich das System der Erbenhaftung erst vollends, wenn man die prozessuale Einbettung der materiellrechtlichen Regelungen in den Blick nimmt (ausf Rn 131 ff). 6

7 Zentral sind insb §§ 315 ff **InsO**, die ausgehend von § 1975 Var 2 BGB das **Nachlassinsolvenzverfahren** regeln (s auch Staudinger/Dobler § 1975 Rn 1–10, 28 ff).

8 In der **ZPO** finden sich Ergänzungen hinsichtlich des Gerichtsstandes (§§ 27, 28 ZPO) sowie hinsichtlich der Haftung des Erben vor der Annahme der Erbschaft (§§ 239 Abs 5, 246, 778, 779 ZPO). Besonders bedeutsam sind die **Regelungen zur prozessualen Geltendmachung von Haftungsbeschränkungen** einschl der durch §§ 2014, 2015 BGB gewährten aufschiebenden Einreden (§§ 305, 780–785 ZPO; vgl auch 8 Abs 2 JBeitrG).

9 Zu beachten sind ferner § 23a Abs 1 S 1 Nr 2, Abs 2 Nr 2 **GVG** und §§ 342 ff **FamFG** hinsichtlich der **Zuständigkeit des Nachlassgerichts** und hinsichtlich des gerichtlichen Verfahrens bei der Sicherung des Nachlasses (§ 1960 BGB), bei der Nachlasspflegschaft (§§ 1960, 1961 BGB), bei der Nachlassverwaltung (§§ 1975, 1981 ff BGB), bei Entscheidungen im Zusammenhang mit Anträgen auf Bestimmung oder Verlängerung einer Inventarfrist (§§ 1994 ff BGB), bei der Abnahme der eidesstattlichen Versicherung des § 2006 BGB, und ferner § 23a Abs 1 S 1 Nr 2, Abs 2 Nr 7 GVG und §§ 454 ff FamFG hinsichtlich des Aufgebots der Nachlassgläubiger (§§ 1970 ff BGB) und der diesbezüglichen Zuständigkeit des Amtsgerichts, „dem die Angelegenheiten des Nachlassgerichts obliegen" (§ 454 Abs 2 FamFG).

10 Schließlich findet sich in §§ 175 ff **ZVG** die sog Erbeneigenzwangsversteigerung (weiterf Rn 39, 72; § 1971 Rn 14–18).

c) Sonstige Ergänzungen und Abwandlungen

11 Abschließend ist noch auf folgende Vorschriften hinzuweisen:

- §§ 459c Abs 3, 465 Abs 3 StPO; § 101 OWiG;
- §§ 45, 265 AO (zu Steuerschulden s § 1967 Rn 110 ff);
- § 24 GNotKG (hierzu § 1967 Rn 131 f);
- § 57 Abs 2 SGB I, §§ 34 Abs 2, 34a Abs 3 SGB II; §§ 102, 103 Abs 2 SGB XII; § 118 Abs 3, 4 SGB VI sowie §§ 50 Abs 2, 39 Abs 2 SGB X (hierzu § 1967 Rn 212 ff);
- § 5 Abs 5 S 3, 4 KonsularG.

3. Ausstrahlungswirkung des Systems der Erbenhaftung: entsprechende Anwendung von Vorschriften des zweiten Titels

12 Entsprechende Anwendung finden die Vorschriften über die Haftung des Erben für die Nachlassverbindlichkeiten nach **§ 1489 Abs 2 BGB** auf die *Haftung des überlebenden Ehegatten für die Gesamtgutsverbindlichkeiten der fortgesetzten Gütergemeinschaft,* soweit ihn die persönliche Haftung nur infolge des Eintritts der fortgesetzten Gütergemeinschaft trifft.

13 Nur einzelne Vorschriften dieses Titels (§§ 1990, 1991 BGB) finden entsprechende

Anwendung in den Fällen der §§ **1480, 1504, 2036, 2037, 2145 Abs 2 BGB**; auf § 1992 BGB verweist § **2187 Abs 3 BGB**.

Dem Gesetzgeber wurde in der 13. Bearbeitung dieses Kommentars empfohlen, die in §§ 1990, 1991 BGB vorgesehenen und einige der in §§ 1993 ff BGB (bes in §§ 1994, 2005, 2006, 2009 BGB) statuierten Rechtsfolgen auch auf den Fall zu übertragen, dass ein **Minderjähriger** von seinem gesetzlichen Vertreter über Gebühr mit Schulden belastet und in diesem bedauernswerten Zustand mit Vollendung des 18. Lebensjahres „in die Volljährigkeit entlassen" wird. An die Stelle des „Nachlasses" und der Haftungsbeschränkung auf ihn sollten nach diesem Vorschlag das zZ des Volljährigwerdens vorhandene Vermögen und die Haftungsbeschränkung auf dieses treten (vgl auch Staudinger/Dobler § 1997 Rn 5 sowie zu anderen Lösungsansätzen und zu den verfassungsrechtlichen Aspekten Staudinger/Coester [2015] § 1629a Rn 1 ff). Diesem Gesetzgebungsvorschlag entspricht im Wesentlichen der zum 1. 1. 1999 eingefügte § **1629a BGB**. Von einer Bezugnahme auf §§ 1993 ff BGB sieht diese Vorschrift allerdings ab (zu den Gründen vgl BT-Drucks 13/5624, 9 f; kritisch hierzu Muscheler WM 1998, 2271, 2276 Fn 54 und Marotzke AcP 199 [1999] 615, 626 f). Zu kritisieren ist auch der völlige Verzicht auf Parallelvorschriften zu §§ 1981 Abs 2, 1980 BGB und §§ 315 ff InsO (vgl Reuter AcP 192 [1992] 108, 134 ff; Dauner-Lieb ZIP 1996, 1818, 1821 ff; Muscheler WM 1998, 2271, 2276 f; Marotzke AcP 199 [1999] 615, 627). 14

4. Struktur des zweiten Titels: Orientierung – Sichtung – Abwicklung und Haftung

Das im zweiten Titel niedergelegte Haftungssystem ist darauf ausgerichtet, dem Erben auch nach der Annahme Zeit zur (weiteren) **Orientierung** über die Zusammensetzung des Nachlasses zu gewähren. Diese Funktion erfüllen die **Einreden nach § 2014 BGB sowie § 2015 BGB** in Zusammenschau mit dem Aufgebot der Nachlassgläubiger (§§ 1970–1973 BGB). Sie erlauben es dem Erben, die Berichtigung einer Nachlassverbindlichkeit für drei Monate (§ 2014 BGB) oder im Falle eines zugelassenen Aufgebotsverfahrens für ein Jahr (§ 2015 Abs 1 BGB) zu verweigern. Es handelt sich also in der Sache um Schonfristen zugunsten des Erben. Diese erweiterte Orientierungsphase ist wichtig, da die sechswöchige Ausschlagungsfrist gem § 1944 Abs 1 BGB ohnehin sehr kurz bemessen ist (krit hierzu Staudinger/Otte [2017] § 1944 Rn 3a–d). 15

Sodann hält der zweite Titel mit dem **Aufgebotsverfahren** gem §§ 1970–1973 BGB iVm §§ 433 ff, 454 ff FamFG und der **Inventarerrichtung** nach §§ 1993 ff BGB iVm § 342 Abs 1 Nr 9 FamFG verfahrensrechtlich organisierte Instrumente zur Sichtung und besseren Ordnung des Nachlasses bereit (s hierzu zB Osthold ErbR 2016, 610 [Teil 1: Inventar], 670 [Teil 2: Aufgebot]). Dem Erben steht es zwar frei, sofort die Anordnung einer Nachlassverwaltung oder die Eröffnung des Nachlassinsolvenzverfahrens (§§ 1975 ff BGB), sofern die Voraussetzungen gegeben sind, zu beantragen oder eine haftungsbeschränkende Einrede zu erheben. Ein ordnungsgemäß errichtetes Inventar wird ihm aber helfen, etwa die Erschöpfung des Nachlasses darzutun (s § 2009 BGB), seine Pflichten aus §§ 1978, 1991 BGB zu erfüllen oder sich iRd § 1980 Abs 2 BGB zu entlasten (BeckOGK/Leiss [15. 5. 2019] § 1993 BGB Rn 4; zum Nutzen für Nachlassgläubiger s zB Osthold ErbR 2016, 610). Insbesondere das Aufgebotsverfahren hilft dem Erben, den Kreis der Nachlassgläubiger zu begrenzen und sich so vor 16 unbekannten Nachlassverbindlichkeiten zu schützen. Flankiert wird dieser Schutz von der sog Verschweigungseinrede aus § 1974 BGB. Mit einer Inventarerrichtung soll hingegen insb die Zusammensetzung des Nachlasses als Haftungsmasse ermittelt und umgrenzt werden; dies mag von Nachlassgläubigern auch als Instrument zur Gegenwehr genutzt werden, insb dann, wenn der Verdacht im Raum steht, dass der Erbe Nachlassgegenstände wegschafft (weiterführend zur Bedeutung der Inventarerrichtung für die Nachlassgläubiger Osthold ErbR 2016, 610). Weder das Aufgebotsverfahren noch die Inventarerrichtung führen jedoch (unmittelbar) zu einer Haftungsbeschränkung des Erben auf den Nachlass (vgl zur eigentümlichen Wirkung des Ausschließungsbeschlusses auf die Haftung § 1973 Rn 1 ff).

17 Daneben gewährt der zweite Titel dem Erben **Einredemöglichkeiten**, die zwar zur Beschränkung der Haftung auf den Nachlass(-überschuss) führen, allerdings nur einzelnen Nachlassgläubigern gegenüber geltend gemacht werden können. Bei diesen haftungsrechtlichen Einreden (zur Unterscheidung zwischen materiell- und haftungsrechtlichen Einreden s Rn 107) handelt es sich nicht um verfahrensrechtlich organisierte Instrumente zur Haftungsbeschränkung, die zu einer alle Nachlassgläubiger betreffenden und allseitigen (hierzu Rn 94 ff) haftungsrechtlichen Nachlassabsonderung führen. Stattdessen wird einzelnen Gläubigern der Zugriff auf den Nachlass verwehrt. Hierzu zählen insb **§ 1990 BGB** bei Undurchführbarkeit des Nachlassinsolvenzverfahrens oder der Nachlassverwaltung (sog Unzulänglichkeits- oder Dürftigkeitseinrede, weiterführend insb zur Terminologie Staudinger/Dobler § 1990 Rn 2), **§ 1992 BGB** bei bloßer Überschuldung des Nachlasses durch Vermächtnisse und Auflagen (sog Überschwerungseinrede), **§ 1973 Abs 1 S 1 BGB** zur Abwehr von ausgeschlossenen Nachlassgläubigern (flankiert von der sog Aufgebotseinrede aus **§ 2015**), **§ 1974 Abs 1 S 1 BGB** zur Abwehr verspäteter Nachlassgläubiger (Versäumnis- oder Verschweigungseinrede) sowie **§ 1989 BGB** (sog Erschöpfungseinrede) nach Durchführung des Nachlassinsolvenzverfahrens zur Abfederung gegenüber der fehlenden insolvenzrechtlichen Möglichkeit der Restschuldbefreiung oder Durchführbarkeit eines Verbraucherinsolvenzverfahrens nur für den Nachlass (weiterführend MünchKomm/Küpper [2017] § 1989 BGB Rn 5, dort auch weiterführend zu den insolvenzrechtlichen Bedingungen). Hinzu kommt schließlich noch die aufschiebende Einrede aus **§ 2014 BGB** (sog Dreimonatseinrede), die dem Erben helfen soll, sich nach der endgültigen Annahme der Erbschaft einen besseren Überblick über die Beschaffenheit des Nachlasses zu verschaffen.

18 Stellt sich nach Sichtung des Nachlasses heraus, dass dieser in der Krise ist, Nachlasswerte wegen zu vieler Eigenverbindlichkeiten des Erben abfließen und hierdurch den Nachlass zu Lasten der Nachlassgläubiger auszuhöhlen drohen, oder der Nachlass unübersichtlich bleibt, gewährt das Gesetz mit **Nachlassverwaltung** (§§ 1975 Var 1, 1981–1987 BGB) und **Nachlassinsolvenz** (§ 1975 Var 2 BGB, §§ 11 Abs 2 Nr 2 Var 1, 315 ff InsO) zwei verfahrensrechtlich organisierte Instrumente, mit denen insb der Erbe die **allseitig wirkende** (hierzu Rn 94 ff) **haftungsrechtliche Absonderung des Nachlasses** und mithin die Beschränkung der Haftung des Erben auf den Nachlass bewirken kann. Können im Rahmen der Nachlassverwaltung nicht alle Gläubiger vollständig befriedigt werden, muss der Nachlassverwalter die Eröffnung des Nachlassinsolvenzverfahrens beantragen (§§ 1985 Abs 2, 1980 BGB); zum Zweck der sog Erschöpfungseinrede aus § 1989 BGB nach regulärer Beendigung des

Nachlassinsolvenzverfahrens Staudinger/Dobler § 1989 Rn 1 und BeckOGK/Herzog (1. 3. 2019) § 1989 Rn 2–4.

II. Die gesetzliche Gestaltung der Erbenhaftung im BGB

19 Im BGB ist die Erbenhaftung als **unbeschränkte, aber auf den Nachlass beschränkbare Haftung für Nachlassverbindlichkeiten** ausgestaltet. Damit besteht ein im Grundsatz gläubigerfreundliches System, das aber beachtliche, wenn auch teils komplizierte (dazu Rn 211 ff) Schutzmechanismen für den Erben vorsieht. Diese muss der Erbe im deutschen Recht eigeninitiativ ergreifen. Denn die Nachlassabwicklung wird von staatlichen Einrichtungen lediglich dann unterstützt, wenn der Erbe oder ein Nachlassgläubiger dies will oder ein Fremdverwalter hierzu angehalten ist. Die Nachlassabwicklung ist im deutschen Erbrecht grds privat ausgestaltet; rechtsvergleichend ist das keineswegs selbstverständlich (weiterführend Rn 201 ff).

1. Problemkreise und Interessenlagen im Grundriss

20 Ein System der Erbenhaftung muss mannigfache Interessenlagen aufnehmen und zum Ausgleich bringen. Schon wegen der Wahrung des Rechtsfriedens gibt es ein **staatliches Interesse an einer geordneten Nachlassabwicklung**. Eine freilich nachgelagerte Frage ist, inwieweit der Staat die Nachlassabwicklung durch (halb-)staatliche Einrichtungen (Gerichte, Notare) begleitet und lenkt (ausf hierzu Rn 131 ff).

21 Zu berücksichtigen ist zunächst das Interesse der Nachlassaltgläubiger (Gläubiger des Erblassers), nach dem Tod ihres Schuldners nicht leer auszugehen oder plötzlich keinen oder im Fall der Erbenmehrheit eine unübersichtliche Anzahl von Ansprechpartnern zu haben (**Kontinuitätsinteresse**). Kontinuität der Schuld- und Haftungsverhältnisse liegt im Übrigen im Interesse des gesamten Rechtsverkehrs, da so die **Liquidität im gesamten Wirtschaftskreislauf** durch den Wegfall von Rechtssubjekten nicht (übermäßig) beeinträchtigt wird. Die Antwort auf die Frage, ob der Erbe mit fremden (weil vom Erblasser herrührend), dh nicht von ihm persönlich eingegangenen Verbindlichkeiten belastet werden darf (dazu vor allem aus rechtshistorischer Sicht Rn 29–31), ist dabei der Ausgestaltung eines Haftungssystems vorgelagert (zu den Systemdeterminanten des Erbenhaftungssystems ausf Rn 26 ff). Entscheidet man sich gegen die Vererblichkeit von Schulden, bedarf es eines ggf staatlich eingesetzten Fremdverwalters für den Nachlass, der sich insb um die Begleichung der Verbindlichkeiten bemüht.

22 Bejaht der Gesetzgeber hingegen die Vererblichkeit von Verbindlichkeiten, muss er zum Schutz des Erben Mechanismen und Instrumente bereithalten, die den Erben vor finanzieller Überforderung schützen und ihn insb nicht de facto regelmäßig zur Ausschlagung zwingen. Dies gilt umso mehr, wenn sich der Gesetzgeber erstens für den Vonselbsterwerb (§§ 1942 Abs 1, 1922 Abs 1, 1967 BGB) und zweitens für kurze Ausschlagungsfristen (§ 1944 Abs 1 BGB) wie im deutschen Recht entscheidet. Zum Schutz des Erben vor finanzieller Überforderung dienen regelungstechnisch **Haftungsbeschränkungsrechte**. Gleiches gilt im Übrigen für die Nachlassgläubiger, wenn umgekehrt das Eigenvermögen des Erben überschuldet ist oder die Zahlungsunfähigkeit droht. Dann müssen Nachlassgläubiger die Möglichkeit haben, den Zugriff

der Eigengläubiger des Erben abzuwehren, sofern man dem Kontinuitätsinteresse der Nachlass(alt-)gläubiger Geltung verschaffen will.

23 Eine geordnete Nachlassabwicklung setzt ferner **Erfassungsinstrumente** voraus, um erstens die ggf unklare **Zusammensetzung des Nachlasses** – zB mit Hilfe von Nachlassverzeichnissen – und zweitens den **Kreis der Nachlassgläubiger** zu ermitteln.

24 Hinzu kommt das Interesse von Gläubigern, die wegen des Erbfalls und ggf auch nach dem letzten Willen des Erblassers einen Anspruch erworben haben, der aus dem Nachlass befriedigt werden kann oder muss. Ein Haftungssystem muss folglich auch die **schnelle Durchsetzbarkeit von erbfallbedingten Ansprüchen**, etwa der Pflichtteilsberechtigten oder der Vermächtnisnehmer, gewährleisten (insb wenn diese Ansprüche lediglich schuldrechtlich ausgestaltet sind). Ebenso muss ein Haftungssystem die Befriedigung der erbfallbedingten Neugläubiger einerseits und der Nachlassaltgläubiger andererseits koordinieren. Das ist vor allem dann wichtig, wenn der Nachlass in der Krise ist.

25 Ferner hat ein System der Erbenhaftung Regelungen dafür bereitzuhalten, inwieweit der Erbe **neue nachlassbezogene Verpflichtungen** eingehen darf und kann. Hierbei darf es insbesondere – mit Blick auf die Nachlassüberforderung – nicht zu einer Benachteiligung der bereits vorhandenen Nachlassgläubiger kommen. Zugleich darf der Nachlass wertmäßig nicht schrumpfen; andernfalls ist die Befriedigung der Nachlassgläubiger gefährdet. Dem entspricht, dass ein Haftungssystem auch Regelungen für den Fall enthalten sollte, dass der Erbe den Nachlasswert durch vorwerfbares Fehlverhalten verringert, die Existenz von Nachlassgegenständen verschweigt oder diese in vorwerfbarer Weise in andere Vermögensmassen verschiebt.

2. Systemdeterminanten für die Ausgestaltung der Erbenhaftung im BGB

26 Die Ausgestaltung der Haftung für erblasser- und nachlassbezogene Verbindlichkeiten im BGB ist nicht isoliert zu betrachten, sondern durch Systementscheidungen des Gesetzgebers an anderen Stellen in und außerhalb des Erbrechts (Systemdeterminanten) bedingt. Im BGB ist die Haftung grds als **Erbenhaftung** und nicht als Nachlasshaftung (mit – ggf staatlich organisierter – Fremdverwaltung und einem uU rechtsfähigen Nachlass) ausgestaltet.

a) Die Vererbbarkeiten von Verbindlichkeiten

27 Eine zentrale Systemdeterminante für das Modell der Erbenhaftung ist die **Vererblichstellung von Verbindlichkeiten** iRd §§ 1922 Abs 1, 1967 BGB. Der Erbe ist **Gesamtrechtsnachfolger des Erblassers**. Er folgt dem Erblasser also in alle Rechts- und Pflichtenstellungen (§ 1922 Abs 1 BGB) und deshalb auch in seine Verbindlichkeiten iRv Schuldverhältnissen nach.

28 Gem § 1922 Abs 1 BGB geht mit dem Tod einer Person „deren Vermögen (Erbschaft) als Ganzes" auf den oder die Erben über. Nach § 1967 Abs 1 BGB „haftet" der Erbe für die Nachlassverbindlichkeiten. Die alte Streitfrage, ob sich die Haftung bzgl der vom *Erblasser* herrührenden Schulden (vgl § 1967 Abs 2 BGB) schon aus § 1922 Abs 1 BGB ergibt, weil iS dieser Rechtsnorm auch die Verbindlichkeiten zum „Vermögen" gehören, oder ob diese Schulden als auf dem Vermögen ruhende

Lasten (also nicht als Bestandteile des Vermögens) erst durch § 1967 Abs 1 BGB dem Erben auferlegt werden, ist zwar theoretisch und rechtsgeschichtlich hochinteressant, aber heute praktisch ohne größere Bedeutung (vgl Prot V 650; Staudinger/Lehmann[11] § 1922 Rn 71; **aM** Muscheler Jura 1999, 234, 236 f; ders, Universalsukzession [2002] 11 ff; s auch Muscheler ErbR II [2010] Rn 3388).

aa) Die Unterscheidung zwischen Schuld und Haftung

Hinter der gerade genannten Streitfrage steht die dogmatische **Unterscheidung zwischen Schuld und Haftung**, die vor allem im 19. und frühen 20. Jahrhundert intensiv – etwa mit Blick auf die Abtretbarkeit von Forderungen und die Übernahmefähigkeit von Schulden inter vivos – diskutiert wurde (s zB vGierke, Deutsches Privatrecht Bd 3 [München 1917] §§ 174 f; Schreiber, Schuld und Haftung als Begriffe der privatrechtlichen Dogmatik [Leipzig 1914]; vgl: Staudinger/Boehmer[11] § 1922 Rn 79, 83; Gernhuber, Schuldverhältnis [Tübingen 1989] § 4; Staudinger/Boehmer[11] Einl K 1 ff zu § 241 und Staudinger/Olzen [2019] Einl 239 ff zu §§ 241 ff, jeweils mit vielen wN; Muscheler II § 49 Rn 3378–3386, insb griffig in Rn 3378: „Schuld appelliert, Haftung exekutiert. Schuld aktiviert, Haftung passiviert. Schuld ist personal, Haftung real …“; Nunner-Krautgasser, Schuld, Vermögenshaftung und Insolvenz [Wien 2007] S 7–168). **29**

Unter **Schuld** kann man in diesem Zusammenhang das „Leistensollen“ als Willensgebundenheit der *Person* des Schuldners zu einem Tun, Unterlassen oder Dulden verstehen. **Haftung** hingegen bezeichnet die objektive Unterworfenheit des Schuldner*vermögens* unter das Zugriffsrecht des Gläubigers. Während die Schuld also der Person anhaftet (deshalb wird häufig – freilich terminologisch verwirrend, weil tautologisch – von persönlicher Schuld gesprochen), ist die Haftung auf das *Vermögen* einer Person bezogen und mithin von der Person abkoppelbar (vgl etwa PrALR Einl II § 99: „Rechte, welche an eine bestimmte Person, oder an gewisse Eigenschaften derselben, nicht gebunden sind, können von dem Einen auf den Andern übertragen werden.“; § 102: „Rechte, welche nur der Person ankleben, verschwinden durch derselben Tod“). Heute geht man meist stillschweigend davon aus, dass sich Verbindlichkeiten regelmäßig aus den Elementen „Schuld“ und „Haftung“ zusammensetzen, und thematisiert die Unterscheidung zwischen Schuld und Haftung regelmäßig nicht mehr (ausdrücklich). **30**

Mit anderen Worten: Wer eine Verbindlichkeit eingeht, verspricht damit in der Regel auch, mit seinem Vermögen für die Erfüllung der Verbindlichkeit einzustehen (es sei denn, er agiert als Stellvertreter iSd §§ 164 ff BGB. Aus dem offenkundigen Handeln mit Wirkung für und gegen den Vertretenen folgt aber zugleich, dass er diesen mit dem ihm zugeordneten Vermögen verpflichten will.) Konstruktiv müsste also neben das Schuldverhältnis nicht noch ausdrücklich ein sog **Haftungsverhältnis** treten, aus dem sich das Haftenmüssen erst (originär) ergäbe. Insbesondere aber wenn eine Schuld (Verbindlichkeit) mortis causa auf eine andere Person übergeht, ist zu klären, aus welcher Vermögensmasse eine solche Schuld zu befriedigen ist (Haftungszuständigkeit). Die Antwort auf diese Frage ist konstruktiv im (ggf durch den Erbgang modifizierten) Haftungsverhältnis zu suchen. Deshalb spielt das sog Haftungsverhältnis im System der Erbenhaftung nach hier vertretener Auffassung eine besondere Rolle, auch im Hinblick auf die Zusammenhänge zwischen Haftungszuständigkeit und materieller Rechtslage (s dazu ausf Rn 98 ff). **31**

bb) Der Allein- oder Miterbe als neuer Schuldner

32 Zwar mag die Unterscheidung zwischen Schuld und Haftung heute tendenziell weniger im dogmatischen Fokus stehen als noch bei Inkrafttreten des BGB. Dennoch ist die von Boehmer (Staudinger/Böhmer[11] Einl § 28 Rn 26 und § 1922 Rn 80) getroffene Feststellung zutreffend, dass das Vermögen des Schuldners zwar die „Haftung", nicht aber auch die persönliche „Schuld" in sich schließen und mit sich tragen könne (**aM** Muscheler Jura 1999, 234, 237; ders, Universalsukzession [2002] 12 f). Eine zentrale Aussage des § 1967 Abs 1 BGB ist daher, dass der Erbe **als Person** haftet, er wird also neuer Schuldner für die Gläubiger des Erblassers (Mot V 604; Staudinger/Boehmer[11] Einl 26 zu § 28 und § 1922 Rn 122, 197 ff; M Harder/Müller-Freienfels JuS 1980, 876; Muscheler, Universalsukzession [2002] 12 f; ders Jura 1999, 234, 237 [der dies freilich schon dem § 1922 Abs 1 entnehmen will]; weiterführend § 1967 Rn 2 f).

33 **Dies gilt unabhängig davon, ob der Rechtsnachfolger des Erblassers Alleinerbe oder Miterbe ist.** Auch der Miterbe wird mit dem Erbfall neuer Schuldner des Erblassergläubigers. § 2058 BGB statuiert insoweit lediglich, dass alle Miterben dem Nachlassgläubiger als Gesamtschuldner gegenüberstehen. Die Schuld des Erblassers zerfällt also mit dem Erbfall nicht automatisch in der Erbquote entsprechende Teilschulden.

34 Der (Allein- oder Mit-)Erbe erwirbt folglich nicht nur das gesamte Vermögen des Erblassers (§ 1922 Abs 1 BGB) einschl der Passiva, sondern – und darin lag selbst während der Geltungszeit des § 419 BGB (s Rn 35) ein wesentlicher Unterschied zur Vermögensübernahme unter Lebenden – er tritt auch als **ansprechbares Rechts- und Pflichtensubjekt** in allen einer Vererbung zugänglichen Belangen voll an die Stelle der durch Tod „erloschenen" Rechtsperson des Erblassers (ähnl Boehmer, in: RG-FS III [1929] 216; Schlüter[12] § 6 II 2 b [der einschlägige Abschnitt fehlte bereits seit Schlüter[16] sowie nun bei Schlüter/Röthel[18]]; vgl auch §§ 547 aF, 548 des österreichischen ABGB*; gegen eine mystische Übersteigerung dieser bisweilen hilfreichen Vorstellung Staudinger/Boehmer[11] § 1922 Rn 101, 102, 246; Muscheler Jura 1999, 234, 243 f und speziell für Österreich Schwind, in: FS Kralik [1986] 515 ff). **Die Nachlassgläubiger können den Erben daher nicht lediglich auf Duldung der Zwangsvollstreckung in das Vermögen, sondern wie zuvor den Erblasser unmittelbar auf die primär geschuldete Leistung verklagen** (zum Gerichtsstand vgl §§ 27, 28 ZPO; zur beschränkbaren Haftung s aber Rn 42 ff).

35 Inzwischen ist die Entwicklung noch einen Schritt weitergegangen: Indem er den fast hundert Jahre in Kraft gewesenen § 419 BGB zum 1. 1. 1999 aufhob (Art 33 Nr 16 und Art 110 Abs 1 EGInsO), hat nun *sogar der Gesetzgeber selbst* sich konkludent zu der Möglichkeit bekannt, das Vermögen einer Person von deren Verbindlichkeiten abzukoppeln. Eine solche Abtrennung wird jedoch bei der auf § 1922 Abs 1 BGB beruhenden *gesetzlichen* Vermögensübernahme dadurch verhindert, dass § 1967 Abs 1 BGB ausdrücklich auch eine **Haftung des Erben** normiert. Nach dem Außerkrafttreten des § 419 BGB wird stärker als zuvor Bedarf für eine *analoge* Anwen-

* § 547 aF österr ABGB: „Der Erbe stellt, sobald er die Erbschaft angenommen hat, in Rücksicht auf dieselbe den Erblasser vor. Beyde werden in Beziehung auf einen Dritten für Eine Person gehalten. Vor der Annahme des Erben wird die Verlassenschaft so betrachtet, als wenn sie noch von dem Verstorbenen besessen würde." § 548 S 1 österr ABGB: „Verbindlichkeiten, die der Erblasser aus seinem Vermögen zu leisten gehabt hätte, übernimmt sein Erbe."

dung der §§ 1967, 1990, 1991 BGB bestehen (dazu schon frühzeitig Marotzke ZHR 156 [1992] 17, 22 [in Fn 16], 26 ff; vgl auch Staudinger/Marotzke § 2060 Rn 36).

b) Weitere Systemdeterminanten

Zur Vererblichstellung von Verbindlichkeiten und einer umfassenden Nachfolge des **36**
Erben in die Rechts- und Pflichtenstellung des Erblassers treten weitere Systementscheidungen des Gesetzgebers hinzu, welche die Ausgestaltung der Erbenhaftung im BGB bedingen. Diese sind:

- der **Vonselbsterwerb** gem §§ 1942 Abs 1, 1922 Abs 1 BGB und zwar ohne die Möglichkeit, die Annahme nur unter beschränkter Haftung anzunehmen (arg e contrario §§ 1967 Abs 1, 1975 ff BGB; vgl hierzu die im römischen Recht entwickelten Auswege, um der Schande eines überschuldeten Nachlasses zu entgehen, s etwa Babusiaux, Wege zur Rechtsgeschichte: Römisches Erbrecht [2015], insb S 103–105; Kaser/Knütel/Lohsse, Römisches Privatrecht [22. Aufl 2020] § 74 Rn 4 f),

- die **Vermögensverschmelzung bei Alleinerbschaft** (arg e §§ 1922 Abs 1, 1975 ff BGB),

- die **Bildung einer Gesamthandsgemeinschaft** bei Erbenmehrheit (§ 2032 Abs 1 BGB) bei Annahme einer gesamtschuldnerischen Haftung (§ 2058 BGB),

- die **Bemessung einer kurzen Ausschlagungs- bzw Annahmefrist** von sechs Wochen gem § 1944 Abs 1 BGB (hierzu etwa zu Recht krit Staudinger/Otte [2017] § 1944 Rn 3a–d),

- die Entscheidung für die **Erbeneigenverwaltung des Nachlasses** als Regel und die (staatlich initiierte und gesteuerte oder letztwillig angeordnete) Fremdverwaltung als Ausnahme (arg e §§ 1978, 1979 BGB und e contrario §§ 2197 ff BGB) sowie

- die Möglichkeit, die **Eröffnung des Nachlassinsolvenzverfahrens** bei Überschuldung sowie (drohender) Zahlungsunfähigkeit zu beantragen (§§ 11 Abs 2 Nr 2, 315 ff InsO, freilich ohne Restschuldbefreiung) und zwar insb mit Antragsrecht auch für den Erben bei drohender Zahlungsunfähigkeit (§ 320 S 2 InsO).

c) Zusammenwirken der einzelnen Systemdeterminanten

Weichenstellend ist zunächst, dass erstens Verbindlichkeiten vererblich sein können **37**
und zweitens die Universalsukzession jedenfalls bei Alleinerbschaft zur Verschmelzung von Vermögensmassen (Eigenvermögen des Erben und Nachlass) führt. Dies ist rechtsvergleichend betrachtet keineswegs selbstverständlich, führt aber im deutschen Recht zum Modell einer *Erben*haftung (anstelle einer durchgängigen *Nachlass*haftung).

Dass der Erbe ohne weiteres Zutun Gesamtrechtsnachfolger des Erblassers wird **38**
(Vonselbsterwerb), verbunden mit einer regelmäßig kurz bemessenen Frist zur endgültigen Annahme oder Ausschlagung (§§ 1942 Abs 1, 1944 Abs 1 BGB), macht den Erben in diesem Modell besonders schutzbedürftig. Denn wer unüberlegt die Ausschlagungsfrist verstreichen lässt oder sich innerhalb dieser Zeit keinen Überblick über die Situation des Nachlasses verschaffen konnte, benötigt Instrumente, um

noch etwas Zeit zu gewinnen und dem Befriedigungsinteresse ggf drängender Nachlassgläubiger (besser) gerecht zu werden, ohne das (gesamte) Eigenvermögen hierfür aufwenden zu müssen. Das deutsche Recht sieht hierfür in erster Linie die aufschiebenden Einreden in §§ 2014, 2015 BGB sowie das Aufgebotsverfahren (§§ 1970–1974 BGB) und die Inventarerrichtung (§§ 1993–2013 BGB) vor.

39 Hinzu treten **Instrumente zur Haftungsbeschränkung**, die zur all- oder einseitig wirkenden **haftungsrechtlichen Nachlassabsonderung** führen (zum Verweigerungsrecht des Miterben s § 2059 BGB). Diese Instrumente sind (ausf Rn 42 ff):

- Anordnung der Nachlassverwaltung (§§ 1975 Var 1, 1981–1988 BGB),
- Eröffnung eines Nachlassinsolvenzverfahrens (§ 1975 Var 2 BGB, §§ 11 Abs 2 Nr 2, 315 ff InsO),
- Erlangen eines wirksamen Gläubigerausschlusses (§ 1973 BGB),
- Verschweigungseinrede bei fünfjähriger Gläubigersäumnis (§ 1974 BGB),
- Erschöpfungseinrede (§ 1989 BGB),
- Dürftigkeits- und Unzulänglichkeitseinreden (§§ 1990, 1991 BGB; § 1992 BGB),
- Verweigerungsrecht iRd Erbeneigenzwangsversteigerung (§ 179 ZVG).

40 War die Haftungsbeschränkung erfolgreich, ist die zuvor unbeschränkte Haftung des Erben für alle oder eine einzelne Nachlassverbindlichkeit auf den Nachlass beschränkt (**gegenständliche Haftungsbeschränkung**). Im Übrigen führt auch die **Anordnung der Testamentsvollstreckung** wegen **§ 2214 BGB** zu einer haftungsrechtlichen Nachlassabsonderung, allerdings nur zulasten der Eigengläubiger des Erben. Die Testamentsvollstreckung wird allerdings vom Erblasser letztwillig angeordnet; die Haftungsbeschränkung beruht in diesem Fall also weder auf dem Willen des Erben noch eines Nachlassgläubigers (weiterführend zur privatautonomen Gestaltbarkeit der Erbenhaftung Rn 185 ff).

41 Mit all diesen Möglichkeiten zur punktuellen oder umfassenden Haftungsbeschränkung soll auch vermieden werden, dass die **Ausschlagung** für den Erben zum **Mittel der Wahl** wird, um seine Haftung für Nachlassverbindlichkeiten zu vermeiden. Dem Erben sollen also Anreize geboten werden, die Erbschaft anzunehmen, selbst wenn entweder die Nachlassbeschaffenheit unklar oder bereits bekannt ist, dass der Nachlass überschuldet ist. Die Praxis dürfte bisweilen jedoch anders aussehen. Weiß der Erbe von der Überschuldung, liegt es nahe – auch mit Blick auf das strenge Haftungsregime des § 1978 Abs 1 BGB (hierauf hinweisend, auch für die Beratungspraxis, Osthold ZEV 2015, 444, 445 f, mit ausf Kritik ab S 446–449) –, die Erbschaft auszuschlagen (Joachim, Erbenhaftung [4. Aufl 2018] Rn 140).

3. Das gesetzliche Modell der unbeschränkten, aber auf den Nachlass beschränkbaren Erbenhaftung

Nach der **Denkschrift** (722) beruhen die Vorschriften des BGB über die Erbenhaftung auf dem **Grundgedanken**, „dass die Nachlassgläubiger an sich nur ein Recht auf Befriedigung aus dem Nachlasse haben und dass der Erbe gegen die Gefahr, mit seinem eigenen Vermögen für die Verbindlichkeiten eines überschuldeten Nachlasses zu haften, thunlichst geschützt werden muss". Deshalb habe die Bestimmung, nach der der Erbe für die Nachlassverbindlichkeiten haftet (§ 1967 Abs 1 BGB), „zunächst nur eine Haftung mit dem Nachlass im Auge". **42**

In diese Betrachtungsweise scheint sich auf den ersten Blick gut einzufügen, dass die §§ 1993 ff BGB unter der Überschrift „Inventarerrichtung, unbeschränkte Haftung des Erben" die sog „unbeschränkte" Haftung als besondere Folge der Inventaruntreue oder ähnlicher Verfehlungen (§§ 1994 Abs 1 S 2, 2005 Abs 1, 2006 Abs 3 BGB) als **Ausnahmeerscheinung** anordnen. Diese Formulierungen sind jedoch **missverständlich**. Denn aus § 1975 BGB und § 2013 Abs 1 S 1 BGB ergibt sich, dass das Gesetz mit „unbeschränkter" Haftung die „nicht mehr beschränkbare" Haftung meint, dass also der **Verlust des Rechts zur Haftungsbeschränkung** die **wahre Ausnahme** darstellt, während der Grundsatz dahingehend lautet, dass der Erbe für Nachlassverbindlichkeiten zunächst unbeschränkt haftet, er diese Haftung aber auf den Nachlass beschränken kann (heute ganz hM; zu früher vertretenen divergierenden Ansichten s STAUDINGER/LEHMANN[11] Vorbem 8). **43**

Das **System der Erbenhaftung** folgt freilich nicht allein aus § 1967 Abs 1 iVm Abs 2 BGB, sondern erklärt sich erst aus dem **Zusammenspiel materiell-, insolvenz- und zivilprozessualer Normen**. Zentral hierfür sind §§ 1922 Abs 1 iVm 1967 Abs 1 BGB (hierzu bereits Rn 28) sowie §§ 1978, 1979 BGB (Modell der Innen- und Außenhaftung, ausf sogleich Rn 54 ff) und unter den Haftungsbeschränkungsinstrumenten insb § 1975 BGB mit § 1984 BGB und §§ 315 ff InsO (ausf Rn 67 ff) sowie §§ 780–785, 778, 779 ZPO (dazu Rn 131 ff). Denn nur Nachlassverwaltung und Nachlassinsolvenz führen zu einer **allseitig wirkenden** (hierzu Rn 96) **haftungsrechtlichen Absonderung des Nachlasses** vom Eigenvermögen des Erben, sodass der Nachlass ausschließlich den Nachlassgläubigern dient, um ihre Verbindlichkeiten hieraus zu befriedigen. **44**

Das Gesetz gibt dem Erben (zu Alleinerbschaft und Erbenmehrheit sogleich Rn 49 ff), aber insb auch den Nachlassgläubigern (mit einem eigenständigen Antragsrecht zur Anordnung einer Nachlassverwaltung und zur Eröffnung eines Insolvenzverfahrens, § 1981 Abs 2 BGB; § 317 Abs 1 InsO; weiterf zum Handlungsspielraum der Nachlassgläubiger Rn 178 ff). Instrumente zur Haftungsbeschränkung an die Hand **(Haftungsbeschränkungsrecht)**. Mit ihrer Hilfe kann die Haftung für Nachlassverbindlichkeiten (ausf zum Begriff § 1967 Rn 6 ff) auf den Nachlass, also **gegenständlich** (und nicht nur rechnerisch) beschränkt werden (Beispiele einer **rechnerischen Haftungsbeschränkung**, dh einer auf den **Nachlasswert** beschränkten Haftung, finden sich in § 102 Abs 2 S 2 SGB XII oder § 1836e Abs 1 S 2 BGB, hierzu § 1967 Rn 34, 212 ff). **45**

Proprium der Nachlassverbindlichkeit ist einerseits, dass der Erbe für ihre Erfüllung nur noch mit dem Nachlass einzustehen hat, *sobald* er (oder ein anderer Beschränkungsberechtigter) vom Haftungsbeschränkungsrecht erfolgreich Gebrauch gemacht **46**

hat. Andererseits, nämlich aus Gläubigersicht, bedeutet die Einordnung als Nachlassverbindlichkeit, dass dem Gläubiger zur Befriedigung seiner Verbindlichkeit mit dem Nachlass eine bestimmte Haftungsmasse zur Verfügung steht, sobald es zur Haftungsbeschränkung gekommen ist. Wirkt die ausgeübte Haftungsbeschränkung allseitig (dazu Rn 96), ist das Zugriffsrecht des Gläubigers exklusiv, dh nur Gläubiger von Nachlassverbindlichkeiten, nicht aber Eigengläubiger des Erben dürfen auf den Nachlass zur Befriedigung zugreifen (diesen Aspekt betonend Dauner-Lieb S 115).

47 Wird das Haftungsbeschränkungsrecht wirksam ausgeübt, bleibt die Schuldnerstellung des Erben unberührt. Lediglich das **Zugriffsrecht der Nachlassgläubiger** zur Befriedigung ihrer Forderungen verengt sich auf den Nachlass als nunmehr *haftungsrechtlich* gesonderter Vermögensmasse. Dies ist **Inhalt des sog Haftungsverhältnisses** (ausf Rn 98 ff).

48 Die wirksam erfolgte Haftungsbeschränkung hindert (Nachlass-)Gläubiger allerdings nicht automatisch daran, im Wege der Einzelzwangsvollstreckung auf den Nachlass zuzugreifen (anders ist dies freilich iRd Nachlassinsolvenz; dort sind Einzelzwangsvollstreckungen freilich schon nach §§ 88–90, 321 InsO unzulässig; zum umstr Verhältnis s etwa BeckOK/Fridgen [25. 4. 2019] § 321 InsO Rn 2 f mwNw). Denn nach § 780 Abs 1 ZPO muss sich der Erbe, wenn er als Schuldner verurteilt wird, die Beschränkung seiner Haftung vorbehalten lassen und sodann der Vollstreckung nach §§ 785, 780 Abs 1, 782–784, 767 ZPO im Wege der Vollstreckungsabwehrklage entgegentreten.

a) Einheitliches Haftungssystem bei Allein- und Miterbschaft

49 Das in §§ 1922, 1967, 1975 ff BGB, §§ 315 ff InsO sowie in §§ 780–785, 778, 779 ZPO niedergelegte Haftungssystem gilt nicht nur für den Alleinerben, sondern greift **auch bei Erbenmehrheit**. Hinterlässt der Erblasser mehrere Erben, sind jedoch insb mit §§ 2058–2063 BGB, §§ 747, 859 Abs 2 ZPO weitere Vorschriften zu beachten, die das erbrechtliche Haftungssystem ergänzen und modifizieren (siehe im Pflichtteilsrecht überdies § 2319 BGB).

50 Nach § 1967 Abs 1 iVm § 2058 BGB wird jeder Miterbe neuer Schuldner des Nachlassgläubigers (§ 1967 Rn 2 f). § 2058 BGB bestimmt, dass die Miterben dem Nachlassgläubiger als Gesamtschuldner iSd § 421 BGB gegenübertreten. Ohne die Regelung in § 2058 BGB wäre nicht vollends klar, dass die Schuld des Erblassers mit dessen Tod keineswegs in Teilschulden iSd § 420 BGB zerfällt.

51 Da der Nachlass nach § 2032 Abs 1 BGB mit dem Erbfall nicht ipso iure dinglich geteilt wird, sondern bis zur vollständigen Auseinandersetzung durch die Erben gesamthänderisch gebunden bleibt und damit ein Sondervermögen bildet, entstehen **bei Erbenmehrheit zwei Haftungsmassen für die Befriedigung des Nachlassgläubigers**. Das bedeutet freilich nicht, dass eine *haftungsrechtliche* Absonderung des Nachlasses von den jeweiligen Eigenvermögen der Miterben überflüssig wäre. Denn wie auch im Falle der Alleinerbschaft kann der Nachlassgläubiger, eben weil die Erben nach § 1967 Abs 1 BGB iVm § 2058 BGB in die Schuldnerstellung nachrücken, auch in das Eigenvermögen jedes einzelnen Miterben vollstrecken. Da diese als Gesamtschuldner verpflichtet sind, könnte der Nachlassgläubiger wegen der gesamten Forderungssumme in das Eigenvermögen des solventesten Miterben vollstrecken, gäbe es nicht das **Verweigerungsrecht aus § 2059 Abs 1 S 1 BGB**. Hiernach kann jeder Miterbe eine Vollstreckung in sein Eigenvermögen bis zur Teilung des Nachlasses grds unterbinden; nur in den Gesamthandsanteil am Nachlass, der zum Eigenvermögen eines jeden Miterben gehört, kann der Nachlassgläubiger ungehindert vollstrecken (s erg § 859 Abs 2 ZPO). § 2059 Abs 2 BGB stellt klar, dass eine Vollstreckung in den Nachlass möglich bleibt; insoweit besteht eine gemeinschaftliche Schuld der Miterben und zwar in Gestalt einer Gesamthandsschuld. Das Verweigerungsrecht in § 2059 Abs 1 S 1 BGB ist wie die anderen erbrechtlichen Leistungsverweigerungsrechte (s §§ 1990, 1992, 1989, 1973, 1974, 2014, 2015 BGB) als Einrede konzipiert und entfaltet nur dann haftungsbeschränkende Wirkung, wenn dem verklagten Miterben die Beschränkung seiner Haftung in der Entscheidung nach § 780 Abs 1 ZPO vorbehalten wurde (MünchKomm/Ann § 2059 Rn 26). Auch die anderen eben genannten Erbeneinreden stehen den Miterben grds zu (s hierzu Staudinger/Marotzke Vorbem 2 zu §§ 2058–2063).

Ist der Nachlass vollständig geteilt, endet weder Schuld noch Haftung der Miterben für Nachlassverbindlichkeiten. Die gesamtschuldnerische Haftung für Nachlassverbindlichkeiten besteht weiterhin fort; für die gemeinschaftliche Schuldnerschaft ist mit dem Nachlass allerdings das Haftungssubstrat entfallen. Die Vollstreckung in das Eigenvermögen der Miterben bleibt dennoch weiterhin möglich. Nur in den in § 2060 BGB genannten drei Fällen sowie beim privaten Gläubigeraufruf gem § 2061 Abs 1 S 2 BGB wandelt sich die Gesamt*schuld* in eine Teil*schuld* iSd § 420 BGB (Schuldteilung) (ausf, auch zur Analogiefähigkeit von § 2060 BGB, Staudinger/Marotzke § 2060 Rn 15 ff, 90). Ob ein nachzügelnder Nachlassgläubiger nach der Teilung nur in den Nachlassüberschuss, der durch die Teilung in das Vermögen des Miterben geflossen ist (oder nach der ideellen Erbquote hätte fließen sollen), oder auch in dessen ursprüngliches Eigenvermögen vollstrecken darf, regeln §§ 2060, 2061 BGB hingegen nicht. Dies beurteilt sich weiterhin grds nach §§ 1967 ff BGB (ausf zu den Voraussetzungen der Haftungsbeschränkungsinstrumente nach der Teilung des Nachlasses Staudinger/Marotzke § 2060 Rn 1–12, 15 f). 52

Wenn nachfolgend das System der Erbenhaftung insbesondere aus Sicht des Alleinerben dargestellt wird, geschieht dies zumeist zur sprachlichen und konstruktiven Vereinfachung. **Das System der Erbenhaftung im BGB ist aber ein einheitliches, das im Falle der Erbenmehrheit lediglich punktuell modifiziert wird**. 53

b) Gestaltung als Innen- und Außenhaftung (§ 1978) und die Rolle des Erben als Eigenverwalter des Nachlasses

Die Erbenhaftung gründet auf einer **veränderbaren Haftung des Nachlasses**, nämlich von einer reinen Innenhaftung hin zu einer echten Haftung des Nachlasses im Außenverhältnis (Außenhaftung). Diese dynamische Haftungslage ist in **§ 1978 BGB** als **Schlüsselnorm** für das Verständnis der Erbenhaftung anlegt. 54

In § 1978 BGB tritt einerseits zutage, dass das deutsche Erbrecht von der **Selbstverwaltung des Nachlasses durch den Erben** ausgeht. Fremdverwaltung – sei es durch einen Nachlasspfleger (§ 1960 BGB), Nachlassverwalter (§ 1975 Var 1 BGB), Nachlassinsolvenzverwalter (§ 1975 Var 2 BGB, §§ 315 ff InsO) oder einen Testamentsvollstrecker (§§ 2197 ff BGB) – ist die Ausnahme. Andererseits verdeutlicht § 1978, dass die **Haftungslage des Erben** bis zur vollständigen Abwicklung des Nachlasses 55 keineswegs statisch ist, sondern **dynamisch** sein *kann.* Denn mit erfolgreicher Ausübung des Haftungsbeschränkungsrechts, sei es seitens des Erben oder eines Nachlassgläubigers, verengt sich das Zugriffsrecht seiner Eigengläubiger auf das Eigenvermögen des Erben (jedenfalls im Falle der Nachlassverwaltung und Nachlassinsolvenz, weiterf zur Unterscheidung all- und einseitig wirkender Haftungsbeschränkungen Rn 96) und dasjenige der Nachlassgläubiger auf den Nachlass. Die Haftung des Nachlasses im Innenverhältnis (Erbe – Nachlass, arg e § 1978 Abs 3 BGB) wandelt sich damit zugunsten der Nachlassgläubiger in eine Außenhaftung des Nachlasses (Nachlassgläubiger – Nachlass), freilich durch Fremdverwalter vermittelt.

56 § 1978 BGB greift unmittelbar nur bei Anordnung der Nachlassverwaltung und bei Eröffnung eines Nachlassinsolvenzverfahrens. Erhebt der Erbe die Einreden aus § 1990 Abs 1 BGB oder aus § 1992 S 1 BGB, ist § 1978 BGB jedoch immerhin entsprechend anzuwenden (§ 1991 Abs 1 BGB und §§ 1992 S 1 aE, 1991 BGB). § 1978 BGB hat daher **durchaus zentrale Bedeutung** im System der Erbenhaftung; die praktische Relevanz der Norm ist freilich eher gering. Ein alternatives, weniger strenges Haftungsregime statuiert § 1973 Abs 2 S 1 BGB, wo auf das Bereicherungsrecht verwiesen wird (hierzu § 1973 Rn 22 ff). Das bereicherungsrechtliche Haftungsregime greift auch im Falle des § 1989 BGB, der auf § 1973 BGB verweist.

aa) Regelungsgehalt des § 1978 im Überblick

57 § 1978 BGB regelt Ansprüche der gesamten Nachlassgläubiger und des Erben gegeneinander nach **erfolgter** Haftungsbeschränkung durch Anordnung einer Nachlassverwaltung oder Eröffnung eines Nachlassinsolvenzverfahrens (zur entsprechenden Anwendung der Norm bei anderen Haftungsbeschränkungstatbeständen s Rn 56). Grundlage dieser Ansprüche ist ein **gesetzliches Schuldverhältnis**, das neben die einzelnen rechtsgeschäftlich begründeten Schuldverhältnisse zwischen dem Erbe und den einzelnen Nachlassgläubigern tritt (zu Sekundäransprüchen wegen Verletzung von Pflichten aus diesen rechtsgeschäftlich begründeten Schuldverhältnissen s Rn 118 ff).

58 § 1978 BGB statuiert in **Abs 1**, wie der Erbe den Nachlassgläubigern für die bisherige **Schlechtverwaltung des Nachlasses** haftet (auch als **Devastavit-Haftung** bezeichnet), *wenn* es durch Anordnung der Nachlassverwaltung oder der Eröffnung des Nachlassinsolvenzverfahrens zur Haftungsbeschränkung gekommen ist. Denn der Erbe ist zwar Eigenverwalter des Nachlasses, darf aber nicht nur in seinem eigenen (vielleicht irrationalen oder eigenwilligen) Interesse handeln, sondern muss das Interesse der Nachlassgläubiger am Werterhalt des Nachlasses wahren. Das tritt in Gestalt von Schadensersatzansprüchen gegen den Erben zu Tage, *wenn* es zur Haftungsbeschränkung gekommen ist.

59 In **Abs 3** sieht § 1978 BGB für den Fall der erfolgten Haftungsbeschränkung einen **Aufwendungsersatzanspruch des Erben** vor. Hat der Erbe also vor der Haftungsbeschränkung Aufwendungen (zur Auslegung des Begriffs s etwa Dauner-Lieb S 117 f) getätigt, die dem Nachlass zugutegekommen sind, kann er die dadurch eingetretene Entreicherung seines Eigenvermögens mit Mitteln des Nachlasses ausgleichen. Im Falle der Nachlassinsolvenz handelt es sich bei diesen Ansprüchen um Masseverbindlichkeiten (§ 324 Abs 1 Nr 1 InsO, s erg § 1967 Rn 137 f; instruktiv zu § 1978 vor allem Dauner-Lieb, insb S 116–119).

bb) Haftungsdynamik beim Wechsel von Eigen- zur Fremdverwaltung

Vor erfolgreicher Ausübung des Haftungsbeschränkungsrechts haftet der *Erbe* den Nachlassgläubigern im Außenverhältnis unbeschränkt. Das heißt: Die Nachlassgläubiger (ebenso wie die Eigengläubiger des Erben) können gegen ihn vorgehen und zur Befriedigung der Verbindlichkeiten auf das Gesamtvermögen, bestehend aus Eigenvermögen und Nachlass, im Wege der Zwangsvollstreckung zugreifen. **60**

Wie § 1978 Abs 3 BGB zeigt, ist es dem Erben jedoch unbenommen, Nachlassverbindlichkeiten entweder aus dem Nachlass oder aus seinem Eigenvermögen freiwillig zu befriedigen. Der Nachlass dient also bis zur Haftungsbeschränkung nur im Innenverhältnis (Erbe – Nachlass) als gesonderte Haftungsgrundlage. Sobald es aber zur Haftungsbeschränkung auf den Nachlass und damit zur *haftungsrechtlichen* Absonderung des Nachlasses gekommen ist, verkehrt sich dieses Verhältnis ins Gegenteil. Nach außen, also gegenüber den unbefriedigt gebliebenen Nachlassgläubigern haftet nun der Nachlass, freilich vermittelt durch den Nachlassverwalter oder Nachlassinsolvenzverwalter; denn der Nachlass selbst ist zu keinem Zeitpunkt rechtsfähig. Der Erbe hingegen haftet nun den Nachlassgläubigern gem § 1978 Abs 1 S 1 (nach Annahme der Erbschaft) und S 2 BGB (vor Annahme der Erbschaft) für eine bisherige Schlechtverwaltung des Nachlasses mit seinem Eigenvermögen (dazu ausführlicher sogleich Rn 63 ff). **61**

Die Ansprüche wegen Schlechtverwaltung des Nachlasses sind reine Eigenverbindlichkeiten des Erben, die allerdings wegen § 1978 Abs 2 BGB nur vom Nachlassinsolvenzverwalter oder Nachlassverwalter im Interesse aller Nachlassgläubiger geltend zu machen sind (BeckOGK/Herzog [1. 3. 2019] § 1978 BGB Rn 62, 67–69). **62**

cc) Handlungsspielräume des Erben bei Eigenverwaltung des Nachlasses

Neben der in § 1978 zu Tage tretenden Haftungsdynamik (dazu soeben Rn 60–62) strahlt die Vorschrift auch auf die **Rechtsmacht des Erben** vor Eintritt der Haftungsbeschränkung aus. Nach innen hin, dh gegenüber *allen* Nachlassgläubigern, hat der Erbe den Nachlass in ordnungsgemäßer Weise zu verwalten und zwar mit (endgültiger) Annahme der Erbschaft „wie wenn er (…) die Verwaltung für sie als Beauftragter zu führen gehabt hätte" (§ 1978 Abs 1 S 1 BGB) (ausf zum **Erfordernis der ordnungsgemäßen Verwaltung des Nachlasses** § 1967 Rn 166 ff). Verstößt er hiergegen, macht er sich den Nachlassgläubigern gegenüber aus § 1978 Abs 1 S 1 oder S 2 BGB schadensersatzpflichtig (den Verweis auf das Auftragsrecht in S 1 S 1 als **Rechtsgrundverweisung** deutend und daher die Nachlassgläubiger nur auf den Ersatz eigennützig verbrauchter Nachlassmittel verweisend Dauner-Lieb S 118 f). Tätigt er nachlassbezogene Aufwendungen mit Mitteln aus seinem Eigenvermögen (zu den subjektiven Voraussetzungen bzgl solcher Aufwendungen s zB Dauner-Lieb S 117–119), ist ein Aufwendungsersatzanspruch aus § 1978 Abs 3 BGB auch daran zu messen, ob die Aufwendung objektiv (**str**, so zu Recht Dauner-Lieb S 118 mwNw; Staudinger/Dobler § 1978 Rn 26 f mwNw) wenigstens dem Nachlasserhalt diente. Auch hier muss sich das Verhalten des Erben an der Ordnungsgemäßheit der Maßnahme messen lassen. **63**

Hieraus hat sich in der Diskussion um die Befugnis des Erben, auch nach dem Erbfall **neue Nachlassverbindlichkeiten** zu begründen, das Erfordernis der ordnungsgemäßen Verwaltung für sog (freilich erst später so benannte) **Nachlasserbenschulden** entwickelt, jedenfalls soweit es sich um rechtsgeschäftlich begründete Primärver- **64** pflichtungen handelt (zur Einordnung von Leistungsstörungen s Rn 118 ff). Eine solche Auch-Nachlassverbindlichkeit, die im Haftungsbeschränkungsfall zur Befriedigung aus dem Nachlass berechtigt, entsteht nur, wenn ihre Eingehung **objektiv ordnungsgemäß** war. Damit wird das Erfordernis der Ordnungsgemäßheit auch im Außenverhältnis gegenüber *einzelnen* neuen potentiellen Nachlassgläubigern relevant.

65 Ob und inwieweit diese *haftungsrechtliche* Mischform aus Eigen- und Nachlassverbindlichkeit das **Haftungsregime des § 1978 BGB** in zulässiger Weise **durchbricht**, ist umstritten. Eingewandt wird insb, dass hierdurch die von § 1978 Abs 3 BGB vorgesehene Innenhaftung regelwidrig in eine Außenhaftung verwandelt werde (so zB Muscheler ErbR II [2010] Rn 3397; erhellend ist auch der Hinweis von Dauner-Lieb, wonach der Direktanspruch, der mit der Anerkennung der Nachlasserbenschuld einhergeht, auftragsfremd sei, s S 143: „Im normalen, rechtsgeschäftlich begründeten Auftragsverhältnis gibt es kein Nebeneinander von Schuldbefreiungsanspruch des Auftragnehmers gemäß §§ 670, 257 und Direktanspruch des Drittkontrahenten, sondern nur ein entweder/oder. … Die die Nachlaßeigenschuld kennzeichnende Konstruktion eines ‚Schuldverhältnisses mit doppeltem Haftungsgrund' ist daher auftragsfremd. Sie bedarf einer *teleologischen Legitimation.*" [Hervorhebung im Original]). Darüber hinaus ist problematisch, dass Nachlasserbenschulden den Kreis der Nachlassgläubiger erweitern und deshalb mit der **Ratio des § 1978 BGB**, nämlich den Wert des Nachlasses für die bei Erbfall existierenden Nachlassgläubiger zu erhalten, nicht ohne Weiteres in Einklang stehen (ausführlicher hierzu § 1967 Rn 17–20).

66 Hier ist freilich nur entscheidend, dass § 1978 BGB für die Frage weichenstellend ist, welche Rechtsmacht der Erbe – im Hinblick auf den Nachlass – vor Eintritt der Haftungsbeschränkung genießt (s dazu bald Kunz ErbR 2020). Auch insoweit ist § 1978 BGB eine Schlüsselnorm im System der Erbenhaftung.

c) Das Haftungsbeschränkungsrecht und seine Voraussetzungen

67 Die Tatbestände des Haftungsbeschränkungsrechts lassen sich einerseits ausgehend von ihrem wirtschaftlichen Ergebnis und andererseits nach der Art der Geltendmachung systematisieren.

aa) Systematik der Haftungsbeschränkungstatbestände

68 Bei **wirtschaftlicher Betrachtung** kann die Ausübung des Haftungsbeschränkungsrechts für die Nachlassgläubiger (je nach Tatbestand und Auslegung, dazu sogleich im Überblick Rn 72 ff) und wirtschaftlicher Lage des Nachlasses **erstens** dazu führen, dass die Nachlassgläubiger trotz oder gerade wegen der Haftungsbeschränkung (bei Überschuldung oder Zahlungsunfähigkeit des Erben hinsichtlich seiner Eigengläubiger) noch eine (gute) Chance haben, entweder vollständig oder jedenfalls teilweise Befriedigung zu erlangen. Dies ist insbesondere bei Anordnung einer Nachlassverwaltung der Fall, aber auch bisweilen in der Nachlassinsolvenz denkbar sowie nach überwiegender Auffassung bei der sog Ausschlusseinrede nach § 1973 BGB und der sog Dürftigkeitseinrede gem § 1990 Abs 1 BGB möglich, die (trotz der amtlichen Überschrift) über den Wortlaut hinaus in § 1990 Abs 1 BGB hineingelesen wird (s hierzu § 1973 Rn 2 u Staudinger/Dobler § 1990 Rn 2 f mit diff Stellungnahme).

69 **Zweitens** kann das Haftungsbeschränkungsrecht aber – wirtschaftlich betrachtet – auch dazu führen, dass der Erbe gegenüber einem einzelnen Nachlassgläubiger die Leistung verweigern darf und zwar dahingehend, dass sich der Nachlassgläubiger (de facto) auch aus dem Nachlass **nicht** befriedigen kann, also gänzlich leer ausgeht (so im Falle der §§ 175, 179 ZVG, dazu Rn 72; de facto im Falle der Erschöpfungseinrede nach § 1973, 1974 BGB sowie bei Ausübung der Unzulänglichkeitsrede nach § 1990, §§ 1992, 1990; §§ 1989, 1973 BGB. Denn hier ist der Nachlass gänzlich aufgezehrt, so dass der Nachlassgläubiger in der Regel überhaupt nichts mehr erlangen kann, es sei denn, er schießt Fehlbeträge zu; zu dieser bei Verschaffungsansprüchen relevanten Vorgehensweise zB STAUDINGER/DOBLER § 1990 Rn 37 f).

Jenseits der wirtschaftlichen Wirkweise lassen sich die Tatbestände des Haftungs- **70**
beschränkungsrechts ebenfalls in zwei Gruppen scheiden, nämlich **erstens** in **verfahrensrechtlich organisierte Instrumente**, welche die Gesamtheit der Nachlassgläubiger erfassen und damit *alle* Nachlassgläubiger auf den Nachlass als haftungsrechtlich abgesonderte Vermögensmasse verweisen. Gestützt wird dies durch die Fremdverwaltung des Nachlasses. Hierzu zählen jedenfalls Nachlassverwaltung und Nachlassinsolvenz (§§ 1975 Var 1 und Var 2, 1980–1988 BGB, §§ 11 Abs 2 Nr 2, 315 ff InsO) sowie das Aufgebotsverfahren (§§ 1970–1973 BGB), das allerdings nicht zur Fremdverwaltung führt, sondern dem Erben nach § 1973 Abs 1 S 1 BGB ein Leistungsverweigerungsrecht verschafft und insoweit auch der zweiten Gruppe angehört.

Zweitens hält das BGB daneben **Leistungsverweigerungsrechte** bereit, auf die sich **71**
der Erbe gegenüber *einzelnen* Nachlassgläubigern berufen kann. Dabei handelt es sich aber nicht um materiellrechtliche, sondern um **haftungsrechtliche Einreden** (ebenso GERNHUBER, Schuldverhältnis [Tübingen 1989] § 4 II 4 d, S 75 f; dazu noch ausf Rn 107). Denn sie berühren – wie auch die verfahrensrechtlich organisierten Haftungsbeschränkungsinstrumente – nicht die (primäre oder sekundäre) Schuld des Erben, sondern führen lediglich dazu, dass der Nachlassgläubiger auf den Nachlass als Haftungsmasse verwiesen wird. Denn anders als etwa bei der Einrede der Verjährung kann der Erbe dem Nachlassgläubiger die Leistung nicht gänzlich (und dauerhaft, s nur §§ 2014, 2015 BGB) verweigern. Dies folgt aus der Verpflichtung, mit der die erbrechtlichen Leistungsverweigerungsrechte (abgesehen von §§ 2014, 2015 BGB) verbunden sind, den Nachlass(-überschuss) zur Befriedigung des Gläubigers im Wege der Zwangsvollstreckung „herauszugeben“ (s §§ 1990 Abs 1 S 2; 1973 Abs 2 S 1 BGB mit Abwendungsbefugnis in S 2; §§ 1974 Abs 1 S 1, 1973; 1989, 1973 Abs 2 S 1 BGB; §§ 1992 S 2 mit Abwendungsbefugnis, 1990 Abs 1 S 2 BGB; zur Bedeutung einer solchen Herausgabe s STAUDINGER/DOBLER § 1990 Rn 29: Pflicht zur Duldung und Ermöglichung der Zwangsvollstreckung in den Nachlass). In diesem Fall ist die Haftung keineswegs gänzlich ausgeschlossen, sondern auf den Nachlass, genauer auf **den Nachlassüberschuss beschränkt**. Ob der Nachlassüberschuss de facto ausreicht, um den Nachlassgläubiger (vollständig) zu befriedigen, ist freilich eine andere Frage.

bb) Tatbestände des Haftungsbeschränkungsrechts im Einzelnen

Zur Beschränkung seiner Haftung auf den Nachlass stehen dem Erben folgende **72**
verfahrensrechtlich organisierte Instrumente zur Verfügung:

- Antrag auf **Anordnung der Nachlassverwaltung** oder auf **Eröffnung des Nachlassinsolvenzverfahrens** (zur Antragspflicht vgl § 1980 BGB; §§ 315 ff, 11 Abs 2 Nr 2 Var 1 InsO – sog Sonder- oder Partikularinsolvenz, weil sie sich nur auf den Nachlass erstreckt, vgl § 325 InsO).

- **Verschaffung der Einrede aus § 1973 BGB**, indem der Erbe die Nachlassgläubiger im Aufgebotsverfahren zur Anmeldung ihrer Forderungen auffordern lässt (§§ 1970 ff BGB), wodurch er sich neben der Einrede aus § 1973 BGB auch Aufklärung über die Nachlassverbindlichkeiten verschaffen kann (ausf zur von § 1973 gewährten Ausschluss- und Erschöpfungseinrede § 1973 Rn 10 f).

- Hat ein Nachlassgläubiger für seine Forderung ein Recht auf Befriedigung aus einem Nachlassgrundstück, so kann der Erbe, obwohl er Schuldner und nicht Gläubiger ist, nach der Annahme der Erbschaft die **Zwangsversteigerung des Nachlassgrundstücks** beantragen, § 175 Abs 1 S 1 ZVG (sog Erbeneigenzwangsversteigerung). Unter den zusätzlichen Voraussetzungen des **§ 179 ZVG** führt dies dazu, dass dem Gläubiger die Befriedigung nicht nur aus dem Eigenvermögen des Erben, sondern auch aus dem übrigen Nachlass verweigert werden kann (s § 1971 Rn 3, 14 ff).

73 Entgegen anderer Rechtsordnungen (vgl Rn 201 ff) hat die **Inventarerrichtung** nach §§ 1993 ff BGB **keine Haftungsbeschränkung** zur Folge. Dennoch besteht ein Zusammenhang mit dem Haftungsbeschränkungsrecht. Denn mithilfe des Inventars kann der Erbe beispielsweise die Überschuldung des Nachlasses im Rahmen eines Antrags auf Eröffnung eines Nachlassinsolvenzverfahrens nachweisen oder die Dürftigkeit des Nachlasses iSd § 1990 BGB dartun (vgl Staudinger/Dobler Vorbem 7 zu §§ 1975 ff).

74 Der Erbe kann seine Haftung uU auch schon dadurch beschränken, dass er sich auf gewisse **nachlassbezogene Tatsachen** beruft. Diese sind beispielsweise:

- Die **Dürftigkeit des Nachlasses**, dh der Nachlass entspricht nicht den Kosten für die Durchführung einer Nachlassverwaltung oder eines Nachlassinsolvenzverfahrens, **§ 1990 Abs 1 BGB** (s zum Anwendungsbereich im Hinblick auf Dürftigkeit, Unzulänglichkeit und Erschöpfung des Nachlasses Staudinger/Dobler § 1990 Rn 2 f). In diesem Fall kann der Erbe die Befriedigung eines Nachlassgläubigers verweigern, soweit der Nachlass nicht ausreicht. Sinn dieser Einreden ist es, dem Erben die ohnehin aussichtslose Antragstellung auf Eröffnung eines Nachlassinsolvenzverfahrens zu ersparen.

- Beruht die Überschuldung des Nachlasses auf **Vermächtnissen und Auflagen**, so ist der Erbe gem **§ 1992 BGB** auch bei Nichtvorliegen der Voraussetzungen des § 1990 BGB berechtigt, die Berichtigung dieser Verbindlichkeiten nach den Vorschriften der §§ 1990, 1991 BGB zu bewirken (sog **Überschwerungseinrede**).

- **Fünfjährige Säumnis eines Nachlassgläubigers**, falls dessen Forderung dem Erben nicht vorher bekannt geworden oder im Aufgebotsverfahren angemeldet worden ist, **§ 1974 BGB** (sog Verschweigungseinrede).

- **Im Anschluss an das Nachlassinsolvenzverfahren**, das entweder durch Verteilung der Masse (§§ 196 Abs 1, 200 InsO) oder durch einen Insolvenzplan (§§ 217 ff, 258 Abs 1 InsO) beendet worden ist, haftet der Erbe den nicht (voll) befriedigten Nachlassgläubigern nach § 1989 BGB wie den durch Aufgebotsverfahren ausgeschlossenen Nachlassgläubigern. Damit wird die durch § 1975 BGB herbeigeführte

Haftungsbeschränkung über das Nachlassinsolvenzverfahren insb entgegen § 201 Abs 1 InsO fortgesetzt (zur Anwendbarkeit im Falle eines Insolvenzplanverfahrens MünchKomm/Küpper [2020] § 1989 Rn 7). Denn den verbleibenden Nachlassgläubigern kann er nach **§ 1989** BGB iVm § 1973 BGB die sog **Erschöpfungseinrede** entgegenhalten (vgl zur parallel verlaufenden freilich analogen Anwendung des § 1990 nach Aufhebung der Nachlassverwaltung BGH NJW 1954, 635).

Zu bedenken ist, dass das Nachlassinsolvenzverfahren selbst **keine Restschuldbefreiung** ermöglicht (Foerste, Insolvenzrecht [7. Aufl 2018] § 39 Rn 673; zum umstrittenen Fall, wenn der Schuldner während eines Regelinsolvenzverfahrens verstirbt und das Verfahren in ein Nachlassinsolvenzverfahren überführt wird, s zB Döbereiner, in: Gottwald [Hrsg], Insolvenzrechts-Handbuch [5. Aufl 2015] Rn 31–33). Denn die Haftung des Erben ist bereits auf den Nachlass beschränkt.

- Ein **Miterbe** kann seine Haftung für die Nachlassverbindlichkeiten durch Berufung auf die **Einrede des ungeteilten Nachlasses** beschränken, **§ 2059 Abs 1 BGB**. Diese Einrede entfällt mit der Teilung des Nachlasses (weiterf zur Haftung nach der Teilung s Rn 52 sowie Staudinger/Marotzke § 2060 Rn 1–12).

Eine Haftungsbeschränkung kann grds auch aus einer **Haftungsvereinbarung** mit allen oder einzelnen Gläubigern, also aus einem Rechtsgeschäft folgen (zur Disponibilität der erbrechtlichen Haftungsregeln Rn 185 ff). **75**

cc) Verlust des Haftungsbeschränkungsrechts

Der Erbe verliert sein Haftungsbeschränkungsrecht insb **76**

- *allen* Gläubigern gegenüber durch **Versäumung der Inventarfrist** (§ 1994 Abs 1 S 2 BGB mit Sonderregelung in § 2005 Abs 1 S 2 BGB) und durch absichtlich herbeigeführte erhebliche Unvollständigkeit des Inventars oder Aufnahme einer nicht bestehenden Nachlassverbindlichkeit in dieses bei Benachteiligungsabsicht oder bei der Erstellung eines amtlichen Inventars nicht nach § 2003 Abs 2 BGB mitwirkt (**sog Inventaruntreue**, § 2005 Abs 1 S 1 und S 2 BGB);

- *einzelnen* Gläubigern gegenüber durch **Verweigerung der das Inventar bekräftigenden eidesstattlichen Versicherung** gem § 2006 Abs 3 BGB;

- *einzelnen* Gläubigern gegenüber, wenn sie den Erben erfolgreich verklagt haben und er sich die Beschränkung seiner Haftung nicht im Urteil nach § 780 Abs 1 ZPO vorbehalten ließ (**fehlender Vorbehalt im Titel**, s erg Rn 131 ff; auf Vollstreckungstitel iSd § 794 Abs 1 ZPO ist § 780 ZPO gem § 795 ZPO entsprechend anwendbar, s MünchKommZPO/Schmidt/Brinkmann [2016] § 780 Rn 3 mwNw);

- *allen oder einzelnen* Gläubigern gegenüber durch **rechtsgeschäftlichen Verzicht auf das Haftungsbeschränkungsrecht** (vgl Rn 192 ff).

Die **Konsequenzen** der unbeschränkbar gewordenen Erbenhaftung sind in der Kommentierung des § 2013 BGB dargestellt. Speziell für *Miterben* vgl § 2059 Abs 1 S 2 BGB und Staudinger/Marotzke § 2059 Rn 4 ff; Staudinger/Dobler § 2013 Rn 12. **77**

d) Reichweite des Haftungsbeschränkungsrechts

78 Das Haftungsbeschränkungsrecht des Erben zeigt nur dort seine vermögensabsondernde Wirkung, wo eine (Nachlass-)Verbindlichkeit durch Aufwendung von Vermögenswerten erfüllt werden muss oder zumindest kann (kostenpflichtige Ersatzvornahme bei vertretbarer Handlung, s § 887 ZPO; zur vorgelagerten Vererblichkeitsfrage s § 1967 Rn 22 ff). Dies gilt insb und typischerweise für **Geldforderungen**, nicht aber notwendigerweise für Ansprüche anderen Inhalts wie etwa für nachlassbezogene Verschaffungsansprüche oder Verpflichtungen zu unvertretbaren Handlungen (dazu sogleich). Das **Haftungsbeschränkungsrecht** ist zwar vermögensbezogen; seine Ausübung führt aber – etwa bei Verschaffungsansprüchen (dazu ausf Rn 87 ff) – **nicht automatisch zur Modifikation des Schuldinhalts**. Das bedeutet insbesondere, dass sich gegenstandsbezogene Ansprüche bei Haftungsbeschränkung nicht automatisch in (gekürzte) Geldansprüche umwandeln (ebenso MünchKomm/Küpper [2017] § 1967 Rn 26; systematisierend und zudem speziell mit Blick auf Gesellschaftsbeitritts- und -gründungsklauseln jetzt Lübke § 6 A IV, S 163 ff).

aa) Erfüllung von Pflichten zur Vornahme unvertretbarer Handlungen im Allgemeinen

79 Dass der Erbe gem §§ 1922 Abs 1, 1967 BGB auch Schuldner von Ansprüchen werden kann, die nur er (und vor ihm der Erblasser) persönlich erfüllen kann (vollstreckungsrechtlich gesprochen handelt es sich um **unvertretbare** Handlungen), steht nicht im Widerspruch zum Haftungsbeschränkungsrecht. Je nach Inhalt der vererbten Pflicht berührt die Haftungsbeschränkung lediglich nicht die Haftung für eine solche Pflicht. Denn Haftung und Schuld sind auch insoweit zu trennen. Das Haftungsbeschränkungsrecht führt daher in solchen Fällen nicht etwa dazu, dass sich der Erbe einer höchstpersönlichen Pflicht durch Ausübung seines Haftungsbeschränkungsrechts entziehen könnte. Das Haftungsbeschränkungsrecht soll den Erben in erster Linie vor Übergriffen von ihm an sich fremden Gläubigern auf sein Eigenvermögen schützen, nicht jedoch durch die Hintertür die einmal bejahte Vererblichkeit bestimmter Pflichten revidieren.

80 Dem entspricht, dass die Frage, ob der Erbe beschränkt haftet, bei Verpflichtungen zu einer **unvertretbaren Handlung** (dies schließt grds **Duldungs- und Unterlassungspflichten** ein, dazu s sogleich Rn 84 ff; zur vorgelagerten Frage der Vererblichkeit s § 1967 Rn 22 ff; zu **fingierbaren unvertretbaren** Handlungen s sogleich Rn 82 f) grds sinnvoll gar nicht erörtert werden kann (vgl zu solch einer Problematik BVerwGE 64, 105, 115).

81 Evident wird dies etwa bei bloßen **Auskunftspflichten** (zur Vererblichkeit s § 1967 Rn 41), da diese selbst von einem vermögenslosen Schuldner erfüllt werden können (vgl Boehmer, in: RG-FS III 216, 253; s hierzu erg auch BeckOGK/Herzog [1. 3. 2019] § 1990 BGB Rn 8. 1 zum Auskunftsanspruch des Pflichtteilsberechtigten aus § 2314 Abs 1 S 1 sowie zum Anspruch auf Erstellung eines Nachlassverzeichnisses). Das mag auch in der Nachlassinsolvenz und bei Nachlassverwaltung (zur freilich selbstständigen Auskunftspflicht des Nachlassverwalters s aber § 2012 Abs 2, Abs 1 S 2 BGB) gelten (eine persönlich zu erfüllende Auskunftsverpflichtung des Erben aus § 2314 Abs 1 S 1 bejahend: OLG Celle 26. 1. 1960 – 10 U 108/59 = MDR 1960, 402; ihm folgend zB Staudinger/Herzog [2015] § 2314 Rn 50; BeckOGK/Herzog [1. 3. 2019] § 1984 Rn 13. 1 mwNw: das Auskunftsbegehren aus § 2314 ist trotz Nachlassverwaltung weiterhin an den Erben zu richten; Burandt/Rojahn/Joachim [2019] § 1984 BGB Rn 10; Joachim/Lange, in: Joachim/Lange [Hrsg], Pflichtteilsrecht [3. Aufl 2017] I. Der Auskunftsanspruch aus

§ 2314 Abs 1 S 1 BGB, Rn 429; vgl aber zum Auskunftsanspruch des insolventen Pflichtteilsberechtigten gem § 2314 Abs 1 S 1 BeckOGK/Blum [15. 7. 2017] § 2314 BGB Rn 21. 2; allg hierzu auch – mit Blick auf die Implikationen für die Reichweite von Nachlassverwaltung und Nachlassinsolvenz – Lübke § 6 A VI 1 b, S 164 f). Fallen aber Kosten an, um eine Auskunftspflicht zu erfüllen, und dient der Auskunftsanspruch, wie im Falle des § 2314 BGB (s hierzu zB mit Blick auf Gutachterkosten zur Ermittlung des Wertes der Nachlassgegenstände im Pflichtteilsprozess OLG Köln 16. 4. 2018 – 17 W 39/18 = ZEV 2018, 412, m Anm Birkenheier jurisPR-FamR 2/2019 Anm 7), der Durchsetzung einer Nachlassverbindlichkeit, erstreckt sich das Haftungsbeschränkungsrecht ebenfalls auf solche Hilfsansprüche. Dh der Erbe darf die Erfüllung einer solchen Auskunftspflicht zB unter Berufung auf § 1990 BGB grds verweigern (Staudinger/Dobler § 1990 Rn 38 aE mwNw).

bb) Verpflichtung zur Abgabe einer Willenserklärung

Ist eine Handlung unvertretbar, aber **fingierbar**, wie die **Abgabe einer Willenserklärung** durch Vollstreckung nach §§ **894 f ZPO**, ist entscheidend, ob die Verpflichtung des Erben *allein* hierin im Tätigen einer solchen unvertretbaren, aber fingierbaren Handlung besteht. Dann nämlich erfordert die *Erfüllung* idR keine Aufwendung von Vermögenswerten aus dem Nachlass, weshalb sich eine Haftungsbeschränkung grds nicht auf diese (nachlassbezogene) Verbindlichkeit erstreckt, also einer Durchsetzung nicht entgegensteht (zu diesem vor allem im Gesellschaftsrecht wichtigen Bereich jetzt Lübke § 6 A IV 2, S 165–168, dort auch kritisch zum mangelnden Schutz des Erbeneigenvermögens, wenn sich an die abzugebende Willenserklärung im Fortgang Verbindlichkeiten anschließen, für die der Erbe – wegen ihrer Einordnung als Nachlasserbenschulden – auch mit seinem Eigenvermögen einzustehen hat). 82

Ist hingegen nicht nur die Abgabe einer Willenserklärung geschuldet, wie etwa beim Anspruch auf Übergabe und Übereignung eines (Nachlass-)gegenstandes, *kann* eine erfolgreich ausgeübte Haftungsbeschränkung auch eine solche Verpflichtung und damit auch die Pflicht zur Abgabe einer Willenserklärung erfassen (zu Verschaffungsansprüchen sogleich ausf Rn 87 ff). Ein solcher Fall ist denkbar, wenn der spätere Erbe einem Gläubiger noch zu Lebzeiten des Erblassers beispielsweise die Übergabe und Übereignung eines Gegenstandes des Erblassers verspricht. Zur Erfüllung einer solchen Pflicht war er zu Lebzeiten des Erblassers freilich nicht in der Lage; wegen § 311a Abs 1 BGB ist der zugrundeliegende Vertrag aber dennoch wirksam. Auch wenn sich die Pflicht auf einen späteren Nachlassgegenstand bezieht, handelt es sich nach dem Erbfall weiterhin um eine Eigenverbindlichkeit des Erben; eine analoge Anwendung des § 185 Abs 2 S 1 Var 2 BGB etwa dergestalt, dass sich die Eigenverbindlichkeit kraft Universalsukzession und nunmehriger Verfügungsbefugnis des Erben in eine Nachlassverbindlichkeit verwandelt, dürfte ausscheiden (vgl abl zur Verpflichtungsermächtigung etwa MünchKomm/Bayreuther [2018] § 185 Rn 31). Kommt es nun zur allseitig wirkenden (s hierzu Rn 96) Haftungsbeschränkung auf den Nachlass, erstreckt sich diese auch auf die an sich unvertretbare, freilich fingierbare Pflicht zur Abgabe einer Willenserklärung, die auf Verschaffung des Nachlassgegenstands gerichtet ist. Der Erbe bleibt zwar weiterhin zur Abgabe der Willenserklärung *verpflichtet* (freilich nicht in der Rolle als Erbe, sondern als üblicher Schuldner). Aber dem Eigengläubiger wird das einseitig ausübbare Zugriffsrecht (Kerngehalt des sog Haftungsverhältnisses, dazu Rn 98 ff) auf den Nachlassgegenstand genommen und damit die Grundlage für die Vollstreckung entzogen. 83

cc) Erfüllung von Duldungs- und Unterlassungspflichten und insb sog inhaltlich variabler Pflichten

84 Auch bei (selbstständigen) **Duldungs- und Unterlassungspflichten**, die unvertretbare und nicht fingierbare Handlung erfordern und grds nach § 890 ZPO zwangsweise durchsetzbar sind, führt das Haftungsbeschränkungsrecht nicht dazu, dass sich der Erbe seiner Pflicht zur Duldung oder Unterlassung entziehen könnte. Auch wenn seine Haftung nunmehr beschränkt ist, darf der Erbe also nicht etwa tun, was er zu unterlassen oder zu dulden verpflichtet ist (zur vorgelagerten Frage der Vererblichkeit von Duldungs- oder Unterlassungspflichten s § 1967 Rn 42 f, 73; vgl zur Übertragbarkeit ferner RGZ 148, 146, 147; RGZ 92, 341). Hatten ein späterer Nachlassgläubiger und der Erblasser beispielsweise ein **Wettbewerbsverbot** vereinbart und beschränkt der Erbe erfolgreiche seine Haftung, führt die Haftungsbeschränkung nicht etwa dazu, dass der Erbe das Wettbewerbsverbot nicht mehr beachten müsste. Mit der Haftungsbeschränkung kann sich der Erbe der Erfüllung der Unterlassungspflicht nicht entziehen.

85 Bisweilen werden in diesem Kontext auch sog **inhaltlich variable Verpflichtungen** diskutiert (s dazu J Schröder JZ 1978, 379–385). Beispiele für „inhaltlich variable" Verpflichtungen sind *Konkurrenzverbote,* denen der Erblasser mit allen seinen Betrieben unterlag, *Stimmrechtsbindungen,* die sich auf den jeweiligen Aktienbestand des Erblassers beziehen, oder *die Pflicht zur Ablieferung der gesamten Produktion* eines bestimmten Erzeugnisses an den Gläubiger (J Schröder JZ 1978, 379–385 und für Stimmrechtsbindungen nochmals in ders ZGR 1978, 578, 595 ff). Beim Problem der Variabilität handelt es sich aber nicht um eine Haftungsfrage; es geht vielmehr um den vorgelagerten Aspekt der **Vererblichkeit**. Fraglich ist nämlich, ob der **Inhalt der primären Schuld** auch bei Übergang auf den Erben nach §§ 1922 Abs 1, 1967 BGB konstant bleibt oder sich wegen des Schuldnerwechsels ändert. Das beurteilt sich vorrangig nach der Vereinbarung zwischen Erblasser und dessen Gläubiger und ist daher Auslegungsfrage. Das Haftungsverhältnis regelt lediglich akzessorisch hierzu das **Zugriffsrecht des Gläubigers** für den Fall, dass der Schuldner seine Verpflichtung nicht freiwillig erfüllt (ausf zum sog Haftungsverhältnis Rn 98 ff). Die Haftung ist der Schuld nachgelagert; die Reichweite des Zugriffs hängt daher vom Schuldinhalt ab. Das gilt auch mit Blick auf die Haftung für unerfüllt gebliebene unvertretbare Handlungen. Dass sich bei sog inhaltlich variablen Verbindlichkeiten der Schuldinhalt häufig über den Umfang oder die durchaus vermögensrelevante Reichweite der Verpflichtung bestimmt (zB: Bezieht sich die vertragliche Stimmrechtsbindung auch auf Aktien des Erben? Bezieht sich das Wettbewerbsverbot auch auf Betriebe des Erben?) bedeutet nicht, dass es sich hierbei um eine Haftungsfrage handelt. Die mit der Verschmelzung von Erblasser- und Erbenvermögen (im Falle der Alleinerbschaft) nach §§ 1922 Abs 1, 1967 BGB einhergehende Vergrößerung der Haftungsmasse rechtfertigt daher aus sich heraus nicht die inhaltliche Erweiterung der Schuld.

86 Kommt man daher zum Ergebnis, dass eine solche „inhaltlich variable" Verbindlichkeit mit ihrem ursprünglichen Inhalt vererblich ist (Schröder JZ 1978, 379, 380), heißt das zugleich, dass sich der **Umfang der primären Schuld durch den Übergang auf den Erben nicht erweitert** (etwa dergestalt, dass dieser vor der Beschränkung seiner Haftung dem Konkurrenzverbot auch mit seinen eigenen, nicht mit Mitteln des Nachlasses erworbenen Betrieben unterläge; so aber Schröder JZ 1978, 379, 381 ff für den Fall, dass nur *eine* Person Erbe

ist; wie hier hingegen Kipp JW 1926, 1809 f; MünchKomm/Küpper [2020] § 1967 Rn 29; Soergel/Stein § 1922 Rn 44). Dass der Erbe für die Nachlassverbindlichkeiten gem § 1967 BGB grundsätzlich auch mit dem Eigenvermögen einstehen muss (zB bei Verletzung des Wettbewerbsverbots), besagt nicht, dass sich auch der Umfang der primären Schuld (im Beispiel: mit *welchen* Betrieben dem Gläubiger keine Konkurrenz gemacht werden darf) nicht mehr nach den Verhältnissen des Erblassers, sondern nach denen seines Erben richtet (MünchKomm/Leipold § 1922 Rn 77; **aM** J Schröder JZ 1978, 379, 381 ff). Vgl zudem die Veränderungen der Haftungsverhältnisse bei Pflichtverletzungen iRe Nachlassverbindlichkeit Rn 118 ff.

dd) Erfüllung von Verschaffungsansprüchen

Verschaffungsansprüche können sich als Erblasserschulden sowohl **aus Verträgen** 87
zwischen Erblasser und Nachlassgläubiger (zB aus einem Kaufvertrag, der auf die Übergabe und Übereignung eines Nachlassgegenstands gerichtet ist) als auch insb **aus Vermächtnissen** (Erbfallschulden) ergeben, sei es aus Verschaffungs- (s insb §§ 2169, 2170 BGB) oder Gegenstandsvermächtnissen (insb Vermächtnis einer Sache, zum Forderungsvermächtnis s § 2173 BGB).

Ein Nachlassgläubiger kann seinen Verschaffungsanspruch **grds** auch dann geltend 88
machen, also die Verschaffung des (Nachlass-)Gegenstands verlangen, wenn es zur Haftungsbeschränkung gekommen ist (implizit ebenso zB Staudinger/Dobler § 1992 Rn 11; § 1991 Rn 23). Die Haftungsbeschränkung auf den Nachlass beeinflusst den Schuldinhalt also nicht dergestalt, dass sich der Leistungsinhalt des Verschaffungsanspruchs automatisch in einen Geldanspruch umwandeln würde (vgl in der Insolvenz aber § 45 InsO; außerhalb s § 1991 Abs 4 BGB iVm § 45 InsO; für analoge Anwendung von § 45 InsO bei Verschaffungsansprüchen allg Staudinger/Dobler § 1991 Rn 23; s ferner BGH NJW 1964, 2298, 2300 f). Dies gilt insbesondere, wenn der Gegenstand (noch) im Nachlass vorhanden ist und der Nachlass zur Befriedigung aller Nachlassverbindlichkeiten ausreicht (s auch Staudinger/Dobler § 1990 Rn 37, die im Falle des § 1990 BGB eine automatische Geltendmachung zum Schätzwert des Gegenstandes auch dann ablehnt, wenn der Gegenstand nicht mehr im Nachlass vorhanden ist, sodann die Erzwingung einer Neuanschaffung des geschuldeten Gegenstands nach § 887 Abs 1 ZPO in den Raum stellt, aber auf Zweifel wegen § 887 Abs 3 ZPO hinweist und zuletzt auf die Möglichkeit des Nachlassgläubigers verweist, Zuschüsse zu leisten, um den Nachlassgegenstand in natura zu erhalten).

Die Auswirkungen auf die Erfüllung von Verschaffungsansprüchen können jedoch 89
je nach Haftungsbeschränkungstatbestand variieren und sind daher differenziert zu betrachten (s hierzu die Kommentierungen zu den jeweiligen Haftungsbeschränkungstatbeständen: Staudinger/Dobler § 1992 Rn 11; § 1991 Rn 23, § 1990 Rn 37 f; in der Nachlassinsolvenz sind §§ 103 ff sowie § 45 InsO zu beachten). Im Allgemeinen ist **erstens** ausschlaggebend, ob der Nachlass zur Befriedigung aller Nachlassverbindlichkeiten ausreicht oder vielmehr – bei Dürftigkeit, Überschwerung oder Gläubigerausschluss – eine Umrechnung in eine anteilige Geldforderung (Wertersatz) notwendig wird (vgl § 1991 Abs 4 BGB iVm § 45 InsO), und **zweitens**, ob der Verschaffungsanspruch nachrangig zu befriedigen ist (vgl § 1991 Abs 4 BGB iVm § 327 Abs 1 Nr 2 InsO; zur Rangordnung bei Gläubigerausschluss nach § 1973 s § 1973 Rn 40 ff).

Bei **Vermächtnisansprüchen** ist vor allem **§ 1992 BGB** zu beachten. Hat der Erblasser 90
den Nachlass mit Vermächtnissen überschwert, gewährt § 1992 BGB dem Erben ein

besonderes Schutzinstrument. Denn auch wenn der Nachlass nicht iSd § 1990 BGB dürftig ist, kann der Erbe seine Haftung etwa gegenüber Vermächtnisnehmern nach § 1992 BGB beschränken (zur umstrittenen Frage, wann eine Überschuldung auf Vermächtnissen und Auflagen beruht, s zB BeckOGK/Herzog [1. 3. 2019] § 1992 BGB Rn 20 ff). Anders als im Falle des § 1990 BGB ist der Erbe zudem zur Abwendung der Zwangsvollstreckung in die noch vorhandenen Nachlassgegenstände befugt (§ 1992 S 2 BGB). Wohl ganz überwiegend wird – ausgehend von einer Entscheidung des OLG Hamburg (OLGE 21, 308) – angenommen, dass der Erbe Vermächtnisansprüche, die nicht auf Geldzahlung gerichtet sind, durch **anteilig gekürzten Wertersatz** befriedigen darf und muss, wenn er seine Haftung nach § 1992 BGB beschränkt, es sei denn, der Vermächtnisnehmer schießt den Fehlbetrag zu, um doch noch die Sachleistung zu erlangen (so allg NK-BGB/Krug [2014] § 1992 Rn 10 mit Verweis auf §§ 1992 S 1, 1991 Abs 4 BGB iVm § 45 InsO; ebenso BeckOGK/Herzog [1. 3. 2019] § 1992 BGB Rn 37; Staudinger/Dobler § 1992 Rn 11; Soergel/Stein § 1992 Rn 4; MünchKomm/Küpper § 1992 BGB Rn 9 mwNw; ebenso bereits Staudinger/Lehmann[11] § 1992 Rn 7; nach BGH NJW 1964, 2298, 2300 f gilt das auch dann, wenn sich der Gegenstand nicht im Nachlass befindet; dem BGH iErg zust etwa Staudinger/Otte [2019] § 2170 Rn 9 mwNw unter analoger Anwendung des § 2187 Abs 1). Dabei wird implizit wohl davon ausgegangen, dass sich bei Knappheit der Nachlassmittel die Beschränkung des Haftungsumfangs (Nachlass*überschuss)* ausnahmsweise(?) auf den *Schuldinhalt* (Wertersatzpflicht anstelle einer Verschaffungspflicht) auswirkt (ausdrücklich differenzierend aber und instruktiv Staudinger/Otte [2019] § 2170 Rn 9: „Schließlich ist darauf hinzuweisen, dass beim Verschaffungsvermächtnis, das einen Gegenstand zum Inhalt hat, der einem Dritten gehört, die Herbeiführung der Haftungsbeschränkung durch den Beschwerten nicht zu einer Veränderung des Schuldinhalts führt … Auszugehen ist demnach davon, dass der beschwerte Erbe auch bei Herbeiführung der Haftungsbeschränkung zur Verschaffung eines ihm gehörenden Gegenstandes verpflichtet bleibt. Bei Erhebung der Überschuldungseinrede besteht diese Verpflichtung jedoch nur gegen Bezahlung der Differenz zwischen Gegenstandswert und Nachlasswert …“).

Ferner ist zu beachten, dass die für die Verschaffung eines (Nachlass-)Gegenstandes erforderliche **Abgabe einer Willenserklärung** zwar eine unvertretbar, aber gleichwohl nach §§ 894 f ZPO fingierbare Handlung ist (s hierzu bereits Rn 82 f). Wird der Erbe unter Vorbehalt der Beschränkung seiner Haftung (§ 780 Abs 1 ZPO) verurteilt, wirkt der Vorbehalt ausnahmsweise unmittelbar (und nicht erst im Rahmen der Vollstreckungsabwehrklage nach §§ 785, 767 ZPO), dh auch mit Rechtskraft der Entscheidung wird die Abgabe der Willenserklärung **nicht** nach §§ 894 f ZPO fingiert (MünchKommZPO/K Schmidt/Brinkmann [2016] § 780 Rn 22, die mit der hM im Grundsatz auf § **888 ZPO** als vollstreckungsrechtliche Ausweichlösung für den Nachlassgläubiger verweisen; ebenso MünchKomm/Küpper § 1967 Rn 31). Das sollte aber nur dann gelten, wenn die Fiktionswirkung der §§ 894 f ZPO ausgeschlossen sein soll (Zöller/Geimer [2020] § 780 ZPO Rn 6). Ob das auch dann zutrifft, wenn die abzugebende Willenserklärung auf die Verschaffung eines Nachlassgegenstands gerichtet ist, ist zweifelhaft. Um die Zwangsvollstreckung nicht unnötig zu verzögern, sollte in diesem Fall schon im Erkenntnisverfahren geklärt werden, ob es sich beim zu verschaffenden Gegenstand um einen Nachlassgegenstand handelt (oder ob dieser im Nachlass noch vorhanden ist).

e) Rechtsfolgen des ausgeübten Haftungsbeschränkungsrechts im Grundriss

91 Wurde das Haftungsbeschränkungsrecht erfolgreich ausgeübt, ist im Hinblick auf die

Rechtsfolgen zwischen den einzelnen Tatbeständen (dazu im Überblick Rn 72 ff) zu unterscheiden. Dies gilt vor allem im Hinblick auf die insolvenzrechtlichen Regeln (§§ 315 ff InsO). **Ein allgemeines, dh einheitliches Rechtsfolgenregime bei Ausübung des Haftungsbeschränkungsrechts lässt sich nicht ohne Weiteres ausmachen**. Allerdings gibt es sich wiederholende Problemlagen, die hier in einem Grundriss zusammengetragen werden. Wegen der Einzelheiten ist auf die entsprechenden Kommentierungen insb der §§ 1973; 1974; 1989, 1973; 1990, 1992 und 2014, 2015 BGB zu verweisen.

Auf Rechtsfolgenseite lassen sich für alle Haftungsbeschränkungstatbestände immerhin **zwei Grundfragen** ausmachen, nämlich **erstens**, wem und auf welche Weise das **Zugriffsrecht auf den Nachlass** bzw das Eigenvermögen verwehrt wird (s dazu Rn 94 ff), **92**

und **zweitens**, wie sich eine Haftungsbeschränkung auf die Nachlassverbindlichkeit, dh auf die Schuld und damit **materiellrechtlich auswirkt** (s dazu Rn 112 ff). **93**

aa) Haftungsrechtliche Absonderung des Nachlasses

Die erfolgreiche Ausübung des Haftungsbeschränkungsrechts führt **grds** zur *haftungsrechtlichen* **Absonderung des Nachlasses**. Dies bedeutet, dass die *Haftung* des Erben für Nachlassverbindlichkeiten gegenständlich auf den Nachlass (bei Nachlassverwaltung und -insolvenz) bzw den Nachlassüberschuss (s §§ 1990 Abs 1 S 2; 1973 Abs 2 S 1, 1992, 1990; 1989, 1973; 1974 Abs 1 S 1, 1973 BGB) beschränkt ist. Wird auch den Eigengläubigern der Zugriff auf den Nachlass verwehrt, ist die Absonderung **allseitig** (sogleich weiterführend zur Absonderungsintensität Rn 96); andernfalls wirkt sie nur **einseitig**, indem lediglich Nachlassgläubiger gezwungen sind, sich ausschließlich an den Nachlass als Haftungsgrundlage zu halten. Zu Auswirkungen auf die **Schuld** s sogleich Rn 112 ff. **94**

Die Absonderung des Nachlasses wirkt sich lediglich *haftungsrechtlich* aus, betrifft also keineswegs die Rechtsinhaberschaft und Pflichtenstellung des Erben. Der Erbe bleibt Gesamtrechtsnachfolger des Erblassers und mithin Rechtsinhaber der Nachlassgegenstände und Verpflichteter im Hinblick auf die Nachlassverbindlichkeiten. Freilich kann es aber zu einer rechtlichen Entmachtung des Erben kommen. So verliert er bei Eröffnung des Nachlassinsolvenzverfahrens oder der Anordnung einer Nachlassverwaltung insb seine Verpflichtungs- und Verfügungsbefugnis über die Nachlassgegenstände (s § 1975 BGB iVm §§ 315 ff, 80–82, 85 f InsO; § 1984 Abs 1 S 2, 3 BGB iVm § 81 InsO). **95**

Die **Intensität der haftungsrechtlichen Absonderung** ist **differenziert** zu betrachten. Nicht alle Haftungsbeschränkungsrechte wirken allseitig, indem sie die Eigengläubiger des Erben auf dessen Eigenvermögen und die Nachlassgläubiger auf den Nachlass verweist. Unstreitig führen nur die Anordnung der Nachlassverwaltung und die Eröffnung eines Nachlassinsolvenzverfahrens zu einer solch umfassenden, weil **allseitig** wirkenden haftungsrechtlichen Absonderung des Nachlasses. Anders liegt der Fall etwa, wenn ein rechtskräftiger Ausschließungsbeschluss iSd §§ 1970 1973 BGB erlassen worden ist und der Erbe sodann die Einrede aus § 1973 Abs 1 S 1 BGB erhebt. Hier ist der Nachlass nicht vor dem Zugriff von Eigengläubigern geschützt (ausf § 1973 Rn 20). Für die Einreden aus § 1990 ist diese Frage umstritten **96** (ausf dazu Staudinger/Dobler § 1990 Rn 2 f, 28: keine analoge Anwendung von § 784 Abs 2 ZPO, sondern Bereicherungsanspruch gegen den Erben). Dieses differenzierte Rechtsfolgenregime ist ein Grund für die Kompliziertheit des erbrechtlichen Haftungssystems im deutschen Recht (weiterführend hierzu Rn 211 ff).

97 Zudem ist in diesem Zusammenhang zu bedenken, dass Gläubiger einer sog **Nachlasserbenschuld** (zum Begriff ausf § 1967 Rn 17 ff) trotz erfolgreicher Haftungsbeschränkung weiterhin, weil ihnen gegenüber auch eine Eigenverbindlichkeit besteht, in das Eigenvermögen des Erben vollstrecken können. Im Falle einer Nachlasserbenschuld kann die Haftung also nicht effektiv auf den Nachlass beschränkt werden.

bb) Das Haftungsverhältnis und seine Modifikation durch das Haftungsbeschränkungsrecht

98 Beschränkt der Erbe seine Haftung erfolgreich, wirkt sich dies im Grundsatz **nicht materiellrechtlich**, dh auf seine Schuld gegenüber den Nachlassgläubigern aus. Weder erlischt die Nachlassverbindlichkeit noch verengt sich die Schuld des Erben (**aA** zur Verengung in vorheriger Bearbeitung Staudinger/Dutta [2016] Vorbem 8 zu §§ 1967–2063 [echtes, materielles Einrederecht]; zu den Auswirkungen der Haftungsbeschränkung auf den Schuldumfang vgl einerseits Schröder JZ 1978, 379, 381 ff und andererseits Roth, Die Einrede des Bürgerlichen Rechts [1988] 59, 65 ff [der jedoch jeden Einfluss auf die *Schuld* des Erben ablehnt]). Die erfolgreiche Ausübung des Haftungsbeschränkungsrechts führt auch nicht dazu, dass sich die Schuld, die den Erben bzgl der Nachlassverbindlichkeiten trifft, von der Person des Erben auf den Nachlass als Vermögenswert verlagert. Diese Wirkung hat nicht einmal § 1984 Abs 1 S 3 BGB, da der Nachlassverwalter iSd § 278 BGB gesetzlicher Vertreter des Erben ist. Denn der Nachlass ist im deutschen Recht zu keinem Zeitpunkt rechtsfähig. Er lässt sich lediglich in *haftungsrechtlicher* Hinsicht verselbstständigen.

99 Die Frage, ob und ggf inwieweit sich die Haftungsbeschränkung auf die Schuld auswirkt (für §§ 1990, 2014 f materiellrechtliche Wirkungen zB generell absprechend MünchKomm/Küpper § 1990 Rn 17, § 2014 Rn 5), ist keineswegs rein theoretisch, sondern hat praktische Bedeutung. So ist fraglich, ob der Erbe trotz Haftungsbeschränkung in Schuldnerverzug geraten kann, die Verjährung des Anspruchs bei bestehender Haftungsbeschränkung gehemmt ist, ob der Nachlassgläubiger immer noch mit der an sich blockierten Nachlassverbindlichkeit gegen eine andere Forderung des Erben aufrechnen kann (Aufrechnungsbefugnis), oder ob etwa ein auf den Erben übergegangener Unterhaltsanspruch wegen der Erhebung einer Erbeneinrede iSd § 844 Abs 2 S 1 BGB „entzogen“ ist (dazu RGZ 74, 375, 377, freilich zu § 1712 aF; zur heutigen Relevanz der Frage MünchKomm/Wagner § 844 Rn 37). Zum Teil finden sich hierzu gesetzliche Regelungen, so etwa in § 204 Abs 1 Nr 10 BGB für die Hemmung der Verjährung im Falle der Insolvenz; und zur Aufrechnungsbefugnis sind insb §§ 390, 1977 BGB zu beachten (zur Aufrechnung in der Insolvenz weiterführend Rn 154 ff).

100 Nach hier vertretener Auffassung führt die erfolgreiche Haftungsbeschränkung im Grundsatz lediglich zur **Modifikation des Haftungsverhältnisses** zwischen dem Erben und einem (oder aller) Nachlassgläubiger, während das in Rede stehende Schuldverhältnis, aus dem die Nachlassverbindlichkeit entspringt, unberührt bleibt. Denn mit der Haftungsbeschränkung verengt sich lediglich das **Zugriffsrecht des (Nachlass-)Gläubigers** zur Befriedigung seiner Verbindlichkeit und zwar dergestalt, dass er zur zwangsweisen Erfüllung seiner Verbindlichkeit nur noch auf den Nachlass(-überschuss) zugreifen kann, während ein Eigengläubiger des Erben ggf lediglich auf dessen Eigenvermögen verwiesen wird (zur umstrittenen Frage, ob Eigengläubiger bei Erhebung einer *Erbeneinreden* nicht mehr auf den Nachlass zugreifen können, s etwa STAUDINGER/DOBLER § 1990 Rn 28; s ferner erg zur Wirkung des Ausschließungsbeschlusses § 1973 Rn 17 ff). Es kommt also zur **haftungsrechtlichen Absonderung des Nachlasses** und jedenfalls im Falle von Nachlassinsolvenz und Nachlassverwaltung auch des Eigenvermögens des Erben. Die Schuld des Erben bleibt hingegen grds unverändert bestehen.

Die modifizierende Wirkung der erfolgreich ausgeübten Haftungsbeschränkung **101** zeigt sich in erster Linie im Haftungsverhältnis für die in Rede stehende Nachlassverbindlichkeit. Darüber hinaus tritt die Wirkung der Haftungsbeschränkung aber auch in anderen Rechtsbeziehungen zwischen Erbe und Nachlassgläubiger zu Tage. Will der Nachlassgläubiger etwa mit einer Verbindlichkeit, für die der Erbe seine Haftung auf den Nachlass beschränkt hat, gegenüber einer Forderung des Erben aufrechnen, ist dies nur möglich, wenn die Passivforderung eine Nachlassverbindlichkeit ist (ausf hierzu Rn 128).

Das Haftungsverhältnis steht zwischen Schuldverhältnis und Vollstreckungsrechts- **102** verhältnis. Diese Dreiteilung beruht auf der **Unterscheidung von Schuld** als Kernstück des Schuldverhältnisses, einseitig ausübbarem **Zugriffsrecht** des Nachlassgläubigers als Wesenselement des Haftungsverhältnisses und dem tatsächlichen **Zugriff im Wege der Zwangsvollstreckung**.

(1) Regelungsgehalt des sog Haftungsverhältnisses

Das Haftungsverhältnis (zur Entstehung und Begründung s sogleich Rn 108; zur praktischen **103** Relevanz bei vertraglichen Vereinbarungen bzgl der Haftung Rn 192 ff) regelt jedenfalls mit Blick auf das System der Erbenhaftung, **ob** der (Nachlass-)Gläubiger überhaupt **zwangsweise** oder **privat einseitig** auf das Vermögen des Erben oder gar ausnahmsweise auf den Schuldner selbst (vgl für die *vollstreckungsrechtliche* Ausgestaltung zur Haftungsrealisierung etwa §§ 888, 890 BGB, ferner etwa § 802g ZPO) zugreifen darf, wenn der Schuldner die Verbindlichkeit **nicht freiwillig** erfüllt. Besteht ein solch allgemeines Zugriffsrecht, gibt das Haftungsverhältnis insbesondere auch Aufschluss darüber, **wie weit** dieser Zugriff reichen darf **(Haftungsreichweite)**. Kommt es etwa zur Haftungsbeschränkung, ist das Zugriffsrecht des (Nachlass-)Gläubigers auf den Nachlass (-überschuss) als eine von Gesetzes wegen (§§ 1975 ff BGB) absonderbare Vermögensmasse begrenzt.

Das aus dem Haftungsverhältnis entspringende Zugriffsrecht bezieht sich nicht nur **104** auf die **gerichtliche Durchsetzung** des Gläubigerrechts im Erkenntnisverfahren zur Titelschaffung (Klagbarkeit) als Grundlage für eine spätere Zwangsvollstreckung mit Hilfe staatlicher Organe (Fremdvollstreckung). Es verleiht vielmehr auch die Befugnis, **außergerichtliche Instrumente der Durchsetzung** (Selbstvollstreckung) zu nutzen, insbesondere die Möglichkeit des Gläubigers, gegenüber dem Erben aufzurechnen sowie Zurückbehaltungsrechte geltend zu machen (§§ 320, 273, 1000 BGB, vgl zu Einreden sogleich Rn 106 f; s ferner ausf zur Aufrechnungsbefugnis und Zurückbehaltungsrechten bei bestehender Haftungsbeschränkung Rn 128–130) oder Selbsthilfebefugnisse auszuüben (§§ 229 f BGB). Haftung kann, muss sich aber nicht in der Zwangsvollstreckung realisieren (ebenso zB WAGNER, Prozessverträge [Tübingen 1998] S 734 f). Das

Zugriffsrecht verleiht mithin das Recht, die **Fremdvollstreckung** zu veranlassen, und befugt zur **Selbstvollstreckung** (zB im Wege der Aufrechnung). Der Gläubiger kann zwischen beiden Formen des Zugriffs wählen.

105 Die Frage, *wie* der Zugriff, also die Haftung *realisiert* wird, ist hingegen insoweit nicht Teil des Haftungsverhältnisses, als es lediglich um die *Modalitäten der Vollstreckung* oder die *Ausgestaltung der Vollstreckungsinstrumente* geht. Die Frage etwa, ob eine Geldforderung durch Sachpfändung und anschließender Versilberung oder durch Pfändung und Einziehung einer Forderung vollstreckt werden kann, wird vom Zwangsvollstreckungsrecht beantwortet, ist aber nicht Regelungsgegenstand des Haftungsverhältnisses. Die verfügbaren *Instrumente zur Haftungsrealisierung* sind also vom Haftungsverhältnis zu trennen. Insb im Hinblick auf sog **Vollstreckungsvereinbarungen** ist nämlich zu bedenken, dass hier an die privatautonome Gestaltbarkeit wegen des öffentlich-rechtlichen Regelungsgegenstand besondere Anforderungen zu stellen sind (zur Abgrenzung von Haftungs- und Vollstreckungsvereinbarungen s sogleich Rn 109 ff). Dies gilt auch für die privatautonome **Ausgestaltung der Instrumente zur Selbstvollstreckung**; zu denken ist insb an **Aufrechnungsverträge**. Solche Vereinbarungen, die im Rahmen der Vertragsfreiheit grds möglich sind, sind dem Haftungsverhältnis vorgelagert. Es handelt sich bei ihnen nicht um Haftungsvereinbarungen. **Denn Haftung setzt Schuld voraus**. Dass die Aufrechnung ein wichtiges Instrument der Selbstexekution ist, steht dem nicht entgegen. Denn zwei Perspektiven sind haftungsrechtlich zu unterscheiden: Erklärt der Erbe als *Schuldner* gegenüber einem Nachlassgläubiger die Aufrechnung und bringt hierdurch dessen Anspruch zum Erlöschen (§ 389 BGB), *verteidigt* der Erbe sich. Zugleich aber exekutiert er in der Rolle als *Gläubiger* die Haftung des Nachlassgläubigers, der nun die Rolle des Schuldners einnimmt, für eine Forderung, die dem Erben ggf als Nachlassforderung gegenüber dem Nachlassgläubiger zusteht. *Haftungsrechtlich* ist allein diese Befugnis zur Selbstexekution maßgeblich. Wer hingegen *anspruchsbezogen* denkt, fragt nach den Auswirkungen auf die beteiligten Ansprüche und mithin auf die Schuld.

106 Auch der Umfang, in dem der Schuldner im Prozess **Einreden** erheben oder außerprozessual geltend machen kann, gestaltet das Haftungsverhältnis. Die Einredenbehaftetheit einer Verbindlichkeit bestimmt maßgeblich, ob und inwieweit der Schuldner für deren Erfüllung einzustehen hat. Einreden wirken sich – *haftungsrechtlich* betrachtet – auf die **Erzwingbarkeit der Erfüllung einer Verbindlichkeit** und mithin auf die Haftung des Schuldners aus. Aus *haftungsrechtlicher* (im Gegensatz zur *anspruchs*bezogenen) Sicht macht es zwar im Ergebnis keinen Unterschied, ob der Schuldner nicht haften muss, weil der Anspruch gar nicht (mehr) besteht oder (noch) nicht durchsetzbar ist. In beiden Fällen hat der Gläubiger freilich (derzeit) kein Zugriffsrecht auf das Vermögen des Schuldners. Haftungs- und Schuldverhältnis haben aber zwei zu trennende Regelungsbereiche. Haftung setzt Schuld voraus. Anspruchsrechtlich betrachtet muss also der Anspruch zumindest wirksam entstanden und darf nicht erloschen sein. Rechtshindernde und rechtsvernichtende Einwendungen sind daher nicht Regelungsgegenstand des Haftungsverhältnisses.

107 Bei *haftungsrechtlicher* Betrachtung lässt sich die **Wirkweise von Einreden** in zwei Gruppen einteilen. Die Erhebung von Einreden wirkt entweder auf das Ob des Zugriffsrechts oder bestimmt das Haftungsobjekt. Bewirkt eine wirksam erhobene Einrede, dass der Anspruch gar nicht (zB bei Verjährung) oder jedenfalls zeitweise (zB bei Stundung) nicht durchgesetzt werden kann und eine Klage infolgedessen als (derzeit) unbegründet abgewiesen werden müsste, handelt es sich um **materiellrechtliche Einreden**. Bewirkt eine Einrede hingegen lediglich – wie bei den Erbeneinreden zB aus § 1990 Abs 1 oder § 1973 Abs 1 S 1 BGB –, dass der Erbe unter einem Vorbehalt (§§ 780 ff ZPO) verurteilt wird (die Klage also begründet ist), handelt es sich um **haftungsrechtliche Einreden**. Beiden Einredearten ist aber gemein, dass sie das Zugriffsrecht des Gläubigers auf das Schuldnervermögen, wenn auch in verschiedener Weise, gestalten (ebenso Gernhuber, Schuldverhältnis [Tübingen 1989] § 4 IV 1 f, S 82 f mwNw, s zudem § 4 II 4 d, S 75 f). Während die materiellrechtlichen Einreden, wenn sie erhoben werden, das Zugriffsrecht des Gläubigers für immer oder zeitweise entfallen lassen, betreffen haftungsrechtliche Einreden lediglich die Reichweite des späteren Zugriffs und begrenzen damit nicht das Ob des Zugriffsrecht, sondern lediglich das Haftungsobjekt und damit die Haftungsreichweite. Die Ausübung des erbrechtlichen Haftungsbeschränkungsrechts berührt daher weder das Ob des Zugriffs noch dessen Form, sondern lediglich die Frage des Haftungsobjekts (Nachlass) und zudem des Haftungsumfangs (Nachlassüberschuss). Die **Zwangsvollstreckung** betrifft hingegen den **tatsächlichen Zugriff** entsprechend des titulierten und vollstreckbaren Anspruchs; dieser spiegelt freilich das Haftungsverhältnis zwischen Schuldner und Gläubiger wider. Denn in der Zwangsvollstreckung realisiert sich Haftung.

(2) Entstehung und Begründung des Haftungsverhältnisses

Jedenfalls bei schuldrechtlichen Rechtsbeziehungen entsteht das Haftungsverhältnis **108** entweder durch (meist stillschweigende) rechtsgeschäftliche Übereinkunft oder es beruht auf gesetzlicher Anordnung (sofern der Gesetzgeber etwa in § 823 Abs 1 BGB anordnet, dass der Schädiger zum „Ersatz des … Schadens verpflichtet [ist]", bedeutet dies zugleich, dass sich der Gläubiger zwangsweise oder privat einseitig befriedigen darf, wenn der Schuldner nicht freiwillig leistet. Diese Macht zur Rechtsdurchsetzung – sei es mit Hilfe eines Gerichts oder staatlichen Stelle oder einseitig privat – ist auch Inhalt des Anspruchs iSd § 194 Abs 1 BGB, was freilich das staatliche Monopol zur Rechtsdurchsetzung nicht in Frage stellt). Denn wenn sich jemand gegenüber einer anderen Person verpflichtet oder durch Gesetz zu einem Tun, Dulden oder Unterlassen verpflichtet wird, ist damit regelmäßig auch zugleich dem Gläubiger das Recht gewährt, seine Rechtsposition notfalls zwangsweise – sei es im Prozess oder privat – gegenüber dem Schuldner durchzusetzen, wenn der Schuldner nicht freiwillig leistet.

(3) Abgrenzung von Haftungs- und Vollstreckungsvereinbarungen

Haftungsverhältnisse sind privatautonom gestaltbar (ausf hierzu Rn 185 ff). Von solchen **109** **Haftungsvereinbarungen** sind **Vollstreckungsvereinbarungen** abzugrenzen. Jedenfalls Vereinbarungen, die das Ob und den Ablauf der Zwangsvollstreckung als allein staatlich organisiertes Verfahren betreffen (zB die Frage, ob und wann – trotz Klagbarkeit und damit Titelbeschaffungsmöglichkeit – vollstreckt werden darf oder ob Vollstreckungsschutz eingreift, welche Vollstreckungsinstrumente zur Verfügung stehen), sind keine Haftungsvereinbarungen, sondern **Vollstreckungsvereinbarungen** (zur bisweilen schwierigen und umstrittenen Abgrenzbarkeit ausf Wagner, Prozessverträge [Tübingen 1998] S 732–743 mwNw. Die Abgrenzungsschwierigkeiten beruhen zT darauf, dass sich im Laufe des 19. und frühen 20. Jhd das Anspruchssystem vor allem im Schuldrecht als Ordnungsmodell durchgesetzt hat, aber zugleich in der Germanistik des 19. Jhd die Diskussion um die Dichotomie von Schuld und Haftung geführt worden ist und bis heute – freilich häufig auf hoher Abstraktionsebene – in der schuldrechtlichen Literatur aufgegriffen wird. Dabei ist es, soweit ersichtlich, bislang nicht gelungen, beide insb schuldrechtliche Ordnungsmodelle bruchlos zusammenzuführen, s hierzu etwa Scherf, Vollstreckungsverträge [Köln 1971] S 18 ff, 71, 73; Jahr JuS 1964, 218 Fn 34, 224. Dies führt in der heutigen Dogmatik bisweilen zu Widersprüchen und Inkohärenzen. Diesen Fragen kann hier nicht weiter nachgegangen werden). Vollstreckungsvereinbarungen greifen jedenfalls in den standardisierten Ablauf des Zwangsvollstreckungsverfahrens als staatlich organisiertem Verfahren zur Rechtsdurchsetzung ein.

110 Als **Indiz** für die Abgrenzung zwischen Vollstreckungs- und Haftungsvereinbarungen mag der **Zeitpunkt der Vereinbarung** dienen. Wird eine Vereinbarung erst nach Erlass einer Entscheidung im Erkenntnisverfahren getroffen, spricht dies eher für eine Vollstreckungsvereinbarung (so der Vorschlag von Wagner, Prozessverträge [Tübingen 1998] S 736 f). Gleiches mag für die Kontrollüberlegung gelten, ob eine Vereinbarung zur Klageabweisung (oder Klageumstellung, s §§ 257, 259 ZPO) führen oder lediglich zu einem Rechtsbehelf im Vollstreckungsverfahren berechtigen würde (zur umstrittene Frage nach der Geltendmachung von Vollstreckungsvereinbarungen s zB Wagner, Prozessverträge [Tübingen 1998] S 768–778).

111 Ob dieses Indiz allerdings im System der Erbenhaftung trägt, ist zweifelhaft. Denn das erbrechtliche Haftungssystem ist jedenfalls in dieser Hinsicht mit seiner Vorbehaltskonstruktion in §§ 780–785 ZPO hybrid. Nämlich selbst wenn die Haftungsbeschränkung bereits im Erkenntnisverfahren besteht (aber ggf noch streitig ist), muss das Gericht hierüber grds nicht abschließend entscheiden, sondern kann die Entscheidung kraft Vorbehalt (sofern der Erbe ihn beantragt) in das Zwangsvollstreckungsverfahren verlagern (§ 785 ZPO). Freilich betrifft dieser Aspekt nur die zwangsweise Durchsetzung einer Nachlassverbindlichkeit im Zwangsvollstreckungsverfahren. Würde ein Nachlassgläubiger mit einer wegen eines wirksam ausgeübten Haftungsbeschränkungsrechts blockierten Nachlassverbindlichkeit gegen eine Eigenforderung des Erben aufrechnen wollen, müsste die Frage nach der Aufrechnungsbefugnis bereits im Erkenntnisverfahren geklärt werden und würde daher dem Erben entweder zu einem Titel verhelfen oder zur Klageabweisung führen. Zu bedenken ist zudem, dass die Haftungsbeschränkung immer spätestens im Erkenntnisverfahren geltend gemacht werden muss (arg § 780 Abs 1 ZPO, dazu ausf Rn 131 ff). Andernfalls ist der Erbe hiermit präkludiert.

f) Auswirkungen modifizierter Haftungsverhältnisse auf die materielle Rechtslage

112 Wird das Haftungsbeschränkungsrecht – sei es vom Erben, seitens eines Nachlassgläubigers oder eines Fremdverwalters – wirksam ausgeübt, lässt dies die Schuld des Erben grds unberührt. Es kommt nach hier vertretener Auffassung lediglich zu einer **Modifikation des sog Haftungsverhältnisses** und zwar **im Hinblick auf Haftungsobjekt und Haftungsreichweite** (s soeben ausf Rn 103 ff). Das bedeutet zunächst, dass die Haftung und damit das Zugriffsrecht des Gläubigers **gegenständlich** und bisweilen darüber hinaus auch summenmäßig (s hierzu die Haftung für Verschaffungsansprüche im Falle der Haftungsbeschränkung nach §§ 1990, 1992, s Rn 87 ff) begrenzt wird.

113 Dabei allein bleibt es aber nicht. Wird ein Haftungsverhältnis modifiziert, wirkt sich dies – trotz unberührt bleibender Schuld – auch auf die materielle Rechtslage aus

und zwar insoweit, als das materielle Recht dem Gläubiger Selbstexekutionsinstrumente, insb die Möglichkeit zur Aufrechnung, gewährt. Die haftungsrechtliche Absonderung des Nachlasses beeinflusst also nicht nur die Haftung für die geltend gemachte Nachlassverbindlichkeit, sondern zeigt ihre Wirkungen auch innerhalb anderer Haftungsverhältnisse für Verbindlichkeiten, die zwischen dem Erben und dem (Nachlass-) Gläubiger bestehen. Dies wird insb bei der **Aufrechnungsbefugnis des Nachlassgläubigers** (dazu Rn 128) mit Blick auf Forderungen des Erben ihm gegenüber sowie in der **Ausübbarkeit von Zurückbehaltungsrechten** deutlich (dazu Rn 129 f).

aa) Verjährung einer Nachlassverbindlichkeit bei bestehender Haftungsbeschränkung

Die wirksame Ausübung des Haftungsbeschränkungsrechts **hemmt den Lauf der Verjährung nicht**. Der Anspruch des Nachlassgläubigers verjährt also trotz bestehender Haftungsbeschränkung. Freilich wird es wohl häufig bereits nach § 204 Abs 1 Nr 1 BGB zur Verjährungshemmung kommen. Auch bei Erhebung der lediglich aufschiebenden Einreden aus §§ 2014, 2015 BGB tritt keine Verjährungshemmung ein, wie insbesondere der **Umkehrschluss aus § 205 BGB** zeigt. Nach § 205 BGB führen lediglich rechtsgeschäftlich vereinbarte Leistungsverweigerungsrechte zur Verjährungshemmung (ebenso MünchKomm/Küpper § 2014 Rn 5; Staudinger/Peters/Jacoby § 205 Rn 5). Die Streichung des § 202 Abs 2 BGB aF, in dem die Verjährungshemmung bei Erhebung der Einreden aus §§ 2014, 2015 BGB ausdrücklich verneint wurde, ändert hieran freilich nichts (ebenso MünchKomm/Küpper § 2014 Rn 5). **114**

Dieses Ergebnis ist nicht unbillig; zumal **§ 211 BGB** hier besonderen Schutz sowohl für Nachlassgläubiger als auch für Erben bietet. Die Verjährung eines Anspruchs, der zu einem Nachlass gehört oder sich gegen einen Nachlass richtet, tritt nicht vor Ablauf von sechs Monaten nach dem Zeitpunkt ein, in dem die Erbschaft von dem Erben angenommen oder das Nachlassinsolvenzverfahren eröffnet wird, oder von dem Zeitpunkt an, in dem der Anspruch von einem oder gegen einen Vertreter geltend gemacht werden kann **(§ 211 S 1 BGB)**. Ist die Verjährungsfrist kürzer als sechs Monate, so tritt der für die Verjährung bestimmte Zeitraum an die Stelle der sechs Monate **(§ 211 S 2 BGB)**. Die Länge der Verjährungsfrist richtet sich nach den Verjährungsvorschriften, die für den Anspruch als solchen gelten (zB §§ 195, 197, 199, 438 BGB). **115**

Die Regelung des **§ 204 Abs 1 Nr 10 Alt 1 BGB**, die für Insolvenzverfahren greift, ist insoweit keine Ausnahme, sondern bestätigt die soeben genannte Regel, dass die wirksame Ausübung des Haftungsbeschränkungsrechts nicht zur Verjährungshemmung führt. Denn nicht etwa schon die bloße Eröffnung des Nachlassinsolvenzverfahrens führt zur Verjährungshemmung, sondern erst die Anmeldung der Nachlassverbindlichkeit (s § 174 InsO) im Nachlassinsolvenzverfahren. **116**

Zur Rolle des **§ 199 Abs 3a BGB** s in vorheriger Bearbeitung Staudinger/Dutta (2016) § 1967 Rn 2, dort auch zur Vorgängernorm § 197 Abs 1 Nr 2 BGB aF (s iÜ Otte, Die Verjährung erbrechtlicher Ansprüche, ZGS 2010, 157 ff; Staudinger/Peters/Jacoby [2019] § 197 Rn 20 f und § 199 Rn 99 ff; MünchKomm/Grothe [2018] § 199 Rn 54; Baldus ErbR 2010, 106; ferner erg Roland, Die Verjährung im Erbrecht [2008] Rn 11 ff). Allerdings erfasst auch § 199 Abs 3a BGB die Haftung für Erblasserschulden nicht (so ausdrücklich die **117**

Begr d RegE, BR-Drucks 96/08, 27; s auch KÜPPER ZEV 2010, 397, 398 f; vgl LÖHNIG FamRZ 2009, 2053 für ein enges Verständnis der Norm).

bb) Leistungsstörungen und Haftungsbeschränkungsrecht

118 Im Hinblick auf **Leistungsstörungen im Rahmen von Nachlassverbindlichkeiten** ist insb danach zu unterscheiden, ob es gerade wegen der Haftungsbeschränkung zu einer Leistungsstörung kommt. Verzögert sich beispielsweise die Leistung, weil sich der Erbe auf §§ 2014, 2015 BGB beruft, ist dem Erben insoweit kein Vorwurf nach §§ 276–278 BGB zu machen, als er berechtigterweise die aufschiebende Einrede erhoben hat. Bisweilen ist der Erbe hierzu – gerade mit Blick auf die Haftung aus §§ 1978–1980 BGB – sogar verpflichtet. Leistungsstörungen unterliegen daher je nachdem, ob sie **vor oder nach der Haftungsbeschränkung** eintreten, verschiedenen Maßstäben.

(1) Leistungsstörungen vor Haftungsbeschränkung

119 Kommt es **vor** Eintritt der Haftungsbeschränkung zur Leistungsstörung, die auf einer vorwerfbaren (§§ 276–278 BGB) Pflichtverletzung des Erben beruht, haftet der Erbe nach wohl überwiegender und jedenfalls überzeugender Auffassung für den hieraus entstehenden Sekundäranspruch sowohl mit seinem Eigenvermögen als auch mit dem Nachlass; dies gilt auch dann, wenn es sich auf Primärebene um eine Erblasserschuld (reine Nachlassverbindlichkeit, zum Begriff s § 1967 Rn 14–16) gehandelt hat (**aA**, freilich nur in der Konstruktionsweise: STAUDINGER/DUTTA [2016] § 1967 Rn 53 f: reine Nachlassverbindlichkeit, für die dem Erben aber wegen der von ihm selbst zu vertretenden Pflichtverletzung ausnahmsweise keine Möglichkeit zur Haftungsbeschränkung zustehen soll**; aA**: RGZ 92, 341, 343 f [reine Eigenschuld des Erben]; ebenso STROHAL, Erbrecht II, § 70 I 2 d, allerdings soll der Erbe dem Nachlass gegenüber, also im Innenverhältnis, persönlich haften). Auf der Sekundärebene liegt folglich eine **Nachlasserbenschuld** vor, weshalb fortan – also ggf anders als noch auf Primärebene – eine Doppelhaftung besteht (ausf zur Figur der Nachlasserbenschuld § 1967 Rn 17–20, 150 ff; vgl zudem die Begründung etwa bei MUSCHELER, der ua darauf abhebt, der Erbe habe „durch eigenes, selbstverantwortliches Handeln eine ihn persönlich treffende Pflicht verletzt", s MUSCHELER, Haftungsordnung § 16 II 2 a, S 437 aE; STAUDINGER/LEHMANN[11] Rn 6; STAUDINGER/BOEHMER[11] § 1922 Rn 215, 219; FRIEDRICH 118; MICHALSKI Rn 910; wohl auch PLANCK/FLAD Anm 6c; MünchKomm/KÜPPER § 1967 Rn 19; KIPP/COING[14] § 93 Fn 15; differenzierend LANGE/KUCHINKE § 47 II 1 c; zu dem speziellen Thema „Haftungsbeschränkung und Schadensersatz beim Tod des Verkäufers im schwebenden M&A-Prozess" s WERKMÜLLER ZEV 2007, 16 ff). Der Sekundäranspruch des Nachlassgläubigers ist mithin **keine reine Eigenverbindlichkeit des Erben** (zum Begriff der reinen Eigenverbindlichkeit § 1967 Rn 14–16).

120 Hiergegen lässt sich freilich einwenden, dass der Erbe bei Vertragsverletzungen (und ebenso bei deliktischen Handlungen) **per se nicht ordnungsgemäß** handelt und deshalb eine reine Eigenverbindlichkeit (für reine Eigenverbindlichkeit des Erben zB konsequent RGZ 92, 341, 343 f; SOERGEL/STEIN [2002] § 1967 Rn 18; BINDER II 47 f) und keine Nachlasserbenschuld entstehen müsste (in analoger Anwendung von § 179, vgl hierzu ausf § 1967 Rn 176 ff). Dieser **Widerspruch** (instruktiv hierzu DAUNER-LIEB S 126 f, die das Entstehen von Nachlasserbenschulden in diesem Fällen als eine Abkoppelung von §§ 1978 Abs 3, 1979 BGB deutet; ausf hierzu § 1967 Rn 150 ff) lässt sich jedoch nur dann auflösen, wenn das **Kriterium der Ordnungsgemäßheit** (hierzu ausf § 1967 Rn 166 ff) **nur für rechtsgeschäftlich begründete Primärverbindlichkeiten** (ebenso iErg MünchKomm/KÜPPER § 1967 Rn 19, der zur

Begründung die Sekundärhaftung als Annex zur Primärleistungshaftung auffasst und darauf hinweist, dass die Primärleistungspflicht wegen der Pflichtverletzung oftmals entfalle), nicht aber für außervertragliche (zu deliktischen Verbindlichkeiten s HEILEMANN S 61 ff) und sekundärvertragliche Verbindlichkeiten greift. Denn andernfalls, nämlich bei Annahme einer reinen Eigenverbindlichkeit, würde man Nachlassgläubigern – insbesondere bei Leistungsstörungen iRe Erblasserschuld – **Insolvenzrisiken** zuweisen, die sie beim Eingehen des Rechtsgeschäfts mit dem Erblasser nicht kannten. Insoweit scheint es gerechtfertigt, durch Vertragsverletzungen geschädigten Nachlassgläubigern – mit der Begründung einer Nachlasserbenschuld – erweiterte, weil in der Sache nicht beschränkbare Haftungsmöglichkeiten zu gewähren. Beschränkt der Erbe im Falle einer Nachlasserbenschuld seine Haftung, kann der geschädigte Nachlassgläubiger immer noch auf das Erbeneigenvermögen zugreifen. Für die Gestaltung des Haftungsverhältnisses bedeutet dies, dass sich dieses bei einer Vertragsverletzung nicht akzessorisch zu dem bereits bestehenden Haftungsverhältnis (bzgl der Primärverbindlichkeit, für die der Erbe immerhin nur *beschränkbar* haftet) beurteilt. Es entsteht vielmehr ein **neues, sekundäres Haftungsverhältnis**, das die Befriedigungsmöglichkeiten des Nachlassgläubigers erweitert. Die Einstandspflicht des Erben aus § 1978 Abs 1 BGB für die Schlechtverwaltung des Nachlasses gegenüber der Gesamtheit der Nachlassgläubiger bleibt hiervon freilich unberührt.

(2) Leistungsstörungen nach Haftungsbeschränkung

Nach wirksam erfolgter Haftungsbeschränkung erlischt die primäre Schuld des Erben nicht (s Rn 98). Die Haftungsbeschränkung wirkt weder wie ein Schulderlass noch wie ein negatives Schuldanerkenntnis iSd § 397 BGB. Andernfalls käme dem Nachlassgläubiger ein später, vielleicht unerwarteter Zufluss zum Nachlass nicht zugute (vgl hierzu BVerwG 24. 10. 2013 – 3 C 27/12, NJOZ 2014, 859, 861 Rn 22 f). Auch bleiben nach Haftungsbeschränkung Pflichtverletzungen iSd §§ 280 ff BGB iRe Nachlassverbindlichkeit möglich. Allerdings ist die *Vorwerfbarkeit* der (nach §§ 280 ff BGB objektiv zu bestimmenden) Pflichtverletzung (§§ 276–278 BGB) iRe Nachlassverbindlichkeit, für die der Erbe nur beschränkt haftet, an der *Haftungsreichweite* zu messen: Dem Erben kann nicht vorgeworfen werden, dass es sich berechtigterweise auf die Haftungsbeschränkung beruft (uU ist er hierzu sogar mit Blick auf §§ 1978–1980 BGB verpflichtet). Diese begrenzte Vorwerfbarkeit ist auch auf der Ebene der Haftung abzubilden. Denn das Haftungsbeschränkungsrecht des Erben würde ausgehöhlt werden, wenn er für die Folgen einer Leistungsstörung, die gerade auf der Ausübung seines Haftungsbeschränkungsrechts beruht, auch mit seinem Eigenvermögen einstehen müsste. Zwar schließt die haftungsrechtliche Absonderung des Nachlasses nicht aus, dass dem Erben eine Leistungsstörung als Pflichtverletzung nach §§ 276–278 BGB zugerechnet, also vorgeworfen wird. Dieser *persönliche* Vorwurf aber reicht *haftungsrechtlich* nur soweit, wie der Erbe *nunmehr* für die Nachlassverbindlichkeit haftet. Haftet er für die primäre Schuld *beschränkt* (und nicht mehr nur beschränkbar wie vor Ausübung des Haftungsbeschränkungsrechts), gilt dies auch für die sekundäre Schuld. Insoweit besteht also ausnahmsweise eine Wechselwirkung zwischen Schuld und Haftung. **121**

Dementsprechend gilt: Erhebt der Erbe zB eine aufschiebende Einrede aus §§ **2014, 2015 BGB** und kommt es deshalb (!) zu Leistungsverzögerungen, ist insoweit mit dem RG (RGZ 79, 201, 205, 206–208) anzunehmen, dass allein dem Erben diese gläubigerschädigende Folge des unübersichtlichen Nachlasses zuzuweisen und folglich den **122**

Nachlassgläubigern Schadensersatzansprüche zuzusprechen sind; für sie haftet der Erbe aber freilich nur mit dem Nachlass (ebenfalls zust, auch mit Blick auf andere Einreden etwa MünchKomm/Küpper § 2014 Rn 5 und § 1990 Rn 17; Staudinger/Dobler § 1990 Rn 36; Roth S 69). Denn der Erbe steht als Rechtsnachfolger des Erblassers dem unübersichtlichen Nachlass näher als der einzelne Nachlassgläubiger. Die Haftungsbeschränkung und die hierauf beruhende Leistungsstörung schließen also einen Vorwurf nicht aus. Um aber den Sinn und Zweck des Haftungsbeschränkungsrechts zu wahren, **haftet der Erbe hierfür nur mit dem Nachlass**. Es handelt sich mithin bei diesen Sekundäransprüchen nicht um Nachlasserbenschulden, sondern um **reine Nachlassverbindlichkeiten** (zum Begriff § 1967 Rn 14–16). Hier bestehen nun – im Gegensatz zu der Zeit vor der Haftungsbeschränkung (s dazu Rn 119 ff) – auf Primär- und Sekundärebene **akzessorische Haftungsverhältnisse**.

123 Häufig wird dieses Ergebnis damit begründet, dass der Erbe nur als **Träger des Nachlasses** hafte (so zB MünchKomm/Küpper § 1967 Rn 19), oder hilfsweise angenommen, dass der **Nachlass in Verzug** sei (so zB Staudinger/Dobler § 1990 Rn 36 mwNw; **aA** Roth S 65 ff).

124 Diese Argumentationsansätze sind in ihrer Konstruktion fragwürdig. Denn der Erbe als Person ist und bleibt *Träger* einer Vermögensgesamtmasse (bestehend aus Eigenvermögen und Nachlass), auch wenn es zur *haftungsrechtlichen* Absonderung des Nachlasses gekommen ist. Der Nachlass genießt keine umfassende rechtliche Selbstständigkeit. Dem entspricht, dass der Nachlass weder rechtsfähig, noch als juristische Person konzipiert ist und folglich sowohl als Träger des Nachlassvermögens als auch als Zurechnungssubjekt, dem (hilfsweise) ein Vorwurf gemacht werden könnte, ausscheidet. Dies tritt auch darin zutage, dass der Erbe weder als Stellvertreter des Nachlasses iSd §§ 164 ff BGB noch als Organ (des Nachlasses) im gesellschaftsrechtlichen Sinne auftreten kann. Der Erbe kann nur für sich selbst handeln und grds die ihm zugeordnete Vermögensmasse in Haftung bringen (zum einschränkenden Kriterium der Ordnungsgemäßheit s sogleich sowie § 1967 Rn 166 ff). Ebenso wenig agiert der Erbe als Eigenverwalter kraft privaten Amts, wie es etwa für den Testamentsvollstrecker als Fremdverwalter mehrheitlich angenommen wird (s dazu zB Kunz, Postmortale Privatautonomie und Willensvollstreckung [Jena 2015] S 90 ff).

125 Dem entspricht, dass die nachlassbezogene Rechtsmacht des Erben nicht so klar im Gesetz konturiert ist wie etwa diejenige des Testamentsvollstreckers beispielsweise in **§ 2206 BGB**. Zwar ist der Nachlass durch die Haftungsbeschränkung *haftungsrechtlich* verselbstständigt, also ein *insoweit* rechtlich selbstständiges Sondervermögen. Aber der Träger dieser Vermögensmasse, der Erbe, ist nicht – wie ein Fremdverwalter (zB wie der Testamentsvollstrecker oder Nachlassverwalter, s hierzu insb § 2206 BGB sowie §§ 198 Abs 1, 1985 BGB) – in seinem rechtlichen Können und Dürfen auf den Nachlass beschränkt. Der Erbe ist **in seiner Rolle als Eigenverwalter** mithin rechtlich nicht selbstständig und daher nach außen im Rechtsverkehr auch nicht so klar als solcher wahrnehmbar, dass er ohne Weiteres als Träger des Nachlasses auftreten könnte. Einzig das Kriterium der ordnungsgemäßen Nachlassverwaltung befähigt den Erben, ähnlich einem Stellvertreter, in *haftungsrechtlicher* Hinsicht für den Nachlass zu agieren (hierzu § 1967 Rn 150 ff, 166 ff). Aber selbst hier ist der Erbe nach überwiegender Auffassung grds nicht in der Lage, reine Nachlassverbindlichkeiten zu begründen. Vielmehr entstehen regelmäßig Nachlasserbenschulden, so dass auch das Eigenvermögen des Erben in der Haftung steht. Dass der Erbe seine Haftung beschränkt, verleiht seiner Rechtsmacht bezüglich des Nachlasses keine klareren Konturen, sondern engt lediglich das Zugriffsrecht der Nachlassgläubiger auf den Nachlass ein. Das gilt jedenfalls dort, wo die Haftungsbeschränkung **nicht** dazu führt, dass der Erbe hinsichtlich des Nachlasses **entmachtet** wird. Während nämlich die Anordnung der Nachlassverwaltung und die Eröffnung des Nachlassinsolvenzverfahrens den Erben aus seiner Rolle als Eigenverwalter des Nachlasses (freilich nicht aus seiner Trägerschaft) im Grundsatz verdrängen (§ 1984 Abs 1 BGB; insb §§ 80–82 InsO), gilt dies bei Erhebung der Erbeneinreden nicht. Weil also der Erbe nach außen als Träger nur des Nachlasses nicht klar konstituiert ist, bedarf die Begründung einer reinen Nachlassverbindlichkeit bei Pflichtverletzungen nach Eintritt der Haftungsbeschränkung einer anderen Erklärung. S erg bald auch KUNZ ErbR 2020.

Vorzugswürdig ist es angesichts dessen, (offen) darauf abzustellen, dass das **Haftungsbeschränkungsrecht weder ausgehöhlt noch die eingetretene Haftungsbeschränkung durchbrochen werden darf**. Genau dies würde aber eintreten, müsste der Erbe für Leistungsstörungen, zu denen es gerade wegen der berechtigterweise herbeigeführten Haftungsbeschränkung kommt, auch mit seinem Eigenvermögen einstehen. Dass die Haftung des Erben erfolgreich beschränkt worden ist, beeinflusst also, *mit welcher haftungsrechtlichen Konsequenz* Leistungsstörungen dem Erben iSd §§ 276–278 BGB vorwerfbar sind. Die mit Ausübung des Haftungsbeschränkungsrechts veränderte Haftungszuständigkeit (Modifikation des Haftungsverhältnisses) erfordert mithin, die Vorwerfbarkeit einer Pflichtverletzung auch im Hinblick auf ihre haftungsrechtlichen Konsequenzen (Haftungsreichweite) zu justieren und den Erben deshalb nur mit dem Nachlass haften zu lassen. Der persönliche Vorwurf gegenüber dem Erben, auf dem seine Schuld gründet, und die Haftungsreichweite stehen also in einer Wechselbeziehung. **126**

cc) Erfüllung von Verschaffungsansprüchen nach Haftungsbeschränkung

Ein **Verschaffungsanspruch** bleibt trotz erfolgreich ausgeübter Haftungsbeschränkung seinem Inhalt nach grds bestehen und wandelt sich nicht etwa automatisch in einen auf Geld gerichteten Anspruch (in der Nachlassinsolvenz sind freilich insb §§ 103, 45 S 1 InsO zu beachten; s ferner die an das Insolvenzrecht angelehnte Umrechnungsbefugnis in § 1991 Abs 4 BGB sowie die Abwendungsbefugnisse in §§ 1973 Abs 2 S 2, 1974 Abs 1 S 1, 1973 Abs 2 S 2, 1992 S 2 BGB). Die Beschränkung der Haftung wirkt sich auch hier nicht per se auf den **Schuldinhalt** und den hieran anknüpfenden Erfüllungsmodus aus (zu Schadensersatzansprüchen bei Nichtleistungen s Rn 118 ff). Ausf zu Verschaffungsansprüchen und der Reichweite der ausgeübten Haftungsbeschränkung bei Rn 87 ff. **127**

dd) Aufrechnungsbefugnis des Nachlassgläubigers

Ein Nachlassgläubiger darf zwar mit seiner blockierten Nachlassverbindlichkeit gegen Forderungen des Erben aus dem Nachlass aufrechnen, nicht aber gegenüber Eigenforderungen des Erben. Denn die Aufrechnung bietet die Möglichkeit zur außergerichtlichen Befriedigung; ihr kommt auch deshalb Vollstreckungsfunktion zu (ausführlicher bei Rn 103 ff). Könnte der Nachlassgläubiger mit einer blockierten Nachlassverbindlichkeit gegenüber einer Eigenforderung des Erben wirksam aufrechnen, käme dies funktional einer Vollstreckung in das Eigenvermögen des Erben **128** gleich. Gerade diese soll aber durch die Haftungsbeschränkung vermieden werden. Dies dürfte für alle Tatbestände der Haftungsbeschränkung gelten (s ferner § 390 BGB und § 1977 BGB). In der Nachlassinsolvenz gelten gesonderte Regeln, s hierzu Rn 154 ff.

ee) Zurückbehaltungsrechte bei Haftungsbeschränkung

129 Auch wenn der Erbe seine Haftung für eine Nachlassverbindlichkeit beschränkt hat, kann der Nachlassgläubiger auf diese Nachlassverbindlichkeit Zurückbehaltungsrechte stützen, etwa die **Einrede des nicht erfüllten Vertrages (§§ 320, 322 BGB)**. Das Haftungsbeschränkungsrecht schützt den Erben insb vor Übergriffen auf sein Eigenvermögen, greift aber nicht in das zwischen Nachlassgläubiger und Erbe bestehende synallagmatische Pflichtengeflecht ein. Denn das Haftungsbeschränkungsrecht dient nicht dazu, dem Erben mehr zu verschaffen, als ihm gebührt.

130 Während bei synallagmatisch verbundenen Pflichten entweder ein beidseitiger oder gar kein Nachlassbezug gegeben ist, ist dies bei iSd § 273 Abs 1 BGB lediglich konnex verbundenen Pflichten nicht zwingend der Fall. Hier kann der Nachlassgläubiger ein **Zurückbehaltungsrecht aus § 273 Abs 1 BGB** nur dann auf seine blockierte Nachlassverbindlichkeit stützen, wenn der Erbe keine Eigenverbindlichkeit ihm gegenüber geltend macht (vgl hierzu Ausführungen zur Aufrechnungsbefugnis bei Rn 103 ff, 112 f, 128). Andernfalls käme es zu einer Umgehung der Haftungsbeschränkung, die (auch) darauf abzielt, das Eigenvermögen des Erben vor dem Zugriff der Nachlassgläubiger zu schützen.

g) Die zivilprozessuale Einbettung der Erbenhaftung

131 Das System der Erbenhaftung, wie es das materielle Recht in §§ 1967 ff BGB vorsieht, ist in besonderem Maße mit dem Prozessrecht verflochten. Zwar ist das erbrechtliche Haftungsbeschränkungsrecht mit den materiellrechtlichen Einreden (wie etwa der Verjährung) in gewisser Weise strukturell verwandt, hebt sich von diesen aber insb durch das **System der §§ 780–785 ZPO** (s erg § 305 Abs 1 ZPO) ab. Ist eine Forderung verjährt, also einredebehaftet und materiellrechtlich betrachtet nicht mehr durchsetzbar, ist sie dennoch einklagbar und vollstreckbar, es sei denn, der Schuldner erhebt die Einrede der Verjährung noch rechtzeitig im Erkenntnisverfahren. In diesem Fall ist die Klage des Gläubigers als unbegründet abzuweisen. Eine Zwangsvollstreckung findet mangels obsiegenden Titels nicht statt. Erhebt der Schuldner die Einrede der Verjährung nicht, obsiegt der Gläubiger im Erkenntnisverfahren und kann aus dem Titel vollstrecken. Mit dem Einwand der Verjährung ist der Schuldner sodann präkludiert und kann hierauf auch keine Vollstreckungsabwehrklage nach § 767 ZPO stützen.

132 Geht ein Nachlassgläubiger wegen einer Nachlassverbindlichkeit im Wege der Leistungsklage gegen den Erben vor und kann dieser seine Haftung erfolgreich beschränken, ist das Recht des Nachlassgläubigers nach wie vor einklagbar und zwar selbst dann, wenn der Erbe sein Haftungsbeschränkungsrecht geltend macht. Die Klage des Nachlassgläubigers wird nicht abgewiesen, sondern dem Erben lediglich die Beschränkung seiner Haftung vorbehalten (entweder allgemein, § 780 Abs 1 ZPO, oder speziell, s etwa § 782 ZPO). Die Beschränkung seiner Haftung muss der Erbe sodann im Wege der Vollstreckungsabwehrklage geltend machen, § 785 ZPO.

aa) Umsetzung des materiellrechtlichen Haftungssystems im Erkenntnisverfahren

Mit der Regelung des § 780 Abs 1 ZPO wird dem Prozessgericht die Möglichkeit gewährt – bei entsprechendem Antrag des Erben (zu den anwaltlichen Pflichten s OLG Koblenz FamRZ 2019, 626) – dem Schuldner die Beschränkung seiner Haftung auf den Nachlass im Allgemeinen vorzubehalten und zwar im Grundsatz ohne dabei prüfen zu müssen, ob der Erbe seine Haftung bereits erfolgreich beschränkt hat oder dies erst in Zukunft kann (vgl LG Lübeck NJW-RR 2009, 1163, 1163; zur Beschränkung des § 780 ZPO auf den Zivilprozess OLG Hamm NJW-RR 2017, 328 Rn 10: Vorbehalt in der nachlassgerichtlichen Entscheidung über einen Vergütungsfestsetzungsantrag des Nachlasspflegers nicht statthaft. Zu einem Ausnahmefall, in dem wegen des Kenntnisstandes bereits im Erkenntnisverfahren zusätzlich zum allgemeinen Vorbehalt der Haftungsbeschränkung auf die Leistung nur aus dem Nachlass auszusprechen ist [dh ein um die *Leistungsweise* ergänzter allgemeiner Haftungsvorbehalt], s LG Neuruppin FamRZ 2017, 926, 927 f). **133**

Die Aufnahme des Vorbehalts in die Entscheidung des Prozessgerichts bedeutet keineswegs, dass damit automatisch nicht in den Nachlass vollstreckt werden kann. Der Erbe muss vielmehr nach §§ 785, 767, 769 f ZPO im Wege der Vollstreckungsabwehrklage darlegen und ggf beweisen, dass seine Haftung (nunmehr) auf den Nachlass beschränkt ist. Die Prüfung, ob eine Haftungsbeschränkung tatsächlich gegeben ist, wird folglich in eine Phase verschoben, in der die Zwangsvollstreckung entweder bereits begonnen hat oder zumindest droht (Die Vollstreckungsabwehrklage ist auch statthaft, wenn die Zwangsvollstreckung aus dem Titel noch nicht begonnen hat. Sie kann bereits vor Klauselerteilung erhoben werden, s Lackmann, Zwangsvollstreckungsrecht [11. Aufl 2018] § 40 Rn 507). **134**

Hieran wird zugleich ersichtlich, dass die prozessuale Umsetzung des Erbenhaftungsregimes durchaus hybrid ist, indem sie nämlich zwischen Erkenntnis- und Zwangsvollstreckungsverfahren oszilliert. Das Prozessgericht kann zwar – bei entsprechendem Vortrag – im titelschaffenden Erkenntnisverfahren die Haftungsbeschränkung prüfen, bejahen und entsprechend tenorieren, muss es aber nicht. Dann wird die Frage – kraft Vorbehalts im Titel – in die Zeit nach Schaffung des Titels verlagert. **135**

Zur prozessualen Behandlung der **haftungsbeschränkenden Einreden** aus §§ 1973, 1974, 1989, 1990–1992, 2059 Abs 1 BGB vgl § 1973 Rn 80 ff, Dobler § 1990 Rn 11 ff, Staudinger/Marotzke § 2059 Rn 16 ff und bzgl der **aufschiebenden Einreden** aus §§ 2014, 2015 BGB vgl § 305 ZPO und Staudinger/Dobler § 2014 Rn 13 ff. **136**

(1) Geltendmachung des Haftungsbeschränkungsrechts (§ 780 Abs 1 ZPO) bei Leistungsklage gegen den Erben

Wird der Erbe wegen einer Nachlassverbindlichkeit verklagt, so muss er darauf achten, dass er nicht ohne **Haftungsbeschränkungsvorbehalt** verurteilt wird (vgl auch Staudinger/Dobler § 1990 Rn 11 ff). Erfolgt seine Verurteilung ohne diesen Vorbehalt (oder schließt er einen diesen Vorbehalt nicht enthaltenden **Prozessvergleich**; vgl BGH NJW 1991, 2839 f), so verliert er das Recht, seine Haftung für den festgestellten Anspruch auf den Nachlass zu beschränken oder sich insoweit auf eine bereits eingetretene Haftungsbeschränkung zu berufen **(§ 780 Abs 1 ZPO)**. § 780 Abs 1 ZPO ist also eine **Präklusionsnorm** zulasten des Erben (K Schmidt JR 1989, 45, 45 mwNw). Anders liegt es **137**

nur, wenn es ihm gelingt, den Vorbehalt noch nachträglich zu erlangen (was nur durch Einlegung des zulässigen Rechtsmittels [jedoch problematisch seit Inkrafttreten des neuen § 531 Abs 2 ZPO; vgl OLG Hamm MDR 2006, 695], durch die Rüge der Nichtgewährung rechtlichen Gehörs gem § 321a ZPO oder durch Antrag auf Urteilsergänzung gem § 321 ZPO, nicht hingegen nach § 319 ZPO geschehen kann; vgl BVerwG NJW 1956, 805).

138 Für die **Prozesskosten** kann dem Erben die Beschränkung seiner Haftung grundsätzlich **nicht** vorbehalten werden (vgl § 1967 Rn 186 ff).

139 Das Prozessgericht spricht den Haftungsvorbehalt **nicht von Amts wegen** aus, sondern nur, wenn der Erbe sich auf sein Beschränkungsrecht beruft (dann aber auch ohne förmlichen Antrag; vgl BGH NJW 1983, 2378, 2379 mwNw; AG Tempelhof-Kreuzberg DAVorm 1972, 20; OLG Hamm JurBüro 1995, 557 = OLG-Report Hamm 1995, 36; OLG Celle FamRZ 2010, 1273 f). Übergeht der Tatrichter das von dem Erben geltend gemachte Haftungsbeschränkungsrecht, so kann der Erbe dies im Rechtsmittelverfahren rügen (s hierzu erg BGH NJW-RR 2017, 1040, 1040 Rn 8 f = FamRZ 2017, 1317 = ErbR 2017, 555). Jedoch kann das mit einer Revision des Erben befasste Gericht den Vorbehalt auch ohne besondere Rüge nachholen (BGH NJW-RR 2017, 1040, 1040 Rn 8 f). Beruht das Fehlen des Vorbehalts lediglich auf einem Versehen des Gerichts, kann der Erbe durch Urteilsergänzung gem § 321 ZPO nachgeholt werden (OLG Koblenz ZEV 1997, 253, 254; MünchKommZPO/K Schmidt/Brinkmann[4] § 780 Rn 19 mwNw).

140 Ein Rechtsanwalt macht sich gegenüber seinem wegen einer Nachlassverbindlichkeit in Anspruch genommenen Mandanten schadensersatzpflichtig, wenn er pflichtwidrig versäumt, den Vorbehalt der beschränkten Erbenhaftung in den Titel aufnehmen zu lassen (vgl noch vor der Reform des Schuldrechts und Änderung des Verjährungsrechts ausführlich BGH NJW 1992, 2694 ff zur Schadensberechnung und BGH NJW 2002, 1414 ff = ZEV 2002, 162 ff zur Verjährung des Ersatzanspruchs). Mit Erklärungen, denen sich der sachlich gebotene Vorbehalt des Beschränkungsrechts allenfalls durch Auslegung ermitteln lässt (wie zB in dem vom OLG Celle FamRZ 2010, 1273 f entschiedenen Fall), genügt der Rechtsanwalt der ihm gegenüber dem Mandanten obliegenden Verpflichtung nicht. Der Rechtsanwalt muss den für seinen Mandanten sicheren Weg wählen und darf sich nicht darauf verlassen, dass das Gericht durch Auslegung oder Aufklärung die Zielrichtung seiner Verteidigung ermittelt (OLG Hamm JurBüro 1995, 557 = OLG-Report Hamm 1995, 36).

141 Die Beschränkung bzw Beschränkbarkeit der Erbenhaftung gehört zum Grund des Anspruchs (RGZ 61, 293, 294; **aM** ohne nähere Begründung OLG München NJW-RR 2010, 824). Fehlt im **Grundurteil** ein entsprechender Vorbehalt, so kann der Erbe sein Beschränkungsrecht im Höheverfahren nicht mehr geltend machen (OLG Köln VersR 1968, 380 f; **aM** Wieczorek/Schütze/Paulus[3] ZPO § 780 Rn 30; differenzierend SchlHOLG SchlHAnz 1969, 231 f). Dem entspricht es, dass der Erbe sich den Vorbehalt der beschränkten Haftung auch in einem **Feststellungsurteil** machen lassen kann und dann auch muss (vgl Wieczorek/Schütze/Paulus[3] ZPO § 780 Rn 5; OLG Bamberg ZEV 1996, 463 ff m Anm Chr Wolf; unentschieden BGH ZEV 1996, 465; **aM** KG DAR 1971, 19 [weil ein Feststellungsurteil nicht vollstreckt werden könne]; Stein/Jonas/Münzberg[22] ZPO § 780 Rn 4; MünchKommZPO/K Schmidt/Brinkmann[4] § 780 Rn 3 Fn 4).

(2) Zeitpunkt der Geltendmachung des Haftungsbeschränkungsrechts im Erkenntnisverfahren

Der Erbe muss sein **Haftungsbeschränkungsrecht grundsätzlich** im Tatsachenrechtszug geltend machen (und zwar möglichst bereits in erster Instanz; vgl § 531 Abs 2 ZPO sowie OLG Hamm MDR 2006, 695; BGH FamRZ 2010, 636 = ErbR 2010, 228 ff = ZEV 2010, 314 ff m Anm Joachim), **nicht erst vor dem Revisionsgericht** (vgl BGH LM Nr 5 zu § 780 ZPO = NJW 1962, 1250 f; BGH WM 1976, 1086 f = Betrieb 1976, 2302; vgl ferner BGH ZEV 2018, 267 f Rn 4, dort auch zu den Fernwirkungen auf einen Antrag zur einstweiligen [uneingeschränkten] Einstellung der Zwangsvollstreckung; Johannsen WM 1972, 914, 920 f [jeweils auch zu Ausnahmen]). **142**

Stirbt ein zur Leistung Verurteilter jedoch erst nach Einlegung der Revision und beruft sich sein Erbe nach Aufnahme des Rechtsstreits auf die beschränkte Erbenhaftung, so ist ihm bei Zurückweisung der Revision die Beschränkung seiner Haftung – ohne Entscheidung über die Begründetheit der Einrede – im Revisionsurteil vorzubehalten (BGHZ 17, 69, 73 f = LM Nr 3 zu § 21 RNotO m zust Anm v Pagendarm; BAG NJW 2014, 413, 414). Entsprechendes gilt, wenn der Nachlassgläubiger gegen einen Nachlasspfleger oder -verwalter geklagt hat und die Pflegschaft während des Revisionsverfahrens aufgehoben wird (arg § 780 Abs 2 ZPO; vgl RG DR 1944, 292, 294; BGH LM Nr 5 zu § 780 ZPO = NJW 1962, 1250). Eine Revision ist jedoch unzulässig, wenn ein Erbe nach einer noch vom Erblasser eingelegten Revision lediglich den Antrag auf Vorbehalt der beschränkten Erbenhaftung stellt (BGHZ 54, 204 ff = LM Nr 6 zu § 780 ZPO m Anm v Mattern). Zumindest in diesem Fall kann der Erbe die Beschränkung seiner Haftung auch ohne solch einen Vorbehalt geltend machen (BGHZ 54, 204, 207 mwNw; vgl aber auch BGHZ 17, 69, 73 f); § 780 Abs 1 ZPO steht nicht entgegen. **143**

Da § 780 Abs 1 ZPO schon dem Wortlaut nach nur den Fall betrifft, dass der *Erbe* verurteilt worden ist, besagt die Vorschrift nicht, dass der Erbe ein **gegen den Erblasser ergangenes und zZ des Erbfalls noch nicht rechtskräftiges Urteil** anfechten müsse, um die Möglichkeit zu erhalten, die beschränkte Haftung geltend zu machen (so aber Staudinger/Lehmann[11] Vorbem 13 [5 b] m unzutreffender Berufung auf RGZ 59, 301 = SeuffA 60 [1905] Nr 247 [dort war Versäumnisurteil gegen die *Erben* ergangen]; richtig hingegen OLG Celle NJW-RR 1988, 133 f). Auch nach dem Erbfall kann es wegen §§ 86, 246 ZPO zu einer wirksamen Verurteilung des Erblassers kommen (vgl Staudinger/Kunz [2017] § 1922 Rn 642 ff und unten § 1967 Rn 66–68). Ergeht aufgrund eines Urteils, das noch gegen den vor dem Verkündungstermin gestorbenen Erblasser ergangen ist, ein Kostenfestsetzungsbeschluss gegen die Erben, so können diese ihr Recht zur Haftungsbeschränkung auch dann geltend machen, wenn dies im Kostenfestsetzungsbeschluss nicht vorbehalten ist (OLG Celle NJW-RR 1988, 133 f; ebenso OLG Hamm AnwBl 1982, 385 = MDR 1982, 855 = Rpfleger 1982, 354 zu einem Fall, wo der Erblasser *nach* der Urteilsverkündung gestorben war). Denn im Kostenfestsetzungsbeschluss kann der Vorbehalt der beschränkten Erbenhaftung nur ausgesprochen werden, wenn dies auch in dem zugrundeliegenden Urteil geschehen ist (vgl OLG Celle NJW-RR 1988, 133 f und § 1967 Rn 67); zur Überprüfung anderer als kostenrechtlicher Fragen ist das Kostenfestsetzungsverfahren nicht bestimmt (OLG München JurBüro 1994, 112; Damrau ZEV 1999, 234). **144**

Zur Frage des Urteilsvorbehalts, wenn das Verfahren gegen den Erblasser nach dessen Verurteilung gem § 246 ZPO ausgesetzt und von der anderen Partei gegen den Erben gem § 239 Abs 2 ZPO vor dem Gericht dieser Instanz vor Einlegung **145** eines Rechtsmittels weiterbetrieben wird, vgl OLG Düsseldorf NJW 1970, 1689 f; OLG Schleswig OLGZ 1993, 230 f.

(3) Entbehrlichkeit des Beschränkungsvorbehalts, § 780 Abs 2 ZPO

146 Der Beschränkungsvorbehalt ist nach § 780 Abs 2 ZPO nicht erforderlich, wenn der **Fiskus** als gesetzlicher Erbe verurteilt wird oder wenn das Urteil über eine Nachlassverbindlichkeit gegen einen **Nachlassverwalter** oder einen anderen **Nachlasspfleger** oder gegen einen **Testamentsvollstrecker**, dem die Verwaltung des Nachlasses zusteht, erlassen wird. Entsprechendes gilt, wenn das Urteil gegen einen **Nachlassinsolvenzverwalter** ergangen ist (zB wegen einer Masseverbindlichkeit; vgl MünchKommZPO/K Schmidt/Brinkmann § 780 Rn 9 aE).

147 Bei der **Verurteilung eines Nichterben zur Befreiung von einer Verbindlichkeit**, zu deren Berichtigung der nunmehrige Kläger (der Erbe) unter Vorbehalt der erbrechtlichen Haftungsbeschränkung selbst verurteilt worden war, erübrigt sich ein erneuter Hinweis auf die beschränkte Erbenhaftung (BGH WM 1958, 258, 260).

(4) Voraussetzungen und Entscheidung über Aufnahme des Beschränkungsvorbehalts

148 **Begehrt der wegen einer Nachlassverbindlichkeit verklagte Erbe den Beschränkungsvorbehalt des § 780 Abs 1 ZPO, so hat das Gericht dem grundsätzlich zu entsprechen** (vgl Mot V 668 [zur „Abzugseinrede" des E I] und § 305 ZPO für den Fall der Geltendmachung der aufschiebenden Einreden aus §§ 2014, 2015 BGB).

149 Eine **Ausnahme** wird man aber für den Fall anerkennen müssen, dass bereits das eigene Vorbringen des Erben oder der von diesem nicht bestrittene Vortrag des Gläubigers ergibt, dass der Erbe zumindest ihm gegenüber das Recht zur Beschränkung seiner Haftung verloren hat. Denn dann ist der Rechtsstreit auch hinsichtlich der Haftungsbeschränkung entscheidungsreif, und entscheidungsreife Fragen sind nach dem Rechtsgedanken des § 300 ZPO sofort zu entscheiden (vgl auch Karsten Schmidt JR 1989, 45, 46 bei Fn 15; Soergel/Stein Vorbem 13 zu § 1967).

150 Die §§ 305, 780, 781 ZPO wollen das Gericht nicht *zwingen,* die Frage der Haftungsbeschränkung in die Zwangsvollstreckung zu verweisen (amtl Begr zu §§ 644, 645 des CPO-Entwurfs 416 = Hahn, Die gesammten Materialien zu den Reichs-Justizgesetzen II 1 [1880] 443 f). Man wird es dem Gläubiger sogar gestatten müssen, im Streitfall durch den *Nachweis* der bereits unbeschränkbar gewordenen Erbenhaftung dafür zu sorgen, dass der Erbe ohne den von ihm erstrebten Vorbehalt verurteilt wird (str; dazu eingehend Staudinger/Dobler § 1990 Rn 12). Entscheidet das Gericht sachlich über das Bestehen oder Nichtbestehen der Haftungsbeschränkung bzw des Haftungsbeschränkungsrechts, so ist diese Entscheidung auch für spätere Prozesse – abgesehen von nachträglich eintretenden Umständen – rechtskraftfähig (BGH LM Nr 1 zu § 1975 Bl 1 R = NJW 1954, 635 f). Ob eine sachliche Entscheidung vorliegt, ist notfalls durch Auslegung zu ermitteln (BGH LM Nr 1 zu § 1975 Bl 1 R; RG DJZ 1907 Sp 881; vgl auch KGBl 1912, 117 f).

151 Die Aufnahme des Beschränkungsvorbehalts (§§ 305, 780 ZPO) setzt nicht voraus, dass der Erbe seine Haftung bereits beschränkt **hat**. Das Prozessgericht darf dem Erben den Vorbehalt also nicht mit der Begründung verweigern, dass er noch kein

Haftungsbeschränkungsmittel ergriffen habe (vgl BGH NJW 1991, 2839, 2840 unter I 2 b bb).

Im Urteil sollte sich der Erbe die Beschränkung seiner Haftung grundsätzlich *allgemein* vorbehalten lassen. Ein Vorbehalt, der auf ein bestimmtes Haftungsbeschränkungsmittel beschränkt ist (zB auf die Einrede des § 1992 BGB), schneidet dem Erben die Möglichkeit ab, seine Haftung für den im Urteil festgestellten Anspruch auf andere Weise zu beschränken (BGH LM Nr 1 zu § 1975 Bl 1 R = NJW 1954, 635 f). 152

(5) Beschränkungsvorbehalt bei rechtsgeschäftlichem Haftungsbeschränkungsrecht

Hat der Erbe seine Haftung durch Vertrag mit dem Gläubiger **auf den Nachlass beschränkt** (vgl Rn 185 ff), so muss bei seiner Verurteilung zum Ausdruck gebracht werden, dass die Beschränkung der Haftung auf den Nachlass bereits eingetreten ist (vgl BGH LM Nr 3 zu § 780 ZPO; **aM** Reichel, in: FS Cohn [1915] 230). Bezeichnet die Vereinbarung die einzelnen Gegenstände, mit denen der Erbe haften soll, so ist in der Verurteilung des Erben auszusprechen, dass er für die Schuld nur mit diesen Gegenständen haftet (BGH LM Nr 3 zu § 780 ZPO). Abgesehen von diesem Sonderfall kommt eine Verurteilung des Erben unter Beschränkung der Zwangsvollstreckung auf *bestimmte* Gegenstände jedoch nur selten in Betracht (vgl Staudinger/Dobler § 1990 Rn 14). Auch wenn die Haftungsbeschränkung auf Vertrag beruht, ist es grundsätzlich Sache des Erben, die Zwangsvollstreckung in nicht zum Nachlass gehörige Gegenstände gem §§ 781–785 ZPO abzuwehren. 153

bb) Die Bedeutung des Beschränkungsvorbehalts (§ 780 Abs 1 ZPO) bei Nachlassverwaltung und in der Nachlassinsolvenz

Haftet der Erbe dem Kläger bereits zZ des Prozesses nur noch mit dem Nachlass, so ist im Hinblick auf den Beschränkungsvorbehalt nach § 780 Abs 1 ZPO zwischen Nachlassverwaltung und Nachlassinsolvenz zu unterscheiden. 154

Beruht die Haftungsbeschränkung darauf, dass **Nachlassverwaltung** angeordnet ist (§ 1975 BGB), so darf der Erbe wegen eines aus dem Nachlass zu befriedigenden Anspruchs überhaupt nicht verurteilt werden (vgl § 1984 Abs 1 S 3 BGB und Staudinger/Dobler § 1984 Rn 23, 24). Dieser Klageabweisungsgrund ist nicht nur auf Einrede, sondern von Amts wegen zu beachten (OLG Posen OLGE 2 [1900] 160 f). 155

Für den Fall des **Nachlassinsolvenzverfahrens**, das nach § 1975 BGB gleichfalls haftungsbeschränkend wirkt, existiert eine dem § 1984 Abs 1 S 3 BGB entsprechende Vorschrift nicht (vgl jedoch BGH FamRZ 2008, 1749 zur Frage der Unterbrechung des Verfahrens der Nichtzulassungsbeschwerde gegen ein Berufungsurteil, mit dem ein ausländisches Urteil für vollstreckbar erklärt worden ist, das auf Zahlung aus einem Nachlass gerichtet ist, über den im Inland ein Nachlassinsolvenzverfahren eröffnet wurde). Jedoch ist in **§ 87 InsO** bestimmt, dass Insolvenzgläubiger ihre Forderungen „nur nach den Vorschriften über das Insolvenzverfahren verfolgen“ können (vgl auch § 86 InsO bzgl der Ansprüche auf Aussonderung, abgesonderte Befriedigung sowie hinsichtlich der Masseverbindlichkeiten). Die Insolvenzgläubiger werden also ihre Ansprüche gem §§ 174 ff InsO *zur Tabelle anmelden* und am insolvenzrechtlichen Feststellungs- und Verteilungsverfahren teilnehmen. 156

(1) Einzelzwangsvollstreckung der Nachlassgläubiger in das Eigenvermögen des Erben während des Nachlassinsolvenzverfahrens?

157 Insolvenzgläubiger, deren Forderungen festgestellt und nicht vom Schuldner (Erben) im Prüfungstermin bestritten worden sind, können aus der Eintragung in die Tabelle wie aus einem vollstreckbaren Urteil die Zwangsvollstreckung gegen den Schuldner (Erben) betreiben (§§ 201 Abs 2, 202 InsO). Bzgl der Vollstreckung in den *Nachlass* gilt dies jedoch erst ab Aufhebung des Insolvenzverfahrens; vorher steht § 89 InsO entgegen. Der Sperrwirkung des **§ 89 InsO** unterliegt im *Nachlass*insolvenzverfahren aber nur die Zwangsvollstreckung in den Nachlass, nicht hingegen der Vollstreckungszugriff auf das sonstige Vermögen des Erben (OLG München InVo 1996, 14 f [noch zur KO]; Uhlenbruck/Mock InsO § 89 Rn 7; Eckardt, in: Gottwald [Hrsg], Insolvenzrechts-Handbuch [5. Aufl 2015] § 33 Rn 112 f; vgl auch HK-InsO/Marotzke § 325 Rn 7; **aM** MünchKommInsO/Siegmann/Scheuing § 325 Rn 11–13).

158 Auch **§ 93 InsO**, der die Geltendmachung der persönlichen Haftung von Gesellschaftern für die Verbindlichkeiten einer insolventen Gesellschaft beim Insolvenzverwalter monopolisiert, darf im Insolvenzverfahren über einen *Nachlass* nicht analog angewandt werden (OLG Schleswig FamRZ 2011, 1682; ebenso selbst für den Fall, dass der Erbe sein Haftungsbeschränkungsrecht gem § 1994 Abs 1 Satz 2 oder § 2005 Abs 1 verloren hat: Brinkmann, Die Bedeutung der §§ 92, 93 InsO für den Umfang der Insolvenz- und Sanierungsmasse [2001] 192 ff; vgl auch Messink, Die unternehmenstragende Erbengemeinschaft in der Insolvenz [2007] 70 ff, 83, 123; **aM** Oepen, Massefremde Masse [1999] Rn 277 f; Roth ZInsO 2010, 118, 122). Gleiches gilt in Bezug auf den rechtsähnlichen **§ 334 Abs 1 InsO. Weder durch § 89 InsO noch durch § 93 InsO oder § 334 Abs 1 InsO ist ein Nachlassgläubiger folglich gehindert, schon vor Beendigung des Nachlassinsolvenzverfahrens in das Eigenvermögen des Erben zu vollstrecken**. Selbst eine gem § 1975 BGB eingetretene Haftungsbeschränkung hindert eine solche Vollstreckung nicht, solange der Erbe keine Einwendungen erhebt (vgl §§ 781, 785 ZPO).

159 Dass die Eintragung in die für das Nachlassinsolvenzverfahren geführte Tabelle einen Vollstreckungstitel nur gegen den *Nachlass* gewähren könne (MünchKomm/Küpper § 1989 Rn 8), ist nicht anzunehmen (wie hier Riesenfeld II 205 f; Jaeger/Weber[8], KO § 214 Rn 12; missverständlich Staudinger/Lehmann[11] § 1989 Rn 4 und BGB-RGRK/Johannsen § 1989 Rn 6), da es nach **§ 201 Abs 2 InsO** auch vom Verhalten des Erben abhängt, ob aus dem Tabelleneintrag ein Vollstreckungstitel wird. Die weitere Streitfrage, ob die vollstreckbare Ausfertigung des Tabelleneintrags bereits vor Aufhebung des Verfahrens erteilt werden kann (vgl Jaeger/Weber[8], KO § 164 Rn 7 b; Kuhn/Uhlenbruck[11], KO § 164 Rn 3 a; Hansens JurBüro 1985, 499 ff; HK-InsO/Depré[7] § 202 Rn 1; MünchKommInsO/Hintzen § 201 Rn 26), ist aufgrund teleologischer Reduktion des § 201 Abs 2 S 3 InsO im Sonderfall des *Nachlass*insolvenzverfahrens – und hier zumindest bei bereits unbeschränkbar gewordener Erbenhaftung – zu bejahen. Auch bei der Vollstreckung aus der im Nachlassinsolvenzverfahren zustande gekommenen Tabelle bleiben die gem § 1975 BGB eingetretene und die sich gem § 1989 BGB anschließende Haftungsbeschränkung wegen § 781 ZPO unberücksichtigt, bis der Erbe Einwendungen erhebt (Riesenfeld II 205 f; wohl auch Staudinger/Lehmann[11], BGB-RGRK/Johannsen § 1989 Rn 6 und MünchKomm/Küpper § 1989 Rn 8).

160 Dies alles bedeutet aber nicht, dass sich der Erbe bereits in der Nachlassinsolvenztabelle den in § 780 ZPO erwähnten Vorbehalt machen lassen müsste, um später

Einwendungen erheben zu können (zutreffend RIESENFELD II 206 f; JAEGER/WEBER[8], KO § 214 Rn 12; STAUDINGER/LEHMANN[11], BGB-RGRK/JOHANNSEN § 1989 Rn 6 und MünchKomm/KÜPPER § 1989 Rn 8). Denn zum einen ist der Tabelleneintrag kein wirkliches „Urteil" gegen den Erben (wie in § 780 Abs 1 ZPO vorausgesetzt) und zum anderen geht es im Nachlassinsolvenzverfahren nur um die Befriedigung aus dem Nachlass, nicht hingegen um die Inanspruchnahme auch des sonstigen Erbenvermögens, sodass sich gegen die Notwendigkeit eines Beschränkungsvorbehalts auch der Rechtsgedanke des § 780 Abs 2 ZPO anführen lässt.

(2) Leistungsklagen von Nachlassgläubigern gegen den Erben während des Nachlassinsolvenzverfahrens?

Ein Nachlassgläubiger, der im Nachlassinsolvenzverfahren einen gegen den Erben vollstreckbaren (Rn 157) Tabelleneintrag erlangt hat, ist mangels Rechtsschutzbedürfnisses nicht berechtigt, gegen den Erben auf Leistung zu klagen. Unter der Voraussetzung, dass der Gläubiger im Nachlassinsolvenzverfahren bereits eine Abschlagszahlung entgegengenommen hat (s unten), gilt dies auch, wenn seine Forderung mit einem nach § 41, § 45 oder § 46 InsO abgewandelten Inhalt vollstreckbar geworden ist. Unzutreffend wäre die Annahme, dass es dem Gläubiger hier gestattet sein müsse, eine ihm unangenehme Forderungsumwandlung durch nachträglichen Verzicht auf die Möglichkeit des § 201 Abs 2 InsO zu vermeiden (so aber KUHN/UHLENBRUCK[11], KO § 164 Rn 2 mwNw; HÄSEMEYER, Insolvenzrecht [4. Aufl 2007] Rn 25. 14 f, 25. 22, der bei Rn 25. 18 ff auch eine auf das Insolvenzverfahren *beschränkte* Forderungsanmeldung als zulässig erachtet) und bei vorhandenem Rechtsschutzinteresse – zB weil ihm der Erbe wegen §§ 1994 Abs 1 S 2, 2005 Abs 1 oder 2006 Abs 3 BGB trotz des Nachlassinsolvenzverfahrens auch mit dem Eigenvermögen haftet oder weil sich abzeichnet, dass der Nachlass durch die Befriedigung der am Nachlassinsolvenzverfahren teilnehmenden Gläubiger wider Erwarten (vgl § 320 InsO) nicht erschöpft wird – gegen den Erben auf Erbringung der ursprünglich geschuldeten Leistung zu klagen: Spätestens mit der Feststellung der Forderung zur Insolvenztabelle und dem Empfang von Abschlagzahlungen muss der Gläubiger an die durch seine Forderungsanmeldung gewählte Inhaltsänderung (§§ 41, 45, 46 InsO) gebunden sein (vgl JAEGER/WEBER[8], KO § 164 Rn 11 f; JAEGER/HENCKEL[9], KO § 17 Rn 161; MAROTZKE, Gegenseitige Verträge im neuen Insolvenzrecht [3. Aufl 2001] Rn 5. 94 Fn 329). 161

Folgt man der in Rn 157 ff vertretenen Ansicht, dass bereits *während* des Nachlassinsolvenzverfahrens aus der Tabelle in das Eigenvermögen des Erben vollstreckt werden kann, so besteht auch für die Klage eines Nachlassgläubigers, dem der Erbe *unbeschränkbar* haftend geworden ist, kein Rechtsschutzbedürfnis, sobald der Gläubiger für seine Forderung einen nach § 201 Abs 2 InsO vollstreckbaren Tabelleneintrag erlangt hat. Insoweit bedarf also die Ansicht, dass ein Nachlassgläubiger, dem der Erbe nachweislich unbeschränkbar haftend geworden sei, auch während des Nachlassinsolvenzverfahrens gegen den Erben auf Leistung klagen könne (STAUDINGER/LEHMANN[11] § 2013 Rn 10; PLANCK/FLAD § 1975 Anm 4; JAEGERLZ 1913, 694– jeweils noch zum *Nachlasskonkurs*), einer Einschränkung. Diese Klagemöglichkeit besteht nur, wenn der Gläubiger entweder auf die Teilnahme am Nachlassinsolvenzverfahren verzichtet oder zwar teilnimmt, jedoch eine auch gegen den Erben wirksame Feststellung seiner Forderung nicht erlangt, etwa weil der Erbe die Forderung im Prüfungstermin bestreitet (vgl §§ 201 Abs 2, 178 Abs 1 S 2, 184 InsO). Die in Rn 167 angesprochene 162

Abweichung des § 87 InsO vom Vorbild des § 12 KO steht einer solchen Klage nicht entgegen (vgl den Schlusssatz der Rn 167).

163 Ob unter den in Rn 165 genannten Voraussetzungen auch ein Gläubiger, dem der Erbe nur *beschränkt* haftet (§ 1975 BGB), während des Nachlassinsolvenzverfahrens gegen den Erben auf Leistung klagen kann, ist zweifelhaft. Das RG (JW 1913, 752 = Gruchot 57 [1913] 1014 = LZ 1913, 691 ff m abl Anm v Jaeger) bejahte dies mit gewissen Einschränkungen anhand eines noch nach der KO (also ohne § 87 InsO, s Rn 167) zu beurteilenden Falles, in dem trotz § 215 KO (jetzt § 320 InsO) feststand, dass nach Aufhebung des Verfahrens noch ein Nachlassüberschuss vorhanden sein würde. Entgegen Jaeger LZ 1913, 694 und MünchKommInsO/Siegmann/Scheuing § 325 Rn 11 ist dem für diesen Fall zuzustimmen. Das Gesetz selbst gibt in § 184 InsO (vormals § 144 Abs 2 KO) dem Gedanken Raum, dass Insolvenzgläubiger, die keine gegen den Schuldner vollstreckbare Feststellung ihrer Forderung erlangen (weil dieser im Prüfungstermin bestreitet, s § 201 Abs 2 InsO), gegen den Schuldner persönlich prozessieren können. Das muss auch während eines *Nachlass*insolvenzverfahrens gelten (ebenso anscheinend BGH ZIP 2004, 2345, 2346 = ZInsO 2005, 95, 96 = NJW-RR 2005, 241 f – jedoch nur für den Fall, dass der Erbe der zur Tabelle angemeldeten Forderung widerspricht).

164 Die von Jaeger/Weber[8] (KO § 230 Rn 3) vorgeschlagene Analogie zu § 1984 Abs 1 S 3 BGB, die der Zulässigkeit einer solchen Klage entgegenstehen würde, scheitert daran, dass ein gegen den Insolvenzverwalter ergangenes Feststellungsurteil (§ 146 KO/§§ 179 ff InsO) gegen den Erben nicht vollstreckt werden kann, wenn dieser die Forderung im Prüfungstermin bestritten hat (vgl §§ 147, 144 Abs 2, 164 Abs 2 KO/ §§ 183, 184, 201 Abs 2 InsO).

165 Auch § 87 InsO sollte man im *Nachlass*insolvenzverfahren nicht derart streng anwenden, dass eine Klageerhebung gegen den Erben von vornherein ausscheidet (vgl Rn 167). Der Erbe verliert für die Dauer des Nachlassinsolvenzverfahrens weder das passive Prozessführungsrecht noch die Passivlegitimation hinsichtlich der Nachlassverbindlichkeiten (insoweit zutreffend RG JW 1913, 752, s oben Rn 163, und Jaeger KO § 230 Rn 3 [beide noch auf Grundlage der KO]; **aM** für den beschränkt haftenden Erben Staudinger/Lehmann[11] Vorbem 5 c zu § 1975 und § 2013 Rn 10; Planck/Flad § 1975 Anm 4; Soergel/Stein Vorbem 5 zu § 1967; Jaeger/Weber[8] KO § 230 Rn 3; wohl auch E I § 2110 [dazu Mot V 623 f; Prot V 765]). Deshalb wird man einem Nachlassgläubiger, der auf die Teilnahme am Nachlassinsolvenzverfahren verzichtet (vgl Jaeger/Henckel[9], KO § 12 Rn 3; OLG München InVo 1996, 14 f; BSG NZI 2001, 502, 503 rSp – jeweils noch zur KO; einen solchen Verzicht als nach neuem Recht nicht ausreichend erachtend hingegen BGH ZIP 2004, 2345, 2346 = ZInsO 2005, 95, 96 = NZI 2005, 108, 109 = NJW-RR 2005, 241 f) oder einen gegen den Erben vollstreckbaren (§ 201 Abs 2 InsO) Eintrag in die Tabelle nicht erlangt, das Recht, gegen den Erben unmittelbar auf Leistung zu klagen, nicht ohne Weiteres, sondern nur dann versagen dürfen, wenn aus einem stattgebenden Urteil gegen den Willen des Erben (§ 781 ZPO) niemals vollstreckt werden könnte. Ein solcher Fall, in dem das Rechtsschutzbedürfnis zu verneinen wäre (vgl Urteilsanm Jaeger LZ 1913, 693 f), ist anzunehmen, wenn sich der verklagte Erbe auf die Beschränkung seiner Haftung – §§ 1975, 1989 BGB – beruft (arg § 780 Abs 1 ZPO) und der Nachlassgläubiger dann nicht entweder nachweist, dass der Erbe ihm gegenüber schon unbeschränkbar haftend geworden ist, oder glaubhaft macht, dass selbst bei beschränkter Erbenhaftung noch eine

Vollstreckungsmöglichkeit bleibt, weil der Nachlass durch das Nachlassinsolvenzverfahren wider Erwarten (vgl § 320 InsO) nicht restlos aufgezehrt werden kann. (Zu einem anderen Ergebnis käme man auf der Grundlage der in BGH FamRZ 1984, 473 = WM 1984, 426 f [vgl auch BGH NJW 1978, 2031, 2032; 1996, 2035, 2037] vertretenen Ansicht, dass das Rechtsschutzbedürfnis für eine Leistungsklage nicht dadurch ausgeschlossen werde, dass „der Schuldner vermögenslos ist und der klagende Gläubiger keine Aussicht auf Befriedigung hat".)

Die vom RG (JW 1913, 752) anhand eines Falles mit beschränkter Erbenhaftung **166** vorgenommene Einschränkung, dass die während des Nachlasskonkurses gegen den Erben erhobene Klage nur auf *Leistung nach Beendigung des Nachlasskonkurses* gerichtet sein dürfe, ist für den Fall nachweislich *un*beschränkbar gewordener Erbenhaftung abzulehnen. Denn der Vollstreckung in das Eigenvermögen steht § 89 InsO (s vormals § 14 KO) nicht entgegen, wenn lediglich über dem *Nachlass* ein Insolvenzverfahren schwebt (vgl die Nachweise oben Rn 157 ff).

Zur KO vertrat die Rspr die Ansicht, während des Nachlasskonkurses stehe der **167** *Festsetzung von Prozesskosten* gegen den Erben auch bei dessen *unbeschränkter* Haftung § 12 KO entgegen (KG Rpfleger 1976, 187 [vgl dazu auch § 1967 Rn 191]). Dem war nicht zu folgen. Denn § 12 KO regelte nur die Befriedigung „aus der Konkursmasse", und auf diese sind die Gläubiger des *unbeschränkt* haftenden Erben im Nachlasskonkurs gerade *nicht* beschränkt. Die Worte „aus der Insolvenzmasse" fehlen freilich in § 87 InsO, der an die Stelle des § 12 KO getreten ist. Jedoch wird der Gesetzgeber bei dieser abweichenden Formulierung kaum an den Sonderfall gedacht haben, dass es sich um ein *Nachlass*insolvenzverfahren handelt *und* die Haftung des Erben möglicherweise eine *unbeschränkte* ist (vgl Begr zu § 98 RegE/§ 87 InsO in BT-Drucks 12/2443, 137). Damit stellt sich die Frage einer teleologischen Reduktion des § 87 InsO (vgl Rn 157 ff).

Während eines Nachlassvergleichsverfahrens, das einen **vor dem 1. 1. 1999** gestellten **168** Eröffnungsantrag voraussetzte (Art 103 EGInsO) und gem (des zum 1. 1. 1999 außer Kraft getretenen) § 113 Abs 1 Nr 4 VerglO „in Ansehung der Haftung des Erben für die Nachlaßverbindlichkeiten ... wie der Nachlaßkonkurs" (also haftungsbeschränkend) wirkte, konnten die Nachlassgläubiger gegen den Erben ohne Weiteres auf Leistung klagen. Das war in Satz 1 der zur Mäßigung anhaltenden Kostenregelung des § 49 VerglO konkludent vorausgesetzt und verstand sich nahezu von selbst, da der Nachlass im Nachlassvergleichsverfahren *vom Erben persönlich* verwaltet wurde (Staudinger/Marotzke [1996] § 1975 Rn 4) und das Nachlassvergleichsverfahren der *Abwendung (iS von Vermeidung)* eines Nachlasskonkursverfahrens diente. Dass das Prozessgericht dem Erben die durch das Nachlassvergleichsverfahren bewirkte Haftungsbeschränkung im Verurteilungsfall nicht – wie sonst – nur auf Einrede, sondern von Amts wegen auszusprechen hatte (so Staudinger/Lehmann[11] Vorbem 8 zu § 1975; MünchKomm/Siegmann[3] § 1975 Rn 6; Soergel/Stein[12] § 1975 Rn 11; AK-BGB/Teubner § 1975 Rn 47; Siber, Haftung für Nachlaßschulden 35 f; Bley/Mohrbutter VerglO § 113 Rn 26; vgl auch Erman/Schlüter[9] Vorbem 13 zu § 1975; **aM** wohl Kipp/Coing § 101 II), war gesetzlich nicht bestimmt und folgte insbes nicht aus § 113 Abs 1 Nr 4 VerglO.

Auch die InsO kennt die Möglichkeit der Eigenverwaltung der Masse (im Nachlas- **169** sinsolvenzverfahren: des Nachlasses) **durch den Schuldner (Erben) persönlich**. Voraussetzung ist ein die Eigenverwaltung anordnender Gerichtsbeschluss nach § 270 oder § 271 InsO. Jedoch gelten auch nach Anordnung der Eigenverwaltung die §§ 86 ff, 174 ff, 201 ff InsO. Eine Vorschrift, die wie der oben erwähnte § 49 Satz 1 VerglO konkludent voraussetzt, dass ein Insolvenzgläubiger den Schuldner auch noch nach Verfahrenseröffnung „auf Leistung" verklagen kann, ist in der InsO nicht enthalten. Auch dient die Anordnung der Eigenverwaltung nach der InsO im Unterschied zum Vergleichsverfahren nach der VerglO nicht der „Abwendung", sondern der **Durchführung** eines (bereits eröffneten!) Insolvenzverfahrens. Ob und ggf unter welchen Voraussetzungen die Nachlassgläubiger während eines schwebenden Nachlassinsolvenzverfahrens den Erben persönlich auf Leistung verklagen können, richtet sich deshalb auch im Fall einer gem § 270 oder § 271 InsO angeordneten Eigenverwaltung nicht nach den Grundsätzen des früheren Vergleichsrechts, sondern nach den in Rn 157 ff entwickelten Grundsätzen.

cc) Das Haftungsbeschränkungsrecht im Zwangsvollstreckungsverfahren

170 Bei der Zwangsvollstreckung gegen den Erben des Schuldners bleibt die Beschränkung der Haftung unberücksichtigt (vgl zB OLG Frankfurt NJW-RR 1998, 160), bis der Erbe Einwendungen erhebt **(§ 781 ZPO)**. Dies wiederum setzt voraus, dass ihm sein (allgemeines) Haftungsbeschränkungsrecht im Vollstreckungstitel nach § 780 Abs 1 ZPO vorbehalten worden ist.

171 Auf die **in § 794 Abs 1 ZPO genannten Vollstreckungstitel** findet § 780 ZPO gem § 795 S 1 ZPO entsprechende Anwendung (MünchKommZPO/Schmidt/Brinkmann § 780 Rn 3 mwNw; für den Prozessvergleich s BGH NJW 1991, 2839; s zudem Neukirchen, Der Vorbehalt der beschränkten Erbenhaftung in notariellen Vollstreckungstiteln, RNotZ 2016, 228).

(1) Die Durchsetzung im Wege der Vollstreckungsabwehrklage

172 Die in §§ 782–784 ZPO näher bezeichneten Einwendungen sowie der allgemeine Haftungsvorbehalt iSd § 780 Abs 1 ZPO werden gem § 785 ZPO nach den Vorschriften der **§§ 767, 769, 770 ZPO** über die **Vollstreckungsabwehrklage** erledigt (zur prozessualen Behandlung der einzelnen Einwendungen, die der Erbe nach den §§ 781–784, 785 ZPO [vgl auch §§ 265 AO, 8 Abs 2 JBeitrO] gegen die Zwangsvollstreckung erheben kann, wird weiterf auf die entsprechenden Kommentierungen verwiesen). § 780 Abs 1 ZPO ergänzt die Präklusionsvorschrift des § 767 Abs 2 ZPO dahingehend, dass der als Erbe des Schuldners verurteilte Beklagte die Beschränkung seiner Haftung nur geltend machen kann, wenn sie ihm im Urteil vorbehalten ist.

173 Die §§ 780 ff ZPO finden auf **sämtliche Nachlassverbindlichkeiten** Anwendung. Sie gelten auch für die sog Erbfallschulden (zB solche aus Pflichtteilsrechten, Vermächtnissen und Auflagen). Dass der Erblasser selbst niemals Schuldner dieser seinen Erben als solchen (§ 1967 Abs 2 BGB) treffenden Verbindlichkeiten war, steht dem nicht entgegen, auch wenn der Wortlaut von § 780 Abs 1 und § 781 ZPO eine andere Sichtweise nahelegen mag (RG WarnR 1913 Nr 377). Zur Bedeutung des § 780 ZPO im Erkenntnisverfahren s Rn 133 ff.

174 Dies gilt auch, wenn der Nachlassgläubiger die **Abnahme einer Vermögensauskunft** beantragt, sei es nach (§ 807 ZPO nF) oder vor (§ 802c ZPO nF) einem Sachpfändungsversuch. Das insb in § 900 ZPO aF geregelte Verfahren zur Abgabe der eidesstattlichen Versicherung (nunmehr begrifflich Vermögensauskunft) wurde durch das Gesetz v 29. 7. 2009 zur Reform der Sachaufklärung in der Zwangsvollstreckung mit Wirkung zum 1. 1. 2013 (BGBl 2009 I Nr 48 S 2258; zu dieser und weiteren Novellen im Überblick s BeckOKZPO/Fleck [1. 9. 2019] § 802a ZPO Rn 1–2.1) geändert (s §§ 802a-802l ZPO); insb das Widerspruchsverfahren nach § 900 Abs 4 ZPO aF wurde abgeschafft. Will sich der Schuldner gegen die Abnahme einer Vermögensauskunft wehren, weil etwa die allgemeinen Vollstreckungsvoraussetzungen fehlen, muss er im Wege der Erinnerung nach § 766 ZPO vorgehen; im Falle der sofortigen Abnahme kann er nach § 807 Abs 2 ZPO nF widersprechen. Im Rahmen dieser Rechtsbehelfe kann er jedoch nicht geltend machen, (nunmehr) beschränkt zu haften. Der Erbe konnte sich auch nach alter Rechtslage im Rahmen des Widerspruchsverfahrens nach § 900 Abs 4 ZPO aF nicht auf seine (nunmehr) beschränkte Haftung berufen. Er muss vielmehr hierfür eine Vollstreckungsabwehrklage nach §§ 785, 767, 769 f ZPO erheben (vgl, freilich zur alten Rechtslage LG Lübeck NJW-RR 2009, 1163, 1164). Solange der Erbe seine Haftung jedenfalls nicht auf den Nachlass beschränkt **hat**, muss sich die Vermögensauskunft auch auf das Eigenvermögen des Erben erstrecken (s erg auch Staudinger/Dobler § 1990 Rn 34).

Ist der Erbe zur Abgabe einer Willenserklärung verurteilt, so gilt die Erklärung als abgegeben, sobald das Urteil Rechtskraft erlangt hat (§ 894 Abs 1 S 1 ZPO). Nach hM soll dies jedoch nicht gelten, wenn der Erbe unter dem Vorbehalt der Beschränkung seiner Haftung verurteilt worden ist (RGZ 49, 415 ff; RG BayZ 1920, 303; RG Gruchot 56 [1912] 1005 ff; Staudinger/Lehmann[11] Vorbem 13; Planck/Flad Vorbem 12 zu § 1975; BGB-RGRK/Johannsen § 1975 Rn 10; MünchKomm/Küpper § 1967 Rn 31; Soergel/Stein Vorbem 14 zu § 1967; ebenso KG OLGE 11 [1905] 117 für den Fall, dass das Urteil noch gegen den Erblasser ergangen war und nach dessen Tod rechtskräftig wird). Dann soll die Abgabe der Willenserklärung nach § 888 ZPO erzwungen werden müssen, wogegen der Erbe ggf nach §§ 781 ff ZPO Einwendungen erheben könne (hierzu krit Lange/Kuchinke § 49 Fn 26; Karsten Schmidt JR 1989, 45, 46 f). S erg zur Erfüllung von Verschaffungsansprüchen bei Haftungsbeschränkung Rn 87 ff. **175**

(2) Funktion der Vollstreckungsabwehrklage im System der Erbenhaftung

Auf den ersten Blick erscheint es ungereimt, dass der Erbe gem § 785 ZPO auf die Vollstreckungsabwehrklage verwiesen wird. Denn *vor* dem Erbfall wäre nicht die Vollstreckungsabwehrklage, sondern die Drittwiderspruchsklage nach § 771 ZPO der richtige Weg gewesen, um vollstreckende Gläubiger des späteren Erblassers auf *dessen* Vermögen (den späteren Nachlass) zu beschränken. Beerbt ein potenzieller Drittwiderspruchskläger den Vollstreckungsschuldner und haftet er dem vollstreckenden Gläubiger deshalb gem § 1967 BGB auch selbst, so steht ihm – wenn der Titel gegen ihn umgeschrieben oder ihm gegenüber ein neuer Vollstreckungstitel erwirkt wurde – plötzlich nicht mehr die Drittwiderspruchsklage, sondern „nur“ das Verfahren der Vollstreckungsgegenklage zur Verfügung (§ 785 ZPO). **176**

Zur Rechtfertigung dieser gesetzgeberischen Entscheidung lässt sich anführen, dass der Erbe nach Entstehung eines gegen ihn selbst gerichteten Vollstreckungstitels nicht mehr „Dritter“ iSd § 771 ZPO ist und dass er mit seiner Behauptung, dass der von der Vollstreckungsmaßnahme betroffene Gegenstand zu seinem Eigenvermögen gehöre, jetzt nur noch dann gehört wird, wenn er zugleich die – sicherlich eine „Einwendung gegen den festgestellten Anspruch“ (§ 767 ZPO) darstellende – Behauptung aufstellt, dass sich seine Haftung auf den Nachlass beschränkt habe (nicht dieser Zusammenhang, sondern die Unterschiedlichkeit der nach § 785 ZPO verfolgbaren Klageziele **177** wird hervorgehoben von Karsten Schmidt JR 1989, 45, 47 f; vgl zur dogmatischen Einordnung auch Dauner-Lieb, in: FS Gaul [1997] 93, 100 f; dies, Unternehmen in Sondervermögen [1998] 81 ff).

4. Handlungsmöglichkeiten der Nachlassgläubiger im System der Erbenhaftung

178 Die Nachlassgläubiger brauchen die Schritte des Erben nicht tatenlos abzuwarten, sondern können Druck auf ihn ausüben, um die Befriedigung ihrer Ansprüche zu sichern. Im System der Erbenhaftung haben sie beachtliche Handlungs- und damit Gestaltungsspielräume, von welchen einige nachfolgend dargestellt sind.

a) Fortsetzung der Zwangsvollstreckung (§ 779 ZPO) und Einleitung von Sicherungsmaßnahmen

179 Schon bevor der Erbe die Erbschaft angenommen hat, können Nachlassgläubiger eine bereits gegen den Erblasser *begonnene Zwangsvollstreckung* gem § 779 ZPO *fortsetzen,* bei Bedarf *sichernde Maßnahmen* des Nachlassgerichts nach § 1960 BGB *anregen* oder gem § 1961 BGB die *Bestellung eines Nachlasspflegers beantragen,* um ihre noch nicht titulierten Forderungen diesem gegenüber gerichtlich geltend zu machen.

b) Erhebung der Leistungsklage gegen den Erben

180 Sobald der Erbe die Erbschaft angenommen hat (§ 1958 BGB), können sie gegen ihn auf *Leistung klagen* (zum Gerichtsstand vgl §§ 27, 28 ZPO), wobei der Erbe dann sein Haftungsbeschränkungsrecht geltend machen kann (s Rn 131 ff).

c) Erfassung des Nachlasses im Nachlassinventar

181 Jeder Nachlassgläubiger kann ferner gem **§ 1994 BGB** beantragen, dass das Nachlassgericht dem Erben eine Frist zur Errichtung eines *Nachlassinventars* bestimmt, durch das der Bestand des Nachlasses in seiner ursprünglichen Gestalt erfasst wird (§ 2001 BGB). Die Frist kann schon vor Annahme der Erbschaft bestimmt werden, beginnt aber erst mit der Annahme zu laufen (§ 1995 Abs 2 BGB). Bei Versäumung der Frist verliert der Erbe sein Haftungsbeschränkungsrecht (§ 1994 Abs 1 S 2 BGB mit Sonderregelung in § 2005 Abs 1 S 2 BGB; vgl Staudinger/Dobler § 2005 Rn 7), ebenso im Fall der Inventaruntreue (§ 2005 Abs 1 S 1 BGB) oder der Verweigerung der Bekräftigung des Inventars durch eidesstattliche Versicherung (vgl § 2006 Abs 3 BGB, der den Verlust des Haftungsbeschränkungsrechts jedoch nur im Verhältnis zu einem einzelnen Gläubiger ausspricht).

182 Vom Inventar iSd §§ 1993 ff BGB zu unterscheiden sind die **Vermögensauskunft** und deren Bekräftigung durch **eidesstattliches Versicherung nach §§ 802c, 807 ZPO nF** (s dazu Rn 174, dort auch zur Novellierung der §§ 900, 807 ZPO aF); diese setzen voraus, dass die Forderung des antragstellenden Gläubigers bereits tituliert ist.

d) Herbeiführung der Haftungsbeschränkung

183 Jeder Nachlassgläubiger (auch der nach § 1973 BGB oder § 1974 BGB ausgeschlossene) kann – selbst bei unbeschränkbar gewordener Erbenhaftung (§ 2013 Abs 1 BGB) – die **Anordnung einer Nachlassverwaltung beantragen**. Er muss dies innerhalb einer Ausschlussfrist von zwei Jahren seit Annahme der Erbschaft tun (§ 1981 Abs 2

S 2 BGB) und seine Forderung und deren Gefährdung glaubhaft machen (§ 1981 Abs 2 S 1 BGB). Die Anordnung kann abgelehnt werden, wenn eine den Kosten entsprechende Masse nicht vorhanden ist (§§ 1982, 1990 BGB). Die Ablehnung unterbleibt, wenn der Gläubiger einen zur Deckung der Verfahrenskosten ausreichenden Geldbetrag vorschießt (STAUDINGER/DOBLER § 1982 Rn 4).

Jeder Nachlassgläubiger (§ 317 Abs 1 InsO) kann auch bei unbeschränkbar gewordener Erbenhaftung und sogar schon vor Annahme der Erbschaft (aber nicht mehr nach Ablauf von zwei Jahren seit Annahme derselben, § 319 InsO) die **Eröffnung des Nachlassinsolvenzverfahrens beantragen**. Diese setzt voraus, dass der Nachlass zahlungsunfähig oder überschuldet ist (§ 320 S 1 InsO; „drohende" Zahlungsunfähigkeit genügt nur in den Fällen des § 320 S 2 InsO). **184**

III. Privatautonome Gestaltbarkeit (Disponibilität) der Erbenhaftung*

Die **grundsätzliche Disponibilität** der Regelungen zur Erbenhaftung hat insbesondere in **§ 2012 Abs 1 S 3 BGB** Ausdruck gefunden. Hiernach darf der Nachlasspfleger auf das Haftungsbeschränkungsrecht nicht verzichten. Hieraus folgt im Umkehrschluss, dass anderen die Möglichkeit des Verzichtens durchaus offensteht. Im Rahmen der allgemeinen Vertragsfreiheit sind daher **Vereinbarungen des Erben** mit Nachlassgläubigern über die Erbenhaftung **(Haftungsvereinbarung)** grds zulässig (RGZ 146, 343, 346; vgl zudem für Haftungsvereinbarungen außerhalb des Erbrechts RG SeuffArch 94 Nr 40; BGH ZZP 68 [1955] 101; BGH MDR 1975, 747; zur Abgrenzung von Vollstreckungsvereinbarungen s Rn 109 ff). Der Erbe kann zudem auch **einseitig** auf die Beschränkung seiner Haftung verzichten (s dazu sogleich Rn 187 ff; zur **Gestaltung der Erbenhaftung im Insolvenzplan** s etwa MUSCHELER ErbR II [2010] Rn 3656; MünchKomm/KÜPPER § 1989 Rn 7). **185**

Ebenso kann der **Erblasser** letztwillig in bestimmten, freilich eng zu ziehenden Grenzen in das System der Erbenhaftung eingreifen (s dazu Rn 198 ff). **186**

1. Einseitiger Verzicht auf Haftungsbeschränkung

Der Erbe kann grds einseitig auf die Ausübung seines Haftungsbeschränkungsrechts verzichten. Die Streitfrage, ob es zum Verzicht auf Möglichkeiten der Haftungsbeschränkung eines Vertrages bedarf, wird mit PLANCK/FLAD (Vorbem 6 c zu § 1993) grds zu verneinen sein (**aM** BGB-RGRK/JOHANNSEN Vorbem 21). Denn wenn der Erbe sich seines Haftungsbeschränkungsrechts schon dadurch einseitig begeben kann, dass er eine *unerlaubte* Handlung iS des § 2005 Abs 1 S 1 BGB begeht, dann muss ihm dies erst recht im Wege des einseitigen Verzichts möglich sein (andere Begr bei PLANCK/FLAD Vorbem 6 c zu § 1993). Anders mag man dies beurteilen, wenn eine Haftungsvereinbarung der **Nachlassinsolvenzabwendung** dienen würde. Denn den Erben trifft nach § 1980 Abs 1 BGB in bestimmten kritischen Situationen eine Antragspflicht. Von ihr kann sich der Erbe allenfalls durch Vereinbarung mit *allen* Nachlassgläubigern befreien (s weiterf Rn 168 aE mit Bezug zum abgeschafften Nachlassvergleichsverfahren). Denn die Nachlassgläubiger haben idR ein gesteigertes Interesse an einer geordneten **187**

* Vgl MOLITOR, Vereinbarungen über die Erbenhaftung, JherJb 69 (1920) 283; RAAPE, Das Haftungsgestaltungsrecht des Erben, JherJb 72 (1922) 293, 318 f; REICHEL, Gewillkürte Haftungsbeschränkung, in: Züricher FS G Cohn (1915) 205, 229 ff.

Nachlassabwicklung und vor allem am alleinigen Zugriff auf den Nachlass (s hierzu etwa BeckOGK/Herzog [1. 3. 2019] § 1980 Rn 51 f mwNw, die an der Befreiung von der Antragspflicht auch bei Mitwirkung aller Nachlassgläubiger zweifelt; vgl ferner zur Möglichkeit eines vorinsolvenzlichen Sanierungsverfahrens für Unternehmen[-sträger] Bork, Einführung in das Insolvenzrecht [9. Aufl 2019] Rn 414a).

188 Allein die Tatsache, dass der Erbe einen Nachlassgläubiger nicht sofort darauf hinweist, dass er seine Haftung zu beschränken gedenkt, bedeutet aber weder einen Verzicht auf diese Möglichkeit, noch führt sie dazu, dass die spätere Ausübung des Beschränkungsrechts als unzulässige Rechtsausübung zu werten ist (OLG Celle NdsRpfl 1962, 232).

189 Erlässt ein Nachlassgläubiger dem Erben einen Teil der Schuld und bewilligt er ihm wegen des Restes Ratenzahlung, dann geht die beiderseitige Absicht im Allgemeinen dahin, den Nachlassgläubiger, der sich mit der reduzierten Forderung zufrieden gibt und diese sogar stundet, insoweit möglichst sicher zu stellen. In solch einem Fall liegt die Annahme nahe, dass der Erbe auf das Recht, die Haftung auf den Nachlass zu beschränken, konkludent verzichtet habe (BGH NJW 1992, 2694).

190 Gleiches gilt, wenn der Erbe einem Vermächtnisnehmer verspricht, anstelle eines testamentarisch vermachten Wohnrechts eine Kapitalbetragsabfindung sowie eine näher konkretisierte Rente zu erbringen und dabei keinen Vorbehalt hinsichtlich der Leistungsfähigkeit erklärt (OLG Oldenburg FamRZ 2007, 504 ff = NJW-RR 2007, 876 ff), oder wenn ein Prozessbevollmächtigter des Erben gegenüber einem Vermächtnisnehmer erklärt, dass der Vermächtnisanspruch „völlig unstreitig sei und dass überhaupt kein Risiko zu sehen sei, warum dieser Anspruch nicht erfüllt werden solle" (vgl die Sachverhaltsschilderung in OLG München ZEV 1998, 100).

191 Das RG hat entschieden, dass eine Beschränkung der Erbenhaftung auch dann nicht mehr geltend gemacht werden könne, wenn sich die streitenden Parteien aus Rücksicht aufeinander jahrelang die Inventarerrichtung gegenseitig erspart hätten und nunmehr eine Nachprüfung der Vollständigkeit des Inventars und seiner Wertermittlung für den Nachlassgläubiger nicht mehr möglich sei (RG HRR 1939 Nr 369 = DR 1939, 381 = SeuffA 93 [1939] 114 f).

2. Vertragliche Vereinbarungen über die Erbenhaftung

192 Der Erbe kann seine Haftung durch Vereinbarung mit allen oder einzelnen Gläubigern beschränken (vgl Planck/Flad Vorbem 7 zu § 1967; Molitor, Raape und Reichel je aaO; zu Vereinbarungen zwischen Erben und Erblasser noch zu Lebzeiten s Lübke, Privatautonome Verhaltensvorgaben für Gesellschafter-Erben [Heidelberg 2017] § 6 A III, S 161 f mwNw) oder auf die Ausübung des Haftungsbeschränkungsrechts vertraglich verzichten. Solche Haftungsvereinbarungen regeln das Zugriffsrecht des Gläubigers auf das Vermögen des Schuldners und dessen Reichweite. Es geht also um die **privatautonome konsensuale Gestaltung der Haftungsverhältnisse** (zum Begriff des Haftungsverhältnisses s Rn 98 ff) zwischen Gläubiger und Schuldner. Die Existenz solch reiner Haftungsvereinbarungen beruht auf der dogmatischen Unterscheidbarkeit von Schuld und Haftung (dazu Rn 29 ff).

Sofern der Erblasser zu Lebzeiten mit einem späteren Nachlassgläubiger eine solche Vereinbarung trifft, kann diese allenfalls dahingehend lauten, dass sich der Nachlassgläubiger mit dem Erbfall ausschließlich aus dem Nachlass befriedigen kann. Bisweilen kann hier die Abgrenzung von rechtsgeschäftlichen, insb letztwilligen (Un-)Vererblichkeitsbestimmungen schwierig sein (vgl hierzu auch Staudinger/Kunz [2017] § 1922 Rn 166 ff). Eine haftungserweiternde Abrede, wonach der Nachlassgläubiger nach dem Erbfall uneingeschränkt auch auf das Eigenvermögen des Erben zugreifen darf, kann der Erblasser hingegen nicht treffen. Sie würde nicht nur einen unzulässigen Vertrag zulasten Dritter darstellen, sondern auch den erbrechtlichen Grenzen gegenüber postmortaler Privatautonomie widersprechen (s hierzu Kunz, Postmortale Privatautonomie und Willensvollstreckung [Jena 2015]). Unterstrichen wird dies von der gesetzlich eingegrenzten Rechtsmacht des Testamentsvollstreckers (§§ 2197 ff BGB); hierüber kann sich der Erblasser auch nicht letztwillig hinwegsetzen (s hierzu auch Lübke, § 6 B I S 171 f). Der Testamentsvollstrecker kann nach §§ 2206, 2207 BGB nur Verbindlichkeiten eingehen, für deren Erfüllung der Erbe lediglich mit dem Nachlass (reine Nachlassverbindlichkeit, zum Begriff s § 1967 Rn 14 ff), nicht aber auch mit seinem Eigenvermögen haftet (s weiterf zur Entstehung sog Nachlasserbenschulden § 1967 Rn 17–20, 150 ff). Ferner kann der Erblasser nicht vorgreiflich für den Erben auf dessen Haftungsbeschränkungsrecht verzichten. 193

Der in der Haftungsvereinbarung liegende Verzicht des Gläubigers auf sein Zugriffsrecht kann dieses auch dann noch vernichten, wenn der Erbe sein Recht zur Haftungsbeschränkung bereits verloren hat (**aM** Staudinger/Lehmann[11] Vorbem 22: dann komme nur eine schuldrechtliche Verpflichtung zur Nichtausübung des Zugriffs in Betracht). Denn nach dem Gesetz (zB §§ 1994 Abs 1 S 2, 2005 Abs 1, vgl auch § 2006 Abs 3 BGB) kann nur das Recht zur *einseitigen* Haftungsbeschränkung verloren gehen, während durch *Vertrag* sowohl die Schuld als auch – und dies erst recht – die Haftung für sie weiterhin verringert werden kann. Das nach § 2013 Abs 1 S 1 HS 2 BGB verloren gegangene Recht, die Nachlassverwaltung zu beantragen, können die Nachlassgläubiger dem Erben allerdings auch durch Vereinbarung der beschränkten Haftung nicht wieder verschaffen (Staudinger/Lehmann[11] Vorbem 22; Raape JherJb 72 [1922] 293, 318 f). 194

Entsprechendes galt für das nach § 113 Abs 1 Nr 3 VerglO verloren gegangene (und seit dem 1. 1. 1999 schon wegen Art 103 EGInsO nicht mehr bestehende) Recht zur Beantragung eines Nachlassvergleichsverfahrens. Jedoch kann dem Erben durch Vereinbarung mit allen Nachlassgläubigern die Aufgabe übertragen werden, den Nachlass anstelle eines Nachlassverwalters oder Insolvenzverwalters selbst abzuwickeln (vgl Molitor JherJb 69 [1920] 283, 291 III; zur davon zu unterscheidenden Eigenverwaltung nach §§ 270 ff InsO s Staudinger/Dobler § 1975 Rn 9 f und § 2013 Rn 4, 10). 195

Mehrere Erben müssen vor der Erbteilung bei Haftungsvereinbarungen gemeinschaftlich handeln (Molitor 310 VIII). 196

Bei der Verurteilung eines Erben, der seine Haftung durch Vertrag auf den Nachlass beschränkt hat, muss zum Ausdruck gebracht werden, dass die Beschränkung der Haftung bereits eingetreten ist (**str**; ebenso Gaul/Schilken/Becker-Eberhard/Lakkis, Zwangsvollstreckungsrecht [12. Aufl 2010] § 33 Rn 62). Wird der Vertrag erst nach dem in § 767 Abs 2 ZPO bezeichneten Zeitpunkt geschlossen, kann der verurteilte Erbe die 197 vereinbarte Haftungsbeschränkung abweichend von § 780 Abs 1 ZPO auch dann noch analog §§ 781, 785 ZPO durch Vollstreckungsgegenklage geltend machen, wenn ihm die Beschränkung seiner Haftung im Urteil nicht vorbehalten worden ist (vgl Molitor JherJb 69 [1920] 283, 289 f, 310).

3. Durch letztwillige Verfügung des Erblassers

198 Durch letztwillige Verfügung kann der Erblasser allenfalls anordnen, dass der Erbe für Erblasser- oder Erbfallschulden (zu den Begriffen s § 1967 Rn 9 ff) von vorneherein nur mit dem Nachlass haftet. Anordnungen, wonach der Erbe seine Haftung nicht beschränken kann, sind hingegen unwirksam. Sie würden die Grenzen postmortaler Privatautonomie überschreiten (insb arg e §§ 2206, 2207 BGB; hierzu bereits Rn 193; gegen letztwillige Anordnungen des Erblassers, mit welchen dieser die Erbenstellung an den Verzicht auf Möglichkeiten der Haftungsbeschränkung knüpft, zu Recht Lübke, Privatautonome Verhaltensvorgaben für Gesellschafter-Erben [Heidelberg 2017] § 6 A III S 162).

199 Zumindest denkbar ist, dass ein Erblasser letztwillig für bestimmte Verbindlichkeiten anordnet, dass sie nur mit Mitteln des Nachlasses zu begleichen sind. Soweit dies zB für die Beerdigungskosten (§ 1968 BGB) erfolgt, ist die Anordnung deklaratorisch und insoweit unproblematisch (ausf zum Gestaltungsspielraum § 1968 Rn 24 ff). Denn die Kosten für die Bestattung des Erblassers sind nach § 1968 BGB reine Nachlassverbindlichkeiten und im Falle einer Nachlassinsolvenz Masseverbindlichkeiten (§ 324 Abs 1 Nr 2 InsO).

200 Fraglich ist, ob der Erblasser auch für Eigenverbindlichkeiten des Erben letztwillig anordnen kann, dass diese nur mit Mitteln des Nachlasses zu begleichen sind. Diskutiert wird dies für die Begleichung von **Erbschaftssteuerschulden**, deren Einordnung als reine Nachlassverbindlichkeiten freilich umstritten ist (für die Zulässigkeit solcher Anordnungen Joachim/Janzen ZEV 2018, 74, 78 f insb mit Blick auf die Aussetzung von Geldvermächtnissen, für deren Erfüllung uU Nachlassgegenstände veräußert werden müssten; nach Auffassung der Autoren handelt es sich bei Erbschaftssteuerschulden ohne letztwillige Anordnung freilich um keine Nachlassverbindlichkeit; **aA** § 1967 Rn 110 ff mwNw). Geht man – anders als hier vertreten – davon aus, dass es sich bei Erbschaftssteuerschuld nicht um (reine) Nachlassverbindlichkeiten handelt, würde eine solche Anordnung den Kreis der Nachlassverbindlichkeiten erweitern. Das ist im Hinblick auf die insolvenzrechtlichen Auswirkungen nicht unbedenklich. Zwar vertritt auch der BFH, dass es sich bei Erbschaftssteuerschulden um eine Nachlassverbindlichkeit handelt, die im Falle der Nachlassinsolvenz als Insolvenzforderung geltend zu machen ist (BFH 20. 1. 2016 – II R 34/14, ZEV 2016, 343, ausf hierzu § 1967 Rn 65, 110 ff mwNw). Diese Einordnung beruht aber auf der Auslegung des Gesetzes und nicht auf dem rechtsgeschäftlichen Willen des Erblassers. Ferner ist zu bedenken, dass auch der Erbe zu Recht nicht in der Lage ist, den Nachlass durch eigenes Handeln unbegrenzt mit weiteren Nachlassverbindlichkeiten zu belasten (ausf zum Entstehen sog Nachlasserbenschulden § 1967 Rn 17–20, 150 ff mwNw); auch dies dient dem Schutz der Nachlassaltgläubiger.

IV. Haftung für Nachlassverbindlichkeiten im Ausland und bei Auslandsberührung

a) Rechtsvergleichender Umblick

Die Haftung für Nachlassverbindlichkeiten ist eng mit der **Ausgestaltung des Erbgangs** verknüpft (s zu den Systemdeterminanten der Erbenhaftung Rn 26 ff). Es verwundert deshalb nicht, dass die Haftung für Nachlassverbindlichkeiten vor allem dort rechtsvergleichend Unterschiede aufweist, wo der Übergang des Vermögens auf die Nachfolger abweichend vom Grundsatz der Universalsukzession und des Vonselbsterwerbs geregelt ist (s den Überblick von Hallstein, in: Rechtsvergleichendes Handwörterbuch für das Zivil- und Handelsrechts des In- und Auslandes VI [1938] 233 ff; Helms, in: Handwörterbuch des Europäischen Privatrechts I [2009] 404 ff; Schwind, in: International Encyclopedia of Comparative Law, Bd 5, Kap 8 [2002]). So ist eine **direkte Haftung der Erben** etwa ausgeschlossen, wenn der Nachlass – wie in den meisten common-law-Rechtsordnungen – nach dem Tod des Erblassers auf einen *personal representative* übergeht, der als vom Erblasser bestimmter *executor* oder gerichtlich bestellter *administrator* den Nachlass verwaltet, Nachlassverbindlichkeiten bereinigt und erst anschließend den Überschuss an die *beneficiaries* auskehrt, die aus deutscher Sicht eher die Position von Vermächtnisnehmern oder Destinatären als von Erben besitzen. 201

Die meisten Rechtsordnungen, die eine direkte Haftung der Erben vorsehen, gestalten diese als beschränkbare Haftung aus. Die Beschränkungstatbestände variieren freilich. Insbesondere sieht das deutsche Recht anders als zahlreiche ausländische Erbrechte keine **Annahme der Erbschaft unter Inventarvorbehalt** in der Tradition des *beneficium inventarii* vor (vgl etwa Art 470, 484 ff ital Codice civile, Art 4:184 Abs 2 lit b, Abs 3, 190 Abs 1 S 2 nied Burgerlijk Wetboek, § 800 öster ABGB, Art 1012 poln Kodeks cywilny, Art 1010 ff span Código civil; zur Geltendmachung einer solchen, dem deutschen Recht unbekannten Haftungsbeschränkung – konkret der Annahme unter Inventarvorbehalt nach italienischem Recht – im Rahmen des § 780 ZPO [dazu unten Rn 131 ff] BGH FamRZ 2015, 653, 655 f m krit Anm Christandl = NJW-RR 2015, 521 = ZEV 2015, 160; s auch Rn 205 ff zur Abgrenzung von lex fori und Erbstatut). 202

Eine bereits anfängliche Beschränkung der Erbenhaftung auf den Nachlass findet sich im portugiesischen Código civil. Nach Art 2071 Abs 2 des Código civil haftet der Erbe auch ohne weitere Maßnahme lediglich bis zum Wert des Nachlasses, wobei der Erbe die Beweislast für die Erschöpfung des Nachlasses trägt. Im Gegensatz zum BGB hatte sich auch das ZGB der ehemaligen DDR zu dem Grundsatz der von vornherein beschränkten Erbenhaftung bekannt, vgl §§ 409 ff ZGB (s näher Staudinger/Marotzke [2010] Vorbem 52 ff zu §§ 1967 ff). Auch in Systemen mit einer zwingenden Nachlassverwaltung während der Nachlassabwicklung wie im common law ist die Haftung jedenfalls aus Sicht der Erben – zunächst auf den vom *personal representative* als Sondervermögen getragenen Nachlass begrenzt, auch wenn womöglich diesen eine unbeschränkte Haftung treffen kann. 203

Eine rechtsvergleichende Vertiefung muss der nächsten Bearbeitung vorbehalten bleiben. Weiterf zum französischem, englischen und walisischen sowie österreichischen Recht der Erbhaftung etwa Strauss, Der notleidende Nachlass bei Auslandsberührung (2015) und ferner Süss, Erbrecht in Europa (4. Aufl 2020); rechtsvergleichend zum spanischen und deutschen Recht zudem Murga Fernández, 204

Payment of descedents' debts in succession law: „effects" and „defects" of the German and Spanish legal system, ZEuP 2018, 359; ferner JP Schmidt (2017) sowie Hinweise bei Rn 201.

b) Anwendbares Recht bei grenzüberschreitenden Erbfällen

205 Von besonderer Bedeutung ist bei grenzüberschreitenden Erbfällen die Frage des **anwendbaren Rechts**. Bestand, Erlöschen, Vererblichkeit, Umfang und Durchsetzbarkeit der *Nachlassverbindlichkeit* richten sich nach dem jeweiligen Forderungsstatut, dh dem auf die Forderung anwendbaren Recht; hierbei kann es sich freilich auch um das auf die Rechtsnachfolge von Todes wegen anwendbare Recht handeln, etwa bei sog Erbfallschulden. Dagegen bestimmt sich die Frage, wie sich der Tod des Schuldners auf die *Haftung für diese Forderungen* auswirkt, nach dem internationalen Erbrecht.

206 *Materiellrechtliche* Fragen der Haftung für Nachlassverbindlichkeiten werden vom **Erbstatut** beantwortet. Für *Erbfälle vor dem 17. 8. 2015* bemisst sich das Erbstatut und damit auch die Frage der Haftung für Nachlassverbindlichkeiten (Staudinger/Dörner [2007] Art 25 EGBGB Rn 225 f, 904 ff) nach Art 25 EGBGB aF, dh vor allem nach dem Recht der Staatsangehörigkeit des Erblassers, Art 25 Abs 1 EGBGB aF. Für *Erbfälle ab dem 17. 8. 2015* gilt dagegen die Verordnung (EU) Nr 650/2012 des Europäischen Parlaments und des Rates vom 4. 7. 2012 über die Zuständigkeit, das anzuwendende Recht, die Anerkennung und Vollstreckung von Entscheidungen und die Annahme und Vollstreckung öffentlicher Urkunden in Erbsachen sowie zur Einführung eines Europäischen Nachlasszeugnisses (ABl 2012 L 201/107) **(EuErbVO)**, welche die Rechtsnachfolge von Todes wegen objektiv grds an den letzten gewöhnlichen Aufenthalt des Erblassers anknüpft, s Art 21 Abs 1 EuErbVO.

207 Das von der Verordnung bestimmte allgemeine Erbstatut umfasst auch die Haftung für Nachlassverbindlichkeiten, wie Art 23 Abs 2 EuErbVO in lit e und lit g klarstellt (näher zB MünchKomm/Dutta Art 23 EuErbVO Rn 25 f). Einzelne Fragen der Haftung für Nachlassverbindlichkeiten werden freilich gesondert angeknüpft, etwa die Form haftungsbeschränkender Erklärungen der Erbberechtigten in Art 28 EuErbVO (s zur internationalen Zuständigkeit Art 13 EuErbVO, weiterf hierzu MünchKomm/Dutta Art 13 EuErbVO; Gebauer/Wiedmann/Kunz Art 13 EuErbVO [im Erscheinen]; vgl auch Staudinger/Dobler § 1993 Rn 31, § 2003 Rn 11, § 2004 Rn 11 f) oder die Haftung erbenloser Nachlässe in Art 33 EuErbVO. Zur Nachlassinsolvenz s Art 76 EuErbVO sowie Staudinger/Dobler § 1975 Rn 50; vgl für die Nachlassverwaltung auch Art 29 EuErbVO.

208 Die Frage der **gerichtlichen Durchsetzung** einer Haftungsbeschränkung durch die Erbberechtigten unterliegt jedoch nach dem *lex-fori-Grundsatz* dem Verfahrensrecht des zuständigen Gerichts (BGH FamRZ 2015, 653, 655 f m Anm Christandl = NJW-RR 2015, 521 = ZEV 2015, 160), sodass es mitunter ausländisches Erbrecht mit inländischem Verfahrensrecht zu versöhnen gilt, das gerade bei der Erbenhaftung vor allem auf die inländischen Beschränkungstatbestände zugeschnitten sein wird, nicht aber auf ausländische, dem deutschen Recht womöglich unbekannte Tatbestände wie etwa die Annahme unter Inventarvorbehalt.

209 Die **internationale Zuständigkeit** für die isolierte Geltendmachung einer Haftungsbeschränkung unterliegt als „Erbsache" der EuErbVO, konkret den Art 4 ff EuErbVO (zur Zuständigkeit für die Entgegennahme haftungsbeschränkender Erklärungen s Art 13 EuErbVO). Die Verordnung erfasst insbes auch haftungsbeschränkende Aufgebotsverfahren (zum Streit näher MünchKomm/DUTTA [2018] Vor Art 4 EuErbVO Rn 19; GEBAUER/WIEDMANN/KUNZ Art 4 EuErbVO [im Erscheinen]), Klagen von Nachlassgläubigern gegen die Erben (oder nach dem Erbstatut andere haftende Erbberechtigte) verbleiben dagegen als allgemeine Zivil- und Handelssachen im Anwendungsbereich der EuGVO, auch wenn sich erbrechtliche Vorfragen stellen (s MünchKomm/DUTTA Art 1 EuErbVO Rn 4; GEBAUER/WIEDMANN/KUNZ Art 4 EuErbVO [im Erscheinen]).

Ausländische Entscheidungen, die eine allgemeine Haftungsbeschränkung ausspre- **210**
chen, sind nach den Art 39 ff EuErbVO (wenn aus anderen an die EuErbVO gebundenen Mitgliedstaaten der EU) oder den autonomen Anerkennungsregeln der § 328 ZPO, §§ 108 ff FamFG (wenn aus Drittstaaten oder nicht an der EuErbVO beteiligten Mitgliedstaaten [Dänemark, Irland und vormals das Vereinigte Königreich]) anzuerkennen. Weiterf zudem KUNZ, Entscheidungen in Erbsachen – Zur Rolle der freiwilligen Gerichtsbarkeit in der EuErbVO aus Sicht des deutschen Erbverfahrensrechts, GPR 2019, 34.

V. Rechtspolitische Würdigung und Reformvorschläge*

Die Regelung des BGB zur Erbenhaftung sind **überaus kompliziert**. Dies wird ins- **211**
besondere – freilich nicht nur – bei der Haftung von *Miterben* (§§ 2058 ff BGB) sichtbar, was die Frage nach der Beherrschbarkeit bzw Schadensgeneigtheit des zerbrechlichen Haftungsbeschränkungsinstrumentariums aufkommen lässt (vgl STAUDINGER/MAROTZKE § 2058 Rn 20, 35 ff, § 2059 Rn 2 f, 30 ff, 44 ff, 81, § 2060 Rn 1 ff, § 2062 Rn 16 ff, 25 ff und als abschreckendes Beispiel den Fall BGH LM § 2058 Nr 8 m Anm MAROTZKE; zust MUSCHELER II Rn 3543; MAYER Verh des 68. DJT II/1 [2010] L 91, 121 f). Verschärft wird dies sowohl durch die **kurz bemessene Ausschlagungsfrist** von regelmäßig nur sechs Wochen im deutschen Recht (§ 1944 Abs 1, 2 BGB; krit hierzu etwa STAUDINGER/OTTE [2017] § 1944 Rn 3a–d) als auch durch die Eigenschaft des Erben, grds als **Eigenverwalter des Nachlasses** zu agieren (arg e § 1978 BGB und arg e contrario §§ 1975, 1981, 1984, 2197 ff BGB). Bedenklich ist dies vor allem deshalb, weil der Gesetzgeber die Ausschlagung gerade nicht zum Mittel der Wahl im Falle unübersichtlicher oder überschuldeter Nachlässe erheben wollte (vgl Rn 41). Überdies geht die Selbstverwaltung des Nachlasses mit nicht unbeachtlichen Haftungsrisiken für den Erben einher, s §§ 1978–1980 BGB (s hierzu Rn 54 ff).

* **Schrifttum**: STAUDINGER/BOEHMER[11] § 1922 Rn 247–253; STAUDINGER/LEHMANN[11] Vorbem 23 zu § 1967; EHRENKÖNIG, Die Erbenhaftung – ein Vorschlag zur Neuregelung (1991); ENNEPER, Die Reform der Erbenhaftung im Erbrechtsausschuß der Akademie für Deutsches Recht (1993); HÖVER, Zur Schuldenhaftung des Erben, DFG 1938, 4 sowie 21; JOACHIM, Erbenhaftung (4. Aufl 2018) A IV (Kritik des geltenden Haftungssystems und Reformvorschläge), S 9–11; LANGE, Die Neugestaltung des deutschen Erbrechts, DR 1942, 1713, 1719; MAYER, Referat, Verh des 68. DJT II/1 (2010) L 91, 121 ff; MUSCHELER II Rn 3540 f; OSTHOLD, Erben und Haftung – Plädoyer zur Reform der Erbenhaftung aus historisch-kritischer Perspektive unter Berücksichtigung dogmatischer und praktischer Aspekte (2020); SIBER, Haftung für Nachlaßschulden nach geltendem und künftigem Recht (1937, mit einem Gesetzentwurf [vgl 136 ff]); 3. Denkschr d ErbrA d AkDR (939, gleichfalls mit Gesetzesvorschlägen [vgl 126 ff, 225 ff]); WACKER, Der Erbrechtsausschuß der Akademie für Deutsches Recht und dessen Entwurf eines Erbgesetzes (1997) 97 ff, 251 ff.

212 All dies zusammengenommen scheint ein System, in dem die Nachlassabwicklung von vorneherein und zwingend in den Händen eines letztwillig oder gerichtlich benannten Fremdverwalters liegt, zumindest auf den ersten Blick attraktiver. Eine abschließende Bewertung bedarf allerdings weiterer rechtsvergleichender Umschau, die der nächsten Bearbeitung vorbehalten bleiben muss. Lässt man das Fremdverwaltungsmodell beiseite, hat ein Modell, das auf der **lediglich beschränkbaren Haftung des Erben** und der Selbstverwaltung des Nachlasses durch den Erben gründet, durchaus seine Berechtigung.

1. Grundsätzliche Berechtigung einer beschränkbaren Haftung des Erben

213 **Erbrechtlichem Kontinuitätsdenken** entspricht eine auf die Nachlassgegenstände beschränkte Haftung der Erben mehr als eine grundsätzlich unbeschränkte Haftung (vgl Siber, Haftung für Nachlaßschulden 11). Es wäre nicht einzusehen, wenn die Nachlassgläubiger infolge des Erbfalls auf mehr Vermögen zugreifen könnten, als sie beim Erblasser vorgefunden hätten. **Andererseits** darf die Lage der Nachlassgläubiger durch den Erbfall nicht verschlechtert werden. Das wäre der Fall, wenn man dem Erben die beschränkte Haftung schlechthin, trotz der Verschmelzung des Nachlasses mit seinem Eigenvermögen, zubilligen würde. Dann wären die Gläubiger vor die unlösbare Aufgabe gestellt, jedem einzelnen Nachlassgegenstand nachzuspüren.

214 **Deshalb** wird man dem Erben die Geltendmachung der gegenständlich beschränkten Haftung nur unter gewissen Voraussetzungen zugestehen dürfen, sei es, dass man ihn gegenüber einem Vollstreckungszugriff in sein Eigenvermögen mit der Beweislast für die Zugehörigkeit eines Gegenstandes zu diesem Eigenvermögen beschwert (vgl Staudinger/Dobler § 1990 Rn 11), ihm strenge Verwaltungspflichten auferlegt (§ 1978 BGB) oder die Haftungsbeschränkung mit der Inventarerrichtung verkoppelt, von ihr abhängig macht oder die beschränkte Haftung durch Verwirkungsmöglichkeit – insbes Versäumung der Inventarfrist oder Inventaruntreue (§§ 1994 Abs 1 S 2, 2005, 2006 Abs 3 BGB) – verschärft.

2. Alternative Regelungsmodelle und Stellungnahme

215 **Ein Gesetzesentwurf von** Siber aus dem Jahr 1937, der vom Grundsatz der *beschränkten* Haftung ausging (Siber, Haftung für Nachlaßschulden 137; vgl auch 3. Denkschr d ErbrA d AkDR 225, 228), wollte eine Klärung der Nachlassverhältnisse durch ein vom Erben freiwillig oder auf Antrag eines Nachlassgläubigers errichtetes **Nachlassverzeichnis** herbeiführen; den säumigen oder ungetreuen Erben wollte Siber durch Verwirkung der beschränkten Haftung bestrafen. Ähnlich verfuhr später das ZGB der DDR (vgl Staudinger/Marotzke [2010] Vorbem 52, 54 zu §§ 1967 ff).

216 **Das BGB** hingegen versucht, auf den Erben einen stärkeren Druck auszuüben, indem es ihn zunächst mit der *unbeschränkten* Haftung belastet (§ 1967 Abs 1 BGB) und den Eintritt der Haftungsbeschränkung grundsätzlich (Staudinger/Dobler § 1975 Rn 5 ff) davon abhängig macht, dass der Erbe (oder ein Gläubiger) eine Fremdverwaltung des ererbten Vermögens im Wege der Nachlassverwaltung oder eines Nachlassinsolvenzverfahrens tatsächlich herbeiführt (§ 1975 BGB), also ggf auch den *ausreichenden* Nachlass einem fremden Verwalter ausliefert. Das BGB ist so sehr von dem Bestreben einer *tatsächlichen* Nachlassabsonderung durchdrungen, dass es

der Inventarerrichtung als bloßer *papierner* Sonderung keine haftungsbeschränkende Wirkung zuerkennt (hiergegen de lege ferenda MünchKomm/SIEGMANN[3] Vorbem 4 zu § 1993; zurückhaltender jedoch MünchKomm/SIEGMANN[4] § 1993 Rn 1 und MünchKomm/KÜPPER § 1993 Rn 1; zum Standpunkt anderer Rechtsordnungen vgl Rn 201–204). Jedoch knüpft das BGB an die Versäumung der Inventarfrist und die ungetreue Errichtung den endgültigen Verlust des Haftungsbeschränkungsrechts (§§ 1994 Abs 1 S 2, 2005 Abs 1 BGB, vgl auch § 2006 Abs 3 BGB).

Stellungnahme: Da bei *dürftigem* Nachlass sowohl nach SIBER (s Rn 215) als auch nach **217**
dem BGB (s § 1990 BGB) zunächst nur eine *beschränkte* Haftung in Betracht kommt, wird man die rechtspolitische Entscheidung zwischen den beiden Lösungsmodellen davon abhängig machen müssen, welche Lösung idR den bestmöglichen Ausgleich zwischen Gläubiger- und Erbenbelangen bringt. Das dürfte die SIBERsche Lösung sein.

Das BGB *überschätzt* den Wert der Nachlassverwaltung und des Nachlassinsolvenz- **218**
verfahrens, die trotz der Übertragung der Verfügungsmacht auf einen amtlich bestellten Verwalter die tatsächliche Absonderung des Nachlasses vom Erbeneigenvermögen nicht immer hinreichend sicherstellen (s STAUDINGER/DOBLER § 2000 Rn 2) und die auch Verfügungen eines unredlichen Erben nicht völlig ausschließen können, zumal beide Institute den Erbgang mit nicht unerheblichen Transaktionskosten belasten. Auf der anderen Seite *unterschätzt* es die Bedeutung des Nachlassverzeichnisses (vgl STAUDINGER/DOBLER § 2000 Rn 2), dessen Errichtung für den redlichen Erben eine starke Bindung bedeutet. Da der unredliche Erbe auch durch die Bestellung eines amtlichen Verwalters nicht zuverlässig gehindert werden kann, den Nachlass beiseite zu schaffen, scheint es für den Normalfall gerechter, dem Erben die beschränkte Haftung *von vornherein* zuzubilligen und es den Gläubigern zu überlassen, den Erben unter Bedrohung mit dem Verlust der Haftungsbeschränkung (§§ 1994 Abs 1 S 2, 2005 Abs 1, 2006 Abs 3 BGB) zur rechtzeitigen und redlichen Errichtung eines Nachlassinventars anzuhalten.

Die Vertreter der grundsätzlichen Lösung des BGB (s Rn 216) haben das Prinzip der **219**
unbeschränkten, aber beschränkbaren Erbenhaftung unter Berücksichtigung der von SIBER erhobenen Einwände in einem eigens ausgearbeiteten Vorschlag, dem sog **Breslauer Entwurf** aus dem Jahr 1939, zu verbessern versucht. Der Breslauer Entwurf, der im Wesentlichen ein Werk von KARPE ist (vgl S VI f der 3. Denkschr d ErbrA d AkDR), erblickt eine solche Verbesserung hauptsächlich in der empfohlenen Gleichstellung der Errichtung des Nachlassverzeichnisses mit der amtlichen Nachlasssonderung, wenn es binnen sechs Monaten seit Annahme der Erbschaft errichtet wird. Der Breslauer Entwurf schlägt auch insofern Verbesserungen des BGB vor, als er in Übereinstimmung mit den SIBERschen Vorschlägen den Nachlassgläubigern in allen Fällen ein Vorzugsrecht gegenüber den Eigengläubigern des Erben einräumt, während sie nach geltendem Recht ein solches Vorzugsrecht nur bei Anordnung der Fremdverwaltung haben, und indem er dem Erben den Vorbehalt der beschränkten Haftung (§ 780 ZPO) von Amts wegen zubilligt.

Das BGB könnte sowohl nach dem Breslauer Entwurf wie nach dem SIBERschen **220**
Entwurf erhebliche Verbesserungen erfahren. Die Unterschiede zwischen den beiden Entwürfen fallen praktisch nicht sehr ins Gewicht (vgl auch WACKER, Der Erbrechts-

ausschuß der Akademie für Deutsches Recht und dessen Entwurf eines Erbgesetzes [1997] 97 ff, 251 ff). Für SIBER spricht, dass er den redlichen Erben besserstellt und ihn nicht zwingt, den zureichenden Nachlass einem fremden Verwalter auszuliefern, um die Wohltat der beschränkten Haftung zu erlangen; für den Breslauer Entwurf, dass er die ordnungsmäßige Abwicklung aufgrund des Inventars fördert. Den Bedenken von DAUNER-LIEB 71 f könnte durch Beibehaltung der auch bei bereits eingetretener Haftungsbeschränkung äußerst sinnvollen §§ 1976 ff BGB (einschließlich § 1980 BGB, jedoch mit Ausnahme des § 1981 Abs 2 S 2 BGB) und der §§ 315 ff InsO, jedoch mit Ausnahme des § 319 InsO, Rechnung getragen werden (MAROTZKE AcP 199 [1999] 615, 625 ff).

221 Zu nennen sind schließlich noch das Regelungsmodell von EHRENKÖNIG, Die Erbenhaftung – ein Vorschlag zur Neuregelung (1991), der für eine weitreichende Beschränkung der Haftung auf den Nachlass plädiert (vgl dazu SCHUBERT FamRZ 1992, 762), sowie die sich auf die §§ 2058 ff BGB beschränkenden Änderungsvorschläge von ANN, Die Erbengemeinschaft (2001) (dazu STAUDINGER/MAROTZKE Vorbem 14 ff zu §§ 2058 ff; beide Vorschläge im Anschluss an MAROTZKE **abl** STAUDINGER/DUTTA [2016] Vorbem 51 zu §§ 1967 ff aE). Die Arbeit von OSTHOLD, Erben und Haftung – Plädoyer zur Reform der Erbenhaftung aus historisch-kritischer Perspektive unter Berücksichtigung dogmatischer und praktischer Aspekte (2020) konnte bei Drucklegung nicht mehr berücksichtigt werden.

VI. Regelung der Erbenhaftung im Recht der ehemaligen DDR und Übergangsrecht

222 Vgl zu beidem STAUDINGER/MAROTZKE (2010) Vorbem 52 ff zu §§ 1967 ff.

Untertitel 1
Nachlassverbindlichkeiten

§ 1967
Erbenhaftung, Nachlassverbindlichkeiten

(1) Der Erbe haftet für die Nachlassverbindlichkeiten.

(2) Zu den Nachlassverbindlichkeiten gehören außer den vom Erblasser herrührenden Schulden die den Erben als solchen treffenden Verbindlichkeiten, insbesondere die Verbindlichkeiten aus Pflichtteilsrechten, Vermächtnissen und Auflagen.

Materialien: E I §§ 2051 S 1, 2092 Abs 2; II § 1843; III § 1943; Mot V 525–530, 602–604; Prot V 649 f, 731, 740; Denkschr 722 ff; JAKOBS/SCHUBERT ER I 289 ff, 318 ff.

Schrifttum

APP, Die Dürftigkeitseinrede des Erben bei Steuerschulden, DStR 1985, 31

ders, Beschränkung der Geschäftsführerhaftung nach dem Tod des Geschäftsführers, DStR 1987, 152

BAER, Nachlaßverbindlichkeit oder Eigenverbindlichkeit des Erben?, SeuffBl 75 (1910) 352

BALZER-WEHR, Bereicherungs- und Erstattungsansprüche gegen Erben (Diss Erlangen-Nürnberg 1998)

BARTHOLOMEYCZIK, Die Haftung des Erben für die neuen Geschäftsverbindlichkeiten, DGWR 1938, 321

BEUTHIEN, Die Miterbenprokura, in: FS Robert Fischer (1979) 1

BÖHM, Darlehen bei Tod des Darlehensnehmers, ZEV 2002, 337

BOEHMER, Der Übergang des Pflichtlebens des Erblassers auf den Erben, RG-FS III (1929) 216

ders, Eintritt des Erben in pflichtbelastete Rechtslagen des Erblassers, JW 1938, 2634

BREHM, Nachfolge in dingliche Unterlassungspflichten?, JZ 1972, 225

BUCHNER, Die Kommanditistenhaftung bei Rechtsnachfolge in Gesellschaftsanteile (zu BGHZ 101, 123), DNotZ 1988, 467

DAUNER-LIEB, Unternehmen in Sondervermögen (1998)

DEINERT, Betreuervergütung und Staatsregreß nach dem Tod des Betreuten, FamRZ 2002, 374

DIETZEL, Untergang statt Fortbestand – Zur Abgrenzung der unvererblichen Rechtsbeziehungen im Schuldrecht (1991)

EBERL-BORGES, Die Tierhalterhaftung des Diebes, des Erben und des Minderjährigen, VersR 1996, 1070

ECCIUS, Verbindlichkeiten aus Rechtsgeschäften des Erben in Verwaltung des Nachlasses, Gruchot 51 (1907) 564 sowie 52 (1908) 810

EMMERICH, Die Haftung des Gesellschaftererben nach § 139 HGB, ZHR 1986, 193

A ERNST, Haftung des Erben für neue Geschäftsverbindlichkeiten (1994)

W-H FRIEDRICH, Die Haftung des endgültigen Erben und des „Zwischenerben“ bei Fortführung eines einzelkaufmännischen Unternehmens (1990)

GOLMANN, Inwieweit haftet der Erbe, wenn derselbe ein zu einem Nachlasse gehörendes Handelsgeschäft fortführt, für die früheren Geschäftsverbindlichkeiten?, in: FS Richard Wilke (1900) 117

HAMBITZER, Zur Bindungswirkung von Unterhaltsvereinbarungen gemäß § 1586b BGB gegenüber den Erben, FamRZ 2001, 201
HEILEMANN, Nachlaßerbenschulden (Diss Marburg 1939)
HEINZE, Rechtsnachfolge in Unterlassen (1974) 167 ff, 252 ff
HEITMANN, Die Rechtsnachfolge in verwaltungsrechtliche Berechtigungen und Verpflichtungen einer Zivilperson von Todes wegen (Diss Münster 1970)
HENRICH, Zur Qualifikation von Unterhaltsansprüchen gegen den Nachlaß, in: FS Gernhuber (1993) 667
HERFS, Haftung des Erben als Nachfolger eines Kommanditisten, Betrieb 1991, 1317
ders, Haftung des Erben als Nachfolger eines Komplementärs bei Umwandlung des Komplementäranteils in einen Kommanditanteil, Betrieb 1991, 2121
HERZOG, Haftung des Erben für Miet- und WEG-Schulden, NZM 2013, 175
dies, Die Erbenhaftung (2016)
HOPPE, Haftungsfalle für Erben von GbR-Anteilen?, ZEV 2004, 226
HUECK, Schuldenhaftung bei Vererbung eines Handelsgeschäfts, ZfHK 108 (1941) 1
JOACHIM, Das Recht der Erbenhaftung, notar 2019, 3
JOHANNSEN, Die Nachfolge in kaufmännische Unternehmen und Beteiligungen an Personengesellschaften beim Tode ihres Inhabers, FamRZ 1980, 1074
KEIM, Die Beschränkung der Erbenhaftung für unternehmensbezogene Nachlassverbindlichkeiten, in: SETHE/HÖLAND (Hrsg), Erb- und steuerrechtlichen Fragen der Vermögens- und Unternehmensnachfolge (2008) 73
KICK, Die Haftung des Erben eines Personenhandelsgesellschafters (1997)
KIENAST, Der Tod des ausgleichungspflichtigen Ehegatten im schuldrechtlichen Versorgungsausgleich (Diss Göttingen 1982)
KRESS, Die Erbengemeinschaft nach dem Bürgerlichen Gesetzbuche für das Deutsche Reich (1903) 140–175
KRETZSCHMAR, Die Gestaltung der Haftung des Erben, wenn der Erblasser Einzelkaufmann war oder einer offenen Handelsgesellschaft oder einer Kommanditgesellschaft als Teilhaber angehörte, ZBlFG 17 (1916/17) 1
LITTIG/MAYER, Sozialhilferegreß gegenüber Erben und Beschenkten (1999) 111
MAENNER, Die Haftung aus Rechtsgeschäften des Erben, LZ 1922, 282
MAROTZKE, Die insolvente GmbH im Erbgang, ErbR 2010, 115
MARTIN, Nachlaßverbindlichkeit oder Eigenverbindlichkeit des Erben?, SeuffBl 75 (1910) 463 (Entgegnung zu BAER aaO)
MUSCHELER, Die Haftungsordnung der Testamentsvollstreckung (1994)
NIEDENFÜHR, Haftung des Erben für Wohngeld, NZM 2000, 641 (dazu G SIEGMANN NZM 2000, 995)
OFFERMANN, Die Haftung des Erben eines offenen Handelsgesellschafters (1937)
OTTE, Die Verjährung erbrechtlicher Ansprüche, ZGS 2010, 157
RADDATZ, Die Nachlaßzugehörigkeit vererbter Personengesellschaftsanteile (1991) 47 ff
REBMANN, Der Eintritt des Erben in pflichtbelastete Rechtspositionen (2004)
REUTER, Die handelsrechtliche Erbenhaftung (§ 27 HGB), ZHR 135 (1971) 511
ROESSINK, Die passive Vererblichkeit des Unterhaltsanspruchs des geschiedenen Ehegatten gem § 1586b BGB (Diss Köln 1990)
dies, Zur Berechtigung der Erbenhaftung für den Geschiedenenunterhalt gem § 1586b BGB, FamRZ 1990, 924
SASSENRATH, Die Umwandlung von Komplementär- in Kommanditbeteiligungen (1988) 23 ff, 156
ders, Die Kommanditistenhaftung des ehemaligen Komplementärs und seiner Rechtsnachfolger, BB 1990, 1209, 1211 ff
SCHAUB, Die Rechtsnachfolge von Todes wegen im Handelsregister bei Einzelunternehmen und Personenhandelsgesellschaften, ZEV 1994, 71
SCHEYE, Verbindlichkeiten aus Rechtsgeschäften des Erben in Verwaltung des Nachlasses, Gruchot 52 (1908) 806
SCHILLING, Zur Haftung des Erben nach §§ 139, 176 II, 15 I, 128 HGB, ZGR 1978, 172
SCHINDLER, Probleme der Vererblichkeit der Unterhaltspflicht nach § 1586b Abs 1 Satz 3 BGB, FamRZ 2004, 1527

K Schmidt, Kommanditisteneinlage und Haftsumme des Gesellschaftererben – Scheinprobleme, Probleme und Problemlösungen zu § 139 HGB, ZGR 1989, 445
ders, Handelsrechtliche Erbenhaftung als Bestandteil des Unternehmensrechts, ZHR 157 (1993) 600
Schneider, Uneingeschränkte Prozesskostenhilfe bei Einrede der beschränkten Erbenhaftung, ErbR 2011, 51
Schönert, Grenzen der Beschränkbarkeit der Erbenhaftung auf den Nachlass, BWNotZ 2008, 81
Schörnig, Die Bedeutung des § 139 HGB bei der Gesellschafternachfolge, ZEV 2001, 129
J Schröder, Zum Übergang inhaltlich variabler Verpflichtungen auf den Erben, JZ 1978, 379
Schulze-Osterloh (Hrsg), Rechtsnachfolge im Steuerrecht (1987)
Schwartmann/Vogelheim, Die Beschränkung der öffentlichen Altlastenhaftung des Erben, ZEV 2001, 101
dieselben, Die bodenschutzrechtliche Zustandshaftung für geerbte Grundstücke, ZEV 2001, 343
G Siegmann, Nochmals: Haftung des Erben für Wohngeld, NZM 2000, 995
M Siegmann, Neues zur Haftung des Erben für nachlaßbezogene Einkommensteuerschulden, ZEV 1999, 52
G und M Siegmann, Einkommensteuerschuld und Erbenhaftung, StVj 1993, 337
Sobich, Erbengemeinschaft und Handelsgeschäft – zur Zulässigkeit der Geschäftsfortführung (Diss Kiel 1975) 44 ff
Weimar, Der Kredit bei Tod des Darlehensnehmers (1980, Sparkassenheft 67)
Windel, Über die Modi der Nachfolge in das Vermögen einer natürlichen Person beim Todesfall (1998)
Zahn, Die Haftung aus Rechtsgeschäften des Erben und Verwaltung des Nachlasses (Diss Göttingen 1910)
Zimmermann, Der Tod des Betreuten, ZEV 2004, 453.

Vgl außerdem das Schrifttum bei den Vorbem zu §§ 1967–2017.

Systematische Übersicht

Alphabetische Übersicht

Siehe Register.

I. § 1967 als Grundpfeiler der Erbenhaftung

1. Kernaussagen des § 1967 Abs 1

1 § 1967 Abs 1 BGB trifft **Kernaussagen** zu den Fragen, **wer, wofür** und **womit** im Erbfall einzustehen hat. Die Vorschrift ergänzt damit die Anordnung des Vermögensübergangs gem § 1922 Abs 1 BGB (weiterf zum Verhältnis beider Normen Vorbem 28 zu §§ 1967 ff; Staudinger/Kunz [2017] § 1922 Rn 17). Wer einzustehen hat, ist der (Allein-) Erbe und zwar für Nachlassverbindlichkeiten. Die Zusammenschau mit §§ 1975 ff BGB ergibt, dass dieses Einstehenmüssen sich nur dann auf den Nachlass als Haftungsmasse beschränkt, wenn es zur Nachlassabsonderung gekommen ist. Bei Erbenmehrheit sind die modifizierenden Regelungen in §§ 2058, 2059 BGB, §§ 747, 859 Abs 2 ZPO zu beachten (zu Schuld und Haftung bei Erbenmehrheit im Überblick s Vorbem 49 ff zu §§ 1967 ff).

a) Der (Allein-)Erbe als neuer Schuldner

2 **Erstens** folgt aus § 1967 Abs 1 BGB, dass der **Erbe** als neuer **Schuldner** an die Stelle des Erblassers tritt („Der Erbe haftet …") und mithin Ansprechpartner und ggf Klagegegner auch für diejenigen Gläubiger ist, die zuvor in einer Rechtsbeziehung zum verstorbenen Erblasser standen (zu den sog Erblasserschulden weiterf Rn 22 ff). Die Nachlassgläubiger können von ihm also nicht nur die Duldung der Zwangsvollstreckung in den Nachlass verlangen, sondern können unmittelbar gegen den Erben auf Leistung klagen (vgl Vorbem 32 zu §§ 1967 ff). Denn er ist persönlich (auch) für diese Verbindlichkeiten verpflichtet. Deshalb ist implizit auch der Zugriff auf dessen Eigenvermögen nunmehr möglich. Das Zugriffsrecht (Haftung) auf das Erblasservermögen, das gem § 1922 Abs 1 BGB mit dem Tod des Erblassers dem Erben zugeordnet wird, folgt bereits aus dem zwischen dem Erblasser und dem jetzigen Nachlassgläubiger bestehenden Haftungsverhältnis (hierzu ausf Vorbem 27 ff zu §§ 1967 ff).

3 § 1967 BGB regelt wie alle Vorschriften des zweiten Titels (§§ 1967–2017 BGB) die Haftung des Erben (§ 1967 Abs 1 BGB: „Der Erbe …"; § 2058 BGB: „Die Erben …") für Nachlassverbindlichkeiten und meint damit in erster Linie den **Alleinerben**. Für den praktisch viel häufigeren Fall der Erbenmehrheit werden diese Vorschriften durch die §§ 2058–2063 BGB, 15 HöfeO, 16 Abs 2 GrdstVG modifiziert. §§ 1967–2017 BGB greifen aber auch für die **Haftung des (einzelnen) Miterben**, sofern sich aus §§ 2058–2063 BGB nichts Abweichendes ergibt. Die §§ 2144–2146 BGB enthalten besondere Vorschriften über die **Haftung von Vor- und Nacherben**. Eine Übersicht über weitere Ergänzungen der Vorschriften des zweiten Titels enthält die Vorbem 72 ff zu §§ 1967 ff.

b) Nachlassverbindlichkeiten

4 **Zweitens** bezieht § 1967 Abs 1 BGB die Verpflichtung des Erben als neuer Schuldner auf die sog **Nachlassverbindlichkeiten**, deren Begriff in § 1967 Abs 2 BGB ausdifferenziert wird (Rn 9 ff), also nicht etwa nur auf Verbindlichkeiten des Erblassers.

Vielmehr hat der Erbe für alle nachlassbezogenen Verbindlichkeiten als neuer Schuldner einzustehen. Dies eröffnet dem Erben, der grds für die Verwaltung des Nachlasses selbst zuständig ist (Prinzip der Eigenverwaltung, Vorbem 54 ff zu §§ 1967 ff), den notwendigen rechtsgeschäftlichen Freiraum, den Nachlass ordnungsgemäß abzuwickeln. Ausf zu den Arten der Nachlassverbindlichkeiten Rn 9 ff, 150 ff.

c) Der Nachlass als neue Haftungsmasse

Drittens geht – in Zusammenschau mit den Instrumenten zur Haftungsbeschränkung in §§ 1975 ff BGB und der Vermögenszuordnung nach § 1922 Abs 1 BGB – mit seiner Stellung als neuer Schuldner und Vermögensinhaber die grds **unbeschränkte Haftung** für die Nachlassverbindlichkeiten einher. Das heißt: Die Nachlassgläubiger können sowohl auf das Eigenvermögen als auch auf den Nachlass zugreifen, um ihre Forderungen zu befriedigen. Zum Modell der unbeschränkten, aber beschränkbaren Erbenhaftung im deutschen Recht ausf Vorbem 42 ff zu §§ 1967 ff. 5

II. Haftung für Nachlassverbindlichkeiten

1. Die Einteilung der Nachlassverbindlichkeiten im Überblick

§ 1967 Abs 1 BGB statuiert die Haftung des Erben für sog **Nachlassverbindlichkeiten** (ausf zu einzelnen Ausprägungen s Rn 9 ff, 150 ff). Abs 2 differenziert den Begriff der Nachlassverbindlichkeit weiter aus. 6

Die Frage, ob eine Verbindlichkeit als Nachlassverbindlichkeit iSd § 1967 Abs 2 BGB einzuordnen ist, ist keine akademische Begriffsspielerei, sondern hat höchste praktische Bedeutung. Von der Einordnung hängt insb ab, ob (und inwieweit) der Erbe (und auch andere Haftungsbeschränkungsberechtigte) von seinem **Haftungsbeschränkungsrecht** Gebrauch machen kann (§§ 1975 ff BGB). Denn dieses greift nur ein, wenn und soweit es sich um Nachlassverbindlichkeiten handelt (zu gemischten Schulden oder Nachlasserbenschulden s sogleich Rn 17–20, 150 ff). Im erbschaftssteuerrechtlichen Kontext wirkt sich die Einordnung auf die Abzugsfähigkeit einer Verbindlichkeit gem § 10 Abs 5 ErbStG aus (weiterf zur Einordnung der Erbschaftssteuerschuld Rn 110 ff). 7

Damit korreliert, dass in einem **Nachlassinsolvenzverfahren** (§§ 315 ff InsO) ausschließlich Nachlassverbindlichkeiten im erbrechtlichen Sinn geltend gemacht werden können (§ 325 InsO). Ferner spielt die Einordnung als Nachlassverbindlichkeit zB auch bei der **Nachlassauseinandersetzung** eine Rolle. So sind vor der Auseinandersetzung nur Nachlassverbindlichkeiten zu berichtigen (§ 2046 Abs 1 S 1 BGB); dies wird etwa bei der Begleichung von Steuerschulden praktisch bedeutsam. 8

a) Die Trias aus Erblasserschulden, Erbfallschulden und Nachlasserbenschulden

Nach § 1967 Abs 2 BGB sind Nachlassverbindlichkeiten *„die vom Erblasser herrührenden Schulden“* (Var 1) und *„die den Erben als solchen treffenden Verbindlichkeiten“* (Var 2). In Rspr und Lit wird ausgehend hiervon überwiegend zwischen Erblasserschulden (Var 1, dazu Rn 22 ff), Erbfallschulden (Var 2) und Nachlasserbenschulden unterschieden. 9

10 Zur zweiten in Abs 2 genannten Gruppe gehören jedenfalls die sog **Erbfallschulden**, also Verbindlichkeiten, die mit und wegen des Erbfalls erstmals und ohne weiteres Zutun des Erben oder eines Fremdverwalters entstehen, wie etwa die Ansprüche von Pflichtteilsberechtigten (dazu ausf Rn 99 ff). Man spricht deshalb auch von unmittelbaren Erbfallschulden.

11 In gewissen Grenzen können auch **nach** dem Tod des Erblassers weitere **neue Nachlassverbindlichkeiten** etwa vom Erben oder beispielsweise von einem Testamentsvollstrecker begründet werden. Hierzu zählen insbesondere die sog **Erbschaftsverwaltungsschulden** (auch als **Nachlasskostenschulden** bezeichnet, vgl Rn 129 ff). Sie werden allgemein unter § 1967 Abs 2 Var 2 BGB subsumiert; man kann hier auch von mittelbaren Erbfallschulden sprechen, da sie nachlassbezogen sind, aber auf einer Rechtshandlung des Erben oder eines Fremdverwalters beruhen. Der Wortlaut des Abs 2 ist freilich recht offen gefasst, so dass es jedenfalls nicht gegen die Wortlautgrenze des Abs 2 verstößt, weitere vom Erben begründete Verbindlichkeiten in den Kreis der Nachlassverbindlichkeiten einzubeziehen (ausf zu dieser sehr umstrittenen Frage s Rn 152 f). Hierbei handelt es sich regelmäßig um sog **Nachlasserbenschulden** (ausf Rn 150 ff). Dies ist eine *haftungsrechtliche* Mischform aus Eigen- und Nachlassverbindlichkeit, für die sich heute der Begriff Nachlasserbenschulden durchgesetzt hat. Nachlasserbenschulden sind nicht nur, aber auch Nachlassverbindlichkeiten.

12 Zu den (reinen) Nachlassverbindlichkeiten gehören überdies all diejenigen Verbindlichkeiten, die von Gesetzes wegen als Nachlassverbindlichkeiten einzuordnen sind. Dies ist etwa für den **Aufwendungsersatz- oder Freistellungsanspruch des Erben aus §§ 1978 Abs 3** (s Wortlaut: „... aus dem Nachlass ..."), **670, 257 BGB** der Fall (ebenso Dauner-Lieb S 116 f; zur Privilegierung in der Nachlassinsolvenz s § 324 Abs 1 Nr 1 InsO) oder etwa für den Anspruch des Erben auf Ersatz der Kosten, die wegen der Bestands- und Wertermittlung des Nachlasses iRd § 2314 Abs 1 BGB entstanden sind (s ausdrückliche Anordnung in **§ 2314 Abs 2 BGB**). Gleiches gilt nach § 1968 BGB für die **Kosten der Beerdigung** sowie für die **Leistungen iRd sog Dreißigsten** gem § 1969 BGB (weiterf § 1968 Rn 2; § 1969 Rn 24).

13 Sog **Eigenverbindlichkeiten** sind hingegen Verbindlichkeiten, für deren Erfüllung allein das Eigenvermögen des Erben haftet, wenn beispielsweise ein Nachlassgläubiger oder der Erbe die (allseitig wirkende, s dazu Vorbem 96 zu §§ 1967 ff) Nachlassabsonderung nach §§ 1975 ff BGB bewirkt hat. Von Nachlassverbindlichkeiten werden (begrifflich) also insb Eigenverbindlichkeiten des Erben unterschieden (ausf Rn 14 ff), die bisweilen auch als **Erbenschulden** bezeichnet werden (so zB Muscheler ErbR II § 49 Rn 3405 f, der in instruktiver Weise zwischen prämortalen und postmortalen Erbenschulden unterscheidet).

b) Die Unterscheidung zwischen Eigenverbindlichkeiten des Erben und sog reinen Nachlassverbindlichkeiten

14 Eine Verbindlichkeit des Erben, die nicht Nachlassverbindlichkeit ist, nennt man **Eigenverbindlichkeit** oder **Erbenschuld** (obwohl der Erbe persönlicher Schuldner auch der „Nachlass"verbindlichkeiten ist; vgl Vorbem 29–31 zu §§ 1967 ff; zu sog Erbenschulden s Rn 13; zur Mischform der Nachlasserbenschuld s Rn 17–20, 150 ff). Auf solche Verbindlichkeiten finden die Vorschriften über Nachlassverbindlichkeiten *keine* Anwendung. Zwar können auch die Eigengläubiger des Erben auf den Nachlass zugreifen

(insoweit haftet der Nachlass auch für die Erbenverbindlichkeiten), dies gilt jedoch nicht während einer Nachlassverwaltung (vgl § 1984 Abs 2 BGB und § 784 Abs 2 ZPO) oder eines Nachlassinsolvenzverfahrens (vgl Staudinger/Dobler § 1975 Rn 5 ff). Gewisse Einschränkungen des Zugriffs auf den Nachlass ergeben sich für die Eigengläubiger des Erben während der ersten Zeit nach dem Erbfall auch aus § 783 ZPO und bei Anordnung einer Testamentsvollstreckung wegen § 2214 BGB.

Auf den ersten Blick mag die Entgegensetzung von (reinen) **Nachlassverbindlichkeiten** und (reinen) **Eigenverbindlichkeiten des Erben** verwirren. Denn es entsteht der Eindruck, als hafte der Erbe nur für Eigenverbindlichkeiten persönlich, also als Schuldner. Das trifft jedoch nicht zu. Denn nach § 1967 Abs 1 BGB haftet der Erbe gerade auch für Nachlassverbindlichkeiten persönlich, dh er wird neuer Schuldner etwa der bisher dem Erblasser zugeordneten Verbindlichkeiten. Die Abgrenzung von Nachlass- und Eigenverbindlichkeiten betrifft allerdings nicht die Qualität als Schuldner, sondern ist **haftungsrechtlicher Natur**, weil in ihr die **Haftungszuständigkeit** (Eigenvermögen oder Nachlass) zum Ausdruck kommt. In ihr spiegelt sich zudem die **Doppelrolle** und die *haftungsrechtliche* **begrenzte Rechtsmacht des (Allein-) Erben** mit Erbanfall im Rechtsverkehr wider. 15

Der Erbe muss einerseits als Eigenverwalter des Nachlasses agieren und *haftet* insoweit aufgrund seiner Erbenstellung (Vorbem 54 ff zu §§ 1967 ff). Andererseits nimmt er aber auch weiterhin am Rechtsverkehr – wie auch schon vor dem Erbanfall – als Rechtssubjekt und damit als potentieller Schuldner teil. Mit dem Erbanfall hat sich lediglich seine ihm nunmehr nach § 1922 Abs 1 BGB zugeordnete Haftungsmasse verändert: Zum bisherigen Eigenvermögen tritt der Nachlass des Erblassers hinzu. Geht der Alleinerbe nach dem Erbfall eine Verpflichtung ein, kann sich sein Gläubiger grds aus dieser neu verschmolzenen Haftungsmasse befriedigen. Der Gläubiger des Erben kann also grds auch oder ggf nur auf den Nachlass zugreifen (ausf zur Grenze der ordnungsgemäßen Verwaltung bei Begründung neuer Nachlassverbindlichkeiten Rn 166 ff). Ist der Nachlass überfordert, ist eine Testamentsvollstreckung angeordnet oder agiert der Erbe außerhalb einer ordnungsgemäßen Nachlassverwaltung, wird jedoch nicht jedem Gläubiger des Erben der Zugriff auf den Nachlass gewährt. Dem Gesetz ist **insoweit** die Unterscheidung zwischen Nachlass- und Eigengläubigern inhärent (s etwa §§ 1984 Abs 2, 2214 BGB); Eigengläubigern wird der Zugriff auf den Nachlass vorgreiflich abgeschnitten, wenn die Gefahr besteht, dass die Verbindlichkeiten anderer Gläubiger (Gläubiger des Erblassers, Gläubiger aus nachlassbezogenen Rechtsgeschäften sowie insb Pflichtteilsberechtigte und Vermächtnisnehmer) nicht befriedigt werden können. Für diesen Fall wird zwischen Nachlassverbindlichkeiten und Eigenverbindlichkeiten des Erben differenziert. Damit ist zugleich – zugunsten der Eigengläubiger – gesagt, dass sich der Erbe (Schuldner) nicht dadurch seiner Haftung entziehen kann, dass er sie nach §§ 1975 ff BGB auf den Nachlass beschränkt. Mit der Einordnung als Eigenverbindlichkeit wird also zweierlei zum Ausdruck gebracht, nämlich erstens der grds verwehrbare Zugriff auf den Nachlass als Haftungsmasse und zweitens die Unbeschränkbarkeit der Haftung des Erben mit seinem Eigenvermögen. 16

c) Sog Nachlasserbenschulden

Es existieren auch **Mischformen von Nachlass- und Eigenverbindlichkeiten** des Erben, 17
für die sich die Bezeichnung **Nachlasserbenschulden** durchgesetzt hat (zur Entwicklung

s Rn 157 ff; FRIEDRICH 112 ff; A ERNST 7 ff, 13 ff; **aM** mit beachtlichen Gründen DAUNER-LIEB S 119 ff). Von reinen Nachlassverbindlichkeiten unterscheiden sie sich dadurch, dass der Erbe seine Haftung idR nicht effektiv auf den Nachlass beschränken kann (unbeschränkbar kann seine Haftung freilich auch bzgl reiner Nachlassverbindlichkeiten werden, allerdings muss hierfür immer ein Grund für den Verlust des Haftungsbeschränkungsrechts vorliegen; vgl Vorbem 76 ff zu §§ 1967 ff). Denn der Erbe haftet im Falle einer Nachlasserbenschuld nicht nur als Gesamtrechtsnachfolger des Erblassers, sondern auch unabhängig von seiner Erbenstellung. Beschränkt er seine Haftung auf den Nachlass, kann der Gläubiger einer Nachlasserbenschuld deshalb immer noch auf das Eigenvermögen des Erben zugreifen.

18 Soweit eine Nachlasserbenschuld *Nachlassverbindlichkeit* ist, finden auf sie sämtliche Vorschriften über Nachlassverbindlichkeiten Anwendung. Als Nachlassgläubiger kann der Gläubiger einer Nachlasserbenschuld zB eine Nachlassverwaltung oder ein Nachlassinsolvenzverfahren beantragen (§ 1981 Abs 2 BGB, § 317 InsO) und an diesen Sonderbefriedigungsverfahren teilnehmen (§ 1984 BGB, § 325 InsO). Im Fall nicht rechtzeitiger Anmeldung seiner Forderung im Aufgebotsverfahren wird der Nachlasserbengläubiger den anderen Nachlassgläubigern hinsichtlich der Befriedigung aus dem *Nachlass* gem § 1973 Abs 1 BGB, § 327 Abs 3 InsO nachgesetzt (vgl STAUDINGER/BOEHMER[11] § 1922 Rn 214). Anwendbar ist auch die Zuständigkeitsvorschrift des § 28 ZPO (vgl OLG Schleswig NJW-RR 2008, 96 f m Anm KLINGER/ROTH NJW-Spezial 2007, 535).

19 Soweit der Gläubiger jedoch *Erbengläubiger* (iS von *Eigen*gläubiger des Erben) ist, kann dem Gläubiger einer Nachlasserbenschuld die Haftung des nicht zum Nachlass gehörenden Erbenvermögens weder durch Haftungsbeschränkung nach §§ 1975, 1990 BGB noch durch Ausschluss im Aufgebotsverfahren (§ 1973 BGB) entzogen werden (vgl STAUDINGER/BOEHMER[11] § 1922 Rn 214; OVG Münster NVwZ-RR 2001, 596, 597; unrichtig BGHZ 71, 180, 187 f = NJW 1978, 1385 f ad II 1, wo eine auf den Nachlass beschränkbare Bereicherungsschuld als Nachlasserbenschuld bezeichnet wird). Im *Nachlass*insolvenzverfahren unterliegt der Nachlass*erben*gläubiger den in §§ 87 ff InsO angesprochenen Beschränkungen nur, soweit er aus dem *Nachlass* befriedigt werden will, nicht hingegen, soweit sich seine Forderung gegen das Eigenvermögen des Erben richtet (vgl OLG München InVo 1996, 14 f; weitere Einzelheiten zu § 87 InsO in Vorbem 154 ff zu §§ 1967 ff).

20 Eine entsprechende Differenzierung ist im Zusammenhang mit § 1984 Abs 1 S 3 BGB vorzunehmen (STAUDINGER/DOBLER § 1984 Rn 23 f). Nachlasserbenschulden begründen, da die Haftung auch des Eigenvermögens des Erben sogar einen rückwirkenden Wegfall seiner Erbenstellung (zB durch Erbausschlagung) überdauern würde, eine gewissermaßen „gesamtschuldnerische" (vgl RGZ 90, 91, 93; kritisch FRIEDRICH 121; A ERNST 11 f, 33 f) Haftung des Erben „als Person und Inhaber *seines* Vermögens" sowie des (jeweiligen!) Erben „als Subjekt des Nachlasses". Diese „gesamtschuldnerische" Haftung rechtfertigt es, den Gläubiger für den Fall, dass sowohl über das Vermögen des Erben als auch über den Nachlass ein Insolvenzverfahren eröffnet ist, hinsichtlich der Befriedigung aus dem Eigenvermögen des Erben nicht dem Ausfallgrundsatz der §§ 331, 52 S 2 InsO zu unterstellen (so aber A ERNST 32 ff), sondern ihm gem § 43 InsO das Recht zuzugestehen, bis zu seiner vollen Befriedigung in jedem Verfahren den Betrag geltend zu machen, den er zZ der Eröffnung des Verfahrens zu fordern hatte (vgl JAEGER/WEBER[8], KO § 234 Rn 11 mwNw; sachlich übereinstimmend Häsemeyer, Insolvenzrecht [4. Aufl 2007] Rn 33. 33; MünchKommInsO/Siegmann/Scheuing § 331 Rn 5; Uhlenbruck/Lüer/Weidmüller InsO § 331 Rn 8; wohl auch Riering, in: Nerlich/Römermann InsO [Juli 2019] § 331 Rn 8).

d) Echte und unechte Nachlassverbindlichkeiten

Insb im Hinblick auf ein (ggf nahendes) Nachlassinsolvenzverfahren wird bisweilen zwischen **echten und unechten Nachlassverbindlichkeiten** unterschieden (so zB Staudinger/Dutta [2016] Rn 28). Echte Nachlassverbindlichkeiten sind nur solche Verbindlichkeiten, die auch in einem späteren Nachlassinsolvenzverfahren geltend gemacht werden können (§ 325 InsO). Hat etwa ein Erbe im Hinblick auf den Nachlass eine Verwaltungsmaßnahme getroffen, deren Ordnungswidrigkeit zwar von Anfang an nach objektiver Betrachtung bestand (zum Kriterium der Ordnungsgemäßheit s Rn 166 ff), aber erst später zu Tage tritt oder den Vertragsparteien einsichtig wird, handelt es sich um eine unechte Nachlassverbindlichkeit. Denn ordnungswidrige Verwaltungsmaßnahmen sind zwar nachlassbezogen, begründen aber lediglich reine Eigenverbindlichkeiten des Erben (§ 179 BGB analog, s dazu ausf Rn 176 ff; zum Begriff der reinen Eigenverbindlichkeit s Rn 14 ff). Tilgt der Erbe solche Eigenverbindlichkeiten mit Mitteln aus dem Nachlass, macht er sich gegenüber der Gesamtgläubigerschaft nach §§ 1978 Abs 1 S 1, 667 Alt 2 BGB haftbar. 21

2. Die Haftung für Erblasserschulden (§ 1967 Abs 2 Var 1)

a) Vererblichkeit von Erblasserschulden

Für die Schulden des Erblassers haftet der Erbe nur, soweit sie **vererblich** sind. Die Unvererblichkeit einer Pflicht muss sich entweder **aus dem Gesetz** selbst (Rn 25 ff), einer **rechtsgeschäftlich getroffenen Unvererblichkeitsvereinbarung** oder aus dem **Inhalt der Pflicht sowie dem Verpflichtungsgrund** ergeben. 22

Wie auch bei der Bestimmung vererblicher, also übergangsfähiger Rechtsposition (s dazu Staudinger/Kunz [2017] § 1922 Rn 72 ff) behelfen sich Rspr und Literatur auch insoweit häufig mit der Abgrenzung zwischen höchstpersönlichen und vermögensbezogenen Pflichtinhalten. Diese Unterscheidung mündet letztlich in die Bildung von Fallgruppen und in die Einzelfallbetrachtung (krit dazu bereits Staudinger/Kunz [2017] § 1922 Rn 72 ff). Die an die Person des Erblassers gebundenen Verbindlichkeiten erlöschen demnach mit seinem Tod, während vermögensbezogene Pflichten grds auf den Erben nach §§ 1922 Abs 1, 1967 BGB übergehen (vgl Dietzel 20 ff). Damit ist letztlich für die Einzelfallentscheidung wenig Konkretes gesagt. Hier mag eine **komparative Betrachtung** helfen, die argumentativen und vielleicht auch dogmatischen Gründe für oder gegen die Vererblichkeit einer Pflicht besser herauszustellen (dazu Staudinger/Kunz [2017] § 1922 Rn 75). *Je mehr* also die Erfüllbarkeit einer Pflicht von den **persönlichen Qualitäten des Erblassers** abhängig ist, auf einer **Vertrauensbeziehung** zwischen Erblasser und Gläubiger gründet oder ihren Grund in einer **einzigarten Beziehung zwischen Erblasser und Gläubiger** hat (so zB bei Unterhaltspflichten), *desto weniger* spricht für ihre Vererblichkeit. 23

Die Nachfolge in eine Verbindlichkeit ist **umfassend** und schließt deshalb zB auch die **beweis- und darlegungsrechtliche Position** des Erblassers ein (vgl BGH ZEV 2019, 261; s ferner erg Staudinger/Kunz [2017] § 1922 Rn 655). 24

aa) Gesetzliche Unvererblichkeitsbestimmungen für Erblasserschulden, insb im Unterhaltsrecht

25 Unvererblich ist im Zweifel die aus dem **schenkweisen Versprechen** einer in wiederkehrenden Leistungen bestehenden Unterstützung (§ 520 BGB) und die zur Leistung von **Diensten** (§ 613 S 1 BGB). Vgl zum Einfluss des Todes auf **Dienst-, Arbeits-, Geschäftsbesorgungs- und ähnliche Verträge** auch Staudinger/Kunz (2017) § 1922 Rn 471 ff.

26 Gesetzliche **Unterhaltsansprüche zwischen Verwandten** erlöschen grds mit dem Tod des Berechtigten oder des Verpflichteten, soweit sie nicht auf Erfüllung oder Schadenersatz wegen Nichterfüllung für die Vergangenheit oder auf solche im Voraus zu bewirkende Leistungen gerichtet sind, die zZ des Erbfalls fällig sind (**§ 1615 Abs 1 BGB** mit einer die Beerdigungskosten betreffenden Sondervorschrift in Abs 2).

27 Anderes galt für die seit längerem obsolete **Unterhaltspflicht gegenüber sog nichtehelichen Kinder nach Art 12 § 10 Abs 1 S 2 NEhelG iVm § 1712 BGB aF** (BGH NJW 1975, 1123 f = FamRZ 1975, 410, 411; an letzterer Stelle vollständiger und mit wertvollen Anmerkungen der Redaktion). Auch wenn der Vater des nicht ehelich geborenen Kindes starb, erlosch seine Unterhaltspflicht nach § 1712 BGB aF nicht. § 1712 BGB aF wurde durch das Art 1 Nr 41 des SorgeR v 18. 7. 1979 (BGBl I 1061) aufgehoben (Die damalige Fassung des § 1712 lautete: „(1) Der Unterhaltsanspruch erlischt nicht mit dem Tode des Vaters; er steht dem Kinde auch dann zu, wenn der Vater vor der Geburt des Kindes gestorben ist. (2) Der Erbe des Vaters ist berechtigt, das Kind mit dem Betrag abzufinden, der dem Kinde als Pflichttheil gebühren würde, wenn es ehelich wäre. Sind mehrere uneheliche Kinder vorhanden, so wird die Abfindung so berechnet wie wenn sie alle ehelich wären."). Zur Entwicklungsgeschichte der elterlichen Sorge für sog nichteheliche Kinder und den gesetzlichen Neuregelungen s zB Staudinger[12]/Göppinger (1992) Vorbem zu §§ 1705 ff, dort auch zum sog Nichtehelichenrecht bei Rn 20 ff sowie Göppinger FamRZ 1970, 57.

28 Gleiches wie für die Unterhaltspflicht zwischen Verwandten (Unvererblichkeit, s Rn 26) gilt wegen §§ 1360a Abs 3, 1615 BGB, 5 S 2 LPartG für die **zwischen Ehegatten bzw Lebenspartnern** bestehende Verpflichtung zum „Familienunterhalt" gem § 1360 BGB bzw § 5 S 1 LPartG (vgl aber AG Detmold FamRZ 1998, 1538: *keine* Vererblichkeit des Anspruchs auf Rückzahlung eines nach § 1360a Abs 4 gewährten Prozesskostenvorschusses) sowie wegen § 1361 Abs 4 S 3 und S 4 BGB bzw § 12 LPartG hinsichtlich des Unterhalts *getrenntlebender* Ehegatten bzw Lebenspartner. Unterhaltsansprüche aus **§ 1615 l BGB** sind hingegen gemäß der ausdrücklichen Anordnung in § 1615 l Abs 3 S 4 BGB vererblich (s zu Betreuungsunterhalt gem § 1615 l Abs 2 S 2 und 3 BGH 15. 5. 2019 – XII ZB 357/18 = ZEV 2019, 480 = NJW 2019, 2392 m Anm Löhnig).

29 Grundsätzlich vererblich ist hingegen gem **§ 1586b BGB** bzw § 16 S 2 LPartG eine *nacheheliche bzw nachpartnerschaftliche* Unterhaltspflicht (vgl OLG Koblenz NJW-RR 2010, 303 f [Verpflichtung des Erben zur Erfüllung einer unselbständigen Unterhaltsvereinbarung]; Bergschneider FamRZ 2003, 1049 ff; Dressler NJW 2003, 2430 ff; Schindler FamRZ 2004, 1527 ff sowie speziell zur Anwendbarkeit des § 1579 Nr 7 BGH FamRZ 2003, 521 f = ZEV 2003, 244 f und BGHZ 157, 395 ff = NJW 2004, 1326 f = FamRZ 2004, 614 ff m Anm Büttner; speziell zur Titelumschreibung BGHZ 160, 186 ff = NJW 2004, 2896 f; OLG Koblenz FamRZ 2004, 557 f), was von manchen als unangemessen kritisiert wird (vgl Roessink FamRZ 1990, 924 ff und in: Die passive Vererblichkeit des Unterhaltsanspruchs des geschiedenen Ehegatten gem § 1586b BGB

[Diss Köln 1990]; vgl auch Staudinger/Baumann [2014] § 1586b Rn 11 ff sowie zur Frage eines Auskunftsanspruchs des unterhaltsberechtigten geschiedenen Ehegatten AG Bad Homburg FamRZ 2007, 1771). Eine wichtige Grundsatzentscheidung zu § 1586b Abs 1 S 3 BGB enthält BGHZ 146, 114 ff (= NJW 2001, 828 ff = ZEV 2001, 113 ff m Anm Frenz = LM H 5/2001 § 1586b BGB Nr 1 m Anm Wax; fortgeführt durch BGH NJW 2007, 3207 f = FamRZ 2007, 1800 f = ZEV 2007, 584 ff m Anm Klingelhöffer). Für Altfälle vgl die Kommentierungen des – am 1. 7. 1977 durch § 1586b BGB ersetzten – § 70 EheG (dazu AG Köln NJW-RR 1992, 327; Staudinger/Baumann [2014] § 1586b Rn 1 ff).

Zur Bindung des Erben an **Unterhaltsvereinbarungen** vgl Hambitzer FamRZ 2001, 201 ff; OLG Koblenz NJW 2003, 439 ff = FamRZ 2003, 261 ff = ZEV 2003, 111 ff m Anm Klingelhöffer; BGHZ 160, 186, 189 f (Bindung an Prozessvergleich); OLG Zweibrücken FamRZ 2007, 1192 ff (von einer einzelnen Miterbin erhobene und iE erfolgreiche Abänderungswiderklage in Bezug auf vor dem Erbfall geschlossenen Prozessvergleich). 30

Manche **ausländischen Rechtsordnungen** gehen bei der Gewährung von Unterhaltsansprüchen gegen den Nachlass andere Wege (vgl hierzu und zu den kollisionsrechtlichen Problemen Henrich, in: FS Gernhuber [1993] 667 ff; Dutta FamRZ 2011, 1829, 1832). 31

bb) Die Vererblichkeit (vorrangig) vermögensbezogener Erblasserschulden

Wegen ihres **vermögensbezogenen Inhalts und Verpflichtungsgrunds** sind die nachfolgend aufgeführten Verbindlichkeiten **vererblich**. Dass eine Pflicht auf Geldzahlung lautet, begründet für sich genommen noch nicht die Vererblichkeit, sondern ist allenfalls ein Indiz hierfür (vgl Staudinger/Kunz [2017] § 1922 Rn 63 ff). Hinzu kommen muss ein vermögensbezogener Verpflichtungsgrund, bei dem personenrechtliche Aspekte nicht im Vordergrund stehen. 32

Dass eine durch Vertrag begründete Verbindlichkeit *erst nach dem Tod des Verpflichteten zu erfüllen* ist, steht ihrer Vererblichkeit nicht entgegen (OLG Zweibrücken MDR 1992, 160; vgl auch OLG München NJW-RR 2005, 1531 ff = FamRZ 2006, 508 ff). 33

(1) Auf Geldzahlung lautende Pflichten ohne (vorrangig) personenrechtlichen Verpflichtungsgrund

- **Schadensersatzpflichten aus unerlaubtem oder gefährlichem Verhalten** (vgl auch Rn 75 ff sowie zum Rückgriff des Sozialversicherungsträgers BGH NJW 1985, 1958 f: nach dieser sehr erbenfreundlichen Entscheidung ist der Rückgriff uU auch dann ausgeschlossen, wenn der Geschädigte nicht mit dem Erblasser, sondern mit dem Erben in häuslicher Gemeinschaft lebte; s ferner LG Kiel NJW-RR 1998, 1184: ein Versicherer, der nach Ersatz eines Kaskoschadens den nicht in häuslicher Gemeinschaft mit dem Versicherungsnehmer lebenden Vater des Versicherungsnehmers als Schädiger in Regress nehme, könne die nach dem Tod des Schädigers noch offenen Teile der Regressforderung auch dann nicht vom Versicherungsnehmer verlangen, wenn dieser seinen Vater beerbt habe), 34

- **Darlehensschulden** (vgl Weimar, Der Kredit bei Tod des Darlehensnehmers [1980]; Böhm ZEV 2002, 337 ff; OLG Celle ZEV 2001, 22 ff [dazu auch Rn 48]; einschränkend § 18 Abs 5 c BAföG und SG Dortmund NZA 1992, 720: nach diesem Gerichtsurteil soll die Verpflichtung, ein als Darlehen gewährtes *Unterhaltsgeld* zurückzuzahlen, wegen § 10 Abs 3 S 6 HS 1 AFuU [= Anordnung des Verwaltungsrats der Bundesanstalt für Arbeit über die individuelle Förderung der beruflichen Fortbildung und Umschulung v 23. 3. 1976 idF der 18. Änderungsanordnung v 9. 3. 1990 – heute wohl nicht mehr aktuell] nicht auf den Erben übergehen),

- die Pflicht zur **Rückgewähr eines** nach § 1360a Abs 4 BGB bzw § 5 S 2 LPartG gezahlten **Prozesskostenvorschusses** (**aM** AG Detmold FamRZ 1998, 1538; zu den Voraussetzungen einer solchen Rückgewährpflicht vgl Staudinger/Voppel [2018] § 1360a Rn 87 ff),

- die auf § 1908i Abs 1 S 1 BGB iVm § 1836 BGB beruhende Verpflichtung zur Bezahlung einer **Betreuervergütung***,

- **die Verpflichtung zum Versorgungsausgleich innerhalb der Grenzen des § 31 VersAusglG** oder zum **Ausgleich des Zugewinns** (arg § 1371 Abs 2 und 3 BGB [ggf iVm § 6 LPartG]; vgl Staudinger/Thiele [2017] § 1371 Rn 67; BGH NJW 2004, 1321 f [Abschn 2a] = FamRZ 2004, 527 m Anm Koch; BFH NJW 1993, 2461 f und zur Vererblichkeit der Ausgleichs*forderung* § 1378 Abs 3 S 1, ggf iVm § 6 LPartG) nebst flankierender **Auskunftspflicht aus § 1379 BGB** (OLG Saarbrücken NJW-RR 2010, 85 f; OLG Stuttgart ZEV 2017, 341, 342 f, Rn 11–13),

- die auf Vertrag beruhende Verpflichtung zur **Rückerstattung von Zuvielzahlungen einer kommunalen Zusatzversorgungskasse** (BGH NJW-RR 1992, 25 f),

- die Pflicht zur **Vorteilsausgleichung nach § 17 GrdstVG** (vgl dessen Abs 2 S 1),

- zur Vererblichkeit der Pflicht zur **Abfindungsergänzung nach § 13 HöfeO** vgl Staudinger/Kunz (2017) § 1922 Rn 444,

- **Verbindlichkeiten eines Arbeitgebers aus Versorgungszusagen**, selbst wenn die aus ihnen resultierenden Ansprüche zZ des Erbfalls noch nicht fällig, sondern von

* **Zur Problematik der Vergütungsfähigkeit von nach dem Tod des Betreuten erbrachten Abwicklungs- und sonstigen Tätigkeiten des Betreuers** LG Koblenz FamRZ 2004, 221 f; LG Wuppertal und LG Stendal (jeweils m Anm Bienwald in FamRZ 2006, 1063 f); OLG München FamRZ 2006, 1787 f = NJW-RR 2006, 1517 f mwNw; vgl ferner vgl Staudinger/Kunz (2017) § 1922 Rn 376 f. **Von vornherein nur beschränkt haftet der Erbe des Betreuten** gem § 1908i Abs 1 S 1 iVm § 1836e Abs 1 S 2 BGB iVm § 102 Abs 3 und 4 SGB XII **für Rückgriffsansprüche der Staatskasse**; vgl dazu BGH FamRZ 2014, 1775 = NJW 2014, 3370; BayObLG FamRZ 2003, 1129 f = NJW-RR 2003, 1305 f (gegen *voreiligen* Zugriff auf die Staatskasse); OLG Jena FGPrax 2001, 22 f; BayObLG NJW-RR 2002, 1229 f = FamRZ 2002, 699 f m Anm Bienwald; OLG Düsseldorf FGPrax 2002, 219 f = FamRZ 2002, 1659; OLG Düsseldorf NJW-RR 2002, 1660 = FamRZ 2002, 1658 f; OLG Frankfurt FGPrax 2003, 267 f (kein Regressanspruch des Staates gegen Bezugsberechtigten aus Lebensversicherung); OLG Frankfurt NJW 2004, 373 f (die [nunmehr] in § 1836e Abs 1 S 2 vorgesehene Haftungsbeschränkung gelte nicht nur im Fall des Regresses der Staatskasse, sondern auch „bei der Prüfung der Festsetzung unmittelbar gegen die Erben"); BayObLG FamRZ 2005, 1590 ff = NJW-RR 2005, 1315 ff = FGPrax 2005, 120 ff; OLG München NJW-RR 2005, 1531 ff = FamRZ 2006, 508 ff; OLG Jena FGPrax 2006, 70 ff = FamRZ 2006, 645 f (Festsetzung der gem § 1836e der Staatskasse zu erstattenden Beträge gegenüber Nachlasspfleger als Vertreter unbekannter Erben); LG Koblenz FamRZ 2007, 2008; LG Koblenz FamRZ 2009, 1710 ff; Deinert FamRZ 2002, 374 ff; Staudinger/Bienwald (2020) § 1836e Rn 4 f, 32 ff.

einer aufschiebenden Bedingung abhängig sind (BAGE 64, 62, 67 = AP 7 BetrAVG Nr 56 Bl 970 m Anm REICHOLD),

– zu **schuldrechtlichen Ausgleichsansprüchen** mit dem Tod des Erblassers bei **an sich anfechtbaren** (insb § 123 BGB) **Erb- oder Pflichtteilsverzichtsverträgen** s Rn 37 ff (Vererblichkeit der Stellung als Anfechtungsgegner nach § 143 BGB).

– Die Verpflichtung eines Gesellschafters, unzulässige **Entnahmen aus dem Gesellschaftsvermögen** zurückzuzahlen, geht grundsätzlich auch dann auf seine Erben über, wenn der Gesellschaftsanteil des Erblassers nur auf einen von ihnen übergegangen ist (BGHZ 68, 225, 239 f) oder der Erblasser mit dem Tod aus der Gesellschaft ausscheidet und ein Abfindungsanspruch durch den Gesellschaftsvertrag ausgeschlossen ist (BGH LM Nr 3 zu § 115 HGB). Entsprechendes gilt für eine noch unerfüllte **Einlagepflicht** des Erblassers (OLG Köln ZEV 1997, 210 ff [dazu M SIEGMANN ZEV 1997, 182 ff]; vgl zur Einlagepflicht auch unten Rn 253).

(2) Pflichten zur Herausgabe von Vermögensgegenständen und die zugehörigen Auskunftspflichten

Die Pflicht des Erblassers zur **Herausgabe von Vermögensgegenständen** ist grds vererblich. Dies gilt akzessorisch auch für die Auskunftspflichten, die als Hilfsansprüche der Durchsetzung dieser Herausgabeansprüche dienen (vgl hierzu STAUDINGER/KUNZ [2017] § 1922 Rn 529 ff). 35

Vererblich ist daher 36

– gemeinsam mit dem Besitz (§ 857 BGB) die **auf § 985 BGB beruhende Herausgabepflicht** (zur Entstehung einer parallelen Eigenverbindlichkeit bei Besitzergreifung sowie zur „verschärften" Haftung aus § 990 s STAUDINGER/KUNZ [2017] § 1922 Rn 415 ff mwNw; GURSKY JR 1986, 225, 226 f; REBMANN 68 ff, 80, 250 f),

– die **Herausgabe- und Auskunftspflicht des Erbschaftsbesitzers** (vgl BGH NJW 1985, 3068 ff; speziell zur „verschärften" Haftung aus § 2024 GURSKY JR 1986, 225, 226 f),

– die auf § 2130 BGB beruhende **Herausgabe- und Schadensersatzpflicht des Vorerben** (OLG Frankfurt FamRZ 1995, 446; STAUDINGER/AVENARIUS [2019] § 2130 Rn 12),

– die Pflicht zur **Herausgabe einer ungerechtfertigten Bereicherung** (vgl STAUDINGER/MAROTZKE [2008] § 1922 Rn 273 f; BOEHMER, in: RG-FS III [1929] 216, 278; GURSKY JR 1986, 225, 226 f [speziell zum Übergang der „verschärften" Bereicherungshaftung]; LANGE/KUCHINKE § 47 II 1 b; J SCHRÖDER JZ 1978, 379, 383).

cc) Vererblichkeit der Stellung als Anfechtungsgegner iSd § 143, insb im Hinblick auf Erb- und Pflichtteilsverzichtsverträge

Bestand zu Lebzeiten des Erblassers ihm gegenüber ein Anfechtungsrecht, das der Anfechtungsberechtigte aber vor dem Tod des Erblassers zu Recht noch nicht ausüben konnte, geht dieses Anfechtungsrecht mit dem Tod des Erblassers nicht automatisch unter. **Vielmehr rückt der Erbe grds in die Stellung des Erblassers als Anfechtungsgegner iSd § 143 BGB nach.** Dies folgt bereits aus dem Eintritt des Erben in das zugrundeliegende Rechtsgeschäft, das als Rechte- und Pflichtenbündel zu ver- 37 stehen ist (dazu Staudinger/Kunz [2017] § 1922 Rn 78 ff). Hat also der Erblasser beispielsweise einen anfechtbaren Kaufvertrag abgeschlossen, erwirbt der Erbe zwar nach § 1922 Abs 1 BGB etwa den Anspruch auf Kaufpreiszahlung, aber die vom Käufer gegenüber dem Erblasser abgegebene Willenserklärung bleibt anfechtbar, auch gegenüber dem Erben.

38 Ob dies auch bei **Erb- und Pflichtteilsverzichtsverträgen** (§§ 2346 ff BGB) gilt, ist umstritten (generell zur Anfechtbarkeit von Erb- und Pflichtteilsverzichtsverträgen zB Lange/Horn ZEV 2019, 381). Hier wird mit Verweis auf das Bedürfnis nach Rechtssicherheit und die gestaltende Wirkung des Erbverzichts überwiegend vertreten, dass der Verzichtende sein Anfechtungsrecht (§§ 119, 123 BGB) nur zu Lebzeiten des Erblassers ausüben kann und zwar sowohl mit Blick auf das Kausalgeschäft als auch auf seine Willenserklärung im Rahmen des abstrakten Erb- oder Pflichtteilsverzichts (BayObLG 4. 1. 2006 – 1 Z BR 97/03, ZEV 2006, 209, 210; Staudinger/Schotten [2016] § 2346 Rn 106–106c, 109; BeckOGK/Everts [1. 9. 2019] § 2346 BGB Rn 5. 1 aE; OLG Koblenz NJW-RR 1993, 708, 709; OLG Schleswig NJW-RR 1997, 1092, 1093; OLG Düsseldorf FamRZ 1998, 704, 705; BayObLG NJW-RR 2006, 136 ff = FamRZ 2006, 1631 ff = ZEV 2006, 209 ff [m krit Anm Leipold]; OLG Düsseldorf ZEV 2013, 498, 499; im Anschluss an das OLG Koblenz NJW-RR 1993, 708, 709 auch LG Koblenz 1. 6. 2017 – 10 O 204/16 Rn 29 [zit nach juris]: Anspruch auf Wertersatz in Höhe des entgangenen Pflichtteils oder ein Anspruch wegen culpa in contrahendo = ZEV 2018, 202 sowie ErbR 2017, 685 m Anm Tamoj; Staudinger/Schotten [2016] Einl 22 zu §§ 2346 ff, § 2346 Rn 106, 179; Lange/Kuchinke § 7 IV 3; Pentz MDR 1999, 785 ff mwNw; **aA** Muscheler ErbR I Rn 2358 f; Soergel/Damrau [2002] § 2346 Rn 20; Leipold ZEV 2006, 212, 213 f; Damrau MittBayNot 2006, 253, 254; Weidlich NotBZ 2009, 149, 150; offen gelassen von BGH NJW 1999, 789 = ZEV 1999, 62; vgl Staudinger/Ferid/Cieslar[12] Einl 28 zu §§ 2346 ff; H P Westermann, in: FS Kellermann [1991] 505, 522; Mankowski ZEV 1998, 33 f; Quantius, Die Aufhebung des Erbverzichts [2001] S 60 ff, bes Fn 59, 80, sowie die uU ebenfalls zum rückwirkenden Wegfall von Erbenstellungen führenden §§ 1953, 1954, 2078 ff, 2344; offen gelassen von BGH ZEV 1997, 69, 70 und BGH ZEV 1998, 62, 63 f). Nach dieser Auffassung erlischt das Anfechtungsrecht folglich, führt im Falle der arglistigen Täuschung oder der Drohung seitens des Erblassers aber immerhin zu einem **schuldrechtlichen Ausgleichsanspruch des Verzichtenden**, der mit dem Erbfall entstehen und daher vom Erben als Nachlassverbindlichkeit zu erfüllen sein soll (so mit unterschiedlichen Begründungen: OLG Koblenz NJW-RR 1993, 708, 709: Anspruch auf Wertersatz, allerdings ohne Angabe der Anspruchsgrundlage; Staudinger/Schotten [2016] § 2346 Rn 109: Schadensersatzanspruch aus § 826 BGB oder nach § 823 Abs 2 BGB iVm § 263 StGB; Lange/Kuchinke § 7 IV 3; Pentz MDR 1999, 785 ff).

39 **Dem ist nicht zuzustimmen. Das Anfechtungsrecht des Verzichtenden bleibt vielmehr auch nach dem Tod des Erblassers bestehen** (ebenso Muscheler ErbR I Rn 2358 f sowie weitere Nachweise soeben bei Rn 38). Der Verzichtende kann also sowohl seine Willenserklärung iRd abstrakten Erb- oder Pflichtteilsverzichtsvertrags als auch hinsichtlich des Kausalgeschäfts gegenüber dem Erben wirksam anfechten. Insbesondere der Verweis auf das Bedürfnis nach erhöhter Rechtssicherheit trägt nicht, auch weil selbst das Erbrecht Anfechtungsrechte in §§ 2078 ff, 2281 Abs 2 BGB bereithält und insoweit ein gewisses Maß an Rechtsunsicherheit in erbrechtlichen Angelegenheiten hinnimmt und auch hierfür mit dem Erbschein aber zugleich ein wesentliches Ausgleichsinstrument bereithält.

dd) Vererblichkeit von Pflichten zur Vornahme grds unvertretbarer Handlungen und nichtvermögenswerter Leistungen

Da der Erbe nicht nur das Vermögen des Erblassers einschl der Passiva übernimmt, sondern nahezu die gesamte seinen Gläubigern verpflichtete Rechtsstellung des Erblassers fortsetzt (vgl Vorbem 27 ff zu §§ 1967 ff), können auch solche **Verbindlichkeiten** vererblich sein, **die sich auf durch Dritte (mit Ausnahme eines Gesamtrechtsnachfolgers) nicht ausführbare oder auf nichtvermögenswerte Leistungen richten** (vgl Boehmer, in: RG-FS III [1929] 216, 251, 253; Staudinger/Boehmer[11] § 1922 Rn 81, 122, 197 ff; Dietzel 20 ff; **aM** hinsichtlich der auf nichtvermögenswerte Leistungen gerichteten Verbindlichkeiten noch E I 2051 S 1; KG JW 1926, 1675; KG JW 1931, 2998 f [dazu Rn 44 f]). 40

(1) Verpflichtung zur Abgabe einer Willenserklärung oder zur Erteilung von Auskünften (Wissenserklärung)

Vererblich ist die Verpflichtung zur Abgabe einer **Willenserklärung** (RG Gruchot 56 [1912] 1005; vgl auch Vorbem 81–83 zu §§ 1967 ff) oder zur **Auskunftserteilung** (vgl Staudinger/Kunz [2017] § 1922 Rn 529 ff; Dietzel 170 ff, 175 ff; RG HRR 1933 Nr 569 = DRiZ 1932 Nr 784 = WarnR 24 [1932] Nr 196; BGH NJW 1985, 3068 ff; OLG München NJW-RR 1987, 649 f = RPfleger 1987, 109 = MDR 1987, 416 [eidesstattliche Versicherung]; BGHZ 104, 369 ff = ZIP 1988, 1058 ff = EWiR § 259 BGB 1/1988, 867 m krit Kurzkommentar Keller [eidesstattliche Versicherung]; OLG Saarbrücken NJW-RR 2010, 85 f [Vererblichkeit der Auskunftspflicht aus § 1379]; Königlich Preußisches Obertribunal Striethorsts Archiv 80 [1871] 253, 255 ff [Vererblichkeit der auf damaligem § 29 Nr 3 pr AGO beruhenden Verpflichtung, ein Nachlassinventar herauszugeben und dieses oder ein bereits vom ersten Erben herausgegebenes Inventar eidlich zu erhärten; zustimmend RG JW 1894, 211 Nr 67]; Th Wolff, KO[2] § 3 Anm 5aE; vgl auch Planck/vUnzner[4] § 1421 Anm 30; Sarres ZEV 2008, 512, 513 f und – speziell in Bezug auf **Mitteilungspflichten nach § 21 WpHG** – Widder BB 2005, 1979 ff [der die Vererblichkeit allzu pauschal verneint]). 41

(2) Unterlassungspflichten

Auch **Unterlassungspflichten** kommen für eine Vererbung in Betracht (OLG Hamm FamRZ 1995, 700; Staudinger/Kunz [2017] § 1922 Rn 528; Gaa AcP 161, 433 ff; J Schröder JZ 1978, 379 ff; Kuhnke JW 1933, 2872 [zur *Verletzung* ererbter Unterlassungspflichten]). 42

Zur insb von Jan Schröder aufgeworfenen Frage des **Übergangs „inhaltlich variabler" Verpflichtungen** auf den Erben s Vorbem 84–86 zu §§ 1967 ff. Diskutiert wird beispielsweise, ob sich ein gegen den Erblasser gerichtetes **Wettbewerbsverbot** mit dem Übergang der Pflichtenstellung auf dessen Erben (§§ 1922 Abs 1, 1967 BGB) derart erweitert, dass sich das Verbot auch auf erbeneigene Betriebe erstreckt. 43

(3) Handelsregisterrechtliche Pflichten

Vererblich ist auch die **Pflicht des Gesellschafters einer OHG, sein Ausscheiden aus der Gesellschaft zur Eintragung ins Handelsregister anzumelden** (Schäfer, in: GroßkommHGB[5] § 143 Rn 16; vgl auch Baumbach/Hopt/Roth, HGB § 143 Rn 3; KG HRR 1935, 1055; MünchKommHGB/K Schmidt § 143 Rn 10; Kick 39 ff; **aM** KG JW 1931, 2998 f [m krit Anm Endemann] und BayObLG Betrieb 1979, 86 aE [das aber eine Anmeldepflicht derjenigen Erben, die von der Nachfolge in die Gesellschaft ausgeschlossen und deshalb nicht schon nach § 143 Abs 1, 2 HGB anmeldepflichtig sind, aus § 143 Abs 3 HGB herleiten will; vgl auch BayObLG DStR 1993, 442, 443; iE ebenso KG OLGZ 1991, 261, 263 f]; ausführlich zu registerrechtlichen Fragen im Zusammenhang mit der Gesellschafter-Erbfolge Sassenrath, Die Umwandlung von Komplemen- 44 tär- in Kommanditbeteiligungen [1988] 175 ff, 178 ff, 182 ff, 187 ff, 190 ff, 202 ff, 209 ff, 228). Entsprechendes gilt für die **Pflicht zur Anmeldung des Erlöschens einer Firma** (Baumbach/Hopt, HGB § 31 Rn 9; Burgard, in: GroßkommHGB[5] § 31 Rn 36; *gegen* Vererblichkeit KG JW 1931, 2998 f; KG JW 1926, 1675 m zust Anm v Bondi; MünchKommHGB/Krafka § 31 Rn 16).

45 In beiden Fällen stehen weder der öffentlich-rechtliche (dazu Rn 51 ff) noch der nichtvermögensrechtliche Charakter der Anmeldepflicht ihrer Vererbung entgegen. Entscheidend *für* die Vererblichkeit spricht, dass der Erbe grundsätzlich die gesamte pflichtbelastete Rechtsstellung des Erblassers fortsetzt (vgl Vorbem 27 ff zu §§ 1967 ff). Zumindest aber treffen den Erben im Fall der Nichtanmeldung die gleichen *Folgen aus § 15 HGB,* denen sonst der Erblasser ausgesetzt gewesen wäre (Burgard, in: GroßkommHGB § 31 Rn 13; vgl auch Staudinger/Boehmer[11] § 1922 Rn 196). Der Erbe eines ausgeschiedenen OHG-Gesellschafters haftet also uU auch für erst nach dem Erbfall entstehende *Gesellschaftsschulden* (RGZ 144, 199, 206; Schäfer, in: GroßkommHGB[5] § 143 Rn 31; MünchKommHGB/K Schmidt § 143 Rn 21; Endemann in einer Anm zu KG JW 1931, 2998 f; wohl auch Burgard, in: GroßkommHGB § 31 Rn 13; **aM** das KG JW 1931, 2998 f und Soergel/Schippel[10] Rn 2 jeweils für den Fall, dass der Erblasser bereits zu Lebzeiten als Gesellschafter ausgeschieden war).

46 Wenn der Erbe infolge des Erbfalls selbst Gesellschafter wird, ist er schon als solcher nach § **143 HGB** zur Anmeldung des Ausscheidens des Erblassers verpflichtet (BGHZ 66, 98, 102 f). Ist **Testamentsvollstreckung angeordnet** und erstreckt sich diese als Dauer- oder Verwaltungsvollstreckung iSd § 2209 BGB auf einen zum Nachlass gehörenden Kommanditanteil, so hat der *Testamentsvollstrecker* den durch die Anteilsvererbung eingetretenen Gesellschafterwechsel zum Handelsregister anzumelden; eine entsprechende *Verpflichtung des Erben* soll nach Ansicht des BGH in diesem Fall nicht bestehen. Ob der Erbe daneben ein *Anmelderecht* hat, hat der BGH ausdrücklich offengelassen (BGHZ 108, 187, 190 = NJW 1989, 3152, 3153 gegen Marotzke EWiR § 2205 1/1989, 471, 472; vgl zu diesen Fragen auch Weidlich, Die Testamentsvollstreckung im Recht der Personengesellschaften [1993] 89 f; s auch: Heckschen/Strnad, Kompetenzkonflikt zwischen Testamentsvollstreckung und Erben, NZG 2014, 1201, 1206; Kämper, Testamentsvollstreckung an Personengesellschaftsanteilen, RNotZ 2016, 625, 639 mwNw, die darauf hinweist, dass eine Anmeldung nach der Kernbereichslehre der Zustimmung des Gesellschafter-Erben bedürfe). Anders ist zu entscheiden, wenn der Testamentsvollstrecker den Nachlass lediglich abzuwickeln hat (sog Abwicklungsvollstreckung). In diesem Fall ist der Testamentsvollstrecker nicht zur Anmeldung des Gesellschafterwechsels befugt (sich BGHZ 108, 187 anschließend OLG München ZEV 2009, 475, 476; OLG Hamm ZEV 2011, 200).

47 Weitere Kasuistik zum Thema **Unternehmenserbrecht und Handelsregister** erörtern zB Krug ZEV 2001, 51 ff, Kämper RNotZ 2016, 625, 639, Heckschen/Strnad NZG 2014, 1201, 1206 sowie zB KG FGPrax 2007, 91 ff sowie OLG München ZEV 2018, 99. **Die Haftung für Geschäftsschulden** ist weiter unten bei Rn 226 ff dargestellt.

ee) Verbindlichkeiten des Erblassers gegenüber dem Erben

48 **Verbindlichkeiten des Erblassers gegenüber dem Erben** erlöschen durch die infolge des Anfalls der Erbschaft bewirkte Vereinigung von Recht und Verbindlichkeit (Konfusion; anders bei Erbenmehrheit [vgl BVerwG WM 1969, 673, 674] oder Testamentsvollstreckung [BGHZ 48, 214, 218 ff]; **aM** Muscheler, Testamentsvollstreckung 274 ff;

selbst beim Alleinerben unter besonderen Umständen vom Fortbestehen ausgehend OLG Celle ZEV 2001, 22 ff [Nichtannahmebeschluss des BGH 26. 9. 2001 – IV ZR 46/01]). Sie leben aber nach § 1976 BGB wieder auf, falls später eine Nachlassverwaltung angeordnet oder ein Nachlassinsolvenzverfahren eröffnet wird (vgl Staudinger/Dobler § 1976 Rn 1).

Auch erstreckt sich das beim Erbfall eintretende Erlöschen eines dem Erben gegen den Erblasser zustehenden Schadensersatzanspruchs nicht auf einen dem Ausgleich desselben Schadens dienenden Direktanspruch gegen einen Haftpflichtversicherer (s Rn 70). 49

Wird ein Steuerpflichtiger mit seinem Ehegatten zusammen veranlagt, so erlischt bei seinem Tod die Einkommensteuerschuld zur Hälfte, wenn gem § 1936 BGB der Fiskus gesetzlicher Erbe wird (BFHE 212, 388 ff = NJW-RR 2006, 1232 ff). 50

ff) Vererblichkeit von öffentlich-rechtlichen Verbindlichkeiten

Öffentlich-rechtliche Verbindlichkeiten sind vererblich, wenn sich ihre Übergangsfähigkeit entweder aus Normen des öffentlichen Rechts ausdrücklich ergibt (so zB nach **§ 4 Abs 3 S 1 BBodSchG**; hier wird mit dem Verweis auf die „Gesamtrechtsnachfolge" nach dem Verursacher an die zivilrechtliche Gesamtrechtsnachfolge angeknüpft; zur Rückwirkungsproblematik BVerwGE 125, 325 = NVwZ 2006, 928; zur verfassungskonformen Reduktion des Anwendungsbereichs bei Gesamtrechtsnachfolge im Jahre 1926 s BGH 29. 9. 2016 – I ZR 11/15, BeckRS 2016, 20625; s erg BeckOK Umweltrecht Giesberts/Hilf [1. 7. 2019] § 4 BBodSchG Rn 26; §§ **459c Abs 3 StPO, 101 OWiG**, s dazu Rn 54; §§ **102, 103 SGB XII**, s dazu Rn 52, 108 f). Dabei ist zwischen dem Ob und dem Wie des Übergangs zu unterscheiden (dazu Staudinger/Kunz [2017] § 1922 Rn 84–90). Zur Übergangsfähigkeit von öffentlich-rechtlichen Verbindlichkeiten im Zusammenhang mit einem Straf- oder Ordnungswidrigkeitenverfahren s Rn 54 f. 51

(1) Gesetzliche Bestimmungen zur (Un-)Vererblichkeit öffentlich-rechtlicher Verbindlichkeiten

Gesetzlicher Regelungen zur (Un-)Vererblichkeit öffentlich-rechtlicher Verbindlichkeiten finden sich beispielsweise im Zusammenhang mit der Gewährung von Sozialhilfeleistungen insb in §§ 102, 103 SGB XII. So besteht nach **§ 102 Abs 1 iVm Abs 2 SGB XII** eine Ersatzpflicht des Erben des leistungsberechtigten Erblassers (Sozialhilferegress). Für die Kosten der Sozialhilfe haftet der Erbe aber von vornherein nur mit dem Nachlasswert (§ 102 Abs 2 S 2 SGB XII, sog rechnerisch beschränkte Nachlasshaftung, dazu Vorbem 45 zu §§ 1967 ff; zur Haftung von *Miterben* unten Staudinger/Marotzke § 2058 Rn 52; Entsprechendes gilt gem §§ 5 Abs 5, 6 Abs 2 S 1 KonsG bzgl der Ersatzpflicht für Hilfeleistungen durch Konsularbeamte). S ferner insb **§ 103 Abs 2 SGB XII** zum Übergang einer Rückzahlungspflicht bei schuldhafter Herbeiführung der Voraussetzungen für die Leistungen der Sozialhilfe. 52

Gem **§ 57 Abs 2 SGB I** haftet für bestimmte Verbindlichkeiten des Verstorbenen gegenüber dem Leistungsträger nicht der Erbe, sondern ein **Sonderrechtsnachfolger** (dazu Staudinger/Kunz [2017] § 1922 Rn 84–90, 155 f; Schmeling MDR 1976, 807, 811); s ferner § 58 SGB I. Weiterf hierzu die entsprechenden Kommentare und s auch Berchtold/Reichel, Zur Vererbung von Leistungsansprüchen aus der gesetzlichen Rentenversicherung in Fällen der Rechtsnachfolge mit Auslandsbezug, NZS 2016, 285; Horstmann, Rechtsnachfolge von Todes wegen bei Sozialleistungsan- 53 sprüchen (§§ 56 ff SGB I), ZEV 2013, 598; Klaiber, Problemkreis Vererbung von sozialrechtlichen Ansprüchen am Beispiel einer kostenaufwendigen Ernährung gem § 30 SGB XII, SRa 2013, 100.

54 Bei öffentlich-rechtlichen Verbindlichkeiten, die im Zusammenhang mit einem **Straf- oder Ordnungswidrigkeitsverfahren** entstanden sind, ist zu differenzieren: Nicht vererblich sind **Geldstrafen** und **Geldbußen**. Dies folgt aus den gesetzlichen Vollstreckungsverboten in **§§ 459c Abs 3 StPO, 101 OWiG**, woraus nach wohl allgA gefolgert wird, dass mit dem Tod des Verurteilten bereits die Geldstrafenschuld erlischt (s nur MünchKommStPO/Nestler [2019] § 495c StPO Rn 17). Die genannten Vollstreckungsverbote erstrecken sich aber nicht auf „die gegen den Erblasser erkannten Nebenfolgen einer Straftat oder Ordnungswidrigkeit, die zu einer Geldzahlung verpflichten". § 226 Abs 2 Nr 2 KO, dem diese Formulierung entnommen ist, setzte die Vererblichkeit konkludent voraus. Dass eine vergleichbare Formulierung nicht auch in der InsO zu finden ist, ändert nichts an ihrer Richtigkeit, sondern ist damit zu erklären, dass § 226 Abs 2 Nr 2 KO nur für den *Nachlasskonkurs* galt, während der an seine Stelle getretene § 39 Abs 1 Nr 3 InsO für *jedes* Insolvenzverfahren gilt und deshalb *weiter* gefasst werden musste als sein nur innerhalb der Vererblichkeitsgrenzen relevantes Vorbild (vgl BT-Drucks 12/2443, 123, 232 [Begründung zu §§ 46, 370 RegE/§§ 39, 327 InsO]).

55 Stirbt ein in einer Strafsache Verurteilter vor Rechtskraft des Urteils, so haftet sein Nachlass nicht für die **Kosten des Strafverfahrens (§ 465 Abs 3 StPO)**. Für die Kosten aus Zivilprozessen gilt dies jedoch nicht (vgl Rn 66 ff). Stirbt der Schuldner eines Unterlassungsanspruchs während des Vollstreckungsverfahrens, so sind gegen den Erben keine **Ordnungsmittel iSd § 890 ZPO** festzusetzen; vielmehr hat sich die Hauptsache erledigt, sodass nach § 91a ZPO nur noch über die Kosten zu entscheiden ist (OLG Hamm MDR 1986, 156; zustimmend Brox/Walker, Zwangsvollstreckungsrecht [11. Aufl 2017] Rn 1106 aE; vgl ferner BFH 7. 3. 2007 – X B 76/06, DStRE 2007, 790). Weitere Einzelheiten zur **Nachfolge in prozessuale Rechtslagen** sind nachzulesen bei Staudinger/Kunz (2017) § 1922 Rn 653 ff.

(2) Vererblichkeit öffentlich-rechtlicher Verbindlichkeiten bei fehlender gesetzlicher Regelung

56 Findet sich **keine ausdrückliche gesetzliche Regelung** zur (Un-)Vererblichkeit, ist es – zur **Wahrung des Grundsatzes vom Vorbehalt des Gesetzes** – notwendig, dass der Übergang nach §§ 1922 Abs 1, 1967 BGB auf Wertungen des Öffentlichen Rechts beruht. Keineswegs darf man sich mittels einer analogen Anwendung der §§ 1922 Abs 1, 1967 BGB über das Wertungsgefüge des Öffentlichen Rechts hinwegsetzen.

57 Ist eine Verpflichtung geldwert oder sachbezogen, mögen dies zwar Indizien für die Übergangfähigkeit sein, aber allein damit ist die Vererblichkeit – wegen der Eingriffsintensität zu Lasten des Erben – nicht zu begründen. Hinzu kommen müssen öffentlich-rechtliche Interessen am Übergang auf den Erben (dazu Staudinger/Kunz [2017] § 1922 Rn 84–90, 412 ff, 659). Dass das BVerwG im Zusammenhang mit der bodenschutzrechtlichen Haftung für die Rechtsnachfolge in abstrakte Verhaltenspflichten insoweit auf zivilrechtliche Bestimmungen rekurriert (so BVerwGE 125, 325, 326 f = NVwZ 2006, 928, 930 f, Rn 19: „Die Gesamtrechtsnachfolge in öffentlich-rechtliche Pflichten, deren Konkretisierung durch einen Verwaltungsakt noch aussteht, war der bisherigen Rechtsordnung keineswegs fremd. Sie folgte aus dem allgemeinen Grundsatz des Verwaltungsrechts, dass sachbezogene Verhaltenspflichten den zivilrechtlichen Bestimmungen des Erbrechts und des Umwandlungsrechts folgend rechtsnachfolgefähig sind […]. Die jeweilige Verantwortlichkeit des Gesamtrechtsnachfolgers ist insoweit akzessorisch zur Haftung des Verursachers zu verstehen, dh er tritt in dessen materielle Polizeipflichten ein, kann sich aber auch auf sämtliche Einwendungen des Rechtsvorgängers berufen."), steht dem nicht grds entgegen. Denn hier wurden die Wertungen des Öffentlichen Rechts durch die ständige Rspr der Verwaltungs- oder Verfassungsgerichtsbarkeit konkretisiert und insoweit ein Vertrauenstatbestand geschaffen. Die Rechtsnachfolge in die (ggf durch VA konkretisierte) Verhaltens- oder Zustandsverantwortung ist besonders umstritten; denn häufig fehlt es hier an ausdrücklichen Regelungen durch den Gesetzgeber. Deshalb spielt hier Richterrecht eine besonders bedeutende Rolle (auch hierzu durchaus grundlegend BVerwGE 125, 325, 326 f = JZ 2006, 1124, 1126 f m Anm Ossenbühl = NVwZ 2006, 928, 930 f; s auch BVerwG NVwZ 2012, 888, 889 [Rn 15]; s zudem BVerwG NJW 1963, 1075 f; 2002, 1892; BSGE 24, 190, 193 = NJW 1966, 1239 f; Kunk SozSich 1966, 199 f; ferner OVG Magdeburg NVwZ-RR 2017, 183, 184 Rn 14–16: Die sich aus der Zustandsverantwortlichkeit ergebende Verpflichtung zum Abbruch des einsturzgefährdeten Gebäudes ist keine reine Nachlassverbindlichkeit; die Verantwortlichkeit des Zustandsstörers knüpft an die Eigentümer- und nicht an die Erbenstellung an).

Zu beachten ist, dass mit Bejahung der Vererblichkeit zugleich feststeht, dass es sich um eine Erblasserschuld iSd § 1967 Abs 2 Alt 1 BGB und damit um eine **reine Nachlassverbindlichkeit** (zum Begriff Rn 14 ff) handelt. Insoweit greifen deshalb die **zivilrechtlichen Haftungsbeschränkungsinstrumente**. Daneben können öffentlichenrechtliche Haftungsregeln zur Anwendung gelangen (vgl hierzu die in § 45 Abs 2 AO vorgenommene Differenzierung). Die Rechtsprechung hat beispielsweise die nachfolgend genannten öffentlich-rechtlichen Pflichten als **vererblich** eingestuft: 58

- **öffentlich-rechtliche Erstattungspflichten**. Ob eine gegenüber staatlichen Einrichtungen bestehende Erstattungspflicht privat- oder öffentlich-rechtlicher Natur ist und wie sie gegenüber dem Erben durchgesetzt werden kann, ist in vielen Fällen streitig (vgl Soergel/Stein § 1967 Rn 13). Noch immer aktuell: die Rückzahlungspflicht von Erben gem **§ 349 Abs 5 S 1 LAG** (vgl BVerwG NJW 2002, 3189 f; BVerfG WM 2006, 2019 f [zur Rückzahlungspflicht eines sonstigen Rechtsnachfolgers iSd § 349 Abs 5 S 2 LAG]; BVerwG ZOV 2010, 33). 59

- **Steuerschulden** mit Ausnahme von Zwangsgeldern, jedoch einschließlich etwaiger Hinterziehungszinsen (vgl speziell zur beschränkten bzw unbeschränkten Haftung des Erben für „nachlassbezogene" Einkommensteuerschulden M Siegmann ZEV 1999, 52 ff; BFHE 186, 328 ff = BStBl II 1998, 705 ff = BB 1998, 2195 ff = ZEV 1998, 441 ff [zu diesem Urteil auch Rn 65, 125]),

- **Soforthilfeabgabeschulden** (OLG Hamburg NJW 1952, 228) (vgl zur Geschichte des Soforthilfegesetzes als Zwischenstation zum Lastenausgleichsgesetz von 1952 s zB Maunz/Dürig/Butzer [87. EL März 2019], GG Art 120a Rn 16–19 mwNw),

- **Erschließungsbeitragsschulden** (OVG Bremen NVwZ 1985, 917),

- **kirchensatzungsrechtliche Friedhofsunterhaltungsgebühren** (VG Schwerin BeckRS 2015, 46180),

- Vermögensabgabeschuld beim **Lastenausgleich** (hierzu STAUDINGER/MAROTZKE [2010] § 1967 Rn 16),

- die infolge schuldhafter Verletzung des **Fehlbelegungsverbots (§ 4, Abs 2–5, Abs 7 WoBindG)** durch den Hauseigentümer begründete Pflichtigkeit des Verfügungsberechtigten, mit Geldleistungen nach § 25 Abs 1 WoBindG belastet zu werden (BVerwGE 64, 105, 108 ff; vgl zu dieser Entscheidung auch Rn 62 und Vorbem 80 zu §§ 1967 ff). Entsprechendes gilt für die Pflicht, den Verstoß gegen das Fehlbelegungsverbot zu beseitigen (BVerwGE 64, 105, 113–115 [auch zu den Grenzen ererbter „Verstoßbeseitigungspflichten“]),

- die Verpflichtung zur **Rückzahlung eines Aufbaudarlehens** nach dem LAG (BVerwG NJW 1963, 1075 f [auch zur Anwendung des § 1990]),

- **Zur Pflichtnachfolge im Bauordnungsrecht** vgl insb BVerwG DÖV 1971, 640 ff = NJW 1971, 1624 f (besprochen v MARTENS JuS 1972, 190) sowie BVerwGE 125, 325 ff.

Vgl **zu weiteren Spezialproblemen** die Titel des bei STAUDINGER/KUNZ (2017) § 1922 Rn 659 angeführten Schrifttums.

b) Das „Herrühren“ der Schuld vom Erblasser

60 Erblasserschulden iSd § 1967 Abs 2 Var 1 BGB sind nur „vom Erblasser herrührend(e) Schulden“. Die Auslegung des Merkmals des Herrührens hat Auswirkungen auf die **Haftung des Erben**. Bei engem Verständnis verkleinert sich der Kreis der Erblasserschulden und damit der reinen Nachlassverbindlichkeiten insgesamt (zum Begriff, dort auch zur sog Nachlasserbenschuld, s Rn 9 ff). Verneint man eine Erblasserschuld und mithin das Vorliegen einer reinen Nachlassverbindlichkeit, kann der Erbe seine Haftung nicht (effektiv) gem §§ 1975 ff BGB auf den Nachlass begrenzen.

aa) Vorüberlegung zur Bestimmung des Herrührens, auch in steuerrechtlichen Zusammenhängen

61 Eine Verbindlichkeit rührt jedenfalls dann vom Erblasser her, wenn sie schon zu Lebzeiten des Erblassers gegen diesen hätte geltend gemacht werden können. Zweifelhaft ist das Herrühren aber, wenn eine oder gar mehrere Anspruchsvoraussetzungen erst nach dem Tod des Erblassers gegeben sind, so etwa beim Eintritt eines Schadens, eines Anfangstermins oder einer aufschiebenden Bedingung erst nach dem Erbfall.

62 Der bloße Verweis, wonach der Erbe nicht nur in bereits „fertige“ Verpflichtungen, sondern auch in **pflichtbelastete Rechtslagen** des Erblassers oder in **verhaltene, schwebende, latente** (so zB im steuerrechtlichen Kontext RIEDEL FR 2016, 310; insb auf die wirtschaftliche Belastung des Erblassers bei einkommenssteuerrechtlichen Erstattungs- und Nachzahlungszinsen abstellend FG München 15. 11. 2017 – 4 K 3189/16 = ZEV 2018, 161 m Anm WELZEL EFG 2018, 306–307) **oder noch werdende („unfertige“) Rechtsbeziehungen** des Erblassers eintritt, greift hier allerdings zu kurz (s zum gesamten Themenkomplex: BOEHMER JW 1938, 2634 ff; STAUDINGER/BOEHMER[11] § 1922 Rn 213 ff; STAUDINGER/MAROTZKE [2010] § 1967 Rn 19 ua mit Verweis auf GURSKY, Nachträglicher guter Glaube, JR 1986, 225, 226 f; WERKMÜLLER, Haftungsbeschränkung und Schadensersatz beim Tod des Verkäufers im schwebenden M&A-Prozess, ZEV 2007, 16 ff; ferner STAUDINGER/KUNZ [2017] § 1922 Rn 561 ff; BVerwGE 64, 105, 108 ff [Vererbung öffentlich-rechtlicher Pflichtigkeiten und auf vorangegangenem Tun beruhender „Verstoßbeseitigungspflichten"]; BVerwGE 125, 325, 326 = JZ 2006, 1124, 1125 ff m Anm Ossenbühl = NVwZ 2006, 928, 930 f [dazu bereits Rn 51], BGH NJW 1991, 2558 [Rückforderungsanspruch des Schenkers bei Verarmung nach Tod des Beschenkten]; eher zurückhaltend hingegen LG Aachen NJW-RR 1988, 450 f [besonders unter 8.]: Für Aufwendungen des Partners einer nichtehelichen Lebensgemeinschaft in das Hausgrundstück des anderen Partners bestehe nach dem Tod des letzteren idR kein Ersatzanspruch gegen den Nachlass). Gleiches gilt für die häufig in der Rspr, aber nicht nur dort gebrauchte Formel, wonach der **Verpflichtungs- oder Rechtsgrund** bereits zu Lebzeiten des Erblassers gelegt worden sei oder bestanden haben müsse (s zB freilich zur Auslegung des § 10 ErbStG bei FG Baden-Württemberg ZEV 2019, 548, 549 Rn 30 f zu Steuerberatungskosten des Erben für die Erstellung einer berichtigten Einkommenssteuererklärung; s ferner FG München 15. 11. 2017 – 4 K 3189/16 = ZEV 2018, 161). Es kommt darauf an festzulegen, wann ein solcher Grund besteht, woran man ihn also festmacht, um ihn sodann dem Erblasser zuzuweisen (zB iRe Steuerschuldverhältnisses auf die tatsächliche wirtschaftliche Belastung des Erblassers abstellend FG München 15. 11. 2017 – 4 K 3189/16, ZEV 2018, 161).

Ausgehend hiervon ist entscheidend, dass das Entstehen einer grds durchsetzbaren Verbindlichkeit **allein auf den Handlungen des Erblassers** beruht, sich mithin aus Sicht des Erben als zwangsläufig darstellt und er deshalb lediglich in eine pflichtbelastete Rechtslage nachfolgen und für sie nur noch **haften** kann. Dass der Erbe selbst mit der endgültigen Entstehung der Verbindlichkeit nichts zu tun hat, rechtfertigt, dass er für sie – sofern eine Haftungsbeschränkung eintritt – nur noch mit dem Nachlass haftet. Beruht beispielsweise ein Schaden allein auf einer vom Erblasser begangenen unerlaubten Handlung oder einer Vertragsverletzung, so handelt es sich um eine Erblasserschuld und damit um eine reine Nachlassverbindlichkeit (zum Begriff Rn 14 ff; s ferner BGH WM 1968, 37, 38; 1976, 808; BGH FamRZ 2014, 1775, 1776 = NJW 2014, 3370). Der Erbe hat auf die nunmehr entstandene und durchsetzbare Verbindlichkeit keinen Einfluss genommen; aus seiner Sicht ist der Todeseintritt verfrüht und insoweit für den Erben zufällig. 63

Die Wendung „vom Erblasser herrührenden Schulden" in § 1967 Abs 2 BGB ließe sich auch durch „dem Erblasser zuzurechnenden Schulden" ersetzen, jedenfalls dann, wenn man **Zurechnung** als Instrument zur **Zurückführung auf eine (willensgetragene oder anderweitig vorwerfbare) Handlung hier einzig des Erblassers** begreift. Zurechnung ist auch hier ein wertendes Korrektiv gegenüber einer kausalen Betrachtung. Deshalb ist es verfehlt, das Herrühren als ein Verursachen zu beschreiben. Unabdingbare Voraussetzung für den Rekurs auf die Zurechnung als wertendes, aber zugleich rationalisierendes Korrektiv ist es, offenzulegen, worauf die Zurechnung abstrakt und im zu entscheidenden Fall gründet (all diese Fragen sind Gegenstand eines laufenden Forschungsprojekts). 64

Der Aspekt des Herrührens ist auch bei **Steuerschulden** von Interesse (zur Vererblichkeit von öffentlich-rechtlichen Verbindlichkeiten s Rn 51 ff); es wird insb in **§ 10 Abs 5 Nr 1 ErbStG** aufgegriffen und bereitet auch dort Auslegungsschwierigkeiten (s dazu etwa FG München 15. 11. 2017 – 4 K 3189/16 = ZEV 2018, 161). Hatte der Erblasser durch eine Rechtshandlung einen Geschehensablauf in Gang gesetzt, kraft dessen es nach dem Erbfall „zwangsläufig, ohne irgendein Handeln des Erben" zu einem Güteraustausch (im konkreten Fall: Veräußerungsgewinn anstelle einer Schiffspart) gekommen ist, 65 den „weder Erbe noch Nachlasskonkursverwalter durch eigenes Handeln verhindern konnten", so ist die sich auf diesen Veräußerungsgewinn beziehende Einkommensteuerschuld eine Nachlassverbindlichkeit iS des § 1967 Abs 2 BGB, für die der Erbe seine Haftung „gemäß § 1975 BGB auf den Nachlass beschränken kann" (so die zutreffenden Teile des amtlichen Leitsatzes zu BFHE 186, 328 ff = BStBl II 1998, 705 ff = BB 1998, 2195 ff = ZEV 1998, 441 ff [wenig glücklich ist hingegen die vom BFH vorgenommene dogmatische Einordnung als „Erbfallschuld in der Form der Nachlassverwaltungskostenschuld"]; vgl zur Abgrenzung auch Rn 127 ff). Allein in der Person des Erblassers begründet und damit Nachlassverbindlichkeit ist die **Einkommensteuer des Todesjahres**, auch wenn diese erst mit dem Ablauf des Veranlagungszeitraums entsteht (BFH FamRZ 2012, 1638, 1640 = NJW 2012, 3677 = ZEV 2012, 500 m Anm Crezelius; dazu auch Milatz/Knepel DStR 2012, 2527; Abzugsfähigkeit auch bejahend, wenn die Vollziehung wegen eines Einspruchs des Erblassers gegen die Steuerfestsetzung ausgesetzt ist, BFH ZEV 2019, 229). Gleiches gilt für **von einem Nachlassverwalter verursachte Steuerschulden**, die der BFH freilich als Erbfallschuld einordnet (BFH ZEV 2016, 340). An diese Rspr zum ErbStG anknüpfend hat das FG Baden-Württemberg (15. 5. 2019 – 7 K 2712/18, ZEV 2019, 548) sogar die **Steuerberatungskosten des Erben** für die Erstellung berichtigter Einkommenssteuererklärungen als vom Erblasser herrührende Schulden iSd § 10 Abs 5 Nr 1 ErbStG eingeordnet (s ZEV 2019, 548, 549 Rn 35 f), also selbst dann, wenn der Erbe und nicht der Erblasser den Steuerberater erstmals mit der Erstellung betraut hat (s hiervon im Rahmen des § 10 Abs 5 Nr 3 S 3 ErbStG als nicht abzugsfähige Kosten zur Verwaltung des Nachlasses abgrenzend die **Kosten zur Räumung der Eigentumswohnung des Erblassers** im Urteil Rn 37 ff; hingegen abl zur Abzugsfähigkeit von Reparaturaufwendungen wegen eines erst **nach dem Erbfall eintretenden Gebäudeschadens** BFH ZEV 2018, 99 mit zustAnm Königer, eine Abzugsfähigkeit wäre nach Auffassung des BFH allenfalls dann zu bejahen, wenn bereits der Erblasser öffentlich-rechtlich oder privatrechtlich zur Beseitigung des Schadens verpflichtet gewesen wäre). Diese weite Auslegung des Herrührens ist nicht unbedenklich.

bb) Prozesskosten bei Aufnahme eines Rechtsstreits durch die Erben

66 **Nehmen die Erben einen vom Erblasser geführten Rechtsstreit auf** (§ 239 ZPO) und unterliegen sie, so ist nur die Verpflichtung zur Erstattung der **bis zu ihrem Eintritt** in den Rechtsstreit angefallenen **Prozesskosten** eine Erblasserschuld und damit eine reine Nachlassverbindlichkeit, und zwar trotz des Umstands, dass das über die Kostentragung entscheidende Urteil erst nach dem Tod des Erblassers ergeht (LG Naumburg HRR 1937 Nr 700; OLG Düsseldorf FamRZ 2010, 496, 498; BAG NJW 2014, 413, 414; KG 2. 2. 2018 – 5 U 60/15, BeckRS 2018, 21193 Rn 82–84; vgl auch Johannsen WM 1972, 914, 920 [gegen den Erben aufgenommener Prozess]; KG OLGE 20 [1910] 301 f; RG JW 1912, 46 = Recht 1911 Nr 3923; BGHZ 54, 204, 207 aE; Damrau ZEV 1999, 234; wegen der durch den *Erben* oder durch einen *Nachlasspfleger* veranlassten Prozesskosten s unten Rn 138, 191). Denn mit der Entscheidung zur Aufnahme des Rechtsstreits, auch wenn diese für die Erben nach § 239 ZPO verpflichtend ist (arg e contrario § 239 Abs 5 ZPO; s auch MünchKommZPO/Stackmann [2016] § 239 Rn 34; s erg sogleich Rn 68 zu § 246 ZPO), führen sie selbst den Rechtsstreit und haben damit auch den weiteren Prozessverlauf in der Hand. Einem etwaigen Prozess(kosten-)risiko können die Erben nämlich begegnen, indem sie den Klageanspruch unter Erklärung des Haftungsvorbehalts iSd § 780 Abs 1 ZPO sofort nach § 93 ZPO analog anerkennen (s OLG Düsseldorf 1. 9. 2009 – 24 U 103/08 = BeckRS 2009, 29747 unter d aa 2 = FamRZ 2010, 496). Wollen die Erben verhindern, dass sie ggf später aus § 1978 Abs 1 BGB wegen der Schlechterverwaltung des Nachlasses in Anspruch genommen werden, können sie den Prozess weiterführen. Handelt es

sich dabei um eine Maßnahme ordnungsgemäßer Verwaltung des Nachlasses, sind die anfallenden Prozesskosten trotz Unterliegens Nachlasserbenschulden (dazu Rn 186 ff; offen gelassen von OLG Düsseldorf 1. 9. 2009 – 24 U 103/08, unter d aa 3).

Ist dem Erben in dem der **Kostenfestsetzung** zugrunde liegenden Titel die Beschränkung seiner Haftung nicht oder nur in einer sich nicht auch auf die Kostenentscheidung erstreckenden Weise (Vorbem 144 zu §§ 1967 ff) vorbehalten worden, so kann der Vorbehalt auch in den Kostenfestsetzungsbeschluss nicht aufgenommen werden (KG MDR 1976, 584 f; BGH FamRZ 2004, 441; BAG NJW 2014, 413, 414; vgl auch OLG Stuttgart JurBüro 1976, 675 = JustABlBW 1976, 362; OLG Hamm AnwaltsBl 1982, 385 = MDR 1982, 855 = Rpfleger 1982, 354; OLG Celle NJW-RR 1988, 133, 134; OLG Koblenz ZEV 1997, 253 f; LG Leipzig ZEV 1999, 234 m Anm Damrau). Umgekehrt ist ein im Urteil enthaltener Vorbehalt der beschränkten Erbenhaftung, wenn er sich ausnahmsweise (Vorbem 144 zu §§ 1967 ff) auf die Kostenentscheidung erstreckt, im Kostenfestsetzungsbeschluss unverändert zu übernehmen (vgl KG NJW 1964, 1330 [später leider „verschlimmbessert" durch KG MDR 1981, 851 f]; **aM** wohl OLG Frankfurt Rpfleger 1977, 372 f zu einem Fall des inzwischen aufgehobenen § 419; vgl auch Schneider ErbR 2011, 276). Über den Einwand des unter Vorbehalt der beschränkten Haftung verurteilten Erben, dass er für die Gerichtskosten nur beschränkt hafte, ist nicht im Erinnerungsverfahren, sondern im Wege der Klage nach § 8 Abs 2 JBeitrO iVm §§ 781, 785, 767 ZPO zu entscheiden (KG Rpfleger 1964, 385 f; OLG München JurBüro 1994, 112). 67

Nicht jede nach dem Tod eines Beklagten ergehende Verurteilung ist übrigens eine Verurteilung seines *Erben:* Da die in § 239 ZPO vorgesehene Unterbrechung des Verfahrens gem § 246 ZPO nicht eintritt, wenn der Erblasser durch einen Prozessbevollmächtigten (dessen Vollmacht nach § 86 ZPO fortgilt) vertreten ist, **kann eine Verurteilung des Erblassers auch noch nach dem Erbfall erfolgen** (vgl Vorbem 144 zu §§ 1967 ff und Staudinger/Kunz [2017] § 1922 Rn 654). Geschieht dies (zB weil der Erbe den Prozess nicht aufnimmt und der Kläger nicht gegen ihn umstellt), so ist die Pflicht zur Erstattung der Prozesskosten eine „vom Erblasser herrührende Schuld", die den Erben lediglich „als solchen" trifft. Der Erbe kann seine Haftung auf den Nachlass beschränken. Da das Urteil nicht gegen ihn, sondern gegen den Erblasser ergangen ist, ist § 780 Abs 1 ZPO nicht anzuwenden (vgl Vorbem 144 zu §§ 1967 ff). 68

cc) Deliktische und negatorische Verbindlichkeiten

Verpflichtungen aus **unerlaubten Handlungen** (§§ 823 ff BGB) können auch dann iS des § 1967 Abs 2 BGB vom Erblasser herrühren, wenn Rechtsgutsverletzung und Schaden erst nach dem Erbfall eintreten. Entscheidend ist, ob Rechtsgutsverletzung und Schaden durch ein die objektiven und subjektiven Tatbestandsmerkmale der Anspruchsnorm erfüllendes Verhalten des Erblassers verursacht worden sind. Ist das der Fall, so handelt es sich bei der Verpflichtung zum Schadensersatz um eine reine Nachlassverbindlichkeit (RG HRR 1942 Nr 522; LG Freiburg JW 1938, 1819; Boehmer JW 1938, 2634 ff; OLG Hamm MDR 1995, 695 = NVZ 1995, 276 f = VersR 1995, 454 f; OLG Celle OLGR Celle 2006, 548 ff [Absturz eines Flugzeuges wg Verschuldens des Fluglehrers, Haftung der Erben]; Soergel/Stein Rn 3; zu einem Freistellungsanspruch des verstorbenen Schädigers gegen Dritte vgl BGH NJW 2005, 981 ff = ZIP 2005, 345 ff [auch zur Haftungsbeschränkung auf den Nachlass]). 69

Auch für die **Entstehung eines Direktanspruchs** (§ 115 Abs 1 Nr 1 VVG iVm § 3a PflVG) gegen den Haftpflichtversicherer des Erblassers reicht es deshalb aus, dass 70 der Erblasser die im Haftpflichttatbestand vorausgesetzte Handlung zu Lebzeiten zurechenbar verwirklicht hat. Wird zB der Versicherungsnehmer als Fahrer seines Kraftfahrzeugs bei einem von ihm verschuldeten Unfall getötet, so entsteht der Direktanspruch des verletzten Beifahrers gegen den Haftpflichtversicherer selbst dann, wenn die Verletzungen des Beifahrers erst Sekundenbruchteile nach dem Tod des Fahrers eintreten (vgl OLG Hamm MDR 1995, 695, das hiervon zu Recht auch für den Fall keine Ausnahme macht, dass der Beifahrer Alleinerbe des Fahrers wird).

71 Hinsichtlich der **Billigkeitshaftung nach § 829 BGB** hat der BGH entschieden, dass eine solche nach dem Tod des Schädigers selbst dann denkbar sei (und gem § 1967 BGB den Erben treffe), wenn sie vorher wegen der eigenen Unterhaltsbedürfnisse des Schädigers, die bei dessen Tod natürlich entfallen, nicht bestanden habe (BGHZ 76, 279, 287 f).

72 Hat sich der Erbe iS von § **830 BGB** an der unerlaubten Handlung des Erblassers beteiligt, so haftet er nicht nur nach § 1967 BGB, sondern gem § 840 BGB auch unmittelbar persönlich und insoweit unbeschränkbar (vgl Rn 14 ff).

73 Zur Rechtsnachfolge in auf unmittelbarer oder analoger Anwendung des § 1004 BGB beruhende **Unterlassungs- und Störungsbeseitigungspflichten** vgl Staudinger/Thole (2019) § 1004 Rn 337 ff (ebenfalls einschlägig: BGH NJW-RR 2006, 1378, 1379 [keine Passivvererblichkeit einer vom Erblasser persönlich ausgehenden Wiederholungsgefahr]; BGH NJW 2008, 301 f [Übertragung dieses Gedankens auf den Fall der „Verschmelzung" einer wettbewerbswidrig handelnden GmbH auf einen übernehmenden Rechtsträger]; Brehm, Nachfolge in dingliche Unterlassungspflichten?, JZ 1972, 225 ff; Heinze, Rechtsnachfolge in Unterlassen [1974] 167 ff, 252 ff; Elke Herrmann, Der Störer nach § 1004 BGB [1987] 118 ff; Schlabach/Simon NVwZ 1992, 143, 144 f; zur Rechtsnachfolge in *sonstige* Unterlassungspflichten oben Rn 43 f). Eine Vererbung auf vorangegangenem Tun beruhender **öffentlich-rechtlicher „Verstoßbeseitigungspflichten"** wird zu Recht als möglich erachtet (BVerwGE 64, 105, 113 ff; s auch Rn 59, 62). In schwierige Probleme führt die **öffentlich-rechtliche Altlastenhaftung** des Erben nach dem Bundes-Bodenschutzgesetz (vgl Schwartmann/Vogelheim ZEV 2001, 101 ff, 343 ff; Joachim/Lange ZEV 2011, 53).

74 Solange dem Erben **die Fortsetzung einer deliktischen Unterlassung des Erblassers** (zB mangelnde Instandhaltung einer Treppe im Hause des Erblassers) nicht zugerechnet werden kann, weil er den gefährlichen Zustand weder kannte noch kennen konnte, wird man das Verhalten des Erblassers als alleinige, über seinen Tod hinauswirkende Ursache behandeln und eine reine Nachlassverbindlichkeit annehmen müssen (vgl LG Freiburg JW 1938, 1819 und direkt dazu Boehmer JW 1938, 2634, 2641: der Kläger war nach dem Erbfall auf einer Haustreppe zu Fall gekommen, deren ordnungswidrigen Zustand der Erblasser schuldhaft hatte bestehen lassen, während die Erben von diesem Zustand keine Kenntnis hatten und haben konnten).

dd) Haftung für zum Nachlass gehörende Gefahrenquellen und fortwirkende Haltereigenschaft des Erblassers

75 Wie das vorangegangene Beispiel zeigt, können sich (reine) Nachlassverbindlichkeiten auch aus der **Haftung für** zum Nachlass gehörende **Gefahrenquellen** ergeben (vgl Staudinger/Boehmer[11] § 1922 Rn 194; Boehmer JW 1938, 2634, 2638 f; Weimar MDR 1971, 369; Heldrich/Eidenmüller, Erbrecht [4. Aufl 2001] 25 ff; Eberl-Borges VersR 1996, 1070, 1072 f,

1075 f sowie REBMANN, Der Eintritt des Erben in pflichtbelastete Rechtspositionen [2004] 33 ff, 250 f). So wenn nach dem Erbfall ein zum Nachlass gehörendes **Tier** einen Schaden anrichtet (§ 833 BGB), ein geerbtes **Gebäude** einstürzt (§ 836 BGB) oder es bei einer Fahrt mit einem geerbten **Kraftfahrzeug** zu einem Verkehrsunfall kommt (§§ 7 ff StVG). Ebenfalls hierher gehört der Fall, dass beim Betrieb eines geerbten **Luftfahrzeugs** ein Schaden verursacht wird (§§ 33 ff LuftVG).

Da die §§ 833 und 836 BGB keine reine Gefährdungshaftung, sondern eine Haftung für vermutetes *Verschulden* statuieren (§§ 833 S 2, 836 Abs 1 S 2 BGB), folgt aus ihnen dann keine „vom Erblasser herrührende" Verbindlichkeit, wenn für diesen der – zB von einem Nachlassverwalter geführte (vgl § 1984 Abs 1 S 3 BGB) – Exkulpationsbeweis gelingt. 76

Zu beachten ist ferner, dass die §§ 7 StVG, 33 Abs 1 u Abs 2 S 2, 3 LuftVG, 833 BGB eine Haftpflicht nur demjenigen auferlegen, der zZ des schädigenden Ereignisses „Halter" des Kraftfahrzeugs, Luftfahrzeugs bzw des Tieres war (vgl hingegen § 836 Abs 2 BGB über die Haftung auch des *früheren* „Eigenbesitzers" [§ 836 Abs 3 BGB] eines einstürzenden Gebäudes und § 33 Abs 2 S 1 LuftVG über die Haftung eines eigenmächtigen Dritten), und dass der Erbe, zumal wenn er von Anfall und Zusammensetzung der Erbschaft zunächst nichts weiß, nicht sofort neuer „Halter" wird (WEIMAR MDR 1971, 369; KLOOK 104 f; REBMANN 33 ff, 250 f; **aM** EBERL-BORGES VersR 1996, 1070, 1072 f, 1075; vgl ferner die sich auf § 836 [Gebäudeeinsturz] beziehenden Bemerkungen in Prot V 651 f, 653 f und BGH LM Nr 6 zu § 836: der in § 836 Abs 3 vorausgesetzte *Eigenbesitz* könne auch von einem völlig ahnungslosen Erben gem § 857 erworben werden [aber auch mit der Folge des Entstehens einer *Eigen*verbindlichkeit aus § 836?]). 77

Um die für die Übergangszeit drohende **Haftungslücke** zu vermeiden, wird man **die „verantwortungsbelastete" Stellung des Erblassers als „Halter"** des Kraftfahrzeugs, des Luftfahrzeugs oder des Tieres als fortbestehend fingieren müssen, bis der Erbe (oder ein Dritter) durch die eigene Person die Beziehung zu dem Kraftfahrzeug, Luftfahrzeug oder Tier herstellt, die ihn im Rechtssinne zum „Halter" macht (ähnlich WEIMAR MDR 1971, 369; vgl auch KLOOK 104 f; REBMANN 39 ff). Bis zu diesem Zeitpunkt (BGB-RGRK/JOHANNSEN Rn 5; etwas großzügiger JAEGER/WEBER[8], KO §§ 226, 227 Rn 19, 20 und wohl auch STAUDINGER/BOEHMER[11] § 1922 Rn 194 [im Zusammenhang mit einem Hinweis auf § 1978]) können somit noch „vom Erblasser herrührende" Ersatzpflichten aus §§ 7 StVG, 33 LuftVG, 833 BGB entstehen, die den Erben „als solchen" treffen (BOEHMER spricht von „zwischen zwei Rechtsleben" entstehenden Verbindlichkeiten; vgl RG-FS III [1929] 216, 261 ff; JW 1938, 2634; STAUDINGER/BOEHMER[11] § 1922 Rn 213, 215). Sie sind reine Nachlassverbindlichkeiten (KLOOK 104 f; EBERL-BORGES VersR 1996, 1070, 1073 [l Sp], 1075 [ad IV 3]; iE nicht anders wohl auch STAUDINGER/EBERL-BORGES [2018] § 833 Rn 112: „Ersatz aus dem Nachlass"). Hat sich freilich daneben auch der Erbe haftbar gemacht (zB nach § 18 StVG als Führer eines ihm noch vom Erblasser leihweise überlassenen Kraftfahrzeugs), so handelt es sich um Nachlasserbenschulden (dazu Rn 17–20, 150 ff). Sobald der Erbe selbst „Halter" des geerbten Fahrzeuges oder Tieres geworden ist (idR ab Annahme der Erbschaft und Besitzergreifung), besteht aber kein Grund mehr, die Haltereigenschaft des Erblassers nachwirken zu lassen (REBMANN 39 ff, 42 f; **aM** MünchKomm/KÜPPER § 1967 Rn 20 für den Sonderfall des nur „bis zur Nachlassabwicklung" und in diesem Sinne „vorübergehend" vollzogenen Eintritts in die Haltereigenschaft). Für von nun an entstehende Schäden haftet der Erbe also nicht „als solcher" (auch der Scheinerbe kann „Halter" sein!), 78 sondern als jemand, der „sich" das geerbte Fahrzeug oder Tier tatsächlich hält (nicht ausreichend dafür ist jedoch Besitzergreifung durch Testamentsvollstrecker, Nachlassverwalter oder Nachlassinsolvenzverwalter; vgl Staudinger/Boehmer[11] § 1922 Rn 194 mwNw; Muscheler, Testamentsvollstreckung 245 f; Rebmann 41 f). Erst jetzt entstehende Ansprüche aus §§ 7 StVG, 33 LuftVG, 833 BGB sind also nicht Nachlass-, sondern **reine Eigenverbindlichkeiten des Erben** (ebenso MünchKomm/Küpper § 1967 Rn 20 und MünchKommInsO/Siegmann/Scheuing § 325 Rn 8, der allerdings in dem bereits erwähnten Sonderfall der nur „vorübergehenden" Haltereigenschaft des Erben die Entstehung von „Nachlasserbenschulden" in Betracht zieht; vgl zum Ganzen – der Wertung nach – den Übergang vom Erben- zum Verkehrsbesitz, s hierzu zB BeckOGK/Götz [1. 10. 2019] § 857 Rn 34 ff).

79 **Eine Eigenverbindlichkeit des Erben** aus § 833 BGB oder § 836 BGB **kommt aber nicht in Betracht, solange der Erbe von dem nach § 857 BGB auf ihn übergegangenen „Eigenbesitz"** (§ 836 Abs 3) **keine Kenntnis erlangt** (auf tatsächliche und willentliche Besitzergreifung des Erben wird abgestellt bei Staudinger/Boehmer[11] § 1922 Rn 194 und Rebmann 33 ff, 250 f; noch anders wohl BGH LM Nr 6 zu § 836: bereits ab Kenntnis vom *Erbfall* treffe den Erben eine Erkundigungs- und Verkehrssicherungspflicht; vgl auch Elke Herrmann, Der Störer nach § 1004 BGB [1987] 208 ff, 272 ff, bes 275, 279, 369 f, 557, 568) **oder wenn ihm für seine Person der in §§ 833 S 2, 836 Abs 1 S 2 BGB zugelassene Exkulpationsbeweis gelingt** (dazu Prot V 651 f; BGH LM Nr 6 zu § 836 sowie zu den Informations- und Sicherungspflichten des Erben Staudinger/Bernau [2018] § 836 Rn 90 ff).

ee) Verbindlichkeiten aus Dauerschuldverhältnissen, insb aus Mietverträgen

80 Verbindlichkeiten aus einem **Dauerschuldverhältnis**, welches vom Erblasser eingegangen war und dessen Tod überdauert hat (dazu Staudinger/Marotzke [2008] § 1922 Rn 276 ff, bes Rn 284 ff), rühren iS des Abs 2 insoweit vom Erblasser her, als sie **vor** dem Termin entstehen, zu dem der Erbe den Vertrag frühestmöglich hätte kündigen können. Es handelt sich, soweit ersichtlich nach allgemeiner Auffassung, um **reine Nachlassverbindlichkeiten**.

81 Umstritten ist allerdings – insbesondere im Hinblick auf **Mietverträge** (dazu Rn 84 ff sowie aktuell BGH 25. 9. 2019 – VIII ZR 138/18 = NZFam 2019, 955; ZEV 2020, 29) –, ob eine Verbindlichkeit auch insoweit vom Erblasser iSd Abs 2 herrührt, als sie **nach** dem Termin entsteht, zu dem der Erbe den Vertrag frühestmöglich hätte kündigen können (**aM** Oetker, Das Dauerschuldverhältnis und seine Beendigung [1994] 638 f). Fraglich ist also, ob die **Kündigungsmöglichkeit** eine **Zäsur** darstellt, die die weitere Zurechnung zum Erblasser („Herrühren") ausschließt. Immerhin hätte nämlich der (vorläufige) Erbe in diesem Moment eigenständig handeln können (s zur Bestimmung des Herrührens iRd Abs 2 Rn 60 ff), indem er nämlich den Vertrag entweder kündigt oder eine Kündigung unterlässt.

82 Nach hier vertretener Auffassung handelt es sich auch bei diesen Verbindlichkeiten um **reine Nachlassverbindlichkeiten** und zwar erst recht, sofern sie innerhalb der Ausschlagungsfrist iSd § 1944 BGB entstanden sind (anknüpfend an Muscheler ErbR II Rn 3401; hierauf ebenfalls abstellend BGH 25. 9. 2019 – VIII ZR 138/18 = NZFam 2019, 955 Rn 33 ff). Denn kündigt der Erbe ein Dauerschuldverhältnis nicht, während die sechswöchige Ausschlagungsfrist nach § 1944 Abs 1 BGB noch läuft (oder noch gar nicht begonnen hat zu laufen), ist für die Bedeutung seines Schweigens nicht der objektive Empfängerhorizont entscheidend, sondern der in **Schutz des vorläufigen Erben** vor-

rangig. Dem vorläufigen Erben soll die ohnehin kurz bemessene sechswöchige Überlegungsfrist des § 1944 Abs 1 BGB vollumfänglich zur Verfügung stehen. Dies hindert freilich den späteren Erben nicht daran, gegen den vorläufigen Erben gem § 1959 BGB vorzugehen, falls dieser die Erbschaft tatsächlich ausschlägt und die unterlassene Kündigung zu Nachteilen für den Nachlass führt. Gleiches gilt für die Haftung des endgültigen Erben nach § 1978 Abs 1 BGB. Zu einer (auch) persönlichen Verpflichtung des Erben aus dem Dauerschuldverhältnis kommt es aber während dieser geschützten Zeit nicht.

Zur Frage eines **Vertragsauflösungs- oder Vertragsanpassungsrechts des Erben** oder des anderen Vertragsteils in gesetzlich nicht ausdrücklich geregelten Fällen vgl das bei Staudinger/Kunz (2017) § 1922 Rn 505 f angeführte Schrifttum; Hüffer ZHR 147 (1983) 355 ff und Muscheler, Testamentsvollstreckung 159 ff. Für Ansprüche auf Nutzungsentschädigung, die ihren Grund in einer **Beendigung eines Miet- oder Pachtverhältnisses** aus Anlass des Todes des Mieters oder Pächters haben, haftet „jedenfalls der Nachlass" (so BGH NJW 1989, 2133, 2134 unter Offenlassung der Frage, „inwieweit und mit welcher zeitlichen Begrenzung Forderungen gegen Erben aus zunächst fortgesetzten Dauerschuldverhältnissen Nachlassverbindlichkeiten, Eigenschulden der Erben oder beides … sind"). 83

(1) Der Erbe als Mieter

Wenn der **Erbe eines Mieters** nach §§ 1922 Abs 1, 1967 BGB in den Mietvertrag einrückt (was bei der Wohnraummiete nur in den Fällen des § 564 S 1 BGB möglich ist) und diesen nach § 580 BGB bzw § 564 S 2 BGB kündigt, sind jedenfalls die nach dem Erbfall bis dahin entstehenden Mietzinsansprüche **reine Nachlassverbindlichkeit** (BGH FamRZ 2013, 543, 544 = NJW 2013, 933; FamRZ 2014, 296, 297 = NJW 2014, 389; FamRZ 2019, 2030 = NZFam 2019, 955). 84

Das Gleiche gilt aber auch für die **auf die Zeit nach dem frühestmöglichen Kündigungstermin entfallenden Mietzinsansprüche** (**str**, wie hier Martin SeuffBl 1910, 463; Muscheler ErbR II Rn 3401 mit dem überzeugenden Argument, dass der Erbe andernfalls womöglich nicht einmal die Ausschlagungsfrist „unbefangen voll ausnutzen" kann; BGH 25. 9. 2019 – VIII ZR 138/18 = NZFam 2019, 955 Rn 33 ff; **aA**, Nachlasserbenschulden nehmen an: Staudinger/Lehmann[11] Rn 29; Baer SeuffBl 1910, 352; Planck/Flad Anm 6a; MünchKomm/Küpper Rn 20; mit Einschränkungen auch Soergel/Stein Rn 2, 11; Friedrich 119; für „reine Erbenschulden": Bellinger, Die Erbfolge und die Sondererbfolge in das Mietverhältnis [Diss Köln 1967] 28; Boehmer, Erbfolge und Erbenhaftung 121 f; im Grundsatz auch Oetker 638; differenzierend LG Wuppertal MDR 1997, 34: bei bewusstem Unterlassen der Kündigung zwecks Nachlassabwicklung handele es sich um Nachlasserbenschulden, andernfalls um reine Nachlassverbindlichkeiten; die Frage wegen der Besonderheiten des konkreten Falles offen lassend KG NJW 2006, 2561 f; vgl auch OLG Düsseldorf ZMR 1994, 114). 85

Ist der Erbe hingegen nicht nur kraft Universalsukzession „als solcher" in den Mietvertrag eingetreten, sondern hat er auch selbst mit dem Vermieter kontrahiert (wozu ihn dieser uU durch Ausübung des auch ihm nach § 580 BGB bzw § 564 S 2 BGB zustehenden Kündigungsrechts anhalten kann), so sind die künftigen Mietzinsansprüche idR **reine Eigenverbindlichkeiten des Erben** (Herzog NZM 2013, 175, 180; vgl auch Martin und Bellinger [soeben Rn 85 erwähnt]; zumindest ähnlich MünchKomm/Küpper Rn 20; MünchKommInsO/Siegmann[3] § 325 Rn 7; die Annahme von Staudinger/Lehmann[11] Rn 29, es handele sich um *Nachlass*erbenschulden, trifft nur unter der Voraussetzung zu, dass die 86

Fortsetzung des Mietverhältnisses im Rahmen ordnungsmäßiger Verwaltung des Nachlasses lag; JAEGER/WEBER[8] KO §§ 226, 227 Rn 17, 20). Ein **persönlicher Eintritt des Erben in den Vertrag** kann auch durch schlüssiges Verhalten geschehen, zB durch den vom Vermieter akzeptierten Einzug des Erben in die zuvor vom Erblasser gemietete Wohnung (nicht aber allein in dem Unterlassen der Kündigung; vgl LG Wuppertal MDR 1997, 34; MARTIN SeuffBl 1910, 463; SOERGEL/SCHIPPEL[10] Rn 8; **aM** STAUDINGER/LEHMANN[11] Rn 29; STAUDINGER/BOEHMER[11] § 1922 Rn 215, 219; BELLINGER, BAER und OETKER jeweils in Rn 85 erwähnt und wohl auch OLG Düsseldorf DWW 1994, 48 ff = ZMR 1994, 114 f). Unterlässt es der Erbe, das Mietverhältnis „als Erbe", also mit Wirkung für und gegen den Nachlass, zu kündigen, so haftet er den übrigen Nachlassgläubigern uU gem § 1978 BGB wegen der von ihm nicht verhinderten Belastung des Nachlasses mit neuen Schulden. Der Ersatzanspruch der Nachlassgläubiger setzt jedoch voraus, dass der Erbe ihnen gegenüber verpflichtet war, das Mietverhältnis mit Wirkung für den Nachlass zu beenden. Daran fehlt es, solange der Fortbestand des Mietverhältnisses auch in ihrem Interesse liegt, zB weil die Mieträume der Aufbewahrung wertvoller Nachlassgegenstände dienen.

87 War der Erblasser Mieter von *Wohnraum,* so sind die erst nach seinem Tod entstehenden Mietzinsansprüche jedenfalls dann keine Nachlassverbindlichkeiten, wenn es auf Grund des § 563 BGB oder des § 563a BGB zu einer sofortigen, automatischen und nicht durch Erklärung nach § 563 Abs 3 BGB ungeschehen gemachten Fortsetzung des Mietverhältnisses durch Familienangehörige des Erblassers kommt (ebenso wohl STAUDINGER/ROLFS [2018] § 563 Rn 31, § 563b Rn 9). Entsprechendes gilt, wenn die Person, die Erbe ist, das Mietverhältnis nicht in ihrer Eigenschaft als Erbe (§§ 1922, 1967, 564 S 1 BGB; vgl STAUDINGER/SONNENSCHEIN [1997] § 569a aF Rn 45, 62 ff), sondern als Familienangehöriger des Erblassers nach § 563 BGB oder § 563a BGB fortsetzt. Zur Haftung für die bis zum Tod des Erblassers entstandenen Mietrückstände vgl § 563b BGB.

(2) Der Erbe als Vermieter

88 Befand sich der **Erblasser in der Rolle des Vermieters oder Verpächters**, so ist der Erbfall für keine Vertragspartei gesetzlicher Kündigungsgrund (s STAUDINGER/KUNZ [2017] § 1922 Rn 503). Der Erbe hat den Vertrag als Nachlassverbindlichkeit zu erfüllen. Das gilt auch, wenn dem Erblasser an dem vermieteten Gegenstand nur ein Nießbrauch zustand (zur Frage, ob der Erbe den Mietvertrag in diesem Fall in analoger Anwendung des § 1056 Abs 2 vorzeitig kündigen kann, s BGHZ 109, 111, 117 f; STAUDINGER/HEINZE [2017] § 1056 Rn 22, zuvor hierzu **aM** STAUDINGER/PROMBERGER[12] § 1056 Rn 25; vgl ergänzend STAUDINGER/KUNZ [2017] § 1922 Rn 391–402).

ff) Verpflichtungen aus Bürgschaftsvertrag und Kontokorrentabrede

89 Der Erbe eines Bürgen haftet aus der **Bürgschaft** auch dann, wenn die gesicherte Forderung erst nach dem Erbfall entsteht (OLG Frankfurt 10. 2. 1970 – 14 U 165/69, OLGZ 1971, 46 f; vgl auch RG JW 1911, 447 f aE). Zu der Frage, ob der Bürgenerbe vor der weiteren Kreditgewährung auf sein Recht, die Bürgschaftsverpflichtung zu kündigen, aufmerksam gemacht werden muss, vgl BGH WM 1976, 808. Der Fall, dass der Gläubiger und der Bürge den Hauptschuldner beerben, stand in RGZ 76, 45 ff zur Entscheidung an. Zur Berücksichtigung von Bürgschaftsverbindlichkeiten bei der Berechnung des Nachlasswertes vgl OLG Köln ZEV 2004, 155 ff; s erg auch BARTSCH, Wann ist eine Nachlassverbindlichkeit zweifelsfrei?, ErbR 2012, 201 sowie

Regenfus, Die Behandlung ungeklärter Sachverhalte im Pflichtteilsrecht, ZEV 2019, 181.

Der Erbe haftet auch für eine Verbindlichkeit des Erblassers, die eigentlich durch Aufnahme in ein **Kontokorrent** und nachfolgendes Saldoanerkenntnis als Einzelforderung erloschen ist (BGH WM 1964, 881 f). 90

gg) Verbindlichkeiten kraft trans- oder postmortaler Vollmacht des Erblassers
(1) Der Bevollmächtigte als Nicht- oder Miterbe des Vollmachtgebers

Zu den „vom Erblasser herrührenden Schulden" nach § 1967 Abs 2 Var 1 BGB zählen – nach umstrittener Auffassung – auch **Verbindlichkeiten, die erst nach dem Erbfall im Namen des Erblassers kraft einer von diesem über den Tod hinaus erteilten Vollmacht**, zB einer Prokura (vgl § 52 Abs 3 HGB), **begründet wurden** (vTuhr, Der Allgemeine Teil des Deutschen Bürgerlichen Rechts II 2 [1918] § 85 Fn 158). Man könnte zwar meinen, hier handele es sich nicht ohne Weiteres um (reine) Nachlassverbindlichkeiten (vgl etwa Beuthien, Die Miterbenprokura, in: FS Fischer [1979] 1, 14 f; Muscheler, Testamentsvollstreckung 384 f; Staudinger/Schilken [2019] § 168 Rn 31; vgl auch Grunewald ZEV 2014, 579: „Das passt offensichtlich nicht zum gesetzlichen System der Erbenhaftung"), da die Person, von der die Vollmacht herrührt, nach dem Erbfall nicht mehr existiert (so dass sie selbst keine Nachlassverbindlichkeiten mehr begründen kann), und da die Person, die als Erbe an ihre Stelle tritt (auch bzgl der Vollmacht; vgl Staudinger/Schilken [2019] § 168 Rn 31 und Staudinger/Boehmer[11] § 1922 Rn 224–226), echte Nachlassverbindlichkeiten nur im Rahmen ordnungsmäßiger Verwaltung des Nachlasses begründen kann (vgl Rn 17–20, 150 ff). 91

Dem ist jedoch entgegenzuhalten, dass es im Ergebnis keinen Unterschied macht, ob der vom Erblasser über den Tod hinaus Bevollmächtigte von der Vollmacht vor oder nach dem – ihm und dem anderen Teil vielleicht noch gar nicht bekannten – Erbfall Gebrauch gemacht hat. Da die *vor* dem Tod des Vollmachtgebers in dessen Namen eingegangene Verbindlichkeit unzweifelhaft reine Nachlassverbindlichkeit ist, gilt Gleiches auch für die *nach* dem Erbfall begründete Schuld (**aM** Staudinger/Schilken [2019] § 168 Rn 31trotz der dort vertretenen Prämisse, dass sich die Vertretungsmacht „nur auf den Nachlass" beziehe [was ohne Weiteres zu § 1967 führt!]). In beiden Fällen beruht die Fremdwirkung des Vertreterhandelns übereinstimmend auf dem Handeln im Namen des Erblassers und auf der „vom Erblasser herrührenden" Vollmacht. 92

Handelt es sich bei der Vollmacht um eine **Prokura**, so ergibt sich ein weiteres Argument für die hier vertretene Ansicht aus **§ 52 Abs 3 HGB**. Nach dieser Bestimmung erlischt beim Tod des Geschäftsinhabers nicht eine von ihm erteilte Prokura. Die fortbestehende Prokura wäre jedoch unzulässig entwertet, wenn man annehmen wollte, dass der Prokurist nach dem Tod des Prinzipals Nachlassverbindlichkeiten nur in den – dem Geschäftspartner nicht immer erkennbaren – Grenzen ordnungsmäßiger Verwaltung des Nachlasses begründen könne. Beuthien (10 ff, 18) nimmt freilich an, dass die aufgrund einer nach dem Tod des Erblassers in dessen Namen und Vollmacht eingegangene Verbindlichkeit grundsätzlich (zumindest auch) Eigenverbindlichkeit des Erben sei, für die dieser seine Haftung nicht beschränken könne (ebenso BGHZ 30, 391, 396 [Verbindlichkeiten aus Geschäften eines Prokuristen]; Soergel/Stein Rn 5; Lübke § 6 B II 1 b, S 178). Dagegen spricht, dass der vom Erblasser über den Tod hinaus Bevollmächtigte den (von ihm verschiedenen) Erben nur „als solchen" vertreten (Staudinger/ 93

Kunz [2017] § 1922 Rn 582 ff, 585 mwNw auch zur Gegenansicht) und folglich dessen Eigenvermögen nicht weitergehend als wie für Nachlassverbindlichkeiten verpflichten kann (iE ebenso Staudinger/Schilken [2019] § 168 Rn 31 [der aber anscheinend *jede* Mithaftung des Erbeneigenvermögens bestreiten will]; vTuhr § 85 Fn 158; Kleinschmidt, Die über den Tod hinaus erteilte Vollmacht [Diss Frankfurt aM 1928] 89 f; Lehmann/Hübner, Allgemeiner Teil des Bürgerlichen Gesetzbuches [16. Aufl 1966] 36 V 7; StudienKomm/Hadding § 168 Anm III 2 [jedoch nur in der 1. Aufl 1975]; Heldrich JherJb 79 [1928/29] 315, 316; Enneccerus/Nipperdey, Allgemeiner Teil des Bürgerlichen Rechts, 2. Hlbd [14. Aufl 1955] § 186 V 3, 807; Muscheler, Testamentsvollstreckung 377 ff; Rauscher AcP 195 [1995] 295, 301; Frey, Rechtsnachfolge in Vollmachtnehmer- und Vollmachtgeberstellungen [1997] 162 ff, 220; vgl auch Flume BGB AT II [4. Aufl 1992] § 51, 5a S 849; Windel, Über die Modi der Nachfolge in das Vermögen einer natürlichen Person beim Todesfall [1998] 256 ff; **diff**, insb bejahend für eine unwiderruflich erteilte Erblasservollmacht und dies auf die analoge Anwendung der §§ 2206 f BGB stützend Lübke § 6 B II 1 a bb, S 176, anders hingegen für die widerruflich erteilte Vollmacht, hier sollen Nachlasserbenschulden entstehen können, s dazu B II 1 b, S 177 ff; **aM** Soergel/Stein Rn 5, weil die hier vertretene Ansicht zu einer „nicht vertretbaren … Perpetuierung der Haftungsbeschränkungsmöglichkeit" führe).

94 Die Gegenansicht (Soergel/Stein Rn 5; Reithmann BB 1984, 1394, 1397 f) führt zu einer **Gefährdung des Eigenvermögens des Erben**, die sich nach Art der juristischen Anknüpfung nicht mit der auch einem Erben zustehenden Privatautonomie vertragen würde. Nach dem **Veranlassungsprinzip** macht es einen bedeutenden Unterschied, ob *der Erbe selbst* eine Vollmacht erteilt hat (wozu er nicht verpflichtet ist) oder ob er lediglich dafür **haften** soll, dass jemand nach dem Erbfall im Namen und mit Vollmacht des *Erblassers* Verträge schließt (wohl nur konstruktiv **aM** MünchKomm/Leipold § 1922 Rn 92: die vom Erblasser erteilte Vollmacht wirke „wie eine von den Erben erteilte Vertretungsmacht, bezieht sich aber nur auf den Nachlass, nicht auf das Eigenvermögen des Erben" fort). Im zweiten Fall ist lediglich eine *erbrechtlich beschränkbare* Haftung zu rechtfertigen. Nur wenn der Erbe es trotz bereits bestehender Verhinderungsmöglichkeit **wissentlich duldet**, dass der Vertreter weiterhin im Namen des Erblassers auftritt und dem Geschäftspartner das Bestehen erbrechtlicher Haftungsbeschränkungsmöglichkeiten verschweigt, kommt eine *unbeschränkbare* Haftung auch des Eigenvermögens in Betracht (so wohl auch Grunewald ZEV 2014, 579, 580 f; ähnlich Frey 167 ff, der jedoch *ohne Weiteres* auf den Zeitpunkt der ersten Widerrufsmöglichkeit abstellt). Entgegen Beuthien (11, 18 und Fn 42) ist deshalb auch nicht anzunehmen, dass ein noch vom Erblasser bestellter *Prokurist* dadurch, dass er das Handelsgeschäft ohne Zustimmung der Erben fortführt, deren unbeschränkte Haftung für die früheren Geschäftsverbindlichkeiten nach § 27 Abs 1 HGB auslöse (wie hier Muscheler, Testamentsvollstreckung 383; Windel 258; zweifelnd auch schon BGHZ 30, 391, 396 f). Hat der Erbe der Geschäftsfortführung aber zugestimmt, so haftet er wegen § 27 HGB auch für diejenigen Geschäftsschulden persönlich und unbeschränkbar, die aufgrund der noch „vom Erblasser herrührenden" Prokura begründet worden sind oder künftig begründet werden, sofern nicht ausnahmsweise eine Haftungsbeschränkung auf den Nachlass vereinbart ist (vgl zu § 27 HGB auch unten Rn 228 ff).

(2) Der Bevollmächtigte als alleiniger Erbe des Vollmachtgebers

95 **Kein Erlöschensgrund** für eine über den Tod hinaus erteilte Vollmacht ist darin zu sehen, **dass der Bevollmächtigte alleiniger Erbe des Vollmachtgebers wird** (Leonhard JherJb 86 [1936/37] 1, 30 f; Flume BGB AT II [4. Aufl 1992] § 51, 5b S 851 f; Müller-Freienfels, Die Vertretung beim Rechtsgeschäft [1955] 324; LG Bremen Rpfleger 1993, 235, m Anm Meyer-

Stolte; LG Darmstadt NJW-RR 1997, 1337 = WM 1996, 1857; iErg wohl auch OLG München FamRZ 2013, 402; **aM** Beuthien 6 f; OLG Hamm FamRZ 2013, 1513 m Anm Dutta = DNotZ 2013, 689 m Anm Keim = ZEV 2013, 341 m Anm KW Lange [an der Richtigkeit dieser Entscheidung zweifelnd auch OLG Schleswig FamRZ 2015, 1062 = ZEV 2015, 225]).

Geht man vom Fortbestand der Vollmacht in diesem Fall aus, dann kann auch hier nichts Abweichendes gelten: Wenn es jemandem, der nicht Erbe wird, auch nach dem Erbfall möglich ist, aufgrund der „vom Erblasser herrührenden“ Vollmacht (also nicht nur in den Grenzen „ordnungsmäßiger Nachlassverwaltung“ [dazu Rn 150 ff) neue Nachlassverbindlichkeiten zu begründen (oben Rn 17–20), dann muss dies auch solch einem Bevollmächtigten möglich sein, der das Glück gehabt hat, den Vollmachtgeber zu beerben (sobald er erfahren hat, dass er Alleinerbe des Vollmachtgebers geworden ist, bzw sobald er die Erbschaft angenommen hat, wird er jedoch nur selten gem § 164 BGB besonders zum Ausdruck bringen, dass er den Vollmachtgeber bzw dessen Erben nur „als solchen“ verpflichten wolle). 96

In beiden Fällen können die bisherigen Nachlassgläubiger einer für sie nachteiligen Belastung des Nachlasses mit neuen Verbindlichkeiten vorbeugen, indem sie die Anordnung einer Nachlassverwaltung beantragen und – um ganz sicher zu gehen – einen Widerruf der Vollmacht durch den Nachlassverwalter anregen (vgl Staudinger/Dobler § 1984 Rn 4 und § 1985 Rn 24). Der Erbe kann sich ihnen gegenüber durch ungerechtfertigte Begründung neuer Nachlassverbindlichkeiten nach § 1978 BGB haftbar machen (sofern nicht die Entstehung einer *Nachlass*verbindlichkeit ohnehin nach den Grundsätzen des Vollmachtsmissbrauchs verneint werden muss, etwa in den Fällen kollusiven Zusammenwirkens des Vertragspartners mit dem Erben). 97

Verfügt der Erbe unter Bezugnahme auf eine über den Tod des Erblassers hinausreichende Kontovollmacht und unter Offenlegung des Todesfalls über eine dem Erblasser eingeräumte **Kreditlinie**, so begründet er idR nicht nur eine Nachlassverbindlichkeit, sondern eine Nachlass*erben*schuld iS des bei Rn 17–20, 150 ff Ausgeführten (iE ebenso LG Darmstadt NJW-RR 1997, 1337 = WM 1996, 1857). Dies folgt jedoch nicht daraus, dass dem *Erben* eine postume Vertretung des *Erblassers* (Staudinger/Kunz [2017] § 1922 Rn 582 ff) nicht möglich wäre, sondern daraus, dass der Erbe seinen etwaigen Willen, für die Rückzahlung des von ihm selbst in Anspruch genommenen Kredits nicht auch mit dem Eigenvermögen einstehen zu wollen, allein durch die Berufung auf die Kontovollmacht des Erblassers nicht deutlich genug zum Ausdruck bringt. 98

III. Die den Erben „als solchen“ treffenden Verbindlichkeiten (§ 1967 Abs 2 Var 2)

Zu den Nachlassverbindlichkeiten zählt § 1967 Abs 2 BGB neben den vom Erblasser herrührenden Schulden (Rn 22 ff) die „den Erben als solchen treffenden“ Verbindlichkeiten. Diese Bezeichnung ist sprachlich wenig glücklich, da auch die „vom Erblasser herrührenden“ Schulden den Erben als solchen treffen (Jaeger/Weber[8], KO §§ 226, 227 Rn 5). Gemeint sind, wie die beispielhafte Aufzählung des Abs 2 zeigt, in erster Linie die unmittelbar durch den Erbfall ausgelösten Schulden (**Erbfallschulden**; dazu Rn 102 ff). 99

100 Außerdem zählt man zu den „den Erben als solchen treffenden“ Verbindlichkeiten etliche erst nach dem Erbfall entstehende sog **Nachlasskosten-** oder **Erbschaftsverwaltungsschulden** (dazu Rn 129 ff). Ob und inwieweit nach dem Erbfall weitere neue Nachlassverbindlichkeiten hinzu kommen können, ist umstritten (dazu ausf Rn 17–20, 150 ff).

101 Obwohl der Erblasser niemals selbst Schuldner der nicht von ihm „herrührenden“, sondern den Erben lediglich „als solchen“ treffenden Nachlassverbindlichkeiten war, finden auch auf sie die §§ 780–785 ZPO Anwendung (vgl RG WarnR 1913 Nr 377), soweit es sich nicht zugleich um Eigenverbindlichkeiten ohne Möglichkeit der Haftungsbeschränkung handelt (verkannt wird dies in BayObLGZ 1999, 323 ff, unter II 2a = FamRZ 2000, 909 ff = NZM 2000, 41 ff = Rpfleger 2000, 67 ff = ZEV 2000, 151 ff m Anm MAROTZKE; vgl zu der zitierten Entscheidung des BayObLG auch MÜNZBERG Rpfleger 2000, 216 f; NIEDENFÜHR NZM 2000, 641 ff; G SIEGMANN NZM 2000, 995 ff). Für das Nachlassinsolvenzverfahren weisen die **§§ 324, 327 Abs 1 und 2 InsO** einigen der Verbindlichkeiten, die den Erben „als solchen“ treffen, einen besonderen (guten oder schlechten) Rang zu.

1. Der Katalog von Verbindlichkeiten in § 1967 Abs 2 als Erbfallschulden

102 Nach der **beispielhaften** Aufzählung in Abs 2 treffen den Erben „als solchen“ insbesondere die **Verbindlichkeiten aus Pflichtteilsrechten** (§§ 2303 ff, 2317 BGB), **Vermächtnissen** (§§ 2147 ff, 2174 BGB) und **Auflagen** (§§ 2192 ff BGB). Die Haftung für die in Abs 2 erwähnten Verbindlichkeiten ist in mancherlei Hinsicht besonders geregelt (vgl §§ 1972, 1973 Abs 1 S 2, 1974 Abs 2, 1980 Abs 1 S 3, 1991 Abs 4, 1992, 2060 Nr 1 HS 2 BGB, §§ 322, 327, 328 Abs 1 InsO und § 5 AnfG). Speziell für Vermächtnisse hat der BGH (NJW 1993, 850 = WuB IV A § 1990 BGB 1. 1994, 99 m Anm LANGE) klargestellt, dass sich der Erbe seiner Haftung idR nicht nach den Grundsätzen über den Wegfall der Geschäftsgrundlage entziehen kann. Wenn der Erbe die Erbschaft annehme, unterwerfe er sich dem Willen des Erblassers und habe deshalb dessen rechtsverbindliche Anordnungen grundsätzlich bis zur völligen Ausschöpfung des Nachlasses zu erfüllen.

103 Nachlassverbindlichkeiten sind auch die **Verbindlichkeiten aus Vorausvermächtnissen** (§ 2150 BGB; vgl RGZ 93, 196 f) und **vermächtnisähnlichen Ansprüchen** (Voraus des Ehegatten, § 1932 BGB; Dreißigster, § 1969 BGB; Anspruch der Abkömmlinge auf Ausbildungsbeihilfe nach § 1371 Abs 4 BGB, ggf iVm § 6 LPartG; letzteres str, vgl STAUDINGER/THIELE [2017] § 1371 Rn 123 ff und erg STAUDINGER/MAROTZKE § 2058 Rn 24 ff).

104 Ferner die Verpflichtung zur Tragung der **Kosten der Beerdigung des Erblassers** (§§ 1968 BGB, 324 Abs 1 Nr 2 InsO). Zur Unterhaltsgewährung an die werdende Mutter (§ 1963 BGB) s STAUDINGER/MAROTZKE (2008) § 1963 Rn 9, STAUDINGER/AVENARIUS (2019) § 2141 Rn 3 und Verbindlichkeiten aus Altenteilen s BGHZ 8, 213, 217.

105 Zur Einordnung von **Steuerschulden** s ausf Rn 110 ff; zur Vererblichkeit sonstiger öffentlich-rechtlicher Verbindlichkeiten s Rn 51 ff.

2. Die Verpflichtung zur Duldung der Zwangsvollstreckung in ein Nachlassgrundstück (§ 1147)

Nicht vom Erblasser in personam, sondern von dem in seinem Nachlass enthaltenen Grundstück „rührt her" **die gegenüber einem Grundpfandgläubiger bestehende Verpflichtung zur Duldung der Zwangsvollstreckung** gem § 1147 BGB. Den Erben trifft diese Verpflichtung nicht „als solchen" (also nicht als *Gesamt*rechtsnachfolger des Erblassers), sondern nur in seiner (auch durch *Einzel*rechtsnachfolge erwerbbaren) Eigenschaft als neuer Grundstückseigentümer. Es handelt sich deshalb nicht um eine Nachlass-, sondern um eine **Eigenverbindlichkeit des Erben** (zustimmend Rebmann 89 ff, 100, 121 f, 251; vgl auch Staudinger/Marotzke § 2058 Rn 70). § 1971 BGB steht dieser Beurteilung nicht entgegen, sondern spricht insoweit nur Selbstverständliches aus (Rebmann 90 ff, 95 f). Da aber immerhin das mit der Verbindlichkeit belastete *Grundstück* zum Nachlass gehört, kann der Grundpfandgläubiger sein dingliches Recht auch dann verfolgen, wenn „normale" Eigengläubiger am Zugriff gehindert wären (ausf Rebmann 81 ff, 96 ff, 100). 106

Ähnliches gilt – im Unterschied zu den sie begleitenden bzw durch sie dinglich gesicherten persönlichen Ansprüchen – für **Reallasten** iSd §§ 1105 ff BGB (Näheres bei Rebmann 105 ff, 122, 251 f) sowie für **öffentliche Grundstückslasten** iS des § 10 Abs 1 Nr 3 ZVG (insoweit missverständlich die vorhin zitierte Entscheidung des VG Braunschweig). Dieser Aspekt kann zB im Zusammenhang mit der Haftung nach dem Bundes-**Bodenschutzgesetz** Bedeutung erlangen (vgl § 25 Abs 6 BBodSchG sowie erg zur Vererblichkeit öffentlich-rechtlicher Pflichten Rn 51 ff). 107

3. Ersatzpflicht für Kosten der Sozialhilfe

Die aus § 102 SGB XII (vormals § 92c BSHG) folgende **Ersatzpflicht für die Kosten der Sozialhilfe** (dazu insb BSG 27. 2. 2019 – B 8 SO 15/17 R = NJW 2019, 3173, 3175 Rn 19 ff [mAnm Kellner NZS 2019, 711], wonach Vermögensschutzvorschriften, die den leistungsberechtigten Erblassers zu Lebzeiten schützten, nicht auch für den Erben greifen; insoweit greifen allenfalls die Ausschlussgründe gem § 102 Abs 3 SGB XII [s hierzu auch Vorinstanz LSG Niedersachsen-Bremen 23. 2. 2017 – L 8 SO 282/13 = ZEV 2018, 283]; BSG FamRZ 2014, 660; OVG Münster NJW 2002, 695 ff; OVG Koblenz NVwZ 2002, 1009 f; BVerwGE 118, 313 ff = NJW 2003, 3792; BayVGH FamRZ 2004, 489 ff; Littig/Mayer Rn 188 ff) trifft den Erben als solchen und ist damit Nachlassverbindlichkeit. 108

Die **Haftung des Erben** hierfür ist allerdings in § 102 Abs 2 und 3 SGB XII besonders – zT abweichend vom BGB – geregelt (s hierzu Vorbem 45 zu §§ 1967 ff); zur Vererblichkeit von öffentlich-rechtlichen Verbindlichkeiten s erg Rn 51 ff; weiterf Döring-Striening, Der Sozialhilferegress bei Erbfall und Schenkung (2015) sowie dies, Sozialrechtliche Erbenhaftung I – postmortale Kostenersatz nach § 102 SGB XII, ErbR 2014, 358. 109

IV. Die Einordnung von Steuerschulden

Da Steuerschulden einseitig vom Finanzamt ermittelt, festgesetzt und erhoben werden und deshalb den Erben zwangsläufig treffen, versagt hier das oben dargestellte (Rn 60 ff) Abgrenzungskriterium zur Bestimmung des Herrührens vom Erblasser. 110

Hiernach kam es darauf an, zwischen eigenständigen Rechtshandlungen des Erben und solchen Ereignissen, die ihn zwangsläufig und ohne sein eigenes Zutun – jenseits der endgültigen Annahme der Erbschaft – treffen, zu unterscheiden. Das Steuerschuldverhältnis entsteht, unabhängig davon, ob der Steuerpflichtige dies will oder aus eigenem Antrieb veranlasst. Zudem dürften sich die Kriterien der steuerrechtlichen und zivilrechtlichen Zurechnung grundlegend unterscheiden. Während die zivilrechtliche Zurechnung jedenfalls im Grundsatz auf einer entweder willensgetragenen oder vorwerfbaren Handlung fußt, dürfte die steuerrechtliche Zurechnung der Zuordnung eines Wirtschaftsguts zum Steuersubjekt dienen (s dazu insb § 39 AO). Der Willen dessen, dem etwas zugerechnet wird, spielt bei der steuerrechtlichen Zurechnung – etwa von Einkünften – grds keine oder, wenn überhaupt, allenfalls eine mittelbare Rolle.

1. Erbschaftssteuerschulden als Erbfallschulden?

111 Umstritten ist, ob **Erbschaftssteuerschulden** Erbfallschulden und mithin Nachlassverbindlichkeiten iSd § 1967 Abs 2 Var 2 BGB sind. Anders als die AO für Steuerverbindlichkeiten des Erblassers, die nach § 45 Abs 1 S 1 AO auf den Gesamtrechtsnachfolger übergehen und mithin grds als „vom Erblasser herrührend(e) Schulden" (Erblasserschulden, § 1967 Abs 1 Var 1) einzuordnen sind (allg Staudinger/Kunz [2017] § 1922 Rn 84–90), enthalten weder die AO noch das ErbStG eine entsprechende Regelung für die Erbschaftssteuer. Die Erbschaftssteuer wird gegen den Erben persönlich und nicht etwa gegen den Nachlass festgesetzt (grds auch im Falle einer Erbengemeinschaft, s Klein/Ratschow, AO [14. Aufl 2018] § 45 AO Rn 11). Zum Teil wird ua daher vertreten, es handele sich um keine „eigentliche Nachlassschuld" (RG 15. 11. 1943 – III 77/43 = RGZ 172, 147, 148 f = RStBl 1944, 131, 132), sondern in erster Linie um eine *persönliche Verpflichtung des Erben* (RG RStBl 1944, 131, 132; OLG Hamm OLGZ 1990, 393 = MDR 1990, 1014; OLG Düsseldorf FamRZ 1999, 1465; FG Münster ZEV 2014, 508 [aufgehoben durch BFH ZEV 2016, 343]; Staudinger/Dutta [2016] § 1967 Rn 33 ff; Jaeger/Weber[8], KO §§ 226, 227 Rn 12; BGB-RGRK/Johannsen Rn 16; Muscheler II Rn 3395; Joachim/Janzen ZEV 2018, 74, 75–79, die als zusätzliches Kriterium für das Entstehen einer Nachlassverbindlichkeit herausstellen, dass eine Verbindlichkeit den Nachlass belasten soll und der Abwicklung des Nachlasses dienen müsse [S 76 f]. Die Autoren weisen allerdings darauf hin, dass der Erblasser letztwillig anordnen könne, die Erbschaftssteuerschulden als Nachlassverbindlichkeiten zu behandeln, s dazu S 79 f; erg zu solchen Anordnungen Vorbem 200 zu §§ 1967 ff; **aA**: BFH NJW 1993, 350 rSp = BFHE 168, 206, 210 = BStBl II 1992, 781, 783; BFH ZEV 2016, 343; OLG Naumburg ZEV 2007, 381, 383; ähnl wohl auch H Schuhmann ErbR 2014, 156, 158; offengelassen in BGH FamRZ 2014, 298, 300 = NJW 2014, 391).

a) Erbschaftssteuerschulden als Erbfallschulden

112 Folgt man dem soeben bei Rn 111 dargestellten Ansatz und begreift Erbschaftssteuerschulden nicht als Verbindlichkeiten, die den Erben „als solchen" iSd § 1967 Abs 2 Var 2 BGB treffen oder nach Var 1 vom Erblasser herrühren, sind sie weder von einem etwaigen Nachlassinsolvenzverfahren erfasst (§ 325 InsO), noch kann der Erbe insoweit von seinem Haftungsbeschränkungsrecht (§§ 1975 ff BGB) Gebrauch machen (so noch in vorherigen Bearbeitungen Staudinger/Dutta [2016] § 1967 Rn 33 ff; ferner zB RG RStBl 1944; Rebmann 126 ff, 132 ff, 146 ff, 186, 251 f [mit Vorschlägen zur Milderung von Härten, die sich aus dem Stichtagsprinzip ergeben können]; **aM** zB Gebel, in: Troll/Gebel/Jülicher/Gottschalk [2018] ErbStG § 20 Rn 50 sowie nunmehr auch Meincke/Hannes/Holtz

ErbStG[17] § 20 Rn 5 aE). Für den Erben bedeutete dies, dass die Finanzbehörde zur Befriedigung der Erbschaftssteuerschuld immer in sein Eigenvermögen vollstrecken kann, also selbst dann, wenn nach dem Erbfall über den Nachlass ein Nachlassinsolvenzverfahren eröffnet worden ist. Wegen des erbschaftssteuerrechtlichen Stichtagsprinzips (§§ 9, 11, 12 ErbStG iVm §§ 4–8 BewG) trüge der Erbe dann das wirtschaftliche Risiko, dass sich der Wert des Nachlasses nach dem Bewertungsstichtag zur Berechnung der Erbschaftssteuer (ggf drastisch) verringert (zu Härtefälle wegen des statischen Stichtags im ErbSt und dem sog Billigkeitserlass s erg Meincke/Hannes/Holtz ErbStG[17] § 11 Rn 6 f; weiterf aus steuerrechtlicher Sicht zum umgekehrten Fall der positiven Wertentwicklung und der Frage nach einer latenten Ertragsteuerlast Hübner/Friz/Grünwald ZEV 2019, 390).

Eine solche Risikoverteilung zulasten des Erben findet keine hinreichende Stütze im ErbStG und ist (auch daher) abzulehnen (ebenso insb BFH 20. 1. 2016 – II R 34/14 = ZEV 2016, 343 mit zust Bspr von Fridgen NZI 2016, 411, 414; in diesem Fall hatten die Erben freilich nicht mitgewirkt, weshalb das Finanzamt die Bewertungsgrundlage schätzen musste; dazu auch Loose, Geltendmachung der Erbschaftssteuer im Nachlassinsolvenzverfahren, DB 16, 1343). Es handelt sich bei **Erbschaftssteuerschulden** um **Erbfallschulden** (**str**, für Nachweise s Rn 111), so dass sich das Haftungsbeschränkungsrecht des Erben auch auf Erbschaftssteuerschulden erstreckt und das Finanzamt im Falle eines Nachlassinsolvenzverfahrens wie alle anderen Nachlassinsolvenzgläubiger nur quotal befriedigt wird (erg zu Erbschaftssteuerschulden, die wegen Erwerbs des Insolvenzschuldners und nach Insolvenzeröffnung entstehen, s BFH 5. 4. 2017 – II R 30/15, ZEV 2017, 666, 667 Rn 16–24: Masseverbindlichkeit iSd § 55 Abs 1 Nr 1 HS 2 InsO, gegen den Insolvenzverwalter festzusetzen). Dass die erbschaftssteuerrechtliche Stichtagstagsregelung (§§ 9, 11, 12 ErbStG) statisch an den Tod des Erblassers (§ 9 Abs 1 Nr 1 ErbStG) anknüpft, dürfte vor allem der Festsetzbarkeit der Erbschaftssteuer dienen und damit das öffentliche Interesse an der Begleichung der Erbschaftssteuerschuld absichern. 113

Dass bei der Pflichtteilsberechnung **(§ 2311 BGB)** die Erbschaftssteuerschuld ebenso wenig wie bei der Feststellung des kostenrechtlichen Nachlasswertes gem **§ 40 Abs 1 S 2 GNotKG** berücksichtigt wird (dh Steuerschuld wird jeweils wertmäßig **nicht** abgezogen – nicht unstr; s für § 2311 OLG Düsseldorf 18. 12. 1998 – 7 U 72/98 Rn 27 f, zit nach juris = FamRZ 1999, 1465; Staudinger/Herzog [2015] § 2311 Rn 60 sowie vgl zum Kostenrecht OLG Hamm OLGZ 1990, 393 ff = MDR 1990, 1014 f), rechtfertigt kein anderes Ergebnis (vgl für Vorgängerregelungen in KostO ebenso OLG Köln ZEV 2001, 406 f = MDR 2001, 1320 f). Das (freilich beschränkte) *kostenrechtliche* Schuldenabzugsverbot in § 40 Abs 1 S 2 GNotKG zielt auf den Erhalt leistungsgerechter Gebühren (vgl hierzu Korintenberg/Otto GNotKG [20. Aufl 2017] Einführung zum GNotKG Rn 64–66) und dient zudem mit seiner Beschränkung auf Erblasserschulden der kostenverfahrensrechtlichen Vereinfachung (BT-Drucks 17/11471, S 253). Darüber hinaus bezieht es sich keineswegs nur auf Erbschaftssteuern, sondern auf alle erst mit dem Erbfall entstehenden Verbindlichkeiten, die den Erben als solchen treffen. 114

Überdies: Wie sich der pflichtteilserhebliche Nachlass iSd § 2311 BGB zusammensetzt, steht in keinem unmittelbaren teleologischen Zusammenhang zur Frage, ob Erbschaftssteuerschulden unmittelbare Erbfallschulden iSd § 1967 Abs 2 BGB sind. Dass die Erbschaftssteuerschuld des Erben bei Berechnung des pflichtteilserheblichen Nachlasses iSd § 2311 BGB – nach überzeugender Auffassung – nicht berück- 115 sichtigt wird, beruht auf zwei Überlegungen. Erstens wird die Pflichtteilslast bei Bemessung der Erbschaftssteuerschuld gemäß § 10 Abs 5 Nr 2 ErbStG berücksichtigt, also mithin der Erbe wirtschaftlich insoweit entlastet. Zweitens trifft den Pflichtteilsgläubiger gem § 3 Abs 1 Nr 1 ErbStG eine eigene Steuerpflicht. Zöge man die Erbschaftssteuerschuld des Erben bei Berechnung des pflichtteilserheblichen Nachlasses iSd § 2311 BGB ab, wäre der Pflichtteilsberechtigte wirtschaftlich betrachtet doppelt belastet (vgl hierzu Meincke/Hannes/Holtz [17. Aufl 2018] ErbStG § 3 Rn 56). Bei der Einordnung der Erbschaftssteuerschuld in das Gefüge des § 1967 Abs 2 BGB sind aber vor allem die insolvenzrechtlichen Fernwirkungen entscheidend und die Frage, mit welchen Risiken man den Erben eines erst nach dem steuerrechtlichen Stichtag überschuldeten Nachlasses belasten will.

116 Ferner ist aus **§ 20 Abs 3 ErbStG** nicht – etwa e contrario – zu schließen, dass die Erbschaftssteuerschuld grds eine ausschließlich persönliche Schuld des Erben sei (BFH 20. 1. 2016 – II R 34/14 = ZEV 2016, 343, 345 Rn 16–19; anders noch in vorherigen Bearbeitungen Staudinger/Dutta [2016] § 1967 Rn 33 im Anschluss an Marotzke, dort mwNw; ebenfalls anders zB Joachim/Janzen ZEV 2018, 74, 77). Der Schutzzweck des § 20 Abs 3 ErbStG erlaubt einen solchen Rückschluss nicht. Denn § 20 Abs 3 ErbStG soll die Haftung der Erben mit dem gesamten noch ungeteilten Nachlass für die Erbschaftssteuerschulden aller am Erbfall Beteiligten, also zB auch eines Vermächtnisnehmers (str, s hierzu Troll/Gebel/Jülicher/Gottschalk/Gebel, ErbStG [2018] § 20 ErbStG Rn 52 mwNw), auf die Zeit des Bestehens einer Erbengemeinschaft begrenzen (BFH 20. 1. 2016 – II R 34/14 = ZEV 2016, 343, 345 Rn 18 unter Heranziehung der Gesetzesmaterialien). Nur so können die Miterben eine etwaige Haftung für iErg fremde Steuerschulden bei der Auseinandersetzung noch berücksichtigen. Die Vorschrift bewirkt also, dass der einzelne erbschaftssteuerpflichtige Erbe wirtschaftlich betrachtet nicht überbeansprucht wird. Daneben will § 20 Abs 3 ErbStG die Finanzbehörde vor einer uU langwierigen Nachlassauseinandersetzung schützen, sodass trotz der gesamthänderischen Gebundenheit des Nachlasses aufgrund eines Duldungsbescheids iSd § 191 Abs 1 S 1 AO in den Nachlass vollstrecken werden kann (s Meincke/Hannes/Holtz, ErbStG[17] § 20 ErbStG Rn 19). Dieser Schutzzweck steht der grundsätzlichen Einordnung der Erbschaftssteuerschuld als Nachlassverbindlichkeit jedenfalls nicht entgegen.

b) Erbschaftssteuerschulden des Vorerben

117 Ein **Vorerbe** hat die durch die Erbschaft veranlasste Steuer aus den Mitteln der Vorerbschaft und damit wirtschaftlich betrachtet zu Lasten des Nacherben zu entrichten (§ 20 Abs 4 ErbStG). Das kann leicht, darf aber nicht (vgl BFH 12. 5. 1970, BStBl II 1972, 462, 464 Rn 21, zit nach juris, noch zur Vorgängernorm § 15 Abs 4 ErbStG: Es stehe dem Vorerben frei, die Steuerschuld aus seinem Eigenvermögen zu begleichen; freilich entstehe dann ein Ersatzanspruch des Vorerben gegenüber dem Vorerben aus § 2124 Abs 2 S 2 BGB) dahin missverstanden werden, dass der Vorerbe für seine Erbschaftsteuerschuld nicht auch mit dem Eigenvermögen hafte (vgl ergänzend Staudinger/Avenarius [2019] Vorbem 5 zu §§ 2144 ff).

118 Auch der Vorerbe kann seine Haftung nach §§ 1975 ff BGB (ggf iVm § 2145 BGB) beschränken (MünchKomm/Küpper § 1967 Rn 2). Denn auch die Erbschaftssteuerschuld des Vorerben stellt eine Nachlassverbindlichkeit dar. Zur Festsetzung der durch den Vorerbfall ausgelösten Erbschaftssteuer, wenn der Vorerbe verstirbt, s BFH 13. 4. 2016 – II R 55/14 = ZEV 2016, 463.

c) Erbschaftssteuerschulden bei Erbengemeinschaft

Sind **mehrere Erben** vorhanden (Erbengemeinschaft), so wird jeder einzeln bzgl des anteiligen Wertes der Wirtschaftsgüter, die zum Nachlass gehören, zur Erbschaftsteuer veranlagt (zur Abzugsfähigkeit von Nachlassverbindlichkeiten s § 10 Abs 5 ErbStG). Für die Steuerberechnung ist also entscheidend, was auf den einzelnen Erben wertmäßig entfallen würde, wenn die Erbengemeinschaft am Todestag aufgelöst worden wäre (s § 3 Abs 1 Nr 1 ErbStG iVm § 39 Abs 2 Nr 2 AO und Meincke/Hannes/Holtz ErbStG[17] § 3 Rn 21, 24 sowie zu den Grundprinzipien immer noch Segebrecht, Besteuerung der Erben und Erbengemeinschaften [5. Aufl 1982] 69 ff). 119

Dennoch haften die Miterben für die von jedem Beteiligten zu entrichtende Erbschaftsteuer bis zur Auseinandersetzung als Gesamtschuldner (vgl § 2058 BGB iVm §§ 45 Abs 2 AO, 20 Abs 3 ErbStG). Gem § 2059 Abs 1 BGB kann jeder Miterbe die Berichtigung derjenigen Erbschaftsteuerschulden, die ihn nicht gem § 20 Abs 1 ErbStG persönlich treffen, sondern für die er gem §§ 20 Abs 3 ErbStG, 45 Abs 2 AO, 2058 BGB lediglich *mithaftet,* aus dem Vermögen verweigern, das er außer seinem Anteil am Nachlass hat. Bei einer Mehrheit von Erben, denen ein zum Nachlass gehörendes Grundstück steuerrechtlich zuzurechnen ist, ist der Grundstückswert gegenüber allen Miterben gesondert und einheitlich festzustellen (BFH DB 2004, 857 f; weiterf auch Eisele ZEV 2014, 295). 120

2. Nachlassgegenstandsbezogene Realsteuern und Gebühren

Realsteuern und Gebühren, die auf Nachlassgegenständen lasten und die der Erbe als derjenige schuldet, dem der belastete Gegenstand steuerrechtlich (oder allgemein öffentlich-rechtlich) zugerechnet ist (weil er zivilrechtlich dessen Eigentümer geworden ist; vgl zB §§ 10 Abs 1 GrStG, 39 Abs 1 AO, zu Ausn s § 39 Abs 2 AO), sind Eigenverbindlichkeiten des Erben (Staudinger/Boehmer[11] § 1922 Rn 211; ebenso OVG Münster NVwZ-RR 2001, 596 f; VG Braunschweig NJW 2001, 3281 f = ZEV 2001, 442 f m Anm Pabst [Abfallentsorgungsgebühren, Abwassergebühren, Straßenreinigungsgebühren, Grundsteuern]; VG Halle ZEV 2011, 92 [Abwasserbeitrag]; VGH München 12. 7. 2018 – 4 C 18.1134, BeckRS 2018, 17237 Rn 9; VGH München 12. 7. 2018 – 4 C 18.1135, BeckRS 2018, 17235 Rn 9 = FamRZ 2019, 147; VG Cottbus 26. 10. 2016 – 6 K 667/12, BeckRS 2016, 110935, S 11 f betr Schmutzwasseranschlussbeitrag). Zugleich handelt es sich aber um Nachlassverbindlichkeiten (iE wie hier VG Braunschweig NJW 2001, 3281, 3282 betr Straßenausbaubeiträge; unentschieden das OVG Münster NVwZ-RR 2001, 596 f; **aA** VG Halle ZEV 2011, 92 f; anders wohl auch BVerwG NWvZ 2016, 319 bgzl sanierungsrechtlicher Ausgleichsbeträge nach § 154 Abs 1 S 1 BauGB: Der in Anspruch genommene Miterbe konnte sich nicht auf § 2059 Abs 1 S 1 BGB berufen konnte, s Rn 12–16 im Urt; ausdrücklich offenlassend: VGH München 12. 7. 2018 – 4 C 18.1134, BeckRS 2018, 17237 Rn 9 bzgl Gebührenschuld für Abfallgebühren; VGH München 12. 7. 2018 – 4 C 18.1135, BeckRS 2018, 17235 Rn 9 bzgl Grundsteuerschuld eines Erbbauberechtigten), die als solche zB im Nachlassinsolvenzverfahren geltend gemacht werden können (vgl § 325 InsO). Es handelt sich also iErg um **Nachlasserbenschulden** (zum Begriff s Rn 17–20, 150 ff). Das ist mit erbrechtlichen Grundsätzen insoweit kongruent, als das (Unter-)Halten eines Nachlassgegenstandes, insb eines Grundstücks, Teil einer ordnungsgemäßen Verwaltung des Nachlasses ist. 121

Reine Nachlassverbindlichkeiten sind Realsteuern und Gebühren nur, soweit sie **ausschließlich vom Erblasser herrühren** (zur Vererblichkeit s Rn 56 ff). Das ist nur dann 122 der Fall, wenn sie nicht auch darauf beruhen, dass der Steuergegenstand seit dem Erbfall dem Erben *steuerrechtlich* zuzurechnen ist (vgl erg allg zur Übergangsfähigkeit öffentlich-rechtlicher Rechtsverhältnisse Staudinger/Kunz [2017] § 1922 Rn 84–90; zu den aktuellen Reformbestrebungen im Allgemeinen s zB Löhr/Kempny, Zur Grundsteuerreform: Grundzüge eines Bodenwertsteuergesetzes, DStR 2019, 537). Insbesondere ist § 11 Abs 2 GrStG nicht auf den Erwerb von Todes wegen anzuwenden (GrStG-eKommentar/Roscher [1. 1. 2016] § 11 GrStG Rn 9).

123 Zur Einordnung von sog **Wohn- oder Hausgeldschulden** s Rn 204 ff.

3. Nachlassbezogene Einkommenssteuerschulden

124 Der BFH hatte zunächst entschieden, dass Einkünfte, die nach dem Erbfall aus dem Nachlass erzielt werden, auch dann dem Erben persönlich zuzurechnen seien, wenn sie im Zuge einer Nachlassverwaltung (§§ 1981 ff BGB) erwirtschaftet werden. Bei der auf diese Einkünfte entfallenden **Einkommensteuer** handele es sich um eine Eigenverbindlichkeit des Erben, auf die die erbrechtlichen Beschränkungsmittel nicht anwendbar seien (BFHE 168, 206, 211 f = BStBl II 1992, 781, 784 = NJW 1993, 350 f = DStR 1992, 1724; dazu Depping DStR 1993, 1246 f). Der BFH verfolgte also ein „steuerrechtliches Eigenschuldkonzept" anstatt „eine erbrechtliche Beurteilung nach materiellen Zurechnungsgesichtspunkten in Erwägung (zu ziehen)" (so nunmehr rückblickend BFH NJW 2016, 1839, 1840 Rn 20, s sogleich ausf zur Rspränderung Rn 125). G und M Siegmann (StVj 1993, 337 ff) haben dieser Entscheidung des BFH bereits früh und mit guten Gründen widersprochen und für die Annahme einer reinen Nachlassverbindlichkeit plädiert (vgl auch Rebmann 150 ff, 168 f, 251).

125 Zwischenzeitlich hatte auch der **BFH** selbst starke Zweifel an dieser Rspr geäußert (BFHE 186, 328, 336 ff = BStBl II 1998, 705, 709 = BB 1998, 2195, 2197 f = ZEV 1998, 441, 443 f; dazu M Siegmann ZEV 1999, 52 ff; Rebmann 158 ff; vgl aber auch BFH FamRZ 2012, 1638, 1640 = NJW 2012, 3677) und nunmehr seine Rspr mit **Urteil v 10. 11. 2015 – VII R 35/13** (= NJW 2016, 1839, 1839 f Rn 19–21), dahingehend geändert (ebenfalls von einer Rspränderung ausgehend in seiner zust Anm Graf Wolfskeel v Reichenberg ZEV 2016, 342, 343), dass es „für die Anwendung des § 45 Abs 2 S 1 AO iVm § 1975 BGB allein darauf an[kommt], ob zivilrechtlich eine Nachlassverbindlichkeit vorliegt (…)" (s Rn 21 im Urt des BFH).

126 Dementsprechend stellen die vom Nachlassverwalter verursachten Steuerschulden **reine Nachlassverbindlichkeiten** dar, für die der Erbe seine Haftung effektiv nach §§ 1975 ff BGB auf den Nachlass begrenzen kann. Damit ist zugleich gesagt, dass Steuerschulden, die durch ordnungsgemäße Verwaltungstätigkeiten der Erben selbst verursacht würden, Nachlasserbenschulden wären (zur Entstehung sog Nachlasserbenschulden ausf Rn 150 ff).

V. Die Entstehung von neuen Nachlassverbindlichkeiten nach dem Erbfall

127 Besonders problematisch ist, unter welchen Voraussetzungen nach dem Erbfall **neue Nachlassverbindlichkeiten** entstehen, die also weder vom Erblasser herrühren (§ 1967 Abs 2 Var 1 BGB, Rn 22 ff), noch den Erben unmittelbar (dh ohne sein Zutun) wegen des Erbfalls treffen (§ 1967 Abs 2 Var 2 BGB, Rn 99 ff). Denn mit jeder nach dem Erbfall neu begründeten Nachlassverbindlichkeit kommt ein weiterer Nachlassgläubiger hinzu, der sich im Falle einer Haftungsbeschränkung ebenfalls nur aus dem Nachlass (ggf nur quotal) befriedigen kann. Im Falle eines Nachlassinsolvenzverfahrens kann dies zur Benachteiligung der anderen Nachlassinsolvenzgläubiger führen.

Soweit **spezialgesetzlich** anerkannt ist, dass bestimmte nach dem Erbfall entstehende **128**
Verbindlichkeiten entweder ausschließlich (sog reine Nachlassverbindlichkeit, zum Begriff s Rn 14 ff) oder zumindest auch aus dem Nachlass (sog Nachlasserbenschulden, s ausf Rn 150 ff) bestritten werden können, handelt es sich um (ggf nur unechte, zum Begriff s Rn 21) Nachlassverbindlichkeiten iSd § 1967 Abs 2 Var 2 BGB. Man spricht in diesem Fall von **Nachlasskosten- oder Erbschaftsverwaltungsschulden** (ausf sogleich Rn 129 ff). Jenseits spezialgesetzlicher Regelungen besteht jedoch häufig Uneinigkeit darüber, ob eine vom Erben eingegangene Verbindlichkeit als (reine) Nachlassverbindlichkeit zu qualifizieren ist (ausf Rn 150 ff).

1. Sog Nachlasskosten- oder Erbschaftsverwaltungsschulden als gesetzlich anerkannte Nachlassverbindlichkeiten

Kosten (Gebühren und Auslagen) iSd **GNotKG** für gerichtliche Tätigkeiten in Nach- **129**
lass- und Teilungssachen (§ 342 FamFG) sowie für nachlassbezogene Amtstätigkeiten von Notaren, die nach dem Erbfall entstehen, können als Erbschaftsverwaltungskosten Nachlassverbindlichkeiten iSd § 1967 Abs 2 Var 2 BGB sein (zu **§ 24 GNotKG** s Rn 131 f). Einen weiteren wichtigen Anhaltspunkt für die Qualifizierung als Nachlassverbindlichkeit bietet **§ 324 Abs 1 InsO** (s Rn 137 ff). Die dort genannten Masseverbindlichkeiten sind zugleich Nachlassverbindlichkeiten iSd § 325 InsO iVm § 1967 Abs 2 Var 2 BGB. Schließlich ist auch insbesondere der **Testamentsvollstrecker** wegen **§§ 2206–2208 BGB** befugt, Nachlassverbindlichkeiten zu begründen (Rn 141 ff).

Zu beachten ist ferner die ausdrückliche Anordnung in **§ 2314 Abs 2 BGB**. Hiernach **130**
sind Kosten, die dem auskunftsverpflichteten Erben im Zusammenhang mit dem Auskunfts- und Wertermittlungsanspruch aus § 2314 Abs 1 S 1, 3 sowie S 2 BGB entstehen, reine Nachlassverbindlichkeiten. Hierzu gehören beispielsweise die Kosten für die Erstellung eines amtlichen oder privaten Nachlassverzeichnisses sowie Gutachterkosten, die im Pflichtteilsprozess für die Ermittlung des Wertes der Nachlassgegenstände anfallen (zu den Gutachterkosten diff OLG Köln Beschl 16. 4. 2018 – 17 W 39/18 = ZEV 2018, 412; weiterf zu den anfallenden Kosten zB BeckOKBGB/Müller-Engels [1. 8. 2019] § 2314 Rn 35).

a) Kostenhaftung der Erben nach § 24 GNotKG

Gem **§ 24 GNotKG** haften für die **Kosten**, **131**

(1) die durch die Eröffnung einer Verfügung von Todes wegen (vgl auch OLG Köln ZEV 2015, 355; OLG Naumburg NJOZ 2017, 394),

(2) die für die Sicherung des Nachlasses (vgl § 1960 BGB),

(3) die durch eine Nachlasspflegschaft (vgl auch § 1961 BGB sowie OLG Naumburg FamRZ 2014, 1404; obiter dictum als Nachlassverbindlichkeit einstufend OLG Hamm NJW-RR 2017, 328 Rn 10),

(4) für die Errichtung eines Nachlassinventars (Staudinger/Dobler § 1993 Rn 22 f),

(5) die durch eine Nachlassverwaltung (§§ 1975, 1981 ff BGB),

(6) die durch eine Pflegschaft für einen Nacherben (§ 1913 S 2 BGB),

(7) die durch die Ernennung oder Entlassung eines Testamentsvollstreckers (§§ 2200, 2227 BGB; zum Testamentsvollstreckerzeugnis s Rn 133 ff),

(8) die durch die Entgegennahme von Erklärungen, die die Bestimmung der Person des Testamentsvollstreckers oder die Ernennung von Mitvollstreckern betreffen, oder über die Annahme, Ablehnung oder Kündigung des Amtes als Testamentsvollstrecker oder

(9) die durch die Ermittlung der Erben (§ 342 Abs 2 Nr 4 FamFG) (hierzu OLG Naumburg FGPrax 2016, 93; OLG Naumburg 25. 9. 2015 – 12 W 79/15, BeckRS 2015, 124295)

entstehen, „nur die Erben, und zwar nach den Vorschriften des Bürgerlichen Gesetzbuchs über Nachlassverbindlichkeiten" (vgl auch OLG Düsseldorf Rpfleger 1968, 98). § 24 GNotKG ist eine Sonderregelung zu der in § 22 Abs 1 GNotKG allgemein geregelten gesetzlichen Kostenschuldnerschaft und -haftung [zur Kostenschuldnerschaft und -haftung aufgrund gerichtlicher Kosten(grund-)entscheidung s § 27 Abs 1 Nr 1 GNotKG]. Entgegen § 22 Abs 1 GNotKG haftet nicht der Antragsteller, sondern **allein** der Erbe. Dem entspricht, dass er seine Haftung nach §§ 1967, 1975 ff, 2058 ff BGB auf den Nachlass beschränken kann. Der Erbe muss seine beschränkte Haftung allerdings geltend machen, damit sie beim Kostenansatz berücksichtigt werden kann (Korintenberg/Wilsch GNotKG [20. Aufl 2017] § 24 Rn 12). Weiterf zB: Sikora, Notar- und Gerichtskosten im Erbrecht, NJW 2018, 1572, 1573–1575 (zu den Kosten des Nachlassverfahrens); Horn/Krätzschel, Kosten im Erbscheinsverfahren, NJW 2016, 3350.

132 Anders als noch nach dem bisherigen § 6 KostO gelten die Grundsätze über die Haftung für Nachlassverbindlichkeiten aber nach § 24 GNotKG aE nur, „wenn das Gericht nichts anderes bestimmt". Das Gericht kann also im Einzelfall von der beschränkbaren Haftung absehen. Erfasst sein von dieser Ausnahme sollen offenbar vor allem „Fälle, in denen Anträge zurückgenommen oder zurückgewiesen werden, oder auch Rechtsmittelverfahren" (BT-Drucks 17/11471 [neu] S 161).

b) Kosten für Erteilung eines Erbscheins, Europäischen Nachlasszeugnisses oder Testamentsvollstreckerzeugnisses

133 Die **Gerichtskosten** (Gebühren und Auslagen iSd § 80 S 1 FamFG, § 1 Abs 1 GNotKG) **für die Erteilung eines (gemeinschaftlichen) Erbscheins** (§ 342 Abs 1 Nr 6 FamFG iVm § 23a Abs 2, Abs 1 Nr 2 GVG) oder eines **Europäischen Nachlasszeugnisses** (§ 342 Abs 1 Nr 9 FamFG iVm § 34 Abs 4 IntErbRVG) sind jedoch **nicht** als Nachlassverbindlichkeiten einzuordnen; es handelt sich vielmehr um Eigenverbindlichkeiten des Erben (vgl OLG Stuttgart JustABlBW 1978, 76). Denn die Aufzählung des § 24 GNotKG ist insoweit abschließend (Korintenberg/Wilsch GNotKG [20. Aufl 2017] § 24 Rn 1; Bormann/Diehn/Sommerfeldt, GNotKG [2. Aufl 2016] § 24 Rn 1). Für Gebühren und Auslagen haftet folglich nach der Grundregel des § 22 Abs 1

GNotKG der Antragsteller im Erbscheinsverfahren (so zB KEIDEL/ZIMMERMANN, FamFG [20. Aufl 2020] § 352e FamFG Rn 138; KROISS ZEV 2013, 413, 415) und zwar – im Falle des Erben – ohne Haftungsbeschränkungsrecht, es sei denn, ein anderer als der Antragsteller ist durch gerichtliche Kostenentscheidung iSd § 81 FamFG Entscheidungsschuldner iSd § 27 Abs 1 Nr 1 GNotKG geworden. Da das **Verfahren zur Einziehung oder Kraftloserklärung eines Erbscheins** (§ 2361 BGB iVm §§ 342 Abs 1 Nr 6, 353 FamFG) ein Amtsverfahren ist, haftet hier nur derjenige, dem die Gerichtskosten gerichtlich auferlegt worden sind (§ 353 Abs 1 FamFG) (KROISS ZEV 2013, 413, 415). Um Nachlassverbindlichkeiten handelt es sich auch hier nicht.

Wird ein **Testamentsvollstreckerzeugnis** (§ 2368 BGB) erteilt und trifft das Gericht keine abweichende Kostenentscheidung, sind jedoch die Erben nach § 24 Nr 7 GNotKG Kostenschuldner (STEINER, in: GROLL/STEINER, Praxis-Handbuch Erbrechtsberatung [5. Aufl 2019] Testamentsvollstreckung, § 29 IX, Rn 29.138; LORZ, in: SCHERER, Münchener Anwaltshandbuch Erbrecht [5. Aufl 2018] § 52 Testamentsvollstreckerzeugnis Rn 19). Es handelt sich mithin bei den Kosten für die Erteilung des Testamentsvollstreckerzeugnisses um eine Nachlassverbindlichkeit. Die Zeugniserteilung wird hierbei wohl als Teilaspekt der Ernennung iSd § 24 Nr 7 GNotKG verstanden, wenngleich die Zeugniserteilung nicht konstitutiv für das Amt des Testamentsvollstreckers ist. Mit Blick auf die materiellrechtliche Befugnis des Testamentsvollstreckers, nach §§ 2206, 2207 BGB neue Nachlassverbindlichkeiten zu begründen, und sein Recht, ein Zeugnis zu beantragen (STAUDINGER/HERZOG [2015] § 2368 Rn 2), überzeugt diese weite Auslegung des § 24 Nr 7 GNotKG. 134

Weiterf zum Ganzen zB KROISS, Kostenrechtsmodernisierung: Die Gerichtskosten in Nachlasssachen nach dem neuen Gerichts- und Notarkostengesetz (GNotKG), ZEV 2013, 413. 135

Zur **Behandlung von nachlassbezogenen Prozesskosten** s Rn 66 ff, 186 ff. 136

c) Massenachlassverbindlichkeiten iSd §§ 324 Abs 1, 325 InsO

Nach § 325 InsO können im Nachlassinsolvenzverfahren nur Nachlassverbindlichkeiten geltend gemacht werden. Der Begriff der Nachlassverbindlichkeit wird erbrechtsakzessorisch verstanden, weshalb damit Verbindlichkeiten iSd § 1967 Abs 2 BGB gemeint sind (s nur K SCHMIDT InsO [19. Aufl 2016] § 325 InsO Rn 3 ff). Aus insolvenzrechtlicher Sicht umfasst dies Masseverbindlichkeiten (§§ 55, 123 Abs 2, 324 InsO), reguläre Insolvenzforderungen (§ 38 InsO) sowie nachrangige Forderungen gem §§ 39, 327 InsO (HK-InsO/MAROTZKE § 325 Rn 2; ANDRES/LEITHAUS/ANDRES [4. Aufl 2018] InsO § 325 Rn 1). § 324 Abs 1 InsO (ebenso zuvor § 224 Abs 1 KO) erweitert hierbei für das Nachlassinsolvenzverfahren den Kreis der Masseverbindlichkeiten über §§ 54 f InsO hinaus. Damit steht zugleich fest, dass es sich um **Nachlassverbindlichkeiten** iSd § 325 InsO iVm § 1967 Abs 2 Var 2 BGB handelt, also um Verbindlichkeiten, die erst nach dem Erbfall, aber bisweilen noch vor(!) Eröffnung des Nachlassinsolvenzverfahrens entstanden sind (krit zum Katalog des § 324 InsO aus insolvenzrechtlicher Sicht zB MUSCHELER ErbR II [2010] § 49 Rn 3639–3645). 137

Als Masseverbindlichkeiten im Nachlassinsolvenzverfahren und damit zugleich als **Nachlassverbindlichkeiten** iSd § 1967 BGB erkennt **§ 324 Abs 1 InsO** an: 138

(1) die dem Erben nach den §§ 1978, 1979 BGB aus dem Nachlass zu ersetzenden **Aufwendungen** (für diese haftet nur der Nachlass und entgegen § 1967 Abs 1 BGB nicht der Erbe, der hier ja nicht verpflichtet, sondern anspruchsberechtigt ist),

(2) die vom Erben nach § 1968 BGB zu tragenden **Beerdigungskosten**,

(3) die im Fall der **Todeserklärung** des Erblassers dem Nachlass zur Last fallenden Kosten des Verfahrens (vgl §§ 34 Abs 2, 40 VerschG),

(4) die **Kosten** der *Eröffnung einer Verfügung von Todes wegen* (vgl auch OLG Köln FamRZ 2015, 1318 = ZEV 2015, 355), der gerichtlichen *Sicherung des Nachlasses,* einer *Nachlasspflegschaft,* des *Aufgebots* der Nachlassgläubiger und der *Inventarerrichtung* (vgl auch § 24 GNotKG und oben Rn 131),

(5) die **Verbindlichkeiten aus** den **von einem Nachlasspfleger (oder Nachlassverwalter**, § 1975 BGB) **oder einem Testamentsvollstrecker** (innerhalb der Grenzen ihrer Befugnisse; vgl Mot V 630; RGZ 60, 30, 32; BGHZ 51, 125, 128; §§ 2206 ff) **vorgenommenen Rechtsgeschäften** (vgl auch RGZ 60, 30, 32 zu den Kosten eines wegen solcher Verbindlichkeiten geführten Prozesses; ferner BGHZ 94, 312, 314 bzgl etwaiger durch Leistung an einen Nachlasspfleger entstandener Bereicherungsansprüche gegen den Nachlass sowie § 55 Abs 2 und Abs 1 Nr 1 InsO zu Verbindlichkeiten aus Rechtshandlungen eines vorläufigen bzw endgültigen **Nachlassinsolvenzverwalters**),

(6) die **Verbindlichkeiten**, welche für den Erben **gegenüber einem Nachlasspfleger**, einem **Testamentsvollstrecker** oder einem **Erben**, der die Erbschaft ausgeschlagen hat, **aus der Geschäftsführung** dieser Personen entstanden sind, soweit die Nachlassgläubiger verpflichtet sein würden, wenn die bezeichneten Personen die Geschäfte für sie zu besorgen gehabt hätten.

d) Erweiternde oder analoge Auslegung des § 324 Abs 1 InsO?

139 Wie bereits Ziffer 6 des § 324 Abs 1 InsO zeigt, zählen zu den Nachlassverbindlichkeiten auch die **Ersatz- und Vergütungsansprüche, die den mit der Verwaltung des Nachlasses betrauten Personen** (Nachlasspfleger, Nachlassverwalter, Nachlassinsolvenzverwalter, Testamentsvollstrecker) **aus ihrer Geschäftsführung erwachsen** (vgl Hörle ZBlFG 9 [1908/09] 750, 762).

140 Das OLG Braunschweig (OLGE 26 [1913] 289 f) hat den **Vergütungsanspruch eines Nachtwächters**, der von einem Dritten aufgrund einer vom Nachlassgericht nach § 1960 Abs 1 BGB erteilten Ermächtigung angestellt worden war, als Nachlassverbindlichkeit anerkannt. Analog § 324 Abs 1 Nr 6 InsO ist als Masseverbindlichkeit im Insolvenzverfahren über den Nachlass eines Rechtsanwalts auch der **Vergütungsanspruch des nach dem Erbfall bestellten Kanzleiabwicklers** anzusehen (LG Hamburg NJW 1994, 1883 f; für analoge Anwendung von § 324 Abs 1 Nr 6 InsO OLG Köln ZInsO 2009, 2253 f = ZIP 2009, 2395, 2396, **abl** zB Bauch, in: Braun, Insolvenzordnung [8. Aufl 2020] § 324 Rn 8).

e) Begründung von Nachlassverbindlichkeiten durch Fremdverwalter des Nachlasses

141 Der Erbe als Gesamtrechtsnachfolger (§§ 1922 Abs 1, 1967 BGB) hat den Nachlass – schon in seinem eigenen wohlverstandenen Interesse – zu verwalten (s auch Rn 4;

weiterf zur Rollenverteilung KUNZ, Postmortale Privatautonomie und Willensvollstreckung – Von der kanonischen voluntas pia zur Gestaltungsmacht des Erblassers im deutsch-spanischen Rechtsvergleich [Jena 2015] S 83 ff; bald KUNZ ZErb 2020). In bestimmten Konstellationen ermöglicht allerdings das Gesetz die **Fremdverwaltung des Nachlasses** durch einen **Nachlassverwalter**, wenn der Nachlass unübersichtlich, aber zur Befriedigung aller Nachlassverbindlichkeiten ausreicht, s §§ 1975, 1981–1988 BGB; ist dies nicht der Fall, kann der Nachlass unter die Verwaltung eines **Nachlassinsolvenzverwalters** gestellt werden, s §§ 1975 BGB, 315 ff InsO. Ist der Erbe noch unbekannt, steht mit der Verwaltung durch einen **Nachlasspfleger** ein weiterer Fremdverwalter zur Sicherung des Nachlasses zur Verfügung (s §§ 1960–1962 BGB, § 342 Abs 1 Nr 2 FamFG). Mit der **Testamentsvollstreckung** (§§ 2197 ff BGB) kann der Erblasser überdies selbst letztwillig eine Fremdverwaltung installieren. Es handelt es sich dabei anders als bei Nachlassinsolvenz und Nachlassverwaltung um kein Verfahren im Interesse der Nachlassgläubiger. Die Testamentsvollstreckung dient der Absicherung des letzten Willens. Sie führt auch nicht wie Nachlassverwaltung und Nachlassinsolvenz (§§ 1975 ff BGB) zu einer allseitigen Haftungsbeschränkung zugunsten des Erben; freilich führt sie wegen § 2214 BGB zu einer Nachlassabschirmung zulasten der Eigengläubiger des Erben. Schließlich erlaubt § 1909 Abs 1 S 2 BGB dem Erblasser, eine **Zuwendungspflegschaft für minderjährige Erben** anzuordnen (zur Benennung eines testamentarischen Vormunds s § 1777 Abs 3 BGB).

Im Hinblick auf die **Rechtsmacht des Erben** haben aber insb die Anordnung einer **142** Nachlassverwaltung oder die Eröffnung eines Nachlassinsolvenzverfahrens eine ähnlich **verdrängende Wirkung** wie die letztwillige Ernennung eines Testamentsvollstreckers, s § 1984 BGB; §§ 315 ff, §§ 80–82 InsO; § 2211 Abs 1 BGB. Das heißt: Dem Erben werden die mit seiner Rechtsstellung als Gesamtrechtsnachfolger grds einhergehende Verpflichtungs- und Verfügungsbefugnis über die Nachlassgestände entzogen. Damit korreliert die **Befugnis der Fremdverwalter, nachlassbezogene Verbindlichkeiten eingehen zu können**, also Verbindlichkeiten zu begründen, für die der Erbe nur noch beschränkt haftet (Nachlassverwaltung, Nachlassinsolvenz) oder für die der Erbe seine Haftung – etwa im Falle der Testamentsvollstreckung (§ 2206 Abs 2 BGB aE) – jedenfalls beschränken kann (s zudem § 324 Abs 1 Nr 5 InsO, der durch Testamentsvollstrecker oder Nachlasspfleger begründete Verbindlichkeiten als Masseforderungen erfasst, obwohl sie vor Eröffnung des Nachlassinsolvenzverfahrens entstanden sind, s BeckOK InsO/FRIDGEN [Stand: 25. 4. 2019] § 324 Rn 24–27. 1; s zudem Rn 137 ff). Die Ordnungsgemäßheit der Verwaltungsmaßnahme fungiert jedoch im Grundsatz als äußere Grenze ihres rechtlichen Könnens oder ist jedenfalls im Innenverhältnis zwischen Fremdverwalter und Erbe (s zB § 2219 BGB) oder auch im Außenverhältnis zu allen Verfahrensbeteiligten schadensersatzbewehrt (ausf zur Testamentsvollstreckung KUNZ, Postmortale Privatautonomie S 118 ff; zur direkten Haftung im Außenverhältnis vgl § 60 InsO für den Nachlassinsolvenzverwalter und § 1985 Abs 2 BGB für den Nachlassverwalter).

aa) Begründung von Nachlassverbindlichkeiten bei Testamentsvollstreckung, §§ 2197 ff

Hat der Erblasser wirksam eine **Testamentsvollstreckung** angeordnet, rückt der Erbe **143** zwar nach §§ 1922 Abs 1, 1967 BGB in die Rechtsstellung des Erblassers als dessen Gesamtrechtsnachfolger ein, ist aber, soweit die Testamentsvollstreckung reicht, wegen § 2211 Abs 1 BGB hinsichtlich der Nachlassgegenstände nicht verfügungsbefugt. Wegen §§ 2206, 2207 BGB ist er zudem nicht in der Lage, als Eigenverwalter des Nachlasses (reine) Nachlassverbindlichkeiten einzugehen (ausf KUNZ, Postmortale Privatautonomie und Willensvollstreckung S 121 ff mwNw). Der Testamentsvollstrecker hingegen ist berechtigt (§§ 2203, 2205 S 1, 2216 BGB) und verpflichtet (arg e § 2219 BGB), den Nachlass (ordnungsgemäß) zu verwalten. Dementsprechend kann ein **Testamentsvollstrecker** nach **§ 2206 Abs 1 S 1 BGB** Verbindlichkeiten für den Nachlass eingehen, allerdings grds nur soweit dies zur ordnungsmäßigen Verwaltung erforderlich ist, es sei denn, aus §§ 2206 Abs 1 S 2, 2207, 2209 S 2 BGB ergibt sich Abweichendes.

144 War die Maßnahme objektiv nicht zur ordnungsgemäßen Verwaltung erforderlich, so kann nach überwiegender und überzeugender Auffassung dennoch eine Nachlassverbindlichkeit entstehen, wenn der Vertragspartner bei Vertragsschluss ohne Fahrlässigkeit annimmt, dass der Vertrag zur ordnungsmäßigen Verwaltung des Nachlasses erforderlich gewesen sei (BGH NJW 1983, 40, 41; vgl auch STAUDINGER/REIMANN [2016] § 2206 Rn 12 f). Dies dient dem Schutz des Rechtsverkehrs, für den der Testamentsvollstrecker in der Rolle des Fremdverwalters erkennbar ist (vgl hierzu Funktionen des Testamentsvollstreckerzeugnisses nach § 2368 BGB. Anders verhält es sich beim Erben in der Rolle des Eigenverwalters, s dazu und zur sog Trägerlösung Vorbem 123 ff zu §§ 1967 ff) – und sichert zudem die Funktionsfähigkeit der Testamentsvollstreckung im Rechtsverkehr ab. Der Erbe wird dadurch nicht über Gebühr belastet. Denn er hat ausgehend vom Rechtsgedanken des § 2206 Abs 2 BGB aE die Möglichkeit, seine Haftung nach §§ 1975 ff BGB zu beschränken (zur persönlichen Haftung des Testamentsvollstreckers aus § 179 analog s MUSCHELER ErbR II [2010] § 40 Rn 2813–2815).

145 Auch **Schadensersatzansprüche**, die auf dem Handeln des Testamentsvollstreckers beruhen, können Nachlassverbindlichkeiten sein, so etwa ein (vor-)vertraglicher Schadensersatzanspruch wegen einer vom Testamentsvollstrecker zu verantwortende **culpa in contrahendo** (§§ 280 Abs 1, 311 Abs 2 BGB) oder wegen einer vom Testamentsvollstrecker verursachten **Leistungsstörung** im Rahmen einer bestehenden Nachlassverbindlichkeit (vgl zu diesen Fragen die ausführliche, auch den Gesichtspunkt einer Eigenhaftung des Testamentsvollstreckers einbeziehende Darstellung von MUSCHELER, Testamentsvollstreckung 173 ff). Denn hierbei handelt es sich um Ansprüche, die im Zusammenhang mit der dem Testamentsvollstrecker gesetzlich zugewiesenen und anerkannten Aufgaben (§§ 2203–2205 S 1 BGB) stehen und Ausfluss seiner vom Gesetz verliehenen oder verleihbaren Rechtsmacht über den Nachlass sind. Ob ein solcher Zusammenhang auch noch bei deliktischem Handeln des Testamentsvollstreckers besteht, ist zweifelhaft. Nimmt man an, dass der Erbe analog § 31 auch für **Delikte des Testamentsvollstreckers** haftet (**str**, dazu MUSCHELER, Testamentsvollstreckung 234 ff, 243 f), handelt es sich hierbei jedenfalls nicht um Eigenverbindlichkeiten des Erben, sondern um Nachlassverbindlichkeiten (so MUSCHELER, Testamentsvollstreckung 245 f; MUSCHELER ErbR II [2010] § 40 Rn 2818); andernfalls bleibt es bei einer persönlichen Haftung des Testamentsvollstreckers aus §§ 823 ff BGB.

146 Ein Testamentsvollstrecker kann eine **Pflichtteilsforderung**, also einen *streitigen* Pflichtteilsanspruch, ohne den Willen des Erben nicht mit Wirkung gegen diesen *rechtsgeschäftlich* anerkennen und damit eine Nachlassverbindlichkeit iSd § 1967 Abs 2 BGB (ggf de facto endgültig) begründen (BGHZ 51, 125 ff = NJW 1969, 424;

MünchKomm/ZIMMERMANN § 2213 Rn 13. Zu **Anerkenntnissen des Erben** s Rn 180 ff; für die Berechtigung zur Erfüllung eines *unstreitigen* Pflichtteilsanspruchs aber zB BONEFELD/KROISS/TANK/LENZ-BRENDEL § 7 I Rn 145; BONEFELD/WACHTER FA ErbR § 17 Rn 341; die Wirksamkeit zulasten des Erben eines *im Prozess* abgegebenen Anerkenntnisses des Testamentsvollstreckers – anders als hier vertreten, s sogleich Rn 148 – bejahend BONEFELD/KROISS/TANK/LENZ-BRENDEL § 7 I Rn 145). Dem steht **§ 2213 Abs 1 S 3 BGB** sinngemäß entgegen, der die passive Prozessführungsbefugnis des Testamentsvollstreckers bei Pflichtteilsansprüchen ausschließt (s aber zum umgekehrten Fall des nachlasszugehörigen Pflichtteilsanspruchs [sog derivativer Pflichtteilsanspruch], der auf den Erben übergegangen ist, BGH ZEV 2015, 107; s erg zudem SCHINDLER ZEV 2018, 60). Unterstrichen wird dies von § 2204 Abs 1 BGB iVm § 2046 Abs 1 S 2 BGB, wonach auch der Testamentsvollstrecker (STAUDINGER/LÖHNIG § 2046 Rn 4) das Erforderliche zur Erfüllung eines *streitigen* Pflichtteilsanspruchs bei Auseinandersetzung des Nachlasses zurückzuhalten hat. Verstößt er hiergegen und befriedigt vorschnell andere Nachlassgläubiger, dürfte ihn dies nach § 2219 Abs 1 BGB gegenüber den Erben schadensersatzpflichtig machen (iErg ebenso zB KASPER, in: SCHLITT/MÜLLER [Hrsg], Hdb Pflichtteilsrecht [2. Aufl 2017] § 9 Rn 9 mwNw). Denn § 2046 Abs 1 S 2 BGB soll die Miterben davor schützen, nach der vollständigen Teilung etwa verbleibenden Nachlassgläubigern als Gesamtschuldner zu haften, sofern keine anteilige Haftung nach §§ 2060, 2061 BGB greift (STAUDINGER/LÖHNIG § 2046 Rn 3, 16).

§ 2204 Abs 1 BGB verweist zudem generisch auf § 2046 BGB. Wenn der Testa- **147**
mentsvollstrecker unter Ausschluss der Erben kraft seiner Verpflichtungs- und Verfügungsbefugnis aus §§ 2205 S 1, 2206–2208, 2211 Abs 1 BGB über einen umstrittenen Pflichtteilsanspruch nach eigenem Gutdünken entscheiden dürfte, müsste die Verweisung in § 2204 Abs 1 BGB eine Ausnahme zu § 2046 Abs 1 S 2 BGB für Pflichtteilsansprüche statuieren. Bei Alleinerbschaft gilt sinngemäß nichts Anderes.

Hinzu kommt, dass es unter prozess- und insb kostenökonomischem Blickwinkel **148**
widersinnig wäre, könnte der Testamentsvollstrecker (während des laufenden Prozesses des Pflichtteilsprätendenten) durch ein rechtsgeschäftliches Anerkenntnis einer Pflichtteilsforderung die Verteidigung des Erben konterkarieren. Gleiches dürfte für ein *im Prozess* (wegen § 748 Abs 3 ZPO ist gegen den Testamentsvollstrecker immerhin ein Duldungstitel zu erwirken) abgegebenes Anerkenntnis gelten (**aA**, die Wirksamkeit zulasten des Erben eines *im Prozess* abgegebenen Anerkenntnisses des Testamentsvollstreckers bejahend zB BONEFELD/KROISS/TANK/LENZ-BRENDEL § 7 I Rn 145. Zur Abdingbarkeit von § 2213 Abs 1 S 3 s KÖPF ZEV 2013, 235; die Abdingbarkeit abl und zur Möglichkeit, dem Testamentsvollstrecker im Wege einer postmortalen, freilich widerruflichen Vollmacht die Erfüllung von Pflichtteilsansprüchen zu ermöglichen, s STEINER, in: GROLL/STEINER, Praxis-Handbuch Erbrechtsberatung [5. Aufl 2019] § 29 Testamentsvollstreckung, XII. 5 Rn 29. 181. Zur aktiven Prozessführungsbefugnis nach § 2212 im Zusammenhang mit in den Nachlass fallenden Pflichtteilsansprüchen des verstorbenen Erblassers BGH ZEV 2015, 107 = NJW 2015, 59).

bb) Begründung von Nachlassverbindlichkeiten bei Zuwendungspflegschaft, § 1909 Abs 1 S 2

Durch **genehmigungspflichtige, aber nicht genehmigte Geschäfte des Pflegers eines** **149**
Erben (§§ 1909, 1915 Abs 1 S 1, 1821, 1822 BGB) können Nachlassverbindlichkeiten **nicht** wirksam begründet werden (OLG Hamburg NJW 1952, 938 f = MDR 1952, 548 f). Andernfalls würde der Zweck der entsprechend anwendbaren Genehmigungstatbestände der §§ 1821 f BGB, den Erbenpflegling vor Geschäften mit besonderer wirt-

schaftlicher Tragweite zu schützen, unterlaufen werden. Das gilt aus demselben Grund auch für den Bereicherungsanspruch auf Rückgewähr der von dem Vertragspartner bereits bewirkten Gegenleistung (OLG Hamburg NJW 1952, 938 f = MDR 1952, 548 f), falls diese nicht unmittelbar in den Nachlass – zB auf ein zum Nachlass gehöriges Konto – erbracht wurde.

2. Begründung neuer Nachlassverbindlichkeiten durch den Erben – das Feld der sog Nachlasserbenschulden

150 In § 324 Abs 1 Nr 5 InsO ist zutreffend vorausgesetzt, dass ein **Nachlasspfleger bzw -verwalter** (§ 1975 BGB, Fremdverwalter des Nachlasses) durch Abschluss von Verträgen neue Nachlassverbindlichkeiten begründen kann (zu Kritik aus insolvenzrechtlicher Sicht s Nachweise bei Rn 137). Da **auch der Erbe selbst** bis zur Annahme der Erbschaft berechtigt und nach der Annahme sogar verpflichtet ist, den Nachlass zu verwalten (s Rn 4; vgl Staudinger/Dobler § 1978 Rn 9), stellt sich die Frage, ob auch **er** den Nachlass über den spezialgesetzlich abgesteckten Rahmen (dazu Rn 128, 129 ff) hinaus mit neuen Verbindlichkeiten belasten **kann** (zu Besonderheiten bei Erbenmehrheit sowie Vor- und Nacherbschaft sowie zur Zeit vor der Erbschaftsannahme s Rn 193 ff).

151 Denkbar ist **erstens** die **Begründung einer reinen Nachlassverbindlichkeit** (in diesem Fall würde der Erbe gegenüber dem Gläubiger nur mit dem Nachlass, nicht aber mit seinem Eigenvermögen für die Erfüllung der Verbindlichkeit haften, wenn es zur Nachlassabsonderung gekommen ist; insb denkbar bei Haftungsbeschränkungsvereinbarung, hierzu sogleich Rn 171 ff) oder **zweitens** die **Schaffung einer Doppelhaftung**. Letzteres würde bedeuten, dass der Erbe für die Erfüllung der neu eingegangenen Verbindlichkeit sowohl mit seinem Eigenvermögen als auch mit dem Nachlass haftet. Für diese *haftungsrechtliche* Mischform aus Eigen- und Nachlassverbindlichkeit hat sich die Bezeichnung **Nachlasserbenschuld** durchgesetzt (die Bezeichnung dürfte auf Boehmer, Erbfolge und Erbenhaftung, Bd II 1927 S 117 und ders, Der Übergang des Pflichtlebens des Erblassers auf den Erben, in: RG-Festgabe Bd III [1927] S 216, 264 zurückgehen). Die Begründbarkeit von Nachlasserbenschulden durch den Erben wird heute von der überwiegenden Auffassung in Rspr und Lit anerkannt (mit instruktiver Kritik hierzu jedoch Dauner-Lieb S 119 ff).

a) Problemstellung

aa) Vereinbarkeit mit dem Wortlaut des § 1967 Abs 2

152 Nach dem **Wortlaut des § 1967 Abs 2 BGB** gehören zu den (reinen) Nachlassverbindlichkeiten die „vom Erblasser herrührenden Schulden" (sog Erblasserschulden) sowie diejenigen, die „den Erben als solchen treffe(n)" (sog Erbfallschulden) (ausf zu den Arten von Nachlassverbindlichkeiten Rn 6 ff). Geht der Erbe *nach* dem Erbfall neue Verbindlichkeiten ein, rühren diese aber weder vom Erblasser her (außer wenn der Erbe aufgrund einer vom Erblasser erteilten Vollmacht in dessen Namen handelt, s Rn 91 ff), noch kann man (vgl BGHZ 32, 60, 65) annehmen, dass sie den Erben „als solchen treffe(n)": Sie treffen den Erben aufgrund des *von ihm selbst* geschlossenen Vertrages.

153 Will man eine Benachteiligung der Nachlass*alt*gläubiger vermeiden, darf die in § 1967 Abs 2 BGB gegebene (wenn auch offene) **Definition der Nachlassverbindlichkeiten nicht beliebig erweitert werden**. Hierzu käme es aber, wenn man dem Erben über den gesetzlich abgesteckten Rahmen (Rn 127 f) hinaus die Möglichkeit einräumte, neue Nachlassverbindlichkeiten zu begründen, die im Nachlassinsolvenzverfahren uU auf

Kosten von Nachlassaltgläubigern wie zB der ohnehin schon rangschlechten (§ 327 Abs 1 InsO) Pflichtteils-, Vermächtnis- und Auflageberechtigten befriedigt würden. Das Recht, eine Nachlassverwaltung oder ein Nachlassinsolvenzverfahren zu beantragen (§ 1981 Abs 2 BGB, §§ 317, 319 InsO), ist den Nachlassgläubigern ua zu dem Zweck gewährt, die *Eigengläubiger des Erben am Zugriff auf den Nachlass zu hindern* (vgl §§ 1977 Abs 2, 1984 Abs 2 BGB, § 784 Abs 2 ZPO, §§ 325, 321, 88 f InsO; s auch Prot V 765 und Begr zur KO-Novelle 48 = HAHN, Die gesammten Materialien zu den Reichs-Justizgesetzen VII [1898] 252). Diesem Schutzgedanken liefe es zuwider, wenn der Erbe den Kreis der Nachlassgläubiger beliebig vergrößern (so aber BGB-RGRK/JOHANNSEN Rn 12, 13 aE bzgl des endgültigen Erben) und damit zugleich – im Falle einer Nachlassinsolvenz – die auf jeden von ihnen entfallende Haftungsquote des Nachlasses verkleinern könnte (vgl auch RGZ 62, 38, 41, 42; JAEGER/WEBER[8], KO §§ 226, 227 Rn 20; KRESS, Erbengemeinschaft 20, 23; RADDATZ 48 f; A ERNST 15 f; DAUNER-LIEB 119 f; krit FRIEDRICH 138 ff).

bb) Vereinbarkeit mit dem Haftungsregime des § 1978

154 Problematisch ist überdies, wie die Begründung neuer (Auch-) Nachlassverbindlichkeiten mit dem **Haftungsregime des § 1978 BGB** in Einklang zu bringen ist (hierzu bereits Vorbem 54 ff zu §§ 1967 ff). Denn aus § 1978 Abs 3 BGB ergibt sich die Konzeption als Innenhaftung. Daraus folgt in *haftungsrechtlicher* Hinsicht für die Rechtsmacht des Erben zunächst, dass der selbstverwaltende Erbe gegenüber einem *neuen* Gläubiger mit seinem Gesamtvermögen haftet und damit auch eine rechtsgeschäftliche Haftungsbeschränkungsvereinbarung auf Nachlass jedenfalls nicht ohne Weiteres möglich ist. Geht der Erbe eine Verbindlichkeit (objektiv, **str**, s Rn 166, 169) mit Blick auf den Nachlass ein (um dessen Erhalt beispielsweise zu sichern) und erfüllt er sie mit Mitteln aus seinem Eigenvermögen, kann er hierfür *im Innenverhältnis* als Ausgleich für dieses Vermögensopfer auf den Nachlass zugreifen. Der Gläubiger des Erben hat jedoch – nach dieser Konstruktionsweise – keine Möglichkeit, selbst *exklusiv* auf den Nachlass zuzugreifen. Käme es zur allseitigen Absonderung des Nachlasses durch Anordnung der Nachlassverwaltung oder Eröffnung eines Nachlassinsolvenzverfahrens (zum Begriff Vorbem 96 zu §§ 1967 ff), wäre er sogar vom Zugriff auf den Nachlass ausgeschlossen. Denn er hätte nur die Stellung eines Eigengläubigers des Erben. Deshalb wird ua eingewandt, dass mit der Anerkennung von Nachlasserbenschulden die in § 1978 Abs 3 BGB vorgesehene Innenhaftung regelwidrig in eine Außenhaftung verwandelt werde (so zB MUSCHELER ErbR II [2010] Rn 3397). Weiterf sogleich bei Rn 157 ff.

155 Eine beliebige Erweiterung des Kreises der Nachlassgläubiger widerspricht zudem der **Ratio des § 1978 BGB**, wonach die Nachlassgläubiger – insb im Fall der Nachlassinsolvenz – auf einen möglichst ungeschmälerten Nachlass sollen zugreifen können. Je mehr Nachlassgläubiger nach dem Erbfall allerdings hinzu kommen, desto geringer sind die Chancen der Nachlassaltgläubiger auf (vollumfängliche oder wenigstens anteilig hohe) Befriedigung ihrer Verbindlichkeiten. Aus dieser Zielsetzung heraus, Erhaltung des Nachlasswertes, entwickelten Rspr und Lit zudem das Erfordernis einer ordnungsgemäßen Verwaltung (auch hierzu Rn 166 ff).

b) Begründung von sog Nachlasserbenschulden als Regelfall

156 Nach heute wohl ganz überwiegender Auffassung begründen Rechtshandlungen des Erben grds **Nachlasserbenschulden** und damit eine **Doppelhaftung** (s soeben Rn 151; zur differenzierten Handhabung beim Fiskus als Alleinerbe s aber Rn 204).

aa) Entwicklung und dogmatische Herleitung der Kategorie Nachlasserbenschuld

157 Grundlegend für die Entwicklung und schließlich Anerkennung sog Nachlasserbenschulden ist das Urteil des RG vom 26. 3. 1917 – IV 398/16 in **RGZ 90, 91**. Dort führt das RG (für den Vorerben) aus:

„Soweit aber der Erbe ersatzberechtigt ist, hat er für den Fall, daß die Verbindlichkeit von ihm noch nicht berichtigt ist, nach § 257 BGB ein Recht auf Befreiung von der Verbindlichkeit. Er kann zu diesem Zwecke, wenn nicht die Schuld nachträglich von ihm getilgt und hierdurch ein Ersatzanspruch von ihm erworben wird, die Berichtigung der Verbindlichkeit im Verfahren der Nachlaßverwaltung oder des Nachlaßkonkurses verlangen, und es ist nur folgerichtig und als im Sinne der gesetzlichen Vorschriften liegend anzuerkennen, daß in diesem Verfahren auch der Gläubiger selbst ein Recht auf Berichtigung hat."

158 Zu diesem Zeitpunkt existierte die Bezeichnung Nachlasserbenschuld, soweit ersichtlich, noch nicht. Sie dürfte auf Gustav Boehmer zurückgehen. Konstruktiv waren aber Nachlasserbenschuld als **haftungsrechtliche Zwischenkategorie** bereits in der reichsgerichtlichen Entscheidung angelegt. Nach Argumentation des RG sind Verbindlichkeiten, die der Erbe durch **eigene Rechtshandlungen** begründet, dann als Nachlassverbindlichkeiten anzuerkennen, wenn sich der Erbe gem § 1978 Abs 3 BGB (Aufwendungsersatzanspruch) mit **Vorrang** gegenüber den übrigen Nachlassgläubigern (§ 324 Abs 1 Nr 1 InsO, damals noch § 224 Abs 1 Nr 1 KO) am Nachlass schadlos halten könnte, falls er diese Schulden aus seinem Eigenvermögen berichtigt hätte.

159 Indem das RG dem Vertragspartner des Erben für den Fall, dass dieser gem § 257 BGB iVm §§ 1978 Abs 3, 683, 670 BGB Schuldbefreiung aus dem Nachlass verlangen könnte, einen *eigenen* Anspruch gegen den Nachlass gewährt, schließt das Gericht aus § 1978 Abs 3 BGB iVm § 324 Abs 1 Nr 1 InsO (damals noch § 224 Abs 1 Nr 1 KO) auf den Willen des Gesetzgebers, dass der Erbe den Nachlass **in den Grenzen einer ordnungsmäßigen Verwaltung** verpflichten können soll und damit auch den Neugläubigern im Außenverhältnis Zugriff auf den Nachlass als Haftungsmasse gewährt (Außenhaftung) (so auch Planck/Flad Anm 6 [S 135]; Kress, Erbengemeinschaft 20 f und dort Fn 34). Dem Vertragspartner des Erben wird auf diese Weise erspart, sich den gegen den Nachlass gerichteten Schuldbefreiungsanspruch des Erben pfänden und überweisen zu lassen (vgl Astrid Ernst 19 f, 24 f; **gegen** die Gewährung eines Direktanspruchs Maenner LZ 1922, 282 ff; Eccius Gruchot 51 [1907] 564 ff; 52, 810 ff [gegen ihn Scheye Gruchot 52 [1908] 806 ff]; Dauner-Lieb 129 ff [ua wegen der auch schon von Sobich 99 f angesprochenen Gefahr des Verlusts von Aufrechnungsmöglichkeiten]; Jacoby, Das private Amt [2007] 71 ff).

160 Eine zusätzliche Rechtfertigung für die Gewährung eines Anspruchs, der (auch) aus dem Nachlass erfüllt werden muss, dürfte in **§ 324 Abs 1 Nr 5 InsO** liegen. Da diese Vorschrift die Verbindlichkeiten aus Rechtsgeschäften eines Nachlasspflegers zu den Nachlassverbindlichkeiten (Masseverbindlichkeiten) zählt, erscheint es jedenfalls nicht gänzlich unvertretbar, auch solche Schulden als Nachlassverbindlichkeiten (wenn auch idR nicht zugleich als Masseverbindlichkeiten; vgl Jaeger/Weber[8], KO § 224 Rn 2; Riering, in: Nerlich/Römermann [Juli 2019] InsO § 324 Rn 5, § 325 Rn 8; **aM** Kress 24) anzuerkennen, die ein nicht durch einen Nachlasspfleger vertretener Erbe oder einen Testamentsvollstrecker in einer gegenüber den übrigen Nachlassgläubigern durch § 1978 Abs 1, 3 BGB gerechtfertigten Weise *selbst* begründet hat (**aM** und deshalb für Abschaffung der Figur der Nachlasserbenschuld Dauner-Lieb 129 ff, 147, 558; Jacoby 71 ff). Freilich ist daran zu erinnern, dass das **BGB** für den selbstverwaltenden Erben gerade **keine § 2206 BGB entsprechende Regelung** bereithält.

Letztlich entscheidend dürfte sein, welches **Risiko** man dem Erben zuweisen will, der einen vielleicht anfangs nur unübersichtlichen, dann erkennbar überschuldeten Nachlass annimmt. Dabei ist vor allem zu bedenken, dass die regelmäßig nur sechswöchige Ausschlagungsfrist (§ 1944 Abs 1 BGB) kurz bemessen ist und die Entscheidung für oder wider die Ausschlagung einer Erbschaft – gerade bei komplexen oder konfliktiven Nachlässen sowie Nachlässen in der Krise – häufig ohne fachkundige Beratung nicht sinnvoll getroffen werden kann (vgl hierzu bereits Vorbem 211 zu §§ 1967 ff). Hinzu kommen nicht unerhebliche Haftungsrisiken, die den Erben iRd § 1978 BGB treffen. Will man verhindern, dass die Ausschlagung für den Erben zum Mittel der Wahl wird, ist der **Schutz des Erben und dessen Eigenvermögen** geboten. Reflexhaft dürfte dies zudem verhindern, dass die Abwicklung (potentiell) überschuldeter Nachlässe häufig dem Fiskus und damit wirtschaftlich betrachtet der Gemeinschaft der Steuerzahler überlassen bleibt (§ 1936 BGB). **161**

Das Risiko einer reinen Innenhaftung liegt für den Erben im Zusammenspiel von **§ 1979 BGB mit §§ 1978 Abs 3, 670 BGB** – jedenfalls dann, wenn man die Erforderlichkeit iSd § 670 BGB an der (begrifflichen) Qualität als Nachlassverbindlichkeit misst (ebenso Dauner-Lieb, S 131). Freilich ließ sich hier bereits mehr Klarheit schaffen, wenn man den Aufwendungsersatzanspruch aus § 1978 Abs 3 BGB auf alle Aufwendungen des Erben erstreckte, die objektiv dem Nachlass dienen, weil der Erbe eine nachlassbezogene Verbindlichkeit aus Eigenmitteln des Erben berichtigt hat. Der Wortlaut des § 1979 BGB, der nur die Berichtigung von Nachlassverbindlichkeiten erfasst, müsste dann aber de lege ferenda entsprechend angepasst werden. **162**

Die **Wurzel des Problems** besteht darin, dass das Gesetz für den eigenverwaltenden Erben – anders als etwa für den Testamentsvollstrecker in §§ 2206–2208 BGB (Fremdverwalter) – **keine Befugnisnormen** vorsieht, die seine Rechtsmacht im Umgang mit dem Nachlass regeln. Allein die Stellung als Gesamtrechtsnachfolger (§§ 1922 Abs 1, 1967 BGB) genügt jedenfalls nicht, um die **Rechtsmacht des Erben** bis zur endgültigen Abwicklung des Nachlasses ihrem Umfang nach zu vermessen (s erg hierzu Vorbem 54 ff zu §§ 1967 ff; ferner bald Kunz ErbR 2020). **163**

De lege lata ist jedenfalls zur Veranschaulichung des Problems von folgender Konstellation auszugehen: Der Erbe geht nach dem Erbfall eine Verbindlichkeit ein, die zwar objektiv dem Nachlasserhalt dient, befriedigt den Gläubiger aber mit Mitteln aus seinem Eigenvermögen. Nimmt man an, dass der Erbe den Nachlass nicht als absonderbare Haftungsgrundlage in Haftung bringen kann, hat der Erbe lediglich eine reine Eigenverbindlichkeit begründet. Gerät der Nachlass später in die Krise und kommt es deshalb zur Eröffnung eines Nachlassinsolvenzverfahrens, muss sich der Erben den Nachlassgläubiger gegenüber nach § 1978 BGB verantworten. § 1979 BGB begrenzt hierbei die Innenhaftung des Erben, allerdings dem Wortlaut nach nur für die Berichtigung von Nachlassverbindlichkeiten. Obwohl der Erbe in dieser Konstellation also im objektiven Interesse des Nachlasses und der Nachlassgläubiger gehandelt hat, kann er die Aufwendungen aus seinem Eigenvermögen zur Befrie- **164** digung der nachlassbezogenen Eigenverbindlichkeit zwar grds nach §§ 1978 Abs 3, 670 BGB ersetzt verlangen, aber auf § 1979 BGB könnte er sich jedenfalls zu seiner Entlastung nicht berufen. Der Erbe müsste also in seinem eigenen Interesse streng darauf achten, spätere von ihm begründete, freilich nachlassbezogene Verbindlichkeiten nur mit Mitteln aus dem Nachlass zu begleichen. Dem Einwand, es liege eben im Risikobereich des Erben, wenn er nachlassbezogene Verbindlichkeiten aus eigener Tasche begleiche, ist zu entgegnen, dass der Rückgriff auf den Nachlass je nach Beschaffenheit des Nachlasses weder immer möglich noch in jeder Konstellation wirtschaftlich sinnvoll ist. Schließlich liefe der Erbe überdies Gefahr, den Schaden, der durch die Entnahme von Mitteln aus dem Nachlass entstanden ist, nach § 1978 Abs 1 BGB ersetzen zu müssen und zwar ohne, sich auf § 1979 BGB berufen zu können.

165 Um diesem Risiko für den Erben vollumfänglich zu begegnen, müsste der Erbe regelmäßig – genau wie ein Fremdverwalter (s nur für den Testamentsvollstrecker §§ 2206–2208 BGB) – in der Lage sein, reine Nachlassverbindlichkeiten zu begründen. Dies stößt jedoch wiederum an eine andere Grenze: Der selbstverwaltende Alleinerbe ist nicht rechtlich als solcher verselbstständigt und insoweit auch nicht eindeutig für den Rechtsverkehr als solcher wahrnehmbar (s erg zur sog Trägerlösung Vorbem 123 ff zu §§ 1967 ff; zur rechtspolitischen Kritik s Vorbem 211 ff zu §§ 1967 ff). Angesichts dieser Rechtslage ist es vorzugswürdig, Nachlasserbenschulden als *haftungsrechtliche* Mischform anzuerkennen, auch wenn sie in Widerspruch zur Innenhaftung nach § 1978 Abs 3 BGB steht. Fordert man wie ganz überwiegend angenommen, dass eine solche Verbindlichkeit nur entstehen kann, wenn sie objektiv dem Nachlass dient und mithin ordnungsgemäß ist (sogleich ausf Rn 166 ff; zu den subjektiven Voraussetzungen an die Erforderlichkeit iRd § 1978 Abs 1 S 1 und Abs 3 iVm § 670, s Dauner-Lieb S 116–119), sind auch die Nachlass*alt*gläubiger ausreichend geschützt. Immerhin haben auch sie die Möglichkeit, die Anordnung einer Nachlassverwaltung (§ 1981 Abs 2 BGB) oder die Eröffnung eines Nachlassinsolvenzverfahrens (§ 317 Abs 1 aE InsO) (zu ihrem eigenen Schutz) zu beantragen. Zur Beantragung des Aufgebots iSd §§ 1970–1973 BGB sind die Nachlassgläubiger freilich nicht berechtigt (s § 455 FamFG; s erg S § 1970 Rn 12).

bb) Prüfstein: Maßnahmen zur ordnungsgemäßen Verwaltung des Nachlasses

166 Wie soeben ausgeführt (Rn 159), ist der Nachlass nur dann – neben dem Eigenvermögen des Erben – Haftungsgrundlage für Verbindlichkeiten des Erben, sofern sie **„vom Standpunkt eines sorgfältigen Verwalters in ordnungsgemäßer Verwaltung des Nachlasses eingegangen“** worden sind (grundlegend RG 26. 3. 1917 – IV 398/16, RGZ 90, 91, 95 mwNw; ferner RGZ 146, 343, 345; sodann – mit leichter Abwandlung [„… eines sorgfältigen Beobachters …“] – aufgegriffen von BGH, NJW 1960, 959, 961 f = BGHZ 32, 60, nunmehr stRspr und hM auch in der Lit; s aus der Rspr zB BGH NJW 1978, 1385, 1386 [vgl hierzu noch Rn 19, 216]; BGH FamRZ 2009, 1520; BGH FamRZ 2013, 543, 544 = NJW 2013, 933; BGH FamRZ 2013, 1476 = NJW 2013, 3446, 3447 = ZEV 2013, 609, 610 f; BGH ZEV 2013, 208, 209 Rn 16). Insoweit besteht – anders als beim Handeln des Testamentsvollstreckers (s Rn 143 ff) – **grds kein Verkehrsschutz**. Es kommt hier also nicht darauf an, ob der Neugläubiger ohne Fahrlässigkeit davon ausgehen durfte, dass das Rechtsgeschäft des Erben der ordnungsgemäßen Verwaltung des Nachlasses diente (**nicht unstr**, hierzu Dauner-Lieb, S 124–126).

167 Dementsprechend ist auch nicht erforderlich, dass der Erbe die Verpflichtung ausdrücklich „für den Nachlass“ übernommen oder dem Geschäftsgegner die Beziehung zum Nachlass erkennbar gemacht hat (RGZ 90, 91, 95, 98 [wegen der – in RGZ 62, 38, 43 f noch abgelehnten – Herleitung der maßgeblichen Kriterien aus § 1978 Abs 3]; Staudinger/Avenarius [2019] Vorbem 9 zu §§ 2144 ff; Soergel/Stein Rn 8; Astrid Ernst 23 f; **aM** Herzfelder JW 1926, 1544 ff; s ferner Muscheler, Testamentsvollstreckung 204, 272 und Staudinger/Dobler § 1985 Rn 5 ff zu der Frage, ob dies auch gilt, wenn statt des Erben ein Testamentsvollstrecker oder Nachlassverwalter kontrahiert hat; zu Auslegungsfragen s auch OLG München 28. 2. 2018 – 20 U 3542/16 Rn 22–24 [zit nach juris] = BeckRS 2018, 4503 = ZEV 2019, 107 [Ls] mit Beschluss des BGH 5. 12. 2018 – IV ZR 89/18 [zit nach juris]). Soweit nicht zumindest konkludent anderes vereinbart ist (dazu ausf Rn 171 ff), haftet der Erbe für die von ihm rechtsgeschäftlich begründeten Nachlassverbindlichkeiten nicht nur mit dem Nachlass, sondern unbeschränkbar auch als Inhaber seines Eigenvermögens (RGZ 146, 343, 345 f; BGH BB 1968, 769 f; BGH FamRZ 2013, 1476, 1477 = NJW 2013, 3446; **aM** Binder JW 1927, 1196, 1198). Diese Form der Doppelhaftung wird im Begriff der **Nachlasserbenschulden** ausgedrückt.

Das Verwaltungshandeln des Erben kann insoweit auch in einem **Unterlassen** liegen (BGH FamRZ 2013, 1476, 1477 = NJW 2013, 3446 zum Halten einer Wohnung und einer dadurch entstehende **Wohngeldschuld** s Rn 204 ff; hierzu abgrenzend nun BGH NJW 2019, 988). 168

Handelt der Erbe **objektiv außerhalb der Grenzen einer ordnungsgemäßen Nachlassverwaltung**, kommt mithin nur noch die Haftung mit seinem Eigenvermögen in Betracht. Das sollte zum Schutz der Nachlassaltgläubiger auch dann gelten, wenn bei Vertragsschluss eine Haftungsbeschränkung auf den Nachlass vereinbart worden ist (ebenso, freilich im Falle einer Vorerbschaft, RG 23. 8. 1938 – VII 85/38, JW 1938, 2822; Joachim, Erbenhaftung [4. Aufl 2018] Rn 118; **aA** RGRK/Johannsen § 1967 Rn 12). Andernfalls ließe sich das Kriterium der ordnungsgemäßen Nachlassverwaltung ohne Weiteres zu Lasten der Nachlassaltgläubiger umgehen. Handelt der Erbe also nach objektiver Betrachtung außerhalb der Grenzen einer ordnungsgemäßen Nachlassverwaltung, entsteht **gem § 179 BGB analog** eine reine Eigenverbindlichkeit des Erben (ausf Rn 176 ff). 169

Freilich ist zu bedenken, dass der Erbe auch eine Eigenverbindlichkeit konditionsfest aus dem Nachlass erfüllen kann, sich dann aber – bei Vorliegen eines Schadens – ggf nach §§ 1978 Abs 1 S 1, 280 ff BGB wegen der Tilgung einer Eigenverbindlichkeit mit Nachlassmitteln gegenüber der Gesamtnachlassgläubigerschaft schadensersatzpflichtig macht. Das Kriterium der Ordnungsgemäßheit einer Verwaltungsmaßnahme begrenzt also keineswegs im Außenverhältnis das **schuldrechtliche oder dingliche Können des Erben**, sondern hat **allein haftungsrechtliche Konsequenzen** im Innenverhältnis zu den Nachlassaltgläubiger. Ferner kann eine Verbindlichkeit, die auf einem ordnungswidrigen Verwaltungshandeln des Erben beruht, nicht als Nachlassverbindlichkeit in einem Nachlassinsolvenzverfahren geltend gemacht werden (§ 325 InsO). Vgl hierzu auch die Ausführungen zur Erbenmehrheit bei Rn 198 ff. 170

c) Begründung von sog reinen Nachlassverbindlichkeiten bei Haftungsbeschränkungsvereinbarungen

Soweit ein Erbe berechtigt ist, den Nachlass als Haftungsgrundlage zu verpflichten (zum Kriterium der Ordnungsgemäßheit, s soeben Rn 166 ff sowie nachfolgend Rn 176 ff), also eine Verbindlichkeit einzugehen, für deren Erfüllung auch der Nachlass haftet, kann 171 er auch privatautonom seine Haftung auf den Nachlass beschränken und eine sog reine Nachlassverbindlichkeit begründen (zum Begriff s bereits Rn 14 ff). Hierzu kann er eine **Haftungsvereinbarung** mit dem Gläubiger treffen (s erg zum Anerkenntnis von Schulden als Nachlassverbindlichkeiten ausf Rn 180 ff; zur Anerkennung von Pflichtteilsforderungen durch den Testamentsvollstrecker s Rn 146 ff). **In Verträgen also, die der Erbe – es sei mit oder ohne Bezug auf den Nachlass – schließt, kann er wirksam vereinbaren, dass er für die Erfüllung nicht mit seinem Eigenvermögen, sondern nur mit dem Nachlass haftet** (vgl Mot V 603; RGZ 90, 91, 93; Staudinger/Avenarius [2019] Vorbem 14 zu §§ 2144 ff; s erg zur einer Art von Auseinandersetzungsvereinbarung außerhalb des Erbrechts OLG München 28. 2. 2018 – 20 U 3542/16 Rn 22–24 [zit nach juris] = BeckRS 2018, 4503 = ZEV 2019, 107 [Ls]: Das Gericht sieht in den Verbindlichkeiten, die eine solche Vereinbarung begründet, Nachlasserbenschulden, freilich ohne auf das Kriterium der Ordnungsgemäßheit gesondert einzugehen; s erg den Beschluss des BGH 5. 12. 2018 – IV ZR 89/18 [zit nach juris] mit Hinweisen zur Auslegung einer solchen Vereinbarung; vgl ferner die freilich steuerrechtliche Einordnung einer Abfindungszahlung an den weichenden Erbprätendenten in BFH 15. 6. 2016 – II R 24/15, ZEV 2016, 594: Abzugsfähigkeit nach § 10 Abs 5 Nr 3 S 1 ErbStG bejahend).

172 Die Zulässigkeit solcher Haftungsbeschränkungsvereinbarungen war nicht immer unumstritten (vgl Binder II S 39 Fn 74 mN), scheint aber heute weitgehend bejaht zu werden (mit instruktiver Kritik aber zB Dauner-Lieb S 127 f, 137 f) und zwar grds selbst beim lediglich konkludent erkennbaren Willen des Erben, seine Haftung auf den Nachlass beschränken zu wollen (zB BGH WM 1968, 798; RGZ 146, 343, 346; Marotzke AcP 1999 [1999] 614, 617; strenger BGH BeckRS 2009, 21773).

173 Für eine **konkludente Vereinbarung einer Haftungsbeschränkung** genügt es aber nicht, wenn der Erbe nur mit Bezug auf den Nachlass handelt, indem er zB seinen Erbschein vorlegt, die Erbenstellung bei Vertragsabschluss oder bei den Vertragsverhandlungen mündlich thematisiert oder als Erbe unterzeichnet. Erforderlich ist, dass sein **Haftungsbeschränkungswille** aus Sicht eines objektiven Dritten (§§ 133, 157 BGB) erkennbar wird. Immerhin verringert sich für den Gläubiger die Haftungsmasse, was zu veränderten Insolvenzrisiken führen kann. Ob ein Haftungsbeschränkungswille gegeben ist, ist durch Auslegung zu ermitteln. Bei Zweifeln wird jedoch – im Interesse des Gläubiger- und Verkehrsschutzes – anzunehmen sein, dass der Erbe für von ihm eingegangene Verbindlichkeiten ohne Beschränkung auf das geerbte (oder: das nicht geerbte) Vermögen haftet (vgl Mot V 603; BGH BB 1968, 769 f; RGZ 146, 343, 345 f; Friedrich 155 f; Dauner-Lieb 137 ff, 168 ff, 388 f, 396 ff, 407 f; s auch RGZ 90, 91, 93, 95, 98, wo das RG aber für von einem Vorerben in Verwaltung des Nachlasses eingegangene Verbindlichkeiten der Annahme einer Haftungsbeschränkung auf das Eigenvermögen zuneigt [96 f mit Nachweisen zum Meinungsstand; anders BGHZ 32, 60, 64]).

174 Die privatautonome Gestaltbarkeit der Haftungsordnung gerät aber in ihre **Grenze**, wenn das Rechtsgeschäft des Erben keine **Maßnahme einer ordnungsgemäßen Verwaltung des Nachlasses** darstellt. Eine Vereinbarung des Inhalts, dass der Erbe für einen von ihm geschlossenen Vertrag nur mit dem Nachlass oder nur entsprechend den Vorschriften über Nachlassverbindlichkeiten einzustehen habe (eine solche Vereinbarung kann nach RGZ 90, 91, 93; 146, 343, 346 zB dadurch zustande kommen, dass der Erbe beim Vertragsschluss unwidersprochen erklärt, im Namen oder in Vertretung des Nachlasses oder – bedenklich! – für den Nachlass zu handeln; zum Vertragsschluss unter der Firma des Erblassers vgl OLG Hamburg SeuffA 65 [1910] Nr 135; BGH BB 1968, 769 f; Friedrich 155 f; Dauner-Lieb

169 ff, 402 f, 491 ff), hat daher nicht ohne Weiteres zur Folge, dass der Vertragspartner Nachlassgläubiger iS der §§ 1967 ff BGB wird (vgl RGZ 146, 343, 346; RG JW 1938, 2811 = WarnR 1938 Nr 143 sowie unten Rn 176 [dort auch zum Einfluss des Nichtentstehens einer Nachlassverbindlichkeit auf die Wirksamkeit der Haftungsbeschränkungsvereinbarung]; zu Vereinbarungen über eine *bestehende* Erbenhaftung demgegenüber näher Vorbem 185 ff zu §§ 1967 ff), sondern ist an der **Ordnungsgemäßheit der Maßnahme** zu messen.

Eine Vereinbarung, nach der der Erbe nur mit seinem Eigenvermögen haften soll, schließt allerdings die Annahme einer Nachlassverbindlichkeit selbst dann aus, wenn es sich beim Rechtsgeschäft um eine Maßnahme der ordnungsgemäßen Verwaltung des Nachlasses gehandelt hätte (vgl RGZ 90, 91, 96 f mwNw bzgl der von einem Vorerben in Verwaltung des Nachlasses eingegangenen Verbindlichkeit; Astrid Ernst 31; Staudinger/Avenarius [2019] Vorbem 14 aE zu §§ 2144 ff). Eine die Haftung des Erben auf sein Eigenvermögen beschränkende Vereinbarung wird man im Zweifel so auszulegen haben, dass ihretwegen auch der Schuldbefreiungsanspruch nicht gepfändet werden darf, den der Erbe evtl gem §§ 257, 1978 Abs 3 BGB gegen den Nachlass erwirbt (zu Unrecht leugnen RGZ 90, 91, 94 f und Boehmer, in: RG-FS III [1929] 216, 266 – nicht aber Jaeger/Weber[8], KO § 224 Rn 2 – die Möglichkeit eines Anspruchs auf Befreiung von einer in Verwaltung des Nachlasses lediglich mit dem Eigenvermögen eingegangenen Verbindlichkeit). 175

d) Die Begründung reiner Eigenverbindlichkeiten aus § 179 BGB analog

Außerhalb der Grenzen einer ordnungsmäßigen Verwaltung kann der Erbe eine rechtsgeschäftliche Verbindlichkeit auch durch ausdrückliche Vereinbarung nicht als *Nachlassverbindlichkeit* begründen (RG JW 1938, 2822 = WarnR 1938 Nr 143 [für den Vorerben]; vgl auch Jaeger/Weber[8], KO §§ 226, 227 Rn 20; Kress, Erbengemeinschaft 23; A Ernst 24 ff, 34; Dauner-Lieb 144, 147, 379 ff, 410 f, 445, 448 ff, 454 ff, 458 [die dies jedoch auch *innerhalb* der o g Grenzen ablehnt]; großzügiger, weil auf das Kriterium der Ordnungsmäßigkeit der Verwaltung verzichtend, noch RGZ 62, 38, 43 f [vertragliches Anerkenntnis einer Nachlassverbindlichkeit]; hinsichtlich des endgültigen Erben **gegenteiliger Ansicht** BGB-RGRK/Johannsen Rn 12, 13 aE; zu der etwas weiter gehenden Verpflichtungsmacht des *Testamentsvollstreckers* s oben Rn 11 ff; zu Honorarvereinbarungen mit gewerblichen **„Erbensuchern“** unten Rn 210). In diesem Fall handelt es sich um eine reine **Eigenverbindlichkeit des Erben** (zum Begriff s Rn 14 ff). 176

Ein fehlgeschlagener diesbezüglicher Versuch führt **analog § 179 BGB** zu einer Haftung des Erben mit dem Eigenvermögen auch dann, wenn bei Vertragsschluss eine Haftungsbeschränkung auf den Nachlass vereinbart wurde (Bartelmann, Die Haftung für die Nachlaßschulden im Falle des Verkaufs der Erbschaft [Diss Rostock 1935] 6; vgl auch Astrid Ernst 34; Dauner-Lieb 128, 139, 142, 144, 168, 390, 558; Marotzke AcP 199 [1999] 615, 618 ff; G Siegmann NZM 2000, 995, 996 r Sp). 177

War der Nachlass zZ des Vertragsschlusses bereits **überschuldet**, so kommt als Grundlage einer persönlichen Haftung des Erben auch eine analoge Anwendung der in BGHZ 126, 181, 192 ff vertretenen neuen Auslegung – inzwischen als § 15a Abs 1 InsO neu verorteten – des § 64 Abs 1 GmbHG aF in Betracht (Marotzke AcP 199 [1999] 615, 620; zust Keim 75; vgl auch den mit § 64 Abs 1 GmbHG aF bzw § 15a Abs 1 InsO zweckverwandten und deshalb ähnlich auslegbaren § 1980 BGB; ferner Staudinger/Dobler § 1980 Rn 17). 178

179 Analog § 1979 BGB und im Hinblick auf § 1980 BGB wird anzunehmen sein, dass die Nachlassgläubiger die Eingehung neuer Verbindlichkeiten durch den Erben außer in Fällen echter Notgeschäftsführung nur dann „als für Rechnung des Nachlasses erfolgt“ gelten lassen müssen, wenn der Erbe den Umständen nach annehmen durfte, dass der Nachlass *auch noch nach dieser zusätzlichen Belastung* ausreichen werde, um *alle* Nachlassverbindlichkeiten zu berichtigen (vgl Marotzke AcP 199 [1999] 615, 624 mit Fn 7).

e) Begründung neuer Nachlassverbindlichkeit durch Anerkenntnis einer Schuld als Nachlassverbindlichkeit

180 Mit dem Anerkennen einer Schuld als Nachlassverbindlichkeit eröffnet sich dem Gläubiger nicht nur ein erweiterter Vollstreckungszugriff, sondern zudem die Möglichkeit, die Nachlassabsonderung zu bewirken. Droht etwa dem Erben die Zahlungsunfähigkeit, ist aber der Nachlass solvent, kann sich der Gläubiger auf diese Weise voll aus dem Nachlass befriedigen. Im Anerkenntnis einer Schuld als Nachlassverbindlichkeit liegt deshalb zugleich eine Haftungs(erweiterungs-)vereinbarung (zur Zulässigkeit von Haftungsvereinbarungen s Vorbem 185 ff zu §§ 1967 ff; § 1967 Rn 171 ff).

aa) Rechtsgeschäftliches Anerkenntnis

181 Das **rechtsgeschäftliche Anerkenntnis** einer Verbindlichkeit (dazu auch Staudinger/Avenarius [2019] Vorbem 11 zu §§ 2144 ff) durch den Erben macht diesen, falls er die Schuld erkennbar „als Nachlassverbindlichkeit“ anerkannt hat, im Zweifel „wie“ für Nachlassverbindlichkeiten haftbar, also mit der Möglichkeit einer Haftungsbeschränkung auf den Nachlass (s soeben Rn 180). Eine *Nachlass*verbindlichkeit wird durch das Anerkenntnis aber nur begründet, wenn der Erbe es in **ordnungsmäßiger Verwaltung des Nachlasses** – zB im Rahmen eines per saldo günstigen Vergleichs (vgl etwa RGZ 81, 364, 366 f [allerdings zu § 2113 Abs 2; s Staudinger/Avenarius [2019] § 2113 Rn 81]) – abgegeben hat (auf das Erfordernis der Ordnungsmäßigkeit verzichten zu Unrecht Herzfelder JW 1926, 1544, 1545 f und RGZ 62, 38, 43 [zu § 226 Abs 1, KO, heute § 325 InsO]; aber wohl überholt durch RGZ 90, 91, 95 [dazu Rn 157 ff]; RG JW 1938, 2822 = WarnR 1938 Nr 143 [dazu Rn 169]). Da das Anerkenntnis auf einer Rechtshandlung des Erben beruht (allgemein zur Bestimmung des Herrührens s Rn 60 ff), entsteht **keine reine Nachlassverbindlichkeit**, sondern allenfalls eine **Nachlasserbenschuld** (s dazu Rn 17–20, 150 ff). Erforderlich hierfür ist aber, dass das Anerkenntnis eine Maßnahme der ordnungsgemäßen Verwaltung des Nachlasses darstellt.

182 Ist das nicht der Fall (vgl BGHZ 51, 125 ff bzgl des von einem Testamentsvollstrecker abgegebenen Anerkenntnisses), so kann der Gläubiger das Anerkenntnis weder im Nachlassinsolvenzverfahren (arg § 327 Abs 1 InsO) noch gegenüber einem Nachlassverwalter geltend machen (vgl §§ 1984 Abs 2, 1985 Abs 1 BGB, § 784 Abs 2 ZPO). Es begründet dann eine Verbindlichkeit nicht (auch) des Nachlasses, sondern nur des anerkennenden Erben (aM Staudinger/Lehmann[11] Rn 26), also eine **reine Eigenverbindlichkeit** (zu den Begriffen s Rn 14 ff).

183 **War das Anerkenntnis einer Schuld als Nachlassverbindlichkeit kein Akt ordnungsmäßiger Verwaltung des Nachlasses**, so kann sich der Gläubiger, soweit er auf das Anerkenntnis angewiesen ist (etwa weil die anerkannte Nachlassverbindlichkeit nicht besteht oder nicht nachzuweisen ist), nach Eröffnung eines Nachlassinsolvenzverfahrens oder Anordnung einer Nachlassverwaltung hinsichtlich des *Nachlasses* nur noch an das halten, was nach Verfahrensende übrig bleibt (vgl Rn 150–153 zur Rechtfertigung dieses Ergebnisses im Hinblick auf das Haftungsinteresse der Nachlassgläubiger). Er kann zB den Anspruch des Erben gegen den Nachlassverwalter auf Herausgabe des nach Beendigung der Nachlassverwaltung verbliebenen Restes pfänden (vgl Staudinger/Dobler § 1984 Rn 26 ff). *Bis* zur Eröffnung eines derartigen Verfahrens kann der Gläubiger idR aber auch dann auf den (gesamten) Nachlass zugreifen, wenn das Anerkenntnis, auf das er diesen Zugriff stützt, nur eine *Eigen*verbindlichkeit des Erben begründet.

Zu Lasten eines Nacherben wirkt **ein vom Vorerben abgegebenes Anerkenntnis** nur, wenn es in ordnungsmäßiger Verwaltung des Nachlasses abgegeben wurde (aber auch BGH NJW 1973, 1690, 1691 m Anm Waltjen NJW 1973, 2061 f: ob ein in dem Anerkenntnis enthaltener *Einredeverzicht* auch zu Lasten des Nacherben wirke, richte sich allein nach den §§ 2112–2115 [unzutreffend, weil auf den Ausschluss von *Einwendungen* – keine Verfügung! – nicht übertragbar und somit zu einer hier unangemessenen Differenzierung zwischen Einrede- und Einwendungsausschluss führend]). 184

bb) Anerkenntnis im Prozess

Das Vorstehende gilt entsprechend, wenn der Erbe eine Nachlassverbindlichkeit im Prozess gegenüber dem Gericht anerkennt. Nur wenn das **prozessuale Anerkenntnis** ein Akt ordnungsmäßiger Verwaltung des Nachlasses ist, kann eine ihm entsprechende Verurteilung (§ 307 ZPO) des Erben eine Nachlassverbindlichkeit begründen. Abgesehen von dieser auf ein Anerkenntnis oder einen inhaltsgleichen Vergleich anwendbaren Schutzüberlegung müssen sich die übrigen Nachlassgläubiger aber wohl damit abfinden, im Nachlassinsolvenzverfahren auch mit solchen Gläubigern konkurrieren zu müssen, die die Feststellung ihres Anspruchs gegen den Nachlass nur *infolge nachlässiger Prozessführung des Erben* erlangen konnten (Eccius Gruchot 51 [1907] 564, 572 ff; zur Frage einer Bindung des *Nacherben* an die Prozessführung des Vorerben vgl Staudinger/Avenarius [2019] Vorbem 16 f zu §§ 2144 ff). Notfalls müssen sie den Erben deswegen gem § 1978 Abs 1 BGB in Regress nehmen (Eccius 573). 185

f) Nachlassbezogene Prozesskosten als Nachlasserbenschulden

Sind dem Erben nach §§ 91 ff ZPO die **Kosten eines** von ihm selbst geführten (ggf nach § 239 ZPO aufgenommenen, s dazu Rn 66–68) **Rechtsstreits** auferlegt, so haftet er dafür persönlich und unbeschränkbar und zwar selbst dann, wenn er wegen einer Nachlassverbindlichkeit unter dem Vorbehalt der beschränkten Haftung verurteilt wurde (RG HRR 1930 Nr 455; RG JW 1912, 46 Nr 47; BAG NJW 2014, 413, 414; BGH FamRZ 2015, 653, 655; KG NJW-RR 2003, 941, 943; OLG Karlsruhe NJW-RR 2007, 1166, 1167; OLG Düsseldorf FamRZ 2010, 496, 498; OLG Naumburg HRR 1937 Nr 700; OLG Jena SeuffA 66 [1911] Nr 139; OLG Stuttgart WürttJb 24 [1912] 298, 305; OLG Köln NJW 1952, 1145; OLG München JurBüro 1994, 112; OLG Koblenz ZEV 1997, 253 f; BAG NJW 2014, 413, 414; **aM** Binder II 47; Cosack II 150 III 2 bα). Denn die Prozesskosten beruhen auf Rechtshandlungen des Erben, der den Rechtsstreit als Rechtsnachfolger iSd §§ 1922 Abs 1, 1967 BGB auch im eigenen Interesse führt und auf den Prozessverlauf Einfluss nehmen kann. 186

Dies gilt auch für den **Fiskus** bei § 1936 S 1 BGB, auch wenn dieser die Erbschaft nach § 1942 Abs 2 BGB nicht ausschlagen kann (LG Oldenburg NdsRpfl 2015, 93). 187

188 Wenn der Erbe kein Prozess(kosten)risiko eingehen will, mag er auf die Chance eines Prozessgewinns verzichten, also zur Klageerhebung keine Veranlassung geben und eine dennoch eingeklagte Nachlassverbindlichkeit sofort – jedoch unter dem Vorbehalt der beschränkten Haftung, §§ 305, 780 Abs 1 ZPO – anerkennen (vgl § 93 ZPO; Staudinger/Dobler § 2014 Rn 14; § 1990 Rn 21; MünchKomm/Küpper § 1967 Rn 37; OLG Jena SeuffA 66 [1911] Nr 139; KG OLGE [1917/II] 35, 127; OLG Köln NJW 1952, 1145, 1146 aE; OLG München JurBüro 1995, 659; Damrau ZEV 1999, 234; s erg Vorbem 131 ff zu §§ 1967 ff).

189 Wird die gegen den Erben gerichtete Klage eines Nachlassgläubigers erst nach Einreichung aber noch vor Zustellung dadurch unzulässig, dass über den Nachlass ein Insolvenzverfahren eröffnet wird, so hat der Erbe ohne Möglichkeit der Haftungsbeschränkung die Kosten des Rechtsstreits zu tragen, wenn er den Kläger nach Ankündigung der Klageerhebung nicht darüber informiert hat, dass und wann er bereits Antrag auf Eröffnung des Nachlassinsolvenzverfahrens gestellt hatte (OLG Karlsruhe NJW-RR 2007, 1166 f).

190 Nach hM **sind vom Erben veranlasste oder nicht verhinderte Prozesskosten** nicht nur Eigenverbindlichkeiten des Erben, sondern zugleich Nachlassverbindlichkeiten, also **Nachlasserbenschulden** (KGJ 42 [1912] A 99, 102 = OLGE 26 [1913/I] 292, 293; Strohal II § 70 I 2 c; Riering, in: Nerlich/Römermann [Juli 2019] InsO § 325 Rn 8; **aM** wohl Stein/Jonas/Althammer ZPO § 326 Rn 6). Dem ist – nach den allgemeinen Grundsätzen zur Entstehung neuer Nachlassverbindlichkeiten nach dem Erbfall (dazu Rn 17–20, 150 ff) nur insoweit zuzustimmen, als sich die Prozessführung des Erben (trotz seiner Niederlage!) im Rahmen ordnungsmäßiger Verwaltung des Nachlasses hielt (Jaeger/Weber[8], KO §§ 226, 227 Rn 18, 20) und er somit gem § 257 iVm §§ 1978 Abs 3, 670 BGB Schuldbefreiung aus dem Nachlass verlangen könnte (ebenso wohl Staudinger/Lehmann[11] Rn 30, wo aber das Kriterium der ordnungsmäßigen Verwaltung zu Unrecht auch mit der persönlichen Haftung des Erben in Zusammenhang gebracht wird).

191 **Reine Nachlassverbindlichkeiten** sind **alle Prozesskostenerstattungsansprüche, die bereits gegen den Erblasser entstanden sind** (vgl Rn 66, auch Vorbem 144 zu §§ 1967 ff [nach dem Tod erfolgte Verurteilung des Erblassers]), und solche aus einem von einem **Nachlasspfleger geführten Rechtsstreit** (KG OLGE 34 [1917/I] 274 f; **aM** KG Rpfleger 1976, 187 f im Schlusssatz [vgl dazu noch Vorbem 33]; Damrau ZEV 1999, 234). Reine Nachlassverbindlichkeiten sind deshalb auch solche Prozesskosten, die dem Erben, der die geltend gemachte Nachlassverbindlichkeit nach Übernahme des Rechtsstreits von einem Nachlasspfleger unter dem Vorbehalt der beschränkten Haftung sofort anerkennt (§ 93 ZPO), nur deshalb auferlegt werden, weil der *Nachlasspfleger* zur Klageerhebung Veranlassung gegeben hat (**aM** anscheinend OLG Köln NJW 1952, 1145, 1146 aE). Auch für Prozesskosten, die dem Erben lediglich deshalb auferlegt werden, weil er **ein noch vom Erblasser eingelegtes Rechtsmittel** sofort zurücknimmt, kann er den Haftungsvorbehalt des § 780 Abs 1 ZPO verlangen (so wohl Mattern aE seiner Anm zu BGH LM Nr 6 zu § 780 ZPO; **aM** RG Recht 1930 Nr 156).

192 Zu den Fortwirkungsgrenzen einer dem Erblasser bewilligten **Prozesskostenhilfe** vgl Staudinger/Kunz (2017) § 1922 Rn 653 ff; zur Behandlung des Haftungsbeschränkungsrechts im Kostenfestsetzungsverfahren s oben Rn 66 f und Vorbem 144 zu §§ 1967 ff; s erg Schneider ErbR 2011, 51.

g) Besonderheiten vor endgültiger Erbschaftsannahme, bei Vor- und Nacherbschaft und bei Miterben?

aa) Begründung neuer Nachlassverbindlichkeiten durch Rechtsgeschäfte des vorläufigen Erben und des Vorerben

Analog den bei Rn 150 ff dargelegten Grundsätzen kommen als Nachlassverbindlichkeiten auch die von einem **vorläufigen Erben**, der die Erbschaft später ausschlägt, sowie die von einem **Vorerben** in ordnungsgemäßer Verwaltung des Nachlasses eingegangenen Verpflichtungen in Betracht (wie hier Bamberger/Roth/Lohmann [BeckOK BGB, 1. 11. 2019] § 1967 Rn 19; vgl bzgl des *Vorerben* auch Staudinger/Avenarius [2019] Vorbem 6 ff zu §§ 2144 ff sowie Staudinger/Avenarius [2019] § 2113 Rn 54; RGZ 90, 91, 95 f; RG JW 1938, 2822 = WarnR 1938 Nr 143; BGHZ 32, 60, 64 = NJW 1960, 959, 961 f; BGHZ 110, 176, 179 ff = NJW 1990, 1237 f; BGH NJW 1993, 1582 f [dieselbe Sache!]; BGH FamRZ 2009, 1520 und – für nach Eintritt des Nacherbfalls vom insoweit gutgläubigen Vorerben geschlossene Verträge – Staudinger/Avenarius [2019] § 2140 Rn 5, 9 ff; bzgl der durch einen *vorläufigen* Erben begründeten Verbindlichkeiten wird der hier vertretenen Ansicht mit ausführlicher Begründung widersprochen von Friedrich 200 ff; zustimmend jedoch Staudinger/Avenarius [2019] Vorbem 9 zu §§ 2144 ff; vgl zu weiteren Aspekten des Themas auch Staudinger/Marotzke [2008] § 1959 Rn 12). **193**

Soweit diese Personen im Nachlassinsolvenzverfahren als *Massegläubiger* Schuldbefreiung aus dem Nachlass verlangen könnten (vgl § 257 iVm §§ 1959 Abs 1, 683, 670 BGB sowie § 324 Abs 1 Nr 6 InsO bzgl des vorläufigen Erben, der ausgeschlagen hat, und § 257 iVm §§ 1978 Abs 3, 683, 670 BGB sowie §§ 324 Abs 1 Nr 1, 329 InsO bzgl des Vorerben auch für den Fall des Eintritts der Nacherbfolge), beeinträchtigt die Anerkennung eines gegen den Nachlass gerichteten Direktanspruchs des Gläubigers (Nachlassverbindlichkeit) weder das Interesse der bisherigen Nachlassgläubiger, nicht mit neu hinzukommenden konkurrieren zu müssen (dazu Rn 150–153), noch das Interesse des endgültigen Erben, einen möglichst schuldenfreien Nachlass zu erhalten. Wie die §§ 1959 Abs 2, 2120, 2130 BGB zeigen, muss der endgültige Erbe bzw der Nacherbe gewisse *Verfügungen,* die der vorläufige Erbe vor seiner Erbschaftsausschlagung oder der Vorerbe vor Eintritt des Nacherbfalls getätigt hat, gegen sich gelten lassen. Mit Recht hebt RGZ 90, 91, 96 die verfügungs*ähnliche* Wirkung hervor, die die Belastung des Nachlasses mit neuen Verbindlichkeiten hat (vgl auch Binder II 36 f; Staudinger/Avenarius [2019] Vorbem 6, 8 zu §§ 2144 ff). **194**

Dennoch bestehen Unterschiede: Aus den §§ 1959 Abs 1, 683, 670 BGB, 324 Abs 1 Nr 6 InsO ergibt sich, dass für die Frage, inwieweit der **vorläufige Erbe** den Nachlass mit Wirkung auch über die Erbausschlagung hinaus mit neuen Verbindlichkeiten belasten kann, nicht der vergleichsweise strenge Maßstab des sich auf „Verfügungen" beziehenden **§ 1959 Abs 2 BGB** heranzuziehen ist (so aber Bertzel AcP 158, 107, 116–119; Siber, Erbrecht mit Berücksichtigung des Erbschaftsteuerrechts [1928] 112; vLübtow II 750 f; Berger, Die Erstattung der Beerdigungskosten [Diss Köln 1968] 63–66). Stattdessen genügt es vielmehr, wenn die Verbindlichkeiten in ordnungsmäßiger (also nicht unbedingt dringlicher iSd § 1959 Abs 2 BGB) Verwaltung des Nachlasses begründet wurden (iE ebenso BGB-RGRK/Johannsen § 1959 Rn 7; wohl auch Staudinger/Lehmann[11] Rn 13 [mit nicht einschlägigen Nachweisen]; Kipp/Coing[14] § 93 II 3 e; vgl ferner BGHZ 32, 60, 64, wo jedoch unklar bleibt, ob der BGH mit der Erwähnung des „vorläufigen" Erben auch den meint, der später ausschlägt; **aM** Jaeger/Weber[8], KO § 224 Rn 6 und – allerdings mit Hinweis auf die Möglichkeit einer selbstständigen *handelsrechtlichen* Haftung des endgültigen Erben nach § 27 **195**

HGB – Friedrich 200 ff: ein vorläufiger Erbe könne den Nachlass über die Erbausschlagung hinaus überhaupt nicht verpflichten).

196 Insbesondere beim **Vorerben** soll aber nach RGZ 90, 91, 96 f darauf zu achten sein, ob er die Verbindlichkeit nicht lediglich als eigene unter Ausschluss der Haftung des Nachlasses übernommen hat (so auch BGHZ 110, 176, 180 = NJW 1990, 1237, 1238; vgl jedoch BGHZ 32, 60, 64: „im Regelfall Nachlaßverbindlichkeiten"). Hat der Vorerbe eine Nachlassverbindlichkeit begründet, so kann der Nacherbe wegen § 2115 S 2 BGB gegen eine Zwangsvollstreckung, die der Gläubiger vor Eintritt der Nacherbfolge in den Nachlass betreibt, nicht gem § 773 ZPO intervenieren (RGZ 90, 91, 95 f; BGHZ 110, 176, 179 ff = NJW 1990, 1237 f; vgl auch das in derselben Sache ergangene Urteil BGH NJW 1993, 1582 f). Vgl erg Staudinger/Avenarius (2019) Vorbem 15 zu §§ 2144 ff und – zur Frage der Bindung des Nacherben an eine Prozessführung des Vorerben – Vorbem 16 f zu §§ 2144 ff.

197 Für **Miet- und Pachtverträge**, die der *Vorerbe* über ein zur Erbschaft gehörendes Grundstück oder eingetragenes Schiff geschlossen hat, enthält § 2135 BGB besondere Bestimmungen, die unabhängig davon gelten, ob eine echte „Nachlass"verbindlichkeit begründet wurde. Vgl auch Staudinger/Mešina (2017) § 1959 Rn 12 für den Fall, dass ein *vorläufiger* Erbe vermietet oder verpachtet hat (ausf Otte, in: GS Sonnenschein [2003] 181, 188 f).

bb) Begründung neuer Nachlassverbindlichkeiten bei Erbenmehrheit

198 Für das Befriedigungsinteresse der Nachlassgläubiger spielt es keine Rolle, ob der Nachlass von mehreren Erben zur gesamten Hand gehalten wird oder ein Alleinerbe dem Erblasser nachgefolgt ist. Für die Nachlassaltgläubiger ist entscheidend, nicht mit einem unabsehbaren Kreis von Nachlassneugläubigern im Fall eines Nachlassinsolvenzverfahrens quotal und im Rang konkurrieren zu müssen. Um dies zu vermeiden, fungiert das **Kriterium der ordnungsgemäßen Verwaltung des Nachlasses** (s dazu Rn 166 ff) auch im Falle der Erbenmehrheit als Prüf- und Grenzstein für die Erweiterbarkeit der bestehenden Nachlassverbindlichkeiten nach dem Erbfall.

199 Dem stehen die Regelungen in **§§ 2038, 2040 BGB** nicht entgegen. Denn sie betreffen in erster Linie den Handlungsspielraum der Erben untereinander und regeln die Rechtsmacht der Erben im Außenverhältnis. Mit §§ 2038, 2040 BGB soll im Hinblick auf die Auseinandersetzung sichergestellt werden, dass der Nachlass nicht ohne Wissen und Wollen aller oder jedenfalls der Mehrheit der Erben an Wert verliert und sich damit die Erbquoten wirtschaftlich betrachtet verringern (im Übrigen ist das Zusammenspiel der beiden Normen sehr umstritten, s dazu Staudinger/Löhnig § 2038 Rn 48 ff).

200 Auch konsensual können sich die Miterben daher nicht über das Erfordernis der Ordnungsgemäßheit einer Verwaltungsmaßnahme hinwegsetzen, wenn sie eine **echte** Nachlassverbindlichkeit (zum Begriff der echten Nachlassverbindlichkeit s Rn 21 ff) begründen wollen. So mag ein gemeinschaftlich geschlossener Kaufvertrag über einen wertvollen Nachlassgegenstand (zB Kaufvertrag über die Veräußerung einer Immobilie aus dem Nachlass zu einem viel zu niedrigen Kaufpreis; zur umstrittenen, hier aber bejahten Frage, ob die Veräußerung eines Nachlassgegenstands noch zur Verwaltung des Nachlasses gehört, s ebenfalls bejahend BeckOGK/Rissmann/Szalai [1. 6. 2019] § 2038 BGB Rn 12–12. 2) nach §§ 2038 Abs 1 S 2 BGB wirksam sein. Der Anspruch des Käufers aus § 433 Abs 1 S 1 BGB bildet

aber keine (echte) Nachlassverbindlichkeit, sondern nach § 179 BGB analog eine Eigenverbindlichkeit der Erben (dazu Rn 176 ff). Verfügen die Erben gemeinschaftlich über den versprochenen Nachlassgegenstand, ist diese Verfügung wegen § 2040 Abs 1 BGB zwar wirksam (vgl BGH NJW 2014, 391, 392 Rn 11). Dies schließt eine spätere Anfechtung des Rechtsgeschäfts nach §§ 129 ff InsO oder § 4 AnfG aber nicht aus. Hinzu kommt, dass die Erben der Gesamtgläubigerschaft wegen der Tilgung einer Eigenverbindlichkeit mit Nachlassmitteln aus §§ 1978 Abs 1 S 1, 667 Alt 2 BGB haften.

Damit bleibt festzuhalten: Auch **ein einzelner Miterbe** kann durch den Abschluss von Verträgen, die der **ordnungsgemäßen Verwaltung des Nachlasses** dienen, weitere **Nachlassverbindlichkeiten begründen** (s auch Staudinger/Marotzke § 2058 Rn 42). Das gilt auch, soweit dem Handelnden das Notgeschäftsführungsrecht aus § 2038 Abs 1 S 2 HS 2 BGB nicht zusteht, er die übrigen also nicht gesetzlich vertritt (sehr str; vgl die Nachweise bei Staudinger/Marotzke § 2058 Rn 42). Denn für seinen Anspruch, im Nachlassinsolvenzverfahren mit Mitteln des Nachlasses von einer evtl mitbegründeten Haftung auch des Eigenvermögens befreit zu werden (§§ 1978 Abs 3, 683, 670, 257 BGB, § 324 Abs 1 Nr 1 InsO), stellt § 1978 BGB nur darauf ab, ob die Geschäftsführung den *Nachlassgläubigern* gegenüber gerechtfertigt war. Die übrigen Miterben müssen sich ohnehin damit abfinden, dass der Nachlass für von einem einzelnen Miterben eingegangene Verbindlichkeiten nach Maßgabe des § 1978 Abs 3 BGB in Anspruch genommen werden kann. Folglich müssen sie sich auch damit abfinden, dass dem Vertragspartner des **im Interesse des Nachlasses** tätig gewordenen einzelnen Miterben analog dem bei Rn 150 ff Gesagten ein Direktanspruch gegen den Nachlass gewährt wird (für den sie unbeschränkt aber beschränkbar mithaften; §§ 2058, 2059 Abs 1, 1975 ff BGB). Dafür spricht auch, dass sie gem § 2038 Abs 1 S 2 HS 1 BGB verpflichtet sind, an Maßregeln mitzuwirken, die zur ordnungsmäßigen Verwaltung des Nachlasses erforderlich sind (ein analoges Argument aus §§ 2120, 2130 führt RGZ 90, 91, 96 bzgl des Nacherben an; andeutungsweise aufgenommen wird es auch in BGHZ 110, 176, 179, 181 = NJW 1990, 1237, 1238). 201

Daraus folgt umgekehrt: Schließen Miterben einen Vertrag, der *keine* Maßnahme ordnungsgemäßer Verwaltung iSd § 1978 Abs 3 BGB darstellt, so entsteht aber auch dann keine echte *Nachlassverbindlichkeit* iSd §§ 1967 ff, 2058 ff BGB, §§ 317, 325 InsO, wenn sämtliche Erben gemeinschaftlich und unter ausdrücklicher Beschränkung ihrer Haftung auf den Nachlass kontrahiert haben (insoweit zutr Dauner-Lieb 454 ff, 458, 460 ff, 511 ff mwNw auch zur Gegenansicht; vgl erg oben Rn 174). In solchen Fällen handelt es sich um reine *Eigenverbindlichkeiten* der Miterben bzw ihrer Gemeinschaft (sofern man die letztere abweichend von der herrschenden Dogmatik als rechtsfähig anerkennt; vgl hierzu und zur Frage einer Einstandspflicht der *Mitglieder* dieser Gemeinschaft analog § 179 BGB oder analog § 128 HGB Dauner-Lieb 35 f, 128, 389 ff, 393, 398, 459 ff, 464 ff, 479 f, 482, 488 ff, 490 ff, 511 f, 518 f, 562 f; Marotzke AcP 199 [1999] 615, 617 ff). 202

3. Beispiele für in der Rechtsprechung anerkannte Nachlassverbindlichkeiten

– Inanspruchnahme von Krediten durch Vorerben (RGZ 90, 91; 146, 343); Kreditaufnahme durch Vorerben; für die Einordnung als Nachlassverbindlichkeit komme es darauf an, ob die tatsächliche Inanspruchnahme des vereinbarten Bankkredits sich im Rahmen einer ordnungsmäßigen Verwaltung gehalten habe (RG JW 1938, 2822, 203

2823 = WarnR 1938 Nr 143); Aufnahme eines Bankkredits durch Vorerben (BGHZ 110, 176 ff = NJW 1990, 1237 ff; vgl auch das in derselben Angelegenheit ergangene Urteil BGH NJW 1993, 1582 f);

- Verkauf von Nachlassgegenständen (RGZ 112, 129);
- Einräumung eines erst nach dem Ableben des befreiten Vorerben fälligen Ankaufsrechts durch diesen (OLG Oldenburg NJW 1994, 2772);
- Inventaraufnahme (KGJ 42 [1912] A 99 = OLGE 26 [1913/I] 292; vgl auch Staudinger/Dobler § 1993 Rn 22, 23);
- Fortführung eines Handelsgeschäfts durch Vorerben (BGHZ 32, 60, 64, 66 f); Akzeptierung von Prolongationswechseln durch Erben eines Handelsgeschäfts (BGH BB 1968, 769; vgl auch OLG Frankfurt WM 1965, 659 f); Fortführung eines Handwerksbetriebes (BGH BB 1975, 1319; BGH LM Nr 2 zu § 2032 = NJW 1962, 2196, 2197 f); Bewirtschaftung eines den Nachlass bildenden Landgutes durch unfähigen Vorerben (BGH LM Nr 4 zu § 1967 = MDR 1973, 749 f; vgl auch Staudinger/Avenarius [2019] Vorbem 10 zu §§ 2144 ff);
- Haftung des Käufers eines Miterbenanteils für Ansprüche eines anderen Miterben gegen die Erbengemeinschaft aus einem zwischen den Miterben vor dem Erbteilsverkauf geschlossenen Auseinandersetzungsvertrag (BGHZ 38, 187, 193 f = LM Nr 1 zu § 2382 m Anm Mattern).

Wird durch den Abriss eines Hauses, das auf einem einer Erbengemeinschaft gehörenden Grundstück stand, eine Grenzeinrichtung (§ 921 BGB) in ihrer Funktionsfähigkeit für das Nachbargrundstück beeinträchtigt, so soll die **Erbengemeinschaft** jedenfalls dann als **Störer iSd § 1004 BGB** anzusehen sein, wenn der Abriss von einem Miterben veranlasst worden ist, dem das Grundstück zur alleinigen Benutzung überlassen war (BGH NJW 1989, 2541 f). Diese Rechtsansicht erscheint vertretbar, führt jedoch nicht zu der vom BGH (NJW 1989, 2541 f) befürworteten Anwendung des § 2058 BGB auf die Störungsbeseitigungspflicht. Denn diese Pflicht trifft die Erben nicht „als solche“, sondern in ihrer Eigenschaft als Grundstückseigentümer. Eine andere Beurteilung kommt nur in Betracht, wenn sich *der erfolgte Abriss des geerbten Hauses* (nicht: die erst noch durchzuführende Beseitigung der dadurch verursachten Beeinträchtigung des Nachbargrundstückes) als Maßnahme einer ordnungsgemäßen Verwaltung des Nachlasses (Rn 166 ff) darstellt.

204 Ähnlich wie bei nachlassbezogenen Realsteuern und Gebühren (s dazu Rn 121 ff) ist auch beim Erben eines **Wohnungseigentümers** hinsichtlich des geschuldeten **Wohngeldes** (auch die Bezeichnung als **Hausgeld** ist nicht unüblich) danach zu unterscheiden, ob die Wohngeldschulden allein vom Erblasser herrühren oder auf dem (Unter-)Halten der Wohnung als Teil einer ordnungsgemäßen Verwaltung des Nachlasses nach dem Erbfall beruhen (Marotzke ZEV 2000, 153 ff [krit und zT abl Rebmann 188 ff, 223 ff, 245 ff, 253]; G Siegmann NZM 2000, 995 ff; vgl auch Staudinger/Häublein [2018] WEG § 28 Rn 200, 202, 205; Staudinger/Kunz [2017] § 1922 Rn 381 f mwNw; s sodann auch BGH FamRZ 2013, 1476 = NJW 2013, 3446 = ZEV 2013, 609 m Anm Joachim für nach dem Erbfall fällig werdende oder durch Beschluss der Wohnungseigentümergemeinschaft begründete Wohngeldschulden: Nachlasserbenschulden, da das Halten der Wohnung nach Annahme der Erbschaft oder Ablauf der Ausschlagungsfrist regelmäßig ein Verwaltungshandeln sei und die unten in Rn 166 ff genannten Grundsätze zum Tragen kommen; vgl auch BGH FamRZ 2012, 219 = NJW 2012, 316; s zum Ganzen auch Herzog NZM 2013, 175, 182 [allerdings vor der Entscheidung des BGH 5. 7. 2013 – V ZR 81/12 = NJW 2013, 3446]; von BGH NJW 2013, 3446 nunmehr abgrenzend beim Fiskus als Erben BGH NJW 2019, 988).

Insbesondere nach Auffassung der Rspr genügt bereits idR das bloße Halten der Wohnung, auch wenn der Erbe die Wohnung lediglich leerstehen lässt, spätestens nach endgültiger Annahme der Erbschaft, um eine **Nachlasserbenschuld** zu begründen (BGH NJW 2013, 3446, 3447 f, Rn 13 ff, s insb Rn 16 zu Ausnahmekonstellationen; BGH NJW 2019, 988, 989 Rn 7: „Richtigerweise ist deshalb nicht – wie sonst bei der Abgrenzung von Nachlass- und Eigenverbindlichkeiten – darauf abzustellen, ob die Begründung der Wohngeldschulden auf einem Verhalten des Erben beruht, sondern ob ihm das Halten der Wohnung als ein Handeln bei der Verwaltung des Nachlasses zugerechnet werden kann. …"). Vorausgesetzt, dass das Verhalten auch einer ordnungsgemäßen Verwaltung des Nachlasses entspricht, entsteht also eine Nachlasserbenschuld, obwohl der Erbe nicht durch sein eigenes gezieltes Zutun die Wohngeldschuld begründet hat. **205**

Der BGH formuliert hierzu, dass eine Nachlasserbenschuld auch dann entstehe, „wenn ihm das Halten der Wohnung als ein Handeln bei der Verwaltung des Nachlasses *zugerechnet* werden kann" (Ls der Entscheidung BGH NJW 2013, 3446 sowie Rn 15 im Urt, Hervorhebung von Verf). Wird in dieser Weise (dh zwei unterschiedliche Gegenstände oder Kategorien gleichsetzend) auf Zurechnung rekurriert, gründet dies meist auf der Überlegung, dass der Betroffene auch hätte anders handeln können (diese Fragen der Zurechnung sind Gegenstand eines laufenden Forschungsprojekts). So ist es auch hier: Der Erbe hätte spätestens ab der endgültigen Annahme der Erbschaft die Wohnung beispielsweise verkaufen können, um sich der Verbindlichkeit (teils) zu entziehen (vgl dazu Rn 16 im Urt). **206**

Die zuvor genannten Grundsätze gelten aber wegen der fehlenden Möglichkeit zur Ausschlagung (s § 1942 Abs 2 BGB) in der Regel zu Recht nicht, wenn der **Fiskus** nach § 1936 BGB **gesetzlicher Alleinerbe** wird (BGH NJW 2019, 988, 989 Rn 8–13; zuvor noch offengelassen in BGH NJW-RR 2017, 1040, 1041 Rn 13). Wohngeldschulden sind daher, auch wenn sie nach dem Erbfall fällig werden oder auf einem nach dem Tod des Erblassers getroffenen Beschluss der Wohnungseigentümergemeinschaft gründen reine Nachlassverbindlichkeiten (zum Begriff s Rn 14 ff sowie zur Entstehung von sog Nachlasserbenschulden im Allg Rn 17–20, 150 ff). Anders ist nur zu entscheiden, wenn „eindeutige Anhaltspunkte dafür vorliegen, dass der Fiskus die Wohnung für eigene Zwecke nutzen möchte" (Rn 8 sowie Rn 12 im Urt; als „eindeutigen Anhaltspunk[t]" nennt der BGH die Unterbringung von Bedürftigen als Nutzung zu sozialen Zwecken beispielhaft, während das Einziehen von Mieten für sich genommen nicht ausreicht, s Rn 15 im Urt). Der alleinerbende Fiskus kann daher seine Haftung – anders als der Nichtfiskalerbe – effektiv auf den Nachlass beschränken. **207**

4. Sonstige Belastungen des Nachlasses: Außervertragliche und öffentlich-rechtliche Ansprüche als neue Nachlassverbindlichkeiten

Neben vertraglich begründeten Verbindlichkeiten können auch außervertragliche und öffentlich-rechtliche Ansprüche, die nach dem Erbfall entstanden sind, grds als **208** neue Nachlassverbindlichkeiten iSd § 1967 Abs 2 BGB hinzu kommen (zu vertragsrechtlichen Sekundäransprüchen, die auf Pflichtverletzungen des Erben iRe Nachlassverbindlichkeiten beruhen, s Vorbem 118 ff zu §§ 1967 ff sowie § 1967 Rn 222 ff). Zu beachten ist freilich, dass **deliktische Handlungen des Erben**, auch wenn sie nachlassbezogen sind, stets reine Eigenverbindlichkeiten des Erben begründen. Denn deliktische Handlungen sind per se nicht ordnungsgemäß (zum Erfordernis der ordnungsgemäßen Verwaltung des Nachlasses ausf Rn 166 ff), weshalb eine Haftung des Nachlasses ausscheidet (vgl aber zur Frage, ob § 31 analog bei deliktischen Handlungen des Testamentsvollstreckers eingreift, Rn 145; zur Beteiligung des Erben an einer unerlaubten Handlung des Erblassers s Rn 69, 72). Wegen Ansprüchen aus GoA (Rn 209), bereicherungsrechtlichen oder erstattungsrechtlichen Verbindlichkeiten (Rn 211 ff), die erst nach dem Erbfall entstehen, kommt jedoch eine Haftung des Nachlasses und mithin die Entstehung einer Nachlasserbenschuld grds in Betracht.

a) Ansprüche aus GoA als neue Nachlassverbindlichkeiten

209 **Hat ein Dritter (zB Verwandter oder Freund) in berechtigter Geschäftsführung ohne Auftrag nach dem Erbfall Verwaltungsgeschäfte für den Erben erledigt**, so ist sein Aufwendungsersatzanspruch (§§ 683, 670 BGB) gegen den Erben nicht nur Eigenverbindlichkeit, sondern auch Nachlassverbindlichkeit (vgl Staudinger/Lehmann[11] Rn 25; Staudinger/Boehmer[11] § 1922 Rn 215; Boehmer, Erbfolge und Erbenhaftung 120). Dies gilt aber nur, soweit die Nachlassgläubiger ersatzpflichtig wären, wenn der Dritte das Geschäft für *sie* zu besorgen gehabt hätte. Das folgt aus einer **analogen Anwendung des § 324 Abs 1 Nr 6 InsO**. Diese Vorschrift betrifft den Ersatzanspruch eines vorläufigen Erben, der die Erbschaft ausgeschlagen hat. Soweit § 324 Abs 1 Nr 6 InsO dem vorläufigen Erben, der die Erbschaft ausgeschlagen hat und dessen bisherige Erbenstellung deshalb durch § 1953 BGB rückwirkend hinwegfingiert wird, einen Ersatzanspruch gegen den Nachlass gewährt, kann auch jeder Dritte durch auftragslose Geschäftsführung Ersatzansprüche gegen den Nachlass erwerben (**aM** wohl Friedrich 208). Gleiches gilt für den Aufwendungsersatzanspruch, den ein einzelner **Miterbe** aus berechtigter Notgeschäftsführung, § 2038 Abs 1 S 2 HS 2 BGB, erwirbt (**aM** Wernecke AcP 193 [1993] 240, 249 ff, 262, die im Wege der „Analogie" aber gleichwohl zur Anwendung einzelner erbrechtlicher Haftungsvorschriften gelangt, und Endriss, Der Miterbe als Nachlassgläubiger [2003] 60 ff, 64, 104 ff).

210 Wer gewerblich als **„Erbensucher"** unbekannte Erben ermittelt, hat gegen diese, sofern es nicht zu einer Honorarvereinbarung kommt (vgl zB LG Darmstadt NJW-RR 2001, 1015 f; ferner BGH NJW-RR 2016, 842), Vergütungsansprüche weder aus Geschäftsführung ohne Auftrag noch aus ungerechtfertigter Bereicherung (BGH NJW 2000, 72 f = ZEV 2000, 33 f = JZ 2000, 521 ff m Anm Schulze; BGH FamRZ 2006, 775 f = NJW-RR 2006, 656 = ZEV 2006, 321 – hier mit ausdrücklicher Inkaufnahme der Unterschiede zum französischen und österreichischen Recht). Eine Honorarvereinbarung wird den Voraussetzungen, unter denen der Erbe neue Nachlassverbindlichkeiten begründen kann (Rn 166 ff), nur selten genügen (vgl aber immerhin oben Rn 139 f [soweit zu § 324 Abs 1 Nr 6 InsO] iVm den ersten drei Sätzen bei Staudinger/Mešina [2017] § 1960 Rn 39).

b) Bereicherungsrechtliche Ansprüche sowie öffentlich-rechtliche Erstattungsansprüche als neue Nachlassverbindlichkeiten

211 Den Erben „als solchen" trifft grds auch die Pflicht zur **Rückgewähr einer erst nach dem Erbfall eingetretenen ungerechtfertigten Bereicherung**, falls diese Bereicherung sich im Nachlass niederschlägt (also jedem beliebigen Inhaber des Nachlasses zustatten käme) und nicht auf einer Leistung (§ 812 Abs 1 S 1 BGB) beruht, die zwecks Erfüllung eines nicht zum Nachlass gehörenden Anspruchs an den Erben persönlich erbracht wurde (eine Einschränkung, die sich jedenfalls prima facie aus dem bereicherungsrechtlichen Vorrang des Leistungsverhältnisses ergibt; dazu Staudinger/Lorenz [2007] § 812 Rn 32, 36 ff).

aa) Rückerstattungsansprüche wegen überbezahlter Rente oder anderer Versorgungsbezüge

Besondere praktische Bedeutung haben **Rückerstattungsansprüche für Rente oder sonstige Versorgungsbezüge, die über den Tod des Berechtigten hinaus auf dessen noch zum Nachlass gehörendes Konto** (zum Eintritt der Erben in ein Girovertragsverhältnis s Staudinger/Kunz [2017] § 1922 Rn 515 ff) **überwiesen worden sind**. Unproblematisch sind jedenfalls Rentenzahlungen des Rentenversicherungsträgers innerhalb des Sterbemonats; insoweit besteht nach **§ 102 Abs 5 iVm § 118 Abs 5 SGB VI** ein Anspruch der Erben auf Auszahlung. 212

Werden Versorgungsleistungen jedoch **über den Todesmonat hinaus** gewährt, entsteht ein Rückerstattungsanspruch des Rentenversicherungs- oder Versorgungsträgers. Es handelt sich *nicht* um einen Anspruch, der bereits gegenüber dem Erblasser bestand. Er entsteht vielmehr *originär* mit Ablauf des Todesmonats und der irrtümlichen Auszahlung von Versorgungsleistungen gegenüber dem jeweiligen Anspruchsgegner (wohl anders, freilich unter Geltung der alten Gesetzeslage Dörr NZS 1993, 150, 151: nachwirkendes sozialversicherungsrechtliche Leistungsverhältnis zwischen Erblasser und Rentenversicherungsträger). Hierbei handelt es sich um einen **öffentlich-rechtlichen Erstattungsanspruch**, der in **§ 118 Abs 3 und Abs 4 SGB VI** spezialgesetzlich geregelt ist; eine *privatrechtlich* zu qualifizierende Leistungs- oder Eingriffsbeziehung besteht daneben nicht (arg e § 118 Abs 4 S 2 SGB VI: gesetzlich angeordnete Verwaltungsaktbefugnis; hiernach hat der Versicherungsträger durch VA zu handeln; hierzu vor den Änderungen des § 118 Abs 4 SGB VI, aber immer noch instruktiv Dörr NZS 1993, 150. Krit zur Erstreckung des öffentlich-rechtlichen Rückforderungsanspruchs auf sog Empfänger ohne Rücksicht auf die zivilrechtlichen Zusammenhänge Escher-Weingart, § 118 Abs 4 SGB VI – ein zivilrechtlicher Albtraum und eine rechtsstaatliche Bankrotterklärung, WM 2014, 293; s ferner Escher-Weingart/Scheel WM 2016, 857; Schoen WM 2014, 2070). 213

Die Ansprüche aus §§ 118 Abs 3, 4 SGB VI stehen grds neben einem Erstattungsanspruch nach **§§ 50 Abs 2, 39 Abs 2 SGB X** gegen den Erben (BSG NZS 2013, 145, 146 Rn 21, s aber auch Rn 38 = NJOZ 2014, 436; abgrenzend hierzu BSG 3. 4. 2014 – B 5 R 25/13 R, BeckRS 2014, 71657 Rn 31; KassKomm/Körner [104. EL Juni 2019] § 118 SGB VI Rn 31). Nur der Rückerstattungsanspruch aus § 50 Abs 2 SGB X richtet sich iVm § 118 Abs 4 S 4 SGB VI ausdrücklich gegen die Erben, während der Anspruch aus § 118 Abs 4 S 1 gegenüber den sog Empfängern oder sog Verfügenden, zu denen die Erben freilich meist, aber keineswegs zwingend (BSG NZS 2013, 145, 147 Rn 25 ff) gehören, geltend zu machen ist. All dies schließt freilich nicht aus, dass die Erben des Berechtigten in die sozialversicherungsrechtliche Leistungsbeziehung des Erblassers zum Versicherungsträger nachfolgen und infolgedessen Ansprüche auf rückständige Rentenzahlungen erwerben oder in Rückerstattungsansprüche, die bereits gegenüber dem Erblasser bestanden, nachrücken (in letzterem Fall würde es sich um eine Erblasserschuld und daher um eine reine Nachlassverbindlichkeit handeln; weiter fassend unter Verweis auf § 60 214

Abs 1 S 1 SGB I, indem Rückerstattungsansprüche gegen den Erben Nachwirkungen des sozialversicherungsrechtlichen Leistungsverhältnis zwischen Versicherungsträger und Erblassers seien, s Dörr NZS 1993, 150, 151; wohl ebenso Escher-Weingart WM 2014, 293, 295; zur Nachfolge in öffentlich-rechtliche Beziehungen Staudinger/Kunz [2017] § 1922 Rn 84–90 sowie § 1967 Rn 51 ff; zur Sonderrechtsnachfolge nach §§ 56–59 SGB I s Staudinger/Kunz [2017] § 1922 Rn 28, 86 f).

215 § 118 Abs 3 SGB VI geht Abs 4 der Regelung vor (s zB BSG NZI 2001, 502, 504 unter 2 d bb und cc). Der Rentenversicherungsträger muss also zuerst gegen das kontoführende Geldinstitut vorgehen (hierzu instruktiv etwa Habl BKR 2012, 328; ders NZS 2013, 481). Führt dies nicht zum Erfolg, haften ihm nunmehr gleichrangig (BSG NZS 2013, 145, Ls 1 sowie 146 Rn 21) die Empfänger der Rentenleistungen, etwaige Verfügende sowie die Erben des Berechtigten für die Rückerstattung der überbezahlten Rente (krit insb im Hinblick auf Ansprüche des Rentenversicherungsträgers gegenüber dem sog Empfänger Escher-Weingart WM 2014, 293). Weiterf sei hierzu auf die sozialversicherungsrechtliche Kommentarliteratur verwiesen.

216 Unabhängig vom Streit um die Rechtsnatur des Rückerstattungsanspruchs (s hierzu iAllg zB Ossenbühl, Der öffentlichrechtliche Erstattungsanspruch, NVwZ 1991, 513; Neumann, Der allgemeine öffentlich-rechtliche Erstattungsanspruch, SRa 2012, 1) und seiner Durchsetzung vor den Gerichten der Sozialgerichtsbarkeit (§ 51 SGG; den ordentlichen Rechtsweg vor der Gesetzesänderung in § 118 SGB VI noch bejahend zB: KG NJW 1977, 441; bzgl überbezahlter Beihilfeleistungen VGH München NJW 1990, 933; AG Kassel NJW-RR 1992, 585, 585. § 118 Abs 4 SGB VI trat zum 1. 1. 1996 in Kraft; die Geltendmachung eines Rückerstattungsbegehrens durch VA wurde schließlich zum 29. 6. 2002 eingeführt, vgl dazu BSG NZS 2003, 662 sowie zur Gesetzesentwicklung BeckOK SozR/Kuszynski [1. 6. 2019] SGB VI § 118 Rn 1. 3, 1. 6., 13. 1, sowie Escher-Weingart WM 2014, 293, 295), ist der Anspruch auf Rückgewähr nicht geschuldeter Rente oder anderer Versorgungsbezüge **reine Nachlassverbindlichkeit**. Dies ermöglicht dem Erben, seine Haftung effektiv auf den Nachlass zu beschränken (Einordnung **str**; für reine Nachlassverbindlichkeit: Balzer-Wehr, Bereicherungs- und Erstattungsansprüche gegen Erben [Diss Erlangen-Nürnberg 1998] 127 ff, 129, 199 ff; AG Kassel NJW-RR 1992, 585 f: als Erbfallschuld einordnend und ausdrücklich gegen BGHZ 71, 180; BSG NZI 2001, 502 ff [Vorinstanz: BayLSG NZS 2000, 419 f]; MünchKomm/Küpper § 1967 Rn 14, zudem den Verbleib des Erblasserkontos im Nachlass betonend, vgl dazu sogleich Rn 219; vgl auch **BGHZ 71, 180, 187 f = NJW 1978, 1385 f** [ad II 1], wo jedoch zu Unrecht eine – wenn auch auf den Nachlass beschränkbare – **Nachlasserbenschuld** angenommen wurde, weil die Erben das Erblasserkonto „in ordnungsmäßiger Verwaltung des Nachlasses … fortgeführt“; s ferner OVG Münster NJW 1985, 2438: derartige Verbindlichkeiten entstünden „in der Person des Erben als solchen“, und BGHZ 73, 202, 204 ff = NJW 1979, 763 f: keine Anwendung des § 814 allein deshalb, weil der Erbe den Tod des Rentenberechtigten angezeigt hatte; **aM** zumindest für Rentenüberzahlungen Soergel/Stein Rn 13: **Erbenschuld**; ebenso [ohne weitere Begründung] im Falle einer Betriebsrente AG Bad Segeberg FamRZ 2012, 1092 = NJW-RR 2012, 213). Dies schließt freilich weder eine **verschärfte Haftung des Erben nach §§ 818 Abs 4, 819 Abs 1 BGB** aus, wenn er etwa dem Rentenversicherungsträger pflichtwidrig den Tod des Erblassers nicht anzeigt (zu Pflichtverletzungen des Erben iRe Nachlassverbindlichkeit s weiterf Rn 222 ff). Noch scheidet damit eine **Haftung aus § 1978 Abs 1 BGB** aus, wenn der Erbe beispielsweise Rentenzahlungen zur Berichtigung eigener Verbindlichkeiten verwendet. Zu unterscheiden ist also zwischen dem bloßen Rückerstattungsanspruch und den Verbindlichkeiten, die durch eigenes ggf fehlerhaftes Handeln der Erben als Nachlasserbenschulden oder im Falle deliktischen Handelns als reine Eigenverbindlichkeiten entstehen können.

In der Sache abweichend hat das BSG zur **Haftung der Erben des Empfängers oder Verfügenden iSd § 118 Abs 4 S 1 SGB VI** entschieden, indem es die **passive Vererblichkeit eines bestehenden Erstattungsanspruchs aus § 118 Abs 4 S 1 SGB VI** verneint hat (BSG 3. 4. 2014 – B 5 R 25/13 R, BeckRS 2014, 71657 Rn 17 ff, mit kritAnm Plagemann FD-SozVR 2014, 361930). Das BSG begründet dies methodisch überzeugend mit den Vorgaben des öffentlichen Rechts (s Rn 21–23 im Urt; ausf zur Anwendbarkeit der §§ 1922, 1967 BGB auf öffentlich-rechtliche Rechtsverhältnisse Staudinger/Kunz [2017] § 1922 Rn 84–90 sowie § 1967 Rn 51 ff). Hierzu hat das Gericht auf den Schutzcharakter des § 50 Abs 2 SGB X iVm § 118 Abs 4 S 4 SGB VI abgehoben (s Rn 29 im Urt). Denn iRe Inanspruchnahme aus § 50 Abs 2 SGB X greife das Vertrauensschutzregime des SGB X ein (s § 50 Abs 2 S 2 iVm §§ 45, 48 SGB X, s hierzu ausf SG Magdeburg 20. 8. 2018 – S 11 R 1415/12 = ZEV 2019, 238 [nur Ls]). Daraus folgt: Selbst wenn der Erblasser die überbezahlte Rente (ggf betrügerisch und – wie im zu entscheidenden Fall – über Jahre hinweg) iSd § 118 Abs 4 S 1 SGB VI empfangen oder über sie verfügt hat, folgen seine Erben nicht in die Erstattungspflicht des Erblassers gem §§ 1922 Abs 1, 1967 BGB nach (zur Vererblichkeit öffentlich-rechtlicher Verbindlichkeiten im Allg Rn 51 ff). Freilich können die Erben selbst nach § 118 Abs 4 S 4 SGB VI iVm § 50 Abs 2 SGB X in Anspruch genommen werden, sofern dessen Voraussetzungen im Einzelfall gegeben sind (im zu entscheidenden Fall hatte das BSG dies verneint, weil die Erbin nichts von den Rentenzahlungen erlangt hatte, s Rn 35–37 im Urt; so auch entschieden von LSG Baden-Württemberg 5. 10. 2017 – L 10 R 2599/17). Zudem greift für *diesen* Erstattungsanspruch das Vertrauensschutzregime des SGB X. 217

Zur Frage des **Rückgriffs des sog Empfängers iSd § 118 Abs 4 S 1 SGB VI gegen die Erben**, wenn dieser iRv § 118 Abs 4 S 1 (zB ein Vermieter) vom Rentenversicherungsträger in Anspruch genommen wird, s Escher-Weingart WM 2014, 293, 297 f. 218

Stets zu prüfen ist, ob ein Konto, welches ursprünglich zum Nachlass gehörte, später aus dem Nachlass ausgeschieden und in das Eigenvermögen des Erben übergegangen ist (vgl BGH ZIP 1995, 1886 ff = NJW 1996, 190 f ad II 2 a; KG FamRZ 1977, 349 f = NJW 1977, 441, s hierzu bereits Rn 216; Balzer-Wehr 136 f). Denn die Rückforderung einer weder an den Erben „als solchen" erbrachten noch tatsächlich in den Nachlass gelangten Leistung ist nicht allein deshalb Nachlassverbindlichkeit, weil der vermeintliche Anspruch, der durch die Leistung erfüllt werden sollte, im Fall seines Bestehens zum Nachlass gehört hätte (vgl KG FamRZ 1977, 349 [Rentenzahlungen] und OLG Hamburg NJW 1952, 938 f = MDR 1952, 548 f; dort hatte der Pfleger eines Erben [also kein Nachlasspfleger] ohne die erforderliche vormundschaftsgerichtliche Genehmigung ein Nachlassgrundstück verkauft und – wiederum ohne die insoweit erforderliche Genehmigung – den Kaufpreis angenommen). Anders ist jedoch zu entscheiden, wenn die zu kondizierende Leistung wirklich in den Nachlass gelangt ist (vgl RG JW 1927, 1196, 1197 f m Anm v Binder [wiederum ein unwirksamer Grundstücksverkauf durch Miterben]). 219

bb) Bereicherungsansprüche bei Fremdverwaltung

Fordert und erhält ein **Nachlasspfleger** (§ 1960 BGB) eine dem Erben nicht zustehende Leistung, so ist die Rückgewährpflicht Nachlassverbindlichkeit (vgl BGHZ 94, 220

312, 315 f, wo die Rückgewährpflicht sogar als *Masseverbindlichkeit* iSd § 224 Abs 1 Nr 5 KO [jetzt § 324 Abs 1 Nr 5 InsO] eingeordnet wurde; gegen diese insolvenzrechtliche Bevorzugung Muscheler, Testamentsvollstreckung 142 ff; dem BGH zustimmend hingegen BSG NZI 2001, 502, 503 ad B 2 b [Vorinstanz: BayLSG NZS 2000, 419 f]). Entsprechendes gilt für Zahlungen an einen **Testamentsvollstrecker** bei Fehlen des angenommenen rechtlichen Grundes (BayObLG Rpfleger 1990, 421 f = FamRZ 1990, 1124 ff – auch zum Akteneinsichtsrecht des Bereicherungsgläubigers) oder wenn ein **Nachlassverwalter** ohne die erforderliche nachlassgerichtliche Genehmigung ein Darlehen aufgenommen und ausgezahlt erhalten hat (BGH ZEV 2000, 155, 157; s auch Staudinger/Dobler § 1985 Rn 33).

cc) Bereicherungsansprüche als Erblasserschulden

221 Selbstverständlich haftet der Erbe auch für **Bereicherungsansprüche, die bereits gegen den Erblasser begründet waren**. Gleiches gilt in Bezug auf öffentlich-rechtliche Erstattungsansprüche (vgl Staudinger/Marotzke [2008] § 1922 Rn 84–90). Zu den „vom Erblasser herrührenden Schulden" gehört auch ein auf § 812 Abs 1 S 2 Alt 2 BGB gestützter, auf Rückforderung von an den Erblasser erbrachten Leistungen gerichteter **Bereicherungsanspruch wegen enttäuschter Erberwartung**; ein solcher Anspruch ist, sollte er nach Lage des Falles wirklich bestehen (dazu OLG Karlsruhe ZEV 2002, 196 f; strenger Haas/Holla ZEV 2002, 169 ff), auch bei der Pflichtteilsberechnung zu berücksichtigen (zutr Haas/Holla ZEV 2002, 169, 172; **aM** das OLG Karlsruhe ZEV 2002, 196 f, das von einer Nachlasserbenschuld ausgeht); vgl weiterf Staudinger/Kunz (2017) § 1922 Rn 467 (dort insb zu BGH NJW 2013, 2025).

5. Vom Erben zu vertretende Leistungsstörungen: Sekundäransprüche als Nachlasserbenschulden?

222 **Verletzt der Erbe schuldhaft seine Pflicht zur ordnungsgemäßen Erfüllung einer Nachlassverbindlichkeit**, ist zwischen der Zeit vor und nach der berechtigterweise eingetretenen Haftungsbeschränkung zu unterscheiden. Kommt es vor der Haftungsbeschränkung zu einer dem Erben vorwerfbaren Leistungsstörung, entsteht der Sekundäranspruch nach überwiegender, aber umstrittener Auffassung als **Nachlasserbenschuld** (**anders**, eine Nachlasserbenschuld sui generis annehmend mit Verweis auf insolvenzrechtliche Fernwirkungen Staudinger/Dutta [2016] § 1967 Rn 53 f: „…Dass der Erbe persönlicher Schuldner des Ersatzanspruchs ist, spricht nicht für die Annahme einer Nachlasserbenschuld in dem in Rn 5 ff definierten Sinne, weil der Erbe auch bzgl der reinen Nachlassverbindlichkeiten persönlicher Schuldner ist …. Der Ersatzanspruch des Gläubigers der vom Erben nicht oder nicht ordnungsgemäß erfüllten Nachlassverbindlichkeit ist also wie diese reine Nachlassschuld, für die dem Erben jedoch *wegen der von ihm selbst zu vertretenden Pflichtverletzung* das Haftungsbeschränkungsrecht ausnahmsweise nicht zusteht. Im Insolvenzverfahren gelten demnach die §§ 331, 52 InsO und nicht etwa der auf gemischte Nachlasserbenschulden entsprechend anwendbare § 43 InsO. Anders nur, wenn und soweit sich der Erbe außerdem nach § 823 oder § 826 verantwortlich gemacht hat, da dann eine neben die Nachlassverbindlichkeit tretende echte Eigenverbindlichkeit des Erben vorliegt. …"). Ist der Nachlass hingegen bereits haftungsrechtlich abgesondert, entsteht grds eine **reine Nachlassverbindlichkeit** (sog Trägerlösung). Ausf hierzu Vorbem 118 ff zu §§ 1967 ff.

223 Sowohl der Nachlass als auch das sonstige Vermögen des Erben werden von der Haftung für die Pflichtverletzung frei, wenn der Erbe die Erbschaftsannahme bzw die ihr gleichstehende Versäumung der Ausschlagungsfrist wirksam anficht. Denn in

solch einem Fall gilt der Anfall der Erbschaft an ihn und damit zugleich sein Eintritt in die nicht (ordnungsgemäß) erfüllte Nachlassverbindlichkeit als nicht erfolgt (§§ 1956, 1957 Abs 1, 1953 Abs 1 BGB). Entsprechendes gilt, wenn der Erbe die Erbschaft ausschlägt; jedoch wird eine schuldhafte Nicht- oder Schlechterfüllung von Nachlassverbindlichkeiten vor der Erbschaftsannahme wegen §§ 1958, 2014 ff BGB selten vorkommen (zu denken ist jedoch an den Fall einer Pflichtverletzung durch zweckvereitelndes positives Tun). Soweit die persönliche Haftung des Erben sich auch aus § 823 BGB oder § 826 BGB begründen lässt, überdauert sie eine Erbausschlagung.

Die Haftung für durch einen **Testamentsvollstrecker** (vgl Muscheler, Testamentsvollstreckung 174, 205 ff), **Nachlasspfleger** (vgl Hörle ZBlFG 9 [1908/09] 751, 762 f) oder **Nachlassverwalter** bewirkte Leistungsstörungen trifft wegen § 278 S 1 BGB stets den Erben „als solchen" (§ 1967 Abs 2 BGB). Es liegt also eine reine Nachlassverbindlichkeit vor. Dies bedeutet für den Erben, dass er seine Haftung – anders als bei Nachlasserbenschulden – effektiv auf den Nachlass beschränken kann. 224

Zur Haftung für **Prozesskosten**, die dem wegen einer Nachlassverbindlichkeit verurteilten Erben auferlegt worden sind, vgl Rn 186. Der prozessuale Kostenerstattungsanspruch ist keine Erweiterung der eingeklagten Nachlassverbindlichkeit iSe Sekundärverbindlichkeit, sondern eine in §§ 91 ff ZPO erschöpfend geregelte Folge der Prozessführung und des Unterliegens im Prozess (KGJ 42 [1912] A 99, 102 = OLGE 26 [1913/I] 292, 293; OLG Köln NJW 1952, 1145, 1146; vgl auch BGH FamRZ 2004, 441). 225

VI. Geschäfts- und Gesellschaftsschulden

Gehören zum Nachlass Gesellschaftsanteile insbesondere an Personenhandelsgesellschaften oder ein Handelsgeschäft, treffen die gesellschaftsrechtlichen Haftungsvorgaben in §§ 27, 25 HGB (Handelsgeschäft), §§ 128, 130, 139 HGB (oHG) sowie in §§ 171, 173, 176, 177 HGB (KG) auf das in §§ 1967, 1975 ff BGB niedergelegte erbrechtliche Haftungsregime. Während der Erbe seine Haftung für Nachlassverbindlichkeiten grds auf den Nachlass beschränken, also sein Eigenvermögen effektiv vom Zugriff der Nachlassgläubiger abschotten kann, sieht das Gesellschaftsrecht bei Eintritt eines Gesellschafter-Erben oftmals eine persönliche, dh unbeschränkbare Haftung vor. Gleiches gilt nach §§ 27, 25 HGB, wenn der Erbe ein Handelsgeschäft des Erblassers fortführt. 226

Hinzu kommt, dass auch der Erblasser als vorheriger Gesellschafter oder Inhaber eines Handelsgeschäfts für Geschäfts- oder Gesellschaftsschulden (Erblasserschulden iSd § 1967 Abs 2 BGB, zum Begriff s Rn 9 ff, 22 ff) unbeschränkbar haftete. In diese Pflichtenstellung und das bestehende Haftungsverhältnis (hierzu ausf Vorbem 98 ff zu §§ 1967 ff) folgt der Erbe nach. Zentrale Frage ist hier – wie bereits im Rahmen des § 1922 Abs 1 BGB (dazu Staudinger/Kunz [2017] § 1922 Rn 178 ff) –, ob und wie erbrechtliches und gesellschaftsrechtliche Haftungsregime in Einklang miteinander zu bringen sind (jüngst und instruktiv zur Kollision der Haftungsregime und ihrer Auflösung Lübke, Privatautonome Verhaltensvorgaben für Gesellschafter-Erben [Habilitationsschrift Heidelberg 2017] in Vorbereitung, § 15, S 602 ff). 227

1. Haftung für Verbindlichkeiten eines Handelsgeschäfts

228 **Gehört zum Nachlass ein Handelsgeschäft** (s Staudinger/Kunz [2017] § 1922 Rn 181, 268 ff), so haftet der Erbe für die Geschäftsverbindlichkeiten des Erblassers zunächst nur nach den allgemeinen Regeln über Nachlassverbindlichkeiten.

a) Die unbeschränkte Haftung des Erben nach §§ 27, 25 Abs 1 S 1 HGB

229 **Eine Fortführung des Handelsgeschäfts durch den Erben über die – idR drei Monate betragende – Frist des § 27 Abs 2 HGB hinaus** ändert zwar nichts an der Zugehörigkeit des Unternehmens zum Nachlass (vgl Staudinger/Marotzke [2008] § 1922 Rn 268 ff; **aM** Astrid Ernst 99 ff, 107 f, 141). Jedoch finden *von nun an* auf die Haftung für die früheren Geschäftsverbindlichkeiten die Vorschriften des § 25 HGB entspr Anwendung (§ 27 Abs 1 HGB). Ist also die Geschäftsfortführung **unter der bisherigen Firma** (vgl BGH NJW 2006, 1001 f = ZInsO 2006, 268 f; LG Düsseldorf WRP 2012, 496, 497) mit oder ohne Beifügung eines das Nachfolgeverhältnis andeutenden Zusatzes erfolgt, so haftet der Erbe „unbeschränkt" (vgl § 27 Abs 2 S 1 HGB) für alle Geschäftsverbindlichkeiten des früheren Inhabers (§ 25 Abs 1 S 1 HGB; zur Anwendung der Vorschrift auf **minderjährige Erben** vgl die bei Staudinger/Marotzke [2008] § 1922 Rn 218 Genannten).

230 Dieser Haftungsgrund tritt neben den erbrechtlichen aus § 1967 BGB und trifft den Erben nicht „als solchen" sondern als jemanden, der ein von einem anderen erworbenes Handelsgeschäft unter der bisherigen Firma fortgeführt hat. Sobald der Erbe nicht nur gem § 1967 BGB, sondern auch gem §§ 27, 25 HGB für die Geschäftsschulden des Erblassers haftet, kann er seine Haftung nicht mehr effektiv auf den Nachlass beschränken (vgl auch § 27 Abs 2 S 1 HGB: „unbeschränkte Haftung") und somit auch den Vorbehalt des § 780 Abs 1 ZPO nicht mehr verlangen (RGZ 88, 218 ff).

231 Ist sowohl über das Vermögen des Erben als auch über den Nachlass ein Insolvenzverfahren eröffnet, so unterliegt die Geltendmachung der aus § 27 Abs 1 HGB folgenden Haftung auch des Eigenvermögens des Erben nicht dem – ja nur die *erbrechtliche* Haftung betreffenden (RGZ 74, 231, 234) – Ausfallgrundsatz der §§ 331, 52 InsO (zutr Pagenstecher/Grimm, Der Konkurs [4. Aufl 1968] § 65 Fn 28; Häsemeyer, Insolvenzrecht [4. Aufl 2007] Rn 33. 33 mit Fn 92; MünchKommInsO/Siegmann/Scheuing § 331 Rn 5; **aM** Jaeger/Weber[8], KO § 234 Rn 11; Kuhn/Uhlenbruck[11], KO § 234 Rn 3; Uhlenbruck/Lüer/Weidmüller InsO § 331 Rn 5; Riering, in: Nerlich/Römermann [Juli 2019] InsO § 331 Rn 5). Der Fall ist so zu behandeln, wie wenn der Erbe das Handelsgeschäft unter *Lebenden* erworben hätte (das folgt aus der Verweisung des § 27 Abs 1 HGB auf § 25 HGB) und anschließend sowohl über sein Vermögen als auch über dasjenige des gem § 26 HGB weiterhaftenden Veräußerers ein Insolvenzverfahren eröffnet worden wäre: einschlägig ist also § 43 InsO.

b) Beschränkbarkeit der Haftung gem §§ 27 Abs 1, 25 Abs 2 HGB

232 Durch den Anfall der Erbschaft erwirbt der Erbe zu seinem Eigenvermögen das gesamte Vermögen (nicht nur das Geschäftsvermögen) des bisherigen Geschäftsinhabers hinzu. Diese Vereinigung beider Vermögensmassen und der sich auf diese beziehenden Rechtszuständigkeiten in der Hand des Erben rechtfertigt die Annahme, dass es zur **Abwendung der bei Fristablauf drohenden unbeschränkten Haftung aus §§ 27, 25 Abs 1 S 1 HGB** einer „Vereinbarung" des Erben mit dem *Erblasser*

(vgl § 25 Abs 2 HGB), also zB eines die Haftung aus §§ 25, 27 HGB ausschließenden Erbvertrages, nicht bedarf.

Zu der in § 27 HGB vorgesehenen „entsprechenden" Anwendung des § 25 HGB (also auch des Abs 2; **aM** MünchKommHGB/Thiessen § 27 Rn 46–48 mwNw) genügt es, dass *der Erbe selbst* (vgl Staudinger/Dobler § 1976 Rn 7) als verfügungsberechtigter Inhaber *beider* Vermögensmassen vor Ablauf der in § 27 Abs 2 HGB bestimmten Frist den Entschluss fasst und in der durch § 25 Abs 2 HGB bestimmten Form kundtut, dass er für die von dem Erblasser herrührenden Geschäftsverbindlichkeiten nicht gem §§ 25, 27 HGB „aus Geschäftsfortführung", sondern nur gem §§ 1967, 1970 ff, 1975 ff BGB „als Erbe" haften wolle (vgl zu diesem Sonderfall auch MünchKomm/Küpper § 1967 Rn 42 f; Soergel/Stein Vorbem 19; BeckOK BGB/Lohmann [1. 11. 2019] § 1967 Rn 22; Schaub ZEV 1994, 71, 73; KG DR 1940, 2007; A Ernst 104; Friedrich 57 ff, 90 f, 254; Michalski Rn 912; Hueck ZHR 108, 1, 6 ff; Nolte, in: Zweite FS Nipperdey [1965] I, 667, 675 ff; Säcker ZGR 1973, 261, 265 Fn 17; Burgard, in: GroßkommHGB[5] § 27 Rn 49 ff; **gegen** jede Anwendung des § 25 Abs 2 HGB im Rahmen des § 27: Reuter ZHR 135 [1971] 511 ff; K Schmidt ZHR 157 [1993] 600, 615; Schlegelberger/Hildebrandt/Steckhan HGB[5] § 27 Rn 14). Vgl zu diesen handelsrechtlichen Spezialfragen die ausführlichen Erläuterungen der §§ 25, 27 HGB in den einschlägigen Kommentaren. 233

c) Haftung für Geschäftsschulden des vorläufigen Erben oder des Vorerben

Für **Geschäftsschulden, die ein Vorerbe oder ein vorläufiger Erbe begründet hat**, kann der Nacherbe bzw der endgültige Erbe uU sowohl aufgrund des § 1967 BGB (vgl aber für die zweite Fallgruppe Rn 193 ff) als auch nach §§ 25, 27 HGB haftbar werden (BGHZ 32, 60, 63 ff). Dass die Eingehung im Rahmen ordnungsgemäßer Verwaltung des Nachlasses lag, ist für die handelsrechtliche Haftung nicht erforderlich (BGHZ 32, 60, 66 f). Anders jedoch bzgl der erbrechtlichen Haftung (BGHZ 32, 60, 64 mwNw, 66 f; vgl dazu Rn 166 ff, 193). 234

Soweit nichts anderes vereinbart ist (s oben Rn 171 ff und OLG Hamburg SeuffA 65 [1910] Nr 135; BGH BB 1968, 769 f), haftet der Erbe für die im Betrieb des ihm hinterlassenen einzelkaufmännischen Unternehmens von ihm selbst begründeten Verbindlichkeiten nicht nur mit dem Nachlass, sondern unbeschränkbar auch mit seinem Eigenvermögen. Wurden die Verbindlichkeiten im Rahmen ordnungsgemäßer Verwaltung des Nachlasses begründet (was durch Eingehung vertretbarer **unternehmerischer Risiken** nicht notwendig ausgeschlossen wird; vgl A Ernst 55 ff), so kann der Erbe im Verhältnis zu den Nachlassgläubigern nach Maßgabe des bei Staudinger/Dobler § 1978 Rn 26 Ausgeführten Schuldbefreiung oder Aufwendungsersatz aus dem Nachlass verlangen (zustimmend Muscheler II Rn 3410; als *unangemessen* bewertet dies vor allem im Hinblick auf § 324 Abs 1 Nr 1 InsO Dauner-Lieb 107, 154 f, 166 f, 185–224, 302 ff, 500 f, 511, 513 f, 517 f, 558, 563, jedoch ohne Berücksichtigung des Umstands, dass die „Ordnungsgemäßheit" der Geschäftsfortführung gerade in der Krise oft an § 1980 scheitern wird; vgl zu diesem Gesichtspunkt Sobich 94, 103 f; Marotzke AcP 199 [1999] 615, 623 ff; s erg Staudinger/Dobler § 1978 Rn 12, 26). Nur soweit der Erbe den Nachlassgläubigern gegenüber gem § 1978 BGB berechtigt war, den Nachlass mit den von ihm neu eingegangenen Verpflichtungen zu belasten (was ua voraussetzt, dass das vom Erben fortgeführte Unternehmen überhaupt noch zum „Nachlass" gehörte, s dazu die Hinweise bei Rn 229), wird man diese Schulden zugleich als echte *Nachlass*verbindlichkeiten ansehen dürfen (vgl Rn 166 ff; iE ähnlich BGHZ 32, 60, 64; A Ernst 55 ff, 135 ff; Raddatz 48 ff; Soergel/Stein Rn 13; 235

ohne diese Einschränkung STAUDINGER/LEHMANN[11] Rn 32; ders im 4. Abs seiner Vorbem 19 und – mit beachtlichen Argumenten – FRIEDRICH 135 ff, 153 f, 168, 174, 255 [dazu krit DAUNER-LIEB 164 ff]). Andernfalls werden die „echten" Nachlassgläubiger berechtigt sein, die Neugläubiger durch Herbeiführung einer Nachlassverwaltung oder eines Nachlassinsolvenzverfahrens am Zugriff auf den Nachlass zu hindern (vgl Rn 166 ff).

2. Haftung für Verbindlichkeiten einer Gesellschaft

236 Die Haftung des Erben des Gesellschafters einer oHG oder einer KG wird ua dadurch beeinflusst, ob die Gesellschaft durch den Erbfall aufgelöst oder ob sie – mit dem Erben oder ohne ihn – fortgesetzt wird (vgl zu diesen Vorfragen §§ 131 Abs 3 S 1 Nr 1, 139, 161 Abs 2, 177 HGB und STAUDINGER/KUNZ [2017] § 1922 Rn 188 ff, 191 ff, 225 ff).

237 **Ist im Gesellschaftsvertrag einer OHG oder KG bestimmt, dass beim Tod eines Gesellschafters die Gesellschaft mit den Erben fortgesetzt werden soll (sog Nachfolgeklausel**, s zu den Gestaltungsformen und zur Terminologie STAUDINGER/KUNZ [2017] § 1922 Rn 187, 188–190), so führt der Tod eines persönlich haftenden Gesellschafters entgegen §§ 131 Abs 3 S 1 Nr 1, 161 Abs 2 HGB nicht zum Ausscheiden aus der Gesellschaft (beim Tod eines Kommanditisten gilt dies wegen § 177 HGB auch ohne eine solche Vereinbarung). Jedoch kann sich jeder Erbe nach Maßgabe des **§ 139 HGB** mehr oder weniger weit aus der Gesellschaft zurückziehen (zur Frage einer analogen Anwendbarkeit des § 139 HGB auf den Erben des Gesellschafters einer **GbR** oder eines Kommanditisten vgl STAUDINGER/KUNZ [2017] § 1922 Rn 190, 228 f; offengelassen von BGH ZEV 2014, 432; zu den Fallgruppen unbeschränkbarer Gesellschafterhaftung und der Kollision mit dem erbrechtlichen Haftungsregime jetzt insb LÜBKE, Privatautonome Verhaltensvorgaben für Gesellschafter-Erben [Habilitationsschrift Heidelberg 2017] § 15 A II, S 608 ff).

a) Haftung bei Ausscheiden des Erben aus der Gesellschaft innerhalb der Frist iSd § 139 Abs 3 HGB

238 Scheidet der Erbe innerhalb der in § 139 Abs 3 HGB bestimmten Frist aus der Gesellschaft aus oder wird innerhalb dieser Frist die Gesellschaft aufgelöst oder dem Erben die Stellung eines Kommanditisten eingeräumt (was hinsichtlich der Haftung für die *danach* entstehenden Gesellschaftsschulden zu unterschiedlichen, im Folgenden nur anzudeutenden Konsequenzen führen kann), so haftet er „für die *bis dahin* entstandenen Gesellschaftsschulden *nur* nach Maßgabe der die Haftung des Erben für die Nachlassverbindlichkeiten betreffenden Vorschriften des bürgerlichen Rechts" (so ausdrücklich § 139 Abs 4 HGB; zu abweichenden Interpretationsvorschlägen unten Rn 243). Das durch § 139 Abs 4 HGB vermittelte Recht, die Haftung nach erbrechtlichen Grundsätzen auf den Nachlass zu beschränken, ist keine „in das Handelsregister einzutragende Tatsache" iS von § 15 HGB (BGHZ 55, 267, 272 = JR 1971, 419 ff m zust Anm SCHWERDTNER; ebenso SASSENRATH, Die Umwandlung von Komplementär- in Kommanditbeteiligungen [1988] 178 ff mwNw auch zu abweichenden Ansichten).

b) Haftung des Erben bei Fortsetzung der Gesellschaft mit dem Erben

239 Liegen die Voraussetzungen des § 139 Abs 4 HGB *nicht* vor, wird die gem §§ 1967, 1975 ff BGB auf den Nachlass beschränkbare Haftung des Erben für die Gesellschaftsschulden überlagert von einer sich aus **§ 130 HGB** ergebenden unbeschränkbaren Haftung (vgl Abs 2 S 1 des dem § 139 Abs 4 HGB rechtsähnlichen § 27 HGB sowie BGH NJW

1982, 45 f und Ulmer, in: GroßkommHGB[3] § 139 Anm 151 mwNw auch zur Gegenansicht; hierauf lediglich verweisend Schäfer, in: GroßkommHGB[5] § 139 Rn 123 Fn 322; **aM** Muscheler ErbR II Rn 3412).

c) Haftung des Erben für innerhalb der Frist iSd § 139 Abs 3 HGB entstandene Gesellschaftsschulden (Schwebezeit)

Bis sich entscheidet, ob die Voraussetzungen des § 139 Abs 4 HGB erfüllt werden (was innerhalb der Frist des Abs 3 geschehen muss), haftet der Erbe für die Gesellschaftsschulden jedoch nur mit den erbrechtlichen Beschränkungsmöglichkeiten (Schäfer, in: GroßkommHGB[5] § 139 Rn 120–122; Muscheler, Testamentsvollstreckung 491 Fn 24; Kick 79; vgl auch Sassenrath 163 ff, 171 f, 178). Da diese Haftung den Gesellschaftererben lediglich „als solchen" trifft, handelt es sich um **echte Nachlassverbindlichkeiten** (BGHZ 55, 267, 274 = NJW 1971, 1268; zum Begriff s § 1967 Rn 21), die auch im Nachlassinsolvenzverfahren geltend gemacht werden können (vgl § 325 InsO; unklar Jaeger/Weber[8], KO §§ 226, 227 Rn 17). Daran ändert sich nichts, wenn der Erbe, weil die Voraussetzungen des § 139 Abs 4 HGB nicht erfüllt werden, bei Fristablauf außerdem noch nach § 130 HGB persönlich haftbar wird (**aM** Muscheler ErbR II Rn 3417; s auch ders, Testamentsvollstreckung 537 mit zwei besonders gelagerten Beispielsfällen). Da dann jedoch mit der rein erbrechtlichen Haftung eine persönliche Haftung nach § 130 HGB zusammentrifft, handelt es sich nun nicht mehr um reine Nachlassverbindlichkeiten, sondern um Nachlass*erben*schulden iS des bei Rn 17–20, 150 ff Ausgeführten. 240

Die Rechtsfolge des § 139 Abs 4 HGB, dass der Erbe für die „bis dahin" entstandenen Gesellschaftsschulden nur nach Erbrecht haftet, gilt auch und sogar erst recht, **wenn die Gesellschaft nicht erst innerhalb der Dreimonatsfrist des § 139 Abs 3 HGB, sondern schon vorher (zB aufgrund gesellschaftsvertraglicher Vereinbarung** [s Rn 254] **unmittelbar im Zeitpunkt des Erbfalls) aufgelöst wird** (vgl Sassenrath 197 f, 199 ff; Kick 28 ff [die den Schlüssel zur Lösung in dem Begriff „Eintritt iSv § 130 HGB" sieht]). Entsprechend verfährt die hM hinsichtlich etwaiger **während der Liquidationsphase entstehender neuer Verbindlichkeiten der Gesellschaft** (vgl RGZ 72, 119, 121 f [bezüglich des Erben des einzigen persönlich haftenden Gesellschafters einer KG]; Kick 31). Das erscheint vertretbar, sollte jedoch mit der die Wechselbeziehung zwischen § 139 Abs 4 HGB einerseits und § 130 HGB andererseits widerspiegelnden Einschränkung versehen werden: Verbindlichkeiten, die daraus resultieren, dass die eigentlich zu liquidierende Gesellschaft länger als drei Monate (arg § 139 Abs 4 HGB; elastischer Kick 30 f, 33 ff) gemeinsam mit dem Erben unter Vernachlässigung des Liquidationszwecks „fortgeführt" wird, führen zu einer erbrechtlich nicht beschränkbaren persönlichen Haftung des Gesellschaftererben nach § 130 HGB und sind auch *daneben* nicht zugleich Nachlassverbindlichkeiten (Rn 242). Ein Erbe, der zunächst in die Rechtsstellung eines Komplementärs eintritt und später das Handelsgeschäft als Einzelkaufmann fortführt, haftet für die während dieser Zeit begründeten Geschäftsverbindlichkeiten nach Maßgabe der Grundsätze über die Firmenfortführung auch dann persönlich, wenn die weitere Geschäftstätigkeit lediglich der Abwicklung diente (OLG München NJW-RR 1996, 228 f). 241

d) Haftung des Erben für nach Ablauf der Frist iSd § 139 Abs 3 HGB entstandene Gesellschaftsschulden

Nicht Nachlasserbenschuld, sondern **reine Eigenverbindlichkeit des Erben** ist jedoch dessen Haftung für eine Gesellschaftsschuld, die erst **nach Ablauf der in § 139 Abs 3 HGB bezeichneten Frist** entsteht (anders aber wohl, wenn noch mindestens ein wei- 242 terer Erbe vorhanden ist und die Frist in Bezug auf diesen Miterben im Zeitpunkt der Schuldbegründung noch nicht abgelaufen war*). Auf erst nach Fristablauf entstehende Verbindlichkeiten ist § 139 Abs 4 HGB schon dem Wortlaut nach nicht anwendbar. Der Gedanke, unter dem Gesichtspunkt der ordnungsgemäßen *Verwaltung des Nachlasses* (vgl Rn 166 ff) zu einer Nachlasserbenschuld zu gelangen, dürfte idR daran scheitern, dass zum „Nachlass" zwar der ererbte Gesellschafts*anteil* (Staudinger/Kunz [2017] § 1922 Rn 208 ff, 231), nicht aber die Gesellschaft selbst oder ihr Vermögen gehört (gegen Annahme einer Nachlasserbenschuld iE auch Jaeger/Weber[8], KO §§ 226, 227 Rn 17; Ulmer NJW 1984, 1496, 1499; Muscheler, Testamentsvollstreckung 485; Raddatz 47 ff; MünchKomm/Siegmann[3] Rn 65 [weggelassen ab der 4. Aufl]; vgl auch Kick 77 f).

e) Haftung bei Einräumung einer Kommanditistenstellung

aa) Haftung für Gesellschaftsverbindlichkeiten aus der Zeit vor Einräumung der Kommanditistenstellung

243 **Wird dem Erben innerhalb der Frist des § 139 Abs 3 HGB die Stellung eines Kommanditisten eingeräumt**, so haftet er für die „bis dahin" entstandenen Gesellschaftsschulden **nur** nach erbrechtlichen Grundsätzen (so ausdrücklich § 139 Abs 4 HGB; **aM** Schäfer, in: GroßkommHGB[5] § 139 Rn 125; MünchKommHGB/K Schmidt § 139 Rn 101, 110 f; K Schmidt ZGR 1989, 445, 448; Sassenrath 172 ff, 181 f; Kick 72 ff: **auch** unmittelbar nach § 173 HGB). Das bedeutet, dass der Erbe zwar ohne die (wegen § 128 HGB ja auch dem Erblasser verwehrt gewesene) Beschränkung auf den Betrag der evtl noch rückständigen Einlage, jedoch mit der Möglichkeit, seine Haftung gem §§ 1975 ff BGB auf den Nachlass zu beschränken für Verbindlichkeiten einzustehen hat. **§ 139 Abs 4 HGB verdrängt insoweit § 173 HGB** (Liebisch ZHR 116, 128, 160 ff; Muscheler, Testamentsvollstreckung 492 ff; Banck, Vor- und Nacherbfolge im Gesellschaftsrecht [Diss Kiel 1983] 125, 130 ff, 134; **aM** Schäfer, in: GroßkommHGB[5] § 139 Rn 125; MünchKommHGB/K Schmidt § 139 Rn 101, 110 f; K Schmidt ZGR 1989, 445, 448; Sassenrath 172 ff, 181 f; Kick 72 ff), aus dem sonst bis zur Höhe der etwa noch rückständigen Einlage auch für die Altschulden eine *nicht* auf den Nachlass beschränkbare Haftung des Erben *als Kommanditist* folgen würde.

244 Gegenüber der hier vertretenen Ansicht ist eingewendet worden, dass es im Gestaltungsermessen des Gesetzgebers liege, auch im Anwendungsbereich des § 139 Abs 4 HGB (vgl MünchKommHGB/K Schmidt § 139 Rn 111, 112) eine auf die Einlage beschränkte Kommanditistenhaftung anzuordnen und dieser das zusätzliche Privileg der erbrechtlichen Beschränkbarkeit abzusprechen (MünchKommHGB/K Schmidt § 173 Rn 44). Dieser Einwand mag de lege ferenda diskutabel sein (aber auch bei sehr hoher unerfüllter Hafteinlage?). De lege lata jedoch geht er fehl, weil und soweit der Gesetzgeber eine über die erbrechtliche Haftung hinausgehende handelsrechtliche Einstandspflicht durch § 139 Abs 4 HGB ausdrücklich („nur") ausgeschlossen und damit den Besonderheiten des vorausgegangenen *erbrechtlichen* Anteilsübergangs angemessen Rechnung getragen hat. Die in der gegenwärtigen Fassung des § 139 Abs 4 HGB zum Ausdruck kommende Lösung ist sachgerecht (**aM** Kick 73 f). Sie erleichtert dem Erben die Entscheidung, Gesellschafter zu bleiben, und verhindert

* Die alternative Denkmöglichkeit, hier statt des gesamten Nachlasses nur den Erbteil dieses einen Miterben „mitzubelasten", sollte wegen der bei Staudinger/Marotzke § 2058 Rn 24 ff erwähnten Folgeprobleme außer Acht gelassen werden (so auch Muscheler, Testamentsvollstreckung 485 f; **aM** Liebsch ZHR 116 [1954] 128, 183).

damit tendenziell die Entstehung von Abfindungsansprüchen, an denen die Gesellschaft uU „ausbluten" würde.

bb) Haftung für Gesellschaftsverbindlichkeiten aus der Zeit nach Einräumung der Kommanditistenstellung

Für Verbindlichkeiten der Gesellschaft, die nicht „bis dahin" (vgl § 139 Abs 4 HGB 245
und oben Rn 237, 243 f), sondern **erst nach Erlangung der Kommanditistenstellung entstanden sind**, haftet der Erbe eines persönlich haftenden Gesellschafters nur dann (auch) nach erbrechtlichen Grundsätzen, wenn das Ausscheiden des Erblassers durch Tod weder im Handelsregister eingetragen noch dem Gläubiger bekannt geworden ist (§ 15 Abs 1 HGB; zu einer weiteren Ausnahme bei Erbenmehrheit s oben Rn 242 mit Fn). In diesem Fall kann der Erbe dem Nachlassgläubiger nicht entgegenhalten, dass der Erblasser, für dessen Schulden er gem § 1967 BGB haftet, bei Entstehung der Geschäftsverbindlichkeit nicht mehr persönlich (§ 128 HGB) haftender Gesellschafter, sondern bereits gestorben war (vgl BGHZ 66, 98, 102 f zu einem Fall, wo dem Erben der Gesellschaftsanteil „bei gleichzeitiger Umwandlung in einen Kommanditanteil" angefallen war; s auch Rn 252). Auch diese durch § 139 Abs 4 („bis dahin") iVm § 15 Abs 1 HGB ermöglichte erbrechtliche (insoweit also § 128 statt §§ 171 ff HGB!) Haftung für erst *nach* Einräumung der Kommanditistenstellung entstandene Gesellschaftsschulden kann der Erbe nach allgemeinen erbrechtlichen Grundsätzen auf den Nachlass beschränken (BGHZ 66, 98, 102 f).

Unabhängig von diesem erbrechtlichen Haftungsgrund kann der Erbe des persönlich 246
haftenden Gesellschafters für die nach Erlangung der Kommanditistenstellung entstehenden Gesellschaftsschulden **nach Maßgabe der §§ 171, 172 HGB auch persönlich haftbar** sein (dazu Muscheler 498 f), also einerseits ohne Möglichkeit einer Haftungsbeschränkung auf den Nachlass, andererseits aber nur, soweit die Kommanditeinlage noch nicht geleistet ist (§ 171 Abs 1 HGB [s aber § 139 Abs 1 HGB über die Anerkennung der Einlage des Erblassers]) bzw als nicht geleistet „gilt" (§ 172 Abs 4 HGB).

Sehr umstritten ist, ob und mit welchen Besonderheiten auf diesen Fall **§ 176 Abs 2** 247
HGB Anwendung findet. Gem § 176 Abs 2 HGB muss jemand, der als Kommanditist in eine bestehende Handelsgesellschaft eintritt, für die zwischen seinem Eintritt und dessen Eintragung in das Handelsregister begründeten Gesellschaftsschulden uU ohne die sich aus §§ 171, 172 HGB ergebenden Haftungsbeschränkungen einstehen (vgl hierzu BGHZ 66, 98, 100 ff; BGH NJW 1983, 2258, 2259 m Anm K Schmidt; MünchKomm/Siegmann³ Rn 68 [weggelassen ab der 4. Aufl]; Muscheler, Testamentsvollstreckung 499 ff; Schäfer, in: GroßkommHGB⁵ § 139 Rn 130; Sassenrath 182 ff).

Die Anwendbarkeit des § 176 Abs 2 HGB ist zu bejahen (so im Grundsatz auch der BGH 248
NJW 1983, 2258, 2259; **aM** MünchKommHGB/K Schmidt § 176 Rn 24; Muscheler, Testamentsvollstreckung 502) mit der Maßgabe, dass als Zeitpunkt des „Eintritts" in die Gesellschaft nicht der des Erbfalls oder der Erbschaftsannahme, sondern derjenige anzunehmen ist, in welchem die geerbte Mitgliedschaft als persönlich haftender Gesellschafter durch Rechtsgeschäft in die eines Kommanditisten umgewandelt wurde.

Liegt dieser Zeitpunkt noch innerhalb der Dreimonatsfrist des § 139 Abs 3 HGB, 249
so sollte man den Erben für die von nun an bis zur Registereintragung begrün-

deten Verbindlichkeiten nur dann nach § 176 HGB haften lassen, wenn er es versäumt, die Registereintragung „unverzüglich" zu veranlassen (vgl MünchKomm/Siegmann[3] Rn 68 [weggelassen ab der 4. Aufl]; Sassenrath 184 ff; Schilling ZGR 1978, 173, 175 f, 178; Schäfer, in: GroßkommHGB[5] § 139 Rn 130; Emmerich ZHR 150 [1986] 193, 213; Kick 81 f [mit zT erheblichen Unterschieden im Detail]; *ohne diese Einschränkung* plädieren für volle Anwendung des § 176 Abs 2 HGB: Düringer/Hachenburg/Flechtheim HGB[3] § 139 Rn 32; Schlegelberger/Gessler[4], HGB § 139 Rn 57; **aM** Schlegelberger/K Schmidt[5] HGB § 139 Rn 127 ff).

250 **War bereits der Erblasser Kommanditist** und der Betrag seiner Einlage im Handelsregister eingetragen, so führt auch § 176 Abs 2 HGB nicht zu einer Haftung des Erben (vgl BGHZ 108, 187, 197 = NJW 1989, 3152, 3155; Staudinger/Lehmann[11] Vorbem 19; Wiedemann, Gesellschaftsrecht II [2004] 479 f; Muscheler, Testamentsvollstreckung 501; Kick 177 f; MünchKommHGB/K Schmidt § 176 Rn 23; **aM** Düringer/Hachenburg/Flechtheim HGB[3] § 177 Anm 4). Anders jedoch, wenn die KG als solche oder der – rechtsgeschäftliche – Eintritt des Erblassers als Kommanditist noch nicht eingetragen war. Das Haftungsrisiko aus § 176 HGB, welches in diesem Fall bereits den Erblasser traf, geht auf den Erben über und bleibt bis zur Eintragung bestehen (BGHZ 108, 187, 197 = NJW 1989, 3152, 3155; Raddatz 168; MünchKommHGB/K Schmidt § 176 Rn 23, 27; vgl auch oben Rn 44; **aM** Muscheler, Testamentsvollstreckung 502). Jedoch kann der Erbe seine Haftung aus solch einem „geerbten Risiko" nach allgemeinen Grundsätzen (zB §§ 1975 ff BGB) auf den Nachlass beschränken. Dies gilt aber wohl nur, wenn er innerhalb einer gewissen „Schonfrist" (vgl BGH NJW 1983, 2258, 2259), für deren Bemessung sich eine Analogie zu der Dreimonatsfrist des § 139 Abs 3 HGB anbietet (s Rn 252 und MünchKommHGB/K Schmidt § 139 Rn 64; **aM** Kick 34 [dort allerdings etwas anderer Fall], 173), die noch fehlende Handelsregistereintragung durch Anmeldung beantragt und dann stets unverzüglich alles ihm Mögliche (s dazu in etwas anderem Zusammenhang BGHZ 55, 267, 273 f) und Zumutbare unternimmt, um die erstrebte Eintragung herbeizuführen. Andernfalls haftet der Erbe aufgrund *eigenen* Unterlassens (s Rn 222 ff) ohne erbrechtliche Beschränkungsmöglichkeit nach § 176 Abs 2 HGB (jedoch ist mit BGHZ 66, 98, 101 f eine Ausnahme für den Fall zu machen, dass der Erbe der Gesellschaft schon vor dem Erbfall als eingetragener Kommanditist angehörte).

251 Mit dieser Maßgabe ist § 176 Abs 2 HGB auch auf den Fall anzuwenden, dass der Gesellschaftsanteil eines persönlich haftenden Gesellschafters **unter gleichzeitiger Umwandlung in einen Kommanditanteil** vererbt wurde (andeutend in diesem Sinne BGHZ 66, 98, 100 f; vgl auch Schilling ZGR 1978, 173, 175 f, 178 und vor allem Sassenrath 184 ff, 191 ff, der als einziger der hier Genannten auch ausdrücklich für die Gewährung der oben erwähnten dreimonatigen Schonfrist plädiert). Das für die Gegenansicht angeführte Argument, die Nachfolge von Todes wegen sei kein „Eintritt" iS des § 176 Abs 2 HGB (MünchKommHGB/K Schmidt § 176 Rn 22 ff; Raddatz 168 f; Kick 29 ff [zu § 130 HGB], 177 f [zu § 176 Abs 2 HGB]), verliert mit Ablauf der analog § 139 Abs 3 HGB zu bemessenden Schonfrist seine Überzeugungskraft. Für den Erben eines persönlich haftenden Gesellschafters, dessen Gesellschaftsanteil *nicht* in einen Kommanditanteil verwandelt wurde, ergibt dies ein zur Anwendung des § 130 HGB (s Rn 239) führender Gegenschluss aus § 139 Abs 4 HGB. § 130 HGB setzt wie § 176 Abs 2 HGB den „Eintritt" in eine bereits bestehende Gesellschaft voraus. Unter denselben Voraussetzungen, unter denen ein Gegenschluss aus § 139 Abs 4 HGB den Weg zu § 130 HGB freigibt und somit ein „Eintritt" iS dieser Bestimmung bzw ein dem Eintritt gleichwertiger

Tatbestand (in diesem Sinne zB auch K Schmidt ZGR 1989, 445, 447) als gegeben erachtet wird, muss deshalb auch der Weg zu dem (idR weniger gefährlichen) § 176 Abs 2 HGB offenstehen.

f) Haftung bei Vererbung eines Kommanditanteils

Der **Vorrang des § 139 Abs 4 HGB gegenüber § 173 HGB**, der sich aus dem Wort „nur" in § 139 Abs 4 HGB ergibt und auch sachlich gerechtfertigte ist (Rn 243), besteht auch und sogar erst recht in dem noch stärker erbrechtlich geprägten Fall, dass der **Gesellschaftsanteil schon zZ des Anfalls an den Erben Kommanditanteil** war, sei es, dass der Anteil eines persönlich haftenden Gesellschafters nur „bei gleichzeitiger Umwandlung in einen Kommanditanteil" vererblich gestellt wurde (vgl zB BGHZ 66, 98 ff; 101, 123, 125 = NJW 1987, 3184 f), oder sei es, dass bereits der Erblasser Kommanditist war (s zu beiden Fällen auch unten Rn 246 ff). Hier wie dort haftet der Erbe für die *vor* dem Erwerb der Kommanditistenstellung entstandenen Gesellschaftsschulden *nur* nach §§ 1967 ff BGB, dh nur in gleichem Maße wie der Erblasser (der im ersten Falle nach § 128 BGB, im zweiten uU nach §§ 171 ff HGB haften würde) und beschränkbar auf dessen Nachlass (**sehr str**; wie hier Muscheler, Testamentsvollstreckung 496 f; Adel ZEV 1994, 183 f; Banck [oben Rn 243] 129 ff; Keim 81; Kick 175 f [die § 173 HGB auf den Eintritt kraft Erbrechts nicht anwenden will] und zumindest für den zweiten Fall auch RGZ 171, 328, 332 [ohne Begründung]; Bandasch/Feddersen, HGB [4. Aufl 1989] § 177 Rn 2; Schlegelberger/Gessler[4], HGB § 177 Rn 5 mwNw; ähnlich Adel DStR 1994, 1580, 1583 [will zwar § 173 HGB anwenden, aber ebenso auch § 139 Abs 4 HGB analog]; **aM** jedoch Lange/Kuchinke § 47 VI 2 b; MünchKommHGB/K Schmidt § 139 Rn 101, 110 ff, § 173 Rn 44; Staudinger/Lehmann[11] Vorbem 19 mwNw; unklar RGZ 123, 366, 370). 252

Erbrechtlich nicht beschränkbar ist nach einem Urteil des OLG Hamburg die (nach Maßgabe des bei Staudinger/Kunz [2017] § 1922 Rn 229 Ausgeführten allerdings abwendbare) Verpflichtung des in die Gesellschaft einrückenden Erben einer Kommanditbeteiligung zur Leistung der vom Erblasser nicht erbrachten Haftsumme (OLG Hamburg NJW-RR 1994, 809, 810 f = ZIP 1994, 297, 299 = ZEV 1994, 182 f; ebenso K Schmidt ZGR 1989, 445, 458 [aber nur nach Ablauf einer Dreimonatsfrist in „Gesamtanalogie zu §§ 27, 139 HGB", was ein erster Schritt in Richtung auf den bei Staudinger/Kunz [2017] § 1922 Rn 229 gemachten Vorschlag sein könnte; vgl auch die in eine ähnliche Richtung weisenden Ausführungen von H Westermann, Personengesellschaftsrecht[4] Rn 493, 932]; mit guten Gründen **aM** Muscheler, Testamentsvollstreckung 494 f, 503, 537 f; vgl auch Adel ZEV 1994, 183 f; Windel 135 f). Der BGH hat das Urteil des OLG Hamburg aufgehoben und will jedenfalls dann, wenn die Gesellschaft vor dem Erbfall aufgelöst wurde (zB gem §§ 131 Abs 1 Nr 3, 161 Abs 2 HGB), die erbrechtlichen Beschränkungsmöglichkeiten gewähren (BGH NJW 1995, 3314 f = ZIP 1995, 1752 = GmbH-Rdsch 1996, 55 f = MittBayNot 1996, 47 f; dazu Reimann EWiR § 173 HGB 1/1996, 127 f; vgl auch Staudinger/Kunz [2017] § 1922 Rn 229 und allgemein zur Vererblichkeit der Einlagepflicht oben Rn 34). 253

g) Ergänzende Hinweise

Zur Haftung im Fall der Auflösung vgl BeckOK/Roth, HGB (38. Aufl 2018) § 131 Rn 75; Schäfer, in: GroßkommHGB[5] § 131 Rn 76 ff, 98; Koller, in: Koller/Kindler/Roth/Morck, HGB[9] § 131 Rn 20; Sassenrath, Die Umwandlung von Komplementär- in Kommanditbeteiligungen (1988) 197 f, 199 ff; Kick 69 f, 94 ff; BGH NJW 1995, 3314 f (dazu auch Rn 252 aE); BGH ZEV 2018, 37 (= NJW 2017, 3715) und hinsichtlich eines Teilaspekts s Rn 241. Zu beachten ist, dass das seit dem 1. 7. 1998 254 geltende Recht die Auflösung der Gesellschaft nicht mehr als (abdingbare) normale gesetzliche Folge des Erbfalls behandelt, sondern dass die Auflösung, sofern als automatische Folge des Erbfalls tatsächlich gewünscht, im Gesellschaftsvertrag besonders geregelt sein muss (vgl Staudinger/Marotzke [2008] § 1922 Rn 172, s ferner den Hinweis bei Staudinger/Kunz [2017] § 1922 Rn 179 f).

255 Zur Vererblichkeit der Pflicht, bestimmte Umstände zur Eintragung ins **Handelsregister** anzumelden, s oben Rn 44 ff.

256 Besondere Haftungsprobleme können sich ergeben, **wenn die Gesellschaft aus nur zwei Mitgliedern besteht** und einer von ihnen den anderen beerbt (s hierzu BGHZ 113, 132 ff = NJW 1991, 844 = JR 1991, 455 ff m Anm Frank/Müller-Dietz = JZ 1991, 731 ff m Anm K Schmidt; zum Ganzen auch Lieb ZGR 1991, 572 ff; Marotzke ZHR 1992, 17 ff; A Ernst 115 f [Fn 15], 130 [Fn 10]).

257 **Wird eine überschuldete oder zahlungsunfähige GmbH infolge des Erbfalls führungslos** (weil der Erblasser nicht nur Gesellschafter, sondern auch alleiniger Geschäftsführer war), so kann der Erbe als Nachfolger in den Geschäftsanteil des Erblassers gem § 15a Abs 3 InsO verpflichtet sein, die Eröffnung des Insolvenzverfahrens über das Vermögen der Gesellschaft zu beantragen. Diese Antragspflicht und die im Fall ihrer Verletzung drohenden Schadensersatzpflichten (zu beiden Aspekten ausf Marotzke, Die insolvente GmbH im Erbgang, ErbR 2010, 115 ff) sind Eigenverbindlichkeiten des Erben, bezüglich deren er seine Haftung nicht einseitig beschränken kann. Außerdem droht dem Erben persönliche Bestrafung gem § 15a Abs 4, 5 InsO.

§ 1968
Beerdigungskosten

Der Erbe trägt die Kosten der Beerdigung des Erblassers.

Materialien: E I § 2055; II § 1844; III § 1944; Mot V 535 f, 631 f; Prot V 654; Jakobs/Schubert ER I 663, 723.

Neufassung seit 1. 1. 1999: Das Wort „standesmäßigen“ wurde gestrichen (Art 33 Nr 31 EGInsO). Vgl dazu Rn 4.

Schrifttum

Balke, Die Erstattungsfähigkeit von Beerdigungskosten, SVR 2009, 132
Berger, Die Erstattung der Beerdigungskosten (Diss Köln 1968)
Bienwald, Zur (landesrechtlich geregelten) Bestattungspflicht des Betreuers, BtPrax 2000, 107
vBlume, Fragen des Totenrechts, AcP 112 (1914) 367
Damrau, Grabpflegekosten sind Nachlassverbindlichkeiten, ZEV 2004, 456
Floeth, Sind die Kosten der laufenden Grabpflege Beerdigungskosten iSd 1968 BGB, 324 Abs. 1 InsO?, ZErb 2015, 269
Fritz, Fragen zum Bestattungsrecht, BWNotZ 1992, 137, 139 ff
Gaedke/Diefenbach/Barthel, Handbuch des Friedhofs- und Bestattungsrechts (12. Aufl 2019) 114 ff
Gottwald, Rechtsprobleme um die Feuerbestattung – „Am Ende bleiben Rauch, Asche und Zahngold“, NJW 2012, 2231

Gotzen, Zivilrechtliche Ansprüche auf Ersatz von Bestattungskosten, insbesondere aus GoA, im Kontext, ZfF 2012, 241

Gutzeit/Vrban, Bestattung ohne Auftrag, NJW 2012, 1630

Grziwotz, Ausschlagung der Erbschaft und Bestattungskosten, MittBayNot 2012, 333

ders, Bestattungskosten und Erbenhaftung, FamRB 2012, 226

Jacoby, Die Tilgung der Bestattungskosten vom Nachlasskonto, WM 2003, 368

Joachim/Lange, Zivilrechtliche Aspekte der Sterbegeldversicherung, ZEV 2012, 126

Karczewski, Die Totenfürsorge: ein unbekanntes Rechtsinstitut, ZEV 2017, 129

Kurze, Totenfürsorge und Kostentragung im Bestattungsrecht, ErbR 2016, 299

Kurze/Goertz, Bestattungsrecht in der Praxis (2. Aufl 2016)

Märker, Grabpflegekosten als Nachlaßverbindlichkeiten?, MDR 1992, 217

W Müller, Die Grabpflege im Zivil- und Steuerrecht, DStZ 1999, 905

ders, Die Kosten der Bestattung im Zivil- und Steuerrecht, DStZ 2000, 329

Spranger, Bestattungspflicht für Diamanten?, NJW 2017, 3622

Stelkens/Cohrs, Bestattungspflicht und Bestattungskostenpflicht: Ordnungs- und Sozialhilfebehörden im Spannungsverhältnis zwischen „postmortalem Persönlichkeitsrecht" des Verstorbenen und allgemeiner Handlungsfreiheit seiner Hinterbliebenen in Zeiten knapper Kassen, NVwZ 2002, 917

Weimar, Aufwendungen für Trauerkleidung als Beerdigungskosten, MDR 1967, 980

Widmann, Zur Bedeutung des § 1968 BGB als Anspruchsgrundlage, FamRZ 1988, 351

ders, Testamentserklärungen und Bestattungsanordnungen in Bestattungsvorsorgeverträgen, FamRZ 2001, 74

ders, Die Bestattungspflicht und Bestattungskostentragungspflicht in der höchstrichterlichen Rechtsprechung, MDR 2012, 617

ders, Der Bestattungsvertrag im deutschen, schweizerischen und österreichischen Recht (6. Aufl 2015).

Systematische Übersicht

Alphabetische Übersicht

Siehe Register.

I. Allgemeines

1 Das Recht und die Pflicht, für die Beerdigung des Verstorbenen zu sorgen, haben nicht dessen Erben als solche (BGHZ 61, 238), sondern in der Regel die nächsten Familienangehörigen des Erblassers iRd sog Totenfürsorge (hierzu zB Karczewski ZEV 2017, 129; vgl ferner Staudinger/Kunz [2017] § 1922 Rn 295–296). § 1968 BGB besagt zu dieser Frage nichts. Er beschränkt sich darauf, dem Erben die Pflicht zur Tragung der Beerdigungs**kosten** aufzuerlegen (zur Disponibilität von § 1968 sowie zu sog Bestattungsverfügungen s Rn 24 ff). Diese **privatrechtliche** Pflicht besteht grds gegenüber demjenigen, der die Beerdigung vorgenommen hat (Mot V 535; die Reichweite ist str, dazu ausf Rn 31 ff). Für diesen ist § 1968 BGB **Anspruchsgrundlage** (Berger 1–14).

2 Als eine den Erben „als solchen" treffende Verbindlichkeit ist die Pflicht aus § 1968 BGB zur Tragung der Beerdigungskosten **Nachlassverbindlichkeit gem § 1967 Abs 2 BGB** (vgl Mot V 535 f; KG Rpfleger 1980, 79 [zu § 107 Abs 2 S 1 KostO = § 40 GNotKG]; OVG Münster NJW 1998, 2154 f = FamRZ 1998, 1058 f [zu dem bei Rn 8 erwähnten, inzwischen in § 74 SGB XII überführten § 15 BSHG]; s auch Berger 15: „reine" Nachlassverbindlichkeit; vgl auch Widmann MDR 2012, 617, 618 in Fn 17: „spezielle Erbenschuld, die ihn ‚als solchen' trifft"). Im Nachlassinsolvenzverfahren hat sie eine bevorzugte Stellung als Masseverbindlichkeit (§ 324 Abs 1 Nr 2 InsO).

3 Ob die Kostentragungspflicht den Erben als Ausgleich für die unentgeltliche Zuwendung des Nachlasses trifft (so Widmann MDR 2012, 617, 618 in Fn 17), darf indes bezweifelt werden. Rechtspolitische Grundlage ist vielmehr die Tatsache, dass die Beerdigungskosten de facto die letzten Verbindlichkeiten des Erblassers sind, die von den nächsten Familienmitgliedern erfüllt werden, und deshalb auch vom Erblasser bzw dessen Nachlass getragen werden sollen.

II. Der Umfang der zu ersetzenden Bestattungskosten

4 Nach der ursprünglichen Fassung des § 1968 hatte der Erbe die Kosten einer *standesmäßigen* Beerdigung des Erblassers zu tragen. Das Wort „standesmäßigen" wurde durch Art 33 Nr 31 EGInsO mit Wirkung zum 1. 1. 1999 gestrichen. Jedoch wollte der Gesetzgeber den § 1968 nicht inhaltlich ändern, sondern lediglich an die Formulierung der §§ 844 Abs 1, 1615 Abs 2, 1615m BGB, § 324 Abs 1 Nr 2 InsO anpassen (vgl BT-Drucks 12/3803, 79; OLG München FamRZ 2013, 1074, 1075). Der Erbe hat also auch weiterhin nicht schlechthin alle Beerdigungskosten zu tragen, sondern nur die **notwendigen und angemessenen** (Erman/Horn § 1968 Rn 5; MünchKomm/Küpper § 1968 Rn 4; Wigo Müller DStZ 2000, 329, 330). Begleicht der Erbe über dieses Maß hinausgehende Beerdigungskosten aus dem Nachlass, ist er den Nachlassgläubigern unter den Voraussetzungen der §§ 1978 Abs 1, 1991 Abs 1 BGB zum Ersatz verpflichtet

(MünchKomm/Küpper § 1968 Rn 4; Staudinger/Lehmann[11] § 1968 Rn 7; BGB-RGRK/Johannsen § 1968 Rn 3; Jaeger/Weber[8], KO § 224 Rn 5).

1. Angemessene Bestattungskosten im Allgemeinen

Angemessen ist eine Beerdigung, wenn ihre Ausrichtung der Lebensstellung des Verstorbenen entspricht (vgl Mot V 535 und § 1610 Abs 1 BGB). Der Erbe muss also über das unbedingt Notwendige hinaus (vgl dazu OLG Düsseldorf MDR 1961, 940 f) die Kosten für all das auf sich nehmen, was nach den in den Kreisen des Erblassers herrschenden Auffassungen und Gebräuchen zu einer würdigen und angemessenen Bestattung gehört (RGZ 139, 393, 395; BGHZ 61, 238, 239). An dem hierzu Erforderlichen findet die Verpflichtung des Erben aber auch ihre Grenze; er ist nicht verpflichtet, schlechthin alle Kosten zu tragen, die für die nach Bestimmung der Angehörigen (Rn 1) vorgenommene Bestattung des Erblassers aufgewandt wurden (BGHZ 61, 238, 239). Eine relativ aufwendige Bestattungsart wird sich also nicht allein damit rechtfertigen lassen, dass sich der Verstorbene „im Familienkreise einer besonderen Wertschätzung erfreute" (Schultze VersR 1956, 631 gegen OLG Karlsruhe VersR 1956, 542 f [teurer Grabstein]). 5

Überhaupt kommt es bei der Feststellung des Angemessenen allein auf die Lebensstellung des Verstorbenen und nicht (auch) auf diejenige der Hinterbliebenen an (Berger 43 Fn 60). Deshalb kann zwar die Leistungsfähigkeit des Nachlasses mit in Betracht gezogen werden (jedoch nicht iS einer absoluten Obergrenze; s OLG Hamm NJW-RR 1994, 155 und – mit etwas weitgehenden Formulierungen – OLG Düsseldorf ZEV 1994, 372 f = NJW-RR 1995, 1161 f), nicht aber diejenige der Erben (vgl OLG Karlsruhe MDR 1970, 48 f; **aM** anscheinend RGZ 139, 393, 398; BGHZ 32, 72, 73), zumal diese ihre Haftung auf den Nachlass beschränken können (§§ 1975 ff BGB). 6

Anerkannt ist, dass bei der Art und Weise der Bestattung der erkennbare, wenn auch formlos ausgedrückte Wille des Verstorbenen zu berücksichtigen ist (RGZ 154, 269, 270 [nicht zu den Kosten]) und dass zu einer angemessenen Beerdigung idR auch die Respektierung des Wunsches des an einem entfernteren Ort Verstorbenen gehört, nach dem Tod auf einem gemeinsamen Begräbnisplatz mit den Seinen vereint zu sein (vgl OLG Stettin OLGE 24 [1912/I] 63 f [Überführung der zu beerdigenden Leiche von Hamburg nach Stettin]; OLG Karlsruhe NJW 1954, 720 f [Exhumierung, Überführung und endgültige Beisetzung der Leiche]; s erg Rn 24 ff). Auch muss, soweit es an einer Willensäußerung des Verstorbenen fehlt, der Totensorgeberechtigte (Staudinger/Kunz [2017] § 1922 Rn 295 ff) auf einen ihm durch § 1968 BGB eröffneten finanziellen Gesamtrahmen vertrauen können, innerhalb dessen er ohne finanzielle Nachteile eigene Schwerpunkte setzen darf (zB einerseits ungewöhnlich reichhaltiger Blumenschmuck, andererseits sehr bescheidener Grabstein; vgl OLG Hamm NJW-RR 1994, 155, das zutreffend für eine Gesamtschau und gegen eine atomisierende Detailbetrachtung plädiert). 7

2. Kosten für Feuer- oder Seebestattung sowie alternative Bestattungsarten

Unter § 1968 BGB fallen auch die Kosten einer vom Erblasser oder von seinen Angehörigen gewünschten *Feuerbestattung*. Da § 1 des G über die Feuerbestattung v 15. 5. 1934 (RGBl I 380; dazu Massfeller DJ 1934, 766 ff; RGZ 154, 269 ff) die Feuerbestattung der Erdbestattung grundsätzlich gleichgestellt hat und die mittlerweile an die 8

Stelle des FeuerbestattungsG getretenen Bestattungsgesetze der Länder (vgl STAUDINGER/MAROTZKE [2008] § 1922 Rn 119; STAUDINGER/KUNZ [2017] § 1922 Rn 297; SPRANGER, in: SPRANGER/PASIC/KRIEBEL, Handbuch des Feuerbestattungswesens [2014] S 89 ff) insoweit keine wesentlichen Änderungen gebracht haben, steht die Feuerbestattung auch iRd § 1968 BGB einer „Beerdigung" gleich. Selbst wenn die Kosten einer angemessenen (Rn 5 ff) Feuerbestattung höher sind als die einer Beerdigung, hat der Erbe sie zu tragen (SOERGEL/STEIN § 1968 Rn 4; BGB-RGRK/JOHANNSEN § 1968 Rn 2; PLANCK/FLAD § 1968 Anm 2a m älteren Nachweisen auch zur Gegenansicht; JAEGER/WEBER[8], KO § 224 Rn 4; allg zu Rechtsproblemen bei der Feuerbestattung GOTTWALD NJW 2012, 2231). § 6 FeuerbestattungsG traf nur für den Fall eine Sonderbestimmung, dass die Bestattungskosten der öffentlichen Fürsorge zur Last fielen (vgl § 15 BSHG, inzwischen ersetzt durch § 74 SGB XII).

9 Gleiches gilt für die **Kosten einer Seebestattung**. Auch sie ist der Erdbestattung nach den Landesbestattungsgesetzen im Grundsatz gleichgestellt (s etwa § 32 BestattG BW; § 21 FBG Hessen; § 15 Abs 1 S 2 BestattG Schleswig-Holstein; § 4 Abs 1 S 2 BestattG Bremen; Art 1 Abs 1 S 1 BestattG Bayern; § 25 Abs 1 Nr 3 Bbg BestattG; zum SeearbeitG s Rn 49). Aber auch hier ist für die Kostentragungspflicht des Erben entscheidend, ob und inwieweit eine Seebestattung angemessen ist.

10 Entscheiden sich die Angehörigen iRd Totenfürsorge – ggf auch auf Anordnung des Erblassers hin (sog Bestattungsverfügung; zur letztwilligen Anordnung von Auflagen in diesem Zusammenhang s Rn 24 ff) – für **besonders kostenintensive Bestattungsarten** oder für eine **Bestattung im Ausland**, um den in Deutschland verstorbenen Erblasser nach einer in Deutschland unzulässigen Bestattungsart bestatten zu lassen (zB durch **Ascheausstreuung** in der freien Natur außerhalb eines Friedhofs oder auf einem Privatgrundstück; Herstellung von sog **Erinnerungsdiamanten**; s erg Rn 23 sowie weiterf KURZE, Diamant, Weltraum, Wiese – zulässige und unzulässige Bestattungsformen, ZErb 2012, 103; SPRANGER, Bestattungspflicht für Diamanten?, NJW 2017, 3622; LIES, in: SPRANGER/PASIC/KRIEBEL, Handbuch des Feuerbestattungswesens [2014] S 284), ist § 1968 BGB nicht von vornherein unanwendbar (bei Herstellung von Erinnerungsstücken an den Verstorbenen aus dessen Asche – sog Erinnerungsdiamanten – kommt eine **analoge Anwendung des § 1968 BGB** in Betracht, sofern die Herstellungskosten angemessen sind, s sogleich). Denn grds ist auch hier entscheidend, ob und inwieweit der damit zusammenhängende Kostenaufwand der Lebensstellung des Verstorbenen entspricht, also angemessen ist (Rn 5 ff).

11 Zu bedenken ist, dass sich die zivilrechtliche Kostentragungspflicht in § 1968 BGB **akzessorisch zur öffentlich-rechtlichen Bestattungspflicht nach den Landesbestattungsgesetzen und zu dem gewohnheitsmäßig anerkannten Institut der Totenfürsorge** verhält (vgl hierzu Mot V S 535). Der Begriff der Beerdigung unterliegt daher dem Wandel, der auch von den Landesbestattungsgesetzen aufgegriffen wird (s etwa zur Einrichtung von sog Aschegrabstätten zur Verstreuung von Asche nach § 12 Abs 2 S 4 FriedhofsG Berlin). Methodisch bedarf es aber dann einer analogen Anwendung des § 1968 BGB, wenn von einer Beisetzung des Leichnams bzw dessen Asche keine Rede mehr sein kann. Was nach den Landesbestattungsgesetzen – auch in verfassungskonformer Auslegung (vgl dazu BVerfG NJW 2017, 947) – zulässig (bzw zumindest rechtmäßig realisierbar) **und** nach der Lebensstellung des Erblassers **individuell angemessen** ist, rechtfertigt auch eine Kostentragung des Erben aus § 1968 BGB (ggf analog). Dabei sollte freilich der Umfang des Nachlasses, also dessen Leistungsfä-

higkeit nicht außer Acht bleiben. Denn auch hierin spiegelt sich die Lebensstellung des Erblassers. Anders mag zu urteilen sein, wenn der Erblasser selbst eine besonders kostenintensive Bestattung (letztwillig) angeordnet hat (zu Anordnungen des Erblassers s Rn 24 ff).

Gestützt wird dies auch von folgender Überlegung: Mit der Kostentragungsregel des § 1968 BGB soll einerseits sichergestellt werden soll, dass derjenige, der sich um die Bestattung kümmert und mithin der Bestattungspflicht nachkommt, also lange bevor idR die endgültige Erbenstellung feststeht, vor einem **Kostenrisiko** geschützt wird. Andererseits kommt in § 1968 BGB zum Ausdruck, dass die Bestattung des Leichnams gewissermaßen der letzte Akt auf dem Lebensweg des Erblassers ist und mithin die Kosten hierfür aus dessen Nachlass zu begleichen sind (s Rn 3). 12

3. Kosten für Herrichtung, Gestaltung und Pflege des Grabes

Zu einer Beerdigung gehört auch die **Erstausschmückung des Grabes** mit Blumen, Kränzen etc (OLG Köln VersR 1956, 647 f; OLG München NJW 1974, 703 f; OLG Düsseldorf ZEV 1994, 372 f = NJW-RR 1995, 1161 f); ferner die **Kosten für die Herrichtung des Grabes**, nicht aber die (Mehr-)Kosten eines Doppelgrabes, da § 1968 BGB nur von der Beerdigung „des Erblassers“ spricht (BGHZ 61, 238, 240 m Anm v Kreft LM Nr 2 zu § 844 Abs 1; iE ebenso OLG Düsseldorf MDR 1973, 671; OLG Saarbrücken FamRZ 2010, 1192 ff; vgl aber auch OLG München NJW 1968, 252 bzgl eines auch für die Angehörigen bestimmten großen Grabsteins). 13

Auch die Kosten eines den Verhältnissen des Erblassers angemessenen **Grabsteins oder -denkmals** hat der Erbe zu tragen (RGZ 139, 393 ff; OLG Karlsruhe VersR 1956, 542 [wo freilich die Angemessenheit auch nach der „besonderen Wertschätzung“ beurteilt wurde; hiergegen zu Recht Schultze VersR 1956, 631]; vgl auch § 10 Abs 5 Nr 3 ErbStG; OLG Celle RdL 1968, 74 [Grabstein als Teil der im Übergabe- und Altenteilsvertrag versprochenen „freien und standesgemäßen Beerdigung“]). 14

Jedoch fallen dem Erben die Kosten der **Instandhaltung und Pflege der Grabstätte und des Grabdenkmals** nicht zur Last (trotz § 10 Abs 5 Nr 3 ErbStG), da der Beerdigungsakt mit der Herrichtung einer zur Dauereinrichtung bestimmten und geeigneten Grabstätte seinen Abschluss findet (BGHZ 61, 238, 239; OLG Oldenburg FamRZ 1992, 987; OLG Düsseldorf r+s 1997, 159, 160; OLG Schleswig FamRZ 2010, 1194, 1195 = ZEV 2010, 196 ff m zust Anm Schreiber; OLG Köln FamRZ 2015, 1318 = ZEV 2015, 355; MünchKomm/Küpper § 1968 Rn 4; Soergel/Stein Rn 5; **aM** Lange/Kuchinke § 47 III 2 b α Fn 59 [Grabpflegekosten für ca 1 Jahr seien noch vom Erben zu tragen]; Wigo Müller DStZ 1999, 905, 908; 2000, 329, 330; Damrau ZEV 2004, 456; AG Neuruppin ZEV 2007, 597 f; LG Heidelberg FamRZ 2012, 153). Für die Kosten der Grabpflege haftet der Erbe nur, wenn der Erblasser eine entsprechende Verbindlichkeit schon zu Lebzeiten begründet oder durch Vermächtnis oder Auflage dem Erben auferlegt hat (vgl Märker MDR 1992, 217; OLG Schleswig FamRZ 2010, 1194, 1195 = ZEV 2010, 196, 198; unten Rn 24 ff sowie die einen sittenwidrig teuren und langfristigen Grabpflegevertrag des Erblassers betreffende Entscheidung LG München I NJW-RR 1989, 197 f). 15

4. Kosten für Vorbereitung und Durchführung der Bestattungsfeier

Der Erbe hat auch die *Kosten* zu ersetzen, die den Angehörigen des Erblassers, jedenfalls soweit sie öffentlich-rechtlich zu dessen Bestattung verpflichtet sind (vgl 16

OLG Karlsruhe MDR 1970, 48 f), *bei der Vorbereitung und Durchführung der Beerdigung* entstehen (vgl BGHZ 32, 72, 75 f; OLG Karlsruhe MDR 1970, 48 f [Reisekosten]; OLG Hamm DAR 1956, 217, 218 [Verdienstausfall für den Beerdigungs- und einen Vorbereitungstag]).

17 Die **Kosten einer Exhumierung, Überführung und endgültigen Beisetzung der Leiche** hat der Erbe nur dann zu tragen, wenn für die Umbettung ausreichende Gründe vorliegen (vgl OLG Karlsruhe NJW 1954, 720 f; OLG München NJW 1974, 703, 704; die zu § 844 ergangene Entscheidung RGZ 66, 306, 308 f sowie Staudinger/Kunz [2017] § 1922 Rn 279 ff). Zu den **Kosten des Transports der Leiche** uU auch zu einem entfernteren Ort vgl OLG Stettin OLGE 24 (1912/I) 63 f; BGHZ 32, 72, 75 f; LG Gießen DAR 1984, 151; FG Düsseldorf ZEV 2000, 516; LG Münster NJW-RR 2008, 597 f; OLG Bremen NJW-RR 2008, 765, 766.

18 Zu den vom Erben zu ersetzenden Beerdigungskosten zählen auch die Kosten, die nötig sind, um der Bestattung einen den Verhältnissen des Erblassers entsprechenden *gesellschaftlichen Rahmen* zu geben, also die **Kosten der kirchlichen und bürgerlichen Leichenfeierlichkeiten** (RGZ 139, 393, 395), uU auch des sog Leichenmahls (vgl OLG Kiel JW 1931, 668; LG Karlsruhe VersR 1957, 725 [auch zur Trauerkleidung und zum Verschenken von Fotografien des Getöteten]; AG Grimma NJW-RR 1997, 1027; OVG Koblenz FEVS 52 [2001] 573, 576; **aM** Jaeger/Weber[8], KO § 224 Rn 4). Der christlichen Trauerfeier entspricht bei Angehörigen des islamischen Glaubens die rituelle Waschung der Leiche (vgl das zu § 15 BSHG [§ 74 SGB XII] ergangene Urteil VG Berlin NVwZ 1994, 617).

19 Heikel ist die Frage, ob und in welchem Umfang der Erbe auch die **Kosten der Beschaffung von Trauerkleidung für Angehörige und Hausangestellte des Erblassers** tragen muss (vgl Weimar MDR 1967, 980 f; KG OLGE 14 [1907/I] 290 [„unbedenklich“ bzgl der Witwe; im konkreten Fall auch bzgl der Tochter des Erblassers]; KG OLGE 43 [1924] 389 = JW 1922, 1685 [grundsätzlich nicht]; OLG Köln VersR 1956, 646, 647 Nr 769 [nicht ohne Weiteres für Geschwister des Erblassers]; OLG Karlsruhe VersR 1956, 542 f [zu § 844 Abs 1: auch bei Anschaffung eines „blauen“ Anzugs keine Vorteilsausgleichung; hierzu zustimmend Böhmer VersR 1956, 595 und abl Anm Schultze VersR 1956, 631; vgl zur Vorteilsausgleichung auch OLG Köln VersR 1956, 646 f Nr 767 m Anm v Pikart; OLG Hamm DAR 1956, 217 – jeweils zu § 844 Abs 1]). Mit Recht hebt Berger 40 hervor, dass das Tragen schwarzer Kleidungsstücke ein persönliches Zeichen der Anteilnahme und der Trauer um den Verstorbenen sein soll und es somit widersprüchlich wäre, wenn das Vermögen des Verstorbenen ohne Weiteres die Auslagen dafür zu tragen hätte. Deshalb will Berger die Kosten für die Anschaffung von Trauerkleidung nur in eng begrenzten Ausnahmefällen unter § 1968 BGB fassen, so zB wenn eine wirtschaftliche Notlage des Angehörigen dessen Teilnahme an der Bestattung sonst gefährden würde (ähnlich BGHZ 32, 72, 74 bzgl der Reisekosten). In diesen Fällen wird man dem Angehörigen aber zumuten können, sich die Trauerkleidung für den Tag der Beerdigungsfeierlichkeiten zu mieten. Falls das nicht möglich sein sollte, wird man dem Erstattungsberechtigten den nach der Beerdigung verbleibenden Gebrauchswert der Kleidungsstücke abziehen müssen (vgl Berger 41; ähnlich Erman/Horn § 1968 Rn 6; Soergel/Stein § 1968 Rn 4; noch strenger gegen jede Ersatzfähigkeit der Kosten für Trauerkleidung OVG Koblenz FEVS 52 [2001] 573, 576; Jaeger/Weber[8], KO § 224 Rn 4; Lange/Kuchinke § 47 III 2 b α Fn 57; MünchKomm/Küpper § 1968 Rn 4; für volle Erstattungsfähigkeit hingegen Palandt/Weidlich § 1968 Rn 2).

20 **Reisekosten**, die ein Angehöriger des Verstorbenen aufwendet, um an der Beerdigung teilnehmen zu können, braucht der Erbe normalerweise nicht zu tragen (BGHZ 32, 72 ff; OVG Koblenz FEVS 52 [2001] 573, 576 = NVwZ 2002, 1009, 1010; Berger 39 ff); Gleiches gilt für einen etwaigen Verdienstausfall (OVG Koblenz FEVS 52 [2001] 573, 576). Dass die Reise im konkreten Fall auch zur Regelung des *Nachlasses* erforderlich war, eröffnet schon thematisch nicht den Anwendungsbereich des § 1968 BGB (**aM** Wigo Müller DStZ 2000, 329, 330). Unter § 1968 BGB fallen jedoch die Reisekosten, die Angehörige zwecks Erfüllung ihrer öffentlich-rechtlichen Bestattungspflicht aufwenden (OLG Karlsruhe MDR 1970, 48 f; vgl auch BGHZ 32, 72, 75 f), wobei die Leistungsfähigkeit des Nachlasses zu berücksichtigen ist (OLG Karlsruhe MDR 1970, 48 f; LG Berlin VersR 1964, 1259 f).

Zu tragen hat der Erbe auch die **Kosten der üblichen Todesanzeigen und der sog Danksagungen** (KG JW 1922, 1685; OLG Kiel JW 1931, 668; OVG Koblenz FEVS 52 [2001] 573, 576). 21

III. Kostenersatz auch ohne Beisetzung des Erblassers?

Auch wenn eine Beisetzung des Erblassers nicht erfolgen kann, können aus Anlass des Todes Kosten entstehen, die in **analoger Anwendung des § 1968 BGB** dem Erben zur Last fallen. Das gilt zB für die Kosten der Todesanzeige, eines Gedenksteins oder einer Gedenkfeierlichkeit (vgl BGB-RGRK/Johannsen § 1968 Rn 2). Die Kosten der *Todeserklärung* eines Verschollenen sind Nachlassverbindlichkeiten gem § 34 Abs 2 VerschG und § 324 Abs 1 Nr 3 InsO. 22

Für die **Herstellungskosten von sog Erinnerungsdiamanten** greift **§ 1968 BGB analog** ein, wenn und soweit die Kosten – auch unter Berücksichtigung weiterer Kosten, etwa für die Beisetzung der Restasche – **angemessen** (Rn 5 ff) sind (dazu weiterf Rn 10, zur umstr Beisetzungspflicht bzgl der Diamanten zB Spranger NJW 2017, 3622). 23

IV. Abweichende privatautonom getroffenen Regelungen zur Kostentragung

1. Einseitige Regelungen des Erblassers

Zu unterscheiden sind – auch im Hinblick auf die Einhaltung erbrechtlicher Formvorschriften – Anordnungen des Erblassers, die sich zur **Regelung der Totenfürsorge** einzig an die oder den Totenfürsorgeberechtigten richten (sog **Bestattungsverfügung**, für ein formularmäßiges Beispiel s Roglmeier, in: BeckOF Erbrecht [1. 12. 2019] Form 4.5 [Bestattungsverfügung]; dazu auch zB Kurze ZAP 2017, 465), von bestattungsbezogenen Regelungen des Erblassers in dessen letztwilliger Verfügung. Der Erblasser kann beispielsweise in seinem Testament Ort, Art und Weise der Bestattung (Totenfürsorge) regeln. Insb kann er Anordnungen über seine Bestattung in Form einer **Auflage** (§§ 1940, 2192 ff BGB) treffen und dadurch den Erben oder einen Vermächtnisnehmer verpflichten, seinen Leichnam in einer bestimmten Art und Weise zu bestatten (vgl Mot V 289 f; vBlume AcP 112 [1914] 367, 407 ff; weiterführend zudem Staudinger/Otte [2017] § 1940 Rn 5 f). Daneben kann er Bestimmungen zum Kostenrahmen und zur Kostentragung letztwillig treffen. 24

Die **Wirksamkeit einer solchen Bestattungsauflage** setzt aber voraus, dass die Verpflichtung einer Person auferlegt wird, der die Verfügung über den Leichnam zu- 25 steht (nicht etwa folgt aus einem Vermächtnis an die Wohngemeinde mit der Auflage, das Begräbnis auszurichten, ohne Weiteres ein Recht der Gemeinde, gegen den Willen der hinterbliebenen Familienangehörigen Ort und Art der Bestattung zu bestimmen; vgl RGZ 154, 269, 271). Ist der Beschwerte im Hinblick auf den Leichnam nicht verfügungsberechtigt, so kann die Auflage eine erbrechtliche Wirkung nur in dem Sinne entfalten, dass sie den Beschwerten konkludent auch zur Tragung der Kosten verpflichtet (vBLUME AcP 112 [1914] 367, 408). Ist der Erbe beschwert, kann der Bestattungsberechtigte also von ihm Ersatz der Kosten für die vom Erblasser gewünschte Bestattungsart verlangen. Das wird bedeutsam, wenn der Erblasser eine Bestattung anordnet, deren Kosten das Maß dessen, was der Erbe schon nach § 1968 BGB zu finanzieren hat (Rn 5 ff), übersteigen. Die Anordnung wirkt dann wie ein *Vermächtnis* zugunsten des Bestattungsberechtigten (vgl vBLUME AcP 112 [1914] 367, 408 f, der allerdings das Maß des „Angemessenen" nach heutigem Verständnis – Rn 5 ff – zu eng fasst; MünchKomm/KÜPPER § 1968 Rn 8; FRITZ BWNotZ 1992, 137, 139; WIDMANN FamRZ 1988, 351, 352). Hieran wird zugleich ersichtlich, dass § 1968 BGB insoweit nicht disponibel ist, als die Vorschrift als Anspruchsgrundlage für den **Ersatz der angemessenen Bestattungskosten** dient (weiterf WIDMANN, Der Bestattungsvertrag [6. Aufl 2015] Kap 3, S 70 ff). Ferner führt die erblasserische Anordnung nicht dazu, dass der Erbe die das angemessene Maß übersteigenden Bestattungskosten aus seinem Eigenvermögen bestreiten muss; denn auch insoweit handelt es sich nach § 1967 Abs 2 Var 2 BGB um eine reine Nachlassverbindlichkeit (vgl hierzu § 1967 Rn 14 ff).

26 Wendet der Erblasser **Ansprüche aus einer Sterbegeldversicherung** etwa einem Vermächtnisnehmer (zum Vermächtnis als Valutaverhältnis STROBEL ZEV 2019, 505, 506 ff: Vorliegen eines sog Befreiungsvermächtnisses) zu – verbunden mit der Auflage (§§ 1940, 2192 ff BGB, s soeben Rn 24 f), dass dieser die Beerdigungskosten hieraus zu bestreiten habe –, so kann der Erbe, soweit er die Beerdigungskosten selbst trägt oder hierfür aus § 1968 BGB in Anspruch genommen wird, diese Kosten vom Vermächtnisnehmer ersetzt verlangen. Das Valutaverhältnis kann auch auf einer vertraglichen Vereinbarung zwischen dem Bezugsberechtigten und dem Erblasser beruhen (zum gesamten Themenkomplex s JOACHIM/LANGE ZEV 2012, 126; s erg zum Vererben am Nachlass vorbei STAUDINGER/KUNZ [2017] § 1922 Rn 34, 174–177; zur Geltendmachung eines Anspruchs auf Sterbegeld durch den Nachlasspfleger VG Magdeburg ZEV 2019, 529).

2. Lebzeitig getroffene konsensuale Regelungen

27 Der Erblasser kann auch zu Lebzeiten mit einem Dritten Vereinbarungen treffen, um diesen zur Übernahme der Bestattungskosten zu verpflichten (zur Kostentragungspflicht des Hofübernehmers s erg Rn 53). Diese vertraglichen Vereinbarungen haben gegenüber einem Anspruch aus § 1968 BGB zumindest im Innenverhältnis zwischen vertraglich Verpflichtetem und dem Erben Vorrang (vgl BFH NJW 2010, 1312 Rn 15). Das ist etwa der Fall, wenn der Erblasser einem Dritten lebzeitig Vermögensgegenstände zuwendet verbunden mit der Verpflichtung, die Bestattungskosten zu tragen (vgl hierzu die Fallkonstellation in BFH NJW 2010, 1312). Hierbei handelt es sich insoweit um einen Vertrag zugunsten Dritter (§ 328 BGB), als der Erblasser entweder dem Erben oder unmittelbar dem Bestattungsverpflichteten einen Ersatzanspruch zuwendet. Je nach Auslegung haften der Erbe und der vertraglich Verpflichtete dem Bestattungsverpflichteten, dem Kosten für die Bestattung entstanden sind, also als Gesamtschuldner, oder aber der Erbe, der dem Bestattungsverpflichteten aus § 1968 BGB Ersatz geleistet hat, kann den vertraglich Verpflichteten in Regress nehmen.

Die Bestattungskosten kann der Erblasser auch über eine Reallast (§ 1105 BGB) dinglich absichern (**str**, ebenso MünchKomm/Küpper § 1968 Rn 9 mwNw; vgl dazu OLG München FGPrax 2012, 250; Staudinger/Reymann [2017] § 1105 Rn 27). 28

Zur **Zuwendung von Ansprüchen aus einer Sterbegeldversicherung** s Rn 26. 29

3. Vereinbarungen zwischen Erben und Hinterbliebenen

Vereinbarungen des Erben mit den bestattungsberechtigten Hinterbliebenen über die Art der Bestattung **sind zulässig** (vgl RG DJZ 1904, 265; OLG Posen SeuffA 67 [1912] Nr 172; KG OLGE 22 [1911/I] 180; Staudinger/Marotzke [2008] § 1922 Rn 129). Wenn sich der Erbe aber zur Tragung der Kosten für eine unverhältnismäßig teure Beerdigung verpflichtet, ist das allein seine Sache und begründet keine Nachlassverbindlichkeit (vgl Berger 54 f). Denn Nachlassverbindlichkeiten kann der Erbe nur im Rahmen ordnungsmäßiger Verwaltung des Nachlasses begründen (vgl § 1967 Rn 17–20, 150 ff, 166 ff); dieser Gedanke gilt auch für die Bestattung des Erblassers, wenngleich es sich hierbei nicht um eine Maßnahme der Nachlassverwaltung handelt. Hinsichtlich der Kosten einer „angemessenen" (Rn 5 ff) Beerdigung ist § 1968 BGB aber auch dann anwendbar, wenn sich der Erbe persönlich zur Übernahme von Mehrkosten verpflichtet hat (vgl auch Berger 54 f). 30

V. Anspruchsberechtigte

Seinem Wortlaut nach legt § 1968 BGB nicht offen, wer einen Anspruch auf Kostenersatz gegenüber dem Erben geltend machen kann. Nach Mot V 535 besteht die privatrechtliche Pflicht zur Tragung der Beerdigungskosten gegenüber demjenigen, der die Beerdigung vorgenommen hat (zu öffentlich-rechtlichen Kostentragungspflichten vgl Staudinger/Kunz [2017] § 1922 Rn 295–296). Umstritten ist insoweit, ob der Anspruch aus § 1968 BGB nur denjenigen zugute kommt, die bestattungsberechtigt und -verpflichtet sind, also in der Regel den Totenfürsorgeberechtigten und damit den Angehörigen des Erblassers (für Nachweise zum Meinungsstand s Rn 34). Hiervon hängt ab, ob auch ein Bestattungsunternehmer – neben einem etwaigen vertraglichen Vergütungsanspruch – aus § 1968 BGB gegen den Erben vorgehen kann. Für den Bestattungsunternehmer kann dies deshalb vorteilhaft sein, weil es sich bei der Kostentragungspflicht aus § 1968 BGB um eine Nachlassverbindlichkeit iSd § 1967 Abs 2 BGB handelt. Es sind mehrere Fallgestaltungen zu unterscheiden (vgl auch Fritz BWNotZ 1992, 137, 141 ff): 31

1. Inanspruchnahme eines Bestattungsunternehmens durch den Erben

Betraut **der Erbe** ein Bestattungsunternehmen mit der Bestattung des Erblassers, so haftet er aus diesem Vertrag grundsätzlich unbeschränkbar auch mit seinem Eigenvermögen (KG OLGE 24 [1912/I] 81). Selbstverständlich kann eine Haftungsbeschränkung auf den Nachlass vereinbart werden. Eine derartige Vereinbarung ist aber im Zweifel nicht anzunehmen (vgl s oben § 1967 Rn 171 ff; Vorbem 185 ff zu §§ 1967 ff; Berger 54; Schewe ZEV 2010, 583), vor allem dann nicht, wenn die vom Erben bestellte Beerdigung 32 in keinem Verhältnis zu den Mitteln des Nachlasses steht (vgl OLG Hamburg Recht 1910 Nr 2575; s erg zur Rolle des objektiven Empfängerhorizonts bald Kunz ZErb 2020). Der **vertragliche Vergütungsanspruch des Bestattungsunternehmers gegen den Erben** trifft diesen nicht nur „als solchen", ist also keine reine Nachlassverbindlichkeit, sondern bildet eine **Nachlasserbenschuld** (**str**; wie hier etwa Staudinger/Lehmann[11] § 1968 Rn 7; MünchKomm/Küpper § 1968 Rn 3 mwNw; KG OLGE 24 [1912/I] 81; ähnl im Jahre 1904, freilich noch nicht unter Rekurs auf die sog Nachlasserbenschuld Strohal II § 70 S 178 mwNw aus jener Zeit; zum Begriff der Nachlasserbenschuld § 1967 Rn 17–20, 150 ff; **aA** Staudinger/Dutta [2016] § 1968 Rn 13: Der vertragliche Vergütungsanspruch des Bestattungsunternehmers gegen den Erben sei eine reine Erbenschuld, für die der Erbe seine Haftung allerdings kraft vertraglicher Vereinbarung auf den Nachlass beschränken könne; ebenso Schewe ZEV 2010, 583, 584), jedenfalls soweit der bei der Bestattung betriebene Aufwand den Verhältnissen des Erblassers entspricht (vgl hierzu das Kriterium der ordnungsgemäßen Nachlassverwaltung zur Begründung neuer Nachlassverbindlichkeiten durch den Erben, sofern der Erbe Verwaltungsmaßnahmen vornimmt, s dazu oben § 1967 Rn 166 ff). Andernfalls handelt es sich um eine reine Eigenverbindlichkeit des Erben. Dass es sich bei der Bestattung nicht um eine Maßnahme der Nachlassverwaltung handelt, ist hier ausnahmsweise unerheblich. Denn nach ausdrücklicher Anordnung in § 1968 BGB haftet der Erbe für die Bestattungskosten mit dem Nachlass (vgl § 324 Abs 1 Nr 2 InsO, zum Kreis denkbarer Massegläubiger s aber zB einschränkend MünchKommInsO/Siegmann/Scheuing § 324 InsO Rn 6: nur solche Gläubiger, die wie ein Bestattungsunternehmen einen *vertraglichen* Anspruch gegen den Erben haben).

33 Soweit der bei der Bestattung betriebene Aufwand den Verhältnissen des Erblassers entspricht, konkurriert mit dem vertraglichen Vergütungsanspruch gegen den Erben „als Auftraggeber" der Anspruch aus § 1968 BGB gegen den Erben „als solchen". Bei dem **Anspruch auf Kostenerstattung aus § 1968 BGB** handelt es sich um eine **reine Nachlassverbindlichkeit** (scheinbar abw und verallgemeinernd, auch bei Handeln eines Nachlasspflegers, VG Magdeburg ZEV 2019, 529, 530 Rn 18: Nachlasserbenschuld).

34 Zu einer **teleologischen Reduktion des § 1968 BGB** dahingehend, dass dieser Anspruch dem **nicht** zustehe, der die Beerdigung aufgrund einer rechtsgeschäftlichen Verpflichtung besorge (insbes nicht dem Beerdigungsunternehmer), besteht **kein Grund** (**aM** Palandt/Keidel[42] § 1968 Anm 1a und – mit Ausnahme des Falles, dass der Bestattungsauftrag von einem Alleinerben erteilt wurde – Berger 20 ff, 52, 123; Strohal II § 70 Fn 13; Jaeger/Weber[8], KO § 224 Rn 6). Solch eine Einschränkung des § 1968 BGB hätte uU auch die unerwünschte Konsequenz, dass der von einem einzelnen Miterben beauftragte Bestattungsunternehmer keinen Kostenersatzanspruch gegen den Nachlass erwürbe (so in der Tat Jaeger/Weber[8], KO § 224 Rn 6 und Berger 66 ff, 72 f, der dem nur mit einem legislatorischen Vorschlag [74 ff] abhelfen zu können glaubt; ebenso im Fall einer Erbengemeinschaft AG Bottrop ZEV 2010, 583, 583). Eine Inanspruchnahme des von den Erben beauftragten Bestatters für die Friedhofsgebühren ist idR unzulässig (VG Hannover NVwZ-RR 1994, 356).

35 **Der Anspruch aus § 1968 BGB kann auch dem Erben selbst zustehen** (Berger 14, 35). So kann ein **Miterbe**, der die Bestattung auf eigene Kosten besorgt hat, seinen Ersatzanspruch aus § 1968 BGB gegen die übrigen Miterben geltend machen, wobei er sich jedoch entsprechend den für sog „Miterbengläubiger" geltenden Grundsätzen (Staudinger/Marotzke § 2058 Rn 92 ff) einen seiner Haftung im Innenverhältnis entsprechenden Abzug gefallen lassen muss.

Auch einem **Alleinerben**, der die Beerdigung auf Kosten seines Eigenvermögens besorgt und sein Haftungsbeschränkungsrecht noch nicht verloren hat (letztere Voraussetzung folgt aus einer Analogie zu §§ 2013 Abs 1 S 1, 1978 Abs 3 BGB), kann der Anspruch aus § 1968 BGB zustehen (vgl auch § 326 Abs 2 InsO). Selbstverständlich kann er diesen Anspruch nicht gegen sich selbst, sondern nur gegen einen Nachlassverwalter oder gem § 324 Abs 1 Nr 2 InsO gegen einen Nachlassinsolvenzverwalter geltend machen (vgl Berger 35). In den Fällen der §§ 1990, 1992 BGB wird er diesen Anspruch analog § 1991 Abs 1 BGB wie einen (in gewisser Weise rechtsähnlichen, vgl Berger 89 ff) Aufwendungsersatzanspruch aus § 1978 Abs 3 BGB geltend machen können. 36

Hat der Erbe eine Verbindlichkeit aus § 1968 BGB erfüllt, so tritt er, soweit nicht die Erfüllung nach § 1979 BGB als für Rechnung des Nachlasses erfolgt gilt, im Nachlassinsolvenzverfahren an die Stelle des Gläubigers, es sei denn, dass er für die Nachlassverbindlichkeiten unbeschränkt haftet (§ 326 Abs 2 InsO). In nahezu jedem Fall sind also die Ersatzansprüche des Erben, der die Kosten der Beerdigung des Erblassers aus seinem Eigenvermögen getragen hat, im Nachlassinsolvenzverfahren **Masseverbindlichkeiten** nach § 324 InsO: nämlich entweder unmittelbar nach § 324 Abs 1 Nr 2 InsO (wenn der Erbe die Beerdigung auf Kosten seines Eigenvermögens selbst besorgt hat) oder nach § 324 Abs 1 Nr 1 InsO (wenn der Erbe einen gegen ihn gerichteten Anspruch aus § 1968 BGB mit Mitteln seines Eigenvermögens erfüllt hat und die Nachlassgläubiger dies gem § 1979 BGB gegen sich gelten lassen müssen) oder nach § 326 Abs 2 iVm § 324 Abs 1 Nr 2 InsO (wenn der Erbe eine ihm nach § 1968 BGB obliegende Kostentragungspflicht mit Mitteln seines Eigenvermögens erfüllt hat, ohne dass die Voraussetzungen des § 1979 BGB gegeben waren, und er nicht unbeschränkt haftet). 37

2. Inanspruchnahme eines Bestattungsunternehmens durch einen Nichterben

Wird das Bestattungsunternehmen von einem **Nichterben** mit der Bestattung betraut (zB von einem zur Totenfürsorge verpflichteten, aber nicht erbberechtigten Verwandten des Erblassers; vgl Staudinger/Kunz [2017] § 1922 Rn 295–296), so kann dieser von dem Erben gem § 1968 BGB Schuldbefreiung bzw Ersatz des bereits gezahlten Entgelts verlangen. Insoweit besteht eine **reine Nachlassverbindlichkeit** iSd § 1967 Abs 2 BGB (vgl Rn 32). 38

Solange der Bestattungsunternehmer die vereinbarte Vergütung noch nicht erhalten hat, kann auch er gem § 1968 BGB gegen den Nachlass vorgehen (**str**, **aM** zB Berger 20 ff, 123; Strohal II § 70 Fn 13; MünchKomm/Küpper § 1968 Rn 3; Soergel/Stein § 1968 Rn 3; Palandt/Weidlich § 1968 Rn 1; Lange/Kuchinke § 47 III 2 b α [Fn 64]; Fritz BWNotZ 1992, 137, 142; Jaeger/Weber[8], KO § 224 Rn 6). Eine unerträgliche „Vervielfältigung" des Anspruchs aus § 1968 BGB ergibt sich daraus nicht (**aM** Berger 21), da der Ersatzanspruch des Beerdigungsunternehmers bei Erfüllung des Schuldbefreiungsanspruchs seines Auftraggebers automatisch erlischt. Auch mit der bei Rn 55 f behandelten Problematik hat die hier vertretene Ansicht nichts zu tun (**aM** Widmann FamRZ 2001, 1489). 39

3. Bestattung ohne Auftrag

Das soeben bei Rn 38 f Ausgeführte gilt auch, wenn der Bestattungsunternehmer als 40

Dritter **ohne Auftrag** tätig wird. Dann steht dem Unternehmer gegen den Totenfürsorgepflichtigen idR ein Anspruch aus berechtigter GoA zu (BGHZ 191, 325 = BGH FamRZ 2012, 220 = NJW 2012, 1648, Rn 18: „Schulfall für die Anwendung des § 679 BGB"; nach Widmann MDR 2012, 617, 618 soll es sich hierbei um einen Rückgriff auf die römischrechtliche *actio funeraria* handeln); der Totenfürsorgepflichtige kann auch hier vom Erben nach § 1968 BGB Schuldbefreiung bzw Ersatz für die Erfüllung seiner Aufwendungsersatzpflicht ggü dem Unternehmer verlangen (OLG Saarbrücken OLG-Report 2002, 228).

41 Solange der Totenfürsorgepflichtige seine Aufwendungsersatzpflicht nicht erfüllt, kann der Unternehmer nach § 1968 BGB gegen den Erben vorgehen (anders Gutzeit/Vrban NJW 2012, 1630, 1631, wonach ein solch direkter Anspruch einen vertraglichen Anspruch des Unternehmers gegen den Totenfürsorgepflichtigen voraussetze; diese Frage musste der BGH freilich nicht entscheiden, vgl NJW 2012, 1648 Rn 27; s erg BGH 26. 11. 2015 – III ZB 62/14, NVwZ 2016, 870).

4. Inanspruchnahme eines Bestattungsunternehmens durch einen Nachlasspfleger oder Testamentsvollstrecker

42 Beauftragt ein **Nachlasspfleger** oder ein **Testamentsvollstrecker** das Bestattungsunternehmen, so entsteht von vornherein nur eine **reine Nachlassverbindlichkeit** (zum Begriff s § 1967 Rn 14 ff und zur Rechtsmacht des selbstverwaltenden Erben – in Ermangelung eines Korrelats zu § 2206 – ausf § 1967 Rn 17–20, 150 ff). Denn Verpflichtungen aus Rechtsgeschäften eines Nachlasspflegers oder Testamentsvollstreckers (vgl § 2206 BGB) treffen den Erben lediglich „als solchen".

VI. Anspruchsgegner

43 Der Anspruch aus § 1968 BGB richtet sich gegen den *Erben,* bei Erbenmehrheit gegen die einzelnen *Miterben* als Gesamtschuldner (§§ 2058, 421 BGB; vgl auch OVG Münster NJW 1998, 2154 ff = FamRZ 1998, 1058 ff). Da die Kostentragungspflicht aus § 1968 BGB reine Nachlassverbindlichkeit ist (Rn 2), wird man auch den Ersatzanspruch, den § 844 Abs 1 BGB dem zur Tragung der Beerdigungskosten Verpflichteten gegenüber demjenigen gewährt, der den Tod des Erblassers schuldhaft verursacht hat, zum Nachlass rechnen müssen. Miterben, die den Nachlass noch nicht geteilt haben, steht der Anspruch aus § 844 Abs 1 BGB also gemeinschaftlich zu (iE ebenso BGH NJW 1962, 791, 793; vgl zu diesem Urteil auch Staudinger/Marotzke § 2058 Rn 48).

44 Auch der **Nacherbe** haftet für die Kosten der Beerdigung des Erblassers. Für die Kosten der Beerdigung des **Vorerben** haftet nicht der Nacherbe als solcher (OLG Celle HRR 1941 Nr 127), sondern die – mit diesem uU allerdings identische – Person, die den Vorerben beerbt (vgl Staudinger/Avenarius [2019] Vorbem 3 zu §§ 2144 ff).

VII. Weitere Verpflichtete zur Übernahme der Bestattungskosten

45 **§ 1968 BGB** entfaltet **keine Sperrwirkung** für andere Ansprüche auf Übernahme der Bestattungskosten, da die Vorschrift keine abschließende Regelung für die Erstattung von Beerdigungskosten trifft (BGH FamRZ 2012, 633 f = NJW 2012, 1651 f).

Soweit die Bezahlung der Beerdigungskosten vom Erben nicht zu erlangen ist, haften die *Unterhaltspflichtigen* des Erblassers (vgl §§ 1615 Abs 2 BGB [dazu LG Münster NJW-RR 2008, 597 f], 1615m, 1615n, 1360a Abs 3, 1361 Abs 4 S 4 BGB und §§ 5, 12 Abs 2 S 2 LPartG). Vgl auch § 528 Abs 1 S 3 BGB für den Tod des bedürftigen *Schenkers*. Zur Rangfolge der Kostentragungspflicht s Widmann MDR 2012, 617, 618. 46

Auch Ansprüche aus *berechtigter GoA* kommen in Betracht (vgl BGHZ 191, 325 = BGH FamRZ 2012, 220 = NJW 2012, 1648; BGH FamRZ 2012, 633 = NJW 2012, 1651; s auch oben Rn 40 f). Nach AG Neustadt (FamRZ 1995, 731) ist der geschiedene Ehegatte dessen, der die Beerdigung des gemeinsamen Kindes besorgt hat, aus GoA zum anteiligen Ersatz der Kosten verpflichtet. Nach LG Bonn (BeckRS 2009, 21524) besteht ein GoA-Anspruch der nichtehelichen Lebenspartnerin des Erblassers gegen dessen Kinder. 47

Nach **§ 74 SGB XII** (vormals § 15 BSHG) sind die „erforderlichen" Kosten einer Bestattung vom *Sozialhilfeträger* zu übernehmen, soweit dem hierzu Verpflichteten nicht zugemutet werden kann, sie zu tragen (dazu Berger 116–122, die Kommentare zu § 74 SGB XII sowie das sehr lesenswerte Urteil OVG Münster NJW 1998, 2154 ff = FamRZ 1998, 1058 ff; s auch BVerwGE 114, 57 ff = ZEV 2001, 447 f = NVwZ 2001, 927 f). Zur Abgrenzung der nicht deckungsgleichen erforderlichen Kosten iSd § 74 SGB XII und angemessenen Kosten iRd § 1968 BGB s zB BeckOK Sozialrecht/Kaiser (1. 12. 2019) § 74 SGB XII Rn 9–11. 48

Die **Kosten für die Bestattung eines Besatzungsmitglieds**, das an Bord oder während der Schiffsreise im Ausland verstorben ist, trägt der *Reeder,* wenn das Besatzungsmitglied im Zusammenhang mit seiner Tätigkeit oder deren Folgen verstorben ist (§ 79 Abs 2 SeearbeitsG [vormals § 75 Abs 2 SeemannsG]). Zu den Besatzungsmitgliedern gehört auch der Kapitän (vgl nunmehr § 5 Abs 1 SeearbeitsG sowie vormals § 78 Abs 1 SeemannsG). 49

Da die Pflicht, für die Bestattung des Verstorbenen zu sorgen, nicht die Erben als solche, sondern die nächsten Familienangehörigen trifft (Rn 1 f), kann es vorkommen, dass ein Familienangehöriger, der nicht zugleich Erbe ist, von der zuständigen Behörde zu Recht auf Erstattung der **Kosten einer Ersatzvornahme** in Anspruch genommen wird (vgl Stelkens/Cohrs NVwZ 2002, 917, 921 ff; OVG Münster NVwZ 2002, 996 ff; OVG Lüneburg FamRZ 2004, 458; Staudinger/Marotzke [2008] § 1922 Rn 123). Dann muss der Angehörige zwar zahlen, hat aber im Umfang des § 1968 BGB, also nicht auch hinsichtlich etwaiger Mehrkosten der behördlichen Ersatzvornahme, einen Rückgriffsanspruch gegen den oder die Erben. 50

Der wegen **Tötung des Erblassers** zum *Schadensersatz* Verpflichtete (§ 844 Abs 1 BGB, § 7 Abs 1 S 2 ProdHaftG, § 5 Abs 1 S 2 HaftpflG, § 10 Abs 1 S 2 StVG, § 35 Abs 1 S 2 LuftVG, § 28 Abs 1 S 2 AtomG; § 86 Abs 1 S 2 AMG) hat die Beerdigungskosten dem zu ihrer Tragung Verpflichteten, also namentlich dem bzw den (Rn 43) Erben, zu ersetzen. Dem Dienstherrn eines getöteten Beamten steht nach § 76 BBG (s auch Art 14 BayBG) in Höhe des nach § 18 BeamtVG zu zahlenden *Sterbegeldes* der Rückgriff auf den Anspruch gegen den Schädiger auf Ersatz der Beerdigungskosten zu (vgl BGH NJW 1977, 802 f = FamRZ 1977, 246 – im Kontext der damaligen §§ 87a, 122 BBG). Die Witwe eines Beamten braucht sich das nach dessen 51

Tod empfangene Sterbegeld nicht auf ihren Anspruch aus § 1968 BGB anrechnen zu lassen (OLG Oldenburg MDR 1990, 1015). Gleiches gilt für die nach § 41 BAT (s nunmehr § 23 Abs 3 TVöD) ebenfalls sterbegeldberechtigte Witwe eines Angestellten im öffentlichen Dienst (vgl die allerdings nicht zu § 1968 BGB, sondern zu § 844 BGB ergangene Entscheidung BGH NJW 1978, 536 f).

52 Wer, ohne Erbe zu sein, als naher Angehöriger eines infolge Unfalls Verstorbenen im Rahmen seiner Verpflichtung zur Totenfürsorge die Beerdigungskosten getragen hat, kann einen Erstattungsanspruch nicht nur gegen die Erben, sondern aus dem Gesichtspunkt der Geschäftsführung ohne Auftrag auch gegen den *Unfallschädiger* geltend machen (OLG Saarbrücken VersR 1964, 1257; KG VersR 1979, 379; LG Mannheim NZV 2007, 367; vgl auch OLG Kiel HRR 1931 Nr 666).

53 Der **Hofübernehmer** ist dem Erben gegenüber auch dann verpflichtet, die Beerdigungskosten für den Übergeber und dessen Ehegatten (Lebenspartner) zu tragen, wenn zwar der Übergabevertrag eine dahingehende ausdrückliche Bestimmung nicht enthält, der Hof jedoch das Hauptvermögen des Übergebers darstellt und das Altenteil die vollständige Versorgung des Übergebers und seines Ehegatten (Lebenspartners) sichern soll (vgl OLG Schleswig RdL 1963, 154). Zu einer im Übergabe- und Altenteilsvertrag versprochenen „freien und standesmäßigen Beerdigung" gehört grundsätzlich auch die Setzung eines den wirtschaftlichen Verhältnissen des Hofes entsprechenden Grabsteins (OLG Celle RdL 1968, 74 [auch zur Frage der Verwirkung]; zur einkommensteuerrechtlichen Behandlung vgl BFH ZEV 2006, 231 ff m Anm Schönfelder).

54 **Die vertraglich übernommene Pflicht, die Beerdigungskosten für zwei miteinander Verheiratete zu tragen**, hat im Allgemeinen zur Folge, dass bereits beim Tod des Erstversterbenden die Kosten für ein **Doppelgrab** mit entsprechendem Grabmal fällig werden (AG Kleve NJW-RR 1987, 1413 f).

VIII. Keine unmittelbare Haftung des Erblasser-Bankkontos

55 Die Ausführungen zur Aktivlegitimation des Bestattungsunternehmers (Rn 32 ff) dürfen nicht auf die Bank übertragen werden, bei der der Erblasser sein Konto oder Sparguthaben hatte. Der kontoführenden Bank steht auch dann kein Anspruch aus § 1968 BGB zu, wenn sie dem Totensorgeberechtigten oder dem Bestattungsunternehmer die unmittelbare Erfüllung aus dem Erblasserkonto zugesagt hat. Ohne Auftrag des Erblassers oder des Erben ist die Bank nicht berechtigt, einem Nichterben, der die Beerdigung veranlasst, die Bestattungskosten aus dem Guthaben des Erblassers zu ersetzen (LG Itzehoe FamRZ 2001, 1486 f; OLG Saarbrücken FamRZ 2001, 1487 ff m Anm Widmann; Palandt/Weidlich § 1968 Rn 1; vgl auch LG Bonn ZEV 2009, 580 ff = ErbR 2010, 22 ff m zust Anm Sachs; differenzierend Jacoby WM 2003, 368, 376).

56 Auch das **Nachlassgericht** darf nicht iRd § 1960 Abs 1 S 1 BGB anordnen, dass die Rechnung des Bestattungsunternehmers von einem Konto des Verstorbenen zu begleichen ist (**str**, ebenso OLG Dresden ZEV 2010, 582, abl Bestelmeyer FGPrax 2015, 47, 48; **aA** zB OLG Hamm FGPrax 2015, 47, 48 m zust Anm Bestelmeyer; s auch OLG Hamburg FGPrax 2017, 228, 229; vgl auch, wenngleich vorsichtiger, mit Verweis auf Bestehen der Anordnungsbefugnis insb bei geringfügigen Nachlässen OLG Rostock 25. 10. 2012 – 3 W 155/12, Rn 16–18

[zit nach juris], ZEV 2013, 629 [dort nur LS]). Der Anspruchsinhaber muss also notfalls einen Vollstreckungstitel gegen den mittlerweile bekannten Erben oder gegen den zu bestellenden Nachlasspfleger (s § 1960 Abs 3 BGB sowie § 1961 BGB), der den noch unbekannten Erben vertritt, erwirken. Dann kann er sich die Rechte aus dem Bankkonto pfänden und zur Einziehung überweisen lassen (s § 778 Abs 1 ZPO). Im Nachlassinsolvenzverfahren gehört die Guthabenforderung gegen die Bank zur Insolvenzmasse.

IX. Vorschusspflicht

Fraglich ist, ob der Anspruchsberechtigte (Rn 31 ff) vom Anspruchsgegner (Rn 43 f) **57**
für die iRd § 1968 BGB ersatzfähigen Bestattungskosten (Rn 5 ff) auch einen Vorschuss verlangen kann. § 1968 BGB schweigt zu dieser Frage. Richtigerweise sollte man hier **§ 669 BGB analog** heranziehen und eine Vorschusspflicht des Anspruchsgegners wie auch beim insoweit vergleichbaren § 670 BGB bejahen (so Widmann MDR 2012, 617, 618).

§ 1969
Dreißigster

(1) Der Erbe ist verpflichtet, Familienangehörigen des Erblassers, die zur Zeit des Todes des Erblassers zu dessen Hausstand gehören und von ihm Unterhalt bezogen haben, in den ersten 30 Tagen nach dem Eintritt des Erbfalls in demselben Umfang, wie der Erblasser es getan hat, Unterhalt zu gewähren und die Benutzung der Wohnung und der Haushaltsgegenstände zu gestatten. Der Erblasser kann durch letztwillige Verfügung eine abweichende Anordnung treffen.

(2) Die Vorschriften über Vermächtnisse finden entsprechende Anwendung.

Materialien: Mot V 534 f; Prot V 654–657; KommBer 2099 f; Jakobs/Schubert ER I 297 ff.

Schrifttum

Brocker, Unterhalt und Erbrecht, NZFam 2014, 980
Eberhardt/Ehrnsperger, Das 30-Tage-Wohnrecht des überlebenden Ehegatten gemäß § 1969 BGB, ZEV 2013, 653
M Harder, Gibt es gesetzliche Vermächtnisse?, NJW 1988, 2716
Homeyer, Der Dreißigste (1864)
Meyer, Konkurs- und anfechtungsrechtliche Fragen aus der Praxis, JW 1904, 27
Riesenfeld, Die Erbenhaftung I (1916) 14–18
Schiffner, Pflichtteil, Erbenausgleichung und die sonstigen gesetzlichen Vermächtnisse nach dem Bürgerlichen Gesetzbuch für das deutsche Reich (1897) 147–150
Schwabe, Hausfriedensbruch des Erben in der Wohnung des Erblassers?, DJZ 1909, 143
Stobbe, Deutsches Privatrecht V (2. Aufl 1885) 23 f
van Venrooy, Zum Umgang mit dem „Dreißigsten“ (§ 1969 Abs. 1 Satz 1 BGB), MDR 2010, 1030.

Systematische Übersicht

Alphabetische Übersicht

Siehe Register.

I. Allgemeines

1. Rechtsnatur des Anspruchs aus § 1969 Abs 1 S 1

1 Der in § 1969 Abs 1 S 1 BGB geregelte sog Dreißigste gewährt **kein dingliches Nutzungsrecht** an der Wohnung und den Haushaltsgegenständen des Erblassers, sondern nur ein **vermächtnisähnliches Forderungsrecht** gegen den Erben (Abs 2 iVm § 2174 BGB), das **unterhaltsverwandten Charakter** hat (ob der Anspruch nur oder zumindest auch als gesetzlicher Unterhaltsanspruch einzuordnen ist, ist **str**; MünchKomm/Küpper § 1969 Rn 4 mwNw: Fall eines gesetzlichen Vermächtnisses und zugleich gesetzlicher Unterhaltsanspruch; BeckOGK/Grüner [1. 8. 2019] § 1969 BGB Rn 2 mwNw: Legalvermächtnis; ebenso Eberhardt/Ehrnsperger ZEV 2013, 653, 653; **aA** zB: Harder NJW 1988, 2716, 2717; Muscheler ErbR I Kap 5, 2; Brocker NZFam 2014, 980; s erg zudem Staudinger/Otte [2017] § 1939 Rn 15). Der Anspruch ist auf die Zahlung von Unterhalt und die Gestattung der Benutzung der Wohnung und der Haushaltsgegenstände gerichtet. Je nach Einordnung des Anspruchs entsteht eine Gemengelage aus vermächtnisrechtlichen und unterhaltsrechtlichen Regelungen (s dazu Rn 2), deren Reichweite nicht schematisch, sondern mit Rücksicht auf die Funktion des Dreißigsten (Rn 3–5) zu bestimmen ist.

2 Dementsprechend ist eine **analoge Anwendung der Vorschriften über die Unterhaltspflicht von Verwandten** nur zT möglich. Anwendbar ist **§ 1613 BGB** (kein Anspruch für die Vergangenheit) sowie **§ 1615 Abs 1 Fall 1 BGB** (Erlöschen des Anspruchs beim Tod des Berechtigten), nicht hingegen **§ 1614 BGB** (kein Verzicht für die Zukunft) im Hinblick auf die Ausschlagbarkeit (Abs 2 iVm § 2176 BGB) des Anspruchs (Planck/Flad Anm 4b; MünchKomm/Küpper § 1969 Rn 4; Palandt/Weidlich § 1969 Rn 2; **aM** BGB-RGRK/Johannsen § 1969 Rn 6) sowie **§ 1615 Abs 1 Fall 2 BGB** (kein Erlöschen des Anspruchs beim Tod des Verpflichteten), da anders als beim Unter-

halt der Anspruch auf den Dreißigsten ohnehin nicht an eine persönliche Beziehung zwischen Berechtigtem und Verpflichtetem anknüpft, sondern an die Beziehung zwischen Berechtigtem und Erblasser (s etwa MUSCHELER ErbR I Rn 1628). **§ 1612 Abs 1 BGB** (Geldrente) wird durch die Sonderregelung in § 1969 BGB verdrängt; Gleiches gilt für die **§§ 1602, 1603 BGB**.

2. Entwicklung und Funktion des Dreißigsten

Der Dreißigste ist eine alte deutsche Einrichtung (vgl KIPP/COING[13] Anh zu § 5), die sich in den Gebieten des sächsischen Rechts und einiger anderer Rechte erhalten hatte (vgl Mot V 534 mwNw; STOBBE § 281 II 23–25; monographisch HOMEYER). Darauf fußend will § 1969 BGB den Familienangehörigen des Erblassers, die zZ seines Todes seinem Hausstand angehören und von ihm Unterhalt bezogen haben, für die ersten dreißig Tage nach dem Erbfall den Fortbezug des Unterhalts sowie die Fortdauer der Benutzung der Wohnung und der Haushaltsgegenstände sichern, um ihnen so die nötige Zeit für eine Umstellung der bisherigen Lebensführung zu gewähren. 3

Die Bestimmung fehlte in den **Entwürfen zum BGB** und auch noch in der Reichstagsvorlage, weil man meinte, dass das Institut des Dreißigsten zwar gewisse Rücksichten der Humanität und der Billigkeit für sich habe, aber im Zusammenhang mit wirtschaftlichen Zuständen stehe, die nicht mehr oder nicht in gleichem Maße wie früher zuträfen (vgl Mot V 534). In der II. Komm wurde nach Prot V 654 f eine Vielzahl von Anträgen gestellt, die das Institut in der einen oder der anderen Form erhalten wollten. Sie wurden aber wiederum mangels Bedürfnisses abgelehnt. Erst von der Reichstagskommission wurde die Bestimmung gegen den Wunsch der Regierung gebilligt (KommBer 2099 f). 4

Der Grundgedanke des Dreißigsten, die Hinterbliebenen im häuslichen Nahbereich des Erblassers nicht von einem auf den anderen Augenblick mit ggf völlig veränderten Verhältnissen zu konfrontieren, sondern ihnen eine gewisse Übergangszeit zu gewähren, **hat bis heute nichts von seiner Überzeugungskraft verloren** (MünchKomm/KÜPPER § 1969 Rn 1; LANGE/KUCHINKE § 15 IV Fn 64; vgl auch, freilich unter Verwendung zeitkontextabhängiger und teils ideologisierter Terminologie, 2. Denkschr d ErbrA d AkDR 108–111). Ähnliche Strukturen finden sich in den §§ 563 bis 563b BGB für den Fall, dass der Erblasser Mieter von Wohnraum war; die Vorschriften regeln den *Eintritt von Familienangehörigen* des Erblassers *in das Mietverhältnis* (vgl die Erl zu diesen Vorschriften). Auch dem *Sozialrecht* ist die Idee einer Sonderrechtsnachfolge von Familienangehörigen nicht fremd (s STAUDINGER/KUNZ [2017] § 1922 Rn 28, 86 f). Zur Rechtsnatur des Anspruchs s Rn 1. 5

II. Die anspruchsberechtigten Personen

Anspruchsberechtigt sind nur **Familienangehörige** des Erblassers, nicht hingegen solche Personen, die sich lediglich auf Grund vertraglicher Beziehungen in dessen Haushalt aufgehalten haben (KommBer 2099), wie zB Hausangestellte, Hauslehrer, Erzieherinnen, Kinderfrauen, Hausdamen „mit Familienanschluss“ (BGB-RGRK/JOHANNSEN § 1969 Rn 2). Bei diesen richtet sich die Lösung des Verhältnisses allein nach dem Inhalt des zugrundeliegenden Vertrages (KommBer 2099). 6

7 Im Übrigen ist, von § 11 Abs 1 LPartG abgesehen, der Begriff der Familienangehörigkeit gesetzlich nicht näher definiert. **Im Hinblick auf den Zweck und die kurze Dauer des Anspruchs braucht der Begriff nicht besonders eng gesehen zu werden** (vgl im Zusammenhang mit § 563 Abs 2 S 3 auch Staudinger/Rolfs [2018] § 563 Rn 21 ff; bei § 1969 darf der Begriff eher noch weiter interpretiert werden, dazu LG Kassel JR 1961, 221, 222).

8 Der Familienangehörige muss vom Erblasser **Unterhalt** bezogen haben. Gleichgültig ist, ob der Erblasser zur Unterhaltsgewährung *verpflichtet* war.

1. Ehegatten und Lebenspartner

9 Zu den Familienangehörigen gehört der **Ehegatte**. Dies gilt auch, wenn die Eheleute iSd § 1567 BGB getrennt leben und/oder einen Scheidungsantrag gestellt haben.

10 Hiervon zu unterscheiden ist freilich die Frage, wie sich diese familienrechtlich relevanten Ereignisse auf die **Zugehörigkeit zum Hausstand** des Erblassers iRd § 1969 auswirken. Lebt der überlebende Noch-Ehegatte nicht mehr in der ehelichen Wohnung, gehört er auch nicht mehr dem Hausstand des Erblassers an, sodass ein Anspruch aus § 1969 BGB ausscheidet (wohl ebenso MünchKomm/Küpper § 1969 Rn 2; BeckOK/Lehmann [1. 11. 2019] § 1969 Rn 4; Palandt/Weidlich § 1969 Rn 1; ebenso AK-BGB/Teubner § 1969 Rn 4, der aber zu Unrecht Soergel/Stein § 1969 Rn 2 als abweichend angibt und dabei übersieht, dass Stein dem überlebenden Ehegatten den Anspruch nicht im Fall des *Getrenntlebens* zubilligt, sondern *nach Stellung des Scheidungsantrags*).

11 Leben die Ehegatten beide noch in der ehelichen Wohnung, sind aber iSd § 1567 Abs 1 S 2 BGB getrennt, ist ein Anspruch aus § 1969 BGB jedoch zu bejahen. Denn nach dem Sinn und Zweck des § 1969 BGB sollen die Hinterbliebenen im häuslichen Nahbereich des Erblassers vor einem plötzlichen, vielleicht gänzlich unerwarteten Umbruch ihrer Lebenssituation geschützt werden (s Rn 3–5). Zudem erfordert das Getrenntleben iSd § 1567 Abs 1 BGB in subjektiver Hinsicht, dass mindestens ein Ehegatte die Trennung unter Ablehnung der ehelichen Lebensgemeinschaft gewollt hat (dazu Staudinger/Rauscher [2018] § 1567 Rn 85 ff). Ob diese Voraussetzung beim Erblasser vorlag, wird sich posthum nicht immer ohne Weiteres feststellen lassen. Ein *non liquet* würde nach allgemeinen Grundsätzen zur Darlegungs- und Beweislast auf den hinterbliebenen Ehegatten zurückfallen und diesen insoweit schutzlos stellen.

12 Ein Anspruch aus § 1969 besteht – mit Blick auf dessen Schutzzweck – auch dann, wenn ein Ehegatte einen (ggf aussichtslosen) Scheidungsantrag gestellt hat, das Ehepaar aber entweder (wieder oder weiter) in ehelicher Lebensgemeinschaft lebt oder in der ehelichen Wohnung getrennt ist. Der Anspruch aus § 1969 BGB ist also auch dann zu bejahen, wenn das Ehegattenerbrecht nach § 1933 BGB ausgeschlossen ist (Soergel/Stein § 1969 Rn 2; Erman/Horn § 1969 Rn 2). **Die Zugehörigkeit zum Hausstand iSd § 1969 BGB ist mithin nicht akzessorisch zum Familienrecht, sondern genuin erbrechtlich zu bestimmen**.

13 Auch wer mit dem Erblasser in **nichtehelicher Lebensgemeinschaft** (zum Begriff vgl BGHZ 121, 116, 122 ff = BGH NJW 1993, 999, 1001 und BGH FamRZ 2008, 247, 248 = NJW 2008, 443, 444 im Anschluss an BVerfGE 87, 234, 264 f = NJW 1993, 643, 645) gewohnt hat, gehört zum Kreis der Anspruchsberechtigten (OLG Düsseldorf NJW 1983, 1566; Strätz FamRZ

1980, 301, 308; LIEB Gutachten zum 57. DJT 1988 Bd 1 A 93 f; SCHWENZER JZ 1988, 781, 787; MünchKomm/KÜPPER § 1969 Rn 2; SOERGEL/STEIN § 1969 Rn 2; ERMAN/HORN § 1969 Rn 2; LANGE/KUCHINKE § 15 IV; vgl auch BGH FamRZ 2008, 247, 248 [zur vergleichbaren Frage bei § 569a/ nunmehr § 563]; **aM** STEINERT NJW 1986, 683, 686; BOSCH FamRZ 1983, 274; KIPP/COING § 5 Anhang; BGB-RGRK/JOHANNSEN § 1969 Rn 2; vgl auch JAUERNIG/STÜRNER § 1969 Rn 1 [„nach zweifelhafter hM"]). Der Anspruch ist auch dann nicht notwendig ausgeschlossen, wenn ein oder beide Partner noch anderweitig verheiratet bzw iS des LPartG mit einer dritten Person rechtlich verbunden waren (SOERGEL/STEIN § 1969 Rn 2; HUFFMANN, Die Erfassung der Familie im Zivilrecht [1990] 280). Jedoch wird es hier entscheidend auf die Umstände des Einzelfalls ankommen (vgl, wenngleich unter anderen gesellschaftlichen Vorstellungen, OLG München HRR 1940 Nr 354; das Gericht zählte eine „Ehebrecherin", die mit dem Erblasser in häuslicher Gemeinschaft gelebt hatte, nicht zu seinen Familienangehörigen).

Ob **gleichgeschlechtliche Partner** „Familienangehörige" sind, war vor der Schaffung des Lebenspartnerschaftsgesetzes v 16. 2. 2001 (BGBl I 226) streitig. Das Problem wurde vor allem im Rahmen des früheren § 569a BGB (heute §§ 563, 563a BGB) diskutiert (für eine analoge Anwendung des damaligen § 569a auf gleichgeschlechtliche Partner AG Berlin-Wedding NJW-RR 1994, 524; LG Hannover NJW-RR 1993, 1103; dagegen LG Kiel NJW-RR 1999, 808 und konkludent auch BGHZ 121, 116, 124 = NJW 1993, 999, 1001 r Sp). Für Lebenspartner *iSd Lebenspartnerschaftsgesetzes* ist die Familienangehörigkeit sodann gesetzlich festgestellt worden (§ 11 Abs 1 LPartG; vgl auch § 563 Abs 2 S 2 BGB). Mit der **Öffnung des Instituts der Ehe** (§ 1353 BGB) für gleichgeschlechtliche Paare (s Gesetz zur Umsetzung des Gesetzes zur Einführung des Rechts auf Eheschließung für Personen gleichen Geschlechts v 18. 12. 2018, BGBl 2018 I 2639; zum sog Eheöffnungsgesetz v 20. 7. 2017 selbst s BGBl I 2787) ist diese Frage nunmehr ohnehin nur noch für weiterhin bestehende eingetragene Lebenspartnerschaften relevant (nach § 1 S 1 LPartG können nach dem 30. 9. 2017 keine Lebenspartnerschaften zwischen zwei Personen gleichen Geschlechts mehr begründet werden). 14

Mit Inkrafttreten des LPartG schien kein fundamentaler *juristischer* Unterschied zwischen gleich- und verschiedengeschlechtlichen Lebensgemeinschaften mehr zu bestehen, sodass hierauf die Einbeziehung auch heterosexueller, zwar nicht juristisch, aber de facto dauerhaft verbundener Lebenspartner in den Kreis der Familienangehörigen iSd § 1969 BGB gestützt wurde (so noch vor Änderung der Rechtslage in vorheriger Bearbeitung argumentierend STAUDINGER/DUTTA [2016] § 1969 Rn 4 aE; zust etwa MUSCHELER ErbR I Rn 1624 mit Fn 31). Mit Öffnung des Instituts der Ehe (§ 1353 BGB) für gleichgeschlechtliche Paare und Abschaffung der Lebenspartnerschaft für gleichgeschlechtliche Paare (s § 1 S 1 LPartG, Rn 14) kann man an der Tragfähigkeit dieses Arguments, aber nicht am Ergebnis der Überlegung zweifeln. Auch nicht durch Ehe, aber de facto dauerhaft verbundene Lebenspartner gehören mithin zum Kreis der Familienangehörigen iSd § 1969 BGB und zwar unabhängig davon, ob es sich um gleich- oder verschiedengeschlechtliche Lebenspartner handelt. Der Umstand, dass der Gesetzgeber dem § 1969 BGB keine dem § 563 Abs 2 S 3 BGB entsprechende Klarstellung angefügt hat, zwingt nicht zu einer abweichenden Beurteilung. Auch die Rechtsprechung hat bei der in Rn 13 erwähnten Definition der nichtehelichen Lebensgemeinschaft das Kriterium der Verschiedengeschlechtlichkeit der Partner aufgegeben (vgl etwa BGH FamRZ 2008, 247, 248 = NJW 2008, 443, 444). 15

2. Verwandte und sonstige Personen

16 Zu den Familienangehörigen gehören auch **Verwandte** und **Verschwägerte** des Erblassers, des Weiteren **sonstige Personen**, die wegen ihrer persönlichen (also nicht überwiegend wirtschaftlichen oder dienstvertraglichen) Beziehungen zum Erblasser in dessen Familiengemeinschaft (also nicht lediglich Hausgemeinschaft) aufgenommen worden sind (vgl Müller-Freienfels JuS 1967, 124, 127). Familienangehörige des Erblassers sind zB dessen Stief- und Pflegekinder, in seltenen Ausnahmefällen (großzügiger BGB-RGRK/Johannsen § 1969 Rn 2; Erman/Horn § 1969 Rn 2; Soergel/Stein § 1969 Rn 2; MünchKomm/Küpper § 1969 Rn 2) auch Freunde und dgl (für Freunde ganz ablehnend Riesenfeld I 14; Lange/Kuchinke § 15 IV). Im Falle von Freunden, wo es an einer irgendwie gearteten statusrechtlichen Verbindung zum Erblasser gänzlich fehlt, kommt es – neben der Zugehörigkeit zum Hausstand – entscheidend auf die Stabilität und Bedeutung der gelebten Beziehung zum Erblasser an.

3. Zugehörigkeit zum Hausstand im Todeszeitpunkt

17 Der Familienangehörige muss *zum Zeitpunkt des Todes* des Erblassers zu seinem Hausstand gehört haben. Vorübergehende Anwesenheit kann diese Zugehörigkeit nicht begründen; es muss ein auf längere Dauer berechnetes räumliches Zusammenleben vorliegen. Umgekehrt hebt eine vorübergehende Abwesenheit (zu Studienzwecken oder auf Reisen) die Zugehörigkeit zum gemeinsamen Hausstand nicht auf. Als nicht lediglich vorübergehend wird in diesem Sinne die Trennung in Scheidung lebender Ehegatten anzusehen sein (vgl Kissel, Ehe und Ehescheidung I [1977] 103; ausführlicher hierzu insb bei Getrenntleben in der ehelichen Wohnung s aber Rn 10–12). Ob ein *eigener* Hausstand auch bei Personen anzunehmen ist, die mit ihren Angehörigen im Hausstand eines Dritten, zB ihres Arbeitgebers, oder in einer Pension leben, kann nur nach Lage des Einzelfalles entschieden werden (Planck/Flad Anm 2c). Ebenso ist Tatfrage, ob eine abgesonderte Wohnung (wie zB bei Auszüglern) die Gemeinsamkeit des Hausstandes ausschließt.

III. Inhalt, Umfang und Dauer des Anspruchs

18 Der Erbe hat dem Berechtigten **in demselben Umfang, wie der Erblasser es getan hat**, in den ersten dreißig Tagen nach dem Eintritt des Erbfalls *Unterhalt* zu gewähren und die Benutzung der *Wohnung* und der *Haushaltsgegenstände* zu gestatten.

19 Für die **Berechnung der Frist sind** die §§ 187 Abs 1, 188 Abs 1 BGB maßgebend. Der Todestag wird also nicht mitgezählt. Bei einer *Todeserklärung* entfällt der Anspruch, da die dreißigtägige Frist von dem als Todeszeitpunkt geltenden Tage an (§ 9 VerschG) nicht gewahrt und gem § 1613 BGB Unterhalt für die Vergangenheit nicht verlangt werden kann. § 1974 Abs 1 S 2 BGB ist auf den Lauf der Dreißigtagefrist des § 1969 nicht entspr anwendbar (BGB-RGRK/Johannsen § 1969 Rn 5).

20 **Unterhalt** muss der Erbe den in § 1969 BGB genannten Personen „in demselben Umfang“ gewähren, wie der Erblasser es getan hat. Entscheidend ist also die tatsächliche Übung, nicht der Maßstab des § 1610 BGB (Planck/Flad Anm 3; BGB-RGRK/Johannsen § 1969 Rn 6; MünchKomm/Küpper § 1969 Rn 3). IdR wird der Unterhalt nicht nur „in demselben Umfang“, wie der Erblasser es getan hat, sondern auch „in der

gleichen Art“ zu gewähren sein (BGB-RGRK/Johannsen § 1969 Rn 6; Van Venrooy MDR 2010, 1030, 1031; **aM** Riesenfeld I 15). Wird der Hausstand fortgeführt, so ist der Unterhalt grundsätzlich in Natur zu gewähren (BGB-RGRK/Johannsen § 1969 Rn 6; MünchKomm/Küpper § 1969 Rn 3; Soergel/Stein § 1969 Rn 3; vgl aber auch Riesenfeld I 15). Der Anspruch endigt mit dem *freiwilligen* Ausscheiden des Berechtigten aus dem Haushalt (Schiffner 150; Erman/Horn § 1969 Rn 3; BGB-RGRK/Johannsen § 1969 Rn 6); es besteht also kein Anspruch auf Abgeltung für die noch verbleibende Zeit (MünchKomm/Küpper § 1969 Rn 3). Löst der Erbe den Haushalt innerhalb der Dreißigtagefrist ohne Zustimmung des Berechtigten auf, so verletzt er dessen Anspruch aus § 1969 BGB. Der Berechtigte kann sich durch Erwirkung einer einstweiligen Verfügung zur Wehr setzen (MünchKomm/Küpper § 1969 Rn 3 Fn 11; Lange/Kuchinke § 15 IV; s auch Rn 23 ff). Ob er nach § 859 BGB zur Selbsthilfe berechtigt ist, hängt von seiner besitzrechtlichen Stellung ab (dazu Rn 26). Da der Berechtigte einen Anspruch für dreißig Tage hat, braucht er einem Räumungsbegehren des Erben während dieser Zeit nicht zu entsprechen. Wird er dennoch vorzeitig hinausgesetzt, so ist sein Unterhaltsanspruch aus § 1969 BGB für die restliche Zeit in *Geld* zu erfüllen (Staudinger/Lehmann[11] § 1969 Rn 8; BGB-RGRK/Johannsen § 1969 Rn 6; MünchKomm/Küpper § 1969 Rn 3 Fn 11; Soergel/Stein § 1969 Rn 3; Erman/Horn § 1969 Rn 3). Schadensersatz kann der Berechtigte unter den Voraussetzungen der §§ 280 ff BGB verlangen (vgl Lange/Kuchinke § 15 IV; Soergel/Stein § 1969 Rn 3; zur grundsätzlichen Anwendbarkeit der §§ 280 ff auf Vermächtnisse s Staudinger/Otte [2019] § 2174 Rn 31 ff).

Auch die **Benutzung der Wohnung und der Haushaltsgegenstände** hat der Erbe gem § 1969 BGB in demselben Umfang zu gestatten, wie der Erblasser es getan hat. 21

War der Erblasser nicht der Eigentümer, sondern Mieter der von ihm und seinen Angehörigen bewohnten Räume, so sind die 1964 in das BGB eingefügten §§ 569a, 569b BGB bzw die am 1. 9. 2001 an deren Stelle getretenen §§ 563 bis 564 BGB zu beachten. Nach § 563 Abs 1 BGB nF tritt der Ehegatte (Fall 1) oder Lebenspartner (Fall 2), der mit dem Mieter einen gemeinsamen Haushalt führt, mit dem Tod des Mieters automatisch in das Mietverhältnis ein. Entsprechendes ordnet § 563 Abs 2 BGB *unter bestimmten Voraussetzungen (zB Nichteintritt des Ehegatten)* in Bezug auf Kinder, andere Familienangehörige und sonstige Personen an, die mit dem Mieter einen auf Dauer angelegten gemeinsamen Haushalt führen. Sind mehrere Personen iS des § 563 BGB gemeinsam Mieter, so wird das Mietverhältnis beim Tod eines Mieters mit den überlebenden Mietern fortgesetzt (§ 563a Abs 1 BGB). Falls der überlebende und das Mietverhältnis fortsetzende Ehegatte, Lebenspartner oder sonstige Berechtigte nicht zugleich Erbe des verstorbenen Mieters ist, wäre den nicht in das Mietverhältnis eintretenden übrigen Familienangehörigen des Erblassers mit einem gegen den *Erben* (§ 1969 BGB) gerichteten Anspruch auf Gestattung der weiteren Wohnungsbenutzung wenig gedient. Man wird diesen Anspruch in solchen Fällen deshalb auch gegen den das Mietverhältnis nach § 563 BGB oder § 563a BGB fortsetzenden Ehegatten, Lebenspartner oder sonstigen Angehörigen des Erblassers gewähren müssen (zustimmend Soergel/Stein § 1969 Rn 5; im Ergebnis ebenso im Wege einer Analogie zu § 1969 Muscheler ErbR I Rn 1627). Das gilt selbstverständlich *nur* bzgl der Gestattung der Wohnungsbenutzung, nicht hingegen auch für die sonstige Unterhaltsgewährung. Soweit Familienangehörige, die eigentlich nach § 1969 BGB die Gestattung der Weiterbenutzung der Wohnung vom Erben verlangen könnten, selbst gem § 563 BGB bzw § 563a Abs 1 BGB Nachmieter des Erblassers werden, 22 bedürfen sie, was die Gestattung der weiteren Wohnungsbenutzung angeht, nicht des Anspruchs aus § 1969 BGB gegen den Erben, da sie diesen ja ohnehin von der Rechtsnachfolge in das Mietverhältnis verdrängen.

IV. Durchsetzung des Anspruchs ausgehend von seiner Rechtsnatur

23 Bevor der Erbe die Erbschaft angenommen hat, kann der Anspruch gegen ihn gerichtlich nicht geltend gemacht werden (§ 1958 BGB). Bis zur Erbschaftsannahme ist also notfalls ein Nachlasspfleger nach § 1961 BGB zu bestellen. Bei Erfüllungsverweigerung ist auf Antrag Rechtsschutz durch einstweilige Verfügung zu gewähren (Riesenfeld I 17; Planck/Flad Anm 4a).

1. Das Haftungsbeschränkungsrecht des Erben bzgl des Anspruchs aus § 1969

24 Wie Ansprüche aus Vermächtnissen ist auch der Anspruch aus § 1969 BGB eine **Nachlassverbindlichkeit** iS von § 1967 Abs 2 Var 2 BGB. Der Erbe kann also seine Haftung nach allgemeinen Grundsätzen (Vorbem 67 ff zu §§ 1967 ff) auf den Nachlass beschränken. Wegen der dringlichen und nur vorübergehenden Natur des Anspruchs stehen dem Erben die aufschiebenden Einreden der §§ 2014, 2015 BGB jedoch nicht zu (Planck/Flad Anm 4 f; Soergel/Stein § 1969 Rn 1; Kretzschmar § 72 A III 3 c ô; Eberhardt/Ehrnsperger ZEV 2013, 653).

25 Gem Abs 2 finden auf den Dreißigsten die Vorschriften über Vermächtnisse entsprechende Anwendung. Allerdings ist ein Erwerb nach § 1969 BGB trotz Abs 2 *erbschaftsteuerfrei* (§ 13 Abs 1 Nr 4 ErbStG). Auch im Rahmen des § 1371 Abs 2 BGB steht der Dreißigste einem Vermächtnis nicht gleich (vOlshausen, Die Konkurrenz von Güterrecht und Erbrecht bei Auflösung der Zugewinngemeinschaft ... [Diss Kiel 1968] 152 ff). Anderes gilt jedoch für das Leistungsverweigerungsrecht des Erben aus § 1973 Abs 1 S 1 BGB, das für den Anspruch aus § 1969 BGB nicht greift. Denn nach § 1972 BGB wird der vermächtnisähnliche Anspruch durch das Aufgebot der Nachlassgläubiger nicht betroffen. Auch im Rahmen der §§ 1973 Abs 1 S 2, 1974 Abs 2 BGB steht der Dreißigste einem Vermächtnis gleich (Planck/Flad Anm 4a; **aM** Staudinger/Lehmann[11] § 1969 Rn 6 wegen der zeitlichen Beschränkung des Anspruchs; vgl auch MünchKomm/Küpper § 1969 Rn 4). Die abweichende Ansicht beruht anscheinend auf der Vorstellung, diese Vorschriften gewährten dem Erben das Recht, die Berichtigung von Vermächtnissen bis zur Befriedigung der ausgeschlossenen Gläubiger hinauszuschieben. Diese Vorstellung ist unzutreffend (vgl § 1973 Rn 43). § 1973 Abs 1 S 2 BGB enthält lediglich eine *Einschränkung* des dem Erben gegenüber den ausgeschlossenen Gläubigern durch § 1973 Abs 1 S 1 BGB gewährten Leistungsverweigerungsrechts und *begründet* nicht etwa eine Einrede gegen Vermächtnisansprüche (die ja vom Aufgebot gar nicht betroffen werden, § 1972 BGB). Anwendbar auf den Anspruch aus § 1969 BGB sind auch die §§ 1980 Abs 1 S 3, 1991 Abs 4, 1992 BGB, §§ 322, 327 Abs 1 Nr 2 InsO und § 5 AnfG (**aM** M Harder NJW 1988, 2716, 2717 hinsichtlich des dem heutigen § 327 Abs 1 Nr 2 InsO entsprechenden § 226 Abs 2 Nr 5 KO).

2. Besitzschutz auf Grundlage der Berechtigung aus § 1969

26 Ob die Berechtigten hinsichtlich der Wohnung und der Haushaltsgegenstände **Besitzschutz** (§§ 858 ff BGB) genießen, hängt wegen des durch § 857 BGB bewirkten

automatischen Einrückens des *Erben* in besitzrechtliche Positionen des *Erblassers* davon ab, ob sie (also nicht oder jedenfalls nicht allein der Erblasser) zZ des Erbfalls im Besitzstande waren (Kipp § 73 Fn 4; Muscheler ErbR I Rn 1630; **aM** Dernburg V § 152 III 2), also zumindest Mitbesitz (vgl jedoch § 866 BGB) hatten. Nicht selten – zB bei Kindern, nicht jedoch hinsichtlich des Ehegatten oder eines vergleichbar selbstständigen sonstigen Lebensgefährten (s Staudinger/Gutzeit [2018] § 855 Rn 20, § 858 Rn 44, § 866 Rn 10, 12) – wird diese Annahme an § 855 BGB scheitern (Planck/Flad Anm 4a; Riesenfeld I 17 f). Der Erbe oder Miterbe, der die Wohnung betritt, begeht damit keinen Hausfriedensbruch (Schwabe DJZ 1909, 143; AG Rheinbach ZEV 2013, 682, 683). Anders ist dies jedoch uU in den Fällen der §§ 563 Abs 1 und 2, 563a Abs 1 BGB (vgl auch Rn 22). Insbesondere ergibt sich auch aus § 1969 BGB kein Recht auf eine ausschließliche Nutzung der Wohnung oder Haushaltsgegenstände, da ein solches schließlich auch nicht zu Lebzeiten des Erblassers bestand und die Vorschrift nur die Stabilitätsinteressen des Berechtigten schützt (anders Eberhardt/Ehrnsperger ZEV 2013, 653, 654 ff).

3. Übertragbarkeit und Pfändbarkeit des Anspruchs

27 Weil der Dreißigste unterhaltsrechtlichen Ansprüchen funktionell zumindest ähnlich ist (Rn 3–5), ist er grundsätzlich **weder übertragbar noch pfändbar** (vgl §§ 399, 400 BGB, §§ 851, 850b Abs 1 Nr 2 und Abs 2 ZPO). Gegen den Anspruch kann weder **aufgerechnet** (§ 394 S 1 BGB) noch ein **Zurückbehaltungsrecht** geltend gemacht werden (Dütz NJW 1967, 1105, 1107; Eberhardt/Ehrnsperger ZEV 2013, 653). Nach BGB-RGRK/Johannsen § 1969 Rn 6 soll der Anspruch aber im Rahmen der in BGHZ 4, 153; 5, 342; 13, 360 dargelegten Grundsätze **übertragbar** sein. Das wird jedoch allenfalls dann in Betracht kommen, wenn der Anspruch ausnahmsweise (vgl Rn 18 ff) nicht in Natur, sondern in Geld zu erfüllen ist.

V. Abweichende Anordnungen des Erblassers

28 Der Anspruch kann vom Erblasser mittels letztwilliger Verfügung *entzogen* oder nach Inhalt und Umfang abweichend vom Gesetz bestimmt werden **(Abs 1 S 2)**. Damit unterscheidet sich der Dreißigste von anderen Unterhaltspflichten, die der Unterhaltspflichtige bzw die Person, von der die Unterhaltspflicht herrührt, nicht einseitig beseitigen kann. Möglich sind sowohl *Verringerungen* als auch *Erweiterungen.*

29 Bei einer *Erweiterung* liegt ein gewöhnliches Vermächtnis (§ 1939 BGB) vor (Van Venrooy MDR 2010, 1030, 1031; zu Gestaltungsmöglichkeiten beim Wohnrechtsvermächtnis s Grziwotz ZEV 2010, 130), ebenso wenn der Anspruch bestätigt wird. Der Erblasser kann auch anstelle des oder der Erben eine andere Person, etwa einen einzelnen Erben oder Vermächtnisnehmer, mit einer entsprechenden Verpflichtung beschweren, § 2147 BGB. Ebenso kann er den Anspruch mit einem Vorrang ausstatten, § 2189 BGB. Als Vermächtnis (§ 2278 Abs 2 BGB) kann die Bestätigung oder Vergrößerung auch vertragsmäßig durch Erbvertrag erfolgen. Die *nicht* als Vermächtnis zu qualifizierende Entziehung oder Verringerung kann aber auch im Erbvertrag nicht vertragsmäßig, sondern nur einseitig angeordnet werden, §§ 2278 Abs 2, 2299 BGB.

VI. Fälle mit Auslandsberührung

30 Der Dreißigste unterliegt trotz seines unterhaltsverwandten Charakters der EuErb-VO und nicht etwa der EuUntVO oder dem Haager Unterhaltsprotokoll (s Art 1 Abs 2 lit e EuErbVO sowie näher MünchKomm/Dutta Art 1 EuErbVO Rn 30 und Gebauer/Wiedmann/Baldus [3. Aufl, im Erscheinen], Europäisches Zivilrecht Art 1 EuErbVO Rn 57). Denn der Anspruch entsteht überhaupt erst mit dem Erbfall.

Untertitel 2
Aufgebot der Nachlassgläubiger

Vorbemerkungen zu §§ 1970–1974

Schrifttum

ENGLÄNDER, Das Aufgebot der Nachlaßgläubiger (Diss Leipzig 1906)
HEINEMANN, Das Aufgebotsverfahren nach dem FamFG, NotBZ 2009, 300
HOLZER, Das Aufgebot der Nachlassgläubiger nach dem FamFG, ZEV 2014, 583
KLINGER/RUBY, Das Aufgebot der Nachlassgläubiger – eine unbekannte Haftungsfalle!, NJW-Spezial 2005, 61
KRETZSCHMAR, Zur Auslegung des § 1973 BGB, SeuffBl 73 (1908) 777
MUHR, Das Aufgebotsverfahren in der notariellen Praxis, MittRhNotK 1965, 148
OSTHOLD, Instrumente im Recht der Erbenhaftung (Teil 1): Das Inventarrecht des BGB – Schutz des Erben oder Waffe der Gläubiger?, ErbR 2016, 610
ders, Instrumente im Recht der Erbenhaftung (Teil 2): Das Aufgebotsverfahren, eine öffentliche Verheimlichung?, ErbR 2016, 670
RIESENFELD, Die Erbenhaftung II (1916) 258–378
ROTH, Die Einrede des Bürgerlichen Rechts (1988) 59 ff, 166 f, 321
SCHENK, Die Wirkung des nach Aufgebot der Nachlaßgläubiger ergangenen Ausschlußurteils (Diss Berlin 1907)
SINGER, Die Haftung des Erben für die Nachlaßverbindlichkeiten nach dem BGB und Nebengesetzen, SeuffBl 64 (1899) 321, 327 f
WEISS, Das Nachlassinsolvenzverfahren/Erbrecht für Insolvenzverwalter – Teil 3: Haftungsbeschränkungen nach §§ 1970 ff. BGB, ZInsO 2017, 2306
ZIMMERMANN, Das Privataufgebot durch Miterben, ZErb 2011, 259.

Die §§ 1970–1974 BGB befassen sich mit zwei verschiedenen Fällen der **Haftungsbeschränkung gegenüber einzelnen Nachlassgläubigern**: dem Ausschluss des Gläubigers im Aufgebotsverfahren (§ 1973 BGB) sowie der Geltendmachung der Forderung gegenüber dem Erben später als fünf Jahre nach dem Erbfall (§ 1974 BGB). Das diese beiden Tatbestände verbindende Element ist *nicht* – wie die Überschrift zu §§ 1970–1974 BGB nahelegt – das Aufgebot (ein solches ist in § 1974 BGB nicht vorausgesetzt), sondern der Gedanke, dass das Interesse des Erben, sein Eigenvermögen vor dem Zugriff unbekannter Nachlassgläubiger zu bewahren, unter bestimmten Voraussetzungen besonderen Schutz verdient. 1

Zugunsten des **Miterben** werden die §§ 1973, 1974 BGB ergänzt und modifiziert durch § 2060 Nr 1 und 2 BGB (zur verfahrensrechtlichen Behandlung s OLG Köln ZEV 2017, 42); zu weiteren Besonderheiten bei Erbenmehrheit vgl § 2045 BGB (Aufschub der Auseinandersetzung) und § 2061 BGB (Zulässigkeit des Privataufgebots). 2

§ 1970
Anmeldung der Forderungen

Die Nachlassgläubiger können im Wege des Aufgebotsverfahrens zur Anmeldung ihrer Forderungen aufgefordert werden.

Materialien: E I § 2120 Abs 1; II § 1845; III § 1945; Mot V 644 f; Prot V 743, 774–777; Denkschr 725; Jakobs/Schubert ER I 300, 366 ff.

Systematische Übersicht

I. Zweck des Aufgebots der Nachlassgläubiger

1 Das Institut des erbschaftlichen Gläubigeraufgebotes ist dem preußischen Recht des 19. Jahrhunderts entlehnt (Mot V 643). Es **bezweckt**, dem Erben zu ermöglichen, sich Kenntnis von dem Schuldenstand des Nachlasses und damit eine Grundlage für die Entscheidung zu verschaffen, ob er zu den in § 1975 BGB genannten Mitteln der Haftungsbeschränkung greifen soll (Mot V 643). Auch wenn der Erbe schließlich keines dieser Mittel einsetzt, bewahrt ihn das Aufgebot schneller als § 1974 BGB vor der Gefahr, dass unbekannte Nachlassgläubiger auf sein Eigenvermögen zugreifen, wenn der Nachlass zu ihrer Befriedigung nicht ausreicht (§ 1973 BGB). Ferner kann

das Aufgebot dem Erben die Errichtung des Inventars erleichtern (in diesem sind gem § 2001 Abs 1 BGB auch die Verbindlichkeiten anzugeben) und dem Nachlasspfleger, Nachlassverwalter oder Testamentsvollstrecker die notwendigen Unterlagen zur Verteilung der Masse in die Hand geben.

II. Verfahrensrechtliche Gestaltung des Nachlassgläubigeraufgebots im Überblick (Aufgebotsverfahren)

Das **BGB** beschränkt sich darauf, in § 1970 BGB die grundsätzliche Zulässigkeit des Aufgebots der Nachlassgläubiger auszusprechen (vgl § 433 aE FamFG) und in den §§ 1971–1973 BGB die materiellrechtliche Seite zu regeln. Die **näheren Verfahrensvorschriften** befanden sich bis zum Jahr 2009 in §§ 946–959 und §§ 989–1000 ZPO. Das hat sich mit Inkrafttreten des **FamFG** grundlegend geändert: Das Verfahren in Aufgebotssachen wurde mit Wirkung ab 1. 9. 2009 der *freiwilligen* Gerichtsbarkeit zugeordnet (§ 23a Abs 2 Nr 7 GVG nF) und ist deshalb heute nicht mehr in der ZPO, sondern im **FamFG (§§ 433 ff, 454 ff)** geregelt. 2

Das Aufgebotsverfahren erstrebt den **Erlass eines Ausschließungsbeschlusses (§§ 439–441, 460 Abs 1 S 1, 461 FamFG)**, durch welchen das Zugriffsrecht der Gläubiger, die sich nicht melden, beschränkt wird. Als Rechtsnachteil, den das Verfahren den sich nicht meldenden Gläubigern bringt, ist gem § 458 Abs 1 FamFG in dem Aufgebot anzudrohen, dass sie – unbeschadet des Rechts, vor den Verbindlichkeiten aus Pflichtteilsrechten, Erbersatzansprüchen (s § 1973 Rn 43), Vermächtnissen und Auflagen berücksichtigt zu werden – von dem Erben nur insoweit Befriedigung verlangen können, als sich nach Befriedigung der nicht ausgeschlossenen Gläubiger ein Überschuss ergibt (§ 1973 BGB). Sind *mehrere* Erben vorhanden, so ist den Nachlassgläubigern, die sich nicht melden, außerdem anzudrohen, dass jeder Erbe nach der Teilung des Nachlasses nur für den seinem Erbteil entsprechenden Teil der Verbindlichkeit haftet (§ 2060 Nr 1 BGB, § 460 Abs 1 S 2 FamFG). Der gerichtliche Ausschließungsbeschluss unterliegt der Beschwerde gem §§ 58 ff, 439 Abs 3 FamFG und wird erst mit Rechtskraft wirksam (§§ 45, 439 Abs 2 FamFG). 3

Örtlich zuständig ist das Amtsgericht, dem (gem §§ 23a Abs 1 Nr 2, Abs 2 Nr 2 GVG, 343 FamFG) die Aufgaben des örtlich zuständigen (§§ 343 f FamFG) Nachlassgerichts obliegen (§§ 23a Abs 1 Nr 2, Abs 2 Nr 7 GVG, § 454 Abs 2 S 1 FamFG). Die **sachliche Zuständigkeit** bestimmt sich nach allgemeinen Regeln (vgl OLG Hamm FGPrax 2012, 90; näher Bork/Jacoby/Schwab/Dutta, FamFG § 454 Rn 8). Sind diese Angelegenheiten einer anderen Behörde als einem Amtsgericht übertragen, so ist das Amtsgericht zuständig, in dessen Bezirk die Nachlassbehörde ihren Sitz hat (§ 454 Abs 2 S 2 FamFG). Die **funktionelle Zuständigkeit** wird in § 3 Nr 1c RpflG in vollem Umfang dem Rechtspfleger zugewiesen. 4

Die **Aufgebotsfrist**, die nach § 437 FamFG mindestens sechs Wochen betragen muss, soll gem § 458 Abs 2 FamFG höchstens sechs Monate betragen. 5

Das Aufgebot ist durch Aushang an der Gerichtstafel und durch einmalige Veröffentlichung im Bundesanzeiger öffentlich bekannt zu machen (§ 435 Abs 1 S 1 FamFG); den mit Wohnort bekannten Gläubigern – über die der Antragsteller 6 das Gericht nach § 456 FamFG informieren muss – soll es von Amts wegen zugestellt werden (früher § 994 Abs 2 ZPO [nunmehr iE ebenso § 15 FamFG iVm der Einzelbegründung zu § 458 Abs 2 RegEFamFG, BT-Drucks 16/6308, 296]; näher etwa Bork/Jacoby/Schwab/Dutta, FamFG § 456 Rn 1). Anstelle des Aushangs an der Gerichtstafel kann die öffentliche Bekanntmachung des Aufgebots in einem elektronischen Informations- und Kommunikationssystem erfolgen, das im Gericht öffentlich zugänglich ist (§ 435 Abs 1 S 2 FamFG).

7 Die **Anmeldung einer Forderung** hat gem § 459 FamFG die Angabe ihres Gegenstandes und Grundes zu enthalten; urkundliche Beweisstücke sind in Urschrift oder Abschrift beizufügen. Gem § 459 Abs 2 FamFG hat das Gericht die Einsicht der Anmeldungen jedem zu gestatten, der ein rechtliches Interesse glaubhaft macht.

8 Gem § 457 Abs 1 FamFG soll das Aufgebot nicht erlassen werden, wenn ein **Nachlassinsolvenzverfahren** beantragt ist. Neben dem Nachlassinsolvenzverfahren ist für das Gläubigeraufgebot nach § 1970 BGB kein Raum (vgl §§ 28 ff, 151, 154, 177 InsO). Durch die Eröffnung des Nachlassinsolvenzverfahrens wird das Aufgebotsverfahren beendet (§ 457 Abs 2 FamFG). Eine **Zwangsversteigerung** geht dagegen weiter (§ 178 Abs 2 ZVG). Die Anordnung einer **Nachlassverwaltung** hindert dagegen ein Aufgebotsverfahren nicht, vgl § 455 Abs 2 FamFG. Dass das Aufgebotsverfahren wegen § 2015 Abs 2 BGB aF einzustellen sei, wenn der Erbe den Aufgebotstermin versäumt (Staudinger/Lehmann[11] § 1970 Vorbem 3), war bereits nach bisherigem Recht nicht anzunehmen (vgl § 954 ZPO und zum Verhältnis beider Vorschriften zueinander s Staudinger/Marotzke [2002] § 2015 Rn 5 sowie Staudinger/Dobler § 2015 Rn 4 f). Nach neuem Recht ist die Frage gegenstandslos, da ein Aufgebotstermin gesetzlich nicht mehr vorgesehen ist (vgl die Einzelbegründungen zu § 434 Abs 2 S 2 Nr 2 RegE FamFG in BT-Drucks 16/6308, 294 f).

9 Die **Kosten** des Aufgebotsverfahrens – eine 0,5-Gebühr nach Nr 15212 Nr 3 KV zum GNotKG – fallen gem § 22 Abs 1 GNotKG dem Antragsteller zur Last. Sie sind Nachlassverbindlichkeiten und im Nachlassinsolvenzverfahren Masseverbindlichkeiten (§ 324 Abs 1 Nr 4 InsO).

III. Der Antrag zum Gläubigeraufgebot

10 Das Aufgebotsverfahren setzt einen Antrag voraus (§ 434 Abs 1 FamFG, sog Antragsverfahren). Dieser kann schriftlich oder zur Niederschrift der Geschäftsstelle gestellt werden (§ 25 Abs 1 FamFG). Das Antragsrecht ist **nicht befristet**. Ein später als ein Jahr nach Erbschaftsannahme gestellter Antrag führt jedoch nicht zu der Einrede des § 2015 BGB. Zur Zuständigkeit s Rn 4.

11 **Durch Unterlassen des Aufgebotsantrags** können sich der Erbe und der Nachlassverwalter (§ 1985 Abs 2 BGB) den Nachlassgläubigern gegenüber **schadensersatzpflichtig** machen (§ 1980 Abs 1 S 2, Abs 2 S 2 BGB; bzgl des Nachlassverwalters ausdrücklich die amtl Begr zu § 991 Abs 2 ZPO bei Hahn [s Rn 13] 179); nicht hingegen der nach § 1960 BGB oder § 1961 BGB bestellte Nachlasspfleger, da auf diesen § 1985 Abs 2 BGB keine Anwendung findet (str; s Staudinger/Mešina [2017] § 1960 Rn 53 f).

1. Antragsberechtigung

Antragsberechtigt sind: 12

- jeder *Erbe,* sofern er nicht für die Nachlassverbindlichkeiten unbeschränkbar haftet (§ 455 Abs 1 FamFG; dazu ausf Rn 13; Vorbem 76 ff zu §§ 1967 ff),

- ein *Nachlasspfleger* (auch ein *Nachlassverwalter,* s Rn 1, 15 f) und ein *Testamentsvollstrecker,* wenn ihnen die Verwaltung des Nachlasses zusteht (§ 455 Abs 2 FamFG).

Zur Rechtslage bei Erbenmehrheit, Nacherbfolge, Gütergemeinschaft und Erbschaftskauf s §§ 460 ff FamFG.

Ein Erbe oder ein Testamentsvollstrecker kann den Antrag erst nach der Annahme der Erbschaft durch den Erben (gilt auch beim Antrag eines Testamentsvollstreckers, vgl näher Bork/Jacoby/Schwab/Dutta, FamFG § 455 Rn 4) stellen (§ 455 Abs 3 FamFG).

2. Antragsrecht bei unbeschränkbarer Haftung

a) Auswirkungen auf das Antragsrecht des Erben

Dem unbeschränkbar haftenden Alleinerben entzieht § 455 Abs 1 FamFG das Antragsrecht (vgl aber § 460 Abs 2 FamFG, § 2060 Nr 1 BGB sowie Staudinger/Dobler § 2013 Rn 3 für den Fall, dass Miterben vorhanden sind), weil für ihn der Zweck des Aufgebotsverfahrens, dem Erben zu ermöglichen, in sicherer Kenntnis des Schuldenstandes über die Frage einer Haftungsbeschränkung zu entscheiden, nicht mehr erreicht werden kann (amtl Begr zu § 991 ZPO [nunmehr: § 455 FamFG] bei Hahn, Die gesammten Materialien zu den Reichs-Justizgesetzen VIII, 178 f). Dem unbeschränkbar haftenden Erben könnte das Aufgebotsverfahren auch die Ausschlusswirkung des § 1973 BGB nicht mehr bescheren (§ 2013 Abs 1 S 1 BGB; vgl aber auch § 2013 Rn 3 für den Fall einer Erbenmehrheit). Zu den prozessualen Konsequenzen s unten Rn 18 ff. 13

Ist der Erbe **nur gegenüber einzelnen Nachlassgläubigern unbeschränkt haftbar** geworden (zB nach § 2006 Abs 3 BGB, wegen § 780 ZPO oder durch Vertrag), so kann der Zweck des Aufgebotsverfahrens noch erreicht werden. Deshalb behält der Erbe das Antragsrecht (amtl Begr zu § 991 ZPO [nunmehr: § 455 FamFG] bei Hahn S 179; s etwa Bork/Jacoby/Schwab/Dutta, FamFG § 455 Rn 2). Dass der Erbe sich nach § 2063 Abs 2 BGB seinen Miterben oder als Nacherbe nach § 2144 Abs 3 BGB einem Vorerben gegenüber noch auf ein Beschränkungsrecht berufen kann, soll nach Prot V 776 nicht genügen, um ihm das Antragsrecht zu erhalten. Bzgl des *Mit*erben vgl jedoch Staudinger/Dobler § 2013 Rn 3 sowie den erst nach dieser Äußerung der Prot geschaffenen § 997 Abs 2 ZPO (nunmehr: § 460 Abs 2 FamFG) und Rn 4 ff der Kommentierung des ebenfalls erst später formulierten § 2059 Abs 1 S 2 BGB. 14

b) Auswirkungen auf das Antragsrecht von Fremdverwaltern

§ 455 Abs 2 FamFG gewährt dem **Nachlasspfleger** und dem **Testamentsvollstrecker**, wenn ihnen die Verwaltung des Nachlasses zusteht, das Antragsrecht, weil beide seiner bedürfen, „um ihre Aufgabe sachgemäß erfüllen zu können“ (amtl Begr zu § 991 15

ZPO [nunmehr: § 455 FamFG] bei HAHN [s Rn 13] 179; konkreter oben Rn 1). Zu dieser Aufgabe gehört sicher nicht, das der Verwaltung dieser Personen gar nicht unterliegende Eigenvermögen des Erben vor dem Zugriff der Nachlassgläubiger zu schützen. Da die Antragsrechte des Nachlasspflegers und des Testamentsvollstreckers folglich anders motiviert sind als das des Erben, wird man sie im Gegensatz zu dem des Erben auch dann noch anerkennen müssen, wenn der Erbe bereits unbeschränkbar haftet (OLG Colmar OLGE 19 [1909/II] 164 [zum Nachlassverwalter]; PLANCK/FLAD Anm 1; KIPP/COING § 95 IV; LANGE/KUCHINKE § 48 IV 3 a; MUSCHELER ErbR II Rn 3693 Fn 445; BORK/JACOBY/SCHWAB/DUTTA, FamFG § 455 Rn 3; MünchKomm/KÜPPER § 1970 Rn 3; ERMAN/HORN Vorbem 5 zu §§ 1970 ff; **aM** STROHAL II § 75 Fn 2; BGB-RGRK/JOHANNSEN § 1970 Rn 8; SOERGEL/STEIN § 1970 Rn 1; STEIN/JONAS/SCHLOSSER[22] ZPO § 991 Rn 4).

16 Hierfür spricht auch, dass § 455 FamFG die unbeschränkbare Haftung durchaus thematisiert, für diesen Fall aber nur dem *Erben* das Antragsrecht versagt (Abs 1). Allerdings schließt § 2013 Abs 1 BGB den § 1973 BGB aus. Dieser Ausschluss kann jedoch nach seinem Sinn und Zweck nur greifen, soweit die Berufung auf § 1973 BGB der unbeschränkbar gewordenen Haftung des Erben zuwiderliefe. Da § 1973 BGB nicht nur das Eigenvermögen des Erben vor dem Zugriff der ausgeschlossenen Nachlassgläubiger schützt, sondern auch deren Recht auf Befriedigung aus dem Nachlass (auf diesen bezieht sich das Wort „Überschuss" in § 1973 Abs 2 BGB und § 458 Abs 1 HS 1 FamFG; vgl auch RIESENFELD II 265) in einer mit § 327 Abs 3 InsO korrespondierenden Weise zurücksetzt, verbleibt selbst bei bereits unbeschränkbar gewordener Erbenhaftung eine dieser Situation nicht widersprechende Rechtsfolge aus § 1973 BGB, die den auf Antrag eines Nachlasspflegers oder Testamentsvollstreckers aufgebotenen Nachlassgläubigern ohne Verstoß gegen Sinn und Zweck des § 2013 Abs 1 BGB angedroht werden kann (und analog § 458 Abs 1 HS 1 FamFG angedroht werden muss): dass sie, wenn sie sich nicht melden, vorbehaltlich des Rechts, den Erben persönlich in Anspruch zu nehmen, *aus dem Nachlass* (zu weit geht in diesem Fall die in § 458 Abs 1 HS 1 FamFG verwendete Formulierung „von dem Erben") erst hinter den nicht ausgeschlossenen Gläubigern, jedoch vor Verbindlichkeiten aus Pflichtteilsrechten, Vermächtnissen und Auflagen, Befriedigung verlangen können (vgl STAUDINGER/LEHMANN[11] § 1970 Rn 3; PLANCK/FLAD Anm 1; ERMAN/HORN Vorbem 5 zu §§ 1970 ff; RIESENFELD II 265, 267; OLG Colmar OLGE 19 [1909/II] 164). Die Kritik, die BGB-RGRK/JOHANNSEN § 1970 Rn 8 an dieser Auffassung übt, verkennt, dass solch eine Androhung keinen anderen, sondern nur einen minderen als den in § 1973 BGB und § 458 Abs 1 FamFG definierten Rechtsnachteil beinhaltet und somit vom Gesetz gedeckt ist.

17 Dass ein nach *§ 1960, 1961 BGB* bestellter Nachlasspfleger den Nachlass eines bereits unbeschränkbar haftenden Erben verwaltet, wird kaum vorkommen. Jedoch ist auch ein nach *§§ 1981 ff BGB* bestellter **Nachlassverwalter** als Nachlass*pfleger* anzusehen (amtl Begr zu § 991 ZPO [nunmehr § 455 FamFG] bei HAHN 179 unter Hinweis auf § 1975 BGB, ebenso OLG Colmar OLGE 19 [1909/II] 164). § 455 Abs 2 FamFG erwähnt deshalb ausdrücklich – aber lediglich klarstellend (BORK/JACOBY/SCHWAB/DUTTA, FamFG § 455 Rn 3) – auch ihn als Antragsberechtigten. Zur Haftung des Nachlassverwalters bei Unterlassen des Aufgebotsantrags s Rn 11.

c) Auswirkungen bei Unkenntnis des Gerichts

18 **Verliert der Erbe das Recht, seine Haftung zu beschränken, vor oder während des schwebenden Aufgebotsverfahrens gegenüber allen Nachlassgläubigern** und erlässt das

Gericht, weil es davon keine Kenntnis erhält, gleichwohl den Ausschließungsbeschluss, so kommt diesem die in § 1973 BGB beschriebene Ausschlusswirkung nicht zu (§ 2013 Abs 1 S 1 BGB). Anwendbar ist jedoch ab Rechtskrafteintritt (§§ 45, 439 Abs 2 FamFG) der § 327 Abs 3 InsO.

Erfährt das Gericht vor Erlass des Ausschließungsbeschlusses vom Verlust des Haftungsbeschränkungsrechts, so muss es das Verfahren unter Zurückweisung des gem § 434 Abs 1 FamFG erforderlichen Antrags (§ 455 Abs 1 HS 2 FamFG) beenden (Planck/Flad Anm 1; Erman/Horn § 1970 Rn 2d). Dies gilt nicht, wenn der Antrag statt vom Erben von einem Nachlasspfleger oder einem Testamentsvollstrecker gestellt ist und man diesen Personen das Antragsrecht auch bei bereits unbeschränkbar gewordener Erbenhaftung zubilligt (s oben Rn 15 ff). 19

Besonderheiten gelten auch, wenn der Antrag von einem *Miterben* gestellt wurde (s Staudinger/Dobler § 2013 Rn 3). 20

3. Erfordernis eines Nachlassgläubigerverzeichnisses (§ 456 FamFG)

Nach § 456 FamFG ist dem Antrag ein **Verzeichnis der bekannten Nachlassgläubiger** mit Angabe ihres Wohnortes beizufügen. Dagegen ist die vorherige Errichtung eines Inventars, also eines Verzeichnisses der Nachlassgegenstände und Nachlassverbindlichkeiten (§ 2001 BGB), nicht vorgeschrieben (was aber E I § 2120 Abs 2 entspr § 5 des pr G v 1879 vorsah). Da die Inventarerrichtung nach BGB keine Vorbedingung der beschränkten Haftung ist, konnte man sie auch nicht für eine Vorbereitungshandlung zur Voraussetzung machen (Prot V 776). 21

Hat der Erbe einen ihm bekannten Gläubiger schuldhaft (§§ 276, 280 Abs 1 S 2 BGB) nicht in dem Verzeichnis aufgeführt und versäumt der Gläubiger infolge der ihm gegenüber unterlassenen Zustellung des Aufgebots (§ 15 Abs 1 und 2 FamFG) die Anmeldung, so ist der Erbe gem § 280 Abs 1 BGB aus dem der Nachlassverbindlichkeit zugrunde liegenden Schuldverhältnis zum Schadensersatz verpflichtet und deshalb durch § 249 Abs 1 BGB gehindert, sich gegenüber diesem Gläubiger auf die Ausschlusswirkung zu berufen (Planck/Flad Anm 2; Kipp/Coing § 95 III 6; Bork/Jacoby/Schwab/Dutta, FamFG § 456 Rn 2; MünchKomm/Küpper § 1970 Rn 4 Fn 21; vgl auch KG DJZ 1905, 652 [zur Haftung des Nachlassverwalters]). Ein Verstoß gegen § 456 FamFG macht einen Ausschließungsbeschluss ferner nach §§ 58 ff FamFG anfechtbar (Bork/Jacoby/Schwab/Dutta, FamFG § 456 Rn 2 mwNw). 22

IV. Die vom Aufgebot betroffenen Nachlassgläubiger

Die Aufforderung richtet sich grundsätzlich an alle Nachlassgläubiger, nicht bloß an die unbekannten (s aber Rn 22), sondern auch an die dem Erben bekannten (OLG Hamburg OLGE 18 [1909/I] 324 f = Recht 1909 Nr 2126), auch an die, deren Ansprüche bereits rechtshängig sind (Mot V 647), die bereits ein rechtskräftiges Urteil oder einen sonstigen Vollstreckungstitel gegen den Erben erlangt haben (Rn 31), auch an die in dem nach § 456 FamFG einzureichenden Verzeichnis oder einem schon errichteten Inventar aufgeführten Gläubiger, nicht bloß an die Gläubiger aus Erblasser-, sondern auch an solche aus Erbfallschulden (vgl zu diesen Begriffen § 1967 Rn 9 ff); auch an die Gläubiger nicht fälliger oder bedingter Forderungen wie zB der Rückgriffsforderung 23 eines Bürgen; endlich auch an die Gläubiger von Forderungen, deren Entwicklung aus einem bereits bestehenden Haftungsgrund sich vorhersehen lässt.

24 **Nicht betroffen von dem Aufgebot** werden **die Eigengläubiger** des Erben (RGZ 92, 341, 344) sowie **die in §§ 1971 und 1972 BGB aufgezählten Gruppen** von Gläubigern. Melden sie ihre Forderungen nicht (rechtzeitig) an, ist dies für sie unschädlich.

1. Erben als Nachlassgläubiger

a) Alleinerben als Nachlassgläubiger

25 Nicht betroffen wird grundsätzlich **der Alleinerbe, der das Aufgebot selbst beantragt hat** (OLG Düsseldorf FamRZ 2012, 1330, 1332; zu undifferenziert noch Bork/Jacoby/Schwab/Dutta, FamFG § 456 Rn 2). Die Mot (V 648) begründen die Nichtbetroffenheit des Alleinerben mit der Überlegung, dass es mit der Stellung des Erben als Antragsteller unvereinbar wäre, wenn er sich selbst mit dem nunmehr in § 458 Abs 1 FamFG bezeichneten Rechtsnachteil bedrohen ließe. Außerdem ist darauf hinzuweisen, dass die Ansprüche des Alleinerben gegen den Erblasser durch Konfusion erloschen sind (s Staudinger/Kunz [2017] § 1922 Rn 122, 570).

26 Denkbar sind freilich Fälle, in denen diese beiden Gesichtspunkte aufgrund der tatsächlichen Gegebenheiten nicht eingreifen (vgl hinsichtlich der Konfusion Staudinger/Kunz [2017] § 1922 Rn 122, ferner § 1967 Rn 48, Staudinger/Dobler § 1976 Rn 1), so zB wenn das Aufgebotsverfahren von einem Nachlassverwalter oder verwaltenden Testamentsvollstrecker beantragt worden ist und die Nachlassverwaltung oder Testamentsvollstreckung zZ des Ausschließungsbeschlusses noch besteht. Hier wird auch der Alleinerbe vom Aufgebot betroffen, soweit er zugleich Nachlassgläubiger ist (Planck/Flad Vorbem 3 a zu §§ 1971, 1972; Strohal II § 75 II 7; Erman/Horn § 1970 Rn 3; MünchKomm/Küpper § 1971 Rn 7; wohl auch BGB-RGRK/Johannsen § 1970 Rn 2).

b) Miterben als Nachlassgläubiger

27 Auch bei der **Miterbengemeinschaft** bleibt der Nachlass bis zur Teilung als gesamthänderisch gebundenes Sondervermögen vom Eigenvermögen jedes einzelnen Miterben getrennt; ein Erlöschen von Recht und Verbindlichkeit durch Konfusion tritt nicht ein (BVerwG WM 1969, 673, 674). Deshalb können Miterben, sofern sie zugleich Nachlassgläubiger sind, vom Aufgebot auch dann betroffen sein, wenn einer von ihnen das Verfahren betreibt (BGB-RGRK/Johannsen § 1970 Rn 3; MünchKomm/Küpper § 1971 Rn 7; Lange/Kuchinke § 48 IV 2 a aE; **aM** Planck/Flad Vorbem 3 a zu §§ 1971, 1972 und Strohal II § 75 Fn 11 [beide mit der schon in tatsächlicher Hinsicht unzutreffenden Begründung, die Beziehungen unter den Miterben würden diesen regelmäßig die Kenntnis der jedem gegen den Nachlass zustehenden Forderungen vermitteln, sodass der Rechtsgedanke des § 1972 eingreife]).

28 Sogar der *Miterbe, der das Aufgebot selbst beantragt hat,* wird – soweit er Nachlassgläubiger ist – davon betroffen (zustimmend OLG Düsseldorf FamRZ 2012, 1330, 1332; **aM** Staudinger/Lehmann[11] § 1970 Rn 12; MünchKomm/Küpper § 1971 Rn 7; Lange/Kuchinke § 48 IV 2 a aE; Endriss, Der Miterbe als Nachlassgläubiger [2003] 95 ff, 185). Hierfür spricht nicht nur, dass eine gesetzliche Ausnahmevorschrift fehlt, sondern ferner, dass der von einem Miterben gestellte Aufgebotsantrag gem § 460 Abs 1 S 1 FamFG auch den übrigen Erben zustatten kommt und dass diese ein Interesse daran haben, sich gegenüber *jedem* ausgeschlossenen Nachlassgläubiger auf § 1973 BGB berufen zu

können (insoweit besteht also eine andere Situation als beim antragstellenden *Alleinerben;* s Rn 25 f). Insbesondere bei großen und unübersichtlichen Erbengemeinschaften, bei denen vielleicht sogar die Erbberechtigung Einzelner streitig ist, macht es wenig Sinn, in Ansehung des § 1973 BGB zwischen erbberechtigten und nicht erbberechtigten Nachlassgläubigern zu unterscheiden.

2. Gläubiger nach Erlass des Aufgebots entstandener Nachlassverbindlichkeiten

Nicht betroffen werden **Gläubiger, deren Forderungen erst nach der öffentlichen Bekanntmachung des Aufgebots**, die die Aufgebotsfrist in Lauf setzt (§§ 435, 437, 458 Abs 2 FamFG), **dem Grunde nach entstanden sind**. Ihnen kann die Anmeldung innerhalb der laufenden Frist nicht zugemutet werden (BGB-RGRK/Johannsen § 1970 Rn 2; Erman/Horn § 1970 Rn 1; MünchKomm/Küpper § 1971 Rn 7; Bork/Jacoby/Schwab/Dutta, FamFG § 456 Rn 2; Stein/Jonas/Schlosser[22] ZPO § 989 Rn 2; Muscheler ErbR II Rn 3702; vgl auch Strohal II § 75 II 3 und Fn 7; **aM** Planck/Flad Vorbem 3 c zu §§ 1971, 1972). 29

Gleiches gilt für Forderungen aus Rechtsgeschäften, die nach Erlass des Aufgebots mit einem **Nachlasspfleger** oder einem verwaltenden **Testamentsvollstrecker** abgeschlossen wurden (Erman/Horn § 1970 Rn 3; MünchKomm/Küpper § 1971 Rn 7; Strohal II § 75 II 4; **aM** Staudinger/Lehmann[11] § 1970 Rn 15 im Anschluss an Planck/Flad Vorbem 4 zu §§ 1971, 1972). 30

3. Gläubiger rechtskräftig zuerkannter Nachlassverbindlichkeiten

Forderungen, die gegenüber dem Antragsteller vor Erlass des Ausschließungsbeschlusses rechtskräftig zuerkannt worden sind, sollen nach Strohal (II § 75 II 5) aus Billigkeitsgründen von der Anmeldepflicht befreit sein; dagegen mit Recht Planck/Flad (Vorbem 4 zu §§ 1971, 1972), weil eine gesetzliche Grundlage fehle (ablehnend auch MünchKomm/Küpper § 1971 Rn 7; Muscheler ErbR II Rn 3700 Fn 449). Wer als Nachlassgläubiger klagt, berühmt sich eines Anspruchs und mag diesen dann auch im Aufgebotsverfahren anmelden (anders nur, wenn der Anspruch dem Grunde nach erst während des Laufs der Aufgebotsfrist entstanden ist, s Rn 29 f). 31

4. Nachlassgläubiger mit unbeschränkbarem Zugriffsrecht auf das Vermögen des Erben

Nachlassgläubiger, denen der Erbe unbeschränkbar haftend geworden ist (vgl Vorbem 76 f zu §§ 1967 ff), sollen nach Staudinger/Lehmann[11] § 1970 Rn 10 vom Aufgebot grds nicht betroffen sein. Jedoch erkannte auch Lehmann an, dass diese Gläubiger ihre Forderungen in zwei Fällen anmelden müssen: 32

- **erstens** *bei Erbenmehrheit,* wenn nicht *alle* Miterben unbeschränkbar haften, da dem Gläubiger gegenüber den noch beschränkbar haftenden Miterben sein Befriedigungsrecht ungeschmälert erhalten bleiben muss (ebenso Strohal II § 75, 236; MünchKomm/Küpper § 1971 Rn 7; Stein/Jonas/Schlosser[22] ZPO § 989 Rn 2);

- **zweitens**, wenn das Aufgebotsverfahren von einem *Nachlassverwalter* oder *Testamentsvollstrecker* betrieben wird, um durch die Anmeldung das Recht auf Befriedigung aus dem *Nachlass* ungeschmälert zu wahren und insoweit die Zurücksetzung hinter die nicht ausgeschlossenen Gläubiger zu vermeiden (ebenso Planck/Flad Vorbem 3 b ß zu §§ 1971, 1972; MünchKomm/Küpper § 1971 Rn 7; Stein/Jonas/Schlosser[22] ZPO § 989 Rn 2; Muscheler ErbR II Rn 3705).

33 Aber auch wenn der **Ausschließungsbeschluss** auf Antrag eines allgemein unbeschränkbar haftend gewordenen Alleinerben und folglich **zu Unrecht ergangen** ist (Rn 18), werden die Nachlassgläubiger betroffen, soweit es um ihre Zurücksetzung bei der Befriedigung aus dem *Nachlass* geht (§ 327 Abs 3 InsO; vernachlässigt wird dieser Aspekt von Staudinger/Lehmann[11] § 1970 Rn 10; Planck/Flad Vorbem 3 b ß zu §§ 1971, 1972; MünchKomm/Küpper § 1971 Rn 7).

V. Die materiellrechtlichen Folgen des Aufgebotsverfahrens

34 Neben den in **§ 1973 BGB** (s dort ausf) und **§§ 327 Abs 3** (führt u a zu § 225), **328 Abs 2 InsO** normierten Wirkungen, die mit Rechtskraft des Ausschließungsbeschlusses eintreten (§§ 45, 439 Abs 2 FamFG), zeitigt das Aufgebotsverfahren folgende materiellrechtliche Wirkungen.

1. Verfügbarkeit der Aufgeboteinrede (§ 2015)

35 Hat der Erbe den Antrag auf Erlass des Aufgebots innerhalb eines Jahres nach Annahme der Erbschaft gestellt und ist der Antrag zugelassen, so ist der Erbe gem **§ 2015 BGB** berechtigt, die Berichtigung einer Nachlassverbindlichkeit bis zur Beendigung des Aufgebotsverfahrens zu verweigern (sog Aufgebotseinrede); das gilt nicht bzw nur mit Einschränkungen in Fällen des § 2016 BGB.

2. Verschiebung der Nachlassauseinandersetzung (§ 2045)

36 Nach **§ 2045 BGB** kann jeder *Miterbe* verlangen, dass die Auseinandersetzung des Nachlasses bis zur Beendigung des Aufgebotsverfahrens verschoben werde, wenn der Antrag auf dessen Einleitung schon gestellt ist oder unverzüglich gestellt wird.

3. Teilschuldnerische Haftung des Miterben (§ 2060 Nr 1)

37 Nach **§ 2060 Nr 1 BGB** hat **jeder Miterbe** iVm § 1973 BGB nach der Teilung des Nachlasses nur noch für den seinem Erbteil entsprechenden Teil einer Nachlassverbindlichkeit einzustehen, wenn der Gläubiger im Aufgebotsverfahren ausgeschlossen ist. Das Aufgebot erstreckt sich insoweit auch auf die in § 1972 BGB bezeichneten Gläubiger und auf die Gläubiger, denen der Miterbe unbeschränkt haftet.

VI. Auslandsberührung

38 Das Aufgebotsverfahren wirft bei Erbfällen mit Auslandsbezug zahlreiche Qualifikationsfragen (insb Abgrenzung des Erbstatuts vom anwendbaren Erbverfahrensrecht), aber auch Auslegungsfragen auf (zB Anwendung der EuErbVO auf Aufgebotsverfahren). Zu diesen Fragen näher Bork/Jacoby/Schwab/Dutta FamFG § 433 Rn 15, 21 sowie MünchKomm/Dutta Vor Art 4 EuErbVO Rn 19, Art 9 Eu-

ErbVO Rn 13, Art 13 EuErbVO Rn 9, Art 23 EuErbVO Rn 26, Art 40 EuErbVO Rn 4, 5. Zur internationalen Zuständigkeit und der Anerkennung von nationalen Ausschließungsbeschlüssen GEBAUER/WIEDMANN/KUNZ, Europäisches Zivilrecht (3. Aufl) Art 4 und Art 39 EuErbVO (im Erscheinen); zur Anerkennungsfähigkeit von Ausschließungsbeschlüssen auch KUNZ GPR 2019, 34, 41.

§ 1971
Nicht betroffene Gläubiger

Pfandgläubiger und Gläubiger, die im Insolvenzverfahren den Pfandgläubigern gleichstehen, sowie Gläubiger, die bei der Zwangsvollstreckung in das unbewegliche Vermögen ein Recht auf Befriedigung aus diesem Vermögen haben, werden, soweit es sich um die Befriedigung aus den ihnen haftenden Gegenständen handelt, durch das Aufgebot nicht betroffen. Das Gleiche gilt von Gläubigern, deren Ansprüche durch eine Vormerkung gesichert sind oder denen im Insolvenzverfahren ein Aussonderungsrecht zusteht, in Ansehung des Gegenstands ihres Rechts.

Materialien: E I § 2125; II § 1847; III § 1946; Mot V 648; Prot V 743, 777–780; Denkschr 725; JAKOBS/SCHUBERT ER I 300, 371 ff.

Neufassung seit 1. 1. 1999: Die Worte „Konkurse" in Satz 1 und „Konkurs" in Satz 2 wurden jeweils durch das Wort „Insolvenzverfahren" ersetzt (Art 33 Nr 32 EGInsO).

Systematische Übersicht

Alphabetische Übersicht

Siehe Register.

I. Schutzzweck

§ 1971 BGB nennt ebenso wie § 1972 BGB einige Gruppen von Nachlassgläubigern, 1
die vom Aufgebot nicht betroffen werden. Die Aufzählung ist **nicht erschöpfend** (zu

weiteren Fällen s § 1970 Rn 23 ff). Die Norm bringt damit den Grundsatz zum Tragen, dass „das Aufgebotsverfahren nur das Recht betrifft, aus dem Nachlass als einem Vermögens*ganzen* Befriedigung zu suchen, also das rein obligatorische Gläubigerrecht. Das dingliche Recht, aus bestimmten Nachlassgegenständen Befriedigung zu suchen, mag es accessorischer oder selbständiger Natur sein, darf nicht von dem Aufgebote betroffen werden" (Mot V 648; vgl auch Denkschr 725).

2 Dementsprechend schützt § 1971 BGB solche Gläubiger, die aufgrund dinglicher und ihnen gleichgestellter Rechte auf (einzelne) Nachlassgegenstände zugreifen können. Sie werden von der haftungsbeschränkenden Wirkung (§ 1973 Rn 1 ff) des erfolgreich durchgeführten und abgeschlossenen Aufgebotsverfahrens nicht erfasst, dh diese Gläubiger können nicht iSd § 1973 BGB von der Befriedigung ihrer Verbindlichkeiten ausgeschlossen werden (weiterf zu den Rechtsfolgen sogleich Rn 10 ff). Dem entspricht, dass der Erbe ihnen weder die Verschweigungseinrede aus § 1974 BGB (s § 1974 Abs 3 BGB) entgegenhalten kann, noch sich auf die aufschiebenden Einreden §§ 2014, 2015 BGB berufen kann, es sei denn, die Rechte wurden erst **nach** dem Erbfall entweder im Wege der Zwangsvollstreckung oder der Arrestvollziehung erlangt (s § 2016 Abs 2 BGB) (Strukturparallelen hierzu finden sich in § 321 InsO und § 1990 Abs 2 BGB. Sogleich zu §§ 2014, 2015 BGB bei Rn 12 f; erg § 1974 Rn 14 und Staudinger/Dobler § 2016 Rn 4 f).

3 Dass bestimmte Nachlassgläubiger nach § 1971 BGB nicht am Aufgebotsverfahren teilnehmen, ist für den Erben mit erweiterten Haftungsrisiken verbunden. Soweit § 1971 BGB reicht (Rn 4 ff), besteht also eine Lücke. Diese Lücke soll für unbewegliches Vermögen die **sog Eigenzwangsversteigerung des Erben gem §§ 175–179 ZVG** schließen (dazu Vorbem 72 zu §§ 1967 ff). Das Verfahren hat in der Praxis aber wohl nur geringe Bedeutung. Der Sache nach ist es kein klassisches Zwangsversteigerungsverfahren, sondern dient dazu, die Belastungen und damit das Verwertungspotential eines Nachlassgrundstücks zu klären (Löhnig [Hrsg], Gesetz über die Zwangsversteigerung und die Zwangsverwaltung [2010] Vorb §§ 175 ff ZVG Rn 1 f).

II. Nicht betroffene Nachlassgläubiger

4 Unberührt vom Aufgebotsverfahren bleiben gem § 1971 BGB die nachfolgend genannten Gläubigergruppen, **soweit** es um ihre dinglichen oder um eine diesen Rechten gleichgestellte Rechtsposition an Nachlassgegenständen geht. All diesen Gläubigern ist gemein, dass bei ihnen – haftungsrechtlich betrachtet – entweder ein Sachinteresse oder wenigstens ein gegenstandsbezogenes Sicherungsinteresse im Vordergrund steht.

1. Pfandgläubiger und ihnen iSd § 51 InsO gleichgestellte Gläubiger

5 Nach **§ 1971 S 1 Var 1 BGB** gehören zu den nicht betroffenen Gläubigern **Pfandgläubiger iSd § 50 InsO** und **Gläubiger, die ihnen im Insolvenzverfahren gleichstünden (§ 51 InsO)**. Zu diesen gehören die Staatskassen nicht schlechthin (RGZ 64, 244, 248), sondern nur Bund, Länder, Gemeinden und Gemeindeverbände, soweit ihnen zoll- und steuerpflichtige Sachen nach gesetzlichen Vorschriften als Sicherheit für öffentliche Abgaben dienen (§ 51 Nr 4 InsO).

2. Realberechtigte

Nach **§ 1971 S 1 Var 2 BGB** zählen hierzu ferner **sog Realberechtigte iSd § 10 ZVG** (s erg Rn 14 ff). Gem § 10 Abs 1 Nr 5 ZVG gehören auch Gläubiger mit persönlichen, also obligatorischen Rechten zu denjenigen, die die Zwangsvollstreckung in das unbewegliche Vermögen ihres Schuldners betreiben können (Böttcher/Böttcher [6. Aufl 2016] ZVG § 10 Rn 55). § 1971 S 1 Var 2 BGB führt aber nicht dazu, dass alle Gläubiger mit obligatorischen Rechten vom Aufgebot nicht betroffen werden. Andernfalls würde das Aufgebotsverfahren leerlaufen. Der implizite Verweis auf § 10 ZVG ist daher angesichts des Schutzzwecks des § 1971 BGB und im systematischen Vergleich zur Var 1 (Pfandgläubiger und iSd § 51 InsO gleichgestellte Gläubiger, dazu Rn 5) einschränkend dahingehend auszulegen, dass er sich nur auf solche Nachlassgläubiger bezieht, die die Immobiliarzwangsvollstreckung wegen eines (quasi-) dinglichen und mithin **materiellen Rechts** betreiben könnten. 6

3. Vormerkungsgläubiger

Nach **§ 1971 S 2 Var 1 BGB** werden auch Gläubiger, deren Ansprüche durch eine **Vormerkung** gesichert sind (vgl auch § 884 BGB), vom Aufgebot nicht betroffen. Denn auch wenn die Vormerkung zu Recht nicht als dingliches Recht qualifiziert wird, verleiht sie dem Vormerkungsgläubiger nach § 888 Abs 1 BGB doch ein Maß an Rechtsmacht, das demjenigen eines Gläubigers mit dinglichem Recht sehr nahekommt (str, s hierzu Staudinger/Kesseler [2020] § 883 Rn 235 ff). Dem entspricht die Schutzrichtung des § 106 Abs 1 S 1 InsO, der dem Vormerkungsgläubiger eine aussonderungsähnliche Rechtsposition in der Insolvenz des Vormerkungsschuldners gewährt (weiterf hierzu etwa HK-InsO/Marotzke § 106 Rn 1, 20; BGHZ 155, 227 [236]; K Schmidt InsO/Ringstmeier [19. Aufl 2016] InsO § 106 Rn 1; BeckOK/Berberich [15. 10. 2019] InsO § 106 Rn 1) sowie der Haftungserhalt zugunsten des Vormerkungsgläubigers nach §§ 884, 1974 Abs 3, 2060 Nr 2 aE, 2016 Abs 2 BGB. 7

4. Aussonderungsberechtigte Gläubiger iSv §§ 47, 48 InsO

Nach **§ 1971 S 2 Var 2 BGB** nehmen auch Gläubiger, denen im Insolvenzverfahren ein **Aussonderungsrecht** zusteht, am Aufgebotsverfahren nicht teil. Dingliche und persönliche Ansprüche auf Herausgabe eines nicht zum Nachlass gehörenden Gegenstandes (§ 47 InsO) werden also vom Aufgebot nicht betroffen (Planck/Flad Anm 1e; zur näheren Bestimmung des Umfangs von § 47 InsO s entspr Kommentierungen hierzu). 8

Während jedoch der erwähnte § 47 InsO auf die „außerhalb des Insolvenzverfahrens“ geltenden Gesetze (Anspruchsgrundlagen) verweist, setzt das Ersatzaussonderungsrecht aus § 48 InsO voraus, dass wirklich ein Insolvenzverfahren eröffnet wurde; über diese Voraussetzung hilft § 1971 S 2 Var 2 BGB nicht hinweg (vgl Kretzschmar LZ 1915, 1461 f [Urteilsanmerkung]; Kipp/Coing § 95 II 2 Fn 3 und Henckel JuS 1985, 836, 839 f Fn 20). 9

III. Rechtsfolgen

1. Keine Haftungsbeschränkung iSd § 1973

10 Nicht betroffene Gläubiger (Rn 4 ff) nehmen, **soweit** ihnen ihre Rechte Zugriff auf einzelne Nachlassgegenstände gewähren (dingliche oder ihnen gleichgestellte Rechte), nicht am Aufgebotsverfahren teil.

11 Die Anmeldung einer solchen Rechtsposition ist weder notwendig noch iSd § 459 FamFG statthaft. Denn mit ernsthaften Rechtsnachteilen muss ein nicht betroffener Gläubiger nicht rechnen (vgl OLG Köln ZEV 2016, 197, 198 Rn 10); *zumindest insoweit* verlaufen also die Betroffenheit iSd §§ 1971, 1972 BGB und die verfahrensrechtliche Berechtigung zur Forderungsanmeldung iSd § 459 FamFG parallel (hieran wird sich auch der Adressatenkreis des Aufgebots iSd § 458 FamFG zu orientieren haben; Rechtsnachteile können nicht betroffenen Nachlassgläubigern nicht sinnvoll angedroht werden; allenfalls im Hinblick auf § 1973 Abs 1 S 2 BGB. Auch im Ausschließungsbeschluss kann die von nun an mögliche Erhebung der Einrede aus § 1973 Abs 2 S 1 BGB nur denjenigen Nachlassgläubigern gegenüber zugelassen werden, deren Verbindlichkeiten vom Aufgebotsverfahren überhaupt betroffen sind; vgl das Muster bei Holzer ZEV 2014, 583, 587). Der Nachlassgläubiger ist aber nach § 459 FamFG berechtigt, die zugrundeliegende, also die **gesicherte obligatorische Forderung** anzumelden (ebenso iErg BeckOGK/Herzog [1. 1. 2020] § 1971 BGB Rn 3; MünchKomm/Küpper § 1971 Rn 3). Da er insoweit betroffener Gläubiger ist, drohen ihm ernsthafte Rechtsnachteile. Versäumt der Gläubiger die Anmeldung, kann ihm der Erbe **insoweit** die Einrede aus § 1973 Abs 1 S 1 BGB entgegenhalten. Die Anmeldung der persönlichen Forderung ist vor allem dann zu empfehlen, wenn der Gläubiger sein Sicherungsrecht erst nach dem Erbfall im Wege der Zwangsvollstreckung, Arrestvollziehung oder einstweiligen Verfügung erlangt hat. Denn im Fall einer Nachlassinsolvenz hätten diese Sicherungsrechte keinen Bestand (s §§ 88 Abs 1, 321 InsO); hier greifen nach § 2016 Abs 2 BGB aE iÜ auch die Einreden aus §§ 2014, 2015 BGB.

2. Kein Schutz in der Orientierungsphase: Unanwendbarkeit der §§ 2014, 2015

12 Weder während des Aufgebotsverfahrens noch vorher oder nachher kann der Erbe den nach § 1971 BGB bevorrechtigten Gläubigern die Befriedigung aus den ihnen haftenden Gegenständen mit den **aufschiebenden Einreden** aus § 2014 BGB und § 2015 BGB verweigern **(§ 2016 Abs 2 BGB)**.

13 Nun sind aber **Zwangsvollstreckungen und Arreste in den Nachlass** auch während der in den §§ 2014, 2015 BGB bestimmten Fristen, also auch während des Aufgebotsverfahrens, zulässig, § 2016 Abs 2 BGB aE. Deshalb gibt § 2016 Abs 2 BGB dem Erben das Recht, die aufschiebenden Einreden der §§ 2014, 2015 BGB und die Beschränkung der Haftung nach § 782 ZPO dann geltend zu machen, wenn die gem § 1971 BGB vom Aufgebotsverfahren nicht betroffenen Gläubiger ihre Sicherungsrechte erst *nach dem Erbfall auf prozessualem Wege* erlangt haben. Gegenüber einer auf Grund einer *Bewilligung des Erben* erlangten Vormerkung ist ihm die Einrede idR (Staudinger/Dobler § 2016 Rn 5) versagt.

IV. Ergänzung durch Zwangsversteigerung nach §§ 175–179 ZVG

Gegenüber Nachlassgläubigern, die für ihre persönliche Forderung ein Recht auf Befriedigung aus einem Nachlassgrundstück haben, soll die Lücke, die wegen § 1971 BGB mit Blick auf das Verwertungspotential von Nachlassgrundstücken entsteht, durch das sog **Eigenzwangsvollstreckungsverfahren nach §§ 175–179 ZVG** geschlossen werden (vgl Vorbem 72 zu §§ 1967 ff). 14

Das Verfahren findet nach § 175 Abs 2 ZVG keine Anwendung, wenn der Nachlassgläubiger im Aufgebotsverfahren ausgeschlossen ist, wenn er gem § 1974 BGB oder § 1989 BGB einem ausgeschlossenen Gläubiger gleichsteht oder der Erbe bereits unbeschränkbar haftet. Der Erbe verliert sein Haftungsverweigerungsrecht aus § 179 ZVG (Rn 17 f) jedoch nicht, wenn er erst nach Antragstellung unbeschränkbar haftet (anders wohl Stöber/Gojowczyk § 175 ZVG Rn 5: bei nachträglichem Wegfall der Verfahrensvoraussetzungen sei das Verfahren aufzuheben). 15

1. Eigenes Antragsrecht des Erben nach § 175 Abs 1 S 1 ZVG

Da der Erbe den Umfang seiner Haftung erst beurteilen kann, wenn feststeht, in welcher Höhe der betreffende Gläubiger aus dem Grundstück befriedigt wird und inwieweit er ausfällt, gibt § 175 Abs 1 S 1 ZVG dem Erben das Recht, nach Annahme der Erbschaft die Zwangsversteigerung des Grundstücks zu beantragen. Also anders als beim klassischen Zwangsversteigerungsverfahren betreibt nicht der Gläubiger, sondern der Erbe das Verfahren. 16

Nach § 175 Abs 1 S 2 ZVG iVm § 455 Abs 2 FamFG sind insb auch Nachlasspfleger, Nachlassverwalter und Testamentsvollstrecker antragsberechtigt (dazu § 1970 Rn 12). Dies gilt aber nur so lange, wie dem Erben das Recht der Haftungsbeschränkung noch zusteht (§ 175 Abs 2 iVm Abs 1 S 2 ZVG).

2. Verweigerungsrecht des Erben nach § 179 ZVG

Jeder Nachlassgläubiger, der ein vom Erben anerkanntes Recht auf Befriedigung aus dem Grundstück hat, kann dabei nach §§ 176, 174 ZVG verlangen, dass bei der Feststellung des geringsten Gebots (§ 44 ZVG) nur die seinem Recht vorgehenden Rechte berücksichtigt werden. Sieht er davon ab und wird sein Recht in das geringste Gebot aufgenommen (Folge: § 52 Abs 1 S 1 ZVG), so kann nach **§ 179 ZVG** ihm die Befriedigung aus dem übrigen Nachlass (und selbstverständlich auch aus dem Eigenvermögen des Erben) verweigert werden (s Anm III dazu bei Reinhard/Müller, ZVG [3./4. Aufl 1931]; Muscheler ErbR II Rn 3519). 17

Der Gläubiger muss sich also entscheiden, ob er sich mit seinem dinglichen Recht begnügt (§§ 52 Abs 1, 179 ZVG) oder ob er auf dessen Grundlage Befriedigung aus dem Grundstück suchen und seinen Ausfall (§ 52 Abs 1 S 2 ZVG) feststellen will, um dann seine persönliche Ausfallforderung, die nicht unter § 1971 BGB fällt (Rn 4, 11), gegen den übrigen Nachlass und/oder das Eigenvermögen des Erben zu verfolgen. 18

§ 1972
Nicht betroffene Rechte

Pflichtteilsrechte, Vermächtnisse und Auflagen werden durch das Aufgebot nicht betroffen, unbeschadet der Vorschrift des § 2060 Nr. 1.

Materialien: E II § 1846; III § 1947; Prot V 774 f; Denkschr 725; Jakobs/Schubert ER I 301.

I. Schutzzweck

1 Im E I fehlte die Bestimmung. Sie wurde durch die 2. Komm aufgenommen, weil der Zweck des Aufgebots, dem Erben über die Passiven zuverlässige Kenntnis zu verschaffen, bei Pflichtteilsrechten, Vermächtnissen und Auflagen regelmäßig entfalle, da der Erbe von diesen Verbindlichkeiten gewöhnlich durch die Verkündung der letztwilligen Verfügung Kenntnis erhalte und insoweit des Aufgebotsverfahrens nicht bedürfe (krit Binder II, 114 Fn 16). Andererseits könne es vorkommen, dass ein Testament erst lange nach Erlass des Ausschlussurteils (nunmehr: Ausschließungsbeschlusses) gefunden werde und der Berechtigte sein Recht zu spät erfahre, um es anmelden zu können (Denkschr 725). Bei Auflagen sei zudem niemand vorhanden, der sich zur Anmeldung berufen fühlen werde (Prot V 774). Man hat eingewandt, dass die beiden ersten Gründe einander widersprächen (s etwa Muscheler ErbR II Rn 3500). Aber dieser Widerspruch ist ein scheinbarer: Regelmäßig ist das Verfahren unnötig, weil der Erbe die Ansprüche kennt, und wenn sie ihm ausnahmsweise erst später bekannt werden, wäre ihr Ausschluss meist ungerecht.

II. Praktische Bedeutung der Vorschrift

2 Die praktischen Folgen des Nichtbetroffenseins der Verbindlichkeiten aus Pflichtteilsrechten, Vermächtnissen und Auflagen sind nicht sehr groß. Denn obwohl die aus ihnen erwachsenden Ansprüche im Aufgebotsverfahren nicht ausgeschlossen werden können, braucht der Erbe sie, wenn die Voraussetzungen des § 1990 BGB erfüllt sind (bei Vermächtnissen und Auflagen genügt auch § 1992 BGB), erst im Rang nach den anderen Nachlassgläubigern – selbst wenn diese im Aufgebotsverfahren ausgeschlossen sind – zu befriedigen (§ 1991 Abs 4 BGB, § 327 Abs 3 InsO). Auch hat der Erbe gem § 1973 Abs 1 S 2 BGB die ausgeschlossenen Gläubiger vor den in § 1972 BGB genannten Verbindlichkeiten zu befriedigen, es sei denn, dass der ausgeschlossene Gläubiger seine Forderung erst nach der Berichtigung dieser Verbindlichkeiten geltend macht. Hierin liegt jedoch kein Leistungsverweigerungsrecht des Erben gegenüber den in § 1972 BGB genannten Gläubigern, sondern lediglich eine Einschränkung des Leistungsverweigerungsrechts, welches § 1973 Abs 1 S 1 BGB ihm gegenüber den *ausgeschlossenen* Gläubigern gewährt (vgl § 1973 Rn 17 ff).

3 *Solange der Erbe annehmen darf, dass der Nachlass zur Berichtigung aller Nachlassverbindlichkeiten ausreicht,* darf er die in § 1972 BGB genannten Verbindlichkeiten jederzeit vor anderen ihm bekannten Forderungen befriedigen. Gem § 1979 BGB

müssen die übrigen Nachlassgläubiger diese Befriedigung als für Rechnung des Nachlasses erfolgt gelten lassen. Jedoch können sie die Erfüllung gegenüber dem Empfänger nach § 5 AnfG oder § 322 InsO wie eine unentgeltliche Verfügung anfechten bzw durch einen Insolvenzverwalter anfechten lassen.

Da die in § 1972 BGB genannten Gläubiger vom Aufgebot nicht betroffen werden, 4
können sie *den Erben uU nach §§ 1978, 1979 BGB für seine Verwaltung persönlich haftbar machen,* was den ausgeschlossenen Gläubigern allenfalls nach Bereicherungsgrundsätzen möglich ist (vgl § 1973 Abs 1 S 1 und Abs 2 BGB, § 328 Abs 2 InsO und MünchKomm/Küpper § 1972 Rn 5; Soergel/Stein § 1972 Rn 1; Jaeger/Weber[8], KO § 228 Rn 5; Döbereiner, in: Gottwald [Hrsg], Insolvenzrechts-Handbuch [5. Aufl 2015] § 115 Rn 34; ferner Staudinger/Dobler § 1979 Rn 7). Deshalb kann es vorkommen, dass im Nachlassinsolvenzverfahren ein Vermächtnisnehmer volle Befriedigung erhält, während ein ausgeschlossener „normaler" Gläubiger, der dem Vermächtnisnehmer sonst vorginge (§ 327 Abs 3 InsO), ganz oder teilweise ausfällt, weil der eine etwaige Bereicherung des Erben übersteigende Betrag der Ersatzsumme wegen § 328 Abs 2 InsO nicht dem ausgeschlossenen Gläubiger, sondern seinen „Nachmännern" gebührt (Jaeger/Weber[8], KO § 228 Rn 5, MünchKomm/Küpper § 1971 Rn 5; Döbereiner, in: Gottwald [Hrsg], Insolvenzrechts-Handbuch [5. Aufl 2015] § 115 Rn 34).

Anders als die nach *§ 1971 BGB* nicht betroffenen Gläubiger werden die in *§ 1972* 5
BGB genannten nach *fünfjähriger Säumnis* im Verhältnis zueinander wie ausgeschlossene Gläubiger behandelt (vgl § 1974 Rn 24 ff). **Deshalb empfiehlt sich die Anmeldung im Aufgebotsverfahren** (vgl auch Soergel/Stein § 1972 Rn 1, 3).

III. Miterben

Gegenüber Gläubigern, die im Aufgebotsverfahren ausgeschlossen sind, verwandelt 6
sich die *gesamtschuldnerische* Haftung (§ 2058 BGB) von Miterben nach Teilung des Nachlasses uU in eine *teilschuldnerische* (§ 2060 Nr 1 BGB). „Insoweit" erstreckt sich das Aufgebot auf die in § 1972 BGB bezeichneten Gläubiger sowie auf Gläubiger, denen der Miterbe unbeschränkbar haftet (§ 2060 Nr 1 HS 2 BGB). Nicht ausgeschlossen ist auch eine Anwendung von § 2060 Nr 2 und Nr 3 BGB.

IV. Erbersatzansprüche

Erbersatzansprüche spielen heute kaum noch eine Rolle, da sie voraussetzen, dass 7
sich der Erbfall vor dem 1. 4. 1998 ereignet hat (Art 227 Abs 1 Nr 1 EGBGB). Gem §§ 1934b Abs 2, 1972 BGB wurden derartige Ansprüche wie Pflichtteilsrechte vom Aufgebot nicht betroffen (Palandt/Edenhofer[64] § 1972 Rn 1 aE; Soergel/Stein § 1972 Rn 2; MünchKomm/Siegmann[3] § 1972 Rn 5; Ebenroth Rn 1112; **aM** Rudolf Schröder, Der Erbersatzanspruch [Diss Bonn 1972] 66–71, weil Sinn und Zweck des § 1972 hier nicht zuträfen). § 1972 BGB gehört nicht zu den Vorschriften, die der für Altfälle fortgeltende § 1934b Abs 2 BGB von der Verweisung auf das Pflichtteilsrecht ausnimmt.

§ 1973
Ausschluss von Nachlassgläubigern

(1) Der Erbe kann die Befriedigung eines im Aufgebotsverfahren ausgeschlossenen Nachlassgläubigers insoweit verweigern, als der Nachlass durch die Befriedigung der nicht ausgeschlossenen Gläubiger erschöpft wird. Der Erbe hat jedoch den ausgeschlossenen Gläubiger vor den Verbindlichkeiten aus Pflichtteilsrechten, Vermächtnissen und Auflagen zu befriedigen, es sei denn, dass der Gläubiger seine Forderung erst nach der Berichtigung dieser Verbindlichkeiten geltend macht.

(2) Einen Überschuss hat der Erbe zum Zwecke der Befriedigung des Gläubigers im Wege der Zwangsvollstreckung nach den Vorschriften über die Herausgabe einer ungerechtfertigten Bereicherung herauszugeben. Er kann die Herausgabe der noch vorhandenen Nachlassgegenstände durch Zahlung des Wertes abwenden. Die rechtskräftige Verurteilung des Erben zur Befriedigung eines ausgeschlossenen Gläubigers wirkt einem anderen Gläubiger gegenüber wie die Befriedigung.

Materialien: E I § 2127 Abs 1, Abs 2 S 2, Abs 3, S 2; II § 1848; III § 1948; Mot V 649 f; Prot V 780 f; KommBer 2100; Jakobs/Schubert ER I 301, 363 ff.

Schrifttum

Vgl Vorbem zu §§ 1970–1974 sowie Staudinger/Dobler Schrifttum zu § 1990.

Systematische Übersicht

Alphabetische Übersicht

Siehe Register.

I. Zielsetzung und Wirkweise des § 1973

1 In § 1973 BGB sind die **Wirkungen eines rechtskräftigen (§§ 45, 439 Abs 2 FamFG) Ausschließungsbeschlusses** geregelt. In haftungsrechtlicher Hinsicht gewährt § 1973 Abs 1 S 1 BGB dem Erben ein **Leistungsverweigerungsrecht** (zur terminologischen Differenzierung s sogleich Rn 10 f). Mit Existenz eines rechtskräftigen Ausschließungsbeschlusses darf der Erbe nun grds davon ausgehen, dass nur die angemeldeten Nachlassverbindlichkeiten die Nachlasspassiva bilden und von ihm unbeschränkt befriedigt werden müssen (Joachim, Erbenhaftung [4. Aufl 2018] Rn 396). Gegenüber den ausgeschlossenen Gläubigern führt § 1973 BGB jedoch zu einer durchaus **eigenartigen Beschränkung der Haftung des Erben** (dazu sogleich Rn 4 ff). Die Beschränkung ist durch Einrede gegenüber dem jeweiligen ausgeschlossenen Nachlassgläubiger geltend zu machen (ausf Rn 80 ff).

2 § 1973 BGB weist dennoch auf der Rechtsfolgenseite zumindest einige **Strukturparallelen zu §§ 1990, 1992 BGB** auf. Wie im Falle der Dürftigkeit iSd § 1990 BGB oder der Überschwerung nach § 1992 BGB ist die Haftungsbeschränkung gegenüber dem **einzelnen Nachlassgläubiger durch Einrede** geltend zu machen. Ferner berechtigt der Ausschließungsbeschluss nach § 1973 BGB – wie auch die Einreden aus §§ 1990, 1992 BGB – nicht dazu, die Leistung grds vollständig zu verweigern. Vielmehr

besteht eine Pflicht des Erben, die Zwangsvollstreckung in den Nachlass (§ 1990 Abs 1 BGB), in die noch vorhandenen Nachlassgegenstände (arg e § 1992 S 2 BGB) oder in den Überschuss (§ 1973 Abs 2 S 1 BGB) zu dulden (sog **Vollstreckungspreisgabe**, hierzu Rn 63 ff). Wie nach § 1992 S 2 BGB hat der Erbe auch iRd § 1973 BGB eine Abwendungsbefugnis, s § 1973 Abs 2 S 2 BGB. Zur Paralleldiskussion, ob Eigengläubigern der Zugriff auf den Nachlass verwehrt werde, s Rn 6 ff.

3 Gem § **1989 BGB** ist § 1973 BGB entsprechend anzuwenden, wenn ein Nachlassinsolvenzverfahren durch Verteilung der Masse oder durch einen Insolvenzplan beendet wurde. Bei Erbenmehrheit wird § 1973 BGB durch § **2060 Nr 1 BGB** ergänzt.

1. Haftungsbeschränkung gegenüber den ausgeschlossenen Nachlassgläubigern

4 Wie alle haftungsrechtlichen Einreden (s hierzu Vorbem 71, 107 zu §§ 1967 ff) im Erbrecht wirkt auch der Ausschluss iSd § 1973 Abs 1 S 1 BGB nur punktuell, dh einzelnen Nachlassgläubigern gegenüber und hier mit der Eigenart, dass die Einrede nur den ausgeschlossenen Nachlassgläubigern gegenüber haftungsbeschränkend wirkt.

5 Zudem haftet der Erbe diesen **nur nach Bereicherungsrecht** und nicht nach dem strengeren Haftungsregime des § 1978 BGB (s § 1973 Abs 2 S 1 BGB). Hinzu tritt eine **Abwendungsbefugnis** zugunsten des selbstverwaltenden Erben (§ 1973 Abs 2 S 2 BGB). Auch insoweit ist die Wirkweise der Einrede durchaus eigenartig. Grds anders ist dies bei Anordnung der Nachlassverwaltung oder Eröffnung des Nachlassinsolvenzverfahrens (§ 1975 BGB; §§ 315 ff InsO): Hier tritt die Haftungsbeschränkung allen Nachlassgläubigern gegenüber ein (vgl hierzu § 784 ZPO) und beschränkt zugleich den Zugriff von Eigengläubigern auf den Nachlass (§ 1984 Abs 2 BGB; § 321 sowie § 325 iVm § 11 Abs 2 Nr 1 InsO; § 784 Abs 2 ZPO). Die haftungsrechtliche Absonderung von Nachlass und Eigenvermögen ist im Rahmen des § 1973 BGB weniger klar vollzogen.

2. Zugriff der Eigengläubiger auf den Nachlass?

6 Ähnlich wie bei § 1990 BGB (**str**; die hM wendet hier § 784 Abs 2 ZPO analog an, abl aber zB: Staudinger/Dobler § 1990 Rn 28 mwNw; Muscheler ErbR II § 49, Rn 3659) stellt sich auch iRd § 1973 BGB die Frage, ob und ggf wie der Erbe **Zugriffe seiner Eigengläubiger auf den Nachlass** unterbinden kann (implizit abl zB Erman/Horn § 1973 BGB Rn 1b: Arrestmaßnahmen von Eigengläubigern in den Nachlass kann der Erbe nach Erlass des Ausschließungsbeschlusses nicht beseitigen lassen). Hiervon zu trennen ist die Frage, ob der Erbe gegenüber den ausgeschlossenen Nachlassgläubigern nach bereicherungsrechtlichen Grundsätzen (§ 1973 Abs 2 S 1 BGB) dafür einzustehen hat, wenn er Eigengläubiger mit Nachlassmitteln befriedigt (dazu Rn 29 ff).

7 § 783 ZPO greift zur Abwehr von Eigengläubigern unmittelbar nur für die aufschiebende Einrede aus § 2015 BGB und führt lediglich zu einer Beschränkung der Zwangsvollstreckung auf Arrestmaßnahmen (MünchKommZPO/Schmidt/Brinkmann § 783 Rn 7 mwNw, die jedenfalls im Falle einer Einrede aus § 1990 BGB die analoge Anwendung von § 784 Abs 2 ZPO befürworten). Zudem sind Eigengläubiger des Erben vom Aufgebotsverfahren nicht betroffen (Rn 51). Eigengläubiger können daher trotz Erlasses eines rechtskräftigen Ausschließungsbeschlusses auf den Nachlass zugreifen. Auch

hieran wird ersichtlich, dass mit Abschluss des Aufgebotsverfahrens keineswegs eine vollständige, dh allseitig wirkende haftungsrechtliche Absonderung des Nachlasses wie im Falle der Nachlassinsolvenz oder der Nachlassverwaltung erreicht wird (s erg zur Intensität der haftungsrechtlichen Absonderung Vorbem 96 zu §§ 1967 ff).

Die Frage, ob der Erbe Eigengläubiger abwehren kann, wird freilich nur dann virulent, wenn die Eigengläubiger des Erben den Nachlass zu Lasten der (nicht ausgeschlossenen wie ausgeschlossenen) Nachlassgläubiger aufzuzehren drohen. Die Nachlassgläubiger können dann entweder die Anordnung der Nachlassverwaltung (§ 1981 Abs 2 S 1 BGB) oder die Eröffnung des Nachlassinsolvenzverfahrens (§§ 317 Abs 1 aE, 319 InsO) beantragen, um auf diese Weise eine vollständige haftungsrechtliche und überdies verfahrensrechtlich organisierte Absonderung des Nachlasses herbeizuführen. Der Erbe haftet sodann für die Schlechtverwaltung des Nachlasses nach dem strengeren Haftungsregime der §§ 1978, 1979 BGB. Wurde er von Eigenverbindlichkeiten auf Kosten des Nachlasses befreit (Tilgung von Eigenverbindlichkeiten mit Nachlassmitteln), führt dies zu einem Anspruch der gesamten Nachlassgläubigerschaft gegen den Erben aus §§ 1978 Abs 1 S 1, 667 Alt 2 BGB (BeckOGK/Herzog [1. 1. 2020] § 1978 Rn 31 mwNw). Hierfür haftet der Erbe persönlich; es handelt sich also um eine reine Eigenverbindlichkeit. 8

Zur **bereicherungsrechtlichen Verantwortlichkeit des Erben** iRd § 1973 Abs 2 S 1 BGB wegen ersparter Aufwendungen, weil der Erbe Eigenverbindlichkeiten aus Nachlassmitteln tilgt, s Rn 29 ff. 9

3. § 1973 Abs 1 S 1: Ausschluss- und Erschöpfungseinrede

Da der Erbe die Befriedigung eines ausgeschlossenen Gläubigers gem Abs 1 S 1 verweigern kann, soweit der Nachlass durch die Befriedigung der nicht ausgeschlossenen Gläubiger „erschöpft" wird, spricht man auch von einer Erschöpfungseinrede. Meist werden die Begriffe **Ausschlusseinrede** und **Erschöpfungseinrede** synonym gebraucht (vgl Staudinger/Lehmann[11] § 1973 Rn 2; Erman/Horn § 1973 Rn 5; Soergel/Stein § 1973 Rn 1). Jedoch wird man das **Verhältnis der Ausschluss- zur Erschöpfungseinrede** ebenso definieren müssen wie bei *§ 1990 BGB* das Verhältnis der Dürftigkeitseinrede zur Unzulänglichkeitseinrede (im Grundsatz zustimmend Muscheler ErbR II Rn 3712 Fn 467): Mit der jeweils erstgenannten Einrede schützt der Erbe *nur sein Eigenvermögen* vor dem Zugriff der Nachlassgläubiger (sofern der Nachlass „dürftig" iSd § 1990 Abs 1 S 1 BGB ist oder es sich um „ausgeschlossene" Gläubiger iSd § 1973 BGB handelt *und* hier wie dort die *ernsthafte Möglichkeit* besteht, dass der Nachlass zur Befriedigung *aller* Gläubiger – mit Ausnahme der erst nach dem Anspruchsteller zu befriedigenden [vgl zB §§ 1973 Abs 1 S 2, 1991 Abs 4 BGB] – nicht ausreicht [Einzelheiten str; vgl Staudinger/Dobler § 1990 Rn 2 f]). 10

Mit der jeweils letztgenannten Einrede schützt der Erbe hingegen nicht nur sein *Eigenvermögen,* sondern er verweigert die Leistung *insgesamt,* wenn und soweit *feststeht,* dass der Nachlass zur Befriedigung *des fordernden* Gläubigers an der ihm gesetzlich (zB §§ 1973 Abs 1, 1991 Abs 4 BGB) zugewiesenen Rangstelle nicht ausreicht. Da eine etwaige Insolvenzantragspflicht (§ 1980 BGB) des Erben nicht auch im Verhältnis zu den im Aufgebotsverfahren *ausgeschlossenen* Gläubigern bestehen soll (s Staudinger/Dobler § 1980 Rn 3), gibt § 1973 BGB dem Erben einen 11

Rechtsbehelf, durch den er seine Haftung diesen Gläubigern gegenüber **ohne besonderes Verfahren** auf den Nachlass beschränken kann. Auf ähnlichen Rechtsgedanken beruhen die §§ 1990–1992 BGB (Staudinger/Dobler § 1990 Rn 1).

II. Befugnis zur Einredeerhebung aus § 1973 Abs 1 S 1

12 Die Einrede aus § 1973 Abs 1 S 1 BGB können der Alleinerbe und jeder Miterbe unabhängig von den anderen Miterben (vgl für den privaten Gläubigeraufruf § 2061 Abs 1 BGB und für die Inventarerrichtung § 2063 Abs 1 BGB sowie arg e contrario § 2062 S 1 BGB; ebenso BeckOGK/Herzog [1. 1. 2020] § 1973 Rn 7; zur Lage bei unbeschränkbarer Haftung des Erben s sogleich Rn 14) sowie Fremdverwalter des Nachlasses (Nachlasspfleger iSd § 1960 BGB, Nachlassverwalter iSd § 1985 BGB, Testamentsvollstrecker iSd § 2197 ff BGB) geltend machen.

13 Die haftungsbeschränkende Wirkung des § 1973 BGB kann nur eintreten, wenn die **Haftung** des Erben zZ des Rechtskräftigwerdens (§§ 45, 439 Abs 2 FamFG) des Ausschließungsbeschlusses **noch beschränkbar** war (§ 2013 Abs 1 S 1 BGB). Die in § 327 Abs 3 InsO umschriebenen Wirkungen des Ausschließungsbeschlusses können aber auch gegenüber solchen Nachlassgläubigern eintreten, denen der Erbe bereits unbeschränkbar haftend geworden ist.

14 **Verliert der Erbe sein Haftungsbeschränkungsrecht erst nach Eintritt der Rechtskraft (§§ 45, 439 Abs 2 FamFG) des Ausschließungsbeschlusses** – zB gem § 1994 Abs 1 S 2 BGB *(Versäumung einer Inventarfrist)* oder gem § 2005 Abs 1 S 1 BGB *(Inventaruntreue)* –, so bleibt die Ausschlusswirkung des Beschlusses davon unberührt (§ 2013 Abs 1 S 2 BGB). Auf die durch den Ausschließungsbeschluss einzelnen Gläubigern gegenüber eingetretene Haftungsbeschränkung kann sich der Erbe also weiterhin berufen (OLG Kiel SeuffA 78 [1924] Nr 37).

15 Wenn der Erbe einem bereits ausgeschlossenen oder einem nach § 1974 BGB gleichstehenden Gläubiger die **eidesstattliche Versicherung nach § 2006 Abs 3 BGB** verweigert, kann er sich auf eine diesem Gläubiger gegenüber zuvor nach § 1973 BGB oder § 1974 BGB eingetretene Haftungsbeschränkung nicht mehr berufen. Dieser Auffassung war schon die Redaktionskommission (Prot VI 395), die deshalb § 2006 BGB in § 2013 Abs 1 S 2 BGB absichtlich nicht aufgeführt hat (der Kommissionsansicht stimmen zu Planck/Flad Anm 1 [mit älteren Nachweisen]; BGB-RGRK/Johannsen § 2013 Rn 4; Soergel/Stein § 1973 Rn 10; Staudinger/Lehmann[11] § 2013 Rn 2 [trotz des in § 1970 Rn 5 vertretenen gegenteiligen Standpunktes]).

16 Hiergegen wandte sich Kipp/Coing § 95 V, weil die Verweigerung der Bekräftigung der Wahrheit (§ 2006 Abs 3 BGB) nicht stärker wirken könne als die erwiesene Unwahrheit (s § 2005 Abs 1 S 1 BGB, der in § 2013 Abs 1 S 2 BGB ausdrücklich genannt ist). Dieses Argument erscheint zunächst bestechend (ihm folgend denn auch Staudinger/Lehmann[11] § 1970 Rn 5; ebenso Erman/Horn § 1970 Rn 2c; MünchKomm/Küpper § 1970 Rn 7). Dennoch ist die Ansicht, welche dieses Argument stützen soll, nicht zu billigen: Sie will die rechtspolitisch verfehlte (Rn 79) Regelung des § 2013 Abs 1 S 2 BGB gegen den Willen des Gesetzgebers auch auf den Fall des § 2006 Abs 3 BGB erstrecken. Der ausgeschlossene Gläubiger muss die eidesstattliche Versicherung des § 2006 BGB aber schon deshalb verlangen können, weil die Vollständigkeitsvermu-

tung (§ 2009 BGB) des durch sie zu bekräftigenden Inventars (zB eines freiwillig errichteten) auch ihm gegenüber wirkt. Folglich muss der ausgeschlossene Gläubiger den Erben auch unter den Druck der Haftungssanktion des § 2006 Abs 3 BGB setzen können (zustimmend Soergel/Stein § 1973 Rn 10; Muscheler ErbR II Rn 3708; vgl auch AK-BGB/Teubner Rn 6).

III. Rechtsfolgen der Ausschließung

1. Haftungsbeschränkung auf den Nachlassüberschuss im Wege eines Leistungsverweigerungsrechts

Mit **Erlass eines rechtskräftigen (§§ 45, 439 Abs 2 FamFG) Ausschließungsbeschlusses** 17 steht dem Erben ein **Leistungsverweigerungsrecht** gegenüber den ausgeschlossenen Nachlassgläubigern zu (§ 1973 Abs 1 S 1 BGB). Es ist im Wege der Einrede (zur Terminologie und zum Inhalt, auch vergleichend mit § 1990 Abs 1 BGB, s Rn 10 f) gegenüber dem einzelnen Nachlassgläubiger geltend zu machen (ausf zur Geltendmachung und prozessualen Durchsetzung Rn 63 ff, 80 ff).

Das **Leistungsverweigerungsrecht** ist in zweierlei Hinsicht **seinem Umfang nach begrenzt. Erstens** reicht es nur so weit, wie die Forderung des ausgeschlossenen Gläu- 18 bigers den Wert des nach Abs 2 S 1 herauszugebenden Nachlassüberschusses nicht übersteigt. Der Nachlassüberschuss steht also dem ausgeschlossenen Nachlassgläubiger als Haftungsmasse zur Verfügung und ist daher vom Erben im Wege der Zwangsvollstreckung herauszugeben (§ 1973 Abs 2 S 1 BGB, sog **Vollstreckungspreisgabe**, dazu Rn 63 ff). Die Einrede aus Abs 1 S 1 führt daher zu einer **Haftungsbeschränkung auf den Nachlassüberschuss**. Wegen der dem Erben in § 1973 Abs 2 S 2 BGB gewährten **Abwendungsbefugnis** kann man auch von einer **Haftungsbeschränkung auf den Nachlasswert** sprechen.

Der **Umfang des Nachlassüberschusses** bestimmt sich nach Bereicherungsrecht 19 (**§§ 818 f, 822 BGB**; insoweit handelt es sich um einen **Rechtsfolgenverweis)** (ausf zur Ermittlung des Nachlassüberschusses sogleich Rn 26 ff) und nicht wie im Falle der Einreden aus § 1990 Abs 1 BGB nach dem strengeren Haftungsregime der § 1978 f iVm § 1991 Abs 1 BGB. § 1973 Abs 1 S 1 BGB führt also gegenüber den ausgeschlossenen Nachlassgläubigern nur zu einer **Haftung des Erben nach Bereicherungsrecht** (ausf Rn 22 ff).

Zweitens greift das Leistungsverweigerungsrecht nach § 1973 Abs 1 S 1 BGB nur 20 gegenüber betroffenen (s dazu Ausf zu §§ 1971, 1972), aber nunmehr ausgeschlossenen Nachlassgläubigern. Der Erbe kann das Leistungsverweigerungsrecht insbesondere nicht gegenüber Eigengläubigern geltend machen. Denn sie sind vom Aufgebot nicht betroffen (RGZ 92, 341, 344). Wegen der relativen Reichweite des Leistungsverweigerungsrechts aus § 1973 Abs S 1 BGB kommt es zu einer **Rangordnung**, nach welcher der Erbe mit Erlass eines rechtskräftigen Ausschließungsbeschlusses die Nachlassgläubiger zu befriedigen hat (ausf Rn 40 ff).

Durch die Haftungsbeschränkung geht die ausgeschlossene Forderung – wie auch 21 sonst bei anderen erbrechtlichen Instrumenten zur Haftungsbeschränkung – keineswegs unter (ausf Rn 70 ff, s erg Vorbem 112 ff zu §§ 1967 ff).

2. Verantwortlichkeit des Erben für die Verwaltung des Nachlasses im Falle der Ausschließung

22 Eine persönliche Verantwortlichkeit des Erben wegen seines Umgangs mit dem Nachlass besteht **gegenüber den ausgeschlossenen Gläubigern nur nach Maßgabe des Bereicherungsrechts** (§ 1973 Abs 1 S 1 und Abs 2 S 1 BGB, § 328 Abs 2 InsO). Das wesentlich strengere Haftungsregime der §§ 1978, 1979 greift nach dem Willen des Gesetzgebers (Prot V 781) nicht ein (zur Funktion der §§ 1978, 1979 s Vorbem 54 ff zu §§ 1967 ff sowie § 1967 Rn 154 f; Staudinger/Dobler § 1978 Rn 1 f). Der Erbe soll den später ausgeschlossenen Nachlassgläubigern **von Anfang an** grds nur auf **Abschöpfung ungerechtfertigter Vermögenszuflüsse haften**.

23 Die Haftung für die **schuldhafte Schlechtverwaltung des Nachlasses** (dh der herauszugebende Überschuss iSd § 1973 Abs 2 S 1 BGB fällt wegen pflichtwidrigen Verhaltens des Erben geringer aus, als er sollte) greift nach §§ 818 Abs 4, 819 Abs 1 BGB nur und erst, wenn der (später) ausgeschlossene Nachlassgläubiger seine Forderung gerichtlich geltend macht und mithin Rechtshängigkeit eintritt oder der Erbe zuvor von einer (später) unangemeldeten Nachlassverbindlichkeit Kenntnis erlangt hat (§ 819 Abs 1 BGB). Die bereicherungsrechtliche Haftung des Erben ist also wie auch sonst im Bereicherungsrecht zweistufig. Vor Rechtshängigkeit oder Kenntnis unangemeldeter Nachlassverbindlichkeiten haftet der Erbe nur auf Abschöpfung der nachlassbezogenen Vermögenszuflüsse (zB gezogene Nutzungen aus Nachlassgegenständen, § 818 Abs 1 BGB); für nachlassrelevante Entreicherungen hat er nach § 818 Abs 3 BGB nicht einzustehen. Klagt der (später) ausgeschlossene Nachlassgläubiger jedoch gegen den Erben auf Erfüllung der Nachlassverbindlichkeit (§§ 818 Abs 4 iVm 291, 292, 987 ff BGB) oder erlangt der Erbe anderweitig Kenntnis von der (später) ausgeschlossenen Nachlassverbindlichkeit (§§ 819 Abs 1, 818 Abs 4, 291, 292, 987 ff BGB), hat er von nun für eine schuldhafte Schlechtverwaltung des Nachlasses einzustehen.

24 Gegenüber Nachlassgläubigern, die ihre Forderungen nicht (rechtzeitig) angemeldet haben, besteht also ein laxeres Haftungsregime als gegenüber denjenigen, die dem gerichtlichen Gläubigeraufruf gefolgt sind – jedenfalls, sofern es später zur Nachlassverwaltung, Nachlassinsolvenz oder Dürftigkeit bzw Unzulänglichkeit des Nachlasses (§§ 1990 Abs 1, 1991 Abs 1 BGB) oder Überschwerung des Nachlasses (§§ 1992 S 1, 1991 Abs 1 BGB) kommt. Das ist zwar wenig überzeugend (vgl auch Staudinger/Dobler § 1989 Rn 9 f; ebenfalls krit BeckOGK/Herzog [1. 1. 2020] § 1973 BGB Rn 33.1), aber als gesetzgeberische Entscheidung hinzunehmen. Zur Rangverschlechterung in der Nachlassinsolvenz s **§ 327 Abs 3 InsO**.

25 Vor Abschluss des Aufgebotsverfahrens schützt die Einrede aus § 2015 BGB (iVm §§ 782, 785, 767 ZPO) den Erben vor nicht ordnungsgemäßen und daher haftungsauslösenden Berichtigungen von Nachlassverbindlichkeiten. Gegenüber Eigengläubigern kann sich der Erbe auf §§ 783, 785, 767 ZPO stützen. Wegen § 2015 Abs 3 BGB können die Einreden aus § 2015 Abs 1 BGB einerseits und aus § 1973 Abs 1 S 1 BGB andererseits nahtlos aneinander angeschlossen werden. Wendepunkt ist der rechtskräftig gewordene Ausschließungsbeschluss (§§ 45, 439 Abs 2 FamFG).

3. Ermittlung des Nachlassüberschusses

Bei der **Ermittlung des Nachlassüberschusses** sind dem ursprünglichen, dh zum **Zeitpunkt des Erbfalls** (ebenso BeckOGK/Herzog [1. 1. 2020] § 1973 Rn 36.1 mwNw; Erman/Horn § 1973 Rn 3a; insoweit wohl nicht abweichend MünchKomm/Küpper § 1973 Rn 5; zur Festlegung des zeitlichen Umfangs s oben hier nachfolgend Rn 37–39) bestehenden Aktivbestand des Nachlasses nach den **Regeln des Bereicherungsrechts** (§§ 818 f BGB; § 822 BGB, dazu Rn 19) – dem Gedanken der Gesamtsaldierung folgend – gewisse Posten hinzuzurechnen (Rn 27) und andere von ihm abzuziehen (Rn 28 ff). 26

a) Hinzuzurechnende Posten

Hinzuzurechnen sind dem Nachlass 27

- die gezogenen Nutzungen sowie das, was der Erbe auf Grund zum Nachlass gehörender Rechte oder als Ersatz für die Zerstörung, Beschädigung oder Entziehung von Nachlassgegenständen erlangt hat (§ 818 Abs 1 BGB).

- Verbindlichkeiten und Lasten, die dem Erben gegenüber dem Erblasser oblagen und infolge der Vereinigung erloschen sind; denn der Erbe ist durch die Befreiung von seiner Verbindlichkeit auf Kosten des Nachlasses bereichert.

b) Abzugsfähige Posten

Abzuziehen sind 28

- die durch Vereinigung erloschenen Forderungen und Rechte des Erben gegenüber dem Erblasser;

- die Forderungen der nicht ausgeschlossenen Gläubiger;

- die Forderungen aus Pflichtteilsrechten, Erbersatzansprüchen (s Rn 44 ff), Vermächtnissen und Auflagen aber nur, soweit sie bereits vor der Geltendmachung des Anspruchs des ausgeschlossenen Gläubigers berichtigt waren (Abs 1 S 2 HS 2);

- die Forderungen anderer ausgeschlossener Gläubiger nur, soweit sie bereits berichtigt sind. Der Befriedigung eines ausgeschlossenen Gläubigers steht nach Abs 2 S 3 die rechtskräftige Verurteilung des Erben ihm gegenüber gleich:

- **Schenkungen aus dem Nachlass**, soweit der Vermögenabfluss nicht als Ersparnis von Aufwendungen aus dem Eigenvermögen einzuordnen ist (zur **Befriedigung von Eigengläubigern aus dem Nachlass** s Rn 29 ff). UU kann der ausgeschlossene Gläubiger aber gem § 822 BGB gegen den Beschenkten vorgehen (Staudinger/Lehmann[11] § 1973 Rn 8; AK-BGB/Teubner Rn 24; Lange/Kuchinke § 49 IX 1 b Fn 236) und gegen ihn ohne den Umweg über § 4 AnfG auf Duldung der Zwangsvollstreckung in das Empfangene klagen. Voraussetzung ist allerdings, dass der Erbe sich auf § 1973 BGB berufen hat und der nach Abs 2 S 1 herauszugebende Nachlassüberschuss zur Befriedigung des Gläubigers nicht ausreicht. Die in Abs 2 S 2 gewährte Befugnis zur Abwendung der Herausgabe wird man auch dem Beschenkten zugestehen müssen;

– jeder Verlust und jede Ausgabe, die in **ursächlichem Zusammenhang mit dem Erwerb der Erbschaft** stehen (MünchKomm/Küpper § 1973 Rn 5; AK-BGB/Teubner Rn 21; Lange/Kuchinke § 49 IX 1 b Fn 237; Kipp/Coing § 95 III 1 a); **Aufwendungen auf den Nachlass** (sogleich ausf Rn 33 ff) auch dann, wenn sie nicht notwendig oder nützlich waren und auch den Wert des Nachlasses nicht erhöht haben (**aA**: Soergel/Stein § 1973 Rn 5; Erman/Horn § 1973 BGB Rn 3a: alle den Nachlasswert steigernden Aufwendungen aus dem Eigenvermögen); Zahlungen auf Nachlassverbindlichkeiten selbst dann, wenn es sich um Leistungen an nur vermeintliche Nachlassgläubiger handelt, doch ist in diesem Fall dem Nachlass die etwa erworbene Bereicherungsforderung (condictio indebiti) zuzurechnen.

c) Ersparte Aufwendungen des Erben

29 Durchaus fraglich ist, ob **Aufwendungen des Erben aus Nachlassmitteln zur Befriedigung seiner Eigengläubiger** (vgl dazu insb MünchKomm/Schwab § 818 Rn 186 f; s erg unten Rn 51) abzugsfähige Posten sind (ausdrücklich **abl**, wenn auch ohne ausf Begründung zB Schellhammer, Erbrecht nach Anspruchsgrundlagen [3. Aufl 2010] Rn 205: Entreicherung iSd § 818 Abs 3 auch hinsichtlich Eigengläubiger bejahend; zur Haftung des Erben aus §§ 1978 f, wenn der Erbe trotz Antrags auf Einleitung des Aufgebotsverfahrens nicht die Einrede aus § 2015 BGB iVm §§ 782, 783 ZPO erhebt, s BeckOGK/Herzog [1. 1. 2020] § 2015 Rn 9). Immerhin denkbar ist, diese Vermögensabflüsse aus dem Nachlass als **ersparte Aufwendungen** zu betrachten und insoweit eine Entreicherung des Erben iSd § 818 Abs 3 BGB zu verneinen.

30 Verneint man insoweit eine Entreicherung des Erben, kommt dies den ausgeschlossenen Nachlassgläubiger zugute, hieße aber zugleich, dass der Erbe den Nachlass – auch ohne amtlich veranlasste und damit allseitige Vermögenstrennung (dazu Vorbem 96 zu §§ 1967 ff) – selbst für die ausgeschlossenen Nachlassgläubiger zumindest substanzerhaltend wie ein beauftragter Fremdveralter verwalten müsste und insoweit nicht ausgleichslos zu eigenen Zwecken darauf zugreifen dürfte.

31 Eine solche Deutung ist aber abzulehnen (iErg ebenso Schellhammer, Erbrecht nach Anspruchsgrundlagen, Rn 205). **Befriedigt der Erbe seine Eigengläubiger also mit Nachlassmitteln, ist er auch insoweit grds entreichert iSd § 818 Abs 3 BGB**; der Nachlassüberschuss mindert sich mithin auch um diese Vermögensabflüsse. Hierfür spricht, dass sich der Erbe mit Erlass des rechtskräftigen Ausschließungsbeschlusses grds darauf verlassen darf, dass die Nachlasspassiva ausschließlich in den angemeldeten Nachlassverbindlichkeiten bestehen. Anders liegt der Fall freilich, wenn eine (ggf später) ausgeschlossene Nachlassverbindlichkeit vor Erlass des rechtkräftigen Ausschließungsbeschlusses rechtshängig oder dem Erben anderweitig bekannt geworden ist (§§ 818 Abs 4, 819 Abs 1 BGB). Weiß der Erbe also, dass noch andere als die angemeldeten Nachlassverbindlichkeiten bestehen und befriedigt er dennoch seine Eigengläubiger aus dem Nachlass, haftet er den bekannten, wenn auch (später) ausgeschlossenen Nachlassgläubigern gem § 818 Abs 4 bzw § 819 Abs 1 iVm §§ 292 Abs 1, 989 BGB für den Forderungsausfall. Zudem müssen selbst die ausgeschlossenen Nachlassgläubiger Vermögensabflüssen aus dem Nachlass nicht tatenlos zusehen. Denn es bleibt auch ihnen unbenommen, die Eröffnung des Nachlassinsolvenzverfahrens zu beantragen (Muscheler ErbR II Rn 3710), wenn sie erfahren, dass der Nachlassüberschuss zu ihren Lasten schrumpft. Wegen der Nichtanmeldung ihrer Forderung im Aufgebotsverfahren verwirken sie ihr Antragsrecht aus § 317

Abs 1 aE InsO nicht (vgl Braun/Busshardt [8. Aufl 2020] InsO § 14 Rn 13). Freilich findet, auch wenn es zur Eröffnung des Nachlassinsolvenzverfahrens kommt, das strengere Haftungsregime der §§ 1978, 1979 BGB ihnen gegenüber keine Anwendung (s Rn 22 ff; BeckOGK/Herzog [1. 1. 2020] § 1978 BGB Rn 16 f).

Zu bedenken ist zudem, dass der Erbe mit Erhebung der Einrede aus § 2015 BGB iVm § 783 ZPO Zwangsvollstreckungsmaßnahmen seiner Eigengläubiger in den Nachlass nicht unterbinden, sondern lediglich auf Arrestmaßnahmen beschränken kann. An einer ausdrücklichen gesetzlichen Regelung (nach dem Vorbild des § 784 Abs 2 ZPO), wonach der Erbe diese Arrestmaßnahmen mit Erlass des rechtskräftigen Ausschließungsbeschlusses beseitigen lassen könnte, fehlt es sowohl während des laufenden Aufgebotsverfahrens sowie nach dessen Abschluss (vgl Erman/Horn § 1973 Rn 1b). Auch hieran wird deutlich, dass der rechtskräftige Ausschließungsbeschluss keineswegs zu einer umfassenden und allseitigen haftungsrechtlichen Absonderung des Nachlasses führt, sondern lediglich die Zugriffsmöglichkeiten der ausgeschlossenen Nachlassgläubiger begrenzt (s Rn 17–21). Dementsprechend können Eigengläubiger weiterhin auf den Nachlass zugreifen. Damit korrespondiert, dass Leistungen aus Nachlassmitteln zu Befriedigung von Eigenverbindlichkeiten nicht als ersparte Aufwendungen angesetzt werden, sondern iSd § 818 Abs 3 BGB abzugsfähige Posten bilden. 32

d) Insb nachlassbezogene Aufwendungen des Erben als abzugsfähige Posten

§ 1973 Abs 2 BGB enthält kein ausdrückliches Pendant zu § 1978 Abs 3 BGB für **nachlassbezogene Aufwendungen des Erben** (Bsp: Erbe befriedigt einen Nachlassgläubiger mit Mitteln aus seinem Eigenvermögen; zum umgekehrten Fall, dass der Erbe Eigengläubiger mit Mitteln aus dem Nachlass befriedigt, s Rn 29–32). Dennoch sind solche Aufwendungen auch nach Bereicherungsrecht, auf das Abs 2 S 1 verweist, vom Aktivbestand des Nachlasses dem Gedanken der Gesamtsaldierung folgend abzuziehen und zwar als **abzugsfähige Posten iRd § 818 Abs 3 BGB**; Gleiches gilt auch für *nachlassgegenstandsbezogene* Verwendungen (vgl hierzu Staudinger/Lorenz [2007] § 818 Rn 37; BeckOGK/Wendehorst [1. 11. 2019] § 818 Rn 64 ff, dort auch zur umstrittenen Frage, welche Qualität solche Vermögenseinbußen beim Bereicherungsschuldner haben müssen, um abzugsfähig zu sein; diese Frage ist auch iRd § 1973 Abs 2 S 1 BGB str, s oben Rn 28). Soweit also der Erbe aus seinem Eigenvermögen **Aufwendungen in Bezug auf den Nachlass** gemacht hat, wird die herauszugebende Bereicherung darum gemindert. 33

Besteht der Nachlassrest in einem Geldbetrag, so mindert sich die nach § 1973 Abs 2 BGB abschöpfbare Bereicherung automatisch um den Betrag der abzugsfähigen Aufwendungen. Besteht der Nachlassrest nicht in Geld, muss der ausgeschlossene Gläubiger dem Erben so viele Nachlassgegenstände belassen, dass der Wert seiner nach Bereicherungsrecht absetzbaren Aufwendungen gedeckt ist (vgl Staudinger/Lehmann[11] § 1973 Rn 19; Planck/Flad Anm 5c ß; BGB-RGRK/Johannsen § 1973 Rn 22; MünchKomm/Küpper § 1973 Rn 6; wohl noch weitergehend iS eines Zurückbehaltungsrechts am ganzen Nachlass Binder II 127; Soergel/Stein § 1973 Rn 8; **völlig aM** Strohal II § 75 bei und in Fn 40, der den Erben auf seine Abwendungsbefugnis aus Abs 2 S 2 sowie das Recht verweist, wegen seiner Aufwendungen Vorwegbefriedigung aus dem Vollstreckungserlös zu verlangen). 34

Beginnt der Gläubiger, auch noch in die dem Erben zu *belassenden* Gegenstände zu vollstrecken (zB weil er meint, dass ihr Wert den der abzugsfähigen Aufwendungen 35 des Erben übersteige), kann der Erbe gem §§ 781, 785 ZPO intervenieren, bis er wegen seiner abzugsfähigen Aufwendungen befriedigt oder sichergestellt wird (vgl § 273 Abs 3 BGB, der hier aber nur *analog* anwendbar ist, da die Aufwendungen bei § 1973 Abs 2 S 1 BGB bereicherungsrechtliche Abzugsposten sind, der in der Rolle des Bereicherungsschuldners befindliche Erbe insoweit also einen *Anspruch* gegen den ausgeschlossenen Gläubiger idR nicht hat und auch nicht zu haben braucht [was aber Binder, Soergel/Stein und wohl auch Staudinger/Lehmann[11] anders zu sehen scheinen]).

36 Da der Erbe nach Abs 2 S 2 berechtigt ist, die Herausgabe der vorhandenen Nachlassgegenstände (dh die Zwangsvollstreckung in sie, vgl Staudinger/Dobler § 1990 Rn 29 f) durch Zahlung ihres Schätzwertes abzuwenden (Näheres bei Rn 65 ff), kann er sich wegen seiner Aufwendungen auch dadurch schadlos halten, dass er dieses Recht ausübt und von dem zu zahlenden Schätzwert seine Aufwendungen abzieht (vgl Prot V 773 f; Planck/Flad Anm 5c ß). Er kann sich aber damit begnügen, wegen seiner Aufwendungen Vorwegbefriedigung aus dem erzielten Vollstreckungserlös zu verlangen (Prot V 773; Planck/Flad Anm 5c ß; vgl auch Staudinger/Dobler § 1991 Rn 13).

e) Maßgeblicher Zeitpunkt und Zeitrahmen zur Feststellung des Nachlassüberschusses

37 Der entscheidende **Endpunkt** für die Feststellung, ob und in welcher Höhe dem Erben ein Überschuss bleibt, ist nicht das Rechtshängigwerden des vom Nachlassgläubiger geltend gemachten Anspruchs (vgl auch BGB-RGRK/Johannsen § 1973 Rn 16; **aM** wohl Staudinger/Lehmann[11] Rn 10, dem aber entgegenzuhalten ist, dass auch vor Rechtshängigkeit eine Bereicherung denkbar sein muss), sondern grds der Zeitpunkt des **Erlasses des Ausschließungsbeschlusses** (Mot V 650 f; ebenso MünchKomm/Küpper § 1973 Rn 5). Den **Anfangspunkt** für die Berechnung bildet der Erbfall (s Rn 26).

38 Auf eine spätere Erweiterung der Bereicherung ist aber Rücksicht zu nehmen (§ 818 Abs 1 BGB); ebenso auf eine Verringerung (§ 818 Abs 3), soweit nicht eine verschärfte Haftung des Erben (s Rn 31) entgegensteht.

39 Im Prozess gegen den Erben entscheidet der **Zeitpunkt der letzten mündlichen Verhandlung** über die Klage des ausgeschlossenen Nachlassgläubigers wegen seiner Nachlassverbindlichkeit. Für den Fall, dass die Frage erst auf Einwendung des Erben in der Zwangsvollstreckung zu entscheiden ist, stellen manche auf den Zeitpunkt des Beginns der Zwangsvollstreckung ab (Planck/Flad Anm 3d; BGB-RGRK/Johannsen § 1973 Rn 16; **aA** MünchKomm/Küpper § 1973 Rn 5 aE). Richtig ist jedoch, auch hier auf den Zeitpunkt der letzten mündlichen Verhandlung und zwar über die Vollstreckungsgegenklage des Erben (§§ 785, 767 ZPO) abzustellen (ebenso BeckOGK/Herzog [1. 3. 2019] § 1973 BGB Rn 46; ähnlich Soergel/Stein § 1973 Rn 7; vgl auch Staudinger/Dobler [2016] § 1990 Rn 7).

4. Rangordnung der Nachlassgläubiger

40 Solange der Erbe von der Zulänglichkeit des Nachlasses ausgehen kann (vgl § 1980 BGB), darf er die Nachlassverbindlichkeiten in beliebiger Reihenfolge berichtigen. Sobald jedoch ein ausgeschlossener Nachlassgläubiger an ihn herantritt und seine ausgeschlossene Nachlassverbindlichkeit geltend macht, hat der Erbe die in § 1973

BGB niedergelegte **Rangordnung bei der Erfüllung der Nachlassverbindlichkeiten** zu beachten.

Der Erbe kann die Befriedigung eines ausgeschlossenen Gläubigers verweigern, soweit der Nachlass durch die Befriedigung der nicht ausgeschlossenen Gläubiger (Abs 1 S 1) sowie derjenigen ausgeschlossenen Gläubiger, zu deren Befriedigung er rechtskräftig verurteilt ist (Abs 2 S 3) (dazu Rn 47–49), erschöpft *wird*. Nicht nötig ist, dass deren Befriedigung schon erfolgt *ist*. Soweit auch nach ihrer Befriedigung aus dem Nachlass noch ein Überschuss verbleiben würde, haftet der Erbe den ausgeschlossenen Gläubigern mit diesem gem Abs 2 S 1 nur nach den **Grundsätzen des Bereicherungsrechts** (insoweit strenger sind §§ 1990 Abs 1 S 2, 1991 Abs 1 BGB, die zum Haftungsregime des § 1978 BGB führen; hierzu s bereits ausf Rn 22 ff). Ausf zur persönlichen Haftung des Erben bei Verletzung der Rangordnung Rn 52 ff. 41

Jedoch hat der Erbe einen ausgeschlossenen Gläubiger gem Abs 1 S 2 **vor** Verbindlichkeiten aus **Pflichtteilsrechten** (und deshalb auch vor **Erbersatzansprüchen** [nur noch denkbar bei Altfällen, s § 1972 Rn 7]; vgl § 1934b Abs 2 S 1 BGB [auf Altfälle noch anwendbar], § 226 Abs 4 und Abs 2 Nr 6 KO, § 327 Abs 3 und Abs 1 Nr 3 InsO), **Vermächtnissen und Auflagen** zu befriedigen (s Rn 44 ff), es sei denn, dass der Gläubiger seine Forderung erst nach der Berichtigung dieser Verbindlichkeiten geltend macht. Diese Bestimmung steht in Einklang mit den §§ 5 AnfG, 322, 327 Abs 3 InsO und § 1991 Abs 4 BGB (vgl KommBer 2100). 42

Hervorzuheben ist, dass **§ 1973 Abs 1 S 2 BGB** lediglich das in Abs 1 S 1 gewährte Leistungsverweigerungsrecht gegenüber den ausgeschlossenen Gläubigern einschränkt. Aus Abs 1 S 2 folgt hingegen **kein Leistungsverweigerungsrecht gegenüber den – vom Aufgebot ohnehin nicht betroffenen (§ 1972 BGB) – Ansprüchen aus Pflichtteilsrechten, Vermächtnissen, Auflagen oder Erbersatzansprüchen**. Die Leistung kann er diesen Nachlassgläubigern nur dann erfolgreich verweigern, wenn er sich auf andere Erbeneinreden berufen kann oder es zur Anordnung einer Nachlassverwaltung oder der Eröffnung eines Nachlassinsolvenzverfahrens kommt. 43

a) Vorrang ausgeschlossener Nachlassverbindlichkeiten vor Verbindlichkeiten aus Vermächtnissen und Auflagen (§ 1973 Abs 1 S 2)

Um seine Pflicht zur vorrangigen Befriedigung ausgeschlossener Nachlassgläubiger nach § 1973 Abs 1 S 2 BGB – trotz uU (drohender) Nachlassüberschuldung – wahren zu können, stehen dem Erben gegenüber den nichtbetroffenen Nachlassgläubigern (§ 1972 BGB; vgl soeben Rn 43) andere Instrumente zur Leistungsverweigerung zur Verfügung. 44

Beruht die **Überschuldung des Nachlasses nur auf Vermächtnissen und Auflagen** sowie den im Aufgebotsverfahren ausgeschlossenen Ansprüchen (vgl Staudinger/Dobler § 1992 Rn 4), so kann sich der Erbe den Vermächtnisnehmern und den Berechtigten aus Auflagen auf **§§ 1992 S 1, 1991 Abs 4 BGB iVm § 327 Abs 3 InsO** berufen. 45

b) Vorrang ausgeschlossener Nachlassverbindlichkeiten vor Pflichtteilsrechten und Erbersatzansprüchen (§ 1973 Abs 1 S 2)

Die Befriedigung der ebenfalls unter § 1973 Abs 1 S 2 BGB fallenden **Pflichtteils- und Erbersatzansprüche** kann der Erbe jedoch *nicht* ohne Weiteres mit der Begrün- 46 dung verweigern, dass er vorher noch im Aufgebotsverfahren ausgeschlossene Gläubiger befriedigen müsse. Denn § 1992 BGB ist auf Pflichtteils- und Erbersatzansprüche nicht anwendbar, sodass dem Erben der Weg des § 1991 Abs 4 BGB diesen gegenüber nur unter den Voraussetzungen des § 1990 BGB eröffnet ist. Liegen die Voraussetzungen des § 1990 BGB nicht vor, kann der Erbe die ihm durch § 1973 Abs 1 S 2 BGB auferlegte Verpflichtung, die ausgeschlossenen Gläubiger vor Pflichtteils- und Erbersatzberechtigten zu befriedigen, gegen den Willen der Letztgenannten **nur durch Herbeiführung eines Nachlassinsolvenzverfahrens** erfüllen; in diesem Verfahren gilt § 327 Abs 3 InsO ohne den Umweg über §§ 1990 ff BGB.

c) Nachrang gegenüber ausgeschlossenen Nachlassgläubigern mit rechtskräftigem Titel (§ 1973 Abs 2 S 3)

47 Gem § 1973 Abs 2 S 3 BGB wirkt die **rechtskräftige Verurteilung des Erben zur Befriedigung eines ausgeschlossenen Gläubigers** einem anderen ausgeschlossenen Gläubiger gegenüber wie die Befriedigung (vgl die Parallelregelung in § 1991 Abs 3 BGB). Das bedeutet zunächst, dass der Erbe die Befriedigung eines ausgeschlossenen Gläubigers auch insoweit verweigern kann, als der Nachlass nach Erfüllung (auch) der rechtskräftig titulierten ausgeschlossenen Forderung nicht ausreichen *würde* (s dazu Rn 41).

48 Die hM geht aber zu Recht noch weiter, indem sie annimmt, dass der Erbe den ausgeschlossenen Gläubiger, der das rechtskräftige Urteil erstritten hat, vor den übrigen ausgeschlossenen Gläubigern befriedigen *muss* (vgl Mot V 641; MünchKomm/Küpper § 1973 Rn 3 Fn 8; für § 1991 Abs 3 BGB ebenfalls bejahend Muscheler ErbR II § 49, Rn 3673; in vorheriger Bearbeitung **abl** Staudinger/Dutta [2016] § 1973 Rn 22, 13; im Hinblick auf § 1991 Abs 3 BGB ebenfalls abl Staudinger/Dobler § 1991 Rn 17 mit Verweis auf Wortlautgrenze; zweifelnd jurisPK-BGB/Klinck [2017] § 1991 Rn 17). Das ist zwar im Hinblick auf die Diskrepanzen im systematischen Vergleich des Wortlauts von § 1973 Abs 1 S 2 BGB („hat ... zu befriedigen, es sei denn, ...“) und Abs 2 S 3 („wirkt ... wie...“) durchaus zweifelhaft, aber dennoch geboten. Denn mit einer Vorrang-Nachrang-Regelung wird auch der Wert einer titulierten, dh hier gerichtlich festgestellten Nachlassverbindlichkeit unterstrichen. Andernfalls könnte derjenige Nachlassgläubiger, der zuerst einen Titel erstritten hat, leer ausgehen, wenn der Erbe sich beispielsweise entscheidet, einen ausgeschlossenen Nachlassgläubiger, dessen Forderung nicht tituliert ist, aus welchen Gründen auch immer freiwillig vorab zu befriedigen.

49 Einer rechtskräftigen Verurteilung „zur Befriedigung“ eines ausgeschlossenen Gläubigers dürfte eine rechtskräftige Verurteilung gleichstehen, die die Frage, ob bzw inwieweit der Erbe die Befriedigung nach Abs 1 verweigern kann, nicht selbst entscheidet, sondern in den Vorbehalt des § 780 ZPO verweist (vgl Staudinger/Dobler § 1991 Rn 18; iE ebenso Staudinger/Lehmann[11] § 1973 Rn 16 ad c).

d) Zusammenfassung der Rangordnung

50 Ausgehend von den obigen Ausführungen (Rn 40 ff) besteht folgende **Rangordnung unter den Nachlassgläubigern**, die der Erbe mit Erlass des rechtskräftigen Ausschließungsbeschlusses einzuhalten hat:

- **Erstens**: Befriedigung der nicht ausgeschlossenen Nachlassgläubiger (angemeldete Nachlassverbindlichkeiten) sowie derjenigen Nachlassgläubiger, die nach § 1971

BGB vom Aufgebot nicht betroffen sind (dies dürfte selbst dann gelten, wenn ein solcher iSd § 1971 BGB nicht betroffener Nachlassgläubiger seine gesicherte, obligatorische Forderung nicht angemeldet hat. Denn ein dinglich abgesicherter Nachlassgläubiger könnte bei Verweigerung der Erfüllung seiner Forderung in einen Nachlassgegenstand vollstrecken. Dies könnte der Erbe wegen § 1971 BGB nicht nach § 1973 Abs 2 S 1 BGB verhindern. Der Erbe kann daher, auch um die Kosten der Zwangsvollstreckung zu vermeiden, sogleich die Forderung des nicht betroffenen Nachlassgläubigers erfüllen). Für nicht betroffene Nachlassgläubiger iSd § 1972 BGB ist hingegen § 1973 Abs 1 S 2 BGB zu beachten.

- **Zweitens**: Ausgeschlossene Nachlassgläubiger, die eine rechtskräftige Verurteilung des Erben erzielt haben (§ 1973 Abs 2 S 3 BGB) (**str**, s Rn 47–49).

- **Drittens**: Ausgeschlossene Nachlassgläubiger ohne rechtskräftige Verurteilung, soweit der Nachlass nicht bereits erschöpft ist.

- **Viertens**: Noch nicht berichtigte Forderungen von Pflichtteilsberechtigten, Vermächtnisnehmern, Auflageberechtigten und Erbersatzberechtigten (§ 1973 Abs 1 S 2 BGB).

Sowohl vor als auch nach Erlass des Ausschließungsbeschlusses darf der Erbe **Eigengläubiger** mit Nachlassmitteln befriedigen. Insoweit hat der Erbe keine Rangfolge zu beachten (ausf Rn 40 ff); gegenüber nicht ausgeschlossenen Nachlassgläubigern kann freilich insb im Falle der Nachlassinsolvenz das strengere Haftungsregime aus §§ 1978 Abs 1 S 1, 667 Var 2 BGB greifen. Zu bedenken ist weiterhin, dass auch Zwangsvollstreckungsmaßnahmen von Eigengläubigern in den Nachlass nur für die Zeit bis zum Erlass des rechtskräftigen Ausschließungsbeschlusses auf Arrestmaßnahmen beschränkt werden können (§ 2015 BGB iVm §§ 783, 782 ZPO). 51

5. Persönliche Haftung des Erben bei Verletzung der Rangordnung

Mit Erlass eines rechtskräftigen Ausschließungsbeschlusses entsteht ein **zweispuriges System der persönlichen Verantwortlichkeit des Erben** (persönliche Haftung für Schlechtverwaltung). Während der Erbe (in seiner Rolle als Selbstverwalter des Nachlasses) den nicht ausgeschlossenen Nachlassgläubigern gegenüber weiterhin nach §§ 1978, 1979 BGB verantwortlich ist (sollte es im Nachgang insb zur Nachlassinsolvenz, Nachlassverwaltung oder Dürftigkeit iSd §§ 1990, 1991 Abs 1 BGB kommen), haftet er gegenüber den ausgeschlossenen Nachlassgläubigern nun von Anfang an (ex tunc) **nur noch nach den Grundsätzen des Bereicherungsrechts**. 52

Beim Verweis in **§ 1973 Abs 2 S 1 BGB** handelt es sich um einen **Rechtsfolgenverweis** (§§ 818–820 BGB), soweit das gesetzliche Schuldverhältnis zwischen dem Erben in seiner Rolle als Selbstverwalter des Nachlassüberschusses und den nunmehr ausgeschlossenen Nachlassgläubigern betroffen ist. Dies schließt freilich nicht aus, dass es zu einem bereicherungsrechtlichen Rückabwicklungsschuldverhältnis kommen kann, wenn der Erbe beispielsweise einen ausgeschlossenen Nachlassgläubiger trotz der Einredebehaftetheit befriedigt (zum Anspruch des Erben aus §§ 812 Abs 1 S 1 Var 1, 813, 814 BGB s Rn 56). Hier ist lediglich das individuelle und zumeist rechtsgeschäftlich begründete Schuldverhältnis zwischen Erbe und dem jeweiligen Nachlassgläubiger betroffen. 53

a) Befriedigung eines ausgeschlossenen Nachlassgläubigers entgegen § 1973 Abs 2 S 1

54 Einen Anspruch gegenüber dem Erben darauf, dass der ausgeschlossene Gläubiger nur nach § 1973 Abs 2 S 1 BGB befriedigt werde, hat ein nicht ausgeschlossener Gläubiger nicht (OLG Stettin OLGE 5 [1902/II] 230; OLG Hamburg OLGE 18 [1909/I] 324).

55 Er kann sich aber vor Schädigungen schützen, indem er die Anordnung einer Nachlassverwaltung oder die Eröffnung eines Nachlassinsolvenzverfahrens beantragt, wenn die gesetzlichen Voraussetzungen gegeben sind (OLG Stettin OLGE 5 [1902/II] 230 und OLG Hamburg OLGE 18 [1909/I] 324; Planck/Flad Anm 2; vgl auch §§ 321, 327 Abs 3, 328 Abs 2 InsO sowie RGZ 61, 221, 222/3, wo ausgeführt wird, dass ein Nachlass- oder Nachlasskonkursverwalter [damals galt noch die KO] die Befriedigung ausgeschlossener Gläubiger verweigern dürfe, bis nach Ausführung des Verteilungsplanes feststeht, dass nach Befriedigung der nicht ausgeschlossenen Gläubiger ein Überschuss bleibt). In diesem Fall greift **gegenüber den nicht ausgeschlossenen Nachlassgläubigern** (freilich in ihrer Gesamtheit, s nur § 1978 Abs 2 BGB) das strengere Haftungsregime der §§ 1978, 1978 BGB (vgl hierzu Rn 22 ff). Der Erbe ist für die über den Überschuss hinausgehende Befriedigung des ausgeschlossenen Nachlassgläubigers aus §§ 1978 Abs 1 S 1, 667 Var 2 BGB verantwortlich. Als Herausgabegegenstand kommt auch hier eine ggf bestehende bereicherungsrechtliche Forderung des Erben gegen den ausgeschlossenen Nachlassgläubiger in Betracht (sogleich Rn 56). Der Herausgabepflicht ist durch Abtretung nachzukommen (vgl BeckOGK/Riesenhuber [15. 10. 2019] § 667 BGB Rn 15, 15. 1, 42. 1).

56 Unterlässt es der Erbe, gegenüber einem ausgeschlossenen Nachlassgläubiger die Einrede des § 1973 Abs 1 S 1 BGB (die er natürlich nicht bereits nach § 780 Abs 1 ZPO verloren haben darf) geltend zu machen, und befriedigt er den ausgeschlossenen Gläubiger entgegen § 1973 Abs 2 S 1 BGB, so kann der Erbe gegen diesen Nachlassgläubiger uU aus §§ 812 Abs 1 S 1 Var 1, 813, 814 BGB vorgehen (**aM** Roth, Die Einrede des Bürgerlichen Rechts [1988] 63 ff; Staudinger/Dobler § 1990 Rn 40), so zB, wenn die Befriedigung unfreiwillig erfolgte (vgl RGZ 64, 244, wo der Nachlassverwalter einen zu Unrecht an den Fiskus gezahlten Stempelbetrag zurückforderte).

b) Haftung wegen Verletzung der in Abs 1 S 2 genannten Rangfolge

57 Solange ein ausgeschlossener Gläubiger seine Forderung nicht geltend macht (Abs 1 S 2 HS 2), darf der Erbe so verfahren, wie wenn andere Gläubiger als die angemeldeten oder nicht betroffenen nicht vorhanden wären. Sobald jedoch ein ausgeschlossener Gläubiger seine Forderung geltend macht, muss der Erbe ihn vor den bis dahin noch nicht berichtigten Verbindlichkeiten aus *Pflichtteilsrechten, Erbersatzansprüchen, Vermächtnissen* und *Auflagen* befriedigen (Rn 44 ff).

58 Verletzt der Erbe diese Rangordnung und kommt es dadurch zu einem Verlust im Nachlassüberschuss (Abs 2 S 1), kann der Erbe dem ausgeschlossenen Nachlassgläubiger **persönlich haftbar** sein **nach § 819 Abs 1 BGB** (wegen Kenntnis der geltend gemachten Forderung), **nach § 818 Abs 4 BGB** (ab Rechtshängigkeit der Forderung) **iVm §§ 292 Abs 1, 989 BGB** sowie außerdem **nach § 280 Abs 1 BGB** im Rahmen des zwischen dem Erben und dem benachteiligten, ausgeschlossenen Nachlassgläubiger bestehenden Schuldverhältnis (Binder, Erbrecht II S 116; BeckOGK/Herzog [1. 1. 2020] § 1978 BGB Rn 31 f mwNw).

Dies gilt jedoch nicht, wenn der Erbe den Umständen nach annehmen durfte, dass der Nachlass zur Befriedigung aller Nachlassverbindlichkeiten ausreiche (vgl STAUDINGER/LEHMANN[11] § 1972 Rn 2). Denn dann stellt § 1979 BGB den Erben sogar gegenüber den nicht ausgeschlossenen Gläubigern von jeder persönlichen Haftung frei. In diesem Fall bleibt dem Gläubiger nur das Recht, gegen den mit Mitteln des Nachlasses vor ihm befriedigten Pflichtteilsberechtigten usw nach § 5 AnfG vorzugehen; im Nachlassinsolvenzverfahren gilt § 322 InsO. 59

c) Haftung wegen Verletzung der sich aus Abs 2 S 3 ergebenden Rangordnung

Nach hM *muss* der Erbe ausgeschlossene Gläubiger, zu deren Befriedigung er **rechtskräftig verurteilt** ist, zu Recht *vor* den übrigen ausgeschlossenen Gläubigern befriedigen (**abl** noch in vorheriger Bearbeitung STAUDINGER/DUTTA [2016] § 1973 Rn 22, 13; vgl ebenfalls im Hinblick auf die Parallelregelung in § 1991 Abs 3 abl STAUDINGER/DOBLER § 1991 Rn 17; ausf zur Frage Rn 47–49). 60

Verstößt er hiergegen, haftet der Erbe den benachteiligten Nachlassgläubigern für einen durch Verletzung dieser Rangfolge bewirkten Verlust im Nachlassüberschuss (§ 1973 Abs 2 S 1 BGB) **gem § 280 Abs 1 BGB persönlich** und damit unbeschränkbar. Die Haftung des Erben ist aber nach § 1979 BGB zu begrenzen. 61

d) Haftung wegen Unvollständigkeit des Gläubigerverzeichnisses

Wenn der Erbe einen ihm bekannten Nachlassgläubiger schuldhaft nicht in das dem Aufgebotsantrag beizufügende Gläubigerverzeichnis (§ 456 FamFG) aufnimmt, haftet er nach Maßgabe des bei § 1970 Rn 22 Ausgeführten. 62

6. Pflicht zur Vollstreckungspreisgabe und Abwendungsbefugnis (§ 1973 Abs 2 S 1 und S 2)

Das Leistungsverweigerungsrecht aus § 1973 Abs 1 S 1 BGB führt grds zu einer **Haftungsbeschränkung auf den Nachlassüberschuss**; sie kann aber wegen der in Abs 2 S 2 gewährten **Abwendungsbefugnis** in eine Beschränkung auf den **Nachlasswert** übergehen (s hierzu ausführlicher Rn 65 ff). Die Haftungsbeschränkung auf den Nachlassüberschuss realisiert das Gesetz in Abs 2 S 1 dergestalt, dass der Erbe die Zwangsvollstreckung in den Überschuss dulden und ermöglichen muss (s Rn 64). Klagt also ein ausgeschlossener Nachlassgläubiger gegen den Erben und obsiegt dieser (ggf unter Vorbehalt des § 780 Abs 1 ZPO, sofern nicht unmittelbar auf Leistung aus dem Nachlassüberschuss tituliert wird, s dazu Rn 83), kann der Erbe die Zwangsvollstreckung des Nachlassgläubigers grds nicht mit Hilfe der Vollstreckungsgegenklage (§§ 785, 767 ZPO) unterbinden, sofern der Nachlassgläubiger nur in den Überschuss vollstreckt (ausf Rn 64 ff). Andernfalls muss er im Wege der Vollstreckungsgegenklage vorgehen (ausf zur Zwangsvollstreckung BeckOGK/HERZOG [1. 1. 2020] § 1973 Rn 115 ff). 63

a) Herausgabe im Wege der Zwangsvollstreckung (§ 1973 Abs 2 S 1)

Einen etwaigen Überschuss vom Nachlass hat der Erbe nach **Abs 2 S 1** „zum Zwecke der Befriedigung des Gläubigers im Wege der Zwangsvollstreckung“ nach den Vorschriften über die Herausgabe einer ungerechtfertigten Bereicherung „herauszugeben“ (sog **Vollstreckungspreisgabe**). Mit **Herausgabe zum Zwecke der Befriedigung des Gläubigers im Wege der Zwangsvollstreckung** ist dasselbe wie in § 1990 64

Abs 1 S 2 BGB gemeint (s Staudinger/Dobler § 1990 Rn 29). Der Erbe ist verpflichtet, die Zwangsvollstreckung in den Nachlass zu dulden und zu ermöglichen. Denn durch die Verpflichtung zur „Herausgabe" wird angedeutet, dass der Erbe sich bei der Zwangsvollstreckung nicht rein passiv verhalten darf, sondern sie durch eigene **Mitwirkung** (Bezeichnung der Gegenstände, evtl Vorlage eines Bestandsverzeichnisses und notfalls eidesstattliche Versicherung gem § 260 BGB) **ermöglichen** muss. Nach hM (Staudinger/Lehmann[11] § 1973 Rn 17; Kipp/Coing § 95 III 2; Soergel/Stein § 1973 Rn 8; **aM** Planck/Flad Anm 5c α) soll der Erbe den ausgeschlossenen Gläubigern jedoch nicht zur Rechenschaftslegung (§ 259 BGB) verpflichtet sein, da er ihnen nicht wie im Fall des § 1990 BGB (s Staudinger/Dobler § 1990 Rn 33) nach § 1978 BGB und somit auch nicht nach § 666 BGB verantwortlich sei (Kipp/Coing § 95 III 2).

b) Abwendung der „Herausgabe der noch vorhandenen Nachlassgegenstände" (§ 1973 Abs 2 S 2)

65 Gem § 1973 Abs 2 S 2 BGB kann der Erbe die „Herausgabe" der noch vorhandenen Nachlassgegenstände durch Zahlung ihres Wertes abwenden **(Abwendungsbefugnis)**. Insoweit rückt das Gesetz von dem in Abs 2 S 1 ausgesprochenen Grundsatz der Haftung mit den *Gegenständen* des Nachlasses (cum viribus hereditatis) ab. Der Wert ist durch Schätzung zu ermitteln und zwar für den Zeitpunkt, in welchem das Recht ausgeübt wird (Erman/Horn § 1973 Rn 4).

66 Die **Nachlasszugehörigkeit** der zurückgehaltenen Gegenstände wird durch die Zahlung des Wertes, die zur Abwendung der Herausgabe erfolgt, nicht aufgehoben (**aM** MünchKomm/Küpper § 1973 Rn 6; AK-BGB/Teubner Rn 31; vorsichtiger Erman/Horn § 1973 Rn 4 und Soergel/Stein § 1973 Rn 8, die nur die weitere Zugehörigkeit zum Nachlass*überschuss* verneinen, also wohl nur das Verhältnis zu den *ausgeschlossenen* Gläubigern meinen). Besondere Bedeutung hat die weitere Nachlasszugehörigkeit der betreffenden Gegenstände in den Fällen des Nachlassinsolvenzverfahrens, der Nachlassverwaltung sowie des § 1990 BGB: Hier kommt den Nachlassgläubigern, die der Erbe nicht nach §§ 1973 Abs 2 S 2, 1992 S 2 BGB zum Schätzwert abgefunden hat, eine eventuelle Wertsteigerung des betreffenden Gegenstandes, zB einer Aktie, zugute.

67 Gem Abs 2 S 2 kann nur die „Herausgabe" und selbst diese nicht generell, sondern nur gegenüber einem „ausgeschlossenen" (oder ihm nach §§ 1974, 1989 BGB gleichstehenden) Gläubiger abgewendet werden. Gegenüber anderen Nachlassgläubigern hat der Erbe solch eine Abwendungsbefugnis nicht (Ausnahme: § 1992 S 2 BGB). Insb brauchen sich diese Gläubiger nicht damit abzufinden, dass der Wert der einzelnen Nachlassgegenstände durch *Schätzung* ermittelt wird (vgl Staudinger/Dobler § 1990 Rn 29).

68 Selbstverständlich kann der Erbe die von ihm gezahlte Abfindung nach §§ 1973 Abs 2 S 1, 818 Abs 3 BGB oder – gegenüber den nicht ausgeschlossenen Gläubigern – nach Maßgabe der §§ 1978 Abs 3, 1979, 1991 Abs 1 BGB haftungsmindernd geltend machen (vgl Prot V 774), sodass die weitere Nachlasszugehörigkeit der Gegenstände, für die gem § 1973 Abs 2 S 2 BGB eine Zahlung erfolgte, keineswegs inkonsequent ist.

69 Das Abfindungsrecht des Abs 2 S 2 gilt nicht ohne Weiteres hinsichtlich solcher Gegenstände, auf deren Herausgabe der *ursprüngliche* Anspruch des ausgeschlossenen Gläubigers gerichtet ist (vgl Rn 41 zu dem ähnlichen § 1992 S 2 BGB).

IV. Auswirkungen der Ausschließung auf die materielle Rechtslage

Weder nach Erlass des rechtskräftigen Ausschließungsbeschlusses noch durch Erhebung der Einrede aus § 1973 Abs 1 S 1 BGB geht die ausgeschlossene Nachlassverbindlichkeit unter oder verliert ihren Charakter als Leistungsanspruch (RGZ 61, 221). Ebenso wenig ändert sich der Inhalt der Nachlassverbindlichkeit. Zu Unrecht nahm BINDER (II 123 f) daher an, der Anspruch des Gläubigers verwandle sich in ein Recht auf Herausgabe des Nachlassüberschusses. Es ist vielmehr Sache des Erben, den Nachlassgläubiger durch Einrede dazuzubringen, sich auf eine Vollstreckung in den Nachlassrest, der nach Befriedigung der nicht ausgeschlossenen Gläubiger verbleibt, zu beschränken. Es kommt also **nicht** zur **Inhaltsänderung der Nachlassverbindlichkeit**, sondern nur zur Beschränkung der Haftung des *Erben* gegenüber den ausgeschlossenen Nachlassgläubigern. Das bedeutet: Mit Erhebung der Einrede wird das **Haftungsverhältnis** zwischen dem Erben und dem ausgeschlossenen Nachlassgläubiger modifiziert (zur Bedeutung des Haftungsverhältnisses ausf Vorbem 98 ff zu §§ 1967 ff). 70

Daraus folgt, dass der ausgeschlossene Nachlassgläubiger **erstens**, wie wenn er nicht ausgeschlossen wäre, auf Zahlung oder sonstige Leistung gegen den Erben klagen (RGZ 61, 221) und **zweitens** die Nachlassverbindlichkeit in gewissen Grenzen immer noch anderweitig geltend machen kann (allgemein hierzu Vorbem 112 ff zu §§ 1967 ff; vgl auch STAUDINGER/DOBLER § 1990 Rn 36 ff). 71

1. Geltendmachung von Zurückbehaltungsrechten

Auf die ausgeschlossene Nachlassverbindlichkeit kann die **Einrede des nicht erfüllten gegenseitigen Vertrages** gestützt werden, wenn sie auf einem solchen beruht (§§ 320, 322 BGB; vgl auch ROTH 70). Darin liegt keine angriffsweise, sondern eine verteidigungsweise Geltendmachung. S erg Vorbem 129 f zu §§ 1967 ff. 72

2. Aufrechnungsbefugnis

Ebenso kann die ausgeschlossene Nachlassverbindlichkeit zur **Aufrechnung gegen Nachlassforderungen** verwandt werden (nicht aber gegen Privatforderungen des Erben; vgl STAUDINGER/DOBLER § 1990 Rn 41; STAUDINGER/GURSKY [2016] § 390 Rn 16; Vorbem 128, 103 ff zu §§ 1967 ff). Dem steht nicht entgegen, dass eine einredebehaftete Forderung wegen § 390 grundsätzlich nicht aufgerechnet werden kann: Soweit die einmal erworbene Aufrechnungsbefugnis selbst durch die Eröffnung eines Nachlassinsolvenzverfahrens unberührt bliebe (§§ 94 ff InsO), kann sie auch durch die infolge des Aufgebotsverfahrens eingetretene Haftungsbeschränkung nicht untergehen (RGZ 42, 138 ff; ERMAN/HORN § 1973 Rn 2; MünchKomm/KÜPPER § 1973 Rn 2; STROHAL II § 75 Fn 49; PLANCK/FLAD Anm 7b; STAUDINGER/GURSKY [2016] § 390 Rn 16). 73

3. Keine Hemmung der Verjährung

Die **Verjährung** der ausgeschlossenen Forderung wird weder durch den Erlass des Ausschließungsbeschlusses noch durch Erhebung der Einrede aus § 1973 Abs 1 S 1 BGB gehemmt (s STAUDINGER/DOBLER § 1990 Rn 39). Freilich führt die Klage des (später) ausgeschlossenen Nachlassgläubigers auf Leistung zur Hemmung nach § 204 Abs 1 Nr 1 BGB. 73a

4. Inhalt von Verschaffungs- und Herausgabeanspruch

74 Ist der Anspruch des ausgeschlossenen Gläubigers nicht auf Geld gerichtet, etwa im Falle von **Verschaffungs- oder Herausgabeansprüchen** bgzl zum Nachlass gehörigen Gegenständen, bewirkt weder der Erlass des Ausschließungsbeschlusses noch die Erhebung der Einrede aus § 1973 Abs 1 S 1 BGB eine Inhaltsänderung des Anspruchs. Der Anspruch lautet also nicht automatisch auf Zahlung des Schätzwertes; er kann aber – auf Ebene der Haftung – dahingehend modifiziert sein, als dass die Verpflichtung zur Herausgabe oder Verschaffung nur besteht, wenn ihm der Nachlassgläubiger einen etwaigen Fehlbetrag zuschießt (s hierzu im Allg Vorbem 78 ff, 84 ff zu §§ 1967 ff).

75 Die Antwort auf die Frage, ob der Erbe die Verschaffung oder Herausgabe eines Nachlassgegenstandes gem Abs 2 S 2 durch Wertzahlung abwenden kann, muss hier also ebenso wie bei § 1992 S 2 BGB ausfallen (s dazu Staudinger/Dobler § 1992 Rn 11). Einen Nachlassgegenstand muss der Erbe nur herausgeben, wenn der Gläubiger ihm insoweit Sicherheit leistet (dh bis zum Wert des Gegenstandes), als der Nachlassüberschuss iSd § 1973 Abs 2 S 1 BGB nicht zur Befriedigung der vorrangig zu erfüllenden (hierzu Rn 40 ff) Ansprüche genügt. Andernfalls kann er den Herausgabeanspruch durch Wertzahlung abwenden. Ist der herauszugebende Nachlassgegenstand nicht mehr im Nachlass vorhanden, schuldet der Erbe dem ausgeschlossenen Nachlassgläubiger uU Schadensersatz (zu Leistungsstörungen bei Haftungsbeschränkung s im Allg Vorbem 118 ff zu §§ 1967 ff; zur Vollstreckungspreisgabe nur unter bereicherungsrechtlichen Grundsätzen s oben Rn 63 ff).

76 Auch bei **Verschaffungsansprüchen** kann der Erbe die Erfüllung des Anspruchs insoweit nach § 1973 Abs 1 S 1 BGB verweigern, als der Nachlassüberschuss nach Berichtigung der vorzuziehenden Nachlassverbindlichkeiten dem Wert nach nicht ausreicht. Der ausgeschlossene Nachlassgläubiger hat dann nur noch die Möglichkeit, dem Erben insoweit dem Rechtsgedanken des § 273 Abs 3 BGB folgend Sicherheit zu leisten, also den Fehlbetrag zuzuschießen. Andernfalls muss er seinen Anspruch zum Schätzwert und damit auf Geldzahlung lautend geltend machen. Ist der zu verschaffende Nachlassgegenstand nicht (mehr) im Nachlass vorhanden, ist zwar an eine Vollstreckung nach § 887 Abs 3 ZPO zu denken (str, s hierzu und weiterf Staudinger/Dobler § 1990 Rn 37). Wenn man diese Möglichkeit jedoch ablehnt, wird sich der Nachlassgläubiger im Ergebnis mit einem anteiligen Geldzahlungsanspruch begnügen müssen (vgl hierzu Staudinger/Dobler § 1990 Rn 37).

V. Antragsrechte der ausgeschlossenen Nachlassgläubiger nach §§ 1994 Abs 1, 1981 Abs 2 sowie § 1975 iVm § 317 Abs 1 InsO

77 Der ausgeschlossene Gläubiger bleibt berechtigt, den Antrag auf Anordnung der **Nachlassverwaltung** zu stellen (vgl Staudinger/Dobler § 1981 Rn 17). Des Weiteren kann er die Eröffnung des **Nachlassinsolvenzverfahrens** beantragen; der dieses Antragsrecht beschränkende § 219 Abs 1 S 1 KO wurde nicht in die InsO übernommen (vgl Staudinger/Dobler § 1975 Rn 36 ff).

78 Das Aufgebotsverfahren schließt die **Bestimmung einer Inventarfrist** (§ 1994 BGB) gegenüber dem Erben nicht aus. Verlangt werden kann die Fristbestimmung jedoch

nur von den *nicht* ausgeschlossenen Nachlassgläubigern (vgl STAUDINGER/DOBLER § 1994 Rn 8 mwNw auch zur Gegenansicht), da die Fristversäumnis durch den Erben seine Haftung gegenüber den ausgeschlossenen Gläubigern nicht mehr beeinflusst (§ 2013 Abs 1 S 2 BGB). Allerdings muss die auf Antrag eines Ausgeschlossenen erfolgte Fristbestimmung als wirksam angesehen werden (Prot VI 396). Denn nach § 1994 Abs 2 S 2 BGB ist es für die Wirksamkeit der Fristbestimmung sogar gleichgültig, ob die Forderung überhaupt besteht. Dies gilt erst recht für Forderungen, für die der Erbe nur beschränkt haftet. Die **eidesstattliche Versicherung des § 2006 BGB** kann auch ein ausgeschlossener Gläubiger verlangen (s Rn 15; Prot VI 395 f; MünchKomm/KÜPPER § 2006 Rn 2; SOERGEL/STEIN § 1973 Rn 10; **aM** STAUDINGER/LEHMANN[11] § 1970 Rn 5).

Rechtspolitisch ist § 2013 Abs 1 S 2 BGB verfehlt (und keineswegs „selbstverständlich", wie MünchKomm/KÜPPER § 1994 Rn 12 aE meint). Da ein ausgeschlossener Gläubiger grundsätzlich nicht auf das Eigenvermögen des Erben zugreifen kann, hat gerade *er* ein besonderes Interesse daran, den Erben gem § 1994 BGB zur Errichtung eines Nachlassinventars anzuhalten und für den Fall, dass der Erbe die ihm gesetzte Inventarfrist versäumt oder das Inventar ungetreu errichtet (§§ 1994 Abs 1 S 2, 2005 Abs 1 BGB), sanktionsweise auch auf dessen Eigenvermögen zugreifen zu können (zustimmend SOERGEL/STEIN § 2000 Rn 1 aE). Zu den de lege lata bestehenden Auskunftspflichten des Erben vgl Rn 64. **79**

VI. Durchsetzung des Gläubigerausschlusses

Einen Nachlassgläubiger kann der Erbe nach § 1973 Abs 1 S 1 BGB durch Erhebung der Ausschluss- oder Erschöpfungseinrede (zur Terminologie vgl Rn 10 f) auf den Nachlassüberschuss oder Nachlasswert verweisen (ausf Rn 17 ff). Die Ausschluss- und Erschöpfungseinrede sind **haftungsrechtliche Einreden** (dazu Vorbem 71 zu §§ 1967 ff), **die außergerichtlich, innerhalb des Prozesses oder in der Zwangsvollstreckung geltend gemacht werden können**. **80**

Die **Beweislast** dafür, dass der Nachlass durch die Befriedigung der nicht ausgeschlossenen Gläubiger gänzlich oder bis zu einem bestimmten Teil erschöpft wird, trifft den Erben (RGZ 61, 221; BGB-RGRK/JOHANNSEN § 1973 Rn 24; vgl auch Prot V 780 f). Die Beweisführung wird durch die Errichtung eines Inventars erleichtert (vgl STAUDINGER/DOBLER § 2009 Rn 1). **81**

Die **prozessuale Durchsetzung** der Einrede aus § 1973 Abs 1 S 1 BGB gegenüber der Klage eines Nachlassgläubigers ist strukturparallel zur Durchsetzung der Einreden aus § 1990 Abs 1 BGB (s dazu STAUDINGER/DOBLER § 1990 Rn 11–16, 20 ff). Zu berücksichtigen ist aber vor allem die Besonderheit, dass der *ausgeschlossene* Gläubiger erst hinter den nicht ausgeschlossenen Gläubigern zu befriedigen ist (ausf zur Rangordnung Rn 40 ff). **82**

Wie für die Einreden aus § 1990 BGB (s dort STAUDINGER/DOBLER § 1990 Rn 12 f) genügt auch für die **prozessuale Durchsetzung** der Einrede aus § 1973 Abs 1 S 1 BGB der allgemeine **Urteilsvorbehalt des § 780 Abs 1 ZPO**, um die Einrede zu wahren (RGZ 83, 330 f; STEIN/JONAS/MÜNZBERG[22] ZPO § 780 Rn 3; BGB-RGRK/JOHANNSEN § 1973 Rn 8; PLANCK/FLAD Anm 5b). Die Auffassung, § 780 ZPO finde auf die Einrede des § 1973 BGB keine Anwendung (KG OLGE 9 [1904/II] 385), wird heute zu Recht nicht mehr ver- **83** treten. Da die Einrede verzichtbar ist, kann sie durch Versäumung des Vorbehalts nach § 780 Abs 1 ZPO verlorengehen. Nach KG OLGE 7 (1903/II) 134 soll es genügen, dass sich der Vorbehalt aus den Gründen ergibt. Rechtlich zulässig ist es auch, bereits im Urteil selbst den Gläubiger auf den Nachlassrest zu verweisen, der nach Befriedigung der im Ausschließungsbeschluss berücksichtigten Gläubiger verbleibt (RGZ 61, 221, 222). Vgl Staudinger/Dobler § 1990 Rn 11 zu der Frage, welchen Wert solch ein Urteil für den Gläubiger hat, falls der Erbe sich später weigert, hinsichtlich des Nachlassrestes Auskunft zu erteilen (wozu er jedoch verpflichtet ist, s Rn 64).

84 Prüft und bejaht das Gericht das Vorliegen der Voraussetzungen des § 1973 BGB und tritt der Erbe Beweis dafür an, dass der Nachlass durch die Befriedigung der nicht ausgeschlossenen Gläubiger *vollständig* erschöpft würde (zur Beweislast Rn 81), so soll das Gericht nach hM diesen Beweis nach seinem Ermessen (vgl aber die Kritik bei Staudinger/Dobler § 1990 Rn 22) erheben und die **Klage ggf wegen erwiesener Nachlasserschöpfung kostenpflichtig** (OLG Naumburg OLGE 21 [1910/II] 307 f = Recht 1910 Nr 3357) **abweisen** dürfen (RGZ 61, 221; vgl auch RGZ 137, 54; BGH NJW 1954, 635 = LM § 1975 Nr 1 [beide zu § 1990]; **aM** OLG Marienwerder SeuffA 66 [1911] Nr 121 [zu § 1990]; Krüger MDR 1961, 664 f), nach Ansicht mancher Autoren jedoch nicht als unbegründet (so aber Rudorff Gruchot 51 [1907] 574, 575, der dem Erben zudem ein Recht auf Klageabweisung zugestehen wollte [575, 579 f]), sondern als zZ – nämlich bis zum Auftauchen weiterer Nachlassgegenstände – unzulässig (Erman/Horn § 1973 Rn 6; MünchKomm/Küpper § 1973 Rn 8; Soergel/Stein § 1973 Rn 6; AK-BGB/Teubner Rn 27). Eine Abweisung der Klage könnte sich rechtfertigen, weil bei nachweislichem Fehlen irgendeiner Vollstreckungsmöglichkeit das Rechtsschutzbedürfnis fehlen mag.

85 Zweifelhaft ist jedoch, ob man angesichts des Interesses des Klägers an der baldigen Erlangung eines die Vollstreckung zumindest in den Nachlass ermöglichenden Titels (vgl Staudinger/Dobler § 1990 Rn 13) in allen Fällen bereits das Erkenntnisverfahren mit einem Streit über die Frage der Nachlasserschöpfung belasten darf. Die Prüfung der Frage, ob die Vermögensverhältnisse des Schuldners so beschaffen sind, dass wegen des geltend gemachten Anspruchs erfolgreich vollstreckt werden könnte, gehört grundsätzlich nicht in das Erkenntnisverfahren (vgl auch OLG Marienwerder SeuffA 66 [1911] Nr 121 und Krüger MDR 1961, 664 f sowie Staudinger/Dobler § 1990 Rn 14 und – im Zusammenhang mit § 1990 – OLG Oldenburg FamRZ 2001, 179, 181). Ferner ist zu beachten, dass der ausgeschlossene Nachlassgläubiger dann, wenn der Erbe oder schon der Erblasser Vermögenswerte *anfechtbar* weggegeben hatte (vgl §§ 3 ff AnfG und oben Rn 28, 42), wegen § 2 AnfG selbst bei Nachlasserschöpfung eines Vollstreckungstitels gegen den Erben bedarf. Deshalb sollte ein Gericht von der Möglichkeit, die Klage des Nachlassgläubigers wegen Nachlasserschöpfung abzuweisen, nur mit äußerster Behutsamkeit Gebrauch machen (**aM** Staudinger/Boehmer[11] § 1922 Rn 250 mwNw). Im Zweifel sollte es den Erben, der sich gegenüber einer an sich begründeten Klage auf § 1973 BGB beruft, unter Vorbehalt der beschränkten Haftung (Rn 83) verurteilen (§ 780 Abs 1 ZPO). IdR wird der Erbe dann zwar die gesamten Prozesskosten zu tragen haben. Gem § 93 ZPO kann er diese Kostenfolge aber vermeiden, indem er die Nachlassverbindlichkeit sofort, wenn auch unter dem Vorbehalt der Beschränkung seiner Haftung, anerkennt (vgl Staudinger/Dobler § 1990 Rn 21 aE).

§ 1974
Verschweigungseinrede

(1) Ein Nachlassgläubiger, der seine Forderung später als fünf Jahre nach dem Erbfall dem Erben gegenüber geltend macht, steht einem ausgeschlossenen Gläubiger gleich, es sei denn, dass die Forderung dem Erben vor dem Ablauf der fünf Jahre bekannt geworden oder im Aufgebotsverfahren angemeldet worden ist. Wird der Erblasser für tot erklärt oder wird seine Todeszeit nach den Vorschriften des Verschollenheitsgesetzes festgestellt, so beginnt die Frist nicht vor dem Eintritt der Rechtskraft des Beschlusses über die Todeserklärung oder die Feststellung der Todeszeit.

(2) Die dem Erben nach § 1973 Abs. 1 Satz 2 obliegende Verpflichtung tritt im Verhältnis von Verbindlichkeiten aus Pflichtteilsrechten, Vermächtnissen und Auflagen zueinander nur insoweit ein, als der Gläubiger im Falle des Nachlassinsolvenzverfahrens im Range vorgehen würde.

(3) Soweit ein Gläubiger nach § 1971 von dem Aufgebot nicht betroffen wird, finden die Vorschriften des Absatzes 1 auf ihn keine Anwendung.

Materialien: E II § 1849; III § 1949; Prot V 795 f; KommBer 2100 f; Jakobs/Schubert ER I 301, 615.
Abs 1 S 2 **neu gefasst** durch Art 5 Nr 1 d GesEinhG v 5. 3. 1953 (BGBl I 33); Neufassung seit 1. 1. 1999 gem Art 33 Nr 33 EGInsO: In Abs 2 wurden die Worte „des Nachlasskonkurses" durch die Worte „des Nachlassinsolvenzverfahrens" ersetzt.

Systematische Übersicht

Alphabetische Übersicht

Siehe Register.

I. Zielsetzung und praktische Bedeutung der Vorschrift

1 § 1974 BGB begründet die sog **Verschweigungseinrede**. Der E I kannte eine Bestimmung dieses Inhalts nicht. Sie wurde erst von der II. Komm auf Anregung der bayerischen Regierung aufgenommen (Prot V 795) und von der Reichstagskommission nach mehreren Richtungen umgestaltet. Man wollte den Erben gegen die Nachteile schützen, die ihm daraus entstehen könnten, dass ihm Nachlassverbindlichkeiten erst nach sehr langer Zeit bekannt würden. Da die Scheidung des Nachlasses vom übrigen Vermögen des Erben, die bei der gegenständlich beschränkten Haftung idR erfolgen muss, um so schwieriger ist und den Erben umso härter trifft, je länger die Vereinigung des Nachlasses mit dem übrigen Vermögen bereits andauert (Prot V 795), stellt die Vorschrift einen Nachlassgläubiger, der seine Forderung später als fünf Jahre nach dem Erbfall geltend macht, einem ausgeschlossenen Gläubiger (§ 1973 BGB) gleich; es sei denn, dass die Forderung dem Erben vor dem Ablaufe der fünf Jahre bekanntgeworden oder im Aufgebotsverfahren angemeldet worden ist. Die Reichstagskommission hat die in E II und III enthaltene zusätzliche Voraussetzung, dass ein Aufgebotsverfahren nicht stattfand, gestrichen und die Vorschrift auf Fälle erstreckt, in welchen ein solches zwar stattgefunden, jedoch nicht zur Anmeldung der Forderung geführt hat (zu den Konsequenzen s Rn 2, 20).

2 **Hat ein Aufgebotsverfahren stattgefunden**, so werden die angemeldeten Ansprüche durch die Anmeldung gegenüber dem Zeitablauf gewahrt (Abs 1 S 1 HS 2). Gegenüber einem nicht angemeldeten Anspruch ist der Erbe schon durch den rechtskräftigen (§§ 45, 439 Abs 2 FamFG) Ausschließungsbeschluss geschützt (§ 1973 BGB). Gegenüber den nach § 1971 BGB vom Aufgebot nicht betroffenen Gläubigern greift auch die Verschweigungswirkung des § 1974 BGB nicht durch (vgl Abs 3). Wenn ein Aufgebotsverfahren stattgefunden hat, beschränkt sich somit die praktische Bedeutung des § 1974 BGB im Wesentlichen auf die Gläubiger aus Pflichtteilsrechten, Erbersatzansprüchen (Rn 24 ff), Vermächtnissen und Auflagen, die von dem Aufgebotsverfahren nach § 1972 BGB nicht betroffen werden, wohl aber nach § 1974 BGB von der Ausschlusswirkung der Verschweigung (Abs 2 und Gegenschluss aus Abs 3). Bedeutung hat § 1974 BGB auch gegenüber Forderungen, die erst nach Beginn der Anmeldefrist im Aufgebotsverfahren oder nach Erlass des Ausschließungsbeschlusses begründet worden sind und somit vom Ausschließungsbeschluss nicht betroffen werden (s § 1970 Rn 29 f).

3 **Hat kein Aufgebotsverfahren stattgefunden**, so erstreckt sich die Wirkung der Verschweigung auf alle Nachlassgläubiger mit Ausnahme der in § 1971 BGB genannten (Abs 3).

II. Voraussetzungen der Ausschlusswirkung

1. Ablauf der Säumnisfrist von fünf Jahren

Um die Einrede aus § 1974 BGB erheben zu können, muss die **Säumnisfrist von fünf Jahren** abgelaufen sein. Da es sich um eine **Ausschlussfrist** handelt, sind die Vorschriften über die Verjährungshemmung (§§ 203 ff BGB) nicht anwendbar. 4

a) Grundsätzlicher Fristbeginn („nach dem Erbfall")

Der Fristablauf setzt im Grundsatz nicht voraus, dass der Nachlassgläubiger in der Lage gewesen sein muss, die Forderung geltend zu machen (s hierzu OLG Koblenz FamRZ 2019, 395, 396: Unkenntnis des Nachlassgläubigers von der Existenz des Erben ist unerheblich). Daher ist der Ablauf der Säumnisfrist regelmäßig **vom Erbfall an** („nach dem Erbfall …") **nach §§ 187 Abs 1, 188 BGB** zu berechnen. Eine gesetzliche Ausnahme hiervon ist in § 1974 Abs 1 S 2 BGB für den Fall des unsicheren Todes(-zeitpunkts) vorgesehen. 5

b) Verschobener Fristbeginn gem § 1974 Abs 1 S 2

Wird der Erblasser für tot erklärt, so begründet dies nach § 9 VerschG die Vermutung, dass der Verschollene in dem in der Todeserklärung festgestellten Zeitpunkt gestorben ist. Da dieser mehr als fünf Jahre zurückliegen kann, würde bei Errechnung der Frist von diesem Zeitpunkt an der betreffende Gläubiger uU gar nicht in der Lage gewesen sein, seine Forderung binnen fünf Jahren nach dem Erbfall geltend zu machen. Deshalb bestimmt **Abs 1 S 2**, dass die fünfjährige Frist hier nicht vor dem Eintritt der Rechtskraft des Beschlusses über die Todeserklärung zu laufen beginnt. 6

Nach § 1 Abs 2 VerschG ist nicht verschollen, wessen Tod nach den Umständen nicht zweifelhaft ist. Hier ist eine Todeserklärung unzulässig, wohl aber **kann nach §§ 39 ff VerschG der Zeitpunkt des wirklichen Todes festgestellt werden**. Müsste die Frist von diesem Zeitpunkt an gerechnet werden, der ebenfalls mehr als fünf Jahre zurückliegen kann, so wäre der Gläubiger uU wiederum nicht in der Lage, die Frist zu wahren. Für diesen Fall ließ § 1974 Abs 1 S 2 BGB aF den Gläubiger im Stich. Durch Art 5 Nr 1 GesEinhG v 5. 3. 1953 ist § 1974 Abs 1 S 2 BGB derart neu gefasst worden, dass die Frist nicht vor dem Eintritt der Rechtskraft des die Todeszeit feststellenden Beschlusses beginnt. 7

c) Fristbeginn bei spät entstandenen Nachlassverbindlichkeiten

Die Verschweigungswirkung ist nach hM nicht davon abhängig, dass der betreffende Gläubiger seine Forderung innerhalb der Säumnisfrist anmelden konnte (hiergegen mit beachtlichen Gründen Muscheler, Die Haftungsordnung der Testamentsvollstreckung [1994] 150 ff; s zudem Muscheler ErbR II Rn 3718). 8

Dennoch ist fraglich, **ob die Verschweigungswirkung auch gegenüber einem „neuen" Nachlassgläubiger eintritt, dessen Forderung erst nach Ablauf der fünf Jahre entstanden ist**. Im Hinblick auf den Wortlaut und den Zweck des § 1974 BGB, den Erben vor ihm unbekannten und selbst nach fünf Jahren noch nicht geltend gemachten Nachlassverbindlichkeiten zu schützen, ist das zu bejahen (wobei jedoch eine Ausnahme hinsichtlich solcher Verbindlichkeiten zu machen ist, die nach Fristablauf 9 durch Rechtshandlungen des Erben selbst oder eines Nachlassverwalters, Testamentsvollstreckers usw begründet werden; vgl auch Soergel/Stein § 1974 Rn 3; Muscheler, Testamentsvollstreckung 150 ff, 157 ff; **aM** wohl Erman/Horn § 1974 Rn 2; MünchKomm/Küpper § 1974 Rn 5; AK-BGB/Teubner § 1974 Rn 3). Das ist nicht unbillig, weil Erbfallschulden dem Erben meist bekannt sein werden und Erblasserschulden, die sich erst nach langer Zeit herausstellen, den Erben besonders hart treffen würden (vgl BGB-RGRK/Johannsen § 1974 Rn 3; Planck/Flad Anm 4; Strohal § 76 II 3; OLG Kiel SeuffA 78 [1924] Nr 37). Dies gilt insb für **betagte oder bedingte Forderungen** sowie für Forderungen, deren Entwicklung aus einem bestehenden Verpflichtungsgrund sich vorhersehen lässt.

2. Nichtgeltendmachung der Nachlassverbindlichkeit

10 Damit die Einrede aus § 1974 BGB eingreift, darf der Nachlassgläubiger seine Forderung innerhalb der Säumnisfrist im Grundsatz nicht geltend gemacht haben. Bei Kenntnis von der Nachlassverbindlichkeit, rechtzeitiger Anmeldung im Aufgebotsverfahren oder im Falle der Nichtbetroffenheit iSd § 1971 BGB bleibt aber die Nichtgeltendmachung für den Nachlassgläubiger folgenlos. Der Erbe kann sich dann trotz unterlassener Geltendmachung nicht auf die Verschweigungseinrede berufen (s dazu ausf Rn 13 ff).

11 Die Einrede des § 1974 BGB entsteht nur, **wenn der Nachlassgläubiger seine Forderung innerhalb der Frist weder gerichtlich noch außergerichtlich** (Prot V 796) **gegen den Erben geltend gemacht hat**. „Gegen den Erben" richtet sich auch die Geltendmachung gegenüber einem Nachlasspfleger, einem Nachlass- oder Nachlassinsolvenzverwalter oder einem verwaltenden Testamentsvollstrecker (Planck/Flad Anm 5a; BGB-RGRK/Johannsen § 1974 Rn 3; Erman/Horn § 1974 Rn 2; MünchKomm/Küpper § 1974 Rn 3; Soergel/Stein § 1974 Rn 4).

12 Ob auch die Geltendmachung gegenüber einem vorläufigen Erben genügt, der später ausschlägt, erscheint wegen § 1953 Abs 1 und 2 BGB zweifelhaft (nicht hingegen wegen § 1958 BGB; denn diese Vorschrift betrifft nur die „gerichtliche" Geltendmachung, während § 1974 BGB auch durch außergerichtliche Geltendmachung ausgeschlossen werden kann). Man wird die Frage in Analogie zu § 1959 Abs 3 BGB bejahen dürfen (vgl BGB-RGRK/Johannsen § 1974 Rn 3; MünchKomm/Küpper § 1974 Rn 3; Soergel/Stein § 1974 Rn 4; Strohal II § 76 II 2; **aA** Erman/Horn § 1974 Rn 2). Das darf jedoch nicht auf die Frage einer Kenntniszurechnung übertragen werden (s Rn 19).

3. Kein Ausschluss der Einrede

13 Die unterlassene Geltendmachung seiner Forderung schadet dem Nachlassgläubiger in den nachfolgenden Fällen nicht. Denn der Erbe kann sich in diesen Fällen nicht auf § 1974 BGB berufen.

a) Nichtbetroffenheit im Sinne des § 1971

14 Die Einrede aus § 1974 BGB scheidet aus, **wenn und soweit der Gläubiger nach § 1971 BGB von einem Aufgebotsverfahren nicht betroffen sein würde (§ 1974 Abs 3 BGB)**. Hierzu gehören die mit dinglichen Sicherungen an einzelnen Nachlassgegenständen ausgestatteten absonderungs- und aussonderungsberechtigten Gläubiger (dies selbst-

verständlich nur, soweit es sich um die Befriedigung aus den ihnen haftenden Gegenständen handelt; wegen ihrer Ausfallforderungen stehen sie den übrigen Gläubigern gleich). Soweit das Sicherungsrecht an Grundstücken in Frage steht, kann der Erbe nach § 175 ZVG die Zwangsversteigerung beantragen und dadurch in den Fällen des § 179 ZVG uU schon vor Ablauf von fünf Jahren eine Beschränkung der Haftung auf das haftende Grundstück herbeiführen (s § 1971 Rn 14 ff).

Anders als die in § 1971 BGB genannten Gläubiger, auf die § 1974 BGB keine Anwendung findet (Abs 3), werden Ansprüche aus Pflichtteilsrechten, Vermächtnissen und Auflagen durch den Fristablauf betroffen **(Abs 2)**, obwohl sie durch das Aufgebotsverfahren nach § 1972 BGB nicht berührt werden. Gleiches gilt für Ersatzansprüche (s Rn 24). 15

b) Kenntnis vor Ablauf der Säumnisfrist

Das Unterlassen der Geltendmachung schadet dem Gläubiger nicht, **wenn die Forderung dem Erben noch vor Ablauf der Säumniszeit bekannt geworden ist**. Zur Kenntnis genügt das Wissen, dass der Anspruch besteht oder zumindest tatsächlich behauptet wird. Vom Bestehen des Anspruchs braucht der Erbe nicht überzeugt zu sein (Soergel/Stein § 1974 Rn 2 [der dieser Kommentierung in Fn 6 eine so nicht geäußerte Ansicht unterstellt]; BGB-RGRK/Johannsen § 1974 Rn 9). 16

Fahrlässige Unkenntnis steht der Kenntnis nicht gleich (Soergel/Stein § 1974 Rn 2; AK-BGB/Teubner § 1974 Rn 10) und kann auch nicht zu einer die Verschweigungswirkung ausschaltenden überbereicherungsmäßigen Haftung des Erben nach § 1980 Abs 1 S 2, Abs 2 BGB führen (vgl § 1973 Abs 2 S 1 BGB, § 328 Abs 2 InsO sowie Staudinger/Lehmann[11] § 1974 Rn 7 m älteren Nachweisen; BGB-RGRK/Johannsen § 1974 Rn 7). 17

Fraglich ist, ob der **Kenntnis** des Erben die **eines Nachlasspflegers, eines Nachlass- oder Insolvenzverwalters oder eines verwaltenden Testamentsvollstreckers** gleichzustellen ist (dafür: Strohal II § 76 II 2; Planck/Flad Anm 5a; Erman/Horn § 1974 Rn 2; Soergel/Stein § 1974 Rn 2; MünchKomm/Küpper § 1974 Rn 3 aE; zweifelnd BGB-RGRK/Johannsen § 1974 Rn 6). Da die Forderung gegen diese Personen geltend gemacht werden kann, spricht einiges dafür, ihre Kenntnis dem Erben zuzurechnen. 18

Die **Kenntnis eines vorläufigen Erben**, der später ausschlägt, kann dem endgültigen Erben jedoch nicht zugerechnet werden (**aM** MünchKomm/Küpper § 1974 Rn 3; Soergel/Stein § 1974 Rn 2; AK-BGB/Teubner § 1974 Rn 10; wohl auch Staudinger/Lehmann[11] § 1974 Rn 7; **zweifelnd** BGB-RGRK/Johannsen § 1974 Rn 6). Für eine analoge Anwendung des § 1959 Abs 3 BGB, durch die allein die aus § 1953 Abs 1 und 2 BGB folgenden Bedenken ausgeräumt werden könnten, ist hier kein Raum (anders bei der „Geltendmachung", s Rn 12). 19

c) Forderungsanmeldung im Aufgebotsverfahren

Das Unterlassen der Geltendmachung schadet dem Gläubiger nicht, **wenn die Forderung in einem Aufgebotsverfahren angemeldet worden ist (Abs 1 S 1)**. Diese Anmeldung ist auch für die Ansprüche aus Pflichtteilsrechten usw (§ 1972 BGB) wichtig, um den Eintritt der Rechtsfolgen des § 1974 Abs 2 BGB (dazu Rn 24 ff) auszuschließen. 20

4. Kein Verlust des Haftungsbeschränkungsrechts

21 Ausgeschlossen ist der Eintritt der Verschweigungswirkung, **wenn der Erbe bereits allen Gläubigern gegenüber unbeschränkbar haftend geworden ist, § 2013 Abs 1 S 1 BGB**. Der Erbe darf also während der fünfjährigen Frist sein Recht zur Haftungsbeschränkung nicht verloren haben (zu Besonderheiten bei Erbenmehrheit vgl Staudinger/Dobler § 2013 Rn 3, 12 und § 2060 Nr 2 BGB). Ein einzelner Gläubiger mit nur einer Forderung, dem gegenüber der Erbe innerhalb der fünfjährigen Frist auf die beschränkte Haftung verzichtet hat oder der vor Fristablauf die Leistung der eidesstattlichen Versicherung (§ 2006 BGB) verlangt hat, kann durch die fünfjährige Säumnis schon deshalb nicht betroffen werden, weil der Erbe diese Forderung ja kennt (vgl MünchKomm/Küpper § 1974 Rn 4; Kipp/Coing § 96 III).

22 **Ist die relative Haftungsbeschränkung des § 1974 BGB bereits eingetreten**, so kann sich der Erbe auf sie auch dann noch berufen, wenn *später* der Fall des § 1994 Abs 1 S 2 BGB oder des § 2005 Abs 1 BGB eintritt (§ 2013 Abs 1 S 2 BGB); nicht hingegen, wenn der Erbe dem von § 1974 BGB betroffenen Gläubiger später die eidesstattliche Versicherung nach § 2006 Abs 3 BGB verweigert (str, s § 1973 Rn 15 f; vgl auch MünchKomm/Küpper § 1974 Rn 4).

III. Wirkungen

1. Haftungsbeschränkung auf den Nachlassüberschuss

23 Die Rechtswirkungen der fünfjährigen „Verschweigung" sind nach Abs 1 S 1 **die gleichen wie die eines Ausschlusses im Aufgebotsverfahren**. Die Haftung des Erben wird also grundsätzlich auf die Bereicherung beschränkt (§ 1973 BGB). Eine verschärfte Haftung nach §§ 818 Abs 4, 819 Abs 1 Fall 1 BGB (s § 1973 Rn 22–25) aufgrund *nach* Erwerb der Einrede aus § 1974 BGB eingetretener Rechtshängigkeit oder Kenntnis ist möglich; bei Rechtshängigkeit oder Kenntniserlangung *vor* Ablauf der Fünfjahresfrist scheidet § 1974 BGB bereits tatbestandsmäßig aus (Rn 11, 20). Zur persönlichen Verantwortlichkeit des Erben bei Nichtbeachtung der in § 1973 Abs 1 S 2 BGB genannten Rangfolge s § 1973 Rn 52 ff. Bei geteiltem Nachlass unter Miterben gilt außerdem § 2060 Nr 2 BGB.

2. Ranggemäße Befriedigung aus dem Nachlassüberschuss nach § 1974 Abs 2

24 Eine besondere Regelung trifft **Abs 2** für die Verschweigung von Verbindlichkeiten aus **Pflichtteilsrechten, Vermächtnissen** und **Auflagen**. Abs 2 gilt entspr für **Erbersatzansprüche** (vgl den für Altfälle [Art 227 Abs 1 Nr 1 EGBGB] noch fortgeltenden § 1934b Abs 2 S 1 BGB und direkt zu § 1974 BGB: Soergel/Stein § 1974 Rn 5; Kipp/Coing § 96 III). All diese Verbindlichkeiten sind von § 1974 BGB – anders als im Falle des Aufgebotsverfahrens (§ 1972 BGB) – erfasst, da Abs 3 lediglich auf § 1971 BGB und nicht auch auf § 1972 BGB verweist.

a) Funktion des § 1974 Abs 2

25 Gem § 1973 Abs 1 S 2 BGB hat der Erbe vor den dort genannten Nachlassverbindlichkeiten (dazu § 1973 Rn 44 ff) erst die im Aufgebotsverfahren ausgeschlossenen Gläubiger, die ihre Forderungen geltend machen, zu befriedigen, es sei denn, die

Verbindlichkeiten aus Pflichtteilsrechten, Vermächtnissen und Auflage sind bereits erfüllt worden.

Würde man § 1973 Abs 1 S 2 BGB uneingeschränkt auf den Fall anwenden, dass einer der *zurückgesetzten* Gläubiger gem § 1974 BGB einem ausgeschlossenen Gläubiger gleichsteht, könnte (wenn auch wohl nicht zwingend) zu dem Ergebnis führen, dass dieser Gläubiger wegen (!) seiner fünfjährigen Säumnis *vor* den übrigen Pflichtteils-, Vermächtnis-, Auflage- und Erbersatzberechtigten zu befriedigen ist. Dies würde jedoch der Grundregel des § 1973 Abs 1 S BGB zuwiderlaufen. Deshalb beschränkt § 1974 Abs 2 BGB den (seinerseits wiederum den § 1973 Abs 1 S 1 BGB einschränkenden) § 1973 Abs 1 S 2 BGB dergestalt, dass der dem ausgeschlossenen Gläubiger in § 1973 Abs 1 S 2 BGB zugestandene Vorrang gegenüber Pflichtteilsrechten, Vermächtnissen, Auflagen und Erbersatzansprüchen *im Verhältnis der Pflichtteilsrechte, Vermächtnisse, Auflagen und Erbersatzansprüche zueinander* nur wirksam sein soll, soweit ein solcher Vorrang auch im Nachlassinsolvenzverfahren gegeben wäre (zu § 327 InsO sogleich Rn 28 f). 26

Der Erbe muss also zB einen säumigen Pflichtteilsberechtigten gem §§ 1974 Abs 2, 1973 Abs 1 S 2 BGB nur vor solchen Verbindlichkeiten befriedigen, die auch im Nachlassinsolvenzverfahren einen schlechteren Rang hätten (also vor Vermächtnissen, Auflagen und – soweit noch denkbar – Erbersatzansprüchen; vgl § 327 Abs 1 InsO). Im Übrigen – dh im Verhältnis zu denjenigen der in § 1974 Abs 2 BGB genannten Arten von Verbindlichkeiten, die dem Säumigen im Nachlassinsolvenzverfahren vorgehen (zB im Verhältnis eines säumigen Vermächtnisnehmers zu einem nicht säumigen Pflichtteilsberechtigten, s § 327 Abs 1 InsO) oder mit ihm gleichen Rang haben würden – schließt § 1974 Abs 2 BGB die Anwendung des § 1973 Abs 1 S 2 BGB aus. Insoweit ist dann auch auf das Verhältnis von Verbindlichkeiten aus Pflichtteilsrechten, Vermächtnissen, Auflagen und Erbersatzansprüchen zueinander der bei Verbindlichkeiten *dieser* Art sonst durch § 1973 Abs 1 S 2 BGB verdrängte § 1973 Abs 1 S 1 BGB anwendbar. § 1973 Abs 1 S 1 BGB besagt, dass der ausgeschlossene bzw ihm gleichstehende Gläubiger auf das verwiesen werden kann, was vom Nachlass nach Befriedigung der nicht ausgeschlossenen Gläubiger noch übrigbliebe. 27

Die für § 1974 Abs 2 BGB bedeutsame **Vorfrage nach dem insolvenzrechtlichen Rang** der Verbindlichkeiten aus Pflichtteilsrechten, Vermächtnissen, Auflagen und Erbersatzansprüchen ist in **§ 327 Abs 1 InsO** geregelt. Danach ergibt sich, vorbehaltlich der Sonderregelung in § 327 Abs 2 InsO, folgende Rangordnung: An letzter (aus dem aktuellen Gesetzeswortlaut nicht mehr ersichtlicher) Stelle rangieren Erbersatzansprüche (vgl HK-InsO/Marotzke § 327 Rn 12), an zweitletzter Stelle vom Erblasser angeordnete Vermächtnisse und Auflagen und an drittletzter Stelle Pflichtteilsansprüche. 28

Im Nachlassinsolvenzverfahren werden diese Verbindlichkeiten, sofern sie iS von § 1974 Abs 1 BGB verschwiegen worden sind, erst nach den Verbindlichkeiten berichtigt, mit denen sie ohne die Verschweigungswirkung gleichen Rang haben würden (§ 327 Abs 3 S 1 InsO). Gem § 1973 Abs 1 S 1 BGB, dessen in § 1973 Abs 1 S 2 BGB ausgesprochene Einschränkung ihrerseits durch § 1974 Abs 2 BGB beschränkt wird (s oben Rn 26), darf der Erbe dem säumigen Gläubiger gegenüber in 29 gleicher Weise auch dann verfahren, wenn ein Nachlassinsolvenzverfahren **nicht** anhängig ist.

b) Die Rangfolge im Einzelnen

30 Wenn die verspätet geltend gemachte Forderung überhaupt kein Pflichtteils-, Vermächtnis-, Auflage- oder Erbersatzanspruch ist, findet § 1973 Abs 1 S 2 BGB uneingeschränkte Anwendung. Dh die verspätet geltend gemachte Nachlassverbindlichkeit ist vor diesen Verbindlichkeiten zu befriedigen, sofern diese nicht schon berichtigt worden sind.

31 Wenn Pflichtteilsrechte, Vermächtnisse, Auflagen und/oder Erbersatzansprüche **miteinander konkurrieren**, hat der Erbe gem §§ 1973 Abs 1 S 2, 1974 Abs 2 BGB die von § 1974 BGB betroffenen Pflichtteilsansprüche vor den Ansprüchen aus Vermächtnissen und Auflagen, diese wiederum, wenn sie von § 1974 BGB betroffen sind, noch vor etwaigen Erbersatzansprüchen zu befriedigen, und zwar auch vor den nicht ausgeschlossenen (dies gilt freilich nur für die Befriedigung aus dem *Nachlass,* auf den der Erbe die nicht ausgeschlossenen bzw nicht verschwiegenen Gläubiger jedoch nicht schon nach §§ 1973 Abs 1 S 1, 1974 BGB beschränken kann [vgl auch § 1973 Rn 42 ff]).

32 Sind mehrere Ansprüche, die nach § 327 Abs 1 und 2 InsO *gleichen* Rang haben (zB mehrere Pflichtteilsansprüche), zu befriedigen, so ist der von der Ausschlusswirkung des § 1974 BGB betroffene Anspruch im Nachlassinsolvenzverfahren *nach* den von ihr nicht betroffenen zu befriedigen (§ 327 Abs 3 InsO).

33 Dass der Erbe den verschwiegenen Anspruch auch *außerhalb* des Nachlassinsolvenzverfahrens auf diesen Rang verweisen kann, folgt aus § 1974 Abs 1 iVm § 1973 Abs 1 S 1 BGB. Denn § 1974 Abs 2 BGB beschränkt den (seinerseits § 1973 Abs 1 S 1 BGB einschränkenden) § 1973 Abs 1 S 2 BGB auf Fälle, in denen der in dieser Vorschrift angeordnete Vorrang des ausgeschlossenen bzw gleichstehenden Gläubigers mit der insolvenzrechtlichen Rangfolge nicht kollidiert. Sind mehrere verschwiegene Ansprüche gleichen Ranges geltend gemacht, so sind sie *im* Nachlassinsolvenzverfahren gleichberechtigt „nach dem Verhältnis ihrer Beträge" zu befriedigen (vgl die Eingangsworte des § 327 Abs 1 InsO). *Außerhalb* des Nachlassinsolvenzverfahrens gilt dies schon nach dem Wortlaut der §§ 1973 Abs 1 S 2, 1974 Abs 2 BGB nicht *(„vor* den Verbindlichkeiten aus Pflichtteilsrechten …"; „im Range *vor*gehen würde"). Kommt es nicht zum Nachlassinsolvenzverfahren, sind verschwiegene gleichrangige Ansprüche der unter § 1974 Abs 2 BGB fallenden Art *im Verhältnis zueinander* ebenso zu behandeln wie mehrere *nicht* unter § 1974 Abs 2 BGB fallende verschwiegene oder ausgeschlossene Ansprüche (ebenso BeckOGK/Herzog [1. 1. 2020] § 1974 BGB Rn 43; **aM** ohne Begründung Erman/Horn § 1974 Rn 4; MünchKomm/Küpper § 1974 Rn 6; Soergel/Stein § 1974 Rn 5; wohl auch Staudinger/Lehmann[11] § 1974 Rn 10). Sie können ohne Rücksicht aufeinander verfolgt werden; die Befriedigung des einen mindert den Nachlassüberschuss zu Lasten des anderen (§§ 1973 Abs 2 S 1, 818 Abs 3 BGB).

IV. Beweislast

34 Der Gläubiger, der den Erben nach Ablauf der Säumnisfrist über die Bereicherung hinaus in Anspruch nehmen will, muss dartun, dass entweder die Forderung dem

Erben gegenüber vor Ablauf der Säumnisfrist geltend gemacht oder in einem Aufgebotsverfahren angemeldet worden oder dass sie dem Erben vorher bekannt geworden ist (Planck/Flad Anm 5d; BGB-RGRK/Johannsen § 1974 Rn 16; MünchKomm/Küpper § 1974 Rn 7). Diese Verteilung der Beweislast folgt aus der Formulierung „es sei denn …" in Abs 1 S 1 HS 2. Ist § 1974 BGB erfüllt und macht der Gläubiger eine verschärfte Haftung des Erben geltend (Rn 23), so muss er deren Voraussetzungen beweisen.

Untertitel 3
Beschränkung der Haftung des Erben

Vorbemerkungen zu §§ 1975–1992*

Schrifttum

Vgl die Nachweise bei STAUDINGER/KUNZ Vorbem zu §§ 1967 ff und bei § 1975.

I. Allgemeines

1 Die §§ 1975–1992 BGB betreffen die Beschränkung der **Haftung** des Erben für Nachlassverbindlichkeiten auf den Nachlass. Was damit gemeint ist und welchen Einfluss eine derartige Haftungsbeschränkung auf die **persönliche Schuld** des Erben für Nachlassverbindlichkeiten ausübt, wurde bereits in STAUDINGER/DUTTA (2016) Vorbem 6–8 zu §§ 1967 ff ausgeführt.

2 Hervorzuheben ist, dass eine Beschränkung der Haftung auf den Nachlass **gegenüber dinglichen oder ihnen gleichgestellten Ansprüchen**, die nach § 1971 BGB vom Aufgebot nicht betroffen würden, grundsätzlich nicht in Betracht kommt. Gegenüber akzessorischen *dinglichen Sicherungsrechten* gilt dies jedenfalls dann, wenn der Gläubiger sie bereits vom Erblasser erworben hat (vgl §§ 884, 1137 Abs 1 S 2, 1211 Abs 1 S 2 BGB). Hat der Nachlassgläubiger solche Rechte erst nach dem Erbfall erlangt, so ist zu unterscheiden: Auf den Fall, dass der Nachlassgläubiger sein Sicherungsrecht durch Rechtsgeschäft vom Erben erlangt und der Erbe sich dabei nicht ausdrücklich sein Haftungsbeschränkungsrecht vorbehalten hat, sind die soeben zitierten Vorschriften analog anwendbar (uU kann der Erbe das Sicherungsrecht jedoch kondizieren, vgl § 1990 Rn 25). Hat der Gläubiger das Sicherungsrecht jedoch nach dem Erbfall im Wege der Zwangsvollstreckung, der Arrestvollziehung oder der einstweiligen Verfügung erlangt, so kann der Erbe seine Haftung auch in Ansehung dieses Rechts noch beschränken (vgl §§ 1990 Abs 2, 2016 Abs 2 BGB, § 784 Abs 1 ZPO sowie § 321 InsO [der trotz des vom früheren § 221 KO abweichenden Wortlauts auch für Arreste und einstweilige Verfügungen gilt; vgl § 1975 Rn 47]).

II. Inhaltsübersicht

3 Während sich die Vorschriften des 2. Untertitels mit zwei Fällen der Beschränkung der Erbenhaftung gegenüber *einzelnen* Nachlassgläubigern befassen (§§ 1973, 1974 BGB), bestimmt der 3. Untertitel (§§ 1975–1992 BGB), unter welchen Vorausset-

---

* Diese Neubearbeitung der §§ 1975–2017 basiert auf der Kommentierung STAUDINGER/MAROTZKE (2010) §§ 1975–2017.

zungen und in welcher Weise die Haftung des Erben *allen* Gläubigern gegenüber beschränkt wird:

1. Regelmäßige Voraussetzung einer Haftungsbeschränkung ist gem § 1975 BGB die **Herbeiführung einer Nachlassverwaltung oder eines Nachlassinsolvenzverfahrens**, die erstere idR bei zureichendem, die letztere bei zahlungsunfähigem oder überschuldetem (§ 320 InsO) Nachlass. **4**

Zur Frage einer **analogen** Anwendung der §§ 1975 ff, 1981 ff BGB und der §§ 315 ff InsO auf den **„Nachlass" einer vollbeendeten Personengesellschaft** s § 1975 Rn 54.

2. *Ist der Nachlass dürftig* – dh nicht die Kosten einer Nachlassverwaltung oder eines Nachlassinsolvenzverfahrens deckend –, so kann nach §§ 1990, 1991 BGB eine **Haftungsbeschränkung auch ohne amtliches Verfahren** herbeigeführt werden. Gegenüber *Vermächtnis-* und *Auflage*gläubigern kann diese Beschränkungsmöglichkeit auch bei nicht dürftigem Nachlass gegeben sein, vgl § 1992 BGB. **5**

3. Eine besondere Art der beschränkten Haftung, nämlich eine dem § 1973 BGB entsprechende, ist in **§ 1989 BGB** bestimmt. Diese Vorschrift betrifft den Fall, dass das *Nachlassinsolvenzverfahren durch Verteilung der Masse oder Insolvenzplan beendet* ist und der Erbe hinterher noch für Nachlassverbindlichkeiten in Anspruch genommen wird. **6**

4. **Der Inventarerrichtung**, die eine nur papierene Sonderung des Nachlasses vom Eigenvermögen bedeutet, **hat das Gesetz** – in Abweichung vom gemeinen Recht (Denkschr 722) und im Unterschied zu vielen anderen europäischen Rechtsordnungen (vgl § 1993 Rn 2) – **keine haftungsbeschränkende Wirkung beigelegt**. Die Errichtung eines Nachlassinventars *wahrt* dem Erben nur die Beschränkungsmöglichkeit, während ein *Verstoß* gegen die Inventarpflicht (§ 1994 Rn 1 ff) das Beschränkungsrecht vernichtet und die Erbenhaftung zur endgültig unbeschränkten, also unbeschränkbaren, steigert (§§ 1994 Abs 1 S 2 BGB; 2005 Abs 1 BGB; vgl auch § 2006 Abs 3 BGB). **7**

Im Falle rechtzeitiger Inventarerrichtung wird im Verhältnis zwischen dem Erben und den Nachlassgläubigern vermutet, dass zZ des Erbfalls weitere Nachlassgegenstände als die angegebenen nicht vorhanden gewesen seien (§ 2009 BGB). Diese *Vollständigkeitsvermutung* erleichtert dem beschränkt haftenden Erben den ihm obliegenden (§ 1990 Rn 11) Nachweis, dass ein bestimmter Gegenstand, den er von dem Vollstreckungszugriff eines Nachlassgläubigers befreien möchte (§§ 780 ff ZPO), nicht zum Nachlass, sondern zu seinem Eigenvermögen gehört. **8**

III. Eine Beschränkung der Haftung auf den Nachlass entfällt bzw kann nicht mehr eintreten, soweit der Erbe sein **Haftungsbeschränkungsrecht verloren** hat (vgl § 2013 BGB sowie die zusammenfassende Darstellung der Verlustgründe bei Staudinger/Dutta [2016] Vorbem 14 zu §§ 1967 ff). **9**

IV. **Zur prozessualen Geltendmachung des Haftungsbeschränkungsrechts** vgl Staudinger/Dutta (2016) Vorbem 19 ff, 45 zu §§ 1967 ff. **10**

§ 1975
Nachlassverwaltung; Nachlassinsolvenz

Die Haftung des Erben für die Nachlassverbindlichkeiten beschränkt sich auf den Nachlass, wenn eine Nachlasspflegschaft zum Zwecke der Befriedigung der Nachlassgläubiger (Nachlassverwaltung) angeordnet oder das Nachlassinsolvenzverfahren eröffnet ist.

Materialien: E I § 2110 Abs 1; II § 1850; III § 1950; Mot V 623–625; Prot V 759–766, 807–827; Jakobs/Schubert ER I 301, 337 ff.
Neufassung seit 1. 1. 1999: In § 1975 und § 1976 wurden die Worte „der Nachlaßkonkurs" jeweils ersetzt durch die Worte „das Nachlaßinsolvenzverfahren" (Art 33 Nr 34 EGInsO). Zum *früheren* Rechtszustand vgl Rn 1 ff, 9, 28 und Staudinger/Marotzke (1996) § 1975 Rn 1 ff, 19 ff, 30 ff.

Schrifttum

Bley/Mohrbutter, Vergleichsordnung, Erl zu § 113 VerglO (4. Aufl 1980)
Brand/Kleeff, Die Nachlaßsachen in der gerichtlichen Praxis (2. Aufl 1961) 507
Brüggehagen, Der Konkurs über den Nachlaß eines Gesellschafters einer Personenhandelsgesellschaft (Diss Göttingen 1985)
Brünning, Nachlaßverwaltung und Nachlaßkonkurs im internationalen Privat- und Verfahrensrecht (1996)
Dauner-Lieb, Zwangsvollstreckung bei Nachlaßverwaltung und Nachlaßkonkurs, in: FS Gaul (1997) 93
dies, Unternehmen in Sondervermögen (1998) 65
Ebbecke, Verwaltungsrecht mit dinglicher Wirkung, Gruchot 61 (1917) 558
Firsching/Graf, Nachlassrecht (11. Aufl 2019) §§ 20, 21
Glaser, Das Nachlaßwesen (1952) 42
Graf, Möglichkeiten der Haftungsbeschränkung für Nachlassverbindlichkeiten, ZEV 2000, 125
Haegele, Nachlaßpflegschaft und Nachlaßverwaltung (1955)
Hanisch, Nachlaßinsolvenzverfahren und materielles Erbrecht – Schwerpunkte im Binnen- und im Auslandsbezug, in: FS Henckel (1995) 369
Henschel, Vermehrung der Konkurse, DJZ 1901, 434
Hermreck, Das Nachlassinsolvenzverfahren, NJW-Spezial 2017, 149
Herzog, Nachlasshaftung und Nachlassinsolvenz, ErbR 2013, 70 und 104
Hillebrand, Die Nachlaßverwaltung – unter besonderer Berücksichtigung der Verwaltungs- und Verfügungsrechte des Nachlaßverwalters (Diss Bochum 1998)
Hüsemann, Das Nachlaßinsolvenzverfahren (1998; zugl Diss Münster 1997)
Jaeger, Voraussetzungen eines Nachlaßkonkurses (Diss Erlangen 1893)
ders, Erbenhaftung und Nachlaßkonkurs im neuen Reichsrecht (1898)
Jaeger/Weber, Konkursordnung mit Einführungsgesetzen II 2 (8. Aufl 1973) Erl zu §§ 214–235 KO
Klook, Die überschuldete Erbschaft. Der Erbe als Berechtigter und als Treuhänder der Nachlaßgläubiger (1998)
Kraker, Nachlaßgericht und überschuldeter Nachlaß, BWNotZ 1952, 167
Kretzschmar, Nachlaßverwaltung, ZBlFG 9 (1908/1909) 447
ders, Einfluß des Nachlaßkonkurses auf die Haftung des Erben für die Nachlaßverbindlichkeiten, LZ 1909, 189
ders, Umfang der Pfändungsbeschränkungen im Nachlaßkonkurse und bei der Herausgabe des Nachlasses an die Nachlaßgläubiger, LZ 1914, 363
Kuleisa, Der insolvente Nachlass – Die Haf-

tung der Erben und die Befugnisse des Testamentsvollstreckers, ZVI 2013, 173
LIEBE, Stellung und Befugnisse des Nachlaßverwalters, SächsArch 11 (1901) 544
LISSNER, Am Ende bleiben nur die Schulden – Eine Betrachtung des Nachlassinsolvenzverfahrens, ZInsO 2017, 2253
MAENNER, Die rechtliche Stellung des Konkursverwalters, Testamentsvollstreckers und Nachlaßverwalters, LZ 1916, 783
MAROTZKE, Die Stellung der Nachlassgläubiger in der Eigeninsolvenz des Erben, in: FS Otte (2005) 223
ders, Sonderinsolvenz und Nachlassverwaltung über das Vermögen einer erloschenen Personengesellschaft, ZInsO 2009, 590
MÖHRING/BEISSWINGERT/KLINGELHÖFFER, Vermögensverwaltung in Vormundschafts- und Nachlaßsachen (7. Aufl 1992) 134
MUSCHELER, Die Haftungsordnung der Testamentsvollstreckung (1994)
NÖLL, Der Tod des Schuldners in der Insolvenz (2005)
NÖLL/FLITSCH, Nachlassverwaltung als Sicherungsinstrument bei todesfallbedingten Unternehmensrisiken, ZEV 2017, 247
vPROFF, (Nachlass-)Insolvenz, Nachlassverwaltung und Testamentsvollstreckung an Personengesellschaftsanteilen, NJW 2018, 828
RAAPE, Das Haftungsgestaltungsrecht des Erben, JherJb 72 (1922) 293
REICHEL, Nachlaßkonkurs vor Erbannahme, SeuffBl 76 (1911) 452
RIESENFELD, Die Erbenhaftung II (1916) 46
ROTH, Die Eröffnungsgründe im Nachlassinsolvenzverfahren, ZInsO 2009, 2265 (dazu § 1980 Rn 9)
RUGULLIS, Nachlassverwaltung und Nachlassinsolvenzverfahren – ein verfahrensrechtlicher Vergleich, ZEV 2007, 117
ders, Nachlassverwaltung und Nachlassinsolvenzverfahren – ein Rechtsfolgenvergleich, ZEV 2007, 156
SCHMERBACH, Tod des Schuldners im Verbraucherinsolvenzverfahren, NZI 2008, 353
SCHMIDT, Die Geschäftsführung des Nachlaßpflegers und Nachlaßverwalters (1958)
SCHMIDT-KESSEL, Was ist Nachlass?, WM 2003, 2086
SCHULZ (Hrsg), Handbuch Nachlasspflegschaft (2. Aufl 2017) § 10 ff
G SIEGMANN, Ungereimtheiten und Unklarheiten im Nachlaßinsolvenzrecht, ZEV 2000, 221
ders, Der Tod des Schuldners im Insolvenzverfahren, ZEV 2000, 345
UHLENBRUCK, Die Möglichkeiten der Haftungsbeschränkung des Erben durch Nachlaßkonkurs oder Nachlaßvergleich, ZAP 1991, 185
ULLMANN, Die Pflicht zum Antrage des Konkurses oder des gerichtlichen Vergleichsverfahrens, JW 1930, 1344
VALLENDER/FUCHS/REY, Der Antrag auf Eröffnung eines Nachlaßinsolvenzverfahrens und seine Behandlung bis zur Eröffnungsentscheidung, NZI 1999, 355
WEDERMANN, Die Nachlaßpflegschaft unter Berücksichtigung der Nachlaßordnung und der Rechtsprechung in Bayern, BayZ 1916, 338, 344
WEISSLER, Das Nachlaßverfahren (1920) 411.

Weiteres Schrifttum zum *Nachlassinsolvenzverfahren* bei Rn 28 und bei § 1989, zu den *Einreden aus § 1990 und § 1992* bei § 1990.

Systematische Übersicht

I. Allgemeines

1. Neufassungen der Vorschrift

1 Die ursprüngliche Fassung des § 1975 BGB bezeichnete als regelmäßige Voraussetzung einer Haftungsbeschränkung auf den Nachlass die Anordnung einer **Nachlassverwaltung** oder die Eröffnung des **Nachlasskonkurses**.

2 Hinzu trat aufgrund der VerglO v 26. 2. 1935 das konkursabwendende **Nachlassvergleichsverfahren**, das anstelle des Nachlasskonkurses beantragt werden konnte und gem § 113 Abs 1 Nr 4 VerglO in Ansehung der Haftung des Erben für die Nachlassverbindlichkeiten wie das Nachlasskonkursverfahren wirkte. Während Nachlassverwaltung und Nachlasskonkurs zu einer völligen Absonderung des Nachlasses vom Erbenvermögen führten, eröffnete das Nachlassvergleichsverfahren die Möglichkeit einer Selbstverwaltung des Nachlasses durch den Erben, die zwar das Prinzip der Nachlassabsonderung teilweise durchbrach, sich aber von der dem Erben überlassenen Selbstverwaltung des dürftigen Nachlasses (§§ 1990/1991 BGB) durch die Beaufsichtigung des Erben und seine stärkere Bindung unterschied (s Rn 9 mwNw).

3 In den sog „neuen Bundesländern“ **(ehem DDR)** galt anstelle der KO und der VerglO übergangsweise die GesO. Das in dieser vorgesehene **Nachlass-Gesamtvollstreckungsverfahren** (dazu Staudinger/Marotzke [1996] Vorbem 5 zu §§ 1975 ff) entsprach funktional dem in §§ 1975 ff BGB erwähnten Nachlasskonkurs.

4 **An die Stelle von KO, VerglO und GesO trat am 1. 1. 1999 die InsO**. Die KO, die VerglO und die GesO galten nur noch für Verfahren, die auf einem vor dem 1. 1. 1999 gestellten Eröffnungsantrag beruhten (Art 2, 103 EGInsO). Ebenfalls zum 1. 1. 1999 wurden deshalb in § 1975 BGB die Worte „der Nachlaßkonkurs“ durch die Worte „das **Nachlassinsolvenzverfahren**“ ersetzt und auch die §§ 1976 ff BGB ent-

sprechend angepasst (Art 33 Nrn 34 ff EGInsO). Geregelt ist das Nachlassinsolvenzverfahren in den §§ **315 ff InsO**.

2. Der Absonderungsgedanke

a) Völlige Nachlassabsonderung durch Nachlassverwaltung und Nachlassinsolvenzverfahren

Im Fall der Nachlassverwaltung oder des (fremdverwalteten, s Rn 9 f) Nachlassinsolvenzverfahrens wird der Nachlass der Verwaltung des Erben völlig entzogen. Seine Verwaltung, die Verfügung über die Nachlassgegenstände und die Berichtigung der Schulden aus dem Nachlass werden ganz in die Hände eines **amtlichen Absonderungsverwalters** (Nachlassverwalters oder Nachlassinsolvenzverwalters) gelegt. Vgl §§ 1984 Abs 1, 1985 BGB für die Nachlassverwaltung und §§ 80 ff, 148 ff InsO für das Nachlassinsolvenzverfahren. 5

Die Nachlassgläubiger können ihre Befriedigung in den Fällen des § 1975 BGB nur aus dem Nachlass suchen und im Fall der Nachlassverwaltung ihre Ansprüche gem § 1984 Abs 1 S 3 BGB nur gegen den Verwalter geltend machen (es sei denn, es handelt sich um Ansprüche, die anders als durch Einsatz von Vermögenswerten zu befriedigen sind; vgl § 1984 Rn 23). Obwohl für das Nachlassinsolvenzverfahren eine dem § 1984 Abs 1 S 3 BGB entsprechende Vorschrift fehlt, kann der Erbe auch hier wegen eines Anspruchs, der aus dem Nachlass zu erfüllen ist (vgl RG BayZ 1920, 78 und § 1984 Rn 23), idR nicht verklagt werden (vgl Staudinger/Dutta Vorbem 29 ff zu §§ 1967 ff). Der seines Haftungsbeschränkungsrechts noch nicht verlustig gegangene Erbe kann im Fall der Nachlassverwaltung oder des Nachlassinsolvenzverfahrens verlangen, dass Maßregeln der **Zwangsvollstreckung**, die zugunsten eines *Nachlassgläubigers* in sein Eigenvermögen erfolgt sind (insoweit keine Sperrwirkung des § 89 Abs 1 InsO; s Staudinger/Dutta [2016] Vorbem 29 zu §§ 1967 ff mwNw), aufgehoben werden (§ 784 Abs 1 ZPO). Umgekehrt sind Zwangsvollstreckungen und Arreste in den Nachlass zugunsten eines Eigengläubigers ausgeschlossen (§ 1984 Abs 2 BGB); auch kann der Nachlassverwalter die Aufhebung von Vollstreckungsmaßregeln verlangen, die vor der Anordnung der Nachlassverwaltung zugunsten von Eigengläubigern in den Nachlass erfolgt sind, § 784 Abs 2 ZPO. Der Nachlass*insolvenz*verwalter ist in § 784 Abs 2 ZPO nicht genannt, weil er auf einen derartigen Rechtsbehelf nach ganz hM nicht angewiesen ist: Gem § 321 InsO, der nach hM auch auf Eigengläubiger des Erben Anwendung findet (Prot V 765, 785; Begr KO-Novelle 1898 S 49 = Hahn/Mugdan VII 253; anders noch Mot V 624 – jeweils in Bezug auf den inhaltsgleichen § 221 KO), kann aufgrund einer nach dem Erbfall in den Nachlass erwirkten Vollstreckungsmaßregel ohnehin nicht abgesonderte Befriedigung verlangt werden (vgl jedoch HK-InsO/Marotzke[9] § 321 Rn 1 zur Unvereinbarkeit der Vorschrift mit Art 3 Abs 1 GG). Außerdem gilt während der Dauer des Nachlassinsolvenzverfahrens für die Vollstreckung in den Nachlass (nicht: in das Eigenvermögen; s oben) das Verbot des § 89 Abs 1 InsO. Diese Bestimmung wendet sich zwar ebenso wie die sie ergänzende, dabei aber wohl gegen Art 3 Abs 1 GG verstoßende (vgl Marotzke ZInsO 2006, 7, 9, 190 f; ders DZWIR 2007, 265, 267, 281) „Rückschlagsperrvorschrift" des § 88 InsO dem *Wortlaut* nach nur an *Insolvenz*gläubiger. Jedoch muss ihr Verbotsinhalt erst recht gegenüber solchen Gläubigern wirken, die im Insolvenzverfahren *überhaupt nichts* zu beanspruchen haben (vgl auch HK-InsO/Marotzke[9] § 321 Rn 7 und § 325 Rn 6). Dies trifft für die Eigengläubiger des Erben zu: Gem § 325 InsO 6 können im Nachlassinsolvenzverfahren nur *Nachlass*verbindlichkeiten geltend gemacht werden.

7 Zur weiteren Durchführung der durch die Nachlassverwaltung oder das Nachlassinsolvenzverfahren bewirkten Sonderung des Nachlasses vom Eigenvermögen des Erben macht § 1976 BGB die infolge des Erbfalls eingetretene **Vereinigung von Recht und Verbindlichkeit** rückgängig (vgl auch § 326 InsO). Forderungen, die durch **Aufrechnung** erloschen sind, leben nach Maßgabe des § 1977 BGB wieder auf.

8 Da das Gesetz dem Erben das Recht zugesteht, seine Haftung auf die Nachlassgegenstände zu beschränken, versucht es, **die Nachlassgläubiger vor der Gefahr zu sichern, dass der Nachlass durch Handlungen oder Unterlassungen des Erben verringert wird**. Das geschieht zunächst einmal dadurch, dass dem Erben mit der Anordnung der Nachlassverwaltung oder der Eröffnung des Nachlassinsolvenzverfahrens die Befugnis, den Nachlass zu verwalten und über ihn zu verfügen, entzogen wird (§ 1984 Abs 1 BGB, §§ 80 ff InsO, Ausnahmen in §§ 270 ff InsO). Daneben bedarf es jedoch auch des Schutzes gegen eine *vorherige* Minderung des Nachlasses. Einer solchen könnte uU schon nach den Grundsätzen einer „dinglichen Surrogation" entgegengewirkt werden (sehr str; vgl § 1978 Rn 15, 17 ff). Auch macht das Gesetz den Erben für die bis zur Anordnung der Nachlassverwaltung oder der Eröffnung des Nachlassinsolvenzverfahrens notwendige Verwaltung des Nachlasses persönlich verantwortlich. Von der Annahme der Erbschaft an ist er den Nachlassgläubigern wie ein Beauftragter, für die Zeit vorher wie ein Geschäftsführer ohne Auftrag verantwortlich (§ 1978 Abs 1 BGB). Den nach § 1973 BGB ausgeschlossenen und den diesen durch § 1974 BGB gleichgestellten säumigen Gläubigern gegenüber haftet der Erbe jedoch nur nach den Vorschriften über die Herausgabe einer ungerechtfertigten Bereicherung (s § 1973 Rn 20).

b) Geringere Nachlassabsonderung bei Eigenverwaltung gem §§ 270 ff InsO

9 Das **frühere** (Rn 2 ff) **Nachlassvergleichsverfahren** (dazu Bley/Mohrbutter, VerglO [4. Aufl 1980] Erl zu § 113; Staudinger/Marotzke [1996] § 1975 Rn 4 ff, 30 ff) führte zu einer weniger strengen Absonderung des Nachlasses, da der Erbe das Recht zur Verwaltung des Nachlasses behielt, insbes zur Verfügung über ihn befugt blieb (anders als nach § 1984 Abs 1 S 1 BGB und § 6 KO in den Fällen der Nachlassverwaltung und des Nachlasskonkurses).

10 **Das gegenwärtige Insolvenzrecht** (Rn 4) greift diesen Gedanken auf, wandelt ihn jedoch in einigen Punkten ab und gibt ihm auch äußerlich eine andere Form: Gem § 270 Abs 1 InsO ist der Schuldner (in der Nachlassinsolvenz also der Erbe) berechtigt, unter der Aufsicht eines Sachwalters die Insolvenzmasse zu verwalten und über sie zu verfügen, wenn das Insolvenzgericht in dem Beschluss über die Eröffnung des Insolvenzverfahrens oder nachträglich gem § 271 InsO die Eigenverwaltung anordnet. **Soweit die §§ 270 ff InsO nichts anderes bestimmen, gelten für das „eigenverwaltete" Insolvenzverfahren die allgemeinen Vorschriften, § 270 Abs 1 S 2 InsO**. Für das Nachlassinsolvenzverfahren bedeutet dies, dass die Anordnung der Eigenverwaltung außer in der Frage der Verwaltungs- und Verfügungszuständigkeit nichts am Charakter des Verfahrens ändert. Konsequent hat der Gesetzgeber bei der Neufassung der §§ 1975 ff BGB und des § 784 Abs 1 ZPO nicht danach unterschieden, ob es sich um ein fremd- oder um ein eigenverwaltetes Nachlassinsolvenzver-

fahren handelt. Vgl zur Eigenverwaltung auch Staudinger/Dutta (2016) Vorbem 34 zu §§ 1967 ff sowie unten § 1981 Rn 29, § 1988 Rn 5, § 2000 Rn 3 und § 2013 Rn 4, 10.

3. Rechtslage bei unbeschränkbar gewordener Erbenhaftung

Die **haftungsbeschränkende Wirkung** der Nachlassverwaltung und des Nachlassinsolvenzverfahrens kann nur eintreten, soweit der Erbe das Recht zur Beschränkung seiner Haftung noch nicht verloren hat. Deshalb schließt § 2013 Abs 1 S 1 BGB die Anwendung des § 1975 BGB völlig aus, wenn der Erbe bereits gegenüber sämtlichen Nachlassgläubigern unbeschränkbar haftend geworden ist (§§ 1994 Abs 1 S 2, 2005 Abs 1 BGB; vgl aber Staudinger/Marotzke § 2060 Rn 2 für den rechtlich schwierigeren Fall der Erbenmehrheit). Hat der Erbe sein Haftungsbeschränkungsrecht nur gegenüber *einzelnen* Nachlassgläubigern verloren (vgl Staudinger/Marotzke [2010] Vorbem 14 zu §§ 1967 ff), so entfällt die haftungsbeschränkende Wirkung der Nachlassverwaltung usw nur *diesen* Gläubigern gegenüber. Während der Antrag auf Eröffnung des Nachlassvergleichsverfahrens (Rn 2, 9) schon dann nicht mehr gestellt werden konnte, wenn der Erbe oder einer der Erben auch nur einem Gläubiger unbeschränkbar haftend geworden war (vgl den inzwischen außer Kraft getretenen § 113 Abs 1 Nr 3 VerglO und Staudinger/Marotzke [1996] § 2013 Rn 10), wird das Recht des Erben, die Anordnung einer Nachlassverwaltung zu beantragen (§§ 1981 Abs 1, 2062 BGB), hierdurch nicht berührt (§ 2013 Abs 2 BGB). Gem § 2013 Abs 1 S 2 HS 2 BGB verliert er dieses Recht jedoch im Fall *allgemein* unbeschränkbarer Haftung (zu der entspr Frage bei Erbenmehrheit vgl § 2062 Rn 3). Gleichwohl kann er uU auch dann noch die Eröffnung eines Nachlassinsolvenzverfahrens beantragen (§§ 316 Abs 1, 317, 320 InsO), um seine Eigengläubiger am Zugriff auf den Nachlass zu hindern (vgl § 2013 Rn 4, 10). Freilich ändert die Verfahrenseröffnung dann nichts mehr an der unbeschränkten Haftung des Erben für die Nachlassverbindlichkeiten. Die Anordnung einer Eigenverwaltung (§§ 270 ff InsO) wird in solchen Fällen nur selten in Betracht kommen (s § 2013 Rn 4, 10). 11

Auch wenn die Beschränkung der Erbenhaftung nicht mehr eintreten kann, vermögen die Nachlassverwaltung und das Nachlassinsolvenzverfahren noch ihre **absondernde Wirkung zugunsten der Nachlassgläubiger** (Rn 5 ff) zu entfalten. Deshalb sind auch die *Nachlassgläubiger* zur Beantragung der Nachlassverwaltung berechtigt, allerdings nur unter der in § 1981 Abs 2 BGB aufgestellten Voraussetzung, dass ihre Befriedigung aus dem Nachlass durch das Verhalten oder die Vermögenslage des Erben gefährdet ist. Auch zur Beantragung des Nachlassinsolvenzverfahrens ist bei Vorliegen eines Eröffnungsgrundes (§ 320 InsO) jeder Nachlassgläubiger berechtigt (§ 317 Abs 1 InsO). Für Gläubigeranträge gelten jedoch die zweijährigen Ausschlussfristen der §§ 1981 Abs 2 S 2 BGB, 319 InsO. 12

4. Beginn und Ende der Haftungsbeschränkung

Die Wirkung der Haftungsbeschränkung **beginnt** mit der Anordnung der Nachlassverwaltung oder der Eröffnung des Nachlassinsolvenzverfahrens. Doch muss der Erbe sich schon vorher bei einer evtl Verurteilung den Vorbehalt nach § 780 ZPO sichern, um sich nachher gegenüber einer Zwangsvollstreckung auf die inzwischen eingetretene Haftungsbeschränkung berufen zu können (vgl RGZ 59, 301, 305). 13

14 Eine ausdrückliche Bestimmung darüber, wann die haftungsbeschränkende Wirkung **endet**, findet sich in § 1989 BGB für Fälle, in denen das Nachlassinsolvenzverfahren durch Masseverteilung oder Insolvenzplan beendet wird. Hier wird – vorbehaltlich der im Insolvenzplan getroffenen Regelungen – die Haftung des Erben ebenso wie gegenüber den Gläubigern, die im Aufgebotsverfahren ausgeschlossen sind, auf die ihm verbliebene Bereicherung beschränkt; auch durch Versäumung einer Inventarfrist (§ 1994 Abs 1 S 2 BGB) kann diese Beschränkung nicht mehr verwirkt werden (vgl § 2000 S 3 BGB und § 2000 Rn 5; zur Frage einer analogen Anwendung der Vorschrift auf die Inventaruntreue [§ 2005 Abs 1 S 1 BGB] und die Verweigerung der eidesstattlichen Versicherung [§ 2006 BGB] vgl § 2000 Rn 8, 9). Für die übrigen Fälle, nämlich Einstellung des Nachlassinsolvenzverfahrens sowie Beendigung der Nachlassverwaltung vor oder nach Befriedigung der bekannten Gläubiger, kann auf die Ausführungen bei § 1989 Rn 2–4, bei § 1990 Rn 1 ff und bei § 1986 Rn 9 ff verwiesen werden.

II. Die Nachlassverwaltung

1. Entstehungsgeschichte

15 Die Nachlassverwaltung war dem E I fremd. Sie erschien erst im E II, jedoch zunächst unter dem Namen „Nachlasspflegschaft". Die sie von einer nach *§ 1960* oder *§ 1961 BGB* angeordneten Pflegschaft unterscheidende Bezeichnung „Nachlassverwaltung" (§ 1975 BGB) erhielt sie erst aufgrund der Revision seitens der Redaktionskomm (Prot VI 338) in E II § 1952 idF der Bundesratsvorlage.

16 Im E II war als einzige Form der amtlichen Liquidation der Nachlasskonkurs vorgesehen. Diese Maßregel erwies sich aber für gewisse Fälle als unzureichend (vgl Prot V 761 f), namentlich für diejenigen, in denen die *Überschuldung* des Nachlasses, die nach § 215 KO alleiniger Eröffnungsgrund war (großzügiger nunmehr § 320 InsO), zweifelhaft ist. Zu denken ist ferner an Fälle, in denen wegen schwerer Verwertbarkeit des Nachlasses eine vorübergehende Zahlungsschwierigkeit besteht, sowie an Fälle, in denen zwar die gegenwärtige Zulänglichkeit des Nachlasses außer Zweifel steht, seine Verhältnisse aber so verwickelt sind, dass dem Erben nicht zuzumuten ist, die Nachlassverbindlichkeiten zunächst aus dem eigenen Vermögen zu bezahlen und die Verwaltung des Nachlasses auf seine Gefahr zu übernehmen (Denkschr 723).

17 In früheren Rechten finden sich ähnliche Einrichtungen, so namentlich der abandon des französischen Rechts (cc Art 802 Nr 1) und der erbschaftliche Liquidationsprozess des älteren preußischen Rechts (AGO I 51 Abschn 2; Eccius IV § 270 Nr II).

2. Wesen der Nachlassverwaltung

18 Nach der Legaldefinition des § 1975 BGB ist die Nachlassverwaltung eine **Nachlasspflegschaft zum Zwecke der Befriedigung der Nachlassgläubiger**. Soweit das Gesetz nichts Abweichendes bestimmt und soweit der besondere Zweck der Einrichtung nicht entgegensteht (vgl RGZ 135, 305, 307), finden deshalb die Vorschriften über die Pflegschaft (§§ 1915 ff BGB) Anwendung: mithin auch die Vorschriften über die Vormundschaft; § 1915 Abs 1 S 1 BGB (vgl RGZ 72, 260, 263; 88, 264 ff; BayObLGZ 15 [1916] 31 ff; OLG München RJA 6 [1906] 119, 120 = KGJ 30 A 299; § 1981 Rn 28, 31 f, § 1985

Rn 33 ff, § 1987 Rn 1, 6 ff). Da die Nachlassverwaltung eine Art der Nachlasspflegschaft ist, ist gem § 1962 BGB anstelle des Familien- oder Betreuungsgerichts das Nachlassgericht zuständig (vgl auch §§ 1981, 1983 BGB; speziell zur internationalen Zuständigkeit unten Rn 50 ff).

Durch ihren besonderen Zweck – Befriedigung der Nachlassgläubiger – unterscheidet sich die Nachlassverwaltung von der in *§ 1960* und *§ 1961 BGB* geregelten Nachlasspflegschaft. Das Gesetz trägt dem Rechnung, indem es dem Erben mit der Anordnung der Nachlassverwaltung die Befugnis, den Nachlass zu verwalten und über ihn zu verfügen, entzieht (§ 1984 BGB), indem es den Nachlassverwalter auch den Nachlassgläubigern gegenüber für verantwortlich erklärt (§ 1985 Abs 2 BGB) und indem es dessen erhöhte Verantwortlichkeit durch Gewährung eines Vergütungsanspruchs honoriert (§ 1987 BGB). In diesen Punkten steht die Nachlassverwaltung der Insolvenzverwaltung näher als der allgemeinen Nachlasspflegschaft (vgl §§ 80 ff, 60 ff, 63 ff InsO und § 1985 Rn 1 ff; KG FamRZ 2006, 559). 19

3. Beantragung und Anordnung der Nachlassverwaltung

Die **Anordnung** der Nachlassverwaltung erfolgt **durch das Nachlassgericht** gem § 1981 BGB, entweder **auf Antrag des Erben** unter der Voraussetzung, dass dieser noch nicht allen Nachlassgläubigern gegenüber unbeschränkbar haftend geworden ist (§ 2013 Abs 1 S 1 und Abs 2 BGB), **oder** auf den innerhalb von zwei Jahren seit der Erbschaftsannahme (dazu § 1981 Rn 20) gestellten Antrag **eines Nachlassgläubigers**, falls Grund zur Annahme besteht, dass die Befriedigung der Nachlassgläubiger aus dem Nachlass durch das Verhalten oder die Vermögenslage des Erben gefährdet wird (§ 1981 Abs 2 BGB). Gem § 1982 BGB kann die Anordnung der Nachlassverwaltung abgelehnt werden, wenn eine den Kosten des Verfahrens entsprechende Masse nicht vorhanden ist. Kein Ablehnungsgrund ist hingegen darin zu sehen, dass im konkreten Fall nur *ein* Nachlassgläubiger existiert (§ 1981 Rn 19 mwNw). Bei Einverständnis aller Nachlassgläubiger kann die Nachlassverwaltung auch zur Abwendung des Nachlassinsolvenzverfahrens bestellt werden (Siber, Haftung für Nachlaßschulden 89; Erman/Horn Rn 2). 20

Miterben können den Antrag nur gemeinschaftlich stellen. Ihrem Antrag ist nur stattzugeben, wenn der Nachlass noch nicht geteilt ist (§ 2062 BGB). Über einen *Erbteil* findet eine Nachlassverwaltung nicht statt (Rechtsgedanke des § 316 Abs 3 InsO). Hinsichtlich der auf Antrag eines *Erben* anzuordnenden Nachlassverwaltung wird das in § 2062 BGB konkludent vorausgesetzt. Es wurde aber auch eine Anregung, die die Zulässigkeit auf *Gläubigerantrag* im Gesetz bestimmen wollte, in der II. Komm ausdrücklich abgelehnt (Prot VI 343; zustimmend Knitschky AcP 91 [1901] 281, 289 ff; s zur Gesetzesgeschichte auch § 2007 Rn 3). Dabei wurde darauf hingewiesen, dass die *Zwangsvollstreckung* in den Anteil eines Miterben zulässig ist (vgl § 859 Abs 2 ZPO). 21

Dass ein verwaltender **Testamentsvollstrecker** vorhanden ist, steht der Anordnung der Nachlassverwaltung nicht entgegen (Prot VI 350; RG LZ 1919, 875; KG OLGE 18 [1909/I] 316; OLG Colmar OLGE 39 [1919/II] 12 f; LG Hamburg ZBlFG 2 [1901/1902] 485 f; Muscheler 104 ff mit Nachweisen zur Gegenansicht in Fn 27; Einzelheiten bei § 1981 Rn 14, 22 f, 30); ebenso wenig eine nach § 1960 oder § 1961 BGB angeordnete **Nachlasspfleg-** 22

schaft (BayObLGZ 1976, 167, 171; zum Antragsrecht in diesem Fall s Staudinger/Marotzke [2008] § 1960 Rn 46; ferner unten § 1981 Rn 14), ein den Nachlass ganz oder teilweise umfassendes schwebendes **Entschuldungsverfahren** (KG DNotZ 1935, 833) oder ein **Insolvenzverfahren über das Vermögen des Erben** (s § 1981 Rn 9). Wohl aber ein **Nachlassinsolvenzverfahren** (arg § 1988 Abs 1 BGB). Vgl im Übrigen die Erl zu § 1981 BGB, insbes auch wegen einiger Besonderheiten bei bestehender Testamentsvollstreckung und wegen der Rechtsbehelfe gegen einen dem Antrag auf Nachlassverwaltung stattgebenden oder ihn ablehnenden Beschluss des Nachlassgerichts.

23 Zur Annahme der **Verwalterstelle** kann niemand gezwungen werden, § 1981 Abs 3 BGB. *Der Erbe selbst* kann nach hM nicht zum Nachlassverwalter bestellt werden; dem ist jedenfalls für den *Alleinerben* zuzustimmen (Näheres bei § 1981 Rn 29). Jedoch kann der Erbe im Einverständnis mit den Nachlassgläubigern, die von der Anordnung einer förmlichen Nachlassverwaltung absehen, als deren Beauftragter den Nachlass abwickeln. Diese Vereinbarung wird aber bei Eröffnung des Insolvenzverfahrens hinfällig (vgl Molitor JherJb 69 [1920] 283 ff, 314; Palandt/Weidlich Rn 2).

24 **4.** Die **Wirkungen der Nachlassverwaltung** ergeben sich aus §§ 1975–1979 BGB, 1984, 2000 BGB und §§ 241, 784 ZPO. Vgl auch oben Rn 1, 5 ff.

25 **5.** Die **Rechtsstellung des Nachlassverwalters** ist in den §§ 1984–1987 BGB geregelt. Zur theoretischen Einordnung dieser Rechtsstellung vgl § 1985 Rn 1 ff.

26 **6.** Die **Nachlassverwaltung endet** niemals von selbst, sondern nur infolge Aufhebung durch das Nachlassgericht oder Eröffnung des Nachlassinsolvenzverfahrens (vgl Erl zu § 1988 Rn 1 ff).

27 **7.** **Die Kosten** der Nachlassverwaltung sind Nachlassverbindlichkeiten (§ 24 GNotKG) und im Nachlassinsolvenzverfahren Masseverbindlichkeiten gem § 324 Abs 1 Nr 4 InsO (vgl KG OLGE 13 [1906/II] 273 f; RG JW 1906, 114 Nr 13 – jeweils noch zu § 224 Abs 1 Nr 4 KO). Zur Gebühr s KV 12310 GNotKG (Verfahrensgebühr von 0,5) und KV 12311 GNotKG (Jahresgebühr). Das Nachlassgericht kann einen Vorschuss gem § 14 Abs 1 GNotKG (außer in den Fällen des § 1982 BGB, vgl § 1982 Rn 4) nur dann anfordern, wenn tatsächliche Anhaltspunkte für eine Gefährdung des Kosteneingangs im konkreten Fall vorliegen (OLG München 23. 10. 2018 – 31 Wx 207/18, FamRZ 2019, 730 f).

III. Das Nachlassinsolvenzverfahren*

1. Entstehungsgeschichte

28 Historischer Vorläufer des Nachlassinsolvenzverfahrens ist das Nachlasskonkursverfahren (Rn 1). E I behandelte den Nachlasskonkurs in den §§ 2109–2119 (dazu Mot V 622–643). In zweiter Lesung wurden die Bestimmungen erheblich geändert; man beschloss, sie in die KO zu verweisen (Prot V 762–774, 820–827, 879; VI 771–777). Dies geschah durch die Konkursnovelle von 1898, die am 1. 1. 1900 gemeinsam

* **Schrifttum**: Vgl die Angaben vor Rn 1 sowie die Erl zu §§ 315 ff InsO in den InsO-Kommentaren (zB HK-InsO/Marotzke [9. Aufl 2018]).

mit dem BGB in Kraft trat (vgl Hahn/Mugdan, Die gesammten Materialien zu den Reichs-Justizgesetzen, Bd VII [1898 bzw Neudruck 1983] S 213 ff, 223 ff, 251 ff, 322 ff, 421 ff). Seitdem sind die Vorschriften über den Nachlasskonkurs (§§ 214 ff KO) bis Ende 1998 nahezu unverändert geblieben (wenn man von ihrer Ergänzung und auch teilweisen Verdrängung durch die bei Rn 1 erwähnten sonstigen Insolvenzgesetze – VerglO und GesO – einmal absieht). Die am 1. 1. 1999 in Kraft getretene InsO hat in §§ 315 ff Vieles von dem übernommen, was bis dahin in der KO geregelt war (zu *inhaltlichen* Änderungen vgl oben Rn 16, unten Rn 36 ff, 44, 48 und HK-InsO/Marotzke[7] Rn 1 ff vor §§ 315 ff und § 315 Rn 7, § 317 Rn 18 f, § 320 Rn 1, 5 ff, § 327 Rn 1 ff, 12 f, § 332 Rn 1, 8, § 333 Rn 1 ff, § 334 Rn 1). Geändert hat sich in erster Linie die Terminologie: nicht mehr Nachlasskonkurs, sondern Nachlassinsolvenzverfahren; nicht mehr Konkurs-, sondern Insolvenzgläubiger (§ 38 InsO).

2. Das Nachlassinsolvenzverfahren ist ein **Sonderinsolvenzverfahren**, welches nur den Nachlass, nicht auch das Eigenvermögen des Erben erfasst. Auf ein Insolvenzverfahren über das Gesamtvermögen des Erben finden die Vorschriften über die Nachlassinsolvenz keine Anwendung. Im Insolvenzverfahren über das Vermögen des Erben gelten, wenn parallel hierzu ein Nachlassinsolvenzverfahren eröffnet oder eine Nachlassverwaltung angeordnet ist, die Regelungen über die Ausfallhaftung (§§ 52, 190, 192, 198, 237 Abs 1 S 2 InsO) entsprechend für Nachlassgläubiger, denen gegenüber der Erbe unbeschränkt haftet (§ 331 Abs 1 InsO). 29

„Schuldner“ des Nachlassinsolvenzverfahrens im Sinne der Vorschriften der InsO ist der Erbe in seiner Eigenschaft als Träger des Nachlasses (MünchKomm/Küpper Rn 4; LG Freiburg 13. 3. 2019 – 3 T 39/19, ZErb 2019, 122 [in Zusammenhang mit der Frage eines Zeugnisverweigerungsrechtes] mit Anmerkung von Wozniak, jurisPR-InsR 13/2019 Anm 4; **aM** in der Begründung des GesE einer Insolvenzordnung, BT-Drucks 12/2443, 113, li Sp, der – ohne weitere Begründung – das Sondervermögen selbst als Schuldner bezeichnet).

3. **Voraussetzung** für die Eröffnung des Nachlassinsolvenzverfahrens ist – neben der Antragstellung durch einen dazu Berechtigten (Rn 34 ff) – das Vorhandensein eines Eröffnungsgrundes (§ 16 InsO) und einer den Kosten des Verfahrens entsprechenden Masse bzw die Leistung eines entsprechenden Kostenvorschusses (§ 26 Abs 1 S 2 InsO). Eröffnungsgründe sind die Zahlungsunfähigkeit und die Überschuldung des Nachlasses (§ 320 Abs 1 S 1 InsO; vgl auch § 1980 Rn 9). Wird der Eröffnungsantrag vom Erben, vom Nachlassverwalter, von einem nach § 1960 BGB oder § 1961 BGB bestellten Nachlasspfleger oder vom Testamentsvollstrecker gestellt, so ist auch die „drohende“ Zahlungsunfähigkeit Eröffnungsgrund (§ 320 S 2 InsO). Nach Braun/Bauch[6] InsO § 320 Rn 12 ist der Anteil von Nachlassinsolvenzverfahren mit einer ungewöhnlich hohen Quote (bis zu 100% auf Insolvenzforderungen iSd § 38 InsO) relativ hoch, was den Schluss nahelege, dass mit Hilfe des Insolvenzrechts nicht selten verdeckte Erbauseinandersetzungen betrieben würden (wird näher ausgeführt). 30

Über einen Erbteil findet ein Insolvenzverfahren nicht statt (§ 316 Abs 3 InsO; zur Vorgeschichte der Vorschrift s § 2007 Rn 3). Nicht zulässig ist ferner ein Sonderinsolvenzverfahren über Gesellschaftsanteile (Staudinger/Marotzke Vorbem 8 zu §§ 2058 ff) oder über ein ererbtes Unternehmen (Michalski Rn 968; konkludent auch Marotzke ZEV 2002, 506 ff; zweifelnd Uhlenbruck/Lüer[13] InsO § 316 Rn 8). Der Eröffnung des Nachlassinsol- 31 venzverfahrens steht nicht entgegen, dass mehrere Erben vorhanden sind und diese den Nachlass bereits unter sich aufgeteilt haben (§ 316 Abs 2 InsO). Auch ein erst nach der Erbauseinandersetzung eröffnetes Nachlassinsolvenzverfahren wirkt haftungsbeschränkend gem § 1975 BGB (s Staudinger/Marotzke § 2060 Rn 4, 85 und § 2062 Rn 16).

32 Gemäß § 316 Abs 1 InsO wird die Eröffnung des Nachlassinsolvenzverfahrens auch dadurch nicht ausgeschlossen, dass der Erbe die Erbschaft noch nicht angenommen hat (dazu Reichel SeuffBl 76 [1911] 452 ff) oder dass er für die Nachlassverbindlichkeiten unbeschränkt haftet. Dass im konkreten Fall nur ein Nachlassgläubiger vorhanden ist, hindert die Verfahrenseröffnung idR nicht (BGH ZInsO 2006, 145 = ZIP 2006, 247; HK-InsO/Marotzke[9] § 316 Rn 3 mwNw auch zur Gegenansicht).

33 **4. Als Insolvenzgericht** ist ausschließlich das Amtsgericht (§ 2 InsO) zuständig, in dessen Bezirk der Erblasser zZ seines Todes seinen allgemeinen Gerichtsstand hatte (§ 315 S 1 InsO). Lag jedoch der Mittelpunkt einer selbständigen wirtschaftlichen Tätigkeit des Erblassers an einem anderen Ort, so ist ausschließlich das Insolvenzgericht zuständig, in dessen Bezirk dieser Ort liegt (§ 315 S 2 InsO).

34 **5.** Zur Stellung des Eröffnungsantrags sind **berechtigt**:

a) Gemäß § 317 Abs 1 InsO jeder Erbe – bei Erbenmehrheit alle gemeinsam, aber auch jeder einzeln, der dann jedoch den Eröffnungsgrund glaubhaft machen muss (§ 317 Abs 2 InsO). Der Erbe eines zahlungsunfähigen oder überschuldeten Nachlasses ist idR sogar *verpflichtet,* die Eröffnung eines Nachlassinsolvenzverfahrens zu beantragen (§ 1980 BGB). Zu den Anforderungen an den **Nachweis** der Erbenstellung vgl einerseits LG Köln ZInsO 2003, 720 f und Kübler/Prütting/Bork/Holzer (Juni 2019) § 317 Rn 4 (verlangen Vollbeweis mittels Erbscheins) und andererseits HK-InsO/Marotzke[9] § 317 Rn 3 und MünchKommInsO/Siegmann[3] § 317 Rn 2 (lässt idR Glaubhaftmachung genügen). Nicht antragsberechtigt ist der Erbe, der die Versäumung der Ausschlagungsfrist angefochten hat, auch wenn die Wirksamkeit der Anfechtung noch nicht feststeht (BGH FamRZ 2011, 1292). Dieser kann nach der Entscheidung des BGH (BGH FamRZ 2011, 1292) sein außerhalb des Nachlasses bestehendes Vermögen dadurch schützen, dass er eine Nachlasspflegschaft beantragt (vgl § 1960 Abs 1 S 2, Abs 2 BGB) und gegenüber dem Nachlasspfleger anregt, Antrag auf Eröffnung des Nachlassinsolvenzverfahrens zu stellen.

Gehört der Nachlass zum Gesamtgut der Gütergemeinschaft (vgl § 1416 Abs 1 S 2 BGB einerseits und § 1418 Abs 2 Nr 1, 2 BGB andererseits), so kann sowohl der Ehegatte, der Erbe ist, als auch der Ehegatte, der nicht Erbe ist, aber das Gesamtgut allein oder mit seinem Ehegatten gemeinschaftlich verwaltet, ohne Zustimmung des anderen Ehegatten das Nachlassinsolvenzverfahren beantragen (vgl § 318 InsO). Entsprechendes gilt für Lebenspartner, wenn diese Gütergemeinschaft vereinbart haben (vgl §§ 7 S 2 LPartG, 318 Abs 3 InsO; HK-InsO/Marotzke[9] § 318 Rn 3).

35 **b)** Außer dem Erben ist gem § 317 Abs 1 InsO **jeder Nachlassgläubiger** antragsberechtigt, aber nicht mehr nach Ablauf von zwei Jahren seit der Erbschaftsannahme (§ 1981 Rn 20; vgl § 319 InsO sowie zu einer denkbaren Ausnahme bei bestehender Testamentsvollstreckung § 1981 Rn 20).

Nach früherem Recht (§ 219 Abs 1 S 1 KO) konnte ein *nach § 1973 BGB ausgeschlossener oder nach § 1974 BGB gleichstehender* Nachlassgläubiger den (Nachlasskonkurs-)Antrag nur stellen, wenn über dem Vermögen des *Erben* bereits ein Konkursverfahren schwebte (einen weiteren Anwendungsfall normierte § 219 Abs 2 KO für den Fall der Zugehörigkeit des Nachlasses zum Gesamtgut einer Gütergemeinschaft). Das Gleiche galt für Vermächtnisnehmer und Auflageberechtigte (§ 219 Abs 1 S 2 KO), nicht jedoch für Pflichtteilsgläubiger. 36

In die am 1. 1. 1999 in Kraft getretene InsO (Rn 4) wurde eine dem § 219 KO (Rn 36) entsprechende Bestimmung mit Absicht nicht aufgenommen (vgl zum Folgenden BT-Drucks 12/2443, 230 zu § 363 RegEInsO). Historisch nicht ganz zutreffend (vgl § 1992 Rn 1 und vor allem die amtl Begr der KO-Novelle [1898] 48 = Hahn/Mugdan, Die gesammten Materialien zu den Reichs-Justizgesetzen Bd VII [1898] 252), führte man die ratio legis des § 219 KO allein auf den Gedanken zurück, dass bestimmten nachrangigen (§§ 226 Abs 2 ff KO, 327 InsO) Gläubigern das *Rechtsschutzbedürfnis* für einen Eröffnungsantrag fehle, da sie aus einem überschuldeten Nachlass (§ 215 KO) bei zusätzlicher Berücksichtigung auch der Verfahrenskosten keine Befriedigung erwarten könnten. Diese Überlegung, so meinte man, treffe auf das in der *InsO* geregelte Nachlassinsolvenzverfahren nicht im bisherigen Maße zu. Denn nach der *InsO* (§ 320) könne ein Nachlassinsolvenzverfahren nicht nur bei Überschuldung, sondern auch bei Zahlungsunfähigkeit oder drohender Zahlungsunfähigkeit eröffnet werden (bei nur „drohender" Zahlungsunfähigkeit allerdings nicht auf *Gläubiger*antrag; s § 320 S 2 InsO). Weiterhin sei zu berücksichtigen, dass sich der wirtschaftliche Wert des Nachlasses noch *vergrößern* könne, etwa wenn der Insolvenzverwalter ein zum Nachlass gehörendes Unternehmen mit Geschick fortführe. Die **Frage des Rechtsschutzinteresses, § 14 Abs 1 InsO**, sei letztlich eine solche des Einzelfalles und rechtfertige keine Sondervorschrift für einzelne Gläubigergruppen nach dem Vorbild des § 219 KO. 37

Diese Begründung trägt die ersatzlose Streichung des § 219 KO nur, soweit sie sich auf die von *§ 1973 BGB* oder *§ 1974 BGB* betroffenen Gläubiger bezieht. Hinsichtlich der im früheren § 219 KO ebenfalls erwähnten **Vermächtnisse** und **Auflagen** hat der Reformgesetzgeber jedoch gänzlich unberücksichtigt gelassen, dass § 219 KO insoweit vor allem dem **mutmaßlichen Erblasserwillen** Geltung verschaffen sollte (vgl die Nachweise bei § 1992 Rn 1). Nicht nur vor, sondern auch nach Inkrafttreten der InsO würde es im Zweifel nicht dem Willen des Erblassers entsprechen, wenn wegen einer Überschuldung des Nachlasses mit Vermächtnissen und Auflagen, die er im Vertrauen auf die Zulänglichkeit des Nachlasses anordnet, später einmal ein Nachlassinsolvenzverfahren eröffnet werden müsste (vgl auch §§ 1980 Abs 1 S 3, 1992 BGB). Es ist deshalb zu überlegen, ob dieser mutmaßliche Erblasserwille nicht auch ohne ausdrückliche gesetzliche Bekräftigung den Inhalt von Vermächtnissen und Auflagen derart prägt, dass dem Gläubiger bzw Vollziehungsberechtigten das Recht, die Eröffnung eines Nachlassinsolvenzverfahrens zu beantragen, nur unter den Voraussetzungen des – insoweit etwas zu voreilig gestrichenen – § 219 KO zusteht. 38

c) Des Weiteren sind antragsberechtigt ein etwaiger **Nachlassverwalter oder sonstiger Nachlasspfleger** sowie ein **verwaltender Testamentsvollstrecker** (vgl § 317 Abs 1 und 3 InsO). Wenn über dem (Gesamt-)Vermögen des Erben ein Insolvenzverfahren schwebt, kann auch der **Insolvenzverwalter** die Eröffnung des Nachlassinsolvenzverfahrens beantragen (vgl Marotzke, in: FS Otte [2005] 223, 230 f sowie erg unten § 1980 39

Rn 14). **Nicht** antragsberechtigt ist hingegen **das Nachlassgericht** (zutr BGH ZEV 2009, 352).

40 6. **Die Rechtsstellung und die Aufgaben des Nachlassinsolvenzverwalters** sind grds dieselben wie die eines „normalen" Insolvenzverwalters (HK-InsO/Marotzke[9] Rn 10 vor §§ 315 ff); sie ähneln aber zT auch denjenigen des Nachlassverwalters (vgl zu diesem § 1985 Rn 1 ff). Die Höhe seines **Vergütungsanspruchs** richtet sich nach denselben Regeln, die auch für „normale" Insolvenzverwaltungen gelten (OLG Zweibrücken ZInsO 2001, 258 f).

41 7. Zur **Insolvenzmasse** des Nachlassinsolvenzverfahrens gehört der Nachlass als Ganzes einschließlich etwaiger Ersatzansprüche gegen den Erben aus schlechter Verwaltung des Nachlasses (§ 1978 Abs 2 BGB) und etwaiger Anfechtungsrechte wegen gläubigerbenachteiligender Rechtshandlungen des Erblassers oder des Erben (§§ 129 ff InsO) sowie wegen Zahlungen des Erben auf Pflichtteilsansprüche, Erbersatzansprüche (soweit übergangsrechtlich noch denkbar), Vermächtnisse und Auflagen (vgl §§ 322, 134, 143 Abs 2, 146 InsO).

42 8. **Teilnahmeberechtigt sind** im Nachlassinsolvenzverfahren **nur die Nachlassgläubiger** (§ 325 InsO), nicht die Eigengläubiger des Erben.

43 a) Ein Nachlassgläubiger, dessen Forderung bereits zZ der Verfahrenseröffnung „begründet" war, ist idR **Insolvenzgläubiger iSd § 38 InsO** (jedoch Ausnahmen in § 324 InsO). Als solcher unterliegt er den Beschränkungen aus §§ 87 ff InsO. Die Geltendmachung und anteilige Befriedigung der Insolvenzforderungen richtet sich nach §§ 174 ff, 187 ff InsO (vgl auch Staudinger/Dutta [2016] Vorbem 29 ff zu §§ 1967 ff).

44 Alle Insolvenzgläubiger haben grds denselben Rang. Einzige Ausnahme sind die sog „nachrangigen" Insolvenzgläubiger nach § 39 InsO und – ergänzend für das Nachlassinsolvenzverfahren – nach § 327 InsO. Die letztgenannte Vorschrift ist von Bedeutung für Pflichtteilsansprüche, Vermächtnisse, Auflagen und für Verbindlichkeiten, deren Gläubiger im Wege des Aufgebotsverfahrens ausgeschlossen sind oder nach § 1974 BGB einem ausgeschlossenen Gläubiger gleichstehen (vgl zu § 327 InsO bereits Staudinger/Dutta [2016] § 1974 Rn 16 ff). Pflichtteilsansprüche, Vermächtnisse und Auflagen sind gänzlich ausgeschlossen von der Befriedigung aus Werten, die infolge der Anfechtung einer von dem Erblasser oder ihm gegenüber vorgenommenen Rechtshandlung zur Insolvenzmasse zurückgewährt werden (§ 328 Abs 1 InsO). Was der Erbe auf Grund der §§ 1978 bis 1980 BGB zur Insolvenzmasse zu ersetzen hat, kann von Gläubigern, die im Wege des Aufgebotsverfahrens ausgeschlossen sind oder nach § 1974 BGB einem ausgeschlossenen Gläubiger gleichstehen, nur insoweit beansprucht werden, als der Erbe auch nach §§ 812 ff BGB ersatzpflichtig wäre (§ 328 Abs 2 InsO).

45 b) **Masseverbindlichkeiten**, also aus der Insolvenzmasse vorweg zu berichtigende Verbindlichkeiten (§ 53 InsO), sind außer den in §§ 54, 55 InsO genannten noch eine Reihe anderer Verbindlichkeiten nach Maßgabe des § 324 InsO. Diese schon bei Staudinger/Dutta (2016) § 1967 Rn 38 aufgezählten Verbindlichkeiten werden gem §§ 324 Abs 2, 209 Abs 1 Nr 3 InsO anteilmäßig befriedigt, nicht nach der Nummernfolge.

c) Erweiterte Rückschlagsperre: Gem § 321 InsO, der die allgemeine Rückschlagsperre des § 88 InsO ergänzt (zur Frage der Vereinbarkeit der §§ 88, 321 InsO mit Art 3 Abs 1 GG vgl Marotzke ZInsO 2006, 7, 9, 190 f; ders DZWIR 2007, 265, 267, 281), kann **abgesonderte Befriedigung** (§§ 49 ff, 165 ff InsO) nicht verlangt werden aufgrund von Vollstreckungsmaßnahmen, die ein Nachlassgläubiger oder Eigengläubiger (s Rn 6) zwischen Erbfall und Verfahrenseröffnung in einen Nachlassgegenstand erwirkt hat; es sei denn, dass sie auf einem schon früher begründeten Absonderungsrecht, zB einer Hypothek, beruhen. Während im Fall der Nachlassverwaltung Vollstreckungsmaßregeln der Eigengläubiger in den Nachlass auf Gegenklage des Nachlassverwalters aufzuheben sind (§ 784 Abs 2 ZPO), wird ihnen also im Nachlassinsolvenzverfahren die Absonderungskraft von vornherein versagt. Auch Vollstreckungsmaßnahmen der Nachlassgläubiger in den Nachlass, die im Fall der Nachlassverwaltung voll wirksam bleiben (Gegenschluss aus § 1984 Abs 2 BGB), gewähren im Nachlassinsolvenzverfahren kein Absonderungsrecht. 46

Im Gegensatz zu § 221 KO erwähnt der an dessen Stelle getretene § 321 InsO neben den „Maßnahmen der Zwangsvollstreckung" nicht auch **Maßnahmen der Arrestvollziehung und einstweiligen Verfügung**. Eine sachliche Änderung ist damit jedoch nicht beabsichtigt (vgl BT-Drucks 12/2443, 231 zu §§ 364, 365 RegEInsO). Im Rechtsausschuss ging man davon aus, dass der erste dieser Begriffe die beiden anderen mitumfasse (vgl BT-Drucks 12/7302, 156 zu § 12 RegEInsO). 47

9. Ein **Insolvenzplan**, §§ 217 ff InsO, ist auch im *Nachlass*insolvenzverfahren zulässig (arg §§ 1989, 2060 Nr 3 BGB; vgl erg HK-InsO/Marotzke[9] Rn 4 ff vor §§ 315 ff). Überwiegend wird hingegen die Möglichkeit einer **Restschuldbefreiung** nach §§ 286 ff InsO verneint (BGHZ 175, 307 ff; Andres/Leithaus, InsO [4. Aufl 2018] § 286 Rn 2 für den Fall der Überleitung von einem Nachlassverfahren zu einem Nachlassinsolvenzverfahren; **aM** Hüsemann 191 ff, 219; HK-InsO/Marotzke Vor §§ 315 Rn 3; für Erteilung der Restschuldbefreiung jedenfalls bei Tod des Schuldners nach Ablauf der Wohlverhaltensperiode AG Duisburg ZVI 2009, 390). 48

IV. Nachlasskonkurs und Nachlassvergleichsverfahren

Vgl zu diesen Verfahrenstypen des *früheren* Insolvenzrechts oben Rn 1 ff, 9, 11, 28, 36 und die ausführliche Darstellung bei Staudinger/Marotzke (1996) § 1975 Rn 1 ff, 19 ff, 30 ff. 49

V. Auslandsberührung

Grenzüberschreitende Nachlassinsolvenzverfahren erzeugen zahlreiche Probleme an der Nahtstelle zwischen internationalem Erbrecht und internationalem Insolvenzrecht. 50

Keine Änderungen für das Nachlassinsolvenzverfahren haben sich ergeben durch die seit 17. 8. 2015 vollständig in Kraft getretene, unmittelbar anwendbare Verordnung (EU) Nr 650/2012 (= **EuErbVO**, über die Zuständigkeit, das anzuwendende Recht, die Anerkennung und Vollstreckung von Entscheidungen und die Annahme und Vollstreckung öffentlicher Urkunden in Erbsachen sowie zur Einführung eines Europäischen Nachlasszeugnisses) und die hierdurch bedingten bundesrechtlichen Änderungen durch das G zum Internationalen Erbrecht und zur Änderung von Vorschriften zum Erbschein sowie zur Änderung sonstiger Vorschriften vom 29. 6. 2015 (BGBl S 1042). Zwar richtet sich das Erbstatut, das alle Aspekte der Rechtsnachfolge von Todes wegen erfasst, im Anwendungsbereich der EuErbVO seit dem 17. 8. 2015 in erster Linie nach dem gewöhnlichen Aufenthalt des Erblassers zum Zeitpunkt seines Todes (Art 21 Abs 1 EuErbVO); dies gilt auch außerhalb des Anwendungsbereiches der EuErbVO nunmehr allgemein durch die Neufassung des Art 25 EGBGB, der das Erbstatut nicht mehr an der Staatsangehörigkeit des Erblassers anknüpft, sondern hierzu auf das anzuwendende Recht nach Art 20 ff EuErbVO verweist. Auch ließe sich ein Nachlassinsolvenzverfahren unter Art 1 Abs 1 S 1 EuErbVO subsumieren. Aber der EuInsVO (Verordnung [EU] Nr 1346/2000) kommt nach Art 76 EuErbVO in ihrem Anwendungsbereich der Vorrang zu. **Nachlassinsolvenzverfahren fallen nach allgem Meinung in den Anwendungsbereich der EuInsVO** (HK-InsO/Dornblüth EuInsVO Art 1 Rn 5 und HK-InsO/Marotzke[9] § 315 Rn 8; MünchKomm/Dutta[7] EuErbVO Art 76 Rn 3) und damit **nicht unter die EuErbVO** (vgl MünchKomm/Dutta[7] EuErbVO Art 76 Rn 4).

Auf eine ausführliche Darstellung der Probleme bei internationalem Bezug kann hier verzichtet werden; stattdessen wird verwiesen auf die Ausführungen von jurisPK-BGB/Ludwig (8. Aufl 2017) Art 25, 26 EGBGB, Staudinger/Dörner (2007) Art 25 EGBGB Rn 225 f, 904 ff, HK-InsO/Marotzke[9] § 315 Rn 7 ff und MünchKomm/Dutta[7] EuErbVO Art 76 Rn 1 ff.

Zur Rechtslage vor Inkrafttreten der §§ 335 ff InsO und der EuInsVO vgl Staudinger/Marotzke (2002) § 1975 Rn 50 ff.

51 Die Durchführung einer **Nachlassverwaltung** wurde von den deutschen Gerichten vor Inkrafttreten des FamFG idR abgelehnt, wenn ausländisches Erbstatut zur Anwendung kam, also idR wenn der Erblasser nicht die deutsche Staatsangehörigkeit besaß, Art 25 EGBGB aF (vgl Brünning, Nachlaßverwaltung und Nachlaßkonkurs im internationalen Privat- und Verfahrensrecht [1999] 1 ff, 57 ff, 79 ff, 93 ff, 157 ff; Staudinger/Marotzke [2002] § 1975 Rn 53 f; Staudinger/Dörner [2007] Art 25 EGBGB Rn 904). Gedanklicher Ausgangspunkt dieser Rspr war die sog Gleichlauftheorie, nach welcher die internationale Zuständigkeit deutscher Gerichte in Nachlasssachen ua voraussetzt, dass sich die Rechtsnachfolge in den Nachlass des Verstorbenen nach *deutschem* Sachrecht richtet (Darstellung und Kritik dieser Theorie bei Staudinger/Dörner [2007] Art 25 EGBGB Rn 835 ff, 904). Dieser Theorie hat der Gesetzgeber mit Schaffung des § 105 FamFG bewusst „eine Absage erteilt" (Begr RegE § 105 FamFG, BT-Drucks 16/6308, 221). Spätestens seit Inkrafttreten des § 105 FamFG folgt die **internationale Zuständigkeit** deutscher Gerichte auch in Nachlasssachen automatisch der örtlichen Zuständigkeit. Diese ist in §§ 343, 344 FamFG geregelt und knüpft seit dem Inkrafttreten des G zum Internationalen Erbrecht und zur Änderung von Vorschriften zum Erbschein sowie zur Änderung sonstiger Vorschriften vom 29. 6. 2015 (BGBl S 1042) in erster Linie an den gewöhnlichen Aufenthalt des Erblassers zum Zeitpunkt seines Todes an. Die bis 17. 8. 2015 gültige Fassung des § 343 FamFG bestimmte als Anknüpfungspunkt dagegen zunächst den Wohnsitz des Erblassers, ersatzweise den Aufenthalt. Diese Regelungen wären seit dem 17. 8. 2015 von Art 4 der EuErbVO innerhalb ihres Anwendungsbereiches verdrängt worden und wurden deswegen angepasst.

Ist ein deutsches Nachlassgericht international zuständig, stellt sich die Frage nach dem anzuwendenden **Sachrecht**. Unproblematisch ist die Anordnung der Nachlassverwaltung, wenn das international zuständige deutsche Gericht deutsches Erbrecht anzuwenden hat. **Im Anwendungsbereich der EuErbVO** soll Art 29 EuErbVO es dem international zuständigen Gericht ermöglichen, eine Nachlassverwaltung nach eigenem Sachrecht anzuordnen, obwohl das Erbstatut die Anwendung fremden Rechts vorschreiben würde. Voraussetzung ist, dass die Anordnung der Nachlassverwaltung und damit auch die Bestellung eines Nachlassverwalters „verpflichtend oder auf Antrag verpflichtend" ist (Art 29 Abs 1 S 1 EuErbVO). In diesem Fall hat der bestellte Verwalter die in Art 29 genannten Befugnisse. Zu den Einzelheiten vgl die Kommentierungen zu Art 29 EuErbVO. 52

Der Antrag des Erben auf Anordnung einer Nachlassverwaltung ist keine „Erklärung zur Begrenzung der Haftung [...] für Nachlassverbindlichkeiten" iSv Art 13 EuErbVO, da es sich bei der Nachlassverwaltung um ein besonderes *Verfahren* zur Haftungsbegrenzung handelt, nicht um eine einfache Erklärung, wie sie Art 13 EuErbVO voraussetzt (Erwägungsgrund 33 EuErbVO; Begr RegE BR-Drucks 644/14, 52).

VI. Ehemalige DDR/neue Bundesländer

Vgl oben Rn 3 f und Staudinger/Dutta (2016) Vorbem 52–57 zu §§ 1967 ff. 53

VII. Analoge Anwendung im Gesellschaftsrecht

Nicht nur der Nachlass einer natürlichen Person, sondern auch **das hinterlassene Vermögen einer vollbeendeten Personengesellschaft (GbR, OHG, KG usw)** kann Gegenstand eines auf dieses als Sondervermögen beschränkten Insolvenzverfahrens, eines sog Partikularinsolvenzverfahrens, bzw einer „Nachlassverwaltung" sein (OLG Hamm NZI 2007, 584 ff; LG Essen NZI 2019, 349 ff; vgl Bork/Jacoby ZGR 2005, 611, 630 ff; Marotzke ZInsO 2009, 590 ff; HK-InsO/Marotzke[9] Vorbem 12 zu §§ 315 ff mwNw). Noch nicht abschließend geklärt ist die Frage, in welchem Umfang auf derartige Verfahren die §§ 1975 ff, 1981 ff BGB und die §§ 315 ff InsO anzuwenden sind. 54

§ 1976
Wirkung auf durch Vereinigung erloschene Rechtsverhältnisse

Ist die Nachlassverwaltung angeordnet oder das Nachlassinsolvenzverfahren eröffnet, so gelten die infolge des Erbfalls durch Vereinigung von Recht und Verbindlichkeit oder von Recht und Belastung erloschenen Rechtsverhältnisse als nicht erloschen.

Materialien: E I § 2114; II § 1851; III § 1951; Mot V 631; Prot V 768, 813; Jakobs/Schubert ER I 302, 345 ff.

Neufassung seit 1. 1. 1999: In § 1975 und § 1976 wurden die Worte „der Nachlaßkonkurs" jeweils ersetzt durch die Worte „das Nachlaßinsolvenzverfahren" (Art 33 Nr 34 EGInsO).

Schrifttum

BREME, Zur Tragweite des § 1976 BGB, DNotZ 1920, 110

DINSTÜHLER, Die Beerbung des Vormerkungsverpflichteten durch den Vormerkungsberechtigten, MittRhNotK 2000, 427

FLUME, Anm zum Urteil des BGH vom 3. 12. 1999 (V ZR 329/98), JZ 2000, 1159

GEBAUER/HAUBOLD, Anmerkung zum Urteil des BGH vom 3. 12. 1999 (V ZR 329/98), JZ 2000, 680

GRÜN, Anmerkung zum Urteil des BGH vom 3. 12. 1999 (V ZR 329/98), LM H 8/2000 § 504 BGB Nr 18

KOHLER, Die anfängliche Einheit von Gläubiger und Schuldner, JZ 1983, 13

KRETSCHMAR, Die Theorie der Konfusion (1899)

ders, Zur Tragweite des § 1976 BGB, Gruchot 62 (1918) 553

W LÜKE, Anm zum Urteil des BGH vom 3. 12. 1999 (V ZR 329/98), DNotZ 2001, 59

vOLSHAUSEN, Der genarrte Vorkaufsberechtigte – Begriffsjuristisches vom V. Zivilsenat des BGH, NJW 2000, 2872

ders, Die Beerbung des Vorkaufsverpflichteten durch den Vorkaufsberechtigten – Begriffsjuristisches vom V. Zivilsenat des BGH, NotBZ 2000, 205

RIESENFELD, Die Erbenhaftung II (1916) 66, 153

SCHMIDT-RIMPLER, Eigentum und Dienstbarkeit ... (Diss Halle 1911) 127

SCHWEDLER, Das Erlöschen der Schuldverhältnisse durch Vereinigung von Recht und Verbindlichkeit nach bürgerlichem Recht (Halle 1897)

WACKE, Personalunion von Gläubiger und Schuldner, Vertragsschluß mit sich selbst und die Ungerechtigkeit der Konvaleszenz durch Erbenhaftung, JZ 2001, 380

ders, „Vom Pech, eine gute Erbschaft zu machen" oder Die Ausschaltung des Zufalls als Maxime der Gerechtigkeit – Illustriert an der Ausübung eines Vorkaufsrechts durch den Erben des gebundenen Verkäufers, DNotZ 2001, 302

WIELING, Anm zum Urteil des BGH vom 3. 12. 1999 (V ZR 329/98), JR 2001, 148.

I. Allgemeines

1 **1.** Beim Anfall der Erbschaft vereinigt sich diese mit dem sonstigen Vermögen des Erben. Soweit dadurch Recht und Verbindlichkeit oder Recht und Belastung in der Person des Erben zusammentreffen, erlöschen die betr Rechtsverhältnisse (s hierzu und zu Ausnahmen von diesem Grundsatz STAUDINGER/KUNZ [2017] § 1922 Rn 122 ff; ferner STAUDINGER/DUTTA [2016] § 1967 Rn 13). Da die Nachlassverwaltung und das Nachlassinsolvenzverfahren die zwischen dem Nachlass und dem übrigen Vermögen des Erben eingetretene Vereinigung rückgängig machen sollen, bestimmt § 1976 BGB, dass die infolge Konfusion oder Konsolidation erloschenen Rechtsverhältnisse **rückwirkend** (Mot V 631) als nicht erloschen gelten (Prot V 813). Diese Rechtsfolge tritt **ipso iure** ein; es entsteht also nicht lediglich eine schuldrechtliche Verpflichtung zur Wiederherstellung der erloschenen Rechtsverhältnisse (Mot V 631). Der in E I § 2114 noch enthaltene zweite Satz, „Erforderlichenfalls ist ein solches Recht wieder herzustellen", wurde als bedeutungslos gestrichen (Prot V 768). Über das frühere Recht s Mot V 631 Fn 1 mwNw. Wie § 1977 BGB (s § 1977 Rn 14) muss auch § 1976 BGB durch eine analoge Anwendung des § 205 BGB (hilfsweise § 206 BGB) ergänzt werden; das nur *vorübergehende* Erlöschen von Recht und Verbindlichkeit hemmt also die **Verjährung** über § 211 BGB hinaus.

2 **2.** **Ähnliche Bestimmungen** sind enthalten in **§ 1991 Abs 2 BGB** (im Falle eines

dürftigen oder mit Vermächtnissen und/oder Auflagen überschuldeten Nachlasses; vgl §§ 1990, 1992 BGB), **§ 2143 BGB** (Eintritt der Nacherbfolge), **§ 2175 BGB** (Vermächtnis einer dem Erblasser gegen den Erben zustehenden Forderung) und **§ 2377 BGB** (Erbschaftskauf). Doch wird die Vereinigung in den Fällen der §§ 1991 Abs 2, 2175 und 2377 BGB nur im Verhältnis zu den dort bezeichneten Personen rückgängig gemacht.

Einer analogen Anwendung des § 1976 BGB auf den Fall, dass **Dauertestamentsvollstreckung** (§ 2209 BGB) angeordnet ist, bedarf es nicht, da die Vereinigung von Recht und Verbindlichkeit (oder Belastung), die durch § 1976 BGB rückgängig gemacht werden soll, hier gar nicht erst eintritt (vgl BGHZ 48, 214, 220; **aM** Muscheler, Die Haftungsordnung der Testamentsvollstreckung [1994] 274 ff, der selbst bei „Dauerverwaltungsvollstreckung" Konfusion annimmt und daran auch mit Hilfe des § 1976 nichts ändern will).

Für die Berechnung der **Erbschaftsteuer** gelten die infolge des Anfalls durch Vereinigung von Recht und Verbindlichkeit oder von Recht und Belastung erloschenen Rechtsverhältnisse auch dann als nicht erloschen, wenn es an den Voraussetzungen des § 1976 BGB fehlt. Dies ergibt sich nicht nur aus § 10 Abs 3 ErbStG, sondern ist eine selbstverständliche Konsequenz daraus, dass die Erbschaftsteuer an die beim Erben eingetretene Bereicherung anknüpft. *§ 10 Abs 3 ErbStG ist* also nur *spezialgesetzlicher Ausdruck eines allgemeinen Rechtsgedankens,* der immer dann Anwendung finden muss, wenn der Wert des Nachlasses Berechnungsgrundlage einer Nachlass- oder sonstigen Verbindlichkeit ist (dogmatisch vielleicht etwas anders, aber iE ebenso BGHZ 98, 382, 389 f = NJW 1987, 1260, 1262; MünchKomm/Küpper Rn 8; Soergel/Stein Rn 4; Palandt/Weidlich Rn 4).

3. Auch wenn die Haftung des Erben endgültig unbeschränkbar geworden ist, bleibt 3
§ 1976 BGB anwendbar (BGB-RGRK/Johannsen Rn 1; Palandt/Weidlich Rn 1; Erman/Horn Rn 1; Soergel/Stein Rn 1). Begründung: § 2013 Rn 6.

II. Die Wirkung der Fiktion im Einzelnen

1. Die nach § 1976 BGB wiederauflebenden Rechtsverhältnisse sind rückwirkend so 4
zu behandeln, als seien sie niemals erloschen (Rn 1). Folglich gelten auch die Sicherungen einer erloschenen Forderung durch **Bürgschaft** oder **Pfand** als fortbestehend (Mot V 631). Gleiches gilt für eine **Vormerkung**, wenn diese dadurch erloschen ist, dass der Grundstückskäufer den -verkäufer beerbt hat (vgl Wacke NJW 1981, 1577, 1578; Ebel NJW 1982, 724, 728 vor III; MünchKomm/Küpper Rn 4; Soergel/Stein Rn 1; Staudinger/Gursky [2013] § 886 Rn 18 ff, § 889 Rn 6; vgl auch Staudinger/Kesseler [2020] § 886 Rn 36 ff; Staudinger/Ticker [2019] § 889 Rn 6), wobei jedoch zu beachten ist, dass die Vormerkung schon unabhängig von § 1976 BGB bestehen bleibt, wenn und soweit sie bereits zu **Rechtsfolgen gegenüber Dritten** geführt hat (ähnlich Wacke NJW 1981, 1577 ff gegen BGH NJW 1981, 447 f; vgl auch D Assmann, Die Vormerkung [1998] 380 ff; Staudinger/Kesseler [2020] § 886 Rn 36 ff; OLG Schleswig NJW-RR 1999, 1528 ff; das Urteil des OLG Schleswig zu Unrecht aufhebend BGH NJW 2000, 1033 f = FamRZ 2000, 808 f = JZ 2000, 679 ff = JR 2001, 147 ff m abl Anm Wieling = DNotZ 2001, 55 ff m Anm W Luke = ZEV 2000, 203 ff = LM Nr 18 zu § 504 m zust Anm Grün; vgl zu dem Urteil des BGH die vorzügliche Kritik in dem auch bei Rn 7 und 10 aE angesprochenen Aufsatz Wacke JZ 2001, 380 ff; als weitere Urteilsanmerkungen oder Besprechungsaufsätze sind zu nennen Wacke DNotZ 2001, 302 ff; Dinstühler

MittRhNotK 2000, 427 ff; Gebauer/Haubold JZ 2000, 680 ff; Flume JZ 2000, 1159 f; Brambring EWiR 2000, 809 f; vOlshausen NotBZ 2000, 205 ff; ders NJW 2000, 2872 ff; vgl auch Staudinger/Kesseler [2020] § 886 Rn 37). Hat ein **Hypothekengläubiger** das belastete Grundstück geerbt, so ist die Hypothek, solange die Vereinigung von Recht und Belastung besteht, Eigentümergrundschuld (§ 1177 Abs 1 BGB) oder wird, wenn der Erblasser nicht der persönliche Schuldner war, wie eine solche behandelt (§ 1177 Abs 2 BGB). Bei Rückgängigmachung der Vereinigung (§ 1976 BGB) wird das Grundpfandrecht zu einer normalen Fremdhypothek, aus der der Gläubiger die Zwangsvollstreckung betreiben kann, da § 1197 Abs 1 BGB keine Anwendung findet (Palandt/Weidlich Rn 3; AK-BGB/Teubner Rn 4; Erman/Horn Rn 2; Lange/Kuchinke § 49 II 2 c α). Ist die Hypothek vor Rückgängigmachung der Vereinigung gelöscht worden und hat der Erbe als Eigentümer einem Dritten eine andere Hypothek bestellt, so kann nach Anordnung der Nachlassverwaltung die wieder einzutragende gelöschte Hypothek nur mit **Rang** nach der (trotz Nachlassverwaltung fortbestehenden, s Rn 10) Hypothek des Dritten eingetragen werden (OLG Dresden SächsAnn 39 [1918] 28 = RJA 16 [1922] 148; MünchKomm/Küpper Rn 5; Erman/Horn Rn 2; AK-BGB/Teubner Rn 4; Kretzschmar Gruchot 62 [1918] 553, 557 ff; Breme DNotZ 1920, 110 ff [m krit Anm zur Verfahrensweise]). Diese Beschränkung beruht letztlich auf dem Gedanken des Schutzes des Rechtsverkehrs (§§ 891, 892 BGB). Sie kann deshalb nicht auf den Fall übertragen werden, dass der Dritte seinen guten Rang ohne eigenes Zutun durch bloßes Nachrücken in die Rangstelle des Erblassers oder des Erben erlangt hat. Wenn also zB mit dem Erbfall ein erstrangiges Grund- oder Mobiliarpfandrecht des Erben erlischt und die nachfolgenden Pfandrechte ipso iure aufrücken, so verlieren die Nachrücker dieses ohne ihr Zutun erlangte „Geschenk" im Fall des § 1976 BGB (**aM** MünchKomm/Küpper Rn 5; Lange/Kuchinke § 49 II 2 c α).

5 **2.** Gilt eine Forderung des Erben nach § 1976 BGB als nicht erloschen, so kann sie **der Erbe als Nachlassgläubiger** geltend machen, zB gegen den Nachlassverwalter (BGHZ 48, 214, 219) oder den Nachlassinsolvenzverwalter (§ 326 Abs 1 InsO). Bei Planck/Flad Anm 3 wird der Fall erörtert, dass der Erbe vom Erblasser ein Pferd gekauft und es bar bezahlt, aber noch nicht übereignet erhalten hat und nun das im Nachlass vorhandene Pferd an einen Dritten veräußert. Flad entscheidet zutreffend, dass der Erbe im Hinblick auf seinen gem § 1976 BGB als nicht erloschen geltenden Übereignungsanspruch den Nachlassgläubigern für die Veräußerung nicht verantwortlich ist, wenn er nach § 1979 BGB diese Forderung an einen dritten Gläubiger hätte befriedigen dürfen, und dass er infolgedessen dann auch den von dem Dritten empfangenen Kaufpreis behalten darf.

6 **3.** Nach KG HRR 1915 Nr 2339 (= RJA 14 [1915] 171; vgl auch Soergel/Stein Rn 2) kann § 1976 BGB nicht zum Wiederaufleben einer **Prokura** führen, die dadurch erloschen ist, dass der Prokurist den Geschäftsinhaber beerbt hat; auch soll der Nachlassverwalter den Alleinerben nicht erneut als Prokuristen bestellen können (vgl jedoch zur Vorfrage des *Erlöschens* der Prokura auch Staudinger/Kunz § 1967 Rn 93).

7 **4. Die Neubegründung selbstständiger Rechtsbeziehungen zwischen Nachlass und Eigenvermögen des Erben ist rechtlich möglich** (vgl jedoch Rn 6 zur Prokura). Weitgehend anerkannt ist dies für den Fall, dass bereits eine Nachlassverwaltung oder ein Nachlassinsolvenzverfahren angeordnet bzw eröffnet ist und der Erbe somit in Gestalt des Verwalters einen für den Vertragsschluss zuständigen „Partner" vorfindet (Palandt/

Weidlich Rn 2; Erman/Horn Rn 2; MünchKomm/Küpper Rn 6; Lange/Kuchinke § 49 II 2 ε [S 1175]; Schnupfhagn, Verwalterhaftung und Aufwendungsersatz im Erbrecht [Diss Berlin 1985] 55; Jaeger/Weber[8] KO § 225 Rn 1; zustimmend BGH FamRZ 1991, 550, 551 = NJW-RR 1991, 683, 684 „jedenfalls für den … Fall, daß das neugeschaffene Recht lediglich an die Stelle eines der Verwaltung unterliegenden Nachlaßgegenstandes treten soll"; **aM** BGB-RGRK/Johannsen Rn 2 im Anschluss an KG HRR 1932 Nr 1661, das meint, für den Alleinerben könne, da er Subjekt des Nachlasses bleibe, während der Nachlassverwaltung keine Darlehensschuld durch Überlassung von Geldmitteln aus dem Nachlass begründet werden; vgl auch Soergel/Stein § 1975 Rn 4 und § 1976 Rn 3). Weniger verbreitet, aber gleichwohl zutreffend ist die Annahme, dass *vor* Anordnung einer Nachlassverwaltung oder Eröffnung eines Nachlassinsolvenzverfahrens *sogar der Erbe mit sich selbst* in der Weise kontrahieren kann, dass als Zuordnungssubjekte des dadurch zustande kommenden Vertrages auf der einen Seite die die Erbenstellung innehabende Person als solche (also unabhängig von der Erbenstellung) und auf der anderen Seite der Erbe als Inhaber des potenziellen Sondervermögens „Nachlass" steht (insoweit überzeugend Wacke JZ 2001, 380 ff, 387 f [mit ausf Begr; vgl zu diesem Aufsatz aber auch Rn 10 aE]; Flume JZ 2000, 1159 f [mit knapper Begr]; vgl auch § 1967 Rn 59 [zu §§ 25 Abs 2, 27 HGB]; **aM** das die Entscheidung OLG Schleswig NJW-RR 1999, 1528 ff aufhebende Urteil BGH NJW 2000, 1033 f). Auf Rechtsbeziehungen, die durch solche Insichgeschäfte des Erben begründet werden sollen, ist § 1976 BGB analog anzuwenden mit der Folge, dass die Rechtslage nach Anordnung einer Nachlassverwaltung oder Eröffnung eines Nachlassinsolvenzverfahrens dieselbe ist, wie wenn der Erblasser bei Vertragsschluss noch gelebt und als Vertragspartner mitgewirkt hätte. *Bis* zur Anordnung einer Nachlassverwaltung oder Eröffnung eines Nachlassinsolvenzverfahrens bleiben die Rechtsfolgen solcher Insichgeschäfte des Erben idR unbeachtlich. Auch dies gilt jedoch nur in dem Rahmen, in welchem inhaltsgleiche „alte" Rechtsverhältnisse infolge Konfusion oder Konsolidation beim Erbfall erlöschen würden. Soweit das nicht der Fall wäre (s Rn 1 ff), besteht kein Grund, die Wirkungen von Insichgeschäften des Erben als bis auf weiteres (§ 1976 BGB) suspendiert anzusehen. „Die anfängliche Einheit von Gläubiger und Schuldner" ist auch Gegenstand des Aufsatzes von Kohler in JZ 1983, 13 ff.

5. **Waren der Erblasser und der Erbe Miteigentümer desselben Grundstücks**, so 8
findet § 1976 BGB auf die beim Erbfall erfolgte Vereinigung beider Miteigentumsanteile entsprechende Anwendung (OLG Stuttgart WürttJb 1912, 298, 301, 303 ff; MünchKomm/Küpper Rn 7 Fn 23). Demzufolge ist eine gegen den *Nachlass* gerichtete Zwangsvollstreckung nur in die vom Erblasser herrührende (ideelle) Grundstückshälfte zulässig. Gegen die Zwangsvollstreckung eines Nachlassgläubigers in die andere Grundstückshälfte kann der Erbe, sofern er dem Gläubiger nicht unbeschränkt haftet, nach § 784 Abs 1 ZPO intervenieren. Handelt es sich nicht um ein Grundstück, sondern um eine **bewegliche Sache**, so führt diese Interventionsmöglichkeit zu der Streitfrage, ob jede Pfändung „der Sache selbst" als Minus auch die Pfändung eines etwaigen Miteigentumsanteils beinhaltet. Entgegen der hM ist dies zu bejahen (ausführlich Marotzke, in: Erlanger FS für Karl Heinz Schwab [1990] 277, 288 ff). Das entspricht der Rechtslage bei der (allerdings niemals durch „Pfändung" erfolgenden, s §§ 857 Abs 1, 866 ZPO) Zwangsvollstreckung in Grundstücke, die sich aus § 864 Abs 2 ZPO ergibt (vgl Marotzke 280).

Bereits *vor* Anordnung einer Nachlassverwaltung oder Eröffnung eines Nachlassinsolvenzverfahrens (also unabhängig von § 1976 BGB) gilt der Miteigentumsanteil des Erblassers fiktiv als fortbestehend, soweit das erforderlich ist, um ein auf ihm lastendes Pfandrecht nicht gegenstandslos werden zu lassen (vgl für eine Zwangshypothek OLG Oldenburg ZIP 1996, 175; dazu MUTH EWiR § 867 ZPO 1/1996, 239).

9 **6.** Das bei Rn 8 Ausgeführte gilt entsprechend, wenn sich ein ererbter und ein dem Erben bereits vorher zustehender **Personengesellschaftsanteil** in der Hand des Erben vereinigen (offen gelassen in BGHZ 113, 132, 137 = JR 1991, 455, 457 m Anm FRANK/MÜLLER-DIETZ = JZ 1991, 731, 733 m Anm KARSTEN SCHMIDT; direkt zu diesem Urteil des BGH auch LIEB ZGR 1991, 572 ff; PRIESTER EWiR § 27 HGB 1/1991, 175 f; MAROTZKE ZHR 156 [1992] 17 ff; vgl ferner OLG Hamm ZEV 1999, 234, 236; **gegen** eine Anwendung des § 1976 wendet sich KICK, Die Haftung des Erben eines Personenhandelsgesellschafters [1997] 151 f). Voraussetzung einer entsprechenden Anwendung des § 1976 BGB ist jedoch neben der Zugehörigkeit des geerbten Gesellschaftsanteils zu der der Nachlassverwaltung bzw Nachlassinsolvenzverwaltung unterliegenden „Masse" (dazu MAROTZKE ZHR 156 [1992] 17, 32 f; sowie unten § 1985 Rn 20), dass noch mindestens ein weiterer Gesellschafter vorhanden, die Gesellschaft also beim Erbfall nicht erloschen ist (vgl MAROTZKE ZHR 156 [1992] 17, 30 ff, 37 ff, 43 f; kritisch zum dort Ausgeführten ASTRID ERNST, Haftung des Erben für neue Geschäftsverbindlichkeiten [1994] 115 Fn 15 und 130 Fn 10). Nach BAUMANN (BB 1998, 225, 231; ders, in: FS Otte [2005] 15 ff) soll ein Personengesellschafterverband auch nach dem Zusammentreffen aller Anteile in einer Hand immer dann fortbestehen, „wenn nach außen gerichtete Vermögensbeziehungen dies erfordern und auf der internen Vermögensebene der Gesellschaft, zB aufgrund rechtlicher Interessen Dritter, Mehrfachbeteiligungen möglich sind". Folgt man dem (abl OLG Schleswig ZIP 2006, 615 ff; unentschieden OLG Hamm ZEV 1999, 234, 236), so bedarf es insoweit nicht des Rückgriffs auf § 1976 BGB (vgl Rn 4 [soweit zum Fortbestehen einer Vormerkung]). Eine zwar beim Erbfall, aber unabhängig von der Erbenstellung eingetretene *Anwachsung* eines Gesellschaftsanteils nach §§ 738 BGB, 105 Abs 3, 131 Abs 3 Nr 1 HGB wird durch § 1976 BGB *niemals* berührt (RGZ 136, 97, 99; MAROTZKE ZHR 156 [1992] 17, 33 f – jeweils *vor* der Anfügung des § 131 Abs 3 Nr 1 HGB und gleichzeitigen Streichung der früheren §§ 131 Abs 1 Nr 4, 138 HGB). Folge des Erbfalls ist bei solch einem Sachverhalt aber das Erlöschen bzw die Nichtentstehung (vgl MAROTZKE ZHR 156 [1992] 17, 38) des gesellschaftsrechtlichen Abfindungsanspruchs, soweit Gläubiger und Schuldner dieselbe Person wären. Nach Anordnung einer Nachlassverwaltung oder Eröffnung eines Nachlassinsolvenzverfahrens gilt dieses Erlöschen bzw Entstehungshindernis gem § 1976 BGB als nicht eingetreten (vgl MünchKomm/KÜPPER Rn 7).

III. Weitergeltung vor Verfahrenseröffnung wirksam gewordener Verfügungen

10 Mit dem Anfall der Erbschaft erwirbt der Erbe die rechtliche Verfügungsmacht über den Nachlass. Durch die Anordnung der Nachlassverwaltung oder die Eröffnung des Nachlassinsolvenzverfahrens verliert der Erbe die Verfügungsbefugnis zwar wieder (§§ 1984 BGB, 80 InsO), jedoch nicht rückwirkend (OLG Braunschweig OLGE 19 [1909/II] 231, 233) und auch nicht ausnahmslos (vgl §§ 270 ff InsO und § 1975 Rn 10). Der eine Rückwirkung beinhaltende (s Rn 1) § 1976 BGB ist auf diesen Fall nicht anwendbar. Verfügungen über Nachlassgegenstände, die der Erbe vor Anordnung der Nachlassverwaltung bzw vor der Eröffnung des Nachlassinsolvenzverfahrens wirksam getroffen hat (zB die Bestellung einer Hypothek; s Rn 4), werden also durch die Verfahrenseröffnung nicht unwirksam (Mot V 632; zu den Ausgleichsansprüchen s §§ 1978, 1979 BGB); ebenso wenig die vom Erben erklärte Aufrechnung einer

Nachlassforderung gegen die Forderung eines Eigengläubigers (str; vgl § 1977 Rn 9, 10). Das Gleiche gilt für Verfügungen eines Nichtberechtigten, die dadurch wirksam geworden sind, dass der Verfügende das betreffende Recht durch Erbgang erworben hat (§ 185 Abs 2 S 1 Fall 2 BGB und Mot V 632; zu etwaigen Ausgleichsansprüchen s § 1978 Rn 6). Ist umgekehrt der nichtberechtigt Verfügende von dem Berechtigten beerbt worden, so macht § 185 Abs 2 S 1 Fall 3 BGB die Konvaleszenz davon abhängig, dass der Erbe „für die Nachlassverbindlichkeiten unbeschränkt", also auch mit dem zu seinem Eigenvermögen gehörenden Verfügungsgegenstand, haftet (vgl Mot V 632 f sowie RGZ 110, 94 ff). Umstritten ist, ob diese Formulierung bedeutet, dass die Konvaleszenz erst mit dem Verlust des Rechts zur Haftungsbeschränkung eintritt (so mit überzeugender Begr Mot V 632 f [zu dem dort verwendeten Begriff „Inventarrecht" vgl § 1993 Rn 28]; vgl auch OLG Stuttgart OLGZ 1994, 513 ff = ZEV 1994, 373 f = NJW-RR 1995, 968; BayObLG FamRZ 1997, 710, 712; Harder, in: Zimmermann/Knütel/Meincke [Hrsg], Rechtsgeschichte und Privatrechtsdogmatik [1999] 637 ff, 651, 653 ad VIII 3, 4; Staudinger/Gursky [2014] § 185 Rn 81 f mwNw), oder ob die Konvaleszenz auch hier schon mit dem Anfall der Erbschaft an den Berechtigten stattfindet, aber nach Herbeiführung der beschränkten Erbenhaftung wieder entfällt (in diesem Sinne Finkenauer, in: FS Picker [2010]; konkludent OLG Celle NJW-RR 1994, 646 f; vgl auch Wacke JZ 2001, 380, 385 f, dessen Vorschlag, „die genannte Vorschrift zu streichen", auf dieser unzutreffenden Auslegungsvariante beruhen dürfte).

§ 1977
Wirkung auf eine Aufrechnung

(1) Hat ein Nachlassgläubiger vor der Anordnung der Nachlassverwaltung oder vor der Eröffnung des Nachlassinsolvenzverfahrens seine Forderung gegen eine nicht zum Nachlass gehörende Forderung des Erben ohne dessen Zustimmung aufgerechnet, so ist nach der Anordnung der Nachlassverwaltung oder der Eröffnung des Nachlassinsolvenzverfahrens die Aufrechnung als nicht erfolgt anzusehen.

(2) Das Gleiche gilt, wenn ein Gläubiger, der nicht Nachlassgläubiger ist, die ihm gegen den Erben zustehende Forderung gegen eine zum Nachlass gehörende Forderung aufgerechnet hat.

Materialien: E I § 2116; II § 1852; III § 1952; Mot V 634–636; Prot V 769, 792–794, 813; Jakobs/Schubert ER I 302, 342 ff.

Neufassung seit 1. 1. 1999: In Abs 1 wurden die Worte „des Nachlaßkonkurses" jeweils durch die Worte „des Nachlaßinsolvenzverfahrens" ersetzt (Art 33 Nr 35 InsO).

Schrifttum

Binder, Die Rechtsstellung des Erben II (1903) 151
Dauner-Lieb, Unternehmen in Sondervermögen (1998) 85
Riesenfeld, Die Erbenhaftung II (1916) 74–77, 154
Siber, Kompensation und Aufrechnung (1899) 104–107, 116, 141
Steiner, Aufrechnungserklärungen gegenüber dem Testamentsvollstrecker, ZEV 2016, 24, 25.

I. Die ratio legis

1 § 1977 BGB hat zur Folge, dass Aufrechnungen der Nachlassgläubiger gegen Eigenforderungen des Erben als nicht erfolgt anzusehen sind, sofern der Erbe diesen nicht zugestimmt hat (Abs 1). Ebenso sind Aufrechnungen der Eigengläubiger des Erben gegen Nachlassforderungen wirkungslos (Abs 2). § 1977 BGB dient damit der konsequenten Absonderung des Nachlasses vom Eigenvermögen des Erben, indem die Norm Aufrechnungen ohne Zutun des Erben die Wirkung versagt.

Da der Erbe persönlicher Schuldner aller Nachlassverbindlichkeiten wird (Staudinger/Kunz Vorbem 27 zu §§ 1967 ff), stehen die Ansprüche der Nachlassgläubiger von nun an im **Gegenseitigkeitsverhältnis** auch zu den *nicht* zum Nachlass gehörigen Forderungen des Erben an sie. Gem § 387 BGB kann sich ein Nachlassgläubiger wegen seiner Forderung deshalb auch dadurch befriedigen, dass er sie gegen eine nicht zum Nachlass gehörende Forderung des Erben aufrechnet. Auf diese Weise kann sich ein Nachlassgläubiger, solange der Erbe ihm noch ohne Beschränkung auf den Nachlass haftet (also zB nicht in den Fällen der §§ 1973, 1974, 1990, 1992 BGB; vgl § 1990 Rn 40), ohne Mitwirkung des Erben aus dessen Eigenvermögen durch Aufrechnung befriedigen. Jedoch macht § 1977 **Abs 1** BGB diesen Zugriff auf das Eigenvermögen wirkungslos, sobald sich die Haftung des Erben infolge der Anordnung einer Nachlassverwaltung oder der Eröffnung des Nachlassinsolvenzverfahrens gem § 1975 BGB auf den Nachlass beschränkt hat. Voraussetzung ist jedoch, dass die Aufrechnung ohne Zustimmung des Erben erfolgt ist. Wenn der Erbe der Aufrechnung gegen seine Privatforderung zugestimmt hat, verdient er nicht mehr Schutz, als wenn er den Nachlassgläubiger freiwillig mit Mitteln seines Eigenvermögens befriedigt hätte. Zur ratio legis des **Abs 2** s unten Rn 7.

II. Zeitpunkt der Aufrechnung

2 Beide Absätze des § 1977 BGB kommen nur zur Anwendung, wenn die Aufrechnung *nach dem Erbfall, aber vor der Anordnung der Nachlassverwaltung oder der Eröffnung des Nachlassinsolvenzverfahrens* erklärt worden ist (zur *späteren* Aufrechnung vgl Rn 11 f). Diese Voraussetzung ist zwar nur in Abs 1 ausdrücklich erwähnt; in Abs 2 ist sie jedoch entsprechend zu ergänzen. Der Fall des Abs 2 war in E I § 2116 noch nicht erwähnt und von der ersten Kommission (Mot V 635 ad II) gegenteilig entschieden worden.

III. Die Rechtsfolge des § 1977

3 In den Fällen des § 1977 BGB wird die *Aufrechnungswirkung* infolge der Anordnung der Nachlassverwaltung oder der Eröffnung des Nachlassinsolvenzverfahrens *rückwirkend aufgehoben.* Diese Aufhebung ist eine kraft Gesetzes eintretende Folge der Verfahrenseröffnung. Die nach § 389 BGB erloschenen Forderungen mitsamt ihren Nebenrechten (Pfand- und Bürgenhaftung) leben wieder auf. Wann die Forderungen entstanden sind, ist unerheblich, wenn nur die Aufrechnung nach dem Erbfall und vor der Anordnung der Nachlassverwaltung oder der Eröffnung des Nachlassinsolvenzverfahrens erfolgt ist (BGB-RGRK/Johannsen Rn 8).

IV. Aufrechnungsweise Befriedigung eines Nachlassgläubigers aus dem Eigenvermögen des Erben

1. Hat der Erbe seine Privatforderung an den Nachlassgläubiger gegen dessen Forderung **aufgerechnet**, so wird die Wirkung der Aufrechnung durch die Anordnung der Nachlassverwaltung oder die Eröffnung des Nachlassinsolvenzverfahrens nicht berührt. Über sein Privatvermögen kann der Erbe frei verfügen. Wenn er dem Nachlassgläubiger seine Eigenforderung als Erfüllungssurrogat opfert, ist er so zu behandeln, wie wenn er aus seinem Eigenvermögen „geleistet" hätte. Unter den Voraussetzungen des § 1979 BGB erlangt der Erbe, sofern er nicht unbeschränkbar haftet, für seine aufgerechnete Privatforderung einen Aufwendungsersatzanspruch nach § 1978 Abs 3 BGB, den er im Nachlassinsolvenzverfahren als Masseverbindlichkeit geltend machen kann (§ 324 Abs 1 Nr 1 InsO); andernfalls erlangt er einen Bereicherungsanspruch und tritt im Nachlassinsolvenzverfahren an die Stelle des Nachlassgläubigers, gegen dessen Forderung er mit seiner Privatforderung aufgerechnet hat (§ 326 Abs 2 InsO). 4

2. Hat der Nachlassgläubiger die Aufrechnung erklärt, so ist zu unterscheiden:

a) Hat der Erbe der Aufrechnung **zugestimmt**, so ist der Fall ebenso zu behandeln wie der einer vom Erben selbst erklärten Aufrechnung (Rn 4). In der Zustimmung liegt eine Verfügung des Erben über die zu seinem Eigenvermögen gehörende Forderung. Einen Grund zur Rückgängigmachung der Aufrechnung erkennt § 1977 BGB hier mit Recht nicht an. Die Zustimmung kann auch konkludent erklärt werden (Palandt/Weidlich Rn 2). 5

b) Hat der Erbe der Aufrechnung **nicht zugestimmt**, so greift Abs 1. Die Aufrechnung ist als nicht erfolgt anzusehen, sobald Nachlassverwaltung angeordnet oder ein Nachlassinsolvenzverfahren eröffnet ist. Nach Sinn und Zweck des Abs 1 (Rn 1) sowie der ausdrücklichen Bestimmung des § 2013 Abs 1 S 1 BGB gilt das jedoch nicht, *wenn die Haftung des Erben für die Nachlassverbindlichkeiten eine unbeschränkbare geworden ist.* Ist sie nur gegenüber *einzelnen* Nachlassgläubigern unbeschränkbar, so berührt dies die Anwendbarkeit des § 1977 Abs 1 BGB nicht, § 2013 Abs 2 BGB. Anders nur, wenn der Erbe gerade gegenüber demjenigen Gläubiger unbeschränkbar haftet, der die Aufrechnung erklärt hat (nur für diesen Fall zutreffend sind die die Anwendbarkeit des § 1977 Abs 1 BGB trotz § 2013 Abs 2 BGB jedenfalls im Ausgangspunkt pauschal ablehnenden Stellungnahmen von Palandt/Weidlich Rn 5, § 2013 Rn 4 und Erman/Horn Rn 4, § 2013 Rn 3). Da der Erbe diesem Gläubiger weiterhin auch mit dem Eigenvermögen haftet, könnte der Gläubiger sich selbst *nach* Anordnung der Nachlassverwaltung oder Eröffnung des Nachlassinsolvenzverfahrens noch durch Aufrechnung seiner Forderung gegen eine Privatforderung des Erben befriedigen (Strohal II 331 [§ 86 II]; Palandt/Weidlich Rn 5; Erman/Horn Rn 4; MünchKomm/Küpper Rn 8; Jaeger/Lent[8] KO § 53 Rn 20; vgl ferner unten Rn 11 f). 6

V. Aufrechnungsweise Befriedigung eines Eigengläubigers des Erben aus dem Nachlass

1. Wenn ein Gläubiger, der nicht Nachlassgläubiger ist, die ihm gegen den Erben zustehende Forderung gegen eine zum Nachlass gehörende Forderung **aufgerechnet** 7

hat, soll nach den Einleitungsworten des Abs 2 „das Gleiche“ gelten wie im Fall des Abs 1. Anders als Abs 1 (vgl Rn 1) will Abs 2 jedoch nicht das Eigenvermögen des Erben vor den Nachlassgläubigern, sondern die Nachlassgläubiger vor einer Auszehrung des Nachlasses durch Eigengläubiger des Erben schützen. Insoweit verhält sich § 1977 Abs 2 BGB zu § 1977 Abs 1 BGB wie § 784 Abs 2 ZPO zu § 784 Abs 1 ZPO.

8 **a)** Problemlos ist die Verweisung des § 1977 Abs 2 BGB auf Abs 1 für den Fall, dass die Aufrechnung **ohne Zustimmung des Erben** erfolgt ist. Dann gilt sie analog Abs 1 als nicht erfolgt, sobald Nachlassverwaltung angeordnet oder ein Nachlassinsolvenzverfahren eröffnet ist.

Eine Ausnahme kann auch für den Fall nicht anerkannt werden, dass der Erbe für die Nachlassverbindlichkeiten *unbeschränkbar* haftend geworden ist. Zwar soll § 1977 BGB nach dem Wortlaut des § 2013 Abs 1 S 1 BGB auf diesen Fall nicht anzuwenden sein. Folgte man dem auch bzgl des Abs 2 des § 1977 BGB (zu Abs 1 vgl Rn 6), so würden die Nachlassgläubiger durch den an sich zu ihrem Schutz geschaffenen § 2013 BGB benachteiligt, da sie die erfolgte Befriedigung des Eigengläubigers aus dem Nachlass hinnehmen müssten und uU darauf angewiesen wären, ihre Ansprüche auch gegen das – vielleicht nur geringfügige – Eigenvermögen des Erben zu verfolgen (vgl bereits Strohal II 261 [§ 78 III 2]). Um dies zu vermeiden, wird man Abs 2 des § 1977 BGB nach berichtigender Auslegung des § 2013 Abs 1 S 1 BGB auch bei allgemein unbeschränkter Haftung anwenden müssen (Siber, Haftung für Nachlaßschulden 90; BGB-RGRK/Johannsen Rn 7; Erman/Horn Rn 4; MünchKomm/Küpper Rn 7; Palandt/Weidlich Rn 1, 5; Soergel/Stein Rn 5; AK-BGB/Teubner Rn 6; Kipp/Coing § 97 IV 3; **aM** Dauner-Lieb 91 f, 149; vgl auch Prot V 769). Dafür spricht auch die Parallele (vgl Rn 7) des § 784 Abs 2 ZPO, dessen Anwendung bei unbeschränkbar gewordener Erbenhaftung ebenfalls nicht ausgeschlossen ist.

9 **b)** Den Fall, dass der Erbe der von seinem Eigengläubiger gegen eine Nachlassforderung erklärten Aufrechnung **zugestimmt** hat, wird man ebenso entscheiden müssen wie den Fall, dass die Aufrechnung vom Erben ausging. Denn wie die vom Erben ausgehende Aufrechnung (Rn 10) enthält auch die Zustimmung des Erben zu der von seinem Eigengläubiger gegen eine Nachlassforderung erklärten Aufrechnung eine Verfügung über diese Forderung (**aM** Lange/Kuchinke § 49 Fn 40), die durch eine spätere Nachlassverwaltung oder ein Nachlassinsolvenzverfahren nicht mehr berührt werden kann. Wie Abs 1 ist also auch Abs 2 des § 1977 BGB nicht anzuwenden, wenn der Erbe der Aufrechnung zugestimmt hat (RG LZ 1916, 1364 Nr 9; Eccius Gruchot 43 [1899] 603, 638; Strohal II § 78 Fn 5; Endemann III § 115 Fn 23; Planck/Flad Anm 2; BGB-RGRK/Johannsen Rn 6; Soergel/Stein Rn 5; AK-BGB/Teubner Rn 3; Dauner-Lieb 87 ff; **aM** Staudinger/Lehmann[11] Rn 3; Siber, Haftung für Nachlaßschulden 90; Binder II 161; Kipp/Coing § 97 Fn 12; Lange/Kuchinke § 49 Fn 40; Michalski Rn 951; Erman/Horn Rn 2, Rn 3; MünchKomm/Küpper Rn 6 mwNw). Dafür spricht auch, dass man in einer mit Zustimmung des Erben erfolgten Aufrechnung uU auch eine vertragliche Aufhebung der gegenseitigen Forderungen sehen könnte, auf die § 1977 BGB nicht anwendbar wäre. Die Zustimmung kann auch konkludent erklärt werden (Palandt/Weidlich Rn 2).

Wegen der endgültigen Befreiung von seiner Eigenverbindlichkeit, die sich der Erbe durch seine Zustimmung zu der Aufrechnung auf Kosten des Nachlasses verschafft hat, muss der Erbe den Nachlassgläubigern nach § 1978 Abs 1 BGB und § 812 BGB Ersatz leisten. Gem § 1978 Abs 2 BGB ist der Ersatzanspruch vom Nachlass(insolvenz)verwalter geltend zu machen.

2. **Hat der Erbe** eine Nachlassforderung an einen Eigengläubiger gegen dessen Forderung **aufgerechnet**, so bleibt die Aufrechnung auch dann wirksam, wenn später eine Nachlassverwaltung angeordnet oder ein Nachlassinsolvenzverfahren eröffnet wird (BGB-RGRK/Johannsen Rn 6; Dauner-Lieb 88 ff; **aM** Staudinger/Lehmann[11] Rn 3). Denn durch diese Verfahren wird dem Erben die Verfügungsmacht über den Nachlass nicht rückwirkend, sondern nur ex nunc entzogen (§ 1984 BGB, § 80 InsO). Verfügungen, die der Erbe vorher getroffen hat, werden also nicht unwirksam (§ 1976 Rn 10). Das muss erst recht für die Verfügungswirkung gelten, die die Aufrechnung mit einer Nachlassforderung zeitigt. Da der Aufrechnungsgegner (der Eigengläubiger) die Aufrechnung nicht zurückweisen kann, er andererseits aber durch sie gehindert wird, seine – nun ja erloschene – Forderung noch gegen das Eigenvermögen des Erben zu verfolgen, muss er zum Ausgleich davor geschützt werden, dass die Aufrechnungswirkung, die ja auch zu seiner eigenen Befriedigung geführt hat, später wieder entfällt (vgl auch § 388 S 2 BGB). Denn mittlerweile kann das Eigenvermögen des Erben, aus dem der Gläubiger bei Unwirksamwerden der Aufrechnung nunmehr seine Befriedigung suchen müsste, völlig unzulänglich geworden sein (zB infolge des Vollstreckungszugriffs anderer Gläubiger). 10

Wegen der endgültigen Befreiung von seiner Eigenverbindlichkeit, die sich der Erbe durch die Aufrechnung mit der Nachlassforderung auf Kosten des Nachlasses verschafft hat, muss der Erbe den Nachlassgläubigern nach §§ 1978 Abs 1 und 812 BGB Ersatz leisten. Gem § 1978 Abs 2 BGB ist dieser Anspruch vom Nachlass(insolvenz)verwalter geltend zu machen.

VI. Aufrechnung nach Verfahrenseröffnung

Nach Anordnung der Nachlassverwaltung oder Eröffnung des Nachlassinsolvenzverfahrens kann ein Nachlassgläubiger gegen eine Privatforderung des Erben an ihn nicht aufrechnen (arg Abs 1 und §§ 390, 1975 BGB, 784 Abs 1 ZPO; mit anderer Begr ebenso Soergel/Stein Rn 7 [„wegen § 1984 bzw InsO § 80"]; vgl auch RG LZ 1933, 521, 523). Anders nur, wenn der Erbe – zumindest diesem Gläubiger gegenüber – unbeschränkbar haftet und der Nachlassgläubiger deshalb auch im Wege der Zwangsvollstreckung auf die Privatforderung des Erben zugreifen dürfte (vgl § 784 Abs 1 ZPO und oben Rn 6 f). Ein Eigengläubiger des Erben kann nach Verfahrenseröffnung niemals gegen eine zum Nachlass gehörende Forderung aufrechnen (OLG Kiel SchlHAnz 1919, 179). Denn wenn sich der Eigengläubiger nicht im Wege der Zwangsvollstreckung aus dem Nachlass befriedigen kann (vgl § 1984 Abs 2 BGB, § 89 InsO), darf ihm das auch nicht im Wege der (einer Zwangsvollstreckung funktional vergleichbaren) Aufrechnung möglich sein. Auch die Zustimmung des Erben zu solch einer Aufrechnung vermag die Nachlassforderung in diesem Fall nicht zum Erlöschen zu bringen (§ 1984 Abs 1 S 1 BGB und § 80 InsO; aus denselben Vorschriften folgt, dass der Erbe sich von einer Eigenverbindlichkeit gegenüber einem Dritten jetzt [vgl aber Rn 10] nicht mehr durch Aufrechnung mit einer gegen diesen gerichteten Nachlassforderung befreien kann). 11

12 Eine gegenüber einem Dritten bestehende Nachlassverbindlichkeit kann der Erbe auch noch nach Verfahrenseröffnung durch Aufrechnung mit einer zu seinem Eigenvermögen gehörenden, gegen diesen Dritten gerichteten Forderung tilgen (Planck/Flad Anm 5; BGB-RGRK/Johannsen Rn 9; Palandt/Weidlich Rn 3; MünchKomm/Küpper Rn 3; Soergel/Stein Rn 7; **aM** Erman/Horn Rn 2a; auch Brox/Walker[26] Rn 681 für den Fall, dass der Nachlassgläubiger nicht zustimmt). Die Vertreter der Gegenansicht meinen, dass infolge der Nachlassabsonderung die Gegenseitigkeit der betr Forderungen aufgehoben werde. Das trifft jedoch nicht zu; der Erbe bleibt nach wie vor „Schuldner" auch der Nachlassverbindlichkeiten (vgl Staudinger/Dutta Vorbem 7 f zu §§ 1967 ff), nur seine „Haftung" beschränkt sich gem § 1975 BGB auf den Nachlass. Diese Haftungsbeschränkung befreit den Erben nicht von seiner Schuldnerstellung, sondern gewährt ihm lediglich das – einredeweise geltend zu machende – Recht, die Leistung aus dem Eigenvermögen zu verweigern (vgl Staudinger/Kunz Vorbem 69 zu §§ 1967 ff). Dieses Einrederecht hindert den Erben jedoch nicht, eine Nachlassverbindlichkeit freiwillig aus dem Eigenvermögen zu berichtigen. Die Aufrechnung der Privatforderung des Erben gegen die Forderung des Nachlassgläubigers ist keine Verfügung über einen Nachlassgegenstand (die dem Erben durch § 1984 Abs 1 S 1 BGB bzw § 80 InsO versagt wäre), sondern befreit den Nachlass lediglich von einer – gem § 1967 Abs 1 auch den Erben treffenden – Verbindlichkeit. Schließlich ist darauf hinzuweisen, dass sich die Forderung des Nachlassgläubigers dann, wenn der Erbe ihm trotz Nachlassseparation ausnahmsweise *unbeschränkt* haftet (§ 2013 BGB), auch gegen das Eigenvermögen des Erben richtet; dann kann der Erbe also ohnehin mit einer Privatforderung aufrechnen (wie umgekehrt auch der Nachlassgläubiger gegen diese [Rn 6]; vgl ferner den Ausschluss von § 1977 Abs 1 BGB durch § 2013 Abs 1 S 1 BGB). Warum sollte dies dem nur beschränkt haftenden Erben, der die Leistung aus dem Eigenvermögen verweigern kann (aber nicht muss!), versagt sein? § 390 BGB schließt nur die Aufrechnung *mit* einer einredebehafteten Forderung, jedoch nicht *gegen* eine einredebehaftete Forderung aus. – Eine andere Frage ist, ob der Erbe nicht, statt seine Privatforderung durch Aufrechnung gegen die Forderung eines Nachlassgläubigers zu opfern, sich diesem gegenüber lieber auf seine Haftungsbeschränkung berufen sollte. Denn wenn er seine Forderung erst nach Anordnung der Nachlassverwaltung bzw nach Eröffnung des Nachlassinsolvenzverfahrens aufrechnet, kann er Aufwendungsersatz idR (aber § 1978 Rn 25) nicht schon nach den §§ 1978 Abs 3 BGB (iVm Abs 1 S 1), 1979 BGB, 324 Abs 1 Nr 1 InsO verlangen, die eine *vor* Verfahrenseröffnung erfolgte Schuldentilgung voraussetzen, sondern allenfalls nach den Grundsätzen über die Geschäftsführung *ohne* Auftrag (denn den „Auftrag" der Gläubigergemeinschaft zur Schuldentilgung hat nunmehr der Nachlass- bzw Nachlassinsolvenzverwalter; vgl § 1985 BGB und §§ 148, 159 InsO). In der Regel (Ausnahmen sind denkbar; **aM** wohl Planck/Flad Anm 5mit unschlüssiger Berufung auf § 1984 Abs 1 S 2 BGB und § 7 KO/§ 81 InsO) wird der Erbe dann auf einen Bereicherungsanspruch nach § 684 BGB beschränkt sein (BGB-RGRK/Johannsen Rn 9; Palandt/Weidlich Rn 3). Vgl ferner § 326 Abs 2 InsO.

13 Der Umstand, dass **Nachlassverwaltung** angeordnet ist, hindert auch **bei Unzulänglichkeit des Nachlasses** nicht die Aufrechnung mit erst *während* der Nachlassverwaltung erworbenen Forderungen gegen den Nachlass (KGBl 1911, 126; LG Hagen MDR 1954, 675). Die **§§ 94–96 InsO** gelten erst im Nachlassinsolvenzverfahren. Zur **Insolvenzantragspflicht** des Nachlassverwalters vgl § 1985 Rn 29 ff, zu der des Erben § 1980 Rn 1 ff, 14.

VII. Verjährung

Die Rechtsfolge des § 1977 BGB, dass die Aufrechnung „als nicht erfolgt anzusehen“ ist, soll die infolge der Aufrechnung erloschenen Forderungen wieder durchsetzbar machen. Im Schrifttum ist darauf hingewiesen worden, dass dieses Ziel nicht erreicht werde und es sogar zu „völlig sachfremden Ergebnissen“ kommen könne, wenn hinsichtlich einer oder sogar beider Forderungen während der Zeit zwischen Aufrechnungserklärung und Anordnung der Nachlassverwaltung bzw Eröffnung des Nachlassinsolvenzverfahrens die Verjährungsfrist abgelaufen sei (Dauner-Lieb 86 f). Die befürchteten Schwierigkeiten lassen sich jedoch vermeiden, indem man während der Schwebezeit § 205 BGB analog anwendet und auf diese Weise zu einer **Hemmung der Verjährung** kommt. Die Analogie zu § 205 BGB ist eine notwendige Ergänzung des § 1977 BGB: Als einseitiges Rechtsgeschäft kann eine Aufrechnung normalerweise nicht unter einer auflösenden Bedingung erfolgen. Von dieser Grundregel, die in § 388 S 2 BGB ausdrücklich bestätigt wird, weicht § 1977 BGB insofern ab, als die Aufrechnung hier sogar *kraft Gesetzes* auflösend bedingt ist. An diesen Sonderfall hat man bei der Ausformulierung der Verjährungsvorschriften nicht gedacht. Die planwidrige Gesetzeslücke muss durch eine analoge Anwendung des § 205 BGB geschlossen werden. Dabei handelt es sich nicht nur um eine „einfache“ Analogie, sondern sogar um einen klassischen Erst-Recht-Schluss: Wenn nach § 205 BGB schon das Bestehen eines *vertraglichen Leistungsverweigerungsrechts* verjährungshemmend wirkt, dann muss verjährungshemmend „erst recht“ der Umstand wirken, dass die von der Verjährung bedrohte Forderung auf dem noch viel gravierenderen Grunde des *Erlöschens infolge Aufrechnung* nicht mehr geltend gemacht werden kann. Wer die hier vorgeschlagene analoge Anwendung des § 205 BGB ablehnt (etwa weil eine Aufrechnung keine „Vereinbarung“ iS des § 205 BGB ist und die am 1. 1. 2002 in Kraft getretene Vorschrift gerade in diesem Punkt enger formuliert ist als der bisherige § 202 Abs 1 BGB; (dies jedoch in anderen Zusammenhängen mit leichter Hand „überspielend“ Staudinger/Peters/Jacoby [2019] § 205 Rn 5, 19 ff), wird die Lösung wohl in § 206 BGB (auflösend bedingte Aufrechnung als „höhere Gewalt“?) oder in einer analogen Anwendung des § 210 BGB (grds zur Analogiefähigkeit Staudinger/Peters/Jacoby [2019] § 195 Rn 9 aE, § 210 Rn 2) suchen müssen. Einen noch radikaleren Lösungsweg befürwortet nach Ablehnung der Analogie zu § 205 BGB das OLG München für den mit der hier erörterten Problematik vergleichbaren Fall des rückwirkenden Wiederauflebens einer anfechtbar getilgten Forderung nach Rückgewähr des Empfangenen gem § 144 Abs 1 InsO: Das rückwirkende Wiederaufleben einer solchen Forderung habe nicht zur Folge, dass auch der Entstehungszeitpunkt iSd Verjährungsrechts auf den Zeitpunkt der „ursprünglichen“ Anspruchsentstehung zurückzuverlegen sei. Entstehung iSd § 199 Abs 1 Satz 1 Nr 1 BGB dürfe in solch einem Fall erst ex nunc mit dem Wiederaufleben des Anspruchs angenommen werden (OLG München ZIP 2009, 1310, 1311 mit zust Anm Kremer EWiR 2009, 561). Vgl zu Verjährungsfragen auch § 1976 Rn 1 und § 1967 Rn 2 mwNw. 14

§ 1978
Verantwortlichkeit des Erben für bisherige Verwaltung, Aufwendungsersatz

(1) Ist die Nachlassverwaltung angeordnet oder das Nachlassinsolvenzverfahren eröffnet, so ist der Erbe den Nachlassgläubigern für die bisherige Verwaltung des Nachlasses so verantwortlich, wie wenn er von der Annahme der Erbschaft an die Verwaltung für sie als Beauftragter zu führen gehabt hätte. Auf die vor der Annahme der Erbschaft von dem Erben besorgten erbschaftlichen Geschäfte finden die Vorschriften über die Geschäftsführung ohne Auftrag entsprechende Anwendung.

(2) Die den Nachlassgläubigern nach Absatz 1 zustehenden Ansprüche gelten als zum Nachlass gehörend.

(3) Aufwendungen sind dem Erben aus dem Nachlass zu ersetzen, soweit er nach den Vorschriften über den Auftrag oder über die Geschäftsführung ohne Auftrag Ersatz verlangen könnte.

Materialien: E I § 2112 S 1 und 2; II § 1853; III § 1953; Mot V 626 f; Prot V 765 f, 813 f; Denkschr 723; Jakobs/Schubert ER I 302, 346 ff.

Neufassung seit 1. 1. 1999: In Abs 1 S 1 wurden die Worte „der Nachlaßkonkurs" durch die Worte „das Nachlaßinsolvenzverfahren" ersetzt (Art 33 Nr 36 EGInsO).

Schrifttum

Binder, Die Rechtsstellung des Erben II (1903) 133
Dauner-Lieb, Unternehmen in Sondervermögen (1998)
Haas, Die Rechtsstellung des vorläufigen Erben (Diss Tübingen 2001) 175
Klook, Die überschuldete Erbschaft. Der Erbe als Berechtigter und als Treuhänder der Nachlassgläubiger (1998)
Muscheler, Die Haftungsordnung der Testamentsvollstreckung (1994) 209
Nöll, Nachlassverwaltung vs. Nachlasspflegschaft: das bessere Verfahren bei Erbausschlagung und Erbprätendentenstreit, ZEV 2015, 612
Reuter, Die handelsrechtliche Erbenhaftung (§ 27 HGB), ZHR 135 (1971) 511
Riesenfeld, Die Erbenhaftung II (1916) 66 ff, 155 f
Sarres, Die Auskunfts- und Rechenschaftspflicht nach § 666 BGB im System der erbrechtlichen Auskunftsansprüche, ZEV 2008, 512
Schmidt-Kessel, Was ist Nachlass?, WM 2003, 2086
Schnupfhagn, Verwalterhaftung und Aufwendungsersatz im Erbrecht (Diss Berlin 1985)
Sobich, Erbengemeinschaft und Handelsgeschäft – zur Zulässigkeit der Geschäftsfortführung (Diss Kiel 1975) 88.

Systematische Übersicht

Alphabetische Übersicht

I. Allgemeines

1 **1.** Zum **Zweck der Vorschrift** führt die Denkschr (723; ähnlich Mot V 626 f) aus: „Wird infolge der Anordnung der Nachlaßverwaltung oder der Eröffnung des Nachlaßkonkurses [seit 1999: des Nachlaßinsolvenzverfahrens] die Haftung des Erben für die Nachlaßverbindlichkeiten auf den Nachlaß beschränkt, so verlangt das Interesse der Gläubiger, daß der Erbe ihnen für die bisherige Verwaltung des Nachlasses wie der Verwalter eines fremden Vermögens verantwortlich ist, und daß die aus dieser Verantwortlichkeit sich ergebenden Ansprüche gegen den Erben als zum Nachlasse gehörend angesehen werden." Zweck der Vorschrift ist es, den Nachlassgläubigern möglichst ungeschmälerten Zugriff auf den Nachlass zu gewähren (BGH NJW 2014, 391). Dadurch, dass die Norm den Erben für den Zeitraum bis zur Anordnung der Nachlassverwaltung oder Eröffnung des Nachlassinsolvenzverfahrens hinsichtlich seiner Verantwortung einem Beauftragten gleichstellt, wird der Grundsatz der Nachlassabsonderung konsequent zu Ende geführt.

2 **2.** **Völlig wird der Zweck**, den Nachlass den Gläubigern ungeschmälert zu erhalten, **nicht erreicht**. Denn Verfügungen über Nachlassgegenstände, die der Erbe vor Verfahrenseröffnung wirksam getroffen hat, werden infolge der Anordnung der Nachlassverwaltung oder der Eröffnung des Nachlassinsolvenzverfahrens nicht unwirksam (§ 1976 Rn 10). Deshalb schlug Siber (Haftung für Nachlaßschulden 80) vor, jede vorsätzliche oder grobfahrlässige erhebliche Schädigung der Nachlassgläubiger durch den Erben zum Verwirkungsgrund der beschränkten Haftung zu machen. Bereits de lege lata könnte eine gewisse Abhilfe dadurch geschaffen werden, dass man den vom Erben durch Veräußerung von Nachlassgegenständen erzielten Erlös nicht zum Eigenvermögen des Erben, sondern nach Surrogationsgrundsätzen zum Nachlass rechnet (s unten Rn 17 ff).

3 **3.** **Wenn der Erbe allen Nachlassgläubigern unbeschränkbar haftet**, ist es überflüssig, ihnen noch Ersatzansprüche gegen das Eigenvermögen des Erben zuzuweisen. Deshalb erklärt § 2013 Abs 1 S 1 BGB den § 1978 BGB für unanwendbar (vgl aber § 2013 Rn 12 und § 2060 Rn 22 für den Fall, dass *mehrere* Erben vorhanden sind). Dass der Erbe nur *einzelnen* Nachlassgläubigern gegenüber unbeschränkbar haftet, steht der Anwendung des § 1978 BGB nicht entgegen, § 2013 Abs 2 BGB.

II. Verantwortlichkeit des Erben für die vor Erbschaftsannahme besorgten Geschäfte

1. Bis zur Annahme der Erbschaft ist der Erbe zwar berechtigt, jedoch **nicht verpflichtet, sich um den Nachlass zu kümmern** (vgl Mot V 627 und Staudinger/Mešina [2017] § 1959 Rn 1, 4). Unterlässt der Erbe Fürsorgemaßregeln, kann er grundsätzlich (aber: Rn 7) weder von den Nachlassgläubigern noch von den nach ihm zur Erbschaft Berufenen haftbar gemacht werden. Kümmert er sich jedoch freiwillig um den Nachlass, so ist er im Fall der Ausschlagung dem an seine Stelle tretenden Erben (§ 1959 Abs 1 BGB) und im Fall der Annahme den Nachlassgläubigern (§ 1978 Abs 1 S 2 BGB) wie ein Geschäftsführer ohne Auftrag verantwortlich. Wer eine ihm angefallene Erbschaft *ausgeschlagen* hat, haftet nicht den Nachlassgläubigern nach § 1978 BGB, sondern dem endgültigen Erben nach § 1959 BGB (OLG Celle MDR 1970, 1012). 4

2. Die Anwendung der Vorschriften über die Geschäftsführung ohne Auftrag auf die vom Erben vor der Annahme besorgten erbschaftlichen Geschäfte **ist keine unmittelbare, sondern nur eine entsprechende (vgl Abs 1 S 2** sowie die Parallele in § 1959 Abs 1 BGB). ZB kann dem Erben eine Rücksichtnahme auf den wirklichen oder mutmaßlichen Willen einer bestimmten Person, hier also eines einzelnen Nachlassgläubigers (vgl §§ 677, 678, 679, 683, 684 BGB) nicht zugemutet werden (vgl auch Staudinger/Mešina [2017] § 1959 Rn 5). Es genügt, wenn er sein Verhalten nach sachlichen Erwägungen, nach dem objektiven Interesse „der" Nachlassgläubiger ausrichtet. Jedoch wird ihn ein bestimmter Nachlassgläubiger, dessen ihm bekannten Willen er berücksichtigt hat, nicht nach Abs 1 S 2 verantwortlich machen können (Planck/Flad Anm 2a). 5

§ 1978 BGB regelt die Haftung des Erben für ein *nach* dem Anfall der Erbschaft liegendes Verhalten. **Wenn der Erbe vor dem Erbfall eine Verfügung getroffen hat**, die infolge Anfalls der Erbschaft nach § 185 Abs 2 S 1 HS 2 BGB wirksam wird, kann er also nicht schon nach § 1978 BGB verantwortlich gemacht werden (so zutr Planck/Flad Anm 2a [unter Ablehnung der in Mot V 632 vertretenen gegenteiligen Ansicht]; BGB-RGRK/Johannsen Rn 2; MünchKomm/Küpper Rn 2). Da jedoch der Nachlass durch das Wirksamwerden der Verfügung geschmälert wird und dies eine Folge davon ist, dass der Nachlass dem Verfügenden und nicht einem Dritten anfiel, wird man den Erben wie im Fall des § 816 Abs 1 S 1 BGB nach Bereicherungsrecht auf Herausgabe des durch die nichtberechtigte Verfügung erlangten Erlöses haften lassen müssen. Er steht dann ebenso, wie wenn seine Verfügung bereits zu Lebzeiten des Erblassers wirksam geworden (zB nach §§ 932 ff BGB oder nach § 185 Abs 2 S 1 HS 1 BGB) und seine Ersatzpflicht gegen diesen gem § 1976 BGB wieder aufgelebt wäre. 6

Obwohl der Erbe vor Annahme der Erbschaft nicht verpflichtet ist, sich um den Nachlass zu kümmern (Rn 4), kann er während dieser Zeit dadurch ersatzpflichtig werden, dass er die **Zwangsvollstreckung eines Eigengläubigers in den Nachlass** nicht abwendet (zB durch freiwillige Leistung aus dem Eigenvermögen oder durch Intervention nach § 783 ZPO mit dem Ziel der Beschränkung der Zwangsvollstreckung auf Sicherungsmaßregeln). Die Haftung des Erben folgt hier jedoch selbst dann, wenn er die vor der Erbschaftsannahme (andernfalls s Rn 23) erfolgte Zwangsvollstreckung wissentlich geduldet hat, nicht aus Geschäftsführungs- (was aber Staudinger/ 7

Lehmann[11] Rn 7; Planck/Flad Anm 2a; Erman/Horn Rn 2 für möglich halten), sondern nur aus Bereicherungsrecht. Der Fall ist gleich dem zu lösen, dass ein Gläubiger des Erben bereits *vor* dem Tod des Erblassers in dessen Vermögen vollstreckt hat, nämlich durch Anerkennung eines Bereicherungsanspruchs (vgl Staudinger/Lorenz [2007] § 816 Rn 12 f) des Nachlasses gegen den Erben. Einige Autoren wollen einen Direktanspruch des Nachlasses *gegen den* zwischen Erbfall und Eröffnung des Nachlassinsolvenzverfahrens *befriedigten Eigengläubiger* des Erben anerkennen (Uhlenbruck/Lüer/Weidmüller[15] InsO § 321 Rn 2; Braun/Bauch[7] InsO § 321 Rn 9; Jaeger/Weber[8] KO § 221 Rn 6; **aM** Dauner-Lieb, in: FS Gaul [1997] 93, 97; MünchKommInsO/Siegmann[3] § 321 Rn 5). Für diese Ansicht lässt sich – vielleicht – der Rechtsgedanke des § 1977 Abs 2 BGB anführen (außer wenn der Erbe der Vollstreckungsmaßnahme des Eigengläubigers zugestimmt hat; vgl § 1976 Rn 10 und § 1977 Rn 9 f). Unter den Voraussetzungen des § 131 InsO kann der Nachlassinsolvenzverwalter eine im Wege der Zwangsvollstreckung erfolgte Gläubigerbefriedigung – auch die eines *Eigen*gläubigers (vgl § 1975 Rn 6 [soweit zu den mit §§ 129 ff InsO zweckverwandten §§ 88, 321 InsO]) – als „inkongruente Deckung" anfechten. Nicht zu überzeugen vermag allerdings der vom BGH (BGHZ 136, 309 ff = NJW 1997, 3445 f = JZ 1998, 307 f m Anm Münzberg) befürwortete Schluss von dem Einsatz von Vollstreckungsmitteln auf die „Inkongruenz" der erlangten Deckung (zutr die Kritik von Paulus/Allgayer ZInsO 2001, 241 ff; abl auch Marotzke ZInsO 2006, 7 ff, 190 ff; ders DZWIR 2007, 265 ff sowie das inzwischen leider aufgehobene [LG Köln ZInsO 2006, 839] Urt AG Kerpen ZInsO 2006, 219 ff). Wenn die Zwangsvollstreckung noch nicht zur Befriedigung, sondern nur zur Sicherung des Gläubigers geführt hat, ist an eine Anwendung der – verfassungsgemäßen (s Marotzke ZInsO 2006, 7 ff, 190 ff)? – §§ 88, 321 InsO zu denken (§ 1975 Rn 6).

8 Ferner gilt das bei Rn 12 f (soweit zu §§ 276, 278 BGB) und Rn 14 ff Ausgeführte (vgl auch § 681 S 2 BGB). Bezweckt eine vor Annahme der Erbschaft vorgenommene Handlung des Erben die Abwendung einer dem Nachlass drohenden dringenden **Gefahr**, so hat der Erbe wegen des über Abs 1 S 2 entsprechend anwendbaren § 680 BGB nur Vorsatz und grobe Fahrlässigkeit zu vertreten.

III. Verantwortlichkeit des Erben für die Verwaltung des Nachlasses ab Erbschaftsannahme

9 **1.** „Mit dem Verluste des Rechts der Ausschlagung hört die Befugnis des Erben auf, sich passiv zu verhalten und das Interesse der Gläubiger unbeachtet zu lassen" (Mot V 627). **Der Erbe ist vom Zeitpunkt der Annahme an zur Verwaltung des Nachlasses verpflichtet**. Das Gesetz bringt dies dadurch zum Ausdruck, dass es den Erben nun nicht mehr wie *vor* der Annahme (s Rn 4) analog den Vorschriften über die Geschäftsführung *ohne* Auftrag haften lässt, sondern seine Verantwortlichkeit gegenüber den Nachlassgläubigern so bestimmt, „wie wenn er von der Annahme der Erbschaft an die Verwaltung des Nachlasses für sie *als Beauftragter* zu führen gehabt hätte" (Abs 1 S 1).

10 Abs 1 S 1 spricht absichtlich von **„Verwaltung des Nachlasses"** und nicht nur von „Erhaltung und Verwaltung der Aktivmasse" (vgl Mot V 627). Die Norm geht damit von einem sehr weiten Verwaltungsbegriff aus: „Verwaltung" **ist die gesamte tatsächliche und rechtliche Verfügung über den Nachlass** (Mot V 627). Unter „Verwaltung" fällt auch die Befriedigung von Nachlassgläubigern (Rn 21) und die Veräußerung von Nachlassgegenständen (Mot V 627). Auch Verfügungen zum Zwecke der Auseinandersetzung einer Erbengemeinschaft und die Auszahlung der insoweit geschuldeten Beträge sind Maßnahmen der Verwaltung des Nachlasses im Sinne der Vorschrift (BGH NJW 2014, 391). Die Verwaltung dient zudem der Erhaltung des Nachlasses (Mot V 627). Deshalb muss der Erbe grundsätzlich alles unterlassen, was den Bestand des Nachlasses schädigt, und alles tun, um solche Schädigungen zu vermeiden. Zur Eingehung vertretbarer **Risiken** vgl Rn 12, 26.

2. Die Vorschriften über den Auftrag sind nicht ausnahmslos anwendbar. Nach Mot 11
V 627 kommen diejenigen nicht in Betracht, die nach Sinn und Zweck eine *rechtsgeschäftliche* Übernahme der Geschäftsbesorgung als wesentlich voraussetzen. So werde „für die Regel nicht anzunehmen sein, dass der Erbe wie ein vertragsmäßiger Beauftragter selbst zu handeln habe" (also Unanwendbarkeit des heutigen § 664 Abs 1 S 1 BGB – jedenfalls soweit es sich um Maßnahmen unterhalb der Schwelle einer Veräußerung der gesamten Erbschaft handelt; vgl zu diesem Sonderfall Prot V 827, 828 und unten Rn 12) oder „dass er zu Vorschüssen verpflichtet sei" (also Unanwendbarkeit des § 669 BGB). Im Schrifttum (zB STAUDINGER/LEHMANN[11] Rn 8; MünchKomm/KÜPPER Rn 4) werden als nicht anwendbare Bestimmungen des Auftragsrechts außerdem noch die §§ 662, 663, 664 Abs 1 S 1, Abs 2, 669 BGB genannt.

3. Gem § 276 Abs 1 HS 1 BGB hat der Erbe Vorsatz und Fahrlässigkeit zu vertreten. Eine strengere oder mildere Haftung iSd § 276 Abs 1 S 1 HS 2 BGB ergibt 12
sich aus dem Inhalt des Schuldverhältnisses nicht. Ebenso haftet der Erbe gem §§ 664 Abs 1 S 3, 278 BGB für das Verschulden eines Gehilfen. Überträgt der Erbe die Ausführung von Verwaltungsmaßnahmen auf einen Dritten (was trotz § 664 Abs 1 S 1 BGB nicht ohne Weiteres zu beanstanden ist; s oben Rn 11), so hat er nur ein ihm bei der Übertragung zur Last fallendes Verschulden zu vertreten (§ 664 Abs 1 S 2 BGB). Zur **Veräußerung der Erbschaft** ist der Erbe den Nachlassgläubigern gegenüber nicht berechtigt; seine Verwaltungspflicht verbietet ihm zwar nicht die Delegation von Maßnahmen auf Dritte (s oben), wohl aber die darüber weit hinausgehende Veräußerung des zu verwaltenden Vermögens auf einen Dritten, weil dadurch die eigene Rechtszuständigkeit und Einflussmöglichkeit beendet wird (s auch Rn 18). Für daraus resultierende Schäden haftet der Erbe den Nachlassgläubigern nach § 280 Abs 1 BGB (vgl auch STAUDINGER/FERID/CIESLAR[12] § 2383 Rn 25; hierauf pauschal bezugnehmend STAUDINGER/OLSHAUSEN [2016] § 2383 Rn 22; etwas anders Prot V 827, 828: der Erbe habe das Verhalten des Erwerbers wie eigenes zu vertreten „wie auch der Beauftragte … die Ausführung des Auftrags nicht einem Dritten übertragen dürfe" – eine Argumentation, die mit dem oben Rn 11 referierten Standpunkt der Motive zur Frage einer entspr Anwendbarkeit des § 664 Abs 1 S 1 BGB im Rahmen des § 1978 BGB nicht gut harmoniert). Gehört zum Nachlass ein Unternehmen, so darf dem fortführungswilligen Erben die Eingehung vertretbarer **unternehmerischer Risiken** nicht als Fahrlässigkeit angelastet werden (vgl auch OLG Düsseldorf ZEV 1996, 466, 467 ad 3 [im Zusammenhang mit dem über § 1991 Abs 1 ebenfalls zu § 1978 führenden § 1990; s § 1990 Rn 7, 19]; die Hinweise bei § 1967 Rn 60 [mwNw auch zu der Frage, wie lange das fortgeführte Unternehmen Nachlassbestandteil bleibt] sowie MARKUS ROTH, Unternehmerisches Ermessen und Haftung des Vorstands [2001]). Wer das anders sieht, wird dem Erben entgegen dem aE von Rn 16 und 17 Ausgeführten nicht nur das Verlustrisiko, sondern auch etwaige *Gewinne* belassen müssen (diesen Zusammenhang betont zu Recht DAUNER-LIEB 155, 191 f, 203 f). Eine *Pflicht* zur Unternehmensfortführung wird sich aus

Abs 1 S 1 höchstens für eine Übergangszeit – zB zur Überbrückung des Zeitraums bis zu einer entgeltlichen *Veräußerung* des Unternehmens – begründen lassen (zurückhaltend auch Sobich 90 ff, 108, 113 ff, 124 ff).

13 **Ein Verschulden seines gesetzlichen Vertreters** hat der Erbe gem § 278 BGB zu vertreten. Als gesetzliche Vertreter des Erben kommen auch ein Testamentsvollstrecker (Staudinger/Reimann [2016] § 2219 Rn 27) oder ein nach §§ 1960, 1961 BGB bestellter Nachlasspfleger (Staudinger/Mešina [2017] § 1960 Rn 54) in Betracht; jedoch haftet der Erbe für deren Verschulden nicht nach § 1978 BGB (denn diese Personen vertreten den – jeweiligen! – Erben lediglich „als solchen" und nicht auch als Inhaber seines Eigenvermögens, auf das nach § 1978 BGB unbeschränkbar [s Rn 35] zugegriffen werden könnte [iE ebenso Muscheler 223 nach seinen den hier vertretenen Standpunkt verkennenden Bemerkungen auf 212, 219]), sondern nur wegen der von dem Testamentsvollstrecker bzw Nachlasspfleger verletzten Nachlassverbindlichkeit, also mit der Möglichkeit, seine Haftung auf den Nachlass zu beschränken (vgl BGB-RGRK/Johannsen Rn 10; MünchKomm/Küpper Rn 11; Palandt/Weidlich Rn 3 und Staudinger/Mešina [2017] § 1960 Rn 54; ferner § 1967 Rn 55). Für Handlungen oder Unterlassungen eines Nachlass- oder Nachlassinsolvenzverwalters ist der Erbe nicht schon nach § 1978 BGB (Haftung für die „bisherige" Verwaltung) verantwortlich. Der Nachlassverwalter haftet den Nachlassgläubigern aber nach § 1985 Abs 2 BGB (zur Haftung des vorläufigen und des endgültigen *Nachlassinsolvenzverwalters* s § 21 Abs 2 S 1 Nr 1 InsO und §§ 60 ff InsO; zur Haftung des nach §§ 1960, 1961 bestellten Nachlasspflegers Staudinger/Mešina [2017] § 1960 Rn 52 ff; zur Haftung des Testamentsvollstreckers §§ 2216 Abs 1, 2219 und Muscheler 173 ff, 223 ff, der trotz Ablehnung einer analogen Anwendung des § 1978 auf den Testamentsvollstrecker eine Eigenhaftung desselben nach den Grundsätzen der Drittschadensliquidation als möglich erachtet).

14 4. **Der Erbe ist** auch verpflichtet zu **Auskunft und Rechenschaftslegung** (§ 666 BGB) und damit nach Maßgabe der §§ 259, 260 BGB zur Verzeichnisvorlage, Rechnungsstellung und Leistung der eidesstattlichen Versicherung (Mot V 627; Denkschr 723). Die Auskunfts-, Benachrichtigungs- und Rechenschaftspflichten aus §§ 666, 1978 Abs 1 BGB entstehen erst *infolge* der Anordnung der Nachlassverwaltung bzw der Eröffnung des Nachlassinsolvenzverfahrens. § 666 BGB ist deshalb unanwendbar, soweit er zu schon *vor* Verfahrenseröffnung zu erfüllenden Pflichten der fraglichen Art führen würde. Vgl aber § 20 InsO (iVm §§ 26, 320 InsO, 1978 Abs 2 BGB) und § 22 Abs 3 InsO.

15 5. **Der Erbe muss den Nachlass und alles, was er aus dessen Verwaltung erlangt hat**, an den Nachlass- bzw Nachlassinsolvenzverwalter **herausgeben** (vgl § 667 BGB und – falls mehrere Erben vorhanden sind – unten Rn 39). Er hat alle vorhandenen Nutzungen herauszugeben (vgl Staudinger/Avenarius [2019] § 2111 Rn 37 bez des Vorerben) und für die verbrauchten Ersatz zu leisten. Seine Herausgabepflicht umfasst auch Gegenstände, die ohne sein Zutun an die Stelle vorhanden gewesener Nachlassgegenstände getreten sind, wie zB den Anspruch auf die Versicherungssumme für einen zerstörten Nachlassgegenstand oder den Gewinn auf ein vom Erblasser gespieltes Los. Als „selbstverständlich" bezeichnen es die Motive (V 627), dass **„Vermehrungen des Nachlasses aus sich selbst heraus"** – also solche, die nicht auf Rechtshandlungen des Erben beruhen, – dem Nachlass zugutekommen. Man wird trotz Fehlens einer ausdrücklichen **Surrogationsvorschrift** (dazu Rn 17) bereits diese *Ersatzgegenstände*

und nicht nur einen auf ihre Übertragung gerichteten *Anspruch* gegen den Erben als zum Nachlass gehörend ansehen dürfen (vgl OLG Braunschweig OLGE 19 [1909] 231, 232; MünchKomm/Küpper Rn 6; Kübler/Prütting/Bork/Holzer [Apr 2015] InsO § 315 Rn 12; Kuhn/Uhlenbruck[11] KO § 214 Rn 2; Ebenroth Rn 1136; Dauner-Lieb 102 f; unklar Nerlich/Römermann/Riering [Januar 2019] InsO § 315 Rn 30). In Bezug auf **Schadensersatzansprüche** des Erben gegen Dritte wegen deren Verantwortung für den Verlust von Nachlassgegenständen hat auch der BGH in diesem Sinne entschieden (BGHZ 46, 221 ff = BB 1967, 312; ebenso – allerdings in Anwendung der gesetzlichen Surrogationsvorschrift des § 2041 – BGH NJW 1987, 434, 435 letzter Absatz; MünchKomm/Küpper Rn 6 mit weiteren Beispielen; MünchKommInsO/Siegmann[3] § 315 Anh Rn 9; vgl auch Damrau ZEV 2000, 406 rSp; **aM** Soergel/Stein Rn 4).

6. Schwieriger zu beurteilen ist die Rechtslage hinsichtlich dessen, **was mit Mitteln des Nachlasses durch Rechtsgeschäfte des Erben oder sonstige Rechtshandlungen erworben wurde**. 16

Die Motive (V 628) treffen folgende Unterscheidung:

Hatte der Erbe den Willen, für Rechnung des Nachlasses zu handeln, so habe er den Nachlassgläubigern den Erwerb nach Geschäftsführungsregeln (§ 667 BGB) herauszugeben. Demgemäß könne der Konkursverwalter, „wenn die erforderliche Willensrichtung des Erben klar ist, zB wenn Inventarstücke eines Nachlaßgrundstückes ersetzt oder eingezogene Nachlaßkapitalien zu Meliorationen oder Erweiterungen eines Nachlaßgrundstückes verwendet sind, verlangen, daß ein Erlös oder ein surrogirter Gegenstand herausgegeben, ein Forderungsrecht abgetreten (vgl dazu aber Rn 17) werde usw“. Vorbehaltlich einer weitergehenden Schadensersatzpflicht des Erben sei nur der wirkliche Erlös für einen veräußerten Gegenstand herauszugeben.

„*Hatte der Erbe nicht den Willen, für den Nachlaß,* also für fremde Rechnung, *zu handeln,* so ist er nur insoweit verantwortlich, als er durch den Verbrauch von Nachlaßgegenständen oder durch anderweitige Verfügung über solche etwas aus dem Nachlaß im eigenen Interesse in sein Vermögen hinübergenommen hat“ (Mot V 628).

Da der Erbe nicht veranlasst sei, im Namen des Nachlasses zu handeln (dh wohl: seine Willensrichtung offenzulegen), würden in manchen Fällen „in Ansehung der Surrogation“ Zweifel entstehen können. *Als Regel werde anzusehen sein,* „daß der Erbe das aus Mitteln der Erbschaft Angeschaffte nicht herauszugeben, sondern nur Ersatz zu leisten habe“.

Die letzten beiden Sätze dieses Zitats müssen wohl dahin verstanden werden, dass die in § 667 BGB ausgesprochene Verpflichtung des Geschäftsführers zur **Herausgabe des aus der Geschäftsführung Erlangten** in Bezug auf Gegenstände, die der Erbe durch Rechtsgeschäft mit Mitteln des Nachlasses erwirbt (die „Surrogate“), im Rahmen des § 1978 BGB nur dann zur entspr Anwendung kommen soll, **wenn feststeht, dass der Erbe für Rechnung des Nachlasses handeln wollte** (ebenso und mit Beispielen OLG Braunschweig OLGE 19 [1909/II] 231, 234 f = Recht 1909 Nrn 2435, 2436). Andernfalls wollten die Motive den Erben den Nachlassgläubigern gegenüber nur zum Ersatz der Nachlassminderung verpflichtet sehen (ebenso das OLG Braunschweig OLGE 19 [1909/II] 231, 234 f; BGH FamRZ 1989, 1070, 1072 = NJW-RR 1989, 1226, 1227 [dazu Marotzke EWiR § 1990 BGB 1/1989, 989 f; BGH ZEV 2008, 237: dieses ältere Urt sei teilw „überholt"]; Palandt/Weidlich Rn 3; Ebenroth Rn 1136 und – nach Ablehnung der sogleich und bei Rn 17 angeführten Gegenargumente – Muscheler 349 Fn 20). Demgegenüber ist aber zu betonen, dass § 1978 BGB überhaupt nicht voraussetzt, dass der Erbe das Geschäft tatsächlich „für" den Nachlass bzw die Nachlassgläubiger führen **wollte**, sondern dass Abs 1 S 1 lediglich auf der *Rechtsfolgeseite* die Verantwortlichkeit des Erben gegenüber den Nachlassgläubigern so bestimmt, **wie wenn** er von der Annahme der Erbschaft an die Verwaltung für sie als Beauftragter zu führen gehabt **hätte** (so in anderem Zusammenhang auch Astrid Ernst, Die Haftung des Erben für neue Geschäftsverbindlichkeiten [1994] 18). Analog hierzu ordnet Abs 1 S 2 für die *vor* der Erbschaftsannahme besorgten erbschaftlichen Geschäfte keine unmittelbare, sondern nur eine **entsprechende** Anwendung der Vorschriften über die GoA an. Entgegen der Auffassung der Motive wird man die Herausgabepflicht des § 667 BGB deshalb auch auf solche Gegenstände beziehen müssen, die der Erbe ohne **Fremdgeschäftsführungswillen** mit Mitteln der Erbschaft erworben hat (iE ebenso RGZ 134, 257, 259 [ein Geschäft, das die Erben – wirtschaftlich betrachtet – zur Verwaltung des Nachlasses vorgenommen haben, *gelte* als für Rechnung des Nachlasses abgeschlossen]; unentschieden Staudinger/Bergmann [2015] Vorbem 252 zu §§ 677 ff; Erman/Horn Rn 3a; **aM** BGH NJW-RR 1989, 1226, 1227 = FamRZ 1989, 1070, 1072 [dazu Marotzke EWiR § 1990 BGB 1/1989, 989 f sowie das sich von dieser älteren Entscheidung teilw distanzierende Urt BGH ZEV 2008, 237]; Muscheler 349 Fn 20; Dauner-Lieb 107 ff, 118 f, 146 f, 157 ff, 182 ff, 203 ff, 309 ff, 451 ff – die Letztgenannte wegen der mit § 667 verbundenen **Gewinnabschöpfung**, die sich aber zB auch ein gutgläubiger „Erbschaftsbesitzer" ohne Weiteres gefallen lassen muss; s § 2019 Abs 1 sowie die weiteren Vergleichsfälle bei Staudinger/Lorenz [2007] § 816 Rn 23 ff; vgl zur Gewinnabschöpfung auch die Hinweise aE von Rn 12, 17 und 26). Das gilt auch im Zusammenhang mit der **Fortführung eines geerbten Unternehmens** (vgl erg Rn 12, 17, 26, 29; § 1967 Rn 58, 60; **aM** OLG Braunschweig OLGE 19 [1909] 231, 233 f).

17 Die bei Rn 16 zitierten Äußerungen der Motive betreffen unmittelbar nur die sog „schuldrechtliche Surrogation" des § 667 Alt 2 BGB. Selbstverständlich muss der Erbe aber nicht nur das herausgeben, was *er* bzw sein *Eigenvermögen* aus der Geschäftsführung erlangt (§ 667 BGB), sondern auch das, was aufgrund seiner Geschäftsführung mit „dinglicher" Wirkung in den *Nachlass* gelangt (der als potenzielles Sondervermögen auch schon vor Anordnung einer Nachlassverwaltung oder Eröffnung eines Nachlassinsolvenzverfahrens gedanklich vom Eigenvermögen des Erben zu unterscheiden ist). Eine solche *dingliche* Nachlasszugehörigkeit würde die Nachlassgläubiger besser vor **Zugriffswünschen von Eigengläubigern** des Erben schützen (s Rn 19). **Vor diesem Hintergrund kann – insbes bei Fortführung eines ererbten Unternehmens** (vgl schon Rn 16 aE) – **die Frage Bedeutung erlangen, unter welchen Voraussetzungen ein vom Erben mit Mitteln des Nachlasses rechtsgeschäftlich erworbener Gegenstand ohne weiteren Übertragungsakt Bestandteil des Nachlasses wird**. Man wird hier in Ergänzung der in § 1978 BGB für entsprechend anwendbar erklärten Vorschriften über die Fremdgeschäftsführung auch die Regeln über die **Stellvertretung** analog anwenden und einen Erwerb unmittelbar in den Nachlass jedenfalls dann annehmen dürfen, wenn der Erbe bei dem Erwerbsgeschäft erklärt oder wenn die Umstände ergeben (§ 164 Abs 1 S 2 BGB), dass der Erwerb unmittelbar Nachlassbestandteil werden soll (zustimmend Ebenroth Rn 1136; Klook 190 f; Muscheler 349 f Fn 20;

nur iE ebenso PLANCK/FLAD Anm 2d; SOERGEL/SCHIPPEL[10] Rn 2 [anders jetzt SOERGEL/STEIN Rn 4]; **Erkennbarkeit** dieses Willens halten für nicht erforderlich NERLICH/RÖMERMANN/RIERING [März 2009] InsO § 315 Rn 31; MünchKomm/KÜPPER Rn 6; MünchKommInsO/SIEGMANN[3] § 315 Anh Rn 9; JAEGER/WEBER[8] KO § 214 Rn 26; DAUNER-LIEB 110 f [bemerkenswert in diesem Zusammenhang aber auch 369 ff]; PALANDT/WEIDLICH Rn 3; ERMAN/HORN Rn 3a; GOTTWALD/DÖBEREINER, Insolvenzrechts-Handbuch [5. Aufl 2015] § 114 Rn 5 Fn 12; uU wohl auch AK-BGB/TEUBNER Rn 9; noch weitergehend anscheinend KUHN/UHLENBRUCK[11] KO § 214 Rn 2). Zwei bekannte Gerichtsentscheidungen haben die Möglichkeit eines unmittelbaren Erwerbs in den Nachlass dahinstehen lassen (RGZ 134, 257, 259 und BGH FamRZ 1989, 1070, 1072 = NJW-RR 1989, 1226, 1227). Eine **dingliche Surrogation**, wie sie die §§ 2019 Abs 1, 2041 und 2111 Abs 1 BGB beim Erbschaftsanspruch, bei Erbenmehrheit und beim Erwerb des Vorerben anordnen, ist in § 1978 BGB nicht vorgesehen und war von den Motiven wohl auch nicht gewollt (s Rn 16). **Eine analoge Anwendung gesetzlicher Surrogationsregeln wird im Zusammenhang mit § 1978 BGB fast allgemein abgelehnt** (s zB OLG Braunschweig OLGE 19, 231, 233 = Recht 1909 Nrn 2435, 2436; SOERGEL/STEIN Rn 4; EBENROTH Rn 1136; KLOOK 189 f; MICHALSKI Rn 971; UHLENBRUCK/LÜER/WEIDMÜLLER[15] InsO § 315 Rn 8; MUSCHELER 271 f, 349 f Fn 20; DAUNER-LIEB 112 ff, 150, 158, 245 f; WINDEL 81 f; MünchKomm/KÜPPER Rn 6; MünchKommInsO/SIEGMANN[3] § 315 Anh Rn 9 [konkludent]; ROTH ZInsO 2010, 118 ff; sehr zurückhaltend auch BGH FamRZ 1989, 1070, 1072 = NJW-RR 1989, 1226, 1227 [dazu MAROTZKE EWiR § 1990 BGB 1/1989, 989 f]). **Folgte man dem, so würde ein Unternehmen des Erblassers, das der Erbe fortführt, sehr rasch aus dem Nachlass heraus und in das Eigenvermögen des Erben hinüberwachsen** (vgl WINDEL 80 ff; DAUNER-LIEB 157 f und erg STAUDINGER/KUNZ [2017] § 1922 Rn 97). Das RG (WarnR 1912/13 Nr 427) hat § 2111 BGB nicht einmal auf einen Fall angewandt, in dem ein **Vorerbe** etwas mit Mitteln des Nachlasses erworben hatte, jedoch der Nacherbfall noch nicht eingetreten war (hiergegen mit Recht STAUDINGER/AVENARIUS [2013] § 2111 Rn 11 f). Zumindest *nach* Eintritt des Nacherbfalls muss § 2111 BGB aber auch zugunsten der Nachlassgläubiger wirken; die Annahme einer Surrogation, die ihnen gegenüber relativ unwirksam bliebe, wäre außer in dem aE der Rn 18 erwähnten Sonderfall wenig sinnvoll (STAUDINGER/AVENARIUS [2013] § 2111 Rn 11 f; SCHMIDT-KESSEL WM 2003, 2086, 2087; **aM** offenbar KLOOK 190; MUSCHELER 271 f; BGHZ 46, 221, 229 [inzwischen wohl überholt durch BGH NJW 1987, 434, 435 – letzter Absatz – sowie durch die jeweils zu § 2111 und § 2115 S 2 ergangenen Entscheidungen BGHZ 110, 176, 177 ff = NJW 1990, 1237, 1238 und BGH NJW 1993, 1582]; KG HRR 1938 Nr 1116). **Bei Erbenmehrheit sind zudem die Surrogationsvorschriften des § 2041 BGB anwendbar** (STAUDINGER/LÖHNIG [2016] § 2032 Rn 18; JAEGER/WEBER[8] KO § 214 Rn 28; MANFRED WOLF AcP 181 [1981] 480, 507, 509 f, 513; WINDEL 89 f; SCHMIDT-KESSEL WM 2003, 2086, 2087; vgl auch KILGER/K SCHMIDT[17] KO § 214 Anm 2; **aM** das KG HRR 1938 Nr 1116; KLOOK 190; MUSCHELER 271 f und letztlich auch DAUNER-LIEB 342 f, 344 f, 363, 367 f, 451 ff, die das im Verhältnis zu den *Nachlassgläubigern* ablehnen). In Fällen, in denen der Nachlass gem §§ 1976 ff BGB rückwirkend als abgesondert gilt, sollte man die Surrogationsvorschriften des § 2041 BGB bei **Vorhandensein nur eines Erben** *analog* anwenden (skeptisch SCHMIDT-KESSEL WM 2003, 2086, 2087 f – aber ohne deshalb die Grenzlinie zwischen Nachlass und Erbeneigenvermögen wesentlich anders zu ziehen als im vorliegenden Kommentar), und zwar nicht nur ex nunc, sondern wie §§ 1976, 1978 BGB mit Rückwirkung auf alle in Betracht kommenden Vorgänge zwischen dem Erbfall einerseits und der Anordnung der Nachlassverwaltung bzw der Eröffnung des Nachlassinsolvenzverfahrens andererseits (hinsichtlich des *Anschlusszeitraums* vgl § 1985 Rn 8 und HARDER, Insolvenzrechtliche Surrogation [2002] Rn 15 ff, insb 65 ff). Die bei Rn 16 **zitierten Äußerungen der Motive stehen dieser Analogie nicht entgegen, weil sie noch von den Bestimmungen des E I ausgehen, der eine dem heutigen § 2041 BGB entspre-**

chende Vorschrift nicht enthielt (das gilt auch für Mot V 660 [zu §§ 1991 Abs 1, 1978 BGB]). **Entscheidend ist, dass § 2041 BGB – zumindest im Sinne eines nicht unerwünschten Nebeneffekts – auch dem Schutz der Nachlassgläubiger dient** (für gläubigerschützende Wirkung auch Staudinger/Löhnig [2016] § 2041 Rn 1; MünchKomm/Gergen § 2041 Rn 24; Schlüter Rn 649; KG JW 1937, 2199, 2200 = DNotZ 1937, 640, 642; OLG München NJW 1956, 1880; OLG Hamm OLGZ 1975, 164, 166; BGH NJW 1987, 434, 435 im letzten Absatz; Manfred Wolf JuS 1975, 711 [mwNw in Fn 12], 715 Fn 45; ders JuS 1976, 105; ders AcP 181 [1981] 480, 507, 509 f, 513; Kipp/Coing § 114 III bei Fn 19; Brox/Walker Rn 471; Schmidt-Kessel WM 2003, 2086, 2087 [der zudem auf 2089 vorschlägt, unter Nachlass „alles das" zu verstehen, was der Alleinerbe „kraft Erbfolge vom Erblasser erlangt hat und was daraus geworden ist"]; **aM** Brox/Walker Rn 606; Klook 190; Muscheler 271 f; BGHZ 46, 211, 229; KG HRR 1938 Nr 1116; Dauner-Lieb 342 f, 344 f, 363, 367 f) und dass deren Schutzbedürftigkeit bei Vorhandensein nur *eines* Erben, der den Nachlass mangels gesamthänderischer Bindung relativ leicht „durchbringen" kann, sogar noch größer ist als bei Erbenmehrheit. Zudem behandeln die §§ 1976 ff BGB den separierten Nachlass so, *als sei er von Anfang an Sondervermögen gewesen,* und gerade an den *Sondervermögenscharakter* des mehreren Erben zustehenden Nachlasses knüpft § 2041 BGB an (vgl RGZ 138, 132, 134, wo § 2041 mit Rücksicht auf den zuletzt genannten Gesichtspunkt auf den durch einen *Testamentsvollstrecker* verwalteten Nachlass eines *Allein*erben angewandt wird [auch hiergegen jedoch bzgl rechtsgeschäftlicher Surrogate Muscheler 270 ff; Dauner-Lieb 245 f]; **für Surrogation auch im Zusammenhang mit § 1978** haben sich ausgesprochen Endemann III 2, 875 ff, 961; vLübtow II 1169 [Analogie zu §§ 2019 Abs 1, 2111 Abs 1]; Kohler ArchBürgR 22, 1, 9 f; Th Wolff, Die Konkursordnung [2. Aufl 1920] 560; Beyer, Surrogation [1905] 240 ff; **widersprüchlich** AK-BGB/Teubner § 1975 Rn 1 einerseits und § 1978 Rn 9 andererseits; vgl ferner Kuhn/Uhlenbruck[11] KO § 214 Rn 2, 3, wo einerseits zwar Analogie zu §§ 2019 Abs 1 oder 2041 verneint, andererseits aber ausgeführt wird, zum Nachlass gehöre auch „dasjenige, was der Erbe durch Veräußerung von Nachlaßgegenständen oder auf sonstige Weise bei der Verwaltung des Nachlasses erworben hat" [dies soll nach Kuhn/Uhlenbruck[11] KO § 214 Rn 4 jedoch nicht schon für die Erlösforderung gelten; diese müsse erst abgetreten werden]). Nicht unerwähnt bleiben sollten im Zusammenhang mit § 1978 BGB auch die auf eine Stärkung des Surrogationsgrundsatzes abzielenden **rechtspolitischen Bestrebungen** und Gesetzesentwürfe Sibers und des ErbrA d AkDR (s dazu Staudinger/Lehmann[11] Rn 13; Siber, Haftung für Nachlaßschulden 76; 3. Denkschr d ErbrA d AkDR 89, 128; Ehrenkönig, Die Erbenhaftung – ein Vorschlag zur Neuregelung [1989] 132 ff, 181). Die mit der Annahme einer dinglichen Surrogation verbundene **Gewinnabschöpfung** hält trotz § 1978 Abs 3 BGB für fragwürdig Dauner-Lieb 113 f, 309 ff, 451 ff (s dazu Rn 16, 26 [jeweils aE]).

18 **Keine „dingliche" Surrogation** findet statt **bzgl des Entgelts beim Erbschaftsverkauf** (s Staudinger/Ferid/Cieslar[12] § 2383 Rn 25; hierauf bezugnehmend Staudinger/Olshausen [2016] § 2383 Rn 22). Andernfalls wäre die Übernahmehaftung des Erwerbers (§§ 2382, 2383 BGB und § 330 InsO) nicht erklärlich. Vgl ergänzend Rn 12, aber auch § 2059 Rn 42. Ist der Veräußerer Vorerbe, so greift jedoch zugunsten des Nacherben die Surrogationsvorschrift des § 2111 BGB (s Staudinger/Avenarius [2019] § 2111 Rn 30; **aM** MünchKomm/Grunsky § 2100 Rn 21 mit Nachweisen auch zu differenzierenden Auffassungen in Fn 69).

19 **Soweit ein Ersatzerwerb nicht als Nachlassbestandteil angesehen wird** (zB wenn man die oben entwickelten Surrogationsregeln nicht im gleichen Umfang anerkennt), kann der Nachlass(insolvenz)verwalter, wenn über dem Eigenvermögen des Erben

ein Insolvenzverfahren schwebt, nicht Aussonderung verlangen, sondern nur eine Insolvenzforderung anmelden (OLG Braunschweig OLGE 19, 231, 233 mwNw = Recht 1909 Nr 2435; vgl auch Dauner-Lieb 148 ff [mit ergänzenden Überlegungen de lege ferenda]). *Eigengläubiger* des Erben können in die von diesem erworbenen Ersatzgegenstände, sofern sie nicht Nachlassbestandteile geworden sind, auch nach Eintritt der Nachlassseparation vollstrecken; der Zwangsvollstreckung durch *Nachlassgläubiger* hingegen kann der Erbe während der Nachlassverwaltung bzw des Nachlassinsolvenzverfahrens nach §§ 781, 784 Abs 1, 785, 767 ZPO begegnen. Unzutreffend ist jedoch die Ansicht (Staudinger/Lehmann[11] Rn 13; Siber, Haftung für Nachlaßschulden 48, 76), ein Nachlassgläubiger sei, solange keine Nachlassabsonderung stattgefunden habe, darauf angewiesen, sich den Anspruch gegen den Erben aus § 1978 BGB pfänden und überweisen zu lassen: Zum einen gibt es solch einen Anspruch ohne Nachlassabsonderung überhaupt nicht, und zum anderen kann der Gläubiger vor Eintritt der Haftungsbeschränkung unmittelbar in den zum Eigenvermögen des Erben gehörenden Gegenstand des (erst mit Vermögenstrennung entstehenden) Ersatz- bzw Herausgabeanspruchs vollstrecken. Und wenn der Erbe die Befriedigung eines Nachlassgläubigers gem § 1990 Abs 1 S 1 BGB verweigern kann, soweit der Nachlass – zu dem der Ersatzerwerb des Erben laut Unterstellung nicht gehört – nicht ausreicht, kann der Nachlassgläubiger über § 1991 Abs 1 BGB unmittelbar, also ohne Pfändung und Überweisung, aus § 1978 BGB vorgehen (s § 1991 Rn 10, 11; ferner ist an eine Anwendung des § 285 BGB auf die Herausgabepflicht des § 1990 Abs 1 S 2 BGB zu denken).

7. **Verwendet der Erbe Geld, das zum Nachlass gehört**, für sich, so muss er den 20
entnommenen Betrag ohne Rücksicht auf Verschulden (zutr BGH ZEV 2008, 237) zurückerstatten, § 667 BGB, und verzinsen, § 668 BGB. Eine weitergehende Schadensersatzpflicht ist nicht ausgeschlossen. Einige Autoren wollten die Verzinsungspflicht nur für den Fall anerkennen, dass dem Erben zZ der eigennützigen Verwendung in Geld zahlbare fällige Nachlassverbindlichkeiten bekannt waren (Staudinger/Herzfelder[9] Anm 2 [S 226 aE] im Anschluss an Eccius Gruchot 43 [1899] 603, 637). Dieser Auffassung ist entgegenzuhalten, dass § 668 BGB weder Verschulden voraussetzt noch verlangt, dass dem Auftraggeber ein Schaden erwachsen ist (Planck/Flad Anm 2).

8. **Die Berichtigung von Nachlassverbindlichkeiten** durch den Erben müssen die 21
Nachlassgläubiger gem § 1979 BGB als für Rechnung des Nachlasses erfolgt gelten lassen, wenn der Erbe den Umständen nach annehmen durfte, dass der Nachlass zur Berichtigung aller Nachlassverbindlichkeiten ausreiche. Aus der Anwendung der Auftragsregeln (§ 1978 Abs 1 S 1 BGB im Gegensatz zu Abs 1 S 2) ergibt sich, dass der Erbe bei zulänglichem Nachlass gegenüber *„den" Nachlassgläubigern* zur Befriedigung jedes einzelnen nicht nur berechtigt, sondern auch verpflichtet ist, wenn der Bestand und die Fälligkeit der Verbindlichkeiten außer Zweifel stehen und die Nichtberichtigung mit Nachteilen für den Nachlass (zB Anwachsen der Zinsen, Verzugsfolgen) verbunden ist. Von Bedeutung ist § 1979 BGB auch im Zusammenhang mit der beabsichtigten Eingehung *neuer* Verbindlichkeiten (vgl Staudinger/Dutta [2016] § 1967 Rn 43).

Wenn die Voraussetzungen des § 1979 BGB nicht vorliegen, muss der Erbe idR das 22
Aufgebot der Nachlassgläubiger beantragen (vgl § 1980 Abs 2 S 2 BGB) und von den

aufschiebenden Einreden aus §§ 2014, 2015 BGB Gebrauch machen (vgl Vorbem 2 zu §§ 2014 ff; § 2014 Rn 8; Riesenfeld I 131 f; AK-BGB/Teubner Vorbem 3 zu §§ 2014 ff). Sobald er erfährt oder nur infolge Fahrlässigkeit nicht erfährt, dass der Nachlass überschuldet ist, muss er die Eröffnung eines **Nachlassinsolvenzverfahrens** beantragen (vgl § 1980 BGB).

23 **9.** Zur **Befriedigung der Eigengläubiger** aus dem Nachlass oder zur Duldung der von Eigengläubigern betriebenen Zwangsvollstreckung in Nachlassgegenstände ist der Erbe im Verhältnis zu den Nachlassgläubigern nicht berechtigt. Sobald er die Erbschaft angenommen hat und den Nachlassgläubigern deshalb wie ein Beauftragter verantwortlich ist (Abs 1 S 1), muss er der Zwangsvollstreckung der Eigengläubiger in den Nachlass entgegentreten (zB durch deren freiwillige Befriedigung aus dem Eigenvermögen, durch Intervention gem § 783 ZPO, durch Beantragung einer Nachlassverwaltung oder eines Nachlassinsolvenzverfahrens [vgl § 1984 Abs 2 BGB, § 784 Abs 2 ZPO, §§ 21, 22, 88, 129 ff, 321 InsO und oben Rn 7 iVm § 1975 Rn 6]). Andernfalls haftet er wegen Pflichtverletzung nach § 280 Abs 1 und nach § 812 (s oben Rn 7; MünchKommInsO/Siegmann[3] § 321 Rn 5). § 1979 BGB schützt ihn nicht bei der Befriedigung von *Eigengläubigern.* UU unterliegt der vom Erben nicht verhinderte Gläubigerzugriff aber der Anfechtung durch den Nachlassinsolvenzverwalter oder der insolvenzrechtlichen Rückschlagsperre gem §§ 88, 321 InsO (s Rn 7).

24 **10.** Nicht verantwortlich ist der Erbe den Nachlassgläubigern für die **Ausschlagung einer zum Nachlass gehörenden weiteren Erbschaft oder Vermächtnisforderung** (arg § 83 Abs 1 InsO; anders noch E I § 2112 S 4, hiergegen Prot V 766). Ebenso wenig verantwortlich ist der Erbe den Nachlassgläubigern, wenn er einen zur Erbschaft gehörenden **Pflichtteilsanspruch** nicht geltend macht und dieser vor Anordnung der Nachlassverwaltung oder Eröffnung des Nachlassinsolvenzverfahrens verjährt. Dies ergibt sich bereits aus der mangelnden Verwertbarkeit des Pflichtteilsanspruches durch den Nachlass(insolvenz)verwalter (§ 852 Abs 1 ZPO, § 36 Abs 1 InsO). Gleiches gilt für die Nichtgeltendmachung des Anspruchs des Schenkers nach § 528 BGB, soweit man diesen für vererblich halten will sowie für die Nichtgeltendmachung des Anspruchs auf **Zugewinnausgleich** nach § 1378 BGB, der sich im Nachlass befindet. Eine Verantwortlichkeit des Erben scheidet mithin immer schon dann aus, wenn der Nachlass(insolvenz)verwalter den Anspruch, auf den sich die mögliche Pflichtverletzung des Erben bezieht, nicht verwalten und nicht verwerten kann.

IV. Verantwortlichkeit des Erben für die Zeit nach Verfahrenseröffnung

25 Mit der Anordnung der Nachlassverwaltung bzw der Eröffnung des Nachlassinsolvenzverfahrens verliert der Erbe die Befugnis, den Nachlass zu verwalten und über ihn zu verfügen (vgl § 1984 Abs 1 S 1 BGB, § 80 InsO sowie die durch §§ 270 ff InsO ermöglichten Ausnahmen und die durch §§ 21, 22 InsO ermöglichte Vorverlagerung der insolvenzrechtlichen Verwaltungs- und Verfügungssperre auf das Eröffnungsverfahren). Tut er es trotzdem, so haftet er wie jeder andere, der sich in fremde Angelegenheiten einmischt. Solange jedoch der Erbe von der Verfahrenseröffnung weder Kenntnis hat noch haben muss (dazu § 1984 Rn 7), gilt zu seinen Gunsten der in § 1978 Abs 1 S 1 BGB fingierte Verwaltungsauftrag analog § 674 BGB (BGB-RGRK/Johannsen § 1984 Rn 4) bzw § 115 Abs 3 InsO (der allerdings im unmittelbaren Anwendungsbereich den *Schuldner* in der Rolle des *Auftraggebers* sieht, also sogar in

zweifacher Hinsicht nur analog „passt") als fortbestehend. Ansonsten findet das Auftragsrecht auf nach Verfahrenseröffnung vorgenommene Verwaltungsmaßnahmen des Erben keine Anwendung. Aufwendungsersatzansprüche aus dem Recht der Geschäftsführung *ohne* Auftrag werden nur selten vorkommen, eher schon Schadensersatz- und Herausgabepflichten des Erben nach § 687 Abs 2 S 1 BGB.

V. Aufwendungsersatzansprüche des Erben

1. Der Verantwortlichkeit des Erben entspricht sein Recht auf Ersatz von Auf- 26
wendungen. **Abs 3** bestimmt, dass diese aus dem Nachlass zu ersetzen sind, soweit der Erbe nach den Vorschriften über den Auftrag oder über die Geschäftsführung ohne Auftrag Ersatz verlangen „könnte". Dass die Aufwendungen mit **Fremdgeschäftsführungswillen** gemacht wurden, ist nicht erforderlich (s Rn 16 aE; Astrid Ernst, Haftung des Erben für neue Geschäftsverbindlichkeiten [1994] 18; ebenso im Zusammenhang mit § 1978 Abs 3 auch Dauner-Lieb 117 ff, 147, 189, 501; **aM** im Zusammenhang mit der Frage eines Aufwendungsersatzanspruchs aus Unternehmensfortführung M Wolf AcP 181 [1981] 480, 504, 507; Strothmann ZIP 1985, 969, 974; vgl zu diesen abweichenden Auffassungen wiederum Dauner-Lieb 95 f, 117 ff, 188 ff, 204 f, 501, 513 f). Maßgebend sind die nachstehend aufgeführten Bestimmungen, je nachdem ob die Aufwendung vor oder nach der Annahme der Erbschaft gemacht wurde: **Vor der Erbschaftsannahme gemachte Aufwendungen** sind – abgesehen von der auch hier vorzunehmenden Erforderlichkeitsprüfung iSd § 670 BGB – nur in dem beschränkten Rahmen des § 683 BGB zu ersetzen, also wenn die Besorgung der erbschaftlichen Geschäfte („die Übernahme der Geschäftsführung") dem Interesse der Nachlassgläubiger und, soweit ausnahmsweise ihr mutmaßlicher Wille zu beachten ist (Rn 5), auch diesem entsprach. Andernfalls kann der Erbe nur nach § 684 BGB Herausgabe der Bereicherung beanspruchen. Im Fall der Genehmigung (§ 684 S 2 BGB) durch den Nachlass- oder Nachlassinsolvenzverwalter stehen ihm auch hier die Ansprüche aus § 683 BGB zu. Die Vorschrift des § 685 Abs 1 BGB, wonach dem Geschäftsführer ein Anspruch nicht zusteht, wenn er nicht die Absicht hatte, von dem Geschäftsherrn Ersatz zu verlangen, ist – nach Aufgabe der noch in der Vorauflage vertretenen Auffassung – im Rahmen des § 1978 BGB anwendbar (Staudinger/Lehmann[11] Rn 21; MünchKomm/Küpper Rn 13, jeweils am Beispiel eines Erben, der vor Annahme der Erbschaft die Bestattung des Erblassers auf eigene Kosten vornehmen wollte). Denn ein Fremdgeschäftsführungswille ist zwar nicht erforderlich (vgl die in Abs 1 S 2 angeordnete „entsprechende" Anwendung der Vorschriften über die GoA, die einen Verzicht auf das Erfordernis [vgl § 687 Abs 1 BGB) eines Fremdgeschäftsführungswillens [s Rn 16 aE) bedeutet), eine – in der Praxis indes wohl nur schwer nachweisbare – Verzichtsabsicht betr Aufwendungsersatz kann aber trotzdem vorliegen. – **Nach der Erbschaftsannahme gemachte Aufwendungen** sind nach § 670 BGB zu ersetzen, soweit der Erbe sie zur Verwaltung des Nachlasses den Umständen nach für erforderlich halten durfte. Für erforderlich halten darf der Erbe bei hinreichender Erfolgsaussicht auch die *Fortführung eines zum Nachlass gehörenden Unternehmens* (sofern er dadurch nicht eine nach § 1980 BGB bestehende Insolvenzantragspflicht verletzt) und in diesem Rahmen die Eingehung vertretbarer unternehmerischer Risiken. In solchen Fällen haftet für die Erfüllung der vom Erben geschlossenen Verträge auch der Nachlass, und zwar im Innenverhältnis zum Erben sogar mit dem Vorrecht des § 324 Abs 1 Nr 1 InsO (Näheres bei § 1967 Rn 42, 60). Führt der Erbe das Unternehmen *gewerblich oder berufsmäßig* fort, so kommt eine analoge Anwendung des § 1835 Abs 3 BGB in Betracht mit der Konsequenz, dass der Aufwendungs-

ersatzanspruch aus §§ 1978 Abs 3, 670 BGB einem Vergütungsanspruch angenähert wird. Dies ist ein sinnvoller Ausgleich für die bei Rn 16 f thematisierte „Gewinnabschöpfung" und lässt sich nicht nur für vor, sondern auch für nach der Erbschaftsannahme entwickelte unternehmerische Tätigkeit begründen. Zwar soll eine entspr Anwendung des § 1835 Abs 3 BGB nach hM nur im Rahmen der Geschäftsführung *ohne* Auftrag in Betracht kommen (Staudinger/Bergmann [2015] § 683 Rn 58). Jedoch trifft die dafür maßgebliche Erwägung, dass die durch die rechtsgeschäftliche Übernahme eines Auftrags *bewusst und freiwillig zugesagte Unentgeltlichkeit (vgl § 662 BGB)* nicht entgegen den *berechtigten Erwartungen des hierauf vertrauenden Vertragspartners* durch eine analoge Anwendung des § 1835 Abs 3 BGB ins Gegenteil verkehrt werden dürfe, auf das *fingierte* Auftragsverhältnis des § 1978 Abs 1 S 1 BGB nicht zu (kritisch zur undifferenzierten Ablehnung eines Vergütungsanspruchs auch Dauner-Lieb 98 mit Fn 170; zum Vergütungsanspruch gegen *Miterben* s Johannsen WM 1977, 270, 271 ad V 1 mit Hinweis auf ein unveröffentlichtes Urteil des BGH 24./27. 1. 1975 – IV ZR 33/73).

27 Anwendbar sind weiter § 256 BGB *(Zinspflicht* des zum Aufwendungsersatz Verpflichteten) und § 257 BGB *(Befreiungsanspruch* des Erben bezüglich eingegangener Verpflichtungen; vgl RGZ 90, 91, 94 f). Diesen letzteren Anspruch geltend zu machen, hat der Erbe oft ein Interesse, weil er für die Verbindlichkeiten, die er für den Nachlass eingegangen ist, regelmäßig auch mit dem Eigenvermögen haftet (vgl Staudinger/Dutta § 1967 Rn 40, 42 aE, 43). Der Schuldbefreiungsanspruch kann dem Erben auch wegen solcher Verbindlichkeiten zustehen, die er in ordnungsmäßiger Verwaltung des Nachlasses *nur* mit dem Eigenvermögen eingeht (auch Staudinger/Lehmann[11] Rn 21 aE und Jaeger/Weber[8] KO § 224 Rn 2 machen insoweit keine Ausnahme; **aM** mit unschlüssiger Berufung auf § 1979 das RG in RGZ 90, 91, 94 und Boehmer, in: RG-FS III [1929] 216, 266). Soweit die Aufwendung in der *Berichtigung einer Nachlassverbindlichkeit* besteht, sind die Sonderbestimmungen der §§ 1979, 1980 BGB und des § 326 Abs 2, 3 InsO zu beachten. Im „Innenverhältnis" hat der aufgrund einer Nachlassverbindlichkeit in Anspruch genommene Erbe einen Aufwendungsersatzanspruch gegen den Nachlass nach § 1978 Abs 3 BGB (OLG München ErbR 2018, 448). Im Zusammenhang mit der beabsichtigten *Eingehung neuer Verbindlichkeiten* sollte der Erbe ebenfalls an §§ 1979, 1980 BGB denken (vgl Staudinger/Kunz § 1967 Rn 162). UU kann dem Erben aus § 1978 Abs 3 BGB ein Ersatzanspruch auch wegen solcher „Aufwendungen" bzw Verbindlichkeiten zustehen, die ihm im Zusammenhang mit der Verwaltung des Nachlasses *unfreiwillig* entstanden sind (LG Berlin-Charlottenburg MDR 1957, 164 f).

28 **2.** Im **Nachlassinsolvenzverfahren** ist der Aufwendungsersatzanspruch des Erben **Masseverbindlichkeit** gem § 324 Abs 1 Nr 1 InsO. Weitere einschlägige Vorschriften finden sich in §§ 323 BGB (dazu Rn 30 f), 326 Abs 2 und 3 BGB (dazu § 1979 Rn 3, 11, 14 ff), 328 Abs 2 InsO. Vgl auch § 329 InsO für den Vorerben nach Eintritt der Nacherbfolge.

29 **3.** Ein **Honorar** kann der Erbe für seine Geschäftsführung und Verwaltung nicht beanspruchen (BGHZ 122, 297, 306 f = NJW 1993, 1851, 1853 = ZIP 1993, 930, 933). Das ergibt sich aus § 662 BGB und der Nichterwähnung eines Vergütungsanspruchs in § 1978 Abs 3 BGB. In Betracht kommt jedoch über § 1978 Abs 3 BGB eine analoge Anwendung des § 1835 Abs 3 BGB (zB bei berufsmäßiger Fortführung eines ererbten Unternehmens; s Rn 26 aE).

4. Von einiger praktischer Bedeutung ist die Frage, ob und inwieweit der Erbe wegen seiner Aufwendungsersatzansprüche ein **Zurückbehaltungsrecht** geltend machen kann. 30

Im Nachlassinsolvenzverfahren verneint das Gesetz diese Möglichkeit ausdrücklich (§ 323 InsO), da die Ausübung des Zurückbehaltungsrechts aus § 273 BGB die Verwertung der Masse erheblich verzögern und den Insolvenzverwalter uU nötigen würde, zwecks Berichtigung der Ersatzforderungen des Erben Kredit aufzunehmen (amtl Begr 50 zur KO-Novelle von 1898 = Hahn/Mugdan, Die gesammten Materialien zu den Reichs-Justizgesetzen VII, 253 f). Sehr hart und deshalb nochmals zu überdenken ist das wegen § 324 Abs 2 InsO im Fall der Masseunzulänglichkeit (s auch Rn 31 [Sätze 3 ff], Rn 33 aE). Dann evtl teleologische Reduktion des § 323 InsO?

Der gleiche Grund spricht für die Versagung des Zurückbehaltungsrechts **gegenüber dem Nachlassverwalter**. Deshalb verneinen viele Autoren das Zurückbehaltungsrecht auch hier (Strohal II § 78 Fn 15, 16; Jaeger, Erbenhaftung 85; Planck/Flad Anm 5; Kretzschmar § 80 IV 3 e; MünchKomm/Küpper Rn 16; Soergel/Stein Rn 9; AK-BGB/Teubner Rn 16; Palandt/Weidlich Rn 5; Erman/Horn Rn 6; wohl auch Kipp/Coing § 97 V 4 Fn 18). Doch ist die ersatzlose Versagung des Zurückbehaltungsrechts nicht unbedenklich, da dem Erben gegenüber dem Nachlassverwalter die ihm gegenüber einem Nachlass*insolvenz*verwalter durch Anerkennung einer Masseverbindlichkeit (§ 324 Abs 1 Nr 1 InsO) anstelle des Zurückbehaltungsrechts (Mot V 629 f) gewährte Sicherung fehlt (BGB-RGRK/Johannsen Rn 14; *für* ein Zurückbehaltungsrecht OLG Hamm OLGE 35, 18; zur Rechtslage bei Masseunzulänglichkeit s erg Rn 30 aE). Man wird dem Erben das Zurückbehaltungsrecht gegenüber dem Nachlassverwalter also nur dann analog § 323 InsO oder gem § 242 BGB versagen können, wenn man ihm durch eine weitere Analogie kompensatorisch den Anspruch einräumt, von dem Nachlassverwalter für seine Aufwendungen mit demselben Vorrecht befriedigt zu werden, das ihm für den Fall des Nachlass*insolvenz*verfahrens durch § 324 Abs 1 Nr 1 und Abs 2 InsO (s aber auch § 326 Abs 2 InsO) gewährt würde (so wohl auch BGB-RGRK/Johannsen § 1985 Rn 6). Dies müsste selbst dann gelten, wenn die Voraussetzungen des § 1979 gegeben sind. Sind diese nicht gegeben, muss der Nachlassverwalter ohnehin das Aufgebot der Nachlassgläubiger beantragen (§ 1980 Abs 2 S 2 BGB), sich – falls noch möglich – auf § 2015 BGB berufen und uU nach §§ 1980, 1985 Abs 2 S 2 BGB ein Nachlassinsolvenzverfahren beantragen. 31

Heinrich Lehmann wollte dem Erben das Zurückbehaltungsrecht gegenüber den vom Nachlassverwalter geltend gemachten *Ersatzansprüchen* der Nachlassgläubiger grundsätzlich gewähren, es gegenüber dem Anspruch „des Nachlaßverwalters" auf *Herausgabe von Nachlassgegenständen* jedoch versagen, da die Aufwendungsersatzansprüche des Erben keine Gegenansprüche gegenüber dem Herausgabeanspruch des Verwalters seien (Staudinger/Lehmann[11] Rn 23 im Anschluss an Binder II 148 ff und Kipp § 78 VII 3). Hiergegen ist jedoch einzuwenden, dass auch der Anspruch auf Herausgabe des Nachlasses materiell den Nachlassgläubigern zusteht. Dies zeigt § 1990 Abs 1 S 2 BGB für den dürftigen Nachlass (vgl auch § 1973 Abs 2 S 1 BGB bzgl der Herausgabepflicht gegenüber den im Aufgebotsverfahren ausgeschlossenen Gläubigern). Auch die amtl Begr zur KO-Novelle geht – für den Fall des Nachlasskonkurses (Nachlassinsolvenzverfahrens) – davon aus, dass der Erbe ohne § 223 KO (§ 323 InsO) wegen seiner aus § 1978 Abs 3 BGB folgenden Aufwendungsersatzansprüche die „Herausgabe des Nachlasses“ verweigern könnte (Fundstellennachweis oben Rn 30). Der Frage, ob dieses Zurückbehaltungsrecht im Fall der *Nachlassverwaltung* durch *analoge* Anwendung des § 323 InsO ausgeschaltet werden sollte, kann also nicht ausgewichen werden. Sie ist unter den oben genannten kompensatorischen Bedingungen zu bejahen.

32 *Einem nach § 1960 BGB bestellten Nachlasspfleger,* der jemanden auf Herausgabe eines Nachlassgegenstandes verklagt hatte und sich in diesem Prozess einem Zurückbehaltungsrecht wegen gemachter Verwendungen ausgesetzt sah, hat BGH LM Nr 3 zu § 1960 = NJW 1972, 1752 f mit § 242 geholfen: Falls der Nachlasspfleger keine zum Nachlass gehörenden Mittel besitze, mit deren Hilfe er das – grundsätzlich zu bejahende – Zurückbehaltungsrecht abwenden könne, müsse der an sich nur Zug um Zug zur Herausgabe Verpflichtete in geeigneter und zumutbarer Weise mitwirken, um eine Regelung zu erreichen, durch die die Zwecke der Nachlasspflegschaft unter Berücksichtigung seines Sicherungsbedürfnisses erreicht werden. Werde eine unteilbare bewegliche Sache herausverlangt, so könne diese einem Dritten zur Verwahrung gegeben und dem vormaligen Besitzer ein Pfandrecht am Herausgabeanspruch des Nachlasspflegers bestellt werden. Sei ein Grundstück herauszugeben, so müsse sich der Herausgabepflichtige wegen seiner Verwendungen mit einer Sicherungshypothek zufrieden geben.

Zur Abwendung eines Zurückbehaltungsrechts durch Sicherheitsleistung vgl § 1991 Rn 13.

33 **5.** Die **Aufrechnung** von Aufwendungsersatzansprüchen des Erben gegen den Kaufpreisanspruch aus einem vom Nachlassinsolvenzverwalter an den Erben getätigten Verkauf von Nachlassgegenständen kann uU daran scheitern, dass dem Kaufvertrag im Wege der Auslegung ein Aufrechnungsausschluss entnommen werden muss (s OLG Braunschweig OLGE 24 [1912] 64, 65 f). Eine Anwendung der in *§§ 95, 96 InsO* normierten Aufrechnungsausschlüsse scheidet hingegen aus, da der Aufwendungsersatzanspruch des Erben nicht Insolvenzforderung iS der §§ 38, 94 ff InsO, sondern Masseverbindlichkeit gem § 324 Abs 1 Nr 1 InsO ist. Gleiches gilt gem § 324 Abs 1 Nr 4, 6 InsO für den Vergütungsanspruch eines Nachlassverwalters (dennoch für Aufrechnungsausschluss gem §§ 95, 96 InsO das bei § 1988 Rn 3 zitierte Urteil des LG Saarbrücken).

34 Die im **Aufgebotsverfahren** ausgeschlossenen (§ 1973 BGB) oder ihnen durch § 1974 BGB gleichgestellten Gläubiger haben auf das, was der Erbe nach §§ 1978–1980 BGB zu ersetzen hat, nur insoweit Anspruch, als der Erbe auch nach den Vorschriften über die Herausgabe einer ungerechtfertigten Bereicherung ersatzpflichtig wäre; vgl § 1973 BGB und § 328 Abs 2 InsO. Jedoch macht sich ein Erbe, der die Erfüllung einer ererbten Vertragspflicht schuldhaft vereitelt, außer nach § 1978 Abs 1 BGB auch aus dem noch vom Erblasser eingegangenen Vertrag schadensersatzpflichtig; hinsichtlich dieser Ersatzpflicht haftet der Erbe dem Gläubiger unbeschränkbar auch mit dem Eigenvermögen (vgl RGZ 92, 341, 343 f und § 1967 Rn 53).

VI. Rechtsnatur und Geltendmachung der Ersatzansprüche und -pflichten aus § 1978

1. Obwohl **die den Nachlassgläubigern nach Abs 1 zustehenden Ansprüche** den Erben in gewisser Weise „als solchen“ treffen (also zB nicht mehr nach Ausschlagung der Erbschaft, vgl Rn 4), handelt es sich nicht um Nachlassverbindlichkeiten iSd § 1967 BGB (die nach einer Erbausschlagung den endgültigen Erben treffen würden). Denn diese Ansprüche sind nicht aus dem Nachlass zu erfüllen, sondern aus dem Eigenvermögen des Erben. Das ergibt sich aus Sinn und Zweck des Abs 1 (Rn 1) und wird auch durch den Umstand indiziert, dass der Erbe diesen Ansprüchen gerade während der Nachlassverwaltung und des Nachlassinsolvenzverfahrens – also während er den Nachlass gar nicht in der Hand hat – ausgesetzt ist. Bei den Verpflichtungen aus § 1978 Abs 1 BGB handelt es sich also um **Eigenverbindlichkeiten** des Erben, für die er mit seinem Privatvermögen aufkommen muss, auch wenn seine Haftung ansonsten auf den Nachlass beschränkt ist (OLG Braunschweig OLGE 24 [1912] 64 f; RGZ 89, 403, 408). 35

Obwohl diese Ansprüche der Gesamtheit der Nachlassgläubiger zustehen, sollen sie nach **Abs 2** so behandelt werden, als ob sie zum Nachlass gehörten, damit die *Geltendmachung* im Interesse der berechtigten Gläubiger *durch den Verwalter* erfolgen kann. Ihre Zurechnung zum Nachlass ist auch von Bedeutung für die Frage der Zahlungsunfähigkeit oder Überschuldung (§ 1980 BGB, § 320 InsO), weiter bei der Frage, ob eine die Kosten deckende Masse vorhanden ist (§§ 1982, 1988 Abs 2, 1990 BGB, §§ 26, 207 ff InsO), und für die Frage der Angemessenheit eines Insolvenzplans (§§ 245 Abs 1 Nr 1, 247 Abs 2 Nr 1, 251 Abs 1 Nr 2 InsO). Die Ersatzansprüche gegen den Erben können während einer Nachlassverwaltung oder eines Nachlassinsolvenzverfahrens *nur* vom Verwalter geltend gemacht werden (vgl auch § 92 InsO). Der einzelne Gläubiger ist hierzu während solcher Verfahren nicht befugt (**aM** KG DJZ 1905, 652 für den besonderen Fall, dass eine Haftung [dort: des Nachlassverwalters] gerade nur *diesem* Gläubiger gegenüber in Betracht komme), wohl aber in den Fällen der §§ 1990, 1992 BGB (s § 1991 Rn 9–11). Ebenso ist ein ausgefallener Gläubiger nach Aufhebung des Insolvenzverfahrens infolge Masseverteilung (vgl aber § 1989 Rn 7) oder Insolvenzplans befugt, eine etwa noch nicht beigetriebene Ersatzforderung (§ 1978 BGB) gegen den Erben geltend zu machen (Erman/Horn Rn 5a; **aM** Staudinger/Lehmann[11] Rn 26; BGB-RGRK/Johannsen Rn 11 und Lange/Kuchinke § 49 II Fn 45: erst müsse sich der Gläubiger die Forderung pfänden und überweisen lassen). Die Frage einer Anwendung des § 1990 BGB – und damit auch des § 1978 BGB (vgl § 1991 Abs 1 BGB) – stellt sich auch nach Aufhebung der Nachlassverwaltung (vgl § 1986 Rn 9 f). 36

2. Die Aufwendungsersatzansprüche nach Abs 3 stehen dem Erben als Träger seines Eigenvermögens zu; sie können von Eigengläubigern des Erben gepfändet werden. Pfändungen durch Nachlassgläubiger kann der Erbe gem §§ 784 Abs 1, 785 ZPO entgegentreten. Da die Aufwendungen „aus dem Nachlass“ zu ersetzen sind, ist der Anspruch gegen den Nachlass- bzw Nachlassinsolvenzverwalter als die über den Nachlass verfügungsberechtigte Person zu richten. Die Ersatzpflicht ist **Nachlassverbindlichkeit** (Staudinger/Dutta [2016] § 1967 Rn 38; Dauner-Lieb 116 f). Findet Abs 3 über § 1991 Abs 1 BGB iVm § 1990 BGB oder § 1992 BGB Anwendung, so kann der Erbe sich seine Aufwendungen selbst aus dem von ihm gem § 1990 37

Abs 1 S 2 BGB „zum Zwecke der Befriedigung des Gläubigers im Wege der Zwangsvollstreckung“ herauszugebenden Nachlass ersetzen (vgl Erman/Horn Rn 6).

38 **3.** Da die **Ansprüche aus Abs 1 keine Nachlassverbindlichkeiten** sind (Rn 35), können **Miterben** für sie ohne die Beschränkung des § 2059 Abs 1 S 1 BGB in Anspruch genommen werden. Aus demselben Grund lässt sich eine **gesamtschuldnerische Verantwortlichkeit** mehrerer Erben für diese Ansprüche nicht schon aus § 2058 BGB begründen (OLG Braunschweig OLGE 24 [1912/I] 64, 65). Gesamtschuldnerische Haftung aufgrund des § 427 BGB erscheint denkbar (OLG Braunschweig OLGE 24), jedoch nicht als allgemeine Regel (missverständlich Staudinger/Lehmann[11] Rn 29, richtig aber Staudinger/Lehmann[11] § 2058 Rn 4). § 427 BGB setzt voraus, dass sich mehrere (hier: Erben) gemeinschaftlich durch Vertrag verpflichten. Die Voraussetzung der gemeinschaftlichen Verpflichtung durch Vertrag kann jedoch nur hinsichtlich derjenigen Miterben angenommen werden, die die Erbschaft bereits angenommen haben: Nur sie behandelt § 1978 Abs 1 S 1 BGB so, als hätten sie mit der Erbschaft zugleich einen Auftrag der Nachlassgläubiger zur Verwaltung des Nachlasses angenommen. Bei der gesamtschuldnerischen Haftung ist zudem die Einschränkung des § 425 BGB (Einzelwirkung bestimmter Tatsachen) zu beachten. – Für die Zeit *vor* der Erbschaftsannahme erklärt § 1978 Abs 1 S 2 BGB den oder die Erben nur entspr den Vorschriften über die Geschäftsführung *ohne* Auftrag für verantwortlich. Dennoch wird man, wenn mehrere Erben vor der Annahme ein erbschaftliches Geschäft *gemeinsam* besorgen, insoweit uU eine gesamtschuldnerische Verantwortlichkeit der Handelnden annehmen dürfen. Bei unerlaubten Handlungen ist zudem an eine gesamtschuldnerische Haftung nach Maßgabe der §§ 830, 840 BGB zu denken (vgl OLG Braunschweig OLGE 24 [1912/I] 64, 65).

39 **Ein einzelner Miterbe, der etwas aus dem ungeteilten Nachlass empfangen hat**, ist gem §§ 1978 Abs 1, 667 BGB (RGZ 89, 403, 408; Soergel/Stein Rn 10) und uU auch gem § 812 BGB (vgl OLG Celle ZEV 2003, 203, 204 = FamRZ 2003, 1224, 1226 m Anm Schindler FamRZ 2004, 139 ff) verpflichtet, das Erlangte – soweit zur Berichtigung der Nachlassverbindlichkeiten erforderlich – zum Nachlass zurückzugewähren (vgl ergänzend Staudinger/Marotzke § 2059 Rn 35).

Sowohl nach dem Wortlaut als auch nach Sinn und Zweck statuiert § 1978 BGB diese Verpflichtung nur gegenüber den Nachlassgläubigern (vgl auch Rn 1, 36). Schon hieran müssen alle Versuche scheitern, bei **Vererbung eines Personengesellschaftsanteils** auf bloß einen oder einige von mehreren Erben Wertausgleichsansprüche der weichenden Miterben (vgl Staudinger/Marotzke [2008] § 1922 Rn 183 f, 188), die als solche ja nicht Nachlassgläubiger sind, aus § 1978 BGB herzuleiten (so aber H P Westermann JuS 1979, 761, 769 mwNw in Fn 87; ders, in: Erman[15] § 727 Rn 12; vgl auch MünchKomm/Schäfer § 727 Rn 45; Staudinger/Habermeier [2003] § 727 Rn 20; **gegen** die Analogie zu § 1978 Stodolkowitz, in: FS Kellermann [1991] 439, 447 f, 456; Menold, Die erbrechtlichen Schranken der Gestaltung der Vererbung von Anteilen an Gesamthandspersonengesellschaften [Diss Tübingen 2004] 155 ff). Dagegen spricht auch, dass § 1978 BGB überhaupt nur anwendbar ist, wenn Nachlassverwaltung oder ein Nachlassinsolvenzverfahren eröffnet ist oder wenn sich der Erbe gegenüber einem Nachlassgläubiger auf § 1990 bzw § 1992 (vgl § 1991 Abs 1 BGB) oder auf § 2059 Abs 1 BGB (s § 2059 Rn 23 ff) beruft (großzügiger in etwas anderem Zusammenhang Kretzler, Testamentsvollstreckung am Kommanditanteil [1990] 24 ff, 54 f, dessen Ausführungen jedoch nur hypothetisch gemeint sind: vgl Kretzler 62 f). – Wenn ein Gesellschaftererbe infolge einer im Gesellschaftsvertrag enthaltenen qualifizierten Nachfolgeklausel auf Kosten seiner Miterben mehr erhält, als ihm nach dem Zuweisungsgehalt des Erbrechts bzw der letztwilligen Verfügung des Erblassers wertquotenmäßig zusteht (kritisch Tiedau NJW 1980, 2446 ff ad I 2, IV), wird aber die zweite Alternative des § 812 Abs 1 S 1 BGB erfüllt und eine Wertausgleichspflicht aus § 818 Abs 2 BGB herzuleiten sein (vgl auch Heckelmann, in: FS vLübtow [1980] 619, 627 f; Kuttler, Vermögensrechtliche Auswirkungen nachfolgesteuernder Klauseln bei OHG und GmbH für die ausgeschlossenen Erben [1996] 85 ff [der außerdem eine Analogie zu § 430 in Betracht zieht]; **aM** Menold 159 ff; MünchKomm/Schäfer § 727 Rn 45; Heydn, Die erbrechtliche Nachfolge in Anteile an Partnerschaftsgesellschaften [1999] 141; Huber, Vermögensanteil, Kapitalanteil und Gesellschaftsanteil ... [1970] 446 f, 481 f, wegen seiner von BGHZ 68, 225, 237 f abweichenden Konstruktion der Nachfolge in den Gesellschaftsanteil). Wirklich nötig ist der Weg über § 812 BGB jedoch nicht. Über andere Begründungsversuche informieren Kuttler 73 ff, Heydn 139 ff; Ulmer ZGR 1972, 324 ff und Michalski, Gesellschaftsrechtliche Gestaltungsmöglichkeiten zur Perpetuierung von Unternehmen (1980) 192 ff, der sich ebenfalls gegen die Analogie zu § 1978 BGB ausspricht. – Vgl erg § 1985 Rn 20 ff und § 2059 Rn 52 ff, 60 ff zu der Frage, ob und wie die Nachlassgläubiger bzw zu ihren Gunsten der Nachlassverwalter oder der Nachlassinsolvenzverwalter auf den Gesellschaftsanteil zugreifen können.

Ein mehreren Erben aus gemeinschaftlicher Geschäftsbesorgung erwachsener Aufwendungsersatzanspruch gegen den Nachlass steht ihnen gem § 420 BGB anteilig zu (OLG Braunschweig OLGE 24 [1912/I] 64, 65). Hat nur einer der Erben Aufwendungen gemacht, so hat er allein den Erstattungsanspruch (OLG Braunschweig OLGE 24). 40

4. Wenn der Nachlass eines verstorbenen Ehepartners nur aus dessen **Gesamtgutsanteil** besteht, können Ersatzansprüche aus §§ 1978, 1980 BGB wegen Entnahmen aus dem Gesamtgut gegen den Erben uU schon vor Auseinandersetzung des Gesamtguts geltend gemacht werden, wenn ein sachliches Eingehen auf die Ansprüche auch ohne Auseinandersetzung möglich ist (RG LZ 1916, 1376). Entsprechendes gilt bei der Lebenspartnerschaft, wenn von der seit 1. 1. 2005 (Anfügung des § 7 S 2 LPartG und des § 318 Abs 3 InsO) eröffneten Möglichkeit einer durch Lebenspartnerschaftsvertrag begründeten Gütergemeinschaft Gebrauch gemacht wurde. 41

VII. Verjährung

Die Verjährung der Ansprüche, die sich auf die in § 1978 BGB vorgeschriebene entsprechende Anwendung des Auftragsrechts bzw des Rechts der GoA gründen, richtet sich in erster Linie nach § 195 BGB und § 199 BGB (zust Löhnig ZEV 2004, 267, 271 f). 42

Übergangsrechtlich von Interesse (vgl Staudinger/Kunz Vorbem 117 zu §§ 1967 ff, vgl auch unten § 1980 Rn 21) ist die Frage, ob es sich dabei um „erbrechtliche" Ansprüche iS des zum 1. 1. 2010 aufgehobenen § 197 Abs 1 Nr 2 BGB handelt. Nachdem § 1978 BGB lediglich die entsprechende Anwendung der §§ 662 ff, 677 ff BGB anordnet, liegen keine „erbrechtlichen" Ansprüche iS des inzwischen aufgehobenen § 197 Abs 1 Nr 2 BGB vor, der eine dreißigjährige Verjährungsfrist vorsah. Diese Ansprüche wurden nicht dadurch zu erbrechtlichen iS des früheren § 197 Abs 1 Nr 2 BGB, dass eine Vorschrift aus dem Erbrecht, nämlich § 1978 BGB, die entsprechende Anwendung des Auftragsrechts bzw des Rechts der GoA ausdrücklich vorschreibt (vgl nachfolgend § 1980 Rn 21; Roland, Die Verjährung im Erbrecht [2008] Rn 224 ff).

§ 1979
Berichtigung von Nachlassverbindlichkeiten

Die Berichtigung einer Nachlassverbindlichkeit durch den Erben müssen die Nachlassgläubiger als für Rechnung des Nachlasses erfolgt gelten lassen, wenn der Erbe den Umständen nach annehmen durfte, dass der Nachlass zur Berichtigung aller Nachlassverbindlichkeiten ausreiche.

Materialien: E II § 1854 Abs 1; III § 1954; Prot V 742 f; Denkschr 723; Jakobs/Schubert ER I 302, 567 ff.

Schrifttum

Binder, Die Rechtsstellung des Erben II (1903) 137

Klook, Die überschuldete Erbschaft. Der Erbe als Berechtigter und Treuhänder der Nachlaßgläubiger (1998)

Riesenfeld, Die Erbenhaftung II (1916) 71 ff, 156 ff.

I. Allgemeines

1 **1.** Als neuer persönlicher Schuldner (Staudinger/Kunz § 1967 Rn 2 f) ist der Erbe ohne Weiteres berechtigt, Nachlassverbindlichkeiten aus eigenen Mitteln zu berichtigen. Ebenso kann er solche Verbindlichkeiten vor der Anordnung einer Nachlassverwaltung oder der Eröffnung eines Nachlassinsolvenzverfahrens aus Nachlassmitteln tilgen. **Erfolgte die Schuldentilgung mit Nachlassmitteln** und unter Umständen, unter denen die Nachlassgläubiger die Berichtigung einer Nachlassverbindlichkeit nach § 1979 BGB „als für Rechnung des Nachlasses erfolgt gelten lassen“ müssen, so können die übrigen Nachlassgläubiger gegen den Erben keinerlei Ersatzansprüche (etwa wegen Verletzung des in § 1978 Abs 1 S 1 BGB fingierten Auftragsverhältnisses oder aus den in § 1978 Abs 1 S 2 BGB für entspr anwendbar erklärten Regeln über die Geschäftsführung ohne Auftrag [zB §§ 677, 678 BGB]) erheben. Hat der Erbe die Nachlassverbindlichkeit **mit Mitteln seines Eigenvermögens** getilgt, so liegt die Bedeutung des § 1979 BGB in der Klarstellung der Voraussetzungen, unter denen die hierin liegende Geschäftsführung des Erben im Verhältnis zu den übrigen Nachlassgläubigern gerechtfertigt ist und der Erbe deshalb **Aufwendungsersatz** nach §§ 1978 Abs 3 und Abs 1 S 2, 683, 670 BGB (Geschäftsführung vor Erbschaftsannahme) bzw §§ 1978 Abs 3 und Abs 1 S 1, 670 BGB (Geschäftsführung nach Erbschaftsannahme) verlangen kann. Ein zu § 2185 BGB ergangenes Urt des LG Osnabrück v 17. 1. 2003 (FamRZ 2003, 1694) gibt Anlass zu der Klarstellung, dass die Erfüllung einer Nachlassverbindlichkeit mit Mitteln des Erbeneigenvermögens auch dann unter den **Begriff der Aufwendung** fällt, wenn es wegen des Bestehens einer Rechtspflicht (§ 1967 BGB) an einer – uneingeschränkten – Freiwilligkeit gefehlt haben sollte. Dies gilt selbst dann, wenn der Erbe ohne den Vorbehalt des § 780 Abs 1 ZPO zur Leistung verurteilt worden war. Im vom LG Osnabrück entschiedenen Fall hatte der Erbe die Nachlassverbindlichkeit (eine

Erblasserschuld) ohnehin nicht mit Mitteln des Eigenvermögens, sondern „aus dem Nachlass" erfüllt.

2. **E I** enthielt noch eine Bestimmung (§ 2115 Abs 2 BGB), nach der dem Erben eines überschuldeten Nachlasses ein Ersatzanspruch wegen Tilgung einer Nachlassschuld nicht zustand und er im Nachlasskonkurs (heute: Nachlassinsolvenzverfahren) lediglich an die Stelle des befriedigten Gläubigers treten sollte. Dazu heißt es in **Mot V 633 f**: „Den Erben zu Schaden kommen zu lassen, wenn er einen einzelnen Gläubiger befriedigte, *sofern und soweit er dadurch die übrigen Nachlassgläubiger nicht verkürzt,* würde nicht gerechtfertigt sein. Jedoch erlangt der Erbe nur das Gläubigerrecht des Befriedigten; er kann also gegenüber den anderen Erbschaftsgläubigern nur ebensoviel erhalten, als der Befriedigte, wenn er konkursmäßig befriedigt worden wäre, erhalten hätte. Hiermit stimmt das ALR I 9 §§ 453, 454 ... überein." **Die II. Komm** (Prot V 766) bemängelte an dieser Bestimmung des E I, dass sie den Erben auch dann auf die Konkursquote verweise, „wenn zur Zeit der Befriedigung des Gläubigers der Nachlass zureichend oder die Überschuldung dem Erben ohne sein Verschulden nicht bekannt war". Der Erbe werde dadurch „mit einer Gefahr belastet, die er nicht zu tragen hätte, wenn er die Verwaltung des Nachlasses als Beauftragter der Nachlassgläubiger zu führen gehabt hätte". Der Erbe müsse deshalb für berechtigt erklärt werden, die Nachlassverbindlichkeiten auf Rechnung des Nachlasses zu berichtigen, sofern er den Umständen nach annehmen dürfe, dass der Nachlass zureichend sei. Auf diesem einleuchtenden Gedanken beruht die Gesetz gewordene Fassung des § 1979 BGB. Für den Fall eines über den Nachlass eröffneten Insolvenzverfahrens wird § 1979 BGB ergänzt durch § 326 Abs 2 InsO (dazu unten Rn 3, 14–16). 2

3. § 1979 BGB findet keine Anwendung, **wenn der Erbe unbeschränkbar haftet** (§ 2013 Abs 1 S 1 BGB). Ebenso wenig kommt es in diesem Fall zu dem in § 326 Abs 2 InsO vorgesehenen Eintritt des Erben in die Rechtsstellung eines von ihm befriedigten Gläubigers. 3

Dass der Erbe nur gegenüber *einzelnen* Gläubigern unbeschränkt haftet, steht der Anwendung des § 1979 BGB aber nicht entgegen. Haftet der Erbe einem einzelnen Gläubiger gegenüber unbeschränkt, so kann er im Nachlassinsolvenzverfahren selbst ohne vorherige Befriedigung dieses Gläubigers dessen Forderung für den Fall geltend machen, dass der Gläubiger sie nicht geltend macht (vgl § 326 Abs 3 InsO und Jaeger/Weber[8] KO § 225 Rn 11, 12; Braun/Bauch[6] InsO § 326 Rn 10 f).

II. **Voraussetzung** einer als für Rechnung des Nachlasses erfolgt geltenden Schuldentilgung ist lediglich, **dass der Erbe den Umständen nach annehmen durfte, dass der Nachlass zur Befriedigung aller Nachlassverbindlichkeiten ausreiche**. Die Frage, ob die Tilgung den Interessen der Gläubiger im konkreten Fall entsprach, braucht nicht gestellt zu werden. Ist *Testamentsvollstreckung* angeordnet und weiß der Vollstrecker von der Unzulänglichkeit des Nachlasses, so braucht sich der Erbe dieses Wissen im Rahmen des § 1979 BGB nicht zurechnen zu lassen (Muscheler, Die Haftungsordnung der Testamentsvollstreckung [1994] 128; vgl auch die ähnliche Frage bei § 1978 Rn 13). 4

1. **Die Umstände des besonderen einzelnen Falles** müssen den Erben zu der An- 5 nahme berechtigt haben, dass der Nachlass ausreiche. Der Erbe hat insofern eine **Prüfungspflicht** (dazu ausführlich BGH NJW 1985, 140; s auch OLG Schleswig ZInsO 2006, 885 f) und darf nicht ohne Weiteres annehmen, dass der Nachlass ausreiche. Regelmäßig ist er zur Annahme der Zulänglichkeit nur dann berechtigt, wenn er die ihm zu Gebote stehenden Mittel zur Feststellung des Aktiv- und Passivbestandes erschöpft hat, vor allem wenn er ein Inventar errichtet (§§ 1993, 2009 BGB) und auch das Aufgebotsverfahren unter der Voraussetzung des § 1980 Abs 2 S 2 BGB beantragt hat (also wenn Grund bestand, das Vorhandensein unbekannter Nachlassverbindlichkeiten anzunehmen, und die Kosten des Verfahrens dem Bestande des Nachlasses gegenüber nicht unverhältnismäßig groß sind; dazu § 1980 Rn 11).

Auf der anderen Seite genügt es zur Verweigerung der Befriedigung eines Nachlassgläubigers nicht, dass der (nicht oder nicht mehr den Schutz der §§ 2014 ff BGB genießende) Erbe lediglich im Allgemeinen die Befürchtung erheben kann, es möchten noch andere ungedeckte, vielleicht die Unzulänglichkeit des Nachlasses ergebende Verbindlichkeiten vorhanden sein (RG WarnR 1908 Nr 168).

6 **2.** Bei der Prüfung der Zulänglichkeit soll der Erbe auf **Vermächtnisse** und **Auflagen** keine Rücksicht zu nehmen brauchen (Staudinger/Lehmann[11] Rn 7; BGB-RGRK/Johannsen Rn 7; Erman/Horn Rn 3; MünchKomm/Küpper Rn 3). Diese Ansicht, die sich auf § 1980 Abs 1 S 3 BGB stützt, bedarf einer Korrektur: Im Rahmen des § 1980 BGB bleiben die Verbindlichkeiten aus Vermächtnissen und Auflagen nur deshalb außer Betracht, weil der Erbe, wenn die Überschuldung des Nachlasses auf solchen Verbindlichkeiten beruht, insoweit die Einrede des § 1992 BGB hat und deshalb nicht durch § 1980 BGB zur Beantragung eines Nachlassinsolvenzverfahrens verpflichtet werden kann (Prot V 766). Bei § 1979 BGB geht es aber nicht darum, ob der Erbe ein Nachlassinsolvenzverfahren beantragen muss, sondern darum, inwieweit er Nachlassverbindlichkeiten für Rechnung des Nachlasses berichtigen darf. Berichtigt er eine Nachlassverbindlichkeit, obwohl die Voraussetzungen des § 1979 BGB nicht vorliegen, so haftet er den dadurch benachteiligten übrigen Nachlassgläubigern nach § 1978 BGB (s Rn 1). Eine solche Haftung ist auch gegenüber Vermächtnis- und Auflagegläubigern denkbar. § 1992 S 1 BGB, der auf § 1991 BGB (einschließlich des seinerseits auf §§ 1978, 1979 BGB Bezug nehmenden Abs 1) verweist, setzt dies als selbstverständlich voraus. Freilich kann sich der Erbe wegen des Ausfalls von Vermächtnissen und Auflagen nur dann persönlich haftbar machen, wenn er eine der – wenigen – Nachlassverbindlichkeiten berichtigt, die ihnen im Nachlassinsolvenzverfahren gleich- oder nachgeordnet sind (vgl hierzu §§ 1992 S 1, 1991 Abs 4 BGB, 327 Abs 1 Nr 2, 3 und Abs 2 InsO; ferner §§ 1974 Abs 2 BGB, 327 Abs 3 InsO und Staudinger/Kunz § 1974 Rn 27; wie hier Soergel/Stein Rn 2).

7 **3.** Auch die Ansicht, auf das Vorhandensein **ausgeschlossener oder ihnen gleichgestellter Gläubiger (§§ 1973, 1974 BGB)** brauche der Erbe keine Rücksicht zu nehmen (so die zu Beginn der Rn 6 Genannten), ist nur im Grundsatz zutreffend.

Nicht zu folgen ist ihr jedoch dann, wenn der ausgeschlossene bzw diesem gleichgestellte Gläubiger seinen Anspruch „geltend macht" und deshalb nach § 1973 Abs 1 S 2 BGB vor Verbindlichkeiten aus Pflichtteilsrechten, Vermächtnissen und Auflagen befriedigt werden muss (so wohl auch Soergel/Stein Rn 2). Hält sich der Erbe von nun an nicht an diese Rangfolge und liegen auch die Voraussetzungen des § 1979

BGB nicht vor, so haftet er dem ausgeschlossenen Gläubiger für eine durch Vorwegbefriedigung von Pflichtteilsrechten etc eingetretene Nachlasserschöpfung persönlich nach § 819 Abs 1 BGB und evtl § 818 Abs 4 BGB (s § 1973 Rn 21). Soweit der Bereicherungsanspruch reicht, hat der ausgeschlossene Gläubiger gem § 328 Abs 2 InsO Anspruch „auf dasjenige, was der Erbe auf Grund der §§ 1978 bis 1980 ... zur Masse zu ersetzen hat".

4. Die **rechtskräftige Verurteilung** zur Erfüllung einer Nachlassverbindlichkeit ist 8
im Allgemeinen (jedoch Ausnahmen gem §§ 1973 Abs 2 S 3, 1974, 1989, 1991 Abs 3, 1992 BGB) kein Grund, der den Erben berechtigen würde, die Verbindlichkeit auch ohne das Vorliegen der Voraussetzungen des § 1979 BGB zu tilgen (Erman/Horn Rn 3; MünchKomm/Küpper Rn 3; Soergel/Stein Rn 2; **aM** Klook 206). Sonst könnte der Erbe durch Gestattung der Verurteilung und Vollstreckung einen bestimmten Gläubiger begünstigen. Der Erbe sollte also, wenn die Zulänglichkeit des Nachlasses nach dem Eintritt der Rechtskraft zweifelhaft wird, die Eröffnung eines Nachlassinsolvenzverfahrens beantragen. Dies ist ihm nach § 320 InsO nicht nur bei Überschuldung oder Zahlungsunfähigkeit (dann sogar Antrags*pflicht* gem § 1980!), sondern auch schon bei „drohender" Zahlungsunfähigkeit möglich. Mit Verfahrenseröffnung werden Zwangsvollstreckungen in den Nachlass unzulässig (§ 89 InsO); einer schon erfolgten Vollstreckungsmaßregel wird die Absonderungskraft versagt (§§ 88, 321 InsO; s zu diesen Vorschriften aber auch die bei § 1978 Rn 7 aE angedeutete Kritik). *Vor Eintritt der Rechtskraft* hat der Erbe noch die Möglichkeit, der Zwangsvollstreckung mit den in §§ 719, 707, 718 und 712 ZPO vorgesehenen Behelfen entgegenzutreten. Dies entbindet jedoch nicht von der Erfüllung einer evtl bereits jetzt bestehenden Insolvenzantragspflicht nach § 1980 BGB.

5. Die **Beweislast** für die Voraussetzungen des § 1979 BGB trifft den Erben (BGH 9
FamRZ 1984, 1004, 1005 = NJW 1985, 140 = LM BGB § 1979 Nr 1; s auch OLG Schleswig ZInsO 2006, 885 f). Dies gilt sowohl dann, wenn er einen Ersatzanspruch geltend macht, als auch dann, wenn er als ersatzpflichtig in Anspruch genommen wird (vgl zu diesen Möglichkeiten oben Rn 1). Da es sich bei seiner Ersatzpflicht um eine Eigenverbindlichkeit handelt (§ 1978 Rn 35), sind die §§ 780 ff ZPO unanwendbar (BGB-RGRK/Johannsen Rn 8).

III. Liegen die Voraussetzungen des § 1979 BGB vor, so kann der Erbe, wenn er aus 10
Nachlassmitteln bezahlt hat, nicht auf Rückerstattung dieser Mittel in den Nachlass in Anspruch genommen werden (Nerlich/Römermann/Riering [Januar 2019] InsO § 326 Rn 3; Braun/Bauch[7] InsO § 326 Rn 5; Kuhn/Uhlenbruck[11] KO § 225 Rn 3; missverständlich Staudinger/Lehmann[11] Rn 10). Wenn er aus eigenen Mitteln bezahlt hat, kann er in voller Höhe Ersatz verlangen (Rn 1). Erforderlich ist aber, dass die Schuld wirklich getilgt worden ist. Rechtskräftige Verurteilung steht der Schuldentilgung in *diesem* Zusammenhang nicht gleich (auch nicht in den Fällen der §§ 1973 Abs 2 S 3, 1989, 1991 Abs 3 BGB). Im Nachlassinsolvenzverfahren ist der Erbe mit seinen Ersatzansprüchen Massegläubiger gem § 324 Abs 1 Nr 1 InsO.

Akzessorische Sicherungsrechte erlöschen mit der vom Erben berichtigten Forderung bzw werden zu Eigentümergrundschulden (Letzteres gilt für eine auf einem Nachlassgrundstück lastende Hypothek; s MünchKomm/Küpper Rn 4 f; AK-BGB/Teubner Rn 9 und vor allem Jaeger/Weber[8] KO § 225 Rn 9, die jedoch die nach §§ 1163 Abs 1 S 2, 1177 BGB entstandene Eigentümergrundschuld zu Unrecht auch dann zum Nachlass rechnen, wenn der Erbe die gesicherte Forderung mit Mitteln seines *Eigen*vermögens getilgt hat; in diesem Fall führt aber nicht einmal der oben bei § 1978 Rn 17 entwickelte Surrogationsgedanke zur Nachlasszugehörigkeit; mangels Nachlasszugehörigkeit ist die Eigentümergrundschuld am Nachlassgrundstück im Falle der Separation [§ 1976 BGB] wie eine *Fremd*grundschuld bzw -hypothek zu behandeln). Gegen den Verlust von Forderung und Sicherungsrecht hilft jedoch uU (Rn 14) die bei Rn 15 vorgeschlagene analoge Anwendung des § 326 Abs 2 InsO. Denkbar erscheint bei der Hypothek auch eine Anwendung des § 1164 Abs 1 BGB (**aM** Jaeger/Weber[8] KO § 225 Rn 9).

11 *Hat der Erbe den Gläubiger mit einem geringeren Betrag abgefunden,* so kann er aufgrund der §§ 1978, 1979, 670 BGB nur den wirklich aufgewandten Betrag beanspruchen (BGB-RGRK/Johannsen Rn 3; MünchKomm/Küpper Rn 4; Planck/Flad Anm 1). Zu einem anderen Ergebnis führt überraschenderweise § 326 Abs 2 InsO, wenn diese Aktion *nicht* als für Rechnung des Nachlasses erfolgt gilt (s unten Rn 14–16 und Jaeger/Weber[8] KO § 225 Rn 9). Dieser Wertungswiderspruch bedarf der Korrektur (Rn 15).

12 Im Übrigen ist es gleichgültig, *welcher Art die berichtigte Verbindlichkeit war,* wenn nur die Voraussetzungen des § 1979 BGB gegeben sind. Es kann sich auch um eine nach § 1973 BGB oder § 1974 BGB ausgeschlossene Verbindlichkeit (Palandt/Weidlich Rn 3) oder um eine durch § 327 InsO im Rang nachgesetzte Schuld (MünchKomm/Küpper Rn 4) handeln.

13 **IV. Liegen die Voraussetzungen des § 1979 BGB nicht vor**, so brauchen die Gläubiger die Berichtigung nicht als für Rechnung des Nachlasses erfolgt gelten zu lassen. Darauf können sich der Nachlass- und der Nachlassinsolvenzverwalter, in den Fällen der §§ 1990, 1992 BGB auch der einzelne Nachlassgläubiger berufen.

14 **1.** Hat der Erbe die Schuld **aus eigenen Mitteln getilgt**, so tritt er – soweit § 1979 BGB nicht erfüllt ist – im Nachlassinsolvenzverfahren an die Stelle des befriedigten Gläubigers, es sei denn, dass er für die Nachlassverbindlichkeiten unbeschränkt haftet (§ 326 Abs 2 InsO). Er kann dessen *volle* Forderung – auch wenn er den Gläubiger mit einem *geringeren* Betrag abgefunden hatte (unentschieden Mot V 634) – geltend machen (vgl aber Rn 11). Würde man dieses Eintrittsrecht nicht anerkennen, könnten sich die dem befriedigten Gläubiger gleich- oder nachstehenden Gläubiger auf Kosten des Erben bereichern (amtl Begr zur KO-Novelle 51 = Hahn, Die gesammten Materialien zu den Reichs-Justizgesetzen VII [1898] 254 f; Jaeger/Weber[8] KO § 225 Rn 5; vOlshausen, Gläubigerrecht und Schuldnerschutz bei Forderungsübergang und Regreß [1988] 210 ff). Um das zu vermeiden, wird man annehmen müssen, dass auch etwaige mit der Forderung verbundene dingliche Sicherungsrechte (Pfandrechte oder Hypotheken), falls sie auf *Nachlassgegenständen* lasten (s Olshausen 211 ff [auch zum Nichtübergang von Bürgschaften]; ohne diese Einschränkung Staudinger/Lehmann[11] Rn 13; Erman/Horn Rn 4a; MünchKomm/Küpper Rn 5; Braun/Bauch[7] InsO § 326 Rn 6), analog §§ 412, 401 BGB auf den Erben übergehen (vgl RGZ 55, 157, 161 f [auch zur Gegenansicht]) und ihm ein Absonderungsrecht geben. Auf der anderen Seite können gegen ihn gem §§ 412, 404 BGB dieselben Einreden geltend gemacht werden wie zuvor gegen den befriedigten Nachlassgläubiger. Wäre die vom Erben erfüllte Forderung im späteren Nachlassinsolvenzverfahren als Masseverbindlichkeit zu qualifizieren gewesen, so

kann sich hierauf auch der an die Stelle des befriedigten Gläubigers tretende Erbe berufen (Beispiele bei HK-InsO/MAROTZKE[9] § 326 Rn 5).

Da der Weg über § 326 Abs 2 InsO für den Erben manchmal günstiger sein kann als der über §§ 1978 Abs 1, 1979 BGB, 324 Abs 1 Nr 1 InsO (vgl Rn 11, 14), sollte man demjenigen Erben, dessen Schuldentilgung nach § 1979 *gerechtfertigt* ist, im Wege des Erst-Recht-Schlusses die Befugnis zugestehen, *analog* § 326 Abs 2 InsO die Forderung des von ihm befriedigten Gläubigers im Nachlassinsolvenzverfahren geltend zu machen (diesem Analogievorschlag zustimmend vOLSHAUSEN [s Rn 14] 210 Fn 31; BRÜGGEHAGEN, Der Konkurs über den Nachlaß eines Gesellschafters einer Personenhandelsgesellschaft [Diss Göttingen 1985] 19; BRAUN/BAUCH[7] InsO § 326 Rn 9; **aM** MünchKomm/KÜPPER Rn 4, 6 und MünchKommInsO/SIEGMANN[3] § 326 Rn 5 aE). Der Erbe muss sich zwischen diesen beiden Vorgehensweisen entscheiden, kann also nicht etwa beide gleichzeitig verfolgen. 15

Auch wenn kein Nachlassinsolvenzverfahren eröffnet, sondern eine *Nachlassverwaltung* angeordnet ist, kann der Erbe – namentlich bei Überschuldung des Nachlasses durch Vermächtnisse und Auflagen (vgl §§ 1980 Abs 1 S 3, 1985 Abs 2 S 2 BGB) – ein Interesse daran haben, aus der Forderung des von ihm befriedigten Nachlassgläubigers vorzugehen (vgl Rn 11, 14). Hier bietet sich ebenfalls eine *analoge* Anwendung des § 326 Abs 2 InsO an (**aM** STAUDINGER/LEHMANN[11] Rn 13; PALANDT/WEIDLICH Rn 3; ERMAN/HORN Rn 4a; SOERGEL/STEIN Rn 4 aE; AK-BGB/TEUBNER Rn 11; BGB-RGRK/JOHANNSEN Rn 4; MünchKomm/KÜPPER Rn 5 aE; die den Erben, dessen Gläubigerbefriedigung nicht nach § 1979 gerechtfertigt war, während der Nachlassverwaltung auf einen Bereicherungsanspruch gegen den Nachlass verweisen). Für die vorgeschlagene analoge Anwendung des § 326 Abs 2 InsO auf den Fall der Nachlassverwaltung spricht die Entstehungsgeschichte der Vorschrift. § 326 InsO entspricht dem früheren § 225 KO. Dieser ist aus § 2115 des E I zum BGB hervorgegangen. Da der E I das Institut der Nachlassverwaltung noch nicht kannte, handelte sein § 2115 nur von dem Fall des Nachlasskonkurses. Später wurde die Vorschrift nicht etwa in den E II des BGB, sondern in die KO übernommen (vgl Prot V 743). Dies dürfte der Grund sein, weshalb die Vorschrift (§ 225 KO bzw § 326 InsO) nicht – wie die heutigen §§ 1976–1978 BGB – auf das erst später geschaffene Institut der Nachlassverwaltung erstreckt worden ist. Diese Gesetzeslücke ist „zufällig" (auch den Verfassern der *InsO* dürfte hier das Problembewusstsein gefehlt haben) und muss deshalb im Wege der Analogie geschlossen werden.

2. Wenn der Erbe die Schuld **aus Mitteln des Nachlasses getilgt** hat, wird man § 326 Abs 2 InsO nach Sinn und Zweck (vgl Mot V 633 f und amtl Begr zur KO-Novelle 51 = HAHN, Die gesammten Materialien zu den Reichs-Justizgesetzen VII [1898] 254 f) *nicht* anwenden dürfen (**aM** UHLENBRUCK/LÜER/WEIDMÜLLER[15] InsO § 326 Rn 4; KÜBLER/PRÜTTING/BORK/HOLZER [Dez 2009] InsO § 326 Rn 3). Anders nur, wenn der Erbe dem Nachlass den zur Berichtigung entnommenen Betrag erstattet hat (ERMAN/HORN Rn 4b; MünchKomm/KÜPPER Rn 5; PALANDT/WEIDLICH Rn 3; vgl auch MünchKommInsO/SIEGMANN[3] § 326 Rn 6; JAEGER/WEBER[8] KO § 225 Rn 5; BRAUN/BAUCH[7] InsO § 326 Rn 7). Die *Verpflichtung*, dem Nachlass den entnommenen Betrag aus dem Eigenvermögen zu erstatten, folgt entweder aus § 280 Abs 1 BGB wegen Verletzung des in § 1978 Abs 1 S 1 BGB fingierten Auftragsverhältnisses oder aber aus §§ 1978 Abs 1 S 2, 678 BGB (analog; vgl § 1978 Rn 5, 11). Das OLG Düsseldorf und KÜPPER haben hierzu mit 16 beachtlichen, gleichwohl nicht völlig überzeugenden Begründungen die Ansicht vertreten, dass sich solch ein Erstattungsanspruch nicht auf den gesamten entnommenen Betrag, sondern nur auf Zahlung dessen richte, was den gleich- und den besserrangigen übrigen Nachlassgläubigern durch die unberechtigte Vorabbefriedigung des Einen entgehe (OLG Düsseldorf FamRZ 2000, 1332 [nur Leitsätze] = ZEV 2000, 236 ff [vgl auch 282] m Anm Küpper; vgl zu einer ähnlichen Problematik OLG Schleswig ZIP 2003, 856 ff). Allein der Umstand, dass dem Nachlassinsolvenzverwalter (§§ 1978 Abs 2 BGB, 92 InsO) nur dieser *geringere* Betrag erstattet wird, berechtigt noch nicht zur Anwendung des § 326 Abs 2 InsO (ebenso die Vorgenannten).

17 V. **Unabhängig davon, ob die Voraussetzungen des § 1979 BGB erfüllt sind**, besteht für den beschränkt haftenden Erben die Möglichkeit, aus der von ihm aus dem Eigenvermögen berichtigten Forderung des Nachlassgläubigers gegen den Nachlass vorzugehen (str, vgl Rn 15).

VI. Gläubiger- und Insolvenzanfechtung

18 Zwischen dem zu Unrecht befriedigten und den dadurch benachteiligten übrigen Nachlassgläubigern bestehen im Allgemeinen keine rechtlichen Beziehungen, die den zu Unrecht befriedigten Gläubiger zur **Herausgabe des Erlangten** verpflichten würden (RG JW 1908, 487 = WarnR 1908 Nr 650). Doch ist uU völlig unabhängig von den Voraussetzungen des § 1979 BGB ein **Anfechtungsrecht** gegen den mit Mitteln des Nachlasses befriedigten Gläubiger zugunsten der Gesamtheit der Nachlassgläubiger (§§ 129 ff InsO) oder eines einzelnen besserberechtigten Nachlassgläubigers (§§ 1 ff AnfG) gegeben. Handelt es sich bei der vom Erben erfüllten Forderung um einen Pflichtteilsanspruch, einen Erbersatzanspruch (s § 1975 Rn 44, § 1980 Rn 2, § 1991 Rn 21, § 1992 Rn 6), ein Vermächtnis oder eine Auflage, so ist die Leistung des Erben gem § 322 InsO in gleicher Weise anfechtbar wie eine unentgeltliche, also schon nach § 134 InsO und bei Nichtvorliegen eines weiteren Anfechtungsgrundes idR unter Beschränkung der Haftung des gutgläubigen Empfängers auf die Bereicherung (§ 143 Abs 2 InsO). Entsprechende Bestimmungen enthalten die §§ 5, 11 Abs 2 AnfG für die Anfechtung außerhalb des Nachlassinsolvenzverfahrens.

19 Da die erwähnten Anfechtungsrechte unabhängig von und uU sogar *neben* einem Ersatzanspruch aus § 1978 BGB gegeben sind, können die geschädigten Nachlassgläubiger auch bei **Insolvenz des Erben** auf Ausgleich hoffen.

20 Im **Nachlassinsolvenzverfahren** ist das Anfechtungsrecht vom Insolvenzverwalter auszuüben; dies folgt aus § 129 Abs 1 InsO. Für den Fall der **Nachlassverwaltung** fehlt eine entsprechende Vorschrift. Es gibt auch keine gesetzliche Bestimmung, nach der das Anfechtungsrecht (wie der Ersatzanspruch gegen den Erben, § 1978 Abs 2 BGB) als zum Nachlass gehörend gilt. Daraus folgert BGB-RGRK/Johannsen (Rn 5), dass etwaige Anfechtungsrechte während einer Nachlassverwaltung nur nach Maßgabe des AnfG bestehen und auch nur von den Nachlassgläubigern selbst ausgeübt werden können. Hiergegen gibt es keine Einwände, die so schwer wiegen, dass es gerechtfertigt wäre, das Anfechtungsrecht praeter legem beim Nachlassverwalter zu monopolisieren (**aM** Staudinger/Lehmann[11] Rn 15; Erman/Horn Rn 5; MünchKomm/Küpper Rn 8 [nach dessen Ansicht einzelne Nachlassgläubiger das Anfechtungsrecht nur in

den Fällen der §§ 1990, 1992 ausüben können]; PALANDT/WEIDLICH Rn 4; SOERGEL/STEIN Rn 4). Im Gegenteil: Könnte der Nachlassverwalter als solcher anfechten und die zurückzugewährenden Werte zur Befriedigung „der" Nachlassgläubiger (§ 1975 BGB) verwenden, so würde dies § 2 AnfG zuwiderlaufen, der die Anfechtung außerhalb des Konkurses nur wegen bereits *titulierter* Ansprüche zulässt. Eine Anfechtung zugunsten der Gesamtgläubigerschaft ist also nur durch einen Insolvenzverwalter nach den Bestimmungen der InsO zulässig, während die Anfechtung zugunsten einzelner – nämlich der titulierten – Gläubiger nicht Sache des Nachlassverwalters (arg §§ 1985 Abs 2, 1979, 1980 BGB), sondern eben dieser Gläubiger selbst ist, die sich dann unmittelbar an den durch den Erben begünstigten Dritten halten können (§ 11 AnfG). Deshalb muss ein Nachlassverwalter auch dann, wenn die Überschuldung des Nachlasses durch zwar nach § 1979 BGB gerechtfertigte, aber evtl anfechtbare Rechtshandlungen des Erben herbeigeführt worden ist, nach §§ 1980, 1985 Abs 2 S 2 BGB vorgehen, also die Eröffnung eines Nachlassinsolvenzverfahrens beantragen. Unterlässt er dies und verweist er die noch nicht befriedigten Nachlassgläubiger auf den Weg der Gläubigeranfechtung, so trägt er gem § 1980 Abs 1 S 2 BGB das Risiko, dass dieser Weg zu einer schlechteren Befriedigung der betreffenden Gläubiger führt als die unverzügliche Beantragung und Durchführung eines Nachlassinsolvenzverfahrens.

VII. Entsprechende Anwendung findet § 1979 BGB gem § 1985 Abs 2 S 2 BGB auf den Nachlassverwalter, außerdem gem § 1991 Abs 1 BGB in den Fällen der §§ 1990, 1992 BGB. Auch auf die Eingehung *neuer* Verbindlichkeiten durch den Erben wird man § 1979 BGB entsprechend anwenden dürfen (vgl § 1967 Rn 43 und § 1978 Rn 27). 21

§ 1980
Antrag auf Eröffnung des Nachlassinsolvenzverfahrens

(1) Hat der Erbe von der Zahlungsunfähigkeit oder der Überschuldung des Nachlasses Kenntnis erlangt, so hat er unverzüglich die Eröffnung des Nachlassinsolvenzverfahrens zu beantragen. Verletzt er diese Pflicht, so ist er den Gläubigern für den daraus entstehenden Schaden verantwortlich. Bei der Bemessung der Zulänglichkeit des Nachlasses bleiben die Verbindlichkeiten aus Vermächtnissen und Auflagen außer Betracht.

(2) Der Kenntnis der Zahlungsunfähigkeit oder der Überschuldung steht die auf Fahrlässigkeit beruhende Unkenntnis gleich. Als Fahrlässigkeit gilt es insbesondere, wenn der Erbe das Aufgebot der Nachlassgläubiger nicht beantragt, obwohl er Grund hat, das Vorhandensein unbekannter Nachlassverbindlichkeiten anzunehmen; das Aufgebot ist nicht erforderlich, wenn die Kosten des Verfahrens dem Bestand des Nachlasses gegenüber unverhältnismäßig groß sind.

Materialien: E II § 1854 Abs 2 und 3; III § 1955; Prot V 765 f; Denkschr 723; JAKOBS/SCHUBERT ER I 302, 567 ff. Abs 1 geändert durch Art II Nr 3 des G v 25. 3. 1930 (RGBl I 93) und § 125 Nr 3 VerglO v 26. 2. 1935 (RGBl I 321).

Textliche Änderungen seit 1. 1. 1999: gem Art 33 Nr 37 EGInsO: (1) Streichung des das Nachlaßvergleichsverfahren betreffenden Satzteils in Abs 1 S 1; (2) Ersetzung des Wortes „Konkursverfahrens" durch „Nachlaßinsolvenzverfahrens“ in Abs 1 S 1; (3) Erwähnung auch der „Zahlungsunfähigkeit“ in Abs 1 S 1 und Abs 2 S 1.

Schrifttum

Binder, Die Rechtsstellung des Erben II (1903) 138
du Carrois, Der überschuldete Nachlass – Handlungsoptionen des Nachlasspflegers, Rpfleger 2009, 197
Marotzke, Die Stellung der Nachlassgläubiger in der Eigeninsolvenz des Erben, in: FS Otte (2005) 223
ders, Kann ein Erbe trotz Unkenntnis oder Ungewissheit seiner Erbenstellung verpflichtet sein, die Eröffnung des Nachlassinsolvenzverfahrens zu beantragen?, ZInsO 2011, 2105
Muscheler, Die Haftungsordnung der Testamentsvollstreckung (1994) 230
Poertzgen, Die Insolvenzverschleppungshaftung gem. § 1980 BGB, ZInsO 2013, 517
Riesenfeld, Die Erbenhaftung II (1916) 158
Roth, Die Eröffnungsgründe im Nachlassinsolvenzverfahren, ZInsO 2009, 2265
ders, Umfang der Insolvenzmasse im Nachlassinsolvenzverfahren, ZInsO 2010, 118.

I. Allgemeines

1 **1.** Die Vorschrift war im E I noch nicht enthalten. Die seit 1. 1. 1999 maßgebliche Fassung des Abs 1 S 1 legt dem Erben die Verpflichtung auf, die Eröffnung des Nachlassinsolvenzverfahrens zu beantragen, sobald er von der **Zahlungsunfähigkeit** oder der **Überschuldung** des Nachlasses Kenntnis erlangt hat oder bei Beobachtung der pflichtgemäßen Sorgfalt erlangt haben musste. Kommt er dieser Pflicht nicht nach, ist er den Gläubigern gegenüber schadensersatzpflichtig (Abs 1 S 2). Das *Recht* des Erben zur Beantragung des Nachlassinsolvenzverfahrens folgt aus § 317 InsO (vgl auch § 1975 Rn 30 ff). Die Rechtslage, die sich ergibt, **wenn schon über dem (Gesamt-)Vermögen des Erben ein Insolvenzverfahren schwebt**, wurde bereits an anderer Stelle ausf erörtert (vgl Marotzke, in: FS Otte [2005] 223 ff und ergänzend Rn 20 aE, § 1981 Rn 9). Eine Insolvenzantragspflicht des Erben kann sich auch aus § 15a Abs 3 InsO ergeben, wenn sich im Nachlass ein Geschäftsanteil einer GmbH befindet. Ziel dieser Antragspflicht ist jedoch kein Nachlassinsolvenzverfahren, sondern ein Insolvenzverfahren über das Vermögen einer **GmbH** (Marotzke ErbR 2010, 115 ff; vgl nachfolgend § 1985 Rn 25).

2 **2. Die Pflicht zur Beantragung eines Nachlassinsolvenzverfahrens besteht nicht**:

a) gem Abs 1 S 3, wenn die Unzulänglichkeit des Nachlasses auf Vermächtnissen und Auflagen beruht (zur ratio legis und zum fortbestehenden Antrags*recht* des Erben s § 1992 Rn 1).

Auf **Pflichtteilsrechte** trifft die an den hypothetischen Erblasserwillen anknüpfende ratio legis des Abs 1 S 3 nicht zu (s § 1992 Rn 6); sie müssen also bei der Berechnung der Zulänglichkeit des Nachlasses berücksichtigt werden. Ebenso soll nach Ferid (NJW 1960, 121, 125) und Jaeger/Weber[8] (KO §§ 217–220 Rn 25) trotz Abs 1 S 3 ein *Vermächtnis, durch welches das Recht des Bedachten auf den Pflichtteil nach § 2307*

BGB ausgeschlossen wird, bis zur Höhe des Pflichtteils zu berücksichtigen sein (arg § 226 Abs 3 S 1 KO bzw § 327 Abs 2 S 1 InsO).

Zur Frage der Berücksichtigung von Vermächtnissen und Auflagen entgegen des Wortlauts von Abs 3 S 1 bei der Bemessung der Zulänglichkeit des Nachlasses im Falle eines noch unverjährten **Erbersatzanspruchs** (§ 1934a idF bis 31. 3. 1998) vgl die Vorauflage Staudinger/Dobler § 1980 Rn 2.

b) **Nach hM** (Staudinger/Lehmann[11] Rn 4; Erman/Horn Rn 2; MünchKomm/Küpper Rn 6; 3
Soergel/Stein Rn 2 aE; AK-BGB/Teubner Rn 9; BGB-RGRK/Johannsen Rn 10; Nerlich/Römermann/Riering [Januar 2019] InsO § 317 Rn 5; Döbereiner, in: Gottwald [Hrsg], Insolvenzrechts-Handbuch [5. Aufl 2015] § 113 Rn 12; Jaeger/Weber[8] KO §§ 217–220 Rn 25; Siber, Haftung für Nachlaßschulden 70) **soll die Insolvenzantragspflicht nicht bestehen gegenüber ausgeschlossenen (§ 1973 BGB) und ihnen gleichgestellten (§ 1974 BGB) Gläubigern.** Dafür sprach während der Geltungszeit der KO, dass § 219 Abs 1 KO diesen Gläubigern ein eigenes Antragsrecht absprach, wenn nicht über das Vermögen des Erben Konkurs eröffnet war. Jedoch wurde eine dem § 219 Abs 1 KO entsprechende Vorschrift in die am 1. 1. 1999 in Kraft getretene InsO nicht aufgenommen (vgl § 1975 Rn 36 ff). Damit ist der hM ein wichtiges Argument abhandengekommen. Unberührt vom Wegfall des § 219 KO bleibt jedoch der ebenfalls für die hM sprechende Befund, dass § 1973 BGB dem Erben gegenüber den ausgeschlossenen Gläubigern gerade für den auch in § 1980 BGB angesprochenen Fall der Unzulänglichkeit des Nachlasses ein Leistungsverweigerungsrecht gewährt und ihn gegenüber diesen Gläubigern zu nichts anderem verpflichtet als dazu, einen Nachlassüberschuss, der nach Befriedigung der nicht ausgeschlossenen Gläubiger verbleiben würde, zum Zwecke der „Befriedigung … im Wege der Zwangsvollstreckung herauszugeben". § 1973 BGB verweist also auf die Einzelzwangsvollstreckung, nicht auf das Nachlassinsolvenzverfahren. Verneint man deshalb im Verhältnis zu den im Aufgebotsverfahren ausgeschlossenen (§ 1973 BGB) oder ihnen gleichstehenden (§ 1974 BGB) Gläubigern eine Insolvenzantragspflicht des Erben (außer vielleicht in dem bei Staudinger/Dutta [2016] § 1973 Rn 12 aE angesprochenen Sonderfall), so heißt das jedoch nicht, dass diese Verbindlichkeiten bei der Bemessung der Zulänglichkeit des Nachlasses *stets* außer Betracht bleiben: Zum einen sind diese Ansprüche, sobald sie geltend gemacht werden (§ 1973 Abs 1 S 2 HS 2 BGB), im Rahmen des § 1979 BGB zu berücksichtigen (§ 1979 Rn 7). Und zum anderen sind sie auch im Rahmen des § 1980 BGB dann zu berücksichtigen, wenn außerdem noch Pflichtteils- oder Erbersatzberechtigte existieren, da der Erbe diesen gegenüber zur Stellung des Nachlassinsolvenzantrages verpflichtet sein kann (Rn 2), obwohl sie im Nachlassinsolvenzverfahren erst nach den ausgeschlossenen bzw iS von § 1974 BGB säumigen sonstigen Gläubigern zu befriedigen sind (§ 327 Abs 3 InsO). Deshalb ist es richtig, dass § 1980 Abs 1 S 3 BGB die ausgeschlossenen und ihnen durch § 1974 BGB gleichgestellten Gläubiger nicht erwähnt. Gem § 328 Abs 2 InsO haben diese sogar insoweit, als der Erbe auch nach den Vorschriften über die Herausgabe einer ungerechtfertigten Bereicherung ersatzpflichtig wäre, Anspruch auf dasjenige, „was der Erbe auf Grund der §§ 1978 bis 1980" zur Masse zu ersetzen hat.

c) Die Verpflichtung des § 1980 BGB entfällt, **wenn der Erbe allgemein unbe-** 4
schränkbar haftet (§ 2013 Abs 1 S 1 BGB), nicht aber, wenn er nur einzelnen Gläu-

bigern gegenüber das Recht der Haftungsbeschränkung verloren hat (§ 2013 Abs 2 BGB). Für den Fall der Erbenmehrheit vgl § 2013 Rn 12, § 2060 Rn 31 ff.

5 **d)** Die Verpflichtung zur Antragstellung besteht auch dann nicht, **wenn ein inländischer Gerichtsstand für die Eröffnung des Nachlassinsolvenzverfahrens fehlt** (MünchKomm/Küpper Rn 3; Erman/Horn Rn 2; MünchKommInsO/Siegmann[3] § 315 Rn 2 ff). Die nach Art 76 EuErbVO in ihrem Geltungsbereich vorrangige EuInsVO gilt auch für die Nachlassinsolvenz. Nur wenn der Erblasser den Mittelpunkt seiner hauptsächlichen Interessen gem Art 3 Abs 1 EuInsVO im Inland hatte, besteht eine internationale Zuständigkeit deutscher Gerichte mit der Folge, dass für Insolvenzverfahren das Recht des Staates der Verfahrenseröffnung anwendbar ist (Art 7 Abs 1 EuInsVO). Eine Insolvenzantragspflicht nach § 1980 BGB besteht in diesem Fall dann, wenn auch auf den Erbfall deutsches Sachrecht Anwendung findet.

6 **e)** **Die Verpflichtung kann dem Erben** durch die Nachlassgläubiger **erlassen werden** (OLG München ZEV 1998, 100 f [ad 3.] m zust Anm Weber), wobei jeder Nachlassgläubiger nur mit Wirkung gegen sich selbst handeln kann (vgl BayObLGZ 6 [1906] 512, 516 = RJA 6 [1906] 119, 121 = SeuffA 61 [1906] Nr 40; Molitor JherJb 69 [1920] 283, 293 f; Wedermann BayZ 1916, 338, 345). Die Frage, ob *alle* Gläubiger mitgewirkt haben, lässt sich durch Aufgebot (§ 1970 BGB) klären. Gegenüber im Aufgebotsverfahren ausgeschlossenen Gläubigern besteht idR keine Verpflichtung aus § 1980 BGB (vgl Rn 3).

7 **f)** **Bei Dürftigkeit des Nachlasses** darf der Erbe diesen gem § 1990 Abs 1 S 2 BGB ohne Nachlassinsolvenzverfahren zur Gläubigerbefriedigung bereitstellen. Folglich kann er nicht nach § 1980 BGB zur Beantragung eines Insolvenzverfahrens verpflichtet sein (zutr MünchKommInsO/Siegmann[3] § 317 Rn 7; HK-InsO/Marotzke[9] Anh § 317 Rn 23; s dazu auch unten Rn 17). Dies gilt auch, wenn der Erbe die Dürftigkeit des Nachlasses selbst herbeigeführt hat. Zu beachten ist jedoch, dass der Nachlass uU gar nicht dürftig ist, wenn der Erbe für die von ihm verursachten Nachlassminderungen nach §§ 1978–1980 BGB haftbar gemacht werden kann; denn solche Ersatzansprüche sind dem – ohne sie vielleicht dürftigen – Nachlass als Aktivposten hinzuzurechnen (§ 1978 Abs 2 BGB, § 328 Abs 2 InsO). Vgl auch § 1991 Rn 8, 9.

8 **g)** Nicht festgehalten wird an der in der Bearbeitung von 1996 vertretenen Auffassung, dass die Antragspflicht auch dann entfalle, wenn seit der Annahme der Erbschaft bis zu dem Zeitpunkt, in dem der Erbe von der Unzulänglichkeit des Nachlasses Kenntnis erlangt hat bzw (Abs 2) bei gehöriger Sorgfalt hätte erlangen können, mindestens **zwei Jahre verstrichen** seien. Zwar folgt aus § 319 InsO, dass die Nachlassgläubiger nach Ablauf von zwei Jahren nach der Erbschaftsannahme kein Recht mehr auf Eröffnung eines Nachlassinsolvenzverfahrens haben (außer vielleicht im Falle der Testamentsvollstreckung; dazu § 1981 Rn 20 mit Hinweis auf die Monographie von Muscheler). Ein Eröffnungsantrag des *Erben* ist aber auch dann noch möglich. Macht der Erbe von dieser Möglichkeit Gebrauch, so verstieße es gegen das Verbot des venire contra factum proprium, wenn der Erbe dadurch zwar vom Zeitpunkt der Verfahrenseröffnung an die Wohltat der Haftungsbeschränkung erlangen könnte (was im Hinblick auf § 1975 BGB nicht zu bestreiten sein wird), er aber den Nachlassgläubigern im Gegenzuge nicht dafür verantwortlich wäre, dass er mit seiner Entscheidung, sich dieses Haftungsbeschränkungsmittels zu bedienen, so lange zugewartet hat. § 319 InsO rechtfertigt also keine teleologische Reduktion des

§ 1980 BGB. Von besonderer Bedeutung ist dies, wenn der Erbe ein zum Nachlass gehörendes **Unternehmen** jahrelang fortführt, obwohl der Nachlass zahlungsunfähig oder überschuldet ist (vgl Marotzke AcP 199 [1999] 615 ff, besonders 624 f).

II. Voraussetzungen der Haftung

1. Der Nachlass muss zahlungsunfähig oder überschuldet sein.

Überschuldung liegt nach der Legaldefinition in § 19 Abs 2 S 1 InsO vor, wenn das Vermögen des Schuldners (hier also der Nachlass) die bestehenden Verbindlichkeiten (die Nachlassverbindlichkeiten) nicht deckt, „es sei denn, die Fortführung des Unternehmens ist nach den Umständen überwiegend wahrscheinlich". Die Norm gilt seit 12. 12. 2012 wieder in ihrer ehemals ab 1. 11. 2008 geltenden Fassung. Ob eine Überschuldung vorliegt, **muss** auch dann, wenn der Erbe das Haftungsbeschränkungsrecht gem § 1994 Abs 1 S 2 BGB oder § 2005 Abs 1 BGB verloren hat (was zwar § 1980 BGB [s Rn 4], nicht aber auch §§ 316 ff, 320 InsO unanwendbar macht), **ohne Rücksicht auf das Eigenvermögen des Erben beurteilt werden** (vgl HK-InsO/Marotzke[9] § 320 Rn 2; **aM** Roth ZInsO 2009, 2265, 2266). Besondere Bewertungsprobleme können sich ergeben, wenn zum haftenden Vermögen des Schuldners – hier also zum Nachlass – ein **Unternehmen** gehört (vgl zur Nachlasszugehörigkeit von ererbten Unternehmen Staudinger/Kunz [2017] § 1922 ab Rn 178; HK-InsO/Marotzke[9] § 315 Rn 4, § 320 Rn 3; MünchKommInsO/Siegmann[3] § 315 Anh Rn 15 ff, § 320 Rn 5). Denn nach § 19 Abs 2 S 1 HS 2 InsO hat eine überwiegende Wahrscheinlichkeit der Unternehmensfortführung sogar die Wirkung, dass eine rechnerisch vorhandene Überschuldung nach HS 1 vom Insolvenzrecht nicht zur Kenntnis genommen wird (zum wirtschaftspolitischen Hintergrund dieser befristeten Neudefinition des Überschuldungsbegriffs vgl Marotzke JZ 2009, 763, 764 f). Ob diese Neudefinition des Überschuldungsbegriffs auch für *Nachlässe* gilt (wenn zu ihnen ein Unternehmen gehört), erscheint in Fällen, in denen das Unternehmen nicht die prägende Kernsubstanz des Nachlasses darstellt, zweifelhaft. Allein der Hinweis, dass „der Nachlass als Sondervermögen nicht auf Dauer zur Fortführung bestimmt" sei (vgl Roth ZInsO 2009, 2265), spricht jedoch nicht gegen die Anwendbarkeit des neuen Überschuldungsbegriffs (**aM** Roth ZInsO 2009, 2265). Entscheidend für § 19 Abs 2 S 1 HS 2 InsO ist nicht die Fortführung des Nachlasses, sondern die Fortführung des in diesem enthaltenen Unternehmens, egal ob vor oder nach (§ 316 Abs 2 InsO) der Nachlassteilung. 9

Auf Passivseite sind grundsätzlich alle Nachlassverbindlichkeiten in Rechnung zu stellen. Diejenigen aus Vermächtnissen, Auflagen (Abs 1 S 3) und die im Aufgebotsverfahren ausgeschlossenen oder ihnen gem § 1974 BGB gleichstehenden sind jedoch nur zu berücksichtigen, wenn im konkreten Fall Pflichtteils- oder Erbersatzberechtigte existieren (s Rn 2 f). Diese Einschränkung gilt jedoch nur in Ansehung der Insolvenzantragspflicht, nicht auch hinsichtlich der Frage, ob Überschuldung iS des § 320 Satz 1 InsO, also als Eröffnungsgrund, vorliegt (vgl HK-InsO/Marotzke[9] § 320 Rn 4). Zur Berücksichtigung bedingter, betagter und ungewisser Forderungen s Döbereiner, in: Gottwald (Hrsg), Insolvenzrechts-Handbuch[3] § 113 Rn 17; Jaeger/Weber[8] KO § 215 Rn 4, 5 (Letzterer auch zu Leibgedingen).

Zahlungsunfähig ist ein Schuldner, „wenn er nicht in der Lage ist, die *fälligen* Zahlungspflichten zu erfüllen" (§ 17 Abs 2 S 1 InsO). Soweit Zahlungsunfähigkeit als

Eröffnungsgrund für ein *Nachlass*insolvenzverfahren in Betracht kommt (s § 320 S 1 InsO), wird man für ihre Feststellung das *Eigen*vermögen des Erben außer Betracht lassen müssen (vgl Begr RegEInsO in BT-Drucks 12/2443, 231, zu § 363 RegE = § 320 InsO; **teilw aM** Roth ZInsO 2009, 2265, 2269 vor III). Nach § 17 Abs 2 S 2 InsO ist Zahlungsunfähigkeit „in der Regel anzunehmen, wenn der Schuldner seine Zahlungen eingestellt hat". Als **„drohende"** Zahlungsunfähigkeit bezeichnet die InsO (§ 18 Abs 2) den Fall, dass der Schuldner „voraussichtlich" nicht in der Lage „sein wird", die bestehenden Zahlungspflichten „im Zeitpunkt der Fälligkeit" zu erfüllen. Eine Zahlungsunfähigkeit, die nicht bereits jetzt vorliegt, sondern deren Eintritt nur „droht", vermag die Eröffnung eines Nachlassinsolvenzverfahrens nicht schon auf Gläubigerantrag, sondern nur dann zu rechtfertigen, wenn der Eröffnungsantrag vom Erben, von einem Nachlassverwalter oder sonstigen Nachlasspfleger oder von einem Testamentsvollstrecker gestellt wurde (§ 320 S 2 InsO). Eine Antrags*pflicht* iSd § 1980 BGB besteht in solchen Fällen nicht. Solange die Zahlungsunfähigkeit des Nachlasses nicht feststeht, sondern nur „droht", hat der Erbe also noch die Möglichkeit, ohne das Risiko, sich nach § 1980 BGB schadensersatzpflichtig zu machen, eine freie Sanierung – zB eines zum Nachlass gehörenden Unternehmens – zu versuchen (so die Begründung der Bundesregierung in BT-Drucks 12/3803, 79 f, wo ergänzend darauf hingewiesen wird, dass entsprechende Begrenzungen auch für die vereins- und gesellschaftsrechtlichen Antragspflichten vorgesehen seien).

10 **2.** Der Erbe muss von der Überschuldung oder der Zahlungsunfähigkeit Kenntnis erlangt oder infolge Fahrlässigkeit nicht erlangt haben. **Kenntnis** der Überschuldung setzt nicht bloß voraus, dass der Erbe vom Vorhandensein der einzelnen Verbindlichkeiten und Nachlassgegenstände weiß, sondern auch, dass er sich das Verhältnis der beiderseitigen Gesamtwerte zueinander durch Vergleichung der Ergebnisse klargemacht hat. Gerade in dem Unterlassen einer solchen Saldierung wird oft die **Fahrlässigkeit** liegen, die gem Abs 2 S 1 der Kenntnis gleichsteht (BGB-RGRK/Johannsen Rn 3). Eine Fahrlässigkeit kann auch darin zu erblicken sein, dass der Erbe bei der Bewertung eines zum Nachlass gehörenden Unternehmens dessen „Fortführung" zugrunde legt, ohne zuvor zu prüfen, ob diese „nach den Umständen überwiegend wahrscheinlich" ist (s Rn 9).

Eine **Zahlungseinstellung** kann dafürsprechen, dass dem Erben die Zahlungsunfähigkeit oder die Überschuldung bekannt war. Doch ist auch denkbar, dass die Zahlungseinstellung nur aus Vorsicht im Hinblick auf § 1979 BGB erfolgte (vgl BGB-RGRK/Johannsen Rn 4). In der Regel erlaubt eine Zahlungseinstellung freilich den Schluss auf die Zahlungsunfähigkeit (und meist wohl auch auf die Kenntnis des Erben hiervon); dies folgt aus § 17 Abs 2 S 2 InsO. Keine Zahlungs*einstellung* liegt vor, solange das Ausbleiben von Zahlungen seinen Grund lediglich in dem Erbfall als solchem hat, zB weil dieser ganz überraschend eingetreten ist und der Erbe sich der Nachlassmittel erst bemächtigen muss (vgl MünchKommInsO/Siegmann[3] § 320 Rn 2).

11 Das **Unterlassen des Gläubigeraufgebots** (§§ 1970 ff BGB) gilt nicht ohne Weiteres, sondern nur dann als Fahrlässigkeit, wenn der Erbe Grund hat, das Vorhandensein unbekannter Nachlassverbindlichkeiten anzunehmen; Abs 2 S 2. Das Unterlassen soll andererseits auch in diesem Fall als gerechtfertigt angesehen werden, wenn die Kosten des Verfahrens gegenüber dem Bestand des Nachlasses unverhältnismäßig groß sind, Abs 2 S 2 HS 2. Aber auch dann ist der Erbe nicht von jeder Verpflichtung, sich zu unterrichten, befreit. Er muss vielmehr die anderen, ihm zu

Gebote stehenden Mittel zur Feststellung des Aktiv- und Passivbestandes anwenden (zB Inventarerrichtung [§ 2001 Abs 1 BGB] oder privates Aufgebot in der Form des § 2061 BGB; vgl § 1979 Rn 5; BGB-RGRK/Johannsen Rn 16, 17; Soergel/Stein Rn 4; MünchKomm/Küpper Rn 8 aE).

Auch eine **rechtskräftig festgestellte Forderung** darf der Erbe nicht befriedigen, wenn er Anlass hat, die Unzulänglichkeit des Nachlasses anzunehmen; er muss dann ein Nachlassinsolvenzverfahren beantragen (vgl § 1979 Rn 8). 12

3. Der Erbe muss unterlassen haben, die Eröffnung eines Nachlassinsolvenzverfahrens unverzüglich zu beantragen. 13

a) Ob der Erbe den Antrag **unverzüglich**, also ohne *schuldhaftes* Zögern (vgl § 121 Abs 1 S 1 BGB) gestellt hat, ist Tatfrage. Nicht jeder Zweifel macht den Erben haftbar (vgl Planck/Flad Anm 1c). Die Zweifelsgründe zu ihnen müssen so schwerwiegend sein, dass sie bei gewissenhafter Prüfung zu einer näheren Untersuchung Anlass geben, und diese Untersuchung oder die Antragstellung müssen solange hinausgezögert worden sein, dass dem Erben ein begründeter Vorwurf daraus zu machen ist. UU kann ein nicht übermäßiges Zögern durch die begründete Erwartung des Erben entschuldigt sein, unter Vermeidung schädigender Zugriffe einzelner Gläubiger ohne gerichtliches Verfahren zu einer Einigung mit den Gläubigern zu gelangen (BGB-RGRK/Johannsen Rn 6).

b) Auch nach Anordnung der Nachlassverwaltung oder Eröffnung eines (Gesamtvermögens-)Insolvenzverfahrens bleibt der Erbe berechtigt, den Antrag zu stellen. Sein Antragsrecht steht selbständig neben dem des Nachlassverwalters (Jaeger/Weber[8] KO §§ 217–220 Rn 10; MünchKomm/Küpper Rn 9, 12; zur Frage einer *Anhörung* des Nachlassverwalters analog § 317 Abs 3 InsO vgl HK-InsO/Marotzke[9] § 317 Rn 9; MünchKommInsO/Siegmann[3] § 317 Rn 4) bzw des Insolvenzverwalters (Marotzke, in: FS Otte [2005] 223, 225 ff; s auch unten Rn 20). Wenn ein **(Gesamtvermögens-)Insolvenzverwalter**, ein **Nachlassverwalter**, ein sonstiger **Nachlasspfleger** oder ein verwaltender **Testamentsvollstrecker** den Nachlass in Händen hat, wird ein nach § 1980 Abs 1 S 2 BGB relevantes Verschulden des Erben nur selten anzunehmen sein (Jaeger/Weber[8] KO §§ 217–220 Rn 24; Muscheler 231; vgl zu diesen Fällen auch unten Rn 20). **An der grundsätzlichen Anwendbarkeit des § 1980 ändert das nichts** (so auch BGHZ 161, 281, 285 ff = NJW 2005, 756 ff = ZEV 2005, 109 ff m Anm Marotzke [für den Fall einer gem § 1960 angeordneten Nachlasspflegschaft]). Eine Insolvenzantragspflicht des Erben ist selbst bei bestehender *Nachlassverwaltung* naheliegend, wenn diese Antragspflicht schon vor Anordnung der Nachlassverwaltung bestanden hat (Jaeger/Weber[8] KO §§ 217–220 Rn 23; MünchKomm/Küpper Rn 9) oder wenn der Erbe dem Nachlassverwalter pflichtwidrig und schuldhaft die von diesem benötigten Informationen vorenthält bzw ihn sogar bewusst irreführt (BGB-RGRK/Johannsen Rn 9; Erman/Horn Rn 5; Soergel/Stein Rn 5; Palandt/Weidlich Rn 3; AK-BGB/Teubner Rn 3; **aM** Planck/Flad Anm 2, MünchKomm/Küpper Rn 9 aE, die nur mit § 826 helfen wollen). Hat eine Person, die sich für die Erbin hielt, zweifelsfrei die Erbschaftsannahme erklärt, und wird dann vom Nachlassgericht in Kenntnis dieses Umstands gleichwohl wegen „Unbekanntsein" des Erben (§ 1960 Abs 1 S 2 BGB) ein Nachlasspfleger bestellt (zB weil sich inzwischen andere Erbprätendenten zu Wort gemeldet haben), so wird man iZw der erstgenannten Person – selbst wenn sie wirklich Erbin ist – das Recht zugestehen müssen, sich während der Dauer der Nachlasspflegschaft passiv zu verhalten und insb den Antrag auf Eröffnung des Nachlassinsolvenzverfahrens nicht zu stellen (zumal manche Insolvenzgerichte einen gleichwohl gestellten Antrag als unzulässig abweisen würden, wenn der Antragsteller keinen Erbschein vorlegen kann; vgl zB LG Köln NZI 2003, 501 f = ZInsO 2003, 720 f; hiergegen HK-InsO/Marotzke[9] § 317 Rn 3). Denn der Erbe braucht auch dann, wenn er um die Anerkennung seines Erbrechts noch kämpft, nicht klüger zu sein als das Nachlassgericht (vgl Marotzke ZEV 2005, 111 f; **aM** das dort bespr Urt des BGH, das im drittletzten Absatz der Entscheidungsgründe aber immerhin zu bedenken gibt, dass der Erbe in einer solchen Situation „kaum in der Lage sein [dürfte], ein Insolvenzverfahren in Gang zu setzen, weil es nicht Aufgabe des Insolvenzgerichts [sei], die Erbenstellung zu klären"). Etwas Anderes gilt aber dann, wenn der Erbe überschießendes Tatsachenwissen hatte und dieses den Schluss auf seine Erbenstellung zuverlässiger rechtfertigte als der Erkenntnisstand des Nachlassgerichts. Selbst in diesem Fall haftet der Erbe im Rahmen des § 1980 BGB aber nicht auch für ein etwaiges Verschulden des Nachlasspflegers (insoweit zutr der BGH).

15 **c) Solange der Erbe die Erbschaft nicht angenommen hat**, braucht er sich um den Nachlass nicht zu kümmern (s § 1978 Rn 4) und kann also auch nicht wegen schuldhafter Verzögerung des Antrags haftbar werden (BGHZ 161, 281, 284 f = NJW 2005, 756, 757 = ZEV 2005, 109 m Anm Marotzke; OLG Köln ZInsO 2012, 2254 = NZI 2012, 1030). Gleiches gilt, wenn der Erbe die **Annahme der Erbschaft oder die Versäumung der Ausschlagungsfrist angefochten** hat, auch wenn die Wirksamkeit der Anfechtung noch nicht feststeht, weil er in diesem Fall nicht insolvenzantragsberechtigt ist (BGH 19. 5. 2011 – IX ZB 74/10, juris), und folglich hierzu auch nicht verpflichtet sein kann (Marotzke ZInsO 2011, 2105).

Nach verbreiteter Ansicht soll eine Antragspflicht aber bestehen, wenn der Erbe die Überschuldung des Nachlasses durch eigene Aktivitäten – zB durch Befriedigung einzelner Gläubiger – herbeigeführt hat (Staudinger/Lehmann[11] Rn 10; BGB-RGRK/Johannsen Rn 7; Soergel/Stein Rn 5; **aM** Planck/Flad Anm 2; Strohal § 78 III 3 c; MünchKomm/Küpper Rn 9). Das von Staudinger/Lehmann[11] (Rn 10) angeführte Argument, hier ergebe sich die Antragspflicht des Erben aus seinem schon vor der Annahme bestehenden Antrags*recht* (§§ 316 Abs 1, 317 InsO), überzeugt jedoch nicht. Außerdem ist darauf hinzuweisen, dass der Erbe, der vor der Annahme der Erbschaft Nachlassgläubiger befriedigt, ohne dass die Voraussetzungen des § 1979 BGB vorliegen, den übrigen Nachlassgläubigern schon nach § 1978 Abs 1 S 2 BGB verantwortlich ist (Planck/Flad Anm 2; MünchKomm/Küpper Rn 9; vgl auch oben § 1979 Rn 1) und dass dieser Ersatzanspruch wegen § 1978 Abs 2 BGB bei der Beurteilung der Frage der Nachlassüberschuldung (§ 1980 BGB) als Aktivposten zu berücksichtigen ist. Schlägt der vorläufige Erbe die Erbschaft aus, so verliert er das Recht, die Eröffnung des Nachlassinsolvenzverfahrens zu beantragen, an den Nächstberufenen (zu verfahrensrechtlichen Konsequenzen vgl OLG Koblenz Rpfleger 1989, 510).

III. Inhalt und Geltendmachung der Ersatzpflicht

16 **Die Ersatzpflicht geht auf** Herstellung des Zustandes, der bestehen würde, wenn der zum Ersatz verpflichtende Umstand nicht eingetreten wäre (§ 249 Abs 1 BGB), also auf **den Unterschied zwischen dem, was die Gläubiger im Nachlassinsolvenzverfahren erlangt hätten, wenn der Eröffnungsantrag rechtzeitig gestellt worden wäre, und dem, was sie wirklich erlangt haben** (BGH FamRZ 1984, 1004, 1005 = NJW 1985, 140, 141 = LM BGB

§ 1979 Nr 1 Bl 2 R). Die Verzögerung der Antragstellung kann eine Benachteiligung der Nachlassgläubiger namentlich dadurch zur Folge haben, dass sich in der Zwischenzeit einzelne Gläubiger auf Kosten der anderen voll befriedigen. Die Verzögerung des Erben kann ferner zur Folge haben, dass unnötige Prozesse und Vollstreckungskosten entstehen oder zwecklose sonstige Maßnahmen getroffen werden.

Bei **Miterben** ist zu beachten, dass sie, wenn keiner von ihnen den Antrag rechtzeitig stellt oder einer von ihnen durch sein passives Verhalten das Verfahren verzögert, für den entstehenden Schaden als Gesamtschuldner haften, soweit ihnen ein Verschulden zur Last fällt (§§ 823 Abs 2, 830, 840 Abs 1, 421 ff BGB). Auf diese Gesamthaftung sind die §§ 2059 ff BGB unanwendbar (vgl § 1978 Rn 38).

Im Nachlassinsolvenzverfahren gehört der Ersatzanspruch zur Masse (vgl § 328 Abs 2 InsO). Er kann deshalb während der Dauer des Verfahrens nur vom Insolvenzverwalter geltend gemacht werden (vgl § 92 InsO; OLG Dresden ZBlFG 6 [1905/1906] 410, 416; MünchKomm/Küpper Rn 11). Hat allerdings ein Nachlassgläubiger, weil der Nachlass zur Verfahrenskostendeckung nicht ausreichte, einen Kostenvorschuss nach § 26 Abs 1 S 2 InsO geleistet, so kann er analog § 26 Abs 3 (§ 207 Abs 1 S 2 HS 2) InsO einen direkten Erstattungsanspruch gegen den Erben haben. Dies setzt jedoch voraus, dass der Nachlass früher einmal zwar zahlungsunfähig bzw überschuldet, aber nicht dürftig iS des § 1990 Abs 1 S 1 BGB war. Denn bei *Dürftigkeit* des Nachlasses besteht keine erbrechtliche Insolvenzantragspflicht nach § 1980 Abs 1 BGB (s Rn 7), die man im Rahmen der Analogie zu § 26 Abs 3 InsO einer gesellschaftsrechtlichen Antragspflicht gleichstellen könnte (insoweit zutr MünchKommInsO/Siegmann[3] § 317 Rn 7; nicht erkannt von Paul ZInsO 2008, 28, 30 lSp). Gleiches gilt hinsichtlich der Pflicht zur Leistung eines Verfahrenskostenvorschusses nach dem zum 1. 3. 2012 eingeführten § 26 Abs 4 InsO (HK-InsO/Marotzke[9] Anh § 317 Rn 33). Das Vorstehende gilt jedoch nicht für Ansprüche auf Ersatz von Individualschäden, die der Erbe *ahnungslosen Dritten* dadurch zufügt, dass er mit diesen trotz bereits bestehender „Insolvenzreife“ des Nachlasses noch Verträge abschließt und darin seine Haftung auf den – ohnehin schon überschuldeten – Nachlass beschränkt (s § 1967 Rn 43). 17

IV. Beweislast

Die Nachlassgläubiger müssen beweisen, dass der Nachlass überschuldet war, dass der Erbe davon Kenntnis hatte oder sie durch zumutbare Maßregeln sich hätte verschaffen können und dass er die Antragstellung gleichwohl unzulässig verzögert hat (also andere Beweislastverteilung als bei § 1979 BGB, s § 1979 Rn 9 und BGH FamRZ 1984, 1004, 1005 = NJW 1985, 140 = LM BGB § 1979 Nr 1). Gleiches gilt in Bezug auf den am 1. 1. 1999 neu hinzugetretenen Antrags- und Eröffnungsgrund der Zahlungsunfähigkeit, wobei hier freilich die Besonderheit besteht, dass Zahlungsunfähigkeit idR schon dann anzunehmen ist, wenn der Erbe seine Zahlungen eingestellt hat (Rn 10). Hat der Erbe das Gläubigeraufgebot unterlassen, so gilt dies nach Abs 2 S 2 als Fahrlässigkeit, falls er Grund hatte, das Vorhandensein unbekannter Gläubiger anzunehmen, was ebenfalls die Gläubiger zu beweisen haben. Der Erbe muss dann seinerseits dartun, dass er durch das Aufgebot keine Kenntnis von der Zahlungsunfähigkeit oder der Überschuldung erlangt hätte oder (Abs 2 S 2 HS 2) dass die Kosten des Aufgebots unverhältnismäßig hoch gewesen wären (BGB-RGRK/Johannsen Rn 18; Planck/Flad Anm 1c). 18

V. Entsprechende Anwendung der Vorschrift

19 **1.** § 1980 BGB ist **im Rahmen der §§ 1990, 1991 BGB** entsprechend anzuwenden, obwohl die Reichstagskomm (Bericht 2101) die Anführung dieses Paragraphen in § 1991 Abs 1 BGB irrtümlich als gegenstandslos gestrichen hat. Der Erbe, der sich auf die Dürftigkeitseinrede des § 1990 BGB beruft, haftet nach § 1980 BGB, wenn der Nachlass noch nicht dürftig war, als der Erbe die Zahlungsunfähigkeit erkannte oder erkennen musste (vgl § 1991 Rn 8).

20 **2.** Gem § 1985 Abs 2 S 2 BGB trifft auch den **Nachlassverwalter** eine dem § 1980 entsprechende Verantwortlichkeit. Im Gegenschluss ist § 1985 Abs 2 S 2 BGB zu entnehmen, dass der nach § 1960 BGB oder § 1961 BGB bestellte *Nachlasspfleger* (KG FamRZ 1975, 292 f; BGHZ 161, 281, 286 ff [Abschn II 2] = NJW 2005, 756, 758 = ZEV 2005, 109 ff m Anm Marotzke) und der *Testamentsvollstrecker* den Nachlassgläubigern nicht nach § 1980 BGB zur Antragstellung verpflichtet sind (ebenso MünchKomm/Küpper Rn 12; Erman/Horn Rn 5; Soergel/Stein Rn 9; unklar du Carrois Rpfleger 2009, 197 ff, der in Bezug auf den nach § 1960 oder § 1961 bestellten Nachlasspfleger eine Anwendung des Abs 1 S 2 für möglich hält; **aM** hinsichtlich des nachlassverwaltenden Testamentsvollstreckers Kilger/K Schmidt, Insolvenzgesetze [1997] KO § 217 Anm 2; weitere Nachweise bei Muscheler 231). Dafür spricht auch, dass die Aufgabe der Gläubigerbefriedigung nur dem Nachlassverwalter besonders zugewiesen ist; §§ 1975, 1985 BGB. Die Stellung des Insolvenzantrages durch den nach § 1960 BGB oder § 1961 BGB bestellten Nachlasspfleger (dazu Mot V 546) kann jedoch im Interesse des *Erben* geboten sein, insbes wenn sonst Nachteile aus einem Rechtsstreit mit einem Nachlassgläubiger drohen (KG FamRZ 1975, 292 f). Entsprechendes gilt für die Antragspflicht eines Testamentsvollstreckers (Staudinger/Reimann [2016] § 2205 Rn 27). Beide sind dem Erben nach §§ 1915, 1833 BGB (Nachlasspfleger oder -verwalter) bzw §§ 2216 Abs 1, 2219 BGB (Testamentsvollstrecker) verantwortlich, wenn sie trotz erkennbarer Zahlungsunfähigkeit oder Überschuldung kein Nachlassinsolvenzverfahren beantragen und dadurch den Erben schädigen (ebenso MünchKomm/Küpper Rn 12 aE; Soergel/Stein Rn 9; Erman/Horn Rn 5). Bedenkenswert erscheint der Vorschlag, diese Verantwortlichkeit nach den Grundsätzen der Drittschadensliquidation auch für solche Schäden anzunehmen, die sich wegen der beschränkten Haftung des Erben nicht bei diesem, sondern bei den Nachlassgläubigern realisieren (so bzgl der Haftung des Testamentsvollstreckers Muscheler 230 ff; vgl auch oben § 1978 Rn 13).

In der Gesamtvermögensinsolvenz des Erben gilt § 1980 BGB nur für den Erben persönlich, nicht für seinen Insolvenzverwalter (ausf Marotzke, in: FS Otte [2005] 223, 226 ff [zugl zur Frage der Antragsberechtigung; s dazu auch Rn 14 und – bzgl des Antrags auf Nachlassverwaltung – § 1981 Rn 9]; zust Häsemeyer, Insolvenzrecht [4. Aufl 2007] Rn 33. 06; **aM** Uhlenbruck/Mock[15] InsO § 83 Rn 9; MünchKommInsO/Schumann[3] § 83 Rn 6 f; Jaeger/Windel InsO § 83 Rn 8; HK-InsO/Kayser[9] § 83 Rn 8 f).

VI. Verjährung

21 Die Verjährung richtet sich nach den allgemeinen Vorschriften der §§ 195, 199 BGB (regelmäßige Verjährungsfrist von drei Jahren).

Problematisch ist die Verjährung in **Altfällen**, für die § 197 Abs 1 Nr 2 BGB ab 1. 1. 2002 eine Verjährungsfrist von dreißig Jahren bestimmt hatte. Da § 197 Abs 1 Nr 2

BGB jedoch nach nur achtjähriger Geltungsdauer mit Wirkung ab 1. 1. 2010 aufgehoben wurde (§ 1967 Rn 2), tritt die Verjährung erbrechtlicher Ansprüche auch in Altfällen idR spätestens nach acht (= Geltungsdauer des § 197 Abs 1 Nr 2 BGB) plus drei (Konsequenz aus Art 2 § 21 Abs 1 S 1, Abs 2 S 1 EGBGB idF ab 1. 1. 2010) Jahren ein. Für Schadensersatzansprüche aus § 1980 Abs 1 S 2 BGB wäre das aber immer noch viel zu spät. Dies zeigt ein Seitenblick auf ähnliche Ansprüche: Für mit § 1980 Abs 1 S 2 BGB vergleichbare Haftungslagen statuieren die §§ 43 Abs 4, 64 S 4 GmbHG, § 93 Abs 6 AktG und § 130a Abs 2 S 6 HGB eine nur fünfjährige Verjährungsfrist! Sogar eine idR nur dreijährige Verjährungsfrist kommt heraus (§§ 195, 199 BGB), soweit bestimmte gesellschaftsrechtliche Gläubigerschutzvorschriften einschließlich der am 1. 11. 2008 in die InsO (§ 15a) überführten Antragspflichten mit § 823 Abs 2 BGB kombiniert werden (vgl zu solchen Kombinationsmöglichkeiten Schulze-Osterloh, in: Baumbach/Hueck[21] GmbHG § 64 Rn 198 ff; Kleindiek, in: Lutter/Hommelhoff[17] GmbHG, Anh Rn 61 ff zu § 64; Casper, in: Ulmer/Habersack/Winter, GmbHG [2008] § 64 Rn 115 ff; Staudinger/Hager [2009] § 823 Rn G 29 f, 48), sowie in den Vergleichsfällen des § 26 Abs 3 InsO und des § 61 InsO (vgl § 62 InsO). Auch der mit § 1980 Abs 1 S 2 BGB zweckverwandte § 42 Abs 2 S 2 enthält keine von §§ 195, 199 BGB abweichende Sonderregelung. Vor diesem Hintergrund sollte man den Schadensersatzanspruch aus § 1980 Abs 1 S 2 BGB trotz seiner redaktionellen Verortung in Buch 5 des BGB nicht als spezifisch „erbrechtlichen“ Anspruch iS des mit Wirkung ab 1. 1. 2010 aufgehobenen § 197 Abs 1 Nr 2 BGB, sondern als Ausdruck eines allgemeinen, vielleicht sogar „insolvenzrechtlichen“ Gläubigerschutzgedankens ansehen (zust Löhnig ZEV 2004, 267, 273; Roland, Die Verjährung im Erbrecht [2008] Rn 231). Die Verjährung richtet sich dann zu keiner Zeit (also auch nicht übergangsrechtlich) nach § 197 Abs 1 Nr 2 BGB, sondern wie bei Ansprüchen aus § 1978 BGB (s § 1978 Rn 42), solchen aus § 42 Abs 2 S 2, solchen aus § 823 Abs 2 BGB und solchen aus den oben genannten Vorschriften der InsO nach den allgemeinen Vorschriften der §§ 195, 199 BGB (zustimmend Roland Rn 231 f mwNw; vgl auch Löhnig ZEV 2004, 267, 273, der allerdings an die Stelle der zehnjährigen Höchstfrist des § 199 Abs 3 Nr 1 BGB eine fünfjährige setzen möchte).

§ 1981
Anordnung der Nachlassverwaltung

(1) Die Nachlassverwaltung ist von dem Nachlassgericht anzuordnen, wenn der Erbe die Anordnung beantragt.

(2) Auf Antrag eines Nachlassgläubigers ist die Nachlassverwaltung anzuordnen, wenn Grund zu der Annahme besteht, dass die Befriedigung der Nachlassgläubiger aus dem Nachlass durch das Verhalten oder die Vermögenslage des Erben gefährdet wird. Der Antrag kann nicht mehr gestellt werden, wenn seit der Annahme der Erbschaft zwei Jahre verstrichen sind.

(3) Die Vorschrift des § 1785 findet keine Anwendung.

Materialien: E II § 1855; III § 1956; Prot V 810, 872; Denkschr 723; Jakobs/Schubert ER I 303, 598 ff.

Schrifttum

Brünning, Nachlaßverwaltung und Nachlaßkonkurs im internationalen Privat- und Verfahrensrecht (1996)
Fahrenkamp, Bis zu welchem Zeitpunkt kann der Erbe seinen Antrag auf Nachlaßverwaltung zurücknehmen?, NJW 1975, 1637
Fromm, Nachlassverwaltung: Eine Bedrohung für mittelständische Unternehmen im Nachlass, ZEV 2006, 298
Hillebrand, Die Nachlaßverwaltung – unter besonderer Berücksichtigung der Verwaltungs- und Verfügungsrechte des Nachlaßverwalters (Diss Bochum 1998)
Muscheler, Die Haftungsordnung der Testamentsvollstreckung (1994) 129
Nöll, Nachlassverwaltung vs. Nachlasspflegschaft: das bessere Verfahren bei Erbausschlagung und Erbprätendentenstreit, ZEV 2015, 612
Prange, Miterbe und Nachlaßverwalter in Personalunion?, MDR 1994, 235
Reihlen, Kann ein Miterbe Nachlaßverwalter werden?, MDR 1989, 603
Schulz (Hrsg), Handbuch Nachlasspflegschaft (2. Aufl 2017) § 10.

Systematische Übersicht

Alphabetische Übersicht

I. Allgemeines

1. Herkunft und Wesen der Nachlassverwaltung sowie Voraussetzungen, Wirkungen und Beendigung dieses Verfahrens sind bereits bei § 1975 Rn 5 ff, 11 ff, 15 ff dargestellt. § 1981 BGB normiert in Abs 1 und 2 die Voraussetzungen für die Anordnung der Nachlassverwaltung, Abs 3 betrifft die Bestellung des Nachlassverwalters und schließt insoweit die Verpflichtung zur Amtsübernahme aus. Ergänzt wird § 1981 BGB durch § 1982 BGB (keine die Verfahrenskosten deckende Masse) und § 1983 BGB (Veröffentlichung der Anordnung der Nachlassverwaltung). **1**

2. Anders als die Nachlasspflegschaft des § 1960 BGB, aber ebenso wie das Nachlassinsolvenzverfahren (§§ 13 Abs 1, 317 InsO) wird die **Nachlassverwaltung nur auf Antrag** angeordnet. Das Antragsrecht steht grundsätzlich dem Erben und in gewissen Fällen auch den Nachlassgläubigern zu. Auf Antrag *muss* die Nachlassverwaltung angeordnet werden, wenn die übrigen Voraussetzungen gegeben sind. Zu diesen Voraussetzungen gehört stets das Vorhandensein einer den Kosten des **2**

Verfahrens entsprechenden Masse (§ 1982 BGB), hilfsweise die Leistung eines entsprechenden Vorschusses durch den Antragsteller (s § 1982 Rn 4).

Antragsrücknahme ist analog der für das Nachlassinsolvenzverfahren geltenden Vorschrift des § 13 Abs 2 InsO nur zulässig, bis die Nachlassverwaltung angeordnet (iE ebenso KG JFG 22, 65 f = DNotZ 1941, 111 f; Soergel/Stein Rn 5; **aM** „zumindest" für den Fall des Fehlens von Nachlassgläubigern Lange/Kuchinke § 49 III 2 a Fn 62) oder der Antrag rechtskräftig abgewiesen ist. Dass der Erbe seiner Rücknahmeerklärung, wenn diese erst nach aktenmäßiger Niederlegung des die Nachlassverwaltung anordnenden Gerichtsbeschlusses (aber vor dessen Mitteilung an den Erben, vgl § 40 Abs 1 FamFG und § 1984 Rn 2) erfolgte, ein Gläubigerverzeichnis beifügen müsse (Fahrenkamp NJW 1975, 1637 f), ist nicht anzunehmen (vgl Soergel/Stein Rn 5).

II. Antrag des Erben

3 **1. Das Antragsrecht des Erben** ergibt sich aus Abs 1. **Es entfällt, wenn der Erbe sein Haftungsbeschränkungsrecht nach § 1994 Abs 1 S 2 BGB oder § 2005 BGB verliert** (vgl § 2013 Abs 1 S 1 HS 2 BGB und im Gegensatz hierzu §§ 316 Abs 1, 317 InsO bzgl des Antrags auf Eröffnung eines Nachlassinsolvenzverfahrens; dazu § 2013 Rn 4). Ob ein solcher Ausnahmefall vorliegt, muss vom Nachlassgericht trotz § 26 FamFG nicht in jedem Fall, sondern nur bei Vorliegen besonderer Anhaltspunkte – zB bereits erfolgte Inventarfristbestimmung (s Rn 5) – geprüft werden (Jacoby, in: Bork/Jacoby/Schwab FamFG [3. Aufl 2018] § 26 Rn 3 f [allgemeine Darstellung]; MünchKomm/Küpper Rn 7; Planck/Flad Anm 2a; BGB-RGRK/Johannsen Rn 3).

a) Gem § 2013 Abs 2 BGB **behält** der Erbe das Antragsrecht, solange er nur *einzelnen* Nachlassgläubigern gegenüber unbeschränkbar haftend geworden ist. Die haftungsbeschränkende Wirkung der Nachlassverwaltung (§ 1975 BGB) tritt dann aber nur gegenüber den übrigen Nachlassgläubigern ein.

4 **b)** *Miterben* können den Antrag auf Nachlassverwaltung nur gemeinschaftlich stellen (§ 2062 HS 1 BGB). Nach hM soll dieses Antragsrecht *insgesamt* entfallen, sobald *einer* der Miterben allen Nachlassgläubigern gegenüber unbeschränkbar haftend geworden ist. Dieser hM ist zu widersprechen (§ 2062 Rn 12). Nach § 2062 HS 2 BGB ist die Anordnung einer Nachlassverwaltung ausgeschlossen, wenn der Nachlass geteilt ist.

5 **c)** Wenn das Nachlassgericht, bei dem der Antrag auf Nachlassverwaltung gestellt ist, zuvor bereits eine **Inventarfrist** gesetzt hatte, wird es gem § 26 FamFG von Amts wegen zu prüfen haben, ob das Recht zur Haftungsbeschränkung noch besteht (vgl § 1994 Abs 1 S 2 BGB und oben Rn 3). Das Nachlassgericht muss also nach Ablauf der Inventarfrist den Nachweis der rechtzeitigen Inventarerrichtung oder der Hinderungsgründe (§ 1994 Rn 33 aE, § 1997 Rn 2 ff) verlangen, gem § 27 FamFG hat der Erbe bei der Sachverhaltsermittlung mitzuwirken.

6 **d)** *Hat das Gericht die Nachlassverwaltung angeordnet, obwohl der antragstellende Erbe sein Haftungsbeschränkungsrecht bereits allgemein verloren hatte,* so kann dieser sich auf den Beschluss nicht berufen, um seine Haftung zu beschränken. Im Übrigen treten aber fast alle gesetzlichen Wirkungen der Nachlassverwaltung ein, zu

denen insbesondere die Absonderungswirkung zugunsten der *Nachlassgläubiger* gehört (vgl § 1975 Rn 5 ff, 11 f). Nach § 48 Abs 1 FamFG kann der Beschluss indes nur bei nachträglicher wesentlicher Änderung der Sach- oder Rechtslage abgeändert werden – und zwar mit Wirkung ex nunc –, wobei in Verfahren, die nur auf Antrag eingeleitet werden können, ein Antrag erforderlich ist (zur Frage der Antragsberechtigung in diesem Fall § 1988 Rn 15 aE). Eine Beschwerde gegen die auf Antrag des Erben erfolgte Anordnung der Nachlassverwaltung war und ist auch nach neuem Recht hingegen idR unzulässig (s Rn 35 f). Die Wirksamkeit der von dem Verwalter und ihm gegenüber vorgenommenen Rechtsgeschäfte wird durch eine Aufhebung der Nachlassverwaltung nicht berührt (§ 47 FamFG). Unter den Voraussetzungen des Abs 2 kann ein Nachlassgläubiger die Aufhebung durch rechtzeitige eigene Antragstellung verhindern.

2. **Gehört der Nachlass zum Gesamtgut einer ehelichen Gütergemeinschaft** (vgl 7
§ 1416 Abs 1 S 2 BGB einerseits und § 1418 Abs 2 Nr 1, 2 BGB andererseits), so kann sowohl der Ehegatte, der Erbe ist, als auch der Ehegatte, der nicht Erbe ist, aber das Gesamtgut allein oder mit seinem Ehegatten gemeinschaftlich verwaltet (zu dessen Haftung vgl § 2008 Rn 2), die Anordnung der Nachlassverwaltung beantragen; analog § 318 Abs 1 InsO bedarf es nicht der Zustimmung des anderen Ehegatten (Erman/Horn Rn 3; Palandt/Weidlich Rn 1; Soergel/Stein Rn 4; vgl auch Staudinger/Thiele [2018] § 1432 Rn 7; **aM** BGB-RGRK/Johannsen Rn 4, der das Antragsrecht dem Ehegatten des Erben nur zugesteht, wenn er das Gesamtgut allein verwaltet, und es dem das Gesamtgut nicht verwaltenden Erben versagt, da §§ 1432, 1455 Nr 1 nur das Recht zur Annahme oder Ausschlagung, nicht aber ausdrücklich auch das Recht zur Verwaltung einer zugefallenen Erbschaft dem erbenden Ehegatten vorbehalte). Entsprechendes gilt für **Lebenspartner**, wenn diese gem § 7 LPartG Gütergemeinschaft vereinbart haben (vgl auch § 318 Abs 3 InsO für den Antrag auf Eröffnung eines Nachlassinsolvenzverfahrens).

3. **Überschuldung des Nachlasses** ist kein Grund, den Antrag zurückzuweisen 8
(BayObLGZ 32 [1932] 336, 338; Staudinger/Lehmann[11] Rn 5; Eberl-Borges 358; vgl auch M Harder/Müller-Freienfels JuS 1980, 876, 878 Fn 11; **aM** vLübtow II 1136; M Harder/Kroppenberg, Grundzüge des Erbrechts [5. Aufl 2002] Rn 558; wohl auch Prot V 823 aE). Doch muss der ernannte Verwalter unverzüglich die Eröffnung eines Nachlassinsolvenzverfahrens beantragen (Prot V 823; Ausnahmen bei § 1980 Rn 2–6, § 1992 Rn 1), womit die Nachlassverwaltung endet (vgl §§ 1980, 1985 Abs 2 S 2, 1988 Abs 1 BGB; BayObLGZ 32 [1932] 336; KG RJA 8 [1907] 29, 32). Der Erbe, der bei erkennbarer Überschuldung des Nachlasses kein Nachlassinsolvenzverfahren, sondern Nachlassverwaltung beantragt, macht sich den Nachlassgläubigern idR nach § 1980 BGB verantwortlich (zB wegen der Mehrkosten der dem späteren Nachlassinsolvenzverfahren vorausgehenden Nachlassverwaltung).

4. Die **Eröffnung eines Insolvenzverfahrens über das (die Erbschaft mitumfassende)** 9
Vermögen des Erben lässt das Antragsrecht des Erben unberührt (Marotzke, in: FS Otte [2005] 223, 225 ff, 230; ebenso bereits LG Aachen NJW 1960, 46, 48 f m insoweit zust Anm v vBuch NJW 1960, 46, 47 ad III; vgl auch Palandt/Weidlich Rn 1; **aM** wegen § 6 KO [§ 80 InsO] Jaeger/Henckel[9] KO § 9 Rn 6; Jaeger/Weber[8] KO § 234 Rn 4; Jaeger/Windel InsO § 83 Rn 8; Braun/Kroth[7] InsO § 83 Rn 4; MünchKommInsO/Schumann[3] § 83 Rn 6 f; MünchKommInsO/Siegmann[3] § 331 Rn 7; Kübler/Prütting/Bork/Lüke [Apr 2015] InsO § 83 Rn 7; HK-InsO/Kayser[9] § 83 Rn 8). Obwohl die Nachlassgläubiger während solch eines Insolvenzverfahrens weder

in die Insolvenzmasse noch in etwaiges sonstiges Vermögen des Erben vollstrecken können (§ 89 Abs 1 InsO), ist für die Dauer des Verfahrens das Bedürfnis des Erben zur Beantragung der Nachlassverwaltung nicht generell zu verneinen: Nicht selten (zB nach Zustandekommen eines Insolvenzplans, §§ 217 ff InsO) wird der Erbe daran interessiert sein, dass sich die Nachlassverwaltung mit ihrer haftungsbeschränkenden Wirkung *ohne zeitlichen Zwischenraum* an das Insolvenzverfahren und die auf dessen Dauer beschränkte insolvenzrechtliche Vollstreckungssperre (§§ 88, 89 Abs 1 InsO) anschließt. Außerdem muss der Erbe schon dann, wenn eine Überschuldung des Nachlasses nur als *möglich* erscheint (bei bereits feststehender Überschuldung gilt für den Erben § 1980 BGB; str, s dortige Rn 14, 20), verhindern können, dass die Nachlassgläubiger während des zwischen Nachlass und Eigenvermögen nicht unterscheidenden (Gesamt-)Insolvenzverfahrens zu Lasten der Quote der Eigengläubiger und damit letztlich auf seine eigenen Kosten (§ 201 InsO) auch aus seinem Eigenvermögen befriedigt werden.

Den Insolvenzverwalter hingegen wird man nicht als zur Beantragung der Nachlassverwaltung berechtigt ansehen dürfen (vBuch NJW 1960, 46, 47 ad III; Marotzke, in: FS Otte [2005] 223, 231 mit Fn 35; **aM** LG Aachen NJW 1960, 46, 49 [mit Einschränkungen]; Jaeger, Erbenhaftung und Nachlaßkonkurs 96; Jaeger/Henckel, Jaeger/Weber, Jaeger/Windel, Mock, Braun/Kroth, MünchKommInsO/Schumann, MünchKommInsO/Siegmann, HK-InsO/Kayser [jeweils aaO]; Erman/Horn Rn 2). Er könnte ein Antragsrecht nur gem § 80 InsO vom Erben ableiten. Dieser jedoch hat es nur, um trotz Zulänglichkeit des Nachlasses (arg § 1980 BGB) den Zugriff der Nachlassgläubiger auf das Eigenvermögen abzuwenden (arg § 2013 Abs 1 S 1 HS 2 BGB). Solange der Nachlass nicht überschuldet ist (also der Erbe bzw sein Gesamtvermögen durch eine Beschränkung der Nachlassgläubiger auf den Nachlass nichts einsparen würde), ist die Abwehr der Nachlassgläubiger vom Eigenvermögen des Erben Sache des Erben, nicht seines Insolvenzverwalters. Zudem würde der Insolvenzverwalter die ihm durch §§ 1 S 1, 35 Abs 1, 148 Abs 1, 159, 203 InsO auferlegte Pflicht, das *gesamte* zur Insolvenzmasse gehörende Vermögen zu verwerten, verletzen, wenn er einen in diesem Vermögen enthaltenen, nicht überschuldeten Nachlass (also einen Aktivposten) durch willkürliche Herbeiführung einer Nachlassverwaltung zur Sonderbefriedigung der Nachlassgläubiger absonderte (vgl auch LG Aachen NJW 1960, 46, 49).

Unabhängig von der hier erörterten Frage, ob ein Insolvenzverwalter grundsätzlich aufgrund seiner Verwaltungs- und Verfügungsbefugnis Antrag auf Anordnung einer Nachlassverwaltung stellen kann, ist ein Insolvenzverwalter jedenfalls dann nicht antragsberechtigt, wenn das Vermögen, das die Nachlassverwaltung umfassen soll, *nicht seiner Verwaltungs- und Verfügungsbefugnis* (§ 80 InsO) *unterliegt.* Dies gilt etwa in dem Fall, dass der Erbe während eines laufenden Insolvenzverfahrens verstirbt. Der Insolvenzverwalter des dann in ein **Nachlassinsolvenzverfahren** übergeleiteten Verfahrens ist nicht berechtigt, Antrag auf Nachlassverwaltung hinsichtlich des zu Lebzeiten des Schuldners insolvenzfreien Vermögens zu stellen (OLG München ZInsO 2014, 1343).

10 5. **Das Antragsrecht des Erben ist zeitlich nicht beschränkt**. Der Erbe kann es noch ausüben, nachdem er den Nachlass mit seinem Privatvermögen völlig vermischt oder ihn versilbert hat (BGB-RGRK/Johannsen Rn 2) und nicht mehr in der Lage ist, ein genaues Inventar zu errichten. Die darin liegende Gefahr wird vermindert durch die

zeitliche Beschränkung der aufschiebenden Einreden der §§ 2014 ff BGB und durch die den Nachlassgläubigern eröffnete Möglichkeit, dem Erben rechtzeitig eine Inventarfrist setzen zu lassen (§ 1994 Abs 1 BGB). Nach Ansicht des RG kann die beschränkte Erbenhaftung aber nicht mehr geltend gemacht werden, wenn die streitenden Parteien sich aus Rücksicht aufeinander jahrelang die Inventarerrichtung gegenseitig erspart haben und nunmehr eine Nachprüfung der Vollständigkeit des Inventars und seiner Wertermittlung für den Nachlassgläubiger nicht mehr möglich ist (RG HRR 1939 Nr 369 = DR 1939, 381 = SeuffA 93 [1939] 144 f). Das muss auch für die haftungsbeschränkende Wirkung einer dann erst herbeigeführten Nachlassverwaltung gelten.

6. Jedoch kann der Erbe (anders als die Nachlassgläubiger, s Rn 21) den Antrag nicht vor der **Annahme der Erbschaft** stellen (KIPP/COING § 97 I 1; LANGE/KUCHINKE § 49 III 2 a; KRETZSCHMAR § 81 Fn 1; F LEONHARD I C 1; BINDER I 176; STROHAL II § 79 Fn 1; **aM** STAUDINGER/LEHMANN[11] Rn 6; BGB-RGRK/JOHANNSEN Rn 1; MünchKomm/KÜPPER Rn 2; ERMAN/HORN Rn 2; PALANDT/WEIDLICH Rn 1; SOERGEL/STEIN Rn 3; NÖLL ZEV 2015, 612, 616 REICHEL, Prozesse des vorläufigen Erben, in: FS Thon [1911] 101, 166; offengelassen in KGJ 31 [1906] A 73, 77 f). Denn bis zur Erbschaftsannahme, die in dem Antrag auf Nachlassverwaltung nicht notwendig enthalten ist (vgl STAUDINGER/OTTE [2017] § 1943 Rn 9), haftet der Erbe den Nachlassgläubigern ohnehin nicht mit seinem Eigenvermögen (§ 778 ZPO). Auch kann ein Anspruch, der sich gegen den Nachlass richtet, vor der Erbschaftsannahme überhaupt nicht gerichtlich gegen den Erben geltend gemacht werden (§ 1958 BGB). Hieraus folgt, dass einem Erben, der die Erbschaft noch nicht angenommen hat, das für die Beantragung der Nachlassverwaltung erforderliche (Notariat-NachlG Mannheim BWNotZ 1975, 27 f; LG Tübingen BWNotZ 1984, 167 f [dazu noch Rn 13]; vgl auch AG Burgwedel ZIP 1984, 475; OLG Frankfurt ZIP 1984, 195 [Konkursantrag]) Rechtsschutzbedürfnis fehlt (vgl auch STAUDINGER/HERZFELDER[9] Anm A 1). Es genügt, dass der Erbe *nach* der Erbschaftsannahme unter dem vorläufigen Schutz der §§ 2014 ff BGB, §§ 782, 783 ZPO die Anordnung der Nachlassverwaltung erwirken kann. Die Gegenansicht würde dazu führen, dass die Nachlassverwaltung auf Antrag des vorläufigen Erben angeordnet, im Falle der Ausschlagung der Erbschaft aber wieder aufgehoben werden müsste, wenn der nachberufene Erbe mit ihr nicht einverstanden ist. 11

7. Stellt sich nachträglich heraus, dass derjenige, der den Antrag auf Nachlassverwaltung „als Erbe" gestellt hat oder gegen den er gestellt worden ist, **nicht wirklich Erbe** ist, so wird die Anordnung der Nachlassverwaltung nicht von selbst unwirksam (RG Recht 1909 Nr 2127; BGH NJW-RR 1991, 683, 684 [II 2 a] = FamRZ 1991, 550, 551), sondern erst mit ihrer formellen Aufhebung. Vgl auch Rn 36, 42. 12

8. **Der Erbe braucht seinen Antrag nicht zu begründen** (dies muss jedoch ein antragstellender Nachlassgläubiger, s Rn 24). Er kann ihn sogar lediglich aus Bequemlichkeit stellen, um sich nicht selbst um den Nachlass kümmern zu müssen (ähnlich großzügig KG JFG 22, 65, 68 f = DNotZ 1941, 111, 112 f; **aM** Notariat-NachlG Mannheim BWNotZ 1975, 27 f; LG Tübingen BWNotZ 1984, 167, 168). Da die Kosten des Verfahrens dem Nachlass zur Last fallen (§ 1975 Rn 27) und die Verfahrenseröffnung gem § 1982 BGB abgelehnt werden kann, wenn eine den Kosten entsprechende Masse nicht vorhanden ist, kann dies hingenommen werden. Seine **Erbberechtigung** muss der Antragsteller jedoch nachweisen. Glaubhaftmachung dürfte aber wohl genügen (str; 13

vgl für den Insolvenzantrag HK-InsO/Marotzke[9] § 317 Rn 3 sowie für die Voraussetzungen eines von Gläubigerseite gestellten Antrags auf Nachlassverwaltung unten Rn 24). Es bedarf also nicht stets der Vorlage eines Erbscheins; Vorlage einer letztwilligen Verfügung wird als ausreichend angesehen (zB von MünchKomm/Küpper Rn 7; Palandt/Weidlich Rn 1).

14 **9. Antragsberechtigt sind ferner:**

a) der *Erbschaftskäufer* anstelle des Erben, § 2383 BGB.

Neben dem Käufer ist in entspr Anwendung des § 330 Abs 2 InsO (Prot V 826; Staudinger/Olshausen [2016] § 2383 Rn 24 mwNw) auch der Erbe „wie ein Nachlassgläubiger" antragsberechtigt: also wenn eine Nachlassverbindlichkeit, für die er ja fortdauernd haftet (§ 2382 BGB), iSd § 1981 Abs 2 BGB gefährdet ist. Handelt es sich um eine Nachlassverbindlichkeit, zu deren Berichtigung der Käufer dem Erben gegenüber verpflichtet ist (Regelfall des § 2378 BGB), so hat der Erbe das Antragsrecht „wie ein Nachlassgläubiger" (vgl § 330 Abs 2 S 1 InsO) auch bei bereits unbeschränkbar gewordener Erbenhaftung. Handelt es sich um eine sonstige Nachlassverbindlichkeit, so hat der Erbe das Recht „wie ein Nachlassgläubiger" Nachlassverwaltung zu beantragen, analog § 330 Abs 2 S 2 InsO nur dann, wenn er noch nicht „unbeschränkt" haftet (Strohal II § 79 I 1 a; Planck/Flad Anm 2c).

b) der *Nacherbe* (vgl Staudinger/Avenarius [2019] § 2144 Rn 9);

c) der *Erbeserbe* (vgl OLG Jena FGPrax 2008, 253 f = NJW-RR 2009, 304 = FamRZ 2009, 1096 f = ZEV 2009, 33 f);

d) ein verwaltender *Testamentsvollstrecker* entspr § 317 InsO (BGB-RGRK/Johannsen Rn 6; Palandt/Weidlich Rn 1; MünchKomm/Küpper Rn 4; Kipp/Coing § 97 I 1; **aM** Planck/Flad Anm 1; Staudinger/Herzfelder[9] Anm A 6). Der Erbe behält neben dem Testamentsvollstrecker sein Antragsrecht (Parallele: § 317 Abs 3 InsO).

Soweit es nicht auf die – nur für den *Gläubiger*antrag geltenden – Voraussetzungen des § 1981 Abs 2 S 1 BGB ankommt (s Rn 23), schließt das Vorhandensein eines verwaltenden Testamentsvollstreckers die Anordnung der Nachlassverwaltung nicht aus, da jene die Haftung des Erben für Nachlassverbindlichkeiten trotz Absonderung des Nachlasses nicht berührt (Staudinger/Reimann [2016] § 2205 Rn 220; MünchKomm/Küpper Rn 2). Oft wird es zweckmäßig sein, als Nachlassverwalter den Testamentsvollstrecker zu bestellen (was zulässig ist; vgl Hagen 82; Reimann Rn 220; BGB-RGRK/Johannsen Rn 18; MünchKomm/Küpper Rn 4, 8; Palandt/Weidlich Rn 5). Er hat aber kein Recht darauf, als Verwalter bestellt zu werden (OLG Dresden SeuffBl 72 [1907] 1060). Seine Bestellung zum Nachlassverwalter darf nicht erfolgen, wenn gegen ihn zum Nachlass gehörende Ersatzansprüche aus § 2219 BGB in Betracht kommen (vgl MünchKomm/Küpper Rn 4). Scheiden derartige Ansprüche im konkreten Fall aus und ist der Vollstrecker auch sonst nicht materiell am Nachlass beteiligt (zB als Miterbe), so handelt das Gericht uU ermessensfehlerhaft, wenn es statt des Vollstreckers eine andere Person zum Nachlassverwalter ernennt (vgl Muscheler 130 f). Besteht Grund zu der Annahme, dass der Erbe die Nachlassverwaltung nur deshalb beantragt, weil er dem Testamentsvollstrecker einen Nachlassverwalter „vor die Nase setzen lassen" möchte, so ist besonders sorgfältig das Rechtsschutzinteresse für den Erbenantrag zu prüfen (vgl Muscheler 129 ff). Bleiben Zweifel, so ist dem Antrag des Erben zwar stattzugeben, jedoch bei der Auswahl der Person des Nachlassverwalters besonders an den Testamentsvollstrecker zu denken.

e) **Nicht antragsberechtigt** ist nach hM der nach § 1960 BGB bzw § 1961 BGB bestellte **Nachlasspfleger** (s Staudinger/Mešina [2017] § 1960 Rn 46; BayObLGZ 1976, 167, 171/172; KG JFG 21, 213 = DR 1940, 801; Erman/Horn Rn 3; MünchKomm/Küpper Rn 4; Palandt/Weidlich Rn 1; BGB-RGRK/Johannsen § 1960 Rn 32; **aM** Soergel/Stein Rn 4 Fn 19; Lange/Kuchinke § 49 III 2 a Fn 58, § 38 Fn 142: Analogie zu § 317 Abs 1 InsO und wegen der Stellung als gesetzlicher Vertreter des Erben).

Zum Antragsrecht des **Insolvenzverwalters** im *Insolvenzverfahren* des Erben vgl Rn 9.

III. Antrag eines Nachlassgläubigers

Die Anordnung der Nachlassverwaltung auf Antrag eines Nachlassgläubigers **setzt voraus**, 15

a) dass Grund zu der Annahme besteht, dass die Befriedigung der Nachlassgläubiger aus dem Nachlass durch das Verhalten oder die Vermögenslage des Erben gefährdet wird (Abs 2 S 1) und

b) noch nicht zwei Jahre seit Annahme der Erbschaft verstrichen sind (Abs 2 S 2).

Im Einzelnen ist Folgendes zu beachten:

1. Jeder Nachlassgläubiger ist antragsberechtigt. 16

a) Nicht erforderlich ist, dass dem Erben noch gegenüber sämtlichen oder zumindest gegenüber dem antragstellenden Gläubiger das Recht zur **Haftungsbeschränkung** zusteht, vgl § 2013 Abs 1 BGB. Haftet der Erbe bereits unbeschränkbar, so kann die Nachlassverwaltung zwar nicht mehr als Mittel der Haftungsbeschränkung in Betracht kommen, wohl aber als Mittel zur Absonderung des Nachlasses von dem Eigenvermögen des Erben zugunsten der Nachlassgläubiger. Die Eigengläubiger des Erben und dieser selbst (§§ 1984, 1985 BGB) können so vom Nachlass ferngehalten werden, während die Nachlassgläubiger ihre Ansprüche gegen beide Vermögensmassen verfolgen können. Dies gilt auch, wenn aus der Nachlassverwaltung nach §§ 1980, 1985 Abs 2 S 2 BGB ein Nachlassinsolvenzverfahren hervorgeht. Denn § 1989 gilt nicht im Falle des § 2013 Abs 1 BGB, und § 2000 S 3 BGB spricht nur davon, dass, wenn nach Beendigung eines Nachlassinsolvenzverfahrens eine Inventarfrist gesetzt wird, eine neue Inventarerrichtung nicht nötig ist.

b) **Auch ein im Aufgebotsverfahren ausgeschlossener (§ 1973 BGB) oder einem ausgeschlossenen gleichstehender (§ 1974 BGB) Gläubiger** kann den Antrag auf Nachlassverwaltung stellen (zutr Strohal II § 75 Fn 50; anders bzgl des Antrags auf Nachlasskonkurs der am 1. 1. 1999 ersatzlos weggefallene [§ 1975 Rn 36 ff] § 219 Abs 1 S 1 KO). Denn bei zulänglichem Nachlass kommt ja auch er zum Zuge, s § 1973 BGB. 17

18 c) **Vermächtnis- und Auflagegläubiger** können zwar, wenn man der bei § 1975 Rn 38 zur Diskussion gestellten Überlegung folgt, nicht ohne Weiteres die Eröffnung eines Nachlassinsolvenzverfahrens beantragen. Die Anordnung einer *Nachlassverwaltung* können sie jedoch unter denselben Voraussetzungen beantragen wie alle übrigen Nachlassgläubiger (vgl auch Prot V 803; Staudinger/Otte [2013] § 2174 Rn 20; Lange/Kuchinke § 49 VIII 1 a und – obiter – OLG Bamberg NJW-RR 1994, 1359 f im Schlusssatz). Auch **Nachlassgläubiger, die zugleich Miterben** sind, können als Einzelne die Anordnung einer Nachlassverwaltung beantragen, wenn die Voraussetzungen des Abs 2 vorliegen (Staudinger/Marotzke [2016] § 2062 Rn 7).

19 d) **Auch wenn nur ein einziger Nachlassgläubiger vorhanden ist**, kann er den Antrag stellen (KG OLGE 42 [1922] 132 Fn 1; KGJ 44 [1913] 72; BayObLG OLGE 6 [1903] 312; MünchKomm/Küpper Rn 5; vgl für den Antrag auf Nachlass**insolvenz**verfahren auch HK-InsO/Marotzke[9] § 316 Rn 3 und BGH ZIP 2006, 247 = ZInsO 2006, 145).

2. Zeitliche Begrenzung des Antragsrechts

20 Im Gegensatz zum unbefristeten Antragsrecht des Erben (Rn 10) wird das des Nachlassgläubigers durch Abs 2 S 2 zeitlich begrenzt auf zwei Jahre ab Annahme der Erbschaft (zum Fall der Nacherbfolge vgl Staudinger/Avenarius [2019] § 2144 Rn 9). Maßgeblich für den Fristbeginn ist folglich der Zeitpunkt der Annahme der Erbschaft. Die Annahme der Erbschaft (§ 1943 BGB) erfolgt durch einseitige, nicht empfangsbedürftige Willenserklärung, sie kann ausdrücklich oder konkludent erfolgen (Palandt/Weidlich § 1943 Rn 1). Das Gesetz fingiert die Erklärung zum Zeitpunkt des Ablaufes der Ausschlagungsfrist (§ 1943, letzter HS BGB). Diese zeitliche Beschränkung, die gem § 319 InsO auch für den Antrag auf Eröffnung des Nachlassinsolvenzverfahrens gilt, rechtfertigt sich „durch Rücksicht auf die Lage des Erben und auf den Schutz derjenigen Gläubiger des Erben, die nicht Nachlassgläubiger sind" (Denkschr 723). Denn mit fortschreitender Zeit wird die Trennung des Nachlasses vom Eigenvermögen immer schwieriger. Das ist jedoch anders, wenn sich der Nachlass in den Händen eines Testamentsvollstreckers befindet (vgl Muscheler 134 ff, der für diesen Fall die Ansicht vertritt, dass die Zweijahresfrist nicht vor Beendigung der Testamentsvollstreckung zu laufen beginne; zust Uhlenbruck/Lüer[14] InsO § 319 Rn 3; Häsemeyer, Insolvenzrecht [4. Aufl 2007] Rn 33. 09). Eine radikale *Verkürzung* der Frist erwägt vor dem Hintergrund des § 27 Abs 2 HGB Dauner-Lieb, Unternehmen in Sondervermögen (1998) 208 ff, 217 ff, 220, 222, 224, 512, 515, 519 (nicht überzeugend; Bedenken auch bei Dauner-Lieb 495).

3. Erbschaftsannahme?

21 Im Gegensatz zum Antragsrecht des Erben setzt das der Nachlassgläubiger nicht voraus, dass der Erbe die Erbschaft bereits angenommen hat (Planck/Flad Anm 4a; Erman/Horn Rn 4; MünchKomm/Küpper Rn 6; Soergel/Stein Rn 9; BGB-RGRK/Johannsen Rn 1; Reichel, Aktiv- und Passivprozesse des vorläufigen Erben, in: FS Thon [1911] 101, 165 ff; **aM** Binder I 175; Kipp/Coing § 97 I 2 mit dem nicht ganz zutreffenden Argument, dass den Nachlassgläubigern vor der Erbschaftsannahme keine Gefahr von den Erbengläubigern drohe). Zwar wird den Belangen der Gläubiger bis zur Erbschaftsannahme idR auch eine Sicherungspflegschaft nach §§ 1960, 1961 BGB gerecht werden können. Jedoch hat eine solche Pflegschaft aus Gläubigersicht den Nachteil, dass ein nach § 1960 BGB oder § 1961

BGB bestellter Pfleger nicht in erster Linie die Gläubigerinteressen wahrzunehmen hat und er den Nachlassgläubigern deshalb auch nicht nach § 1985 Abs 2 BGB persönlich verantwortlich ist (str, s STAUDINGER/MAROTZKE [2008] § 1960 Rn 53 f). Solange der Erbe die Erbschaft noch nicht angenommen hat, wird sich das Nachlassgericht zur Anordnung der Nachlassverwaltung nur ungern entschließen, weil mit der Erbschaftsausschlagung die Nachlassverwaltung aufzuheben wäre, wenn die Voraussetzungen ihrer Anordnung (Rn 22) in der Person des nunmehr berufenen Erben nicht vorliegen (vgl REICHEL 167; PLANCK/FLAD Anm 4a).

4. Die Befriedigung der Nachlassgläubiger muss gefährdet sein, und zwar:

a) entweder **durch das Verhalten des Erben** wie zB leichtsinnige Verschleuderung des Nachlasses, voreilige Befriedigung einzelner Gläubiger (oder Abtretung von Nachlassforderungen an Erfüllungs Statt an nahestehende Personen; s KG RJA 8 [1907] 29, 31 f = Recht 1907 Nr 1125), Verwahrlosung, ohne dass es auf ein Verschulden oder sogar eine Benachteiligungsabsicht ankäme. Nicht ohne Weiteres ausreichend sind sowie fehlende oder lediglich auf Schätzung beruhende Wertangaben im Nachlassinventar (BayObLG FamRZ 2002, 1737 f). Grundsätzlich ebenfalls nicht ausreichend ist die Veräußerung einzelner Nachlassgegenstände. Anders kann der Fall dann zu bewerten sein, wenn der Nachlassgegenstand angesichts des Wertes des Gesamtnachlasses und des Wertes der Nachlassforderungen erheblich ist und die Nachlassgläubiger nicht anderweitig – etwa durch einstweiligen Rechtsschutz – Sicherheit erlangen können (OLG Düsseldorf FamRZ 2019, 917 ff m insoweit zustimmender Anm KÜPPER). Nicht ausreichend ist dagegen die fehlende Mitwirkungsbereitschaft einzelner Miterben bei der Nachlassauseinandersetzung solange keine konkrete Gefährdung des Nachlasses vorliegt (OLG Düsseldorf FamRZ 2012, 1421). Nach Ansicht von WINDEL soll die Fortführung eines ererbten Unternehmens durch einen Alleinerben einen Gläubigerantrag selbst dann rechtfertigen, „wenn der Erbe in geordneten Verhältnissen lebt und sich bei der Geschäftsfortführung … nicht in verwerfbarer Weise verhält“ (WINDEL, Über die Modi der Nachfolge in das Vermögen einer natürlichen Person beim Todesfall [1998] 88). Das ist ein zu hoher Preis für die Ablehnung der bei § 1978 Rn 17 vorgeschlagenen analogen Anwendung des § 2041 BGB. 22

b) oder **durch die schlechte Vermögenslage des Erben**, nicht des Nachlasses (KG HRR 1930 Nr 1109), die einen Zugriff seiner eigenen Gläubiger besorgen lässt (vgl OLG Colmar OLGE 24 [1912/I] 66 f). Nicht erforderlich ist ein Verschulden des Erben (zutr BayObLGZ 32 [1932] 336, 338) oder dass sich der Erbe bereits im Insolvenzverfahren befindet. Ist solch ein Verfahren (über das gesamte, also auch den Nachlass mitumfassende Vermögen des Erben) schon eröffnet, so erhöht das aber die Erfolgsaussicht des von einem Nachlassgläubiger gestellten Antrags auf Nachlassverwaltung mit dem Ziel, die Eigengläubiger des Erben vom Nachlass fernzuhalten (vgl LG Aachen NJW 1960, 46, 48 [dazu bereits Rn 9]; MAROTZKE, in: FS Otte [2005] 223, 239; DAUNER-LIEB, Unternehmen in Sondervermögen [1998] 74 f, die den Nachlassgläubigern im Insolvenzverfahren über das Gesamtvermögen des Erben „die Aussonderung der Nachlassgegenstände gem § 43 KO“/§ 47 InsO gestatten will und sich dafür auf Mot V 682 [zweifelhaft] und auf JAEGER/WEBER[8] KO § 234 Rn 9 f [zweifelhaft], § 214 Rn 25 f beruft). Da das Antragsrecht dem Nachlassgläubiger als *eigenes*, nicht vom Erben abgeleitetes Recht zusteht, unterliegt die Ausübung während eines über dem Vermögen des Erben schwebenden Insolvenzverfahrens nicht den Sondervorschriften der §§ 80 Abs 1, 81 InsO (vgl jedoch Rn 9 zu der diesbezüglichen Streitfrage hinsichtlich des Antragsrechts des Erben).

Zu beachten ist, dass die Eigengläubiger des Erben auf Nachlassgegenstände, die der Verwaltung eines Testamentsvollstreckers unterliegen, ohne dessen Mitwirkung nicht zugreifen können (§§ 2211, 2214 BGB). Steht der gesamte Nachlass unter Dauertestamentsvollstreckung, so kommt die schlechte Vermögenslage des Erben als Antragsgrund nur in Betracht, wenn das Ende der Testamentsvollstreckung unmittelbar bevorsteht (vgl Muscheler 132 mit Fn 54). Ungünstige Vermögensverhältnisse des *Testamentsvollstreckers* rechtfertigen den Antrag auf Nachlassverwaltung nicht (so auch Muscheler 132).

Es genügt, dass die in Abs 2 S 1 genannten Voraussetzungen bei einem einzelnen Miterben zutreffen (KG HRR 1930 Nr 1109; BayObLGZ 1966, 75, 76). Bloße Säumnis in der Befriedigung der Gläubiger genügt nicht (KG RJA 8 [1907] 179). Nach der Rspr (KGJ 43 [1913] 79, 82 = RJA 12, 115; OLG München JFG 15 [1937] 267, 268; KG DFG 1941, 25) ist erforderlich, dass die Befriedigung der Gesamtheit der Gläubiger aus dem Nachlass gefährdet ist; nicht ausreichend soll sein, dass der Anspruch eines einzelnen Gläubigers auf die ihm gebührende Individualleistung, zB auf Bestellung einer persönlichen Dienstbarkeit an einem Nachlassgrundstück, gefährdet wird (hM; vgl Planck/Flad Anm 3a; Palandt/Weidlich Rn 3; MünchKomm/Küpper Rn 6; Soergel/Stein Rn 11; Erman/Horn Rn 5; einschränkend BGB-RGRK/Johannsen Rn 16; vgl ergänzend oben Rn 19 zu der davon zu unterscheidenden Frage, ob bei Vorhandensein nur *eines* Nachlassgläubigers dieser eine den Antrag auf Nachlassverwaltung stellen kann).

Die Gefährdung kann durch Sicherheitsleistung beseitigt werden, nicht aber durch bloßes Erbieten hierzu (OLG Düsseldorf FamRZ 2019, 917 ff, KG OLGE 12 [1906/I] 357, 361 = RJA 7, 18, 23 = Recht 1906 Nr 1590).

23 Ob und wann das *Verhalten des verwaltenden Testamentsvollstreckers* zum Antrag berechtigt, ist streitig. Während die einen meinen, dass sein Verhalten idR dem des Erben gleichstehe (vgl Planck/Flad Anm 3a; KG OLGE 18 [1909/I] 316; OLG Colmar OLGE 39 [1919/II] 12; Muscheler 132 ff), wollen andere dies nur für den Fall annehmen, dass dem Erben ein Vorwurf gemacht werden kann, etwa weil er nichts gegenüber einem pflichtvergessenen Testamentsvollstrecker unternimmt, also zB nicht dessen nach § 2227 BGB gerechtfertigte Entlassung beantragt (Staudinger/Lehmann[11] Rn 13; iE ebenso Staudinger/Reimann[12] Vorbem 23 zu § 2197; BGB-RGRK/Johannsen Rn 14; MünchKomm/Küpper Rn 6; Erman/Horn Rn 5; Palandt/Weidlich Rn 3; Soergel/Stein Rn 11; Hagen JherJb 42 [1901] 43, 80). Für die letztgenannte Ansicht spricht, dass mit der Entlassung des Testamentsvollstreckers dessen schlechter Einfluss auf den Nachlass entfiele. *Von den Nachlassgläubigern als solchen* kann die Entlassung des Testamentsvollstreckers jedoch nicht beantragt werden (vgl Staudinger/Reimann [2016] § 2227 Rn 26). Ihnen das Recht, eine Nachlassverwaltung zu beantragen, nur unter der Voraussetzung zuzugestehen, dass der *Erbe* die an sich gerechtfertigte Entlassung des Testamentsvollstreckers schuldhaft nicht beantragt, käme im praktischen Ergebnis meist einer Entrechtung der Gläubiger gleich: Der Erblasser hätte es in der Hand, den Nachlassgläubigern durch Ernennung eines *seinem* Willen verpflichteten Dauertestamentsvollstreckers die Möglichkeit einer in *ihrem* Interesse stattfindenden Fremdverwaltung des Nachlasses vorzuenthalten (vgl Muscheler 133). Nicht weil der verwaltende Testamentsvollstrecker gesetzlicher Vertreter des Erben wäre (so aber wohl Jauernig/Stürner Rn 2, der § 278 anwenden will), sondern weil er als „verlängerter Arm" des *Rechtsvorgängers* des Erben fungiert und als solcher mit *den Erben verdrängender* Wirkung zur Verwaltung des Nachlasses berufen ist, darf und sollte man das gläubigergefährdende Verhalten des Vollstreckers im Rahmen des § 1981 Abs 2 BGB wie ein entsprechendes Verhalten des Erben wirken lassen; § 1981 Abs 2 BGB ist also analog anzuwenden (anders noch Staudinger/Marotzke[12] § 1981 Rn 23). Wie der Erbe (§ 1984 Abs 1 S 1 BGB) verliert auch der Testamentsvollstrecker mit der Anordnung der Nachlassverwaltung die Befugnis, den Nachlass zu verwalten und über ihn zu verfügen (§ 1984 Rn 4).

5. Glaubhaftmachung

24 Nach Abs 2 S 1 muss **Grund zu der Annahme** bestehen, dass die Befriedigung der Nachlassgläubiger aus dem Nachlass durch das Verhalten oder die Vermögenslage des Erben gefährdet wird. Aus dieser Formulierung folgert die hM (MünchKomm/Küpper Rn 7 aE; Erman/Horn Rn 4; Palandt/Weidlich Rn 4; Soergel/Stein Rn 10; Wendt AcP 86 [1896] 353, 408; KG RJA 7 [1906] 18 ff = OLGE 12 [1906/I] 357, 358; KG RJA 8 [1907] 29, 31 f = Recht 1907 Nr 1125; KG FamRZ 2005, 837 f = FGPrax 2005, 28 f = NJW-RR 2005, 378 f = ZEV 2005, 114 f), dass der beantragende Gläubiger für seine Forderung und die Gefährdung der Nachlassgläubiger nicht den vollen Beweis zu erbringen brauche, sondern dass Glaubhaftmachung (vgl § 31 FamFG und § 1994 Rn 9) genüge. Daran dürfte richtig sein, dass das Nachlassgericht die Nachlassverwaltung schon dann anordnen muss, wenn es den Anspruch des Antragstellers und die Gefährdung der Nachlassgläubiger für glaubhaft halten darf (**aM** Planck/Flad Anm 3d); zB ist die Vorlegung eines rechtskräftigen Urteils über die Forderung des Antragstellers nicht erforderlich (OLG Hamburg JW 1934, 1586 Nr 3). Unrichtig wäre jedoch die Annahme, die Glaubhaftmachung sei allein vom Antragsteller zu leisten; dies würde mit dem in § 26 FamFG verankerten Amtsermittlungsgrundsatz kollidieren, den § 1981 Abs 2 S 1 BGB nicht einschränkt (Planck/Flad Anm 3d; KGJ 44 [1913] A 72, 73 f; OLG Colmar OLGE 24 [1912/I] 66 f; wohl auch Soergel/Stein Rn 10). Das Nachlassgericht hat also *von Amts wegen* die erforderlichen Ermittlungen anzustellen und die geeigneten Beweise aufzunehmen (§§ 26, 29 ff FamFG), wobei diese Ermittlungspflicht allerdings nicht uferlos besteht, sondern ihrerseits voraussetzt, dass der die Nachlassverwaltung begehrende Gläubiger die ihm obliegende Prozessförderungspflicht erfüllt (vgl KG FamRZ 2005, 837, 838 = FGPrax 2005, 28 f = NJW-RR 2005, 378 = ZEV 2005, 114). Eine Amtsermittlungspflicht besteht zB dann nicht, wenn der Antragsteller auf Nachfrage des Gerichts (vgl § 28 FamFG) nicht wenigstens allgemeine Anhaltspunkte dafür mitteilt, worin nach seiner Meinung die Gefährdung der Nachlassgläubiger liegen soll (KG OLGZ 1977, 309, 313; vgl auch BayObLG bei Keidel JZ 1954, 232/233, 234 und BGB-RGRK/Johannsen Rn 15). Durch solch ein passives Verhalten verweigert der antragstellende Gläubiger die ihm gem § 27 Abs 1 FamFG obliegende Mitwirkung bei der Ermittlung des Sachverhalts.

25 6. **Hat ein Gläubiger** in einem Abkommen mit dem Erben darauf **verzichtet, den Antrag** auf Nachlassverwaltung **zu stellen**, so muss das Gericht den später dennoch gestellten Antrag ablehnen, da ein solcher nach Verzicht nicht mehr wirksam gestellt werden konnte.

IV. Anordnung der Nachlassverwaltung

1. Zuständigkeit

26 Die Anordnung der Nachlassverwaltung erfolgt durch das Nachlassgericht (§§ 23a Abs 1 Nr 2, Abs 2 Nr 2 nF GVG, 342 ff, 359, 486 Abs 1 FamFG, Art 147 EGBGB; zur internationalen Zuständigkeit § 1975 Rn 50 ff). Anordnung und Aufhebung der Nachlassverwaltung sind idR Rechtspflegergeschäfte gem § 3 Nr 2 c RPflG. Ein Richtervorbehalt besteht gem § 16 Abs 1 Nr 1 RPflG nur in einigen wenigen Sonderfällen (unrichtig deshalb M Harder/Kroppenberg[5] Rn 49). Gem § 4 FamFG kann ein örtlich zuständiges Nachlassgericht die Nachlassverwaltung an ein anderes Nachlassgericht abgeben, wenn ein wichtiger Grund vorliegt. Fehlte bereits dem zuerst befassten Gericht die örtliche Zuständigkeit, ist gem § 3 FamFG zu verfahren.

2. Anordnung

27 Von der Anordnung der Nachlassverwaltung ist die Bestellung des Nachlassverwalters zu unterscheiden, hierzu Rn 29 ff. Die Anordnung der Nachlassverwaltung erfolgt durch Beschluss (§ 38 Abs 1 S 1 FamFG; zur erforderlichen Rechtsbehelfsbelehrung vgl Rn 33), der nach § 40 Abs 1 FamFG wirksam wird mit Bekanntgabe an den Beteiligten, „für den er seinem wesentlichen Inhalt nach bestimmt ist“. Der Zeitpunkt der Wirksamkeit der Anordnung ist wegen der in § 1984 BGB angeordneten Wirkungen, insbesondere dem Verlust der Verwaltungs- und Verfügungsbefugnis des Erben (§ 1984 Abs 1 S 1 BGB), von besonderer Bedeutung. Die Bestimmung des Zeitpunkts des Wirksamwerdens einer Entscheidung in der Freiwilligen Gerichtsbarkeit bereitete bereits zu Zeiten des annähernd gleichlautenden § 16 Abs 1 FGG Schwierigkeiten (vgl die Kommentierungen zu § 16 FGG und § 40 FamFG). Auch für die Nachlassverwaltung war lange streitig, wann die Wirksamkeit eintritt. Die **hM** geht davon aus, dass der Anordnungsbeschluss mit der Bekanntgabe an den oder die Erben, ggf an den für die unbekannten Erben bestellten Nachlasspfleger (§ 1960 Abs 1 S 2 BGB) oder den verwaltenden Testamentsvollstrecker (§ 2209 BGB), wirksam wird (Nachweise bei § 1984 Rn 2). Zur hM und einem Vorschlag zur insolvenzrechtsakzessorischen Bestimmung des Wirksamkeitszeitpunktes vgl § 1984 Rn 2.

Ist in einem nachlassgerichtlichen Beschluss lediglich von der Bestellung eines Nachlassverwalters, nicht auch von der Anordnung der Nachlassverwaltung die Rede, so wird man Letzteres im Wege der Auslegung ergänzen dürfen (zum Wirksamwerden der Verwalterbestellung vgl Rn 32); dies selbst dann, wenn es an dem Zusatz „zur Anordnung der Nachlassverwaltung“ fehlt (KG RJA 8, 29, 31 = Recht 1907 Nr 1125); der Beschluss muss in diesem Fall allerdings, um als Anordnung der Nachlassverwaltung wirksam werden zu können, gem § 40 Abs 1 FamFG dem oder den Erben bzw dem Testamentsvollstrecker oder dem für unbekannte Erben bestellten Nachlasspfleger bekannt gegeben werden (vgl § 1984 Rn 2 f). Die in § 1983 BGB vorgeschriebene Veröffentlichung der Anordnung ist keine Wirksamkeitsvoraussetzung. Gem §§ 34 Abs 2 Nr 2 ErbStG, 7 Abs 1 Nr 5 ErbStDVO v 8. 9. 1998 (BGBl I 2658), zuletzt geändert durch Art 16 VO vom 29. 6. 2015 (BGBl I 1042), hat das Gericht eine beglaubigte Abschrift des Beschlusses über die Einleitung der Nachlassverwaltung dem zuständigen Finanzamt zu übersenden. Bei geringwertigen Nachlässen besteht diese Pflicht gem § 7 Abs 4 Nr 1 ErbStDVO nicht.

3. Auswahl und Bestellung des Nachlassverwalters

a) Als Verwalter kann **jede geeignete und unbefangene Persönlichkeit** bestellt werden. Eine Verpflichtung zur Übernahme des Verwalteramtes besteht nicht; insoweit finden gem Abs 3 die Grundsätze des Vormundschaftsrechts (§ 1785 BGB) „keine Anwendung". Diese zwar für die Nachlasspflegschaft des § 1975 BGB (die Nachlassverwaltung), nicht aber auch für die Nachlasspflegschaft der §§ 1960, 1961 BGB statuierte Ausnahme erklärt sich daraus, dass die Nachlassverwaltung mehr den Interessen der Erben und der Nachlassgläubiger als dem öffentlichen Interesse dient und man ihre Übernahme deshalb nicht zu einer Bürgerpflicht machen wollte. 28

b) **Der Erbe selbst kann**, jedenfalls wenn keine Miterben vorhanden sind (s unten), **nicht als Nachlassverwalter bestellt werden** (Planck/Flad Anm 4b; MünchKomm/Küpper Rn 8; Erman/Horn Rn 6; Palandt/Weidlich Rn 5; Soergel/Stein § 1985 Rn 2). Die für die Nachlassverwaltung wesentliche (§§ 1984 f BGB) Absonderung des Nachlasses vom Eigenvermögen wäre sonst nicht gewährleistet. Der hier geradezu typische Interessenwiderstreit (s §§ 1975, 1978–1980 BGB) macht es erforderlich, den Nachlass in *fremde* Hände, nämlich in die eines vom Erben verschiedenen Verwalters zu legen (s auch § 1975 Rn 23). Besondere Voraussetzungen und Vorkehrungen wie die, unter denen im Nachlass*insolvenz*verfahren ausnahmsweise eine „Eigenverwaltung" durch den Erben zugelassen werden kann (vgl §§ 270 ff InsO und § 1975 Rn 10, § 2000 Rn 3, § 2013 Rn 4, 10), sind dem Recht der Nachlassverwaltung fremd, so gibt es hier weder einen „Sachwalter" noch eine „Gläubigerversammlung". An der bisherigen hM, dass der Erbe nicht selbst zum Nachlassverwalter bestellt werden kann, ist deshalb festzuhalten, und zwar auch im Hinblick auf das Inkrafttreten des Gesetzes zur weiteren Erleichterung der Sanierung von Unternehmen am 1. 3. 2012 (G v 13. 12. 2011; BGBl S 2582 = ESUG), dessen Ziel es zwar ist, die Eigenverwaltung im Insolvenzverfahren zu stärken – dies jedoch im Hinblick auf eine erleichterte Sanierung eines Unternehmens bei Eigenverwaltung, sprich Verwaltung durch den Unternehmensinhaber (vgl Begr GesE BT-Drucks 17/5712, 1 ff). Dieser Gesetzeszweck ist bei einer Nachlassverwaltung indes regelmäßig nicht berührt. Die Bestellung des Erben ist daher jedenfalls dann unzulässig, wenn nur *ein* Erbe existiert. Sind *mehrere* Erben vorhanden, so wird man es schon eher zulassen dürfen, dass *einer* von ihnen zum Nachlassverwalter bestellt wird (vgl Reihlen MDR 1989, 603 f; Prange MDR 1994, 235 ff), insbesondere, wenn auf diese Weise Verfahrenskosten eingespart werden können (vgl § 1982 Rn 4, § 1988 Rn 7). 29

c) Auch der verwaltende **Testamentsvollstrecker** kann zum Nachlassverwalter bestellt werden (Rn 14), ebenso der **Zwangsverwalter** eines Nachlassgrundstücks (KG JFG 18 [1939] 329), uU auch ein **Nachlassgläubiger** oder sein Vertreter, doch ist hier wegen der Gefahr von Interessenkollisionen Vorsicht geboten (OLG München HRR 1936 Nr 214; grds gegen die Bestellung eines Nachlassgläubigers Soergel/Stein § 1985 Rn 2). 30

d) **Die Bestellung mehrerer Nachlassverwalter** für verschiedene Geschäftszweige (Planck/Flad Anm 4c; BGB-RGRK/Johannsen Rn 18; MünchKomm/Küpper Rn 8; Weissler I 426; Strohal § 79 I 3) konnte vor der ersatzlosen Streichung des § 79 KO auf eine analoge Anwendung dieser Vorschrift gestützt werden. Der Gesetzgeber hat jedoch 31 bewusst davon abgesehen, die Bestimmung in die InsO zu übernehmen. Zur Begründung wurde darauf hingewiesen (vgl BT-Drucks 12/2443, 127), dass die Abgrenzung der Zuständigkeiten mehrerer Verwalter zu Schwierigkeiten führen würde und es sich in der Praxis bewährt habe, auch für große Unternehmen nur einen Verwalter zu bestellen, der sich gegebenenfalls der Hilfe geeigneter Mitarbeiter bedienen könne. Die Bestellung eines Sonderinsolvenzverwalters bei Verhinderung des eigentlichen Verwalters solle dagegen möglich sein (BT-Drucks 12/2443, 127, 131; 12/7302, 162 – jeweils zu § 77 RegEInsO). Diese Überlegungen werden auch für die Bestellung mehrerer *Nachlassverwalter* nicht ganz ohne Bedeutung sein. Jedoch wird die ersatzlose Streichung des § 79 KO hier zumindest teilweise kompensiert durch die §§ 1775, 1797 Abs 2 BGB (die gem §§ 1975, 1962, 1915 Abs 1 BGB auf die Nachlassverwaltung analog anzuwenden sind; s Staudinger/Mešina [2017] § 1960 Rn 32 aE). Werden mehrere Nachlassverwalter bestellt, so handelt jeder in dem ihm zugewiesenen Geschäftsbereich selbständig (wichtig für die Haftung, §§ 1915 Abs 1, 1833 Abs 2 BGB). Die vom KG (DJZ 1928, 388) als zulässig erachtete **Bestellung eines Gegennachlassverwalters** wird, weil „nicht erforderlich" (§ 1915 Abs 2 BGB), praktisch nicht vorkommen (vgl Weissler I 426; Lange/Kuchinke § 49 III 6 a; Soergel/Stein § 1985 Rn 2). Ausnahme: der Beteiligte zu 4 im Fall BayObLGZ 2000, 8, 9 = NJW-RR 2001, 870.

32 **e) Die Bestellung** des Nachlassverwalters **erfolgt nach § 1789 BGB**. Dies folgt aus der Rechtsnatur der Nachlassverwaltung als besondere Art der Nachlasspflegschaft (§§ 1975, 1960 Abs 2 BGB; vgl § 1975 Rn 18), weshalb über die Verweisung in § 1915 Abs 1 S 1 BGB die Vorschrift des § 1789 BGB anzuwenden ist. An die Stelle des Familiengerichts tritt das Nachlassgericht (§ 1962 BGB, § 342 Abs 1 Nr 8 FamFG). Der Verwalter ist wie ein Vormund zu verpflichten und erst dann wirksam bestellt, wenn den Erfordernissen des § 1789 S 1 BGB genüge getan ist. Der Nachlassverwalter muss persönlich anwesend sein und mitwirken (Staudinger/Veit [2020] § 1789 Rn 6 f mwNw). Eine schriftliche Ernennung (etwa durch Bekanntgabe eines Ernennungsbeschlusses) ist nicht ausreichend. Auch durch Aushändigung der Bestallungsurkunde und Veröffentlichung der Bestellung wird der Formmangel nicht geheilt (OLG München HRR 1936 Nr 214; Soergel/Stein § 1985 Rn 2). Dagegen handelt es sich bei § 1789 *S 2* BGB um eine bloße Ordnungsvorschrift, deren Verletzung die Wirksamkeit der Bestellung nicht berührt. Die Bestellung nach § 1789 BGB ist ein öffentlich-rechtlicher Bestellungsakt, auf den die Vorschriften der §§ 104 ff BGB, insbesondere die Vorschriften über die Anfechtung von Willenserklärungen nach §§ 119 ff BGB *nicht* anwendbar sind (Staudinger/Veit [2020] § 1789 Rn 2 f mwNw). Das Erfordernis, den Nachlassverwalter entspr § 1789 BGB zu bestellen wird regelmäßig dazu führen, dass der Zeitpunkt des Wirksamwerdens der Anordnung der Nachlassverwaltung (nach hM mit Bekanntgabe des Anordnungsbeschlusses an den Erben, hierzu oben Rn 27 und § 1984 Rn 2) und der Zeitpunkt des Wirksamwerdens der Bestellung des Nachlassverwalters auseinanderfällt.

4. Kosten siehe § 1975 Rn 27.

V. Rechtsbehelfe

1. Rechtsbehelfsbelehrung

Jeder im Verfahren der freiwilligen Gerichtsbarkeit ergehende Gerichtsbeschluss, 33
also auch die Anordnung der Nachlassverwaltung oder die Abweisung eines nach § 1981 BGB gestellten Antrags des Erben oder eines Nachlassgläubigers, muss eine Rechtsbehelfsbelehrung enthalten (§ 39 FamFG). Ist eine Rechtsbehelfsbelehrung unterblieben oder fehlerhaft, so ist eine daraufhin erfolgte Versäumung der Rechtsmittelfrist idR als unverschuldet anzusehen (§ 17 Abs 2 FamFG).

2. Rechtsbehelfe gegen Entscheidungen des Richters

Hat nicht der Rechtspfleger (vgl aber §§ 3 Nr 2 c, 16 Abs 1 Nr 1 RPflG), sondern der 34
Richter über die Anordnung der Nachlassverwaltung entschieden (vgl zB OLG Hamm Rpfleger 1976, 94 m abl Anm Meyer-Stolte betr die – vom OLG Hamm bejahte [abl § 1960 Rn 17] – Frage des Richtervorbehalts [§§ 16 Abs 1 Nr 1, 14 Abs 1 Nr 4 RPflG] für die Anordnung der *Nachlasspflegschaft* über den inländischen Nachlass eines Ausländers), so kommt hiergegen die Beschwerde nach § 359 FamFG in Betracht:

a) Ein Beschluss, der *auf Antrag des Erben* die Nachlassverwaltung anordnet, ist 35
„nicht anfechtbar" (§ 359 Abs 1 FamFG). Insb den Nachlassgläubigern steht ein Beschwerderecht nicht zu. Aber auch der Testamentsvollstrecker hat gegen die auf Antrag des Erben erfolgte Anordnung der Nachlassverwaltung kein Beschwerderecht (OLG Dresden SeuffBl 72 [1907] 1060; zur Rechtslage bei *missbräuchlichem,* weil nur auf Beseitigung des Verwaltungsrechts des Testamentsvollstreckers zielendem Antrag des Erben auf Nachlassverwaltung s Muscheler 131).

Die Unanfechtbarkeitsregel des § 359 Abs 1 FamFG darf nicht dadurch umgangen werden, dass alsbald nach Anordnung der Nachlassverwaltung aus einem schon bei der Anordnung bestehenden Grunde, zB wegen Nichtvorhandenseins hinreichender Masse (§ 1988 Abs 2 BGB), die Aufhebung der Nachlassverwaltung beantragt und gegen die Ablehnung der Aufhebung Beschwerde geführt wird (KGJ 36 [1909] A 70 = OLGE 17 [1908/II] 365 f; OLG Jena OLGE 7 [1903/II] 135; Keidel/Kuntze/Winkler FGG § 76 Rn 2). Ohnehin ist nach § 48 Abs 1 S 1 FamFG eine Änderung oder Aufhebung gerichtlicher Endentscheidungen nur zulässig, wenn sich die zugrundeliegende Sach- oder Rechtslage *nachträglich* wesentlich geändert hat (allerdings Ausnahme im Fall des § 1988 Abs 2 BGB). Zur Beschwerde gegen die Ablehnung eines auf den Gesichtspunkt der Zweckerreichung gestützten Antrags auf Aufhebung der Nachlassverwaltung vgl § 1988 Rn 10.

Nicht ausgeschlossen ist die Beschwerde, wenn die Nachlassverwaltung im Fall der 36
Miterbschaft entgegen § 2062 HS 1 BGB auf Antrag nur eines oder einzelner Erben angeordnet wurde (OLG Hamm FamRZ 2016, 320), und damit ein wirksamer Antrag auf Anordnung einer Nachlassverwaltung nie vorlag. Allerdings steht die Beschwerde hier nur den übrigen Erben zu (Denkschr zum FGG-Entwurf bei Hahn/Mugdan, Die gesammten Materialien zu den Reichs-Justizgesetzen VII [1898] 55; KG SeuffA 66 [1911] Nr 178). Für ein Beschwerderecht der *Nachlassgläubiger* in diesem Sonderfall (befürwortend Jansen/Müller-Lukoschek[3] FGG § 76 Rn 7; unentschlossen: Keidel/Zimmermann[19] FamFG § 359

Rn 11) sprach sich die Denkschr zum FGG-Entwurf (s oben) nicht aus, sie verneint ein Beschwerderecht der Gläubiger pauschal für alle Fälle (s auch Rn 42 und für den ähnlich liegenden Fall der Eröffnung eines Nachlass*insolvenz*verfahrens §§ 6 Abs 1, 34 Abs 2 InsO). Wenn die Nachlassverwaltung auf Antrag eines nur vermeintlichen Erben angeordnet worden ist (s Rn 12), kann der wirkliche Erbe Beschwerde einlegen, da ein wirksamer Antrag nie vorgelegen hat (KGJ 31 [1906] A 73 = RJA 7, 102; dort hatte der Antragsteller die Erbschaft nach Einleitung der Nachlassverwaltung ausgeschlagen; Keidel/Zimmermann[19] FamFG § 359 Rn 11). KG JFG 21, 213 (= DR 1940, 801) gesteht dem Erben das Beschwerderecht gegen die auf Antrag eines Nachlasspflegers zu Unrecht angeordnete Nachlassverwaltung zu (ebenso Keidel/Zimmermann[19] FamFG § 359 Rn 12 aE). Sehr weit geht das LG Aachen (NJW 1960, 46, 48 m insoweit krit Anm v vBuch), wenn es ausführt, gegen die *unzulässige* Anordnung der Nachlassverwaltung sei trotz § 76 Abs 1 FGG – jetzt § 359 Abs 1 FamFG – die Beschwerde gegeben (vgl Leitsatz a; wie dort Keidel/Kuntze/Winkler FGG § 76 Rn 2; enger nunmehr Keidel/Zimmermann[19] FamFG § 359 Rn 11; **aM** Lange/Kuchinke § 49 III 3 Fn 71). Die hM (LG Aachen NJW 1960, 46, 48; Soergel/Stein Rn 1; Jansen/Müller-Lukoschek[3] FGG § 76 Rn 7; unentschieden Keidel/Zimmermann[19] FamFG § 359 Rn 11) will sogar die, nach dem soeben Gesagten prinzipiell ausgeschlossene, Beschwerde eines *Nachlassgläubigers* zulassen, wenn der Erbe, auf dessen Antrag die Nachlassverwaltung angeordnet wurde, aus irgendeinem Grunde nicht antragsberechtigt gewesen sei (zB wegen §§ 2013 Abs 1 S 1 HS 2, 2062 BGB). Unter dem Gesichtspunkt der *Gläubigerbenachteiligung* (§§ 1 ff AnfG, 129 ff InsO) kann der vom Erben gestellte Antrag auf Anordnung der Nachlassverwaltung jedenfalls nicht „angefochten" werden (RG LZ 1907, 839, 841 betr § 3 AnfG; Palandt/Weidlich Rn 1). Nach Keidel/Kuntze/Winkler (FGG § 76 Rn 2 a) steht § 76 Abs 1 FGG – jetzt § 359 Abs 1 FamFG – der Statthaftigkeit der Beschwerde auch dann nicht entgegen, wenn es an der *internationalen Zuständigkeit* fehlt (allgemein zur internationalen Zuständigkeit s § 1975 Rn 50 ff; Keidel/Zimmermann[18] FamFG § 359 Rn 22).

37 **b) Gegen einen Beschluss, der auf Antrag eines Nachlassgläubigers die Nachlassverwaltung anordnet**, findet gem § 58 Abs 1 FamFG die Beschwerde statt; diese steht aber nicht den übrigen Gläubigern, sondern nur dem Erben – bei Miterben jedem – sowie dem verwaltenden Testamentsvollstrecker zu, § 359 Abs 2 FamFG. Die wenig praktische Frage, ob auch der Nachlasspfleger beschwerdebefugt ist, dürfte zu bejahen sein, da er gesetzlicher Vertreter des Erben ist. Zum Lauf der Beschwerdefrist vgl §§ 63 Abs 3, 41 FamFG. Die Beschwerde kann nur darauf gestützt werden, dass die Voraussetzungen für die Anordnung einer Nachlassverwaltung *zur Zeit der Anordnung* nicht gegeben waren (KG RJA 9 [1907] 9 ff = OLGE 17 [1908/II] 366; KGJ 44 [1913] A 72, 76; BayObLGZ 32 [1932] 336, 338 f; BayObLGZ 1966, 75, 76 = FamRZ 1967, 173; MünchKomm/Küpper Rn 9; Soergel/Stein Rn 13; **aM** anscheinend Jansen/Müller-lokuschek[3] FGG § 76 Rn 12, die auf die Verhältnisse zZ der Entscheidung des Beschwerdegerichts abstellen will). Wenn diese Voraussetzungen zur Zeit der Anordnung erfüllt waren und erst später weggefallen bzw durch neue Tatsachen, die die Aufhebung der Nachlassverwaltung rechtfertigen, überlagert worden sind, so kann die Nachlassverwaltung gleichwohl nicht im Beschwerdeverfahren gegen den anordnenden Beschluss, sondern nur auf den bei § 1988 Rn 10, 15 erwähnten Wegen beendet werden. Aber selbst wenn es zur Zeit der Anordnung der Nachlassverwaltung an den gesetzlichen Voraussetzungen fehlte, kann die Beschwerde gegen den anordnenden Beschluss dann keinen Erfolg haben, wenn die gesetzlichen Voraussetzungen der Nachlassverwaltung nachträglich eintreten (KGJ 44 [1913] A 72, 76 f; Soergel/Stein Rn 13; Jansen/Müller-Lukoschek § 76 Rn 12).

c) Gegen einen Beschluss, der den Antrag auf Anordnung der Nachlassverwaltung ablehnt, steht nur dem Antragsteller die Beschwerde zu (§ 59 Abs 2 FamFG). Aus verfahrensökonomischen Gründen sollte auch derjenige beschwerdebefugt sein, der einen Antrag zum Zeitpunkt der Einlegung der Beschwerde ebenfalls noch hätte stellen können (MünchKommFamFG/Fischer[2] § 59 Rn 71 mwNw). Voraussetzung ist, dass der Antragsteller beschwert ist (§ 59 Abs 1 FamFG; diese fehlt etwa bei dem nachfolgend in § 1982 Rn 9 beschriebenen Fall). Miterben können die Beschwerde nur gemeinschaftlich einlegen, arg § 2062 BGB (LG Karlsruhe ZBlFG 4 [1903/1904] 32; OLG München JFG 14 [1937] 61, 63; Keidel/Zimmermann[19] FamFG § 359 Rn 15; Soergel/Stein Rn 9; MünchKomm/Küpper Rn 9; Palandt/Weidlich Rn 6; Erman/Horn Rn 8; **aM** Staudinger/Lehmann[11] Rn 19 unter Hinweis auf die „einschneidende Wirkung"). Aufhebung oder Änderung nach § 48 Abs 1 S 1 FamFG, also wegen nachträglicher wesentlicher Änderung der Sach- oder Rechtslage, ist nur auf Antrag zulässig (§ 48 Abs 1 S 2 FamFG iVm § 1981 BGB). 38

d) Gegen den die Nachlassverwaltung aufhebenden Beschluss steht jedem, der durch den aufhebenden Beschluss in seinen Rechten beeinträchtigt ist, die Beschwerde zu (§ 59 Abs 1 FamFG), regelmäßig auch jedem Nachlassgläubiger, dessen Befriedigung eine Nachlassverwaltung dient (OLG Hamm NJW-RR 2010, 1595 = FamRZ 2011, 64). § 59 Abs 2 FamFG, der die Beschwerdebefugnis bei reinen Antragsverfahren auf den Antragsteller begrenzt, ist nicht anwendbar, da der Beschluss über die Aufhebung keines Antrags bedarf. Auch kann hier nicht auf den Anordnungsantrag abgestellt werden, da ein zwischenzeitlich angeordnetes Verfahren allen Beteiligten Rechtspositionen vermittelt, in die ein Aufhebungsbeschluss stets eingreift. Nicht beschwerdebefugt ist aber der Nachlassverwalter (RGZ 151, 57, 62; MünchKomm/Küpper Rn 9 aE; Keidel/Zimmermann[19] § 359 Rn 16); anders, wenn er gegen seinen Willen entlassen wird (vgl KGJ 40 [1911] 41, 42). 39

e) Aufschiebende Wirkung hat die Beschwerde nur in Fällen, in denen der mit ihr angefochtene Beschluss nicht bereits mit Bekanntgabe (§ 40 Abs 1 FamFG), sondern erst mit Eintritt der Rechtskraft wirksam und vollziehbar wird. Das ist in den oben thematisierten Angelegenheiten nicht der Fall. 40

3. Rechtsbehelfe gegen Entscheidungen des Rechtspflegers

Hat der Rechtspfleger über die Anordnung der Nachlassverwaltung entschieden (Regelfall nach §§ 3 Nr 2 c, 16 Abs 1 Nr 1 RPflG), so kann unter denselben Voraussetzungen und in gleicher Weise **Beschwerde** eingelegt werden wie gegen eine inhaltsgleiche Entscheidung des Richters (vgl § 11 Abs 1 RPflG und erg oben Rn 34 ff). Ist gegen die Entscheidung nach den allgemeinen verfahrensrechtlichen Vorschriften ein Rechtsmittel nicht gegeben, kommt die **Erinnerung** nach § 11 Abs 2 RPflG in Betracht. Wie eine Beschwerde setzt aber auch die Erinnerung eine Rechtsbeeinträchtigung voraus; wie jene steht auch die Erinnerung *nur dem Beschwerten* zu (s Hintzen, in: Arnold/Meyer-Stolte/Herrmann/Hintzen [7. Aufl 2009] RPflG § 11 Rn 9, 54; zust Erman/Horn Rn 7). 41

Beschweren kann die *Anordnung* der Nachlassverwaltung auch die nach § 359 FamFG grundsätzlich nicht beschwerdebefugten (s jedoch Rn 36) **Nachlassgläubiger**: Nach der Denkschr zum FGG-Entwurf (Hahn/Mugdan, Die gesammten Materialien zu den Reichs-Justizgesetzen VII [1898] 55) soll die Anordnung der Nachlassverwaltung, 42 wenn eine den Kosten entsprechende Masse nicht vorhanden ist, zwar geeignet sein, das Recht der Gläubiger auf Befriedigung aus dem Nachlass zu beeinträchtigen; jedoch erachtete man das Interesse, welches die Nachlassgläubiger aus diesem Grunde an der Beseitigung der Nachlassverwaltung hätten, als nicht erheblich genug, um auch ihnen ein Beschwerderecht einzuräumen. Ob bzw inwiefern dort, wo § 359 FamFG die Beschwerde ausschließt, nach § 11 Abs 2 RPflG die Erinnerung zulässig ist, erscheint fraglich. Wohl zu Recht vertrat Hansens (in: Arnold/Meyer-Stolte/Herrmann/Hansens [4. Aufl 1994, nicht in den Folgeauflagen] RPflG § 11 Rn 11) in anderem Zusammenhang (§ 11 Abs 1 aF RPflG iVm § 20a FGG) die auch hier (§ 11 Abs 2 nF RPflG iVm § 76 FGG/jetzt § 359 FamFG) einschlägige Ansicht, § 11 RPflG wolle *nicht den Kreis der Rechtsbehelfsträger erweitern,* sondern nur eine sonst möglicherweise unanfechtbare Entscheidung zur weiteren Überprüfung stellen. Im Ergebnis dürfte das Recht der Nachlassgläubiger, gegen die *Anordnung* der Nachlassverwaltung Erinnerung einzulegen, trotz § 11 Abs 2 RPflG zu verneinen sein. Denn nach § 1982 BGB (s § 1982 Rn 2 f) ist die Anordnung der Nachlassverwaltung auch dann zulässig, wenn die Verfahrenskosten die Masse zum Nachteil der Nachlassgläubiger vollständig aufzehren würden. Den Nachlassgläubigern gegen die Anordnung der Nachlassverwaltung die Erinnerung nach § 11 Abs 2 RPflG auch dort zu gewähren, wo ihnen § 359 FamFG die Beschwerde versagt (s Rn 35 f), ist deshalb auch verfassungsrechtlich nicht geboten (vgl zur verfassungsrechtlichen Rechtfertigung des § 11 Abs 2 RPflG Begr RegE BT-Drucks 13/10244, 7 [„aus verfassungsrechtlichen Gründen"] und Hintzen, in: Arnold/Meyer-Stolte/Herrmann/Hintzen [7. Aufl 2009] RPflG § 11 Rn 40 [„Art 19 Abs 4 GG"]; s auch BVerfGE 101, 397 ff = NJW 2000, 1709 ff = ZEV 2000, 148 ff = JZ 2000, 783 ff m Anm Hess/Vollkommer und Aufsatz Pawlowski JZ 2000, 913 ff). Auch unter praktischen Gesichtspunkten wäre eine Erinnerungsbefugnis der Nachlassgläubiger höchst problematisch, weil die Erinnerung gem § 11 Abs 2 S 1 RPflG binnen der für die sofortige Beschwerde geltenden Frist einzulegen wäre, diese Frist gem § 569 Abs 1 S 2 ZPO mit der Zustellung der Entscheidung (gem § 63 Abs 3 FamFG zu ergänzen: „an die Beteiligten") – spätestens allerdings mit dem Ablauf von fünf Monaten nach Wirksamwerden des Beschlusses (§ 569 Abs 1 S 2 ZPO, ähnlich § 63 Abs 3 S 2 FamFG) – beginnen würde, die Anordnung der Nachlassverwaltung aber nicht allen Nachlassgläubigern (!) zugestellt werden kann.

43 Gegen die *Ablehnung* der von einem Nachlassgläubiger beantragten Anordnung der Nachlassverwaltung hat dieser selbstverständlich das Beschwerderecht (s § 11 Abs 1 RPflG und oben Rn 38).

VI. Aufhebung der Anordnung von Amts wegen

44 Erachtet das Nachlassgericht die von ihm verfügte Anordnung der Nachlassverwaltung nachträglich für ungerechtfertigt, so ist es nach § 48 Abs 1 FamFG nur dann zur Aufhebung berechtigt, „wenn sich die zugrundeliegende Sach- oder Rechtslage nachträglich wesentlich geändert hat" und der Erbe oder ein sonstiger Berechtigter die Aufhebung des Anordnungsbeschlusses tatsächlich beantragt (zum Antragserfordernis vgl § 1988 Rn 15). Der Umstand, dass die Befriedigung der Nachlassgläubiger aus dem Nachlass niemals gefährdet war, rechtfertigt daher zwar eine (fristgerechte) Beschwerde der in § 359 Abs 2 FamFG Genannten, nicht aber die amtswegige Aufhebung der bereits rechtskräftig gewordenen Anordnung der Nachlassverwaltung (iE ebenso bereits vor Geltung des FamFG: LG Mannheim MDR 1960, 505; Soergel/Stein

Rn 13; Staudinger/Marotzke [2002] Rn 42). Gem § 1988 BGB kann die Nachlassverwaltung jedoch aufgehoben werden, „wenn sich ergibt", dass eine den Kosten entsprechende Masse nicht vorhanden ist. Vgl erg § 1988 Rn 13 ff.

VII. Internationale Zuständigkeit

Vgl hierzu § 1975 Rn 51 f. 45

VIII. Recht der ehemaligen DDR

Vgl hierzu Staudinger/Dutta (2016) Vorbem 55 zu §§ 1967 ff. 46

IX. Analoge Anwendung im Gesellschaftsrecht?

Vgl hierzu § 1975 Rn 54. 47

§ 1982
Ablehnung der Anordnung der Nachlassverwaltung mangels Masse

Die Anordnung der Nachlassverwaltung kann abgelehnt werden, wenn eine den Kosten entsprechende Masse nicht vorhanden ist.

Materialien: E II § 1856; III § 1957; Prot V 810;
Jakobs/Schubert ER I 303, 599 ff.

1. Gedacht ist die Vorschrift als Parallele zu § 107 Abs 1 KO (Prot V 810), jetzt § 26 Abs 1 InsO. 1

2. Die Formulierung „eine den Kosten entsprechende Masse" kann leicht zu dem Missverständnis führen, dass es wie bei § 1965 Abs 1 S 2 BGB und § 1980 Abs 2 S 2 HS 2 BGB darauf ankomme, ob „die Kosten (des Verfahrens) dem Bestand des Nachlasses gegenüber unverhältnismäßig groß" sind. In diese Richtung geht vermutlich die in Rspr und Schrifttum (zB KG OLGE 11 [1905/II] 227; Soergel/Stein Rn 2) anzutreffende These, dass die Anordnung der Nachlassverwaltung schon dann abgelehnt werden könne, wenn die Kosten einen unverhältnismäßig großen Teil der Masse in Anspruch nehmen und diese zum Nachteil der Gläubiger übermäßig verringern würden. Diese Interpretation des § 1982 BGB wird von der hM zu Recht abgelehnt (Planck/Flad Anm 2; BGB-RGRK/Johannsen Rn 1; Erman/Horn Rn 2; MünchKomm/Küpper Rn 1; vgl auch Jaeger/Weber[8] KO § 107 Rn 1). Denn § 1982 BGB übernimmt nicht die Formulierungen der §§ 1965 Abs 1 S 2, 1980 Abs 2 S 2 HS 2 BGB, sondern ist als Parallele zu § 107 Abs 1 S 1 KO gedacht (Rn 1), der ebenfalls auf die Notwendigkeit einer den Verfahrenskosten „entsprechende(n)" Masse hinwies und damit nichts anderes als den *Kostendeckungsgrundsatz* meinte (deutlicher nunmehr § 26 Abs 1 S 1 InsO, der am 1. 1. 1999 an die Stelle des § 107 Abs 1 S 1 KO getreten ist). Deshalb bestimmte § 107 Abs 1 S 2 KO, dass die Abweisung des Eröffnungsantrags „unterbleibt, wenn ein zur Deckung der […] Massekosten ausreichender 2

Geldbetrag vorgeschossen wird“ (vgl auch § 26 Abs 1 S 2 InsO). Das muss auf § 1982 BGB übertragen werden (s Rn 1, 4; KG MDR 2006, 694 f = FamRZ 2006, 559 = FGPrax 2006, 76, 77).

3 **3.** § 1982 BGB gibt dem Nachlassgericht also (Rn 2) nicht das Recht, die Anordnung der Nachlassverwaltung schon dann abzulehnen, wenn die Kosten einen unverhältnismäßig großen Teil der Masse in Anspruch nehmen und diese zum Nachteil der Gläubiger übermäßig verringern würden (**aM** nur für Extremfälle [„ein ganz geringfügiger mutmaßlicher Überschuß“] Staudinger/Marotzke [1996] Rn 3; MünchKomm/Küpper Rn 1; Erman/Horn Rn 2; Palandt/Weidlich Rn 1; nicht aber – für das Insolvenzverfahren – Jaeger/Weber[8] KO § 107 Rn 1). Unter solchen Umständen wird die Anordnung der Nachlassverwaltung aber uU dann abgelehnt werden können, wenn sie von einem *Nachlassgläubiger* beantragt ist. Als Ablehnungsgrund kommt jedoch nicht § 1982 BGB in Betracht (wichtig wegen § 1990 BGB; s Rn 8), sondern höchstens die absolute Ungeeignetheit der Nachlassverwaltung zur Abwendung der in § 1981 Abs 2 S 1 BGB bezeichneten Gefahren: Es ist dann abzuwägen, ob die Befriedigung der Nachlassgläubiger aus dem Nachlass durch die Anordnung der Nachlassverwaltung und die hierdurch entstehenden Kosten mehr gefährdet würde als durch das Verhalten oder die Vermögenslage des Erben. Kein Ablehnungsgrund ist die *Überschuldung* des Nachlasses (§ 1981 Rn 8).

4 **4.** Analog § 26 Abs 1 S 2 InsO kann die Anordnung der Nachlassverwaltung nicht wegen Fehlens einer den Kosten entsprechenden Masse abgelehnt werden, **wenn ein ausreichender Geldbetrag vorgeschossen wird** (OLG München FamRZ 2019, 730; BGB-RGRK/Johannsen Rn 1; MünchKomm/Küpper Rn 1; KG MDR 2006, 694, 695 = FamRZ 2006, 559 = FGPrax 2006, 76, 77; iE ebenso Prot V 810; **aM** wohl nur Binder II 193 Fn 15), der analog §§ 53, 209 Abs 1 Nr 1 InsO zurückzuerstatten ist, wenn sich nachträglich herausstellt, dass der Nachlass die Verfahrenskosten deckt (LG Lüneburg Rpfleger 2009, 458). Gleiches gilt, wenn das Missverhältnis zwischen Kosten und Masse durch **kostensenkende Maßnahmen** behoben werden kann. ZB könnte man erwägen, als Nachlassverwalter eine Person zu verpflichten, die aus ideellen oder sonstigen Gründen bereit ist, ohne Vergütung tätig zu werden (uU kommt in solchen Fällen sogar ein Miterbe in Betracht, vgl § 1981 Rn 29, § 1988 Rn 7 mwNw).

5 **5.** Zu den **Kosten** der Nachlassverwaltung gehören die Gebühren und Auslagen; vgl §§ 1983, 1987 BGB und §§ 8, 9, 64 GNotKG (Erman/Horn Rn 1), zur **Masse** ua auch etwaige Ersatzansprüche gegen den Erben nach §§ 1978–1980 BGB (s § 1978 Abs 2 BGB und § 328 Abs 2 InsO) sowie die für den Fall der Anordnung wiederauflebenden (§§ 1976, 1977 BGB) und dann der Verfügung des Nachlassverwalters unterliegenden (§§ 1984, 1985 BGB) Rechte.

6 **6. Die Masse deckt** (Rn 2) **die Kosten nicht, wenn die Summe der im Nachlass vorhandenen Geldbeträge und eine Verwertung der nicht in Geld bestehenden Nachlassgegenstände kein die Kosten einer Nachlassverwaltung deckendes Ergebnis versprechen**. Ob dies der Fall ist, hat das Nachlassgericht von Amts wegen zu ermitteln (§ 26 FamFG). **Ein vom Erben eingereichtes Nachlassinventar ist weder für das Nachlassgericht verbindlich** (die Vollständigkeitsvermutung des § 2009 BGB wirkt nur im Verhältnis zwischen dem Erben und den *Nachlassgläubigern,* nicht auch zu Lasten des durch § 1982 BGB geschützten *überindividuellen Interesses an der Vermeidung*

uneinbringlicher Kosten [vgl erg § 1990 Rn 6 Abs 3]) **noch macht es eigene gerichtliche Ermittlungen entbehrlich** (vgl auch HK-InsO/KIRCHHOF[7] § 26 Rn 19 für das *Insolvenz*verfahren; **aM** anscheinend der in OLG Düsseldorf Rpfleger 2000, 115 = ZEV 2000, 155 bestätigte Beschluss eines Nachlassgerichts). Ob die vorhandenen Nachlassgegenstände keinen die Verfahrenskosten deckenden Verwertungserlös versprechen, ist durch **Schätzung**, notfalls eines Sachverständigen, festzustellen. Wie bei § 26 Abs 1 S 1 InsO (s HK-InsO/KIRCHHOF[7] § 26 Rn 4) sollte man keine volle Gewissheit verlangen (so jedoch MünchKomm/KÜPPER Rn 1), sondern auf „überwiegende Wahrscheinlichkeit" abstellen.

7. Zeigt sich der Mangel einer den Kosten entsprechenden Masse erst nach Anordnung der Nachlassverwaltung, so kann die Nachlassverwaltung gem § 1988 Abs 2 BGB aufgehoben werden. *Rechtsbehelfe gegen die Anordnung* der Nachlassverwaltung werden nur selten in Betracht kommen (vgl § 1981 Rn 34 ff, 41; MünchKomm/KÜPPER § 1982 Rn 3, vgl aber den in Rn 9 beschriebenen Fall). § 1988 Abs 2 BGB wird öfter angewandt als § 1982 BGB, da sich die Zusammensetzung und der Wert des Nachlasses und die Höhe der Verwaltungskosten nicht immer von vornherein übersehen lassen. Auch die *Aufhebung* der Nachlassverwaltung kann durch Vorschuss der Verfahrenskosten abgewandt werden (Analogie zu § 207 Abs 1 S 2 InsO). 7

8. Der Erbe erwirbt die haftungsbeschränkenden Einreden aus §§ 1990, 1991 BGB, wenn die Anordnung der Nachlassverwaltung aus dem in § 1982 BGB genannten Grunde abgelehnt (s § 1990 Rn 6) oder die bereits angeordnete Nachlassverwaltung aufgrund § 1988 Abs 2 BGB aufgehoben wird. An die Stelle des dem Erben vorenthaltenen bzw entzogenen Schutzes durch § 1975 BGB treten also die Schutzwirkungen der §§ 1990, 1991 BGB. 8

9. Rechtsbehelfe: Beschwerde nach §§ 59, 359 FamFG, sowie Beschwerde und Erinnerung nach § 11 RPflG. Voraussetzung ist, dass der Antragsteller beschwert ist (§ 59 Abs 1 FamFG). Diese Beschwer fehlt etwa dann, wenn der Antragsteller mit der Zurückweisung des Antrages auf Anordnung der Nachlassverwaltung mangels einer die Kosten deckenden Masse nach § 1982 BGB einverstanden ist, oder er vielmehr genau diese erreichen will, um die Einreden der §§ 1990, 1991 BGB zu erhalten (OLG Frankfurt FamRZ 2016, 1798). 9

Vgl auch Rn 7 und die bei Rn 6 erwähnte Entscheidung des OLG Düsseldorf sowie § 1981 Rn 34 ff.

§ 1983
Bekanntmachung

Das Nachlassgericht hat die Anordnung der Nachlassverwaltung durch das für seine Bekanntmachungen bestimmte Blatt zu veröffentlichen.

Materialien: E II § 1857; III § 1958; Prot V 809 f; JAKOBS/SCHUBERT ER I 303.

I. Art und Weise der Veröffentlichung

1 **1.** Aus ähnlichen Gründen wie die Eröffnung eines Insolvenzverfahrens (§§ 30, 9 InsO) ist auch die Anordnung der Nachlassverwaltung öffentlich bekanntzumachen; die Bekanntmachung der Letzteren erfolgt allerdings nicht im Internet, sondern **in dem vom Nachlassgericht durch das für seine Bekanntmachungen bestimmte Blatt**. Die Bekanntmachung der „Formel" des Beschlusses nach dem Vorbild des außer Kraft getretenen § 111 Abs 1 KO ist nicht vorgeschrieben und sollte auch angesichts des weniger streng formulierten § 30 Abs 1 InsO, der den § 111 Abs 1 KO am 1. 1. 1999 ersetzt hat, nicht im Wege der Analogie gefordert werden (iE ebenso Lange/Kuchinke § 49 Fn 76; nicht aber wohl BGB-RGRK/Johannsen Rn 1, der die damaligen §§ 111, 76, 81 KO entspr anwenden wollte). Ebenso wenig kommt für die Nachlassverwaltung die Bekanntmachung einer Anmeldefrist in Frage. Wohl aber sind der **Name** zweckmäßigerweise auch die Anschrift (Soergel/Stein Rn 1) **des Nachlassverwalters** zu veröffentlichen (BGB-RGRK/Johannsen Rn 1; Lange/Kuchinke § 49 Fn 76; vgl auch den früheren § 81 Abs 1 KO); ebenso zwecks Individualisierung der Nachlassangelegenheit der **Name des Erblassers** (und nach Soergel/Stein Rn 1 auch seine letzte Anschrift). Der Name des Erben braucht dagegen nicht angegeben zu werden. Auch muss die Bekanntmachung keine Angaben darüber enthalten, ob die Nachlassverwaltung auf Antrag des Erben oder auf Antrag eines Gläubigers angeordnet worden ist.

2 **2.** **Einmalige Veröffentlichung** gem § 1983 BGB **genügt**, sofern nicht durch Landesgesetz der Justizverwaltung die Befugnis beigelegt ist, Anweisungen über die Bekanntmachung in mehreren Blättern zu erlassen, und davon Gebrauch gemacht ist (vgl § 486 Abs 2 FamFG). Einrückung in den Bundesanzeiger nach dem Vorbild des § 30 Abs 1 S 2 InsO aF ist rechtlich nicht geboten (vgl Lange/Kuchinke § 49 Fn 76; **aM** anscheinend BGB-RGRK/Johannsen Rn 1 wegen der von ihm befürworteten analogen Anwendung auch des § 111 KO).

II. Rechtsfolgen der Veröffentlichung

3 **1.** Die Veröffentlichung ist **keine Wirksamkeitsvoraussetzung** des die Nachlassverwaltung anordnenden Beschlusses (KG RJA 8, 29, 31 = Recht 1907 Nr 1125, MünchKomm/Küpper Rn 1; Palandt/Weidlich Rn 1). Nach hM wird die Nachlassverwaltung gem § 40 Abs 1 FamFG wirksam mit der Bekanntgabe des anordnenden Beschlusses an den oder die Erben bzw den Testamentsvollstrecker oder Nachlasspfleger (str, s § 1984 Rn 2 mit dem Vorschlag einer analogen Anwendung des § 27 Abs 3 InsO).

4 **2.** **Nur für die Beweislast** bei nach Anordnung der Nachlassverwaltung erfolgten Leistungen an den Erben ist der Zeitpunkt der Veröffentlichung von Bedeutung (s § 1984 Rn 18); schon deshalb aber wird darauf zu achten sein, dass die Veröffentlichung unverzüglich nach der Anordnung erfolgt (MünchKomm/Küpper Rn 1 aE).

5 III. Zur Eintragung der Nachlassverwaltung in das Grundbuch

s § 1984 Rn 11 ff.

§ 1984
Wirkung der Anordnung

(1) Mit der Anordnung der Nachlassverwaltung verliert der Erbe die Befugnis, den Nachlass zu verwalten und über ihn zu verfügen. Die Vorschriften der §§ 81 und 82 der Insolvenzordnung finden entsprechende Anwendung. Ein Anspruch, der sich gegen den Nachlass richtet, kann nur gegen den Nachlassverwalter geltend gemacht werden.

(2) Zwangsvollstreckungen und Arreste in den Nachlass zugunsten eines Gläubigers, der nicht Nachlassgläubiger ist, sind ausgeschlossen.

Materialien: E II § 1858; III § 1959; Prot V 811; Denkschr 723; Jakobs/Schubert ER I 303, 599 ff.

Neufassung seit 1. 1. 1999: In Abs 1 S 2 wurde die Angabe „§§ 7 und 8 der Konkursordnung" durch die Angabe „§§ 81 und 82 der Insolvenzordnung" ersetzt (Art 33 Nr 38 EGInsO).

Schrifttum

Dauner-Lieb, Zwangsvollstreckung bei Nachlassverwaltung und Nachlasskonkurs, in: FS Gaul (1997) 93
Hillebrand, Die Nachlaßverwaltung – unter besonderer Berücksichtigung der Verwaltungs- und Verfügungsrechte des Nachlaßverwalters (1998)
Jaspersen, Vollstreckung nach Anordnung der Nachlaßverwaltung – zur Bedeutung des § 1984 Abs 2 BGB im Klausel- und Vollstreckungsverfahren, Rpfleger 1995, 243
Nöll/Flitsch, Nachlassverwaltung als Sicherungsinstrument bei todesfallbedingten Unternehmensrisiken, ZEV 2017, 247
Schulz (Hrsg), Handbuch Nachlasspflegschaft (2. Aufl 2017) § 11
Stein, Nachlaßverwaltung und Zwangsvollstreckung, ZEV 1998, 178.

Systematische Übersicht

Alphabetische Übersicht

I. Allgemeines

1 Während § 1985 BGB mit positiven Formulierungen die Rechtsstellung des Nachlassverwalters umschreibt, formuliert § 1984 BGB aus negativem Blickwinkel die Beschränkungen, die sich, abgesehen von der bereits in § 1975 BGB erwähnten Haftungsbeschränkung, aus der Nachlassverwaltung für den Erben, seine Eigengläubiger sowie die Nachlassgläubiger ergeben. Was der Erbe an Befugnissen und Aufgaben verliert, geht auf den Nachlassverwalter über (Rn 6); insoweit verhält es sich ähnlich wie im Nachlassinsolvenzverfahren (§§ 80 ff InsO). Zu den nicht in § 1984 BGB, sondern an anderer Stelle geregelten Wirkungen der Nachlassverwaltung vgl § 1975 Rn 1, 5 ff, 11 ff, 15 ff und §§ 1985–1988 BGB.

Wenn der Erbe sein Haftungsbeschränkungsrecht nach § 1994 Abs 1 S 2 BGB oder § 2005 BGB verloren hat, finden die §§ 1975, 1977 Abs 1, 1978–1980 BGB keine Anwendung (§ 2013 Abs 1 S 1 BGB), während die §§ 1976, 1977 Abs 2 BGB (s § 1976 Rn 8), 1984–1988 BGB und § 784 Abs 2 ZPO auch in diesem Fall anwendbar sind.

Anders wieder § 784 Abs 1 ZPO, der bei unbeschränkter Haftung nicht durchgreift.

II. Zeitpunkt des Rechtsfolgeneintritts

Nach dem Gesetzeswortlaut (Abs 1 S 1) treten die Rechtsfolgen des § 1984 BGB **„mit der Anordnung der Nachlassverwaltung“** ein. Die *Wirksamkeit* der Anordnung der Nachlassverwaltung ist dabei stillschweigend vorausgesetzt. **Wann die Anordnung wirksam wird**, war lange streitig. Keine Wirksamkeitsvoraussetzung ist die in § 1983 BGB vorgeschriebene Veröffentlichung der Anordnung (KG RJA 8, 29, 31 = Recht 1907 Nr 1125). Nach **hM** wird die Anordnung **gem § 40 Abs 1 FamFG** wirksam **mit der Bekanntgabe** an den oder die Erben (zur Erbengemeinschaft su Rn 3, vgl auch § 1981 Rn 27; MünchKomm/Küpper Rn 1 mwNw; BayObLGZ 1966, 75, 76 mwNw; 1976, 167, 171 = FamRZ 1977, 487 [Bekanntgabe an den für unbekannte Erben bestellten Nachlasspfleger]; **aM** noch zur alten Rechtslage Jansen/Müller-Lukoschek[3] FGG § 76 Rn 11: mit Bekanntgabe an den Nachlassverwalter) bzw an den Testamentsvollstrecker (MünchKomm/Küpper § 1983 Rn 1; Bumiller/Harders FamFG § 359 Rn 5 aE; Schulte-Bunert/Weinreich/Tschichoflos FamFG § 359 Rn 22; zu anderen, heute kaum noch vertretenen Ansichten s Staudinger/Lehmann[11] Rn 2; Jansen[2] FGG § 76 Rn 8 Fn 23). Die **Form** der Bekanntgabe ist in § 41 FamFG geregelt. Der Umstand, dass die Verfügungsbeschränkungen, denen der Erbe nach Anordnung einer Nachlassverwaltung unterliegt, nahezu identisch sind mit denen, die bei Eröffnung eines Nachlassinsolvenzverfahrens eintreten würden (vgl zB Rn 17 ff) spricht indes sehr dafür, den **Zeitpunkt der Wirksamkeit der Anordnung der Nachlassverwaltung** (§ 1984 Abs 1 S 1 BGB) in gleicher Weise zu bestimmen wie den Zeitpunkt der Wirksamkeit der Eröffnung des (Nachlass-)Insolvenzverfahrens. Nach *§ 27 Abs 3 InsO (vormals § 108 KO)* treten die Wirkungen des Beschlusses über die Eröffnung eines Insolvenzverfahrens mit der Mittagsstunde des Tages ein, an dem der Beschluss erlassen wurde. Die Norm dient der Rechtsklarheit und der Rechtssicherheit und sollte auch deshalb analog auf den Zeitpunkt der Wirksamkeit der Anordnung einer Nachlassverwaltung angewandt werden (für eine analoge Anwendung der Insolvenz-/Konkursvorschrift: Riesenfeld II 77–79; Strohal II § 79 II 1; Planck/Strohal[3] Anm 1; vLübtow II 1138 f; vgl auch § 76 der inzwischen aufgehobenen BayNachlO). Leider hat sich diese **insolvenzrechts-akzessorische Anknüpfung** nicht durchsetzen können (dagegen schon Eccius Gruchot 43 [1899] 603, 634; Unger ZZP 34 [1905] 233, 338 Fn 233; Lange/Kuchinke § 49 III 3 Fn 75). Sie ist jedoch sachgerechter als die **hM**. Von der Wirksamkeit der Anordnung der Nachlassverwaltung ist die Wirksamkeit der Bestellung des Nachlassverwalters zu unterscheiden. Die Bestellung des Verwalters wird (erst) wirksam durch den öffentlich-rechtlichen Bestellungsakt gem § 1789 BGB (vgl § 1981 Rn 32). Der Zeitpunkt des Wirksamwerdens der Anordnung der Nachlassverwaltung und der Zeitpunkt des Wirksamwerdens der Bestellung des Nachlassverwalters können daher zeitlich auseinanderfallen. 2

Sind mehrere Erben vorhanden und wendet man mit der soeben beschriebenen hM den § 40 Abs 1 FamFG an, so wird die Anordnung der Nachlassverwaltung bereits mit der ersten Bekanntgabe an einen der Erben diesem gegenüber wirksam. Da den Miterben die Verwaltung des Nachlasses nur gemeinschaftlich zusteht (§ 2038 BGB) und sie auch nur gemeinschaftlich über Nachlassgegenstände verfügen können (§ 2040 Abs 1 BGB), erlischt ihr Verwaltungs- und Verfügungsrecht praktisch mit dieser ersten Bekanntmachung (vgl Staudinger/Lehmann[11] § 1983 Rn 3; BGB-RGRK/ 3

Johannsen Rn 1; MünchKomm/Küpper § 1981 Rn 8; **aM** Soergel/Stein § 1981 Rn 1; Erman/Horn § 1983 Rn 1 und § 1984 Rn 2). Zum restlosen Ausschluss des § 2038 Abs 1 S 2 HS 2 BGB bedarf es jedoch der Bekanntmachung an *alle* Erben (Lange/Kuchinke § 49 Fn 74; Soergel/Stein § 1981 Rn 1; vgl auch Lange/Bartholomeyczik, 4. Denkschr d ErbrA d AkDR 248 Fn 2).

III. Die Rechtsfolgen des Abs 1

1. Allgemeines

a) Kompetenzverlust des Erben

4 Der Erbe verliert

(1.) die Befugnis, den Nachlass zu *verwalten,* und

(2.) die Befugnis, über den Nachlass zu *verfügen.*

Gleiches gilt für den *Testamentsvollstrecker* (KG OLGE 18 [1909/I] 316 f; RG LZ 1919, 875; Muscheler, Die Haftungsordnung der Testamentsvollstreckung [1994] 129 mwNw; vgl auch Staudinger/Reimann [2016] § 2205 Rn 151). Wie bei der Eröffnung des Nachlassinsolvenzverfahrens (§§ 115 Abs 1, 116 S 1 InsO) erlischt auch mit der Anordnung der Nachlassverwaltung ein von dem Erben oder Erblasser erteilter *Auftrag* (genauer: die auf diesem beruhende Geschäftsführungsbefugnis [s unten]), soweit er sich auf das von dem Verfahren betroffene Vermögen bezieht (OLG Hamburg OLGE 10 [1905/I] 196 ff; zum richtigen Verständnis der Rechtsfolgen der die Analogiebasis bildenden §§ 115 Abs 1, 116 S 1 InsO vgl Marotzke, in: FS Henckel [1995] 579 ff; ders, in: HK-InsO[9] § 115 Rn 4 ff, § 116 Rn 7: danach „erlischt" nicht der „Auftrag" oder der „Geschäftsbesorgungsvertrag", sondern nur die auf diesem beruhende Geschäftsführungsbefugnis). Mit dem Auftrag (genauer: der auf diesem beruhenden Geschäftsführungsbefugnis) erlischt idR auch nach § 168 BGB eine dem Beauftragten von dem Auftraggeber erteilte *Vollmacht* (Erman/Horn Rn 3a; BGB-RGRK/Johannsen Rn 9; MünchKomm/Küpper Rn 2; Palandt/Weidlich Rn 2). Analog § 115 Abs 2 und 3 InsO finden die den Auftrag uU als fortbestehend fingierenden §§ 672 S 2, 674 BGB entspr Anwendung (vgl vor Einführung der InsO § 23 Abs 1 S 2 KO). Hinsichtlich der Vollmacht sind ferner die §§ 169–173 BGB zu beachten. Vor Inkrafttreten der InsO nahm man an, dass eine *abstrakte* Vollmacht, dh eine solche, die entgegen § 168 BGB nicht vom Fortbestand eines zugrunde liegenden Rechtsverhältnisses abhängen soll, weder durch die Konkurseröffnung (Kilger/K Schmidt[17] KO § 23 Anm 8) noch durch die Anordnung der Nachlassverwaltung, sondern erst mit ihrem Widerruf durch den Konkurs- bzw Nachlassverwalter erlösche (vgl KG NJW 1971, 566 f bzgl des Widerrufs einer von dem Erblasser erteilten Generalvollmacht durch den Nachlassverwalter; zur „Kündigung" einer Prozessvollmacht s OLG Frankfurt BB 1978, 1442 [aber auch BGH WM 1963, 1232: keine Abstraktheit]). Da aber ein Bevollmächtigter als solcher nicht mehr Befugnisse ausüben kann, als vom Vollmachtgeber „zu holen" sind, entzieht die Anordnung der Nachlassverwaltung auch dem Bevollmächtigten des Erben, und zwar auch dem von dem Erblasser mit Fortwirkung für den Erben Bevollmächtigten, die rechtliche Möglichkeit, über den Nachlass zu verfügen (LG Gießen ZBlFG 13 [1912/1913] 455 Nr 378). Selbst wenn man annähme, dass eine abstrakte Vollmacht nicht unmittelbar infolge der Anordnung der Nachlassverwaltung erlischt (was vor dem Hintergrund des § 117 Abs 1 InsO heute kaum noch vertretbar ist), müsste man also nicht zu dem Ergebnis kommen, dass der Bevollmächtigte weiterhin über die Gegenstände des Nachlasses wirksam verfügen kann; denn auch auf Rechtshandlungen eines (noch immer) Bevollmächtigten wäre der in § 1984 Abs 1 S 2 BGB in Bezug genommene § 81 InsO entsprechend anzuwenden (vgl Marotzke, in: FS Henckel [1995] 579, 583 ff, 589; HK-InsO/Marotzke[9] § 117 Rn 1; BGHZ 155, 87, 91 = NJW 2003, 2744, 2745). Eine Ausnahme von dieser Regel scheint § 117 Abs 2 InsO (nur?) für den Fall machen zu wollen, dass der Vollmacht – gleich ob es sich um eine abstrakte oder um eine kausale handelt – ein Auftrag oder Geschäftsbesorgungsvertrag zugrunde liegt und dieser gem § 115 Abs 2 InsO (der an § 672 S 2 BGB erinnert) als fortbestehend gilt. Das wäre zwar rechtspolitisch verfehlt (s Marotzke 589 f), aber natürlich gleichwohl auch für den Fall der Nachlassverwaltung als der Analogie fähig zu beachten (zur Auslegung der Vorschrift s HK-InsO/Marotzke[7] § 117 Rn 6). Für Verträge auf *entgeltliche* Geschäftsbesorgung gilt das über das Erlöschen von Aufträgen Gesagte entsprechend (vgl § 116 S 1 InsO).

Höchstpersönliche Rechte, auch solche mit Nachlassbezug, kann nicht der Nachlassverwalter, sondern nur der Erbe ausüben (s § 1985 Rn 11, 19 f).

b) Übergang auf den Nachlassverwalter

Die Verwaltungs- und Verfügungskompetenz, die der Erbe nach Abs 1 S 1 „verliert“, erlischt nicht, sondern geht auf den Nachlassverwalter über. Das wird zwar an keiner Stelle des Gesetzes ausdrücklich gesagt (Abs 1 S 2 hätte vielleicht auch auf § 80 Abs 1 InsO verweisen sollen!), ist jedoch selbstverständlich und wird in Abs 2 S 3, in §§ 1985 Abs 1, 1986 BGB sowie in den Vorschriften über die Notwendigkeit nachlassgerichtlicher Genehmigungen (§ 1985 Rn 33 ff) konkludent vorausgesetzt. Der Nachlassverwalter erwirbt die in Abs 1 S 1 genannten Befugnisse in demselben **Zeitpunkt**, in dem der Erbe sie verliert (wenn die Bestellung des Nachlassverwalters dann schon wirksam erfolgt ist). Dieser Zeitpunkt wurde bei Rn 2 f näher zu definieren versucht. Erfolgt die Bestellung (§ 1789 BGB) des Nachlassverwalters zeitgleich mit dem Erlass des die Nachlassverwaltung anordnenden Gerichtsbeschlusses, so erwirbt der Verwalter die Verfügungs- und Verwaltungsbefugnis erst mit der Bekanntgabe (§ 40 Abs 1 FamFG) des Gerichtsbeschlusses an den Erben (s § 1981 Rn 27). 5

Grundsätzlich erwirbt der Nachlassverwalter keine umfangreichere Verfügungsmacht als die, welche bis dahin der Erbe selbst innehatte (tendenziell großzügiger OLG Braunschweig OLGZ 1988, 392, 394, weil die Bestellung des Verwalters auf einem hoheitlichen Akt beruhe und er für die Verwaltung des Nachlasses auch den Nachlassgläubigern verantwortlich sei, § 1985 Abs 2 BGB). **Ausnahmen** sind jedoch denkbar bei Bestehen einer Testamentsvollstreckung (s Rn 4) oder wenn der Erbe lediglich **Vorerbe** ist. Zwar treffen die Verfügungsbeschränkungen (§§ 2113, 2114 BGB) des nicht befreiten (§ 2136 BGB) Vorerben grds auch den Nachlassverwalter. Jedoch bestimmt § 2115 S 2 BGB, dass Verfügungen eines *Insolvenzverwalters* auch bei Existenz eines Nacherben unbeschränkt wirksam sind, wenn der Anspruch eines Nachlassgläubigers oder ein dem Nacherben gegenüber wirksames Recht an einem Erbschaftsgegenstand geltend gemacht wird. Da die Rechtsstellung des Nachlassverwalters der des Insolvenzverwalters ähnelt (s § 1985 Rn 1 ff und OLG Braunschweig OLGZ 1988, 392, 394), ist § 2115 S 2 BGB auf Verfügungen des Nachlassverwalters analog anzuwenden (wie hier OLG Braunschweig OLGZ 1988, 392, 393 f; Staudinger/Avenarius [2019] § 2115 Rn 9; Lange/Kuchinke § 28 IV 7 a 6

Fn 142; Jauernig/Stürner §§ 1984, 1985 Rn. 4; für Verfügungen über ein Nachlassgrundstück auch Palandt/Weidlich § 1985 Rn 7; Erman/Horn § 1985 Rn 4; Soergel/Stein § 1985 Rn 11). Durch Herbeiführung einer Nachlassverwaltung kann der nicht befreite Vorerbe dem Verwalter also mehr Verfügungsmacht verschaffen, als er selbst hatte (vgl auch § 1988 Rn 14).

2. Verlust des Verwaltungsrechts

7 Nicht nur die Verfügungs- sondern auch die Verwaltungsbefugnis geht dem Erben nach Abs 1 S 1 verloren. Dies wurde bereits bei § 1978 Rn 25 näher ausgeführt. Ergänzend ist darauf hinzuweisen, dass der in § 1978 Abs 1 S 1 BGB fingierte Verwaltungsauftrag der Nachlassgläubiger nach Anordnung der Nachlassverwaltung nur selten analog § 674 BGB bzw § 115 Abs 3 InsO als zugunsten des Erben fortbestehend gelten kann, wenn man der hM folgt, nach der die Anordnung der Nachlassverwaltung erst mit der Bekanntgabe an den Erben wirksam wird (s Rn 2). Im Nachlassinsolvenzverfahren ist dagegen wegen § 27 Abs 2 Nr 3 und Abs 3 InsO mehr Raum für eine analoge Anwendung des § 674 BGB (bzw des diesem entsprechenden § 115 Abs 3 InsO; s dazu § 1978 Rn 25).

Das *Aufgebot der Nachlassgläubiger* (§§ 1970 ff BGB) kann der Erbe auch noch während der Nachlassverwaltung beantragen (wohl vorausgesetzt in Prot V 818; **aM** BGB-RGRK/Johannsen § 1970 Rn 11). Denn die Stellung dieses Antrags ist weniger eine Verwaltung des Nachlasses als vielmehr der erste Akt einer endgültigen Abwehr der säumigen Nachlassgläubiger vom *Eigenvermögen* des Erben (vgl § 1973 Abs 1 S 1 BGB und § 1986 Rn 9). Allerdings ist auch der Nachlassverwalter zur Beantragung des Aufgebots berechtigt und uU sogar verpflichtet (§ 1985 Rn 31).

Auch das Recht zur *Inventarerrichtung* (§ 1993 BGB) bleibt dem Erben während der Nachlassverwaltung erhalten (KGJ 42 [1912] A 94, 98 = RJA 12, 108, 111 = Recht 1913 Nr 1978). Zur *Inventarfrist* vgl jedoch §§ 2000, 2012 Abs 2 BGB.

3. Verlust der Verfügungsbefugnis

8 Da der Erbe die Befugnis, über den Nachlass zu verfügen, gem Abs 1 S 1 „verliert“, sind **Verfügungen**, die er nach der Anordnung der Nachlassverwaltung über Gegenstände des Nachlasses trifft, **unwirksam** (zum Schicksal einer vom Verfügungsempfänger erbrachten *Gegenleistung* s Rn 17). Das versteht sich im Prinzip von selbst und wird – vorbehaltlich der bei Rn 11 ff erörterten Ausnahmen – bestätigt durch Abs 1 S 1 des § 81 InsO, auf den § 1984 Abs 1 S 2 BGB verweist. Die Unwirksamkeit besteht für und gegen Jeden, also nicht nur relativ im Verhältnis zu den Nachlassgläubigern (vgl BGHZ 46, 221, 229; BGB-RGRK/Johannsen Rn 5; Begr RegEInsO BT-Drucks 12/2443, 136 [zu § 92 RegE = § 81 InsO]). Sie kann nicht nur vom Nachlassverwalter, sondern von jedermann geltend gemacht werden (Palandt/Weidlich Rn 2; Planck/Flad Anm 2a), so zB von dem Schuldner einer nach Inkrafttreten der Anordnung abgetretenen Nachlassforderung gegenüber dem „Erwerber“ (RGZ 83, 184, 189; RG LZ 1913, 395, 397 f). Aufgrund von Eintragungs- oder Löschungsbewilligungen, die der Erbe vor (oder nach) Anordnung der Nachlassverwaltung erklärt hat und die nach Anordnung der Nachlassverwaltung dem Grundbuchamt eingereicht werden (§ 878 BGB), darf nach wohl noch immer vorherrschender Ansicht eine Grundbucheintragung

nicht erfolgen (BGB-RGRK/Johannsen Rn 5; MünchKomm/Küpper Rn 3; Palandt/Weidlich Rn 2 [der zu Unrecht eine Ausnahme für bloße Berichtigungen macht]; Lange/Kuchinke § 49 Fn 88; Planck/Flad Anm 2a und für den gleichliegenden Fall des Konkurses [Insolvenzverfahrens] RGZ 71, 38 ff; Jaeger/Henckel[9] KO § 7 Rn 19 mwNw).

Dass die Unwirksamkeit von Verfügungen, die der Erbe nach Inkrafttreten der Nachlassverwaltung trifft, in *personaler* Hinsicht eine „absolute“ ist (also für und gegen jeden besteht, s Rn 8), schließt gewisse *sachliche* Relativierungen nicht aus (ausf Marotzke KTS 1987, 1, 4 ff, 22 ff; vgl auch Michalski Rn 947). **Unwirksamkeit ist nur in dem sachlichen Umfang anzunehmen, der erforderlich ist, um die Verfügungs- und Verwaltungsbefugnis des Nachlassverwalters vor Beeinträchtigungen zu bewahren** (ähnlich BGHZ 46, 221, 229: soweit die Zwecke der Nachlassverwaltung berührt werden). ZB kann ein Miterbe auch nach Anordnung der Nachlassverwaltung wirksam über seinen Anteil am Nachlass (§ 2033 Abs 1 BGB) verfügen, weil eine Verfügung dieser Art die Stellung des Nachlassverwalters und das Recht der Nachlassgläubiger nicht zu beeinträchtigen vermag (Strohal II § 79 II 2; Michalski Rn 947; Planck/Flad Anm 2a; BGB-RGRK/Johannsen Rn 7; Soergel/Stein Rn 3; OLG München JFG 14 [1937] 61, 64; vgl auch das zu § 2005 ergangene Urteil BGH NJW 1984, 2464 f). 9

Verfügungen des Erben, die nach § 1984 Abs 1 BGB iVm § 81 Abs 1 S 1 InsO unwirksam sind, können analog § 185 Abs 2 S 1 Fall 1 BGB rückwirkend (§ 184 BGB) **wirksam werden**, wenn der Nachlassverwalter sie genehmigt (Planck/Flad Anm 2a). Sie können auch analog § 185 Abs 2 S 1 Fall 2v wirksam werden (dann ohne Rückwirkung), wenn die Nachlassverwaltung aufgehoben wird und der Nachlassverwalter über den betreffenden Gegenstand noch nicht anderweitig verfügt hat. Entsprechendes gilt, wenn der Nachlassverwalter den betreffenden Gegenstand freigibt (vgl zu den entspr Fragen im *unmittelbaren* Anwendungsbereich des § 81 InsO HK-InsO/Kayser[9] § 81 Rn 30; Jaeger/Windel[1] InsO § 81 Rn 26 ff). 10

4. Gutgläubiger Erwerb

a) Die den **öffentlichen Glauben des Grundbuchs** betreffenden §§ 892, 893 BGB bleiben gem § 1984 Abs 1 S 2 BGB iVm § 81 Abs 1 S 2 InsO unberührt (ebenso die §§ 16, 17 **SchiffsRG** und die §§ 16, 17 des G über Rechte an **Luftfahrzeugen**). Infolgedessen ist der gutgläubige lastenfreie Erwerb von **Grundstücken und Grundstücksrechten** möglich, wenn die Anordnung der Nachlassverwaltung nicht im Grundbuch eingetragen und dem Erwerber die Anordnung (vgl für das Insolvenzverfahren Jaeger/Windel[1] InsO § 81 Rn 60) unbekannt war. 11

Mittelbar folgt aus der Verweisung des § 1984 Abs 1 S 2 BGB auf § 81 InsO und dessen Weiterverweisung auf §§ 892, 893 BGB, dass das Grundbuch, solange die wirksam angeordnete Nachlassverwaltung nicht eingetragen wurde, unrichtig ist, was zugleich bedeutet, dass die Anordnung der **Nachlassverwaltung eintragungsfähig** ist (ebenso wie nach § 32 InsO die Eröffnung eines Insolvenzverfahrens; vgl ferner § 52 GBO für die Eintragung der Testamentsvollstreckung, § 19 ZVG für die Eintragung der Zwangsversteigerung und § 23 Abs 3 InsO für die Eintragung einer im Insolvenz-Eröffnungsverfahren angeordneten Verfügungsbeschränkung). **Analog § 32 Abs 1 InsO** ist die Nachlassverwaltung einzutragen bei allen Nachlassgrundstücken, als deren Eigentümer der Erblasser bzw der Erbe im Grundbuch eingetragen ist (zum 12

Voreintragungsgrundsatz vgl die schon bei § 1960 Rn 57 erwähnte Entscheidung des OLG Düsseldorf), ferner bei den für den Erblasser bzw Erben eingetragenen Rechten an Grundstücken und an eingetragenen Rechten, wenn nach der Art des Rechts und den obwaltenden Umständen bei Unterlassung der Eintragung eine Beeinträchtigung der Nachlassgläubiger zu besorgen ist (BGB-RGRK/Johannsen § 1983 Rn 2; Planck/Flad § 1984 Anm 2). **Wegen §§ 13, 38 GBO erfolgt die Eintragung aber nur auf Antrag oder auf behördliches Ersuchen.** Diesbezüglich ist Folgendes zu beachten:

13 Unstreitig ist **der Nachlassverwalter** berechtigt (§ 13 Abs 1 S 2 GBO) und verpflichtet, sobald wie möglich die Eintragung der Anordnung der Nachlassverwaltung ins Grundbuch zu beantragen (MünchKomm/Küpper § 1983 Rn 2; Erman/Horn § 1983 Rn 2; Palandt/Weidlich § 1983 Rn 2; Soergel/Stein § 1983 Rn 2; Planck/Flad § 1983 Anm 2; vgl auch KEHE/Volmer[7] Grundbuchrecht GBO § 38 Rn 21). Die nach § 19 GBO eigentlich erforderliche Bewilligung des Erben ist wegen § 22 Abs 1 S 2 GBO entbehrlich (Erman/Horn § 1983 Rn 2).

Auch das Nachlassgericht ist berechtigt, das Grundbuchamt um die Eintragung zu ersuchen (wie hier Erman/Horn § 1983 Rn 2; Palandt/Weidlich § 1983 Rn 2; Meikel/Krause[11] GBO § 38 Rn 49; Demharter[29] GBO § 38 Rn 12: ist streitig; [ebenso § 26 Abs 1 GrundbuchverfahrensO der ehemaligen DDR für das „Staatliche Notariat"]; **aM** Staudinger/Lehmann[11] § 1983 Rn 4; Soergel/Stein § 1983 Rn 2; BGB-RGRK/Johannsen § 1983 Rn 3). In Analogie zu § 32 Abs 2 InsO ist es dazu sogar von Amts wegen *verpflichtet* (Strohal II § 79 Fn 17; Binder II 195 Fn 23; vLübtow II 1139 f; **aM** Erman/Horn § 1983 Rn 2; Soergel/Stein § 1983 Rn 2; Kipp/Coing § 97 III). Zwar erfolgen nach § 38 GBO Grundbucheintragungen aufgrund des Ersuchens einer Behörde nur „in den Fällen, in denen nach gesetzlicher Vorschrift eine Behörde befugt ist, das Grundbuchamt um eine Eintragung zu ersuchen". Diese Formulierung schließt jedoch eine *analoge* Anwendung des § 32 Abs 2 InsO nicht aus, zumal § 1984 möglicherweise nur deshalb nicht auch auf § 32 InsO verweist, weil § 113 KO, dem der heutige § 32 InsO nachgebildet ist, auf einer „Konkursnovelle" beruht, deren Entwurf erst *nach* dem BGB beraten wurde (vgl Binder II 195 Fn 23). Vor dem 1. 1. 1900 enthielt der von § 1984 Abs 1 S 2 BGB in Bezug genommene § 7 KO (damals § 6 KO, heute § 81 InsO) auch überhaupt nicht die (nunmehr in § 81 Abs 1 S 2 InsO verortete) Verweisung auf die Gutglaubensschutzvorschriften der §§ 892, 893 BGB, sodass sich das Problem der Grundbucheintragung bei den Beratungen des BGB-Entwurfs nicht in voller Schärfe stellte. Dies lässt die Annahme einer unbewussten Gesetzeslücke, die durch einen Analogieschluss ausgefüllt werden muss, plausibel erscheinen. Für eine analoge Anwendung des aus § 113 Abs 2 KO hervorgegangenen § 32 Abs 2 InsO spricht ferner, dass wegen § 1981 Abs 3 BGB mit der Möglichkeit gerechnet werden muss, dass der vom Nachlassgericht ausgewählte Nachlassverwalter die Übernahme des Amts ablehnt (Strohal II § 79 Fn 17). Ins Leere geht dann der als Argument gegen eine analoge Anwendung des § 113 Abs 2 KO bzw § 32 Abs 2 InsO gedachte Hinweis, das Nachlassgericht könne *den Verwalter* zur Herbeiführung der Eintragung gem §§ 1915 Abs 1 S 1, 1837 BGB anhalten (so jedoch BGB-RGRK/Johannsen § 1983 Rn 3; Erman/Horn § 1983 Rn 2). Ebenso wenig überzeugend ist es, gegen eine Verpflichtung des Nachlassgerichts, das Grundbuchamt von Amts wegen um die Eintragung der Verfahrenseröffnung zu ersuchen, einzuwenden, dass sich die Stellung des Nachlassgerichts von der des Insolvenzgerichts dadurch wesentlich unterscheide, dass das letztere nicht bloß das Verfahren zu eröffnen, sondern auch bei seiner

Durchführung mitzuwirken habe (so aber STAUDINGER/LEHMANN[11] § 1984 Rn 4). Denn die Herbeiführung des Grundbucheintrags ist nur Annex der Verfahrenseröffnung, nicht schon eine zentrale Maßnahme der Verfahrensdurchführung.

b) Bei beweglichen Sachen ist gutgläubiger Erwerb aufgrund einer Verfügung des Erben bzw eines Stellvertreters (Rn 4) des Erben ausgeschlossen. Denn der in § 1984 Abs 1 S 2 BGB für entsprechend anwendbar erklärte § 81 Abs 1 S 2 InsO nimmt auf die hier in Betracht kommenden Gutglaubensschutzvorschriften der §§ 932 ff, 1032, 1207 BGB absichtlich nicht Bezug (Begründung zu § 6 der KO-Novelle 26 = HAHN, Die gesammten Materialien zu den Reichs-Justizgesetzen VII [1898] 235). Nach hM gilt der Ausschluss des Gutglaubenserwerbs auch im Bereich des Art 16 Abs 2 WG (vgl JAEGER/WINDEL[1] InsO § 81 Rn 74; BAUMBACH/HEFERMEHL/CASPER[23] WG Art 16 Rn 17 – beide mwNw auch zur Gegenansicht). 14

Ausnahmsweise zulassen will die hM den gutgläubigen Erwerb einer dem Recht des Nachlassverwalters unterliegenden beweglichen Sache dann, wenn deren **Zugehörigkeit zum Nachlass** dem Erwerber ohne grobe Fahrlässigkeit **unbekannt** geblieben ist (STAUDINGER/LEHMANN[11] Rn 7; BGB-RGRK/JOHANNSEN Rn 11; MünchKomm/KÜPPER Rn 3; ERMAN/HORN Rn 3b; PALANDT/WEIDLICH Rn 2; PLANCK/FLAD Anm 2a; JAUERNIG/STÜRNER §§ 1984, 1985 Rn. 4; AK-BGB/TEUBNER Rn 8; EBENROTH Rn 1132; weiter differenzierend STROHAL II § 79 Fn 19 a). Die dafür vorgebrachten Argumente überzeugen jedoch nicht. So kollidiert die Überlegung von JOHANNSEN (Rn 11), der Erwerb vom nichtverfügungsberechtigten Eigentümer müsse dem Erwerb vom Nichteigentümer mindestens gleichstehen, mit der vom Rechtsanwender hinzunehmenden Tatsache, dass § 81 Abs 1 S 2 InsO diese Gleichstellung hinsichtlich der §§ 932 ff BGB gerade *nicht* vornimmt. Zuzugeben ist hingegen, dass sich der Zweck dieser gesetzgeberischen Entscheidung in dem Schutz der Masse vor Unkenntnis der aus dem schwebenden Verfahren resultierenden Verfügungsbeschränkung erschöpft. Doch zieht die hM (zB STAUDINGER/LEHMANN[11] Rn 7; ERMAN/HORN Rn 3b; PLANCK/FLAD Anm 2a) hieraus falsche Schlüsse: Auch die Unkenntnis von der Zugehörigkeit einer Sache zu der der Nachlassverwaltung unterliegenden Masse ist Unkenntnis der Verfügungsbeschränkung, nämlich Unkenntnis dessen, dass diese Verfügungsbeschränkung auch in Bezug auf die betreffende Sache besteht (ähnlich JAEGER/HENCKEL[9] KO § 7 Rn 68, der für den Fall des allgemeinen Konkurses den Schutz des guten Glaubens an die Massefreiheit beweglicher Sachen verneint; vgl auch JAEGER/WINDEL[1] InsO § 81 Rn 75). Der gute Glaube desjenigen, der von der Anordnung der Nachlassverwaltung weiß und nur über die Zugehörigkeit der Sache zur Masse irrt, verdient nicht mehr Schutz als der mindestens ebenso gute Glaube dessen, der ohne grobe Fahrlässigkeit nicht einmal von der Anordnung der Nachlassverwaltung erfahren hat (iE wie hier SOERGEL/STEIN Rn 4; LANGE/KUCHINKE § 49 III 5 Fn 90; MICHALSKI Rn 948; vgl auch HENCKEL Rn 75 für den Fall des allgemeinen Konkurses). Diese Erwägung spricht auch gegen das von STROHAL (II § 79 Fn 19 a) vorgebrachte Argument, in den Fällen des Nachlassinsolvenzverfahrens müsse die Verfügung des Erben über eine zum Nachlass gehörende bewegliche Sache der Verfügung durch einen unberechtigten Drittbesitzer (Rn 16) dann gleichgestellt werden, wenn der Erwerber hinsichtlich der Zugehörigkeit der Sache zum Eigenvermögen des Erben in gutem Glauben sei. 15

Der durch § 1984 Abs 1 S 2 BGB iVm § 81 Abs 1 S 2 InsO bewirkte Ausschluss der §§ 932 ff, 1032, 1207 BGB soll angeblich nur die sich aus diesen Vorschriften erge- 16 bende Unwirksamkeit von Verfügungen des *Erben* bzw seines Stellvertreters (s Rn 4 aE) sichern; er **gilt nach hM nicht für Verfügungen nichtberechtigter Dritter** (Staudinger/Lehmann[11] Rn 9; MünchKomm/Küpper Rn 4; Michalski Rn 948; vgl auch Jaeger/Windel[1] InsO § 81 Rn 76 f; FK-InsO/App[5] § 81 Rn 38; MünchKommInsO/Ott[3] § 81 Rn 12, 24; Hess[2] InsO § 81 Rn 29; Kübler/Prütting/Bork/Lüke [Apr 2015] InsO § 81 Rn 24; **aM mit überzeugenden Gründen** Gerland KritV 46 [1905] 29, 45 – zu § 7 KO, aber übertragbar auf § 81 InsO).

Möglich ist nach dieser hM zB der gutgläubige Erwerb eines Dritten, der von dem ersten, gem § 81 Abs 1 S 2 InsO nicht geschützten „Erwerber" erwirbt. Solange der Nachlassverwalter die Sache noch nicht in unmittelbaren Besitz genommen hat, kann sie ihm nicht iSd § 935 BGB abhandenkommen. Nimmt der Nachlassverwalter die Sache in Besitz, so wird der Erbe mittelbarer Besitzer (Binder II 200 Fn 42; Strohal II § 79 Fn 19 a; vgl auch Planck/Flad Anm 2a; BGB-RGRK/Johannsen Rn 12; Ebenroth Rn 1132 Fn 147). Nach Strohal (II § 79 Fn 19 a ad 2, 3) soll der Erbe durch § 81 Abs 1 InsO (damals § 7 Abs 1 KO) gehindert sein, diesen mittelbaren Besitz durch Abtretung des Herausgabeanspruchs (§ 870 BGB) auf einen Dritten zu übertragen, weshalb ein vom letzteren abgeleiteter gutgläubiger Eigentumserwerb gem § 934 BGB nur dann möglich sei, wenn der Erwerber von dem Nachlassverwalter als dem Schuldner des unwirksam abgetretenen Herausgabeanspruchs den unmittelbaren Besitz erlange und zu dieser Zeit noch gutgläubig sei. Die hier gemachte Prämisse, § 81 Abs 1 InsO stehe der Übertragung des dem Erben vom *Nachlassverwalter* gemittelten Besitzes auf einen Dritten und damit auch seiner Weiterübertragung durch den Dritten im Rahmen des § 934 BGB entgegen, ist aber unzutreffend. Denn der Herausgabeanspruch des Erben gegen den Verwalter gehört überhaupt nicht zu dem der Nachlassverwaltung unterliegenden Aktivvermögen (dass dieser Anspruch erst nach Aufhebung der Nachlassverwaltung durchgesetzt werden kann, ändert nichts; entscheidend ist, dass der Nachlassverwalter *Schuldner* dieses Anspruchs ist und ihn deshalb ohnehin nicht verwerten kann). *Dennoch ist es richtig, dass jedenfalls so lange kein Gutglaubensschutz stattfindet, wie der Nachlassverwalter die Sache in seinem Besitz hat.* Dies ergibt eine analoge Anwendung des § 936 Abs 3 BGB. Danach erlischt das die Sache belastende Recht des Nachlassverwalters, falls dieser im Fall des § 931 BGB der „dritte Besitzer" ist, auch dem gutgläubigen Erwerber gegenüber nicht. Im Übrigen sollte die hM, dass der sich aus § 1984 Abs 1 S 2 BGB iVm § 81 Abs 1 S 2 InsO ergebende Ausschluss der §§ 932 ff, 1032, 1207 BGB nicht auch für Verfügungen eines nicht in der Position des Erben befindlichen Dritten gelte (s oben), nochmals gründlich überdacht werden (zB anhand der überzeugenden Gegenargumente von Gerland KritV 46 [1905] 29, 45).

5. Entsprechende Anwendung der InsO

a) § 81 InsO

17 Abs 1 S 2 schreibt die entsprechende Anwendung des § 81 InsO vor. Soweit die in § 81 Abs 1 S 1 InsO angesprochene Unwirksamkeit von nach Verfahrenseröffnung vorgenommenen Verfügungen des Schuldners (Erben) oder die in § 81 Abs 1 S 2 InsO thematisierte Möglichkeit des gutgläubigen Erwerbs in Betracht kommt, sind die Konsequenzen dieser Verweisung bereits bei Rn 4, 8 ff beschrieben worden. Ergänzend ist auf § 81 Abs 3 InsO hinzuweisen, dessen entsprechende Anwendung auf die Nachlassverwaltung zu der Vermutung führt, dass die am Tage des Wirksamwerdens (Rn 2 f) der Anordnung der Nachlassverwaltung vorgenommenen Ver-

fügungen des Erben *nach* Inkrafttreten der Nachlassverwaltung vorgenommen worden sind. In entsprechender Anwendung des § 81 Abs 1 S 3 InsO ist dem, der vom Erben unwirksam erworben hat, die Gegenleistung aus dem Nachlass zurückzugewähren, soweit dieser durch jene bereichert ist (ausf zu § 81 Abs 1 S 3 InsO Marotzke, Gegenseitige Verträge im neuen Insolvenzrecht [3. Aufl 2001] Rn 7.113 ff). Soweit es um die Rückgewähr aus dem Nachlass (Gegensatz: aus dem Eigenvermögen des Erben) geht, gilt die aus den Schlussworten des § 81 Abs 1 S 3 InsO ersichtliche Beschränkung des Anspruchs auf die tatsächlich vorhandene Bereicherung auch für konkurrierende sonstige Anspruchsgrundlagen (zB §§ 323 ff, 346 ff BGB); es sei denn, der Vertragspartner wäre im Nachlassinsolvenzverfahren sogar zur Aussonderung, § 47 InsO, berechtigt (zB weil er nur unter Eigentumsvorbehalt geliefert hatte und inzwischen das Rücktrittsrecht des § 323 BGB erworben und ausgeübt hat). Oft wird die Gegenleistung überhaupt nicht in den Nachlass, sondern in das Eigenvermögen des Erben gelangt sein. Nachlasszugehörigkeit kraft dinglicher Surrogation (s § 1978 Rn 17) ist wegen der Unwirksamkeit der eigenen Verfügung des Erben fernliegend. Anders jedoch bei nachträglicher Genehmigung durch den Nachlassverwalter (s Rn 10).

b) § 82 InsO

Zu den Vorschriften, deren entsprechende Anwendung Abs 1 S 2 vorschreibt, gehört auch § 82 InsO. Ist nach wirksamer (Rn 2) Anordnung der Nachlassverwaltung an den Erben eine Leistung erbracht worden, für die nach § 1984 Abs 1 S 1 BGB allein der Nachlassverwalter empfangszuständig war, so wird der Leistende analog § 82 Satz 1 InsO befreit, wenn er zur Zeit der Leistung von der Nachlassverwaltung nichts wusste. Hat er vor der öffentlichen Bekanntmachung (§ 1983 BGB) der Anordnung der Nachlassverwaltung geleistet, so wird analog § 82 Satz 2 InsO vermutet, dass er die Anordnung nicht kannte. Erfolgte die Leistung hingegen erst nach der öffentlichen Bekanntmachung des Anordnungsbeschlusses, so ist es Sache des Leistenden, seine Unkenntnis zu beweisen. Dies folgt aus der Fassung des § 82 Satz 1 InsO iVm einem Umkehrschluss aus § 82 Satz 2 InsO. In den Fällen des § 893 BGB, der analog § 81 Abs 1 S 2 InsO (Rn 17) „unberührt" bleibt und auch dem § 82 InsO vorgeht (HK-InsO/Eickmann[4] § 82 Rn 2, 6 f; iE ebenso wohl HK-InsO/Kayser[9] § 82 Rn 4), richten sich der Schutz des guten Glaubens und die Beweislast allein nach § 892 BGB (der u a die Unrichtigkeit des Grundbuchs, hier also das Fehlen des bei Rn 12 f thematisierten Hinweises auf die Nachlassverwaltung, voraussetzt). Die Zustellung einer Mitteilung über die Anordnung der Nachlassverwaltung an den Schuldner steht seiner Kenntnis von der Anordnung nicht gleich (BGB-RGRK/Johannsen Rn 14; Erman/Horn Rn 3b aE; vgl auch RGZ 87, 412, 416 f). **Unabhängig von dem in § 82 InsO thematisierten guten Glauben** des Leistenden war bis zum Inkrafttreten der InsO gesetzlich ausdrücklich klargestellt (§ 1984 Abs 1 S 2 BGB iVm § 8 Abs 1 KO), dass eine Leistung, die auf eine zu Händen des Nachlassverwalters zu erfüllende Verbindlichkeit an den eigentlich nicht mehr empfangszuständigen Erben erfolgt, den Erfüllenden gleichwohl von seiner Schuld befreite, soweit das Geleistete in die Nachlassmasse, also in die Hände des Verwalters, gekommen ist. Da eine „Bereicherung" nicht verlangt wurde, hielt man es sogar für gleichgültig, ob das Geleistete sich noch im Nachlass befindet oder ersatzlos verloren gegangen ist (vgl Staudinger/Marotzke [1996] Rn 18; ebenso noch heute MünchKomm/Küpper Rn 5). Seit § 1984 Abs 1 S 2 BGB nicht mehr auf § 8 KO, sondern auf den an dessen Stelle getretenen § 82 InsO verweist, muss die Frage neu überdacht werden. Denn § 82 InsO enthält trotz des Hinweises in der Begründung des 18

RegE, dass es sich um eine zwar redaktionell verkürzte, jedoch inhaltlich unveränderte Übernahme des § 8 KO handele (BT-Drucks 12/2443, 136), keine direkte Nachfolgeregelung zu § 8 *Abs 1* KO. Es spricht jedoch viel dafür, den bisherigen § 8 Abs 1 KO als lediglich deklaratorische Vorschrift anzusehen, deren Inhalt auch ohne ausdrückliche Regelung gilt. Davon gehen, zumindest konkludent, wohl auch die meisten Kommentare zur InsO aus (vgl MünchKommInsO/Ott[3] § 82 Rn 2 [Gelange das Geleistete nicht nur de iure gem § 35 Abs 1 Alt 2 InsO, sondern „auch faktisch" in die Insolvenzmasse, so trete „Befreiung ungeachtet der gegenüber § 8 Abs 1 KO geänderten Fassung des § 82 Satz 1" InsO ein]; Braun/Kroth[7] InsO § 82 Rn 3, 6; wohl auch Kübler/Prütting/Bork/Lüke [April 2015] § 82 Rn 1 ff).

c) Sonstige InsO-Analogien

19 Die in Abs 1 S 2 enthaltene Aufzählung der insolvenzrechtlichen Vorschriften, die auf die Nachlassverwaltung analog anwendbar sind, ist unvollständig. Entsprechend anwendbar sind zB auch § 27 Abs 3 InsO (str; s Rn 2), §§ 115–117 InsO (Rn 4), §§ 32, 33, 200 Abs 2 S 2 InsO (Rn 12 f, § 1988 Rn 19), § 47 S 2 InsO (Rn 17 aE), § 13 Abs 2 InsO (§ 1981 Rn 2, § 1988 Rn 10), § 36 InsO (§ 1985 Rn 19), § 83 Abs 1 InsO (§ 1985 Rn 19) und vielleicht auch § 148 Abs 2 InsO (s § 1985 Rn 13).

6. Prozessführung

20 **a)** Mit der Befugnis, über den Nachlass zu verfügen (Abs 1 S 1), verliert der Erbe auch das Recht, zum Nachlass gehörende Ansprüche gerichtlich geltend zu machen. Umgekehrt kann ein vermögensrechtlicher (Rn 21, 23) Anspruch, der sich gegen den Nachlass richtet, nur gegen den Nachlassverwalter geltend gemacht werden (Abs 1 S 3). In beiden Fällen geht also die **Prozessführungsbefugnis** des Erben auf den Nachlassverwalter über (vgl auch § 1985 Rn 4). Eine dennoch erhobene Klage des Erben wirkt nicht verjährungshemmend nach § 204 Abs 1 Nr 1 BGB (vgl BGHZ 46, 221, 229 f = LM § 1984 Nr 2 m Anm Mattern – noch zu § 209 Abs 1 aF). Der gegen den Nachlassverwalter erhobenen Leistungsklage eines Nachlassgläubigers fehlt das *Rechtsschutzbedürfnis* nicht allein deshalb, weil im konkreten Fall die Möglichkeit besteht, dass der Kläger wegen ihm vorgehender Sicherungsrechte anderer Gläubiger ohnehin leer ausgeht (BGH FamRZ 1984, 473 = WM 1984, 426 f = ZIP 1984, 424 f).

21 **b)** Ein gegen den Erben anhängiger **Prozess** oder ein Prozess, den der Erbe als Kläger führt, wird, wenn er den Nachlass betrifft, durch die Anordnung der Nachlassverwaltung gem § 241 Abs 3 ZPO **unterbrochen**, falls der Erbe nicht durch einen Prozessbevollmächtigten vertreten ist (§ 246 ZPO). Die Unterbrechung endet, wenn der Nachlassverwalter dem Gegner von seiner Bestellung Anzeige macht oder der Gegner seine Absicht, das Verfahren fortzusetzen, dem Gericht angezeigt und das Gericht diese Anzeige von Amts wegen zugestellt hat (vgl § 241 Abs 1 ZPO).

Da der Nachlassverwalter nur die den *Nachlass* betreffenden Prozesse zu führen hat, ist § 241 ZPO unanwendbar, wenn es sich um einen *nicht vermögensrechtlichen* Prozess handelt; es sei denn, dass nach dem Tod des Erblassers nur noch die Kosten streitig sind (vgl Stein/Jonas/Roth[22] ZPO § 241 Rn 10). Die Unterbrechung tritt auch nur ein, *soweit* der Rechtsstreit den Nachlass betrifft. Einige Autoren nehmen deshalb an, dass der Prozess über eine Nachlassverbindlichkeit dann, wenn der Erbe für sie unbeschränkt haftet (zB wegen §§ 1994 Abs 1 S 2, 2005 Abs 1 BGB), hinsichtlich der

Inanspruchnahme des nicht zum Nachlass gehörenden Erbenvermögens nicht unterbrochen werde, sondern gegen den Erben weitergehe (Staudinger/Lehmann[11] Rn 13; ebenso MünchKomm/Küpper Rn 6, 7; Stein/Jonas/Roth[23] ZPO § 241 Rn 10). Dem ist nicht zuzustimmen. Eine Fortsetzung des Prozesses gegen den Erben kommt nur in Betracht, wenn der Gläubiger ausdrücklich darauf besteht (vgl Eccius Gruchot 43 [1899] 603, 625) und außerdem darauf verzichtet, seinen Anspruch auch gegen den Nachlassverwalter zu verfolgen. Andernfalls hätte man ohne zwingenden Grund – zur Zwangsvollstreckung in das Eigenvermögen des unbeschränkt haftenden Erben genügt ein gegen den *Nachlassverwalter* ergangenes Urteil (vgl §§ 780 Abs 2, 781 ZPO und unten Rn 24) – *zwei* Rechtsstreitigkeiten über *eine und dieselbe* Nachlassverbindlichkeit.

Besteht *Streit über die Nachlasszugehörigkeit des Prozessgegenstandes,* so kann darüber in dem anhängigen Prozess nur im Zusammenhang mit der von einer der Parteien oder dem Nachlassverwalter versuchten Fortsetzung oder Aufnahme entschieden werden; ggf muss Zwischenfeststellungs- oder -widerklage nach § 256 Abs 2 ZPO erhoben werden (Stein/Jonas/Roth[23] ZPO § 241 Rn 11; BGB-RGRK/Johannsen Rn 20).

Wird in der *Revisionsinstanz* zur Begründung eines Aussetzungsantrags nachgewiesen, dass nach Erlass des Berufungsurteils die Nachlassverwaltung angeordnet worden ist, so muss das Revisionsgericht diese Tatsache auch sachlich berücksichtigen (RG JW 1938, 1025).

c) **Der Erbe** kann eine Nachlassforderung bei bestehender Nachlassverwaltung nur dann **als Kläger** gerichtlich geltend machen, wenn er vom Nachlassverwalter dazu ermächtigt wurde und ein eigenes schutzwürdiges Interesse an der Prozessführung im eigenen Namen hat. Ein solches Interesse ergibt sich idR schon daraus, dass der Erbe nach wie vor Träger des materiellen Rechts ist (BGHZ 38, 282 m Anm Johannsen LM § 1984 Nr 1; Nirk NJW 1963, 297; Bötticher JZ 1963, 582). Unzulässig ist die Prozessstandschaft jedoch, wenn der geltend gemachte Anspruch für den Erben ohne Bedeutung ist oder wenn die Prozessstandschaft gegen die guten Sitten verstößt, etwa weil ihr einziger Zweck darin besteht, das Prozessrisiko zu Lasten des Gegners zu mindern oder auszuschließen (BGHZ 38, 282, 287). 22

Im Finanzgerichtsprozess ist der Nachlassverwalter bzgl eines Rechtsstreits über gegen den Erblasser ergangene Steuerbescheide allein prozessführungsbefugt; im Verhältnis zwischen ihm und dem Erben besteht keine notwendige Streitgenossenschaft (BFH NJW 1977, 1472).

d) **Gem Abs 1 S 3 kann ein Anspruch, der sich gegen den Nachlass richtet, nur gegen den Nachlassverwalter geltend gemacht werden.** Dies gilt auch, wenn damit zu rechnen ist, dass vorrangige Sicherungsrechte anderer Gläubiger und die Verfahrenskosten zur vollständigen Aufzehrung des Nachlasses führen werden (zum Rechtsschutzinteresse in solchen Fällen vgl Rn 20). Es gibt jedoch Nachlassverbindlichkeiten, die nicht durch Aufwendung von Vermögenswerten, sondern nur durch ein Verhalten des Erben erfüllt werden können (zB Auskunftspflichten; zur Vererblichkeit vgl Staudinger/Dutta § 1967 Rn 10). Derartige Ansprüche werden von Abs 1 S 3 nach Sinn und Zweck nicht erfasst (vgl Boehmer, in: RG-FS III [1929] 216, 253). Mit Ansprüchen, die sich „gegen den 23

Nachlass“ richten, meint die Vorschrift solche, die der Nachlassverwalter gem § 1985 Abs 1 BGB „aus dem Nachlass“ zu berichtigen hat. Daran fehlt es bei dem Anspruch eines Pflichtteilsberechtigten auf Auskunftserteilung über den Nachlass (§ 2314 BGB); dieser Anspruch kann deshalb auch während einer Nachlassverwaltung gegen den Erben geltend gemacht werden (OLG Celle MDR 1960, 402 mwNw; ebenso für den Fall des Nachlasskonkurses RG BayZ 1920, 78). Gleiches gilt für Ansprüche, deren Erfüllung „aus dem Nachlass“ zwar möglich ist, aber nicht verlangt wird, etwa weil es sich um eine Nachlass*erben*schuld handelt (s Staudinger/Kunz § 1967 Rn 17 ff) und der Gläubiger nicht die erbrechtliche, sondern die von dieser unabhängige (Staudinger/Kunz § 1967 Rn 17) persönliche Haftung des Erben geltend macht.

24 Erhebt ein Gläubiger wegen eines Anspruchs, der sich in dem soeben beschriebenen Sinn „gegen den Nachlass“ richtet, nach Anordnung der Nachlassverwaltung **Klage gegen den Erben**, so ist diese selbst dann abzuweisen, wenn der Erbe sich nicht auf Abs 1 S 3 beruft (OLG Posen OLGE 2 [1901/I] 160 f; Jaeger LZ 1913, 694). Auch eine während der Nachlassverwaltung ausdrücklich auf Befriedigung *nur* aus dem Eigenvermögen des Erben gegen diesen erhobene Klage eines Nachlassgläubigers ist abzuweisen, wenn nicht feststeht, dass der Erbe dem Kläger unbeschränkt haftet (vgl auch Eccius Gruchot 43 [1899] 603, 624 f; OLG Celle WM 2009, 2235, 2236 f). Manche Autoren halten es für zulässig, die Frage der Haftungsbeschränkung in das Vollstreckungsverfahren zu verweisen und den Erben unter dem Vorbehalt des § 780 ZPO zu verurteilen (Staudinger/Lehmann[11] Rn 15; Lange/Kuchinke § 49 III 5; vgl auch G und M Siegmann StVj 1993, 337, 342 [Fn 21], 346). Dagegen spricht jedoch, dass die unbeschränkte Haftung des Erben eine positive Voraussetzung dafür ist, dass sich der Anspruch des Nachlassgläubigers nicht nur gegen den Nachlass, sondern auch gegen das übrige Vermögen des Erben richtet und dieser deshalb trotz des von Amts wegen zu beachtenden § 1984 Abs 1 S 3 BGB verklagt werden kann (zust Dauner-Lieb, in: FS Gaul [1997] 93, 99; vgl auch MünchKomm/Küpper Rn 7). Soweit sich der Anspruch eines Nachlassgläubigers auch gegen das *Eigenvermögen* des Erben richtet (weil dieser zumindest ihm gegenüber unbeschränkt haftet), unterliegt er nicht dem Abs 1 S 3 und kann er deshalb auch gegen den Erben (vgl Staudinger/Lehmann[11] Rn 15; Eccius Gruchot 43 [1899] 603, 624; Jaeger LZ 1913, 694; nicht direkt zu diesem Fall das OLG Celle WM 2009, 2235, 2236 f) oder im Insolvenzverfahren über dessen Eigenvermögen (vgl §§ 52, 331 Abs 1 InsO [zum Sonderfall der Nachlass*erben*schuld vgl soeben Rn 23 und § 1967 Rn 7]) geltend gemacht werden. Soweit der Gläubiger Befriedigung aus dem *Nachlass* begehrt, kann er seinen Anspruch aber auch bei unbeschränkter Erbenhaftung nur gegen den Nachlassverwalter geltend machen (§ 2013 BGB erklärt § 1984 Abs 1 S 3 BGB nicht für unanwendbar). Ein Nachlassgläubiger, der seinen Anspruch während der Nachlassverwaltung einklagen will, wird seine Klage also auch bei unbeschränkter Erbenhaftung zweckmäßigerweise gegen den Verwalter richten (und nicht zugleich gegen den Erben, zumal für solch eine Ausweitung des Konflikts das Rechtsschutzbedürfnis fehlen dürfte, da der Gläubiger nach antragsgemäßer *Verurteilung* des bereits beklagten Nachlassverwalters auch in das Eigenvermögen des Erben vollstrecken könnte [vgl §§ 780 Abs 2, 781, 784 Abs 1 aE ZPO] und nach *Abweisung* der gegen den Nachlassverwalter erhobenen Klage als unbegründet für eine Mithaftung des Erbenvermögens kein Raum bliebe). Obsiegt der Gläubiger, so kann er sowohl in den Nachlass als auch – nach Umschreibung seines gegen den Verwalter erlangten Titels gegen den Erben analog § 728 Abs 2 ZPO (vgl auch § 327 Abs 2 ZPO sowie unten Rn 25 und Loritz ZZP 95 [1982] 310, 327 ff mit Fn 123) –

noch während der Nachlassverwaltung (vgl § 728 Abs 2 S 2 HS 2 ZPO) in das Eigenvermögen des Erben vollstrecken (**aM** aus eher theoretischen Gründen Dauner-Lieb, in: FS Gaul [1997] 93, 102). Wie eine Klage gegen den Erben setzt aber auch die analoge Anwendung des § 728 Abs 2 S 2 HS 2 ZPO (Titelumschreibung schon vor Aufhebung der Nachlassverwaltung) voraus, dass der Erbe dem Gläubiger unbeschränkt haftet. Ist das nicht der Fall bzw nicht nachweisbar, so kann die erforderliche (Rn 25) Titelumschreibung gegen den Erben wegen § 1984 Abs 1 S 3 BGB erst nach Aufhebung der Nachlassverwaltung erfolgen. Auch dies ist jedoch eine realistische Möglichkeit; für eine *Klage* gegen den Erben fehlt jedenfalls das Rechtsschutzbedürfnis (BGHZ 113, 132, 136 f = NJW 1991, 844, 845). Haftet der Erbe auch nach Aufhebung der Nachlassverwaltung noch beschränkt (dazu § 1986 Rn 9 f), so kann er dies in der Zwangsvollstreckung geltend machen, auch wenn die gegen ihn umgeschriebene Verurteilung des Nachlassverwalters nicht den Vorbehalt der beschränkten Erbenhaftung ausspricht (§ 780 Abs 2 ZPO).

Soll aus einem gegen den Nachlassverwalter ergangenen Urteil in das Eigenvermögen des Erben vollstreckt werden, so bedarf es stets einer vollstreckbaren Ausfertigung gegen die als Erbe angesehene Person (vgl auch Staudinger/Mešina [2017] § 1958 Rn 9). Denn das Erbrecht kann streitig sein, und die Person des Erben kann während der Nachlassverwaltung gewechselt haben (zB durch Erbausschlagung, Anfechtung der Erbschaftsannahme). Die Feststellung, wer Erbe ist, darf nicht dem Vollstreckungsorgan überlassen werden. 25

Eine bereits gegen den Nachlassverwalter begonnene Zwangsvollstreckung kann jedoch analog § 779 ZPO in den Nachlassrest fortgesetzt werden, der dem Erben nach Aufhebung der Nachlassverwaltung herausgegeben wurde. Wegen § 1986 BGB wird dieser Fall aber nur selten eintreten.

IV. Zwangsvollstreckungen und Arreste

1. Vollstreckungsmaßnahmen der Nachlassgläubiger in den Nachlass, die vor Wirksamwerden der Nachlassverwaltung erfolgt sind, bleiben unberührt und nehmen ihren Fortgang (Prot V 813; anders §§ 88 f, 321 InsO für das Nachlassinsolvenzverfahren). Da es hier nicht um den Beginn (§ 750 Abs 1 ZPO), sondern um die Fortsetzung der Zwangsvollstreckung geht, bedarf es keiner vollstreckbaren Ausfertigung gegen den Nachlassverwalter (vgl auch die Parallele des § 779 ZPO sowie OLG Breslau OLGE 26 [1913/I] 380 und für den Fall der Testamentsvollstreckung Brox/Walker[10], Zwangsvollstreckungsrecht Rn 122). 26

Ein Nachlassgläubiger, der **nach Wirksamwerden der Nachlassverwaltung** aufgrund eines vorher gegen den Erblasser oder den Erben ergangenen Urteils die Zwangsvollstreckung in den Nachlass beginnen will, bedarf wegen § 750 Abs 1 ZPO einer vollstreckbaren Ausfertigung gegen den Nachlassverwalter (Loritz ZZP 95 [1982] 310, 314/315, 329 f; Jaspersen Rpfleger 1995, 243 f; Dauner-Lieb, in: FS Gaul [1997] 93, 104; Stein/Jonas/Münzberg[22] ZPO § 727 Rn 27 ff, 31; Baumbach/Hartmann[68] ZPO § 727 Rn 18; Soergel/Stein Rn 9; Jauernig/Stürner §§ 1984, 1985 Rn 7 aE, offengelassen in BGH WM 1967, 68 f; **aM** wegen der Rechtsnatur der Nachlassverwaltung als bes Art der Nachlass*pflegschaft* OLG München BayZ 1906, 251 und – ohne eigene Begründung – Palandt/Weidlich Rn 4; Erman/Horn Rn 6; AK-BGB/Teubner Rn 18; BGB-RGRK/Johannsen Rn 21; Planck/Flad Anm 3a τ). Das folgt 27 nicht nur aus dem mehr formalen Aspekt, dass der Nachlassverwalter von der Rspr nicht als gesetzlicher Vertreter des Erben, sondern als Partei kraft Amtes angesehen wird (s § 1985 Rn 2), sondern auch aus einer Analogie zu §§ 748 Abs 1, 749 ZPO (vgl Loritz ZZP 95 [1982] 310, 329 f und – zur Zwangsvollstreckung gegen einen Konkursverwalter – OLG Stuttgart NJW 1958, 1353 m abl Anm v Kleybolte). Anders als den nach § 1960 BGB oder § 1961 BGB bestellten Nachlasspfleger kann man den Nachlassverwalter als Nachfolger (§ 727 ZPO) in das dem Erben nach § 1984 Abs 1 BGB verlustig gegangene Verfügungs- und Prozessführungsrecht ansehen. Eine entspr Anwendung der §§ 748, 749 ZPO auf die Vollstreckung von Urteilen in den Nachlass, die vor Anordnung der Nachlassverwaltung gegen den Erben ergangen sind, ist auch deshalb geboten, weil nur so von vornherein „ausgeschlossen" (vgl § 1984 Abs 2 BGB) werden kann, dass zugunsten eines Gläubigers, der nicht Nachlassgläubiger ist, Zwangsvollstreckungen und Arreste in den Nachlass erfolgen (s auch Rn 28). Ein erst nach Anordnung der Nachlassverwaltung ergangenes Urteil gegen den *Erben* kann vor Aufhebung der Nachlassverwaltung nicht in den Nachlass vollstreckt werden (vgl § 1984 Abs 1 S 3 BGB und OLG Breslau OLGE 18 [1909/I] 411 f).

28 2. **Zwangsvollstreckungsmaßnahmen der Eigengläubiger in den Nachlass** sind **nach Anordnung der Nachlassverwaltung** „ausgeschlossen" (Abs 2). Dies ist von Amts wegen zu beachten (ebenso Staudinger/Reimann [2016] § 2214 Rn 6 zu dem nicht strenger gefassten § 2214; sowie zu dem ebenfalls vergleichbaren § 89 Abs 1 InsO Jaeger/Eckardt, InsO § 89 Rn 70 mwNw; vgl auch RG LZ 1907, 839 f = Recht 1907, 1412 Nr 3574: zur Beseitigung nach § 1984 Abs 2 „ausgeschlossener" Vollstreckungsmaßnahmen bedürfe es nicht des § 784 Abs 2 ZPO; **aM** wohl Baumbach/Hartmann[68] ZPO § 784 Rn 3), und zwar bereits im Verfahren über die für eine Zwangsvollstreckung in das der Nachlassverwaltung unterliegende Vermögen meist erforderliche (Rn 26, 27) Vollstreckungsklausel gegen den Verwalter (ebenso mit ausf Begr Dauner-Lieb, in: FS Gaul [1997] 93, 105 ff; vgl auch Jaeger/Eckardt, InsO § 89 Rn 56 für das Vollstreckungsverbot des § 89 Abs 1 InsO). Hat das Gericht einem Eigengläubiger des Erben zu Unrecht die Vollstreckungsklausel gegen den Nachlassverwalter erteilt und vollstreckt der Gläubiger in den Nachlass, so kann der Nachlassverwalter nicht nach §§ 784 Abs 2, 785 ZPO die Aufhebung dieser Vollstreckungsmaßregeln verlangen; denn er ist durch die gegen ihn gerichtete Vollstreckungsklausel gehindert, geltend zu machen, dass sich der Anspruch nicht gegen den Nachlass richte. Der Verwalter muss also nach § 732 oder § 768 ZPO gegen die Klausel vorgehen (iE ebenso Jaspersen Rpfleger 1995, 243, 246). Hat er damit Erfolg, so entfällt wegen §§ 775 Nr 1, 776 S 1 ZPO das Rechtsschutzbedürfnis für eine Klage nach §§ 784 Abs 2, 785 ZPO. – *Beginnt* (Rn 26 f) ein Nachlass- oder Eigengläubiger, dessen Titel nicht gegen den Nachlassverwalter umgeschrieben ist, nach Anordnung der Nachlassverwaltung in den Nachlass zu vollstrecken, so steht dem Nachlassverwalter wegen Verletzung des § 750 ZPO die Erinnerung nach § 766 ZPO zu. Auch hier bedarf es zur Abwehr der Eigengläubiger vom Nachlass also nicht unbedingt des § 784 Abs 2 ZPO. Anders nur, wenn ein Eigengläubiger des Erben in einen noch in *dessen* Gewahrsam (§ 808 Abs 1 ZPO) befindlichen Nachlassgegenstand vollstreckt; denn zur Vollstreckung gegen den *Erben* bedarf es ja keiner Klausel gegen den *Verwalter* (vgl zu dem letztgenannten Fall auch Dauner-Lieb, in: FS Gaul [1997] 93, 103, 107).

29 **Vor Anordnung der Nachlassverwaltung** sind Vollstreckungsmaßnahmen der Eigengläubiger in den Nachlass durch § 1984 Abs 2 BGB nicht ausgeschlossen; sie sind ab

Annahme der Erbschaft zulässig (§ 778 Abs 2 ZPO). Ist die Nachlassverwaltung angeordnet, so kann der Verwalter nach § 784 Abs 2 ZPO die Aufhebung dieser vor Verfahrenseröffnung erfolgten Vollstreckungsmaßnahmen verlangen (RG LZ 1907, 839 f = Recht 1907, 1412 Nr 3574). Auch wenn er dies nicht tut, dürfte eine *Fortsetzung der Zwangsvollstreckung* nun durch die sehr scharf formulierte Vorschrift des § 1984 Abs 2 BGB „ausgeschlossen" sein (vgl RG LZ 1907, 839 f; nicht anders wohl Wieczorek/Paulus³, ZPO § 784 Rn 8; **aM** Wieczorek², ZPO § 784 Anm B I und Baumbach/Hartmann⁶⁸, ZPO § 784 Rn 3). Eine Anwendung des § 781 ZPO auf diesen Fall (so Wieczorek² Anm B I) kommt nicht in Betracht; einer Analogie steht neben § 1984 Abs 2 BGB auch noch der Umstand entgegen, dass der Nachlassverwalter wegen einer Eigenverbindlichkeit des Erben weder beschränkbar noch beschränkt, sondern überhaupt nicht haftet. – Soweit der Nachlassverwalter gegen *nach* Verfahrenseröffnung erfolgte Vollstreckungsmaßnahmen eines Eigengläubigers gem §§ 784 Abs 2, 785 ZPO vorgehen kann (Rn 28), soll nach hM die Erinnerung nach § 766 ZPO ausgeschlossen sein (Erman/Horn Rn 5; Soergel/Stein Rn 9; Wieczorek², ZPO § 784 Anm B I; wohl auch Wieczorek/Paulus³, ZPO § 784 Rn 10). Für den Fall, dass sich die Erinnerung dagegen richtet, dass der Gläubiger (gleich ob Nachlass- oder Eigengläubiger des Erben) ohne eine gegen den Verwalter gerichtete Klausel vollstreckt (Rn 28), kann dem nicht zugestimmt werden.

Auch wenn der Erbe unbeschränkt haftet, müssen sich die *Eigengläubiger* die soeben umschriebenen Beschränkungen gefallen lassen. Die Anordnung der Nachlassverwaltung beschränkt sie auf den Überschuss, der nach Befriedigung oder Sicherstellung der Nachlassgläubiger übrigbleibt. Sie können sich den Anspruch des Erben gegen den Nachlassverwalter auf Herausgabe des künftigen Überschusses pfänden und zur Einziehung überweisen lassen (vgl §§ 828 ff, 835 ff, 844 ff ZPO; § 1986 Rn 5; Riesenfeld II 86; BGB-RGRK/Johannsen Rn 22; Erman/Horn Rn 5; Palandt/Weidlich Rn 4). 30

3. Zwangsvollstreckungsmaßnahmen der Nachlassgläubiger in sein Eigenvermögen (zB OLG Frankfurt NJW-RR 1998, 160) bekämpft der Erbe nach §§ 780, 781, 784 Abs 1, 785 ZPO, also durch Klage (§ 767 ZPO) und notfalls Beantragung einstweiliger Maßnahmen nach §§ 769, 770 ZPO. Jedoch darf er das Haftungsbeschränkungsrecht noch nicht verloren haben. 31

4. Unanwendbar sind § 1984 Abs 2 BGB und § 784 ZPO auf die **Pfändung eines Miterbenanteils** (str; vgl Staudinger/Marotzke § 2058 Rn 10 ff). 32

V. Aufrechnung

Ähnlich wie eine Zwangsvollstreckung (Rn 26 ff) wirkt die Ausübung von Aufrechnungsbefugnissen (vgl Staudinger/Gursky [2016] § 394 Rn 3 f und Vorbem 6 ff zu §§ 387 ff). Der Einfluss der Nachlassverwaltung ist bei § 1977 Rn 11 ff dargestellt. 33

§ 1985
Pflichten und Haftung des Nachlassverwalters

(1) Der Nachlassverwalter hat den Nachlass zu verwalten und die Nachlassverbindlichkeiten aus dem Nachlass zu berichtigen.

(2) Der Nachlassverwalter ist für die Verwaltung des Nachlasses auch den Nachlassgläubigern verantwortlich. Die Vorschriften des § 1978 Abs. 2 und der §§ 1979, 1980 finden entsprechende Anwendung.

Materialien: E II §§ 1859, 1861; III § 1960; Prot V 813–819; JAKOBS/SCHUBERT ER I 303, 599 ff.

Schrifttum

GRZIWOTZ, Die Veräußerung eines Handelsgeschäfts durch den Nachlaßverwalter, Betrieb 1990, 924
JACOBY, Das private Amt (2007)
SCHULZ (Hrsg), Handbuch Nachlasspflegschaft (2. Aufl 2017) § 12.

Vgl auch die Schrifttumsangaben zu § 1984.

Systematische Übersicht

Alphabetische Übersicht

I. Aufgaben und Rechtsstellung des Nachlassverwalters im Allgemeinen

1 **1.** § 1985 BGB normiert in Abs 1 die Aufgaben und in Abs 2 die Verantwortlichkeit des Nachlassverwalters. Dabei kommen zwei wichtige **Unterschiede zwischen der Rechtsstellung des Nachlassverwalters und der eines nach § 1960 BGB oder § 1961 BGB bestellten Nachlasspflegers** zum Ausdruck: Obwohl auch der Nachlassverwalter ein Nachlasspfleger ist (vgl §§ 1975 BGB, 780 Abs 2 ZPO, 317 Abs 1 InsO) und wie dieser der Aufsicht des Nachlassgerichts untersteht (Rn 33 ff), hat er im Gegensatz zu dem nach § 1960 BGB oder § 1961 BGB bestellten Nachlasspfleger (s Staudinger/Mešina [2017] § 1960 Rn 44) die primäre (§ 1975 BGB) Aufgabe, für die Befriedigung der Nachlassgläubiger zu sorgen; anders als dieser (Staudinger/Mešina [2017] § 1960 Rn 53, 54) ist er deshalb nach Abs 2 auch den Nachlassgläubigern für die Verwaltung des Nachlasses verantwortlich. Weitere Unterschiede bestehen darin, dass zur Übernahme des Amtes eines Nachlassverwalters niemand gezwungen werden (§ 1981 Abs 3 BGB) und der Nachlassverwalter für seine Amtsführung eine Vergütung verlangen kann (§ 1987 BGB): Beides ist bei dem nach § 1960 oder § 1961 BGB bestellten Pfleger anders (vgl Staudinger/Mešina [2017] § 1960 Rn 33, 36). Außerdem bedingt der in § 1975 BGB normierte Zweck der Nachlassverwaltung (Befriedigung der Nachlassgläubiger) eine Regelung, nach der der Erbe die Rechtsmacht, über den Nachlass zu verfügen, an den Verwalter verliert (§ 1984 Abs 1 BGB, vgl dagegen zu der entspr Frage bei der nach § 1960 oder § 1961 angeordneten Pflegschaft Staudinger/Mešina [2017] § 1960 Rn 42 Abs 3). In wesentlichen Punkten ähnelt also die Rechtsstellung des Nachlassverwalters ungeachtet dessen, dass er wegen §§ 1975 BGB, 780 Abs 2 ZPO, 317 Abs 1 InsO auch als *Nachlasspfleger* bezeichnet werden darf, weniger derjenigen des nach § 1960 BGB oder § 1961 BGB bestellten Nachlasspflegers als derjenigen des Nachlassinsolvenzverwalters (§§ 80 ff, 60 ff, 63 ff InsO).

2 **2. Die rechtliche Stellung des Nachlassverwalters entspricht also weitgehend der eines (Nachlass-)Insolvenzverwalters** (RGZ 61, 222; 65, 287 f; 135, 305, 307; vgl auch BGHZ 38, 281, 284; OLG Braunschweig OLGZ 1988, 392, 394). Hier wie dort stehen sich verschiedene Theorien gegenüber, deren Ausgangspunkte im Wesentlichen die sog Amtstheorie und die verschiedenen Vertretungstheorien sind (zu modifizierenden Theorien, zB der Theorie des neutralen Handelns und der Organtheorie, vgl Jaeger/Windel, InsO § 80 Rn 11 ff, 16 ff).

Nach der **Amtstheorie**, die das RG (RGZ 29, 29, 37) für den Konkursverwalter entwickelt und an der es für ihn wie auch für den Nachlassverwalter festgehalten hat (RGZ 61, 222; 65, 287 f; 151, 57, 64), hat der Nachlassverwalter nicht „die Stellung eines gesetzlichen Vertreters des Erben oder der Nachlassgläubiger oder beider zusammen“, sondern die eines „amtlich bestellten Organs zur Verwaltung einer fremden Vermögensmasse mit eigener Parteistellung im Rechtsstreit“ (RGZ 135, 305, 307; vgl auch OLG Braunschweig OLGZ 1988, 392, 394; KG MDR 2006, 694 = FamRZ 2006, 559 = FGPrax 2006, 76).

Die sog **Vertretertheorien** erblicken in ihm den gesetzlichen Vertreter bald des Nachlasses iS eines als juristische Person zu behandelnden Sondervermögens, bald des Erben (Staudinger/Lehmann[11] § 1975 Rn 7 mwNw), bald auch der Nachlassgläubiger, soweit es sich um Geltendmachung von deren Rechten handelt (vgl für den Konkursverwalter Jaeger [bis 6./7. Aufl] Anm 1 ff zu § 6 KO).

Stellungnahme: Man sollte den Meinungsstreit nicht überbewerten. Mit Recht ist darauf hingewiesen worden, dass der amtliche Charakter der Rechtsstellung eines Verwalters fremden Vermögens nicht ausschließt, den Verwalter gleichzeitig als Vertreter des Vermögenssubjekts anzusehen (Erman/Horn § 1975 Rn 3). ZB wird auch der Vormund gerichtlich ernannt, und dennoch ist er Vertreter des Mündels. Dementsprechend ist auch beim Nachlassverwalter anzuerkennen, dass er zwar ein Amt bekleidet (§ 1987 BGB), aber gleichzeitig Vertreterbefugnisse hat (ausführlich Staudinger/Lehmann[11] § 1975 Rn 7 mwNw). Auch ist zu bedenken, dass es schlimmste Begriffsjurisprudenz wäre, wenn man sich zunächst für die eine oder die andere Theorie entscheiden würde, um aus ihr sodann in rein deduktiver Methode Lösungen für Konflikte herzuleiten, die bei der Entscheidung für die betreffende Theorie möglicherweise nicht bedacht worden sind. Im Vordergrund der Überlegungen hat stets zu stehen, dass der Nachlassverwalter nicht eigene, sondern fremde Rechte geltend macht, dass es dem Zweck der Nachlassverwaltung am besten entspricht, wenn die Rechtshandlungen des Verwalters für und gegen den Erben wirken, *soweit* er Träger des Nachlasses ist, dass aber andererseits die Personen, mit denen der Nachlassverwalter rechtsgeschäftlich verkehrt, sich an diesen persönlich halten können müssen, wenn er sein Handeln „als Verwalter des Nachlasses des X" nicht erkennbar (§ 164 Abs 2 BGB) zum Ausdruck bringt (Rn 5 ff). Man wird also selbst dann, wenn man der Amtstheorie folgt, gewisse Analogien zum Stellvertretungsrecht nicht scheuen dürfen (vgl zB BGHZ 30, 67, 69: Analogie zu § 181; ferner RGZ 80, 416, 418: Analogie zu § 177 bei Vertragsschluss aufgrund einer in Wahrheit nicht bestehenden Amtsstellung), bzw auch dann, wenn man den Nachlassverwalter als gesetzlichen Vertreter des Erben ansieht, die Anwendung des § 116 Abs 1 Nr 1 ZPO (Prozesskostenhilfe für die Partei kraft Amtes) nicht in Frage stellen dürfen. Wenn man sich dessen bewusst ist, besteht kein zwingender Grund, von der in der Rspr vertretenen Amtstheorie abzurücken; man sollte sie jedoch gegenüber den Erkenntnissen der übrigen Theorien offenhalten. In diesem Sinne sei auf die besonders ausführliche Darstellung und Weiterentwicklung der Amtstheorie bei Jaeger/Henckel[9] KO § 6 Rn 4–164 verwiesen (dazu Stürner ZZP 94 [1981] 263, 286 ff), die auch im Kontext des *neuen* Insolvenzrechts eine wichtige Diskussionsgrundlage bleiben wird (vgl Jaeger/Windel, InsO § 80 Rn 11 ff; Jacoby 298 ff). 3

Rechtsstreitigkeiten bzgl des Nachlasses führt der Verwalter richtigerweise nicht im Namen des Erben als dessen Vertreter (denn der Erbe ist überhaupt nicht prozessführungsbefugt; s § 1984 Rn 20 ff), sondern „als Verwalter über den Nachlass des X". *Nur als solcher* hat er im Unterliegensfalle nach § 91 ZPO die Prozesskosten zu tragen; die Kostenpflicht ist also keine persönliche Schuld des Verwalters, sondern Nachlassverbindlichkeit (Staudinger/Dutta [2016] § 1967 Rn 47). Im Prozess des Nachlassverwalters kann der Erbe als Zeuge vernommen werden (vgl RGZ 29, 29, 37 bzgl des Gemeinschuldners). Vom Standpunkt der Vertretertheorie könnte § 455 Abs 2 S 2 ZPO angewandt werden (so Staudinger/Lehmann[11] § 1975 Rn 7), was zu ähnlichen Ergebnissen führt. Prozesskostenhilfe: § 116 Abs 1 Nr 1 ZPO. 4

Verjährungsrechtlich ist der Nachlassverwalter „Vertreter" iS des § 211 Satz 1 BGB (vgl Staudinger/Mešina [2017] § 1958 Rn 5 und § 1960 Rn 62 mwNw).

II. Fremdwirkung von Rechtsgeschäften des Verwalters

5 Durch **Rechtshandlungen**, die der Nachlassverwalter erkennbar „als solcher" vorgenommen hat, wird der Erbe berechtigt und verpflichtet (vgl RGZ 80, 416, 418), dies jedoch nicht unbegrenzt, sondern nur in seiner Funktion als Subjekt des Nachlasses (OLG Colmar OLGE 12 [1906/I] 361, 362). Der Erbe kann also die auf § 1967 Abs 1 BGB beruhende Mithaftung seines Eigenvermögens für vom Nachlassverwalter eingegangene Verbindlichkeiten mit den ihm zustehenden Haftungsbeschränkungsmitteln ausschließen (vgl Mot V 630: „... Nachlaßverbindlichkeiten, welche dem Erben als solchem obliegen, aber dem Inventarrechte [dazu § 1993 Rn 28] unterliegen"). Im Nachlassinsolvenzverfahren sind solche Verbindlichkeiten Masseschulden gem § 324 Abs 1 Nr 5 InsO.

6 **Verfügt** der Nachlassverwalter über Nachlassgegenstände, so hängt die Wirksamkeit nicht davon ab, dass er sich als Nachlassverwalter zu erkennen gibt. Es genügt, dass er anstelle des Erben verfügungsbefugt ist (zum Umfang seiner Verfügungsbefugnis s § 1984 Rn 6).

7 **Geht der Nachlassverwalter Verbindlichkeiten ein**, ohne sein Handeln „als Nachlassverwalter" offenzulegen, so haftet er dafür persönlich mit seinem eigenen Vermögen. Das ergeben schon die allgemeinen Auslegungsgrundsätze (Empfängerhorizont!) und ist im Übrigen aus den beiden ersten Absätzen des – auf Rechtsgeschäfte eines Nachlassverwalters zumindest analog anwendbaren (Rn 3) – § 164 BGB zu erschließen. Auch § 415 BGB zeigt, dass niemandem anstelle des von ihm akzeptierten Schuldners ein anderer, der vielleicht weniger kreditwürdig ist, aufgedrängt werden kann. Wenn der Vertragsschluss in ordnungsgemäßer Verwaltung des Nachlasses erfolgte, lässt sich jedoch eine Mithaftung des Nachlasses begründen, und zwar sowohl gegenüber dem Vertragspartner (**aM** Muscheler, Die Haftungsordnung der Testamentsvollstreckung [1994] 204 f, 272 mwNw) als auch, in Gestalt einer Verpflichtung zum Aufwendungsersatz, gegenüber dem Verwalter selbst (vgl § 1987 Rn 20 und die bei § 1967 Rn 51 erörterte ähnliche Rechtsfrage).

8 Bringt der Nachlassverwalter bei einem **rechtsgeschäftlichen Erwerb** sein Handeln „als Nachlassverwalter" nicht erkennbar zum Ausdruck (vgl nochmals § 164 BGB), so erwirbt er in sein Eigenvermögen. Das gilt jedoch nicht, wenn sich das Erwerbsgeschäft iS des § 2041 BGB „auf den Nachlass bezieht", zB weil der Erwerb mit Mitteln des Nachlasses erfolgt (**aM** Muscheler, Die Haftungsordnung der Testamentsvollstreckung [1994] 273). Hier muss zumindest dann, wenn der verwaltete Nachlass mehreren Erben gemeinsam zusteht, § 2041 BGB anwendbar sein mit der Folge, dass der erworbene Gegenstand kraft gesetzlicher **Surrogation** automatisch Bestandteil des Nachlasses wird. Ein *Alleinerbe* und die Gläubiger seines infolge der Anordnung der Nachlassverwaltung separierten Nachlasses verdienen nicht weniger Schutz; deshalb sollte § 2041 BGB auch bei Vorhandensein nur *eines* Erben angewandt werden (vgl auch RGZ 138, 132, 134 [für Anwendbarkeit des § 2041 auf den durch einen Testamentsvollstrecker verwalteten Nachlass eines Alleinerben]; Jaeger/Windel, InsO § 80 Rn 48 [befürwortet mit Einschränkungen die analoge Anwendung des § 2041 auf Erwerbsgeschäfte eines Insolvenzverwalters]; für Surrogation bei Nachlassverwaltung auch Jaeger/Weber[8] KO § 214 Rn 28; M Wolf JuS 1975,

715 Fn 50; vgl erg SIRKO HARDER, Insolvenzrechtliche Surrogation [2002] Rn 87 ff, 107). Ergänzt wird diese Argumentation bei § 1978 Rn 17.

III. Recht und Pflicht zur Verwaltung des Nachlasses

1. Allgemeines

Gem Abs 1 hat der Nachlassverwalter den Nachlass zu verwalten und die Nachlassverbindlichkeiten aus dem Nachlass zu berichtigen. Die erstgenannte Pflicht wird beeinflusst von der zweiten, die gem § 1975 BGB das eigentlich wesentliche Element der Nachlassverwaltung darstellt. Die Art und Weise der Verwaltung bestimmt der Verwalter im Einzelfall nach pflichtgemäßem Ermessen unter dem Gesichtspunkt der Zweckmäßigkeit im Hinblick auf das Maß der zu zahlenden Schulden und die Art der Aktiva (vgl OLG Colmar OLGE 12 [1906/I] 361 f; WENDT AcP 86 [1896] 353, 377 sowie zur **Aufsicht des Nachlassgerichts** unten Rn 10, 33 ff). Soweit zur Begleichung der Schulden erforderlich, hat der Verwalter den Nachlass zu verwerten; die dafür erforderliche **Verfügungsbefugnis** ist – zT allerdings belastet mit gerichtlichen Genehmigungsvorbehalten (Rn 33 ff) – vom Erben auf den Verwalter übergegangen (s § 1984 Rn 5 f – auch zu den Besonderheiten beim Nachlassverwalter eines **Vorerben**). Bei der Wahl der Verwertungsart ist zu berücksichtigen, dass auch freihändige (also rechtsgeschäftliche) Veräußerungen durch den Nachlassverwalter keine Haftung des Erwerbers nach § 25 HGB nach sich ziehen (vgl BGH NJW 1987, 1019, 1020; 1988, 1912, 1913 = BGHZ 104, 151, 153 ff), sodass es unter dem Gesichtspunkt der Vermeidung einer erlösmindernden Erwerberhaftung weder der Zerschlagung wirtschaftlicher Einheiten noch der Flucht in die Zwangsversteigerung bedarf. Zur Ermittlung des Schuldenstandes hat der Nachlassverwalter uU das Aufgebot der Nachlassgläubiger (§§ 1970 ff BGB) zu beantragen (KG OLGZ 1977, 309, 310; PALANDT/WEIDLICH Rn 6; vgl auch unten Rn 31). Für während der Nachlassverwaltung entstehende **Einkommensteuer** lässt der BFH den Erben uU persönlich und unbeschränkbar haften (vgl STAUDINGER/DUTTA [2016] § 1967 Rn 36 mwNw). 9

Soweit es mit der Aufgabe der Gläubigerbefriedigung vereinbar ist, hat der Verwalter auch die **Interessen des Erben** wahrzunehmen und seine Wünsche zu berücksichtigen (RGZ 72, 260, 262 f). Das bedeutet jedoch nicht, dass der vom Nachlassverwalter verklagte Nachlassschuldner unter Berufung darauf, dass er zugleich Erbe oder Miterbe ist, einwenden könnte, die Einziehung der betreffenden Schuld sei zum Zwecke der Berichtigung der Nachlassverbindlichkeiten unnötig. Da die Einziehungsbefugnis wie auch die sonstige Verwertungsmacht des Verwalters unabhängig davon besteht, ob dieser sie pflichtgemäß ausübt oder nicht, kann der als Nachlassschuldner verklagte Erbe den Gesichtspunkt der Pflichtwidrigkeit nicht vor dem Prozessgericht, sondern nur durch Eingaben an das Nachlassgericht geltend machen (RGZ 72, 260, 263; s aber Rn 36 zu den Grenzen der gerichtlichen Kontrollbefugnisse). 10

Nicht zu den Aufgaben und Befugnissen des Nachlassverwalters gehören die *Inventarerrichtung* (vgl Rn 37) und die *Erbauseinandersetzung* bzw Verteilung des Nachlasses unter Miterben (Prot V 816; RGZ 72, 260; BayObLGZ 25 [1926] 454, 456). Auch eine nachlassgerichtliche Auseinandersetzungsvermittlung nach §§ 363 ff FamFG ist während der Nachlassverwaltung ausgeschlossen (KG RJA 15, 279 f = KGJ 49 [1917] 84 ff). 11

2. Grundbuch

12 Der Nachlassverwalter ist verpflichtet, die Eintragung der Anordnung der Nachlassverwaltung in das Grundbuch zu beantragen (s § 1984 Rn 12, auch zu der entspr Pflicht des Nachlassgerichts). Da der Erbe trotz der Nachlassverwaltung Träger der zum Nachlass gehörenden Rechte und Verbindlichkeiten bleibt (RGZ 72, 260, 263; RG JR 1925 Nr 1637), bleibt als Rechtsinhaber er selbst im Grundbuch eingetragen. Der Nachlassverwalter kann grundsätzlich nicht als Berechtigter eingetragen werden; seine Eintragung mit der Bezeichnung „als Verwalter über den Nachlass des X“ genügt jedoch beim *Rechtserwerb für unbekannte Erben* (BGH DNotZ 1961, 485 f) und darüber hinaus auch beim Rechtserwerb für – angeblich – *bekannte* Erben (**aM** BGH DNotZ 1961, 485 f betr Eintragung einer Vormerkung und OLG Hamm OLGZ 1988, 390 ff betr Eintragung einer vom Nachlassverwalter gem § 867 ZPO beantragten Sicherungshypothek; in vergleichbarem Zusammenhang *großzügiger* BGHZ 148, 392, 394 ff = FGPrax 2002, 7 ff bzgl des Verwalters einer Wohnungseigentumsanlage), da andernfalls vor der Eintragung ein verzögerndes Erbscheinsverfahren oder ein Verfahren zur Erlangung eines Europäischen Nachlasszeugnisses durchgeführt werden müsste (s § 35 GBO und OLG Hamm OLGZ 1988, 390 ff) und der Erwerb anschließend immer noch mit einem unnötigen Irrtumsrisiko behaftet bliebe (zB bei späterem Auftauchen eines wirksamen Testaments). Ist hinsichtlich eines Nachlassgrundstücks jemand zu Unrecht im Grundbuch eingetragen, so kann ihn der Nachlassverwalter auf Bewilligung der Grundbuchberichtigung in Anspruch nehmen (vgl BGH FamRZ 2001, 155 f = ZEV 2001, 32 f [für den nach *§ 1960* BGB bestellten Nachlasspfleger; s erg § 1960 Rn 23 Abs 2]). Nicht abschließend geklärt ist die Frage, ob und unter welchen Voraussetzungen „ein Verstorbener“ oder dessen „unbekannte Erben“ in das Grundbuch eingetragen werden dürfen (dazu Staudinger/Kunz [2017] § 1922 Rn 568; vgl auch BayObLGZ 1995, 158 ff = FamRZ 1995, 119 ff = NJW-RR 1995, 272 ff). Ein *innerer* Sachzusammenhang mit der bei § 2058 Rn 48, 67 thematisierten Frage, ob eine Erbengemeinschaft – auch eine Gemeinschaft *unbekannter* Erben – Kläger oder Beklagter eines Zivilprozesses sein kann (bejahend Eberl-Borges ZEV 2002, 125, 130 f [zur Grundbuchfähigkeit bei Fn 96 f]), besteht nicht. Grundbuchrechtlich darf es keinen Unterschied machen, ob der bisherige Rechtsinhaber nur von einer oder von mehreren Personen beerbt worden ist (vgl auch Heil ZEV 2002, 296, 297 f).

Grundbuchverfahrensrechtlich ist der Nachlassverwalter in analoger Anwendung des § 40 Abs 1 GBO privilegiert: Bewilligt er die Eintragung einer Übertragung oder Aufhebung eines Rechts in das Grundbuch, bedarf es einer Voreintragung des oder der Erben in das Grundbuch nach § 39 Abs 1 GBO nicht (Meikel/Böttcher, § 40 Rn 31; Keller/Munzig/Volmer, KEHE Grundbuchrecht[8] § 40 Rn 19 und 20). Grund für die analoge Anwendung ist die Tatsache, dass die Bewilligung des Nachlassverwalters den oder die Erben in gleicher Weise bindet wie die Bewilligung des Erblassers oder des Nachlasspflegers, die die Norm ausdrücklich nennt.

3. Inbesitznahme des Nachlasses

13 **Der Nachlassverwalter hat den Nachlass alsbald in Besitz zu nehmen**. Das ergibt sich aus Abs 1 iVm einem Umkehrschluss aus § 1986 BGB. Durch die Besitzergreifung erlangt er unmittelbaren, der Erbe mittelbaren Besitz (Strohal II § 79 Fn 27).

Ein Recht zur **eigenmächtigen** Besitzergreifung hat der Nachlassverwalter ebenso wenig wie ein nach **§ 1960 BGB oder § 1961 BGB** bestellter Nachlasspfleger (vgl Staudinger/Mešina [2017] § 1960 Rn 40). Das versteht sich von selbst im Verhältnis zu Dritten, die keine Erben-, sondern nur eine unberechtigte Besitzerstellung innehaben. Gegenüber solchen Personen ist der Nachlassverwalter auf den Weg der **Herausgabeklage** angewiesen. Gleiches galt nach bisher hM auch im Verhältnis zum Erben. Der die Nachlassverwaltung anordnende Gerichtsbeschluss ist mangels vollstreckbaren Inhalts kein Vollstreckungstitel iS des § 794 Abs 1 Nr 3 ZPO (KG NJW 1958, 2072 f; Planck/Flad Anm 1a; MünchKomm/Küpper Rn 3; Palandt/Weidlich Rn 5; vLübtow II 1141; Lange/Kuchinke § 49 Fn 101; Michalski Rn 957; Erman/Horn Rn 2; **aM** für den *Konkurs*eröffnungsbeschluss BGHZ 12, 380, 389). Die Ansicht, das Nachlassgericht habe dem Verwalter auf dessen Antrag einen Gerichtsvollzieher zur Wegnahme der im Einzelnen zu bezeichnenden Gegenstände beizuordnen (so Staudinger/Lehmann[11] Rn 3; mit Einschränkungen und Variationen auch BGB-RGRK/Johannsen Rn 5; Kipp/Coing § 97 VI 3; Brox/Walker Rn 691; **aM** KG NJW 1958, 2071 ff mit ausführlicher Begr; LG Stuttgart BWNotZ 1978, 164 [mAnm Vögele]; MünchKomm/Küpper Rn 3; Palandt/Weidlich Rn 5), entbehrte jedenfalls vor 1999 (dazu sogleich) der gesetzlichen Grundlage, auf die bei belastenden Hoheitsakten keinesfalls verzichtet werden darf (in anderen Zusammenhängen etwa zu finden in §§ 149 Abs 2, 150 Abs 2 ZVG, § 148 Abs 2 InsO). Da die *Nachlassgläubiger* während einer Nachlassverwaltung nicht gehindert sind, in die noch beim Erben befindlichen Nachlassgegenstände zu vollstrecken (vgl § 784 Abs 1 ZPO im Gegensatz zu §§ 89 f, 321 InsO), und auch die Anwendung des der Abwehr von *Eigengläubigern* dienenden § 784 Abs 2 ZPO nicht davon abhängt, dass der Nachlassverwalter den Nachlass bereits in den Händen hat, ist das Bedürfnis, dem Nachlassverwalter im Interesse einer raschen und effektiven Befriedigung der Nachlassgläubiger die Herausgabeklage gegen den widerspenstigen Erben zu ersparen, nicht ganz so groß wie im Fall eines Nachlass*insolvenz*verfahrens. Der Nachlass*insolvenz*verwalter kann **„auf Grund einer vollstreckbaren Ausfertigung des Eröffnungsbeschlusses** die Herausgabe der Sachen, die sich im Gewahrsam des Schuldners befinden, im Wege der Zwangsvollstreckung durchsetzen". Dies war, wenn auch ohne ausreichende gesetzliche Grundlage, bereits im früheren Konkursrecht gängige Praxis und wird in § 148 Abs 2 InsO nunmehr auch *gesetzlich* anerkannt. Ob es zulässig ist, die Rechtsfolge des § 148 Abs 2 InsO im Wege der Analogie auch auf den *Nachlassverwalter* zu übertragen, erscheint zweifelhaft. Im **Ergebnis** wäre es jedoch zu begrüßen (vgl auch Hillebrand, Die Nachlaßverwaltung – unter besonderer Berücksichtigung der Verwaltungs- und Verfügungsrechte des Nachlaßverwalters [Diss Bochum 1998] 84 f).

Wenn der Nachlassverwalter auf Antrag eines gesetzlichen, durch Erbschein ausgewiesenen Erben erst einmal bestellt ist, kann der auf Herausgabe verklagte Besitzer diese nicht mit der Behauptung ablehnen, er sei der Testamentserbe. Der **Streit über das Erbrecht** ist zwischen den Prätendenten auszutragen (vgl auch Staudinger/Mešina [2017] § 1960 Rn 47); der Nachlassverwalter kann seine gesetzlichen Befugnisse bis zur Aufhebung der Nachlassverwaltung, die der Testamentserbe betreiben mag, ausüben (RG Recht 1909 Nr 2127). **14**

Um Zweifel bzgl der herauszugebenden Gegenstände zu klären, kann der Nachlassverwalter vom Erben nach Maßgabe des bei § 1978 Rn 14 Ausgeführten **Auskunft**, Rechenschaftslegung, Verzeichnisvorlage, Rechnungsstellung und ggf Abgabe einer eidesstattlichen Versicherung verlangen. **Wurde jemand vom Erben** vor Anordnung **15** der Nachlassverwaltung mit der Verwaltung der Erbschaft **beauftragt**, so kann der Nachlassverwalter auch von ihm Auskunftserteilung, Rechnungslegung sowie die Herausgabe von Belegen und anderen Abrechnungen verlangen; entsprechend § 2041 BGB gehören diese auf §§ 666, 667 BGB beruhenden Ansprüche des Erben zum Nachlass (**aM** KG HRR 1938 Nr 1116; vgl dagegen § 1978 Rn 17). Analog §§ 115, 116 InsO erlischt der Auftrag – genauer: die auf diesem beruhende Geschäftsführungsbefugnis – infolge der Anordnung der Nachlassverwaltung (vgl § 1984 Rn 4; aber auch KG HRR 1938 Nr 1116).

16 Die Frage, ob der auf Herausgabe des Nachlasses angesprochene Erbe ein **Zurückbehaltungsrecht** wegen etwaiger **Aufwendungsersatzansprüche** geltend machen kann, ist behandelt bei § 1978 Rn 30.

17 **Nach einem Wechsel in der Person des Nachlassverwalters** muss der neue Verwalter den Nachlass von seinem Amtsvorgänger herausverlangen. Dieser ist verpflichtet, alles herauszugeben, was er aus der Verwaltung des Nachlasses erlangt hat. Dazu gehören die von ihm angelegten Akten auch dann, wenn er sie als sein persönliches Eigentum bezeichnet (KG NJW 1971, 566 f; vgl entspr für den Testamentsvollstrecker BGH LM § 2218 Nr 5). Zum Herausgabeanspruch des oder der Erben bzw ihrer Rechtsnachfolger s § 1986 Rn 2 ff.

18 Da während der Nachlassverwaltung das Verwaltungs- und Verfügungsrecht eines **Testamentsvollstreckers** ruht (Staudinger/Reimann [2016] § 2205 Rn 220), kann der Nachlassverwalter die Herausgabe des Nachlasses auch vom Testamentsvollstrecker verlangen (KG OLGE 18 [1909/I] 316).

4. Die dem Recht des Nachlassverwalters unterliegenden Gegenstände

19 **Der Nachlassverwaltung unterliegt grundsätzlich der gesamte Nachlass.**

Ausgenommen sind jedoch diejenigen Bestandteile, auf die sich nicht einmal ein Nachlass*insolvenz*verfahren (in welchem das Schutzbedürfnis der Gläubiger wegen der hier idR bestehenden Unzulänglichkeit des Nachlasses eher *höher* ist) erstrecken würde, insbesondere also (§ 36 InsO) die meisten *unpfändbaren* Gegenstände (MünchKomm/Küpper Rn 4; Palandt/Weidlich Rn 4; Lange/Kuchinke § 49 III 4; **aM** Soergel/Stein Rn 7; vgl ferner OLG Celle OLGE 17 [1908/II] 195 [dazu: § 1990 Rn 32]), wobei sich die Unpfändbarkeit aus der Person des Erben bestimmt (Palandt/Weidlich Rn 4; Lange/Kuchinke § 49 III 4; **aM** Soergel/Stein Rn 7; Kretzschmar LZ 1914, 363 f, 365 [vgl § 1990 Rn 32]). Auch § 83 Abs 1 InsO ist analog anwendbar; ein nach § 1952 BGB auf den Erben übergegangenes Recht zur Annahme oder Ausschlagung einer dem Erblasser angefallenen Erbschaft kann also während der Nachlassverwaltung nur vom (Erbes-)Erben ausgeübt werden. Ebenso wenig kann der Nachlassverwalter die dem Erben unmittelbar angefallene Erbschaft für diesen annehmen oder ausschlagen. Überhaupt erstrecken sich die Befugnisse des Nachlassverwalters grundsätzlich nur auf das *Vermögen,* nicht ohne Weiteres auch auf *persönliche* Rechtsbeziehungen, in die der Erbe mit dem Erbfall eingerückt ist (BGHZ 47, 293, 295 f).

20 Von besonderer Bedeutung ist diese Beschränkung der Befugnisse des Nachlassverwalters, soweit **personengesellschaftsrechtliche Positionen** vererbt worden sind (vgl

zur *Vererblichkeit* und zur *Nachlasszugehörigkeit* von Personengesellschaftsanteilen Staudinger/Kunz [2017] § 1922 Rn 188 ff *speziell zu den diesbezüglichen Befugnissen des Nachlassverwalters* s BGHZ 47, 293, 295 f m krit Anmerkungen von Grossfeld und Rohlff in JZ 1967, 703 ff; s auch BGHZ 91, 132, 136 f [mAnm Brox in JZ 1984, 890 ff]; H P Westermann AcP 173 [1973] 24, 39 ff; K Schmidt, in: FS Uhlenbruck [2000] 655, 661 f; Lange/Kuchinke § 49 III 4). Die Bestimmungen, nach denen die Eröffnung des Insolvenzverfahrens über das Vermögen eines Gesellschafters die Personengesellschaft auflöst (§ 728 BGB) oder zum Ausscheiden des betr Gesellschafters führt (§§ 131 Abs 3 S 1 Nr 2, 161 Abs 2 HGB), sind auf die Nachlassverwaltung nicht entsprechend anwendbar (vgl Marotzke AcP 187 [1987] 223, 235 f). Denn im Unterschied zum Nachlassinsolvenzverfahren, das auch einen vererbten Personengesellschaftsanteil erfassen kann (**aM** BGHZ 91, 132, 135 ff) und deshalb gem § 728 BGB zur Auflösung der Gesellschaft (**aM** BGHZ 91, 132, 135 ff; Staudinger/Habermeier [2003] § 728 Rn 20) bzw gem § 131 Abs 3 S 1 Nr 2 HGB zum Ausscheiden des Erben aus der Gesellschaft führen muss (vgl zu *beiden* Aspekten das bei Staudinger/Kunz [2017] § 1922 vor Rn 188 angeführte Schrifttum sowie K Schmidt, in: FS Uhlenbruck [2000] 655, 664 ff), ist die Nachlassverwaltung in erster Linie für *solvente* Nachlässe gedacht. Bei ihr kann nicht ohne Weiteres davon ausgegangen werden, dass zur Befriedigung der Nachlassgläubiger auch der Gesellschaftsanteil verwertet werden muss (falls doch, s unten Rn 21). Wurde die Gesellschaft nicht bereits beim Erbfall oder vorher aufgelöst, so bleibt sie auch dann eine „werbende“, wenn eine Nachlassverwaltung angeordnet wird und der Gesellschaftsanteil des Erblassers zum Nachlass gehört (was bei der *OHG* voraussetzt, dass § 131 Abs 3 S 1 Nr 1 HGB abbedungen wurde). Wie für den Testamentsvollstrecker (BGHZ 98, 48, 55 ff, 57; 108, 187, 190 ff; BGH ZIP 1998, 383 f; Marotzke AcP 187 [1987] 223, 234 ff, 243) gilt auch für den Nachlassverwalter (gegen solche Parallelwertungen BayObLGZ 1988, 24, 31 = FamRZ 1988, 1102, 1104), dass der Anteil an einer „werbenden“ Personengesellschaft in deutlich *geringerem* Umfang als der Anteil an einer „aufgelösten“ Gesellschaft seiner Verwaltungszuständigkeit unterliegt (ebenso MünchKomm/Küpper Rn 6; vgl auch OLG Hamm OLGZ 1993, 147 f; für Gleichbehandlung beider Fälle zu Unrecht BayObLGZ 1990, 306, 310 = FamRZ 1991, 485 = NJW-RR 1991, 361, 362 [direkt dazu Marotzke EWiR § 1985 BGB 1/1991, 155 f]). Wenn die Personengesellschaft trotz der stattgefundenen Anteilsvererbung als „werbende“ fortbesteht (s dazu wiederum Staudinger/Kunz [2017] § 1922 Rn 200), hängt der Umfang der dem Nachlassverwalter zustehenden Rechtsmacht ua davon ab, ob der Erbe und die übrigen Gesellschafter der Nachlassverwaltung zugestimmt haben (vgl Marotzke ZHR 156 [1992] 17, 33 Fn 67; speziell zur Zustimmung *der Mitgesellschafter* ders AcP 187 [1987] 223, 234, 238 f und M Siegmann, Personengesellschaftsanteil und Erbrecht [1992] 225 ff; zur Zustimmung *des Erben* Marotzke JZ 1986, 457, 462 f, 469 [in Bezug auf die Testamentsvollstreckung und mit dem – auf die meist erst *nach* der Erbschaftsannahme initiierte Nachlassverwaltung nicht übertragbaren – Vorschlag, die Zustimmung des Erben als *durch die Erbschaftsannahme* konkludent miterklärt bzw ersetzt anzusehen]). Fehlen solche zugriffserweiternden Zustimmungen (die des Erben kann, muss aber nicht in seinem Antrag auf Anordnung der Nachlassverwaltung enthalten sein), so unterliegen dem Recht des Nachlassverwalters nur die rein vermögensrechtlichen Ansprüche (vgl auch § 725 Abs 2 BGB [speziell zur Rechtslage bei vor Verfahrenseröffnung erfolgter Vorausabtretung Marotzke ZIP 1988, 1509 ff]) wie der Anspruch auf den Gewinn und der Anspruch auf das Abfindungsguthaben, nicht hingegen solche Befugnisse, die die Rechtsstellung des Erben in seiner Eigenschaft als Gesellschafter unmittelbar berühren (BGHZ 47, 293, 296; ebenso KG DR 1942, 973 f = HRR 1942, 477 = JFG 23, 236 ff für die infolge Auflösung entstandene Abwicklungsgesellschaft). ZB ist der Nachlassverwalter nicht befugt, das Ausscheiden des Erben aus einer Personengesellschaft zu vereinbaren (KG DR 1942, 973 f) oder über die personelle Zusammensetzung der Gesellschaft einen Prozess zu führen (BGH ZIP 1998, 383 f – für den Testamentsvollstrecker). Die Ausschließungsklage des § 140 HGB kann nicht gegen den Nachlassverwalter gerichtet werden (BGHZ 47, 293, 296). Der Nachlassverwalter seinerseits kann nicht auf Feststellung der Nichtigkeit des Gesellschaftsvertrages klagen, nicht nach § 133 HGB die Auflösung der Gesellschaft beantragen und nicht das Wahlrecht aus § 139 HGB ausüben (BGHZ 47, 293, 296 ff). Nach Ansicht des BayObLG bedarf es zur Veräußerung eines zum Gesellschaftsvermögen gehörenden Grundstücks der Mitwirkung des Nachlassverwalters auch dann nicht, wenn die Gesellschaft durch den Tod des Erblassers aufgelöst wurde (BayObLGZ 1990, 306, 319 ff [dazu bereits weiter oben und Marotzke EWiR § 1985 BGB 1/1991, 155 f]; jedenfalls für die nicht aufgelöste Gesellschaft ebenso OLG Hamm OLGZ 1993, 147 ff). Auch soll der Nachlassverwalter nach Ansicht des BayObLG nicht an Stelle des oder neben dem Gesellschafter-Erben den Antrag auf gerichtliche Abberufung des Liquidators einer OHG stellen können (BayObLGZ 1988, 24, 28, 30 = FamRZ 1988, 1102 ff; **aM** wohl MünchKomm/Küpper Rn 6).

21 **Nach hM soll der Nachlassverwalter die Gesellschaft kündigen können**, wenn das sonstige Nachlassvermögen nicht zur Berichtigung der Nachlassverbindlichkeiten ausreicht und das Bedürfnis, den Gesellschaftsanteil des Erben zur Schuldentilgung flüssig zu machen, im Sinne eines wichtigen Grundes die Kündigung erfordere (Staudinger/Kessler[12] § 728 Rn 5; vgl auch Staudinger/Habermeier [2003] § 725 Rn 6; Düringer/Hachenburg/Geiler[3] HGB II 1 Anm 207; Flume, in: FS Müller-Freienfels [1986] 113, 123 f, 127 f). Da der Nachlassverwalter gem §§ 1975, 1985 Abs 1, 1986 BGB verpflichtet ist, die Nachlassgläubiger aus dem Nachlass zu befriedigen, wäre ein auf solche Fälle beschränktes Kündigungsrecht des Verwalters sicherlich wünschenswert. De lege lata lässt sich ein solches Kündigungsrecht jedoch nur schwer begründen (ablehnend deshalb Hueck, Das Recht der OHG [4. Aufl 1971] 419 Fn 60; Michaelis ZAkDR 1943, 233 f ad II 2 b). Ein etwaiges Kündigungs- oder Auflösungsrecht des *Erben* (vgl §§ 723, 724 BGB bzw §§ 132–134 HGB) kann der Nachlassverwalter nur mit dessen Zustimmung ausüben (Rn 20). Nicht zuletzt wohl auch deshalb soll in Analogie zu § 725 BGB und § 135 HGB ein *eigenes* Kündigungsrecht des Nachlassverwalters begründet werden (H P Westermann AcP 173 [1973] 24, 41 f; Ebenroth Rn 1139; Kipp/Coing § 97 VI 1 b mit Fn 30; vLübtow II 1145; Lange/Kuchinke § 49 III 4; BGB-RGRK/Johannsen Rn 13; Soergel/Stein Rn 6; Jauernig/Stürner Rn 3; Baumbach/Hopt[34], HGB § 135 Rn 3, § 139 Rn 32; MünchKommHGB/K Schmidt[2] § 135 Rn 5, § 139 Rn 55; Heymann/Emmerich[2] HGB § 135 Rn 7, § 139 Rn 26; BGHZ 91, 132, 137 [für den Nachlass*konkurs*verwalter]; Stodolkowitz, in: FS Kellermann [1991] 439, 452, 455; Ulmer/Schäfer ZHR 160 [1996] 413, 437 f; GroßKommHGB/Schäfer[5] § 135 Rn 6, § 139 Rn 37; Kick, Die Haftung des Erben eines Personenhandelsgesellschafters [1997] 143 ff; wohl auch KG DR 1942, 973 f). Ein solches Kündigungsrecht analog § 725 BGB und § 135 HGB ist im Hinblick auf die sachlich-distanzierte Unabhängigkeit, die das Amt des Nachlassverwalters sowohl im Verhältnis zu den Nachlassgläubigern als auch gegenüber dem Erben und dessen Mitgesellschaftern auszeichnet, zu begrüßen. Schon im eigenen (Haftungsvermeidungs-)Interesse wird der Nachlassverwalter die im ersten Satz dieser Rn genannten Voraussetzungen seines Kündigungsrechts (bei *mehreren* Erben vgl § 2062 Rn 28 aE) derart gewissenhaft prüfen, dass es zur Feststellung der Kündigungsnotwendigkeit weder eines endgültigen Vollstreckungstitels noch des in § 135 HGB zusätzlich geforderten erfolglosen Vollstreckungsversuchs bedarf. Bestehende **Abwendungsbefugnisse bzw Ablösungsrechte** der Erben, der Mitgesellschafter und der Gesellschaft, die sich teils auf Treu und Glauben, teils

auf eine Analogie zu § 268 BGB stützen lassen, muss der Nachlassverwalter natürlich beachten (vgl KICK 146 und unten § 2059 Rn 68 f).

Sowohl bei der BGB-Gesellschaft als auch bei der OHG oder KG **kann es vorkommen, dass der Tod eines Gesellschafters die Gesellschaft auflöst**. Für die eigentlich dem Erben zustehende Entscheidung, daran mitzuwirken, dass eine durch den Tod des Erblassers aufgelöste Gesellschaft, die ja als Abwicklungsgesellschaft fortbesteht, wieder in den Status einer *werbenden* Gesellschaft zurückversetzt wird, bedarf es der Zustimmung des Nachlassverwalters (BGB-RGRK/JOHANNSEN Rn 13). Durch eine Rückumwandlung der bereits aufgelösten Gesellschaft in eine werbende würde der Anspruch auf das Auseinandersetzungsguthaben wegfallen, der als *vermögensrechtlicher* Anspruch der Nachlassverwaltung unterliegt. 22

Die obige Aufzählung ist nicht erschöpfend. Die Zahl der dem Recht des Nachlassverwalters nicht oder nur eingeschränkt unterliegenden Positionen ist groß. Zu denken ist zB noch an die *Firma* des Erblassers (vgl § 17 ff HGB; SOERGEL/STEIN Rn 6; LANGE/KUCHINKE § 5 III 7 sowie für den Fall des Nachlass*konkurses* den *vor* der Handels- und der Insolvenzrechtsreform geschriebenen Beitrag von KUCHINKE in ZIP 1987, 681, 686 f). Weitere Beispiele können den auch hier verwertbaren Kommentierungen der §§ 35 ff InsO entnommen werden (zur Firma als Massebestandteil s etwa JAEGER/HENCKEL, InsO § 35 Rn 20 ff, 145; JAEGER/WINDEL, InsO § 80 Rn 71 ff; MünchKommInsO/PETERS[4] § 35 Rn 553 ff). 23

Der Nachlassverwalter ist berechtigt, eine vom Erblasser erteilte und über seinen Tod hinausreichende **Generalvollmacht**, soweit diese nicht ohnehin erloschen ist (s § 1984 Rn 4), zu widerrufen (KG NJW 1971, 566 f). Er kann von dem Bevollmächtigten die Herausgabe der Vollmachtsurkunde verlangen (KG aaO). 24

Ob der Nachlassverwalter für den Erben richterliche **Vertragshilfe** beantragen kann, ist streitig (dafür: BGH LM Nr 19 zu § 1 VHG = BB 1957, 942; dagegen: STAUDINGER/LEHMANN[11] Rn 1; KG JW 1939, 241). **Gehört zum Nachlass die Beteiligung an einer sowohl „führungslosen" als auch insolventen GmbH oder an einer sowohl führungslosen als auch insolventen sonstigen juristischen Person oder Gesellschaft iSd § 15 Abs 1, 3 InsO**, so wird man den Nachlassverwalter als berechtigt ansehen dürfen, anstelle des Erben den in § 15 Abs 1 S 2 InsO vorgesehenen **Insolvenzantrag** zu stellen (vgl hierzu und zur Frage einer entspr Antragspflicht MAROTZKE ErbR 2010, 115, 119 f; § 1980 Rn 1). 25

5. Berichtigung der Nachlassverbindlichkeiten

Gem Abs 1 hat der Nachlassverwalter die Nachlassgläubiger zu befriedigen (bzgl Steuerschulden vgl §§ 34, 69 AO, § 32 ErbStG und § 1986 Rn 8). Nach § 1984 Abs 1 S 3 BGB können diese ihre *Ansprüche nur gegen den Verwalter* geltend machen. In Ergänzung des § 1984 Abs 1 S 3 BGB bestimmt § 2000 BGB, dass eine dem Erben gesetzte *Inventarfrist* mit der Anordnung der Nachlassverwaltung unwirksam wird und dass während der Dauer des Verfahrens keine neue Inventarfrist bestimmt werden kann (rechtspolitisch bedenklich; vgl § 2000 Rn 2). Gem § 2012 Abs 1 BGB, der nach § 2012 Abs 2 BGB auch für den Nachlassverwalter gilt, kann dieser *nicht auf die Beschränkung der Erbenhaftung verzichten,* können die Gläubiger auch ihm keine Inventarfrist setzen lassen, ist er ihnen aber zur *Auskunft* über den Bestand des Nachlasses verpflichtet, also auch zur Vorlage eines Nachlassverzeichnisses und 26 ggf zur Abgabe einer eidesstattlichen Versicherung (§ 260 BGB). Dass gegen den Nachlassverwalter nicht auch nach § 807 ZPO (Vermögensverzeichnis und eidesstattliche Versicherung wegen fruchtloser Zwangsvollstreckung) vorgegangen werden könne (so Staudinger/Lehmann[11] § 2012 Rn 3 im Anschluss an Kretzschmar BayZ 1918, 233 ff; **aM** ohne Begr oder einschlägige Nachweise OLG Düsseldorf MDR 1961, 328 f), ist gesetzlich nicht bestimmt. Jedenfalls die eidesstattliche Versicherung des § 2006 BGB kann von einem Nachlassverwalter nicht verlangt werden (§ 2012 Rn 7), wohl aber von dem Erben (Letzteres str; vgl § 2000 Rn 9).

27 Im Interesse des Erben kann und muss sich der Nachlassverwalter uU der *aufschiebenden Einreden* aus §§ 2014 und 2015 BGB bedienen. Er muss sich auch zur Wehr setzen, wenn *Eigengläubiger* des Erben in den Nachlass vollstrecken (zu den Rechtsbehelfen s § 1984 Rn 28 ff). Nach RGZ 61, 221, 223 kann der Nachlassverwalter die Befriedigung eines im Aufgebotsverfahren *ausgeschlossenen Gläubigers* (§ 1973 BGB) verweigern, bis nach dem aufzustellenden Verteilungsplan feststeht, wie viel der Gläubiger beanspruchen kann (großzügiger dagegen KG OLGE 30 [1915/I] 175 f zugunsten der in § 1992 genannten Gläubiger, obwohl diese erst nach den ausgeschlossenen zu befriedigen sind; vgl Staudinger/Dutta [2016] § 1973 Abs 1 S 2).

28 Die **Berichtigung** einer Nachlassverbindlichkeit durch den Verwalter müssen die Nachlassgläubiger als **für Rechnung des Nachlasses** erfolgt gelten lassen, wenn der Verwalter den Umständen nach annehmen durfte, dass der Nachlass zur Berichtigung aller Nachlassverbindlichkeiten ausreiche (§§ 1985 Abs 2 S 2, 1979 BGB). Vor einer Zahlung an Nachlassgläubiger muss der Verwalter sorgfältig prüfen, einerseits welche Nachlassverbindlichkeiten sonst noch vorhanden sind oder entstehen können sowie andererseits welche Aktiva zum Nachlass gehören und welchen Erlös er aus dessen Verwertung erlangen kann. Ohne solche Prüfung darf er nicht von der Zulänglichkeit des Nachlasses ausgehen und deshalb auch keine Nachlassverbindlichkeiten berichtigen (BGH LM § 1979 Nr 1 = NJW 1985, 140 = FamRZ 1984, 1004). Leistet er gleichwohl, so handelt er pflichtwidrig und ist den benachteiligten Nachlassgläubigern nach Abs 2 S 1 zum Schadensersatz verpflichtet. Die Darlegungs- und Beweislast für Umstände, die dazu geführt haben sollen, dass Zulänglichkeit angenommen werden durfte, trägt der Nachlassverwalter (BGH LM § 1979 Nr 1).

29 Gem Abs 2 S 2 findet auch § 1980 BGB entspr Anwendung. Der Verwalter haftet den Nachlassgläubigern also uU auf Schadensersatz, wenn er im Fall der Nachlassüberschuldung nicht die Eröffnung eines **Nachlassinsolvenzverfahrens** beantragt (zum *Antragsrecht* s § 317 Abs 1 InsO). Wegen § 1980 Abs 1 S 3 BGB besteht jedoch keine **Antragspflicht**, wenn die Überschuldung auf Vermächtnissen und/oder Auflagen beruht (unrichtig BGB-RGRK/Johannsen Rn 17); weitere Ausnahmen sind denkbar (s § 1980 Rn 2 ff). Die Antragspflicht entfällt insbes dann, wenn die Eröffnung des Nachlassinsolvenzverfahrens mangels einer den zusätzlichen Kosten auch dieses Verfahrens entsprechenden Masse (vgl § 26 InsO) nicht tunlich ist (Soergel/Stein Rn 15; **aM** OLG Stuttgart OLGZ 1984, 304, 306 f = Justiz 1984, 301, 302 f = Rpfleger 1984, 416, 417; Palandt/Weidlich Rn 8). Umstritten ist, ob der Nachlassverwalter in diesem Fall nach **§§ 1990–1992 BGB** verfahren darf (dafür: Planck/Flad Anm 1b; Erman/Horn Rn 4a; Prot V 816 [betr nur § 1992]; dagegen: Staudinger/Lehmann[11] Rn 14; BGB-RGRK/Johannsen Rn 17; Palandt/Weidlich Rn 10; MünchKomm/Küpper Rn 8 mit Fn 50; Soergel/Stein

Rn 15; AK-BGB/Teubner Rn 14; OLG Stuttgart OLGZ 1984, 304, 307 = Rpfleger 1984, 416, 417). Die für die verneinende Ansicht angeführte Begründung, dass § 1985 Abs 2 BGB nicht ausdrücklich auch §§ 1990–1992 BGB für anwendbar erkläre (so zB das OLG Stuttgart RPfleger 1984, 416, 417 und MünchKomm/Küpper Rn 8 mit Fn 50), überzeugt nicht, da die §§ 1990–1992 BGB anders als § 1985 Abs 2 BGB und die dort erwähnten Vorschriften nicht solche über die *Verantwortlichkeit* des Nachlassverwalters sind, ihre Erwähnung in Abs 2 also das Thema der Vorschrift verfehlen würde. Als Grundsatz gilt, dass der Nachlassverwalter gegenüber den Nachlassgläubigern dieselben Rechte hat wie der Erbe; für das Verhältnis zu den in § 1992 BGB genannten Gläubigern bezeichnen dies die Prot (V 816) als selbstverständlich. Die §§ 1990–1992 BGB finden also auch auf den Nachlassverwalter Anwendung. Die praktische Bedeutung sollte aber nicht überschätzt werden: Dass der Nachlassverwalter „die Befriedigung eines Nachlassgläubigers insoweit verweigern kann, als der Nachlass nicht ausreicht" (§ 1990 Abs 1 S 1 BGB), folgt nämlich schon aus § 1985 Abs 1 BGB, wonach der Verwalter die Nachlassverbindlichkeiten nur „aus dem Nachlass", nicht also aus seinem oder des Erben Eigenvermögen, zu berichtigen hat. Ebenso gilt auch ohne § 1990 Abs 1 S 2 BGB, dass der Nachlassverwalter Zwangsvollstreckungsmaßnahmen der Nachlassgläubiger in den Nachlass dulden muss. Von Bedeutung ist jedoch die Anwendung des § 1991 Abs 4 BGB auf den Nachlassverwalter (dafür Lange/Kuchinke § 49 III 6 c; RG WarnR 1918 Nr 122 für den Testamentsvollstrecker); danach hat er Verbindlichkeiten aus Pflichtteilsrechten, Vermächtnissen und Auflagen (nur) so zu berichtigen, wie dies im Nachlassinsolvenzverfahren zu geschehen hätte (vgl § 327 InsO).

Dass der Nachlassverwalter die *Aufhebung der Nachlassverwaltung verlangen* müsse 30
(und wohl auch könne), wenn die Aktiva des überschuldeten Nachlasses zwar die Kosten der Nachlassverwaltung, nicht hingegen auch die zusätzlichen Kosten eines anschließenden Nachlassinsolvenzverfahrens decken (OLG Stuttgart OLGZ 1984, 304, 306 f = Justiz 1984, 301, 302 = Rpfleger 1984, 416, 417; Staudinger/Lehmann[11] Rn 14; BGB-RGRK/Johannsen Rn 17 [weil die §§ 1990–1992 auf den Nachlassverwalter nicht anwendbar seien]; vgl auch Soergel/Stein Rn 15 [spricht aber nur von „anregen"]; MünchKomm/Küpper Rn 8; Kipp/Coing § 97 VII), ist nicht anzunehmen. Denn bei dieser Sachlage könnte ja auch die *Anordnung* der Nachlassverwaltung nicht gem § 1982 BGB abgelehnt werden. Solange die Kosten der Nachlassverwaltung gedeckt sind (§§ 1982, 1988 Abs 2 BGB), muss der Verwalter also sein Amt weiterführen (vgl auch Melsbach DNotV 1911, 671 f) und die ihm bekannten (§ 1986 Abs 1 BGB) Nachlassgläubiger nach Kräften des Nachlasses – zweckmäßigerweise nach Vorabzug der ihm nach § 1987 BGB zustehenden Vergütung und sonstigen Verwaltungskosten (vgl Melsbach DNotV 1911, 671, 674; OLG Dresden OLGE 35 [1917/II] 373 f; § 1987 Rn 16) – unter Beachtung des § 1991 Abs 4 befriedigen (für noch weitergehende quotenmäßige Befriedigung Melsbach 674; hiergegen Kipp [9./10. Aufl] § 78 Fn 29).

Gem §§ 1985 Abs 2 S 2, 1980 Abs 2 S 2 BGB muss der Nachlassverwalter, will er 31
nicht eine persönliche Haftung nach § 1985 Abs 2 S 1 BGB riskieren, das **Aufgebot der Nachlassgläubiger** (§§ 1970 ff BGB) beantragen, wenn er Grund hat, das Vorhandensein unbekannter Nachlassverbindlichkeiten anzunehmen, und nicht die Kosten des Verfahrens dem Bestande des Nachlasses gegenüber unverhältnismäßig groß sind (Letzteres wird wegen §§ 1982, 1988 Abs 2 BGB kaum vorkommen). Eine persönliche Haftung droht ihm auch dann, wenn er bei Stellung des Aufgebotsantrags entgegen § 456 FamFG nicht alle ihm bekannten Nachlassgläubiger in das

beizufügende Verzeichnis aufnimmt (vgl KG DJZ 1905, 652 sowie § 1970 Rn 11). Aufgrund des § 455 Abs 2 FamFG kann er als Nachlasspfleger (§ 1975 BGB) das Aufgebot auch dann beantragen, wenn der Erbe bereits unbeschränkt haftet (str, s § 1970 Rn 7).

32 Da der Nachlassverwalter das Aufgebot der Nachlassgläubiger beantragen kann, kann er auch, wenn ein Nachlassgläubiger für seine Forderung ein Recht auf Befriedigung aus einem **Nachlassgrundstück** hat, nach § 175 Abs 1 S 1 und 2 ZVG die **Zwangsversteigerung** beantragen.

IV. Anwendung von Vormundschaftsrecht, Aufsicht des Nachlassgerichts

33 Als Nachlasspfleger (§ 1975 BGB) bedarf der Nachlassverwalter zu Rechtsgeschäften der in §§ 1821, 1822 BGB bezeichneten Art der **Genehmigung des Nachlassgerichts** (§§ 1915 Abs 1 S 1, 1962 BGB; s auch Staudinger/Mešina [2017] § 1960 Rn 42), selbst wenn der Erbe nicht minderjährig ist (BayObLGZ 6 [1906] 512, 515; Palandt/Weidlich Rn 2; Planck/Flad Anm 1a). In Betracht kommt zB nach § 1822 Nr 3 BGB die Genehmigung zur Veräußerung eines Erwerbsgeschäfts (OLG München RJA 6 [1906] 119 ff; vgl auch Grziwotz Betrieb 1990, 924, 925) oder nach § 1822 Nr 8 BGB die Aufnahme eines Betriebsmittelkredits (BGH ZEV 2000, 155, 157). Das Nachlassgericht hat vor seiner Entscheidung über die Erteilung der Genehmigung auch den *Erben* anzuhören (hierzu und zu den Rechtsbehelfen des Erben vgl §§ 7 Abs 2, 37 Abs 2, 40 Abs 2, 41, 63 Abs 2 Nr 2 FamFG, die zT geschaffen wurden vor dem Hintergrund von BVerfGE 101, 397 ff = NJW 2000, 1709 ff = FamRZ 2000, 731 ff = ZEV 2000, 148 ff m Anm Langenfeld ZEV 2000, 195 = JZ 2000, 783 ff m Anm Hess/Vollkommer; dazu auch Pawlowski JZ 2000, 913 ff). Ein Beschluss des Nachlassgerichts, durch welchen die Genehmigung erteilt wird, wird erst mit Rechtskraft wirksam (§ 40 Abs 2 FamFG). Im Verhältnis zum Vertragspartner wird die Genehmigung auch nach Eintritt der Rechtskraft erst wirksam, wenn sie diesem vom Nachlassverwalter mitgeteilt wird (§§ 1829 Abs 1 S 2, 1915 Abs 1 S 1 BGB). Die Genehmigung ist zu versagen, wenn der Nachlassverwalter eine genehmigungsbedürftige Verfügung treffen will, statt seiner Insolvenzantragspflicht aus §§ 1980, 1985 Abs 2 S 2 BGB nachzukommen (KGJ 34 [1907] A 90; OLG Stuttgart OLGZ 1984, 304, 305, 307 = Justiz 1984, 301, 302 = Rpfleger 1984, 416 f).

34 Zur Verfügung über **Sparkonten** bedarf der Nachlassverwalter nach Maßgabe der §§ 1812 f BGB der Genehmigung des Nachlassgerichts (vgl OLG Frankfurt WM 1974, 473 f; OLG Köln WM 1986, 1495 f [jeweils für den nach § 1960 bestellten Pfleger]; **aM** MünchKomm/Küpper Rn 2; Palandt/Weidlich Rn 2). Die *Bestellung eines Gegenverwalters* (vgl § 1812 Abs 3 BGB) ist vom KG als möglich angesehen worden (DJZ 1928, 388; vgl jedoch Staudinger/Bienwald [2017] § 1915 Rn 2 und § 1981 Rn 31 aE).

35 Soweit es mit dem Zweck der Nachlassverwaltung vereinbar ist, hat der Verwalter die §§ 1806 ff, 1814 ff BGB zu beachten (Planck/Flad Anm 1a; BGB-RGRK/Johannsen Rn 12; **aM** Lange/Kuchinke § 49 III 6 c aufgrund unzulässiger Verallgemeinerung „der Ausnahme des § 1806"). *Geldbeträge,* deren Ausschüttung an die Nachlassgläubiger nicht sofort erfolgen kann, darf der Nachlassverwalter nicht unverzinslich in seinem Gewahrsam halten; gem §§ 1915 Abs 1 S 1, 1806 BGB muss er das Geld, „soweit es nicht zur Bestreitung von Ausgaben bereitzuhalten ist", *verzinslich anlegen* (vgl aber auch BGH FamRZ 1975, 576 f betr Anlage in Gold und BGH NJW-RR 1995, 577 f = FamRZ 1995, 478 f betr verzinsliche Geldanlage durch Testamentsvollstrecker); nach §§ 1915, 1837, 1962 BGB hat das Nachlassgericht die Anlegung zu überwachen (RGZ 88, 264 ff).

Auch sonst unterliegt der Nachlassverwalter der Aufsicht des Nachlassgerichts 36 (§§ 1962, 1915 Abs 1 S 1, 1837 BGB). Aus § 1837 Abs 2 S 1 HS 2 BGB ergibt sich, dass das Nachlassgericht nur gegen „Pflichtwidrigkeiten" einzuschreiten hat, dass es dem Nachlassverwalter also **in reinen Zweckmäßigkeitsfragen keine Anweisungen** erteilen darf (OLG Frankfurt FamRZ 1998, 636, 637 = FGPrax 1998, 64, 65 = ZEV 1998, 263, 264; vgl auch Staudinger/Mešina [2017] § 1960 Rn 38 für den nach § 1960 bestellten Pfleger). Analog § 1886 BGB hat das Nachlassgericht **den Nachlassverwalter** zu **entlassen**, wenn die Fortführung des Amtes die Interessen des Erben und/oder der Nachlassgläubiger „gefährden würde", wobei es keinen Unterschied macht, ob diese Gefährdung „wegen pflichtwidrigen Verhaltens" oder wegen objektiver Ungeeignetheit der zum Nachlassverwalter bestellten Person anzunehmen ist (so auch Meyer-Stolte Rpfleger 1989, 242 in seiner Kritik an LG Detmold Rpfleger 1989, 241 f) oder ob den Nachlassverwalter ein Verschulden trifft (BayObLGZ 34 [1934] 201 f; vgl auch Staudinger/Veit [2014] § 1886 Rn 8). Eine Entlassung wegen pflichtwidrigen Verhaltens ist auch unter Berücksichtigung des Charakters als „äußerste Maßnahme" (BayObLG FamRZ 1988, 543) idR gerechtfertigt bei beharrlicher und langdauernder Nichtvorlage des Nachlassverzeichnisses (Rn 37) oder Nichtvornahme der Rechnungslegung (Rn 38; vgl auch BayObLG 543 sowie zu der Frage, welche Anforderungen an die nach hM zu fordernde „Beharrlichkeit" einer Verzögerung zu stellen sind: LG Detmold Rpfleger 1989, 241 f m krit Anm Meyer-Stolte). Einen **Antrag** auf Entlassung kann nur der Erbe, nicht auch ein Nachlassgläubiger stellen (Soergel/Stein Rn 3; OLG Frankfurt FamRZ 1998, 636, 637 rSp = FGPrax 1998, 64, 65 = ZEV 1998, 263, 264; **aM** OLG Karlsruhe NJW-RR 1989, 1095; zust Erman/Horn Rn 2a). Der in §§ 1975, 1981 Abs 2, 1985 Abs 2 S 1 BGB zum Ausdruck kommende *Zweck* der Nachlassverwaltung erfordert zwar ein Recht des Nachlassgläubigers, gem § 1981 Abs 2 BGB *das Verfahren als solches* zu beantragen, nicht aber auch das Recht, *in* dem bereits schwebenden Verfahren weitere, insb auf die Person des Verwalters zielende Anträge zu stellen. Auch die Entlassung eines Nachlass**insolvenz**verwalters kann nicht bereits von einem einzelnen Gläubiger, sondern nur (vom Verwalter selbst oder) vom Gläubigerausschuss oder der Gläubigerversammlung beantragt werden (§ 59 Abs 1 S 2 InsO). Der Umstand, dass das Verfahren der Nachlass**verwaltung** derartige Gläubigerorgane nicht kennt, rechtfertigt nicht den Schluss, dass dann eben jeder *einzelne* Nachlassgläubiger den Entlassungsantrag stellen könne. Denn im Unterschied zum Nachlassinsolvenzverfahren bezieht sich die Nachlassverwaltung idR nicht auf einen überschuldeten, sondern auf einen solventen Nachlass. Auch unterliegen die Nachlassgläubiger während einer Nachlassverwaltung noch nicht der insolvenzrechtlichen Vollstreckungssperre (vgl § 1984 Abs 2 BGB einerseits, § 89 InsO [allerdings auch §§ 88, 129 ff, 321 f InsO] andererseits). Das Bedürfnis, ihnen in Gestalt von Antragsrechten Einfluss auf die Person des Verwalters zu geben, ist während einer Nachlassverwaltung also typischerweise geringer als im Nachlassinsolvenzverfahren. Man sollte das Antragsrecht deshalb verneinen und die Nachlassgläubiger notfalls auf Schadensersatzansprüche gegen den Nachlassverwalter (§ 1985 Abs 2 BGB) und Amtshaftungsansprüche wegen pflichtwidrigen Nichteinschreitens des Nachlassgerichts verweisen. Auf jeden Fall zu weit ginge es, den einzelnen Nachlassgläubigern sogar das Recht zuzugestehen, gegen einen Beschluss, durch den das Nachlassgericht die Entlassung des Nachlassverwalters oder ein Einschreiten gegen ihn ablehnt, *Beschwerde* einzulegen (überzeugend OLG Frankfurt FamRZ

1998, 636 f); auch dies ist jedoch streitig (vgl OLG Karlsruhe NJW-RR 1989, 1095; BayObLGZ 34 [1937] 200, 202; OLG München JFG 14 [1937] 61 ff; LG Berlin DFG 1942, 122 f; KG JW 1938, 1453 f [letztgenannte Entscheidung betr den nach §§ 1960, 1961 bestellten Pfleger; vgl auch § 1960 Rn 38]).

37 Gem §§ 1802, 1915 BGB hat der Verwalter dem Nachlassgericht ein **Nachlassverzeichnis** einzureichen. Die für das „Inventar" (§§ 1993 ff BGB) geltenden Vorschriften finden auf dieses Verzeichnis keine Anwendung. Streitig ist, ob der Erbe dieses Verzeichnis später zur Inventarerrichtung in der Form des § 2004 BGB verwenden kann (vgl § 2004 Rn 3). Eine Inventarfrist (§§ 1994 ff, 2005 Abs 2 BGB) kann dem Nachlassverwalter nicht bestimmt werden (§ 2000 Rn 4, § 2012 Rn 4). Das Recht (§ 1993 BGB), ein Inventar zu errichten, steht auch während der Nachlassverwaltung allein dem Erben zu (vgl § 1984 Rn 7 und § 2012 Rn 9). Der Nachlassverwalter kann es als solcher nicht für den Erben ausüben (vgl KGJ 28 [1905] A 28 = RJA 4, 201).

38 Der Nachlassverwalter hat über seine Tätigkeit dem Nachlassgericht nach §§ 1915 Abs 1 S 1, 1840, 1841 BGB **Rechnung** zu **legen**; Schlussrechnung gegenüber dem Erben gem § 1890 BGB. Das Nachlassgericht hat die nach § 1841 BGB zu legende Rechnung zu prüfen (§ 1843 BGB); es kann den Verwalter zB zur Rückzahlung von Auslagen anhalten (LG Bonn Rpfleger 1976, 98). Die in § 1841 Abs 2 S 2 BGB vorgesehene Prüfung darf nicht erfolgen, wenn alle Nachlassgläubiger und Erben die vom Nachlassverwalter erstellte Rechnung anerkennen (OLG Frankfurt NJW 1963, 2278).

V. Haftung des Nachlassverwalters

39 **1. Dem Erben gegenüber** haftet der Nachlassverwalter wie jeder andere Nachlasspfleger (vgl § 1975 BGB) nach §§ 1915 Abs 1 S 1, 1833 BGB für jedes Verschulden persönlich. Wenn sich jedoch der Nachlassverwalter über die ihm gesetzlich obliegenden Pflichten hinaus für die Interessen des Erben eingesetzt und diesem dadurch erhebliche Nachlasswerte erhalten hat, die sonst verloren gegangen wären, kann es gegen Treu und Glauben verstoßen, wenn der Erbe den Verwalter für von diesem verschuldete Verluste voll haftbar machen will (BGH FamRZ 1975, 576 f). Hat ein **Miterbe** seinen Erbteil auf eine andere Person übertragen, so kann diese Person anstelle des Veräußerers etwaige Schadensersatzansprüche gegen den Nachlassverwalter erheben (vgl hierzu und zur Anwendbarkeit des § 2039 OLG Dresden ZEV 2000, 402 ff m Anm Damrau [für Ansprüche gegen den nach *§ 1960* BGB bestellten Pfleger]).

40 **2.** Gem Abs 2 S 1 ist der Nachlassverwalter **auch den Nachlassgläubigern gegenüber** verantwortlich; anders als der nach § 1960 BGB oder § 1961 BGB bestellte Nachlasspfleger (s Staudinger/Mešina [2017] § 1960 Rn 53, 54) haftet er auch ihnen für jeden durch schuldhafte Pflichtverletzung entstandenen Schaden (Prot V 815). Auch ihnen haftet er selbstverständlich nicht mit dem Nachlass, sondern mit seinem eigenen Vermögen (vgl auch § 2012 Rn 10).

Zur Bedeutung der in Abs 2 S 2 vorgesehenen entsprechenden Anwendung der §§ **1979, 1980 BGB** s Rn 29 ff.

Soweit Ansprüche aus einem **Steuerschuldverhältnis** infolge vorsätzlicher oder grob fahrlässiger Verletzung der dem Nachlassverwalter obliegenden Pflichten (vgl § 34

AO) nicht oder nicht rechtzeitig festgesetzt oder erfüllt werden, haftet der Verwalter nach § 69 AO; diese Haftung umfasst auch die infolge der Pflichtverletzung zu zahlenden Säumniszuschläge.

3. Gem Abs 2 S 2, § 1978 Abs 2 BGB gelten die den *Nachlassgläubigern* gegen den Nachlassverwalter erwachsenen Ersatzansprüche als zum Nachlass gehörend. Die geschädigten Nachlassgläubiger selbst können ihre Ersatzansprüche also (§ 1984 Abs 1 S 1 BGB) erst nach Aufhebung der Nachlassverwaltung geltend machen (OLG Hamburg OLGE 41 [1921] 82; vgl aber auch KG DJZ 1905, 652 f). Tritt an die Stelle des den Nachlassgläubigern haftbar gewordenen Nachlassverwalters ein anderer, so kann während der Dauer der Nachlassverwaltung nur dieser die Ersatzansprüche geltend machen (OLG Hamburg OLGE 41 [1921] 82; RGZ 135, 305), ebenso während eines Nachlassinsolvenzverfahrens nur der Insolvenzverwalter (so geschehen in BGH LM § 1979 Nr 1 = NJW 1985, 140 = FamRZ 1984, 1004). Zu weiteren Aspekten der aus Abs 2 S 2 folgenden entsprechenden Anwendbarkeit des § 1978 Abs 2 BGB s § 1978 Rn 36. 41

Trotz Fehlens einer spezialgesetzlichen Surrogationsvorschrift gelten auch die Ersatzansprüche, die der *Erbe* gegen den Nachlassverwalter erwirbt, als zum Nachlass gehörend; für ihre Geltendmachung gilt das für die Ansprüche der Nachlassgläubiger Ausgeführte entsprechend (OLG Hamburg OLGE 41 [1921] 82 und RGZ 135, 305; vgl auch BGHZ 46, 221, 229 für Ersatzansprüche des Erben gegen einen dritten Schädiger). 42

VI. Staatshaftung wegen mangelhafter Beaufsichtigung des Nachlassverwalters durch das Nachlassgericht (§§ 1837, 839 BGB, Art 34 GG) ist sowohl zugunsten des Erben als auch zugunsten der Nachlassgläubiger denkbar (vgl RGZ 88, 264 ff; der dort zitierte § 1848 wurde aufgehoben mit Wirkung v 1. 7. 1977 durch G v 14. 6. 1976 [BGBl I 1421]). Etwas anders verhält es sich bei der nach §§ 1960, 1961 BGB angeordneten Nachlasspflegschaft (Staudinger/Mešina [2017] § 1960 Rn 4). 43

§ 1986
Herausgabe des Nachlasses

(1) Der Nachlassverwalter darf den Nachlass dem Erben erst ausantworten, wenn die bekannten Nachlassverbindlichkeiten berichtigt sind.

(2) Ist die Berichtigung einer Verbindlichkeit zur Zeit nicht ausführbar oder ist eine Verbindlichkeit streitig, so darf die Ausantwortung des Nachlasses nur erfolgen, wenn dem Gläubiger Sicherheit geleistet wird. Für eine bedingte Forderung ist Sicherheitsleistung nicht erforderlich, wenn die Möglichkeit des Eintritts der Bedingung eine so entfernte ist, dass die Forderung einen gegenwärtigen Vermögenswert nicht hat.

Materialien: E II § 1860; III § 1961; Prot V 819;
Jakobs/Schubert ER I 304, 599 ff.

Schrifttum

Christopeit, Die Haftung des Erben für die neuen Geschäftsschulden bei der Verwaltungstestamentsvollstreckung eines einzelkaufmännischen Unternehmens (Diss Tübingen 1960) 56 ff.

I. Allgemeines

1 Unter „Ausantwortung" versteht man die Herausgabe aller Nachlassgegenstände durch Übertragung der tatsächlichen Gewalt an den Erben vor Beendigung der Nachlassverwaltung.

Die Vorschrift regelt nicht, wann der Nachlassverwalter den Nachlass an den Erben ausantworten *muss,* sondern nur, wann er hierzu im Verhältnis zu den Nachlassgläubigern *berechtigt* ist. Auch regelt die Vorschrift nur das Recht zur Ausantwortung des Nachlasses an den *Erben,* nicht das Recht bzw die Pflicht des Nachlassverwalters, den Nachlass nach Beendigung seines Amtes (vgl zB § 1988 Abs 1 oder §§ 1915 Abs 1 S 1, 1886 BGB) an einen Nachlassinsolvenzverwalter oder an einen neuen Nachlassverwalter herauszugeben (dazu § 1988 Rn 3; § 1985 Rn 17).

II. Pflicht zur Ausantwortung des Nachlasses

2 **1.** Der in § 1986 BGB geregelten *Berechtigung des Nachlassverwalters* zur Ausantwortung des Nachlasses korrespondiert nicht notwendig ein **Herausgabeanspruch des Erben**. Denn der Erbe hat mit der Anordnung der Nachlassverwaltung das Recht zur Verwaltung des Nachlasses verloren (§ 1984 Abs 1 S 1 BGB). Nicht schon unter den Voraussetzungen des § 1986 BGB, sondern **erst nach Beendigung der Nachlassverwaltung** ist er berechtigt, von dem (ehemaligen) Nachlassverwalter die Herausgabe des Nachlasses zu verlangen (vgl auch §§ 1915 Abs 1 S 1, 1890 BGB sowie RGZ 72, 260, 264; Michalski Rn 959). Die Nachlassverwaltung endigt jedoch nicht schon mit der nach Maßgabe des § 1986 BGB erfolgten Berichtigung oder Sicherstellung der bekannten Nachlassverbindlichkeiten, auch nicht mit der anschließenden Ausantwortung des Nachlasses an den Erben, sondern erst infolge Aufhebung (§§ 1988 Abs 2, 1919 BGB) seitens des Nachlassgerichts (§ 1962 BGB) oder gem § 1988 Abs 1 BGB durch Eröffnung des Nachlassinsolvenzverfahrens (vgl RGZ 72, 260, 263 f und § 1988 Rn 1 ff). Gem §§ 1919, 1962 BGB hat das Nachlassgericht die Nachlassverwaltung aufzuheben, wenn der Grund für die Anordnung weggefallen ist (RGZ 72, 260, 263 f). Unter den Voraussetzungen des § 1986 BGB wird dies stets der Fall sein (zu weiteren Aufhebungsgründen vgl § 1988 Rn 10 ff).

3 **2. Nach Beendigung der Nachlassverwaltung hat der Verwalter den Nachlass** und das aus dessen Verwaltung Erlangte (zB Akten und Belege; vgl KG NJW 1971, 566 f) an den Erben – im Fall des § 1988 Abs 1 BGB an den Nachlassinsolvenzverwalter – **herauszugeben und Schlussrechnung zu legen** (§§ 1890, 1915 Abs 1 S 1, 1975 BGB). Gegenüber dem Herausgabeanspruch kann er wegen seiner Ansprüche auf Aufwendungsersatz (§§ 1835, 1915 Abs 1 S 1 BGB) sowie wegen seines Vergütungs-

anspruchs (§ 1987 BGB) ein *Zurückbehaltungsrecht* (§ 273 BGB) geltend machen (MünchKomm/Küpper § 1987 Rn 5; Planck/Flad Anm 6; vgl auch BGB-RGRK/Johannsen Rn 5; Palandt/Weidlich § 1988 Rn 3; **aM** Soergel/Stein Rn 6). Gegenüber einem Nachlassinsolvenzverwalter ist ihm das Zurückbehaltungsrecht jedoch entspr § 323 InsO versagt (s § 1988 Rn 3).

Eine Rückabtretung der zum Nachlass gehörenden Forderungen an den Erben ist unnötig, weil der Erbe auch während der Nachlassverwaltung Inhaber der Nachlassforderungen geblieben ist.

3. **Mehreren Erben** hat der Nachlassverwalter den Nachlass gemeinschaftlich aus- 4
zuantworten; auf Verlangen eines von ihnen hat er die Nachlassgegenstände für alle zu hinterlegen (§ 2039 BGB). Die *Verteilung* des Nachlasses an die Miterben hat er nicht vorzunehmen (Prot V 816; RGZ 72, 260).

4. **Der Anspruch des Erben auf Herausgabe** des Nachlassrestes **ist** wie jede andere 5
Forderung **abtretbar und pfändbar** (§ 1984 Rn 30). Bei Erbenmehrheit gilt § 2039 BGB. Nach der **Übertragung eines Erbteils** tritt in Ansehung des Herausgabeanspruchs der Erwerber an die Stelle des veräußernden Miterben (vgl OLG Dresden ZEV 2000, 402 ff m Anm Damrau bzgl des Herausgabeanspruchs gegen einen nach *§ 1960* BGB bestellten Pfleger).

III. Recht zur Ausantwortung des Nachlasses

1. Aus § 1986 BGB geht hervor, dass der Nachlassverwalter den Nachlass an den 6
Erben **erst dann** ausantworten darf, wenn der Zweck der Nachlassverwaltung, nämlich die Berichtigung (vgl Abs 1 und § 1975 BGB) oder notfalls Sicherstellung (Abs 2) der Nachlassverbindlichkeiten (bzgl Steuerschulden s Rn 8), erreicht ist. § 1986 BGB definiert die Voraussetzungen, unter denen dies der Fall ist:

a) **Die bekannten Nachlassverbindlichkeiten müssen berichtigt sein, Abs 1**. Sobald der Nachlassverwalter Grund hat, das Vorhandensein *unbekannter* Nachlassgläubiger anzunehmen, muss er nach §§ 1985 Abs 2 S 2, 1980 Abs 2 S 2 BGB das Aufgebot (§§ 1970 ff BGB) beantragen, sofern nicht die Kosten dieses Verfahrens dem Bestande des Nachlasses gegenüber unverhältnismäßig groß sind. Ist das Aufgebotsverfahren notwendig, so darf der Nachlassverwalter den Nachlass nicht vor Abschluss dieses Verfahrens an den Erben herausgeben (vgl auch BGB-RGRK/Johannsen Rn 1: der Verwalter dürfe den Nachlass zurückbehalten).

b) **Ist die Berichtigung einer Verbindlichkeit zZ nicht ausführbar** (zB weil der Gläubiger unauffindbar ist) **oder ist eine Nachlassverbindlichkeit streitig** (abzustellen ist auf das Bestreiten des Nachlassverwalters, nicht des Erben: OLG Frankfurt JZ 1953, 53), so darf die Ausantwortung des Nachlasses nur erfolgen, wenn dem Gläubiger Sicherheit geleistet wird, **Abs 2 S 1**. Die Vorschrift ähnelt § 52 Abs 2. Zu Art und Weise der Sicherheitsleistung s §§ 232 ff BGB. Statt der Sicherheitsleistung ist auch Hinterlegung nach §§ 372 ff BGB zulässig.

Für **bedingte Forderungen** ist Sicherheitsleistung nicht erforderlich, wenn der Eintritt der Bedingung so fern liegt, dass die Forderung keinen gegenwärtigen Vermögenswert hat, **Abs 2 S 2**. Dasselbe Kriterium entscheidet gem § 916 Abs 2 ZPO über die

Zulässigkeit des Arrestes wegen eines bedingten Anspruchs und gem § 191 Abs 2 InsO über die Berücksichtigung bedingter Forderungen bei der Verteilung im Insolvenzverfahren.

Problematisch ist die Ausantwortung bei noch nicht fälligen Verbindlichkeiten, die sich aus der **Fortführung eines Unternehmens** ergeben, das zum Nachlass gehört (vgl zu diesem Problem MünchKomm/Küpper Rn 3). Solche innerhalb des regelmäßigen Geschäftsbetriebes stets neu entstehenden, noch nicht fälligen Verbindlichkeiten aus einer Unternehmensfortführung durch den Verwalter würden bei wörtlicher Anwendung des § 1986 Abs 2 BGB dazu führen, dass der Nachlass nie herausgegeben werden dürfte und letztlich auch die Nachlassverwaltung niemals aufgehoben werden könnte (MünchKomm/Küpper Rn 3). Dies widerspräche dem Zweck der Nachlassverwaltung (MünchKomm/Küpper Rn 3), in erster Linie die zum Zeitpunkt der Anordnung der Nachlassverwaltung vorhandenen Nachlassgläubiger zu befriedigen. Da es aber nicht originärer Zweck der Nachlassverwaltung ist, auch die „neuen Gläubiger" zu befriedigen – obschon auch diese Nachlassgläubiger sein können (es liegen ggf Erbfallschulden vor, Staudinger/Kunz § 1967 Rn 10) –, stellt sich die Frage, ob die durch den Verwalter neu begründeten Verbindlichkeiten einer Herausgabe des Nachlasses an den Erben und einer Aufhebung der Nachlassverwaltung überhaupt entgegenstehen können. Dagegen spricht auch, dass diese „Neugläubiger" die Möglichkeit haben, Auskunft über den Erben und dessen Vermögensverhältnisse – und damit über ihre potenzielle Haftungsmasse – zu erhalten, bevor sie sich auf Geschäfte mit dem Nachlassverwalter einlassen. Es spricht daher vieles dafür, dass neu entstandene Verbindlichkeiten aus der Fortführung eines Unternehmens durch den Verwalter (jedenfalls im Rahmen des regelmäßigen Geschäftsbetriebes) weder einer Ausantwortung noch der Aufhebung der Nachlassverwaltung entgegenstehen. Auch wenn man dieser Ansicht nicht folgen wollte, darf der Verwalter den Nachlass an den Erben jedenfalls dann herausgeben, wenn in entspr Anwendung von § 258 Abs 2 S 2 InsO ein belastbarer Finanzplan vorgelegt werden kann, nach dem die Erfüllung der Ansprüche gewährleistet ist (so MünchKomm/Küpper Rn 3 [Fn 6]).

c) Dass die Nachlassverwaltung bereits förmlich aufgehoben wurde, gehört nicht zu den Voraussetzungen des § 1986 BGB. Die Aufhebung muss jedoch unter den Voraussetzungen dieser Vorschrift erfolgen (s Rn 1).

7 **2.** Meldet sich vor der förmlichen Aufhebung der Nachlassverwaltung noch ein unbefriedigter Nachlassgläubiger, so muss der Nachlassverwalter den bereits ausgeantworteten Nachlass vom Erben zurückfordern und das Verfahren fortsetzen (Erman/Horn Rn 3; MünchKomm/Küpper Rn 5; Soergel/Stein Rn 3).

8 **3. Durch Ausantwortung des Nachlasses vor Erfüllung der Voraussetzungen** des § 1986 BGB macht sich der Nachlassverwalter gegenüber den noch nicht befriedigten Gläubigern für den daraus entstandenen Schaden nach § 1985 Abs 2 BGB haftbar. Das gilt auch gegenüber dem Fiskus, soweit dessen noch unerfüllte Steuerforderung zu den Nachlassverbindlichkeiten gehört (vgl Staudinger/Dutta [2016] § 1967 Rn 16, 33 ff und speziell zur Anwendbarkeit der §§ 1985, 1986 BGB die Andeutung im Schlusssatz von RG WarnR 1917 Nr 27). Eine zumindest ähnliche Haftung droht dem Nachlassverwalter wegen §§ 69, 34 Abs 1 AO, 32 Abs 1 ErbStG aber auch dann, wenn die Steuerschuld zwar aus dem Nachlass zu erfüllen, aber dennoch nicht als Nachlass-

verbindlichkeit zu qualifizieren ist; insoweit kann die (oftmals sehr umstrittene) Rechtsnatur als Nachlassverbindlichkeit also unentschieden bleiben.

IV. Haftung des Erben nach Aufhebung der Nachlassverwaltung

Meldet sich nach Aufhebung der Nachlassverwaltung noch ein unbefriedigter Nachlassgläubiger, so ist zu unterscheiden: 9

1. Soweit der Erbe schon vor Anordnung der Nachlassverwaltung unbeschränkbar haftete, dauert die unbeschränkte Haftung fort.

2. Einem im Aufgebotsverfahren ausgeschlossenen oder ihm gleichstehenden Gläubiger haftet der Erbe nur nach Maßgabe der §§ 1973, 1974 BGB.

3. Erfolgte die Aufhebung der Nachlassverwaltung aus dem in *§ 1988 Abs 2 BGB* genannten Grund (Fehlen einer kostendeckenden Masse) oder deckt der Nachlass die Kosten einer *nochmaligen* Nachlassverwaltung nicht, so ist der Erbe gem § 1990 Abs 1 S 1 BGB berechtigt, die Befriedigung eines Nachlassgläubigers zu verweigern, soweit der Nachlass unter Berücksichtigung des § 1991 BGB nicht ausreicht.

4. Gegenüber Verbindlichkeiten aus Vermächtnissen und Auflagen kann der Erbe uU auch dann nach §§ 1990, 1991 BGB verfahren, wenn der Nachlass nicht dürftig ist (§ 1992 BGB).

5. **Auch außerhalb des unmittelbaren Anwendungsbereichs der §§ 1973, 1974, 1990, 1992 BGB** nimmt die hM an, dass der Erbe nach Beendigung der ordnungsgemäß durchgeführten Nachlassverwaltung nur noch mit dem Nachlass hafte, selbst wenn der jetzt noch vorhandene Rest zur Deckung der Kosten einer nochmaligen Nachlassverwaltung oder eines Nachlassinsolvenzverfahrens ausreiche und ein Fall des § 1990 BGB somit eigentlich nicht vorliege. 10

Nach dieser hM soll der Erbe den Gläubiger **analog § 1990 BGB** auf den noch vorhandenen Nachlassrest verweisen können (BGH LM § 1975 Nr 1 = NJW 1954, 635; BGHZ 41, 30, 32; Staudinger/Lehmann[11] Rn 6; BGB-RGRK/Johannsen Rn 6–8; Palandt/Weidlich Rn 1; Soergel/Stein § 1975 Rn 12 f; Erman/Horn § 1975 Rn 5; Schlüter Rn 1164; Jauernig/Stürner § 1975 Rn 2; Kipp/Coing § 97 XI 2; Brox/Walker Rn 694; Ebenroth Rn 1143 aE; Lange/Kuchinke § 49 VI 2; Michalski Rn 964; wohl auch MünchKomm/Küpper § 1975 Rn 6, § 1986 Rn 6). Zwar bleibe der Erbe den Nachlassgläubigern in diesem Fall nach §§ 1991 Abs 1, 1978, 1979 BGB verantwortlich und müsse deshalb, wenn der Nachlass zahlungsunfähig oder überschuldet (aber nicht dürftig iSd § 1990 Abs 1 S 1 BGB) sei, gem § 1980 BGB die Eröffnung des Nachlassinsolvenzverfahrens beantragen. Nicht jedoch brauche er, um die Nachlassgläubiger von seinem Eigenvermögen fernhalten zu können, die *nochmalige* Anordnung einer *Nachlassverwaltung* zu beantragen. Die in §§ 780, 781, 785 ZPO vorgesehenen Rechtsbehelfe stünden ihm vielmehr schon jetzt zu (Staudinger/Lehmann[11] Rn 6).

Die hM beansprucht für sich den Vorzug der Unkompliziertheit (Staudinger/Lehmann[11] § 1975 Rn 4; BGB-RGRK/Johannsen Rn 6) und den der „praktischen Vernunft" (Staudinger/Lehmann[11] Rn 6), während die Gegenansicht uU das Vertrauen des Erben enttäuscht, nach Aufhebung der Nachlassverwaltung einen schuldenfreien Nachlassrest zu erhalten. Gegen die hM lässt sich aber einwenden, dass dieses Vertrauen des Erben nur dann schutzwürdig sei, wenn er oder der Nachlassverwalter rechtzeitig das Aufgebot der Nachlassgläubiger (§§ 1970 ff BGB) beantragt habe (so Prot V 818). Dementsprechend hat die Mehrheit der II. Komm (Prot V 817) es abgelehnt, den Erben „nach Beendigung der Pflegschaft immer nur auf die Bereicherung haften zu lassen", und sich dafür ausgesprochen, dass der Erbe nach Beendigung der Nachlassverwaltung grundsätzlich in gleicher Weise haften solle, „wie wenn eine Pflegschaft nicht bestellt gewesen wäre". Dieser **Wille des Gesetzgebers** hat sich auch in der Fassung des Gesetzes niedergeschlagen: § 1990 Abs 1 S 1 BGB gilt nach seinem Wortlaut im Fall der Aufhebung der Nachlassverwaltung (nur) dann, wenn diese Aufhebung „wegen Mangels einer den Kosten entsprechenden Masse" erfolgt ist (und selbst dann ist § 1990 BGB unanwendbar, wenn nicht eine *Überschuldung* des Nachlasses vorliegt oder zumindest ernstlich zu besorgen ist; vgl § 1990 Rn 2 f). Die Ansicht, dass die haftungsbeschränkende Wirkung der Nachlassverwaltung ansonsten auf die Dauer des Verfahrens beschränkt sei und dass es deshalb zur nochmaligen Herbeiführung der Haftungsbeschränkung grundsätzlich einer erneuten Nachlassverwaltung (bzw eines Nachlassinsolvenzverfahrens) bedürfe, kann sich also sowohl auf den subjektiven Willen des Gesetzgebers als auch auf den Wortlaut des Gesetzes stützen (unrichtig Staudinger/Lehmann[11] Rn 5: der Wortlaut des § 1975 stehe entgegen). Sie belastet den Erben auch nicht unangemessen, da dieser sich vor und sogar noch während der Nachlassverwaltung (vgl § 1984 Rn 7) durch rechtzeitige Beantragung des Aufgebotsverfahrens vor unliebsamen Überraschungen schützen kann (§ 1973 BGB). Wenn die Kosten des Aufgebotsverfahrens im Vergleich zum Wert des Nachlasses unverhältnismäßig groß sind, die Beantragung des Aufgebotsverfahrens also untunlich wäre (vgl auch § 1980 Abs 2 S 2 HS 2 BGB), braucht der Erbe es auch zum endgültigen Schutz des Eigenvermögens nicht zu beantragen: Dann ist der Nachlass stets auch dürftig iS des § 1990 Abs 1 S 1 BGB. **Deshalb ist der Ansicht zuzustimmen, nach der die haftungsbeschränkende Wirkung der Nachlassverwaltung mit der Aufhebung der Nachlassverwaltung endet**. Diese Ansicht war *vor* den oben erwähnten, gegenteiligen Entscheidungen des BGH ganz herrschend (Planck/Flad Anm 3d; Strohal II § 79 V; ders KritV 39 [1897] 212, 242; Eccius Gruchot 43 [1899] 603, 627; Riesenfeld II 89; Kretzschmar § 81 V 2 c; Crome § 728 Fn 89; Planck DJZ 1899, 366; Siber, Haftung für Nachlaßschulden 36 f; ebenso auch nach der Stellungnahme des BGH Christopeit 56 ff und für den Fall, dass der die Nachlassverwaltung durchlaufen habende Nachlass unter Testamentsvollstreckung steht, auch Muscheler, Die Haftungsordnung der Testamentsvollstreckung [1994] 140 f). Die Argumente der *heutigen* hM, die der neuen Linie des BGH folgt (s oben), sind im Wesentlichen rechtspolitischer Natur und insoweit durchaus beachtlich. Rechtspolitische Erwägungen befreien den Richter aber nicht von seiner Verpflichtung, das geltende Recht anzuwenden (BGHZ 50, 45, 51). **De lege ferenda** kann empfohlen werden, die in § 1983 BGB vorgeschriebene öffentliche Bekanntmachung der Anordnung der Nachlassverwaltung in ein durch das Nachlassgericht von Amts wegen einzuleitendes aufgebotsähnliches Verfahren abzuwandeln. So ließe sich das Problem entschärfen (vgl § 1973 BGB). Noch besser wäre es, wenn man dem Erben die beschränkte Haftung auch ohne Nachlassverwaltung oder Nachlassinsolvenzverfahren allein aufgrund des Inventars gewähren würde (vgl Staudinger/Dutta [2016] Vorbem 46 ff zu §§ 1967 ff).

11 **6.** Unberührt von dem bei Rn 10 dargestellten Meinungsstreit bleibt das Recht des Erben, nach Aufhebung der Nachlassverwaltung (freiwillig) die **nochmalige**

Anordnung einer Nachlassverwaltung zu beantragen, wenn ihm dies im Hinblick auf bisher unberücksichtigt gebliebene Nachlassverbindlichkeiten zweckmäßig erscheint und eine den Kosten entspr Masse vorhanden ist. *Auch die noch nicht befriedigten Nachlassgläubiger* können den Antrag auf nochmalige Anordnung einer Nachlassverwaltung stellen, wenn Grund zu der Annahme besteht, dass die Befriedigung aus dem Nachlass durch das Verhalten des Erben oder durch dessen Vermögenslage gefährdet wird (§ 1981 Abs 2 S 1 BGB); zu beachten ist jedoch die sich aus § 1981 Abs 2 S 2 BGB ergebende zeitliche Beschränkung dieses Antragsrechts. Des Weiteren kann dem Erben nach Beendigung der Nachlassverwaltung wieder eine **Inventarfrist** gesetzt werden (s § 2000 Rn 7). Auch nach Durchführung einer Nachlassverwaltung kann der Erbe also noch durch Versäumung einer Inventarfrist (§ 1994 Abs 1 S 2 BGB) sein Haftungsbeschränkungsrecht endgültig verlieren. Auf das regelmäßig bereits vom Nachlassverwalter eingereichte Nachlassverzeichnis wird sich der Erbe grundsätzlich nicht gem § 2004 BGB berufen können (vgl § 2004 Rn 3).

§ 1987
Vergütung des Nachlassverwalters

Der Nachlassverwalter kann für die Führung seines Amts eine angemessene Vergütung verlangen.

Materialien: E II § 1862; III § 1962; Prot V 820; Jakobs/Schubert ER I 304, 600 ff.

Schrifttum

Firsching/Graf, Nachlassrecht (10. Aufl 2014) Rn 4. 845
Fromm, Nachlassverwaltung: Eine Bedrohung für mittelständische Unternehmen im Nachlass, ZEV 2006, 298
Homann, Die Vergütung von Nachlasspfleger, Testamentsvollstrecker, Nachlassverwalter und Nachlassinsolvenzverwalter (2007) 163
Jochum/Pohl, Nachlasspflegschaft. Ein Handbuch für die Praxis (3. Aufl 2006) 469 ff Rn 1128 ff
Möhring/Beisswingert/Klingelhöffer, Vermögensverwaltung in Vormundschafts- und Nachlaßsachen (7. Aufl 1992) 215
Schulz (Hrsg), Handbuch Nachlasspflegschaft (2. Aufl 2017) § 15
Zimmermann, Probleme der Nachlassverwaltervergütung, ZEV 2007, 519.

Systematische Übersicht

I. Zweck der Regelung

1 Während der nach § 1960 BGB oder § 1961 BGB bestellte Nachlasspfleger die Pflegschaft grundsätzlich unentgeltlich führen muss (§§ 1915 Abs 1 S 1, 1836 Abs 1 S 1 BGB; Ausnahmen bei Staudinger/Mešina [2017] § 1960 Rn 34 ff), billigt § 1987 BGB dem Nachlassverwalter, obwohl § 1975 BGB auch ihn als Nachlasspfleger ausweist, einen Anspruch auf angemessene Vergütung zu. Nach Prot V 820 ließ man sich bei dieser legislativen Entscheidung von der Überlegung leiten, dass die Nachlassverwaltung mehr im privaten als im öffentlichen Interesse eingeleitet werde. Da § 1981 Abs 3 BGB aus diesem Grund (Prot V 810 f) eine Verpflichtung zur Übernahme der Nachlassverwaltung ausschließe, eine Nachlassverwaltung *freiwillig* aber nur gegen Entgelt übernommen werde, sei es notwendig, den Nachlassverwalter insoweit wie einen Insolvenzverwalter zu behandeln, ihm also nach dem Vorbild des § 85 KO (jetzt §§ 63 ff InsO) einen Vergütungsanspruch zu gewähren. Ein entsprechender Vergütungsanspruch wird in § 2221 BGB auch dem Testamentsvollstrecker zugebilligt. Insoweit ist der Nachlassverwalter dem Testamentsvollstrecker gleichgestellt (MünchKomm/Küpper Rn 1).

II. Verhältnis zu §§ 1836 ff, 1915 Abs 1

2 Ohne § 1987 BGB würde sich die Vergütung des Nachlassverwalters nach § 1915 Abs 1 S 2 BGB (zu der dabei vorausgesetzten Einordnung der Nachlassverwaltung als „Pflegschaft" s Rn 1) iVm § 1836 Abs 1 S 2 BGB, hilfsweise nach §§ 1915 Abs 1 S 1, 1836 Abs 2 BGB richten (zum Aufwendungsersatz s Rn 18 ff). Die Konsequenz wäre eine Differenzierung zwischen berufsmäßiger (§§ 1836 Abs 1 S 2, 1915 Abs 1 S 2 BGB) und nicht berufsmäßiger (§§ 1836 Abs 1 S 1 und Abs 2, 1915 Abs 1 S 1 BGB) Führung der Nachlassverwaltung sowie zwischen vermögenden und mittellosen Nachlässen in Bezug auf die folgenden drei Fragen: ob dem Nachlassverwalter überhaupt eine Vergütung zusteht, wie hoch die Vergütung ist und von wem der Verwalter die Vergütung verlangen kann (nur aus dem Nachlass? oder hilfsweise aus der Staatskasse?). Für solche dem Vormundschaftsrecht entlehnte Differenzierungen ist im Anwendungsbereich des § 1987 BGB kein Raum; denn § 1987 BGB billigt *jedem* Nachlassverwalter ohne Wenn und Aber eine angemessene Vergütung zu.

3 Das Vorstehende gilt zunächst einmal auf der Stufe des „Ob". **Indem § 1987 BGB von einer „angemessenen" Vergütung spricht, regelt die Norm aber auch die Höhe der Vergütung eigenständig** (jetzt ausdrücklich BGH NJW 2018, 2960 ff; zust Soergel/Stein Rn 2; Fromm ZEV 2006, 298, 300 f; Bamberger/Roth/Lohmann Rn 2; zur Gegenansicht vgl Rn 4 ff). Die Vergütungshöhe in unmittelbarer oder analoger Anwendung des allgemeinen Pflegschaftsrechts zu bemessen, kommt beim Nachlassverwalter ebenso wenig in Betracht wie beim Nachlassinsolvenzverwalter (hier eigenständige Regelung in §§ 63 ff InsO, §§ 1 ff InsVV) und beim Testamentsvollstrecker (hier eigenständige Regelung in § 2221 BGB: „... kann ... eine angemessene Vergütung verlangen, sofern nicht der Erblasser ein anderes bestimmt hat").

Nach verbreiteter Auffassung soll sich die Höhe der Nachlassverwaltervergütung dagegen nicht nach der sehr allgemein gehaltenen Angemessenheitsklausel des **§ 1987 BGB bemessen, sondern die Normen des allgemeinen** Pflegschaftsrechts anwendbar sein, also nach **§ 1915 Abs 1 S 2 BGB** sowie **§ 1836 Abs 1 S 3 BGB und dem Vormünder- und Betreuervergütungsgesetz** (vgl OLG Schleswig FamRZ 2016, 2013; Palandt/Weidlich Rn 2; zur alten Rechtslage OLG Zweibrücken FGPrax 2007, 183 = FamRZ 2007, 1191 f; Prütting/Wegen/Tschiochflos Rn 4; Bamberger/Roth/Lohmann Rn 2; wohl auch Jauernig/Stürner § 1987 Rn 1 iVm § 1960 Rn 11; Zimmermann ZEV 2007, 519 f mwNw). Die dafür gegebene Begründung, dass § 1975 BGB auch die Nachlassverwaltung als eine Pflegschaft ausweise, vermag die Anwendung des § 1915 Abs 1 S 2 BGB aber nicht zu rechtfertigen. Ebenso gut lässt sich nämlich argumentieren, dass der speziell für den Nachlassverwalter geschaffene § 1987 BGB der allgemeinen Regelung des § 1915 Abs 1 S 2 BGB als lex specialis vorgehe. Hinzu kommt, dass § 1915 Abs 1 S 2 BGB schon nach seinem Wortlaut nicht die Höhe *jeder* Pflegervergütung, sondern nur die Höhe „einer nach § 1836 Abs 1" zu bewilligenden Vergütung regelt und dass der damit in Bezug genommene § 1836 Abs 1 BGB nicht bereits grundsätzlich (s § 1836 Abs 1 S 1 BGB), sondern nur dann „ausnahmsweise" (§ 1836 Abs 1 S 2 BGB) zu einer Vergütung führt, wenn das Gericht „bei der Bestellung" des Vormunds bzw Pflegers (§ 1915 Abs 1 BGB) feststellt, dass der Betreffende die Vormundschaft/Pflegschaft „berufsmäßig" führt. Gerade eine solche Differenzierung will § 1987 BGB bei einem Nachlassverwalter jedoch nicht (oben Rn 2). Da niemand verpflichtet ist, das ihm angetragene Amt eines Nachlassverwalters zu übernehmen (§ 1981 Abs 3 BGB), ist es zudem auch unter Zweckmäßigkeitsgesichtspunkten richtig, dass § 1987 BGB das Recht des Nachlassverwalters, für seine Amtsführung eine „angemessene" Vergütung zu verlangen, weder unmittelbar noch mittelbar (etwa hinsichtlich der Höhe der Vergütung) davon abhängig macht, dass der Verwalter sein Amt „berufsmäßig" führt. Die besseren Gründe sprechen deshalb dafür, den schlicht von einer „angemessenen" Vergütung sprechenden § 1987 BGB auch hinsichtlich der Vergütungshöhe als lex specialis zu § 1915 Abs 1 S 2 BGB aufzufassen und deshalb eine den § 1987 BGB verdrängende „Anwendung" des § 1915 Abs 1 S 2 BGB nicht zuzulassen (BGH FamRZ 2018, 958 ff = NJW 2018, 2960 ff; Jochum/Pohl Rn 1129 ff; Fromm ZEV 2006, 298, 300 f; Firsching/Graf Rn 4.848). 4

Die hier vertretene Ablehnung einer unmittelbaren oder analogen „Anwendung" des § 1915 Abs 1 S 2 BGB auf die Vergütung des Nachlassverwalters bedeutet jedoch nicht, dass im Zusammenhang mit der Frage, welche Vergütungshöhe „angemessen" iS des § 1987 BGB ist, nicht auch **auf die in § 1915 Abs 1 S 2 BGB genannten Kriterien (nutzbare Fachkenntnisse des Pflegers, Umfang und Schwierigkeit der Pflegschaftsgeschäfte)** zurückgegriffen werden dürfte. Im Gegenteil: Zum einen enthält § 1987 BGB keine eigenen und damit vorrangigen Kriterien zur Ausfüllung des Begriffs der „Angemessenheit". Und zum anderen sind diese Kriterien auch im Zusammenhang mit der Bemessung der Nachlassverwaltervergütung aussagekräftig und deshalb idR zu beachten (wobei man über die **Gewichtung**, insb im Verhältnis zu noch zu erörternden weiteren Kriterien, selbstverständlich streiten kann). Bei der Bemessung der Nachlassverwaltervergütung sind diese beiden Kriterien abweichend von den Schlussworten des § 1915 Abs 1 S 2 BGB sogar dann zu beachten, wenn der Nachlass **mittellos** ist; denn in solchen Fällen hat der Nachlassverwalter abweichend vom allgemeinen Pflegschaftsrecht keinen – dann nach anderen Grundsätzen zu bemessenden – Anspruch gegen die Staatskasse (s Rn 18), sondern es ist nach Maß- 5 gabe der sachlogisch vorrangigen §§ 1982, 1988 Abs 2, 1990 Abs 1 S 1 BGB zu verfahren.

6 Da § 1915 Abs 1 S 2 BGB auf die Bemessung der Nachlassverwaltervergütung nicht „anwendbar" ist (Rn 4 f), sondern lediglich eine mehr oder weniger zufällige Fundstelle für zwei auch hier verwertbare Kriterien darstellt (und zwar selbst dann, wenn der Nachlass mittellos ist und eine Anwendung des § 1915 Abs 1 S 2 BGB bereits nach dem eigenen Wortlaut dieser Vorschrift ausgeschlossen wäre, s Rn 5), spricht wenig für die Auffassung, dass die Nachlassverwaltervergütung entgegen früherer Praxis heute grundsätzlich nicht mehr als – idR nach bestimmten Prozentsätzen vom Nachlasswert zu bemessendes – **Pauschalhonorar**, sondern nur noch als **Zeithonorar** berechnet werden dürfe (so jedoch Zimmermann ZEV 2005, 473, 475; Palandt/Weidlich Rn 2; Bamberger/Roth/Lohmann Rn 2; wohl auch Jauernig/Stürner § 1987 Rn 1 iVm § 1960 Rn 11; **wie hier** hingegen Fromm ZEV 2006, 298, 300 f; Jochum/Pohl Rn 1131 f; Soergel/Stein Rn 2).

7 **Berechnungsgrundlage eines Pauschalhonorars war nach bisheriger Praxis der Wert des Nachlasses**, wobei meist konkretisierend angemerkt wurde, dass vom Aktivnachlass ohne Abzug der Nachlassverbindlichkeiten ausgegangen werden müsse, der Reinwert des Nachlasses jedoch zu berücksichtigen (BayObLG BayZ 1934, 177 f; vgl auch BayObLGZ 1972, 156, 158), die Berücksichtigung *nur* des Reinwertes hingegen unzulässig sei (BayObLGZ 1953, 50, 53 f; 1972, 156, 158). Noch in der 2002 erschienenen Bearbeitung dieses Kommentars hatte der Autor die Ansicht vertreten, dass mit etwas Vorsicht auf die **Prozentsätze** (dazu zuletzt Staudinger/Marotzke [2008] § 1960 Rn 34b) zurückgegriffen werden könne, nach denen im Allgemeinen die – dort allerdings nur unter den besonderen Voraussetzungen des damaligen §§ 1836 Abs 1 S 2 ff BGB oder des damaligen § 1836 Abs 3 BGB zu bewilligende – Vergütung eines nach *§ 1960 BGB* bestellten Nachlasspflegers bemessen werde. Soweit nicht § 1987 BGB, sondern allgemeines Pflegschaftsrecht Anwendung findet, ist die damals üblich gewesene Anknüpfung an den Wert des Aktivnachlasses jedoch durch die neuere Rechtsentwicklung, zu der auch § 1915 Abs 1 S 2 BGB gehört, überholt (s für den nach § 1960 bestellten Nachlasspfleger Staudinger/Marotzke [2008] § 1960 Rn 34, 34c). Wie oben ausgeführt, ist Rechtsgrundlage für die Bemessung der Vergütungshöhe beim *Nachlassverwalter* jedoch nicht § 1915 Abs 1 S 2 BGB, sondern die allgemeine Angemessenheitsformel des § 1987 BGB. Deshalb existiert hier von Gesetzes wegen **keine Bindung an den Kriterienkatalog des § 1915 Abs 1 S 2 BGB**, sodass bei der Bemessung der Nachlassverwaltervergütung einer Fortsetzung der bisherigen Praxis nichts entgegen steht (vgl auch Jochum/Pohl Rn 1132 f; Fromm ZEV 2006, 298, 300 f). Soweit allerdings die bisherige Praxis als Berechnungsgrundlage der Verwaltervergütung den *Aktivwert* des Nachlasses nimmt, ist zu bedenken, dass der Nachlassverwalter den Aktivnachlass nur deshalb (§ 1975 BGB) und nur so lange (§ 1986 BGB) zu verwalten hat, weil bzw wie das erforderlich ist, um die Nachlassverbindlichkeiten zu berichtigen. Deshalb sollte man den Gesamtbetrag aller vom Verwalter erfüllten oder sichergestellten Nachlassverbindlichkeiten, einschließlich der von ihm erfolgreich abgewehrten Ansprüche vermeintlicher Nachlassgläubiger, auf jeden Fall als Obergrenze der Berechnungsgrundlage ansehen, also einen diese Grenze übersteigenden Mehrwert des Aktivnachlasses bei der Berechnung der Nachlassverwaltervergütung unberücksichtigt lassen. (Im Nachlassinsolvenzverfahren löst sich dieses Problem idR dadurch von selbst, dass bei Vorliegen eines Eröffnungsgrundes die

Summe aller Passiva so gut wie nie geringer ist als die Summe aller Aktiva.) Mit dieser Maßgabe wäre nichts dagegen einzuwenden, wenn auch künftig der Gesamtwert aller Nachlassaktiva, jedoch nur bis zur Höhe der Summe aller bestehenden oder vom Verwalter erfolgreich abgewehrten vermeintlichen Verbindlichkeiten, als Berechnungsgrundlage der Nachlassverwaltervergütung angesehen würde (zu den zur Diskussion stehenden Prozentsätzen s Staudinger/Mešina [2017] § 1960 Rn 34b) und erst in einem weiteren Schritt, sozusagen auf der Stufe einer die Besonderheiten des konkreten Falles berücksichtigenden Feinjustierung oder ggfls auch größeren Ergebniskorrektur, die bei Rn 5, 9 f angesprochenen weiteren Kriterien in den Blick genommen würden.

Dass auf diese Weise der Nachlassverwalter uU zu einer höheren Vergütung kommt als ein nach *§ 1960 oder § 1961 BGB* bestellter Nachlasspfleger, ist durchaus gerechtfertigt (so auch Jochum/Pohl Rn 1133). Zwar ist die Nachlassverwaltung ebenfalls eine Nachlasspflegschaft (arg § 1975 BGB), sie unterscheidet sich von den in § 1960 BGB und § 1961 BGB geregelten Nachlasspflegschaften aber sowohl durch ihren besonderen Zweck (§ 1975 BGB) als auch durch das mit diesem speziellen Zweck verbundene höhere Haftungsrisiko des Verwalters (§ 1985 Abs 2 BGB). § 1975 BGB charakterisiert die Nachlassverwaltung als eine „Nachlasspflegschaft zum Zwecke der Befriedigung der Nachlassgläubiger" und nennt sie in einem Atemzug mit dem zweckverwandten, allerdings nur bei überschuldeten oder zahlungsunfähigen (oder zahlungsunfähig zu werden drohenden) Nachlässen in Betracht kommenden Nachlassinsolvenzverfahren. Die Zweckverwandtschaft mit dem Nachlassinsolvenzverfahren und die mit ihr verbundenen erhöhten (§ 1985 Abs 2 BGB) Haftungsrisiken des Nachlassverwalters rechtfertigen es zwar nicht, die Vergütung des Nachlassverwalters analog den die Höhe der Insolvenzverwaltervergütung regelnden §§ 1 ff InsVV genau nach den dort vorgeschriebenen Prozentsätzen vom Wert des Vermögens zu bestimmen, auf das sich seine Schlussrechnung bezieht; denn die sich idR auf einen **solventen** Nachlass beziehende Tätigkeit eines Nachlassverwalters weist nicht typischerweise denselben Schwierigkeitsgrad auf wie die eines Nachlass**insolvenz**verwalters. Dieser graduelle Unterschied schließt jedoch nicht aus, zumindest bei einer sich als schwierig und haftungsträchtig erweisenden Nachlassverwaltung aus deren Nähe zur Nachlassinsolvenzverwaltung eine Kontrollüberlegung auch für die Höhe der dem Nachlassverwalter zuzubilligenden Vergütung abzuleiten. Jedoch kann es sich dabei wirklich nur um eine Plausibilitätskontrolle (so auch Jochum/Pohl Rn 1130, 1133; Bamberger/Roth/Lohmann Rn 2 aE), auf gar keinen Fall hingegen um das einzige Kriterium der Vergütungsbemessung handeln; ein isoliertes Abstellen auf den Nachlasswert und eine aus ihm abzuleitende hypothetische Insolvenzverwaltervergütung würde dem Angemessenheitsbegriff des § 1987 BGB und den verbleibenden Unterschieden zwischen Nachlassverwaltung und Nachlassinsolvenzverwaltung nicht gerecht. 8

III. Angemessenheit der Vergütung

1. Auf der Stufe des „Ob"

Die Frage, **ob** der Nachlassverwalter eine Vergütung verlangen kann, wird in § 1987 BGB grundsätzlich bejaht. Die in § 1987 BGB vorausgesetzte „Angemessenheit" einer Vergütung ist, will man den Zweck des § 1987 BGB (Rn 1) nicht gefährden, auf 9 der Stufe des „Ob" im Zweifel zu unterstellen (zur Frage des „Wieviel" s Rn 3 ff, 10 ff). Jedoch ist dem Verwalter die Vergütung *insgesamt* zu versagen, wenn er sich der Untreue schuldig macht (vgl Bamberger/Roth/Lohmann Rn 2 aE), wenn er schuldhaft nicht tätig wird (Palandt/Weidlich Rn 1; Bamberger/Roth/Lohmann Rn 3; Lange/Kuchinke § 49 III 8 Fn 114) sowie uU auch dann, wenn er wegen anderer schwerer Pflichtwidrigkeiten nach §§ 1886, 1915 Abs 1 S 1 BGB entlassen werden muss (Bamberger/Roth/Lohmann Rn 3; vgl auch Lange/Kuchinke § 49 III 8 Fn 114; zur Betreuervergütung auch BGH FamRZ 2012, 1051 = MDR 2012, 679 = FGPrax 2012, 162). Ansonsten führen einzelne Pflichtwidrigkeiten und Versehen des Nachlassverwalters nach hM grundsätzlich nicht zu einer automatischen Minderung des Vergütungsanspruchs, sondern nur zu einer Schadensersatzpflicht (KG OLGE 8 [1904/I] 270 f; Zimmermann ZEV 1999, 329, 335).

2. Auf der Stufe des „Wieviel"

10 Die Vergütung des Nachlassverwalters muss **„angemessen"** sein. Das ist sie, wenn sie unter Berücksichtigung aller Umstände des Falls der Billigkeit entspricht, wobei ein Ermessenspielraum beseteht (BGH FamRZ 2018, 958 ff = NJW 2018, 2960 ff). Die in § 1915 Abs 1 S 2 BGB genannten Kriterien können bei der Bestimmung der Angemessenheit regelmäßig (zumindest auch) herangezogen werden (so Rn 5). Bei der **Bemessung** der Vergütung sind daher idR zu berücksichtigen und nach Billigkeitsgesichtspunkten abzuwägen (vgl BayObLGZ 1972, 156, 157 f; BayObLG JurBüro 1986, 90, 92 = Rpfleger 1985, 402, 403): der Wert der Nachlassmasse (aber idR nur bis zum Gesamtbetrag aller auf ihr lastender oder von ihr abgewehrter Verbindlichkeiten, s Rn 6 f), nutzbare Fachkenntnisse des Verwalters (dazu auch Rn 5), der Umfang und die Schwierigkeit der Geschäftsführung, die Dauer der Verwaltung, die Bedeutung und Tragweite der Verwaltungsgeschäfte, das Maß der mit den Geschäften verbundenen Verantwortung des Nachlassverwalters sowie auch der Erfolg seiner Tätigkeit (BayObLG DNotZ 1935, 404 f; BayObLG JurBüro 1986, 90 = Rpfleger 1985, 402).

11 Überdurchschnittliche Gewandtheit und darauf beruhende geringe Mühe des Nachlassverwalters mindern seinen Vergütungsanspruch nicht (BayObLG OLGE 36 [1918/I] 228 = Recht 1917, 1090; s auch oben Rn 5). Anspruchsmindernd können sich auswirken die kurze Dauer der Nachlassverwaltung, wenn diese gem § 1988 Abs 1 BGB durch Eröffnung eines Nachlassinsolvenzverfahrens vorzeitig beendet wurde, die Erfolglosigkeit versuchter Berichtigung von Nachlassverbindlichkeiten, die kostenträchtige und sachinadäquate Inanspruchnahme anwaltlicher Beratung (vgl BayObLG JurBüro 1986, 90, 91 = Rpfleger 1985, 402, 403; Soergel/Stein Rn 2) sowie uU auch sonstige schwerwiegende Mängel der Amtsführung (Einzelheiten sehr str; s Rn 9 mwNw); ferner eine ggf gesonderte Vergütung für eine vorausgegangene Tätigkeit als Nachlasspfleger (wie hier MünchKomm/Küpper Rn 2; iE wohl auch Soergel/Stein Rn 2).

12 Außer Betracht bleibt bei der Bemessung der Vergütung die bei der Auseinandersetzung des Nachlasses unter Miterben entfaltete Tätigkeit, da diese nicht in den Aufgabenbereich des Nachlassverwalters fällt (BayObLG BayZ 1934, 177 f). War der Erblasser Alleingesellschafter einer GmbH, so soll die Vergütung des Nachlassverwalters nach BayObLG JurBüro 1986, 90 (= Rpfleger 1985, 402 f) nicht wie bei der Fortführung eines zum Nachlass gehörenden Unternehmens zu bemessen sein; vielmehr sollen hier nur Substanz und Ertrag des allein in den Nachlass fallenden

Geschäftsanteils sowie eine angemessene Überwachung des Geschäftsführers zu berücksichtigen sein.

Im Allgemeinen wird **die Höhe** der Nachlassverwaltervergütung je nach Lage des Falles **irgendwo zwischen der Vergütung eines nach § 1960 BGB bestellten, berufsmäßigen Nachlasspflegers** (dazu Staudinger/Mešina [2017] § 1960 Rn 34) **und derjenigen eines Nachlassinsolvenzverwalters** (s Rn 6 ff) liegen, im Zweifel aber wohl näher bei der erstgenannten Bezugsgröße. Die Bestimmungen der InsVV sind für die Bemessung der Vergütung des Nachlassverwalters weder unmittelbar noch analog anwendbar (BayObLGZ 1953, 50, 53; 1972, 156, 160; OLG Hamm Rpfleger 1966, 180; Zimmermann ZEV 2005, 474, 475; Homann 167), bieten aber je nach Lage des Falles (Rn 8) einen gewissen Anhalt (BayObLGZ 1972, 156, 161; BayObLG JurBüro 1986, 90, 92 = Rpfleger 1985, 402, 403; Jochum/Pohl Rn 1130, 1133). Unanwendbar sind auch die Gebührenordnungen eines Berufsverbandes, selbst wenn der Nachlassverwalter diesem angehört (BayObLGZ 1953, 50, 53; OLG Hamm Rpfleger 1966, 180; vgl jedoch auch Rn 20). 13

Auch darf, *wenn der Nachlassverwalter zum Nachlassinsolvenzverwalter bestellt wird* (vgl § 1988 Abs 1 BGB), bei der Bemessung der Nachlassverwaltervergütung die Insolvenzverwaltervergütung nicht abgezogen oder sonst angerechnet werden (OLG München DFG 1936, 215 f; BayObLGZ 1972, 156, 160). 14

Da über die **Aufwendungen** des Nachlassverwalters nicht das Nachlassgericht, sondern das Prozessgericht zu entscheiden hat (Rn 21), ist die Festsetzung einer **Pauschalvergütung (im Sinne von „Vergütung einschließlich eventueller Aufwendungen")** durch das Nachlassgericht idR unzulässig (vgl LG Berlin MDR 1967, 128; OLG Zweibrücken Rpfleger 1980, 103; Bamberger/Roth/Lohmann Rn 5). 15

IV. Durchsetzung des Vergütungsanspruchs

Die Festsetzung der Vergütung fällt gem §§ 1975 BGB (der die Nachlassverwaltung als Nachlasspflegschaft ausweist), **1962 BGB, § 168 Abs 1 S 1 Nr 2 und Abs 5 FamFG in die Zuständigkeit des Nachlassgerichts** (Rechtspflegergeschäft gem §§ 3 Nr 2 c, 16 Abs 1 Nr 1 RPflG). Dieses kann dem Nachlassverwalter eine Vergütung einmalig oder für bestimmte Zeitabschnitte bewilligen (BayObLG JurBüro 1986, 90, 92 f = Rpfleger 1985, 402, 403; OLG Dresden ZBlFG 16 [1915/1916] 105 f); daran hat sich durch § 168 FamFG nichts geändert (vgl auch Staudinger/Mešina [2017] § 1960 Rn 34 ff). In Betracht kommt auch ein Anspruch auf **Abschlagszahlungen** (OLG Zweibrücken FamRZ 2007, 1191 f = FGPrax 2007, 183 f; Staudinger/Mešina [2017] § 1960 Rn 34 h). Die Bemessung der Vergütung steht im pflichtgemäßen Ermessen des Nachlassgerichts bzw des bei zulässiger Beschwerdeeinlegung (vgl BayObLGZ 2000, 8 ff = NJW-RR 2001, 870 = MDR 2000, 584 f; Staudinger/Mešina [2017] § 1960 Rn 37 aE) an seine Stelle tretenden Beschwerdegerichts (OLG Hamm Rpfleger 1966, 180). Die Ermessensentscheidung des Tatrichters kann vom Gericht der weiteren Beschwerde nur beschränkt überprüft werden (dazu OLG Hamm Rpfleger 1966, 180). Die Beschwerde steht nach § 59 FamFG jedem zu, dessen Recht durch den Gerichtsbeschluss beeinträchtigt ist, also zB dem Erben (vgl KG JFG 20 [1940] 89 ff; OLG Hamburg OLGE 21 [1910/II] 297 f) und ggfls auch dem, der aufgrund einer Vereinbarung mit dem Nachlassverwalter für die Nachlassverbindlichkeiten, insbes für die Zahlung seiner Vergütung, haftet (KG DFG 1939, 147 = HRR 1939 Nr 1190 = DR 1939, 1384). Nach Aufhebung und Abwicklung der Nachlassverwaltung kann eine 16

Änderung der die Vergütung festsetzenden Entscheidung nicht mehr verlangt werden (KG JFG 14 [1937] 39 ff).

17 **Die Durchsetzung des vom Nachlassgericht festgesetzten Vergütungsanspruchs erfolgt** unmittelbar durch den Festsetzungsbeschluss selbst, der nach §§ 86, 95 Abs 1 Nr 1, Abs 2 FamFG Vollstreckungstitel ist (MünchKomm/Küpper Rn 3 ebenso für die festgesetzte Vergütung des Nachlasspflegers OLG Celle FamRZ 2017, 389 und Staudinger/Mešina [2017] § 1960 Rn 37).

V. Kein Anspruch gegen die Staatskasse

18 § 1987 BGB enthält nicht nur eine eigenständige Regelung des *„Ob"* und der *Höhe* der Nachlassverwaltervergütung (Rn 2 ff), sondern er regelt auch abschließend die Frage, wer diese Vergütung schuldet: Denn § 1987 BGB setzt – wie sich aus §§ 1982, 1988 Abs 2, 1990 Abs 1 S 1 BGB ergibt – als selbstverständlich voraus, dass der Nachlassverwalter seine Vergütung **aus dem Nachlass** erhält. Eine entsprechende Anwendung der Vorschriften, die dem Vormund eines *mittellosen* Mündels und entsprechend einem nach *§ 1960 BGB* bestellten Nachlasspfleger einen Vergütungsanspruch gegen die **Staatskasse** gewähren (s Staudinger/Mešina [2017] § 1960 Rn 34d), kommt beim Nachlassverwalter **nicht** in Betracht (so jetzt ausdrücklich BGH FamRZ 2018, 958 ff, zust KG FamRZ 2006, 559 f; Palandt/Weidlich Rn 1; Bamberger/Roth/Lohmann Rn 4; Jochum/Pohl Rn 1135; **aM** Zimmermann ZEV 2007, 519, 520). Die Ausgangssituation der Nachlassverwaltung ist mit der einer Vormundschaft in den hier ausschlaggebenden Punkten nicht vergleichbar: Zur Übernahme einer Vormundschaft ist jeder Deutsche grundsätzlich verpflichtet (§ 1785 BGB). Bestellt der Staat jemanden im öffentlichen Interesse zum Vormund, muss er auch für dessen Vergütung sorgen. Dagegen liegt die Nachlassverwaltung im privaten Interesse, sie kann von jedem Nachlassgläubiger unter den Voraussetzungen des § 1981 Abs 2 BGB und vom Erben sogar ganz ohne Angabe von Gründen, also zB auch aus purer Bequemlichkeit (§ 1981 Rn 13), beantragt werden. Folgerichtig kann niemand gegen seinen Willen zum Nachlassverwalter bestellt werden (§ 1981 Abs 3 BGB); dadurch unterscheidet sich die Nachlassverwaltung sowohl von der Vormundschaft als auch von einer nach *§ 1960 oder § 1961 BGB* angeordneten Nachlasspflegschaft (s erg Rn 1 und Staudinger/Mešina [2017] § 1960 Rn 33). Zwar kommt auch im Nachlass**insolvenz**verfahren uU eine Kostenhaftung der Staatskasse in Betracht. Jedoch gibt es zu den Voraussetzungen, unter denen ein *Insolvenzverwalter* seine Vergütung ausnahmsweise von der Staatskasse verlangen kann (s § 63 Abs 2 InsO sowie für den *vorläufigen* Insolvenzverwalter BGHZ 175, 48, 53 ff = NJW 2008, 583, 584 f [19 ff]), im Recht der Nachlassverwaltung keine Parallele (KG MDR 2006, 694, 695 = FamRZ 2006, 559, 560 = FGPrax 2006, 76, 77). Auch ist die Nachlassverwaltung im Unterschied zum Nachlassinsolvenzverfahren (§ 1980 BGB) kein Verfahren, zu dessen Beantragung das Gesetz den Erben unter welchen Voraussetzungen auch immer verpflichtet.

VI. Keine Ausschlussfrist

19 **Nicht** entsprechend auf den Nachlassverwalter **anwendbar ist** – da § 1987 BGB als vorrangige Norm die Vorschriften des Pflegschaftsrechts ausschließt (vgl oben Rn 3 ff) – schließlich auch die auf § 1836 Abs 2 S 4 aF beruhende Regelung des **§ 2 VBVG**, nach welcher der Vergütungsanspruch des Vormunds erlischt, wenn er nicht binnen

15 Monaten nach seiner Entstehung gerichtlich geltend gemacht wird (BGH FamRZ 2018, 958 ff mwNw, auch zur Gegenansicht). Mit dieser Ausschlussfrist wollte der Gesetzgeber nämlich primär die Staatskasse schützen; nur aus Gleichheitsgründen hat er sie auf den Vergütungsanspruch (und den Aufwendungsersatzanspruch, s Rn 23) des Vormunds gegen den Mündel erstreckt (vgl BT-Drucks 13/7158, 22 f, 26 f). Der Nachlassverwalter erhält seine Vergütung aber ausschließlich aus dem Nachlass und in keinem Fall aus der Staatskasse (s Rn 18).

VII. Aufwendungsersatz

Vom Vergütungsanspruch (§ 1987 BGB) zu unterscheiden ist der Anspruch des Nachlassverwalters auf Erstattung von Aufwendungen. Der Aufwendungsersatzanspruch ergibt sich aus §§ 669, 670, 1835 Abs 1 S 1, 1915 Abs 1 S 1 BGB. Nach diesen Vorschriften kann ein Pfleger und folglich (§ 1975 BGB) auch ein Nachlassverwalter für die zwecks Führung der Pflegschaft zu tätigenden Aufwendungen Vorschuss und für die bereits getätigten Aufwendungen Ersatz verlangen, wenn er sie den Umständen nach für erforderlich halten durfte. Als Aufwendungen gelten auch solche Dienste des Nachlassverwalters, die zu seinem Gewerbe oder Beruf gehören (§ 1835 Abs 3 BGB), zB Leistungen als Rechtsanwalt (BayObLG JFG 3 [1926] 73 ff; vgl auch BayObLG OLGE 7 [1903/II] 358; KG OLGE 16 [1908/I] 28 ff; KG OLGE 18 [1909/I] 294 ff, 301 f; OLG München DFG 1936, 215 f; Bamberger/Roth/Lohmann Rn 5; Staudinger/Mešina [2017] § 1960 Rn 35). Als Aufwendungen kommen uU auch exakt abgrenzbare Bürokosten des zum Nachlassverwalter bestellten Rechtsanwalts in Betracht (BayObLG JurBüro 1986, 90, 92 = Rpfleger 1985, 402, 403; Bamberger/Roth/Lohmann Rn 2, die außerdem darauf hinweist, dass Bürokosten auch ohne genaue Ermittlung im Rahmen von Billigkeitserwägungen berücksichtigt werden können). 20

Da für den Aufwendungsersatzanspruch ausschließlich der Nachlass und nicht (auch nicht subsidiär, s Rn 22) die Staatskasse haftet, entscheidet über diesen Anspruch nicht das Nachlassgericht (s § 168 Abs 1 S 1 Nr 1 iVm Abs 5 FamFG), sondern das Prozessgericht (OLG München DFG 1936, 215, 216; BayObLGZ 1953, 50, 56; OLG Hamm Rpfleger 1966, 180, 181; BayObLG JurBüro 1986, 90, 93 = Rpfleger 1985, 402, 404; Bamberger/Roth/Lohmann Rn 5). Unzulässig ist deshalb die Festsetzung einer den Aufwendungsersatz *einbeziehenden* „Pauschalvergütung“ durch das *Nachlassgericht* (s Rn 15). 21

Die Regelung des § 1835 Abs 4 S 1 BGB, nach welcher der *Vormund* eines *mittellosen* Mündels Vorschuss und Ersatz seiner Aufwendungen aus der **Staatskasse** verlangen kann, ist auf den Nachlassverwalter **nicht** entsprechend anwendbar (Soergel/Stein Rn 4 aE; MünchKomm/Küpper Rn 4; Jochum/Pohl Rn 1135; **aM** Palandt/Weidlich Rn 3; Zimmermann ZEV 2007, 519, 521). Insoweit gilt das Gleiche wie in Bezug auf den Vergütungsanspruch (s Rn 18): Im Unterschied zur Vormundschaft liegt die Nachlassverwaltung im privaten Interesse, auch kann niemand gegen seinen Willen zum Nachlassverwalter bestellt werden. 22

Da ein Aufwendungsersatzanspruch des Nachlassverwalters gegen die Staatskasse nicht entstehen kann (Rn 20), ist auch § 1835 Abs 1 S 3, Abs 4 S 2 BGB, wonach Ersatzansprüche des Vormunds erlöschen, wenn sie nicht binnen 15 Monaten nach ihrer Entstehung gerichtlich geltend gemacht werden, auf den Nachlassverwalter 23 nicht entsprechend anwendbar (zust JOCHUM/POHL Rn 1135). Denn diese Ausschlussfrist soll primär die Staatskasse schützen (s Rn 19).

24 Schließlich kann der Nachlassverwalter auch nicht entsprechend § 1835a BGB eine **pauschale Aufwandsentschädigung** wählen, da ihm stets eine Vergütung zusteht und sich ein Verzicht auf die Vergütung kaum jemals lohnen wird.

VIII. Entnahmerecht des Nachlassverwalters

25 Wie der nach § 1960 BGB bestellte Nachlasspfleger (s § 1960 Rn 61) ist auch der Nachlassverwalter berechtigt, die durch das Nachlassgericht festgesetzte Vergütung sowie die ihm als Aufwendungsersatz zustehenden Beträge dem Nachlass zu entnehmen bzw die ihm zustehende Summe von dem Restnachlass zurückzubehalten, den er dem Erben nach Verfahrensende gem § 1890 S 1 BGB zurückgeben muss (MünchKomm/KÜPPER Rn 5; vgl auch BAMBERGER/ROTH/LOHMANN Rn 5; STAUDINGER/BIENWALD [2014] § 1835 Rn 91; SOERGEL/ZIMMERMANN[13] § 1835 Rn 24; ENGELHARDT, in: KEIDEL/ENGELHARDT[18] FamFG § 168 Rn 2).

26 Wegen einer noch nicht festgesetzten Vergütung darf sich der Nachlassverwalter zu Lasten des an den Erben zurückzugebenden Nachlasses sichern (arg § 1986 Abs 2 S 1 BGB; vgl auch SOERGEL/STEIN § 1986 Rn 6 aE), und zwar durch Ausübung eines Zurückbehaltungsrechts analog § 273 BGB (**aM** STEIN Rn 6). Dass § 273 BGB normalerweise die „Fälligkeit“ der dem Herausgabepflichtigen zustehenden Gegenforderung voraussetzt, sollte diese Analogie wegen des hier ebenfalls zu beachtenden Rechtsgedankens des § 1986 Abs 2 BGB BGB nicht hindern. Andernfalls wäre man uU genötigt, eine an sich gerechtfertigte Aufhebung der Nachlassverwaltung bis zur Erfüllung des Vergütungsanspruchs des Nachlassverwalters hinauszuzögern (was zu Recht allgemein abgelehnt wird; vgl SOERGEL/STEIN § 1988 Rn 2 [sub 3]; BayObLGZ 25 [1926] 448, 451; ENDEMANN JW 1927, 1651).

IX. Insolvenzrechtliches

27 **Im Nachlassinsolvenzverfahren** ist der Anspruch des Nachlassverwalters auf Vergütung und Ersatz seiner Aufwendungen Masseverbindlichkeit gem § 324 Abs 1 Nr 4, 6 InsO.

28 Nicht nur bei zulänglichem Nachlass (Rn 25 f), sondern auch in den „Krisenfällen“ des **§ 1990 BGB** oder des **§ 1992 BGB** kann und darf sich der Nachlassverwalter wegen seiner Vergütung und Auslagen aus dem Nachlass vorab befriedigen (vgl OLG Dresden OLGE 35 [1917/II] 373 f sowie §§ 1985 Rn 30, 1990 Rn 44, 1991 Rn 20; grds ebenso wohl BGH FamRZ 2006, 411 für den gem § 1960 BGB oder § 1961 BGB bestellten Nachlasspfleger).

29 Gegenüber dem Herausgabeanspruch des Nachlassinsolvenzverwalters steht dem Nachlassverwalter jedoch ein Zurückbehaltungsrecht nicht zu (s § 1988 Rn 3 [mwNw auch zur Aufrechnung]).

§ 1988
Ende und Aufhebung der Nachlassverwaltung

(1) Die Nachlassverwaltung endigt mit der Eröffnung des Nachlassinsolvenzverfahrens.

(2) Die Nachlassverwaltung kann aufgehoben werden, wenn sich ergibt, dass eine den Kosten entsprechende Masse nicht vorhanden ist.

Materialien: E II § 1863; III § 1963; Prot V 819; Jakobs/Schubert ER I 304, 600 ff.
Neufassung seit 1. 1. 1999: In Abs 1 wurden die Worte „des Nachlaßkonkurses" durch die Worte „des Nachlaßinsolvenzverfahrens" ersetzt (Art 33 Nr 39 EGInsO).

I. Allgemeines

1. Die Nachlassverwaltung ist zwar eine Pflegschaft (§ 1975 BGB), sie dient aber nicht nur der Besorgung einer einzelnen Angelegenheit. Sie **endet** deshalb nach Erreichung ihres Zwecks nicht automatisch gem § 1918 Abs 3 BGB, sondern **grundsätzlich erst mit ihrer förmlichen Aufhebung durch das Nachlassgericht** (RGZ 72, 260, 263 f), die gem § 1919 BGB erfolgen muss, wenn der Grund für ihre Anordnung weggefallen ist (RGZ 72, 260, 264). 1

2. Die Sonderbestimmungen des § 1988 BGB ergänzen diese allgemeinen Grundsätze in zweierlei Hinsicht: 2

Abs 1: Mit der Eröffnung des Nachlassinsolvenzverfahrens endigt die Nachlassverwaltung ohne Weiteres. Dadurch unterscheidet sich die Nachlassverwaltung von der Sicherungspflegschaft der §§ 1960, 1961 BGB, die neben dem Nachlassinsolvenzverfahren fortbesteht, um die Belange des noch unbekannten Insolvenzschuldners, nämlich des endgültigen Erben, wahrzunehmen (Prot V 819). Die Nachlassverwaltung lebt nach Beendigung des Nachlassinsolvenzverfahrens nicht wieder auf (KG OLGE 34 [1917/I] 274 f), wohl aber im Fall der Aufhebung des Eröffnungsbeschlusses (MünchKomm/Küpper Rn 2; Jaeger/Weber[8] KO § 214 Rn 19; Ebenroth Rn 1142).

Abs 2: Die Nachlassverwaltung kann aufgehoben werden, wenn sich im Laufe des Verfahrens herausstellt, dass es an einer den Kosten entsprechenden Masse (§ 1982 Rn 2 ff) fehlt.

II. Abs 1

1. Mit der **Eröffnung des Nachlassinsolvenzverfahrens** endigt die Nachlassverwaltung und damit auch das Amt des Nachlassverwalters. Sofern der Nachlassverwalter nicht selbst zum Insolvenzverwalter ernannt wird, muss er diesem den Nachlass herausgeben (vgl auch KG NJW 1971, 566 f über die Herausgabe an einen neuen Nachlassverwalter; s ferner § 1985 Rn 17). Entspr § 323 InsO kann er gegenüber dem Nachlassinsolvenzverwalter ein Zurückbehaltungsrecht wegen seiner Aufwendungen (§§ 1915, 1835 BGB) und seines Vergütungsanspruchs (§ 1987 BGB) nicht geltend machen 3

(Planck/Flad Anm 6; BGB-RGRK/Johannsen Rn 5; Erman/Horn Rn 2; vgl auch AG Ottweiler ZInsO 2000, 520 [zugleich zum Aufrechnungsausschluss bei Masseunzulänglichkeit; die hiergegen eingelegte Berufung des Nachlassverwalters wurde zurückgewiesen durch Urt des LG Saarbrücken 19. 4. 2001 – 2 S 248/00; s dazu § 1978 Rn 33] und § 1978 Rn 30, 33 aE; § 1987 Rn 16).

4 **Verfügungen über Nachlassgegenstände**, die der Nachlassverwalter nach der Eröffnung des Nachlassinsolvenzverfahrens vornimmt, sind idR unwirksam. Wenn er sich bei solchen Rechtshandlungen „als Nachlassverwalter“ geriert, folgt dies bereits aus dem Wegfall seiner Vertretungsmacht bzw Amtsstellung (§ 177 BGB; zur analogen Anwendbarkeit der Vorschrift auf Amtswalter s RGZ 80, 416, 418). Soweit die Vertretungsmacht ausnahmsweise gem §§ 168, 169, 674 BGB als fortbestehend gilt, weil der (ehemalige) Nachlassverwalter von der Eröffnung des Nachlassinsolvenzverfahrens Kenntnis weder erlangt hat noch erlangen konnte, folgt die Unwirksamkeit daraus, dass auf eigene Rechtshandlungen des Erben und damit auch auf solche *aus* seinem Recht die §§ 81, 82 InsO Anwendung finden (Planck/Flad Anm 1a; Soergel/Stein Rn 1; Jauernig/Stürner Rn 1; **gegen** eine Anwendung der §§ 81, 82 InsO bzw der früheren §§ 7, 8 KO vom Standpunkt der Amtstheorie: BGB-RGRK/Johannsen Rn 1; MünchKomm/Küpper Rn 2; Palandt/Weidlich Rn 1; Ebenroth Rn 1142). In Betracht kommt auch eine analoge Anwendung des § 117 InsO (vgl in anderem Zusammenhang § 1984 Rn 4). Handelt der „Nachlassverwalter“ nach Eröffnung des Nachlassinsolvenzverfahrens im eigenen Namen, ohne sich als Nachlassverwalter zu gerieren, so stellen sich seine Verfügungen über Nachlassgegenstände schlicht als solche eines nichtberechtigten Dritten dar (zu den Konsequenzen zB für einen gutgläubigen „Erwerber“ vgl § 1984 Rn 16).

5 **2.** Die Einsetzung eines **„starken“ vorläufigen Insolvenzverwalters** gem §§ 21 Abs 2 Nr 1, 22 Abs 1 InsO im Insolvenzeröffnungsverfahren **führt** – schon nach dem Wortlaut der Norm – **nicht zur Beendigung der Nachlassverwaltung** nach § 1988 Abs 1 BGB. Da die Amtszeit eines „vorläufigen“ Insolvenzverwalters auf das Eröffnungsverfahren beschränkt und dieses *ergebnisoffen* ist (vgl Marotzke, Das Unternehmen in der Insolvenz [2000] Rn 46, 102 ff), ist die Nichterwähnung des Insolvenzeröffnungsverfahrens in § 1988 Abs 1 BGB auch sachgerecht. Ohnehin wird die Bestellung eines vorläufigen Nachlassinsolvenzverwalters nur höchst selten „erforderlich“ iS des § 21 Abs 1 InsO sein, wenn bereits ein amtierender Nachlassverwalter vorhanden ist.

6 **3. Die Entlassung des Nachlassverwalters oder sein Ausscheiden durch Tod** beenden nur dessen Amt (Einzelheiten hierzu bei Soergel/Stein Rn 6; vgl auch oben § 1985 Rn 36, 38), nicht auch die Nachlassverwaltung als solche. Wenn kein Grund für die Aufhebung des Verfahrens vorliegt, ist unverzüglich ein neuer Nachlassverwalter zu bestellen (zum Verfahren vgl § 1982 Rn 32).

III. Abs 2

7 **1.** Die Befugnis zur **Aufhebung** der Nachlassverwaltung **mangels Masse** entspricht § 1982 BGB und § 207 InsO. Oft wird sich das Fehlen einer den Kosten entsprechenden Masse (Einzelheiten bei § 1982 Rn 2 ff) erst nach Anordnung der Nachlassverwaltung herausstellen. Die Kannvorschrift des Abs 2 verpflichtet das Nachlassgericht nicht unbedingt zur Aufhebung (zur Beschwerde gegen Ablehnung eines entspr Antrags s § 1981 Rn 35); analog § 207 Abs 1 S 2 InsO kann diese durch Vorschuss eines

entsprechenden Geldbetrages abgewendet werden (vgl auch § 1982 Rn 4). Auch könnte man erwägen, die Kosten der bereits angeordneten Nachlassverwaltung dadurch zu reduzieren, dass zum Nachlassverwalter nicht ein gänzlich fremder Dritter, der idR eine Vergütung beanspruchen wird, sondern ein zur unentgeltlichen Amtsführung bereiter Miterbe bestellt bzw ein bereits zum Nachlassverwalter bestellter Dritter durch einen Miterben ersetzt wird (vgl Prange MDR 1994, 235, 237 und ergänzend § 1981 Rn 29).

Unanwendbar ist Abs 2, wenn der Nachlass zahlungsunfähig oder überschuldet ist 8
und seine Aktiva zwar die Kosten der bereits laufenden Nachlassverwaltung, nicht aber auch die zusätzlichen Kosten eines sich anschließenden Nachlassinsolvenzverfahrens decken würden (str, s § 1985 Rn 30).

2. Wenn die Nachlassverwaltung aus dem in Abs 2 genannten Grund aufgehoben 9
wurde, hat der Erbe gegenüber den noch nicht befriedigten Nachlassgläubigern ohne Weiteres die Rechte aus **§§ 1990, 1991 BGB** (übersehen wird dies bei Soergel/Stein Rn 4 im Schlusssatz). Wurde die Nachlassverwaltung aus einem anderen Grund aufgehoben (s Rn 10 ff), so kann der Erbe gegenüber anderen als den in § 1992 BGB genannten Gläubigern nur dann nach §§ 1990, 1991 BGB vorgehen, wenn der Nachlass dürftig iS des § 1990 Abs 1 S 1 BGB ist (str, s § 1986 Rn 10).

IV. Weitere Aufhebungsgründe

1. Als weiterer Grund für die Aufhebung der Nachlassverwaltung kommt in 10
Betracht, dass der **Zweck der Nachlassverwaltung** durch die Berichtigung oder Sicherstellung aller bekannten Nachlassverbindlichkeiten **erreicht** ist (vgl Rn 1 und § 1986 Rn 2 sowie speziell zur Sicherung der dem Nachlassverwalter selbst zustehenden Ansprüche § 1987 Rn 15 f). Ob zur Aufhebung aus diesem Grund ein **Antrag** erforderlich ist, und wer diesen ggf zu stellen hat, wird uneinheitlich beantwortet. Eine Aufhebung im Falle der Zweckerreichung auch *von Amts wegen* befürworten OLG Düsseldorf ZEV 2016, 701; OLG Hamm ErbR 2010, 328; Küpper ZEV 2016, 702 f. Der Wortlaut des § 48 Abs 1 S 2 FamFG ist jedoch eindeutig: Danach kann in Verfahren, die – wie hier nach § 1981 Abs 1 BGB – nur auf Antrag eingeleitet werden, auch die Aufhebung nur auf Antrag erfolgen. Antragsbefugt iSd § 48 Abs 1 S 2 FamFG soll nach der Begründung des Regierungsentwurfes indes nur *der ursprüngliche* Antragsteller sein (BT-Drucks 16/6308, 198 re Sp; ohne weitere Begründung ebenso OLG Köln Rpfleger 2015, 281 = ErbR 2015, 100 = ZErb 2015, 62; Keidel/Engelhardt, FamFG § 48 Rn 16) – bei Beantragung einer Nachlassverwaltung einer Erbenmehrheit folglich alle Miterben, denn diese konnten den Antrag auf Anordnung der Nachlassverwaltung nur gemeinschaftlich stellen (vgl § 1981 Rn 4). Diese aufgrund der Begründung zum RegE einschränkende Auslegung der Norm ist im Hinblick auf den durch die Nachlassverwaltung bestehenden Eingriff in das Verwaltungsrecht des Erben jedenfalls dann nicht gerechtfertigt, wenn das Nachlassgericht zum Ergebnis gelangt, der Zweck der Nachlassverwaltung – also Befriedigung der Nachlassgläubiger – sei erreicht. Zudem erläutert die Begründung des RegE an keiner Stelle, warum eine Einschränkung der Antragsbefugnis über den Wortlaut des Gesetzes hinaus geboten sein soll (Nachweise zu Kommentarliteratur, die ein uneingeschränktes Antragsrecht befürwortet, bei MünchKomm/Küpper Rn 4 aE). Die besseren Gründe sprechen jedenfalls in den Fällen, in denen feststeht, dass das Verfahren auch nur einen von mehreren ursprünglichen Antrag-

steller unmittelbar in seinen Rechten betrifft dafür, dessen Antrag genügen zu lassen (so auch BGH FamRZ 2017, 1619 f; im Ergebnis ebenso Prütting/Helms/Abramenko[3] FamFG § 48 Rn 11; Schulte-Bunert/Weinreich/Oberheim[4] FamFG § 48 Rn 18). Ein ursprünglich nicht Antragsberechtigter dagegen kann den Antrag nicht stellen (für den Nachlassverwalter: OLG Köln Rpfleger 2015, 281).

Zur Frage der Aufhebung der Nachlassverwaltung, wenn der Verwalter im Rahmen der Fortführung eines zum Nachlass gehörenden Unternehmens (Nachlass-)Verbindlichkeiten begründet vgl § 1986 Rn 6. Vorher können die Beteiligten (Erben, Nachlassgläubiger) die Aufhebung des Verfahrens weder durch Antragsrücknahme noch durch Aufhebungsanträge erzwingen (OLG Jena OLGE 7 [1903/II] 134 ff; KG OLGE 17 [1908/II] 365 ff; KGJ 42 [1912] 94; BayObLGZ 1976, 167, 173 = FamRZ 1977, 487, 489); es sei denn, dass der Antrag vor der Anordnung der Nachlassverwaltung zurückgenommen wurde (vgl auch § 1981 Rn 2: § 13 Abs 2 InsO analog). Dass der Antragsteller von vornherein nur einen beschränkten Zweck verfolgt und erreicht hat, ist ohne Bedeutung (AnnSächsOLG 39 [1918] 259).

11 **2.** Auch vor Berichtigung oder Sicherstellung aller bekannten Nachlassverbindlichkeiten kann die Nachlassverwaltung aufgehoben werden, wenn *alle* noch nicht befriedigten *Nachlassgläubiger und der Erbe zustimmen* (OLG Hamburg OLGE 41 [1921] 82, 83; OLG München JFG 14 [1937] 61, 67; BayObLGZ 1976, 167, 173 = FamRZ 1977, 487, 489; auf die Zustimmung des Erben verzichten Lange/Kuchinke § 49 III 7 Fn 111).

12 **3.** Ferner, *wenn der Erbe,* auf dessen Antrag die Nachlassverwaltung angeordnet worden ist, *die Erbschaft wirksam ausschlägt* und der Nachberufene die Aufhebung des Verfahrens betreibt (KGJ 31 [1906] A 73 = RJA 7 [1906] 102 = Recht 1906 Nr 2332).

13 **4.** Wurde die Nachlassverwaltung auf Antrag eines Nachlassgläubigers angeordnet, so ist sie nach einem *Wechsel in der Person des Erben* (Rn 12, 14) aufzuheben, wenn in der Person des neuen Erben die Voraussetzungen des § 1981 Abs 2 S 1 BGB nicht erfüllt sind. Anderenfalls geht das Verfahren weiter (auch bei Eintritt eines Nacherbfalls; s Staudinger/Avenarius [2019] § 2144 Rn 8 f; Michalski Rn 963; **aM** wohl Staudinger/Lehmann[11] § 1988 Rn 5; vgl hiergegen unten Rn 14).

14 **5.** Bei *Eintritt eines Nacherbfalls* ist danach zu unterscheiden, auf wessen Antrag die Nachlassverwaltung angeordnet wurde (**aM** Erman/Horn § 1975 Rn 4: die Nachlassverwaltung ende, wenn der Vorerbe sterbe und der Nacherbfall eintrete). Erging die Anordnung auf Antrag eines Nachlassgläubigers, so gilt das bei Rn 13 Ausgeführte. War die Nachlassverwaltung hingegen auf Antrag des Vorerben angeordnet worden, so ist der spätere Eintritt des Nacherbfalls kein Aufhebungsgrund (vgl Riesenfeld I 391 [der jedoch nicht danach differenziert, auf wessen Antrag die Nachlassverwaltung angeordnet wurde]; Michalski Rn 963; **aM** Staudinger/Avenarius [2019] § 2144 Rn 9). Dass die Voraussetzungen der Haftungsbeschränkung für den Nacherben selbstständig zu prüfen sind, steht nicht entgegen (**aM** Staudinger/Lehmann[11] Rn 5) und rechtfertigt insbesondere nicht die Annahme, dass der Nacherbe zur Beschränkung seiner Haftung einer *neuen* Nachlassverwaltung bedürfe (so aber Lehmann Rn 5). Solange die schon vor dem Nacherbfall angeordnete Nachlassverwaltung fortbesteht, kommt ihre haftungsbeschränkende Wirkung auch dem Nacherben zustatten (Staudinger/Avenarius [2019] § 2144 Rn 8). Und da das Gesetz dem Eintritt der Nacherbfolge (anders als der in Rn 12

behandelten Erbausschlagung) keine Rückwirkung beilegt (Staudinger/Avenarius [2019] § 2139 Rn 2), rechtfertigt der von dem Vorerben gestellte Antrag die Fortdauer der Nachlassverwaltung über den Nacherbfall hinaus. Dafür spricht auch, dass das Gesetz – jedenfalls im Prinzip – dazu neigt, den Vorerben als berechtigt anzusehen, über den Nachlass mit Wirkung auch gegen den Nacherben zu verfügen (vgl §§ 2112 ff, 2136 BGB; Staudinger/Avenarius [2019] § 2139 Rn 2, 5), und dass verfügungsähnlich auch die Herbeiführung einer Nachlassverwaltung wirkt, indem sie den Nachlass mit einem das Verwertungsrecht des Erben verdrängenden Verwertungsrecht des Verwalters belastet (§§ 1984 Abs 1, 1985 Abs 1 BGB). Analog § 2115 S 2 BGB bedarf ein Nachlassverwalter zu Verfügungen, die er vor Eintritt des Nacherbfalls zur Befriedigung von Nachlassgläubigern vornimmt, ebenso wenig der Zustimmung des Nacherben wie der in § 2115 S 1 BGB erwähnte *Insolvenz*verwalter (s § 1984 Rn 6). Durch Herbeiführung einer Nachlassverwaltung kann der nicht befreite (§ 2136 BGB) Vorerbe dem Verwalter also mehr Verfügungsmacht verschaffen, als er selbst hatte (OLG Braunschweig OLGZ 1988, 392, 394). Ist eine derartige Schmälerung der Rechtsstellung des Nacherben bereits vor Eintritt des Nacherbfalls möglich, so kann der Nacherbfall kein Grund für die Aufhebung der auf Antrag des Vorerben angeordneten Nachlassverwaltung sein. Das muss erst recht gelten, wenn der Vorerbe von den gesetzlichen Verfügungsbeschränkungen gem § 2136 BGB befreit war.

Zu beachten ist allerdings, dass mit dem Nacherbfall an die Stelle des Nachlasses dasjenige tritt, was der Nacherbe aus der Erbschaft erlangt, mit Einschluss der ihm gegen den Vorerben als solchen zustehenden Ansprüchen (§ 2144 Abs 1 HS 2 BGB). Insoweit verändert sich also bei Eintritt des Nacherbfalls der Gegenstand einer bereits angeordneten Nachlassverwaltung. Das steht jedoch ihrer prinzipiellen Fortdauer über den Nacherbfall hinaus nicht entgegen (**aM** Soergel/Stein Rn 2 unter 5).

6. *Wenn das Gericht selbst die Anordnung der Nachlassverwaltung nachträglich für ungerechtfertigt erachtete,* kann das Gericht des ersten Rechtszugs eine rechtskräftige Endentscheidung mit Dauerwirkung nach § 48 Abs 1 FamFG aufheben oder ändern, wenn sich die zugrundeliegende Sach- oder Rechtslage „nachträglich" wesentlich geändert hat; in Verfahren, die nur auf Antrag eingeleitet werden (dies gilt auch für die Nachlassverwaltung), erfolgt die Aufhebung oder Abänderung nur auf Antrag, § 48 Abs 1 S 2 FamFG (so Rn 10). Davon unberührt bleibt jedoch § 1988 Abs 2 BGB. Vgl erg § 1981 Rn 44. **15**

7. Zur *Anfechtung* des die Nachlassverwaltung anordnenden Gerichtsbeschlusses vgl § 1981 Rn 6, 11 f, 33 ff. **16**

V. Die Aufhebung

Der die Nachlassverwaltung aufhebende **Beschluss** ist „den Beteiligten" bekannt zu geben (§ 41 FamFG). Wirksamkeitsvoraussetzung iS des § 40 Abs 1 FamFG ist jedoch – anders als bei der *Anordnung* der Nachlassverwaltung (s § 1984 Rn 2) – lediglich die Bekanntgabe an den *Nachlassverwalter,* nicht diejenige an den Erben; denn dieser verliert durch die Aufhebung der Nachlassverwaltung nichts (vom Schutzschirm des § 1975 BGB einmal abgesehen, s dazu § 1986 Rn 10 ff), sondern erhält sogar die Verfügungsmacht über die Nachlassgegenstände zurück (soweit solche **17** noch vorhanden sind) und erwirbt uU sogar die haftungsbeschränkende Einrede des § 1990 BGB (s § 1990 Rn 5 f). Mit der Bekanntgabe des Aufhebungsbeschlusses an den Nachlassverwalter endet dessen Amt. Hebt das Beschwerdegericht die die Nachlassverwaltung beendende Entscheidung des Nachlassgerichts auf, so leben die Nachlassverwaltung und das Amt des Verwalters nicht ipso iure wieder auf (KG NJW 1971, 53; MünchKomm/Küpper Rn 8). Ordnet das Beschwerdegericht deshalb erneut Nachlassverwaltung an, so ist der Nachlassverwalter neu auszuwählen und zu verpflichten (Palandt/Weidlich Rn 3; Erman/Horn Rn 4 aE; MünchKomm/Küpper Rn 8; Soergel/Stein Rn 5).

18 Ebenso wie die Anordnung ist auch die Aufhebung der Nachlassverwaltung Rechtspflegergeschäft gem §§ 3 Nr 2 c, 16 Abs 1 Nr 1 RPflG. Gegen die Aufhebung der Nachlassverwaltung kann unter denselben Voraussetzungen und in gleicher Weise **Beschwerde** eingelegt werden wie gegen eine inhaltsgleiche Entscheidung des Richters (§ 11 Abs 1 RPflG). Dem Erben und dem Nachlassgläubiger steht gem § 59 FamFG die Beschwerde zu. Der Nachlassverwalter ist hingegen nicht berechtigt, den die Nachlassverwaltung aufhebenden Gerichtsbeschluss mit der Beschwerde anzugreifen (vgl RGZ 151, 57 ff). Er kann jedoch mit der Beschwerde gegen eine nachträgliche Beschränkung seiner Befugnisse (OLG München JFG 16 [1938] 98 ff = HRR 1937 Nr 1501; dort war gem § 106 Abs 3 RAbgO eine Nachlasspflegschaft zur Regelung der Erbschaftsteuer angeordnet worden) oder gegen seine Entlassung (vgl KGJ 40 [1911] 41, 42) vorgehen. Gegen die Aufhebung der Nachlassverwaltung ist jemand auch dann beschwerdebefugt, wenn die Nachlassverwaltung nicht auf seinen Antrag angeordnet wurde (OLG Hamm FamRZ 2011, 64 = NJW-RR 2010, 1595 = ZErb 2010, 271 = FGPrax 2010, 239). Gegen eine Verfügung, durch welche die Nachlassverwaltung nach § 18 FGG, vgl jetzt § 48 FamFG (s Rn 15), als ungerechtfertigt aufgehoben wird, soll nach einer Entscheidung des KG (JW 1932, 1389), die sich auf § 20 Abs 2 FGG (§ 59 Abs 2 FamFG) beruft, beschwerdebefugt nur der sein, auf dessen Antrag die Nachlassverwaltung angeordnet wurde (**aM** mit guten Gründen Boehmer in einer Anm hierzu; OLG Hamm FamRZ 2011, 64; wie das KG hingegen MünchKomm/Küpper Rn 8; Soergel/Stein Rn 5). Wurde die nach § 18 FGG (enger nunmehr § 48 Abs 1 FamFG, s Rn 15) aufgehobene Nachlassverwaltung auf Antrag eines für alle Miterben bestellten Nachlasspflegers (§ 1960 BGB) angeordnet, so kann nach Aufhebung beider Pflegschaften auch jeder Miterbe einzeln Beschwerde gegen die Aufhebung der Nachlassverwaltung einlegen (Boehmer JW 1932, 1389; **aM** das KG JW 1932, 1389 und MünchKomm/Küpper Rn 8).

19 Soweit die Anordnung der Nachlassverwaltung im **Grundbuch** eingetragen ist (s § 1984 Rn 12 f), wird man das Nachlassgericht analog §§ 32 Abs 2 S 1, 33, 200 Abs 2 S 2 InsO als verpflichtet ansehen dürfen, nach Aufhebung der Nachlassverwaltung von Amts wegen das Grundbuchamt um Löschung der Eintragung zu ersuchen. Der Löschungsantrag (§ 22 GBO) kann ferner von dem Erben und wohl analog §§ 32 Abs 2 S 2, 33, 200 Abs 2 S 2 InsO auch noch vom Nachlassverwalter gestellt werden (MünchKomm/Küpper Rn 6; vgl auch Soergel/Stein Rn 4).

VI. Rechtsfolgen der Aufhebung

20 Nach Aufhebung der Nachlassverwaltung hat der Verwalter den Nachlass an den Erben herauszugeben und Schlussrechnung zu legen (vgl § 1986 Rn 2 ff). Anders als in den Fällen des Abs 1 (Rn 3) kann der Nachlassverwalter hier ein Zurückbehaltungs-

recht wegen seiner Vergütungs- und Aufwendungsersatzansprüche geltend machen (MünchKomm/Küpper Rn 6; Palandt/Weidlich Rn 3; Erman/Horn Rn 4; **aM** Soergel/Stein § 1986 Rn 6) und sogar die ihm zustehenden Beträge vom herauszugebenden Nachlass abzweigen (s § 1987 Rn 25 f). Ob mit Aufhebung der Nachlassverwaltung auch die gem § 1975 BGB eingetretene Beschränkung der Erbenhaftung entfällt, ist streitig (s Rn 9).

§ 1989
Erschöpfungseinrede des Erben

Ist das Nachlassinsolvenzverfahren durch Verteilung der Masse oder durch einen Insolvenzplan beendet, so findet auf die Haftung des Erben die Vorschrift des § 1973 entsprechende Anwendung.

Materialien: E I § 2118; II § 1864; III § 1964; Mot V 640 f; Prot V 771–774; Jakobs/Schubert ER I 304, 357 f.

Neufassung seit 1. 1. 1999 gem Art 33 Nr 40 EGInsO: Es wurden die Worte „der Nachlaßkonkurs" durch die Worte „das Nachlaßinsolvenzverfahren" und die Worte „durch Zwangsvergleich beendigt" durch die Worte „durch einen Insolvenzplan beendet" ersetzt. Zur früheren Gesetzesfassung vgl Staudinger/Marotzke (1996) § 1989 Rn 1 ff, 20 ff.

Schrifttum

du Carrois, Der Insolvenzplan im Nachlassinsolvenzverfahren (2009)
Fleck, Versuch einer Erklärung des § 1989 des BGB, ArchBürgR 14 (1898) 62
Hagen, Die Haftung für Nachlaßverbindlichkeiten, JherJb 42 (1901) 43
Kretzschmar, Einfluß des Nachlaßkonkurses auf die Haftung des Erben für die Nachlaßverbindlichkeiten, LZ 1909, 189
Oetker, Konkursrechtliche Erörterungen, ZfHK 66 (1910) 193
Raape, Das Haftungsgestaltungsrecht des Erben, JherJb 72 (1922) 293
Seuffert, Zur Revision der Konkursordnung bei Einführung des Bürgerlichen Gesetzbuches, ZZP 22 (1896) 475.

Systematische Übersicht

I. Allgemeines

1 **1.** Das Gesetz enthält keine *allgemeine* Vorschrift darüber, wie der Erbe nach Beendigung eines **Nachlassinsolvenzverfahrens** haftet. *Besondere* Regelungen treffen die §§ 1990, 1991 BGB für den Fall, dass das Nachlassinsolvenzverfahren „wegen Mangels einer den Kosten entsprechenden Masse" eingestellt wurde. Außerdem legt § 1989 BGB die Haftung des Erben für die zwei besonderen Fälle fest, dass das Nachlassinsolvenzverfahren durch Verteilung der Masse oder durch einen Insolvenzplan beendet wurde. In diesen Fällen haftet der Erbe den Nachlassgläubigern, sofern er ihnen nicht schon vorher unbeschränkbar haftete (§ 2013 Abs 1 S 1 BGB), nur noch analog § 1973 BGB, also nur so, wie wenn die Nachlassgläubiger im Aufgebotsverfahren wegen Nichtanmeldung ihrer Forderungen ausgeschlossen worden wären. Obwohl die im Nachlassinsolvenzverfahren ergehende öffentliche Aufforderung zur Forderungsanmeldung binnen einer bestimmten Frist (§§ 28, 29, 30, 174, 177, 189 InsO) sowie die bei Beabsichtigung eines Insolvenzplans vorgesehene öffentliche Bekanntmachung des Erörterungs- und Abstimmungstermins (§ 235 InsO) Umstände sind, die an das Aufgebotsverfahren des § 1970 BGB erinnern, lässt sich **der Rechtsgedanke des § 1989 BGB** nicht auf diese Parallelen zurückführen (**aM** wohl Staudinger/Lehmann[11] Rn 1; für den Fall eines Insolvenzplans auch G Küpper, s unten Rn 18 aE): Ausweislich der Motive (V 640) gilt § 1989 BGB auch zu Lasten solcher Gläubiger, die ihre Forderungen im Nachlassinsolvenzverfahren (damals noch Nachlasskonkurs) *angemeldet* haben und denen folglich „Säumnis" nicht vorgeworfen werden kann (s Rn 9). Man wird deshalb den Sinn des § 1989 BGB allein darin zu sehen haben, dass der Erbe nach ordnungsgemäßer Durchführung eines Nachlassinsolvenzverfahrens „entlastet" ist und nun endgültig sowie frei von weiteren Verwaltungspflichten der in §§ 1978–1980 BGB beschriebenen Art nur noch mit dem Nachlass haftet. Im Fall des § 1989 BGB kann dem Erben keine Inventarfrist mehr gesetzt, also auch auf diese Weise seine unbeschränkte Haftung nicht mehr herbeigeführt werden, § 2000 S 3 BGB (rechtspolitisch fragwürdig; vgl § 2000 Rn 5). Anwendbar bleiben jedoch die §§ 2005 Abs 1 S 1, 2006 Abs 3 BGB (str; vgl § 2000 Rn 8, 9).

2 **2. Unanwendbar ist § 1989 BGB, wenn das Nachlassinsolvenzverfahren auf andere Weise** als durch Verteilung der Masse oder durch einen Insolvenzplan **beendet wird**.

a) *Wird der Eröffnungsbeschluss auf Beschwerde wieder aufgehoben* (§§ 6, 34 InsO), entfallen die mit der Verfahrenseröffnung kraft Gesetzes verknüpften Rechtsfolgen rückwirkend. Dies gilt auch für die in § 1975 BGB ausgesprochene Haftungsbeschränkung (nicht jedoch hinsichtlich der Wirksamkeit von Rechtshandlungen des Insolvenzverwalters, § 34 Abs 3 S 3 InsO). Der Erbe haftet also wieder nach den allgemeinen Grundsätzen und muss zur Beschränkung der Haftung – außer in den Fällen der §§ 1973, 1974, 1990, 1992 BGB – zu den Mitteln der Nachlassverwaltung oder des Nachlassinsolvenzverfahrens greifen (Planck/Flad Anm 1b δ; BGB-RGRK/Johannsen Rn 2; MünchKomm/Küpper Rn 2; Soergel/Stein § 1975 Rn 14; Lange/Kuchinke § 49 VI 3 a).

3 **b)** *Wird das Insolvenzverfahren gem § 207 InsO mangels einer den Verfahrenskosten entsprechenden Masse eingestellt,* finden die §§ 1990, 1991 BGB Anwendung.

c) *Wird das Insolvenzverfahren mit Zustimmung aller Gläubiger nach § 213 InsO eingestellt* (sog Gantverzicht), findet § 1989 BGB nicht und § 1990 BGB nur dann Anwendung, wenn der Nachlass dürftig ist oder ein Fall des § 1992 BGB vorliegt (vgl Lange/Kuchinke § 49 VI 3 a, Fn 154; BGB-RGRK/Johannsen Rn 2; MünchKomm/Küpper Rn 3; Palandt/Weidlich Rn 2; Soergel/Schippel[10] Rn 4; Jaeger/Weber[8], KO § 230 Rn 7; Riering, in: Nerlich/Römermann/Riering [Januar 2019] InsO § 331 Rn 12; **aM** Staudinger/Lehmann[11] Rn 1 und wohl auch Erman/Horn Rn 1 [mit Weiterverweisung auf seine Rn 5 zu § 1975]: Analogie zu §§ 1990, 1991 BGB). Gegenüber Gläubigern, die an dem Gantverzicht teilgenommen haben, kann sich jedoch eine Haftungsbeschränkung des Erben aus den Vereinbarungen ergeben, auf denen der Verzicht beruht (vgl Kipp/Coing § 98 IV 4; MünchKomm/Küpper Rn 3; Palandt/Weidlich Rn 2; Soergel/Stein § 1975 Rn 14; Brox/Walker Rn 700). 4

3. Soweit ein Gläubiger nach **§ 1971 BGB** von einem *Aufgebot* nicht betroffen würde, kann ihm auch die Einrede des § 1989 BGB nicht entgegengesetzt werden. Denn die bei § 1971 Rn 2 erwähnte ratio legis ist auch hier einschlägig (vgl Vorbem 2 zu §§ 1975 ff und unten Rn 19). Entsprechendes gilt aus anderen Gründen in Bezug auf **§ 1974 Abs 2 BGB** (s unten Rn 23), nicht aber in Bezug auf **§ 1972 BGB**, der ja auch auf § 1974 BGB nicht entsprechend angewandt wird (s Staudinger/Kunz § 1974 Rn 15). **Wenn der Erbe bereits unbeschränkbar haftet**, findet § 1989 BGB keine Anwendung, § 2013 Abs 1 S 1 BGB. 5

II. Beendigung des Nachlassinsolvenzverfahrens durch Verteilung der Masse

1. Die Fassung des § 1989 BGB ist ungenau. Gem § 200 Abs 1 InsO wird das Insolvenzverfahren nicht schon „durch Verteilung der Masse", sondern erst durch **gerichtlichen Aufhebungsbeschluss** beendet. Die erste Alternative des § 1989 BGB setzt also eine nach der Schlussverteilung (§§ 196 ff InsO) erfolgte Aufhebung des Insolvenzverfahrens voraus (vgl Döbereiner, in: Gottwald [Hrsg], Insolvenzrechts-Handbuch [5. Aufl 2015] § 117 Rn 1; Eberl-Borges 347 Fn 230). Erst mit der Aufhebung des Verfahrens endet der dem Erben bereits durch § 1975 BGB und § 784 Abs 1 ZPO gewährte Schutz des Eigenvermögens. 6

2. Ist das Nachlassinsolvenzverfahren in dem soeben beschriebenen Sinne „durch Verteilung der Masse" beendet, finden gem § 1989 BGB auf die Haftung des Erben die Vorschriften des § 1973 BGB entsprechende Anwendung. **Nun kann der Erbe die Befriedigung der noch nicht (voll) befriedigten Nachlassgläubiger verweigern, soweit der Nachlass durch das Insolvenzverfahren erschöpft wird** (nicht: erschöpft *worden ist).* Der Erbe braucht die Nachlassgläubiger also weder aus seinem Eigenvermögen noch aus solchen Nachlassgegenständen zu befriedigen, deretwegen eine **Nachtragsverteilung** nach § 203 InsO stattfinden muss. Vollstrecken die Nachlassgläubiger in solche Gegenstände, so kann der Erbe gem §§ 781, 785 ZPO intervenieren. 7

Eine **Nachtragsverteilung** (vgl Rn 7) kommt **gem § 203 InsO** nur in Betracht, wenn noch nicht alle Gläubiger, die im vorangegangenen Nachlassinsolvenzverfahren zu berücksichtigen waren, voll befriedigt sind. In solch einem Fall kann der Erbe einzelnen Nachlassgläubigern, die ihn wegen eines vor Verfahrenseröffnung liegenden Verhaltens aus § 1978 Abs 1 BGB in Anspruch nehmen wollen (vgl zB BFHE 139, 12 ff = BStBl II 1983, 653 f), gem §§ 1989, 1973 Abs 1 S 1 BGB entgegenhalten, dass diese Ersatzansprüche zum Zwecke der Nachtragsverteilung (vgl § 203 Abs 1 Nr 3 8

InsO) dem an sich schon beendeten Nachlassinsolvenzverfahren zugeführt werden müssen (vgl Rn 7 und Jaeger/Weber[8], KO § 230 Rn 4). *Nicht* der Nachtragsverteilung unterliegen jedoch Gegenstände, die der Insolvenzverwalter dem Erben als unverwertbar (§ 197 Abs 1 Nr 3 InsO) zurückgegeben hat. In solche Gegenstände können die Nachlassgläubiger also auch dann ungehindert (§§ 781 ff ZPO) vollstrecken, wenn noch nicht alle am Nachlassinsolvenzverfahren beteiligten Gläubiger voll befriedigt sind.

Zu beachten ist allerdings § 803 Abs 2 ZPO. Danach hat eine Pfändung zu unterbleiben, wenn sich von der Verwertung ein Überschuss über die Vollstreckungskosten nicht erwarten lässt.

9 Gem §§ 1989, 1973 Abs 2 S 1 BGB richtet sich die **Haftung des Erben für die weitere Verwaltung eines ihm vom Insolvenzverwalter nach der Schlussverteilung überlassenen Nachlassrestes** nicht nach §§ 1978–1980 BGB, sondern nur noch nach Bereicherungsrecht (vgl dazu Staudinger/Kunz § 1973 Rn 22). Das gilt auch *gegenüber Gläubigern, die sich am Nachlassinsolvenzverfahren ordnungsgemäß beteiligt haben* und die dort auch zu berücksichtigen waren. Auch ist darauf hinzuweisen, dass § 1989 BGB die Geltendmachung bereits *vor* Verfahrenseröffnung entstandener Ansprüche aus §§ 1978–1980 BGB überhaupt nicht ausschließt (vgl Rn 8, 10). Die Vorschrift hindert nur die *künftige* Entstehung derartiger Ersatzansprüche (weitergehend wohl Prot V 781), indem sie durch Anordnung der Bereicherungshaftung eine Verwaltungspflicht des Erben, die dieser noch verletzen könnte, grundsätzlich verneint. Im Übrigen stimmt es gar nicht, dass die Gläubiger, die ihre Forderungen im Nachlassinsolvenzverfahren ordnungsgemäß angemeldet haben, nach der hier vertretenen Ansicht mit den übrigen, nicht so schutzwürdigen Gläubigern auf dieselbe Stufe gestellt würden: Die meisten Nachlassgegenstände, die nach Beendigung des Nachlassinsolvenzverfahrens noch greifbar sind, werden gem § 203 Abs 1 Nr 3 InsO der Nachtragsverteilung unterliegen, und diese erfolgt ohnehin nur zugunsten solcher Gläubiger, die schon vorher aufgrund des Schlussverzeichnisses zu berücksichtigen waren, was wiederum voraussetzt, dass sie ihre Forderungen ordnungsgemäß angemeldet hatten.

10 **Sind alle bei der Schlussverteilung zu berücksichtigenden Gläubiger voll befriedigt worden** (wegen § 320 InsO ein seltener Fall), so kommt eine Haftung des Erben nur noch gegenüber solchen Gläubigern in Betracht, deren Forderungen von der Schlussverteilung nicht betroffen wurden und in das Schlussverzeichnis nicht einzusetzen waren. Zu denken ist hier an Gläubiger, die ihre Ansprüche im Nachlassinsolvenzverfahren nicht angemeldet oder die Anmeldung zurückgenommen haben, an solche, die die Feststellung ihrer im Prüfungstermin bestrittenen Forderungen nicht rechtzeitig betrieben haben (§ 189 Abs 3 InsO), an solche, die abgesonderte Befriedigung beansprucht und nicht rechtzeitig Verzicht oder Ausfall nachgewiesen haben (§ 190 InsO), sowie an Gläubiger mit aufschiebend bedingten Forderungen, die wegen einer zu entfernten Möglichkeit des Bedingungseintritts bei der Schlussverteilung unberücksichtigt geblieben sind (§ 191 InsO). *Auch diese Gläubiger kann der Erbe entspr § 1973 BGB auf den ihm vom Nachlassinsolvenzverwalter überlassenen Nachlassrest verweisen.* Dazu können freilich auch *gegen sein Eigenvermögen gerichtete Ansprüche wegen schlechter Verwaltung des Nachlasses* gehören (§ 1978 Abs 2 BGB), falls diese vom Insolvenzverwalter nicht beigetrieben worden sind.

Diese Ersatzansprüche können von den noch nicht befriedigten Nachlassgläubigern, soweit nicht § 203 Abs 1 Nr 3 InsO eingreift (s Rn 8), trotz § 1989 BGB gegen den Erben geltend gemacht werden (**aM** wohl Prot V 781; dass solche Ansprüche jetzt noch neu entstehen, schließt § 1989 BGB freilich aus). Johannsen scheint eine vorherige Pfändung dieser Forderungen für erforderlich zu halten (vgl BGB-RGRK/Johannsen Rn 8; auch Lange/Kuchinke § 49 II 2 c Fn 45; **aM** Erman/Horn § 1978 Rn 5a). Einfacher und nicht unzulässig erscheint es aber, dem Nachlassgläubiger, der trotz §§ 1989, 1973 BGB in das Eigenvermögen des Erben vollstreckt und von diesem deshalb nach §§ 780, 781, 785 ZPO verklagt wird, gegen diese Klage den Einwand zu gestatten, dass zu dem vom Erben nach §§ 1989, 1973 Abs 2 BGB herauszugebenden Nachlass ein Ersatzanspruch aus § 1978 BGB gehöre und dass insoweit die Zwangsvollstreckung auch in das Eigenvermögen zulässig sei (vgl auch § 1991 Rn 10 f).

3. Oft wird behauptet, dass **eine im Nachlassinsolvenzverfahren erfolgte Eintragung in die Tabelle** einen Vollstreckungstitel *nur gegen den Nachlass* gewähren könne (vgl Staudinger/Lehmann[11] Rn 4; BGB-RGRK/Johannsen Rn 6; MünchKomm/Küpper Rn 8). Diese These ist jedoch zumindest missverständlich (s dazu Staudinger/Dutta [2016] Vorbem 29 zu §§ 1967 ff). 11

4. Fraglich ist, **ob ein Nachlassgläubiger**, dessen Forderung im Nachlassinsolvenzverfahren angemeldet, aber vom Insolvenzverwalter bestritten worden ist, **schon vor Beendigung des Nachlassinsolvenzverfahrens gegen den Erben auf Befriedigung aus dem Überschuss gem §§ 1989, 1973 Abs 2 BGB klagen darf** (statt die Feststellung im Insolvenzverfahren zu betreiben). Noch unter Geltung der KO hat das RG solch eine Klage unter der feststehenden Voraussetzung, dass sich ein Überschuss tatsächlich ergeben werde, als zulässig erachtet (RG JW 1913, 752 = Gruchot 57 [1913] 1014 = LZ 1913, 691; gegen diese Entscheidung Jaeger LZ 1913, 693 ff; krit auch Jaeger/Weber[8], KO § 230 Rn 3; dem RG zustimmend hingegen Staudinger/Dutta [2016] Vorbem 32 zu §§ 1967 ff). 12

III. Beendigung des Nachlassinsolvenzverfahrens durch einen Insolvenzplan

1. Auch durch einen Insolvenzplan iS der §§ 217 ff InsO wird das Nachlassinsolvenzverfahren nicht automatisch beendet. Erforderlich ist noch ein gerichtlicher **Aufhebungsbeschluss**, der gem § 258 Abs 1 InsO ergehen muss, sobald der Insolvenzplan rechtskräftig bestätigt ist. Erst nach der Aufhebung des Verfahrens ist Raum für die Anwendung des § 1989 BGB (vgl Rn 6; du Carrois 106). Nicht erforderlich ist, dass auch eine etwaige „Überwachung der Planerfüllung" (§§ 260 ff InsO) bereits gem § 268 InsO aufgehoben wurde. 13

2. Auch wenn das Nachlassinsolvenzverfahren nach rechtskräftiger Bestätigung des Insolvenzplans aufgehoben worden ist, kann sich der Erbe **gegenüber Gläubigern, für und gegen die der Insolvenzplan wirkt** (s Rn 18), **nicht ohne Weiteres** auf **§ 1989 BGB** berufen. Zwar macht § 1989 BGB bzgl dieser Gläubiger keine ausdrückliche Ausnahme, jedoch ergibt sich ihre Sonderstellung daraus, dass ihre Ansprüche gegen den Erben in Zukunft auch durch den Inhalt des Insolvenzplans bestimmt werden (so auch du Carrois 109 ff). 14

Ob der Erbe für die Erfüllung des Insolvenzplans nur mit dem Nachlass oder auch mit dem Eigenvermögen haftet, ist notfalls durch Auslegung zu ermitteln. Oft werden die 15

Gläubiger nur dann bereit sein, dem Erben den Nachlass gem § 259 Abs 1 S 2 InsO zur freien Verfügung zu überlassen, wenn er sich verpflichtet, zur Erfüllung des Plans auch sein Eigenvermögen einzusetzen (vgl erg Staudinger/Dutta [2016] Vorbem 16 zu §§ 1967 ff). Dennoch ist die Annahme bedenklich, im Zweifel sei von einer *unbeschränkten* Haftbarkeit des Erben auszugehen (so aber – noch unter Geltung der KO – Staudinger/Lehmann[11] Rn 7; Planck/Flad Anm 3a; vLübtow II 1163; Strohal II § 80 Fn 20 a; Fleck ArchBürgR 14 [1898] 62, 65 ff; vgl auch Seuffert, Konkursprozeßrecht 442, der etwas anderes als eine unbeschränkte Haftung hier nicht einmal für „möglich" hält). Denn sie verkehrt den Grundsatz des § 1989 BGB für den Fall des Insolvenzplans ins Gegenteil (vgl Seuffert 442: § 1989 habe für die vom Vergleich berührten Gläubiger keine Bedeutung) und berücksichtigt auch nicht, dass für einen nur beschränkt haftenden Erben kein Grund besteht, einen Insolvenzplan vorzulegen, der ihn über den Nachlasswert hinaus belastet. Deshalb ist § 1989 BGB **im Zweifel** auch auf die Haftung des Erben gegenüber den von dem Insolvenzplan betroffenen Gläubigern anzuwenden (Döbereiner, in: Gottwald [Hrsg], Insolvenzrechts-Handbuch [5. Aufl 2015] § 116 Rn 9; Lange/Kuchinke § 49 VI 3 b; Kipp/Coing § 98 IV 2 b; Bamberger/Roth/Lohmann Rn 4; wohl auch Erman/Horn Rn 2; vgl ferner BGB-RGRK/Johannsen Rn 11 und 15 [der jedoch nicht § 1989, sondern §§ 1978, 1980 anwenden will] sowie für den im Nachlass*vergleichs*verfahren geschlossenen Vergleich Bley/Mohrbutter[4], VerglO § 113 Rn 54 ad b).

16 Hat der Erbe die im Insolvenzplan enthaltenen Verpflichtungen nur mit dem *Nachlass* übernommen, so haftet er auch nur mit diesem. Mit der Begründung, dass diese Haftungsregelung auf einer besonderen Vereinbarung beruhe (vgl aber oben Rn 15), wollten Staudinger/Lehmann[11] (Rn 7) und BGB-RGRK/Johannsen (Rn 15) insoweit nicht die §§ 1989, 1973 BGB, sondern die §§ 1978, 1980 BGB analog anwenden. Dagegen spricht jedoch, dass § 1989 BGB nach seinem Wortlaut gerade auch für den Fall des Insolvenzplans Anwendung finden soll und deshalb, soweit nichts Anderes (zB der Haftungsmaßstab der §§ 1978–1980 BGB) vereinbart ist, auch angewendet werden muss.

17 Zum **Insolvenzplan bei bereits unbeschränkbar gewordener Erbenhaftung** vgl Döbereiner, in: Gottwald (Hrsg), Insolvenzrechts-Handbuch (3. Aufl 2006) § 115 Rn 10; du Carrois 111 ff und – allerdings noch zum konkursrechtlichen Zwangsvergleich – Jaeger/Weber[8], KO § 230 Rn 17.

18 **3.** Gem §§ **254 Abs 1, 254b InsO** wirkt der rechtskräftig bestätigte Insolvenzplan für und gegen alle Insolvenzgläubiger, auch wenn diese ihre Forderungen nicht angemeldet oder dem Plan widersprochen haben. Eine uneingeschränkte Anwendung dieser Vorschrift auch im *Nachlass*insolvenzverfahren könnte dem insolventen Schuldner (Erben) gefährlich werden, da er aufgrund etwaiger zugleich mit dem Eigenvermögen übernommener Verpflichtungen uU auch solchen Nachlassgläubigern auf die volle im Plan festgesetzte Quote persönlich haften würde, die ihre Forderungen im Insolvenzverfahren **nicht angemeldet** haben. Eine entsprechende Gefahr besteht zwar auch im *Regel*insolvenzverfahren, doch kann man hier wenigstens im Prinzip davon ausgehen, dass der insolvente Schuldner alle in Betracht kommenden Gläubiger **kennt** und sie bei der Planvorlage (§ 218 Abs 1 InsO) zu berücksichtigen weiß. Im *Nachlass*insolvenzverfahren ist die Lage jedoch anders, da es hier um *ererbte* Schulden geht und das der Ermittlung des Schuldenstandes dienende Aufgebotsverfahren durch das Insolvenzverfahren verdrängt wird (§ 457

FamFG, vormals § 993 ZPO). Wären §§ 254 Abs 1, 254b InsO auch im Nachlassinsolvenzverfahren uneingeschränkt anwendbar, müsste man dem Erben idR davon abraten, einen Insolvenzplan vorzulegen, der eine Haftung auch mit dem Eigenvermögen vorsieht. Deshalb hat sich die Auffassung durchgesetzt, dass die auf das *Regel*insolvenzverfahren zugeschnittenen §§ 254 Abs 1, 254b InsO im *Nachlass*insolvenzverfahren bzgl derjenigen Gläubiger, die ihre Forderungen nicht ordnungsgemäß angemeldet haben (§§ 28 Abs 1, 174 InsO), keine Anwendung finde (Döbereiner, in: Gottwald [Hrsg], Insolvenzrechts-Handbuch [5. Aufl 2015] § 116 Rn 13; MünchKomm/Küpper Rn 7; Jauernig/Stürner Rn 1 aE; Bamberger/Roth/Lohmann Rn 4; wohl auch Palandt/Weidlich Rn 1; **aM** du Carrois 99 ff, 110 f). Folgt man dem (was angesichts des klaren Gesetzeswortlauts sowie der bei Rn 15 befürworteten Auslegungsregel methodisch durchaus bedenklich und sachlich kaum geboten erscheint), so bestimmt sich die Haftung des Erben gegenüber diesen Gläubigern nicht nach dem Inhalt des Insolvenzplans (seine Schuld wird also nicht auf die festgesetzte Quote beschränkt), sondern allein nach der in § 1989 BGB vorgeschriebenen entsprechenden Anwendung des § 1973 BGB (ebenso MünchKomm/Küpper Rn 7). Im Ergebnis wird dann also die Nichtanmeldung einer Forderung im Nachlassinsolvenzverfahren der Nichtanmeldung im Aufgebotsverfahren (die sogar zu einer *unmittelbaren* Anwendung des § 1973 BGB führen würde) gleichgestellt.

4. Die bei Rn 18 erörterten Bedenken gegen eine Anwendung des § 1989 BGB 19
bestehen nicht in Bezug auf solche **Nachlassverbindlichkeiten, die von dem Insolvenzplan überhaupt nicht berührt werden**. Das sind, wenn man die in § **1971 BGB** genannten Gläubigergruppen einmal außer Betracht lässt (weil § 1973 BGB auf dingliche oder quasidingliche Rechte weder unmittelbar noch auf dem Umweg über § 1989 BGB angewendet werden kann; s Rn 5), nach heutigem Recht (§§ 217, 254, 254b InsO) nur noch die *Masseverbindlichkeiten* (§§ 54, 55, 115 Abs 2 S 3, Abs 3 S 2, 116 S 2, 118, 324 InsO) und etwaige gegen den Erblasser erkannte *Nebenfolgen einer Straftat oder Ordnungswidrigkeit,* die zu einer Geldzahlung verpflichten (vgl § 225 Abs 3 InsO iVm den die Frage der Vererblichkeit thematisierenden Ausführungen bei § 1967 Rn 18). Die *Masseverbindlichkeiten* hingegen sind gem § 258 Abs 2 InsO vor der Aufhebung des Insolvenzverfahrens durch den Verwalter zu befriedigen bzw sicherzustellen. Soweit eine Befriedigung oder Sicherstellung nicht stattgefunden hat, haftet der Erbe ihnen nach §§ 1989, 1973 BGB nur mit dem Nachlassrest (vgl auch Rn 27).

IV. Konkursbeendender Zwangsvergleich und Vergleichsschluss im Nachlassvergleichsverfahren

Vgl Staudinger/Marotzke (1996) § 1989 Rn 13 ff, 20 ff, 27 f. 20

V. Die Verweisung auf § 1973

1. Im ersten Fall des § 1989 BGB ist neben der Aufhebung des Nachlassinsol- 21
venzverfahrens (s Rn 6) die **Verteilung der Insolvenzmasse** Voraussetzung für die Verweisung auf § 1973 BGB. Deshalb geht die entspr Anwendung des § 1973 Abs 1 S 1 BGB für diesen Fall dahin, dass der Erbe die Befriedigung der noch nicht (vollständig) befriedigten Nachlassgläubiger verweigern kann, soweit der Nachlass durch das Nachlassinsolvenzverfahren einschließlich einer in Betracht kommenden Nachtragsverteilung erschöpft wird (s Rn 7 ff).

22 **2.** Im zweiten Fall des § 1989 BGB, also bei Zustandekommen eines wirksamen **Insolvenzplans** und anschließender Aufhebung des Verfahrens (s Rn 13), kann der Erbe die Befriedigung der von § 1989 BGB betroffenen Gläubiger entspr § 1973 Abs 1 S 1 BGB verweigern, soweit der Nachlass durch die Befriedigung der nicht durch § 1989 BGB (und selbstverständlich auch nicht durch § 1973 BGB oder § 1974 BGB) betroffenen Gläubiger erschöpft wird. Diejenigen Gläubiger, für und gegen die der Insolvenzplan wirksam ist (Rn 18 ff), sind durch § 1989 BGB *nicht* betroffen, wenn der Erbe die Haftung für die Planerfüllung auch mit dem Eigenvermögen übernommen, insoweit also auf die Einrede des § 1989 BGB verzichtet hat (vgl dazu Rn 15 f). Nur in diesem Fall stehen die vom Insolvenzplan betroffenen Gläubiger besser als ein Gläubiger, der im Aufgebotsverfahren ausgeschlossen wurde und deshalb die in § 1973 BGB beschriebenen Rechtsnachteile erdulden muss. Die Ansicht, dass der Erbe die Befriedigung eines von § 1989 BGB (nicht aber auch vom Insolvenzplan) betroffenen Gläubigers entsprechend § 1973 Abs 1 S 1 BGB (iVm § 1989 BGB) verweigern könne, soweit die vom Insolvenzplan betroffenen Nachlassgläubiger noch nicht entsprechend der im Plan festgesetzten Quote befriedigt sind (vgl für den Zwangsvergleich des *früheren* Insolvenzrechts Staudinger/Lehmann[11] Rn 10 [ad 1. und 4.]; BGB-RGRK/Johannsen Rn 19), trifft also nur unter der Voraussetzung zu, dass der Erbe in dem Insolvenzplan auf den Schutz des § 1989 BGB verzichtet hat (weil eben nur dann die vom Plan betroffenen Gläubiger den „nicht ausgeschlossenen" iS von §§ 1973 Abs 1 S 1, 1989 BGB gleichstehen). Ist dies nicht der Fall, so kann sich eine Zurücksetzung der vom Insolvenzplan nicht betroffenen Gläubiger hinter die betroffenen freilich noch nach Maßgabe des § 257 InsO ergeben: Die Nachlassmittel, die zur Befriedigung derjenigen Gläubiger nötig sind, die gem § 257 InsO aus dem Insolvenzplan vollstrecken dürfen, wird der Erbe analog §§ 1973 Abs 2 S 1 und 3 („rechtskräftige Verurteilung"), 818 Abs 3 BGB von dem Nachlassüberschuss, mit dem er den übrigen durch § 1989 BGB betroffenen Gläubigern noch haftet, abziehen dürfen.

23 **3.** Auch wenn ein durch § 1989 BGB betroffener Gläubiger seine Forderung geltend macht, behält der Erbe **das Recht, andere Gläubiger, selbst wenn diese ebenfalls durch § 1989 BGB betroffen sind, vor ihm zu befriedigen**. Die dafür aufgewandten Mittel kann er von dem nach § 1973 Abs 2 S 1 BGB „herauszugebenden" Nachlassüberschuss gem § 818 Abs 3 BGB abziehen. Der Erbe hat jedoch den durch § 1989 BGB betroffenen Gläubiger vor Verbindlichkeiten aus **Pflichtteilsrechten, Vermächtnissen** und **Auflagen** zu befriedigen, es sei denn, dass der Gläubiger seine Forderung erst nach der Berichtigung dieser Verbindlichkeiten geltend macht (vgl auch Staudinger/Kunz § 1973 Rn 40).

Da Pflichtteilsgläubiger, Vermächtnisnehmer und Auflageempfänger zwar nicht vom Aufgebot (§ 1972 BGB), wohl aber von dem auf § 1973 BGB verweisenden § 1989 BGB betroffen werden können, wollte Staudinger/Lehmann[11] (Rn 10 ad 2.) auf sie in diesem Fall neben § 1973 BGB auch **§ 1974 Abs 2 BGB analog** anwenden und so eine Verpflichtung des Erben zur Einhaltung der im Nachlassinsolvenzverfahren maßgeblichen Rangordnung begründen (ebenso Planck/Flad Anm 4; vgl auch BGB-RGRK/Johannsen Rn 16; MünchKomm/Küpper Rn 8). Eine Analogie zu § 1974 Abs 2 BGB ist in der Tat unabweisbar (ebenso Soergel/Stein Rn 5). Unrichtig wäre jedoch die Annahme, dass § 1974 Abs 2 BGB für die in dieser Vorschrift genannten Verbindlichkeiten eine Verpflichtung des Erben zur lückenlosen Durchführung der insolvenzrechtlichen

Rangfolge vorschreibe (vgl zB § 1973 Abs 1 S 2 HS 2 BGB sowie § 1974 Rn 18 aE; anders insoweit § 1991 Abs 4 BGB). Die Vorschrift verhindert nur, dass aus § 1973 Abs 1 S 2 BGB uU eine *Pflicht zum Verstoß (!)* gegen die im Nachlassinsolvenzverfahren maßgebliche Rangfolge hergeleitet werden kann (s Staudinger/Dutta [2016] § 1974 Rn 16).

4. Die **Herausgabe des Überschusses** an die durch § 1989 BGB betroffenen Gläubiger vollzieht sich gem § 1973 Abs 2 S 1 BGB grundsätzlich in der Art, dass der Erbe die Zwangsvollstreckung in den Nachlassrest duldet oder ihn an Zahlungs oder Erfüllungs statt freiwillig dem damit einverstandenen Gläubiger herausgibt (vgl § 1990 Rn 29 ff). **24**

Abwendungsbefugnis: Entsprechend § 1973 Abs 2 S 2 BGB kann der Erbe die Herausgabe der noch vorhandenen Nachlassgegenstände durch Zahlung ihres Wertes abwenden.

Verjährung: vgl Staudinger/Kunz § 1973 Rn 73 und § 1990 Rn 39.

5. Die **Berechnung des herauszugebenden Überschusses** erfolgt nach den Vorschriften des Bereicherungsrechtes (dazu Staudinger/Kunz § 1973 Rn 26 ff). Das ist besonders für den Fall des Insolvenzplans von Bedeutung, weil hier der Erbe oft aus eigenen Mitteln erfüllt. Diese Aufwendungen kann er von dem Aktivbestand des Nachlasses abziehen (vgl Staudinger/Dutta [2016] § 1973 Rn 16; zust Bamberger/Roth/Lohmann Rn 4). **25**

a) Die **rechtskräftige Verurteilung** des Erben zur Befriedigung eines von § 1989 BGB betroffenen Gläubigers wirkt den anderen betroffenen Gläubigern gegenüber analog § 1973 Abs 2 S 3 BGB wie die Befriedigung; den hierzu erforderlichen Betrag kann der Erbe also vom Nachlassrest abziehen (s Staudinger/Kunz § 1973 Rn 28). Der rechtskräftigen Verurteilung dürfte eine nach § 201 Abs 2 InsO vollstreckbare Eintragung des Gläubigers in die *Insolvenztabelle* gleichstehen. Entsprechendes gilt bei Vorliegen eines nach § 257 InsO vollstreckbaren Insolvenzplans (s Rn 22 aE). **26**

b) Auch **Massegläubiger**, die vom Insolvenzverwalter im Fall des Insolvenzplans entgegen § 258 Abs 2 InsO nicht befriedigt oder sichergestellt worden sind (ggf Gewährleistung der Erfüllung durch Finanzplan), werden von § 1989 BGB betroffen. Soweit jedoch der Nachlass bei richtigem Vorgehen zu ihrer Befriedigung ausgereicht hätte, soll der Erbe nach Staudinger/Lehmann[11] (Rn 10 ad 5.) gehindert sein, sich ihnen gegenüber gem §§ 1989, 1973 Abs 2 S 1, 818 Abs 3 BGB auf eine durch Leistungen auf die Planquote (damals: Vergleichsrate) eingetretene Nachlassminderung zu berufen, sofern er diese Leistungen in Kenntnis (§ 819 Abs 1 BGB) der Tatsache erbracht hat, dass die Befriedigung der Massegläubiger (die im Nachlassinsolvenzverfahren vorrangig zu berücksichtigen gewesen wären, vgl §§ 53, 258 Abs 2 InsO) noch nicht vollständig erfolgt oder sichergestellt war. Diese Ansicht berücksichtigt aber zu wenig, dass sich der Gesetzgeber bei § 1989 BGB entschieden *gegen* eine Pflicht des Erben zur Beachtung der im Nachlasskonkurs (heute: Nachlassinsolvenzverfahren) maßgeblichen Rangfolge ausgesprochen hat (Mot V 640; Prot V 771, 774). Nach dieser Grundsatzentscheidung des Gesetzgebers kann es nicht Sache des meist rechtsunkundigen Erben sein, Fehler des Nachlassinsolvenz- **27**

verwalters zu korrigieren. Wurde § 258 Abs 2 InsO verletzt, mag der Geschädigte gem § 60 InsO gegen den Nachlassinsolvenzverwalter vorgehen (wie hier Döbereiner, in: Gottwald [Hrsg], Insolvenzrechts-Handbuch [5. Aufl 2015] § 116 Rn 11).

28 **c)** **Nach § 225 Abs 1 InsO** gelten *die Forderungen nachrangiger Insolvenzgläubiger (§§ 39, 327 InsO) im Zweifel als durch den Insolvenzplan erlassen.* Die Haftung des Schuldners für Geldstrafen und der diesen in § 39 Abs 1 Nr 3 InsO gleichgestellten Verbindlichkeiten kann aber auch durch einen *Insolvenzplan* weder ausgeschlossen noch eingeschränkt werden (§ 225 Abs 3 InsO).

29 **6.** Ein Nachlassgläubiger, der nach § 1989 BGB einem ausgeschlossenen Gläubiger gleichsteht, kann auch dann, wenn er für seine Forderung ein Recht auf Befriedigung aus einem zum Nachlass gehörenden **Grundstück** hat, **nicht** nach § 175 Abs 1 ZVG die **Zwangsversteigerung** beantragen; vgl Abs 2 dieser Vorschrift.

30 **VI.** Bei einer **Mehrheit von Erben** wird § 1989 BGB nach der Teilung des Nachlasses ergänzt durch § 2060 Nr 3 BGB (Umwandlung der gesamtschuldnerischen Miterbenhaftung in eine teilschuldnerische).

§ 1990
Dürftigkeitseinrede des Erben

(1) Ist die Anordnung der Nachlassverwaltung oder die Eröffnung des Nachlassinsolvenzverfahrens wegen Mangels einer den Kosten entsprechenden Masse nicht tunlich oder wird aus diesem Grunde die Nachlassverwaltung aufgehoben oder das Insolvenzverfahren eingestellt, so kann der Erbe die Befriedigung eines Nachlassgläubigers insoweit verweigern, als der Nachlass nicht ausreicht. Der Erbe ist in diesem Falle verpflichtet, den Nachlass zum Zwecke der Befriedigung des Gläubigers im Wege der Zwangsvollstreckung herauszugeben.

(2) Das Recht des Erben wird nicht dadurch ausgeschlossen, dass der Gläubiger nach dem Eintritt des Erbfalls im Wege der Zwangsvollstreckung oder der Arrestvollziehung ein Pfandrecht oder eine Hypothek oder im Wege der einstweiligen Verfügung eine Vormerkung erlangt hat.

Materialien: E I § 2133 Abs 1; II § 1865; III § 1965; Mot V 654 ff; Prot V 759 ff, 796 ff, 826; Denkschr 723 f; Jakobs/Schubert ER I 304, 383 ff.
Neufassung seit 1. 1. 1999 gem Art 33 Nr 41

EGInsO: In Abs 1 S 1 wurden die Worte „des Nachlaßkonkurses" durch die Worte „des Nachlaßinsolvenzverfahrens" und das Wort „Konkursverfahren" durch das Wort „Insolvenzverfahren" ersetzt.

Schrifttum

App, Die Dürftigkeitseinrede des Erben bei Steuerschulden, DStR 1985, 31
Baer, Die Vollstreckungspreisgabe der §§ 1973, 1989, 1990 ff BGB (Diss Halle 1935)
Burth, Beseitigung des Einlösungsrechts aus § 1992 S 2 BGB, WürttNotZ 5, 177
Hartmann, Die Einrede der Dürftigkeit des Nachlasses im Steuerrecht, ZEV 2009, 324

KRETZSCHMAR, Beschränkung der Haftung des Erben in den Fällen der §§ 1990, 1992 BGB, SeuffBl 74 (1909) 192
ders, Umfang der Pfändungsbeschränkungen im Nachlaßkonkurse und bei der Herausgabe des Nachlasses an die Nachlaßgläubiger, LZ 1914, 363
KRÜGER, Erfolgt Klageabweisung, wenn der beklagte Erbe einwendet, daß keine Nachlaßgegenstände vorhanden sind?, MDR 1951, 664
MEYER, Die beschränkte Haftung des Erben mangels einer zur Anordnung der Nachlaßverwaltung oder zur Eröffnung des Nachlaßkonkurses hinreichenden Masse (§ 1990 BGB), SeuffBl 65 (1900) 30
MUSCHELER, Haftungsbeschränkung zugunsten Minderjähriger (§ 1629a BGB), WM 1998, 2271, 2276 ff
RAAPE, Das Haftungsgestaltungsrecht des Erben, JherJb 72 (1922) 293 (bes § 3: Das Haftungsbeschränkungsrecht aus § 1990)
RIESENFELD, Die Erbenhaftung (1916) I 76 ff, 201 ff, 304 f, 393; II 219–257
ROTH, Die Einrede des Bürgerlichen Rechts (1988) 59 ff, 166 f, 321
RUDORFF, Beschränkte Haftung von Erben, Abkömmlingen, Vermächtnisnehmern und Ehegatten, Gruchot 51 (1907) 574
WESTPHAL, Dürftigkeitseinrede anstatt Erbausschlagung, Rpfleger 1997, 199.

Systematische Übersicht

I. Allgemeines zu §§ 1990–1992

1 Die §§ 1990–1992 BGB bilden den Rest der „Abzugseinrede" des E I (§§ 2133 ff), jedoch in wesentlich veränderter Gestalt. Der E II setzte an die Stelle der privaten Abzugseinrede die amtliche Nachlassseparation (Nachlasskonkurs bzw Nachlassverwaltung; vgl Prot V 759 ff.) und behielt die Abzugseinrede nur für die Fälle bei, in denen den Erben trotz der Überschuldung des Nachlasses eine Konkursantragspflicht nicht trifft, sei es deshalb, weil der Nachlass nicht einmal den Verfahrenskosten entspricht (E II § 1865 Abs 1 S 1; jetzt § 1990 Abs 1 S 1 BGB), oder deshalb, weil die Überschuldung des Nachlasses auf Vermächtnissen und Auflagen beruht (E II § 1867, jetzt § 1992; vgl auch § 1980 Abs 1 S 3 BGB). Die in E I § 2133 vorgesehene Pflicht des Erben, wenn schon nicht mittelbar durch einen Konkursverwalter (heute: Insolvenzverwalter), dann eben selbst dafür zu sorgen, dass die Nachlassgläubiger *wie im Nachlasskonkurs (Nachlassinsolvenzverfahren)* befriedigt werden, wurde als undurchführbare Zumutung abgelehnt (Prot V 800 f).

In den Fällen der §§ 1990, 1992 BGB kann der Erbe die **Befriedigung** eines Nachlassgläubigers **verweigern**, soweit der Nachlass nicht ausreicht (§ 1990 Abs 1 S 1 BGB). Der Erbe muss den Nachlass dann aber nach § 1990 Abs 1 S 2 BGB „zum Zwecke der Befriedigung des Gläubigers im Wege der Zwangsvollstreckung *herausgeben*" (damit kaum vereinbar STAUDINGER/LEHMANN[11] Vorbem 1: der Erbe behalte den Nachlass in der Hand und fungiere selbst als „privater Nachlaßverwalter" [zu einer Konsequenz dieser Betrachtungsweise s Rn 27]). An die im Insolvenzverfahren maßgebliche Reihenfolge ist er nur bei der Berichtigung von Pflichtteilsrechten, Vermächtnissen und Auflagen gebunden; § 1991 Abs 4 BGB. Für die Verwaltung des Nachlasses ist er den Nachlassgläubigern wie im Fall eines Nachlassinsolvenzverfahrens bzw einer Nachlassverwaltung verantwortlich; § 1991 Abs 1 BGB. Die Herausgabepflicht des § 1990 Abs 1 S 2 BGB bestimmt sich also nicht, wie in den Fällen der §§ 1973, 1974, 1989 BGB, nach den Vorschriften des Bereicherungsrechts, sondern nach den Grundsätzen des Auftragsrechts; §§ 1991 Abs 1, 1978 Abs 1 BGB.

II. § 1990 Abs 1 S 1

1. Dürftigkeits- und Unzulänglichkeitseinrede

2 **a)** Unter den Voraussetzungen des Abs 1 S 1 kann der Erbe die Befriedigung eines Nachlassgläubigers „insoweit verweigern, als der Nachlass nicht ausreicht". Diese Rechtsfolge ist nur denkbar, wenn der Nachlass **überschuldet** ist, bei großzügiger Betrachtungsweise uU auch noch dann – nämlich im Sinne eines nur vorübergehenden Leistungsverweigerungsrechts –, wenn der Nachlass nicht sofort verwertet werden kann. Gegen die Annahme, dass § 1990 BGB eine Überschuldung des Nachlasses voraussetze, ist eingewendet worden (zB von STAUDINGER/LEHMANN[11] Rn 3; RIESENFELD I 76), dass § 1990 BGB nach Abs 1 S 1 auch dann Anwendung finde, wenn die Anordnung der *Nachlassverwaltung,* die ja in erster Linie für *nicht überschuldete*

Nachlässe gedacht ist (Prot V 823), wegen Mangels einer den Kosten entsprechenden Masse untunlich sei (zu der – sehr dürftigen – Begr für die Erwähnung auch der Nachlassverwaltung in Abs 1 S 1 vgl Prot V 826). Dieser Einwand ist jedoch nicht zwingend. Denn es sind durchaus Situationen denkbar, in welchen eine Nachlassverwaltung trotz §§ 1980, 1985 Abs 2 BGB auch bei Überschuldung zulässig ist: nämlich immer dann, wenn den Erben bzw den späteren Nachlassverwalter aus besonderen Gründen eine Insolvenzantragspflicht nicht trifft bzw selbst bei *Vorhandensein* einer kostendeckenden Masse nicht treffen *würde* (Beispiele bei § 1985 Rn 29, § 1980 Rn 2 ff; § 1992 Rn 1 sowie Prot V 802 f [betr auf Vermächtnissen und Auflagen beruhende Überschuldung]). Allein die Erwähnung der Nachlassverwaltung in Abs 1 S 1 rechtfertigt also nicht den Schluss, dass § 1990 BGB entgegen seinem sonstigen Wortlaut keine Überschuldung des Nachlasses voraussetze. Die in Abs 1 S 2 ausgesprochene Verpflichtung, den – anscheinend gesamten! – Nachlass zum Zwecke der Befriedigung des Gläubigers im Wege der Zwangsvollstreckung herauszugeben, spricht eher für als gegen die Überschuldungsvoraussetzung. Auch § 1992 BGB (vgl dessen Eingangsworte) scheint davon auszugehen, dass der von ihm in Bezug genommene § 1990 BGB eine „Überschuldung des Nachlasses“ voraussetzt (vgl auch Staudinger/Herzfelder[9] § 1990 Anm II A 3: jedenfalls müsse die Überschuldung behauptet sein). **Dennoch hat sich die Ansicht durchgesetzt, dass § 1990 BGB** im Gegensatz zu dem auf seine Rechtsfolgen verweisenden § 1992 BGB (s § 1992 Rn 1 f) **eine Überschuldung des Nachlasses nicht voraussetze** und dass folglich auch die – an sich nur bei Überschuldung denkbare – *Rechtsfolge* des § 1990 Abs 1 S 1 BGB entsprechend anzupassen sei (BGB-RGRK/Johannsen Rn 4; Soergel/Stein Rn 2 bei Fn 6; MünchKomm/Küpper Rn 2; AK-BGB/Teubner Rn 4; Erman/Horn Rn 1 f; Palandt/Weidlich Rn 2; besonders ausführlich und unter Auseinandersetzung mit der früher noch vertretenen Gegenansicht: Staudinger/Lehmann[11] Rn 3; Planck/Flad Anm b). Diese „Anpassungsauslegung“ hat zu folgendem Ergebnis geführt:

Man sagt, § 1990 Abs 1 S 1 BGB zerfalle in zwei Einreden, nämlich die Einrede der Dürftigkeit des Nachlasses (kurz: Dürftigkeitseinrede) und die speziellere Einrede der Unzulänglichkeit *bei* Dürftigkeit (kurz: Unzulänglichkeitseinrede); die letztere wird auch Erschöpfungseinrede genannt, wenn *keine* Nachlassgegenstände (mehr) vorhanden sind. (In dem letztgenannten Fall sollte man jedoch besser von *völliger* Erschöpfung sprechen; denn mit dem Begriff „Erschöpfungseinrede“ bezeichnet man *im Zusammenhang mit § 1973 BGB* auch das bei nur *teilweiser* Erschöpfung bestehende Leistungsverweigerungsrecht, s Staudinger/Dutta [2016] § 1973 Rn 1).

Die **Unzulänglichkeitseinrede** entspricht inhaltlich genau dem in § 1990 Abs 1 S 1 BGB formulierten Leistungsverweigerungsrecht. Sie setzt also nicht nur voraus, dass der Nachlass dürftig ist, sondern auch, dass er zur Befriedigung des geltend gemachten Anspruchs nicht ausreicht.

Die **Dürftigkeitseinrede** soll dagegen sowohl bei zulänglichen als auch bei überschuldeten Nachlässen eingreifen und besagen, dass der Erbe seine Haftung durch bloße Einrede, also ohne eine Nachlassverwaltung oder ein Nachlassinsolvenzverfahren herbeiführen zu müssen, auf den Nachlass beschränken kann, wenn dessen Aktiva den Kosten einer Nachlassverwaltung oder eines Nachlassinsolvenzverfahrens nicht entsprechen. Da die Dürftigkeitseinrede nach hM auch bei nicht überschuldeten Nachlässen eingreifen soll, kann es sich bei ihr nicht nur um das in Abs 1 S 1 erwähnte Recht handeln, die Befriedigung eines Nachlassgläubigers insoweit zu verweigern, „als der Nachlass nicht ausreicht". Nach hM beinhaltet die Dürftigkeitseinrede über den Wortlaut des § 1990 BGB hinaus das Recht, die Befriedigung eines Nachlassgläubigers *aus anderen Mitteln als denen des Nachlasses* zu verweigern. Durch die Erhebung der Dürftigkeitseinrede beschränkt der Erbe demnach seine Haftung auf den Nachlass, und zwar unabhängig davon, ob dieser zur Befriedigung des geltend gemachten Anspruchs ausreicht oder nicht. Reicht der Nachlass nicht aus, tritt neben die Dürftigkeitseinrede die Unzulänglichkeitseinrede.

3 **b) Stellungnahme**: Der Gesetzeswortlaut spricht dafür, sowohl bei § 1990 BGB als auch bei § 1992 BGB zu verlangen, dass der Nachlass überschuldet ist und zur Befriedigung des geltend gemachten Anspruchs nicht ausreicht (vgl auch Mot V 604: „Der Erbe wird persönlicher Schuldner aller Nachlaßverbindlichkeiten und kann, wenn der Nachlaß zur Befriedigung der Gläubiger ausreicht, diese niemals darauf verweisen, dass sie ihre Befriedigung nur aus den Gegenständen des Nachlasses suchen sollen …" [allerdings kannte der E I das eine Überschuldung nicht voraussetzende Haftungsbeschränkungsmittel der Nachlassverwaltung noch nicht]). Andererseits kann die Frage, *ob* der Nachlass zur Befriedigung des Gläubigers nicht ausreicht, oft erst in der Zwangsvollstreckung geklärt werden, durch die der Nachlass „zu Geld gemacht" wird (vgl Rn 21). Diese durch § 1990 Abs 1 S 2 BGB vorgeschriebene (Rn 29) Methode der Wertermittlung setzt voraus, dass *nur* der Nachlass verwertet wird. Somit muss der Erbe den Zugriff eines Nachlassgläubigers schon dann auf den Nachlass beschränken können, wenn dieser zur Befriedigung des Gläubigers *möglicherweise* nicht ausreicht. Zudem muss dem Erben dieses Recht in den Fällen der §§ 1990, 1992 BGB auch ohne vorherige Herbeiführung einer Nachlassverwaltung oder eines Nachlassinsolvenzverfahrens zustehen. Deshalb ist **mit der hM** anzunehmen, dass der Erbe über § 1990 BGB den Zugriff des Nachlassgläubigers auf sein Eigenvermögen abwehren kann (vgl jedoch Prot V 763: auch in den Fällen des § 1992 BGB müsse der Erbe Nachlasskonkurs [heute: ein Nachlassinsolvenzverfahren] beantragen, wenn er Vermächtnis- und Auflagengläubiger auf die Gegenstände des Nachlasses beschränken wolle). **Entgegen der hM** ist dieses üblicherweise als „Dürftigkeitseinrede" bezeichnete Beschränkungsmittel jedoch nur insoweit anzuerkennen, als es sich als notwendige Ergänzung des durch § 1990 Abs 1 S 1 BGB gewährten Leistungsverweigerungsrechts darstellt: Sofern der Nachlass nicht nur in einem Geldbetrag besteht, muss der Erbe zwar nicht beweisen, dass der Nachlass zur Befriedigung des Gläubigers nicht ausreicht; wohl aber muss er dartun, dass die **ernsthafte Möglichkeit** besteht, dass eine auf den Nachlass begrenzte Zwangsvollstreckung (vgl Abs 1 S 2) zu einer vollständigen Befriedigung des Gläubigers nicht führen würde (aM Soergel/Stein Rn 2 Fn 6). **„Drohende" Zahlungsunfähigkeit iS der §§ 18, 320 S 2 InsO** (also bezogen auf den *Nachlass)* sollte im Zweifel als ausreichend angesehen werden, da Zahlungsunfähigkeit und Überschuldung zwar nicht dasselbe (arg §§ 17, 19 InsO), aber als Eröffnungsgründe für das Nachlassinsolvenzverfahren gleichgewichtig sind (vgl § 320 S 1 InsO, anders noch § 215 KO).

Sind mehrere Nachlassgläubiger vorhanden, so muss der Erbe *jeden einzelnen* nicht erst dann auf den Nachlass beschränken können, wenn eine auf diesen begrenzte Zwangsvollstreckung zur Befriedigung des *einzelnen* Anspruchstellers wahrscheinlich nicht ausreichen würde, sondern schon dann, wenn die Gefahr besteht, dass der Erlös, der für den Nachlass im Wege der Zwangsvollstreckung zu erzielen ist, nicht zur Befriedigung *aller* Gläubiger ausreichen würde (wobei jedoch die dem Einredegegner durch §§ 1991 Abs 3 und Abs 4, 1973, 1974 BGB *nachgeordneten* Verbindlichkeiten außer Betracht bleiben). Denn der Erbe muss auch bei Vorhandensein *mehrerer* Nachlassgläubiger sicherstellen können, dass er nicht über den Nachlasswert hinaus in Anspruch genommen wird, was jedoch geschehen könnte, wenn mehrere Nachlassgläubiger, deren Ansprüche zwar nicht je für sich, wohl aber in ihrer Summe den Nachlasswert übersteigen, auch in sein Eigenvermögen vollstrecken könnten. Auch hier muss der Erbe dafür sorgen können, dass es bei einer auf den Nachlass beschränkten Zwangsvollstreckung bleibt, durch die sich dann von selbst ergibt, inwieweit der Nachlass zur Befriedigung eines Gläubigers nicht (mehr) ausreicht (Abs 1 S 1).

2. Voraussetzungen der Dürftigkeitseinrede

a) Besorgnis der Unzulänglichkeit des Nachlasses muss vorliegen (str; s Rn 2 f). 4

b) Fehlen einer den Kosten einer Nachlassverwaltung bzw eines Nachlassinsolvenzverfahrens entsprechenden Masse

§ 1990 Abs 1 S 1 BGB setzt, soweit sich seine Anwendbarkeit nicht ausnahmsweise 5
aus § 1992 BGB ergibt, voraus, dass die Anordnung der **Nachlassverwaltung** oder die Eröffnung eines **Nachlassinsolvenzverfahrens** wegen Mangels einer den Kosten entsprechenden Masse nicht tunlich ist (vgl § 1982 BGB und § 26 InsO) oder dass aus diesem Grunde die Nachlassverwaltung aufgehoben oder das Nachlassinsolvenzverfahren eingestellt wird (vgl § 1988 Abs 2 BGB und § 207 InsO).

Im Prozess ist es Sache des Erben, darzulegen und im Streitfall zu **beweisen**, dass die 6
Anordnung der Nachlassverwaltung oder die Eröffnung des Nachlassinsolvenzverfahrens mangels einer den Kosten entsprechenden Masse nicht tunlich ist oder dass aus diesem Grund eine bereits angeordnete Nachlassverwaltung aufgehoben oder ein bereits eröffnetes Nachlassinsolvenzverfahren eingestellt wurde. Wurde mangels kostendeckender Masse eine zunächst angeordnete Nachlassverwaltung wieder aufgehoben (§ 1988 Abs 2 BGB) oder ein zunächst eröffnetes Nachlassinsolvenzverfahren wieder eingestellt (§ 207 InsO), genügt als Beweismittel (nötig nur im Streitfall) der **Aufhebungs- bzw Einstellungsbeschluss** des Nachlass- bzw Insolvenzgerichts. Damit steht die Anwendbarkeit des § 1990 BGB fest (Abs 1 S 1 Fall 2).

Geht es hingegen um die Frage, ob die Anordnung einer Nachlassverwaltung oder die Eröffnung eines Nachlassinsolvenzverfahrens **mangels kostendeckender Masse nicht tunlich** ist (§ 1990 Abs 1 S 1 BGB), so muss der Erbe im Streitfall das Fehlen einer die Kosten deckenden Masse beweisen. Diesen Nachweis kann der Erbe **mit allen zulässigen Beweismitteln** erbringen. Er *muss nicht* zunächst die Anordnung der Nachlassverwaltung oder die Eröffnung des Nachlassinsolvenzverfahrens beantragen, nur damit dieser Antrag nach § 1982 BGB bzw § 26 Abs 1 InsO (kostenpflichtig, vgl § 22 Abs 1, KV Nr 12310 GNotKG, § 23 Abs 1 GKG) abgelehnt wird (RGZ 74, 375, 377; OLG Düsseldorf Rpfleger 2000, 115; KG NJW-RR 2003, 941, 942; LG Neuruppin ZInsO 2004, 1090; Soergel/Stein Rn 4; MünchKomm/Küpper Rn 3; Erman/Horn Rn 1; **aM** ohne Begründung LG Göttingen ZInsO 2000, 619 f = RPfleger 2001, 95 [dazu abl Anm Siegmann Rpfleger 2001, 260 f]; Westphal Rpfleger 1997, 199, 201 f). *Wurde aber bereits* die Anordnung der Nachlassverwaltung oder die Eröffnung des Nachlassinsolvenzverfahrens mangels kostendeckender Masse abgelehnt (ein in § 1990 BGB nicht ausdrücklich angesprochener Fall!), ist das über die Dürftigkeitseinrede entscheidende Gericht an diese Feststellung des Nachlass- bzw Insolvenzgerichts gebunden (OLG Dresden ZBlFG 6 [1905/1906] 410, 414; OLG Hamburg OLGE 11 [1905/II] 227 f; BGH NJW-RR 1989, 1226, 1227 = FamRZ 1989, 1070, 1071 f = LM Nr 2 zu § 1978 [Bl 2 R]; MünchKomm/Küpper Rn 3; Erman/Horn Rn 3; Palandt/Weidlich Rn 2; Soergel/Stein Rn 4; Michalski Rn 983; wohl auch LG Göttingen ZInsO 2000, 619 f; **aM** Lafrenz ZBlFG 6 [1905/1906] 741 f; differenzierend Planck/Flad Anm a α; Lange/Kuchinke § 49 VIII 1 b Fn 172: ablehnende Entscheidung genüge „regelmäßig"; ähnlich LG Neuruppin ZInsO 2004, 1090: „lediglich … eine Beweiserleichterung"). Die Gegenansicht führt zu einer Art negativem Kompetenzkonflikt, den es nach unserer Rechtsordnung nicht geben darf (arg §§ 17a Abs 2 S 3 und Abs 6 GVG, 281 Abs 2 S 4 ZPO, 3 Abs 3 FamFG). Die Bindung entfällt allerdings, wenn *nach* der die Anordnung einer Nachlassverwaltung bzw die Eröffnung eines Nachlassinsolvenzverfahrens ablehnenden Entscheidung des Nachlass- bzw Insolvenzgerichts weitere Nachlassaktiva auftauchen und das über § 1990 BGB entscheidende Gericht *deshalb* die Dürftigkeit des Nachlasses verneinen möchte. Denn in solchen Fällen kann auch der Antrag auf Anordnung der Nachlassverwaltung bzw auf Eröffnung des Nachlassinsolvenzverfahrens mit Aussicht auf Erfolg erneuert werden. Zudem ist die Richtigkeitsgewähr eines gerichtlichen Nichteröffnungsbeschlusses geringer als die eines Verfahrensaufhebungs- bzw Einstellungsbeschlusses, da sich der Informationsstand des Gerichts *während* einer bereits schwebenden Nachlassverwaltung bzw *während* eines bereits eröffneten Nachlassinsolvenzverfahrens im Zweifel verbessern wird (zB aufgrund der massesichernden Tätigkeit des Verwalters, vgl auch § 1982 Rn 7, § 1988 Rn 7).

Statt einen ablehnenden Beschluss zu erwirken, kann der Erbe auch ein *Inventar* errichten (dessen in § 2009 BGB näher umschriebene Vollständigkeitsvermutung sich zwar nicht im Rahmen des § 1982 BGB [s § 1982 Rn 6], sehr wohl jedoch im Rahmen des § 1990 BGB auswirken würde) und *Auskunft* über den ursprünglichen Nachlassbestand und die Gründe seiner etwaigen Verminderung geben sowie sich zur Leistung der *eidesstattlichen Versicherung* (§ 260 BGB) über den angegebenen Bestand des Nachlasses erbieten. Keinesfalls genügt zur Feststellung der Dürftigkeit eine nur allgemein auf Mutmaßungen gestützte Befürchtung, der Nachlass werde vielleicht in Zukunft durch das Auftreten weiterer Gläubiger dürftig *werden* (vgl RG WarnR 1907 Nr 168 [betr Feststellung der Unzulänglichkeit]).

Die Inventarerrichtung ist, obwohl sie sich nach dem soeben Gesagten zum Nachweis der Dürftigkeit empfehlen kann, keine Voraussetzung der Dürftigkeits- und der Unzulänglichkeitseinrede. Jedoch darf eine Inventarfrist noch nicht gesetzt und versäumt worden sein (vgl §§ 1994 Abs 1 S 2, 2013 Abs 1 S 1 BGB und die bei § 2000 Rn 3 ff erwähnten Ausnahmen).

7 **Maßgebender Zeitpunkt** für die Feststellung, ob der Nachlass den Kosten eines Verfahrens entspricht, ist nicht derjenige der erstmaligen Geltendmachung des *Anspruchs* (so aber BGH VersR 1965, 688; RG HRR 1911 Nr 3916 = Gruchot 56 [1912] 603, 606; RG WarnR 1913 Nr 232; BGB-RGRK/Johannsen Rn 2 aE; Lange/Kuchinke § 49 VIII 1 d; Soergel/Stein Rn 5; Staudinger/Lehmann[11] Rn 5), sondern frühestens derjenige der Geltendmachung der *Einrede* (OLG Colmar OLGE 8 [1904/I] 271; vLübtow II 1166; Planck/Flad Anm a β; Staudinger/Herzfelder[9] Anm II A 3), im Falle einer gerichtlichen Befassung ist maßgeblich der **Zeitpunkt der Entscheidung**, folglich der Zeitpunkt der letzten mündlichen Verhandlung vor dem Tatrichter (BGHZ 85, 274 ff; BGH FamRZ 1991, 552 f; Münch-

Komm/Küpper Rn 4 mwNw, Erman/Horn Rn 2). Denn nicht die Geltendmachung des Anspruchs durch den Gläubiger, sondern die verteidigungsweise erfolgende Berufung des Erben auf § 1990 BGB ist die Rechtshandlung, die hinsichtlich der haftungsbeschränkenden Wirkung funktional der Eröffnung eines Nachlassinsolvenzverfahrens bzw der Anordnung einer Nachlassverwaltung entspricht. Selbstverständlich ist die Dürftigkeit des Nachlasses aber auch dann zu berücksichtigen, wenn sie erst *nach* der erstmaligen Berufung auf § 1990 BGB eintritt (BGHZ 85, 274, 280 f; OLG Düsseldorf ZEV 1996, 466, 467 ad 3; MünchKomm/Küpper Rn 4; Erman/Horn Rn 2), etwa weil der Erbe den größten Teil des Nachlasses inzwischen zur Befriedigung der Gläubiger verwandt hat (RG WarnR 1913 Nr 232; OLG München HRR 1938 Nr 1602; BGB-RGRK/Johannsen Rn 2) oder weil ein zum Nachlass gehörender Anteil an einer unternehmenstragenden Gesellschaft wegen des späteren Niedergangs des Unternehmens wertlos geworden ist (vgl den vom OLG Düsseldorf entschiedenen Fall und ergänzend § 1978 Rn 12). Jedoch wirkt die nachträgliche Entstehung der Einrede nicht auf den Zeitpunkt ihrer erstmaligen Geltendmachung zurück; bereits zu Lasten des Eigenvermögens des Erben (s Staudinger/Marotzke § 2058 Rn 22 ff) eingetretene Verzugsfolgen entfallen also nicht ex tunc (vgl zur Frage einer verzugsausschließenden bzw -beendenden Wirkung des § 1990 auch unten Rn 36). Zu beachten ist ferner, dass etwaige Ersatzansprüche, die den Gläubigern gegen den Erben wegen schlechter Verwaltung des Nachlasses zustehen, gem § 1978 Abs 2 BGB als zum Nachlass gehörend gelten; sofern sie nicht uneinbringlich sind, können sie also uU die Dürftigkeit ausschließen (vgl RG LZ 1913, 233 Nr 8 [betr Ansprüche aus § 1980]; BGH FamRZ 1989, 1070, 1073; BGH NJW 1992, 2694, 2695; Dauner-Lieb 70). Vgl ergänzend die auch hier verwertbaren Hinweise bei Rn 19.

Miterben (Rn 45) wollte das RG die Einrede nach Teilung des Nachlasses nur noch dann zugestehen, wenn der Nachlass bereits zZ der Teilung den Kosten eines Nachlassinsolvenzverfahrens – damals: Nachlasskonkursverfahrens – nicht entsprach (RG DJZ 1907, 881 = Recht 1907 Nr 1453; vgl auch vLübtow II 1198; **aM** Lange/Kuchinke § 50 V 3c und wohl auch OLG Dresden ZBlFG 6 [1905/1906] 410, 414; zu Recht krit bereits Staudinger/Lehmann[11] Rn 5: die Ansicht des RG sei nur richtig, wenn die Miterben ein nach §§ 1978, 1979 zu vertretendes Verschulden an der später eingetretenen Minderwertigkeit des Nachlasses treffe). **8**

c) Rechtslage bei Verlust des Haftungsbeschränkungsrechts

Die Dürftigkeitseinrede ist ausgeschlossen, wenn der Erbe das Recht zur Beschränkung seiner Haftung bereits verloren hat (§ 2013 Abs 1 S 1 BGB), sei es auch nur gegenüber dem seine Befriedigung verlangenden einzelnen Gläubiger, was zB dadurch geschehen kann, dass der Erbe versäumt, den Vorbehalt der beschränkten Haftung nach § 780 ZPO zu erwirken oder dass er diesem Gläubiger gegenüber auf die Einrede verzichtet (vgl das bereits in Staudinger/Kunz Vorbem 190 zu §§ 1967 ff erwähnte Urt OLG Oldenburg FamRZ 2007, 504 = NJW-RR 2007, 876). Dann hat er diesem Gläubiger gegenüber das Beschränkungsrecht nicht, wohl aber gegenüber den übrigen Gläubigern. **9**

d) Abs 2: Sicherungsrechte

Gem § 1990 Abs 2 BGB setzen sich die Einreden des Abs 1 S 1 auch gegenüber gewissen Sicherungsrechten durch, wenn der Nachlassgläubiger sie auf prozessualem Wege erlangt hat (Einzelheiten bei Rn 25). **10**

3. Prozessuale Durchsetzung der Dürftigkeitseinrede

a) gegenüber Klage auf beschränkte Verurteilung

11 *Begehrt der Nachlassgläubiger nur eine auf den Nachlass beschränkte Verurteilung des Erben,* so ist das Gericht hieran gem § 308 Abs 1 ZPO gebunden. Hält es die Klage für begründet, so hat es ohne sachliche Prüfung des § 1990 BGB und unabhängig davon (**aM** wohl Staudinger/Lehmann[11] Rn 27), ob der Erbe sich auf § 1990 BGB beruft oder den Vorbehalt des § 780 ZPO begehrt, in dem zu erlassenden Urteil zum Ausdruck zu bringen, dass aus ihm – außer wegen der Kosten (Rn 16) – nur in den Nachlass vollstreckt werden darf. Dass solch eine Verurteilung uU eine zu geringe Vollstreckungsmöglichkeit biete, falls der Erbe sich später weigere, hinsichtlich des Nachlasses befriedigende Auskunft zu erteilen (wozu er freilich verpflichtet ist, Rn 33), kann nicht zugegeben werden (**aM** Staudinger/Lehmann[11] § 1973 Rn 16 ad 1 b). Denn auch die bereits im Urteil festgestellte Haftungsbeschränkung bleibt gem § 781 ZPO bei der Zwangsvollstreckung unberücksichtigt, bis vom Erben Einwendungen erhoben werden (Lange/Kuchinke § 49 VIII 8c), die gem § 785 ZPO nach den Vorschriften der §§ 767, 769, 770 ZPO zu erledigen sind. Und hier trifft den Erben die Darlegungs- und Beweislast für die Zugehörigkeit eines gepfändeten Gegenstandes zu seinem Eigenvermögen (vgl OLG Marienwerder OLGE 19 [1909/II] 4 f aE), ähnlich wie im Fall des § 771 ZPO der „Dritte" beweisen muss, dass der Gegenstand der Zwangsvollstreckung zu seinem Vermögen gehört (vgl auch § 2009 Rn 10). Hat der Erbe jedoch rechtzeitig ein Inventar errichtet, so wird gem § 2009 BGB vermutet, dass zZ des Erbfalls weitere Nachlassgegenstände als die angegebenen nicht vorhanden gewesen seien.

b) gegenüber unbeschränkter Klage

12 *Klagt der Gläubiger ohne Beschränkung auf Erfüllung der Nachlassverbindlichkeit,* so bleibt die Dürftigkeitseinrede unberücksichtigt, solange der Erbe sie nicht geltend macht. Der Erbe braucht die Einrede aber *jetzt* noch nicht vorzuschützen. Er kann sie sich dadurch erhalten, dass er sich gem § 780 ZPO die Beschränkung seiner Haftung im Urteil vorbehalten lässt (vgl Mot V 668). Unterlässt er auch dies, so verliert er die Einrede mit seiner vorbehaltlosen Verurteilung. Gleiches gilt nach BGH NJW 1991, 2839, 2840 für den Fall eines vorbehaltlosen Prozessvergleichs. § 780 ZPO findet auch auf die sog Erbfallschulden (zB Verbindlichkeiten aus Pflichtteilsrechten, Vermächtnissen oder Auflagen) Anwendung; dass der Erblasser bezüglich dieser niemals selbst Schuldner war, steht nicht entgegen (RG WarnR 1913 Nr 377).

Wenn sich der verklagte Erbe nicht speziell auf § 1990 BGB beruft, sondern nur den allgemeinen Vorbehalt des § 780 ZPO begehrt, hat das Gericht diesen grundsätzlich zu erteilen (vgl Mot V 668; KG NJW-RR 2003, 941, 942). Eine Ausnahme wird man aber für den Fall machen müssen, dass bereits das eigene Vorbringen des Erben oder der von diesem nicht bestrittene Vortrag des Gläubigers ergibt, dass der Erbe zumindest ihm gegenüber das Recht zur Beschränkung seiner Haftung verloren hat. Denn dann ist der Rechtsstreit auch hinsichtlich der Haftungsbeschränkung entscheidungsreif, und entscheidungsreife Fragen sind nach dem Rechtsgedanken des § 300 ZPO sofort zu entscheiden (vgl auch K Schmidt JR 1989, 45, 46 bei Fn 15; Soergel/Stein Vorbem 12 zu § 1967). Die §§ 780, 781 ZPO wollen das Gericht nicht *zwingen,* die Frage der Haftungsbeschränkung in die Zwangsvollstreckung zu verweisen (amtl Begr zu §§ 644, 645 des CPO-Entwurfs 416 = Hahn, Die gesammten Materialien zu den Reichs-Justizgesetzen II 1 [1880] 443 f; von einem „Ermessen" des Gerichts spricht insoweit BGH FamRZ 1989, 1070, 1075). Man wird es dem Gläubiger sogar gestatten müssen, im Streitfall durch den *Nachweis* der bereits unbeschränkbar gewordenen Erbenhaftung dafür zu sorgen, dass der Erbe ohne den erstrebten Vorbehalt des § 780 ZPO verurteilt wird (vgl Prot V 789 f; Staudinger/Lehmann[11] Vorbem 13 [5 b] zu § 1967; Planck/Flad § 2013 Anm 4b; Schlüter Rn 1180; einschränkend aber OLG Celle NdsRpfl 1962, 232 f: das Prozessgericht *könne* diesen Nachweis zulassen, *wenn* eine umfangreiche Beweisaufnahme nicht erforderlich sei; zu eng auch RGZ 77, 245 und BayObLGZ 22 [1922/1923] 188, 192: das Prozessgericht *könne* aussprechen, dass der beklagte Erbe unbeschränkbar hafte, falls vom Kläger behauptet und nachgewiesen sei, dass der Erbe das Haftungsbeschränkungsrecht verwirkt habe, *und* der Beklagte sich hierauf im Prozess eingelassen habe). Der Gläubiger hat es sich selbst zuzuschreiben, wenn er durch die Belastung des Prozesses mit dieser Beweisführung, die er sich ja auch für die Zwangsvollstreckung (nämlich zur Verteidigung gegenüber einem Vorgehen des Erben aus § 781 ZPO) aufsparen könnte (vgl KGBl 1912, 117 f), zu spät zu einer vollstreckbaren Entscheidung gelangt. Gelingt der schon im Hauptprozess versuchte Nachweis unbeschränkter Erbenhaftung nicht, so wird man ihn wegen des Gebots der prozessualen Chancengleichheit auch in der Zwangsvollstreckung nicht mehr zulassen dürfen (es sei denn, der Gläubiger macht dann geltend, dass der Erbe sein Beschränkungsrecht erst *nach* dem Vorprozess verloren habe). Zutreffend insoweit BGH LM Nr 1 (Bl 1 R) zu § 1975 = NJW 1954, 635 f: Entscheide das Gericht sachlich über das Bestehen oder Nichtbestehen der Haftungsbeschränkung, so sei diese Entscheidung auch für spätere Prozesse – abgesehen von nachträglich eintretenden Umständen – rechtskraftfähig. Ob eine sachliche Entscheidung vorliege, sei notfalls durch Auslegung zu ermitteln (vgl auch KGBl 1912, 117 f).

Beruft sich der verklagte Erbe speziell auf die Dürftigkeitseinrede, so ist zu berücksichtigen, dass der klagende Nachlassgläubiger wegen der Gefahr, dass ihm andere Gläubiger zuvorkommen (zB mit Vollstreckungsmaßnahmen oder wegen § 1991 Abs 3 BGB), ein Interesse daran hat, möglichst schnell zu einem Urteil zu gelangen, welches die Vollstreckung zumindest in den Nachlass erlaubt. Entsprechendes gilt für einen Kläger, dem die Einrede des § 1973 BGB entgegengehalten wird (vgl § 1973 Abs 2 S 3 BGB). Stehen für das Prozessgericht sowohl der geltend gemachte *Anspruch* als auch dessen Rechtsnatur als *Nachlassverbindlichkeit* fest und sind nur noch die tatsächlichen Voraussetzungen der vom Erben erhobenen *Einrede* (§ 1973 BGB bzw § 1990 BGB) streitig und ungeklärt, so wird man das Gericht analog § 301 ZPO (Entscheidungsreife nur eines Anspruchs*teils,* hier: des gegen den *Nachlass* gerichteten Haftungsrechts) im Zweifel als verpflichtet ansehen müssen, den Erben unter dem allgemeinen Vorbehalt des § 780 ZPO (vgl Rn 12), den der Erbe wegen der ohnehin schon erfolgten Berufung auf seine beschränkte Haftung nicht zusätzlich zu beantragen braucht (vgl BGH NJW 1983, 2378, 2379 und BGH NJW 1993, 850, 851), *schon jetzt* zur Leistung zu verurteilen und auf diese Weise die Entscheidung über die Dürftigkeitseinrede dem in §§ 781, 785 ZPO vorgesehenen Verfahren zuzuschieben (**aM** wohl BGH NJW 1993, 850, 851; vLübtow II 1171; vgl auch Muscheler WM 1998, 2271, 2287 f, der jedoch nicht genügend berücksichtigt, dass auch das Verfahren nach § 767 ZPO, auf das § 785 ZPO verweist, ein ganz normales *Erkenntnis*verfahren ist). 13

Sind die Voraussetzungen der Dürftigkeitseinrede hingegen unstreitig gegeben, so wird das Gericht bereits im Hauptprozess eine abschließende Entscheidung über die

Einrede zu treffen haben (Rechtsgedanke des § 300 ZPO; ohne diese Begründung *insoweit* iE übereinstimmend vLübtow II 1171; vgl auch OLG Düsseldorf FamRZ 2010, 496 f). Der **Tenor des Urteils** könnte dann zB lauten:

1) Der Beklagte wird verurteilt, an den Kläger 1000 € zu zahlen.

2) Insoweit ist die Haftung des Beklagten auf den Nachlass des X beschränkt. (Statt: Dem Beklagten wird die Beschränkung seiner Haftung vorbehalten. Denn solch ein allgemeiner Vorbehalt würde nicht zum Ausdruck bringen, dass über die Haftungsbeschränkung bereits sachlich entschieden wurde.)

3) Der Beklagte trägt die Kosten des Rechtsstreits. (Auf diesen Ausspruch bezieht sich die ad 2 bejahte Haftungsbeschränkung idR nicht; vgl Rn 16).

4) Das Urteil ist vorläufig vollstreckbar.

Die in Ziff 2 des vorgeschlagenen Tenors bejahte Haftungsbeschränkung bleibt bei der Zwangsvollstreckung unberücksichtigt, bis der Erbe insoweit Einwendungen erhebt (s oben Rn 11).

c) Feststellung der einzelnen Vollstreckungsobjekte im Urteil?

14 Auch wenn nur eine *auf den Nachlass beschränkte* Verurteilung des Erben in Betracht kommt (zB weil der Gläubiger nicht mehr begehrt [Rn 11] oder der Erbe sich auf die Dürftigkeitseinrede beruft und deren Voraussetzungen ohne Weiteres bejaht werden können [Rn 13]), wird sich eine im Urteil ausgesprochene Beschränkung der Vollstreckung auf *bestimmte* Gegenstände nur dann rechtfertigen lassen, wenn der Gläubiger damit einverstanden ist (also seinen Klageantrag entsprechend beschränkt; vgl § 308 Abs 1 ZPO und de Boor, Kollision von Forderungsrechten [1928] 60; Planck/Flad § 1991 Anm 2b; Muscheler WM 1998, 2271, 2288) oder wenn er die Behauptung des beklagten Erben, dass andere Nachlassgegenstände nicht vorhanden seien, nicht bestreitet (zust Muscheler WM 1998, 2271, 2288; für *freieres* gerichtliches Ermessen hingegen Staudinger/Lehmann[11] Rn 26, 27; Soergel/Stein Rn 10 bei Fn 55; Schlüter Rn 1180; OLG Rostock OLGE 30 [1915/I] 189 f = MecklZ 1914, 292, 294; KG NJW-RR 2003, 941, 942). Denn die Beschränkung des Vollstreckungstitels auf einzelne Objekte kann sich für den Gläubiger insofern nachteilig auswirken, als solch ein Titel die Zwangsvollstreckung in andere Nachlassgegenstände, die vielleicht erst später zum Vorschein kommen, nicht erlaubt (so auch Staudinger/Lehmann[11] Rn 27 aE, der deshalb empfiehlt, die Feststellung des Nachlassbestandes grundsätzlich der Zwangsvollstreckung zu überlassen). Dieser Grund spricht auch gegen die Ansicht von Staudinger/Boehmer[11] § 1922 Rn 250, dass der Erbe, wenn er ein Inventar errichtet und auf Verlangen des Gläubigers beeidet habe, nur zur Befriedigung aus den *im Inventar angegebenen* Nachlassgegenständen verurteilt werden dürfe. Bedenken bestehen auch deshalb, weil sich die Vollständigkeitsvermutung des Inventars (§ 2009 BGB) nur auf den Nachlassbestand zZ des *Erbfalls* bezieht, also erst später zum Nachlass hinzugekommene Gegenstände (zB Ersatzansprüche gegen den Erben aus §§ 1978–1980 BGB) nicht erfasst, und dass man dem Nachlassgläubiger den Nachweis der Unvollständigkeit oder gar der ungetreuen Errichtung (§ 2005 BGB) des Inventars nicht schon zu einer Zeit abverlangen darf, in der er noch darum kämpft, überhaupt einen Vollstreckungstitel zumindest gegen den Nachlass zu erlangen (vgl zum Zeitmoment schon Rn 13).

Außerdem ist es auch sonst nicht Aufgabe eines Erkenntnisverfahrens, die Gegenstände im Einzelnen zu ermitteln, in die der geltend gemachte Anspruch uU einmal vollstreckt werden kann (vgl dagegen zB § 758 ZPO für das Vollstreckungsverfahren: Durchsuchung von Wohnung und Behältnissen des Schuldners durch den Gerichtsvollzieher). Wenn die Parteien die Haftung des Schuldners durch *Vertrag* auf *bestimmte* Gegenstände beschränkt haben, darf der Schuldner selbstverständlich nur unter Beschränkung der Vollstreckung auf diese einzelnen Gegenstände verurteilt werden (BGH LM Nr 3 zu § 780 ZPO).

d) Anfechtungsklage gegen Leistungsbescheid

15 Zur Geltendmachung der Dürftigkeitseinrede im Rahmen der **verwaltungsgerichtlichen** Anfechtungsklage gegen einen Leistungsbescheid vgl BVerwGE 15, 234, 237 ff = NJW 1963, 1075 f; BVerwGE 52, 16, 25 f; VGH Mannheim NJW 1986, 272 f; zur verfahrensmäßigen Berücksichtigung der Dürftigkeitseinrede gegenüber **Steuerschulden** vgl BFHE 133, 494, 496 f = BStBl II 1981, 729 f = NJW 1981, 2600 (nur LS); App DStR 1985, 31 f; ders DStR 1987, 152.

e) Prozesskosten

16 Gegenüber dem Anspruch des Gläubigers auf Erstattung der Prozesskosten stehen dem wegen einer Nachlassverbindlichkeit verurteilten Erben die Einreden des § 1990 BGB idR auch dann nicht zu, wenn das Urteil unter dem Beschränkungsvorbehalt des § 780 ZPO ergangen ist (RG HRR 1930 Nr 455; RG JW 1912, 46 Nr 47; OLG Naumburg HRR 1937 Nr 700; OLG Jena SeuffA 66 [1911] Nr 139; OLG Köln NJW 1952, 1145; **aM** Binder II 47; Cosack II § 150 III 2 b α). Zur Begründung vgl § 1967 Rn 47, 56; zu Ausnahmen von diesem Grundsatz § 1967 Rn 20, 47.

4. Die Unzulänglichkeitseinrede

a) Voraussetzungen

17 Die Unzulänglichkeitseinrede ist das in § 1990 Abs 1 S 1 BGB definierte Recht, „die Befriedigung eines Nachlassgläubigers insoweit (zu) verweigern, als der Nachlass nicht ausreicht". Dieses Leistungsverweigerungsrecht setzt voraus, dass **sämtliche Voraussetzungen der Dürftigkeitseinrede** (Rn 4 ff) erfüllt sind, **und außerdem, dass der Nachlass derart überschuldet ist, dass er nicht einmal zur Berichtigung der (einzelnen) Nachlassverbindlichkeit ausreicht, gegen welche die Einrede erhoben wird**. Vgl aber auch Rn 18, 27.

18 Gegenüber einem *Pflichtteils-, Vermächtnis-* oder *Auflagegläubiger* hat der Erbe die Unzulänglichkeitseinrede wegen § 1991 Abs 4 BGB schon insoweit, als der Nachlass nicht ausreicht, um dessen Anspruch nach denjenigen zu befriedigen, die ihm im Nachlassinsolvenzverfahren vorgehen würden (vgl § 327 InsO und § 1991 Rn 21 [insbes auch zu dem Sonderfall, dass gleichrangige Verbindlichkeiten dieser Art vorhanden sind]). Für Vermächtnisse und Auflagen gilt ferner § 1992 BGB.

19 **Maßgebender Zeitpunkt** für die (ohne Zwangsvollstreckung oftmals gar nicht mögliche, s Rn 21 f, 29) Feststellung, ob und ggf inwiefern der Nachlass zur Befriedigung des anspruchstellenden Gläubigers nicht ausreicht, ist nicht derjenige der Geltendmachung des *Anspruchs* (so aber Staudinger/Lehmann[11] Rn 16; BGB-RGRK/Johannsen Rn 13; Soergel/Stein Rn 5; Lange/Kuchinke § 49 VIII 1 d), sondern frühestens derjenige

der Geltendmachung der *Unzulänglichkeitseinrede* (falls dann schon die bei Rn 2 ff beschriebenen Voraussetzungen der *Dürftigkeits*einrede gegeben waren; wie hier OLG Oldenburg FamRZ 2001, 179, 181 = NJWE-FER 2001, 155, 156), im Falle einer gerichtlichen Befassung ist maßgeblich der **Zeitpunkt der Entscheidung**, folglich der Zeitpunkt der letzten mündlichen Verhandlung vor dem Tatrichter (BGHZ 85, 274 ff; BGH FamRZ 1991, 552 f; MünchKomm/Küpper Rn 4 mwNw; Erman/Horn Rn 2). Spätere **Veränderungen des Nachlassbestandes** sind hier ebenso wie bei Feststellung der „Dürftigkeit" (Rn 7) zu berücksichtigen (vgl BayObLGZ 8 [1908] 122, 126 f); so zB die durch Tilgung von Nachlassverbindlichkeiten bewirkte Verringerung der Aktiva (zu beachten ist jedoch § 1991 Abs 4 BGB) und die gem § 1991 Abs 3 BGB gleichstehende rechtskräftige Verurteilung des Erben zur Befriedigung eines anderen Nachlassgläubigers (dazu § 1991 Rn 17 ff). UU ist der Erbe jedoch nach §§ 1991 Abs 1, 1978, 1979 BGB (und § 1980 BGB, s § 1991 Rn 8) verpflichtet, gewisse von ihm zu vertretende Minderungen der Nachlassaktiva, gleich ob diese vor oder nach der Geltendmachung des § 1990 BGB eingetreten sind, zu ersetzen. Diese Ansprüche gelten gem § 1978 Abs 2 BGB als zum Nachlass gehörend, sie sind diesem also hinzuzurechnen und können deshalb die Unzulänglichkeitseinrede uU ganz oder teilweise zu Fall bringen (sie können auch schon die *Dürftigkeit* ausschließen, s Rn 7). Entsprechendes gilt für die Rechte des Erblassers gegen den Erben oder an Gegenständen des Erben, die infolge des Anfalls der Erbschaft durch Vereinigung von Recht und Verbindlichkeit bzw Recht und Belastung erloschen sind und gem § 1991 Abs 2 BGB „im Verhältnis zwischen dem Gläubiger und dem Erben" als nicht erloschen gelten. Andererseits kann der Erbe etwaige sich aus §§ 1991 Abs 1, 1978 Abs 3, 1979 BGB ergebende Aufwendungsersatzansprüche geltend machen und sich seine Aufwendungen „aus dem Nachlass" (vgl § 1978 Abs 3 BGB) selbst ersetzen, dh das zu ihrer Berichtigung Erforderliche vom Wert des Nachlasses absetzen (s § 1991 Rn 12 f). Entsprechendes gilt für infolge des Anfalls der Erbschaft durch Konfusion oder Konsolidation erloschene Rechte des Erben, die gem § 1991 Abs 2 BGB im Verhältnis zwischen dem Gläubiger und dem Erben als nicht erloschen gelten.

Behauptet der Erbe, dass der Nachlass erschöpft sei, so muss er wegen seiner Verantwortlichkeit nach §§ 1991 Abs 1, 1978 Abs 1 und 2 BGB auch dartun, dass er das Nachlassvermögen restlos zur Bezahlung von Nachlassschulden verwandt habe; der bloße Nachweis, dass von dem ursprünglichen Nachlass nichts mehr vorhanden sei, genügt nicht (RG HRR 1929 Nr 1069).

b) Prozessuale Durchsetzung

20 Da die Unzulänglichkeitseinrede nur eingreifen kann, wenn sämtliche Voraussetzungen der Dürftigkeitseinrede gegeben sind, kann zunächst auf das bei Rn 11–16 Ausgeführte verwiesen werden.

21 Fraglich ist, ob die vom Erben erhobene Unzulänglichkeitseinrede prozessual in der Weise berücksichtigt werden kann, dass die **Klage** des Gläubigers insoweit **abgewiesen** wird, als der Wert des Nachlasses hinter dem geltend gemachten Anspruch zurückbleibt. Diese Möglichkeit, die sinnvoll idR nur bei *Zahlungsklagen* diskutiert werden kann, würde voraussetzen, dass bereits im Hauptprozess festgestellt wird, wie viel der Nachlass wert ist. Das ist problemlos, wenn unstreitig ist, dass im Nachlass außer einem hinter der Klageforderung zurückbleibenden Geldbetrag nichts vorhanden ist (vgl RGZ 137, 50, 54 f; BGB-RGRK/Johannsen Rn 7, 8; Erman/Horn Rn 4; Muscheler WM

1998, 2271, 2288). Schwierigkeiten ergeben sich jedoch, wenn zum Nachlass auch Gegenstände gehören, die erst noch zu Geld „gemacht" werden müssen. Nur wenn der Gesamtgeldwert des Nachlasses unstreitig ist und der Gläubiger auch nicht geltend macht, im Hinblick auf § 2 AnfG eines vollstreckbaren Schuldtitels gegen den Erben zu bedürfen (s § 1973 Rn 30), wird das Gericht die Zahlungsklage des Gläubigers gegen den Erben bzgl des den Nachlasswert übersteigenden Betrages wegen Entscheidungsreife abzuweisen haben (vgl RGZ 139, 199, 205; zust Muscheler WM 1998, 2271, 2288). Ist der Gesamtnachlasswert hingegen streitig – sei es, dass der Gläubiger behauptet, der Erbe habe nicht alle Nachlassgegenstände angegeben, oder sei es, dass über die Bewertung der angegebenen Gegenstände Streit besteht –, so würde es dem Interesse des Klägers, möglichst schnell zu einem Vollstreckungstitel zumindest gegen den Nachlass zu gelangen, widersprechen, wenn das Gericht, nur um auch über den Abzugsbetrag entscheiden zu können, bereits den Hauptprozess mit diesen Streitfragen belasten würde. Zudem spricht § 1990 Abs 1 S 2 BGB dafür, die von dem Gläubiger zu betreibende Zwangsvollstreckung als den einzig zulässigen Weg anzusehen, auf dem im Streitfall Umfang und Wert des Nachlasses und damit letztlich der genaue Betrag festgestellt werden kann, bezüglich dessen die Unzulänglichkeitseinrede eingreift (vgl Rn 29 sowie OLG Stuttgart WürttJb 24 [1912] 298, 302; RGZ 137, 50, 54 f; RG WarnR 1918 Nr 122 aE; BGHZ 66, 217, 223 f; BGB-RGRK/Johannsen Rn 7; Prot V 772 f [iVm 799]; **aM** noch Mot V 667 [wohl im Hinblick auf den durch § 1990 Abs 1 S 2 ersetzten E I § 2136, der Wertermittlung durch *Schätzung* zuließ]). Kein Gericht ist imstande, vorab genau zu ermitteln, wie viel eine Zwangsvollstreckung in einen Nachlass, dessen Zusammensetzung und/oder Wert streitig und zudem noch veränderlich (Rn 18) sind, erbringen wird. Deshalb sollte das Gericht den genauen Abzugsbetrag nicht schon im Erkenntnisverfahren zu ermitteln versuchen, sondern dem Nachlassgläubiger einen Titel in die Hand geben (zust Muscheler WM 1998, 2271, 2288), aufgrund dessen er in den Nachlass vollstrecken kann. Es hat also den Erben, der die Unzulänglichkeitseinrede geltend macht und sich dann mit dem Kläger über den Wert des Nachlasses streitet, unter dem Vorbehalt des § 780 ZPO (bzw unter Feststellung der bereits eingetretenen Haftungsbeschränkung; s Rn 13) zu verurteilen. IdR wird der Erbe dann zwar die gesamten **Prozesskosten** zu tragen haben. Gem § 93 ZPO kann er diese Kostenfolge aber vermeiden, indem er die Nachlassverbindlichkeit sofort, wenn auch nur unter dem Vorbehalt der Beschränkung seiner Haftung auf den Nachlass, anerkennt (vgl KG OLGE 35 [1917/II] 127; OLG Jena SeuffA 66 [1911] Nr 139 und § 1967 Rn 47). Allerdings darf er nicht durch sein Verhalten zur Erhebung der Klage Veranlassung gegeben haben (vgl § 93 ZPO und die Beispiele bei § 2014 Rn 14). Veranlassung zur Klageerhebung gibt der Erbe aber nicht schon dadurch, dass er sich auf sein Leistungsverweigerungsrecht aus § 1990 Abs 1 S 1 BGB beruft (vgl KG OLGE 35 [1917/II] 127), sondern erst, wenn er sich zugleich weigert, „den Nachlass zum Zwecke der Befriedigung des Gläubigers im Wege der Zwangsvollstreckung herauszugeben" (zu dieser dem Abs 1 S 2 entnommenen Formulierung vgl Rn 29 ff). Denn erst dadurch verweigert er dem Gläubiger das, was diesem die Vollstreckung einer auf den Nachlass beschränkten Verurteilung des Erben gewähren würde: die Befriedigung *nach Kräften des Nachlasses* (wie hier letztlich auch Soergel/Stein Rn 10).

c) Klageabweisung wegen völliger Nachlasserschöpfung?

Macht der Erbe geltend, dass er die Befriedigung des Nachlassgläubigers gem § 1990 22
Abs 1 S 1 BGB *vollständig* verweigern könne, weil vom Nachlass überhaupt nichts mehr vorhanden sei (also nicht einmal Ersatzansprüche aus § 1991 Abs 1 BGB; vgl Rn 18) oder weil nach Abrechnung der durch § 1991 Abs 1 (Aufwendungen), 3 und 4

BGB (vgl § 1991 Rn 17 ff, 21 ff) zulässigen Abzüge nichts mehr vorhanden *wäre,* so erhebt er die Einrede der *völligen* Erschöpfung des Nachlasses (sie wird irreführenderweise auch Erschöpfungseinrede genannt; s Rn 2). Sie ist eine besondere Ausprägung der Unzulänglichkeitseinrede. Wie bei dieser gilt auch für die Einrede der *völligen* Erschöpfung, dass ihre Erhebung zu einer – hier: völligen – Abweisung der Klage führen darf (und wegen Entscheidungsreife auch führen muss!), wenn ihre Voraussetzungen unstreitig gegeben sind (s Rn 21; OLG Celle NJW-RR 1988, 133, 134 [Geständnisfiktion des § 539 Abs 2 ZPO]; AG Kassel NJW-RR 1992, 585, 586 r Sp; BGH ZEV 2000, 274). Der Erbe hat aber keinen Anspruch darauf, dass das Gericht ihm schon im Hauptprozess den *Nachweis* der völligen Erschöpfung des Nachlasses gestattet bzw dass es im Fall des § 2009 BGB dem Gläubiger schon jetzt den Nachweis abverlangt, dass noch nicht inventarisierte Nachlassgegenstände vorhanden sind (vgl BGH NJW 1954, 635 = LM Nr 1 Bl 1 R zu § 1975 BGB; OLG Oldenburg FamRZ 2001, 179, 181 = NJWE-FER 2001, 155, 156; MünchKomm/Küpper Rn 11). Der BGH (NJW 1954, 635) scheint jedoch anzunehmen, dass das Prozessgericht dem Erben den Beweis der völligen Erschöpfung des Nachlasses nach seinem Ermessen gestatten *dürfe.* Das sollte aber in Fällen, in denen der Rechtsstreit bzgl der Existenz der Nachlassverbindlichkeit entscheidungsreif ist, die seltene Ausnahme bleiben (s OLG Oldenburg FamRZ 2001, 179, 181; vgl ferner die bei Rn 13 vorgeschlagene Analogie zu § 301 ZPO). Aus den bei § 1973 Rn 30 angeführten Gründen sollte von der Möglichkeit, die gegen den Erben gerichtete Klage wegen völliger Erschöpfung des Nachlasses abzuweisen, nur mit größter Vorsicht Gebrauch gemacht werden, wenn der Kläger das Nichtvorhandensein verfügbarer Nachlassgegenstände bestreitet (vgl BGH FamRZ 1984, 473 = WM 1984, 426 f [dazu auch § 1984 Rn 20]). Zu den Prozesskosten bei Verurteilung des Erben vgl Rn 21.

d) Nach Festsetzung des Abzugsbetrages eröffnetes Nachlassinsolvenzverfahren

23 Wird nach rechtskräftiger Feststellung des Betrages, den sich der Gläubiger gem Abs 1 S 1 abziehen lassen muss, das Nachlassinsolvenzverfahren eröffnet (zB gegen Kostenvorschuss gem § 26 Abs 1 S 2 InsO), so kann der Gläubiger seine Forderung in diesem Verfahren *ungekürzt* geltend machen; er erhält jedoch nicht mehr als den Betrag der durch den Abzug ermäßigten Forderung (so E I § 2145 S 1; später als selbstverständlich gestrichen, vgl Prot V 805). Einen auf die Forderung entfallenden Mehrbetrag dem Erben zuzuweisen, wie dies E I und die Vorlage der Subkomm wollten (vgl den damals vorgeschlagenen § 205i KO in Prot V 753), kommt nicht in Betracht, solange am Insolvenzverfahren noch andere, nicht voll befriedigte Gläubiger teilnehmen (vgl Staudinger/Lehmann[11] § 1992 Rn 8; Planck/Flad § 1992 Anm 2).

5. Dürftigkeits- und Unzulänglichkeitseinrede in der Zwangsvollstreckung

24 In der Zwangsvollstreckung kann der zur Leistung verurteilte Erbe die Einreden des § 1990 Abs 1 S 1 BGB nur geltend machen, wenn ihm die Beschränkung seiner Haftung im Urteil vorbehalten ist; dies folgt aus § 780 ZPO (mit Ausnahmen in Abs 2). Gem § 781 ZPO bleiben diese Einreden unberücksichtigt, bis der Erbe ihretwegen Einwendungen erhebt; diese werden gem § 785 ZPO nach den Vorschriften der §§ 767, 769, 770 ZPO (Vollstreckungsgegenklage) erledigt. § 785 ZPO steht der außergerichtlichen Erhebung der Einreden nicht entgegen (Raape JherJb 72 [1922] 327, 329).

Die Einreden des § 1990 BGB ermöglichen nicht nur die Abwehr *künftiger* Vollstreckungsmaßnahmen. Gem Abs 2 setzen sie sich auch gegenüber **Pfandrechten** oder **Hypotheken** durch, die der Gläubiger nach dem Erbfall im Wege der Zwangsvollstreckung oder der Arrestvollziehung erlangt hat; ebenso gegenüber einer durch einstweilige Verfügung erlangten **Vormerkung**. Für *rechtsgeschäftlich* bestellte Sicherungen soll dies nach hM wegen §§ 884, 1137 Abs 1 S 2, 1211 Abs 1 S 2 BGB nicht gelten (Erman/Horn Rn 10; Soergel/Stein Rn 12). Das trifft zweifellos zu, soweit diese Sicherungen bereits vom Erblasser bestellt wurden. Erst recht muss dies aber auch für den – vom Wortlaut der zitierten Vorschriften allerdings nicht mitumfassten – Fall gelten, dass diese Sicherungen erst vom Erben bestellt worden sind (vgl Staudinger/Lehmann[11] Rn 12; BGB-RGRK/Johannsen Rn 19 und MünchKomm/Küpper Rn 8 für die Vormerkung) und dieser sich dabei sein Haftungsbeschränkungsrecht nicht ausdrücklich vorbehalten hat. Auch gegenüber diesen von ihm selbst bestellten Sicherungsrechten kann er sich dann nicht auf § 1990 BGB berufen. Eine Ausnahme gilt jedoch, soweit der Erbe die endgültig geschuldete Leistung nach §§ 813 Abs 1, 814 BGB kondizieren könnte (vgl Rn 40), wenn er sogleich *sie* anstelle der zunächst *für* sie bestellten dinglichen Sicherheit erbracht hätte. Denn die Bestellung einer Sicherheit kann nicht stärker wirken als die unmittelbare Erbringung der endgültigen Leistung. 25

Sind wegen einer Nachlassverbindlichkeit **Vollstreckungsmaßregeln in das nicht zum Nachlass gehörende Vermögen des Erben** erfolgt, so kann der Erbe analog § 784 Abs 1 ZPO deren Aufhebung verlangen (MünchKomm/Küpper Rn 6; AK-BGB/Teubner Rn 22). Soweit der Erbe aber gem § 1991 Abs 1 BGB wegen schlechter Verwaltung des Nachlasses auch mit dem Eigenvermögen haftet, kann der Gläubiger auch dieses in Anspruch nehmen (Einzelheiten bei § 1991 Rn 10, 11). Zugreifen kann der Nachlassgläubiger auch auf nach § 1991 Abs 2 BGB als nicht erloschen geltende Ansprüche des Erblassers (jetzt: des Nachlasses) gegen den Erben (vgl dazu § 1991 Rn 16). 26

Vollstreckungsmaßnahmen, die Nachlassgläubiger **in den Nachlass** erwirkt haben, kann der Erbe nicht allein deshalb angreifen, weil der Nachlass den Kosten einer Nachlassverwaltung bzw eines Nachlassinsolvenzverfahrens nicht entspricht (arg § 1990 Abs 1 S 2 BGB). Wohl aber muss er verhindern können, dass ein Nachlassgläubiger im Wege der Zwangsvollstreckung mehr erhält, als ihm wegen der dem Erben zustehenden Unzulänglichkeitseinrede gebührt. Zu denken ist hier an Fälle, in denen der Nachlass zur Befriedigung des Gläubigers deshalb nicht ausreicht, weil der Erbe selbst Ansprüche gegen den Nachlass hat (§ 1991 Abs 1 und 2 BGB), deretwegen er sich vorab befriedigen darf (s § 1991 Rn 13 f, 20), oder weil der vollstreckende Gläubiger im Hinblick auf § 1991 Abs 3 oder 4 BGB Befriedigung erst nach anderen Gläubigern verlangen kann (vgl auch Planck/Flad Anm c; MünchKomm/Küpper Rn 6; Soergel/Stein Rn 12; Lange/Kuchinke § 49 VIII 8a). Wenn der Nachlassgläubiger dem Leistungsverweigerungsrecht des Erben in solchen Fällen nicht von sich aus Rechnung trägt, muss der Erbe notfalls nach §§ 780, 781, 785, 767 ZPO vorgehen und nachweisen, dass der Nachlass dürftig iS des § 1990 BGB ist und durch die Befriedigung der dem Vollstreckungsgläubiger nach § 1991 BGB vorgehenden Ansprüche ganz oder teilweise erschöpft würde. Dementsprechend ist dann die Zwangsvollstreckung zu beschränken. Vgl auch § 1991 Rn 13 zu den Rechten des Erben wegen der ihm zu ersetzenden Aufwendungen (Zurückbehaltungsrecht, Vorwegbefriedigung aus dem Vollstreckungserlös). 27

6. Abwehr der Eigengläubiger vom Nachlass?

28 Fraglich ist, ob der Erbe mit der Begründung, dass er gegen einen oder mehrere Nachlassgläubiger die Rechte aus § 1990 Abs 1 S 1 BGB habe, auch in den Nachlass erwirkte Vollstreckungsmaßregeln seiner *Eigengläubiger* abwehren kann. Eine ausdrückliche gesetzliche Grundlage existiert nicht. Lehmann sah aber einen gesetzlichen Anhaltspunkt darin, dass der Erbe im Fall des § 1990 BGB selbst als Verwalter des dürftigen Nachlasses fungiere; er müsse deshalb wie ein Nachlassverwalter nach § 784 Abs 2 ZPO vorgehen können (Staudinger/Lehmann[11] Rn 10; vgl auch Dietz 182; Michalski Rn 991; Erman/Horn Rn 11; Palandt/Weidlich Rn 4; Soergel/Stein Rn 9; AK-BGB/Teubner Rn 14, 23; Jauernig/Stürner §§ 1990, 1991 Rn. 8; Brox/Walker Rn 712 aE; Lange/Kuchinke § 49 VIII 8 e [mwNw in Fn 230]). Es besteht für eine analoge Anwendung des § 784 Abs 2 ZPO kein Bedürfnis. Hat ein Eigengläubiger des Erben aus dem Nachlass Befriedigung erlangt, so ist der Erbe in Höhe der dadurch erloschenen Eigenverbindlichkeit auf Kosten des Nachlasses bereichert, dem deshalb ein Bereicherungsanspruch gegen den Erben erwächst (Rechtsgedanke des § 1991 Abs 2 BGB: Vermögenstrennung), auf den die Nachlassgläubiger zugreifen können (vgl Strohal § 81 Fn 12). Gegen diese Lösung ist eingewandt worden (von Erman/Schlüter Rn 9), dass der anstelle einer Analogie zu § 784 Abs 2 ZPO gewährte Ersatzanspruch gegen das Eigenvermögen des Erben nichts wert sei, wenn der Erbe kein pfändbares Eigenvermögen habe. Das ist zwar richtig, erfordert aber nicht unbedingt die Analogie zu § 784 Abs 2 ZPO. Denn die Nachlassgläubiger stehen auch ohne diese Analogie nicht schlechter, als wenn Nachlassverwaltung angeordnet worden wäre: In diesem Fall gäbe es zwar einen Verwalter, der nach § 784 Abs 2 ZPO vorgehen könnte; die Nachlassgläubiger müssten aber dennoch leer ausgehen, weil der Nachlass im Fall des § 1990 BGB ja nicht einmal die Verfahrenskosten decken würde. **Gegen** eine analoge Anwendung des § 784 Abs 2 ZPO sind auch BGB-RGRK/Johannsen Rn 18; Ebenroth Rn 1170; Strohal § 81 Fn 12; ferner Planck/Flad Anm d und MünchKomm/Küpper Rn 7, die jedoch zu Unrecht annehmen, der Erbe müsse für das, was den Nachlassgläubigern infolge einer in den Nachlass gerichteten Zwangsvollstreckung der Eigengläubiger entgeht, nach § 1978 BGB Ersatz leisten (ebenso wohl Kipp/Coing § 99 III 3), was aber insofern widersprüchlich ist, als derartige Ersatzansprüche ihrerseits nur unter der Voraussetzung denkbar sind, dass der Erbe analog § 784 Abs 2 intervenieren *konnte* (wie hier Muscheler WM 1998, 2271, 2286 Fn 125). Bemerkenswert ist noch die Ansicht von Dernburg (V § 170 Fn 15), der dem *Nachlassgläubiger* den Rechtsbehelf des § 784 Abs 2 ZPO zugestehen wollte: das ist zwar ebenfalls unzutreffend, aber immerhin sachgerechter, als den *Erben* zu nötigen, evtl mit eigenem Kostenrisiko (!) analog § 784 Abs 2 ZPO vorzugehen.

Die **Aufrechnung** eines Eigengläubigers des Erben gegen eine Nachlassforderung wird durch § 1990 BGB ebenso wenig behindert wie eine entsprechende Maßnahme der Zwangsvollstreckung oder wie die Aufrechnung eines *Nachlass*gläubigers: § 1991 BGB verweist nicht auf § 1977 BGB (vgl erg unten Rn 41 ff).

III. Herausgabe des Nachlasses zum Zwecke der Befriedigung des Gläubigers im Wege der Zwangsvollstreckung, Abs 1 S 2

29 Wenn der Erbe die Dürftigkeits- oder die Unzulänglichkeitseinrede geltend macht (zur Terminologie s Rn 2), ist er gem Abs 1 S 2 verpflichtet, „den Nachlass zum Zwecke

der Befriedigung des Gläubigers im Wege der Zwangsvollstreckung herauszugeben".

1. Haftung cum viribus hereditatis

Aus der bei Rn 29 wiedergegebenen Formulierung des § 1990 Abs 1 S 2 BGB und dem Fehlen einer dem § 1973 Abs 2 S 2 BGB entsprechenden Abwendungsbefugnis folgt, dass sich im Fall des **§ 1990 BGB** grundsätzlich (aber: § 1992 S 2 BGB) weder der Erbe noch der Nachlassgläubiger darauf einzulassen brauchen, dass im Rahmen der Frage, ob bzw inwieweit der Nachlass zur Befriedigung des Gläubigers (nicht) ausreicht, der Wert des Nachlasses durch *Schätzung* ermittelt wird. „Nicht das immer ungewisse Ergebniß einer Schätzung, sondern das Ergebniß der Verwerthung der Gegenstände in der Zwangsvollstreckung" soll für das durch Abs 1 S 1 gewährte Leistungsverweigerungsrecht als Nachlasswert zugrunde gelegt werden (Prot V 772 f, 799 gegen E I § 2136, welcher noch vom Grundsatz der Haftung *pro* viribus hereditatis ausging; vgl auch Rn 21). Im Übrigen hat die dunkle, „vollstreckungsrechtlich nicht genügend durchdachte Formel" des Abs 1 S 2 (vgl Siber, Haftung für Nachlaßschulden 66) der Deutung große Schwierigkeiten bereitet. Da bei der Zwangsvollstreckung nichts herausgegeben, sondern etwas genommen wird, können sich die Worte „zum Zwecke der Befriedigung des Gläubigers im Wege der Zwangsvollstreckung" nicht auf die Art der Herausgabe beziehen – nach Abs 1 S 2 muss der Erbe *freiwillig* „herausgeben", wenn er nicht iS des § 93 ZPO zur Klageerhebung Veranlassung geben will (vgl OLG Hamburg OLGE 11 [1905/II] 227 und oben Rn 21 aE) –, sondern auf die Art und Weise, in der sich der Gläubiger aus den herauszugebenden Gegenständen befriedigen darf. Die Herausgabe braucht nicht so zu erfolgen, dass der Gläubiger unmittelbar Eigentümer wird (BGB-RGRK/Johannsen § 1973 Rn 19). Auch braucht sie nicht in gleicher Weise zu geschehen, wie wenn der Gläubiger Nachlassverwalter wäre (wenngleich eine derartige Herausgabe zur Erfüllung der Verpflichtung aus Abs 1 S 2 ohne Weiteres genügen würde, da der Gläubiger den Nachlass dann selbst liquidieren könnte). Würde der Erbe den Nachlass an den Gläubiger, der seine Forderung zufällig gerade jetzt geltend macht, wirklich „herausgeben", so wäre uU nachträglich nicht mehr festzustellen, ob dieser Gläubiger zum Nachteil der später hinzutretenden über Gebühr bevorzugt wurde (wichtig für §§ 1978 Abs 1, 1991 Abs 1 BGB). **Deshalb hat sich die Ansicht durchgesetzt, dass der Erbe durch § 1990 Abs 1 S 2 lediglich dazu verpflichtet wird, die Zwangsvollstreckung in den Nachlass zu dulden** (RGZ 137, 50, 53; BGB-RGRK/Johannsen Rn 16; MünchKomm/Küpper Rn 13; Kipp/Coing § 99 III 1; vgl ferner zu § 1973 Abs 2 S 1: Planck/Flad Anm 6; Erman/Horn Rn 4; Palandt/Weidlich Rn 6) **und zu ermöglichen** (zB durch Vorlage eines Nachlassverzeichnisses, s Rn 33).

Der Erbe kann nicht, wie nach § 1973 Abs 2 S 2 BGB, die Herausgabe der noch vorhandenen Gegenstände durch Zahlung ihres Wertes abwenden. Gegenüber Vermächtnis- und Auflagegläubigern steht ihm dieses Recht jedoch zu, § 1992 S 2 BGB.

2. Freiwillige Herausgabe

Freiwillige Herausgabe kommt insbesondere bei Geldbeträgen in Betracht. Aus **30**
Geld kann sich der Gläubiger auch ohne Zwangsvollstreckung befriedigen, da Pfän-

dung und Ablieferung durch den Gerichtsvollzieher (§ 815 ZPO) hier überflüssig wären (vgl BGB-RGRK/Johannsen § 1973 Rn 19). Auch andere Gegenstände als Geld kann der Erbe dem Gläubiger unter Befreiung von dem Erfordernis der vollstreckungsmäßigen Verwertung herausgeben; doch läuft der Erbe hier wie auch im Fall einer – durch Abs 1 S 2 nicht ausgeschlossenen – Herausgabe an Erfüllungs Statt (§ 364 Abs 1 BGB) Gefahr, dass ihm von anderen Gläubigern später im Rahmen des § 1978 Abs 1 BGB (vgl § 1991 Abs 1 BGB) entgegengehalten wird, er habe diese Gegenstände unter Wert weggegeben (Lange/Kuchinke § 49 VIII 7 Fn 210). Um diesem Vorwurf zu entgehen, sollte der Erbe versuchen, mit dem Gläubiger, an den er den Nachlass freiwillig herausgeben möchte, eine Vereinbarung des Inhalts zu treffen, dass dieser den Nachlass *im Wege der öffentlichen Versteigerung* verwerten und einen etwaigen Übererlös zurückgewähren muss (vgl MünchKomm/Küpper Rn 16; Palandt/Weidlich Rn 7). Eine freiwillige Herausgabe wird auch durch Verpfändung der einzelnen Nachlassgegenstände geschehen können. Eine freiwillige Herausgabe zum Zwecke der Befriedigung des Gläubigers „im Wege der Zwangsvollstreckung" setzt freilich eine Mitwirkung des Erben an der Schaffung eines Vollstreckungstitels (vgl §§ 794 Abs 1 Nr 5, 796a ff ZPO) voraus, aufgrund dessen der Gläubiger den herauszugebenden Gegenstand vollstreckungsmäßig verwerten lassen kann (vgl RGZ 137, 50, 53; Erman/Horn Rn 4; Palandt/Weidlich Rn 7).

3. Gegenstand der Herausgabe

31 Herauszugeben ist **der Nachlass**. Was als Nachlass in Frage kommt und wieweit der Erbe für die Erfüllung seiner Herausgabepflicht haftet, bestimmt sich nicht, wie im Fall des § 1973 Abs 2 S 1 BGB, nach den Grundsätzen des Bereicherungsrechts, sondern nach den strengeren Maßstäben der §§ 1991 Abs 1, 1978–1980 BGB (vgl § 1991 Rn 1 ff).

4. Auch unpfändbare Gegenstände?

32 Nach hM soll die Herausgabepflicht auch die nach § 811 ZPO unpfändbaren Gegenstände umfassen (OLG Celle OLGE 17 [1908/II] 195; Staudinger/Lehmann[11] Rn 24; Soergel/Stein Rn 9; MünchKomm/Küpper Rn 13; Palandt/Weidlich Rn 6; Bamberger/Roth/Lohmann Rn 11; Ebenroth Rn 1168; Kipp/Coing § 99 III 1; Lange/Kuchinke § 49 VIII 2 in Fn 182; **aM** Kretzschmar LZ 1914, 363 ff; Muscheler WM 1998, 2271, 2286). Die vom OLG Celle (OLGE 17 [1908/II] 195) gegebene Begründung, § 811 ZPO setze voraus, dass „gegen den eigentlichen Schuldner selbst", nicht nur gegen seinen Erben vollstreckt werde, überzeugt jedoch nicht, da man nach dem Tod des „eigentlichen" Schuldners für die Frage der Unpfändbarkeit auf die Person und die Verhältnisse des neuen Schuldners, nämlich des Erben, abstellen kann (vgl § 1985 Rn 19; etwas anders Kretzschmar LZ 1914, 363, 365, der darauf abstellen will, inwieweit die Pfändungsbeschränkungen „dem Erben bei Lebzeiten des Erblassers aus dessen Person zustatten gekommen wären"). Daran ändert auch die „in § 1991 angeordnete hypothetische Vermögenssonderung" nichts (**aM** Soergel/Stein Rn 9). Ebenso wenig überzeugt der Hinweis, dass die vollständige Auslieferung des Nachlasses der „Preis für die private Abwicklung" sei (so aber Lange/Kuchinke § 49 VIII 2 in Fn 182 und MünchKomm/Küpper Rn 13 mit Fn 33, nach deren Ansicht die unpfändbaren Nachlassgegenstände den Nachlassgläubigern nur im Nachlassinsolvenzverfahren und in der Nachlassverwaltung nicht haften sollen). Entscheidend gegen die hM spricht, dass die Herausgabe gem § 1990 Abs 1 S 2 BGB (wie auch nach § 1973 Abs 2 S 1 BGB)

„zum Zwecke der Befriedigung des Gläubigers im Wege der Zwangsvollstreckung" erfolgen soll. Wegen dieser Zweckbestimmung darf sie unterbleiben, soweit die ZPO eine Zwangsvollstreckung nicht zulässt (Kretzschmar LZ 1914, 363, 365; Muscheler WM 1998, 2271, 2286 [dieser auch und sogar *erst recht* für die Fälle des § 1629a Abs 1 S 2]).

5. Auskunft, Rechenschaftslegung etc

Gem §§ 1990 Abs 1 S 2, 260 BGB ist der Erbe verpflichtet, dem Nachlassgläubiger ein Verzeichnis über den Bestand des Nachlasses vorzulegen und dieses uU durch eidesstattliche Versicherung zu bekräftigen. Ebenso ist der Erbe gem §§ 1991 Abs 1, 1978 Abs 1, 681 S 2, 666, 259, 260 BGB hierzu verpflichtet und darüber hinaus noch dazu, über seine Verwaltung des Nachlasses Rechenschaft abzulegen, dem Gläubiger eine die geordnete Zusammenstellung der Einnahmen bzw Ausgaben enthaltende Rechnung mitzuteilen und ggf Belege vorzulegen, ferner uU die eidesstattliche Versicherung des § 259 Abs 2 BGB abzugeben. All diese Verpflichtungen setzen jedoch voraus, dass der Erbe dem Nachlassgläubiger die Befriedigung im Hinblick auf die Dürftigkeits- bzw Unzulänglichkeitseinrede verweigert (vgl § 1990 Abs 1 S 2 BGB: „in diesem Falle"; vgl ferner die Eingangsworte des § 1991 Abs 1 BGB). Der Erbe macht von seinem Beschränkungsrecht schon dann Gebrauch, wenn er die Befriedigung des Gläubigers unter Hinweis auf seine beschränkte Haftung außergerichtlich oder gerichtlich ganz oder teilweise verweigert (vgl Raape JherJb 72 [1922] 327, 329; Planck/Flad Anm 2c; MünchKomm/Küpper Rn 16). Der Gläubiger kann seine Rechte auf Auskunft usw also nicht erst nach Zustellung einer Vollstreckungsgegenklage des Erben, mit der dieser Vollstreckungsmaßnahmen von seinem Eigenvermögen abwehrt (Rn 24 ff), geltend machen (zB durch Widerklage), sondern uU schon vorher mit dem Ziel, dass es gar nicht erst aus Unkenntnis über den Bestand des Nachlasses zu einer Zwangsvollstreckung in das Eigenvermögen des Erben, die dieser auf Kosten des Gläubigers abwehren könnte, kommt. Macht der Erbe die Dürftigkeitseinrede bereits gegenüber der Klage des Gläubigers auf Erfüllung der Nachlassverbindlichkeit geltend, so wird der Gläubiger schon jetzt mit der Begründung, dass der Erbe die Begleichung der Schuld aus seinem Eigenvermögen – ob berechtigt oder nicht – verweigere, auf Auskunft etc über den Stand des Nachlasses klagen können (vgl auch Prot V 804). Er sollte diese Erweiterung der ursprünglichen Klage jedoch unter den Vorbehalt stellen, dass sie nur für den Fall gilt, dass der Erbe hinsichtlich der Nachlassverbindlichkeit verurteilt und ihm dabei die Berechtigung zur Erhebung der Dürftigkeitseinrede nicht aberkannt wird (zB aufgrund § 2013 Abs 1 S 1 BGB). 33

6. Vermögensauskunft und eidesstattliche Versicherung, § 802c ZPO

Die Vermögensauskunft und die eidesstattliche Versicherung des § 802c ZPO haben sich grundsätzlich auf das gesamte Vermögen des Erben zu erstrecken. Das gilt jedoch nur, wenn der Gläubiger aufgrund seines Titels in dieses Vermögen überhaupt vollstrecken darf (vgl auch Abs 2 S 4 der Vorschrift). Falls der Titel des Nachlassgläubigers eine Vollstreckung in das Eigenvermögen des Erben gar nicht zulässt, weil er entweder selbst die bereits eingetretene Haftungsbeschränkung feststellt oder weil seine Vollstreckbarkeit durch ein aufgrund einer Vollstreckungsgegenklage des Erben (§ 785 ZPO) ergangenes Urteil auf den Nachlass beschränkt wurde, kann der Nachlassgläubiger nur eine auf den Nachlass beschränkte Vermö- 34 gensauskunft und deren Bekräftigung durch eidesstattliche Versicherung iS des § 802c ZPO verlangen (teilw zu § 807 ZPO idF bis 31. 12. 2012: vgl OLG Rostock OLGE 36 [1918/I] 228, 229 [gegen OLG Marienwerder OLGE 19 (1909/II) 4 f]; LG Lübeck NJW-RR 2009, 1163 f; BGB-RGRK/Johannsen Rn 22; Erman/Horn Rn 9; ähnlich auch Staudinger/Lehmann[11] Rn 28, der hinsichtlich des letzteren Falles dafür eintrat, eine vor der rechtskräftigen Entscheidung über die Vollstreckungsgegenklage beantragte Abnahme der eidesstattlichen Versicherung uU nach § 148 ZPO auszusetzen [gute Gründe sprechen dafür, das Verfahren hier nicht nach § 148 ZPO „auszusetzen", sondern auf Antrag des Erben gem §§ 785, 769 ZPO durch einstweilige Anordnung „auf den Nachlass zu beschränken"; **wieder anders** Soergel/Stein Rn 11 und Palandt/Weidlich Rn 8, die zu Unrecht annehmen, dass sich die Offenbarungspflicht schon dadurch auf den Nachlass beschränke, dass der Erbe die Einrede des § 1990 nach §§ 781, 785 ZPO *geltend mache]*). Auch wenn sein Titel eine Vollstreckung gegen das Eigenvermögen des Erben noch zulässt, wird der Gläubiger einen auf den Nachlass beschränkten Antrag nach § 802c ZPO stellen können.

7. Inventarpflicht

35 Auch im Fall des § 1990 BGB kann der Gläubiger dem Erben eine Inventarfrist (§ 1994 BGB) bestimmen lassen, uU die eidesstattliche Versicherung des § 2006 BGB verlangen und evtl über §§ 1994 Abs 1 S 2, 2005 Abs 1, 2006 Abs 3, 2013 Abs 1 S 1 BGB die Chance zum Zugriff auf das Eigenvermögen des Erben wiedergewinnen (BGH NJW 1992, 2694, 2695). § 2000 steht nicht entgegen, da er voraussetzt, dass es wirklich zur Anordnung einer Nachlassverwaltung bzw zur Eröffnung eines Nachlassinsolvenzverfahrens gekommen ist.

IV. Sonstige Wirkungen der Einreden

1. Einfluss auf Haftung und persönliche Schuld

36 § 1990 Abs 1 S 1 BGB berührt ebenso wenig wie § 1973 BGB (s § 1973 Rn 5 ff) die Nachlassverbindlichkeit als solche, sondern beschränkt nur die Haftung des *Erben* für sie. Das schließt die Annahme nicht aus, dass dem Dritten, dem ein Getöteter kraft Gesetzes unterhaltspflichtig war, das Recht auf Unterhalt iS des § 844 Abs 2 S 1 BGB dann „entzogen" ist, wenn zwar die Unterhaltspflicht auf den Erben des Getöteten übergegangen ist, der Erbe aber nach § 1990 BGB die Befriedigung zu Recht verweigert (RGZ 74, 375, 377; Roth 70). Man wird sogar annehmen dürfen, dass der Erbe, soweit er die Erfüllung eines Pflichtteilsergänzungsanspruchs nach Abs 1 S 1 verweigern kann, iS des § 2329 Abs 1 S 1 BGB zur Ergänzung des Pflichtteils nicht „verpflichtet" ist (BGH LM Nr 2 zu § 2325 BGB; vgl auch Roth 70). Denn § 1990 Abs 1 S 1 BGB beschränkt nicht nur die Haftung, sondern zugleich auch die persönliche Schuld des Erben (vgl Staudinger/Dutta [2016] Vorbem 8 zu §§ 1967 ff; **aM** Roth 65 ff). Auch in Schuldnerverzug gerät der Erbe persönlich nicht, soweit er einem Nachlassgläubiger die Leistung gem § 1990 Abs 1 S 1 BGB berechtigterweise verweigert (ebenso Raape JherJb 72 [1922] 293, 331). Zu denken ist hier aber an einen Verzug „des Nachlasses", der über § 1967 BGB auch zu Lasten des Erben wirkt; auch gegenüber diesen Verzugsfolgen hat der (seinerseits durch § 1990 BGB gerechtfertigte) Erbe ausnahmsweise (s Staudinger/Dutta [2016] § 1967 Rn 53, Staudinger/Marotzke § 2058 Rn 45 ff) das Haftungsbeschränkungsrecht (iE ebenso Schreiber, Schuld und Haftung als Begriffe der privatrechtlichen Dogmatik, Bd I [1914] 246 f; Planck/Siber[4] § 284

Anm 4d; Roth 69; vgl zu diesen Fragen auch § 2014 Rn 8 f, Staudinger/Marotzke § 2059 Rn 18).

2. Wirkung gegenüber nicht auf Geld gerichteten Ansprüchen

Auch wenn der Anspruch des Gläubigers auf **Leistung eines nicht im Nachlass vorhandenen Gegenstandes** gerichtet ist, braucht der Gläubiger ihn nicht als Geldforderung zum Schätzwert geltend zu machen (vgl § 1991 Rn 23; **aM** OLG Rostock OLGE 7 [1903/II] 136; Planck/Flad § 1973 Anm 5c ß und § 1991 Anm 2d unter Hinweis auf den nicht Gesetz gewordenen E I § 2134; differenzierend Lange/Kuchinke § 49 VIII 9). Eine *Zwangsvollstreckung* kann jedoch uU an § 887 Abs 3 ZPO scheitern. Streitig ist, ob diese Bestimmung auch die Zwangsvollstreckung von „Anschaffungspflichten" ausschließt (dazu Stein/Jonas/Brehm[22] ZPO § 883 Rn 7; Zöller/Stöber[28], ZPO § 883 Rn 9, jeweils mwNw). Wer das verneint (so die Vorgenannten; **aM** MünchKommZPO/Gruber[3] § 883 Rn 20), wird gleichwohl Folgendes zu berücksichtigen haben: Die Vollstreckung eines *Verschaffungsanspruchs* gegen einen nur beschränkt haftenden Erben, dessen Nachlass den zur Erfüllung der Verschaffungspflicht erforderlichen Kostenaufwand nicht deckt, hat – wenn man sie nicht ohnehin an § 887 Abs 3 ZPO scheitern lässt – nur dann Aussicht auf Erfolg, wenn der Gläubiger den fehlenden Betrag zuschießt. Ob der Nachlass den Anschaffungsaufwand deckt, kann der Gläubiger feststellen, indem er sich vom Prozessgericht des ersten Rechtszuges gem § 887 Abs 1 ZPO ermächtigen lässt, die Beschaffung auf Kosten des Nachlasses vornehmen zu lassen oder selbst vorzunehmen, und indem er zugleich nach § 887 Abs 2 ZPO beantragt, den Erben zu verurteilen, die Kosten dieser Ersatzvornahme nach Kräften des Nachlasses vorauszuzahlen (vgl auch Staudinger/Otte [2019] § 2170 Rn 13 ff [Verschaffungsvermächtnis]). Wegen dieser Vorschussleistung kann er dann in den Nachlass vollstrecken. Soweit der erzielte Erlös nicht ausreicht, muss er zuschießen. Er wird den unzulänglichen Erlös auch behalten dürfen, ohne die Ersatzvornahme durchzuführen. Einem Rückforderungsanspruch des Erben könnte er entgegenhalten, dass er die Nachlassverbindlichkeit nun zu ihrem Schätzwert geltend mache. Dazu wird er in diesem Fall schon deshalb berechtigt sein, weil dieses Recht sogar den in § 1991 Abs 4 BGB genannten minderberechtigten Gläubigern zusteht (s § 1991 Rn 23; die dort angeführten Gesetzesmaterialien betreffen insoweit nicht nur die in § 1991 Abs 4 BGB genannten Gläubiger). 37

Besonderheiten gelten für die Vollstreckung eines Anspruchs auf Verschaffung eines zum *Eigenvermögen des Erben* gehörenden Gegenstandes (vgl Staudinger/Otte [2019] § 2170 Rn 16).

Geht der Anspruch des Gläubigers auf **Übereignung eines im Nachlass vorhandenen Gegenstandes** und reicht der *übrige* Nachlass zur Berichtigung derjenigen Ansprüche nicht aus, die der Erbe dem Anspruchsteller vorziehen muss (Beispiele bei § 1991 Rn 17, 21) oder die dem Erben selbst zustehen (s § 1991 Rn 13 f, 19 f), so kann der Erbe die Übereignung verweigern, bis der Anspruchsteller ihm wegen dieser Ansprüche, höchstens jedoch bis zum Wert des von ihm beanspruchten Gegenstandes, Sicherheit leistet (Rechtsgedanke des § 273 Abs 3 BGB; vgl auch § 1991 Rn 13). Auch hier kann sich der Gläubiger aber damit begnügen, seinen der Unzulänglichkeitseinrede ausgesetzten Anspruch zum Schätzwert in Geld geltend zu machen (Lange/Kuchinke § 49 VIII 9). 38

Die Erfüllung von **Auskunfts-, Aufzeichnungs- und Wertermittlungsansprüchen** kann der Erbe im Falle des § 1990 BGB verweigern, soweit die dabei entstehenden Kosten weder aus dem Nachlass (vgl die zu § 2314 BGB ergangene Entscheidung BGHZ 107, 200, 202 = NJW 1989, 2887) noch aus einem Zuschuss des Gläubigers gedeckt werden können. Das Gleiche gilt für das **notarielle Nachlassverzeichnis** auf Verlangen des Pflichtteilsberechtigten nach § 2314 Abs 1 S 3 BGB (OLG Schleswig FamRZ 2011, 148 = ZEV 2011, 31).

3. Verjährung

39 Die Verjährung der gegen den Nachlass gerichteten Ansprüche (dazu auch Staudinger/Kunz Vorbem 114 ff zu §§ 1967 ff, Staudinger/Dobler § 2014 Rn 10) wird durch die Einreden aus § 1973 BGB oder § 1990 BGB nicht gehemmt. Vor dem 1. 1. 2002 ergab sich das daraus, dass es sich nicht um vorübergehende Einreden iS des damaligen § 202 Abs 1 handelte (Planck/Flad § 1973 Anm 7b; ders § 1991 Anm 4). Nach § 205 nF, der seit 1. 1. 2002 den bisherigen § 202 BGB ersetzt, ist die Verjährung gehemmt, solange der Schuldner *auf Grund einer Vereinbarung mit dem Gläubiger* vorübergehend zur Verweigerung der Leistung berechtigt ist. Da die Einreden des § 1990 BGB nicht auf einer Vereinbarung, sondern auf dem Gesetz beruhen, kommt eine Hemmung nach § 205 BGB schon deshalb nicht in Betracht. Entsprechendes gilt bezüglich der Einreden aus § 1973, § 1974, § 1989 BGB (vgl jedoch §§ 204 Abs 1 Nr 10, 197 Abs 1 Nr 5, 201), § 1992, § 2014, § 2015 und § 2059 Abs 1 BGB.

4. Rückforderung von Leistungen

40 UU kann der Erbe eine Leistung, die er in Unkenntnis des Leistungsverweigerungsrechts aus § 1990 Abs 1 S 1 BGB erbracht hat, gem **§§ 813 Abs 1 S 1, 814 BGB** zurückverlangen (vgl § 1973 Rn 31; Mot V 666; OLG Stuttgart NJW-RR 1989, 1283; Raape JherJb 72 [1922] 293, 333 Fn 2; Planck/Flad § 1991 Anm 5; Bedenken bei Sohm MecklZ 1920, 384; vOlshausen, Gläubigerrecht und Schuldnerschutz bei Forderungsübergang und Regreß [1988] 212 Fn 44; unbegründet die Einschränkung in Staudinger/Lehmann[11] § 1991 Rn 14: wenn „die Nachlaßgläubiger diese Befriedigung nicht nach § 1979 als wirksam gelten lassen müssen"; **gegen** Anwendbarkeit des § 813 Roth, Die Einrede des Bürgerlichen Rechts [1988] 63 ff, der zu Unrecht meint, dass die Erschöpfungseinrede die *Schuld* des Erben unberührt lasse).

5. Rechtsfolgen des § 1991/Nichterwähnung der Aufrechnung

41 Weitere Rechtsfolgen der Einredeerhebung sind in **§ 1991 BGB** geregelt (s dort). Es fällt auf, dass § 1991 BGB nicht auch auf § 1977 BGB verweist, also das Schicksal von **Aufrechnungsbefugnissen** nicht thematisiert. Diese Gesetzeslücke ist jedoch nur eine scheinbare. Denn wegen des Einredecharakters des § 1990 BGB greift hier bereits **§ 390 BGB**. Es ist anerkannt, dass ein Nachlassgläubiger durch § 390 BGB iVm den Einreden des § 1990 BGB gehindert wird, gegen eine *Privat*forderung des Erben an ihn aufzurechnen (BGHZ 35, 317, 327 f = NJW 1955, 339 f; OLG Celle OLGZ 1990, 95 f; Staudinger/Gursky [2016] § 390 Rn 15 mwNw); denn sonst könnte er sich den Einreden zuwider (s Rn 3) aus dem Eigenvermögen des Erben befriedigen. Steht jedoch ohne Weiteres fest, bis zu welchem Betrag das Leistungsverweigerungsrecht des § 1990 Abs 1 S 1 BGB nicht eingreift (zB weil sich die Beteiligten über den Wert des Nachlasses einig sind), so wird man insoweit die Aufrechnung gegen eine

Privatforderung des Erben zulassen müssen (**aM** wohl BGHZ 35, 317, 328; vgl jedoch OLG Stuttgart VersR 1959, 117, 120). Hervorzuheben ist aber auch hier (vgl ferner Rn 21), dass im *Streitfall* die einzig legitime Methode zur Feststellung des Nachlasswertes die *Zwangsvollstreckung* in den Nachlass ist (vgl BGHZ 35, 317, 328; **aM** OLG Stuttgart VersR 1959, 117, 120). Besteht also keine Einigkeit darüber, inwieweit der Erbe die Leistung nach § 1990 Abs 1 S 1 BGB verweigern darf, so kann der Gläubiger nicht gegen eine Privatforderung des Erben aufrechnen, sondern nur den in § 1990 Abs 1 S 2 BGB vorgezeichneten Weg der Zwangsvollstreckung gehen. Dies gilt jedenfalls dann, wenn der Erbe der Aufrechnung nicht zustimmt (Rechtsgedanke des § 1977 Abs 1 BGB; vgl auch MünchKomm/Küpper § 1991 Rn 6 und Ebenroth Rn 1164, die den Erben anscheinend mit einer Obliegenheit zur Zurückweisung der Aufrechnungserklärung belasten wollen).

Steht dem verletzten Erben eines Unfallmitverursachers gegenüber der Ausgleichsforderung des anderen Schädigers (§§ 426 BGB, 17 StVG) an den Erblasser die Einrede aus § 1990 BGB zu, so kann sich nach einem Übergang des Schadensersatzanspruchs des Erben auf den Sozialversicherungsträger (§ 116 SGB X) auch dieser auf die Einrede berufen und damit eine Aufrechnung (§§ 406, 412 BGB) des Anspruchsgegners mit der Ausgleichsforderung unwirksam machen (BGHZ 35, 317, 327 f; vgl auch BGH VersR 1965, 688 in derselben Sache; MünchKomm/Küpper Rn 10).

Gegen eine an ihn gerichtete *Nachlass*forderung kann ein Nachlassgläubiger uU **42**
auch dann aufrechnen, wenn seiner Forderung die Einrede des § 1990 BGB entgegensteht (Erman/Horn Rn 6; Palandt/Weidlich Rn 9; BGB-RGRK/Johannsen Rn 14; Planck/Flad § 1991 Anm 3; Soergel/Stein Rn 8; Roth 63; Michalski Rn 987). § 390 BGB schließt zwar einredebehaftete Forderungen von der Aufrechnungsbefugnis aus. Doch kann das für haftungsbeschränkende Einreden wie die des § 1990 BGB oder des § 1973 BGB (s § 1973 Rn 6) nicht schlechthin gelten. Denn selbst im Nachlassinsolvenzverfahren bleiben Aufrechnungsbefugnisse, die Nachlassgläubigern gegenüber Nachlassforderungen zustehen, idR unberührt (§§ 94 ff InsO). Die Nachlassgläubiger bei Dürftigkeit des überschuldeten Nachlasses schlechter zu stellen als im Nachlassinsolvenzverfahren, liegt nicht im Sinne des Gesetzes (vgl Strohal II § 81 Fn 18; Staudinger/Gursky [2016] § 390 Rn 15). Man wird die §§ 94 ff InsO sogar analog anwenden dürfen mit der Maßgabe, dass an die Stelle des Zeitpunkts der Verfahrenseröffnung (§§ 95 Abs 1, 96 InsO) der Zeitpunkt tritt, in dem sich der Erbe, *statt* (Rn 1) ein Nachlassinsolvenzverfahren zu beantragen, erstmals berechtigterweise auf § 1990 BGB beruft (vgl hierzu auch Henckel, in: FS Lüke [1997] 237, 261 Fn 89). Ob sich der Erbe schon früher hätte auf § 1990 BGB berufen können, ist im Rahmen der Analogie zu §§ 94 ff InsO ebenso unbeachtlich wie bei einer *unmittelbaren* Anwendung dieser Vorschriften die Frage, ob die Verfahrenseröffnung nicht schon früher hätte erfolgen können. Deshalb wird die **Aufrechnung eines Vermächtnisnehmers** gegen eine an ihn gerichtete Forderung des Nachlasses auch dann, wenn dem Vermächtnis *von Anfang an* die Einrede des § 1992 BGB gegenüber stand (weil der Nachlass bereits zZ des Erbfalls überschuldet war und die Überschuldung schon damals auf den Vermächtnissen und/oder Auflagen beruhte), durch § 390 BGB nicht ausgeschlossen (zust Staudinger/Gursky [2016] § 390 Rn 15; **aM** BGB-RGRK/Johannsen § 1992 Rn 11; Planck/Flad § 1992 Anm 5; noch strenger als diese wohl Strohal II § 82 I 3 und Fn 5). Dies ist nicht ungerecht, da es dem Erblasser ja auch möglich gewesen wäre, seinem Schuldner, statt ihm ein aufrechenbares Vermächtnis auszusetzen, die Schuld

von vornherein zu erlassen. Für die in § 1991 Abs 4 BGB genannten nachrangigen Gläubiger ist die Möglichkeit einer Aufrechnung gegen Nachlassforderungen von großem Interesse, da sie oft nur auf diese Weise zu einer Befriedigung gelangen können.

43 **Auch ein Eigengläubiger des Erben** kann gegen eine an ihn gerichtete Forderung des Nachlasses aufrechnen. § 1990 BGB steht nicht entgegen (wie hier MünchKomm/Küpper § 1991 Rn 6; Palandt/Weidlich Rn 9; Ebenroth Rn 1164; wohl auch vLübtow II 1170; **aM** Soergel/Stein Rn 8; AK-BGB/Teubner Rn 19; Lange/Kuchinke § 49 VIII 5; Michalski Rn 987), da er nur gegenüber *Nachlass*gläubigern wirkt und selbst diese nicht an der Aufrechnung hindert (Rn 42). Weitere Argumente für die hier vertretene Ansicht können darin gesehen werden, dass § 1991 BGB eine entsprechende Anwendung des § 1977 BGB (insbesondere des Abs 2!) nicht anordnet und dass § 1990 BGB auch eine *Zwangsvollstreckung* von Eigengläubigern des Erben in nachlasszugehörige Forderungen nicht hindert (s oben Rn 28 mit Nachweisen auch zur Gegenansicht). Wegen der Befreiung von seiner Eigenverbindlichkeit, die der Erbe infolge der Aufrechnung des Nachlassgläubigers auf Kosten des Nachlasses erlangt, muss der Erbe dem Nachlass gem §§ 1991 Abs 1, 1978 Abs 1, 812 BGB Ersatz leisten, dh es hinnehmen, dass die Nachlassgläubiger insoweit trotz § 1990 BGB in sein Eigenvermögen vollstrecken (vgl auch § 1991 Rn 10 f zu der Frage, ob es einer vorherigen Pfändung, Überweisung und Titulierung auch des Ersatzanspruchs bedarf). Jedoch ist die Aufrechnung als nicht erfolgt anzusehen unter den Voraussetzungen des § 1977 Abs 2 BGB. Das ist jedoch nur denkbar, wenn – zB gegen Vorschuss der Verfahrenskosten – doch noch eine Nachlassverwaltung oder ein Nachlassinsolvenzverfahren eröffnet wird: ein sicherlich seltener Fall.

V. Einredeerhebung durch Nachlasspfleger etc

44 Zur Bedeutung der §§ 1990–1992 BGB für den *Nachlassverwalter* vgl § 1985 Rn 29 f. Wie dieser haftet den Nachlassgläubigern auch ein nach §§ 1960, 1961 BGB bestellter sonstiger *Nachlasspfleger* oder ein *Testamentsvollstrecker* (§§ 2205, 2212, 2213 BGB) schon unabhängig von § 1990 BGB und § 1992 BGB weder mit seinem Eigenvermögen noch mit dem – seiner Verwaltung nicht unterliegenden – Eigenvermögen des Erben (vgl RG WarnR 1918 Nr 122 bzgl des Testamentsvollstreckers). Im Fall der Verurteilung ist nicht einmal ein Vorbehalt nach § 780 ZPO nötig, s Abs 2 dieser Vorschrift. Eine Pflicht zur Beantragung des Nachlassinsolvenzverfahrens trifft einen nach §§ 1960, 1961 BGB bestellten Nachlasspfleger oder einen Testamentsvollstrecker im Verhältnis zu den *Nachlassgläubigern* nicht (s § 1980 Rn 20; zur Antragspflicht des *Nachlassverwalters* vgl § 1985 Rn 29). Die Anwendung der §§ 1990–1992 BGB auf diese Personen hat also nur Konsequenzen, soweit es um § 1990 Abs 2 BGB und § 1991 Abs 3, 4 BGB geht. Diese Vorschriften wird man auf Nachlasspfleger, Nachlassverwalter und Testamentsvollstrecker gleichermaßen anwenden müssen (bzgl des Nachlassverwalters str, s aber § 1985 Rn 29). Vgl zB OLG Dresden OLGE 35 (1917/II] 373 f: Analog § 1991 Abs 3 BGB dürfe sich ein Nachlasspfleger wegen seiner Vergütung, Gebühren und Auslagen vorab aus dem Nachlass befriedigen (s auch § 1991 Rn 20). Vgl ferner RG WarnR 1918 Nr 122 = JW 1918, 816 f m Anm Kipp: Ein Testamentsvollstrecker könne sich unter den gleichen Voraussetzungen wie der Erbe auf § 1991 Abs 4 BGB berufen.

Dass der *Nachlass* zur Deckung der Verfahrenskosten nicht ausreicht, hindert nicht die Eröffnung eines Insolvenzverfahrens über das Vermögen des *Erben* (wenn ein Eröffnungsgrund iS der §§ 16 ff InsO vorliegt und kostendeckende Masse vorhanden ist). In einem solchen Verfahren sind die Einreden der §§ 1990–1992 BGB vom Insolvenzverwalter geltend zu machen (vgl Marotzke, Die Stellung der Nachlassgläubiger in der Eigeninsolvenz des Erben, in: FS Otte [2005] 223, 229; Palandt/Weidlich Rn 3; MünchKomm/Küpper Rn 10; Döbereiner, in: Gottwald [Hrsg], Insolvenzrechts-Handbuch [5. Aufl 2015] § 119 Rn 5), und zwar idR durch Widerspruch gem § 178 InsO. Wenn der Insolvenzverwalter dieses Widerspruchsrecht ausübt, ist es Sache des Nachlassgläubigers, seine Forderungsanmeldung im Verhältnis zum Eigenvermögen des Erben zurückzunehmen (dann müssen Sondermassen [Nachlass einerseits, sonstiges Erbenvermögen andererseits] gebildet werden) oder nach §§ 179 ff InsO Klage auf *uneingeschränkte* Feststellung seiner Forderung zur Insolvenztabelle zu erheben (zB mit der Begründung, dass der Erbe sein Haftungsbeschränkungsrecht bereits verloren habe [s oben Rn 9]; dann aber wohl analoge Anwendung des § 331 Abs 1 InsO und deshalb letztlich ebenfalls Bildung von Sondermassen). Übrigens kann statt des Insolvenzverwalters auch ein *konkurrierender Insolvenzgläubiger* mit der Begründung, dass dem Erben die Einrede des § 1990 BGB zustehe, Widerspruch einlegen. Dieser Widerspruch hat dieselben Konsequenzen wie der des Insolvenzverwalters (§§ 178 Abs 1 S 1, 179 Abs 1 InsO). Anders verhält es sich hingegen beim Widerspruch des Erben (vgl §§ 178 Abs 1 S 2, 184 Abs 1, 201 Abs 2 S 1 InsO).

VI. Besonderheiten bei Erbenmehrheit

Auch Miterben können sich auf § 1990 BGB berufen. Bis zur Teilung des Nachlasses 45 kann aber jeder Miterbe schon unabhängig von § 1990 BGB die Berichtigung einer Nachlassverbindlichkeit aus dem Vermögen, das er außer seinem Anteil am Nachlass hat, gem § 2059 Abs 1 BGB verweigern. Das Leistungsverweigerungsrecht des § 2059 Abs 1 BGB entfällt mit der Teilung des Nachlasses; jetzt erlangen die §§ 1990–1992 BGB auch bei Vorhandensein *mehrerer* Erben die ihnen zugedachte Praxisrelevanz. Ist der Nachlass weder überschuldet, noch zahlungsunfähig und „droht" er auch nicht zahlungsunfähig zu werden (vgl § 320 InsO), so werden nach seiner Teilung selbst diejenigen den § 1990 BGB für unanwendbar erklären müssen, die sonst die bei Rn 2 f kritisierte Ansicht vertreten, dass § 1990 BGB eine Überschuldung nicht voraussetze (vgl Riesenfeld I 304). Denn wenn der bereits geteilte Nachlass weder überschuldet noch zahlungsunfähig ist und auch der Tatbestand der „drohenden" Zahlungsunfähigkeit nicht vorliegt, kann ein Miterbe die Eröffnung eines Nachlassinsolvenzverfahrens, die er im Prinzip auch noch nach der Nachlassteilung beantragen könnte (vgl §§ 316 Abs 2, 317 Abs 2 InsO), wegen Nichtvorliegens eines Eröffnungsgrundes (§§ 16, 320 InsO) nicht erreichen. Der Anordnung einer Nachlassverwaltung, die gem § 1975 BGB ebenfalls haftungsbeschränkend wirken würde, steht nach der Teilung des Nachlasses § 2062 HS 2 BGB entgegen. Nicht „wegen Mangels einer den Kosten entsprechenden Masse" (vgl § 1990 Abs 1 S 1 BGB), sondern aus ganz anderen Gründen kommt hier also keines der der in § 1975 BGB genannten Haftungsbeschränkungsmittel mehr in Betracht. Für solche Fälle ist § 1990 BGB nicht gedacht (Riesenfeld I 304). Ausweislich der Denkschr (731) kann ein Miterbe nach der Teilung des Nachlasses „die Rechtsfolge, als Gesammtschuldner auch mit dem eigenen Vermögen zu haften, ... in der Regel nur noch abwenden, wenn er in der Lage ist, wegen Überschuldung des Nachlasses die

Eröffnung des Nachlasskonkurses herbeizuführen“ (vgl § 216 Abs 2 KO, der dem heutigen § 316 Abs 2 InsO entspricht, und § 215 KO, der im Unterschied zum heutigen § 320 InsO nur die *Überschuldung* als Eröffnungsgrund anerkannte). Dieser Grundgedanke muss auf § 1990 BGB übertragen werden. *Nach* der Teilung des Nachlasses kann sich ein Miterbe also nur noch dann auf § 1990 BGB berufen, wenn ein Antrag auf Eröffnung eines Nachlassinsolvenzverfahrens nicht bereits wegen Fehlens eines Eröffnungsgrundes iSd § 320 InsO, sondern „wegen Fehlens einer den Kosten entsprechenden Masse“ aussichtslos wäre (zum maßgeblichen Zeitpunkt s oben Rn 8). Die „Herausgabepflicht“ des § 1990 Abs 1 S 2 BGB (Rn 29 ff) bezieht sich, soweit der Nachlass geteilt ist, auf das, was der in Anspruch genommene einzelne Miterbe aus dem Nachlass erhalten hat (Brox/Walker Rn 731; Ebenroth Rn 1171; Lange/Kuchinke § 50 V 3 c; vgl auch § 1480 S 2 BGB sowie Prot V 877; **aM** zu Unrecht [s § 2060 Rn 4 ff, 11, 14; § 2062 Rn 16 f] OLG Düsseldorf FamRZ 1996, 444 f: wenn der Nachlass geteilt sei, existiere kein „Nachlass“ mehr, sodass es an einem Haftungsgegenstand fortan fehle und das Leistungsverweigerungsrecht aus § 1990 Abs 1 S 1 ohne Weiteres durchgreife). Wenn einzelne Nachlassgegenstände aus der gesamthänderischen Bindung noch nicht ausgeschieden sind – was die Annahme einer Nachlass„teilung“ nicht unbedingt ausschließt (§ 2059 Rn 33 ff) – bezieht sich die „Herausgabepflicht“ des § 1990 Abs 1 S 2 BGB auf

(1.) die dem in Anspruch genommenen Miterben bereits zugewiesenen Nachlassgegenstände (vgl auch § 2059 Rn 35) und

(2.) den Anteil des Miterben an dem noch ungeteilten Nachlassrest (pfändbar nach § 859 Abs 2 ZPO; vgl Staudinger/Löhnig [2016] § 2033 Rn 27 ff, 33 ff) und

(3.) auf die noch gesamthänderisch gebundenen Nachlassgegenstände (vgl auch § 2059 Abs 2 BGB und §§ 747, 779 ZPO).

Insoweit muss der Miterbe, der sich auf § 1990 BGB beruft, also die Zwangsvollstreckung dulden, Auskunft erteilen usw (vgl oben Rn 29 ff).

VII. Entsprechende Anwendung

46 Entsprechende Anwendung finden die §§ 1990, 1991 BGB u a auf folgende Fälle:

1. auf die Haftung des *volljährig Gewordenen* für die vor dem Eintritt der Volljährigkeit begründeten Verbindlichkeiten (vgl § 1629a Abs 1 S 2 BGB; hierzu ausführlich Muscheler WM 1998, 2271, 2284 ff; s auch Staudinger/Kunz Vorbem 3 zu §§ 1967 ff);

2. auf die Haftung des an sich nicht persönlich verpflichteten *Ehegatten* für eine *Gesamtgutsschuld,* die nicht vor der Teilung des Gesamtguts der allgemeinen Gütergemeinschaft berichtigt worden ist (§ 1480 S 2 BGB), ferner auf die Haftung des überlebenden Ehegatten für eine Gesamtgutsschuld, die ihn nur infolge des Eintritts der fortgesetzten Gütergemeinschaft trifft, § 1489 Abs 2 BGB (in diesem letzteren Falle sind die gesamten Vorschriften über die Erbenhaftung entspr anwendbar);

3. auf die Haftung der *Abkömmlinge* bei der fortgesetzten Gütergemeinschaft für *Gesamtgutsverbindlichkeiten,* die bei der Teilung nicht berücksichtigt worden sind, § 1504 BGB;

4. auf die Haftung des *Käufers eines Erbteils* nach Ausübung des Vorkaufsrechts der Miterben, § 2036 BGB;

5. auf die Haftung des *Vorerben* nach Eintritt der Nacherbfolge, § 2145 BGB;

6. auf die Haftung des *Vermächtnisnehmers* für die ihm auferlegten Vermächtnisse auf Auflagen (§ 2187 Abs 3 BGB), mit der sich aus § 1992 S 2 BGB ergebenden Maßgabe.

In fast allen diesen Fällen ist aber **Dürftigkeit** der Vermögensmasse, auf die sich die Haftung beschränkt, nicht erforderlich. Eine Ausnahme bildet insofern der Fall des § 1489 Abs 2 BGB (vgl Staudinger/Felgentraeger[10/11] § 1489 Rn 17 ff, 21).

7. Zur Frage einer entspr Anwendung der §§ 1990, 1991 BGB auf einen nicht dürftigen Nachlass *nach bereits durchgeführter Nachlassverwaltung* s § 1986 Rn 10.

8. Eine entsprechende Anwendung der §§ 1990, 1991 BGB sah auch der zum 1. 1. 1999 aufgehobene § 419 BGB vor, der *bei vertraglicher Vermögensübernahme* eine Haftung des Erwerbers gegenüber den Gläubigern des Veräußerers statuierte (vgl erg Staudinger/Dutta [2016] Vorbem 5 zu §§ 1967 ff).

§ 1991
Folgen der Dürftigkeitseinrede

(1) Macht der Erbe von dem ihm nach § 1990 zustehenden Recht Gebrauch, so finden auf seine Verantwortlichkeit und den Ersatz seiner Aufwendungen die Vorschriften der §§ 1978, 1979 Anwendung.

(2) Die infolge des Erbfalls durch Vereinigung von Recht und Verbindlichkeit oder von Recht und Belastung erloschenen Rechtsverhältnisse gelten im Verhältnis zwischen dem Gläubiger und dem Erben als nicht erloschen.

(3) Die rechtskräftige Verurteilung des Erben zur Befriedigung eines Gläubigers wirkt einem anderen Gläubiger gegenüber wie die Befriedigung.

(4) Die Verbindlichkeiten aus Pflichtteilsrechten, Vermächtnissen und Auflagen hat der Erbe so zu berichtigen, wie sie im Falle des Insolvenzverfahrens zur Berichtigung kommen würden.

Materialien: E I § 2133 Abs 2; II § 1866; III § 1966; Mot V 656 f; Prot V 797 ff; Denkschr 723 f; KommBer 2101; Jakobs/Schubert ER I 304, 383 ff.

Neufassung seit 1. 1. 1999 gem Art 33 Nr 42 EGInsO: In Abs 4 wurden die Worte „des Konkurses" durch die Worte „des Insolvenzverfahrens" ersetzt.

I. Verantwortlichkeit des Erben und Ersatz seiner Aufwendungen

1 **Abs 1** regelt die Verantwortlichkeit und die Aufwendungsersatzansprüche des Erben für den Fall, dass dieser von seinen Befugnissen aus § 1990 BGB Gebrauch macht.

1. Verantwortlichkeit

2 Hinsichtlich der Verantwortlichkeit des Erben gegenüber Gläubigern, denen er seine haftungsbeschränkenden Einreden aus § 1990 BGB entgegenhält, verweist § 1991 BGB Abs 1 auf Vorschriften, die sonst nur im Fall der Nachlassverwaltung oder des Nachlassinsolvenzverfahrens gelten würden, nämlich auf § 1978 BGB und § 1979 BGB.

3 **a)** Gem **§ 1978 BGB** bestimmt sich die **Verantwortlichkeit des Erben für die Verwaltung des Nachlasses** nicht – wie im Fall des § 1973 BGB – nach Bereicherungsrecht, sondern nach den strengeren Maßstäben des Auftragsrechts (Abs 1 S 1) bzw – für die Zeit vor der Annahme der Erbschaft – nach dem Recht der Geschäftsführung ohne Auftrag (Abs 1 S 2). Verantwortlichkeit für die „bisherige" (§ 1978 Abs 1 S 1 BGB) Verwaltung des Nachlasses bedeutet im Rahmen der Verweisung des § 1991 Abs 1 BGB: Verantwortlichkeit für die Verwaltung des Nachlasses bis zu seiner vollständigen „Herausgabe" nach § 1990 Abs 1 S 2 BGB (vgl BGB-RGRK/Johannsen Rn 1). Im Übrigen gelten die Erl zu § 1978 BGB entsprechend.

4 Die Frage, ob bzw unter welchen Voraussetzungen Gegenstände, die der Erbe auf Kosten des Nachlasses erworben hat und die er dem Nachlassgläubiger deshalb nach §§ 1991 Abs 1, 1978 Abs 1, 667, 681 S 2 BGB zu dem in § 1990 Abs 1 S 2 BGB bezeichneten Zweck „herausgeben" muss, kraft „dinglicher" **Surrogation** schon jetzt Bestandteile des Nachlasses des Erben sind, ist bei § 1991 Abs 1 BGB ebenso zu entscheiden wie bei § 1978 BGB (vgl § 1978 Rn 16 ff; speziell für §§ 1990, 1991 BGB wird der Surrogationsgrundsatz anerkannt von Endemann III 2; enger jedoch die von mir in EWiR § 1990 BGB 1/1989, 989 f besprochene Entscheidung BGH FamRZ 1989, 1070, 1072 = NJW-RR 1989, 1226, 1227; dingliche Surrogation hier pauschal verneinend Bamberger/Roth/Lohmann Rn 5).

5 **b)** Die Verweisung auf **§ 1979 BGB** betrifft die Frage, unter welchen Voraussetzungen ein den Einreden des § 1990 BGB ausgesetzter Gläubiger die **Befriedigung anderer Nachlassgläubiger** durch den Erben „als für Rechnung des Nachlasses erfolgt gelten lassen" muss. Im Rahmen des § 1990 BGB ist § 1979 BGB jedoch nur mit Einschränkungen anwendbar. Denn wenn der Erbe sich auf § 1990 BGB beruft – also geltend macht, dass der Nachlass dürftig und wahrscheinlich überschuldet sei –, wird er nicht „den Umständen nach annehmen dürfen, dass der Nachlass zur Berichtigung aller Nachlassverbindlichkeiten ausreiche". Man wird daher folgende Unterscheidung treffen müssen:

aa) Hat der Erbe Nachlassverbindlichkeiten während einer Zeit berichtigt, zu der die Voraussetzungen des § 1990 BGB noch nicht erfüllt waren (zB der Nachlass den Kosten einer Nachlassverwaltung bzw eines Nachlassinsolvenzverfahrens noch entsprach), so gilt für die Anwendung des § 1979 BGB das in der Kommentierung zu dieser Vorschrift Ausgeführte uneingeschränkt.

bb) Wenn und sobald die Voraussetzungen des § 1990 Abs 1 S 1 BGB erfüllt sind, braucht der Erbe ein Nachlassinsolvenzverfahren trotz Vorliegens eines Eröffnungsgrundes (§ 320 InsO) nicht (mehr) zu beantragen (§ 1980 Rn 7), obwohl ihm dies gegen Vorschuss der Verfahrenskosten (§ 26 Abs 1 S 2 InsO) durchaus möglich wäre. § 1990 Abs 1 S 1 BGB erspart dem Erben diese Zumutung und gibt ihm das Recht, die Befriedigung einer Nachlassverbindlichkeit zu verweigern, *soweit* der Nachlass zur Befriedigung dieser *einzelnen* Verbindlichkeit nicht ausreicht. Eine Nachlassverbindlichkeit nach Kräften und mit Mitteln des Nachlasses zu berichtigen, kann der Erbe dem betreffenden Gläubiger also nicht mit der Begründung verweigern, dass der Nachlass zur Berichtigung *aller* (§ 1979 BGB) Verbindlichkeiten nicht ausreiche (jedoch steht dem Erben dann immerhin schon die *Dürftigkeits*einrede zu, sodass er wenigstens Übergriffe auf sein Eigenvermögen abwehren kann; s § 1990 Rn 3 [besonders den letzten Absatz]). Folglich müssen die übrigen Nachlassgläubiger eine in der Situation des § 1990 BGB erfolgte Befriedigung eines Nachlassgläubigers wie ein unabwendbares Ereignis auch dann gegen sich gelten lassen, wenn der Rechtfertigungsgrund des § 1979 BGB im konkreten Fall nicht erfüllt ist (RG WarnR 1913/14 Nr 213 S 304; zust Muscheler WM 1998, 2271, 2287). Insoweit gilt das Prinzip des Vorrangs des früheren Vollstreckungszugriffs. Auch im Fall des § 1990 BGB braucht der Erbe die Rangfolge, mit der die Gläubiger im Nachlassinsolvenzverfahren zum Zuge kommen würden, grundsätzlich nicht zu beachten (§ 1990 Rn 1). Soweit er aber ausnahmsweise eine bestimmte Reihenfolge einhalten muss (s Rn 17 ff, 21 ff), wird man den Rechtsgedanken des § 1979 BGB über § 1991 Abs 1 BGB zur Anwendung bringen können: Hat der Erbe gegen die vorgeschriebene Rangfolge verstoßen, so ist er dem besserrangigen Gläubiger, dem er einen schlechterrangigen vorgezogen hat, nur dann nicht nach § 1978 Abs 1 BGB verantwortlich, wenn er den Umständen nach annehmen durfte, dass der Nachlass zur Befriedigung des besserrangigen Gläubigers auch noch nach Befriedigung des schlechterrangigen ausreichen werde (Beispiel: Der Erbe zieht einem „normalen" Nachlassgläubiger einen Pflichtteilsgläubiger vor in dem Glauben, dass die Überschuldung des Nachlasses nur auf einer Auflage beruhe; vgl § 1991 Abs 4 BGB und § 327 Abs 1 InsO). 6

Überhaupt wird die Anwendbarkeit des § 1979 BGB durch § 1990 BGB nur insoweit eingeschränkt, als sich der Erbe des dürftigen Nachlasses ohne ein Nachlassinsolvenzverfahren – das ihm ja erlassen ist – seiner Leistungspflicht nicht entziehen konnte (also nur, soweit der Erbe trotz § 1990 Abs 1 S 1 BGB leisten musste; iE wie hier wohl auch Lange/Kuchinke § 49 VIII 4c Fn 196; Muscheler WM 1998, 2271, 2287 Fn 130). Soweit der Erbe einem Gläubiger die Leistung aus einem anderen Grund noch weitergehend verweigern kann (zB gem §§ 1973, 1974 BGB oder gem § 214 Abs 1 BGB), brauchen die übrigen Nachlassgläubiger eine dennoch erbrachte Leistung nur dann als für Rechnung des Nachlasses erfolgt gelten zu lassen, wenn der Erbe annehmen durfte, dass der Nachlass zur Berichtigung aller übrigen Nachlassverbindlichkeiten ausreiche (§ 1979 BGB) oder wenn er sein über § 1990 Abs 1 S 1 BGB noch hinausgehendes Leistungsverweigerungsrecht schuldlos nicht kannte. Soweit ihm im letzteren Fall gem §§ 813, 814 BGB ein Bereicherungsanspruch gegen den Leistungsempfänger zusteht (dazu § 1990 Rn 40), wird er diesen gem § 285 Abs 1 bzw §§ 1991 Abs 1, 1978 Abs 1, 667 BGB anstelle der zur Gläubigerbefriedigung verwendeten Nachlassmittel zum Zwecke der Befriedigung des (anderen) Gläubigers im Wege der Zwangsvollstreckung (§ 1990 Abs 1 S 2 BGB) herauszugeben haben 7 (wie hier bejahen eine Verpflichtung des Erben zur Geltendmachung der §§ 1973, 1974 BGB auch Strohal II 306 f; Planck/Flad Anm 1d ß; Raape JherJb 72 [1922] 293, 342; MünchKomm/Küpper Rn 11).

8 **c)** Es fällt auf, dass Abs 1 den **§ 1980 BGB (Haftung bei Verletzung der Insolvenzantragspflicht)** nicht erwähnt. Nach E III sollte auch er Anwendung finden; dies wurde jedoch von der Reichstags-Kommission als gegenstandslos gestrichen (KommBer 2101). Es herrscht Übereinstimmung, dass das ein Irrtum war und man § 1980 BGB auch auf den Erben anwenden muss, der sich auf § 1990 BGB beruft (RG LZ 1913, 233; BGH NJW 1992, 2694, 2695; BGB-RGRK/Johannsen Rn 2; MünchKomm/Küpper Rn 4; Bamberger/Roth/Lohmann Rn 1; Palandt/Weidlich Rn 1; Lange/Kuchinke § 49 VIII 4a Fn 195; Strohal II § 81 Fn 5; vLübtow II 1168). Dass der Nachlass gerade dadurch dürftig geworden ist, dass der Erbe es versäumt hat, den Antrag auf Eröffnung des Nachlassinsolvenzverfahrens zu stellen (vgl RG LZ 1913, 233), wird allerdings kaum vorkommen, da bei der Prüfung, ob der Nachlass den Verfahrenskosten entspricht (§ 1990 Abs 1 S 1 BGB), ein auf § 1980 BGB beruhender Ersatzanspruch analog § 1978 Abs 2 BGB als zum Nachlass gehörend anzusehen und daher als Aktivposten hinzuzurechnen ist. Jedoch kann zB ein Nachlassinsolvenzverfahren nach § 207 InsO eingestellt worden sein, weil seinerzeit von dem Ersatzanspruch aus § 1980 BGB nichts bekannt war oder weil der Anspruch wegen (jetzt aber behobener) Vermögenslosigkeit des Erben nicht durchsetzbar war. *Da der Einstellungsbeschluss im Rahmen des § 1990 Abs 1 S 1 BGB bindet,* kann sich in diesem Fall auch ein Erbe, der nach § 1980 BGB haftet und dessen Nachlass aus diesem Grunde eigentlich gar nicht dürftig ist, auf § 1990 BGB berufen. Dadurch darf er sich aber seiner Haftung aus § 1980 Abs 1 S 2 BGB nicht entziehen können.

9 **d)** Gem §§ 1991 Abs 1, **1978 Abs 2** BGB gelten Ansprüche, die dem Nachlassgläubiger nach §§ 1991 Abs 1, 1978 Abs 1 BGB (und § 1980 BGB, s Rn 8) gegen den Erben zustehen, als zum Nachlass gehörend.

aa) Durch die **Addition zu den Aktiva** können diese eine Höhe erreichen, die die Kosten einer Nachlassverwaltung oder eines Nachlassinsolvenzverfahrens decken würde und den Nachlass deshalb als nicht „dürftig" erscheinen lässt. Damit entfallen

(1.) in der Regel bereits die Dürftigkeitseinrede als solche (zu denkbaren Ausnahmen s oben Rn 8 und § 1990 Rn 5; vgl ferner § 1990 Rn 2 f zu den Voraussetzungen und Inhalten der Dürftigkeitseinrede) und mit dieser

(2.) die Unzulänglichkeitseinrede, soweit diese nicht gem § 1992 BGB auch ohne Dürftigkeit gegeben ist (Näheres zur Unzulänglichkeitseinrede bei § 1990 Rn 2 f, 17).

Denkbar ist ferner, dass infolge der Addition zwar nicht die Dürftigkeit, wohl aber die (ernsthafte Möglichkeit einer) *Überschuldung* des Nachlasses entfällt. Damit entfällt nach der bei § 1990 Rn 3 f vertretenen Ansicht nicht nur die Unzulänglichkeits-, sondern auch schon die Dürftigkeitseinrede. Ist der Nachlass hingegen trotz Hinzurechnung der gegen den Erben gerichteten Ersatzansprüche sowohl überschuldet als auch dürftig, so beeinflusst die Hinzurechnung nur noch den *Umfang* eines etwaigen Leistungsverweigerungsrechts aus § 1990 Abs 1 S 1 BGB (soweit „der

Nachlass nicht ausreicht"). Auch dies kann freilich im Ergebnis zum *völligen* Ausschluss der Unzulänglichkeitseinrede führen.

bb) Die Geltendmachung der Ansprüche aus §§ 1991 Abs 1, 1978 Abs 1, 1980 Abs 1 S 2 BGB kann zum einen in der Weise erfolgen, dass der Nachlassgläubiger diese Ansprüche der vom Erben erhobenen Dürftigkeitseinrede entgegenhält und darlegt, dass der Nachlass wegen dieser Ansprüche weder dürftig ist noch überschuldet sein kann. Dann kann der Erbe den Gläubiger ohnehin nicht nach § 1990 BGB auf den Nachlass beschränken (zT streitig bzw mit Ausnahmen zu versehen; vgl hinsichtlich der Dürftigkeit oben Rn 8 und § 1990 Rn 5 sowie zur Bedeutung einer nur *möglicherweise* bestehenden Überschuldung oder Zahlungsunfähigkeit die Hinweise bei § 1990 Rn 3). Führt die Verantwortlichkeit des Erben nicht bereits zum völligen Ausschluss der Rechte aus § 1990 BGB, so wird der Gläubiger seinen *Vollstreckungszugriff* wenigstens insoweit, wie der Erbe ihm nach § 1991 Abs 1 BGB verantwortlich ist, auch *auf dessen Eigenvermögen ausdehnen* wollen. Dies führt zu der Frage, ob sich der Nachlassgläubiger solche gegen das Eigenvermögen des Erben gerichtete Ansprüche erst pfänden und überweisen lassen muss (**bejahend** OLG Dresden ZBlFG 6 [1905/1906] 410, 416; 3. Denkschr d ErbrA d AkDR 8 f; Siber, Haftung für Nachlaßschulden nach geltendem und künftigem Recht [1937] 48, 77; K Hellwig, Anspruch und Klagrecht [1924, Neudruck 1967] 241 Fn 21; BGB-RGRK/Johannsen § 1978 Rn 11 [vgl aber ders § 1990 Rn 9]; Kipp/Coing § 101 VI; **verneinend** BGH NJW-RR 1989, 1226, 1228 = FamRZ 1989, 1070, 1073; MünchKomm/Küpper Rn 7 aE; Erman/Horn Rn 3; Soergel/Stein Rn 2; Bamberger/Roth/Lohmann Rn 2; de Boor, Kollision von Forderungsrechten [1928] 58 f; vLübtow II 1169; wohl auch Lange/Kuchinke § 49 VIII 6 Fn 206). Für das Erfordernis vorheriger Pfändung scheint zu sprechen, dass diese Ansprüche gem § 1978 Abs 2 BGB als zum Nachlass gehörend gelten. Die Zuordnung der Ansprüche zum Nachlass ist jedoch nur eine Fiktion („gelten"), die als solche auch zweckmäßig erscheint, soweit sie die Geltendmachung der betreffenden Ansprüche durch einen Nachlass- bzw Nachlassinsolvenzverwalter ermöglicht und zu einer Berücksichtigung dieser Ansprüche bei der Prüfung führt, ob bzw inwieweit der Nachlass zur Befriedigung eines Gläubigers nicht ausreicht (§ 1990 Abs 1 S 1 BGB), ob er zahlungsunfähig oder überschuldet ist (§ 320 InsO) oder ob er den Kosten einer Nachlassverwaltung bzw eines Nachlassinsolvenzverfahrens entspricht (Prot V 813). Man würde den Sinn dieser Fiktion jedoch pervertieren, wenn man den Nachlassgläubigern ihretwegen die Geltendmachung der persönlichen Verantwortlichkeit des Erben (und zB auch der Ansprüche auf Auskunft etc aus §§ 1978 Abs 1, 666, 259 BGB) erschweren würde. Wo kein Nachlass- oder Nachlassinsolvenzverwalter vorhanden ist, besteht kein Grund, den Nachlassgläubigern durch die Fiktion des § 1978 Abs 2 BGB die Ausübung der materiell ihnen (Prot V 781) zustehenden Rechte aus §§ 1978 Abs 1, 1979, 1980 Abs 1 S 2 BGB zu erschweren (ebenso BGH FamRZ 1989, 1070, 1073 = NJW-RR 1989, 1226, 1228). Der Hinweis von Siber (Haftung für Nachlaßschulden ... 48), dass ein einzelner Gläubiger diese Ansprüche allein gar nicht geltend machen könne, weil sie allen Nachlassgläubigern gemeinschaftlich zustünden, überzeugt nicht. Denn im Fall der von Siber angenommenen Gesamtgläubigerschaft kann jeder Gläubiger einzeln klagen (arg §§ 429 Abs 3, 425 Abs 2 BGB aE; **aM** Siber 48), und der Erbe braucht weder hier (§ 428 S 1 BGB) noch in den Fällen des § 1990 BGB an alle Gläubiger gemeinsam zu *leisten.* Der Erbe kann sich grundsätzlich aussuchen, welchen Gläubiger er zuerst befriedigt (vgl aber § 1991 Abs 4 BGB). Dies muss auch für die Leistung an einen der mehreren Inhaber eines Anspruchs aus §§ 1991 Abs 1, 1978 Abs 1, 1980 Abs 1 S 2 BGB gelten. Nichts spricht also dagegen, 10 dass ein einzelner Nachlassgläubiger solche Ansprüche, ohne sie vorher aufgrund seines gegen den Nachlass gerichteten Vollstreckungstitels zu pfänden, aus eigenem Recht einklagen und später durch Zwangsvollstreckung selbst für seine Befriedigung sorgen darf (vgl auch § 428 S 2 BGB). In diesem Sinne hat auch der BGH entschieden (BGH NJW-RR 1989, 1226, 1228 f = FamRZ 1989, 1070, 1073–1075).

11 IdR wird ein Nachlassgläubiger auf ein klagweises Vorgehen wegen dieser Ansprüche nicht angewiesen sein: Vollstreckt er eine Nachlassverbindlichkeit auch in das Eigenvermögen des Erben, so ist es Sache des Erben, diesen Übergriff durch Vollstreckungsgegenklage abzuwehren (§§ 780, 781, 785 ZPO). Gegenüber dieser Klage kann der Nachlassgläubiger verteidigungsweise einwenden, dass die mit ihr begehrte Beschränkung der Vollstreckbarkeit des Titels auf den Nachlass insoweit, wie aufgrund der §§ 1991 Abs 1, 1978 Abs 1, 1979, 1980 BGB eine Haftung des Erben auch mit dem Eigenvermögen besteht, entsprechend dem Grundsatz „dolo facit, qui petit, quod statim redditurus est" nicht in Betracht kommt (vgl BGH NJW-RR 1989, 1226, 1228 = FamRZ 1989, 1070, 1073; BGH NJW 1992, 2694, 2695; BGB-RGRK/Johannsen § 1990 Rn 9; Bamberger/Roth/Lohmann Rn 2 und Herschel DR 1940, 325 in einer Anm zu einem nur im Ergebnis ähnlichen Urteil des OLG Köln; zweifelnd wohl BFHE 139, 12, 14 = BStBL II 1983, 653, 654 [zu *§ 1989 BGB* und *deshalb* iE zutreffend; vgl § 1989 Rn 8]).

2. Aufwendungsersatz

12 Ersatz seiner Aufwendungen kann der Erbe gem § 1991 Abs 1 BGB **nach Maßgabe der §§ 1978 Abs 3, 1979 BGB** verlangen. Der Erbe kann also nicht, wie im Fall des § 1973 BGB, alles in Anrechnung bringen, was er aus eigenen Mitteln zur *Gläubigerbefriedigung* aufgewandt hat. Hat der Erbe zu einer Zeit, als der Nachlass den Kosten eines Nachlassinsolvenzverfahrens noch entsprach, eine Nachlassverbindlichkeit berichtigt, so müssen die anderen Nachlassgläubiger diese Schuldentilgung gem § 1979 BGB nur dann als für Rechnung des Nachlasses erfolgt gelten lassen, wenn der Erbe den Umständen nach annehmen durfte, dass der Nachlass zur Berichtigung aller Nachlassverbindlichkeiten ausreiche. Auch *sonstige Aufwendungen* sind dem Erben nur nach Auftrags- bzw Geschäftsführungsrecht zu ersetzen (§ 1978 Rn 26 ff). Befriedigt der Erbe einen Nachlassgläubiger nach Maßgabe der §§ 1990, 1991 BGB, so müssen die übrigen Gläubiger diese Schuldentilgung entgegen § 1979 BGB auch dann als für Rechnung des Nachlasses erfolgt gelten lassen, wenn der Erbe *nicht* annehmen durfte, dass der Nachlass zur Berichtigung aller Nachlassverbindlichkeiten ausreiche (s oben Rn 6). Ihm aus anderen Gründen (zB § 1973 BGB) zustehende Einreden muss der Erbe aber auch geltend machen (s Rn 7).

13 Die **Durchsetzung** seiner Aufwendungsersatzansprüche obliegt dem Erben. Er kann sich seine Aufwendungen, soweit sie ersatzfähig sind, selbst „aus dem Nachlass" (vgl § 1978 Abs 3 BGB) ersetzen. Da der Erbe die Nachlassgläubiger in den Fällen des § 1990 BGB grundsätzlich in der ihm beliebenden Reihenfolge befriedigen darf (Prot V 800 f, auch zu der Ausnahme des Abs 4), kann ihm kein Nachlassgläubiger verwehren, dass er an erster Stelle sich selbst wegen seiner Aufwendungen berücksichtigt (vgl auch Rn 19, 20 und BGHZ 85, 274, 287; 122, 297, 306; BGH NJW 1995, 596, 597 mwNw). Wenn im Nachlass ein seinen Aufwendungsersatzansprüchen entsprechender Geldbetrag vorhanden ist, kann er diesen Betrag also trotz § 1990 Abs 1 S 2 BGB zurückbehalten. Auch hinsichtlich anderer Nachlassgegenstände als Geld kann

der Erbe wegen der Aufwendungen, die ihm nach §§ 1991 Abs 1, 1978 Abs 3 BGB „aus dem Nachlass" zu ersetzen sind, ein **Zurückbehaltungsrecht** (§ 273 BGB) geltend machen (vgl RGZ 139, 199, 202; **aM** OLG Stuttgart WürttJb 24 [1912] 298, 301 f; Strohal II § 81 Fn 13; Binder II 207). Die Ansicht, hier komme ein Zurückbehaltungsrecht höchstens insoweit in Betracht, als der von der Zwangsvollstreckung des Nachlassgläubigers erfasste Gegenstand zur Deckung der Aufwendungsersatzansprüche des Erben erforderlich sei (Staudinger/Lehmann[11] Rn 7), erscheint angesichts dessen, dass der Nachlassgläubiger die Ausübung des Zurückbehaltungsrechts durch Sicherheitsleistung abwenden kann (§ 273 Abs 3 BGB), als zu restriktiv. Gegen die grundsätzliche Anerkennung des Zurückbehaltungsrechts spricht nicht, dass der Erbe im Fall des § 1990 BGB nicht wie nach §§ 1973 Abs 2 S 2, 1992 S 2 BGB berechtigt ist, die Herausgabe der noch vorhandenen Nachlassgegenstände durch Zahlung des Schätzwertes abzuwenden (vgl aber Staudinger/Lehmann[11] Rn 7). Denn dieses Übernahmerecht könnten die Nachlassgläubiger ja gerade *nicht* abwenden (§ 273 Abs 3 BGB ist insoweit weder unmittelbar noch analog anwendbar). Bei der Bemessung der zur Abwendung des Zurückbehaltungsrechts zu leistenden Sicherheit ist zu berücksichtigen, dass der Erbe auch dann, wenn seine Aufwendungsersatzansprüche den Wert des Nachlasses übersteigen, nicht mehr verlangen kann, als im Wege der Zwangsvollstreckung für den Nachlass zu erlösen ist. Hat der Erbe von seinem Zurückbehaltungsrecht keinen Gebrauch gemacht, sondern den Nachlass nach § 1990 Abs 1 S 2 BGB „herausgegeben", so wird er wegen seiner Aufwendungen **Vorwegbefriedigung aus dem erzielten Vollstreckungserlös** verlangen können (vgl Prot V 773, zu § 1989 BGB). In der Zwangsversteigerung kann dieses Recht uU in der Weise Berücksichtigung finden, dass die begünstigte Forderung auf Anmeldung (§ 45 Abs 1 ZVG) in das geringste Gebot (§ 44 Abs 1 ZVG), und zwar in das Bargebot (§ 49 ZVG), aufgenommen wird. Zur Geltendmachung der Aufwendungsersatzansprüche im Streit des Erben mit einem Nachlassgläubiger um die Freigabe eines hinterlegten Betrages vgl OLG Celle OLGZ 1978, 199 ff (betr Anwendung der §§ 1990, 1991 BGB im Rahmen des zum 1. 1. 1999 außer Kraft getretenen § 419 BGB).

II. Relative Aufhebung der Konfusion bzw Konsolidation

Abs 2 entspricht dem § 1976 BGB. Jedoch tritt die Aufhebung der Vereinigung von 14
Recht und Verbindlichkeit bzw von Recht und Belastung anders als im unmittelbaren Anwendungsbereich des § 1976 BGB nicht schlechthin ein, sondern immer nur im Verhältnis des Erben zu dem Gläubiger, dem er die Haftungsbeschränkung des § 1990 BGB entgegenhält. Wiederauflebende **Ansprüche des Erben gegen den Nachlass** können also nicht von Eigengläubigern des Erben gepfändet werden (Strohal II § 81 Fn 3 a; Soergel/Stein Rn 5; MünchKomm/Küpper Rn 5). Entsprechendes muss für Ansprüche des Nachlasses gegen den Erben gelten. Wohl aber kann der Erbe Nachlassgläubigern, denen er seine Rechte aus § 1990 BGB entgegenhält, wiederauflebende eigene Ansprüche gegen den Nachlass als Passivposten in Rechnung stellen (RG WarnR 1913/14 Nr 213). Insoweit gilt das zu den Aufwendungsersatzansprüchen Ausgeführte (Rn 13) entsprechend; das dort erwähnte Zurückbehaltungsrecht steht dem Erben aber nicht zu, da sich seine nach Abs 2 als nicht erloschen geltenden Ansprüche gegen den Nachlass, nicht gegen Nachlass*gläubiger* richten. Vgl ferner Rn 20.

Ansprüche des Nachlasses gegen den Erben, die gem Abs 2 im Verhältnis zwischen 15
dem Erben und dem mit der Einrede des § 1990 BGB konfrontierten Nachlass-

gläubiger als nicht erloschen gelten, kann dieser Gläubiger – anders als die ihm selbst zustehenden Ansprüche aus § 1978 Abs 1 BGB (s Rn 10) – erst nach Pfändung, Überweisung und Titulierung gegen das Eigenvermögen des Erben vollstrecken lassen (**aM** wohl de Boor, Kollision von Forderungsrechten [1928] 59). Auch gegenüber dem Erblasser hätte der Gläubiger ja so verfahren müssen.

Für die *verteidigungsweise* Geltendmachung dieser Ansprüche gilt dagegen das bei Rn 9, 11 Ausgeführte entsprechend. Insbesondere kann der Nachlassgläubiger gegenüber einer Vollstreckungsgegenklage des Erben (§ 785 ZPO), mit der dieser die Vollstreckbarkeit der titulierten Forderung auf den Nachlass beschränken will, geltend machen, dass der Erbe nach Maßgabe der gegen ihn selbst gerichteten Ansprüche des Nachlasses auch mit dem Eigenvermögen haftet (gegen die Notwendigkeit vorheriger Pfändung und Überweisung solcher Ansprüche auch BGB-RGRK/Johannsen Rn 7).

16 Von Bedeutung ist Abs 2 auch im Fall erbrechtlich bedingter Vereinigung von **Miteigentumsanteilen** oder **Gesellschaftsanteilen** in einer Hand (vgl § 1976 Rn 8 f).

III. Rechtskräftige Verurteilung des Erben

17 **1.** Gem **Abs 3** wirkt die rechtskräftige Verurteilung des Erben zur Befriedigung eines Gläubigers einem anderen Gläubiger gegenüber wie die Befriedigung (ähnlich § 1973 Abs 2 S 3 BGB). Der Erbe darf also im Fall des § 1990 BGB die Befriedigung eines Nachlassgläubigers auch dann verweigern, wenn (bzw soweit) der Nachlass durch die Erfüllung der rechtskräftig titulierten Forderung eines anderen Nachlassgläubigers erschöpft würde. Nach hM soll Abs 3 den Erben sogar *verpflichten,* den Gläubiger, der das rechtskräftige Urteil gegen ihn erzielt hat, vor den übrigen Gläubigern zu befriedigen (RG WarnR 1913/14 Nr 213; Staudinger/Lehmann[11] Rn 8, 10; Planck/Flad Anm 1d ß; BGB-RGRK/Johannsen Rn 8; AK-BGB/Teubner Rn 8; Soergel/Stein Rn 7; Erman/Horn Rn 4; MünchKomm/Küpper Rn 8; vLübtow II 1173 f; Muscheler WM 1998, 2271, 2286; vgl auch Mot V 641; **aM** Lange/Kuchinke § 49 VIII 4 a; vgl auch Siber, Haftung für Nachlaßschulden 61). Diese Ansicht wird jedoch vom Wortlaut der Vorschrift nicht gedeckt; auch die in Mot V 641 angedeuteten Billigkeitserwägungen überzeugen nicht (Siber 61). Ist der Erbe freilich *ohne Vorbehalt* der Beschränkung seiner Haftung rechtskräftig verurteilt worden, so kann er sich der Erfüllung des Urteils schon wegen § 780 Abs 1 ZPO nicht mehr mit dem Hinweis entziehen, dass er nachträglich noch andere Gläubiger befriedigt habe und der Nachlass dadurch gemindert worden sei. Übrigens sollte auch ein *letztinstanzlich* zuständiges Gericht dem Erben den erstrebten Vorbehalt des § 780 ZPO nicht allein deshalb verweigern, weil sein Urteil sofort nach Verkündung „rechtskräftig“ iSd § 1991 Abs 3 BGB ist, der Nachlass oder das vom Erben hieraus ohne rechtlichen Grund Entnommene zur Befriedigung des Klägers ausreicht und andere Nachlassgläubiger eine rechtskräftige Verurteilung des Erben bisher nicht erwirkt haben (vgl jedoch das zum damaligen § 419 Abs 2 BGB aF ergangene Urteil BGHZ 122, 297, 307 f). Denn der Wert des Nachlasses kann sich im Laufe der Zeit ändern; und auf Gegenstände, die der Erbe rechtsgrundlos in sein Eigenvermögen überführt hat, kann der Gläubiger auf dem bei Rn 10 f beschriebenen Wege ohne erneute Klage auch dann zugreifen, wenn sein gegen den Erben erwirkter Titel den Vorbehalt des § 780 ZPO enthält.

18 Als Verurteilung „zur Befriedigung“ eines Nachlassgläubigers wird man auch ein

Urteil ansehen dürfen, das die Frage, ob bzw inwieweit der Erbe die Befriedigung gem § 1990 Abs 1 S 1 BGB verweigern kann, nicht ausdrücklich entscheidet, sondern insoweit nur den Vorbehalt des § 780 ZPO enthält (iE ebenso STAUDINGER/LEHMANN[11] Rn 26). Denn auch dieses Urteil stellt rechtskräftig fest, dass der Gläubiger *zumindest* in Höhe des Nachlasswertes (soweit dieser die titulierte Forderung deckt) Befriedigung verlangen kann.

Auch gegenüber rechtskräftig titulierten Forderungen hat der Erbe das Recht, sich wegen seiner eigenen Ansprüche gegen den Nachlass aus diesem vorab zu befriedigen (RG WarnR 1913/14 Nr 213; vgl auch Rn 20). Voraussetzung ist allerdings, dass das rechtskräftige Urteil den Vorbehalt des § 780 ZPO enthält (BGB-RGRK/JOHANNSEN Rn 6). **19**

2. Eine **analoge Anwendung des Abs 3** ist befürwortet worden zugunsten solcher Personen, die selbst kein rechtskräftiges Urteil gegen den Erben erlangen können: zugunsten des Erben wegen seiner Ansprüche gegen den Nachlass (RG WarnR 1913/14 Nr 213; BGB-RGRK/JOHANNSEN Rn 6; SOERGEL/STEIN Rn 7; TIDOW FamRZ 1990, 1060, 1061) und zugunsten des Nachlasspflegers wegen seiner Ansprüche auf Vergütung, Gebühren, Auslagenersatz (OLG Dresden OLGE 35 [1917/II] 373 f; SOERGEL/STEIN Rn 7). Die Notwendigkeit dieser Analogie erscheint zweifelhaft, da der Erbe bei der Befriedigung der Nachlassgläubiger in den Fällen des § 1990 BGB an eine bestimmte Rangfolge grundsätzlich nicht gebunden ist (§ 1990 Rn 1) und somit wohl auch ohne die Analogie zu § 1991 Abs 3 BGB nicht gehindert werden kann, an erster Stelle sich selbst zu berücksichtigen (zustimmend LANGE/KUCHINKE § 49 VIII 3 a Fn 191; vgl auch RGZ 82, 273, 278 betr Anwendung des § 1991 im Rahmen des damaligen § 419 Abs 2 S 2; hingegen wird die Analogie zu § 1991 Abs 3 bemüht in RGZ 139, 199, 202 sowie im Zusammenhang mit dem damaligen § 419 Abs 2 S 2 auch von BGH VersR 1984, 846, 849 und STAUDINGER/KADUK[12] § 419 Rn 136). Das gilt selbst gegenüber solchen Gläubigern, die eine rechtskräftige Verurteilung des Erben erzielt haben (sofern das Urteil den Haftungsvorbehalt des § 780 ZPO enthält; zutr BGB-RGRK/JOHANNSEN Rn 6). Denn nach der hier vertretenen Ansicht (Rn 17) ist der Erbe zwar berechtigt, nicht jedoch verpflichtet, derartige Gläubiger vorab zu befriedigen (**aM** insoweit RG WarnR 1913/14 Nr 213, das deshalb den Erben [dort: den Vermögensübernehmer, vgl den inzwischen aufgehobenen § 419 Abs 2 BGB aF] wegen seiner eigenen Ansprüche einem rechtskräftig titulierten Gläubiger *gleichstellt* und *so* zum selben Ergebnis gelangt; gleiche Argumentationsstruktur im Zusammenhang mit § 1629a Abs 1 S 2 BGB nunmehr bei MUSCHELER WM 1998, 2271, 2286 f mit Fn 131). **20**

IV. Pflichtteilsrechte, Vermächtnisse, Auflagen etc

1. Gem **Abs 4** hat der Erbe Pflichtteilsansprüche, Vermächtnisse und Auflagen so zu berichtigen, wie sie im Falle des Nachlassinsolvenzverfahrens zur Berichtigung kämen. Gleiches gilt aufgrund der übergangsrechtlich noch fortgeltenden §§ 1934b Abs 2 S 1 BGB, 327 Abs 1 Nr 3 InsO (dazu HK-InsO/MAROTZKE[9] § 327 Rn 12 f) für Erbersatzansprüche (vgl GÖPPINGER DRiZ 1970, 177, 180; SCHRAMM BWNotZ 1970, 9, 13) aus Erbfällen vor dem 1. 4. 1998 (Art 227 Abs 1 Nr 1 EGBGB). Abs 4 gilt auch für Pflichtteilsergänzungsansprüche (BGHZ 85, 274, 280). Gegenüber all diesen Gläubigern hat der Erbe die Unzulänglichkeitseinrede des § 1990 Abs 1 S 1 BGB also schon dann, wenn der Nachlass für sie nach einer Befriedigung derjenigen Gläubiger, die ihnen im Nachlassinsolvenzverfahren vorgehen würden (vgl § 327 InsO), **21**

nicht mehr ausreichen *würde* (die Befriedigung braucht also noch nicht erfolgt zu sein; so konkludent auch BGHZ 85, 274, 280). Die Zurücksetzung der durch Abs 4 betroffenen Gläubiger greift auch dann ein, wenn sie bereits eine rechtskräftige Verurteilung des Erben (Abs 3) erwirkt haben (BGB-RGRK/Johannsen Rn 9). Behält das Urteil dem Erben nicht die Beschränkung seiner Haftung vor, so muss er es freilich voll erfüllen (§ 780 ZPO), kann dies den übrigen Gläubigern aber nur unter den Voraussetzungen des § 1979 BGB entgegenhalten, wobei für § 1979 BGB grundsätzlich auf den Zeitpunkt des Eintritts der Rechtskraft (arg § 1991 Abs 3 BGB), bei letztinstanzlichen Berufungsurteilen auf den der letzten mündlichen Verhandlung (arg §§ 767 Abs 2, 780 Abs 1 ZPO) abzustellen sein wird. Wenn mehrere der durch Abs 4 betroffenen Gläubiger vorhanden sind und diese im Nachlassinsolvenzverfahren *gleichen* Rang hätten (vgl § 327 Abs 1 InsO), so hat der Erbe sie *wie* im Nachlassinsolvenzverfahren nach dem Verhältnis ihrer Beträge zu berücksichtigen; gegenüber etwaigen Mehrforderungen steht ihm die Unzulänglichkeitseinrede zu. Bei der Bestimmung der insolvenzrechtlichen Rangfolge sind auch die Sonderbestimmungen in § 327 Abs 2 und 3 InsO zu beachten (Vermächtnis, durch welches das Recht des Bedachten auf den Pflichtteil ausgeschlossen wird; besondere Rangbestimmung durch Verfügung von Todes wegen [RG 20. 1. 1913 – IV 399/12; BGB-RGRK/Johannsen Rn 9]; Verschweigungswirkung des § 1974 BGB [vgl hierzu und zu § 1973 BGB schon oben Rn 7]). Wenn der Erbe wegen der schwierigen Rechtslage nicht zu entscheiden vermag, wie die in Abs 4 genannten Verbindlichkeiten zu berichtigen sind, wird er analog § 372 S 2 BGB zur **Hinterlegung** berechtigt sein (BGB-RGRK/Johannsen Rn 10; Soergel/Stein Rn 9). Nimmt der Erbe zur Durchführung einer dem Insolvenzrecht entsprechenden Verteilung Rechtsrat in Anspruch, so wird er die dadurch entstehenden Kosten idR gem §§ 1991 Abs 1, 1978 Abs 3, 670 BGB im Rahmen der durch die Vermeidung des Nachlassinsolvenzverfahrens eingetretenen Ersparnis als Abzugsposten geltend machen können (vgl Wilke, Die Haftung des Erben … [1898] 23).

22 Für **Verstöße gegen Abs 4** ist der Erbe den hierdurch benachteiligten Nachlassgläubigern nach Maßgabe der §§ 1978 Abs 1, 1979 BGB verantwortlich (s oben Rn 6 f). Außerdem können diese die Leistung uU nach § 5 AnfG anfechten. Bereicherungsansprüche der durch Verletzung des Abs 3 benachteiligten Gläubiger kommen gegen die Leistungsempfänger nicht in Betracht (RG JW 1908, 487 = WarnR 1908 Nr 650; vgl auch Mot V 641 zu § 1989 BGB), da die Bereicherung auf einer Leistung des *Erben* beruht. Oft wird jedoch der Erbe selbst seine Leistung gem §§ 813, 814 BGB kondizieren können, soweit er sie aufgrund der §§ 1990 Abs 1 S 1, 1991 Abs 4 BGB hätte verweigern dürfen (vgl OLG Stuttgart NJW-RR 1989, 1283); diesen Bereicherungsanspruch können sich die übrigen Nachlassgläubiger pfänden lassen (s Rn 7).

23 **Nicht auf Geld gerichtete Ansprüche** brauchen die durch Abs 4 betroffenen Gläubiger nicht unbedingt analog § 45 InsO auf Geld umzustellen. Zwar bezeichnen die Mot (V 658 f; vgl auch 665) die Geltendmachung zum Schätzwert in Geld als „eine nothwendige Folge der Fiktion des Konkurses“ (die E I in §§ 2133, 2134 übrigens noch für *alle* Nachlassverbindlichkeiten vorsah). Bereits die Subkommission für das Inventarrecht hat dies aber dahingehend abmildern wollen, dass der Gläubiger „jedoch“ berechtigt sei, „gegen Vergütung des (aufgrund der sog Abzugseinrede, jetzt § 1990 Abs 1 S 1 BGB) abzuziehenden Betrags die Herausgabe des geschuldeten Gegenstandes zu verlangen“ (E I § 2134 = Prot V 746). Diese Vorschrift, deren Anwendungsbereich übrigens nicht auf die in § 1991 Abs 4 BGB genannten Ver-

bindlichkeiten beschränkt gewesen wäre, wurde später gestrichen, weil man sie für „selbstverständlich" hielt (Prot V 801). Auch der BGH ist ihr im Ergebnis gefolgt (NJW 1964, 2298, 2300 mwNw [Verschaffungsvermächtnis]). Demnach haben die in § 1991 Abs 4 BGB genannten Gläubiger also zwar das *Recht,* ihre Ansprüche, falls sie nicht auf Geld gerichtet sind, analog § 45 InsO zum Schätzwert geltend zu machen; sie *müssen* dies jedoch nicht. Bestehen sie auf Erfüllung in Natur, so gilt das bei § 1990 Rn 37, 38 Ausgeführte. Unter denselben Voraussetzungen, unter denen der Nachlassgläubiger danach die Erfüllung in Natur durchsetzen kann, kann der Gläubiger eines Gegenstandsvermächtnisses verhindern, dass der Erbe die Herausgabe des vermachten Nachlassgegenstandes gem § 1992 S 2 BGB durch Zahlung des Wertes abwendet (vgl BGH NJW 1964, 2298, 2300).

2. Für **Vermächtnisse** und **Auflagen** gelten die Sonderbestimmungen des § 1992 BGB. 24

§ 1992
Überschuldung durch Vermächtnisse und Auflagen

Beruht die Überschuldung des Nachlasses auf Vermächtnissen und Auflagen, so ist der Erbe, auch wenn die Voraussetzungen des § 1990 nicht vorliegen, berechtigt, die Berichtigung dieser Verbindlichkeiten nach den Vorschriften der §§ 1990, 1991 zu bewirken. Er kann die Herausgabe der noch vorhandenen Nachlassgegenstände durch Zahlung des Wertes abwenden.

Materialien: E II § 1867, III § 1967; Prot V 762 f, 802 f, 816; Denkschr 724; Jakobs/Schubert ER I 305, 383 ff.

I. Grundsätzliches

Vgl vorab § 1967 Rn 32 und § 1990 Rn 1. Es würde nicht dem Willen des Erblassers entsprechen, wenn wegen einer Überschuldung des Nachlasses aufgrund von Vermächtnissen und/oder Auflagen (**Überschwerung**), die er im Vertrauen auf dessen Zulänglichkeit angeordnet hat, ein Nachlassinsolvenzverfahren eröffnet werden müsste (Prot V 762, 803; Denkschr 724; amtl Begr zur KO-Novelle [1898] 48). Das Gesetz macht deshalb von dem Grundsatz, dass der Erbe bei feststehender Überschuldung des Nachlasses die Eröffnung des Nachlassinsolvenzverfahrens beantragen muss, eine Ausnahme für den Fall, dass die Überschuldung auf Vermächtnissen und Auflagen beruht: in solchen Fällen ist der Erbe zur Antragstellung zwar berechtigt (vgl § 317 InsO und Prot V 762 f, 803), aber nicht verpflichtet (vgl § 1980 Abs 1 S 3 BGB und Prot V 766). Aus demselben Grund (Begr zur KO-Novelle 48) beschränkte § 219 Abs 1 S 2 KO die Befugnis der Vermächtnis- und Auflagegläubiger zur Beantragung des Nachlasskonkurses auf den Fall, dass über das Vermögen des Erben Konkurs eröffnet ist. In die InsO wurde eine dem § 219 Abs 1 S 2 KO entsprechende Vorschrift absichtlich nicht aufgenommen; zu den Konsequenzen dieser nicht genügend durchdachten Entscheidung des Gesetzgebers vgl § 1975 Rn 36 ff. 1

Kommt es, dem oben erwähnten mutmaßlichen Erblasserwillen entsprechend, trotz Überschuldung des Nachlasses durch Vermächtnisse und Auflagen nicht zur Eröffnung eines Nachlassinsolvenzverfahrens (zB weil niemand einen Eröffnungsantrag stellt), so muss dem Erben bezüglich dieser Verbindlichkeiten ein *anderes* Haftungsbeschränkungsmittel zur Verfügung stehen. Solch ein Mittel gewährt § 1992 BGB in Gestalt der sog **Überlastungseinrede**. An sich käme hier noch die – bei einem nur durch Vermächtnisse und Auflagen überschuldeten Nachlass durchaus zulässige (arg § 1980 Abs 1 S 3 BGB) – Nachlassverwaltung mit ihrer allgemeinen Beschränkungswirkung (§ 1975 BGB) in Betracht (vgl Prot V 802 f; Lange/Kuchinke § 49 VIII 1 a; **aM** Kipp/Coing § 99 VI). § 1992 BGB erspart dem Erben gegenüber Vermächtnis- und Auflagegläubigern absichtlich (Prot V 802 f) auch diesen, an sich ja nur für *zulängliche* (Prot V 823) Nachlässe gedachten Weg, ohne freilich diesen Gläubigern das Recht zu nehmen, im Fall des § 1981 Abs 2 BGB *ihrerseits* die Nachlassverwaltung zu beantragen (vgl § 1981 Rn 18; Lange/Kuchinke § 49 VIII 1 a). Das erlaubt die Annahme, dass § 1992 BGB dem Erben gegenüber Vermächtnis- und Auflagegläubigern die seine Haftung auf die Gegenstände des Nachlasses beschränkende Einrede (vgl Rn 8) nicht erst bei *feststehender* Nachlassüberschuldung, sondern wie in Fällen des § 1990 BGB (s § 1990 Rn 2 f) bereits dann gewährt, wenn die *ernsthafte Möglichkeit* besteht, dass eine auf den Nachlass beschränkte Zwangsvollstreckung zu einer vollständigen Befriedigung aller Gläubiger nicht führen würde (zust Weber ZEV 1998, 101, 102; vgl auch Rn 2; **aM** Bamberger/Roth/Lohmann Rn 4). Voraussetzung ist allerdings, dass der Nachlass entweder dürftig iS des § 1990 Abs 1 S 1 BGB ist (dann ist § 1990 BGB unmittelbar anwendbar) oder dass seine – zumindest ernsthaft mögliche – Überschuldung auf Vermächtnissen und Auflagen „beruht“ (dann ist § 1990 BGB über § 1992 S 1 BGB anwendbar). Zu Sinn und Zweck der letztgenannten Voraussetzung s Rn 3.

II. Die Voraussetzungen im Einzelnen

2 **1.** Geht man mit der hM davon aus, dass die *Dürftigkeits*einrede des § 1990 BGB eine **Überschuldung** des Nachlasses nicht voraussetzt, (dazu § 1990 Rn 2 f), so ist die – auf der Tatbestandsseite des § 1992 S 1 BGB jedoch ausdrücklich erwähnte! – Überschuldung auch keine Voraussetzung dafür, dass der Erbe seine Haftung für Vermächtnisse und Auflagen selbst bei *fehlender* Dürftigkeit des Nachlasses gem §§ 1992, 1990, 1991 BGB beschränken kann (auch für § 1992 BGB verlangen keine Überschuldung: Staudinger/Lehmann[11] § 1990 Rn 3; Siber, Haftung für Nachlaßschulden 54; **aM** Lange/Kuchinke § 49 VIII 1 c; wohl auch Erman/Horn Rn 1 und überhaupt die hM trotz ihres zu § 1990 vertretenen gegenteiligen Standpunktes). Nach der hier vertretenen Ansicht setzen die §§ 1990, 1992 BGB zwar nicht voraus, dass die Nachlassüberschuldung zweifelsfrei feststeht (so aber Soergel/Stein Rn 2; wohl auch Bamberger/Roth/Lohmann Rn 4), wohl aber, dass die **ernsthafte Möglichkeit** besteht, dass eine auf den Nachlass begrenzte Zwangsvollstreckung zu einer vollständigen Befriedigung aller Gläubiger nicht führen würde (vgl Rn 1 und § 1990 Rn 3). Gegen eine noch strengere Überschuldungsprüfung spricht *bei § 1992 BGB* auch das weitere Argument, dass § 1992 BGB eine ohne die Absicht einer sachlichen Änderung vorgenommene Umformulierung des von der Subkomm für das Inventarrecht vorgeschlagenen § 2133a BGB ist, welcher lautete: „Gegenüber den Verbindlichkeiten aus Vermächtnissen und Auflagen ist der Erbe, *auch* wenn er die Eröffnung des Konkurses über den Nachlass herbeiführen könnte, berechtigt, die Befriedigung nach den Vorschriften des § 2133 BGB

(§ 1990 BGB) zu verweigern“ (Prot V 745 [Hervorhebung und Klammereinschub von mir]; vgl auch Siber 54).

2. Nach dem Wortlaut des § 1992 BGB kann sich der Erbe gegenüber Vermächtnissen und Auflagen auch dann, wenn die Voraussetzungen des § 1990 BGB nicht vorliegen, auf die §§ 1990, 1991 BGB berufen, **wenn die Überschuldung auf diesen letztwilligen Verbindlichkeiten „beruht“**. Ist dies nicht der Fall (wäre der Nachlass also auch ohne die auf ihm lastenden Vermächtnisse und Auflagen überschuldet), so ist der Erbe verpflichtet, unverzüglich die Eröffnung eines Nachlassinsolvenzverfahrens zu beantragen; dies folgt aus § 1980 Abs 1 S 1 BGB und einem Gegenschluss aus § 1980 Abs 1 S 3 BGB. Da die Eröffnung eines Nachlassinsolvenzverfahrens zur Folge hat, dass sich die Haftung des Erben für die Nachlassverbindlichkeiten – also auch die Haftung für Vermächtnisse und Auflagen – auf den Nachlass beschränkt (§ 1975 BGB), besteht kein Bedürfnis, dem Erben auch dann, wenn er kraft Gesetzes zur Beantragung eines Nachlassinsolvenzverfahrens verpflichtet ist, gegenüber Vermächtnissen und Auflagen die Haftungsbeschränkung auch *ohne* ein derartiges Verfahren zu ermöglichen (vgl auch Brox/Walker Rn 709). **Abgesehen von wenigen Ausnahmen** (s Rn 4 f) **ist § 1992 BGB deshalb unanwendbar, wenn die Überschuldung des Nachlasses nicht auf den Vermächtnissen und Auflagen „beruht“, sondern unabhängig von diesen letztwilligen Verbindlichkeiten gegeben ist** (Prot V 803; Denkschr 724; RG WarnR 1912 Nr 33 = Recht 1911 Nr 3917 = Gruchot 56 [1912] 603, 608 f; KG OLGE 30 [1915/I] 175 f; RG HRR 1938 Nr 1602; OLG München ZEV 1998, 100, 101; Erman/Horn Rn 2; Soergel/Stein Rn 2; Bamberger/Roth/Lohmann Rn 4; Palandt/Weidlich Rn 1; Riesenfeld II 247; Endemann § 128 V bei Fn 53; Weber ZEV 1998, 101, 102; **aM** Staudinger/Lehmann[11] Rn 2; Strohal II § 82 II; Cosack/Mitteis II § 1975 II 1 a α; vLübtow II 1176 f; OLG Hamburg DR 1940, 727 Nr 7; BGB-RGRK/Johannsen Rn 2; Kipp/Coing § 99 VI 1). Oft wird gesagt, dass die Überschuldung „lediglich“ bzw „nur“ auf Vermächtnissen und/oder Auflagen beruhen dürfe (so fast alle Vorgenannten mit Ausnahme der für die **„aM“** Zitierten). Dies darf jedoch nicht dahin missverstanden werden, dass für § 1992 BGB kein Raum sei, wenn sich die Überschuldung des Nachlasses nicht *allein* aus den Vermächtnissen und Auflagen, sondern erst daraus ergibt, dass man die Vermächtnisse und Auflagen mit allen übrigen Nachlassverbindlichkeiten rechnerisch zusammenfasst: Wenn die übrigen Nachlassverbindlichkeiten *ohne* Hinzurechnung der Vermächtnisse und Auflagen nicht ausreichen, eine Überschuldung des Nachlasses zu begründen, soll der Erbe allein wegen der Vermächtnisse und Auflagen kein Nachlassinsolvenzverfahren beantragen müssen (arg § 1980 Abs 1 S 3 BGB), sondern sich auf § 1992 BGB berufen dürfen (wie hier MünchKomm/Küpper Rn 5; Soergel/Stein Rn 2; Palandt/Weidlich Rn 1; Brox/Walker Rn 709; Riesenfeld II 247). 3

Zu beachten ist, dass der Erbe auch dann kein Nachlassinsolvenzverfahren zu beantragen braucht, wenn die Überschuldung des Nachlasses auf Verbindlichkeiten beruht, die im **Aufgebotsverfahren** ausgeschlossen sind (§ 1973 BGB) oder ihnen gem § 1974 BGB gleichstehen (vgl § 1980 Rn 3). Diesen Gläubigern gegenüber hat er die haftungsbeschränkende Einrede des § 1973 BGB. Beruht die Überschuldung des Nachlasses schon auf der (Mit-)Berücksichtigung der Forderungen ausgeschlossener bzw ihnen gleichstehender Gläubiger und lasten auf dem derart überschuldeten Nachlass *außerdem* noch Vermächtnisse und/oder Auflagen, wird man dem Erben den Letzteren gegenüber die Haftungsbeschränkung des § 1992 BGB zuerkennen dürfen (Soergel/Stein Rn 2; MünchKomm/Küpper Rn 5; Bamberger/Roth/Lohmann Rn 4; 4

Weber ZEV 1998, 101, 102 ad 2. 6), da er sonst gezwungen wäre, *nur* zum Zweck der Beschränkung seiner Haftung für Vermächtnisse und Auflagen das Nachlassinsolvenzverfahren zu beantragen, was ihm § 1992 BGB aber gerade ersparen will.

5 **Verallgemeinernd** wird man sagen können, dass § 1992 BGB auch dann, wenn die Nachlassüberschuldung nicht auf den Vermächtnissen und Auflagen „beruht", *ausnahmsweise* anzuwenden ist, wenn der Erbe sonst gegenüber *keinem* Gläubiger zur Beantragung eines Nachlassinsolvenzverfahrens verpflichtet ist (zB weil die übrigen Nachlassgläubiger damit einverstanden sind, dass der Antrag unterbleibt [s § 1980 Rn 6]; so lag der vom OLG Hamburg DR 1940, 727 Nr 7 entschiedene Fall; vgl auch Strohal, Kipp/Coing § 99 VI 1 und vLübtow II 1176 f, die für ihre Ansicht, § 1992 BGB sei auch anwendbar, wenn die Überschuldung des Nachlasses nicht *nur* auf Vermächtnissen und Auflagen beruhe [s dazu Rn 3], Sonderfälle der hier in Betracht kommenden Art anführen).

6 **3.** Auf **Pflichtteilsansprüche** ist § 1992 BGB nicht analog anwendbar (MünchKomm/Küpper Rn 4; Bamberger/Roth/Lohmann Rn 2; Lange/Kuchinke § 49 VIII 1 c Fn 174; gleiches gilt für Erbersatzansprüche nach §§ 1934a ff BGB aF). Der Grund dafür ist jedoch nicht, dass diese einen aktiven Nachlassbestand voraussetzen (so aber Staudinger/Lehmann[11] Rn 2; Erman/Horn Rn 1); denn einen solchen setzen sie nur für den Zeitpunkt des Erbfalls voraus (§§ 2311 Abs 1 S 1, 1934b Abs 1 S 1 BGB). Entscheidend ist vielmehr, dass Pflichtteilsansprüche nicht deshalb entstehen, weil der Erblasser dies so wollte, sondern deshalb, weil das Gesetz es anordnet. Deshalb trifft die sich auf den hypothetischen Erblasserwillen berufende Begründung des § 1992 BGB BGB (s Rn 1) auf Pflichtteilsansprüche nicht zu. Entsprechendes gilt für die bei § 1975 Rn 38 erwogene *Beschränkung des Insolvenzantragsrechts* von Vermächtnis- und Auflagengläubigern,

7 **4.** **§ 1992 BGB ist** wie auch die §§ 1990, 1991 BGB **unanwendbar, wenn der Erbe das Recht zur Haftungsbeschränkung allgemein verloren hat**, § 2013 Abs 1 S 1 BGB. Wenn der Erbe nur einzelnen Gläubigern gegenüber unbeschränkbar haftet, behält er das Einrederecht den übrigen Gläubigern gegenüber.

5. Beweislast

8 Die Verteilung der Beweislast hängt von der Beantwortung der bei Rn 2–4 angesprochenen Vorfragen ab. Die hier vertretene Auslegung des § 1992 BGB hat beweisrechtlich folgende Konsequenzen: Wie bei § 1990 BGB ist es auch bei § 1992 BGB Sache des Erben zu beweisen, dass der Nachlass überschuldet ist oder zumindest die ernsthafte Möglichkeit besteht, dass eine auf den Nachlass begrenzte Zwangsvollstreckung zu einer vollständigen Befriedigung aller Nachlassgläubiger nicht führen würde (so auch Weber ZEV 1998, 101, 102). Ferner muss im Streitfall der Erbe beweisen, dass der Nachlass den Kosten einer Nachlassverwaltung oder eines Nachlassinsolvenzverfahrens nicht entspricht (dann ist § 1990 BGB ohne den Umweg über § 1992 BGB anwendbar) oder dass die – zumindest ernsthaft mögliche – Überschuldung des Nachlasses auf Vermächtnissen und Auflagen bzw auf Vermächtnissen, Auflagen und Ansprüchen solcher Gläubiger beruht, denen er zur Beantragung eines Nachlassinsolvenzverfahrens nicht verpflichtet ist (s Rn 4 und die etwas allgemeiner gehaltene Formulierung in OLG Koblenz NJW-RR 2006, 377, 378).

III. Rechtsfolge des § 1992

1. Gem S 1 ist der Erbe, auch wenn der Nachlass den Kosten einer Nachlassverwaltung oder eines Nachlassinsolvenzverfahrens entspricht, **berechtigt, die Berichtigung der Vermächtnisse und Auflagen nach den Vorschriften der §§ 1990, 1991 BGB zu bewirken**. 9

a) Vollstreckungsmaßnahmen, die aufgrund eines Vermächtnisses oder einer Auflage in das nicht zum Nachlass gehörende Vermögen des Erben erfolgt sind, kann dieser mit der **Überlastungseinrede** des § 1992 S 1 BGB (vgl Rn 1 ff) in gleicher Weise entgegentreten wie im Fall des § 1990 BGB mit der Dürftigkeitseinrede (vgl § 1990 Rn 2 ff, 24 ff). Obwohl der Erblasser niemals Schuldner der von ihm angeordneten Vermächtnisse und Auflagen war, findet auch § 780 Abs 1 ZPO Anwendung; der Erbe muss sich also auch gegenüber Vermächtnis- und Auflagegläubigern die Beschränkung seiner Haftung im Urteil vorbehalten lassen (RG WarnR 1913 Nr 377).

b) Soweit der Nachlass zur Berichtigung der Vermächtnisse und Auflagen nicht ausreicht, hat der Erbe die **Unzulänglichkeitseinrede des § 1990 Abs 1 S 1 BGB** (s § 1990 Rn 17 ff, 24 ff). Zu beachten ist, dass der Erbe die in § 1992 BGB genannten Verbindlichkeiten gem § 1991 Abs 4 BGB so zu berichtigen hat, wie sie im Nachlassinsolvenzverfahren zur Berichtigung kommen würden (vgl § 1991 Rn 21 ff). Der Fall, dass über den nach § 1990 Abs 1 S 1 BGB zulässigen Abzugsbetrag bereits rechtskräftig entschieden ist und anschließend ein Nachlassinsolvenzverfahren eröffnet wird, ist erörtert bei § 1990 Rn 23. 10

2. Nach S 2 kann der Erbe die Herausgabe der noch vorhandenen Nachlassgegenstände durch Zahlung des Wertes abwenden. Mit „Herausgabe" meint die Vorschrift die in § 1990 Abs 1 S 2 BGB erwähnte Herausgabe des Nachlasses „zum Zwecke der Befriedigung des Gläubigers im Wege der Zwangsvollstreckung". Durch Statuierung einer solchen Herausgabepflicht in § 1990 Abs 1 S 2 BGB wollte der Gesetzgeber dort verhindern, dass sich die Nachlassgläubiger darauf einlassen müssen, dass der Wert des ihnen nur noch haftenden Nachlasses *durch Schätzung* ermittelt wird (vgl § 1990 Rn 29 sowie Prot V 804). Gegenüber Forderungen aus Vermächtnissen und Auflagen wird hiervon durch § 1992 S 2 BGB eine Ausnahme gemacht. Zu beachten ist jedoch, dass die in S 2 gewährte Befugnis, die Herausgabe „durch Zahlung des Wertes abzuwenden", sich nur auf die „noch vorhandenen Nachlassgegenstände" und auch insoweit nur auf die *durch § 1990 Abs 1 S 2 BGB begründete* Herausgabepflicht bezieht. Unberührt bleibt also zB die auf § 2174 BGB beruhende Verpflichtung zur Herausgabe eines vermachten Gegenstandes; *dessen* Herausgabe kann der Erbe nur verweigern, bis der Vermächtnisnehmer ihm den Betrag erstattet, um den der Wert des Nachlasses nach Abzug der dem Vermächtnis vorgehenden Verbindlichkeiten hinter dem Wert des vermachten Gegenstandes zurückbleibt (vgl BGH NJW 1964, 2298, 2300 mwNw). Es wird auch genügen, dass der Vermächtnisnehmer dem Erben wegen der ihm vorgehenden Nachlassverbindlichkeiten Sicherheit leistet (vgl § 1990 Rn 38). 11

§ 1992 S 2 BGB gilt unabhängig davon, ob dem Erben hinsichtlich der Vermächtnisse und Auflagen die Rechte aus §§ 1990, 1991 BGB deshalb zustehen, weil die Überschuldung des Nachlasses auf diesen Verbindlichkeiten „beruht" (§ 1992 S 1 12

BGB), oder deshalb, weil der Nachlass dürftig iS des § 1990 Abs 1 S 1 BGB ist. In beiden Fällen müssen sich die Vermächtnis- und die Auflagegläubiger – nicht hingegen die übrigen Gläubiger (§ 1990 Rn 21, 29, 31) – damit abfinden, dass der Betrag, um den ihre Ansprüche zu kürzen sind, auf Wunsch des Erben nicht durch die vollstreckungsmäßige Verwertung des Nachlasses, sondern durch Schätzung seines Wertes ermittelt wird: Der Erbe kann die Zwangsvollstreckung der Vermächtnis- und Auflagegläubiger in die vorhandenen Nachlassgegenstände durch Zahlung ihres Schätzwertes abwenden (zur Frage einer fortdauernden Nachlasszugehörigkeit von Gegenständen, die auf diese Weise vor den Vermächtnis- und Auflagegläubigern „gerettet" wurden, vgl Staudinger/Dutta [2016] § 1973 Rn 26). Bei der Bestimmung des Schätzwertes kommt es wie im Fall des § 1973 Abs 2 S 2 BGB auf den Zeitpunkt an, zu dem die Abwendungsbefugnis ausgeübt wird.

13 Den Wert etwaiger ihm gem §§ 1978 Abs 3, 1991 Abs 1, 1992 S 1 BGB zu ersetzender **Aufwendungen** darf der Erbe von dem Betrag, durch dessen Zahlung er die Herausgabe der noch vorhandenen Nachlassgegenstände abwenden kann, abziehen (vgl Staudinger/Kunz § 1973 Rn 28 ff).

14 **3.** Zur Zulässigkeit einer **Aufrechnung** s § 1990 Rn 41 f.

15 **IV.** § 1992 BGB gilt auch für die Gläubigerbefriedigung durch **Nachlassverwalter** (Prot V 816), **Nachlasspfleger** oder **Testamentsvollstrecker**. Vgl hierzu und zur Rechtslage in der **Erbeninsolvenz** § 1990 Rn 44.

Untertitel 4
Inventarerrichtung, unbeschränkte Haftung des Erben

Schrifttum zu §§ 1993–2013

BÜCKLEIN, Die Inventarerrichtung im Erbrecht (1936)
CARLEBACH, Das notarielle Vermögensverzeichnis, DNotV 1903, 10
FIRSCHING/GRAF, Nachlassrecht (10. Aufl 2014) Rn 4.712
GUTMANN, Die Inventarerrichtung nach den §§ 1993 ff des BGB. Ein Rechtsbehelf bei zweifelhafter Nachlaßsolvenz (2. Aufl 1910)
JOACHIM, Die Haftung des Erben für Nachlassverbindlichkeiten (2002) 269
PFLAUM, Die unbeschränkte Haftung des Erben, DJZ 1900, 67
PRAUSNITZ, Formular-Kommentar Bd. 6: Bürgerliches Recht III, Erbrecht (22. Aufl 1986) Form 6.209–217
RIESENFELD, Die Erbenhaftung (1916) I 52, 124 ff, 260 ff, 385 ff, II 1–45
VAN VENROOY, Zum Sinn des Nachlaßinventars, AcP 186 (1986) 356
WEIDLICH, Notarielles Nachlassverzeichnis – Grundsätze und prozessuale Durchsetzung, ErbR 2013, 134
WEIMAR, Risiken bei der Inventarerrichtung für den Erben, MDR 1979, 726.

Vgl ferner das bei den Vorbem zu §§ 1967 ff angeführte Schrifttum.

§ 1993
Inventarerrichtung

Der Erbe ist berechtigt, ein Verzeichnis des Nachlasses (Inventar) bei dem Nachlassgericht einzureichen (Inventarerrichtung).

Materialien: E I § 2095; II § 1868; III § 1968; Mot V 608; Prot V 732, VI 395; JAKOBS/SCHUBERT ER I 305, 313 ff.

Systematische Übersicht

I. Bedeutung der Inventarerrichtung, Begriff der „unbeschränkten" Haftung

1 Durch die Errichtung (Rn 7 ff) eines Inventars (Rn 6) kann der Erbe im Verhältnis zu den Nachlassgläubigern die Vermutung begründen, dass zZ des Erbfalls weitere Nachlassgegenstände als die angegebenen nicht vorhanden gewesen seien. Rechtsgrundlage dieser **Vollständigkeitsvermutung** ist § 2009 BGB. Die Vorschrift setzt voraus, dass das Inventar „rechtzeitig", dh vor Ablauf einer dem Erben gem §§ 1994 ff BGB bestimmten Inventarfrist, errichtet wurde. Praktische Bedeutung hat die Vollständigkeitsvermutung vor allem dann, wenn die Haftung des Erben auf den Nachlass beschränkt wurde (§§ 1973, 1974, 1975, 1989, 1990–1992 BGB).

2 **Allein die Inventarerrichtung führt die Beschränkung der Haftung auf den Nachlass noch nicht herbei**; nach dem BGB gehört das Inventar nicht zu den Haftungsbeschränkungsmitteln (s Vorbem 7 zu §§ 1975 ff; anders uU die in der Form des § 2003 BGB erfolgte Inventarerrichtung über den Nachlass eines italienischen Staatsangehörigen; vgl BayObLGZ 1965, 423, 440 = NJW 1967, 447, 449 f; s zu anderen europäischen Rechtsordnungen auch Ebenroth Rn 1182 ff). Notwendige *Voraussetzung* für eine Haftungsbeschränkung auf den Nachlass ist die formgerechte (§§ 2002, 2003 BGB) Errichtung eines Inventars allerdings dann, wenn dem Erben gem § 1994 BGB eine Inventarfrist bestimmt worden ist (so auch AG Tempelhof-Kreuzberg DAVorm 1972, 20 trotz des unzutreffenden Leitsatzes). Wenn § 2000 S 3 BGB sagt, die Inventarerrichtung diene der *Abwendung der „unbeschränkten" Haftung,* so ist damit nicht gemeint, dass sich die bisher unbeschränkte, aber beschränkbare (Staudinger/Kunz Vorbem 19 zu §§ 1967 ff) Haftung des Erben infolge der Inventarerrichtung auf den Nachlass beschränke, sondern dass der Erbe sein Haftungsbeschränkungsrecht verliert, wenn er innerhalb einer ihm auf Antrag eines Nachlassgläubigers vom Nachlassgericht bestimmten Frist *kein* Inventar errichtet (§ 1994 Abs 1 S 2 BGB). **Mit „unbeschränkter" Haftung des Erben meinen die Überschrift und die Einzelbestimmungen des 4. Unterabschnitts** (§§ 1994 Abs 1 S 2, 2000 S 3, 2005 Abs 1, 2006 Abs 3, 2013 BGB) also **die nicht mehr beschränkbare Haftung**.

3 Sein Haftungsbeschränkungsrecht verliert der Erbe nicht nur dann, wenn er innerhalb einer ihm gem §§ 1994 ff BGB gesetzten Frist *kein* Inventar errichtet, sondern auch dann, wenn er zwar ein Inventar errichtet, sich jedoch im Zusammenhang hiermit gewisser Verfehlungen schuldig macht. Vgl § 2005 Abs 1 BGB (Inventaruntreue, Auskunftsverweigerung) und § 2006 BGB (Verweigerung der Bekräftigung des Inventars durch eidesstattliche Versicherung; hier Verlust des Haftungsbeschränkungsrechts ausnahmsweise nur gegenüber *einzelnen* Nachlassgläubigern).

4 Hat der Erbe ein den Vorschriften der §§ 2002, 2003 BGB entsprechendes Inventar errichtet, so kann ihm idR keine *Inventarfrist* mehr bestimmt werden (vgl § 1994 Rn 18). Auf der anderen Seite verliert der Erbe spätestens mit der Errichtung des Inventars die aufschiebende *Dreimonatseinrede* (§ 2014 HS 2 BGB).

II. Bedeutung des § 1993

§ 1993 BGB enthält zwei Definitionen, nämlich die des Inventars (Rn 6) und die der Inventarerrichtung (Rn 7 ff). Außerdem begründet die Vorschrift das Recht (Rn 24 ff) des Erben zur Inventarerrichtung. Dieses Recht ist nicht identisch mit dem sog „Inventarrecht" (vgl Rn 28). Zur sog Inventar„pflicht" des Erben vgl § 1994 Rn 1 ff. 5

III. Begriff des Inventars

Unter Inventar versteht § 1993 BGB ein „Verzeichnis des Nachlasses". Gem § 2001 BGB „sollen" in dem Inventar die bei dem Eintritt des Erbfalls vorhandenen Nachlassgegenstände und die Nachlassverbindlichkeiten vollständig angegeben werden. Außerdem soll das Inventar eine Beschreibung der Nachlassgegenstände, soweit eine solche zur Bestimmung des Wertes erforderlich ist, und die Angabe des Wertes enthalten. 6

Ein Inventar über einen *Erbteil* kennt das Gesetz nicht (vgl § 2063 Rn 1).

IV. „Aufnahme" und „Errichtung" des Inventars

1. Allgemeines

„Errichtet" ist das Inventar gem § 1993 BGB, **wenn der Erbe** (Rn 13 ff) **es beim Nachlassgericht eingereicht hat. Die bloße Aufnahme** (= Anfertigung) **des Inventars ist dagegen noch keine Errichtung**. 7

Die **„Aufnahme"** des Inventars geht der „Errichtung" voraus (Rn 7). Bei der Inventaraufnahme muss der Erbe eine zuständige Behörde oder einen zuständigen Beamten bzw Notar zuziehen (§ 2002 BGB). Unterlässt er dies, so liegt in der späteren Einreichung beim Nachlassgericht keine wirksame „Errichtung" (§ 2002 Rn 1). 8

Der Erbe braucht das Inventar nicht selbst (oder durch einen Vertreter) „aufzunehmen", sondern kann dies gem § 2003 BGB einem von dem Nachlassgericht beauftragten Notar überlassen. Durch den Antrag auf solche amtliche Aufnahme des Inventars kann eine nach § 1994 BGB gesetzte Inventarfrist gewahrt werden (§ 2003 Abs 1 S 3 BGB). „Errichtet" iSd § 1993 BGB ist aber auch das von einem Notar aufgenommene Inventar erst mit der Einreichung beim Nachlassgericht durch den Notar (§ 2003 Abs 3 BGB, wichtig zB für den Eintritt der Vollständigkeitsvermutung des § 2009 BGB). Unrichtig meint KG OLGE 10 (1905/I) 296, bereits die Antragstellung sei als die Errichtung des Inventars anzusehen (vgl zu dieser Entscheidung noch § 2003 Rn 6). 9

Die „Einreichung" beim Nachlassgericht ist ausnahmsweise (Rn 7) **entbehrlich**, wenn sich beim Nachlassgericht bereits ein den Vorschriften der §§ 2002, 2003 BGB entsprechendes Inventar befindet. In diesem Fall kann der Erbe die „Einreichung" durch die Erklärung ersetzen, dass das Inventar als von ihm eingereicht „gelten" soll (§ 2004 BGB). 10

In einem Urteil des OLG Hamm (NJW 1962, 53, 54) wird ausgeführt, dass eine 11

Inventarerrichtung in der Form des § **2004 BGB** nicht freiwillig (also nicht in Ausübung des Rechts aus § 1993 BGB), sondern nur unter dem Druck einer dem Erben bestimmten Inventarfrist vorgenommen werden könne. Für diese Einschränkung des § 2004 BGB gibt es keinen sachlichen Grund (wie hier Soergel/Stein § 2004 Rn 4). Auch der Wortlaut des § 2004 BGB weist nicht zwingend in diese Richtung. Er zeigt allerdings, dass § 2004 BGB in erster Linie den Fall im Auge hat, dass dem Erben eine Inventarfrist bestimmt worden ist. Eine *Beschränkung* auf diesen Fall ist jedoch nicht anzuerkennen (vgl auch Rn 24 f).

12 Aus § 2004 BGB folgt, dass der Erbe ein bereits vorhandenes Inventar auch dann „errichten" (§ 1993 BGB) kann, wenn er es weder selbst noch durch einen Vertreter „aufgenommen" (§ 2002 BGB) hat und er es auch nicht gem § 2003 BGB amtlich aufnehmen *ließ* (unrichtig RGZ 77, 245, 247; vgl hierzu § 2002 Rn 2). **Im Gegensatz zur „Errichtung"** (Rn 13) **braucht die „Aufnahme" des Inventars nicht auf Veranlassung des Erben erfolgt zu sein** (zu weitgehend jedoch OLG Hamm NJW 1962, 53, 54: es *dürfe* im Fall des § 2004 nicht vom Erben herrühren; vgl dazu § 2004 Rn 2). Der Erbe kann die Inventarerrichtung also auch in der Weise bewerkstelligen, dass er ein Nachlassverzeichnis (vgl § 1993 BGB), das von einem Erbschaftsbesitzer, Nachlassverwalter oder Testamentsvollstrecker aufgenommen worden ist, entweder selbst beim Nachlassgericht „einreicht" oder, wenn es sich bereits dort befindet, erklärt, dass es als von ihm eingereicht „gelten" soll (§ 2004 BGB). Erforderlich ist jedoch stets, dass das betreffende Nachlassverzeichnis den Vorschriften der §§ 2002, 2003 BGB entspricht (§ 2004 BGB), was nur selten der Fall sein wird (vgl § 2004 Rn 3). Ein rein privat erstelltes Verzeichnis iS des § 260 BGB kann also zwar der in § 1993 BGB gegebenen Definition des Inventars entsprechen, jedoch wegen der Art und Weise seines Zustandekommens niemals wirksam iS der §§ 1993 ff BGB „errichtet" werden (unstr; vgl MünchKomm/Küpper Rn 2; Soergel/Stein Vorbem 3 zu § 1993; AK-BGB/Teubner Vorbem 5 zu § 1993).

2. Inventarerrichtung nur durch Erben

13 Wie bereits ausgeführt (Rn 12), braucht das Inventar, welches der Erbe durch Einreichung beim Nachlassgericht (§ 1993 BGB) oder auf sonstige Weise (Rn 10) „errichtet", weder von ihm persönlich noch auf seine Veranlassung **„aufgenommen"** worden zu sein. **„Errichten"** kann der Erbe das Inventar jedoch nur selbst oder durch einen Vertreter oder durch den nach § 2003 BGB beauftragten Notar.

14 **Miterben** sind selbständig und unabhängig voneinander zur Inventarerrichtung berechtigt. Gem § 2063 Abs 1 BGB kommt die Errichtung des Inventars durch einen Miterben auch den übrigen Erben zustatten, soweit nicht ihre Haftung für die Nachlassverbindlichkeiten „unbeschränkt" ist. Vgl ergänzend § 2063 Rn 1 ff.

15 Aufnahme und Errichtung des Inventars können auch durch **Bevollmächtigte** erfolgen. Da es sich bei der Errichtung des Inventars nicht um eine Willens-, sondern um eine Wissenserklärung handelt, sind die §§ 164 ff BGB nicht unmittelbar, sondern nur entsprechend anzuwenden (vgl Planck/Flad Anm 6). Unanwendbar ist zB § 174 BGB; das Nachlassgericht kann das Inventar also nicht deshalb zurückweisen, weil der Einreichende keine Vollmachtsurkunde vorlegt (Planck/Flad Anm 6; BGB-RGRK/Johannsen Rn 5). Auch eine Analogie zu § 1945 Abs 3 BGB, wonach ein (zur Erbschaftsausschlagung) Bevollmächtigter einer öffentlich beglaubigten Vollmacht bedarf, die der Erklärung beigefügt oder fristgerecht nachgebracht werden muss, kommt für die Inventarerrichtung nicht in Betracht (Planck/Flad Anm 6; BGB-RGRK/Johannsen Rn 5). Ein Streit über den Bestand der Vollmacht ist in dem Prozess zu entscheiden, in welchem die (Un-)Wirksamkeit des Inventars geltend gemacht wird (Planck/Flad Anm 6); die Beweislast obliegt dem Erben (BGB-RGRK/Johannsen Rn 5). Die Inventarerrichtung durch einen **Vertreter ohne Vertretungsmacht** ist analog § 180 S 1 BGB als unzulässig zu erachten (und zwar trotz § 180 S 2 BGB auch dann, wenn das Nachlassgericht den Mangel der Vertretungsmacht nicht beanstandet; wie hier AK-BGB/Teubner Rn 4; **aM** Soergel/Stein Rn 3). Der Erbe kann aber ein solches Inventar durch Bezugnahme nach § 2004 BGB innerhalb einer ihm evtl gem § 1994 BGB gesetzten Frist wirksam errichten (Erman/Horn Rn 2). Zur Vermeidung von Streitigkeiten empfiehlt es sich, den Bevollmächtigten mit einer Vollmachtsurkunde auszustatten oder diese innerhalb der Frist dem Nachlassgericht einzureichen.

Der nach § 1960 BGB oder § 1961 BGB bestellte **Nachlasspfleger** kann als gesetzlicher Vertreter des Erben für diesen das Inventar errichten (Soergel/Stein Rn 3; **aM** AK-BGB/Teubner § 2012 Rn 4; vgl zu dieser Frage und den Folgeproblemen auch § 2012 Rn 6 ff). Da der Nachlasspfleger auf die Beschränkung der Haftung des Erben nicht verzichten kann (§ 2012 S 3 BGB), wirkt eine *Inventaruntreue* (§ 2005 Abs 1 BGB) des Nachlasspflegers nicht zu Lasten des Erben (vgl Mot V 550 [dazu § 2012 Rn 1]; AK-BGB/Teubner § 2012 Rn 4; Soergel/Stein § 2005 Rn 4; NK-BGB/Odersky § 2012 Rn 4; **aM** Staudinger/Lehmann[11] § 2005 Rn 8; Soergel/Schippel[10] § 2005 Rn 7). Jedoch wird ein vom Nachlasspfleger ungetreu errichtetes Inventar dem Erben nur insoweit zustattenkommen, als es ihn davor bewahrt, sein Haftungsbeschränkungsrecht dadurch zu verlieren, dass er im Vertrauen auf die Richtigkeit des bereits für ihn errichteten Inventars eine ihm nach § 1994 BGB bestimmte Inventarfrist tatenlos verstreichen lässt. Da die Inventaruntreue des Nachlasspflegers dem Erben nicht zugerechnet werden kann, kann dem Erben – weil bei *ihm* ein Fall des § 2005 Abs 1 BGB nicht vorliegt – analog § 2005 Abs 2 BGB auf Antrag eines Nachlassgläubigers eine Frist zur Ergänzung des unvollständigen Inventars bestimmt werden (zustimmend Soergel/Stein § 2005 Rn 4 f; vgl auch die ähnlichen Rechtsfragen, die unten bei § 2004 Rn 10, § 2063 Rn 13 und bei Staudinger/Avenarius [2019] § 2144 Rn 16 ff erörtert sind). Die Errichtung eines ganz neuen Inventars werden die Nachlassgläubiger nicht verlangen können. Eine nach § 1994 BGB dazu bestimmte Frist ist zwar nicht ohne Weiteres unwirksam, sie wird aber auch durch Berichtigung des bereits vorhandenen Inventars gewahrt werden können. 16

Die *Vollständigkeitsvermutung* des § 2009 BGB kommt dem vom Nachlasspfleger ungetreu errichteten Inventar nicht zu (vgl § 2009 Rn 7). Anders jedoch nach Berichtigung durch den Erben.

Das von einem **Nachlassverwalter** oder **Testamentsvollstrecker** kraft Amtes errichtete Inventar (dazu: § 2004 Rn 3, 7) gilt aber *erst dann* als von dem Erben eingereicht, wenn dieser gem § 2004 BGB Bezug nimmt (vgl § 2012 Rn 9; Staudinger/Reimann [2016] § 2215 Rn 15; Soergel/Stein Rn 3). Gem § 2215 Abs 1 BGB hat der Testamentsvollstrecker dem Erben die zur Aufnahme des Inventars erforderliche Hilfe zu leisten (vgl dazu RG LZ 1916, 1237; Staudinger/Reimann [2016] § 2203 Rn 24, § 2215 Rn 1 ff). 17

18 Jeder **Ehegatte** (oder Lebenspartner) kann ohne Mitwirkung des anderen ein Inventar über eine ihm selbst angefallene Erbschaft errichten. Das versteht sich für die *Gütertrennung (Vermögenstrennung)* von selbst und folgt für die *Zugewinngemeinschaft* aus § 1364 BGB (§ 6 S 2 LPartG).

Ein in *Gütergemeinschaft* lebender Ehegatte hat das Recht zur Inventarerrichtung unabhängig davon, ob die ihm angefallene Erbschaft zum Sondergut, zum Vorbehaltsgut oder zum Gesamtgut gehört. Vgl § 1417 Abs 3 BGB (Sondergut) und § 1418 Abs 3 BGB (Vorbehaltsgut). Falls die Erbschaft zum Gesamtgut gehört, kann der das Gesamtgut allein verwaltende Ehegatte (§ 1421 BGB) das Inventar nicht nur dann errichten, wenn die Erbschaft ihm selbst angefallen ist, sondern kraft seines Verwaltungsrechts (BT-Drucks 2. Wahlperiode Nr 3409 S 30) auch dann, wenn der andere Ehegatte Erbe ist. Über eine ihm selbst angefallene Erbschaft kann aber auch der Ehegatte, der das Gesamtgut nicht verwaltet, ohne Zustimmung des anderen Ehegatten ein Inventar errichten (§ 1432 Abs 2 BGB). Steht die Verwaltung des Gesamtguts den Ehegatten gemeinschaftlich zu (§§ 1450 ff BGB), so ist jeder Ehegatte berechtigt, ein Inventar über eine ihm oder dem anderen Ehegatten angefallene Erbschaft zu errichten, es sei denn, dass die dem anderen Ehegatten angefallene Erbschaft zu dessen Vorbehalts- oder Sondergut gehört (§ 1455 Nr 3 BGB). Entsprechendes gilt für *Lebenspartner,* wenn diese gem § 7 LPartG Gütergemeinschaft vereinbart haben.

Über die Inventar*frist* enthält § 2008 BGB besondere Bestimmungen für Fälle, in denen ein in Gütergemeinschaft lebender Ehegatte Erbe ist und die Erbschaft zum Gesamtgut gehört.

3. Errichtung des Inventars durch Einreichung beim Nachlassgericht

19 Außer in den bei Rn 10 genannten Fällen bedarf es zur „Errichtung" des Inventars seiner Einreichung beim Nachlassgericht (§§ 1993 BGB, 23a Abs 1 Nr 2, Abs 2 Nr 2 GVG, 486 Abs 1 FamFG, Art 147 EGBGB).

20 Die Einreichung muss bei dem **örtlich zuständigen Nachlassgericht**, § 343 FamFG, erfolgen. Zur Inventar*aufnahme* kann der Erbe dagegen jede sachlich zuständige Behörde „zuziehen"; weitere Einzelheiten bei § 2002 Rn 3. Ist dem Erben eine Inventarfrist bestimmt worden, so muss die Einreichung des Inventars bei dem Gericht, welches die Frist bestimmt hat, aber auch dann genügen, wenn dieses seine örtliche Zuständigkeit zu Unrecht angenommen hat (vgl auch § 2 Abs 3 FamFG). Der Einreichende kann vom Gericht eine *Empfangsbestätigung,* ein Nachlassgläubiger nach § 13 Abs 3 FamFG die Erteilung einer *Abschrift* des Inventars verlangen (RGZ 129, 240, 243; MünchKomm/Küpper Rn 2).

Zur *internationalen Zuständigkeit* deutscher Nachlassgerichte im Zusammenhang mit der Inventarerrichtung vgl § 105 FamFG (bereits erwähnt bei § 1975 Rn 51). Zur Auslandsberührung im Übrigen vgl unten Rn 33.

21 **Das Inventar ist offen einzureichen.** Es besteht kein Bedürfnis, in Anlehnung an ALR I 9 §§ 423, 433 auch die Hinterlegung eines versiegelten Inventars zu gestatten, welches nicht geöffnet werden soll, solange der Erbe sich nicht gegenüber einem

Gläubiger auf das Inventarrecht (vgl Rn 28) beruft (Mot V 621). Gem KV Nr 12410 GNotKG wird die Gebühr bereits für die *Entgegennahme* eines Nachlassverzeichnisses erhoben; sein Inhalt sollte also schon im Kosteninteresse sofort nachprüfbar sein. Daraus ergibt sich die *Unzulässigkeit* der Einreichung eines verschlossenen oder versiegelten Inventars (MünchKomm/Küpper § 2010 Rn 4; Bamberger/Roth/Lohmann Rn 1; Erman/Horn § 2010 Rn 1; Palandt/Weidlich § 2010 Rn 1 für versiegeltes Inventar, anders wohl bei verschlossenem Inventar bei § 1993 Rn 2; NK-BGB/Odersky § 2010 Rn 4; unklar BGB-RGRK/Johannsen Rn 3 und § 2010 Rn 2). Die unzulässige Abgabe eines verschlossenen oder versiegelten Inventars führt jedoch nicht in allen Fällen zur *Unwirksamkeit* der Inventarerrichtung (vgl BGB-RGRK/Johannsen Rn 3; MünchKomm/Küpper § 2010 Rn 4; differenzierend NK-BGB/Odersky § 2010 Rn 4). Im Zweifel ist anzunehmen, dass dem Nachlassgericht die Öffnung freistehen soll, wenn ein Berechtigter (§ 2010 BGB) die Einsicht verlangt (**aM** wohl BGB-RGRK/Johannsen Rn 3 und § 2010 Rn 2), da das Inventar sonst seinen Zweck verfehlen würde. *Unwirksam* ist die Inventarerrichtung dagegen, wenn dem Gericht die Öffnung schlechthin oder bis zur Geltendmachung der beschränkten Haftung durch den Erben, die in § 2010 BGB ja nicht vorausgesetzt ist, untersagt wird.

4. Kosten

Für die Kosten der Inventar**errichtung** haften nur die Erben, und zwar nach den Vorschriften über Nachlassverbindlichkeiten, wenn das Gericht nichts anderes bestimmt (§ 24 Nr 4 GNotKG). Im Nachlassinsolvenzverfahren sind die Kosten Masseverbindlichkeiten gem § 324 Abs 1 Nr 4 InsO. Die Gebühr für die Entgegennahme des Inventars bestimmt KV Nr 12412 GNotKG. **22**

Kosten, die bei der **Aufnahme** des Inventars infolge der Zuziehung der zuständigen Behörde usw (§ 2002 BGB) entstehen, sind hingegen zugleich Nachlass- wie auch Eigenverbindlichkeiten des Erben. Gleiches gilt für die Kosten des Notars, den das gem § 2003 BGB angegangene Nachlassgericht mit der Aufnahme des Inventars beauftragt (KGJ 42 [1912] A 99, 102 f = OLGE 26, 292 f zu § 2003 aF; MünchKomm/Küpper Rn 7). Wegen Unzulänglichkeit allein des *Nachlasses* kann wegen dieser Kosten keine Verfahrenskostenhilfe bewilligt werden, wenn die Erben feststehen (vgl KGJ 42 [1912] A 99, 100 f). **23**

V. Das Recht des Erben, freiwillig ein Inventar zu errichten

§ 1993 BGB war in den ersten beiden Entwürfen mit dem heutigen § 1994 BGB in einer Bestimmung (E I § 2095, E II § 1868) vereint, wurde dann aber bei der Revision des E II als selbständige Bestimmung (E § 1970) gefasst, um klarzustellen, dass das Recht des Erben, ein Inventar zu errichten, **unabhängig** davon besteht, **ob** ihm schon nach § 1994 BGB eine **Inventarfrist** bestimmt worden ist. Dem freiwillig errichteten Inventar soll die gleiche Wirkung zukommen wie einem nach Setzung einer Inventarfrist errichteten (Prot VI 395). **24**

Auch wenn ihm *keine* Inventarfrist bestimmt wurde, stehen dem Erben die in §§ 1993, 2002, in § 2003 und in § 2004 BGB vorgesehenen **drei Möglichkeiten der Inventarerrichtung** offen (für § 2004 str; s oben Rn 11). **25**

26 Das Recht zur Inventarerrichtung setzt nicht voraus, dass der Erbe die **tatsächliche Gewalt über den Nachlass** hat. Der Erbe hat dieses Recht vielmehr auch dann, wenn sich der Nachlass im Besitz eines Nachlassverwalters (s Rn 27), eines Nachlassinsolvenzverwalters, eines Testamentsvollstreckers oder eines Nichtberechtigten befindet oder wenn dem Erben der Besitz von einem Miterben vorenthalten wird (KG OLGE 5 [1902/II] 342; 14, 293, 295; Soergel/Stein Rn 2; zur Zulässigkeit einer Inventar*fristsetzung* s unten § 1994 Rn 17, 18).

27 Auch während einer **Nachlassverwaltung** behält der Erbe das Recht zur Errichtung eines Inventars, insbesondere zur Beantragung der amtlichen Aufnahme nach § 2003 BGB (KGJ 42 [1912] A 94, 98 = RJA 12, 108, 111 = Recht 1913 Nr 1978). Entsprechendes muss während eines **Nachlassinsolvenzverfahrens** gelten (Soergel/Stein Rn 2).

VI. Der Begriff des „Inventarrechts"

28 Streng zu unterscheiden von dem dem Erben durch § 1993 BGB gewährten Recht, ein Inventar auch freiwillig zu errichten, ist ein Rechtsinstitut, welches in den Gesetzesmaterialien und manchmal auch noch heute als „Inventarrecht" bezeichnet wird. Mit diesem Begriff meinen die Gesetzesmaterialien das Recht des Erben, seine Haftung auf den Nachlass zu beschränken (vgl E I § 2092 Abs 1 und Mot V 602 ff.). Dies ist insofern **missverständlich** (vgl auch Mot V 606), als die Errichtung eines Inventars nach BGB gerade *nicht* zu einer Beschränkung der Haftung des Erben führt (anders noch das Gemeine Recht; vgl Denkschr 722), sondern allenfalls den Verlust des Haftungsbeschränkungsrechts verhindert (Rn 2). **Einen gewissen Wert hat die Kenntnis dieses Begriffs dennoch**, weil sie vermittelt, dass der Gesetzgeber mit dem „unbeschränkt" haftenden Erben idR nur denjenigen meint, der sein Haftungsbeschränkungsrecht *durch Inventarverfehlungen* (§§ 1994 Abs 1 S 2, 2005 Abs 1, 2006 Abs 3 BGB), nicht hingegen durch Vertrag oder gem § 780 Abs 1 ZPO verloren hat. Von Bedeutung ist das zB für die Auslegung des § 2059 Abs 1 S 2 BGB (vgl § 2059 Rn 4 ff, 11) sowie des früheren § 113 Abs 1 Nr 3 VerglO (vgl Staudinger/Marotzke [1996] § 2013 Rn 10 aE).

29 **VII. Die sog Inventar„pflicht"** des Erben wird bei § 1994 Rn 1 ff behandelt.

VIII. Recht der ehemaligen DDR und Übergangsrecht

30 Zur Rechtslage in der ehemaligen DDR und zum Übergangsrecht vgl die Vorauflage Staudinger/Dobler (2016) § 1993 Rn 30 bis 32.

IX. Auslandsberührung

31 Nach **Art 13 EuErbVO** sind nicht nur die deutschen Gerichte zur Entgegennahme von „Erklärungen zur Begrenzung der Haftung der betreffenden Person für die Nachlassverbindlichkeiten" zuständig, sondern auch die Gerichte des Mitgliedstaates in dem der Erklärende seinen gewöhnlichen Aufenthalt hat. Unter einer „Erklärung zur Begrenzung der Haftung der betreffenden Person für die Nachlassverbindlichkeiten" wird man auch die Einreichung eines Nachlassinventars nach § 1993 BGB verstehen können (MünchKomm/Dutta[6] EuErbVO Art 13 Rn 6), obwohl die Einreichung eines Inventars allein sich nicht unmittelbar auf die Haftungslage des Erklärenden auswirkt und die Inventarerrichtung auch nicht zu den Haftungsbeschränkungsmitteln des BGB gehört (vgl Rn 2). Gleichwohl aber verhindert die rechtzeitige Errichtung des Inventars im Fall einer Inventarfrist nach § 1994 BGB die Unbeschränkbarkeit der Haftung und hat jedenfalls dann Auswirkungen auf die Haftungslage des Erben. Daher stellt sich die Frage, ob eine Zuständigkeit ausländischer Gerichte nach Art 13 EuErbVO nur in dem Fall gegeben ist, in dem eine Inventarfrist bestimmt wurde, § 1994 BGB, wofür viel spricht. Der Erbe kann damit jedenfalls dann, wenn eine Inventarfrist bestimmt ist, das Inventar auch bei dem zuständigen Gericht des Mitgliedsstaates einreichen, in dem er seinen gewöhnlichen Aufenthalt hat. Das hierfür zuständige ausländische Gericht wird dafür Sorge zu tragen haben, dass das deutsche fristsetzende Nachlassgericht von der Einreichung und dem Inventar Kenntnis erlangt.

§ 1994
Inventarfrist

(1) Das Nachlassgericht hat dem Erben auf Antrag eines Nachlassgläubigers zur Errichtung des Inventars eine Frist (Inventarfrist) zu bestimmen. Nach dem Ablauf der Frist haftet der Erbe für die Nachlassverbindlichkeiten unbeschränkt, wenn nicht vorher das Inventar errichtet wird.

(2) Der Antragsteller hat seine Forderung glaubhaft zu machen. Auf die Wirksamkeit der Fristbestimmung ist es ohne Einfluss, wenn die Forderung nicht besteht.

Materialien: E I §§ 2095, 2096; II §§ 1868 Abs 1, 1869; III § 1969; Mot V 608–610; Prot V 732–734; VI 395 f; Denkschr 724; Jakobs/Schubert ER I 305, 321 ff.

Schrifttum

Böhm, Verhältnis von § 1994 zu § 2314, Recht 1902, 471
Josef, Die Bestimmung der Inventarfrist bei genehmigungspflichtigem Erwerb einer juristischen Person, BadRPrax 1917, 118.

Vgl ferner das vor § 1993 angegebene Schrifttum.

Systematische Übersicht

I. Die sog „Inventarpflicht" des Erben gegenüber den Nachlassgläubigern

1 Während § 1993 BGB den Erben für „berechtigt" erklärt, ein Inventar zu errichten, handelt § 1994 BGB von der sog Inventar„pflicht" (RGZ 129, 239 f LS 3) des Erben gegenüber den Nachlassgläubigern. Von dieser streng zu unterscheiden ist die in §§ 807, 900 ZPO geregelte Verpflichtung zur Vorlage eines Vermögensverzeichnisses und zur Abgabe einer eidesstattlichen Versicherung (s Staudinger/Dutta [2016] Vorbem 38 [aE], 40 [ad c] zu §§ 1967 ff und Staudinger/Dobler § 1990 Rn 34).

1. Sinn und Zweck

2 Den Nachlassgläubigern muss für den Fall, dass der *Erbe* ihnen *nur noch mit dem Nachlass haftet* (§§ 1973, 1974, 1975, 1989, 1990–1992 BGB), ein Mittel zur Verfügung stehen, um den ursprünglichen Bestand des Nachlasses in zuverlässiger Weise festzustellen (Denkschr 724). Dieses Mittel ist das Inventar. Es ermöglicht den Gläubigern, anhand des Verzeichnisses den Bestand des Nachlasses und seine Veränderungen zu überprüfen und erleichtert ihnen so die Vollstreckung in die Nachlassgegenstände und die Inanspruchnahme des Erben (§§ 1978–1980 BGB) bei Bestandsveränderungen. Dadurch wird auch Druck auf den Erben ausgeübt, für die Erhaltung des Nachlasses zu sorgen. Zugleich erhöht die Sanktion der unbeschränkbaren Haftung des § 2005 BGB sowie die Möglichkeit der eidesstattlichen Versicherung nach § 2006 BGB die Gewähr der Richtigkeit des Inventars (OLG Hamm ZErb 2010, 244 = ZEV 2010, 580 = FamRZ 2010, 2022).

An der Errichtung eines Inventars durch den Erben haben die Nachlassgläubiger aber auch schon dann ein Interesse, *wenn die Haftung sich noch nicht auf den Nachlass beschränkt hat,* zB zur Vorbereitung ihrer Entscheidung über die Beantragung einer Nachlassverwaltung (§ 1981 Abs 2 BGB) oder eines Nachlassinsolvenzverfahrens (§§ 317, 319 InsO). Dieses Interesse verdient auch dann Schutz, wenn außer Zweifel steht, dass der Wert des Nachlasses die Nachlassverbindlichkeiten erheblich übersteigt (RGZ 129, 239, 244).

2. Gesetzliche Ausgestaltung

3 § 1994 BGB trägt dem bei Rn 2 beschriebenen Interesse der Nachlassgläubiger

Rechnung, indem er ihnen das Recht einräumt, beim Nachlassgericht zu beantragen, dass dem Erben eine Frist zur Errichtung des Inventars bestimmt werde. Nach Ablauf der ihm gesetzten Inventarfrist haftet der Erbe unbeschränkbar, wenn nicht vorher das Inventar errichtet wird (Abs 1 S 2). Erzwingen können die Nachlassgläubiger die Inventarerrichtung jedoch nicht (KG OLGE 14 [1907/I] 293, 295 = RJA 8, 100, 102 f; Soergel/Stein Rn 1; Bamberger/Roth/Lohmann § 1993 Rn 4, § 1994 Rn 1; van Venrooy AcP 186 [1986] 356, 362 ff). Sie sind auch nicht berechtigt, beim Nachlassgericht statt der Bestimmung einer Inventarfrist (§§ 1994, 2005 Abs 2 BGB) unmittelbar die Aufnahme oder Ergänzung des Inventars zu beantragen (OLG Karlsruhe OLGE 35 [1917/II] 361; KG OLGE 14 [1907/I] 293). Hat der Erbe wegen Verstoßes gegen die Inventarpflicht das Recht, seine Haftung auf den Nachlass zu beschränken, verloren (§§ 1994 Abs 1 S 2, 2005 Abs 1 BGB, vgl auch § 2006 Abs 3 BGB), so entfällt damit zugleich das Interesse (Rn 2) der Nachlassgläubiger an einem Verzeichnis (lediglich) des Nachlasses, da sie nun ja endgültig auch auf das Eigenvermögen des Erben zugreifen können.

II. Begriff der Inventarfrist

Während § 1993 BGB die Begriffe des Inventars und der Inventarerrichtung definiert, erklärt § 1994 Abs 1 S 1 BGB den Begriff der Inventar*frist.* Bei ihr handelt es sich um die dem Erben auf Antrag eines Nachlassgläubigers durch das Nachlassgericht bestimmte Frist zur Errichtung eines Inventars. Sie ist also eine *richterliche* Frist im Gegensatz zu der in den meisten früheren Rechten bestehenden gesetzlichen Inventarfrist (dazu Denkschr 724). 4

III. Der Antrag auf Bestimmung einer Inventarfrist

1. Die antragsberechtigten Gläubiger

Die Bestimmung einer Inventarfrist kann grundsätzlich von jedem beantragt werden, der **Nachlassgläubiger** iS des § 1967 BGB ist oder der dessen Forderung gepfändet hat (BayObLGZ 8, 261, 263 = OLGE 16 [1908/I] 41 betr gepfändete Vermächtnisforderung). Das Antragsrecht besteht auch, wenn die Nachlassverbindlichkeit zugleich eine Eigenverbindlichkeit des Erben (sog Nachlasserbenschuld, vgl Staudinger/Kunz Vorbem 64 zu §§ 1967 ff) darstellt (OLG Schleswig ZEV 2014, 33 = FamRZ 2014, 602, mit insoweit zustimmender Anmerkung Küpper ZEV 2014, 35). Antragsberechtigte Nachlassgläubiger sind auch Pflichtteilsberechtigte (Prot V 733), Vermächtnisnehmer und Auflagenberechtigte. 5

Ein *Pflichtteilsberechtigter* kann mit dem Antrag auf Bestimmung einer Inventarfrist schneller als mit einer auf § 2314 BGB gestützten Auskunftsklage zu einem Bestandsverzeichnis des Nachlasses gelangen. Nach RGZ 129, 239, 243 können Pflichtteilsberechtigte und uU auch *Vermächtnisnehmer* (Staudinger/Otte [2019] § 2174 Rn 14) ein gem §§ 1993 ff BGB errichtetes Inventar als eine ihnen nach § 2314 BGB erteilte Auskunft behandeln und nach Maßgabe des § 260 Abs 2, 3 BGB auf Abgabe der eidesstattlichen Versicherung klagen. Daneben können sie auch den Antrag nach § 2006 Abs 1 BGB stellen. In diesem Verfahren ist die Abgabe der eidesstattlichen Versicherung allerdings nicht erzwingbar (RGZ 129, 239, 241); vgl aber § 2006 Abs 3 BGB für den Fall der Verweigerung. 6

Die soeben erwähnte Befugnis des Pflichtteilsberechtigten, zwecks Berechnung seines Anspruchs (§§ 2303 Abs 1 S 2, 2311 BGB) gem §§ 2314, 260 BGB auf Auskunft, Vorlegung eines Nachlassverzeichnisses und evtl dessen Bekräftigung durch eidesstattliche Versicherung zu klagen, wird nicht dadurch ausgeschlossen, dass der Pflichtteilsberechtigte daneben nach §§ 1994 Abs 1, 2006 Abs 1 BGB vorgehen könnte (vgl OLG Zweibrücken FamRZ 1969, 230, 231; auch RGZ 129, 239, 241). Denn die Haftungssanktionen, die den Erben bei Verletzung seiner Inventarpflicht treffen (§§ 1994 Abs 1 S 2, 2005 Abs 1, 2006 Abs 3 BGB), sind für solche Nachlassgläubiger wertlos, die ihren Anspruch nicht beziffern können.

7 *Aufgrund einer Forderung, die Aktivbestandteil eines anderen Nachlasses ist,* soll, solange dieser mehreren Erben in ungeteilter Gemeinschaft zusteht, der Antrag auf Bestimmung einer Inventarfrist nur von sämtlichen Miterben gemeinschaftlich gestellt werden können (KG OLGE 35 [1917/II] 360 = RJA 16 [1922] 50; Staudinger/Lehmann[11] Rn 3). Dagegen spricht jedoch, dass der Antrag nach § 1994 BGB lediglich das Erfüllungsverlangen unterstützt und dass dieses gem § 2039 BGB bereits von einem einzelnen Miterben verfolgt werden kann (vgl auch MünchKomm/Küpper Rn 2; Staudinger/Löhnig § 2039 Rn 11).

8 **Nicht antragsberechtigt** sind der *Nachlass-* und der *Nachlassinsolvenzverwalter* (§ 2000 S 2 BGB) sowie diejenigen Nachlassgläubiger, denen der Erbe auch dann nicht unbeschränkbar haften würde, wenn er eine ihm gesetzte Inventarfrist ungenutzt verstreichen ließe (BGB-RGRK/Johannsen Rn 3–5; **aM** Staudinger/Lehmann[11] Rn 3 mwNw, weil der Wortlaut des § 1994 BGB diese Einschränkung nicht mache). Hier handelt es sich zum einen um die *Gläubiger, die im Aufgebotsverfahren ausgeschlossen sind* (§§ 1970 ff, 1973 BGB) *oder ihnen gem § 1974 BGB gleichstehen* (vgl § 2013 Abs 1 S 2 BGB), und zum anderen um solche *Nachlassgläubiger, die zugleich Miterben des Antragsgegners sind* (vgl § 2063 Abs 2 BGB; zur letztgenannten Gläubigergruppe ausführlich § 2063 Rn 19 und Buchholz JR 1990, 45, 48 f; Endriss, Der Miterbe als Nachlassgläubiger [2003] 122 ff, 135, 185). Dass die im Aufgebotsverfahren ausgeschlossenen Gläubiger die Bestimmung einer Inventarfrist nicht verlangen können (Kipp/Coing § 94 II 1 Fn 9; Palandt/Weidlich Rn 3; BGB-RGRK/Johannsen Rn 3; **aM** Staudinger/Lehmann[11] Rn 3; MünchKomm/Küpper § 1973 Rn 2; AK-BGB/Teubner Rn 3; Planck/Flad Anm 2; Erman/Horn Rn 2; Soergel/Stein Rn 3; Strohal II § 73 Fn 9; Bamberger/Roth/Lohmann Rn 3; Lange/Kuchinke § 48 VI 5 a), ist eine zwingende Folge aus dem – rechtspolitisch verfehlten (§ 1973 Rn 10) – § 2013 Abs 1 S 2 BGB und war auch Ansicht der Redaktionskommission (Prot VI 396). Allerdings muss die auf Antrag eines ausgeschlossenen Gläubigers *erfolgte* Fristbestimmung als wirksam angesehen werden (Prot VI 396; BGB-RGRK/Johannsen Rn 4), da es nach Abs 2 S 2 auf die Wirksamkeit der Fristbestimmung sogar einflusslos ist, wenn die Forderung überhaupt nicht besteht. Der Erbe wird aber, wenn er die auf Antrag eines ausgeschlossenen Gläubigers gesetzte Frist versäumt, nur den *anderen* Gläubigern gegenüber unbeschränkbar haftend (BGB-RGRK/Johannsen Rn 4). Zudem kann der Erbe die Verfügung, durch die ihm auf Antrag eines ausgeschlossenen Gläubigers eine Inventarfrist bestimmt worden ist, mit der Beschwerde anfechten (vgl Rn 22, 24 und BGB-RGRK/Johannsen Rn 4).

2. Zulässigkeit des Antrags

9 Der Antrag kann gem § 25 FamFG schriftlich oder zur Niederschrift der Geschäfts-

stelle des Nachlassgerichts gestellt werden. Nach § 1994 Abs 2 S 1 BGB muss der Antragsteller seine **Forderung glaubhaft machen** (vgl hierzu § 31 FamFG und die noch zu § 15 FGG ergangenen Entscheidungen BayObLGZ 1992, 162, 164 ff = NJW-RR 1992, 1159; KG FamRZ 2005, 837 ff NJW-RR 2005, 378 ff). Dazu kann er sich „aller Beweismittel bedienen" und auch zur Versicherung an Eides statt zugelassen werden (§ 31 Abs 1 FamFG). Unstatthaft ist eine Beweisaufnahme, die nicht „sofort" erfolgen kann (§ 31 Abs 2 FamFG). Ob eine Tatsache für glaubhaft gemacht zu erachten ist, entscheidet das Gericht nach seinem Ermessen (BayObLGZ 12, 401, 404 f = SeuffBl 76 [1911] 636 f).

Indem Abs 2 S 1 dem Antragsteller die Glaubhaft„machung" seiner Forderung auferlegt, durchbricht die Vorschrift den in § 26 FamFG verankerten Grundsatz der Amtsermittlung. Diese Ausnahme darf nicht erstreckt werden auf die **Feststellung der Erbeneigenschaft** dessen, dem die Inventarfrist gesetzt werden soll. Zwar muss diese Person im Antrag benannt werden (LG Bochum Rpfleger 1991, 154). Ob sie jedoch wirklich Erbe ist, muss das Nachlassgericht von Amts wegen ermitteln (OLG Düsseldorf NJW-RR 2013, 842; KG OLGE 24 [1912/I] 82 f = RJA 11, 89; KGJ 40 [1911] A 43 ff; LG Krefeld MDR 1970, 766; Josef ZBlFG 7 [1906/1907] 476, 479; Bamberger/Roth/Lohmann Rn 6). Bleibt die Erbeneigenschaft zweifelhaft, so ist der Antrag auf Bestimmung einer Inventarfrist abzulehnen (BGB-RGRK/Johannsen Rn 8; MünchKomm/Küpper Rn 3). Dagegen spricht nicht, dass die Inventarerrichtung auch nach Setzung einer Frist nicht erzwungen werden kann (Rn 3) und dass die Haftungssanktionen der §§ 1994 Abs 1 S 2, 2005 Abs 1, 2006 Abs 3 BGB nur einen wirklichen Erben treffen können, die einem Nichterben bestimmte Inventarfrist also rechtlich wirkungslos ist. Denn auch jemand, der an seiner Erbenstellung zweifelt, hat ein Interesse daran, nicht „vorsorglich" ein Inventar errichten zu müssen. 10

Hängt der Anfall der Erbschaft an eine **juristische Person** von einer staatlichen Genehmigung ab (Staudinger/Otte [2017] § 1942 Rn 7), so darf dem Antrag auf Bestimmung einer Inventarfrist nicht vor der Erteilung der Genehmigung entsprochen werden (Josef BadRPrax 1917, 118; Soergel/Stein Rn 7). 11

Jedoch kann einem Erben, dem die Erbschaft bereits angefallen ist, eine Inventarfrist auch schon dann bestimmt werden, wenn er das **Ausschlagungsrecht** noch hat (Josef Fn 2). Das ist in § 1995 Abs 2 BGB vorausgesetzt (Mot V 610). Hat der zur Erbschaft Berufene die Erbschaft bereits ausgeschlagen, ist das Nachlassgericht jedoch verpflichtet, über die Wirksamkeit der Ausschlagung zu befinden, und zur Bestimmung der Inventarfrist nur berechtigt, wenn es die Ausschlagung für unwirksam erachtet (BayObLGZ 3 [1903] 823, 826 = RJA 3, 176, 177; BayObLG FamRZ 1994, 264 f; vgl auch Weithase Rpfleger 1988, 434, 436; MünchKomm/Küpper Rn 4; Soergel/Stein Rn 7; Bamberger/Roth/Lohmann Rn 6). 12

Die Bestimmung einer Inventarfrist wird nicht dadurch ausgeschlossen, dass **Streit über das Erbrecht** besteht (BayObLGZ 3 [1903] 823, 826 = RJA 3, 176, 178). Auch hängt die Bestimmung der Inventarfrist nicht von der Erteilung eines *Erbscheins* ab. Die Aussetzung der Fristbestimmung bis zur rechtskräftigen Entscheidung darüber, dass der bezeichnete Erbe wirklich Erbe ist, kann nicht verlangt werden (BayObLG 3 [1903] 823, 826; vgl auch Soergel/Stein Rn 7). Das Prozessgericht, vor dem der Nachlassgläubiger seinen Anspruch einklagt oder der als Erbe in Anspruch Genommene die 13 negative Feststellungsklage erhebt, ist an die vom Nachlassgericht nur inzident getroffene Entscheidung über die Erbenstellung nicht gebunden. Es kann also uU der Klage eines Nachlassgläubigers gegenüber derselben Person stattgeben, der eine Inventarfrist zu setzen sich das Nachlassgericht zuvor geweigert hat, weil die betreffende Person nicht Erbe sei. Beantragt der Gläubiger daraufhin erneut die Bestimmung einer Inventarfrist, so wird das Nachlassgericht die Erbenstellung des Gegners aber nicht mehr verneinen dürfen.

14 Ist ein in **Gütergemeinschaft** lebender Ehegatte Erbe und gehört die Erbschaft zum Gesamtgut, so ist die Bestimmung einer Inventarfrist nur wirksam, wenn sie auch dem anderen Ehegatten gegenüber erfolgt, sofern dieser das Gesamtgut allein oder mit seinem Ehegatten gemeinschaftlich verwaltet (§ 2008 Abs 1 S 1 BGB). Daraus folgt jedoch nicht, dass die Fristsetzung auch gegenüber dem Ehegatten des Erben *beantragt* werden müsste. Sie ist vielmehr von Amts wegen mitzuerledigen, wenn dem Nachlassgericht bekannt ist oder durch die von ihm anzustellenden Ermittlungen (§ 26 FamFG) bekannt wird, dass ein Fall des § 2008 BGB vorliegt (BGB-RGRK/Johannsen § 2008 Rn 5; Soergel/Stein § 2008 Rn 4; AK-BGB/Teubner § 2008 Rn 6). Entsprechendes gilt im Verhältnis zu *Lebenspartnern,* wenn diese gem § 7 LPartG Gütergemeinschaft vereinbart haben.

15 Bei **Erbenmehrheit** braucht die Bestimmung der Inventarfrist nicht gegenüber *sämtlichen* Miterben zu erfolgen bzw beantragt zu werden (vgl Staudinger/Marotzke § 2063 Rn 7).

16 **Wie viel Zeit seit dem Erbfall verflossen ist**, spielt für die Zulässigkeit des Antrags nach § 1994 BGB keine Rolle. Doch wird einer erst nach Jahren erfolgten Fristbestimmung im Hinblick auf §§ 1974, 2013 Abs 1 S 2 BGB nur noch geringe praktische Bedeutung zukommen.

Haben sich die Parteien aus Rücksicht aufeinander die Inventarerrichtung Jahre hindurch erspart und ist nunmehr eine Nachprüfung der Vollständigkeit eines Inventars und eine Wertermittlung für einen Nachlassgläubiger nicht mehr möglich, so soll sich der Erbe nach einer Entscheidung des RG dem betreffenden Gläubiger gegenüber auf die Beschränkung seiner Haftung nicht mehr berufen können (RG HRR 1939 Nr 369 = DR 1939, 381 = SeuffA 93, 144 f). In diesem Fall besteht für den Nachlassgläubiger kein Anlass, den Antrag nach § 1994 BGB zu stellen.

17 Die Bestimmung einer Inventarfrist ist **unzulässig** und der Antrag somit zurückzuweisen:

- wenn der Antrag von der falschen Person gestellt wurde (s Rn 8),
- während der Dauer einer Nachlassverwaltung oder eines Nachlassinsolvenzverfahrens (§ 2000 S 2 BGB),
- gegenüber dem Fiskus als gesetzlichem Erben (§ 2011 BGB),
- gegenüber einem Nachlasspfleger oder einem Nachlassverwalter (§ 2012 BGB),

– gegenüber einem Nachlassinsolvenzverwalter (§ 2000 Rn 4) oder einem Testamentsvollstrecker (vgl Staudinger/Reimann [2016] § 2215 Rn 2).

– Im Fall des § 2000 S 3 BGB, also wenn das Nachlassinsolvenzverfahren durch Verteilung der Masse oder durch einen Insolvenzplan beendigt worden ist, wird die Bestimmung einer Inventarfrist vom Gesetz zwar nicht als unzulässig bezeichnet. Da sie aber wegen der in § 2000 S 3 BGB ausgesprochenen Rechtsfolge, dass „es zur Abwendung der unbeschränkten Haftung der Inventarerrichtung nicht (bedarf)", völlig zwecklos ist, muss der Antrag aus diesem Grunde abgewiesen werden. Anders verhält es sich jedoch, wenn die *Eröffnung* eines Nachlassinsolvenzverfahrens oder die *Anordnung* einer Nachlassverwaltung mangels Masse *abgelehnt* worden ist; diese Fälle werden weder von § 2000 S 3 BGB noch von § 2013 Abs 1 S 2 BGB erfasst (s OLG Stuttgart FamRZ 1995, 57; Bamberger/Roth/Lohmann Rn 7 sowie unten § 2013 Rn 2).

18 Unzulässig ist die Bestimmung einer Inventarfrist auch dann, wenn der Erbe bereits ein den Vorschriften der §§ 2002, 2003 BGB entsprechendes Inventar errichtet hat (KGJ 34 [1907] A 92, 95 ff = RJA 8, 185, 188; van Venrooy AcP 186 [1986] 356, 396). Nicht gleich steht dem der Fall, dass der Erbe lediglich den Antrag auf amtliche Aufnahme des Inventars gem § 2003 BGB gestellt hat; denn einen solchen Antrag könnte der Erbe zurücknehmen (OLG München FamRZ 2008, 2310 f).

Ist ein bereits errichtetes Inventar unvollständig, so kann dem Erben auf Gläubigerantrag gem § 2005 Abs 2 BGB eine Inventarfrist zur Ergänzung bestimmt werden, sofern er nicht bereits gem § 2005 Abs 1 BGB unbeschränkbar haftend geworden ist. Entsprechendes gilt für den Fall, dass das bereits beim Nachlassgericht befindliche Inventar von einem anderen errichtet ist und dem Erben lediglich gem §§ 2008 Abs 1 S 3, 2063 Abs 1, 2144 Abs 2 oder 2383 Abs 2 BGB „zustatten" kommt (vgl KGJ 34 [1907] A 92, 97 = RJA 8, 185, 188 f).

Der Antrag auf Bestimmung einer Inventarfrist kann nicht deshalb abgelehnt werden, weil dem Erben durch einen Nichtberechtigten oder durch Miterben der *Besitz* der Nachlassgegenstände vorenthalten wird (**aM** Staudinger/Boehmer[11] § 1922 Rn 146). In diesem Fall mag der Erbe die Inventarfrist notfalls auf dem in § 2003 Abs 1 S 2 BGB gewiesenen Wege wahren (s ergänzend § 1993 Rn 26). Ferner steht der Bestimmung einer Inventarfrist nicht entgegen, dass ein nach § 2314 Abs 1 S 3 BGB von dem Erben aufgenommenes, die Form des § 2002 BGB wahrendes Nachlassverzeichnis infolge unrichtiger Sachbehandlung zu den Nachlassakten gelangt ist (OLG Hamm NJW 1962, 53; Soergel/Stein Rn 6). Anders jedoch, wenn der Erbe auf dieses Inventar gem § 2004 BGB Bezug genommen hat (vgl § 2004 Rn 2 f; **aM** OLG Hamm 54).

19 Ohne Einfluss auf die Zulässigkeit der Fristsetzung ist die **Beschaffenheit des Nachlasses**, also zB der Umstand, dass Nachlassgegenstände von Wert überhaupt nicht vorhanden sind bzw ein Aktivnachlass fehlt (KG SchlHAnz 1910, 323 = WarnJb 1911, 170 = OLGE 24, 82 Fn 1; Soergel/Stein Rn 6) oder dass der Wert des Nachlasses die Nachlassverbindlichkeiten unstr erheblich übersteigt (vgl RGZ 129, 239, 244 sowie Rn 2, 39).

IV. Die Entscheidung über den Antrag

1. Allgemeines

20 **Sachlich zuständig** ist gem Abs 1 S 1 das Nachlassgericht (§ 23a Abs 1 Nr 2, Abs 2 Nr 2 GVG). Die **örtliche** Zuständigkeit richtet sich nach § 343 FamFG (s auch § 1993 Rn 20), der an den gewöhnlichen Aufenthalt des Erblassers zum Zeitpunkt seines Todes anknüpft. Die *funktionelle* Zuständigkeit wird durch § 3 Nr 2 c RPflG dem Rechtspfleger zugewiesen.

21 **Die Fristsetzung erfolgt durch Beschluss** des Nachlassgerichts (Rechtspflegers), dessen Zustellung wegen § 1995 Abs 1 S 2 BGB auch im Fall des § 41 Abs 2 S 1 FamFG zwingend erforderlich ist. Vor der Fristbestimmung hat das Nachlassgericht dem Erben rechtliches Gehör zu gewähren (BayObLGZ 1992, 162, 166 ff = NJW-RR 1992, 1159 f; vgl auch BayObLGZ 1993, 88, 96 = NJW-RR 1993, 780, 782 = FamRZ 1993, 1367, 1370 im Schlusssatz). Die Frist beginnt mit der Zustellung des Fristsetzungsbeschlusses (§ 1995 Abs 1 S 2 BGB). Richtiger Zustellungsadressat i S des § 40 Abs 1 FamFG ist der Erbe, da der Fristsetzungsbeschluss nur für ihn bestimmt ist (Unger ZZP 34 [1905] 233, 234). Zur Frist vgl im Übrigen §§ 1995–1998 BGB.

Gem § 1999 S 1 BGB soll das Nachlassgericht dem Familiengericht von der Bestimmung der Inventarfrist Mitteilung machen, wenn der Erbe unter elterlicher Sorge oder unter Vormundschaft steht.

Fällt die Nachlassangelegenheit in den Aufgabenkreis eines Betreuers des Erben, tritt an die Stelle des Familiengerichts das Betreuungsgericht, § 1999 S 2 BGB.

2. Rechtsbehelfe gegen Fristbestimmung

22 Gegen einen Beschluss, durch den dem Erben eine Inventarfrist bestimmt wird, steht dem Erben und jedem – also nicht bloß dem antragstellenden (vgl Erman/Horn Rn 6b; Soergel/Stein Rn 10) – Nachlassgläubiger die **Beschwerde** zu (vgl §§ 58, 59 Abs 1, 360 FamFG und § 11 Abs 1 RPflG). Die **Frist** zur Einlegung der Beschwerde beginnt für den *Erben* mit der schriftlichen Bekanntgabe (§ 1995 Abs 1 S 2 BGB: Zustellung) des Fristsetzungsbeschlusses an ihn (§ 63 Abs 3 S 1 FamFG) und für *jeden Nachlassgläubiger* mit dem Zeitpunkt, in welchem der Fristsetzungsbeschluss *dem* Nachlassgläubiger bekanntgemacht wird, welcher den Antrag auf Bestimmung der Inventarfrist gestellt hat (§ 360 FamFG).

23 **Der Erbe** kann mit der Beschwerde geltend machen, dass die ihm bestimmte Inventarfrist zu kurz bemessen sei. Diese Rüge wird erfolgreich sein, wenn das Nachlassgericht ohne vorherige Anhörung des Erben die gesetzliche Mindestfrist bestimmt hat (vgl die bei Rn 21 erwähnten Entscheidungen des BayObLG). Nach hM (Staudinger/Lehmann[11] Rn 11; BGB-RGRK/Johannsen Rn 7; Erman/Horn Rn 6b; Soergel/Stein Rn 10; MünchKomm/Küpper Rn 8) soll der Erbe die Beschwerde auch darauf stützen können, dass er bereits ein Inventar errichtet habe oder dass ein Dritter ein auch ihm „zustatten" kommendes Inventar errichtet habe (vgl §§ 2008 Abs 1 S 3, 2063 Abs 1, 2144 Abs 2, 2383 Abs 2 BGB). Hiergegen lässt sich jedoch einwenden, dass der Erbe durch die Bestimmung der Inventarfrist in diesen Fällen gar nicht beschwert ist und

dass über die Wirksamkeit der bereits erfolgten Inventarerrichtung letztlich das Prozessgericht im Rahmen des § 1994 Abs 1 S 2 BGB zu befinden hat (zu der ähnlichen Thematik „Beschwer als Klagevoraussetzung" vgl die 1970 erschienene Schrift von BETTERMANN; eine rechtsvergleichende Studie zur Beschwer als „Rechtsmittelerfordernis" bietet RIMMELSPACHER, in: FS Lorenz [2001] 547 ff).

Gem Abs 2 S 2 ist es auf die Wirksamkeit der Fristbestimmung „ohne Einfluss", wenn die Forderung des Antragstellers in Wirklichkeit überhaupt nicht besteht (hierzu Mot V 610). Dennoch nimmt man an, dass der Erbe seine Beschwerde auch darauf stützen könne, dass der Antragsteller nicht Nachlassgläubiger sei (BGB-RGRK/JOHANNSEN Rn 4 und die Vorgenannten). Das ist wenig überzeugend. 24

Nach hM (vgl die bei Rn 23 Genannten), der in der 12. Aufl dieses Kommentars trotz Bedenken gefolgt wurde, soll der „Erbe" seine Beschwerde auch darauf stützen können, dass er überhaupt nicht Erbe sei. Da jemand, der nicht Erbe ist, eine ihm bestimmte Inventarfrist gefahrlos verstreichen lassen kann (vgl Rn 10), wird man dem aber nicht zustimmen dürfen. Wer an seiner Erbenstellung zweifelt, mag zwar daran interessiert sein, nicht „vorsorglich" ein Inventar errichten zu müssen. Jedoch ist dieses Interesse nicht von solchem Gewicht und rechtlich nicht in dem umfassenden Sinne geschützt, dass es den Adressaten berechtigen würde, die Inventarfristbestimmung allein deshalb anzufechten, weil das Nachlassgericht im Rahmen der von Amts wegen vorzunehmenden (Rn 10) Prüfung der Erbenstellung zu einem unrichtigen Ergebnis gelangt sei. Wie in den bei Rn 23 erörterten Fällen fehlt nämlich auch hier die erforderliche „Beschwer" für einen Rechtsbehelf, der für den Streit um die Erbenstellung bis zur rechtskräftigen Entscheidung des letztendlich (Rn 13, 28) zuständigen Prozessgerichts einen prozessökonomisch fragwürdigen „Nebeninstanzenzug" eröffnen würde. Vgl auch Rn 28. 25

Ein Nachlassgläubiger kann mit seiner Beschwerde (Rn 22) nur die zu lange Dauer der Frist rügen (vgl PLANCK/FLAD Anm 3; MünchKomm/KÜPPER Rn 8). 26

3. Rücknahme und Abänderung der Frist

Die Fristbestimmung kann vom Nachlassgericht nicht einseitig zurückgenommen werden, auch wenn es nachträglich erkennt, dass ihre Voraussetzungen nicht vorliegen oder der Betroffene die Erbschaft später ausschlägt (vgl § 48 Abs 1 S 2 FamFG sowie OLG Braunschweig SeuffA 57 [1902] Nr 105; MünchKomm/KÜPPER Rn 7; SOERGEL/STEIN Rn 7; zum Fall der Erbschaftsausschlagung s auch Rn 28). Ist die Entscheidung über die ursprüngliche Fristbestimmung formell rechtskräftig, ist das Nachlassgericht an diese Grundentscheidung gebunden, kann (und muss) also nicht erneut prüfen, ob die Voraussetzungen des § 1994 BGB vorliegen (OLG München ZErb 2019, 212). 27

Jedoch kann das Nachlassgericht die Frist auf Antrag des Erben gem § 1995 Abs 3 BGB verlängern.

4. Nachträgliche Unwirksamkeit der Fristbestimmung

Die Bestimmung einer Inventarfrist wird nachträglich unwirksam, wenn eine Nachlassverwaltung angeordnet oder ein Nachlassinsolvenzverfahren eröffnet wird 28

(§ 2000 S 1 BGB). Da eine vor der Annahme der Erbschaft bestimmte Inventarfrist erst mit der Annahme der Erbschaft beginnt (§ 1995 Abs 2 BGB), wird die einem vorläufigen Erben bestimmte Inventarfrist gegenstandslos, wenn dieser die Erbschaft ausschlägt (BayObLG OLGE 6 [1903/I] 70 = RJA 3, 176; OLG Braunschweig SeuffA 57 [1902] 187 Nr 105; AG Oldenburg Rpfleger 1990, 21 f). Eine förmliche Aufhebung des die Frist setzenden Gerichtsbeschlusses kann der Ausschlagende aber nicht verlangen (AG Oldenburg Rpfleger 1990, 21, 22; vgl auch oben Rn 25, 27). Über die Wirksamkeit der Fristbestimmung und den Beginn der Frist hat notfalls das Prozessgericht im Zusammenhang mit der Frage zu entscheiden, ob das Haftungsbeschränkungsrecht des Erben durch Versäumung der Frist erloschen ist (KGJ 34 [1907] A 92, 94 = RJA 8, 185, 186; AG Oldenburg Rpfleger 1990, 21 f). Wegen der bis dahin bestehenden Ungewissheit bleibt der Erbe, der die Erbschaft nach ihm gegenüber erfolgter Inventarfristsetzung ausgeschlagen hat, berechtigt, unter den Voraussetzungen des § 1996 die Bestimmung einer neuen Inventarfrist zu verlangen (AG Oldenburg Rpfleger 1990, 21 f; vgl auch BayObLGZ 1993, 88, 92 FamRZ 1993, 1367, 1368; kritisch Soergel/Stein Rn 7).

29 5. **Gegen die Ablehnung der Fristbestimmung** steht dem antragstellenden Nachlassgläubiger die Beschwerde zu (vgl §§ 58, 59 Abs 2 FamFG und § 11 Abs 1 RPflG).

V. Kosten

30 Die Kosten des Verfahrens, das durch den Antrag auf Bestimmung einer Inventarfrist veranlasst wird, hat der Antragsteller zu tragen (BayObLGZ 12, 401 = SeuffBl 76 [1911] 636 f), vgl § 22 Abs 1 GNotKG. Zur Gebühr vgl KV Nr 12411 GNotKG.

VI. Die Rechtslage nach Fristablauf (Abs 1 S 2)

31 Nach Ablauf der Inventarfrist haftet der Erbe für die Nachlassverbindlichkeiten „unbeschränkt", wenn nicht zuvor das Inventar errichtet wird (Abs 1 S 2).

1. Wahrung des Haftungsbeschränkungsrechts durch Wahrung der Inventarfrist

Die Inventarfrist wird gewahrt durch rechtzeitige „Errichtung" des Inventars, dh durch Einreichung eines ordnungsgemäßen Inventars (§ 1993 BGB) oder durch Stellung des Antrags auf amtliche Aufnahme des Inventars gem § 2003 Abs 1 S 2 BGB (aber: § 2005 Rn 7 ff) oder durch Bezugnahme auf ein schon beim Nachlassgericht befindliches Inventar gem § 2004 BGB. In einigen Fällen bedarf es nicht einmal der Bezugnahme gem § 2004 BGB: nämlich dann, wenn die Wahrung der Inventarfrist durch andere Personen als den Erben, dem sie gesetzt ist, diesem kraft Gesetzes zustatten kommt. Zustatten kommt dem Erben die Inventarerrichtung durch seinen Ehegatten oder Lebenspartner (Rn 14 aE) im Fall des § 2008 Abs 1 S 3 BGB, dem Miterben diejenige durch einen anderen Miterben (§ 2063 Abs 1 BGB), dem Verkäufer und Käufer einer Erbschaft die Errichtung durch den jeweils anderen Teil (§ 2383 Abs 2 BGB), dem Nacherben die durch den Vorerben (§ 2144 Abs 2 BGB).

32 Die **Beweislast** für die rechtzeitige Errichtung trifft den Erben (KGBl 1909, 11).

2. Verlust des Haftungsbeschränkungsrechts durch Versäumung der Inventarfrist

a) Wird die Inventarfrist nicht gewahrt (Rn 31), so hat dies gem Abs 1 S 2 zur Folge, dass der Erbe, dem die Frist bestimmt worden ist, für die Nachlassverbindlichkeiten „unbeschränkt" haftet, er also (Staudinger/Kunz Vorbem 19 zu §§ 1967 ff) das Recht verliert, seine Haftung auf den Nachlass zu beschränken. **Ratio legis** ist, dass der Erbe, der die Nachlassgläubiger durch Verweigerung der Inventarerrichtung über den Stand des Nachlasses im ungewissen lässt, sich so behandeln lassen soll, als reiche der Nachlass zur Erfüllung aller Nachlassschulden aus (vgl Prot V 731, 874). In diesem Fall würde den Erben die Inanspruchnahme auch seines Eigenvermögens nicht unzumutbar belasten, da er sich sogleich am Nachlass schadlos halten könnte. Diese günstige Situation unterstellend, entzieht Abs 1 S 2 dem Erben, der die ihm gesetzte Inventarfrist verstreichen lässt, das Recht, seine Haftung auf den Nachlass zu beschränken. Die wichtigsten Aspekte der nun eingetretenen Rechtslage umschreibt **§ 2013 BGB**. Der Verlust des Haftungsbeschränkungsrechts setzt nicht voraus, dass die Fristversäumnis auf einem **Verschulden** beruht; der Verschuldensaspekt ist nur nach Maßgabe der §§ 1996, 1997 BGB von Bedeutung (weitergehend aber wohl van Venrooy AcP 186 [1986] 356, 360 mit Fn 14 wegen BVerfGE 58, 159, 162 f). In einem Beschluss des OLG Düsseldorf (FamRZ 1997, 846 f = WM 1997, 2132, 2134 = Rpfleger 1997, 216 f) wird die Ansicht vertreten, dass der Ablauf der Inventarfrist *nicht* zum Verlust des Haftungsbeschränkungsrechts führe, wenn der Erbe rechtzeitig vor Fristablauf einen nach den Umständen berechtigten Antrag auf Fristverlängerung gestellt habe und diesem Antrag infolge unrichtiger Sachbehandlung durch das Nachlassgericht nicht *vor* Ablauf der ursprünglichen Inventarfrist stattgegeben worden sei. Dieser Standpunkt ist zwar nicht zwingend (s § 1995 Rn 9; § 1996 Rn 2, 4), aber sicherlich vertretbar und iE auch angemessen. 33

b) An eine **Sonderregelung für Miterben** hat die II. Komm bei der Beratung des § 1994 BGB nicht gedacht. Dazu bestand keine Veranlassung, weil man seinerzeit noch von E I § 2051 S 2 ausging, der auf jeden Miterben nur einen seiner Erbquote entsprechender *Bruchteil* der Erblasserschulden übergehen lassen wollte (näheres zur Gesetzesgeschichte bei § 2007 Rn 3). Von daher musste es als selbstverständlich erscheinen, dass ein Miterbe sein Haftungsbeschränkungsrecht nur für eben diesen Bruchteil der Schuld verlieren konnte. Erst als man sich später für den Grundsatz der gesamtschuldnerischen (§§ 2058, 421 BGB) Haftung der Miterben entschied, sah man Veranlassung zu betonen, dass trotzdem „ebenso wie zum Nachtheile des Alleinerben, welcher das Inventarrecht verloren hat, angenommen werde, dass der Nachlass solvent gewesen sei" (s oben), zum Nachteile der einzelnen *Miterben* angenommen werden müsse, „dass der auf jeden von ihnen entfallende *Erbtheil* ausreiche, um den der Erbquote entsprechenden *Theil* der Forderung zu decken" (Prot V 874 [gegen Prot V 872 ff]). Diese Wertung war tragender Grund für die Schaffung des § 2059 Abs 1 S 2 BGB. Sie zeigt, dass sich der Übergang der Gesetzesväter vom Grundsatz der teilschuldnerischen zu dem der gesamtschuldnerischen Miterbenhaftung unbeschadet des bei der Beratung der §§ 1994 Abs 1 S 2, 2005 Abs 1, 2006 Abs 3 BGB noch selbstverständlich gewesenen Prinzips vollziehen sollte, dass ein einzelner Miterbe sein Haftungsbeschränkungsrecht durch Inventarverfehlungen nur für einen seinem Erbteil entsprechenden *Teil* jeder auf dem gesamten Nachlass lastenden Verbindlichkeit verlieren kann (nicht hM; vgl aber § 2059 34

Rn 3, 4, § 2060 Rn 2). Dieses Prinzip ist auch bei grundsätzlicher Anerkennung der *gesamtschuldnerischen* Haftung aller Miterben sachgerecht (beipflichtend Buchholz JR 1990, 45, 51 Fn 75, der der hier vertretenen Ansicht aber de lege lata dennoch widerspricht). Einen Miterben deshalb, weil er den Gläubigern durch seine Inventarverfehlung uU die Möglichkeit des Nachweises entzogen habe, „dass der *Nachlass* zur Tilgung der Forderung ausreiche", so zu stellen, als reiche bereits sein *Erbteil* (!) zur Berichtigung aller Nachlassverbindlichkeiten aus (so anscheinend später Prot V 876 f [aber ohne Niederschlag im Gesetz; vgl § 2059 Rn 8]), wäre wenig konsequent und auch gar nicht nötig, da ja noch andere Erben vorhanden sind, die der Gläubiger zur Inventarerrichtung anhalten lassen kann (so dass die erwähnte Annahme der Protokolle, dass den Gläubigern die volle Kenntnis der Nachlassaktiva bereits durch die Inventarverweigerung *eines* Miterben unmöglich gemacht werde, oft gar nicht zutrifft). Falls *sämtliche* Miterben eine ihnen gesetzte Inventarfrist versäumt haben, genügt es vollauf, dass die Nachlassgläubiger das Eigenvermögen jedes einzelnen Miterben *anteilig* in Anspruch nehmen können. Selbst dann steht ihnen idR *mehr* Haftungsmasse zur Verfügung als im Fall der Alleinerbschaft, wo ja nur *ein* Erbe haftet und deshalb ein Zugriff auf die Eigenvermögen *mehrerer* Personen nicht in Betracht kommt.

35 **c)** Der durch Versäumung der Inventarfrist bedingte Verlust des Haftungsbeschränkungsrechts (Abs 1 S 2) tritt grundsätzlich **gegenüber sämtlichen Nachlassgläubigern** ein, auch soweit sie an der Antragstellung nicht beteiligt waren (MünchKomm/Küpper Rn 12). Keine Rolle spielt hier der Unterschied zwischen Erblasser- und Erbfallschulden. Nach wohl hM (zB MünchKomm/Küpper Rn 12) verliert der Erbe das Haftungsbeschränkungsrecht **auch gegenüber solchen Nachlassgläubigern, deren Forderungen erst nach Fristablauf entstehen** (teilw **aM** mit guten Gründen Muscheler, Die Haftungsordnung der Testamentsvollstreckung [1994] 117 ff, 123 ff, 543; kritisch zur hM auch schon Marotzke JZ 1986, 457, 464 bei Fn 8; vgl ergänzend § 2005 Rn 1 aE).

36 **Jedoch** tritt der Verlust des Haftungsbeschränkungsrechts nicht ein gegenüber Gläubigern, denen gegenüber der Erbe bereits vorher durch Ausschluss im Aufgebotsverfahren nach § 1973 BGB oder infolge gleichstehender Säumnis gem § 1974 BGB die Beschränkung seiner Haftung erlangt hatte (**§ 2013 Abs 1 S 2 BGB**). Auch gegenüber Nachlassgläubigern, die zugleich Miterben sind, kann sich der Erbe, der eine ihm bestimmte Inventarfrist versäumt hat, auf eine etwaige Beschränkung seiner Haftung berufen, obwohl er den anderen Nachlassgläubigern gegenüber unbeschränkbar haftend geworden ist (**§ 2063 Abs 2 BGB**; ähnlich **§ 2144 Abs 3 BGB** bez der Haftung des Nacherben gegenüber dem Vorerben).

37 **d)** **Der Verlust des Haftungsbeschränkungsrechts tritt kraft Gesetzes von selbst ein**, sobald die Inventarfrist ungenutzt verstrichen ist. Das Nachlassgericht trifft keine diese Wirkung feststellende Verfügung; die Überprüfung obliegt im Streitfall dem Prozessgericht (KGJ 34 [1907] A 92, 94 = RJA 8, 185, 186).

38 **e)** Das Verstreichenlassen der Inventarfrist führt auch dann zur „unbeschränkten" Haftung des Erben, wenn dieser die Frist **in gutem Glauben** daran, dass er nicht Erbe sei, unbeachtet ließ; insoweit handelt der Erbe auf eigene Gefahr (Küntzel Gruchot 41 [1897] 808, 831 f; Hellmann KritV 39, 212, 240; Planck/Flad Anm 5b). Vgl auch Rn 33.

f) Abs 1 S 2 ist auch dann anzuwenden, wenn streitig ist, dass der **Wert des Nachlasses** die Nachlassverbindlichkeiten erheblich übersteigt (RGZ 129, 239, 244). Gleichgültig ist auch, ob überhaupt eine Nachlassmasse vorhanden ist (KG SchlHAnz 1910, 323 = OLGE 24, 82 Fn 1 = WarnJb 1911, 170). Der Erbe kann sich seiner „Inventarpflicht" (Rn 1 ff) nicht durch die mündliche oder auch schriftliche Erklärung an das Nachlassgericht entziehen, dass nichts bzw nichts von Wert vorhanden sei (vgl OLG Posen ZBlFG 5 [1904/1905] 797 Nr 757). Auch wenn nichts vorhanden ist, muss der Erbe ein Inventar „errichten" und, wenn er es selbst „aufnehmen" will (statt den Weg des § 2003 BGB zu gehen), gem § 2002 BGB eine zuständige Behörde oder einen zuständigen Beamten bzw Notar zuziehen, der ihm die nötige Belehrung über den Umfang seiner Anzeigepflicht zu erteilen hat (Mot V 616). Allerdings wird der Erbe die durch die Zuziehung der Amtsperson entstehenden Kosten notfalls aus seinem Eigenvermögen bestreiten müssen (Mot V 616; vgl ergänzend § 1993 Rn 22 f). 39

g) Auch der **geschäftsunfähige** oder geschäftsbeschränkte Erbe kann durch Versäumung der Inventarfrist unbeschränkbar haftend werden. Das Gesetz versucht ihn zu schützen, indem es in **§ 170 ZPO** (iVm §§ 1995 Abs 1 S 2 BGB, 15 Abs 2 S 1 FamFG) die Zustellung des Fristsetzungsbeschlusses an seinen gesetzlichen Vertreter vorschreibt (Mot V 613) und in **§ 1999 BGB** das Nachlassgericht anweist, dem Familiengericht von der Fristbestimmung Mitteilung zu machen. Für den Fall, dass der geschäftsunfähige oder geschäftsbeschränkte Erbe ohne gesetzlichen Vertreter ist (zB weil der gesetzliche Vertreter kurz nach ihm gegenüber erfolgter Zustellung des Fristsetzungsbeschlusses stirbt), bewirkt **§ 1997 BGB** durch Verweisung auf **§ 210 BGB**, dass die Inventarfrist idR (vgl § 210 Abs 1 S 2 iVm § 1995 Abs 1 BGB) nach Behebung des Mangels noch voll zur Verfügung steht (s § 1997 Rn 4). Kommt es trotz dieser Schutzvorkehrungen zu einer dem Erben zurechenbaren Inventarfristversäumung des gesetzlichen Vertreters, so verliert der Erbe zwar das *erbrechtliche* Haftungsbeschränkungsrecht. Nach Eintritt der Volljährigkeit kann er sich jedoch auf **§ 1629a Abs 1 BGB** berufen (vgl § 1997 Rn 5). 40

VII. Zum Recht der ehemaligen DDR vgl Staudinger/Dobler (2016) § 1993 Rn 30. 41

VIII. Auslandsberührung

Zur Möglichkeit des Erben mit gewöhnlichem Aufenthalt in einem Mitgliedstaat nach Art 13 EuErbVO, das Inventar bei einem ausländischen Gericht einzureichen vgl § 1993 Rn 31. 42

§ 1995
Dauer der Frist

(1) Die Inventarfrist soll mindestens einen Monat, höchstens drei Monate betragen. Sie beginnt mit der Zustellung des Beschlusses, durch den die Frist bestimmt wird.

(2) Wird die Frist vor der Annahme der Erbschaft bestimmt, so beginnt sie erst mit der Annahme der Erbschaft.

(3) Auf Antrag des Erben kann das Nachlassgericht die Frist nach seinem Ermessen verlängern.

Materialien: E I § 2097; II § 1870; III § 1970; Mot V 610 f; Prot V 734; Jakobs/Schubert ER I 305, 323 ff.

Schrifttum

Siehe vor § 1993.

1 **Abs 1 S 1** betrifft die **Dauer der Inventarfrist** und begrenzt insoweit das Ermessen des Nachlassgerichts (Rechtspflegers, § 3 Nr 2 c RPflG). Nach unten ist die „soll"-Grenze fest (mindestens ein Monat, HS 1), nach oben (höchstens drei Monate, HS 2) im Hinblick auf die Verlängerungsmöglichkeit des Abs 3 nicht. Das Nachlassgericht handelt ermessensfehlerhaft, wenn es ohne vorherige Anhörung des Erben die gesetzliche Mindestfrist bestimmt (BayObLGZ 1992, 162, 166 f = NJW-RR 1992, 1159, 1160; vgl auch BayObLGZ 1993, 88, 96 = FamRZ 1993, 1367, 1370 im Schlusssatz).

2 Ein *Verstoß* gegen die **Sollvorschriften** des Abs 1 S 1 macht die Fristbestimmung nicht unwirksam, sondern eröffnet nur die Möglichkeit der Beschwerde (§§ 58, 59 Abs 1 FamFG, 11 Abs 1 RPflG; vgl auch § 1994 Rn 22 f, 26; MünchKomm/Küpper Rn 1; Soergel/Stein Rn 1). Das Nachlassgericht ist weder an eine im Antrag des Nachlassgläubigers genannte Frist noch an die in Abs 1 S 1 genannte Mindest- und Höchstfrist gebunden, die Bemessung der Frist liegt allein im Ermessen des Nachlassgerichts. Das Gericht kann die „soll-Höchstdauer" auch überschreiten, so etwa im Falle eines laufenden Aufgebotsverfahrens nach §§ 1970 ff BGB, das dem Erben gerade Aufschluss über den Stand der Nachlassverbindlichkeiten geben soll, (OLG München ZErb 2019, 212).

3 *Abänderungen* der in Abs 1 vorgesehenen Dauer der Frist sieht das BGB vor in §§ 1995 Abs 3, 1996, 1997, 1998, 2007, 2008 Abs 1 S 2 BGB.

4 **Abs 1 S 2**: Die Frist beginnt – abgesehen von der Ausnahme des Abs 2 – mit der nach Maßgabe des § 15 Abs 2 S 1 FamFG (Verweis auf §§ 166 bis 195 ZPO) durchzuführenden **Zustellung des Fristsetzungsbeschlusses** an den Erben (§ 40 Abs 1 FamFG) bzw seinen gesetzlichen Vertreter (§§ 170 ZPO iVm §§ 15 Abs 2 S 1, 9 Abs 2 FamFG), bei mehreren Erben für jeden mit der erfolgten Zustellung an ihn (LG Kaiserslautern DAVorm 1973, 625 f; KG RJA 8, 100, 104 = OLGE 14 [1907/I] 293, 296).

5 Die Zustellung erfolgt gem § 15 Abs 2 S 1 FamFG nach den für die Zustellung von Amts wegen geltenden Vorschriften der §§ 166–195 ZPO. Es genügt somit auch eine *Ersatzzustellung* nach §§ 178 ff ZPO. Der darin liegenden Gefahr, dass der Erbe ohne sein Verschulden von der Zustellung keine Kenntnis erlangt, begegnet § 1996 Abs 1 S 2 BGB, indem er dem Erben in einem solchen Fall (aber nicht nur dann) das Recht gewährt, eine neue Fristsetzung zu verlangen. Ist der Erbe nicht verfahrens-

fähig (§ 9 FamFG), muss die Zustellung an seinen gesetzlichen Vertreter erfolgen (§§ 170 ZPO, 15 Abs 2 S 1 FamFG).

Abs 2: Wird die Inventarfrist vor **Annahme der Erbschaft** (§ 1943 BGB) bestimmt, so beginnt sie mit der Annahme der Erbschaft; das entspricht dem Rechtsgedanken des § 1958 BGB. Wurde die Frist einem Miterben gesetzt (vgl Staudinger/Marotzke § 2063 Rn 8, 11 ff), so kommt es darauf an, wann dieser (nicht: irgendein anderer Miterbe) angenommen hat. Große Bedeutung hat Abs 2 nicht, da der Erbe vor der Annahme oft unbekannt sein wird und einem für ihn bestellten Nachlasspfleger eine Inventarfrist nicht bestimmt werden kann (§ 2012 S 1 BGB). Vgl aber die bei § 1994 Rn 28 erwähnten Gerichtsentscheidungen. **6**

Wenn die Inventarfrist erst dem *Erbeserben* (auf Antrag eines Gläubigers des bereits dem Erblasser angefallenen Nachlasses) bestimmt worden ist, setzt ihr Beginn nicht nur die Annahme der unmittelbaren Erbschaft des Erbeserben voraus, sondern auch die entweder durch den Erben oder – im Fall des § 1952 BGB – durch den Erbeserben erfolgte Annahme der mittelbaren Erbschaft. Bei Versterben des Erben *während* des Laufs der Frist gilt § 1998 BGB. **7**

Für die **Berechnung der Frist** sind die §§ 187 Abs 1, 188 Abs 2 und 3 BGB maßgebend. **8**

Abs 3 gibt dem Erben das Recht, beim Nachlassgericht die Verlängerung der Inventarfrist zu beantragen. Das Nachlassgericht kann diesem Antrag nach seinem Ermessen entsprechen. Zum Fristverlängerungsantrag eines Erben, der erkennbar von falschen rechtlichen Voraussetzungen ausgeht vgl OLG Hamm FamRZ 2010, 2022. Es ist hinsichtlich der Bemessung des Verlängerungszeitraums weder an den Antrag noch an die Höchstfrist des Abs 1 gebunden (vgl KG Rpfleger 1985, 193 f; OLG Düsseldorf Rpfleger 1997, 216 f = FamRZ 1997, 846 f = WM 1997, 2132 ff). Die Verlängerung setzt anders als die Bewilligung einer neuen Frist (§ 1996 BGB) voraus, dass die ursprünglich gesetzte Frist noch nicht abgelaufen ist und folglich durch einen neuen Gerichtsbeschluss erstreckt werden kann (einen rechtl *Grenzfall* behandelt das OLG Düsseldorf Rpfleger 1997, 216 f; vgl auch § 1994 Rn 33 und § 1996 Rn 2, 4). Weitere sachliche Voraussetzungen sind nicht aufgestellt. Gegenüber einer Abweisung des Verlängerungsantrags ist der Erbe, gegenüber einer Antragsstattgabe jeder Nachlassgläubiger beschwerdebefugt iS des § 59 Abs 1 FamFG (vgl erg § 360 Abs 2 FamFG). Gem § 190 BGB wird die neue Frist vom Ablauf der ursprünglichen Frist angerechnet. **9**

Automatische Verlängerungen der Inventarfrist können aufgrund der §§ 1997, 1998 BGB eintreten. Dazu bedarf es weder eines Antrags noch eines Gerichtsbeschlusses. **10**

Eine **Verkürzung der Frist** auf Gläubigerantrag, wie nach ALR I 9 § 426, ist unzulässig (Mot V 610). **11**

§ 1996
Bestimmung einer neuen Frist

(1) War der Erbe ohne sein Verschulden verhindert, das Inventar rechtzeitig zu errichten, die nach den Umständen gerechtfertigte Verlängerung der Inventarfrist zu beantragen oder die in Absatz 2 bestimmte Frist von zwei Wochen einzuhalten, so hat ihm auf seinen Antrag das Nachlassgericht eine neue Inventarfrist zu bestimmen.

(2) Der Antrag muss binnen zwei Wochen nach der Beseitigung des Hindernisses und spätestens vor dem Ablauf eines Jahres nach dem Ende der zuerst bestimmten Frist gestellt werden.

(3) Vor der Entscheidung soll der Nachlassgläubiger, auf dessen Antrag die erste Frist bestimmt worden ist, wenn tunlich gehört werden.

Materialien: E I § 2098; II § 1871; III § 1971; Mot V 611 f; Prot V 734; Jakobs/Schubert ER I 306, 324 ff. Abs 1 geändert und ergänzt durch Art 7 Nr 3 des G v 9. 12. 2004 (BGBl I 3214, 3215) mit Wirkung ab 15. 12. 2004.

Schrifttum

G Siegmann, Die Auswirkungen des neuen Verjährungsrechts auf die Inventarfrist, ZEV 2003, 179.

Vgl ferner das vor § 1993 angegebene Schrifttum.

1 **I.** Nicht generell (s § 1994 Rn 33, 38), sondern nur in den in Abs 1 genannten Fällen schützt § 1996 BGB den Erben gegen die unverschuldete Versäumung der Inventarfrist, indem er ihm eine an § 17 FamFG und § 233 ZPO erinnernde Art **Wiedereinsetzung in den früheren Stand** gewährt (vgl RGZ 54, 149, 151 f). Der Schutz erfolgt, indem das Nachlassgericht dem Erben auf seinen Antrag eine **neue Inventarfrist** bestimmt; durch deren Bestimmung werden die Folgen der Versäumung (§ 1994 Abs 1 S 2 BGB) der ursprünglichen Frist wieder beseitigt. Das Nachlassgericht *muss* unter den Voraussetzungen des § 1996 BGB eine neue Frist bestimmen (BayObLGZ 1993, 88, 96 = NJW-RR 1993, 782 rSp = FamRZ 1993, 1367, 1370); ein Ermessen wie im Fall des § 1995 Abs 3 BGB steht ihm nicht zu.

2 **II. Die Voraussetzungen der Bestimmung einer neuen Inventarfrist sind:**

1. Eine dem Erben bestimmte Inventarfrist muss **ungenutzt verstrichen sein**. Seit § 1997 BGB nicht mehr auf § 206 nF verweist, kann dies ohne Weiteres auch dadurch geschehen, dass der Erbe durch „höhere Gewalt“ an der Fristwahrung gehindert wird (s § 1997 Rn 3 aE). Der Erbe kann in einem solchen Fall nach § 1996 Abs 1 BGB nF (der im Unterschied zur früheren Fassung nicht mehr „höhere Gewalt“, sondern nur noch Schuldlosigkeit des Erben voraussetzt) die Bestimmung einer neuen Inventarfrist verlangen. Unter § 1996 BGB ist auch der Fall zu subsumieren, dass nicht die verspätete Inventarerrichtung, sondern die verspätete (§ 1995 Rn 9) Stattgabe eines vom Erben rechtzeitig gestellten Fristverlängerungsantrags zur Fristversäumung geführt hat (vgl den wirklich außergewöhnlichen Fall, der dem in FamRZ 1997, 846 f publizierten Beschluss des OLG Düsseldorf zugrunde lag [dazu aber auch § 1994 Rn 33, § 1995 Rn 9 und unten Rn 4]).

2. Der Erbe muss ohne sein Verschulden (alte Gesetzesfassung: durch höhere Gewalt) **gehindert worden sein**, 3

– das Inventar rechtzeitig zu errichten (Abs 1 Fall 1) oder

– die nach den Umständen gerechtfertigte Verlängerung der Inventarfrist zu beantragen (Abs 1 Fall 2) oder

– die für den Antrag auf Bestimmung einer neuen Inventarfrist maßgebliche (Abs 2) *Zweiwochenfrist* einzuhalten (Abs 1 Fall 3). Hierunter fällt auch der früher in Abs 1 S 2 geregelte Fall, dass „der Erbe von der Zustellung des Beschlusses, durch den die Inventarfrist bestimmt worden ist, ohne sein Schulden Kenntnis nicht erlangt hat" (Näheres bei Rn 5 ff). **Nicht** reparierbar ist hingegen idR die Versäumung der in Abs 2 normierten *Einjahresfrist* (Rn 13; vgl aber auch § 1997 Rn 2).

a) Der Erbe muss **„ohne sein Verschulden"** verhindert gewesen sein (anders noch in der vor dem 15. 12. 2004 geltende Fassung der Norm: „durch höhere Gewalt verhindert"), das Inventar rechtzeitig zu errichten. Die Auslegung der Worte „ohne sein Verschulden" kann sich weitgehend an den zu **§ 233 ZPO** bzw **§ 17 FamFG** entwickelten Grundsätzen orientieren (vgl Mansel NJW 2005, 324; vgl auch BT-Drucks 15/3653, 17 f; MünchKomm/Küpper Rn 2; Palandt/Weidlich Rn 1). 4

b) Unter den heute nur noch aus *einem* Satz bestehenden Abs 1 lässt sich problemlos **der früher in Abs 1 S 2 geregelte Fall** subsumieren, **dass der Erbe ohne sein Verschulden keine Kenntnis von der Zustellung des Fristsetzungsbeschlusses erlangt hat** (s Rn 3). Diese Situation kann sich namentlich infolge der zugelassenen Ersatzzustellung des Fristsetzungsbeschlusses (vgl § 1995 Rn 5) oder infolge einer öffentlichen Zustellung nach § 185 ZPO (iVm § 15 Abs 2 S 1 FamFG) ergeben. Auch ist zu beachten, dass der Erbe sich das Verschulden eines gesetzlichen Vertreters oder Generalbevollmächtigten (§§ 170, 171 ZPO iVm § 15 Abs 2 S 1 FamFG) anrechnen lassen muss (zu den hierdurch erzeugten Folgeproblemen s § 1997 Rn 5). Ob es möglich gewesen wäre, die Fälle des früheren Abs 1 S 2 unter „höhere Gewalt" iS der Ursprungsfassung des Abs 1 (s Rn 4) zu subsumieren, erschien den Verfassern des BGB zweifelhaft (Mot V 612; vgl auch Staudinger/Marotzke [2002] § 1997 Rn 4 aE). Nachdem der Gesetzgeber die Worte „durch höhere Gewalt" mit Wirkung ab 15. 12. 2004 durch „ohne sein Verschulden" ersetzt hat, stellt sich die Frage heute etwas anders. 5

3. Der Erbe muss rechtzeitig einen Antrag auf Bestimmung einer neuen Inventarfrist **stellen**. Nach Abs 2 muss der Antrag binnen zwei Wochen nach der Beseitigung des Hindernisses (zB der Verkehrssperre oder der schuldlosen Unkenntnis) und spätestens vor Ablauf eines Jahres nach dem Ende der ursprünglichen Inventarfrist gestellt werden (ähnlich § 18 FamFG und § 234 ZPO). 6

7 Für die Zweiwochenfrist des Abs 2 gelten ergänzend § 1997 BGB (Hemmung bei Fehlen des erforderlichen gesetzlichen Vertreters) und § 1998 BGB (Fristerstreckung bei Tod des Erben).

8 Eine Hemmung der *Jahresfrist des Abs 2* ist in § 1997 BGB nicht vorgesehen (s dazu § 1997 Rn 2).

9 **III. Das Verfahren bei Beschlussfassung** über den Antrag richtet sich nach Abs 3 und den allgemeinen Bestimmungen des FamFG. Die Anhörung des antragstellenden Nachlassgläubigers vor der Beschlussfassung ist in § 1996 Abs 3 BGB nur als Gebot des rechtlichen „Sollens" vorgeschrieben. Im Lichte des Anspruchs auf rechtliches Gehör (gegenüber dem Richter aus Art 103 Abs 1 GG, gegenüber einem Rechtspfleger als Anspruch auf ein faires Verfahren aus dem Rechtsstaatsprinzip) muss die Bestimmung als (zwingende) Muss-Vorschrift verstanden und zudem so angewendet werden, als enthielte ihr Wortlaut die das rechtliche Gehör des Gläubigers beschränkende Voraussetzung „wenn tunlich" nicht (Eickmann Rpfleger 1982, 449, 454 mwNw in Fn 91; vgl auch AK-BGB/Teubner Rn 6; MünchKomm/Küpper Rn 4). Dem Gläubiger darf nicht durch eine ohne vorheriges rechtliches Gehör gewährte neue Inventarfrist die Chance genommen werden, geltend zu machen, dass der Erbe sein Haftungsbeschränkungsrecht bereits endgültig verloren habe.

10 Die formell rechtskräftige nachlassgerichtliche Entscheidung über den Antrag auf Gewährung einer neuen Inventarfrist bindet das Prozessgericht (vgl auch Seibert DFG 1937, 136; MünchKomm/Küpper Rn 4; Soergel/Stein Rn 6).

11 Das Nachlassgericht (Rechtspfleger gem § 3 Nr 2 c RPflG) hat, wenn die Voraussetzungen gegeben sind, eine neue Inventarfrist zu bestimmen. Es handelt sich um eine Mussvorschrift im Gegensatz zu dem die Fristverlängerung betreffenden § 1995 Abs 3 BGB Gegen eine stattgebende oder ablehnende Verfügung des Nachlassgerichts steht nach §§ 59 Abs 1 FamFG, 11 Abs 1 RPflG je nach Betroffenheit entweder dem Nachlassgläubiger oder dem Erben die Beschwerde zu; zur Beschwerde des Nachlassgläubigers vgl erg § 360 Abs 2 FamFG.

12 Die *Gebühr* für die Bestimmung einer neuen Inventarfrist richtet sich nach Nr 12411 Nr 3 KV GNotKG (Festgebühr iHv 25 Euro).

13 **IV. Wird auch die nach § 1996 BGB bestimmte neue Inventarfrist versäumt**, so kommt bei Vorliegen eines nach Abs 1 beachtlichen Grundes eine neuerliche Wiedereinsetzung durch nochmalige Bestimmung einer Inventarfrist in Betracht (MünchKomm/Küpper Rn 3; Strohal II § 73 Fn 21; Binder II 229 Fn 48; Planck/Flad Anm 3). Eine **äußerste Grenze** zieht Abs 2 durch Aufstellung der mit dem Ablauf der „zuerst" bestimmten Frist beginnenden Jahresfrist (Planck/Flad Anm 3; MünchKomm/Küpper Rn 3 mit Hinweis auf die Parallelvorschriften in § 234 Abs 3 ZPO, § 18 Abs 4 FamFG). Vgl aber auch § 1997 Rn 2.

§ 1997
Hemmung des Fristablaufs

Auf den Lauf der Inventarfrist und der im § 1996 Abs 2 bestimmten Frist von zwei Wochen finden die für die Verjährung geltenden Vorschriften des § 210 entsprechende Anwendung.

Materialien: E I § 2100; II § 1872; III § 1972; Mot V 613 f; Prot V 734, 741; JAKOBS/SCHUBERT ER I 306, 325 ff. Die Verweisung auf die §§ 206, 210 ist am 1. 1. 2002 an die Stelle der bisherigen Verweisung auf § 203 Abs 1 aF und § 206 aF getreten (Art 1 Nr 77 des G zur Modernisierung des Schuldrechts v 26. 11. 2001, BGBl I 3138, 3170). Mit Wirkung ab 15. 12. 2004 hat Art 7 Nr 4 des G v 9. 12. 2004 zur Anpassung von Verjährungsvorschriften an das G zur Modernisierung des Schuldrechts (BGBl I 2004, 3214, 3215) die Verweisung auf § 206 gestrichen.

Schrifttum

Siehe vor § 1993.

1 **1. Die Vorschrift trifft Bestimmungen über die Hemmung des Ablaufs der Inventarfrist und der zweiwöchigen Antragsfrist des § 1996 Abs 2 BGB**. Sie will die Härten abwenden, die sich daraus ergeben können, dass der Erbe wegen Fehlens voller Geschäftsfähigkeit und eines gesetzlichen Vertreters (§ 210 BGB) nicht in der Lage ist, die Fristen einzuhalten.

2 **2.** Die Vorschrift findet Anwendung auf die ursprüngliche **Inventarfrist** (§§ 1994 Abs 1 S 1, 1995 Abs 1 und 2 BGB), auf die verlängerte Inventarfrist (§ 1995 Abs 3 BGB), auf die neue Inventarfrist (§ 1996 Abs 1 BGB) und auf die **zweiwöchige Antragsfrist** des § 1996 Abs 2 BGB. Eine Hemmung der **Jahresfrist** des § 1996 Abs 2 BGB ist gesetzlich nicht vorgesehen; daraus sich ergebende Härten werden sehr selten sein und sollten ggfls nach der gleichen Methode korrigiert (s auch Rn 3 aE) werden wie der rechtsähnliche § 234 Abs 3 ZPO (s dazu ZÖLLER/GREGER[32] ZPO § 234 Rn 10 mwNw).

3 **3. Die bis Ende 2001** gültige Fassung des § 1997 BGB konnte noch nicht auf § 206 BGB nF und § 210 BGB nF verweisen, sondern schrieb die entsprechende Anwendung des § 203 Abs 1 BGB aF und des § 206 BGB aF vor. Die entsprechende Anwendung des **§ 203 Abs 1 BGB aF** führte nur bei „Stillstand der Rechtspflege" zur Hemmung der Inventarfrist und der Antragsfrist des § 1996 Abs 2 BGB. Andere Fälle der höheren Gewalt konnten, da § 1997 BGB aF den *zweiten* Absatz des § 203 BGB aF nicht für anwendbar erklärte, nur im Rahmen des § 1996 BGB wirken, also nur, soweit der Erbe durch sie an der Wahrung der Inventarfrist verhindert worden war, nicht aber, soweit er durch sie an der Einhaltung der zweiwöchigen Antragsfrist des § 1996 Abs 2 verhindert worden war (STROHAL II § 73 Fn 21; BINDER II 229 Fn 48; PLANCK/FLAD Anm 1; BGB-RGRK/JOHANNSEN Rn 1; ERMAN/HORN Rn 1). Gegen dieses Ergebnis bestanden verfassungsrechtliche Bedenken. Im Hinblick auf das Übermaßverbot war es kaum möglich, die bei § 1994 Rn 33 beschriebene ratio legis des § 1994 Abs 1 S 2 BGB auch in solchen Fällen als erfüllt anzusehen, in denen der Erbe an

der rechtzeitigen Beantragung einer neuen Inventarfrist *nachweislich durch höhere Gewalt* gehindert worden ist (Staudinger/Marotzke [1996] § 1996 Rn 5 und § 1997 Rn 3; mit etwas anderer Begründung ebenso MünchKomm/Siegmann[3] Rn 2 aE und Rn 3 [der die Verfassungswidrigkeit durch analoge Anwendung des § 233 ZPO beheben wollte; iE übereinstimmend die seit 15. 12. 2004 maßgebliche Neufassung des § 1996 Art 1]; **gegen** Siegmanns Argumentation Soergel/Stein[12] Rn 1 Fn 1; in der Konsequenz wie hier aber wohl Van Venrooy an der oben § 1994 Rn 33 aE genannten Stelle). **Diesen Bedenken trug die seit 1. 1. 2002 (bis 15. 12. 2004) maßgebliche Fassung des § 1997 BGB Rechnung**: Nach § **206 BGB**, auf den seit diesem Datum anstelle des früheren § 203 Abs 1 BGB verwiesen wurde (aber nicht über den 14. 12. 2004 hinaus!), ist die Verjährung gehemmt, solange der Gläubiger innerhalb der letzten sechs Monate der Verjährungsfrist durch **höhere Gewalt** (vgl zum Begriff „höhere Gewalt" Staudinger/Peters/Jacoby [2019] § 206 Rn 1, 3 ff) an der Rechtsverfolgung gehindert ist. Die in § 1997 BGB vorgeschriebene „entsprechende" Anwendung des § 206 BGB auf den Lauf der Inventarfrist und der Antragsfrist des § 1996 Abs 2 BGB hatte in der Weise zu geschehen, dass man sich anstelle des in § 206 BGB erwähnten Gläubigers (!) den in der Schuldnerposition befindlichen Erben und anstelle von „Rechtsverfolgung" die „Inventarerrichtung" bzw die Wahrung der in § 1996 Abs 2 BGB bezeichneten Antragsfrist denken musste. Mit Wirkung ab 15. 12. 2004 hat der Gesetzgeber diese komplizierte Lösung wieder abgeschafft (§ 1997 BGB verweist nun nicht mehr auf § 206 BGB) und den einfacheren Weg einer Erweiterung des Anwendungsbereichs des § 1996 BGB (s § 1996 Rn 1 ff) beschritten.

4 **4.** Die seit 15. 12. 2004 maßgebliche Fassung des § 1997 BGB erklärt nicht mehr § 206 BGB, sondern nur noch § 210 BGB für entsprechend anwendbar (Rn 3). **Die entsprechende Anwendung des § 210 BGB** führt zur Hemmung der Fristen, wenn während ihres Laufs der Erbe geschäftsunfähig oder in seiner Geschäftsfähigkeit beschränkt wird, ohne dass ein gesetzlicher Vertreter vorhanden ist, oder wenn sein gesetzlicher Vertreter während einer laufenden Frist wegfällt. Die Hemmung dauert nicht nur bis zur Beseitigung des Mangels (so jedoch die Rechtslage vor dem 1. 1. 2002), sondern führt zu einer Verschiebung des Fristendes nach Maßgabe des § 210 Abs 1 BGB (idR § 210 Abs 1 **S 2** BGB; vgl § 1995 Abs 1 BGB, § 1995 Rn 1 f und § 1996 Abs 2 BGB). Bestand der Mangel schon zur Zeit der Zustellung des Fristsetzungsbeschlusses, so beginnt die Frist ohnehin nicht zu laufen, da die nach §§ 1995 Abs 1 S 2 BGB, 15 Abs 2 S 1 FamFG, 170 ZPO erforderliche Zustellung an den gesetzlichen Vertreter (Mot V 613) bei Fehlen eines solchen unmöglich ist.

Beträgt die Frist sechs Monate oder mehr (was im Hinblick auf § 1995 Abs 1 BGB und § 1996 Abs 2 BGB kaum vorkommen dürfte), so endet sie frühestens ein Jahr nach der Behebung des Mangels (§ 210 Abs 1 S 1 BGB). Ist sie kürzer, so endet sie nicht vor dem Ablauf ihrer vollen Dauer seit der Behebung des Mangels (vgl § 210 Abs 1 S 2 BGB).

Dass der geschäftsfähig gewordene Erbe oder der neue gesetzliche Vertreter von der Fristsetzung keine Kenntnis haben, führt zu keiner weiteren Ablaufhemmung zusätzlich zu § 210 BGB. Doch kann in einem solchen Fall durch Bestimmung einer neuen Inventarfrist gem § 1996 Abs 1 S 2 BGB geholfen werden (BGB-RGRK/Johannsen Rn 2; MünchKomm/Küpper Rn 2; AK-BGB/Teubner Rn 3).

5. Gegenüber einer Fristversäumung durch den gesetzlichen Vertreter, die durch § 1999 BGB nicht immer verhindert werden kann (s aber § 1999 Rn 3), gibt es für den Erben keinen Schutz (Mot V 614), da auf diesen Fall weder § 1997 BGB noch § 1996 Abs 1 BGB (s § 1996 Rn 5) anwendbar ist. Kenntnis des gesetzlichen Vertreters von der Zustellung des Fristsetzungsbeschlusses gilt im Rahmen des § 1996 Abs 1 S 2 BGB als solche des Erben. Ob die gesetzlichen Vorkehrungen genügen, um den verfassungsrechtlich gebotenen Überschuldungsschutz für gesetzlich vertretene Minderjährige (s BVerfGE 72, 155 ff = NJW 1986, 1859) zu gewährleisten, erscheint zweifelhaft (vgl MünchKomm/Küpper § 1994 Rn 13 Fn 43; Soergel/Stein § 1994 Rn 15). In der 1996 erschienenen 13. Bearbeitung dieses Kommentars wurde deshalb (ebenfalls bei § 1997 Rn 5) vorgeschlagen, den Minderjährigen für eine Inventarverfehlung (§§ 1994 Abs 1 S 2, 2005 Abs 1, 2006 Abs 3 BGB) seines gesetzlichen Vertreters nur mit dem Vermögen haften zu lassen, welches ihm bei Eintritt in die Volljährigkeit gehört, also nicht mit späterem Neuerwerb. Um dieses Ziel zu erreichen, könnte man nun jede Inventarverfehlung des gesetzlichen Vertreters als „sonstige Handlung" iS des am 1. 1. 1999 in Kraft getretenen § 1629a Abs 1 BGB ansehen. Besteht die Verfehlung in einem *Unterlassen* iS des § 1994 Abs 1 S 2 BGB oder des § 2006 Abs 3 BGB, so kann dieses wegen der dadurch verletzten *Inventarpflicht* – mag diese auch nur mittelbar sanktionsbewehrt sein (s § 1994 Rn 1 ff) – einer *Handlung* iSd § 1629a Abs 1 BGB gleichgestellt werden (vgl zu einem ähnlichen Fall die Begr des RegE in BT-Drucks 13/5624, 13 l Sp: das Unterlassen der fristgerechten *Erbschaftsausschlagung* stehe im Rahmen des § 1629a Abs 1 BGB wertungsmäßig einem aktiven Handeln gleich). Folgt man diesem Vorschlag, so stehen die Nachlassgläubiger bei Volljährigwerden des zunächst noch minderjährigen Erben (fast) genauso, wie wenn sie es mit einem Erbeserben zu tun hätten (also mit jemandem, der eine Person beerbt hat, die in Bezug auf eine zuvor ihr selbst angefallene Erbschaft eine Inventarverfehlung begangen hatte). Allerdings bestehen Unterschiede insofern, als ein Erbeserbe seinerseits wieder gem § 1994 BGB „inventarpflichtig" gemacht werden könnte (in Bezug auf das ihm unmittelbar angefallene Gesamtvermögen des ersten Erben) und er seine Haftung nur unter den allgemeinen erbrechtlichen Voraussetzungen (§§ 1975 ff, 1989 ff, 2059, 2062 BGB) auf die ihm unmittelbar angefallene Erbschaft (also auf das Gesamtvermögen des ersten Erben) beschränken könnte (s Staudinger/Dutta [2016] Vorbem 3 zu §§ 1967 ff). 5

§ 1998
Tod des Erben vor Fristablauf

Stirbt der Erbe vor dem Ablauf der Inventarfrist oder der in § 1996 Abs. 2 bestimmten Frist von zwei Wochen, so endigt die Frist nicht vor dem Ablauf der für die Erbschaft des Erben vorgeschriebenen Ausschlagungsfrist.

Materialien: E I § 2099; II § 1873; III § 1973; Mot V 612 f; Prot V 734; Jakobs/Schubert ER I 306, 325 ff.

Schrifttum

Siehe vor § 1993.

1 **1. § 1998 BGB überträgt** die Vorschrift des **§ 1952 Abs 2 BGB auf die Inventarfrist und die zweiwöchige Antragsfrist des § 1996 Abs 2 BGB**. Stirbt der Erbe während des Laufs der Inventarfrist, so darf sein Erbe (der „Erbeserbe“) zunächst in Ruhe (§ 1952 Abs 2 BGB) entscheiden, ob er die ihm unmittelbar angefallene Erbschaft annehmen will. Erst nach Annahme sowohl der ihm unmittelbar angefallenen als auch der in dieser enthaltenen weiteren Erbschaft soll sich der Erbeserbe mit der Frage auseinandersetzen müssen, ob und wie er seine Haftung für die zum Nachlass gehörende erste Erbschaft beschränken soll. Deshalb wird das Ende einer diesbezüglichen Inventarfrist und der zweiwöchigen Antragsfrist des § 1996 Abs 2 BGB hinausgeschoben, bis die Ausschlagungsfrist (§ 1944 BGB) für die dem Erbeserben unmittelbar angefallene Erbschaft abgelaufen ist. Auch hier tritt der Ablauf der einmal in Gang gesetzten Frist ganz ohne Rücksicht darauf ein, ob der Erbeserbe Kenntnis von der Frist erhielt. Erhielt er ohne sein Verschulden keine Kenntnis, so bleibt ihm vorbehalten, nach § 1996 Abs 1 S 2 BGB den Antrag auf Bestimmung einer neuen Frist zu stellen (MünchKomm/Küpper Rn 1).

2 **2. Sind mehrere Erbeserben vorhanden**, so ist jeder einzelne zur Inventarerrichtung über die ganze dem ersten Erben angefallene Erbschaft befugt (Mot V 613). Die dem ersten Erben gesetzte Inventarfrist kann für jeden Mit-Erbeserben verschieden ablaufen (§ 1944 BGB). Die Inventarerrichtung durch einen kommt auch den übrigen noch nicht unbeschränkbar haftend gewordenen Mit-Erbeserben zustatten (§ 2063 Abs 1 BGB).

3 **3.** Auch der Erbeserbe kann *Fristverlängerung* nach § 1995 Abs 3 BGB und *Bestimmung einer neuen Frist* nach § 1996 Abs 1 BGB beantragen, wenn die Voraussetzungen in seiner Person begründet sind.

4 **4.** Der Fall, dass die *Inventarfrist* erst dem *Erbeserben* bestimmt wurde, ist bei § 1995 Rn 7 behandelt.

§ 1999
Mitteilung an das Gericht

Steht der Erbe unter elterlicher Sorge oder unter Vormundschaft, so soll das Nachlassgericht dem Familiengericht von der Bestimmung der Inventarfrist Mitteilung machen. Fällt die Nachlassangelegenheit in den Aufgabenkreis eines Betreuers des Erben, tritt an die Stelle des Familiengerichts das Betreuungsgericht.

Materialien: E I § 2101; II § 1874; III § 1974; Mot V 614; Prot V 734; Jakobs/Schubert ER I 306, 328 ff; Staudinger/BGB-Synopse (2006) § 1999. Gem Art 9 § 2 Nr 3 des G v 18. 7. 1979 (BGBl I 1061) wurden die Worte „unter elterlicher Gewalt“ ersetzt durch die Worte „unter elterlicher Sorge“. Satz 2 aF wurde angefügt durch Art 1 Nr 49 BetreuungsG v 12. 9. 1990 (BGBl I 2002, 2008). Durch Art 50 Nr 57 des FGG-ReformG v 17. 12. 2008 (BGBl I 2008, 2586, 2724) wurde § 1999 BGB an den neuen normativen Kontext angepasst. Zuvor hatte die Vorschrift folgenden Wortlaut:
§ 1999
Mitteilung an das Vormundschaftsgericht
Steht der Erbe unter elterlicher Sorge oder unter Vormundschaft, so soll das Nachlaßgericht dem Vormundschaftsgericht von der Bestimmung der

Inventarfrist Mitteilung machen. Dies gilt auch, wenn die Nachlaßangelegenheit in den Aufgabenkreis eines Betreuers des Erben fällt.

Schrifttum

SINGER, Die Haftung des Erben für die Nachlaßverbindlichkeiten nach dem BGB und Nebengesetzen, SeuffBl 64 (1899) 321, 324.

Siehe ferner vor § 1993.

1. **Zweck der Vorschrift** ist, den unter elterlicher Sorge, Vormundschaft oder Betreuung stehenden Erben gegen die Versäumung der Inventarfrist durch den gesetzlichen Vertreter zu schützen (vgl § 1994 Rn 40). Auf Grund der Mitteilung des Nachlassgerichts, die unverzüglich zu erfolgen hat (vgl auch MiZi XVII Nr 6) und zu deren Inhalt vor allem Beginn und Dauer der Inventarfrist gehören werden, muss das Familiengericht von Amts wegen (§§ 1837, 1667 BGB) dafür sorgen, dass das Inventar rechtzeitig errichtet wird, und notfalls die Eltern, den Vormund oder den Betreuer dazu anhalten. Hinsichtlich des Betreuers gilt dies alles jedoch nur, wenn die Nachlassangelegenheit in seinen Aufgabenkreis fällt (vgl S 2 und §§ 1896 Abs 2, 1899, 1902 BGB). Entsprechendes gilt, wenn für den Erben ein Pfleger (§§ 1909 f BGB) bestellt ist; auf diesen Fall ist § 1999 BGB gem § 1915 Abs 1 BGB entsprechend anzuwenden (Mot V 614; MünchKomm/KÜPPER Rn 3). 1

2. Mitteilungspflichtige Stelle ist in allen Fällen des § 1999 BGB das **Nachlassgericht** (s dazu STAUDINGER/MAROTZKE [2008] § 1960 Rn 3 und, für die Zeit ab 1. 9. 2009, oben § 1981 Rn 26 bzw § 1993 Rn 19 f). Mitteilungsadressat ist im Fall des S 1 das **Familiengericht** (dazu §§ 23a Abs 1 Nr 1, 23b GVG, 99, 151 ff FamFG) und im Fall des S 2 das **Betreuungsgericht** (dazu §§ 23a Abs 1 Nr 2, Abs 2 Nr 1, 23c GVG, 105, 271 ff FamFG). 2

3. § 1999 BGB ist als bloße **Ordnungsvorschrift** formuliert. Man nimmt deshalb an, dass ihre Beachtung auf Beginn und Lauf der Inventarfrist keinen Einfluss habe (Mot V 614). Ob man dabei angesichts der bei § 1997 Rn 5 erwähnten Entscheidung des BVerfG stehen bleiben darf, erscheint zweifelhaft. Als Alternative kommt in Betracht, § 1999 BGB verfassungskonform dahingehend zu interpretieren, dass die Inventarfrist frühestens ab Eingang der Mitteilung beim Familien- bzw Betreuungsgericht beginnt (vgl auch den ähnlich strukturierten, wenn auch einen anderen Sachverhalt betreffenden § 1995 Abs 2 BGB). Vorzuziehen wäre aber der bei § 1997 Rn 5 vorgeschlagene Lösungsweg. 3

§ 2000
Unwirksamkeit der Fristbestimmung

Die Bestimmung einer Inventarfrist wird unwirksam, wenn eine Nachlassverwaltung angeordnet oder das Nachlassinsolvenzverfahren eröffnet wird. Während der Dauer der Nachlassverwaltung oder des Nachlassinsolvenzverfahrens kann eine Inventar-

frist nicht bestimmt werden. Ist das Nachlassinsolvenzverfahren durch Verteilung der Masse oder durch einen Insolvenzplan beendet, so bedarf es zur Abwendung der unbeschränkten Haftung der Inventarerrichtung nicht.

Materialien: E I § 2095 Abs 2; II § 1868 Abs 3; III § 1975; Mot V 609; Prot V 733 f, 741; Denkschr 724; BT-Drucks 12/3803, 80; Jakobs/Schubert ER I 306, 337 ff. Durch Art 33 Nr 43 EGInsO wurde die Vorschrift redaktionell an die am 1. 1. 1999 in Kraft getretene Insolvenzrechtsreform angepasst (Nachlassinsolvenzverfahren statt Nachlasskonkurs, Insolvenzplan statt Zwangsvergleich).

Schrifttum

Siehe vor § 1993.

I. Grund der Vorschrift

1 **Der Gesetzgeber** war der Auffassung, dass die Nachlassgläubiger während einer Nachlassverwaltung oder eines Nachlasskonkurses (Nachlassinsolvenzverfahrens) kein schutzwürdiges Interesse daran hätten, dass der Erbe ein Nachlassinventar errichte (Mot V 609; Denkschr 724). Dem Gläubigerinteresse werde bereits dadurch hinreichend Rechnung getragen, dass der Nachlass dem Erben entzogen, der Verfügung eines Nachlass- bzw Nachlassinsolvenzverwalters unterstellt (§§ 1984 ff BGB, §§ 80 ff, 148, 159 InsO [früher: §§ 6 ff, 117 KO]) und schon vom Nachlass- bzw Nachlassinsolvenzverwalter gem §§ 1915 Abs 1, 1802 BGB bzw §§ 151 ff InsO (früher: §§ 123 ff KO) zu inventarisieren sei. Im **Schrifttum** (zB Staudinger/Lehmann[11] Rn 1) wurde ferner darauf hingewiesen, dass der Erbe gem §§ 1978 Abs 1, 666, 260 BGB verpflichtet sei, dem Nachlass- bzw Nachlassinsolvenzverwalter ein Verzeichnis des Nachlasses vorzulegen, sodass es unnötig sei, den Erben außerdem noch ein Inventar iS der §§ 1993 ff BGB errichten zu lassen.

2 **Kritik**: Die für § 2000 BGB angeführten Gründe (Rn 1) vermögen nicht zu überzeugen. Denn die Vorschriften über die haftungsbeschränkende Wirkung der Nachlassverwaltung und des Nachlassinsolvenzverfahrens (§§ 1975, 1989 BGB) beruhen auf dem Kalkül, dass der Erbe den gesamten Nachlass an den Nachlass- bzw Nachlassinsolvenzverwalter herausgeben muss *und das auch tatsächlich tut* (zu dem erst viele Jahre nach Inkrafttreten des BGB ermöglichten Sonderfall des Nachlassinsolvenzverfahrens s unten Rn 3). Die Inbesitznahme des Nachlasses durch den Verwalter kann der Erbe aber vereiteln, indem er den Stand des Nachlasses verschleiert (was nach Fahrenkamp NJW 1975, 1637, 1638 durchaus vorkommt) und das nach §§ 1978 Abs 1, 666, 260 BGB vorzulegende Nachlassverzeichnis unvollständig erstellt (vgl auch Staudinger/Dutta [2016] Vorbem 49 zu §§ 1967 ff). Hiergegen könnte der Verwalter mit dem Verlangen nach einer eidesstattlichen Bekräftigung des Verzeichnisses (§ 260 Abs 2 BGB) wenig ausrichten. Angemessen wäre es, die Inventarpflicht (§ 1994 Rn 3) des Erben während der Nachlassverwaltung oder eines Nachlassinsolvenzverfahrens nicht aufzuheben (so aber § 2000 BGB), sondern sie höchstens in der Weise zu *modifizieren,* dass der Erbe diejenigen Nachlassgegenstände, die er bereits an den Verwalter herausgegeben hat, in das Inventar nicht aufzunehmen braucht. Da die haftungsbeschränkende

Wirkung der Nachlassverwaltung bzw des Nachlassinsolvenzverfahrens bereits mit der *Eröffnung* des Verfahrens einsetzt (§ 1975 BGB), bedarf es **gerade jetzt** (aM MünchKomm/Küpper Rn 1, 6 aE; ders § 1994 Rn 13 aE) einer effektiven Inventarpflicht des Erben und der bei ihrer Verletzung drohenden Haftungssanktionen aus §§ 1994 Abs 1 S 2, 2005 Abs 1, 2006 Abs 3 BGB, um dem Erben, der den Fortgang des Verfahrens durch Verschleierung des Nachlasses behindert, die bereits eingetretene Haftungsbeschränkung wieder – und zwar endgültig – zu nehmen. **De lege ferenda** ist sogar zu erwägen, in Erweiterung der §§ 1994, 2005 Abs 2, 2006 BGB **auch dem Nachlass- und dem Nachlassinsolvenzverwalter** die Befugnis zu gewähren, im Interesse der Nachlassgläubiger die Bestimmung einer Inventarfrist zu beantragen bzw vom Erben die eidesstattliche Bekräftigung eines bereits errichteten Inventars zu verlangen. Dem nicht selten anzutreffenden Missstand, „daß sich die Erben, die den gesamten Nachlaß … ohnedies im Besitze haben, mit großem Geschick hinter einer Nachlaßverwaltung … verstecken" und „sich dem Zugriff der Nachlaßgläubiger … entziehen" (s Fahrenkamp NJW 1975, 1637, 1638), könnte auf diese Weise weitgehend abgeholfen werden. Weitgehende Zustimmung findet die hier vorgetragene Kritik des § 2000 BGB bei Soergel/Stein Rn 1.

II. Zum Inhalt der Vorschrift im Einzelnen

1. Satz 1

3 **Die bereits erfolgte Bestimmung einer Inventarfrist wird von selbst unwirksam** mit der Anordnung der Nachlassverwaltung oder der Eröffnung des Nachlassinsolvenzverfahrens. Der Umstand, dass ein Nachlassinsolvenzverfahren nicht in allen Fällen zu einer Fremdverwaltung des Nachlasses führt, sondern uU auch eine „Eigenverwaltung" durch den Erben erlaubt (s § 1975 Rn 9 f), steht der Anwendung des § 2000 BGB trotz der bei Rn 1 f dargestellten (und kritisierten) ratio legis nicht entgegen. Offenbar hielt der Gesetzgeber es für unnötig, den Nachlassgläubigern die Möglichkeit zu geben, die Redlichkeit des „eigenverwaltenden" Erben durch Erwirkung einer Inventarfrist auf die Probe zu stellen. Das ist zwar wenig überzeugend (vgl auch Soergel/Stein Rn 2 für das damals noch mögliche Nachlassvergleichsverfahren, das ebenfalls eine Art von „Eigenverwaltung" beinhaltete [s § 1975 Rn 2, 4, 9]), aber vom Gesetzgeber so entschieden und deshalb verbindlich.

S 1 setzt voraus, dass die Inventarfrist bei Verfahrenseröffnung noch nicht abgelaufen ist. Die Vorschrift bewirkt also nicht, dass ein Erbe, der bereits *vor* Verfahrenseröffnung eine Inventarfrist versäumt hat, das gem § 1994 Abs 1 S 2 BGB verloren gegangene Haftungsbeschränkungsrecht wiedererlangt. Wohl aber bewirkt die Vorschrift, dass der Erbe sein Haftungsbeschränkungsrecht nicht *während* einer Nachlassverwaltung oder eines Nachlassinsolvenzverfahrens infolge Fristversäumnis verlieren kann.

2. Satz 2

4 Die Frage, ob *während* der in Satz 1 erwähnten Verfahren eine Inventarfrist bestimmt werden kann, wird in Satz 2 verneint: **Eine während des Verfahrens erfolgte Fristsetzung ist wirkungslos** (Strohal II § 73 III 3 b), braucht also vom Erben nicht angefochten zu werden. Um sich Gewissheit verschaffen zu können, muss dem

Erben jedoch auch hier die sofortige Beschwerde zustehen (MünchKomm/Küpper Rn 3).

Auch dem Nachlass- und dem Nachlassinsolvenzverwalter kann eine Inventarfrist nicht bestimmt werden. Denn diese Personen haben nicht in erster Linie die Interessen des Erben gegenüber den Nachlassgläubigern, sondern vornehmlich die Interessen der Nachlassgläubiger gegenüber dem Erben wahrzunehmen (vgl § 2009 Rn 3 und § 2012 Rn 9). Auch differenziert § 2000 S 2 BGB nicht nach dem *Adressaten* der Inventarfristbestimmung, sondern schließt während der Dauer einer Nachlassverwaltung oder eines Nachlassinsolvenzverfahrens *jede* Inventarfristsetzung aus. Dass dem *Nachlassverwalter* keine Inventarfrist bestimmt werden kann, hebt § 2012 Abs 2 BGB sogar ausdrücklich hervor. Für den Nachlass*insolvenz*verwalter gilt im Ergebnis nichts Anderes (s oben und auch § 2012 Rn 7, 9 [zu § 2006, jedoch übertragbar auf § 1994]).

3. Satz 3

5 Für den Fall, dass **das Nachlassinsolvenzverfahren durch Verteilung der Masse oder durch einen Insolvenzplan beendet ist** (dazu § 1989 Rn 6, 13) bestimmt **Satz 3**: „… so bedarf es zur Abwendung der unbeschränkten Haftung der Inventarerrichtung nicht“. Mit dieser Formulierung ist gemeint, dass der Erbe eine ihm gesetzte Inventarfrist nicht zu beachten braucht, da er selbst dann, wenn er sie versäumt, nicht gem § 1994 Abs 1 S 2 BGB unbeschränkbar haftend würde. Da die Bestimmung einer Inventarfrist in den Fällen des § 2000 S 3 BGB zwecklos wäre, ist sie als unzulässig zu erachten und ein dahingehender Gläubigerantrag zurückzuweisen (unrichtig oder zumindest missverständlich Erman/Horn § 1989 Rn 3).

Rechtspolitisch ist die Regelung des § 2000 S 3 BGB ebenso zu kritisieren (so auch Soergel/Stein Rn 1 aE) wie der rechtsähnliche § 2013 Abs 1 S 2 BGB (vgl Staudinger/Kunz § 1973 Rn 79; auf § 1973 BGB verweist für die Fälle des § 2000 S 3 BGB der § 1989 BGB).

6 S 3 findet keine Anwendung, wenn das Nachlassinsolvenzverfahren auf andere Weise als durch Verteilung der Masse oder Insolvenzplan beendet wurde. In solchen Fällen kann dem Erben wieder auf Antrag eines Nachlassgläubigers eine Inventarfrist bestimmt werden (BGB-RGRK/Johannsen Rn 4). Gleiches gilt, wenn die Eröffnung des Nachlassinsolvenzverfahrens oder die Anordnung einer Nachlassverwaltung mangels Masse abgelehnt wurde (vgl OLG Stuttgart FamRZ 1995, 57 = NJW 1995, 1227).

7 Für den Fall der Beendigung einer **Nachlassverwaltung** gilt § 2000 S 3 BGB nicht. Folglich ist jetzt wieder eine Fristbestimmung gem § 1994 BGB zulässig, deren Nichtbeachtung die unbeschränkbare Haftung nach sich zieht (BGB-RGRK/Johannsen Rn 5). Wohl nur in Ausnahmefällen wird der Erbe in der Lage sein, sich gem § 2004 BGB auf ein vom Nachlassverwalter angefertigtes und beim Nachlassgericht eingereichtes Nachlassverzeichnis zu berufen (vgl § 2004 Rn 3; Soergel/Stein Rn 5; optimistischer Staudinger/Lehmann[11] Rn 7; BGB-RGRK/Johannsen Rn 5; Palandt/Weidlich Rn 1).

III. Analoge Anwendung auf die Fälle der §§ 2005 Abs 1 S 1 und 2006?

1. § 2000 BGB handelt unmittelbar nur von der **Inventarfrist** und den Rechtsfolgen 8
ihrer Versäumung. Nicht thematisiert wird hingegen die **Inventaruntreue nach § 2005 Abs 1 S 1 BGB**. War zZ der Anordnung der Nachlassverwaltung oder der Eröffnung eines Nachlassinsolvenzverfahrens bereits ein Inventar errichtet, bei dem sich der Erbe einer Inventaruntreue schuldig gemacht hatte, so ist dadurch das Recht zur Haftungsbeschränkung auch dann endgültig verwirkt, wenn die Inventarfrist bei Verfahrenseröffnung noch nicht abgelaufen war. Das ist unstreitig. Fraglich ist jedoch, ob der Erbe sein Haftungsbeschränkungsrecht auch dadurch verwirken kann, dass er *während* des Zeitraums, in dem er eine ihm gesetzte Inventarfrist wegen § 2000 BGB unbeachtet lassen dürfte, *freiwillig* ein Inventar errichtet und dabei den Tatbestand des § 2005 Abs 1 S 1 BGB verwirklicht. Die hM verneint das (vgl Staudinger/Lehmann[11] Rn 8; Planck/Flad Anm 4; BGB-RGRK/Johannsen Rn 6; MünchKomm/Küpper Rn 5; Bamberger/Roth/Lohmann Rn 3; Erman/Horn Rn 3; Palandt/Weidlich Rn 2; Soergel/Stein Rn 2, 4 [jedoch mit der Einschränkung, dass das ungetreu errichtete Inventar nicht die Vermutung des § 2009 auslöse]; ders § 1989 Rn 1, 6; NK-BGB/Odersky Rn 9 [iE wie Soergel/Stein]; **aM** Weissler I 466). Angesichts der Vollständigkeitsvermutung, die auch ein *freiwillig* errichtetes Inventar zugunsten des Erben und damit zugleich zu Lasten der Nachlassgläubiger haben kann (§ 2009 BGB), sollte dieser – den Wortlaut überschreitenden – Ausdehnung des § 2000 BGB nicht zugestimmt werden (vgl auch Rn 2 zur rechtspolitischen Würdigung des § 2000). Dass die Motive (V 609) diesen Weg gleichwohl befürworteten, bedeutet nicht viel, wenn man berücksichtigt, dass die ihr entgegenstehende Vorschrift des § 2009 BGB im E I noch nicht enthalten war (vgl Prot V 741, 757). Schwerer wiegt allerdings der Umstand, dass § 1989 BGB für den auch in § 2000 S 3 BGB vorausgesetzten Fall der Beendigung des Nachlassinsolvenzverfahrens durch Masseverteilung oder Insolvenzplan auf § 1973 BGB verweist und dass in § 2013 Abs 1 S 2 BGB ausgesprochen wird, dass sich der Erbe auf eine nach § 1973 BGB eingetretene Beschränkung der Haftung auch dann berufen kann, wenn später ein Fall des § 2005 Abs 1 BGB eintritt. Man könnte argumentieren, da § 1989 BGB auf § 1973 BGB verweise, müsse § 2013 Abs 1 S 2 BGB auch den Fall des § 1989 BGB erfassen. Dagegen spricht jedoch zum einen, dass man die sachlich nicht gerechtfertigte (vgl Staudinger/Kunz § 1973 Rn 79) Vorschrift des § 2013 Abs 1 S 2 BGB möglichst eng interpretieren sollte, und zum anderen, dass § 2013 Abs 1 S 2 BGB den § 1974 BGB, der ja ebenfalls eine Verweisung auf § 1973 BGB enthält, ausdrücklich erwähnt. Die Nichterwähnung des § 1989 BGB sollte deshalb nicht durch einen Analogieschluss überwunden, sondern als sachgerecht respektiert werden.

2. Die Abgabe der eidesstattlichen Versicherung des § 2006 BGB soll vom Erben in 9
den Fällen des § 2000 BGB nach hM nicht verlangt werden können (vgl Staudinger/Lehmann[11] Rn 3 und § 2006 Rn 7; BGB-RGRK/Johannsen Rn 3; KGJ 28 [1905] A 27, 29 = RJA 4, 201 f [Nachlassverwaltung]; Mot V 672 [Nachlasskonkurs]; Bamberger/Roth/Lohmann Rn 3; **aM** für das freiwillig errichtete Inventar Soergel/Stein § 2000 Rn 2). Hiergegen spricht jedoch, dass dem bereits errichteten Inventar die gerade in den Fällen der *beschränkten* Haftung bedeutsame (vgl § 1994 Rn 2) Vollständigkeitsvermutung des § 2009 BGB anhaftet (was die Mot V 672 noch nicht berücksichtigen konnten, weil es eine dem § 2009 BGB entspr Vorschrift im E I noch nicht gab). Dazu passt es wenig, den Nachlassgläubigern in den Fällen des § 2000 BGB, die ja idR solche mit beschränkter Erbenhaftung sind (§§ 1975, 1989 BGB), das Recht abzusprechen, den Erben bei Vermeidung des (rela-

tiven) Verlusts seiner Haftungsbeschränkung (§ 2006 Abs 3 BGB) zur eidesstattlichen Bekräftigung des Inventars zu nötigen. So können ja auch die im Aufgebotsverfahren ausgeschlossenen Nachlassgläubiger, denen die übrigen in den Fällen des § 2000 S 3 BGB weitgehend gleichgestellt sind (§ 1989 BGB), zwar nicht die Bestimmung einer Inventarfrist, wohl aber die eidesstattliche Bekräftigung eines bereits errichteten Inventars verlangen (Staudinger/Dutta [2016] § 1973 Rn 4; Prot VI 395 f).

10 Die Verweigerung der **eidesstattlichen Versicherungen**, die von dem Erben **aufgrund der §§ 260 Abs 2, 666, 1978 Abs 1 BGB, § 153 Abs 2 InsO** verlangt werden können, hat einen Verlust des Haftungsbeschränkungsrechts nicht zur Folge.

§ 2001
Inhalt des Inventars

(1) In dem Inventar sollen die bei dem Eintritt des Erbfalls vorhandenen Nachlassgegenstände und die Nachlassverbindlichkeiten vollständig angegeben werden.

(2) Das Inventar soll außerdem eine Beschreibung der Nachlassgegenstände, soweit eine solche zur Bestimmung des Wertes erforderlich ist, und die Angabe des Wertes enthalten.

Materialien: E I § 2105; II § 1875; III § 1976; Mot V 618; Prot V 735 f; Jakobs/Schubert ER I 306, 333 ff.

Schrifttum

Carlebach, Das notarielle Vermögensverzeichnis, DNotV 1903, 10.

Siehe ferner vor § 1993.

I. Allgemeines

1 § 2001 BGB trifft Bestimmungen über den **Inhalt** des Inventars. Da es nur Ordnungsvorschriften sind („soll"), hat ihre Nichtbeachtung weder die Nichtigkeit des Inventars noch – wenn nicht zugleich die erschwerenden Umstände des § 2005 Abs 1 BGB vorliegen – den Verlust des Haftungsbeschränkungsrechts zur Folge (Mot V 618; OLG Hamm NJW 1962, 53, 54). Die in den §§ 2002, 2003 BGB zwingend vorgeschriebene amtliche Mitwirkung oder amtliche Aufnahme des Inventars gewährleistet aber idR die Befolgung.

2 II. § 2001 schreibt folgenden Inhalt des Inventars vor:

1. Gem Abs 1 sind **alle Nachlassgegenstände** (Aktiva) anzugeben, und zwar nach dem Stand *zZ des Erbfalls.* Auf diesen Zeitpunkt bezieht § 2009 BGB auch die

Vollständigkeitsvermutung des Inventars. Zum Nachlass können auch Personengesellschaftsanteile gehören (str; s Staudinger/Kunz [2017] § 1922 Rn 188 ff und speziell zur Inventarisierung Esch NJW 1984, 339, 341), nicht aber zB Wertausgleichsansprüche „weichender" Gesellschafter-Erben (str; s Staudinger/Marotzke [2008] § 1922 Rn 188; anderes gilt selbstverständlich beim Tod eines „weichenden" Erben für die Zugehörigkeit zu *dessen* Nachlass). Denkbar ist, dass eine Sache „lediglich dem Besitze nach" zum Nachlass gehört (s § 2009 Rn 10). Veränderungen des Nachlasses, die erst eingetreten sind, während sich der Nachlass in der Hand des Erben, eines Nachlasspflegers oder Testamentsvollstreckers befand, sind außer Betracht zu lassen. Anzuführen sind einerseits auch die Gegenstände, die zZ der Errichtung des Inventars nicht mehr vorhanden sind, während andererseits später erworbene Gegenstände, namentlich die Ersatzforderungen gegen den Erben wegen schlechter Verwaltung des Nachlasses (§§ 1978 ff BGB), nicht aufzunehmen sind. Doch ist es zweckmäßig, spätere Bestandsveränderungen im Inventar zu vermerken. Wegen des Abstellens auf den Zeitpunkt des Erbfalls eignet sich das Inventar gut als Grundlage der dem Erben nach Herbeiführung der beschränkten Haftung obliegenden Rechenschaftslegung (§§ 666, 1978 Abs 1, 1991 Abs 1 BGB; vgl auch § 1994 Rn 2, § 2009 Rn 3 aE und Küntzel Gruchot 41 [1897] 808, 832 f).

Da das Inventar vor allem für den Fall der *beschränkten* Haftung von Bedeutung ist, sind in ihm auch die durch Vereinigung bzw Aufrechnung erloschenen Rechte und Verbindlichkeiten aufzuführen, da sie gem §§ 1976, 1977, 1991 Abs 2 BGB wieder aufleben können. Gegenstände, die der Erbe bereits zu Lebzeiten des Erblassers von diesem empfangen hat (sog Vorempfänge), gehören nicht zum Nachlass und somit auch nicht in das Inventar.

Eine Obliegenheit des Erben, Erkundigungen über etwa weiter vorhandene Nachlassgegenstände einzuholen besteht jedenfalls dann, wenn konkrete Erkenntnisse vorliegen, wobei Erfolg versprechende Erkundigungen nach Art und Kostenaufwand zumutbar sein müssen (OLG Hamm ZErb 2010, 244 = ZEV 2010, 580 = FamRZ 2010, 2022: nicht ausreichend ist eine allgemein gehaltene Information, dass möglicherweise im Ausland weitere Konten, Beteiligungen oÄ bestehen; hierzu auch § 2006 Rn 11).

2. Abs 1 schreibt ferner die Angabe aller **Nachlassverbindlichkeiten** (Passiva) vor. 3
Insoweit kommt es aber nicht, wie bei den Aktiva (Rn 2), auf den Zeitpunkt des Erbfalls, sondern auf den *Schuldenstand zZ der Inventarerrichtung* an (BGHZ 32, 60, 65 = NJW 1960, 959, 962). Anzugeben sind also auch die nach dem Erbfall entstandenen Nachlassverbindlichkeiten, zB die Haftung wegen der Kosten für die Beerdigung des Erblassers (§ 1968 BGB) oder für diejenigen der Inventarerrichtung selbst (BGB-RGRK/Johannsen Rn 3). Da für die aufzunehmenden Nachlassverbindlichkeiten der Zeitpunkt der Inventarerrichtung entscheidet, kommt eine fortgesetzte Verlängerung der Inventarfrist (§ 1995 Abs 3 BGB) im Hinblick auf etwaige nachträglich entstehende Verbindlichkeiten nicht in Betracht (BGHZ 32, 60, 65). Ausgleichsansprüche (§ 2055 BGB) sind nicht in das Inventar aufzunehmen, da die Ausgleichsansprüche nicht zum Nachlass gehören und die Ausgleichungspflichten keine Nachlassverbindlichkeiten sind (Planck/Flad Anm 1; MünchKomm/Küpper Rn 3).

Auch die durch Vereinigung erloschenen Nachlassverbindlichkeiten sind aufzuführen, da sie wieder aufleben können (vgl Rn 2).

4 **3.** Gem Abs 2 soll das Inventar außerdem die **Angabe des Wertes** der Nachlassgegenstände (Rn 2) enthalten. Maßgeblicher Zeitpunkt ist ebenso wie für die Bestandsangaben der Zeitpunkt des Erbfalls (Planck/Flad Anm 2).

Eine **Beschreibung** der Nachlassgegenstände, nicht nur eine bloße Bezeichnung der Gegenstände, ist durch Abs 2 nur vorgeschrieben, soweit sie zur Bestimmung des Wertes erforderlich ist.

5 *Eine Schätzung des Wertes durch Sachverständige* ist nicht vorgeschrieben und braucht deshalb nicht zu erfolgen (Prot V 736). Wenn der Erbe das Inventar nach § 2002 BGB selbst aufnimmt, kann er auch selbst die Wertangaben machen. Bei der amtlichen Aufnahme des Inventars gem § 2003 BGB wird der Notar die Schätzung idR selbst vorzunehmen haben und nur dann, wenn er dazu nicht in der Lage ist, einen amtlichen Schätzer beiziehen (vgl Prot V 736). Soweit der Erbe bei der Aufnahme des Inventars nach § 2002 BGB aus Unkenntnis oder Böswilligkeit *erkennbar unrichtige Wertangaben* macht, steht es dem zugezogenen Beamten aber frei, entweder durch Zusatz zum Inventar oder durch Anzeige an das Nachlassgericht seine abweichende Meinung auszusprechen (Planck/Flad Anm 2). Eine Amtspflicht zur Nachprüfung der Wertangaben besteht jedoch nicht (Prot V 736).

6 **4.** Eine vergleichende Zusammenstellung der Aktiva und Passiva, also eine **Bilanz**, ist nicht vorgeschrieben, wird sich aber vielfach empfehlen. Bei der amtlichen Aufnahme des Inventars erfolgt sie regelmäßig. Jedoch können sich Schwierigkeiten wegen der unterschiedlichen Bewertungszeitpunkte ergeben (Soergel/Stein Rn 3).

III. Besonderheiten bei Mit- und Nacherbschaft

7 Auch das von einem Miterben errichtete Inventar muss den gesamten Nachlass umfassen (§ 2063 Rn 2). Schwieriger liegen die Dinge beim Inventar eines Nacherben (vgl Staudinger/Avenarius [2019] § 2144 Rn 12 ff).

§ 2002
Aufnahme des Inventars durch den Erben

Der Erbe muss zu der Aufnahme des Inventars eine zuständige Behörde oder einen zuständigen Beamten oder Notar zuziehen.

Materialien: E I § 2102; II § 1876; III § 1977;
Mot V 615 f; Prot V 734, 737; Denkschr 724;
Jakobs/Schubert ER I 307, 329 ff.

Schrifttum

Siehe vor § 1993.

1. Die Vorschrift betrifft die **Aufnahme**, nicht die **Errichtung** des Inventars (vgl § 1993 Rn 7 ff). Das Gesetz sieht drei Möglichkeiten der Inventaraufnahme vor: die private Aufnahme (§ 2002 BGB), die amtliche Aufnahme (§ 2003 BGB) und die Bezugnahme auf ein bereits vorhandenes Inventar (§ 2004 BGB). Um den Erben in die Lage zu versetzen, ein privates Inventar zu erstellen, welches Dritten eine brauchbare Grundlage für die Beurteilung des Bestandes der Erbschaft bietet (Denkschr 724), schreibt § 2002 BGB für diesen Fall eine amtliche Mitwirkung vor und erklärt durch zwingende Vorschrift („muss") das ohne solche amtliche Mitwirkung aufgenommene Privatinventar für unwirksam (AG Tempelhof-Kreuzberg DAVorm 1972, 20). Die hinzuzuziehende Amtsperson hat den Erben über die Sollvorschrift des § 2001 BGB zu belehren (vgl Mot V 616). Eine nach § 1994 BGB gesetzte Inventarfrist wird nicht bereits durch die Aufnahme des Inventars bzw durch die bloße Zuziehung einer Amtsperson zu diesem Zweck gewahrt (vgl dagegen § 2003 Abs 1 S 2 BGB für den Antrag auf amtliche Aufnahme), sondern erst durch die „Errichtung" des Inventars (§§ 1993, 1994 Abs 1 S 2 BGB), für die der Erbe selbst verantwortlich ist. Bei schuldhaft verspäteter Mitwirkung der Amtspersonen kann Staatshaftung eintreten (§ 839 BGB iVm Art 34 GG). 1

2. Die **Aufnahme des Inventars** nach § 2002 BGB kann sowohl in der Weise geschehen, dass der Erbe selbst die Urkunde unter Beistand der Amtsperson aufnimmt, als auch derart, dass die Amtsperson die in das Inventar aufzunehmenden Angaben des Erben aufzeichnet (Staudinger/Lehmann[11] Rn 2; MünchKomm/Küpper Rn 2). Nach RGZ 77, 245, 247 soll die Form des § 2002 BGB nicht gewahrt sein, wenn die bei der Aufnahme des Inventars zugezogene Amtsperson „nicht als bloß zugezogener Beamter bei der Aufnahme durch den Erben (oder dessen Bevollmächtigten) mitgewirkt, sondern selbst die Aufnahme bewirkt hat". Deshalb müsse das Inventar von dem Erben oder einem Bevollmächtigten des Erben **unterschrieben** sein, die Unterschrift allein der Amtsperson genüge nicht (ebenso Staudinger/Lehmann[11] Rn 2 und § 1993 Rn 8; BGB-RGRK/Johannsen Rn 1; MünchKomm/Küpper Rn 2; Erman/Horn Rn 1; Bamberger/Roth/Lohmann Rn 1). Das ist jedoch so nicht richtig. § 2002 BGB setzt nicht als wesentlich voraus, dass das Inventar vom *Erben* aufgenommen wurde (arg § 2004 BGB; vgl § 2004 Rn 2 und § 1993 Rn 12). Lediglich die Inventar*errichtung,* also Einreichung beim Nachlassgericht (§ 1993 BGB), muss durch den Erben erfolgen (§ 1993 Rn 13 ff). Deshalb ist nicht einzusehen, warum die Form des § 2002 BGB nicht erfüllt (oder sogar übererfüllt) sein soll, wenn *die zugezogene Amtsperson* das Inventar nach den Angaben des von ihr belehrten Erben anfertigt und unterschreibt. Zur Vermeidung von Streitigkeiten sollte aber auch der Erbe unterschreiben. 2

Anders als im Fall des § 2003 BGB, wo der Notar das Inventar selbst aufzunehmen hat, hat die Amtsperson bei § 2002 BGB lediglich die Stellung eines *Beistandes* und ist zur Prüfung der Vollständigkeit und Richtigkeit des Inventars, namentlich auch der Wertangaben des Erben, nicht verpflichtet (vgl auch § 2001 Rn 5). Eine *Beurkundung* ihrer Mitwirkung ist bürgerlich-rechtlich nicht vorgeschrieben (für Notare gelten jedoch §§ 36, 37, 39 BeurkG); ihre Mitunterschrift ist deshalb entbehrlich (Staudinger/Lehmann[11] Rn 2; BGB-RGRK/Johannsen Rn 3; MünchKomm/Küpper Rn 2; Erman/Horn Rn 1; **aM** Planck/Flad Anm 3), für Zwecke der Dokumentation der zwingenden amtlichen Mitwirkung nach dieser Vorschrift aber regelmäßig empfehlenswert.

3 **3.** Die **Zuständigkeit** der Behörde, des Beamten oder des Notars bestimmt sich gem § 61 Abs 1 Nr 2 BeurkG, § 20 Abs 5 BNotO nach Landesrecht, vgl hierzu die Kommentierungen des § 360 FamFG. Wurde bei der Aufnahme des Inventars eine *unzuständige* Amtsperson hinzugezogen, so berührt das die Wirksamkeit der Inventarerrichtung nach hM nur, wenn der Mangel sich auf die *sachliche* Zuständigkeit bezieht (vgl BGB-RGRK/Johannsen Rn 7, der dies aus dem Gebrauch des unbestimmten Artikels [„eine"] herleitet; Staudinger/Marotzke[12] Rn 3; MünchKomm/Küpper Rn 3). Fehlgriffe hinsichtlich der örtlichen Zuständigkeit führen grds nicht zur Unwirksamkeit (Rechtsgedanke des § 3 Abs 3 FamFG). Aber auch wenn der zur Inventar*aufnahme* hinzugezogenen Amtsperson die *sachliche* Zuständigkeit fehlte, wird man die Wirksamkeit der Inventar*errichtung* nicht allgemein verneinen dürfen (zutreffend Soergel/Stein Rn 3): Hat die Behörde/die Amtsperson ihre Zuständigkeit durch schlüssiges Verhalten (zB widerspruchsloses Tätigwerden) selbst bejaht, so wäre es idR unangemessen, das Risiko der Unzuständigkeit dem (insoweit idR weniger rechtskundigen) Erben aufzubürden (Soergel/Stein Rn 3; vgl auch die ähnlichen, allerdings die *örtliche* Unzuständigkeit betreffenden Überlegungen bei Staudinger/Otte [2017] § 1945 Rn 17 und oben § 1993 Rn 20). Zu einer anderen Beurteilung wird man nur im Falle *offensichtlicher* sachlicher Unzuständigkeit kommen dürfen (Soergel/Stein Rn 3).

4 **4.** Eine bestimmte **Form der Inventarurkunde** ist im BGB nicht vorgeschrieben. Bestimmungen der Landesgesetze sind nur als Ordnungsvorschriften bedeutsam. Zur Unterschrift des Erben vgl Rn 2. Kein formwirksames Inventar stellt die vom Erben vor dem Urkundsbeamten der Geschäftsstelle des Nachlassgerichts abgegebene Erklärung über den Bestand des Nachlasses dar (OLG München JFG 15, 118, 121 = HRR 1937, Nr 928).

5 **5.** **Kosten**: Vgl § 1993 Rn 22 f.

§ 2003
Amtliche Aufnahme des Inventars

(1) Die amtliche Aufnahme des Inventars erfolgt auf Antrag des Erben durch einen vom Nachlassgericht beauftragten Notar. Durch die Stellung des Antrags wird die Inventarfrist gewahrt.

(2) Der Erbe ist verpflichtet, die zur Aufnahme des Inventars erforderliche Auskunft zu erteilen.

(3) Das Inventar ist von dem Notar bei dem Nachlassgericht einzureichen.

Materialien: E I § 2103; II § 1877; III § 1978; Mot V 616 f; Prot V 734; Jakobs/Schubert ER I 307, 329 ff.
Mit Wirkung vom 1. 9. 2013 wurde Abs 1 S 1 neugefasst, Abs 1 S 2 eingefügt und Abs 3 geändert durch Art 10 des G zur Übertragung von Aufgaben im Bereich der freiwilligen Gerichtsbarkeit auf Notare vom 16. 6. 2013 (BGBl I 1800), mit Wirkung vom 1. 1. 2018 wurde durch Art 12 Abs 3 des genannten Gesetzes S 2 wieder aufgehoben und der frühere S 3 wird wieder zu S 2.

Schrifttum

Sagmeister, Das notarielle Nachlassverzeichnis, MittBayNot 2013, 519
Heidenreich, Keine Ermittlungspflicht des Notars bei Erstellung eines notariellen Nachlassverzeichnisses, ZErb 2011, 71
Schreinert, Das notarielle Nachlassverzeichnis, RNotZ 2008, 61.

Weiteres Schrifttum siehe vor § 1993.

I. Allgemeines

Abs 1 S 1 betrifft die **Aufnahme** des Inventars und gewährt dem Erben das Recht, eine amtliche Aufnahme des Inventars durch einen vom Nachlassgericht beauftragten Notar herbeizuführen. Statt das Inventar unter bloßer „Hinzuziehung" einer Amtsperson (§ 2002 BGB) selbst aufzunehmen, braucht er, wenn er die amtliche Aufnahme nach § 2003 BGB beantragt, dem beauftragten Notar nur noch die zur Aufnahme erforderliche Auskunft zu erteilen; vgl Abs 2. 1

Bis zum 31. 8. 2013 lautete Abs 1 wie folgt:

„Auf Antrag des Erben hat das Nachlassgericht entweder das Inventar selbst aufzunehmen oder die Aufnahme einer zuständigen Behörde oder einem zuständigen Beamten oder Notar zu übertragen. Durch die Stellung des Antrags wird die Inventarfrist gewahrt."

Durch Art 10 des G zur Übertragung von Aufgaben im Bereich der freiwilligen Gerichtsbarkeit auf Notare vom 16. 6. 2013 (BGBl I 1800) wurde mit Wirkung zum 1. 9. 2013 Abs 1 S 1 neugefasst, und Abs 3 an den neugefassten Abs 1 angepasst.

Außerdem wurde bei Abs 1 folgender S 2 neu eingefügt, der mit Wirkung zum 1. 1. 2018 wieder entfallen ist (Art 12 Abs 3 des in R 2 genannten Gesetzes, BGBl I 1800): *„Sind nach Landesrecht die Aufgaben der Nachlassgerichte den Notaren übertragen, so hat der zuständige Notar das Inventar selbst aufzunehmen."* Der Satz betraf ausschließlich Baden-Württemberg. Dort nahmen bis 31. 12. 2017 die staatlichen Notariate die Aufgaben der Nachlassgerichte wahr (§ 38 baden-württembergisches Landesgesetz über die freiwillige Gerichtsbarkeit aF = LFGG). Die staatlichen Notariate waren mit Notaren und Notarvertretern (§ 17 Abs 1 LFGG aF) besetzt, die dort in Personalunion als Nachlassrichter und als Notar (§ 3 Abs 1 LFGG aF) tätig waren. Der zuständige Nachlassrichter musste nach Abs 1 S 2 aF in seiner Eigenschaft als Notar das Inventar selbst aufnehmen. Zur Rechtslage vor dem 1. 1. 2018 s die Vorauflage Staudinger/Dobler (2016) Rn 2.

Abs 1 S 1 legt nunmehr fest, dass die beantragte amtliche Aufnahme des Inventars immer durch einen vom Nachlassgericht bestimmten Notar zu erfolgen hat. Das Nachlassgericht ist zur Aufnahme des Inventars nicht mehr selbst berechtigt, das bisher vorgesehene Wahlrecht besteht damit nicht mehr. Dies soll in erster Linie zu einer Entlastung der Nachlassgerichte führen (BT-Drucks 17/1469, 1). Der Notar erfüllt mit der Aufnahme des Inventars eine Aufgabe des Nachlassgerichts und tritt an dessen Stelle (BT-Drucks 17/1469, 23). Damit könnte, so die Begründung des GesE, problemlos auf die für das Nachlassgericht geltenden Verfahrensvorschriften zurückgegriffen werden.

2 **Errichtet** ist auch das *amtlich* aufgenommene Inventar erst mit der Einreichung beim Nachlassgericht (§ 1993 BGB; **aM** wohl KG OLGE 10 [1905/I] 296; vgl hierzu noch Rn 6). Der aufnehmende Notar muss das Inventar nach **Abs 3** bei dem Nachlassgericht einreichen. Eine Einreichung durch den Erben ist unwirksam. Erst ab dem Zeitpunkt der Einreichung des Inventars beim Nachlassgericht ist das Inventar „errichtet" iSd § 1993 BGB. Erst dann also kann dem Erben die Vollständigkeitsvermutung des § 2009 BGB zustattenkommen. Hingegen wird eine dem Erben gesetzte **Inventarfrist** bereits durch die *Stellung des Antrages* auf amtliche Aufnahme des Inventars gewahrt, **Abs 1 S 3**. Hierin liegt eine Ausnahme von § 1994 Abs 1 S 2 HS 2 BGB, der verlangt, dass das Inventar vor Fristablauf „errichtet" wird. Eine Grenze findet diese Ausnahme in § 2005 Abs 1 S 2 BGB (vgl § 2005 Rn 7).

II. Der Antrag auf amtliche Aufnahme des Inventars

3 **1. Antragsberechtigt** ist nach Abs 1 S 1 nur der Erbe, nicht ein Vermächtnisnehmer oder sonstiger Nachlassgläubiger (OLG Karlsruhe OLGE 35 [1917/2] 361). Auch ein einzelner Miterbe kann den Antrag wirksam stellen, und zwar selbst dann, wenn nicht er, sondern ein anderer (zB Miterbe) den Nachlass in Besitz hat (KG OLGE 14 [1907/I] 293, 294 ff = RJA 8, 100, 102 ff). Der Antrag auf amtliche Aufnahme des Inventars dient indes nicht dazu, dass sich ein Miterbe von anderen Miterben Auskunft über den Umfang des Nachlasses verschafft, den er nicht selbst in Besitz hat. Ein allein zu diesem Zweck gestellter Antrag soll nach einer Entscheidung des OLG Düsseldorf unzulässig sein (NJW-RR 2014, 1476 = ZEV 2015, 100 = ErbR 2014, 498). Im Übrigen gilt zur Antragsbefugnis das bei § 1993 Rn 13–18 Ausgeführte entsprechend (Antragstellung durch gesetzliche oder gewillkürte Vertreter, Pfleger, Ehegatten, Lebenspartner).

4 *Formwirksam* ist die amtliche Aufnahme des Inventars auch dann, wenn nicht der Erbe, sondern ein Erbschaftsbesitzer oder sonstiger Nichtberechtigter den Antrag nach § 2003 BGB gestellt und das Nachlassgericht diesem Antrag durch Beauftragung eines Notars entsprochen hat (missverständlich RGZ 77, 245, 247; vgl hierzu auch § 2002 Rn 2). Allerdings bedarf es zur wirksamen „Errichtung" eines derart aufgenommenen (und zum Nachlassgericht gelangten) Inventars noch einer Handlung des Erben, nämlich der Erklärung, dass es als von *ihm* eingereicht (§ 1993 BGB) „gelten" solle (§ 2004 BGB).

5 **2.** Der Antrag auf amtliche Aufnahme des Inventars muss bei dem **zuständigen Nachlassgericht** gestellt werden (hierzu § 1993 Rn 19 f; im Fall der Unzuständigkeit des angegangenen Gerichts wird es auf die bei § 1993 Rn 20 und § 2002 Rn 3 erwähnten Gesichtspunkte ankommen). Im Zuge der in Rn 1 dargestellten Gesetzesänderung wurde auch Art 148 EGBGB aufgehoben, der bis zum 31. 8. 2013 den Ländern die Möglichkeit eröffnete, die Zuständigkeit der Nachlassgerichte für die amtliche Aufnahme des Inventars auszuschließen. Mit der Neuregelung des Abs 1 wurde die Öffnungsklausel entbehrlich.

6 **3. Die Stellung des Antrages** auf amtliche Aufnahme des Inventars ist zwar noch keine Inventar*errichtung* (vgl Rn 2), **wahrt** aber **eine Inventarfrist** (Abs 1 S 2), falls

nicht der Erbe die von ihm nach Abs 2 zu erteilende Auskunft verweigert oder über den Fristablauf hinaus absichtlich in erheblichem Maße verzögert (arg § 2005 Abs 1 S 2 BGB; vgl § 2005 Rn 6 ff). Fristwahrend wirkt auch ein **vor** dem Fristsetzungsbeschluss gestellter Antrag auf amtliche Aufnahme des Inventars (OLG München FamRZ 2008, 2310, 2311). Ein Auftrag des Erben *direkt an den Notar,* der das Inventar aufnehmen soll, wirkt dagegen weder fristwahrend noch führt er – selbst wenn der Notar das Inventar aufnimmt – zu einer *amtlichen* Aufnahme des Inventars iSd § 2003 BGB. Es kann in einem solchen Fall aber ein Inventar nach § 2002 BGB vorliegen, das aber der Erbe selbst beim Nachlassgericht einreichen muss, vgl § 1993 BGB. Der von einem Miterben gestellte Antrag wahrt die Frist auch für die übrigen Erben, soweit diese noch nicht unbeschränkbar haftend geworden sind (§ 2063 Abs 1 BGB; vgl auch KG OLGE 10 [1905/I] 296; BGB-RGRK/Johannsen Rn 5). Es handelt sich hier aber nur um eine *analoge* Anwendung des § 2063 Abs 1 BGB, da der Antrag auf amtliche Aufnahme des Inventars noch keine Inventar*errichtung* ist (vgl Rn 2; **aM** das KG OLGE 10 [1905/I] 296). **Wird der Antrag** auf amtliche Aufnahme des Inventars vor Vollzug **zurückgenommen**, entfällt zugleich seine fristwahrende Wirkung (OLG München FamRZ 2008, 2310, 2311).

III. Die amtliche Durchführung der Inventaraufnahme

1. Gem **Abs 1 S 1** hat das angegangene Nachlassgericht (Rechtspfleger gem § 3 Nr 2 c RPflG) einen Notar mit der Aufnahme zu beauftragen. In Baden-Württemberg hatte der zuständige Nachlassrichter das Inventar in seiner Eigenschaft als Notar aufzunehmen (Abs 1 S 2 idF bis 31.12.2017, vgl Rn 1). Bei der Auswahl des Notars wird das Nachlassgericht den gewöhnlichen Aufenthalt des Erben und ggf auch die Belegenheit des Nachlasses zu berücksichtigen haben. **7**

2. Bei der Aufnahme des Inventars tritt der Notar an die Stelle des Nachlassgerichts, dessen Aufgabe er insoweit übernimmt (vgl BT-Drucks 17/1469, 23). Der Notar nimmt das Inventar selbstständig auf und trägt dafür, anders als im Fall des § 2002 BGB (vgl § 2002 Rn 2), die Verantwortung (OLG Düsseldorf RNotZ 2008, 105). Ein notariell beurkundetes Inventar, das nur die Erklärungen des Erben wiedergibt, aber keine eigenen Feststellungen des Notars enthält, genügt daher den Anforderungen nicht. Eigene Feststellungen kann der Notar jedoch nur treffen, wenn er eigene Erkenntnisse gewinnt, er folglich einer eigenen **Ermittlungspflicht** unterliegt, die über das Befragen des auskunftsverpflichteten Erben hinausgeht. Die Rechtsprechung geht folglich auch von einer Pflicht des Notars aus, den Nachlassbestand eigenständig zu ermitteln (vgl statt vieler BGHZ 33, 373: zum notariellen Nachlassverzeichnis nach § 2314; OLG Saarbrücken FamRZ 2010, 2026; OLG Koblenz MittBayNot 2015, 149). In der Literatur wurde und wird diese Ermittlungspflicht immer wieder kritisch kommentiert. So wird zB eingewandt, eine Ermittlungspflicht sei dem Willen des historischen Gesetzgebers jedenfalls nicht zu entnehmen (Heidenreich ZErb 2011, 71) und es fehle an einer ausdrücklichen Rechtsgrundlage (Sagmeister MittBayNot 2013, 519). Nach der Änderung des § 2003 BGB durch das G vom 16. 6. 2013 (BGBl I 1800; Rn 1), sind jene Einwände jedoch überwiegend entkräftet. Übernimmt der Notar bei der amtlichen Aufnahme des Inventars eine Aufgabe des Nachlassgerichts, und kann deshalb „problemlos auf die für das Nachlassgericht geltenden Verfahrensvorschriften zurückgegriffen" werden, wie es in der Begr des GesE heißt (BT-Drucks 17/1469, 23), erscheint es konsequent, dem Notar in diesem Verfahren auch die Amtsermitt- **8**

lungspflicht des Nachlassgerichts gem § 26 FamFG zumindest entsprechend aufzuerlegen. Dem durchaus erheblichen Aufwand des Notars trägt die deutliche Erhöhung der notariellen Gebühren durch die Reform des Notarkostenrechts durch Einführung des GNotKG Rechnung (früher eine 0,5 Gebühr nach § 52 KostO, jetzt eine doppelte Gebühr nach KV Nr 23500 GNotKG); die Begründung des GesE gibt als Grund für die Erhöhung die „umfangreiche Ermittlungspflicht" des Notars an (BT-Drucks 17/1147, 227 f). Freilich dürfen an die Ermittlungspflicht keine überzogenen Anforderungen gestellt werden. Welche Ermittlungen der Notar vornimmt, entscheidet er unter Berücksichtigung aller Umstände des Einzelfalles nach seinem Ermessen (Eylmann/Vaasen/Limmer BNotO § 20 Rn 37; vgl hierzu Gutachten des Deutschen Notarinstituts in DNotI-Report 2003, 137). Regelmäßig wird der Notar eine Anfrage bei Grundbuchämtern, zu deren Zuständigkeitsbereich der Erblasser einen Bezug hatte, vorzunehmen haben und Einsicht in Kontoauszüge und Bankunterlagen nehmen müssen. Der das Inventar aufnehmende Notar kann im Interesse der Aufklärung auch dritte Personen, sogar Nachlassgläubiger, zuziehen (KG RJA 12 [1913] 108, 111 f; OLG Karlsruhe OLGE 35 [1917/II] 361). Ein Recht hierauf steht den Nachlassgläubigern aber nicht zu (OLG Karlsruhe 362).

Zur Ähnlichkeit des Nachlassverzeichnisses nach § 2314 Abs 1 S 3 BGB mit dem Inventar nach § 2003 BGB vgl BGHZ 33, 373 und Staudinger/Lehmann[11] § 1993 Rn 1. Muster bei Sagemeister MittBayNot 2013, 519 und Braun MittBayNot 2008, 351 (betreffend ein Nachlassverzeichnis nach § 2314 BGB).

9 **3.** Gem **Abs 2** ist **der Erbe** zur Mitwirkung nur durch Erteilung der nötigen **Auskünfte** verpflichtet. Wenn der Erbe die Erteilung der Auskunft verweigert oder absichtlich in erheblichem Maße verzögert (vgl § 2005 Rn 6 ff), verwirkt er uU gem § 2005 Abs 1 S 2 BGB sein Haftungsbeschränkungsrecht. Aufgrund seiner Auskunftspflicht kann von dem Erben auch die Vorlage eines Nachlassverzeichnisses gem § 260 BGB verlangt werden (Staudinger/Lehmann[11] Rn 5; BGB-RGRK/Johannsen Rn 6). Erzwingbar ist die Vorlage aber ebenso wenig wie die Auskunftserteilung selbst. Ohne große praktische Bedeutung ist deshalb die (von Soergel/Stein Rn 5 verneinte) Frage, ob eine „Auskunftsobliegenheit" des Erben auch dann besteht, wenn ihm eine Inventarfrist noch nicht bestimmt worden ist. Die Auskunftsobliegenheit ist nicht Folge einer dem Erben bestimmten Inventarfrist, sondern rührt von dem vom Erben selbst ausgehenden Antrag auf amtliche Aufnahme des Inventars. Verletzt der Erbe seine – als ein Element der „allgemeinen Verfahrensförderungspflicht" zu begreifende – Auskunftsobliegenheit (seit 1. 9. 2009 ansatzweise geregelt in §§ 23 Abs 1 S 2, 27 Abs 1, 28 Abs 1 FamFG), so hat er es sich selbst zuzuschreiben, wenn sich die amtliche Inventaraufnahme aus diesem Grunde verzögert (so dass der Erbe zB nicht rechtzeitig in den Genuss der in § 2009 BGB vorgesehenen Vollständigkeitsvermutung kommt und er deshalb einen bereits schwebenden Prozess mit einem Nachlassgläubiger verliert).

10 **4.** **Abs 3** verpflichtet den aufnehmenden Notar das von ihm aufgenommene Inventar beim Nachlassgericht einzureichen (erst dann ist das Inventar „errichtet"; vgl Rn 2). Gegen Verzögerungen ist Aufsichtsbeschwerde möglich. Für die Wahrung der Inventarfrist ist der Zeitpunkt der Einreichung zwar unerheblich (Abs 1 S 3). Aber die Vermutungswirkung des § 2009 BGB kann erst greifen, wenn das Inventar errichtet, also vom Notar eingereicht ist.

IV. Auslandsberührung

11 Die Aufnahme des Inventars durch einen von einem deutschen Nachlassgericht beauftragten Notar (§ 2003 BGB) genügt den Anforderungen, die das *italienische* Recht an die Inventarerrichtung stellt (BayObLGZ 1965, 423, 426 ff, 439 f = NJW 1967, 447, 449 zu § 2003 Abs 1 aF; auch zur internationalen Zuständigkeit des deutschen Nachlassgerichts [s dazu erg § 1993 Rn 20 aE] und zu der haftungsbeschränkenden Wirkung, die der Inventarerrichtung nach italienischem Recht zukommen kann).

Nach Art 13 EuErbVO sind nicht nur die deutschen Gerichte zur Entgegennahme von „Erklärungen zur Begrenzung der Haftung der betreffenden Person für die Nachlassverbindlichkeiten" zuständig, sondern auch die Gerichte des Mitgliedstaates in dem der Erklärende seinen gewöhnlichen Aufenthalt hat. Der Anwendungsbereich der Norm beschränkt sich jedoch auf die Entgegennahme von *Erklärungen.* Nicht erfasst werden Anträge als verfahrenseinleitende Erklärungen (MünchKomm/Dutta[6] EuErbVO Art 13 Rn 9). Der Antrag auf Aufnahme eines amtlichen Inventars setzt ein nachlassgerichtliches Verfahren in Gang (vgl Rn 1), auch wenn jenes durch die Übertragung der eigentlichen Tätigkeit auf einen Notar „ausgehöhlt" erscheint, sodass ein **Antrag nach § 2003 BGB nicht unter Art 13 EuErbVO fällt**.

12 **V. Kosten**: Das Nachlassgericht erhebt Kosten nach KV Nr 12412 GNotKG für die Beauftragung des Notars und schließlich für die Entgegennahme des Inventars nach KV Nr 12410 GNotKG, der Notar erhebt Gebühren nach KV Nr 23500 GNotKG (doppelte Gebühr entspr Geschäftswert nach Anl 2 Tabelle B zum GNotKG), vgl auch § 1993 Rn 22, 23.

§ 2004
Bezugnahme auf ein vorhandenes Inventar

Befindet sich bei dem Nachlassgericht schon ein den Vorschriften der §§ 2002, 2003 entsprechendes Inventar, so genügt es, wenn der Erbe vor dem Ablauf der Inventarfrist dem Nachlassgericht gegenüber erklärt, dass das Inventar als von ihm eingereicht gelten soll.

Materialien: E I § 2104; II § 1878; III § 1979; Mot V 617 f; Prot V 735; Jakobs/Schubert ER I 307, 324 ff.

Schrifttum

Siehe vor § 1993.

1 **1. Die Vorschrift eröffnet dem Erben einen dritten Weg zur „Errichtung" eines Inventars** (zu den ersten beiden Möglichkeiten vgl §§ 1993, 2002 BGB einerseits und § 2003 BGB andererseits): **den der Bezugnahme auf ein bereits beim Nachlassgericht befindliches Inventar**. Voraussetzung ist, dass dieses Inventar den Vorschriften der

§§ 2002, 2003 BGB entspricht. Gleichgültig ist, ob dem Erben bereits eine **Inventarfrist** (§ 1994 BGB) bestimmt wurde (str; vgl § 1993 Rn 11). Nur wenn bereits eine Inventarfrist läuft, sollte man die durch § 2004 BGB eröffnete Möglichkeit als „fristgebunden" bezeichnen (missverständlich Palandt/Weidlich Rn 1; AK-BGB/Teubner Rn 2).

2 **2.** Der Vorschrift des **§ 2002 BGB** entspricht ein Inventar, wenn es von dem Erben unter Zuziehung einer zuständigen Behörde oder eines zuständigen Beamten bzw Notars aufgenommen wurde. § 2004 BGB hat nun aber gerade die Fälle im Auge, in denen das beim Nachlassgericht befindliche Inventar von einer anderen Person als dem hierauf Bezug nehmenden Erben errichtet worden ist. Daraus ist zu schließen, dass § 2004 BGB nicht verlangt, dass es gerade der Erbe (oder ein Stellvertreter des Erben) war, der das bereits beim Nachlassgericht befindliche Inventar „aufgenommen" (§ 2002 BGB) hat. Zu weit geht jedoch die Ansicht, dass § 2004 BGB positiv voraussetze, dass das bereits beim Nachlassgericht befindliche Inventar nicht von dem Erben „herrühre" (so aber OLG Hamm NJW 1962, 53, 54 mit unzutr Berufung auf Staudinger/Lehmann[11] Rn 1 und KGJ 34 [1907] A 92, 96 = RJA 8, 185, 188, die nur ausführen, dass § 2004 nicht in Betracht komme, wenn das bereits beim Nachlassgericht befindliche Inventar von dem Erben „errichtet" [vgl § 1993 Rn 7 ff] worden sei; in diesem Sinne nun auch AK-BGB/Teubner Rn 4, der die These des OLG Hamm deshalb ebenfalls kritisiert). Auch ein Nachlassverzeichnis, das vom Erben im Hinblick auf *§ 2314 Abs 1 BGB* unter Beachtung des § 2002 BGB (ähnlich § 2314 Abs 1 S 3 BGB) „aufgenommen", aber nicht iS des § 1993 BGB als Inventar „errichtet" (dh dem Nachlassgericht eingereicht) wurde, kann, nachdem es infolge falscher Sachbehandlung zu den Nachlassakten gelangt ist (für diesen Fall **aM** AK-BGB/Teubner Rn 4), durch einfache Erklärung des Erben gem § 2004 BGB als *wie* von ihm eingereicht akzeptiert werden (wie hier Soergel/Stein Rn 2; MünchKomm/Küpper Rn 2; **aM** OLG Hamm NJW 1962, 53, 54; vgl hierzu auch § 1993 Rn 11 f). § 2004 BGB setzt nämlich nicht voraus, dass das bereits beim Nachlassgericht befindliche Inventar ein solches ist, das nicht nur „aufgenommen", sondern auch schon „errichtet" (§§ 1993, 2003 Abs 3 BGB) wurde (**aM** OLG Hamm NJW 1962, 53, 54 und AK-BGB/Teubner Rn 4).

3 Will man die Formvorschrift des § 2002 BGB nicht jeglicher Funktion (§ 2002 Rn 1) berauben, so wird man sie nur dann als erfüllt ansehen dürfen, wenn die zur Aufnahme des Nachlassverzeichnisses hinzugezogene Behörde usw wusste (AK-BGB/Teubner Rn 5) oder zumindest wissen konnte, dass sie bei der Aufnahme eines *Inventars iS der §§ 1993 ff BGB* mitwirkte und deshalb darauf zu achten hatte, dass die sonst nicht erzwingbare Sollvorschrift des § 2001 BGB erfüllt werde. Dem gleichzustellen wird der Fall der amtlichen Mitwirkung bei der Aufnahme eines sonstigen Nachlassverzeichnisses sein, *falls* auch dieses nach seinem Sinn und Zweck den in § 2001 BGB vorgeschriebenen Inhalt haben soll (ähnlich stellt KG OLGE 14 [1907/I] 293, 295 = RJA 8, 100, 103 ua auf den vorgeschriebenen „Inhalt" sowie die „rechtliche Bedeutung" des Verzeichnisses ab). Als nicht gewahrt wird man die Form des § 2002 BGB zB ansehen müssen, wenn ein Nachlasspfleger oder -verwalter mit amtlicher Hilfe (§ 1802 Abs 2 BGB) ein Verzeichnis des bei *Anordnung der Pflegschaft* (§§ 1802 Abs 1 S 1, 1915) vorhandenen Nachlasses erstellt (**aM** wohl Staudinger/Lehmann[11] § 1985 Rn 6, § 1986 Rn 6), da ja das „Inventar" der §§ 1993 ff BGB die zZ des *Erbfalls* vorhandenen Nachlassgegenstände erfassen soll (§§ 2001, 2009 BGB). Auch ein bereits zu Lebzeiten des Erblassers (etwa in einem Insolvenzverfahren) aufgenommenes Vermö-

gensverzeichnis ist nicht darauf angelegt, die später (!) einmal zu vererbenden Gegenstände zu fixieren, und kommt deshalb als ein den Vorschriften der §§ 2002, 2003 BGB entsprechendes „Inventar" nicht in Betracht (AK-BGB/Teubner Rn 5; **aM** Staudinger/Lehmann[11] Rn 1; MünchKomm/Küpper Rn 2). Da bei der Berechnung eines Pflichtteilsanspruchs der Bestand des Nachlasses *zZ des Erbfalls* zugrunde gelegt wird (§ 2311 BGB), kann das auf Verlangen eines Pflichtteilsberechtigten unter amtlicher Mitwirkung erstellte Nachlassverzeichnis (§ 2314 Abs 1 S 3 BGB) als ein der Vorschrift des § 2002 BGB entsprechendes angesehen werden (vgl Rn 2).

3. Dass das Verzeichnis, um gem § 2004 BGB als Inventar „errichtet" werden zu können, auch die Nachlass**verbindlichkeiten** aufführen müsse (so Staudinger/Lehmann[11] Rn 1; Planck/Flad Anm 1; wohl auch OLG Dresden SeuffA 72 [1917] Nr 79; MünchKomm/Küpper Rn 2), ist nicht anzunehmen, da § 2004 BGB den § 2001 BGB, der lediglich eine Ordnungsvorschrift enthält (§ 2001 Rn 1), nicht erwähnt. Gleichwohl muss der Inhalt des Inventars den Anforderungen des § 2001 BGB genügen. Soweit ein in anderem Zusammenhang erstelltes Verzeichnis bestehende Verbindlichkeiten nicht aufführt, ist zwar eine Bezugnahme nach § 2004 BGB möglich und wirksam, aber das zugrundeliegende ungenügende Verzeichnis ist als Inventar falsch. Dem Erben droht in diesem Fall die unbeschränkbare Haftung nach § 2005 BGB. 4

4. Der Vorschrift des **§ 2003 BGB** entspricht ein Inventar, wenn das Nachlassgericht einen Notar beauftragt hat und dieser das Inventar aufgenommen hat. Aus dem bei Rn 2 genannten Grunde ist anzunehmen, dass die Aufnahme des Inventars dem § 2003 BGB auch dann entspricht, wenn eine Person, die nicht Erbe ist, den nach dieser Vorschrift erforderlichen Antrag gestellt hat. 5

5. Einer Bezugnahme gem § 2004 BGB bedarf es nicht, wenn das Inventar bereits von dem Erben oder mit Wirkung für ihn von einem gesetzlichen oder bevollmächtigten Vertreter oder Nachlasspfleger (§§ 1960, 1961 BGB) errichtet worden ist oder von einem anderen so, dass es dem Erben zustattenkommt (vgl §§ 2008 Abs 1 S 3, 2063 Abs 1, 2144 Abs 2, 2383 Abs 2 BGB). 6

Für eine Bezugnahme gem § 2004 BGB **kommen zB in Betracht** das Inventar eines Erbschaftsbesitzers, eines Erben, der die Erbschaft später ausgeschlagen bzw die Annahme angefochten hat, eines nicht ausgewiesenen Bevollmächtigten oder eines auftraglosen Geschäftsführers (ebenso MünchKomm/Küpper Rn 2). 7

In Betracht kommen auch das Inventar eines Testamentsvollstreckers, Nachlassverwalters, Nachlassinsolvenzverwalters (vgl aber § 2000 Rn 4 f und § 2012 Rn 9, 13). Bei den von diesen Personen erstellten Nachlassverzeichnissen wird jedoch besonders streng zu prüfen sein, ob sie den Vorschriften der §§ 2002, 2003 BGB wirklich entsprechen (s Rn 3). Gleiches gilt für ein vom Nachlassgericht selbst nach § 1960 Abs 2 BGB aufgenommenes Verzeichnis (MünchKomm/Küpper Rn 2; gänzlich ablehnend und die Eignung zur Bezugnahme generell verneinend Soergel/Stein Rn 2).

Die Bezugnahme auf ein rein privates Nachlassverzeichnis genügt niemals.

6. Die Bezugnahmeerklärung des Erben bedarf keiner Form. Sie kann auch durch einen Bevollmächtigten erfolgen. Anders als für die Erbschaftsausschlagung (§ 1945 8

Abs 3 S 2 BGB) ist für die Bezugnahmeerklärung des § 2004 BGB die Nachbringung der Vollmachtsurkunde nicht ausdrücklich zugelassen. Eine auf § 174 gestützte Zurückweisung wegen Nichtvorlage einer Vollmachtsurkunde kommt jedoch bezüglich einer von einem Stellvertreter abgegebenen Bezugnahmeerklärung (§ 2004 BGB) ebenso wenig in Betracht wie bei der nochmaligen Einreichung eines Inventars (§ 1993 Rn 15), die § 2004 BGB dem Erben ja gerade ersparen will (gegen Anwendung des § 174 bereits Staudinger/Lehmann[11] Rn 2; vgl auch MünchKomm/Küpper Rn 3; **aM** BGB-RGRK/Johannsen Rn 4, obwohl er bei § 1993 Rn 5 bzgl der *Einreichung* eines Inventars wie hier [§ 1993 Rn 15] entscheidet).

9 **7.** Der Erbe kann sich durch Bezugnahme auf ein fremdes Inventar, dessen Unrichtigkeit er kennt, analog § 2005 Abs 1 S 1 BGB der **Inventaruntreue** schuldig machen. Hat er auf das unvollständige Inventar vor Ablauf einer ihm bestimmten Frist *gutgläubig* Bezug genommen, so wird man ihm, da jedenfalls bei *ihm* ein Fall des § 2005 Abs 1 BGB nicht vorliegt (vgl aber Rn 10), analog § 2005 Abs 2 BGB eine neue Inventarfrist zur Ergänzung bestimmen dürfen (vgl auch KGJ 34 [1907] A 92, 97 bzgl der Frist zur Ergänzung eines fremden Inventars, das einem Miterben gem § 2063 Abs 1 auch ohne Bezugnahme zustattenkommt). **AM** Planck/Flad Anm 2, der den Erben auf die Antragstellung nach § 2003 BGB verweist. Wer aber Abs 1 des § 2005 BGB entsprechend anwendet, muss mit Abs 2 ebenso verfahren.

10 Einige Autoren (Staudinger/Lehmann[11] Rn 3 [im Gegensatz zu Staudinger/Seybold[11] § 2144 Rn 17]; BGB-RGRK/Johannsen Rn 5 [im Gegensatz zu seiner Rn 12 bei § 2144]; Planck/Flad Anm 2; Riesenfeld I 409; II 14, 30) nehmen an, dass § 2004 BGB unanwendbar sei, **wenn der Erbe auf ein Inventar Bezug nimmt, welches von einem Dritten ungetreu iS des § 2005 Abs 1 BGB errichtet wurde**. Dies gelte selbst dann, wenn der Erbe gutgläubig sei. Der Erbe handle also auf eigene Gefahr, wenn er innerhalb einer ihm gesetzten Inventarfrist lediglich auf ein bereits beim Nachlassgericht befindliches Inventar Bezug nehme. Diese Ansicht findet in § 2004 BGB keine Stütze (**aM** auch Prot V 806/807 ad XVII 3). Richtiger erscheint es, § 2005 Abs 2 BGB analog anzuwenden, also dem in gutem Glauben gem § 2004 BGB bezugnehmenden Erben eine neue Inventarfrist zu bestimmen, weil jedenfalls *er* (hierin liegt die Analogie) den Tatbestand des § 2005 Abs 1 BGB nicht verwirklicht hat (vgl auch KGJ 34 [1907] A 92, 97 [zu § 2063 Abs 1]; Soergel/Stein Rn 5 [mit § 2005 Rn 4 f, § 2008 Rn 6]; MünchKomm/Küpper Rn 4; Palandt/Weidlich Rn 1; Muscheler, Die Haftungsordnung der Testamentsvollstreckung [1994] 127 f).

8. Auslandsberührung

11 Nach **Art 13 EuErbVO** sind nicht nur die deutschen Gerichte zur Entgegennahme von „Erklärungen zur Begrenzung der Haftung der betreffenden Person für die Nachlassverbindlichkeiten" zuständig, sondern auch die Gerichte des Mitgliedstaates in dem der Erklärende seinen gewöhnlichen Aufenthalt hat. Eine solche Erklärung ist auch die Bezugnahme auf ein vorhandenes Inventar nach § 2004 BGB (MünchKomm/Dutta[7] EuErbVO Art 13 Rn 6), wenn eine Inventarfrist nach § 1994 BGB bestimmt wurde (vgl § 1993 Rn 33).

12 Die Abgabe einer Bezugnahmeerklärung bei einem zuständigen Gericht des Mitgliedsstaates, in dem der Erklärende seinen gewöhnlichen Aufenthalt hat, kann

jedoch dazu führen, dass die Erklärung bei einem anderen Gericht abgegeben wird als jenem, bei dem sich das Inventar bereits befindet. Soweit man § 2004 BGB entnimmt, dass die Bezugnahmeerklärung ausschließlich bei demjenigen Nachlassgericht abzugeben ist, bei dem das Inventar nach §§ 2002, 2003 BGB vorliegt und das die Inventarfrist bestimmt hat, ist dies im Anwendungsbereich des insoweit vorrangigen Art 13 EuErbVO jedenfalls ausgeschlossen. Das Gericht des Mitgliedsstaates wird dafür Sorge zu tragen haben, dass die Bezugnahmeerklärung dem deutschen fristsetzenden (vgl § 1993 Rn 33) Nachlassgericht bekannt wird. Da Art 13 EuErbVO das ausländische Gericht für zuständig erklärt, ist die Mitteilung an das deutsche Gericht für Frage der Wahrung der Inventarfrist unerheblich.

§ 2005
Unbeschränkte Haftung des Erben bei Unrichtigkeit des Inventars

(1) Führt der Erbe absichtlich eine erhebliche Unvollständigkeit der im Inventar enthaltenen Angabe der Nachlassgegenstände herbei oder bewirkt er in der Absicht, die Nachlassgläubiger zu benachteiligen, die Aufnahme einer nicht bestehenden Nachlassverbindlichkeit, so haftet er für die Nachlassverbindlichkeiten unbeschränkt. Das Gleiche gilt, wenn er im Falle des § 2003 die Erteilung der Auskunft verweigert oder absichtlich in erheblichem Maße verzögert.

(2) Ist die Angabe der Nachlassgegenstände unvollständig, ohne dass ein Fall des Absatzes 1 vorliegt, so kann dem Erben zur Ergänzung eine neue Inventarfrist bestimmt werden.

Materialien: E I § 2106; II § 1879; III § 1980; Mot V 618–621; Prot V 738–741, 754–756; Denkschr 724 f; Jakobs/Schubert ER I 307, 334 ff.

Schrifttum

Siehe vor § 1993.

I. Allgemeines

1. Die beiden Sätze des Abs 1 behandeln zwei weitere Fälle, in denen der Erbe allen Nachlassgläubigern gegenüber unbeschränkbar haftend wird (der erste Fall, von dem derjenige des § 2005 Abs 1 S 2 BGB lediglich eine besondere Ausgestaltung darstellt [Rn 7], ist der der Versäumung einer Inventarfrist gem § 1994 Abs 1 S 2 BGB). Ausgangspunkt ist die Überlegung, dass die Richtigkeit des Inventars durch die amtliche Mitwirkung bei der Aufnahme (§ 2002 BGB) oder durch die amtliche Aufnahme selbst (§ 2003 BGB) nicht gewährleistet werden kann, wenn der Erbe wahrheitswidrige oder ungenaue Angaben macht oder die bei einer amtlichen Aufnahme erforderlichen Auskünfte verweigert oder verzögert. Aus diesem Grund knüpft Abs 1 an bestimmte schwere Pflichtwidrigkeiten des Erben im Zusammen- 1 hang mit der Inventarerrichtung den endgültigen Verlust des Haftungsbeschränkungsrechts. Der Wortlaut des Abs 1 unterscheidet nicht zwischen der freiwilligen Inventarerrichtung (§ 1993 BGB) und der durch Fristsetzung gem § 1994 BGB nahegelegten. § 2005 Abs 1 S 1 BGB (nicht aber S 2; s Rn 7) gilt somit auch, wenn der Inventarerrichtung keine Fristsetzung gem § 1994 BGB vorangegangen ist (vgl § 1993 Rn 24; MünchKomm/Küpper Rn 2; Palandt/Weidlich Rn 1, 3; Soergel/Stein Rn 1; Erman/Horn Rn 1). Im Gesetz keine Stütze findet die von Herzfelder (in: Staudinger[9] Anm 6) vertretene Ansicht, dass die Anwendung des § 2005 Abs 1 S 1 BGB bei Einreichung eines freiwilligen Inventars voraussetze, dass der Antrag auf Bestimmung einer Inventarfrist mit Rücksicht hierauf abgelehnt worden ist. Zu weit geht die These von Muscheler (Die Haftungsordnung der Testamentsvollstreckung [1994] 125), dass der Erbe „auch nach einer Inventarverfehlung im Sinne der §§ 1994 Abs 1 S 2, 2005 Abs 1“ seine Haftung jenen Gläubigern gegenüber beschränken könne, „die ihre Forderung erst nach Ende der Inventarfrist oder – wichtig wegen des in § 1993 BGB vorgesehenen Rechts des Erben, ein Inventar auch ohne Frist zu errichten – nach Errichtung eines im Sinne von § 2005 BGB fehlerhaften Inventars erworben haben und deren Ansprüche der Erbe nicht schon vorher kannte“. So bedenkenswert die in dieser These liegende teleologische Reduktion (vgl Muscheler 123) in den von § 1994 Abs 1 S 2, § 2005 Abs 1 S 2 BGB und § 2005 Abs 2 BGB erfassten Fällen *bloßer Untätigkeit* des inventarpflichtigen Erben auch sein mag (vgl § 1994 Rn 35 aE), so wenig leuchtet es auf der anderen Seite ein, dass von ihr auch solche Erben profitieren sollen, *die mit der in § 2005 Abs 1 S 1 BGB vorausgesetzten „Absicht“ aktiv dazu beitragen,* dass die Nachlassgläubiger mit einem unrichtigen Inventar konfrontiert werden.

2 **Miterben** können aufgrund des § 2005 Abs 1 BGB ihr Haftungsbeschränkungsrecht nur bzgl eines ihrem ideellen Erbteil entsprechenden Teils jeder Nachlassverbindlichkeit verlieren; insoweit gilt das bei § 1994 Rn 34 Ausgeführte entsprechend. Auch soweit ein Miterbe seine Haftung trotz einer von ihm begangenen Inventaruntreue noch auf den Nachlass beschränken kann (vgl hierzu Staudinger/Marotzke § 2059 Rn 4 ff und § 2060 Rn 10 ff), entfällt aber die in § 2009 BGB ausgesprochene Vermutung für die Vollständigkeit seines Inventars (vgl § 2009 Rn 7).

3 **2.** Ist die Angabe der Nachlassgegenstände unvollständig, ohne dass dies auf einer der in Abs 1 erwähnten Pflichtwidrigkeiten des Erben beruht, so kann gem **Abs 2** eine neue Inventarfrist zur Ergänzung bestimmt werden.

II. Verlust des Haftungsbeschränkungsrechts gem Abs 1

1. Abs 1 S 1 HS 1

4 Der Erbe verliert sein Haftungsbeschränkungsrecht, wenn er **absichtlich** eine erhebliche Unvollständigkeit der im Inventar enthaltenen Angabe der Nachlassgegenstände, dh der Aktiva (§ 2001 BGB), herbeiführt.

Absicht ist mehr als Vorsatz: der Erbe muss mit der Unvollständigkeit etwas bezweckt haben. Nicht erforderlich – aber selbstverständlich genügend – ist die Absicht, die Nachlassgläubiger zu schädigen (OLG Dresden SächsArch 14 [1893] 122; Kipp/Coing § 94 Fn 21). Es reicht demnach aus, dass der Erbe nur deshalb nicht sämtliche

Nachlassgegenstände angibt, weil er einen Miterben benachteiligen oder einem Erbprätendenten oder der Steuerbehörde den Nachlass gering erscheinen lassen will.

Erforderlich ist die **Unvollständigkeit der Nachlassgegenstände selbst**; Mängel der in § 2001 Abs 2 BGB vorgeschriebenen *Wertangabe* und evtl *Beschreibung* genügen nicht. Außerdem muss die Unvollständigkeit erheblich sein (OLG Rostock OLGE 30 [1915/1] 189).

Nicht zum Verlust des Haftungsbeschränkungsrechts führt das Auslassen eines Nachlassgegenstandes in einem *der Form des § 2002 BGB oder § 2003 BGB nicht genügenden* Verzeichnis, selbst wenn dieses zu den Nachlassakten eingereicht wird (vgl OLG Breslau Recht 1904, 387 Nr 1723).

2. Abs 1 S 1 HS 2

Gem Abs 1 S 1 HS verliert der Erbe sein Haftungsbeschränkungsrecht, wenn er in der **Absicht, die Nachlassgläubiger zu benachteiligen**, die Aufnahme einer nicht bestehenden Nachlassverbindlichkeit in das Inventar bewirkt. Obwohl sich an die Angabe der Passiva keine dem § 2009 BGB entsprechende Vermutung knüpft, wollte der Gesetzgeber doch dem Umstand Rechnung tragen, dass „im Leben" das Inventar als richtig und vollständig auch hinsichtlich der Nachlassverbindlichkeiten behandelt zu werden pflegt (Prot V 739). Die Täuschung des Vertrauens der Nachlassgläubiger durch Einstellung nicht bestehender Schulden kann zB von dem Motiv geleitet sein, einen allzu günstigen Vergleichsschluss mit den Gläubigern zu erzielen (vgl Prot V 739). Das rechtfertigt es, auch an die dolose Angabe nicht bestehender Nachlassverbindlichkeiten den Verlust des Haftungsbeschränkungsrechts zu knüpfen. Neben den Verlust des Haftungsbeschränkungsrechts treten in diesen Fällen uU die in § 283 Abs 1 Nr 4 StGB vorgesehene Kriminalstrafe und die Versagung der gerichtlichen Bestätigung eines Insolvenzplans (s § 250 Nr 2 InsO). 5

Eine Unvollständigkeit durch *Weglassen bestehender Schulden* ist unschädlich (OLG Dresden ZBlFG 6 [1905/1906] 410, 413; Soergel/Stein Rn 2).

3. Abs 1 S 2

Gem Abs 1 S 1 verliert der Erbe das Haftungsbeschränkungsrecht, **wenn er die amtliche Aufnahme des Inventars gem § 2003 BGB beantragt hat und dann die Erteilung der hierzu erforderlichen Auskunft (§ 2003 Abs 2 BGB) verweigert oder absichtlich in erheblichem Maße verzögert**. Dies gilt jedoch nicht, wenn die Auskunftsverweigerung bzw -verzögerung nur einzelne unwesentliche Punkte betrifft (Prot V 756). Der Erbe behält das Haftungsbeschränkungsrecht ja sogar dann, wenn er eine *unerhebliche* Unvollständigkeit des Inventars *absichtlich herbeiführt* (Abs 1 S 1). Nur die Auskunftsverweigerung über solche Punkte, deren falsche Angabe auch im Rahmen des Abs 1 S 1 zum Verlust des Haftungsbeschränkungsrechts führen kann, wird man unter S 2 subsumieren dürfen. 6

Ungeschriebene Voraussetzung des Abs 1 S 2 ist, dass dem Erben eine Inventarfrist bestimmt worden ist und dass diese Frist bereits zu laufen begonnen hat (Planck/Flad Anm 2c; vgl auch BGB-RGRK/Johannsen Rn 7; MünchKomm/Küpper Rn 2; Bamberger/Roth/ 7

LOHMANN Rn 5; PALANDT/WEIDLICH Rn 4). Außerdem wird man verlangen müssen, dass die Auskunft noch zZ des Ablaufs der – durch den Antrag auf amtliche Inventaraufnahme gem § 2003 Abs 1 S 3 BGB zunächst gewahrten – Frist verweigert bzw „erheblich" über diesen Zeitpunkt hinaus verzögert wird. Diese Einschränkung folgt aus Sinn und Zweck des Abs 1 S 2. Vgl dazu Prot V 756:

Entziehe sich der Erbe der Auskunftserteilung, so nehme er seinen auf die amtliche Aufnahme und Errichtung des Inventars gerichteten Willen (§ 2003 Abs 1) praktisch zurück. Die Stellung des Antrags auf amtliche Aufnahme des Inventars könne zur Wahrung der Inventarfrist (§ 2003 Abs 1 S 3) nur unter der Voraussetzung genügen, dass der Erbe zu der seinerseits erforderlichen Mitwirkung (§ 2003 Abs 2) bereit sei. Verweigere er diese und verhindere er dadurch, dass die Gläubiger rechtzeitig durch das Inventar Aufschluss über den Bestand des Nachlasses erhalten, so müsse er sich so behandeln lassen, wie wenn er die Errichtung des Inventars unterlassen hätte.

Aus dieser sich an § 1994 Abs 1 S 2 BGB anlehnenden gesetzgeberischen Rechtfertigung des § 2005 Abs 1 S 2 BGB folgt, dass es sich hier nicht um einen Fall der Inventaruntreue, sondern um einen solchen der Inventarfristversäumung handelt. Daraus ergibt sich, dass S 2 keine Anwendung finden kann, wenn dem Erben noch keine Inventarfrist bestimmt wurde oder wenn der Erbe die anfangs verweigerte Auskunft noch vor Ablauf einer ihm bestimmten Inventarfrist nachreicht (vgl PLANCK/FLAD Anm 2c; MünchKomm/KÜPPER Rn 2). Ebenso ist Abs 1 S 2 unanwendbar, wenn die vom Erben zunächst verweigerte oder verzögerte Auskunft deshalb nicht „erforderlich" (§ 2003 Abs 2 BGB) ist, weil sie – vor Ablauf einer dem Erben evtl gesetzten Inventarfrist – in hinreichender Weise bereits von anderer Seite erteilt wurde (Prot V 756; PLANCK/FLAD Anm 2c; MünchKomm/KÜPPER Rn 2) oder weil der Erbe rechtzeitig selbst ein Inventar aufgenommen (§ 2002 BGB) und beim Nachlassgericht eingereicht (§ 1993 BGB) hat oder ein Dritter ein dem Erben „zustatten" kommendes Inventar errichtet hat (vgl §§ 2008 Abs 1 S 3, 2063 Abs 1, 2144 Abs 2, 2383 Abs 2 BGB).

8 Regelmäßig wird die Verweigerung der Auskunft zur Folge haben, dass eine amtliche Aufnahme des Inventars überhaupt nicht stattfinden kann. Wird es hingegen ohne die sachlich nötige Auskunft aufgestellt (zB weil die Behörde deren Notwendigkeit nicht erkennt), so kann sich ergeben, dass das Inventar zwar rechtzeitig errichtet wird, hinsichtlich der Aktiva aber unvollständig ist. **Wenn die Unvollständigkeit durch die Auskunftsverweigerung bzw -verzögerung bedingt ist**, kann der Erbe sein Haftungsbeschränkungsrecht schon nach Abs 1 S 1 verwirkt haben (PLANCK/FLAD Anm 2c; BGB-RGRK/JOHANNSEN Rn 7; kritisch SOERGEL/STEIN Rn 6). Liegt ein Fall des Abs 1 nicht vor, so kann dem Erben eine neue Frist zur Ergänzung nach Abs 2 gesetzt werden. Kann die Ergänzung wegen fortgesetzter Auskunftsverweigerung nicht innerhalb dieser Frist stattfinden, so verliert der Erbe das Haftungsbeschränkungsrecht gem Abs 1 S 2 iVm § 1994 Abs 1 S 2 BGB (iE ebenso STAUDINGER/LEHMANN[11] Rn 4; PLANCK/FLAD Anm 2c; BGB-RGRK/JOHANNSEN Rn 7).

9 **III. Nicht zum Verlust des Haftungsbeschränkungsrechts führen** die absichtlich unrichtige *Aufnahme eines nicht vorhandenen Nachlassgegenstandes,* die wissentliche *Nichtaufnahme einer bestehenden Nachlassverbindlichkeit* und die nicht in Gläubigerbenachteiligungsabsicht erwirkte Aufnahme einer nicht bestehenden Nachlassverbindlichkeit. Auch *unrichtige Angaben über den Wert* von Nachlassgegenständen

fallen nicht unter Abs 1. Erst recht hat die Unvollständigkeit eines reinen *Privatinventars,* das ohne amtliche Mitwirkung (§§ 2002, 2003 BGB) aufgenommen ist, nicht den Verlust des Haftungsbeschränkungsrechts zur Folge (vgl die bei Rn 4 erwähnte Entscheidung des OLG Breslau). Jedoch kann es geschehen, dass der Erbe gem § 1994 Abs 1 S 2 BGB unbeschränkbar haftend wird, weil er glaubte, eine ihm gesetzte Inventarfrist auch durch Einreichung eines ohne amtliche Mitwirkung aufgenommenen Inventars wahren zu können.

Nach hM soll § 2005 Abs 1 S 1 BGB ferner unanwendbar sein auf ein Inventar, das der Erbe während einer *Nachlassverwaltung* oder eines *Nachlassinsolvenzverfahrens* errichtet. Dem ist zu widersprechen (§ 2000 Rn 8).

IV. Haftung des Erben für Stellvertreter und Dritte?

Für Inventarverfehlungen seines gesetzlichen **Vertreters** oder seines Bevollmächtigten haftet der Erbe nach § 278 BGB wie für eigene (vgl aber die bei § 1997 Rn 5 angesprochenen verfassungsrechtlichen Aspekte des Minderjährigenschutzes). Man nimmt an, dass es sich bei der redlichen Inventarerrichtung um die Erfüllung einer – nicht erzwingbaren – gesetzlichen Verbindlichkeit handelt, selbst wenn eine Inventarfrist noch nicht bestimmt worden ist (BGB-RGRK/Johannsen Rn 8; Planck/Flad Anm 4). Staudinger/Lehmann[11] weist bei Rn 8 darauf hin, dass gesetzlicher Vertreter auch der **Nachlasspfleger** sei (vgl hierzu unten § 2012 Rn 6 ff). Inventarverfehlungen des Nachlasspflegers können jedoch nicht zu Lasten des Erben wirken (str; vgl § 1993 Rn 16, § 2012 Rn 8); ebenso wenig solche des **Nachlass- oder Nachlassinsolvenzverwalters** (vgl § 1993 Rn 17, § 2012 Rn 9) oder des **Testamentsvollstreckers** (vgl § 1993 Rn 17 und Muscheler, Die Haftungsordnung der Testamentsvollstreckung [1994] 127 f). 10

Zweifellos nicht zu Lasten des Erben wirken Inventarverfehlungen solcher **Personen, deren Inventarerrichtung dem Erben** gem §§ 2008 Abs 1 S 3, 2063 Abs 1, 2144 Abs 2, 2383 Abs 2 BGB lediglich **„zustattenkommt“**. Streitig ist, ob ein von ihnen ungetreu (Abs 1 S 1) errichtetes Inventar geeignet sein kann, eine dem Erben bestimmte Inventarfrist zu wahren (vgl § 2008 Rn 27; § 2063 Rn 9; Staudinger/Avenarius [2019] § 2144 Rn 16; Staudinger/Olshausen [2016] § 2383 Rn 15). Jedenfalls kommt es dem Erben zustatten, wenn das von einer derartigen Person in gutem Glauben errichtete, aber inhaltlich unvollständige Inventar vor Ablauf einer nach Abs 2 bestimmten Inventarfrist ergänzt wird (Planck/Flad Anm 5). 11

V. Ergänzung eines unvollständigen Inventars (Abs 2)

Das Recht des Erben (§ 1993 BGB), ein Inventar zu errichten, schließt das Recht ein, ein von ihm bereits errichtetes Inventar zu ergänzen, wenn dieses nicht sämtliche Nachlassgegenstände angibt (vgl § 2005 Abs 2, § 2006 Abs 2 BGB). 12

Die Bedeutung des § 2005 **Abs 2** BGB liegt darin, dass die Vorschrift es ermöglicht, dem Erben eine **Inventarfrist zur Ergänzung** des unvollständigen Inventars zu bestimmen. Da die Nachlassgläubiger kein Interesse an der Vervollständigung des Inventars mehr haben, sobald der Erbe sein Haftungsbeschränkungsrecht gem § 2005 BGB allgemein verloren hat, lässt Abs 2 die Bestimmung einer Frist zur Ergänzung des Inventars **nur unter der Voraussetzung** zu, **dass kein Fall des Abs 1 vorliegt**, dass also 13 der Erbe seine Haftung noch beschränken kann. Wenn das unvollständige Inventar ohne Fristbestimmung errichtet war, ist die gem Abs 2 bestimmte Frist zur Ergänzung in Wahrheit keine „neue“, sondern die erste. Für die Inventarfrist des § 2005 Abs 2 BGB gelten alle Vorschriften der §§ 1994–2000 BGB entsprechend. Jedoch wird die Dauer der Frist, wenn die Ergänzung wenig umfangreich erscheint, auch unter einen Monat herabgesetzt werden dürfen (Planck/Flad Anm 3).

14 **Die Fristbestimmung kann nur auf Antrag eines Nachlassgläubigers erfolgen** (iE ebenso BGB-RGRK/Johannsen Rn 11; Palandt/Weidlich Rn 5; Soergel/Schippel[10] Rn 6; Kretzschmar § 79 II 5; für eine Antragsbefugnis auch des **Erben** Staudinger/Lehmann[11] Rn 6; Riesenfeld II 16; Soergel/Stein Rn 7). Das ist in Abs 2 zwar nicht ausdrücklich gesagt, ergibt sich aber aus einer entspr Anwendung des § 1994 Abs 1 S 1 BGB, da auch die zur „Ergänzung“ des Inventars bestimmte Frist allein im Interesse der Nachlassgläubiger liegt (arg § 1994 Abs 1 S 2 BGB). Die Bemerkung von Lehmann (Rn 6), dass die hier vertretene Auffassung „einer vom Erben betriebenen Berichtigung Schwierigkeiten in den Weg“ lege, trifft nicht zu, weil der Erbe ebenso, wie er freiwillig ein ganz neues Inventar errichten könnte, das bereits errichtete Inventar auch dann ergänzen kann, wenn ihm hierzu eine Frist nicht bestimmt worden ist (Rn 12). Und ohne Zweifel ist das zuvor gutgläubig, aber unvollständig errichtete Inventar auch dann geeignet, eine Inventarfrist zu wahren, wenn später keine neue Fristsetzung gem Abs 2 erfolgt.

15 Bei Unvollständigkeit des Inventars eines **Miterben** kann die Frist zur Ergänzung auch einem anderen Miterben bestimmt werden, dem das Inventar gem § 2063 Abs 1 BGB zustatten kommt (KGJ 34 [1907] A 92, 97).

16 Zur Berichtigung der **Angaben hinsichtlich der Nachlassverbindlichkeiten** ist die Bestimmung einer Inventarfrist ausgeschlossen.

17 Zu den **Rechtsbehelfen**, die gegen die Verfügung gegeben sind, durch die die Frist zur Ergänzung des Inventars bestimmt oder das Gesuch um Fristbestimmung abgelehnt wird, gilt das bei § 1994 Rn 22 ff, 29 Ausgeführte entsprechend.

18 **Für die Ergänzung des Inventars gelten dieselben Vorschriften wie für die erstmalige Aufnahme und Errichtung**. Denn die Ergänzung ist nur ein Teil hiervon. Folglich kann der Erbe durch Pflichtverletzungen bei der Ergänzung sein Haftungsbeschränkungsrecht sowohl gem § 1994 Abs 1 S 2 BGB als auch gem § 2005 Abs 1 S 1 und 2 BGB verlieren.

VI. Kein Rückerwerb des Haftungsbeschränkungsrechts durch Berichtigung des Inventars

19 Die Rechtsfolge der unbeschränkten (richtiger: unbeschränkbaren) Haftung tritt ein mit der Vollendung der Tat (Abs 1), auf der sie beruht. Durch **tätige Reue**, also Berichtigung oder Ergänzung der falschen oder unvollständigen Angaben, kann der Erbe das einmal verlorene Haftungsbeschränkungsrecht nicht wiederherstellen, und zwar auch nicht innerhalb der Inventarfrist (Strohal II § 73 VI 1; Planck/Flad Anm 2d; Riese ArchBürgR 30 [1907] 197, 209; BGB-RGRK/Johannsen Rn 13; MünchKomm/Küpper Rn 3; Palandt/Weidlich Rn 3; **aM** Binder II 234; Riesenfeld II 17). Abs 2 schließt die Bestimmung einer Frist zur Ergänzung des Inventars aus, wenn der Erbe das Haftungsbeschränkungsrecht nach Abs 1 verloren hat. Dabei wird offenbar vorausgesetzt, dass die Nachlassgläubiger in diesen Fällen kein Interesse an einer erneuten Fristbestimmung haben, weil der bereits eingetretene Verlust des Haftungsbeschränkungsrechts endgültig ist.

Besonderheiten gelten bei der Gütergemeinschaft (vgl § 2008 Rn 23, 26 sowie zu entsprechenden Fragen bei der **Lebenspartnerschaft** § 2008 Rn 1 aE).

VII. Prozessuales

Zur prozessualen Geltendmachung des Haftungsbeschränkungsrechts bzw des Verlusts dieses Rechts vgl STAUDINGER/KUNZ Vorbem 6 ff zu §§ 1967 ff sowie STAUDINGER/DOBLER § 2013 Rn 14. Die Beweislast dafür, dass der Erbe den Tatbestand des Abs 1 erfüllt hat, trägt der Nachlassgläubiger, der die unbeschränkte Haftung des Erben geltend macht (RG Gruchot 46 [1902] 1125, 1127 für das ALR; BGB-RGRK/JOHANNSEN Rn 14; MünchKomm/KÜPPER Rn 3; SOERGEL/STEIN Rn 1; BAMBERGER/ROTH/LOHMANN Rn 7). Eine Klage auf Feststellung der unbeschränkten Erbenhaftung ist gem § 256 ZPO möglich (BGB-RGRK/JOHANNSEN Rn 14; MünchKomm/KÜPPER Rn 3; SOERGEL/STEIN Rn 1; BAMBERGER/ROTH/LOHMANN Rn 7). Das Ergebnis der vom Nachlassgericht im Rahmen des § 2005 Abs 2 BGB anzustellenden Prüfung, ob der Erbe sein Haftungsbeschränkungsrecht gem Abs 1 verloren hat, bindet das Prozessgericht nicht. 20

VIII. Ehemalige DDR

Zum Recht der ehemaligen DDR vgl § 1993 Rn 31 und STAUDINGER/DUTTA (2016) Vorbem 52 ff zu §§ 1967 ff. 21

§ 2006
Eidesstattliche Versicherung

(1) Der Erbe hat auf Verlangen eines Nachlassgläubigers zu Protokoll des Nachlassgerichts an Eides statt zu versichern, dass er nach bestem Wissen die Nachlassgegenstände so vollständig angegeben habe, als er dazu imstande sei.

(2) Der Erbe kann vor der Abgabe der eidesstattlichen Versicherung das Inventar vervollständigen.

(3) Verweigert der Erbe die Abgabe der eidesstattlichen Versicherung, so haftet er dem Gläubiger, der den Antrag gestellt hat, unbeschränkt. Das Gleiche gilt, wenn er weder in dem Termin noch in einem auf Antrag des Gläubigers bestimmten neuen Termin erscheint, es sei denn, dass ein Grund vorliegt, durch den das Nichterscheinen in diesem Termin genügend entschuldigt wird.

(4) Eine wiederholte Abgabe der eidesstattlichen Versicherung kann derselbe Gläubiger oder ein anderer Gläubiger nur verlangen, wenn Grund zu der Annahme besteht, dass dem Erben nach der Abgabe der eidesstattlichen Versicherung weitere Nachlassgegenstände bekannt geworden sind.

Materialien: E I § 2142; II § 1880; III § 1981; Mot V 669 f; Prot V 741, 757 f; VI 395 f; Denkschr 725; Jakobs/Schubert ER I 307, 316 ff.
An die Stelle des *Offenbarungseides,* den zu leisten die Vorschrift dem Erben in ihrer ursprünglichen Fassung auferlegte, ist mit Wirkung vom 1. Juli 1970 die *eidesstattliche Versicherung* getreten: Art 2 § 1 Nr 3 des G v 27. 6. 1970 (BGBl I 911).

Schrifttum

Siehe vor § 1993.

I. Zweck der Vorschrift

1 Ist das Inventar rechtzeitig errichtet worden, so wird im Verhältnis zwischen dem Erben und den Nachlassgläubigern vermutet, dass zZ des Erbfalls weitere Nachlassgegenstände als die angegebenen nicht vorhanden gewesen seien (§ 2009 BGB). Die Vollständigkeit und Richtigkeit des Inventars wird vor allem durch das Recht der Nachlassgläubiger gesichert, von dem Erben die Bekräftigung des Inventars durch eidesstattliche Versicherung zu verlangen (vgl Denkschr 725). Zwar ist der Erbe aufgrund seiner Auskunfts- (§§ 1978 Abs 1, 1991 Abs 1, 666, 681 BGB) bzw Herausgabepflicht (§§ 1973 Abs 2, 1990 Abs 1 S 2, 1984 Abs 1 S 1, 1985 Abs 1 BGB) schon nach den allgemeinen Vorschriften der §§ 259 und 260 BGB zur Abgabe einer eidesstattlichen Versicherung verpflichtet. Aber dieser Anspruch müsste ggf im Klagewege erzwungen werden. Um den Nachlassgläubigern dieses oftmals langwierige Verfahren zu ersparen, legt § 2006 BGB dem Erben die Pflicht auf, das von ihm freiwillig oder wegen einer ihm hierzu bestimmten Frist errichtete Inventar auf Verlangen eines Nachlassgläubigers vor dem *Nachlassgericht* durch eidesstattliche Versicherung zu bekräftigen.

2 Verweigert der Erbe die eidesstattliche Versicherung, so verliert er gegenüber *dem* Gläubiger, der sie beantragt hat, das Haftungsbeschränkungsrecht (Abs 3). Zu beachten ist, dass der Nachlassgläubiger die eidesstattliche Versicherung des § 2006 BGB zwar verlangen, aber nicht erzwingen kann (RGZ 129, 239, 241 f; RG WarnR 1911/12 Nr 116; OLG Dresden OLGE 10 [1905/I] 196; MünchKomm/Küpper Rn 6; Soergel/Stein Rn 1). Anders nur, wenn der Erbe aus anderen Rechtsgründen zur Leistung der eidesstattlichen Versicherung verpflichtet ist, zB weil ein Pflichtteilsberechtigter oder uU ein Vermächtnisnehmer das vom Erben errichtete Inventar wie eine ihm persönlich gem § 2314 BGB erteilte Auskunft behandelt und nach Maßgabe des § 260 Abs 2, 3 BGB deren Bekräftigung durch eidesstattliche Versicherung verlangen kann (vgl RGZ 129, 239, 245 und § 1994 Rn 6; unrichtig RG WarnR 1911/12 Nr 116, falls der Pflichtteilsberechtigte dort nicht zugleich Erbe gewesen sein sollte; vgl § 2314 Abs 1 S 1). In diesen Fällen kann die Verpflichtung zur Abgabe der eidesstattlichen Versicherung zwar durchgesetzt werden, jedoch nicht durch Antrag an das Nachlassgericht, sondern nur durch Klageerhebung vor dem Prozessgericht (OLG München JFG 15 [1938] 118, 121). Das Recht des Pflichtteilsgläubigers, von dem Erben im Klagewege zu verlangen, dass dieser das von ihm anstelle des gem §§ 2314, 260 BGB vorzulegenden Nachlassverzeichnisses errichtete Inventar (vgl RGZ 129, 239, 245) durch eidesstattliche Versicherung gem § 260 Abs 2 bekräftige, wird nicht dadurch ausgeschlossen, dass der Pflichtteilsberechtigte als Nachlassgläubiger von dem Erben verlangen könnte, die eidesstattliche

Versicherung des § 2006 BGB vor dem Nachlassgericht zu leisten (OLG Zweibrücken FamRZ 1969, 230, 231; vgl auch RGZ 129, 239 ff; Begründung bei § 1994 Rn 6).

II. Voraussetzungen der Pflicht zur Abgabe der eidesstattlichen Versicherung

1. Der Erbe muss entweder selbst oder durch einen Vertreter ein formgültig aufgenommenes (§§ 2002, 2003 BGB) **Inventar „errichtet"** (§ 1993 Rn 7–12) **haben**. Gleichgültig ist, ob ihm zuvor gem § 1994 BGB eine Inventarfrist bestimmt worden ist (vgl § 1993 Rn 24). § 2006 BGB ist auch dann anwendbar, wenn der Erbe ein bereits beim Nachlassgericht befindliches Inventar durch die in § 2004 BGB vorgesehene Erklärung „errichtet" hat, dass es als von ihm eingereicht (§ 1993 BGB) „gelten" solle (KGJ 28 [1905] A 27, 28 = RJA 4, 201). Schließlich muss es auch genügen, dass der Erbe zwar kein Inventar errichtet hat, ihm aber ein von einem Miterben (§ 2063 Abs 1 BGB), Vorerben (§ 2144 Abs 2 BGB), Erbschaftskäufer (§ 2383 Abs 2 BGB) oder Ehegatten (§ 2008 Abs 1 S 3 BGB, zu Lebenspartnern s § 2008 Rn 1) errichtetes Inventar „zustatten" kommt (Staudinger/Lehmann[11] Rn 9; BGB-RGRK/Johannsen Rn 8; Palandt/Weidlich Rn 1; AK-BGB/Teubner Rn 2; Soergel/Stein Rn 3; Lange/Kuchinke § 48 VI 7 a Fn 146; **aM** Erman/Bayer § 2063 Rn 1; Soergel/M Wolf § 2063 Rn 2 [beide unter Berufung auf RGZ 129, 239, 246, wo es jedoch lediglich um die Frage ging, ob ein nach § 2314 auskunftsberechtigter Nachlassgläubiger *aufgrund des § 260 Abs 2 im Klagewege erzwingen* kann, dass ein Miterbe ein Inventar, das ein anderer Miterbe errichtet hat, durch Abgabe einer eidesstattlichen Versicherung bekräftigt; vgl auch unten Staudinger/Marotzke § 2063 Rn 16]; gleichfalls **aM** wohl KGJ 28 [1905] A 27, 28 = RJA 4, 201). Dies muss schon als Ausgleich dafür angenommen werden, dass man den Nachlassgläubigern gegenüber einem Erben, dem ein fremdes Inventar „zustatten" kommt, das Druckmittel einer Inventarfristbestimmung außer im Fall des § 2005 Abs 2 BGB versagt (vgl § 1994 Rn 18). Selbstverständlich kann der Erbe auch ein ihm lediglich „zustatten" kommendes fremdes Inventar vor der Abgabe der eidesstattlichen Versicherung berichtigen (§ 2006 Abs 2 BGB); gem § 2005 Abs 2 BGB können die Nachlassgläubiger ihm eine Frist zur Ergänzung des Inventars bestimmen lassen (vgl KGJ 34 [1907] A 92, 97). Zum Inhalt der eidesstattlichen Versicherung, falls der Erbe das Inventar nicht selbst aufgenommen hat, vgl unten Rn 12. 3

2. Ein Nachlassgläubiger muss die eidesstattliche Versicherung verlangen. Verlangt werden kann die eidesstattliche Versicherung von jedem Nachlassgläubiger, der berechtigt gewesen wäre, den Antrag auf Bestimmung einer Inventarfrist zu stellen (dazu § 1994 Rn 5 ff). Also kann die eidesstattliche Versicherung auch von einem Pflichtteilsberechtigten verlangt werden (KG OLGE 37 [1918/II] 227; BayObLGZ 22 [1924] A 188, 189; vgl auch § 1994 Rn 5, 6 sowie oben Rn 2), nicht hingegen (leider; s § 2000 Rn 2, 9) von einem Nachlass- oder Nachlassinsolvenzverwalter (vgl KGJ 28 [1905] A 27, 29 f; BGB-RGRK/Johannsen Rn 17). 4

Einige Nachlassgläubiger, die den Antrag auf Bestimmung einer Inventarfrist *nicht* stellen könnten (vgl § 1994 Rn 8), können wegen der Vollständigkeitsvermutung, die einem dennoch errichteten Inventar gem § 2009 BGB zukommt, die eidesstattliche Versicherung des § 2006 BGB verlangen. Nach Prot VI 395 f und wegen der absichtlichen Nichterwähnung des § 2006 Abs 3 BGB in § 2013 Abs 1 S 2 BGB gilt dies zB für die im Aufgebotsverfahren ausgeschlossenen oder ihnen gem § 1974 BGB gleichstehenden Nachlassgläubiger (str, vgl Staudinger/Dobler § 1973 Rn 4). Wie die im Auf- 5 gebotsverfahren ausgeschlossenen Gläubiger müssen auch die ihnen durch § 1989 BGB für die Fälle der Beendigung des Nachlassinsolvenzverfahrens durch Masseverteilung oder Insolvenzplan gleichgestellten Gläubiger die Abgabe der eidesstattlichen Versicherung verlangen können (**aM** STAUDINGER/LEHMANN[11] Rn 7 wegen § 2000 S 3). Die Ansicht, dass die Abgabe der eidesstattlichen Versicherung des § 2006 BGB vom Erben in allen Fällen des § 2000 BGB nicht verlangt werden könne, ist unzutreffend und wird vom Gesetzeswortlaut nicht gedeckt (vgl § 2000 Rn 9). Auch ein Miterbe, der zugleich Nachlassgläubiger ist, wird von einem anderen Miterben, der ein Inventar errichtet hat, die eidesstattliche Versicherung verlangen können (vgl erg Rn 20 und STAUDINGER/MAROTZKE § 2063 Rn 19; zustimmend SOERGEL/STEIN Rn 2; NK-BGB/KICK § 2063 Rn 14 ff; ENDRISS, Der Miterbe als Nachlassgläubiger [2003] 135 ff, 141, 185; **aM** BAMBERGER/ROTH/LOHMANN Rn 3).

6 **3.** Nur wenn der Nachlassgläubiger das Verlangen in einem an das Nachlassgericht gerichteten **Antrag** zum Ausdruck bringt, kann er den Erben nach dem Wortlaut des Abs 3 S 1 unter den mittelbaren Druck des (relativen) Verlusts des Haftungsbeschränkungsrechts setzen (wie hier BAMBERGER/ROTH/LOHMANN Rn 3; **aM** wohl STAUDINGER/LEHMANN[11] Rn 3 und, unter Hinweis auf das Antragsrecht des Erben zur Terminbestimmung nach § 361 FamFG: MünchKomm/KÜPPER Rn 2). Analog § 1994 Abs 2 BGB hat der Nachlassgläubiger seine Forderung glaubhaft zu machen. Doch braucht das nicht notwendig schon in dem Antrag auf Terminbestimmung zu geschehen (der gem § 361 S 1 FamFG auch vom Erben gestellt werden kann), sondern darf im Termin nachgeholt werden (PLANCK/FLAD Anm 2). Die Notwendigkeit der Glaubhaftmachung erstreckt sich nicht auf die Erbenstellung des Antragsgegners (LG Krefeld MDR 1970, 766; vgl auch § 1994 Rn 10).

7 **4. Negative Voraussetzung ist, dass der Erbe die eidesstattliche Versicherung des § 2006 BGB noch nicht geleistet hat**. Eine *wiederholte* Abgabe der eidesstattlichen Versicherung kann derselbe oder ein anderer Gläubiger gem **Abs 4** nur verlangen, wenn Grund zu der Annahme besteht, dass dem Erben nach der Abgabe der eidesstattlichen Versicherung weitere Nachlassgegenstände bekannt geworden sind. Glaubhaftmachung wie in § 903 ZPO ist zwar nicht ausdrücklich vorgeschrieben, wird aber gleichwohl als erforderlich erachtet (BGB-RGRK/JOHANNSEN Rn 16; PLANCK/FLAD Anm 5).

8 **5. Verpflichtet** zur Abgabe der eidesstattlichen Versicherung **ist nur der Erbe**, nicht der Nachlasspfleger oder -verwalter (vgl auch § 2012 Rn 7, 9, 11) oder der Ehegatte bzw Lebenspartner des Erben (nicht einmal im Fall des § 2008; vgl § 2008 Rn 29). Auch wenn dem Erben in den Fällen des § 2000 BGB die *Errichtung* eines Inventars nicht geboten werden kann, kann von ihm die *Bekräftigung* eines dennoch errichteten Inventars gem § 2006 BGB verlangt werden (str; vgl § 2000 Rn 9). Von einem Erben, der die Erbschaft ausgeschlagen hat, darf die eidesstattliche Versicherung selbstverständlich nicht verlangt werden (KGJ 20 [1900] A 256).

III. Verfahren

9 Die eidesstattliche Versicherung des § 2006 BGB ist gem Abs 1 vor dem *Nachlassgericht* (§ 1993 Rn 19 f) zu leisten. Ihre Entgegennahme ist ein Akt der freiwilligen Gerichtsbarkeit (§§ 23a Abs 2 Nr 2 GVG, 342 Abs 1 Nr 9, 361 FamFG) mit Zustän-

digkeit des Rechtspflegers (§ 3 Nr 2 c RPflG). Gem § 13 Abs 2 S 1 FamFG kann Personen, die an dem Verfahren nicht beteiligt waren, über § 2010 BGB hinaus *Akten*einsicht gewährt werden, soweit sie ein berechtigtes Interesse (zB als Nachlassgläubiger) glaubhaft machen und schutzwürdige Interessen eines Beteiligten oder eines Dritten nicht entgegenstehen (was hier nur sehr selten der Fall sein wird). Nach Art 147 EGBGB war in Baden-Württemberg bis zum 1. 1. 2018 nach §§ 1 Abs 2, 38 LFGG idF bis 31. 12. 2017 das Notariat zuständig, wobei die Abnahme durch den Notar im Landesdienst, im badischen Rechtsgebiet durch den Rechtspfleger erfolgte (§ 35 Abs 1 und 3 RPflG). Seit 1. 1. 2018 sind diese landesrechtlichen Sonderregelungen entfallen.

Gem § 361 S 1 FamFG kann die *Bestimmung des Termins* zur Abgabe der eidesstattlichen Versicherung sowohl von dem Nachlassgläubiger, der sie verlangt (Rn 4), als auch von dem Erben beantragt werden. Zu dem Termin sind beide Teile zu laden. Die Anwesenheit des Gläubigers ist aber nicht erforderlich (§ 361 S 2 und 3 FamFG). Die §§ 478–480, 483 ZPO sind entspr anwendbar (§ 361 S 4 FamFG). Gem § 26 FamFG hat das Nachlassgericht die zur Tatsachenfeststellung erforderlichen *Ermittlungen von Amts wegen* anzustellen. Während der Antragsteller seine Forderung glaubhaft machen muss (Rn 6), bleibt es für die Feststellung der Erbeneigenschaft des Antragsgegners beim Amtsermittlungsgrundsatz (LG Krefeld MDR 1970, 766).

Zur Möglichkeit des Ersuchens eines anderen Gerichts im Wege der *Rechtshilfe* vgl §§ 361 S 4 FamFG, 479 ZPO und OLG München OLGE 30 (1915/I) 401.

Rechtsbehelfe gegen eine die Terminbestimmung oder die Entgegennahme der eidesstattlichen Versicherung *ablehnende* Entscheidung: §§ 58, 59 FamFG, § 11 RPflG. Keine Rechtsmittel sind gegeben gegen die Terminbestimmung und die Ladung zum Termin (Soergel/Stein Rn 5; Keidel/Zimmermann[18] FamFG § 361 Rn 11; Schulte-Bunert/Weinreich/Burandt[4] FamFG § 361 Rn 12; Keidel/Kuntze/Winkler[15] FGG § 79 Rn 8).

IV. Inhalt der eidesstattlichen Versicherung

10 Gem Abs 1 hat der Erbe an Eides Statt zu versichern, **„dass er nach bestem Wissen die Nachlassgegenstände so vollständig angegeben habe, als er dazu imstande sei"**. Hervorzuheben ist, dass diese Formel nicht mit den Worten endet: … als er dazu (zZ der Inventarerrichtung) imstande *gewesen* sei. Die Versicherung geht also sinngemäß dahin, dass das Inventar nicht weniger Nachlassgegenstände – gemeint sind die Aktiva – angibt, als der Erbe *gegenwärtig,* also zZ der Abgabe der eidesstattlichen Versicherung, angeben könnte (vgl BGB-RGRK/Johannsen Rn 9). Die Maßgeblichkeit dieses Zeitpunktes folgt auch aus § 2006 Abs 2 und 4 BGB. Für die ganz andere Frage, *welche* Nachlassgegenstände in dem Inventar anzugeben sind, bleibt es selbstverständlich bei der Regelung des § 2001 Abs 1 BGB: die zZ des *Erbfalls* vorhandenen.

11 Zu **Nachforschungen** wird der Erbe durch die Worte „so vollständig, … als er dazu imstande sei" nur für den Fall verpflichtet, dass sich bestimmte Anhaltspunkte dafür ergeben, dass noch weitere Nachlassgegenstände vorhanden sind bzw zu dem gem § 2001 Abs 1 BGB maßgeblichen Zeitpunkt des Erbfalls vorhanden waren (OLG

Hamm ZErb 2010, 244 = ZEV 2010, 580 = FamRZ 2010, 2022: nicht ausreichend ist eine allgemein gehaltene Information, dass möglicherweise im Ausland weitere Konten, Beteiligungen o Ä bestehen; OLG Stuttgart ZBlFG 16 [1915/1916] 629 Nr 459 a; AK-BGB/Teubner Rn 10; Lange/Kuchinke § 48 VI 7 c Fn 156; **noch weiter gehend gegen eine Nachforschungspflicht** Soergel/Stein Rn 5 und wohl auch Staudinger/Lehmann[11] Rn 9; BGB-RGRK/Johannsen Rn 9; Planck/Flad Anm 3; Erman/Horn Rn 4; MünchKomm/Küpper Rn 3; vgl auch § 2001 Rn 2). Hat der Erbe Anhaltspunkte für weitere Nachlassgegenstände, so ist er meist auch „imstande", diese (erst zu ermitteln und dann) in das Inventar aufzunehmen.

12 Mangels einer § 261 Abs 2 BGB und § 883 Abs 3 ZPO entsprechenden Vorschrift wird das Nachlassgericht zu einer **Änderung der Formel** der eidesstattlichen Versicherung nur insoweit berechtigt sein, als sich die Notwendigkeit hierzu daraus ergibt, dass das von dem Erben oder mit Wirkung für ihn errichtete Inventar nach dem Gesetz gar nicht von ihm selbst oder auf seine Veranlassung aufgenommen worden zu sein braucht (ebenso oder ähnlich MünchKomm/Küpper Rn 7; BGB-RGRK/Johannsen Rn 8; Lange/Kuchinke § 48 VI 7 b Fn 153). Man denke zB an die Inventaraufnahme und -errichtung durch einen Vertreter sowie an die Fälle der §§ 2004, 2008 Abs 1 S 3, 2063 Abs 1, 2144 Abs 2, 2383 Abs 2 BGB. Hier hat der Erbe nicht etwa zu versichern, dass *er* alle Nachlassgegenstände vollständig angegeben habe, sondern: dass das *Inventar* die Nachlassgegenstände so vollständig angebe, wie er, der Erbe, dazu gegenwärtig imstande sei. Eine eidesstattliche Versicherung dieses Inhalts ist auch zur Bekräftigung des gem § 2003 BGB *amtlich* aufgenommenen Inventars geeignet. Ohne zwingenden Grund wollten Staudinger/Lehmann[11] Rn 9 und BGB-RGRK/Johannsen Rn 8 die eidesstattliche Versicherung hier unmittelbar auf die dem aufnehmenden Amtsorgan von dem Erben erteilte Auskunft beziehen. **Gegen jede Änderung des Inhalts** der eidesstattlichen Versicherung anscheinend Planck/Flad Anm 3.

V. Vervollständigung des Inventars

13 **Gem Abs 2** kann der Erbe das Inventar **vor der Abgabe der eidesstattlichen Versicherung** vervollständigen. Der Erbe soll nicht zur Abgabe einer falschen Versicherung an Eides Statt (vgl § 156 StGB) genötigt werden können. Dagegen kann der Erbe durch die Ergänzung des Inventars nicht das Haftungsbeschränkungsrecht wiedererlangen, wenn er es zuvor gem § 2005 Abs 1 BGB verloren hat (vgl § 2005 Rn 19). UU kann der Nachlassgläubiger dem Erben zur Ergänzung des Inventars eine **Frist** bestimmen lassen; vgl § 2005 Abs 2 BGB und dort Rn 13 ff.

14 **VI. Leistet der Erbe die eidesstattliche Versicherung**, so vermeidet er den in Abs 3 ausgesprochenen Verlust des Haftungsbeschränkungsrechts gegenüber dem antragstellenden Nachlassgläubiger. Außerdem schützt ihn Abs 4 davor, später nochmals eine derartige eidesstattliche Versicherung abgeben zu müssen; es sei denn, dass Grund zu der Annahme bestünde, dass ihm nach Abgabe der ersten eidesstattlichen Versicherung weitere Nachlassgegenstände bekannt geworden sind.

15 Die in § 2009 BGB aufgestellte Vermutung für die Vollständigkeit des Inventars ist nicht Folge der Abgabe der eidesstattlichen Versicherung (so aber Staudinger/Lehmann[11] Rn 10), sondern besteht schon vorher (Prot V 757; Staudinger/Lehmann[11] § 2009 Rn 3). Bei Verweigerung der eidesstattlichen Versicherung entfällt sie jedoch dem

antragstellenden Gläubiger gegenüber analog Abs 3 (iE zustimmend Soergel/Stein Rn 6 aE; vgl auch unten Rn 16). Auch wenn der Erbe die eidesstattliche Versicherung abgibt, ist der Beweis, dass die Angabe der Nachlassgegenstände unvollständig oder dass der Tatbestand des § 2005 Abs 1 BGB gegeben sei, unbeschränkt zulässig (vgl § 292 ZPO; Mot V 671; RG SoergRspr 1910 zu § 2006; MünchKomm/Küpper Rn 5 Fn 12 und Soergel/Stein Rn 6, der darauf hinweist, dass man von einer „Verstärkung der Vermutung des § 2009" in diesem Zusammenhang nicht sprechen sollte).

Durch eine vorsätzlich **wahrheitswidrige** eidesstattliche Versicherung macht sich der Erbe strafbar nach §§ 15, 156 StGB. Man wird diesen Fall dem der Verweigerung der eidesstattlichen Versicherung gleichstellen und annehmen dürfen, dass der Erbe analog § 2006 Abs 3 BGB gegenüber dem antragenden Gläubiger das Haftungsbeschränkungsrecht verliert. Die übrigen Nachlassgläubiger können ihm gem § 2005 Abs 2 BGB eine Inventarfrist zur Ergänzung bestimmen lassen, nach deren fruchtlosem Ablauf der Erbe das Haftungsbeschränkungsrecht auch *allgemein* verliert (§ 1994 Abs 1 S 2 BGB). **16**

VII. Verweigerung der eidesstattlichen Versicherung

1. Die Verweigerung der eidesstattlichen Versicherung führt zum Verlust des Haftungsbeschränkungsrechts nicht nur dann, wenn sie **gegenüber dem Nachlassgericht** erfolgt, sondern auch dann, wenn sie vor, ohne oder nach Terminanberaumung unmittelbar **gegenüber dem antragstellenden Gläubiger** erklärt wird (insoweit zutreffend MünchKomm/Küpper Rn 6). Nicht ausreichend ist jedoch die Abgabe der Erklärung gegenüber *irgendeinem* Nachlassgläubiger (**aM** MünchKomm/Küpper Rn 6, allerdings mit beachtlichen Einschränkungen). Denn nicht gegenüber „den Nachlassgläubigern", sondern nur gegenüber dem Nachlassgläubiger, *der den Antrag gestellt hat,* verliert der die eidesstattliche Versicherung verweigernde Erbe gem Abs 3 S 1 das Haftungsbeschränkungsrecht. Zu dieser vom Grundmuster der §§ 1994 Abs 1 S 2 und 2005 BGB abweichenden Relativierung der Rechtsfolge entschloss sich die II. Komm (Prot V 758) aufgrund der Erwägung, dass es eine zu große Härte wäre, „dem Erben, der aus Achtung vor der Heiligkeit des Eides nicht wegen eines geringfügigen Betrages schwören wolle, das Inventarrecht (vgl § 1993 Rn 28) auch gegenüber den ihm nicht bekannt gewesenen, vielleicht sehr großen Forderungen anderer Nachlassgläubiger zu nehmen". Zwar ist an die Stelle des „Offenbarungseides", den zu leisten die *ursprüngliche* Fassung des § 2006 BGB dem Erben auferlegte, am 1. 7. 1970 die „eidesstattliche Versicherung" getreten (Art 2 § 1 Nr 3 des G v 27. 6. 1970, BGBl I 911). Das ändert jedoch wenig an der Überzeugungskraft der Argumentation der II. Komm (**aM** Soergel/Stein Rn 6). Diese konsequent weiterdenkend, sollte man den Verlust des Haftungsbeschränkungsrechts auf die *im Antrag bezeichnete(n)* Forderung(en) des betreffenden Gläubigers beschränken, um die Entscheidung des – nicht notwendig unredlichen – Erben für diesen kalkulierbar zu machen (iE ebenso Planck/Flad Anm 4a; BGB-RGRK/Johannsen Rn 13; MünchKomm/Küpper Rn 6; Erman/Horn Rn 5; Palandt/Weidlich Rn 2; Jauernig/Stürner Anm 5zu §§ 1993–2013; **aM** Soergel/Stein Rn 6; AK-BGB/Teubner Rn 18; Lange/Kuchinke § 48 VI 7 b Fn 154). Ist das Haftungsbeschränkungsrecht bzgl dieser Forderung nach Abs 3 verloren gegangen, so bleibt es dabei auch dann, wenn der Gläubiger die Forderung an einen Dritten abtritt (Plaum DJZ 1900, 67). Was die unbeschränkte Haftung gegenüber *einzelnen* Gläubigern bedeutet, ergibt sich aus § 2013 Abs 2 BGB. Hervorzuheben ist, dass der Erbe aufgrund des **17**

§ 2006 Abs 3 BGB sein Haftungsbeschränkungsrecht auch gegenüber solchen Nachlassgläubigern verlieren kann, die zuvor im Aufgebotsverfahren ausgeschlossen wurden oder diesen gem § 1974 BGB gleichstehen (vgl Rn 5 sowie Staudinger/Kunz § 1973 Rn 15 f).

18 Durch *Auszahlung des* die eidesstattliche Versicherung verlangenden *Gläubigers* kann der Erbe dessen Forderung zum Erlöschen bringen und damit die Haftungssanktion des § 2006 Abs 3 BGB gegenstandslos machen.

19 **2.** Dass der Erbe einem Gläubiger die eidesstattliche Versicherung verweigert hat, schließt **das Recht eines anderen Gläubigers**, die Versicherung zu verlangen, nicht aus (Prot V 758; Küntzel Gruchot 41 [1897] 808, 837 f).

20 **3.** **Analog Abs 3 S 1** wird man im Verhältnis des Erben zu dem Nachlassgläubiger, der die eidesstattliche Versicherung verlangt und nicht erhalten hat, nicht nur den Verlust des Haftungsbeschränkungsrechts, sondern überdies auch den **Wegfall der Vollständigkeitsvermutung** annehmen müssen, die einem Inventar aufgrund des (erstmals im E II enthalten gewesenen) § 2009 BGB zukommt (zustimmend Bamberger/Roth/Lohmann Rn 11; Soergel/Stein Rn 6 aE; Endriss, Der Miterbe als Nachlassgläubiger [2003] 139 ff, 185). Praktische Relevanz erlangt dieser Gedanke, wenn *mehrere Erben* vorhanden sind, da ein Miterbe infolge Verweigerung der von ihm verlangten eidesstattlichen Versicherung das Haftungsbeschränkungsrecht nur bzgl eines seiner ideellen Erbquote entsprechenden *Teils* der Forderung des Antragstellers verlieren, seine Haftung im Übrigen also uU noch auf den Nachlass beschränken kann (vgl § 2059 Abs 1 S 2 BGB und § 2059 Rn 4 ff).

21 **VIII.** Nach Abs 3 S 2 steht der **Verweigerung der eidesstattlichen Versicherung gleich, dass der Erbe weder in dem Termin noch in einem auf Antrag des Gläubigers bestimmten neuen Termin erscheint**, es sei denn, dass ein Grund vorliegt, durch den das Nichterscheinen genügend entschuldigt wird. Ob Letzteres der Fall ist, ist notfalls vom Erben zu beweisen und vom Prozessgericht zu entscheiden (OLG Rostock OLGE 4 [1902/I] 118). Eine Bindung des Prozessgerichts tritt auch dann nicht ein, wenn das Nachlassgericht einen vom Erben vorgebrachten Entschuldigungsgrund akzeptiert und den Erben in einem dritten oder noch späteren Termin zur eidesstattlichen Versicherung zulässt (OLG Hamm FamRZ 1995, 698, 699; OLG Rostock SeuffA 57 [1902] Nr 40; BGB-RGRK/Johannsen Rn 15; Planck/Flad Anm 4b; Soergel/Stein Rn 7; Bamberger/Roth/Lohmann Rn 11; Kipp/Coing § 94 Fn 26; Josef ZZP 35 [1906] 530, 565; **aM** Staudinger/Lehmann[11] Rn 13; Seibert DFG 1937, 136; Kretzschmar § 79 Fn 34; Erman/Horn Rn 6; MünchKomm/Küpper Rn 6; Palandt/Weidlich Rn 2; Lange/Kuchinke § 48 VI 7 b Fn 155). Zwar liegt dann bereits eine gerichtliche Entscheidung vor. Jedoch hat diese weder Gestaltungswirkung noch im Sinne der Rechtskrafttheorien denselben oder wenigstens einen präjudiziellen Streitgegenstand. Der Entschuldigungsgrund ist hier wie dort nur Begründungselement (vgl auch OLG Hamm FamRZ 1995, 698, 699).

22 Keinesfalls kann ein Nachlassgläubiger einen im Verfahren nach § 361 FamFG erlassenen Vertagungsbeschluss mit dem Ziel anfechten, die „Verweigerung" der eidesstattlichen Versicherung feststellen zu lassen (OLG Hamm FamRZ 1995, 698, 699).

23 Es ist die Ansicht vertreten worden, dass in dem Antrag des *Gläubigers* auf Anbe-

raumung eines dritten oder späteren Termins uU ein Verzicht auf die Geltendmachung der vielleicht schon eingetretenen unbeschränkten Haftung gefunden werden könne (PLANCK/FLAD Anm 4b). Im Zweifel wird aber auch das nicht anzunehmen sein.

Die vorsätzlich wahrheitswidrige Abgabe der eidesstattlichen Versicherung wird von Abs 3 S 2 nicht erfasst. Dennoch steht sie der *Verweigerung* der eidesstattlichen Versicherung gleich (s oben Rn 16). 24

IX. Kosten

Die Kosten der Abnahme der eidesstattlichen Versicherung treffen grds den antragstellenden Nachlassgläubiger analog § 261 Abs 2 BGB, vgl auch § 22 Abs 1 GNotKG. 0,5 Gebühr für das Verfahren zur Abnahme der eidesstattlichen Versicherung nach KV Nr 15212 GNotKG aus dem Wert aller Nachlassgegenstände ohne Abzug der Verbindlichkeiten (§§ 115, 38 S 2 GNotKG). Die Entscheidung über eine etwaige Kostenpflicht hatte bisher nicht das Nachlassgericht, sondern das Prozessgericht zu treffen (BayObLGZ 16, 98 ff = SeuffA 72 [1917] 24 Nr 15). Seit 1. 9. 2009 können sich jedoch je nach Lage des Falles Abweichungen ergeben (vgl §§ 80, 81 FamFG). 25

X. Zum Recht der ehemaligen DDR vgl § 1993 Rn 30, 32 und STAUDINGER/DUTTA (2016) Vorbem 52 ff zu §§ 1967 ff. 26

§ 2007
Haftung bei mehreren Erbteilen

Ist ein Erbe zu mehreren Erbteilen berufen, so bestimmt sich seine Haftung für die Nachlassverbindlichkeiten in Ansehung eines jeden der Erbteile so, wie wenn die Erbteile verschiedenen Erben gehörten. In den Fällen der Anwachsung und des § 1935 gilt dies nur dann, wenn die Erbteile verschieden beschwert sind.

Materialien: E I § 2147; II § 1881; III § 1982; Mot V 677 f; Prot V 805 f; JAKOBS/SCHUBERT ER I 308, 423 ff.

Schrifttum

BINDER, Die Rechtsstellung des Erben II (1903) 235 ff; III (1905) 293, 330
KNITSCHKY, Erbschaft und Erbteil, AcP 91 (1901) 281, 296
KRESS, Die Erbengemeinschaft (1903) 196
KRETZSCHMAR, Beiträge zum Erbrechte, ZBlFG 13 (1912/1913) 423, 434
LANGEN, Zur Auslegung des § 2007 Satz 2 BGB, ArchBürgR 36, 29
NIESE, Bedeutung und Tragweite des § 2007 des Bürgerlichen Gesetzbuches, ArchBürgR 30 (1907) 197
PAECH, Die Haftung für Nachlaßverbindlichkeiten bei Vereinigung mehrerer Erbteile in einer Hand (Diss Königsberg 1906)
RIESENFELD, Die Erbenhaftung I (1916) 250.

Siehe ferner vor § 1993.

Systematische Übersicht

I. Grundsätzliches

1 Die Auslegung der Vorschrift bereitet große Schwierigkeiten. § 2007 BGB regelt den Fall, dass ein Erbe zu mehreren Erbteilen berufen ist (Rn 16). Dann bestimmt sich seine Haftung für die Nachlassverbindlichkeiten nach S 1 „in Ansehung eines jeden der Erbteile so, wie wenn die Erbteile verschiedenen Erben gehörten". Entsprechend der systematischen Stellung des § 2007 BGB bei den Vorschriften über die „Inventarerrichtung" und die „unbeschränkte" Haftung des Erben **betrifft S 1 in erster Linie den durch Inventarverfehlungen (§§ 1994 Abs 1 S 2, 2005 Abs 1, 2006 Abs 3 BGB) bewirkten Verlust der erbrechtlichen Haftungsbeschränkungsmöglichkeiten** (deutlicher insoweit noch E I § 2147; vgl auch Rn 3 und Prot V 805 f). § 2007 BGB scheint also vorauszusetzen, dass sich dieser Verlust auf die Haftung des Erben „in Ansehung eines jeden der Erbteile" besonders auswirken kann. Diese Annahme überrascht (vgl auch Binder II 235 ff und unten Rn 5), da der Erbe doch unabhängig davon, ob er beschränkt (§ 1975 BGB), beschränkbar oder unbeschränkbar haftet, zumindest mit dem *ganzen* Nachlass bzw mit *allen* ihm zustehenden Erbteilen (soweit [Rn 15] sie durch die betr Verbindlichkeit mitbeschwert sind) haftet. Nicht bzgl der Haftung des Erben „in Ansehung eines jeden der **Erbteile"** (so aber § 2007 S 1 BGB), sondern höchstens bzgl der Haftung in Ansehung der den verschiedenen Erbteilen entsprechenden **Anteile der jeweiligen Nachlassverbindlichkeit** kommt somit ein unterschiedlicher Einfluss einer Inventarverfehlung in Betracht. Dieser resultiert daraus, dass die von S 1 in Bezug genommene Haftung des Miterben, der eine Inventarverfehlung begangen hat, eine unbeschränkbare nur „in Ansehung des seinem Erbteil entsprechenden Teils der Verbindlichkeit" wird (Zitat aus § 2059 Abs 1 S 2 BGB; vgl § 2059 Rn 4 ff zur weiteren Begründung; iE zustimmend AK-BGB/Teubner § 2007 Rn 2 aE; zum Teil auch Lange/Kuchinke § 48 VI 5 b Fn 131). § 2007 S 1 BGB steht mit *seiner* Formulierung ersichtlich noch unter dem Einfluss des E I § 2051 S 2, der die Schulden des Erblassers auf Miterben nicht ungeteilt (so jedoch § 2058 BGB), sondern nur „nach dem Verhältniß der Erbtheile" übergehen lassen wollte (vgl auch Rn 3).

II. Der nur anteilig unbeschränkbar haftende Alleinerbe

2 Dem zu mehreren Erbteilen berufenen Alleinerben, der das Haftungsbeschränkungsrecht nur hinsichtlich einzelner Erbteile (korrekter: hinsichtlich der diesen entsprechenden Schuldquoten, s Rn 1) verloren hat (zB weil die Inventarfrist hinsichtlich eines erst später angefallenen Erbteils noch nicht abgelaufen ist, s Rn 9), will

die hM ohne Weiteres das durch § 2059 Abs 1 S 2 BGB eingeschränkte **Leistungsverweigerungsrecht des § 2059 Abs 1 BGB** gewähren (das übrigens bei der Beratung der §§ 1993–2013 durch die II. Komm überhaupt noch nicht „erfunden" war; vgl Rn 3). Diese hM entspricht nicht dem Zweck des § 2059 Abs 1 BGB (s § 2059 Rn 2 f). Dieser setzt nämlich voraus, dass der einzelne Erbe *wegen der sich aus einer gesamthänderischen Bindung des Nachlasses ergebenden Verfügungsbeschränkungen (§§ 2033 Abs 2, 2040 BGB)* außerstande ist, die zur Tilgung der Nachlassverbindlichkeiten erforderlichen Mittel aus dem *Nachlass* zu entnehmen. Wer § 2007 BGB so auslegt, dass die Vorschrift dem zu mehreren Erbteilen berufenen *Alleinerben* das Leistungsverweigerungsrecht des § 2059 Abs 1 BGB trotz *Fehlens* einer gesamthänderischen Bindung des Nachlasses gewährt (so aber Staudinger/Lehmann[11] Rn 6 [trotz Staudinger/Lehmann[11] § 2059 Rn 6 aE]; Soergel/Stein Rn 2; Erman/Horn Rn 1; MünchKomm/Küpper Rn 2; Palandt/Weidlich Rn 1; Kipp/Coing § 94 VIII [**aM** noch Kipp § 89 Fn 6] sowie die unten Genannten [trotz der anderen Rechtslage, die sich bei Hinzutreten eines *Miterben* ergibt, vgl Rn 6]), kreiert letztlich aufgrund einer Vorschrift, die nur für *Miterben* gedacht und deren Schutz auf die Zeit *„bis zur Teilung des Nachlasses"* beschränkt ist (s § 2059 Abs 1 BGB), ein *endgültiges* Leistungsverweigerungsrecht des zu mehreren Erbteilen berufenen *Alleinerben.* Denn eine „Teilung des Nachlasses" ist im Allgemeinen (zu einigen Sonderfällen s Baumann, in: FS Otte [2005] 15, 28 f) überhaupt nicht möglich, wenn nur *ein* Erbe vorhanden ist und somit eine gesamthänderische Bindung von vornherein nicht besteht (vgl Staudinger/Marotzke § 2060 Rn 94 ff; Staudinger/Lehmann[11] Rn 6; BGB-RGRK/Johannsen Rn 5; Palandt/Weidlich Rn 1; Riesenfeld I 251; Kress, Erbengemeinschaft 197, die deshalb zu dem Schluss kommen, dass der zu mehreren Erbteilen berufene *Alleinerbe* das Recht aus § 2059 Abs 1 BGB nicht verlieren könne; **aM** Strohal II § 90 Fn 4 a, der die Selbstliquidierung des Nachlasses durch einen Alleinerben einer Teilung unter mehreren Erben gleichstellen will). **Die von der hM befürwortete Anwendung des § 2059 Abs 1 BGB auf den zu mehreren Erbteilen berufenen Alleinerben ist deshalb abzulehnen** (ebenso schon im Jahre 1906 Paech 20 ff, 54; wegen der genannten Schwierigkeiten lehnt Wendt AcP 86 [1896] 353, 432 bei Vorhandensein nur eines Erben bereits die Anwendung des *§ 2007 BGB* [außer in einigen wenigen Fällen] ab, wogegen jedoch die systematische Stellung der Vorschrift spricht; vgl auch Paech 27). Statt der von der hM systemwidrig zugelassenen *endgültigen* Haftungsbeschränkung *ohne* Nachlassseparation (eine gewisse Separation bewirkt auch die in § 2059 Abs 1 BGB vorausgesetzte gesamthänderische Bindung, s § 2059 Rn 3) sollte man dem zu mehreren Erbteilen berufenen Alleinerben hinsichtlich der Quote der Nachlassverbindlichkeit, auf die sich die Folgen der von ihm begangenen Inventarverfehlung nicht erstrecken können (§ 2059 Rn 6 ff), weiterhin die Möglichkeit der Haftungsbeschränkung durch **Herbeiführung einer Nachlassverwaltung oder eines Nachlassinsolvenzverfahrens** gewähren (vgl Rn 4; zustimmend AK-BGB/Teubner Rn 2; NK-BGB/Odersky Rn 4; iE übereinstimmend auch BGB-RGRK/Johannsen Rn 3, trotz seiner soeben kritisierten Rn 5).

§ 2013 Abs 1 S 1 BGB (Ausschluss des § 1975 BGB sowie des Rechts, die Nachlassverwaltung zu beantragen) steht der bei Rn 2 vertretenen Auslegung nur scheinbar entgegen. Denn diese Vorschrift wurde wie auch § 2007 BGB *vor* den von § 2007 S 1 BGB in Bezug genommenen Vorschriften über die Haftung der Miterben beraten und auf diese dann – wohl nur versehentlich – nicht mehr abgestimmt: 3

So ging man bei der Schaffung der §§ 1993–2013 BGB zunächst noch davon aus, dass bei Erbenmehrheit auf jeden Erben nur ein seiner Erbquote entsprechender

Bruchteil der Erblasserschulden übergehe (E I § 2051 S 2, anders der erst *nach* Beratung der §§ 1993 ff BGB durch die II. Komm eingeführte § 2058 BGB; vgl Prot V 843, 868 ff) und dass der Nachlasskonkurs in Ansehung eines jeden Erbteils besonders stattzufinden habe (E I § 2119; Mot V 676 [betr den unmittelbar vor § 2007 behandelten § 2063]). Bei der Beratung des heutigen § 1989 BGB durch die II. Komm war die Beratung über E I § 2119 „bis zur Berathung der Vorschriften über die Erbengemeinschaft ausgesetzt" worden (Prot V 774). Erst *nach* der Beratung des heutigen § 2007 BGB (Prot V 805 f) hat sich die II. Komm für die Streichung des E I § 2119 BGB über die Zulässigkeit des Konkurses über einen Erbteil ausgesprochen (Prot V 879 f; vgl heute § 316 Abs 2 InsO: „Über einen Erbteil findet ein Insolvenzverfahren nicht statt") und den in E I § 2051 S 2 vorgesehenen Grundsatz der teilschuldnerischen Miterbenhaftung durch eine Vorschrift mit dem Inhalt des § 2058 BGB ersetzt (Prot V 843, 868 ff.). Ebenfalls erst *nach* der Beratung des heutigen § 2007 BGB stand somit auch die Unzulässigkeit einer Nachlassverwaltung über einzelne Erbteile endgültig fest (vgl auch Prot VI 343 f; unentschieden noch Prot V 867, 869: man könne die Entscheidung der Wissenschaft überlassen). E I § 2147 enthielt zunächst noch die Formulierung: „... so steht ihm in Ansehung eines jeden Erbtheiles das Inventarrecht in der Weise besonders zu, wie wenn die Erbtheile verschiedenen Erben gehören." Die in dieser Formulierung vorausgesetzte Möglichkeit des *nur anteiligen* Verlusts des „Inventarrechts" (s § 1993 Rn 28) ist bei der redaktionellen Gestaltung des § 2013 BGB nicht gesehen worden (vgl Prot V 810: der Antrag auf Anordnung der Nachlassverwaltung stehe dem Erben zu, *„wenn* er das Inventarrecht noch hat"). Dies rechtfertigt aber nicht den Schluss auf einen abweichenden Willen des Gesetzgebers, sondern lässt sich damit erklären, dass das, was sich vom Standpunkt der gesamtschuldnerischen Miterbenhaftung als *anteiliger* Verlust des Beschränkungsrechts darstellt, vom Standpunkt der nur teilschuldnerischen Haftung, wie er bei der Beratung der §§ 1993–2013 BGB durch die II. Komm noch zugrunde gelegt worden war, einem *völligen* Verlust des Beschränkungsrechts – nämlich bzgl der „ganzen" *Teil*schuld – *gleichkommt.*

4 **Nach allem ist es also in der Sache geboten** (Rn 2), **und auch methodisch zulässig** (Rn 3), **den in § 2013 Abs 1 BGB angeordneten Ausschluss des § 1975 BGB teleologisch zu reduzieren**: Bei einem *Miterben* oder einem dem Miterben durch § 2007 BGB gleichgestellten *Alleinerben* entfällt die in § 1975 BGB vorgesehene Haftungsbeschränkungswirkung der Nachlassverwaltung und des Nachlassinsolvenzverfahrens nur bezüglich *der* Teile einer jeden Nachlassverbindlichkeit, für die dieser Erbe das Recht zur Haftungsbeschränkung durch eine Inventarverfehlung verloren hat (iE ebenso BGB-RGRK/Johannsen § 2007 Rn 3; vgl auch Paech 28–30, 55 und Knitschky AcP 91 [1901] 281, 299, der aber zu Unrecht [Rn 6] verlangt, dass zuvor gem §§ 2060, 2061 Abs 1 S 2 BGB Schuldenteilung eingetreten sein müsse, was jedoch beim *Alleinerben* nicht möglich ist [s dazu § 2060 Rn 94 ff]; zu weitgehend Baumann, in: FS Otte [2005] 15, 34, der § 1975 BGB trotz § 2013 Abs 1 BGB für „uneingeschränkt anwendbar" hält). Auch der Ausschluss des Rechts, die Anordnung einer **Nachlassverwaltung** zu **beantragen** (§ 2013 Abs 1 S 1 HS 2 BGB), ist nicht anzuerkennen, wenn der zu mehreren Erbteilen berufene Alleinerbe das Recht zur Haftungsbeschränkung nur für einen Bruchteil jeder Nachlassverbindlichkeit eingebüßt hat, ihm das „Inventarrecht" im Übrigen also noch zusteht (zustimmend AK-BGB/Teubner Rn 2 aE; NK-BGB/Odersky Rn 4; vgl auch Johannsen § 2007 Rn 3; **aM** Knitschky AcP 91 [1901] 281, 299 wegen § 2062 HS 1 BGB [vgl jedoch unten § 2062 Rn 12 f]).

III. Erbenmehrheit

1. Hat der zu mehreren Erbteilen berufene Erbe Miterben, so steht ihm bis zur Teilung des Nachlasses das **Leistungsverweigerungsrecht des § 2059 Abs 1 BGB** zu mit der sich aus S 2 ergebenden Modifikation zu Lasten desjenigen, der das Inventarrecht nicht mehr hat. Hat der zu mehreren Erbteilen berufene Miterbe das Recht zur Haftungsbeschränkung hinsichtlich *eines* Erbteils (korrekter: hinsichtlich der diesem einen Erbteil entsprechenden Schuldquote, s Rn 1) verloren, so steht ihm das Leistungsverweigerungsrecht des § 2059 Abs 1 BGB in Ansehung der *diesem* Erbteil entsprechenden Schuldquote nicht mehr zu (§ 2059 Abs 1 S 2 BGB); *im Übrigen* bleibt es *unberührt* (zur Beantragung der **Nachlassverwaltung** in diesem Fall vgl § 2062 HS 1 und 2 BGB sowie oben Rn 4 aE, unten Rn 6 sowie § 2062 Rn 12 f). 5

Beispiel (vgl Staudinger/Lehmann[11] Rn 6; BGB-RGRK/Johannsen Rn 5): Wenn der Miterbe die Inventarverfehlung (zB § 1994 Abs 1 S 2 BGB) nach Erwerb eines hälftigen Erbteils begeht und ihm erst später ein weiterer Erbteil iHv 1/4 anfällt, so braucht er die Zwangsvollstreckung in sein Eigenvermögen gem §§ 2007 S 1, 2059 Abs 1 BGB nur wegen des halben Betrages jeder Nachlassverbindlichkeit zu dulden.

Auf den *Alleinerben* findet § 2059 Abs 1 BGB aber auch dann keine Anwendung, wenn er zu mehreren Erbteilen berufen ist (s Rn 2).

2. Ist der Nachlass geteilt (beim Alleinerben nicht denkbar; s Rn 2 und § 2060 Rn 94 ff), so verliert der zu mehreren Erbteilen berufene Miterbe zwar den Schutz des § 2059 Abs 1 BGB sowie das Recht, gemeinsam mit den übrigen Erben (§ 2062 HS 1 BGB) die Anordnung einer Nachlassverwaltung zu beantragen (§ 2062 HS 2 BGB). Wohl aber kann er auch jetzt noch (§ 316 Abs 1 und 2 InsO) durch Herbeiführung eines Nachlassinsolvenzverfahrens die Haftung seines Eigenvermögens für die Schuldanteile ausschließen, hinsichtlich derer er das Haftungsbeschränkungsrecht noch hat (vgl oben Rn 4 sowie Staudinger/Marotzke § 2060 Rn 10 ff). Zudem haftet er unter den Voraussetzungen der §§ 2060, 2061 Abs 1 S 2 BGB ohnehin nicht mehr gesamtschuldnerisch (§ 2058 BGB), sondern – und dies gilt anders als bei § 2059 Abs 1 S 2 BGB auch hinsichtlich der Haftung mit dem *Nachlass* bzw mit dem daraus Erlangten (vgl jedoch die Kritik bei § 2060 Rn 17 ff) – nur noch teilschuldnerisch. Unzutreffend ist allerdings die Ansicht, *nur* in den Fällen der §§ 2060, 2061 Abs 1 S 2 BGB komme nach der Teilung des Nachlasses eine *anteilig* unbeschränkbare Haftung des zu mehreren Erbteilen berufenen Erben in Betracht, da es dem Erben, der als Inhaber eines Erbteils für die *ganze* Schuld unbeschränkbar hafte, nichts mehr helfe, wenn er für dieselbe Schuld als Inhaber eines später hinzuerworbenen Erbteils nur beschränkt hafte (so aber Knitschky AcP 91 [1901] 282, 299 f; Paech 49; Kipp/Coing § 94 VIII; vgl auch Staudinger/Lehmann[11] Rn 6 und Kipp/Coing § 94 VII, wo freilich als Folge [!] der Nachlassteilung *gesamtschuldnerische* Haftung angenommen wird, was aber auf der bei § 2058 Rn 4 richtiggestellten Missdeutung des § 2059 Abs 1 S 2 BGB beruhen dürfte). Diese Argumentation beruht auf der unzutreffenden (§ 1994 Rn 34, Staudinger/Marotzke § 2059 Rn 4 ff) Prämisse, dass ein Miterbe sein Haftungsbeschränkungsrecht durch Inventarverfehlungen *insgesamt,* also nicht nur in Ansehung des seinem Erbteil entsprechenden *Teils* der Verbindlichkeit verlieren könne (vgl auch Staudinger/Marotzke § 2060 Rn 96). 6

IV. Inventarverfehlungen bezüglich einzelner Erbteile

7 Binder (II 238) hielt eine Inventarverfehlung in Bezug auf nur einen von mehreren Erbteilen für undenkbar. Den § 2007 BGB bezeichnete er deshalb als „bedeutungslos" und als eine „unmögliche Vorschrift" (II 239). Binder ist zuzugeben, dass der Erbteil eine Quote der Erbschaft ist und sich somit aus Quoten von allen Erbschaftsgegenständen zusammensetzt (Binder II 238). Mit Binder ist daraus – und aus § 2063 Abs 1 BGB – zu folgern, dass ein Inventar über einen *Erbteil* zugleich ein Inventar über den ganzen *Nachlass* ist (§ 2063 Rn 2; Paech 32; AK-BGB/Teubner Rn 1). **Unzutreffend ist jedoch die weitere Schlussfolgerung** Binders, **dass ein Inventar und folglich auch eine Inventarverfehlung hinsichtlich nur eines von mehreren Erbteilen „undenkbar" sei**:

8 **1.** Evident ist dies in dem allerdings kaum vorkommenden Fall, dass der Erbe im Inventar eine **nicht bestehende Verbindlichkeit vortäuscht**, von der er angibt, dass sie ihn lediglich als Inhaber *eines* der ihm angefallenen Erbteile treffe (vgl Staudinger/Marotzke § 2058 Rn 24 ff). Die dolose Aufnahme einer nicht bestehenden Nachlassverbindlichkeit in das Inventar kann die Haftungssanktion des § 2005 Abs 1 S 1 BGB nach sich ziehen.

9 **2.** Des Weiteren ist an die Möglichkeit zu denken, dass die **Ausschlagungsfrist** (§§ 1943, 1944 BGB) bzgl der verschiedenen Erbteile unterschiedlich läuft, zB weil die Erbteile zu unterschiedlichen Zeitpunkten angefallen sind. Dann kann es wegen § 1995 Abs 2 BGB vorkommen, dass die **Inventarfrist**, durch deren Versäumung der Erbe gem § 1994 Abs 1 S 2 BGB unbeschränkbar haftend wird, hinsichtlich der verschiedenen Erbteile unterschiedlich abläuft. Gem § 2007 BGB sind diese Fälle so zu behandeln, als ob die Inventarfrist verschiedenen Miterben gesetzt worden wäre, sodass ein Untätigbleiben des Erben sein Haftungsbeschränkungsrecht nur hinsichtlich der *Schuldquoten* zum Erlöschen bringt, die den Erbteilen entsprechen, hinsichtlich deren die Frist jeweils schon abgelaufen ist (vgl Rn 1 sowie Staudinger/Marotzke § 2059 Rn 4 f, 7 und § 2063 Rn 4; **aM** Binder II 238). Soweit die Annahme des einen Erbteils gem § 1951 Abs 2 BGB auch für einen anderen, demselben Erben später angefallenen Erbteil gilt (also bei Identität des Berufungsgrundes), scheint ein durch § 1995 Abs 2 BGB bedingter unterschiedlicher Ablauf der Inventarfrist nicht in Betracht zu kommen. Dennoch soll der Erbe nach den Motiven zu § 2007 BGB (Mot V 678) „gegen eine durch die Erstreckung seiner Annahmeerklärung mögliche Gefährdung in dem Inventarrechte" (vgl § 1993 Rn 28) geschützt werden. Dieser Schutz könnte zweckmäßigerweise so bewirkt werden, dass man die in § 1951 Abs 2 BGB fingierte („gilt") Annahme des später angefallenen Erbteils nicht als Annahme *iS von § 1995 Abs 2 BGB* ansieht (wenn die Erbteile verschiedenen Erben gehörten [§ 2007 S 1 BGB], wäre § 1951 Abs 2 BGB unanwendbar), sondern insoweit – also nur hinsichtlich der Frage, ab welchem Zeitpunkt die vor der Erbschaftsannahme bestimmte Inventarfrist gegen den Erben *als Inhaber des später angefallenen Erbteils* zu laufen beginnt – auf den Ablauf derjenigen Frist abstellt, die für die Ausschlagung des letzteren Erbteils gelten würde, wenn es § 1951 Abs 2 BGB nicht gäbe (vgl §§ 1995 Abs 2, 1943 HS 2, 1944 BGB sowie den eine Ignorierung des § 1951 Abs 2 BGB *im Rahmen des § 1995 Abs 2 BGB* rechtfertigenden § 2007 S 1 BGB). Die noch weitergehende Ansicht, dass für den später angefallenen Erbteil eine völlig neue Inventarfrist bestimmt werden müsse (Mot V 678; Paech 37; Staudinger/Lehmann[11] Rn 4), schießt über das Ziel hinaus. Dieses besteht darin, den Erben „gegen eine

durch die Erstreckung seiner Annahmeerklärung mögliche Gefährdung in dem Inventarrechte“ zu schützen (Mot V 678).

Hat der zu mehreren Erbteilen berufene **Erbe eine ihm hinsichtlich des früher angefallenen Erbteils gesetzte Inventarfrist gewahrt**, so kann er eine ihm aus Anlass des späteren Anfalls eines weiteren Erbteils gesetzte Inventarfrist ruhig verstreichen lassen (S 1 iVm § 2063 Abs 1 BGB). 10

3. Wenn der Erbe das Ausschlagungsrecht hinsichtlich keines der ihm angefallenen Erbteile mehr hat, ist ein durch § 1995 Abs 2 BGB bedingter unterschiedlicher Lauf der erst jetzt bestimmten Inventarfrist nicht denkbar. Durch Verstreichenlassen der Inventarfrist (§ 1994 Abs 1 S 2 BGB) verliert der Erbe das Recht zur Haftungsbeschränkung also *insgesamt.* Zwar ist der Fall gem § 2007 S 1 BGB so zu behandeln, als ob die Erbteile verschiedenen Erben zustünden. Doch steht die dem zu mehreren Erbteilen berufenen Alleinerben gesetzte Inventarfrist der Setzung einer gleichen Frist gegenüber allen nach § 2007 S 1 BGB fingierten Miterben gleich. Das Verstreichenlassen der Frist durch den Alleinerben steht dem Verstreichenlassen der Frist durch *alle* Miterben gleich. Somit verliert der zu mehreren Erbteilen berufene Alleinerbe das Recht zur Haftungsbeschränkung in dem hier vorausgesetzten Fall hinsichtlich *sämtlicher* Schuldquoten und somit total (iE ebenso Staudinger/Lehmann[11] Rn 7; MünchKomm/Küpper Rn 2; Palandt/Weidlich Rn 1; vgl auch Soergel/Stein Rn 2; Planck/Flad Anm 2a [aE]; **aM** wohl Lange/Kuchinke § 48 VI 5 b Fn 131). 11

4. Inventaruntreue (§ 2005 Abs 1 S 1 BGB) ist, abgesehen von dem bei Rn 8 erwähnten Sonderfall, nur hinsichtlich des gesamten Nachlasses denkbar, nicht hinsichtlich einzelner Erbteile, da diese sich ja aus den Quoten an *allen* im Inventar anzugebenden Nachlassgegenständen zusammensetzen (Rn 7). Grundsätzlich unzutreffend (aber: Rn 8 und Rn 13) ist deshalb die Auffassung, dass die Inventaruntreue „hinsichtlich eines Erbteils“ nicht auch die unbeschränkbare Haftung hinsichtlich des anderen zur Folge habe (so aber Staudinger/Lehmann[11] Rn 5 [außer für den Fall, dass der Erbe die Inventaruntreue zu einem Zeitpunkt begeht, in dem er das Ausschlagungsrecht bereits hinsichtlich sämtlicher Erbteile verloren hat; vgl auch Planck/Flad Anm 2a; BGB-RGRK/Johannsen Rn 3]; Strohal II § 90 Fn 2 gegen Knitschky AcP 91 [1901] 281, 297 f). Begeht ein zu mehreren Erbteilen berufener Alleinerbe Inventaruntreue, so steht der Fall gem § 2007 BGB dem gleich, dass die Erbteile verschiedenen Erben gehören und *alle* Miterben Inventaruntreue begangen haben. Dann aber geht das Haftungsbeschränkungsrecht hinsichtlich *sämtlicher* Schuldquoten verloren. 12

Ist dem Alleinerben allerdings **erst nach Einreichung des unzutreffenden Inventars ein weiterer Erbteil zugefallen**, so hätte er als Miterbe (§ 2007 BGB) hinsichtlich des später angefallenen Erbteils den Tatbestand des § 2005 Abs 1 BGB (der ja eine *nach* Erlangung der [Mit-]Erbeneigenschaft begangene Inventaruntreue voraussetzt) noch nicht verwirklichen können. Folglich bewirkt die Inventarverfehlung *hier* hinsichtlich der dem später angefallenen Erbteil entsprechenden Schuldenquote *keinen* Wegfall der Haftungsbeschränkungsmöglichkeiten (Planck/Flad Anm 2a; BGB-RGRK/Johannsen Rn 3; Paech 39 [der, gefolgt von Johannsen Rn 3, aber zu Unrecht, Gleiches auch für den Fall annimmt, dass der Erbe die Inventaruntreue zeitlich zwischen Anfall des weiteren Erbteils und Kenntniserlangung hiervon begeht]; **aM** Knitschky AcP 91 [1901] 281, 297 f mit *rechtspolitisch* beachtlicher Begr). 13

14 **5.** Hinsichtlich der Folgen einer **Verweigerung der eidesstattlichen Versicherung** (§ 2006 Abs 3 BGB) gilt das bei Rn 7 ff Ausgeführte entsprechend. Zu beachten ist jedoch, dass die Haftungssanktion des § 2006 Abs 3 BGB nur relativ zugunsten des Gläubigers wirkt, der den Antrag auf Abnahme der Versicherung gestellt hat. Vgl auch Knitschky AcP 91 (1901) 281, 298; Paech 39 f.

V. Unterschiedliche Beschwerung der Erbteile

15 Wenn bestimmte Verbindlichkeiten nur einen von mehreren demselben Erben angefallenen Erbteilen belasten (denkbar zB bei Vermächtnissen und Auflagen, s Rn 17), haftet der Erbe für ihre Erfüllung nicht mit denjenigen Erbteilen, die durch die betreffende Verbindlichkeit nicht beschwert sind (zu *Ausnahmen* s Staudinger/Otte [2019] § 2148 Rn 2). Denn nach S 1 gelten die Erbteile ja als verschiedenen Erben zustehend, und bei unterschiedlicher Beschwerung haften im Außenverhältnis idR nur die Beschwerten. Da sich der *Alleinerbe,* selbst wenn er zu mehreren Erbteilen berufen ist, auf § 2059 Abs 1 BGB nicht berufen kann (Rn 2), haftet *er* für die nur einen seiner Erbteile beschwerende Verbindlichkeit zwar nicht mit seinen übrigen Erbteilen (S 1), wohl aber auch mit seinem Eigenvermögen. Letzteres allerdings nur vorbehaltlich des Rechts, seine Haftung auf den besonders beschwerten Erbteil zu beschränken (vgl § 1992 BGB sowie Staudinger/Marotzke § 2058 Rn 24 ff).

VI. Berufung zu mehreren Erbteilen

16 **Beispiele** für eine Berufung zu mehreren Erbteilen sind bereits an anderer Stelle genannt (vgl Staudinger/Otte [2017] § 1951 Rn 2). Dass die Berufung zu den mehreren Erbteilen auf *verschiedenen Berufungsgründen* beruht (s Staudinger/Otte [2017] § 1951 Rn 5 ff), ist für die Anwendung des § 2007 BGB nicht erforderlich. Der Berufung zu mehreren Erbteilen steht der Fall des Zuerwerbs eines Erbteils nach § 2033 BGB gleich (Erman/Horn Rn 1; MünchKomm/Küpper Rn 2; Palandt/Weidlich Rn 1; vgl auch unten Staudinger/Marotzke § 2060 Rn 36).

VII. Anwachsung und § 1935

17 In den Fällen der Anwachsung (§ 2094 BGB) und der Erhöhung des gesetzlichen Erbteils infolge Wegfalls eines anderen Erben (§ 1935 BGB) gilt **§ 2007 BGB** gem **S 2** nur, wenn die Erbteile verschieden beschwert sind. Mit dieser Einschränkung, die dem E I noch fremd war, wollte die II. Kommission (Prot V 806) Einklang damit herstellen, dass das Gesetz (§§ 1935, 2095 BGB) den angewachsenen Erbteil bzw die Erbteilserhöhung des gesetzlichen Erben auch sonst als besonderen Erbteil nur in Ansehung der Vermächtnisse und Auflagen sowie der Ausgleichungspflicht behandelt (wobei die letztere für § 2007 BGB belanglos ist, weil sie keine Nachlassverbindlichkeit darstellt, Staudinger/Löhnig § 2050 Rn 7), nicht aber zB im Rahmen des § 1951 BGB (s Staudinger/Otte [2017] § 1951 Rn 3). Die **hM** (Staudinger/Lehmann[11] Rn 9; AK-BGB/Teubner Rn 4; MünchKomm/Küpper Rn 3; Erman/Horn Rn 1; Palandt/Weidlich Rn 2; Soergel/Stein Rn 3; Planck/Flad Anm 3; BGB-RGRK/Johannsen Rn 7; Kipp/Coing § 94 VIII; Lange/Kuchinke § 48 VI 5 b Fn 132; **aM** Paech 43 f) liest § 2007 S BGB daher wie folgt:

18 In den Fällen der Anwachsung und des § 1935 BGB gilt § 2007 S 1 BGB nur, *soweit* die Erbteile *mit Vermächtnissen und Auflagen* verschieden beschwert sind (dh: nur

bzgl der Haftung gegenüber diesen Vermächtnis- bzw Auflagegläubigern, nicht gegenüber den übrigen Gläubigern).

Der bzgl des ursprünglichen Erbteils (genauer: der diesem entsprechenden Schuldquote; s Rn 1) eingetretene Verlust des Haftungsbeschränkungsrechts erstreckt sich demnach, was die *übrigen* Nachlassgläubiger angeht, ohne Weiteres auf die Anwachsung bzw Erbteilserhöhung (genauer: auf die Schuldquote, die dem angewachsenen Erbteil bzw dem Erbteil entspricht, um den sich der ursprüngliche erhöht). Solch eine Auslegung stünde aber in krassem **Widerspruch** zu der Rechtslage, die sich ergibt, wenn die Berufung zu den mehreren (echten) Erbteilen auf demselben Grund beruht: In solch einem Fall findet § 2007 S 1 BGB ja gerade deshalb Anwendung, *weil* § 1951 Abs 2 BGB die mehreren Erbteile bzgl Annahme und Ausschlagung hier wie einen einzigen behandelt (s oben Rn 9) und daraus keine Gefahren für das Haftungsbeschränkungsrecht erwachsen sollen. Die II. Komm hätte also besser daran getan, es bei der Vorschrift des E I § 2147 zu belassen*, zu der die **Motive** (V 677, 678) ausführen: Die Vorschrift „erstreckt sich … auf alle Fälle, in welchen bei einem Erben, selbst wenn er Alleinerbe ist, mehrere Erbtheile als besondere hervortreten, sei es absolut, … sei es nur relativ … Dass die Vorschrift sich auch auf die nur relativ besonderen Erbtheile erstreckt, rechtfertigt sich deshalb, weil große Härten für den Inventarerben sich ergeben könnten, wenn der Verlust des Inventarrechts durch Verzicht oder durch Versäumung der Inventarfrist auch auf diejenigen Erbteile zu beziehen wäre, welche dem Erben erst später anfallen oder deren Anfall ihm noch nicht bekannt war“. **Den davon abweichenden S 2 des heutigen § 2007 BGB sollte man möglichst eng auslegen** und wirklich nur auf die Haftung des Erben „in Ansehung eines jeden der Erbteile“ (S 1) anwenden (dh nur auf die Frage, aus welchem Erbteil welche Verbindlichkeit zu berichtigen ist; **aM** Paech 43 ff, der de lege lata eine besonders *weite* Auslegung des S 2 befürwortete – und dies trotz der bei Paech 46 offen ausgesprochenen Erkenntnis, dass „sich die Ausnahmevorschrift des § 2007 Satz 2 nicht rechtfertigen“ lasse!). Dann besagt S 2 lediglich das, was bereits bei Rn 15 ausgeführt wurde. Eine Anwendung des S 2 auch bzgl der Frage, ob ein Verlust des Haftungsbeschränkungsrechts, der bzgl der dem ursprünglichen Erbteil entsprechenden Schuldquote eingetreten ist, sich auf die der Erbteilserhöhung bzw Anwachsung entsprechende Schuldquote erstreckt, würde zu wenig sinnvollen Ergebnissen führen. Hier wäre es am sachgerechtesten, in Übereinstimmung mit E I § 2147 auch in Fällen der Anwachsung und des § 1935 BGB ohne Weiteres eine Berufung zu mehreren Erbteilen *iS des § 2007 S 1 BGB* anzunehmen (nicht de lege lata, wohl aber de lege ferenda, ebenso Paech 45 f). 19

Auch Strohal (in Planck[3] Anm 3mwNw) hielt § 2007 S 2 BGB für eine Vorschrift, die „die Auslegungskunst auf eine harte Probe“ stelle und zu derart sachwidrigen Ergebnissen führen könne, „dass die Annahme eines **Redaktionsversehens** überaus nahe gelegt ist“. Er schlug folgende Lesart des S 2 vor: „In den Fällen der Erhöhung des gesetzlichen Erbteils und der Anwachsung gilt dies (nämlich S 1 von § 2007 BGB) nicht, sondern bewendet es bei den Vorschriften der §§ 1935, 2095.“ Auch 20

* E I § 2147 lautete: „Wenn ein Erbe zu mehreren Erbtheilen, insbesondere durch Anwachsung oder nach Maßgabe des § 1973 (vgl jetzt § 1935), berufen ist, so steht ihm in Ansehung eines jeden Erbtheiles das Inventarrecht (vgl § 1993 Rn 28) in der Weise besonders zu, wie wenn die Erbtheile verschiedenen Erben gehörten.“

Strohals Lesart des § 2007 BGB würde jedoch zu der oben kritisierten Ungereimtheit mit der Rechtslage führen, die sich im Fall der Berufung zu mehreren echten Erbteilen bei Identität des Berufungsgrundes ergibt.

§ 2008
Inventar für eine zum Gesamtgut gehörende Erbschaft

(1) Ist ein in Gütergemeinschaft lebender Ehegatte Erbe und gehört die Erbschaft zum Gesamtgut, so ist die Bestimmung der Inventarfrist nur wirksam, wenn sie auch dem anderen Ehegatten gegenüber erfolgt, sofern dieser das Gesamtgut allein oder mit seinem Ehegatten gemeinschaftlich verwaltet. Solange die Frist diesem gegenüber nicht verstrichen ist, endet sie auch nicht dem Ehegatten gegenüber, der Erbe ist. Die Errichtung des Inventars durch den anderen Ehegatten kommt dem Ehegatten, der Erbe ist, zustatten.

(2) Die Vorschriften des Absatzes 1 gelten auch nach der Beendigung der Gütergemeinschaft.

Materialien: E I §§ 2148 Nr 2, 3, 4, 2149; II § 1882; III § 1983; Mot V 679–681; Prot V 806 f; Jakobs/Schubert ER I 308, 414 ff. Neufassung durch GleichberG v 18. 6. 1957 (BGBl I 609), hierzu BT-Drucks 2. Wahlperiode Nr 224, Ausschussbericht Nr 3409 S 32.

Schrifttum

Siehe vor § 1993.

Systematische Übersicht

I. Neufassung der Vorschrift

Ihre gegenwärtige Fassung erhielt die Vorschrift mit Wirkung v 1. 7. 1958 durch das GleichberG v 18. 6. 1957 (BGBl I 609). Zu dem vorherigen Rechtszustand vgl die Erl zu § 2008 BGB in der 11. Aufl dieses Kommentars. Zum Übergangsrecht vgl die Vorauflage Staudinger/Dobler (2016) Rn 1. Nach § 7 LPartG können auch eingetragene Lebenspartner eine Gütergemeinschaft vereinbaren. Die folgenden Ausführungen gelten daher für Lebenspartner in Gütergemeinschaft entsprechend. 1

II. Zusammenhängende Darstellung der Haftung des Ehegatten des Erben bei Gütergemeinschaft und der Funktion des § 2008

1. Die Haftung des Ehegatten des Erben für Nachlassverbindlichkeiten

Ist ein Ehegatte Erbe, so trifft die Haftung für die Nachlassverbindlichkeiten grundsätzlich nur ihn und nicht auch den nicht in der Position des Erben befindlichen anderen Ehegatten. 2

Anders jedoch, wenn die Ehegatten im vertraglichen Güterstand der **Gütergemeinschaft** (§§ 1415–1518 BGB) leben. Denn aus dem Gesamtgut (§ 1416 BGB) können idR die Gläubiger *beider* Ehegatten Befriedigung verlangen (vgl § 1437 Abs 1 BGB bei Verwaltung durch nur einen der Ehegatten und § 1459 Abs 1 BGB bei gemeinschaftlicher Verwaltung). Für *Nachlass*gläubiger, denen ein Ehegatte bereits bei Eintritt der Gütergemeinschaft als Erbe haftbar war, gilt dies unabhängig davon, ob der Nachlass jetzt zum Gesamtgut gehört (Staudinger/Thiele [2018] § 1439 Rn 2, 5; BGB-RGRK/Finke § 1461 Rn 3). Wenn der Ehegatte die Erbschaft jedoch erst während der Gütergemeinschaft erwirbt und der Ehegatte, der nicht Erbe ist, das Gesamtgut zumindest mitverwaltet (vgl § 1439 und §§ 1450, 1461 BGB), haftet das Gesamtgut für die durch den Erbschaftserwerb entstehenden Verbindlichkeiten nur dann, wenn die Erbschaft als Gesamtgut und nicht etwa als Vorbehaltsgut (§ 1418 Abs 2 Nr 1, 2 BGB) oder als Sondergut (§ 1417 BGB) erworben wurde (§§ 1439, 1461 BGB). **Soweit hiernach Nachlassverbindlichkeiten zugleich Gesamtgutsverbindlichkeiten sind, haftet für sie auch der Ehegatte, der nicht Erbe ist,**

a) als Mitinhaber des Gesamtguts mit diesem (insoweit auch noch nach Beendigung der Gütergemeinschaft; §§ 1475, 1480, 1498 BGB) und,

b) falls er das Gesamtgut allein (§ 1437 Abs 2 BGB) **oder gemeinschaftlich mit dem erbenden Ehegatten verwaltet** (§§ 1450, 1459 Abs 2 BGB), **auch persönlich als Gesamtschuldner**. Gem § 1437 Abs 2 S 2 iVm § 1441 Nr 2 BGB bzw gem § 1459 Abs 2 S 2 iVm § 1463 Nr 2 BGB *erlischt* diese persönliche Mithaftung jedoch bei Beendigung der Gütergemeinschaft, wenn der Nachlass zum Vorbehalts- oder Sondergut des anderen Ehegatten gehört (und von diesem entweder *vor* Eintritt der Gütergemeinschaft oder aber zwar *während* der Gütergemeinschaft, jedoch zunächst als Gesamtgut erworben wurde; denn anderenfalls konnte die persönliche Mithaftung des Ehegatten des Erben wegen §§ 1439, 1461 BGB gar nicht erst entstehen).

2. Beschränkbarkeit der Mithaftung des Ehegatten des Erben

3 Selbst wenn den Ehegatten des Erben die Haftung für die Nachlassverbindlichkeiten nur als (Mit-)Inhaber des Gesamtguts trifft (vgl Rn 2), weil dessen Verwaltung allein dem *erbenden* Ehegatten zusteht (vgl § 1437 Abs 1, 2 BGB sowie unten Rn 9) oder weil die Gütergemeinschaft mittlerweile beendet ist (vgl §§ 1437 Abs 2 S 2, 1459 Abs 2 S 2 BGB sowie unten Rn 32), hat er ein Interesse daran, diese Mithaftung auf den Nachlass zu beschränken. Erst recht gilt dies, wenn er für die Nachlassverbindlichkeiten ohne Beschränkung auf das Gesamtgut persönlich haftet (Rn 2 Fall b).

4 Die einfachste Möglichkeit, der Mithaftung für die Nachlassverbindlichkeiten zu entgehen, wäre die fristgemäße **Ausschlagung der Erbschaft** (§§ 1942 ff BGB). Dieses Recht behält das Gesetz jedoch ausschließlich nur dem Ehegatten vor, dem die Erbschaft angefallen ist, und zwar selbst dann, wenn die Erbschaft zum Gesamtgut gehört und der andere Ehegatte dieses allein oder gemeinschaftlich mit dem erbenden Ehegatten verwaltet (§§ 1432 Abs 1 S 1, 1455 Nr 1 BGB).

5 **Gehört der Nachlass zum Gesamtgut**, so kann aber nicht nur der Ehegatte, der Erbe ist, sondern auch der Ehegatte, der nicht Erbe ist, jedoch das Gesamtgut allein oder mit seinem Ehegatten gemeinschaftlich verwaltet, unabhängig von der Zustimmung des anderen Ehegatten

a) das **Aufgebot der Nachlassgläubiger** beantragen (§ 462 FamFG; vgl auch § 1973 BGB),

b) die Eröffnung eines **Nachlassinsolvenzverfahrens** beantragen (§ 318 InsO; haftungsbeschränkende Wirkung gem §§ 1975, 1989 BGB),

c) die Anordnung der haftungsbeschränkenden (§ 1975 BGB) **Nachlassverwaltung** beantragen (Einzelheiten str; vgl § 1981 Rn 7),

d) sich ggf auf die **haftungsbeschränkenden Einreden** aus §§ 1973, 1974, 1989, 1990–1992, 2014, 2015 BGB berufen (s Staudinger/Thiele [2018] § 1432 Rn 7).

6 **Gehört der Nachlass zum Vorbehaltsgut** (§ 1418 Abs 2 Nr 1, 2 BGB) **oder zum Sondergut** (§ 1417 BGB), so hat der Ehegatte des Erben die unter a)–c) genannten Antragsrechte selbst dann *nicht,* wenn er als der das Gesamtgut (mit-)verwaltende Ehegatte für die Nachlassverbindlichkeiten nicht nur als Mitinhaber des Gesamtguts (vgl Rn 2 Fall a), sondern gem §§ 1437 Abs 2, 1439 bzw §§ 1459 Abs 2, 1461 BGB persönlich mithaftet (was zB der Fall ist, wenn die Erbschaft *vor* Eintritt der Gütergemeinschaft erworben wurde [Rn 2] oder zwar *während* der Gütergemeinschaft als *Gesamt*gut erworben, *später* aber gem § 1418 Abs 2 Nr 1 BGB zum Vorbehaltsgut des Erben erklärt wurde [Gegenschluss aus §§ 1439 bzw 1461 BGB]):

Die Motive (V 679) meinten allerdings, dass E I § 2148 (ein Vorläufer der heutigen §§ 2008, 1432 Abs 2, 1455 Nr 3 BGB, 318 InsO, 462 FamFG) auch dann Anwendung finden müsse, wenn die Ehegatten vereinbart haben, dass die Erbschaft Vorbehaltsgut sein solle, da die Nachlassverbindlichkeiten auch in solchen Fällen zugleich Gesamtgutsverbindlichkeiten sein könnten. Im Gesetzeswortlaut hatte man diesen Standpunkt nur deshalb nicht besonders zum Ausdruck gebracht, weil „dazu eine verwickelte Fassung gewählt werden" müsste, die zu Verständnisschwierigkeiten führen könnte, während andererseits die Erwartung begründet sei, „dass Wissenschaft und Praxis für den besonderen Fall die richtige Entscheidung auch ohne besondere Anleitung finden werden". Übertragen auf die heute geltende Fassung der güterrechtlichen Vorschriften wird man den in den Motiven befürworteten Grundsatz dahingehend formulieren dürfen, dass der Ehegatte des Erben immer dann, wenn die Nachlassverbindlichkeiten zugleich Gesamtgutsverbindlichkeiten sind, selbst ein Inventar errichten können, den Schutz des § 2008 BGB genießen und außerdem die bei Rn 5 genannten Antragsrechte haben soll. Dennoch wird man heute anerkennen müssen, dass sich „Wissenschaft und Praxis" nicht an diesen Grundsatz (so aber Mot V 679), sondern an den Wortlaut des – inzwischen ja auch neu gefassten – Gesetzes zu halten haben. Dafür spricht auch der sachliche Grund, dass das Gesetz niemanden zwingt, mit einem für Nachlassverbindlichkeiten haftbaren Erben einen Ehevertrag abzuschließen, durch den erstens Gütergemeinschaft vereinbart wird und zweitens der Nachlass dem Vorbehaltsgut des Erben zugewiesen oder sonstige Vereinbarungen (zB über die Verwaltung des Gesamtguts) getroffen werden, durch die der Ehegatte des Erben den ihm durch § 2008 BGB, § 462 FamFG und § 318 InsO gewährten Schutz verliert. 7

In den bei Rn 6 genannten Fällen ist der Ehegatte des Erben also darauf angewiesen, dass *der Erbe selbst* die bei Rn 5 unter a)-c) genannten **Haftungsbeschränkungsmittel** ergreift (vgl auch Staudinger/Thiele [2018] § 1455 Rn 18; **aM** Mot V 679; vgl Rn 7). Soweit der Erbe dadurch *seine* Haftung beschränkt, beschränkt sich automatisch auch eine etwaige Mithaftung des Ehegatten (vgl Rn 11). Auf die bei Rn 5 unter d) genannten *haftungsbeschränkenden Einreden* kann sich der Ehegatte des Erben aber auch dann berufen, wenn der Nachlass nicht zum Gesamtgut gehört. 8

Das Vorstehende gilt entsprechend, **wenn der Nachlass zwar zum Gesamtgut gehört, der Ehegatte des Erben dieses aber nicht (mit-)verwaltet** (Gegenschluss aus Rn 5). Jedoch kann sich der Ehegatte des Erben gegenüber einem auf das Gesamtgut zugreifenden Nachlassgläubiger hier nicht einmal auf die bei Rn 5 unter d) genannten *haftungsbeschränkenden Einreden* berufen (vgl § 740 Abs 1 ZPO und § 37 Abs 1 InsO). 9

3. Das Recht des Erben und seines Ehegatten zur Errichtung eines Nachlassinventars

Ein Inventar des Nachlasses kann der Erbe stets (§§ 1432 Abs 2, 1455 Nr 3 BGB) und sein Ehegatte dann errichten, wenn die Erbschaft zum Gesamtgut gehört und er dieses entweder allein (BT-Drucks 2. Wahlperiode Nr 3409, 3) oder gemeinschaftlich mit dem erbenden Ehegatten verwaltet (§ 1455 Nr 3 BGB). 10

4. Sinn und Zweck des § 2008

11 § 2008 BGB ergänzt die bei Rn 10 erwähnte Regelung. Das Zusammenwirken dieser Vorschriften soll verhindern, dass der das Gesamtgut (mit-)verwaltende Ehegatte die ihm zur Verfügung stehenden Haftungsbeschränkungsmittel (Rn 5) dadurch verliert, dass der Ehegatte, der Erbe ist, eine allein *ihm* bestimmte Inventarfrist versäumt (§ 1994 Abs 1 S 2 BGB) oder eine sonstige Inventarverfehlung iS der §§ 2005 Abs 1, 2006 Abs 3 BGB begeht (vgl Rn 24–29). Dieser Schutz könnte einmal dadurch erreicht werden, dass man dem mithaftenden Ehegatten ähnlich wie einem Miterben ein *eigenes* Haftungsbeschränkungsrecht zugesteht, welches gem § 425 BGB nur von ihm selbst verwirkt werden könnte. Der Gesetzgeber hat diese Möglichkeit jedoch ausdrücklich abgelehnt (vgl Mot V 680, 681 und zu dem dort verwendeten Begriff „Inventarrecht" § 1993 Rn 28). Diese Grundentscheidung schlägt sich in § 2008 Abs 1 S 3 BGB dergestalt nieder, dass dort zwar ausgeführt ist, dass die Inventarerrichtung durch den Ehegatten des Erben dem letzteren zustattenkommt, nicht hingegen, dass dies auch für den umgekehrten Fall gelte. Zu bestimmen, dass die Inventarerrichtung durch den Erben auch seinem evtl mithaftenden Ehegatten zustattenkomme, bestand kein Anlass, weil dem Ehegatten des Erben kein eigenes Haftungsbeschränkungsrecht zugestanden wurde und er ein solches folglich auch durch Inventarverfehlungen nicht verwirken kann. Ob er die ihn nach den güterrechtlichen Bestimmungen uU treffende Mithaftung für die Erbschaftsschulden auf den Nachlass beschränken kann, hängt also davon ab, dass der in der Position des Erben befindliche andere Ehegatte sein Beschränkungsrecht noch nicht gem §§ 1994 Abs 1 S 2, 2005 Abs 1 BGB verwirkt hat (vgl aber Rn 23, 26). Diese Abhängigkeit voraussetzend, will § 2008 BGB dem Ehegatten des Erben die Möglichkeit einräumen, durch die Errichtung eines eigenen Nachlassinventars, welches dem erbenden Ehegatten gem Abs 1 S 3 „zustatten" kommt (vgl Rn 22 f), zu verhindern, dass dieser das mittelbar auch dem nur *mit*haftenden Ehegatten zustattenkommende Haftungsbeschränkungsrecht verwirkt (vgl Mot V 680, 681).

12 **Abs 1 S 1** des § 2008 BGB verstärkt den Schutz des Ehegatten des Erben, indem er die Bestimmung einer Inventarfrist für unwirksam erklärt, wenn sie nicht auch ihm gegenüber erfolgt, da er ja vor dem mittelbar auch ihm (s Rn 11) drohenden Verlust des Haftungsbeschränkungsrechts gewarnt sein muss (Einzelheiten in Rn 15 ff).

III. Die Grundvoraussetzungen des § 2008

13 **1.** Bei dem Erben muss es sich um einen **Ehegatten** (oder **Lebenspartner**, s Rn 1) in **Gütergemeinschaft** (§§ 1415–1518 BGB) handeln. Gem Abs 2 gilt § 2008 BGB auch nach der Beendigung der Gütergemeinschaft (vgl Rn 32 ff). Die Vorschrift setzt nicht voraus, dass die Erbschaft erst während der Ehe angefallen ist (vgl Mot V 679 und oben Rn 2; MünchKomm/Küpper Rn 2; Soergel/Stein Rn 3).

14 **2.** Die **Erbschaft** muss zum **Gesamtgut (§ 1416 BGB)** gehören, und die **Verwaltung** des Gesamtguts muss dem Ehegatten, der nicht Erbe ist, entweder allein (§§ 1422 ff BGB) oder gemeinschaftlich mit dem erbenden Ehegatten (§§ 1450 ff, 1472 BGB) zustehen. Diese in § 2008 BGB genannten Erfordernisse sind zwar nicht unbedingte Voraussetzungen einer Mithaftung des Ehegatten des Erben für die Nachlassverbindlichkeiten (s Rn 2, 6 f); sie erklären sich aber daraus, dass der Ehegatte des Erben

das Recht zur Errichtung eines Nachlassinventars wie auch die in Rn 5 erwähnten Antragsrechte nur als (Mit-)Verwalter des Gesamtguts hat (vgl §§ 1450, 1455 Nr 3 BGB; aber auch oben Rn 7).

IV. Inventarfristen im Falle des § 2008

1. Unwirksamkeit einer allein dem Ehegatten des Erben bestimmten Inventarfrist

Eine Inventarfrist kann eigentlich nur dem Erben (§§ 1994, 2005 Abs 2 BGB) oder **15** einem Erbschaftskäufer (Staudinger/Olshausen [2016] § 2383 Rn 14 ff) bestimmt werden. Dem Ehegatten des Erben kann sie als solchem grundsätzlich nicht bestimmt werden. Anders jedoch im Fall des § 2008 BGB, also wenn die Erbschaft zum Gesamtgut gehört und dessen Verwaltung „zumindest auch" dem Ehegatten des Erben zusteht (vgl den Wortlaut des Abs 1 S 1; ferner oben Rn 7, 9, 14; Palandt/Weidlich Rn 1): Nach Abs 1 S 1 muss die Inventarfristbestimmung hier „auch" gegenüber dem Ehegatten des Erben erfolgen. Damit ist nicht gesagt, dass es im Fall des § 2008 BGB zulässig wäre, eine Inventarfrist *nur* dem Ehegatten des Erben zu setzen: Eine nur dem *Ehegatten* des Erben bestimmte Inventarfrist wäre unwirksam (ebenso wohl Erman/Horn Rn 3). Denn das Haftungsbeschränkungsrecht des Ehegatten, der unter den bei Rn 2 erläuterten Voraussetzungen der §§ 1437, 1439 bzw der §§ 1459, 1461 BGB für die den *anderen* Ehegatten als Erben treffenden Nachlassverbindlichkeiten mithaftet, ist kein eigenes Recht des lediglich Mithaftenden, sondern eine vom Erben abgeleitete und insofern unselbständige Befugnis (vgl Rn 10, 14), die zwar durch Inventarverfehlungen des in der Rolle des Erben befindlichen, nicht hingegen durch solche des aufgrund Güterrechts mithaftenden anderen Ehegatten verwirkt werden kann (Riesenfeld I 409). Da dieser eine ihm gesetzte Inventarfrist folgenlos verstreichen lassen kann, wenn sie nicht auch dem erbenden Ehegatten bestimmt ist (dann § 1994 Abs 1 S 2 BGB), ist eine allein ihm bestimmte Inventarfrist ohne rechtliche Bedeutung.

2. Unwirksamkeit einer nicht auch dem Ehegatten des Erben bestimmten Inventarfrist

Nach **Abs 1 S 1** des § 2008 BGB ist die Bestimmung einer Inventarfrist (§§ 1994, 2005 **16** Abs 2 BGB) nur wirksam, wenn sie auch gegenüber dem das Gesamtgut (mit-) verwaltenden Ehegatten des Erben erfolgt (vgl aber Rn 27 zu einer Ausnahme). Da diesem das Recht, ein Inventar zu errichten, jedoch nicht kraft eigener Erbenstellung, sondern nur als (Mit-)Verwalter des Gesamtguts und damit auch des zu diesem gehörenden Nachlass zusteht (Rn 10, 14), hat die Fristbestimmung gegenüber dem Ehegatten des Erben von Amts wegen (BGB-RGRK/Johannsen Rn 5; AK-BGB/Teubner Rn 6; Palandt/Weidlich Rn 1) auch dann zu erfolgen, wenn der Nachlassgläubiger lediglich beantragt, dem *Erben* eine Inventarfrist zu setzen. Der Fristsetzungsbeschluss ist beiden Ehegatten zuzustellen. Die Frist beginnt für jeden mit der Zustellung an ihn (§ 1995 Abs 1 S 2 BGB). Solange sie dem Ehegatten des Erben gegenüber nicht verstrichen ist, endet sie aber auch gegenüber dem Erben nicht; **Abs 1 S 2**. Wenig praktisch ist deshalb die Frage, ob die Frist beiden Ehegatten unterschiedlich bestimmt werden kann (dafür Staudinger/Lehmann[11] Rn 4; MünchKomm/Küpper Rn 2; Palandt/Weidlich Rn 1; dagegen Planck/Flad Anm 2a; wohl auch Soergel/Stein Rn 4).

17 Die Fristsetzung gegenüber dem Ehegatten des Erben setzt die Zulässigkeit der Fristsetzung an den Erben voraus (SOERGEL/STEIN Rn 4). Hat der Ehegatte, der Erbe ist, bereits ein formgerechtes (§§ 2002, 2003 BGB) Nachlassinventar errichtet oder kommt ihm gem § 2063 Abs 1 BGB ein durch einen Miterben errichtetes Inventar zustatten, so ist die Fristsetzung sowohl gegenüber dem Erben als auch gegenüber seinem Ehegatten – außer im Fall des § 2005 Abs 2 BGB – zwecklos und damit unzulässig (s § 1994 Rn 18; WEISSLER I 476; MünchKomm/KÜPPER Rn 2; SOERGEL/STEIN Rn 4).

18 **War die Inventarfrist bereits bestimmt, bevor die Erbschaft Bestandteil des** von dem anderen Ehegatten (mit-)verwalteten **Gesamtguts wurde** (zB vor der Eheschließung oder einer Änderung des Ehevertrages), so ist zu unterscheiden: Hat der Erbe die Frist bei Eintritt der Voraussetzungen des § 2008 BGB bereits versäumt, so ist der Verlust des Haftungsbeschränkungsrechts (§ 1994 Abs 1 S 2 BGB) endgültig auch bzgl der etwaigen Mithaftung des Ehegatten (vgl auch Rn 23, 25; SOERGEL/STEIN Rn 3). War die Frist jedoch noch nicht versäumt, so fragt sich, ob sie nunmehr gem § 2008 Abs 1 S 1 BGB unwirksam *wird,* wenn nicht auch dem Ehegatten des Erben eine Inventarfrist bestimmt wird. Obwohl der Wortlaut des § 2008 BGB insoweit schweigt, wird angenommen, dass es in diesem Fall einer nachträglichen Fristbestimmung auch gegenüber dem Ehegatten bedürfe (BGB-RGRK/JOHANNSEN Rn 6; MünchKomm/KÜPPER Rn 2; PALANDT/WEIDLICH Rn 1; SOERGEL/STEIN Rn 3; vgl auch STAUDINGER/LEHMANN[11] Rn 4; unklar Mot V 679). Gegen diese Ansicht spricht jedoch, dass sie die Wirksamkeit der allein gegenüber dem Erben erfolgten Fristbestimmung von Umständen abhängig macht, die im Fristsetzungsverfahren noch nicht berücksichtigt werden konnten. Ebenso wie der Ehegatte des Erben das Risiko trägt, dass der Erbe, für dessen Verbindlichkeiten er uU mithaftet, bei Schaffung der güterrechtlichen Voraussetzungen des § 2008 BGB bereits eine Inventarfrist versäumt hat (Folge: § 1994 Abs 1 S 2 BGB), sollte man ihn auch das Risiko tragen lassen, nicht zu wissen, dass seinem Ehegatten bereits vor Eintritt der güterrechtlichen Voraussetzungen des § 2008 BGB eine Inventarfrist bestimmt worden ist, auf deren Wahrung nunmehr auch er selbst gem § 2008 Abs 1 S 3 BGB hinwirken könnte (zust NK-BGB/ODERSKY Rn 5). Dafür spricht auch der Rechtsgedanke der §§ 1433, 1455 Nr 7 BGB (vgl Rn 31).

19 Aus Gründen der Rechtssicherheit ist nicht anzunehmen, dass eine unzulässigerweise allein dem Erben bestimmte Inventarfrist nachträglich wirksam wird, **wenn vor „Fristablauf" eine der in § 2008 Abs 1 S 1 BGB genannten Voraussetzungen für die Unwirksamkeit wegfällt** (BGB-RGRK/JOHANNSEN Rn 8; **aM** STAUDINGER/LEHMANN[11] Rn 4), zB weil die Ehegatten die Zugehörigkeit der Erbschaft zum Gesamtgut oder das Recht des Ehegatten des Erben zur (Mit-)Verwaltung des Gesamtguts durch Ehevertrag (§§ 1418 Abs 2 Nr 1, 1421 BGB) aufheben. Fallen die güterrechtlichen Voraussetzungen des § 2008 Abs 1 S 1 BGB während des Laufs einer *beiden* Ehegatten bestimmten Inventarfrist weg, so wird die Fristbestimmung gegenüber dem Ehegatten, der nicht Erbe ist, gegenstandslos, während sie gegenüber dem Ehegatten, der Erbe ist, ihre Wirkung behält.

Zur Rechtslage nach Beendigung der Gütergemeinschaft vgl Rn 32 ff.

3. Lauf der Fristen

Die Frist beginnt für jeden Ehegatten mit der Zustellung des Fristsetzungsbeschlusses an ihn (§ 1995 Abs 1 S 2 BGB). Solange sie gegenüber dem das Gesamtgut (mit-) verwaltenden Ehegatten des Erben nicht verstrichen ist, endet sie auch gegenüber dem Ehegatten nicht, der Erbe ist (§ 2008 Abs 1 S 2 BGB). 20

Dem Erben kommt es also zugute, wenn der Fristsetzungsbeschluss seinem Ehegatten später zugestellt worden ist oder wenn diesem eine längere Frist bestimmt oder die ursprünglich bestimmte Frist verlängert (§ 1995 Abs 3 BGB) oder ihm wegen Verhinderung (§ 1996 BGB) eine neue Frist bestimmt worden ist (**aM** gegen den klaren Gesetzeswortlaut Soergel/Stein Rn 5). Nicht aber ist umgekehrt gesagt, dass solche Umstände, wenn sie zugunsten des Erben eintreten, auch seinem Ehegatten zustattenkommen sollen. Jedoch wird der daraus zu ziehende Gegenschluss, dass die dem Ehegatten des Erben gesetzte Frist sehr wohl vor der dem Erben bestimmten ablaufen kann (vgl Soergel/Stein Rn 4; Palandt/Weidlich Rn 1), dadurch gegenstandslos, dass der Ehegatte des Erben als (Mit-)Verwalter des Gesamtguts in der Lage bleibt, während der gegen den anderen Ehegatten laufenden Frist ein Inventar zu errichten (Staudinger/Lehmann[11] Rn 5; BGB-RGRK/Johannsen Rn 10; Soergel/Stein Rn 5), das diesem gem Abs 1 S 3 zustattenkommt und dadurch auch wieder ihm selbst (vgl Rn 11).

Fristverlängerung (§ 1995 Abs 3 BGB) **oder Bestimmung einer neuen Inventarfrist** (§ 1996 BGB) kann nicht nur der Erbe, sondern unter den Voraussetzungen des § 2008 BGB auch sein Ehegatte beantragen (Staudinger/Lehmann[11] Rn 3; AK-BGB/Teubner Rn 10; Erman/Horn Rn 2; Soergel/Stein Rn 9). Gleiches gilt für die Einlegung der **Beschwerde** gegen den Fristsetzungsbeschluss (MünchKomm/Küpper Rn 2; Keidel/Zimmermann[19] FamFG § 360 Rn 7; vgl auch oben § 1994 Rn 22 ff). 21

V. Die Inventarerrichtung durch den Ehegatten, der nicht Erbe ist, aber das Gesamtgut (mit-)verwaltet, kommt dem Ehegatten, der Erbe ist, gem **Abs 1 S 3** zustatten, ohne dass dieser sich das Inventar nach § 2004 BGB aneignen müsste. Das gilt auch für ein von dem Ehegatten des Erben kraft seines Verwaltungsrechts (Rn 10, 14) freiwillig – also ohne vorherige Fristsetzung gem Abs 1 S 1 – errichtetes Inventar (Soergel/Stein Rn 6; vgl auch oben § 1993 Rn 24). Dass der Ehegatte des Erben das Inventar erst nach Ablauf der ihm bestimmten Frist errichtet hat, schadet nicht, falls er jedenfalls die dem erbenden Ehegatten bestimmte Frist wahrt (Staudinger/Lehmann[11] Rn 5 f; BGB-RGRK/Johannsen Rn 10; vgl auch die ähnliche Rechtsfrage unten bei § 2063 Rn 8). Vgl ferner Rn 27 zu der Frage, inwieweit dem Erben auch ein **ungetreu** (iS des § 2005 Abs 1 S 1 BGB) errichtetes Inventar zustattenkommt. 22

§ 2008 Abs 1 S 3 BGB macht die Rechtsfolge, dass das von dem nicht erbenden Ehegatten errichtete Inventar dem Ehegatten, der Erbe ist, zustattenkommt, nicht davon abhängig, dass dieser noch nicht unbeschränkbar haftet (anders insoweit die §§ 2063 Abs 1, 2383 Abs 2 BGB). Der Ehegatte eines bereits unbeschränkbar haftenden Erben ist also unter den güterrechtlichen Voraussetzungen des § 2008 BGB in der Lage, durch Errichtung eines dem erbenden Ehegatten zustattenkommenden Inventars **diesem das bereits verwirkte Haftungsbeschränkungsrecht wieder zu verschaffen**, um sich dann selbst auf dieses berufen zu können (ebenso AK-BGB/Teubner Rn 5). Nach Sinn und Zweck der Vorschrift wird diese Möglichkeit jedoch nicht für 23 den Fall anzuerkennen sein, dass der erbende Ehegatte seine Inventarverfehlung (§§ 1994 Abs 1 S 2, 2005 Abs 1, 2006 Abs 3 BGB) bereits *vor* Eintritt der güterrechtlichen Voraussetzungen des § 2008 BGB begangen hat (Entsprechendes würde ja auch für den Vergleichsfall des vorherigen *Verzichts* auf das Beschränkungsrecht gelten; vgl Rn 30). Aber auch sonst wird der Ehegatte des Erben das vom letzteren verwirkte Haftungsbeschränkungsrecht durch eigene Errichtung eines diesem gem Abs 1 S 3 zustattenkommenden Inventars nur insoweit wieder zur Entstehung bringen können, als es um die Haftung des Gesamtgutes und ggf die hiervon abhängige persönliche Haftung des Ehegatten des Erben geht (dazu Rn 2), nicht also bzgl der Haftung des *erbenden* Ehegatten mit seinem *Vorbehalts*gut. Denn insoweit würden die §§ 1438 Abs 1, 1460 Abs 1 BGB ja auch einen *Verzicht* des Erben auf sein Beschränkungsrecht nicht zur Disposition des das Gesamtgut (mit-)verwaltenden Ehegatten stellen. § 2008 BGB bezweckt nur den Schutz des *Ehegatten* des Erben (Rn 11 f).

VI. In § 2008 nicht geregelte Gründe für den Verlust des Haftungsbeschränkungsrechts

1. Inventaruntreue

24 Bzgl der Inventaruntreue enthielt der **E I** in **§ 2148 Nr 3** eine Bestimmung, nach der das Haftungsbeschränkungsrecht nur dann erlöschen sollte, wenn die in § 2005 Abs 1 S 1 BGB vorausgesetzte Absicht *beiden* Ehegatten zur Last falle. Dieser Satz wurde von der II. Komm gestrichen, weil man meinte, dass es wie im Fall des § 2063 Abs 1 BGB darauf ankommen müsse, ob ein Ehegatte innerhalb der Inventarfrist gar nichts getan oder sich in gutem Glauben auf das von dem anderen Ehegatten eingereichte Inventar gem § 2004 BGB bezogen habe. Diese Unterscheidung ist jedoch sehr formal und auch für § 2063 Abs 1 BGB nicht gerechtfertigt (vgl § 2063 Rn 8 f). Da sie im Gesetz nicht zum Ausdruck gebracht wurde (vgl Prot V 807: jedenfalls bedürfe die Frage keiner besonderen Entscheidung im Gesetz), kann sie als unverbindlich angesehen werden.

25 **Nach dem Gesetz wird wie folgt zu unterscheiden sein**:

a) Hat der Erbe selbst den Tatbestand des § 2005 Abs 1 S 1 BGB erfüllt, so haftet er unbeschränkbar auch dann, wenn er verheiratet ist und die Voraussetzungen des § 2008 BGB vorliegen.

Verwirklichte der Erbe den Tatbestand der Inventaruntreue **vor** Eintritt der güterrechtlichen Voraussetzungen des § 2008 BGB, so muss sein Ehegatte den nach § 2005 Abs 1 S 1 BGB eingetretenen Verlust des Haftungsbeschränkungsrechts, das ihm sonst zustatten gekommen wäre (Rn 11), endgültig gegen sich gelten lassen (vgl Rn 23).

26 Begeht der erbende Ehegatte die Inventaruntreue **nach** Eintritt der güterrechtlichen Voraussetzungen des § 2008 BGB, so kann dies nicht zu Lasten seines lediglich mithaftenden Ehegatten wirken, weil dieser zZ der von dem Erben begangenen Inventaruntreue bereits selbst berechtigt war, ein Inventar zu errichten (vgl Rn 10, 14). Er kann also durch rechtzeitige (§ 1994 Abs 1 BGB) Errichtung eines eigenen Nach-

lassinventars, welches gem § 2008 Abs 1 S 3 BGB (s Rn 23) dem erbenden Ehegatten und damit letztlich auch ihm selbst (Rn 11) zustattenkommt, ja sogar durch gutgläubige Bezugnahme auf das ungetreu errichtete Inventar des Erben gem § 2004 BGB (s § 2004 Rn 9 f), den bereits nach § 2005 Abs 1 S 1 BGB eingetretenen **Verlust des Haftungsbeschränkungsrechts rückgängig machen** (ebenso, allerdings ohne ausdrückliche Beschränkung dieser Regel auf den Fall einer erst *nach* Eintritt der güterrechtlichen Voraussetzungen des § 2008 BGB begangenen Inventaruntreue: BGB-RGRK/Johannsen Rn 12; AK-BGB/Teubner Rn 5; Soergel/Stein Rn 6; Palandt/Weidlich Rn 2; Erman/Horn Rn 3 f; ähnlich Prot V 806/807 für die Inventarerrichtung durch gutgläubige Bezugnahme gem § 2004 BGB; vgl auch Staudinger/Lehmann[11] Rn 9 mit älteren Nachweisen). Dies wird man aber nur insoweit annehmen dürfen, als es um die Haftung des Gesamtguts und die hiervon abhängige persönliche Haftung des Ehegatten des Erben geht (vgl Rn 23 aE).

b) Eine Inventaruntreue seines Ehegatten kann dem Erben nicht schaden (Gegenschluss aus Abs 1 S 3; **aM** wohl Staudinger/Thiele [2018] § 1455 Rn 17). Er kann sogar durch gutgläubige Bezugnahme (§ 2004 BGB) auf das von dem Ehegatten ungetreu errichtete Inventar eine gem Abs 1 S 1 beiden Ehegatten bestimmte *Inventarfrist* wahren (Prot V 806/807; BGB-RGRK/Johannsen Rn 12; Palandt/Weidlich Rn 2). Selbst wenn es an einer Bezugnahme (§ 2004 BGB) des Erben auf das von seinem Ehegatten ungetreu errichtete Inventar fehlt, wird man annehmen dürfen, dass das Inventar dem erbenden Ehegatten gem § 2008 Abs 1 S 3 BGB *in dem Sinne* zustattenkommt, dass eine evtl bestimmte Inventarfrist jedenfalls dann als gewahrt anzusehen ist, wenn der untätig gebliebene Erbe auf die Richtigkeit des bereits von seinem Ehegatten errichteten Inventars vertraute (vgl auch Staudinger/Marotzke § 2063 Rn 8 f; **aM** Prot V 806/807; Staudinger/Lehmann[11] Rn 9; Erman/Horn Rn 4; Soergel/Stein Rn 6). Analog § 2005 Abs 2 BGB kann dem erbenden Ehegatten auf Antrag eines Nachlassgläubigers eine Frist zur Ergänzung des ihm zustattenkommenden unvollständigen Inventars bestimmt werden (vgl auch Staudinger/Marotzke § 2063 Rn 9). Erst nach fruchtlosem Ablauf dieser Frist verliert der Erbe das – im Fall des § 2008 BGB auch seinem Ehegatten zustattenkommende (Rn 11) – Haftungsbeschränkungsrecht. Die Frist zur Ergänzung des von dem nicht erbenden Ehegatten ungetreu errichteten Inventars braucht entgegen § 2008 Abs 1 S 1 BGB nur dem erbenden Ehegatten bestimmt zu werden, da § 2005 Abs 2 BGB voraussetzt, dass derjenige, dem die Frist bestimmt wird, noch keine Inventaruntreue begangen hat („ohne dass ein Fall des Abs 1 vorliegt“). Der Ehegatte, der durch die von ihm begangene Inventaruntreue seine Unglaubwürdigkeit bewiesen hat, ist also nicht zur Ergänzung des Inventars zuzulassen (**aM** Staudinger/Lehmann[11] Rn 9 aE; wohl auch Erman/Horn Rn 4). 27

2. Verletzung der Auskunftspflicht bei amtlicher Inventaraufnahme

Gem **§ 2005 Abs 1 S 2 BGB** verliert ein Erbe das Haftungsbeschränkungsrecht auch dann, wenn er die amtliche Aufnahme des Inventars gem § 2003 BGB beantragt hat und dann die ihm gem § 2003 Abs 2 BGB obliegende Auskunftserteilung verweigert oder absichtlich in erheblichem Maße verzögert. Ungeschriebene weitere Voraussetzung dieses Verwirkungsgrundes ist, dass dem Erben eine Inventarfrist bestimmt wurde (dazu § 2005 Rn 7). Erfolgte diese Fristbestimmung nach Eintritt der güterrechtlichen Voraussetzungen des § 2008 BGB (vgl Rn 18), so kann der Ehegatte, der Erbe ist, das Haftungsbeschränkungsrecht aufgrund des § 2005 Abs 1 S 2 BGB nur dann 28 verlieren, wenn die Inventarfrist auch seinem das Gesamtgut (mit-)verwaltenden Ehegatten bestimmt wurde (§ 2008 Abs 1 S 1 BGB). Analog Abs 1 S 3 kommt die vom Ehegatten des Erben erteilte Auskunft dem erbenden Ehegatten zustatten, während die Verweigerung der Auskunft durch den Ehegatten, der nicht Erbe ist, nicht zu Lasten des erbenden Ehegatten wirkt (vgl auch Rn 15).

3. Verweigerung der eidesstattlichen Versicherung des § 2006

29 Sie bewirkt den Verlust des Haftungsbeschränkungsrechts nur im Verhältnis zu dem antragenden Nachlassgläubiger (§ 2006 Abs 3 BGB).

§ 2008 BGB regelt nicht ausdrücklich, wer in dem vorausgesetzten Fall (Rn 13 f) ein bereits errichtetes Inventar durch die eidesstattliche Versicherung des § 2006 BGB bekräftigen muss (unklar auch Mot V 681). § 2006 Abs 1 BGB nennt als Verpflichteten den Erben. Jedenfalls der *erbende* Ehegatte kann also zur – allerdings nicht erzwingbaren (§ 2006 Rn 2) – Abgabe der eidesstattlichen Versicherung geladen werden. Ihn in dem Fall, dass er selbst kein Inventar errichtet hat, als nicht verpflichtet anzusehen, ggf ein Inventar, das von dem anderen Ehegatten kraft des diesem zustehenden Rechts zur (Mit-)Verwaltung des Gesamtguts (Rn 11, 14) errichtet wurde, gem § 2006 BGB zu bekräftigen (so Staudinger/Lehmann[11] Rn 10; Planck/Flad Anm 4c ß), erscheint wenig überzeugend (vgl BGB-RGRK/Johannsen Rn 13), da er sich dieses Inventar ja auch gem § 2004 BGB aneignen könnte (weitere Begründung bei § 2006 Rn 3). In keinem Fall bedarf es also der – aus dem Gesetz ohnehin nicht ableitbaren – Annahme, dass *anstelle* des Erben oder sogar *neben* ihm sein Ehegatte zur Abgabe der eidesstattlichen Versicherung verpflichtet sei (wie hier Kipp/Coing § 94 IX 2; **aM** mit Unterschieden im Detail Palandt/Weidlich Rn 2; MünchKomm/Küpper Rn 3; Soergel/Stein Rn 7; AK-BGB/Teubner Rn 7). Obwohl zur eidesstattlichen Versicherung *nicht* verpflichtet, *kann* jedoch der Ehegatte des Erben die Rechtsfolge, dass das Haftungsbeschränkungsrecht durch Verweigerung der eidesstattlichen Versicherung gegenüber dem ihre Abnahme beantragenden Gläubiger verloren geht (§ 2006 Abs 3 BGB), verhindern, indem er *anstelle* des Erben die von diesem verlangte eidesstattliche Versicherung abgibt (BGB-RGRK/Johannsen Rn 13; Erman/Horn Rn 5; Soergel/Stein Rn 7; unklar Kipp/Coing § 94 IX 1). Das *Recht* hierzu folgt sinngemäß aus seiner Befugnis (Rn 10), selbst ein Inventar zu errichten. Mit BGB-RGRK/Johannsen Rn 13 ist anzunehmen, dass analog der Bestimmung, die § 2008 Abs 1 S 1 BGB für die Setzung einer Inventarfrist trifft, *auch die Ladung zur Abgabe der eidesstattlichen Versicherung nur gegenüber beiden Ehegatten* erfolgen kann (so auch NK-BGB/Odersky Rn 15; iE übereinstimmend MünchKomm/Küpper Rn 3; Palandt/Weidlich Rn 2 und AK-BGB/Teubner Rn 7). Analog § 2008 Abs 1 S 3 BGB kommt die eidesstattliche Versicherung des das Gesamtgut (mit-)verwaltenden Ehegatten des Erben diesem zustatten (ebenso MünchKomm/Küpper Rn 3; NK-BGB/Odersky Rn 15). Das gilt auch, wenn das Inventar allein von dem erbenden Ehegatten errichtet worden ist und der andere Ehegatte es versäumt hat, sich dieses vor Ablauf der Inventarfrist gem § 2004 BGB anzueignen (so wohl auch BGB-RGRK/Johannsen Rn 13; Soergel/Stein Rn 8).

4. Verzicht auf das Haftungsbeschränkungsrecht und fehlender Urteilsvorbehalt

Auch im Fall des § 2008 BGB kann der Ehegatte, der **Erbe** ist, **auf sein Haftungsbeschränkungsrecht verzichten** (vgl zum Verzicht Staudinger/Dutta [2016] Vorbem 16 zu §§ 1967 ff). Auf die Haftung des Gesamtguts und damit auch die persönliche Mithaftung des dieses (mit-)verwaltenden anderen Ehegatten (vgl §§ 1437 Abs 2, 1459 Abs 2 BGB) erstreckt sich solch ein Verzicht aber nur dann, wenn der andere Ehegatte zustimmt (§§ 1438 Abs 1, 1460 Abs 1 BGB; vgl auch Staudinger/Thiele [2018] § 1455 Rn 13; Soergel/Stein Rn 10; Palandt/Weidlich Rn 3). Anders jedoch, wenn der Verzicht vor Eintritt der güterrechtlichen Voraussetzungen des § 2008 BGB erfolgte (arg §§ 1437 Abs 1, 1459 Abs 1 BGB und Gegenschluss aus §§ 1438 Abs 1, 1460 Abs 1 BGB). 30

Dass der wegen einer Nachlassverbindlichkeit als Erbe verurteilte Ehegatte es versäumt, sich gem § 780 Abs 1 ZPO die **Beschränkung der Haftung im Urteil vorbehalten** zu lassen, berührt den das Gesamtgut (mit-)verwaltenden anderen Ehegatten grundsätzlich schon wegen § 740 ZPO und § 1455 Nr 9 BGB nicht (ebenso MünchKomm/Küpper Rn 4). Anders jedoch, wenn die Gütergemeinschaft erst nach Rechtshängigkeit der Nachlassverbindlichkeit eingetreten ist; dann wirkt die Prozessführung des erbenden Ehegatten „in Ansehung des Gesamtgutes" (§ 742 ZPO) auch zu Lasten des das Gesamtgut (mit-)verwaltenden anderen Ehegatten (§§ 1433, 1455 Nr 7 BGB im Gegensatz zu §§ 1422, 1450 Abs 1 S 1 BGB). Die Annahme, dass die Versäumung des Urteilsvorbehalts ebenso wenig zu Lasten des anderen Ehegatten wirken könne wie ein rechtsgeschäftlicher Verzicht auf das Haftungsbeschränkungsrecht (Staudinger/Lehmann[11] Rn 11), trifft also zwar im Grundsatz, jedoch nicht ausnahmslos zu. Auf die *persönliche* gesamtschuldnerische Mithaftung des Ehegatten des Erben ist es aber ohne Einfluss, dass der erbende Ehegatte *nach* Eintritt der gesamtschuldnerischen Mithaftung des anderen ohne den Vorbehalt des § 780 ZPO verurteilt worden ist (arg § 425 iVm § 1437 Abs 2 S 1 bzw § 1459 Abs 2 S 1 BGB). 31

VII. Die Rechtslage nach Beendigung der Gütergemeinschaft

Im Hinblick darauf, dass die einmal entstandene Mithaftung des Ehegatten des Erben für die Nachlassverbindlichkeiten auch nach Beendigung der Gütergemeinschaft zumindest insoweit bestehen bleibt, als eine Haftung mit dem Gesamtgut in Frage steht (vgl Rn 2), und da der Ehegatte des Erben auch nach Beendigung der Gütergemeinschaft zur Inventarerrichtung über den zum Gesamtgut gehörenden Nachlass berechtigt bleibt (§§ 1472, 1450, 1455 Nr 3 BGB), gelten die Vorschriften des § 2008 BGB gem **Abs 2** auch nach Beendigung der Gütergemeinschaft (ebenso § 462 Abs 1 S 2 FamFG und § 318 Abs 1 S 3 InsO). 32

Da die Ehegatten das Gesamtgut nur „bis zur Auseinandersetzung" gemeinschaftlich verwalten (§ 1472 BGB), ist § 2008 BGB nur bis zu diesem Zeitpunkt anwendbar (**aM** wegen der fortbestehenden Haftung auch des nicht erbenden Ehegatten Soergel/Stein Rn 8). Denn dem Ehegatten, der nicht Erbe ist, steht das Recht, bzgl einer dem anderen Ehegatten angefallenen Erbschaft ein Inventar zu errichten, nur unter der Voraussetzung zu, dass er zur (Mit-)Verwaltung des Gesamtguts und damit auch des in diesem enthaltenen Nachlass berechtigt ist (vgl Rn 7–10, 14). 33

34 Ist die Ehe durch den *Tod des Ehegatten,* der nicht Erbe ist, aber das Gesamtgut (mit-)verwaltet hat, aufgelöst (§ 1482 BGB), so ist eine gegenüber dem anderen (also dem erbenden) Ehegatten erfolgende Inventarfristbestimmung nur wirksam, wenn sie auch gegenüber den Erben seines verstorbenen Ehegatten erfolgt. Sie läuft diesen gegenüber nach Maßgabe des analog anzuwendenden § 1998 BGB weiter, wenn sie schon dem verstorbenen Ehegatten gegenüber bestimmt war (BGB-RGRK/Johannsen Rn 15; Soergel/Stein Rn 8).

VIII. Besonderheiten bei fortgesetzter Gütergemeinschaft

35 Wird die Gütergemeinschaft nach dem Tod des nicht in der Position des Erben befindlichen Ehegatten fortgesetzt (§ 1483 BGB), so braucht die Frist zur Inventarerrichtung über eine im Gesamtgut enthaltene Erbschaft, die dem überlebenden Ehegatten angefallen war, nur diesem und nicht auch den Abkömmlingen des verstorbenen Ehegatten bestimmt zu werden (BGB-RGRK/Johannsen Rn 16; Soergel/Stein Rn 8). Denn die Abkömmlinge des verstorbenen Ehegatten werden durch § 1487 Abs 1 HS 2 BGB von der Verwaltung des Gesamtguts und damit auch (vgl Rn 10, 14) von der Errichtung eines Inventars bzgl des zum Gesamtgut gehörigen Nachlasses ausgeschlossen. Außerdem haften sie nicht persönlich für die Verbindlichkeiten des verstorbenen oder des überlebenden Ehegatten (§ 1489 Abs 3 BGB). Die persönliche Haftung für die Gesamtgutsverbindlichkeiten der fortgesetzten Gütergemeinschaft trifft gem § 1489 Abs 1 BGB den überlebenden Ehegatten, der ja auch gem § 1487 Abs 1 HS 2 BGB die rechtliche Stellung des Ehegatten erhält, der das Gesamtgut allein verwaltet.

§ 2009
Wirkung der Inventarerrichtung

Ist das Inventar rechtzeitig errichtet worden, so wird im Verhältnis zwischen dem Erben und den Nachlassgläubigern vermutet, dass zur Zeit des Erbfalls weitere Nachlassgegenstände als die angegebenen nicht vorhanden gewesen seien.

Materialien: E II § 1883; III § 1984; Prot V 754 f, 757; Denkschr 725; Jakobs/Schubert ER I 308, 447 ff.

Schrifttum

Siehe vor § 1993.

I. Bedeutung der Vorschrift

1 **1.** Die Vorschrift war im E I noch nicht enthalten, sondern ist erst von der II. Komm beschlossen worden. Sie soll Streitigkeiten abschneiden und dem Erben Veranlassung geben, möglichst bald ein Inventar zu errichten (Denkschr 725). Ist dieses „rechtzeitig“, also vor Ablauf einer evtl bestimmten Inventarfrist (§ 1994

BGB) oder ohne vorher erfolgte Fristsetzung (§ 1993 Rn 24) errichtet worden (§ 1993 Rn 7 ff), so wird „im Verhältnis zwischen dem Erben und den Nachlassgläubigern" vermutet, dass „zur Zeit des Erbfalls" weitere Nachlassgegenstände als die angegebenen nicht vorhanden gewesen seien. Die praktische Bedeutung der Vermutung zeigt sich vor allem, wenn der Erbe die *Leistungsverweigerungsrechte* aus §§ 1973, 1974, 1989, 1990–1992 BGB geltend macht. Im Streitfall obliegt dann *ihm* der Nachweis (vgl Staudinger/Dutta [2016] § 1973 Rn 28), dass der Nachlass zur Befriedigung des Gläubigers an der diesem durch § 1973 Abs 1 BGB oder zB durch § 1991 Abs 4 BGB zugewiesenen Rangstelle höchstwahrscheinlich (Staudinger/Dutta [2016] § 1973 Rn 1, Staudinger/Dobler § 1990 Rn 3) nicht ausreicht oder dass es an einer den Kosten der Nachlassverwaltung oder des Nachlassinsolvenzverfahrens entsprechenden Aktivmasse fehlt (§ 1990 Abs 1 S 1 BGB). Und der Erbe wäre es, der nach Beschränkung seiner Haftung auf den Nachlass beweisen müsste, dass ein Gegenstand, den er gem §§ 780, 781, 784 Abs 1, 785 ZPO von dem Vollstreckungszugriff eines Nachlassgläubigers befreien will, nicht zum Nachlass, sondern zu seinem Eigenvermögen gehört (OLG Marienwerder OLGE 19 [1909/I] 4, 5; vgl auch unten Rn 8). Diese Beweisführung kann er sich erleichtern, indem er rechtzeitig ein ordnungsgemäßes Inventar errichtet, welchem die Vollständigkeitsvermutung des § 2009 BGB zukommt. Obwohl sich die Vermutung, dass andere Nachlassgegenstände als die in dem Inventar angegebenen nicht vorhanden gewesen seien, nur auf den Zeitpunkt des *Erbfalls* bezieht (§§ 2009, 2001 Abs 1 BGB), erleichtert sie dem Erben die Beweisführung auch bzgl des *gegenwärtigen* Nachlassbestandes ganz erheblich.

2. Die Vermutung des § 2009 BGB gilt nur „im Verhältnis zwischen dem Erben und den Nachlassgläubigern". Sie gilt also nicht gegenüber Eigengläubigern des Erben, Erbschaftsbesitzern, Nacherben, Erbschaftskäufern, Testamentsvollstreckern (Erman/Horn Rn 2) und Miterben, soweit sie nicht zugleich Nachlassgläubiger sind. 2

Ob die Vermutung auch gegenüber einem Nachlass- oder Nachlassinsolvenzverwalter gilt, erscheint fraglich, da von dem Erben nach Ansicht der I. Kommission während der Nachlassverwaltung oder des Nachlassinsolvenzverfahrens (damals: Nachlasskonkurses) die Nagelprobe des § 2006 BGB, nämlich die Bekräftigung des Inventars durch eidesstattliche Versicherung (bei deren Verweigerung der Erbe gem § 2006 Abs 3 BGB dem Antragsteller gegenüber unbeschränkbar haftend wird) nicht verlangt werden kann (vgl hiergegen § 2000 Rn 9, 10). Im Hinblick darauf, dass sowohl dem Nachlassverwalter als auch dem Nachlassinsolvenzverwalter in erster Linie die Befriedigung der Nachlassgläubiger obliegt (vgl §§ 1975, 1985, 1986 BGB und §§ 1 S 1, 325, 159, 174 ff, 187 ff InsO), wird man dem Erben aber auch diesen Verwaltern gegenüber die Vermutungswirkung des § 2009 BGB zuerkennen dürfen, wenn sie von ihm die Ausantwortung des Nachlasses zum Zwecke amtlicher Verwaltung verlangen (zu den vollstreckungsrechtlichen Aspekten vgl § 1985 Rn 13) oder die – materiell den Nachlassgläubigern zustehenden (s § 1978 Abs 2 BGB; Prot V 781) – Ansprüche wegen Bestandsveränderungen des Nachlasses aus §§ 1978–1980 BGB geltend machen (zust NK-BGB/Odersky Rn 5; **aM** Soergel/Stein Rn 1). Praktische Bedeutung hat diese Feststellung jedoch kaum (Eccius Gruchot 43 [1899] 603, 636; van Venrooy AcP 186 [1986] 356, 370 ff; **aM** Staudinger/Lehmann[11] Rn 1), da den Erben bzgl solcher Ansprüche auch ohne § 2009 BGB nicht die Beweislast für den Umfang des Nachlasses trifft. Allerdings trifft ihn uU eine Auskunfts- und Rechenschaftspflicht gem §§ 1978 Abs 1, 666, 259, 260 BGB. Bei der Erfüllung *dieser* Verpflichtungen kann sich die 3

Existenz eines Nachlassinventars, dem die Vollständigkeitsvermutung des § 2009 BGB zukommt, sicherlich als hilfreich erweisen (vgl auch § 2001 Rn 2).

4 **3. Die Vermutung hat nur den in § 2009 BGB angegebenen Inhalt**. Sie gilt also nur hinsichtlich der *Aktiva* des Nachlasses, erstreckt sich nicht auf etwaige Angaben über deren Wert (Prot V 782 f) oder über die Existenz von *Nachlassverbindlichkeiten*. Sie bezieht sich auch nur auf die zZ des *Erbfalls* vorhanden gewesenen Nachlassgegenstände, nicht auf einen etwaigen Zuwachs (vgl auch § 2001 Abs 1 BGB). Zu beachten ist ferner der *negative* Inhalt der Vermutung („dass ... weitere Nachlassgegenstände ... nicht vorhanden gewesen seien"). Eine *positive* Rechtsvermutung für die Zugehörigkeit der angegebenen Gegenstände zum Nachlass wird durch § 2009 BGB nicht begründet. Über den Beweiswert der durch die Vermutung nicht gedeckten Angaben entscheidet der Richter aufgrund freier Beweiswürdigung (§ 286 ZPO).

5 **4.** Der in § 292 ZPO vorgesehene **Beweis des Gegenteils** ist auch im Fall des § 2009 BGB zulässig (MünchKomm/Küpper Rn 5 mwNw; **aM** wohl nur van Venrooy; vgl zu seinen Thesen unten Rn 9 ff). Er hat sich auf das Vorhandensein bestimmter, nicht aufgeführter Nachlassgegenstände zu richten, sodass die Vermutung der Vollständigkeit im *Übrigen* nicht entkräftet wird (BGB-RGRK/Johannsen Rn 3; Palandt/Weidlich Rn 2; zu Grenzfällen s unten Rn 7). Die Vollständigkeitsvermutung entfällt jedoch insgesamt, wenn dem Erben *Inventaruntreue* iS von § 2005 Abs 1 S 1 BGB nachgewiesen wird (vgl Rn 7).

II. Voraussetzungen der Vorschrift

6 **1.** Voraussetzung der Vollständigkeitsvermutung ist gem § 2009 BGB, dass das Inventar **rechtzeitig**, also vor Ablauf einer evtl bestimmten Inventarfrist (§ 1994 BGB) oder ohne vorher erfolgte Fristbestimmung (§ 1993 Rn 24) **errichtet** wurde. § 2107a der Vorlage der Subkommission für das Inventarrecht hatte noch verlangt, dass das Inventar „vorschriftsmäßig" errichtet worden sein müsse (Prot V 741). Die II. Kommission (Prot V 757) hat das Wort „vorschriftsmäßig" aber durch „rechtzeitig" ersetzt, um einer Auslegung vorzubeugen, nach der die Vollständigkeitsvermutung schon dann ausgeschlossen sei, „wenn irgendein auch noch so unbedeutender Mangel des Inventars vorliege". Die „rechtzeitige" Errichtung des Inventars müsse aber verlangt werden, weil mit der Versäumung der Inventarfrist das Recht des Erben, seine Haftung auf den Nachlass zu beschränken, gem § 1994 Abs 1 S 2 BGB erlösche (Prot V 757).

7 Allerdings war auch die II. Kommission (Prot V 757) der Auffassung, dass nicht jedes noch so **mangelhafte Inventar** genügen könne, um die Vollständigkeitsvermutung zu begründen. Ob ein „Inventar" iS des § 2009 BGB errichtet sei, müsse „nach den Zwecken, welche mit der Inventarerrichtung verfolgt werden, anhand des einzelnen Falles entschieden werden". ME sollte man sich im Interesse der Rechtssicherheit darauf beschränken, in Anlehnung an § 2004 BGB zu verlangen, dass das Inventar den Vorschriften der §§ 2002, 2003 BGB entspricht und nicht schon nach seinem äußeren Eindruck den Namen „Inventar" (iS von „Verzeichnis des Nachlasses"; § 1993 BGB) nicht verdient (ähnlich BGB-RGRK/Johannsen Rn 1). Selbst wenn ein Nachlassgläubiger nachweist, dass das Inventar Nachlassgegenstände erhebli-

chen Umfangs nicht aufführt, wird man dem Inventar die Vollständigkeitsvermutung *im Übrigen* noch zuerkennen dürfen (vgl Rn 5; **aM** Soergel/Stein Rn 1). Anders jedoch, wenn dem Erben zugleich eine **Inventaruntreue** nachgewiesen wird (Planck/Flad Anm d; Soergel/Stein Rn 1; NK-BGB/Odersky Rn 2 f; Palandt/Weidlich Rn 2); denn die in § 2005 Abs 1 S 1 BGB vorausgesetzte Absicht des Erben entzieht der Vollständigkeitsvermutung des § 2009 BGB die Basis (vgl auch Staudinger/Marotzke § 2063 Rn 10). Besondere Bedeutung hat die Unanwendbarkeit des § 2009 BGB bei Inventaruntreue eines *Miterben,* da dieser sein Haftungsbeschränkungsrecht durch Inventarverfehlungen (§§ 1994 Abs 1 S 2, 2005 Abs 1, 2006 Abs 3 BGB) nur bzgl einer seinem ideellen Erbteil entsprechenden *Quote* jeder Nachlassverbindlichkeit verlieren, seine Haftung im Übrigen also noch beschränken kann (vgl § 2059 Abs 1 S 2 BGB und Staudinger/Marotzke § 2059 Rn 4 ff).

2. § 2009 BGB setzt nicht voraus, dass der Erbe die Vollständigkeit des Inventars **8**
durch die **eidesstattliche Versicherung** des § 2006 BGB bekräftigt hat (vgl § 2006 Rn 15). Die Abgabe der eidesstattlichen Versicherung schließt den Nachweis der Unvollständigkeit nicht aus; ebenso wenig die Verweigerung der eidesstattlichen Versicherung die Berufung auf das Inventar gegenüber einem anderen Gläubiger als dem Antragsteller (BGB-RGRK/Johannsen Rn 5). Durch Verweigerung der eidesstattlichen Versicherung erlischt jedoch die Vollständigkeitsvermutung des § 2009 BGB gegenüber dem Nachlassgläubiger, der ihre Abnahme beantragt hat (Analogie zu § 2006 Abs 3 S 1 BGB; vgl § 2006 Rn 20).

III. Unwiderlegbare Vermutungswirkung?

Grundlegende Kritik am § 2009 BGB erhebt van Venrooy in AcP 186 (1986) 356, **9**
369 ff. van Venrooy will die Vollständigkeitsvermutung, die dem Inventar nach § 2009 BGB zukommt, entgegen der ganz hM (Rn 5) als eine *unwiderlegliche* interpretieren, weil bei Annahme einer nur widerleglichen Vermutung für den Erben kein Anreiz zur Ausübung des ihm in § 1993 BGB zugestandenen Rechts zur *freiwilligen* Inventarerrichtung bestehe. Denn schon nach allgemeinen Grundsätzen treffe die Beweislast dafür, dass außer den im Inventar angegebenen noch weitere Nachlassgegenstände vorhanden seien, niemals den Erben, sondern stets den Nachlassgläubiger (van Venrooy 369 ff, bes 377, 383 f, 407). Dieser Einwand hat im Zusammenhang mit etwaigen Herausgabe- und Schadensersatzansprüchen aus §§ 1978–1980 BGB eine gewisse Berechtigung (s Rn 3 aE).

van Venrooy meint aber des Weiteren, dass Gleiches auch im Zusammenhang mit **10**
dem Herausgabeanspruch aus § 1990 Abs 1 S 2 BGB (und entsprechend im Rahmen der ähnlich strukturierten §§ 1973, 1974, 1992 BGB) gelten müsse, weil § 1990 BGB „nichts anderes als eine Anschlussnorm zu § 1973“ sei (vgl AcP 186 [1986] 356, 374). Diese Argumentation wird weder der bei § 1990 Rn 29 dargestellten besonderen Rechtsnatur des Herausgabeanspruchs aus § 1990 Abs 1 S 2 BGB noch dem Verhältnis von § 1990 BGB zu § 1978 BGB gerecht: Wie sich aus § 1991 Abs 1 BGB ergibt, ist nicht § 1990 BGB „eine Anschlussnorm zu § 1978 BGB“, sondern genau umgekehrt § 1978 BGB eine Anschlussnorm zu § 1990 BGB (und natürlich auch zu der in §§ 1975, 1978 BGB ausdrücklich erwähnten Nachlassverwaltung und zum Nachlassinsolvenzverfahren). Zudem lässt van Venrooy völlig unberücksichtigt, dass es selbst während einer Nachlassverwaltung oder eines Nachlassinsolvenzverfahrens vorkommen kann,

dass Nachlassgläubiger in Gegenstände vollstrecken, die sich noch im Gewahrsam des Erben befinden (zB weil sich die Herkunft dieser Gegenstände nicht mehr eindeutig feststellen lässt und der Verwalter das Prozessrisiko scheut). Hier wird man kaum bestreiten können, dass im Zweifelsfall nicht der vollstreckende Gläubiger die Zugehörigkeit dieser Gegenstände zum Nachlass, sondern der Erbe die Zugehörigkeit zu seinem Eigenvermögen beweisen muss. Das ergibt sich mittelbar aus den Formulierungen des § 784 Abs 1 ZPO und entspricht im Ergebnis auch der folgenden Kontrollüberlegung: Hätte der Nachlassgläubiger bereits *vor* dem Erbfall eine im Gewahrsam des Erblassers befindliche bewegliche Sache gepfändet, so müsste ein Dritter, der sich eines die Veräußerung hindernden Rechts iSd § 771 ZPO berühmt, im Streitfall die Nichtzugehörigkeit der betreffenden Sache zum haftenden Vermögen des Erblassers (also zum späteren Nachlass) beweisen. Nichts spricht dafür, dass sich diese Beweislast umkehren könnte, wenn der Vollstreckungsschuldner stirbt und von dem die Sache für sich beanspruchenden Dritten beerbt wird (allerdings muss dieser seine Rechte dann nicht im Verfahren nach § 771 ZPO, sondern nach Maßgabe der §§ 780 ff ZPO wahren; s hierzu Staudinger/Kunz Vorbem 173 zu §§ 1967 ff). Beweisen muss im Rahmen des § 784 Abs 1 ZPO also nicht der vollstreckende Gläubiger die Zugehörigkeit der Sache zum Nachlass, sondern der seine Haftungsbeschränkung geltend machende Erbe die Zugehörigkeit der Sache zu seinem Eigenvermögen. Bei Errichtung eines „Inventars" darf er die betreffende Sache freilich nicht verschweigen, da er ja zumindest den an ihr bestehenden Besitz des Erblassers geerbt hat, § 857 BGB. Der Erbe muss im Inventar also angeben, dass sich die Sache zZ des Erbfalls „zwar nicht eigentumsmäßig, aber dem Besitze nach" im Nachlass befunden habe. Anders jedoch, wenn sich die Herkunft der Sache – dh ob sie sich zZ des Erbfalls im Besitz des Erblassers befand – nicht mehr klären lässt (zB wenn der Erbe geistig verwirrt oder wenn an seine Stelle bereits ein über die Herkunft der Sache nicht informierter Erbeserbe getreten ist): Nur „auf Verdacht" braucht die Sache im Inventar nicht angegeben zu werden, und gem § 2009 BGB wird im Fall der Nichtangabe vermutet, dass die Sache nicht einmal dem Besitze nach zum Nachlass gehört (wichtig wegen der andernfalls eingreifenden Beweislastumkehr gem § 1006 BGB). Diese Vermutung verbessert die beweisrechtliche Stellung des Erben auch dann, wenn man gem § 292 ZPO den Beweis des Gegenteils zulässt.

11 van Venrooy hat also Unrecht, wenn er meint, dass die dem Inventar nach § 2009 BGB zukommende Vollständigkeitsvermutung für den Erben nur dann interessant sei, wenn man sie als unwiderlegliche interpretiere. Nähme man mit van Venrooy (AcP 186 [1986] 356, 397 ff, 407) eine *unwiderlegliche* Vollständigkeitsvermutung an, so würde man den böswilligen Erben, der vielleicht nur mangels Beweisbarkeit der bösen Absicht (s § 2005 Rn 20 und van Venrooy 400) im Genuss der beschränkten Haftung bleibt, in unvertretbarer Weise begünstigen. Aber selbst der redliche und gewissenhafte Erbe wäre überprivilegiert, wenn die Vollständigkeitsvermutung, die seinem Inventar nach § 2009 BGB zukommt, als eine unwiderlegliche angesehen würde. Der Vorschlag von van Venrooy (399 ff, 407), hier durch Bestimmung einer Frist zur Ergänzung des unvollständigen Inventars zu helfen, ist der – zutreffenden – Annahme einer *widerleglichen* Vollständigkeitsvermutung prozessökonomisch nicht gleichwertig (zB wenn hinsichtlich eines im Inventar nicht angegebenen Gegenstandes bereits ein Rechtsstreit nach §§ 784 Abs 1, 785, 767 ZPO anhängig ist). Anders anscheinend Kipp/Coing § 94 VII: die Vorschläge von van Venrooy seien sinnvoll; der Gesetzgeber habe wohl so weit nicht gedacht.

§ 2010
Einsicht des Inventars

Das Nachlassgericht hat die Einsicht des Inventars jedem zu gestatten, der ein rechtliches Interesse glaubhaft macht.

Materialien: E I § 2107; II § 1884; III § 1985; Mot V 621; Prot V 756; VI 338 f; Jakobs/Schubert ER I 308, 327 ff.

Schrifttum

Siehe vor § 1993.

1. Die Bestimmung gewährt jedem, der ein rechtliches Interesse glaubhaft macht, ein **materielles Recht** (Prot VI 339) **auf Einsicht** des Inventars. Vgl zur „Glaubhaftmachung" die Kommentierungen des § 31 FamFG. Die Befolgung der in § 2010 BGB enthaltenen Anweisung (Mot V 621) an das Nachlassgericht (Rechtspfleger, § 3 Nr 2c RPflG) kann notfalls im Wege der Beschwerde (§§ 58, 59 FamFG, 11 Abs 1 RPflG) durchgesetzt werden. *Verlangen* kann die Einsicht des Inventars nur, wer ein rechtliches, nicht bloß ein berechtigtes Interesse hat (vgl zu dem Unterschied BGB-RGRK/Johannsen Rn 1; NK-BGB/Odersky Rn 1). Das **rechtliche Interesse** ist bei Nachlassgläubigern (sofern sie sich noch nicht in Annahmeverzug befinden; s MünchKomm/Küpper Rn 1), Nachlassverwaltern und Testamentsvollstreckern stets gegeben (Johannsen Rn 1 und Odersky Rn 1). Gleiches gilt bei Miterben (Soergel/Stein Rn 1; NK-BGB/Odersky Rn 1). Auch die Steuerbehörde ist stets einsichtsberechtigt (Palandt/Weidlich Rn 1). Gem § 13 Abs 2 S 1 FamFG „kann" das Gericht aber auch demjenigen die Einsicht gestatten, dessen Interesse kein rechtliches, sondern nur ein berechtigtes ist (vgl auch Prot VI 339). 1

2. § 2010 BGB macht das Recht auf Einsicht in das Inventar nicht davon abhängig, dass der Erbe sich bereits gegenüber einem Nachlassgläubiger auf die beschränkte Haftung berufen hat (vgl Mot V 621). 2

Zur Problematik eines *verschlossenen* oder *versiegelten* Inventars vgl § 1993 Rn 21.

3. Analog § 13 Abs 2 und 3 FamFG können sich die nach § 2010 BGB Einsichtsberechtigten auf ihre Kosten (vgl KV Nr 25102 GNotKG) **Abschriften** des Inventars erteilen lassen. Voraussetzung ist aber wohl, dass auch in *dieser* Hinsicht ein berechtigtes Interesse glaubhaft gemacht wird und schutzwürdige Interessen des Erben der Erteilung einer Abschrift nicht entgegenstehen (Rechtsgedanke des § 13 Abs 2 S 1 FamFG). Funktionell zuständig für die Entscheidung über die Gewährung von Akteneinsicht und die Erteilung von Abschriften ist der Rechtspfleger (§ 3 Nr 2c RPflG) Gegen die Verweigerung einer Abschrift ist die Beschwerde statthaft (§§ 58, 59 FamFG, 11 Abs 1 RPflG; kein Beschwerderecht besteht bei der Entscheidung über die Überlassung der Akten in Amts- oder Geschäftsräume nach § 13 Abs 4 S 1 u 3 FamFG). 3

§ 2011
Keine Inventarfrist für den Fiskus als Erben*

Dem Fiskus als gesetzlichem Erben kann eine Inventarfrist nicht bestimmt werden. Der Fiskus ist den Nachlassgläubigern gegenüber verpflichtet, über den Bestand des Nachlasses Auskunft zu erteilen.

Materialien: E I § 1974 Abs 3 und 4; II § 1885; III § 1986; Mot V 380 f; Prot V 487 f, 820; JAKOBS/SCHUBERT ER I 148 ff.

Schrifttum

HÖRLE, Das Erbrecht des Fiskus und der an dessen Stelle tretenden Persönlichkeiten des öffentlichen Rechts, Recht 1904, 367, 377
RIESENFELD, Die Erbenhaftung I 458
SIBER, Haftung für Nachlaßschulden 87.

Siehe ferner vor § 1993.

I. Die Haftung des Fiskus

1 **1.** Da der Fiskus die ihm als **gesetzlichem** Erben angefallene Erbschaft nicht ausschlagen kann (§ 1942 Abs 2 BGB), schützt das Gesetz ihn vor den Gefahren, die sich aus dem Anfall einer Erbschaft hinsichtlich der Haftung für die Nachlassverbindlichkeiten ergeben. Das geschieht zum einen dadurch, dass gem § 1966 BGB gegen den Fiskus als gesetzlichen Erben ein Recht erst geltend gemacht werden kann, nachdem vom Nachlassgericht festgestellt worden ist, dass ein anderer Erbe nicht vorhanden ist. Darüber hinaus bestimmt § 2011 S 1 BGB, dass dem Fiskus als gesetzlichem Erben eine **Inventarfrist** nicht bestimmt werden kann (rechtspolitisch wenig überzeugend [vgl Prot V 488/489, wo ein Antragsteller zutreffend bemerkt, dass solch eine Privilegierung des Fiskus nicht gerechtfertigt sei, weil dieser am ehesten in der Lage sei, durch „seine geschulten Beamten" für die Wahrnehmung des Inventarrechts zu sorgen]). Eine entgegen § 2011 S 1 BGB erfolgte Inventarfristbestimmung wäre unwirksam (HÖRLE); folglich kann der Fiskus auch nicht durch deren Versäumung unbeschränkbar haftend werden, weder nach § 1994 Abs 1 S 2 BGB noch nach § 2005 Abs 1 S 2 BGB (vgl § 2005 Rn 7).

2 **2.** Obwohl dem Fiskus als gesetzlichem Erben eine Inventarfrist nicht bestimmt werden kann, wird man ihn als verpflichtet anzusehen haben, ein von ihm gem § 1993 BGB **freiwillig errichtetes Inventar**, dem ja nach § 2009 BGB die Vermutung der Vollständigkeit zukommt, auf Verlangen eines Nachlassgläubigers durch die in § 2006 BGB vorgesehene **eidesstattliche Versicherung** zu bekräftigen (vgl STAUDINGER/WERNER [2017] § 1936 Rn 12; BGB-RGRK/JOHANNSEN Rn 1; SOERGEL/STEIN Rn 1; NK-BGB/ODERSKY Rn 3; **aM** STAUDINGER/LEHMANN[11] Rn 1; PLANCK/FLAD Anm 1; MünchKomm/KÜPPER Rn 1; ERMAN/HORN Rn 1; SCHLÜTER § 11 III Rn 118; LANGE/KUCHINKE § 13 IV 2 e). Durch Verweigerung der eidesstattlichen Versicherung kann also auch der Fiskus gegen-

* Diese Überschrift ist missverständlich, s Rn 5.

über dem ihre Abnahme beantragenden Nachlassgläubiger sein Haftungsbeschränkungsrecht verlieren. Dass die Motive (V 380) vom Gegenteil auszugehen scheinen (vgl Rn 3), dürfte damit zusammenhängen, dass eine dem § 2009 BGB entsprechende Vorschrift im E I noch nicht enthalten war.

3. Auch durch **Inventaruntreue** (§ 2005 Abs 1 S 1 BGB) kann der Fiskus als gesetzlicher Erbe sein Haftungsbeschränkungsrecht verlieren (BGB-RGRK/Johannsen Rn 1; Erman/Horn Rn 1; Soergel/Stein Rn 1; NK-BGB/Odersky Rn 3; **aM** die Mot V 380: die Möglichkeit des Verlustes durch Verschweigen von Nachlassgegenständen komme „hier ebensowenig in Frage wie der Verlust durch Nichtleistung des Offenbarungseides"). Der Einwand, dass es wegen § 2011 S 1 BGB ohnehin nicht zu einer Inventarerrichtung durch den Fiskus als gesetzlichen Erben kommen werde (Münch-Komm/Küpper Rn 1), berücksichtigt zu wenig den von § 2009 BGB ausgehenden Anreiz zur *freiwilligen* Inventarerrichtung. 3

4. Zur **Geltendmachung des Haftungsbeschränkungsrechts** ist der Fiskus auf dieselben Wege angewiesen wie jeder andere Erbe. Er muss also eine Nachlassverwaltung oder ein Nachlassinsolvenzverfahren beantragen oder sich auf die Dürftigkeit des Nachlasses (§ 1990 BGB) berufen usw. Auch die §§ 1978–1980 BGB gelten für ihn. Bei der Zwangsvollstreckung gegen ihn als gesetzlichen Erben des Schuldners bleibt eine Beschränkung seiner Haftung unberücksichtigt, bis er Einwendungen erhebt (§ 781 ZPO). Doch bleiben etwaige landesgesetzliche Vorschriften, die ihn davon befreien, gem § 15 Nr 4 EGZPO unberührt. 4

Der Grundsatz, dass der als Erbe des Schuldners verurteilte Beklagte die Beschränkung seiner Haftung nur geltend machen kann, wenn sie ihm im Urteil vorbehalten ist (§ 780 Abs 1 ZPO), gilt nicht, wenn der Fiskus als gesetzlicher Erbe verurteilt wird (§ 780 Abs 2 ZPO).

5. Die §§ 1942 Abs 2, 1966, 2011 BGB, 780 Abs 2 ZPO setzen voraus, dass der Fiskus **gesetzlicher** Erbe ist. Ist der Fiskus *Testaments- oder Vertragserbe,* so ist für die genannten Vorschriften kein Raum (hiergegen aus rechtspolitischer Sicht Siber 87). **Die zum 1. 1. 2002 angefügte Überschrift des § 2011 BGB ist also zu weit gefasst** und sollte deshalb durch Einfügung des Wortes „gesetzlichen" vor „Erben" mit der wirklichen Rechtslage in Einklang gebracht werden. 5

II. Die an die Stelle der Inventarpflicht tretende Auskunftspflicht

Anstelle der Verpflichtung zur Inventarerrichtung legt S 2 dem Fiskus die Pflicht auf, den Nachlassgläubigern über den Bestand des Nachlasses Auskunft zu erteilen. Diese Auskunftspflicht umfasst nach § 260 Abs 1 BGB die Verpflichtung zur Vorlage eines Verzeichnisses; auch kann der Fiskus, wenn Grund zu der Annahme nachlässiger Aufstellung besteht, angehalten werden, die eidesstattliche Versicherung des § 260 Abs 2 BGB durch den zu seiner Vertretung berufenen Beamten zu leisten. Die nach S 2 zu erteilende Auskunft betrifft aber anders als das Inventar (§ 2001 Abs 1 BGB) den *gegenwärtigen* Nachlassbestand. 6

Oft wird die Ausfolgung des Nachlasses an den Fiskus aufgrund eines von einem

Nachlasspfleger (§ 1960 BGB) eingereichten Verzeichnisses stattfinden und der Fiskus seiner Auskunftspflicht durch Bezugnahme hierauf genügen können (Mot V 381).

Neben der Auskunftspflicht des S 2 kann sich aus § 1978 BGB auch eine Pflicht zur Rechenschaftsablegung ergeben (§ 666 BGB).

Gem § 1966 BGB können diese Ansprüche gegen den Fiskus als gesetzlichen Erben erst geltend gemacht werden, nachdem vom Nachlassgericht festgestellt worden ist, dass ein anderer Erbe nicht vorhanden ist. Eine Verletzung der Auskunftspflicht führt nicht zum Verlust des Haftungsbeschränkungsrechts (AK-BGB/Teubner Rn 5). Notfalls muss der Gläubiger seinen Auskunftsanspruch im Klagewege durchsetzen. Anspruchsberechtigt ist jeder einzelne Nachlassgläubiger (vgl MünchKomm/Küpper Rn 3, der jedoch Auskunftserteilung gegenüber Nachlassverwalter oder Nachlassinsolvenzverwalter genügen lassen will).

7 **III. § 2011 BGB gilt auch für die nach Art 138 EGBGB an die Stelle des Fiskus** als gesetzliche Erben **tretenden Körperschaften, Stiftungen oder Anstalten des öffentlichen Rechts**. Ebenso ist § 2011 BGB anwendbar, wenn der Fiskus nach *landesgesetzlicher* Bestimmung gesetzlicher Erbe wird, sofern landesrechtlich nichts Abweichendes bestimmt ist (BGB-RGRK/Johannsen Rn 3).

IV. Recht der ehemaligen DDR

8 Vgl §§ 369, 402 Abs 4 ZGB.

§ 2012
Keine Inventarfrist für den Nachlasspfleger und Nachlassverwalter

(1) Einem nach den §§ 1960, 1961 bestellten Nachlasspfleger kann eine Inventarfrist nicht bestimmt werden. Der Nachlasspfleger ist den Nachlassgläubigern gegenüber verpflichtet, über den Bestand des Nachlasses Auskunft zu erteilen. Der Nachlasspfleger kann nicht auf die Beschränkung der Haftung des Erben verzichten.

(2) Diese Vorschriften gelten auch für den Nachlassverwalter.

Materialien: E I §§ 2063, 2085 Abs 2; II § 1886; III § 1987; Mot V 550 f; Prot V 667–669; Jakobs/Schubert ER I 259 ff.

Schrifttum

Siehe vor § 1993.

I. Allgemeines

1 § 2012 BGB trägt dem Gedanken Rechnung, dass der Erbe sein Haftungsbeschrän-

kungsrecht nur durch *eigene* Handlungen oder Unterlassungen verlieren kann und nicht schon durch Handlungen oder Unterlassungen eines Nachlasspflegers (§§ 1960, 1961 BGB) oder Nachlassverwalters (Abs 2, §§ 1975, 1981 ff BGB), zu deren Befugnissen es nicht gehört, den Rechten des Erben in dieser Hinsicht etwas zu vergeben (Mot V 550).

II. Verzicht auf das Haftungsbeschränkungsrecht und fehlender Urteilsvorbehalt

1. Gem Abs 1 S 3 kann der Nachlasspfleger nicht auf die Beschränkung der Haftung des Erben verzichten. Gleiches gilt für den Nachlassverwalter (Abs 2) und selbstverständlich auch für den Nachlassinsolvenzverwalter. 2

Der *Erbe* bleibt aber auch während einer Nachlasspflegschaft, einer Nachlassverwaltung oder eines Nachlassinsolvenzverfahrens berechtigt, auf sein Haftungsbeschränkungsrecht zu verzichten (s Staudinger/Dutta [2016] Vorbem 16 zu §§ 1967 ff bzgl der Frage, ob dazu ein Vertrag mit dem Gläubiger nötig ist). Denn die Haftung des *Nachlasses* wird durch solch einen Verzicht nicht berührt.

2. Da Nachlasspfleger und -verwalter auf die Beschränkung der Haftung des Erben nicht verzichten können, können sie dessen Haftungsbeschränkungsrecht auch nicht verwirken, indem sie sich wegen einer Nachlassverbindlichkeit **ohne Haftungsvorbehalt verurteilen lassen** (§ 780 Abs 2 ZPO). 3

III. Inventarfristbestimmung während einer Nachlasspflegschaft oder -verwaltung

1. Fristbestimmung gegenüber dem Pfleger oder Verwalter

Gem Abs 1 S 1 und Abs 2 kann einem nach § 1960 BGB oder § 1961 BGB bestellten Nachlasspfleger oder einem Nachlassverwalter eine Inventarfrist (§§ 1994 ff, 2005 Abs 2 BGB) nicht bestimmt werden. Eine ihnen dennoch bestimmte Inventarfrist wäre unwirksam, sodass ein Nachlasspfleger oder -verwalter das Haftungsbeschränkungsrecht des Erben nicht gem §§ 1994 Abs 1 S 2, 2005 Abs 1 S 2 BGB (vgl § 2005 Rn 7) verwirken kann. Gleiches gilt für den Nachlassinsolvenzverwalter (s § 2000 Rn 4 und unten Rn 7, 9 [zu § 2006 BGB, jedoch übertragbar auf § 1994 BGB]). 4

2. Fristbestimmung gegenüber dem Erben

a) Während einer gem § 1960 BGB oder § 1961 BGB angeordneten *Nachlasspflegschaft* kann zwar nicht dem Pfleger, wohl aber dem Erben eine Inventarfrist bestimmt werden. Jedoch beginnt die Frist gem § 1995 Abs 2 BGB nicht vor der Annahme der Erbschaft. 5

b) Während einer *Nachlassverwaltung* oder eines *Nachlassinsolvenzverfahrens* kann dem Erben eine Inventarfrist nicht bestimmt werden; eine vorher bestimmte Inventarfrist wird unwirksam bei Verfahrenseröffnung (§ 2000 BGB). Nach Beendigung der genannten Verfahren gilt das bei § 2000 Rn 5 ff Ausgeführte.

IV. Freiwillige Inventarerrichtung des Nachlasspflegers oder Nachlassverwalters

6 **1.** Die Motive (V 550) scheinen den nach § 1960 BGB oder § 1961 BGB bestellten **Nachlasspfleger** für berechtigt zu halten, aus dem Recht des Erben (§ 1993 BGB), als dessen gesetzlicher Vertreter er angesehen wird (Mot V 550; vgl auch Staudinger/Mešina [2017] § 1960 Rn 23), *freiwillig* ein Inventar zu errichten. Das ist im Ausgangspunkt richtig, bedarf jedoch der bei Rn 7 ff vermerkten Klarstellungen (vgl auch § 1993 Rn 16).

7 *Die eidesstattliche Versicherung des § 2006 BGB* kann von einem Nachlasspfleger nicht verlangt werden (ebenso wenig von einem Nachlassverwalter oder Nachlassinsolvenzverwalter; für diese gilt die maßgebliche Argumentation entsprechend [mit den bei Rn 9 vermerkten Besonderheiten]). Ganz abgesehen davon, dass eine solche Verpflichtung grundsätzlich nicht durchsetzbar wäre (vgl § 2006 Rn 2), ist Folgendes zu berücksichtigen: Im Gegensatz zum Erben haftet der Nachlasspfleger den Nachlassgläubigern niemals persönlich mit seinem Eigenvermögen, sondern immer nur mit dem Nachlass. Auf ein Haftungsbeschränkungsrecht, das er gem § 2006 Abs 3 BGB durch Verweigerung der eidesstattlichen Versicherung verlieren könnte, ist der Nachlasspfleger unter keinen Umständen angewiesen. Und das Haftungsbeschränkungsrecht des *Erben* kann der Nachlasspfleger ohnehin nicht verwirken (vgl Rn 1 ff). Folglich kann die eidesstattliche Versicherung nur vom *Erben,* dem das von dem Nachlasspfleger errichtete Inventar analog § 164 BGB zustattenkommt, nach Annahme der Erbschaft (arg §§ 1958, 1995 Abs 2 BGB) verlangt werden. Solange nicht die Bekräftigung des Inventars durch die eidesstattliche Versicherung des § 2006 BGB verlangt werden kann, wird man dem vom Nachlasspfleger errichteten Inventar die Vollständigkeitsvermutung des § 2009 BGB versagen müssen (im Hinblick auf § 1958 BGB allerdings wenig bedeutsam).

8 Hat der Nachlasspfleger das Inventar *ungetreu* iS von § 2005 Abs 1 S 1 BGB errichtet, so wirkt das nicht zu Lasten des Erben; dieser behält das Haftungsbeschränkungsrecht (str; vgl § 1993 Rn 16). Allerdings wird das von einem Nachlasspfleger ungetreu errichtete Inventar dem Erben nur in einem sehr beschränkten Sinne zustattenkommen (vgl auch hierzu § 1993 Rn 16).

9 **2.** Der **Nachlassverwalter** und der **Nachlassinsolvenzverwalter** stehen bei der Wahrnehmung der ihnen gesetzlich zugewiesenen Aufgabe der Gläubigerbefriedigung (vgl §§ 1975, 1985, 1986 BGB und §§ 1 S 1, 325, 159, 174 ff, 187 ff InsO) nicht *im* Lager des Erben (vgl schon § 2000 Rn 2, 4 und § 2009 Rn 3), sondern in relativer Unabhängigkeit (vgl § 56 Abs 1 InsO) *zwischen* dem Erben, von dem sie die Herausgabe des Nachlasses verlangen müssen, und den Nachlassgläubigern, die aus dem Nachlass befriedigt werden sollen. Das Recht des Erben (§ 1993 BGB), ein Inventar zu errichten, können diese Verwalter als solche deshalb nicht ausüben (vgl KGJ 28 [1905] A 28 = RJA 4, 201). Ein von ihnen dennoch formgerecht (§ 2004 Rn 3, 7) errichtetes Inventar ist wirkungslos, solange der Erbe es sich nicht gem § 2004 BGB zu eigen macht (so auch Soergel/Stein § 1993 Rn 3). Die dem Nachlassinsolvenzverwalter gem § 151 InsO obliegende Aufstellung eines Verzeichnisses der Massegegenstände ist keine Inventarerrichtung iS der §§ 1993 ff BGB (s Rn 13). Der Erbe bleibt auch während einer Nachlassverwaltung oder eines Nachlassinsolvenzverfahrens berechtigt, ein Inventar des Nachlasses zu errichten (KGJ 42 [1912] A 94, 98 = RJA 12, 108, 111 = Recht 1913 Nr 1978).

V. Auskunftspflicht des Nachlasspflegers bzw Nachlassverwalters

10 Als Ausgleich dafür, dass Nachlasspfleger und -verwalter gem Abs 1 S 1 kein Inventar zu errichten brauchen, erklärt **Abs 1 S 2** sie den Nachlassgläubigern gegenüber für verpflichtet, über den (gegenwärtigen) Bestand des Nachlasses Auskunft zu erteilen. Eine etwaige Auskunftspflicht des *Erben* (zB die aus § 2314 Abs 1 BGB) wird dadurch nicht hinfällig, zumal wenn diese sich auf einen anderen Zeitpunkt bezieht (vgl OLG Celle JZ 1960, 375). UU wird der Erbe über genauere Kenntnisse verfügen als der Nachlasspfleger oder -verwalter.

Verletzt der Nachlasspfleger seine Auskunftspflicht schuldhaft, so ist er den Nachlassgläubigern für den daraus entstehenden Schaden persönlich verantwortlich (s Staudinger/Mešina [2017] § 1960 Rn 53; Prot V 669 gegen Mot V 552). Gleiches gilt gem § 1985 Abs 2 BGB für den Nachlassverwalter. Der Erbe selbst haftet jedoch nicht für die Auskunftspflichtverletzung des Nachlasspflegers oder -verwalters (ebenso NK-BGB/Odersky Rn 5). Aus § 278 BGB lässt sich nichts Gegenteiliges herleiten (anders noch Mot V 552, überholt durch Prot V 669), da diese Vorschrift voraussetzt, dass der gesetzliche Vertreter eine Verbindlichkeit des *Vertretenen* (hier: des Erben oder des Nachlasses) verletzt hat.

11 Aufgrund der ihm nach Abs 1 S 2 obliegenden Auskunftspflicht ist der Nachlasspfleger bzw Nachlassverwalter ferner verpflichtet, den Nachlassgläubigern ein **Verzeichnis des Nachlasses** vorzulegen (§ 260 Abs 1 BGB) und unter den weiteren Voraussetzungen der Abs 2 und 3 des § 260 BGB dessen Vollständigkeit durch **eidesstattliche Versicherung** zu bekräftigen. Diese eidesstattliche Versicherung kann durch Klage und Vollstreckung gem § 889 ZPO erzwungen werden. Mit der in § 2006 BGB behandelten, die von dem Nachlasspfleger bzw -verwalter nicht verlangt werden kann (Rn 7), hat sie nichts zu tun. Streitig ist, ob vom Nachlasspfleger bei fruchtloser Zwangsvollstreckung außerdem noch die eidesstattliche Versicherung des § 807 ZPO verlangt werden kann (vgl § 1985 Rn 26).

12 Kraft ihres Amtes sind der Nachlasspfleger und der Nachlassverwalter verpflichtet, dem **Nachlassgericht** (§§ 1962, 1975 BGB) **ein Verzeichnis des Nachlasses einzureichen** (§§ 1975, 1915 Abs 1 S 1, 1802 BGB).

13 Auch der Nachlass**insolvenz**verwalter hat ein Verzeichnis der Nachlassgegenstände aufzustellen (§ 151 InsO). Jedoch ist dieses Verzeichnis nicht beim Nachlassgericht, sondern bei der Geschäftsstelle des **Insolvenzgerichts** niederzulegen (§§ 154, 315 InsO). Dies ist keine Inventarerrichtung iS der §§ 1993 ff BGB (s § 2004 Rn 3, 7 [Inhalt und Form], § 1993 Rn 7 ff [Einreichung beim Nachlass-, nicht beim Insolvenzgericht]).

§ 2013
Folgen der unbeschränkten Haftung des Erben

(1) Haftet der Erbe für die Nachlassverbindlichkeiten unbeschränkt, so finden die Vorschriften der §§ 1973 bis 1975, 1977 bis 1980, 1989 bis 1992 keine Anwendung; der Erbe ist nicht berechtigt, die Anordnung einer Nachlassverwaltung zu beantragen. Auf eine nach § 1973 oder nach § 1974 eingetretene Beschränkung der Haftung

kann sich der Erbe jedoch berufen, wenn später der Fall des § 1994 Abs. 1 Satz 2 oder des § 2005 Abs. 1 eintritt.

(2) Die Vorschriften der §§ 1977 bis 1980 und das Recht des Erben, die Anordnung einer Nachlassverwaltung zu beantragen, werden nicht dadurch ausgeschlossen, dass der Erbe einzelnen Nachlassgläubigern gegenüber unbeschränkt haftet.

Materialien: E I §§ 2110 Abs 2, 2125 S 3; II §§ 1868 Abs 2, 1887; III § 1988; Mot V 625, 648; Prot V 733 f, 763 ff, 777 f, 810; VI 395; Komm-Bericht 2101; Jakobs/Schubert ER I 309, 337 ff.

Schrifttum

Riesenfeld, Die Erbenhaftung II (1916) 18.

Siehe ferner vor § 1993.

Systematische Übersicht

I. Allgemeines

1 **1. Mit unbeschränkter Haftung meint § 2013 BGB die nicht mehr beschränkbare Haftung** (vgl Staudinger/Kunz Vorbem 19 zu §§ 1967 ff und Staudinger/Dobler § 1993 Rn 2).

2. Die Bestimmung gibt eine **zusammenfassende Aufzählung der Rechtsfolgen**, die der durch Inventarverfehlungen (§§ 1994 Abs 1 S 2, 2005 Abs 1, 2006 Abs 3 BGB) bewirkte Verlust des Haftungsbeschränkungsrechts mit sich bringt. Das geschieht in der Art, dass § 2013 BGB die Vorschriften des BGB aufzählt, die bei der unbeschränkbaren Haftung keine Anwendung finden. Auf eine *kurze Formel* gebracht, kann man sagen: Der Eintritt der unbeschränkbaren Haftung raubt dem Erben alle Rechtsbehelfe, die ihm das Gesetz sonst gewährt, um die beschränkte Haftung herbeizuführen.

3. § 2013 BGB unterscheidet zwischen den Fällen des *allgemeinen* Verlusts des Haftungsbeschränkungsrechts und den Fällen des Verlusts *einzelnen* Nachlassgläubigern gegenüber. In den letzteren Fällen bleiben einige Haftungsbeschränkungsmittel erhalten, Abs 2.

II. Abs 1: Verlust des Haftungsbeschränkungsrechts gegenüber sämtlichen Nachlassgläubigern gem § 1994 Abs 1 S 2 oder § 2005 Abs 1

1. Ausschluss der §§ 1973, 1974

a) Gem Abs 1 S 1 finden die §§ 1973 und 1974 BGB, die die Folgen des Ausschlusses von Nachlassgläubigern im **Aufgebotsverfahren** bzw im Falle **5-jähriger Säumnis** festlegen, keine Anwendung, wenn der Erbe sein Haftungsbeschränkungsrecht allgemein verwirkt hat. Gem Abs 1 S 2 gilt dies jedoch nur, wenn das Ausschlussurteil *nach* Eintritt der „unbeschränkten“ Haftung ergangen oder die 5-jährige Frist erst danach abgelaufen ist (OLG Kiel SeuffA 78 [1924] Nr 37); eine bereits vorher eingetretene Haftungsbeschränkung iS des § 1973 oder § 1974 BGB wird durch eine spätere Inventarverfehlung (§§ 1994 Abs 1 S 2, 2005 Abs 1 BGB) nicht mehr berührt (rechtspolitisch fragwürdig [vgl § 1973 Rn 10] und schon deshalb nicht analog anwendbar auf die Einrede des § 1990 BGB [vgl OLG Stuttgart FamRZ 1995, 57]). Anders nur, wenn der Erbe durch Verweigerung der eidesstattlichen Versicherung dem antragenden Gläubiger gegenüber (§ 2006 Abs 3 BGB) das Beschränkungsrecht verliert; diesem Gläubiger gegenüber kann er sich nicht auf die zuvor nach § 1973 oder § 1974 BGB eingetretene Haftungsbeschränkung berufen (vgl Staudinger/Kunz Vorbem 76 zu §§ 1967 ff). 2

Der Ausschluss des § 1973 BGB durch § 2013 Abs 1 S 1 BGB wird ergänzt durch § 455 Abs 1 FamFG. Nach dieser Vorschrift kann der Erbe das Aufgebotsverfahren nur beantragen, „wenn er nicht für die Nachlassverbindlichkeiten unbeschränkt haftet“ (vgl Staudinger/Kunz § 1970 Rn 12).

b) Hat der unbeschränkbar haftende Erbe **Miterben**, so kann er das Aufgebot noch beantragen (trotz Prot V 776; vgl Staudinger/Kunz § 1970 Rn 13). Wegen § 460 Abs 2 FamFG scheint es so, als dürfte den Nachlassgläubigern, die sich nicht melden, in diesem Fall nur angedroht werden, dass jeder Erbe nach der Teilung des Nachlasses nur für den seinem Erbteil entspr Teil der Verbindlichkeit haftet (vgl auch § 2060 Nr 1 BGB). Andererseits verbietet § 460 Abs 2 FamFG nicht ausdrücklich, *daneben* auch den in *§ 458 FamFG und § 1973 BGB* erwähnten Rechtsnachteil anzudrohen. Aus zwei Gründen ist dieser Rechtsnachteil auch dann anzudrohen, wenn der das Aufgebot beantragende Miterbe bereits „unbeschränkt“ haftet: Erstens, weil Miterben ihr Haftungsbeschränkungsrecht grundsätzlich nur hinsichtlich der ihrem ideellen Erbteil entsprechenden *Quote* verlieren können (str, vgl Staudinger/Marotzke § 2059 Rn 4 ff), und zweitens, weil ein von einem „unbeschränkt“ haftenden Miterben erwirktes Ausschlussurteil gem § 460 Abs 1 S 1 FamFG auch den anderen, womöglich noch nicht „unbeschränkt“ haftbaren Erben zustattenkommt. 3

2. Nachlassverwaltung, Nachlassinsolvenzverfahren

4 Eine **Nachlassverwaltung** und ein **Nachlassinsolvenzverfahren** können zwar noch stattfinden, aber nicht mehr zur Haftungsbeschränkung führen, da Abs 1 S 1 den § 1975 BGB ausschließt (bei Berufung zu mehreren Erbteilen oder bei Miterbschaft gilt dies nur mit Einschränkungen; vgl § 2007 Rn 2–5, Staudinger/Marotzke § 2060 Rn 10 f, § 2062 Rn 11 ff). Sie können nur noch ihre Trennungswirkung zugunsten der *Nachlassgläubiger* entfalten. Deshalb entzieht Abs 1 S 1 HS 2 zwar dem unbeschränkbar haftenden *Erben,* nicht aber auch den *Nachlassgläubigern* das Recht (§ 1981 Abs 1 bzw Abs 2 BGB), die Anordnung einer Nachlassverwaltung zu beantragen (vgl jedoch zum Antragsrecht des bzw der *Erben* Staudinger/Marotzke § 2062 Rn 12 f bei Erbenmehrheit und Staudinger/Dobler § 2007 Rn 2 ff bei Berufung zu mehreren Erbteilen). Dass der unbeschränkt haftende Erbe das Recht behält, ein *Nachlassinsolvenzverfahren* zu beantragen (§§ 316 Abs 1, 317 InsO; krit wegen der Gefahr rechtsmissbräuchlicher Anträge Siber 88 f, 150; dem Erben bei rechtsmissbräuchlichem Antrag das Rechtsschutzbedürfnis absprechend Jaeger/Weber[8] KO §§ 217–220 Rn 2), erklärt sich nicht aus Rücksicht auf seine Belange, sondern daraus, dass sich das Insolvenzeröffnungsverfahren zur Entscheidung der Frage, ob der Erbe das Haftungsbeschränkungsrecht verwirkt hat, nicht eignet (vgl zu den entsprechenden Vorschriften der KO Prot V 763 f; Begr zur KO-Novelle 46 = Hahn, Die gesammten Materialien zu den Reichs-Justizgesetzen VII [1898] 251). Dagegen verlor der unbeschränkbar haftende Erbe – auch wenn er Miterben hatte – das Recht zur Beantragung des *Nachlassvergleichsverfahrens* (§ 113 Abs 1 Nr 3 VerglO). Das Nachlassvergleichsverfahren wurde inzwischen abgeschafft (§ 1975 Rn 2, 4). Die für dieses typische (§ 1975 Rn 2, 9) **„Eigenverwaltung"** des Nachlasses durch den Erben kann jedoch auf Antrag auch für das Nachlassinsolvenzverfahren neuen Rechts angeordnet werden (§§ 270 ff InsO; s auch § 1975 Rn 10). Auf Antrag des *Erben* darf die Eigenverwaltung allerdings nur angeordnet werden, wenn ua „keine Umstände bekannt sind, die erwarten lassen, dass die Anordnung zu Nachteilen für die Gläubiger führen wird" (§ 270 Abs 2 Nr 2 InsO). An dieser Voraussetzung wird es idR fehlen, wenn der Erbe eine der zum völligen oder teilweisen Verlust des Haftungsbeschränkungsrechts führenden Inventarverfehlungen begangen hat (zust Bamberger/Roth/Lohmann Rn 5), nicht aber bei *vorwurfsfreien sonstigen* Verlustgründen wie zB einem mit einzelnen oder sämtlichen Gläubigern geschlossenen Haftungsbeschränkungs-Verzichtsvertrag (vgl auch unten Rn 10). Auf Antrag der *Gläubigerversammlung* kann jedoch auch in solchen Fällen noch Eigenverwaltung angeordnet werden (§ 271 InsO).

5 Soweit (Rn 12 f) die Nachlassverwaltung und das Nachlassinsolvenzverfahren ihre haftungsbeschränkende Wirkung nicht mehr entfalten können, hindern sie die **persönliche Inanspruchnahme des** „unbeschränkt" auch mit dem Eigenvermögen haftenden **Erben** nicht (vgl § 1984 Rn 23 f für die Nachlassverwaltung und Staudinger/Dutta [2016] Vorbem 29 ff zu §§ 1967 ff für das Nachlassinsolvenzverfahren). Wenn neben der Nachlassverwaltung oder dem Nachlassinsolvenzverfahren auch über das Vermögen des Erben ein Insolvenzverfahren eröffnet wird, können die Nachlassgläubiger ihre Forderungen auch in diesem Verfahren geltend machen; hier werden sie dann wie absonderungsberechtigte Gläubiger behandelt (§ 331 Abs 1 InsO). Sie können also aus dem Erbenvermögen nur für den Betrag verhältnismäßige Befriedigung verlangen, bezüglich dessen sie auf Befriedigung aus dem Nachlass verzichtet haben oder ausgefallen sind (§ 52 InsO). Vgl weiterführend die Kommentierungen zu § 234 KO bzw § 331 InsO.

Soweit der Erbe „unbeschränkt" haftet, kann er weder im Fall der Nachlassverwaltung noch in dem des Nachlassinsolvenzverfahrens die Aufhebung von *Zwangsvollstreckungsmaßregeln* verlangen, die zugunsten eines Nachlassgläubigers in sein nicht zum Nachlass gehörendes Vermögen erwirkt worden sind (§ 784 Abs 1 ZPO). Dagegen kann der Nachlassverwalter Zwangsvollstreckungsmaßregeln der Privatgläubiger des Erben auch bei dessen „unbeschränkter" Haftung angreifen (vgl § 1984 Rn 26 ff). Für den Fall des Nachlassinsolvenzverfahrens vgl §§ 88, 89 Abs 1, 321 InsO und § 1975 Rn 6.

Die in § **1976 BGB** für die Fälle der Nachlassverwaltung und des Nachlassinsolvenzverfahrens angeordnete *Wiederaufhebung der Vereinigung von Recht und Verbindlichkeit bzw Recht und Belastung* wird durch den Eintritt der „unbeschränkten" Haftung nicht berührt; § 2013 BGB schließt § 1976 BGB nicht aus. Der „unbeschränkt" haftende Erbe kann also die ihm gegen den Erblasser zustehenden Forderungen in beiden Verfahren geltend machen. 6

Dagegen wird § **1977 BGB**, der bestimmten *Aufrechnungen* die Wirksamkeit entzieht, in § 2013 BGB für unanwendbar erklärt. Das muss jedoch auf den *ersten* Absatz des § 1977 BGB beschränkt werden (Einzelheiten bei § 1977 Rn 6, 8).

Wenn jemand zu **mehreren Erbteilen** berufen ist oder wenn **Miterben** vorhanden sind, gilt der – richtigerweise auf Abs 1 zu beschränkende – Ausschluss des § 1977 BGB nur, *soweit* die Haftung eine unbeschränkte ist (vgl Rn 12 f). Miterben haben zudem bis zur Teilung des Nachlasses das Leistungsverweigerungsrecht des § 2059 Abs 1 S 1 BGB, das auch bei „unbeschränkter" Haftung nicht *völlig* entfällt (s § 2059 Abs 1 S 2). Soweit dieses Leistungsverweigerungsrecht reicht (s Staudinger/Marotzke § 2059 Rn 4 f, 16), schließt es die Aufrechnung eines Nachlassgläubigers gem § 390 BGB aus (s Staudinger/Marotzke § 2059 Rn 19, 43).

Indem Abs 1 S 1 die Anwendung der §§ **1978–1980 BGB** ausschließt, verneint er eine **Verantwortlichkeit** des „unbeschränkt" haftenden Erben für die bis zur Anordnung der Nachlassverwaltung oder der Eröffnung des Nachlassinsolvenzverfahrens erforderliche Verwaltung des Nachlasses und für die Unterlassung des Antrags auf Eröffnung eines Nachlassinsolvenzverfahrens. Soweit (Rn 12 f) der Erbe ohnehin mit seinem ganzen Vermögen haftet, würde den Nachlassgläubigern die Zuerkennung von Ersatzansprüchen keine zusätzliche Zugriffsmöglichkeit geben. Umgekehrt entstehen auch keine Ansprüche des „unbeschränkt" haftenden Erben auf **Aufwendungsersatz**, zB wegen der Berichtigung von Nachlassverbindlichkeiten aus seinem Eigenvermögen (§§ 1978 Abs 3, 1979 BGB). Auch im Nachlassinsolvenzverfahren tritt folglich der Erbe nicht an die Stelle eines von ihm befriedigten Nachlassgläubigers; der Ausschluss der §§ 1978, 1979 BGB macht auch den § 326 Abs 2 InsO gegenstandslos (vgl aber die Sonderregelung in § 326 Abs 3 InsO). 7

3. Für unanwendbar erklärt Abs 1 S 1 auch die Haftungserleichterung, welche § **1989 BGB** nach Beendigung des Nachlassinsolvenzverfahrens durch Verteilung der Masse oder Insolvenzplan vorsieht, sowie die haftungsbeschränkenden Einreden der §§ **1990 bis 1992 BGB**. 8

III. Verlust des Haftungsbeschränkungsrechts gegenüber nur einzelnen Nachlassgläubigern

1. Abs 2

9 Haftet der Erbe nur gegenüber *einzelnen* Gläubigern unbeschränkbar, wie zB in den Fällen des § 2006 Abs 3 BGB oder des Verzichts auf das Haftungsbeschränkungsrecht (dazu Staudinger/Kunz Vorbem 18 ff zu §§ 1967 ff) oder wegen § 780 Abs 1 ZPO, so treten dieselben Folgen ein wie bei *allgemein* unbeschränkbarer Haftung, jedoch nur gegenüber den betreffenden einzelnen Gläubigern. Dagegen wird der Erbe nicht gehindert, die Beschränkbarkeit seiner Haftung den *übrigen* Gläubigern gegenüber geltend zu machen. Dementsprechend sagt Abs 2, dass die §§ 1977–1980 BGB sowie das Recht des Erben, die Anordnung einer Nachlassverwaltung zu beantragen, nicht dadurch ausgeschlossen werden, dass der Erbe nur einzelnen Nachlassgläubigern gegenüber „unbeschränkt" haftet (s auch § 1977 Rn 6, 8). Über die sonstigen nach Abs 1 nicht anwendbaren Haftungsbeschränkungsmittel (statthaft bleibt übrigens das Nachlassinsolvenzverfahren; s oben Rn 4) schweigt das Gesetz. Es ist aber selbstverständlich, dass auch sie im Verhältnis zu den übrigen Nachlassgläubigern anwendbar bleiben (BGB-RGRK/Johannsen Rn 14, 15; Bamberger/Roth/Lohmann Rn 5; Erman/Horn Rn 3). Also bleibt der Erbe berechtigt, das Aufgebot der Nachlassgläubiger zu beantragen (amtl Begr zur CPO-Novelle 199 [betr § 991 Abs 1 ZPO/jetzt § 455 Abs 1 FamFG] = Hahn, Die gesammten Materialien zu den Reichs-Justizgesetzen VIII [1898] 179) und gegenüber den in diesem Verfahren ausgeschlossenen und den ihnen gleichstehenden Gläubigern nach § 1973 bzw § 1974 BGB vorzugehen. Ebenso kann er sich gegenüber den Gläubigern, denen er noch nicht unbeschränkbar haftet, ggf auf die §§ 1989–1992 BGB berufen.

2. Nachlassinsolvenzverfahren und Eigenverwaltung

10 Das **Nachlassvergleichsverfahren** (s § 1975 Rn 2, 4) konnte der Erbe wegen der in § 113 Abs 1 Nr 3 VerglO getroffenen Sonderregelung schon dann nicht mehr beantragen, wenn er nur *einzelnen* Nachlassgläubigern gegenüber „unbeschränkt" haftete. Bei Erbenmehrheit entfiel das – allen Erben nur gemeinschaftlich zustehende (§ 113 Abs 1 Nr 1 S 3 VerglO) – Antragsrecht auch dann, wenn nur *ein* Erbe für die Nachlassverbindlichkeiten allen oder einzelnen Nachlassgläubigern gegenüber „unbeschränkt" haftete (§ 113 Abs 1 Nr 3 VerglO). Diese von dem Muster des § 2013 Abs 2 BGB abweichende Sonderregelung nahm darauf Rücksicht, dass der Erbe den Nachlass im Nachlass*vergleichs*verfahren weiterhin in den Händen behielt (§ 1975 Rn 2, 9) und dies den Nachlassgläubigern nicht zuzumuten war, wenn der Erbe bzw einer der Erben durch Verweigerung der eidesstattlichen Versicherung (§ 2006 Abs 3 BGB) Zweifel an seiner Zuverlässigkeit aufkommen ließ (vgl Bley/Mohrbutter VerglO § 113 Rn 10 ad a [im ersten Abs], b; vgl auch § 1981 Abs 2 S 1 BGB). Dieser Gedanke ist für das am 1. 1. 1999 in Kraft getretene **neue Insolvenzrecht** insofern von Bedeutung, als dieses im Rahmen des an die Stelle von Nachlasskonkurs und Nachlassvergleich getretenen „Nachlassinsolvenzverfahrens" die Möglichkeit eröffnet, durch besonderen Gerichtsbeschluss eine **„Eigenverwaltung"** anzuordnen (Näheres bei Rn 4). Man wird einem Erben, der sein Haftungsbeschränkungsrecht nicht gem § 2006 Abs 3 BGB, sondern aus anderen, weniger dubiosen Gründen (zB gem § 780 Abs 1 ZPO oder durch Vertrag; s auch § 1993 Rn 28) verloren hat, weiterhin die Chance offenhal-

ten müssen, mit Aussicht auf Erfolg (Rn 4) die Anordnung der Eigenverwaltung zu beantragen (ähnlich Bley/Mohrbutter VerglO § 113 Rn 10 ad b für den Antrag auf Eröffnung des Nachlassvergleichsverfahrens; vgl auch Soergel/Stein § 1975 Rn 10 mit Fn 24).

IV. In § 2013 nicht erwähnte Folgen der „unbeschränkten" Haftung

Dem Erben, der sein Recht zur Haftungsbeschränkung verloren hat, entzieht das Gesetz auch die Rechtsbehelfe, die seine Haftungsbeschränkung vorbereiten oder sichern helfen sollen: 11

1. das Recht, das **Aufgebot der Nachlassgläubiger** zu beantragen (es sei denn, der Erbe haftet nur gegenüber einzelnen Nachlassgläubigern „unbeschränkt"), vgl Rn 2, 9 und § 455 Abs 1 FamFG;

2. das Recht, im Fall des § 175 ZVG (vgl Staudinger/Kunz § 1971 Rn 15) die **Zwangsversteigerung des Nachlassgrundstücks** zu beantragen (§ 175 Abs 2 ZVG), aber auch dieses Antragsrecht entfällt nicht, wenn der Erbe sein Haftungsbeschränkungsrecht nur gegenüber einzelnen Nachlassgläubigern verloren hat;

3. **die aufschiebenden Einreden** der §§ 2014, 2015 BGB; deren Ausschluss regelt § 2016 BGB (aber kein Ausschluss dieser Einreden gegenüber solchen Gläubigern, denen gegenüber der Erbe das Beschränkungsrecht noch hat).

4. Ausgeschlossen ist idR auch die Möglichkeit des Erben, gem § 270 InsO die Anordnung der **Eigenverwaltung** zu erwirken (s Rn 4, 10).

V. Miterbschaft, Berufung zu mehreren Erbteilen

1. Wer **Miterben** hat, kann das Haftungsbeschränkungsrecht durch Inventarverfehlungen (§§ 1994 Abs 1 S 2, 2005 Abs 1, 2006 Abs 3 BGB) nur hinsichtlich einer seinem ideellen Erbteil entsprechenden *Quote* einzelner (§ 2006 Abs 3 BGB) oder sämtlicher Nachlassverbindlichkeiten verlieren (str; vgl § 1994 Rn 34, Staudinger/Marotzke § 2059 Rn 6 ff). In Ansehung der übrigen Schuldquoten, für die er das Beschränkungsrecht nur durch Rechtsgeschäft oder gem § 780 ZPO verlieren kann, gilt das Vorstehende deshalb nicht ohne Weiteres, insbes nicht der Ausschluss der §§ 1973–1975 BGB, der §§ 1977–1980 BGB und der §§ 1989–1992 BGB durch § 2013 Abs 1 S 1 BGB. Der Miterbe, dessen „unbeschränkte" Haftung auf einer Inventarverfehlung beruht, ist also den Nachlassgläubigern bis zur Höhe der Teilbeträge, für die er im Fall des Nachlassinsolvenzverfahrens nur mit dem Nachlass haftet (vgl Staudinger/Marotzke § 2060 Rn 10 f) und für die somit der bei Rn 7 genannte Grund für den Ausschluss der §§ 1978–1980 BGB nicht zutrifft, für von ihm zu vertretende Schädigungen des Nachlasses persönlich verantwortlich (ebenso im Fall des § 2059 Abs 1 S 2 BGB Kress, Die Erbengemeinschaft [1903] 136). Entsprechendes gilt, wenn der „unbeschränkt" haftende Miterbe dem Gläubiger nach der Teilung des Nachlasses gem § 2061 Abs 1 S 2 BGB ohnehin nur noch teilschuldnerisch haftet (vgl Staudinger/Marotzke § 2060 Rn 32 ff). Zur Aufrechnung s oben Rn 6 und Staudinger/Marotzke § 2059 Rn 19, zu den Einreden aus Staudinger/Dobler § 1973 Rn 1 ff und § 1974 Rn 1 ff oben Rn 3. Vgl ferner Staudinger/Marotzke § 2062 Rn 12 f (Antrag auf Nachlassverwaltung) und oben Rn 10 (Antrag auf Anordnung 12 der „Eigenverwaltung“ im Nachlassinsolvenzverfahren, wenn einige oder alle der den Antrag stellenden Miterben bereits „unbeschränkt“ haften).

13 **2.** Die bei **Berufung zu mehreren Erbteilen** bestehende Möglichkeit einer nur *teilweise* unbeschränkbar werdenden – im Übrigen also noch beschränkbaren – Haftung ist dargestellt bei § 2007 Rn 1 ff.

VI. Beweislast

14 Es ist Sache des Nachlassgläubigers, darzutun, dass und wodurch der Erbe sein Haftungsbeschränkungsrecht verloren hat: also zB die Setzung und den Ablauf der Inventarfrist, deren Einhaltung wiederum der Erbe beweisen muss (vgl § 1994 Abs 1 S 2 HS 2 BGB; MünchKomm/Küpper Rn 5), oder Inventaruntreue (§ 2005 Abs 1 S 1 BGB) oder Verweigerung der eidesstattlichen Versicherung ihm gegenüber (§ 2006 Abs 3 BGB). Diesen Beweis kann der Gläubiger, wenn der Erbe den Vorbehalt der beschränkten Haftung verlangt (§ 780 ZPO), schon im Prozess führen und dadurch die vorbehaltslose Verurteilung erreichen; er kann sich diesen Nachweis aber auch für das Zwangsvollstreckungsverfahren aufsparen für den Fall, dass der Erbe Einwendungen nach §§ 781 ff ZPO erhebt (vgl § 1990 Rn 12). Wenn allerdings eine Nachlassverwaltung angeordnet oder ein Nachlassinsolvenzverfahren eröffnet ist, soll der Gläubiger nach Staudinger/Lehmann[11] (Rn 10) und Planck/Flad (Anm 4b, § 1975 Anm 4) schon im Hauptprozess den Nachweis erbringen müssen, dass der Erbe allgemein oder wenigstens ihm gegenüber unbeschränkt hafte. Hinter dieser Ansicht steht die Vorstellung, dass während einer Nachlassverwaltung oder eines Nachlassinsolvenzverfahrens (damals: Nachlasskonkurses) die Passivlegitimation des Erben davon abhänge, dass er für den geltend gemachten Anspruch unbeschränkt hafte. Vgl zu dieser Vorfrage Vorbem 29 ff, 32 zu §§ 1967 ff (Nachlassinsolvenzverfahren) und § 1984 Rn 24 (Nachlassverwaltung).

Untertitel 5
Aufschiebende Einreden

Vorbemerkungen zu §§ 2014–2017

Schrifttum

ECCIUS, Rezension des Buches „Das Erbrecht des BGB" von J Böhm, Gruchot 44 (1900) 898
ders, Rezension des Buches „Das deutsche Erbrecht auf der Grundlage des Bürgerlichen Gesetzbuchs" von Strohal, Gruchot 49 (1905) 156, 157
ders, Rezension des Planck'schen Kommentars (Erbrecht), Gruchot 51 (1907) 213, 214
FRIEDBERG, Die rechtliche Natur der aufschiebenden Einreden des Erben (Diss Leipzig 1910)
FUCHS, Hindern die aufschiebenden Einreden aus §§ 2014, 2015 BGB den Verzug des Erben?, Recht 1905, 339
ders, Nochmals die Bedeutung der aufschiebenden Einreden aus §§ 2014, 2015 BGB, Recht 1905, 425
HERZFELDER, Hindern die aufschiebenden Einreden aus §§ 2014, 2015 BGB den Verzug des Erben?, DJZ 1905, 61
JAHN, Die aufschiebenden Einreden aus §§ 2014, 2015 BGB und der Leistungsverzug des Erben unter Berücksichtigung der geschichtlichen Entwicklung (1912)
KIPP, Über die aufschiebenden Einreden des Erben, in: Berliner FS Brunner (1914) 311
LANGHEINEKEN, Anspruch und Einrede nach dem Deutschen Bürgerlichen Gesetzbuch (1903)
MÜLLER, Hindern die aufschiebenden Einreden aus §§ 2014, 2015 BGB den Verzug des Erben?, DJZ 1905, 686
ROTH, Die Einrede des Bürgerlichen Rechts (1988) § 15
vWINTERFELD, Die aufschiebenden Einreden des Erben und der Leistungsverzug (Diss Leipzig 1907).

1. **Gemeinsamer Zweck der §§ 2014, 2015 BGB** ist es, dem Erben die Möglichkeit zu geben, sich ohne Rücksicht auf das Drängen der Nachlassgläubiger zunächst ein Bild über die Aktiva und Passiva des Nachlasses zu machen und erst dann zu entscheiden, ob und ggf wie er seine Haftung für die Nachlassverbindlichkeiten auf den Nachlass beschränken will (Prot V 784 f; Denkschr 726). Dieser Zweck könnte nicht allein durch § 1958 BGB erreicht werden, da § 1958 BGB eine rein prozessuale Vorschrift ist (STAUDINGER/MEŠINA [2017] § 1958 Rn 1), die nur bis zur Annahme der Erbschaft wirkt und eine Haftung des Erben wegen Schuldnerverzugs (§§ 286 ff BGB) oder sonstiger Pflichtverletzungen (§§ 280 ff, 323 ff BGB) selbst für diesen Zeitraum nicht ausschließt. Deshalb gewähren die §§ 2014, 2015 BGB dem Erben zwei materielle Leistungsverweigerungsrechte, deren erstes, § 2014 BGB, vom Zeitpunkt des Erbfalls (§ 2014 Rn 2) bis zum Ablauf von drei Monaten nach der Erbschaftsannahme bzw bis zur Inventarerrichtung reicht und deren zweites, § 2015 BGB, den Erben unter bestimmten Voraussetzungen auch während des der Ermittlung der Passiva dienenden Aufgebotsverfahrens (§§ 1970 ff BGB) vor einer Inanspruchnahme durch Nachlassgläubiger schützt. 1

2 **2. Die Geltendmachung der durch §§ 2014, 2015 BGB gewährten Einreden ist nicht nur ein Recht des Erben, sondern** gegenüber den übrigen Nachlassgläubigern **uU (§§ 1978, 1979 BGB) auch seine Pflicht** (vgl § 1978 Rn 22, § 2014 Rn 8). Dass der Erbe durch *zweckwidriges Vorschützen* der Einreden den Nachlass mit unnötigen Kosten und Verpflichtungen belastet und sich deshalb schadensersatzpflichtig macht (Staudinger/Lehmann[11] Vorbem 5), wird kaum vorkommen, da die §§ 2014, 2015 BGB verzugsausschließend wirken (vgl § 2014 Rn 8 [aber auch § 2014 Rn 6]; **aM** Staudinger/Lehmann[11] Vorbem 3).

3 **3. Berechtigt zur Geltendmachung der Einreden sind** außer dem **Erben** der nach § 1960 oder § 1961 BGB bestellte **Nachlasspfleger**, der **Nachlassverwalter** und der **Testamentsvollstrecker** (§ 2017 Rn 1 ff). Im Fall der Nachlasspflegschaft (also auch der Nachlassverwaltung, vgl § 1975 BGB) beginnen die in § 2014 und § 2015 Abs 1 BGB bestimmten Fristen mit der Bestellung des Pflegers, falls dieser zur Verwaltung des Nachlasses berufen ist (§ 2017 BGB).

Soweit der überlebende **Ehegatte** bei der fortgesetzten Gütergemeinschaft seine persönliche Haftung für die Gesamtgutsverbindlichkeiten gem § 1489 Abs 2 BGB beschränken kann, stehen auch ihm die aufschiebenden Einreden der §§ 2014, 2015 BGB zu. In prozessualer Hinsicht gelten die §§ 305 Abs 2, 786 ZPO.

4 **4. Wenn und soweit der Erbe das Recht zur Haftungsbeschränkung bereits verloren hat**, können ihm die aufschiebenden Einreden der §§ 2014, 2015 BGB nicht mehr zustehen (zum Fall der Erbenmehrheit vgl § 2016 Rn 3). Dies folgt aus § 2016 Abs 1 BGB und entspricht dem in Vorbem 1 erwähnten Zweck der Einreden.

5 **5.** Einem Nachlassgläubiger, der ein **dingliches Recht** auf Befriedigung aus bestimmten Nachlassgegenständen hat, können die Einreden aus §§ 2014, 2015 BGB nicht entgegengesetzt werden, soweit er seine Befriedigung nur aus dem dinglichen Recht sucht und deshalb von dem Aufgebot der Nachlassgläubiger nach § 1971 BGB nicht betroffen wird (§ 2016 Abs 2 BGB mit einer Ausnahme in HS 2).

6 **6. Prozessuale Ergänzungen** der §§ 2014 ff BGB enthalten die §§ 305, 780 ff (insb 782, 783) ZPO.

§ 2014
Dreimonatseinrede

Der Erbe ist berechtigt, die Berichtigung einer Nachlassverbindlichkeit bis zum Ablauf der ersten drei Monate nach der Annahme der Erbschaft, jedoch nicht über die Errichtung des Inventars hinaus, zu verweigern.

Materialien: E I § 2143; II § 1888; III § 1989;
Mot V 672 f; Prot V 784 f, 805; Denkschr 726;
Jakobs/Schubert ER I 309, 342 ff.

I. Allgemeines, Verhältnis zu § 1958

Solange der Erbe die Erbschaft nicht angenommen hat, kann gegen ihn ein Anspruch, der sich gegen den Nachlass richtet, *gerichtlich* nicht geltend gemacht werden (§ 1958 BGB). Außerdem gewährt § 2014 BGB dem Erben das Recht, die Berichtigung einer Nachlassverbindlichkeit bis zum Ablauf der ersten drei Monate nach Annahme der Erbschaft, jedoch nicht über die Errichtung des Inventars (§§ 1993 ff BGB) hinaus, zu verweigern. Dies ist nicht – wie jedoch § 1958 BGB (s Staudinger/Mešina [2017] § 1958 Rn 1 ff, 6) – eine lediglich *prozessuale* Vorschrift, sondern ein *materielles* Leistungsverweigerungsrecht, das als solches nicht nur von dem Erben selbst, sondern auch von einem Nachlasspfleger oder Testamentsvollstrecker geltend gemacht werden kann (vgl § 2017 Rn 1; anders §§ 1960 Abs 3, 1961, 2213 Abs 2 BGB bzgl des Wirkungsbereichs des nur die prozessuale Ebene betreffenden § 1958 BGB). Zu Sinn und Zweck des § 2014 BGB vgl Vorbem 1 zu §§ 2014 ff, zum Verhältnis dieser Vorschrift zu § 1958 BGB vgl Staudinger/Mešina (2017) § 1958 Rn 1 sowie Prot V 830, 831. 1

II. Dauer der Einrede

Das Leistungsverweigerungsrecht des § 2014 BGB *entsteht* nicht erst mit der Annahme der Erbschaft (arg § 2017 BGB), sondern bereits mit dem Erbfall (vgl Prot V 830/831 sowie Staudinger/Mešina [2017] § 1958 Rn 1; **aM** Staudinger/Lehmann[11] § 2014 Rn 2, § 2017 Rn 1). Nur die Dreimonatsfrist, bei deren Ablauf das Leistungsverweigerungsrecht *endet,* beginnt erst mit der Annahme der Erbschaft. Wegen §§ 1943 HS 2, 1944 Abs 2 S 1 BGB kann die Frist bei Vorhandensein mehrerer Erben hinsichtlich jedes einzelnen Miterben anders laufen. Wird vor der Annahme der Erbschaft zur Verwaltung des Nachlasses ein Nachlasspfleger bestellt, so beginnt die Dreimonatsfrist mit der Bestellung (§ 2017 BGB). Berechnet wird die Frist nach §§ 187 Abs 1, 188 Abs 2, 3 BGB. § 782 S 2 ZPO sieht eine maßvolle Verlängerung der vollstreckungsrechtlichen Einredewirkungen vor, wenn vor Ablauf der Frist die Eröffnung eines Nachlassinsolvenzverfahrens beantragt wird. 2

Nach HS 2 entfällt das Leistungsverweigerungsrecht mit der **Errichtung des Inventars** (= seiner Einreichung gem §§ 1993, 2003 Abs 3 BGB). Denn es besteht kein Bedürfnis, dem Erben, der ein Inventar errichtet hat, noch eine Schutzfrist zwecks Ermittlung der Aktiva des Nachlasses zu gewähren (bzgl der Ermittlung der Passiva vgl § 2015 BGB). Gleichgültig ist, ob der Erbe das Inventar freiwillig errichtet hat oder deshalb, weil ihm gem § 1994 BGB eine Frist bestimmt wurde. Für den Ausschlusstatbestand des § 2014 HS 2 BGB genügt die Errichtung eines *korrekten* Inventars. Inventaruntreue (§ 2005 Abs 1 S 1 BGB) und Versäumung einer Inventarfrist (§ 1994 Abs 1 S 2 BGB) führen jedoch aus anderen Gründen (s § 2016 Abs 1 BGB und § 2016 Rn 1) ebenfalls zum Ausschluss des § 2014 BGB (zu dieser Parallelität der Rechtsfolgen vgl Riesenfeld I 133, II 18). Da das von einem Erben errichtete Inventar seinen Miterben zwar „zustatten" kommt (§ 2063 Abs 1 BGB), grundsätzlich jedoch nicht auch zu ihren Lasten wirkt (§§ 2058, 425 BGB), nimmt die Inventarerrichtung eines Miterben den übrigen Miterben nicht ohne Weiteres die Einrede des § 2014 BGB. Anwendbar ist der Ausschlusstatbestand des HS 2 jedoch hinsichtlich solcher Miterben, die auf das Inventar gem § 2004 BGB Bezug nehmen. Wenn ein Miterbe eine ihm gesetzte Inventarfrist versäumt und nur deshalb nicht „unbeschränkt" 3

(§ 1994 Abs 1 S 2 BGB) haftet, weil ihm das von einem anderen Miterben errichtete Inventar (auf das er sich nicht nach § 2004 BGB bezogen hat) gem § 2063 Abs 1 BGB zustatten kommt, wird man ihm die aufschiebende Einrede des § 2014 BGB nicht nach HS 2 *völlig* aberkennen dürfen. Denn sonst stünde er hinsichtlich § 2014 BGB schlechter, als wenn er wegen Versäumung der Inventarfrist sein Haftungsbeschränkungsrecht verloren hätte, da diese Rechtsfolge ja nur bzgl eines seinem Erbteil entsprechenden *Teils* der Nachlassverbindlichkeit eingetreten (str; vgl § 1994 Rn 34, § 2059 Rn 4 ff, § 2060 Rn 10 f) und der in § 2016 Abs 1 BGB normierte Ausschluss des § 2014 BGB *nur insoweit* in Betracht gekommen wäre. Bzgl des § 2014 BGB wird man folglich den Miterben, der nur deshalb nicht „unbeschränkt" haftet, weil ihm das von einem anderen Miterben errichtete Inventar gem § 2063 Abs 1 BGB zustatten kommt, nicht so stellen dürfen, als hätte er selbst ein Inventar errichtet (Rechtsfolge: völliger Ausschluss des § 2014 BGB gem HS 2), sondern so, wie wenn innerhalb der ihm gesetzten Frist überhaupt kein Inventar errichtet worden wäre (Rechtsfolge: nur teilweiser Ausschluss des § 2014 BGB). Nicht ernsthaft in Betracht kommt eine dritte Lösungsmöglichkeit derart, dass man weder § 2014 HS 2 BGB noch (mit der soeben beschriebenen Einschränkung) § 2016 Abs 1 BGB anwendet mit der Begründung, dass der betreffende Miterbe einerseits *nicht selbst* ein Inventar errichtet habe (dies gegen § 2014 HS 2 BGB) und andererseits *trotz* § 1994 Abs 1 S 2 BGB nicht „unbeschränkt" hafte, weil ihm das von einem anderen Miterben errichtete Inventar gem § 2063 Abs 1 BGB „zustatten" komme.

III. Ausschluss der Einrede

1. Bei Verlust des Haftungsbeschränkungsrechts

4 Gem § 2016 Abs 1 BGB finden die §§ 2014, 2015 BGB keine Anwendung, wenn der Erbe „unbeschränkt" haftet (vgl dazu § 2016 Rn 1–3).

2. Wegen der Art der Forderung

5 Für § 2014 BGB ist unerheblich, ob der Anspruch bereits gegen den Erblasser erhoben war oder erstmalig gegen den Erben geltend gemacht wird. Den sofort zu befriedigenden Ansprüchen aus § 1963 BGB (Unterhalt der werdenden Mutter des Erben) und § 1969 BGB (Dreißigster) kann die Einrede jedoch nicht entgegengesetzt werden. Auch die Weitergewährung des Gebrauchs und der Nutzung von Sachen, die ein Mieter oder Pächter in Besitz genommen hat, kann nicht verweigert werden (Dietz 193; Kipp/Coing § 160 III). Auf dingliche oder ihnen gleichgestellte Ansprüche finden die §§ 2014, 2015 BGB gem § 2016 Abs 2 BGB grundsätzlich keine Anwendung (einschr und gut vertretbar Stefanie Rebmann, Der Eintritt des Erben in pflichtbelastete Rechtspositionen [2004] 111).

3. Wegen offensichtlicher Zulänglichkeit des Nachlasses

6 Falls *offensichtlich* ist, dass der Nachlass zur Berichtigung aller auf ihm lastenden Verbindlichkeiten ausreicht, wird man dem Erben die Berufung auf die §§ 2014, 2015 BGB mit Rücksicht auf den Zweck (Vorbem 1 zu §§ 2014 ff) nach Treu und Glauben versagen müssen, soweit der Gläubiger seinen Anspruch nur gegen den *Nachlass* verfolgt. Jedoch sollte man hier einen deutlich strengeren Maßstab anlegen

als §§ 1979, 1980 Abs 2 S 2 BGB und die Grenze erst dort ziehen, wo die vorübergehende Leistungsverweigerung auf eine sittenwidrige Schädigung des Gläubigers hinausliefe (vgl § 826 BGB und Jahn, Die aufschiebenden Einreden ... [Diss Breslau 1912] 63). Solange der Erbe die Erbschaft noch ausschlagen kann, wird diese Ausnahme von §§ 2014, 2015 BGB kaum in Betracht kommen; zudem genießt der Erbe während dieser frühen Phase noch den Schutz des § 1958 BGB.

IV. Wirkungen des Verweigerungsrechts

1. Die **Fälligkeit** einer Nachlassverbindlichkeit wird durch die aufschiebenden Einreden der §§ 2014, 2015 BGB und die Berufung des Erben auf sie nicht berührt (OLG Köln NJW 1952, 1145; RFH 1, 99, 100 f; **aM** KG OLGE 3 [1901/II] 131). Die Geltendmachung dieser Einreden hindert weder eine unter dem Vorbehalt der beschränkten Haftung ergehende Verurteilung des Erben (§ 305 ZPO) noch eine auf Sicherungsmaßnahmen beschränkte Zwangsvollstreckung (§§ 782, 783 ZPO). *Zinsen,* welche lediglich die Fälligkeit des Hauptanspruchs voraussetzen (vgl §§ 291 BGB, 353 HGB), können auch während der Zeit anfallen, für die sich der Erbe berechtigterweise auf §§ 2014, 2015 BGB beruft (BGB-RGRK/Johannsen Rn 7; Kipp/Coing § 100 IV 1). Zur *Aufrechnung,* die gem § 387 BGB ebenfalls Fälligkeit voraussetzt, s unten Rn 11. 7

2. Solange der Erbe die Leistung gem §§ 2014, 2015 BGB verweigern darf, gerät *er* – der Erbe als Inhaber seines *Eigen*vermögens – nicht in **Schuldnerverzug** (BGB-RGRK/Johannsen Rn 7; AK-BGB/Teubner Rn 11 f; Kipp § 81 IV; Kipp/Coing § 100 IV 1; Brox/Walker Rn 706; Michalski Rn 925; KG OLGE 3 [1901/II] 434 f; 18 [1909/I] 318; **aM** RGZ 79, 201, 204 ff [vgl dazu auch Staudinger/Mešina [2017] § 1958 Rn 6]; OLG München OLGE 30 [1915/I] 203 f; RFH 1, 99, 100 f; Soergel/Stein Rn 4 f; Bamberger/Roth/Lohmann Rn 8; Palandt/Weidlich Rn 3; Jauernig/Stürner Rn 1; Roth § 15 III 2; Staudinger/Lehmann[11] Vorbem 3 mit umfangreichen Nachweisen zum damaligen Streitstand). Solange der Erbe „berechtigt" ist, die Berichtigung einer Nachlassverbindlichkeit zu verweigern, kann das Unterbleiben der Leistung nicht als Pflichtwidrigkeit gewertet werden, die er „zu vertreten" habe (§§ 276, 286 Abs 4 BGB). Sowohl nach dem Wortlaut des Gesetzes als auch dem Willen des Gesetzgebers ist die einen (eigenen) Verzug des Erben ausschließende Wirkung der §§ 2014, 2015 BGB *de lege lata* unbestreitbar (vgl Prot V 744 [E § 2130], 785, 790 f, 830/831 [zum Verhältnis §§ 1958/2014 BGB]; Denkschr 726). Die Gegenansicht stützt sich überwiegend auf Billigkeitserwägungen *rechtspolitischen* Charakters (vgl Staudinger/Lehmann[11] Vorbem 3; Soergel/Stein Rn 4; MünchKomm/Küpper Rn 5; Bamberger/Roth/Lohmann Rn 8). Aber auch aus rechtspolitischer Sicht wäre es wenig befriedigend, wenn man den Erben unter Hinweis auf eine andernfalls drohende Haftung aus §§ 1978, 1979 BGB zur Geltendmachung der aufschiebenden Einreden nötigte (§ 1978 Rn 22), ohne *zumindest sein Eigenvermögen* (vgl Staudinger/Dutta [2016] § 1967 Rn 53, Staudinger/Marotzke § 2058 Rn 45) vor den in §§ 280 (Abs 1 und 2), 287 ff BGB erwähnten Folgen des Schuldnerverzugs zu bewahren (während ein Verzug des *Nachlasses,* für dessen Konsequenzen der Erbe gem §§ 1967, 1975 ff BGB unbeschränkt, aber beschränkbar „mithaften" würde, sehr wohl denkbar erscheint, da Unzulänglichkeit oder Unübersichtlichkeit des Nachlasses zwar nicht vom Erben [der durch §§ 2014 ff BGB geschützt wird], wohl aber vom Erblasser nach dem Grundsatz der unbeschränkten Vermögenshaftung [vgl Staudinger/Caspers [2019] § 276 Rn 162 ff; Marotzke KTS 2002, 1, 4 mwNw in Fn 5] ohne Rücksicht 8 auf Verschulden zu vertreten sind [zust Michalski Rn 925; iE ebenso Planck/Siber[4] § 284 Anm 4d; vLübtow II 1106; Jan Schröder JZ 1978, 379, 384 Fn 49; wohl auch RGZ 79, 201, 206; **aM** BGB-RGRK/Johannsen Rn 7; Staudinger/Marotzke[12] § 2014 Rn 7–9]). Zu Recht sehen die Prot (V 791) die verzugsausschließende Wirkung der §§ 2014, 2015 BGB bereits deshalb als gerechtfertigt an, weil es auch im Interesse der Nachlassgläubiger liege (ähnlich Denkschr 726), dass der Erbe von diesen Einreden Gebrauch mache, damit nicht die Gläubiger, deren Forderungen fällig sind, bessergestellt würden als die übrigen. Dieser Grund spricht auch gegen die Ansicht von Lange/Kuchinke (§ 48 III 2), dass der Erbe in den Fällen der §§ 2014, 2015 BGB jedenfalls dann in Verzug gerate, wenn er sich weigere, den seine Befriedigung verlangenden Nachlassgläubiger wenigstens sicherzustellen. Denn dingliche Sicherheiten, die der Nachlassgläubiger nicht im Wege der Zwangsvollstreckung, sondern durch Rechtsgeschäft vom Erben erwirbt, bleiben grundsätzlich auch im Nachlassinsolvenzverfahren wirksam; für sie gelten nicht die §§ 88, 321 InsO, sondern nur die weniger weitgehenden §§ 129 ff, 322 InsO. Nur im Hinblick auf die *mangelnde* Insolvenzfestigkeit lässt jedoch § 782 ZPO eine auf Sicherungsmaßregeln beschränkte Zwangsvollstreckung gegen den sich auf §§ 2014, 2015 BGB berufenden Erben zu (Rn 13). Das KG (OLGE 26 [1913/I] 294 f) hat freilich gemeint, der Erbe, dem die Einreden aus §§ 2014, 2015 zustehen, müsse den Nachlassgläubiger auf Verlangen zumindest in die Lage versetzen, wegen seines Anspruchs die *Pfändung* zu bewirken. Anderenfalls gerate er in Verzug bzw gebe er iS der Kostenvorschrift des § 93 ZPO *Veranlassung zur Klageerhebung* (**aM** die frühere KG-Rspr: OLGE 2 [1901/I] 388; 3 [1901/II] 131 f; 18 [1909/I] 318). Hiergegen ist jedoch zu sagen, dass das materielle Recht dem Nachlassgläubiger wohl kaum einen Anspruch auf Verschaffung eines Sicherungsrechts gewähren wird, welchem das Gesetz (§§ 88, 321 InsO) gerade für den Krisenfall (Nachlassinsolvenzverfahren) die Wirkung versagt. Dass dieser Angriff auf die Wirksamkeit nicht auch im Rahmen des *§ 1990 Abs 1 S 2 BGB* stattfindet, sondern dass *hier* eine frühere Pfändung der späteren idR vorgeht (vgl aber §§ 1990 Abs 2, 1991 BGB), ist eine lediglich *im Interesse des Erben* (§ 1990 Rn 1) geschaffene Vereinfachung der Rechtslage, die für sich allein keine dem Erben nachteilige Beurteilung der hier zu entscheidenden Frage des Verzugseintritts rechtfertigt.

9 Da der Erbe nicht in Verzug gerät, solange er die Leistung gem §§ 2014, 2015 BGB verweigern kann, konnte aufgrund der bis Ende 2001 maßgeblichen Fassung der §§ 323 ff BGB der Eindruck entstehen, dass dem Nachlassgläubiger auch nicht die **Rechte aus § 326 BGB** aF **(zB Rücktritt oder Ersatz des Nichterfüllungsschadens)** zustünden. Denn zu den Voraussetzungen des § 326 BGB aF gehörte der Schuldnerverzug. Bereits damals war jedoch erkannt worden, dass es gegen Treu und Glauben verstoßen kann, den Gläubiger an einem Vertrag festzuhalten, dessen Erfüllung durch die – wenn auch berechtigte – Leistungsverweigerung verzögert wird. Für diesen Fall wurde angenommen, dass der Gläubiger gem § 242 BGB **vom Vertrag zurücktreten** könne (BGB-RGRK/Johannsen Rn 9; Kipp/Coing § 100 IV 2; Staudinger/Marotzke[12] § 2014 Rn 5). Solch eines Rückgriffs auf § 242 BGB bedarf es jedoch nur, wenn man *nicht* der bei Rn 8 vertretenen Ansicht folgt, dass die §§ 2014, 2015 BGB zwar eine persönliche und unbeschränkbare Verzugshaftung des *Erben,* keineswegs aber eine solche des *Nachlasses* hindern.

An die Stelle des § 326 BGB aF sind am 1. 1. 2002 die §§ 280–285, 323 ff BGB getreten. Die neuen Vorschriften setzen zwar nicht mehr einen Schuldnerverzug iS des § 286

BGB voraus, sondern lassen insoweit genügen, dass der Schuldner „eine Pflicht aus einem Schuldverhältnis verletzt" (§ 280 Abs 1 S 1 BGB) bzw dass er eine „fällige Leistung nicht oder nicht wie geschuldet" (§ 281 Abs 1 S 1 BGB) bzw „nicht oder nicht vertragsgemäß" (§ 323 Abs 1 BGB) erbringt. Aber auch im Rahmen *dieser* Formulierungen kann es hilfreich sein, entsprechend den Ausführungen bei Rn 8 zu unterscheiden zwischen der Nachlassverbindlichkeit als solcher (die durch § 2014 BGB unberührt bleibt) und der hierfür bestehenden Verantwortlichkeit des Erben (die durch § 2014 BGB eingeschränkt wird). Das gilt auch im Zusammenhang mit dem gesetzlichen Rücktrittsrecht aus § 323 BGB, obwohl dieses im Gegensatz zur Schadensersatzpflicht (vgl § 280 Abs 1 S 2 BGB) und auch im Unterschied zu §§ 325, 326 BGB aF ein „Vertretenmüssen" nicht voraussetzt. Etwaige Fristsetzungserfordernisse (§§ 281, 323 BGB) sind natürlich zu beachten.

3. Die **Verjährung** einer Nachlassverbindlichkeit (Staudinger/Kunz Vorbem 114 ff zu §§ 1967 ff) wird allein durch die aufschiebenden Einreden aus §§ 2014, 2015 BGB nicht gehemmt. Dies ergibt sich aus einem Gegenschluss zu § 205 BGB (vgl § 1990 Rn 39). Zu beachten sind jedoch § 211 BGB (Ablaufhemmung in Nachlassfällen) und ggfls § 204 BGB (Hemmung der Verjährung durch Rechtsverfolgung, s hierzu auch § 305 ZPO). **10**

4. Die aufschiebenden Einreden aus § 2014 und § 2015 BGB hindern den Nachlassgläubiger nicht, sich durch **Aufrechnung** seines Anspruchs gegen einen an ihn gerichteten Anspruch des Nachlasses oder auch nur des Erben zu befriedigen. In beiden Fällen steht § 390 BGB nicht entgegen (Staudinger/Lehmann[11] Vorbem 4; Staudinger/Gursky [2016] § 390 Rn 16; Kipp/Coing § 100 IV 3; Planck/Flad Vorbem 6 d ß zu § 2014; MünchKomm/Küpper Rn 5 aE; Soergel/Stein Rn 5; AK-BGB/Teubner Rn 13; Bamberger/Roth/Lohmann Rn 9; Palandt/Weidlich Rn 3; Erman/Schlüter Vorbem 4; **aM** BGB-RGRK/Johannsen Rn 10, der aber über § 242 zu ähnlichen Ergebnissen gelangt, und Roth § 15 II). Wenn die Forderung, gegen die der Nachlassgläubiger aufrechnet, nicht zum Nachlass gehört, wird die Aufrechnung im Fall des § 1977 Abs 1 BGB ohnehin unwirksam; der Erbe bedarf hier nicht des Schutzes durch § 390 BGB. Hat der Nachlassgläubiger gegen eine *zum Nachlass gehörende* Forderung aufgerechnet, so ist zu berücksichtigen (vgl Staudinger/Lehmann[11] Vorbem 4 und Planck/Flad Vorbem 6 d ß zu § 2014), dass ihm die Aufrechnungsbefugnis sogar noch im Nachlassinsolvenzverfahren erhalten bliebe (vgl §§ 94 ff InsO) und die Schonfrist, welche die §§ 2014, 2015 BGB dem Erben zwecks Vorbereitung seiner Entscheidung über die Beantragung des Nachlassinsolvenzverfahrens gewähren, eine Aufrechnung nicht weitergehend hindern kann als die Verfahrenseröffnung selbst (hiergegen Roth § 15 II). **11**

5. Auch ein **Zurückbehaltungsrecht**, das der Nachlassgläubiger wegen seiner Forderung gegen einen an ihn gerichteten Anspruch des Nachlasses hat, wird nicht dadurch ausgeschlossen, dass der Erbe gem §§ 2014, 2015 BGB vorübergehend zur Leistungsverweigerung berechtigt ist (Staudinger/Bittner/Kolbe [2019] § 273 Rn 35; BGB-RGRK/Johannsen Rn 11; Kipp/Coing § 100 IV 3). **12**

V. Prozessuale Geltendmachung

Gem § 305 ZPO wird eine **Verurteilung des Erben unter Vorbehalt der beschränkten Haftung** nicht dadurch ausgeschlossen, dass der Erbe von den Einreden aus §§ 2014, **13**

2015 BGB Gebrauch macht. Um das Gericht zur Aufnahme des Urteilsvorbehalts zu nötigen, bedarf es keines besonderen Antrags des Erben, sondern nur der Geltendmachung der Einrede. Für ihre Durchsetzung gegenüber **Vollstreckungsmaßnahmen** des Gläubigers gelten die §§ 780 ff ZPO (dazu § 1990 Rn 11, 12 und Staudinger/Kunz Vorbem 173 zu §§ 1967 ff) mit den sich aus §§ 782, 783 ergebenden Besonderheiten. Gem § 782 S 1 ZPO kann der Erbe aufgrund der §§ 2014, 2015 BGB nicht die Aufhebung sämtlicher Vollstreckungsmaßregeln verlangen, sondern nur, dass die Zwangsvollstreckung für die Dauer der Leistungsverweigerungsrechte auf solche Maßregeln beschränkt wird, die zur Vollziehung eines Arrestes zulässig sind (also bei beweglichen Sachen und Rechten auf die Pfändung, § 930 ZPO, und bei Grundstücken auf die Eintragung einer Sicherungshypothek, § 932 ZPO). Dahinter steht die Erwägung (Prot V 785, 787; Denkschr 726), dass solche Vollstreckungsmaßnahmen für den Erben wie auch für die übrigen Nachlassgläubiger ungefährlich sind, weil sie im Nachlassinsolvenzverfahren keinen Anspruch auf abgesonderte Befriedigung begründen (§§ 88, 321 InsO) und, soweit sie in das Eigenvermögen des Erben erfolgt sind, nach Anordnung einer Nachlassverwaltung oder Eröffnung eines Nachlassinsolvenzverfahrens gem § 784 Abs 1 ZPO bekämpft werden können. Eine zeitliche Verlängerung der aufschiebenden Einreden ermöglicht § 782 S 2 ZPO für den Fall, dass ein Nachlassinsolvenzverfahren beantragt ist. Auch gegenüber Gläubigern, die nicht Nachlassgläubiger sind, kann der Erbe gem § 783 ZPO die Beschränkung der in den Nachlass ausgebrachten Zwangsvollstreckung auf Sicherungsmaßregeln verlangen.

14 Hat der beklagte Erbe dem Nachlassgläubiger nicht durch sein Verhalten **Veranlassung zur Erhebung der Klage** gegeben, so fallen dem Kläger gem § 93 ZPO die **Prozesskosten** zur Last, wenn der Beklagte den Anspruch sofort anerkennt. Solange der Erbe sich auf § 2014 oder § 2015 BGB berufen kann, gibt er dem Nachlassgläubiger auch dann keinen Anlass zur Klageerhebung, wenn er sich weigert, dem Gläubiger die Pfändung zu ermöglichen (vgl Rn 8 und dortige Nachweise) oder zumindest an der Errichtung eines Vollstreckungstitels (zB gem § 794 Abs 1 Nr 5 oder §§ 796a ff ZPO) mitzuwirken (insoweit unklar OLG München JurBüro 1995, 659). Wenn der Erbe den Anspruch unter dem Vorbehalt der beschränkten Haftung (§§ 305, 780 ZPO) sofort anerkennt, hat der gegen ihn klagende Nachlassgläubiger also die Prozesskosten zu tragen. Anders jedoch, wenn der Erbe seine Leistungspflicht vorprozessual mit der irrigen Begründung, dass er nicht Erbe sei, *grundsätzlich* bestritten hat; auf die Schuldhaftigkeit des Irrtums kommt es insoweit nicht an (OLG Köln NJW-RR 1994, 767 zu einem Fall, in welchem an § 2014 durchaus zu denken gewesen wäre). Nach Ansicht des OLG Celle (NJW 1961, 81 f) soll der Erbe, dem die aufschiebenden Einreden der §§ 2014, 2015 BGB *nicht* mehr zustehen, auch dann zur Klage Veranlassung gegeben haben, wenn er die Klageforderung nur unter dem Vorbehalt der beschränkten Erbenhaftung sofort anerkannt hat. Das ist jedoch nur dann richtig, wenn der Erbe *vor* Prozessbeginn mangelnde Leistungsbereitschaft gezeigt hat (vgl KG OLGE 3 [1901/II] 131 f). Zur Anwendung des § 93 ZPO in den Fällen des § 1990 BGB vgl § 1990 Rn 21.

VI. Beweislast

15 Der Nachlassgläubiger muss, um das passive Prozessführungsrecht des Erben darzutun, nachweisen, dass dieser die Erbschaft angenommen hat (vgl ergänzend Staudinger/Marotzke § 1958 Rn 2). Falls die Annahme durch Ablauf der Ausschlagungsfrist erfolgt sein soll, muss er auch dartun, in welchem Zeitpunkt der Erbe von dem Anfall der Erbschaft und dem Berufungsgrund Kenntnis erlangt hat (Staudinger/Otte [2017] § 1943 Rn 15). Daraus ergibt sich dann ohne Weiteres, ob die dreimonatige Schonfrist des § 2014 BGB noch läuft (BGB-RGRK/Johannsen Rn 14). Dem Erben obliegt der Nachweis, dass er fristgerecht ausgeschlagen hat. Behauptet der Gläubiger, dass die Einrede des § 2014 BGB schon vor Ablauf der drei Monate infolge Inventarerrichtung geendet habe oder dass der Erbe das Haftungsbeschränkungsrecht verloren habe, so muss er auch diesen Nachweis führen (vgl zum Nachweis der „unbeschränkten" Haftung auch § 1990 Rn 12, § 2013 Rn 14).

§ 2015
Einrede des Aufgebotsverfahrens

(1) Hat der Erbe den Antrag auf Einleitung des Aufgebotsverfahrens der Nachlassgläubiger innerhalb eines Jahres nach der Annahme der Erbschaft gestellt und ist der Antrag zugelassen, so ist der Erbe berechtigt, die Berichtigung einer Nachlassverbindlichkeit bis zur Beendigung des Aufgebotsverfahrens zu verweigern.

(2) Wird der Ausschließungsbeschluss erlassen oder der Antrag auf Erlass des Ausschließungsbeschlusses zurückgewiesen, so ist das Aufgebotsverfahren erst dann als beendet anzusehen, wenn der Beschluss rechtskräftig ist.

Durch Art 50 Nr 58 des FGG-ReformG v 17. 12. 2008 (BGBl I 2008, 2586 ff), in Kraft getreten am 1. 9. 2009, wurde der bisherige § 2015 BGB an den neuen normativen Kontext angepasst. Bis dahin hatte die Vorschrift folgenden Wortlaut:

§ 2015 idF bis 31. 8. 2009 Einrede des Aufgebotsverfahrens

(1) Hat der Erbe den Antrag auf Erlassung des Aufgebots der Nachlassgläubiger innerhalb eines Jahres nach der Annahme der Erbschaft gestellt und ist der Antrag zugelassen, so ist der Erbe berechtigt, die Berichtigung einer Nachlassverbindlichkeit bis zur Beendigung des Aufgebotsverfahrens zu verweigern.

(2) Der Beendigung des Aufgebotsverfahrens steht es gleich, wenn der Erbe in dem Aufgebotstermin nicht erschienen ist und nicht binnen zwei Wochen die Bestimmung eines neuen Termins beantragt oder wenn er auch in dem neuen Termin nicht erscheint.

(3) Wird das Ausschlussurteil erlassen oder der Antrag auf Erlassung des Urteils zurückgewiesen, so ist das Verfahren nicht vor dem Ablauf einer mit der Verkündung der Entscheidung beginnenden Frist von zwei Wochen und nicht vor der Erledigung einer rechtzeitig eingelegten Beschwerde als beendigt anzusehen.

Materialien: E I §§ 2130 Abs 1, 2131, 2132; II § 1889; III § 1990; Mot V 653 f; Prot V 744, 784 f, 787, 792; Denkschr 726; Jakobs/Schubert ER I 309, 371 ff.

I. Allgemeines

1 § 2015 BGB gewährt dem Erben die **Einrede des schwebenden Aufgebotsverfahrens** aus dem in Vorbem 1 zu §§ 2014 ff erwähnten Grund. Außerdem will die Einrede die gleichmäßige Befriedigung der Nachlassgläubiger sicherstellen und die Vorwegbefriedigung einzelner Gläubiger zum Nachteil der dem Erben noch nicht bekannten Gläubiger verhindern helfen. UU ist der Erbe nach §§ 1978 Abs 1, 1979, 1980 Abs 2 S 2 BGB verpflichtet, das Aufgebot der Nachlassgläubiger (§§ 1970 ff BGB) zu beantragen und während des Verfahrens die Einrede des § 2015 BGB geltend zu machen (§ 1978 Rn 22). Um Verschleppungen auszuschließen, muss der an sich unbefristete (§ 455 FamFG) Antrag auf Einleitung des Aufgebotsverfahrens binnen Jahresfrist seit der Annahme der Erbschaft gestellt sein, um die Einrede des § 2015 BGB begründen zu können (Rn 3). Sind mehrere Erben vorhanden, so kommt der von einem Erben gestellte Antrag den übrigen Erben zustatten (§ 460 Abs 1 S 1 FamFG).

Ebenso wie die Dreimonatseinrede des § 2014 BGB greift auch die Aufgeboteinrede des § 2015 BGB nicht durch, soweit der Erbe sein *Haftungsbeschränkungsrecht* verloren hat (§ 2016 Abs 1 BGB). *Dingliche Ansprüche* werden von beiden Einreden idR nicht betroffen (§ 2016 Abs 2 BGB).

Anders als die Dreimonatseinrede des § 2014 BGB (vgl HS 2) geht die Einrede des § 2015 BGB durch die *ordnungsgemäße* Inventarerrichtung nicht verloren; vgl jedoch § 2016 Abs 1 iVm §§ 1994 Abs 1 S 2, 2005 Abs 1, 2006 Abs 3 BGB bei Inventar*verfehlungen.*

II. Wirkungen und prozessuale Geltendmachung der Einrede

2 **Hier gilt das gleiche wie für die Dreimonatseinrede des § 2014 BGB** (vgl § 2014 Rn 7–14). Wenn ein Ausschließungsbeschluss erlassen und rechtskräftig geworden ist (§ 439 Abs 2 FamFG), steht dem Erben gegenüber den ausgeschlossenen Gläubigern die Einrede des § 1973 BGB zu.

III. Voraussetzungen der Aufgeboteinrede

3 **Abs 1** setzt voraus, dass der Erbe den Antrag auf Einleitung des Aufgebotsverfahrens innerhalb eines Jahres nach der Annahme der Erbschaft gestellt hat und dass der Antrag zugelassen, dh der Erlass des Aufgebots angeordnet ist (vgl § 434 Abs 2 FamFG). Die Stellung des Antrags innerhalb der Frist genügt, die Zulassung kann, ggf aufgrund einer Beschwerde (§§ 58, 59 FamFG, 11 Abs 1 RPflG), später erfolgen. Bereits vor der Zulassung des rechtzeitig gestellten Antrags durch das für das Aufgebotsverfahren zuständige Amtsgericht (§§ 23a Abs 1 Nr 2, Abs 2 Nr 7 GVG, 454 Abs 2 FamFG), ist das mit einer Nachlassverbindlichkeit befasste (Prozess-)Gericht nach Maßgabe der §§ 785, 769, 770 ZPO berechtigt und uU sogar verpflichtet, einstweilige Anordnungen bzgl der Einstellung der Zwangsvollstreckung zu treffen.

Wird vor der Annahme der Erbschaft zur Verwaltung des Nachlasses ein *Nachlasspfleger* bestellt, so beginnt die Jahresfrist des Abs 1 mit der Bestellung (§ 2017 BGB).

Die Aufgeboteinrede versagt in den bei § 2014 Rn 4–6 genannten Fällen.

IV. Dauer der Einrede

Liegen die Voraussetzungen des **Abs 1** vor und steht § 2016 BGB nicht entgegen (Verlust des Haftungsbeschränkungsrechts, dingliche Rechte), so ist der Erbe berechtigt, die Berichtigung einer Nachlassverbindlichkeit **bis zur Beendigung des Aufgebotsverfahrens** zu verweigern. In **Abs 3** wird ausdrücklich klargestellt, dass das Aufgebotsverfahren in Fällen, in denen der gerichtliche Ausschließungsbeschluss erlassen oder der Antrag auf Erlass eines solchen Beschlusses (Rn 5) zurückgewiesen wird, erst dann als beendet anzusehen ist, wenn der stattgebende bzw zurückweisende Beschluss **Rechtskraft** erlangt hat (zu weiteren Beendigungsgründen s STAUDINGER/DUTTA [2016] § 1970 Rn 3). Die **Beschwerde** (§§ 58, 59 FamFG, 11 Abs 1 RPflG) steht dem Antragsteller (Erben) nicht nur gegen die Zurückweisung seines Antrags, sondern auch gegen einen Ausschließungsbeschluss zu, wenn und soweit dieser mit Beschränkungen oder Vorbehalten versehen ist – denn dann kann der Erbe in seinen Rechten beeinträchtigt sein (§ 59 Abs 1 FamFG). Letzteres war in § 956 Abs 3 ZPO ausdrücklich klargestellt und wird nicht dadurch geändert, dass der an die Stelle des § 956 ZPO getretene § 349 FamFG auf eine solche Klarstellung verzichtet. Davon geht auch die Begründung des RegE § 2015 nF aus, welche ausführt, dass der *Erbe* auf ein ihm gegen den *Ausschließungsbeschluss* zustehendes Rechtsmittel verzichten und dadurch den Rechtskrafteintritt beschleunigen könne (BT-Drucks 16/6308, 348), weshalb an der Regelung des § 2015 Abs 3 BGB aF, die die Einrede des schwebenden Aufgebotsverfahrens *frühestens mit Ablauf einer* mit Verkündung der positiven oder negativen Entscheidung des Gerichts beginnenden *Frist von zwei Wochen* enden ließ (dazu STAUDINGER/MAROTZKE [2002] Rn 4), nicht festzuhalten sei. Dies erklärt zugleich die wichtigsten Unterschiede zwischen § 2015 Abs 3 aF und dem am 1. 9. 2009 an dessen Stelle getretenen § 2015 Abs 3 nF. 4

Unklar bleibt allerdings, warum Abs 3 nF von der Zurückweisung eines Antrags „auf Erlass eines Ausschließungsbeschlusses" spricht. Haben die Gesetzesverfasser hier etwa vergessen, dass nach neuem Recht neben dem in Abs 1 erwähnten Antrag auf Einleitung des Aufgebotsverfahrens ein zusätzlicher Antrag auf Erlass eines Ausschließungsbeschlusses überhaupt nicht mehr erforderlich ist (vgl BT-Drucks 16/6308, 295 – zu § 439 Abs 1 RegE FamFG)? Nach Ansicht von DUTTA (in: BORK/JACOBY/SCHWAB, FamFG [3. Aufl 2018] § 434 Rn 5) soll allerdings der Antrag auf Einleitung des Aufgebotsverfahrens „zugleich" auch auf Erlass des Ausschließungsbeschlusses gerichtet sein. Das mag man so sehen, wirkt aber gleichwohl etwas überkonstruiert. Letztlich handelt es sich um eine sprachliche Ungenauigkeit des Gesetzgebers, die dadurch zu lösen ist, dass man den „Antrag auf Erlass des Ausschließungsbeschlusses" mit dem „Antrag auf Einleitung des Aufgebotsverfahrens" gleichsetzt. 5

§ 2016
Ausschluss der Einreden bei unbeschränkter Erbenhaftung

(1) Die Vorschriften der §§ 2014, 2015 finden keine Anwendung, wenn der Erbe unbeschränkt haftet.

(2) Das Gleiche gilt, soweit ein Gläubiger nach § 1971 von dem Aufgebot der Nachlassgläubiger nicht betroffen wird, mit der Maßgabe, dass ein erst nach dem Eintritt des Erbfalls im Wege der Zwangsvollstreckung oder der Arrestvollziehung erlangtes Recht sowie eine erst nach diesem Zeitpunkt im Wege der einstweiligen Verfügung erlangte Vormerkung außer Betracht bleibt.

Materialien: E I §§ 2130 Abs 1, 2143 Abs 3; II § 1890; III § 1991; Mot V 653, 673; Prot V 786 ff; Denkschr 726; Jakobs/Schubert ER I 309, 342 ff.

I. Abs 1: Ausschluss der aufschiebenden Einreden bei Verlust des Haftungsbeschränkungsrechts

1. Allgemeines

1 Da die aufschiebenden Einreden dem Erben nur die Zeit verschaffen wollen, die er braucht, um sich über die Verhältnisse der Erbschaft zu unterrichten und dann über die Geltendmachung des Haftungsbeschränkungsrechts schlüssig zu werden (Vorbem 1 zu §§ 2014 ff), erklärt Abs 1 die §§ 2014, 2015 BGB für unanwendbar, falls der Erbe „unbeschränkt" haftet (dh: sein Haftungsbeschränkungsrecht verloren hat; s Staudinger/Kunz Vorbem 19 zu §§ 1967 ff). Das gilt sowohl, wenn der Erbe allen Nachlassgläubigern gegenüber unbeschränkbar haftend geworden ist (§§ 1994 Abs 1 S 2, 2005 Abs 1 BGB), wie auch wenn er nur einem einzelnen Gläubiger gegenüber das Beschränkungsrecht verloren hat (zB gem § 2006 Abs 3 BGB); doch behält er die Einreden im letzteren Fall den übrigen Gläubigern gegenüber, muss sie sich aber ihnen gegenüber im Urteil vorbehalten lassen (§§ 305, 780 ZPO). Kritisiert wird die in § 2016 Abs 1 BGB getroffene Regelung von Riesenfeld I 133 f, II 18.

2 2. Da ein **Nachlasspfleger**, ein **Nachlassverwalter** oder ein **Testamentsvollstrecker**, wenn ihnen die Verwaltung des Nachlasses zusteht, das Aufgebot der Nachlassgläubiger selbst dann noch beantragen können, wenn der Erbe das Haftungsbeschränkungsrecht verloren hat (str; ausführliche Darstellung bei Staudinger/Kunz § 1970 Rn 15 ff), steht ihnen, wenn sie von dieser Befugnis Gebrauch machen und die sonstigen Voraussetzungen des § 2015 BGB gegeben sind, die Aufgebotseinrede trotz der „unbeschränkten" Haftung des Erben noch zu (Planck/Flad Anm a; Erman/Horn Rn 1; MünchKomm/Küpper Rn 1; Palandt/Weidlich Rn 1; Bamberger/Roth/Lohmann Rn 1; **aM** Soergel/Stein Rn 1, der schon ein Antragsrecht der genannten Personen verneint, aber auch den hier aus dem Antragsrecht gezogenen Schluss für nicht zwingend hält). Zu beachten ist jedoch, dass der unbeschränkbar haftende *Erbe* auch während der Dauer einer Nachlassverwaltung (§ 1984 Rn 24) bzw Testamentsvollstreckung (§ 2213 BGB) von den Nachlassgläubigern belangt werden kann. Da *ihm* das Leistungsverweigerungsrecht des § 2015 BGB bei „unbeschränkter" Haftung nicht zusteht, kann *er* sehr wohl in Verzug geraten (§ 286 BGB). Die ihn nach §§ 280 (Abs 1 und 2), 287 ff BGB treffenden Verzugsfolgen sind in diesem Fall nicht zugleich *Nachlass*verbindlichkeiten (keine Analogie zu § 31 BGB [vgl Staudinger/Marotzke § 2058 Rn 47, Staudinger/

Dutta [2016] § 1967 Rn 53], da die Verwaltung des Nachlasses nicht dem Erben zustand).

3. **Miterben** können ihr Haftungsbeschränkungsrecht durch Inventarverfehlungen (§§ 1994 Abs 1 S 2, 2005 Abs 1, 2006 Abs 3 BGB) nur für einen ihrem Erbteil entsprechenden *Teil* jeder Nachlassverbindlichkeit verlieren (str; vgl § 1994 Rn 34, Staudinger/Marotzke § 2059 Rn 4 ff, § 2060 Rn 10 f). Nur insoweit können sie also durch Inventarverfehlungen auch die aufschiebenden Einreden der §§ 2014, 2015 BGB verlieren. Vgl ergänzend § 2063 Abs 1 und 2 BGB sowie speziell zu der Dreimonatseinrede § 2014 Rn 3. 3

II. Abs 2: Ausschluss der aufschiebenden Einreden gegenüber Realberechtigten

1. **Pfandgläubiger und andere dinglich berechtigte Nachlassgläubiger** werden, *soweit* sie die Befriedigung aus den ihnen haftenden Gegenständen suchen, also ihre *dinglichen* Ansprüche geltend machen, durch die Einreden ebenso wenig beschränkt wie gem § 1971 BGB durch das Aufgebot. Das Gleiche gilt für Gläubiger, die *vor* dem Erbfall dingliche Rechte an Nachlassgegenständen durch Pfändung im Wege der *Zwangsvollstreckung* oder *Arrestvollziehung* erlangt haben (KG OLGE 14 [1907/I] 284 f). Anders jedoch, wenn solch ein Recht erst nach dem Erbfall erlangt ist (Beispiel nach Riesenfeld I 28, II 271 f: gegen Erblasser als Schuldner erwirkter Pfändungs- und Überweisungsbeschluss wurde vor Erbfall erlassen, aber erst nach Erbfall an Drittschuldner zugestellt; s §§ 779 Abs 1, 829 Abs 3, 804 ZPO); gegenüber einem erst jetzt im Zwangswege erworbenen Pfand- oder Vorzugsrecht kann sich der Erbe auf die aufschiebenden Einreden berufen (Abs 2) und die Beschränkung der Zwangsvollstreckung auf Sicherungsmaßnahmen verlangen (vgl §§ 782, 783, 785 ZPO). Dies entspricht der in § 321 InsO statuierten Regel, dass im Nachlassinsolvenzverfahren aufgrund eines derart erworbenen Rechts abgesonderte Befriedigung nicht verlangt werden kann (weil sich der betreffende Gläubiger sonst durch die Weiterführung der Vollstreckung eine ihm im Verhältnis zu den übrigen Gläubigern nicht gebührende Befriedigung verschaffen könnte). Auch die in *§ 1990 BGB* vorgesehene Beschränkung kann derartigen Gläubigerrechten gegenüber geltend gemacht werden (§ 1990 Abs 2 BGB). 4

Für die nach dem Erbfall durch *Rechtsgeschäft* vom *Erben* erworbenen Sicherungsrechte gilt das bei Rn 5 Ausgeführte entsprechend.

2. Auch die **Vormerkungsgläubiger** werden gem § 1971 S 2 BGB von dem Aufgebot der Nachlassgläubiger nicht betroffen „in Ansehung des Gegenstandes ihres Rechts". Wenn sie aber die dingliche Sicherung erst nach dem Erbfall durch einstweilige Verfügung erlangt haben, greift die Einrede ihnen gegenüber durch. Anders, wenn die Vormerkung nach dem Erbfall aufgrund einer Bewilligung des Erben (§ 885 BGB) eingetragen worden ist (Staudinger/Lehmann[11] Rn 4; BGB-RGRK/Johannsen Rn 5) und dieser sich dabei sein Haftungsbeschränkungsrecht nicht vorbehalten hat (vgl auch Vorbem 1 zu §§ 1975 ff und § 1990 Rn 25). 5

§ 2017
Fristbeginn bei Nachlasspflegschaft

Wird vor der Annahme der Erbschaft zur Verwaltung des Nachlasses ein Nachlasspfleger bestellt, so beginnen die in § 2014 und in § 2015 Abs. 1 bestimmten Fristen mit der Bestellung.

Materialien: E I § 2143 Abs 2; II § 1891; III § 1992; Mot V 673; Prot V 785 f, 829–831; VI 340; Jakobs/Schubert ER I 310, 491 ff.

I. Geltendmachung der aufschiebenden Einreden durch Nachlasspfleger, Nachlassverwalter, Testamentsvollstrecker

1 Auf die aufschiebenden Einreden der §§ 2014, 2015 BGB kann sich auch ein Nachlasspfleger (§§ 1960, 1961 BGB), ein Nachlassverwalter (§§ 1981 ff, 1984 Abs 1 S 3 BGB) oder ein Testamentsvollstrecker (§§ 2197 ff, 2213 BGB) berufen. Das BGB setzt dies als selbstverständlich voraus (Prot V 830) und regelt in § 2017 BGB nur, welche Auswirkungen es auf den Lauf der in § 2014 und § 2015 Abs 1 BGB genannten Fristen hat, wenn der Nachlasspfleger zur Verwaltung des Nachlasses berufen ist und der Erbe die Erbschaft zZ der Pflegerbestellung noch nicht angenommen hatte. Die Fristen beginnen dann mit der Bestellung des Pflegers.

2 **§ 2017 BGB befasst sich nur mit dem Beginn der in § 2014 und in § 2015 Abs 1 BGB genannten Fristen**. Der Vorschrift kann also nicht entnommen werden, dass sich ein Nachlasspfleger nur dann auf die aufschiebenden Einreden der §§ 2014 und 2015 BGB berufen könne, wenn er auch zur Verwaltung des Nachlasses bestellt sei. Insbesondere der aufgrund des § 1961 BGB bestellte Nachlasspfleger wird oft nicht zur umfassenden (s aber Rn 8) Verwaltung des Nachlasses berufen sein (Staudinger/Mešina [2017] § 1961 Rn 1) und angesichts des § 1960 Abs 3 BGB dennoch der *Dreimonatseinrede des § 2014 BGB* bedürfen. Durch einen *eigenen* Antrag auf Aufgebot der Nachlassgläubiger kann ein Nachlasspfleger oder ein Testamentsvollstrecker die *Aufgebotseinrede des § 2015 BGB* allerdings nur dann erlangen, wenn ihm die Verwaltung des Nachlasses zusteht (§ 455 Abs 2 FamFG). Der Testamentsvollstrecker kann den Aufgebotsantrag zudem erst stellen, wenn der Erbe die Erbschaft angenommen hat (§ 455 Abs 3 FamFG).

II. Sinn und Zweck des § 2017

3 Da ein zur Verwaltung des Nachlasses berufener Nachlasspfleger sofort nach seiner Bestellung mit der Sichtung des Nachlasses beginnen und auch das Aufgebot der Nachlassgläubiger beantragen kann (§ 455 Abs 2 FamFG), lässt § 2017 BGB die Dreimonatsfrist des § 2014 BGB und die Jahresfrist des § 2015 Abs 1 BGB bereits mit der Bestellung des Pflegers beginnen, falls diese vor der sonst maßgeblichen Erbschaftsannahme erfolgt ist. Diesen früheren Fristbeginn muss auch der Erbe gegen sich gelten lassen (Prot V 830). Die Möglichkeiten, die der zur Verwaltung des Nachlasses bestellte Nachlasspfleger bzgl der Sichtung der Aktiva und Passiva

hatte, werden dem von ihm vertretenen Erben zugerechnet (vgl Prot V 830). Dementsprechend setzt § 2017 BGB voraus, dass der Nachlasspfleger „zur Verwaltung des Nachlasses“ bestellt wurde. Denn nur dann übt er bzgl der Ermittlung des Nachlassbestandes eine Zuständigkeit des Erben aus (vgl auch § 455 Abs 2 FamFG) und kann diesem deshalb das Verstreichenlassen der in §§ 2014, 2015 Abs 1 BGB bezeichneten Fristen zugerechnet werden.

III. Bestellung eines Nachlasspflegers zur Verwaltung des Nachlasses

1. Nachlasspfleger sind sowohl der nach § 1960 oder § 1961 BGB bestellte Pfleger 4
als auch der **Nachlassverwalter** (arg § 1975 BGB).

Auf den Fall, dass ein **Testamentsvollstrecker** sein Amt früher annimmt (§ 2202 BGB) als der Erbe die Erbschaft, ist § 2017 BGB nach hM weder unmittelbar noch analog anwendbar (Staudinger/Lehmann[11] Rn 3; Planck/Flad Anm 4; MünchKomm/Küpper Rn 3; Soergel/Stein Rn 4; AK-BGB/Teubner Rn 5; Erman/Horn Rn 2; Bamberger/Roth/Lohmann Rn 3; NK-BGB/Krug Rn 8; Palandt/Weidlich Rn 1; wohl auch Prot V 830, vgl ferner den Gesetzesvorschlag in Prot V 785 f bei B 2.). Die in § 2014 und § 2015 Abs 1 BGB bezeichneten Fristen beginnen hier also mit der Annahme der Erbschaft oder – falls schon vorher ein verwaltender Nachlasspfleger bestellt war – gem § 2017 BGB mit dessen Bestellung. Dazu passt, dass der Testamentsvollstrecker vor der Annahme der Erbschaft durch den Erben gar nicht in der Lage wäre, das Aufgebot der Nachlassgläubiger zu beantragen (§ 455 Abs 3 FamFG).

2. Zur Verwaltung des Nachlasses ist der Nachlassverwalter stets (§ 1985 BGB), 5
der gem § 1960 bzw § 1961 BGB bestellte Nachlasspfleger jedoch nur idR berufen (Staudinger/Marotzke § 1960 Rn 40, § 1961 Rn 12 f). Ist der Pfleger nicht (auch) zur Verwaltung des Nachlasses bestellt, so findet § 2017 BGB nach Wortlaut und Zweck (Rn 3) keine Anwendung. Vgl ergänzend Rn 8.

IV. Zeitpunkt der Pflegerbestellung

§ 2017 BGB setzt voraus, dass der Nachlasspfleger bzw -verwalter **vor der Annahme** 6
der Erbschaft bestellt wird. Das wird beim Nachlassverwalter nur selten vorkommen (§ 1981 Rn 11, 21).

Die **Bestellung** eines Nachlasspflegers und eines Nachlassverwalters **wird wirksam** mit dem öffentlich-rechtlichen Bestellungsakt **gem § 1789 BGB**; jene Norm findet nach §§ 1960 Abs 2, 1915 Abs 1 S 1 BGB Anwendung (vgl § 1981 Rn 32; MünchKomm/Küpper Rn 2 Fn 3; MünchKomm/Leipold § 1960 Rn 38; Burandt/Rohjan/Joachim[2] § 1981 Rn 11; OLG Stuttgart FamRZ 2011, 846: auch das Inkrafttreten des FamFG hat hieran nichts geändert). Beim Nachlasspfleger tritt an die Stelle des Familiengerichts in § 1789 BGB das Betreuungsgericht (§ 340 Nr 1 FamFG), beim Nachlassverwalter das Nachlassgericht (§ 1962, § 342 Abs 1 Nr 8 FamFG). Zum Bestellungsakt vgl § 1981 Rn 32.

V. Fristbeginn mit der Bestellung des Nachlasspflegers

Ist der Nachlasspfleger bzw -verwalter wirksam bestellt (Rn 6), bevor der Erbe die 7
Erbschaft angenommen hat, so beginnen die in § 2014 und in § 2015 Abs 1 BGB

bestimmten Fristen mit der Bestellung. Bei dieser Fristberechnung bleibt es auch, wenn nach Annahme der Erbschaft die Pflegschaft wieder aufgehoben wird (zur Aufhebung vgl STAUDINGER/MAROTZKE § 1960 Rn 55 ff). Infolgedessen können die Fristen mit Wirkung auch gegen den Erben (Rn 3) schon abgelaufen sein, bevor dieser die Erbschaft annimmt (BGB-RGRK/JOHANNSEN Rn 4; SOERGEL/STEIN Rn 2; MünchKomm/KÜPPER Rn 1; ERMAN/HORN Rn 1).

8 **Ist der Nachlasspfleger nicht zur Verwaltung des Nachlasses**, sondern nur zu seiner Sicherung **berufen** (Rn 5), so beginnen die Fristen erst mit der Annahme der Erbschaft (MünchKomm/KÜPPER Rn 1). Das bedeutet jedoch nicht, dass der Pfleger vorher ohne zeitliche Beschränkung die Einreden aus § 2014 und § 2015 BGB geltend machen kann, wenn ihm gegenüber Nachlassverbindlichkeiten geltend gemacht werden (zustimmend AK-BGB/TEUBNER Rn 3; **aM** STAUDINGER/LEHMANN[11] Rn 1; BGB-RGRK/JOHANNSEN Rn 5; ERMAN/HORN Rn 1; BAMBERGER/ROTH/LOHMANN Rn 2; wohl auch SOERGEL/STEIN Rn 3). Denn zum einen kann ein Nachlasspfleger, der nicht auch zur Verwaltung des Nachlasses berufen ist, nicht das Aufgebot der Nachlassgläubiger beantragen (§ 455 Abs 2 FamFG) und somit jedenfalls durch *eigenen* Aufgebotsantrag auch nicht die aufschiebende Einrede des § 2015 BGB erwerben (jedoch kann ihm, wenn er lediglich für einen Miterben bestellt ist, der Aufgebotsantrag eines anderen Miterben gem § 460 Abs 1 S 1 FamFG zustattenkommen). Außerdem eröffnet § 1961 BGB die Möglichkeit, einen Nachlasspfleger lediglich zu dem Zweck zu bestellen, einem dies beantragenden Gläubiger die Rechtsverfolgung gegen den Nachlass zu ermöglichen. Es wäre sonderbar, wenn sich solch ein Nachlasspfleger ohne Bindung an irgendwelche Fristen auf § 2014 BGB berufen und so die Befriedigung des Gläubigers aus dem Nachlass auf ungewisse Zeit verhindern könnte. Als Ausweg bietet sich an, die Dreimonatsfrist des § 2014 BGB hier mit der Bestellung des Pflegers beginnen und ab Annahme der Erbschaft durch den Erben für diesen eine neue Frist laufen zu lassen (vgl auch Rn 3 aE). Noch besser wäre es, den nach § 1961 BGB auf Antrag eines Nachlassgläubigers „zum Zwecke der gerichtlichen Geltendmachung eines Anspruchs" bestellten Nachlasspfleger *stets* zumindest insoweit als zur Verwaltung des Nachlasses berufen anzusehen, als es um die Abklärung der Frage geht, ob der Anspruch nach den Verhältnissen des Nachlasses (§ 1979 BGB) zu befriedigen ist (so wohl auch Mot V 546; zweifelnd SOERGEL/STEIN Rn 3). Dies müsste für die Anwendung der §§ 2017 BGB, 455 Abs 2 FamFG (Aufgebotsantrag) genügen und sollte grundsätzlich bei jedem Nachlasspfleger angenommen werden, der zur passiven Prozessführung für den Erben legitimiert ist (zust NK-BGB/KRUG Rn 5; zu einigen als Ausnahmen in Betracht kommenden Grenzfällen vgl STAUDINGER/MAROTZKE § 1961 Rn 13).

Titel 3
Erbschaftsanspruch

Vorbemerkungen zu §§ 2018–2031

Schrifttum

BABUSIAUX, Wege zur Rechtsgeschichte: Römisches Erbrecht (2015) (insbes S 121 ff zum Schutz des Erbrechts)
vBARGEN, Ist der Erbschaftsanspruch ein Gesamtanspruch? (maschinenschr Diss Kiel 1922)
P BECKER, Die Haftung des Erbschaftsbesitzers bei Ansprüchen in Ansehung einzelner Nachlassgegenstände (§ 2029 BGB) (Diss Erlangen 1935)
R BECKMANN, Der Begriff und die Stellung des Erbschaftsbesitzers bei der Erbschaftsklage (Diss Würzburg 1929)
BELLERMANN, Der Erbschaftsanspruch bei Erbschaftsveräußerungen (1910)
BINDER, Besprechung von: F Leonhard, Kommentar zum Bürgerlichen Gesetzbuch. Fünftes Buch: Erbrecht, JLBl 24 (1912) 145
BLUMENSTEIN, Der Erbschaftsanspruch nach dem Bürgerlichen Gesetzbuche (Diss Erlangen 1897)
BOURWIEG, Die rechtliche Stellung von Nachlasspfleger, Nachlassverwalter und Testamentsvollstrecker und deren Aktiv- und Passivlegitimation für den Erbschaftsanspruch des § 2018 BGB (Diss Leipzig 1908)
BURANDT/ROJAHN/GIERL, Erbrecht (3. Aufl 2019), insbesondere S 269–290: Kommentierung der §§ 2018–2031 BGB
EBENROTH/FRANK, Die Übertragung des Besitzes vom Erblasser auf den Erben, JuS 1996, 794
EDENFELD, Der Erbschaftsanspruch als Mittel zum Schutz der Erbeninteressen, in: FS Kollhosser (2004) Bd II, S 87
EISWALDT, Gibt es einen erbschaftlichen Universalanspruch? (Diss Leipzig 1906)
H ENGEL, Die Rechtsnatur des Erbschaftsanspruchs (Diss Köln 1962)
EYSSENHARDT, Der Erbschaftsbesitz nach deutschem Recht (Diss Rostock 1912)
FERRARI-HOFMANN-WELLENHOF, Die Erbschaftsklage (1991, zum österreichischen Recht)
FIEBIG, Ist der Erbschaftsanspruch gegen einen Nachlasspfleger oder Testamentsvollstrecker zulässig und kann er von diesen Personen erhoben werden? (Diss Rostock 1907)
FISCHER, Die Neugestaltung des Erbschaftsanspruchs (Diss Breslau 1940)
FRIEDRICH, Die Haftung des endgültigen Erben und des „Zwischenerben" bei Fortführung eines einzelkaufmännischen Unternehmens (1990)
GÖBEL, Der Anspruch des Erben gegen den Erbschaftsbesitzer (Diss Frankfurt 1933)
GOLM, Die Rechte des Erben bei Veräußerung der Erbschaft durch den Erbschaftsbesitzer (Diss Jena 1908)
GURSKY, Zur Rechtsnatur des Erbschaftsanspruchs, in: Tradition und Fortentwicklung im Recht, 3. FS vLübtow (1991) 211
HARTMANN, Die rechtliche Natur des Erbschaftsanspruchs (Diss Leipzig 1906)
HARTUNG, Der Nachlasspfleger im Streit mit Erbprätendenten, Rpfleger 1991, 279
HELLWIG, Anspruch und Klagrecht (1900) 47
ders, Wesen und subjektive Begrenzung der Rechtskraft (1901) 53
ders, Lehrbuch des Deutschen Civilprozeßrechts I (1903) 289
HEYERS, Erbschaftsansprüche, Jura 2010, 694
HOFFSCHLAEGER, Die rechtliche Natur des Erbschaftsanspruchs (Diss Rostock 1927)
H HOFMANN, Bedeutung und rechtliche Natur des Erbschaftsanspruchs im heutigen Recht (Diss Leipzig 1907)
HÜBNER, Der Erbschaftsanspruch nach dem

Rechte des Bürgerlichen Gesetzbuchs (Diss Erlangen 1911)
JOACHIM, Die Haftung des Erben für Nachlassverbindlichkeiten (2. Aufl 2006) (insbes S 468 ff: Erbschaftsbesitzer)
JOHANNSEN, Die Rechtsprechung des BGH auf dem Gebiet des Erbrechts – Der Erbschaftsanspruch, WM 1972, 914, 929; WM 1973, 530, 549; 1977, 270; WM 1985, Sonderbeilage 1, 5
JOSEF, Die Bekanntmachung vom 8. 3. 1917 über die Freiwillige Gerichtsbarkeit und andere Rechtsangelegenheiten in Heer und Marine (RGBl 219) in ihrer Einwirkung auf den Erbschaftsanspruch, Gruchot 62, 321
KIESOW, Die Rechtslage des Erbschaftsbesitzers bei freiwilliger Leistung auf Nachlassverbindlichkeiten (Diss Jena 1908)
KÖBL, Das Eigentümer-Besitzer-Verhältnis im Anspruchssystem des BGB (1971) (insbes S 64 ff.)
LAMMFROMM, Zur Geschichte der Erbschaftsklage (1887)
LANDSBERG, Der Erbschaftsanspruch nach Bürgerlichem Recht mit Berücksichtigung des Internationalen Privatrechts (Diss Heidelberg 1908)
LANGE, Wann verjährt ein Anspruch aus § 2018 BGB?, JZ 2013, 598
LANGE (Hrsg), Erwerb, Sicherung und Abwicklung der Erbschaft, 4. Denkschrift des Erbrechtsausschusses der Akademie für Deutsches Recht (1940) 107
LANGHEINEKEN, Anspruch und Einrede (1903) 148
HERM LEHMANN, Die Ansprüche des Erben bei Veräußerung der Erbschaft durch den Erbschaftsbesitzer (Diss Göttingen 1924)
LENT, Die Gesetzeskonkurrenz im Bürgerlichen Recht und Zivilprozeß I (1912) 242
R LEONHARD, Der Erbschaftsbesitz (1899)
LIEDER, Die rechtliche Natur des Erbschaftsanspruchs und sein Verhältnis zu den Singularansprüchen (Diss Königsberg 1926)
LÖHNIG, Das Anspruchssystem des Erbe-Erbschaftsbesitzer-Verhältnisses, JA 2018, 648
ders, Die Verjährung der im fünften Buch des BGB geregelten Ansprüche, ZEV 2004, 267
MAGNUS, Subjektive Grenzen der Sperrwirkung des Eigentümer-Besitzer-Verhältnisses, NJW 2017, 1201 (insbes S 1206)
MAURER, Das Rechtsverhältnis zwischen Erbe und Erbschaftsbesitzer. Der Erbschaftsanspruch (1999)
MÜLLER-EHLEN, Hereditatis petitio. Studien zur Leistung auf fremde Schuld und zur Bereicherungshaftung in der römischen Erbschaftsklage (1998)
MUSCHELER, Der Erbschaftsanspruch, Teil 1, ErbR 2009, 38; Teil 2, ErbR 2009, 76
MUSCHELER/SCHEWE, Der geschäftige Scheinerbe, Jura 2013, 950
NAVE, Einzelklage und Erbschaftsanspruch (Diss Breslau 1908)
OLZEN, Der Erbschaftsanspruch, JuS 1989, 374
ders, Der Erbschaftsanspruch, Jura 2001, 223
PETERS, Die Verjährung im Familien- und Erbrecht, AcP 208 (2009) 37 (insbes S 61 ff: Die Ansprüche der §§ 2018, 2030 BGB)
J PRÜTTING, Examensprobleme des Erbschaftsanspruchs, JuS 2015, 205
RAFF, Die gewöhnlichen Erhaltungskosten – Verwendungsersatz und Nutzungszuordnung im Eigentümer-Besitzer-Verhältnis (Tübingen 2017)
ders, Regelungen zum Verwendungsersatz im Allgemeinen Teil?, in: BALDUS/DAJCZAK (Hrsg), Der Allgemeine Teil des Privatrechts. Historische Wurzeln – Leistungsfähigkeit im 21. Jahrhundert (Berlin 2018) 99
RATHGE, Der Erbschaftsanspruch, Das Büro 1950, 156
REIF, Der Erbschaftsanspruch, in: HEINRICH LANGE (Hrsg), Erwerb, Sicherung und Abwicklung der Erbschaft, 4. Denkschrift des Erbrechtsausschusses der Akademie für Deutsches Recht (1940) 107
RICHTER, Das Verhältnis des Erbschaftsanspruchs zum Eigentumsherausgabeanspruch aus prozessualer Sicht, JuS 2008, 97
A ROLAND, Die Verjährung im Erbrecht (2008) (besonders S 86 ff: V. Erbschaftsanspruch)
W ROTH/B FUNKE, Der Erbschaftsbesitzer – Ansprüche und Haftung, NJW-Spezial 2013, 103
RUSSMANN, Erwerb mit den Mitteln der Erbschaft (Tübingen 2017)
SARRES, Auskunftsansprüche des Erben gegen den Hausgenossen, ZEV 1998, 922

ders, Das neue Schuldrecht und erbrechtliche Auskunftsansprüche, ZEV 2002, 96
Schmidt-Kessel, Erbrecht in der Rechtsprechung des Bundesgerichtshofes, II 2: Der Erbschaftsanspruch, WM 1988, Sonderbeilage 8, 3
Schmidtmann, Die Aktiv- und Passivlegitimation beim Erbschaftsanspruch (Diss Rostock 1913)
Schmitz, Die Verteilung der Beweislast in den Fällen des § 2018 BGB, ErbR 2017, 11
B Scholz, Die Besonderheiten des Erbschaftsanspruchs des Nacherben gegen den Vorerben (Diss Breslau 1914)
G Schwartz, Der Vorerbe als Erbschaftsbesitzer (Diss Breslau 1916)
Siber, Die Passivlegitimation bei der rei vindicatio (1907) (insbes 227 f)
Sieveking, Passivlegitimation bei der hereditatis petitio und nach BGB (Diss Rostock 1902)
Sommer, Die Neugestaltung des Erbbesitzes (Diss Breslau 1939)
Stern-Sträter, Der Erbschaftsanspruch und seine Regelung im Verhältnis zum Eigentums- und Bereicherungsanspruch (Diss Bonn 1928)
Suchier, Die Parteien beim Erbschaftsanspruch (Diss Marburg 1913)
Teloo, Der Erbschaftsanspruch und sein Verhältnis zu Neben- und Singularansprüchen (Diss Köln 1952)
Tiedke, Beweislast beim Anspruch des Erben gegen den Erbschaftsbesitzer, DB 1999, 2352
Torges, Die Rechtsnatur des Erbschaftsanspruchs (Diss Jena 1912)
Tückhardt, Der Erbschaftsbesitzer, seine begrifflichen Merkmale und Verpflichtungen nach dem Rechte des Bürgerlichen Gesetzbuches (Diss Straßburg 1904)
Uhles, Umfang und rechtliche Natur des Erbschaftsanspruchs (Diss Erlangen 1911)
G Vollkommer, Der übergangene Miterbe, FamRZ 1999, 350
Walker, Der Vollzug der Arbeitgebererbfolge mit einem vermeintlichen Erben (1985)
Weimar, Der Erbschaftsanspruch und die Einzelansprüche des Erben, MDR 1976, 728
Weinkauf, Der Erbschaftsanspruch als besondere Anspruchsgrundlage zur Wahrung der berechtigten Interessen des Erben (Diss Göttingen 1981)
Wendt, Die Bedeutung des Erbschaftsanspruchs für die allgemeine Güterzuordnung, in: Tradition und Fortentwicklung im Recht, 3. FS vLübtow (1991) 229
Wieling, Hereditatis petitio und res iudicata, JZ 1986, 7
W Wolff, Die Legitimation des Nachlasspflegers und Testamentsvollstreckers zur Geltendmachung des Erbschaftsanspruchs nach dem Bürgerlichen Gesetzbuche (Diss Erlangen 1907)
Zeising, Verschärfte Haftung des Erbschaftsbesitzers bei schwebendem Erbscheinerteilungsverfahren, ZErb 2009, 172
Zülch, Beiträge zur Frage der Besonderheit des Erbschaftsanspruches (Diss Hamburg 1932).

Systematische Übersicht

Alphabetische Übersicht

I. Der Zweck des Erbschaftsanspruchs

Titel 3 von Abschnitt 2 in Buch 5 gibt dem Erben ein besonderes erbrechtliches Schutzmittel, den sog „Erbschaftsanspruch", §§ 2018–2031 BGB. Dieser soll es dem wahren Erben erleichtern, in den Besitz der Erbschaft zu gelangen, ohne darauf angewiesen zu sein, gegen einen Erbschaftsbesitzer die zur Verfügung stehenden Einzelklagen anzustrengen (s etwa OLG Koblenz 25. 4. 2018 – 1 U 115/18 Rn 6, juris). 1

II. Überblick über die dem Erben zur Verfügung stehenden Rechtsbehelfe zum Schutz seines Erbrechts, einschließlich des Erbschaftsanspruchs

1. Jeder potenzielle Erbe, der sich auf einen Berufungsgrund (Testament, Erbvertrag oder Gesetz) stützen kann, ist zunächst befugt, die vorläufige Berufung eines ihm vorgehenden Erben unter gewissen Voraussetzungen anzugreifen, um sein Nachfolgerecht *(ius succedendi)* zu verwirklichen. Ein solcher Angriff ist zum einen zulässig mittels **Anfechtung der letztwilligen Verfügung**, auf Grund deren die vorläufige Berufung erfolgt ist. Anfechten kann wegen Irrtums nach § 2078 BGB derjenige, dem die Aufhebung der Verfügung unmittelbar zustatten kommt (§ 2080 Abs 1 BGB) oder der Pflichtteilsberechtigte wegen Übergehung nach § 2079 BGB (§ 2080 Abs 3 BGB). Zum anderen ist ein solcher Angriff zulässig bei Erbunwürdigkeit des zunächst Berufenen mittels Anfechtung seines Erbschaftserwerbes (§ 2340 BGB) durch einen Erben, dem der Wegfall des Erbunwürdigen, wenn auch nur mittelbar, zustatten kommt (§ 2341 BGB). 2

2. Nach dem Erwerb der Erbschaft kann der Erbe die ihm als Gesamtnachfolger des Erblassers zukommende Rechtsstellung (sein *ius successionis)* zunächst geltend machen, indem er die dem Erblasser zur Zeit des Erbfalls zustehenden **Einzelansprüche** auf Herausgabe erhebt. Soweit die Rechtsverhältnisse, in denen der Erblasser gestanden hat, auf ihn übergegangen sind, können aus ihnen auch weiterhin dieselben Ansprüche neu entstehen, die für den Erblasser bei seinem Fortleben entstanden sein würden. Es geht im Wesentlichen um folgende Ansprüche: 3

In erster Linie kommt der Eigentumsherausgabeanspruch aus **§ 985 BGB** in Betracht. 4

Daneben steht dem Erben gegen jeden, der sich ohne seinen Willen nach dem Erbfall einer zum Nachlass gehörigen Sache bemächtigt hat, der **Besitzentziehungsanspruch** des § 861 BGB zu, da der Besitz nach § 857 BGB auf den Erben übergegangen ist und folglich in einer solchen Bemächtigung verbotene Eigenmacht liegt. 5

In Betracht kommt ferner ein auf Rückgabe als Naturalrestitution gerichteter deliktischer **Schadensersatzanspruch** (§§ 823, 249 Abs 1 BGB) bei schuldhafter Verletzung des Eigentumsrechts oder eines sonstigen absoluten Rechts des Erben (entgegen Lange/Kuchinke[5] § 40 III 1 Fn 57 aber nicht schon wegen des Angriffs auf das Erbrecht des 6

Antragstellers, vgl Dörner, in: FS M Ferid [1988] 57 ff; Gursky, in: 3. FS vLübtow [1991] 211, 220; vLübtow II 769).

7 Ein **Bereicherungsanspruch** auf Rückgabe des Besitzes *(condictio possessionis)* kann jedenfalls dann gegeben sein, wenn der Erbe selbst dem Erbschaftsbesitzer die Nachlassgegenstände in der irrtümlichen Annahme eines besseren Berufungsgrundes des letzteren herausgegeben hat (§ 812 Abs 1 S 1 1. Fall BGB). Ob im Falle der eigenmächtigen Besitzergreifung durch den Beklagten eine Eingriffskondiktion durchgreift, hängt nach hM davon ab, ob in eine Rechtsposition mit Zuweisungsgehalt eingegriffen wurde (HP Westermann/Gursky/Eickmann, SachenR[8] § 21 Rn 3 ff; Wilhelm, SachenR[6] Rn 538). Die Eingriffskondiktion kommt danach nicht in Betracht, wenn der Erblasser selbst nur unberechtigter Besitzer war oder wenn das Besitzrecht des Erben mit seinem Tode erloschen ist und auch sonst keine rechtliche Position „über das tatsächliche Haben hinaus" ersichtlich ist (dazu Wilhelm, SachenR[6] Rn 538).

8 Was die zum Nachlass gehörigen beweglichen Sachen anlangt, steht dem Erben, auf den der Besitz vom Erblasser übergegangen ist (§ 857 BGB), weiterhin gegen jeden späteren, nicht durch sein besseres Recht geschützten Erwerber der (petitorische) Herausgabeanspruch des früheren Besitzers aus **§ 1007 BGB** zu (siehe zu diesem heute kaum noch relevanten Anspruch MünchKomm/Raff[8] § 1007 Rn 1–19).

9 **3.** Abgesehen von diesen Einzelansprüchen kann der wahre Erbe ferner folgendes tun:

10 **a)** Er kann zur Feststellung seines Erbrechts, dh der zu seinen Gunsten eingetretenen Erbfolge, **Feststellungsklage** erheben (die näheren Voraussetzungen ergeben sich aus § 256 ZPO; besondere Gerichtsstände begründet § 27 ZPO).

11 **b)** Weiterhin kann er vom Besitzer eines unrichtigen **Erbscheins** dessen **Herausgabe** an das Nachlassgericht verlangen (§ 2362 Abs 1 BGB);

12 **c)** Von Bedeutung ist auch die Möglichkeit, **Auskunft** über erbschaftliche Verhältnisse von einer Reihe von Personen zu verlangen und zwar:

aa) zunächst von dem Erbschaftsbesitzer, dh dem, der auf Grund eines ihm in Wirklichkeit nicht zustehenden Erbrechts etwas aus der Erbschaft erlangt hat (§ 2027 Abs 1 BGB), sowie von einem diesem nach § 2030 BGB gleichstehenden Erwerber der Erbschaft;

bb) von dem, dem ein unrichtiger Erbschein erteilt worden ist, nach § 2362 Abs 2 BGB;

cc) von dem, der ohne Erbschaftsbesitzer zu sein, eine Sache aus dem Nachlass in Besitz genommen hat, bevor der Erbe den Besitz tatsächlich ergriffen hat (§ 2027 Abs 2 BGB);

dd) von dem, der sich zZ des Erbfalls mit dem Erblasser in häuslicher Gemeinschaft befunden hat (§ 2028 BGB).

4. Zu diesen einzelnen Rechtsbehelfen tritt nun der in den §§ 2018 ff BGB geregelte sog **Erbschaftsanspruch** hinzu, der dem wahren Erben gegen den bloßen Erbschaftsbesitzer (sowie einen Dritten, an den der Erbschaftsbesitzer die Erbschaft veräußert hat, § 2030 BGB) gewährt wird. Dies ist ein als erbrechtlicher **Gesamtanspruch** konzipierter *umfassender Rechtsbehelf,* der den Erben der Notwendigkeit entheben will, die Einzelansprüche auf Herausgabe von Gegenständen gegen den zu erheben, der sie nach dem Erbfall aufgrund eines ihm in Wirklichkeit nicht zustehenden Erbrechts erlangt hat. 13

Wer etwas aus dem Nachlass **ohne** die **Anmaßung** einer Erbenstellung erlangt hat, kann **nicht** mit diesem Gesamtanspruch verklagt werden, sondern muss mit dem in Betracht kommenden Einzelanspruch belangt werden. Der Erbschaftsanspruch will also dem Erben die Rechtsverfolgung bei der Beeinträchtigung erleichtern, die darin gelegen ist, dass nicht die rechtliche Zugehörigkeit des Gegenstandes zum Vermögen des Erblassers bestritten wird, sondern der Streit darum geht, wer jetzt infolge des Erbfalls der Herr der tatsächlich zum Nachlass gehörenden Gegenstände ist (BGH ZEV 2004, 378, 379). 14

Dementsprechend ist die **Ausgestaltung** des Erbschaftsanspruchs erfolgt. Er geht auf Herausgabe des vom Erbschaftsbesitzer Erlangten als Gesamtheit. Auch wenn der Erbschaftsbesitzer nur einzelne Gegenstände erlangt hat, wird deren Herausgabe als Bestandteil des Ganzen, der Erbschaft, verlangt. Der Erbschaftsanspruch hat für den Erben vor allem den Vorteil, dass dem Erben der Nachweis erspart wird, welches Recht der Erblasser auf die einzelnen zum Nachlass gehörigen Gegenstände gehabt hat. Der Erbe kann alles herausverlangen, was im Augenblick des Todes des Erblassers tatsächlich zu dessen Nachlass gehört hat. 15

Im **Vergleich zur Vindikation** liegt eine Beweiserleichterung ferner darin, dass der Erbe nur nachweisen muss, dass der Beklagte den Besitz nach dem Erbfall als Erbprätendent erlangt hat, nicht aber, dass der Beklagte noch Besitzer der Nachlassgegenstände ist. 16

Die **Rechtsdurchsetzung** wird durch den einheitlichen Erbschaftsanspruch insbesondere dann erleichtert, wenn zum Nachlass mehrere, in verschiedenen Gerichtsbezirken belegene Grundstücke gehören (Ebenroth Rn 1010). Gäbe es den Erbschaftsanspruch nicht, so müsste für jedes Grundstück eine eigene Vindikationsklage am jeweiligen (ausschließlichen) dinglichen Gerichtsstand (§ 24 ZPO) erhoben werden. Der Erbschaftsanspruch ermöglicht dagegen die Zusammenfassung zu einer einzigen, nach § 27 ZPO am Wohnsitz des Erblassers zu erhebenden Klage, wobei § 27 ZPO nur ein besonderer und kein ausschließlicher Gerichtsstand ist (s näher Rn 83 ff). 17

Dem Interesse des Erben daran, dass der Nachlass einheitlich zusammengehalten wird, dient die **Erstreckung der Haftung** des Erbschaftsbesitzers auf alle gezogenen Nutzungen (§ 2020 BGB) und auf die Surrogate (§ 2019 BGB), weiterhin die einheitliche Verjährung des Anspruchs (zur Verjährung s ausführlich § 2026 Rn 2 ff) und der Ausschluss des Einwandes der Ersitzung (§ 2026 BGB). 18

Auf der anderen Seite haftet der Erbschaftsbesitzer bei Unvermögen zur Herausgabe nur nach Bereicherungsrecht (§ 2021 BGB) und hat Anspruch auf Ersatz aller 19 seiner Verwendungen, der durch ein Zurückbehaltungsrecht geschützt ist (§ 2022 BGB). Eine strengere Haftung tritt nur ein unter den Voraussetzungen der Rechtshängigkeit, bösen Glaubens und der Besitzerlangung durch Straftat oder verbotene Eigenmacht (§§ 2023–2025 BGB). Eines Rückgriffs auf § 993 Abs 1 HS 2 BGB (analog?) bedarf es nicht; das vorstehende Ergebnis ergibt sich aus § 2021 BGB und §§ 2023–2025 BGB von selbst (für eine Anwendung von § 993 aber MAGNUS NJW 2017, 1201 [1206]).

20 Der schon oben erwähnte Anspruch des Erben auf **Auskunft** gegen den Erbschaftsbesitzer und den ihm nach § 2030 BGB gleichgestellten Erbschaftserwerber soll die Durchführung des Erbschaftsanspruchs erleichtern; die Auskunft erstreckt sich auf den Bestand der Erbschaft, also eines Inbegriffs von Gegenständen, und auf den Verbleib der einzelnen Gegenstände.

21 **5. Besondere Rechtsbehelfe zur Erlangung des vorläufigen Erbschaftsbesitzes**, wie sie im römischen und gemeinen Recht bestanden *(interdictum quorum bonorum, missio in possessionem,* s dazu vorerst KASER/KNÜTEL/LOHSSE, Römisches PrivatR[21] § 76 Rn 15; später NITSCH, in: BABUSIAUX ua, Handbuch Römisches PrivatR, im Erscheinen), kennt das geltende Recht **nicht**.

22 Falls das **Nachlassgericht** sich der Erbschaft bereits angenommen und etwa einen Nachlasspfleger bestellt hat, muss der Erbprätendent, der sein Erbrecht nicht voll darzutun vermag, versuchen, die Ausantwortung der Erbschaft von ihnen zu erreichen; die Entscheidung hängt von ihrem Ermessen ab.

23 Hat bereits ein anderer Erbprätendent den Besitz erlangt, so kann der Versuch gemacht werden, ihn durch einstweilige Verfügung nach **§ 935 ZPO** zur Einräumung des Besitzes an den Antragsteller oder einen Sequester zu nötigen. Ebenso ist denkbar, eine einstweilige Verfügung nach **§ 940 ZPO** zu beantragen, wodurch der Besitz zur Regelung eines einstweiligen Zustandes einem der beiden Erbprätendenten übertragen wird (vgl WINDSCHEID/KIPP III § 617 aE; PLANCK/FLAD Vorbem I 3).

III. Der Erbschaftsanspruch insbesondere

1. Geschichtliches

24 Der Erbschaftsanspruch des BGB ist der **römischen** (dazu namentlich MÜLLER-EHLEN und ANDRÉS SANTOS in: BABUSIAUX ua, Handbuch Römisches PrivatR, im Erscheinen) und gemeinrechtlichen *hereditatis petitio* nachgebildet (vgl MAURER 1 ff). Dieser Anspruch war einmal gegen den Besitzer einer Erbschaftssache gegeben, der sich für seinen Besitz auf Erbrecht berief, den sog *pro herede possessor,* sodann aber auch gegen den, der für seinen Besitz gar keinen Grund anzugeben vermochte oder nur einen solchen, dessen Nichtigkeit oder Unwahrheit er nachweislich kannte, den sog *pro possessore possessor.* Auch kannte das römische Recht eine weitgehende Rechtskraftwirkung, nämlich hinsichtlich der *Erbenstellung* des obsiegenden Klägers (KASER/KNÜTEL/LOHSSE, Römisches PrivatR[21] § 75 Rn 1 und 13 – auch dazu, dass nur die *hereditatis petitio,* nicht die Einzelklagen, dazu bestimmt war, das Erbrecht rechtskräftig festzustellen).

25 Das **BGB** gewährt den Erbschaftsanspruch dagegen nur gegen den Erbschaftsbesitzer

im Sinne des § 2018 BGB (bzw § 2030 BGB), versagt ihn also gegen den, der dem Erben etwas vorenthält, was er zwar aus der Erbschaft erlangt hat, aber nicht aufgrund eines von ihm in Anspruch genommenen Erbrechts. Darin liegt eine Einschränkung gegenüber dem römischen und gemeinen Recht (vgl Strohal II § 94 I). Auch ist die Rechtskraftwirkung schwächer: Dass der Erbschaftsanspruch rechtskräftig festgestellt wird, bedeutet nicht zugleich die Feststellung des Erbrechts (näher Rn 78 ff).

2. Redaktionsgeschichte

Mit Rücksicht darauf, dass einzelne frühere Partikularrechte besondere Vorschriften über den Erbschaftsanspruch für entbehrlich hielten, hat man in der ersten und zweiten Kommission eingehend erwogen, ob für die Aufnahme eines besonderen Erbschaftsanspruchs ein Bedürfnis bestehe (s Mot V 575–578; Prot V 701 f). Die Gründe, aus denen sich beide Kommissionen ebenso wie schon der Vorentwurf des Redaktors vSchmitt für die Aufnahme eines besonderen Erbschaftsanspruchs entschieden haben, sind folgende: **26**

Hätte man das Verhältnis zwischen dem wirklichen Erben und dem Erbschaftsbesitzer lediglich nach Maßgabe der für den einzelnen Erbschaftsgegenstand sich ergebenden Einzelansprüche beurteilen wollen, so hätte sich mindestens das Bedürfnis ergeben, dem Erben gegen den Erbschaftsbesitzer einen Anspruch auf Auskunftserteilung und Leistung des Offenbarungseides zu geben. **27**

Bei Beschränkung auf Einzelansprüche würden dem Erben ferner hinsichtlich des Surrogationsprinzips und der Nutzungen nicht jene Begünstigungen zuteil, die er habe, wenn man das Verhältnis zwischen ihm und dem Erbschaftsbesitzer als ein einheitliches auffasse. Auch hinsichtlich der Sachen, die der Erblasser lediglich im Besitz gehabt habe, wäre eine Besitzklage dann schwerlich zu konstruieren, wenn der Erbschaftsbesitzer den Besitz nicht vom Erben, dh aus der Erbschaft erhalten habe, wenn zB der vermeintliche Erbe A die Erbschaft dem vermeintlichen Erben B ausantworte. **28**

Bei einem Gesamtanspruch habe der Erbe ferner den Vorteil, dass er im Gerichtsstande der Erbschaft (**§ 27 ZPO**) klagen könne. **29**

Das Bestehen eines Universalanspruchs sei aber auch für den Erbschaftsbesitzer von Bedeutung. Wenn für seine Haftung nur die Vorschriften über die Einzelansprüche maßgebend wären, so könnte nur bezüglich der einzelnen Gegenstände untersucht werden, ob und welche Bereicherung vorliege, sowie ob und welche Verwendungen gemacht seien. **30**

3. Rechtsvergleichendes*

Es liegt nahe, dass die römische *hereditatis petitio* auch auf andere Staaten mit Prägung durch das römische Recht Einfluss gewann. So haben etwa folgende Staaten (nicht abschließend) eine eigene Erbschaftsklage bzw einen eigenen Anspruch – je **31**

---

* Vgl Maier, RvglHdWB 3, 122 ff;
Maurer 8 ff.

nachdem, ob das Zivilrecht nach der Trennung von Anspruch und Klage kodifiziert wurde:

32 Der französische Code civil erwähnt zwar seit der 1977 erfolgten Aufhebung des Art 137 die Erbschaftsklage nicht mehr (und auch in dieser früheren Vorschrift war nur der Fall angesprochen, dass die Erbschaft in Abwesenheit des Nächstberechtigten in die Hände des Nachberufenen gelangt); die Erbschaftsklage ist jedoch auch hier von der Praxis anerkannt (vgl Pérès/Vernières, Droit des successions [2018] n° 150 ff).

33 Der italienische Codice civile hat die Erbschaftsklage geregelt (Art 533–535); er gibt sie auch gegen den *possessor pro possessore.*

34 Das österreichische ABGB erwähnt die Klage auf „Abtretung der Erbschaft" nur kurz (in den §§ 823, 824), wobei es im Wesentlichen auf die Eigentumsklage verweist.

35 Das Schweizerische ZGB (Art 598 ff) lehnt sich an das BGB an. Die Erbschaftsklage hat hier aber wegen ihrer weitgehenden Subsidiarität nur geringe praktische Bedeutung.

36 Der polnische Kodeks cywilny regelt den Erbschaftsanspruch in Art 1029, verweist dort in § 2 für die Folgeansprüche aber auf das Eigentümer-Besitzer-Verhältnis (Art 224 ff).

37 In den Rechtsordnungen, die dem Common Law folgen, gibt es keinen besonderen Erbschaftsanspruch. Allerdings hält etwa das englische Recht mit dem *tracing* und dem *following* Konzepte bereit, die im Ansatz Ähnlichkeiten mit der Surrogation in § 2019 BGB zeigen sollen (vgl Russmann 11 ff). Den Wertverfolgungsgedanken will Russmann (S 77) auf § 2019 BGB übertragen. Denn § 2019 BGB diene dem Zweck, den Wert der Erbschaft trotz Wechsel der Bestandteile zu erhalten. Das funktioniert freilich nur, wenn man die Wertverfolgung nicht konkret versteht, sondern typisiert (vgl § 2019 Rn 15 ff und 66 ff).

4. Die Rechtsnatur des Erbschaftsanspruchs

38 Die **Rechtsnatur** des Erbschaftsanspruchs ist umstritten.

39 Die **hM** sieht in ihm einen besonderen **erbrechtlichen Herausgabeanspruch**, der zu etwaigen (und idR ebenfalls gegebenen) sachenrechtlichen und schuldrechtlichen Ansprüchen des Erben gegen den Erbschaftsbesitzer hinzutritt und sich von ihnen vor allem durch seinen umfassenden Inhalt unterscheidet: Der Erbschaftsanspruch wird nämlich als ein **einheitlicher Gesamtanspruch** verstanden, der als solcher dem in Anspruch genommenen Erbprätendenten alle aus dem Nachlass erlangten Gegenstände und Vorteile entziehen will (Planck/Flad Vorbem II 4 vor §§ 2018 ff; BGB-RGRK/Kregel Vorbem vor §§ 2018 ff; MünchKomm/Helms[8] § 2018 Rn 7; Soergel/Dieckmann Vorbem 2 f; NK-BGB/Fleindl[5] Vorbem 4 ff zu §§ 2018 ff; jurisPK/Ehm[8] Vorbem 2 ff zu § 2018; Damrau/Schmalenbach[4] § 2018 Rn 1; Bamberger/Roth/Müller-Christmann[4] § 2018 Rn 6; Erman/Horn[15] Vorbem 1 ff, 4 ff vor §§ 2018 ff; DEK/Lenz § 2018 Rn 1; FAKomm-ErbR/Finger[4] § 2018 Rn 2 f; Palandt/Weidlich[79] § 2018 Rn 1; Jauernig/Stürner[17] § 2018 Rn 4; BeckOGK/Lindner

[1. 6. 2019] Rn 2; Baumgärtel/Schmitz[4] § 2018 Rn 1; vLübtow II 1042 ff; Kipp/Coing § 105 II 2; Lange/Kuchinke[4] § 40 I 1, 2; Brox/Walker Rn 596; Schlüter, ErbR[16] Rn 605, 607; Leipold Rn 638; Michalski Rn 1035; Strohal II 376; Langheineken, Anspruch und Einrede [1903] 149 ff; Windscheid/Kipp III 537; Endemann III § 150; Crome V § 522; Kretzschmar 443; Siber 124; Heinsheimer II 472 f; Dietz 151; Reiff 109 f; Hoffschlaeger 43 ff, 51 ff; Olzen Jura 2001, 223; Zeising ZErb 2009, 172, 173; K W Lange[2] § 43 II 1 a); Löhnig JA 2018, 648; ebenso auch schon die Gesetzesmaterialien, vgl Schubert ER II 184 ff; Mot V 576 ff; Prot V 700 ff). Diese Deutung impliziert nicht etwa, dass der Anspruchsgegner den ganzen Nachlass oder auch nur eine Mehrheit von Nachlassgegenständen in den Händen hat; aber was er erlangt hat, wird ihm nach hM als Bestandteil des Ganzen, der Erbschaft, abgefordert.

Die meisten Anhänger der hM nehmen darüber hinaus an, dass der Erbschaftsanspruch sich auch seinem Entstehungsgrund nach als erbrechtlicher Gesamtanspruch bezeichnen lässt, weil er aus einer Verletzung des subjektiven Erbrechts des Anspruchstellers erwachse (so etwa Staudinger/Gursky[12] Vorbem 10; MünchKomm/Frank[3] § 2018 Rn 7; NK-BGB/Fleindl[5] Vorbem 5 zu § 2018; Lange/Kuchinke[5] § 40 III 2 a; Brox/Walker Rn 596; Schlüter Rn 610; Michalski Rn 1035; anders aber vLübtow II 1043; Dörner, in: FS Ferid [1988] 57, 74). 40

Die im älteren Schrifttum vertretene **Gegenauffassung** spricht dem Erbschaftsanspruch den Charakter eines selbstständigen, von den Einzelansprüchen verschiedenen, einheitlichen Gesamtanspruchs ab. Was das BGB „Erbschaftsanspruch“ nenne, sei nichts weiter als die Summe der ohnehin begründeten und ihre volle Selbstständigkeit bewahrenden Einzelansprüche des Erben gegen den Erbschaftsbesitzer, die allerdings in den §§ 2018 ff BGB bestimmten erbrechtlich motivierten Modifikationen unterworfen würden (Hellwig, Anspruch und Klagrecht [1900] 54, 62 ff; ders, Lehrbuch des Deutschen Civilprozeßrechts I [1903] 212 f, 289 f; Binder, Die Rechtsstellung des Erben III [1905] 375 ff, 435 ff; ders, ErbR[2] 98; ders JLBl 24 [1912] 145, 146; ders ArchBürgR 34 [1910] 209, 234 Fn 71; vTuhr, AT I [1910] 272 ff; Oertmann AcP 123 [1925] 129, 157; Lent, Die Gesetzeskonkurrenz im Bürgerlichen Recht und Zivilprozeß I [1912] 242 ff, 252; Eiswaldt 37 ff, 71 ff; vBargen 1 ff, 82 ff; ähnlich auch Wieling JZ 1986, 5, 6 ff). 41

Angelpunkt der Kontroverse ist **§ 2029 BGB**, demzufolge die Haftung des Erbschaftsbesitzers sich auch gegenüber den Ansprüchen, die dem Erben in Ansehung der einzelnen Erbschaftsgegenstände zustehen, nach den Vorschriften über den Erbschaftsanspruch richtet. Die **hM** nimmt diese Vorschrift wörtlich: Der Erbschaftsanspruch und die Einzelansprüche sind danach rechtlich voneinander zu trennen. § 2029 BGB sorgt lediglich dafür, dass jeder Einzelanspruch an den mit ihm konkurrierenden Teil des Erbschaftsanspruchs angeglichen, genauer: auf den Umfang des ihm entsprechenden Ausschnitts des Erbschaftsanspruchs beschränkt wird, damit die beabsichtigte Privilegierung des gutgläubig-unverklagten Erbschaftsbesitzers nicht durch die Einzelansprüche konterkariert wird. 42

Nach der **Gegenauffassung** gibt es überhaupt nur die Singularansprüche. § 2029 BGB treffe die generelle Anordnung, dass jeder Einzelanspruch des Erben, der sich gegen einen Erbschaftsbesitzer richtet, bestimmten Modifikationen unterworfen sein soll, die die §§ 2018–2026 BGB (als Ausführungsvorschriften zu § 2029 BGB) näher spezifizieren. 43

44 Nach Auffassung von Gursky (Staudinger/Gursky [2016] Rn 15 ff) kann keine dieser beiden Auffassungen völlig befriedigen. Die richtige Deutung des Erbschaftsanspruchs liege zwar sehr viel näher bei der Position der hM als bei der Einzelanspruchstheorie (zu den Schwächen der letzteren vgl auch Gursky, in: 3. FS vLübtow 211, 216 ff). Die Gesetzesmaterialien zeigten deutlich, dass sowohl die Redaktorenvorlage zum Erbrecht wie auch später die Mehrheit in beiden Kommissionen bewusst an die *hereditatis petitio* des Gemeinen Rechts anknüpften und sich dementsprechend nicht auf eine bloße Modifikation der ohnehin gegebenen Einzelansprüche des Erben beschränkten, sondern einen eigenen erbrechtlichen Universalanspruch schaffen wollten (TE Erbrecht des Redaktors vSchmitt, Begründung bei Schubert, Die Vorlagen der Redaktoren, ER II 184 ff; Mot V 576 f; Prot V 701 f). Die dogmatische Konzeption der Normverfasser habe sich im Wortlaut und im Aufbau der §§ 2018 ff BGB deutlich niedergeschlagen: Eine unbefangene Lektüre dieser Normen könne nur zu dem Eindruck führen, dass hier ein besonderer, neben den schuldrechtlichen und sachenrechtlichen Singularansprüchen stehender erbrechtlicher Anspruch mit umfassendem Inhalt geschaffen werden sollte. Wenn man mit der Mindermeinung den Erbschaftsanspruch als bloße Zusammenfassung der durch § 2029 BGB in Verbindung mit §§ 2018–2026 BGB erbrechtlich modifizierten Einzelansprüche deute, so schränke man zudem den gewollten und sinnvollen Anwendungsbereich der §§ 2018 ff BGB ein, denn der traditionell verstandene Erbschaftsanspruch reiche in mehreren Punkten weiter als die Summe der erbrechtlich modifizierten Einzelansprüche (vgl Gursky, in: 3. FS vLübtow 211, 213 ff).

45 Auf der anderen Seite lasse sich auch die Deutung der hM nicht vollständig durchhalten. Der vermeintliche einheitliche erbrechtliche Universalanspruch löse sich bei näherer Betrachtung in ein Bündel ganz unterschiedlicher Elemente auf, die teils dinglicher, teils obligatorischer Art seien; und selbst die letztere Gruppe der obligatorischen Bestandteile sei in sich wiederum sehr inhomogen, da sich hier bereicherungsabhängige Wertersatzpflichten (§ 2021 BGB), bereicherungsabhängige Herausgabepflichten (§ 2020 HS 2 BGB) und Schadensersatzpflichten (§§ 2023, 2024 BGB) fänden. Es sei deshalb überhaupt nicht daran vorbeizukommen, dass die §§ 2018 ff BGB dem Erben in Wirklichkeit eine Mehrheit von Ansprüchen gäben. Gleichwohl bildeten die vom Gesetz mit dem Ausdruck Erbschaftsanspruch zusammengefassten Ansprüche nicht nur ein sinnhaftes Gefüge – wie das etwa beim gesetzlichen Schuldverhältnis des Eigentümer-Besitzer-Verhältnisses der Fall ist – sondern sie seien auch rechtlich mit materiellrechtlichen Konsequenzen miteinander verbunden: Zumindest im Hinblick auf die Verteidigungsposition des Erbschaftsbesitzers werde das ganze Bündel der Ansprüche aus den §§ 2018 ff BGB wie ein einheitlicher Anspruch behandelt (vgl Gursky, in: 3. FS vLübtow 211, 220 ff). Da der Gesetzgeber jedenfalls in diesem Punkte aus seiner dogmatischen Konzeption vom einheitlichen erbrechtlichen Universalanspruch praktische Konsequenzen gezogen habe, empfiehlt es sich laut Gursky, diese Konzeption bei der Handhabung des Erbschaftsanspruchs überall dort zugrunde zu legen, wo dies nicht zu sachwidrigen oder offensichtlich ungerechten Ergebnissen führe. Von diesen Einschränkungen abgesehen müsse aber die Gesamtheit der Ansprüche, die die §§ 2018 ff BGB dem Erben gewährten, wie ein einheitlicher Anspruch behandelt werden. Unter diesen Umständen biete es sich an, bei der Kommentierung von der – ja so einfachen und plastischen – Konzeption des Gesamtanspruchs auszugehen und eine präzisere Terminologie nur dort einzuführen, wo die genauere Strukturanalyse zu von der hM abweichenden Ergebnissen führe.

Zu ähnlichen Ergebnissen gelangt die **Auffassung** von Muscheler (ErbR 2009, 38, 46 f), die allerdings den Gesichtspunkt der Anspruchsmehrheit stärker betont. **46**

Eine weitere Deutung des Erbschaftsanspruchs hat Maurer (31 ff) vorgestellt. Danach soll der Erbschaftsanspruch weder ein echter Universalanspruch noch ein im Wesentlichen wie ein einheitlicher Anspruch behandeltes Bündel zusammenhängender Ansprüche, sondern einfach ein zusätzlicher Einzelanspruch sein, der zu den nichterbrechtlichen Singularansprüchen des Erben gegen den Erbschaftsbesitzer hinzutritt. Diese These kann trotz der dafür vorgebrachten gewichtigen Gründe letztlich nicht überzeugen. Sie entfernt sich allzu weit von den Vorstellungen und Absichten der Gesetzesverfasser und ist insbesondere mit § 2022 Abs 2 BGB kaum zu vereinbaren. **47**

Allein die Lehre vom Gesamtanspruch trifft mit allen aufgeführten Argumenten zu (vgl eingehend vLübtow II 1042 ff). Der herrschenden Meinung ist daher zu folgen. **48**

Der Erbschaftsanspruch ist aktiv und passiv **vererblich** (näher § 2018 Rn 62 ff). **49**

5. Die Vorteile des Gesamtanspruchs gegenüber den Einzelansprüchen

Mit der Kombination der in Rn 3 ff aufgeführten Einzelansprüche kann der Erbe fast alles herausverlangen, was der Erbschaftsbesitzer aus der Erbschaft erlangt hat. Auch bezüglich der Nutzungen geht der Erbschaftsanspruch entgegen verbreiteter Auffassung kaum über die Singularansprüche hinaus, weil der Nachlass ja regelmäßig iS von § 988 BGB unentgeltlich erlangt ist (Ausnahme: § 2030 BGB); eine Besserstellung tritt hier nur durch die **dingliche Surrogation** (§ 2019 BGB) ein, denn danach hat der Besitzer auch die aus den Surrogaten gezogenen Nutzungen herauszugeben. **50**

Entgegen Wieling (JZ 1986, 5, 7) lassen sich aber doch einige wenige Konstellationen aufspüren, in denen dem Erben ausschließlich der Erbschaftsanspruch, nicht aber auch ein schuldrechtlicher oder sachenrechtlicher Singularanspruch zur Verfügung steht: **51**

So, wenn der vermeintliche Erbe A ein nur besitzmäßig zum Nachlass gehörendes Grundstück an den gutgläubigen vermeintlichen Erben B herausgibt und die Leistungskondiktion des A etwa an § 814 BGB scheitert (A hat sichere Kenntnis von der Nichtberechtigung des B, scheut aber einen Prozess). **52**

Ebenso, wenn der Erblasser eine in seinem Besitz befindliche fremde Sache einem Besitzmittler anvertraut hat und dieser sie nun nach dem Erbfall an einen gutgläubigen Erbprätendenten herausgibt. **53**

Desgleichen wegen § 2026 BGB, wenn der Erbschaftsbesitzer in der Zwischenzeit das Eigentum an der Sache ersessen hat (sofern man der Ersitzung kondiktionsausschließende Wirkung beilegt, s dazu MünchKomm/Baldus[8] § 937 Rn 69 ff; BGH NJW 2016, 3162 [3165 f] – jeweils mwNw). **54**

Vielfach wird sich auch die Situation ergeben, dass nur der (ja nach altem wie neuem Recht in 30 Jahren verjährende) Erbschaftsanspruch **durchsetzbar** ist, während die in **55**

Betracht kommenden Singularansprüche alle verjährt oder gar (wegen Ablaufs einer Ausschlussfrist) erloschen sind. Diese Möglichkeit bestand vor der grundlegenden Umgestaltung des Verjährungsrechts durch das Schuldrechtsmodernisierungsgesetz insbesondere in denjenigen Fällen, in denen der Erbe Einzelansprüche nur aus § 861 BGB oder §§ 823, 249 Abs 1 BGB bzw §§ 992, 823, 249 Abs 1 BGB erlangt hat, die einer kurzen Ausschluss- bzw Verjährungsfrist unterliegen. Nach neuem Verjährungsrecht hat sich dieser Bereich stark vergrößert, denn seit dem 1. 1. 2002 unterliegen ja auch die Bereicherungsansprüche und die Vindikationsfolgen- und -nebenansprüche (ähnlich wie bisher schon die Deliktsansprüche) einer dreijährigen Verjährung (§§ 195, 199 Abs 1 BGB).

56 Schließlich kann der **Umfang** des Erbschaftsanspruchs **über den der konkurrierenden Einzelansprüche hinausgehen**. Dies gilt insbesondere dann, wenn dem Erben außer dem Erbschaftsanspruch nur noch Bereicherungsansprüche zustehen; dann können sich nämlich die im Vergleich zu § 819 BGB geringeren Anforderungen des § 2024 BGB an die Haftungsverschärfung auswirken:

57 So etwa, wenn der beim Erwerb des Erbschaftsbesitzes grob fahrlässige Anspruchsgegner aus Erbschaftsmitteln auf seinem eigenen Grundstück ein Gebäude errichtet und dieses vor der Kenntniserlangung des Erbschaftsbesitzers vom Fehlen seines Erbrechts und damit der Rechtsgrundlosigkeit seines Erwerbs abbrennt.

58 Oder: Der wahre Erbe gibt den Nachlass selbst an einen vermeintlich besser berechtigten Dritten heraus, der beim Antritt des Erbschaftsbesitzes grob fahrlässig ist; die Sache, die der Erblasser selbst nur geliehen oder gemietet hatte, wird vom Erbschaftsbesitzer noch vor Kenntniserlangung von der wahren Rechtslage infolge Nachlässigkeit zerstört. Schadensersatz steht dem Erben hier nur aus §§ 2024 S 1, 989 BGB zu, während die konkurrierende Leistungskondiktion an § 818 Abs 3 BGB scheitern müsste.

59 Entsprechende Divergenzen können sich auch im **Vergleich zur vindikatorischen Schadensersatzhaftung** aus dem unterschiedlichen Bezugspunkt des bösen Glaubens ergeben. So zB in der folgenden Fallgestaltung: Der bei der Inbesitznahme der ersten Nachlasssachen grob fahrlässig gewesene Erbschaftsbesitzer verschafft sich nach einiger Zeit noch den Besitz einer weiteren Nachlasssache; zu diesem Zeitpunkt hatte er aber bei nachträglich angestellten Nachforschungen weitere Umstände erfahren, die seine Annahme, Erbe und damit Eigentümer der Nachlasssachen geworden zu sein, nunmehr allenfalls leicht fahrlässig erscheinen lassen. Wenn dieser Erbschaftsbesitzer später dann die zuletzt erlangte Nachlasssache schuldhaft zerstört, haftet er wiederum zwar nach §§ 2024 S 1, 989 BGB, nicht aber nach §§ 990 Abs 1 S 1, 989 BGB.

60 Von Vorteil ist der Erbschaftsanspruch ferner auch dann, wenn er **dinglicher** Natur ist und damit im **Insolvenzverfahren** zur Aussonderung berechtigt, der zugrunde liegende Singularanspruch aber nur schuldrechtlicher Art ist (so wenn der Erbe selbst dem Beklagten im Glauben an dessen Erbenstellung Erbschaftssachen, die der Erblasser nur geliehen hatte, herausgegeben hat; hier käme als Singularanspruch nur die Leistungskondiktion in Betracht).

Bei der *hereditatis petitio* gegenüber dem Erbschaftskäufer (§ 2030 BGB) kommen zwei weitere, dem Kläger günstige Abweichungen von den zugrundeliegenden Singularansprüchen hinzu: die Nutzungsherausgabepflicht trotz entgeltlichen Erwerbs (abweichend von § 993 Abs 1 HS 2 BGB) und der Ausschluss des gutgläubigen Erwerbs (s § 2030 Rn 8 ff). **61**

Wegen weiterer Vorzüge des Erbschaftsanspruchs für den Erben vgl oben Rn 13 ff (dort auch zur Beweiserleichterung für den Kläger) sowie MUSCHELER ZEV 2009, 38, 41 f. **62**

Auf der anderen Seite bringt die Regelung des Erbschaftsanspruchs **auch für den Erbschaftsbesitzer** gegenüber den Einzelansprüchen **Vorteile**: So insbesondere die Erweiterung seiner Verwendungsersatzansprüche in § 2022 BGB und den nach § 2025 S 2 BGB gegenüber § 992 BGB engeren Bereich der deliktischen Haftung. Vgl ferner § 2021 Rn 1 ff. **63**

6. Dingliche und obligatorische Elemente

Obwohl der Erbschaftsanspruch ein einheitlicher Gesamtanspruch ist, hat er teilweise dinglichen, teilweise obligatorischen Charakter (anders LANGHEINEKEN 150: immer absoluter Natur). **64**

Dinglich ist er insoweit, als er auf Naturalrestitution der primär erlangten Gegenstände (§ 2018 BGB) und der Surrogate (§ 2019 BGB) sowie der nicht in das Eigentum des Erbschaftsbesitzers gefallenen Früchte (§ 2020 HS 1 BGB) gerichtet ist. **65**

Obligatorisch sind dagegen die Herausgabepflicht nach Bereicherungsgrundsätzen (§ 2021 BGB) und die Ansprüche auf Schadensersatz (§§ 2023–2025 BGB), ferner der Anspruch auf „Herausgabe" (dh Übereignung und Übergabe) der in das Eigentum des Erbschaftsbesitzers gefallenen Früchte. Obligatorisch sind auch die Gegenansprüche des Erbschaftsbesitzers auf Verwendungsersatz nach §§ 2022 ff BGB. **66**

Ist der Anspruch **obligatorisch**, finden die allgemeinen Vorschriften über Schuldverhältnisse grundsätzlich Anwendung. In § 2024 S 3 BGB wird die Anwendbarkeit der Vorschriften über den Schuldnerverzug demgemäß vorausgesetzt. **67**

Soweit der Anspruch dinglicher Art ist, berechtigt er im **Insolvenzverfahren** über das Vermögen des Erbschaftsbesitzers zur Aussonderung (§ 47 InsO), soweit er obligatorischen Charakter hat, rechnet er dagegen zu den Insolvenzforderungen (JAEGER/HENCKEL InsO § 47 Rn 86 mwNw): **68**

Im ersteren Falle (dinglich) begründet der Anspruch in der Einzelzwangsvollstreckung gegen den Erbschaftsbesitzer ein Widerspruchsrecht (§ 771 ZPO); dagegen lässt die Einzelzwangsvollstreckung Dritter in die vom Erbschaftsbesitzer nach § 2020 HS 2 BGB herauszugebenden Früchte lediglich nach § 2021 BGB einen Erstattungsanspruch des Erben entstehen, der sich primär an der vom Erbschaftsbesitzer durch die **Zwangsvollstreckung** erlangten Schuldbefreiung orientiert (§ 818 Abs 2 BGB), aber durch jede von diesem im Vertrauen auf den vermeintlich wirk- **69** samen Erbschaftserwerb vorgenommene Verschwendung verringert wird (§ 818 Abs 3 BGB).

7. Insbesondere: Abtretbarkeit

70 Der Anspruch ist auch **abtretbar** (KG RzW 1972, 466; Planck/Flad Vorbem 6; MünchKomm/Helms[8] § 2018 Rn 10, 12; Bamberger/Roth/Müller-Christmann[4] § 2018 Rn 7; jurisPK/Ehm[8] § 2018 Rn 9; DEK/Lenz § 2018 Rn 1; Staudinger/Busche [2012] § 398 Rn 45, § 413 Rn 9; vLübtow II 1046 f; Joachim Rn 479; Muscheler ErbR 2009, 38, 47; **heute allgM**; anders früher Endemann § 152 I a 4; einschränkend AK-BGB/Wendt § 2018 Rn 5 [keine isolierte Zession nur des Erbschaftsanspruchs]), und zwar auch hinsichtlich seiner dinglichen Komponente (vgl Rn 76 ff). Die grundsätzliche Unabtretbarkeit dinglicher Rechtsverwirklichungsansprüche (Staudinger/Thole [2019] § 985 Rn 4 f) steht dem nicht entgegen. Der Erbschaftsanspruch dient nämlich nicht der Verwirklichung eines eigentumsähnlichen dinglichen subjektiven Herrschaftsrechts am Nachlass – ein solches existiert richtiger Ansicht nach nicht (vgl Dörner, in: FS Ferid [1988] 57 ff; Staudinger/Boehmer[11] Vorbem 132 und 137 zu §§ 2018 ff; Maurer 26 ff) – und die konkurrierenden dinglichen Einzelansprüche des Erben werden ja von der Abtretung des Erbschaftsanspruchs gar nicht betroffen.

71 Etwas anderes gilt bei einem **entgegenstehenden Parteiwillen**. Sollte dieser einmal darauf gehen, den Erbschaftsanspruch und alle konkurrierenden Singularansprüche nur gemeinsam zu übertragen, würde natürlich auch die Übertragung des Erbschaftsanspruchs an der Unübertragbarkeit der dinglichen Einzelansprüche scheitern. Auf die Zweifelsregelung des § 139 BGB bräuchte man dabei noch nicht einmal zu rekurrieren.

72 Das Zurückbleiben des konkurrierenden Vindikationsanspruchs beim Erben führt bei Abtretung des Erbschaftsanspruchs insofern zu Schwierigkeiten, als dadurch eine Art von **Gesamtgläubigerschaft** zu entstehen droht. Wie bei der auf eine von mehreren konkurrierenden Forderungen planmäßig beschränkten Abtretung (vgl BGHZ 140, 175, 179; Staudinger/Gursky [2014] Vorbem 35 zu §§ 182 ff) wird man deshalb wohl annehmen müssen, dass die Abtretung auch der dinglichen Elemente des Erbschaftsanspruchs nur mit Zustimmung des Schuldners zulässig ist.

8. Der Einfluss des Erbschaftsanspruchs auf die Einzelansprüche

73 Da der Erbe durch Anstellung der ihm zustehenden Einzelklage den Erbschaftsbesitzer – namentlich was seinen Ersatzanspruch wegen Verwendungen anlangt – in eine ungünstigere Rechtslage bringen könnte als bei Geltendmachung des einheitlichen Erbanspruchs, bestimmt § 2029 BGB, dass sich die Haftung des Erbschaftsbesitzers auch dann nach den Vorschriften über den Erbschaftsanspruch bestimmen soll (s Erl zu § 2029 Rn 1 ff).

9. Konkurrenzen

74 Einige Anhänger der **Gesamtanspruchslehre** nehmen an, dass die tatbestandsmäßig gegebenen Singularansprüche des Erben gegen den Erbschaftsbesitzer von dem erbrechtlichen Universalanspruch vollständig aufgesogen oder verdrängt werden

(Langheineken 148 f, 161 ff; Siber, Grundriß 129; Endemann § 150 III; wohl auch Kipp/Coing § 105 I 3).

Entstehungsgeschichte (zur Bedeutung der Entstehungsgeschichte allgemein siehe Baldus/Theisen/Vogel, „Gesetzgeber" und Rechtsanwendung [2013]) und Fassung des § 2029 BGB sprechen jedoch – wie vLübtow (II 1072 f) zu Recht betont – für die Annahme einer **Anspruchskonkurrenz** zwischen dem Erbschaftsanspruch einerseits und den (durch § 2029 BGB modifizierten) Singularansprüchen (Planck/Flad § 2029 Anm 5; Strohal II 407; Kretzschmar § 68 II 5; Staudinger/Lehmann[11] § 2029 Rn 4; Lange/Kuchinke § 40 III 2 b; Brox/Walker Rn 596; Schlüter Rn 640). **75**

Diese Lösung empfiehlt sich auch schon deshalb, weil die Gegenposition konsequenterweise zu der Annahme führen müsste, dass die Einzelansprüche bei einem Ausschluss des Erbschaftsanspruchs durch einen Singulareinwand (vgl § 2018 Rn 106 ff) notwendigerweise mit ausgeschlossen sind. Das wäre aber jedenfalls für den possessorischen Herausgabeanspruch des Erben (§ 861 BGB) nicht angemessen: Dieser darf wegen § 863 BGB nicht daran scheitern, dass sich die vom Erbschaftsbesitzer in eigenmächtiger Durchsetzung seines Erbrechts in Besitz genommene Sache nachträglich als im Eigentum des Erbschaftsbesitzers stehend erweist. **76**

IV. Verjährung

Der unterschiedliche (nämlich teils dingliche, teils obligatorische Charakter) der einzelnen Teile des Erbschaftsanspruchs hat keinen Einfluss auf die **Verjährung** (Burandt/Rojahn/Gierl[3] § 2026 Rn 4 ff). Für beide Arten gilt eine einheitliche Verjährungsregelung, nämlich eine dreißigjährige Verjährungsfrist (ausführlich § 2026 Rn 2 ff). Nur für die deliktische Haftung des Erbschaftsbesitzers aus § 2025 BGB gilt eine andere, nämlich dreijährige Verjährungsfrist (s dazu § 2025 Rn 39 ff und § 2026 Rn 9). **77**

V. Prozessuales

1. Feststellungsklage

Der Erbschaftsanspruch ist von der Klage auf Feststellung des Erbrechts scharf zu unterscheiden. Anspruchs**gegenstand** ist nicht das Erbrecht, sondern die **Erbschaft** oder Teile derselben. **78**

Freilich hängt der Sieg des Klägers von der Bejahung der Vorfrage ab, dass er Erbe geworden ist. Will der Kläger, dass diese Entscheidung gleichfalls in Rechtskraft erwächst, muss er die Feststellungsklage (§ 256 Abs 1 ZPO) mit der Klage aus dem Erbschaftsanspruch verbinden oder später den Klageantrag auf eine sog Inzidentfeststellung erweitern (§ 256 Abs 2 ZPO; so sieht es auch die ganz hM: Planck/Flad Vorbem 4 b; BGB-RGRK/Kregel § 2018 Rn 11; MünchKomm/Helms[8] § 2018 Rn 31; Soergel/Dieckmann Vorbem 5; NK-BGB/Fleindl[5] Vorbem 14 zu § 2018; BeckOGK/Lindner [1. 6. 2019] Rn 54; F Leonhard Anm I B 1 b; vLübtow II, 1045; Lange/Kuchinke[5] § 40 III 2 a aE; Kipp/Coing § 105 I 4; Kipp § 66 I; Binder III 445; Endemann § 149 I; Maurer 246 ff; anders aber Wieling JZ 1986, 5, 10 f; Hartmann 77 ff). **79**

80 Die Rechtskraft des Urteils, das lediglich den Erbschaftsanspruch bejaht, kann der Kläger zB nicht zur Begründung des Anspruchs auf Herausgabe des unrichtigen Erbscheins (§ 2362 BGB) verwerten, ebenso wenig zur Begründung einer späteren Klage auf Herausgabe weiterer Gegenstände. Da also das den Erbschaftsanspruch bejahende Urteil in geringerem Umfang Rechtskraft schafft als das Feststellungsurteil, ist ein **rechtliches Interesse** an alsbaldiger Feststellung regelmäßig gegeben, obwohl die Leistungsklage erhoben werden kann (so zutreffend Kipp/Coing § 105 Fn 9; ebenso NK-BGB/Fleindl[5] Vorbem 14 zu § 2018).

81 Wenn ernsthaft die Möglichkeit in Betracht kommt, dass der Beklagte über die in seiner Auskunft genannten Gegenstände hinaus noch weitere in Besitz hat, muss schließlich auch die kumulativ mit der Erbschaftsklage erhobene Feststellungsklage dahin, dass der Beklagte auch zur Herausgabe aller weiteren aus der Erbschaft erlangten Gegenstände verpflichtet sei, zugelassen werden (Lange/Kuchinke[5] § 40 III 2 a m Fn 63–66; Soergel/Dieckmann Vorbem 5; MünchKomm/Helms[8] § 2018 Rn 29; NK-BGB/Fleindl[5] Vorbem 15 zu § 2018; Bamberger/Roth/Müller-Christmann[4] § 2018 Rn 23; Damrau/Schmalenbach[4] § 2018 Rn 28; DEK/Lenz § 2018 Rn 13; Wieser, Prozeßrechtskommentar[2] § 2018 Rn 3 aE), weil nur so auch für diese weiteren Gegenstände die Verjährung nach § 204 Abs 1 Nr 1 BGB gehemmt wird (zur Unterbrechung nach § 209 aF s Staudinger/Gursky [2016] Rn 23 aE).

2. Gerichtszuständigkeit

82 Die Gerichtszuständigkeit für eine Klage, mit der der Erbschaftsanspruch geltend gemacht wird, ergibt sich aus den §§ 13–19 und 27 ZPO.

83 Die Klage kann im **allgemeinen Gerichtsstand** des Beklagten oder im **Gerichtsstand der Erbschaft** (§ 27 ZPO) erhoben werden (OLG Nürnberg OLGZ 1981, 115; Richter JuS 2008, 97, 99); ebenso die Feststellungsklage auf Feststellung des Erbrechts. Die Norm wird von der EuErbVO nicht verdrängt (s Art 2 EuErbVO, dazu Rn 107).

84 Im **dinglichen Gerichtsstand** (§ 24 ZPO) kann sie nicht erhoben werden, auch dann **nicht**, wenn der Nachlass ausschließlich aus Grundstücken besteht (Planck/Flad Vorbem 4 b; Kretzschmar § 68 III 1; NK-BGB/Fleindl[5] Vorbem 17; vLübtow II 1067 f; MünchKommZPO/Patzina § 24 Rn 8; Musielak/Heinrich, ZPO[6] § 24 Rn 9; Zöller/Schultzky, ZPO[32] § 24 Rn 9; **aA** Maurer 243 f). Denn dies ändert nichts an der oben erörterten (Rn 64 ff) teils dinglichen, teils obligatorischen Rechtsnatur des Erbschaftsanspruchs.

85 Soweit gegen den Erbschaftsbesitzer Einzelklagen erhoben werden, bei denen er nicht als Erbschaftsbesitzer in Betracht kommt, ist selbstverständlich der Gerichtsstand der Erbschaft (§ 27 ZPO) nicht begründet (vgl OLG Nürnberg OLGZ 1981, 115; Stein/Jonas/Roth, ZPO[22] § 27 Rn 13; Erman/Horn[15] Vorbem 9 zu § 2018; Weinkauf 60; Richter JuS 2008, 97, 99; **aA** Binder III 443; Wieling JZ 1986, 5, 6 Fn 3).

86 Anders liegt es, wenn der Kläger nicht nur einen Erbschaftsanspruch schlüssig behauptet, sondern zugleich Einzelansprüche (aus §§ 985 und 1007 BGB) geltend macht. Schon aus Gründen der Prozessökonomie muss das Gericht dann auch die Einzelansprüche prüfen, selbst wenn § 24 ZPO dem entgegensteht. Auch der Rechtsgedanke des **§ 17 Abs 2 S 1 GVG** spricht hierfür. Dies hat der BGH mit Blick auf § 32 ZPO bereits entschieden (BGH NJW 2003, 828) und kann auf § 27 ZPO übertragen werden (richtig NK-BGB/Fleindl[5] Rn 18; MünchKomm/Helms[8] § 2018 Rn 32; BeckOGK/Lindner [1. 6. 2019] § 2018 Rn 59).

87 Der besondere Gerichtsstand bei Erbfolge (**§ 27 ZPO**) gilt übrigens nicht nur für den eigentlichen Erbschaftsanspruch, sondern auch für die klageweise Geltendmachung der Auskunftsansprüche aus §§ 2027, 2028 BGB (s § 2027 Rn 69 ff).

3. Klageantrag; Stufenklage; Verbindung mit Anfechtungsklage

88 Der Kläger muss die herauszugebenden Gegenstände in der Klage mit der durch § 253 Abs 2 Nr 2 ZPO geforderten **Bestimmtheit** angeben (vgl vLübtow II 1047; Lange/Kuchinke § 40 III 2 a; Schlüter Rn 612; Planck/Flad Vorbem 4 b; Soergel/Dieckmann Rn 5; MünchKomm/Helms[8] § 2018 Rn 28; NK-BGB/Fleindl[5] Vorbem 13; BeckOGK/Lindner [1. 6. 2019] § 2018 Rn 55; Richter JuS 2008, 97, 99; heute allgM, anders früher Baur, Fälle und Lösungen zum Zwangsvollstreckungs-, Konkurs- und Vergleichsrecht [2. Aufl 1969] 69 Fn 15). An dieser Stelle setzen sich die Vorteile des materiellen Gesamtanspruchs gegenüber den Einzelansprüchen folglich nicht durch.

89 Diese prozessuale Not kann durch Auskunftserteilung des Beklagten abgemildert werden. Deshalb kann der Kläger die **Klage auf Auskunft** nach § 2027 Abs 1 BGB mit der Klage aus dem Erbschaftsanspruch verbinden. Dann kann er sich die bestimmte Angabe der Leistungen, die er verlangt, bis nach Erteilung der Auskunft und Leistung der eidesstattlichen Versicherung vorbehalten, § 254 ZPO (**Stufenklage**).

90 Auch wenn sich im Laufe des Verfahrens ergibt, dass die ursprüngliche Angabe des Klägers über die herauszugebenden Gegenstände unvollständig gewesen ist, liegt in der nachträglichen Vervollständigung weder eine Klagehäufung noch Klageänderung, sondern nur eine nach § 264 Nr 2 ZPO zulässige **Klageerweiterung** (vgl Langheineken 161; Planck/Flad Vorbem 4 b; Lange/Kuchinke § 40 III 2 a Fn 61).

91 Die **Rechtshängigkeit** des Erbschaftsanspruchs tritt – wenn nicht die Herausgabeklage mit einer Auskunftsklage nach § 254 ZPO verbunden wird – nur für die im Klageantrag bestimmt angegebenen Gegenstände ein (vgl Planck/Flad Vorbem 4 b; AK-BGB/Wendt § 2018 Rn 3; Soergel/Dieckmann Vorbem 5; MünchKomm/Helms[8] § 2018 Rn 30; Bamberger/Roth/Müller-Christmann[4] § 2018 Rn 24; vLübtow II 1070; Lange/Kuchinke[5] § 40 III 2 a; Ebenroth Rn 1010; Brox/Walker Rn 598; Weinkauf 49, 162; Maurer 245 f; **aM** Langheineken 161; Hartmann 71 f). Und auch bei einer Stufenklage wirkt die Rechtshängigkeit nur für die später benannten Gegenstände (MünchKomm/Helms[8] § 2018 Rn 30; Soergel/Dieckmann Vorbem 5; Bamberger/Roth/Müller-Christmann[4] § 2018 Rn 24; Lange/Kuchinke[5] § 40 III 2 a; Maurer 245 f).

92 Auch bei einer Stufenklage tritt wegen § 261 Abs 2 2. Fall ZPO Rechtshängigkeit hinsichtlich der später benannten Gegenstände erst mit der Zustellung des den Erbschaftsanspruch konkretisierenden Schriftsatzes an den Beklagten ein (Zeising ZErb 2009, 172, 174); die **Konkretisierung** entfaltet aber **Rückwirkung**. Hier ist freilich auf genaue Formulierung zu achten, weil § 254 ZPO nur erlaubt, dass die bestimmte Angabe der Leistungen vorbehalten wird; das Beanspruchen selbst muss bereits

Gegenstand des Stufenantrags sein, um sofortige Rechtshängigkeit zu erreichen (vgl BGH NJW 2017, 1954 [Rn 27 ff]; s dazu auch FLEISCHER ErbR 2019, 671 [677]).

93 Ein **allgemeines**, auf Herausgabe alles dessen, was der Beklagte als Erbschaftsbesitzer erlangt hat, gerichtetes **Begehren** würde sachlich nur einen Klageantrag auf Feststellung der Herausgabepflicht darstellen. Der Richter würde gegebenenfalls nach § 139 ZPO auf die Stellung eines sachdienlichen Antrags hinzuwirken haben. Das Rechtsschutzinteresse für eine solche isolierte Feststellungsklage über die Herausgabepflicht des Erbschaftsbesitzers wird durch die Möglichkeit der Erhebung einer Stufenklage wohl nicht beseitigt (WIESER, Prozeßrechtskommentar zum BGB[2] § 2018 Rn 3; DAMRAU/SCHMALENBACH[4] § 2018 Rn 28; MünchKomm/HELMS[8] § 2018 Rn 31). Die Rechtskraftwirkung des Urteils deckt nur den Anspruch auf Herausgabe der im Urteil bezeichneten Sachen (MünchKomm/HELMS[8] § 2018 Rn 30).

94 Zur Frage, ob die Klage aus §§ 2018 ff BGB mit der **Anfechtungsklage** nach **§ 2342 BGB** verbunden werden kann, vgl STAUDINGER/OLSHAUSEN (2015) § 2342 Rn 4.

4. Zwangsvollstreckung

95 Der Erbschaftsanspruch kann nach §§ 829, 835, 846–849 ZPO im Wege der Zwangsvollstreckung gepfändet und dem Gläubiger zur Einziehung überwiesen werden (PLANCK/FLAD Vorbem 6; OLZEN JuS 1989, 374, 375).

VI. Das Verhältnis mehrerer Erbprätendenten zu den Nachlassgläubigern

96 Ein zwischen mehreren Erbprätendenten ergangenes **Feststellungsurteil** entfaltet Rechtskraftwirkung nur **inter partes**, nicht auch gegenüber den Nachlassgläubigern (**hM**, vgl Mot V 595; PLANCK/FLAD Vorbem II 9; jurisPK/EHM[8] Rn 34; anders vLÜBTOW II, 1046, der hier einen personenrechtlichen Statusprozess annimmt und §§ 638 S 2, 640h ZPO aF analog anwendet). Infolgedessen kann der Nachlassgläubiger auch den im Erbschaftsstreit Unterlegenen noch immer als Erben in Anspruch nehmen; und der Sieger könnte theoretisch gegenüber dem Nachlassgläubiger seine Eigenschaft als Erbe bestreiten; nur wird dann wohl meist der Gegeneinwand der Arglist durchgreifen (vgl Mot V 596).

97 Entsprechendes gilt für die Wirkungen eines zwischen den Erbprätendenten geschlossenen **Vergleichs**.

98 Der **Erbschaftsbesitzer** als solcher haftet den Nachlassgläubigern überhaupt nicht (Prot V 832–834).

99 Über das Verhältnis mehrerer Erbprätendenten zu den Nachlassgläubigern, Pflichtteilsberechtigten und Vermächtnisnehmern während der **Dauer des Rechtsstreits** über den Erbschaftsanspruch gibt das BGB keine Bestimmungen. Die Motive (V 594) erklären das mit Recht für unnötig. Den Gläubigern und den ihnen gleichstehenden Pflichtteilsberechtigten und Vermächtnisnehmern ist es nach allgemeinen Grundsätzen unbenommen, sich an den zu wenden, den sie für den Erben halten und dessen Eigenschaft als Erbe sie beweisen können. Auch der nicht im Besitz des Nachlasses befindliche Erbe ist durch die Vorschriften über die Beschränkung der

Haftung genügend geschützt; vgl § 1981 Abs 1, § 2023 Abs 1 BGB und § 784 ZPO. Bis zur Entscheidung des Rechtsstreits mit dem Erbschaftsbesitzer wird er seine Eigenschaft als Erbe bestreiten, und wenn er in einem Prozess für den Erben erklärt ist, wird das Nachlassgericht seinem Antrag auf Anordnung der Nachlassverwaltung nachkommen.

Auch für den **Rückforderungsanspruch** des unterliegenden Erbprätendenten gegen- **100**
über dem von ihm etwa befriedigten Gläubiger brauchte nichts besonders bestimmt zu werden. Der Leistende kann von dem siegreichen Gegner nach § 2022 BGB Ersatz seiner Auslagen fordern, wenn er als Erbschaftsbesitzer den Gläubiger aus Eigenmitteln befriedigt hat, und hat daneben zur Wahl auch gegen den befriedigten Gläubiger einen Bereicherungsanspruch wegen Leistung einer Nichtschuld, falls dessen allgemeine Voraussetzungen gegeben sind (so Mot V 594, zust Planck/Flad Vorbem II 9).

VII. Internationales Privatrecht und internationale Zuständigkeit

Eine wichtige Änderung hinsichtlich des auf Erbfälle anwendbaren Rechts ist durch **101**
die Verordnung (EU) Nr 650/2012 (**EuErbVO**) vom 8. 6. 2012 eingeführt worden. Sie gilt für alle Erbfälle in den Unionsmitgliedstaaten seit dem 17. 8. 2015 (Art 84 EuErbVO) mit Ausnahme von Dänemark und Irland.

Die Verordnung knüpft bei einem Erbfall, sowohl für die Zuständigkeit von Behör- **102**
den und Gerichten als auch für die Anwendung materiellen Erbrechts, nicht mehr wie davor an die Staatsangehörigkeit des Erblassers an, sondern an den Ort des **„gewöhnlichen Aufenthaltes"** gem Art 21 EuErbVO.

Durch eine letztwillige Verfügung kann das Recht des Staats, dem der Erblasser **103**
angehört, **gewählt** werden (Art 22 EuErbVO). Nicht gewählt werden kann hingegen das Recht des gewöhnlichen Aufenthalts; entsprechende Unsicherheiten müssen hingenommen werden.

Nach Art 23 Abs 2 EuErbVO richten sich – mangels Rechtswahl – gem lit f) unter **104**
anderem auch die Rechte der Erben nach dem Recht des „gewöhnlichen Aufenthalts" des Erblassers. Dazu zählt auch der Erbschaftsanspruch (MünchKomm/Dutta[7] Art 23 EuErbVO Rn 28). Das bisherige für den Erbschaftsanspruch geltende Erbstatut des Art 25 EGBGB (vgl KG RzW 1972, 466; Staudinger/Dörner [2007] Art 25 EGBGB Rn 220; MünchKomm/Dutta[6] Art 25 EGBGB Rn 253) greift daher nicht mehr.

Für den Bereich der **internationalen Zuständigkeit** sind vorrangig zwischenstaatliche **105**
Abkommen zu beachten, die von der EuErbVO unberührt bleiben (Art 75 EuErbVO). Das betrifft etwa Art 15 des deutsch-türkischen Nachlassabkommens (vgl BGH ZEV 2016, 150 m Anm Eichel). Im Geltungsbereich der EuErbVO richtet sich die **internationale Zuständigkeit** nach Art 4 EuErbVO, also ebenfalls danach, wo der Erblasser im Zeitpunkt seines Todes seinen gewöhnlichen Aufenthalt hatte (siehe nur Zöller/Schultzky[32] § 27 Rn 2a). Denn der Erbschaftsanspruch ist „Erbsache" iSd amtlichen Titels der EuErbVO und damit vom Anwendungsbereich des Art 1 EuErbVO erfasst.

106 Die Zuständigkeit gilt im Grundsatz für den gesamten Nachlass, außer in den Fällen der Art 10, 12 EuErbVO.

107 Die EuErbVO regelt aber im Grundsatz nicht die Zuständigkeit in Erbsachen innerhalb der Mitgliedstaaten, Art 2 EuErbVO. Sollte ein titulierter Erbschaftsanspruch vollstreckt werden, regelt Art 45 ausnahmsweise aber näher auch die örtliche Zuständigkeit. Die innerstaatliche örtliche Zuständigkeit ist im Übrigen für Deutschland in § 2 Abs 4 IntErbRVG geregelt.

108 Für **Altfälle** (Todesfall vor dem 17. 8. 2015) regelt § 27 ZPO zugleich die internationale Zuständigkeit (vgl OLG Nürnberg OLGZ 1981, 115; OLG Stuttgart ZEV 2008, 434, 438 Rn 87; Linnartz jurisPR-FamR 19/2008 Anm 2). Dies gilt auch für die Zulässigkeit der Geltendmachung eines Zurückbehaltungsrechts durch den Beklagten, das auf einen Erbschaftsanspruch gestützt gemacht wird, und zwar auch dann, wenn dieser wiederum inhaltlich auf Herausgabe einer unrichtigen Grundbuchposition gerichtet ist (OLG Stuttgart ZEV 2008, 434, 438 Rn 87).

VIII. Intertemporales Recht

109 Zu der Frage des anwendbaren Rechts, wenn ein Erbschaftsanspruch nach § 2018 BGB in der früheren DDR vor dem Inkrafttreten des ZGB am 1. 1. 1976 entstanden war, s Staudinger/Gursky (2016) Rn 30.

IX. Strukturelle Unterschiede zum Eigentümer-Besitzer-Verhältnis; lex ferenda

110 Das Eigentümer-Besitzer-Verhältnis unterscheidet sich strukturell vom Erben-Erbenbesitzer-Verhältnis (siehe zu den Einzelheiten auch bei den jeweiligen Normen, so Vorbem 50; § 2020 Rn 3; § 2022 Rn 13; § 2023 Rn 13 ff; § 2029 Rn 7; zusammenfassend Löhnig JA 2018, 648).

111 Beim **Erbschaftsanspruch** geht es, wie gesehen, um einen **Gesamtanspruch**. Die Erbschaft soll als Ganzes für den Erben erhalten bleiben. Dazu passt zum einen die **dingliche Surrogation** (§ 2019 BGB): Alles, was mit Mitteln der Erbschaft erlangt wird, tritt an ihre Stelle und wird Teil des Nachlasses. Zugleich wird genauer abgerechnet als in den §§ 987 ff BGB; der Erbschaftsbesitzer erhält Ersatz aller Verwendungen (§ 2022 BGB) und muss zugleich alle Nutzungen herausgeben bzw Wertersatz für nicht mehr vorhandene Nutzungen leisten (§ 2021 f BGB). Nur bei Schadensersatzansprüchen wird wie beim Eigentümer-Besitzer-Verhältnis ähnlich stark zwischen gut- und bösgläubigen Erbschaftsbesitzern differenziert.

112 Beim **Eigentümer-Besitzer-Verhältnis** geht es hingegen um die **Sacherhaltung** und (für den gutgläubigen Besitzer zusätzlich) um die **Sachverbesserung** (näher MünchKomm/Raff[8] Vorbem 14 f zu §§ 987 ff). Wird die einzelne Sache erhalten, wird dies im Wesentlichen prämiert: Der gutgläubige Besitzer erhält Ersatz seiner außergewöhnlichen Erhaltungskosten (§ 994 Abs 1 S 1 BGB) und darf zugleich die Nutzungen aus der Sache behalten (§ 993 Abs 1 HS 1 BGB); nur die gewöhnlichen Erhaltungskosten muss er tragen (dazu ausführlich Raff, Die gewöhnlichen Erhaltungskosten § 4). Der gutgläubige Besitzer erhält für seine weitergehenden Investitionen zudem Ersatz nützlicher Verwendungen nach § 996 BGB. Nur beim Schadensersatz kommt es aufgrund der Differenzierung auch hier zwischen dem gutgläubigen und dem bösgläubigen Besitzer zu Gemeinsamkeiten mit dem gut- bzw bösgläubigen Erbschaftsbesitzer.

Es ist nicht klar, welcher Normenkomplex **historisches Grundmodell** ist. Die insbe- 113
sondere in den §§ 994 ff BGB angelegten Differenzierungen zwischen notwendigen und nützlichen Verwendungen finden sich in den römischen Quellen nicht bei der *rei vindicatio,* sondern bei der *hereditatis petitio* und bei der *dos.* Insoweit könnten die Regelungen der §§ 987 ff BGB jünger sein. Völlig unklar ist die Situation beim Grundanspruch (vgl dazu Baldus, in: Babusiaux ua, Handbuch des Römischen Privatrechts, im Erscheinen).

Es wird immer wieder gefragt, warum das BGB zahlreiche **Rückabwicklungsregime** 114
kennt (§§ 987 ff, §§ 2020 ff, §§ 346 f, §§ 818 f, §§ 357 ff BGB etc). Sie sind aber praktisch notwendig, um die unterschiedlichen Zwecke zu erfüllen, die die jeweiligen Rückabwicklungsregelungen verfolgen: So hat das Eigentümer-Besitzer-Verhältnis wie gesehen (Rn 112) eine andere Aufgabe als die §§ 2018 ff BGB. Und auch das Rückgewährschuldverhältnis aus §§ 346 f BGB hat nach der gesetzlichen Anlage eine eigene Aufgabe: Das vertragliche Synallagma soll in die Rückabwicklung hineingetragen werden. Im Widerrufsfolgenrecht schließlich kommen verbraucherschützende Erwägungen zum Tragen. Dies alles rechtfertigt Sonderregelungen; eine Lösung allein über die unspezifischen §§ 818 f BGB wäre demgegenüber unterkomplex (s dazu ausführlich Raff, Regelungen zum Verwendungsersatz im Allgemeinen Teil 99 ff).

Zur rechtspolitischen Kritik an den §§ 2018 ff BGB s im Übrigen auch Staudinger/ 115
Lehmann[11] Vorbem 19; ferner vLübtow II 1042; AK-BGB/Wendt § 2018 Rn 7; Weinkauf 173 ff; Maurer 249 ff.

§ 2018
Herausgabepflicht des Erbschaftsbesitzers

Der Erbe kann von jedem, der auf Grund eines ihm in Wirklichkeit nicht zustehenden Erbrechts etwas aus der Erbschaft erlangt hat (Erbschaftsbesitzer), die Herausgabe des Erlangten verlangen.

Materialien: E I § 2080; II § 1892; III § 1993;
Mot V 578 f; Prot V 696 f; Denkschr 726;
Jakobs/Schubert ER I 663–723.

Systematische Übersicht

Alphabetische Übersicht

I. Die Parteien beim Erbschaftsanspruch

1. Aktivlegitimation

a) Anspruchs- und klageberechtigt (aktivlegitimiert) ist zunächst der wirkliche **Erbe**. 1

Das gilt auch für den **Miterben**. Vor der Auseinandersetzung kann der Miterbe den Anspruch allerdings zwar in vollem Umfang geltend machen, aber wegen § 2039 BGB nur die Leistung an alle Erben fordern oder verlangen, dass das Herauszugebende für alle Erben hinterlegt oder an einen Verwahrer abgeliefert werde (vgl vLübtow II 1047 f; AK-BGB/Wendt Rn 9; ferner OLG Dresden SächsArch 1906, 335 f; RG LZ 1914, 576). Strittig ist nur, ob es hier um eine direkte Anwendung von § 2039 BGB geht (so AK-BGB/Wendt Rn 9; Staudinger/Löhnig § 2039 Rn 9; Olzen JuS 1989, 374, 375; **aM** vLübtow II 1047 f; Maurer 49; offen gelassen von MünchKomm/Gergen[8] § 2039 Rn 8). Der Erbschaftsanspruch ist zwar kein Anspruch, der *zum* Nachlass gehört, sondern ein Anspruch *auf* den Nachlass. Dann ist § 2039 BGB aber *erst recht* anwendbar. 2

Der **Nacherbe** erlangt den bereits für den Vorerben entstandenen Erbschaftsanspruch mit dem Nacherbfall (§§ 2100, 2139 BGB). Auch der **Fiskus** als gesetzlicher Zwangserbe (§ 1936 BGB) hat den Erbschaftsanspruch gegen einen nichtberechtigten Erbprätendenten; er kann diesen jedoch nach § 1966 BGB vor der Feststellung seines Erbrechts nicht geltend machen. 3

4 Der Erbschaftsanspruch steht ferner zu: dem **Rechtsnachfolger** des Miterben im Falle des § 2033 BGB (RG JW 1903, Beil 104, Nr 234; Maurer 50; jurisPK/Ehm[8] § 2018 Rn 13; Muscheler ZErb 2010, 40, 42; teilweise abw aber Pringsheim, Die Rechtsstellung des Erwerbers eines Erbteils [1910] 67 ff, nach dem der Erbteilserwerber zwar den bereits entstandenen Erbschaftsanspruch seines Rechtsvorgängers erwirbt, aber jedenfalls keinen neuen Erbschaftsanspruch erwerben kann; dagegen zu Recht Kipp[8] § 66 Fn 14), dem Gläubiger eines Pfandrechts oder Pfändungspfandrechts (RG WarnR 1911 Nr 139) am Erbteil, sodann dem Nacherben nach Eintritt der Nacherbfolge, § 2139 BGB.

5 Der **Erbschaftskäufer** kann dagegen den Erbschaftsanspruch nur aufgrund einer Abtretung geltend machen, wozu der Verkäufer nach § 2374 BGB verpflichtet ist (Binder III 376; Kipp/Coing § 105 Fn 10; Lange/Kuchinke[5] § 40 II 1; vLübtow II 1048; Planck/Flad § 2018 Anm 1a; F Leonhard Anm II A 1; Bamberger/Roth/Müller-Christmann[4] Rn 8; BeckOGK/Lindner [1. 6. 2019] Rn 6; Maurer 51).

6 Diese Abtretung kann in dem Kaufvertrag ausdrücklich oder stillschweigend enthalten sein. Eine stillschweigende Abtretung gilt auch dann, wenn der Kaufpreis nicht bereits beim Vertragsschluss bezahlt wird (**aA** F Leonhard Anm II A 1; Kipp[7] § 66 II; Staudinger/Gursky [2016] Rn 2). Denn im notariellen Kaufvertrag wird typischerweise geregelt, dass der Übergang der Erbschaftsgegenstände von der Zahlung des Kaufpreises abhängig gemacht wird; eine Zahlung „bei Vertragsschluss", also am Tisch des Notars scheidet regelmäßig aus, es sei denn, es geht um sehr geringe Beträge.

7 **b)** Statt des Erben ist zur Erhebung des Erbschaftsanspruchs auch der **Nachlassverwalter** (§ 1984 BGB) berechtigt. Während der Dauer der Nachlassverwaltung kann nur er die zum Nachlass gehörigen Rechte geltend machen, zu denen auch der Erbschaftsanspruch zu rechnen ist. Gleiches gilt für den **Nachlassinsolvenzverwalter** (§ 80 Abs 1 InsO) und den verwaltenden **Testamentsvollstrecker** (§§ 2211, 2212 BGB) während der Dauer ihrer Verwaltungen (für diese drei amtlichen Vermögensverwalter **hM**, vgl BGB-RGRK/Kregel Anm 3; Strohal II § 94 Fn 2; Binder III 377; Ebenroth Rn 1011; Soergel/Dieckmann Rn 1; Erman/Horn[15] Rn 1; Palandt/Weidlich[79] Rn 3; ferner Staudinger/Reimann [2016] § 2212 Rn 28 mwNw; MünchKomm/Zimmermann[7] § 2212 Rn 10; implizit OLG Oldenburg WM 1998, 2239, 2240 für den Testamentsvollstrecker; **aM** Prot V 300; Maurer 55 f [nur einzelne Analogien zu den §§ 2019 ff]; zweifelnd vLübtow II 1048).

8 Sehr umstritten ist, ob auch der **Nachlasspfleger** (§ 1961 BGB) als gesetzlicher Vertreter des unbekannten Erben diese Befugnis hat. Die **hM** bejaht die Frage (RG JW 1931, 44, 45; KG OLGE 26, 288, 289; Planck/Flad Anm 1b α; F Leonhard Anm II A 2; Soergel/Stein[13] § 1960 Rn 29; Soergel/Dieckmann[11] § 2018 Rn 1; MünchKomm/Helms[8] Rn 13; Bamberger/Roth/Müller-Christmann[4] Rn 9; AK-BGB/Wendt Rn 17; Hk-BGB/Hoeren[10] Rn 2; Lange/Kuchinke § 40 II 1; vLübtow II 1048 f; Schlüter Rn 615; Hörle ZBlFG 1909, 756, 765; offengelassen bei Soergel/Dieckmann[13] Rn 1; Ebenroth Rn 1011; Brox/Walker Rn 574). Dabei nimmt man zT systemwidrig (vgl Maurer 54) an, dass der Nachlasspfleger bei der Geltendmachung des Erbschaftsanspruchs den Mangel des Erbrechts beim Anspruchsgegner nicht nachweisen muss (vLübtow II 1048 f; Brox/Walker Rn 574; AK-BGB/Wendt Rn 18; Erman/Schlüter[12] Rn 1; s auch Dieckmann FamRZ 1983, 582).

Die **Gegenmeinung** (Staudinger/Lehmann[11] Rn 2; BGB-RGRK/Kregel Anm 3; Dietz 151; MünchKomm/Leipold[6] § 1960 Rn 48; Soergel/Stein[13] § 1960 Rn 29; NK-BGB/Fleindl[5] § 2018 Rn 2; Erman/Horn[15] § 2018 Rn 1a; Burandt/Rojahn/Gierl[3] § 2018 Rn 12; Hartung Rpfleger 1991, 279, 280; Michalski Rn 1036; Bourwieg 34; Maurer 54 f; Muscheler ErbR 2009, 38, 48) verneint im Grundsatz zu Recht ein Bedürfnis für die Zubilligung des Erbschaftsanspruchs, weil der Nachlasspfleger schon aufgrund seines Rechtes zum Besitz und zur Verwaltung (§ 1960 BGB) die Nachlassgegenstände von den potenziellen Erben herausverlangen könne, ohne deren Nichtberechtigung geltend machen zu müssen. Außerdem sei der Nachlasspfleger nicht dazu berufen, die (für § 2018 BGB präjudizielle) Frage, wer denn Erbe sei, zur Entscheidung zu bringen. Dieser letzteren Auffassung hat sich der **BGH** angeschlossen (LM § 1960 BGB Nr 3 = NJW 1972, 1752; LM § 1960 BGB Nr 4 = NJW 1981, 2299, 2300; NJW 1983, 226, 227 m Anm von Dieckmann FamRZ 1983, 582; PWW/Zimmer[14] § 2018 Rn 7). 9

Der BGH will dem aus § 1960 BGB zur Herausgabe Verpflichteten allerdings wegen der von ihm auf die herausverlangten Gegenstände gemachten **Verwendungen** ein (eventuell durch die Zwecke der Nachlasspflegschaft modifiziertes) Zurückbehaltungsrecht in **Analogie zu §§ 2022, 1000 BGB** einräumen (LM § 1960 BGB Nr 3; zustimmend BGB-RGRK/Kregel Anm 3) und den eigenen Herausgabeanspruch des Nachlasspflegers sogar analog § 2019 BGB auf die Surrogate erstrecken (NJW 1983, 226, 227 im Anschluss an MünchKomm/Leipold[6] § 1960 Rn 50; zust Palandt/Weidlich[79] Rn 3; für vollständige Übertragung der §§ 2019 ff auf den Herausgabeanspruch aus § 1960 Muscheler ErbR 2009, 38, 48). 10

Dazu ist zu sagen: Der aus der Aufgabenstellung des Nachlasspflegers ableitbare Herausgabeanspruch gegen die Erbprätendenten einschließlich des wahren Erben erfasst nicht schlechthin auch Nutzungen, Surrogate und Verwertungsbereicherung (Soergel/Dieckmann[11] Rn 1; einschränkend MünchKomm/Helms[8] Rn 13; teilweise abweichend aber Dieckmann FamRZ 1983, 582). Deshalb muss der Nachlasspfleger außerdem noch den weitergehenden Erbschaftsanspruch haben, wenn er nachweisen kann, dass der Beklagte keinesfalls als Erbe in Betracht kommt (MünchKomm/Helms[8] Rn 13; BeckOGK/Lindner [1. 6. 2019] Rn 7). Dass der Nachlasspfleger keinen Prozess über das Erbrecht führen kann, steht dem nicht entgegen, denn das können auch die zur Erhebung der Erbschaftsklage legitimierten Testamentsvollstrecker, Nachlassverwalter und Nachlassinsolvenzverwalter nicht (so mit Recht Brox[3] Rn 548); das Erbrecht bedeutet eben für die Erbschaftsklage nur eine Vorfrage. 11

2. Anspruchsgegner

a) Allgemeines zur Erbrechtsanmaßung

Anspruchsgegner (passiv legitimiert) ist der **Erbschaftsbesitzer**, der aufgrund eines ihm in Wirklichkeit nicht zustehenden Erbrechts oder Miterbenrechts (zur Passivlegitimation des Miterben näher Rn 35 ff) etwas aus der Erbschaft erlangt hat. 12

In **objektiver** Hinsicht setzt die Passivlegitimation voraus, dass der Gegner „etwas“ aus der Erbschaft erlangt hat. Worin das Erlangte im Einzelnen bestehen kann, wird in Rn 69 ff dargelegt. 13

Subjektive Voraussetzung der Passivlegitimation ist, dass der Vermögensvorteil 14 durch Anmaßung eines ihm nicht zustehenden Erb- oder Miterbenrechts bzw eines zu weit gehenden Miterbenrechts (RGZ 81, 293; s Rn 35 ff) erlangt sein muss; gleichgültig ist dabei, ob die Erbanmaßung in gutem oder (von Anfang an oder später) schlechtem Glauben erfolgt ist (Strohal II § 94 II a α). Es reicht selbstverständlich auch die Anmaßung einer Vorerbenstellung (OLGR Bremen 2002, 187, 188; Bamberger/Roth/Müller-Christmann[4] § 2018 Rn 13; Damrau/Schmalenbach[4] Rn 7).

15 **Nicht gegeben** ist also der Erbschaftsanspruch gegen den, der etwas ohne jeden Rechtsgrund, dh ohne Berufung auf irgendeinen Titel, erlangt hat, wie zB gegen den Dieb (AK-BGB/Wendt Rn 32; Soergel/Dieckmann Rn 4; MünchKomm/Helms[8] Rn 18; Erman/Horn[15] Rn 4; Lange/Kuchinke[5] § 40 II 3 Fn 30 f; Maurer 69 f; allgM).

16 Diese Abweichung vom römischen und gemeinen Recht, die die *hereditatis petitio* auch gegen den sog *possessor pro possessore* gaben, ist zwar vielfach kritisiert worden (etwa durch vLübtow II 1051 f; dagegen Maurer 72 f). De lege lata kann der Erbe gegen den *possessor pro possessore* aber nur mit den in Vorbem 3 ff zu §§ 2018 ff aufgeführten Singularansprüchen vorgehen, allerdings uU unterstützt durch den Auskunftsanspruch nach § 2027 Abs 2 BGB.

17 Das Abstellen auf die **Erbrechtsprätention** ist im Übrigen auch **rechtspolitisch sinnvoll**. Wenn ein Nichtberechtigter sich als Erbe einer bestimmten Person aufspielt, liegt die Annahme nahe, dass er versuchen wird, den Nachlass insgesamt an sich zu bringen. Die Erbrechtsanmaßung schafft also für den wirklichen Erben eine besonders starke Gefährdung.

18 Nicht gegeben ist der Erbschaftsanspruch auch gegen jemanden, der aufgrund eines **Einzelrechtstitels** etwas aus dem Nachlass erlangt hat. So liegt es etwa bei dem, der als vermeintlicher Vermächtnisnehmer durch den Scheinerben den „vermachten" Gegenstand ausgehändigt erhalten (Lange/Kuchinke[5] § 40 II 3 Fn 30 f; Soergel/Dieckmann Rn 4; AK-BGB/Wendt Rn 28; Maurer 70; Olzen Jura 2001, 223, 224) oder Nachlassgegenstände durch eine Schenkung von Todes wegen (§ 2301 BGB; OLG Kiel Recht 1906, 248 Nr 480) oder durch Einzelübertragung unter Lebenden wie zB aufgrund eines Kauf-, Miet- oder Leihvertrages (OLG Hamburg OLGE 42, 132 und OLG Dresden OLGE 39, 229) erlangt hat.

19 Nicht gegeben ist der Erbschaftsanspruch etwa auch in dem Fall jüdischer Nachfolgeorganisationen gem § 2 Abs 1 S 3 **VermG**. Diese haben u.a. die Aufgabe, Erstattungsansprüche nach dem VermG geltend zu machen, wenn die Geschädigten bzw deren Erben sie nicht fristgemäß geltend gemacht haben. Solche Nachfolgeorganisationen sind keine Treuhänder der Geschädigten oder deren Erben, sie sollen die Ansprüche durchsetzen, um zur „kollektive[n] Wiedergutmachung zu Gunsten des jüdischen Volkes" beizutragen. Auf solche Organisationen sind die §§ 2018 ff BGB weder direkt noch entsprechend anzuwenden (BGH 25. 5. 2016 – III ZR 99/15, juris).

20 Ebenso wenig gilt jemand als Erbschaftsbesitzer, der Nachlassgegenstände wegen der ihm gegen den Verstorbenen bzw gegen den Nachlass zustehenden Forderungen zurückhält (vgl RGZ 33, 314, 315).

Obwohl das Gesetz auf die Erlangung durch Erbrechtsanmaßung abstellt, ist **ausreichend**, dass jemand etwas, was er zunächst ohne Erbrechtsanmaßung aus dem Nachlass erlangt hat, später **als Erbe in Anspruch nimmt** (BGH NJW 1985, 3068, 3069; ZEV 2004, 378, 379; BGB-RGRK/Kregel Rn 6; Soergel/Dieckmann Rn 5; MünchKomm/Helms[8] Rn 16; Bamberger/Roth/Müller-Christmann[4] Rn 11; jurisPK/Ehm[8] § 2018 Rn 19; BeckOGK/Lindner [1. 6. 2019] Rn 9; Lange/Kuchinke[5] § 40 II 3; Strohal II § 94 Fn 4 a; Lüke JuS 1988, 133, 136; Muscheler ErbR 2009, 38, 49; **aA** Binder III 387 f; Weinkauf 42 ff; Maurer 73 ff). 21

Gleich behandeln muss man den Fall, dass jemand noch vom Erblasser den Besitz einer Sache als Mieter oder Verwahrer erlangt hat und diesen nach dem Erbfall aufgrund beanspruchten Erbrechts zurückbehält (RGZ 81, 293, 294 mwNw; KG OLGZ 1974, 17, 18; Olzen JuS 1989, 374, 376; F Leonhard Anm II B 3; MünchKomm/Helms[8] Rn 16; BeckOGK/Lindner [1. 6. 2019] Rn 9; Soergel/Dieckmann Rn 5; Bamberger/Roth/Müller-Christmann[4] Rn 11; Richter JuS 2008, 97, 99 Fn 25; **aM** Siber 126). Aus dem Nachlass erlangt ist hier der Vorteil, der in der Umwandlung des ursprünglichen Fremdbesitzes in Eigenbesitz liegt (F Leonhard Anm II B 3). Die §§ 2018 ff BGB greifen in diesem Fall natürlich erst von dem Zeitpunkt an ein, in dem der Besitzer sich als Erbe geriert (Soergel/Dieckmann Rn 5; MünchKomm/Helms[8] Rn 16). Der Erbschaftsanspruch steht bei dieser Konstruktion allerdings nicht zur Verfügung, wenn der Mieter oder Verwahrer schon vor dem Erbfall vertragswidrig Eigenbesitz begründet hatte (F Leonhard Anm II B 3). 22

Die **Erbrechtsanmaßung** braucht **nicht wörtlich** zu geschehen, es genügt eine Besitzergreifung, die erkennen lässt, dass der Ergreifende das tun will, was dem Erben zusteht, wie zB in dem Falle, dass er infolge Verwechselung für den Erben gehalten wurde und sich stillschweigend so behandeln ließ (Prot V 709). Vgl hierzu Ebbecke LZ 1917, 838 Fn 2, sowie die Bemerkung in Mot V 579: „Das Verhalten desjenigen, welcher Erbschaftsgegenstände hinter sich hat, ohne über den Grund seines Verhaltens Aufschluss zu geben, erfährt die mildeste Auslegung, wenn es als Anmaßung des Erbrechts ausgelegt wird. Diese Auslegung liegt so nahe, dass Vorschriften darüber entbehrlich erscheinen." Andererseits ist die Tatsache, dass jemand erbschaftliche Geschäfte in einer Weise führt, als wäre er Erbe, zB Schulden des Erblassers zahlt, nicht genügend, um ihn als Erbschaftsbesitzer iS des § 2018 BGB gelten zu lassen (Prot V 709). 23

Die in Rn 23 angegebene Stelle der Motive ist im Übrigen in zwei Punkten bedenklich: Zum einen, weil danach auch die Konstellation der Identitätstäuschung oder sonstigen Personenverwechselung erfasst sein könnte, zum anderen, weil sie im Sinne einer **Vermutung für die Erbrechtsanmaßung** verstanden werden könnte. Eine solche **besteht** jedoch **nicht**. Wenn derjenige, der Nachlasssachen an sich gebracht hat, sich weder explizit noch konkludent ein Erbrecht anmaßt, aber auch keine Angaben zur Rechtfertigung seines Besitzes macht, kann er (entgegen Soergel/Dieckmann Rn 4 und MünchKomm/Helms[8] Rn 16) nicht ohne Weiteres als Erbschaftsbesitzer behandelt werden, da die subjektive Voraussetzung des Erbschaftsanspruchs unstreitig oder nachgewiesen sein muss (Maurer 70). Wenn der Beklagte allerdings nur die Erbanmaßung leugnet, ohne irgendeine andere Motivation für seine Verhaltensweise zu benennen, mag sein Bestreiten der subjektiven Voraussetzung des Erbschaftsanspruchs nicht genügend substantiiert sein (Reif 114). 24

25 Gleichgültig ist, ob der Beklagte, der etwas durch Erbrechtsanmaßung erlangt hat, gegenüber der außergerichtlichen oder klageweisen Geltendmachung des Erbschaftsanspruches die **Erbrechtsanmaßung aufgibt** und sich nur noch auf einen besonderen Rechtstitel beruft oder sich ohne Berufung auf einen Rechtsgrund verteidigt (BGH NJW 1985, 3068, 3069; Strohal II § 94 Fn 3 a; Planck/Flad Anm 2b; vLübtow II 1049; Ebenroth Rn 1013; Endemann § 153 I a 1; Heinsheimer II 473; Brox/Walker Rn 575; MünchKomm/Helms[8] Rn 17; Erman/Schlüter[12] § 2018 Rn 2; Erman/Horn[15] § 2018 Rn 8; DEK/Lenz Rn 23; Burandt/Rojahn/Gierl[3] § 2018 Rn 16 aE; Maurer 76; Edenfeld 93; **aM** Binder III 387 f und BGB-RGRK/Kregel Rn 6). Der Beklagte kann sich nicht durch einen derartigen Stellungswechsel der Maßgeblichkeit des Surrogationsgrundsatzes (§ 2019 BGB) nach Belieben entziehen.

26 Da die Passivlegitimation entscheidend von einer bestimmten Willensäußerung abhängt, stellt sich natürlich die Frage, welche Anforderungen an die **Willensfähigkeit** zu stellen sind. Die glatteste Lösung dürfte sein, insoweit volle Geschäftsfähigkeit zu verlangen. Die Inbesitznahme eines Nachlasses ist ja ein Akt der Vermögensverwaltung, für die der nicht voll Geschäftsfähige selbst gar nicht zuständig ist. Durch eigene Handlungen kann Erbschaftsbesitz also nur ein voll Geschäftsfähiger herstellen (Endemann § 153 I a 1).

b) „sich selbst anmaßen"

27 Nach dem Wortlaut der Norm muss der Beklagte das Erbrecht **sich selbst** anmaßen.

28 Für die Passivlegitimation des Erbschaftsanspruchs reicht es daher etwa nicht, wenn der Beklagte die Miterbenstellung des Klägers bestreitet, ohne für sich unzutreffenderweise ein Alleinerbrecht oder einen höheren als den wirklichen Erbanteil zu reklamieren (Beispiel: Miterbe A hat für die Miterbengemeinschaft Alleinbesitz begründet; er verweigert dem B die Einräumung des Mitbesitzes mit der Begründung, nicht B, sondern C sei der andere Miterbe).

29 Es ist aber eine **entsprechende Anwendung** der §§ 2018 ff BGB auf nachstehende Fälle zu diskutieren.

30 Im Wege der Analogie ist zunächst der Fall gleichzustellen, dass der Beklagte den fraglichen Nachlass als angeblich seinem eigenen Erblasser zugefallenen und somit auf ihn als Erbeserben übergegangen an sich zieht (Binder III 391 f; Hellwig, Anspruch auf Klagrecht 71; Strohal II 380 Fn 5; F Leonhard Anm II B 1 f; MünchKomm/Helms[8] Rn 21; **aM** wohl R Leonhard 32; damit nicht zu verwechseln ist der Fall, dass bereits der Erblasser des Beklagten das fragliche Erbrecht für sich beansprucht hat, der Erbschaftsanspruch also als Nachlassverbindlichkeit auf den jetzigen Beklagten übergegangen ist, vgl Rn 20).

31 Wenn der frühere gesetzliche Vertreter eines verstorbenen Kindes für dieses von ihm als noch lebend ausgegebene Kind eine fremde Erbschaft an sich bringt, muss er ebenfalls wie ein Erbschaftsbesitzer behandelt werden (Planck/Flad Anm 2b; Lange/Kuchinke[4] § 40 II 2 Fn 32; Strohal II § 94 II 2 a α S 381 f; Langheineken 152 bei Fn 5; Binder III 394; wohl auch Endemann § 153 Fn 14; **aM** Küntzel Gruchot 41, 853).

32 Problematisch ist, ob auch ein **Trickbetrüger** als Erbschaftsbesitzer behandelt werden darf, wenn er sich mit Erfolg als der dem Namen nach feststehende, aber im Ausland lebende und keinem Nachlassbeteiligten oder Nachbarn des Erblassers persönlich bekannte Erbe ausgegeben hat und daraufhin den Nachlass ungestört in Besitz nehmen konnte. Die Frage dürfte zu bejahen sein (**aA** Staudinger/Gursky [2016] § 2018 Rn 9; F Leonhard Anm II B 1 b). Gursky meinte, der Täter bestreite hier ja gar nicht das Erbrecht des wirklichen Erben, sondern täusche lediglich seine Identität mit diesem vor. Aber wer sich als jemand anderes ausgibt, maßt sich auch dessen Rechte an. § 2018 ist auf diesen Fall daher mindestens analog anzuwenden.

33 Eine analoge Anwendung von § 2018 BGB ist aber dann nicht angebracht, wenn jemand wahrheitswidrig behauptet, vom Erben mit der Inventarisierung und Verwahrung des Nachlasses beauftragt zu sein (F Leonhard Anm II B 1 b). Hier wird ja das Erbrecht des wirklichen Erben gar nicht bestritten.

34 Zur (entsprechenden) Anwendung von § 2018 BGB auf Amtspersonen als Anspruchsgegner s Rn 58 ff.

c) Miterben

35 Als Gegner des Erbschaftsanspruchs kommt nach allgemeiner Meinung auch ein **Miterbe des Anspruchstellers** in Betracht. Das ist ganz unproblematisch, wenn der beklagte Miterbe für sich die Alleinerbenstellung reklamiert und deshalb Alleinbesitz begründet (vgl KG OLGE 14, 293, 294; OLG Stettin OLGE 18, 327; OLG Koblenz NJOZ 2008, 1173, 1175; OLG Köln FamRZ 2018, 61 [62]; MünchKomm/Helms[8] Rn 19; Maurer 82; vgl auch RGZ 81, 293, 294). Der Erbschaftsanspruch richtet sich hier auf Herstellung des der erbrechtlichen Mitberechtigung entsprechenden Besitzstandes, also auf Einräumung des Mitbesitzes.

36 Teilweise nimmt man darüber hinaus an, dass auch solche Miterben dem Erbschaftsanspruch ausgesetzt sind, die lediglich für sich **höhere** als ihnen zukommende **Erbteile** beanspruchen (Planck/Flad Anm 1a; Staudinger/Lehmann[11] Rn 1; BGB-RGRK/Kregel Rn 4; Kretzschmar § 69 I 1 a; OLG Köln FamRZ 2018, 61 [62]; MünchKomm/Helms[8] § 2018 Rn 11, 19; Kipp/Coing § 105 II; Lange/Kuchinke[5] § 40 II 3; Ebenroth Rn 1013; **aA** Maurer 82 f; Bamberger/Roth/Müller-Christmann[4] Rn 13; MünchKomm/Gergen[8] § 2032 Rn 29; Erman/Horn[15] Rn 7; Burandt/Rojahn/Gierl[3] § 2018 Rn 20). Nur wenn die Miterben bereits gesamthänderischen Mitbesitz haben, soll ein Anspruch auf Herstellung des dem Verhältnis der Erbteile entsprechenden Besitzstandes ausscheiden und die Klage aus der gesamthänderischen Mitberechtigung bzw die Erbteilsfeststellungsklage der gebotene Rechtsbehelf sein (Lange/Kuchinke[5] § 40 II 3 Fn 36; Staudinger/Lehmann[11] Rn 1; MünchKomm/Helms[8] § 2018 Rn 19).

37 Die in Rn 36 genannte Auffassung ist jedoch nicht haltbar. § 2018 BGB passt nur, wenn einem Miterben von dem oder den anderen der Mitbesitz *überhaupt* vorenthalten wird (Beispiel: von vier Miterben haben drei unter Ausschluss des vierten Besitz von den Nachlasssachen ergriffen, weil sie die Erbeinsetzung des vierten [zu Unrecht] für unwirksam halten). Wenn die vermeintlich alleinigen Miterben den Nachlass bereits geteilt haben, kann der später aufgetauchte weitere Miterbe aus §§ 2039, 2018 ff BGB von den anderen Herausgabe der ihnen zugeteilten Vermögenswerte an die gesamte (dh den Anspruchsteller mitumfassende) Erbengemein-

schaft zum Zwecke erneuter Teilung verlangen (G Vollkommer FamRZ 1999, 350, 352). Haben alle Miterben gesamthänderischen oder auch schlichten Mitbesitz, so besteht bereits die der erbrechtlichen Mitberechtigung entsprechende Besitzstellung. Dass einer der Miterben bei Anerkennung der Miterbenstellung der übrigen eine zu hohe Erbquote reklamiert, hat mit der Mitbesitzerstellung auch im Falle schlichten Mitbesitzes nichts zu tun; auch der schlichte Mitbesitz kennt keine Quote der Sachherrschaft (vgl Rosenberg § 866 Anm I 2 für die Beanspruchung einer zu hohen Miteigentumsquote durch einen der Mitbesitzer; ebenso NK-BGB/Fleindl[5] Rn 14; Burandt/Rojahn/Gierl[3] § 2018 Rn 20).

38 Verweigert ein Miterbe die Herausgabe von Nachlasssachen an einen Nachlasspfleger, -verwalter, -insolvenzverwalter oder Testamentsvollstrecker, bezweifelt er damit möglicherweise nur die wirksame Bestellung bzw die Verwaltungsbefugnis des letzteren. Eine Anmaßung eines Alleinerbrechtes liegt darin dann nicht (abw AK-BGB/Wendt Rn 43). Ebenso wenig reicht dafür der Umstand aus, dass ein Miterbe unmittelbaren Alleinbesitz begründet hat, denn dies kann ja durchaus in Geschäftsführung ohne Auftrag für die Gesamtheit der Miterben geschehen sein.

39 Falls einer der Miterben ohne Anmaßung einer Alleinerbenstellung (also unter Anerkennung der Mitberechtigung der übrigen Miterben) den Nachlass in Besitz nimmt und zu verwalten beginnt, fehlt das subjektive Element des Erbschaftsanspruchs (BGH ZEV 2004, 378, 379; KG OLGE 5, 231, 232; 7, 137; Kipp/Coing § 106 II; wohl auch Bamberger/Roth/Müller-Christmann[4] Rn 14). Hiervon ist etwa auszugehen, wenn einer der Miterben das zum Nachlass gehörende Grundstück in Alleingebrauch nimmt, während die übrigen Miterben ihre Befugnis zum Mitgebrauch nicht ausüben (BGH ZEV 2004, 378, 379). Wenn die Begründung von Alleinbesitz durch einen Miterben dagegen als Anmaßung einer tatsächlich nicht bestehenden Alleinerbenstellung und damit als Negierung des den übrigen Miterben zustehenden Rechts zum Mitbesitz verstanden werden muss, ist die Passivlegitimation für den Erbschaftsanspruch problemlos gegeben (vgl BGH ZEV 2004, 378, 379; OLG Koblenz NJOZ 2008, 1173, 1174 f; jurisPK/Ehm[8] Rn 21).

40 Es bleibt der von Lange/Kuchinke[5] (§ 40 II 3) und MünchKomm/Helms[8] (§ 2018 Rn 11, 19) erwähnte wenig plausible Fall, dass einer der Miterben eine zu hohe Erbquote (nicht die Alleinerbenstellung) reklamiert und deshalb (?) Alleinbesitz begründet. Ein Zusammenhang zwischen der behaupteten (zu hohen) Erbquote und der Verweigerung des Einlasses des Klägers in den Mitbesitz ist kaum vorstellbar, solange der Beklagte nicht die Miterbenstellung des Klägers überhaupt bestreitet.

41 Unter Miterben können die Ansprüche aus § 2018 BGB und § 2042 BGB in objektiver Klagehäufung geltend gemacht werden (Fraeb ZBlFG 1913, 326; Staudinger/Werner [2010] § 2032 Rn 3; Damrau/Schmalenbach[4] Rn 8; MünchKomm/Gergen[8] § 2032 Rn 29).

42 Für den Erbschaftsanspruch passiv legitimiert ist natürlich auch ein Nichterbe, der sich zu Unrecht als Miterbe geriert und Mitbesitz an Nachlassgegenständen erlangt hat. Der Erbschaftsanspruch richtet sich hier auf Herausgabe des Mitbesitzes.

43 Will der Erbe **gegen mehrere Personen** vorgehen, die als angebliche Miterben Nachlassbestandteile an sich gebracht haben, so kann er selbstverständlich jeden von diesen einzeln verklagen, und die Anspruchsgegner bilden auch bei gleichzeitiger Klageerhebung keine notwendigen Streitgenossen (iS des § 62 ZPO).

44 Im Ergebnis nicht anders stellt sich die Situation dar, wenn der Anspruchsteller mehrere Personen, die nach seiner Darstellung Miterben neben ihm sind, ihm aber sein eigenes Miterbenrecht bestreiten, als Erbschaftsbesitzer in Anspruch nehmen will. Auch hier muss der Anspruch nicht notwendigerweise gegen die anderen Miterben gemeinsam geltend gemacht werden, diese sind keine notwendigen Streitgenossen iS von § 62 ZPO (s Staudinger/Löhnig § 2032 Rn 37; RGZ 95, 97 f; Planck/Flad Anm 2b δ; BGB-RGRK/Kregel Rn 11; Kipp/Coing § 106 Fn 8; Maurer 83).

d) Rückwirkender Wegfall eines Erwerbstitels

45 Der Haftung aus §§ 2018 ff BGB unterliegt auch, wer aufgrund eines **anfechtbaren Erwerbstitels** (anfechtbarer Verfügung von Todes wegen oder Erbunwürdigkeit bei gesetzlicher Erbfolge) besitzt, sofern die Anfechtung bzw Erbunwürdigkeitserklärung erfolgt und ihm sein Erbrecht rückwirkend entzieht (§§ 2344, 2078, 2079, 142 BGB). Dabei ist es gleichgültig, ob der Betreffende sich trotz der Beseitigung seiner Erbenstellung weiterhin als Erbe aufspielt oder nicht (BGH NJW 1985, 3068, 3069 m Anm Dieckmann FamRZ 1985, 1247; OLG Koblenz NJW-RR 2015, 72; Lange/Kuchinke[5] § 40 II 3 m Fn 38; MünchKomm/Helms[8] Rn 19; Soergel/Dieckmann Rn 6; jurisPK/Ehm[8] Rn 22; AK-BGB/Wendt Rn 27; Erman/Horn[15] Rn 3; PWW/Zimmer[14] Rn 12; Damrau/Schmalenbach[4] Rn 9; Hk-BGB/Hoeren[10] Rn 3; BeckOGK/Lindner [1. 6. 2019] Rn 12; Hermann Lange, in: FS Felgentraeger [1969] 295, 301; **aM** Erman/Schlüter[10] Rn 2).

46 Selbstverständlich kann der Erbschaftsanspruch erst nach erfolgter Anfechtung oder zusammen mit dieser geltend gemacht werden (Erman/Horn[15] Rn 3).

47 Die **Verjährung**sfrist beginnt aber bereits mit dem konkreten Erwerb aus der Erbschaft (ausführlich § 2026 Rn 16 ff). Denn nach § 200 S 1 BGB idF des Schuldrechtsmodernisierungsgesetzes beginnt die Verjährung auch des Erbschaftsanspruchs „mit der Entstehung des Anspruchs".

48 Der **Erbschaftsanspruch entsteht** in den in Rn 45 genannten Fällen **rückwirkend** auf den Zeitpunkt des Erwerbs aus dem Nachlass (s näher § 2026 Rn 16 ff).

49 Bis zum 31. 12. 2001 galt das in Rn 47 f Gesagte wegen § 200 S 1 BGB aF nur, wenn die Anfechtung da schon zulässig war; andernfalls begann die Verjährungsfrist in dem Zeitpunkt, in dem die Anfechtung zulässig wurde (eine nachträgliche Entstehung des Anfechtungsgrundes gibt es bei der Konstellation des § 2339 Nr 4 BGB, nach hM auch bei § 2078 Abs 2 BGB). Diese Einschränkung ist infolge der ersatzlosen Streichung von § 200 BGB aF durch das Schuldrechtsmodernisierungsgesetz am 1. 1. 2002 entfallen.

50 Wird der bisherige testamentarische Alleinerbe (bzw alleinige Vorerbe) durch die Anfechtung zum gesetzlichen Miterben, so ist er für die Vergangenheit wegen des bisher ausgeübten vermeintlichen Alleinerbrechts als Erbschaftsbesitzer anzusehen (so BGH NJW 1985, 3068, 3069; Damrau/Schmalenbach[4] Rn 9). Die Passivlegitimation für

den Erbschaftsanspruch endet aber, wenn die übrigen Miterben sich mit der Fortdauer des unmittelbaren Alleinbesitzes einverstanden erklären; vgl DIECKMANN FamRZ 1985, 1247.

51 Entsprechendes gilt auch, wenn das Erbrecht durch die rückwirkende Aufhebung einer **Adoption** (§ 1764 Abs 1 S 2 BGB) beseitigt wird (vgl SOERGEL/DIECKMANN Rn 6).

52 Erbschaftsbesitzer ist auch, wer als **Nächstberufener** nach einer anfechtbaren und später tatsächlich **angefochtenen Erbschaftsausschlagung** den Nachlass in Besitz genommen hat (STAUDINGER/OTTE [2017] § 1957 Rn 5; MAURER 79). Da die Haftung des gutgläubig-unverklagten Erbschaftsbesitzers ja ohnehin nicht zu einer Minderung des ureigenen Vermögens des Erbschaftsbesitzers führt, besteht kein Anlass, den vermeintlichen Nachrücker vor dieser Haftung zu bewahren (so mit Recht STAUDINGER/OTTE [2017] § 1957 Rn 5; **aA** AK-BGB/DERLEDER § 1957 Rn 1). Ebenso wenig besteht Anlass, die Haftung nach den §§ 2018 ff BGB durch die Regelung des § 1959 BGB zu ersetzen, zumal die letztere für den Verpflichteten eher ungünstiger wäre (STAUDINGER/OTTE [2017] § 1957 Rn 5; **aA** SOERGEL/STEIN § 1957 Rn 2, § 1959 Rn 14).

e) Vorerbe, vorläufiger Erbe

53 **Kein Erbschaftsbesitzer** ist der **Vorerbe nach Eintritt des Nacherbfalls**, selbst wenn er den Eintritt der Nacherbfolge zu Unrecht bestreitet, denn die per Saldo schärfere Haftungsregelung des § 2130 BGB verdrängt als *lex specialis* die §§ 2018 ff BGB (so mit Recht vLÜBTOW II 1048; LANGE/KUCHINKE[5] § 43 II 2 d Fn 31; EBENROTH Rn 1014; BROX/WALKER Rn 577; STAUDINGER/AVENARIUS [2019] § 2130 Rn 23; SOERGEL/DIECKMANN Rn 7; AK-BGB/WENDT Rn 8; MünchKomm/HELMS[8] Rn 19; MünchKomm/LIEDER[8] § 2130 Rn 3; NK-BGB/FLEINDL[5] Rn 17; BAMBERGER/ROTH/MÜLLER-CHRISTMANN[4] § 2018 Rn 14; PALANDT/WEIDLICH[79] Rn 9; BeckOGK/LINDNER [1. 6. 2019] Rn 15; OLZEN JuS 1989, 374, 375 Fn 16; MAURER 83 f; MUSCHELER ErbR 2009, 38, 49; **aA** BGB-RGRK/KREGEL Rn 6; PLANCK/FLAD Anm 2b β; KIPP/COING § 50 III 1; STAUDINGER/LEHMANN[11] Rn 1; SOERGEL/HARDER/WEGMANN § 2130 Rn 6; MünchKomm/GRUNSKY[7] § 2130 Rn 2; vermittelnd STROHAL II § 94 Fn 9).

54 Ebenso wenig Erbschaftsbesitzer ist der **vorläufige Erbe**, der später die Erbschaft **ausgeschlagen** hat (STAUDINGE/MEŠINA [2017] § 1959 Rn 7; vLÜBTOW 1053; KIPP/COING § 106 III; SCHLÜTER ErbR[16] Rn 616; KRETZSCHMAR § 69 II 4; BROX/WALKER Rn 577; SIBER 125; BGB-RGRK/KREGEL Rn 5; SOERGEL/DIECKMANN Rn 6; F LEONHARD Anm B I e; PALANDT/WEIDLICH[79] Rn 8; EDENFELD 93; **aA** AK-BGB/WENDT Rn 23 f; HELLWIG, Grenzen der Rückwirkung [1907] 17; MAURER 81 [für Zeitraum ab Ausschlagung]). Was er erlangt hat, hat er aufgrund eines ihm in Wirklichkeit zustehenden Erbrechts erlangt. Zwar wird er infolge der rückwirkenden Kraft der Ausschlagung so angesehen, als ob er nie Erbe gewesen wäre. Das darf aber nicht dazu führen, ihn als Erbschaftsbesitzer zu behandeln. Nach **§ 1959 BGB** haftet er vielmehr als Geschäftsführer ohne Auftrag. Selbst wenn man den vorläufigen Erben als Erbschaftsbesitzer ansehen könnte, wäre § 1959 BGB *lex specialis.*

55 Wenn der vorläufige Erbe allerdings nach Ausschlagung unter der unrichtigen Behauptung ihrer Unwirksamkeit die Erbschaft in Besitz behält, wird er (natürlich nicht rückwirkend) zum Erbschaftsbesitzer (STAUDINGER/MEŠINA [2017] § 1959 Rn 7; DIETZ 152; LANGE/KUCHINKE[5] § 40 II 3 Fn 37; SOERGEL/DIECKMANN § 2018 Rn 6; MünchKomm/HELMS[7] Rn 19; NK-BGB/FLEINDL[5] Rn 18; BAMBERGER/ROTH/MÜLLER-CHRISTMANN[4] Rn 14; ERMAN/

Horn[15] Rn 8; Burandt/Rojahn/Gierl[3] Rn 24; Endemann § 103 IV b; Edenfeld 93; Muscheler ErbR 2009, 38, 49).

56 Die Gegenmeinung (Brox/Walker Rn 577; Siber 125; BGB-RGRK/Kregel Rn 5; Palandt/Weidlich[79] Rn 8; Michalski Rn 1039) verkennt, dass die per Saldo schärfere Haftung nach **§ 1959 BGB**, die sie hier als Spezialregelung anwenden will, nach dem klaren Wortlaut der Norm **bis zur Ausschlagung** gilt. Für eine Gesetzeskorrektur besteht auch gar kein Anlass, da die Anwendung der §§ 2018 ff BGB für den endgültigen Erben ja auch Vorteile (wie insbesondere die Anwendung des § 2019 BGB) bringt.

57 Die gänzlich abweichende Auffassung von Wendt (AK-BGB Rn 23), nach der auch der vorläufige Erbe im Falle der Ausschlagung rückwirkend als Erbschaftsbesitzer behandelt werden soll, wird vor allem mit dem Fehlen einer Surrogationsregelung für den vorläufigen Erben begründet. Diese Schutzlücke ist jedoch gewollt und kann hingenommen werden. Zum einen ist dem endgültigen Erben der Nachlass ja überhaupt nur wegen der Ausschlagung von Seiten des vorläufigen Erben zugefallen; zum anderen würde ohnehin jede größere rechtsgeschäftliche Verfügung des vorläufigen Erben als *pro herede gestio* zum Verlust des Ausschlagungsrechtes geführt haben.

f) Amtspersonen

58 **dd) Gegen** den (wirksam oder unwirksam bestellten) **Nachlasspfleger, Nachlass- und Insolvenzverwalter** sowie **Testamentsvollstrecker** ist der Erbschaftsanspruch **nicht begründet**, da sie kraft ihres (wirklichen oder vermeintlichen) Amtes und nicht aufgrund angemaßten Erbrechts besitzen. Soweit sie dem Erben des ihrer Verwaltung unterstellten Nachlasses gegenüberstehen, reichen die Sonderklagen, die dem Erben zustehen, vollkommen aus (vgl Prot V 708 f; RGZ 81, 151 f; OLG München OLGE 40, 134; OLG Hamburg HansGZ 1912 Beibl 279; MünchKomm/Helms[8] Rn 20; Soergel/Dieckmann Rn 8; Palandt/Weidlich[79] Rn 8; Jauernig/Stürner[17] Rn 3; Bamberger/Roth/Müller-Christmann[4] Rn 15; BeckOGK/Lindner [1. 6. 2019] Rn 17; Maurer 84; ferner Staudinger/Reimann [2016] § 2213 Rn 10). Sonst müsste man auch gegenüber einem Generalbevollmächtigten oder Vormund dem Vertretenen oder Mündel eine Gesamtklage zubilligen. Hier bleibt nur der Weg der **Feststellungsklage** gegen den Testamentsvollstrecker (RG JW 1909, 52; WarnR 1912 Nr 174 unter 3; Gruchot 62, 631) oder Nachlasspfleger (RGZ 106, 46; OGHZ 4, 219; BGH LM § 1960 BGB Nr 1 = NJW 1951, 559), wenn dieser die Erbenstellung bestreitet (vgl BGB-RGRK/Kregel Rn 6).

59 **Anders** ist nur zu entscheiden, wenn der Verwalter nicht dem Erben des ihm unterstellten Nachlasses gegenübersteht, sondern dem Erben eines anderen Nachlasses, aus dem etwas aufgrund einer Erbrechtsanmaßung in den der Verwaltung unterstellten Nachlass zu Unrecht einbezogen worden ist (vgl Strohal II § 94 Fn 5; Hellwig, Anspruch und Klagrecht 71; Planck/Flad Anm 2b α; Soergel/Dieckmann Rn 8; MünchKomm/Helms[8] Rn 20; AK-BGB/Wendt Rn 38; Palandt/Weidlich[79] § 2018 Rn 8; Hk-BGB/Hoeren[10] Rn 3; Brox/Walker Rn 577; Maurer 85; **aM** Lange/Kuchinke[4] § 40 II 3 Fn 32). Wenn bereits der Erblasser des vom Testamentsvollstrecker (usw) verwalteten zweiten Nachlasses dem wirklichen Erben des ersten Nachlasses gegenüber als Erbschaftsbesitzer haftete, so bildet dieser Erbschaftsanspruch ohnehin eine vom Testamentsvollstrecker zu erfüllende Nachlassverbindlichkeit. Hat aber erst der Testamentsvollstrecker (usw) die zum ersten Nachlass gehörende Sache als schon dem Erblasser des jetzt

von ihm verwalteten zweiten Nachlasses in Besitz genommen, so muss der erbrechtliche Gesamtanspruch ebenfalls gewährt werden, also **§ 2018 BGB analog** angewandt werden, weil sonst eine Rechtsschutzlücke droht (für unmittelbare Anwendung von § 2018 Maurer 85). Das durch § 2018 geschützte Interesse des *verus heres* an einem effektiven Rechtsbehelf gegenüber dritten Personen, die Nachlassbestandteile unter Berufung auf eine angeblich bessere erbrechtliche Position in Besitz genommen haben, ist unabhängig davon, ob die betreffende Person als angeblicher Erbe oder aber als Erbeserbe oder schließlich als ein für den angeblichen Erben oder Erbeserben handelnder amtlicher Verwalter Nachlassbestandteile an sich gebracht hat.

g) Fiskus

60 Erbschaftsbesitzer ist auch der **Staat**, wenn ihm nach Fehlschlagen des Versuchs der Ermittlung von Verwandten des Erblassers die Erbschaft überantwortet wird, später aber doch noch ein vorrangiger gesetzlicher Erbe auftaucht. Daran ändert auch der Feststellungsbeschluss nach 1964 Abs 1 BGB nichts; er verschafft dem Fiskus ja nicht die Erbenstellung, sondern begründet nur eine widerlegliche Vermutung für diese (§ 1964 Abs 2 BGB). Allerdings wird diskutiert, ob seine Haftung aus §§ 2018 ff BGB begrenzt ist (s dazu § 2021 Rn 6, 17 ff).

h) Rechtsnachfolger

61 Dem Erbschaftsbesitzer steht gleich, wer die Erbschaft von diesem durch Vertrag erwirbt (**§ 2030 BGB**; Erläuterungen s dort).

62 Beim Tode des Erbschaftsbesitzers geht die Verpflichtetenstellung des Erbschaftsanspruchs nach §§ 1922 Abs 1, 1967 Abs 1 BGB als Erblasserschuld auf seinen Erben über (BGH NJW 1985, 3068, 3070; FamRZ 2004, 537, 538 = ZEV 2004, 378, 379 f; Olzen JuS 1989, 374, 376; Binder III, 392; Siber 125; Staudinger/Dutta [2016] § 1967 Rn 9; Staudinger/Kunz § 1967 Rn 36; AK-BGB/Wendt Rn 90; BGB-RGRK/Kregel § 2030 Rn 6; MünchKomm/Helms[8] Rn 21; Soergel/Dieckmann Rn 9; Jauernig/Stürner[17] Rn 3; BeckOGK/Lindner [1. 6. 2019] Rn 19; F Leonhard Anm II B 1 f; Kipp[8] § 70 VI; Kipp/Coing § 106 VI; Boehmer, Die RG-Praxis im deutschen Rechtsleben III 216, 276 f; Maurer 86). Dies geschieht automatisch und ganz unabhängig von einer etwaigen Anmaßung einer Erbeserbenstellung von seiner Seite (BGH NJW 1985, 3068, 3070; FamRZ 2004, 537, 538 = ZEV 2004, 378, 379 f; OLG Frankfurt 6. 4. 2018 – 16 U 118/17 Rn 68, juris; F Leonhard Anm II B 1 f; Palandt/Weidlich[79] Rn 4).

63 Der **Erbe des Erbschaftsbesitzers** hat die Möglichkeit der **Haftungsbeschränkung** (MünchKomm/Helms[8] Rn 21; Soergel/Dieckmann Rn 9; Bamberger/Roth/Müller-Christmann[4] Rn 16; Burandt/Rojahn/Gierl[3] Rn 19; Muscheler ErbR 2009, 76, 83; implizit auch Kipp/Coing § 106 VI m Fn 10), die insbesondere bei gegen den Erbschaftsbesitzer entstandenen Schadensersatz- und bereicherungsunabhängigen Wertersatzansprüchen aus §§ 2024, 2025 BGB wichtig ist.

64 Demgegenüber wollen Lange/Kuchinke[5] (§ 40 II 3 m Fn 39–41) im Wege eines *a fortiori*-Schlusses aus § 2030 BGB den Erben des Erbschaftsbesitzers, sobald er zur fremden Erbschaft gehörende Gegenstände als Nachlass seines Erblassers in Anspruch nimmt, ohne die Möglichkeit einer Haftungsbeschränkung dem Erbschaftsanspruch unterwerfen. Dieser Schluss ist inkorrekt, weil § 2030 BGB gerade nicht zu einer Bindung des Erbschaftskäufers an den gegen den Erbschaftsbesitzer entstandenen Inhalt des Erbschaftsanspruchs führt (vgl § 2030 Rn 10 ff).

Ohne die Möglichkeit der **Haftungsbeschränkung** unterliegt der Erbe des ursprünglichen Erbschaftsbesitzers dem Erbschaftsanspruch erst, wenn bei ihm das subjektive Tatbestandselement des § 2018 BGB, die Erbrechtsanmaßung, gegeben ist (BINDER III 392; MünchKomm/HELMS[8] Rn 21), also wenn er den fraglichen Nachlass als angeblich bereits seinem eigenen Erblasser zugefallenen in Anspruch nimmt (s oben Rn 30). Es genügt also nicht, dass er die betreffenden Sachen als Bestandteile der ihm selbst zugefallenen Erbschaft in Besitz hat. Er muss vielmehr auch wissen, dass sein Erblasser diese Gegenstände nicht durch Rechtsgeschäft unter Lebenden, sondern selbst durch Erbfall erlangt hat; darüber hinaus wird man wohl auch die Kenntnis von der Person dieses anderen Erblassers fordern müssen. Wenn diese Voraussetzungen gegeben sind, wird man sagen können, dass der Beklagte den Besitz als vermeintlicher oder angeblicher zweiter Universalsukzessor (= Erbeserbe; siehe dazu STAUDINGER/KUNZ [2017] § 1922 Rn 433 ff) dieses anderen Erblassers ausübt. Das aber muss bei dieser besonderen Konstellation als (konkludente) Erbrechtsanmaßung genügen (etwas enger MünchKomm/HELMS[8] Rn 21: nur dann, wenn der Erbe des Erbschaftsbesitzers sich gegenüber dem Gläubiger des Erbschaftsanspruchs ausdrücklich auf den Erbschaftserwerb seines Erblassers und damit auf seine eigene Erbeserbenstellung beruft). Dann wird der Erbe des ursprünglichen Erbschaftsbesitzers selbst zum Erbschaftsbesitzer und verliert deshalb für zukünftige Erweiterungen seiner Verpflichtungen aus § 2018 ff BGB die Möglichkeit der Haftungsbeschränkung auf den Nachlass. 65

Demgegenüber nimmt MAURER (86 f) an, dass der Erbe des Erbschaftsbesitzers nicht selbst Erbschaftsbesitzer sein kann und deshalb immer die Möglichkeit der Haftungsbeschränkung auf den Nachlass hat. 66

In einer früheren Bearbeitung (12. Aufl Rn 15) hatte GURSKY die Auffassung vertreten, dass sich etwaige Veränderungen und Erweiterungen des Erbschaftsanspruchs bei dem Erben des ursprünglichen Erbschaftsbesitzers, in dessen Person das subjektive Moment des § 2018 BGB noch nicht gegeben ist, nicht mehr nach den §§ 2018 ff BGB richteten, sondern sich nur aus den allgemeinen Regeln ergeben könnten (anders LANGE/KUCHINKE § 40 II 3 m Fn 39–41; KIPP/COING § 106 VI m Fn 10; BOEHMER III 216, 276 f). Dieses Argument ist aber wohl doch nicht tragfähig (GURSKY, in: 3. FS vLübtow 211, 223 Fn 69), so dass GURSKY diese Auffassung später zu Recht aufgegeben hat. Eine kontinuierliche Erbrechtsanmaßung ist gar nicht erforderlich. Die Erbrechtsprätention muss ja überhaupt nur einmal, nämlich bei der Besitzerlangung oder bei einer späteren Verteidigung gegenüber dem Herausgabeverlangen des Erben gegeben gewesen sein; die Verpflichtetenstellung des Anspruchsgegners richtet sich auch dann weiter nach den §§ 2018 ff BGB, wenn er seine Erbrechtsanmaßung aufgibt (s oben Rn 25), ebenso, wenn er später die Herkunft der fraglichen Sachen überhaupt vergisst. 67

Das OLG Brandenburg hat dem wirklichen Erben eines früheren Grundstückseigentümers, dessen Grundstück in Volkseigentum überführt worden war, gegen einen Erbprätendenten, an den das Grundstück mittlerweile aufgrund öffentlich-rechtlichen Restitutionsbescheides restituiert worden war, den Erbschaftsanspruch aus 68

§ 2018 BGB gegeben (ZEV 1997, 157 f m Anm Limmer; MünchKomm/Helms[8] Rn 16). Es dürfte sich dabei um eine **analoge Anwendung der §§ 2018, 2019 BGB** handeln (Limmer ZEV 1997, 158 f; gegen die Analogie aber OLG Dresden DtZ 1996, 216, 217 im Hinblick auf den originären Erwerb).

II. Das aus der Erbschaft Erlangte

1. „Etwas erlangt"

69 Aus der Erbschaft muss **„etwas erlangt"** sein, dh also irgendein in Natur herausgebbarer oder in Geld bewerteter Vorteil muss aus dem Nachlass oder mit seinen Mitteln (vgl § 2019 BGB) erlangt sein, ohne dass es auf eine förmliche Rechtsänderung ankäme. Bei Sachen, die keinen wirtschaftlichen Wert haben, gibt es freilich nur den Primäranspruch aus § 2018 BGB, aber diesen selbstverständlich (vgl NK-BGB/Fleindl[5] Rn 6; BeckOGK/Lindner [1. 6. 2019] Rn 26).

a) Besitzerwerb

70 Der Vorteil wird regelmäßig in dem **Erwerb des Besitzes** an (rechtlich oder der Besitzlage nach) zur Erbschaft gehörigen Sachen bestehen. Dabei ist nicht nötig, dass der Erbschaftsbesitzer die Sachen nach dem Erbfall aus dem Nachlass weggenommen hat, es genügt, dass sie ihm von einem Dritten (Entleiher oder Verwahrer) oder auch dem wahren Erben aufgrund der Erbrechtsanmaßung übergeben worden sind.

71 Der Besitz des Erbschaftsbesitzers braucht auch kein Eigenbesitz (§ 872 BGB) zu sein, kann vielmehr **Fremdbesitz** sein; so wenn er eine dem Erblasser vermietete, geliehene oder zu Pfand gegebene Sache in Kenntnis dieses Sachverhalts mit einem dementsprechenden Willen als Rechtsnachfolger weiter besitzen will (BGB-RGRK/Kregel Rn 7; MünchKomm/Helms[8] Rn 22; Lange/Kuchinke[5] § 40 II 5 a; Strohal II 383).

72 Der Erbschaftsbesitzer kann auch nur **mittelbaren Besitz** erlangt haben (RGZ 81, 293, 296; BGB-RGRK/Kregel Rn 7; Burandt/Rojahn/Gierl[3] Rn 15; NK-BGB/Fleindl[5] Rn 5); so etwa, wenn ein Dritter Nachlassgegenstände als Geschäftsführer ohne Auftrag für den Erben an sich genommen hat und danach von dem Erbschaftsbesitzer mit der weiteren Verwahrung beauftragt worden ist (Endemann § 153 II d). Dass der Verwahrer einer vom Erblasser hinterlegten Sache einen bestimmten Verwandten des Hinterlegers zu Unrecht für dessen Erben hält und deshalb für diesen Verwandten weiter besitzen will, verschafft dem letzteren noch keinen mittelbaren Besitz; es fehlt hier an einem Herausgabeanspruch des vermeintlichen Erben. Nach der Gegenansicht (BeckOGK/Lindner [1. 6. 2019] Rn 21) genügt es, wenn der Besitzmittler den übergeordneten Besitz des Erbschaftsbesitzers anerkennt, denn, so das Argument von Lindner, dem Scheinerben stehe regelmäßig kein Herausgabeanspruch gegen den Besitzmittler zu. Das trifft zu, wie die hier genannten Fälle zeigen. Aber es besteht kein Bedürfnis, die Voraussetzungen zur Begründung eines Besitzmittlungsverhältnisses zu lockern. Ein Besitzmittlungsverhältnis setzt nach zutreffender ganz hM irgendeinen Herausgabeanspruch voraus, der sich freilich auch aus § 812 I 1 2. Fall oder § 1007 BGB ergeben kann (ausführlich Staudinger/Gutzeit [2018] § 868 Rn 16).

Es ist nicht notwendig, dass der Besitz erst nach dem Erbfall erlangt ist; gleichzubehandeln ist der Fall, dass der **Besitz schon vorher erlangt** war und nach dem Erbfall aufgrund der Erbrechtsanmaßung zurückbehalten wird (KG OLGZ 1974, 17, 18 = MDR 1974, 317; SOERGEL/DIECKMANN Rn 11; **aA** MAURER 64 f), insbesondere wenn Fremdbesitz (die Sache war dem Gegner vom Erblasser geliehen) dadurch in Eigenbesitz verwandelt wird (PLANCK/FLAD Anm 3; BGB-RGRK/KREGEL Rn 9; MünchKomm/HELMS[8] Rn 16, 22 und RGZ 81, 293, 295; iE auch MAURER 65), aber auch wenn der Erbschaftsbesitzer die Sache dem Erblasser entwendet hatte und sich nun gegenüber dem Herausgabeverlangen auf seine angebliche Erbenstellung beruft. Das hat den großen Vorteil, dass bei einer anschließenden Veräußerung der betreffenden Sache durch den Nachlassschuldner und vermeintlichen Erben die dingliche Surrogation nach § 2019 BGB eingreift. Zu beachten ist aber, dass der Erbschaftsanspruch hier zu einer bereits bestehenden Herausgabepflicht hinzutritt, diese aber nicht verdrängt. Auch der gutgläubige und unverklagte Erbschaftsbesitzer haftet deshalb etwa wegen eines verschuldeten nunmehrigen Verlustes nach §§ 280 Abs 1 und Abs 3, 283 BGB auf Schadensersatz, im Falle des Diebstahls beim Erblasser sogar nach §§ 992, 823 Abs 1, 848 BGB für Zufall. 73

Nach § 2018 BGB herauszugeben sind auch **Blankoschecks**, die der Erblasser dem Beklagten im Hinblick auf dessen beabsichtigte, aber infolge Nichtigkeit des Testaments nicht wirksam begründete Erbenstellung übergeben hat, um ihn bis zur Erlangung eines Erbscheins zu versorgen (**aA** MAURER 66); die nach dem Erbfall durch Einlösung der Schecks erlangten Guthaben fallen unter § 2019 BGB (ebenso AK-BGB/WENDT Rn 53; MünchKomm/HELMS[8] Rn 22; BAMBERGER/ROTH/MÜLLER-CHRISTMANN[4] Rn 17; jurisPK/EHM[8] Rn 31; BeckOGK/LINDNER [1. 6. 2019] Rn 24; wohl auch SOERGEL/DIECKMANN Rn 11; unmittelbar die Scheckvaluta selbst als iS von § 2018 erlangt sieht KG NJW 1970, 329 m abl Anm FINGER NJW 1970, 954 an; ebenso BGB-RGRK/KREGEL Rn 9 und wohl auch PALANDT/WEIDLICH[79] Rn 6). 74

b) Weitere Vorteile

Es ist aber **kein Erfordernis** des Erbschaftsbesitzes, dass an Nachlasssachen **Besitz erlangt** ist (heute allgM, anders nur R LEONHARD 6 ff, 19; dagegen zutreffend F LEONHARD Anm II B 2 c); wie bei § 812 BGB genügt auch hier das Erlangen irgendeines anderen Vorteils, der in Natur oder jedenfalls wertmäßig herausgegeben werden kann. 75

Ein solcher Vorteil liegt zB in der Erlangung des Bucheigentums durch Eintragung des Anspruchsgegners aufgrund unrichtigen Erbscheins im Grundbuch (BGH ZEV 2004, 378, 379; PLANCK/FLAD Anm 3; BGB-RGRK/KREGEL Rn 7; MünchKomm/HELMS[8] Rn 23; BAMBERGER/ROTH/MÜLLER-CHRISTMANN[4] Rn 17; jurisPK/EHM[8] Rn 28; BURANDT/ROJAHN/GIERL[3] § 2018 Rn 25; vLÜBTOW II 1053; MAURER 59; MUSCHELER ErbR 2009, 38, 48). Dasselbe gilt für die **Erlangung** einer entsprechenden **Buchstellung** hinsichtlich anderer Grundstücksrechte, zB für die Umschreibung der das Grundstück belastenden Hypothek (des Erblassers bzw nunmehr des Erben) in eine Eigentümergrundschuld. 76

Ferner trifft dies auf eine **Schuldbefreiung** zu, die der durch Erbschein legitimierte Scheinerbe durch eine (nach § 2367 BGB wirksame) Aufrechnung einer Nachlassforderung gegenüber seinem persönlichen Gläubiger erlangt (BGB-RGRK/KREGEL Rn 8; MünchKomm/HELMS[8] Rn 23; BINDER III 396; STROHAL II 384; AK-BGB/WENDT Rn 59; MAURER 59; MUSCHELER ErbR 2009, 38, 48); die bloße Genehmigung der Aufrechnung 77 durch den Erben hätte (entgegen Staudinger/Gursky [2011] Rn 20; Maurer 60) diesen Effekt schon deshalb nicht, weil sie das Erfordernis der Gegenseitigkeit nicht überspielen kann (vgl Staudinger/Gursky [2011] § 387 Rn 10 und Staudinger/Gursky [2014] § 185 Rn 5 f).

78 Ein Recht ist nach Endemann (§ 153 II b) schon dann als „erlangt“ anzusehen, wenn es dem Erbschaftsbesitzer gelingt, darüber (zB nach §§ 2366, 2367 BGB) wirksam zu verfügen (ähnlich Maurer 63, 120; enger Planck/Flad Anm 3und Erman/Schlüter[12] Rn 3, wo eine entgeltliche Verfügung verlangt wird). Dies erscheint bedenklich. Auf den im **„juristischen Verbrauch“** des Rechtes liegenden theoretischen Vorteil abzustellen, ergibt keinen Sinn, weil dieser nicht herausgabefähig und als solcher auch nicht – wie für §§ 2021, 818 Abs 2 BGB erforderlich – in Geld zu veranschlagen ist. Würde man ihn ohne Weiteres dem Wert des Rechtes gleichsetzen, käme man bei unentgeltlichen Verfügungen nach formwirksamem Schenkungsversprechen zu einer Haftung des Erbschaftsbesitzers in Höhe des Sachwertes, obwohl der Erbe gleichzeitig den Beschenkten aus § 816 Abs 1 S 2 BGB in Anspruch nehmen könnte. Das ist aber nicht sinnvoll.

c) Erfüllungsverweigerung

79 Die wohl noch hM nimmt darüber hinaus an, dass jeder Nachlassschuldner Erbschaftsbesitzer wird, der dem wahren Erben die Erfüllung verweigert mit der Behauptung, selbst Erbe zu sein (Strohal II 384 f; Planck/Flad Anm 3; BGB-RGRK/Kregel Rn 8; Soergel/Dieckmann Rn 6; NK-BGB/Fleindl[5] Rn 14; AK-BGB/Wendt Rn 58; Damrau/Schmalenbach[4] § 2018 Rn 9; wohl auch Palandt/Weidlich[79] Rn 4; Kipp/Coing § 106 I 4; Dietz 152; Hellwig, Anspruch und Klagrecht 54 Fn 9; **aM** Siber 126; Endemann § 153 Fn 19; R Leonhard 16; Binder III 398; Maurer 77 ff; wohl auch Medicus JuS 1985, 656, 659 Fn 29; abl auch Langheineken 151 Fn 1; Wieling JZ 1986, 7 Fn 19).

80 Das ist unproblematisch in den Fällen, in denen die Schuld auf Rückgabe einer auch eigentumsmäßig zum Nachlass gehörenden Sache gerichtet ist (Soergel/Dieckmann Rn 5, 6; s oben Rn 70) oder der Beklagte schon vor dem Erbfall einem dinglichen Herausgabeanspruch (§§ 861, 1007 BGB) ausgesetzt war.

81 Ansonsten passt hier aber § 2018 BGB schon deshalb nicht, weil die irrige Annahme einer Konfusion an dem tatsächlichen Weiterbestand der Schuld nichts geändert, der Nachlassschuldner also nichts Herausgabefähiges erlangt hat. So kommt lediglich eine **analoge Anwendung** von Teilen der Erbschaftsanspruchsregelung in Betracht (so auch MünchKomm/Helms[8] Rn 24; Burandt/Rojahn/Gierl[3] Rn 21; Bamberger/Roth/Müller-Christmann[4] Rn 19; wohl auch jurisPK/Ehm[8] Rn 20; abl AK-BGB/Wendt Rn 58). Dies erscheint insbesondere bei Sachleistungsschulden bezüglich Haftungsmaßstab, Nutzungsherausgabe und Verwendungsersatz wegen der vergleichbaren Interessenlage in der Tat geboten (zust MünchKomm/Helms[8] Rn 24; Bamberger/Roth/Müller-Christmann[4] Rn 19; FAKomm-ErbR/Finger Rn 12; **aA** Maurer 78 f).

d) Anerkenntnis

82 Als aus der Erbschaft erlangt gilt auch das **Anerkenntnis** eines Nachlassschuldners, das sich der Erbschaftsbesitzer (etwa durch Vorlage eines Erbscheins) verschafft hat; nicht minder die Schuldurkunden und Beweismittel (Schuldschein), die der Erbprätendent in seinen Besitz gebracht hat (BGB-RGRK/Kregel § 2018 Rn 8; MünchKomm/

Helms[8] Rn 23; Soergel/Dieckmann Rn 11; Damrau/Schmalenbach[4] Rn 11; Bamberger/Roth/Müller-Christmann[4] Rn 17; BeckOGK/Lindner [1. 6. 2019] Rn 24; Maurer 60; Olzen Jura 2001, 223, 224). Dagegen liegt kein Erlangen in diesem Sinne vor, wenn der Erbprätendent sich lediglich berühmt, dass ihm eine Nachlassforderung zustehe, oder wenn er den vergeblichen Versuch gemacht hat, sie einzuziehen (BGB-RGRK/Kregel § 2018 Rn 8).

e) Unwiderrufliche Vollmacht

83 Die Herausgabepflicht aus § 2018 BGB erstreckt sich entgegen Wendt (AK-BGB Rn 56; ders, in: 3. FS vLübtow 229, 230) **nicht** auf eine unwiderrufliche **Vollmacht** auf den Todesfall oder über den Tod hinaus, die der Erblasser seinem vermeintlichen Erben zur Erleichterung der Abwicklung des Nachlasses erteilt hat (so auch Maurer 65; Bamberger/Roth/Müller-Christmann[4] Rn 17; BeckOGK/Lindner [1. 6. 2019] Rn 25). Es handelt sich dabei schließlich um eine wirksam vom Erblasser eingeräumte Rechtsposition, die als solche den wirklichen Erben bindet; dieser kann die Vollmacht allerdings widerrufen (nicht nur aus wichtigem Grund; zutreffend Staudinger/Reimann [2016] Vorbem 62, 72, 88 ff zu §§ 2197 ff; **aA** Staudinger/Gursky [2016] Rn 28), weil sie angesichts der nicht erwarteten erbrechtlichen Lage ihren beabsichtigten wirtschaftlichen Zweck nicht erreichen kann (vgl MünchKomm/Zimmermann[6] Vorbem 17 vor § 2197).

f) Unternehmen

84 Der Erbschaftsanspruch greift natürlich auch dann ein, wenn der vermeintliche Erbe ein **Unternehmen** des Erblassers weiterführt (Walker 113 ff; Friedrich 223 ff, 245 ff) oder eine vererbliche Gesellschafterstellung des Erblassers ausübt (Däubler GmbH-Rdsch 1963, 181). Die §§ 2018 ff BGB reichen auch in diesem Falle für den Innenausgleich zwischen dem wirklichen und dem vermeintlichen Erben aus (Walker 127 ff). Ein Bedürfnis für eine zusätzliche analoge Anwendung der Regeln über die Geschäftsführung ohne Auftrag besteht nicht (**aA** Stumpf, in: FS Brackmann [1977] 299, 308).

2. Aus der Erbschaft

85 Der Anspruchsgegner muss den fraglichen Vermögensvorteil gerade aus der Erbschaft erlangt haben. Nach zutreffender hM genügt es insoweit, wenn die vom Anspruchsgegner in Besitz genommene Sache zwar nicht rechtlich, aber **wenigstens der Besitzlage nach** zur Erbschaft gehörte (OLG Dresden SächsArch 1906, 337; OLG Braunschweig OLGE 24, 70 f; NK-BGB/Fleindl[5] Rn 8; BeckOGK/Lindner [1. 6. 2019] Rn 27; Kipp[8] § 68 I 1; vLübtow II 1053; Lange/Kuchinke[5] § 40 II 5 a m Fn 43; Strohal II 383; Binder III 405; Siber 125; Planck/Flad Anm 3, 4 a; F Leonhard Anm II B 2 a; BGB-RGRK/Kregel Rn 9; Wendt, in: 3. FS vLübtow 229; Maurer 58, 64; Burandt/Rojahn/Gierl[3] § 2018 Rn 15 [aa 2]; MünchKommInsO/Ganter[2] § 47 Rn 335; **aA** Wieling JZ 1986, 5, 7).

86 Das zeigt schon die **Entstehungsgeschichte** des § 2018 BGB. § 2081 Ziff 1 E I hatte den Erbschaftsanspruch noch explizit auf solche Sachen erstreckt, die sich „zur Zeit des Todes des Erblassers in dessen Besitze oder Innehabung … befunden haben". Diese Klarstellung wurde von der 2. Kommission bei der Formulierung des § 1892 E II als entbehrlich gestrichen, ohne dass damit eine sachliche Änderung bezweckt gewesen wäre (vgl Mot V 580 ff; Prot V 701; Denkschr 727; ferner R Leonhard 13; Windscheid/Kipp III 537). Dass auch § 2018 BGB in diesem Sinne verstanden werden muss, zeigt die Formulierung des § 2026 BGB: Der Relativsatz „die er als zur Erb-

schaft gehörend im Besitz hat" ergibt nur Sinn, wenn die Sache nicht „wirklich" (also eigentumsmäßig), sondern nur dem Besitz nach zum Nachlass gehören muss.

87 Die Ausdehnung des Erbschaftsanspruchs auf die nur dem Besitz nach zum Nachlass gehörenden Sachen entspricht aber nicht nur dem Normverständnis und den Regelungsintentionen der Gesetzesverfasser, sondern verschafft dem Erben auch überhaupt erst einen der wenigen wichtigen Vorteile, die die Sonderregelung des Erbschaftsanspruchs erst sinnvoll erscheinen lassen (krit Maurer 64).

88 Daher trifft die Aussage, ein Gegenstand, den der Erblasser zu Lebzeiten wirksam an einen Dritten übereignet habe, sei kein Erbschaftsgegenstand (so NK-BGB/Fleindl[5] Rn 8 unter Berufung auf BGHZ 18, 67 [71]) nicht zu. Das ist nur richtig, wenn der Erblasser mit der Übereignung auch jeglichen Besitz aufgegeben hat (daran fehlt es etwa im Fall des §§ 929, 930 BGB); ob das der Fall war, wird aus dem der Entscheidung des BGH zugrundeliegenden Fall nicht klar.

89 Eine dem bloßen unberechtigten Besitz ganz ähnliche Lage bildet eine unrichtige Buchposition (sog **„Buchbesitz"**). Unter diesen Umständen muss der Erbschaftsanspruch auch da eingreifen, wo der Anspruchsgegner die Umschreibung eines im Grundbuch für den Erblasser eingetragenen, in Wirklichkeit aber einem Dritten zustehenden Liegenschaftsrechts auf sich selbst als angeblichen Erben erreicht hat.

90 Problematisch ist, ob der betreffende Teil des Erbschaftsanspruchs dinglicher oder obligatorischer Natur ist, ob er also im Insolvenzverfahren über das Vermögen des Anspruchsgegners ein **Aussonderungsrecht** gewährt oder nicht. Die erstere Auffassung erscheint vorteilhaft, weil sie die Inhomogenität des Rechtsbehelfs (s Vorbem 60 zu §§ 2018 ff) vermindert: Dann lässt sich nämlich die Regel aufstellen, dass der Erbschaftsanspruch immer dort dinglichen Charakter hat, wo er auf Naturalrestitution eines primär erlangten Gegenstandes oder aber eines Surrogates (§ 2019 BGB) gerichtet ist. Den Insolvenzgläubigern wird durch diese Deutung nichts genommen, da der wirkliche Eigentümer ohnehin die Aussonderung des Besitzes bzw der Buchposition verlangen könnte.

91 Die Zugehörigkeit der herausverlangten Gegenstände zum Nachlass muss bis zu dem Zeitpunkt bestanden haben, in dem der Anspruchsgegner sie „erlangt" hat; nur dann kann dieser Erwerb ja „aus der Erbschaft" erfolgt sein. Hieran fehlt es naturgemäß, wenn ein Besitzmittler des Erblassers die ihm anvertraute Sache vor oder nach dem Erbfall an einen gutgläubigen Dritten veräußert hat und der Anspruchsgegner sie diesem nun wegnimmt oder abkauft.

92 Kein Erwerb „aus der Erbschaft" ist auch gegeben, wenn der Erblasser weder Eigentümer noch Besitzer der vom Anspruchsgegner nach dem Erbfall erlangten Sache war, sondern nur einen zwar sachenrechtlichen, aber nicht auf einer dinglichen Berechtigung beruhenden Herausgabeanspruch aus § 861 BGB oder § 1007 BGB gegen den Besitzvorgänger des jetzigen Beklagten hatte.

93 Ein (unrichtiger) **Erbschein**, der dem Erbschaftsbesitzer inzwischen vom Nachlassgericht erteilt worden ist, ist nicht aus dem Nachlass erlangt (Dillberger/Fest JuS 2009, 1099, 1100; ebenso BeckOGK/Lindner [1. 6. 2019] Rn 27.2). Der Erbe kann seine Herausgabe deshalb nicht mit dem Erbschaftsanspruch, sondern nur mit dem Anspruch aus **§ 2362 Abs 1 BGB** erzwingen.

III. Der Inhalt der Herausgabepflicht

Der Gegenstand der Herausgabepflicht bestimmt sich nach der Art des Erlangten und den Veränderungen, die das Erlangte nach dem Surrogationsgrundsatz (§ 2019 BGB) erfahren hat. Die Herausgabepflicht wird durch § 2020 BGB auf die Nutzungen ausgedehnt. Soweit der Erbschaftsbesitzer zur Herausgabe des primär Erlangten, der Surrogate und Nutzungen „außerstande" ist, tritt an die Stelle der Herausgabepflicht eine bereicherungsrechtliche Wertersatzpflicht (§ 2021 BGB) bzw eine Schadensersatzpflicht (§§ 2023 ff BGB). **94**

Die Verpflichtung zur Herausgabe des **primär Erlangten** und/oder eventueller **Surrogate** in Natur ist immer **dinglicher** Art (s Vorbem 65 zu §§ 2018 ff), und zwar auch dann, wenn sie sich auf Sachen bezieht, die zZ des Erbfalls nicht im Eigentum, sondern nur im Besitz des Erblassers standen (s oben Rn 85 ff). Diese dingliche Herausgabepflicht ist (arg § 2021 BGB) nicht schlechthin auf Übertragung des ursprünglich Erlangten, sondern nur auf „Auskehrung" (Abgabe) dessen gerichtet, was davon noch beim Erbschaftsbesitzer vorhanden ist; daran können sich dann natürlich weitergehende obligatorische Verpflichtungen aus §§ 2021 ff BGB anschließen. **95**

Besteht das Erlangte in einer unrichtigen Grundbuchposition, so ist deren „Herausgabe" die Grundbuchberichtigung; der Erbschaftsanspruch nimmt hier den Inhalt des § 894 BGB an (RG SächsArch 14, 66; BGH FamRZ 2004, 537, 538; OLG Stuttgart ZEV 2008, 434, 438 Rn 93; Lange/Kuchinke[5] § 40 II 5 a; jurisPK/Ehm[8] § 2018 Rn 28 mwNw). **96**

Herauszugeben ist die **Gesamtheit der Vorteile**, die der Anspruchsgegner als Erbprätendent aus dem Nachlass erlangt hat. Daraus ist aber nicht zu schließen, dass der Anspruch erst eingriffe, wenn der Anspruchsgegner bereits eine Mehrheit von Sachen oder Vorteilen erlangt hat. Zu einer derartigen Einschränkung ist man auch dann nicht gezwungen, wenn man mit der hM (vgl Vorbem 38 ff zu §§ 2018 ff) den Erbschaftsanspruch als „Gesamtanspruch" versteht. Gesamtanspruch heißt einfach, dass dem beklagten Erbprätendenten mit diesem Rechtsbehelf die Gesamtheit der Gegenstände und Vorteile entzogen werden soll, die dieser aus der Erbschaft erlangt hat. Hat der Anspruchsgegner bisher nur einen einzigen Gegenstand oder Vorteil erlangt, so muss er diesen doch als Bestandteil des von ihm zu Unrecht für sich reklamierten, in Wirklichkeit aber dem Anspruchsteller kraft seines Erbrechts zustehenden Ganzen herausgeben. **97**

Der **Klageantrag** ist zunächst auf das Ganze zu richten und kann sich die bestimmte Bezeichnung der einzelnen herauszugebenden Gegenstände vorbehalten, bis der Beklagte dem gleichzeitig geltend gemachten Auskunftsanspruch genügt hat; vgl § 254 ZPO und Vorbem 89 zu §§ 2018 ff. **98**

Der Erbe ist aber nicht gezwungen, sämtliche vom Erbschaftsbesitzer erlangten Nachlassbestandteile auf einmal herauszuverlangen; er kann vielmehr durchaus auch eine **Teilklage** erheben (vLübtow II 1043). **99**

IV. Einwendungen und Einreden des Beklagten

100 Der als Erbschaftsbesitzer in Anspruch Genommene kann zunächst die positiven Tatbestandsvoraussetzungen des § 2018 BGB – die Erbenstellung des Anspruchstellers, seinen eigenen Erwerb aus dem Nachlass oder die Erbrechtsanmaßung – bestreiten.

101 Die Verteidigungsposition im Übrigen ist im Gesetz unvollständig geregelt: Hier finden sich nur die Regelung des Bereicherungseinwandes gegenüber dem bereicherungsrechtlichen Teil des Erbschaftsanspruchs (§§ 2021, 818 Abs 3 BGB) sowie die Zubilligung eines Zurückbehaltungsrechtes wegen der Verwendungen des Erbschaftsbesitzers (§§ 2022 Abs 1 S 2, 1000 BGB).

102 Es **fehlt** dagegen eine **§ 986 BGB** entsprechende Vorschrift. Diese Lücke dürfte planwidrig sein. Denn es dürfte mindestens dolos sein, wenn der Erbe herausverlangt, was er aus anderen Gründen sofort wieder zurückgeben müsste. § 986 BGB kann man auf § 2018 BGB folglich entsprechend anwenden (ebenso BeckOGK/Lindner [1. 6. 2019] Rn 37).

103 Will man § 986 BGB nicht analog anwenden, weil die Vorschrift speziell für den Einzelanspruch konzipiert sei, muss man stattdessen **§ 242 BGB analog** heranziehen: Direkt passt die Vorschrift deswegen nicht, weil sie in Buch 2 steht und nach innerem System schuldrechtlicher Natur ist; § 2018 ist dagegen ein dinglicher Anspruch (zu den Problemen bei der Anwendung von **§ 242** auf sachenrechtliche Vorschriften s Rn 104). Soweit es um die Anwendung der Fälle des **Arglisteinwands** geht, ist eine analoge Anwendung von § 242 BGB denkbar, weil dieser Gedanke auch für dingliche Ansprüche passt (s MünchKomm/Baldus[8] § 985 Rn 175 ff).

104 Schwieriger sind die Fälle, in denen es um den **Einwand des Rechtsmissbrauchs** geht. Nach der hM kann dem Erbschaftsanspruch – wie (dieser Ansicht zufolge) auch dem Vindikationsanspruch (s Staudinger/Thole [2019] § 985 Rn 228 ff) – auch der **Einwand des Rechtsmissbrauchs** entgegengesetzt werden. Eine Verwirkung des Anspruchs kommt danach in Betracht, wenn der Erbschaftsbesitzer sich nach dem gesamten Verhalten des Erben darauf verlassen durfte und auch tatsächlich darauf verlassen hat, dass dieser den Anspruch nicht mehr geltend machen wird (vgl BGH ZEV 2004, 378, 380). Es soll aber nicht reichen, wenn nur einer (oder jedenfalls nur ein Teil) mehrerer Miterben das entsprechende Verhalten an den Tag gelegt hat (BGH ZEV 2004, 378, 380). Dies soll selbst dann gelten, wenn nur der betroffene Miterbe oder Teil der Miterben den Erbschaftsanspruch überhaupt geltend gemacht hat (implizit BGH ZEV 2004, 378, 380). Zu einem komplizierten Sonderfall vgl Harder JuS 1991, 216, 220.

105 Die in Rn 104 referierte hM ist aus grundsätzlichen Gründen abzulehnen (s ausführlich MünchKomm/Baldus[8] Vor §§ 985 ff Rn 66–75 und § 985 Rn 166–174).

106 Die Anwendung von § 986 BGB oder § 242 BGB (in der Ausprägung des **Arglisteinwands**) erlaubt dem Erbschaftsbesitzer praktisch folgendes: Zwar kann er **keine Einwendungen aus dem Recht eines Dritten** erheben (Mot V 581), den Erbschaftsanspruch also nicht etwa mit dem Nachweis ausschalten, dass eine im Besitz des Erblassers gewesene Sache in Wirklichkeit im Eigentum eines Dritten stehe. Aber er kann **Einzeleinwendungen** und **Einreden** aus besonderen Rechtsbeziehungen **zum Erblasser** oder unmittelbar **zum Erben** erheben (Kipp[8] § 68 I 2 a; Crome V § 715 Fn 69; AK-BGB/Wendt Rn 69 ff; Soergel/Dieckmann Rn 13; MünchKomm/Helms[8] Rn 26; NK-BGB/Fleindl[5] Rn 21; Jauernig/Stürner[17] Rn 4; Burandt/Rojahn/Gierl[3] Rn 26; BeckOGK/Lindner [1. 6. 2019] Rn 37).

Der Anspruch auf Herausgabe der erlangten Erbschaftsgegenstände selbst wird durch jedes **dingliche** oder bisher gegenüber dem Erblasser gegebene und gegenüber dem Erben weiterwirkende bzw unmittelbar gegenüber dem Erben bestehende **obligatorische Recht zum Besitz** ausgeschlossen, **§ 986 BGB** (oder § 242 BGB, s Rn 103 f) **analog** (vgl F Leonhard Anm IV; MünchKomm/Helms[8] Rn 26; Soergel/Dieckmann Rn 13; BeckOGK/Lindner [1. 6. 2019] Rn 37; vLübtow II 1063). Ein Singulareinwand wird hier auch durch die Tatsache begründet, dass der Beklagte selbst Eigentümer der herausverlangten Gegenstände ist (anders insoweit im Falle des § 2020 HS 2 BGB); nur die Berufung auf Ersitzung wird durch § 2026 BGB ausgeschlossen, solange der Erbschaftsanspruch selbst nicht verjährt ist. 107

Nicht um einen Singulareinwand, sondern um Leugnung des Klagegrundes handelt es sich dagegen, wenn der Beklagte vorträgt, er habe die betreffenden Sachen gar nicht aufgrund seines vermuteten Erbrechts, sondern aufgrund seines schon vor dem Erbfall gegebenen Eigentums an sich genommen (Erman/Horn[15] Rn 4; vLübtow II 1063; K W Lange[2] § 43 Rn 32). Um die zulässige Geltendmachung eines Singulareinwandes handelt es sich dagegen, wenn der Beklagte einräumt, er habe eine bestimmte Sache als zum Nachlass gehörig in Besitz genommen, zugleich aber vorträgt, er habe dann nachträglich entdeckt, dass er selbst diese Sache früher einmal dem Erblasser geliehen habe oder dass ihm die betreffende Sache vor längerer Zeit gestohlen worden sei. 108

Der Beklagte kann sich gegenüber dem Erbschaftsanspruch auch durch die **Ausübung** eines **Zurückbehaltungsrechts** verteidigen. Es folgt beispielsweise aus § 273 Abs 1 BGB, wenn der Beklagte die Bestattung des Erblassers veranlasst und damit nach § 1968 BGB einen fälligen Erstattungsanspruch gegen den Erben erworben hat; es folgt auch aus §§ 2022 Abs 1 S 2, 1000 BGB, wenn der Beklagte den entsprechenden Anspruch eines Dritten oder eine sonstige Nachlassverbindlichkeit erfüllt hat. 109

Der Anspruch eines **Vermächtnisnehmers** oder **Pflichtteilsberechtigten** kommt nach der **Rechtsprechung** allerdings als Grundlage für ein Zurückbehaltungsrecht nicht in Betracht, weil der Erbe durch die Erfüllung des Herausgabeanspruchs erst in die Lage versetzt werden soll, die Erbschaftsregulierung vorzunehmen (RG WarnR 1913 Nr 233; BGHZ 120, 96, 102; KG OLGZ 1974, 17; OLG Hamm MDR 1964, 151; OLG Düsseldorf FamRZ 1992, 600, 602 f; ebenso Soergel/Dieckmann Rn 13; Erman/Horn[15] Rn 4; PWW/Zimmer[14] Rn 15; DEK/Lenz Rn 9; Palandt/Weidlich[79] Rn 2; Lange/Kuchinke[5] § 40 IV 6 f; Muscheler ErbR 2009, 38, 50; grundsätzlich auch F Leonhard Anm IV und Damrau/Schmalenbach[4] Rn 14; **aA** Kipp[8] § 68 I 2 b). 110

Lehmann (Staudinger[11] Rn 27) stimmte dem für den Fall zu, dass mehrere Erben einander gegenüberstehen. 111

112 Man wird aber die Ausübung eines Zurückbehaltungsrechtes wegen des **Vermächtnis-** oder **Pflichtteilsanspruches** wenigstens dann **zulassen** müssen, wenn dadurch offensichtlich eine wirtschaftlich sinnvolle Nachlassabwicklung nicht gefährdet wird (wie hier MünchKomm/Helms[8] Rn 27; NK-BGB/Fleindl[5] Rn 22; jurisPK/Ehm[8] § 2018 Rn 33; Bamberger/Roth/Müller-Christmann[4] Rn 21; Damrau/Schmalenbach[4] Rn 14; Burandt/Rojahn/Gierl[3] § 2018 Rn 26; iE auch Maurer 90 f [dann dolo-petit-Einwand]; mit Einschränkungen auch AK-BGB/Wendt Rn 74, 75; Soergel/Dieckmann Rn 13; weitergehend Dütz NJW 1967, 1105, 1111).

113 Von einem Vermächtnisnehmer kann mit Hilfe des Erbschaftsanspruchs ferner schon deshalb nicht Herausgabe des vermachten Gegenstandes verlangt werden, weil das Vermächtnis ein **obligatorisches** Recht zum Besitz und damit einen Singulareinwand begründet (Harder JuS 1991, 216, 220; in der Konstruktion anders BGB-RGRK/Kregel § 2022 Rn 7: dolo-petit-Einwand; F Leonhard Anm IV; gänzlich ablehnend AK-BGB/Wendt Rn 73).

114 Hat der vermeintliche Erbe die Mietwohnung des Erblassers in Besitz genommen, kann er dem wirklichen Erben gegenüber die Herausgabe jedenfalls dann verweigern, wenn er nach §§ **563, 563a BGB** in den Mietvertrag eingetreten ist. Der Erbschaftsbesitzer macht insoweit aber kein Recht zum Besitz gegenüber dem Erbschaftsanspruch geltend, sondern beruft sich darauf, dass der Besitz gar nicht in den Nachlass gefallen ist (s Staudinger/Gutzeit [2018] § 857 Rn 27) und deshalb nicht vom Erbschaftsanspruch erfasst wird (NK-BGB/Fleindl[5] Rn 21).

115 Problematisch ist, ob der Anspruchsgegner sich gegenüber dem Erbschaftsanspruch auch mit einem Recht zum Besitz verteidigen kann, das ihm **nicht gegenüber** dem **Erben** selbst, sondern gegenüber dem von diesem verschiedenen Eigentümer zusteht (Beispiel: Der Anspruchsgegner hat die im Nachlass vorgefundene, aber nur besitzmäßig zum Nachlass gehörende Sache nach Aufklärung über die Eigentumslage vom Eigentümer gemietet). Das ist als eine unzulässige *exceptio de iure tertii* zu behandeln (so wohl auch Damrau/Schmalenbach[4] Rn 15); der Einwand ist für alle Fallgestaltungen zurückzuweisen:

116 Das gilt zum einen in den Fällen, in denen dem klagenden Erben seinerseits ein (obligatorisches) Recht zum Besitz gegenüber dem Eigentümer der Sache zusteht (zB: Der Erblasser hatte die Sache gemietet; der Mietvertrag läuft noch). Hier hat der Erbe ein schützenswertes Interesse daran, die Sache vom Erbschaftsbesitzer zurückzuerhalten, um sein zum Nachlass gehörendes vertragliches Nutzungsrecht ausüben zu können.

117 Das gilt zum anderen aber auch dort, wo es an einem eigenen Besitzrecht des Erben fehlt. Es muss die Überlegung der Motive (V 581 = Mugdan V 311) den Ausschlag geben, dass auch dann der Erbe ein schützenswertes rechtliches Interesse an der Wiedererlangung der Sache hat, die er zumindest zur Erfüllung seiner eigenen erbschaftlichen Verpflichtung gegenüber dem Eigentümer benötigt und die ihm darüber hinaus möglicherweise auch die Ausübung eines Zurückbehaltungsrechtes wegen etwaiger Gegenforderungen gegen den Eigentümer ermöglicht.

V. Verjährung

Wegen der **Einrede der Verjährung** des Erbschaftsanspruchs s ausführlich § 2026 Rn 2 ff. 118

VI. Beweislast

1. Erhebt der **Erbe** die Klage, so muss er dartun: 119

a) sein **Erbrecht**, dh den Tod des Erblassers und den Berufungsgrund, auf den er sich stützt.

aa) Gesetzliches Erbrecht

Stützt er sich auf ein gesetzliches Erbrecht, so muss er entweder seine verwandtschaftliche Beziehung zum Erblasser darlegen und beweisen. Soweit seine Verwandtschaft durch andere Personen vermittelt wird, hat er auch deren Vorversterben oder sonstigen Wegfall als Erbe zu beweisen; so muss der Enkel beweisen, dass sein Vater weggefallen ist (Baumgärtel/Schmitz[4] Vor §§ 1924 ff Rn 4; BGB-RGRK/Kregel Rn 12; Kipp[8] § 66 III 1; MünchKomm/Helms[8] Rn 34; NK-BGB/Fleindl[5] Rn 24; Maurer 92). 120

Oder der Erbe muss seine **Ehe** mit dem Erblasser dartun, und zwar durch Vorlage der Heiratsurkunde gem §§ 9, 61a Nr 3 PStG aF bzw Eheurkunde nach § 57 PStG nF (Schmitz ErbR 2017, 12). 121

Dagegen braucht der Kläger nicht zu beweisen, dass keine näheren oder gleichnahen Verwandten vorhanden sind; so der Sohn nicht, dass er keinen Bruder hat (Baumgärtel/Schmitz[4] Vorbem 4 zu §§ 1924 ff; NK-BGB/Fleindl[5] Rn 24; Planck/Flad § 2018 Anm 5a; AK-BGB/Wendt Rn 80; Binder III 429 f; vLübtow II 1068; Kipp[8] § 66 III 1; Maurer 92; Schmitz ErbR 2017, 11; **aA** F Leonhard Anm V B 1 a; Hellwig, System des deutschen Zivilprozeßrechts I 484). Der Bruder, der als Erbe seiner verstorbenen Schwester auftritt, muss zwar beweisen, dass die Eltern weggefallen sind, nicht aber, dass keine anderen Geschwister vorhanden sind. Es ist Sache des Beklagten, darzutun, dass derartige nähere oder gleichnahe Verwandte vorhanden gewesen sind. Erst dann ist der Kläger genötigt, ihren Wegfall darzutun (so zutreffend Kipp[8] § 66 III 1). 122

Als **Ehegatte** braucht der Kläger nicht zu beweisen, dass keine Gründe vorhanden sind, die sein Erbrecht ausschließen, wie Nichtigkeit der Ehe oder die rechtmäßige Beantragung der Scheidung (§ 1933 BGB). Auch den Fortbestand der Ehe muss der Erbe nicht beweisen, denn für sie spricht die Vermutung ihrer Fortdauer (näher Baumgärtel/Schmitz[4] § 1006 Rn 8; Schmitz ErbR 2017, 12). 123

Erst recht braucht der Kläger nicht die Nichtexistenz einer ihn ausschließenden letztwilligen Verfügung darzutun (Baumgärtel/Schmitz[4] Vorbem 6 zu §§ 1924 ff; MünchKomm/Helms[8] § 2018 Rn 34; AK-BGB/Wendt Rn 81; vLübtow II 1069; Endemann § 152 II a 1; **aA** F Leonhard Anm IV B 1 b; OLG Hamm MDR 1967, 403). 124

Es ist vielmehr Sache des **Beklagten**, besondere Umstände, die das Erbrecht des Klägers ausschließen, darzutun, wie zB eine letztwillige Verfügung, die den Kläger ausschließt oder den Beklagten zum Erben beruft (OLG Celle OLGE 18, 350, 351), seine 125

Erbunwürdigkeit (vgl FRANK ZBlFG 1913, 332) oder genauer: die rechtskräftige Entscheidung, die den Kläger für erbunwürdig erklärt hat.

126 Tritt der **Fiskus** als gesetzlicher Erbe auf, so führt er den Nachweis durch Vorlage des Beschlusses des Nachlassgerichts, der sein Erbrecht feststellt (§ 1966 BGB). Doch ist auch die durch diesen Beschluss begründete Vermutung (§ 1964 Abs 2 BGB) widerlegbar, sodass der Fiskus uU gegenbeweislich die vom Beklagten vorgebrachten Tatsachen zu entkräften hat.

bb) Letztwillige Verfügung

127 Beruft sich der Kläger auf eine letztwillige Verfügung, so muss er die formgerechte Errichtung der Verfügung und ihren Inhalt beweisen.

128 Das gelingt wegen der Beweiskraft aus § 415 ZPO (Vollbeweis des zu beurkundenden Vorgangs) einfach mit **notariellen** Testamenten. Wenn der Beklagte etwa behauptet, der Erblasser habe die beurkundeten Willenserklärungen nicht abgegeben, muss der Beklagte die Falschbeurkundung beweisen, § 415 Abs 3 ZPO (SCHMITZ ErbR 2017, 12).

129 Schwieriger ist es für den Kläger, wenn er den Nachweis mit einem **eigenhändigen Testament** führen muss. Hier hilft nur § 416 ZPO. Der Kläger muss hier die Existenz der Urkunde, Echtheit von Hand- und Unterschrift, den Testierwillen sowie den Inhalt der Urkunde nachweisen (BAUMGÄRTEL/SCHMITZ[4] § 2247 Rn 1).

130 Gleichwohl muss der Kläger nicht notwendig die **Urkunde** vorlegen; deren **Zerstörung** oder **Verlust** steht also der Erhebung des Erbschaftsanspruchs nicht entgegen. Man denke daran, dass das Testament bei einem Brand vernichtet worden oder sonst abhandengekommen ist (vgl RG LZ 1920, 387 Nr 5). Die formgerechte Errichtung und der Inhalt der Verfügung können in derartigen Fällen durch Fotokopien oder Zeugenaussagen bewiesen werden (vgl ENDEMANN § 152 II b 2). Hat allerdings der Erblasser selbst die Testamentsurkunde vernichtet, wird nach § 2255 S 2 BGB die Widerrufsabsicht vermutet. Ist streitig, ob das fragliche Testament vom Erblasser selbst vernichtet worden ist oder ob es nur unauffindbar ist, so trägt der Beklagte an sich die Beweislast; für den von ihm zu führenden Beweis können jedoch schon Indizien ausreichen (vgl BAUMGÄRTEL/SCHMITZ[4] § 2255 Rn 3).

131 Den Mangel der **Testierfähigkeit** oder Willensmängel, die die Anfechtbarkeit des Testaments begründen, muss der Beklagte dartun (PLANCK/FLAD Anm 5a; **aM** F LEONHARD Anm V B 2 b, c). Wie KIPP[8] (§ 66 III 2) richtig betont, bedarf nicht die Abwesenheit, sondern die Existenz von Anfechtungsgründen des Beweises (vgl auch RGZ 76, 94).

132 An der Beweislastverteilung ändert sich (entgegen STAUDINGER/GURSKY[12] Rn 26) auch dann nichts, wenn der Kläger einen **Erbschein** vorlegen kann. Die Vermutung aus **§ 2365 BGB gilt** nämlich nach zutreffender hM **nicht** im Streit der **Erbprätendenten** (OLG Frankfurt 4. 6. 2018 – 16 U 118/17 Rn 72, juris; vgl – für die Auslegung von Testamenten – auch BGH NJW-RR 1987, 1090 [1091]; BGH NJW 1993, 2171; KG 2. 6. 2014 – 25 U 4/14 Rn 6, juris; BAUMGÄRTEL/SCHMITZ[4] § 2365 Rn 9–13 m w umfangr Nachw; STAUDINGER/HERZOG [2016] § 2365

Rn 48a ff mwNw; MünchKomm/Grziwotz[8] § 2365 Rn 23; MünchKomm/Helms[8] Rn 34; Palandt/Weidlich[79] Rn 12; BeckOGK/Lindner [1. 6. 2019] Rn 29; Lange/Kuchinke[5] § 39 VII 2 e; vLübtow II 1022; Ebenroth Rn 1060; **für die Heranziehung des § 2365 aber** Soergel/Dieckmann Rn 14; AK-BGB/Wendt Rn 78; NK-BGB/Fleindl[5] § 2018 Rn 25; Palandt/Weidlich[76] Rn 12; Maurer 94; offenlassend Bamberger/Roth/Müller-Christmann[4] Rn 27). Das ist schon deswegen richtig, weil der Erbschein nicht in Rechtskraft erwachsen, sondern jederzeit wegen Unrichtigkeit nach § 2361 BGB eingezogen werden kann (Schmitz ErbR 2017, 12) und damit kraftlos wird.

Nicht zu beweisen braucht der Kläger die erfolgte Annahme der Erbschaft, nicht nur weil sie, von seltenen Ausnahmefällen abgesehen, in der Erhebung der Klage liegt (so Strohal II § 94 Fn 18 b, c), sondern wegen des unmittelbaren Anfalls der Erbschaft mit dem Erbfall. 133

Misslingt dem Kläger der **Beweis** seines Erbrechts, so muss die Erbschaftsklage abgewiesen werden, auch wenn die Erbenstellung des Klägers immerhin möglich erscheint und eine Erbenstellung des Beklagten ausgeschlossen ist (Planck/Flad Anm 5a; BGB-RGRK/Kregel Rn 12; Bamberger/Roth/Müller-Christmann[4] § 2018 Rn 27; BeckOGK/Lindner [1. 6. 2019] Rn 31). Es ist also nicht abzuwägen, wer von beiden Teilen das relativ bessere Recht hat (Strohal II § 94 Fn 19). 134

b) Der Kläger muss weiterhin den **Erbschaftsbesitz** des **Beklagten** iS von § 2018 BGB dartun, also, dass dieser irgendwann etwas aus der Erbschaft aufgrund einer Erbrechtsanmaßung erlangt hat. Nachzuweisen sind also die objektive (oben Rn 13, 69 ff) und die subjektive (s oben Rn 14 ff) Voraussetzung des Erbschaftsbesitzes. 135

aa) „Etwas aus dem Nachlass erlangt"

Erforderlich ist zunächst einmal der Nachweis, dass der Beklagte überhaupt etwas „aus dem Nachlass" erlangt hat. Der Nachweis, dass der Beklagte irgendetwas aus dem Nachlass erlangt *hat,* genügt andererseits aber auch für die objektive Voraussetzung der Passivlegitimation des Erbschaftsanspruchs. Im Gegensatz zur regelmäßig mit dem Erbschaftsanspruch konkurrierenden Vindikation (§ 985 BGB) muss der Kläger nicht etwa darüber hinaus noch nachweisen, dass der Beklagte die von ihm erlangten Nachlasssachen gegenwärtig noch in seinem Besitz hat (Baumgärtel/Schmitz[4] Rn 6; Planck/Flad Anm 5b; MünchKomm/Helms[8] Rn 35; BeckOGK/Lindner [1. 6. 2019] Rn 33; F Leonhard Anm V D 1; Strohal II § 94 III 388; Lange/Kuchinke[5] § 40 II 3; teilweise abweichend Binder III 388 Fn 42 und III 431). Die an § 812 BGB angelehnte Formulierung „erlangt hat" statt der auf das Vorenthalten von Nachlassgegenständen abstellenden Fassung des § 2080 E I ist von der 2. Kommission gerade deshalb gewählt worden, um diese Beweislastverteilung zum Ausdruck zu bringen (s Prot V 702 f). 136

Kann der Beklagte den **Verlust** des erlangten Besitzes **nicht nachweisen**, muss er verurteilt werden, und der Kläger kann damit die „Detektivkompetenz" der **Zwangsvollstreckung** ausnutzen. Bleibt der Vollstreckungsversuch erfolglos, muss der Erbe notfalls erneut auf Wertersatz nach § 2021 BGB klagen (ebenso BeckOGK/Lindner [1. 6. 2019] Rn 33). Steht fest, dass der beklagte Erbschaftsbesitzer das Erlangte nicht (mehr) herausgeben kann, so muss er zum Ausschluss der Wertersatzhaftung aus §§ 2018, 2021, 818 Abs 2 BGB den Wegfall der Bereicherung nachweisen. 137

138 Bestreitet der Beklagte die **Zugehörigkeit** des erlangten Gegenstandes zum Nachlass, so muss der Kläger diese Zugehörigkeit beweisen (BGH 16. 6. 1987 – IVa ZR 256/85 [unveröffentlicht, zitiert nach SCHMIDT-KESSEL WM 1988, Sonderbeil Nr 8, S 5]; OLGR Oldenburg 1998, 208, 209 = FamRZ 1998, 1468 = WuB I C 2. –2. 99 m zust Anm SEEKER; BGB-RGRK/KREGEL Rn 12; SOERGEL/DIECKMANN Rn 14; BAUMGÄRTEL/SCHMITZ[4] Rn 7), wobei ihm uU das vom Beklagten aufgrund einer gleichzeitigen Auskunftsklage vorzulegende Verzeichnis (§ 260 BGB) zustatten kommen kann. Da es insoweit um das Erlangen „aus dem Nachlass" geht, muss der Zeitpunkt dieses Erlangens maßgeblich sein. Es reicht deshalb nicht der Beweis, dass der betreffende Gegenstand irgendwann einmal zum Vermögen des Erblassers gehört hat, sondern nachzuweisen ist auch, dass er bis zum Erbfall darin verblieben und damit in den Nachlass gefallen ist (**aA** LANGE/KUCHINKE § 40 IV 6 d [wegen der Rechtsfortdauervermutung reicht der Nachweis, dass der Erblasser überhaupt einmal das Eigentum oder bei beweglichen Sachen wenigstens den Besitz der Sache erlangt hat]; NK-BGB/FLEINDL[5] Rn 28).

139 Ferner muss der Kläger nachweisen, dass der Gegenstand auch noch im Augenblick des Erlangens durch den Beklagten zum Nachlass gehörte. Beruft sich der Beklagte darauf, dass ihm der Erblasser selbst noch die betreffende Sache übereignet und übergeben habe, so bestreitet er damit, dass die Sache jemals zum Nachlass gehört hat. Der Kläger muss dann beweisen, dass dieses Vorbringen zumindest teilweise unzutreffend ist, nämlich den Nachweis erbringen, dass der Beklagte zumindest den Besitz der Sache erst nach dem Erbfall erlangt haben kann. Das sieht ein großer Teil des Schrifttums allerdings anders (TIEDTKE Betrieb 1999, 2352, 2353; LANGE/KUCHINKE[5] § 40 IV 6 d m Fn 115; NK-BGB/FLEINDL[4] Rn 23; ebenso STAUDINGER/GURSKY [2010] Rn 46; anders aber und zutreffend OLGR Oldenburg 1998, 208, 209; BeckOGK/LINDNER [1. 6. 2019] Rn 35; im Ergebnis auch SCHMITZ ErbR 2017, 11 [13]). Es ist jedoch nicht daran vorbeizukommen, dass hier bei Zugrundelegung des Beklagtenvortrags schon eine positive und deshalb vom Erben zu beweisende Voraussetzung des Erbschaftsanspruchs, eben das Erlangen aus dem Nachlass, fehlt. Der Erbe muss ggf auf Einzelansprüche ausweichen, bei denen keine entsprechende Hürde besteht.

140 Im Rahmen der **konkurrierenden Singularansprüche** (etwa aus § 985 BGB oder § 1007 BGB) wird die Prozesssituation des Erben allerdings dadurch verschlechtert, dass er bei Mobilien die zugunsten des Beklagten aus seinem jetzigen Besitz abgeleitete **Eigentumsvermutung** (§ 1006 Abs 1 S 1 BGB) jedenfalls dann aushebeln muss, wenn der Beklagte gleichzeitigen Besitz- und Eigentumserwerb vor dem Erbfall behauptet. Dazu muss er die Eigentumsbehauptung des Beklagten nicht unbedingt widerlegen, sondern er hat noch zwei andere Strategien zur Verfügung. Er kann sich zum einen auch darauf beschränken, die Vermutungsbasis des § 1006 Abs 1 S 1 BGB zu zerstören, nämlich den Nachweis zu führen, dass Besitzerwerb und etwaiger Eigentumserwerb des Beklagten nicht gleichzeitig erfolgt sein können (TIEDTKE Betrieb 1999, 2352, 2353; vgl auch STAUDINGER/GURSKY [2013] § 1006 Rn 7; siehe auch STAUDINGER/THOLE [2019] § 1006 Rn 23 ff; MünchKomm/RAFF[8] § 1006 Rn 44). Schließlich könnte er sich auch damit begnügen, die Voraussetzungen des § 1006 Abs 1 S 2 BGB nachzuweisen. Die letztere Norm wird wegen § 857 BGB regelmäßig eingreifen, wenn der Beklagte nach dem Erbfall ohne Zustimmung des Erben (oder eines Miterben, OLG Braunschweig OLGE 26, 58) Besitz ergriffen hat. (Falls der Erblasser allerdings nur mittelbaren Besitz hatte und der Besitzmittler vor oder nach dem Erbfall die Sache freiwillig herausgegeben hat, scheidet der Weg über § 1006 Abs 1 S 2 BGB naturgemäß aus.)

141 Wenn es dem Erben **gelingt**, auf einem dieser Wege die zunächst zugunsten des Beklagten sprechende **Eigentumsvermutung auszuschalten**, kann der Erbe sich mit Blick auf die Einzelansprüche seinerseits auf die Eigentumsvermutung des § 1006 Abs 2 BGB berufen, wenn er früheren Besitz des Erblassers nachweist. § 985 BGB ist hier also uU günstiger als § 2018 BGB, da im letzteren Fall ja die Erbrechtsanmaßung nachgewiesen werden muss (Schmitz ErbR 2017, 11 [14]).

142 Es bleibt dem Beklagten gegenüber Einzelansprüchen aus §§ 985 BGB und § 1007 BGB ebenso wie gegenüber dem Erbschaftsanspruch sodann immer noch der Nachweis offen, dass er die fragliche Sache gleichwohl aufgrund eines besonderen Rechtstitels behalten darf, zB weil er die Sache seinerseits dem Erblasser geliehen hatte oder weil dieser sie ihm schenkweise in der Form des § 930 BGB übereignet hat. Wenn nun der Beklagte eine Schenkungsurkunde des Erblassers vorlegt und der klagende Erbe diese für gefälscht erklärt, müsste der Beklagte jedenfalls zum Ausschluss der Einzelansprüche auch die Echtheit der Unterschrift nachweisen (Tiedtke Betrieb 1999, 2352, 2353). Demgegenüber könnte der Erbe dann wieder den Nachweis führen, dass der Erblasser im Zeitpunkt der Unterschrift nicht geschäftsfähig war (Tiedtke Betrieb 1999, 2352, 2353). Im Hinblick auf den Erbschaftsanspruch steht der Beklagte auch insoweit besser. Die bloße Erbschaftsklage müsste bezüglich einer herausverlangten Sache schon dann abgewiesen werden, wenn sich der vom Beklagten behauptete Erwerb vom Erblasser weder beweisen noch ausschließen lässt. Bei einem solchen *non liquet* fehlt ja wieder der für die Begründetheit der Erbschaftsklage erforderliche Nachweis des Erlangens der Sache „aus der Erbschaft" (Tiedtke Betrieb 1999, 2352, 2353). Die allgemeine Kontinuitätsvermutung kann daran nichts ändern; die Beweislastverteilung des § 2018 BGB ist die speziellere und damit vorrangige Regelung.

143 Im Ergebnis ganz ähnlich ist die Situation, wenn der Erbe vom Erbschaftsbesitzer ua Wertersatz für oder Surrogate von Forderungen verlangt, über die der Erbschaftsbesitzer nach dem Erbfall verfügt hat, die er aber vom Erblasser zuvor schenkweise übertragen bekommen haben will. Hier trägt der Erbe im Rahmen der Erbschaftsklage wiederum die Beweislast für die Nachlasszugehörigkeit der Verfügungsobjekte (also das Nichterfolgtsein der behaupteten Zession durch den Erblasser); sie wird ihm durch die allgemeine Kontinuitätsvermutung (Rechtsfortdauervermutung) nicht abgenommen (OLG Oldenburg WM 1998, 2239, 2240; **aA** Tiedtke Betrieb 1999, 2352, 2353).

bb) Erbrechtsanmaßung

144 Der Erbe muss weiterhin darlegen und gegebenenfalls beweisen, dass die Erlangung des Besitzes einer Sache oder eines sonstigen Vorteils aus dem Nachlass durch den Anspruchsgegner im Zusammenhang mit einer expliziten oder konkludenten Berufung des letzteren auf seine angebliche Erben- oder Miterbenstellung erfolgt ist. S dazu oben Rn 14 ff.

145 Der Nachweis der **Erbrechtsanmaßung** kann nicht nur durch das Dartun einer wörtlichen Anmaßung des Beklagten erbracht werden, sondern auch aus den dargelegten Umständen der Besitzerlangung geführt werden (s oben Rn 23; ferner Leonhard, Beweis-

last[2] 414). Wenn keine wörtliche Erbrechtsanmaßung erfolgt oder nachweisbar ist, muss der Erbe die Umstände dartun, aus denen sich zwingend auf einen entsprechenden Kundgabewillen schließen lässt.

146 In zweifelhaften Fällen empfiehlt es sich, auch die tatsächlichen Voraussetzungen der konkurrierenden Singularansprüche darzulegen, soweit für alle Ansprüche dasselbe Gericht zuständig ist, der Beklagte also die Entscheidung auch über die Einzelansprüche nicht durch Zuständigkeitsrüge, vgl § 39 ZPO, verhindern kann (Schmitz ErbR 2017, 11 [14]).

147 Auch später kann der Kläger noch, wenn er die Erbschaftsanmaßung nicht zu beweisen vermag, zum Einzelanspruch übergehen. Darin liegt keine Klageänderung, sondern nur ein (s aber Maurer 96) zulässiger Begründungswechsel (so mit Recht Soergel/Dieckmann Rn 14; MünchKomm/Helms[8] Rn 35; Erman/Horn[15] Rn 13; AK-BGB/Wendt Rn 89; NK-BGB/Fleindl[5] Rn 27; **aM** Staudinger/Lehmann[11] Rn 29; Planck/Flad Anm 5b).

148 **2.** Erhebt ein **Nachlassverwalter, Nachlassinsolvenzverwalter** oder verwaltender **Testamentsvollstrecker** die Klage, so tun sie ihre Klageberechtigung dar durch den Nachweis ihrer Bestellung als Verwalter des Nachlasses des wahren Erben und den Nachweis, dass der Beklagte jedenfalls nicht der Erbe ist (Planck/Flad Anm 5a).

§ 2019
Unmittelbare Ersetzung

(1) Als aus der Erbschaft erlangt gilt auch, was der Erbschaftsbesitzer durch Rechtsgeschäft mit Mitteln der Erbschaft erwirbt.

(2) Die Zugehörigkeit einer in solcher Weise erworbenen Forderung zur Erbschaft hat der Schuldner erst dann gegen sich gelten zu lassen, wenn er von der Zugehörigkeit Kenntnis erlangt; die Vorschriften der §§ 406 bis 408 finden entsprechende Anwendung.

Materialien: E I § 2081 Nr 3; II § 1893; III § 1994; Mot V 583 f; Prot V 710 f, 719; VI 168 f, 316, 324 f; Denkschr 727; Jakobs/Schubert ER I 671–694, 707–724.

Schrifttum

R Beyer, Die Surrogation bei Vermögen nach BGB (1905)
R Böhm, Surrogation trotz Unwirksamkeit einer Verfügung (Diss Hamburg 1973)
Buhrow, Die Surrogation im bürgerlichen Recht (Diss Halle/Wittenberg 1923)
Butsch, Fällt der rechtsunwirksame Erwerb des Erbschaftsbesitzers unter § 2019 BGB (Diss Königsberg 1922)
Devetzis, Die dingliche Surrogation als Rechtsprinzip (Göttingen 2018) insb S 121 ff
Feist, Das Prinzip der dinglichen Surrogation im Familien- und Erbrecht (Diss Tübingen 1903)

KOCH, Die Surrogation beim Erbschaftsanspruch (Diss Leipzig 1910)
KOHLER, Das Vermögen als sachenrechtliche Einheit, ArchBürgR 22, 1
LENT, Die Gesetzeskonkurrenz im bürgerlichen Recht und Zivilprozeß I (1912) 242 ff: Erbschafts- und Singularansprüche
LÖHNIG, Probleme der dinglichen Surrogation am Beispiel der §§ 1370, 2019 BGB, JA 2003, 990
MARTINEK, Der Kommanditanteil als Nachlasssurrogat – ein neuer Konflikt zwischen Erb- und Gesellschaftsrecht?, ZGR 1991, 74
MENKEN, Die dingliche Surrogation bei den Sondervermögen des Familien- und Erbrechts (Diss Münster 1991)
NÜSSGENS, Der Rückerwerb des Nichtberechtigten (1939) 70 ff: Der Rückerwerb des Erbschaftsbesitzers
RAASCH, Das Surrogationsprinzip bei der Erbschaftsklage (Diss Greifswald 1902)
RUSSMANN, Erwerb mit Mitteln der Erbschaft (Tübingen 2017)
SIEGMANN, Erbrechtliche Surrogation und Kommanditanteil, INF 2000, 113
STIEBITZ, Die Surrogation im Erbrecht (Diss Erlangen-Nürnberg 2006)
STOEVESANDT, Der Rückerwerb des Nichtberechtigten (1936) 57 ff: Der Rückerwerb aufgrund des § 2019 BGB
STRAUCH, Mehrheitlicher Rechtsersatz (1972)
WALLER, Surrogation, eine Studie (Diss Bonn 1904)
WINDMÜLLER, Die Bedeutung und Anwendungsfälle des Satzes: pretium succedit in locum rei, res in locum pretii (Diss Leipzig 1902)
M WOLF, Prinzipien und Anwendungsbereich der dinglichen Surrogation, JuS 1975, 643 ff, 710 ff; 1976, 32 ff, 104 ff.

Systematische Übersicht

Alphabetische Übersicht

I. Allgemeines, Gesetzgebungsgeschichte

1 § 2019 BGB erweitert den Kreis der Vorteile, die im Sinne des § 2018 BGB als aus der Erbschaft erlangt gelten. Er erstreckt die Herausgabepflicht auch auf den mit Mitteln der Erbschaft gemachten rechtsgeschäftlichen Erwerb, und zwar mit unmittelbarer dinglicher Wirkung.

2 Ein solcher Erwerb wird als ein dem Erben gehöriger, unmittelbar seinem Herausgabeanspruch unterliegender Nachlassgegenstand anerkannt. Darin liegt eine Ausdehnung des im römischen Recht nur in wenigen Sonderfällen bekannten Erwerbs kraft Surrogation (vgl dazu Kaser/Knütel/Lohsse[21] § 24 Rn 13a mwNw und § 75 Rn 8).

3 Die dingliche Surrogation (= Surrogation mit Subjektswechsel) wurde erst von der **zweiten Kommission** eingeführt. Man hielt die dingliche Wirkung für notwendig, weil sie allein den Erben im Konkurs des Erbschaftsbesitzers sichere und weil sie verhindere, dass der Erbschaftsanspruch sich in eine Anzahl persönlicher Ansprüche auflöse. Sie sei andererseits für den Rechtsverkehr auch unschädlich, weil dritte Personen, die vom Erbschaftsbesitzer Gegenstände erwerben, die durch die Surrogation der Erbschaft zugefallen seien, durch die Vorschriften über den gutgläubigen Erwerb geschützt seien (s Prot V 713 f; VI 324 f; ausf zur Redaktionsgeschichte Russmann 41 ff).

4 Diese Überlegungen überzeugen nach wie vor. Die dingliche Ersetzung sichert dem Erben die Möglichkeit, sich gegen den Vollstreckungszugriff Dritter auf die Surro-

gate mit der Drittwiderspruchsklage (§ 771 ZPO) zu wehren und verschafft ihm im Fall der Eröffnung des Insolvenzverfahrens über das Vermögen des Erbschaftsbesitzers die Möglichkeit der Aussonderung (§ 47 InsO). Ein weiterer objektiver, von den Gesetzesverfassern nicht gesehener **Zweck** der Surrogation liegt in der Erhaltung des Nachlasses als Haftungsmasse für die Nachlassgläubiger; denn die dingliche Surrogation schließt die Gläubiger des Erbschaftsbesitzers von einer Vollstreckung in die Surrogate aus (M Wolf JuS 1974, 711; Ebenroth Rn 1017; NK-BGB/Fleindl[5] Rn 3; PWW/Zimmer[14] Rn 3; **aA** Russmann 79 ff: Die Interessen der Nachlassgläubiger seien erst berührt, wenn die Erbenhaftung beschränkt und der Nachlass überschuldet sei).

Der **Ausdruck** „dingliche Surrogation“ hat sich als Fachbegriff bewährt. Da von der Regelung des § 2019 BGB aber auch obligatorische Rechtspositionen erfasst werden, hat der Gesetzgeber ihn bei der Einführung amtlicher Überschriften vermieden und zur Kennzeichnung des Inhalts des § 2019 BGB die blassere Formulierung „unmittelbare Ersetzung“ gewählt. 5

§ 2019 BGB stellt **keine** selbstständige **Anspruchsgrundlage** dar, sondern regelt einen Erwerbsmodus. Die Norm erweitert im Ergebnis freilich den Umfang der Herausgabepflicht des Erbschaftsbesitzers (Lent I 245; Weinkauf 88; K W Lange[2] § 43 Rn 38; ganz hM; **aA** Binder, ErbR[2] 95; Bernhöft, in: FG E J Bekker [1907] 239, 249, auch Kipp, ErbR[7] § 68 Fn 4 im Widerspruch zu seinen Ausführungen im Text). 6

II. Bedeutung und Funktion der Surrogation

Wenn man nur den Wortlaut des § 2019 Abs 1 BGB betrachtet, könnte man den Eindruck bekommen, hier werde dem Erbschaftsbesitzer nur eine obligatorische Übereignungs- oder Rechtsverschaffungspflicht auferlegt. Denn hier wird lediglich mittels einer in die Form einer Fiktion gekleideten Verweisung auf § 2018 BGB angeordnet, dass der Erbschaftsbesitzer das Surrogat an den Erben herauszugeben hat. 7

Aus § 2019 Abs 2 BGB kann man aber schließen, dass eine Forderung, die der Erbschaftsbesitzer mit Mitteln des Nachlasses erworben hat, automatisch zur Erbschaft gehört, und zwar nicht nur im Verhältnis zwischen Erbe und Erbschaftsbesitzer, sondern auch im Verhältnis des Erben zu dem Nachlassschuldner. § 2019 Abs 2 BGB will insoweit gar keine Sonderregelung für Forderungen schaffen – diese liegt nur in der entsprechenden Anwendung der Schuldnerschutzvorschriften –, sondern geht offenbar einfach davon aus, dass sich die Zugehörigkeit der Forderung zum Nachlass bereits aus § 2019 Abs 1 BGB ergibt. 8

Aus den Gesetzesmaterialien geht im Übrigen eindeutig hervor, dass die Verfasser des BGB mit § 2019 BGB eine unmittelbare (**dingliche**) Ersetzung einführen wollten (s Prot V 712 ff). In diesem Sinne wird die Vorschrift deshalb seit jeher von der ganz hM verstanden (Burandt/Rojahn/Gierl[3] Rn 1; MünchKomm/Helms[8] Rn 1; Erman/Horn[15] Rn 1a; jurisPK/Ehm[8] Rn 1 f; NK-BGB/Fleindl[5] Rn 2; Palandt/Weidlich[79] Rn 1; BeckOGK/Lindner [1. 6. 2019] Rn 2; vLübtow II 1054 Fn 3 mwNw; Weinkauf 22 mwNw in Fn 3; Beyer 142 f; Maurer 98 f, 101 m umfangr Nachw in Fn 699; Russmann 44 ff; **abw** Binder, ErbR 95 [dazu Maurer 107]). 9

10 Die Bedeutung der dinglichen Wirkung der Surrogation liegt darin, dass der vom Erbschaftsbesitzer mit Mitteln der Erbschaft gemachte rechtsgeschäftliche Erwerb **unmittelbar** als **Bestandteil der Erbschaft** anzusehen ist, also dem wahren Erben so zusteht, wie wenn dieser ihn durch einen unmittelbaren Stellvertreter gemacht hätte. Das vom Erbschaftsbesitzer erworbene Recht (Eigentum, Forderungsrecht, Pfandrecht usw) fällt mithin nicht zuerst dem Erbschaftsbesitzer zu, um unmittelbar danach auf den wahren Erben überzugehen, sondern entsteht sofort in der Person des Erben (**hM**, vLübtow II 1053 f; vTuhr II 1, 39; MünchKomm/Helms[8] Rn 14; AK-BGB/Wendt Rn 2; **abw** F Leonhard Anm III 2 und Bellermann 8 [Durchgangserwerb des Erbschaftsbesitzers]; Binder, ErbR[2] 30, 95 [nur schuldrechtliche Übertragungspflicht des Erbschaftsbesitzers]).

11 **Auf** den **Willen** des Erbschaftsbesitzers, des Erben oder des Dritten **kommt es nicht an**. Dementsprechend entsteht mit der Übereignung eines vom Erbschaftsbesitzer gekauften und aus Nachlassmitteln bezahlten Grundstücks an diesen sofort das Eigentum des Erben und somit sofort für den Erben der Berichtigungsanspruch, § 894 BGB, und die Möglichkeit, die Grundbuchberichtigung auf dem Wege des § 22 GBO herbeizuführen.

12 Ein Schutz des Erben gegen surrogationsvereitelnde **„Zwischenverfügungen"** des Erbschaftsbesitzers analog § 161 Abs 2, 3 BGB (dafür Soergel/Dieckmann Rn 1) erscheint kaum möglich.

13 Es ist nicht klar, wie in diesem Zusammenhang das Verhältnis von Erben und Erbschaftsbesitzer zu qualifizieren ist. Gursky (Bearb 2016 Rn 4) ging implizit von einem bereicherungsrechtlichen Modell aus: Die dem Erbschaftsbesitzer verbleibende Bereicherung werde bei § 2019 BGB „real, nämlich über den Anspruch auf Herausgabe des Surrogates, abgeschöpft". Damit begründete Gursky die in Rn 18 und 83 ff auch hier vertretene hM, der zufolge § 2021 BGB keine Anwendung findet, wenn der Wert des Surrogats hinter dem Hergegebenen zurückbleibt. Die Herausgabepflicht aus §§ 2018, 2019 BGB kann aber nicht bereicherungsrechtlich verstanden werden (zutr Russmann 82); wegen der *dinglichen* Surrogation geht es doch schlicht um eine dingliche Zuordnung des Ersatzgegenstands (ob Sache oder Recht). Und eine dingliche Einordnung schließt eine bereicherungsrechtliche (weil schuldrechtliche) aus. Dem kann man auch nicht entgegenhalten, dass das deutsche Bereicherungsrecht eine „quasi-dingliche Privilegierung des Berechtigten im Fall der Veräußerung seines Guts durch einen Nichtberechtigten" kenne (so Russmann 89 ff [96]). „Quasi-dinglich" ist eben nicht dinglich (und hilft als Kategorie ohnehin nicht weiter).

14 Russmann (ausf S 62 ff) hat demgegenüber ein Treuhandmodell vorgeschlagen. Das leuchtet zumindest für den gutgläubigen Erbschaftsbesitzer aber ebenso wenig ein, weil dieser von seiner Treuhänderstellung nichts weiß. Russmann (S 71 ff) muss daher auf eine „Zwangstreuhand" ausweichen. Das wirkt aber konstruiert. Er gibt außerdem selbst zu (S 73), dass der Erbschaftsbesitzer „kein Treuhänder im technischen Sinne" sei.

III. Mehrfache Surrogation; Teilsurrogation; Wertabweichungen

15 Die Surrogation kann sich bei Weiterveräußerung des rechtsgeschäftlich erworbenen Gegenstandes wiederholen (**Kettensurrogation**). So beispielsweise, wenn der Erbschaftsbesitzer ein Erbschaftsgrundstück verkauft und den Erlös in einer Hypothek anlegt (BGB-RGRK/Kregel Rn 1). Erstes Surrogat ist hier die Kaufpreisforderung, zweites der gezahlte Kaufpreis, drittes der Anspruch auf die Verschaffung der hypothekarisch gesicherten Darlehensforderung, viertes Darlehensforderung plus Hypothek.

Wird der Erwerb zT mit Mitteln der Erbschaft, zT mit eigenen Mitteln des Erbschaftsbesitzers gemacht, tritt Miteigentum ein (s Rn 40 f). **16**

Die dingliche Surrogation greift auch dann ein, wenn der Wert des Surrogates von dem des verlorenen Nachlassgegenstandes (nach oben oder unten) deutlich abweicht (O Werner JuS 1973, 436; MünchKomm/Helms[8] Rn 2; Soergel/Dieckmann Rn 2; Lange/Kuchinke[5] § 41 III 1; Maurer 148; Olzen JuS 1989, 374, 377; Konz JuS 2007, 542 548). **17**

Bei **geringerem Wert** des Surrogats kann wegen der Wertdifferenz nicht auf § 2021 BGB zurückgegriffen werden (Maurer 148; ebenso BeckOGK/Lindner [1. 6. 2019] Rn 17 und § 2021 Rn 2; Russmann 66; **aA** AK-BGB/Wendt § 2021 Rn 2; MünchKomm/Helms[8] § 2019 Rn 2; Soergel/Dieckmann § 2021 Rn 2; Burandt/Rojahn/Gierl[3] § 2021 Rn 3; s auch Rn 83 ff). § 2019 BGB fingiert die Identität des ursprünglich Erlangten mit dem Surrogat (**aA** Stiebitz 128); der Erbschaftsbesitzer ist deshalb weiterhin zur Herausgabe imstande. Russmann (S 66) spricht hier zutreffend davon, dass die Surrogation bei einer Veräußerung von Erbschaftsgegenständen Gewinne und Verluste auf die Erbschaft überleite. **18**

IV. Anwendungsgrenzen

Kein Raum ist für das Eingreifen des Surrogationsgrundsatzes dann, wenn das, was der Erbschaftsbesitzer mit Mitteln der Erbschaft erlangt, **restlos in seinem Eigenvermögen aufgeht** (OLG Düsseldorf FamRZ 1992, 600, 601; Planck/Flad Anm 2; NK-BGB/Fleindl[5] Rn 6; Erman/Horn[15] Rn 3; MünchKomm/Helms[8] Rn 6; Jauernig/Stürner[17] Rn 2; jurisPK/Ehm[8] Rn 5; BeckOGK/Lindner [1. 6. 2019] Rn 10), so wenn er sich durch Zahlung einer eigenen Schuld mit Erbschaftsmitteln befreit oder nach § 2367 BGB wirksam mit einer Erbschaftsforderung gegen eine eigene Schuld aufrechnet. In solchen Fällen entsteht lediglich eine Ersatzforderung des Erben gegen den Erbschaftsbesitzer nach Bereicherungsrecht, § 2021 BGB. **19**

Das gilt auch dann, wenn der Erbschaftsbesitzer mit Nachlassmitteln den Werklohn für die **Errichtung eines Gebäudes** auf einem ihm gehörenden Grundstück bezahlt. Die Surrogation scheitert hier daran, dass das Gebäude ein nicht sonderrechtsfähiger Bestandteil des Grundstücks wird. **20**

Der **BGH** hat allerdings zur nahe verwandten Surrogationsklausel des **§ 2111 BGB** einmal gegenteilig entschieden: Wenn der Vorerbe mit eigenen Mitteln ein Grundstück erwerbe, dieses aber mit Nachlassmitteln bebaue, so falle eine ideelle Miteigentumsquote des Grundstücks in den Nachlass (BGH NJW 1977, 1631 f). Diese Konstruktion ist aber mit dem inneren System des Sachenrechts unvereinbar und deshalb abzulehnen (Staudinger/Avenarius [2019] § 2111 Rn 32 f; MünchKomm/Lieder[8] § 2111 Rn 19; M Wolf JuS 1981, 14 ff; Peters NJW 1977, 2075; Maurer 128 ff; Krebber FamRZ 2000, 197, 201 f; Russmann 328 ff; zust aber Palandt/Weidlich[79] § 2111 Rn 6; für § 2019 auch NK-BGB/Fleindl[5] Rn 14). **21**

22 *Ausgeschlossen* ist die Surrogation ferner, wenn es sich um **höchstpersönliche Rechte** handelt (Olzen JuS 1989, 374, 377; Martinek ZGR 1991, 74, 88 f; Lange/Kuchinke[5] § 41 III 2 d; Olzen/Looschelders[5] Rn 856; Maurer 112 ff; MünchKomm/Helms[8] § 2019 Rn 6; Erman/Horn[15] § 2019 Rn 3; Bamberger/Roth/Müller-Christmann[4] Rn 5; zweifelnd Soergel/Dieckmann Rn 7; PWW/Zimmer[14] Rn 2; Wendt, in: 3. FS vLübtow 229, 236 Fn 62), wie zB Nießbrauch, beschränkte persönliche Dienstbarkeit, oder um Rechte, die Bestandteil eines dem Erbschaftsbesitzer gehörigen Grundstücks sind, § 96 BGB (Planck/Flad Anm 2; Kretzschmar § 70 Fn 6; NK-BGB/Fleindl[5] Rn 17; Erman/Horn[15] § 2019 Rn 3; Palandt/Weidlich[79] Rn 1; Maurer 115 f). Dann tritt an die Stelle des Anspruchs auf Herausgabe in Natur der Anspruch auf wertmäßige Herausgabe der Bereicherung, §§ 2021, 818 Abs 2, 3 BGB (Kretzschmar § 70 Fn 6). Verfehlt wäre auch die Annahme, im Falle des mit Nachlassmitteln erworbenen Nießbrauchs ginge nach § 2019 Abs 1 BGB wenigstens das (übertragbare) Ausübungsrecht auf den Erben über (Maurer 116). Entsprechendes gilt richtigerweise für nach § **399** 1. oder 2. Alt unübertragbare Forderungen.

23 AA ist aber der BGH (BGHZ 109, 214, 217 f) in einer Entscheidung zur Anwendung von § 2111 BGB auf einen **Kommanditanteil** (näher hierzu auch Rn 51 ff). Nach dieser Entscheidung dürfen auch unübertragbare Rechtspositionen von der dinglichen Surrogation nicht ausgeschlossen werden, weil andernfalls der Erbschaftsbesitzer dem Erben Nachlassmittel durch deren Umtausch in unübertragbare Rechtspositionen willkürlich entziehen könnte. Das ist wohl eine systemwidrige Lösung. Dass die Erstreckung des Surrogationsprinzips des § 2019 BGB auf unübertragbare Rechtspositionen etwa erforderlich wäre, um einem andernfalls drohenden „Rechtsnotstand“ vorzubeugen, leuchtet nicht recht ein. Dem BGH sind weite Teile der Literatur gleichwohl gefolgt (Jauernig/Stürner[17] Rn 2; Staudinger/Avenarius [2019] § 2111 Rn 31; MünchKomm/Lieder[8] § 2111 Rn 35; wohl auch Bamberger/Roth/Müller-Christmann[4] Rn 5; unklar Palandt/Weidlich[79] Rn 1).

24 Für die Entscheidung des BGH spricht, dass es bei der dinglichen Surrogation nach § 2019 BGB um einen unmittelbaren Erwerb geht (Rn 10): Das Surrogat wird der Erbschaft zugeordnet, ohne dass es auf einen Zwischenerwerb ankäme. Der Surrogationserwerb gleicht einem Erwerb durch einen Vertreter. Eine Übertragung findet folglich gar nicht statt (zutr Russmann 288). Trotzdem überzeugt die Entscheidung nicht: Wenn ein Abtretungsverbot besteht oder die Identität der Forderung durch die Abtretung infrage stünde (§ 399 Fälle 1 und 2 BGB), kommt es der anderen Vertragspartei ganz entscheidend auf ihren Vertragspartner an (vgl etwa Staudinger/Busche [2017] § 399 Rn 22 und MünchKomm/Roth/Kieninger[8] § 399 Rn 2). Das gilt auch für die unmittelbare Ersetzung nach § 2019 BGB – mag es auch konstruktiv nicht zu einer Forderungsübertragung kommen, sondern unmittelbar zu einer Forderungsbegründung zugunsten des wahren Erben.

25 Der Entscheidung des BGH im konkreten Fall ist auch aus anderen Gründen nicht zuzustimmen. Bringt der Erbschaftsbesitzer einen Erbschaftsgegenstand als seine Einlage in eine Kommanditgesellschaft ein, in der er **Kommanditist** wird, so scheitert die Anwendung des § 2019 Abs 1 BGB daran, dass diese gar nicht Surrogat des Erbschaftsgegenstandes ist (s Rn 51 ff).

26 Die Vertragsposition aus einem **Mietvertrag** ist auch dann kein Surrogat iSv § 2019

BGB, wenn der Erbschaftsbesitzer die Gelegenheit zum Abschluss des Mietvertrages durch die Zahlung eines Abstandes oder Baukostenzuschusses aus Nachlassmitteln erworben hat (Maurer 139 f; **aA** AK-BGB/Wendt Rn 39 ff).

§ 2019 BGB kommt ferner nicht zur Anwendung, wenn durch **Verbindung, Vermischung** oder **Vermengung** von Nachlasssachen mit Sachen des Erbschaftsbesitzers Miteigentum entsteht. Der an die Stelle des bisherigen Alleineigentums tretende Miteigentumsanteil des Erben am erweiterten Bestand fällt diesem schon nach allgemeinen Regeln zu. Der erlangte Miteigentumsanteil gehört aber automatisch zum Nachlass, sodass sich hier auch aus § 2018 BGB ein Anspruch auf Einräumung von Mitbesitz ergibt (ebenso BeckOGK/Lindner [1. 6. 2019] Rn 6). **27**

Verfügt der Erbschaftsbesitzer später über die durch Verbindung entstandene neue Sache oder den durch Vermengung oder Vermischung entstandenen Gesamtbestand, so liegt darin natürlich eine Verfügung auch über den zum Nachlass gehörenden Miteigentumsanteil des Erben; damit kommt nunmehr § 2019 BGB zur Anwendung (ebenso BeckOGK/Lindner [1. 6. 2019] Rn 6; s auch Rn 16). **28**

Dagegen wird man den Teilungsanspruch (§§ 749, 752 ff BGB) des Erben nicht als Erscheinungsform des Erbschaftsanspruchs deuten können (**aA** Maurer 128). Wenn die Verbindung, Vermischung oder Vermengung mit Sachen Dritter erfolgt, die sich ebenfalls im Besitz des Anspruchsgegners befinden, kann der zum Miteigentümer gewordene Erbe ebenfalls aus § 2018 BGB nur Einräumung von Mitbesitz verlangen. Unverbunden daneben steht sein Anspruch aus §§ 1011, 985 BGB auf Herausgabe der betreffenden Sachen an die Gesamtheit der Miteigentümer. **29**

Bei **Kreditgeschäften** des Erbschaftsbesitzers kann die Surrogation erst eintreten, wenn dieser nachträglich seine Verbindlichkeit mit Mitteln der Erbschaft erfüllt hat (Binder III 411 f). Hier ist also ein Durchgangserwerb des Erbschaftsbesitzers nicht zu vermeiden (**hM:** vTuhr I 74 Fn 26; Brox/Walker Rn 606; Olzen JuS 1989, 374, 377; ders Jura 2001, 223, 225; Olzen/Looschelders[5] Rn 855; Planck/Flad § 2019 Anm 3; jurisPK/Ehm[8] § 2019 Rn 12; MünchKomm/Helms[8] Rn 14; Bamberger/Roth/Müller-Christmann[4] § 2019 Rn 10; PWW/Zimmer[14] Rn 2; BeckOGK/Lindner [1. 6. 2019] Rn 15; FAKomm-ErbR/Finger[4] Rn 4; Damrau/Schmalenbach[4] Rn 16; Lange/Kuchinke[5] § 41 I 1 Fn 11; Maurer 102 ff; Muscheler ErbR 2009, 76, 78 Fn 8; **aA** Soergel/Dieckmann Rn 1; Palandt/Weidlich[79] Rn 1; Ebenroth Rn 1022; Jauernig/Stürner[17] § 2019 Rn 1; Hk-BGB/Hoeren[10] Rn 8 [alle ohne deutliche Konstruktion]; Löhnig JA 2003, 990, 993; ferner Menken 85; AK-BGB/Wendt Rn 5; Hellwig, Grenzen der Rückwirkung [1907] 10; Russmann S 171 ff, K W Lange[2] § 43 Rn 42 und Erman/Horn[15] § 2019 Rn 1 d: Rückwirkung der Surrogation auf dem Moment des Erwerbs). **30**

Wird die Erbschaftsklage vor der **Bewirkung** der Gegenleistung (aus Erbschaftsmitteln) erhoben, kann der Erbe lediglich den noch nicht geleisteten Erbschaftsgegenstand herausverlangen und die Vertragsabwicklung dem Erbschaftsbesitzer überlassen (so Josef Gruchot 62, 341, 350, 351, IV). **31**

V. Voraussetzungen der Surrogation

1. Erlangung eines Rechts

32 **Der Erwerb** des Erbschaftsbesitzers muss in der Erlangung eines Rechtes bestehen, denn dingliche Surrogation ist immer Rechtsübergang (so auch Maurer 111; Joachim Rn 495; **aM** Staudinger/Lehmann[11] Rn 5).

33 Eine Ausdehnung auf den **gutgläubigen Erwerb** oder den Erwerb kraft öffentlichen Glaubens ist daher abzulehnen (ebenso BeckOGK/Lindner [1. 6. 2019] Rn 3; **aA** – für Ausdehnung auf Scheinpositionen, die der Erbschaftsbesitzer vom Nichtberechtigten erworben hat: Lange/Kuchinke[5] § 41 III 2 b; Brox/Walker Rn 605; Wendt, in: 3. FS vLübtow 229, 235; PWW/Tschichoflos[8] Rn 4; für Ausdehnung auf bloße Buchpositionen auch MünchKomm/Helms[8] Rn 5; Bamberger/Roth/Müller-Christmann[4] Rn 4). Der unmittelbare Besitz des Anspruchsgegners bzw der auf den Anspruchsgegner lautende Grundbucheintrag sind Tatsachen, die die Rechtsordnung zwar zum Anlass für die Statuierung von Herausgabepflichten nehmen, nicht aber als solche mit automatischer Wirkung umgestalten kann. Würde die Herausgabepflicht aus § 2018 BGB auf Scheinpositionen ausgedehnt werden, hieße das, die Gegenleistung des Schuldners als zum Nachlass zugehörig zu betrachten. Gemeint kann vernünftigerweise nur sein, dass die Herausgabepflicht aus § 2018 BGB auf den als Teil der vereinbarten Gegenleistung für die wirksam weggegebenen Nachlassmittel erlangten Besitz oder Grundbucheintrag erstreckt werden soll. Das aber hat mit einer dinglichen Surrogation nichts zu tun, sondern wäre die ganz andersartige Lösung einer Erweiterung der Herausgabepflicht aus § 2018 BGB durch eine bloße Fiktion der Nachlasszugehörigkeit der Gegenleistung.

2. Erwerb mit Mitteln der Erbschaft

34 Der Erwerb muss **mit Mitteln** der Erbschaft gemacht sein (s auch Rn 58). Dieser Ausdruck ist nicht wirtschaftlich, sondern rechtlich zu verstehen (eingehend Russmann S 124 ff; **aA** RG Recht 1923 Nr 354; Staudinger/Lehmann[11] Rn 13; Göbel 14; Muscheler ErbR 2009, 76, 78); es geht insbesondere nicht an, dem Erben über § 2019 Abs 1 BGB das Eigentum an Surrogaten auch solcher Nachlassgegenstände zuzusprechen, die nur besitzmäßig zum Nachlass gehören (so auch Damrau/Schmalenbach[4] Rn 7 aE; BeckOGK/Lindner [1. 6. 2019] Rn 9 f; vgl im Übrigen auch unten Rn 48). Es müssen vielmehr zum Nachlass gehörende **Rechte** aufgeopfert worden sein (Beyer 126 f; Windmöller 44; Menken 77). Nicht berücksichtigt werden kann die anlässlich des Erwerbs eingesetzte Arbeitskraft des Erbschaftsbesitzers (wie hier BeckOGK/Lindner [1. 6. 2019] Rn 9; **aA** Maurer 128; AK-BGB/Wendt Rn 54 ff).

35 **a)** Stets muss der Erwerb durch **Aufopferung von Erbschaftsmitteln** gemacht sein.

36 Eine **solche** liegt noch **nicht** darin, dass etwas, das zum Nachlass gehört, rein **faktisch** (durch eine unwirksame Verfügung) **weggegeben** wird (so mit Recht MünchKomm/Helms[8] Rn 10 f; NK-BGB/Fleindl[5] Rn 11; BeckOGK/Lindner [1. 6. 2019] Rn 11; Crome § 715 Fn 17; Russmann S 124 ff; Beyer 133; Endemann § 154 III; Strohal II § 95 Fn 4; Binder III 411; Hellwig, Anspruch und Klagrecht 48; Strauch 90 Fn 13; Böhm 25 ff; Weinkauf 95 ff; **aA** BGB-RGRK/

Kregel Rn 2; Soergel/Dieckmann Rn 3; Medicus/Petersen BR[27] Rn 603b; AK-BGB/Wendt Rn 11; Wendt, in: 3. FS vLübtow 229, 232; Palandt/Weidlich[79] Rn 2; Erman/Horn[15] Rn 4; HK-BGB/Hoeren[10] Rn 6; Lüke/Kerver JuS 1994, 943, 946 f; Lüke/Göler JuS 1975, 381, 382; Joachim Rn 497; vLübtow II 1055 mwNw in Fn 10; Lange/Kuchinke[5] § 41 III 2 c; Olzen/Looschelders[5] Rn 860; K W Lange[2] § 43 Rn 41; Kipp/Coing § 107 II 1; Ebenroth Rn 1023; Bellermann 11 ff; Warneyer Anm 2; F Leonhard Anm II C 2; Kretzschmar § 70 7 Fn 11; Göbel 14; Kipp[8] § 68 II 1; offen gelassen von Bamberger/Roth/Müller-Christmann[4] Rn 8). Denn dann hat der Erwerber auf Kosten des Nachlasses eben nur den Besitz der Sache bzw eine unrichtige Grundbucheintragung erlangt, während der von ihm an den Erbschaftsbesitzer gezahlte Kaufpreis das Entgelt für die Verschaffung des Eigentums an der Nachlasssache sein sollte. Was dem Parteiwillen nach Entgelt für die Übertragung des Eigentums sein sollte, kann aber auch nur als Eigentumssurrogat (als Ersatz für *verlorenes* Eigentum) vom Surrogationsprinzip erfasst werden. Die Zubilligung eines Anspruchs aus §§ 2018, 2019 BGB auf Herausgabe des vom Erbschaftsbesitzer erlangten Tauschobjektes trotz Unwirksamkeit seiner eigenen Verfügung verschafft dem Erben offensichtlich zu viel.

H Lehmann (Staudinger[11] Rn 11) wollte dem dadurch vorbeugen, dass er den Erben für verpflichtet erklärte, die Verfügung Zug um Zug gegen die Auslieferung des Surrogats zu genehmigen (so auch Kipp/Coing § 107 II 1 Fn 4; Medicus/Petersen, BR[27] Rn 603 b; MünchKomm/Helms[8] Rn 11; Bellermann 15 ff; [wohl auch] Lüke/Göler JuS 1975, 381 f). Damit würde man sich aber dem Einwand aussetzen, dass bis zur Genehmigung die Voraussetzungen des § 2019 BGB gar nicht vorliegen (zutr Russmann S 124). Richtiger dürfte es sein, dass der Erbe die Verfügung über den Nachlassgegenstand zunächst einmal genehmigen muss, damit das *commodum ex negotiatione* als mit Mitteln des Nachlasses erworben bezeichnet werden kann. Den berechtigten Interessen des Erben kann man dadurch Rechnung tragen, dass man eine durch die Nichtdurchsetzbarkeit des Anspruchs auf das Surrogat auflösend bedingte Genehmigung genügen lässt (vgl Gursky, Fälle und Lösungen, BGB-Sachenrecht [12. Aufl 2008] Rn 205 m Fn 12 zu § 816; wie hier ferner NK-BGB/Fleindl[5] Rn 12; BeckOGK/Lindner [1. 6. 2019] Rn 11; eine Genehmigung unter der aufschiebenden Bedingung der Herausgabe des Surrogats halten dagegen für ausreichend BGB-RGRK/Kregel Rn 2; Soergel/Dieckmann Rn 3; Damrau/Schmalenbach[4] Rn 9; Palandt/Weidlich[79] Rn 2; Jauernig/Stürner[17] Rn 3; Harms, SachenR[4] 127; Ebenroth Rn 1023 Fn 42; Walker 117 Fn 19; Maurer 128). 37

Soweit der Erbschaftsbesitzer nach §§ 2023 ff BGB ersatzpflichtig ist, kann der Erbe, wenn er die unwirksame Verfügung genehmigt, selbstverständlich nur den durch die Herausgabe des Surrogats nicht gedeckten Schaden ersetzt verlangen (Soergel/Dieckmann Rn 3; MünchKomm/Helms[8] Rn 12; BeckOGK/Lindner [1. 6. 2019] Rn 12; DEK/Lenz Rn 3; Maurer 148 f); und auch insoweit entfällt der Schadensersatzanspruch nach § 254 BGB, wenn dieser Teil des Schadens bei Nichtgenehmigung vermieden worden wäre (vgl Josef 357; Planck/Flad Anm 2). Aber es ist nicht einzusehen, warum man ihm den Ersatzanspruch zur Deckung eines durch den Surrogationserfolg nicht gedeckten Schadens schlechthin versagen soll, wie Beyer (187) annimmt. Planck/Flad (Anm 2) machen mit Recht darauf aufmerksam, dass der Erbe uU Anlass haben wird, zu genehmigen, um den vom Erbschaftsbesitzer als Entgelt erlangten Gegenstand im Insolvenzverfahren über das Vermögen des Erbschaftsbesitzers aussonderungsfähig zu machen. Genauso gut, wie der Erbe seinen Ersatzanspruch bei einer von vornherein wirksamen Verfügung nach § 2023 BGB verfolgen kann, muss 38 ihm das auch bei einer genehmigten freistehen. Vgl auch BGHZ 32, 53 zur entsprechenden Fragestellung im Rahmen von §§ 816 Abs 1 S 1, 185 BGB.

39 Der Weg des Zugriffs auf das Surrogat nach Genehmigung der Veräußerung funktioniert natürlich nicht, wenn das Verfügungsgeschäft des Nichtberechtigten neben der fehlenden Rechtsinhaberschaft des Erbschaftsbesitzers noch an einem weiteren Unwirksamkeitsgrund leidet.

40 Denkbar ist, dass der Erwerb nur **teilweise** auf Kosten des Nachlasses geht. Wenn der Erbschaftsbesitzer für den Erwerb einer Sache sowohl **eigene wie Nachlassmittel** aufgewandt hat, erlangt der Erbe eine diesem Verhältnis entsprechende Mitberechtigung (§§ 741 ff BGB; Planck/Flad Anm 3; MünchKomm/Helms[8] Rn 9; BGB-RGRK/Kregel Rn 1; jurisPK/Ehm[8] Rn 7; Bamberger/Roth/Müller-Christmann[4] Rn 7; Erman/Horn[15] Rn 4; AK-BGB/Wendt Rn 50; Damrau/Schmalenbach[4] Rn 8; Palandt/Weidlich[79] Rn 2; Hk-BGB/Hoeren[10] Rn 6; Jauernig/Stürner[17] Rn 3; Crome § 715 Rn 29; Lange/Kuchinke[5] § 41 III 2 d; Michalski Rn 1044; Ebenroth Rn 1022; Strohal II § 95 I 5; Maurer 128; Russmann 207 ff; Olzen Jura 2001, 223, 225; Löhnig JA 2003, 990, 993), bei an den Erbschaftsbesitzer übereigneten Sachen also Miteigentum (§§ 1008 ff BGB).

41 Wenn der Erbschaftsbesitzer die Gegenleistung **teils aus Nachlassmitteln, teils aus Mitteln einer dritten Person** erbracht hat, kann dem Erben ebenfalls nur ein entsprechender Miteigentumsanteil an der neuerworbenen Sache zufallen; im Übrigen ist die Übereignung an den Erbschaftsbesitzer wirksam. Wenn der Erbschaftsbesitzer die Sache eines Dritten veräußert, an der dem Erben ein *beschränktes dingliches Recht* zustand, das nun durch gutgläubig-lastenfreien Erwerb erlischt, kann die dingliche Surrogation dem Erben nur ein gleichartiges dingliches Recht am Ersatzgegenstand verschaffen (Soergel/Dieckmann Rn 4; MünchKomm/Helms[8] Rn 15; Damrau/Schmalenbach[4] Rn 15; **aA** Russmann 166 ff, der hier eine gemischte Surrogation annehmen will).

42 Praktische Schwierigkeiten bereitet vor dem Hintergrund des in Rn 40 f Gesagten ein **Girokonto**, das der Erblasser eingerichtet hat und das der Erbschaftsbesitzer (weiter-) verwendet (dazu eingehend MünchKomm/Helms[8] Rn 7). Der BGH hat zum Verhältnis von Vor- und Nacherben entschieden, dass der Nacherbe in ein vom Vorerben fortgeführtes Giroverhältnis des Erblassers nicht eintrete. Das Giroverhältnis habe Dienste höherer Art zum Gegenstand. Wer ein solches Vertragsverhältnis fortführe, trete in eine eigene persönliche Rechtsbeziehung zur Bank – so, wie wenn er das Konto des Erblassers aufgelöst und ein neues angelegt hätte (BGHZ 131, 60 = BGH NJW 1996, 190). Das beim Erbfall vorhandene Kontoguthaben (das vom Giroverhältnis zu trennen ist, vgl BGHZ 131, 60 = BGH NJW 1996, 190 und ausf Russmann 269 ff), gehöre aber in den Nachlass, der später dem Nacherben zufällt. Dieses Guthaben unterfällt dem BGH zufolge der Surrogation in § 2111 BGB (BGHZ 131, 60 = BGH NJW 1996, 190).

43 Unabhängig davon, ob man die dogmatischen Prämissen des BGH zur **Kontoinhaberschaft** teilt (die Argumentation ist offensichtlich brüchig: Vertragsverhältnis wird fortgeführt, aber es soll eine davon unabhängige eigene persönliche Rechtsbeziehung zur Bank entstehen), überzeugen auch die Aussagen zum **Kontoguthaben** nicht recht. Es ist zu berücksichtigen, dass die einzelne Forderung wohl der Kontokorrentbindung unterliegt: Die einzelnen Forderungen von Kontoinhaber bzw Bank haben keine rechtliche Selbstständigkeit. Sie sind also unübertragbar (Russmann 288 f). Wenn man die Auffassung teilt, dass auch unübertragbare Forderungen kraft Surrogation Erbschaftsteil werden können (vgl Rn 23 ff und nochmals Russmann 288 f), bestehen keine Probleme (so etwa Oetker/Maultzsch[6] § 355 HGB Rn 43, dem zufolge eine dingliche Surrogation durch die Kontokorrentabrede nicht gehindert wird, denn der Schutz des Surrogationsbegünstigten setze sich gegen das Bindungsinteresse des Schuldners durch). Wer aber – wie hier – der Auffassung ist, dass unübertragbare Rechtspositionen nicht durch unmittelbare Ersetzung Teil der Erbschaft sein können, muss dies wohl auch für das Girokonto so sehen. Es bleibt aber § 2021 BGB.

Folgt man jedoch dem BGH und der hL, bedeutet dies, dass jede einzelne Kontobewegung seit dem Erbfall darauf zu untersuchen ist, ob sie eine unmittelbare Ersetzung iSd § 2019 BGB hervorgerufen hat (MünchKomm/Helms[8] Rn 7; MünchKomm/Lieder[8] § 2111 Rn 26; Burandt/Rojahn/Gierl[3] Rn 18; NK-BGB/Fleindl[5] Rn 13), so dass ggf Mitinhaberschaft am Kontoguthaben entstehen kann (BeckOGK/Lindner [1. 6. 2019] Rn 5. 1), und zwar mit festzustellender Quote. 44

Es kann aber auch unabhängig von konstruktiven Fragen (Rn 43) im Einzelnen schwierig sein, festzustellen, welche Kontobewegung eine unmittelbare Ersetzung hervorgerufen hat, namentlich dann, wenn – was häufig der Fall sein wird – Nachlassmittel und Eigenmittel des Erbschaftsbesitzers unentwirrbar vermengt wurden. Helms möchte das Problem so lösen, dass Kontoabhebungen im Anschluss an eine Vermengung stets nur die Eigenmittel des Erbschaftsbesitzers berührten („Bodensatztheorie", MünchKomm/Helms[8] Rn 7; ihm folgend Damrau/Schmalenbach[4] Rn 17; BeckOGK/Lindner [1. 6. 2019] Rn 5. 1; eingehend dazu Russmann 243, 297 ff), jedenfalls, solange der Saldo nicht unter die zum Zeitpunkt des Erbfalls bestehende Summe fällt. Diese Lösung überzeugt nicht recht. Wenn man nicht (mehr) klären kann, welche Kontobewegung § 2019 BGB unterfällt und welche nicht, hilft § 2019 BGB eben nicht weiter. Dann sollte man auf § 2021 BGB ausweichen. 45

Übereignet der Erbschaftsbesitzer wirksam eine Sache, die **nur besitzmäßig zum Nachlass** gehört, soll der Erbe nach einer im Schrifttum gelegentlich vertretenen Auffassung gemäß §§ 2018, 2019 BGB das Eigentum an dem eingetauschten Gegenstand oder dem als Kaufpreis gezahlten Geldzeichen erhalten (NK-BGB/Fleindl[5] Rn 9; Muscheler ErbR 2009, 76, 78). Das ist jedoch unzutreffend. Das an den Erbschaftsbesitzer übertragene Recht ist hier kein Surrogat des untergegangen Besitzherausgabeanspruchs des Erben. 46

b) Gleichgültig ist die **Art** der aufgeopferten Nachlassmittel. Es kann sich um Kapitalien, bewegliche Sachen, Grundstücke, Forderungen oder sonstige Rechte handeln. Zu den Mitteln der Erbschaft gehört nicht, was der Erbschaftsbesitzer gemäß § 2021 BGB nach Bereicherungsrecht oder gemäß §§ 2023–2025 BGB als Schadensersatz zu leisten hat; ebenso wenig die Früchte, an denen der Erbschaftsbesitzer Eigentum erworben hat, § 2020 HS 2 BGB (**aA** Schlüter Rn 620). 47

§ 2019 BGB verlangt nicht explizit, dass die aufgeopferten Nachlassmittel solche waren, hinsichtlich derer bereits zuvor ein Erbschaftsanspruch bestand. Man sollte diese Voraussetzung auch nicht in die Norm hineinlesen (**aA** Maurer 119 f), da sich 48 sonst eine Schutzlücke ergibt. Wenn der durch Erbschein legitimierte Erbschaftsbesitzer nach § 2366 BGB wirksam eine Nachlassforderung (die er möglicherweise nicht im Sinne von § 2018 BGB „erlangt" hat, vgl § 2018 Rn 82) abtritt, muss das dafür erlangte Entgelt vom Erbschaftsanspruch erfasst werden (**aA** Maurer 120). § 2019 BGB ist allerdings nicht anwendbar, wenn der verfügende Scheinerbe im Zeitpunkt der Zession noch gar nicht Erbschaftsbesitzer war, weil er bis dahin noch gar nichts aus dem Nachlass erlangt hatte.

49 **c)** Die Aufopferung der Nachlassmittel muss **ursächlich** für den Erwerb des Ersatzgegenstandes durch den Erbschaftsbesitzer sein. Es muss dabei zwar nicht unbedingt ein rechtlicher, aber doch wenigstens ein enger wirtschaftlicher Zusammenhang bestehen, der Aufopferung und Erwerb als Austauschvorgang erscheinen lässt (MünchKomm/Helms[8] Rn 13; Bamberger/Roth/Müller-Christmann[4] Rn 9; BeckOGK/Lindner [1. 6. 2019] Rn 13; Martinek ZGR 1991, 74, 82; weitergehend Staudinger/Lehmann[11] Rn 14; einen rechtlichen Zusammenhang verlangt dagegen Russmann 128 ff mit beachtlichen Argumenten [insb 148, 154 f] – dies bleibt zu überdenken).

50 **Gegengeschenke** für verschenkte Nachlasssachen wird man nur dann der Surrogation unterwerfen können, wenn sie schon bei der Schenkung vereinbart wurden (Lange/Kuchinke[5] § 41 Fn 45; MünchKomm/Helms[8] Rn 13; Bamberger/Roth/Müller-Christmann[4] Rn 9; BeckOGK/Lindner [1. 6. 2019] Rn 13. 1; jurisPK/Ehm[8] Rn 9; Palandt/Weidlich[79] Rn 2; Brox/Walker Rn 605; ohne eine solche Einschränkung Staudinger/Lehmann[11] Rn 14); einen erkennbaren Zusammenhang zwischen Geschenk und Gegengeschenk wollen Soergel/Dieckmann Rn 2 und Michalski 1044 genügen lassen; schlechthin gegen eine Erstreckung der Surrogation auf Gegengeschenke Planck/Flad Anm 3; vTuhr II 2, 73 Fn 66; Crome § 715 Fn 25; wohl auch Russmann 151 f.

51 Bringt ein vermeintlicher Erbe einen Erbschaftsgegenstand **als seine Einlage in eine Kommanditgesellschaft ein**, in der er Kommanditist wird, so ist diese neu erworbene Kommanditistenstellung nicht ein Surrogat des Erbschaftsgegenstandes iSv § 2019 Abs 1 BGB (BGH NJW 1977, 433 = WM 1977, 174; MünchKomm/Helms[8] Rn 13; Johannsen WM 1977, 270, 271; Jochem JuS 1977, 408; Maurer 136 f; iE auch Siegmann INF 2000, 113, 116; **aA** aber BGHZ 109, 215, 216 ff; OLG Düsseldorf FamRZ 1992, 600 f [Surrogation selbst dann, wenn dadurch eine Einmann-OHG entsteht]; NK-BGB/Fleindl[5] Rn 16; Palandt/Weidlich[79] Rn 1, 3; Erman/Horn[15] Rn 1b; jurisPK/Ehm[8] Rn 10; BeckOGK/Lindner [1. 6. 2019] Rn 4 ff; Chudoba EWiR § 2019 BGB 1/90, 255, 256; Jauernig/Stürner[17] § 2019 Rn 2; Lange/Kuchinke[5] § 40 II 5 b; Schlüter Rn 620; Muscheler ErbR 2009, 76, 78; differenzierend Martinek ZGR 1991, 74 ff, 101 f [Anwendung des § 2019 nur, wenn es sich um eine rein kapitalistische KG handelt] sowie Soergel/Dieckmann Rn 7 und Russmann 151 [nur die vermögensrechtlichen Ansprüche aus der Mitgliedschaft bilden das Surrogat]; Schneider WuB IV A § 2019 BGB 1. 90, 501, 503; wohl auch MünchKomm/Frank[3] Rn 12).

52 Die Gesellschafterstellung als solche ist nicht die Gegenleistung für die Leistung der Einlage, die letztere setzt vielmehr die bereits existierende Gesellschafterstellung voraus und bewirkt lediglich die Erfüllung einer beim Erwerb der Gesellschafterstellung übernommenen Pflicht gegenüber der Gesellschaft selbst und den Wegfall der persönlichen Haftung gemäß § 171 Abs 1 HGB.

53 Auch da die **Kommanditistenstellung** regelmäßig **unübertragbar** ist, kann eine dingliche Surrogation nicht stattfinden (vgl Rn 23 ff).

54 Die Lösung des BGH führt zu dem Problem, dass die übrigen Gesellschafter sich gegen ihren Willen einen Wechsel in der Person des Mitgesellschafters aufdrängen lassen müssen. Dazu schreibt der BGH (BGHZ 109, 215, 219), dass das Interesse der übrigen Gesellschafter beachtet werden müsse. Ob dadurch die erbrechtliche Surrogation – im konkreten Falle nach § 2111 BGB – behindert wird, hat der **BGH** (BGHZ 109, 215, 219) offengelassen. Auch ohne Zustimmung der übrigen Gesellschafter müsse die Surrogation zugunsten des Nacherben zumindest den Inhalt haben, dass die vermögensrechtlichen Vorteile aus der vom Vorerben „mit Nachlassmitteln" erworbenen Gesellschafterstellung (dh der künftige Anspruch auf das Auseinandersetzungsguthaben, die laufenden Gewinnansprüche und etwa darüber hinausgehende Entnahmerechte) unmittelbar dem Nacherben zustünden (so ist der vorletzte Satz des 2. Absatzes auf S 219 wohl zu verstehen; der BGH spricht sehr missverständlich davon, dass der Vorerbe **die vermögensrechtlichen Vorteile** aus der Gesellschafterstellung ungeschmälert an den Nacherben weiterzugeben habe).

55 Auch diese (von Martinek ZGR 1991, 74, 101 und Siegmann INF 2000, 113, 116 sowie Lange/Kuchinke[5] § 40 II 5 b bei Fn 51 akzeptierte) **Konstruktion** ist jedoch **nicht stimmig**: Wenn die gesellschaftsrechtliche Bindung der Kommanditistenstellung im Ergebnis das Einrücken des Erben (nach § 2019 BGB) bzw des Nacherben (nach § 2111 BGB) in die Gesellschafterstellung verhindert, ist auch eine dingliche Surrogation hinsichtlich der aus der Gesellschafterstellung erwachsenen Ansprüche ausgeschlossen: Diese Ansprüche sind nun gewiss nicht die Gegenleistung für die eingebrachten Nachlassmittel (so auch Maurer 137).

56 **Weniger bedenklich** ist dagegen die Anwendung des § 2019 BGB beim derivativen Erwerb einer im Gesellschaftsvertrag als **übertragbar ausgestalteten Kommanditistenstellung** vom bisherigen Kommanditisten (insoweit zutreffend Martinek ZGR 1991, 74, 82, 101): Hier ist ja offensichtlich der Kommanditanteil die Gegenleistung für den aus Nachlassmitteln gezahlten Kaufpreis, und auch das Unübertragbarkeitsargument entfällt (ebenso Maurer 137). Es bleibt allerdings das Problem, dass der Erwerb der Kommanditistenstellung für den Erben auch gesellschaftsrechtliche Pflichten mit sich bringen würde. Es wäre überraschend, wenn ihm diese durch die Surrogation aufgedrängt werden könnten. Siegmann (INF 2000, 113, 116) will deshalb für diese Konstellation die automatische Surrogation durch einen bloßen Anspruch des Erbschaftsbesitzers auf Übertragung des Kommanditistenanteils ersetzen. Eine solche Rechtsfortbildung erscheint diskutabel. Sie könnte dann auf andere Fälle eines Erwerbs einer komplexeren Rechtsstellung mit starker Pflichtenkomponente aus Nachlassmitteln übertragen werden, etwa auf den Kauf einer Eigentumswohnung (ebenso BeckOGK/Lindner [1. 6. 2019] Rn 4.2).

57 Verstärkt tritt das letztere Bedenken in solchen Fällen auf, in denen ein **Scheinerbe** unter Vorlage eines auf ihn lautenden Erbscheins das **gesellschaftsvertragliche Eintrittsrecht** des wirklichen Erben eines verstorbenen Gesellschafters **ausübt**. Auch hier wird teilweise aus § 2019 BGB abgeleitet, dass die Ausübung des Eintrittsrechts durch den Scheinerben den wirklichen Erben zum Gesellschafter macht (Soergel/Schultze-vLasaulx[10] § 727 Rn 32; MünchKomm/Ulmer[1] § 727 Rn 49; iE auch Robert Fischer,

in: FS Heymanns-Verlag 271, 281). Zu Recht hat man demgegenüber darauf verwiesen, dass der Scheinerbe selbst bei Vorlage eines ihn legitimierenden Erbscheins keine Verpflichtungsmacht zu Lasten des wahren Erben haben kann (Konzen ZHR 145 [1981] 29, 56 mwNw; MünchKomm/Schäfer[7] § 727 Rn 67; Siegmann INF 2000, 113, 116). Allerdings bedurfte es letztlich dieses Argumentes gar nicht. Die Gesellschafterstellung, die der Erbschaftsbesitzer sich zu verschaffen versucht und die hier angeblich dem wirklichen Erben zufällt, wäre kein Surrogat eines Nachlassgegenstandes, den der Erbschaftsbesitzer erlangt hat (MünchKomm/Schäfer[7] § 727 Rn 67).

58 **d)** Der Erwerb „mit Mitteln der Erbschaft" ist unverzichtbare Voraussetzung des § 2019 Abs 1 BGB. Es **genügt** daher (im Gegensatz zu § 2041 BGB) **nicht**, dass das den Erwerb vermittelnde Rechtsgeschäft sich **„auf die Erbschaft bezieht"** (**aM** Kohler ArchBürgR 22, 15; gegen ihn zutreffend Enneccerus/Nipperdey AT[15] § 132 Fn 7 c). § 2019 BGB greift deshalb nicht ein, wenn der Erbschaftsbesitzer aus eigenen Mitteln Zubehör für Nachlassgegenstände anschafft (BGB-RGRK/Kregel Rn 3; MünchKomm/Helms[8] Rn 9; Bamberger/Roth/Müller-Christmann[4] § 2019 Rn 7; jurisPK/Ehm[8] Rn 7; BeckOGK/Lindner [1. 6. 2019] Rn 9; AK-BGB/Wendt Rn 8; vLübtow II 1054; Ebenroth Rn 1022).

59 **3.** Der Erwerb muss **durch Rechtsgeschäft** gemacht sein. Der Zweck des Rechtsgeschäfts ist nach dem Gesetz (im Gegensatz zum gemeinen Recht, Windscheid/Kipp III § 612 Fn 3) völlig gleichgültig, sodass auch ein Anzug, den sich der Erbschaftsbesitzer aus Mitteln der Erbschaft machen lässt, von der Surrogation betroffen wird (vgl Prot VI 324 ff). Die II. Kommission lehnte den beantragten Zusatz, dass sich das Rechtsgeschäft auf die Erbschaft beziehen müsse, ab, weil er Komplikationen schaffe und leicht zu Missverständnissen führen könne.

60 Die dingliche Surrogation ist eine gesetzliche Reflexwirkung des Rechtsgeschäfts, die von der Willensrichtung der Parteien (und ebenso der des Erben oder Dritter) unabhängig ist (vTuhr II 2, 376 f; O Werner JuS 1973, 434, 436).

61 Die Formulierung „durch Rechtsgeschäft" ist als Gegensatz zum Erwerb kraft Gesetzes zu eng (zur Gesetzgebungsgeschichte Russmann 138 f). Die Vorschrift ist entsprechend anzuwenden auf Austauschvorgänge, die materiell rechtsgeschäftlicher Art sind und die nur aus rechtstechnischen Gründen in die Form eines Erwerbs kraft gesetzlicher Vorschrift gekleidet sind. § 2019 Abs 1 BGB erfasst in analoger Anwendung daher auch das vom Erbschaftsbesitzer in der **Zwangsversteigerung** erstandene und aus Nachlassmitteln bezahlte Grundstück (Soergel/Dieckmann Rn 6; MünchKomm/Helms[8] Rn 8; NK-BGB/Fleindl[5] Rn 7; AK-BGB/Wendt Rn 71; jurisPK/Ehm[8] Rn 6; BeckOGK/Lindner [1. 6. 2019] Rn 7; Damrau/Schmalenbach[4] Rn 10; Lange/Kuchinke[5] § 41 III 2 d; Ebenroth Rn 1021; Brox/Walker Rn 605 [1 b aa] zu § 2111; M Wolf JuS 1975, 713; PWW/Zimmer[14] Rn 3; Hk-BGB/Hoeren[10] Rn 4; Menken 71; Maurer 118; Löhnig JA 2003, 990, 991; Muscheler ErbR 2009, 76, 78; **aM** RGZ 136, 353, 357 zu § 2111 mit dem nicht überzeugenden Argument, es handle sich um eine Ausnahmevorschrift).

62 Die dingliche Surrogation erfasst das durch Rechtsgeschäft mit Nachlassmitteln Erworbene. Damit ist in erster Linie die **rechtsgeschäftliche Gegenleistung** für die vom Erbschaftsbesitzer weggegebenen Nachlassmittel gemeint.

63 Man wird jedoch zweckmäßigerweise auch **Abwicklungsansprüche** einzubeziehen

haben, die der Erbschaftsbesitzer aus dem Rechtsgeschäft erlangt (zust Damrau/Schmalenbach[4] Rn 10).

Hat der Erbschaftsbesitzer beispielsweise aus Nachlassmitteln einem Dritten ein entgeltliches **Darlehen** gegeben, so wird man nicht nur den Zinsanspruch bzw die tatsächlich gezahlten Zinsen, sondern auch den Anspruch auf Rückzahlung des Darlehenskapitals als Surrogat iS von § 2019 BGB zu behandeln haben (ebenso BeckOGK/Lindner [1. 6. 2019] Rn 8; Burandt/Rojahn/Gierl[3] Rn 16), obwohl dieser natürlich nicht im Synallagma steht. Beim zinslosen Darlehen bildet dieser Rückzahlungsanspruch sogar das einzige *commodum ex negotiatione.* 64

Entsprechendes gilt für den Rückübertragungsanspruch nach wirksamen, aber kausalnichtigen oder aber infolge Rücktritts rückabzuwickelnden Veräußerungsgeschäften (s unten Rn 79). 65

4. § 2019 BGB enthält nicht die bei nahezu allen Sondervermögen vorgesehene *„regelmäßige"* oder **„einfache" Surrogationsklausel**, nach der auch dasjenige zu dem jeweiligen Sondervermögen gehört, was aufgrund eines hierzu gehörenden Rechtes oder als Ersatz für Beschädigung, Zerstörung oder Entziehung eines dazu gehörenden Gegenstandes erworben wird. Dennoch ist allgemein anerkannt, dass diese Regelung auch für den Erbschaftsanspruch gilt (vgl Prot V 711; Strohal II § 95 I 6; BGB-RGRK/Kregel Rn 3; Soergel/Dieckmann Rn 6; MünchKomm/Helms[8] Rn 4; Palandt/Weidlich[79] Rn 3; BeckOGK/Lindner [1. 6. 2019] Rn 18 ff; Lange/Kuchinke[5] § 41 II 3; Kipp/Coing § 107 II 3; Brox/Walker Rn 579, 601). Die Begründung ist allerdings umstritten. 66

Vielfach ergibt sich die Rechtsfolge der einfachen Surrogationsklausel ohne Weiteres aus der **Rechtsstellung des Erben** als Eigentümer oder Gläubiger der zum Nachlass gehörenden Sachen und Rechte; so versteht es sich von selbst, dass die dem Eigentümer zustehende Hälfte des in einem Erbschaftsgrundstück gefundenen Schatzes (§ 984 BGB) dem Erben zufällt; ebenso dass die ein Nachlassgrundstück belastende Hypothek im Falle der Schuldtilgung nach § 1163 Abs 1 S 2 BGB zur Eigentümergrundschuld des Erben wird (ebenso BeckOGK/Lindner [1. 6. 2019] Rn 18.1); schließlich auch, dass ihm die Schadensersatzansprüche wegen Beschädigung, Zerstörung oder Verlustes von Nachlassgegenständen zustehen. 67

Begründungsbedürftig ist die dingliche Surrogation allerdings für den Fall, dass an den Erbschaftsbesitzer in Erfüllung einer Nachlassforderung eine **Leistung bewirkt** wird, die (etwa nach § 851 BGB oder §§ 2019 Abs 2, 407 BGB oder § 2367 BGB) dem Erben gegenüber wirksam ist (M Wolf JuS 1975, 713) oder durch eine Genehmigung des Erben wirksam wird (zu letzterer Konstellation Planck/Flad Anm 3; Lange/Kuchinke[5] § 41 III 2 c Fn 35 ff; Kipp/Coing § 107 II 1). Hier zeigt die Entstehungsgeschichte der Norm, dass die Verfasser des BGB ganz problemlos von der Anwendung des Surrogationsgrundsatzes ausgingen: Die ausdrückliche Erwähnung in § 2081 Nr 3 S 1 E 1 BGB wurde von der II. Kommission als entbehrlich gestrichen, ohne dass damit eine sachliche Änderung verbunden gewesen wäre, vgl Prot V 719 f; VI 316, 326. Dementsprechend ist fast allgemein anerkannt, dass in diesen Fällen das Surrogationsprinzip eingreift (vgl Planck/Flad Anm 3; MünchKomm/Helms[8] Rn 4; AK-BGB/Wendt Rn 12; Ebenroth Rn 1020; Maurer 146; **aA** nur R Leonhard 110). 68

69 Ebenso muss begründet werden, dass die **condictio indebiti** sofort in der Person des Erben entsteht, wenn der Erbschaftsbesitzer mit Nachlassmitteln eine vermeintliche Nachlassschuld tilgt (über dieses Ergebnis besteht weitgehend Einigkeit, vgl Planck/Flad Anm 5; F Leonhard Anm II D; Strohal II § 95 I 6; Beyer 139 ff, 141; AK-BGB/Wendt Rn 73; vTuhr II 1, 167).

70 Für beide Fälle (Rn 68 f) wird vorgeschlagen, § 2019 Abs 1 BGB a fortiori anzuwenden (Staudinger/Lehmann[11] Rn 6, 8; Strohal II § 95 I 6; Muscheler ErbR 2009, 76, 79; ähnlich AK-BGB/Wendt Rn 73 [extensive Auslegung]; Russmann S 137 f [Gründe des Schuldnerschutzes]; eher ablehnend Staudinger/Gursky [2016] Rn 20). Die Bewertungsgrundlage für einen Erst-recht-Schluss dürfte aber fehlen: Dass „erst recht" von rechtsgeschäftlichen Tatbeständen auf gesetzliche Tatbestände geschlossen werden solle, ist nicht zwingend. Daher ist eine **Gesamtanalogie** zu §§ 718 Abs 2, 1418 Abs 2 Nr 3, 1473, 1638 Abs 2, 2041, 2111 Abs 1 BGB zu ziehen (dafür M Wolf JuS 1975, 713; Gernhuber, BR[1] 195; MünchKomm/Helms[8] Rn 4; BeckOGK/Lindner [1. 6. 2019] Rn 18. 2; für den Fall der condictio indebiti ablehnend Maurer 146 f).

71 Für die **Tilgung einer vermeintlichen Eigenschuld** des Erbschaftsbesitzers aus Nachlassmitteln kann im Ergebnis nichts anderes gelten (Nüssgens 75).

72 Wenn aber die condictio indebiti aus der Tilgung einer vermeintlichen Nachlassschuld durch den Erbschaftsbesitzer aufgrund des Surrogationsprinzips genauso wie eine Kaufpreisforderung aus der vom Erbschaftsbesitzer wirksam vorgenommenen Veräußerung einer Nachlasssache direkt in der Person des Erben entsteht, muss zum Schutz des Schuldners auch **§ 2019 Abs 2 BGB entsprechend** angewandt werden (so mit Recht Planck/Flad Anm 5; Beyer 141 Fn 1; Muscheler ErbR 2009, 76, 79; **aM** Staudinger/Lehmann[11] Rn 8; Crome § 715 Fn 38; Binder III 414; Erman/Horn[15] Rn 2).

73 Das ist anders bei solchen kraft Gesetzes an die Stelle eines Nachlassgegenstandes tretenden Ersatzansprüchen, die bereits ihrem Tatbestand nach (ohne Heranziehung des Surrogationsgrundsatzes) in der Person des Erben entstehen (Maurer 145; Soergel/Dieckmann Rn 6); hier kann sich ein Schuldnerschutz allenfalls aus §§ 851, 893 Fall 1, 2367 BGB ergeben.

74 Schließlich wird man die oben (Rn 70) beschriebene Gesamtanalogie auch in solchen Fällen vornehmen können, in denen sich ein gesetzlicher Erwerb (nach §§ 937 oder 927 BGB) aus einer Besitz- oder Rechtsscheinposition entwickelt, die der Erbschaftsbesitzer dem Erben vorenthält (s auch § 2026 Rn 37).

75 **5.** Als **Beispiele** für herauszugebende Ersatzvorteile seien weiterhin genannt:

- die Kaufpreisforderung (Maurer 117) oder der Kaufpreis für Erbschaftssachen (BGH JZ 1991, 727);
- die vergleichsweise erlangte Abfindungssumme für ein eingeklagtes Nachlassgrundstück, beim Verkauf eines Nachlassgrundstückes auch die vom Käufer bestellte Restkaufgeldhypothek (vgl OLG München HRR 1938 Nr 1285 zu § 2111);
- das Entgelt für einen vom Erbschaftsbesitzer bestellten Nießbrauch;

- Forderungen, die aus einem Darlehen entstanden sind, das aus Erbschaftsmitteln begeben wurde (RG Gruchot 51, 919; Planck/Flad Anm 3; Beyer 139);

- Forderungen aus Versicherungsverträgen, für die die Prämien aus Erbschaftsmitteln bezahlt sind (bei der vom Erbschaftsbesitzer als Eigenversicherung abgeschlossenen Sachversicherung von Nachlasssachen fehlt allerdings das versicherte Interesse und kann deshalb der Versicherungsfall gar nicht eintreten, vgl Jochem MDR 1975, 177, 184 f; abw Planck/Flad Anm 3: §§ 69 ff VVG aF [= §§ 95 ff VVG nF] analog);

- von § 2019 BGB erfasst werden auch Forderungen aus der Vermietung oder Verpachtung von Nachlasssachen (s § 2020 Rn 10 f, 14 ff);

- wie ein rechtsgeschäftliches Surrogat zu behandeln sind solche Leistungen, die zur Befriedigung eines zur Erbschaft gehörigen Anspruchs an den Erbschaftsbesitzer erbracht werden (s oben Rn 48; ferner Planck/Flad Anm 3; BGB-RGRK/Kregel Rn 3; AK-BGB/Wendt § 2018 Rn 61 ff; in der Konstruktion abweichend [§ 2018 unmittelbar] Palandt/Weidlich[79] § 2018 Rn 7). Voraussetzung ist nur, dass die Leistung dem Erben gegenüber wirksam erfolgte, wie in den Fällen der §§ 793, 851, 2367 BGB, oder dass der Erbe der Leistung an den Erbschaftsbesitzer durch Genehmigung gemäß §§ 362 Abs 2, 185 BGB schuldtilgende Wirkung verschafft. (Andernfalls wäre ein Erwerb mit Mitteln der Erbschaft schon deshalb zu verneinen, weil die Nachlassforderung ja bestehen blieb.)

Probleme bereitet der Fall, dass der Erbschaftsbesitzer ein Nachlassgrundstück als Sicherheit für ein von ihm aufgenommenes Darlehen mit einem Grundpfandrecht belastet. Man kann hier die erlangten Darlehensvaluta nicht als Surrogat dafür qualifizieren, dass dem Darlehensgeber ein – den Eigentümer belastendes – dingliches Recht eingeräumt wurde, sondern man muss § 2021 BGB anwenden (ebenso Maurer 143; BeckOGK/Lindner [1. 6. 2019] Rn 13. 2; differenzierend Russmann 142 ff [wie hier, wenn die Darlehensvaluta zurückgezahlt wird; anderenfalls gelte § 2019]; **aA** aber OLGR Celle 1995, 134, 135 f und NK-BGB/Fleindl[5] Rn 10, nach denen § 2019 nicht nur die Darlehensvaluta, sondern sogar die mit diesen angeschafften Gegenstände erfasst). 76

Das führt zu der äußerst umstrittenen generellen Frage des **Bereicherungsausgleichs** bei **Bestellung von Grundpfandrechten durch Nichtberechtigte** (dazu ausführlich Canaris NJW 1991, 2513, 2519 ff; vgl ferner Staudinger/S Lorenz [2007] § 816 Rn 29 und Russmann 140 ff). 77

Erst recht kann der Einsatz von Nachlassmitteln zur Ablösung eines eigenen Kredits, den der Erbschaftsbesitzer aufgenommen hat, nicht dazu führen, das der mit der Darlehenssumme angeschaffte Gegenstand nun rückwirkend zu einem Surrogat iSv § 2019 BGB wird (**aA** NK-BGB/Fleindl[5] Rn 13; Lange/Kuchinke[5] § 40 II 5 b; BeckOGK/Lindner [1. 6. 2019] Rn 13. 2; vgl auch BGHZ 110, 176, 178 zur Parallelkonstellation bei § 2111). 78

Schwierigkeiten bereitet die Anwendung des § 2019 BGB auch in solchen Fällen, in denen der Erbschaftsbesitzer wirksam Nachlasssachen an einen Dritten übereignet, der **zugrunde liegende Kaufvertrag** aber unwirksam ist oder infolge Rücktritts zurückabgewickelt werden muss. In beiden Fällen bietet es sich an, den Rückforde- 79 rungsanspruch des Erbschaftsbesitzers als das erlangte Surrogat anzusehen (vgl Nüssgens 76 ff).

80 Hat der Erbschaftsbesitzer mit Nachlassmitteln eine gestohlene Sache angekauft, besteht (entgegen Wendt, in: 3. FS vLübtow 229, 235; AK-BGB/Wendt Rn 27 ff) keine Möglichkeit den Erbschaftsanspruch über § 2019 BGB auf den Besitz zu erstrecken (s auch oben Rn 36). Surrogat ist hier vielmehr der kaufvertragliche Übereignungsanspruch und die daraus entstehenden sekundären Gläubigerrechte. Der Erbschaftsbesitzer dürfte bei dieser Konstellation nach Treu und Glauben verpflichtet sein, dem Erben die Durchsetzung dieser Rechte zu ermöglichen: Das bedeutet, dass er zum einen die Wahl des sekundären Rechtsbehelfs dem Wunsch des Erben entsprechend gegenüber seinem Vertragspartner zu erklären hat (falls man nicht ohnehin annimmt, dass diese Wahlbefugnis im Zessionsfalle dem Zessionar zusteht, vgl zu dem Problem MünchKomm/Roth/Kieninger[8] § 398 Rn 99; Schwenzer AcP 182 [1982] 214 ff; der Erbe ist ja wegen der Surrogation in der Rolle, die der Stellung des Zessionars vergleichbar ist). Zum anderen dürfte der Erbschaftsbesitzer auch dem Erben gegenüber dazu verpflichtet sein, den Besitz der betreffenden Sache auf den Veräußerer zurückzuübertragen; andernfalls könnte der Vertragspartner des Erbschaftsbesitzers die Erfüllung des Anspruchs auf Schadensersatz statt der Leistung und/oder die Rückgewähr der Leistung des Erbschaftsbesitzers von der Rückübertragung des Besitzes der verkauften gestohlenen Sache abhängig machen.

81 Anders ist wohl zu entscheiden, wenn die zunächst unwirksame Übereignung der Gegenleistung des Vertragspartners des Erbschaftsbesitzers nachträglich durch **Ersitzung** wirksam wird. Hier kann das durch Ersitzung erworbene Eigentum als nunmehr maßgebliches Surrogat behandelt werden: Der Erbschaftsbesitzer ist so zu behandeln, als hätte er für den Erben ersessen. Man kann aber nicht so weit gehen und den Ersitzungsbesitz als herauszugebenden Ersatzvorteil behandeln, denn faktische und rechtliche Sachherrschaft würden so unzulässig vermengt (vgl dazu MünchKomm/Raff[8] § 1007 Rn 14; s zur Ersitzung einer nur tatsächlich zur Erbschaft gehörenden Sache ferner § 2026 Rn 37).

82 Was das **Verhältnis der Surrogation zu den denkbaren Sekundäransprüchen des Erben** anbelangt, so muss differenziert werden:

83 Auch wenn die ursprünglich erlangte Nachlasssache vom Erbschaftsbesitzer **unter Wert weiterveräußert** wird, besteht keine Möglichkeit, hinsichtlich der Wertdifferenz § 2021 BGB anzuwenden (s schon oben Rn 18). Der Erbschaftsbesitzer ist gerade nicht „zur Herausgabe außer Stande", wie es § 2020 BGB verlangt.

84 Anders stellt sich die Situation dagegen bei **Schadensersatzpflichten nach den §§ 2023 ff BGB** dar. Diese Schadensersatzansprüche müssen im Falle einer Veräußerung unter Wert anwendbar sein. Es ergibt einfach keinen Sinn, wenn der Erbschaftsbesitzer bei Entwertung einer einzelnen Sache nach diesen Vorschriften haften, bei Unterwertveräußerung und damit Entwertung des Nachlasses insgesamt dagegen keiner Schadensersatzpflicht unterliegen würde (so aber wohl Maurer 108, nach dem die Surrogation schlechterdings Sekundäransprüche wegen des Verlustes des ursprünglich Erlangten ausschließt). Es empfiehlt sich deshalb, trotz des Eintritts der Surrogationswirkung den Schadensersatzanspruch wegen des Verlustes des ursprünglich Erlangten dem Grunde nach zu gewähren und den Surrogationserwerb lediglich bei der Schadensbemessung als auszugleichenden Folgevorteil des Erben zu behandeln.

VI. Schutz Dritter

Da die Verfügungen des Erbschaftsbesitzers über Erbschaftsmittel Verfügungen eines Nichtberechtigten sind, müssen **gutgläubige Dritte** gegen die damit verbundenen Gefahren geschützt werden. 85

1. Schutz gewähren ihnen zunächst die Vorschriften, die den gutgläubigen Erwerb vom Nichtberechtigten schützen, also die §§ 892, 893, 932 ff BGB. Zu beachten ist aber, dass bei beweglichen Gegenständen der gutgläubige Erwerber trotz guten Glaubens kein Eigentum erlangen kann, soweit der Besitz nach § 857 BGB auf den Erben übergegangen war und die Sache deshalb als abhanden gekommen anzusehen ist. Gedeckt ist der Erwerber hier nur, wenn der Erbschaftsbesitzer durch Erbschein als Erbe ausgewiesen ist; zugunsten des redlich mit dem Scheinerben Verhandelnden wird der Inhalt des Erbscheins als richtig unterstellt (§§ 2366, 2367 BGB) und damit auch die Anwendung des § 935 BGB ausgeschaltet. 86

Auch die Schuldner von Erbschaftsforderungen sind nur dann gesichert, wenn sie an den durch Erbschein Ausgewiesenen leisten, § 2367 BGB; sie müssen sich also in Zweifelsfällen vor der Zahlung den Erbschein vorlegen lassen oder sich nach § 372 S 2 BGB durch Hinterlegung befreien. 87

2. Dadurch allein erfährt aber der Schuldner einer Forderung, die nach § 2019 Abs 1 BGB durch Surrogation zum Bestandteil der Erbschaft wird, noch keine hinreichende Sicherung, wenn diese Forderung vom Erbschaftsbesitzer im eigenen Namen mit Erbschaftsmitteln begründet worden ist. Hier ist er ähnlich gefährdet wie der Schuldner einer Forderung, die über seinen Kopf hinweg abgetreten worden oder kraft Gesetzes auf einen neuen Gläubiger übergegangen ist. 88

Deshalb schützt die Sondervorschrift des **Abs 2** den Schuldner hier nach dem Vorbild des Schuldnerschutzes bei der Forderungsabtretung. Er muss die Surrogation und die daraus folgende **Zugehörigkeit der Forderung zur Erbschaft erst dann gegen sich gelten lassen, wenn er** von der Zugehörigkeit **Kenntnis erlangt**, dh von den sie begründenden Tatsachen (dass die Forderung mit Erbschaftsmitteln erworben und dass der Erbschaftsbesitzer nicht der wahre Erbe ist) auf irgendeinem Wege Kenntnis erfährt und daraus (zumindest im Sinne einer „Parallelwertung in der Laiensphäre") die richtigen rechtlichen Schlüsse zieht (ebenso Maurer 151; zu großzügig hier Erman/Schlüter[12] Rn 5). Solange ihm diese Kenntnis fehlt, darf er also den Erbschaftsbesitzer als Gläubiger behandeln. 89

Im Übrigen werden die §§ 406–408 BGB für entsprechend anwendbar erklärt. Der Schuldner kann also mit einer ihm gegen den Erbschaftsbesitzer zustehenden Forderung gegenüber dem Erben aufrechnen, sofern er nicht bei ihrem Erwerb von der Zugehörigkeit der Gegenforderung zur Erbschaft Kenntnis hatte oder die Forderung erst nach der Erlangung der Kenntnis und später als die Erbschaftsforderung fällig geworden ist (§ 406 BGB). Der Erbe muss Leistungen an den und Rechtsgeschäfte mit dem Erbschaftsbesitzer in Ansehung der Forderung gegen sich gelten lassen, 90 sofern der Schuldner dabei nicht die Kenntnis von der Zugehörigkeit der Forderung gehabt hat (§ 407 BGB). Gleiches gilt für Leistungen und Rechtsgeschäfte des Schuldners bei Wiederabtretung (§ 408 BGB).

91 Dagegen ist **§ 405 BGB**, der den Einwand des Scheingeschäfts gegenüber einer vom Schuldner ausgestellten Urkunde beschränkt, **nicht anwendbar** (so zutreffend BGB-RGRK/Kregel Rn 4; MünchKomm/Helms[8] Rn 17; Soergel/Dieckmann Rn 9; jurisPK/Ehm[8] Rn 14; Bamberger/Roth/Müller-Christmann[4] Rn 13; NK-BGB/Fleindl[5] Rn 19; Erman/Horn[15] Rn 6; BeckOGK/Lindner [1. 6. 2019] Rn 20. 1; Damrau/Schmalenbach[4] Rn 14). § 405 BGB ist in Abs 2 S 2 nicht mit in Bezug genommen, und eine entsprechende Erweiterung der Verweisung im Wege der Rechtsfortbildung verbietet sich schon deshalb, weil Abs 2 S 2 doch gerade den Schuldnerschutz sicherstellen will, während § 405 BGB auf den Schutz des neuen Gläubigers abzielt.

92 **Nicht ausdrücklich erwähnt** wird **§ 404 BGB**, doch muss auch diese Grundregel des Schuldnerschutzes eingreifen, wenn § 2019 Abs 2 BGB den von der Surrogation der Forderung betroffenen Schuldner einem debitor cessus gleichstellt (Planck/Flad Anm 5; Jauernig/Stürner[17] Rn 4; K W Lange[2] § 43 Rn 44; MünchKomm/Helms[7] Rn 17; NK-BGB/Fleindl[5] Rn 19; BeckOGK/Lindner [1. 6. 2019] Rn 20. 1; **aA** Maurer 152). § 2019 Abs 2 BGB ist daher um § 404 BGB **teleologisch** zu **erweitern**, sofern man diese Regelung nicht ohnehin schon in § 2019 BGB erkennen will (so wohl Bamberger/Roth/Müller-Christmann[4] Rn 12).

93 Es versteht sich nämlich fast von selbst, dass im Falle des Verkaufs eines Nachlassgegenstandes durch den Erbschaftsbesitzer der Umfang der nach § 2019 BGB in der Person des Erben entstandenen Kaufpreisforderung durch die vom Käufer berechtigtermaßen erklärte Minderung reduziert wird.

94 Ferner muss § 404 BGB in solchen Konstellationen anwendbar bleiben, in denen der Surrogationserwerb erst nachträglich eintritt, weil der Erbschaftsbesitzer den Nachlassgegenstand erst nachträglich leistet (s oben Rn 30). Hat etwa der Vertragspartner des Erbschaftsbesitzers zwischen dem Abschluss des Kaufvertrages und der Leistung des Erbschaftsbesitzers von diesem eine Stundung der Kaufpreisforderung erlangt oder hat er in diesem Zeitraum bereits eine Teilleistung an den Erbschaftsbesitzer erbracht, so muss er diesen Umstand dem Erben ohne Weiteres entgegenhalten können.

VII. Beweislast

95 Der Erbe muss, wenn er auf Ersatzgegenstände zugreifen will, darlegen und beweisen, dass die Voraussetzungen der unmittelbaren Ersetzung nach § 2019 Abs 1 BGB gegeben sind. Die Beweisführung wird dabei durch die Auskunftspflicht des Erbschaftsbesitzers (§ 2027 BGB) erleichtert (Baumgärtel/Schmitz[4] Rn 1). Im Rahmen von § 2019 Abs 2 BGB gelten die gleichen Grundsätze der Beweislastverteilung wie im unmittelbaren Anwendungsbereich der §§ 406–408 BGB (vgl Staudinger/Busche [2017] § 406 Rn 50 f, § 407 Rn 45, § 408 Rn 12).

§ 2020
Nutzungen und Früchte

Der Erbschaftsbesitzer hat dem Erben die gezogenen Nutzungen herauszugeben; die Verpflichtung zur Herausgabe erstreckt sich auch auf Früchte, an denen er das Eigentum erworben hat.

Materialien: E I § 2081 Nr 4; II § 1894; III § 1995; Mot V 585 ff; Prot V 710, 714 ff; Denkschr 727; JAKOBS/SCHUBERT ER I 663–696, 707–724.

Systematische Übersicht

Alphabetische Übersicht

I. Zwecke, Unterschiede zu den Einzelansprüchen

1 § 2020 BGB erstreckt die Herausgabepflicht des Erbschaftsbesitzers ganz allgemein auch auf alle vom Erbschaftsbesitzer aus Erbschaftsgegenständen gezogenen Nutzungen (also unmittelbare und mittelbare Sachfrüchte, unmittelbare und mittelbare Rechtsfrüchte sowie Gebrauchsvorteile, §§ 100, 99 BGB).

2 Wenn der Erbe nur auf die vindikatorischen und kondiktionsrechtlichen Einzelansprüche angewiesen wäre, so wäre er regelmäßig kaum schlechter gestellt (unrichtig STAUDINGER/LEHMANN[11] Rn 1). Denn das Haftungsprivileg des § 993 Abs 1 HS 2 BGB käme insoweit nur im Falle eines entgeltlichen Erbschaftserwerbs (§ 2030 BGB) zum Tragen; der normale Erbschaftsbesitzer würde infolge der Unentgeltlichkeit seines

Erwerbs (das steckt hinter § 2020 BGB ebenso wie der generelle Gedanke der §§ 2018 ff BGB, die Erbschaft als Ganzes zu erhalten) nach § 988 BGB haften. Er müsste also auch ohne die Sonderregelung des Erbschaftsanspruches alle Nutzungen herausgeben.

3 Ein Unterschied zwischen § 988 BGB und § 2020 BGB ergibt sich allerdings daraus, dass die letztere Vorschrift bei noch in Natur vorhandenen Früchten **keine Berufung auf den Bereicherungswegfall** zulässt. Der daraus resultierende Vorteil für den Erben ist jedoch schon wegen seiner umfassenden Verwendungsersatzpflicht (§ 2022 BGB) kaum spürbar (vgl Gursky, in: 3. FS vLübtow 211, 216). Auch hier zeigt sich daher, dass anders als im Eigentümer-Besitzer-Verhältnis die Erbschaft möglichst als Ganzes von dem Vermögen des Erbschaftsbesitzers getrennt bleiben soll: komplette Erstattung der Nutzungen einerseits, Ersatz aller Verwendungen andererseits (s Vorbem 111 zu § 2018).

4 Die Regelung des **§ 2020 HS 2 BGB** impliziert, dass die sachenrechtlichen Vorschriften über den Eigentumserwerb an Sachfrüchten nicht durch § 2019 BGB (unmittelbare Ersetzung) korrigiert werden, der Erbe vielmehr im Falle eines Eigentumserwerbes des Erbschaftsbesitzers nach § 955 BGB nur einen schuldrechtlichen Herausgabeanspruch hat. Das wurde von der II. Kommission wie folgt begründet: Bei der Annahme eines dinglichen Rechtes des Erben an den seitens des Erbschaftsbesitzers gezogenen Nutzungen könne der gutgläubige Erbschaftsbesitzer zwar seine Verwendungen in Abzug bringen, nicht aber einwenden, dass er aus den Nutzungen nicht mehr bereichert sei. Diese Konsequenz sei jedoch zu hart (Prot V 714 f). Diese Erwägung trifft allerdings nicht zu. Auch gegenüber der obligatorischen Verpflichtung zur Herausgabe und Übereignung der Früchte kommt eine Berufung auf den Wegfall der Bereicherung ja erst dann nach § 2021 BGB in Betracht, wenn der Erbschaftsbesitzer die Früchte gar nicht mehr hat und deshalb auch nicht mehr herausgeben kann (Windscheid/Kipp III 538 f).

5 Zu weiteren Unterschieden zu den §§ 985 ff BGB s ausführlich Vorbem 110 ff zu § 2018.

II. Insbesondere: Dinglicher oder schuldrechtlicher Charakter des Herausgabeanspruchs

6 Erhebliche praktische Bedeutung hat die Frage, welche Rechtsnatur der Herausgabeanspruch aus § 2020 BGB aufweist. Nur wenn er dinglichen Charakter hat, kann er etwa im Insolvenzverfahren über das Vermögen des Erbschaftsbesitzers die Aussonderung der Früchte gem § 47 InsO ermöglichen. Die Frage des dinglichen oder schuldrechtlichen Charakters des Nutzungsherausgabeanspruchs lässt sich aber **nicht einheitlich entscheiden**, da die möglichen Leistungsinhalte sehr unterschiedlich sind.

1. §§ 953, 956

7 **Dinglichen** Charakter hat der Herausgabeanspruch zweifellos, soweit der Erbe Sachfrüchte herausverlangt, an denen er nach § 953 BGB Eigentum erworben hat, weil der Erbschaftsbesitzer im Zeitpunkt der Trennung bereits bösgläubig war (Olzen

JuS 1989, 374, 375; Medicus/Petersen BR[27] Rn 603 d; MünchKomm/Helms[8] § 2020 Rn 3; Burandt/Rojahn/Gierl[3] § 2020 Rn 6; NK-BGB/Fleindl[5] Rn 1; jurisPK/Ehm[8] Rn 4).

8 Entsprechendes gilt, wenn der Erbe nach § 956 BGB kraft einer dem Erblasser erteilten obligatorischen Aneignungsgestattung erworben hat, weil der vermeintliche Erbe den Fremdbesitz des Erblassers fortsetzt, also selbst weder nach § 955 BGB – er stützt sich nicht auf ein dingliches Nutzungsrecht an der Sache – noch nach §§ 957, 956 BGB – es fehlt dafür an einer ihm gegenüber erteilten Fruchtziehungsgestattung – Eigentum erwerben konnte.

2. Gebrauchsvorteile (§ 100)

9 Einfach ist umgekehrt die Situation hinsichtlich der vom Erbschaftsbesitzer gezogenen Gebrauchsvorteile (§ 100 2. Fall BGB). Hier versteht es sich von selbst, dass die Herausgabepflicht hinsichtlich der letzteren nur im Sinne einer **schuldrechtlichen** Werterstattungspflicht verstanden werden kann, die zudem nach §§ 2021, 818 Abs 3 BGB noch unter dem Vorbehalt einer fortdauernden Bereicherung des Erbschaftsbesitzers steht (zu Gebrauchsvorteilen näher § 2021 Rn 11, 16 f).

3. § 955

10 **Problematisch** ist dagegen der Charakter der Pflicht des Erbschaftsbesitzers zur Herausgabe solcher noch vorhandener Sach- und Rechtsfrüchte, die dieser nach allgemeinen Regeln selbst erworben haben müsste. Wenn man insoweit § 2019 BGB oder seine anerkannten Erweiterungen (s § 2019 Rn 66 ff) anwendet, wären diese Früchte kraft des Surrogationsgrundsatzes an den Erben gefallen; der Herausgabeanspruch aus §§ 2018, 2019 BGB hätte dann dinglichen Charakter. Für diese Lösung spricht die Erwägung, dass sämtliche Nutzungen, die der Erbschaftsbesitzer aus den Erbschaftsgegenständen zieht, eigentlich mit Mitteln der Erbschaft erlangt sind. Besonders gilt dies für die mittelbaren Sachfrüchte (§ 99 Abs 3 BGB), wie Miet- und Pachtzinsforderungen und die darauf eingegangenen Gelder.

11 Auf der anderen Seite sagt aber **HS 2**, dass die Verpflichtung zur Herausgabe sich auch auf die Früchte erstreckt, an denen der Erbschaftsbesitzer das Eigentum erworben hat. Diese Möglichkeit ist nur denkbar, wenn man die besonderen sachenrechtlichen Vorschriften über den Eigentumserwerb an Früchten als vom Surrogationsgrundsatz nicht ausgeschaltet anerkennt (**aA** F Leonhard Anm II; AK-BGB/Wendt Rn 5 ff; Wendt, in: 3. FS vLübtow 229, 233 f). Dieser Schluss ist zumindest für die unmittelbaren Sachfrüchte unabweisbar: Diese Konstellation – die einfachste und anschaulichste Gruppe der Früchte – muss der Gesetzgeber bei der Formulierung des § 2020 HS 2 BGB jedenfalls im Auge gehabt haben. Für die Ausnahme der natürlichen Früchte vom Surrogationsprinzip spricht im Übrigen auch, dass sie regelmäßig verbraucht werden, verbrauchbare Sachen aber nach römischem Recht von der Surrogation ausgenommen blieben (vgl Windscheid/Kipp III § 612, 3 u 4).

11a Es bleibt also dabei, dass der gutgläubige Erbschaftsbesitzer trotz § 2019 BGB nach **§ 955 BGB** an den unmittelbaren Sachfrüchten mit der Trennung Eigentum erwirbt (BGHZ 109, 214, 217; Burandt/Rojahn/Gierl[3] Rn 5; BeckOGK/Lindner [1. 6. 2019] Rn 5;

NK-BGB/Fleindl[5] Rn 1; jurisPK/Ehm[8] Rn 4; Jauernig/Stürner[17] Rn 1; Erman/Horn[15] Rn 2; fast allgM; anders nur Leonhard Anm II und Wendt Rn 5 ff).

12 Der gutgläubige Erbschaftsbesitzer muss die unmittelbaren Sachfrüchte dann zwar ebenfalls nach § 2020 HS 2 BGB herausgeben, aber diese Herausgabepflicht hat obligatorischen Charakter; sie richtet sich demgemäß auf Besitz- und Eigentumsübertragung (BGHZ 109, 214, 217; abw F Leonhard Anm II). Und das wiederum bedeutet, dass der Erbe insoweit das **Insolvenzrisiko** des Erbschaftsbesitzers trägt (Olzen Rn 841; Jaeger/Henckel InsO § 47 Rn 86; Braun/Bäuerle[3] InsO § 47 Rn 44; Gottwald, Insolvenzrechts-Handbuch[3] § 40 Rn 16; Muscheler ErbR 2009, 38, 43; BeckOGK/Lindner [1. 6. 2019] Rn 5; **aA** [schuldrechtlicher Anspruch mit Aussonderungskraft] MünchKommInsO/Ganter[2] § 47 Rn 335; Kübler/Prütting/Prütting InsO § 47 Rn 68).

4. Unmittelbare und mittelbare Rechtsfrüchte (§ 99 Abs 2, § 99 Abs 3 HS 2)

13 Unproblematisch ist wiederum die Behandlung der **Rechtsfrüchte**: Wenn der Erbschaftsbesitzer etwa Darlehenszinsen aus einem vom Erblasser gegebenen Darlehen eingezogen hat, spielt deren Qualifikation als Rechtsfrucht überhaupt keine Rolle. Es besteht kein vernünftiger Grund, den Fall anders zu behandeln als solche Leistungen, die sonstige Nachlassschuldner an den Erbschaftsbesitzer als vermeintlichen Rechtsnachfolger ihres bisherigen Gläubigers erbringen (s dazu § 2019 Rn 68 ff). Das Gleiche gilt, wenn er die Dividende einer zum Nachlass gehörenden Aktie eingezogen oder eine Lizenzgebühr für die noch vom Erblasser vorgenommene Überlassung eines zum Nachlass gehörenden Patentrechts eingenommen hat (vgl jurisPK/Ehm[8] § 2020 Rn 4).

13a Der Anspruch auf Herausgabe der unmittelbaren und mittelbaren Rechtsfrüchte hat demgemäß dinglichen Charakter (jurisPK/Ehm[8] § 2020 Rn 4; MünchKomm/Helms[8] Rn 4; Bamberger/Roth/Müller-Christmann[4] Rn 2; BeckOGK/Lindner [1. 6. 2019] Rn 6; jedenfalls bzgl der mittelbaren Rechtsfrüchte – sonst unklar – Burandt/Rojahn/Gierl[3] Rn 7 und NK-BGB/Fleindl[5] Rn 2).

5. Mittelbare Sachfrüchte (§ 99 Abs 3 HS 1)

14 Streitig ist demgegenüber die Behandlung der **mittelbaren Sachfrüchte** iSv § 99 Abs 3 BGB. Die **hM** (Planck/Strohal[3] Anm 2b; F Leonhardt § 2019 Anm II C 1; BGB-RGRK/Kregel Rn 1; MünchKomm/Helms[8] Rn 4; Soergel/Dieckmann Rn 2; NK-BGB/Fleindl[5] Rn 2; jurisPK/Ehm[8] Rn 4; Bamberger/Roth/Müller-Christmann[4] Rn 2; Damrau/Schmalenbach[4] Rn 4; Palandt/Weidlich[79] Rn 1; BeckOGK/Lindner [1. 6. 2019] Rn 3, 7; Beyer 128 ff; vLübtow II 1056; Kipp/Coing § 107 II 4 Fn 8; Dietz 154; Crome § 715 Fn 37; Michalski Rn 1044, 1046; Olzen Rn 841; Muscheler ErbR 2009, 38, 43 f; Joachim Rn 503; implizit Martinek ZGR 1991, 74, 92) will die Regelung des § 2020 HS 2 BGB auf die unmittelbaren Sachfrüchte beschränken und bei den mittelbaren Sachfrüchten *ausschließlich das Surrogationsprinzip* des § 2019 BGB zur Anwendung bringen. Der wahre Erbe erwirbt nach dieser Ansicht an den mittelbaren Sachfrüchten, die durch Vermietung oder Verpachtung von Nachlasssachen gewonnen werden, automatisch das aussonderungsfähige Vollrecht (Gläubigerschaft, Eigentum).

15 Die **Gegenauffassung** (so Kipp[8] § 68 II 4; Planck/Flad Anm 2c; Strohal II § 95 II S 393 f;

Dernburg/Engelmann § 155 I 3; Endemann § 154 II b; Kretzschmar § 70 I 5; Otte, in: GS Sonnenschein [2003] 181, 193; Weinkauf 119 ff, 125; Fischer 17; Hübner 34; Maurer 155 ff) behauptet umgekehrt die generelle Unanwendbarkeit der dinglichen Surrogation bei sämtlichen Fruchtarten. Diese Autoren nehmen deshalb an, dass der Erbschaftsbesitzer an den mittelbaren Sachfrüchten – also insbesondere an den als Miet- oder Pachtzins eingenommenen Geldzeichen – ohne Rücksicht auf seinen guten oder bösen Glauben „infolge eines nach allgemeinen Grundsätzen wirksamen Übertragungsgeschäfts" Eigentum erwerbe und nur obligatorisch nach § 2020 HS 2 BGB zur „Herausgabe" (dh Übereignung) verpflichtet sei.

Richtig ist die erstere Auffassung, also eine Interpretation des § 2020 HS 2 BGB, die das **Surrogationsprinzip** bei Früchten nur insoweit preisgibt, als das nach dem Wortlaut des Gesetzes unvermeidlich ist. Das berechtigte Interesse der Erben und der Nachlassgläubiger verlangt auch hier eine möglichst weitgehende Erstreckung der dinglichen Surrogation (so auch Olzen JuS 1989, 374, 378). Es ist widersprüchlich, eine vom Erbschaftsbesitzer im eigenen Namen begründete Kaufpreisforderung für einen Nachlassgegenstand unmittelbar dem Erben zuzuweisen (§ 2019 BGB), eine für denselben Gegenstand erzielte Mietzinsforderung aber nicht (vgl auch Otte, in: GS Sonnenschein [2003] 181, 193). 16

Hiergegen hat allerdings Maurer eingewandt, in den Fällen der Ziehung mittelbarer Sachfrüchte scheide die Anwendung des § 2019 BGB schon deshalb aus, weil es hier an einer „Verfügung" über Nachlassmittel und damit an einer Aufopferung von Nachlassbestandteilen fehle (155 f). Eine Verfügung im technischen Sinne wäre aber jedenfalls dann gegeben, wenn der Erbschaftsbesitzer (wirksam) ein beschränktes dingliches Nutzungsrecht an einer Nachlasssache gegen Entgelt bestellt; und dieses Entgelt wäre dann eine mittelbare Sachfrucht. 17

Zudem wird jedenfalls von einem Teil des Schrifttums mit guten Gründen auch bei **§ 816 Abs 1 BGB** die Vermietung oder Verpachtung einer fremden Sache einer Verfügung im technischen Sinne im Analogiewege gleichgestellt (s Gursky, 20 Probleme aus dem Bereicherungsrecht[6] [2008] 78 ff). In der Tat ist auch hier eine wirksame Aufopferung von Nachlassmitteln jedenfalls dann gegeben, wenn der Erbe den abgeschlossenen Miet- oder Pachtvertrag genehmigt und sich damit (vgl Staudinger/Klumpp [2019] § 185 Rn 145 ff) an diesen fremden Vertrag bindet: Der Erbe verliert damit für die Laufzeit des Vertrages gegen den Mieter oder Pächter die Möglichkeit, mit dem Vindikationsanspruch oder einem Nutzungsherausgabeanspruch gegen den Mieter oder Pächter vorzugehen. 18

III. Anspruchsgegenstand und -inhalt

Gegenstand des Anspruchs sind die **Nutzungen** (vgl § 100 BGB). Unmodifiziert gilt die Norm aber nur für die wichtigste Unterart der Nutzungen, die unmittelbaren Sachfrüchte (§ 99 Abs 1 BGB); für die vom Erbschaftsbesitzer gezogenen Gebrauchsvorteile gilt § 2020 BGB von vornherein nur in Verbindung mit §§ 2021 Abs 2, 3 BGB und eventuell §§ 2023 Abs 2, 2024 BGB (s oben Rn 9, § 2021 Rn 11, 16 f und § 2024 Rn 3). 19

Soweit herauszugebende Früchte noch vorhanden sind, hat die Herausgabe in Natur 20 zu erfolgen. Soweit sie (schon nach allgemeinen Regeln oder aber infolge Eingreifen des Surrogationsgrundsatzes, s oben Rn 13) in das Eigentum des Erben gefallen sind, hat der Herausgabeanspruch dinglichen Charakter; soweit sie in das Eigentum des gutgläubigen Erbschaftsbesitzers gefallen sind, dagegen schuldrechtlichen Charakter. Im ersteren Fall richtet sich der Anspruch auf Auskehrung des Besitzes, im zweiten auf Übertragung von Besitz und Eigentum.

21 Soweit der Erbschaftsbesitzer zur Herausgabe in Natur außerstande ist, hat er eine Werterstattungspflicht nach §§ 2021, 818 Abs 2, 3 BGB (s § 2021 Rn 15 ff). Diese Form der Sekundärhaftung gilt auch für den obligatorischen Herausgabeanspruch aus § 2020 HS 2 BGB (Planck/Flad Anm 3; BGB-RGRK/Kregel Rn 2; MünchKomm/Helms[8] Rn 6; jurisPK/Ehm[8] Rn 6; Bamberger/Roth/Müller-Christmann[4] Rn 3; BeckOGK/Lindner [1. 6. 2019] Rn 4; vLübtow II 1056; Endemann § 154 II b 3); die §§ 275 ff BGB werden hier durch § 2021 BGB verdrängt (Olzen Rn 840 Fn 56). Gegenüber dem obligatorischen Anspruch auf Herausgabe der noch in Natur vorhandenen Sachfrüchte *(fructus extantes)* lässt sich eine Haftungseinschränkung wegen Wegfalls der Bereicherung (§ 818 Abs 3 BGB) übrigens nicht begründen (aA Windscheid/Kipp III 539); er ist schuldrechtlicher, aber nicht bereicherungsrechtlicher Art.

22 Soweit die Früchte **noch ungetrennt** vorhanden sind, gehören sie selbstverständlich dem Erben, der sie nach § 2018 BGB mit der Hauptsache herausverlangen kann.

23 Unmittelbare Sachfrüchte von Sachen, an denen dem Erblasser kein Fruchtziehungsrecht zustand und die nur tatsächlich zur Erbschaft gehören, erwirbt der Erbschaftsbesitzer, wenn er das weiß, nicht zu Eigentum, aber auch nicht der Erbe. Gleichwohl muss er sie zur Erbschaft herausgeben, da er sie aus ihr erlangt hat (vgl unten Rn 26 ff) und zwar aufgrund eines aussonderungsfähigen Anspruchs (so richtig Planck/Flad Anm 2d; MünchKomm/Helms[8] Rn 3; Soergel/Dieckmann Rn 2; Damrau/Schmalenbach[4] Rn 3. Vgl auch § 2018 Rn 85 ff, 95). Herausgabe heißt dabei nur Abgabe des Besitzes, nicht auch Übereignung.

24 Zu **Unternehmenserträgen** als Nutzungen s Walker 117 ff; Friedrich 246 f; aber auch Staudinger/Thole (2019) § 987 Rn 46 ff.

IV. Versäumte Nutzungen

25 Für die **versäumten Nutzungen** haftet der **gutgläubige** Erbschaftsbesitzer nicht. Der in der II. Komm gestellte Antrag, ihn den Nachlassgläubigern nach den Grundsätzen des Auftragsrechts für haftbar zu erklären (vgl § 1978 BGB), wurde abgelehnt; Prot V 832 f. Eine Verschärfung seiner Haftung gegenüber dem Erben tritt nach §§ 2023, 2024 BGB mit der Rechtshängigkeit des Erbschaftsanspruchs oder schon vorher mit der Unredlichkeit ein (allgM, MünchKomm/Helms[8] Rn 7; jurisPK/Ehm[8] Rn 2; BeckOGK/Lindner [1. 6. 2019] Rn 4).

V. Das Fehlen eigener Nutzungsberechtigung des Erblassers

26 Problematisch ist, ob der Nutzungsherausgabeanspruch auch die Nutzungen aus solchen **Sachen** umfasst, die nur **besitzmäßig zum Nachlass** gehört haben und bzgl derer dem Erblasser weder ein dingliches Nutzungsrecht noch eine obligatorische

Nutzungsbefugnis zugestanden hat. Die hM bejaht diese Frage ohne nähere Begründung (s oben Rn 23; ferner Planck/Flad Anm 2d; Soergel/Dieckmann Rn 2 [schuldrechtliche Herausgabepflicht, aber Aussonderungsrecht]; MünchKomm/Helms[8] Rn 3; DEK/Lenz Rn 2; PWW/Zimmer[14] Rn 4; Burandt/Rojahn/Gierl[3] Rn 2; Joachim Rn 502); von Wieling (JZ 1986, 5, 7) wird sie ebenso lakonisch verneint.

27 Es spricht doch mehr für die Position der hM. Die Nutzungsherausgabeansprüche des Erben aus § 2020 BGB (bzw nach Eintritt der Haftungsverschärfung aus §§ 2024 S 1 oder 2, 2023 Abs 2, 1, 987 Abs 1, 2 BGB) enthalten kein Tatbestandsmerkmal, aus dem sich der Ausschluss der Nutzungsherausgabepflicht bei Fehlen eigener Nutzungsbefugnis des Erben ableiten ließe. Die Ausklammerung der Frage der eigenen Nutzungsberechtigung des Erben ist prozessökonomisch und verletzt keine schutzwürdigen Interessen des Erbschaftsbesitzers, der ja dem wirklichen Eigentümer der Sache gegenüber ohnehin nach § 988 BGB nutzungsherausgabepflichtig wäre.

28 Der Erbe seinerseits wird damit nicht überprivilegiert, da er wiederum dem Eigentümer gegenüber zumindest aus dem Gesichtspunkt der allgemeinen Eingriffskondiktion zur Weiterleitung der Nutzungen verpflichtet ist (vgl Gursky, in: 3. FS vLübtow 211, 218 f; Maurer 59; Damrau/Schmalenbach[4] Rn 7; PWW/Zimmer[14] Rn 4; dem wohl folgend BeckOGK/Lindner [1. 6. 2019] Rn 9). Die Durchsetzung des Nutzungsherausgabeanspruchs ist als Ziehung mittelbarer Sachfrüchte (§ 99 Abs 3 BGB) und damit als (mittelbare) Nutzung der nur faktisch zum Nachlass gehörenden Sache zu qualifizieren. Diese Abwicklung über Dreieck kann im Einzelfall durchaus im Interesse des dritten Eigentümers liegen, weil dieser auf dem Wege über den Erben uU auch auf solche Nutzungen zugreifen kann, die er unmittelbar vom Erbschaftsbesitzer nicht herausverlangen könnte (s Gursky, in: 3. FS vLübtow 211, 218 f; **aA** Maurer 160 f).

§ 2021
Herausgabepflicht nach Bereicherungsgrundsätzen

Soweit der Erbschaftsbesitzer zur Herausgabe außerstande ist, bestimmt sich seine Verpflichtung nach den Vorschriften über die Herausgabe einer ungerechtfertigten Bereicherung.

Materialien: E I §§ 2083, 2087; II § 1895; III § 1996; Mot V 587; Prot V 696 f, 716; Jakobs/Schubert ER I 663–665, 671–695, 708–725.

Systematische Übersicht

Alphabetische Übersicht

I. Grundsätzliches, Anwendbarkeit

1 § 2021 BGB schränkt den Umfang der in §§ 2018–2020 BGB grundsätzlich anerkannten Herausgabepflicht nach den Grundsätzen des Bereicherungsrechts ein, wenn der gutgläubige und noch nicht verklagte Erbschaftsbesitzer zur Herausgabe „außerstande" ist. In dieser Rechtsfolgenverweisung liegt dreierlei:

2 Erstens tritt an die Stelle der bisher an sich geschuldeten Herausgabe in Natur eine wertmäßige Herausgabe (§ 818 Abs 2 BGB).

3 Zweitens wird diese am objektiven Wert des betreffenden Vorteils orientierte Vergütungspflicht durch § 818 Abs 3 BGB auf die beim Erbschaftsbesitzer noch vorhandene Bereicherung begrenzt. Der Erbschaftsbesitzer kann (in beschränktem Umfang) Verluste, die ihm aus Anlass der Inbesitznahme des Nachlasses in seinem ureigenen Vermögen entstanden sind, als bereicherungsmindernd absetzen (s unten Rn 22 ff), wenn sie eingetreten sind, als er noch nicht verschärft haftete. Soweit die bisherige Herausgabepflicht ohnehin schon obligatorischer Natur war (§ 2020 HS 2 BGB), wird der gutgläubige und unverklagte Erbschaftsbesitzer auch von einer denkbaren Schadensersatzpflicht wegen schuldhaft herbeigeführter Leistungsunmöglichkeit (§§ 280 Abs 1 und 3, 283 BGB) freigestellt (vgl unten Rn 12).

4 Die Haftung des Erbschaftsbesitzers verschärft sich drittens zu einer bereicherungsunabhängigen, wenn die Herausgabe in Natur zu einem Zeitpunkt unmöglich wird, zu dem der Erbschaftsbesitzer bereits bösgläubig (§ 2024 BGB) bzw auf Herausgabe verklagt (§ 818 Abs 4 BGB) war (s unten Rn 40 ff).

5 Die verschärfte Bereicherungshaftung kann mit einer Schadensersatzhaftung zusammentreffen (zB die Haftung auf den objektiven Wert der nunmehr gezogenen Gebrauchsvorteile, §§ 2020 HS 1, 100, 2021, 2024, 818 Abs 4 u Abs 2 BGB, mit der Schadensersatzhaftung nach §§ 2024, 292, 989 BGB wegen gebrauchsbedingter Abnutzung). Hier bildet der Anspruch auf Vergütung der Gebrauchsvorteile einen Folgevorteil des Schadensereignisses, der den Umfang des geschuldeten Schadensersatzes infolge Aufrechnung mindert, wenn Nutzungsherausgabe verlangt wird (abw Staudinger/Gursky [2016] Rn 1: automatische Verrechnung; abw in der Konstruktion Bamberger/Roth/Fritzsche[4] § 989 Rn 16: Der Anspruch auf Nutzungsersatz sei kein Folgevorteil des Schadensereignisses, weil der Anspruch aus § 987 nicht von einer verschuldeten Unfähigkeit zur Herausgabe der Sache abhängig sei. Natürlich ist § 987 Abs 1 nicht von einem Verschulden abhängig, aber hier geht es ja gerade um einen Fall, in dem die Voraussetzungen eines Schadensersatzanspruchs vorliegen, und dann kann der Gebrauchsvorteil sehr wohl einen Folgevorteil dieses Schadensereignisses bilden).

Keine, auch keine entsprechende Anwendung findet § 2021 BGB auf den Anspruch des nichtehelichen Kindes gegen den Staat als Fiskuserben (§ 1936 BGB) aus **Art 12 § 10 Abs 2 S 1 NEhelG** (BGH 18. 10. 2017 – IV ZR 97/15, FamRZ 2017, 2061 mit zust Anm Rohlfing FamRB 2018, 31). Der BGH stellt darauf ab, dass Art 12 § 10 Abs 2 S 1 NEhelG nur einen Wertersatzanspruch gewähre, keinen Nutzungsersatzanspruch (wie §§ 2021, 2021 BGB). Es habe dem Willen des Gesetzgebers entsprochen, dass ein nichteheliches Kind nur den Ersatz des Wertes des Nachlasses selbst erhalte, so dass eine planwidrige Regelungslücke nicht bestehe. Dieses Ergebnis dürfte mit Verfassungs- und Konventionsrecht übereinstimmen, da der EGMR an den Regelungen zum Erbrecht nichtehelicher Kinder ua gerügt hatte, dass vor dem 1. Juli 1949 geborene nichtehelicher Kinder von erbrechtlichen Ansprüchen gegen den Vater ohne finanzielle Entschädigung ausgeschlossen worden seien (EGMR ZEV 2009, 510 [512]). Hier wird ein Wertersatzanspruch gewährt (s zu den Hintergründen des NEhelG und der hierzu ergangenen Rspr des EGMR ausführlich Staudinger/Otte [2017] Einl 34, 101, 104d ff zum Erbrecht). 6

II. Besondere Voraussetzungen der Bereicherungshaftung

1. Die nach §§ 2018–2020 BGB primär geschuldete Herausgabe in Natur muss **unmöglich** sein. 7

Diese Unmöglichkeit liegt nicht vor, soweit § 2019 BGB eingreift oder durch die Verbindung, Vermischung oder Vermengung einer Erbschaftssache mit Sachen des Erbschaftsbesitzers Miteigentum begründet worden ist; letzterenfalls ist dieses Miteigentum herauszugeben (BGB-RGRK/Kregel Rn 3; MünchKomm/Helms[8] Rn 2; NK-BGB/Fleindl[5] Rn 2; Erman/Horn[15] Rn 2; BeckOGK/Lindner [1. 6. 2019] Rn 2). Falls das Surrogat geringwertiger ist, kommt es damit nicht zu einer Kombination von Surrogatsherausgabe und ergänzendem bereicherungsrechtlichen Wertausgleich (§ 2019 Rn 18, 83; BeckOGK/Lindner [1. 6. 2019] Rn 2; Maurer 148; Muscheler ErbR 2009, 76, 77; **aA** AK-BGB/Wendt Rn 2; Soergel/Dieckmann Rn 2; Damrau/Schmalenbach[4] Rn 2). 8

Besteht der Ersatzvorteil in einem **Geldanspruch** und ist das darauf eingezogene Geld nicht mehr in Natur vorhanden, etwa verausgabt, so greift nicht die allgemeine (früher zT aus § 279 BGB aF abgeleitete, aber schon aus dem Prinzip der unbeschränkten Vermögenshaftung folgende [s Palandt/Grüneberg[79] § 276 Rn 28]) Regel ein, wonach ein Leistungsunvermögen bei Geldschulden nicht befreit, sondern es 9 ist nach Bereicherungsrecht zu fragen, ob und inwieweit der Erbschaftsbesitzer sich auf den nachträglichen Wegfall der Bereicherung (§ 818 Abs 3 BGB) berufen kann (vgl RG Recht 1920 Nr 417; Maurer 163 f; Planck/Flad pr; AK-BGB/Wendt Rn 3; Soergel/Dieckmann Rn 3; MünchKomm/Helms[8] Rn 2; NK-BGB/Fleindl[5] Rn 2; jurisPK/Ehm[8] Rn 3; BeckOGK/Lindner [1. 6. 2019] Rn 3).

10 **2.** Der **Grund**, aus dem der Erbschaftsbesitzer zur Herausgabe außerstande ist, ist **gleichgültig**, mag er die Sachen verbraucht, verschenkt, veräußert oder verloren haben, mag er mit Mitteln der Erbschaft unübertragbare Rechte erworben haben, deren Surrogierung nicht in Frage kommt, oder mag er endlich einen Erwerb gemacht haben, der völlig in seinem Eigenvermögen aufgegangen ist.

11 Die Unmöglichkeit kann aber auch ihren Grund darin haben, dass die Nutzungen von vornherein nur in **Gebrauchsvorteilen** bestanden. Der Erbschaftsbesitzer hat zB ein Nachlassgrundstück bewohnt und dadurch Aufwendungen erspart. In Bezug auf Kapital können Gebrauchsvorteile nach hM in tatsächlich angesparten Habenzinsen oder in ersparten Zinsaufwendungen für anderweitig erforderliche Kredite liegen (BGH 14. 10. 2015 – IV ZR 438/14, ZEV 2015, 698; zur Beweislastverteilung mit Blick auf dieses Judikat siehe Rn 17a ff; näher zur Frage, wann Zinsen aus Kapital Früchte darstellen, wann Gebrauchsvorteile, siehe Rn 17 ff sowie MünchKomm/Schwab[7] § 818 Rn 12, 16).

12 Herausgabeunmöglichkeit ist auch dann gegeben, wenn der Erbschaftsbesitzer eine erlangte Nachlasssache zwar nicht mehr hat, aber sie von ihrem jetzigen Besitzer zurückerwerben könnte (zust Damrau/Schmalenbach[4] Rn 3; BeckOGK/Lindner [1. 6. 2019] Rn 3): Der unverschärfte Erbschaftsanspruch ist – genauso wie Vindikation und Kondiktion – ein Auskehrungs-, kein Verschaffungsanspruch; der Gläubiger verlangt nur das, was der Anspruchsgegner im Widerspruch zum Erbrecht des Klägers tatsächlich hat.

13 **3.** § 2021 BGB wird regelmäßig **verdrängt**, wenn im Zeitpunkt des Eintritts der Herausgabeunmöglichkeit bereits die Voraussetzungen der **verschärften Haftung** nach § 2023 BGB oder § 2024 BGB vorlagen (MünchKomm/Helms[8] Rn 8; BeckOGK/Lindner [1. 6. 2019] Rn 4; Erman/Horn[15] Rn 7; jurisPK/Ehm[8] Rn 7). Zu einer seltenen Konstellation, in der § 2021 neben § 2023 BGB Anwendung finden kann, s Rn 41.

14 Dagegen kann die Haftung nach § 2025 BGB (entgegen NK-BGB/Fleindl[5] Rn 3) durchaus mit der Haftung aus § 2021 BGB zusammentreffen: So wenn der Erbschaftsbesitzer gutgläubig und unverklagt ist, aber den Besitz durch fahrlässig verbotene Eigenmacht gegen den wirklichen Erben erlangt hat und nun Gebrauchsvorteile zieht, die der Erbe zumindest teilweise ebenfalls gezogen hätte. Hätte dieser sie nicht gezogen, kann – mangels eines Schadens des Erben – nur die bereicherungsrechtliche Wertersatzpflicht eingreifen.

III. Anspruchsinhalt

15 Die **Bereicherungsgrundsätze** sind nicht **maßgebend** für die Festlegung der Tatbestände, aus denen sich die Haftung ergibt, sondern **nur** für die **Begrenzung des Umfangs** der in § 2021 BGB bereits als gegeben vorausgesetzten Herausgabepflicht (so schon RGZ 81, 204, 206 und 139, 17, 22; OLG Bamberg 29. 2. 2016 – 4 U 78/14 Rn 31, juris; heute

allgM, s etwa Erman/Horn[15] Rn 1; HK-BGB/Hoeren[10] Rn 1). § 2021 BGB enthält also eine Rechtsfolgenverweisung auf die §§ 818 ff BGB. Daraus folgt:

1. Der Erbschaftsbesitzer muss, soweit er zur Herausgabe außerstande ist, nach § 818 Abs 2 BGB dem Erben den **Wert des Erlangten in Geld** ersetzen. Die Beweislast für den Wert hat der Erbe (Planck/Flad Rn 4; Baumgärtel/Schmitz[4] Rn 1). Maßgeblich ist der **objektive Wert** oder Verkehrswert (s BGH NJW 2018, 3775 [3776, Rn 13]; Staudinger/Lorenz [2007] § 818 Rn 26; BeckOGK/Lindner [1. 6. 2019] Rn 5). Bei Sachen ist dies der Preis, der bei einer Veräußerung der Sache normalerweise erzielt werden kann. Bei erlangten Gebrauchsvorteilen ist dagegen der Betrag anzusetzen, zu dem die Befugnis zu einem solchen Gebrauch normalerweise zu erwerben gewesen wäre (dh die durchschnittliche Miete oder Pacht). 16

In einem von der Literatur vielfach ohne Diskussion angenommenen Urteil (vgl Reimann NJW 2016, 158; Siebert NJW 2016, 1063 [1066]; MünchKomm/Helms[8] § 2018 Rn 19; MünchKomm/Leipold § 1936 Rn 19; BeckOK/Müller-Christmann § 2018 Rn 20; BeckOGK /Tegelkamp § 1936 Rn 30; mit Diskussion dagegen – in der Sache aber teilweise zweifelhaft – Eckhardt ErbR 2016, 497, und Wolter ErbR 2017, 77) hat der BGH (14. 10. 2015 – IV ZR 438/14, ZEV 2015, 698) entschieden, dass dem Erben gegen den Erbschaftsbesitzer auch dann ein Anspruch auf Ersatz der Nutzungen aus Kapital (hier Gebrauchsvorteile [Zinsen aus erlangtem Kapital] bzw mittelbare Früchte [Zinsen aus angelegtem Kapital]) gem §§ 2021, 818 Abs 1 BGB zusteht, wenn es sich bei dem Erbschaftsbesitzer um den Fiskus gem § 1936 BGB handelt. Es sei unerheblich, dass der Fiskus keine Möglichkeit habe, die Erbschaft auszuschlagen (**aA** OLG Bamberg 20. 10. 2014 – 4 U 78/14, BeckRS 2015, 10869 Rn 18). Dem ist im Grundsatz zuzustimmen. 17

Allerdings gibt namentlich die prozessuale Seite den Ausschlag dafür, wie hoch der Anspruch des Erben im konkreten Fall ausfällt. Dem BGH genügt es, wenn der Erbe zunächst behauptet, der Fiskus habe den Betrag angelegt und Zinsen (hier in Höhe von pauschal behaupteten 4%) erwirtschaftet *oder aber* Zinsen in entsprechender Höhe erspart. Vielleicht liegt hierin ein weiterer Fall der – tatsächlichen – Vermutung, dass der Gebrauch von Kapital Nutzungen mit sich bringe (näher zum Fiskus MünchKomm/Schwab[7] § 818 Rn 9). Diese Vermutung kann der Fiskus zwar erschüttern. Hierfür genügt es dem BGH zufolge aber nicht, wenn der Fiskus behauptet, er lege Gelder nicht gewinnbringend an; und er habe auch keine Aufwendungen erspart, weil er seine Schuldzinsen *immer* – dh unabhängig von nicht eingeplanten Fiskalerbschaften – korrekt und pünktlich zurückzahle. Tatsächlich dürfte vom Fiskus ein näherer Vortrag jedoch nicht zu erwarten sein. 17a

In seinem eingehend begründeten Urteil hat das OLG Bamberg (29. 2. 2016 – 4 U 78/14 Rn 19 ff, juris), zu dem der BGH zurückverwiesen hatte, präzisiert, dass die öffentliche Hand Einnahmen regelmäßig nicht gewinnbringend anlegt, sondern im Interesse der Allgemeinheit verwendet. Soweit es um ersparte Aufwendungen geht, bleibt das OLG – wohl unter kräftigem Rütteln an § 563 Abs 2 ZPO (weitergehend zur verjährungsrechtlichen Komponente dieses Verfahrens BeckOGK/Piekenbrock [1. 2. 2020] § 194 Rn 113. 2 mit Fn 619) – in der Sache zu Recht bei seinem Standpunkt: Wenn der Fiskus schlüssig darlegt, dass er seine Kredite unabhängig von Sondereinnahmen stetig bedient, dann muss der Kläger darlegen und beweisen, dass der Fiskus in diesem 17b einen Fall eben eine Sondertilgung vorgenommen hat. Wenn der Fiskus nach mehr als 30 Jahren keine Unterlagen mehr hat, dann geht das *non liquet* zu Lasten des Erben (**aA** BGH ZEV 2015, 698 [700] Rn 13).

17c Auf die Frage der Entreicherung des Erbschaftsbesitzers (§ 818 Abs 3 BGB) kam es gar nicht mehr an; hierauf hätte sich der Fiskus als Erbschaftsbesitzer freilich berufen können (zutreffend Wolter ErbR 2017, 77, gegen Eckhardt ErbR 2016, 497).

18 Der ermittelte Betrag steht noch unter dem Vorbehalt einer Korrektur durch das Haftungsprivileg des § 818 Abs 3 BGB (s Rn 20 ff). Der BGH hat die getrennt zu prüfenden Ebenen des § 818 Abs 2 und Abs 3 BGB unzulässigerweise miteinander vermengt, indem er bei der Leistungskondiktion die Verpflichtung des Kondiktionsschuldners zur wertmäßigen Herausgabe gezogener Gebrauchsvorteile (§§ 812 Abs 1 S 1 1. Alt, 818 Abs 1, 2 BGB) an der gebrauchsbedingten Minderung des Zeitwertes der rechtsgrundlos erlangten Sache orientieren wollte (BGH LM § 818 Abs 2 BGB Nr 35 [unter B I 2 b, II 2] = NJW 1996, 250 [252]; NJW 2004, 1314 [1315]).

18a Das überzeugt erstens deshalb nicht, weil die generelle Orientierung des Wertersatzes an der vom Leistungsempfänger ersparten Abnutzung einer anderen Sache den Vorteil des § 818 Abs 3 BGB auch auf den verschärft haftenden Leistungsempfänger erstrecken würde (vgl Gursky JR 1998, 7 ff, 13 f). BeckOGK/Lindner [1. 6. 2019] Rn 6. 1 hält dies demgegenüber nicht für verfehlt und verweist zur Begründung auf die Haftung für schuldhaft nicht gezogene Nutzungen; außerdem könne sich der bösgläubige Leistungsempfänger nicht (mehr) darauf berufen, dass er von einem dauerhaften Erwerb ausgehe. Selbst wenn auf diese Weise für den bösgläubigen Leistungsempfänger wertmäßig dasselbe Ergebnis herauskommen sollte, bleibt es bei der og Vermengung der Abs 2 und 3 in § 818 BGB.

18b Zweitens ist ein gebrauchsbedingter Minderwert bei wertbeständigen Sachen wie Immobilien häufig kaum feststellbar.

18c Drittens ist die **Wertverzehrstheorie** generell recht schematisch (Staudinger/Thole [2019] § 988 Rn 29).

18d Viertens ist die Wertverzehrstheorie schon im Ansatz problematisch: Jedem Verkehrswert wohnt ein gewisser Gewinnanteil inne, und bei Nutzungen lässt sich nun einmal kein anderer Verkehrswert bilden (Bamberger/Roth/Wendehorst[4] § 818 Rn 32) – warum daher nicht auf übliche Vergütungen wie etwa die Miete abstellen (so auch Jauernig/Stadler[17] § 100 Rn 9)? Umgekehrt erhält ja auch der Leistende bei Rückgewähr etwaige Zinsen, § 818 Abs 1 BGB (überzeugend Bamberger/Roth/Wendehorst[4] § 818 Rn 32). Im Rahmen des § 2021 BGB ist die Wertverzehrstheorie daher iE genauso wenig angebracht wie im Rahmen der funktional entsprechenden Regelung des § 988 BGB (**aA** BeckOGK/Lindner [1. 6. 2019] Rn 6 f; vgl dazu ferner Staudinger/Gursky [2013] § 988 Rn 13; Staudinger/Thole [2019] § 988 Rn 27 ff).

19 Zu Unrecht behauptet Weidlich (Palandt[79] Rn 3) unter Berufung auf OLG Koblenz ZErb 2008, 168 (das tatsächlich zu §§ 2023, 2024, 989 judiziert; § 2021 wird nicht genannt), die bereicherungsrechtliche Herausgabepflicht aus § 2021 BGB umfasse außer dem Wert der Sache auch den Gewinn, der dem Erben durch die Unfähigkeit des Erbschaftsbesitzers zu ihrer Herausgabe entgeht. Letzteres wäre nicht Bereicherungsherausgabe, sondern Schadensersatz (ebenso MünchKomm/Helms[8] Rn 4).

2. Diese Verpflichtung ist ausgeschlossen, soweit der Erbschaftsbesitzer **nicht mehr bereichert** ist (§ 818 Abs 3 BGB); den Wegfall der Bereicherung muss dieser beweisen (s Staudinger/S Lorenz [2007] § 818 Rn 48). Bis zur Rechtshängigkeit oder Schlechtgläubigkeit entlastet ihn also jeder Verlust und auch jede Verschwendung. 20

Dabei ist zu beachten, dass dem Erbschaftsbesitzer die einzelnen Nachlassgegenstände und Vorteile, die er erlangt hat, gerade als Bestandteile des Ganzen, der Erbschaft entzogen werden. Dieser Ausrichtung des Rechtsbehelfs muss auch die Verteidigungsposition des Anspruchsgegners entsprechen (s § 2022 Rn 9 ff). § 2087 E I hatte noch ausdrücklich klargestellt, dass in Ansehung der Beurteilung, ob eine Bereicherung des Erbschaftsbesitzers gegeben sei, die Erbschaft als Ganzes in Betracht komme. Die II. Kommission hat diese Regelung sachlich gebilligt, aber die Redaktionskommission mit der Prüfung beauftragt, ob die Vorschrift nicht als selbstverständlich gestrichen werden könne (Prot V 722 = Mugdan V 490). 21

Als Wegfall der Bereicherung kommen daher nicht nur nachteilige Konsequenzen des konkreten Vorteilserwerbs, um den es in § 2021 BGB geht, sondern alle Folgenachteile des Erwerbs der Erbschaft insgesamt in Betracht (MünchKomm/Helms[8] Rn 5; Soergel/Dieckmann Rn 4; BeckOGK/Lindner [1. 6. 2019] Rn 8; Damrau/Schmalenbach[4] Rn 10 ff; Kipp/Coing § 107 III; Olzen JuS 1989, 384, 378 f; Muscheler ErbR 2009, 76, 77; **aA** Maurer 162, 166 f). 22

Bei der Bildung der Bereicherungsbilanz ist zu berücksichtigen, dass der Erbschaftsbesitzer die noch vorhandenen Nachlasssachen in Natur herausgeben muss und dass deshalb nur die positiven und negativen Auswirkungen auf das ureigene Vermögen des Erbschaftsbesitzers erfasst werden dürfen. Hat der Erbschaftsbesitzer etwa im Nachlass vorgefundene Baumaterialien im Wert von € 15 000 zur Verbesserung eines zum Nachlass gehörenden Hausgrundstücks verbaut und dadurch dessen Wert um € 10 000 erhöht, so ist eine auf diesen Materialverbrauch zurückführbare Bereicherung des Erbschaftsbesitzers nicht gegeben. Hätte es sich um ein eigenes Grundstück des Erbschaftsbesitzers gehandelt, so wäre dieser noch in Höhe von € 10 000 bereichert. 23

Der Verbrauch von Nachlassmitteln löst eine fortdauernde Bereicherung des Erbschaftsbesitzers im Übrigen auch insoweit aus, als dieser anderweitige Ausgaben erspart. Wenn der Erbschaftsbesitzer zB **Wertpapiere**, die er im Nachlass vorgefunden hat, versilbert und davon eine ohnehin geplante Vergnügungsreise bezahlt, so ist in voller Ausgabenhöhe eine Ersparnisbereicherung des Erbschaftsbesitzers gegeben. Hätte er die Reise dagegen ohne die vermeintliche Erbschaft nicht unternommen, so braucht er dem wahren Erben nur so viel zu erstatten, als er ohne die Reise üblicherweise zum Lebensunterhalt verbraucht hätte (so zutreffend Kipp[8] § 68 III; AK-BGB/Wendt Rn 7; MünchKomm/Helms[8] § 2021 Rn 5; Bamberger/Roth/Müller-Christmann[4] § 2021 Rn 4; BeckOGK/Lindner [1. 6. 2019] Rn 8; **aM** Maurer 45). 24

Einige Autoren (Kipp/Coing[9] § 101 III; F Leonhard Anm IV; vTuhr, in: FS Bekker 291 ff, 25

320 ff; Dietz 154) wollen im Anschluss an Ulp (15 ad ed) D 5, 3, 25, 11 f anders entscheiden, wenn der Erbschaftsbesitzer die **Wertpapiere** unangetastet lässt, aber im Vertrauen auf die durch die Erbschaft entstandene Vermögensmehrung den gleichen Geldbetrag aus eigenen Mitteln zu jener für ihn bisher unerschwinglichen Vergnügungsreise aufwendet; dann soll er die Papiere dem wahren Erben herausgeben müssen, ohne wegen des auf der Reise Verbrauchten etwas anrechnen zu können. Das ist im Ergebnis (entgegen Staudinger/Gursky[12]) sogar zutreffend, aber nur deshalb, weil dann gar kein Fall des § 2021 BGB gegeben ist; die Herausgabepflicht aus § 2018 BGB bezüglich der Wertpapiere ist natürlich bereicherungsunabhängig.

26 So sind die Äußerungen der in Rn 25 genannten Autoren aber wohl gar nicht zu verstehen; sie meinen eine Konstellation, bei der sich der Erbschaftsanspruch nicht nur auf Herausgabe in Natur, sondern teilweise über § 2021 BGB auf Wertersatz nach Bereicherungsgrundsätzen richtet (deutlich vTuhr, in: FS Bekker 291 ff, 320 ff). (Beispiel: Der Erbschaftsbesitzer lässt nach der Reise mit Nachlassmitteln sein eigenes Haus renovieren; in Höhe der Ausgaben steigt der Wert des Grundstücks, ist der Erbschaftsbesitzer also bereichert.) Dagegen müssen die Ausgaben für die im Vertrauen auf den Erwerb der Erbschaft unternommene Luxusreise als Bereicherungsminderung angesetzt werden; es handelt sich nun einmal um einen Folgenachteil, der dem Erbschaftsbesitzer aus dem Antritt der vermeintlichen Erbschaft an seinem ureigenen Vermögen erwachsen ist.

27 Die Abzugsmöglichkeit besteht aber immer nur bis zur Höhe des Betrages, der sich vor der Anwendung des § 818 Abs 3 BGB als nach § 2021 BGB geschuldete wertmäßige Herausgabe ergibt; dem auf Naturalrestitution gerichteten Teil des Erbschaftsanspruchs gegenüber versagt der Schutz (Muscheler ErbR 2009, 76, 77). An seine Stelle tritt hier der sehr viel engere Schutz durch § 2022 BGB.

28 Der Erbschaftsbesitzer kann sich also uU auch auf Verwendungen, die er *aus eigenen Mitteln auf nicht zum Nachlass gehörige Gegenstände* oder zur Deckung eigener Bedürfnisse gemacht hat, berufen, um sie als Minderung der herauszugebenden Bereicherung anrechnen zu können (so auch Kipp/Coing § 107 III; Planck/Flad § 2022 Anm 5; AK-BGB/Wendt § 2021 Rn 14, 16; BGB-RGRK/Kregel Rn 5; Soergel/Dieckmann Rn 4; Erman/Horn[15] Rn 6; Damrau/Schmalenbach[4] Rn 7, 9; BeckOGK/Lindner [1. 6. 2019] Rn 8; Lange/Kuchinke[5] § 40 IV 2 Fn 93).

29 Dass die Verwendungen der Erbschaft zugutekommen müssen (so Planck/Flad Anm b unter Berufung auf RG WarnR 1919 Nr 196, 308), um sie anrechenbar zu machen, ist nicht einzusehen. Wenn eine Verschwendung der Erbschaft den Erbschaftsbesitzer entlastet, muss ihn auch eine zwecklose Verwendung befreien, einerlei aus welchen Mitteln sie vorgenommen wird, selbstverständlich unter der Voraussetzung, dass sie im Vertrauen auf die mit der Erbschaft verbundene Vermögensmehrung geschieht.

30 Zu beachten ist allerdings (s bereits Rn 26 aE), dass die Verschwendung eigener Mittel dem Erbschaftsbesitzer nur insoweit zugutekommt, als es um dessen Bereicherungshaftung geht, nicht auch dann, wenn er Nachlassgegenstände, Surrogate oder Früchte in Natur herauszugeben hat. Darin liegt wertungsmäßig eine gewisse Inkonsequenz (so mit Recht vTuhr, in: FS Bekker 291 ff, 320 ff). Zur Reformdiskussion s § 2022 Rn 61 ff.

Streitig ist auch, ob die *Aufwendungen,* die der Erbschaftsbesitzer gemacht hat, *um in den Besitz der Erbschaft zu kommen,* von seiner Bereicherung abgezogen werden dürfen, wie zB die Kosten eines unrichtigen Erbscheins (BeckOGK/Lindner [1. 6. 2019] Rn 9. 1 bezweifelt zu Unrecht, dass der Erbschein überhaupt dem Erwerb der Erbschaft dienen könne. Wenn der Erbschaftsbesitzer Zugriff auf ein Bankkonto haben möchte, wird die Bank regelmäßig die Vorlage eines Erbscheins verlangen). Hier geht es um **primäre Erwerbskosten**, die nach hM grds nicht abzugsfähig sind (MünchKomm/Helms[8] Rn 6; Palandt/Weidlich[79] Rn 3; Maurer 166 f; ausführlich Bamberger/Roth/Wendehorst[4] § 818 Rn 59 ff; **aA** AK-BGB/Wendt Rn 17; BeckOGK/Lindner Rn 9. 1; im Ansatz differenzierend der BGH, etwa BGH NJW 2015, 3098 [Rn 48 mwNw]: danach ist zu prüfen, wem das Entreicherungsrisiko jeweils zuzuweisen ist; das wird bei Erwerbsfällen regelmäßig beim Erwerber liegen). Nach § 818 Abs 3 BGB wirken grundsätzlich nur solche Vermögensnachteile haftungsmindernd, die durch das haftungsbegründende „Erlangen“ verursacht sind (s etwa BGH NJW 2015, 3098 [Rn 47 mwNw]; Gursky JR 1971, 361, 364 f). Hier besteht auch eine Parallele zu den Verwendungsersatzansprüchen nach §§ 994, 996 BGB: Der Preis, der dem Vormann bezahlt wurde, ist keine Aufwendung auf die Sache (MünchKomm/Raff[8] § 994 Rn 24). 31

Demgegenüber dürften die Kosten eines vom gutgläubigen Erbschaftsbesitzers geführten Vorprozesses, durch den sich dieser die bereits „erlangte“ Erbschaft sichern oder erhalten wollte, abzugsfähig sein (so auch Planck/Flad Anm b; BGB-RGRK/Kregel Rn 5; MünchKomm/Helms[8] Rn 6; Damrau/Schmalenbach[4] Rn 13; Bamberger/Roth/Müller-Christmann[4] Rn 5; Maurer 167; Burandt/Rojahn/Gierl[3] Rn 7; **aM** Kipp/Coing § 107 III; Soergel/Dieckmann Rn 5; OLG Kiel LZ 1917, 888). Hier geht es um sog **sekundäre Erwerbskosten**, die generell bereicherungsmindernd wirken (vgl dazu Bamberger/Roth/Wendehorst[4] § 818 Rn 56 ff). 32

Keine Bedenken bestehen gegen den Abzug der Kosten des Transports von Erbschaftssachen (Soergel/Dieckmann Rn 5). 33

Durch die in § 2021 BGB ausgesprochene Verweisung auf die Bereicherungsgrundsätze wird der Erbschaftsbesitzer privilegiert. Das *Ausmaß dieser Begünstigung* hängt von der äußerst umstrittenen Frage ab, ob § 818 Abs 3 BGB einer Restriktion bedarf und wie diese im Einzelnen auszusehen hat (vgl Staudinger/S Lorenz [2007] § 818 Rn 40; MünchKomm/Schwab[7] § 818 Rn 125 ff und Rn 139 ff). 34

Erwägenswert erscheint insoweit nur die These der Schrifttumsmehrheit, dass für § 818 Abs 3 BGB ein innerer Zusammenhang zwischen dem eingetretenen Folgenachteil und dem Vertrauen des Kondiktionsschuldners auf die Endgültigkeit seines Erwerbs gefordert werden muss. Folgt man diesem Ansatz, könnten Schäden, die erlangte Nachlassgegenstände an Bestandteilen des ureigenen Vermögens des Kondiktionsschuldners auslösen (das in Besitz genommene Vieh des Erblassers steckt beispielsweise den eigenen Viehbestand des Erbschaftsbesitzers an), nicht als Bereicherungsminderungsposten berücksichtigt werden (wie hier MünchKomm/Schwab[7] § 818 Rn 179 f; dafür aber BeckOGK/Lindner [1. 6. 2019] Rn 11. 1). 35

36 WENDEHORST (BAMBERGER/ROTH[4] § 818 Rn 78) möchte einen Abzug dann erlauben, wenn entweder parallel eine Schadensersatznorm erfüllt ist oder der Schaden auch beim Gläubiger entstanden wäre. Dazu ist zu sagen: Wenn ein Schadensersatzanspruch erfüllt ist, kann ihn die andere Seite durch Aufrechnung einführen. Und die Überlegung, ob der Schaden auch beim Gläubiger entstanden wäre, wird in der Praxis regelmäßig zu Komplikationen führen. Dieser Vorschlag überzeugt daher nicht recht.

37 Ein nach dem in Rn 35 genannten Kriterium zweifellos relevanter Folgenachteil ist dagegen gegeben, wenn der Erbschaftsbesitzer aus eigenen Mitteln eine vermeintliche Nachlassverbindlichkeit tilgt und seine daraus entstandene Leistungskondiktion wegen Vermögensverfalls des Zahlungsempfängers undurchsetzbar und wertlos geworden ist. Der Erbschaftsbesitzer kann dem Erben die geleistete Zahlung allerdings nur dann als Bereicherungsminderung in Rechnung stellen, wenn er ihm zugleich seinen eigenen Kondiktionsanspruch abtritt (PLANCK/FLAD § 2022 Anm 5; vgl auch RGZ 86, 343, 349; BGHZ 72, 9, 13; BGH NJW 1989, 453 [456]; BAMBERGER/ROTH/WENDEHORST[4] § 818 Rn 43).

38 Wendet der Erbschaftsbesitzer das Erlangte unentgeltlich einem Dritten zu, so wird dieser nach **§ 822 BGB** zur Herausgabe der Bereicherung verpflichtet, soweit infolge der Zuwendung die Verpflichtung des Erbschaftsbesitzers zur Herausgabe ausgeschlossen ist (PLANCK/FLAD Anm b; BGB-RGRK/KREGEL Rn 5; MünchKomm/HELMS[8] Rn 7; F LEONHARD Anm IV; MUSCHELER ErbR 2009, 76, 77; NK-BGB/FLEINDL[5] Rn 2; BURANDT/ROJAHN/GIERL[3] Rn 7; BeckOGK/LINDNER [1. 6. 2019] Rn 12; **aM** AK-BGB/WENDT Rn 32 f; MAURER 163; wohl auch HADDING, in: FS Mühl 225, 265 f, da er die Verweisung als „Teilverweisung" auf „alle nicht anspruchsbegründenden Vorschriften in den §§ 812–822" versteht, § 822 aber natürlich gerade eine anspruchsbegründende Vorschrift darstellt). Dass der Erbschaftsbesitzer bis zur Weitergabe noch nicht nach Bereicherungsgrundsätzen haftete (etwa wegen einer Herausgabepflicht nach § 2018 BGB), steht dem nicht entgegen; die Verweisung bedeutet ja gerade, dass eine materiell kondiktionsrechtliche Herausgabepflicht fingiert wird.

39 Darüber hinaus ist auch **§ 816 Abs 1 S 2 BGB** anwendbar, wenn der Erbschaftsbesitzer wirksam unentgeltlich über Nachlassgegenstände verfügt (SOERGEL/DIECKMANN Rn 3; MünchKomm/HELMS[8] Rn 7; DAMRAU/SCHMALENBACH[4] Rn 15; AK-BGB/WENDT Rn 32 ff; PALANDT/WEIDLICH[79] Rn 2; BURANDT/ROJAHN/GIERL[3] Rn 7; NK-BGB/FLEINDL[5] Rn 2; BeckOGK/LINDNER [1. 6. 2019] Rn 12; MAURER 163; MUSCHELER ErbR 2009, 76, 77).

40 **3.** Von der **Rechtshängigkeit** des Anspruchs aus § 2021 BGB an haftet der Erbschaftsbesitzer nach den für Geldschulden geltenden allgemeinen Vorschriften (§ 818 Abs 4 BGB), also in Höhe der bei Eintritt der Rechtshängigkeit noch vorhandenen Bereicherung; außerdem muss er die Schuld verzinsen (§ 291 BGB). Entsprechendes gilt, wenn der Erbschaftsbesitzer nach der Entstehung des bereicherungsrechtlichen Wertersatzanspruchs aus § 2021 BGB bösgläubig wird (§§ 819 Abs 1, 818 Abs 4 BGB).

41 War bereits der vorangegangene Anspruch auf Herausgabe der jetzt verbrauchten oder genutzten Nachlasssache in Natur rechtshängig, so kommt primär **§ 2023 BGB** zur Anwendung. Ob daneben auch weiterhin § 2021 BGB herangezogen werden

kann, ist problematisch (s auch Rn 13). § 2021 BGB enthält im Gegensatz zu § 988 BGB nicht den Zusatz „vor dem Eintritt der Rechtshängigkeit". Andererseits kann die fortdauernde Verfügbarkeit der Anspruchsgrundlage des § 2021 BGB für den Erben nur bei einer ganz theoretischen Konstellation von Vorteil sein, nämlich wenn der Erbschaftsbesitzer nach Rechtshängigkeit des dinglichen Teils des Erbschaftsanspruchs Nachlassbestandteile schuldlos verbraucht und dadurch eine fortdauernde Bereicherung (Ersparnis oder Wertsteigerung einer eigenen Sache) erlangt. Wenn man wegen dieser Konstellation § 2021 BGB neben der Haftung aus § 2023 BGB anwendet (dafür iE Maurer 165 f), so steht die Haftung aus § 2021 BGB trotz der Rechtshängigkeit des Anspruchs auf Herausgabe weiterhin unter dem Vorbehalt des § 818 Abs 3 BGB: Die Rechtshängigkeit des primären Herausgabeanspruchs und die Rechtshängigkeit des sekundären Bereicherungsanspruchs sind nun einmal zu unterscheiden.

War der Erbschaftsbesitzer bei der Ziehung von (naturgemäß von vornherein nicht **42** in Natur herausgebbaren) Gebrauchsvorteilen bzw beim Unmöglichwerden der Herausgabe einer Nachlasssache in Natur bereits bösgläubig (iSv § 2024 BGB), so richtet sich die Haftung nach § 2024 BGB iVm § 818 Abs 4 BGB (s § 2024 Rn 1 ff).

Eine Erweiterung der Haftung aus § 2021 BGB wegen Schuldnerverzuges (§§ 280 **43** Abs 2, 286 bzw §§ 280 Abs 3, 283, 287 BGB) kommt nicht in Betracht, solange der Erbschaftsbesitzer das Haftungsprivileg des § 818 Abs 3 BGB genießt (vgl Staudinger/S Lorenz [2007] § 818 Rn 51). Ab Rechtshängigkeit des bereicherungsrechtlichen Teils des Erbschaftsanspruchs kann dagegen die Verzugshaftung gemäß §§ 818 Abs 4, 291 S 1 BGB („auch wenn er nicht in **Verzug** ist"), 292 Abs 1 aE, Platz greifen, da die Verzugsvorschriften zu den allgemeinen Regeln iS dieser Vorschriften gehören (**aA** Staudinger/S Lorenz § 818 Rn 51). Bedeutung hat das nur wegen eines die Prozesszinsen (§ 291 BGB) übersteigenden Schadens (§ 288 Abs 4 BGB).

4. **§ 2023 BGB**, der die Haftung für herauszugebende Erbschaftssachen vom **44** Eintritt der Rechtshängigkeit an nach dem Vorbild der Regelung für den Eigentumsherausgabeanspruch steigert, kommt für den Bereicherungsanspruch nach § 2021 BGB nicht in Betracht, da er nur für die dingliche Seite des Erbschaftsanspruchs gilt.

Wohl aber trifft **§ 2024 BGB**, der die Wirkungen der *Bösgläubigkeit* bestimmt, auch **45** den schuldrechtlichen Bereicherungsanspruch, sodass seine Bestimmungen denen des § 819 Abs 1 BGB vorgehen (Planck/Flad § 2024 Anm 1d; BGB-RGRK/Kregel Rn 3; Soergel/Dieckmann § 2024 Rn 1; MünchKomm/Helms[8] Rn 8; Erman/Horn[15] Rn 7; AK-BGB/Wendt Rn 29; BeckOGK/Lindner [1. 6. 2019] Rn 13; vLübtow II 1058; Maurer 164). Der in § 2024 BGB vorausgesetzte **Mangel guten Glaubens** ist nicht nur bei Kenntnis der fehlenden Erbberechtigung, wie nach § 819 BGB, gegeben, sondern auch schon dann, wenn dem Erbschaftsbesitzer infolge *grober Fahrlässigkeit* der Mangel seiner Erbberechtigung beim Beginn des Erbschaftsbesitzes verborgen geblieben ist.

5. Die **Beweislastverteilung** folgt allgemeinen Regeln. Der Kläger muss, wenn er **46** statt Herausgabe in Natur Wertersatz verlangt, die Unmöglichkeit der Herausgabe beweisen (Bamberger/Roth/Müller-Christmann[4] § 2021 Rn 8; jurisPK/Ehm[8] Rn 9; BeckOGK/Lindner [1. 6. 2019] Rn 14; Baumgärtel/Schmitz[4] § 2021 Rn 1; NK-BGB/Fleindl[5] Rn 5;

Burandt/Rojahn/Gierl[3] Rn 9). Die Klage auf Herausgabe in Natur und die Wertersatzklage unterscheiden sich insoweit: Nur für die erste ist die Unmöglichkeit eine Verteidigungsposition des Beklagten; bei der letzteren geht es um eine positive Voraussetzung des konkret geltend gemachten (Teil-)Anspruchs (ebenso BeckOGK/Lindner [1. 6. 2019] Rn 14). Der Kläger muss ferner den objektiven Wert des nicht bzw nicht mehr herausgebbaren Nachlassgegenstandes oder aus dem Nachlass erlangten Vorteils beweisen, der Beklagte den Wegfall der Bereicherung (aA Maurer 96), der Kläger demgegenüber wiederum den Eintritt der Haftungsverschärfung vor dem Bereicherungswegfall (s Baumgärtel/Schmitz[4] § 2021 Rn 1, 2).

§ 2022
Ersatz von Verwendungen und Aufwendungen

(1) Der Erbschaftsbesitzer ist zur Herausgabe der zur Erbschaft gehörenden Sachen nur gegen Ersatz aller Verwendungen verpflichtet, soweit nicht die Verwendungen durch Anrechnung auf die nach § 2021 herauszugebende Bereicherung gedeckt werden. Die für den Eigentumsanspruch geltenden Vorschriften der §§ 1000 bis 1003 finden Anwendung.

(2) Zu den Verwendungen gehören auch die Aufwendungen, die der Erbschaftsbesitzer zur Bestreitung von Lasten der Erbschaft oder zur Berichtigung von Nachlassverbindlichkeiten macht.

(3) Soweit der Erbe für Aufwendungen, die nicht auf einzelne Sachen gemacht worden sind, insbesondere für die im Absatz 2 bezeichneten Aufwendungen, nach den allgemeinen Vorschriften in weiterem Umfang Ersatz zu leisten hat, bleibt der Anspruch des Erbschaftsbesitzers unberührt.

Materialien: E I §§ 2084, 2087; II § 1896; III § 1997; Mot V 589; Prot V 716 f; Denkschr 727; Jakobs/Schubert ER I 666–691, 709–725.

Schrifttum

Fink, Der Anspruch des gutgläubigen Erbschaftsbesitzers auf Ersatz von Verwendungen (Diss Greifswald 1904)
L Fuchs, Die Zahlung der Erbschaftsschulden durch den Erbschaftsbesitzer (Diss Leipzig 1907)
Greiner, Die Haftung auf Verwendungsersatz (2000) (insbes S 254 ff.)
Raff, Die gewöhnlichen Erhaltungskosten – Verwendungsersatz und Nutzungszuordnung im Eigentümer-Besitzer-Verhältnis (2017) (insbes S 134 ff.)
ders, Regelungen zum Verwendungsersatz im Allgemeinen Teil des BGB?, in: Baldus/Dajczak (Hrsg), Der Allgemeine Teil des Privatrechts (2018) 99 (insbes S 112 f).
F Reinhard, Die Bestimmungen der l. 31 pr. D. 5. 3. und ihre Weiterentwicklung im BGB (Diss Heidelberg 1908).

Systematische Übersicht

Alphabetische Übersicht

I. Überblick

1 § 2022 BGB stellt den mit der dinglichen Erbschaftsklage belangten gutgläubigen Erbschaftsbesitzer wegen der **Verwendungen**, die er **vor der Rechtshängigkeit** (§ 2023 Abs 2 BGB) und **vor Eintritt seiner Bösgläubigkeit** auf einzelne Erbschaftsgegenstände oder auf die Erbschaft im ganzen gemacht hat, erheblich günstiger als den mit der Eigentumsklage belangten Besitzer einer einzelnen Sache. Er kann Ersatz aller seiner Verwendungen, ohne Rücksicht auf Notwendigkeit und Nützlichkeit, verlangen. Dies liegt daran, dass selbst der gutgläubige Erbschaftsbesitzer alles herausgeben muss, war er (noch) hat (§§ 2018–2021).

2 Die **Durchsetzung** der Verwendungsersatzansprüche richtet sich dabei nach den für den Eigentumsanspruch gegebenen Vorschriften der §§ 1000–1003 BGB. Danach hat der Erbschaftsbesitzer zunächst ein Zurückbehaltungsrecht, uU auch ein Klagerecht und endlich ein pfandartiges Selbstbefriedigungsrecht. Die Regelung des § 2022 BGB folgt im Wesentlichen dem gemeinen Recht (vgl Windscheid/Kipp § 613). Die Motive (V 589) stellen den naheliegenden Zusammenhang mit der Verpflichtung des Erbschaftsbesitzers zur Herausgabe aller Nutzungen her (zum Zusammenhang zwischen Verwendungen und Nutzungen näher Raff, Die gewöhnlichen Erhaltungskosten 134 ff).

II. Anwendbarkeit

3 § 2022 BGB erkennt einen Ersatzanspruch ausdrücklich nur gegenüber dem **dinglichen Anspruch auf Herausgabe** der „zur Erbschaft gehörenden Sachen“ zu. Jedoch ist die Norm entsprechend anwendbar auf den Anspruch auf „Herausgabe“ einer **aus der Erbschaft erlangten Grundbuchposition** (s § 2018 Rn 96); der Erbschaftsbesitzer kann also seine Zustimmung zur Grundbuchberichtigung solange verweigern, bis ihm seine Verwendungen auf das Grundstück ersetzt sind (Strohal II § 95 IV 1 c; Planck/Flad Anm 3; Soergel/Dieckmann Rn 1; NK-BGB/Fleindl[5] Rn 2; Damrau/Schmalenbach[4] Rn 3; Palandt/Weidlich[79] Rn 4; Erman/Horn[15] Rn 1; BeckOGK/Lindner [1. 6. 2019] Rn 13; Maurer 190; Edenfeld 99). Sicherheit in der Zwischenzeit kann der Erbe durch die im Wege der einstweiligen Verfügung herbeigeführte Eintragung eines Widerspruchs erreichen (Erman/Horn[15] Rn 3; FAKomm-ErbR/Finger[4] § 2022 Rn 2; Burandt/Rojahn/Gierl[3] Rn 10); ein Zurückbehaltungsrecht gegen den Grundbuchberichtigungsanspruch ist nämlich kein Hindernis für die Widerspruchseintragung (s Staudinger/Picker [2019] § 899 Rn 44).

4 Darüber hinaus wird man § 2022 BGB auch auf den schuldrechtlichen Anspruch auf Herausgabe der in das Eigentum des Erbschaftsbesitzers gelangten Früchte (§ 2020 HS 2 BGB) entsprechend anwenden müssen (so auch BGB-RGRK/Kregel Rn 1; Soergel/Dieckmann Rn 1; MünchKomm/Helms[8] Rn 2; NK-BGB/Fleindl[5] Rn 2; Damrau/Schmalenbach[4] Rn 3; Erman/Horn[15] Rn 1; Palandt/Weidlich[79] Rn 1; vLübtow II 1061; Lange/Kuchinke[5] § 40 IV 5 Fn 104–108; Brox/Walker Rn 585; Olzen JuS 1989, 374, 381; Maurer 189 f; Muscheler ErbR 2009, 76, 80; **aM** Planck/Flad Anm 1a γ). Anderenfalls stünde der gutgläubige Erbschaftsbesitzer schlechter als der bösgläubige, der mangels Eigentumserwerbs dem dinglichen Herausgabeanspruch ausgesetzt ist und diesem jedenfalls die Rechte aus §§ 2023 Abs 2, 994 Abs 2, 995, 998 BGB entgegenhalten kann.

Zu versagen ist der Ersatzanspruch aus § 2022 BGB dagegen gegenüber dem schuldrechtlichen Anspruch auf Herausgabe der Bereicherung (§ 2021 BGB). Hier führt jedoch die Berücksichtigung aller auf den Nachlass gemachten Verwendungen als Bereicherungsminderungsposten (s § 2021 Rn 28 ff) wirtschaftlich zum gleichen Ergebnis. Dass solche Verwendungen, die bereits durch Anrechnung auf eine nach § 2021 BGB herauszugebende Bereicherung gedeckt werden, nicht noch zusätzlich einen Ersatzanspruch gegenüber der dinglichen Klage begründen können, verstünde sich eigentlich von selbst, wird aber durch Abs 1 S 1 HS 2 ausdrücklich klargestellt. 5

Abs 1 S 1 HS 2 greift selbst dann, wenn der Erbe den Anspruch aus § 2021 BGB gar nicht geltend macht. Es genügt, dass auf der Grundlage des unstreitigen oder nachgewiesenen Sachverhalts ein Anspruch aus § 2021 BGB dem Grunde nach entstanden ist, aber nach §§ 2021, 818 Abs 2 und 3 BGB durch Anrechnung der Verwendungen reduziert wird. In Höhe des Kürzungsbetrages entfällt dann der Verwendungsersatzanspruch des Erbschaftsbesitzers. Übersteigt der Umfang der Verwendungen dagegen den Bereicherungsanspruch aus § 2021 BGB, so steht dem Erbschaftsbesitzer in Höhe des überschießenden Verwendungsbetrages natürlich der Anspruch aus § 2022 BGB zu. 6

Die Verteidigungsposition des Erbschaftsbesitzers aus § 2022 BGB besteht nur gegenüber dem Erbschaftsanspruch (sowie über § 2029 BGB gegenüber den damit konkurrierenden Singularansprüchen), nicht auch gegenüber einem etwaigen Anspruch des Erben auf **Herausgabe** eines vom Erbschaftsbesitzer erlangten unrichtigen **Erbscheins** aus § 2362 Abs 1 BGB (Dillberger/Fest JuS 2009, 1099, 1100). 7

III. Die ersatzfähigen Verwendungen

1. Zum Verwendungsersatz im Allgemeinen

Der Verwendungsersatz erscheint im BGB an zahlreichen Stellen, ist aber nicht verallgemeinert worden. Dies liegt an der Vielfalt der Institute und den damit verbundenen ganz unterschiedlichen Ansprüchen hinsichtlich der Verwendungsarten, der Qualität des Schuldners (gut- oder bösgläubiger Rückgewährschuldner) und etwa auch des jeweiligen Zusammenhangs zwischen Verwendungen auf den Gegenstand und Nutzungen aus ihm (dazu Raff, Regelungen zum Verwendungsersatz 99 ff). 8

2. Bezugsobjekt des Verwendungsersatzes

§ 2087 E I hatte ausdrücklich ausgesprochen, dass in Ansehung des Ersatzes der Verwendungen die Erbschaft als ein Ganzes in Betracht kommt. Damit sollte ausweislich von Mot V 592 zweierlei klargestellt werden: nämlich einmal, dass auch die nicht auf spezielle Erbschaftsgegenstände gemachten Verwendungen erfasst werden sollten, zum anderen, dass der Erbschaftsanspruch nicht davon abhängig sein sollte, ob das Objekt der Verwendungen bei der Herausgabe der Erbschaft noch vorhanden ist oder nicht. 9

Die II. Kommission billigte diese Regelung als sachlich richtig, beauftragte aber die Redaktionskommission mit der Prüfung, ob die Vorschrift nicht als selbstverständ- 10 lich gestrichen werden könne (Prot V 722). Durch die dann tatsächlich erfolgte Streichung des § 2087 I 1 ist sachlich keine Änderung bewirkt worden. Aus § 2022 Abs 2 BGB lässt sich immer noch schließen, dass auch im Hinblick auf die Verwendungen die Erbschaft als ein Ganzes in Betracht kommt, wie das ja auch durch die Konzeption des Erbschaftsanspruches als eines Gesamtanspruches nahegelegt wird (BGH FamRZ 2004, 537 [538]; OLG Koblenz 6. 5. 2014 – 3 U 1272/13 Rn 51, juris; Bamberger/Roth/Müller-Christmann[4] Rn 3; Erman/Horn[15] Rn 1a; NK-BGB/Fleindl[5] Rn 3; Palandt/Weidlich[79] Rn 1).

11 Der Erbschaftsbesitzer kann sein *Zurückbehaltungsrecht* also *auch auf solche Verwendungen stützen,* die *auf andere als die nunmehr herausverlangten Nachlasssachen* gemacht worden sind (BGB-RGRK/Kregel Rn 4; MünchKomm/Helms[8] Rn 9; Bamberger/Roth/Müller-Christmann[4] Rn 7; BeckOGK/Lindner [1. 6. 2019] Rn 12; NK-BGB/Fleindl[5] Rn 6; AK-BGB/Wendt Rn 15; Crome § 715 Fn 81; Lange/Kuchinke[5] § 40 IV 5; Kipp/Coing § 107 IV; vLübtow II 1061; Weinkauf 152; Strohal II § 95 IV 1 b; Hellwig, Anspruch und Klagrecht 50; **aA** Maurer 40 f, 184 f). Dies gilt sogar dann, wenn das Objekt der Verwendungen gar nicht mehr vorhanden ist (Planck/Flad § 2022 Anm 1b; AK-BGB/Wendt Rn 15; Damrau/Schmalenbach[4] Rn 12; Erman/Horn[15] Rn 3; vLübtow II 1061; Kipp/Coing § 107 IV 3; Crome § 715 III 2 a m Fn 78; Binder III 424; **aA** Hübner 44; Maurer 40 f).

12 Ebenso reichen Verwendungen auf **unkörperliche Gegenstände** (zB Zahlung von Patentgebühren) aus (Soergel/Dieckmann Rn 10).

3. Verwendungsbegriff

13 Wie der Verwendungsersatz insgesamt (Rn 8) ist auch der **Begriff der Verwendungen** vom Gesetz nicht näher bestimmt (Mot III 31 und 411). Er bedeutet so viel wie „gegenstandsbezogene Aufwendungen“ (Medicus/Petersen BR[27] Rn 876). Verwendungen sind solche freiwilligen Vermögensopfer, die nach dem Willen des Verwendenden unmittelbar einer bestimmten Sache (so im Rahmen der §§ 590b, 601, 693, 994 ff, 1049 BGB) oder einer bestimmten Vermögensmasse (so hier und bei §§ 2125, 2381 BGB) zugute kommen sollen (s Staudinger/Gursky [2013] Vorbem 5 zu §§ 994 ff; Staudinger/Thole [2019] Vorbem 31 ff zu §§ 994 ff).

14 In § 2022 BGB sind solche Ausgaben des Erbschaftsbesitzers gemeint, die dieser aus eigenen Mitteln (nicht aus denen des Nachlasses) im Interesse des herauszugebenden Nachlasses gemacht hat, deren eventueller wirtschaftlicher Erfolg also dem Erben zugute kommen muss.

15 Durch **Abs 2** (näher ab Rn 24) ist aber weiter noch ausdrücklich bestimmt, dass auch diejenigen *Aufwendungen* zu den Verwendungen iS des § 2022 BGB gehören, die der Erbschaftsbesitzer *zur Bestreitung von Kosten der Erbschaft oder Berichtigung von Nachlassverbindlichkeiten* macht. Die Tilgung einer Nachlassverbindlichkeit aus Eigenmitteln des Erbschaftsbesitzers ist also immer eine Verwendung auf die Erbschaft (vgl Mot V 590). Eine Parallelregelung kennt mit § 995 BGB auch das Eigentümer-Besitzer-Verhältnis.

16 Umstritten ist, ob **Arbeitsleistungen** Verwendungen darstellen. Nach der bislang **hM** liegt hierin nur eine Verwendung, wenn der Erbschaftsbesitzer dadurch einen Ver-

dienstausfall erleidet, weil er seine Arbeitskraft sonst anderweitig gegen Entgelt eingesetzt hätte (KG OLGZ 1974, 17; OLG Düsseldorf FamRZ 1992, 600, 602; MünchKomm/Frank[3] Rn 3; NK-BGB/Fleindl[5] Rn 5; Erman/Horn[15] Rn 1c; Palandt/Weidlich[79] Rn 2; PWW/Zimmer[14] Rn 4; Hk-BGB/Hoeren[10] Rn 3; Staudinger/Gursky [2016] Rn 4; gänzlich ablehnend BeckOGK/Spohnheimer [1. 8. 2019] § 994 Rn 26. 4).

17 Die **vorzugswürdige Gegenauffassung** stellt auf den objektiven Marktwert der Arbeitsleistung ab, unabhängig davon, ob der Verwender seine Arbeitskraft sonst auf diese Weise hätte einsetzen können (BGHZ 131, 220, 224 ff [zu §§ 994 ff]; Soergel/Dieckmann Rn 2; MünchKomm/Helms[8] Rn 3; AK-BGB/Wendt Rn 23; Burandt/Rojahn/Gierl[3] Rn 3; MünchKomm/Raff[8] § 994 Rn 23; **vermittelnd** Staudinger/Thole [2019] Vorbem 51 f zu §§ 994 ff, der zwar beim objektiven Marktwert der Arbeitsleistung ansetzt, dieser aber nur einen Marktwert zugestehen will, wenn sie so, wie der Besitzer sie erbracht hat, am Markt nachgefragt werde). Auch so liegt darin ein Vermögensopfer des Verwenders; es wird nur anders bestimmt. Dass der Erbe auf diese Weise zusätzlich Arbeitsleistungen von für ihn möglicherweise nutzlosen Aufwendungen ersetzen muss (Staudinger/Gursky [2013] Vorbem 12 zu §§ 994 ff), ist konsequent und nicht so erschreckend, wie suggeriert wird. Gewichtiger ist das Argument von Spohnheimer, diese Lösung führe im Ergebnis zu einer Fiktion eines Vertrags, und dem BGB seien entgeltliche Verträge ohne eine Haftung für Schlechtleistung fremd (BeckOGK [1. 8. 2019] § 994 Rn 26. 4). Versteht man aber das Eigentümer-Besitzer-Verhältnis so, dass es vor allem der Sacherhaltung dient (vgl MünchKomm/Raff[8] Vor § 987 Rn 14 f), und bedenkt man, dass der Erbschaftsanspruch den Schutz des Nachlasses vor Augen hat (Vorbem 13 ff zu §§ 2018 ff), dann ist dieses Ergebnis sinnvoll, weil der Besitzer bzw Erbschaftsbesitzer für seine Erhaltungstätigkeiten großzügig entschädigt wird.

18 An einem Vermögensopfer und damit an einer Verwendung iS von § 2022 BGB wird es aber regelmäßig fehlen, wenn der Erbschaftsbesitzer eine eigene Sache ohne Rechtsübergang mit einer Nachlasssache verbunden hat (**aA** Richter JuS 2008, 97, 100 [Austausch eines Autoradios, Reifenwechsel]). Es gilt insoweit das gleiche wie im Rahmen der §§ 994 ff BGB (vgl Staudinger/Gursky [2013] Vorbem 11 zu §§ 994 ff; Staudinger/Thole [2019] Vorbem 35, 45 zu §§ 994 ff).

19 **Umgestaltungsaufwendungen** (wie zB die Gebäudeerrichtung auf einem bisher unbebauten Grundstück) fallen nach zutr Auffassung unter den Verwendungsbegriff (s dazu eingehend Staudinger/Thole [2019] Vorbem 39 ff zu §§ 994 ff und MünchKomm/Raff[8] § 994 Rn 13 ff).

4. Verwendungsersatzkategorien

20 Der Erbschaftsbesitzer kann für *alle* vor Eintritt der Haftungsverschärfung gemachten Verwendungen, gleichgültig, ob diese nun notwendig bzw nützlich waren oder nicht, Ersatz verlangen (allgM). Es spielt keine Rolle, ob die Verwendungen den Wert der betreffenden Nachlasssache erhöht bzw erfolgreich einer Verschlechterung der Sache vorgebeugt haben oder nicht (Fischer/Henle Anm 2; Maurer 184).

21 Im Extremfall kann der Erbschaftsbesitzer sogar für eine Maßnahme Verwendungsersatz verlangen, die den Verkehrswert der Sache verringert hat (ebenso NK-BGB/

Fleindl[5] Rn 5; Damrau/Schmalenbach[4] Rn 5; BeckOGK/Lindner [1. 6. 2019] Rn 3; **aA** wohl Endemann § 155 III a 4).

22 Erst recht scheitert der Verwendungsersatzanspruch nicht daran, dass der zunächst eingetretene positive Verwendungserfolg in der Zwischenzeit wieder entfallen ist, etwa das vom Erbschaftsbesitzer auf einem Nachlassgrundstück aus eigenen Mitteln errichtete Gebäude in der Zwischenzeit bei einem Brand zerstört wurde (zust Damrau/Schmalenbach[4] Rn 5; BeckOGK/Lindner [1. 6. 2019] Rn 3).

22a Zu Unrecht wollte eine frühere Bearbeitung aus dem Begriff der Verwendung ableiten, dass sie im konkreten Fall zu einer Bereicherung des Erben geführt haben müsse (vgl Staudinger/Kober[9] Anm 4 Abs 2). Notwendig ist nur, dass die Aufwendung der Erbschaft im Ganzen oder einem einzelnen Erbschaftsgegenstand zugutekommen kann und soll.

23 Keine erstattungsfähige Verwendung ist dagegen eine Aufwendung, die der Erbe im Vertrauen auf den durch die Erbschaft erhaltenen Vermögenszuwachs zur Befriedigung eigener Bedürfnisse oder zugunsten von Gegenständen macht, die zu seinem Privatvermögen gehören, wie Reisen, Studien, Geschenke, Verschönerungen seines Hauses. Derartige Aufwendungen kommen nur als Minderung der Bereicherung nach § 2021 BGB in Betracht (siehe § 2021 Rn 26, 30).

5. Aufwendungen nach Abs 2

24 Hat der Erbschaftsbesitzer eine **vermeintliche Nachlassschuld aus eigenen Mitteln berichtigt**, stellt diese Ausgabe wohl keine Verwendung auf den Nachlass dar, da sie der Erbschaft überhaupt nicht zugute kommen kann (so auch Soergel/Dieckmann Rn 2; NK-BGB/Fleindl[5] Rn 3; Olzen JuS 1989, 374, 381; Windscheid/Kipp III 543; **aA** F Leonhard Anm II; AK-BGB/Wendt Rn 33. Völlig unzweifelhaft ist diese Lösung allerdings nicht, da grundsätzlich die bloße Zweckrichtung der Ausgabe die Verwendung konstituiert und ein positiver Verwendungserfolg in § 2022 gerade nicht verlangt wird). Der Erbschaftsbesitzer ist auf die *condictio* gegenüber dem vermeintlichen Gläubiger angewiesen, wenn er sich in einem Irrtum über das Bestehen der Schuld befunden hat. Andernfalls hat er etwas aus seinem Vermögen „verschenkt“ und kann deswegen keinesfalls Ersatz vom Erben verlangen (vgl Mot V 588; Kretzschmar § 70 Fn 34); er kann seine Zahlung jedoch grundsätzlich als Bereicherungsminderung im Rahmen von §§ 2021, 818 Abs 3 BGB absetzen.

25 Soweit dem Erbschaftsbesitzer eine durchsetzbare Leistungskondiktion gegenüber dem vermeintlichen Nachlassgläubiger zusteht, kann er sich gegenüber dem Erben nicht auf § 818 Abs 3 BGB berufen; er kann den Wert des Geleisteten grundsätzlich auch dann nicht als Minderung der Bereicherung in Rechnung stellen, wenn er dem Erben die Abtretung seines Kondiktionsanspruchs gegen den vermeintlichen Nachlassgläubiger anbietet (so aber Staudinger/Lehmann[11] Rn 5 und die hM, vgl Planck/Flad Anm 5; BGB-RGRK/Kregel Rn 6; Soergel/Dieckmann Rn 2; MünchKomm/Helms[8] Rn 5 aE; Damrau/Schmalenbach[4] Rn 9; Brox/Walker Rn 585; Muscheler ErbR 2009, 76, 81 Fn 25); diese Möglichkeit besteht nach allgemeinen bereicherungsrechtlichen Grundsätzen nur dann, wenn die Durchsetzung der *condictio indebiti* zweifelhaft oder nicht zu erwarten ist (vgl RGZ 86, 343, 349; BGHZ 72, 9, 13; Larenz/Canaris, SchR II 2 § 73 I 3 b).

Die Zahlung der **Erbschaftsteuer** aus Eigenmitteln des Erbschaftsbesitzers nach Abs 2 ist hingegen eine erstattungsfähige Verwendung auf die Erbschaft, allerdings nur in dem Umfang, in dem der Erbe ihr unterliegt (Planck/Flad Anm 1b α; MünchKomm/Helms[7] Rn 5; Soergel/Dieckmann Rn 2; NK-BGB/Fleindl[5] Rn 4; Bamberger/Roth/Müller-Christmann[4] Rn 4; Erman/Horn[15] Rn 6; Muscheler ErbR 2009, 76, 81). Darüber hinaus ist der Erbschaftsbesitzer auf den Steuererstattungsanspruch (§ 37 Abs 2 AO) angewiesen. Die Begründung für diese Lösung bereitet allerdings Schwierigkeiten: 26

Wenn Abs 2 die Aufwendungen zur Bestreitung von Erbschaftslasten und Berichtigung von Nachlassverbindlichkeiten schlechthin als ersatzfähige Verwendungen behandelt, so ist dabei (und noch deutlicher in Abs 3) vorausgesetzt, dass die Leistung des Erbschaftsbesitzers die Nachlassverbindlichkeit tatsächlich getilgt hat; das aber ist an sich mit dem Grundsatz unvereinbar, dass die Leistung eines Nichtschuldners nur bei erkennbarem Drittleistungswillen nach **§ 267 BGB** schuldtilgende Wirkung hat. 27

Man wird deshalb annehmen müssen, dass der Erbschaftsbesitzer die von ihm als Putativschuldner erbrachte Leistung als für den wahren Schuldner gemacht gelten lassen, durch diese **nachträgliche Änderung der Tilgungsbestimmung** das Erlöschen der Nachlassverbindlichkeit herbeiführen und dann gegenüber dem Erben die Rechte aus § 2022 Abs 2 und 3 BGB geltend machen kann (vgl Kipp/Coing § 107 IV 5 b; Medicus/Petersen BR[27] Rn 603 j und Rn 951; vCaemmerer, in: FS Dölle I 135 ff, 153; Olzen JuS 1989, 374, 380 f; MünchKomm/Helms[8] Rn 5; Soergel/Dieckmann Rn 2; NK-BGB/Fleindl[5] Rn 4; Bamberger/Roth/Müller-Christmann[4] Rn 4; Damrau/Schmalenbach[4] Rn 8; AK-BGB/Wendt Rn 34 f; Maurer 188 [m Einschr]; Müller-Ehlen 41); die gegen das sog Wahlrecht des Putativschuldners erhobenen Bedenken (vgl W Lorenz, in: FS Rechtsvergleichung und Rechtsvereinheitlichung [1967] 267 ff; Staudinger/S Lorenz [2007] § 812 Rn 60; MünchKomm/Schwab[7] § 812 Rn 255 ff, 261 ff; Schneider, Rückgriffskondiktion 202–233) müssen in diesem Sonderfall wohl zurückstehen. 27a

Der Erbschaftsbesitzer kann statt des Weges über § 2022 Abs 2, 3 BGB auch die **condictio indebiti gegen den Nachlassgläubiger** wählen; wenn er vom letzteren das Geleistete zurückerhält, entfällt der Verwendungsersatzanspruch gegen den Erben (so auch MünchKomm/Helms[8] Rn 5; Burandt/Rojahn/Gierl[3] Rn 4). 28

6. Fruchtziehungskosten

Was insbesondere die *Kosten* anlangt, die auf die *Gewinnung* der nach § 2020 BGB herauszugebenden **Früchte** verwandt wurden, so könnte der Erbschaftsbesitzer nach **§ 102 BGB** Ersatz nur soweit verlangen, als sie einer ordnungsmäßigen Wirtschaft entsprechen und den Wert der Früchte nicht übersteigen. Diese Erfordernisse brauchen für die Anwendung des § 2022 BGB nicht erfüllt zu sein (MünchKomm/Helms[8] Rn 3; Soergel/Dieckmann Rn 2; Bamberger/Roth/Müller-Christmann[4] Rn 3; Damrau/Schmalenbach[4] Rn 10; BeckOGK/Lindner [1. 6. 2019] Rn 7). Dafür spricht der Wortlaut (Ersatz „aller“ Verwendungen) und im Übrigen die Anlage des Erbschaftsanspruchs. Wenn alle Früchte herauszugeben sind bzw Ersatz für sie zu leisten ist (§§ 2020 f BGB), ist es folgerichtig, dass im Gegenzug auch alle Verwendungen zu ersetzen sind – auch dann, wenn sie den Wert der Früchte übersteigen; anderenfalls 29 trüge der Erbschaftsbesitzer das Risiko des Erfolgs der Fruchtziehung, ohne zugleich die Chance zu haben, die einmal gezogenen Früchte behalten zu dürfen.

30 Auch **§ 998 BGB** ist folgerichtig nicht anwendbar, wenn die Fälle der §§ 2023, 2024 BGB nicht vorliegen (s § 2023 Rn 24 ff).

31 Für die Anwendbarkeit des § 2022 BGB kommt es im Übrigen nicht darauf an, ob die Früchte ins Eigentum des Erben oder Erbschaftsbesitzers gefallen sind; auch letzterenfalls ist § 2022 BGB (analog) anzuwenden (näher oben Rn 4). Bedeutsam wird das übrigens nur, wenn der Erbschaftsbesitzer lediglich auf Herausgabe von Nutzungen nach § 2020 BGB verklagt wird. Denn wenn er auf Herausgabe irgendwelcher Erbschaftssachen verklagt wird, kann er zweifellos in unmittelbarer Anwendung von § 2022 BGB die sämtlichen Verwendungen, die er für die Gewinnung der mitherauszugebenden Nutzungen gemacht hat, ersetzt verlangen.

IV. Die Durchsetzung des Verwendungsersatzanspruchs

32 Zur Geltendmachung des Ersatzanspruchs bestimmt Abs 1, dass die Herausgabepflicht des Erbschaftsbesitzers nur gegen Ersatz der Verwendungen, die nicht schon auf die Bereicherung angerechnet wurden, besteht. Darin liegt schon die Zubilligung eines Zurückbehaltungsrechts an den Erbschaftsbesitzer bis zur Befriedigung seines Ersatzanspruchs (vgl RG WarnR 1913 Nr 233). Des Weiteren werden aber auch noch die §§ 1000–1003 BGB in Abs 1 S 2 für entsprechend anwendbar erklärt. Daraus ergibt sich:

33 **1.** Das Zurückbehaltungsrecht steht dem Erbschaftsbesitzer nicht zu, wenn er den Erbschaftsbesitz durch eine vorsätzlich begangene unerlaubte Handlung erlangt hat, § 1000 S 2 BGB. Der Erbschaftsbesitzer darf also zur Sicherung seiner Verwendungsersatzansprüche keine Nachlasssachen zurückbehalten, die er in Kenntnis seiner fehlenden Erbenstellung in Besitz genommen hat; die wissentlich unberechtigte Besitzergreifung stellt nämlich eine vorsätzliche Verletzung des Eigentums oder gegebenenfalls des berechtigten Besitzes (und damit eines „sonstigen Rechts" iS von § 823 Abs 1 BGB, vgl Staudinger/Hager [2017] § 823 Rn B 167 ff; MünchKomm/Helms[8] Rn 9; BeckOGK/Lindner [1. 6. 2019] Rn 15; Westermann/Gursky/Eickmann SR[8] § 8 Rn 4 ff) des Erben dar (s auch § 2024 Rn 6).

34 **2.** Der Ersatzanspruch des Erbschaftsbesitzers kann nicht bloß einredeweise geltend gemacht, sondern auch selbstständig durch Klage verfolgt werden, freilich nur unter der Voraussetzung, dass der Erbe die „Sache" wiedererlangt – sei es durch Herausgabe von dem Erbschaftsbesitzer oder in anderer Weise – oder die Verwendungen genehmigt hat (§ 1001 BGB).

35 Unter der wiedererlangten „Sache" ist nach hier vertretener Ansicht das Objekt des Erbschaftsanspruchs, also die Gesamtheit der herauszugebenden Erbschaftssachen, Surrogate und Früchte zu verstehen (so auch AK-BGB/Wendt Rn 17; wohl auch Kretzschmar § 70 III 2 c; BeckOGK/Lindner [1. 6. 2019] Rn 17. 1; etwas enger Maurer 192 f); außer Betracht bleibt nur der bereicherungsrechtliche Herausgabeersatz (§ 2021 BGB), weil sich die Verwendungsersatzfrage insoweit durch automatische Anrechnung erledigt.

Die **hM** differenziert dagegen: Grundsätzlich soll unter der wiedererlangten Sache iSv §§ 2022 Abs 1 S 2, 1001 S 1 BGB nur die Sache, auf die die Verwendungen gemacht wurden, bzw der an ihre Stelle getretene Ersatzvorteil oder bereicherungsrechtliche Wertersatz (sic) zu verstehen sein (STAUDINGER/LEHMANN[11] Rn 10; BGB-RGRK/KREGEL Rn 4; MünchKomm/HELMS[8] Rn 11; SOERGEL/DIECKMANN Rn 7; NK-BGB/FLEINDL[5] Rn 7; jurisPK/EHM[8] Rn 8; BAMBERGER/ROTH/MÜLLER-CHRISTMANN[4] Rn 8; ERMAN/HORN[15] Rn 4; PALANDT/WEIDLICH[79] Rn 5; vLÜBTOW II 1062; MICHALSKI Rn 1054). 36

Bei Verwendungen auf die Erbschaft im Allgemeinen (Abs 2) soll die Geltendmachung des Verwendungsersatzanspruchs dagegen voraussetzen, dass der Erbschaftsanspruch insgesamt erfüllt worden ist (STAUDINGER/LEHMANN[11] Rn 10; BGB-RGRK/KREGEL Rn 4; SOERGEL/DIECKMANN Rn 7; ERMAN/HORN[15] Rn 4; MünchKomm/HELMS[8] Rn 11; demgegenüber verlangen PLANCK/FLAD Anm 2und CROME § 715 Fn 84 Rückgabe des gesamten Nachlasses, wenn die impendierte Sache nicht mehr existiert). 37

Die hM verkennt, dass wegen des **Gesamtanspruchscharakters** des Erbschaftsanspruchs alle Verwendungen – auch soweit sie auf Einzelsachen gemacht wurden – **nur als Verwendungen auf die Erbschaft relevant** werden. Der besonders weitgehende Verwendungsersatz, den § 2022 BGB dem Erbschaftsbesitzer zubilligt, bildet nur das Korrelat für dessen umfassende Herausgabepflicht. Dann muss aber die Durchsetzbarkeit des Verwendungsersatzanspruchs davon abhängen, dass der Erbschaftsbesitzer seiner umfassenden Herausgabepflicht doch wirklich nachgekommen ist. 38

Im Übrigen vernachlässigt die hM den Funktionszusammenhang zwischen den verschiedenen Durchsetzungsmitteln des Verwendungsersatzes für den Erbschaftsbesitzer: Der zunächst „unentwickelte“ und deshalb nur über das Retentionsrecht geltend zu machende Verwendungsersatzanspruch wird voll wirksam, wenn der Anspruchsberechtigte dasjenige, was der Anspruchsgegner bisher hätte zurückbehalten können, wiedererlangt hat. Das „Wiedererlangte“ muss sich also mit dem bisherigen Gegenstand des Zurückbehaltungsrechts decken. Wegen seiner Verwendungen zurückbehalten kann aber der Erbschaftsbesitzer sämtliche Leistungen, die er nach den §§ 2018 ff BGB erbringen muss. Dementsprechend kann sich der Erbe von dem Ersatzanspruch auch nur durch Rückgabe aller wiedererlangten Erbschaftssachen nach § 1001 S 2 BGB befreien (insoweit übereinstimmend die hM, PLANCK/FLAD Anm 2; SOERGEL/DIECKMANN Rn 7 [mit Einschränkungen]; MünchKomm/HELMS[8] Rn 11; NK-BGB/FLEINDL[5] Rn 7; BAMBERGER/ROTH/MÜLLER-CHRISTMANN[4] Rn 8; ERMAN/HORN[15] Rn 4; AK-BGB/WENDT Rn 19; MAURER 192; **aA** WEINKAUF 153 f). 39

Die Rückgabe aller wiedererlangten Erbschaftssachen ist schon deshalb erforderlich, weil die **Ersetzungsbefugnis** des Verwendungsersatzpflichtigen ja im Wesentlichen den bisherigen Zustand wiederherstellen soll (vgl dazu, insb auch zur Rechtsnatur STAUDINGER/THOLE [2019] § 1001 Rn 27: Ersetzungsbefugnis passt in der Tat besser als Reurecht): Das aber ist beim Ersatzanspruch die Lage vor der Herausgabe, also die Möglichkeit des Erbschaftsbesitzers, alle Nachlassbestandteile wegen seiner Verwendungen auf beliebige Nachlasssachen oder den Nachlass im ganzen zurückzubehalten. 40

3. Ebenso kann die **Ausschlussfrist** des § 1002 BGB, an die die klageweise Geltendmachung des Verwendungsersatzanspruchs gebunden ist, erst mit der Heraus- 41 gabe sämtlicher noch beim Erbschaftsbesitzer vorhandener Nachlassgegenstände beginnen (Maurer 193; die hM differenziert demgegenüber wie oben).

42 Die Dauer der Frist bereitet gewisse Schwierigkeiten; es empfiehlt sich die Anwendung der **Einmonatsfrist** des § 1001 S 1 HS 1, 1. Alt ohne Rücksicht darauf, ob zu der herauszugebenden Sachgesamtheit ein Grundstück gehört oder nicht. Die **hM** differenziert bei Verwendungen auf Einzelsachen nach dem Charakter dieser Sache; bei Verwendungen auf unkörperliche Nachlassgegenstände und im Falle des § 2022 Abs 2 BGB wendet man überwiegend die 6-Monats-Frist an, wenn auch ein Grundstück herausgegeben worden war (so Staudinger/Lehmann[11] Rn 10; BGB-RGRK/Kregel Rn 4; Soergel/Dieckmann Rn 7; Kohler ArchBürgR 22, 1, 20; F Leonhard Anm IV; MünchKomm/Helms[8] Rn 11; BeckOGK/Lindner [1. 6. 2019] Rn 18; Edenfeld 100), während eine Mindermeinung (Planck/Flad Anm 2; Strohal II § 95 Fn 22; Maurer 194) es hier bei der Einmonatsfrist belässt.

43 **4.** Auch ein **Wegnahmerecht** entsprechend den §§ 997, 258 BGB wird man dem Erbschaftsbesitzer zugestehen müssen (MünchKomm/Helms[8] Rn 13; Soergel/Dieckmann Rn 9; AK-BGB/Wendt Rn 5; Erman/Horn[15] Rn 2; BeckOGK/Lindner [1. 6. 2019] Rn 21; Brox/Walker Rn 586; Edenfeld 100), da er sonst schlechter stünde als nach Eintritt der Haftungsverschärfung. Die Einschränkung des § 997 Abs 2 Fall 1 BGB ist wegen der Nutzungsherausgabepflicht aus § 2020 BGB gegenstandslos (Planck/Flad Anm 1a α). Die übrigen Fälle des Abs 2 gelten auch für den Erbschaftsbesitzer.

44 **5.** Endlich steht dem Erbschaftsbesitzer das in § 1003 BGB anerkannte pfandrechtsähnliche **Befriedigungsrecht** hinsichtlich aller noch in seinem Besitz befindlichen (bzw vom Erben nach § 1001 S 2 BGB an ihn zurückgegebenen) Erbschaftssachen zu.

V. Weitergehende Ansprüche (Abs 3)

45 Neben den Rechtsbehelfen der §§ 1000–1003 BGB werden dem Erbschaftsbesitzer ausdrücklich alle weiteren Ansprüche vorbehalten, die er nach sonstigen Vorschriften wegen seiner nicht auf einzelne Sachen gemachten Aufwendungen hat, Abs 3. Der Gesetzgeber wollte damit jeden Zweifel ausschließen, der sich aus der Fassung des Abs 1 S 2 und des Abs 2 ergeben könnte.

46 Zu denken ist namentlich an die in Abs 2 genannten **Aufwendungen** zur Bestreitung von Kosten der Erbschaft und zur Berichtigung von Nachlassverbindlichkeiten. Daneben kommen Aufwendungen auf unkörperliche Nachlassbestandteile (wie zB die Zahlung von Gebühren für ein zum Nachlass gehörendes Patent) in Betracht (Soergel/Dieckmann Rn 10; Kipp/Coing § 107 IV 4; Damrau/Schmalenbach[4] Rn 17). Ferner fallen hierunter Beerdigungskosten nach § 1968 BGB (NK-BGB/Fleindl[5] Rn 9; Burandt/Rojahn/Gierl[3] Rn 13).

47 Als Ansprüche, um Ersatz für die in Rn 46 genannten Aufwendungen zu erhalten, kommen – neben § 1968, der eine eigene Anspruchsgrundlage darstellt (Erman/Horn[15] Rn 6; Staudinger/Kunz § 1968 Rn 1) – nur die **Ansprüche aus ungerechtfertigter Bereicherung** des Erben nach §§ 812 ff BGB in Betracht, nicht aber die aus der Geschäftsführung ohne Auftrag (§ 677 BGB), da der Erbschaftsbesitzer kein frem-

des Geschäft besorgen wollte (MünchKomm/Helms[8] Rn 14; Soergel/Dieckmann Rn 10; NK-BGB/Fleindl[5] Rn 9; Erman/Horn[15] Rn 6; PWW/Zimmer[14] Rn 13; BeckOGK/Lindner [1. 6. 2019] Rn 23; zT **aA** Brox/Walker Rn 586, die Fremdgeschäftsführungswillen bei der nachträglichen Änderung der Tilgungsbestimmung [oben Rn 27] genügen lassen).

Wenn der Erbschaftsbesitzer zB eine Nachlassverbindlichkeit aus eigenen Mitteln berichtigt, erwirbt er nach § 812 BGB einen Anspruch auf Herausgabe der dadurch erlangten Bereicherung des Erben, aber keine Rückgriffskondiktion, sondern eine **Leistungskondiktion** (zutr Olzen JuS 1989, 374, 381: wegen des Erfordernisses der nachträglichen Änderung der Tilgungsbestimmung; K W Lange[2] § 43 Rn 61; grdl gegen die Notwendigkeit einer Rückgriffskondiktion Schneider, Die Rückgriffskondiktion [2007, zu dem hiesigen Fall einer irrtümlichen Leistung auf eine fremde Schuld eingehend 202–233]; **aA** Staudinger/Gursky [2016] Rn 15; BeckOGK/Lindner [1. 6. 2019] Rn 23; Medicus/Petersen, BR[27] Rn 603 [Wahlrecht zwischen Leistungs- und Rückgriffskondiktion]). Diesen Anspruch hat er ganz unabhängig von dem ihm in § 2022 BGB zugebilligten Verwendungsanspruch, der eine Bereicherung des Erben nicht notwendig voraussetzt und nur unter den erschwerten Voraussetzungen der §§ 1000–1003 BGB geltend gemacht werden kann. **48**

Ein anderer Fall ist gegeben, wenn der Erbschaftsbesitzer dadurch, dass er das Begräbnis des Erblassers angeordnet hat, persönliche Verpflichtungen gegenüber dritten Personen eingegangen ist. Dann hat er nach § 1968 BGB einen Anspruch auf Befreiung oder auf Ersatz des aus eigenen Mitteln Gezahlten (vgl Strohal II § 95 IV 1 d; NK-BGB/Fleindl[5] Rn 9). Ebenso erwirbt er einen Ersatzanspruch gegen den Erben, wenn er die Kosten der Todeserklärung des Erblassers bestreitet, vgl § 324 Nr 3 InsO, §§ 34 Abs 2, 40 VerschG (BeckOGK/Lindner [1. 6. 2019] Rn 23). **49**

Abs 3 setzt voraus, dass der Erbe nach den allgemeinen Vorschriften „in weiterem Umfang Ersatz zu leisten hat". Das Verständnis dieser Einschränkung bereitet Schwierigkeiten, da nach § 2022 Abs 1 und 2 BGB ja ohnehin grundsätzlich alle Verwendungen des Erbschaftsbesitzers ersatzfähig sind. Bei der Konstellation des 2. Halbsatzes von § 2022 Abs 1 BGB (automatische Verrechnung von Verwendungen und Bereicherung) wäre ein selbständiger Ersatzanspruch für den Erbschaftsbesitzer kaum von Nutzen, weil der Erbe diesem gegenüber ja wieder die Aufrechnung mit dem Bereicherungsanspruch aus § 2021 BGB erklären könnte. **50**

Dass ein „allgemeiner Anspruch" weiter geht als der Verwendungsersatz nach § 2022 BGB ist wohl nur denkbar, wenn ein Nachlassgläubiger vom Erbschaftsbesitzer eine Leistung an Erfüllungs statt annimmt und deren Wert hinter dem Wert der geschuldeten Leistung zurückbleibt. Wenn hier der selbstständige Bereicherungsanspruch des Erbschaftsbesitzers gegen den Erben nur am Wert der Schuldbefreiung orientiert wird, geht er über das vom Erbschaftsbesitzer zur Tilgung aufgeopferte und damit über den Umfang des Verwendungsersatzes hinaus (s auch Rn 53 f). Es ist aber kaum vorstellbar, dass dieser singuläre Fall hier angesprochen werden sollte. **51**

Mit dem Umfang des vom Erben nach § 2022 BGB zu leistenden Ersatzes kann deshalb nicht einfach die Höhe des Verwendungsersatzanspruchs gemeint sein, sondern nur der unter Umständen niedrigere Betrag, der durch Ausübung des Befriedigungsrechtes aus § 1003 BGB durchsetzbar wäre (**aA** Maurer 36). Man wird unter **52** diesen Umständen die selbständige Geltendmachung eines Kondiktionsanspruchs schon dann zulassen müssen, wenn es jedenfalls nicht ausgeschlossen erscheint, dass die Ausübung des Befriedigungsrechtes aus § 1003 BGB dem Erbschaftsbesitzer nicht den vollen Betrag seines Verwendungsersatzanspruches verschaffen würde.

53 Darüber hinaus ist sogar zu erwägen, ob man den Kondiktionsanspruch nicht sogar generell zulassen sollte; der „weitere Umfang" dieses selbständigen Ersatzanspruchs im Vergleich zum Verwendungsersatzanspruch aus § 2022 BGB würde dann einfach in dem Vorteil gesehen, dass die Kondiktion nicht den verfahrensrechtlichen Beschränkungen aus § 1000–1003 BGB unterliegt (dafür MünchKomm/Helms[8] Rn 14; BeckOGK/Lindner [1. 6. 2019] Rn 23; s aber auch Greiner 258).

54 Die Kondiktion nützt dem Erbschaftsbesitzer allerdings nur dann etwas, wenn der Erbe ihm gegenüber unbeschränkbar haftet (Palandt/Weidlich[79] Rn 1).

55 Aus Abs 2 lässt sich schließen, dass für Verwendungen auf einzelne Nachlasssachen nur § 2022 BGB zuständig ist, also eine abschließende Regelung beabsichtigt ist. Die sich aus § 2022 BGB ergebende Exklusivität der Verwendungsersatzregelung ist insb von Bedeutung für die folgenden Fälle der Haftungsverschärfung (§§ 2023 ff BGB). Sie sichert hier die vom Gesetzgeber gewollte weitgehende Ausgleichsversagung für den bösgläubigen oder verklagten Erbschaftsbesitzer ab (zust Muscheler ErbR 2009, 76, 80; BeckOGK/Lindner [1. 6. 2019] Rn 23).

VI. Besondere Fälle

56 **1.** Sofern der **Nachlasspfleger**, ohne das fehlende Erbrecht des Beklagten nachzuweisen, den aus § 1960 BGB abgeleiteten Herausgabeanspruch (s § 2018 Rn 8 ff) geltend macht, muss der Beklagte in Analogie zu § 2022 BGB ein Zurückbehaltungsrecht wegen seiner Verwendungen haben (BGH NJW 1972, 1752 f). Gerade weil noch nicht geklärt wird, ob der Beklagte Erbe oder bloßer Erbschaftsbesitzer ist, darf ihm die Verteidigungsposition des letzteren nicht entzogen werden. Allerdings kann die gebotene Rücksichtnahme auf die Zwecke der Nachlasspflegschaft gewisse Modifikationen dieser Verteidigungsposition erfordern (ausführlich BGH NJW 1972, 1752 f). Darüber hinaus muss das Zurückbehaltungsrecht entfallen, soweit es wertmäßig durch solche Nutzungen und Surrogate gedeckt ist, die der Beklagte als Erbschaftsbesitzer nach §§ 2019 f BGB abzuführen hätte, die er aber im Rahmen des Herausgabeanspruchs aus § 1960 BGB nicht abzuliefern oder zu ersetzen braucht (§ 2018 Rn 8 ff).

57 **2.** Zum Zurückbehaltungsrecht des Erben wegen seiner Vermächtnis- und Pflichtteilsansprüche s § 2018 Rn 110 ff.

VII. Beweislast

58 Der Erbschaftsbesitzer muss beweisen, dass er die angeblichen Verwendungen auf einzelne Gegenstände des Nachlasses oder auf den ganzen Nachlass tatsächlich gemacht hat (OLG Düsseldorf FamRZ 1992, 600, 602; MünchKomm/Helms[8] Rn 15; NK-BGB/Fleindl[5] Rn 10; Baumgärtel/Schmitz[4] Rn 1).

Soweit er **Nachlassverbindlichkeiten** berichtigt hat, muss er auch dartun, dass sie als solche bestanden haben; misslingt ihm dieser Beweis, so kann er seine Aufwendungen nur als Minderung der Bereicherung geltend machen, und dies auch nur, wenn er nachweist, dass die Durchsetzbarkeit seines Bereicherungsanspruchs gegen den vermeintlichen Nachlassgläubiger zweifelhaft ist (s oben Rn 24 ff). Dem Erben steht demgegenüber der Nachweis offen, dass der Anspruch schon durch Anrechnung auf die nach § 2021 BGB herauszugebende Bereicherung gedeckt ist. **59**

Soweit der Erbschaftsbesitzer den ihm nach Abs 3 vorbehaltenen Bereicherungsanspruch geltend macht, muss er dessen besondere Voraussetzungen dartun, also etwa, dass er den Erben von einer Verpflichtung befreit und insofern dauernd bereichert habe. **60**

VIII. De lege ferenda

Die Ausgestaltung der Gegenrechte des Anspruchsgegners beim Erbschaftsanspruch weicht sowohl von der Position des Bereicherungsschuldners als auch von der des Vindikationsgegners ab; was den Umfang der möglichen Abzugsposten betrifft, liegt sie zwischen diesen beiden verwandten Restitutionsregelungen. Schon früh hat man eine Harmonisierung dieser drei Regelungen gefordert (zB F Schulz AcP 105 [1909] 1, 318; H A Fischer, in: FS Zitelmann [1913] 1, 42). **61**

Reif schlug in der 4. Denkschrift d ErbrA d AkDR (117) vor, dem Erbschaftsbesitzer einen Anspruch auf Ersatz des Vertrauensschadens zu geben, wenn er ohne sein Verschulden durch Maßnahmen des Erblassers veranlasst worden ist, sich für den Erben zu halten (aA Maurer 196 f). Das mag man befürworten. Abzulehnen ist aber jedenfalls die Auffassung von Soergel/Dieckmann (Rn 11), schon de lege lata ließe sich analog zur culpa in contrahendo eine Haftung des wahren Erben für den Vertrauensschaden des vermeintlichen Erben begründen, falls der Erblasser den Irrtum des letzteren schuldhaft veranlasst hat. **62**

Freilich wird man in absehbarer Zeit keine Reform in diesem Bereich des BGB erwarten dürfen. Die Notwendigkeit drängt sich auch nicht auf: Die gewünschte strikte Trennung zwischen der Erbschaft als Ganzem und dem Vermögen des Erbschaftsbesitzers bringt es mit sich, dass der Verwendungsanspruch hier zumindest weiter gehen muss als beim Einzelanspruch (§§ 994 ff BGB). **63**

§ 2023
Haftung bei Rechtshängigkeit, Nutzungen und Verwendungen

(1) Hat der Erbschaftsbesitzer zur Erbschaft gehörende Sachen herauszugeben, so bestimmt sich von dem Eintritt der Rechtshängigkeit an der Anspruch des Erben auf Schadensersatz wegen Verschlechterung, Untergangs oder einer aus einem anderen Grund eintretenden Unmöglichkeit der Herausgabe nach den Vorschriften, die für das Verhältnis zwischen dem Eigentümer und dem Besitzer von dem Eintritt der Rechtshängigkeit des Eigentumsanspruchs an gelten.

(2) Das Gleiche gilt von dem Anspruch des Erben auf Herausgabe oder Vergütung

von Nutzungen und von dem Anspruch des Erbschaftsbesitzers auf Ersatz von Verwendungen.

Materialien: E I § 1085; II § 1897; III § 1998; Mot V 591; Prot V 718 f; Denkschr 727; Jakobs/Schubert ER I 681–688, 709–725.

Systematische Übersicht

Alphabetische Übersicht

I. Zweck, Anwendbarkeit

1 **Mit der Rechtshängigkeit** des Erbschaftsanspruchs tritt eine **Steigerung der Haftung** des Erbschaftsbesitzers und eine Abschwächung seiner Verwendungsansprüche ein; beides richtet sich nunmehr nach den Grundsätzen, die nach Rechtshängigkeit des Vindikationsanspruchs für das Verhältnis zwischen Eigentümer und unrechtmäßigem Besitzer gelten. Dies rechtfertigt sich daraus, dass der Erbschaftsbesitzer jetzt mit der Möglichkeit rechnen muss, dass ein anderer und nicht er der wahre Erbe ist und er infolgedessen die Erbschaft wie ein fremdes Gut behandeln muss.

2 Jedoch betrifft die ganze Regelung des § 2023 BGB nur den dinglichen Teil des Erbschaftsanspruchs, wie sich aus Abs 1 HS 1 („zur Erbschaft gehörende Sachen") ergibt (so mit Recht Planck/Flad Anm 1und § 2021 Anm d; abw Maurer 170 f; BeckOGK/Lindner [1. 6. 2019] Rn 4. 1; missverständlich zu Abs 2 Staudinger/Lehmann[11] Rn 1 und BGB-RGRK/Kregel Rn 1).

3 Daran ändert auch der Umstand nichts, dass in **Abs 2** von dem „Anspruche des Erben auf Herausgabe oder Vergütung von Nutzungen" die Rede ist. Abs 2 regelt einfach weitere Haftungsmodifikationen, die bei dem in Abs 1 gemeinten dinglichen Teil des Erbschaftsanspruchs im Augenblick der Rechtshängigkeit eintreten.

4 Der obligatorische Anspruch auf „Herausgabe" (= Verschaffung) der ins Eigentum des Erbschaftsbesitzers gefallenen Früchte, untersteht aber von seiner Rechtshängigkeit ab nach **§ 292 BGB** ebenfalls den für den Prozessbesitzer geltenden Normen (so auch Olzen Jura 2001, 223, 226; für Einbeziehung in § 2023 aber jurisPK/Ehm[8] Rn 4; offen gelassen von MünchKomm/Helms[8] Rn 2).

5 § 2023 BGB gilt nicht für den Bereicherungsanspruch des Erben aus **§ 2021 BGB**; seine Beeinflussung durch die Rechtshängigkeit bestimmt sich nach den Grundsätzen des Bereicherungsrechts (§ 818 Abs 4 BGB), deren Anwendung praktisch zu ähnlichen Ergebnissen führt; vgl Prot V 718 und unten Rn 14.

6 Rechte, die zur Erbschaft gehören, werden von der Vorschrift nicht betroffen, da sie nicht Gegenstand der Herausgabepflicht sein können; wohl aber Urkunden über solche Rechte (Kipp/Coing § 108 I 2; Planck/Flad Anm 1), unabhängig davon, ob es um Rechte geht, bei denen das Recht am Papier das Recht aus dem Papier bestimmt, oder um Fälle des § 952 BGB. Denn die Urkunde kann in jedem Fall tatsächlicher Gegenstand der Herausgabepflicht sein.

II. Rechtshängigkeit

7 Die **Rechtshängigkeit** tritt nach § 261 ZPO ein entweder durch Klageerhebung (dh Zustellung der bei Gericht eingereichten Klageschrift, § 253 Abs 1 ZPO) bzw des Protokolls über die Klageanbringung, § 498 ZPO, oder, falls der Anspruch erst im Laufe des Prozesses erhoben wird, mit seiner Geltendmachung in der mündlichen Verhandlung oder mit der Zustellung eines den Erfordernissen des § 253 Abs 2 Nr 2 ZPO entsprechenden Schriftsatzes.

8 Die isolierte Mitteilung eines Prozesskostenhilfeantrags nach § 118 Abs 1 S 1 ZPO reicht nicht aus (vgl zur Verbindung von Prozesskostenhilfeantrag und Klage Musielak/Voit/Foerste[16] § 253 ZPO Rn 6 mwNw).

8a Auch der Umstand, dass der wirkliche Erbe einen Erbschein beantragt hat, kann die Rechtshängigkeit des Erbschaftsanspruchs nicht ersetzen (vgl Zeising ZErb 2009, 172, 173 ff; zust Palandt/Weidlich[79] Rn 1; Burandt/Rojahn/Gierl[3] Rn 3); auch eine analoge Anwendung von § 261 ist schon deswegen nicht tunlich, weil zwischen den am Erbscheinerteilungsverfahren Beteiligten kein Prozessrechtsverhältnis entsteht, das demjenigen, das durch Rechtshängigkeit entsteht, mindestens vergleichbar ist und weil der Antrag auf Erteilung eines Erbscheins die Warnfunktion der Klagezustellung hinsichtlich *konkreter* Gegenstände nicht ersetzen kann (Zeising ZErb 2009, 172 [173, 174]). Erfährt der Erbschaftsbesitzer von dem Erbscheinsantrag, kann er aber bösgläubig werden (BeckOGK/Lindner [1. 6. 2019] Rn 7).

9 Für die Rechtshängigkeit des Erbschaftsanspruchs genügt es wegen des Prinzips iura novit curia, dass die Klage auch auf den Erbschaftsanspruch – oder vom Kläger untechnisch formuliert: auf sein Erbrecht – gestützt wurde (vgl Staudinger/Thole [2019] § 987 Rn 3 f). Die Haftungsverschärfung entfällt dann nicht schon deshalb, weil das klagezusprechende Urteil allein auf einen konkurrierenden Anspruch (etwa § 985 BGB oder § 894 BGB) gestützt wurde.

10 Eine **Rückbeziehung der Rechtshängigkeit** auf den Zeitpunkt der Einreichung der Klageschrift ist **nicht** möglich, weil die Rückwirkung ja in §§ 262, 167 ZPO nur für Fragen der Fristwahrung angeordnet ist; außerdem würde damit auch die Warnfunktion der Klagezustellung unterlaufen (vgl MünchKomm/Raff[8] § 987 Rn 8).

11 **Klagerücknahme** (§ 269 ZPO) und rechtskräftige **Klageabweisung** beseitigen die haftungsverschärfende Wirkung der Rechtshängigkeit grundsätzlich rückwirkend; dies gilt nur dann nicht, wenn die Klage erst nachträglich unbegründet geworden ist, etwa weil dem beklagten Erbschaftsbesitzer nunmehr alle mit der Klage herausverlangten Erbschaftssachen ohne jedes Verschulden seinerseits gestohlen worden sind.

11a Wird nach Klagerücknahme oder -abweisung erneut Klage erhoben, so tritt die Haftungserweiterung des § 2023 BGB erst mit dem Beginn des zweiten Prozesses ein

12 Haftungsverschärfung und Abschwächung der Gegenrechte treten nur in dem Umfang ein, in dem der Erbschaftsanspruch rechtshängig geworden ist (s Vorbem 91 ff zu §§ 2018 ff); hat der Erbe mit seiner Klage nur einen Teil der im Besitz des Beklagten befindlichen Nachlasssachen herausverlangt, so behält der Beklagte bzgl des Restes – sofern er durch die Klageerhebung nicht bösgläubig wird – die Rechtsstellung eines gutgläubig-unverklagten Erbschaftsbesitzers (Burandt/Rojahn/Gierl[3] Rn 4). Werden weitere Ansprüche in den Prozess im weiteren Verlauf angemeldet, richtet sich die Rechtshängigkeit nach § 261 Abs 2 BGB (MünchKomm/Helms[8] Rn 4).

III. Einzelergebnisse der entsprechenden Anwendung der Vindikationsfolgen

1. Schadensersatz

13 Der Erbschaftsbesitzer haftet nunmehr für den **Schaden**, der dem Erben durch Verschlechterung, Untergang oder Unmöglichkeit der Herausgabe (vgl Staudinger/Thole [2019] § 989 Rn 7 ff) oder die nunmehrige Verlagerung (§ 989 BGB (analog), siehe Staudinger/Thole [2019] § 985 Rn 167 ff und § 989 Rn 15) von streitbefangenen Erbschaftssachen infolge seines Verschuldens entsteht, § 989 BGB. Dies gilt allerdings nur, wenn auch das schuldhafte Verhalten des Erbschaftsbesitzers nach dem Eintritt der Rechtshängigkeit erfolgt ist; dass der Schaden erst nach diesem Zeitpunkt eingetreten ist, kann nicht ausreichen, wenn die Schadensursache bereits vor der Haftungsverschärfung gesetzt war (vgl Staudinger/Thole [2019] § 989 Rn 4; Bamberger/Roth/

Müller-Christmann[4] Rn 4; Damrau/Schmalenbach[4] Rn 4; BeckOGK/Lindner [1. 6. 2019] Rn 9; Maurer 169).

14 Wegen des hier zugrundeliegenden Verschuldensbegriffs s zunächst Staudinger/Thole (2019) § 989 Rn 23 ff, wegen des Schadensersatzumfangs Staudinger/Thole (2019) § 989 Rn 45 ff sowie OLGR Koblenz 2008, 305, 307, wegen des Zeitpunkts der Schadensbemessung Staudinger/Thole (2019) § 989 Rn 56 f sowie OLGR Koblenz 2008, 305, 307. Ferner gilt:

15 Eine „Verschlechterung" eines Nachlassgrundstückes kann entgegen John (Grundzüge des Erbrechts [1981] Rn 374) nicht schon darin gefunden werden, dass der Erbschaftsbesitzer nach § 2367 BGB wirksam einen vom Erblasser abgeschlossenen günstigen langfristigen Pachtvertrag kündigt; dadurch wird ja nicht auf das Grundstück selbst, sondern auf ein dieses betreffendes obligatorisches Schuldverhältnis eingewirkt.

16 Der gutgläubige Erbschaftsbesitzer unterliegt nicht der Verzugshaftung, § 2024 S 3 BGB e contrario. Dieser Ausschluss der Verzugshaftung muss auch für die obligatorischen Herausgabepflichten nach § 2020 HS 2 BGB (so auch Soergel/Dieckmann Rn 2 [e]) und im Falle der Ersitzung (§ 2026 BGB) gelten.

17 Fraglich ist, ob der Erbe auch für die Beschädigung oder die Zerstörung solcher Sachen Schadensersatz verlangen kann, die **nur besitzmäßig zum Nachlass gehörten** und an denen dem Erben nicht einmal ein obligatorisches Nutzungsrecht zustand. Wieling hat diese Frage verneint (JZ 1986, 5, 7). Das ist nur konsequent, da er den Erbschaftsanspruch ja von vornherein nicht auf solche Sachen erstrecken will, an denen der Erblasser weder Eigentum noch ein beschränktes dingliches Recht noch ein obligatorisches Nutzungsrecht hatte.

18 Bejaht man demgegenüber mit der **hM** die primäre Herausgabepflicht aus § 2018 BGB auch bezüglich solcher Sachen (s oben § 2018 Rn 85 ff, 95), so wird man auch die sekundäre Schadensersatzpflicht dem Grunde nach bejahen müssen (zust Damrau/Schmalenbach[4] Rn 4; BeckOGK/Lindner [1. 6. 2019] Rn 10). Für die notwendige Korrektur sorgt dann das Erfordernis des Schadens (so auch Maurer 169). Dabei ist zu beachten, dass sich ein Schaden des Erben auch schon daraus ergeben kann, dass er seinerseits dem Eigentümer der Sache für deren Untergang beim Erbschaftsbesitzer haftet, etwa weil der Erblasser die betreffende Sache dem Eigentümer deliktisch entzogen hatte (§§ 823, 249 Abs 1, 848 BGB) oder sich mit ihrer Rückgabe in Verzug befand (§§ 280 Abs 1 und 2, 286, 287 S 2 BGB).

19 Zu beachten ist zugleich, dass die Erstreckung des Erbschaftsanspruchs auf die nur besitzmäßig zum Nachlass gehörenden Sachen gerade das Ziel verfolgt, dem Erben den **Nachweis der** jeweiligen **Rechtsposition** hinsichtlich der im Besitz des Erblassers gewesenen Sachen zu **ersparen**. Dieser Umstand muss auch auf die Beweislastverteilung hinsichtlich des Schadens ausstrahlen: Es muss zunächst einmal genügen, dass der Erbe den Wert der vom Erbschaftsbesitzer zerstörten (oder bei ihm verloren gegangenen oder von ihm weiterveräußerten) Sache beweist; es ist dann die Aufgabe des Erbschaftsbesitzers, nachzuweisen, dass die Sache dem Erblasser nicht gehört

hat und dass dem Erben daher in Wahrheit gar kein Schaden entstanden ist (aA Maurer 169 f).

2. Nutzungsherausgabe und -ersatz

20 Die Nutzungsherausgabepflicht des Erbschaftsbesitzers wird durch § 987 BGB weiter verschärft. Er hat dem Erben nach § 987 Abs 2 BGB auch für die schuldhaft nicht gezogenen Nutzungen Ersatz zu leisten.

21 Nach Rechtshängigkeit gezogene Gebrauchsvorteile hat er gemäß § 987 Abs 1 BGB ihrem objektiven Wert nach zu vergüten (nicht wie bis zu diesem Zeitpunkt nach § 2021 BGB nur im Rahmen seiner Bereicherung).

22 Die aus § 987 Abs 1 BGB folgende obligatorische Herausgabepflicht bzgl aller nach Rechtshängigkeit gezogenen, nach § 955 BGB ins Eigentum des Erbschaftsbesitzers gefallenen und bei ihm noch vorhandenen Sachfrüchte geht über § 2020 HS 2 BGB nicht hinaus.

23 Soweit in Rn 22 genannte Früchte nicht mehr vorhanden oder aber verschlechtert worden sind, muss unterschieden werden, ob der Erbschaftsanspruch nur bzgl der betreffenden Muttersachen oder im Zeitpunkt der Verschlechterung, Zerstörung usw der Früchte auch bereits bzgl dieser selbst rechtshängig war. Im ersteren Fall richtet sich die Haftung nach § 987 Abs 1 BGB iVm dem allgemeinen Leistungsstörungsrecht, im letzteren sind zusätzlich die §§ 292, 989 BGB anwendbar, die aber keine Erweiterung der Rechtsposition des Gläubigers bringen.

23a In einer früheren Auflage wurde hier die Ansicht vertreten, dass die auf die Muttersachen beschränkte Rechtshängigkeit auch die Haftung für die schon vorher gezogenen und bis dahin noch vorhandenen Sachfrüchte verschärfe, indem jetzt an die Stelle des § 2021 BGB das allgemeine Unmöglichkeitsrecht trete (Staudinger/Gursky[12] Rn 4). Für diese Annahme bietet das Gesetz jedoch keinen genügenden Anhaltspunkt. Im Ergebnis würden die Parteien damit überdies so gestellt, als wäre der Anspruch auf die Früchte ebenfalls rechtshängig geworden.

3. Verwendungsersatz

24 Der Erbschaftsbesitzer erhält nach Eintritt der Rechtshängigkeit gemachte Verwendungen nur ersetzt, wenn sie notwendig waren und selbst dann nur, soweit sie dem Interesse und dem wirklichen oder mutmaßlichen Willen des Erben entsprochen haben oder von diesem genehmigt worden sind (§§ 2023 Abs 2, 994 Abs 2, 683, 684 S 2 BGB; F Leonhard Anm II C); nach zutreffender hM (zB Maurer 197 ff mwNw) schließlich auch dann, wenn der Erbe durch die notwendige Verwendung bei der Herausgabe noch bereichert ist (§§ 2023 Abs 2, 994 Abs 2, 684 S 1, 812 ff BGB; dagegen aber Staudinger/Gursky [2016] Rn 9 und Staudinger/Gursky [2013] § 994 Rn 27; aufgegeben von Staudinger/Thole [2019] § 994 Rn 52 mit dem Hinweis, § 684 BGB lasse sich sachgerecht handhaben).

25 Zu den notwendigen Verwendungen gehört auch die Tilgung von Nachlassverbindlichkeiten, wie sich aus § 995 BGB schließen lässt. Für die Berichtigung von Nachlassverbindlichkeiten kann der Erbschaftsbesitzer damit grundsätzlich nur dann Ersatz beanspruchen, wenn die Schranken der §§ 1978–1980, 1991 BGB eingehalten sind (so Planck/Flad Anm 1c; BGB-RGRK/Kregel Rn 5; MünchKomm/Helms[8] Rn 6; NK-BGB/Fleindl[5] Rn 4; Damrau/Schmalenbach[4] Rn 6; Erman/Horn[15] Rn 3; BeckOGK/Lindner [1. 6. 2019] Rn 12; Brox/Walker Rn 587); anders natürlich, wenn der Erbe die Zahlung genehmigt, § 684 S 2 BGB.

26 § 994 Abs 2 BGB enthält einen Fall der sog „angewandten GoA", setzt also **Fremdgeschäftsführungswillen** des Erbschaftsbesitzers **nicht** voraus (vgl Staudinger/Thole [2019] § 994 Rn 43 f; unrichtig OLG Colmar ElsLothrZ 1908, 564).

27 Für nach Rechtshängigkeit des Erbschaftsanspruchs gemachte nicht-notwendige Verwendungen erhält der Erbschaftsbesitzer dagegen keinerlei Ersatz (§ 994 Abs 2 e contrario, § 996 BGB [„nur in soweit … als"]). Dies gilt unabhängig von der verwendungsbedingten Wertsteigerung des Nachlasses und auch dann, wenn der Erbe sich diese Wertsteigerung voraussichtlich zu Nutzen machen wird (ausf Staudinger/Thole [2019] § 996 Rn 22 ff; MünchKomm/Raff[8] § 996 Rn 13 ff).

28 Bestellungskosten für ein landwirtschaftliches Grundstück erhält der verklagte Erbschaftsbesitzer dagegen, auch wenn diese nach Rechtshängigkeit angefallen sind, unter den Voraussetzungen des **§ 998 BGB** ersetzt (**aA** BGB-RGRK/Kregel Rn 5).

29 Auch hinsichtlich des **Wegnahmerechts** (§ 997 BGB) wird die Rechtsstellung des Erbschaftsbesitzers durch die Rechtshängigkeit des Erbschaftsanspruchs nicht verschlechtert (ebenso BeckOGK/Lindner [1. 6. 2019] Rn 14; unrichtig dagegen BGB-RGRK/Kregel Rn 5).

30 Dass die nach Rechtshängigkeit erfolgten Verwendungen gerade auf die mit der Klage herausverlangten Sachen gemacht sein müssen (so Kipp/Coing § 108 I 1 b; Palandt/Weidlich[79] Rn 3; Weinkauf 156 f; AK-BGB/Wendt Rn 29; Muscheler ErbR 2009, 76, 82), ist dagegen für ihre Ersatzfähigkeit nicht erforderlich. Der Erbschaftsanspruch bleibt auch im Falle der Rechtshängigkeit ein Gesamtanspruch. Der Beklagte muss daher gegenüber einer Teilklage auch solche Verwendungen geltend machen können, die nach der Klageerhebung auf andere Gegenstände oder auf die ganze Erbschaft gemacht worden sind (so auch Planck/Flad Anm 1c; Soergel/Dieckmann § 2023 Rn 3; BGB-RGRK/Kregel Rn 4; F Leonhard Anm II C; MünchKomm/Helms[8] § 2023 Rn 6; jurisPK/Ehm[7] § 2023 Rn 8; Erman/Horn[15] Rn 3; jurisPK/Ehm[8] Rn 7, 8; Hk-BGB/Hoeren[10] Rn 2; BeckOGK/Lindner [1. 6. 2019] Rn 13; Crome § 715 Rn 93; Lange/Kuchinke[5] § 40 IV 5; Ebenroth Rn 1037; Michalski Rn 1056; enger Maurer 202).

31 Problematisch ist in diesem Zusammenhang aber, ob die Abschwächung des Verwendungsersatzes in § 2023 Abs 2 BGB auch für solche Verwendungen gilt, die nunmehr auf andere als die jetzt streitbefangenen Sachen oder aber auf die Erbschaft als Ganzes gemacht worden sind (so wohl Planck/Flad Anm 1c; jurisPK/Ehm[8] Rn 7, 8; **aA** AK-BGB/Wendt Rn 26; Maurer 171). Insoweit kollidiert die Beschränkung der Rechtshängigkeit auf die mit der Klage herausverlangten Sachen notwendigerweise mit der aus der Rechtsnatur des Erbschaftsanspruchs als eines Gesamtanspruchs folgenden Einheitlichkeit der Verteidigungsposition des Beklagten. Meines Erachtens muss sich hier der letztere Aspekt durchsetzen, dh es muss die Abschwächung

des Verwendungsersatzes auch für solche Verwendungen gelten, die auf andere Sachen oder auf den Nachlass als ganzes gemacht werden. Das zeigt sich besonders deutlich bei den Verwendungen, die nicht auf einzelne Nachlasssachen gemacht werden. Wollte man mit AK-BGB/Wendt den Ausschluss des § 2022 BGB nur auf solche Aufwendungen beziehen, die (nach Rechtshängigkeit) auf mit der Klage herausverlangte Sachen getätigt wurden, so könnte bezüglich der Verwendungen auf den Nachlass im Ganzen nie eine Reduzierung der Verwendungsersatzansprüche des Beklagten herbeigeführt werden; diese blieben vielmehr immer ohne Rücksicht auf den daraus resultierenden Nutzen des Erben nach § 2022 BGB ersatzfähig. Das kann nicht richtig sein.

32 Soweit die Verwendungen in der Berichtigung von Nachlassschulden bestehen, kommt neben dem Verwendungsersatz nach §§ 2022 Abs 2, 2023 Abs 2, 994 Abs 2, 995 BGB auch ein selbstständiger Bereicherungsanspruch des Erbschaftsbesitzers in Betracht, für dessen Durchsetzung nicht die Beschränkungen der §§ 1000–1003 BGB bestehen. § 2022 Abs 3 BGB, der klarstellt, dass die Kondiktion des Erbschaftsbesitzers durch § 2022 Abs 2 BGB nicht verdrängt wird, gilt nämlich auch für den verklagten (oder bösgläubigen) Erbschaftsbesitzer (so mit Recht Kipp/Coing § 108 I 4; Brox/Walker Rn 587; MünchKomm/Helms[8] Rn 7; Bamberger/Roth/Müller-Christmann[4] Rn 5; BeckOGK/Lindner [1. 6. 2019] Rn 14; Maurer 203). Auch auf diesem Wege kann der Erbschaftsbesitzer allerdings nur dann Ersatz verlangen, wenn er die Schranken der §§ 1978–1980, 1991 beachtet hat (Planck/Flad Anm 1c; BGB-RGRK/Kregel Rn 5; Soergel/Dieckmann Rn 4; Erman/Horn[15] Rn 3; **aA** Maurer 203).

4. Verzinsung

33 Soweit der Erbschaftsbesitzer statt Erbschaftssachen Ersatz in Geld zu leisten hat, ist er nach Eintritt der Rechtshängigkeit zur Verzinsung verpflichtet, § 291 BGB. Soweit der Erbschaftsbesitzer nach § 2018 BGB Herausgabe von noch unterscheidbar vorhandenen Geldzeichen schuldet, gilt dies nicht; ein solcher Herausgabeanspruch ist keine Geldschuld (vgl Staudinger/Omlor [2016] Vorbem C 50 zu § 244).

34 Für den *bereicherungsrechtlichen Teil* des Erbschaftsanspruchs (§ 2021 BGB) gilt § 2023 BGB nicht (s oben Rn 5). Die Konsequenzen der Rechtshängigkeit dieses Teils des Erbschaftsanspruchs ergeben sich vielmehr aus § 818 Abs 4 BGB. Der mit der Klage geltend gemachte Bereicherungsanspruch des Erben nach § 2021 BGB wird, da er immer auf Wertersatz gerichtet ist, durch den Eintritt der Rechtshängigkeit umfangmäßig fixiert; ein haftungsbefreiender Wegfall der Bereicherung ist jetzt nicht mehr möglich (so auch Kipp/Coing § 108 I 3; Kretzschmar § 70, 3; BGB-RGRK/Kregel Rn 1; MünchKomm/Helms[8] Rn 3; Bamberger/Roth/Müller-Christmann[4] Rn 3; DEK/Lenz Rn 1; Damrau/Schmalenbach[4] Rn 7; Hk-BGB/Hoeren[10] Rn 3; Muscheler ErbR 2009, 76, 82; **aM** Staudinger/Lehmann[11] Rn 4; Planck/Flad Anm 2; Soergel/Dieckmann Rn 2; Palandt/Weidlich[79] Rn 2; Erman/Horn[15] Rn 2), denn die „allgemeinen Vorschriften", auf die § 818 Abs 4 BGB verweist, sind im Falle der Wertkondiktion die §§ 818 Abs 2, 291 BGB (vgl BGHZ 83, 293, 298 ff; Erman/Buck-Heeb[15] § 818 Rn 50; Bamberger/Roth/Wendehorst[4] § 818 Rn 82; Frank JuS 1981, 102, 105; AK-BGB/Wendt § 2023 Rn 27; Canaris JZ 1971, 560, 562; Gursky JR 1972, 279, 282; Fikentscher/Heineman, SchR[10] Rn 1528; Wieling, Bereicherungsrecht[4] S 88; **teilweise aM** MünchKomm/Schwab[7] § 818 Rn 311 ff; Koppensteiner/Kramer, Ungerechtfertigte Bereicherung [2. Aufl 1988] 149; Teichmann JuS 1972, 247, 250 f).

Eine **Verzugshaftung** des gutgläubigen Erbschaftsbesitzers ist auch nach Rechtshängigkeit ausgeschlossen (s § 2024 Rn 22). 35

IV. Rechtskraft

Hat der Erbe zunächst nur auf Herausgabe der beim Erbschaftsbesitzer noch vorhandenen Erbschaftssachen geklagt, so ist bei einer nachträglich erhobenen Klage auf Herausgabe der aus diesen Sachen gezogenen Nutzungen die Rechtskraft des klagezusprechenden oder -abweisenden ersten Urteils zu beachten. Die Situation ist hier zumeist einfacher als bei der Vindikation, da beim Erbschaftsanspruch die Möglichkeit eines erst nachträglichen Begründetwerdens der Klage selten in Betracht kommt (vgl hierfür einerseits Staudinger/Gursky [2013] § 985 Rn 157; andererseits Staudinger/Thole [2019] § 985 Rn 320 ff und § 987 Rn 6). Entsprechend ist die Situation bei einer nachträglich erhobenen Klage auf Schadensersatz wegen Beschädigung der bereits mit der ersten Klage herausverlangten Sachen. 36

Verlangt der Erbe dagegen mit einer zweiten Klage Schadensersatz oder bereicherungsrechtlichen Wertersatz für andere, beim Erbschaftsbesitzer nicht mehr vorhandene und deshalb mit der ersten Klage auch nicht herausverlangte Sachen, so besteht die Rechtskraftwirkung nicht. Die Situation ist insoweit die gleiche wie bei jeder anderen Teilklage (vgl Vorbem 78 ff zu §§ 2018 ff). 37

§ 2024
Haftung bei Kenntnis

Ist der Erbschaftsbesitzer bei dem Beginn des Erbschaftsbesitzes nicht in gutem Glauben, so haftet er so, wie wenn der Anspruch des Erben zu dieser Zeit rechtshängig geworden wäre. Erfährt der Erbschaftsbesitzer später, dass er nicht Erbe ist, so haftet er in gleicher Weise von der Erlangung der Kenntnis an. Eine weitergehende Haftung wegen Verzugs bleibt unberührt.

Materialien: E I §§ 2085, 2086; II § 1898; III § 1999; Mot V 591; Prot V 718; Denkschr 727; Jakobs/Schubert ER I 681–688, 709–725.

Systematische Übersicht

Alphabetische Übersicht

I. Zweck, Allgemeines

1 Eine der Haftung nach Rechtshängigkeit (§ 2023 BGB) **entsprechende Steigerung** der Haftung **bewirkt nach** § 2024 S 1 und 2 BGB **auch die Bösgläubigkeit** des Erbschaftsbesitzers. Daneben unterwirft § 2024 S 3 BGB den Bösgläubigen der weitergehenden Haftung wegen Verzugs.

2 Anders als nach § 2023 BGB und § 292 BGB wird die **Haftungssteigerung** aber nicht nur für den dinglichen Teil des Erbschaftsanspruchs und den Fall des § 2020 HS 2 BGB, sondern **auch für das kondiktionsrechtliche Element** des Erbschaftsanspruchs (§ 2021 BGB), also gleichmäßig angeordnet (fast allgM, s etwa Erman/Horn[15] Rn 1; jurisPK/Ehm[8] Rn 1; Maurer 178). Dadurch soll die Verschiedenheit beseitigt werden, die zwischen dem Bereicherungsanspruch (§ 819 BGB) und dem Eigentumsanspruch (§ 990 BGB) hinsichtlich der *mala fides* der Anspruchsgegner besteht; während beim ersteren nur die positive Kenntnis eines Mangels des Rechtsgrundes die Haftung verschärft, genügt beim letzteren schon die durch grobe Fahrlässigkeit verschuldete Unkenntnis vom Mangel des Besitzrechts beim Besitzerwerb; vgl Prot V 719.

3 Von dem in § 2024 S 1 u 2 BGB genannten Zeitpunkten ab (und damit uU vor Rechtshängigkeit) tritt für den dinglichen Anspruch und den aus § 2020 HS 2 BGB die Haftung aus § 989 BGB und die Abschwächung der Verwendungsersatzansprüche (§ 994 Abs 2 BGB) ein, während für den kondiktionsrechtlichen Teil des Erbschaftsanspruchs schon mit diesen Zeitpunkten die Haftung nach § 818 Abs 4 BGB beginnt (Prot V 719; vLübtow II 1058; Brox/Walker Rn 583; Damrau/Schmalenbach[4] Rn 1; **aA** Weinkauf 167, nach dem § 2024 für das kondiktionsrechtliche Element des Erbschaftsanspruchs überhaupt nicht gelten soll). Von größerer Bedeutung ist die durch § 2024 S 1 BGB bewirkte Vorverlagerung der verschärften Bereicherungshaftung allerdings kaum, da der bösgläubige Erbschaftsbesitzer bei jeder Art des Verbrauchs von Nachlasssachen ohnehin schon nach §§ 2024 S 1, 989 BGB auf Schadensersatz und bei der Ziehung von Gebrauchsvorteilen aus Nachlasssachen nach §§ 2024 S 1, 987 BGB auf Wertersatz haftet.

§ 2024 S 2 BGB, der inhaltlich gegenüber § 819 BGB nichts Neues bringt, hat dementsprechend im Wesentlichen Bedeutung für vor der Kenntniserlangung bereits entstandene Bereicherungsansprüche. Neue Vermögenseinbußen, die der Erbschaftsbesitzer infolge der Inbesitznahme des Nachlasses nunmehr an seinem ureigenen Vermögen erleidet, sind nicht mehr als Bereicherungsminderung abziehbar, da § 818 Abs 3 BGB nach hM nicht mehr eingreift. 4

§ 2024 BGB fingiert die Rechtshängigkeit des Erbschaftsanspruchs schlechthin, also aller seiner Elemente. Das impliziert, dass alle auf eine Geldzahlung gerichteten Teilansprüche so zu behandeln sind, als wären sie in dem Moment des Bösgläubigwerdens bzw der späteren Anspruchsentstehung rechtshängig geworden. Dies wiederum bedeutet, dass alle auf eine Geldzahlung gerichteten Teilansprüche nach §§ 291, 288 Abs 1 S 2 BGB mit 5 Prozentpunkten über dem Basiszinssatz zu verzinsen sind (BGB-RGRK/Kregel Rn 3; AK-BGB/Wendt Rn 17; **aM** Staudinger/Gursky[12] Rn 1). 5

Wer sich in Kenntnis seiner Nichtberechtigung als Erbe geriert und Nachlasssachen in Besitz nimmt, kann zwar nach §§ 2024 S 1, 2023 Abs 2, Abs 1, 994 Abs 2 BGB einen Ersatzanspruch wegen seiner notwendigen Verwendungen erwerben, diesen aber regelmäßig nicht über ein Zurückbehaltungsrecht durchsetzen (§ 1000 S 2 BGB): Die wissentlich unberechtigte Inbesitznahme stellt nämlich eine vorsätzliche Eigentumsverletzung iS von § 823 Abs 1 BGB dar. Es besteht – entgegen Staudinger/Gursky[12] § 2022 Rn 8 sowie BGB-RGRK/Kregel § 2022 Rn 4 und Erman/Schlüter[12] § 2022 Rn 3 – kein Anlass, auf die Verletzung des Erbrechts abzuheben; dieses ist richtiger Ansicht nach kein absolutes Recht iS von § 823 Abs 1 BGB (vgl Vorbem 70 zu §§ 2018 ff). 6

Nach Wendt (AK-BGB § 2018 Rn 66 u § 2024 Rn 12) soll der bösgläubige Erbschaftsbesitzer auch dann nach §§ 2024, 2023, 989 BGB auf Schadensersatz haften, wenn er wirksam eine Nachlassforderung gegen eine ihn persönlich treffende Verpflichtung aufrechnet. Diese Annahme ist verfehlt: Diese Anspruchsgrundlage setzt eine primäre Herausgabepflicht voraus, die nicht oder nicht ordnungsgemäß erfüllt worden ist; eine solche Herausgabepflicht hat aber bezüglich der Nachlassforderung, die der Erbschaftsbesitzer durch die Aufrechnung verbraucht hat, nicht bestanden. 7

Anders ist die Situation, wenn der Erbschaftsbesitzer wirksam über zum Nachlass gehörende Umlaufpapiere verfügt; hier kann man den Verlust des verbrieften Rechtes infolge wirksamer Weiterübertragung als Folge der vom Erbschaftsbesitzer verschuldeten „Unmöglichkeit der Herausgabe" des Wertpapiers verstehen (vgl Staudinger/Gursky [2013] § 990 Rn 60 ff). 8

II. Kein guter Glaube des Erbschaftsbesitzers

1. Anfängliches Fehlen des guten Glaubens

Der gute Glaube des Erbschaftsbesitzers fehlt, wenn er bei dem Beginn des Erbschaftsbesitzes **weiß oder infolge grober Fahrlässigkeit nicht weiß**, dass er nicht der Erbe ist; vgl § 932 Abs 2 BGB. Wegen der Wertung des § 142 Abs 2 BGB gilt das ebenso für den, der weiß, dass der Erwerbstitel seines Erbrechts anfechtbar ist (vgl 9

§ 2018 Rn 45 ff), sofern die Anfechtung bzw Erbunwürdigkeitserklärung erfolgt (vgl auch Staudinger/Olshausen [2015] § 2344 Rn 19; Muscheler ZEV 2009, 101, 106 f). Anders als in § 819 BGB wird der gute Glaube also nicht bloß durch positive Kenntnis des Mangels des Erbrechts ausgeschlossen (RGZ 56, 317; BGH FamRZ 2004, 537, 538). S zum **Bezugspunkt** des guten Glaubens näher unter III.

10 Unter **„Beginn des Erbschaftsbesitzes"** ist der Zeitpunkt zu verstehen, in dem der Anspruchsgegner **erstmals** etwas als vermeintlicher oder angeblicher Erbe aus der Erbschaft erlangt hat (Planck/Flad Anm 1 1. Abs aE; AK-BGB/Wendt Rn 2; MünchKomm/Helms[8] Rn 2; NK-BGB/Fleindl[5] Rn 2; Damrau/Schmalenbach[4] Rn 3; BeckOGK/Lindner [1. 6. 2019] Rn 4; Crome § 715 II m Fn 55; **aA** Maurer 173 ff [Erlangung des konkreten Erbschaftsgegenstandes]); es ist also nicht etwa der Zeitpunkt entscheidend, in dem er den Besitz der fraglichen Erbschaftssache erlangt hat, für deren Verlust oder Zerstörung von ihm Schadensersatz verlangt wird oder auf die er Verwendungen gemacht hat. Das folgt aus dem Gesamtanspruchscharakter der §§ 2018 ff BGB und dem Formulierungsunterschied zwischen § 2024 BGB und § 2025 BGB (hier „Beginn des Erbschaftsbesitzes", dort „einen Erbschaftsgegenstand … erlangt").

11 Dass der andere Haftungsverschärfungsgrund (die **Rechtshängigkeit)** hinsichtlich der konkreten Einzelsache gegeben gewesen sein muss, schlägt demgegenüber nicht durch. Das Abstellen auf den Zeitpunkt des ersten Erlangens wirkt sich für den Erbschaftsbesitzer normalerweise vorteilhaft aus und macht damit die Abweichung von § 819 BGB überhaupt erst erträglich: Wenn der Erbschaftsbesitzer bei der ersten Inbesitznahme von Nachlassgegenständen nicht grob fahrlässig war, wird ihm jedenfalls nicht bei jedem weiteren Erwerb aus der Erbschaft eine erneute Überprüfung seiner Erbenposition zugemutet. Tauchen neue Verdachtsgründe auf, die gegen sein Erbrecht sprechen, wird er nunmehr nicht schon dann der verschärften Haftung unterworfen, wenn diese seine Überzeugung vom eigenen Erbrecht grob fahrlässig machen, sondern erst wenn er daraus den korrekten rechtlichen Schluss zieht oder sein Beharren auf der bisherigen Deutung sich als Rechtsblindheit darstellt (Rn 13 ff).

12 Beruht der Erbschaftsanspruch darauf, dass der Anspruchsgegner seine ursprüngliche Erbenstellung (nach § 1764 Abs 1 S 2 BGB oder § 2078 BGB oder § 2344 BGB) rückwirkend verloren hat, dann muss die Kenntnis oder grobfahrlässige Unkenntnis der Umstände genügen, die zum späteren Verlust der Erbenstellung geführt haben (Soergel/Dieckmann Rn 2 für die Konstellation von § 1764 Abs 1 S 2).

2. Mala fides superveniens

13 **Der gute Glaube des Erbschaftsbesitzers fehlt ferner**, wenn er später **positiv erfährt**, dass er nicht der Erbe ist. An die nachträgliche Bösgläubigkeit werden also strengere Anforderungen gestellt, gerade wie in § 990 Abs 1 BGB für die Haftung des unrechtmäßigen Besitzers oder in § 937 Abs 2 BGB bei der Ersitzung. Das Gesetz wollte offenbar eine zu starke Belastung des ursprünglich gutgläubigen Erbschaftsbesitzers durch Auferlegung einer fortwährenden Prüfungspflicht vermeiden.

14 Allerdings bedarf es gewisser Beweiserleichterungen zugunsten des Erben, um überhaupt praktische Anwendungsfälle zu schaffen: So wird man den Fall, in dem der

Erbschaftsbesitzer der sich später aufdrängenden Erkenntnis seines mangelnden Erbrechts bewusst aus dem Wege geht, als vorsätzliche Verhinderung der Erkenntnis nach dem **Rechtsgedanken des § 162 BGB** so behandeln müssen, als hätte er die Wahrheit erfahren (Kipp/Coing § 108 II; vLübtow II 1058; Soergel/Dieckmann Rn 2; MünchKomm/Helms[8] Rn 3; jurisPK/Ehm[8] Rn 2; BeckOGK/Lindner [1. 6. 2019] Rn 5; Brox/Walker Rn 583; Ebenroth/Frank JuS 1996, 794, 800; Maurer 172; Olzen JuS 1989, 374, 379; Muscheler ErbR 2009, 76, 93; **aM** Planck/Flad Anm 1). Das ist eine teleologische Extension von „erfahren" gem § 2024 S 2.

III. Bezugsobjekt des guten Glaubens

1. Wenn der Erbschaftsbesitzer zwar hinsichtlich seines Erbrechts bösgläubig ist, aber in Bezug auf einen **einzelnen Gegenstand hinsichtlich eines Rechts zum Besitz gutgläubig** (wenn er also an das Gegebensein einer sog Singulareinrede ohne grobe Fahrlässigkeit glaubt), so will ihm eine verbreitete Auffassung bezüglich dieses Gegenstandes die Rechtsstellung eines gutgläubigen Erbschaftsbesitzers zubilligen (so Staudinger/Gursky[12] Rn 3; Kipp/Coing § 108 II; Lange/Kuchinke[5] § 40 IV 3 m Fn 96; Brox/Walker Rn 583; Planck/Flad Anm 1; BGB-RGRK/Kregel Rn 3; F Leonhard Anm II; MünchKomm/Helms[7] Rn 4; jurisPK/Ehm[8] Rn 3; Bamberger/Roth/Müller-Christmann[4] Rn 2; FAKomm-ErbR/Finger[4] Rn 3; DEK/Lenz Rn 4; Erman/Horn[15] Rn 2a; Palandt/Weidlich[79] Rn 2; Hk-BGB/Hoeren[10] Rn 5; DEK/Lenz Rn 5; Muscheler ErbR 2009, 76, 82 f; Olzen JuS 1989, 374, 379 und Jura 2001, 223, 227 [der sogar die Annahme eines vermeintlichen Zurückbehaltungsrechts genügen lassen will]; AK-BGB/Wendt Rn 9 [der auf eine mögliche Haftung aus dem Gesichtspunkt des Fremdbesitzerexzesses hinweist]; einschränkend hinsichtlich des Umfangs des Haftungsprivilegs [kein erweiterter Verwendungsersatz] Soergel/Dieckmann Rn 2). 15

Diese Annahme ist jedoch bedenklich (ablehnend Maurer 177; BeckOGK/Lindner [1. 6. 2019] Rn 6). Es kann hier ohnehin nur um diejenigen Fälle gehen, in denen der Erbschaftsbesitzer nachträglich das Eigentum oder ein Recht zum Besitz (und damit eine Singulareinrede gegenüber dem Erbschaftsanspruch) erworben zu haben meint oder in denen er jedenfalls nachträglich zu der irrigen Überzeugung kommt, die Sache habe ihm schon vor dem Erbfall gehört. Denn bei solchen Sachen, die der Gegner mit Rücksicht auf einen vermeintlich bereits vor dem Erbfall aus anderen Gründen eingetretenen Eigentumserwerb an sich genommen hat, fehlt ja die Erbanmaßung und ist deshalb der Tatbestand des § 2018 BGB gar nicht erfüllt (s § 2018 Rn 18). 16

Eine haftentlastende Wirkung der *bona fides superveniens* wird aus zu § 990 dargelegten Gründen generell kritisch gesehen (Staudinger/Thole [2019] § 990 Rn 93 ff; differenzierend demgegenüber MünchKomm/Raff[8] § 990 Rn 17 ff). 17

Es ist jedenfalls ausgeschlossen, dass die verschärfte Haftung beim Tod des Erbschaftsbesitzers wegen der Gutgläubigkeit von dessen Erben entfällt, was der BGH in einem obiter dictum (NJW 1985, 3068, 3070) für möglich gehalten hat (dieser Entscheidung zust FAKomm-ErbR/Finger[4] Rn 4, 6; Damrau/Schmalenbach[4] Rn 1; wie hier dagegen MünchKomm/Helms[8] Rn 4 und MünchKomm/Raff[8] § 990 Rn 18). In einer neueren Entscheidung (BGH ZEV 2004, 378, 380) geht der BGH demgegenüber ohne nähere Begründung davon aus, dass sich der **Erbe** des ursprünglichen Erbschaftsbesitzers ohne 17a

Weiteres dessen Bösgläubigkeit zurechnen lassen muss (so auch NK-BGB/Fleindl[5] § 2024 Rn 2; Burandt/Rojahn/Gierl[3] § 2024 Rn 3). Dem ist im Ergebnis zuzustimmen.

18 **2.** Man wird nicht danach differenzieren können, ob die Erbschaft Grundstücke enthält. Hinsichtlich der Einzelansprüche hat Fervers (AcP 217 [2017] 34 ff) vorgeschlagen, den Maßstab der grobfahrlässigen Unkenntnis aus § 932 Abs 2 BGB nicht anzuwenden und stattdessen allein den Maßstab der §§ 892 f BGB (entgegenstehende Kenntnis) anzuwenden. Dies ist schon für die Einzelansprüche abzulehnen (s dazu MünchKomm/Raff[8] § 990 Rn 3 und Staudinger/Thole [2019] § 990 Rn 10 – jeweils mwNw). Unabhängig davon passt diese Differenzierung nicht zum hiesigen Bezugspunkt, der *gesamten* Erbschaft.

IV. Minderjährigkeit des Erbschaftsbesitzers

19 Bei **Minderjährigkeit** des Erbschaftsbesitzers schadet diesem jedenfalls die Bösgläubigkeit seines gesetzlichen Vertreters (fast allgM, s etwa MünchKomm/Raff[8] § 990 Rn 33 mwNw; Bamberger/Roth/Müller-Christmann[4] Rn 2 aE; **aA** aber Boehmer MDR 1959, 705, 706 sub 1 a). Begründet wird dieses Ergebnis fast nirgendwo. Mit Fritzsche (Bamberger/Roth[4] § 990 Rn 25) wird man das mit einer analogen Anwendung von § 166 Abs 1 BGB begründen können.

20 Darüber hinaus muss aber bei Gutgläubigkeit des gesetzlichen Vertreters auch der eigene böse Glaube des Minderjährigen selbst beachtlich sein, wenn der Minderjährige über die erforderliche Einsicht verfügt (Boehmer sub 1 b; zust Damrau/Schmalenbach[4] Rn 5; NK-BGB/Schanbacher[4] § 990 Rn 11; BeckOGK/Lindner [1. 6. 2019] Rn 7). Zur Begründung gelten hier die Ausführungen zur Haftung des minderjährigen unrechtmäßigen Besitzers jedenfalls bei nicht durch Rechtsgeschäft vermitteltem Besitzerwerb (Staudinger/Gursky [2013] § 990 Rn 40; Staudinger/Thole [2019] § 990 Rn 40; derzeit weitergehend MünchKomm/Raff[8] § 990 Rn 33) entsprechend.

V. Verzug des Erbschaftsbesitzers

21 **1.** Eine **weitere Steigerung** der **Haftung** des **bösgläubigen** Erbschaftsbesitzers tritt nach **S 3** ein, wenn er in **Verzug** gesetzt wird.

22 Für den **gutgläubigen** Erbschaftsbesitzer gilt dagegen S 3 nach dem Zusammenhang nicht, da die Zufallshaftung, die der Verzug zur Folge hat, zu hart wäre (Planck/Flad Anm 2; F Leonhard Anm 3; AK-BGB/Wendt Rn 18; MünchKomm/Helms[8] Rn 5; Soergel/Dieckmann Rn 3; Erman/Horn[15] Rn 3; BeckOGK/Lindner [1. 6. 2019] Rn 9; Brox/Walker Rn 583; Maurer 178). Der bei Beginn des Erbschaftsbesitzes gutgläubig gewesene Anspruchsgegner kann also nicht in Verzug geraten, solange er nicht positive Kenntnis von seinem fehlenden Erbrecht erlangt.

23 Die bloße **Mahnung** und **Klageerhebung** bewirken nicht ohne Weiteres Bösgläubigkeit, denn sie führen nicht automatisch zur Kenntnis gem S 2. Sie könnten isoliert regelmäßig lediglich eine Nachforschungspflicht begründen, die den gutgläubigen Erbschaftsbesitzer aber nicht trifft; grob fahrlässige Unkenntnis schadet ihm wegen S 2 gerade nicht.

Das Privileg, das sich aus dem Umkehrschluss aus § 2024 S 3 BGB ergibt, darf auch nicht durch einen Rückgriff auf eine **Eingriffskondiktion** bezüglich des Besitzes ausgehebelt werden; für den mit dem Erbschaftsanspruch konkurrierenden Singularanspruch aus § 812 Abs 1 S 1 2. Fall muss deshalb die gleiche Einschränkung gelten (ebenso jetzt BeckOGK/Lindner [1. 6. 2019] Rn 9; vgl auch Staudinger/Thole [2019] § 990 Rn 116 zur Parallelproblematik beim Vindikationsanspruch;). 24

Sind aber die Bösgläubigkeit des Erbschaftsbesitzers und die Verzugsvoraussetzungen beim Erbschaftsanspruch kumulativ gegeben, so hat der Erbschaftsbesitzer dem Erben allen durch die Verzögerung der Herausgabe bedingten **Schaden** zu ersetzen (§§ 280 Abs 1 und 2, 286 BGB) und muss er gemäß §§ 280 Abs 1 und 3, 283, 287 S 2 BGB auch für die durch Zufall eintretende Unmöglichkeit der Herausgabe einstehen, es sei denn, dass derselbe Schaden den Erben auch getroffen hätte, wenn der Erbschaftsbesitzer seiner Herausgabepflicht sofort nach der Mahnung nachgekommen wäre. 25

2. Was die **Voraussetzungen des Verzuges** betrifft, so wird hier nach einer **verbreiteten Auffassung** (Staudinger/Gursky[12] Rn 4; MünchKomm/Helms[8] Rn 5; jurisPK/Ehm[8] Rn 5; Erman/Horn[15] Rn 3; AK-BGB/Wendt Rn 20; Damrau/Schmalenbach[4] Rn 7; Kipp/Coing § 108 III m Fn 2; Olzen Jura 2001, 223, 227; Muscheler ErbR 2009, 76, 83) das Verschuldenserfordernis (§ 286 Abs 4 BGB) durch § 2024 BGB modifiziert: Bezüglich der Unkenntnis des Erbrechtsmangels soll der Verschuldensmaßstab des § 2024 S 1 BGB zur Anwendung kommen, dem Erbschaftsbesitzer also erst grobe Fahrlässigkeit schaden. 26

Das ist jedoch **unzutreffend**: Es besteht nun einmal kein Anlass, ausgerechnet den bösgläubigen Erbschaftsbesitzer vor Sanktionen des allgemeinen Schuldrechts zu bewahren (so auch Maurer 178; BeckOGK/Lindner [1. 6. 2019] Rn 9). In aller Regel wird aber die beim Besitzerwerb vorhanden gewesene grobe Fahrlässigkeit ohnehin dazu führen, dass sich das Vertrauen des Erbschaftsbesitzers auf sein vermeintliches Erbrecht auch noch zu dem späteren Zeitpunkt der Mahnung durch den wahren Erben als grob fahrlässig darstellt. 27

§ 2025
Haftung bei unerlaubter Handlung

Hat der Erbschaftsbesitzer einen Erbschaftsgegenstand durch eine Straftat oder eine zur Erbschaft gehörende Sache durch verbotene Eigenmacht erlangt, so haftet er nach den Vorschriften über den Schadensersatz wegen unerlaubter Handlungen. Ein gutgläubiger Erbschaftsbesitzer haftet jedoch wegen verbotener Eigenmacht nach diesen Vorschriften nur, wenn der Erbe den Besitz der Sache bereits tatsächlich ergriffen hatte.

Materialien: E I § 2086; II § 1899; III § 2000; Mot V 591 f; Prot V 720 f; Denkschr 727; Jakobs/Schubert ER I 712–726; geändert durch Gesetz vom 2. 3. 1974 (BGBl I 469).

Systematische Übersicht

Alphabetische Übersicht

I. Allgemeines, Anwendbarkeit

1. Normzweck

1 § 2025 BGB lässt eine **weitere Verschärfung der Haftung** des Erbschaftsbesitzers eintreten, wenn dieser

(1) einen Erbschaftsgegenstand durch eine Straftat

oder

(2) eine zur Erbschaft gehörende Sache durch verbotene Eigenmacht erlangt hat.

2 In diesen Fällen soll der Erbschaftsbesitzer wie beim Eigentumsanspruch gemäß

§ 992 BGB nach den Vorschriften über den Schadensersatz wegen unerlaubter Handlungen haften. Und genau wie § 992 BGB (s STAUDINGER/THOLE [2019] § 992 Rn 3) enthält auch § 2025 BGB eine **Rechtsgrundverweisung** auf das Deliktsrecht (NK-BGB/FLEINDL[5] Rn 1; MünchKomm/HELMS[8] Rn 1).

2. Anwendbarkeit

§ 2025 BGB greift aber insofern über § 992 BGB hinaus, als der Fall der Erlangung durch eine Straftat nicht auf Sachen beschränkt, sondern auf alle denkbaren Erbschaftsgegenstände erstreckt wird, zB auch auf Rechte; man denke an die Einziehung einer Nachlassforderung aufgrund einer gefälschten Urkunde (vgl Prot V 720). Die Formulierung des § 2025 S 1 BGB passt für diese Konstellation allerdings nicht sehr gut, weil der Erbschaftsbesitzer den Nachlassgegenstand „Forderung" nicht wirklich erlangt, sondern durch die Einziehung „verbraucht". Der Erbschaftsbesitzer erwirbt eigentlich nur den Besitz an den vom Nachlassschuldner geleisteten Sachen, während das Eigentum kraft des Surrogationsprinzips ja automatisch an den Erben fällt (§ 2019 Rn 59 ff). 3

§ 2025 S 1 BGB ist selbstverständlich auch anwendbar, wenn der Erbschaftsbesitzer die **ganze Erbschaft** durch eine strafbare Handlung, etwa durch Urkundenfälschung oder Abgabe einer wissentlich falschen Versicherung an Eides statt, erlangt (PLANCK/FLAD Anm 1; MünchKomm/HELMS[8] § 2025 Rn 3; NK-BGB/FLEINDL[5] § 2025 Rn 2; BAMBERGER/ROTH/MÜLLER-CHRISTMANN[4] § 2025 Rn 2; DAMRAU/SCHMALENBACH[4] § 2025 Rn 5; jurisPK/EHM[8] Rn 3; BeckOGK/LINDNER [1. 6. 2019] Rn 3; ZEISING ZErb 2009, 172, 174). 4

Aus § 2025 BGB lässt sich im **Umkehrschluss** folgern, dass der Erbschaftsbesitzer außerhalb der Voraussetzungen dieser Norm für körperliche oder unkörperliche Erbschaftsgegenstände nicht nach Deliktsrecht haftet (so auch AK-BGB/WENDT Rn 8; BeckOGK/LINDNER [1. 6. 2019] Rn 2; abw JOHN, Grundzüge des Erbrechts [1981] Rn 378 Fn 31); gerade darin liegt eine wesentliche Privilegierung. § 2025 BGB verschlechtert die Rechtsposition des Erbschaftsbesitzers in erster Linie hinsichtlich der Schadensersatzhaftung, darüber hinaus aber auch bezüglich seiner Verwendungsersatzansprüche (s unten Rn 32 ff). 5

Die Norm enthält nicht, dass der Erbschaftsbesitzer von den genannten Zeitpunkten ab nur noch der deliktischen Schadensersatzhaftung unterläge, sie **hebt** vielmehr lediglich die vorausgesetzte grundsätzliche **Sperre gegenüber dem Deliktsrecht auf** und stellt damit weitere, uU mit §§ 2023, 2024 BGB konkurrierende Anspruchsgrundlagen zur Verfügung. 6

Im Einzelfall kann dabei die Anwendung der §§ 2023, 2024 BGB für den Erben durchaus günstiger sein: So vor allem wegen der langen Verjährung (s unten Rn 39 ff), ferner auch deshalb, weil sich die Einstandspflicht für das Verschulden Dritter dort nach § 278 BGB und nicht nach § 831 BGB richtet (was allerdings wegen § 848 BGB nur dann relevant wird, wenn die Besitzerlangung nur schuldhaft verbotene Eigenmacht darstellt, nicht aber bereits einen Deliktstatbestand erfüllt). 6a

Die Haftungsverschärfung wirkt immer nur für den **konkreten Gegenstand**, den der Erbschaftsbesitzer durch die Straftat oder verbotene Eigenmacht erlangt hat (MAU- 7

RER 182; KIPP/COING § 108 IV aE; MUSCHELER ErbR 2009, 76, 84; ZEISING ZErb 2009, 172, 173; unklar insoweit LEONHARD Anm I).

8 Zu beachten ist, dass Früchte, an denen der Erbschaftsbesitzer das Eigentum erwirbt, nicht zu den Nachlassgegenständen gehören. Die Schadensersatzpflicht schließt die **Anwendbarkeit des Surrogationsgrundsatzes** nicht aus, wird also soweit nicht praktisch, als der Erbe infolge des Zuwachses der Surrogate nicht geschädigt ist; vgl §§ 2018, 2019 BGB.

3. Textgeschichte

9 In § 2025 BGB sind die Worte „strafbare Handlung" gemäß Art 121 Nr 3 EGStGB v 2. 3. 1974 (BGBl I 469) durch das Wort „Straftat" ersetzt worden; eine sachliche Änderung ist damit nicht verbunden.

II. Erlangung durch Straftat

10 Die deliktische Schadensersatzhaftung greift erstens ein, wenn der Erbschaftsbesitzer einen Erbschaftsgegenstand durch eine Straftat erlangt hat. Hier wird der Beklagte zumeist iSv § 2024 BGB bösgläubig sein; so notwendigerweise bei **Diebstahl, Unterschlagung** und **Erpressung**.

11 Dasselbe muss für **Betrug** gelten, denn der Schädigungsvorsatz setzt die Kenntnis des Täters davon voraus, dass er nicht Erbe ist (anders BGB-RGRK/KREGEL Rn 1 und AK-BGB/WENDT Rn 12).

12 Im Falle der **Urkundenfälschung** oder **falschen Versicherung an Eides Statt** (im Erbscheinsverfahren) oder **Nötigung** ist es dagegen denkbar, dass der Erbschaftsbesitzer hinsichtlich seines Erbrechts in gutem Glauben ist und die strafbare Handlung (zB die Fälschung eines Testaments oder Erbscheins oder die Nötigung zur Herausgabe) nur begeht, um sich den Nachweis oder die Durchsetzung seines Erbrechts zu erleichtern (NK-BGB/FLEINDL[5] Rn 2). Trotz seines guten Glaubens haftet aber dann der Erbschaftsbesitzer nach Deliktsrecht (Umkehrschluss aus S 2; vgl RGZ 81, 413; NK-BGB/FLEINDL[5] Rn 5; OLZEN JuS 1989, 374, 380; LANGE/KUCHINKE[5] § 40 Fn 104 mwNw; MAURER 179 f; MUSCHELER ErbR 2009, 76, 78).

III. Erlangung durch verbotene Eigenmacht

1. Fall des S 1

13 Die Sperre gegenüber dem Deliktsrecht entfällt ferner, wenn der Anspruchsgegner eine Erbschafts**sache** (§ 90 BGB: körperlicher Gegenstand) durch verbotene Eigenmacht (§ 858 BGB) erlangt hat. Verbotene Eigenmacht hinsichtlich unkörperlicher Gegenstände kann man nicht üben.

14 Verbotene Eigenmacht gegen den Erben übt der Erbprätendent auch dann, wenn er eine zum Nachlass gehörende Sache im Vertrauen auf die eigene Erbenstellung und in schuldloser Unkenntnis des Umstandes, dass die Sache sich bereits im Besitz des wirklichen Erben befindet, ohne Zustimmung des letzteren an sich nimmt. Dem

Wortlaut der Norm nach ist damit der Weg zur Deliktshaftung in der Folgezeit eröffnet. Der bei der Besitzergreifung noch völlig schuldlose Erbschaftsbesitzer müsste danach für eine später wissentlich oder durch Nachlässigkeit herbeigeführte Beschädigung oder Zerstörung der Sache aus § 823 Abs 1 BGB jedenfalls dann aus §§ 2025, 823 Abs 1 BGB haften, wenn ihm im Zeitpunkt dieser schädigenden Handlung echtes Verschulden zur Last fällt. Das wiederum kann nur der Fall sein, wenn er in der Zwischenzeit von seiner fehlenden Erbenstellung erfahren hat oder zumindest von Umständen Kenntnis erlangt hat, die seine fortdauernde Annahme der eigenen Erbberechtigung nunmehr fahrlässig erscheinen lassen. Sonst handelte er nicht schuldhaft (vgl zu § 992 MünchKomm/Raff[8] § 992 Rn 6).

15 Dieses Ergebnis wird auch durch die gleiche **teleologische Reduktion** vermieden, die die hM (siehe Nachweise bei Staudinger/Thole [2019] § 992 Rn 16 ff; **aA** MünchKomm/Raff[8] § 992 Rn 5) im Falle der parallelen Norm des § 992 BGB vornimmt: Die verbotene Eigenmacht müsse schuldhaft sein, der Erbschaftsbesitzer bei der Besitzergreifung also (iS einer Parallelwertung in der Laiensphäre) wissen oder zumindest nur infolge von Fahrlässigkeit nicht erkennen, dass er bereits bestehenden Besitz eines Dritten bricht (vgl Olzen JuS 1989, 374, 380; Ebenroth/Frank JuS 1996, 794, 800; Soergel/Dieckmann Rn 3; MünchKomm/Helms[8] Rn 4 ff; Erman/Horn[15] Rn 3; Damrau/Schmalenbach[4] Rn 7; Burandt/Rojahn/Gierl[3] Rn 6; jurisPK/Ehm[8] Rn 5; Bamberger/Roth/Müller-Christmann[4] Rn 3; vLübtow II 1059; Edenfeld 98; Mansfeld/Moselle JuS 1979, 426, 427; F Werner JuS 2000, 779, 784; Muscheler ErbR 2009, 76, 84; **aA** AK-BGB/Wendt Rn 16 ff; Maurer 180 ff; BeckOGK/Lindner [1. 6. 2019] Rn 4).

16 Diese teleologische Reduktion ist allerdings unnötig und deswegen nicht zulässig, und zwar aus zwei Gründen: Erstens wird bei § 2025 BGB diese teleologische Reduktion nämlich im Gegensatz zur herrschenden Meinung bei § 992 BGB auch damit begründet, dass die §§ 823 ff BGB, die den Zielpunkt der Verweisung bilden, ihrerseits ein Verschulden voraussetzen.

17 Zweitens folgt die Notwendigkeit einer teleologischen Reduktion auch nicht aus der Überlegung, dass sich eine stimmige Regelung nur ergebe, wenn die beiden alternativen Haftungsverschärfungsgründe einigermaßen gleichwertig seien (so Staudinger/Gursky [2016] Rn 7). Es stört nicht weiter, wenn der erste der beiden Verschärfungsgründe praktisch Vorsatz verlangt, der zweite aber infolge wortgerechter Interpretation nur eine objektiv rechtswidrige Handlungsweise, also selbst auf das schwächste Verschulden verzichtet (das kritisiert Staudinger/Gursky [2016] Rn 7).

18 Vielmehr ist § 2025 BGB – wie auch § 992 BGB – wortlautgetreu anzuwenden: Die verbotene Eigenmacht braucht nicht verschuldet zu sein, allerdings setzt die Deliktshandlung in §§ 823 ff BGB Verschulden voraus (Rechtsgrundverweisung): Nur der, der im Zeitpunkt einer Sachbeschädigung mindestens fahrlässig nicht wusste, dass er nicht Erbe ist, verletzt auch schuldhaft fremdes Eigentum.

19 Die verbotene Eigenmacht des Erbschaftsbesitzers schaltet die grundsätzliche Sperrwirkung des „Erben-Erbschaftsbesitzer-Verhältnisses“ gegenüber dem Deliktsrecht (s oben Rn 6 f) aus, gibt mithin auch die Anwendung deliktischer Anspruchsgrundlagen für die Haftung des Erbschaftsbesitzers frei.

20 Die Freigabe erfolgt bei schuldlosem Vertrauen auf die eigene Erbenstellung allerdings nur für ein **späteres** Delikt, bei dem der Erbschaftsbesitzer mittlerweile das Fehlen seiner Erbenstellung kennt bzw infolge Fahrlässigkeit nicht kennt (vgl Rn 18; missverständlich Staudinger/Lehmann[11] Rn 5; Planck/Flad Anm 3b).

21 Eine in der schuldlosen Annahme der eigenen Erbenstellung begangene Besitzentziehung erfüllt zwar nicht den vollständigen (objektiven und subjektiven) Tatbestand des § 823 Abs 1 BGB, wie das § 2025 BGB als Rechtsgrundverweisung ja voraussetzt (MünchKomm/Helms[8] Rn 6; Damrau/Schmalenbach[4] Rn 9; jurisPK-BGB/Ehm[8] § 2025 Rn 6; Erman/Horn[15] Rn 3), denn der Erbschaftsbesitzer glaubt hier schuldlos, nur unberechtigten Besitz zu verletzen, und ein solcher wird richtiger Ansicht nach durch § 823 Abs 1 BGB gar nicht geschützt (HP Westermann/Gursky/Eickmann, SR[8] § 8 Rn 4 ff mwNw). Aber hier hilft § 823 Abs 2 BGB weiter (AK-BGB/Wendt Rn 19): § 858 BGB stellt ein Schutzgesetz iS jener Vorschrift dar; seine Verletzung kann daher einen Schadensersatzanspruch begründen (Nachweise bei Staudinger/Gutzeit [2018] § 858 Rn 29; **aA** namentlich Staudinger/Gursky [2016] Rn 7).

2. Fall des S 2

22 Wenn der Erbschaftsbesitzer bei verbotener Eigenmacht generell der Deliktshaftung ausgesetzt wäre, so wäre allerdings das Ergebnis teilweise rechtspolitisch bedenklich. Bei einer solchen Lösung würde nämlich die vom Gesetzgeber beabsichtigte Privilegierung vor allem **des gutgläubigen und unverklagten Erbschaftsbesitzers** weitestgehend leerlaufen. Deshalb macht **S 2** die deliktische Haftung des bei der Besitzergreifung gutgläubigen Erbschaftsbesitzers von der zusätzlichen Voraussetzung abhängig, dass sich die verbotene Eigenmacht gegen eine bereits ausgeübte tatsächliche Sachherrschaft und **nicht bloß gegen den Erbenbesitz nach § 857 BGB** gerichtet hat. Der Umstand, dass bereits ein anderer Erbprätendent die fraglichen Nachlasssachen in Besitz genommen hat, ist für den nur vermeintlichen Erben typischerweise erkennbar (Maurer 182). Er erhält damit ein Warnsignal, das ihm nahelegt, seine Rechtsposition mit Hilfe der Gerichte durchzusetzen. Wenn er sich darüber hinwegsetzt, ist seine Schutzwürdigkeit deutlich reduziert, die zusätzliche deliktische Haftung deshalb angemessen.

23 S 2 stellt auf den „gutgläubigen Erbschaftsbesitzer" ab. Damit verweist S 2 offensichtlich auf § 2024 BGB. Dennoch bleiben Zweifel, wie diese Verweisung zu verstehen ist, wenn der Anspruchsgegner im Zeitpunkt der eigenen Besitzergreifung an der konkreten Nachlasssache bereits Erbschaftsbesitzer war. Man könnte hier § 2024 S 1 und 2 BGB gemeinsam anwenden. Dann wäre der Anspruchsgegner nur dann gutgläubig, wenn er bei Beginn des Erbschaftsbesitzes insgesamt ohne grobe Fahrlässigkeit an seine Erbenstellung geglaubt hat und bis zur eigenmächtigen Inbesitznahme der konkreten Nachlasssache keine positive Kenntnis von der Nichtexistenz des angenommenen Erbrechts erlangt hat (so auch BeckOGK/Lindner [1. 6. 2019] Rn 6). Man könnte aber auch ausschließlich auf den Erwerbszeitpunkt der konkreten Nachlasssache abstellen und dabei dann den Maßstab des § 2024 S 1 BGB anwenden. Die letztere Interpretation ist wohl vorzugswürdig, da § 2025 BGB im Gegensatz zu § 2024 BGB ausschließlich auf die konkrete Einzelsache abhebt (s § 2024 Rn 10 ff).

Das Haftungsprivileg des S 2 greift also schon dann nicht ein, wenn der Erbschaftsbesitzer zu Beginn des Erbenbesitzes insgesamt noch gutgläubig war, im späteren Zeitpunkt der eigenmächtigen Besitzentziehung an der konkreten Einzelsache aber nur infolge grober Fahrlässigkeit von einem in Wahrheit nicht bestehenden Erbrecht ausging. 23a

Da hier die Ansicht, die verbotene Eigenmacht in S 1 müsse schuldhaft ausgeübt worden sein, abgelehnt wird (Rn 14 ff) muss man jenes **Verschuldenserfordernis** für den engeren Anwendungsbereich des S 2 auch nicht **modifizieren** (dieses sonst entstehende Bedürfnis spricht zusätzlich gegen die hM), Teile der hM (Staudinger/Gursky [2016] Rn 8; Lange/Kuchinke[5] § 40 Fn 102; jurisPK/Ehm[8] Rn 5; vgl auch Strohal II § 95 III 4 b) verlangen nämlich, dass sich das Verschulden auch auf die in S 2 geforderte qualifizierte verbotene Eigenmacht bezieht: Die Freigabe der zusätzlichen deliktischen Haftung setzt danach voraus, dass der Anspruchsgegner auch wusste oder zumindest nur infolge von Fahrlässigkeit übersehen hat, dass die von ihm in Besitz genommene Nachlasssache vorher bereits von einem anderen Erbprätendenten, der sich später als der wirkliche Erbe herausstellt, in Besitz genommen war. 24

Auch unter der in Rn 24 referierten zusätzlichen Voraussetzung haftet der gutgläubige Erbschaftsbesitzer aber selbst dann in der Folgezeit zusätzlich nach Deliktsrecht, wenn seine Annahme, Erbe zu sein, auf keinerlei Fahrlässigkeit beruht (Erman/Horn[15] Rn 3 aE). Das passt alles nicht recht zusammen, so dass es bei den Erwägungen in Rn 14 ff bleibt. 25

3. Gegen wen muss verbotene Eigenmacht verübt worden sein?

§ 2025 S 1 BGB sagt nicht, gegen wen die verbotene Eigenmacht verübt worden sein muss. Insbesondere S 2 scheint darauf hinzudeuten, dass nur die verbotene Eigenmacht gegen den unmittelbaren Besitz des Erben selbst die deliktische Schadenshaftung nach sich ziehen soll. Gemeint ist aber nur der Ausschluss des § 857 BGB; es besteht kein Anlass, die verbotene Eigenmacht gegen den bisherigen Besitzmittler des Erblassers, der vom Erbfall keine Kenntnis erlangt hat oder aber schon den wahren Erben als neuen Oberbesitzer anerkannt hat oder den unmittelbaren Besitz für denjenigen ausübt, der sich als Erbe herausstellen wird, anders zu behandeln als die Entziehung der vom Erben selbst bereits erlangten tatsächlichen Sachherrschaft (MünchKomm/Helms[8] Rn 5; Soergel/Dieckmann Rn 3; Damrau/Schmalenbach[4] Rn 8; BeckOGK/Lindner [1. 6. 2019] Rn 5; Bamberger/Roth/Müller-Christmann[4] Rn 4; NK/Fleindl[5] Rn 3; Olzen JuS 1989, 374, 380; Muscheler ErbR 2009, 76, 86; vgl auch Staudinger/Thole [2019] § 992 Rn 14). S 2 HS 2 passt hier nicht, weil hier ja der Verkehrsbesitz des Mittlers und die darauf beruhende vergeistigte Sachherrschaft des Erben und nicht nur der fiktive Erbenbesitz des § 857 BGB verletzt worden ist (Olzen JuS 1989, 374, 380). 26

Die unerlaubte Eigenmacht gegenüber einem Dritten, der dem Erben nicht den Besitz vermittelt, also etwa gegenüber einem Dieb oder einem anderen unrechtmäßigen Erbprätendenten, kann dagegen nicht für § 2025 BGB genügen; der Grund der Haftungsverschärfung kann nur in der besonders intensiven Verletzung der Rechtsposition des Erben liegen; die Beeinträchtigung der Rechtssphäre Dritter bzw des äußeren Rechtsfriedens rechtfertigt es nicht, dem Erben nunmehr weitergehende Schadensersatzansprüche zu geben. 27

28 Im Übrigen ist auch die verbotene Eigenmacht gegen den Besitzmittler des wirklichen Erben im vorliegenden Zusammenhang natürlich dann irrelevant, wenn sie mit Einverständnis des wirklichen Erben erfolgt (s auch MünchKomm/Raff[8] § 992 Rn 4).

29 **4.** Die verbotene Eigenmacht kann – bei Anwendbarkeit deutschen Erbrechts – auch im Ausland begangen worden sein (so jedenfalls Ferid GRUR Int 1973, 472, 476). Denn es ist zumeist unerheblich, ob die Tatbestandsvoraussetzungen einer – anwendbaren – Norm im In- oder Ausland erfüllt worden sind (vgl hierzu näher Staudinger/Dörner Art 25 EGBGB [2007] Rn 800 mwNw).

IV. Inhalt der deliktischen Haftung

30 Die durch § 2025 BGB eröffnete deliktische Schadenshaftung (§§ 823, 249 BGB) belastet den Erbschaftsbesitzer vor allem mit dem **Zufallsrisiko** (**§ 848 BGB**), wenn bereits die Besitzerlangung selbst ein vollständiges zivilrechtliches Delikt gegen den wirklichen Erben, nämlich eine schuldhafte Eigentumsverletzung durch Besitzentziehung oder – was für § 848 BGB wohl gleichzusetzen wäre – die Besitzverschaffung durch Nötigung des Erben oder seines Besitzmittlers – darstellt.

31 Der Erbschaftsbesitzer muss den zu ersetzenden Betrag nach **§ 849 BGB** verzinsen (Palandt/Weidlich[78] Rn 3; Burandt/Rojahn/Gierl[3] Rn 7).

32 Er kann, auch wenn er im Zeitpunkt der Verwendungsvornahme noch iSv § 2024 BGB gutgläubig und noch nicht verklagt war, nicht wie nach § 2022 BGB Ersatz aller **Verwendungen**, sondern nach **§ 850 BGB** iVm §§ 994–996 BGB nur Ersatz der notwendigen und „nützlichen" (dh wertsteigernden) beanspruchen (MünchKomm/Helms[8] Rn 7; Soergel/Dieckmann Rn 1; jurisPK/Ehm[8] Rn 8; Bamberger/Roth/Müller-Christmann[4] Rn 6; Damrau/Schmalenbach[4] Rn 12; Erman/Horn[15] Rn 4; Palandt/Weidlich[79] Rn 3; DEK/Lenz Rn 5; BeckOGK/Lindner [1. 6. 2019] Rn 8).

33 Ersatz der nicht-notwendigen Verwendungen ist entgegen einer zu §§ 992, 850 BGB vertretenen Auffassung (zB Baur/Stürner SR[18] § 11 Rn 20) nicht generell ausgeschlossen; § 850 BGB verweist nämlich nicht nur auf die Verwendungsersatzansprüche eines bösgläubigen Besitzers, sondern auf die nach der Schutzwürdigkeit des Verwenders abgestufte Regelung der §§ 994 ff BGB insgesamt (vgl Staudinger/Thole [2019] Vorbem 2 zu §§ 994 ff; Staudinger/Vieweg [2015] § 850 Rn 6 f; jurisPK/Rüssmann[8] § 850 Rn 4; BeckOGK/Eichelberger [1. 11. 2019] § 850 Rn 8 f; anders aber NK-BGB/Katzenmeier[3] § 850 Rn 1). Der Erbschaftsbesitzer kann ja verbotene Eigenmacht verübt haben und hinsichtlich des Erbrechts gutgläubig gewesen sein.

34 **Problematisch** ist bei alldem, ob die Verteidigungsposition des Besitzers **für jede einzelne Sache getrennt** bestimmt werden muss. Das dürfte zu verneinen sein, soweit der Erbschaftsbesitzer durch das gleiche Delikt mehrere Sachen in seinen Besitz gebracht hat; hier dürfte ein einheitlicher deliktischer Herausgabeanspruch gegeben sein und damit auch § 850 BGB einheitlich eingreifen. Anders liegt es dagegen, wenn es sich um mehrere getrennte Delikte handelt. Dann kann der Erbe einem besonders hohen Ersatzanspruch für notwendige Verwendungen auf eine Sache schon dadurch entgehen, dass er den diesbezüglichen deliktischen Herausgabeanspruch nicht geltend macht (dem folgend BeckOGK/Lindner [1. 6. 2019] Rn 8).

35 Hat der Besitzer in Kenntnis oder schuldhafter Unkenntnis der tatsächlichen Besitzergreifung durch den Anspruchsteller, aber in der unverschuldet irrigen Überzeugung, selbst Erbe zu sein, den Besitz von Nachlasssachen ergriffen, so ist dadurch ein deliktischer Herausgabeanspruch außerhalb des S 2 HS 2 noch nicht begründet worden. Damit ist für die Anwendung von § 850 BGB kein Raum; der Besitzer hat deshalb die weitergehenden Rechte nach § 2022 BGB.

36 Im Übrigen gilt die Beschränkung des Umfangs der Verwendungsersatzansprüche ohnehin nur gegenüber dem deliktischen Herausgabeanspruch (Damrau/Schmalenbach[4] Rn 12); macht der Erbe – etwa nach Verjährung des Deliktsanspruchs – den konkurrierenden dinglichen Herausgabeanspruch aus § 2018 BGB geltend, ist die für den Erbschaftsbesitzer günstigere Verwendungsersatzregelung des § 2022 BGB einschlägig (Maurer 203; dem folgend BeckOGK/Lindner [1. 6. 2019] Rn 8); ebenso, wenn der Erbe zugleich andere, nicht deliktisch erlangte Sachen herausverlangt, im Hinblick auf die letzteren.

37 Falls der nach §§ 2025, 823 Abs 1, 249 Abs 1 BGB deliktisch herausgabepflichtige Besitzer zunächst ersatzfähige Verwendungen auf die entzogene Sache macht und diese anschließend bei ihm untergeht oder gestohlen wird, so wird damit sein Verwendungsersatzanspruch undurchsetzbar (anders nur im Falle einer vorherigen Genehmigung, § 1001 S 1 2. Alt); dieser Umstand ist bei der Bemessung des Vermögensschadens nach § 251 Abs 1 BGB als Schadensminderungsposten zu berücksichtigen.

38 Auch gegenüber dem deliktischen Herausgabeanspruch erwirbt der Erbschaftsbesitzer ein **Zurückbehaltungsrecht** wegen seiner ersatzfähigen Verwendungen, sofern er den Besitz nicht durch eine vorsätzlich begangene unerlaubte Handlung erlangt hat (§§ 2025, 850, 1000 S 2 BGB e contrario; angesichts dieser Regelung lässt sich das Zurückbehaltungsrecht desjenigen, der sich in schuldhaft irriger Annahme der Erbenstellung in den Besitz von Nachlasssachen gesetzt hat, entgegen vLübtow II 1071 und anderen auch nicht über einen Gegeneinwand aus §§ 2025 S 1, 249 Abs 1 blockieren; ebenso Maurer 203 f). Zur Frage, ob der Erbschaftsbesitzer dieses Zurückbehaltungsrecht auch gegenüber einem konkurrierenden possessorischen Herausgabeanspruch des Erben geltend machen kann, s § 2029 Rn 26 ff.

V. Verjährung

39 Die Verjährung von § 2025 BGB unterscheidet sich von den übrigen Komponenten des Erbschaftsanspruchs nur scheinbar (s dazu ausführlich § 2026 Rn 2 ff, zu § 2025 s insb § 2026 Rn 9)

40 Die Verjährung von § 2025 BGB richtete sich für die Zeit **vor** dem **Schuldrechtsmodernisierungsgesetz** nach § 852 BGB aF (näher Staudinger/Gursky [2016] Rn 13).

41 **Seit dem 1. 1. 2002** kommt hier wie generell bei deliktischen Ansprüchen die neue regelmäßige Verjährung von drei Jahren (§ 195 BGB) zur Anwendung, die nach § 199 Abs 1 BGB grundsätzlich mit dem Ablauf des Jahres beginnt, in dem der

Gläubiger nach Anspruchsentstehung von den den Anspruch begründenden Umständen und der Person des Schuldners Kenntnis erlangt oder nur infolge grober Fahrlässigkeit nicht erlangt hat (BGH ZEV 2019, 261 [263]; BAMBERGER/ROTH/MÜLLER-CHRISTMANN[4] Rn 6; SOERGEL/DIECKMANN Rn 4; MünchKomm/HELMS[8] § 2026 Rn 7; jurisPK/EHM[8] Rn 9; DAMRAU/SCHMALENBACH[4] Rn 13; PALANDT/WEIDLICH[79] Rn 3; NK-BGB/FLEINDL[5] Rn 1; BeckOGK/LINDNER [1. 6. 2019] Rn 9; **aA** noch MünchKomm/HELMS[4] Rn 8). Spätestens tritt die Verjährung mit dem Ablauf der ersten der beiden Höchstfristen des § 199 Abs 3 BGB ein.

VI. Beweislast

42 Für den **Beweis** des Erwerbs durch Straftat gelten die üblichen zivilprozessualen Grundsätze, nicht der strafprozessuale Grundsatz des „in dubio pro reo" (LEIPOLD, Beweislastregeln und gesetzliche Vermutungen [1966] 181 f; BAUMGÄRTEL/SCHMITZ[4] Rn 1; **aA** ROSENBERG, Beweislast [5. Aufl 1965] 35 f).

§ 2026
Keine Berufung auf Ersitzung

Der Erbschaftsbesitzer kann sich dem Erben gegenüber, solange nicht der Erbschaftsanspruch verjährt ist, nicht auf die Ersitzung einer Sache berufen, die er als zur Erbschaft gehörend im Besitz hat.

Materialien: E I § 888; II § 1900; III § 2001; Mot III 356; Prot III 236; VI 234 f; JAKOBS/SCHUBERT ER I 726.

Systematische Übersicht

Alphabetische Übersicht

I. Zweck, Grundsätzliches

1 Mit § 2026 BGB soll gewährleistet werden, dass über eine „frühzeitige" **Ersitzung** von einzelnen zur Erbschaft gehörenden Sachen gem §§ 937 ff BGB (Mobilien) oder gem § 900 BGB (Immobilien) die Verjährung des Erbschaftsanspruchs (Rn 2 ff) nicht verkürzt würde (jurisPK/Ehm[8] Rn 1; MünchKomm/Helms[8] Rn 1).

II. Verjährung des Erbschaftsanspruchs

1. Einheitliche Verjährung

2 § 2026 BGB spricht bis in die letzte Fassung dieser Norm von der „Verjährung *des Erbschaftsanspruchs*". Gem § 197 Abs 1 Nr 2 BGB beträgt die Verjährung ua für Herausgabeansprüche aus den §§ 2018, 2130 BGB sowie die Ansprüche, die der Geltendmachung der Herausgabeansprüche dienen, 30 Jahre.

3 Diese Frist war zunächst einfach ein Anwendungsfall der regelmäßigen Verjährung nach § 195 BGB aF, folgte aber ab dem 1. 1. 2002 aus § 197 Abs 1 Nr 2 BGB in der Fassung des SMG (Verjährung erbrechtlicher Ansprüche). Am 1. 1. 2010 wurde durch das Gesetz zur Änderung des Erb- und Verjährungsrechts v 24. 9. 2009 (BGBl I 3142) § 197 Abs 1 Nr 2 BGB aufgehoben, wobei der Inhalt der letzteren Norm dem bisherigen § 197 Abs 1 Nr 1 BGB inkorporiert wurde. § 197 Abs 1 Nr 2 BGB blieb danach zunächst unbesetzt. Das Gesetz zur Stärkung der Rechte von Opfern sexuellen Missbrauchs (StORMG) vom 26. 6. 2013 (BGBl I 1805) hat die Verjährungsregelung des Erbschaftsanspruchs mit Wirkung vom 30. 6. 2013 wieder zurück nach § 197 Abs 1 Nr 2 BGB verlagert. Nennenswerte inhaltliche Konsequenzen hatte die Rückverlagerung allerdings nicht (so zu Recht Staudinger/Peters/Jacoby [2019] § 197 Rn 12).

4 **Alle Komponenten** des Erbschaftsanspruchs unterliegen dieser Verjährung, auch solche, bei denen der zugrundeliegende dingliche Rechtsverwirklichungsanspruch nach § 898 BGB oder § 902 BGB unverjährbar wäre (s § 2029 Rn 24).

5 Für alle Komponenten des Erbschaftsanspruchs inklusive aller Folgeansprüche gilt mittlerweile **die gleiche 30-jährige Verjährungsfrist** (ebenso Staudinger/Peters/Jacoby [2014] § 197 Rn 13; Palandt/Weidlich[79] § 2018 Rn 10; Burandt/Rojahn/Gierl[3] Rn 2; offen gelassen von BGH ZEV 2015, 698 [700] Rn 19; **aA** MünchKomm/Helms[8] Rn 7; Erman/Horn[15] Vor § 2018 Rn 7; Bamberger/Roth/Müller-Christmann[4] Rn 7). Zur Begründung sind die jüngere Textgeschichte des Verjährungsrechts einerseits, der Wortlaut von § 2026 BGB und die Konzeption der §§ 2018 ff BGB (Erbschaftsanspruch als einheitlicher Gesamtanspruch) in den Blick zu nehmen.

6 Vor 2002 war die 30-jährige Verjährungsfrist ein Anwendungsfall der regelmäßigen Verjährung des § 195 BGB aF. Ab dem 1. 1. 2002 folgt die 30-jährige Verjährung aus § 197 Abs 1 Nr 2 BGB nF für erbrechtliche Ansprüche (vgl Staudinger/Peters/Jacoby [2014] § 197 Rn 20 f). Diese Regelung wurde abgelöst durch die am 1. 1. 2010 in Kraft getretene Verschiebung der erbrechtlichen Herausgabeansprüche und ihrer Hilfsnormen nach § 197 Abs 1 Nr 1 BGB, die das Freibleiben der bisherigen § 197 Abs 1 Nr 2 BGB zur Folge hatte. Dabei blieb es jedoch nur kurze Zeit. Die vorübergehend leer gebliebene Nr 2 des § 197 Abs 1 BGB wurde durch eine Rückverschiebung der

Herausgabeansprüche aus dinglichen Rechten sowie der erbrechtlichen Herausgabeansprüche aus §§ 2018, 2130 BGB und § 2362 BGB und ihren Hilfsnormen aufgefüllt. Das StORMG vom 26. 6. 2013, das am 30. 6. 2013 in Kraft trat, hat die von ihm gewährten und jeweils in 30 Jahren verjährenden Schadensersatzansprüche, die auf einer vorsätzlichen Verletzung des Lebens bzw Körpers, der Gesundheit oder Freiheit bzw der sexuellen Selbstbestimmung beruhen, unter § 197 Abs 1 Nr 1 BGB eingeordnet.

7 Dass der heutige § 197 Abs 1 Nr 2 BGB „nur" § 2018 BGB sowie die Ansprüche, die der Geltendmachung der Herausgabeansprüche dienen, erwähnt, ändert nichts daran, dass der Erbschaftsanspruch ein einheitlicher Gesamtanspruch ist, der auch nur einheitlich verjähren kann. Entsprechend spricht der Gesetzgeber auch von dem „Verjährungsgleichlauf hinsichtlich aller im Erbschaftsanspruch verbundenen Ansprüche" (BT-Drucks 16/8954, 13; diesen Aspekt betont auch BeckOGK/Lindner [1. 6. 2019] § 2018 Rn 43). Dies unterscheidet die „Nebenansprüche" des Erbschaftsanspruchs auch von den §§ 987 ff BGB, denen es um die Erhaltung einzelner Sachen geht, nicht – wie beim Erbschaftsanspruch – um den Bestand eines Vermögens (dazu Vorbem 110 ff zu § 2018). Auch der Wortlaut von § 2026 BGB, der auf *den* Erbschaftsanspruch abstellt und systematisch nach den §§ 2020 ff BGB steht, spricht für diese Lösung.

8 Lindner (BeckOGK [1. 6. 2019] Rn 40 ff) sieht die vorgenannten Aspekte, will jedoch unter den Folgeansprüchen der §§ 2020 ff BGB differenzieren. Für die §§ 2020, 2021 BGB soll die Sonderverjährung gelten, die §§ 2023 f BGB hingegen sollen der regelmäßigen Verjährung unterfallen. Das überzeugt nicht recht: Dann würden die Ansprüche, die die Haftung des Erbschaftsbesitzers verschärfen, uU schneller verjähren als die Grundtatbestände (nämlich kenntnisabhängig innerhalb von drei Jahren, im Übrigen nach § 199 Abs 3a BGB in höchstens 30 Jahren).

9 Von der Konzeption der einheitlichen Verjährung des Erbschaftsanspruchs machte die hM schon früher eine Ausnahme: Soweit der Erbschaftsbesitzer gemäß § 2025 BGB nach dem Recht der unerlaubten Handlungen haftet, sollte es bei der dreijährigen Verjährungsfrist des § 852 BGB aF verbleiben (s § 2025 Rn 39 ff). Darin liegt – entgegen dem ersten Anschein – keine Inkonsequenz, weil § 2025 BGB gar keine eigenständige Anspruchsgrundlage enthält, die als solche zum Erbschaftsanspruch gehören könnte, sondern lediglich eine Konkurrenzentscheidung trifft. Die in § 2025 BGB ausgesprochene Rechtsgrundverweisung auf das Deliktsrecht bedeutet der Sache nach nichts anderes, als dass das Gesetz hier ausnahmsweise den Weg zum Deliktsrecht freigibt, das ja ansonsten durch die abschließende Sonderregelung des Erbschaftsanspruchs verdrängt wird (zur rechtspolitischen Diskussion um die angemessene Verjährungsfrist für den Erbschaftsanspruch s Rn 45).

2. Beginn der Verjährung

10 Die **Verjährung beginnt** gem § 200 S 1 BGB in dem Moment, in dem der Erbschaftsanspruch entstanden ist. Nach zutreffender **hM** ist dies **einheitlich** dann der Fall, wenn der Anspruchsgegner erstmals etwas als Erbprätendent aus dem Nachlass erlangt hat (BGH ZEV 2004, 378, 380 = FamRZ 2004, 537, 539; Planck/Flad Anm 1a; Staudinger/Gursky[12] Rn 2; Staudinger/Peters/Jacoby [2019] § 197 Rn 14; MünchKomm/Helms[8] Rn 3; BGB-RGRK/Kregel Rn 4; Soergel/Dieckmann Rn 2; NK-BGB/Fleindl[5] Vorbem 11 zu

§§ 2018 ff und § 2026 Rn 11; Damrau/Schmalenbach[4] § 2018 Rn 19; Erman/Horn[15] Rn 1; Hk-BGB/Hoeren[10] Rn 3; Burandt/Rojahn/Gierl[3] § 2018 Rn 7; BeckOGK/Lindner [1. 6. 2019] § 2018 Rn 46 ff; Strohal II 404 m Fn 27 c; Dernburg/Engelmann § 156 VI; Kretzschmar § 68 II 8 Fn 20; Dietz 156; Brox/Walker Rn 594; Edenfeld 87, 89 f; Joachim Rn 536; Löhnig ZEV 2004, 267, 268 f).

Nach der **Gegenauffassung** (F Leonhard Anm 2; Lange/Kuchinke[5] § 40 IV 7; AK-BGB/Wendt Rn 3; Hellwig, Anspruch und Einrede 63 Fn 4; Muscheler ErbR 2009, 38, 46 f) beginnt die 30-jährige Verjährungsfrist für jeden einzelnen Nachlassgegenstand erst in dem Augenblick zu laufen, in dem der Erbschaftsbesitzer diesen Gegenstand in seine Herrschaft bringt. Diese Auffassung ist mit dem Wortlaut des § 2026 BGB allerdings schwer zu vereinbaren und widerspricht der Konzeption des einheitlichen erbrechtlichen Universalanspruchs. Auch ist die Auffassung unpraktisch und lässt zudem offen, was eigentlich im **Surrogationsfall** gelten soll. Wenn hier jeweils eine neue Verjährungsfrist in Gang gesetzt wird – was jedenfalls die Vertreter der Einzelanspruchstheorie annehmen müssten (s Gursky, in: 3. FS vLübtow 211, 223) – so droht dem Erbschaftsbesitzer angesichts der Möglichkeit der Kettensurrogation eine Endloshaftung. Wenn man wie Kipp (ErbR[7] § 66 I), Siber (124) und Löhnig (ZEV 2004, 267, 269) die einheitliche Verjährung des Erbschaftsanspruchs erst mit der letzten Erlangung eines Nachlassgegenstandes beginnen lassen will, wäre die Konsequenz wieder eine Endloshaftung (Maurer 217; etwas anders Lange/Kuchinke[5] § 40 IV 7 Fn 120: Verjährung könnte im Extremfall erst 60 Jahre nach dem Erbfall eintreten). Das kann nicht richtig sein. 11

Einer **vermittelnden Auffassung** gemäß (Staudinger/Gursky [2016] Rn 4; jurisPK/Ehm[8] Rn 4; Bamberger/Roth/Müller-Christmann[4] Rn 3; Lange JZ 2013, 598; nur iE ebenso Maurer 39, 216 ff) gilt: Jede neue Besitzergreifung an einer weiteren Nachlasssache müsse für diese eine eigene Verjährungsfrist in Gang setzen. Entsprechendes gelte für die erstmalige Erlangung eines sonstigen, von vornherein nicht in Natur herausgebbaren Vorteils. Wenn dagegen durch Surrogation ein anderer Gegenstand an die Stelle einer bereits erlangten Nachlasssache trete oder wenn eine solche vom Erbschaftsbesitzer verbraucht, zerstört, beschädigt oder genutzt werde und sich auf diese Weise der Inhalt des bereits bestehenden Erbschaftsanspruches wegen der fraglichen Sache nach den §§ 2019–2021 BGB und §§ 2023–2024 BGB ändere bzw erweitere, dürfe dies auf den Lauf der Verjährungsfrist keine Auswirkungen haben (Staudinger/Gursky [2016] Rn 4; für den Surrogationsfall ebenso Maurer 217 und Muscheler ErbR 2009, 38, 47). Diese Lösung ist mit § 2026 BGB ebenfalls schwer vereinbar. Denn auch hier können die von § 2026 BGB vorausgesetzten 30 Jahre um etliche weitere überschritten werden. 12

Gegen die hM wurde vorgebracht, die einheitliche Verjährung gefährde einen effektiven Rechtsschutz. Dies sei schon dann der Fall, wenn der Erbschaftsbesitzer erst kurz vor Ablauf der (von der hM angenommenen) einheitlichen 30-jährigen Verjährungsfrist einen weiteren Nachlassgegenstand erlange. Bringe er einen weiteren Nachlassgegenstand erst nach Ablauf von 30 Jahren seit der Inbesitznahme des ersten Nachlassbestandteils an sich, so würde dieser neue Erwerb nur noch einen verjährten Anspruch auslösen. Dem Erben würde in dieser Situation auch ein Ausweichen auf etwa konkurrierende Singularansprüche nichts helfen, denn § 2029 BGB übertrage auch den Vorteil der *in concreto* für den Erbschaftsbesitzer güns- 13 tigeren Verjährungsregelung auf die Singularansprüche. Das könne nicht richtig sein (Staudinger/Gursky [2016] Rn 4; Gursky, in: 3. FS vLübtow 211, 223 f; Maurer 35, 106; jurisPK/Ehm[8] § 2026 Rn 4; Löhnig ZEV 2004, 267, 269; K W Lange JZ 2013, 598, 601, 603). Weitere Argumente für die vermittelnde Lösung bei Staudinger/Gursky (2016) Rn 6.

14 Warum die Konsequenzen der hM nicht richtig sein sollen, leuchtet nicht so recht ein. Wenn seit dem Erbfall 30 Jahre vergangen sind, hat die **Verjährung** einen plausiblen **Befriedungsauftrag** – auch hinsichtlich erst später erlangter Gegenstände. Dieser Befriedungsauftrag wird umso wichtiger, als Zeugenbeweis immer schwerer zu erlangen sein wird. Auch Urkunden dürften wegen üblicher Verwahrungsfristen nicht mehr uneingeschränkt zugänglich sein. Zumindest wiegen die in Rn 13 angesprochenen Nachteile für den Erben nicht so schwer, als dass man vom Wortlaut abweichen müsste. Außerdem erspart man sich weitere Komplikationen, die die differenzierte Auffassung mit sich bringt (vgl Staudinger/Gursky [2016] Rn 5).

15 Für die Konstellation, dass der Erbschaftsbesitzer zunächst etwas ohne Erbrechtsanmaßung erlangt hatte, ist dann der Zeitpunkt maßgeblich, in dem sich der Erbschaftsbesitzer erstmals als Erbe geriert hat (BGH ZEV 2004, 378, 380; NK-BGB/Fleindl[5] Vorbem 11 zu §§ 2018 ff). Da die Verjährungsregelung des Erbschaftsanspruchs nach zutreffender hM wegen § 2029 BGB auch für die konkurrierenden Singularansprüche gilt (§ 2029 Rn 20 ff), kann der Erbe mit dem Ablauf von 30 Jahren seit dem ersten Entstehen des Erbschaftsanspruchs auch die Herausgabe solcher Sachen nicht mehr erzwingen, die der Anspruchsgegner erst sehr viel später erlangt hat oder bei denen jedenfalls die Erbrechtsprätension erst sehr viel später stattgefunden hat (BGH 2004, 378, 380: Inbesitznahme eines Nachlassgrundstücks 1953, erstmalige Erbrechtsanmaßung 1976).

16 **Probleme** bereiten die Fälle, in denen die Entstehung des Erbschaftsanspruchs zunächst noch von der **Anfechtung** einer letztwilligen Verfügung oder der erfolgreichen Geltendmachung der **Erbunwürdigkeit** des vorrangig Berufenen abhängt. Vor der am 1. 1. 2002 in Kraft getretenen Neuregelung des Verjährungsrechts wollte die hM die Verjährung unter Berufung auf § 200 S 1 BGB idF vor dem SMG schon mit dem Erwerb aus der Erbschaft, nicht erst mit der späteren erfolgreichen Beseitigung des Erbrechts des potenziellen Anspruchsgegners durch Anfechtung oder erfolgreiche Anfechtungsklage beginnen lassen (Strohal II § 95 Fn 28; Planck/Flad Anm 1b; Staudinger/Lehmann[11] Rn 3; BGB-RGRK/Kregel Rn 5; MünchKomm/Frank[3] Rn 3; Soergel/Dieckmann[11] Rn 2; Erman/Schlüter[10] Rn 1; AK-BGB/Wendt Rn 6).

17 Nach der Streichung des § 200 S 1 BGB aF soll nun nach einer verbreiteten Auffassung (MünchKomm/Helms[8] Rn 3; Soergel/Dieckmann[13] Rn 2; Erman/Horn[15] Rn 1; BeckOGK/Lindner [1. 6. 2019] § 2018 Rn 49 ff; Muscheler ErbR 2009, 38, 47; **aA** aber jurisPK/Ehm[8] Rn 5; Damrau/Schmalenbach[4] § 2018 Rn 20; DEK/Lenz Rn 3) die Verjährung des Erbschaftsanspruchs in derartigen Fällen erst mit der erfolgreichen Anfechtung bzw mit der Erbunwürdigkeitserklärung beginnen. Man beruft sich dafür auf den neuen § 200 S 1 BGB, nach dem die Verjährung von Ansprüchen, die nicht der regelmäßigen Verjährung unterfallen, grundsätzlich mit der Anspruchsentstehung beginnt.

18 Es ist aber gerade die **Frage, wann** in diesen Konstellationen der **Anspruch entsteht**. Die Rückwirkung der Anfechtung bzw des die Erbunwürdigkeit feststellenden Urteils führt doch anerkanntermaßen dazu, dass der Erbschaftsanspruch als solcher rückwirkend entsteht, wenn der Anfechtungsgegner in der Zwischenzeit schon irgendetwas aus dem Nachlass erlangt hatte (vgl BGH NJW 1985, 3068, 3069; OLG Koblenz NJW-RR 2015, 72; Kipp/Coing § 106 IV; Lange/Kuchinke[5] § 40 II 3 m Fn 38). Es ist aber widersprüchlich, wenn der Erbschaftsanspruch zwar rückwirkend entstehen, seine Verjährung aber ohne Rückwirkung erst mit der Anfechtung bzw der Erbunwürdigkeitserklärung beginnen soll. Anspruchsentstehungszeitpunkt und Verjährungsbeginn müssen vielmehr beide durch die **Rückwirkung der Erbrechtsentziehung** beeinflusst werden. Auf die Kenntnis des Anfechtungsgegners vom Anfechtungsgrund kommt es dabei nicht an (Strohal II § 95 Fn 28; **aM** Frommhold 87).

Hatte derjenige, der sein Erbrecht später rückwirkend verliert, bereits vor dem Erbfall Teile des Erblasservermögens an sich gebracht oder Sachen des Erblassers von diesem geliehen bekommen, so kommt es weder für die Entstehung des Erbschaftsanspruchs noch für den Verjährungsbeginn auf eine besondere Erbrechtsprätention an; für beides ist der Erbfall der maßgebende Zeitpunkt (vgl jurisPK/Ehm[8] Rn 5). 19

Wenn der Nachlass zunächst von einem **Testamentsvollstrecker** in Besitz genommen wird, der das anfechtbare Testament für wirksam hält, beginnt die Verjährungsfrist damit noch nicht zu laufen, da infolge der Anfechtung auch der mittelbare Besitz des (scheinbaren) testamentarischen Erben rückwirkend entfallen ist (vgl Strohal JherJb 38 [1998] 1, 101 f Fn 98). 20

Wenn der **Fiskus** nach § 1936 BGB gesetzlicher Erbe geworden ist, kann er einen ihm zustehenden Erbschaftsanspruch gemäß § 1966 BGB erst nach der gerichtlichen Feststellung seines Erbrechts geltend machen. Damit stellt sich die Frage, ob auch die Verjährung des Erbschaftsanspruchs erst mit dieser Feststellung beginnt (so implizit Holl Rpfleger 2008, 285, 288 f). Die Frage dürfte zu verneinen sein: § 200 S 1 BGB stellt nun einmal auf die Entstehung des Anspruchs ab, und § 1966 BGB betrifft nur die Geltendmachung der dem Fiskus als gesetzlichen Erben zustehenden Ansprüche. 21

3. Hemmung der Verjährung

Eine Hemmung der Verjährung (§ 204 Abs 1 Nr 1 BGB nF) tritt durch Klageerhebung nur bezüglich der im Klageantrag aufgeführten Gegenstände ein, sofern der Kläger sich nicht durch ein Vorgehen nach § 254 ZPO (s Vorbem 89 ff zu §§ 2018 ff) die Präzisierung des Streitgegenstandes vorbehalten hat (Planck/Flad Anm 1c; BGB-RGRK/Kregel Rn 6; Soergel/Dieckmann Rn 2; MünchKomm/Helms[8] Rn 4; jurisPK/Ehm[8] Rn 6; Maurer 218; Muscheler ErbR 2009, 38, 47; **aM** Strohal II § 95 VI 4 [jeweils zu § 209 aF, der die Klageerhebung als Unterbrechungsgrund ausgestaltet hatte]). Ein Teilanerkenntnis führt zum Neubeginn der Verjährung (§ 212 Abs 1 Nr 1 BGB nF) nur für den anerkannten Teil (Planck/Flad Anm 1c; **aM** Strohal Fn 31 [jeweils zu § 209 Abs 1 aF]). 22

Wegen der Übergangsregelung für das am 1. 1. 2002 in Kraft getretene Verjährungsrecht s Staudinger/Gursky (2010) Rn 9. 23

4. Sonderfragen

24 **a)** Der Erbschaftsanspruch eines **Miterben** gegen einen anderen Miterben unterliegt ebenfalls der Verjährung. § 758 BGB, der den Anspruch auf Aufhebung der Gemeinschaft für unverjährbar erklärt, steht dem nicht entgegen, denn mit der Erbschaftsklage wird in diesem Falle nicht die Aufhebung der Miterbengemeinschaft verlangt, sondern vielmehr die Herstellung eines dem Vorhandensein der Gemeinschaft entsprechenden tatsächlichen Zustandes (so Strohal II § 96 VI 5; Burandt/Rojahn/Gierl[3] Rn 3).

25 Die **Klageerhebung** durch einen Miterben kommt aber für die Hemmungswirkung (§ 204 Abs 1 Nr 1 BGB) stets nur diesem zustatten, selbst wenn die Klage gegen einen Fremden gemäß § 2039 BGB auf Leistung an alle Erben erhoben wird (BGB-RGRK/Kregel Rn 6; Planck/Flad Anm 1c; MünchKomm/Helms[8] Rn 4; Damrau/Schmalenbach[4] § 2018 Rn 21; Burandt/Rojahn/Gierl[3] Rn 5, 10; Maurer 218; **aA** Staudinger/Löhnig § 2039 Rn 40).

26 Im Übrigen ist der Auseinandersetzungsanspruch eines Miterben gegen den anderen Miterben faktisch nicht mehr durchzusetzen, wenn letzterer im Alleinbesitz der Erbschaft ist und der gegen ihn gerichtete Erbschaftsanspruch verjährt ist (OLG Jena FamRZ 2008, 642 f; Staudinger/Löhnig § 2042 Rn 6 aE; jurisPK/Schütte[8] § 2042 Rn 47; DEK/Wrede § 2042 Rn 3).

27 **b)** Wenn der Erbschaftsbesitz infolge eines **Erbschaftskaufes** oder eines diesem gleichgestellten Vorgangs auf den Käufer oder sonstigen Erwerber übergeht, so kommt die während des Erbschaftsbesitzes des Rechtsvorgängers verstrichene Verjährungsfrist nach § 198 BGB dem Rechtsnachfolger zustatten. Eine verbreitete Auffassung will diese Regelung dabei auch auf die nichtdingliche Seite des Erbschaftsanspruchs übertragen, weil § 2030 BGB den vertraglichen Erwerber des Erbschaftsbesitzes dem Erben gegenüber einem Erbschaftsbesitzer gleichstellt (Strohal II § 95 VI 3; Langheineken 160; Staudinger/Gursky[12] § 2026 Rn 6; MünchKomm/Helms[8] § 2026 Rn 5; Soergel/Dieckmann § 2026 Rn 2; jurisPK/Ehm[8] Rn 9; PWW/Zimmer[14] Rn 6; **aM** Maurer 234 f). Das kommt aber allenfalls bei der Konstellation des § 2020 HS 2 BGB in Betracht, wenn der Erbschaftsbesitzer die noch vorhandenen Früchte an den Erbschaftskäufer ausgehändigt hat. Zwingend geboten ist die Analogie aber auch hier nicht.

28 **c)** Als Rechtsfolge der Verjährung erwächst dem Erbschaftsbesitzer die Verjährungseinrede; der Erbschaftsanspruch wird einredebehaftet. Der Erbschaftsbesitzer erlangt aber nicht die rechtliche Stellung eines Erben. Er kann also zur Erbschaft gehörende Gegenstände, an denen er keinen Erbschaftsbesitz erlangt hatte, nicht herausverlangen (vgl bei Strohal II § 95 VI 6). Insbesondere ist § 1007 BGB nicht entsprechend anwendbar, da die Norm ohnehin systemwidrig ist (s MünchKomm/Raff[8] § 1007 Rn 1 ff). Der Erbschaftsbesitzer haftet auch nicht für die Nachlassverbindlichkeiten.

29 **d)** Zum Einfluss der Verjährung des Erbschaftsanspruchs auf die gegen den Erbschaftsbesitzer gerichteten **Einzelansprüche** s § 2029 Rn 20 ff.

Die Verjährungsregelung des § 197 Abs 1 Nr 2 BGB nF gilt auch für **Auskunftsansprüche** aus §§ 2027, 2028 BGB sowie für die in § 2130 Abs 2 BGB und § 2362 Abs 2 BGB enthaltenen Regelungen (MünchKomm/Grothe[8] § 197 Rn 12 und § 195 Rn 42; Erman/Schmidt-Räntsch[15] § 197 Rn 9; Muscheler ErbR 2009, 76, 87). Für die letzteren passt offensichtlich die Wertung des § 197 Abs 1 Nr 2 BGB nF: Es handelt sich gerade um Hilfsansprüche, die der Durchsetzung des erbrechtlichen Hauptanspruchs dienen und deren Verjährung die Durchsetzung des Hauptanspruchs gefährden würde. Für die bis Ende 2009 geltende Vorgängerfassung (§ 197 Abs 1 Nr 2 BGB aF) wurde zu Recht iE genauso entschieden (Sarres ZEV 2002, 96, 97; Schlichting ZEV 2002, 478, 480; Löhnig ZEV 2004, 267, 268 f). 30

Nach **§ 199 Abs 3a BGB** verjähren Ansprüche, die auf einem Erbfall beruhen oder deren Geltendmachung die Kenntnis einer Verfügung von Todes wegen voraussetzt, in 30 Jahren seit der Anspruchsentstehung, wobei es nicht auf die Kenntnis oder grobfahrlässige Unkenntnis ankommt. Diese Vorschrift spielt jedoch im vorliegenden Zusammenhang praktisch keine Rolle, weil sie nur für solche Ansprüche gilt, die der regelmäßigen Verjährung unterliegen (vgl Erman/Schmidt-Räntsch[15] § 199 Rn 41a). 31

III. Herausgabepflicht trotz Ersitzung

§ 2026 BGB bestimmt in der Hauptsache, dass der Erbschaftsbesitzer sich dem Erben gegenüber, solange der Erbschaftsanspruch nicht verjährt ist, **nicht auf die Ersitzung einer Sache berufen kann**, die er als zur Erbschaft gehörend im Besitz hat. 32

1. Bewegliche Sachen

Da der gutgläubige Erbschaftsbesitzer im Eigenbesitz der zur Erbschaft gehörigen beweglichen Sachen ist, erwirbt er an ihnen durch zehnjährigen Besitz Eigentum, wenn er nicht vorher erfährt, dass er nicht der Erbe ist, vgl § 937 BGB. Dieses Eigentum kann er Dritten gegenüber unbeschränkt geltend machen, namentlich durch Eigentums- und Abwehrklage nach §§ 985, 1004 BGB. Dem Erben gegenüber verwehrt aber § 2026 BGB die Geltendmachung, solange der Erbschaftsanspruch nicht verjährt ist. 33

Das bedeutet nach der **hM**, dass der Erbschaftsbesitzer nunmehr bis zur Verjährung des Erbschaftsanspruchs dem Erben gegenüber wenigstens **schuldrechtlich zur Herausgabe** (= Eigentums- und Besitzverschaffung) **verpflichtet** ist (BGB-RGRK/Kregel Rn 3; MünchKomm/Helms[8] Rn 8; jurisPK/Ehm[8] Rn 10; NK-BGB/Fleindl[5] Rn 2; Bamberger/Roth/Müller-Christmann[4] Rn 8; Damrau/Schmalenbach[4] Rn 3; Erman/Horn[15] Rn 2; Palandt/Weidlich[79] Rn 1; Burandt/Rojahn/Gierl[3] Rn 9; BeckOGK/Lindner [1. 6. 2019] Rn 4; Lange/Kuchinke[5] § 40 IV 6 c; Endemann § 154 VIII a; O Werner, Fälle z ErbR [2. Aufl 1995] 96 Fn 29; Maurer 220 f; Muscheler ErbR 2009, 76, 86 f; wohl auch Krebber FamRZ 2000, 197, 199). 34

Demgegenüber nimmt eine vor allem früher verbreitete Auffassung eine relative Unwirksamkeit der Ersitzung an, um dem Erben den dinglichen Schutz gegen Vollstreckungszugriffe anderer Gläubiger des Erbschaftsbesitzers zu erhalten (vTuhr I 70; Kipp/Coing 106 VII 2; Wolff/Raiser, SachenR[10] § 88 IV Fn 18; H Westermann, SR[5] § 51 II 3 d; 35

Binder III 406 Fn 14; Brox/Walker Rn 595; Planck/Flad Anm 2b; Soergel/Dieckmann Rn 3; AK-BGB/Wendt Rn 13; Jauernig/Stürner[17] Rn 1; Hk-BGB/Hoeren[10] Rn 2; Oertmann Recht 1910, 585; Dietz 156). Das vermag aber wegen der Dubiosität dieser Rechtsfigur des relativ unwirksamen Eigentums, die nicht einmal die Rechtswirkung der §§ 135, 136 BGB adäquat kennzeichnet (vgl Flume, AT II § 17, 6 d), nicht zu befriedigen.

36 Eine dritte Auffassung (F Leonhard Anm I; Oertmann JherJb 66 [1916] 130, 292 ff; vLübtow II 1066) will die Ersitzung einer rechtlich zum Nachlass gehörenden Sache schlechthin (auch mit Wirkung gegenüber Dritten) erst mit der Verjährung des Erbschaftsanspruchs in Kraft treten lassen. Das ist jedoch mit dem Wortlaut des § 2026 BGB nicht zu vereinbaren, aus dem hervorgeht, dass der Erbschaftsbesitzer nur gerade im Verhältnis zum Erben in seiner Verteidigung beschränkt ist, Dritten gegenüber das ersessene Eigentum jedoch geltend machen kann (O Werner, Fälle z ErbR [2. Aufl 1995] 96 Fn 29; jurisPK/Ehm[8] Rn 12).

37 Schwierigkeiten bereitet die Ersitzung einer **nur tatsächlich zur Erbschaft gehörenden**, in Wahrheit aber bisher im Eigentum eines Dritten stehende **Sache**. Unter Berücksichtigung der Erwägung der Gesetzesmaterialien (Mot III 356; Prot VI 234), dass die Ersitzung die Erbschaft nicht mindern, wohl aber mehren kann, wird man hier annehmen dürfen, dass das ersessene Eigentum analog § 2019 BGB automatisch dem Erben zufällt, und zwar ohne Rücksicht darauf, ob auch der Erbe in gutem Glauben hinsichtlich der rechtlichen Zugehörigkeit der Sache zur Erbschaft war (im Ergebnis übereinstimmend Planck/Flad Anm 2b; F Leonhard Anm I; BGB-RGRK/Kregel Rn 8; Soergel/Dieckmann Rn 5; MünchKomm/Helms[8] Rn 9; NK-BGB/Fleindl[5] Rn 3; Damrau/Schmalenbach[4] Rn 4; BeckOGK/Lindner [1. 6. 2019] Rn 5; vLübtow II 1066; Lange/Kuchinke[5] § 40 IV 6 c; Brox/Walker Rn 595; Muscheler ErbR 2009, 76, 86; für Eigentumserwerb des Erbschaftsbesitzers und schuldrechtliche Herausgabepflicht gegenüber dem Erben dagegen Kretzschmar § 68 II 8 c; Knütel, in: FS Herm Lange [1992] 903, 935 f; Maurer 221). Näher begründet wird all dies nicht. Ergebnisse und Begründung bleiben daher zu überdenken.

2. Buchersitzung

38 § 2026 BGB ist im Wesentlichen nur für die Ersitzung von Fahrnis bedeutsam. Für die Buchersitzung des **§ 900 BGB** spielt er kaum eine Rolle, weil auch sie sich erst in einem Zeitraum von 30 Jahren vollendet und hinsichtlich Hemmung und Unterbrechung der Frist weitestgehend unter dem gleichen Recht steht wie die Verjährung (vgl §§ 900 Abs 1 S 2, 939, 941 BGB). Zu Recht ist aber verschiedentlich darauf hingewiesen worden, dass die Buchersitzung vor Verjährung des Erbschaftsanspruchs eintreten kann, wenn die Verjährung durch ein Anerkenntnis des Erbschaftsbesitzers (§ 212 Abs 1 Nr 1 BGB) unterbrochen worden ist (Soergel/Dieckmann Rn 1; MünchKomm/Helms[8] Rn 1; jurisPK/Ehm[8] Rn 8; Palandt/Weidlich[79] Rn 2; Jauernig/Stürner[17] Rn 2; Muscheler ErbR 2009, 76, 86). Denn dies führt nicht gleichfalls ohne weiteres zu einer Unterbrechung der Ersitzung, und die in der Anerkennung zum Ausdruck kommende Bösgläubigkeit ist bei der Buchersitzung irrelevant. Die Ersitzung wird nur dann nach § 940 Abs 1 BGB unterbrochen, wenn der Erbschaftsbesitzer mit Anerkenntnis auch den Eigenbesitz aufgibt, was in der Praxis dann der Fall sein dürfte, wenn der Grundbesitz unstreitig zum Nachlass gehört (BeckOGK/Lindner [1. 6. 2019] Rn 2.1).

3. Ersitzungszeit

Nach § **944 BGB** kommt die Ersitzungszeit, die zugunsten eines Erbschaftsbesitzers verstrichen ist, dem Erben zustatten. Die Vorschrift soll den Erben vor Nachteilen schützen, die ihm dadurch entstehen, dass er nicht Rechtsnachfolger des Erbschaftsbesitzers wird (s MünchKomm/Baldus[8] § 944 Rn 1). 39

Die Regelung gilt allerdings nur für die vom Erben beendete Ersitzung, greift also nur ein, wenn der Erbe die Sache vor Ablauf der Zehnjahresfrist vom Erbschaftsbesitzer zurückerhalten hat (HP Westermann/Gursky/Eickmann, SachenR[8] § 51 Rn 9; NK-BGB/Fleindl[5] Rn 3). 40

Für die *accessio temporis* nach § 944 BGB kommt es nach **hM** (va hM in der Lit zu § 2026) nur darauf an, ob der Erbschaftsbesitzer die Zugehörigkeit der Sache zum Nachlass in gutem Glauben angenommen hat (Staudinger/Wiegand [2017] § 944 Rn 1 mwNw; Staudinger/Gursky [2016] Rn 27; NK-BGB/Fleindl[5] Rn 3; jurisPK/Ehm[8] Rn 13; Damrau/Schmalenbach[4] Rn 5; Burandt/Rojahn/Gierl[3] Rn 10; Palandt/Herrler[79] § 944 Rn 1; Muscheler ErbR 2009, 76, 86). Der Erbe kann danach die Ersitzung vollenden, wenn auch er bezüglich der Zugehörigkeit der Sache zum Nachlass gutgläubig ist und bleibt, § 937 Abs 2 BGB. 41

Nach der vorzugswürdigen **Gegenauffassung** (hM in der Lit zu § 944) wird auch der gute Glaube des Erbschaftsbesitzers an sein eigenes Erbrecht verlangt (MünchKomm/Baldus[8] § 944 Rn 5 mwNw; Erman/ H P Westermann[15] § 944 Rn 4; jurisPK/Lenders[8] § 944 Rn 4; NK-BGB/Meller-Hanich[4] § 944 Rn 2; BeckOGK/Buchwitz[15] § 944 Rn 9 f). Der Wortlaut von § 944 BGB stellt auf die Ersitzungszeit des Erbschaftsbesitzers ab (nicht: des Besitzers); ein bösgläubiger Erbschaftsbesitzer kann aber kaum ersitzen. Es ist ferner kein Grund ersichtlich, warum der Erbe über § 940 Abs 2 BGB hinaus geschützt werden sollte. 42

4. Sonstiges

Die Ersitzung der Erbschaft im Ganzen, also des Erbrechts, ist dem Gesetz unbekannt; vgl Mot III 356 zu E I § 888 Abs 1, sowie Prot VI 234. 43

IV. Beweislast

Dass der Erbschaftsanspruch bereits verjährt ist, muss gegebenenfalls der Erbschaftsbesitzer beweisen, wie sich aus der Wortstellung „solange nicht" ergibt (Planck/Flad Anm 2b; Baumgärtel/Schmitz[4] Rn 1; jurisPK/Ehm[8] Rn 14). 44

V. Reformdiskussion

Peters hat die Auffassung vertreten, dass es zweckmäßiger wäre, die 30-jährige Verjährungsfrist für den Erbschaftsanspruch zu streichen und durch die regelmäßige Verjährung nach §§ 195, 199 BGB zu ersetzen; dabei solle die Maximalfrist an die Entstehung des Anspruchs dem Grunde nach anknüpfen (AcP 208 [2008] 37, 61 ff, 68). Diese Einschätzung, die der bisher ganz überwiegenden Bewertung widerspricht, überzeugt nicht. Schon vorher hatte allerdings auch S Franck (ZEV 2007, 114, 117) für 45 die Beseitigung der langen Sonderverjährung für erbrechtliche Ansprüche plädiert. Demgegenüber hat sich A Roland für die Beibehaltung der 30-jährigen Verjährung des Erbschaftsanspruchs ausgesprochen (ZErb 2007, 429, 433; zust Otte ZGS 2010, 157, 163).

§ 2027
Auskunftspflicht des Erbschaftsbesitzers

(1) Der Erbschaftsbesitzer ist verpflichtet, dem Erben über den Bestand der Erbschaft und über den Verbleib der Erbschaftsgegenstände Auskunft zu erteilen.

(2) Die gleiche Verpflichtung hat, wer, ohne Erbschaftsbesitzer zu sein, eine Sache aus dem Nachlass in Besitz nimmt, bevor der Erbe den Besitz tatsächlich ergriffen hat.

Materialien: E I § 2082; II § 1901; III § 2002; Mot V 586 f; Prot V 696 f, 704, 707 f, 715 f; Denkschr 726; Jakobs/Schubert ER I 666, 700, 708–726.

Schrifttum

Gernhuber, Das Schuldverhältnis (1989) § 24: Auskunft

Lindenau/Arweiler, Auskunftspflichten im Erbrecht, NJW 2017, 3553

Rathge, Die Auskunftsklage des Erben, Das Büro 1950, 170

Sarres, Das neue Schuldrecht und erbrechtliche Auskunftsansprüche, ZEV 2002, 96

ders, Auskunftsansprüche gegen den Erbschaftsbesitzer, ZEV 1998, 298

Schöne, Auskunftsansprüche im Erbrecht (Diss Münster 1983)

Stürner, Die Auskunftspflicht der Parteien des Zivilprozesses (1976)

Zeitz, Die Auskunftspflicht eines Miterben nach den §§ 2027 und 2028 BGB (Diss Rostock 1904).

Systematische Übersicht

Alphabetische Übersicht

I. Allgemeines

Die besonderen Verhältnisse zZ des Erbfalls und unmittelbar nach ihm bringen es nicht selten mit sich, dass andere Personen in die Verwaltung des Nachlasses eingreifen oder doch auf einzelne Nachlassgegenstände einwirken, bevor der Erbe selbst seine Interessen wahren kann (s Strohal II 374). Um dem Erben die Beseitigung der daraus erwachsenden Unsicherheit zu erleichtern, stellt ihm das Gesetz in §§ 2027 f BGB Ansprüche auf Erteilung einer Auskunft über die erbschaftlichen Verhältnisse zur Verfügung. Dadurch wird dem Erben auch die Durchführung des Erbschaftsanspruchs selbst erleichtert, da er in der Erbschaftsklage die herauszugebenden einzelnen Gegenstände mit der durch § 253 ZPO geforderten **Bestimmtheit** bezeichnen muss. 1

§ 2027 BGB gibt einen derartigen Anspruch: einmal gegen den Erbschaftsbesitzer (§ 2027 Abs 1 BGB) sowie gegen den diesem durch § 2030 BGB gleichgestellten Erbschaftserwerber, sodann gegen den, der, ohne Erbschaftsbesitzer zu sein, irgendeine Sache aus dem Nachlass in Besitz genommen hat, bevor der Erbe den Besitz tatsächlich ergriffen hat (Abs 2). Den gleichen Anspruch gewährt § 2362 Abs 2 BGB dem Erben gegen den Inhaber eines unrichtigen Erbscheins. In Gesamtanalogie zu beiden vorgenannten Vorschriften wird man dem Erben auch einen Auskunftsan- 2 spruch gegen den Inhaber eines unrichtigen **Europäischen Nachlasszeugnisses** gewähren müssen (eine analoge Anwendung wird bisher, soweit ersichtlich, nur für § 2362 Abs 1 BGB diskutiert, vgl Erman/Simon[15] § 2362 Rn 1; BeckOGK/Neukirchen [1. 8. 2019] § 2362 Rn 4. 1; Buschbaum/Simon ZEV 2012, 525 [526]; Omlor GPR 2014, 216 [218]). Der Umfang der Auskunftspflicht ist dabei jeweils identisch (DEK/Lenz Rn 5).

3 Zum Verständnis der Tragweite des § 2027 BGB muss man sich klar machen, dass sich schon aus § 2018 BGB iVm § 260 BGB die Verpflichtung des Erbschaftsbesitzers ergibt, den Nachlass als Ganzes herauszugeben, folglich auch die Pflicht, dem Erben ein **Verzeichnis** aller besessenen Nachlassgegenstände vorzulegen und gegebenenfalls mit einer eidesstattlichen Versicherung zu bekräftigen (Planck/Flad Anm 1; Soergel/Dieckmann Rn 1; MünchKomm/Helms[8] Rn 1; Erman/Horn[15] Rn 1; Groll/Steiner/Edenfeld[5] Rn 27. 3; Brox/Walker Rn 590; **aA** Maurer 46, 204 f). § 2027 BGB begründet darüber hinaus eine besondere Auskunftspflicht über den **Bestand** des Nachlasses und den **Verbleib** der Erbschaftsgegenstände.

II. Der Auskunftsberechtigte

4 Berechtigt, Auskunft zu erlangen, sind außer dem Erben selbst auch der Nachlasspfleger (§ 1960 BGB), der Nachlassverwalter (§ 1985 BGB), der verwaltende Testamentsvollstrecker und der Nachlassinsolvenzverwalter (vgl BadRpr 1915, 65); nach Eintritt der Nacherbfolge auch der Nacherbe (KG OLGE 21, 310); ebenso ein Gläubiger, der den Erbteil gepfändet hat (MünchKomm/Helms[8] Rn 3; BeckOGK/Lindner [1. 6. 2019] Rn 3; RG WarnR 1911 Nr 139; Schöne 80; Sarres ZEV 1998, 298, 299).

5 Jeder **Miterbe** kann Dritten gegenüber nach §§ 2039 S 1, 2027 BGB verlangen, dass die Auskunft allen gemeinschaftlich erteilt und gegebenenfalls die eidesstattliche Versicherung einmal geleistet wird (OLG München OLGE 30, 186; OLGR Bremen 2002, 187, 188 LS 3, 189; MünchKomm/Helms[8] Rn 3; jurisPK/Ehm[8] Rn 4, 6; Bamberger/Roth/Müller-Christmann[4] Rn 2; Sarres ZEV 1998, 298, 299; s auch RG LZ 1919, 1239 Nr 17). Zum Anspruch gegenüber anderen Miterben s Rn 7 ff.

III. Der Auskunftsverpflichtete

6 Passiv legitimiert ist nur der Erbschaftsbesitzer im technischen Sinne des § 2018 BGB; durch die bloße Berühmung eines Erbrechts wird, selbst wenn deswegen Feststellungsklage erhoben ist, die Auskunftspflicht nicht begründet (BGB-RGRK/Kregel Rn 2).

7 **Von einem** anderen **Miterben** kann ein Miterbe nach § 2027 BGB Auskunft verlangen, wenn die Voraussetzungen dieser Norm vorliegen, namentlich also nach Abs 1, wenn letzterer als Erbschaftsbesitzer ein über seinen Erbteil hinausgehendes Erbrecht für sich in Anspruch nimmt (RGZ 81, 32 und 295; KG OLGE 5, 231; OLG Stettin OLGE 6, 314; 18, 327; OLG Hamburg HansGZ 1912 Beibl 269, 273; OLG Bamberg BayZ 1911, 190; s auch OLG Karlsruhe MDR 1972, 424), oder nach Abs 2, wenn er Nachlasssachen – ohne eine über sein Miterbenrecht hinausgehende Erbanmaßung – eigenhändig für sich in Besitz genommen hat, **nicht aber** wenn er für die Gesamtheit der Erben als deren Vertreter Besitz ergriffen hat (RG Gruchot 48, 973; RGZ 81, 32 u 295; HRR 1932 Nr 1928; NK-BGB/Fleindl[5] Rn 8; Palandt/Weidlich[79] Rn 1); doch kann sich für den letzteren Fall

eine Auskunftspflicht aus dem Recht des Auftrags oder der Geschäftsführung ohne Auftrag (§§ 666, 681) ergeben (OLG Celle OLGE 24, 70 f; Damrau/Schmalenbach[4] Rn 6, 8; FAKomm-ErbR/Finger[4] Rn 2).

Die Pflicht zur Auskunftserteilung nach § 2027 BGB besteht gegenüber einem anderen Miterben nicht mehr, wenn der klagende Miterbe sich durch Erbschaftsvertrag als abgefunden erklärt hat (OLG Oldenburg Recht 1908 Nr 3042/43). 8

Ein allgemeines, über § 2027 BGB hinausgehendes Auskunftsrecht der Miterben gegeneinander wird von der Rechtsprechung nicht anerkannt (vgl Staudinger/Löhnig § 2038 Rn 22 ff). 9

IV. Der Inhalt der Auskunftspflicht (Abs 1)

Zum **Inhalt** der Auskunftspflicht ist zu sagen: 10

1. Auskunft über den Bestand

Der Erbschaftsbesitzer hat zunächst über den **Bestand** der Erbschaft zum Zeitpunkt des Auskunftsersuchens Auskunft zu geben. Eine Auskunft bezüglich des Stichtages des Erbfalls kann nicht verlangt werden (OLG Hamm FamRZ 2015, 789; NK-BGB/Fleindl[5] Rn 6; MünchKomm/Helms[8] Rn 6 m Fn 15; BeckOGK/Lindner [1. 6. 2019] Rn 14; **aA** OLG Koblenz NJOZ 2014, 926; Keim/Lehmann, Beck'sches Formularbuch Erbrecht[4] Rn 4). Damit verbundene Härten (Verdacht der Unterschlagung, Zerstörung oä von Erbschaftsgegenständen) werden durch die Auskunftspflicht über den Verbleib (Rn 17 ff) ausgeglichen. 11

Das bedeutet nach § 260 Abs 1 BGB, dass er ein **Bestandsverzeichnis** vorzulegen hat (s MünchKomm/Krüger[8] § 260 Rn 41). Dies muss schriftlich geschehen (OLG Stuttgart Recht 1913 Nr 1312) und eine übersichtliche Gesamtdarstellung enthalten (OLG Celle HRR 1935 Nr 680); die Formerfordernisse des § 2121 Abs 1 S 2 BGB gelten hier nicht. Bloße Kollektivangaben („Wäsche, Betten, Geschirr") genügen nicht (KG OLGE 5, 231, 233; OLG Koblenz NJW-RR 2005, 160, 161; Bamberger/Roth/Müller-Christmann[4] Rn 5), und zwar auch dann nicht, wenn sie mündlich erläutert werden (KG OLGE 5, 231, 233). Soweit nur einzelne Gegenstände nicht ausreichend spezifiziert sind, kann nur eine (schriftliche) ergänzende Auskunft, nicht aber die nochmalige Aufstellung eines völlig neuen Bestandsverzeichnisses verlangt werden (KG OLGE 18, 335, 337). Das dient der Prozessökonomie, hat aber seine Grenzen dort, wo das ursprüngliche Verzeichnis völlig unbrauchbar wird. 12

Aufzunehmen ist (im Gegensatz zu § 2001 BGB) nur der **Aktivbestand** des Nachlasses einschließlich der Surrogate (§ 2019 BGB) und Früchte (§ 2020 BGB), nicht dagegen auch der Bestand der Passiva (RGSt 71, 360); auch eine Wertangabe der Aktiva ist nicht erforderlich (KG OLGE 18, 335, 337; RGSt 71, 360; MünchKomm/Helms[8] Rn 6; BeckOGK/Lindner [1. 6. 2019] Rn 14). Begründet wird die Beschränkung auf die Aktiva freilich kaum; in der Entscheidung des Reichsgerichts findet sich immerhin – neben einer lakonischen Inbezugnahme einer früheren Bearbeitung dieser Kommentierung – ein Hinweis (an anderer Stelle versteckt, S 361): Schulden seien zwar eine Last des Vermögens, sie minderten aber noch nicht seinen Bestand. 13

14 Ist die Erbschaft ein ideeller Teil eines anderen Inbegriffs von Gegenständen (zB ungeteiltes Gesamtgut), so muss auch über diesen Auskunft gegeben werden (OLG Hamburg HansGZ 1912, 269, 273).

15 Auch **mehrere** nacheinander abgegebene **Teilverzeichnisse** können eine ausreichende Auskunft darstellen (BGH NJW 1962, 1499). Erforderlich ist dann aber, dass die einzelnen Auskünfte nicht zusammenhanglos nebeneinander stehen, sondern nach dem erkennbaren Willen des Auskunftsschuldners in ihrer Summierung die geschuldete Gesamtauskunft darstellen sollen (OLGR Düsseldorf 1991, 11, 12). Der Auskunftspflichtige muss deshalb bei mehreren Äußerungen auch klarstellen, welche konkrete Äußerung die geschuldete Auskunft enthält, und zum Ausdruck bringen, dass er mit dieser Äußerung sein Wissen zu den offen zu legenden Umständen so vollständig preisgegeben hat, wie er dies kann (OLGR Düsseldorf 1991, 11).

16 Angaben **zu Protokoll des Nachlassgerichts** genügen nicht (BeckOGK/Lindner [1. 6. 2019] Rn 13; **aM** OLG München OLGE 30, 186), da die Auskunft unmittelbar dem Erben zu erteilen ist. Dagegen stellt die Anerkennung eines vom Erben selbst aufgestellten Verzeichnisses eine formell genügende Auskunft dar (OLG Braunschweig OLGE 39, 13, 14).

2. Auskunft über den Verbleib

17 Ferner muss der Erbschaftsbesitzer über den **Verbleib der Erbschaftsgegenstände** Auskunft geben (MünchKomm/Helms[8] Rn 7). Auch insoweit wird man § 260 Abs 1 BGB anzuwenden haben, also eine schriftliche Aufstellung verlangen müssen; mündliche Erklärungen genügen nicht (KG OLGE 5, 231, 233).

18 Der Erbschaftsbesitzer muss insbesondere Auskunft über den Verbleib derjenigen Gegenstände geben, deren Zugehörigkeit zur Erbschaft festgestellt ist (etwa aufgrund eines Nachlassverzeichnisses oder in sonstiger Weise), die aber zZ nicht mehr in der Erbschaft vorhanden sind oder deren Aufenthaltsort unbekannt ist (vgl BGB-RGRK/Kregel Rn 3). Der Erbschaftsbesitzer muss also alles, was ihm über ihre Schicksale (Untergang, Verschlechterung, Veräußerung) bekannt ist, angeben. Da der Gegenstand der Herausgabe das aus der Erbschaft Erlangte ist, muss er auch darlegen, was an ihre Stelle getreten ist.

19 Nach Prot V 715 ist unter Verbleib nicht nur der örtliche, sondern auch der wirtschaftliche Verbleib zu verstehen. Deshalb wird man die Auskunftspflicht auch auf die gezogenen **Gebrauchsvorteile** und die zu Eigentum erworbenen **Früchte** (§ 2020 HS 2 BGB) erstrecken müssen (Maurer 206 mwNw).

20 Der Anspruch auf Auskunft über den Verbleib der Erbschaftsgegenstände umfasst **nicht** auch den Anspruch auf **Rechenschaftsablegung** iSv § 259 Abs 1 BGB, verpflichtet also nicht zur Vorlage von Belegen (so aber die **hM**, vgl KG OLGE 21, 310, 311; OLG Braunschweig OLGE 24, 70, 71; Staudinger/Lehmann[11] Rn 5; vLübtow II 1064; Soergel/Dieckmann Rn 1; NK-BGB/Fleindl[5] Rn 6; AK-BGB/Wendt Rn 38; Bamberger/Roth/Müller-Christmann[4] Rn 5; Erman/Horn[15] Rn 4; Palandt/Weidlich[79] Rn 2; Jauernig/Stürner[17] Rn 1; BeckOGK/Lindner [1. 6. 2019] Rn 15; Schöne 85; Sarres ZEV 1998, 297, 299 f; einschränkend Muscheler ErbR 2009, 76, 87; s auch Stürner, Die Aufklärungspflicht der Parteien im Zivilprozeß

[1976] 356 ff; wie hier dagegen Michalski Rn 1058; Maurer 207); die Rechenschaftspflicht des § 259 BGB ist der Auskunftspflicht iSv § 260 BGB deutlich gegenübergestellt und geht gerade hinsichtlich der Belege über die letztere hinaus (vgl Soergel/Wolf[12] § 259 Rn 3).

Selbst wenn man der hM folgen wollte, kann der nur zur Auskunft Verurteilte nicht in der Zwangsvollstreckung infolge extensiver Auslegung des Titels auch zur Urkundenvorlage angehalten werden (OLGR Koblenz 1998, 253). **20a**

Auch wenn der Erbschaftsbesitzer sich auf den Wegfall gezogener Nutzungen oder einer Bereicherung beruft, ergibt sich daraus noch keine (einklagbare) Rechenschaftspflicht, sondern nur eine entsprechende „Obliegenheit" des Beklagten, die auf der Beweislastverteilung beruht. **20b**

Die Auskunftspflicht erstreckt sich selbstverständlich auch auf **Nachlassforderungen**, gleichgültig, ob sie von vornherein oder kraft Surrogation zur Erbschaft gehören (RG JW 1903 Beil 104 Nr 234u OLG Bamberg BayZ 1911, 190; Erman/Horn[15] Rn 4; BeckOGK/Lindner [1. 6. 2019] Rn 14; AK-BGB/Wendt Rn 31; Maurer 206; Muscheler ErbR 2009, 76, 87). Ausgenommen sind Forderungen des Erblassers, die gegen den Erbschaftsbesitzer gerichtet sind und von diesem bestritten werden (RG Gruchot 48, 973; OLG Kiel OLGE 16, 42; OLG Stuttgart Recht 1912 Nr 3379; Maurer 206; Muscheler ErbR 2009, 76, 87 Fn 52). **21**

Die Auskunftspflicht erstreckt sich auch auf Gegenstände, die dem Erbschaftsbesitzer als **Voraus** nach § 1932 BGB (OLG Kiel SeuffA 66, Nr 141; jurisPK/Ehm[8] Rn 3; Palandt/Weidlich[79] Rn 1) oder als **Vorausvermächtnis** (§ 2150 BGB; KG OLGE 5, 231, 233; **aM** KG OLGE 12, 363, 365) hinterlassen sind. **22**

Dagegen gehören zu den Erbschaftsgegenständen **nicht Vermögensstücke**, die schon zu Lebzeiten des Erblassers **endgültig** aus dessen Vermögen **ausgeschieden** sind (OLG Stuttgart Recht 1912 Nr 3379 f), insbesondere auch nicht auf vom Erblasser verschenkte Gegenstände (BGHZ 61, 180, 182); anders, wenn hinsichtlich weggekommener Gegenstände dingliche oder schuldrechtliche Ansprüche zum Nachlass gehören; RG Recht 1913 Nr 217. **23**

Die Auskunftspflicht **entfällt**, wenn der **Erbschaftsanspruch** vollständig **erfüllt** worden ist. Ebenso liegt es, wenn der Nachlass vom nicht verschärft haftenden Erbschaftsbesitzer einschließlich der Surrogate vollständig und ohne daraus resultierende fortdauernde Bereicherung aufgebraucht worden ist. Dafür trägt der Erbschaftsbesitzer die Beweislast (BGH NJW 1985, 3068, 3070; zur Beweislast näher Rn 71). **24**

3. Zur Erfüllung des Anspruchs

Darüber, ob eine nach erfolgter Verurteilung erteilte Auskunft genügt, ist im Zwangsvollstreckungsverfahren auf den Antrag des Gläubigers nach § **888 ZPO** oder im Rahmen der Vollstreckungsgegenklage nach § **767 ZPO** zu entscheiden. Wenn der Erbschaftsbesitzer eine formell genügende Auskunft erteilt hat, kann der Erbe eine Ergänzung oder Vervollständigung nicht erzwingen, sondern nur mittelbar durch die (uU nach § 254 BGB mit der Auskunftsklage und der Herausgabeklage verbundene) Klage auf **Abgabe der eidesstattlichen Versicherung** (näher Rn 31 ff) da- **25** rauf hinwirken; eine Verurteilung zur weiteren Auskunftsleistung ist grundsätzlich ausgeschlossen (OLG Kiel OLGE 16, 42; OLG Braunschweig OLGE 40, 389, 390; MünchKomm/Helms[8] Rn 8; NK-BGB/Fleindl[5] Rn 7; AK-BGB/Wendt Rn 46; Palandt/Weidlich[79] Rn 5; BeckOGK/Lindner [1. 6. 2019] Rn 16).

26 RGZ 84, 41, 44 macht davon eine Ausnahme, weil ein **selbstständiger Vermögensteil**, den der Pflichtige nicht zum Nachlass gerechnet hatte (der Anteil an einem Geschäft), in die Auskunft nicht aufgenommen war und deshalb ein Nachlassverzeichnis gar nicht vorgelegen habe (s dazu Stürner, Die Aufklärungspflicht der Parteien des Zivilprozesses [1976]351 ff).

27 Nach BGH LM § 260 BGB Nr 1 kann die **Ergänzung** eines **Bestandsverzeichnisses** ferner auch dann gefordert werden, wenn der Verpflichtete eine unbestimmte Mehrheit von Nachlassgegenständen aus Rechtsirrtum zunächst nicht aufgenommen hat.

28 Nach Auffassung des OLG Bremen (OLGR 2002, 187, 188 LS 4, 189) besteht der Auskunftsanspruch auch dann weiter, wenn das Verzeichnis aufgrund gefälschter Unterlagen aufgestellt wurde.

29 Ist **streitig**, ob der Erbschaftsbesitzer seine titulierte **Auskunftspflicht erfüllt** hat, kommt eine Zwangsvollstreckung gegen ihn nicht in Betracht, wenn der Streit nur um die rechtliche Bewertung der erteilten Auskunft geht (OLG Koblenz NJW-RR 2005, 160, 161). Auch bloße Zweifel an der Richtigkeit der Auskunft rechtfertigen keine Zwangsmittelfestsetzung nach **§ 888 ZPO** (OLG Koblenz NJW-RR 2005, 160, 161). Anders ist es allerdings, wenn die erteilte Auskunft erkennbar Lücken enthält bzw nicht näher erläuterte Kollektivangaben (wie zB „einige Stücke Herrenschmuck, Gold, weiterer Schmuck, Uhren und Manschettenknöpfe, Hausrat") verwendet (OLG Koblenz NJW-RR 2005, 160, 161).

30 Bei der Festsetzung eines **Zwangsmittels** ist eine Fristsetzung nicht notwendig (OLG Brandenburg ZEV 2004, 104 f; PWW/Zimmer[14] Rn 9).

4. Zur Versicherung an Eides Statt

31 Falls Grund zu der Annahme besteht, dass das Verzeichnis nicht mit der erforderlichen Sorgfalt aufgestellt worden ist, so hat der Erbschaftsbesitzer grundsätzlich (Ausnahme bei geringfügigen Nachlässen, §§ 260 Abs 3, 259 Abs 3 BGB; **aM** Lange/Kuchinke[5] § 40 III 3 b Fn 80; wie hier Maurer 215) **an Eides Statt zu versichern**, dass er die Auskunft über Bestand der Erbschaft und Verbleib von Erbschaftsgegenständen nach bestem Wissen so vollständig, wie er könne, erteilt habe (§§ 260 Abs 2, 261 BGB).

32 Ob ein entsprechend begründeter **Verdacht** besteht, richtet sich nach dem Gesamtverhalten des Auskunftsschuldners (BGH LM § 259 BGB Nr 8 = GRUR 1960, 247); erforderlich sind greifbare Tatsachen (OLG Colmar ElsLothrZ 1906, 111). Nach Ansicht des OLG Brandenburg (6. 9. 2006 – 13 U 185/05 [juris, Orientierungssatz und Rn 16]) ist der Antrag auf Abgabe der eidesstattlichen Versicherung schon gerechtfertigt, wenn nach Würdigung des Gesamtverhaltens nicht auszuschließen ist, dass die Erklärung nicht mit der erforderlichen Sorgfalt abgegeben wurde.

Der Nachweis, dass das **Verzeichnis** in einzelnen Punkten **unvollständig** oder unrichtig ist, reicht für die Verurteilung zur Abgabe der eidesstattlichen Versicherung nicht aus, wenn die mangelhafte Auskunft ohne Weiteres auf unverschuldete Unkenntnis oder entschuldbarem Irrtum beruhen kann (vgl BGHZ 89, 137, 139 f). Zur Frage der erforderlichen Sorgfalt s OLG Rostock OLGE 34, 277; RG SeuffA 77, 233. 33

Die Verurteilung zur Abgabe der eidesstattlichen Versicherung wird nach **§ 889 ZPO** vollstreckt; die eidesstattliche Versicherung ist also vor dem AG als Vollstreckungsgericht abzugeben; zuständig zur Abnahme ist der Rechtspfleger (§ 20 Nr 17 RpflG); die Anordnung der Erzwingungshaft ist dem Richter vorbehalten (§ 4 Abs 2 Nr 2 RpflG). 34

Wenn der Erbe die eidesstattliche Versicherung durch Klage oder in sonstiger Weise verlangt hat (vgl BayObLG 1953, 135), kann sie der Erbschaftsbesitzer **bis zu einer entsprechenden Verurteilung** auch vor dem Amtsgericht seines Wohnsitzes (§ 889 Abs 1 ZPO) im FamFG-Verfahren abgeben (§§ 410 Nr 1, 411 Abs 1, 413 FamFG); funktionell zuständig ist der Rechtspfleger (§ 3 Nr 1b RpflG). Das Gericht der freiwilligen Gerichtsbarkeit muss die eidesstattliche Versicherung abnehmen, wenn der in Anspruch Genommene dazu bereit ist; es darf nämlich nur prüfen, ob der Antrag überhaupt auf eine gesetzliche Vorschrift gestützt ist, nicht aber ob die Verpflichtung im Einzelnen begründet ist, also wirklich Grund zur Annahme einer unsorgfältigen Auskunft besteht (KGJ 45 A 112); auch Glaubhaftmachung ist insoweit nicht erforderlich (KG OLGE 42, 197; vgl auch Josef Gruchot 62, 341, 359 f, 364). Die **Abnahme** erfolgt auf Antrag einer der beiden Parteien. Zum Termin sind beide Parteien zu laden. Die Abnahme ist aber auch in Abwesenheit des Berechtigten möglich. Eine Beschwerde gegen Terminbestimmung und Ladung ist nicht gegeben (vgl Keidel/Giers, FamFG[19] § 410 Rn 5). 35

Nur mit Einverständnis des Gläubigers kann der Erbschaftsbesitzer die eidesstattliche Versicherung auch noch **nach Verurteilung** vor dem Gericht abgeben (OLG Hamm Rpfleger 1958, 158 und OLG Düsseldorf MDR 1960, 590 zum früheren Offenbarungseid). Das Gericht kann nach § 261 Abs 1 BGB den Text der Versicherung uU abweichend vom Wortlaut der §§ 260 Abs 2, 2027 Abs 1 BGB formulieren, um den Umfang der erfassten Erklärungen zu verdeutlichen (vgl RGZ 125, 256, 260; RG DRW 1943, 407, 408). Das Vollstreckungsgericht darf sogar die bereits rechtskräftig normierte Formel der eidesstattlichen Versicherung abändern, wenn der Erbschaftsbesitzer erklärt, den Eid nur nach Maßgabe einer berichtigten Auskunft leisten zu können (OLG Düsseldorf MDR 1960, 590; OLG Bamberg NJW 1969, 1304 m abl Anm Winter NJW 1969, 2244 [beide zum Offenbarungseid]; Jauernig/Stürner[17] Rn 3). Wer zur Abgabe der eidesstattlichen Versicherung verurteilt worden ist, hat die Pflicht, die erteilte Auskunft auf ihre Vollständigkeit und Richtigkeit zu überprüfen und darf die Versicherung gegebenenfalls in einer gemäß § 261 Abs 1 BGB geänderten Fassung abgeben (BGH NJW 1992, 2020 [unter II 1]; WM 1996, 466 [unter B 2 b, c]; 7. 3. 2001 – IV ZB 31/00, juris). 36

Die eidesstattliche Versicherung kann entgegen BGH NJW 1962, 245 (noch zum Offenbarungseid) **nicht** wie die Auskunftserteilung in mehreren **Teilakten** abgegeben werden, denn dann müsste die letzte Teilversicherung jedenfalls auch dahin gehen, dass die Summe der jeweils von Teilversicherungen begleiteten Teilauskünfte die Auskunft im geschuldeten Gesamtumfang darstellt (BGH NJW 1962, 245); das aber 37 wäre bereits die nach § 261 Abs 1 BGB abzugebende eidesstattliche Versicherung für den Gesamtnachlass (dem BGH zustimmend aber SOERGEL/DIECKMANN Rn 2).

38 Der Erbe muss, wenn er die eidesstattliche Versicherung verlangt, nach § 261 Abs 2 BGB deren **Kosten** tragen. Das gilt für die Kosten der Abnahme im Verfahren nach §§ 410 Nr 1, 413 FamFG oder § 889 Abs 1 ZPO gleichermaßen, nicht aber für die Kosten der Beugemaßnahmen nach § 889 Abs 2, 888 ZPO.

V. Die Auskunftspflicht sonstiger Besitzer von Erbschaftssachen (Abs 2)

1. Anwendbarkeit

39 Die Auskunftspflicht desjenigen, der vor der tatsächlichen Besitzergreifung durch den Erben eine Sache aus dem Nachlass in Besitz genommen hat, entspricht, wie die II. Kommission im Gegensatz zur I. Kommission angenommen hat (Mot V 587 und Prot V 707), einem zwingenden praktischen Bedürfnis. Wer in die Erbschaft eingreift, sei es, dass er ein Erbrecht in Anspruch nimmt oder nicht, macht sich verdächtig, mehr als das ihm besonders Nachgewiesene an sich genommen zu haben. Deshalb muss ihm die Verpflichtung auferlegt werden, dem Erben, der den Bestand des Nachlasses noch nicht kennt, Auskunft über ihn zu geben.

40 Hatte der Erbe bereits von der Sache tatsächlich Besitz ergriffen, bedarf er des Anspruchs nicht mehr; selbstverständlich behält er auch in diesem Falle den Auskunftsanspruch nach Abs 1 gegen einen etwaigen Erbschaftsbesitzer.

41 Aus § 2027 Abs 2 BGB auskunftspflichtig ist auch ein **Miterbe**, der ohne Anmaßung des alleinigen Erbrechts Teile des Nachlasses in Alleinbesitz nimmt (implizit OLGR Düsseldorf 1991, 11 f; 1993, 105; s auch oben Rn 9).

42 § 2027 Abs 2 BGB **gilt** natürlich **nicht** für die Inbesitznahme von Nachlassgegenständen durch Testamentsvollstrecker, Nachlass(insolvenz)verwalter und Nachlasspfleger (Prot V 708 f; SCHÖNE 90; NK-BGB/FLEINDL[5] Rn 9). Zum einen machen sich diese Personen normalerweise durch ihr Eingreifen gar nicht verdächtig, weil sie kraft ihres Amtes handeln; zum anderen ist ihre Rechenschaftspflicht jeweils speziell geregelt.

2. Besitzergreifung

43 Ob der Erbe tatsächlich Besitz ergriffen hatte, ist nach §§ 854, 855, 868 BGB zu beurteilen. Es reicht, wenn er begonnen hat, den gesetzlich auf ihn übergegangenen Besitz (§ 857 BGB) durch einen Besitzdiener auszuüben, oder wenn er zu dem unmittelbaren Besitzer in ein Verhältnis nach § 868 BGB getreten ist.

44 Eine vor diesem Zeitpunkt erfolgte, auskunftspflichtig machende Besitzergreifung wurde **zB** darin gesehen, dass jemand die (dem Vermieter gehörenden) Schlüssel zur Wohnung und zum Korridor an sich genommen hatte (KG OLGE 9, 33, 34); ferner darin, dass jemand Sachen, die er vom Erblasser geschenkt erhalten hatte, nach dessen Tode an sich nahm (OLG Dresden ZBlFG 21, 43), nicht aber darin, dass er an der Sache schon zu Lebzeiten des Erblassers Besitz erlangt hatte (OLG Kiel OLGE 40, 108 und RGZ 84, 206; PALANDT/WEIDLICH[79] Rn 3; BeckOGK/LINDNER [1. 6. 2019] Rn 11; MUSCHELER ErbR 2009, 76, 88).

Wer also den Besitz schon vor dem Tode des Erblassers erlangt hat, ist nicht auskunftspflichtig, auch nicht, wer nach dem Tode des Erblassers eine Sache in Besitz nimmt, die der Erblasser schon zu seinen Lebzeiten einem Dritten übergeben hat; das ist keine Besitznahme **aus dem Nachlass** (BGH LM § 1421 BGB Nr 1; OLG Brandenburg BeckRS 2013, 16786; LG Mönchengladbach ErbR 2016, 409; MünchKomm/HELMS[8] Rn 10; NK-BGB/FLEINDL[5] Rn 10; jurisPK/EHM[8] Rn 8). Wenn der nicht erbende Sohn des Erblassers die Wohnung seines verstorbenen Vaters aufsucht und dessen Schließfach ausräumt, so scheitert die Anwendung des § 2027 Abs 2 BGB nicht notwendigerweise daran, dass er schon vor dem Erbfall Zweitschlüssel von Wohnung und Schließfach hatte; die Schlüsselüberlassung hatte ihm nämlich, wenn sie nur zur eventuellen Versorgung und Pflege des Vaters erfolgt war, noch keinen Mitbesitz verschafft (OLGR Düsseldorf 1991, 11 f). **45**

Auf den Grund, aus dem jemand Sachen aus dem Nachlass in Besitz genommen hat, ob eigennützig oder um dem vermeintlichen oder selbst dem wahren Erben die Sache zu sichern, kommt es nicht an; RG Recht 1923 Nr 1177. **46**

Auskunftspflichtig ist auch, wer im guten Glauben an sein Recht, ja wer im wirklichen Recht auf den Besitz (etwa als Eigentümer, Mieter oder Pächter) den Besitz der Sache eigenmächtig an sich genommen hat; vgl OLG Braunschweig OLGE 24, 70; OLG Stuttgart ZBlFG 1919, 312 Nr 360 und RG LZ 1923, 453. **47**

Wenn die Besitzergreifung im guten Glauben an das eigene Erbrecht erfolgt ist, erlangt der Besitzer Erbschaftsbesitz und ist auch schon nach Abs 1 auskunftspflichtig (RG LZ 1923, 453; HRR 1930, Nr 1465). **48**

Ob der Beklagte noch Besitzer ist, spielt für Abs 2 keine Rolle. Andererseits ist auskunftspflichtig auch nur derjenige, der selbst der Besitzergreifung des Erben zuvorkam, nicht ein Dritter, an den er den Besitz weiterübertragen hat, also (entgegen LANGE/KUCHINKE[5] § 40 III 3 b Fn 76) auch nicht der Verwahrer, bei dem der Erbschaftsbesitzer die von ihm in Besitz genommenen Nachlasssachen inzwischen eingelagert hat. **49**

Die bloße Führung erbschaftlicher Geschäfte, die ohne Besitzergreifung an Nachlasssachen vor sich geht, zB die Einziehung der Mieten eines zum Nachlass gehörenden Hauses, fällt nicht unter Abs 2 (KG OLGE 9, 386; OLG Marienwerder Recht 1907 Nr 611). **50**

3. Darauf, ob der eigenmächtig Handelnde von dem Erbfall **Kenntnis** hatte oder nicht, kommt es nicht an (KIPP/COING § 110 Fn 7; BGB-RGRK/KREGEL Rn 5; SOERGEL/DIECKMANN Rn 3; MünchKomm/HELMS[8] Rn 10; ERMAN/HORN[15] Rn 6 aE; PALANDT/WEIDLICH[79] Rn 3; BeckOGK/LINDNER [1. 6. 2019] Rn 11; BROX/WALKER Rn 592; **aM** KG OLGE 9, 386; PLANCK/FLAD Anm 2a; PALANDT/KEIDEL[41] Anm 2; KRETZSCHMAR 446). **51**

4. „Aus dem Nachlass" stammen auch solche Sachen, an denen der Erblasser nur **52**

Besitz, nicht auch Eigentum hatte (KG OLGE 9, 33, 34; OLG Braunschweig OLGE 24, 70). Vgl dazu auch § 2018 Rn 85 ff, 95.

53 **5.** Der **Inhalt** der Auskunftspflicht aus Abs 2 entspricht der des Erbschaftsbesitzers aus Abs 1 (BGB-RGRK/Kregel Rn 5). Die Inbesitznahme auch nur einer Sache löst also die Auskunftspflicht für den ganzen Nachlass aus (Muscheler ErbR 2009, 76, 88).

VI. Vererblichkeit

54 **1.** Problematisch ist, ob die Auskunftspflicht **passiv vererblich** ist. Eine verbreitete Auffassung sieht darin eine höchstpersönliche und deshalb unvererbliche Pflicht (OLG Hamburg Recht 1912 Nr 1194; OLGE 26, 295; OLG Marienwerder LZ 1919, 392; OLG Celle HRR 1935, 680; Planck/Flad Anm 4; MünchKomm/Frank[3] Rn 5; Schöne 83; Staudinger/Gursky[12] Rn 2), während die deutlich herrschende Ansicht die Vererblichkeit der Auskunftspflicht bejaht (BGH NJW 1985, 3068, 3069 m umfangreichen weiteren Nachweisen; OLG Nürnberg OLGZ 1981, 115, 116; Gernhuber § 24 I 5; MünchKomm/Helms[8] Rn 5; Soergel/Dieckmann Rn 4; Bamberger/Roth/Müller-Christmann[4] Rn 4; jurisPK/Ehm[8] Rn 5; Erman/Horn[15] Rn 3; Damrau/Schmalenbach[4] Rn 12 f; Palandt/Weidlich[79] Rn 2; Jauernig/Stürner[17] Rn 1; AK-BGB/Wendt Rn 22; BeckOGK/Lindner [1. 6. 2019] Rn 8; Kipp/Coing § 110 VI, § 91 III 3 c Fn 29; Brox/Walker Rn 590; Michalski Rn 1058; Maurer 212 f).

55 Die hM sieht zwar durchaus die daraus resultierenden Schwierigkeiten, meint aber, dass der Erbe des ursprünglichen Auskunftspflichtigen jedenfalls gehalten sei, seine wahrscheinlich geringeren Kenntnisse über Umfang und Verbleib der Erbschaft anhand der für ihn erreichbaren Erkenntnismittel zu vervollständigen. Nur wenn er keine eigenen Kenntnisse habe und sich solche auch nicht auf zumutbare Weise verschaffen könne, genüge er seiner Auskunftspflicht bereits mit der Darlegung dieses Sachverhalts (BGH NJW 1985, 3068, 3069).

55a Hiergegen lässt sich einwenden, dass die etwaigen relevanten Kenntnisse des Erben reines Zufallswissen wären (so MünchKomm/Frank[3] Rn 5) und dass die Reichweite der Aufklärungspflicht, die die Rechtsprechung dem Erben der Sache nach aufbürdet, gefährlich unbestimmt bleibt. Auf der anderen Seite ist nicht zu verkennen, dass der Erbe des ursprünglichen Auskunftspflichtigen im Einzelfall natürlich doch über entsprechendes eigenes Wissen verfügen kann und dass ihm durchaus Informationsquellen offenstehen können, die Dritten möglicherweise weitgehend verschlossen sind (etwa Unterlagen des ursprünglich Auskunftspflichtigen, Kenntnisse von Angestellten seines Erblassers usw). Der Erbe hat naturgemäß ein Interesse daran, auch dieses „Zufallswissen“ und diese besonderen Informationsquellen auszuschöpfen.

56 Dies **spricht dafür**, die **Vererblichkeit** der Auskunftspflicht grundsätzlich **zu bejahen** und daraus dann auch eine beschränkte Verpflichtung des Erben des ursprünglichen Anspruchsgegners zur Aufklärung des Schicksals der Nachlassgegenstände abzuleiten. Diese kann sich aber nur darauf erstrecken, die ihm gerade mit dem Nachlass des ursprünglichen Anspruchsgegners zugefallenen besonderen Informationsquellen auszuwerten; weitergehende Nachforschungen sind ihm nicht zuzumuten.

57 Frank (MünchKomm[3] Rn 5) wollte demgegenüber statt einer Vererbung der Aus-

kunftspflicht nur eine aus § 242 BGB abgeleitete originäre Auskunftspflicht des Erben anerkennen.

58 Neben der von seinem Rechtsvorgänger herrührenden Auskunftspflicht kann den Erben des Erbschaftsbesitzers auch eine eigene (originäre) Auskunftspflicht aus § 2027 BGB treffen (BGH NJW 1985, 3068, 3070), wenn bei ihm selbst die Voraussetzungen des § 2018 BGB vorliegen (vgl dazu § 2018 Rn 61 ff). Auf diese originäre eigene Auskunftspflicht kommt es jedoch gar nicht mehr an, wenn man die Vererblichkeit der Auskunftspflicht bejaht. Auch die ererbte Auskunftspflicht muss nämlich die Weiterentwicklung des herauszugebenden Nachlasses nach dem Tode des ursprünglichen Erbschaftsbesitzers umfassen (Dieckmann FamRZ 1985, 1247, 1249; etwas unklar insoweit BGH NJW 1985, 3068, 3069).

59 **2.** Der Auskunftsanspruch ist auch **aktiv vererbbar** (BayObLG DJZ 1901, 144); er geht nicht kraft Gesetzes auf den Erwerber einzelner Nachlassgegenstände über (LG Berlin JR 1956, 300), und er ist (isoliert) nicht abtretbar (OLG Karlsruhe FamRZ 1967, 691, 692; Schöne 82; MünchKomm/Helms[8] Rn 4; Erman/Horn[15] Rn 2; Palandt/Weidlich[79] Rn 4), auch nicht bzgl einzelner Nachlassgegenstände (LG Berlin JR 1956, 300). Der Auskunftsanspruch kann aber zusammen mit dem Erbschaftsanspruch abgetreten werden (Jauernig/Stürner[17] Rn 1); auf den Erbteilserwerber (§ 2033 BGB; s dazu § 2018 Rn 4) geht er automatisch mit über.

60 Zu Unrecht verneint das OLG Karlsruhe (FamRZ 1967, 691) auch die Möglichkeit einer gewillkürten Prozessstandschaft; das eigene rechtliche Interesse an der Geltendmachung des Auskunftsanspruchs ist zB bei einem Pflichtteilsberechtigten (wie in dieser Entscheidung) ohne Weiteres gegeben (der Entscheidung zust aber Damrau/Schmalenbach[2] Rn 12).

61 Der Erblasser kann die Auskunftspflicht nicht im Voraus erlassen bzw in seinem Testament ausschließen (OLG Jena Recht 1911 Nr 523; OLGR Bremen 2002, 187, 188 LS 3, 189; BGB-RGRK/Kregel Rn 2; MünchKomm/Helms[8] Rn 4; Brox/Walker Rn 590); wohl aber kann der Erbe den Anspruch nach § 397 BGB erlassen (Palandt/Weidlich[79] Rn 4; Muscheler ErbR 2009, 76, 87).

VII. IPR

62 Für die Auskunftspflichten gilt, wenn keine Rechtswahl vorliegt, für alle Todesfälle seit dem 17. August 2015 gem Art 21 EuErbVO das Recht des Staates, in dem der Erblasser seinen letzten gewöhnlichen Aufenthalt hatte. Art 23 EuErbVO führt Auskunftsansprüche zwar nicht ausdrücklich auf, aber sie betreffen die Rechtsnachfolge von Todes wegen und sind keine Vorfrage, die ggf selbstständig angeknüpft werden könnte. Vielmehr geht es bei dem Auskunftsanspruch gem § 2027 BGB um das Verhältnis eines Erben zu einem Dritten hinsichtlich des Nachlasses; dies ist vom Erbstatut erfasst (s dazu Dutta/Weber/Schmidt[1] Art 23 EuErbVO Rn 39 mwNw).

63 Die internationale Zuständigkeit bestimmt sich nach Art 4, 10 EuErbVO (dazu Burandt/Rojahn/Gierl[3] Rn 13).

VIII. Durchsetzbarkeit der Ansprüche, Verwirkung

64 Hinsichtlich der **Verjährung** der Auskunftsansprüche aus §§ 2027, 2028 BGB gilt seit dem 1. 1. 2010 genauso wie für den eigentlichen Erbschaftsanspruch die dreißigjährige Verjährungsfrist des § 197 Abs 1 Nr 2 BGB (s zur Verjährung des Erbschaftsanspruchs ausf § 2026 Rn 2 ff; OLG Köln FamRZ 2018, 1952 [1953]; LG Münster ErbR 2018, 721; NK-BGB/Fleindl[5] Rn 11; Damrau/Schmalenbach[4] Rn 3; FAKomm-ErbR/Finger[4] Rn 5; jurisPK/Ehm[8] Rn 9; BeckOGK/Lindner [1. 6. 2019] Rn 22; Schlichting ZEV 2002, 478, 480; Sarres ZEV 2002, 96, 97; iE auch Staudinger/Peters/Jacoby [2019] § 197 Rn 19).

65 Der Auskunftsanspruch kann nach allgemeinen Regeln **verwirkt** werden. Dies setzt aber voraus, dass der Auskunftsanspruch über viele Jahre nicht geltend gemacht wurde und dass bei dem Auskunftsverpflichteten ein berechtigtes Vertrauen geweckt wurde, dem zufolge kein Auskunftsanspruch geltend gemacht würde. Falls etwa ein Miterbe gegen den (bzw einen) anderen Miterben Auskunfts- und Rechenschaftsablegungsansprüche geltend macht, kann sich der Beklagte auf Verwirkung berufen, wenn der Erbfall mehr als 9 Jahre zurückliegt und der klagende Miterbe in diesem Zeitraum keine Maßnahme eingeleitet hat, die auf eine Auseinandersetzung der Erbengemeinschaft abzielt (OLG Koblenz MDR 2014, 164 f). Vgl auch OLG Koblenz FamRZ 2018, 1952 für einen Fall, in dem keine Verwirkung vorlag.

66 Gegenüber den Auskunftsansprüchen gibt es keine Zurückbehaltungsrechte (OLGR Bremen 2002, 187, 188 LS 5, 189; s auch Staudinger/Bittner/Kolbe [2019] § 259 Rn 23).

IX. Prozessuales

67 Die Klage auf Auskunft führt nicht zur **Rechtshängigkeit** des Erbschaftsanspruchs (BGB-RGRK/Kregel Rn 1; MünchKomm/Helms[8] Rn 13). Ebenso wenig wird durch sie die Verjährung des Erbschaftsanspruchs nach § 204 Abs 1 Nr 1 BGB gehemmt (jurisPK/Ehm[8] Rn 17).

68 Die Bejahung der Vorfrage des Erbrechts in der rechtskräftigen Entscheidung über den Auskunftsanspruch bindet nicht das Gericht, das über die später erhobene Herausgabeklage nach § 2018 BGB zu entscheiden hat (Baumgärtel JR 1970, 186).

69 Der **Gerichtsstand** der Erbschaft (§ 27 ZPO) besteht nicht nur bei einem Anspruch aus Abs 1, sondern auch bei dem aus Abs 2 und genauso bei der auf § 2028 BGB gestützten Auskunftsklage (OLG Nürnberg OLGZ 1981, 115, 116 f; OLG Jena DJZ 1921, 632; Staudinger/Lehmann[11] Rn 19; Kipp/Coing § 110 Fn 1; BGB-RGRK/Kregel Rn 8; Soergel/Dieckmann Rn 5; jurisPK/Ehm[8] Rn 16; Erman/Horn[15] Rn 8; Jauernig/Stürner[17] Rn 3; Wieczorek/Schütze/Hausmann ZPO[3] § 27 Rn 10; MünchKommZPO/Patzina[5] § 27 Rn 7; Prütting/Gehrlein/Lange ZPO § 27 Rn 3; Zöller/Schultzky[32] § 27 ZPO Rn 5; nur für § 2027 Abs 1 und 2, nicht aber für § 2028 auch Palandt/Weidlich[79] Rn 5, § 2028 Rn 2; Baumbach/Lauterbach/Albers/Hartmann, ZPO[67] § 27 Rn 5; BeckOGK/Lindner [1. 6. 2019] Rn 21; Saenger/Bendtsen, ZPO[8] § 27 Rn 4, **aA** Staudinger/Gursky [2016] Rn 7; Planck/Flad Anm 2c; Stein/Jonas/Roth, ZPO[22] § 27 Rn 13 f; Musielak/Heinrich ZPO[16] § 27 Rn 5; Wieser § 2027 Rn 2, § 2028 Rn 2; Bamberger/Roth/Müller-Christmann[4] Rn 10; FAKomm-ERbR/Finger[4] Rn 9; Lange/Kuchinke[5] § 40 III 3 f Fn 89; AK-BGB/Wendt Rn 43; AK-ZPO/Röhl § 27 Rn 4; Maurer 214; Muscheler ErbR 2009, 76, 88 f). Eine direkte Anwendung von § 27 ZPO kommt zwar nicht in Betracht, da Klagen aus § 2027 Abs 2 BGB und § 2028 BGB sich nicht gegen den Erbschaftsbesitzer richten; eine **analoge Anwendung** ist aber angezeigt, da solche Prozesse vor demselben Gericht entschieden werden sollten.

Die **analoge Anwendung** scheitert insbesondere nicht daran, dass besondere oder ausschließliche Gerichtsstände analogiefeindlich wären (so aber STAUDINGER/GURSKY [2016] Rn 7). Dass Ausnahmen analogiefeindlich seien oder eng auszulegen, sind methodische Fehlschlüsse: Ob eine Ausnahme von einer Regel vorliegt, ist ebenso eine – vorzunehmende – Auslegungsfrage wie das Folgeproblem, wie die etwaige Ausnahme auszulegen ist. Dasselbe gilt für den Analogieschluss. Die Interessenlage der Auskunftsverpflichteten aus §§ 2027 f BGB ist ähnlich und rechtfertigt keine unterschiedlichen Gerichtsstände. Was den Gerichtsstand des § 27 ZPO angeht, ist dieser hinsichtlich der §§ 2027 f BGB auch lückenhaft. Da es § 27 ZPO ferner darum geht, bestimmte Erbschaftsfragen einheitlich vor einem naheliegenden Gerichtsstand abzuhandeln (vgl ZÖLLER/SCHULTZKY[32] § 27 ZPO Rn 1), ist diese Lücke auch objektiv planwidrig. 70

Verlangt der Erbe Auskunft, muss er darlegen und beweisen, dass der Beklagte Erbschaftsbesitzer ist (BAUMGÄRTEL/SCHMITZ[4] Rn 1). Der Erbschaftsbesitzer trägt dagegen die **Beweislast** dafür, dass der Auskunftsanspruch vollständig erfüllt wurde (BGH NJW 1985, 3068, 3070). 71

§ 2028
Auskunftspflicht des Hausgenossen

(1) Wer sich zur Zeit des Erbfalls mit dem Erblasser in häuslicher Gemeinschaft befunden hat, ist verpflichtet, dem Erben auf Verlangen Auskunft darüber zu erteilen, welche erbschaftlichen Geschäfte er geführt hat und was ihm über den Verbleib der Erbschaftsgegenstände bekannt ist.

(2) Besteht Grund zu der Annahme, dass die Auskunft nicht mit der erforderlichen Sorgfalt erteilt worden ist, so hat der Verpflichtete auf Verlangen des Erben zu Protokoll an Eides statt zu versichern, dass er seine Angaben nach bestem Wissen so vollständig gemacht habe, als er dazu imstande sei.

(3) Die Vorschriften des § 259 Abs. 3 und des § 261 finden Anwendung.

Materialien: E II § 1902; III § 2003; Prot V 715 f; Denkschr 727; JAKOBS/SCHUBERT ER I 666, 719–726; geändert durch Gesetz vom 27. 6. 1970 (BGBl I 911); dazu BT-Drucks VI/874 S 1 f.

Schrifttum

JOSEF, Das Beschwerderecht des zur Leistung des Offenbarungseides Geladenen, ZBlFG 1906, 820
ders, WürttZ 1924, 54
ders, Die Bekanntmachung des Bundesrates

vom 8. März 1917 in ihrer Einwirkung auf den Erbschaftsanspruch, Gruchot 62, 341 ff, 358
Kössler, Einiges vom Offenbarungseid in der freiwilligen Gerichtsbarkeit, BayZ 1932, 388
Lindenau/Arweiler, Auskunftspflichten im Erbrecht, NJW 2017, 3553
Sarres, Auskunftsansprüche gegen den Hausgenossen, ZEV 1998, 992.

Systematische Übersicht

Alphabetische Übersicht

I. Redaktionsgeschichte; Erwägungen der Gesetzesverfasser

1 Die häusliche Gemeinschaft gibt Kenntnis der Nachlassgegenstände und ermöglicht auch die Verfügung über sie. Deshalb hielt die II. Kommission die Erstreckung der Auskunftspflicht auf die Hausgenossen des Erblassers für praktisch unentbehrlich, obwohl der E I eine entsprechende Vorschrift als innerlich unbegründet abgelehnt hatte (Mot V 587).

2 Zugunsten der Auferlegung einer solchen Auskunftspflicht wurde darauf hingewiesen, dass eine gleichartige Verpflichtung sich sowohl in der gemeinrechtlichen Praxis ausgebildet wie im französischen Recht gesetzliche Anerkennung gefunden habe (vgl RGZ 8, 161 [165]).

3 Durch die Vorschrift werde den Hausgenossen keine Rechenschaftspflicht auferlegt, sondern nur die Zeugnispflicht, die ihnen im Prozesse kraft öffentlichen Rechts obliege, zu einer auch außerhalb des Prozesses bestehenden zivilrechtlichen umgestaltet (Prot V 715 f).

II. Textgeschichte

In Abs 2 sind durch Art 2 § 1 Nr 4 des Gesetzes vom 27. 6. 1970 (BGBl I 911) die Worte „den Offenbarungseid dahin zu leisten" durch die Worte „zu Protokoll an Eides Statt zu versichern" ersetzt worden, und zwar mit Wirkung vom 1. 7. 1970. Gleichzeitig sind auch die §§ 259 Abs 3, 261 BGB, auf die Abs 3 verweist, entsprechend geändert worden. 4

III. Der Auskunftsberechtigte

Berechtigt, die Auskunft zu verlangen, sind auch hier außer den Erben die zur Verwaltung des Nachlasses berufenen Personen und die sonst in § 2027 Rn 4 f Genannten (zu Unrecht abweichend für den Nachlasskonkursverwalter OLG München Recht 1902 Nr 991). 5

IV. Der Auskunftspflichtige

Verpflichtet, die Auskunft zu erteilen, ist jeder, der sich zZ des Erbfalls mit dem Erblasser in häuslicher Gemeinschaft befunden hat. Rein die Tatsache einer solchen Gemeinschaft genügt, irgendein Eingriff in den Nachlass wird nicht vorausgesetzt. 6

Der Begriff der **„häuslichen Gemeinschaft"** iS des § 2028 BGB setzt weder Zugehörigkeit zum Hausstand (§ 1619 BGB) noch wie in § 1969 BGB Familienangehörigkeit oder Bezug des Unterhalts voraus. 7

Er wird von der Rechtsprechung sehr weit ausgelegt. Ein vollständiges Zusammenleben unter demselben Dach wird nicht vorausgesetzt (RG Recht 1909 Nr 3792). Auskunftspflichtig soll grundsätzlich jeder sein, der zu dem Erblasser und den ihm gehörigen Sachen zZ des Todes in eine derart **enge räumliche Beziehung** getreten war, dass ihm jederzeit die Möglichkeit offen stand, „sich eine mehr oder weniger genaue Kenntnis von dem Verbleib der Erbschaftsgegenstände zu verschaffen und sich an diesen zu vergreifen" (RG WarnR 1922 Nr 75; dagegen Staudinger/Lehmann[11] Rn 3). Ähnlich formuliert die spätere Rspr (RGZ 80, 285; BGH LM § 2028 BGB Nr 1; KG 12. 11. 2018 – 20 U 132/17, Rn 42, juris), dass auskunftspflichtig derjenige sei, bei dem nach den räumlichen und persönlichen Verhältnissen, die zwischen ihm und dem Erblasser bestanden haben, eine Kenntnis iS des § 2028 BGB zu vermuten ist. Ob das der Fall sei, könne nur unter Berücksichtigung aller Umstände des Einzelfalles beurteilt werden, sodass dem Tatrichter hier ein erheblicher Entscheidungsspielraum verbleibe. 8

Dem ist entgegen Staudinger/Lehmann[11] Rn 3 zuzustimmen (so auch die völlig **hM**, vgl BGB-RGRK/Kregel Rn 1; NK/Fleindl[5] Rn 2; Palandt/Weidlich[79] Rn 1; BeckOGK/Lindner [1. 6. 2019] Rn 4; Brox/Walker Rn 593; Lindenau/Arweiler NJW 2017, 3553 [3554]). Der Zweck der Vorschrift, dem Erben die Gewinnung von Klarheit nach Möglichkeit zu erleichtern, verlangt in der Tat eine weite Auslegung, da die Auskunftspflicht den Betroffenen nicht nennenswert belastet und jedenfalls über die im Prozess gegen Dritte ohnehin bestehende Zeugnispflicht, mit der die Materialien ja die Vorschrift rechtfertigen (s oben Rn 3), nicht hinausgeht (BGH LM § 2028 BGB Nr 1). 9

10 So **genügt** es uU, dass ein auswärts wohnendes Familienmitglied aus Anlass der letzten Krankheit des Erblassers besuchsweise seine Wohnung geteilt hat (RGZ 80, 285, 286 = JW 1913, 95; vgl auch OLG Posen PosMSchr 1912, 148). Auch genügt es, wenn ein Familienmitglied über einen Schlüssel zu einer Wohnung des Erblassers verfügte und daher freien Zutritt zu ihr hatte und schließlich die Wohnung in Besitz genommen hat – selbst wenn dieses Familienmitglied mit dem Erblasser nicht zusammenlebte (so der Sachverhalt aus LG Wiesbaden FamRZ 2015, 1231 [1232]). Hat der Erblasser sein eingerichtetes Wohnhaus vermietet, ein darin gelegenes Zimmer als Untermieter innegehabt und sich vom Mieter beköstigen sowie sonst versorgen lassen, so hat zwischen beiden eine häusliche Gemeinschaft bestanden (BGH LM § 2028 BGB Nr 1); die Auskunftspflicht des Mieters beschränkt sich hier auch nicht auf den Verbleib der Einrichtung des untervermieteten Zimmers.

11 UU kann eine „häusliche Gemeinschaft" auch zwischen Zimmer-, Flur- oder Stockwerksnachbarn bestehen (OLG Stuttgart Recht 1907 Nr 1166; Brox/Walker Rn 593; MünchKomm/Helms[8] Rn 3; Soergel/Dieckmann Rn 2; Erman/Horn[15] Rn 2; DEK/Lenz Rn 2; Sarres ZEV 1998, 422, 423).

12 Zur häuslichen Gemeinschaft gehören zweifellos die **Hausangestellten**, die aufgrund eines Vertragsverhältnisses nicht nur ganz vorübergehend den Hausstand geteilt haben.

12a Auch der **Lebensgefährte** des Erblassers ist selbstverständlich nach § 2028 Abs 2 BGB auskunftspflichtig (Damrau/Schmalenbach[4] Rn 3).

13 Auch ein **Miterbe** kann den anderen Miterben gegenüber nach § 2028 BGB auskunftspflichtig sein (RGZ 81, 30; RG LZ 1923, 473; OLG Naumburg u Celle OLGE 24, 68; OLG Braunschweig OLGE 26, 296; OLG Koblenz FamRZ 2014, 968 [969]; LG Wiesbaden FamRZ 2015, 1231 [1232]). Das OLG Hamburg hat in DRW 1939, 1535 die Auskunftspflicht unter Miterben allerdings verneint, weil beide Parteien zZ des Erbfalles mit dem Erblasser in häuslicher Gemeinschaft gelebt und auch gemeinschaftlich den tatsächlichen Besitz des ganzen Nachlasses angetreten und jahrelang gemeinsam ausgeübt hätten.

14 Die häusliche Gemeinschaft wird nicht dadurch aufgehoben, dass der Erblasser kurz vor seinem Tode in ein Krankenhaus überführt wird (RG LZ 1922, 197 f = WarnR 1922 Nr 75; MünchKomm/Helms[8] Rn 3; NK-BGB/Fleindl[5] Rn 2).

15 **Minderjährigkeit** schließt die Auskunftspflicht nicht aus (OLG Stettin ZBlFG 1917, 45; MünchKomm/Helms[8] Rn 3; Erman/Horn[15] Rn 2).

16 Die Verpflichtung aus § 2028 BGB besteht auch dann, wenn dem Hausgenossen Nießbrauch und Verwaltung vermacht ist (RG WarnR 1920 Nr 171; Damrau/Schmalenbach[4] Rn 3).

17 Zufällige oder nur ganz vorübergehende Anwesenheit im Sterbehaus zZ des Todes des Erblassers kann hingegen grundsätzlich nicht genügen.

V. Inhalt der Auskunftspflicht

Der Umfang der Auskunftspflicht ist von der in § 2027 BGB auferlegten wesentlich verschieden. Sie beschränkt sich auf die Auskunft darüber: 18

(1.) welche erbschaftlichen Geschäfte der Hausgenosse geführt hat und

(2.) was ihm über den Verbleib der Erbschaftsgegenstände bekannt ist.

1. Der Auskunftspflichtige ist danach, anders als nach § 2027 BGB, nicht verpflichtet, über den Bestand des Nachlasses Auskunft zu geben und ein Nachlassverzeichnis gemäß § 260 BGB vorzulegen (KG OLGE 11, 230; 20, 428; KG 12. 11. 2018 – 20 U 132/17 Rn 46, juris; OLG München OLGE 40, 134; RG WarnR 1922 Nr 75). Ebenso wenig ist er zur Rechnungslegung über andere als die von ihm geführten Geschäfte verpflichtet (RG JW 1902 Beil 266; RG WarnR 1920 Nr 171; 1922 Nr 75). 19

Der Kreis der **erbschaftlichen Geschäfte** ergibt sich aus den Erläuterungen zu § 1959 BGB. Zeitlich kann es natürlich nur um solche Geschäfte seit dem Erbfall gehen (OLG Hamm FamRZ 2015, 789). 20

Soweit die erbschaftlichen Geschäfte aufgrund einer Erbanmaßung geführt worden sind, liegen regelmäßig bereits die Voraussetzungen des (allerdings nicht kongruenten) Auskunftsanspruchs nach § 2027 Abs 1 BGB vor. Soweit der Hausgenosse ohne Erbrechtsanmaßung nachweisbar erbschaftliche Geschäfte geführt hat, ergibt sich für ihn auch schon aus §§ 677, 683 S 1 BGB (bzw § 684 S 2), 681 S 2, 666, 259, 260 BGB ein Auskunftsanspruch. Wichtig ist § 2028 BGB somit vor allem für die Frage, *ob* er erbschaftliche Geschäfte geführt hat (Soergel/Dieckmann Rn 3; NK-BGB/Fleindl[5] Rn 3; Maurer 211). 21

2. Die Auskunft über den **Verbleib von Erbschaftsgegenständen** beschränkt sich – wie die nach § 2027 BGB – nicht auf körperliche Sachen. Zu den Erbschaftsgegenständen gehören auch die Nachlassforderungen (BGH Betrieb 1964, 1443; AK-BGB/Wendt Rn 10; Erman/Horn[15] Rn 3; **aM** OLG Braunschweig OLGE 30, 176). Auch bei Forderungen kann von einem Verbleib gesprochen werden, zB wenn sie eingezogen worden sind, ohne dass feststeht, wer sie eingezogen hat (so mit Recht BGB-RGRK/Kregel Rn 3). 22

Unter Verbleib ist nicht nur der örtliche, sondern auch der **wirtschaftliche Verbleib** zu verstehen (Prot V 715); es ist also auch Auskunft darüber geschuldet, ob und welcher Wertersatz für verschwundene Gegenstände in den Nachlass gelangt ist (BGB-RGRK/Kregel Rn 3; Damrau/Schmalenbach[4] Rn 5 f). 23

Die Auskunftspflicht umfasst auch solche Gegenstände, die bereits vor dem Tode des Erblassers etwa beiseitegeschafft worden sind oder in anderen Besitz (zB zur Verwahrung) gelangten (vgl RGZ 81, 293 f), nicht dagegen auch solche, die schon zu Lebzeiten des Erblassers auch rechtlich aus dessen Vermögen ausgeschieden sind, wie zB durch rechtlich einwandfreie und wirksame Schenkungen an den Hausgenossen (BGH Betrieb 1964, 1443 mwNw; Erman/Horn[15] Rn 3). Problematisch ist hier die Darlegungs- und Beweislast. Der Erbe muss darlegen und beweisen, dass ein be- 24 stimmter Gegenstand zur Erbschaft gehört. Allerdings dürfte es richtig sein, dass den Hausgenossen eine sekundäre Darlegungslast zum Verbleib eines konkreten Gegenstands trägt, wenn der Erbe nach diesem Gegenstand fragt (unklar LINDENAU/ARWEILER NJW 2017, 3553 [3554], die geklärt wissen wollen, ob sich die Wirksamkeit der Schenkung nach subjektiven oder objektiven Kriterien richte).

25 Die Auskunftspflicht hängt nicht davon ab, dass der Erbe bestimmte vermisste Nachlasssachen namhaft macht (BGH Betrieb 1964, 1443; KG OLGE 11, 230; PALANDT/WEIDLICH[79] Rn 2; MUSCHELER ErbR 2009, 76, 89). Sie erstreckt sich nur auf das, was dem Hausgenossen über den Verbleib bekannt ist, geht also nur so weit, wie sein Wissen reicht; eine **Nachforschungspflicht** ergibt sich daraus nicht (SARRES ZEV 1998, 422, 423; NK-BGB/FLEINDL[5] Rn 4; MAURER 211 mwNw). Ein Miterbe kann die nach § 2028 BGB geschuldete Auskunft nicht deshalb verweigern, weil er den Nachlass für wertlos hält (OLG Köln MDR 1961, 147).

26 **3.** Als Auskunft kann regelmäßig nur eine Erklärung gewertet werden, die der Erklärende auf Fragen hin in dem Bewusstsein abgibt, einer gesetzlichen Pflicht zu genügen. Ein Vortrag, mit dem in einem Rechtsstreit das Bestreiten der Auskunftspflicht begründet wird, kann daher regelmäßig nicht als Auskunft gewertet werden (BGH WM 1971, 443, 445).

27 **4.** Vollstreckt wird das Auskunftsurteil nach § 888 ZPO (BURANDT/ROJAHN/GIERL[3] Rn 10; ERMAN/HORN[15] Rn 3a).

28 **5.** Wer bereits nach § 2027 BGB Auskunft erteilt hat, soll nach der Ansicht des KG (OLGE 20, 427; ebenso NK-BGB/FLEINDL[5] Rn 3; ERMAN/SCHLÜTER[13] Rn 4; SOERGEL/DIECKMANN Rn 3) nicht nochmals zu einer Auskunft nach § 2028 BGB angehalten werden können, da die Auskunft des § 2028 BGB inhaltlich nicht weiter gehe als die nach § 2027 BGB; dem ist mit OLG Braunschweig (OLGE 26, 296) zu widersprechen, da die nach § 2028 BGB geschuldete Auskunft über die vom Pflichtigen geführten Geschäfte über die Auskunftspflicht nach § 2027 BGB hinausgeht (ERMAN/HORN[15] § 2028 Rn 3; BAMBERGER/ROTH/MÜLLER-CHRISTMANN[4] Rn 4). Gewiss ist die Pflicht, über die Führung **erbschaftlicher Geschäfte** Auskunft zu geben, ohnehin nach §§ 681, 666, 259, 260 BGB begründet, aber wenn jemand aufgrund des § 2027 BGB zur Auskunft angehalten worden ist, umfasst dieses Verlangen eben nicht die Auskunft über etwa geführte erbschaftliche Geschäfte (wie hier ferner PLANCK/FLAD Anm 4; MünchKomm/HELMS[8] Rn 5; PALANDT/WEIDLICH[79] Rn 2; BeckOGK/LINDNER [1. 6. 2019] Rn 8; LANGE/KUCHINKE[5] § 40 III 3 d Fn 84; SCHÖNE 94 f; MAURER 211 f).

VI. Eidesstattliche Versicherung

29 Die Verpflichtung zur Abgabe der eidesstattlichen Versicherung setzt voraus, dass eine Auskunft erteilt ist und dass Grund zu der Annahme besteht, sie sei nicht mit der erforderlichen Sorgfalt erteilt worden. Endlich ergibt sich aus der in Abs 3 herangezogenen Vorschrift des § 259 Abs 3 BGB, dass es sich nicht um eine Angelegenheit von geringer Bedeutung handeln darf. Letzteres wäre bei geringfügigen Nachlässen der Fall (NK-BGB/FLEINDL[5] Rn 5; vgl dazu auch § 2027 Rn 31).

30 Die objektive Unrichtigkeit oder Unvollständigkeit der Auskunft rechtfertigt also für sich allein das Verlangen der eidesstattlichen Versicherung noch nicht; ebenso wenig ein allgemeines Misstrauen (BGH Betrieb 1964, 1443 mwNw; RG WarnR 1920 Nr 171; 1922 Nr 75; OLG Braunschweig OLGE 26, 296, 297; alle zum früheren Offenbarungseid; jetzt OLG München 7. 7. 2016 – 23 U 817/16 Rn 19, juris). Vielmehr müssen vom Erben Gründe dargelegt und gegebenenfalls bewiesen werden, die die Annahme rechtfertigen, dass die erteilte Auskunft **„aus mangelnder Sorgfalt"** unvollständig oder unrichtig erteilt worden ist, dh der Kläger muss, da die eidesstattliche Versicherung nur ein Bestärkungsmittel für die Erfüllung der Auskunftspflicht ist, greifbare Tatsachen vorbringen und notfalls beweisen, die sein Verlangen nach eidesstattlicher Erhärtung der erteilten Auskunft bei objektiver Würdigung aller Umstände als gerechtfertigt erscheinen lassen; dabei ist insbesondere ein Verschweigen von Nachlassgegenständen und vor allem das Gesamtverhalten des Auskunftspflichtigen zu berücksichtigen (BGH Betrieb 1964, 1443 mwNw). Wohl zu großes Gewicht legt OLG Rostock (OLGE 34, 277) dem Umstand der nachträglichen Ergänzung der Auskunft bei. Hier kommt es auf die Umstände des Einzelfalls an: Der Verdacht kann auf mehrfachen Berichtigungen oder Ergänzungen, widersprüchlichen Angaben oder dauernder Auskunftsverweigerung berufen (OLG München 7. 7. 2016 – 23 U 817/16 Rn 19, juris).

Wenn der Hausgenosse ein Nachlassverzeichnis aufgestellt hat – wozu er an sich nicht verpflichtet ist (s Rn 19) – und dabei wesentliche Gegenstände verschwiegen hat, so sind nach RG WarnR 1920 Nr 171 die Voraussetzungen des Abs 2 erfüllt. 31

Abs 2 kann nicht auch auf den Fall ausgedehnt werden, dass mit Sicherheit vorauszusehen ist, dass der Hausgenosse die Auskunft nicht mit der erforderlichen Sorgfalt erteilen wird. Der Erbe muss bei Auskunftsverweigerung zunächst auf Erteilung der Auskunft klagen und diese notfalls im Wege der Zwangsvollstreckung nach § 888 ZPO erzwingen. Vermag er die Erteilung der Auskunft nicht durchzusetzen, ist die Klage auf Abgabe der eidesstattlichen Versicherung unbegründet. 32

Inhaltlich unterscheidet sich die eidesstattliche Versicherung von der nach § 260 BGB dadurch, dass der Pflichtige nicht die Vollständigkeit des „Bestandes", sondern nur die von ihm nach Abs 1 gemachten Angaben zu bekräftigen hat. 33

Zuständig für die Abgabe der eidesstattlichen Versicherung ist das Gericht der freiwilligen Gerichtsbarkeit (§§ 410 Nr 1, 411 Nr 1, 413 FamFG). Gibt der Hausgenosse die eidesstattliche Versicherung freiwillig ab, braucht das Gericht die Voraussetzungen des § 2028 Abs 2 BGB nicht vollständig zu prüfen (OLG München JFG 15, 118); es muss aber klären, ob der Erbe die eidesstattliche Versicherung überhaupt verlangt hat oder jedenfalls mit ihr einverstanden ist (BayObLGZ 1953, 135, 137; MünchKomm/Helms[8] Rn 9; Damrau/Schmalenbach[4] Rn 9; Palandt/Weidlich[79] Rn 3). Die eidesstattliche Versicherung wird zu Protokoll des Rechtspflegers aufgenommen (§ 3 Nr 1b RpflG). Verweigert der Pflichtige die Abgabe, muss der Erbe vor dem Prozessgericht Klage auf Abgabe der eidesstattlichen Versicherung erheben. Die Vollstreckung erfolgt nach § 889 ZPO. 34

VII. Abs 3

Die Verweisung in § 2028 Abs 3 BGB auf § 261 BGB betrifft die Gerichtszuständigkeit für die Abnahme der eidesstattlichen Versicherung, die Möglichkeit zur Abän- 35 derung der Formel der eidesstattlichen Versicherung und die Kostenlast. Hierfür gilt das zu § 2027 Rn 31 ff Ausgeführte entsprechend.

36 Nach § 259 Abs 3 BGB entfällt die Verpflichtung zur Abgabe der eidesstattlichen Versicherung in Angelegenheiten von **geringer Bedeutung**. Entscheidend ist hier die Geringfügigkeit des Nachlasses (vgl § 2027 Rn 31; Bamberger/Roth/Müller-Christmann[4] Rn 7); auf die Geringfügigkeit des bei der Auskunftserteilung unterlaufenen Versehens kommt es nicht an (OLG Rostock MecklZ 1932, 49).

§ 2029
Haftung bei Einzelansprüchen des Erben

Die Haftung des Erbschaftsbesitzers bestimmt sich auch gegenüber den Ansprüchen, die dem Erben in Ansehung der einzelnen Erbschaftsgegenstände zustehen, nach den Vorschriften über den Erbschaftsanspruch.

Materialien: E I § 2088; II § 1903; III § 2004; Mot V 592 f; Prot V 722 f; Denkschr 727 f; Jakobs/Schubert ER I 672, 677, 696 f, 709–714, 721–726.

Systematische Übersicht

Alphabetische Übersicht

I. Allgemeines

1. Zweck der Vorschrift

Mit dem Erbschaftsanspruch konkurrieren häufig Singularansprüche des Erben auf Herausgabe von Nachlassgegenständen, Bereicherungsherausgabe oder Schadensersatz (s Vorbem 3 ff, 50 ff zu §§ 2018 ff; § 2020 Rn 2 ff; § 2023 Rn 1, 9; § 2024 Rn 1; § 2025 Rn 5). Wenn diese durch die Regelung des Erbschaftsanspruchs inhaltlich nicht beeinflusst würden, müssten die dem Erbschaftsbesitzer durch die §§ 2018 ff BGB gewährten Vergünstigungen (s Vorbem 50 ff zu §§ 2018 ff), namentlich die Möglichkeit, alle (vor Eintritt der Haftungsverschärfung) auf irgendwelche Nachlassgegenstände (auch andere als die herausverlangten) oder auf die Erbschaft im ganzen gemachten Verwendungen in Ansatz zu bringen, praktisch leerlaufen. 1

Um dem Erbschaftsbesitzer die durch die §§ 2018 ff BGB gewährten Privilegien zu sichern, ordnet § 2029 BGB deshalb an, dass die Haftung des Erbschaftsbesitzers, **ohne** dass ein **Unterschied zwischen redlichem und unredlichem Besitzer** gemacht würde, sich auch gegenüber den Einzelklagen nach den Vorschriften über den Erbschaftsanspruch bestimmt (s auch Rn 14). 2

Darin erschöpft sich die Funktion der Norm allerdings auch; die Einzelansprüche werden durch § 2029 BGB also entgegen im Schrifttum verschiedentlich vertretenen Auffassung (MünchKomm/Helms[8] Rn 1; Bamberger/Roth/Müller-Christmann[4] Rn 1; Kretzschmar ErbR[2], 308; Crome System V, § 716 pr; Strohal II § 96 I 1, 2; vBargen 37; Lange/Kuchinke[5] § 40 III 2 b) auf den Umfang des parallelen Ausschnitts des Gesamtanspruchs nur herab-, nicht hinaufgesetzt (näher Gursky, in: 3. FS vLübtow 211, 217 f; iE auch Maurer 33, 224). 3

Dass dem Erben auch die Vorzüge der §§ 2018 ff BGB erhalten bleiben, wenn er selbst seine Klage etwa nur auf sein Eigentum (§§ 985 ff BGB) stützt, hat (entgegen Ebenroth/Frank JuS 1996, 794, 800 und Bamberger/Roth/Müller-Christmann[4] Rn 1) mit § 2029 BGB nichts zu tun, sondern liegt einfach daran, dass der Kläger nach dem Grundsatz *iura novit curia* nur die klagebegründenden Tatsachen, nicht aber auch die sein Begehren rechtfertigenden Rechtssätze anzuführen hat und das Gericht deshalb auch gar nicht auf eine bestimmte von mehreren konkurrierenden Anspruchsnormen festlegen kann (ebenso NK-BGB/Fleindl[5] Rn 1; Richter JuS 2008, 97, 101). 4

Ebenso wenig führt § 2029 BGB (entgegen Hk-BGB/Hoeren[10] Rn 1) im Hinblick auf die Unterschiede der Haftungsverschärfung in § 2024 S 1 BGB und § 819 BGB zu einer Besserstellung des Erben; der Vorteil für den Erben ergibt sich einfach daraus, dass er zusätzlich zum Bereicherungsanspruch noch den Erbschaftsanspruch und damit den Vorteil des § 2024 S 1 BGB hat; eine Modifikation des konkurrierenden § 819 Abs 1 BGB, die diesen an § 2024 S 1 BGB angleichen würde, ist überflüssig. 5

Neben § 2029 BGB schlägt aus dem Kreis der §§ 2018 ff BGB noch § **2019 BGB** auf die Einzelansprüche durch; denn auch die aus dem im Surrogationswege erworbenen Recht fließenden einzelnen Verwirklichungs-, Rechtsfortwirkungs- und Schutzansprüche kann der Erbe natürlich geltend machen. 6

7 Insgesamt wird die Auswirkung des § 2029 BGB in der Literatur häufig übertrieben. So etwa, wenn KÖBL (S 66) davon spricht, dass das Erbschaftsbesitzerverhältnis in eindeutiger Weise verdrängende Wirkung gegenüber den Abweichungen in der inhaltlichen Ausgestaltung und den Abwicklungsmodalitäten der Einzelansprüche entfalte. Ebenso wenn FRITZSCHE (BAMBERGER/ROTH[4] § 985 Rn 59) behauptet, beim Zusammentreffen von Vindikation und Erbschaftsanspruch würden wegen § 2029 BGB die §§ 2019 ff BGB anstelle der §§ 987 ff BGB gelten. Das geht viel zu weit. Die Nutzungsherausgabeansprüche der §§ 987 ff BGB und der §§ 2020 ff BGB etwa stehen völlig unbeeinflusst nebeneinander und führen gerade dadurch zur **Gläubigermeistbegünstigung** (s zum Verhältnis der §§ 987 ff zu dem Erbschaftsanspruch iÜ ausf Vorbem 110 ff zu § 2018).

2. Rechtsnatur der Vorschrift

8 Im Anschluss an das gemeine Recht wollten § 341 Abs 2 VE ER und § 2088 E I dem Erbschaftsbesitzer gegenüber jedem vom Erben erhobenen Singularanspruch eine Einrede gewähren, durch deren Ausübung er die Anwendbarkeit der Vorschriften über den Erbschaftsanspruch herbeiführen konnte, wenn diese für ihn zu einem günstigeren Ergebnis führten. Diese Regelung ist von der II. Kommission verworfen worden.

9 Nach § 2029 BGB tritt die Angleichung der Singularansprüche an den Erbschaftsanspruch *ipso iure* ein, ohne dass der Kläger dafür ein Gestaltungsrecht ausüben müsste. Das Gericht hat also die durch § 2029 BGB etwa bewirkten Modifikationen der Einzelansprüche von Amts wegen zu berücksichtigen, sobald die tatsächlichen Voraussetzungen einer Haftung des Beklagten nach den §§ 2018 ff BGB unstreitig oder erwiesen sind (MünchKomm/HELMS[8] Rn 2; NK-BGB/FLEINDL[5] Rn 1; BeckOGK/LINDNER [1. 6. 2019] Rn 12).

10 Das ist vor allem von Bedeutung, wenn im Falle des **Verbrauchs** einer Nachlasssache oder bei ihrer wesentlichen Verbindung mit einem Grundstück des Erbschaftsbesitzers nach §§ 2029, 2021, 818 Abs 2, 3 BGB (etwa wegen Verwendungen auf andere Nachlassgegenstände oder wegen Verschwendung eigenen Vermögens aus Freude über die vermeintliche Erbschaft) ein geringerer Bereicherungsbetrag zu erstatten ist als die an sich nach §§ (951 Abs 1), 812, 818 Abs 2, 3 BGB wertmäßig herauszugebende Ersparnis oder Wertsteigerung des eigenen Grundstücks; ebenso wenn eine deliktische Haftung aus §§ 992, 823 BGB an der Einschränkung des § 2025 S 2 BGB scheitert.

11 Das Gleiche gilt, wenn der Anspruchsgegner nach dem Recht des Erbschaftsbesitzes nur auf **Bereicherungsherausgabe** (§ 2021 BGB), wegen des abweichenden Zeitpunkts der Bösgläubigkeit (Erwerb des Besitzes der konkreten Sache, nicht Antritt des Erbenbesitzes) aber nach den §§ 990 Abs 1 S 1, 989 BGB weitergehend auf Schadensersatz haften würde (s Vorbem 50 ff zu §§ 2018 ff und AK-BGB/WENDT Rn 9). Auch diese Einengung der Haftung ist von Amts wegen zu berücksichtigen (AK-BGB/WENDT Rn 9).

12 Dagegen ändert die *ipso iure*-Wirkung des § 2029 BGB natürlich nichts daran, dass das Zurückbehaltungsrecht wegen Verwendungen (§§ 2022, 1000 BGB) oder die

Anspruchsverjährung nach § 2026 BGB nur auf eine entsprechende Einrede des Beklagten berücksichtigt werden (allgM).

13 Die Tatsache, dass der Richter die durch § 2029 BGB bewirkten Anspruchsmodifikationen von Amts wegen zu berücksichtigen hat, bedeutet nicht, dass er auch die tatsächlichen Voraussetzungen des § 2029 BGB von Amts wegen zu ermitteln hätte; das wäre mit der zivilprozessualen Verhandlungsmaxime unvereinbar. Wenn sich allerdings aus dem Parteivortrag irgendwelche Anhaltspunkte dafür ergeben, dass der Beklagte ein Erbrecht für sich in Anspruch nimmt oder genommen hat, kann die richterliche Aufklärungspflicht (**§ 139 ZPO**) eingreifen (Planck/Flad Anm 1; NK-BGB/Fleindl[5] Rn 5 aE; Burandt/Rojahn/Gierl[3] § 2029 Rn 2).

3. Anwendbarkeit

14 Die Vorschrift ist nur anwendbar, wenn der Beklagte Erbschaftsbesitzer iS des § 2018 ist. Dazu gehört, dass er auch gerade bzgl desjenigen Erbschaftsgegenstandes, der herausverlangt oder für den Ersatz begehrt wird, Erbschaftsbesitzer ist bzw gewesen ist; das wäre nicht der Fall, wenn er gerade diesen Gegenstand ganz unabhängig vom behaupteten Erbrecht immer nur aufgrund einer behaupteten Einzelrechtsnachfolge für sich in Anspruch genommen hat.

15 Zu beachten ist auch, dass der Beklagte schon in dem relevanten Zeitpunkt (etwa der Verwendungsvornahme oder dem des zivilrechtlichen Delikts) Erbschaftsbesitzer bzgl des fraglichen Gegenstandes gewesen sein muss; daran fehlt es, wenn er die streitige Sache zunächst ohne Erbrechtsanmaßung aus dem Nachlass oder sogar schon vom Erblasser erlangt hatte und er sein angebliches Recht an dieser Sache erst nach dem relevanten Zeitpunkt auf sein angemaßtes Erbrecht stützt (näher § 2018 Rn 22).

4. Die Art des Konkurrenzverhältnisses

16 Das Verhältnis des Erbschaftsanspruchs zu den Einzelansprüchen ist demnach als Anspruchskonkurrenz aufzufassen, bei der der Inhalt der Einzelansprüche nach den Vorschriften über den Erbschaftsanspruch modifiziert, nicht aber die Existenz dieser Ansprüche verneint wird (über abweichende theoretische Auffassungen s Vorbem 39 ff zu §§ 2018 ff; Gursky, in: 3. FS vLübtow 211, 217 f; vLübtow II 1072 f).

17 Die früher häufig anzutreffende Formulierung, dass der Erbe zwischen Erbschaftsklage und Einzelklagen die Wahl habe (so auch Staudinger/Lehmann[11] Rn 1), entspringt aktionenrechtlichem Denken; eine technisch-juristische Qualifikation seines Begehrens gehört nun einmal nicht zu den Obliegenheiten des Klägers (s oben Rn 4). Eine Wahlmöglichkeit hat der Kläger grundsätzlich nur insoweit, als er die Tatsache des Erbschaftsbesitzes des Beklagten nicht vorzutragen braucht; dann kann das Gericht nur auf der Grundlage der (nicht durch § 2029 BGB modifizierten) Einzelansprüche entscheiden, solange der Beklagte nicht seinerseits die für seine Qualifizierung als Erbschaftsbesitzer erforderlichen Tatsachen vorträgt oder wenigstens in einer die Ausübung des richterlichen Fragerechts (§ 139 ZPO) ermöglichenden Weise andeutet. Zu einer Wahl wird der Kläger allerdings auch dann gezwungen, wenn für Erb-

schaftsanspruch und Singularansprüche unterschiedliche Gerichtsstände gelten (s unten Rn 37).

II. Die anzuwendenden Normen

18 Anwendbar sind für die Einzelansprüche die Vorschriften über die **Haftung** des Erbschaftsbesitzers, dh grundsätzlich alle Vorschriften, die **Art und Umfang seiner Leistungspflicht** betreffen.

19 § 2029 BGB zwingt damit den Rechtsanwender zu einem Vergleich des als Stütze des Klagebegehrens in Betracht kommenden Einzelanspruchs mit dem entsprechenden Ausschnitt des erbrechtlichen Gesamtanspruchs. Soweit der letztere nach Art und Umfang der Leistungspflicht für den Beklagten **günstiger** ist, wird der Einzelanspruch angeglichen.

20 Dies gilt nicht nur für den eigentlichen Haftungsumfang, sondern auch für die **Verjährungsregelung** (Planck/Flad Anm 1und 3; BGB-RGRK/Kregel Rn 3; Bamberger/Roth/Müller-Christmann[4] Rn 3; BeckOGK/Lindner [1. 6. 2019] Rn 7). Andernfalls würde nämlich die Verjährung des Erbschaftsanspruchs einfach leerlaufen und dem Erbschaftsbesitzer eine zeitlich völlig unlimitierte Haftung drohen: Jeder Surrogationsfall, jeder Verbrauch einer Nachlasssache und jede schädigende Einwirkung auf eine Nachlasssache würde ja einen neuen, selbstständigen Einzelanspruch schaffen, für den dann wiederum eine eigene (und nach bisherigem Recht zumeist ebenfalls 30-jährige) Verjährungsfrist in Gang käme. Der Erbschaftsbesitzer kann also **auch einer Einzelklage die Einrede der Verjährung entgegensetzen, wenn (nur) der Erbschaftsanspruch verjährt ist** (s Planck/Flad § 2026 Anm 3; BGB-RGRK/Kregel § 2029 Rn 3; Erman/Horn[15] Rn 2; Damrau/Schmalenbach[4] Rn 3; vLübtow II 1073; Strohal § 96 II 3; Maurer 224; Löhnig ZEV 2004, 267, 268 f; Amend JuS 2002, 743, 744).

21 Die Übertragung der Verjährungsregelung des Erbschaftsanspruchs auf konkurrierende Singularansprüche ändert nichts daran, dass die Einzelansprüche natürlich auch schon vor dem Erbschaftsanspruch verjähren können (**aA** Langheineken 164; implizit wohl auch Amend JuS 2002, 743, 744). Schutzwürdige Interessen des Erben werden dadurch gar nicht verletzt, denn er behält ja den unverjährten Erbschaftsanspruch. Darauf kommt es aber auch gar nicht an, da § 2029 BGB ausschließlich dem **Schutz des Erbschaftsbesitzers** dient. § 2029 BGB erstreckt mithin nicht die ganze Verjährungsregelung des Erbschaftsanspruchs auf die Einzelansprüche des Erben, sondern gibt lediglich dem Erbschaftsbesitzer die Einrede der Verjährung gegenüber jedem Singularanspruch des Erben schon dann, wenn allein der Erbschaftsanspruch verjährt ist.

22 Davon profitiert der Erbschaftsbesitzer vor allem in solchen Fällen, in denen im **Surrogationswege** eine Forderung an die Stelle einer Nachlasssache tritt oder der bisherige dingliche Erbschaftsanspruch in einen obligatorischen Wertersatzanspruch oder einen Schadensersatzanspruch übergeht. Für den so entstehenden neuen Einzelanspruch müsste ja nach allgemeinen Regeln eine neue Verjährungsfrist zu laufen beginnen, während nach hM die Verjährung regelmäßig (wegen der Orientierung des Verjährungsbeginns am ersten Erwerb aus der Erbschaft, § 2026 Rn 10) schon früher eintreten würde. Auf diese Weise könnte es leicht dazu kommen, dass bei

Verjährung des Erbschaftsanspruchs konkurrierende Einzelansprüche des Erben noch nicht verjährt wären.

23 § 2029 BGB schützt den Erbschaftsbesitzer deshalb davor, dass der Erbe den Ablauf der Verjährungsfrist für den Erbschaftsanspruch durch ein Ausweichen in noch nicht verjährte Singularansprüche aushebelt. Darüber hinaus wirkt sich die Erstreckung der Verjährungseinrede auch in solchen Fällen aus, in denen der betreffende Einzelanspruch ohne die Beeinflussung durch § 2029 BGB nach § 902 BGB oder § 898 BGB überhaupt der Verjährung entzogen wäre (BeckOGK/Lindner [1. 6. 2019] Rn 7; Planck/Flad Anm 3; AK-BGB/Wendt Rn 8; Langheineken 164; Strohal II § 96 II 3 c; Crome § 716 Fn 11).

24 Ist der scheinbare Erbe des bisherigen Rechtsinhabers im **Grundbuch** eingetragen worden, führt § 2029 BGB mithin dazu, dass sich die Verjährungsregelung des Erbschaftsanspruchs (§§ 197 Abs 1 Nr 2, 2026 BGB) auch auf den konkurrierenden Singularanspruch aus § 894 BGB erstreckt; § 898 BGB, der die Unverjährbarkeit des letzteren anordnet, ist damit ausgeschaltet (Staudinger/Picker [2019] § 898 Rn 6; BeckOGK/Lindner [1. 6. 2019] Rn 7; **aA** OLG Brandenburg ZEV 2003, 516, 518; Palandt/Weidlich[79] Rn 2; vBargen 90; wohl auch vTuhr I 273). Auch in diesem Falle bleibt es nämlich dabei, dass § 2029 BGB den Vorteil der günstigeren Verteidigungsposition, die der Erbschaftsanspruch dem Anspruchsgegner im Vergleich zum unmodifizierten Singularanspruch gewährt, auch gegenüber diesem Singularanspruch erhalten will. Und günstiger ist eben die Verteidigungsposition gegenüber dem Erbschaftsanspruch schon dann, wenn diesem gegenüber die Einrede der Verjährung durchgreifen würde, während der stattdessen geltend gemachte Einzelanspruch überhaupt der Verjährung entzogen ist.

25 Die **Verwendungsersatzansprüche** des Beklagten aus § 2022 BGB bleiben auch gegenüber den Herausgabeansprüchen aus §§ 985, 1007 BGB (zu § 861 s Rn 26 ff) erhalten. Bei allen Bereicherungsansprüchen (also § 812 Abs 1 S 1, 2. Alt wegen Verbrauchs, § 951 Abs 1 BGB wegen einer zum Rechtsuntergang führenden Verbindung oder Verarbeitung, sowie § 816 Abs 1 S 1 BGB, der hier wegen § 2019 BGB allerdings nur auf Herausgabe des Besitzes an der Gegenleistung gerichtet ist) wirken nach §§ 2021, 818 Abs 3 BGB alle vor Eintritt der (erbrechtlichen, vgl § 2024 BGB!) Haftungsverschärfung durch die Erbschaft insgesamt verursachten Ausgaben oder Vermögensverluste des Erbschaftsbesitzers anspruchsmindernd, während ohne § 2029 BGB nur Folgenachteile des konkreten rechtsgrundlosen Einzelerwerbs berücksichtigungsfähig wären (unzutreffend AK-BGB/Wendt Rn 10).

III. Die Behandlung possessorischer Ansprüche

26 Zu den Einzelansprüchen, auf die nach § 2029 BGB die Vorschriften über den Erbschaftsanspruch anwendbar sind, rechnet auch der possessorische Herausgabeanspruch aus § 861 BGB (**aM** R Leonhard 123 f; differenzierend F Leonhard Anm III). Es liegt nun nahe, den Ausschluss petitorischer Einwendungen (**§ 863 BGB**) im Analogiewege auch auf die Geltendmachung von Zurückbehaltungsrechten zu erstrecken. Im Falle der Besitzergreifung durch einen Erbschaftsbesitzer würde dann aber der Ausschluss des Zurückbehaltungsrechts durch § 863 BGB mit dem Ziel des § 2029 BGB kollidieren, dem Erbschaftsbesitzer die Vorteile der einheitlichen Ver-

teidigung gegenüber dem Gesamtanspruch (und damit insbesondere auch das Zurückbehaltungsrecht aus §§ 2022, 1000 BGB) auch gegenüber etwaigen Einzelansprüchen zu erhalten. In Wirklichkeit kommt es aber zu dieser Normkollision schon deshalb nicht, weil die Regelung des § 863 BGB nach zutreffender hM auf Zurückbehaltungsrechte wegen Verwendungen gar nicht übertragen werden darf.

27 Das **sachenrechtliche Schrifttum** lässt die Geltendmachung von Zurückbehaltungsrechten aus § 273 Abs 2 BGB oder § 1000 BGB wegen Verwendungen auf die herauszugebende Sache auch gegenüber einem possessorischen Herausgabeanspruch überwiegend zu (vgl Rosenberg § 863 Anm II 2; Planck/Brodmann § 863 Anm 2; Staudinger/Gutzeit [2018] § 863 Rn 7; Staudinger/Gursky [2013] § 1000 Rn 5; Staudinger/Thole [2019] § 1000 Rn 3; Soergel/Mühl[12] § 863 Rn 3; MünchKomm/Joost[7] § 863 Rn 5; Biermann Anm 1b; Palandt/Herrler[79] § 863 Rn 2; Crome III § 352 Fn 48; ebenso F Werner JuS 2000, 779, 783; Reiter Jura 2008, 294, 298; unentschieden Bamberger/Roth/Fritzsche[4] § 863 Rn 4; **aA** Kress, Besitz und Recht [1909] 341; Soergel/Stadler[13] § 863 Rn 3, § 1000 Rn 1; Wieling SR I § 5 IV 3; Sosnitza, Besitz und Besitzschutz [2003] 156 f). Das ist zutreffend, denn der enger gefasste Ausschluss des Zurückbehaltungsrechtes in § 273 Abs 2 BGB aE und § 1000 S 2 BGB ist als die gegenüber § 863 BGB speziellere Regelung anzusehen (s Staudinger/Gursky [2013] § 1000 Rn 5).

28 Für das Zurückbehaltungsrecht aus §§ 2022, 1000 BGB kann schwerlich etwas anderes gelten. Das bedeutet, dass der Erbschaftsbesitzer dem Anspruch aus § 861 BGB über § 2029 BGB grundsätzlich auch das Zurückbehaltungsrecht wegen Verwendungen (§§ 2022 Abs 1 S 2, 1000 S 1 BGB) entgegenhalten kann (ebenso Hk-BGB/Hoeren[10] Rn 1; MünchKomm/Helms[8] Rn 4; BeckOGK/Lindner [1. 6. 2019] Rn 11; F Werner JuS 2000, 779, 783) und dass dieses Zurückbehaltungsrecht nur dann ausgeschlossen ist, wenn der Erbschaftsbesitzer die herauszugebende Sache durch eine vorsätzliche unerlaubte Handlung erlangt hat (so schon Langheineken 164; ebenso Maurer 225 ff, 228; MünchKomm/Helms[7] Rn 4; weniger deutlich Binder III 446; Hellwig, Anspruch und Klagrecht 60).

29 Das **erbrechtliche Schrifttum** nimmt demgegenüber – ohne Kenntnisnahme von dem sachenrechtlichen Diskussionsstand – überwiegend einen etwas weitergehenden Ausschluss des Zurückbehaltungsrechtes wegen Verwendungen des Erbschaftsbesitzers gegenüber dem possessorischen Herausgabeanspruch des Erben an, wobei man sich zumeist auf die Wertungen des § 2025 BGB stützt bzw mit einem (im Hinblick auf § 850 BGB fragwürdigen) Gegeneinwand aus §§ 2025, 823, 249 BGB gegen die Ausübung des Zurückbehaltungsrechtes operiert.

30 Nach einer Spielart kann sich der Erbschaftsbesitzer gegenüber dem possessorischen Singularanspruch des Erben schon dann nicht auf das Zurückbehaltungsrecht wegen Impensen berufen, wenn er bei der verbotenen Eigenmacht „Verkehrsbesitz" des Erben (also bereits tatsächlich ergriffenen Besitz im Gegensatz zu bloßem Erbenbesitz) gebrochen hat (Planck/Flad Anm 2; BGB-RGRK/Kregel Rn 5; NK-BGB/Fleindl[5] Rn 4; Bamberger/Roth/Müller-Christmann[4] Rn 4; PWW/Tschichoflos[8] Rn 4; Erman/Horn[15] Rn 2; DEK/Lenz Rn 2; Strohal II § 96 II 1 a; Crome § 716 Fn 9; vLübtow II 1071 – dagegen mit Verweis auf § 850 BeckOGK/Lindner [1. 6. 2019] Rn 11 m Fn 12).

31 Nach einer anderen Ansicht genügt für den Ausschluss des Zurückbehaltungsrechts nur *schuldhafter* Bruch des Verkehrsbesitzes (Staudinger/Gursky[12] Rn 6; MünchKomm/Frank[3] Rn 4; jurisPK/Ehm[8] Rn 5; Damrau/Schmalenbach[4] Rn 4; Lange/Kuchinke[5] § 40 III 2 m Fn 64–66; mit Einschränkungen auch Soergel/Dieckmann Rn 2). Dafür wollen die meisten Vertreter dieser Auffassung (anders nur Soergel/Dieckmann[2] Rn 2) ebenso wie Brox/Walker[28] § 33 Rn 25 und BGB-RGRK/Kregel Rn 5 das Zurückbehaltungsrecht auch schon bei bösgläubigem Bruch bloßen Erbenbesitzes entfallen lassen.

Demgegenüber will Wendt (AK-BGB Rn 4 ff) im Hinblick auf § 2029 BGB dem Erben einen possessorischen Herausgabeanspruch gegen den Erbschaftsbesitzer überhaupt nur dann gewähren, wenn letzterer ihm den bereits tatsächlich ergriffenen Besitz, nicht nur den fiktiven Erbenbesitz entzogen hat. Soweit danach § 861 BGB eingreift, soll dem Erben aber auch das Zurückbehaltungsrecht aus § 2022 BGB entgegengehalten werden können. Diese Lösung schießt über das Ziel hinaus und entwertet den Erbenbesitz unnötig. Es besteht kein Anlass, dem Erben den possessorischen Herausgabeanspruch gegen den Erbschaftsbesitzer, der seinen Erbenbesitz gebrochen hat, schon dann zu versagen, wenn dieser sich gar nicht mit Verwendungen, sondern nur mit petitorischen Singulareinwendungen verteidigt oder gar nur das Erbrecht des Klägers bestreitet. 32

IV. Auswirkungen auf Dritte

Einem Dritten, an den der Erbschaftsbesitzer nicht die Erbschaft, sondern nur einzelne zu ihr gehörende Gegenstände veräußert hat, kommt § 2029 BGB nicht zustatten, was für das gemeine Recht sehr bestritten war (vgl Windscheid III § 612 Fn 15, § 616 Fn 2). 33

Für das BGB ergibt sich die Verneinung aus dem **Wortlaut**, der nur die Haftung „des Erbschaftsbesitzers" modifiziert, und aus dem Fehlen eines vernünftigen Grundes für eine Erstreckung der Vorschrift (vgl NK-BGB/Fleindl[5] Rn 4 bei Fn 9; MünchKomm/Helms[8] Rn 5). Ihm einen Ersatzanspruch wegen Verwendungen des Erbschaftsbesitzers auf andere Sachen als die auf ihn übergegangenen oder gar auf die Erbschaft zuzubilligen, würde zu weit gehen; wegen der Verwendungen auf die streitige einzelne Sache steht ihm aber schon ein Ersatzanspruch nach **§ 999** Abs 1 BGB zu. 34

Dabei bleibt dem **Sondernachfolger** des Erbschaftsbesitzers dann allerdings der durch § 2029 BGB über die §§ 994 ff BGB hinaus erweiterte Rahmen der Verteidigungsposition des Erbschaftsbesitzers gegenüber der hypothetischen Vindikation der fraglichen Einzelsache erhalten (Planck/Flad Anm 4; F Leonhard Anm IV; Czeguhn/Ahrens, Fallsammlung zum Sachenrecht [2006] 103 f). Er kann also Ersatz aller vom Erbschaftsbesitzer vor Eintritt der Haftungsverschärfung auf die betreffende Einzelsache gemachten Verwendungen verlangen (§§ 999 Abs 1, 2029, 2022 BGB). Der Übergang bewirkt, dass der Erbschaftsbesitzer selbst die betreffenden Verwendungen weder als Bereicherungsminderungsposten nach § 2021 BGB noch durch Zurückbehaltungsrecht oder Klage nach §§ 2022, 1000 ff BGB geltend machen kann. Wenn der Sonderrechtsnachfolger nach den Vorschriften über den gutgläubigen Erwerb (§§ 932 ff, 892, 2366 BGB) geschützt ist, haftet er gegebenenfalls nach § 816 Abs 1 S 2 BGB. 35

V. Prozessuales

36 Die **Darlegungs- und Beweislast** für die Tatsachen, aus denen sich seine Stellung als Erbschaftsbesitzer ergibt, trägt der Beklagte (so auch Mot V 593 [allerdings zu der als Einrede ausgestalteten Fassung des § 2088 E I]; R Leonhard 121; Baumgärtel/Schmitz[4] Rn 1).

37 Für die Singularansprüche des Erben gegen den Erbschaftsbesitzer gilt der **Gerichtsstand** des § 27 ZPO nicht (OLG Nürnberg OLGZ 1981, 115; Zöller/Schultzky § 27 Rn 5 Stein/Jonas/Roth[22] § 27 Rn 13; MünchKommZPO/Patzina[5] § 27 Rn 8; Musielak/Heinrich, ZPO[16] § 27 Rn 5; Baumbach/Lauterbach/Albers/Hartmann ZPO[72] § 27 Rn 5; Prütting/Gehrlein/Lange § 27 Rn 3; vLübtow II 1073; Planck/Flad § 2029 Rn 5; MünchKomm/Helms[8] Rn 6; Soergel/Dieckmann Rn 5; FAKomm-ErbR/Finger[4] Rn 4; Maurer 241 f; **aA** Hellwig, Anspruch und Klagrecht 55; AK-BGB/Wendt Rn 16; Hk-BGB/Hoeren[10] Rn 3). Daran ändert auch § 2029 BGB nichts, da diese Vorschrift nur die materiellrechtliche Stellung des Erbschaftsbesitzers betrifft (vLübtow II 1073).

§ 2030
Rechtsstellung des Erbschaftserwerbers

Wer die Erbschaft durch Vertrag von einem Erbschaftsbesitzer erwirbt, steht im Verhältnis zu dem Erben einem Erbschaftsbesitzer gleich.

Materialien: E II § 1904; III § 2005; Prot V 723 f; Jakobs/Schubert ER I 714–727.

Schrifttum

Bellermann, Der Erbschaftsanspruch bei Erbschaftsveräußerungen (1910); dazu die Besprechung von F Leonhard Juristisches Literaturblatt 23, 83 ff.

Giebel, Der Erbschaftskauf – ein überflüssigerweise normiertes Rechtsinstitut? (2010)

Klinck, Der Erwerb der Erbschaft oder eines Erbteils vom Erbscheinserben, AcP 215 (2015) 1 ff.

Systematische Übersicht

Alphabetische Übersicht

I. Entstehungsgeschichte

1 Nach der herrschenden Anschauung des gemeinen Rechts war die *hereditatis petitio* mit allen ihren Eigentümlichkeiten auch gegen den Erbschaftskäufer begründet (so Dernburg, Pandekten III § 172 Fn 10 u RG SeuffA 48 Nr 41; dagegen Windscheid/Kipp III § 614 Fn 7; s dazu auch Giebel 16). Dem folgend hat das BGB, entgegen dem E I, in dem eine solche Bestimmung fehlte (Mot V 579), die Vorschrift des § 2030 BGB aufgenommen.

II. Erwerb der Erbschaft durch Vertrag

2 **Voraussetzung** der **Gleichstellung** des Erbschaftserwerbers mit dem Erbschaftsbesitzer ist, dass er die Erbschaft durch Vertrag mit diesem erwirbt. Diese Formulierung ist in doppelter Hinsicht ungenau (vgl Strohal II § 94 Fn 14): Ein Verfügungsvertrag, durch den die Erbschaft als solche übertragen würde, ist rechtlich überhaupt nicht möglich; ein auf die Veräußerung der Erbschaft als solche gerichteter Vertrag kann nur mit obligatorischer Wirkung geschlossen werden (§ 2371 BGB); nur für die Veräußerung eines Erbteils, der gemäß § 1922 Abs 2 BGB grundsätzlich der Erbschaft gleichsteht, gilt gemäß § 2033 BGB insoweit etwas anderes. Zum anderen setzt § 2030 BGB ja gerade voraus, dass der Erwerb der Erbschaft (dh der Gesamtheit der einzelnen Erbschaftsgegenstände durch die dem obligatorischen Vertrag nachfolgenden Verfügungsgeschäfte) bzw des Erbteils unwirksam ist, weil der Erbschaftsbesitzer als Nichtberechtigter verfügt hat.

3 Als **Passivlegitimierter** ist in § 2030 BGB derjenige Dritte gemeint, an den der Erbschaftsbesitzer die Erbschaft als solche verkauft (§ 2371 BGB) bzw dem gegenüber er sich durch einen erbschaftsverkaufsähnlichen Vertrag (§ 2385 BGB) zur Übertragung der Erbschaft als Ganzes verpflichtet hat, vorausgesetzt allerdings, dass er (der Dritte) aufgrund dieses Vertrages erbschaftliche Gegenstände tatsächlich an sich gebracht und damit iSv § 2018 BGB „etwas aus der Erbschaft erlangt hat".

4 Ferner fällt unter § 2030 BGB derjenige, dem der Erbschaftsbesitzer seinen angeblichen Erbteil überträgt (§ 2033 BGB), vorausgesetzt wieder, dass er tatsächlich etwas aus der Erbschaft (zB Mitbesitz an Nachlasssachen) erlangt (Endemann § 153 III a 3; Burandt/Rojahn/Gierl[3] § 2030 Rn 2; Erman/Horn[15] Rn 1; Jauernig/Stürner[17] Rn 1; NK/Fleindl[5] Rn 2; MünchKomm/Helms[8] Rn 2).

5 Streitig ist, ob die Anwendung des § 2030 BGB einen **formgültigen Erbschaftskaufvertrag** verlangt (**bejahend** Staudinger/Gursky[12] Rn 2; Maurer 229; Erman/Schlüter[13] Rn 1; **verneinend** Soergel/Dieckmann Rn 1; MünchKomm/Helms[8] Rn 4; Erman/Horn[15] Rn 1; Bamberger/Roth/Müller-Christmann[4] Rn 3; BeckOGK/Lindner [1. 6. 2019] Rn 4; AK-BGB/Wendt Rn 6 f; Damrau/Schmalenbach[4] Rn 5; jurisPK/Ehm[8] Rn 3; Lange/Kuchinke[5] § 40 Fn 34; Brox/Walker Rn 576).

6 Die besseren Gründe dürften in der Tat für die letztere Auffassung sprechen. Auch ein formnichtiger Erbschaftskaufvertrag wird regelmäßig vollzogen werden, der Erbschaftsbesitzer also zum Zwecke seiner Erfüllung den gesamten Nachlass weiterübertragen. Das Schutzbedürfnis des Erben wird demgemäß durch die Formnichtigkeit des Erbschaftskaufs kaum verringert (AK-BGB/Wendt Rn 6 f). Selbst wenn hinsichtlich von Grundbesitz, der zur Erbschaft gehört, der Erbschaftskaufvertrag insoweit nicht vollzogen werden kann, als er nicht in grundbuchmäßiger Form nachgewiesen werden kann, hält sich der Erwerber typischerweise für den Erbschaftserwerber. Und selbst wenn er den Formverstoß kennt und ihn rechtlich einordnen kann, spricht der Zweck des § 2030 BGB dafür, einen Direktanspruch gegen diesen Scheinerwerber zuzulassen. Die Alternative wäre umständlich: Der Verkäufer (der ursprüngliche Erbschaftsbesitzer) müsste beim Käufer kondizieren, sodann dem Erben aus §§ 2018 ff BGB haften, oder aber dem Erben den Kondiktionsanspruch abtreten. Sofern in Extremfällen sogar § 814 BGB einer Kondiktion entgegenstünde, könnte nach der Gegenauffassung die Erbschaft beim Erwerber bleiben. Das will § 2030 BGB aber gerade verhindern.

7 Von dem Vertrag, der den Nachlass als Ganzes betrifft und für die Anwendung von § 2030 BGB Voraussetzung ist, muss der Vertrag unterschieden werden, durch den die wesentlichen zum Nachlass gehörigen Gegenstände als **Einzelgegenstände** verkauft werden, ohne dass der Käufer die Sorge für die Nachlassabwicklung dem Erben abnehmen soll (BGB-RGRK/Kregel Rn 2; MünchKomm/Helms[8] Rn 3; Soergel/Dieckmann Rn 1; Damrau/Schmalenbach[4] Rn 3). Letzteres ist regelmäßig bei Nachlassverkäufen an Händler mit alten Einrichtungsgegenständen der Fall. Insoweit finden die Vorschriften des gutgläubigen Erwerbs Anwendung (näher Rn 8 aE).

III. Rechtsfolge: Ausschluss des gutgläubigen Erwerbs

8 Aus der Gleichstellung des Erwerbers mit dem Erbschaftsbesitzer ergibt sich zunächst, dass der Erwerber sich **nicht** auf die **Vorschriften über den gutgläubigen Erwerb (§§ 892 f, 932 ff, 2366 f BGB) berufen kann** (Prot V 723 f; Staudinger/Picker [2019] § 892 Rn 82; Staudinger/Olshausen [2016] Einl 57 zu §§ 2371 ff; BGB-RGRK/Kregel Rn 4; AK-BGB/Wendt Rn 13; Soergel/Dieckmann Rn 1; MünchKomm/Helms[8] Rn 5; Damrau/Schmalenbach[4] Rn 6; jurisPK/Ehm[8] Rn 5; Palandt/Weidlich[79] Rn 1; PWW/Zimmer[14] Rn 4; Hk-BGB/Hoeren[10] Rn 1; BeckOGK/Lindner [1. 6. 2019] Rn 3.1; Kipp[8] § 71 II; vLübtow II 1050; Strohal II § 94 II 2 b; Endemann § 153 III b; **aM** M Wolf JZ 1971, 405, 408 Fn 52; Maurer 230 ff [zwar gutgläubiger Erwerb, aber schuldrechtliche Herausgabepflicht wie bei § 2026]; Klinck AcP 215 [2015] 1 ff unter übertriebener Betonung der Gesetzgebungsgeschichte: Klinck muss außerdem § 2030 teleologisch auf Fälle des unentgeltlichen Erwerbs von Erbschaften reduzieren, damit sein Ergebnis stimmig ist; das überzeugt nicht). Wer dagegen nur einzelne Sachen vom Erbschaftsbesitzer erwirbt, wird nach den Regeln des Sachenrechts (§§ 932 ff, 892 BGB) und Erbrechts (§§ 2366 BGB) geschützt.

Nach Wendt (AK-BGB Rn 14) soll der Ausschluss des gutgläubigen Erwerbs jedoch nur für solche **Sachen** gelten, die nicht nur dem Besitz nach, sondern auch **eigentumsmäßig zum Nachlass gehören**. Nur dem Besitz nach zum Nachlass gehörende Sachen soll der Erbschaftskäufer also gutgläubig erwerben können, dann aber trotzdem dem Erben gegenüber herausgabepflichtig sein, sofern der Erbe seinerseits gegenüber dem bisherigen Eigentümer bei Fortdauer von dessen Eigentum noch besitzberechtigt wäre. In der Tat lässt sich bei Sachen, die im Eigentum eines Dritten stehen, die Versagung des gutgläubigen Erwerbs nicht allein mit § 2030 BGB rechtfertigen. Andererseits kann für den gutgläubigen Erwerb zu Lasten Dritter wohl kaum etwas völlig anderes gelten als für die Ersitzung zu Lasten Dritter: Wenn die Ersitzung nur besitzmäßig zum Nachlass gehörender Sachen durch den Erbschaftsbesitzer oder dessen Rechtsnachfolger (im Falle des § 2030 BGB) über das Surrogationsprinzip sogar zugunsten des Erben wirkt (s § 2026 Rn 37), darf sein Erbschaftsanspruch bezüglich der vom Erbschaftsbesitzer nur besitzmäßig aus dem Nachlass erlangten Sache nicht durch den gutgläubigen Erwerb des Erbschaftskäufers erlöschen; der gutgläubige Erwerb lässt sich ja *cum grano salis* als „Sofort"-Ersitzung (prescription instantanée) begreifen (s Wolff/Raiser § 68 I; Staudinger/S Lorenz [2007] § 816 Rn 22; BeckOGK/Lindner [1. 6. 2019] Rn 3. 1). 9

IV. Rechtsfolge: Der Inhalt der Verweisung

Die Gleichstellung des Erwerbers mit dem Erbschaftsbesitzer führt zur **Anwendbarkeit aller Normen der §§ 2018–2029 BGB**, nach Maßgabe der in den folgenden Rn aufgeführten Modifikationen. 10

Der Erwerber haftet natürlich nur, soweit er selbst etwas „aus der Erbschaft erlangt" hat, also beispielsweise nicht für Nachlasssachen, die bereits der Erbschaftsbesitzer verbraucht oder zerstört oder an andere Personen weggegeben hat. Und er haftet natürlich auch nur dann verschärft, wenn die Voraussetzungen dafür gerade in seiner Person erfüllt sind. 11

Die gegenüber dem Erbschaftsbesitzer eingetretene **Rechtshängigkeit (§ 2023 BGB)** wirkt nicht zu Lasten des Erbschaftskäufers und zwar auch dann nicht, wenn er von der Klage gegen den Veräußerer Kenntnis erlangt hat. Es gibt nun einmal keine der Rechtskrafterstreckung nach § 325 ZPO entsprechende Erstreckung der materiellen Wirkungen der Rechtshängigkeit (vgl RG JW 1936, 3455; Staudinger/Thole [2019] § 987 Rn 15 f, § 989 Rn 5; ebenso BeckOGK/Lindner [1. 6. 2019] Rn 7; **abw** Maurer 232 f für den Zeitraum ab Rechtskraft des klagezusprechenden Urteils gegen den Erbschaftsbesitzer unter den Voraussetzungen des § 325 Abs 2 ZPO). 12

Die Herausgabepflicht des Erwerbers erstreckt sich auch auf die Surrogate (§ 2019 BGB), die Nutzungen (§ 2020 BGB) und die Bereicherung (§ 2021 BGB). 13

Der Erwerber kann neben seinen eigenen Verwendungen auch die **Verwendungen** seines **Vorbesitzers**, des Erbschaftsbesitzers, in demselben Umfang geltend machen, in dem dieser es als Beklagter gekonnt hätte (**§ 999 Abs 1 BGB analog**; vgl Planck/Flad Anm 1; BGB-RGRK/Kregel Rn 4; MünchKomm/Helms[8] Rn 6; Soergel/Dieckmann Rn 2; Damrau/Schmalenbach[4] Rn 7; BeckOGK/Lindner [1. 6. 2019] Rn 8; Maurer 233 f; s aber auch unten Rn 32). 14

15 Zu den ersatzfähigen **eigenen Verwendungen** des Erwerbers gehört **nicht** der **Kaufpreis**, den er für die Erbschaft gezahlt hat (**hM**, vgl Planck/Flad Anm 1; BGB-RGRK/Kregel Rn 5; Soergel/Dieckmann Rn 2; MünchKomm/Helms[8] Rn 6; Damrau/Schmalenbach[4] Rn 7; BeckOGK/Lindner [1. 6. 2019] Rn 8; Maurer 233, **aM** BGB-RGRK/Buchwald[9] Anm 2; differenzierend AK-BGB/Wendt Rn 26). Die II. Kommission hat die Einbeziehung des Kaufpreises unter die Verwendungen ausdrücklich abgelehnt, weil damit der bei der Vindikation verworfene Lösungsanspruch eingeführt würde (Prot V 723 f). Dagegen spricht auch, dass jede Verwendung einen Gegenstandsbezug aufweisen muss, hier einen Bezug zur Erbschaft. Der für die Erbschaft bezahlte Preis wirkt sich aber auf die Erbschaft selbst nicht aus.

16 Der Erwerber kann den Kaufpreis auch gegenüber dem kondiktionsrechtlichen Teil des Erbschaftsanspruchs (§ 2021 BGB) nicht als Minderung der Bereicherung absetzen (so mit Recht BGB-RGRK/Kregel Rn 5 und Maurer 233 gegen Planck/Flad Anm 1und Staudinger/Herzfelder[9] Anm 2; für die Abzugsfähigkeit des Kaufpreises aber AK-BGB/Wendt Rn 23); vgl § 2021 Rn 31.

17 Gemäß § 943 BGB kommt dem Erwerber die Zeit der Ersitzung einer in der Erbschaft befindlichen Sache des Veräußerers zugute (MünchKomm/Helms[8] Rn 6; BGB-RGRK/Kregel Rn 4; Soergel/Dieckmann Rn 2; Damrau/Schmalenbach[4] Rn 7; BeckOGK/Lindner [1. 6. 2019] Rn 8).

18 Ebenso findet bei der **Verjährung** eine *accessio temporis* statt (vgl § 2026 Rn 39 ff).

19 Im Übrigen impliziert die Gleichstellung des Erbschaftserwerbers mit dem Erbschaftsbesitzer auch, dass für den Herausgabeanspruch aus §§ 2030, 2018 ff BGB die 30-jährige **Verjährungsfrist** des § 197 Abs 1 Nr 2 BGB gilt (Palandt/Weidlich[79] Rn 1).

V. Die Rückwirkungen des § 2030 auf den Erbschaftsanspruch gegen den Veräußerer

20 Schwierigkeiten bereitet das Zusammentreffen des Erbschaftsanspruchs gegen den Erwerber mit dem gegen den Veräußerer (= Erbschaftsbesitzer); insbesondere die Behandlung des vom Erbschaftsbesitzer empfangenen **Veräußerungsentgelts** erweist sich als problematisch. Nach § 2019 BGB kann der Erbe es vom Erbschaftsbesitzer als Surrogat der veräußerten Erbschaft herausverlangen. Darüber hinaus haftet der bösgläubige Erbschaftsbesitzer und jeder, gegen den aus einem anderen Grunde eine verschärfte Haftung begründet ist, auf vollen Schadensersatz. Daneben stehen die Ansprüche aus § 2030 BGB gegen den Erwerber. Der Erbe hat die Wahl, welchen dieser Ansprüche er geltend machen will.

21 Angesichts dessen fragt sich, wie die Geltendmachung des Anspruchs gegen den einen Verpflichteten auf die Haftung des anderen Verpflichteten einwirkt. Von vornherein ist klar, dass der Erbe, wenn er vom Erwerber die Erbschaft zurückerhält, nicht außerdem noch den für sie gezahlten Erlös in Anspruch nehmen kann; und umgekehrt, dass der Erbe, soweit er vom Erbschaftbesitzer den Kaufpreis fordert, die Veräußerung genehmigen muss. Er kann nun einmal nicht aufgrund desselben Rechtsgrundes (seiner Stellung als Erbe) die Erbschaft doppelt, nämlich einmal die dazugehörigen Gegenstände vom dritten Erwerber und außerdem den dafür gezahlten Kaufpreis vom Erbschaftsbesitzer, verlangen. Über die Unannehmbarkeit dieses Ergebnisses herrscht auch weitestgehend Einigkeit (abw nur AK-BGB/Wendt Rn 18 ff), während man verschiedener Meinung darüber ist, wie es vermieden werden kann. Der Streitstand ist dabei im Wesentlichen der gleiche wie bei der Veräußerung einzelner Nachlasssachen (s dazu § 2019 Rn 36 ff).

Nach **älterer Auffassung** kann der Erbe vom Erbschaftsbesitzer nach § 2019 BGB den durch die Veräußerung der Erbschaft erzielten Kaufpreis auch ohne Genehmigung der Verfügungsgeschäfte (BGB-RGRK/Kregel Rn 3; Bellermann 30; F Leonhard § 2019 Anm II mwNw) herausverlangen, allerdings in analoger Anwendung von § 255 BGB nur Zug um Zug gegen Abtretung seiner Ansprüche gegen den Erwerber (Bellermann 44 ff) bzw bei einer mit der tatsächlichen Erlangung des Kaufpreises automatisch eintretenden entsprechenden Minderung der Ansprüche gegen den Erwerber (F Leonhard § 2019 Anm II). 22

Wenn der Erbe vom Erwerber nur einen **Teil der Nachlassgegenstände** zurückerhalten kann, soll nach dieser Auffassung der Erbe wegen des Restes (also bis zu seiner vollständigen Befriedigung) vom Veräußerer nach § 2019 BGB das Entgelt verlangen können; in dem Umfang, in dem der Erbe vom Erwerber die zur Erbschaft gehörenden Gegenstände tatsächlich erhält, soll der Surrogationsanspruch gegen den Veräußerer aus dem Gesichtspunkt der Zweckerreichung erlöschen (Bellermann 57 ff; wohl auch BGB-RGRK/Kregel Rn 3). 23

Nach neuerer verbreiteter Auffassung kommen diejenigen Autoren, die den Erlösherausgabeanspruch gegen den Erbschaftsbesitzer von einer durch die tatsächliche Befriedigung aufschiebend bedingten Genehmigung abhängig machen (etwa Soergel/Dieckmann Rn 4 iVm § 2019 Rn 3) oder eine Genehmigung Zug um Zug mit der Erlösherausgabe genügen lassen (so Staudinger/Lehmann[11] Rn 6; Kipp/Coing § 107 II 1; § 109 III; ausführlicher Kipp[8] § 71 III; ferner MünchKomm/Helms[8] Rn 8; Bamberger/Roth/Müller-Christmann[4] Rn 7; Erman/Horn[15] Rn 4), im Wesentlichen zu den gleichen Ergebnissen. 24

Falls der Erbschaftsbesitzer nur noch einen **Teil des erlangten Kaufpreises** herausgeben kann, braucht der Erbe nach MünchKomm/Helms[8] Rn 8 und jurisPK/Ehm[8] Rn 8 auch nur einzelne Verfügungen über bestimmte Erbschaftsgegenstände, die ihrem Gesamtwert nach ein Äquivalent für den noch vorhandenen und herausverlangten Kaufpreisanteil darstellen, zu genehmigen und kann dann vom Erwerber die Herausgabe der übrigen Nachlassgegenstände verlangen. 25

Zu einer ähnlichen Teilung soll es bei der Anwendung des **§ 2019 BGB** kommen können. Wenn der Erbschaftskäufer nur einen Teil der Nachlassgegenstände in Natur herausgeben kann und wegen Bereicherungswegfalls nach §§ 2030, 2021, 818 Abs 3 BGB im Übrigen auch keinen Wertersatz schuldet, soll der Erbe vom Erbschaftsbesitzer nach §§ 2018, 2019 BGB den Teil des gezahlten Kaufpreises verlangen können, der das angemessene Äquivalent für die nicht herausgegebenen Nachlassgegenstände darstellt (so jurisPK/Ehm[8] Rn 9; Bamberger/Roth/Müller-Christmann[4] Rn 8; wohl auch Soergel/Dieckmann Rn 5). 26

27 **Richtiger Auffassung nach** setzt die Inanspruchnahme des Erbschaftsbesitzers wegen des Kaufpreises aus § 2019 BGB auch bei der Veräußerung der Erbschaft im Ganzen Wirksamkeit der Verfügung(en) und damit deren Genehmigung durch den Erben voraus, wobei die Genehmigung durch die Nichtbeitreibbarkeit des Surrogationsanspruchs auflösend bedingt sein kann (s § 2019 Rn 36 ff). Dabei muss sich die **Genehmigung auf die gesamte Erbschaftsveräußerung**, also auch auf die etwa noch ausstehenden Erfüllungsgeschäfte **erstrecken** (Strohal II § 97 Fn 6; BeckOGK/Lindner [1. 6. 2019] Rn 10.2; nur im Grundsatz Soergel/Dieckmann Rn 5; **aM** MünchKomm/Helms[8] Rn 8; Damrau/Schmalenbach[4] Rn 9; Bamberger/Roth/Müller-Christmann[4] Rn 7). Bei einer auf einzelne Erfüllungsgeschäfte beschränkten Genehmigung scheitert die Anwendung des Surrogationsprinzips jedenfalls dann, wenn – wie regelmäßig – für die Erbschaft ein nicht weiter aufgegliederter Gesamtpreis vereinbart worden ist. Ein *commodum ex negotiatione,* das sich der einzelnen genehmigten Verfügung zuordnen ließe, existiert dann ja gar nicht.

28 Falls der Erbe zunächst nach § 2030 BGB gegen den Erwerber vorgeht, von diesem aber (etwa wegen eines Bereicherungswegfalls) nicht den gesamten ursprünglichen Bestand der Erbschaft herausgegeben oder vergütet erhält, so kann er kaum auf den Erlösherausgabeanspruch gegen den Erbschaftsbesitzer (§§ 2018, 2019, 185 BGB) zurückgreifen (so aber MünchKomm/Helms[8] Rn 13; Bamberger/Roth/Müller-Christmann[4] Rn 8; Damrau/Schmalenbach[4] Rn 14; Hk-BGB/Hoeren[10] Rn 3; Bellermann [2010] 62 f); in der Durchsetzung des Anspruchs aus §§ 2030, 2018 ff BGB gegen den Erwerber dürfte nämlich die konkludente (und unwiderrufliche, vgl BGH NJW 1968, 1326) Verweigerung der Genehmigung liegen (so auch jurisPK/Ehm[8] Rn 9). (Selbst wenn man aber insoweit anders entscheiden wollte, würde keine Anspruchsverdoppelung eintreten: Die für das nunmehrige Vorgehen gegen den Erbschaftsbesitzer nach § 2019 BGB erforderliche Genehmigung würde zum rückwirkenden Wegfall des Anspruchs gegen den Erwerber und damit zur Kondizierbarkeit von dessen Leistung führen.)

29 Stattdessen kann der Erbe wegen des **Restes** gegen den Erbschaftsbesitzer einen **Schadensersatzanspruch** nach §§ 2023 ff BGB haben.

30 Auch die **Schadensersatz-** und Bereicherungshaftung des Erbschaftsbesitzers (§§ 2021, 2023 ff BGB) kann nicht mit § 2030 BGB dazu führen, dass der Erbe die Erbschaft doppelt erhält. Denn soweit der Erbe den Anspruch aus § 2030 BGB durchsetzt, entfällt ein Schadensersatzanspruch gegen den Erbschaftsbesitzer mangels Schadens. Falls er aber sofort von dem letzteren Schadensersatz verlangt, muss er ihm nach § 255 BGB Zug um Zug mit der Ersatzleistung seine Ansprüche (einschließlich der aus § 2030 BGB) gegen den Erbschaftserwerber abtreten, denen dieser dann wiederum mit seinen Rechtsmängelgewährleistungsansprüchen aus § 2376 BGB begegnen kann (Planck/Flad Anm 2; Damrau/Schmalenbach[4] Rn 12; BeckOGK/Lindner [1. 6. 2019] Rn 11).

31 Eine **Bereicherungshaftung** des Erbschaftsbesitzers aus § 2021 BGB wegen der Veräußerung kann im Falle der Durchsetzung des Anspruchs aus § 2030 BGB gegen den Erwerber nicht bestehen, weil die Anspruchsdurchsetzung die Nichtgenehmigung der Veräußerung impliziert (s Rn 20 ff). Und da der Veräußerungserlös mangels Genehmigung nicht über § 2019 BGB in den Kreis des vom Erbschaftsbesitzer herauszugebenden Nachlassbestandes einbezogen wird, darf er auch nicht als Bereicherungsposten im Rahmen von § 2021 BGB angesetzt werden; im Übrigen würde er ja regelmäßig (anders nur im Falle des § 442 Abs 1 BGB) auch durch einen Regressanspruch des Erwerbers aus § 2376 BGB aufgewogen.

Der Erbe kann, wenn er nicht nach §§ 2018, 2019, 185 BGB den Veräußerungserlös an sich zieht, gleichzeitig vom Erbschaftsbesitzer die Herausgabe der ihm noch verbliebenen und vom Erwerber Herausgabe der bereits von diesem erlangten Erbschaftsgegenstände verlangen (vgl Planck/Flad Anm 2aE). In einem solchen Fall bereitet die Frage des **Verwendungsersatzes** Schwierigkeiten. Der Übergang der Verwendungsersatzansprüche des Erbschaftsbesitzers auf den Erwerber analog § 999 Abs 1 BGB würde den ersteren schutzlos lassen (keine Einschränkung aber bei BGB-RGRK/Kregel Rn 4; MünchKomm/Helms[8] Rn 6). Teilweise nimmt man für die beiderseitigen Verwendungsersatzansprüche eine Gesamtgläubigerschaft an (Soergel/Dieckmann Rn 6; ebenso Staudinger/Gursky[12] Rn 9). Sachgerechter dürfte es wohl sein, den Übergang der Verwendungsersatzansprüche des Erbschaftsveräußerers auf den Erwerber erst (bzw nur) eintreten zu lassen, wenn der Erbschaftsanspruch gegen den Veräußerer vollständig erloschen ist (dem folgend BeckOGK/Lindner [1. 6. 2019] Rn 13; ähnlich AK-BGB/Wendt Rn 27 f; kritisch Maurer 237). 32

VI. Entsprechende Anwendung

Die Vorschrift des § 2030 BGB ist im Wege der Analogie auch auf solche Fälle anzuwenden, in denen die Erbschaft nicht durch Vertrag unter Lebenden, sondern aufgrund letztwilliger Verfügung in den Besitz eines Dritten gelangt, nämlich aufgrund eines **Vermächtnisses durch den Erbschaftsbesitzer** (**hM**, s Strohal II § 94 II 2 b Fn 15; Binder III 400 Fn 91; Dernburg/Engelmann § 154 Fn 12; Kipp/Coing § 106 V Fn 9; Planck/Flad Anm 3; MünchKomm/Helms[8] Rn 14; Soergel/Dieckmann Rn 7; jurisPK/Ehm[8] Rn 4; Hk-BGB/Hoeren[10] Rn 5; NK-BGB/Fleindl[5] Rn 3; Erman/Horn[15] Rn 5; FAKomm-ErbR/Finger[4] Rn 3; Palandt/Weidlich[79] Rn 1; Burandt/Rojahn/Gierl[3] Rn 2; BeckOGK/Lindner [1. 6. 2019] Rn 4; Lange/Kuchinke[5] § 40 Fn 34; Maurer 230; Stiebitz [Schrifttum zu § 2019] 207 f). 33

VII. Gerichtsstand

Der Gerichtsstand richtet sich nach § 27 ZPO (Stein/Jonas/Roth § 27 Rn 13; Wieczorek/Schütze/Hausmann, ZPO[3] § 27 Rn 10; Zöller/Schultzky, ZPO[32] § 27 Rn 5; MünchKomm/Helms[8] Rn 15; FAKomm-ErbR/Finger[4] Rn 5). 34

§ 2031
Herausgabeanspruch des für tot Erklärten

(1) Überlebt eine Person, die für tot erklärt oder deren Todeszeit nach den Vorschriften des Verschollenheitsgesetzes festgestellt ist, den Zeitpunkt, der als Zeitpunkt ihres Todes gilt, so kann sie die Herausgabe ihres Vermögens nach den für den Erbschaftsanspruch geltenden Vorschriften verlangen. Solange sie noch lebt, wird die Verjährung ihres Anspruchs nicht vor dem Ablauf eines Jahres nach dem Zeitpunkt vollendet, in welchem sie von der Todeserklärung oder der Feststellung der Todeszeit Kenntnis erlangt.

(2) Das Gleiche gilt, wenn der Tod einer Person ohne Todeserklärung oder Feststellung der Todeszeit mit Unrecht angenommen worden ist.

Materialien: E I § 2089; II § 1905; III § 2006; Mot V 597 f; Prot V 725 f; VI 316 f; Jakobs/Schubert ER I 730–742; neugefasst durch GesEinhG vom 5. 3. 1953; dazu BT-Drucks I/3824 S 18.

Schrifttum

Schubart, Scheinbarer Tod im Erbrecht und Eherecht, JR 1948, 296.

Systematische Übersicht

Alphabetische Übersicht

I. Allgemeines

1. Unzutreffende Todeserklärung

1 Überlebt ein für tot Erklärter oder jemand, dessen Tod für sicher gehalten und dessen Todeszeit nach §§ 39 ff VerschG festgestellt worden ist, den in der Todeserklärung oder dem Feststellungsbeschluss angenommenen Todeszeitpunkt, so kann sich für ihn eine ähnliche Rechtslage ergeben wie für den wahren Erben, wenn inzwischen sein Vermögen bereits in die Hände anderer Personen, die als seine Erben auftreten, gelangt ist. Deshalb verleiht § 2031 BGB ihm im Anschluss an das

ALR (II 18 §§ 842, 847) einen Gesamtanspruch auf Herausgabe seines Vermögens, der den Vorschriften über den Erbschaftsanspruch unterliegt.

Der Anspruch ist selbstverständlich **kein echter Erbschaftsanspruch**, da eine Erbfolge in Wahrheit nicht eingetreten ist, sondern nur zu Unrecht angenommen wurde. Die Anwendung der Vorschriften über den Erbschaftsanspruch kann also nur eine entsprechende sein (BGB-RGRK/Kregel Rn 3; MünchKomm/Helms[8] Rn 1). Es handelt sich damit gleichsam um eine *hereditatis petitio utilis* (Mot V 597; Crome § 714 Fn 57). 2

2. Irrtümliche Todesannahme

Eine ähnliche Rechtslage kann auch gegeben sein, wenn der Tod einer Person zu Unrecht angenommen worden ist; dann wird auch ihr ein solcher Gesamtanspruch zuerkannt; Abs 2. Worauf diese irrige Annahme beruht, auf der Vorlage einer irrigen Sterbeurkunde oder nicht, ist gleichgültig. Gleichgültig ist auch, ob der als Erbe Auftretende den Irrtum geteilt hat oder ob er wusste, dass der für tot Geglaubte noch am Leben war. Im letzteren Fall steht er einem unredlichen Erbschaftsbesitzer gleich (Planck/Flad Anm 3). Erforderlich ist nur, dass die irrtümliche Annahme des Erbfalleintritts es dem angeblichen Erben ermöglicht oder doch zumindest erleichtert hat, Nachlassgegenstände an sich zu bringen (AK-BGB/Wendt Rn 9). 3

Durch die Fassung des Abs 2 soll nach der Absicht der II. Kommission (Prot VI 317) auch der Fall getroffen sein, dass zwar eine Todeserklärung erfolgte, aber wieder aufgehoben worden ist (vgl §§ 30 ff VerschG). 4

Wenn die Annahme des Todes hinfällig ist, so kann der Anspruch aus § 2031 BGB auch von einem bestellten Abwesenheitspfleger (§ 1911 BGB) verfolgt werden. 5

3. Textgeschichte

Die Neufassung durch Teil I Art 5 Nr 3 GesEinhG vom 5. 3. 1953 (BGBl I 33) hat die Feststellung der Todeszeit eines angeblich Verstorbenen (§§ 39 ff VerschG) der Todeserklärung eines Verschollenen (§ 2 VerschG) gleichgestellt. Der Todeserklärungsbeschluss hat den Zeitpunkt des Todes des Verschollenen festzustellen (§§ 23, 9 VerschG; näher Staudinger/Gursky [2016] Rn 1). 6

II. Der Verpflichtete

Anspruchsgegner ist derjenige, der wegen der irrtümlichen Todeserklärung oder Todeszeitfeststellung oder unberechtigten allgemeinen Annahme des Todes des Anspruchsberechtigten als dessen vermeintlicher oder angeblicher Erbe iS des § 2018 BGB „etwas aus der Erbschaft“ (dh dem Vermögen des Totgeglaubten) erlangt hat (NK-BGB/Fleindl[5] § 2031 Rn 2; MünchKomm/Helms[8] § 2031 Rn 4; Burandt/Rojahn/Gierl[3] Rn 3; BeckOGK/Lindner [1. 6. 2019] Rn 5). Dabei spielt es keine Rolle, ob er im hypothetischen Falle des tatsächlich eingetretenen Todes der rechtmäßige Erbe oder bloßer Erbschaftsbesitzer gewesen wäre (BGB-RGRK/Kregel Rn 3). 7

Anspruchsgegner ist ferner, wer als **Gesamtnachfolger** (iSv § 2030 BGB) des ver- 8 meintlichen oder angeblichen Erben zumindest Teile des Vermögens des scheinbar Verstorbenen an sich gebracht hat.

9 Durch die Verweisung auf § 2018 BGB wird in § 2031 BGB für die Passivlegitimation an sich auch das Merkmal der **Erbrechtsprätention** zur Voraussetzung erhoben. Wer sich in den Besitz des Vermögens des Verschollenen gesetzt hat, **indem er sich für diesen ausgab**, wäre danach dem Anspruch aus § 2031 BGB nicht unterworfen. Zu Recht schlug aber schon Strohal (II 381) vor, hier § 2031 BGB **analog** anzuwenden (dafür auch BGB-RGRK/Kregel Rn 4; Soergel/Dieckmann Rn 4; MünchKomm/Frank[3] Rn 6; NK-BGB/Fleindl[5] § 2031 Rn 2; Bamberger/Roth/Müller-Christmann[4] Rn 3; Erman/Horn[15] Rn 1; Palandt/Weidlich[79] Rn 1; Hk-BGB/Hoeren[10] Rn 3; BeckOGK/Lindner [1. 6. 2019] Rn 5; Kipp/Coing § 105 IV Fn 13; Endemann § 152 I c 2; dagegen: Planck/Flad Anm 1; F Leonhard Anm III; Binder III 393 f; AK-BGB/Wendt Rn 14 f; Maurer 239). Diese Analogie rechtfertigt sich aus dem Zweckstreben des Gesetzes, das dem Zurückgekehrten die Vorteile einer Gesamtklage zubilligen will, wenn er in ähnliche Schwierigkeiten gerät wie der Erbe durch Erbrechtsanmaßung; die Anmaßung des Betrügers, der sich sogar für den Verschollenen ausgibt, ist noch viel größer als die eines Erbprätendenten.

10 Von diesem Sonderfall abgesehen ist aber der **Anspruch** gegen einen bloßen **possessor pro possessore ausgeschlossen** (vgl Schubart JR 1948, 296; Soergel/Dieckmann Rn 4; MünchKomm/Helms[8] Rn 4; Maurer 238). Gegen ihn ist der Verschollene auf die Geltendmachung seiner Einzelansprüche beschränkt; dabei ist zu beachten, dass insoweit ein gutgläubiger Dritterwerb nicht ausgeschlossen ist.

III. Der Inhalt der Verweisung

11 In Anwendung der Vorschriften über den Erbschaftsanspruch gilt für den Herausgabeanspruch der in Rn 1 ff bezeichneten Personen alles, was die Vorschriften dieses Titels für den Erbanspruch des wahren Erben nach Maßgabe der folgenden Rn bestimmen.

12 Bei der Anwendung von **§ 2019 BGB** ist zu beachten, dass die vom Anspruchsgegner vorgenommenen Veräußerungen oder sonstigen Verfügungen im Falle des Abs 1 meist auch ohne Genehmigung nach §§ 2370 Abs 1, 2366 f BGB wirksam sind.

13 Auch **§ 2026 BGB** ist entsprechend anwendbar, die Berufung auf die Ersitzung ist also dem Zurückgekehrten gegenüber versagt, bis auch dessen Gesamtanspruch verjährt ist. Dabei wirkt sich natürlich die Ablaufhemmung nach § 2031 Abs 1 S 2 BGB (s Rn 18 ff) aus.

14 Schließlich sind auch die **§§ 2027 und 2028 BGB** über die Auskunftspflicht entsprechend anzuwenden, obwohl § 2031 BGB nur den „Anspruch auf Herausgabe" des Vermögens ausdrücklich erwähnt. Der Zweck des Gesetzes, den zu Unrecht für tot Erklärten nach dem Vorbild des Erbschaftsanspruchs zu schützen, verlangt die Erstreckung auf die Hilfsansprüche auf Auskunft, die die Durchsetzung des Herausgabeanspruchs gewährleisten (ebenso Planck/Flad Anm 4; Kipp/Coing § 105 IV, § 110 XI; AK-BGB/Wendt Rn 18; BeckOGK/Lindner [1. 6. 2019] Rn 6).

Außerdem hat der zu Unrecht für tot Erklärte nach § 2370 Abs 2 BGB iVm § 2362 Abs 1 BGB den Anspruch auf **Herausgabe** des erteilten **Erbscheins**. 15

IV. Abweichender Todeszeitpunkt

Der Fall, dass der für tot Erklärte nachweisbar bereits **früher gestorben** war als zu dem Zeitpunkt, der nach der Todeserklärung als Zeitpunkt seines Todes gilt, ist vom Gesetz (im Gegensatz zum ALR) nicht besonders vorgesehen; denn hier ist der ordentliche Erbschaftsanspruch für den durch die unrichtige Annahme der Todeszeit des Erblassers etwa benachteiligten wirklichen Erben begründet (Mot V 597). 16

Stirbt der für tot Erklärte **nach jenem Zeitpunkt**, so geht der für ihn bereits begründete Anspruch aus § 2031 BGB auf seine Erben über. Nach einer verbreiteten Ansicht (BGB-RGRK/Kregel Rn 5; Palandt/Weidlich[79] Rn 1; AK-BGB/Wendt Rn 4; F Leonhard Anm II; Endemann § 121, 2 b m Fn 10) soll er aber dadurch seine besondere Natur verlieren und sich als wirklicher Erbschaftsanspruch nach § 2018 BGB darstellen; dagegen mit Recht Kipp[8] (§ 66 Fn 22), weil der Gegner nichts aus dem Nachlass, sondern aus dem Vermögen eines Lebenden erlangt hat (übereinstimmend Soergel/Dieckmann Rn 6; Maurer 238; Hk-BGB/Hoeren[10] Rn 5). Praktische Bedeutung kommt der Streitfrage nicht zu. Sollte aber der wahre Erbe selbst sich in den Besitz des Vermögens gesetzt haben, geht der Anspruch unter (vgl Planck/Flad Anm 1). 17

V. Verjährung (Abs 1 S 2)

Die Verweisung auf den Erbschaftsanspruch impliziert, dass für den Herausgabeanspruch des für tot Erklärten oder für tot Gehaltenen die **30-jährige Verjährungsfrist** des § 197 Abs 1 Nr 2 BGB gilt. 18

§ 2031 Abs 1 S 2 BGB privilegiert den Anspruchsberechtigten hinsichtlich der Verjährung zudem noch in einem weiterem Punkte: Da es unbillig wäre, wenn dem irrtümlich für tot Erklärten oder tot Geglaubten, der sein Vermögen zurückfordert, die Einrede der Verjährung entgegengesetzt werden könnte, ehe er von seiner Todeserklärung oder der Annahme seines Todes Kenntnis erlangt hat, beschränkt § 2031 Abs 1 S 2 BGB die Verjährung; sie wird nicht vor Ablauf eines Jahres nach dem Zeitpunkt der Kenntniserlangung vollendet. Aber zugunsten des Erben des für tot Erklärten gilt der Satz nicht, sondern nur „solange er lebt“ (vgl Prot V 726). Stirbt er also nach Ablauf der dreißigjährigen Verjährungsfrist, aber ohne Kenntniserlangung oder doch vor Ablauf der Jahresfrist nach Kenntniserlangung, so ist die Verjährung vollendet (Soergel/Dieckmann Rn 7; MünchKomm/Helms[8] Rn 7; vLübtow II 1074; Maurer 240). 19

Der Anspruchsgegner trägt die Beweislast für die Kenntnis. 20

Die einjährige Frist berechnet sich nach §§ 187 Abs 1, 188 Abs 2 BGB. 21

Stirbt der für tot Erklärte oder Geglaubte vor Verjährungseintritt, kommt seinem Erben die Ablaufhemmung nach § 211 BGB zugute (Soergel/Dieckmann Rn 7). 22

VI. Prozessuales

23 Der besondere **Gerichtsstand** der Erbschaft (§ 27 ZPO) gilt für den Anspruch aus § 2031 BGB nicht (Stein/Jonas/Roth, ZPO[22] Rn 13; MünchKomm/Helms[8] § 2031 Rn 9; Soergel/Dieckmann Rn 9; Bamberger/Roth/Müller-Christmann[4] Rn 7; FAKomm-ErbR/Finger[4] Rn 6; Hk-BGB/Hoeren[10] Rn 6; BeckOGK/Lindner [1. 6. 2019] Rn 8; Maurer 240; differenzierend AK-BGB/Wendt Rn 22; **aA** Wieczorek, ZPO[2] § 27 Anm B II).

Titel 4

Mehrheit von Erben

Untertitel 1

Rechtsverhältnis der Erben untereinander

Vorbemerkungen zu §§ 2032–2057a

Schrifttum

AHNER, Die Rechtsstellung der Erbengemeinschaft in Prozess und Zwangsvollstreckung (2008)
ANN, Die Erbengemeinschaft (2001)
ders, Rechtsfähigkeit auch für die Erbengemeinschaft?, MittBayNot (2003) 193–196
ders, Der Konzeptionsmangel der Erbengemeinschaft gezeigt an Problemen der Nachlassverwaltung durch Miterben, in: FS Spiegelberger (2009) 953
ARMBRÜSTER, Die Erbengemeinschaft als Rechtsform zum Betrieb eines vollkaufmännischen Handelsgeschäftes (Diss Tübingen 1965)
BARTHOLOMEYCZIK, Zur Auseinandersetzung der Miterbengemeinschaft im neuen Erbrecht, ZAkDR 1938, 626
ders, Die Miterbengemeinschaft, 4. Denkschr d ErbrA d AkDR (1940) 120
ders, Das Gesamthandsprinzip beim gesetzlichen Vorkaufsrecht der Miterben, in: FS Nipperdey (1965) I 145
ders, Das Aktienpaket der Miterbengemeinschaft, in: FS Lange (1970) 343
ders, Willensbildung, Willenserklärung und Gesamthandsprinzip in der Miterbengemeinschaft, in: FS Reinhardt (1972) 13
BLOMEYER, Einzelanspruch und gemeinschaftlicher Anspruch von Miterben und Miteigentümern – Zur Frage der notwendigen Streitgenossenschaft, AcP 159 (1959) 385
ders, Die Rechtsnatur der Gesamthand, JR 1971, 397
BORK, Zur Rechtsfähigkeit der Erbengemeinschaft, in: 100 Jahre BGB – 100 Jahre Staudinger (Beiträge zum Symposion 1998) 181
BÖHM, Die Neuregelung des Erbrechts nichtehelicher Kinder, NJW 1998, 1043
BÖRNER, Die Erbengemeinschaft als Gesellschafterin einer OHG, AcP 166 (1966) 426
BROX, Zweckmäßige Gestaltung der Erbfolge im Unternehmen, JA 1980, 561
BRUNSTÄDT, Die Beerbung eines Kommanditisten durch mehrere Erben (1939)
BUCHWALD, Der Betrieb eines Handelsgewerbes in Erben- oder Gütergemeinschaft, BB 1962, 1405
CHRISTMANN, Die Geltendmachung der Haftungsbeschränkung zugunsten Minderjähriger, ZEV 1999, 416
DAMRAU, Erbenmehrheit und Familiengericht, ZEV 2006, 190
DÄUBLER, Die Vererbung des Geschäftsanteiles bei der GmbH (1965)
DIETRICH, Die materiell-rechtliche Bedeutung der Rechtsnachfolge beim Kommanditistenwechsel, DRW 1943, 1201
DONNER, Mehrheit von Erben eines Kommanditisten im Falle des § 177 HGB, DRWiss 1943, 1205
EBELING/GECK, Handbuch der Erbengemeinschaft (2008)
EBERL-BORGES, Die Erbauseinandersetzung (2000)
ders, Die Rechtsnatur der Erbengemeinschaft nach dem Urteil des BGH vom 29. 1. 2001 zur Rechtsfähigkeit der (Außen-)GbR, ZEV 2002, 125
ders, Verfügungsgeschäfte der Erbengemeinschaft im Rahmen der Nachlassverwaltung, NJW 2006, 1113
EICHMANNS, Erwerb und Verwaltung eines GmbH-Geschäftsanteils durch eine Erbengemeinschaft (Diss Köln 1980)
EIDENMÜLLER, Die Entwicklung zur heutigen Erbengemeinschaft anhand der Materialien zum

ALR und der Rechtsprechung des preußischen Obertribunals (Diss Frankfurt 1953)
FERID/SONNENBERGER, Das französische Zivilrecht (1987)
FEST, Die personelle Abschichtung als „dritter Weg" zur Auflösung einer Erbengemeinschaft, JuS 2007, 1081
FISCHER, Fortführung eines Handelsgeschäfts durch eine Erbengemeinschaft?, ZHR 144, 1
FISCHER/GANSSMÜLLER, Identitätswahrende Umwandlung der Erbengemeinschaft in eine Personalgesellschaft?, DNotZ 1955, 172, 182
FLICK/PILTZ, Der internationale Erbfall (2008)
FRANCKE, Zur Erbenmehrheit, SeuffBl 65, 262
FROHWEIN, Erbengemeinschaft und offene Handelsgesellschaft, DFG 1940, 103
FUCHS, Zur Frage der Geltendmachung von Nachlassverbindlichkeiten seitens des Erben gegen einen Miterbenschuldner, JW 1938, 355
GEUENICH, Die geborene Mitunternehmerschaft der Erben – Eine nach wie vor überzeugende Konzeption?, ZEV 1998, 62
O vGIERKE, Personengemeinschaften und Vermögensinbegriffe, Beckers und Fischers Beitr 18, 83
GOLDSTEIN, Die Miterbengemeinschaft als Organisationsform zur Fortbildung des ererbten Handelsunternehmens eines Einzelkaufmanns (Diss Köln 1972)
GROSS, Was war, was kommt, was muss man wissen? – das FamFG im Überblick, AnwBl 2009, 567
GRUNEWALD, Die Rechtsfähigkeit der Erbengemeinschaft, AcP 197 (1997) 305
HAEGELE, Grundstückserwerb für eine Erbengemeinschaft in rechtlicher und steuerrechtlicher Sicht, BlGBW 1962, 205
ders, Rechts- und Steuerfragen zum Grundstückserwerb durch Erbengemeinschaft, Rpfleger 1963, 396
ders, Zur Rechtslage, wenn im Rahmen einer Erbengemeinschaft ein Erbteil mehreren Personen zusteht, Rpfleger 1968, 173
ders, Vererbung von GmbH-Geschäftsanteilen, Rpfleger 1969, 186
ders, Die Erbengemeinschaft im Bürgerlichen Recht, Rechts- und Wirtschaftspraxis 1975, 9
HECKSCHEN, Auswirkungen des MoMiG auf die Übertragung von GmbH-Anteilen von Todes wegen und im Wege der vorweggenommenen Erbfolge, ZErb 2008, 246
HEIL, Ist die Erbengemeinschaft rechtsfähig? – Ein Zwischenruf aus der Praxis, ZEV 2002, 296
HEINEN, Die Fortführung des Handelsgeschäftes eines Einzelkaufmanns durch eine Erbengemeinschaft, MittRhNotK 1962, 108
HELLEFELD, Die Treuepflicht des Miterben als Beispiel persönlicher Gebundenheit in organisierten Personenmehrheiten nach der Schuldrechtsreform (Diss Tübingen 2010)
HEROLD, Grund- und Hausbesitz in Erbengemeinschaft, BlGBW 1971, 109
HOFFMANN, Die geschichtliche Entwicklung der Erbengemeinschaft, Jura 1995, 125
HOHENSEE, Die unternehmenstragende Erbengemeinschaft (1994)
HÜFFER, Die Fortführung des Handelsgeschäfts in ungeteilter Erbengemeinschaft und das Problem des Minderjährigenschutzes, ZGR 1986, 603
JÄKEL, Die Rechtsfähigkeit der Erbengemeinschaft und ihre Beteiligungsfähigkeit an Personengesellschaften (2007)
JOHANNSEN, Die Rechtsprechung des BGH auf dem Gebiete des Erbrechts – Die Erbengemeinschaft, WM 1970, 573, 738; 1973, 543; 1977, 271
JOSEF, Das Miteigentum der Miterben an den einzelnen Nachlasssachen, DNotV 1905, 350; 1906, 5
ders, Der Einfluß des Miterbenverhältnisses im Verwaltungsstreitverfahren und bei polizeilichen Verfügungen, RVerwbl 1943, 516
ders, Schiffspfandrecht und Erbengemeinschaft, MecklZ 1938, 106
JÜLICHER, Mehrheitsgrundsatz und Minderheitenschutz bei der Erbengemeinschaft, AcP 175 (1975) 142
KAPP/EBELING, Handbuch der Erbengemeinschaft und Erbauseinandersetzung (4. Aufl 1992)
KIETHE, Ausschluss der Auseinandersetzung der Erbengemeinschaft mit Verfügungsverbot über den Erbteil – Schutz vor unerwünschten Dritten beim Unternehmer Nachlass?, ZEV 2003, 225

Knitschky, Erbschaft und Anteil, AcP 91 (1891) 281
Krenz, Modelle der Nachlassteilung – Eine rechtshistorische und rechtsvergleichende Untersuchung (1994)
Kress, Die Erbengemeinschaft nach dem BGB (1903)
Kunz, Über die Rechtsnatur der Gemeinschaft zur gesamten Hand (Bern 1963)
Kürzel, Das Nachlassgrundstück bei Mehrheit von Erben, DWW 1968, 269
Küster, Gesellschafternachfolge und Erbengemeinschaft (1970)
Lammers, Kommanditeinlage der Miterbengesellschafter, MDR 1960, 888
Lang, Beteiligung von Gemeinschaften des Bürgerlichen Rechts an Erbengemeinschaften (Diss Regensburg 1976)
Lange, Verwaltung, Verfügung und Auseinandersetzung bei der Erbengemeinschaft, JuS 1967, 653
Lehmann, Die Konkurrenz zwischen Vertragspfandrecht und nachrangigem Pfändungspfandrecht am Anteil eines Miterben, NJW 1971, 1545
Lindemeier, Die Belastung des Gesamthandsanteils im Grundbuch des zum Gesamthandsvermögens gehörenden Grundstücks, DNotZ 1999, 876
Löhnig, Stimmrechtsverbote in der Erbengemeinschaft, FamRZ 2007, 1600
Mahlmann, Die Vertretung Minderjähriger in einer Erbengemeinschaft bei der Veräußerung von Nachlassgegenständen, ZEV 2009, 320
Müller, Das erbrechtliche Übernahmerecht, Teilungsanordnung oder Vorausvermächtnis (Diss Freiburg 1970)
Müller-Ohland, Erb- und Unternehmensnachfolge (1991)
Muscheler, Mehrheitsbeschluss in der Erbengemeinschaft, ZEV 1997, 167, 222
Muscheler, Universalsukzession und Vonselbsterwerb (2002)
Nölle, Die rechtliche Natur der Erbengemeinschaft, insbesondere die Bestellung des Nießbrauchs durch Miterben (1901)
Petzold, Die Teilauseinandersetzung bei der Miterbengemeinschaft (Diss Hamburg 1973)
Pfeiffer, Die Fortführung eines Handelsgeschäfts eines Einzelkaufmanns durch eine Mehrheit von Erben (Diss Tübingen 1961)
Radziwill/Steiger, Erbrechtliche Gleichstellung der vor dem 1. 7. 1949 geborenen nichtehelichen Kinder – steht der Gesetzgeber in der Pflicht?, FamRZ 1997, 268
Rauscher, Die erbrechtliche Stellung nicht in einer Ehe geborener Kinder nach Erbrechtsgleichstellungsgesetz und Kindschaftsrechtsreformgesetz, ZEV 1998, 41
Rissmann (Hrsg), Die Erbengemeinschaft (2008)
Roskothen, Gesamthänderischer Erwerb innerhalb der Erbengemeinschaft, JW 1937, 2955
Rüger, Aus dem Erbrechte des Deutschen Bürgerlichen Gesetzbuches, Mehrheit von Erben, SächsArch 9, 484
Säcker, Gesellschaftsrechtliche und erbrechtliche Nachfolge in Gesamthandsmitgliedschaften (1970)
Sarres, Die Erbengemeinschaft (2000)
ders, Die Erbengemeinschaft (2. Aufl 2006)
ders, Aufschub und Ausschluss der Erbauseinandersetzung, ZEV 2005, 191
ders, Erbengemeinschaft und neues Verjährungsrecht, ZEV 2010, 292
Schindler, Zuwendungsarten bei der Ausgleichung unter Miterben nach § 2050 BGB, ZEV 2006, 389
Schlüter/Fegeler, Die erbrechtliche Stellung der nichtehelichen Kinder und ihrer Väter nach Inkrafttreten des Erbrechtsgleichstellungsgesetzes, FamRZ 1998, 1337
Schmidt, Die Erbengemeinschaft nach einem Einzelkaufmann, NJW 1985, 2785
Schmidt, Erbteilsabtretung, Miterbenabfindung und Anwachsen bei der Erbengemeinschaft, AcP 205 (2005) 305
Schmitz, Ausgleichung unter Miterben (2005)
Schnuettgen, Die Erbengemeinschaft und ihre Auseinandersetzung im Ertragssteuerrecht (2009)
Schulze, Unternehmereigenschaft des Miterben und Auseinandersetzung im Einkommensteuerrecht, Betrieb 1973, 395
Schulze/Osterloh, Das Prinzip der gesamthänderischen Bindung (1972)
Siebert, Die Entwicklung des Erbrechts im Jahr 2009, NJW 2010, 657, 659

SOBISCH, Erbengemeinschaft und Handelsgeschäft, zur Zulässigkeit der Geschäftsfortführung (Diss Kiel 1975)
SPAHL, Erbengemeinschaft (2009)
STAUDENMAIER, Teilübertragung von Gesellschaftsanteilen und Erbteilen, DNotZ 1966, 724
STIFF, „Miteigentum" des Miterben, DNotV 1905, 757
STODOLKOWITZ, Nachlasszugehörigkeit von Personengesellschaftsanteilen, in: FS Kellermann (1991) 453
STROHAL, Anteil am ungeteilten Nachlass und Erbschein, in: FS Otto vGierke (1911) 917
STROTHMANN, Einzelkaufmännisches Unternehmen und Erbenmehrheit im Spannungsfeld von Handels-, Gesellschafts-, Familien- und Erbrecht, ZIP 1985, 969
SÜSS, Erbrecht in Europa (4. Aufl 2019)
THIELE, Die Auswirkungen des Beschlusses des Bundesverfassungsgerichts vom 13. 5. 1986 auf die elterliche Vertretungsmacht im Zusammenhang mit Personalunternehmen, FamRZ 1992, 1001
TRÖSTER, Miterbengemeinschaft und Handelsgeschäft, Betrieb 1961, 765
ULMER, Die Gesamthandsgesellschaft – ein noch immer unbekanntes Wesen?, AcP 198 (1998) 113
VENJAKOB, Die Untergemeinschaft innerhalb der Erbengemeinschaft, Rpfleger 1993, 2
WALDMANN, Die Behandlung der Verpfändung oder Pfändung des Anteils eines Miterben am Nachlass, zu dem ein Grundstück gehört, in der Zwangsversteigerung und Zwangsverwaltung, SächsArch 1939, 1
WEBER-GRELLET, Die Gesamthand – ein Mysterienspiel, AcP 182 (1982) 316
WEIPERT, Die Erbengemeinschaft als Mitglied einer Personengesellschaft, ZEV 2002, 300
WERBER, Die Erbengemeinschaft (2006)
WESSER/SAALFRANK, Formfreier Grundstückserwerb durch Miterben, NJW 2003, 2937
WIEACKER, Familiengut und Erbengemeinschaft, DR 1936, 275
WIEDEMANN, GmbH-Anteile in der Erbengemeinschaft, GmbH-Rdsch 1969, 247
WILCKE, Vorschläge zur Verbesserung der Vorschriften über die Auseinandersetzung unter mehreren Erben, DR 1938, 70
WOLF, Die Fortführung eines Handelsgeschäfts durch die Erbengemeinschaft, AcP 181 (1981) 480
ZIMMERMANN, Das neue Kindschaftsrecht, DNotZ 1998, 404
ZUNFT, Die Übertragung sämtlicher Nachlassgegenstände an einen Miterben gegen Abfindung der übrigen Miterben, JZ 1956, 555.

Systematische Übersicht

Alphabetische Übersicht

I. Aufgaben und Grundlagen der Erbengemeinschaft

1 Obwohl vom Gesetz als Ausnahme behandelt, sind bei der überwiegenden Zahl aller Erbfälle *mehrere Erben* vorhanden. Sind mehrere Erben am Nachlass beteiligt, bilden sie eine *Miterbengemeinschaft* (§ 2032 Abs 1 BGB). Sie entsteht kraft Gesetzes mit dem Erbfall und ist, da am Nachlass orientiert, mit der Auseinandersetzung über den letzten Nachlassgegenstand beendet (Kipp/Coing § 114 II). Auf den *Anteil eines Miterben* finden nach § 1922 Abs 2 BGB grundsätzlich die allgemeinen Vorschriften über die Erbschaft Anwendung (vgl Staudinger/Kunz [2017] § 1922 Rn 66 f; HK-BGB/Hoeren Vor §§ 2032–2063 Rn 1).

2 Das *Verhältnis der Miterben zueinander* wird durch §§ 2032–2057a BGB, das *zu den Nachlassgläubigern* in §§ 2058–2063 BGB näher geregelt. Im Zusammenhang mit den Bestimmungen über eine Mehrheit von Erben stehen §§ 363–372 FamFG, die das *Auseinandersetzungsverfahren* (§§ 2042 ff BGB) unter Vermittlung des Nachlassgerichts regeln, § 316 Abs 2, 3 InsO als Bestimmungen über die *Nachlassinsolvenz* bei Vorhandensein mehrerer Erben, § 859 Abs 2 ZPO, der die *Pfändbarkeit des Anteils eines Miterben* am ganzen Nachlass bzw einzelnen Nachlassgegenständen betrifft, § 747 ZPO über die Zwangsvollstreckung in Nachlassgegenstände sowie §§ 180, 185 ZVG, die die Zwangsversteigerung eines Nachlassgrundstückes zwecks Aufhebung der Gemeinschaft regeln.

3 **1.** Die Miterbengemeinschaft ist eine *Gesamthandsgemeinschaft* (vgl Rn 10 ff). Sie kann nicht durch freie Vereinbarung der Erben herbeigeführt werden (BayObLGZ 32, 381; Erman/Bayer Vor §§ 2032–2063 Rn 3, 5; Palandt/Weidlich § 2032 Rn 1), sondern beruht auf **gesetzlicher Anordnung** (Gemeinschaft kraft Gesetzes), wenn mehrere Personen die Erbfolge antreten, wobei es gleich ist, ob diese *kraft Gesetzes* (§§ 1924 ff BGB) oder aufgrund *letztwilliger Verfügung* des Erblassers (§§ 1937, 1941, 2064 ff BGB) erben (Damrau/Rissmann § 2032 Rn 1). Die Erben können also nicht nach Auseinandersetzung die Miterbengemeinschaft wieder aufleben lassen (KG DNotZ 1952, 84; OLG Köln OLGZ 1965, 117; OLG Hamm JMBlNRW 1975, 153; NK-BGB/Ann § 2032 Rn 10) oder innerhalb einer noch fortdauernden Gemeinschaft eine aus einem Teil der Miterben bestehende engere Erbengemeinschaft begründen (BGH WM 1975, 1110; Bamberger/Roth/Lohmann § 2031 Rn 3). Eine von den Miterben vereinbarte Aufhebung des Auseinandersetzungsvertrages führt, soweit die Aufhebung nicht aufgrund gesetzlicher Rücktritts- bzw Anfechtungsvorschriften möglich ist, nicht zu einem Wiederaufleben der Gemeinschaft. Eine Miterbengemeinschaft wird jedoch, sofern ein Miterbe abgefunden ist und ausscheidet (hierzu § 2042 Rn 77 ff), unter den restlichen Miterben fortgesetzt (BGB-RGRK/Kregel § 2032 Rn 8).

4 **Mitglieder der Erbengemeinschaft** sind nur die gewillkürten oder gesetzlichen Miterben, die ihre Erbfolge tatsächlich antreten, also nicht Personen, die aufgrund Enterbung (§ 1938 BGB), Ausschlagung (§ 1953 Abs 1 BGB), Erbunwürdigkeitserklärung (§ 2344) oder Erbverzichts (§ 2346 Abs 1 BGB) als Erben ausscheiden. Mit Inkrafttreten des Erbrechtsgleichstellungsgesetzes am 1. 4. 1998 (BGBl I 2968) wurden die §§ 1934a–1934e, 2338a BGB (aF) gestrichen. Dies gewährleistet nunmehr eine Gleichstellung zwischen nichtehelichen und ehelichen Kindern. Erstgenannte können somit abweichend von der vormals bestehenden Rechtslage Mitglied einer Erbengemeinschaft sein. Zu beachten ist jedoch die Übergangsregelung des Art 227 EGBGB, der eine Fortgeltung des bis zum 31. 3. 1998 anwendbaren Rechts auf die dort genannten Fälle anordnet. Insoweit können Personen, die gemäß § 1934a BGB (aF) auf einen Erbersatzanspruch verwiesen worden sind oder aber einen vorzeitigen Erbausgleich im Sinne der §§ 1934d, 1934e BGB (aF) geltend gemacht haben, nicht die Stellung eines Miterben erlangen.

5 **2.** Die Miterbengemeinschaft ist *keine werbende Gemeinschaft.* Nachlassgläubiger sind nämlich gegenüber persönlichen Gläubigern der Miterben gem §§ 2046 f BGB beim Zugriff auf den Nachlass begünstigt, weil der Nachlass ihnen bevorzugt haftet. Deshalb müssen die persönlichen Gläubiger der Miterben davor geschützt werden, dass, über den Surrogationsgrundsatz des § 2041 BGB hinaus, Neuerwerb der Miterben in den Nachlass fällt und dadurch ihrem Zugriff entzogen wird (Wolf AcP 181 [1981] 480, 509).

6 Obwohl die Erbengemeinschaft einem Regelungsregime untersteht, das der Rechtslage aufgelöster Gesamthandsgemeinschaften entspricht und von Anfang an deshalb gleichsam als Liquidationsgemeinschaft besteht (Eberl-Borges, Die Erbauseinandersetzung [2000] 53 f; hierzu auch § 2032 Rn 12), darf sie nicht nur im Hinblick auf eine möglichst rasche Abwicklung und Teilung gesehen werden (BGH NJW 2007, 2114, 2116). Das Interesse der Miterben wird nicht selten eine – zumindest teilweise – *Erhaltung der Gemeinschaft* fordern, um eine geordnete Auseinandersetzung vorzubereiten, wertvolle wirtschaftliche Einheiten zu erhalten oder das familiäre Vermögen zusammen-

zuhalten und das Werk des Erblassers fortzuführen. Sind nicht alle, sondern nur einer oder einzelne Miterben an der Aufrechterhaltung der Gemeinschaft bzw der Übernahme von Nachlassgegenständen interessiert, muss der Gesetzgeber dem entsprechen und Möglichkeiten schaffen, die eine Veräußerung an Außenstehende verhindern und den Übergang an interessierte Erben erleichtern (zB Vorkaufsrecht, § 2034 BGB), wobei jedoch die Interessen der anderen Miterben nicht unbillig beeinträchtigt werden dürfen.

II. Die Regelung des BGB in kritischer Würdigung

1. Die Verfasser des BGB hatten sich im E I für das römisch-rechtliche Prinzip der individualistischen Bruchteilsgemeinschaft entschieden (Mot V 27 f). Im E II wurde dieses durch das Gesamthandsprinzip nach dem Vorbild des preußischen Rechts ersetzt und das Verhältnis der Erben als sogenannte Gemeinschaft zur gesamten Hand geregelt. Durch diese Konstruktion sollte eine Gefährdung der Nachlassgläubiger vermieden werden, die eine Bruchteilsgemeinschaft mit sich bringe. Auch werde für die Miterben selbst der Nachteil, der im Verlust des freien Verfügungsrechts über ihren Anteil an den Erbschaftsgegenständen liege, durch den Vorteil aufgewogen, dass dem Miterben eine größere Sicherheit für seine Ersatzansprüche wegen gemachter Verwendungen, für Ausgleichsansprüche und dgl geboten werde (vgl Prot V 835 f). Schwerfälligkeiten der Gesamthandslösung wurden dadurch gemildert, dass einzelne Vorschriften (zB §§ 2038 Abs 2, 2042 Abs 2 BGB) auf Bestimmungen der Bruchteilsgemeinschaft verweisen. Nach der BGB-Gesellschaft (§§ 705 ff, 718 BGB) und der ehelichen Gütergemeinschaft (§ 1415 ff BGB) ist die Erbengemeinschaft die dritte Gesamthandsgemeinschaft des BGB. Sie ist jedoch im Unterschied zu den beiden ersteren nicht auf Dauer, sondern auf baldige Auseinandersetzung ausgerichtet (BGHZ 17, 299, 302; OLG Hamm JMBlNRW 1975, 153; Erman/Bayer Vor §§ 2032–2063 Rn 5; HK-BGB/Hoeren Vor §§ 2032–2063 Rn 5), daher kann jeder Miterbe jederzeitige Auseinandersetzung verlangen (§ 2042 BGB). Zur Rechts- und Parteifähigkeit vgl § 2032 Rn 8, 10. 7

2. Der Nachlass bildet ein gemeinsames Sondervermögen, das vom Privatvermögen der Miterben getrennt ist. Der einzelne Miterbe hat insoweit einen Anteil an diesem Sondervermögen (HK-BGB/Hoeren Vor §§ 2032–2063 Rn 7). Inhaber von Nachlassforderungen und -rechten und Eigentümer von Nachlassgegenständen sind die Gesamthänder in ihrer Verbundenheit als Gemeinschaft. Sie wird im Grundbuch eingetragen (§ 47 GBO). Der Besitz des Erblassers geht gem § 857 BGB auf die Gesamtheit der Miterben in Mitbesitz über (BGHZ 4, 77, 78; vLübtow II 800; Staudinger/Gutzeit [2018] § 857 Rn 11; Bamberger/Roth/Lohmann § 2032 Rn 2). Da die Gesamthandsgemeinschaft auch die Forderungen erfasst, kommt dem römischrechtlichen Grundsatz „nomina sunt ipso iure divisa“ keinerlei Bedeutung mehr zu. Ein Erlöschen von Rechten und Verbindlichkeiten, die zwischen dem Erblasser und einem Miterben bestanden haben (durch sog Konfusion), ist ausgeschlossen (HK-BGB/Hoeren Vor §§ 2032–2063 Rn 11), weil das Vermögen des Erben und der Nachlass rechtlich als gesonderte Vermögensmassen behandelt werden (BGHZ 48, 214; BVerwG WM 1969, 673). Wenn zB der Gläubiger und der Bürge Miterben des Hauptschuldners werden, kann die Bürgschaft auch nicht teilweise erlöschen (RGZ 76, 58). 8

9 Das für eine Aufrechnung erforderliche Gegenseitigkeitsmerkmal besteht nur bei einer Forderung der Gesamthandsgemeinschaft gegen eine Schuld derselben, nicht bei einer Forderung der Miterbengemeinschaft gegen eine Forderung eines Miterben. Die Aufrechnung einer Nachlassforderung durch einen Miterben gegen eine ihm persönlich gegen den Nachlass zustehende Forderung ist als unzulässige Verfügung über seinen Anteil an der Nachlassforderung gemäß § 2033 Abs 2 BGB unwirksam. Aber auch dem Nachlassschuldner wird durch § 2040 Abs 2 BGB verwehrt, mit einer Forderung gegen einen einzelnen Miterben gegen eine zum Nachlass gehörige Forderung aufzurechnen; er kann dies auch nicht in Höhe des Anteils des Miterben an dieser Forderung. Aufrechnen kann er nur seine Forderung gegen den Nachlass mit einer zu diesem gehörigen Forderung gegen sich. Dasselbe gilt für das Zurückbehaltungsrecht (RGZ 132, 83; OLG München MDR 1957, 103; Dütz NJW 1967, 1105). Bei einer Zwangsvollstreckung in Nachlassgegenstände ist ein Titel gegen alle Miterben erforderlich, § 747 ZPO.

10 **3.** Kennzeichnend für die Gesamthandsgemeinschaft der Erben nach dem BGB ist, dass kein Erbe über seinen *„Anteil an den einzelnen Nachlassgegenständen"* verfügen kann (so die Formulierung des § 2033 Abs 2 BGB; vgl näher § 2032 Rn 15 ff), sondern nur über seinen *Anteil an der Erbschaft im Ganzen,* § 2033 BGB. Dadurch ist der einzelne Miterbe (anders als bei der Bruchteilsgemeinschaft) gehindert, seinen Miterben einen fremden Teilhaber an einem Nachlassgegenstand aufzudrängen; auch eine Pfändung eines Anteils an einzelnen Nachlassgegenständen ist infolgedessen nicht möglich, § 859 Abs 2 ZPO. Dadurch wird eine Entwertung des Nachlasses ausgeschlossen, denn die Bruchteilsveräußerung bringt idR einen schlechteren Erlös als eine Veräußerung der Sache im Ganzen. Schließlich wird der ganze Nachlass zusammengehalten und kann zuerst zur Tilgung der Schulden gegenüber den Nachlassgläubigern und der Verbindlichkeiten des einzelnen Miterben gegenüber seinen Miterben aus der Gemeinschaft (aus seinem Verschulden, seiner Bereicherung, aus Verwendungen eines anderen Miterben) herangezogen werden.

11 **4.** Die *starke Bindung der Erben* aneinander ermöglicht einem eigenwilligen und eigensinnigen Miterben, auf der Erfüllung von Sonderwünschen zu bestehen und die Aktionsfähigkeit der Gemeinschaft zu schwächen, zumal aus sachfremden Erwägungen im Rahmen einer Auseinandersetzung unter den Miterben. Er muss nämlich grds (Einzelheiten bei § 2040 BGB) zu jeder Verfügung über einen einzelnen Nachlassgegenstand seine Zustimmung erteilen und kann seine Miterben in der Gemeinschaft so lange festhalten, bis außer den Nachlassgläubigern auch er wegen seiner Ansprüche aus der Gemeinschaft voll befriedigt ist, denn nach § 2046 BGB sind, ehe es zur Teilung kommt, die Nachlassverbindlichkeiten aus dem Nachlass zu berichtigen.

12 Das Gesetz sucht die Bindung der einzelnen Miterben an die Gemeinschaft zu mildern, indem es ihnen nach dem Vorbild des ALR und ABGB die Verfügung über den Anteil am ganzen Nachlass erlaubt, § 2033 Abs 1 BGB (anders als bei der BGB-Gesellschaft, § 719 Abs 1 BGB und Gütergemeinschaft, § 1419 Abs 1 BGB). Wenn die Miterben mit dem Erbfall einen sofort verfügbaren, als Kreditunterlage brauchbaren Vermögenswert erhalten, wird ihnen die Möglichkeit eröffnet, einen Fremden in die zumeist familiär orientierte Miterbengemeinschaft einzuführen. Die-

ser wird sich regelmäßig nur als kapitalistischer Teilhaber fühlen und sich über Bindungen zum Erblasser und dessen Familie hinwegsetzen. Erst recht entsteht eine solche Situation, sobald der Gläubiger eines Miterben dessen Gesamthandsanteil pfänden und sich zur Einziehung oder Veräußerung überweisen lässt (§§ 859 Abs 2, 1 S 1, 857 ZPO).

§ 2034 BGB räumt bei einem Verkauf des Anteils an einen Dritten den übrigen **13**
Miterben ein *Vorkaufsrecht* ein. Da dieses aber nur bei Kauf, nicht bei anderem, insbes unentgeltlichem Erwerb besteht (vgl § 2034 Rn 9), eröffnet die Zulassung der freien Verfügung über den Anteil am ganzen Nachlass dem einzelnen Miterben zwar einen Weg, sich von den Bindungen der Gesamthandsgemeinschaft zu befreien, beseitigt aber die Schwierigkeiten dieser Bindung für die verbleibenden Gemeinschafter nicht, sondern verstärkt sie.

5. Auch das jedem Miterben grundsätzlich zugestandene Recht, *jederzeit Aus-* **14**
einandersetzung zu verlangen (§ 2042 BGB), führt nicht zu einem Verfahren, in dem eigenwillige und selbstsüchtige Gemeinschafter in ihre Schranken gewiesen werden können. Die Durchführung der Auseinandersetzung erfolgt durch einen Auseinandersetzungsvertrag, für den in erster Linie die *freie Vereinbarung* der Miterben maßgebend ist.

Gelingt eine solche Verständigung nicht, kommt es nach ergänzenden gesetzlichen **15**
Vorschriften zu einer Nachlassliquidation, die in ihrer Wirkung die Zerschlagung des Nachlasses zur Folge hat und die Aufrechterhaltung wirtschaftlicher Einheiten kaum ermöglicht. Auf Antrag auch nur eines Miterben muss die Auseinandersetzung in einem *Verfahren der freiwilligen Gerichtsbarkeit* vor dem Nachlassgericht versucht werden. In diesem Verfahren kann unter gewissen Voraussetzungen ein Säumiger als einwilligend behandelt werden, sein Widerspruch vermag aber die Auseinandersetzung zu verhindern. Der Nachlassrichter hat nur die freiwillige Auseinandersetzung zu vermitteln; das Verfahren ist in §§ 363 ff FamFG geregelt. Ein widerstrebender Miterbe muss auf Einwilligung in den nach wenigen festen Auseinandersetzungsregeln aufzustellenden Teilungsplan im Prozessweg verklagt werden. Praktisch kann also ein Miterbe oder ein an seine Stelle getretener Gläubiger sich die Bindungen aus der Gesamthandsgemeinschaft zunutze machen, ohne im Auseinandersetzungsverfahren zu einem den Belangen der Miterben und der Familie gerecht werdenden Verhalten gezwungen werden zu können.

6. Um diese *Missstände* zu *beseitigen* und die Auseinandersetzung nicht völlig **16**
vom guten Willen und der Einsicht der einzelnen Miterben abhängen zu lassen, könnte der Gesetzgeber dem Nachlassgericht erweiterte rechtsgestaltende Befugnisse im Auseinandersetzungsverfahren zuteilwerden lassen. Einen Ansatz dazu brachte die Bestimmung des § 9a der VO über Maßnahmen auf dem Gebiete der Zwangsvollstreckung vom 26. 5. 1933 (RGBl I 302), die durch das G über Maßnahmen auf dem Gebiet der Zwangsvollstreckung vom 20. 8. 1953 aufgehoben und durch § 180 Abs 2 ZVG ersetzt worden ist (vgl Mohrbutter Rpfleger 1954, 235). Danach ist, falls die Zwangsversteigerung eines Grundstückes zwecks Aufhebung einer Gemeinschaft angeordnet ist, die einstweilige Einstellung auf die Dauer von längstens 6 Monaten anzuordnen, wenn dies bei Abwägung der widerstreitenden Interessen der mehreren Miteigentümer angemessen erscheint. Die einmalige Wiederholung

der Einstellung ist zulässig. Dadurch wird der eigensüchtigen Verfolgung des Auseinandersetzungsanspruchs durch einen Miterben ein Riegel vorgeschoben und ein gewisser Druck zur Einigung auf die Miterben ausgeübt. Für eine grundsätzliche Umgestaltung des Auseinandersetzungsverfahrens iS einer Erweiterung der rechtsgestaltenden Befugnisse des Nachlassgerichts hat sich auch die Mehrheit des ErbrA d AkDR (4. Denkschr 283) ausgesprochen und weiterhin die Einsetzung eines Erbenvertreters oder Erbschaftsverwalters zur Überwindung der Uneinigkeit der Erben erwogen.

17 Diese Vorschläge bergen freilich – zumal vor dem Hintergrund ihrer Entstehungszeit – die Gefahr eines von Gemeinschaftsinteressen geleiteten richterlichen Eingreifens in die Erbengemeinschaft. Vorzugswürdig dürfte eine Neufassung der §§ 2038 ff BGB sein, die die Problemkreise der Geschäftsführung und Vertretung in der Erbengemeinschaft regeln, und zwar im Anschluss an das in der Lit zunehmend vertretene Modell einer weitreichenden Mehrheitsgeschäftsführung unter Gleichlauf von Geschäftsführung und Vertretung (vgl die Erörterungen bei § 2038 und § 2040). Dies kann eine Blockade durch einen eigensinnigen Miterben für diesen unattraktiv machen. Überdies ist es Aufgabe des Erblassers (und nicht des Erbrechts), zB durch Anordnung der Testamentsvollstreckung, vorzubeugen, wenn er Streitigkeiten unter den Miterben befürchtet oder eigensinnigem Verhalten eines Miterben vorbeugen möchte.

18 **7.** Die Einführung einer *verbesserten Gesamthandsgemeinschaft* verdient jedenfalls den Vorzug vor einer gleichfalls vorgeschlagenen abgemilderten Bruchteilsgemeinschaft, abgemildert durch ein gesetzliches Pfandrecht des Miterben (zur Sicherung seiner Ansprüche aus der Gemeinschaft) an den einzelnen Erbschaftsgegenständen oder durch ein Absonderungsrecht nach den §§ 49 ff InsO. Nach Meinung des ErbrA (4. Denkschr 136) würde ein derartiges unerkennbares Generalpfandrecht an einem Sondervermögen den Rechtsverkehr über Nachlassgegenstände und Bruchteile ebenso erschweren wie die Gesamthandsbindung (dazu auch Verhandlungen 20. DJT I 199 f).

III. Grundsatz der Gesamtrechtsnachfolge

19 Das Vermögen des Erblassers geht mit dem Erbfall als Ganzes auf den oder die Erben über, § 1922 Abs 1 BGB (Universalsukzession). Gegenstand der gesamthänderischen Bindung bei einer Miterbengemeinschaft ist damit der Nachlass, dh jeder Vermögensgegenstand des Erblassers wird Gesamthandsvermögen. Da bei einer Miterbengemeinschaft nicht der einzelne Erbe, sondern alle Erben zusammen in ihrer gesamthänderischen Bindung Rechte an den Nachlassgegenständen (§ 2032 BGB: „gemeinschaftliches Vermögen der Erben") haben, kann bei mehreren Erben der Erblasser einen einzelnen Erben nicht mit dinglicher Wirkung zu seinem Rechtsnachfolger an einzelnen Nachlassgegenständen machen. So geht ein Gesellschaftsanteil an einer GmbH oder AG auf die Miterben zur gesamten Hand (Miterbengemeinschaft) gem §§ 1922, 2032 BGB über mit der Folge, dass die Erbengemeinschaft Gesellschafterin der GmbH bzw AG wird (Lagner GmbHR 2006, 295, dort auch zu Möglichkeiten, evtl Schwerfälligkeiten zu überwinden; dazu § 2032 Rn 56 ff).

20 Eine *Sondererbfolge* (Singularsukzession), dh Anfall eines Nachlassbestandteils an einen Miterben, ist im BGB nicht anerkannt. Der Erblasser muss – will er die dingliche Rechtsnachfolge eines Erben erreichen – diesen zum Alleinerben bestimmen und die anderen mit Vermächtnissen bedenken. Sind mehrere Erben eingesetzt (Miterbengemeinschaft), kann er die Zuteilung eines bestimmten Nachlassgegenstandes an einen bestimmten Erben durch eine testamentarische **Teilungsanordnung** (§ 2048 BGB, wenn der Erbe sich die Gegenstände auf seinen Erbteil anrechnen lassen soll) erreichen, die den jeweiligen Miterben bei der Auseinandersetzung einen entsprechenden schuldrechtlichen Anspruch gegen die Miterbengemeinschaft gibt (vgl § 2048 Rn 2). Ebenfalls nur einen schuldrechtlichen Anspruch des Begünstigten begründet das **Vorausvermächtnis** (§ 2150 BGB, wenn die Zuwendung nicht anrechnungspflichtig sein soll), durch das der Erblasser letztwillig die Zuordnung eines Nachlassgegenstandes an einen bestimmten Miterben anordnen kann.

IV. Sondernachfolgen

Der Grundsatz der Gesamtrechtsnachfolge hat sich in vielen Fällen als schwerfällig **21** und als ein den praktischen Bedürfnissen oft nicht gerecht werdendes System erwiesen. Durch Gesetz sind daher unter Abweichung von dem Grundsatz der Gesamtrechtsnachfolge Ausnahmen festgelegt worden, in denen Sondernachfolge zugunsten einzelner Miterben eintreten kann. Die Gegenstände, hinsichtlich derer Sondernachfolge gilt, fallen nicht in das Gesamthandsvermögen, sondern gehören ausschließlich dem Sondernachfolger (MünchKomm/Gergen Vor § 2032 Rn 8), mag dieser auch ansonsten als Mitglied einer Erbengemeinschaft an dem übrigen Nachlass des Erblassers gesamthänderisch beteiligt sein.

1. Anerbenrecht

Sondernachfolge gilt im Anwendungsbereich des Anerbenrechts, das aufgrund des **22** *landesrechtlichen Vorbehalts* des Art 64 EGBGB die Erbfolge in landwirtschaftliche Höfe regelt (zu den Rechtsgrundlagen und Prinzipien des Anerbenrechts vgl Staudinger/Kunz [2017] Einl 25 zum ErbR mwN, zur gesetzlichen Hofeserbfolge vgl Staudinger/Werner [2017] Vorbem 4 ff zu § 1924).

a) Die das Erbrecht des BGB verdrängende, 1947 entstandene HöfeO gilt in den **23** Bundesländern Nordrhein-Westfalen, Schleswig-Holstein, Niedersachsen und Hamburg, also dem Gebiet der ehemaligen Britischen Besatzungszone. Die HöfeO legt in § 4 S 1 fest, dass ein Hof iSd HöfeO (vgl § 1) **nur an einen Erben**, den Hoferben, fallen kann. Setzt der Erblasser mehrere Erben ein, oder treten aufgrund gesetzlicher Erbfolge mehrere Erben die Erbschaft an, können diese den Hof nicht gesamthänderisch zu Eigentum erhalten. Ausnahme sind testamentarisch zu Hoferben eingesetzte Ehegatten, die nach § 1 Abs 1 S 1 HöfeO gemeinschaftliche Hofeigentümer sein können. Dem Erblasser ist das Recht genommen, den Hof mehreren Miterben zu übertragen, er kann die Sondererbfolge an einen nicht ausschließen (§ 16 Abs 1 S 1 HöfeO). Hat der Erblasser keinen Hoferben bestimmt, sondern mehrere Miterben eingesetzt, richtet sich die Bestimmung des Hoferben nach der gesetzlichen Hoferbenordnung, §§ 5, 6, 8 HöfeO. Dieser Hoferbe wird mit dem Erbfall Alleineigentümer des Hofes kraft Sondererbfolge (MünchKomm/Gergen Vor § 2032 Rn 10), obwohl er gegebenenfalls mit den übrigen Miterben eine Miterbengemeinschaft bildet. Der gesamthänderischen Bindung unterliegt der an die Stelle des Hofes tretende Hofeswert (§ 4 S 2 HöfeO).

24 Die **weichenden Erben** (die Miterben, die nicht Hoferben geworden sind) haben anstelle des Anteils am Hof einen Zahlungsanspruch gegen den Hoferben (§ 12 Abs 1 HöfeO) auf insgesamt das $1^1/_2$-fache des zuletzt festgesetzten Einheitswertes, sofern der Erblasser keinen anderen Wert bestimmt hat (Näheres § 12 Abs 2–10 HöfeO). Diesen Betrag, der in den Nachlass fällt, teilen sich alle Miterben einschließlich des Hoferben – sofern dieser Miterbe ist – nach den allgemeinen Regeln der §§ 2032 ff BGB (Dressel NJW 1976, 1246).

25 Hat der Erblasser keinen Hoferben bestimmt und ist kein gesetzlicher Hoferbe vorhanden, vererbt sich der Hof nach den **allgemeinen Vorschriften** des BGB, eine Sondererbfolge findet nicht statt (§ 10 HöfeO).

26 **b)** Darüber hinaus gelten in Baden-Württemberg (Badische Hofgütergesetz; Württembergische Anerbengesetz), Bremen (Bremisches Höfegesetz), Hessen (Hessische Landgüterordnung), und Rheinland-Pfalz (Rheinland-pfälzische Höfeordnung) gem Art 64 EGBGB für Höfe zulässige **Regelungen des Landesrechts**; Voraussetzung hierfür ist die Eintragung in der Höferolle oder in Abteilung II des Grundbuches.

2. Mietverhältnis

27 § 563 BGB regelt den Eintritt bestimmter Personen in das Mietverhältnis bei Tod des Mieters. Es handelt sich um eine Sonderrechtsnachfolge kraft Gesetzes, die dem Eintretenden unabhängig von einer Erbenstellung die Erhaltung seines bisherigen Lebensmittelpunktes gegen die Interessen des Vermieters und der Erben des Verstorbenen ermöglichen soll. Der Eintritt erfolgt kraft Gesetzes mit dem Tode des Mieters; das Mietverhältnis geht mit allen Rechten und Pflichten, die sich aus dem Mietvertrag zu diesem Zeitpunkt ergeben, auf den Sonderrechtsnachfolger über. Tritt kein Sonderrechtsnachfolger in das Mietverhältnis ein, so gilt § 1922 BGB; dies ordnet § 564 S 1 BGB deklaratorisch an.

28 **a)** Kraft Gesetzes treten ein der *Ehegatte* oder der *eingetragene Lebenspartner,* der mit dem verstorbenen Mieter einen gemeinsamen Haushalt geführt hat, § 563 Abs 1 BGB. Voraussetzung ist also das Bestehen einer Wirtschafts- und Lebensgemeinschaft zwischen den Ehegatten bzw eingetragenen Lebenspartnern; eine vorübergehende, etwa beruflich bedingte, räumliche Trennung beendet die gemeinsame Haushaltsführung nicht (Löhnig FamRZ 2001, 891, 892).

29 Die *Kinder* des verstorbenen Mieters treten in das Mietverhältnis ein, wenn sie im gemeinsamen Haushalt des Mieters leben, § 563 Abs 2 S 1 BGB. Entgegen dem insoweit missverständlichen Gesetzeswortlaut ist es nicht erforderlich, dass die Kinder im „gemeinsamen Haushalt" des Mieters mit seinem Ehegatten bzw eingetragenen Lebenspartner leben. Auch Kinder eines alleinerziehenden Elternteils treten als Sonderrechtsnachfolger in das Mietverhältnis ein. Ebenfalls treten *andere Personen,* die mit dem Mieter einen gemeinsamen Haushalt führen, nach dem Tod des Mieters in das Mietverhältnis ein, § 569 Abs 2 S 3 und 4 BGB.

Die Kinder treten gemäß § 569 Abs 2 S 1 BGB *nur in das Mietverhältnis ein,* wenn der Ehegatte nicht eintritt. Kinder und eingetragener Lebenspartner treten ggf gemeinsam in das Mietverhältnis ein (Löhnig FamRZ 2001, 891, 893). Andere Personen treten die Sonderrechtsnachfolge nur an, wenn Ehegatte oder eingetragener Lebenspartner nicht Sonderrechtsnachfolger werden. Kinder und andere Personen treten ggf gemeinsam in das Mietverhältnis ein. 30

b) Der Eintritt gilt als nicht erfolgt, wenn der jeweilige Sonderrechtsnachfolger dies binnen Monatsfrist nach Kenntnis vom Tode des Mieters gegenüber dem Vermieter erklärt, § 563 Abs 3 BGB. 31

Der Vermieter kann das Mietverhältnis unter Einhaltung der gesetzlichen Fristen kündigen, wenn in der Person des Eintretenden ein wichtiger Grund, beispielsweise Zahlungsunfähigkeit, vorliegt. Bei mehreren eintretenden Personen genügt ein wichtiger Grund in der Person eines Sonderrechtsnachfolgers, § 569 Abs 4 BGB. 32

c) § 563a BGB regelt die Konstellation, dass mehrere Personen Mieter sind und einer von ihnen verstirbt. Die in dieser Norm angeordnete Fortsetzung des Mietverhältnisses durch den überlebenden Mitmieter stellt ebenfalls eine Form der Sonderrechtsnachfolge nach dem Verstorbenen dar (zu Einzelheiten Staudinger/Rolfs [2018] § 563a Rn 9 ff). Der verbliebene Mitmieter kann binnen Monatsfrist nach Kenntnis vom Tode des Mitmieters unter Einhaltung der gesetzlichen Fristen das Mietverhältnis kündigen, § 563a Abs 2 BGB. Der Vermieter dagegen hat kein außerordentliches Kündigungsrecht. 33

d) Für Verbindlichkeiten aus dem Mietverhältnis, die bis zum Tode des verstorbenen Mieters entstanden sind, haften Erben und Sonderrechtsnachfolger als Gesamtschuldner, § 563b Abs 1, §§ 421 ff BGB; die Erben werden also durch den Eintritt der Sonderrechtsnachfolge nach §§ 563, 563a BGB nicht von den Verbindlichkeiten befreit, welche im Wege der Universalsukzession übergehen (zu Einzelheiten Staudinger/Rolfs [2018] § 563b Rn 4 ff). Der Sonderrechtsnachfolger hat den Erben dasjenige herauszugeben, was er dadurch erlangt oder erspart hat, dass der verstorbene Mieter den Mietzins im Voraus für einen nach seinem Tode liegenden Zeitraum entrichtet hat, § 563b Abs 2 BGB. 34

3. Nachfolge in den Anteil einer Personalgesellschaft*

a) Gem § 727 BGB, § 131 HGB kann eine Personalgesellschaft beim Tode eines Gesellschafters mit einem bestimmten Nachfolger **fortgesetzt** werden. Die Vererblich- 35

* **Schrifttum:** Becker, Die Übertragung eines Personengesellschaftsanteils durch Rechtsgeschäft unter Lebenden auf den Todesfall, AcP 201 (2001) 629; Behrens, OHG und erbrechtliche Nachfolge (1969); Börner, Die Erbengemeinschaft als Gesellschafterin einer Offenen Handelsgesellschaft oder die unbewältigte Erbenhaftung, AcP 166 (1966) 426; Buchwald, Der Betrieb eines Handelsgewerbes in Erben- oder Gütergemeinschaft, BB 1962, 1405; ders, Gesellschaftsanteil und Erbrecht, AcP 154 (1954) 22; Demelius, Zum Grenzstreit zwischen Gesellschaftsrecht und Erbrecht, in: Gedenkschrift Gschnitzer (1969) 117; Ebert, Die rechtsfunktionelle Kompetenzabgrenzung von Gesellschaftsrecht und Erbrecht (1972); Eiselt, Die Vererbung der Beteiligung an einer OHG, AcP 158 (1958) 319; Eisenhardt, Sondererb-

keit der Gesellschafterstellung muss im Fall der BGB-Gesellschaft vereinbart werden, weil der gesetzliche Regelfall die Auflösung ist, § 727 Abs 1 BGB, im Fall der OHG, KG oder PartGG stellt die Fortsetzung der Gesellschafterstellung den Regelfall dar, § 131 Abs 3 HGB bzw § 9 PartGG. Wird die BGB-Gesellschaft nach § 727 Abs 1 BGB oder die OHG, KG oder PartG aufgrund gesellschaftsvertraglicher Vereinbarung mit dem Tode eines Gesellschafters aufgelöst, bestehen keine Besonderheiten, weil sich in

---

folge in einen Gesellschaftsanteil bei der Personalgesellschaft, MDR 1969, 521; Esch, Die Nachlasszugehörigkeit vererbter Personengesellschaftsbeteiligungen, NJW 1984, 339; Finger, Der Ausschluss von Abfindungsansprüchen bei Nachfolge in Personalgesellschaften beim Tod eines Gesellschafters, Betrieb 1974, 27; Fischer, Die Geschäftsführungs- und Vertretungsbefugnis eines Erben in einer Personalgesellschaft des Handelsrechtes, BB 1956, 839; Flume, Die Erbennachfolge in den Anteil an einer Personengesellschaft und die Zugehörigkeit des Anteils zum Nachlass, NJW 1988, 161; ders, Die Nachfolge in die Mitgliedschaft einer Personengesellschaft beim Tode eines Gesellschafters, in: FS Schilling (1973) 23; Heckelmann, Abfindungsklauseln in Gesellschaftsverträgen (1973); Heil, Die Erbteilsveräußerung bei Fortführung eines Handelsgeschäftes in ungteteilter Erbengemeinschaft, MittRhNotK 1999, 148; Henrich, Die Vererbung von Gesellschaftsanteilen bei OHG und KG, JA 1971, 755; Hueck, Gesellschaftsvertrag und Erbrecht, DNotZ 1952, 550; Johannsen, Die Nachfolge in kaufmännische Unternehmen und Beteiligungen an Personengesellschaften beim Tod ihres Inhabers, FamRZ 1980, 1074; Keller, Fortführung eines in ungeteilter Erbengemeinschaft betriebenen Handelsgeschäfts durch Erbteilserwerber?, ZEV 1999, 174; Köbler, Erbrecht und Gesellschaft (1974); Kruse, Die Vererbung des Mitgliedschaftsrechtes an einer Offenen Handelsgesellschaft im Falle der Nachfolgeklausel, in: FS Laufke (1971) 179; Küster, Gesellschafternachfolge und Erbengemeinschaft bei der OHG und KG (1970); Langner/Heydel, Nachfolgeklauseln im GmbH-Gesellschaftsvertrag, GmbH-Rdsch (2006) 291; Liebich, Über die Rechtsstellung der Erben eines offenen Handelsgesellschafters, ZHR 116, 128; Menold, Die erbrechtlichen Schranken der Gestaltung der Vererbung von Anteilen an Gesamthandspersonalgesellschaften (OHG, KG und Außen-GbR) (2005); Michaelis, Zur Rechtsstellung des Gesellschafter-Erben, ZAkDR 1943, 233; Model, Letztwillige Verfügung und Gesellschaftsvertrag, GmbH-Rdsch 1959, 6; Paul, Die Gesellschafterfähigkeit von Gesamthandsgemeinschaften (Diss Saarbrücken 2005); Rauch, Die erbrechtliche Rechtsnachfolge eines Miterben in die Mitgliedschaft eines Personalgesellschafters, DNotZ 1970, 78; Reinicke, Zur Kollision von Gesellschaftsrecht und Erbrecht, NJW 1957, 561; Reuter, Gesellschaftsvertragliche Nachfolgeregelung und Pflichtteilsrecht, JuS 1971, 289; Rokas, Die Teilhaberschaft an der Offenen Handelsgesellschaft und ihre Vererbung (1965); Rüthers, Die privatautonome Gestaltung der Vererbung des Anteils an einer Offenen Handelsgesellschaft durch eine beschränkte Nachfolgeklausel, AcP 168 (1968) 263; Säcker, Gesellschaftsvertragliche und erbrechtliche Nachfolge in Gesamthandsmitgliedschaften (1970); Schäfer, Die Vererbung von Personengesellschaftsanteilen durch Nachfolgeklauseln, BB-Spezial 5/2004, 14; K Schmidt, Gesellschaftsrechtliche Abfindungsklauseln im Schnittpunkt von Gesellschafts-, Vollstreckungs-, Familien- und Erbrecht, FamRZ 1974, 518; Schmitz/Herscheidt, Die Mitgliedschaft in der OHG als Gegenstand der Erbfolge, WM 1971, 1110; Stodolkowitz, Nachlasszugehörigkeit von Personengesellschaftsanteilen, in: FS Kellermann (1991) 439; Stötter, Die Nachfolge in Anteile an Personengesellschaften aufgrund Gesellschaftsvertrages oder Erbrechts, Betrieb 1970, 525, 573; Siebert, Gesellschaftsvertrag und Erbrecht bei der OHG (3. Aufl 1958); ders, Die Nachfolge von Todes wegen in die Mitgliedschaft des Gesellschafters einer Offenen Handelsgesellschaft, NJW 1955, 809; ders, Die Rechtsnachfolge beim Tode eines Gesellschafters einer offenen Handelsgesellschaft, BB diesem Fall keine Friktionen zwischen dem Haftungsregime der Erbengemeinschaft, § 2059 BGB, und jenem der ebenfalls nicht auf Dauer angelegten Liquidationsgesellschaft ergeben: Die an der Liquidationsgesellschaft bestehende Rechtsstellung geht auf die Erben über, die in ihrer gesamthänderischen Verbundenheit Mitglieder der Liquidationsgesellschaft werden. Die Beteiligten können auch in diesem Stadium noch einen (einstimmigen) Beschluss zur Fortsetzung der Gesellschaft fassen und die Liquidationsgesellschaft wieder in eine werbende Gesellschaft umwandeln.

Kommt es kraft Gesetzes (§ 131 Abs 3 HGB bzw § 9 PartGG) oder kraft gesellschaftsvertraglicher Vereinbarung (bei der BGB-Gesellschaft) zu einer Fortsetzung der Gesellschaft nach dem Tode eines Gesellschafters, so wird mangels abweichender Vereinbarung die Gesellschaft in diesem Fall von den verbleibenden Gesellschaftern fortgesetzt, denen der Gesellschaftsanteil des verstorbenen persönlich haftenden (anders beim Kommanditisten, Rn 46) Gesellschafters nach Maßgabe des § 105 Abs 3 HGB iVm § 738 Abs 1 BGB zuwächst. Soweit ein **Abfindungsanspruch** nicht gesellschaftsvertraglich ausgeschlossen wurde, was bei wirtschaftlich tätigen Gesellschaften nicht ohne weiteres möglich ist (zu Einzelheiten STAUDINGER/HABERMEIER [2003] § 738 Rn 21 ff), fällt dieser Anspruch gegen die Gesellschaft in den Nachlass, sodass er den Miterben zur gesamten Hand zusteht, § 1922 BGB. 36

Soll die Gesellschaft **mit Erben** des verstorbenen Gesellschafters **fortgesetzt** werden, muss dies gesellschaftsvertraglich geregelt werden (Nachfolgeklausel). Allein durch eine derartige Regelung wird der Gesellschaftsanteil an einer Personengesellschaft also überhaupt erst vererblich gestellt. Hier sind die sog *einfache Nachfolgeklausel* (Fortsetzung mit allen Erben des Gesellschafters, welche sich aus letztwilliger Verfügung oder gesetzlicher Erbfolge ergeben) und die sog *qualifizierte Nachfolgeklausel* (Fortsetzung nur mit einem/mehreren bestimmten Erben des Gesellschafters, welche im Gesellschaftsvertrag benannt oder bestimmbar gemacht werden) zu unterscheiden. Diese Erben haben zur Vermeidung einer persönlichen Haftung jeweils die Möglichkeit eines Rückzugs in die Stellung eines Kommanditisten, vgl § 139 HGB. 37

b) Wird die Gesellschafterstellung auf einen **Alleinerben** (einfache Nachfolgeklausel) vererbt, ergeben sich keine Besonderheiten. Es decken sich Erbenstellung und gesellschaftsvertragliche Nachfolgestellung. Dies gilt insbes auch beim Tode eines von zwei Gesellschaftern, deren einer den anderen beerbt, nur dass in diesem 38

1956, 835; ders, Gesellschaftsvertragliche Abfindungsklauseln und Pflichtteilsrecht, NJW 1960, 1033; SUDHOFF, Handbuch der Unternehmensnachfolge (1972); ULMER, Gesellschafternachfolge und Erbrecht, ZGR 1972, 195, 324; ders, Die Sonderzuordnung des vererbten OHG-Anteils, in: FS Schilling (1973) 79; ders, Zur Gesellschafternachfolge im Todesfall, BB 1977, 805; WEILER, Die Rechtsstellung des Testamentsvollstreckers gegenüber den Erben einer personalgesellschaftlichen Beteiligung des Erblassers, DNotZ 1952, 283; WEIPERT, Die Erbengemeinschaft als Mitglied einer Personengesellschaft, ZEV 2002, 300; H P WESTERMANN, Die höchstrichterliche Regelung der Erbfolge in Beteiligungen an Personengesellschaften, JuS 1979, 761; ders, Haftung für Nachlassschulden bei Beerbung eines Personalgesellschafters durch eine Erbengemeinschaft, AcP 173 (1973) 24; H WESTERMANN, Handbuch der Personengesellschaften I Rn 471–566; WIEDEMANN, Die Übertragung und Vererbung von Mitgliedschaftsrechten bei Handelsgesellschaften (1965); WINKLER, Unternehmertestament und gesellschaftsvertragliche Nachfolgeklauseln, ZErb 2006, 195.

Fall mit dem Erbfall die Gesellschaft sofort beendet ist (es entsteht keine Liquidationsgesellschaft) und das Gesellschaftsvermögen auf den verbleibenden Gesellschafter übergeht (vgl MünchKomm/Leipold § 1922 Rn 87).

39 **c)** Erfolgt eine Vererbung der Gesellschafterstellung auf *mehrere Erben,* weil die Gesellschaft mit **sämtlichen Miterben** fortgeführt werden soll (einfache Nachfolgeklausel), rücken diese als Einzelpersonen im Verhältnis ihres Erbteils (nicht aber in ihrer gesamthänderischen Bindung als Miterbengemeinschaft!) in die Gesellschafterstellung ein. Eine Erbengemeinschaft kann nicht Gesellschafter einer Personengesellschaft sein, da sie nicht hinreichend verselbständigt ist, um im Rechtsverkehr als handlungs- und haftungsfähige Einheit aufzutreten (RGZ 16, 40, 56; 170, 494; RG JW 1912, 475; LZ 1912, 670; Recht 1917 Nr 457; BGHZ 22, 186; BGH WM 1971, 308, 723; BGH NJW 1983, 2376; BGHZ 91, 132, 135; BGH NJW 1989, 3152, 3153; BGB-RGRK/Kregel § 2032 Rn 11; MünchKomm/Gergen Vor § 2032 Rn 9; Hueck, Das Recht der OHG [4. Aufl] § 28 II 2 a; Ulmer BB 1977, 806; **aM** Börner AcP 166 [1966] 426 f; vgl auch die Anregungen von Grunewald, Gesellschaftsrecht [2000] 1. C. Rn 58 und Ulmer NJW 1990, 73, 83; ausführlich dazu auch Muscheler, Universalsukzession und Vonselbsterwerb [2002] § 1 IV 16). Überdies verträgt sich die bis zur Auseinandersetzung beschränkte, § 2059 BGB, und anschließend beschränkbare, §§ 1975 ff BGB, Haftung der Erben nicht mit der unbeschränkten persönlichen Haftung eines Personengesellschafters, wie sie in § 128 HGB für OHG-Gesellschafter und Komplementäre einer KG vorgesehen ist und auch für BGB-Gesellschafter angenommen wird.

40 Die gängige Auffassung durchbricht deshalb das Prinzip der gesamthänderischen Erbrechtsnachfolge und lässt jeden einzelnen Miterben entsprechend seinem Erbanteil **unmittelbar als Nachfolger des Erblassers** Gesellschafter in der BGB-Gesellschaft, OHG und als Komplementär in der KG werden (BGHZ 22, 192; 46, 291; 55, 267 = WM 1971, 565; BGH Betrieb 1977, 1131 = BB 1977, 809; KG DNotZ 1955, 418; BGHZ 68, 225, 237; BGH NJW 1981, 749; 83, 2376; Palandt/Weidlich § 1922 Rn 17 f; BGB-RGRK/Kregel § 2032 Rn 8; MünchKomm/Gergen Vor § 2032 Rn 9; Soergel/Lettmaier § 2032 Rn 20; Hueck § 28 II 2 a; Brox/Walker § 44 Rn 13; Johannsen FamRZ 1980, 1074, 1080 f). Der gesamte Anteil wird *wertmäßig* jedoch dem Nachlass zugeordnet (BGH NJW 83, 2376, 86, 2433), was insbes bei der Auseinandersetzung von Bedeutung ist.

41 Gerechtfertigt wird dieses Ergebnis mit einem **Vorrang des Gesellschaftsrechts** vor dem Erbrecht und einem Hinweis auf § 139 Abs 1 HGB, der die Einzelnachfolge billige, indem er jedem Erben die dort festgelegten Rechte gebe, um ihn vor den mit der Gesellschafterstellung verbundenen Nachteilen zu schützen (BGH Betrieb 1977, 1131; BGB-RGRK/Kregel § 2032 Rn 11; Säcker 25; Ulmer BB 1977, 805, 806). Letztlich wird auf diese Weise ein gewolltes, praktischen Bedürfnissen entsprechendes Ergebnis ohne feste rechtliche Grundlage erreicht, denn es gibt weder einen solchen Vorrang des Gesellschaftsrechtes noch ein besonderes „Gesellschaftserbrecht". § 139 HGB enthält keine erbrechtliche Nachfolgeregelung, sondern lediglich eine gesellschaftsrechtliche Sonderregelung einer Verfügung unter Lebenden auf den Todesfall (BGH Betrieb 1977, 1129; Ulmer BB 1977, 807 mwNw). Allerdings kann man diesem weitreichend anerkannten Ergebnis inzwischen **gewohnheitsrechtliche Geltung** zubilligen (Brox/Walker § 44 Rn 13; Rüthers AcP 168 [1968] 276). Die Konstruktion eines im Gesellschaftsvertrag enthaltenen Vertrags zugunsten Dritter unter Lebenden auf den Todesfall (so OLG Bamberg MDR 1956, 41; Brox/Walker § 44 Rn 10; Hueck DNotZ 1952, 554) scheitert hingegen an der Unzulässigkeit eines dinglich wirkenden Vertrags zugunsten Dritter (BGH Betrieb 1977, 1130; Ulmer BB 1977, 805, 806).

d) Ist im Gesellschaftsvertrag einer Personalgesellschaft vorgesehen, dass – um eine Vermehrung der Gesellschafter zu vermeiden – die Gesellschaft beim Tode eines persönlich haftenden Gesellschafters nur **mit einem oder einzelnen Erben fortgesetzt** werden soll (qualifizierte Nachfolgeklausel), haben aber mehrere Erben den verstorbenen Gesellschafter beerbt, rückt ein Miterbe oder einzelne bestimmte Miterben mit dem Erbfall unmittelbar – also ohne Übertragung von der Miterbengemeinschaft – wie bei der einfachen Nachfolgeklausel in die Gesellschafterstellung des Erblassers ein. Dieser Eintritt erfolgt in vollem Umfang. Die Erbquote bildet keine gegenständliche Begrenzung, denn sie regelt nur die Beteiligung am gesamten Nachlasswert, nicht aber an dem zugedachten Gesellschaftsanteil (BGH Betrieb 1977, 1131 mwNw, anders noch BGHZ 22, 186). Dabei ist es unerheblich, ob der begünstigte Erbe im Gesellschaftsvertrag namentlich aufgeführt oder sonst wie näher bestimmt (zB der älteste Sohn, die Witwe) bzw die Bestimmung dem Erblasser (durch letztwillige Verfügung) oder den Miterben überlassen ist (RGZ 145, 295; BGH Betrieb 1977, 1131 mwNw; Otte I 6; Siebert NJW 1955, 810; Eisenhardt MDR 1969, 521; **aM** Kruse 179). 42

Da eine unmittelbare Nachfolge eintritt, wird idR eine Auszahlung eines Ausgleichsbetrages zugunsten der Miterben und zu Lasten der Gesellschaft nicht gewollt sein. Im Gesellschaftsvertrag kann bestimmt werden, dass ein Anspruch der Miterben auf *Auszahlung eines Abfindungsbetrages ausgeschlossen* ist, da § 738 BGB nachgiebiges Recht enthält. Die darin liegende Bindung des Gesellschaftsvermögens müssen die weichenden Erben gegen sich gelten lassen, ohne dass die Befreiung des Bevorzugten in einer letztwilligen Verfügung festgelegt ist (RGZ 145, 289). Allerdings muss sich der Begünstigte den erhaltenen Wert bei der **Auseinandersetzung anrechnen** lassen. Die Ausgleichspflicht ergibt sich aus §§ 2050 ff BGB analog (Westermann Rn 542; Brox/Walker § 44 Rn 17). Diese Anrechnung kann allein durch letztwillige Verfügung ausgeschlossen werden, dann ergeben sich jedoch Ausgleichspflichten aus §§ 2316 ff BGB (RGZ 170, 207; Hueck § 28 II 2 c; ders DNotZ 1952, 550). 43

Die Diskrepanz zwischen gesellschaftsvertraglicher Nachfolgeklausel und erbrechtlicher Gesamtnachfolge, da sie weder im Gesetz geregelt ist noch analogiefähige Vorschriften vorhanden sind (Rüthers AcP 168 [1968] 276), wurde „extra legem" (Kraft/Kreutz, Gesellschaftsrecht [2000] 223 ff) gelöst. Auch diese Lösung kann jedoch inzwischen **gewohnheitsrechtliche Geltung** beanspruchen, obschon ein Erbrechtsanfall über § 1922 BGB an den Begünstigten mit dem Grundsatz der Gesamtnachfolge nicht vereinbar ist. Bei der Vererbung der Gesellschafterstellung handelt es sich letztlich um ein gesellschaftsrechtliches Problem, ein wirtschaftlich gewünschtes Ergebnis mit dem Gesetz in Einklang zu bringen. 44

e) Da auch der **minderjährige Erbe** kraft Gesetzes Gesellschafter der Personengesellschaft wird, ist eine Genehmigung des Familiengerichts im BGB nicht vorgesehen (vgl § 1822 Nr 3 BGB; BGHZ 92, 259, 266 f). Diese gesetzliche Regelung war insoweit mit dem allgemeinen Persönlichkeitsrecht des Minderjährigen nicht vereinbar, als er nicht nur mit seinem ererbten Anteil, sondern bei Fortführung des 45

Handelsgeschäfts durch seine Eltern auch persönlich verpflichtet war (BVerfGE 72, 155, 173 ff). Der Gesetzgeber hat deshalb in §§ 1629a, 1793 Abs 2 BGB sein Wächteramt aus Art 6 Abs 2 S 2 GG ausgeübt. Die Haftung des Minderjährigen beschränkt sich danach auf den Bestand des bei Eintritt der Volljährigkeit vorhandenen Vermögens des Kindes. Dem Interesse der Gläubiger und des allgemeinen Rechtsverkehrs wurden durch Einfügung zweier Vermutungstatbestände in § 1629a Abs 4 BGB sowie die Eintragung des Geburtsdatums jedes Gesellschafters im Handelsregister Rechnung getragen.

46 **f)** Der Anteil eines Kommanditisten ist kraft Gesetzes vererblich gestellt, § 177 HGB. Die unmittelbare Nachfolge kraft Sondererbfolge war für die Nachfolge in den **Anteil eines Kommanditisten** zunächst umstritten. Es entstand die Frage, ob beim Tode eines Kommanditisten jeder Erbe selbständiger Kommanditist werde oder ob zuerst die Erbengemeinschaft Kommanditist werde und bis zur Auseinandersetzung bleibe. Für die letzte Auffassung hatte sich insbesondere das RG (RGZ 123, 366 = JW 1929, 1361, 1800; KGJ 44, 133 = OLGE 27, 338) ausgesprochen und die Eintragung der Erbengemeinschaft in das Handelsregister zugelassen. Dies, obwohl seinerzeit anerkannt wurde, dass eine Erbengemeinschaft ebenso wenig wie eine bürgerlichrechtliche Gesellschaft mangels selbständiger Rechtspersönlichkeit im Rechtsverkehr als Rechtsträger auftreten konnte (vgl Brunstädt, Die Beerbung eines Kommanditisten durch mehrere Erben [1939]; beachte aber das Urteil des BGH 29. 1. 2001, NJW 2001, 1056 zur Rechts- und Parteifähigkeit der GbR, hierzu ua K Schmidt NJW 2001, 993 ff und Wertenbruch NJW 2002, 324 ff; bestätigt durch BGH 18. 2. 2002, NJW 2002, 1207).

47 Später hat das RG seine Rechtsprechung aufgegeben. Im Beschluss vom 9. 9. 1943 (DRW 1943, 1228 Nr 6) erkannte es an, dass die Rechtsstellung, die der Erbe mit dem Eintritt in die Kommanditgesellschaft erwirbt, zwar auf der Erbfolge beruht, dass der Inhalt sich aber nicht nach den Grundsätzen des Erbrechts, sondern sowohl im Innen- wie im Außenverhältnis personen- und vermögensrechtlich **ausschließlich nach Gesellschaftsrecht bestimmt**. Bei Vererbung eines Kommanditistenanteils an mehrere Erben werden diese unmittelbar mit dem Erbfall entsprechend ihren Erbanteilen Kommanditisten (RGZ 170, 328; RG DR 1943, 1228; BGH NJW 1983, 2376, 2377; BGH ZEV 2012, 335, 337; Palandt/Weidlich § 2032 Rn 8; Erman/Bayer § 2032 Rn 4; MünchKomm/Leipold § 1922 Rn 106; Lammers MDR 1960, 888; **aM** RGZ 123, 366; KG WM 1967, 148; BGB-RGRK/Kregel § 2032 Rn 11; Brox/Walker § 44 Rn 18; vgl auch die Anregung von Ulmer NJW 1990, 73, 83).

§ 2032
Erbengemeinschaft

(1) Hinterlässt der Erblasser mehrere Erben, so wird der Nachlass gemeinschaftliches Vermögen der Erben.

(2) Bis zur Auseinandersetzung gelten die Vorschriften der §§ 2033 bis 2041.

Materialien: E I §§ 2051 S 2, 2151; II § 1906; III § 2007; Mot V 526 f, 687 f; Prot V 649, 835 f; VI 346 f; Jakobs/Schubert ER I 749 f, 780–792, 806, 812; Denkschr 728.

Systematische Übersicht

Alphabetische Übersicht

I. Allgemeines zur Erbengemeinschaft

1 **1.** Hinterlässt der Erblasser **mehrere Erben** (vgl Vorbem 1 f zu §§ 2032 ff), unabhängig davon, ob ihre Berufung auf einer Verfügung von Todes wegen oder auf der gesetzlichen Erbfolge beruht, so entsteht zwischen ihnen mit dem Erbfall *kraft Gesetzes* ein **Gemeinschaftsverhältnis** hinsichtlich des Nachlasses. Die Miterbengemeinschaft setzt also mehrere Erben voraus. Miterben im Sinne von § 2032 BGB sind nicht diejenigen Erben, deren Erbenstellung wegen Enterbung (§ 1938 BGB), Ausschlagung (§ 1953 BGB), Erbunwürdigkeitserklärung (§ 2344 BGB) oder Erbverzichts (§ 2346 BGB) rückwirkend entfällt.

2 Das Gemeinschaftsverhältnis entsteht allerdings nur zwischen den **unmittelbar nebeneinander eintretenden Erben**, nicht aber zwischen diesen und den nach einem von ihnen oder an seiner Stelle Berufenen (Nach- oder Ersatzerben) vor Eintritt des Ersatz- oder Nacherbfalles. Mehrere Nacherben, die erst Erben werden, nachdem zunächst ein anderer Erbe geworden ist, bilden unter sich nach Eintritt des Nacherbfalles die Miterbengemeinschaft, nicht aber entsteht eine solche zwischen ihnen und dem Vorerben (RGZ 93, 296; 152, 380; Schmidt BWNotZ 1966, 144).

3 **Verstirbt ein Miterbe** nach Entstehung der Gemeinschaft, so treten seine Erben gem § 1922 Abs 1 BGB in die Erbengemeinschaft an seiner Stelle ein (HK-BGB/Hoeren Rn 2). Sein Anteil an der Miterbengemeinschaft wird von seinem oder seinen Erben, letzterenfalls wiederum in einer Miterbengemeinschaft, übernommen.

4 Die **Zusammensetzung einer Miterbengemeinschaft** ist wichtig wegen des Erfordernisses gemeinschaftlicher Verwaltung aller beteiligten Miterben, § 2038 BGB. Einer *Klage auf Feststellung einer Miterbenstellung* kann deshalb grds nicht fehlendes Feststellungsinteresse oder Rechtsschutzbedürfnis entgegengehalten werden (BGH ZEV 2010, 468 = FamRZ 2010, 1068). Das Feststellungsinteresse (§ 256 ZPO) liegt vor, weil

bei einem Streit über die Zusammensetzung der Erbengemeinschaft Unsicherheit über das Rechtsverhältnis der möglichen Miterben zueinander besteht. Auch wenn das Feststellungsurteil nur inter partes wirkt und die Erbrechtslage nicht bindend erga omnes feststellt, ist die Feststellungsklage nicht „objektiv sinnlos" und damit mangels Rechtsschutzbedürfnis unzulässig.

Eine Miterbengemeinschaft entsteht **nicht** zwischen dem Alleinerben und Vermächtnisnehmern, Pflichtteilsberechtigten oder Ersatzanspruchsberechtigten. Beerben die gleichen Personen mehrere Erblasser, bilden sie trotz Identität hinsichtlich jedes Nachlasses eine getrennte Miterbengemeinschaft. 5

Zwischen der Gesamthand und den einzelnen Miterben sind über die Nachlassbeziehung hinaus **weitere Rechtsbeziehungen möglich**, zB Auftrag, Darlehen, Mietvertrag, Kaufvertrag (BGH JR 1969, 297; OLG Karlsruhe JW 1932, 3013). Derartige Rechte werden nach den allgemeinen Regeln begründet, wobei auf Seiten der Miterbengemeinschaft die besonderen Verwaltungsregeln der §§ 2038 ff BGB gelten. 6

2. Eine unter mehreren Erben entstandene Gemeinschaft **erlischt**, wenn sie durch *Abschichtung* auseinandergesetzt wird (dazu § 2042 Rn 77 ff), sodass einem Miterben die Anteile sämtlicher anderer Miterben zuwachsen, oder ein Erbe die Anteile der übrigen nach § 2033 Abs 1 BGB – ggf in Ausübung seines Vorkaufsrechts nach § 2034 ff BGB – erwirbt (RGZ 88, 116). Sie erlischt ebenfalls, wenn die *Auseinandersetzung vollständig abgeschlossen* ist, also der letzte Nachlassgegenstand auf einen Miterben übertragen wurde. 7

II. Rechtsnatur

1. Die Erbengemeinschaft ist Gesamthandsgemeinschaft (RGZ 57, 434; Vorbem 3, 10 zu §§ 2032 ff). Sie ist keine juristische Person, kein selbständiges Rechtssubjekt und damit auch **nicht rechtsfähig**. Der Nachlass bildet vielmehr ein vom Privatvermögen der einzelnen Miterben getrenntes, *dinglich gebundenes Sondervermögen* (RGZ 93, 292, 294), dessen Träger die Miterben in ihrer gesamthänderischen Verbundenheit sind. 8

§§ 2038 ff BGB zeigen jedoch, dass eine Miterbengemeinschaft am Rechtsleben teilnehmen kann (OLG Hamm JMBlNRW 1975, 153). Sie kann daher *Rechtsgeschäfte tätigen,* sofern diese den Erfordernissen der §§ 2038 ff BGB entsprechen. Für *unerlaubte Handlungen* eines beauftragten Miterben haftet die Gemeinschaft mangels Rechtspersönlichkeit nicht nach § 31 BGB, sondern nach §§ 278, 831 BGB (Bamberger/Roth/Lohmann Rn 8; Erman/Bayer Rn 5; HK-BGB/Hoeren Rn 6; **aA** Wolf AcP 181 [1981] 480, 505 f; Soergel/Lettmaier Rn 1; NK-BGB/Ann Rn 12; Schmidt NJW 1985, 2785, 2789). 9

Als Gesamthandsgemeinschaft ist die Miterbengemeinschaft **nicht parteifähig** (BGH NJW 2002, 3389; 2006, 3715 = ZEV 2007, 30 = FamRZ 2007, 41 = JA 2007, 653 = ZErb 2007, 1; OLG Köln ZEV 2007, 490; LG Berlin ZEV 2004, 428; LG Berlin ZEV 2004, 428; Bamberger/Roth/Lohmann Rn 5; Erman/Bayer Rn 1; MünchKomm/Gergen Vor § 2032 Rn 5; Jauernig/Stürner Rn 1; Palandt/Weidlich § 2032 Rn 1; Frank/Helms § 19 Rn 1; Leipold Rn 721; Schlüter Rn 643; Olzen Rn 952; Heil ZEV 2002, 296; widersprüchlich Soergel/Lettmaier Vor § 2032 Rn 4, § 2032 Rn 1). Dies wird damit begründet, dass die Erbengemeinschaft kraft 10

Gesetzes, nicht kraft Organisationsvertrags entsteht, grundsätzlich auf Auseinandersetzung angelegt ist und keine Regelungen über die Außenrepräsentation kenne (vgl nur MünchKomm/Lindacher § 50 ZPO Rn 38). Folgerichtig ist sie auch **nicht insolvenzfähig** nach § 11 Abs 2 InsO (AG Duisburg NZI 2004, 97), sondern §§ 315 ff InsO sehen ein besonderes Nachlassinsolvenzverfahren vor. Gem § 70 Nr 2 SGG hat sie im sozialgerichtlichen Verfahren die Beteiligtenfähigkeit (BSG NJW 1958, 1560).

11 **2.** Zwar wird bei einigen anderen Gesamthandsgemeinschaften zumindest eine Teilrechtsfähigkeit bejaht (zB für die Außen-BGB-Gesellschaft), sodass von Teilen der Literatur diese Gedanken auf die Miterbengemeinschaft übertragen und ebenfalls eine Rechts- und Parteifähigkeit angenommen wird (so Grunewald AcP 197 [1997] 305; Eberl-Borges S 41 ff; Ann S 394 f; Weipert ZEV 2002, 300, 301). Anders als die anderen Gesamthandsgemeinschaften, denen eine Teilrechts- und Parteifähigkeit zuerkannt wird (insbes der Außen-GbR), wird die Miterbengemeinschaft jedoch nicht durch Rechtsgeschäft, durch Vereinbarung der Beteiligten (Gesellschafter) begründet, sondern durch Gesetz und unterliegt daher allein den gesetzlichen Vorgaben der nicht rechtsfähigen Gesamthandsgemeinschaft. Die Abkehr von einer eigenständigen rechtsfähigen Person zugunsten einer nicht rechtsfähigen gesamthänderischen Bindung hat das Gesetz in zahlreichen Vorschriften zur Miterbengemeinschaft normiert (zB §§ 2038, 2039, 2040 BGB). Es besteht zudem kein Bedürfnis, der Miterbengemeinschaft die Rechtsfähigkeit zuzuerkennen (BGH NJW 2006, 3715; Jauernig/Stürner Rn 1; Bamberger/Roth/Lohmann Rn 5; MünchKomm/Gergen Vor § 2032 Rn 5; Schlüter Rn 643; Meyer-Pritzl, in: Staudinger/Eckpfeiler [2005] S 1100, 1001), da die Miterben für den Rechtsverkehr erkennbar die gesamthänderische Bindung dokumentieren und nicht der Anschein einer rechtsfähigen Außengesellschaftsform erweckt wird.

12 Überdies ist die Miterbengemeinschaft auf Abwicklung, nicht auf eine Tätigkeit als werbende Gesellschaft gerichtet (vgl Vorbem 6 zu §§ 2032 ff; Brox/Walker § 29 Rn 2; Damrau/Rissmann Rn 1; Gursky ErbR S 77). Anders als bei den gesellschaftsrechtlichen Gesamthandsgemeinschaften ist bei ihr nicht zwischen einer werbenden Phase und einer Liquidationsphase zu unterscheiden; vielmehr unterliegt sie von Anfang an einem auf Liquidation angelegten Regime, auch wenn ihre Beendigung nicht zwingend angestrebt werden muss und sogar vom Erblasser untersagt werden kann (§ 2044 BGB). Wird ein Fortsetzungswille der Miterben gefasst, der sich vor allem aus der gemeinsamen Fortführung eines im Nachlass befindlichen Unternehmens ergeben kann, liegt keine Fortsetzung der Erbengemeinschaft, sondern vielmehr eine Auseinadersetzung in Form der **Umwandlung in eine andere Gesellschaftsform** vor, sodass deren Rechtsfähigkeit überprüft werden muss. Die Miterbengemeinschaft existiert als solche dann nicht mehr, denn eine derartige Tätigkeit der Miterben muss einem Rechtsregime (und auch einem Haftungsregime) für werbende Gesamthandgemeinschaften (insb OHG) und nicht für in Liquidation befindliche Gemeinschaften unterstehen.

13 **3.** Bei der Erbengemeinschaft als Gesamthandsgemeinschaft besteht keine Gemeinschaft nach rechnerisch zu bestimmenden und frei verfügbaren Quoten (Bruchteilsgemeinschaft). **Rechtsträger sind die Miterben** in ihrer gesamthänderischen Verbundenheit. Der Nachlass wird mithin als Ganzes, als Vermögensinbegriff, zusammengehalten. Alle Rechte stehen den Miterben gemeinschaftlich derart zu, dass

keiner über seinen Anteil am einzelnen Nachlassgegenstand (dazu sogleich Rn 15 ff) verfügen kann, eine wirksame Verfügung grds nur gemeinschaftlich möglich ist, § 2040 Abs 1 BGB. Sachen stehen im Gesamthandseigentum, Forderungen sind Gesamthandsforderungen, alle Rechte sind Gesamthandsrechte. Der Nachlass steht den Erben als Sondervermögen zur gesamten Hand zu. Wird das Gesamthandsvermögen – etwa durch eine Schenkung – geschmälert, reduziert sich gleichzeitig das Vermögen der Miterben. Eine von § 528 Abs 1 BGB vorausgesetzte Vermögensminderung liegt deshalb auch bei einer Schenkung durch eine Erbengemeinschaft vor (OLG Köln ZEV 2007, 490 m Anm O Werner). Bei Verarmung nur eines Miterben kann jedoch die Gemeinschaft keine Rückgabe des ganzen Geschenkes an sich gem § 528 BGB verlangen, sondern nach dem Sinn dieser Norm besteht lediglich ein Wertersatzanspruch des verarmten Miterben (OLG Köln 2007, 490, 491 m zust Anm O Werner).

Soweit der Erblasser einzelnen Miterben besondere Rechte zugewiesen hat, begründet diese Bestimmung keine dingliche Wirkung an den Nachlassrechten, sondern nur eine schuldrechtliche Forderung auf Übertragung des Rechtes bei der Auseinandersetzung. Die Überleitung eines der Gesamthand zustehenden Rechtes auf einen oder mehrere Miterben zu Allein- oder Bruchteilseigentum erfordert einen **besonderen Übertragungsakt** unter Beachtung aller hierfür erforderlichen Voraussetzungen, zB Auflassung und Eintragung bei Grundstücken (RGZ 57, 432; 67, 62; 105, 251; Wesser/Saalfrank NJW 2003, 2937). Der praktische Schwerpunkt der Miterbengemeinschaft liegt daher in der Beschränkung der Verfügungsmacht des einzelnen Mitberechtigten durch die Notwendigkeit der Mitverfügung und der darin gelegenen Bindung des Nachlasses für die gemeinschaftlichen Zwecke bis zur Auseinandersetzung. 14

4. Im Einzelnen ist das **Wesen der Gesamthand** in folgenden Punkten umstritten: 15

a) Zwar wird der **Nachlass** als **Gegenstand der Gemeinschaft** in § 2032 Abs 1 BGB bezeichnet. Da er aber kein einheitliches Rechtsobjekt ist, ist die Gemeinschaft nur in der Weise denkbar, dass die *einzelnen Gegenstände* gemeinschaftlich sind (Binder III 34 I, II; Siber 117 f; Kress 1 f; Strohal II 182 f; Kipp § 82 VI 1). Es fragt sich nun, ob der einzelne Miterbe an ihnen ein relativ selbständiges Teilrecht hat, wobei er lediglich in der Verfügungsmacht beschränkt ist (Theorie der geteilten Mitberechtigung, zB BGB-RGRK/Kregel Rn 4) oder ob der Nachlass ohne eine solche Quotelung der gesamthänderischen Vereinigung aller Teilhaber zusteht, sodass sich die Unverfügbarkeit über die Anteile an den einzelnen Nachlassgegenständen aus dem Wesen des Anteilsrechts, aus dem Fehlen eines auch nur relativ selbständigen Teilrechts ergibt (für die geteilte Mitberechtigung sind namentlich eingetreten: Binder III, 6 f, der sich aber später [Enzyklopädie von Kohlrausch-Kaskel [2] § 29, 84] der zweiten Auffassung angeschlossen hat; Joerges ZHR 49, 140 f; 51, 47 f; Nagler SächsArch 10, 695 f, insbes 718 f; Krückmann ZBlFG 1916, 1 f, 50; für die Theorie der ungeteilten Gesamtberechtigung haben sich ua ausgesprochen: O vGierke in seinen verschiedenen Schriften, zB Genossenschaftstheorie 344; Vereine ohne Rechtsfähigkeit 29; Deutsches Privatrecht I, 664; II, 388 f; Crome § 280 Fn 2; Enneccerus/Lehmann § 89 I Fn 1; Strohal II § 64 I; Soergel/Lettmaier Rn 1).

Die Gesamtregelung des Gesetzes erklärt sich jedenfalls am besten aus der **Annahme** 16
einer Gesamthandsgemeinschaft ohne ziffernmäßig bestimmte, relativ selbständige

Quotenrechte, die nicht der Rechtszuständigkeit nach, sondern nur der Ausübung, der Verfügungsmacht nach beschränkt sind. Auch sind die rechtlichen Folgerungen aus der abgelehnten Auffassung unbefriedigend, wie sich namentlich bei einer gegen die §§ 2033 Abs 2, 2040 BGB verstoßenden Verfügung eines Miterben zeigt. Bei Annahme einer beschränkten Teilberechtigung wäre § 2033 Abs 2 BGB als Veräußerungsverbot aufzufassen, das die widersprechende Verfügung nichtig und genehmigungsunfähig machen würde (so haben in der Tat der V. ZS in RGZ 93, 292 und ihm folgend der IV. ZS in JW 1925, 604 entschieden. RGZ 129, 284 hielt die von nur einem Miterben erteilte Einwilligung für wirksam, vgl auch RGZ 139, 118, 122). Erblickt man dagegen in den §§ 2033 Abs 2, 2040 BGB die Verneinung eines derartigen Teilrechts, so ist die widersprechende Verfügung die eines Nichtberechtigten iSd § 185 BGB, also genehmigungsfähig (zu dieser vom KG in st Rspr vertretenen zweckmäßigeren Behandlung, vgl HRR 1933 Nr 1201, hat sich dann auch später der V. ZS unter Aufgabe seiner früheren Ansicht bekannt, RGZ 152, 380; ebenso Kipp/Coing § 114 V).

17 Ebenso unannehmbar ist die Folgerung, die Binder (III 70 Fn 47) aus seiner früheren *Lehre von der Teilberechtigung* für den Fall der Veräußerung von Fahrnis in eigenem Namen ziehen musste; er wollte die Anwendung von § 932 BGB, also den Gutglaubensschutz des Erwerbers, ausschließen, weil nach § 932 BGB nur der Mangel im Recht, nicht aber die Verfügungsmacht geheilt wird (vgl dagegen vTuhr I 81 Fn 12, sowie die dort erhobenen weiteren Bedenken. Binder hat deshalb auch seine Lehre von der geteilten Mitberechtigung aufgegeben; vgl Enzyklopädie § 29 Fn 3. Sie darf heute als überwunden bezeichnet werden). Das RG hat sich in st Rspr gegen sie ausgesprochen (RGZ 57, 432 f; 60, 128; 61, 78; 67, 62; 68, 417; wie hier auch Muscheler, in: FS Kanzleiter S 295).

18 **b)** Bei Ablehnung der Theorie der geteilten Mitberechtigung erhebt sich die weitere Frage, ob man die Gesamthand mit O vGierke als eine Personeneinheit, die als solche rechts- und handlungsfähig wäre, ansehen darf (Theorie der Personifikation der Gesamthand, vgl Deutsches Privatrecht I 664, 628; II 398; so wohl auch Soergel/Lettmaier Rn 1), oder ob man die **einzelnen Gesamthänder als Rechtsträger** kraft der zwischen ihnen bestehenden Gemeinschaftsordnung, eben der Miterbengemeinschaft, anzusehen hat, wohin die weitaus überwiegende Meinung geht. Die Personifikation der Erbengemeinschaft ist ua als in Widerspruch mit dem geltenden Recht stehend abzulehnen. Sie täuscht eine neben den Gemeinschaftern stehende juristische Person als Rechtsträger vor und erklärt das Rechtsverhältnis zwischen den Teilhabern nicht (vgl vTuhr I § 3, 81 f). Entweder besitzt die Gesamtheit als solche das Recht und dann müsste sie juristische Person sein, was die Erbengemeinschaft nicht ist; oder die Teilhaber sind Rechtsträger und dann muss man ihre Rechtsträgerschaft aus der zwischen ihnen bestehenden Gemeinschaftsbeziehung erklären.

19 **c)** Bei der rechtlichen Erfassung der Gemeinschaftsbeziehung fragt sich endlich, ob man sie nur als eine **personenrechtliche** erfassen soll, wie Sohm (Der Gegenstand [1905] 70) meint, oder ob sie auch als gegenstandsrechtlich zu denken ist, sodass den einzelnen Teilhabern auch ein Anteil an den einzelnen Nachlassgegenständen zuzuschreiben wäre, der freilich nicht als ziffernmäßig bestimmtes und relativ selbständiges Teilrecht gedacht werden dürfte, aber immerhin als ein während der Dauer der Gemeinschaft latentes, bei ihrer Beendigung aktiv werdendes Sonderrecht von sachenrechtlichem Gehalt aufzufassen wäre (dafür O vGierke, Deutsches

Privatrecht II 389; Kipp § 82 VI 1 [anders Kipp/Coing § 114 V 1b]; Heusler, Institutionen des deutschen Privatrechts I § 50; ähnlich auch Staudinger/Herzfelder[9] Anm 1; zustimmend auch Erman/Bayer § 2033 Rn 9; unter Hinweis auf Abs 2 BayObLG 82, 59/67; RGZ 88, 26 lässt die Entscheidung dahingestellt, RG BayZ 1911, 365 bejaht ein solches Anteilsrecht. In RGZ 94, 243 sagt der VII. ZS wörtlich: „Miterben haben aber nicht bloß, wie das Kammergericht anzunehmen scheint, Anteile zur gesamten Hand an dem Nachlass als solchem, sondern auch an den einzelnen zum Nachlass gehörigen Gegenständen."). Das KG (JW 1938, 3115) bemerkt treffend: irgendjemandem müssen auch die einzelnen Gegenstände für sich betrachtet zu Eigentum (oder zu sonstigem Recht) gehören. Für diese Auffassung spricht schon der Wortlaut des Gesetzes, das von einem Anteil an den einzelnen Nachlassgegenständen ausgeht. § 2033 Abs 2 BGB damit zu erklären, dass es keinen solchen Anteil gebe, ist sehr willkürlich. Auch die Logik verlangt die Annahme solcher Anteile, wenn man davon ausgeht, dass die einzelnen Gemeinschafter die Träger der Gesamthandsrechte sind und nicht eine davon unterschiedene selbständige Einheit O vGierke'scher Prägung. Mit dem BGH (BGHZ 146, 310, 315 = NJW 2001, 2396, 2397) davon auszugehen, die „ungeteilte Gesamtberechtigung am Nachlass vermittelt dem einzelnen Miterben keine unmittelbare dingliche Berechtigung am einzelnen Nachlassgegenstand", erscheint deshalb unzutreffend. Vielmehr steht jedem Miterben an den einzelnen Nachlassgegenständen ein selbstständiges Teilrecht zu, seine Verfügungsmacht hierüber ist jedoch nach Maßgabe des § 2033 Abs 2 BGB beschränkt.

Die Rechtsgemeinschaft ist begrifflich nichts anderes als die **Zusammenfassung unselbständiger gleichartiger Rechtsteile** zu der einen Zuständigkeitsform eines gemeinschaftlichen Rechts nach einer bestimmten Gemeinschaftsordnung, hier der der Erbengemeinschaft. Vom Boden dieser Auffassung aus gewinnt man auch am leichtesten eine sachgemäße Stellungnahme zu der Umwandlung von Gesamthandseigentum in einfaches Miteigentum oder in Alleineigentum eines Erben. Dass dazu dingliche Veräußerungsakte notwendig sind, bei Grundstücken also Auflassung, und dass bei Übernahme der Verpflichtung zu einer derartigen Rechtsänderung die Form des § 311b Abs 1 BGB zu beobachten ist, entspricht der herrschenden Lehre und Praxis (RGZ 57, 432; 67, 61; 105, 251; 118, 244; KGJ 45, 233; 51, 181; BGHZ 21, 231; KGJFG 21, 181; vgl auch Rn 6, 14). Aber es wirkt durchaus gekünstelt, in einer Verwandlung von Gesamthandseigentum der Miterben in schlichtes Miteigentum eine Veräußerung der Miterben an sich selber zu sehen. In Wahrheit liegt nur eine Veränderung der Zuständigkeitsform des Rechts, des Rechtsinhalts vor, die eben deshalb die entspr Anwendung der Vorschrift über die Auflassung nötig macht (vgl Staudinger/Schumacher [2018] § 311b Rn 38; dazu auch Oertmann vor § 705, dort auch weitere Hinweise auf die einschlägige Literatur, namentlich auch auf Egerländer, Die regelmäßige Rechtsgemeinschaft [1914] 109, 217 f und Lent, Gesetzeskonkurrenz 161). 20

Praktische Bedeutung hat die Anerkennung eines sachenrechtlichen Anteils an einem Nachlassgrundstück, wenn ein minderjähriger Erbe an einem solchen beteiligt ist und das Grundstück veräußert werden soll (dazu Mahlmann ZEV 2009, 320). Da er als Gesamthänder ein „Recht an dem Grundstück" iSd § 1821 Nr 1 BGB hat, bedarf ein solcher Vertrag nach feststehender Rechtsprechung der Genehmigung des Familiengerichts, und zwar nicht nur der Verfügungs-, sondern auch der Verpflichtungsvertrag, § 1821 Nr 1, 2 BGB (BayObLG Recht 1908 Nr 2013; KGJ 38 A 219; BayObLGZ 20, 319 f = OLGE 41, 75; Mahlmann ZEV 2009, 320, 321). Anders, wenn über Grundstücke einer OHG verfügt werden soll, an denen ein Minderjähriger beteiligt ist, weil die 21

OHG als juristische Person, dh als Träger des Rechts, behandelt wird (RGZ 54, 278; 133, 7 f).

22 Die **Anerkennung von Anteilsrechten** an den einzelnen Nachlassgegenständen liefert auch allein eine zufriedenstellende Grundlage für die Berechnung der Notariatsgebühren und Gerichtskosten bei Genehmigung des von dem gesetzlichen Vertreter eines minderjährigen Miterben abgeschlossenen Grundstücksverkaufsvertrages. Entscheidend für die Kostenberechnung ist der Wert des Gegenstandes der Genehmigung. Bezieht sich auch die Veräußerungserklärung des gesetzlichen Vertreters auf den ganzen Grundstückskauf, so wird der Wert des genehmigungspflichtigen Gegenstandes doch durch den Wert des Gesamthandsanteils des minderjährigen Miterben bestimmt (KGJ 53, 291 unter Aufgabe des früheren gegenteiligen Standpunktes in KGJ 46, 284, allerdings gestützt auf § 40 Abs 3 PrGKG). Sollen wirklich bei Beteiligung von drei Minderjährigen die Gebühren dreimal vom ganzen Gegenstand berechnet werden?

23 Man kommt praktisch, wenn der Anteil vor der Auseinandersetzung zu bewerten ist, ohne Zugrundelegung eines den Erbteilen oder dem Auseinandersetzungsguthaben entsprechenden Anteils gar nicht aus. Demgemäß bestimmt auch § 39 Abs 2 Nr 2 Abgabenordnung vom 1. 10. 2002 (BGBl I 3866), dass Wirtschaftsgüter, die mehreren zur gesamten Hand zustehen, den Beteiligten so zuzurechnen sind, als wenn die Beteiligten nach Bruchteilen berechtigt wären, deren Höhe anteilig nach den Anteilen zu bestimmen ist, zu denen die Beteiligten an dem Vermögen zur gesamten Hand beteiligt sind oder nach Verhältnis dessen, was ihnen bei Auflösung der Gemeinschaft zufallen würde. Die letztere Möglichkeit trägt dem **Grundgedanken der Erbschaftssteuer** Rechnung, die nur die Bereicherung der Miterben erfassen will. Wo dieser Gedanke nicht durchgreift, wie bei der Kostenberechnung, muss von einem dem Erbteil entsprechenden Wert der Beteiligung ausgegangen werden.

24 Nach alledem ist die Leugnung gegenstandsrechtlicher Anteile wegen ihrer ungerechten Folgen abzulehnen. Das Wesen der Gesamthand darf nicht apriorisch ermittelt werden, sondern ist im Hinblick auf Ergebnisse der Konstruktion zu bestimmen.

III. Rechtliche Ausgestaltung der Miterbengemeinschaft

25 **1.** Die Gesamthandsgemeinschaften des BGB sind verschieden ausgestaltet (vgl Vorbem 10 zu §§ 2032 ff). Bei der Miterbengemeinschaft ist die **Bindung der Gemeinschafter weniger streng** als bei der BGB-Gesellschaft und Gütergemeinschaft, weil erstere ohne Willen der Beteiligten entsteht und nicht auf Dauer gedacht, sondern auf Auseinandersetzung angelegt ist (OLG Hamm JMBlNRW 1975, 153). Daher darf der einzelne Miterbe über seinen Anteil am ganzen Nachlass verfügen, § 2033 Abs 1 BGB. Den Sonderbelangen der einzelnen Miterben wird mehr Rechnung getragen, indem ihnen zwar die *Verwaltung* grds nur gemeinschaftlich zusteht (§ 2038 Abs 1 BGB), aber einige Vorschriften der Bruchteilsgemeinschaft anwendbar sind (§ 2038 Abs 2 BGB).

26 Auch bei der Verfolgung der *Nachlassansprüche* wird der **Gesamthandsgrundsatz insofern gemildert**, als nach § 2039 BGB nicht alle Miterben gemeinschaftlich fordern

müssen, sondern jeder allein die Leistung, allerdings nur an alle Erben, fordern kann (keine notwendige Streitgenossenschaft, vgl § 2039 Rn 22). Endlich wird den Erben das Recht zugesprochen, jederzeit eine Auseinandersetzung zu verlangen, § 2042 BGB.

2. Die fehlende Identität zwischen Erben und Miterbengemeinschaft bewirkt, dass **Rechtsbeziehungen**, welche vor dem Erbfall zwischen Erblasser und späterem Miterben bestanden haben, nach dem Eintritt des Erbfalls zwischen der Miterbengemeinschaft und diesem Miterben fortbestehen und **nicht etwa Konfusion eintritt**. Gleichermaßen können auch neue Rechtsbeziehungen zwischen der Miterbengemeinschaft und einem Miterben begründet werden. Zur **Übertragung von Gegenständen** aus dem Nachlass an einen einzelnen Miterben ist die Erfüllung der Voraussetzungen aus §§ 929 ff, §§ 873, 925 BGB; §§ 398 ff BGB erforderlich; allerdings kommt ein gutgläubiger Erwerb nicht in Betracht, weil es sich um kein Rechtsgeschäft iS eines Verkehrsgeschäftes handelt (vgl schon RGZ 117, 257, 265). 27

3. Eine *Verfügung*, die ein *Nichtberechtigter* vor dem Erbfall über einen Gegenstand des späteren Nachlasses getroffen hat, erlangt mangels Identität zwischen Erben und Miterbengemeinschaft nicht dadurch Wirksamkeit, dass er Miterbe wird, § 185 Abs 2 S 1 BGB. Erst wenn der Gegenstand bei der Auseinandersetzung dem Verfügenden zugeteilt wird, kann die **Konvaleszenz** eintreten. Wohl aber wird eine Verfügung des Erblassers über eine Sache oder ein Recht eines Miterben nach § 185 Abs 2 S 1 BGB wirksam, wenn dieser unbeschränkt haftbar wird, sei es auch nur für einen seinem Erbteil entsprechenden Teil der Nachlassverbindlichkeiten (BGB-RGRK/Kregel Rn 6; Planck/Flad Anm 2). 28

4. Die fehlende Identität zwischen Erben und Miterbengemeinschaft bewirkt überdies, dass ein Nachlassschuldner (sei es ein Miterbe oder ein Dritter) gegen eine Nachlassforderung **nur eine ihm gegen den Nachlass zustehende Forderung aufrechnen**, mangels Gegenseitigkeit nicht aber eine ihm gegen einen einzelnen Miterben zustehende Forderung aufrechnen kann, § 2040 Abs 2 BGB. Umgekehrt kann die Miterbengemeinschaft nur Nachlassforderungen und Nachlassschulden gegeneinander aufrechnen. Für die Aufrechnung als Verfügung gilt – unabhängig davon, auf welcher Seite die Miterbengemeinschaft steht – § 2040 Abs 1 BGB. 29

5. Das Kriterium der Gegenseitigkeit bewirkt, dass ein Nachlassschuldner (sei es ein Miterbe oder ein Dritter) ein **Zurückbehaltungsrecht aus § 273 Abs 1** BGB nur geltend machen kann, wenn ihm eine Forderung gegen den Nachlass zusteht, mangels Gegenseitigkeit aber nicht, wenn ihm eine Forderung gegen einen einzelnen Miterben zusteht. Umgekehrt kann die Miterbengemeinschaft nur Nachlassforderungen und Nachlassschulden nach Maßgabe des § 273 Abs 1 BGB miteinander verknüpfen. Allerdings kann ein Miterbe, der als Gesamtschuldner wegen einer Nachlassschuld in Anspruch genommen wird, ein Zurückbehaltungsrecht schon wegen einer Nachlassforderung, an der er nur als Gesamthänder mitberechtigt ist, geltend machen; außerdem steht ihm ein Leistungsverweigerungsrecht aus dem Rechtsgedanken der § 770 Abs 2, § 129 Abs 3 HGB zu (BGHZ 38, 122, 125). 30

6. Hinsichtlich der **Nachlassverbindlichkeiten** bestimmt § 2058 BGB, dass die Miterben entspr der Gemeinschaftlichkeit der Rechte auch für die gemeinschaftli- 31 chen Nachlassverbindlichkeiten nicht bloß zu einem ihrem Erbteil entsprechenden Teil, sondern **gesamtschuldnerisch haften**.

32 Diese Frage ist von der Frage der beschränkten oder unbeschränkten Haftung streng zu unterscheiden; letztere ist für die Miterben grundsätzlich genauso zu beantworten, wie für den Alleinerben. Die **gesamtschuldnerische Haftung** wird freilich nach zwei Seiten gemildert, einmal für die Zeit bis zur Teilung hinsichtlich der Haftung des Miterben mit dem eigenen Vermögen durch § 2059 BGB, sodann für die Zeit nach der Teilung durch §§ 2060, 2061 BGB.

33 **7.** Gemeinschaftlich sind auch die *Legitimationsrechte,* wie die durch Eintragung in das Grundbuch begründete Legitimation als Eigentümer (NK-BGB/Ann Rn 17; Planck/Flad Anm 1). Soll nach dem Erbfall das *Grundbuch* durch Eintragung der Miterbengemeinschaft berichtigt werden, müssen alle Erben den Antrag stellen oder aber einer handelt mit Zustimmung der anderen (Soergel/Lettmaier Rn 37). Bei **Eintragung in das Grundbuch** soll das konkrete (OLG Naumburg NJOZ 2018, 1784) Erbengemeinschaftsverhältnis bezeichnet werden, § 47 GBO. Den Miterben steht die *Beschwerdebefugnis* gemeinschaftlich zu (OLG München ZEV 2019, 107). Bei unrichtiger Angabe des Gemeinschaftsverhältnisses ist die Auflassung unwirksam (OLG München DNotZ 1939, 656; BayObLG DNotZ 1959, 200; OLG Zweibrücken DNotZ 1965, 614; BGB-RGRK/Kregel Rn 7; Erman/Bayer Rn 3).

34 Die **Anteile der einzelnen Teilhaber** sind nicht einzutragen (RG HRR 1930 Nr 1219). Wenn die Gemeinschafter als „Miterben zu gleichen Teilen" eingetragen sind, so lässt diese Eintragung gleichwohl erkennen, dass es sich nicht um Bruchteilseigentum handeln kann. Deshalb ist die an dem Anteil eines einzelnen Miterben bestellte Hypothek nichtig (§ 1114 BGB) und kann auch nicht aufgrund guten Glaubens von einem Dritten wirksam erworben werden, denn auf ihrem Inhalt nach unzulässige Eintragungen erstreckt sich die Wirkung des öffentlichen Glaubens nicht (RGZ 88, 27; OLG München ZEV 2016, 36; BGB-RGRK/Kregel Rn 7).

35 Lässt der Vorerbe **vor Eintritt des Nacherbfalls** ein Nachlassgrundstück an die Nacherben auf, so können diese nicht als Nacherben zur gesamten Hand in das Grundbuch eingetragen werden, da zwischen ihnen vor Eintritt des Nacherbfalls eine Erbengemeinschaft noch nicht besteht (OLG Frankfurt ZEV 2019, 173).

36 **8.** Für die Veränderungen, die der Nachlass bis zur Auseinandersetzung erleidet, gilt der Grundsatz der *dinglichen Surrogation.* Die Ersatzvorteile, die an Stelle eines Nachlassgegenstandes treten oder durch ein Rechtsgeschäft erworben werden, das sich auf den Nachlass bezieht, **fallen in die Gesamthandsgemeinschaft** (vgl § 2041 BGB); ein Rechtserwerb der Erbengemeinschaft ist nur unter Erfüllung der Voraussetzungen des § 2041 BGB möglich, weil der gegenständliche Inbegriff der Erbengemeinschaft insoweit nicht zur Disposition der Erben steht (vgl BGH ZEV 2017, 627).

37 **9.** Der **Erbschaftsanspruch** gem § 2018 BGB kann von einem Miterben **gegen** andere (einzelne) **Miterben** geltend gemacht werden, wenn diese ihm die Erbschaft vorenthalten und sein Miterbrecht bestreiten (std Rspr RGZ 95, 98; BGB-RGRK/Kregel Rn 2; vgl Staudinger/Raff § 2018 Rn 35). Es besteht aber keine Notwendigkeit, über den

Erbschaftsanspruch des Miterben (§ 2018 BGB) gegenüber sämtlichen Miterben eine *einheitliche Entscheidung* zu treffen. Fällt die Entscheidung über die Frage, wer als Erbe berufen und wie groß der Anteil eines jeden von ihnen ist, gegenüber den einzelnen Miterben verschieden aus, so muss allerdings der Erbteil des Klägers im Verhältnis zu verschiedenen Miterben verschieden berechnet werden. Eine notwendige Streitgenossenschaft folgt nicht alleine daraus, dass es „unlogisch" wäre, im Verhältnis zu einem Beklagten festzustellen, dass das Erbrecht besteht, während im Verhältnis zu anderen Beteiligten in weiteren Prozessen möglicherweise das Gegenteil festgestellt wird (BGH FamRZ 2010, 1068, 1070). Es fällt vielmehr in den Risikobereich des Klägers, dass es zu widersprechenden Entscheidungen kommen kann. Die sich daraus ergebenden Schwierigkeiten bei der gemeinschaftlichen Verwaltung und Nutzung der Erbschaft (§§ 2038, 743, 745 BGB) und bei der Auseinandersetzung sowie auch gegenüber Nachlassgläubigern (§ 2060 BGB) werden als überwindbar in Kauf genommen.

10. Die gesetzlich geregelten Verhältnisse unter Miterben begründen **nicht** die für einen umfassenden erbrechtlichen Auskunftsanspruch aus § 242 BGB erforderliche **Sonderbeziehung**. Ein Miterbe kann daher einen anderen Miterben nicht mit dem Ziel auf Auskunft in Anspruch nehmen, die Teilungsmasse zu vergrößern, um dadurch letztlich seine Erbauseinandersetzungsberechtigung zu verbessern (OLG Koblenz ZEV 2013, 435). 38

11. Der **Pfändung** unterliegt nur der Erbteil (Ahner S 96 ff), dh der Anteil des einzelnen Miterben am ganzen Nachlass, nicht aber sein Anteil an den einzelnen Nachlassgegenständen, auch nicht der Anspruch auf Auseinandersetzung oder Auskehrung des Auseinandersetzungsguthabens für sich allein; diese Ansprüche sind vom Erbteil nicht trennbar und kein Gegenstand selbständiger Verfügung (KG JW 1930, 1014 Nr 7; OLGE 40, 412). Fraglich kann nur werden, ob man die Pfändung derartiger Ansprüche als Pfändung des Anteils am Nachlass auslegen darf, dessen Pfändung sich auf sie mit erstreckt (für diese Möglichkeit: RGZ 49, 408; RG WarnR 1911 Nr 139; KG OLGE 40, 412). 39

12. Im **Prozess** sind die in ungeteilter Erbengemeinschaft befindlichen Miterben, wenn sie ein den Gesamthändern zustehendes Recht angriffsweise geltend machen, also einen **Aktivprozess** führen, *notwendige Streitgenossen* (RGZ 96, 52; RG JW 1905, 114; BGB-RGRK/Kregel Rn 2; HK-BGB/Hoeren Vor §§ 2032–2063 Rn 17). Infolgedessen wird der säumige Miterbe durch die anderen vertreten. 40

Was die **Passivprozesse** angeht, so kann jeder allein nach § 2058 BGB als *Gesamtschuldner* verklagt werden. Für Klagen gegen mehrere Gesamtschuldner besteht grundsätzlich keine notwendige Streitgenossenschaft (RGZ 68, 221; 71, 339; 121, 345; BGH WM 1963, 762; HK-BGB/Hoeren Vor §§ 2032–2063 Rn 18). Dies gilt insbesondere für eine im Forderungsprätendentenstreit gegen Miterben erhobene Feststellungsklage (BGH FamRZ 1992, 1055, 1056). Anders, wenn die Gesamthandsklage des § 2059 Abs 2 BGB erhoben, also eine Verfügung über den ungeteilten Nachlass oder eine diesem gleichstehende Zwangsvollstreckung in den Nachlass verlangt wird (RGZ 71, 370 f; RG JW 1938, 1138; BGB-RGRK/Kregel Rn 2). Im Rahmen der Zuständigkeitsprüfung ist § 28 ZPO zu beachten: Am Gerichtsstand der Erbschaft können auch Klagen wegen anderer Nachlassverbindlichkeiten erhoben werden, solange sich der Nach- 41 lass noch ganz oder teilweise im Bezirk des Gerichts befindet oder die vorhandenen mehreren Erben noch als Gesamtschuldner haften; eine Gerichtsstandsbestimmung nach § 36 Abs 1 Nr 3 ZPO ist damit ausgeschlossen (OLG Hamm ZEV 2018, 165).

42 **13.** Bis zur Teilung des Nachlasses ist für die Zwangsvollstreckung in einen Nachlassgegenstand ein **Titel gegen alle Miterben** erforderlich, § 747 ZPO.

43 **14.** Dem Gesamthandsprinzip entspricht es auch, dass nach § 2062 BGB die *Anordnung der Nachlassverwaltung* von den Miterben nur **gemeinschaftlich beantragt** werden kann, und dass sie ausgeschlossen ist, wenn der Nachlass geteilt ist. Eine Ausnahme von dem Grundsatz der Gemeinschaftlichkeit enthält § 317 Abs 2 InsO für den Fall eines Antrages auf Eröffnung des Nachlassinsolvenzverfahrens.

44 **15.** Nach § 2357 BGB ist, wenn mehrere Erben vorhanden sind, auf Antrag, den jeder Erbe stellen kann, ein **gemeinschaftlicher Erbschein** zu erteilen. Gleiches gilt für das Europäische Nachlasszeugnis (Art 65 EuErbVO): Jede antragsbefugte Person kann ein Gesamtnachlasszeugnis beantragen (genauso MünchKomm/Dutta Art 65 EuErbVO Rn 4).

IV. Erbengemeinschaft und gewerbliche Unternehmen

1. Handelsgeschäft eines Einzelkaufmanns

45 **a)** Eine Erbengemeinschaft als solche kann **kein Handelsgewerbe errichten oder erwerben** (RGZ 132, 138; KG HRR 1932, 749). Abgesehen vom Fall der Fortführung eines ererbten Geschäftes durch eine Erbengemeinschaft kann ein Handelsgeschäft von mehreren Personen nur in den vom HGB dargebotenen Gesellschaftsformen betrieben werden (KG JW 1935, 3642).

46 **b)** Ein in das Handelsregister eingetragenes Handelsgeschäft eines Einzelkaufmanns kann **vererbt** (§ 22 HGB) und von der **Erbengemeinschaft** als solcher unter der alten Firma mit oder ohne Nachfolgezusatz als werbendes weitergeführt werden (BGHZ 92, 263; KG JW 1938, 3117; dazu Bringer ZErb 2006, 39 ff). Der aus dem Nachlass erzielte Erwerb fällt gem § 2041 BGB im Wege der Beziehungssurrogation in den Nachlass (Wolf AcP 181 [1981] 480, 510).

47 Ein Handelsgeschäft eines Einzelkaufmannes wird durch den Erbfall *nicht automatisch zu einer OHG,* sondern die **Gemeinschaft betreibt das Unternehmen** weiter, obwohl sie keine eigene Rechtspersönlichkeit darstellt (RGZ 132, 138; BGHZ 92, 259, 262; KG ZEV 1999, 28; Wolf AcP 181 [1981] 480, 482 ff). Eine identitätswahrende Umwandlung in eine Personenhandelsgesellschaft findet nicht statt (Fischer ZHR 144, 1, 12).

48 Die Miterben haften für die Verbindlichkeiten persönlich (MünchKomm/Gergen Rn 44; Wolf AcP 181 [1981] 480, 497, 503 ff), und zwar auch, wenn nur einzelne von ihnen im Rahmen ihres Mehrheits- bzw Notverwaltungsrechts tätig werden (Wolf AcP 181 [1981] 498). Die Gemeinschaft kann mit den Namen aller Erben und Rechtsformzusatz als Kaufmann in das **Handelsregister** eingetragen werden (KG JFG 5, 209; 15, 6; Erman/Bayer Rn 4a; Hüffer ZGR 1986, 603, 622; Schmidt NJW 1985, 2785, 2789) und das

Geschäft zeitlich unbeschränkt fortführen, ohne damit zu einer OHG zu werden (BGH NJW 1951, 311; 1959, 2114; BGHZ 92, 259, 263 f; BFH NJW 1988, 1343; OLG Hamm NZG 1999, 588; Wolf AcP 181 [1981] 480, 482 ff; Schmidt NJW 1985, 2785, 2787; **aA** Fischer ZHR 144, 1, 10 ff). Zur Zulässigkeit einer identitätswahrenden Umwandlung durch Rechtsgeschäft § 2042 Rn 72 ff.

Auf das Verhältnis der Miterben zueinander soll trotzdem das **Recht der OHG Anwendung finden** (BGHZ 17, 299 = NJW 1955, 1227; Soergel/Lettmaier Rn 5; BGB-RGRK/Kregel Rn 10; Palandt/Weidlich Rn 6). Dies kann aber nur richtig sein, wenn sich die Beteiligten zumindest schlüssig den Regeln der §§ 105 ff HGB unterwerfen, dh eine OHG betreiben wollen (so auch Erman/Bayer Rn 4). Zur OHG wird das Geschäft erst aufgrund eines unter den Miterben geschlossenen Gesellschaftsvertrages (RGZ 35, 19; BGB-RGRK/Kregel Rn 9; HK-BGB/Hoeren Rn 8). Hierfür reicht die Fortführung allein nicht aus, es muss vielmehr erkennbar werden, dass nicht mehr das Geschäft des Erblassers unter der von diesem durch Erbfolge bestimmten Konstellation fortgeführt werden soll. Dies setzt die Zustimmung aller Miterben voraus (Johannsen FamRZ 1980, 1074, 1076 f). Die Erben müssen sich bewusst sein, nunmehr aufgrund eines eigenen Zusammengehörigkeitswillens ein Handelsgeschäft als werbendes zu führen (vgl § 2042 Rn 71 ff; dies gilt auch bei Beteiligung eines Minderjährigen an der Erbengemeinschaft, weil sich an der Willensrichtung der Miterben insoweit nichts ändert; **aA** Thiele FamRZ 1992, 1001, 1005). Dazu reicht weder der Fristablauf des § 27 HGB (BayObLG JW 1931, 1329; Wolf AcP 181 [1981] 480, 482 ff; **aA** Fischer ZHR 144, 1, 14) noch die Änderung der Firma (zB Nachfolgezusatz) aus, sofern hierin nicht der Wille zum Ausdruck kommt, ein werbendes Handelsgeschäft auf Dauer zu betreiben (MünchKomm/Gergen Rn 45; Hüffer ZGR 1986, 603, 611; strenger Schmidt NJW 1985, 2785, 2788). 49

Für die Zwangsvollstreckung reicht entgegen § 747 ZPO ein **gegen die Firma gerichteter Titel** aus (Wolf AcP 181 [1981] 480, 495). 50

Die Erben können als Inhaber eines Handelsgeschäftes zusammen einen **Prokuristen** bestellen und einzeln die Prokura widerrufen (Johannsen FamRZ 1980, 1074, 1076). Ein Miterbe kann aber, da selber in gesamthänderischer Verbundenheit Geschäftsinhaber, nicht Prokurist sein und werden, sondern nur ein Dritter (KG JW 1939, 565; **aA** Schmidt NJW 1985, 2785, 2789). Wird ein Prokurist Miterbe, gilt § 52 Abs 3 HGB nicht, die Prokura erlischt mit dem Erbfall (BGHZ 30, 391, 397). 51

Die Fortführung eines ererbten Handelsgeschäftes durch die Erbengemeinschaft ist aber auch dann zulässig, wenn ein **Miterbe aus dieser ausgeschieden** ist (KG JW 1939, 565). Bei Fortführung durch einen Miterben ist § 27 HGB nur gegenüber allen Miterben gegeben, falls sie diesen zumindest konkludent zur Geschäftsführung bevollmächtigt haben (BGHZ 30, 391 = DB 1959, 1192; BGH NJW 1960, 962). Führt ein Miterbe das Geschäft mit Zustimmung der anderen **allein** weiter, liegt hierin eine Teilauseinandersetzung mit Zuweisung des Geschäftes an den Miterben. Er ist allein in das Handelsregister einzutragen (LG Kleve MittRhNotK 1967, 738). Eine Fortführung des in ungeteilter Erbengemeinschaft betriebenen Handelsgeschäftes ist auch durch erbteilserwerbende Dritte möglich (**aA** KG ZEV 1999, 28). Zwar treten diese nicht in die erbrechtliche Stellung der Veräußerer, gleichwohl in deren vermögensrechtliche Position bzgl des Nachlasses ein (BayObLG NJW-RR 1987, 398). Dagegen sprechen auch keine gesellschaftsrechtlichen Gesichtspunkte, die Erwerber sind weder zur Grün- 52 dung einer Gesellschaft noch zur Auflösung der Gesamthandsgemeinschaft verpflichtet (ausführlich KELLER ZEV 1999, 174; HEIL MittRhNotK 1999, 148).

2. Personengesellschaften

53 **a)** Die Erbengemeinschaft kann sich **nicht an der Errichtung einer Personengesellschaft beteiligen** oder in eine solche Gesellschaft als Gesellschafterin eintreten. Dem steht zum einen bereits entgegen, dass die Erbengemeinschaft nicht rechtsfähig ist, zum anderen vertragen sich das Haftungsregime der Erbengemeinschaft und die unbeschränkte persönliche Haftung eines BGB- oder OHG-Gesellschafters bzw Komplementärs einer KG nicht miteinander (siehe auch Vorbem 35 zu §§ 2032 ff).

54 **b)** Der Tod eines persönlich haftenden **BGB-Gesellschafters** führt gem § 727 Abs 1 BGB grundsätzlich zur Auflösung der Gesellschaft. Soweit vertraglich nichts anderes bestimmt ist, hat das Ableben eines **OHG-Gesellschafters** dessen Ausscheiden aus der Gesellschaft zur Folge, § 131 Abs 3 Nr 1 HGB. Ausschließlich bei der KG geht die **Kommanditistenstellung** gemäß § 177 HGB per se auf die Erben über (Vorbem 46 zu §§ 2032 ff). Die sich aus der Abwicklungsgesellschaft ergebenden Rechte und Pflichten (insbes auf den Abfindungsbetrag) gehen auf die Miterben in ihrer gesamthänderischen Bindung über (RGZ 106, 63, 65).

55 Haben die Gesellschafter im **Gesellschaftsvertrag** abweichend von § 727 Abs 1, § 131 Abs 3 Nr 1 HGB die Fortsetzung der Gesellschaft mit einem einzigen oder allen Erben eines verstorbenen Gesellschafters vereinbart, so vollzieht sich der Eintritt der Erben des Mitgliedes einer OHG oder GbR in die Rechtsstellung des Erblassers so, dass jeder Miterbe selbständiger Gesellschafter wird, nicht aber die Miterbengemeinschaft (Sonderrechtsnachfolge vgl Vorbem 35 ff zu §§ 2032 ff). Das Gesellschaftsverhältnis des Erblassers vervielfältigt sich also zu so vielen selbständigen Mitgliedschaften, als Erben des Anteils des Erblassers vorhanden sind. Der Gesellschaftsanteil ist kraft Sondererbfolge nicht Gegenstand der gesamthänderischen Bindung.

3. Kapitalgesellschaften

56 **a)** Die Erbengemeinschaft kann sich an der Gründung einer Kapitalgesellschaft beteiligen bzw Anteile an einer solchen Gesellschaft erwerben. Die Miterben sind nämlich rechtlich dazu in der Lage, in gesamthänderischer Verbundenheit Träger eines Anteils oder einer Aktie zu sein; zur Ausübung der aus der Beteiligung fließenden Rechte vgl Rn 57, 58. Etwaige Verbindlichkeiten, welche in der Gründungsphase einer GmbH entstehen, vgl insbes § 11 Abs 2 GmbHG, sind Nachlasserbenschulden, für die jeder Miterbe voll persönlich haftet (BGHZ 78, 311).

57 **b)** Das **Anteilsrecht eines Aktionärs** (Aktie) ist vererblich, aber gem § 8 Abs 5 AktG unteilbar, es geht auf die Miterben zur gesamten Hand über. Sie können ihre Rechte nur durch einen gemeinsamen Vertreter ausüben, § 69 Abs 1 AktG. Testamentsvollstrecker und vergleichbare Amtswalter sind kraft ihres Amtes gemeinschaftliche Vertreter.

58 Der **Geschäftsanteil einer GmbH** ist gem § 15 Abs 1 GmbH vererblich und geht auf die Miterbengemeinschaft in ihrer gesamthänderischen Bindung über (DÄUBLER

GmbH-Rdsch 1965, 18 ff; LAGNER GmbH-Rdsch 2006, 295). Gem § 2038 BGB können die Miterben die sich daraus ergebenden Rechte nur gemeinsam ausüben (BGH WM 1969, 590; BGB-RGRK/KREGEL Rn 11; SOERGEL/LETTMAIER Rn 35). Im Falle eines in ungeteilter Erbengemeinschaft stehenden Geschäftsanteils an einer GmbH kann dies im Rahmen ordnungsgemäßer Verwaltung durch Mehrheitsbeschluss der Miterben gem § 2038 Abs 2 S 1, § 745 Abs 1 S 1 BGB erfolgen (OLG Nürnberg FamRZ 2015, 530). Sonderregeln über die Haftung der Erben enthält § 18 Abs 2 GmbHG (entspr § 2058), für die Rechtshandlungen der GmbH gegenüber den Erben § 18 Abs 3 GmbHG. Da es einer Miterbengemeinschaft an eigener Rechts- und Parteifähigkeit fehlt, kann sich eine Miterbengemeinschaft an der Gründung einer GmbH durch Übernahme eines Stammanteiles nicht beteiligen (KG OLGE 14, 322, 324; OLG Stuttgart KGJ 22 D 22, 23; zum Streitstand OLG Hamm JMBlNRW 1975, 154 ff und GRUNEWALD AcP 197 [1997] 305, 311). Sie soll aber berechtigt sein, eine auf das erhöhte Kapital zu leistende Stammeinlage zu übernehmen (OLG Hamm JMBlNRW 1975, 154).

Für die Vererbung eines **Genossenschaftsanteils** gilt § 77 GenG, der Anteil fällt in den Nachlass. 59

§ 2033
Verfügungsrecht des Miterben

(1) Jeder Miterbe kann über seinen Anteil an dem Nachlass verfügen. Der Vertrag, durch den ein Miterbe über seinen Anteil verfügt, bedarf der notariellen Beurkundung.

(2) Über seinen Anteil an den einzelnen Nachlassgegenständen kann ein Miterbe nicht verfügen.

Materialien: E II § 1907; III § 2008; Prot V 837 f; JAKOBS/SCHUBERT ER I 788–793, 806, 812; Denkschr 728.

Schrifttum

BÖTTICHER, Grundbuchberichtigung bei Ausscheiden aus einer Erbengemeinschaft oder GbR, Rpfleger 2007, 437
BRINCK, Die dingliche Übertragbarkeit des Erbrechts der Miterben nach ALR und BGB, ZBlFG 1908, 231
BÜNGER, Nießbrauch am Nachlass und an Erbteilen, BWNotZ 1963, 100
BUSKE, Abtretung eines Erbteils und grunderwerbssteuerliche Unbedenklichkeitsbescheinigung, DNotZ 1966, 481
CONRADES, Verpfändung des Erbteils, DJZ 1903, 310
GIEBEL, Der Erbschaftskauf (2010)
GROHMANN, Ist die Verpfändung eines Anteils an einer Erbengemeinschaft durch einen der Miterben oder eine sonstige Verfügung im Grundbuch eintragbar?, ZBlFG 1903, 821
HABSCHEID, Zur Heilung formnichtiger Erbteilsverkäufe, FamRZ 1968, 13
HAEGELE, Rechtsfragen zu Erbschaftskauf und Erbteilsübertragung, BWNotZ 1971, 129; 1972, 1
ders, Zur Grunderwerbsteuerpflicht bei Erbteilsübertragung, Rpfleger 1976, 234

HENSELER, Zur Übertragung eines ver- oder gepfändeten Erbanteils ohne Mitwirkung des Pfandgläubigers, Rpfleger 1956, 185
HILL, Kann ein Miterbe, dessen Miterbenanteil gepfändet ist, im Zwangsversteigerungsverfahren zum Zwecke der Aufhebung der Gemeinschaft einen Einstellungsantrag gem § 180 Abs 2 ZVG stellen?, MDR 1959, 92
JOSEF, Verfügungen über Erbschaftsanteile, AcP 99 (1899) 315
JÜNEMANN, Gläubigeranfechtung einer Erbteilsübertragung, ZEV 2005, 335
JUNG, Die bruchteilige Übertragung des Miterbenanteils (2003)
KEHRER, Die teilweise Verfügung des Miterben über seinen Erbteil, BWNotZ 1957, 262
KEIM, Erbauseinandersetzung und Erbteilsübertragung, RNotZ 2003, 375
KESSELER, Die Vereitelung der Ziele der Testamentsvollstreckung durch Veräußerung des Miterbenanteils, NJW 2006, 3672
KRETZSCHMAR, Verfügungen über einen Erbteil, Recht 1908, 265, 313
LANGNER/HEYDEL, Nachfolgeklauseln im GmbH-Gesellschaftsvertrag, GmbHR 2006, 291, 296
LIERMANN, Zweifelsfragen bei der Verwertung eines gepfändeten Miterbenanteils, NJW 1962, 2189
MEYER, Über die Bewertung von Verträgen auf Abtretung von Erbanteilen, SeuffBl 69, 25
MOTHES ZBlFG 1902, 866
MUSCHELER, Verfügung über den Erbteil und Vorkaufsrecht des Miterben, in: FS Rainer Kanzleiter (2010) S 287
NOACK, Vollstreckung gegen Erben, III. Verwertung eines Miterbenanteils in der Zwangsvollstreckung, JR 1969, 9
PATSCHKE, Erbteilsübernahme durch den Miterben, NJW 1955, 444
PRINGSHEIM, Zur Lehre von der Abtretung und Pfändung des Erbteils (Diss Breslau 1906)
ders, Die Rechtsstellung des Erwerbers eines Erbteils, Studien zur Erl des Bürgerlichen Rechts von Leonhard, Heft 32 (Breslau 1910)
RINK, Der Erbteilskauf (Diss Erlangen 1963)
RIPFEL, Pfändungspfandrecht am Erbteil, NJW 1958, 692
SCHLÜTER, Durchbrechung des Abstraktionsprinzips über § 139 BGB und Heilung eines formnichtigen Erbteilskaufs durch Erfüllung, JuS 1969, 10
SCHMALE, Können Miterben ihr Miteigentum an Grundstücken ohne Auflassung übertragen?, ZBlFG 1904, 179
ders, Die dingliche Wirkung der Verfügung des Miterben über seinen Anteil am Nachlass, ZBlFG 1905, 366
SCHMIDT, Die Nachfolge in das Anwartschaftsrecht des Nacherben und die Erteilung des Erbscheins nach Eintritt des Nacherbfalls, BWNotZ 1966, 139
SCHWEITZER, Eine Frage aus dem Grundbuchrecht, DJZ 1900, 393
SIEGLER, Zur Abtretbarkeit des Anspruchs des Miterben auf das Auseinandersetzungsguthaben, MDR 1964, 372
SPAETT, Noch einige Fragen der Nachlassbehandlung, SeuffBl 69, 105
STAUDENMAIER, Teilübertragung von Gesellschaftsanteilen und Erbteilen, DNotZ 1966, 724
STÖBER, Grundbucheintragung der Erben nach Pfändung des Erbanteils, Rpfleger 1976, 197
WALDMANN, Die Behandlung der Verpfändung oder Pfändung des Anteils eines Miterben am Nachlass, zu dem ein Grundstück gehört, in der Zwangsversteigerung und Zwangsverwaltung, SächsArch 39, 1
WENDT, Verfügungen über Erbschaftsanteile, AcP 89 (1889) 420
ZUNFT, Die Übertragung sämtlicher Nachlassgegenstände an einen Miterben gegen Abfindung der übrigen Miterben, JZ 1956, 550
ders, Verpflichtung des Miterben zur Verfügung über Anteile an Nachlassgegenständen, NJW 1957, 1178
WESSER/SAALFRANK, Formfreier Grundstückserwerb durch Miterben, NJW 2003, 2937.

Weitere Schrifttumshinweise s Vorbem zu §§ 2032 ff.

Systematische Übersicht

Alphabetische Übersicht

I. Verfügung des Miterben über seinen Anteil am Nachlass (Abs 1)

1 **1.** § 2033 BGB erfasst allein das dingliche Verfügungsrecht des einzelnen Miterben (NK-BGB/Ann Rn 10; Damrau/Rissmann Rn 5; Bamberger/Roth/Lohmann Rn 1; MünchKomm/Gergen Rn 11). In Abweichung von der Regelung der ehelichen Gütergemeinschaft (§ 1419 BGB) und der BGB-Gesellschaft (§ 719 BGB) darf der Miterbe über seinen Anteil an der Gesamthandsgemeinschaft verfügen. Damit wird die Bindung, die sich aus der Unterstellung der Erbengemeinschaft unter das Gesamt-

handsprinzip ergibt, zugunsten des einzelnen Miterben gelockert (vgl Vorbem 14 zu §§ 2032 ff). Ist eine Verwertung des Nachlasses noch nicht möglich (zB wegen § 2044 BGB), kann der Miterbe wenigstens durch Verwertung seines Anteiles **sofort Geld erhalten**, indem er diesen veräußert oder als Kreditgrundlage benutzt. Eine ähnliche Lockerung verbietet sich bei der Gütergemeinschaft wegen der nahen persönlichen Beziehung der Gatten und bei der Gesellschaft wegen des persönlichen Vertrauensverhältnisses, das unter den Gesellschaftern bestehen muss (vLübtow II 813, 814). Auch bei der Erbengemeinschaft hat die dem einzelnen Miterben eingeräumte Befugnis, seinen Miterben einen fremden evtl unliebsamen Teilhaber aufzudrängen, gewisse Missstände zur Folge, die durch Einräumung eines Vorkaufsrechts bei Verkauf des Anteils an einen Dritten (§ 2034 Abs 1 BGB) nur in geringem Umfang verhindert werden können.

Von der Verfügung über den Anteil am Nachlass zu unterscheiden ist die sog **Abschichtung**. Hierbei scheidet ein Miterbe unter Aufgabe seiner Mitgliedschaftsrechte einverständlich aus der Erbengemeinschaft aus und sein Anteil wächst den in der Erbengemeinschaft verbleibenden Miterben im Verhältnis ihrer bisherigen Anteile kraft Gesetzes an (eingehend hierzu § 2042 Rn 57 ff). 2

Der **Alleinerbe** darf nicht über die ihm angefallene Erbschaft durch einen einheitlichen Übertragungsakt dinglich verfügen (RGZ 88, 116, 118; BGH LM Nr 8 zu § 2033 = WarnR 1967 Nr 179 = DNotZ 1968, 358; LG Landau NJW 1954, 1647), während der Miterbe dies hinsichtlich seines Anteils kann und folglich alle Miterben durch gleichartige Verfügungen über ihre Anteile mittelbar die ganze Erbschaft übertragen dürfen. Diese Inkonsequenz ist nach Meinung der II. Kommission aufgrund der sonstigen Vorteile, die eine Zulassung einer dinglichen Verfügung über das Anteilsrecht bedinge, in Kauf zu nehmen (vgl Strohal II § 97 Fn 4). Den Gefahren der Verschiebung des Aktivnachlasses auf diesem Wege, ohne den Erlös zur Tilgung der Nachlassschuld zu verwenden, versucht § 2382 Abs 1 BGB (Haftung des Käufers für die Nachlassverbindlichkeit) vorzubeugen. 3

2. § 2033 BGB enthält **zwingendes Recht** und wird nicht durch eine Testamentsvollstreckung eingeschränkt (MünchKomm/Gergen Rn 4; Bamberger/Roth/Lohmann Rn 1; Muscheler, in: FS Kanzleiter S 287). Der Erblasser kann die Veräußerlichkeit des Erbteils nicht ausschließen oder beschränken, insbes nicht von der Zustimmung eines Testamentsvollstreckers abhängig machen (RG WarnR 1915 Nr 292; JW 1915, 245; LG Essen Rpfleger 1960, 58; Erman/Bayer Rn 1; Kapp/Ebeling I Rn 44). Nach § 137 BGB kann die Befugnis zur Verfügung über ein veräußerliches Recht nicht ausgeschlossen werden. Ein Testamentsvollstrecker kann nicht über einen Miterbenanteil an dem von ihm verwalteten Nachlass verfügen, sondern nur an Erbanteilen anderer Nachlässe, die dem Erblasser beim Erbfall zustanden (BGH NJW 1984, 2464, 2465). 4

Zulässig ist aber die Übernahme einer Verpflichtung durch einen Miterben, den Erbteil nicht zu veräußern oder zu belasten. Ein Verstoß hiergegen macht die Veräußerung jedoch nicht unwirksam. Die Verfügung eines nicht nachfolgeberechtigten Miterben über seinen Anteil am Nachlass, zu dem ein GmbH-Gesellschaftsanteil gehört, kann nicht durch die Gesellschaft unter Berufung auf eine Vinkulierungsklausel im Gesellschaftsvertrag verhindert werden. Eine analoge Anwendung des § 15 Abs 5 GmbHG ist nicht möglich (Langner/Heydel GmbHR 2006, 296). 5

6 3. **Gegenstand der Verfügung** ist der *Anteil am ganzen Nachlass,* also die quotiell bestimmte Teilhaberschaft an der Gemeinschaft, die bis zur gänzlichen Auseinandersetzung besteht. Eine Verfügung ist also nur möglich, wenn schon und noch *gemeinschaftliches Vermögen vorhanden* ist (RG Recht 1916 Nr 290; LZ 1908, 269 Nr 15; KGJ 52, 272; OLG Hamm DNotZ 1966, 746, 747; LG Landau NJW 1954, 1647), selbst wenn der Nachlass lediglich aus einem einzigen Gegenstand besteht (BGH NJW 1969, 92; OLG Celle BWNotZ 1968, 122 = NdsRpfl 1967, 126); zu beachten ist hierbei, dass im Wege der Singularsukzession übergegangene Anteile des Erblassers an Personengesellschaften nicht zum Gesamthandsvermögen gehören (OLG München FamRZ 2016, 333). Unerheblich ist, welchen Wert der Nachlass hat und welche Gegenstände zu ihm gehören. Auch wenn der Nachlass einen Anteil an einem anderen Nachlass enthält, ist § 2033 Abs 1 BGB uneingeschränkt anwendbar (BayObLGZ 1960, 138 = MDR 1960, 675 = Rpfleger 1961, 19). Frühester Zeitpunkt der Verfügung ist somit der Erbfall, eine Verfügung über den künftigen Anteil ist nicht möglich (BGHZ 37, 324, 325; Erman/Bayer Rn 3; HK-BGB/Hoeren Rn 6). Gemeinschaftliches gesamthänderisches Vermögen ist vorhanden bis der letzte Nachlassgegenstand (Sache, Recht, Forderung) durch Auseinandersetzung dinglich an einen Miterben oder Dritten übertragen ist (KGJ 52, 272).

7 **Nach** erfolgter **Teilung** des Nachlasses kann eine schuldrechtlich übernommene Verpflichtung zur Übertragung des Erbanteils nur noch durch Einzelübertragung der Nachlassgegenstände erfüllt werden; ein durch einheitliches dingliches Rechtsgeschäft übertragbarer Erbteil ist nicht mehr vorhanden (RGZ 134, 299).

8 **a)** Wird die Erbengemeinschaft dadurch aufgehoben, dass ein **Miterbe sämtliche Anteile** erwirbt, ist gemeinschaftliches Vermögen nicht mehr vorhanden (Wesser/Saalfrank NJW 2003, 2937) und somit für eine Verfügung gem § 2033 Abs 1 BGB kein Raum (RGZ 88, 116; KGJ 46, 181; OLG Hamm DNotZ 1966, 747; BGB-RGRK/Kregel Rn 6; vLübtow II 818; Kipp/Coing § 114 VI 5; Brox/Walker § 29 Rn 7). Der Erwerber aller Erbanteile kann sich hinsichtlich der Verfügung über die gesamte Erbschaft oder einen Teil nur noch schuldrechtlich binden und muss eine derartige Verpflichtung durch Übertragung der einzelnen Nachlassgegenstände erfüllen (vgl §§ 2371, 2385, 2374 BGB). Der Rückgewähranspruch nach § 11 AnfG ist jedoch nicht ausgeschlossen (dazu im Einzelnen Rn 48).

9 Eine *Vereinigung aller Miterbenanteile in einer Hand* kann auch dadurch erfolgen, dass ein durch Nacherbschaft erworbener Miterbenanteil an einen noch lebenden Vorerben, der den anderen Miterbenanteil erhält, übertragen wird. Hat zB der Erblasser zwei Vorerben zu je 1/2 bedacht und eine einzige Person als Nacherben nach beiden Vorerben bestimmt, bilden die beiden Vorerben eine Miterbengemeinschaft. Mit dem Ableben des ersten Vorerben geht dessen Miterbenanteil auf den Nacherben über, sodass dieser mit dem noch lebenden Vorerben die Erbengemeinschaft mit je einem hälftigen Anteil bildet. Durch die Anordnung der Vor- und Nacherbschaft wird lediglich die Übertragbarkeit des Erbanteils von dem Vorerben auf den Nacherben festgelegt, dh der Vorerbe kann nicht an einen anderen als vom Erblasser bestimmten Nacherben übertragen. Überträgt aber der Nacherbe seinen Anteil auf den noch lebenden Vorerben, ist diese Übertragung wirksam. Es vereinigen sich beide Anteile in einer Person (dem noch lebenden zweiten Vorerben).

Die *Miterbengemeinschaft ist bei Anteilserwerb durch einen Miterben beendet.* In Lit und Rspr ist es insoweit unstr, dass bei einer Übertragung aller Erbteile auf eine Person (idR auf einen Miterben) die Erbengemeinschaft erlischt (Frank/Helms § 19 Rn 5; Brox/Walker § 31 Rn 8). Das Gesamthandsvermögen wird Eigenvermögen (Brox/Walker § 29 Rn 7). Es handelt sich um die Verfügung über die vermögensrechtliche Sonderstellung des Miterben, die persönlich erbrechtliche Position verbleibt beim übertragenen Miterben. Nicht letzterer behält seine Miterbenposition, sondern der Erwerber des Erbteils wird Mitglied der Erbengemeinschaft, erhält also alle Rechte und Pflichten, die der übertragende Miterbe im Rahmen der Erbengemeinschaft hatte (Leipold Rn 725). Nach dem Tode des länger lebenden Vorerben tritt der zweite Nacherbfall ein. Der Nacherbe erhält lediglich den hälftigen Anteil des Erblassers, allerdings nicht mehr als Miterbenanteil, sondern in Vollzug einer normalen Nacherbschaft. Das sonstige (Eigen-)Vermögen des zweiten länger lebenden Vorerben, zu dem auch nunmehr der von dem Nacherben erworbene Anteil gehört, geht auf die von ihm bestimmten bzw nach gesetzlicher Erbfolge begünstigten Erben über. Da diese mit dem Ersterblasser (ursprünglicher Erblasser) in keiner erbrechtlichen Verbindung stehen, leiten sie ihr Erbrecht nicht vom ursprünglichen Erblasser her, sondern allein von „ihrem" Erblasser. Damit stehen die Erben des zweiten Vorerben mit dem Nacherben des zweiten Vorerben in keiner Erbengemeinschaft. Der Nacherbe und die Erben des zweiten Vorerben erben zwar im gleichen Moment (Tod des zweiten Vorerben), jedoch liegen zwei unterschiedliche Erbgänge vor, die strikt voneinander zu trennen sind (Michalski Rn 672). 10

Zwischen dem Eigenvermögen des länger lebenden Vorerben, welches an seine gesetzlichen oder gewillkürten Erben anfällt, und dem mit der Nacherbfolge belasteten Nachlass besteht eine notwendige Trennung (MünchKomm/Grunsky § 2100 Rn 19), sodass der Nacherbe und die gesetzlichen Erben des länger lebenden Vorerben keine Miterbengemeinschaft bilden. Die Übertragung des Miterbenanteils des Nacherben auf den noch lebenden Vorerben begegnet keinen rechtlichen Bedenken. Die Vor- und Nacherbschaft beschränkt den Nacherben insoweit nicht, sondern lediglich den Vorerben mit der Bindung an den Übergang des ererbten Vorerbenanteils auf den Nacherben. Darüber hinaus hat die Übertragung des vom Nacherben erworbenen hälftigen Miterbenanteils auf den die andere Hälfte haltenden noch lebenden Vorerben die Vereinigung sämtlicher Erbteile in dessen Hand zur Folge, wodurch es zur Aufhebung der zwischen dem Nacherben und dem noch lebenden Vorerben bestehenden Erbengemeinschaft gekommen ist (RGZ 88, 116; vgl § 2033 Rn 8). Eine Beschränkung der Verfügungsmacht liegt nicht vor. Die Übertragung des Erbteils an den noch lebenden Vorerben führt zu dessen Erwerb als Eigenvermögen, sodass folgerichtig dieser Vermögensanteil zu seinem Nachlass gehörte und im Erbfall auf dessen Erben, nicht auf den Nacherben des ursprünglichen Erblassers übergeht (zur Verfügung über einen Miterbenanteil bei Vor- und Nacherbschaft im Hinblick auf ein Nachlassgrundstück: BGH NJW 2007, 2144 = JR 2008, 158 = DNotZ 2007, 700) 11

b) Statt über seinen ganzen Anteil kann der Miterbe auch nur über einen **Bruchteil dieses Anteils** verfügen (RG WarnR 1913 Nr 234; BGH NJW 1963, 1610; WM 1969, 592; KGJ 46, 181 = Recht 1915 Nr 1568; BayObLGZ 1921, 1017; NJW 1968, 505; OLG Düsseldorf RhNK 1967, 219; LG Landau NJW 1954, 1647; MünchKomm/Gergen Rn 9; Kapp/Ebeling I Rn 48; Brox/Walker § 29 Rn 7; HK-BGB/Hoeren Rn 5; Kehrer BWNotZ 1957, 263; Staudenmaier DNotZ 1966, 724; **aM** Kretzschmar § 89 I Fn 6; vLübtow II 817; NK-BGB/Ann Rn 3). Bei einer 12 solchen Bruchteilsveräußerung, die nach den Regeln der Vollrechtsverfügung erfolgt, steht der Miterbe mit dem Erwerber in *Bruchteilsgemeinschaft* iS der §§ 741 ff BGB (RG WarnR 1913 Nr 234; BGH DNotZ 1967, 434; BGH NJW 1975, 2119; OLG Düsseldorf MittRhNotK 1967, 219 = Rpfleger 1968, 188; BGB-RGRK/Kregel Rn 6; Kapp/Ebeling I Rn 49; Schlüter Rn 655; Erman/Bayer Rn 4d; Brox/Walker § 29 Rn 7; Haegele Rpfleger 1968, 177; **aM** Kretzschmar § 89 I Fn 6; Kehrer BWNotZ 1957, 264 f; Staudenmaier DNotZ 1966, 730 ff, die eine Aufspaltung des Erbteils in mehrere selbständige Gesamthandsanteile annehmen, erbengemeinschaftliches Gesamthandsverhältnis. Dies ist schon deswegen abzulehnen, weil der Erwerber nicht gleichberechtigter Miterbe neben dem Veräußerer wird, vgl Rn 34). Wenn ein Miterbe einen Bruchteil seines Anteils an einen anderen Miterben überträgt, entsteht dagegen keine Untergemeinschaft nach Bruchteilen, sondern der übertragene Teil wächst dem Erbanteil des Erwerbers an (BayObLGZ 1991, 146, 149 = Rpfleger 1991, 315). Dies ist im Zweifel auch anzunehmen, wenn ein Miterbe seinen Erbteil im Ganzen an die übrigen Miterben überträgt (BayObLGZ 1980, 328, 330 = NJW 1981, 830). Veräußern alle Miterben ihre Anteile an dieselben Erwerber zu jeweils gleichen Bruchteilen, werden Inhaber aller Erbteile dieselben Personen zu jeweils gleichen Bruchteilen (BGH NJW 2016, 493); hinsichtlich des Nachlasses bleiben die Inhaber der Erbteile gesamthänderisch verbunden. Wegen der Vereinigung aller Erbteile in der Hand dieser miteinander in Bruchteilsgemeinschaft verbundenen Erwerber geht der Nachlass auf diese zu Miteigentum nach Bruchteilen über. Die Miterbengemeinschaft ist als Vermögensgemeinschaft mangels gesamthänderisch gebundenen Nachlasses beendet (BFH NJW 1975, 2119). Dies auch deswegen, weil durch Privatvereinbarung keine Gesamthandsgemeinschaft außerhalb der vom Gesetz bestimmten Fälle begründet werden kann.

13 **c)** **Mehrere Erben eines Miterben** bilden eine gesamthänderische Untergruppe innerhalb der Erbengemeinschaft und können über den ererbten Anteil an der Gemeinschaft nur gemeinsam verfügen; der einzelne Erbeserbe kann nicht über seinen Anteil an diesem Erbteil (ererbter Anteil an der Miterbengemeinschaft) verfügen (RGZ 162, 397). Ein Alleinerbe eines Miterben kann über einen ererbten Anteil an einer Miterbengemeinschaft gem § 2033 BGB verfügen (LG Landau NJW 1954, 1647).

14 **d)** Eine **Verfügungsbeschränkung** hinsichtlich eines Nachlassgegenstandes steht einer Verfügung über den Gesamthandsanteil nicht entgegen, zB zum Nachlass gehört der Anteil einer Gesellschaft, für den § 719 BGB maßgebend ist (KGJ 38 A 233; Soergel/Lettmaier Rn 12). Insbesondere wird die Übertragung eines Erbteils an einem Nachlass, zu dem auch der Geschäftsanteil einer GmbH gehört, von einem Genehmigungsvorbehalt im Gesellschaftsvertrag gem § 15 Abs 5 GmbHG nicht erfasst (BGHZ 92, 386, 393 f; **aA** Priester GmbHR 1981, 206 mwNw). Privatrechtliche Interessen bezüglich einzelner Gegenstände können durch schuldrechtliche Verpflichtungen zwischen den Beteiligten ausreichend geschützt werden, ohne dass die Verfügungsfreiheit der Miterben in so weitreichendem Maß beschnitten werden muss (BGHZ 92, 386, 393 f). Entsprechendes gilt für den Zustimmungsvorbehalt bei Übertragung von Wohnungseigentum gem § 12 Abs 1 WEG (OLG Hamm Rpfleger 1979, 461).

15 **e)** Voraussetzung für die Verfügung ist der **Eintritt des Erbfalles** (vgl § 311b Abs 4 BGB), nicht aber der *endgültige Anfall* des Erbanteils an den Miterben. Gegenstand der Verfügung kann somit auch der bedingte oder betagt erworbene Miterbenanteil sein. So kann der **Vorerbe**, der nur ein betagtes oder auflösend bedingtes Miterbenrecht hat, seinen Anteil veräußern, jedoch wird die Nacherbfolge hierdurch nicht berührt.

f) Der **Nacherbe** eines Miterben hat nach heute hM in der Zeit zwischen Erbfall und Nacherbfall ein Anwartschaftsrecht auf den künftigen Erbschaftserwerb, das ein unentziehbares und übertragbares Recht darstellt. Dieses kann in entsprechender Anwendung des § 2033 Abs 1 BGB übertragen und belastet werden. Soweit es sich um die Anwartschaft eines Mitnacherben handelt, ist dies unproblematisch und allgemein anerkannt (RG Gruchot 52, 680; RGZ 80, 384; 83, 434; KG HRR 1929 Nr 549; Smolla DNotZ 1939, 391). Auf die Verfügung eines *Alleinnacherben* wird heute unstreitig § 2033 Abs 1 BGB entspr herangezogen, wenn dieser über seine Anwartschaft hinsichtlich des Miterbenanteils verfügt (RGZ 101, 186 f; BGB-RGRK/Kregel Rn 9; Hankel, Neuere Rechtsprechung auf dem Gebiet des Vor- und Nacherbenrechts [1939] 74; Schiedermaier AcP 139 [1939] 129). Mit der Übertragung tritt der Erwerber in die Rechtsstellung des Nacherben ein (LG Berlin DNotZ 1975, 569; BGB-RGRK/Kregel Rn 8; Schmidt BWNotZ 1966, 148, 149). Eine Verfügung über das Anwartschaftsrecht wirkt jedoch nicht gegenüber einem Ersatznacherben (Schmidt BWNotZ 1966, 144). Erwirbt der Vorerbe die Anwartschaft des Nacherben, wird er Vollerbe, da die aus der Nacherbschaft bestehenden Beschränkungen weggefallen sind (LG Berlin DNotZ 1975, 569). Keine nach § 2033 BGB übertragbare Anwartschaft hat der in einem sog Berliner Testament als (Mit-)Schlusserbe Bedachte (BGHZ 37, 319 = LM Nr 13 zu § 2271 = NJW 1962, 1910). 16

4. Von der Verfügung über den Anteil am Nachlass ist zu unterscheiden die Verfügung über den **Anspruch auf das Auseinandersetzungsguthaben**. Daraus, dass dieser Anspruch ein Ausfluss oder Bestandteil des Erbteils ist, lässt sich noch nicht folgern, er könne als das gegenüber dem Erbteil Geringere abgetreten werden. Die Rechtsprechung und die ihr folgende hM verneint die selbständige Abtretbarkeit des Anspruchs hauptsächlich wegen der unbefriedigenden Folgerungen, wegen der dadurch eintretenden Möglichkeit, dass der Anteilserwerber die Haftung für Nachlassschulden (§ 2382 BGB) übernehmen müsse, ohne wegen der vorangegangenen Abtretung des Anspruchs auf das Auseinandersetzungsguthaben in dem Anteil einen greifbaren Wert zu erhalten. Die **hM** erachtet daher die getrennte Verfügung über das Auseinandersetzungsguthaben für unzulässig, zumindest soll eine solche neben einer Verfügung über den Miterbenanteil unmöglich sein. Sie beruft sich auf den Wortlaut des § 2033 BGB, der als Gegenstand der Verfügung nur den Erbteil als solchen anerkenne (RGZ 60, 126, 132; 137, 170; RG Recht 1914 Nr 2542; JW 1932, 1354; OLG Dresden ZBlFG 1919, 208; OLGE 40, 110 f; OLG Stettin OLGE 26, 298; MünchKomm/Gergen Rn 10; Erman/Bayer Rn 10; Palandt/Weidlich Rn 5; Soergel/Lettmaier Rn 6; Kipp/Coing § 114 VI 4 a; Brox/Walker § 29 Rn 7; vLübtow II 821; Kapp/Ebeling I Rn 116; **aM** BGB-RGRK/Kregel Rn 2; Bergk, Übertragung und Pfändung künftiger Rechte [1912] 150 f, 163 f; Pringsheim 35 f; Kretzschmar § 89 Fn 11; Siegler MDR 1964, 372–374; NK-BGB/Ann Rn 5). 17

Aus dem Wortlaut des § 2033 BGB lässt sich die Streitfrage jedoch nicht beantworten (Siegler MDR 1964, 373), da sich diese Norm allein auf ein Verbot der Verfügung über einzelne Nachlassgegenstände und die Gestattung der Verfügung über den Anteil als Ganzes beschränkt. Über den Anspruch auf das Auseinander- 18 setzungsguthaben sagt diese Norm nichts aus. Ebenso wenig kann das Risiko des Anteilserwerbers, einen wertlosen Anteil zu erhalten, zur Entscheidung herangezogen werden (Siegler MDR 1964, 373), denn es handelt sich um das allgemeine Risiko eines Rechtserwerbers. Es besteht kein Grundsatz, der eine Verfügung verbietet, wenn die Gefahr eines wertlosen Erwerbes besteht. Ferner ist es widersprüchlich, eine Verfügung über den Auseinandersetzungsanspruch nur dann zuzulassen, wenn keine Verfügung über den Anteil erfolge, denn es ist bei der ersten nicht absehbar, ob eine zweite folgt. Erstere kann nicht zunächst wirksam und bei späterer Verfügung über den Anteil unwirksam werden. Trotzdem ist im Ergebnis der hM zuzustimmen. Der Anspruch auf das Auseinandersetzungsguthaben ist ein Ausfluss des Erbteils. Es setzen sich die Belastungen dinglich an den den einzelnen Erben bei der Auseinandersetzung zugeteilten Gegenständen fort. Der Anspruch auf das Auseinandersetzungsguthaben tritt somit auch hinsichtlich der Haftung an die Stelle des Erbanteils, er ist dessen Surrogat. Entscheidend für die Behandlung der dem Miterben zustehenden Rechte bei der Auseinandersetzung sind die Verfügungen über den Erbanteil. Diese entscheiden allein über den Status der zugeteilten Gegenstände. Wäre eine getrennte Verfügung über den Anspruch auf das Auseinandersetzungsguthaben möglich, würde sie mit einer solchen über den Anteil kollidieren. Dies aber würde dem in Rn 44 dargestellten Surrogationsgrundsatz widersprechen. Die Abtretung des Anspruchs auf das Auseinandersetzungsguthaben kann daher für den Zessionar kein gegen Dritte wirksames Recht begründen. Der Erbe kann sich insoweit nur schuldrechtlich verpflichten, dem Zessionar die Gegenstände zu übertragen, die er als Miterbe aufgrund seiner fortdauernden Teilhaberschaft an der Erbengemeinschaft bei der Auseinandersetzung erhalten wird. Erst recht ist der *Anspruch auf Auseinandersetzung* nicht Gegenstand einer selbständigen Verfügung und kann weder selbständig abgetreten noch verpfändet werden. Er ist Ausfluss des Erbteils und untrennbar mit diesem verbunden (Muscheler, in: FS Kanzleiter S 291).

19 **a)** Eine Verfügung über das Auseinandersetzungsguthaben kann jedoch idR in eine solche über den Erbanteil, eine formnichtige Anteilsveräußerung uU in eine *schuldrechtliche Verpflichtung auf Übertragung der einzelnen Gegenstände nach Auseinandersetzung umgedeutet werden,* § 140 BGB. Ein Pfändungsbeschluss hinsichtlich des Anspruchs auf das Auseinandersetzungsguthaben ist im Zweifel als Pfändung des Erbteils und der in diesem enthaltenen Ansprüche auf das Auseinandersetzungsguthaben auszulegen, denn für die Wirksamkeit des Pfändungsbeschlusses ist es unerheblich, ob als Gegenstand der Pfändung das Erbrecht des Miterben, der Erbanteil, der Erbteil oder das Recht auf Ausantwortung des Erbteils (vor geteilter Erbschaft) bezeichnet ist (RGZ 49, 408; RG WarnR 1911 Nr 139).

20 **b)** Gegen eine hypothekarische **Sicherung des Erbteils** iS der in ihm enthaltenen Forderung auf das Auseinandersetzungsguthaben bestehen keine Bedenken (RGZ 65, 364; BGB-RGRK/Kregel Rn 5; **aM** KGJ 40, 260). Auf jeden Fall kann zur Sicherung künftiger Erbansprüche eine Grundschuld bestellt werden, die keine Forderung voraussetzt (so RG 22. 12. 1919 – IV 303/19; BGB-RGRK/Kregel Rn 5).

21 **5. a)** Verfügung iS des § 2033 BGB ist nur die sog **dingliche Verfügung**, nicht das schuldrechtliche Verpflichtungsgeschäft (Kauf, Schenkung) hinsichtlich des Anteils. Eine solche dingliche Verfügung ist nicht nur die unmittelbare *Übertragung* (einschl

der sicherungsweisen Übertragung, § 158 Abs 2 BGB) des Anteils, sondern auch seine *Verpfändung* (LG Oldenburg MDR 1959, 669) und die *Einräumung des Nießbrauchs* am Anteil (Strohal II § 64 II 1). Auch die *Ausübung von Gestaltungsrechten,* die zum Nachlass gehören, ist Verfügung (Kipp/Coing § 114 V 2; Muscheler, in: FS Kanzleiter S 288). Die Verfügung kann zugunsten eines Miterben erfolgen, doch liegt darin keine Veräußerung an einen Dritten iS des § 2034 BGB, die den anderen Miterben ein Vorkaufsrecht geben würde. Die Verfügungen des § 2033 BGB sind gegenüber dem *schuldrechtlichen Vertrag,* der die Verpflichtung zu einer solchen Verfügung begründet, selbständig, dh in ihrer Wirksamkeit von der Gültigkeit des schuldrechtlichen Vertrags unabhängig, Abstraktionsprinzip (BGH WM 1969, 592).

Beteiligte der Verfügung sind der Miterbe, bzw ein an seine Stelle getretener Anteils- 22
erwerber als verfügungsberechtigter **Rechtsinhaber** und als Begünstigter der **Rechtserwerber** (Anteilserwerber, Pfandgläubiger, Nießbraucher). Letzterer kann jede natürliche Person, nicht nur ein Miterbe (arg § 2034 BGB), eine Personenmehrheit oder eine juristische Person sein.

b) Form der Verfügung (Abs 1 S 2) ist die *notarielle Beurkundung* der Verfügungs- 23
erklärung und deren Annahme (KG Rpfleger 1973, 26), § 128, § 20 BNotO. Bei Nichtbeachtung der Form ist die Verfügung nichtig, § 125 BGB. Ein Vergleich, dessen Zustandekommen im schriftlichen Verfahren festgestellt wird, wahrt die erforderliche Form einer notariellen Beurkundung jedenfalls dann nicht, wenn die Parteien weder durch ihre Bevollmächtigten noch durch das Gericht im erforderlichen Umfang belehrt worden sind (OLG Celle FamRZ 2014, 795). Die Formvorschrift gilt für alle Verfügungen iS des § 2033 BGB (vgl Rn 21), auch wenn eine Übertragung des Anteils zum Zwecke der formlosen Erbauseinandersetzung – zB Übertragung aller Erbteile auf einen Miterben gegen Ausgleichszahlung – erfolgt (RGZ 129, 123; Erman/Bayer Rn 6; HK-BGB/Hoeren Rn 7; Kapp/Ebeling I Rn 105; Rötelmann NJW 1951, 198; Grunau DNotZ 1951, 365; Patschke NJW 1955, 444; Zunft JZ 1956, 550). Anders das OLG Celle (NJW 1951, 198 = DNotZ 1951, 365) mit der unbewiesenen Behauptung, die Formfreiheit der Auseinandersetzung überwiege als höheres Prinzip. Der Rechtfertigungsgrund für die Form des § 2033 Abs 1 S 2 BGB, den Veräußerer vor unüberlegtem Verlust eines Gesamtrechtes zu schützen, gilt bei jeder Übertragung des Anteils. Dem ist nicht eine Auseinandersetzung gleichzustellen, bei der die einzelnen Nachlassgegenstände benannt und zugeteilt werden, den Beteiligten der jeweilige wirtschaftliche Umfang der Rechtshandlung also bekannt ist. Auch die *Weiterübertragung* des Erbteils durch den Erbteilserwerber unterliegt dem Formgebot des § 2033 Abs 1 S 2 BGB, obschon die Norm nur den „Miterben“ nennt; dies ergibt sich aus der Verweisung des § 2037 BGB.

Eine **Vollmacht**, die zur Übertragung eines Erbteils des Vollmachtgebers ermächtigt, 24
bedarf gem § 167 Abs 2 BGB grundsätzlich nicht der Form des § 2033 Abs 1 S 2 BGB. Anders, wenn durch die Vollmachtserteilung im Wesentlichen die gleiche Rechtslage geschaffen werden soll und wird wie bei Übertragung des Erbteils selbst, zB bei Erteilung einer unwiderruflichen Vollmacht oder unter Aufhebung der Beschränkung des § 181 BGB (KG JFG 15, 205; BayObLGZ 1954, 225; SchlHOLG SchlHAnz 1962, 174; KreisG Erfurt MDR 1994, 174, 175; Kipp/Coing § 114 VI 2; vgl Staudinger/Schilken [2019] § 167 Rn 20; Palandt/Weidlich Rn 9).

25 Im Übrigen erfordert auch der **schuldrechtliche Vertrag**, der sich auf die Veräußerung des Anteils oder die Einräumung eines Nießbrauchs an ihm richtet, eine notarielle Beurkundung, §§ 2371, 2385, 1089 BGB. Dagegen ist der schuldrechtliche Vertrag, durch den sich jemand zur Verpfändung des Anteils verpflichtet, formfrei (Erman/Bayer Rn 6). Eine formgerecht beurkundete Verfügung kann eine außerdem erforderliche Beurkundung des Verpflichtungsgeschäftes nicht ersetzen (RGZ 137, 171; RG SeuffA 96 Nr 63).

Eine Heilung des Formmangels in entsprechender Anwendung der §§ 311b Abs 1 S 2, 518 Abs 2, 766 S 3, 2301 Abs 2 BGB wird von der Rspr (RGZ 129, 123; 137, 175; RG WarnR 1942 Nr 92; BGH NJW 1967, 1128; WM 1970, 1319; OLG Frankfurt OLGE 16, 280; OLG Hamm RdL 1951, 103; ebenso BGB-RGRK/Kregel Rn 13; Palandt/Weidlich Rn 11; NK-BGB/Ann Rn 16, 17; Baumbach/Roth/Lohmann Rn 6; Soergel/Lettmaier Rn 17) abgelehnt, im Schrifttum dagegen zum Teil bejaht (Erman/Bayer Rn 6; Brox/Walker § 29 Rn 10, 799; Häsemeyer, Die gesetzliche Form der Rechtsgeschäfte [1971] 262 I; Strohal II, 97; vLübtow II 822; Olzen Rn 968; Kapp/Ebeling I Rn 101; Lange AcP 144 [1944] 149; Habscheid FamRZ 1968, 13, 15; Schlüter Jus 1969, 10 ff). Die Heilungsvorschriften sind als Ausnahmeregelungen konzipiert. Deshalb ist der von der Rspr vertretenen Ansicht zuzustimmen (ausführlich zur Streitfrage vgl Staudinger/Olshausen [2016] § 2371 Rn 22 ff, der eine Heilungswirkung im Ergebnis bejaht).

26 Da die Übertragung des Anteils eine **Gesamtrechtsnachfolge** begründet und die einzelnen zu ihm gehörigen Gegenstände nicht unmittelbar betrifft, brauchen – selbst wenn der Nachlass nur einen einzigen Gegenstand enthält – die *Formen,* die für *die Übertragung einzelner Nachlassgegenstände,* namentlich von Grundstücken, vorgeschrieben sind, nicht eingehalten zu werden (OLG Dresden ZEV 2000, 402). Eine Auflassung ist also nicht erforderlich, wenn zum Nachlass Grundstücke gehören (RGZ 171, 185; OLG Celle NdsRpfl 1967, 127; BayObLGZ 1986, 493, 495). Erwirbt ein Miterbe sämtliche Anteile an einem Nachlass mit Grundstück, so ist das Grundbuch gem § 22 Abs 1 S 1 GBO zu berichtigen, weil der Erwerber an Stelle des veräußernden Miterben in dessen vermögensrechtliche Stellung am Nachlass eintritt, was bzgl des Eigentums am Grundstück zu einer Rechtsänderung führt (BGH ZEV 2019, 267, 268; OLG Köln Rpfleger 1993, 349, 350).

27 Überträgt ein im Grundbuch als Miteigentümer in Erbengemeinschaft eingetragener Erbe einen Bruchteil seines Erbanteils auf einen Dritten und tritt dieser den Anteil in derselben Urkunde aufschiebend bedingt wieder an den bisherigen Miteigentümer ab, so ist im Grundbuch mit der Eintragung der Bruchteilsübertragung zugleich auch die durch die aufschiebend bedingte Rückabtretung bewirkte Verfügungsbeschränkung des Erbanteilserwerbers einzutragen (OLG München FamRZ 2016, 1009).

28 Die entgeltliche Übertragung eines Erbanteils ist kein Grundstücks-, sondern ein Erbteilskauf (BGH NJW 1969, 92; DNotZ 1970, 423), sodass kein auf § 24 BauGB beruhendes oder sonstiges (zB § 4 RSiedlG) Vorkaufsrecht hinsichtlich des Grundstückes ausgeübt werden kann (BGH DNotZ 1970, 423). Ebenso wenig bedarf es einer Zustimmung nach § 5 Abs 1 ErbbauRG (BayObLGZ 1967, 408 = Rpfleger 1968, 188; Erman/Bayer Rn 4).

Aufgrund der ausdrücklichen Vorschrift des § 2 Abs 2 Nr 2 GrdstVG bedarf es einer Genehmigung iS des Gesetzes, wenn der Nachlass nur oder im Wesentlichen aus einem land- oder forstwirtschaftlichen Betrieb besteht (dazu OLG Frankfurt RdL 1962, 289; SchlHOLG SchlHAnz 1963, 99; OLG Oldenburg RdL 1964, 234; OLG Celle RdL 1966, 161; Roemer DNotZ 1962, 485; Erman/Bayer Rn 7 mwNw). 29

Nach neuerer Rspr ist die Übertragung des Erbteils grunderwerbsteuerpflichtig, wenn zum Nachlass ein Grundstück gehört. Die Steuer ist nach der Gegenleistung zu berechnen, soweit diese auf das Grundstück entfällt (BFH BStBl 1976 II 159; Haegele Rpfleger 1976, 234; dazu auch Buske DNotZ 1966, 481). 30

6. Gehört der Erbanteil zum Gesamtgut einer *Gütergemeinschaft* (§§ 1415, 1416 BGB), bedarf der verwaltende Ehegatte zu einer Verfügung über den Anteil nicht der Einwilligung des anderen gem § 1424 BGB, wenn zum Nachlass ein Grundstück gehört, denn es handelt sich bei der Anteilsübertragung um eine Gesamtrechtsnachfolge (vgl Rn 26), nicht um die Übertragung einzelner Gegenstände (KGJ 27 A 29 = RJA 4, 117 = OLGE 8, 338; OLG Colmar OLGE 9, 451; Meikel Seuffbl 48, 294; Stiff DNotZ 1905, 757; **aM** KG JW 1938, 3115 und Staudinger/Lehmann[11] Rn 14). 31

Bei **Verpfändung** eines Erbanteils bedarf es nicht der für die Verpfändung einer Forderung in § 1280 BGB vorgeschriebenen *Anzeige* des Gläubigers an den Schuldner, vielmehr ist lediglich § 1274 BGB anzuwenden (RGZ 83, 27 f = JW 1913, 1038 = Recht 1913 Nr 2304; NK-BGB/Ann Rn 12). 32

7. Der Erwerber tritt mit dem Zeitpunkt der Verfügung (also nicht rückwirkend auf den Erbfall) an die Stelle des ausscheidenden bisherigen Mitberechtigten (veräußernder Miterbe) als *Teilhaber* in das *Gesamthandsverhältnis* ein (RGZ 60, 131; 83, 30; Kiethe ZEV 2003, 228). 33

a) Er wird jedoch **nicht** an Stelle des Veräußerers **Miterbe** im rechtlichen Sinne, denn das Erbrecht kann – abgesehen von den im Gesetz anerkannten Fällen der letztwilligen Verfügung – nicht durch Privatwillkür begründet werden. Durch Parteivereinbarung kann niemand Erbe werden (BGHZ 56, 117, 118; BayObLG NJW 1968, 505; BGB-RGRK/Kregel Rn 12; Planck/Flad Anm 3; Soergel/Lettmaier Rn 13; Kapp/Ebeling I Rn 56, 57; Kipp/Coing § 114 VI 4; vLübtow II 817, 819; Muscheler, in: FS Kanzleiter S 291; **aM** Kress 176; Endemann, Erbrecht 1033; ders JW 1910, 89 f; Binder III 36; anders später ders ArchBürgR 34, 237). 34

Neben dieser grundsätzlichen Erwägung rechtfertigt sich dieses Ergebnis auch daraus, dass der Erwerber nicht völlig in die Rechtsstellung des Veräußerers eintritt, denn nach § 2373 BGB gilt ein dem Veräußerer nach der Übertragung durch Nacherbfolge oder infolge Wegfalls eines Miterben angefallener Erbteil im Zweifel als nicht mitveräußert. Trotz Übertragung haftet ferner der Veräußerer für die Nachlassverbindlichkeiten gem §§ 2382 Abs 1, 2385 BGB fort. Ebenso wenig tritt als Folge der Veräußerung Nacherbfolge ein. Mangels Erbenstellung des Erwerbers geht der **Mitbesitz** an den Nachlasssachen nicht gem § 857 BGB auf diesen über (Soergel/Lettmaier Rn 13; Erman/Bayer Rn 5; Brox/Walker § 29 Rn 8; Baumbach/Roth/Lohmann Rn 9; Lange/Kuchinke § 42 II 3; vLübtow II 821 f), wobei es unerheblich ist, ob der Veräußerer bereits Verkehrsbesitz erlangt hatte, denn dies verändert die

Nichterbenstellung iS des § 857 BGB des Erwerbers nicht (anders jedoch Kapp/Ebeling I Rn 88); ein Besitzerwerb des Erwerbers kommt nur nach allgemeinen Regeln (§ 854 Abs 1 und 2, § 870 BGB) in Betracht. Der Erwerber erwirbt auch nicht das Vorkaufsrecht gemäß § 2034 Abs 1 BGB (OLG München ZErb 2010, 270).

35 **b)** Der **Veräußerer** behält also die Rechtsstellung des **Miterben** im technischen Sinne (RGZ 64, 173, 175; BGHZ 56, 117 = NJW 1971, 1264; Erman/Bayer Rn 5; Kapp/Ebeling I Rn 56; vLübtow II 819; Otte X 2; vgl auch Rn 34). Der **Erbschein** bezeugt die Erbenstellung, er ist daher auf den Namen des veräußernden Miterben und nicht auf den des Anteilserwerbers auszustellen (RGZ 64, 173 f, 178; OLG Düsseldorf OLGZ 1991, 134, 136). Letzterer ist zwar berechtigt, die Erteilung eines Erbscheines zu beantragen, aber nur auf den Namen dessen, der unmittelbar Miterbe geworden ist, von dem er seinen Anteil ableitet (OLGE 44, 106). Daraus ergibt sich auch, dass eine weitere Verfügung des Anteilserwerbers nicht unter dem Schutz des öffentlichen Glaubens des Erbscheins steht; dieser deckt die Gültigkeit der Veräußerung nicht. Der Anteilsveräußerer behält das Recht, erbrechtliche Gestaltungserklärungen (zB Anfechtung, §§ 2078 ff BGB) abzugeben (Kapp/Ebeling I Rn 58–61; Otte X 2). Der Veräußerer bleibt Beteiligter iS des § 2227 BGB, der den Antrag auf Entlassung eines Testamentsvollstreckers stellen kann (KG DJZ 1929, 1347). Auch wenn ein Miterbe alle Anteile erworben hat, bedarf er zur Fortführung einer Handelsfirma der Einwilligung sämtlicher Miterben (RJA 5, 185).

36 **c)** Der Anteilserwerber kann sich hinsichtlich seines eigenen Rechtserwerbes nicht auf den **öffentlichen Glauben des Erbscheins**, soweit er die Erbenstellung des Veräußerers bezeugt, berufen. Geschützt wird nach § 2366 BGB nur der Erwerber einzelner Gegenstände, nicht eines Erbteils (MünchKomm/Gergen Rn 20). Ebenso wenig kommt eine Berufung auf die Gutglaubenswirkung eines Europäischen Nachlasszeugnisses in Betracht, auch hier werden nur Verfügungen über einzelne Nachlassgegenstände erfasst (Art 69 Abs 4 EuErbVO). Ebenso wenig können ihm hinsichtlich der tatsächlich zum Nachlass gehörenden Einzelgegenstände **die Vorschriften der §§ 932, 892 BGB** zugutekommen. Die Verfügung über den Erbteil erfasst nur das Anteilsrecht an der Gemeinschaft, nicht die der Gemeinschaft gehörenden Gegenstände (HK-BGB/Hoeren Rn 8).

37 **d)** Die **Rechtsstellung des Anteilserwerbers** ist als Eintritt in alle durch die Erbengemeinschaft begründeten, in einem Erbteil enthaltenen Rechtsbeziehungen des Veräußerers aufzufassen, also auch Eintritt in das ihm zustehende gegenstandsrechtliche Anteilsrecht an den einzelnen zum Nachlass gehörenden Gegenständen (vgl § 2032 Rn 15). Deshalb ist für einen Grundstückserwerb die Auflassung durch die Erbengemeinschaft auch ohne Eintragungsbewilligung eines danach im Grundbuch eingetragenen Anteilserwerbes ausreichend (BayObLGZ 1986, 493, 495 f; Erman/Bayer Rn 5; zur Grundbuchberichtigung bei Ausscheiden aus einer Erbengemeinschaft: Bötticher Rpfleger 2007, 437). § 40 Abs 1 GBO ist entsprechend anwendbar, wenn ein Mitglied einer Erbengemeinschaft seinen Erbteil auf ein anderes Mitglied überträgt (OLG Nürnberg FamRZ 2014, 1152). Der Erwerber übernimmt alle Beschränkungen und Beschwerungen des Veräußerers, namentlich Testamentsvollstreckung, Vermächtnisse, Auflagen, Pflichtteilslast, Ausgleichspflicht, Teilungsanordnungen und Pfandrechte (Erman/Bayer Rn 5). Er kann gem § 2033 BGB über den erworbenen Anteil verfügen (vLübtow II 817).

Ist der Veräußerer als Teilhaber der Erbengemeinschaft im *Grundbuch* eingetragen (§ 47 GBO), wird das Grundbuch unrichtig; der Erwerber kann vom Veräußerer eine Berichtigungsbewilligung dahingehend verlangen, dass er an seiner Stelle in die Mitberechtigung am Gesamtnachlass eingetragen werde, § 894 BGB (RGZ 90, 235; 60, 161; KGJ 33 A 207; 37 A 273; 40 A 167; OLG Naumburg ZEV 2013, 680; Palandt/Weidlich Rn 13), wobei bei mehreren Anteilserwerbern deren Gemeinschaftsverhältnis zu vermerken ist (BGH DNotZ 1967, 434). Voraussetzung ist die Voreintragung sämtlicher Miterben (BayObLG FamRZ 1995, 119, 120 = NJW-RR 1995, 272). 38

Der Anteilserwerber erlangt **alle Rechte und Pflichten**, die dem Veräußerer bezüglich der Verwaltung und Auseinandersetzung zugestanden haben (RGZ 83, 30), sofern wegen Fristablaufs bzw Verzichts der Miterben feststeht, dass diese seinen Eintritt in die Gesamthand nicht durch Ausübung ihres Vorkaufsrechts gem § 2034 BGB verhindern können (Ebenroth/Lorz ZEV 1994, 45). 39

Der Erwerber eines Miterbenanteils erwirbt aber nicht seinerseits das Vorkaufsrecht gem § 2034 BGB (BGH NJW 1971, 1264, 1265), denn er wird nicht Miterbe. Auch Abfindungsansprüche gegen den Hoferben gehen nicht ohne Weiteres auf den Erwerber über (BGH NJW 79, 1306). Zum formlosen Ausscheiden aus der Erbengemeinschaft mit Anwachsungsfolge („Abschichtung") unter § 2042 Rn 78. Jedoch kann der Erbteilserwerber jederzeit **Auseinandersetzung** verlangen. 40

e) Die **Rechtsstellung des Pfandgläubigers**, dem ein Erbteil verpfändet ist, bestimmt sich nach §§ 1273 Abs 2, 1258 BGB. Er hat ein Pfandrecht an dem Erbteil, nicht an einzelnen Nachlassgegenständen oder an dem Anteil des Miterben an diesen (BGH NJW 1967, 201). Er ist aufgrund des Pfandrechts gegen eine ihm nachteilige Verfügung des Verpfänders über den Erbteil oder einzelne Nachlassgegenstände geschützt. Er hat die Befugnisse zur Ausübung aller nicht höchstpersönlichen Rechte, die dem Verpfänder zustehen, neben diesem; so hat er insbesondere das Verwaltungs- und Verfügungsrecht (§§ 2038 ff BGB), das Recht auf Mitwirkung bei der Auseinandersetzung (§ 2042 BGB) und das Recht auf den Überschuss, §§ 2047 Abs 1, 1258 Abs 3 BGB (BGHZ 52, 99 = NJW 1969, 1348 = Betrieb 1969, 1103). Um die Verpfändung den übrigen Miterben gegenüber wirksam zu machen, muss er diese darüber benachrichtigen, damit sie seine Zustimmung zu einer Verfügung über einzelne Nachlassgegenstände einholen und ihn bei der Auseinandersetzung zuziehen (RGZ 83, 30, 31). Da das Pfandrecht durch eine Anteilsübertragung nicht beeinträchtigt wird, ist eine solche weiterhin möglich (Henseler Rpfleger 1956, 186). 41

Gegenstand des Pfandrechts sind nicht die einzelnen zum Nachlass gehörigen Gegenstände, sondern nur das Recht des Miterben an dem Nachlass, die sich aus der Erbengemeinschaft ergebende Rechtsstellung des Schuldners als ein Inbegriff von Rechten und Pflichten (BGH ZEV 2019, 267, 268). Trotzdem hat das RG das Pfandrecht an dem eingetragenen Anteil des Miterben für eintragungsfähig auf einem Nachlassgrundstück erklärt, weil so die Beschränkung der Verfügungsbefugnis des Verpfänders hinsichtlich des Nachlassgrundstückes ersichtlich gemacht werde (RGZ 90, 232 f; ebenso KGJ 37 A 273; OLG Hamm Rpfleger 1961, 201; LG Oldenburg MDR 1959, 669; OLG Düsseldorf FGPrax 2013, 57; Demharter Anh zu § 13 GBO Rn 33). Dies ist, um eine Benachteiligung des Pfandgläubigers durch gutgläubigen Erwerb auszuschließen, ebenso geboten, wie bei der Veräußerung des Miterbenanteils. Für die Eintragung im Be- 42 richtigungswege gilt daher das Gleiche wie bei der Veräußerung (vgl Rn 37). Die Eintragung hat in der für Verfügungsbeschränkungen des Eigentümers bestimmten Rubrik zu erfolgen. Infolgedessen ist die gemeinschaftliche Verfügung über das Grundstück nur mit Zustimmung des Pfandgläubigers möglich. Zur Voreintragung des Miterben bei Verpfändung vgl Rn 49. Zur Eintragung der Veräußerung eines verpfändeten Miterbenanteils im Grundbuch ist die Zustimmung des Pfandgläubigers nicht erforderlich, weil der Anteil mit der Belastung übergeht, folglich eine Beeinträchtigung des Pfandrechts iS des § 1276 Abs 2 BGB ausgeschlossen ist.

43 Der Vertragspfandgläubiger hat **kein Widerspruchsrecht** aus § 771 ZPO gegen die später von einem anderen Gläubiger in den Erbanteil betriebene Zwangsvollstreckung, er muss sein Vorrecht am Erlös des Erbanteils geltend machen. Nur dann kann er mit Erfolg dem Antrag auf Versteigerung des Anteils am Nachlass entgegentreten, wenn er durch den Antrag auf Auseinandersetzung bereits seinerseits einen Schritt zur Verwertung des Pfandgegenstandes gemacht hatte, bevor der Nachlasspfandgläubiger dessen Versteigerung eingeleitet hatte, denn in diesem Falle würde ein nicht miteinander zu vereinbarendes Vorgehen der beiden Pfandgläubiger in verschiedenen auseinandergehenden Richtungen gegeben sein.

44 Die **Auseinandersetzung** kann nach §§ 1258 Abs 2, 1257 BGB nur gemeinschaftlich von dem Pfandgläubiger und dem Miterben verlangt werden (BGHZ 52, 99 = Betrieb 1969, 1103). Ohne Zustimmung des Pfandgläubigers kann sein Recht nicht durch die Auseinandersetzung aufgehoben werden, § 1276 BGB (RGZ 83, 31; 84, 399; 90, 236). Damit hat der Schuldner das Recht, die Auseinandersetzung (einschl der Rechte aus § 180 ZVG) zu betreiben, verloren (OLG Hamburg MDR 1958, 45; Ripfel NJW 1958, 692; Hill MDR 1959, 92; Stöber Rpfleger 1963, 373; **aM** OLG Hamm Rpfleger 1958, 269; LG Braunschweig NdsRpfl 1956, 74). Der Pfandgläubiger erlangt, wenn die Miterben sich auseinandersetzen, ein Pfandrecht an allen dem Pfandschuldner bei der Auseinandersetzung zugewiesenen Gegenständen (BGHZ 52, 99 = NJW 1969, 1347 = Betrieb 1969, 1102; Soergel/Lettmaier Rn 18; Kapp/Ebeling I Rn 151; Lange/Kuchinke § 42 II 5 d). Das RG und ein Teil der Lit (RGZ 84, 395, 397; Schlüter § 32 II 3; ebenso Staudinger/Lehmann[11] Rn 20) gaben dagegen nur einen Anspruch auf Bestellung eines Pfandrechtes an diesen Gegenständen. Diese Streitfrage entscheidet sich ausschließlich nach § 1258 Abs 3 BGB, ob aus dem Wort „gebührt" eine dingliche Surrogation oder lediglich ein Anspruch des Pfandgläubigers begründet wird. Hinsichtlich des Problems wird daher auf die Erläuterung zu § 1258 Abs 3 BGB verwiesen. Soll das Pfandrecht nicht entwertet werden, führt allein eine Fortsetzung an den bei der Auseinandersetzung zugewiesenen Gegenständen zu einer akzeptablen Lösung, denn bei der Auseinandersetzung verwirklicht sich das Pfandrecht. Voraussetzung für eine Fortsetzung des Pfandrechtes ist ebenso wie für einen Anspruch auf eine Bestellung nach Auseinandersetzung auf jeden Fall die *Wirksamkeit der Auseinandersetzung,* die nach § 1276 BGB der Zustimmung des Pfandgläubigers bedarf (BGHZ 52, 99 = NJW 1969, 1348 = Betrieb 1969, 1102).

45 Der Pfandgläubiger **haftet** nicht für *Nachlassschulden,* er ist nur gehalten, die Befriedigung der Nachlassgläubiger aus den Nachlassgegenständen zu dulden (RGZ 60, 31).

46 **f)** Der **Nießbrauch** an einem Erbanteil ist Rechtsnießbrauch (Bünger BWNotZ 1963, 100). Die **Rechtsstellung des Nießbrauchers** an einem Erbteil bestimmt sich nach

§§ 1068 ff BGB. Über § 1068 Abs 2 BGB ist § 1066 BGB anwendbar. Das Recht auf Auseinandersetzung kann nur von dem Nießbraucher und dem Miterben gemeinsam ausgeübt werden, § 1066 Abs 2 BGB (Bünger BWNotZ 1963, 102). Ebenso wie der Pfandgläubiger haftet auch der Nießbraucher nicht für Nachlassschulden (RGZ 60, 131). Der Nießbrauch kann an einem Bruchteil des Erbteils bestellt werden (Kapp/Ebeling I Rn 122, vgl Rn 13). Gegenstand eines Nießbrauchs ist der Erbanteil, nicht aber ein einzelner Nachlassgegenstand.

8. Der rechtsgeschäftlichen Verfügung steht die **Zwangsvollstreckung** gegen den verfügungsberechtigten Miterben gleich. Der Anteil eines Miterben am Nachlass kann nach § 859 Abs 2 iVm Abs 1 ZPO gepfändet werden (Zwangsvollstreckung in ein anderes Vermögensrecht), nicht aber seinen Anteil an den einzelnen Nachlassgegenständen (RGZ 59, 180; BGH NJW 1967, 200; BGHZ 52, 99 = NJW 1969, 1903 = Betrieb 1969, 1102, 1103). Auch die Anteile eines Miterben an dem Erlös eines einzelnen Nachlassgegenstandes sind unpfändbar, denn vor der Zuteilung besteht weiterhin gesamthänderische Bindung. Bei der *Pfändung* eines Erbanteils sind die übrigen *Miterben Drittschuldner* iS des § 857 Abs 2 ZPO, demgem ist die Pfändung des Miterbenanteils erst mit der Zustellung des Pfändungsbeschlusses an die übrigen Miterben als bewirkt anzusehen (RGZ 42, 327; 49, 406 ff; 74, 54; 75, 180; 86, 294; RGRecht 1909, 1180; WarnR 1914 Nr 137 = LZ 1914, 775; ZBlFG 1910, 539 Nr 485; OLG Frankfurt Rpfleger 1979, 205; Noack JR 1969, 9; Ripfel NJW 1958, 692; Muscheler, in: FS Kanzleiter S 292, 293). In dem Pfändungsbeschluss müssen daher sämtliche Miterben erkennbar, wenn auch nicht namentlich bezeichnet sein (RGZ 42, 330). Ist ein zur Teilung des Nachlasses befugter Testamentsvollstrecker vorhanden, ist dieser Drittschuldner (RGZ 86, 295; Ripfel NJW 1958, 692; Noack JR 1969, 9). Ebenfalls Drittschuldner ist der Nachlassverwalter oder ein für unbekannte Miterben bestellter Nachlasspfleger (Avenarius MDR 1997, 1033; **aA** LG Kassel MDR 1997, 1032). Mit der Pfändung erwirbt der Vollstreckungsgläubiger ein Pfändungspfandrecht an dem Miterbenanteil, nicht an den einzelnen Nachlassgegenständen (OLG Frankfurt Rpfleger 1979, 205). 47

Unter den Voraussetzungen der §§ 3, 4 AnfG steht einem **Rückgewähranspruch gem § 11 AnfG** nicht entgegen, dass der Empfänger nunmehr sämtliche Erbanteile auf sich vereinigt und damit an sich die gleiche Rechtsstellung hat wie ein ursprünglicher Alleinerbe, der über einen Erbschaftsanteil nicht verfügen kann (vgl Rn 4, 12). Der Gläubiger hat einen Anspruch auf Befriedigung aus dem veräußerten Gegenstand, als ob dieser noch dem Schuldner gehörte. Er kann also Befriedigung bis zu der Höhe verlangen, die bei einer Nachlassauseinandersetzung dem auf den Schuldner entfallenen Erlösanteil entsprochen hätte, und gem §§ 181 Abs 2, 180 ZVG die Teilungsversteigerung von zum Nachlass gehörenden Grundstücken verlangen (BGH FamRZ 1992, 659, 660; **aA** OLG Düsseldorf NJW 1977, 1878; Soergel/Lettmaier Rn 15). 48

a) Gem § 804 Abs 2 ZPO steht das **Pfändungspfandrecht** dem rechtsgeschäftlich erworbenen Pfandrecht gleich. Wie letzteres kann auch das Pfändungspfandrecht in das Grundbuch eines zum Nachlass gehörigen Grundstückes eingetragen werden (Stöber Rpfleger 1976, 198), um die gemeinschaftliche Verfügung der Miterben von der Zustimmung des Pfandgläubigers abhängig zu machen (vgl Rn 42), die Eintragung erfolgt in der für Verfügungsbeschränkungen des Eigentümers bestimmten Spalte (RGZ 90, 232; KGJ 37 A 273; OLG Hamm JMBlNRW 1960, 152 = Rpfleger 1961, 201; OLG Frankfurt Rpfleger 1979, 205). Dafür bedarf es der Voreintragung der Miterben nach 49

§ 39 GBO (KG JW 1931, 1371; Stöber Rpfleger 1976, 198). Ob der *Pfandgläubiger* allein durch Nachweis der Erbfolge in öffentlichen Urkunden (Erbschein, letztwillige Verfügung nebst Eröffnungsniederschrift) auch die Eintragung der Miterben beantragen kann, dh insoweit ein **eigenes Antragsrecht** hat, ist umstritten (dazu ausführlich Stöber Rpfleger 1976, 198 ff mwNw; dies wird bejaht von Stöber, Forderungspfändung Rn 1685; ders Rpfleger 1976, 199; Meikel/Böttcher, Grundbuchrecht § 22 Rn 82; Bohn/Berner, Pfändbare und unpfändbare Forderungen [1957] Rn 338; Hahn Büro 1959, 53; Ripfle NJW 1958, 693; verneint vom OLG Zweibrücken Rpfleger 1976, 214; Erman/Bayer Rn 4; Rasch JW 1935, 1136, 1137; Bürger JW 1935, 593). Die Voreintragung begünstigt die Miterben, sie sind daher nach § 13 Abs 1 S 2 GBO antragsberechtigt, der Pfandgläubiger wird nicht unmittelbar begünstigt oder betroffen, er kann eine Eintragung von dem Pfandschuldner nur nach § 895 BGB, von den übrigen Miterben nach §§ 1273 Abs 2, 1258, 2038 Abs 1 BGB verlangen (KGJ 37 A 273). Allein aus dem Umstand, dass der Miterbe einen anderen mit der Durchführung dieses Antrags beauftragen kann, darf nicht auf eine entsprechende Berechtigung eines Nichtmiterben geschlossen werden. Soll die Erbteilspfändung bei einer zum Nachlass gehörenden Briefgrundschuld eingetragen werden, so ist gem §§ 42 S 1, 41 Abs 1 S 1 GBO der Grundschuldbrief vorzulegen (OLG Frankfurt Rpfleger 1979, 205, 206).

50 **b)** Durch die Pfändung wird die Wirksamkeit späterer Verfügungen des Schuldners über den gepfändeten Erbteil dem Pfändungspfandgläubiger gegenüber verhindert, §§ 135, 136 BGB (KG RJA 6, 235; JW 1930, 1014 Nr 7; BayObLGZ 4, 604; OLG Frankfurt Rpfleger 1979, 205), allerdings werden spätere Übertragungen oder weitere Belastungen des Erbanteils nicht ausgeschlossen, denn dadurch wird das Pfandrecht nicht beeinträchtigt (Henseler Rpfleger 1956, 186; Ripfel NJW 1958, 692; Noack JR 1969, 10). Die Miterben bedürfen zur Verfügung über einzelne Nachlassgegenstände der Mitwirkung des Pfändungspfandgläubigers (vgl Rn 41).

51 **c)** Zur Verwertung des gepfändeten Anteils wird dieser dem Gläubiger **zur Einziehung überwiesen**, § 835 Abs 1 ZPO. Eine Überweisung an Zahlungs statt zum Nennwert ist mangels eines solchen ausgeschlossen (Ripfel NJW 1958, 692). Das Vollstreckungsgericht kann auch die *Veräußerung* (durch Versteigerung oder aus freier Hand) anordnen, § 857 Abs 5 ZPO (Liermann NJW 1962, 2189). Die Pfändung und Überweisung des Anteils eines Miterben am Nachlass berechtigt den Vollstreckungsgläubiger also nicht ohne weiteres dazu, den Erbanteil **freihändig zu veräußern**. Hierzu bedarf es vielmehr eines gesonderten Beschlusses des Vollstreckungsgerichts (BGH ZEV 2019, 267). Die Wahrung der Form des § 2033 Abs 1 S 2 BGB ist bei der Versteigerung im Wege der Zwangsvollstreckung nicht erforderlich (Noack JR 1969, 10).

52 Mit dem Zuschlag in der angeordneten öffentlichen Versteigerung geht der Erbanteil auf den Meistbietenden über. Anders bei freihändiger Veräußerung, sie steht unter dem Formzwang des materiellen Rechts. Den übrigen Miterben steht bei einer öffentlichen Versteigerung kein Vorkaufsrecht zu. Der Anteilserwerber haftet nicht für Nachlassverbindlichkeiten (Erman/Bayer Rn 8). Aufgrund der Überweisung zur Einziehung kann der Pfändungspfandgläubiger die Auseinandersetzung (§ 86 FGG) verlangen oder Teilungsklage (§§ 2042 Abs 1, 749 ff BGB) erheben (Ripfel NJW 1958, 692; Liermann NJW 1962, 2189; Noack JR 1969, 10). Die öffentliche Versteigerung ermöglicht das Eindringen eines Fremden in die Gemeinschaft, welcher auf deren Belange meist keine Rücksicht nehmen, sondern allein an eine Befriedigung seiner Forderung denken wird. Auch die Befugnis des Pfändungspfandgläubigers, schon wegen einer geringen Forderung die Miterbengemeinschaft zu sprengen, erweckt de lege ferenda Bedenken.

d) Die Pfändung und Überweisung des Anteils eines Miterben am Nachlass berechtigt den Vollstreckungsgläubiger alternativ auch dazu, die **Auseinandersetzung der Erbengemeinschaft zu verlangen**, § 2042 Abs 1 BGB, und zum Zwecke der Gesamtauseinandersetzung selbständig den Antrag auf Teilungsversteigerung eines zum Nachlass gehörenden Grundstücks zu stellen (BGH ZEV 1999, 69). **53**

II. Verfügung über den Anteil an einzelnen Nachlassgegenständen (Abs 2)

Um eine Zersplitterung des Nachlasses zu verhindern und um die Auseinandersetzung nicht zu erschweren (BGH NJW 1969, 92), verbietet § 2033 Abs 2 BGB den Miterben eine Verfügung über ihren Anteil am einzelnen Nachlassgegenstand (zur Frage, ob ein derartiger Anteil überhaupt existiert, vgl § 2032 Rn 15). **54**

1. Die Unzulässigkeit einer solchen Verfügung ergibt sich bereits aus dem Gesamthandsprinzip, aus dem Wesen des Anteilsrechts, aus dem Fehlen eines auch nur relativ selbständigen Teilrechtes. Zur Rechtfertigung dieses Verfügungsverbotes bedarf es keineswegs der Leugnung eines Anteilsrechts überhaupt, noch der Annahme eines besonderen gesetzlichen Veräußerungsverbotes. **55**

Miterben können auch **nicht gemeinschaftlich** über einen solchen Anteil am einzelnen Nachlassgegenstand **verfügen** (Zunft NJW 1957, 1178), sie dürfen nur gemeinschaftlich über einen ganzen Nachlassgegenstand oder über einen Bruchteil desselben verfügen, § 2040 Abs 1 BGB. Die Verfügung über den **Nachlassgegenstand** im Ganzen setzt die Zustimmung aller Miterben voraus durch vorherige Einwilligung oder nachträgliche Genehmigung (RGZ 152, 380 unter Aufgabe seiner früheren, eine Genehmigung nicht anerkennenden Auffassung). Dies gilt auch für die Verwertung eines einzelnen beweglichen Nachlassgegenstands durch Pfandverkauf im Wege der öffentlichen Versteigerung (OLG Nürnberg FamRZ 2014, 796). **56**

Mehrere Verfügungen eines Miterben über seinen Anteil an einzelnen Nachlassgegenständen können nicht in eine Verfügung über den gesamten Anteil *umgedeutet* werden (RG HRR 1931 Nr 840; BGB-RGRK/Kregel Rn 16; **aM** Staudinger/Lehmann[11] Rn 26), denn der Erbanteil erfasst mehr als der Anteil an Einzelgegenständen, sowohl wirtschaftlich wie rechtlich; deshalb sind die Voraussetzungen des § 140 BGB nicht erfüllt, weil die Verfügung über den Anteil über die Verfügung über Einzelgegenstände hinausgeht. Eine solche Auslegung ist allenfalls dann möglich, wenn es sich bei den Verfügungsgegenständen um den gesamten Nachlass handelt und dies den Beteiligten bewusst ist (BGH FamRZ 1965, 267, 268). **57**

2. Aus der Unzulässigkeit der Verfügung iS des § 2033 Abs 2 BGB folgt, dass die Belastung des Anteils eines Miterben an einem Nachlassgrundstück mit einer *Hypothek* oder *Grundschuld* rechtlich unmöglich ist (RGZ 88, 21 f) und dass eine derartige Vormerkung nicht eingetragen werden kann (RJA 4, 253; KGJ 28, 111). **58**

59 **3.** In der Praxis hatte sich die Anerkennung einer **bedingten Verfügung** über den Anteil an einzelnen Nachlassgegenständen durchgesetzt, die Verfügung sollte das ergreifen, was dem Miterben bei der Auseinandersetzung von der betreffenden Sache zufallen würde. Nach BGB ist dagegen jede Verfügung über das Anteilsrecht am einzelnen Nachlassgegenstand ausgeschlossen. Auch über § 185 Abs 2 BGB (Genehmigung der übrigen Miterben oder Zuweisung eines dem Erbteil entsprechenden Anteils) kann die rechtlich unmögliche Verfügung nicht nachträglich wirksam werden (so RGZ 88, 27 im Gegensatz zu der für das frühere pr Recht ergangenen Entscheidung RGZ 79, 395).

60 **4.** Von der unzulässigen Verfügung iS des § 2033 BGB scharf zu trennen ist die **Übernahme einer Verpflichtung** durch den Miterben hinsichtlich des einzelnen Gegenstandes oder eines Anteils an diesem. Ein solcher Verpflichtungsvertrag wirksam, wie sich aus § 311a Abs 1 BGB ergibt. Eine Leistungspflicht des entsprechenden Miterben ist jedoch nach § 275 Abs 1 BGB ausgeschlossen. Insoweit steht dem Gläubiger gemäß § 311a Abs 2 BGB ein Recht auf Schadensersatz oder Ersatz seiner Aufwendungen zu.

61 Genauso können sich, da § 2033 BGB in beiden Absätzen lediglich die dingliche Verfügung, **nicht das schuldrechtliche Geschäft erfasst** (vgl Rn 21), der einzelne oder mehrere Miterben zur Beschaffung eines Nachlassgegenstandes für den Fall verpflichten, dass er ihnen bei der Auseinandersetzung zufällt (RGZ 60, 133; RG SeuffA 62, 286; Gruchot 53, 1061; HRR 1929 Nr 2084; JW 1930, 132 Nr 5 m Anm von Kipp).

62 Eine Verpflichtung auf Überlassung des einem Miterben an einzelnen Nachlasssachen zukommenden Anteils kann in eine Verpflichtung umgedeutet werden, den bei der Erbauseinandersetzung an diesem Gegenstand zukommenden Anteil zu übertragen (OLG Hamburg JW 1934, 2572). Es bleibt eine Frage der **Auslegung**, ob und wann eine solche unbedingte und unmittelbare Verpflichtung in einer nichtigen dinglichen Verfügung gefunden werden kann (RG JW 1909, 20; HRR 1931 Nr 840; Gruchot 53, 1061). Der Verkauf eines zum Nachlass gehörenden Grundstücks kann in einen Auseinandersetzungsvertrag über dieses Grundstück umgedeutet werden, wenn damit derselbe Erfolg erzielt wird und alle Miterben an dem Rechtsgeschäft mitgewirkt haben (HansOLG Bremen OLGZ 1987, 10, 12).

63 **5.** **Verfügt** ein Miterbe wie ein Alleinberechtigter über einen Nachlassgegenstand, ist ein **gutgläubiger Rechtserwerb** nach den allgemeinen Vorschriften möglich, §§ 932, 892, 2366 BGB (Stöber Rpfleger 1976, 197, 198). Ein gutgläubiger Fahrniserwerb ist jedoch ausgeschlossen, wenn der Miterbe eine gemeinschaftlich mit den anderen besessene Sache ohne deren Willen in seinen Alleinbesitz oder unmittelbar in den des Erwerbers gebracht hat, § 935 BGB (Kipp/Coing § 114 V 1 b).

64 **6.** Entsprechend der Unverfügbarkeit des Anteils an einzelnen Nachlassgegenständen bestimmt § 859 Abs 2 ZPO seine **Unpfändbarkeit** (RGZ 49, 405).

§ 2034
Vorkaufsrecht gegenüber dem Verkäufer

(1) Verkauft ein Miterbe seinen Anteil an einen Dritten, so sind die übrigen Miterben zum Vorkauf berechtigt.

(2) Die Frist für die Ausübung des Vorkaufsrechts beträgt zwei Monate. Das Vorkaufsrecht ist vererblich.

Materialien: E II § 1908; III § 2009; Prot V 839 f; VI 318 f; Jakobs/Schubert ER I 788–794, 807, 812; Denkschr 728.

Schrifttum

Ann, Zum Problem der Vorkaufsberechtigung beim Miterbenvorkaufsrecht nach § 2034 BGB, ZEV 1994, 343

Bartholomeyczik, Das Gesamthandsprinzip beim gesetzlichen Vorkaufsrecht der Miterben, in: FS Nipperdey (1965) I 145

Clasen, Steht den Miterben ein Vorkaufsrecht gem § 2034 BGB zu, wenn ein Miterbe seinen Anteil an einem Grundstück, das den einzigen Gegenstand des ungeteilten Nachlasses bildet, im Umlegungsverfahren gegen eine Ablösung in Geld an die Stadt abtritt?, DVBl 1956, 821

Diedenhofen, Das Vorkaufsrecht der Miterben – §§ 2034–2037 BGB (Diss Augsburg 1990)

Dumoulin, Das Vorkaufsrecht im BGB, D. Das gesetzliche Vorkaufsrecht der Miterben, MittRhNotK 1967, 740, 763

Klinke, Das Vorkaufsrecht der Miterben (Diss Münster 1995)

Lettmaier, Die Drittwirkung des Miterbenvorkaufsrechts, AcP 217 (2017) 205

Knüfermann, Das Miterbenvorkaufsrecht, §§ 2034–2037 BGB (Diss Würzburg 1970)

Meyer, Zur Lehre vom Vorkaufsrecht der Miterben am Erbschaftsanteil, Gruchot 51, 785

Quambusch, Das Vorkaufsrecht der Miterben (Diss Heidelberg 1909)

Rüdert, Das Vorkaufsrecht der Miterben (Diss Leipzig 1912)

Schmiege, Das Vorkaufsrecht der Miterben im BGB (Diss Leipzig 1904)

Sieveking, Zum Miterbenvorkaufsrecht des § 2034 BGB, MDR 1989, 224

Trobsch, Das gesetzliche Vorkaufsrecht der Miterben (Diss Leipzig 1916).

Vgl auch Schrifttum zu den Vorbem zu §§ 2032 ff.

Systematische Übersicht

Alphabetische Übersicht

I. Allgemeines

1. Zweck der Vorschrift

§ 2033 BGB gibt den einzelnen Miterben das Recht, über ihren Anteil am ganzen Nachlass zu verfügen, um sich von den Bindungen der Gesamthandsgemeinschaft zu befreien (vgl Vorbem 13 zu §§ 2032 ff, § 2033 Rn 1). Damit wird ein Eindringen Fremder in die zumeist familiär bestimmte Erbengemeinschaft ermöglicht. Um die Miterben vor der Gefahr zu schützen, dass diese die Fortsetzung der Erbengemeinschaft hindern oder gar unmöglich machen bzw bei der Auseinandersetzung Schwierigkeiten bereiten, räumen §§ 2034 ff BGB den übrigen Miterben im Gegenzug ein Vorkaufsrecht bezüglich des verkauften Erbanteils ein (RGZ 170, 207; BGH NJW 1977, 38; Vorbem 3, 13 zu §§ 2032 ff). Um dieser Abwehrfunktion der Norm gerecht zu werden, darf § 2034 BGB nicht zu formalistisch gehandhabt werden (vgl Rn 5); trotzdem bleibt der Schutz unvollkommen. Das Vorkaufsrecht erfasst allein den Anteil an der Gesamthandsgemeinschaft, es erlischt mit diesem, es erstreckt sich damit nicht auf die Miteigentumsanteile nach Auseinandersetzung der Erbengemeinschaft (OLG Hamm RdL 1953, 52; Kipp/Coing § 115 I 4). 1

2. Entstehungsgeschichte

Das Vorkaufsrecht war im E I noch nicht enthalten, es ist erst von der II. Kommission nach dem Vorbild des pr (ALR I 17 §§ 61, 65, 115) und französischen (Art 841 CC) Rechts eingeführt worden (Denkschr 728; Prot V 840; BGH NJW 1977, 37 = MDR 1977, 211 = JR 1977, 282 = Betrieb 1977, 2467 = BB 1977, 1533). Zu seinem historischen Ursprung insbes aus dem Näherrecht Diedenhofen 8–10. 2

3. Ausgestaltung

Das Vorkaufsrecht der Miterben – neben dem des Mieters gem § 577 BGB das einzige gesetzliche Vorkaufsrecht des BGB – hat, um es wirksamer zu machen, eine **Drittwirkung** insoweit erfahren (BayObLGZ 1952, 247), als es auch nach der Übertragung des Erbteils *gegen* den *Käufer* (§ 2035 BGB) und gegen den *weiteren Erwerber* (§ 2037 BGB) wirkt. Durch Weiterveräußerung des Anteils geht es daher nicht 3 unter. Trotzdem handelt es sich nicht um ein dingliches Vorkaufsrecht, sondern um ein schuldrechtliches Vorkaufsrecht, dem allein nach Maßgabe der §§ 2035–2037 BGB Drittwirkung zukommt. Es kann nicht durch Eintragung im Grundbuch gesichert werden, wenn ein Grundstück zum Nachlass gehört (BayObLGZ 1952, 247; Brox/Walker § 29 Rn 12), denn es erstreckt sich auf den Gesamthandsanteil, nicht auf das Grundstück. Deshalb ist ein Grundstückserwerb ohne die Belastung des § 2034 BGB nach § 892 BGB nicht möglich (BayObLGZ 1952, 247).

4 Es handelt sich (ähnlich wie bei der sog actio in rem scripta) um ein *Gestaltungsrecht,* das gegenüber dem jeweils durch einen Zustand (Inhaberschaft des Erbteils und Verkauf oder Inhaberschaft aufgrund käuflichen Erwerbs) bestimmten Verpflichteten auszuüben ist (Lettmaier AcP 217 [2017] 205, 209). Im Übrigen finden, soweit die §§ 2034 ff BGB keine andere Regelung enthalten, die *allgemeinen Vorschriften* der §§ 463 ff BGB über das Vorkaufsrecht Anwendung (BGH LM Nr 3 zu § 2034; Erman/Bayer Rn 1; HK-BGB/Hoeren Rn 2; Soergel/Lettmaier Rn 1; Leipold Rn 726; Damrau/Rissmann Rn 1). Unanwendbar sind §§ 1249, 1273 BGB, denn das Vorkaufsrecht ist kein unter § 1249 BGB fallendes Recht am Pfandgegenstand (RGZ 167, 298; Soergel/Lettmaier Rn 1; Diedenhofen 20).

II. Voraussetzungen des Vorkaufsrechts

5 Das Vorkaufsrecht entsteht mit Abschluss des *Kaufvertrages* (Rn 6), § 463 BGB (der Notar hat bei der Beurkundung eines Erbteilskaufvertrages die Beteiligten auf das Vorkaufsrecht hinzuweisen, §§ 20, 17 BeurkG), über den Anteil eines Miterben zwischen dem *Miterben als Verkäufer* (Rn 14) und einem *Dritten als Käufer* (Rn 16); es steht den anderen Miterben gemeinschaftlich zu (Rn 19).

1. Kaufvertrag über den Anteil eines Miterben

6 Voraussetzung für das Entstehen des Vorkaufsrechtes ist der Abschluss eines Kaufvertrages über den Anteil eines Miterben. Das Vorkaufsrecht entsteht nur, wenn der Miterbe bzw dessen Erbe (BGHZ 121, 48) seinen Anteil (a) an einen Dritten (b) freiwillig (c) und wirksam (d) verkauft (b).

7 **a)** Gegenstand des Kaufvertrags muss der **Anteil eines Miterben am gesamthänderisch gebundenen Nachlass**, der *Bruchteil* eines solchen Anteils oder das *Anwartschaftsrecht* (Nacherbenanwartschaftsrecht) an einem solchen Anteil als wesensgleiches minus zum Vollrecht sein. Ist die Erbengemeinschaft durch vollständige Auseinandersetzung oder Abschichtung aufgelöst, so kann ein Vorkaufsrecht nach § 2034 Abs 1 BGB nicht mehr entstehen, weil keine Erbteile mehr existieren (Soergel/Lettmaier Rn 10). *Personengesellschaftsanteile,* die „am Nachlass vorbei" vererbt werden, sind nicht Miterbenanteil iSd § 2034 Abs 1 BGB.

8 **b)** Das Eindringen Fremder in die Erbengemeinschaft ist aber auch auf Grundlage **anderer Rechtsgeschäfte** möglich. Das Tatbestandsmerkmal des „Verkaufs" trifft lediglich die wohl häufigeste Fallgestaltung eines möglichen Eindringens. Im Lichte des Normzwecks (vgl Rn 1) ist deshalb § 2034 BGB deshalb in erweiternder Auslegung des Begriffs „Verkauf" auch auf Verträge, die praktisch einem Erbteilsverkauf gleichkommen, anwendbar (BGH LM Nr 10). Es ist auf den nach dem über-

einstimmenden Willen beider Teile beabsichtigten **wirtschaftlichen Zweck** abzustellen und nicht auf die von den Parteien gewählten juristischen Begriffe und dogmatischen Konstruktionen. Dies gilt bei Hingabe des Anteils an Zahlungs statt für eine Geldschuld. Ferner, wenn der Miterbe sich hinsichtlich des Grundstücks, das den einzigen Nachlassgegenstand bildet, einem mit dem Sachverhalt vertrauten Dritten gegenüber gegen Entgelt verpflichtet, ihm die zeitlich unbeschränkte Wahrnehmung der Miterbenrechte für eigene Rechnung in jeder Weise zu ermöglichen (RG DRW 1943, 1108; Erman/Bayer Rn 2) oder wenn der Anteil zur Sicherheit für ein gewährtes Darlehen abgetreten und die Rückzahlung des Darlehens praktisch für immer ausgeschlossen ist (BGHZ 25, 174 = NJW 1957, 1515 = LM Nr 2 zu § 2035 m Anm Johannsen). Versuchen Anteilsveräußerer und Erwerber durch besondere Vertragsgestaltung (zB Rücktrittsvereinbarung) das Vorkaufsrecht der anderen Miterben zu vereiteln (Umgehungsgeschäfte), so ist – sofern keine Sittenwidrigkeit gem § 138 BGB gegeben ist – der Vertrag einem das Vorkaufsrecht auslösenden Kaufvertrag gleichzusetzen. Nebenvereinbarungen, die der Vereitelung des Vorkaufsrechtes dienen sollen, sind gem § 138 BGB nichtig und somit unbeachtlich (BGH WM 1962, 1091; 1970, 1318).

§ 2034 BGB ist jedoch nicht auf sämtliche Verfügungen über den Erbteil anwendbar. **9**
Die Anwendung der Norm setzt eine eine freiwillige, entgeltliche (Gegenleistung: Geld) und endgültige Übertragung des Erbteils („Verkauf“) voraus. Das Vorkaufsrecht entsteht deshalb **nicht** bei einer Veräußerung auf Grundlage **anderer Verträge** wie Tausch (Brox/Walker § 29 Rn 13), Schenkung, gemischter Schenkung (RGZ 101, 99, 101 für das allg Vorkaufsrecht), Vergleich, Sicherungsübertragung (KG OLGE 14, 285; Knüfermann 27 ff; Wäntig DNotV 1906, 410), genauso wenig bei Übertragungspflicht aufgrund eines Vermächtnisses, bei bloßer Verpfändung (oder anschließender Verwertung) des Anteils (Muscheler, in: FS Kanzleiter S 298) oder Nießbrauchsbestellung. Die Abtretung des Anteils an einem Nachlass, zu dem ein Grundstück gehört, im *Umlegungsverfahren* gegen eine Ablösung in Geld ist ebenfalls kein das Vorkaufsrecht auslösendes kaufähnliches Rechtsgeschäft iS des § 2034 BGB, sondern ein Vorgang sui generis auf öffentlich-rechtlicher Grundlage (Clasen DVBl 1956, 822). Nicht einem Kaufvertrag gleichzusetzen ist auch die Erteilung einer notariellen *Vollmacht,* die einen Dritten unter Befreiung von § 181 BGB ermächtigt, einen Kaufvertrag über den Erbteil abzuschließen (BGH DNotZ 1960, 553; Kapp/Ebeling I Rn 193). Der daraufhin abgeschlossene Kaufvertrag löst erst das Vorkaufsrecht aus. Die Übertragung eines Erbteils im Wege *vorweggenommener Erbfolge* beruht nicht auf dem einen Kaufvertrag eigentümlichen Interessen der Beteiligten. Allein erbrechtliche Motive führen zu dieser Übertragung; es liegt daher kein Verkauf iS des § 2034 BGB vor (Johannsen WM 1970, 745; vgl auch Rn 6).

c) Gleiches gilt bei einer Veräußerung im Wege der *Zwangsvollstreckung* oder **10**
durch den *Insolvenzverwalter* (§ 471 BGB), denn es handelt sich nicht um eine **freiwillige** Veräußerung seitens eines Miterben (BGH NJW 1977, 37, 38 = MDR 1977, 211 = JR 1977, 282 m Anm Schubert; Johannsen WM 1970, 745; 1977, 273). Die in der Insolvenz erforderliche schnelle Vermögensabwicklung würde durch ein Vorkaufsrecht gehindert (BGH NJW 1977, 38). Das Vorkaufsrecht entsteht ebenfalls nicht bei einer Auseinandersetzungsversteigerung gem § 753, § 180 ZVG (BGH NJW 1972, 1199 = LM Nr 9), denn bei der *Teilungsversteigerung* treten alle Miterben als Veräußerer auf, es werden nicht nur Anteile verkauft.

11 **d)** Schließlich besteht das Vorkaufsrecht auch nicht bei **Ungültigkeit des Kaufvertrages** (RGZ 106, 324; 170, 206; BGHZ 14, 1; 23, 344; BGH DNotZ 1960, 551, 552), zB Fehlen einer behördlichen Genehmigung (BGH DNotZ 1960, 552; JOHANNSEN WM 1970, 746), bei Nichteinhaltung der in § 2371 BGB vorgeschriebenen Form, § 125 BGB (zur Heilung des Vertrages durch Erfüllung vgl § 2033 Rn 25) oder bei Sittenwidrigkeit (BGH ZEV 2001, 116).

12 Der *Vorkaufsberechtigte* kann bei **Formungültigkeit des Kaufvertrages** *nicht geltend machen,* die Vertragsbeteiligten handelten arglistig, zumal dann nicht, wenn der Erbanteil auf den Verkäufer in Erfüllung eines Bereicherungsanspruches zurückübertragen worden ist (RGZ 170, 203). Dies gilt auch, wenn die Rückübertragung erfolgt ist, obwohl § 814 BGB den Anspruch auf sie ausschloss und der Erwerber in Kenntnis dessen den Anteil zurückübertragen hat. Der **Schutzzweck des § 2034 BGB**, den Miterben einen fremden Mitgesamthänder nicht aufzudrängen (vgl Rn 1), fordert nur dann ein Vorkaufsrecht, wenn ein Dritter in die Gemeinschaft eindringen kann, nicht aber wenn die gewollte Erbteilsübertragung letztlich wegen Ungültigkeit des Kaufvertrages nicht zur Wirkung gelangt (vLÜBTOW II 824; ERMAN/BAYER Rn 2). Der Vorkaufsberechtigte hat keinen Anspruch auf das Zustandekommen oder die Erfüllung des Drittkaufs; dem von § 2034 BGB vorausgesetzten Interesse der übrigen Miterben entspricht sogar das Unterlassen einer Erbteilsveräußerung. § 2034 BGB braucht seiner *Abwehrfunktion* nach daher nur einzugreifen, wenn tatsächlich das Eindringen eines Fremden in die Gemeinschaft endgültig bevorsteht.

13 Gem § 465 BGB kann ein Kaufvertrag jedoch nicht unter der **Bedingung** abgeschlossen werden, dass das Vorkaufsrecht nicht ausgeübt werde. Da nach § 2033 BGB nur der Verkauf des Erbanteils, nicht des Anteils an einzelnen Gegenständen zulässig ist, ist ein gegen § 2033 Abs 2 BGB verstoßender Vertrag, zB der Verkauf des Anteils an einem Nachlassgrundstück, unwirksam (vgl § 2033 Rn 54 ff), ein das Vorkaufsrecht auslösender *Kaufvertrag* schon aus diesem Grunde nicht existent (das übersieht CRASEN DVBl 1956, 821 f).

2. Verkäufer

14 Das Vorkaufsrecht nach § 2034 BGB entsteht nur, wenn der Verkäufer des Erbanteils ein Miterbe ist, § 2034 Abs 1 BGB. Da der *Erwerber eines Erbanteils* nicht Miterbe wird (§ 2033 Rn 34 f), kann bei einem Verkauf durch ihn das Vorkaufsrecht nicht gem § 2034 BGB entstehen und ausgeübt werden, sondern allenfalls über § 2037 BGB. Im Falle der Weiterübertragung des Anteils durch den Käufer auf einen anderen entsteht kein neues Vorkaufsrecht (SOERGEL/LETTMAIER Rn 1; ERMAN/BAYER Rn 2; MUSCHELER, in: FS Kanzleiter S 298), denn § 2034 BGB ist in § 2037 BGB nicht erwähnt. Vielmehr ist aus § 2037 BGB zu entnehmen, dass das aus der ersten Veräußerung bereits erwachsene Vorkaufsrecht auch gegenüber dem neuen Erwerber ausgeübt werden kann (OLG Colmar OLGE 26, 302 = Recht 1913 Nr 1314; vgl § 2037 Rn 4). Zur Ausübungsfrist vgl Rn 38.

15 Der *Erbe und Erbeserbe eines Miterben* tritt dagegen in die Erbenstellung des Miterben ein, und zwar kraft Erbfolge, nicht wie der Anteilserwerber durch Rechtsgeschäft unter Lebenden. Verkauft der Erbe oder Erbeserbe eines Miterben den ererbten Miterbenanteil, löst dies das Vorkaufsrecht gem § 2034 BGB aus (BGH LM

Nr 4 zu § 2034 = NJW 1966, 2207; LM Nr 5 zu § 2034 = NJW 1969, 92 = DNotZ 1969, 623; Johannsen WM 1970, 746; HK-BGB/Hoeren Rn 4; **aM** Planck/Ebbecke Anm 2a; Muscheler, in: FS Kanzleiter S 298). Verkaufen Erbe und Erbeserbe nicht den ererbten Anteil, sondern ihren Anteil an der Miterbengemeinschaft am Nachlass des Miterben, ist – selbst wenn der Nachlass nur aus dem Miterbenanteil besteht – nicht der ererbte Miterbenanteil, sondern der eigene Miterbenanteil des Erben Vertragsgegenstand. Ein Vorkaufsrecht zugunsten der Miterbengemeinschaft, zu der der verstorbene Miterbe gehörte, entsteht nicht, sondern nur zugunsten der Miterben am Nachlass des verstorbenen Miterben (BGHZ 56, 120; BGH RhNK 1970, 535; NJW 1975, 445 = LM Nr 10 = JR 1975, 288; Kanzleiter DNotZ 1969, 625; Schubert JR 1975, 290).

3. Käufer

16 Käufer des Erbteils muss ein **Dritter** sein, denn § 2034 BGB will das Eindringen Fremder in die Miterbengemeinschaft und deren Überfremdung verhindern. Ein das Vorkaufsrecht auslösender Kaufvertrag liegt somit nicht vor, wenn der Erbanteil an einen Miterben verkauft wird (BGH DNotZ 1960, 551; WM 1972, 505; HK-BGB/Hoeren Rn 4; Olzen Rn 967; Muscheler, in: FS Kanzleiter S 299), selbst wenn dieser aufgrund Erbteilsveräußerung bereits aus der Gemeinschaft ausgeschieden war. Es kehrt lediglich ein ausgeschiedener Erbe zurück, die vom Erblasser bestimmte Erbenkonstellation wird wieder hergestellt.

17 Da der Erwerber eines Anteils nicht Miterbe wird (vgl § 2033 Rn 34 f), besteht das Vorkaufsrecht also auch, wenn ein **Dritter, der bereits einen Erbteil erworben** hat, einen weiteren hinzuerwerben will (BGHZ 56, 115; BGH NJW 1993, 726; Soergel/Lettmaier § 2034 Rn 1; Erman/Bayer Rn 2; Johannsen WM 1970, 746; ders Anm zu LM Nr 9a zu § 2035; Dumoulin RhNK 1967, 764). Die vom BGH in einer älteren Entscheidung (LM Nr 3 = JZ 1965, 617 = MDR 1965, 891) vertretene gegenteilige Ansicht, der Schutzzweck des § 2034 BGB versage hier ein Vorkaufsrecht den anderen Miterben, ist nicht überzeugend, auch nicht in dem vom Gericht entschiedenen Fall, in der ein Teilhaber der Gemeinschaft einen weiteren Nachlassteil kauft, welcher durch Erwerb eines Nachlassanteils mit Rücksicht auf ein künftiges Erbrecht nach einem Miterben als dessen gesetzlicher Erbe in die Gemeinschaft eingetreten ist. Seinem klaren Wortlaut nach ist Dritter iS des § 2034 BGB *jede nicht durch Erbfolge kraft Todesfall als Miterbe bedachte Person.* Die Vorwegnahme der Erbfolge ist ein Rechtsgeschäft unter Lebenden und macht den Begünstigten *nicht zum Erben.* Der Begünstigte gehört wie jeder andere Dritte aus freiem Entschluss der Gemeinschaft an. § 470 BGB kann nicht herangezogen werden (**aM** Haegele BWNotZ 1972, 2), diese Norm ist lediglich Auslegungsregel bei einem vertraglichen Vorkaufsrecht. Eine Vertragsauslegung ist bei dem gesetzlichen Vorkaufsrecht des § 2034 BGB nicht möglich. § 2034 BGB gewährt hiernach also einen Schutz nicht nur gegen das Eindringen Fremder in die Erbengemeinschaft dem Grunde nach, sondern auch dem Umfang nach, denn es macht hinsichtlich der „Überfremdung“ der Gemeinschaft keinen Unterschied, ob der Erwerber eines Erbteils bereits einen Erbteil erworben hat, oder ob ein weiterer veräußerter Erbteil von einem Dritten erworben wird, der bislang keinen Erbteil erworben hat.

18 Kein Vorkaufsrecht entsteht, wenn der Erbteilserwerber den **Erbteil weiterveräußert** (beachte aber die Drittwirkung nach § 2037 BGB innerhalb der Frist des § 2034

Abs 2 BGB), denn die Miterben sollen nicht die Person des jeweiligen Erwerbers beanstanden können, sondern nur das Eindringen eines Dritten als solches.

III. Vorkaufsberechtigung

19 Das Vorkaufsrecht steht sämtlichen übrigen Miterben (1.) gemeinschaftlich (2.) zu (Damrau/Rissmann Rn 10) und ist unübertragbar (3.), aber vererblich.

20 **1.** Vorkaufsberechtigt sind allein diejenigen **Miterben**, die nicht am Verkauf beteiligt sind, und ggf *deren Erben,* § 2034 Abs 2 S 2 BGB, der § 473 BGB verdrängt.

21 **a)** Ein Miterbe, der durch Veräußerung seines Anteils bereits aus der Gemeinschaft **ausgeschieden** ist, ist daher nicht vorkaufsberechtigt, denn das Vorkaufsrecht soll lediglich den in der Miterbengemeinschaft verbundenen Miterben zugutekommen und sie vor neuen Mitgliedern schützen (BGHZ 121, 47; BGH FamRZ 2011, 471; OLG Stuttgart NJW 1967, 2409, 2410; OLG Düsseldorf FamRZ 2013, 1927; Palandt/Weidlich Rn 3; Erman/Bayer Rn 4; Leipold Rn 728; Meyer Gruchot 51, 789; Haegele BWNotZ 1972, 1; **aM** BGB-RGRK/Kregel Rn 5; Johannsen WM 1970, 746). Allein der Umstand, dass der Ausgeschiedene Erbe geblieben ist (§ 2033 Rn 34), rechtfertigt es nicht, ihm das Vorkaufsrecht zu geben (so jedoch BGB-RGRK/Kregel Rn 5; Johannsen WM 1970, 746), denn § 2034 Abs 1 BGB spricht nicht schlicht von den Miterben, sondern von den „übrigen Miterben", dh den anderen noch in der Miterbengemeinschaft befindlichen Miterben. Ein Miterbe, der sich durch Anteilsveräußerung aus der Gemeinschaft entfernt hat, bedarf nicht des durch § 2034 BGB bezweckten Schutzes vor Überfremdung der Gemeinschaft (BGHZ 121, 47 in Abkehr von BGH IV ZR 89/55 S 10 f; OLG Stuttgart NJW 1967, 2410). Dass ein Vorkaufsrecht namentlich dann ausscheidet, wenn im Wege der **Abschichtung** der letzte noch verbliebene Erbanteil an den Erwerber aller anderen Anteile veräußert wird (BGHZ 86, 379), versteht sich deshalb von selbst.

22 Der Miterbe erlangt sein Vorkaufsrecht auch **nicht** dadurch zurück, dass er durch Rückerwerb seines Erbanteils *wieder in die Gesamthand* eintritt (**aA** MünchKomm/Gergen § 2034 Rn 22; Ann ZEV 1994, 343, 345; Muscheler, in: FS Kanzleiter S 300). Durch die Veräußerung seines Erbanteils hat er das Eindringen eines Fremden in die Erbengemeinschaft ermöglicht und kann sich nun seinerseits nicht gegen den Erwerb eines anderen Erbanteils durch einen Dritten verwahren, ohne sich dem *Vorwurf widersprüchlichen Verhaltens* auszusetzen. Der Gefahr, dass sich der Miterbe durch *Zurückbehaltung eines geringen Bruchteils* seines Miterbenanteils das Vorkaufsrecht sichern will (Ann aaO), lässt sich mit dem Missbrauchseinwand aus § 242 BGB ausreichend begegnen.

23 Vom Schutzzweck des § 2034 BGB ist auch nicht das Interesse eines Miterben erfasst, den Verkauf des Erbteils an einen Dritten zu verhindern, um ihn einem Vierten zu verschaffen. Derartige Fälle sind durch teleologische Reduktion auszunehmen, um einen Wettlauf von Interessenten und wechselseitige Blockaden von Vorkaufsrechten zu vermeiden (BGHZ 121, 47; KG ZEV 1994, 41, 42; beachte aber OLG Rostock ZEV 1999, 437 für den Fall, dass der Miterbe lediglich beabsichtigt, den Erbteil seinerseits zu verkaufen). Solche Fälle können dann auftreten, wenn zwei Interessenten jeweils

einen möglichst großen Erbanteil erwerben möchten und die verkaufsbereitsn Miterben jeweils einen anderen Interessenten favorisieren. Übt ein Miterbe das Vorkaufsrecht dann allein deshalb aus, um „seinen“ Erwerbsinteressenten zu schützen, so ist die Ausübung des Vorkaufsrechts wirkungslos, soweit der Gegenseite der Beweis dieser Voraussetzung gelingt.

b) **Nicht** vorkaufsberechtigt ist ein Dritter, an den ein Miterbe gem § 2033 BGB seinen Erbanteil übertragen hat (BGHZ 56, 116 = NJW 1971, 1264; BGH NJW 1993, 726; Bartholomeyczik, in: FS Nipperdey 152; Herrler ZEV 2011, 249; **aM** Grunsky AcP 179 [1979] 600 f; Strohal § 64 Fn 23; Kress 188 Fn 28; F Leonhard § 2034 Anm III), denn der Erwerber wird durch die Anteilsübertragung lediglich Mitglied der Gesamthandsgemeinschaft, nicht aber Miterbe im Rechtssinne (§ 2033 Rn 34 f); dies gilt auch für einen Erbteilserwerber, der den Erbteil im Wege vorweggenommener Erbfolge erworben hat (OLG München DNotI-Report 2009, 140). Dem steht nicht entgegen, dass das Vorkaufsrecht dem Miterben verloren geht (s unten) und damit endgültig erlischt, weil dies aus dem Schutzzweck des § 2034 BGB (Schutz vor Eindringen Fremder) folgt. An den veräußerten Erbanteil knüpft sich also kein Vorkaufsrecht mehr, weder des Erben als Veräußerer noch des Dritten als Erwerber (**aM** Ann ZEV 1994, 343, 344; Grunsky AcP 179 [1979] 600 f). Entbehrlich ist daher die Konstruktion von Ann (ZEV 1994, 343, 346), der das Vorkaufsrecht anders als die Ausübungsbefugnis für übertragbar hält. Das Vorkaufsrecht lebt auch dann nicht wieder auf, wenn der Erwerber den Veräußerer beerbt, weil der Erbeserbe nicht Erbe iS des Schutzzwecks ist (BGH FamRZ 2011, 471; OLG Düsseldorf FamRZ 2013, 1927; **aM** Muscheler JR 2012, 113 für den das Vorkaufsrecht auf Seiten des Erbteilsveräußerers nicht untergeht, sondern es in eine Art Ruhezustand versetzt wird, mit der Folge, dass es noch als leere Hülse, vorhanden ist, die beim Tod des Veräußerers dann auf den Erben übergehen und durch die Wiedervereinigung von Miterbenstellung und Erbteil zum Wiederaufleben des Vorkaufsrechts führen könne). 24

Hat ein veräußernder Miterbe vor der Anteilsübertragung sein Vorkaufsrecht im Hinblick auf einen Erbenanteil *ausgeübt* (nicht genügt lediglich der Eintritt des Vorkaufsfalles, Johannsen WM 1970, 746), so genießt der Erwerber die Rechte aus dem ausgeübten Vorkaufsrecht (BGH 19. 10. 1955 – IV ZR 89/55 zit bei Johannsen WM 1970, 748; **aM** Bartholomeyczik, in: FS Nipperdey 165 ff). Dies widerspricht nicht dem Gesamthandsprinzip, denn auf den Erwerber geht nicht das gesamthänderisch gebundene Vorkaufsrecht über, sondern die Gesamthandsgemeinschaft, zu der nunmehr der Erwerber gehört, hat einen schuldrechtlichen Anspruch gegen den Verpflichteten auf Übertragung, dh die Lage ist nicht anders als bei allen Forderungen der Gesamthandsgemeinschaft bei Mitgliederwechsel. 25

2. Das Vorkaufsrecht steht den **Miterben** ohne Rücksicht auf den jeweils eigenen Anteil in ihrer **gesamthänderischen Verbundenheit gemeinsam** zu (KG ZEV 2018, 726, 728; Bartholomeyczik, in: FS Nipperdey 154 ff). Zu den Konsequenzen hieraus für die Ausübung des Vorkaufsrechts vgl Rn 30 ff. **Ein Miterbe** hat das Vorkaufsrecht nur dann **allein**, wenn er ausschließlich mit dem veräußernden **Miterben** die Erbengemeinschaft bildet, oder bei einer Gemeinschaft mit mehr als zwei Miterben, wenn nur er bereit ist, das Vorkaufsrecht auszuüben (Rn 20). 26

3. Das Vorkaufsrecht ist gem § 473 BGB **nicht übertragbar**, dh es geht weder allein noch mit dem Erbanteil auf eine andere Person über und ist folglich auch 27

beschlagnahme-, § 851 ZPO, und **insolvenzfrei**, § 35 InsO (Prot V 841; Erman/Bayer Rn 4). Dadurch wird die selbständige Übertragung ebenso ausgeschlossen wie die Übertragung mit dem Erbteil (vgl oben Rn 9). Selbst bei der Anteilsübertragung auf einen Miterben erfolgt keine Übertragung des Vorkaufsrechtes, worauf es aber regelmäßig nicht ankommen wird, denn der erwerbende Miterbe kann ohnedies das mit seinem eigenen Erbteil verbundene Vorkaufsrecht ausüben (OLG Colmar OLGE 26, 302 = Recht 1913 Nr 1314; Bartholomeyczik, in: FS Nipperdey 165); hat ein Miterbe seinen Erbanteil veräußert und später den Erbanteil eines anderen Miterben erworben, ist er nicht vorkaufsberechtigt (vgl Rn 21). Mangels Übertragbarkeit kann der Insolvenzverwalter das Vorkaufsrecht des in die Insolvenz geratenen Miterben nicht ausüben (KG OLGE 9, 388; OLG Colmar OLGE 26, 302; Bartholomeyczik, in: FS Nipperdey 151; **aM** Planck/Ebbecke Anm 2a).

28 **Anderes gilt** allerdings für den *Teilnachlasspfleger,* wenn er zur Sicherung des Miterbenanteils eines unbekannten Miterben eingesetzt worden ist, weil der Sicherungszweck das Zusammenhalten des Nachlasses erfordern kann (Ann ZEV 1994, 343). Abgesehen davon bleibt die Ausübung des Vorkaufsrechts eine höchstpersönliche Entscheidung eines jeden Miterben, die persönlich und mit seiner Zustimmung von anderen Personen (Vertreter) erklärt werden kann (BGH Betrieb 1963, 828).

29 Entgegen § 473 BGB ist das Vorkaufsrecht nach § 2034 Abs 2 S 2 BGB zusammen mit dem Miterbenanteil **vererblich** und kann auch gegenüber den Erben des Verpflichteten ausgeübt werden (Erman/Bayer Rn 5). Gem § 2038 Abs 1 S 1 BGB muss dies von den Mitgliedern der Untererbengemeinschaft grds gemeinschaftlich geschehen; § 472 S 2 BGB ist insoweit nicht anwendbar (Sieveking MDR 1989, 224, 225; Soergel/Lettmaier Rn 16; vgl Rn 35).

IV. Ausübung des Vorkaufsrechts

30 Für die Ausübung sind die Vorschriften der §§ 463–473 BGB über das schuldrechtliche Vorkaufsrecht neben den Sonderbestimmungen der § 2034 Abs 2 BGB (Ausübungsfrist), § 2035 BGB (Erstreckung gegen den Anteilserwerber und Benachrichtigungspflicht des Verkäufers) maßgebend.

31 **1.** Das Vorkaufsrecht wird durch **formlose Erklärung** (empfangsbedürftige Willenserklärung, § 130 Abs 1 BGB, Gestaltungserklärung) gegenüber dem Verkäufer, § 464 BGB, **ausgeübt**. Die zur Ausübung des Vorkaufsrechts erforderliche **Erklärung** muss den klaren Willen des Berechtigten erkennen lassen, ein Schuldverhältnis (Rn 8) zwischen dem Veräußerer und sich selbst zustandezubringen, das inhaltlich dem zwischen Veräußerer und Käufer geschlossenen Vertrag entspricht. Einschränkungen oder gar der Hinweis auf noch auszuhandelnde andere Bedingungen sowie die Ablehnung, die vom Käufer eingegangenen Pflichten zu erfüllen, ist keine Ausübung des Vorkaufsrechts (RG LZ 1932, 539; BGH WM 1962, 722, 723; Betrieb 1963, 828). Da die Ausübung des Vorkaufsrechts lediglich zu einer schuldrechtlichen Verpflichtung der Beteiligten führt (Rn 44), ist es für die Wirksamkeit ohne Belang, ob der Vorkaufsberechtigte in der Lage ist, die vom Käufer übernommene Verpflichtung zu erfüllen (BGH WM 1962, 723; NJW 1972, 202).

Nach Übertragung des Anteils ist das Vorkaufsrecht gegenüber dem Käufer auszuüben, § 2035 BGB. Die Ausübung gegenüber dem Verkäufer ist nach der Übertragung ausgeschlossen, § 2035 Abs 1 S 2 BGB. Da idR der schuldrechtliche Vertrag und die dingliche Übertragung in einer Urkunde beurkundet werden, wird zumeist bereits mit dem Vertragsschluss ein Vollzug und damit die Anwendbarkeit des § 2035 BGB gegeben sein. 32

2. Mehrere Erben können dieses *Gestaltungsrecht* ohne Rücksicht auf die Höhe ihres jeweiligen Anteils (BGH LM Nr 8 = WM 1972, 504, 505; BGHWarnR 1971 Nr 254; Ann ZEV 1994, 343) nur *gemeinschaftlich,* wenn auch nicht notwendig gleichzeitig ausüben (RGZ 158, 57; BGH WM 1972, 504; BGH WarnR 1971 Nr 254; BGH NJW 1982, 330; Soergel/Lettmaier Rn 10). 33

a) Die Befugnis, an der Willensbildung innerhalb der Erbengemeinschaft mitzuwirken, wird auch durch § 472 S 2 BGB nicht beschnitten (BGH NJW 1982, 330). Können die Miterben sich über eine gemeinschaftliche Ausübung nicht einigen, kann es *nicht für alle Miterben* ausgeübt werden. 34

b) Ist das Vorkaufsrecht für einen Miterben erloschen oder übt es einer von ihnen nicht wirksam aus, sind die **Übrigen gemeinschaftlich berechtigt**, es im Ganzen auszuüben, § 472 S 2 BGB (RGZ 158, 61; BGH WM 1962, 723; 1972, 504; BGH WarnR 1971 Nr 254; Johannsen WM 1973, 546). Der Widerspruch eines Miterben gegen die Ausübung durch die anderen ist daher unerheblich (BGH LM Nr 6 = MDR 1971, 377 = DNotZ 1971, 744). Dies gilt allerdings nicht innerhalb einer *Untererbengemeinschaft,* die an die Stelle eines vorkaufsberechtigten Miterben getreten ist. Die Ausübung des Miterbenvorkaufsrechts, das nicht originär, sondern im Erbgang erworben worden ist, steht als Verwaltungsmaßnahme gem § 2038 BGB den Mitgliedern der Untererbengemeinschaft nur gemeinschaftlich zu. § 472 S 2 BGB ist insoweit nicht anwendbar (Sieveking MDR 1989, 224, 225; Soergel/Lettmaier Rn 16). 35

c) Es ist eine Auslegungsfrage, ob die bereits abgegebenen Vorkaufserklärungen auch dann gelten sollen, wenn einer oder mehrere andere Miterben das Vorkaufsrecht nicht ausüben, denn es kommt bei der Zuteilung auf weniger Miterben eine höhere Leistungsverpflichtung hinsichtlich der Gegenleistung auf diese zu (dazu BGH WM 1972, 503; Meyer Gruchot 51, 587, 596; Johannsen WM 1973, 546). **Einzelne Miterben** können das Vorkaufsrecht, solange es noch für andere Miterben besteht, unter der ausdrücklichen oder stillschweigenden Bedingung ausüben, dass die übrigen davon innerhalb der Frist des § 2034 Abs 2 S 1 BGB keinen Gebrauch machen (BGH NJW 1982, 330; OLG Jena HRR 1932 Nr 451; MünchKomm/Gergen Rn 27; Kipp/Coing § 115 I 3; Johannsen WM 1970, 747). Die Ausübung des Vorkaufsrechts ist insoweit nicht bedingungsfeindlich, weil die Beteiligten des Kaufvertrages nicht schutzwürdig sind, weil kein Zweifel darüber entsteht, ob das Vorkaufsrecht ausgeübt wird, sondern nur durch wen (ein Miterbe oder mehrere Miterben) (zur Frage der Schutzwürdigkeit bei der Ausübung bedingter Gestaltungsrechte eingehend Hattenhauer Einseitige private Rechtsgestaltung [2011] 283 ff). Lehnt ein Miterbe die gemeinschaftliche Ausübung des Vorkaufsrechts ab, weil er es für sich allein ausüben will, liegt hierin kein Verzicht auf die Ausübung, der die anderen Miterben vor Ablauf der Frist des § 2034 Abs 2 S 1 BGB zum Vorgehen gem § 472 S 2 BGB berechtigt (BGH NJW 1982, 330). 36

37 **d)** Gehört zum Nachlass ein Grundstück, bedarf die Ausübung des Vorkaufsrechts durch einen Elternteil oder Pfleger der gerichtlichen Genehmigung gem § 1821 Abs 1 Nr 5 BGB iVm § 1643 Abs 1 BGB bzw § 1821 Abs 1 Nr 5 BGB iVm §§ 1911, 1915 BGB (OLG Schleswig SchlHAnz 1956, 282; Jauernig/Stürner Rn 7), denn § 1821 Abs 1 Nr 5 BGB stellt nicht auf eine Verfügung über das Grundstück ab, vielmehr ist der Erwerb gleichgültig. Nach dem Schutzzweck der Norm darf kein Unterschied gemacht werden, ob das Grundstück aufgrund eines allein sich darauf beziehenden Vertrages oder als ein zum Erbteil gehörender Gegenstand erworben werden soll.

38 **3.** Die **Ausübungsfrist** beträgt abweichend von § 469 Abs 2 BGB *zwei Monate,* § 2034 Abs 2 S 1 BGB. Sie läuft für jeden Vorkaufsberechtigten gesondert. Es handelt sich um eine Ereignisfrist iSd § 187 Abs 1 BGB. Die Frist läuft nur einmal seit der Anzeige des ersten Verkaufsfalles, auch bei einer Weiterveräußerung gem § 2037 BGB. In diesem Falle beginnt *keine neue Frist,* jedoch trifft den Weiterveräußernden jedes Mal wieder die Mitteilungspflicht des § 2035 Abs 2 BGB (dazu § 2037 Rn 5). Diese Mitteilung hat aber auf den Lauf der Frist des § 2034 Abs 2 S 1 BGB keinen Einfluss (Erman/Bayer § 2035 Rn 2; dazu ausführlich § 2035 Rn 14).

39 *Fristauslösendes Ereignis* ist der Empfang der Mitteilung über den Inhalt des abgeschlossenen Kaufvertrages durch den jeweiligen Miterben (Palandt/Weidlich Rn 7). Erlangt der Vorkaufsberechtigte – abgesehen vom Fall des § 469 Abs 1 S 2 BGB – auch ohne Mitteilung des Verpflichteten Kenntnis von dem Kaufvertrag, löst dies den Fristbeginn nicht aus, denn das Gesetz stellt nicht auf die Kenntniserlangung, sondern eindeutig auf die Mitteilung ab (BGH WM 1962, 723). Ist allerdings ein Berechtigter beim Vertragsschluss anwesend, ist diese qualifizierte Form der Kenntniserlangung der Mitteilung durch den Miterben gleichzustellen (OLG Köln DNotZ 1959, 263), weil auch hier die zutreffende und vollständige Wiedergabe des relevanten Vertragsinhalts an den Vorkaufsberechtigten sichergestellt ist.

40 Der Anteilsverkäufer ist zu dieser Mitteilung nach § 469 BGB verpflichtet. Sie bedarf zwar nach § 469 BGB *keiner Form,* muss aber hinreichend deutlich sein (Bamberger/Roth/Lohmann Rn 9). Der Empfänger muss aus ihr entnehmen können, dass es sich nicht nur um eine gesprächsweise Äußerung, sondern um eine Erklärung von rechtlicher Bedeutung handelt (RG HRR 1930 Nr 297). Die Mitteilung setzt die Frist nur in Lauf, wenn sie den *Inhalt des Vertrages* richtig wiedergibt (RG Recht 1924 Nr 1522; OLG Köln DNotZ 1959, 264), denn der Vorkaufsberechtigte muss für seine Überlegung die Bedingungen kennen, zu denen er den Nachlassteil erwerben kann, insbes den Kaufpreis.

41 Die **Beweislast** für einen wirksamen Zugang der Mitteilung und den Zeitpunkt des Empfanges hat der zur Mitteilung verpflichtete Veräußerer bzw nach der Anteilsübereignung der Anteilserwerber (BGH WM 1962, 723; OLG Köln DNotZ 1959, 264; Soergel/Lettmaier Rn 14; Palandt/Weidlich Rn 7; Bamberger/Roth/Lohmann Rn 9).

V. Wirkung der Ausübung des Vorkaufsrechts

42 **1.** Zwischen den Berechtigten (Miterben) und dem Verpflichteten (Verkäufer) entsteht ein **gesetzliches**, nach Kaufrecht zu beurteilendes **Schuldverhältnis** mit dem

Inhalt, den der Verkäufer mit dem Erwerber vereinbart hat, § 464 Abs 2 BGB, ohne dass dadurch der Vertrag des Ersteren mit dem Dritten entfällt (RGZ 121, 138; OLG Hamburg MDR 1961, 851; **aM** BGB-RGRK/Kregel § 2037 Rn 1, der jedoch keine Begründung für das Außerkrafttreten des existenten Vertrages zwischen Veräußerer und Drittem gibt). Damit sind alle Regeln hinsichtlich gegenseitiger Verträge anwendbar (§§ 320 ff BGB), wobei zu beachten ist, dass Gegenstand des Schuldverhältnisses der Erbanteil, nicht aber ein Recht auf einzelne Nachlassgegenstände ist (BGH LM Nr 1).

a) Der oder die Miterben, welche das Vorkaufsrecht wirksam ausgeübt haben, werden damit Käufer und haben den von dem Veräußerer mit dem Dritten vereinbarten Kaufpreis zu zahlen, selbst wenn dieser unangemessen hoch erscheint (Erman/Bayer Rn 2), denn der Verkäufer soll durch das Vorkaufsrecht der anderen Miterben keinen Verlust erleiden. Mehrere Miterben, die das Vorkaufsrecht ausgeübt haben, haften *gesamtschuldnerisch,* wobei sich die Haftung im Innenverhältnis nach ihrer jeweiligen Erbquote bemisst. **43**

b) Der Vorkäufer erwirbt einen *schuldrechtlichen Anspruch* auf Übertragung des Erbteils (mehreren Vorkäufern steht der Anspruch zur gesamten Hand zu), der ihn noch nicht zum Inhaber des betreffenden Anteils macht, sondern den Verkäufer lediglich verpflichtet, den Erbanteil gem § 2033 Abs 1 BGB auf den Vorkäufer zu übertragen (RG JW 1925, 2119 = WarnR 1925 Nr 131; BGHZ 6, 85; BGH LM Nr 1; KG OLGE 9, 387; SchlHOLG SchlHAnz 1956, 262; HK-BGB/Hoeren Rn 9; Planck/Ebbecke § 2035 Anm 1; Strohal II § 64 Fn 24). Ein solcher Verschaffungsanspruch begründet kein die Veräußerung hinderndes Recht iSv § 771 ZPO (KG ZEV 1994, 41, 42). Der Anspruch kann von allen gemeinsam oder gem §§ 432, 2039 BGB analog von einem Miterben durchgesetzt werden (Bartholomeyczik, in: FS Nipperdey 169). Da die Ausübung des Vorkaufsrechts keine dingliche Wirkung hat, wird das Grundbuch, in dem der Erwerber bereits eingetragen war, erst unrichtig, wenn der Anteil auf die Vorkäufer übertragen worden ist. **44**

2. Mit der **Übertragung** wächst der Erbteil den Vorkäufern nach dem Verhältnis ihrer Erbteile wie in den Fällen der §§ 1935, 2094 BGB an (BGH LM Nr 1; NK-BGB/Ann Rn 15; MünchKomm/Gergen Rn 36; Crome § 738 Fn 53; Kipp/Coing § 115 II; Bartholomeyczik, in: FS Nipperdey 153, 161; **aM** Meyer 802, der zu Unrecht aus § 742 die gleichheitliche Berechtigung der Miterben ableiten will). Nach Maßgabe des § 2095 BGB ist der Zuwachs als gesonderter Erbteil zu behandeln. **45**

3. Die **Kosten der Übertragung** tragen die Vorkaufsberechtigten gem § 242 BGB (MünchKomm/Gergen Rn 37; NK-BGB/Ann Rn 16; Damrau/Rissmann Rn 16). § 453 Abs 2 BGB ist auf die gesetzliche Verpflichtung des Erbteilskäufers zum Verkauf an die Miterben unanwendbar (RG JW 1925, 2119 Nr 9). **46**

4. Die wirksame Ausübung des Vorkaufsrechts hat keinen Einfluss auf den **Kaufvertrag zwischen dem Veräußerer und dem Erwerber des Erbteils**, so dass sich der veräußernde Miterbe zwei Erfüllungsansprüchen ausgesetzt sieht. Überträgt er den Miterbenanteil an den Vorkaufsberechtigten, entstehen Schadenersatzansprüche des Erwerbers; für den Fall der Übertragung an den Vorkaufsberechtigten vgl § 2035 Rn 12a. In der Regel wird der Veräußerer deshalb sicherstellen müssen, dass die Vorkaufsrechtsausübung als auflösende Bedingung in den Kaufvertrag mit dem **47**

Erwerber aufgenommen wird; diese hat zwar keine Auswirkungen auf das Entstehen des Vorkaufsrechts, § 465 BGB, bringt aber den Vertrag mit dem Erwerber zum Erlöschen.

48 **5.** Wenn die **Miterben ihr Vorkaufsrecht** ausüben, müssen sie dem **Erwerber** die *Aufwendungen* ersetzen, die er bereits für den Kauf getätigt hat, zB Notarkosten oder eine angemessene Provisionszahlung (BGH NJW 2016, 3233). Ferner müssen sie die *Kosten der* dinglichen *Rückübertragung* übernehmen, weil das Vorkaufsrecht allein zu ihrem Nutzen geschaffen ist (RG JW 1925, 2119 Nr 9; OLG Köln DNotZ 1959, 264). Zwar waren sich der veräußernde Miterbe und der Erwerber ihrer Beschränkung durch das Vorkaufsrecht bewusst, trotzdem kann hieraus nicht ihre Belastung mit den Kosten begründet werden (so jedoch Endemann JW 1925, 2119), denn es bedurfte erst ihres Geschäftes, um das Vorkaufsrecht entstehen zu lassen. Das Schwergewicht liegt auf dem Verfügungsrecht des Miterben, das die sonst unerträgliche Bindung der Gesamthand mildern soll (vgl § 2033 Rn 1). Demgegenüber erscheint das Vorkaufsrecht lediglich als ein den übrigen Miterben zugebilligtes Ausgleichsmittel, dessen Kosten ihnen deshalb zur Last fallen müssen. Hierfür haften die Miterben als *Gesamtschuldner*.

VI. Erlöschen

49 Das Vorkaufsrecht erlischt außer durch *Ablauf* der ungenutzten *Ausübungsfrist* (Rn 38) durch *Verzicht* sämtlicher Berechtigter. Dieser kann schon vor der Mitteilung nach § 469 BGB formlos erfolgen (RG JW 1924, 2147; Palandt/Weidlich Rn 10). Ebenso erlischt es mit der Rückübertragung des Erbanteils an den Veräußerer (RGZ 170, 207; Bamberger/Roth/Lohmann Rn 11; **aA** Palandt/Weidlich Rn 10; vgl auch Rn 24).

§ 2035
Vorkaufsrecht gegenüber dem Käufer

(1) Ist der verkaufte Anteil auf den Käufer übertragen, so können die Miterben das ihnen nach § 2034 dem Verkäufer gegenüber zustehende Vorkaufsrecht dem Käufer gegenüber ausüben. Dem Verkäufer gegenüber erlischt das Vorkaufsrecht mit der Übertragung des Anteils.

(2) Der Verkäufer hat die Miterben von der Übertragung unverzüglich zu benachrichtigen.

Materialien: E II § 1909; III § 2010; Prot V 839 f; VI 174, 328; Jakobs/Schubert ER I 807, 812 f.

Schrifttum

Lettmaier, Die Drittwirkung des Miterbenvorkaufsrechts, AcP 217 (2017) 205.

I. Grundsätzliches

1 Das Vorkaufsrecht der §§ 463 ff BGB wirkt nur gegenüber dem verpflichteten Verkäufer, nicht gegen den *Dritten* (Käufer). Wenn der Verkäufer den *Kaufvertrag* diesem gegenüber bereits erfüllt hat, fehlt dem Vorkaufsberechtigten, abgesehen von § 826 BGB, jede Handhabe, um gegen diesen vorzugehen. Er ist auf einen Ersatzanspruch gegen den Verkäufer beschränkt. § 2035 BGB verstärkt deshalb im Interesse der durch den Verkauf des Erbteils gefährdeten Miterben das Vorkaufsrecht durch eine **Drittwirkung** (ohne es dadurch zu einem dinglichen Vorkaufsrecht zu machen), indem es gegen den Käufer wirkt, sobald diesem der verkaufte Anteil übertragen worden ist. Es entsteht also kein neues Vorkaufsrecht, sondern es handelt sich um ein einziges Vorkaufsrecht, dessen Erklärungsgegner und Vorkaufsgebundener aber mit der dinglichen Übertragung des Erbteils wechselt (Lettmaier AcP 217 [2017] 205, 207 f).

2 Bei dem Vorkaufsrecht des Miterben handelt es sich nicht um ein dingliches Vorkaufsrecht, denn – abgesehen von der erwähnten Drittwirkung – weist es keine weiteren Merkmale der Dinglichkeit auf. Diese Figur erscheint angesichts der Systematik des BGB, welche lediglich ein rein schuldrechtliches oder ein dingliches Vorkaufsrecht vorsieht, systemwidrig, ist aber vom Gesetzgeber so gewollt und als positives Gestaltungsrecht des vorkaufsberechtigten Miterben einzuordnen. Dieser kann also durch einseitiges Rechtsgeschäft ein gesetzliches Schuldverhältnis erzeugen, das den Vorkaufsgebundenen zur Übertragung des Erbteils verpflichtet (Lettmaier AcP 217 [2017] 205, 209). Eine solche Übertragung kann mit dem Anteilskauf zusammenfallen (BayObLG Rpfleger 1982, 217, 218). § 2037 BGB ordnet die Erstreckung auch auf den zweiten und weitere Erwerber an, auf die der erste Käufer weiter übertragen hat, bevor das Vorkaufsrecht erloschen oder ihm gegenüber ausgeübt worden ist.

3 Überträgt der Verkäufer (bzw der Dritte, § 2037 BGB) den Anteil *trotz wirksamer Ausübung des Vorkaufsrechts* auf den Käufer (oder weiteren Erwerber, § 2037 BGB), so stehen den Vorkaufsberechtigten aufgrund der lediglich schuldrechtlichen Wirkung des Vorkaufsrechts eigentlich nur Schadensersatzansprüche gegen den Verkäufer zu. Nach zutreffender Auffassung (BGH NJW 2002, 820) greift auch hier der **Rechtsgedanke des § 2035 BGB** einer gewissen Drittwirkung des Miterbenvorkaufsrechts: Wenn schon das Vorkaufsrecht, das noch nicht ausgeübt wurde, innerhalb der Ausübungsfrist dem Käufer und weiteren Erwerbern gegenüber fortwirkt, so darf den Miterben umso weniger bei rechtzeitiger Ausübung der mit dem Vorkaufsrecht bezweckte Schutz vor dem Eindringen Fremder in die Gesamthandsgemeinschaft genommen werden. Deshalb steht dem Vorkaufsberechtigten in diesem Fall ein Übertragungsanspruch gegenüber dem Dritten zu (BGH NJW 2002, 820).

II. Erstreckung des Vorkaufsrechts auf den Käufer (Abs 1)

4 **1.** Für die **Belastung mit dem Vorkaufsrecht** (Abs 1) ist zu unterscheiden, ob der verkaufende Miterbe sich lediglich schuldrechtlich verpflichtet, oder ob er bereits in Erfüllung des Kaufvertrages die Übertragung des Erbteils vorgenommen hat. Im *ersten Fall* ist nur der **Miterbe** durch das Vorkaufsrecht belastet, es kann allein ihm gegenüber ausgeübt werden. Zur Ausübung des Vorkaufsrechts vgl § 2034 Rn 30.

Die Vorkaufsberechtigten werden ihm gegenüber nach den mit dem Erbteilskäufer vereinbarten Bedingungen als Käufer berechtigt und verpflichtet.

5 Dies gilt auch, wenn der Verkäufer nach wirksamer Ausübung des Vorkaufsrechts den Miterbenanteil **trotzdem auf den Käufer überträgt**. Die gängige Auffassung (OLG Dresden ZEV 2004, 508; BGH NJW 2002, 820; OLG Schleswig NJW-RR 1992, 1160; MünchKomm/Gergen Rn 7) behilft sich hier zu Recht mit einer analogen Anwendung des § 2035 BGB. Der Käufer werde mit der dinglichen Übertragung des Erbteils deshalb zum Schuldner der Abtretungspflicht. Die Gegenauffassung (Soergel/Lettmaier Rn 14) verweist den Vorkaufsberechtigten auf seine Möglichkeiten zum Schutz seines Abtretungsanspruches gegen den Verkäufer nach den allgemeinen Regeln (Veräußerungsverbot nach § 938 Abs 2 ZPO, nicht jedoch Vormerkung); damit würde freilich jeder Vorkaufsberechtigte sicherheitshalber zum Erwirken eines Veräußerungsverbotes gezwungen, auch wenn in aller Regel keine dingliche Übertragung nach Ausübung des Vorkaufsrechts erfolgen wird.

6 **2.** Im *zweiten Fall* erlischt mit der Übertragung des Erbanteils das Vorkaufsrecht gegen den veräußernden Miterben und richtet sich gegen den **Erwerber** des Erbanteils. Sobald dieser den Erbteil weiter übertragen hat, erlischt es auch gegen ihn, um nunmehr gegenüber dem **weiteren Erwerber** ausgeübt werden zu können, § 2037 BGB. Für die **Ausübung des Vorkaufsrechts** nach § 2035 BGB gegenüber dem Dritten gilt das Entsprechende wie bei der Ausübung gegenüber dem Verkäufer (BGH WM 1962, 723). Zur Ausübung des Vorkaufsrechts vgl daher § 2034 Rn 30, zu deren Wirkung § 2034 Rn 42, zum Erlöschen des Rechts § 2034 Rn 49.

7 Mit Ausübung des Vorkaufsrechts entsteht zwischen dem vorkaufsberechtigten Miterben und dem Käufer ein **gesetzliches Schuldverhältnis**, auf das grds §§ 463 ff BGB anzuwenden sind (BGH FamRZ 2016, 1767). Letztlich muss sich der Käufer so behandeln lassen, als sei ein Kaufvertrag zwischen dem Verkäufer und den vorkaufsberechtigten Miterben zustande gekommen, welcher auch ihm gegenüber wirkt (BGHZ 15, 102, 106 = NJW 1954, 1883, 1884) und ihn zur Übertragung des Erbteils an den Vorkaufsberechtigten verpflichtet. Hat der Erbteilskäufer den Kaufpreis noch nicht bezahlt, müssen ihn die vorkaufsberechtigten Miterben von dieser fortbestehenden Verpflichtung freistellen.

8 Da ein Vertragsverhältnis weder zum veräußernden Miterben noch zum Erwerber besteht, ist für einen Anspruch auf Sicherheitsleistung gegen den Vorkaufsberechtigten gem § 468 BGB kein Raum (Nichtannahmebeschluss des BGH zu KG ZEV 1995, 296; ZEV 1995, 298).

9 Mangels eines gegenseitigen Vertrages sind §§ 320 ff BGB auch nicht entsprechend anwendbar (Bamberger/Roth/Lohmann Rn 3), denn das gesetzliche Schuldverhältnis zwischen Erwerber und Vorkaufsberechtigten steht seinem Inhalt nach nicht einem gegenseitigen Vertrage gleich (BGHZ 15, 102, 104 f = NJW 1954, 1883). Dem Käufer (bzw den weiteren Erwerbern, § 2037 BGB) steht daher wegen ihrer Ansprüche gegen die vorkaufenden Miterben kein Zurückbehaltungsrecht aus § 320 BGB zu. Allerdings können insoweit §§ 273 f BGB Anwendung finden (BGHZ 15, 102, 106 = NJW 1954, 1883, 1884).

Der Erbteilskäufer kann seine Verpflichtung, den erworbenen Erbanteil an den Vorkaufsberechtigten zu übertragen, nicht durch Rücktritt analog § 323 BGB aufheben (so aber OLG Schleswig NJW-RR 1992, 1160, 1161 für die Anwendung des vormals geltenden § 326; MünchKomm/Gergen Rn 6; Brox/Walker § 28 Rn 5; vLübtow II 826). Eine Regelungslücke liegt nicht vor, da der Anteilserwerber seine Ansprüche gegen den Vorkaufsberechtigten im Wege der Klage durchsetzen kann (OLG München ZEV 1994, 43, 44 mit zust Anm Ebenroth/Lorz 45). Damit verbundene Risiken sind dem Erbteilskäufer zumutbar, da er über das Vorkaufsrecht von dem die Anteilsübertragung beurkundenden Notar unterrichtet ist (OLG München aaO; Ebenroth/Lorz 45). **10**

Eine Verletzung von Pflichten aus dem gesetzlichen Schuldverhältnis kann nicht zu Ansprüchen auf Schadensersatz statt der Leistung, sondern nur auf Schadenersatz neben der Leistung führen, insb auf Ersatz des Verzögerungsschadens, §§ 280 Abs 1, Abs 2, 286 BGB. **11**

3. Erst mit der Übertragung gehen die Anteile auf den Vorkaufsberechtigten über (§ 2034 Rn 44), wobei zu beachten ist, dass idR Verpflichtungs- und Erfüllungsgeschäft zeitlich zusammenfallen. Die Vorkäufer haften gesamtschuldnerisch (§ 427 BGB) für die **Kosten** der Übertragung auf sie sowie für alle den Verpflichteten im Zusammenhang mit beiden Übertragungen entstandenen Aufwendungen; ein bereits gezahlter Kaufpreis ist zu erstatten (BGHZ 6, 88; SchlHOLG SchlHAnz 1956, 262; OLG Hamburg MDR 1961, 852; HK-BGB/Hoeren Rn 3; vgl auch § 2034 Rn 46). § 2035 Abs 1 S 1 BGB ist entsprechend anzuwenden, soweit das Vorkaufsrecht dem verkaufenden Miterben gegenüber ausgeübt worden war und dieser den Erbteil erst nach Ablauf der in § 2034 Abs 2 S 1 BGB normierten Frist auf den Erwerber übertragen hat (BGH ZEV 2002, 67). **12**

III. Benachrichtigungspflicht (Abs 2)

1. Mit Rücksicht auf den an die Übertragung des Erbteils geknüpften Wechsel der durch das Vorkaufsrecht gebundenen Personen verpflichtet § 2035 Abs 2 BGB den Verkäufer des Erbteils, die Miterben von der Übertragung des Erbanteils unverzüglich (§ 121 Abs 1 S 1 BGB) zu benachrichtigen. Diese Mitteilungspflicht besteht unabhängig von der dem Verkäufer durch § 469 BGB auferlegten Pflicht zur Anzeige vom Abschluss des (schuldrechtlichen) Kaufvertrages, welche die Frist zur Ausübung des Vorkaufsrechts in Gang setzt (§ 2034 Rn 39). **13**

Solange die Übertragung nicht angezeigt ist, können die Miterben das Vorkaufsrecht noch gegenüber dem Verkäufer ausüben (Bamberger/Roth/Lohmann Rn 2). Das ergibt sich aus dem *§ 407 Abs 1* BGB *zugrunde liegenden Rechtsgedanken* (BGH BWNotZ 1980, 160, 161; Erman/Bayer Rn 2; Palandt/Weidlich Rn 1; Muscheler, in: FS Kanzleiter S 304; anders Soergel/Lettmaier Rn 9). Durch die Mitteilung sollen die Vorkaufsberechtigten erfahren, wem gegenüber sie ihr Vorkaufsrecht ausüben müssen, die Anzeige ist daher Voraussetzung für die richtige Ausübung des Vorkaufsrechtes gegenüber dem Erwerber. Die Mitteilung (oder ihr Unterbleiben) hat hingegen keine Auswirkung auf den Lauf der Zweimonatsfrist des § 2034 Abs 2 S 1 BGB; der Fristlauf wird vielmehr durch die Mitteilung nach § 469 BGB ausgelöst. **14**

15 2. Wie bei der Anzeige vom Verkauf die Mitteilung des Verpflichteten gem § 469 Abs 1 S 2 BGB durch die Mitteilung des Dritten (Käufers) ersetzt werden kann, wird in entsprechender Anwendung dieser Norm auch die *Mitteilung* des Verkäufers von der Übertragung iS des § 2035 Abs 2 BGB durch die des *Anteilserwerbers* ersetzt (Palandt/Weidlich Rn 2; Muscheler, in: FS Kanzleiter S 305).

§ 2036
Haftung des Erbteilkäufers

Mit der Übertragung des Anteils auf die Miterben wird der Käufer von der Haftung für die Nachlassverbindlichkeiten frei. Seine Haftung bleibt jedoch bestehen, soweit er den Nachlassgläubigern nach den §§ 1978 bis 1980 verantwortlich ist; die Vorschriften der §§ 1990, 1991 finden entsprechende Anwendung.

Materialien: E II § 1910; III § 2011; Prot V 839 f; VI 318 f, 328; Jakobs/Schubert ER I 813.

I. Haftungsbefreiung (Satz 1)

1. Haftung für Nachlassverbindlichkeiten bei Anteilsveräußerung

1 Der **Miterbe**, der seinen Anteil am Nachlass veräußert, wird weder durch den Abschluss des schuldrechtlichen Veräußerungsvertrages noch durch die Übertragung des Anteils selbst von seiner Haftung für Nachlassverbindlichkeiten frei, § 2382 Abs 1 S 1 BGB aE (Strohal II § 92 II). Dazu tritt nach § 2382 Abs 1 S 1 BGB schon mit dem Kaufabschluss die **Haftung des Käufers**, der für alle Nachlassverbindlichkeiten gesamtschuldnerisch einstehen muss, §§ 2382, 2383, 2385 BGB (RGZ 60, 131). Diese Haftung kann durch Vereinbarung mit dem Veräußerer nicht ausgeschlossen werden, § 2382 Abs 2 BGB.

2 Von dieser Regelung macht § 2036 S 1 BGB eine **Ausnahme** und befreit den Anteilskäufer von der Haftung, wenn er den Erbteil auf die *Vorkaufsberechtigten* übertragen hat (Erman/Bayer Rn 1), denn damit hat er nicht bloß seine Verpflichtung diesen gegenüber erfüllt, sondern auch den Vermögensinbegriff, dessen Erwerb seine Haftung rechtfertigt, an die Miterben abgegeben. Es ist daher unerheblich, ob den Nachlassgläubigern die Anteilsveräußerung mitgeteilt worden ist (MünchKomm/Gergen Rn 1). Wenn er ihn unverkürzt übertragen hat, erfordert es die Billigkeit, ihm die Haftung für Nachlassverbindlichkeiten wieder abzunehmen. Auch eine fortdauernde hilfsweise Haftung (wie beim Verkäufer, § 2382 BGB) erscheint nicht gerechtfertigt, weil er zur Übertragung gezwungen wird.

2. Haftungsbefreiung des Käufers

3 Wird das Vorkaufsrecht vor Übertragung des Erbteils an den Dritten ausgeübt, muss dieser erst recht von jeder Haftung freigestellt werden (BGB-RGRK/Kregel Rn 1). In diesem Fall kommt das kaufvertragsähnliche Verhältnis zwischen den Vorkaufsbe-

rechtigten und dem Anteilsveräußerer unmittelbar zustande und steht der Erfüllung des weiter bestehenden Kaufvertrages mit dem Dritten im Wege (§ 2034 Rn 47). Unterbleibt die Übertragung des Erbteils an den Dritten (Käufer) infolge der Ausübung des Vorkaufsrechtes, liegt kein Anlass vor, den Käufer für die Lasten eines Vermögensinbegriffes haftbar zu machen, der ihm infolge Eingreifens der übrigen Miterben nicht übertragen werden darf.

Überträgt der Käufer nach bereits erfolgtem Erwerb den Anteil auf den/die vorkaufsausübenden Miterben, entfällt seine Haftung (MünchKomm/Gergen Rn 2). Wird der Anteil ohne Zwischenerwerb des Käufers unmittelbar vom verkaufenden Miterben an den vorkaufenden Miterben übertragen, legt die hM den Zeitpunkt der Haftungsfreistellung zu Recht auf die Übertragungsverfügung (Erman/Bayer Rn 1; Palandt/Weidlich Rn 1; Soergel/Lettmaier Rn 2; MünchKomm/Gergen Rn 2; **aA** Ausübung des Vorkaufsrechts: BGB-RGRK/Kregel Rn 1; Brox/Walker § 29 Rn 20). 4

Die Befreiung des Käufers von der Haftung für Nachlassverbindlichkeiten tritt selbst dann ein, wenn er das *Recht zur Beschränkung der Haftung* bereits verloren hatte (Strohal II § 92 III 1; Palandt/Weidlich Rn 1; MünchKomm/Gergen Rn 3). Die unbeschränkte Haftung geht, freilich nur in Ansehung des betreffenden Erbanteils, auf die das Vorkaufsrecht ausübenden Erben über, § 2007 BGB (BGB-RGRK/Kregel Rn 2; Soergel/Lettmaier Rn 1; Binder III 128; **aM** Strohal II § 92 Fn 8, der den Erwerb als vom Käufer überhaupt nicht getätigt betrachtet. Es ist aber kein Grund ersichtlich, eine einmal eingetretene Haftung zu beseitigen. Vielmehr soll lediglich der Käufer freigestellt werden). 5

II. Ausnahme: Verwalterhaftung (Satz 2)

1. Das Gesetz berücksichtigt, dass der Käufer, auf den ein Erbteil übertragen war, während der *Dauer seiner Teilhaberschaft an der Erbengemeinschaft* (dh zwischen Anteilserwerb und Übertragung an die Vorkaufsberechtigten) sich haftbar gemacht haben kann, weil er seine Verwaltungspflichten nicht oder nicht sorgfältig erfüllt hat (HK-BGB/Hoeren Rn 2; Erman/Bayer Rn 2), §§ 1978–1980 BGB. Insoweit sind **Eigenverbindlichkeiten** begründet, für die er mit seinem Privatvermögen einstehen muss (vgl Staudinger/Dobler § 1978 Rn 35). Im Gegenzug sind dem Käufer **Aufwendungen** für Verwaltungshandlungen aus Nachlass nach Maßgabe des § 1978 Abs 3 BGB zu erstatten. 6

Diese Eigenverbindlichkeiten sollen bestehen bleiben, selbst wenn es wegen **Dürftigkeit des Nachlasses** nicht zur Anordnung einer Nachlassverwaltung oder Eröffnung des Nachlassinsolvenzverfahrens gekommen ist, sondern der Käufer nach § 1990 BGB vorgegangen und deshalb gem § 1991 BGB verantwortlich ist. Mehr besagt die Verweisung auf §§ 1990, 1991 BGB nicht. Die unmittelbare Anwendung dieser Normen scheitert, weil der Haftende den Nachlass herausgegeben hat. Die Bezugnahme auf §§ 1990, 1991 BGB stellt mithin klar, dass die fraglichen Ansprüche, wenn es zur Nachlassverwaltung oder zur Nachlassinsolvenz gekommen ist, den Nachlassgläubigern gleichwohl zustehen sollen (unstr BGB-RGRK/Kregel Rn 3; Palandt/Weidlich Rn 2), sodass es sich bei dieser Verweisung nicht, wie zT behauptet (MünchKomm/Gergen Rn 5), um ein Redaktionsversehen handelt. Im Gegenzug sind dem Käufer **Aufwendungen** für Verwaltungshandlungen anteilig von den Nachlassgläubigern nach Maßgabe des § 1978 Abs 3 BGB zu erstatten. 7

8 **2.** Haftet der Käufer aus derartigen Eigenverbindlichkeiten, kann er während der Dauer einer *Nachlassverwaltung* oder eines *Nachlassinsolvenzverfahrens* von dem Nachlass- oder Insolvenzverwalter in Anspruch genommen werden. Entfällt die Nachlassverwaltung oder das Nachlassinsolvenzverfahren wegen Dürftigkeit des Nachlasses, können die Nachlassgläubiger den Käufer unmittelbar in Anspruch nehmen (Planck/Flad Anm 1; Soergel/Lettmaier Rn 3; Binder III 128; Kress 191; Kretzschmar Recht 1908, 315).

9 **3.** Wird das Vorkaufsrecht schon **vor Übertragung des Erbanteils an den Käufer** ausgeübt, kann dieser nicht in die Lage kommen, sich bei der Verwaltung des Nachlasses nach §§ 1978–1980 BGB verantwortlich zu machen. § 2036 S 2 BGB ist nicht anwendbar.

§ 2037
Weiterveräußerung des Erbteils

Überträgt der Käufer den Anteil auf einen anderen, so finden die Vorschriften der §§ 2033, 2035, 2036 entsprechende Anwendung.

Materialien: E II § 1911; III § 2012; Prot V 830 f; VI 318 f, 328; Jakobs/Schubert ER I 813.

I. Weiterübertragung des Erbteils

1 Die für das Verhältnis zwischen den vorkaufsberechtigten Miterben und dem ersten Käufer in §§ 2033, 2035, 2036 BGB aufgestellten Regelungen gelten ebenso für den Fall einer **weiteren Übertragung** eines käuflich erworbenen Erbanteils. Allerdings kommt es – im Gegensatz zu § 2034 BGB (vgl dort Rn 6), der lediglich bei Erbteils*kauf* ein Vorkaufsrecht entstehen lässt – nach § 2037 BGB nicht auf den Rechtsgrund an. § 2037 BGB erfasst jede **freiwillige Anteilsübertragung**, gleich ob sie auf Kauf, Schenkung, Vergleich u dgl beruht (vLübtow II 825). Jedoch muss auch der Anteilserwerber ein anderer Käufer, dh wie bei § 2034 BGB ein Dritter, *nicht ein Miterbe* sein (§ 2034 Rn 16), denn der Zweck, Fremde von der Gemeinschaft fernzuhalten, trifft beim Erwerb durch einen Miterben nicht zu (RGZ 170, 203, 207; Erman/Bayer Rn 1; Palandt/Weidlich Rn 1; BGB-RGRK/Kregel Rn 1; Damrau/Rissmann Rn 2).

2 § 471 BGB versagt die Entstehung eines Vorkaufsrechts, wenn die **Veräußerung unfreiwillig**, also im Wege der Zwangsvollstreckung oder aus der Insolvenzmasse erfolgt, und stellt damit die Gläubigerinteressen über die Interessen der Vorkaufsberechtigten; diese Bewertung muss auch in § 2037 BGB berücksichtigt werden, der deshalb insoweit einschränkend ausgelegt werden muss (Soergel/Lettmaier Rn 2).

3 § 2037 BGB erfasst seinem Wortlaut nach nur die **Weiterveräußerung** durch den „Käufer“, so dass seine Anwendung auf denjenigen beschränkt sein könnte, der den Erbteil unmittelbar von einem Miterben erwirbt und anschließend weiterveräußert. Weiterübertragungen durch den Dritterwerber sind hiernach nicht mehr oder je-

denfalls dann nicht mehr erfasst, wenn dieser nicht aufgrund eines Kaufvertrags, sondern aus einem anderen Rechtsgrund erworben hat (Soergel/Lettmaier Rn 3). Seinem Normzweck nach soll jedoch § 2037 BGB den anderen Miterben innerhalb der Frist des § 2034 Abs 2 S 1 BGB die Möglichkeit der Ausübung eines Vorkaufsrechts eröffnen, unabhängig davon, welche Übertragungsakte innerhalb dieser Frist stattfinden. Deshalb gilt die Regelung – unabhängig vom Rechtsgrund des Erwerbs – auch für alle weiteren Erwerber; der Begriff „Käufer" ist im Lichte des Normzwecks erweiternd auszulegen.

II. Ausübung des Vorkaufsrechts

4 Die Miterben können gegenüber **jedem weiteren Erwerber** nach der Übertragung des Erbanteils an ihn das Vorkaufsrecht in gleicher Weise geltend machen wie gegenüber dem ersten Erwerber nach § 2035 BGB; alle früheren Erwerber werden mit der Übertragung von der Haftung für Schulden nach § 2036 BGB befreit.

III. Bestand des Vorkaufsrechts

5 Das Vorkaufsrecht gegen die weiteren Erwerber ist **kein neues Recht**, sondern das durch den ersten Verkauf des Erbteils nach § 2034 BGB gegenüber dem verkaufenden Miterben begründete (BGH NJW 1971, 1264, 1265; Erman/Bayer Rn 1; MünchKomm/Gergen Rn 1; NK-BGB/Ann Rn 2; Palandt/Weidlich Rn 1; Soergel/Lettmaier Rn 1; BGB-RGRK/Kregel Rn 1), denn § 2034 BGB wird in § 2037 BGB nicht für entsprechend anwendbar erklärt. Deshalb läuft die **Frist** des § 2034 Abs 2 S 1 BGB für eine Ausübung des Vorkaufsrechts vom Erhalt der Mitteilung über den ersten Verkauf nach § 469 BGB an (HK-BGB/Hoeren Rn 2), obwohl jeder neue Erwerber zur **Anzeige einer weiteren Übertragung** gem § 2035 Abs 2 BGB verpflichtet ist (vgl § 2034 Rn 38).

6 Ist das **Vorkaufsrecht** einmal **rechtzeitig ausgeübt**, wird dadurch eine Drittwirkung herbeigeführt, indem jeder Erwerber es gegen sich gelten lassen muss (vgl § 2034 Rn 3). Ist es aber **noch nicht ausgeübt**, können es die Miterben gegenüber einem späteren Erwerber nur noch dann ausüben, wenn die seit der Mitteilung des ersten Verkaufs laufende Zweimonatsfrist noch nicht abgelaufen ist (heute unstr Erman/Bayer Rn 1; Palandt/Weidlich Rn 1; Soergel/Lettmaier Rn 1; BGB-RGRK/Kregel Rn 1). Dagegen soll nach F Leonhard (§ 2037 Anm II) gegen jeden neuen Erwerber ein neues Vorkaufsrecht entstehen, weil sonst die Miterben die Ausübung, die sie einem genehmen früheren Erwerber gegenüber unterlassen haben, einem unliebsamen neuen gegenüber nicht mehr nachholen könnten. Diese Folge muss jedoch in Kauf genommen werden. Die Miterben gehen mit dem geduldeten Eintritt eines neuen Gemeinschaftsmitgliedes dieses Risiko bewusst ein. § 2034 BGB will lediglich den Bestand der vom Erblasser bestimmten Mitglieder schützen, nicht aber den Wechsel bereits eingetretener Fremder verhindern.

7 Überträgt der Käufer den Anteil *trotz wirksamer Ausübung des Vorkaufsrechts* auf einen weiteren Erwerber, so stehen den Vorkaufsberechtigten aufgrund der lediglich schuldrechtlichen Wirkung des Vorkaufsrechts eigentlich nur Schadensersatzansprüche gegen den Verkäufer zu (§ 826 BGB). Nach zutreffender Auffassung (BGH NJW 2002, 820) greift jedoch auch hier der **Rechtsgedanke des § 2035 BGB**: Wenn schon das Vorkaufsrecht, das noch nicht ausgeübt wurde, innerhalb der Ausübungsfrist wei-

teren Erwerbern gegenüber fortwirkt, so darf den Miterben umso weniger bei rechtzeitiger Ausübung der mit dem Vorkaufsrecht bezweckte Schutz vor dem Eindringen Fremder in die Gesamthandsgemeinschaft genommen werden. Deshalb steht dem Vorkaufsberechtigten in diesem Fall ein Übertragungsanspruch gegenüber dem Erwerber zu (BGH NJW 2002, 820).

§ 2038
Gemeinschaftliche Verwaltung des Nachlasses

(1) Die Verwaltung des Nachlasses steht den Erben gemeinschaftlich zu. Jeder Miterbe ist den anderen gegenüber verpflichtet, zu Maßregeln mitzuwirken, die zur ordnungsmäßigen Verwaltung erforderlich sind; die zur Erhaltung notwendigen Maßregeln kann jeder Miterbe ohne Mitwirkung der anderen treffen.

(2) Die Vorschriften der §§ 743, 745, 746, 748 finden Anwendung. Die Teilung der Früchte erfolgt erst bei der Auseinandersetzung. Ist die Auseinandersetzung auf längere Zeit als ein Jahr ausgeschlossen, so kann jeder Miterbe am Schluss jedes Jahres die Teilung des Reinertrags verlangen.

Materialien: E II § 912; III § 2013; Prot V 861 f; Jakobs/Schubert ER I 789–794, 807, 813; Denkschr 728 f.

Schrifttum

Ann, Der Konzeptionsmangel der Erbengemeinschaft gezeigt an Problemen der Nachlassverwaltung durch Miterben, in: FS Spiegelberger (2009) 953
Bartholomeyczik, Das Aktienpaket der Miterbengemeinschaft, in: FS Lange (1970) 343
ders, Willensbildung, Willensverwirklichung und das Gesamthandsprinzip der Miterbengemeinschaft, in: FS Reinhardt (1972) 13
Bayer/Sarakinis, Der gemeinschaftliche Vertreter der Erbengemeinschaft im Aktienrecht, NZG 2018, 561
Bengel, Die Notgeschäftsführung bei der Gesellschaft bürgerlichen Rechts und bei der Erbengemeinschaft, ZEV 2002, 484
Bertzel, Der Notgeschäftsführer als Repräsentant des Geschäftsherrn, AcP 158 [1958] 107; NJW 1962, 228; JurBüro 1962, 369
Damrau, Erbenmehrheit und Familiengericht, ZEV 2006, 190
Delcker, Die Rechtsstellung der Erbengemeinschaft im Verfahren des Wohnungsamtes, NJW 1947/48, 377
Eberl-Borges, Verfügungsgeschäfte der Erbengemeinschaft im Rahmen der Nachlassverwaltung, NJW 2006, 1313
dies, Der blockierende Miterbe, ErbR 2008, 234
Greil-Lidl, Die Verfügungsverwaltung in der Erbengemeinschaft: Ein Interessenkonflikt zwischen Gläubigerschutz und Privatautonomie unter dem Deckmantel des Gesamthandsprinzips (2014)
Heil, Die ordnungsmässige Verwaltung eines Unternehmens im Vor- und Miterbenrecht (Diss Bayreuth 1998)
Henrich, Die Verwaltung des Nachlasses durch eine Miterbengemeinschaft, JA 1971, 621
Hufnagel, Die Erbengemeinschaft als Grundstückseigentümerin, HuW 1947, 232
Josef, Zur Passivlegitimation von Miterben, WürttZ 1922, 169
ders, Der Einfluß des Miterbenverhältnisses in Verwaltungssachen, PrVerwBl 43, 516

Jülicher, Mehrheitsgrundsatz und Minderheitenschutz bei der Erbengemeinschaft, AcP 175 (1975) 143
Klein, Stimmrechtsausübung einer Erbengemeinschaft in der Gesellschafterversammlung einer GmbH, BWNotZ 2018, 84
Kretzschmar, Die Verhältnisse während des Bestehens der Erbengemeinschaft, SächsArch 3, 545
Lange, Verwaltung, Verfügung und Auseinandersetzung bei der Erbengemeinschaft, JuS 1967, 453
Löhnig, Stimmrechtsverbot in der Erbengemeinschaft, FamRZ 2007, 1600
ders, Geschäftsführung und Vertretung bei der Erbengemeinschaft, JA 2007, 262
Mahlmann, Die Vertretung Minderjähriger in einer Erbengemeinschaft bei der Veräußerung von Nachlassgegenständen, ZEV 2009, 320
Muscheler, Der Mehrheitsbeschluss in der Erbengemeinschaft, ZEV 1997, 169 und 222
Nipperdey, Stimmrecht des Miterben bei seiner Bestellung zum Verwalter in der Erbengemeinschaft, AcP 143 (1943) 315
Presser, Kompetenzfragen unter Miterben, JW 1933, 145
Raue, Die ordnungsgemäße Verwaltung eines GmbH-Anteils durch eine Erbengemeinschaft, GmbHR 2015, 121
Sarres, Erbrechtliche Auskunftsansprüche aus Treu und Glauben, ZEV 2001, 225
Schmidt, Die gemeinschaftliche Ausübung von Rechten aus einem GmbH-Anteil, NZG 2015, 1049
Schopp, Die Kündigung des Mietverhältnisses durch eine Erben- oder Bruchteilsgemeinschaft, ZMR 1967, 193
Schumacher, Mietverträge mit Erbengemeinschaften, BlGBW 1959, 232
Schürnbrand, Die Ausübung von Gesellschafterrechten in der GmbH durch Erbengemeinschaften, NZG 2016, 241
Siegelmann, Die Kündigung des Mietvertrages durch eine Erbengemeinschaft, BlGBW 1964, 153 = WuM 1965, 165 = ZMR 1966, 293
Speckmann, Der Anspruch des Miterben auf Auskunft über den Bestand des Nachlasses, NJW 1973, 1869
Steiner, Nutzung von Nachlassgegenständen durch Miterben, ZEV 2004, 405
Stützel, Grenzen von Einzel- und Mehrheitsentscheidungen in der Erbengemeinschaft, NJW 2013, 3543
Suren, Die Erbengemeinschaft als Grundstückseigentümer, HuW 1950, 427
Werkmüller, Die Mitwirkungsbefugnisse der Bruchteilsminderheit bei Beschlussfassungen in der ungeteilten Erbengemeinschaft, ZEV 1999, 218
Werner, Fälle zum Erbrecht (1976) Fall 9 S 103
Wernecke, Die Aufwendungs- und Schadensersatzansprüche bei der Notgeschäftsführung des Miterben – eine Zusammenschau, AcP 193 (1993) 240
Wiedemann, GmbH-Anteile in der Erbengemeinschaft, GmbH-Rdsch 1969, 247
Wieser, Ersatzleistungen an Miterben bei Sachschäden, in: FS Lange (1970) 325.

Weitere Schrifttumshinweise s Vorbem zu §§ 2032 ff.

Systematische Übersicht

Alphabetische Übersicht

I. Grundsätzliches

1 **1.** Die Miterbengemeinschaft besteht notwendigerweise aus mehreren Personen, es bedarf daher gesetzlicher Regelungen darüber, wie die Gesamthandsgemeinschaft im Innen- und Außenverhältnis tätig werden kann, wie das Nachlassvermögen verwaltet und genutzt wird.

2 Zunächst gelten die allgemeinen Gesamthandsregeln. Darüber hinaus bestehen neben dem bereits erörterten § 2033 BGB spezielle Vorschriften für die Erbengemeinschaft in §§ 2038–2041 BGB. Sie sind in ihrem Wortlaut und ihrer Einordnung in das Gesetz nicht geglückt, weil das Gesetz – anders als bei der BGB-Gesellschaft – eine präzise Unterscheidung zwischen Geschäftsführung und Vertretung nicht vornimmt: Vielmehr stellt das Gesetz in §§ 2038 Abs 1 S 1, 2040 BGB eine Grundregel für die gemeinschaftliche Verwaltung des Nachlasses auf; diese wird durch Ausnahmen in §§ 2038 Abs 1 S 2, Abs 2, 2039 BGB eingeschränkt. Durch den im Gesetz nicht festgelegten Begriff der Verwaltung des Nachlasses in § 2038 BGB bestehen insbesondere hinsichtlich des Verhältnisses zu § 2040 BGB einige Streitfragen (vgl § 2038 Rn 48 ff, § 2040 Rn 1). Der Gesamthandscharakter der Erbengemeinschaft äußert sich in dem **Grundsatz der gemeinschaftlichen Verwaltung**, den Abs 1 S 1 ausspricht, und in dem Erfordernis gemeinschaftlicher Verfügung aus § 2040 BGB. Jedoch bedarf nicht jede Verwaltungsmaßnahme der Billigung aller Miterben. Die **notwendigen Erhaltungsmaßnahmen** kann jeder Miterbe ohne Mitwirkung der anderen treffen – § 2038 Abs 1 S 2 BGB entsprechend § 744 Abs 2 BGB. Weiterhin sieht § 745 BGB iVm § 2038 Abs 2 S 1 BGB vor, dass die Miterben durch Stimmenmehrheit eine der Beschaffenheit des gemeinschaftlichen Gegenstandes entsprechende **ordnungsgemäße Verwaltung und Benutzung** beschließen können.

3 **2.** Es erscheint sinnvoll, wie dies die deutsche Rechtsordnung bei sämtlichen anderen Personenvereinigungen vorsieht, auch im Rahmen der §§ 2038–2040 BGB Fragen der Entscheidungsfindung der Miterben im Innenverhältnis **(Geschäftsführung)** und der Umsetzung dieser Entscheidung durch rechtsgeschäftliches Handeln **(Vertretung)** zu unterscheiden. Die in § 2038 BGB geregelte „Verwaltung des

Nachlasses" umfasst nach gängiger Auffassung sämtliche rechtliche und tatsächliche Maßnahmen, die auf Erhaltung und Vermehrung des Nachlasses gerichtet sind (BGH FamRZ 1965, 267), sodass § 2038 BGB jedenfalls auch als Regelung zur Geschäftsführung angesehen werden kann; ergänzend tritt § 2039 BGB hinzu. Regeln zur Vertretung der Erbengemeinschaft finden sich in §§ 2038, 2039 BGB und 2040 BGB gleichermaßen.

a) § 2038 Abs 1 Satz 1 BGB stellt den Grundsatz gemeinschaftlicher Verwaltung auf. Damit ist gesagt, dass die **Geschäftsführung** allen Erben gemeinsam zusteht, also bei der Beschlussfassung im Innenverhältnis Einstimmigkeit erforderlich ist (Rn 4). **Ausnahmen** regelt das Gesetz (1.) für zur Erhaltung notwendige Maßnahmen (Rn 27), § 2038 Abs 1 Satz 2 HS 2 BGB, (2.) für die Geltendmachung von Ansprüchen (Rn 33), § 2039 BGB, und (3.) für Maßnahmen ordnungsgemäßer Verwaltung (Rn 34), § 2038 Abs 1 Satz 2 HS 1 BGB. 4

b) Für die **Vertretung** besagt der Grundsatz gemeinschaftlichen Handelns, dass die Miterben sowohl beim Abschluss von Verpflichtungsgeschäften als auch beim Abschluss von Verfügungsgeschäften mit Dritten (oder mit einzelnen Mitgliedern der Erbengemeinschaft in der Rolle Dritter) nur gesamtvertretungsberechtigt sind (Rn 4). **Ausnahmen** regelt das Gesetz (1.) für Verpflichtungs- und Verfügungsgeschäfte zur Erhaltung notwendige Maßnahmen (Rn 27), § 2038 Abs 1 Satz 2 HS 2 BGB, (2.) für die Verfügung über Ansprüche (Rn 33), § 2039 BGB, und (3.) für Maßnahmen ordnungsgemäßer Verwaltung (Rn 34), § 2038 Abs 1 Satz 2 HS 1 BGB, wobei hier wegen § 2040 BGB streitig ist (Rn 49), ob diese Ausnahme nur Verpflichtungs- oder auch Verfügungsgeschäfte betrifft. 5

II. Grundsatz der gemeinschaftlichen Verwaltung (Abs 1 Satz 1)

1. Verwaltung

Der Begriff der **Verwaltung** erfasst alle tatsächlichen und rechtlichen Maßnahmen, die auf Erhaltung, Verwahrung, Sicherung, Nutzung und Mehrung des Nachlassvermögens gerichtet sind (BGH FamRZ 1965, 267; 2006, 193) und umfasst somit **Geschäftsführung, Vertretung** und darüber hinaus auch **rein tatsächliches Tätigwerden** mit Bezug zum Nachlass. Damit erstreckt sie sich auf Entscheidungen der Miterben über den Umgang mit einzelnen Nachlassgegenständen oder bloße Erhaltungshandlungen (wie Inbesitznahme der Nachlasssachen und Ausübung des Besitzes, Einziehung von Forderungen), Sicherung und Verwahrung des Nachlasses, Bestreiten der laufenden Verbindlichkeiten (BGH FamRZ 1965, 267), genauso wie auf rechtsgeschäftliche Maßnahmen, die der Nutzung und Mehrung des Nachlasses dienen, zB Anlage des Kapitals bis zur Auseinandersetzung (OLG Posen OLGE 18, 328), Vermietung und Verpachtung von Nachlassgegenständen, Baumaßnahmen auf einem Grundstück (OLG Düsseldorf MDR 1947, 289). Gleichermaßen erfasst werden Einziehung der zum Nachlass gehörigen Forderungen, Weiterführung eines Handelsgeschäftes (RGZ 132, 138; BGHZ 30, 391 = NJW 1959, 2115; KG HRR 1932 Nr 749; OLG Frankfurt WM 1975, 130; Johannsen FamRZ 1980, 1074, 1076; Wolf AcP 181 [1981] 480, 483; Hüffer ZGR 1986, 603, 625; Bringer ZErb 2006, 39; **aA** Schmidt NJW 1985, 2785, 2791; Hohensee, Die unternehmenstragende Erbengemeinschaft 176; vgl § 2032 Rn 46), Eingehung einer stillen Gesellschaft mit Dritten (BFH NJW 1988, 1343, 1344), Stellung und Rücknahme von Anträgen beim Grundbuch- 6 amt (OLG Düsseldorf NJW 1956, 876), Durchführung von Rechtsstreitigkeiten, einschließlich Prozessführung (OLG Hamm BB 1976, 671) und des Abschlusses eines Vergleichs über Forderungen für und gegen den Nachlass, Abschluss und Kündigung von Verträgen (Schopp ZMR 1967, 195), Begleichung der Nachlassschulden (Presser JW 1933, 145), Feststellung und Auszahlung der Pflichtteils- und Erbersatzansprüche.

7 Handlungen, die der *Auseinandersetzung* oder der Auflösung des Nachlasses dienen, sind **keine Verwaltungshandlungen** iS des § 2038 BGB, sie betreffen nicht die Erhaltung und Nutzung des Nachlasses; gleiches gilt für die *Ausübung des Vorkaufsrechts* nach § 2034 BGB. *Bestattung* des Erblassers und eine eventuelle Exhumierung sind ebenfalls keine Verwaltungshandlungen, denn die Leiche des Erblassers fällt nicht in das Eigentum der Erben. Insoweit entscheidet der Wille des Erblassers bzw der nächsten Angehörigen, nicht der Erben (RGZ 100, 172; 154, 269; LG Detmold NJW 1958, 265 = FamRZ 1958, 280; Palandt/Weidlich Rn 3; BGB-RGRK/Kregel Rn 8; dazu Staudinger/Dutta [2016] § 1968 Rn 1, 3).

8 Ebenso ist der **Widerruf** einer vom Erblasser über seinen Tod hinaus erteilten **Vollmacht** keine Verwaltungshandlung. Er muss von jedem Erben erklärt werden. Der Bevollmächtigte behält für die Erben, die nicht widerrufen haben, Vertretungsmacht (RG JW 1938, 1892; SeuffA 79 Nr 221; BGHZ 30, 391, 396 = NJW 1959, 2115; KG HRR 1937 Nr 1386; OLG Dresden SeuffA 65 Nr 65; Johannsen WM 1970, 576). Die Vollmacht bezieht sich auf den Erblasser bzw seine Rechtsnachfolger, die Miterben, persönlich. Der Widerruf ist daher weder Verwaltungs- noch Verfügungshandlung über einen Nachlassgegenstand. Das Gleiche gilt für eine von der Erbengemeinschaft erteilte Prokura (KG HRR 1937 Nr 1368; 1939 Nr 312; DRW 1939, 1949).

2. Gemeinschaftliches Handeln

9 **Gemeinschaftlichkeit** der Verwaltung bedeutet, dass jeder einzelne Miterbe – von notwendigen Erhaltungsmaßregeln abgesehen – für sich allein keine Verwaltungshandlungen vornehmen darf, sondern die anderen Miterben hinzuziehen muss. Das Verwaltungsrecht steht den Miterben zu. Jedes Mitglied der Erbengemeinschaft kann gegenüber den anderen Mitgliedern eine den Interessen aller Miterben entsprechende **Verwaltung von Nachlassgegenständen verlangen**, sofern die Verwaltung nicht bereits durch eine Vereinbarung oder Mehrheitsbeschluss geregelt ist. Dies ergibt sich aus der Verweisung des § 2038 Abs 2 S 1 BGB auf § 745 Abs 2 BGB. Bei Pfändung eines Erbteils geht es auf den Pfandgläubiger über (OLG Königsberg HRR 1941 Nr 182; vgl § 2033 Rn 41 f). Zum Ausschluss und zur Übertragung des Verwaltungsrechts vgl Rn 53.

10 **Gemeinschaftliches Handeln** erfordert keine gleichzeitige gemeinsame Tätigkeit aller Miterben. Bei **Geschäftsführungsmaßnahmen** (Innenverhältnis) ist die Übereinstimmung aller Erben bei der Willensbildung notwendig **(Einstimmigkeit)**; zu beachten ist, dass ein Miterbe wegen Interessenkollision von der Beschlussfassung ausgeschlossen sein kann (vgl Rn 46).

11 Geschäfte mit Außenwirkung **(Vertretung)** erfordern die einstimmige Vornahme, wobei eine Mitwirkung aller in einem einzigen Rechtsakt nach außen hin nicht gegeben sein muss. Dies gilt insbesondere für die Fortführung eines Handelsge-

schäfts. Es genügt die Handlung einzelner unter vorheriger Zustimmung oder nachträglicher Genehmigung der anderen, § 185 Abs 1 BGB. Dulden die Erben, dass einer von ihnen Verwaltungshandlungen vornimmt (zB Verwaltung eines Mietshauses, Fortführung eines Handelsgeschäftes), liegt hierin die konkludente Bevollmächtigung des tätigen Erben (BGHZ 30, 391 = NJW 1959, 2115; KG NJW 1961, 734; Flume, AT II, § 49, 3; Schwab/Löhnig Einführung Rn 766). Soweit ein Miterbe ohne Vertretungsmacht handelt, gelten §§ 177 ff BGB, insbesondere § 179 BGB (BGHZ 56, 47 = NJW 1971, 1266).

Bringen die gemeinschaftlich handelnden Erben – was sie zu beweisen haben (RGZ 146, 343) – bei der Übernahme einer Verbindlichkeit zum Ausdruck, für den Nachlass zu handeln, ist grundsätzlich eine stillschweigende **Beschränkung ihrer Haftung auf den Nachlass** anzunehmen. Das gilt auch, wenn nicht alle, sondern nur einer oder einzelne Miterben als bevollmächtigte Vertreter der Erbengemeinschaft oder in ihrer Mehrheit in den Fällen des § 745 BGB handeln. Geben die Handelnden nicht zu erkennen, dass sie in Vertretung des Nachlasses handeln bzw die Haftung auf diesen beschränken wollen, entsteht eine Eigenverbindlichkeit des Handelnden. Ist diese Verbindlichkeit in ordnungsgemäßer Verwaltung des Nachlasses eingegangen, kann der Handelnde aus dem Gesichtspunkt der Geschäftsführung Ersatz seiner Aufwendungen verlangen. 12

Ein **Verstoß gegen** den von § 2038 Abs 1 S 1 BGB vorgeschriebenen **Grundsatz der gemeinschaftlichen Handlung** macht die Handlung im Innen- und Außenverhältnis unwirksam, dh bei internen Verwaltungshandlungen brauchen sich die nicht handelnden Miterben nicht gebunden zu fühlen, die Handlung ist für die Miterben zueinander ohne Bedeutung. Bei externem Verwaltungshandeln ist keine Wirkung des Rechtsgeschäftes eingetreten, die unberechtigt Handelnden haften allenfalls persönlich aus § 179 BGB oder Verschulden bei Vertragsschluss. 13

3. Mitwirkungspflicht bei ordnungsgemäßer Verwaltung

a) Die Mitwirkungspflicht bei ordnungsgemäßer Verwaltung (Abs 1 S 2 HS 1) führt zur gemeinsamen Vornahme der Verwaltungsmaßnahmen und kann von jedem Miterben **gegenüber jedem anderen Miterben durchgesetzt** werden, wenn freiwillig kein gemeinschaftliches Verwaltungshandeln erreicht wird. Die Mitwirkungspflicht besteht nur unter den Miterben, ein Dritter kann daher weder von einem Erben die Mitwirkung zu einer Verwaltungshandlung verlangen (BGH NJW 1958, 2061; Palandt/Weidlich Rn 8; Bamberger/Roth/Lohmann Rn 8) noch aus deren Unterbleiben Schadensersatzansprüche herleiten. Der Anspruch ist jedoch abtretbar, er kann also von dem Miterben auf den Gläubiger des Anspruchs, zu dessen Erfüllung die Mitwirkung erforderlich ist, abgetreten oder von diesem im Wege der Prozessstandschaft geltend gemacht werden (BGH FamRZ 1965, 267). 14

Die Bedeutung dieser Mitwirkungspflicht liegt zum einen in der Möglichkeit, eine nach §§ 2038 Abs 2 S 1, 745 BGB nicht erreichbare **Stimmenmehrheit herbeizuführen** (Soergel/Lettmaier Rn 19; Bamberger/Roth/Lohmann Rn 8). Steht die Mehrheit einer Handlung ablehnend gegenüber, entspricht die Verwaltungshandlung nicht dem Interesse der Miterben (MünchKomm/Gergen Rn 42). Damit ist jedoch nichts darüber gesagt, ob sie ordnungsgemäß ist. Zum anderen hat die Mitwirkungspflicht für das 15

Außenverhältnis Bedeutung: Insbesondere beim Abschluss verpflichtender Rechtsgeschäfte im Rahmen ordnungsgemäßer Verwaltung sind alle Miterben gehalten, eine Verpflichtung der Gemeinschaft (dh aller Miterben) herbeizuführen, denn es kann einem oder einzelnen von ihnen nicht zugemutet werden, ihr eigenes Vermögen zur Verwaltung des Nachlasses zu verwenden. Mit Hilfe des Abs 1 S 2 HS 1 brauchen die einzelnen Miterben nicht im eigenen Namen zu handeln, sondern können ein gemeinschaftliches Handeln für den Nachlass herbeiführen.

16 **b)** Eine **ordnungsmäßige Verwaltung** iS des § 2038 BGB muss wie bei § 745 BGB, auf den § 2038 Abs 2 S 1 BGB verweist, der Beschaffenheit des Nachlassgegenstandes und dem Interesse aller Miterben nach billigem Ermessen entsprechen (vgl Staudinger/Eickelberg [2015] § 745 Rn 5). Eingehend hierzu Rn 37. Eine wesentliche Veränderung eines Nachlassgegenstandes kann nicht über § 2038 Abs 1 S 2 HS 1 BGB erzwungen werden (BGH NJW RR 2004, 809; Bamberger/Roth/Lohmann Rn 4; Palandt/Weidlich Rn 6), §§ 2038 Abs 2 S 1, 745 Abs 3 BGB, sofern dessen Vermögenswert im Verhältnis zum gesamten Nachlass nicht unerheblich ist (LG Hannover NJW-RR 1990, 454).

17 **c)** **Erforderlichkeit** der ordnungsgemäßen Verwaltung bedeutet, dass die betreffende Maßnahme erfolgen muss, wenn eine ordnungsgemäße Verwaltung gewährleistet werden soll. Der Rspr gilt als Maßstab für die Erforderlichkeit das Verhalten, das eine verständige Person in gleichem Falle zeigen **müsste** (KG OLGE 30, 184). Das ist beispielsweise nicht der Fall bei einem Aufgebotsverfahren nach § 1170 BGB, das keine Aussicht auf Erfolg hat (OLG Karlsruhe RNotZ 2016, 463).

18 **d)** Die **Mitwirkungspflicht** aller Miterben bei erforderlichen Maßnahmen der ordnungsgemäßen Verwaltung ist das Korrelat zum Erfordernis der Gemeinschaftlichkeit. Soll die gemeinschaftliche Verwaltung durch Mitwirkung aller Miterben durchgeführt werden, gilt es – um den Nachlass ordnungsgemäß verwalten zu können –, alle Miterben zu dieser Mitwirkung zu zwingen, wenn Verwaltungsmaßnahmen erforderlich sind. Diese Verpflichtung spricht Abs 1 S 2 HS 1 aus. Kommt jeder Miterbe dieser Mitwirkungspflicht nach, ist das gemeinschaftliche Handeln iS des Abs 1 S 1 gewährleistet.

19 Im Gegensatz zur Gemeinschaftlichkeit, die bereits durch die Zustimmung der nicht handelnden Miterben gewährleistet ist (vgl Rn 9), wird die Mitwirkungspflicht nicht immer durch Zustimmung zu der geplanten Verwaltungshandlung erfüllt. Sie erfordert vielmehr auch ein **eigenes tätiges, namentlich rechtsgeschäftliches Handeln**, sofern ein solches zur ordnungsgemäßen Verwaltung erforderlich ist. Die Mitwirkungspflicht soll die Mitarbeit bei der Verwaltung herbeiführen, dh jeder Miterbe soll seinen Beitrag zur Verwaltungstätigkeit leisten. Auf diese Weise kann die Verwaltung des gemeinsamen Nachlasses nicht durch die Weigerung einzelner Miterben lahmgelegt werden (KG OLGE 30, 184).

20 Die **Mitwirkung kann im Klagewege vor dem Prozessgericht erzwungen** werden (BGHZ 6, 76; KG OLGE 35, 362; 37, 252; OLG Celle JR 1963, 221; Palandt/Weidlich Rn 8). Der Klageantrag ist ausschließlich gegen die widersprechenden Miterben (BGH FamRZ 1992, 50) auf Zustimmung zu (oder Mitwirkung bei) einer bestimmten Maßnahme zu richten, die dem Interesse aller Miterben nach billigem Ermessen entsprechen muss.

Das Urteil ersetzt nach § 894 ZPO die verweigerte Zustimmung. Auch die Zustimmung zur Vornahme einer Verfügung kann im Klagewege durchgesetzt werden, sofern sie zur ordnungsgemäßen Verwaltung erforderlich ist. Haben die Miterben über die Verwaltungsmaßnahme bereits eine Regelung getroffen, ist eine abändernde Gerichtsentscheidung nur zulässig, wenn sich die zugrunde liegende Sachlage seither wesentlich geändert hat (BGH FamRZ 1992, 50, 51). Zur Leistung von Zuschüssen aus seinem Privatvermögen, um Verwaltungsmaßnahmen zu finanzieren, kann kein Miterbe gezwungen werden (OLG Celle BlGBW 1961, 159; JR 1963, 222; vgl auch Rn 17), ebenso wenig zur Einwilligung in die *Fortführung eines Handelsgeschäftes* wegen der damit verbundenen persönlichen Haftung (§§ 27, 25 HGB; RGZ 132, 143). Erforderliche Handlungen werden nach §§ 887, 888 ZPO vollstreckt (Bamberger/Roth/Lohmann Rn 8).

e) Der Begriff der erforderlichen ordnungsgemäßen Verwaltung darf *nicht zu eng ausgelegt* werden. Jedoch ist zu beachten, dass es sich um einen **Eingriff in das an sich freie Verwaltungsrecht der Miterben** handelt und der Grundsatz des § 2038 Abs 1 S 1 BGB die Übereinstimmung aller Erben verlangt, dh Verwaltungsmaßnahmen sollen dem Willen aller Miterben entsprechen. Alle notwendigen Erhaltungsmaßnahmen iS des § 2038 Abs 1 S 2 HS 2 BGB sind notwendigerweise auch erforderliche Maßnahmen ordnungsgemäßer Verwaltung. Im Einzelnen zur ordnungsgemäßen Verwaltung vgl Rn 37. 21

Streitig ist, ob sich die Mitwirkungspflicht auf die **Aufstellung eines Nachlassverzeichnisses** erstreckt, sei es durch Auskunft über erhaltene Nachlassgegenstände oder durch aktive Teilnahme bei der Inventarisierung. Das RG (RGZ 65, 10; 81, 30) hat dies verneint, weil der einzelne Miterbe ein solches Verzeichnis aufstellen kann, also keine gemeinschaftlich vorzunehmende Verwaltungshandlung iS des § 2038 BGB in Frage stehe (ebenso OLG Celle HRR 1935 Nr 680; KG DR 1940, 1775; Bamberger/Roth/Lohmann Rn 9; Soergel/Lettmaier Rn 24, 17; Lange/Kuchinke § 43 II 7c; bejaht wird diese Pflicht von: OLG Karlsruhe MDR 1972, 424 = FamRZ 1973, 215; Erman/Bayer Rn 10; BGB-RGRK/Kregel Rn 13 aE; Schlüter Rn 677; vLübtow II 810; Speckmann NJW 1973, 1869; differenzierend: Sarres ZEV 2001, 225, 227). In der Tat könnte die Auferlegung einer solchen Pflicht für Miterben, die dem Nachlass ferngestanden haben, drückend werden. Zwar lässt sich nicht aus § 2038 Abs 1 S 2 HS 1 BGB, wohl aber in den wichtigsten Bedarfsfällen eine Auskunftspflicht aus anderen Gesichtspunkten ableiten, so aus der **beauftragten oder auftraglosen Verwaltung des Nachlasses** (§§ 666, 681 BGB), insbesondere wenn ein Miterbe die Verwaltung allein geführt hat (OLG Düsseldorf FamRZ 2016, 497), aus der Inbesitznahme von Nachlassgegenständen (§ 2027 BGB), aus der Hausgemeinschaft mit dem Erblasser (§ 2028 BGB) und aus dem Empfang ausgleichspflichtiger Zuwendungen (§ 2057 BGB). In RGZ 81, 295 wird die Auskunftspflicht aus § 2027 Abs 2 BGB auch zu Lasten eines Miterben angenommen, der – ohne mit dem Erblasser in häuslicher Gemeinschaft gelebt zu haben – schon bei dessen Lebzeiten Erbschaftsgegenstände an sich gebracht hat, wenn er den Besitz dieser Gegenstände nach dem Erbfall den übrigen Miterben vorenthält; das stehe einer unbefugten Aneignung des Alleinbesitzes iS des § 2027 Abs 2 BGB gleich. 22

Im Übrigen untersteht die Erbengemeinschaft und ihre Verwaltung den Grundsätzen von Treu und Glauben wie jedes andere Rechtsverhältnis (so RGZ 65, 10), sodass 23 sich aus § 242 BGB eine **Auskunftspflicht** bei einer besonderen Fallgestaltung, aber nicht allgemein ableiten lässt (RGZ 81, 30; BGB-RGRK/Kregel Rn 13; hierzu nunmehr auch BGH JR 1990, 16 m Anm Wassermann; AG Mannheim ZEV 2018, 544; **aA** MünchKomm/Gergen Rn 48). Insbesondere kann sich hieraus im Einzelfall ein Anspruch auf Vorlage eines Gutachtens über den Wert unentgeltlich vorempfangener Gegenstände ergeben (OLG Hamm FamRZ 1983, 1279, 1280), das auf Kosten des Auskunftspflichtigen zu erstatten wäre (Schopp FamRZ 1983, 1280).

24 § 242 BGB gibt jedoch keine Handhabe, einen Miterben zur **Offenbarung von Umständen** zu zwingen, aus denen die **Unwirksamkeit von Verfügungen des Erblassers** hergeleitet werden soll (BGH FamRZ 1989, 377, 378; Wassermann JR 1990, 19). Über eine analoge bzw berichtigende Auslegung des § 2314 BGB wollen Gudian (JZ 1967, 593) und Coing (NJW 1970, 729, 731, 733) den pflichtteilsberechtigten Miterben einen allgemeinen Auskunftsanspruch zuerkennen (dagegen Speckmann NJW 1973, 1869, 1870; OLG Zweibrücken OLGZ 1973, 217 ff; vgl auch Staudinger/Herzog [2015] § 2314 Rn 8). Wegen der Unzulänglichkeit des § 242 BGB will Speckmann (NJW 1973, 1869, 1870) entgegen der hM dem § 2038 Abs 1 BGB eine allgemeine Auskunftspflicht entnehmen, weil es für ordnungsgemäße Verwaltung erforderlich sei, über den Bestand des Nachlasses orientiert zu sein, wobei er die Auskunftspflicht allein auf den realen (den beim Erbfall tatsächlich vorhandenen) Nachlass beschränkt, da bei dem fiktiven Nachlass mit §§ 2057, 2314 BGB Auskunftsansprüche gegeben seien. Das Fehlen solcher Regelungen für den realen Nachlass (Speckmann NJW 1973, 1869) lässt aber eher den Schluss zu, dass es kein allgemeines Auskunftsrecht geben soll.

25 **f)** **Verletzt** ein Miterbe seine **Mitwirkungspflicht**, macht er sich gegenüber seinen Miterben nach § 280 BGB **ersatzpflichtig** (BGH NJW 2006, 439; Palandt/Weidlich Rn 6).

III. Ausnahmen von dem Grundsatz der gemeinschaftlichen Verwaltung

26 Die Schwerfälligkeit, die sich durch die Pflicht zu gemeinschaftlichem Handeln ergibt, versucht das Gesetz in einigen Fällen auszugleichen, indem es die Übertragung der Verwaltungsmacht auf einzelne Personen oder Mehrheiten kraft Gesetzes oder kraft Rechtsgeschäftes herbeiführt. Da es sich um Ausnahmen von dem allgemeinen Grundsatz der Gemeinschaftlichkeit handelt (Abs 1 S 1), müssen ihre Voraussetzungen von demjenigen, der sich auf das Vorliegen einer Ausnahme beruft, nachgewiesen werden.

1. Zur Erhaltung des Nachlasses notwendige Maßnahmen (Abs 1 Satz 2 HS 2)

27 **a)** Die zur Erhaltung des Nachlasses notwendigen Maßnahmen kann jeder Miterbe ohne die Mitwirkung der anderen treffen (Abs 1 S 2 HS 2 = § 744 Abs 2 BGB). Diese Ausnahme betrifft **Geschäftsführung** wie **Vertretung** gleichermaßen. Liegen die Voraussetzungen vor, so kann jeder Miterbe allein über die Vornahme einer derartigen Verwaltungshandlung entscheiden und diese dann auch mit Außenwirkung durchführen, also insb wirksame Verpflichtungs- oder Verfügungsgeschäfte schließen. Das Notverfügungsrecht aus § 2038 Abs 1 S 2 HS 2 BGB verdrängt die in § 2040 BGB angeordnete, nur gemeinschaftliche Verfügungsbefugnis (BGH ZEV 2010, 37 m Anm Ann; OLG Schleswig SchlHAnz 1965, 278; HK-BGB/Hoeren Rn 6; Palandt/

Weidlich Rn 11, § 2040 Rn 1; Erman/Bayer § 2040 Rn 6; MünchKomm/Gergen Rn 53; Jauernig/Stürner Rn 1; Frank/Helms Rn 16; Leipold Rn 736; Schlüter Rn 686; Brox/Walker § 30 Rn 20; Bamberger/Roth/Lohmann Rn 1; Johannsen WM 1970, 577; Bertzel NJW 1962, 2282; Bartholomeyczik, in: FS Reinhardt 28; Löhnig JA 2007, 264; Wieser, in: FS Lange 33; **aM** RGZ 65, 6; OLG Neustadt MDR 1962, 574; LG Köln MDR 1972, 520; Olzen Rn 986; Gursky S 80; vLübtow II 806; Kipp/Coing § 114 IV 4 b; Johannsen WM 1970, 576).

b) Zur Erhaltung notwendige Maßregeln sind nur solche, die zur **Erhaltung des Nachlasses** (insgesamt oder eines einzelnen Gegenstandes) **notwendig** sind, dh ohne diese Maßnahme würde der Nachlass insgesamt oder einzelne Nachlasswerte Schaden erleiden. Ob eine Maßregel notwendig ist, richtet sich nach dem Standpunkt eines wirtschaftlich und vernünftig denkenden Beurteilers (BGHZ 6, 76 = NJW 1952, 1253). **Adressat** notwendiger Erhaltungsmaßnahmen kann jede Person sein, die in den Nachlass eingreift oder die zur Erhaltung notwendigen Handlungen durchführen kann, dh jeder Dritte und selbst die anderen Miterben (OLG Breslau JW 1929, 2895; Soergel/Lettmaier Rn 14). Um einen **Streit über die Notwendigkeit** der Maßnahme nach ihrer Vornahme zu verhindern, gestattet § 744 Abs 2 HS 2 BGB jedem Teilhaber eine Klage auf vorherige Einwilligung der anderen zu der geplanten Maßnahme. Diese Möglichkeit hat auch der Miterbe, obwohl er einer solchen Zustimmung nach § 2038 Abs 1 S 2 HS 2 BGB nicht bedarf. Zudem schließt das Dringlichkeitserfordernis (Rn 30) ein derartiges Vorgehen idR aus. Ein ohne Zustimmung der anderen handelnder Miterbe übernimmt somit immer das Risiko, dass die Verwaltungshandlung später nicht als notwendig anerkannt wird. 28

Notwendige Erhaltungsmaßnahmen sind zB Abwehrmaßnahmen gegen Eingriffe in den Nachlass, wie das Vorgehen gegen eine Enteignung (VGH Kassel NJW 1958, 1203) oder die Geltendmachung der Unzulässigkeit der Zwangsvollstreckung in das Gesamthandseigentum der Erben aufgrund der §§ 747, 766, 771 ZPO, ferner der Abschluss von Wahrnehmungsverträgen zur Geltendmachung des Auskunftsersuchens gem § 26 Abs 3, 4 und 5 UrhG (BGH MDR 1982, 640, 641), Anträge auf Aufwertung (BayObLG JR 1926 Nr 150; Menzel DJZ 1925, 1727) oder auf Vertragshilfeverfahren wegen einer Nachlassverbindlichkeit (BGH NJW 1955, 1355). Notwendig für die Erhaltung des wirtschaftlichen Wertes des Nachlasses ist auch die Ausschöpfung der rechtlichen Möglichkeiten wie Klageerhebung, Einlegung von Rechtsmitteln usw (KG OLGE 45, 257 = JR 1926 Nr 484; BVerwG NJW 1965, 1546; BGH NJW 1989, 2694, 2696) sowie die Befolgung gerichtlicher Entscheidungen zur Meidung der Zwangsvollstreckung (Wernecke AcP 193 [1993] 240, 246). Zum Ersatzanspruch bei Sachschäden vgl Wieser, in: FS Lange 325. § 2038 Abs 1 S 2 HS 2 BGB erstreckt sich **nicht** auf lediglich **nützliche Maßnahmen**, wie zB die Stellung des Antrages in einer Inventarfrist gegen den Erben des Schuldners einer zum Nachlass gehörenden Forderung (RJA 16, 50; KG OLGE 35, 360; OLG Hamm BB 1976, 671), Wiederaufbau eines zerstörten Hauses (BGH LM Nr 14 zu § 1004), Klage auf Rechnungslegung (OLG Hamm BB 1976, 671). 29

c) Neben dem Merkmal der Notwendigkeit erfordert § 2038 Abs 1 S 2 HS 2 BGB nach gängiger Auffassung jenes der **Dringlichkeit**, die es dem Handelnden ebenfalls vom Standpunkt eines vernünftig und wirtschaftlich denkenden Beurteilers nicht erlaubt, die Zustimmung der übrigen Miterben einzuholen (BGHZ 6, 81 = NJW 1952, 1253; BVerwG NJW 1965, 1546, 1547; OLG Hamm OLGZ 1985, 226, 227; OLG Schleswig 30

SchlHAnz 1965, 278; LG Essen MDR 1966, 420; Palandt/Weidlich Rn 11; Lange/Kuchinke § 43 II 4 b; Brox/Walker § 30 Rn 7; Johannsen WM 1970, 578). *Das erscheint freilich fragwürdig.* Ein derartiges Tatbestandsmerkmal ist in § 2038 BGB nicht genannt. In vergleichbaren Fällen der Notgeschäftsführungsbefugnis, etwa bei der Gemeinschaft, § 744 BGB, wird diese Voraussetzung nicht gefordert. Wie dort ist auch in der Erbengemeinschaft diese Befugnis ein unentziehbares Individualrecht des einzelnen Mitglieds, welches nicht hinnehmen muss, dass sein Anteil am Gesamthandvermögen aus Unkenntnis, mangelndem Urteilsvermögen, Kurzsichtigkeit, Geiz oder Desinteresse der anderen Miterben entwertet wird (vgl auch Löhnig JA 2007, 262)

31 **d)** Ein von den **Miterben wirksam gefasster Beschluss** kann ohne Änderung der tatsächlichen Voraussetzungen nicht durch ein Notverwaltungsrecht umgestoßen werden, denn der Beschluss ist für alle Miterben bindend (Wernecke AcP 193 [1993] 240, 245). Ebenso wenig kann Notverwaltung gegen den Willen der anderen Miterben erfolgen, weil durch § 2038 Abs 1 S 2 BGB lediglich die Handlungsfähigkeit der Gemeinschaft beschleunigt und ermöglicht werden soll, wenn die übrigen Miterben nicht mitwirken können. Ein Handeln gegen ihren Widerspruch ermöglicht diese Norm jedoch nicht (Brox/Walker § 30 Rn 7).

32 **e)** Handelt der Notgeschäftsführer im Namen der Erbengemeinschaft, wird diese **berechtigt und verpflichtet**, handelt er im eigenen Namen, wird er persönlich berechtigt und verpflichtet (MünchKomm/Gergen Rn 62), hat aber einen Befreiungsanspruch gegen die Gemeinschaft. Dieser ergibt sich aus § 670 BGB (MünchKomm/Gergen Rn 62; Ebenroth Rn 757; Lange/Kuchinke § 43 II 4 b) und überdies aus § 748 BGB. Überschreitet ein Miterbe sein Notverwaltungsrecht, kann er lediglich gem § 684 BGB Ersatz verlangen (BGH NJW 1987, 3001). Andererseits haftet er aus §§ 241 Abs 2, 280 Abs 1, § 678 BGB und unerlaubter Handlung (Wernecke 257 ff).

2. Geltendmachung von Ansprüchen (§ 2039)

33 Für die Geltendmachung von Ansprüchen sieht § 2039 BGB eine Ausnahmeregelung vor, welche dem einzelnen Miterben auf der Ebene der Geschäftsführung die Befugnis zur Alleinentscheidung, auf der Ebene der Vertretung die Befugnis zur Geltendmachung des Anspruchs einräumt, vgl die Erläuterungen dort.

3. Maßnahmen ordnungsgemäßer Verwaltung (Abs 1 Satz 2 HS 1)

34 **a)** Die **Mehrheit der Miterben** kann im Rahmen einer ordnungsgemäßen Verwaltung und Nutzung des Nachlasses handeln (allgemein Muscheler ZEV 1997, 169 und 222). Diese Regelung trifft die Ebene der **Geschäftsführung**, also der Beschlussfassung der Miterben im Innenverhältnis, als auch – so die ganz hM – die Ebene der **Vertretung** beim Abschluss von *schuldrechtlichen Verträgen* durch die Erbenmehrheit. Hingegen ist noch immer umstritten, ob für die *Verfügung über Nachlassgegenstände* gemeinschaftliches Handeln erforderlich ist, § 2040 BGB, oder nicht (Rn 49).

35 Damit bietet sich ein Weg, eine ordnungsgemäße Verwaltung auch **gegen den Willen widersprechender, widerspenstiger oder gar renitenter Miterben** durchzuführen und somit den wirtschaftlichen Wert des Nachlasses zu erhalten und zu mehren (BGH DNotZ 1972, 23). Die Schwerfälligkeit, die sich aus dem Gesamthandsprinzip ergibt,

wird überwunden. Die Miterbengemeinschaft bleibt funktionsfähig. Für minderjährige, abwesende, betreute Miterben braucht kein Vormund, Pfleger oder Betreuer zu handeln und das Familien- bzw Betreuungsgericht nicht belangt zu werden, wenn ohne diese Miterben eine beschlussfähige Mehrheit vorhanden ist (zB LG Köln WuM 1959, 54: Mietvertrag über Nachlassgrundstück ohne Mitwirkung des kriegsverschollenen Miterben bzw eines für diesen bestellten Pflegers). Zur Mitwirkung eines minderjährigen Miterben ausführlich MAHLMANN ZEV 2009, 320 und DAMRAU ZEV 2006, 190 mit dem Ergebnis, dass Verwaltungsmaßnahmen der Erbengemeinschaft, der Minderjährige oder Betreute angehören, keiner familien- oder betreuungsgerichtlichen Genehmigung bedürfen.

§ 745 Abs 1 S 2 BGB bezieht sich nur auf die Mehrheitsbildung innerhalb der *Erbengemeinschaft.* Gehört ein Gegenstand den Teilhabern einer aufgelösten, aber noch nicht auseinandergesetzten **ehelichen Gütergemeinschaft**, nämlich dem überlebenden Ehegatten und der Erbengemeinschaft des Verstorbenen, so ist ein Mehrheitsbeschluss nur innerhalb der letzteren Gemeinschaft zulässig. Im Verhältnis des überlebenden Gatten zu der Erbengemeinschaft stehen sich beide nach § 1472 BGB gleichberechtigt gegenüber und können die Verwaltungshandlung nur in gemeinschaftlichem Zusammenwirken vornehmen (so für Verpachtung eines Grundstücks: RGZ 136, 22). Die verweigerte Zustimmung einer der Parteien muss erst im Klageweg erzwungen werden, sofern nicht ein Verwaltungsrecht des überlebenden Ehegatten gem § 1472 Abs 4 S 1 BGB in Betracht kommt. 36

b) Maßnahmen **ordnungsgemäßer Verwaltung** sind solche, die der Beschaffenheit des Gegenstandes und dem Interesse der Erben nach billigem Ermessen entsprechen. Den Begriff der ordnungsmäßigen Verwaltung hat das Gesetz ferner in §§ 1365 Abs 2; 1472 Abs 3; 2120; 2130; 2206 Abs 1 S 1; 2216 Abs 1 BGB mit der gleichen Bedeutung benutzt. Die Rspr misst die ordnungsgemäße Verwaltung an dem Verhalten, das eine verständige Person in der gleichen Situation zeigen würde (KG OLGE 30, 184). Entscheidend ist der *Standpunkt eines wirtschaftlich denkenden Beurteilers* (BGHZ 6, 76; BGH FamRZ 1965, 269: 2006, 194; PALANDT/WEIDLICH Rn 6; BAMBERGER/ROTH/LOHMANN Rn 4). 37

Hierzu gehören zB **Instandsetzungs- oder Reparaturarbeiten** an einem Nachlassgegenstand (KG OLGE 30, 184), soweit sie nicht über den Rahmen der Erforderlichkeit hinausgehen (WERNER 106) und aus den Mitteln des Nachlasses bestritten werden können (BGH Betrieb 1954, 906 = BB 1954, 913, 914; OLG Celle BlGBW 1961, 159 = ZMR 1961, 83). Das ist beim Wiederaufbau eines abgebrannten Hauses aus Mitteln der Versicherung der Fall (BGH Betrieb 1954, 905; KG OLGE 8, 82). Gleiches gilt für die Bedienung fälliger Darlehensrückzahlungsforderungen und Zurückführung von Rückständen (OLG Düsseldorf FamRZ 2018, 1535) wie überhaupt für **Erfüllungshandlungen**, um einer Schadensersatzpflicht bei Nichterfüllung zu entgehen (RGZ 81, 32), 38

Maßnahmen ordnungsgemäßer Verwaltung sind auch die marktgerechte **Vermietung/Verpachtung** eines Nachlassgegenstandes, nicht stets hingegen die Kündigung eines Miet-/Pachtvertrages (BGH ZEV 2015, 339; LG Berlin FamRZ 2017, 663: Zahlungsfähigkeit des Mieters, Weitervermietbarkeit als Kriterien). Weil der objektive Standpunkt eines wirtschaftlich denkenden Beurteilers maßgeblich ist, gehört grds auch die **Verfügung über einen Nachlassgegenstand** zur ordnungsgemäßen Verwaltung, wenn diese (aus 39 objektiver Sicht) erforderlich ist, etwa weil ansonsten eine wirtschaftliche Beeinträchtigung des Nachlasswertes zu besorgen ist (OLG Düsseldorf FamRZ 2018, 1535). Die einem Miterben zustehende Nutzung und das Vermögen der Gemeinschaft dürfen allerdings nicht gefährdet oder gemindert werden (KG NJW 1953, 1592; Schumacher BlGBW 1959, 233). Das Verlangen einer *Nutzungsentschädigung* von dem einen Nachlassgegenstand nutzenden Miterben ist ebenfalls eine Maßnahme der ordnungsgemäßen Verwaltung (OLG Rostock ZEV 2019, 236).

40 Die Abberufung eines **pflichtwidrig handelnden Verwalters** ist ebenfalls Maßnahme ordnungsgemäßer Verwaltung (OLG Dresden JW 1919, 688), während Bestellung eines Fremdverwalters nur verlangt werden kann, wenn die Miterben nicht in der Lage oder bereit sind, den Nachlass ordnungsgemäß zu verwalten (BGH NJW 1983, 2142).

41 Im Bereich des **Verfahrens nach der Grundbuchordnung** kommt eine Entscheidung einer Erbenmehrheit als Maßnahme ordnungsgemäßer Verwaltung deshalb nicht in Betracht, weil die Beantwortung nach dem Vorliegen einer derartigen Maßnahme eine Nachprüfung tatsächlicher Verhältnisse voraussetzt, die im Grundbucheintragungsverfahren nicht stattfindet. Wie mit einer nicht mehr valutierten Grundschuld zu verfahren ist, ob die Erbengemeinschaft im Rahmen ordnungsgemäßer Verwaltung die Verwertung der Rangstelle des Grundpfandrechts (etwa durch Neuvalutierung) einer Löschung des Rechts vorzieht, ist eine Frage, die individuell von den Verhältnissen der jeweiligen Erbengemeinschaft und dem Stand einer etwa beabsichtigten Auseinandersetzung abhängt. Diese Fragen können im Grundbucheintragungsverfahren keiner tatsächlichen Überprüfung unterzogen werden (OLG Hamm MittBayNot 2014, 447). Etwas anderes gilt nach zutreffender Auffassung des OLG München (ZEV 2018, 651), wonach der Nachweis dafür, dass die Verfügung eine Maßnahme ordnungsgemäßer Mehrheitsverwaltung oder eine Maßnahme der Notverwaltung darstellt, mit *öffentlichen Urkunden* erbracht werden kann, wenn die zur Eintragung erforderlichen Erklärungen der im Grundbuch als Mitglieder der Erbengemeinschaft eingetragenen Personen nicht in grundbuchmäßiger Form beigebracht werden. Die Erfüllung dieser Voraussetzungen ist jedoch kaum möglich, weil sich der Nachweis der Ordnungsgemäßheit einer Verwaltungsmaßnahme letztlich nicht allein durch Vorlage öffentlicher Urkunden führen lässt.

42 § 18 Abs 1 GmbHG bestimmt, dass – so ein **GmbH-Anteil** mehreren Miterben ungeteilt zusteht – diese die Rechte aus demselben nur gemeinschaftlich ausüben können. Das ist auch dann der Fall, wenn eine Mehrheit handelt und die Voraussetzungen ordnungsgemäßer Verwaltung vorliegen, wobei zur Konkretisierung auf die Rechtspraxis zu § 116 HGB zurückgegriffen werden kann, die für die OHG und KG zwischen gewöhnlichen und außergewöhnlichen Geschäftsführungsmaßnahmen differenziert (Raue GmbHR 2015, 121). Eine Erbengemeinschaft kann in einer GmbH-Gesellschafterversammlung, vorbehaltlich einer verdrängenden Satzungsregelung, jedenfalls dann mit Mehrheit ihrer Miterben abstimmen, wenn der Beschlussgegenstand im Hinblick auf den gesamten Nachlass eine Maßnahme der ordnungsmäßigen Verwaltung betrifft (OLG Jena ZEV 2012, 493); im Einzelfall kommt es freilich auf die Bedeutung der Maßnahme für den Nachlass an (Klein BWNotZ 2018, 84). So etwa bei der Abberufung eines GmbH-Geschäftsführers wegen eines eingetretenen unheilbaren Zerwürfnisses (OLG Stuttgart GmbHR 2015, 102) oder der Erhebung einer gesellschaftsrechtlichen Anfechtungs- oder Nichtigkeitsklage sowie der diesbezüglichen Mandatierung eines Prozessbevollmächtigten (OLG Nürnberg GmbHR 2014, 1147). Die häufig propagierte strikte Trennung der gesellschaftsrechtlichen und der erbrechtlichen Ebene der Willensbildung lässt sich freilich nicht durchhalten. Um einen angemessenen Schutz der Minderheit zu gewährleisten, kann und muss die gesellschafterliche Treupflicht bereits im Rahmen von Entscheidungen im Kreis der Miterben Berücksichtigung finden (Schürnbrand NZG 2016, 241, 247).

Maßnahme ordnungsgemäßer Verwaltung ist auch die Bestellung des nach § 69 Abs 1 AktG erforderlichen gemeinschaftlichen Vertreters im Falle der Vererbung von **Aktien** (Bayer/Sarakinis NZG 2018, 561, 563), denn dieser übt für die Erbengemeinschaft allein „die Rechte aus der Aktie“ (Mitgliedschaftsrechte) aus, ist jedoch nicht zu Verfügungen über die Mitgliedschaft selbst (Übertragung, Verpfändung, Nießbrauchbestellung) befugt. Anders als der Anteil an einer werbenden **Personengesellschaft** fällt der Anteil an einer **Abwicklungsgesellschaft** (Auflösung der Gesellschaft infolge des Todes des Erblassers) in den Nachlass; dessen Verwaltung ist grds Maßnahme ordnungsgemäßer Verwaltung, nicht hingegen die Fassung eines Fortsetzungsbeschlusses (vProff DStR 2017, 2555). 43

Eine **wesentliche Veränderung des Nachlassgegenstandes** kann auch durch die Mehrheit nicht beschlossen werden, § 745 Abs 3 BGB (vgl Rn 16). Mit dem „Gegenstand“ ist hierbei nicht ein einzelner Nachlassgegenstand, sondern der Nachlass insgesamt gemeint (BGH JA 2007, 65 m Anm Löhnig), denn aus der Stellung der Verweisung auf die Regeln der Gemeinschaft ergibt sich, dass an die Stelle des „Gegenstands der Gemeinschaft“ der Nachlass insgesamt tritt. So ist es etwa nicht zulässig, die Vermögensstruktur des Nachlasses grundlegend umzuschichten (zB Kündigung eines Sparbuches, das einziger Nachlassgegenstand ist, KG ZEV 2019, 442). Stellt man auf die wesentliche Veränderung des Nachlasses als Ganzes ab, stößt man freilich auf Schwierigkeiten, wenn der Nachlass als solcher keine konkrete Beschaffenheit aufweist. Trotzdem wird teilweise (OLG Düsseldorf FamRZ 2018, 1535) gesagt, auch eine Nachlassumstrukturierung könne zur ordnungsgemäßen Nachlassverwaltung gehören, wenn dieses zur Vermeidung von Kosten geboten ist. Jedoch ist insoweit Zurückhaltung geboten. Zur Förderung der Prostitution in einem Wohnhaus als wesentliche Veränderung OLG Hamm NJW-RR 1992, 329, 330. 44

c) Im **Innenverhältnis** der Miterben erfolgt die Beschlussfassung durch Mehrheitsentscheid. Die **Stimmabgabe** ist – wie stets – eine empfangsbedürftige Willenserklärung (OLG Hamm Betrieb 1969, 300 = BB 1969, 514). Die **Stimmenmehrheit** berechnet sich nach der Größe der Erbteile, § 745 Abs 1 S 2 BGB (KG OLGE 30, 184). Ein Miterbe, der unter Berücksichtigung seiner Vorempfänge nichts mehr zu erhalten hat (§ 2055 BGB), ist stimmberechtigt (BGB-RGRK/Kregel Rn 8; **aM** Ebbecke LZ 1920, 949). Doch kann uU die Stimmrechtsausübung rechtsmissbräuchlich und daher unzulässig sein (BGH ZEV 2007, 486, 487 m Anm Ann). 45

Nach dem aus § 34 BGB, § 136 AktG, § 47 Abs 4 GmbHG, § 43 Abs 6 GenG zu schließenden Rechtsgrundsatz hat der Miterbe **kein Stimmrecht bei Interessenwiderstreit mit eigenen Angelegenheiten**, zB bei Einziehung einer *gegen ihn gerichteten Forderung* (BGHZ 56, 47 = NJW 1971, 1267; BGH DNotZ 1972, 24; BayObLGZ 6, 332 = Recht 1905, 344 Nr 1579; BayObLGZ 1965, 391; 1964, 350, 356 = NJW 1965, 397; OLG Hamm BB 1969, 514; BGB-RGRK/Kregel Rn 8; Löhnig FamRZ 2007, 1600, 1602 mit der deckungsgleichen Aus- 46 füllung des Interessenwiderstreites als Konflikt zwischen eigenen Interessen und seiner Pflicht zur Mitwirkung an einer ordnungsgemäßen Verwaltung, der so stark ist, dass die begründete Befürchtung besteht, der Miterbe werde seinen Eigeninteressen den Vorrang geben) oder bei einer Entscheidung über die Entnahme von Aktien zum Zweck der Begleichung der eigenen Ansprüche (BGH WM 1973, 360, 361) oder der *Vornahme eines Rechtsgeschäfts mit ihm* (OLG Rostock ZEV 2019, 236). Ein das Stimmrecht ausschließender Interessenwiderstreit besteht jedoch nicht, wenn ein Miterbe über den Antrag auf seine Bestellung zum Verwalter und die Regelung einer etwaigen Vergütung mitentscheidet (Nipperdey AcP 143 [1943] 315; BGB-RGRK/Kregel Rn 8, der jedoch eine Interessenkollision bei der Vergütungsfestsetzung sieht). Die gleichzeitige Beteiligung an der Miterbengemeinschaft und die Mitwirkung auf Seiten eines möglichen Vertragspartners ist bei der Beschlussfassung dann schädlich, wenn entweder der Dritte selbst oder eine von ihm beherrschte Gesellschaft Vertragspartner werden sollen. Dies gilt jedoch nicht, falls alle Miterben eine solche Gesellschafterstellung einnehmen oder lediglich ein Miterbe nicht in dieser Doppelfunktion steht und damit dieser das Alleinverwaltungsrecht erhielte (BGHZ 56, 47, 54 = NJW 1971, 1267; BGH DNotZ 1972, 24; Johannsen WM 1973, 544). Eine trotz Stimmverbots abgegebene Stimme ist nichtig (Löhnig FamRZ 2007, 1602).

47 Erweist sich eine gem §§ 2038 Abs 2 S 1, 745 BGB mit Stimmenmehrheit **beschlossene Maßnahme** als **ungeeignet**, kann jeder Miterbe gem § 2038 Abs 1 S 2 HS 1 BGB von den anderen die zur Beseitigung der Störung erforderlichen Handlungen verlangen, zB Abberufung des eingesetzten Verwalters (OLGE 40, 111; OLG Dresden JW 1919, 688 m Anm vHerzfelder; KG NJW 1961, 739; zur Anfechtung eines innerhalb der Gemeinschaft gefassten Eigentümerbeschlusses durch einen Miterben vgl BayObLG FamRZ 99, 187).

48 **d)** Nach zutreffender hM beschränkt sich die Regelung der §§ 2038 Abs 1 S 2 HS 2, 2038 Abs 2 S 1, 745 BGB nicht auf das Innenverhältnis, sondern erfasst auch das **Außenverhältnis**. Insbesondere bei *Verpflichtungsgeschäften* besitzen im Rahmen ordnungsgemäßer Verwaltung die die Mehrheit der Erbanteile vertretenden Erben Vertretungsmacht (RG SeuffA 61 Nr 131; BGHZ 56, 47 = NJW 1971, 1266; OLG Hamm Betrieb 1969, 300; Soergel/Lettmaier Rn 11; Planck/Ebbecke Anm 1; Dietz 132, 133).

49 Erstreckt sich der Verwaltungsbegriff des § 2038 BGB ebenfalls auf das Außenverhältnis und wird dieses lediglich bei Verfügungen über Nachlassgegenstände speziell in § 2040 BGB geregelt, ist es nicht möglich, bei § 2038 BGB nach Verpflichtungs- und *Verfügungsgeschäften* zu unterscheiden. § 2038 BGB lässt nicht erkennen, dass für diese beiden Geschäfte eine unterschiedliche Regelung besteht. Entscheidend ist lediglich die Frage, ob § 2038 BGB durch § 2040 BGB eingeschränkt wird. Nach zutreffender Auffassung (Palandt/Weidlich Rn 2, 6; Bamberger/Roth/Lohmann Rn 2; Leipold Rn 736; Kipp/Coing § 114 IV 3 b; vLübtow II 806; Wieser, in: FS Lange 334, 335; Eberl-Borges NJW 2006, 1314 f; Löhnig JA 2007, 264; Weber ZEV 2018, 656, 657) wird in § 2040 BGB lediglich der Grundsatz der Einstimmigkeit bei Verfügungsgeschäften niedergelegt, welcher aber durch die in §§ 2038, 2039 BGB geregelten **Ausnahmen durchbrochen** wird, weil diese Normen Innen- und Außenverhältnis gleichermaßen regeln. Ebenso wie für die Grundregel des § 2038 Abs 1 S 1 BGB bleibt deshalb auch für die Grundregel des § 2040 BGB hiernach nur ein enger Anwendungsbereich.

Hieraus lässt sich jedoch kein Argument für die **Gegenauffassung** (BGH ZEV 2006, 24) ziehen, die umgekehrt § 2040 BGB als lex specialis zu § 2038 BGB begreifen möchte und deshalb bei Verfügungen im Rahmen ordnungsgemäßer Verwaltung ein gemeinschaftliches Handeln aller Miterben fordert. Dies erscheint überdies deshalb problematisch, weil die entscheidenden Weichenstellungen, nämlich die Beschlussfassung im Innenverhältnis und der Abschluss des Verpflichtungsgeschäfts, jeweils von der Mehrheit der Miterben vorgenommen werden können; warum sollte dann für die bloße Erfüllung dieser Verpflichtung (bei deren Scheitern Ansprüche gegen die Erbengemeinschaft aus §§ 280 ff BGB drohen) gemeinschaftliches Handeln der Miterben erforderlich sein. 50

Der vom **BGH gewiesene Ausweg**, diejenigen Miterben, die sich einer Mitwirkung verweigern, mit einer Schadenersatzpflicht aus § 280 BGB zu bedrohen, soweit durch die Verweigerung der Mitwirkung Schäden entstehen (BGH ZEV 2006, 24), und außerdem § 2040 BGB nicht anzuwenden, wenn das Recht auf Erhalt des Nachlassbestands der ihre Zustimmung verweigernden Miterben nicht wesentlich beeinträchtigt wird (BGH ZEV 2006, 358: Kündigung eines Pachtvertrages durch die Erbengemeinschaft; BGH FamRZ 2010, 119 und FamRZ 2015, 497: Kündigung eines Mitverhältnisses über eine zum Nachlass gehörende Sache; OLG Brandenburg FamRZ 2012, 821: Gründung eines Giro- und Sparkontenvertrages; OLG Frankfurt ZEV 2012, 258 und OLG Schleswig ZEV 2015, 101: Darlehenskündigung), erscheint nicht nur schwerfällig und „ohne erkennbaren roten Faden“ (Stützel NJW 2013, 3543). Sie ist auch systeminkonform: Wie in anderen Regelungsbereichen auch, vgl etwa §§ 709 BGB und 714 bei der BGB-Gesellschaft, muss auch bei der Erbengemeinschaft ein Gleichlauf von Geschäftsführung und Vertretung gelten (Löhnig JA 2007, 264, Löhnig, Erbrecht Rn 507). Das Interesse der nicht mitwirkenden Miterben an der Erhaltung der Substanz des Nachlasses ist zudem durch § 745 Abs 3 BGB sowie durch den Surrogationsgrundsatz des § 2041 BGB hinreichend geschützt (Boehmer AcP 143 [1943] 65–67; Bertzel NJW 1962, 2282). Das von der Gegenauffassung angeführte Argument, der Gesetzgeber wolle mit dem in § 2040 BGB angeordneten Grundsatz der Gemeinschaftlichkeit verhindern, dass einzelne Miterben von einer Mehrheit oder Einzelnen beherrscht werden (Werner 105), verfängt demgegenüber nicht, weil dieses Ziel aufgrund der bereits erfolgten Weichenstellungen in diesem Stadium nicht mehr erreicht werden kann. 51

4. Einsetzung eines Verwalters

Für eine Verwaltungsgemeinschaft der Erben ist kein Raum, wenn ihnen die **Verwaltungsbefugnis** durch Einsetzung eines Nachlassverwalters (§ 1984 BGB), Insolvenzverwalters (§ 80 InsO) oder Testamentsvollstreckers (§ 2205 BGB) **entzogen** ist (zur Kostentragung bei angeordneter Testamentsvollstreckung vgl BGH ZEV 97, 116 ff m Anm vMorgen). 52

5. Vereinbarung der Miterben

Durch Vereinbarung der Miterben kann die Verwaltung und Nutzung des Nachlasses geregelt werden (§§ 2038 Abs 2, 745 BGB). Die Gemeinschaft kann sich eine Satzung, also eine Verwaltungsvereinbarung der Mitglieder untereinander, geben (Bonefeld ZErb 2017, 121), was angesichts der unklaren Regelungen in §§ 2038–2040 BGB durchaus ratsam ist. Es kann auch einzelnen Miterben allein oder einigen 53

Erben zusammen die Verwaltungsmacht eingeräumt werden (BGH WM 1968, 1173; DNotZ 1972, 23; BGHZ 56, 47 = NJW 1971, 1266). Das ist zB der Fall, wenn ein Miterbe mit Einverständnis der anderen die Verwaltung eines zum Nachlass gehörenden Hauses durchführt (LG Mannheim ZMR 1965, 219; 1966, 178 = Justiz 1966, 14). Gleiches gilt für die einvernehmlich beschlossene Verwertung eines zum Nachlass gehörenden Gegenstandes durch einen Miterben; diese umfasst auch die Befugnis, den an dessen Stelle tretenden Erlös bis zur Auseinandersetzung zu verwahren (OLG Saarbrücken ZEV 2018, 424).

54 Die Erben können auch einen von ihnen zum **Erbschaftsverwalter mit Vertretungsmacht für die anderen** bestellen. Auftrag und Vollmacht sind jederzeit widerruflich (§§ 671, 168 BGB). Die vertragliche Regelung der Verwaltung und Nutzung wirkt für und gegen den Sondernachfolger (im Erbteil), §§ 2038 Abs 2, 746 BGB. Anders als das Schweizer ZGB (Art 602 Abs 3), enthält das BGB keine Befugnis des Gerichts, auf Antrag eines Miterben einen Erbschaftsverwalter zu bestellen. Selbst bei Vermittlung der Auseinandersetzung kann das Nachlassgericht keine Verwaltungsmaßnahmen vornehmen (BayObLG DJZ 1904, 559).

55 Einer Vereinbarung aller Miterben bedarf es insb, wenn ein im Nachlass befindliches **Handelsgeschäft fortgeführt** werden soll, weil dies zur persönlichen Haftung der Miterben führt, §§ 25, 27 HGB, die einem Miterben nicht gegen seinen Willen auferlegt werden darf. In der Vereinbarung sollten Regelungen zu Geschäftsführung und Vertretung geschaffen werden, wobei letztere im Handelsregister eingetragen werden können (Wolf AcP 181 (1981), 480, 500).

6. Bestimmung des Erblassers

56 Durch Bestimmung des Erblassers in letztwilliger Verfügung können einem Miterben – ohne ihn ausdrücklich zum Testamentsvollstrecker zu ernennen – **besondere Verwaltungsbefugnisse übertragen** werden. Es ist eine Frage der *Auslegung,* wie eine solche Bestimmung rechtlich zu werten ist. Das RG (HRR 29 Nr 500) hat sich für eine Auflage zu Lasten der anderen Erben entschieden. Näher liegt die Annahme einer Ernennung zum Testamentsvollstrecker mit beschränktem Aufgabenkreis, § 2209 BGB (BGB-RGRK/Kregel Rn 2; hierzu Staudinger/Reimann [2016] § 2209 Rn 7). Ein Vermächtnis zu Gunsten des Betrauten (so BGHZ 26, 76, 78) wird kaum gewollt sein, da die Verwaltungsaufgaben eher Lasten als Vermögensvorteile mit sich bringen. Bei Vorliegen eines wichtigen Grundes kann entsprechend § 712 BGB von der Bestimmung des Erblassers abgewichen werden. Die Entscheidung hierüber trifft ggf das Prozessgericht (OGHZ 4, 223; BGHZ 6, 76).

IV. Kosten und Lasten

57 Die Kosten der Verwaltung und die Lasten der Nachlassgegenstände muss jeder Miterbe den anderen Miterben gegenüber nach dem Verhältnis seines Erbteils tragen, §§ 2038 Abs 2 S 1, 748 BGB (NK-BGB/Ann Rn 35). Für die Verpflichtung eines Miterben, Nachlassverbindlichkeiten oder Kosten der gemeinschaftlichen Verwaltung im Innenverhältnis mitzutragen, kommt es indessen nicht darauf an, ob diese Aufwendungen für ihn persönlich vorteilhaft waren oder hätten sein können. Entscheidend ist vielmehr, ob die **Erbengemeinschaft als Ganze** durch das kostenverursachende Verhalten durch einen nur für einen Miterben Handelnden **verpflichtet** worden ist (BGH NJW 2003, 3268 = FamRZ 2003, 1654 = WM 2003, 1991; OLG Düsseldorf FamRZ 2015, 285). Diese Verpflichtung erstreckt sich zunächst auf die im Nachlass vorhandenen bereiten Mittel. Eine *Vorschusspflicht* besteht nicht. Den Gläubigern gegenüber kann die Berichtigung der Kosten aus dem eigenen Vermögen bis zur Auseinandersetzung verweigert werden, § 2059 Abs 1 BGB. Im Verhältnis zum Rückgriff nehmenden Miterben ist § 2059 Abs 1 S 1 BGB selbst dann nicht analog anwendbar, wenn dem ausgleichsberechtigten Miterben gegenüber Nachlassgläubigern dieser Einwand zugestanden hätte (so aber Wernecke AcP 193 [1993] 240, 251 ff), weil die Sondervermögensqualität des Nachlasses Haftungsbeschränkungen nur für Nachlassverbindlichkeiten rechtfertigt, wozu interne Rückgriffsansprüche nicht zählen. Allerdings können solche Ansprüche nur in den Grenzen von Treu und Glauben geltend gemacht werden, doch entsprechende Haftungsbeschränkungen beruhen allein auf den zwischen Gesamthändern intern bestehenden Obliegenheiten.

Handelt ein Miterbe ohne Mehrheitsbeschluss (§§ 2038 Abs 2 S 1, 745 Abs 1 S 1 58
BGB) **eigenmächtig**, verpflichtet er die Erbengemeinschaft nicht nur, soweit ihm ein Notverwaltungsrecht nach § 2038 Abs 1 S 2 HS 2 BGB zusteht, sondern darüber hinaus auch dann, wenn er einen Aufwendungsersatzanspruch nach den Regeln der Geschäftsführung ohne Auftrag hat (BGH NJW 1987, 3001; 2003, 3268 = FamRZ 2003, 1654 = WM 2003, 1991).

V. Gebrauch der Nachlassgegenstände

Zum Gebrauch der Nachlassgegenstände sind die Miterben insoweit befugt, als 59
nicht der Mitgebrauch der anderen Miterben beeinträchtigt wird. Jedes Mitglied der Erbengemeinschaft kann gegenüber den anderen Mitgliedern eine den Interessen aller Miterben entsprechende **Benutzung von Nachlassgegenständen verlangen**, sofern die Benutzung nicht durch eine Vereinbarung oder Mehrheitsbeschluss geregelt ist. Dies ergibt sich aus der Verweisung des § 2038 Abs 1 S 1 BGB auf § 745 Abs 2 BGB. Erforderlich ist hierfür keine gerichtliche Geltendmachung, sondern eine hinreichend eindeutige erstmalige Beanspruchung (OLG Stuttgart ZEV 2019, 144). Das Verlangen einer Nutzungsentschädigung vom nutzenden Miterben ist eine Maßnahme der ordnungsgemäßen Verwaltung (OLG Rostock ZEV 2019, 236).

Jedem Miterben gebührt ein seinem Erbteil entsprechender Bruchteil der **Früchte** 60
(§§ 743 Abs 1, 2038 Abs 2 BGB), doch ist die Teilung (auch Abschlagszahlung, KG OLGE 18, 327) bis zur Auseinandersetzung hinausgeschoben (§ 2038 Abs 2 S 2 BGB abweichend von § 743 Abs 1 BGB), weil vorher nicht übersehen werden kann, ob und wie viel dem einzelnen Miterben nach Tilgung der Schulden unter Berücksichtigung seiner Ausgleichspflicht zukommt (OLG Hamburg MDR 1965, 665). Abs 2 S 2 ist nicht zwingend. Eine vorherige Verteilung aufgrund Übereinstimmung aller Erben ist zulässig, nicht aber kraft Mehrheitsbeschlusses (RGZ 81, 243; OLG Hamburg MDR 1965, 665; BGB-RGRK/Kregel Rn 11). Die grundlose Weigerung eines Miterben gegen eine vorherige Verteilung kann allenfalls aus dem Gesichtspunkt des Rechtsmissbrauchs (§§ 226, 242) beseitigt werden (LG Halle JW 1937, 643).

61 Als **vorweggenommene Auseinandersetzung** ist Richtschnur für eine vorzeitige Verteilung der Früchte der Anteil, der dem einzelnen Miterben bei einer Auseinandersetzung zukommen würde, dh hätte er aufgrund Vorempfanges keinen Anspruch auf das Auseinandersetzungsguthaben, ist er auch an der Fruchtziehung nicht beteiligt. Entsprechendes gilt bei Verringerung seines Anspruches durch Vorempfänge unterhalb seines Auseinandersetzungsanteils (OLG Hamburg MDR 1956, 107). Ist die Auseinandersetzung auf längere Zeit als ein Jahr rechtlich ausgeschlossen (§§ 2043, 2044, 2045, 2042 Abs 2 iVm § 749 Abs 2 BGB), kann jeder Miterbe am Schluss eines jeden Jahres Teilung des Reinertrages (nach Abzug der Gewinnungskosten) verlangen, § 2038 Abs 2 S 2, 3 BGB. Dies gilt aber nicht, wenn die Auseinandersetzung unabhängig von einem Verschulden der Erben über eine Jahresfrist hinaus verzögert wird (RGZ 81, 243, 244). Auf Abschlagszahlungen auf den Erbteil ist § 2038 Abs 2 S 2, 3 BGB nicht entsprechend anwendbar (KG OLGE 18, 327, 328).

§ 2039
Nachlassforderungen

Gehört ein Anspruch zum Nachlass, so kann der Verpflichtete nur an alle Erben gemeinschaftlich leisten und jeder Miterbe nur die Leistung an alle Erben fordern. Jeder Miterbe kann verlangen, dass der Verpflichtete die zu leistende Sache für alle Erben hinterlegt oder, wenn sie sich nicht zur Hinterlegung eignet, an einen gerichtlich zu bestellenden Verwahrer abliefert.

Materialien: E II § 1913; III § 2014; Prot V 862 ff; Jakobs/Schubert ER I 789–795, 807, 813; Denkschr 729.

Schrifttum

Blomeyer, Einzelanspruch und gemeinschaftlicher Anspruch von Miterben und Miteigentümern, AcP 159 (1959) 385
Creutzig, Streitwertfestsetzung bei der Auflassungsklage eines von mehreren Miterben gegen einen anderen Miterben, NJW 1969, 1334
Fuchs, Zur Frage der Geltendmachung von Nachlassansprüchen seitens der Erben gegen einen Miterben-Schuldner, JW 1938, 355
Hadermeier, Die Prozessführungsbefugnis eines Miterben für Gestaltungsprozesse, Gestaltungsklagen im Rahmen des § 2039 BGB, ZZP 105, 182
Hillach, Streitwert des Anspruchs eines Miterben auf Leistung an alle Miterben (§ 2039 BGB), DR 1941, 1446
Josef, Erörterungen zum Auseinandersetzungsanspruch der Miterben, Gruchot 49, 32
Kretzschmar, Geltendmachung von Ansprüchen eines Miterben gegen den Nachlass und umgekehrt von Ansprüchen der Erbengemeinschaft gegen einen Miterben, SächsArch 6, 529
Schneider, Der Streitwert der Miterbenklagen nach § 2039 und § 2050 BGB, Rpfleger 1982, 268.

Weiteres Schrifttum bei § 2038.

Systematische Übersicht

Alphabetische Übersicht

I. Grundsätzliches

1. Aus dem Gesamthandsgrundsatz ergibt sich, dass die **zum Nachlass gehörigen Ansprüche** nur durch eine an alle Miterben gemeinschaftlich zu bewirkende Leistung erfüllt werden können. Streng genommen müsste deshalb auch die Geltendmachung der Ansprüche gemeinschaftlich erfolgen. Dies würde aber die Rechtsverfolgung bei ablehnendem oder verzögerndem Verhalten nur eines Miterben erschweren und die übrigen Miterben schädigen; sie müssten den Widerstrebenden im Prozessweg zur Mitwirkung zwingen (vgl § 2038 Rn 19 ff). Um diesen Umweg zu erübrigen, gibt § 2039 BGB in paralleler Formulierung zu § 432 Abs 1 BGB im Anschluss an die pr Praxis (Prot V 864) jedem Miterben die Befugnis, den Anspruch allein geltend zu machen (RGZ 149, 194). Der einzelne Miterbe kann aber nur Leistung an alle Erben verlangen, wenn eine Sache zu leisten ist. Er kann auch ihre Hinterlegung nur für alle Erben fordern oder notfalls ihre Ablieferung an einen gerichtlich zu bestellenden Verwahrer, § 2039 S 2 BGB. Bei Ansprüchen gegen die Gemeinschaft bedarf es einer dem § 2039 entsprechenden Regelung nicht. Diese Norm betrifft daher nur die **Aktivlegitimation** einzelner Erben. Für die Passivlegitimation gelten §§ 2038, 2040, 2058 ff BGB. 1

2. Das Recht aus § 2039 BGB ist ein von dem gleichen Recht der übrigen Miterben unabhängiges **Sonderrecht** (RG WarnR 1913 Nr 235 = ZBlFG 13, 214). Damit werden die zum Nachlass gehörigen Ansprüche so behandelt wie sonst die Ansprüche auf eine unteilbare Leistung, die mehreren Gläubigern, die nicht Gesamtgläubiger sind, zustehen, § 432 BGB; nur kommt es hier nicht auf die Unteilbarkeit der Leistung an. 2

3. Der Schuldner kann eine Klage durch **Leistung** an **alle** Erben abwenden. Wenn er den Anspruch für unbegründet hält, kann er Klage auf Feststellung des Nichtbestehens des Anspruchs gegen alle Erben erheben (Prot V 864 f). Der von einem Miterben verklagte Schuldner kann gegen die nicht mitklagenden Erben keine Widerklage erheben (RG JW 1917, 721). 3

4. Da es sich um die Geltendmachung eines der Miterbengemeinschaft zustehenden Anspruchs handelt, darf der Schuldner nur **Einreden und Einwendungen erheben**, die ihm gegen die Gemeinschaft zustehen, nicht solche, die sich lediglich auf einen einzelnen – selbst den klagenden – Miterben beziehen (RGZ 132, 81; BGHZ 44, 367 = NJW 1966, 773, 774). Will dieser Miterbe gegen den Widerstand der Übrigen die Forderung einklagen, handelt es sich um eine unzulässige Ausübung seines Rechtes aus § 2039 BGB (vgl Rn 36). Die Aufrechnung mit einer ihm gegen den einzelnen Miterben zustehenden Forderung ist dem Schuldner nach § 2040 Abs 2 BGB verwehrt. 4

5 **5.** Das **Sonderrecht** des § 2039 BGB steht den **einzelnen Miterben** bzw den Anteilserwerbern (§ 2033 Abs 1 BGB) zu, die zu der Gesamthandsgemeinschaft gehören, die Inhaber des Nachlasses sind, in den die geltend gemachte Forderung fällt. Es handelt sich um ein höchstpersönliches, nicht abtretbares und nicht pfändbares Recht des einzelnen Miterben (OLG Rostock OLGE 33, 99; Erman/Schlüter Rn 1; Blomeyer AcP 159 [1959] 401, 402). *Die Dringlichkeit der Geltendmachung des Anspruchs ist nicht erforderlich,* § 2039 BGB regelt also kein bloßes Notverwaltungsrecht. Der Kläger muss seine Mitgliedschaft in der Gesamthandsgemeinschaft beweisen (OLG Colmar OLGE 30, 185). Der einzelne Gesamthänder kann aber einen Dritten zu der Geltendmachung des Sonderrechtes bevollmächtigen (Erman/Schlüter Rn 1). Der Erblasser darf dieses Recht nicht entziehen, dh es verbleibt dem Miterben auch, wenn die Verwaltung des Nachlasses einem anderen Miterben oder einem Dritten übertragen worden ist (RG HRR 1929 Nr 500; Soergel/Lettmaier Rn 9). Bei der *Pfändung des Erbteils* geht das Recht aus § 2039 BGB nicht auf den Pfändungsgläubiger über, es verbleibt bei dem Miterben *(Pfändungsschuldner)* und kann von diesem selbst dann geltend gemacht werden, falls der Schuldner der Nachlassforderung ein anderer Miterbe ist, der gleichzeitig Pfandgläubiger hinsichtlich des verpfändeten Erbanteils ist (BGH NJW 1968, 2059 = WarnR 1968 Nr 197). Durch das Einziehungsbegehren seitens eines Miterben zugunsten der Erbengemeinschaft wird das Pfandrecht nicht beeinträchtigt (BGH NJW 1968, 2060).

II. Zum Nachlass gehörender Anspruch

6 Der geltend zu machende Anspruch kann dinglicher oder persönlicher, privatrechtlicher oder öffentlichrechtlicher (vgl Rn 49) Natur sein, muss aber ein Recht mit Anspruchscharakter iS des § 194 BGB sein (heute unstr: BGHZ 14, 251 = NJW 1954, 1523; BGH NJW 1965, 396; HK-BGB/Hoeren Rn 2; Erman/Bayer Rn 4; MünchKomm/Gerken Rn 2; Palandt/Weidlich Rn 1, 3; Soergel/Lettmaier Rn 4; BGB-RGRK/Kregel Rn 1), also das Recht, ein Tun oder Unterlassen zu verlangen. Eine Beschränkung auf schuldrechtliche Ansprüche, dh ein Ausschluss der dinglichen, kann nicht mangels eines „Verpflichteten" erfolgen (so eine früher vertretene Ansicht: Kress 71; Blomeyer, Surrogation bei Vermögen [1905] 231), denn auch der dingliche Anspruch verpflichtet den Schuldner zu einer Handlung.

7 **1.** Zu den **Ansprüchen iS des § 2039 BGB** gehören alle, deren Rechtsträger die Miterbengemeinschaft ist, die dem Erblasser zustanden und mit dem Erbfall auf die Erben übergegangen sind (es ist also stets zu prüfen, ob die Vererbbarkeit eines Anspruchs nicht im Einzelfall ausgeschlossen ist), solche, die zugunsten der Erbengemeinschaft nach dem Erbfall entstanden sind, sowie Ansprüche, die im Wege der Surrogation nach § 2041 BGB in den Nachlass gelangt sind (zB Ersatzansprüche).

8 **a)** **Zu** den vom Erblasser **auf die Erben übergegangenen** und nach § 2039 BGB zu beurteilenden Ansprüchen zählen auch sachlich rechtliche Rentenansprüche des Erblassers bis zu seinem Tode und die Kostenerstattungsansprüche aus den vom Erblasser oder den Erben zwecks Durchsetzung dieser Rentenansprüche geführten Rechtsstreitigkeiten (LSG Celle NJW 1968, 1743 = BWNotZ 1968, 263).

9 **b)** **Unter § 2039 BGB fallen** ferner der Anspruch auf Herausgabe aus §§ 861, 985 BGB, auf die Erbschaft gem § 2018 BGB (MünchKomm/Gergen Rn 7), auf Restitution

nach dem VermG (BGH ZEV 2006, 27 m Anm WERNER), auf Unterlassung gem § 1004 BGB (RG GRUR 36, 971), auf Feststellung (RGZ 158, 40; OLG Hamm MDR 1966, 589), auf Auflassung, sofern er nicht aufgrund der HöfeO dem Vermögen der Gemeinschaft entzogen ist (OGHZ 2, 175; OLG Hamm RdL 1951, 106), auf Genehmigung einer Mieterhöhung (OVG Hamburg ZMR 1957, 204), auf Grundbuchberichtigung (RGZ 132, 83; RG JR 1925 Nr 674; HRR 1930 Nr 1220; BGHZ 14, 251 = NJW 1954, 1523; BGHZ 44, 367 = NJW 1966, 773; OLG Zweibrücken Rpfleger 1968, 88), auf Löschung eines Wohnrechts (BGH WM 1971, 654), aus einer von der Erbengemeinschaft genehmigten auftragslosen Geschäftsführung (RG SeuffA 81 Nr 95), auf Aufwertung einer zum ungeteilten Nachlass gehörigen Forderung aufgrund des AufwertungsG (RG JR 1925 Nr 1227; JW 1925, 1244; SeuffA 79 Nr 211), auf Wiedergutmachung nach dem REG und BEG (BGH MDR 1973, 220; LM Nr 48 zu BEG § 189), auf Auskunft, Rechnungslegung (BGH NJW 1965, 396; KG OLGE 5, 358; OLG Düsseldorf FamRZ 2015, 790), auf Vorlegung von Urkunden (KG OLGE 2, 134), auf Hinterlegung (BGH NJW 1983, 2020) oder auf Kostenfestsetzung (BGH FamRZ 2014, 750). Abweichende Erben können vom Hoferben keine Zahlung der Abfindung an sich selbst, sondern nur an die noch eingeteilte Erbengemeinschaft verlangen (BGH ZEV 2007, 272 m Anm WERNER).

Im Rahmen einer Feststellungsklage kann auch das Eigentum der Erbengemeinschaft auf Antrag eines Miterben festgestellt werden, obschon es sich um keinen Anspruch, sondern um ein **absolutes Recht** handelt, wenn auf diesem verfahrensrechtlichen Wege in der Sache ein Nachlassanspruch – zB aus § 985 BGB oder § 1004 BGB – durchgesetzt werden soll (OLG Hamm BeckRS 2016, 412). Der BGH hat überdies den einzelnen Miterben auch für eine **Vollstreckungsgegenklage** für prozessbefugt erklärt (BGH NJW 2006, 1969). 10

Die Einziehung von Nachlassforderungen liegt grundsätzlich im Interesse der Erbengemeinschaft als Ganzes unabhängig davon, ob die Klageforderung im Ergebnis bei der Auseinandersetzung jedem Miterben zugutekommt. Der klagende Erbe kann daher in aller Regel auch die **Erstattung der ihm dafür entstehenden Kosten** nach § 683 BGB von der Erbengemeinschaft verlangen. Maßgebend sind das Interesse und der mutmaßliche Wille der Erbengemeinschaft als des Geschäftsherrn an der auftragslosen Geschäftsführung. Entscheidender Zeitpunkt ist die Übernahme, also die Klageerhebung. Selbst wenn sich die Klage gegen einen Miterben richtet und dieser Schuldner sich der Einziehung widersetzt hat, ist dies nicht entscheidend, denn ihm stand wegen des Interessengegensatzes insoweit kein Stimmrecht zu (BGHZ 56, 47, 53 = NJW 1971, 1265; NJW 2003, 3268, 3269 = FamRZ 2003, 1654 = WM 2003, 1991). 11

c) Ansprüche auf **Auseinandersetzung einer Gemeinschaft** fallen unter § 2039 BGB, auch wenn sie zwischen der Miterbengemeinschaft und einem Dritten bestehen. Ein Antrag auf Aufhebung einer solchen Gemeinschaft (zB zwischen mehreren Erben eines Miteigentümers und den anderen Miteigentümern) kann ebenfalls als Anspruch iS des § 2039 BGB angesehen werden, weil das Recht des Gemeinschaftsteilhabers auf Aufhebung der Gemeinschaft von vornherein einen Anspruch darstellt (RGZ 108, 424; LG Aachen DNotZ 1952, 36; BGB-RGRK/KREGEL Rn 5; **aM** KG OLGE 25, 267; OLG Naumburg Zeitschrift der Naumburger Anwaltskammer 1921, 22; LG Darmstadt NJW 1955, 1558, 1560 mit abl Anm BARTHOLOMEYCZIK; diese Meinung beruft sich darauf, dass in einem solchen Antrag eine Verfügung über einen Nachlassgegenstand oder eine nicht zur ordnungsgemä- 12 ßen Verwaltung erforderliche Maßnahme liege). Bei einer Bruchteilsgemeinschaft kann der einzelne Miterbe deshalb auch den Antrag auf Zwangsversteigerung des im Miteigentum stehenden Grundstücks zum Zwecke der Auflösung der Gemeinschaft nach §§ 180 ff ZVG stellen.

13 **d)** Jeder Miterbe ist berechtigt, den Antrag auf **Bestimmung einer Inventarfrist** gegen den Erben des Schuldners zu stellen. Zwar hat das KG (RJA 16, 50) die Mitwirkung aller Miterben des Gläubigers für erforderlich erklärt. Dagegen spricht, dass mit dem Antrag das Recht auf Inventarerrichtung, also auf eine Leistung iS des § 2039 BGB geltend gemacht wird und diese Leistung nicht an den einzelnen Miterben erbracht wird, sondern zugunsten des gesamten Nachlasses erfolgen soll (wie hier auch BGB-RGRK/Kregel Rn 2).

14 **e)** Der Anspruch auf Leistung der **eidesstattlichen Versicherung** (§ 807 ZPO) kann zu Gunsten sämtlicher Miterben von einem derselben geltend gemacht werden (BGH NJW 1965, 396, 397; KG OLGE 30, 186).

15 **f)** In **entsprechender Anwendung** fallen unter § 2039 BGB auch weitere in den Nachlass fallende Ansprüche, etwa gegen den Nachlassverwalter auf Herausgabe des Nachlasses (RGZ 150, 189), gegen den Abwesenheitspfleger auf Schadensersatz §§ 1911, 1915, 1833 BGB (OLG Brandenburg BeckRS 2014, 22670) oder gegen den früheren Testamentsvollstrecker auf Schadensersatz, § 2219 BGB (vgl OLG Schleswig FamRZ 2015, 606). Dagegen ist der Anspruch des einzelnen Miterben gegen einen Testamentsvollstrecker auf Einhaltung der Grenzen seiner Verwaltungsbefugnisse und auf ordnungsgemäße Verwaltung ein dem einzelnen Miterben unbeschränkt zustehendes persönliches Recht, es gehört nicht zu den Nachlassansprüchen (RGZ 73, 26). Schadensersatzansprüche fallen unter § 2039 BGB, nicht aber die in der Person des einzelnen Miterben entstandenen Ersatzansprüche (RGZ 86, 68; OLG Hamburg HansGZ B 1933, 127).

16 Macht der Testamentsvollstrecker eines Miterben eine Nachlassforderung gerichtlich erfolglos gegen einen anderen Miterben geltend, kann er die *Erstattung der ihm auferlegten Verfahrenskosten* von den einzelnen Miterben anteilig entsprechend ihrer Erbquote verlangen, einschließlich für ein von ihm in Auftrag gegebenes notwendiges aber negativ ausfallendes Privatgutachten. Er ist nicht verpflichtet, sein Privatvermögen mit Kosten zu belasten, die durch ordnungsgemäße Amtsausübung verursacht worden sind (BGH NJW 2003, 3268 = FamRZ 2003, 1654 = WM 2003, 1991).

17 **2.** **Gestaltungsrechte** wie Anfechtungs-, Rücktritts-, Minderungs-, Wahl-, Wiederkaufs-, Vorkaufs- und Widerrufsrecht sind **keine Anspruchsrechte iS des § 2039 BGB** (BGHZ 14, 251 = NJW 1954, 1523; BVerwG NJW 1956, 1295; OLG München ZEV 2019, 651; Bamberger/Roth/Lohmann Rn 4; HK-BGB/Hoeren Rd 2) und können von den Erben nur im Rahmen der §§ 2038, 2040 BGB ausgeübt werden, dh grundsätzlich von allen gemeinsam (RGZ 107, 238, 240; 151, 312; BGH NJW 1951, 308; BFH ZEV 2007, 281, 282 m Anm O Werner; OLG Düsseldorf NJW 1954, 1041; MünchKomm/Gergen Rn 4, 9). Erst die Ausübung der Gestaltungsrechte führt zu Ansprüchen. Ansprüche, die eine Gestaltungserklärung zur Voraussetzung haben, wie zB die Genehmigung einer Geschäftsführung, können dann von den einzelnen Miterben geltend gemacht werden, wenn alle Miterben die Erklärung abgegeben haben (RG JW 1927, 1200). Die Erhebung der

Nichtigkeitsklage ist Rechtsgestaltungsklage und damit kein Fall des § 2039 BGB (BGHZ 14, 251 = NJW 1954, 1523; **aA** HABERMEIER ZZP 105, 182, 198, der Gestaltungsklagen als von § 2039 erfasst ansieht, wenn sie der Durchsetzung materiell-rechtlicher Ansprüche dienen; doch nimmt er über § 2040 die Fälle aus, in denen den Miterben durch die Gestaltungswirkung Nachteile entstehen, 204 f). Gleiches gilt für die Anfechtung von Gesellschafterbeschlüssen (BGH NJW 1989, 2694, 2696). Nicht unter § 2039 BGB fällt insb auch die Geltendmachung von Mängelansprüchen, soweit damit die Aufgabe von Rechten verbunden ist, wie zB bei § 437 Nr 2 und Nr 3 BGB (MünchKomm/GERGEN Rn 9).

3. **Einreden** werden ebenfalls nicht von § 2039 BGB erfasst, weil es sich hierbei nicht um Ansprüche handelt (soweit hierdurch die Rechtsverteidigung eines Miterben, insbesondere bei auf Einreden gestützten Repliken im Prozess nach § 2039 BGB geschwächt wird, lässt sich die Erhebung von Einreden als Ausübung des Notverwaltungsrechts nach § 2038 Abs 1 S 2 BGB ansehen). Dies gilt jedoch nicht für Einreden, die sich auf die Geltendmachung eines Anspruchs der Erbengemeinschaft stützen, also insb die Einreden aus § 273 BGB oder § 320 BGB, die ohne weiteres unter § 2039 BGB gefasst werden können (SOERGEL/LETTMAIER Rn 12). 18

4. Die gesetzliche Prozessstandschaft des § 2039 BGB erfasst auch **öffentlich-rechtliche Ansprüche** wie Beihilfeansprüche (BVerwG NVwZ 2010, 1568, 1569), Ansprüche auf Freistellung von den Kosten der häuslichen Krankenpflege (LSG Rheinland-Pfalz RDG 2017, 25, 26) oder Folgenbeseitigungsansprüche (VG Karlsruhe ZEV 2017, 355). Nicht erfasst werden demgegenüber Widerspruch und Anfechtungsklage im verwaltungsgerichtlichen Verfahren (VGH Mannheim NJW 1992, 388). 19

III. Durchsetzung des Anspruchs

1. Der einzelne Miterbe kann die der Gemeinschaft zustehenden Ansprüche **gerichtlich geltend machen**, gegebenenfalls durch *Leistungsklage,* auch auf künftige Leistung (RG JW 1925, 2244), und *Feststellungsklage* (dazu auch Rn 10) erheben, die auf das Bestehen oder Nichtbestehen des Anspruchs (der Nachlassschuld) gerichtet ist (RG HRR 1935 Nr 1602; BGHZ 14, 251 = NJW 1954, 1523), jeweils auch in Form der *Widerklage.* Die Zulässigkeit der Feststellungsklage ergibt sich aus dem Zweck des § 2039 BGB, dem einzelnen Miterben die Durchsetzung der Forderung wie bei gemeinschaftlichem Handeln aller zu ermöglichen. Nicht erfasst werden *Gestaltungsklagen,* vgl Rn 17. 20

2. Bei **außergerichtlicher Geltendmachung** des Anspruchs ist jeder Miterbe befugt, den Schuldner einer fälligen Forderung durch Mahnung in *Verzug* zu setzen oder eine erforderliche Fristsetzung vorzunehmen. Die Kündigung einer Nachlassforderung muss gemeinschaftlich erfolgen, § 2040 Abs 1 BGB (RGZ 65, 5). Der Verzug kann nicht eintreten, wenn die Leistung wegen Verweigerung der Mitwirkung bei der Entgegennahme durch einen Miterben unterbleibt; dann tritt vielmehr Annahmeverzug zu Lasten aller Miterben ein (vgl Rn 26). Die Ansprüche aus einem gegenseitigen schuldrechtlichen Vertrag kann der einzelne Miterbe auch dann geltend machen, wenn er selbst nicht gewillt oder nicht imstande ist, die noch ausstehende Gegenleistung zu bewirken. Der Schuldner hat dann die Einrede des nichterfüllten Vertrages, §§ 320 f BGB. Der Einfluss sonstiger Tatsachen, die ein Schuldverhältnis verändern, ist nach den aus § 432 BGB abzuleitenden Grundsätzen zu beurteilen. 21

22 **3.** Der einzelne Miterbe kann regelmäßig nur **Leistung an alle** fordern, nicht Leistung an sich, auch nicht in Höhe des seinem Anteil entsprechenden Teils der Forderung (OLG Kiel OLGE 4, 432; BVerwG ZIP 1997, 940); dies gilt auch bei Klagen, auf Einsicht in Bankkonten oder Belege, Erteilung einer Auskunft oder Rechnungslegung (AG Augsburg BeckRS 2012, 19697). Beantragt ein Miterbe Leistung an sich selbst, ist im Wege eines Hilfsantrags nach § 2039 S 1 BGB Leistung an die Erbengemeinschaft zulässig (RGZ 158, 302, 314; BGH NJW-RR 1987, 1534, 1535; 1990, 505; ZEV 2007, 272, 273). Auch gegen seine Miterben kann er keine Nachlassforderung nach dem Verhältnis seines Erbteils geltend machen (KG OLGE 21, 314). Zu den Ausnahmen von diesem der Gesamthand entsprechenden Grundsatz vgl Rn 24 f. Da es sich um einen Anspruch der Miterbengemeinschaft handelt, steht dem Klagerecht des einzelnen Miterben nicht entgegen, dass er selbst der Gemeinschaft gegenüber Verbindlichkeiten zu erfüllen hat (BGH WM 1971, 656). Bei **Feststellungsklagen** ist der Antrag auf Feststellung des streitigen Rechtsverhältnisses (§ 256 ZPO) im Verhältnis zu allen Miterben gemeinschaftlich zu stellen. Die Feststellung muss also zB zum Ausdruck bringen, dass die Leistungspflicht gegenüber allen Miterben besteht (RG JW 1905, 146; 1925, 2245; 1935, 3463; LZ 1917, 44; SeuffA 79 Nr 211; 96 Nr 49; Soergel/Lettmaier Rn 30).

23 Sind die übrigen Miterben zur *Leistungsannahme nicht bereit,* muss er **Hinterlegung**, §§ 372 ff BGB, für alle oder notfalls Ablieferung an das Amtsgericht unter Bestellung eines **Verwahrers**, § 410 Nr 3 FamFG, verlangen (Palandt/Grüneberg Einf v § 372 Rn 7; MünchKomm/Gergen Rn 12; Bamberger/Roth/Lohmann Rn 81). Für die Hinterlegung gilt die HintO. Der Verwahrer ist allen Miterben gegenüber zur ordnungsgemäßen Verwaltung verpflichtet; es gelten §§ 688 ff. Er darf nur einheitlichen Weisungen aller Miterben Folge leisten; diese müssen also Meinungsverschiedenheiten zuerst unter sich austragen (KG OLGE 14, 287). Ein Miterbe kann nicht auf Hinterlegung bestehen, wenn zur ordnungsgemäßen Verwaltung der geschuldete Gegenstand erforderlich ist, dies wäre Rechtsmissbrauch, § 242 BGB, zB bei Einziehung von Mieten, aus denen die Verwaltung finanziert wird (RG JW 1938, 356).

24 **4.** Ausnahmsweise kann **Leistung an einen einzelnen Miterben verlangt** werden, wenn dieser von den übrigen Erben dazu bevollmächtigt ist, § 164 BGB, wenn dies zu den für die Erhaltung des Nachlasses notwendigen Maßregeln nach § 2038 Abs 1 S 2 BGB gehört, oder wenn auch hierdurch die Leistung allen zugutekommt, zB bei Unterlassungsansprüchen (Soergel/Lettmaier Rn 33).

25 Gleiches gilt, sofern es sich bei dem Forderungsgegenstand um das **einzige noch zur Verteilung kommende Nachlassaktivum** handelt und durch die Erfüllung des Anspruchs die Auseinandersetzung zulässigerweise vorweggenommen wird. Dies setzt voraus, dass andere Miterben als die Parteien nicht in Betracht kommen, Nachlassverbindlichkeiten nicht bestehen, der Gläubiger den Anteil der Forderung verlangt, der ihm bei der Auseinandersetzung zukommen würde, und gleichzeitig zu erkennen gibt, die Schuld solle gegenüber dem Nachlass getilgt sein (RG WarnR 1908 Nr 651; 1914 Nr 236a, b, c; BGB-RGRK/Kregel Rn 13). Darüber hinaus kann der Miterbe Leistung an sich selbst verlangen, soweit er bei der Verteilung eines Veräußerungserlöses übergangen wurde (OLG Dresden OLG-NL 1998, 137). Einen Anspruch auf Rechnungslegung an ihn kann der einzelne Miterbe gegen einen anderen geltend machen, falls andere Miterben als Berechtigte nicht in Betracht kommen oder diesen Anspruch nicht geltend machen wollen (RG WarnR 1913 Nr 236d).

5. Der Schuldner kann sich von seiner Verpflichtung nur durch **Leistung an die Miterbengemeinschaft** befreien. Der klagende Miterbe kann deshalb die geschuldete Leistung grds nicht für die Erbengemeinschaft annehmen, so dass die Zahlung auf das Konto eines Miterben regelmäßig nicht die geschuldete Leistung ist und damit keine Erfüllung darstellt (Koblenz NJW-RR 2005, 1678; BGH NJW 2013, 166); erst recht kann er keine Leistung an Erfüllungs statt annehmen. Die vom Schuldner erbrachte Leistung fällt in den Nachlass, § 2041 BGB. 26

Der **Erfüllungsort** ändert sich durch den Erbfall nicht (Kress 61). Bei Geldschulden ist der letzte Wohnsitz des Erblassers als der Ort anzusehen, an dem der Schuldner im Zweifel das Geld zu übermitteln hat, § 270 BGB (Francke SeuffBl 65, 262 f; Riesenfeld I 278, während Kress 61 jeden Wohnsitz eines Miterben nach Wahl des Schuldners für den Zahlungsort anerkennt. Dies ist wegen der Verpflichtung, an alle Erben zu leisten, nicht gerechtfertigt). Um allen Schwierigkeiten zu entgehen, sollte der Schuldner sich bei verschiedenem Wohnsitz der Miterben mit diesen über den Leistungsort verständigen. An dem Erfüllungsort müssen die Miterben zur Entgegennahme der angebotenen Leistung gegenwärtig oder vertreten sein (Kress 62). Nimmt auch nur einer der Miterben die Leistung nicht an, wirkt sein Annahmeverzug gegen alle, da die Leistung nur an alle erbracht werden kann (vgl Rn 21). Dies gilt trotz des diesen Sonderfall nicht berücksichtigenden Wortlauts des § 432 BGB (Enneccerus/Lehmann § 96 I 2 d). Der Schuldner kann sich in diesem Fall durch Hinterlegung für alle Miterben befreien. Im Hinblick auf diese Schwierigkeit wurde für den einzelnen Miterben das Recht aus § 2039 S 2 BGB geschaffen. 27

6. Der Schuldner kann nicht mit einer Forderung gegen den klagenden Miterben aufrechnen (§ 2040 Abs 2 BGB), wohl aber mit einer Forderung gegen den Nachlass. Empfänger der Aufrechnungserklärung (§ 389 BGB) ist der klagende Miterbe. Auch andere **Gegenrechte** kann und muss der Schuldner dem klagenden Miterben gegenüber geltendmachen, beispielsweise die Einrede aus § 320 BGB oder das Zurückbehaltungsrecht aus § 273 BGB, welches aber nur besteht, wenn dem Schuldner seinerseits ein Anspruch nicht gegen den klagenden Miterben, sondern gegen sämtliche Miterben zusteht. Auch bei anderen Gegenrechten kommt es stets nicht auf die Person des klagenden Miterben, sondern die Erbengemeinschaft an (BGH NJW 1966, 773, 774). 28

IV. Der Miterbe als Nachlassschuldner

1. Besteht ein Nachlassanspruch gegen einen Miterben, so folgt aus der gesamthänderischen Bindung des Nachlasses, dass bis zur Auseinandersetzung eine Konfusion von Rechten und Verbindlichkeiten des Erblassers gegenüber einem der Miterben nicht eintreten kann, auch nicht zu einem Bruchteil (vgl Vorbem 12 zu §§ 2032 ff). Infolgedessen steht der **Geltendmachung des Nachlassanspruchs durch einen der Miterben gegen den Schuldner** nach § 2039 BGB nichts entgegen (BGH WM 1975, 1181). Verstirbt ein Kläger während des Rechtsstreits und wird er vom Beklagten und einem Dritten als Miterben beerbt, so wird der Prozess auf Klägerseite allein vom Dritten fortgeführt und behält der Beklagte – obschon er nun Mitglied der Erbengemeinschaft ist – seine prozessuale Stellung bei (BGH NJW 2014, 1886; BGH NJW 2016, 2652). 29

30 Insbesondere kann einer der Miterben als Prozessstandschafter **Auskunftsansprüche** der Miterben geltendmachen, die gegen einen der Miterben bestehen, welcher mit der Verwaltung oder Abwicklung des Nachlasses betraut ist, zB Vorlage eines Bestandsverzeichnisses sowie Rechnungslegung über die im Rahmen der Abwicklung des Nachlasses getätigten Geschäfte (OLG Düsseldorf ZEV 2016, 259).

31 Auch der Miterbe als Nachlassschuldner muss an **alle Miterben leisten** (an sich selbst als Mitbesitzer usw). Der klagende Miterbe kann nicht Leistung an sich selbst (auch nicht in Höhe seiner Erbquote) fordern. Der Schuldner kann die Leistung nicht deswegen verweigern, weil sie zur Deckung der Passiven des Nachlasses nicht erforderlich sei und die Schuld deshalb auf seinen Erbteil angerechnet und angewiesen werden könnte. Ein solches Verweigerungsrecht hatte die frühere pr Praxis aufgrund von I 16 § 491 ALR anerkannt (Rehbein Entsch d Obertribunals III 291; ebenso die ersten beiden Aufl dieses Kommentars). Die heutige übereinstimmende Ansicht ist dem nicht gefolgt und macht das Recht des Klägers auch nicht von dem Nachweis abhängig, dass sein Verlangen einer ordnungsgemäßen Verwaltung des Nachlasses entspreche (RGZ 65, 9).

32 Der Miterbenschuldner kann sich jedoch insoweit dem **Leistungsverlangen widersetzen**, als ein die *Zurückbehaltung* rechtfertigender Grund vorliegt, also die Einziehung der Schuld nach den Umständen des Einzelfalls den Grundsätzen einer ordnungsgemäßen Verwaltung des Nachlasses widerspricht, ihn unbillig beschweren und damit gegen Treu und Glauben (§ 242 BGB) verstoßen würde (RGZ 65, 10 = JW 1907, 78; RGZ 93, 197; RG WarnR 1913 Nr 236; Recht 1916 Nr 486; HRR 1934 Nr 1458; BGH WM 1971, 655; Kress 128; Binder III 77; Josef Gruchot 49, 60 f; Kretzschmar SächsArch 6, 529). Dies ist zwar nicht allein deshalb der Fall, weil mit der Geltendmachung des Anspruchs bis zur Auseinandersetzung der Erbengemeinschaft gewartet werden könnte, jedoch dann, wenn mit Sicherheit abzusehen ist, dass die Schuld durch die Auseinandersetzungsforderung des Miterben gedeckt ist (BGH WM 1971, 655). Die Miterben werden aber oft einen ausreichenden Grund haben, die Geltendmachung der Forderung nicht bis zur Auseinandersetzung hinauszuschieben, so wenn der Mietzins zur Deckung der Kosten der Verwaltung des Grundstückes oder des gesamten Nachlasses erforderlich ist (Fuchs JW 1938, 355).

33 **2.** Soweit Miterben einen Anspruch auf das im Besitz eines anderen Miterben befindliche Nachlassvermögen geltend machen, kann dieser Anspruch nicht wie bei Klagen gegen Dritte ohne Weiteres auf Herausgabe oder Hinterlegung des Nachlassgegenstandes gerichtet werden, vielmehr muss ebenso wie im Fall des § 2018 BGB nur die *Einräumung des Mitbesitzes* am Nachlass oder die Erbauseinandersetzung hinsichtlich der einzelnen Nachlassgegenstände, dh Zustimmung zur Ausführung eines vorgelegten Teilungsplanes, verlangt werden (RG LZ 1914, 576).

34 **3.** Der Miterbe ist bei der **Auseinandersetzung** verpflichtet, sich die Schuld auf seinen Erbteil anrechnen zu lassen (RGZ 78, 273; RG JW 1912, 396; OLG Stuttgart WürttJb 23, 308). Diese Anrechnungspflicht gilt auch gegenüber dem Sondernachfolger (RGZ 78, 273). Der Miterbe muss sich die Schuld selbst dann auf seinen Erbteil anrechnen lassen, wenn die Forderung bei der Auseinandersetzung verjährt ist, sofern die Verjährung zZ des Erbfalls noch nicht eingetreten war (OLG Breslau JW 1938, 945).

V. Verfahren

1. Der **Klageantrag** muss ebenso wie der spätere Urteilstenor auf Leistung an alle Miterben gemeinsam gerichtet werden (BGH NJW 1965, 396, 397). Dabei braucht bei Klage eines oder aller Miterben nach § 2039 BGB das Anteilsverhältnis nicht angegeben zu werden (RG HRR 1930 Nr 1219). Eine Beschränkung des Antrages auf Leistung an alle ist unnötig, wenn die eingeklagte Leistung von selbst allen Erben zugutekommt, wie bei einer Unterlassungspflicht (RG LZ 1916, 817 Nr 6; WarnR 1916 Nr 248). Ist der Klageantrag nicht entspr beschränkt, hat das Gericht in Ausübung des Fragerechts auf eine sachgemäße Formulierung hinzuwirken (RG WarnR 1913 Nr 236d). Eine Änderung des im ersten Rechtszug vom angeblichen Alleinerben geltend gemachten Anspruchs kann noch in zweiter Instanz erfolgen (RG Recht 1922 Nr 106). 35

2. Ein **Widerspruch der übrigen Miterben** steht der Geltendmachung des Anspruchs für alle nicht entgegen, denn es handelt sich um ein Sonderrecht des einzelnen Miterben (BGH FamRZ 2014, 750; Werner ZEV 2007, 283); gerade dies ist der Sinn der Norm, eine Einziehung auch gegen den Widerspruch von Miterben zu ermöglichen. Falls die übrigen Miterben mit der Klage nicht einverstanden sind oder der gemeinschaftlichen Annahme der Leistung Schwierigkeiten bereiten, empfiehlt es sich, einen Eventualantrag auf Hinterlegung oder Ablieferung zu stellen. 36

Der allein klagende Miterbe missbraucht jedoch seine Prozessführungsbefugnis, wenn er allein sich gegenüber dem Beklagten arglistig verhalten hat und die übrigen Miterben der Klageerhebung widersprechen. In diesem Fall ist die Klage als unzulässig abzuweisen (BGHZ 44, 367 = NJW 1966, 773, 774). Unzutreffend ist es dagegen, die Klage eines einzelnen Miterben stets wegen Rechtsmissbrauchs als unzulässig anzusehen, wenn die Miterben der Klageerhebung widersprochen haben (so jedoch OLG Frankfurz NJW 2012, 2595). Das Recht zur Geltendmachung von Ansprüchen würde hierdurch entgegen Wortlaut und ratio des § 2039 BGB beschränkt, obschon dieses Recht auch mit Blick auf § 2038 BGB sachgerecht erscheint: Die Erben schulden einander die Mitwirkung an einer ordnungsgemäßen Verwaltung, wozu auch die Einziehung von Nachlassforderungen gehört. 37

3. Der Miterbe klagt nicht als Vertreter der Miterben, sondern **in eigenem Namen**. Er hat Prozessstandschaft **für die Erbengemeinschaft** (BGH NJW 2006, 1970 mwNw; HK-BGB/Hoeren Rn 5; Werner ZEV 2007, 283). Das Urteil schafft weder für noch gegen die anderen Erben **Rechtskraft**; das Unterliegen des klagenden Miterben hindert die übrigen nicht an neuer Klageerhebung (RGZ 93, 127; RG WarnR 1913 Nr 235; Erman/Bayer Rn 2; MünchKomm/Gergen Rn 20; Bamberger/Roth/Lohmann Rn 2; Soergel/Lettmaier Rn 23). Das zugunsten des Klägers ergangene Urteil kommt aber bei der Vollstreckung, die allein der klagende Miterbe bestreiten kann, den anderen Miterben tatsächlich zugute. Umgekehrt ist eine Feststellungsklage aller Miterben hinsichtlich einzelner Miterben unzulässig, wenn diesen gegenüber das Gegenteil in einem früheren Verfahren rechtskräftig festgestellt worden ist (BGH NJW 1989, 2133, 2134). Aus der beschränkten Rechtskraftwirkung ergibt sich, dass zwischen mehreren klagenden Miterben *keine notwendige Streitgenossenschaft* besteht (RG WarnR 1913 Nr 235; BGHZ 23, 207 = NJW 1957, 906; OLG Düsseldorf OLGZ 1979, 457, 458 f; BFH FamRZ 1989, 975, 977; OLG Jena AgrarR 1999, 196; OLG Brandenburg OLG-NL 1998, 261; BGB-RGRK/ 38

Kregel Rn 9; HK-BGB/Hoeren Rn 5; Bamberger/Roth/Lohmann Rn 9; MünchKomm/Gergen Rn 20; Blomeyer AcP 159 [1959] 396, 402).

39 Es handelt sich um einen Fall der gesetzlichen Prozessstandschaft und daher nicht um eine notwendige Streitgenossenschaft. Die **Klage aller Miterben** führt aber zu einer *notwendigen Streitgenossenschaft,* da es sich um ein einheitliches Rechtsverhältnis handelt, das in demselben Rechtsstreit nicht verschieden beurteilt werden kann. Zudem würde eine Klage aller Miterben gem § 2039 BGB einer zusätzlichen oder späteren Gesamthandsklage entgegenstehen, das Urteil damit für die Gemeinschaft, dh für alle Miterben, in Rechtskraft erwachsen (OHG NJW 1950, 597; BGB-RGRK/Kregel Rn 9; Erman/Bayer Rn 2; Blomeyer AcP 159 [1959] 397, 402 ff, 405; **aM** BFH FamRZ 1989, 975, 977 unter Berufung auf BGHZ 92, 351, 354 [für § 1011]; Schwab, in: FS Lent [1957] 283 ff). § 2039 BGB erfasst allerdings nur das formelle Recht. Materiellrechtliche Wirkung gibt die Vorschrift nur dem antragstellenden Miterben (so zum Restitutionsantrag BVerwG NJW-Spezial 2009, 728).

40 **4.** Die Klage eines Miterben auf Leistung an die Erbengemeinschaft **hemmt** die **Verjährung** des geltendgemachten Anspruchs insgesamt (MünchKomm/Gergen Rn 20; Soergel/Lettmaier Rn 24). Ein Verjährungsneubeginn durch Anerkenntnis unterliegt § 2040 Abs 1 BGB.

41 Die Frist des § 211 BGB für den **Eintritt der Verjährung** beginnt hingegen nicht schon mit dem Zeitpunkt, in dem nur ein Miterbe die Erbschaft angenommen hat (BGB-RGRK/Kregel Rn 12). Die regelmäßige Verjährung (iS des § 199 Abs 1 BGB) eines Anspruchs des Erblassers beginnt mit dem Schluss des Jahres, in dem der Anspruch entstanden ist, wenn der Erblasser von den den Anspruch begründenden Umständen und der Person des Schuldners Kenntnis erlangt bzw ohne grobe Fahrlässigkeit erlangen müsste oder, sofern diese Kenntnis bei ihm nicht vorlag, mit der aller Miterben (BGH ZEV 2007, 373 mit zust Anm Werner; OLG Celle NJW 1964, 869; BGB-RGRK/Kregel Rn 12). Da es sich um einen Gesamthandsanspruch handelt, müssen alle Miterben die anspruchsbegründenden Umstände kennen. Hinsichtlich der Kenntnis jedes einzelnen Miterben bestehen strenge Anforderungen. Zu Recht hat der BGH (ZEV 2007, 273) eine Vermutung für eine Kenntnis aller Miterben abgelehnt, selbst wenn hinsichtlich des Geschäftes vorherige Absprachen getroffen wurden.

42 Zu beachten ist, dass bereits **außergerichtliche Verhandlungen** zu einer Hemmung der Verjährung nach § 203 BGB führen können. Führen Miterben Verhandlungen über die Zusammensetzung und Bewertung des Nachlasses, ist die Verjährung auch solcher zum Nachlass gehörender Ansprüche gegen einen von ihnen gehemmt, über die ein inhaltlicher Meinungsaustausch nicht stattfindet. Das gilt jedenfalls für Forderungen, die in einem der gewechselten Anwaltsschreiben – wenn auch ohne nähere Erläuterung und unter einem unrichtigen Gliederungspunkt – aufgeführt worden sind, wenn die Parteien anschließend weiter verhandeln (OLG Düsseldorf ZEV 2011, 323).

43 **5.** Ebenso wie der einzelne Miterbe eine Sonderklage erheben kann, darf er das durch den Tod einer Partei unterbrochene **Verfahren** allein **wieder aufnehmen** (BGH FamRZ 2012, 26; RG JW 1904, 410; WarnR 1939 Nr 23; BGHZ 14, 251 = NJW 1954, 1523; BGHZ

23, 207 = NJW 1957, 609), selbst wenn es sich nicht um einen zum Nachlass gehörenden Anspruch handelt (BGH LM Nr 6 zu § 239 ZPO = MDR 1966, 669), zB Aufnahme einer durch den Tod des Erblassers unterbrochenen Nichtigkeitsklage (BGHZ 14, 251 = NJW 1954, 1523; BGB-RGRK/Kregel Rn 3). Da alle Miterben das Wiederaufnahmerecht haben, wird dieses nicht für die anderen dadurch ausgeschlossen, dass bereits ein Miterbe das Verfahren mit dem Antrag, an alle Erben zu leisten, aufgenommen hat (OLG Frankfurt MDR 1966, 153). Durch die Wiederaufnahme können Mängel des bisherigen Verfahrens geheilt werden (BGHZ 23, 207 = NJW 1957, 906).

6. Aus dem zu seinen Gunsten erstrittenen Urteil kann der klagende Miterbe die 44
Zwangsvollstreckung betreiben, die den anderen Miterben tatsächlich zugutekommt (vgl Rn 38). Zur Sicherung des Anspruchs kann er zu Gunsten der Gemeinschaft Arrest oder einstweilige Verfügung erwirken. Eine vollstreckbare Ausfertigung aufgrund eines zu Gunsten aller Erben erlangten Titels kann bis zur Auseinandersetzung für die Erben als Rechtsnachfolger des Erblassers gemeinschaftlich erteilt werden (Arg aus §§ 2032, 2039 BGB). Es kann aber auch jeder einzelne Miterbe für sich eine vollstreckbare Ausfertigung verlangen, in der die sich aus § 2039 BGB ergebende Beschränkung seines Beitreibungsrechts zum Ausdruck kommt (BGH NJW-RR 2017, 510; LG Saarbrücken SaarlZ 1952, 62; Kress 72). Haben die Erben gemeinsam geklagt und ein obsiegendes Urteil erlangt, kann aus diesem Titel ebenfalls eine vollstreckbare Ausfertigung zu Gunsten aller oder des einzelnen Miterben erteilt werden. Ist ein vollstreckbarer Titel zu Gunsten aller Miterben erteilt, kann über § 2039 BGB der einzelne Miterbe *Vollstreckungsmaßnahmen* durchführen. Dies entspricht der Zweckrichtung der Norm, einzelnen Miterben die Durchsetzung der Ansprüche zu ermöglichen (KG NJW 1957, 1154).

7. Für die Gewährung der **Prozesskostenhilfe** kommt es aufgrund des eigenen 45
Klagerechts allein auf die Vermögenslosigkeit des klagenden Miterben an. Dies gilt auch bei der Klage eines Abwesenheitspflegers (OLG Koblenz ZEV 2019, 307), nicht aber in Fällen der Nachlasspflegschaft (BVerfG NJW-RR 1998, 1081). Schieben vermögende Miterben den Vermögenslosen lediglich vor, um auf diese Weise Prozesskostenhilfe für den Rechtsstreit zu erlangen, kann hierin ein sittenwidriger Umgehungsversuch liegen, der zur Ablehnung des Gesuches führt (RG JW 1938, 696; OLG Koblenz MDR 1957, 45 und ZEV 2011, 326; OLG Köln MDR 1954, 174 = JR 1954, 63; OLG Saarbrücken NJW 2009, 2070; Bamberger/Roth/Lohmann Rn 9; Schneider Betrieb 1978, 288).

8. Der **Streitwert** der Sonderklage bemisst sich nach dem Wert der gesamten 46
geforderten Leistung (RGZ 149, 193; 156, 263, 264; BGH LM Nr 5 zu § 6 ZPO = NJW 1958, 1397; NJW 1967, 443; OLG Braunschweig Rpfleger 1956, 115; OLG Düsseldorf MDR 1962, 912; BGB-RGRK/Kregel Rn 16; MünchKomm/Gergen Rn 30; Soergel/Lettmaier Rn 13; Hillach DR 1941, 1446, 1447; Johannsen WM 1970, 579; Schneider Rpfleger 1982, 268, 269), nicht nach dem anteiligen Interesse des klagenden Miterben (so noch RGZ 93, 127). Bei einer Klage auf Feststellung der Nichtigkeit eines Vertrages berechnet der BGH den Streitwert nach § 3 ZPO, dh allein nach dem Interesse des Miterben. Da im Gegensatz zur Leistungsklage nicht über den vollen Streitwert entschieden werde, sei lediglich das Interesse des klagenden Miterben betroffen (BGH Rpfleger 1955, 101 = LM Nr 4 zu § 3 ZPO). Maßgebend muss aber sein, dass es für den Beklagten um seine gesamte Rechtsstellung geht, die dem vollen Wert der vertraglichen Leistung entspricht (MünchKomm/Gergen Rn 30; Schneider Rpfleger 1982, 268, 269 f). Hiervon sind

ca 20% abzuziehen (Baumbach/Lauterbach/Albers/Hartmann[63] Anh § 3 ZPO Rn 53). Ausführlich zur Streitwertfestsetzung: Hillach DR 1941, 1446; Creutzig NJW 1969, 1335; Schneider Rpfleger 1982, 268.

47 Wird von einem Miterben die **Feststellung der Nichtigkeit eines Testamentes** begehrt, handelt es sich nicht um eine Sonderklage iS des § 2039 BGB (vgl Rn 38), der Streitwert bemisst sich nach dem Interesse des Klägers (RG DRpfl 1936 Nr 600). Ist bei der Sonderklage ein anderer Miterbe Beklagter, ist von dem Wert des Streitgegenstandes der dem Miterbenanteil des Beklagten entsprechende Betrag abzuziehen, da dieser Teil des Streitgegenstandes dem Beklagten letztlich wieder zugutekommt und damit außer Streit ist (RG JW 1937, 228; BGH NJW 1967, 443 = MDR 1967, 202; OLG Köln Rpfleger 1969, 96; Erman/Bayer Rn 5; Soergel/Lettmaier Rn 13; BGB-RGRK/Kregel Rn 16; Hillach DR 1941, 1447; Johannsen WM 1970, 579; Schneider Rpfleger 1982, 268, 270).

48 Auch bei einer **Grundbuchberichtigungsklage**, durch die ein Erbe von einem anderen Zustimmung zur Eintragung der Gemeinschaft verlangt, ist der dem Erbteil entsprechende Anteil des Beklagten vom Grundstückswert abzuziehen (BGH LM Nr 5 zu § 6 ZPO; Johannsen WM 1970, 579, 580; Schneider Rpfleger 1982, 270; **aM** OLG Frankfurt Rpfleger 1957, 93). Das Gleiche gilt für eine Klage des Miterben gegen die Erbengemeinschaft hinsichtlich des auf den Kläger entfallenden Anteils (RGZ 156, 263; OLG Celle NJW 1969, 1355; Soergel/Lettmaier Rn 13). Klagt ein Miterbe gegen die Erbengemeinschaft auf Auflassung eines Grundstücks an einen Dritten, so ist der volle Verkehrswert des Grundstücks in Ansatz zu bringen (BGH NJW 1956, 1071; **aA** Schneider Rpfleger 1982, 268, 270). Insoweit liegt eine Auseinandersetzung vor.

49 **9.** § 2039 BGB gilt auch im **Verfahren der freiwilligen Gerichtsbarkeit** (KG ZBlFG 1916, 24; MünchKomm/Gergen Rn 26) und der **Verwaltungsgerichtsbarkeit** (BVerwG NJW 1965, 1546; Soergel/Lettmaier Rn 8). Dies ist die Konsequenz aus der Erstreckung des § 2039 BGB auf öffentlichrechtliche Ansprüche (OVG Hamburg ZMR 1957, 204; BGB-RGRK/Kregel Rn 1; vgl Rn 6; diff MünchKomm/Gergen Rn 354).

VI. Entsprechende Anwendung des § 2039

50 Eine entsprechende Anwendung des § 2039 BGB auf andere Gesamthandsverhältnisse als die Miterbengemeinschaft ist möglich (RG JW 1905, 146; MünchKomm/Gergen Rn 34; Soergel/Lettmaier Rn 2; **aM** Hadding, actio pro socio [1966] 38, 39), soweit dort eine planwidrige Regelungslücke besteht. Anerkannt ist dies für die *eheliche Gütergemeinschaft* (RGZ 158, 40; RG JW 1905, 146; 1933, 166; WarnR 1913 Nr 150; 1936 Nr 137; 1939 Nr 23). Gleiches gilt für *Gesellschaften,* bei denen alle Gesellschafter geschäftsführungsbefugt sind (RGZ 70, 34; 86, 66; RG JW 1900, 553; 1930, 168); ansonsten würden die gesellschaftsvertraglichen Vereinbarungen zu Geschäftsführung und Vertretung umgangen. Eine analoge Anwendung des § 2039 BGB kommt nur für Ansprüche der Gesellschaft gegen Dritte (oder Gesellschafter in der Rolle von Dritten) in Betracht; bei Ansprüchen gegen einen Gesellschafter aus Gesellschaftsvertrag gelten die Grundsätze der actio pro socio.

51 Die Klage auf *Nichtigkeit eines Testamentes* bezieht sich nicht auf einen zum Nachlass gehörenden Anspruch. Dies ist kein Fall des § 2039 BGB, sondern jeder Miterbe klagt hinsichtlich seines eigenen Erbrechts, seiner Erbenstellung; er macht kein der Gemeinschaft zustehendes Recht geltend (vgl Rn 47). Es bedarf daher keiner entsprechenden Anwendung des § 2039 BGB (so jedoch OLG München HRR 42, 302; BGB-RGRK/Kregel Rn 19), um das alleinige Klagerecht des Miterben zu begründen.

VII. Abweichende Vereinbarungen der Miterben

§ 2039 BGB ordnet kraft Gesetzes eine Prozessstandschaft jedes einzelnen Miterben 52
an. Daneben können die Miterben ein Mitglied der Erbengemeinschaft auch mit Stimmenmehrheit zur **Einziehung eines im Nachlass befindlichen Anspruchs** ermächtigen, sofern dies einer ordnungsgemäßen Verwaltung entspricht (BGH FamRZ 2013, 27; BGH FamRZ 2010, 119; BGH NJW 2011, 61), bzw einstimmig ermächtigen, soweit diese Voraussetzung nicht vorliegt. Der solchermaßen ermächtigte Miterbe macht den Anspruch im eigenen Namen und nicht als Prozessstandschafter geltend und fordert folgerichtig auch Leistung an sich und nicht an die Erbengemeinschaft.

Umgekehrt können die Miterben eine abweichende Vereinbarung über die **Verwal-** 53
tung eines gemeinschaftlichen Rechts treffen. Haben einzelne Miterben im Zuge von Verwaltungsmaßnahmen vereinbarungsgemäß bereits vor der Auseinandersetzung Barbeträge aus dem Nachlass erlangt, so kann ein weiterer Miterbe nicht deren Hinterlegung zugunsten der Erbengemeinschaft beanspruchen (OLG Saarbrücken FamRZ 2018, 1539). Dies gilt jedenfalls dann, wenn feststeht, dass ein etwaiger Rückgewähranspruch durch den Auseinandersetzungsanspruch dieser Miterben gedeckt wäre, weil sich in diesem Fall das Handeln des weiteren Miterben als treuwidrige (§ 242 BGB) Rechtsausübung darstellt (vgl Rn 32).

§ 2040
Verfügung über Nachlassgegenstände, Aufrechnung

(1) Die Erben können über einen Nachlassgegenstand nur gemeinschaftlich verfügen.

(2) Gegen eine zum Nachlass gehörende Forderung kann der Schuldner nicht eine ihm gegen einen einzelnen Miterben zustehende Forderung aufrechnen.

Materialien: E II § 1914; E III § 2015; Prot V 865 f; Jakobs/Schubert ER I 789–795, 807, 813.

Systematische Übersicht

Alphabetische Übersicht

I. Grundsätzliches

§ 2040 BGB ist durch die II. Kommission in das Gesetz eingefügt worden (Prot V 865 f). § 2040 BGB entspricht in beiden Absätzen dem bereits in § 2038 Abs 1 S 1 BGB niedergelegten **Gesamthandsprinzip** (vgl § 2038 Rn 1). Über die Reichweite der Regelung besteht Uneinigkeit, auch die jüngere Rechtsprechung des BGH hat keine vollständige Klarheit geschaffen (vgl eingehend hierzu § 2038 Rn 35, 49 f). **Umstritten** ist insb, ob § 2040 BGB eine Sonderregelung darstellt, welche die in § 2038 BGB angeordneten Ausnahmen vom Grundsatz gemeinschaftlichen Handelns beseitigt, oder gerade umgekehrt diese Ausnahmen den Anwendungsbereich des unglücklich platzierten § 2040 BGB beschränken. Während die *Rspr des BGH* der erstgenannten Auffassung folgt (vgl eingehend hierzu § 2038 Rn 51 f), diese jedoch wiederum mit zahlreichen Ausnahmen versehen hat, wird *vorliegend* die letztgenannte Auffassung für zutreffend gehalten und ein Gleichlauf von Geschäftsführung und Vertretung im Recht der Erbengemeinschaft angenommen (vgl eingehend hierzu mwNw § 2038 Rn 34a). 1

II. Gemeinschaftliche Verfügung über einen Nachlassgegenstand (Abs 1)

§ 2040 Abs 1 BGB enthält eine positive Ergänzung zu der negativen Bestimmung des § 2033 Abs 2 BGB, die dem einzelnen Miterben das Verfügungsrecht über seinen Anteil an einem einzelnen Nachlassgegenstand abspricht. § 2040 Abs 1 erlaubt – ebenso wie § 747 S 2 BGB bei der Bruchteilsgemeinschaft und §§ 719 f BGB bei der Gesellschaft – den Miterben, nur gemeinschaftlich über einen Nachlassgegenstand zu verfügen. Die Formulierung des § 2040 Abs 1 BGB ist insoweit ungenau, als eine gemeinschaftliche Verfügung der Mitglieder der Erbengemeinschaft, der Gesamthänder, erforderlich ist; zu diesen gehört auch ein Erbanteilserwerber 2

(RGZ 112, 132; Bamberger/Roth/Lohmann Rn 1), ein solcher ist aber nicht Miterbe (vgl § 2033 Rn 21 ff).

3 **1.** § 2040 Abs 1 BGB erfasst lediglich Verfügungen über **Nachlassgegenstände**; dies sind nicht nur Sachen (§ 90 BGB), sondern auch unkörperliche Gegenstände, die in die Rechtsinhaberschaft der Miterbengemeinschaft fallen. Zu ihnen gehören gem § 2041 BGB die Surrogate. Verfügungen über Gegenstände, die nicht dem Nachlass zugehören (zB Eigentumserwerb einer fremden Sache), fallen nicht unter § 2040 BGB, die Berechtigung der Miterben regelt sich allein nach § 2038 BGB (vgl § 2038 Rn 19 ff).

4 **2.** Die **Verfügung** ist wie im sonstigen Zivilrecht (§§ 135, 161, 185, 816 Abs 1, 2033 Abs 1 S 1 BGB) als Rechtsgeschäft zu verstehen (vLübtow II 803; HK-BGB/Hoeren Rn 2; Bartholomeyczik, in: FS Reinhardt 17), durch das bestehende Rechte mit unmittelbarer Wirkung aufgehoben, übertragen, belastet oder verändert werden (BGHZ 1, 304; Bamberger/Roth/Lohmann Rn 1; Damrau/Rissmann Rn 2; zum Verfügungsbegriff des § 2040 ausführlich Bartholomeyczik, in: FS Reinhardt 17 ff). Damit stimmt der Verfügungsbegriff, soweit er sich als Teil der Verwaltungshandlungen iS des § 2038 BGB darstellt (vgl § 2038 Rn 9 ff), mit dem des § 2040 BGB überein. Verfügungen iSd § 2040 BGB beziehen sich auf einen einzelnen Nachlassgegenstand, nicht auf den Nachlass oder einen Erbteil als Ganzes (vgl Rn 12).

5 **a)** Verfügung ist die **Kündigung einer** zum Nachlass gehörigen **Forderung** (RGZ 65, 5; 146, 314; KG OLGE 4, 118; 30, 196; vLübtow II 803), eines Miet- oder Pachtverhältnisses über ein Nachlassgrundstück (BGH MittBayNot 2007, 131 m Anm Ann; ZEV 2010, 36 m Anm Ann = NJW 2010, 765 = FamRZ 2010, 119 = WM 2010, 429 = MDR 2010, 138; LG Aachen ZMR 1956, 300; LG Mannheim WuM 1964, 138; ZMR 1966, 178; AG Oberndorf WuM 1957, 137 = ZMR 1958, 25; Palandt/Weidlich Rn 2; MünchKomm/Gergen Rn 8; Bartholomeyczik, in: FS Reinhardt 19; **aM** BGH RdL 1951, 87; LG Köln MDR 1972, 280; Schopp ZMR 1967, 193) und die Erhebung der Mietaufhebungsklage (RG DRW 1940, 868; AG Hannover WuM 1965, 137 = ZMR 1966, 152), die Erteilung einer Löschungsbewilligung, die Zustimmung zur Berichtigung des Grundbuches (RGZ 93, 292), der Vergleich über eine Nachlassforderung.

6 Der **Widerruf eines Vergleichsabschlusses** fällt nicht unter § 2040 BGB, wenn der Vergleich unter der Bedingung nicht erfolgenden Widerrufs geschlossen wurde. Soll ein bereits geschlossener Vergleich beseitigt werden, handelt es sich um eine Verfügung iS des § 2040 BGB (dazu BGHZ 46, 280 = NJW 1967, 440 = JR 1967, 340). Die Einleitung des Aufgebotsverfahrens durch die Erben wird nicht von § 2040 BGB erfasst (OLG Bamberg NJW 1966, 1414). Zur Kündigung einer Nachlassforderung gegenüber einem Miterben bedarf es dessen Mitwirkung nicht, denn er ist wegen Interessenwiderstreits ausgeschlossen (BayObLGZ 6, 326; **aM** KG OLGE 26, 304; vgl § 2038 Rn 45).

7 Wie die Kündigung ist die **Ausübung sonstiger Gestaltungsrechte** (vgl § 2039 Rn 16) eine Verfügung (HK-BGB/Hoeren Rn 3; einschränkend Habermeier ZZP 105, 182, 200 ff für Gestaltungsklagen, die nicht zu einer für die Erbengemeinschaft rechtlich nachteiligen Gestaltung führen, vgl § 2039 Rn 16): Widerruf eines Auftragsverhältnisses (RG LZ 1926, 228; SeuffA 79 Nr 221), Rücktritt und Anfechtung (RGZ 107, 238; 151, 312; BGH NJW 1951, 308),

Ausübung des Vorkaufs- oder Wiederkaufsrechts, Genehmigung einer auftragslosen Geschäftsführung (RG SeuffA 81 Nr 95), Verzicht auf ein zum Nachlass gehöriges Recht, zB auf das Rücktrittsrecht (RG JR 1925 Nr 1345 = LZ 1925, 1325 = SeuffA 79 Nr 180), Geltendmachung von Schadensersatz oder Minderung statt der Erfüllung, zB nach § 437 Nr 2 und 3 BGB (OLG München BeckRS 2019, 2463). Zum Widerruf einer vom Erblasser erteilten Vollmacht vgl § 2038 Rn 8.

Verfügung ist die Abtretung einer Nachlassforderung, die **Übertragung von Eigentum** 8 an einer im Nachlass befindlichen beweglichen oder unbeweglichen (hier bedarf es keiner Voreintragung der Erben im Grundbuch, § 40 GBO) Sache, die Bestellung oder Übertragung einer Hypothek, Grundschuld oder eines anderen beschränkt-dinglichen Rechts an einem Nachlassgrundstück, die Bestellung einer Baulast (VGH Mannheim NJW 1991, 2786, 2787) und die Zustimmung der Erbengemeinschaft als Grundstückseigentümerin zur Veräußerung des Erbbaurechtes (OLG Hamm OLGZ 1966, 574 = MDR 1967, 127 = Rpfleger 1967, 415). Ist eine Erbengemeinschaft Bruchteilseigentümerin eines Grundstücks, ist zur Bestellung der Grundschuld (Verfügung) die Zustimmung aller Miterben erforderlich. Fehlt die Zustimmung eines Erben, ist die Bestellung unwirksam und kann nicht in eine wirksame Belastung des Anteils der Zustimmenden umgedeutet werden (OLG Düsseldorf JMBlNRW 1959, 180).

Die **Annahme einer** dem Nachlass geschuldeten **Leistung** ist Verfügung über die 9 Forderung (Erfüllung) und kann – im Gegensatz zur gerichtlichen und außergerichtlichen Geltendmachung, die unter § 2039 BGB fällt – nur durch alle Miterben gemeinschaftlich erfolgen; ebenso die Einziehung des Geschuldeten (OLGE 30, 196) und die Anerkennung einer gegen den Nachlass gem § 2059 Abs 2 BGB geltend gemachten Forderung, während der einzelne Miterbe seine aus § 2058 BGB abgeleitete gesamtschuldnerische Verpflichtung mit Wirkung für sich selbst anerkennen kann (RG JW 1902 Beil 208; Gruchot 46, 661; Bamberger/Roth/Lohmann Rn 4).

Durch **Aufrechnung** erlischt die Nachlassforderung (§ 389 BGB), sie ist Verfügung 10 und kann daher nur durch sämtliche Miterben gemeinsam erfolgen (LG Gießen FamRZ 1995, 121, 123). Hatte der Erblasser die Aufrechnung schon erklärt, kann sich jeder einzelne Miterbe einem klagenden Gläubiger gegenüber auf die bereits vom Erblasser herbeigeführte Wirkung des § 389 BGB berufen (RG WarnR 1913 Nr 235). Der Nachlassschuldner kann seine Forderung gegen den Nachlass mit seiner Schuld aufrechnen, darin liegt keine Verfügung der Miterben, sondern des Schuldners. Der einzelne Miterbe darf eine ihm gegen einen Nachlassgläubiger zustehende Privatforderung mit dessen Einverständnis zur Aufrechnung mit der Nachlassschuld benutzen und diese damit aus seinem eigenen Vermögen tilgen. Über die Aufrechnungsbefugnis des Nachlassschuldners mit seiner Forderung gegen einen einzelnen Miterben vgl Rn 31. Wollen die Erben mit einer Forderung der Gemeinschaft gegen einen Miterben aufrechnen, soll nach LG Fürth (MDR 1956, 100) eine Mitwirkung des Schuldners nicht erforderlich sein, sogar sein Widerspruch der Aufrechnung nicht entgegenstehen. Dies widerspricht dem Wortlaut des § 2040 BGB und dem allgemeinen Grundsatz, der auch bei sonstiger Aufrechnung die Mitwirkung aller Erben erfordert. Die Erben können den sich weigernden Erben erst und nur über die Mitwirkungspflicht gem § 2038 Abs 1 S 2 HS 1 BGB zur wirksamen Aufrechnung zwingen.

11 Die Aushändigung dem Nachlass zugehörender **Aktien** an einen Treuhänder (auch aus dem Kreis der Miterben), der während bestimmter Zeit ermächtigt sein soll, sämtliche sich aus dem Aktienbesitz ergebende Aktionärsrechte im Interesse der Miterben nach eigenem Ermessen wahrzunehmen, bedeutet eine Verfügung über die Aktionärsrechte (RGZ 111, 405 f = JW 1926, 549 = JR 1925 Nr 1876). Anders bei einem reinen Verwahrungsvertrag, dessen Abschluss als eine zur Sicherung und Erhaltung dienende Verwaltungsmaßnahme unter § 2038 Abs 1 BGB fällt und damit von der Mehrheit der Erben (§§ 2038 Abs 2, 745 BGB) oder sogar von einem Einzelnen (§ 2038 Abs 1 S 2 HS 2 BGB) vorgenommen werden kann.

12 **b)** Eine **Verfügung** der Miterbengemeinschaft über den **Nachlass im Ganzen**, also die Gesamtheit der Nachlassgegenstände, ist nach dem BGB nicht möglich (RG Recht 1907 Nr 2886). § 2040 Abs 1 BGB erfasst nur „die Verfügung über einen Nachlassgegenstand". Durch Übertragung aller Erbanteile auf einen Dritten gem § 2033 Abs 1 BGB wird letzterer Inhaber des gesamten Nachlasses, dh es wird im Ergebnis eine Verfügung über den gesamten Nachlass herbeigeführt.

13 **c)** **Keine Verfügungen** iSd § 2040 BGB sind: Die Erteilung einer Vollmacht mit Bezug zu einem Nachlassgegenstand oder deren Widerruf, die Ausschlagung einer im Nachlass befindlichen Erbschaft (MünchKomm/Gergen Rn 13), verzugsbegründende Mahnung oder Fristsetzung zB nach § 281 Abs 1 BGB oder § 323 Abs 1 BGB (BGH NJW 2000, 506) oder die Anfechtung eines Verwaltungsaktes (BVerwG NJW 1982, 1113).

14 **3.** Der Begriff der **Gemeinschaftlichkeit** ist nicht eng iS von „Gleichzeitigkeit" und „Gleichartigkeit" zu verstehen (HK-BGB/Hoeren Rn 5; Bamberger/Roth/Lohmann Rn 5; Palandt/Weidlich Rn 4; Damrau/Rissmann Rn 5; so jedoch früher RGZ 93, 292; RG JW 1925, 604), sondern wie in § 2038 Abs 1 S 1 BGB ist lediglich *„Einheitlichkeit"* zu fordern, also nicht die Mitwirkung aller Miterben, es genügt deren vorherige oder nachträgliche Zustimmung. Damit ist die erforderliche einstimmige Vornahme der Verfügung erreicht. Erwerben (zB kraft Erbfolge) die verfügenden Erben die Anteile der nicht Mitwirkenden später, wird die Verfügung gem § 185 Abs 2 BGB wirksam (BGH LM Nr 19 zu § 105 HGB = DNotZ 1965, 302).

15 **a)** Die von einem oder einigen Miterben vorgenommene Verfügung ist wirksam, wenn die anderen **vorher** ihre **Einwilligung** erklärt haben, § 185 Abs 1 BGB (RGZ 129, 284; OLG Düsseldorf NJW 1956, 876; Lange JuS 1967, 456). Haben ein oder einzelne Miterben ohne vorherige Einwilligung der anderen gehandelt, können Letztere durch Erklärung ihrer **Genehmigung** der Verfügung Wirksamkeit verleihen (KG HRR 1933 Nr 1201; RGZ 152, 380; BGHZ 19, 138 = NJW 1956, 178; BGH WM 1964, 629; OLG Düsseldorf NJW 1956, 876). Adressat der Zustimmung (zur Form: § 182 Abs 2 BGB) ist gem § 182 Abs 1 BGB der verfügende Miterbe oder der andere Teil des Verfügungsgeschäftes. Ist ein Miterbe Adressat, ist seine Zustimmung konkludent in der Annahme miterteilt, eine besondere nicht erforderlich (KG OLGE 26, 304; Erman/Bayer Rn 2; Soergel/Lettmaier Rn 13). Hat ein Miterbe seine Zustimmung vor Vornahme der Verfügung wirksam widerrufen, ist gemeinschaftliches Handeln nicht mehr gegeben (OLG Düsseldorf NJW 1956, 876). Bei Verweigerung der Genehmigung ist die Verfügung endgültig unwirksam (RGZ 139, 118). Bei einseitigen Rechtsgeschäften gilt § 182 Abs 3 BGB, eine

Genehmigung mit rückwirkender Kraft ist ausgeschlossen. Ihre Erklärung kann allenfalls als Neuvornahme der Verfügung angesehen werden (RGZ 146, 314).

b) Es genügt, wenn die Erklärungen der Miterben zwar **verschiedenartig** sind, aber dasselbe Ziel verfolgen. Bewilligen einige Mitglieder der Erbengemeinschaft, die Gläubigerin einer Hypothek ist, deren Löschung, die anderen Miterben die pfandfreie Abschreibung einer Parzelle, liegt hinsichtlich der Löschung auf der abzuschreibenden Parzelle eine gemeinschaftliche Verfügung vor (KG JW 1937, 1553; BGB-RGRK/Kregel Rn 3). 16

c) Eine gemeinschaftliche Verfügung liegt in der unter Mitwirkung der anderen Miterben erfolgenden *Übernahme eines Nachlassgegenstandes* durch einen Miterben (RG HRR 1929 Nr 1831; OLG Dresden SächsArch 1929, 356). 17

d) Bei der gemeinschaftlichen Übertragung eines Gegenstandes ist die **Erklärung** jedes beteiligten Miterben nicht auf die Übertragung seines Anteils, sondern des ganzen Gegenstandes gerichtet. Folglich ist die von einem Miterben gemeinschaftlich mit den anderen abgegebene Erklärung auch dann wirksam, wenn sich später herausstellt, dass er Alleinerbe ist, ihm bleibt lediglich die Irrtumsanfechtung vorbehalten (RGZ 125, 131; Soergel/Lettmaier Rn 8). 18

e) Von den Erklärungen, durch die die Verfügung vorgenommen wird (Außenverhältnis), ist der **Beschluss** im Innenverhältnis zu unterscheiden, der **auf** die **Vornahme der Verfügung** gerichtet ist (zur Unterscheidung von Geschäftsführung und Vertretung eingehend § 2038 Rn 3 ff). 19

aa) Folgt man der *Auffassung des BGH,* so kann ein Mehrheitsbeschluss den in der Minderheit gebliebenen Miterben lediglich verpflichten, in die Verfügung einzuwilligen bzw erforderlichenfalls an dieser mitzuwirken (§ 2038 Abs 1 S 2 HS 1 BGB); er kann weder die Einwilligung ersetzen noch eine Vertretungsmacht für die Verfügung über einen Nachlassgegenstand begründen (vgl § 2038 Rn 51). § 2038 BGB gibt den Erben **kein Mehrheitsverfügungsrecht**. Die Einwilligung der überstimmten Miterben kann und muss, wenn sie zur ordnungsgemäßen Verwaltung erforderlich oder notwendig ist, bzw einer früheren Vereinbarung entspricht, eingeklagt und bei siegreichem Urteil nach § 894 ZPO ersetzt werden (vgl § 2038 Rn 20). Eine bereits erteilte Zustimmung beschränkt sich grundsätzlich nicht auf das Innenverhältnis, sondern gilt als Einwilligungserklärung iS des § 182 BGB (vgl Rn 19). 20

Nach der neueren Rechtsprechung des Gerichts ist allerdings jedenfalls in Fällen der *Ausübung von Gestaltungsrechten* im Rahmen eines bestehenden Vertragsverhältnisses eine Mehrheitsentscheidung der Erbengemeinschaft bei Vorliegen eines Verfügungsgeschäfts gemäß § 2040 Abs 1 BGB zulässig, wenn es sich um eine Maßnahme ordnungsgemäßer Verwaltung nach § 2038 Abs 1 S 2 BGB handelt (BGH FamRZ 2015, 1025; BGH FamRZ 2015, 497; vgl auch BGH FamRZ 2010, 119). Eine weitere **Ausnahme** soll für Notverwaltungsmaßnahmen nach § 2038 Abs 1 S 2 BGB gelten, die ein Miterbe also auch dann alleine vornehmen kann, wenn sie Verfügungen sind (BGH NJW 1989, 2694). 21

bb) Folgt man der *hier vertretenen Auffassung* (vgl § 2038 Rn 45 ff; dem folgend Soergel/ 22

Lettmaier Rn 6), die einen Vorrang des § 2018 BGB vor § 2040 BGB annimmt, so besteht **stets** ein **Gleichlauf zwischen der Beschlussfassung im Innenverhältnis (Geschäftsführung) und der Umsetzung der Beschlüsse (Vertretung)**, sodass ein Mehrheitsbeschluss (§ 2038 Abs 1 S 2 HS 1 BGB) auch im Wege der Vornahme einer Verfügung durch die Mehrheit der Miterben umgesetzt werden kann. Dies dient der Vermeidung unnötiger Mitwirkungsklagen gegen blockierende Miterben bzw von Leistungsklagen der Gläubiger gegen die Erbengemeinschaft auf Erfüllung der bereits wirksam abgeschlossenen schuldrechtlichen Verträge.

23 **4.** Steht ein **Miterbe unter Vormundschaft**, gilt bei Verfügungen über ein Nachlassgrundstück oder ein Recht an einem solchen § 1821 Abs 1 Nr 1 BGB, dh der Betreuer bedarf zu dieser Verfügung, die er gemeinschaftlich mit den anderen Erben treffen muss, der Genehmigung des Familiengerichtes (BayObLGZ 20 A 319 = JW 1921, 581). Dieser Genehmigung bedarf auch der gesetzliche Vertreter eines **minderjährigen Miterben**, § 1643 BGB (BayZ 1920, 335; OLG Jena NJW 1995, 3126 zur Vertretung durch die ebenfalls in der Miterbengemeinschaft befindliche Mutter des Minderjährigen; BayObLG FamRZ 2001, 51 bzgl der Vertretung innerhalb eines Betreuungsverhältnisses; zur Vertretung Minderjähriger vgl auch Mahlmann ZEV 2009, 320). Die Wertbemessung und die Gebührenberechnung für die gerichtliche Genehmigung gehen vom Wert des Anteils des Minderjährigen aus (KGJ 53, 291 unter Aufgabe des gegenteiligen Standpunktes aus KGJ 46, 284; DNotV 1916, 52). Wird einem minderjährigen Miterben von den Übrigen, die alle oder zT minderjährig sind, ein Nachlassgegenstand entgeltlich übereignet, bedarf jeder minderjährige Erbe, da gem § 2040 BGB alle Erben verfügen müssen, eines besonderen Pflegers (RGZ 93, 334 f; BayObLGZ 13, 13 f).

24 **5.** Die **Klage auf Verfügung über einen Nachlassgegenstand** muss gegen alle Miterben gemeinschaftlich erhoben werden. Ein Urteil gegen einen von ihnen wäre mangels Zustimmung der anderen nicht vollstreckbar (RGZ 93, 294; Planck/Ebbecke Anm 1). Haben sich ein Miterbe oder einige bereits rechtsverbindlich zu der Verfügung bereit erklärt, steht ihre Bereitschaft unstreitig fest oder sind sie bereits verurteilt worden, kann sich die Klage allein gegen die anderen Miterben richten, und zwar in dem Sinne, dass Mitwirkung bei der von allen Miterben gemeinschaftlich zu vollziehenden Verfügung begehrt wird (RGZ 93, 292; 111, 338; 112, 132; RG Recht 1912 Nr 134; WarnR 1926 Nr 93; 1933 Nr 44; OLG Hamm OLGZ 1966, 574 = MDR 1967, 128 = Rpfleger 1967, 415). Gegenüber den zur Verfügung bereiten oder **verurteilten** Miterben würde das Rechtsschutzinteresse fehlen. Das Gleiche gilt für einen Antrag auf Ersetzung der Zustimmung nach § 7 Abs 3 ErbbauVO (OLG Hamm OLGZ 1966, 574).

25 Ein schuldrechtlicher Anspruch auf Herbeiführung einer **Verfügung iS des § 2058 BGB** kann gegen einen einzelnen Miterben als Gesamtschuldner eingeklagt werden unter Vorbehalt der Einrede der Haftungsbeschränkung auf seinen Anteil am Nachlass, § 2059 Abs 1 BGB (RGZ 71, 370; 111, 339; RG Gruchot 54, 1064). Ob ein Antrag auf Verurteilung zur Auflassung bzw einer sonstigen Verfügung (zB einer Löschungsbewilligung) auf unmittelbaren Vollzug der Verfügung oder des Anspruchs auf ihre Herbeiführung zu verstehen ist, muss durch Auslegung ermittelt werden (RGZ 71, 30 hat einen Antrag auf „Auflassung" im letzteren, RGZ 93, 296 einen Antrag auf „Löschungsbewilligung" in ersterem Sinne gedeutet).

26 **6.** Zur **Zwangsvollstreckung in den ungeteilten Nachlass** ist ein gegen alle Erben

ergangenes Urteil erforderlich, § 747 ZPO. Mangels entsprechender Vorschrift braucht das Urteil nicht einheitlich, dh nicht gleichzeitig, gegen alle Erben ergangen zu sein (RGZ 68, 223). Eine notwendige Streitgenossenschaft besteht nur für die Zwangsvollstreckung. Lag bereits ein Urteil gegen den Erblasser vor, ist eine gegen alle Erben nach § 727 ZPO, evtl § 731 ZPO, erwirkte Vollstreckungsklausel erforderlich. Es entstehen Schwierigkeiten durch die Zuständigkeit verschiedener Vollstreckungsgerichte, wenn die Miterben verschiedene allgemeine Gerichtsstände haben, § 828 ZPO. Da der Anteil der einzelnen Miterben an dem einzelnen gemeinschaftlichen Recht nicht der Pfändung unterworfen ist (§ 859 ZPO), hängt die Wirksamkeit der Pfändung durch das jeweilige Vollstreckungsgericht davon ab, dass die Pfändung auch von allen anderen Vollstreckungsgerichten angeordnet wird und diese Beschlüsse sämtlich dem Drittschuldner zugestellt sind. Die Pfändung wird also erst mit der Zustellung des letzten Pfändungsbeschlusses wirksam (RG JW 1898, 679; KG OLGE 35, 131; Böhm Recht 1900, 167; Harburger/Werner Recht 1900, 213; vgl die Kommentierung zu § 828 ZPO). Was für die Pfändung der Forderung gilt, ist auch für ihre Überweisung maßgebend.

Durch die **Pfändung eines Erbteils** erlangt der Gläubiger ein Pfandrecht an dem Erbteil, nicht aber an den einzelnen Nachlassgegenständen. Aufgrund der Überweisung des gepfändeten Nachlassanteils ist der Gläubiger nicht befugt, einzelne Gegenstände des Nachlasses zu veräußern. Vielmehr muss bei der rechtsgeschäftlichen Veräußerung einzelner Nachlassgegenstände der Schuldner weiterhin mitwirken (OLG Köln FamRZ 2015, 441). 27

7. Die Verfügungs**erklärungen** gegenüber einer Miterbengemeinschaft sind gegenüber allen Miterben abzugeben, zB die Kündigung eines Mietverhältnisses (RG BayZ 1924, 245; KG OLGE 30, 188; Bamberger/Roth/Lohmann Rn 5), die Ausübung des Wiederkaufsrechts (OLG Stuttgart Recht 1919 Nr 91), die Kündigung einer zum Nachlass gehörigen Grundschuld, wenn Gesamthandsklage nach § 2059 Abs 2 BGB erfolgt, während zum Vorgehen nach § 2058 BGB Kündigung dem einzelnen Miterben gegenüber genügt, der haften soll (RGZ 68, 221 f; 71, 367). 28

Die **Aufrechnungserklärung** des Nachlassschuldners (vgl Rn 9, 28) braucht nur dann nicht allen Erben gegenüber erklärt zu werden, wenn ein Miterbe nach § 2039 BGB von dem Schuldner Leistung verlangt hat, es genügt – aber nur im Hinblick auf das geltend gemachte Sonderrecht – die Aufrechnungserklärung gegenüber dem aus § 2039 BGB vorgehenden Miterben (OLG Celle SeuffA 71 Nr 212). 29

Bei der **Anfechtung** gem §§ 119 ff BGB kommt es darauf an, wem gegenüber die anfechtbare Erklärung abgegeben worden war. War dies der Erblasser, in dessen Stellung die Miterben als Anfechtungsgegner eingetreten sind, muss gegenüber allen Erben angefochten werden. Waren dies die Miterben, genügt eine Anfechtung gegenüber den Miterben, denen gegenüber die Willenserklärung an einem Mangel litt. Die Wirkung dieser Anfechtung auf das Verhältnis zur Miterbengemeinschaft beurteilt sich nach § 139 BGB (RGZ 56, 424; 65, 415). 30

III. Unzulässigkeit der Aufrechnung (Abs 2)

In Rn 9 wurde bereits festgestellt, dass gegen eine Aufrechnung des Nachlassschuld- 31 ners mit einer ihm zustehenden Forderung gegen den Nachlass, also die Gesamthandsgemeinschaft, keine Bedenken bestehen. § 2040 Abs 2 BGB behandelt den Fall der Aufrechnung mit einer Forderung gegen einen einzelnen Miterben und **verneint die Aufrechenbarkeit gegen dessen Anteil an der Nachlassforderung**. Eine solche Aufrechnung wäre zwar keine Verfügung des Miterben, würde ihm aber in Unvereinbarkeit mit dem Gesamthandsgrundsatz einen verselbständigten Anteil an der Nachlassforderung zubilligen. Die Zustimmung des Erben macht eine entgegen Abs 2 erklärte Aufrechnung nicht wirksam. Unzulässig ist auch die Ausübung eines **Zurückbehaltungsrechts** durch einen Nachlassschuldner wegen einer ihm gegen einen einzelnen Miterben zustehenden Forderung (RGZ 132, 84; BGH RdL 1960, 100, 102; NK-BGB/Ann Rn 22; Bamberger/Roth/Lohmann Rn 10) oder sonstiger Einreden, zB aus einem Besitzrecht (OLG München MDR 1957, 103).

32 **1.** Der **Gläubiger eines Miterben** muss zu seiner **Befriedigung** die Pfändung des Erbteils wegen seiner Forderung erwirken. Er kann sich nicht unmittelbar an den Anteil seines Schuldners an einer einzelnen Nachlassforderung halten und sich aus ihm durch Selbstzugriff befriedigen. Zwar hat der einzelne Miterbe nach § 2039 BGB ein Einziehungsrecht, kann dies aber nicht zum eigenen Nutzen ausüben, indem er mit seiner Schuld an den Gläubiger aufrechnet. Weniger folgerichtig erklärte das frühere pr Recht die Aufrechnung in Höhe des Erbteils des Miterben für zulässig, I 16 § 308 ALR.

33 **2.** Hat ein **Nachlassschuldner** eine **Eigenforderung** gegen alle Miterben als Gesamtschuldner (zB nach §§ 427, 769, 830, 840 Abs 1 BGB), kann er mit der Nachlassforderung aufrechnen, obwohl streng genommen Gegenseitigkeit der Forderung nicht besteht, da sich die Miterbengemeinschaft (Nachlass) als Gläubigerin und die Miterben mit ihrem Eigenvermögen als Schuldner gegenüberstehen. Der Eigengläubiger kann aber alle Miterbenanteile pfänden lassen und die Auseinandersetzung ohne Mitwirkung aller Miterben nach §§ 1258 Abs 2 S 2, 2042 Abs 1, 751 S 2, 752 BGB durchführen, mithin sich aus den einzelnen Nachlassgegenständen, also auch aus der Nachlassforderung gegen sich, befriedigen. Diesen Umweg erspart die hM, indem sie die Aufrechnung unmittelbar gestattet, selbst wenn Erb- und Ausgleichsquote (§ 426 Abs 1 BGB) verschieden sind, weil diese Verschiedenheit in der weiteren Auseinandersetzung berücksichtigt werden kann und muss (Erman/Bayer Rn 5).

§ 2041
Unmittelbare Ersetzung

Was auf Grund eines zum Nachlass gehörenden Rechts oder als Ersatz für die Zerstörung, Beschädigung oder Entziehung eines Nachlassgegenstands oder durch ein Rechtsgeschäft erworben wird, das sich auf den Nachlass bezieht, gehört zum Nachlass. Auf eine durch ein solches Rechtsgeschäft erworbene Forderung findet die Vorschrift des § 2019 Abs. 2 Anwendung.

Materialien: E II § 1915; III § 2016; Prot V 866 f; Jakobs/Schubert ER I 789–796, 807, 813.

Schrifttum

Bellermann, Erbschaftsanspruch bei Erbschaftsveräußerungen (1910)
Beyer, Die Surrogation bei Vermögen nach BGB (1905)
Böhm, Surrogation trotz Unwirksamkeit einer Verfügung (Diss Hamburg 1973)
Gross, Zur Anwendung des § 166 Abs 2 BGB im Rahmen des § 2041 Satz 1 BGB, MDR 1965, 443
Kilian, Die dingliche Surrogation von Personengesellschaftsanteilen im Erbrecht (2011)
Krebber, Das Verhältnis von sachenrechtlicher Zuordnung kraft dinglicher Bezugs- und Mittelsurrogation und kraft originären Eigentumserwerbs; FamRZ 2000, 197
Krug, Die dingliche Surrogation bei der Miterbengemeinschaft – Ein Kunstgriff des Gesetzes zur Erhaltung des Nachlasses, ZEV 1999, 381
Russmann, Erwerb mit Mitteln der Erbschaft. Die rechtsgeschäftliche dingliche Surrogation gemäß §§ 2019 I, 2111 I 1 BGB vor dem Hintergrund des ‚tracing' im englischen Recht (2017)
Strauch, Mehrheitlicher Rechtsersatz (1972)
Wieser, Ersatzleistungen an Miterben bei Sachschäden, in: FS Lange (1970) 325
O Werner, Fälle zum Erbrecht, Fall 9, S 130
Wolf, Prinzip und Anwendungsbereich der dinglichen Surrogation, JuS 1976, 32, 105.

I. Allgemeines

Das BGB bekennt sich bei der Erbengemeinschaft wie bei der aufgelösten Gütergemeinschaft in § 1473 BGB zum Grundsatz der **dinglichen Surrogation**. Nach Prot V 866 f stehen die Miterben zum Nachlass im gleichen Verhältnis wie die Ehegatten nach Auflösung der Gütergemeinschaft zum Gesamtgut. Die Miterben sollen nicht auf ein Forderungsrecht gegen den Erwerber von Ersatzstücken beschränkt sein. Alle Ersatzstücke iS des § 2041 BGB fallen vielmehr **unmittelbar** kraft Gesetzes in das Gesamthandsvermögen, dh sie gehören ohne besonderen Übertragungsakt zwischen Miterben und Gemeinschaft zum Nachlass, sie treten in die Rechtslage ein, in der sich der ersetzte Gegenstand befand. Der Ersatzgegenstand gehört also unter den Voraussetzungen des § 2041 BGB kraft Gesetzes zum Nachlass. Das gilt auch für Surrogate der Surrogate, sog **Kettensurrogation**. Grund der Regelung des § 2041 BGB ist, die wirtschaftliche Einheit und den Wert des Nachlasses als Gesamthandsvermögen für die **Miterben** und die **Nachlassgläubiger** bis zum Abschluss der Auseinandersetzung zu erhalten (OLG München NJW 1956, 1880; BGH NJW 1990, 514). Daher gilt § 2041 BGB nicht für die Erbauseinandersetzung. 1

II. Voraussetzungen des Surrogationserwerbs

Der **Surrogationserwerb** tritt in drei Fällen ein, bei der sog *Rechtssurrogation* („aufgrund eines zum Nachlass gehörenden Rechts"), bei der sog *Ersatzsurrogation* („als Ersatz für die Zerstörung, Beschädigung oder Entziehung eines Nachlassgegenstandes") und bei der sog *Beziehungssurrogation* („durch ein Rechtsgeschäft erworben, das sich auf den Nachlass bezieht"). 2

1. Rechtssurrogation

3 Zum Nachlass gehört, was in Erfüllung einer zum Nachlass gehörigen Forderung geleistet worden bzw was Frucht eines Nachlassrechtes ist. Damit wird klargestellt, dass die Erfüllung und Nutzung eines Rechtes unmittelbar dem Nachlass zugutekommt (zB das auf eine Nachlassforderung gezahlte Geld, der Mietzins für einen Nachlassgegenstand, bei Rückzahlung hypothekarisch gesicherter Forderungen entsteht eine Eigentümerhypothek zugunsten der Erben). Von der Rechtssurrogation werden auch Ansprüche erfasst, die in Ausübung von Gestaltungsrechten, wie Anfechtung, Rücktritt und Kündigung von Rechtsgeschäften mit der Erbengemeinschaft, entstehen. Da eine Nachlassforderung durch Erfüllung erlischt (§ 362 Abs 1 BGB), wird durch die Surrogation hinsichtlich des Erfüllungsgegenstandes die wirtschaftliche Substanz, der Wert des Nachlasses, erhalten.

4 2. Ersatzsurrogation

§ 2041 S 1 BGB führt zur Zurechnung in den Nachlass all dessen, was ein Ersatzpflichtiger für die Zerstörung, Beschädigung oder Entziehung eines Nachlassgegenstandes schuldet oder geleistet hat, dh der Ersatzanspruch als solcher ist eine Nachlassforderung, die **bewirkte Ersatzleistung** fällt unmittelbar mit Erbringen durch den Verpflichteten in den Nachlass (RGZ 138, 132), ohne dass es darauf ankommt, ob der Leistende an den Nachlass leisten und der Empfänger für die Erbengemeinschaft annehmen will.

5 Von der Ersatzsurrogation erfasst sind damit insbesondere **Ansprüche auf Schadensersatz** aus vertraglichen, §§ 280 ff BGB, wie gesetzlichen, insb §§ 823 ff BGB, Schuldverhältnissen sowie die in Erfüllung dieser Ansprüche geleisteten Geldbeträge. Gleiches gilt für Ansprüche auf das stellvertretende commodum, § 285 BGB, bereicherungsrechtliche Ansprüche, §§ 812 ff BGB, oder Ansprüche gegen eine Versicherung, die unmittelbar als Folge der Zerstörung, Beschädigung oder Entziehung von Nachlassgegenständen entstehen (Sachversicherung, Haftpflichtversicherung).

6 Auch die **Rechtsstellung eines Kommanditisten** gehört als Surrogat zum Nachlass, sofern der Vorerbe Nachlassgegenstände als Einlage in eine KG einbringt und diese damit dem Nachlass entzieht (BGHZ 109, 214 = NJW 1990, 514 = FamRZ 1990, 288); unabhängig, ob der Anteil originär oder derivativ erworben wird, erfolgt – rein wirtschaftlich betrachtet – der Erwerb der Beteiligung durch die Einlage.

7 Es ist unerheblich, ob der Ersatzanspruch privatrechtlicher oder öffentlichrechtlicher Natur ist (Lange JuS 1967, 454). Deshalb erfasst § 2041 BGB auch Ausgleichszahlungen nach dem Lastenausgleichsgesetz (BGH NJW 1972, 1369 = LM Nr 3 zu § 2041) und Ansprüche aus §§ 1 f VermG (Wasmuth DNotZ 1992, 3, 16). Der Anspruch auf Lastenausgleich ist allerdings kein Ersatzanspruch für ein durch Kriegsereignisse zerstörtes Nachlassgrundstück, sondern ein in der Person des Geschädigten (nicht der Sache) entstehender Anspruch, der damit nicht unter § 2041 BGB fällt (BVerwGE 24, 89; 27, 86; **aA** MünchKomm/Gergen Rn 10). Gleiches gilt für *Restitutionsansprüche* nach dem Vermögensgesetz, welche originär in der Person des am 29. 9. 1990 Berechtigten entstanden sind.

3. Beziehungssurrogation

Die Beziehungssurrogation lässt unmittelbar in den Nachlass fallen, was durch ein Rechtsgeschäft erworben wird, das sich auf den Nachlass bezieht. Dabei braucht das Rechtsgeschäft nicht für den Nachlass getätigt zu werden. Auch wenn der Handelnde in eigenem Namen abschließt, fällt das dafür Erlangte unmittelbar in den Nachlass. Bei Vermietung, Verpachtung oder Verkauf eines Nachlassgegenstandes entsteht der Entgeltanspruch zugunsten der Gemeinschaft, selbst wenn der Vertrag in der Absicht geschlossen wurde, dieses Entgelt nicht dem Nachlass, sondern dem persönlichen Vermögen zufließen zu lassen (BGH NJW 1968, 1824). 8

a) Der Gesetzeswortlaut stellt in § 2041 BGB, anders als beim Erbschaftsanspruch in § 2019 BGB, nicht entscheidend darauf ab, ob der Erwerb mit Mitteln des Nachlasses erfolgt ist, sondern darauf, dass eine **Beziehung zum Nachlass** gegeben ist (sog Beziehungssurrogation). Letzteres ist unstreitig der Fall, wenn der Erwerb nach der Willensrichtung des rechtsgeschäftlich Handelnden dem Nachlass zugutekommen soll (subjektive Komponente) und weiterhin ein innerer Zusammenhang mit dem Nachlass besteht (objektive Komponente), die dem Dritten gegenüber nicht zum Ausdruck gebracht werden muss (KG JFG 15, 155; OLG Dresden SächsArch 1911, 516; OGHZ 2, 226 = NJW 1949, 784; OLG Köln OLGZ 1965, 117; OLG Hamm OLGZ 1975, 166; BGB-RGRK/Kregel Rn 2; Strauch 133). Dann kann es nicht mehr darauf ankommen, aus welchen Mitteln die Zahlung erfolgt. Verwendet der Handelnde eigene Mittel, hat er nach §§ 1978, 1991 BGB Ersatzansprüche gegen die Nachlassgläubiger und nach §§ 670, 683 f BGB gegen die Miterben. 9

Eine **subjektive Beziehung** allein, dh lediglich der Wille der Parteien, für den Nachlass zu handeln, genügt nicht (OLG Köln OLGZ 1965, 117, 120; Soergel/Lettmaier Rn 15), denn auf diese Weise könnten der Gemeinschaft beliebig viele Vermögensgegenstände zu den bereits vorhandenen zukommen. § 2041 BGB will lediglich den Bestand des Nachlasses sichern, nicht dessen Vermehrung ermöglichen; Miterben können aufgrund ihrer gesamthänderischen Verbundenheit also nur nach § 2041 BGB Eigentum für den Nachlass erwerben (BGH ZEV 2017, 627). Die Gesetzesmaterialien lassen klar erkennen, dass der Gesetzgeber nicht mit seiner unterschiedlichen Formulierung in § 2041 und § 2019 eine objektive Beziehung habe ausschließen wollen (dazu Werner 112). Auch hätte der Gesetzestext, sollte nur oder zusätzlich eine subjektive Beziehung des Rechtsgeschäftes zum Nachlass erforderlich sein, dies durch entsprechende Formulierung zum Ausdruck bringen können (Werner 112). 10

Sinn des Surrogationsprinzips ist, den Erwerb für ein bestimmtes Sondervermögen unabhängig vom Willen der Geschäftsparteien eintreten zu lassen (Kipp/Coing § 114 III 2; Lange/Kuchinke § 41 III 1). § 2041 BGB soll verhindern, dass Erben oder Dritte den Nachlass willentlich verringern. Nach der subjektiven Theorie wäre es jedoch leicht möglich, den Miterben und Nachlassgläubigern Werte zu entziehen (Werner 113). Sinn und Zweck des § 2041 BGB fordern daher **lediglich eine objektive Beziehung** zum Nachlass (Damrau/Rissmann Rn 5, 6; Bamberger/Roth/Lohmann Rn 3; MünchKomm/Gergen Rn 13 ff, 22). Nur diese Auslegung wird den Interessen der Nachlassgläubiger und der Miterben gerecht (BGH NJW 1968, 1824; OLG München NJW 1956, 1880; Erman/Schlüter Rn 4b; BGB-RGRK/Kregel Rn 3). 11

12 Eine objektive Beziehung ergibt sich bei einem Geschäft, das sich als typische Maßnahme der Nachlassverwaltung darstellt oder wenn in sonstiger Weise ein innerer Zusammenhang mit dem Nachlass besteht, der zB in einer wirtschaftlichen Zweckmäßigkeit begründet sein kann (BGH ZEV 2017, 627). Ein Fall derartiger objektiver Beziehung liegt vor bei der sog **Mittelsurrogation**, dh Erwerb mit Mitteln des Nachlasses (**hM**: BGH NJW 1968, 1824; OLG München NJW 1956, 1880; OLG Düsseldorf ZEV 1999, 144; BGH FamRZ 2012, 219 = NJW 2012, 316; Planck/Ebbecke Anm 1; Soergel/Lettmaier Rn 6; Palandt/Weidlich Rn 2; BGB-RGRK/Kregel Rn 3; Erman/Bayer Rn 4b; vLübtow II 801; Kipp/Coing § 114 III 2 a; Schlüter § 36, 6; Leipold 263 f; Strauch 133; Beyer 222 f, 230; Crome § 739 Fn 78; Werner 113; Johannsen WM 1970, 738). Insoweit ist auch ein entgegenstehender Wille des Testamentsvollstreckers unbeachtlich (OLG Hamm ZEV 2001, 275).

13 Zum Teil wird überdies gefordert, dass der Handelnde auch bei der sog Mittelsurrogation den Willen hat, für den Nachlass zu handeln (OGHZ 2, 226; Ann, in: Dauner-Lieb/Heidel/Ring Rn 7). Dies erscheint unzutreffend, denn die Veräußerung des einem fremden Vermögen zugehörenden Gegenstands wird vom Gesetz als Führung eines objektiv fremden Geschäftes angesehen. Damit ist eine Beziehung zu dem Vermögen, über das verfügt wird, anerkannt. Im Allgemeinen rechtfertigt diese Beziehung zwar nur den schuldrechtlichen Anspruch aus der Geschäftsführung auf Herausgabe des gemachten Erwerbes, bei der Erbengemeinschaft besteht aber ein erhöhtes Schutzbedürfnis gegen derartige, den Nachlass beeinträchtigende Verfügungen, wie §§ 2019, 2111 BGB beweisen und anerkennen. Warum dieses Schutzbedürfnis nur gegenüber dem Erbschaftsbesitzer oder Vorerben anerkannt werden soll, ist nicht einzusehen. Deshalb ist die in § 2041 BGB geforderte Beziehung objektiv iS eines *ursächlichen Zusammenhanges* der Erwerbshandlung *mit dem* als Einheit zu erhaltenden *Nachlass* zu verstehen.

14 Eine **Beziehung** zum Nachlass ist daher **gegeben**, wenn Nachlassgegenstände zur Vorbereitung der Auseinandersetzung „versilbert", §§ 2042 Abs 2, 753 Abs 1 BGB, werden (OLG Nürnberg FamRZ 2014, 796). Wird zum Inhalt des Kaufvertrages zugleich eine Regelung gemacht, wonach der Erlös aus der Veräußerung zwischen den Mitgliedern der Erbengemeinschaft (entsprechend den Erbquoten) aufgeteilt und auf unterschiedliche Konten gezahlt werden soll, so stellt dies nicht bloß eine rechnerische Verteilung dar, sondern die stillschweigende Einigung der Miterben über eine Teilauseinandersetzung (Ott DNotZ 2017, 646, 647).

15 Eine Beziehung zum Nachlass ist auch gegeben, wenn ein Miterbe Inventarstücke anschafft, die für ein Nachlassgrundstück oder einen zum Nachlass gehörigen Gewerbebetrieb bestimmt sind, wenn er, um eine zum Nachlass gehörige Hypothek zu retten, ein Grundstück ersteigert (RGZ 117, 264), oder wenn er zu einer Grundstückshälfte, die zum Nachlass gehört, die andere Hälfte hinzuerwirbt (KG JW 1937, 2199; LG Koblenz DNotZ 1950, 65; Roskothen JW 1937, 2955). Der Erwerb eines anderen Grundstücks, das eine bessere wirtschaftliche Nutzung des Nachlassgrundstückes bezweckt, erfolgt in Beziehung zum Nachlass, wenn eine Zuschreibung zum Nachlassgrundstück erfolgen soll (KG DR 1944, 190 Nr 9; AG Osterode NdsRpfl 1968, 67). Der Surrogationserwerb ermöglicht der Erbengemeinschaft, die einen GmbH-Geschäftsanteil ererbt hat, den auf Kapitalerhöhung beruhenden Erwerb weiterer Geschäftsanteile (OLG Hamm OLGZ 1975, 164).

b) Das Rechtsgeschäft, das sich auf den Nachlass bezieht, kann obligatorischer oder dinglicher Natur sein. Sowohl der **schuldrechtliche Anspruch** auf Übertragung der Rechtsinhaberschaft an dem Ersatzgegenstand als auch die **Rechtsinhaberschaft** an dem Ersatzgegenstand fallen **unmittelbar** (also ohne Durchgangserwerb in der Person des Handelnden) in den Nachlass. So fällt etwa auch der Anspruch aus § 346 Abs 1 BGB, der infolge des Rücktritts von einem Erbteilskaufvertrag entsteht, in den Nachlass (BGH ZEV 2013, 84). Erwachsen aus dem kraft Surrogation in den Nachlass gelangten Gegenstand Verbindlichkeiten, so handelt es sich um Nachlassverbindlichkeiten (zB Wohngeld für die mit Nachlassmitteln erworbene Eigentumswohnung, BGH FamRZ 2012, 219 = NJW 2012, 316). 16

Unerheblich ist, ob der Handelnde berechtigt war, das Rechtsgeschäft abzuschließen, ob zB der Miterbe insoweit Vertretungsmacht hatte, ob er im eigenen Namen handelte und den Nachlassgegenstand als sein Eigentum ausgab. Unabhängig von einer Ersatzpflicht des Handelnden fällt der von ihm erlangte Gegenwert auch dann in den Nachlass, wenn die Verfügung über das Nachlassrecht unwirksam ist, zB weil der Erwerber bösgläubig ist. Falls die Miterben den für eine unwirksame Verfügung erlangten Gegenstand in Anspruch nehmen, müssen sie die Verfügung des Miterben genehmigen (dazu Werner JuS 1973, 437). 17

Als Surrogat kann ein erworbenes Etwas nur dann in den Nachlass fallen, wenn der *Ersatzgegenstand existent* ist, dh eine Forderung durch Abschluss eines wirksamen Vertrages wirksam entstanden ist oder die dingliche Rechtsübertragung auf den Erben wirksam erfolgt ist. Erwirbt ein bösgläubiger Miterbe mit Mitteln des Nachlasses einen Gegenstand von einem Nichtberechtigten, fällt dieser Gegenstand nicht in den Nachlass, er ist beim Berechtigten verblieben. Ist ein anderer Miterbe, nicht der Erwerbende, bösgläubig, gilt § 166 Abs 2 BGB entsprechend (dazu Reichel GrünhutsZ 1942, 236; Gross MDR 1965, 443). 18

Nicht kraft Surrogation in den Nachlass fällt eine aus freier Entschließung getätigte Zahlung eines Dritten an einen Miterben, weil dieser bei Erwerb des Grundstückes durch den Dritten im Wege der Enteignung keine Schwierigkeiten gemacht hat (RG 4. 3. 1937 – IV 291/36). Allein der Gegenwert für das Grundstück ist das Surrogat, die Passivität des Erben war dessen persönliche Angelegenheit und kein Nachlassrecht. Ebenso aufgrund des persönlichen Erbrechts, nicht eines Nachlassrechtes iS des § 2041 BGB, erfolgt die Zahlung eines „Gleichstellungsgeldes", das ein Miterbe an den anderen zahlt (OLG Karlsruhe DJZ 1908, 1349). Zu der Frage, wann eine nach dem Erbfall entstandene Eigentümergrundschuld zum Nachlass gehört, vgl Rozycki/Hoewel DRZ 1933, 210. 19

c) Werden für den Erwerb nur **teilweise Mittel der Erbschaft** verwendet, etwa weil ein Miterbe den Grundstückskaufpreis teils aus eigenen, teils aus Mitteln des Nachlasses erbringt, so fällt der Erwerb nur zu dem Teil in die Erbschaft, der sich nach Abzug der aus eigenem Vermögen aufgewendeten Mittel ergibt (vgl Staudinger/Avenarius [2019] § 2111 Rn 32); folglich entsteht zB Eigentum nach Bruchteilen. 20

4. Handelnder

Handelnder, dh die Person, die die Zerstörung, Beschädigung oder Entziehung des 21

Nachlassgegenstandes begangen oder das sich auf den Nachlass beziehende **Rechtsgeschäft** getätigt hat, kann sowohl ein **Miterbe** wie ein **Dritter** sein (NK-BGB/Ann Rn 11; **aA** MünchKomm/Gergen Rn 32). Das ist hinsichtlich der *Ersatzsurrogation* unproblematisch.

22 Auch im Hinblick auf die *Beziehungssurrogation* lässt der Gesetzestext keine Beschränkung auf Miterben erkennen. In den §§ 2033–2063 BGB ist ansonsten ausdrücklich von „Miterbe" die Rede, obwohl tatsächlich allein ein Miterbe Handelnder sein kann. Dagegen spricht § 2041 BGB nicht vom „Miterben". Es können daher auch Personen, die nicht Miterben sind, rechtsgeschäftliche Handlungen vornehmen. Der Verzicht auf das Wort „Miterbe" kann nur bewusst erfolgt sein (Werner 110). Sinn und Zweck des § 2041 BGB, den vollen Nachlasswert bis zur Auseinandersetzung zu erhalten, fordern, die Surrogate dem Nachlass zuzuordnen, die durch rechtsgeschäftliche Handlung Dritter entstehen (zB Verfügung als Nichtberechtigter über Nachlassgegenstand). Der Verweis auf den obligatorischen Surrogationsanspruch des § 816 Abs 1 BGB genügt nicht, da § 2041 BGB die dingliche Substanz des Nachlasses erhalten will. In den Motiven wurde ausdrücklich darauf hingewiesen, dass das Surrogat durch Erwerb von Personen entstehen kann, die nicht zur Erbengemeinschaft gehören (Prot V 867). § 2041 BGB ist daher nicht auf Rechtsgeschäfte der Miterben beschränkt. Zur Problematik ausführlich Werner 110, 111.

III. Schuldnerschutz bei Forderungen (S 2)

23 Die **Zugehörigkeit einer durch Rechtsgeschäft**, das sich auf den Nachlass bezieht, **erworbenen Forderung** zum Nachlass muss der Schuldner erst dann gegen sich gelten lassen, wenn er von der Zugehörigkeit, dh den Tatsachen, die sie begründen, Kenntnis erlangt, § 2041 S 2 iVm § 2019 Abs 2 BGB (HK-BGB/Hoeren Rn 6). Bis dahin kann er also den Miterben, der die Forderung für sich begründet hat (oder den, an den dieser Miterbe sie abgetreten hat), als seinen Gläubiger behandeln, dh mit befreiender Wirkung an ihn leisten, mit ihm für den Nachlass wirksame Rechtsgeschäfte vornehmen, Prozesse führen sowie eine ihm gegen den betreffenden Miterben zustehende Forderung (auch den Nachlassgläubigern gegenüber) wirksam aufrechnen (vgl §§ 406–408 BGB).

IV. Entsprechende Anwendung des § 2041

24 Die Anwendung des § 2041 BGB ist geboten auf andere Fälle der Nachlasssonderung vom Eigenvermögen des Erben oder des Erbschaftsbesitzers (RGZ 138, 134; Damrau/Rissmann Rn 12; Keim DNotZ 2014, 895, 898). Ein solches Sondervermögen bildet der Nachlass, solange er der Verwaltung des **Testamentsvollstreckers** unterliegt, gleichviel ob er einer Mehrheit oder einem Alleinerben zusteht. Deshalb kann der Testamentsvollstrecker die dem Erben gegen einen früheren Testamentsvollstrecker gem § 2219 BGB erwachsenen Ersatzansprüche geltend machen (RGZ 138, 132; BGH NJW 2002, 3773, 3774; OLG Schleswig FamRZ 2015, 606; Damrau/Rissmann Rn 12; Soergel/Lettmaier Rn 2).

25 Ebenfalls in analoger Anwendung von § 2041 BGB fallen Schadensersatzansprüche gegen einen **Nachlasspfleger** als Ersatzsurrogat in den Nachlass (OLG Dresden ZEV 2000, 402).

Nicht zum Nachlass gehören die einem *Vermächtnisnehmer* gem § 2219 BGB zustehenden Ersatzansprüche (RGZ 138, 134, 135). 26

Der Ersatzanspruch eines Miterben gegen den Testamentsvollstrecker gehört auch dann nicht zum Nachlass, wenn nur ein einzelner Miterbe, etwa bei der Auseinandersetzung, geschädigt ist; nur dieser Miterbe kann den Anspruch geltend machen (RGZ 138, 134). 27

Im Rahmen der **Nachlassverwaltung, Nachlassinsolvenz** und **Nachlasspflegschaft** kann § 2041 BGB nicht angewendet werden, da durch die amtliche Anordnung und Überwachung der Fremdverwaltung ein Schutz für die Interessen der Erben und Nachlassgläubiger in anderer Weise gewährleistet wird. 28

§ 2042
Auseinandersetzung

(1) Jeder Miterbe kann jederzeit die Auseinandersetzung verlangen, soweit sich nicht aus den §§ 2043 bis 2045 ein anderes ergibt.

(2) Die Vorschriften des § 749 Abs. 2, 3 und der §§ 750 bis 758 finden Anwendung.

Materialien: E II § 1916; III § 2017; Prot V 881 f; Jakobs/Schubert ER I 750–761, 789, 800, 815; Denkschr 729; Kommissionsbericht 2101.

Schrifttum

J Blomeyer, Die vorweggenommene Auseinandersetzung der in gemeinschaftlichem Testament bedachten Kinder nach dem Tod des einen Elternteils, FamRZ 1974, 421
Boschan, Die Nachlasssachen in der gerichtlichen Praxis, 2. Teil (1905)
Brand/Kleef, Die Nachlasssachen in der gerichtlichen Praxis (1934) §§ 147–149
Bringer, Auseinandersetzung einer Miterbengemeinschaft als Nachfolgerin eines einzelkaufmännischen Handelsgeschäfts, ZErb 2006, 3941
Brosinger, Die Erbengemeinschaft und ihre Auseinandersetzung im spanischen Recht nach dem Código civil, Vergleich zum deutschen Recht (2004)
Bühler, Kann ein Miterbe formlos aus einer Erbengemeinschaft ausscheiden?, BWNotZ 1987, 73
Bürger, Einzelzuwendungen an den Erben, MDR 1986, 371
Bull, Auseinandersetzung als Prozessgegenstand, SchlHAnz 1967, 11
Damrau, Auswirkungen des Testamentsvollstreckeramtes auf elterliche Sorge, Vormundsamt und Betreuung, ZEV 1994, 1
Drischler, Die Aufhebung der ungeteilten Erbengemeinschaft durch Zwangsversteigerung des Nachlassgrundstücks, JurBüro 1963, 241, 501
Dütz, Das Zurückbehaltungsrecht des § 273 I BGB bei Erbauseinandersetzungen, NJW 1967, 1105
Ebenroth/Bacher/Lorz, Dispositive Wertbestimmungen und Gestaltungswirkungen bei Vorempfängen, JZ 1991, 277
Eberl-Borges, Die Erbauseinandersetzung (2000)
dies, Der blockierende Miterbe, ErbR 2008, 6
Eckelt, Zur Auseinandersetzung über Betriebsgrundstücke einer Personalgesellschaft nach Erbfällen, NJW 1957, 1860

ENDERS, Erbauseinandersetzung – Einkommensteuerfolgen, MDR 1988, 16
FEST, Die personelle Abschichtung als „dritter Weg" zur Auflösung einer Erbengemeinschaft, JuS 2007, 1081
FISCHER, Identitätswahrende Umwandlung der Erbengemeinschaft in eine Personalgesellschaft?, DNotZ 1955, 182
ders, Auseinandersetzung über Betriebsgrundstücke einer Personalgesellschaft nach Erbfällen, NJW 1957, 894, 1179, 1467
FLUME, Die Nachfolge von Todes wegen in dem Betriebsvermögen und die Einkommensteuer bei der Übernahme von Ausgleichsverpflichtungen, DB 1990, 2390
FRESE, Die Wahrung materieller Interessen bei der Erbenauseinandersetzung, Recht 1905, 335
FRICKE, Zur einkommensteuerlichen Behandlung der Erbauseinandersetzung, Betrieb 1964, 675
GANSSMÜLLER, Identitätswahrende Umwandlung der Erbengemeinschaft in eine Personalgesellschaft?, DNotZ 1955, 172
GECK, Zurechnung laufender Einkünfte zwischen Erbfall und Erbauseinandersetzung, ZEV 2004, 279
GROH, Die Erbauseinandersetzung im Einkommensteuerrecht, DB 1990, 2135
GOTTWALD, Die Auseinandersetzung der Miterbengemeinschaft – eine Übersicht, ErbR 2007, 11
HAEGELE, Erbengemeinschaft und Erbauseinandersetzung bei der Erbschaftsteuer, Rpfleger 1963, 227
HAMM, Ist die Schuld eines Miterben an den Erblasser auf dessen Erbteil anzurechnen?, DJZ 1906, 946
JOSEF, Erörterungen zum Auseinandersetzungsanspruch der Miterben, Gruchot 49, 32
ders, Die Verpflichtung des Erben, sich auf seine eigene Schuld gegen den Nachlass verweisen zu lassen, DNotV 1905, 642
KAISER, Rückwirkender Vermögensübergang? (2005)
KAPP, Die Besteuerung der Erbauseinandersetzung (1962)
KELLER, Ausscheiden eines Miterben aus der Erbengemeinschaft durch „Abschichtung"?, ZEV 1998, 281
KEIDEL, Die Nachlassauseinandersetzung nach dem Reichsgesetze über die Angelegenheiten der freiwilligen Gerichtsbarkeit vom 17. Mai 1898, SeuffBl 64, 145
KEIM, Erbauseinandersetzung und Erbteilsübertragung, RNotZ 2003, 375
KIETHE, Ausschluss der Auseinandersetzung der Erbengemeinschaft mit Verfügungsverbot über den Erbteil – Schutz vor unerwünschten Dritten beim Unternehmernachlass?, ZEV 2003, 225
KLINGER, Bilanzielle Behandlung von Erbauseinandersetzungen bei den ausscheidenden und verbleibenden Gesellschaftern einer Personalgesellschaft, Betrieb 1965, 789
KRENZ, Die Auseinandersetzung der Erbengemeinschaft – dogmatische, rechtsvergleichende und rechtspolitische Aspekte, AcP 195 (1995) 361
KRUG, Die Erbteilungsklage, ErbR 2008, 62
KÜRZEL, Grundstücksveräußerung bei Erbauseinandersetzung, DWW 1954, 95 = Betrieb 1958, 1067
LANGE, Verwaltung, Verfügung und Auseinandersetzung bei der Erbengemeinschaft, JuS 1967, 453
LANGENMAYR, Der Verteilungsschlüssel bei Erbauseinandersetzungen nach inadäquaten Teilausschüttungen, BB 1965, 526
ders, Einkommensteuerrechtliche Probleme der Erbauseinandersetzung bei Einzelunternehmen, BB 1969 Beil 9
LASK, Rücktritt und Wandlung beim Erbauseinandersetzungsvertrag (Diss Marburg 1988)
LEIKAM-BÜHLER, Der unbekannte Beteiligte bei Nachlassteilung, BWNotZ 1960, 127
LÖHLEIN, Auseinandersetzung über Betriebsgrundstücke einer Personalgesellschaft nach Erbfällen, NJW 1957, 1466
MAIDL, Probleme der Teilauseinandersetzung, BayNotV 1960, 53
MEIER, Erbauseinandersetzung im Betriebsvermögen unter besonderer Berücksichtigung der Höfeordnung, AgrarR 1991, 181
MEINCKE, Erbauseinandersetzung und vorweggenommene Erbfolge im Einkommensteuerrecht, NJW 1991, 198
MÜLLER, Ist die Schuld eines Miterben an den Erblasser auf dessen Erbteil anzurechnen?, Recht 1905, 582

MUTZE, Zur einkommensteuerlichen Behandlung der Erbauseinandersetzung, Betrieb 1964, 677
ders, Keine Veräußerungsgewinne bei Übergang von Betrieben oder Gesellschaftsanteilen zwischen Miterben im Wege der Erbauseinandersetzung, Betrieb 1963, 1008
NEFLIN, Zivil- und steuerrechtliche Wirkung unberechtigter Grundstücksbezeichnung bei einem Erbteilungsvertrag, Betrieb 1962, 731
NISSEN, Ertragssteuerliche Fragen bei Erbauseinandersetzungen, Betrieb 1970, 945
OTT, Erbauseinandersetzung über Betriebsvermögen, Einkommensteuer, BWNotZ 1966, 319; 1967, 196
PÄTZOLD, Das gerichtliche Auseinandersetzungsverfahren nach dem pr Gesetz vom 8. 6. 1896 betr Anerbenrecht bei Renten und Ansiedlungsgüter, ZBlFG 1905, 689
PETZOLD, Die Teilauseinandersetzung bei der Miterbengemeinschaft (Diss Hamburg 1973)
REICHOLD, Zur Frage der Auseinandersetzung nach Anlegung des Grundbuchs und die Verfügungsgewalt der Ehegatten über Nachlassanteile, BayZ 1905, 317
REIMANN, Erbauseinandersetzung durch Abschichtung, ZEV 1998, 213
ROTH, Teilungsplan versus Teilungsvertrag, NJW-Spezial 2010, 167
SARRES, Die Erbengemeinschaft und das Teilungskonzept des BGB, ZEV 1999, 377
SCHEUREN-BRANDES, Auseinandersetzungsverbot und Dauertestamentsvollstreckung gem §§ 2209 ff BGB, ZEV 2007, 306
K SCHMIDT, Erbteilsabtretung, Miterbenabfindung und Anwachsung bei der Erbengemeinschaft, AcP 205 (2005) 305
SCHNÜTTGEN, Die Erbengemeinschaft und ihre Auseinandersetzung im Ertragssteuerrecht (2009)
SCHÖNKNECHT, Die Aufrechterhaltung der gesamthänderischen Bindung als Auseinandersetzung der Miterbengemeinschaft (Diss Marburg 1987)
SCHRÖDER, Kann ein Miterbe vor der Auseinandersetzung des Nachlasses auf Zahlung einer ihm gegen den Nachlass zustehenden Forderung klagen?, SeuffBl 70, 343
SEEMÜLLER, Die fortgesetzte Erbengemeinschaft (Diss Hamburg 1977)
vSELZAM, Der Verteilungsschlüssel bei Erbauseinandersetzungen nach inadäquaten Teilausschüttungen, BB 1965, 524
SINGLER, Zur Abtretbarkeit des Anspruchs des Miterben auf das Auseinandersetzungsguthaben, MDR 1964, 372
SPECKMANN, Der Streitwert der Erbteilungsklage, NJW 1970, 1259
STEINER, Die Praxis der Klage auf Erbauseinandersetzung, ZEV 1997, 89
STELZER, Das Miterbenverhältnis, die eheliche Gütergemeinschaft und das Bayerische Gebührengesetz, BayZ 1905, 193
STRECK, Unerwünschte und geplante Steuerfolgen der Erbauseinandersetzung, NJW 1985, 2454
STRÜBE, Zur Frage der Aufhebung der Erbengemeinschaft, Recht 1906, 605
WEIMAR, Die Auseinandersetzung unter Miterben, NDR 78, 287
WEISSLER, Das deutsche Nachlassverfahren (1920)
WERKMÜLLER, Aufgaben und Funktionen der Bank in der Erbauseinandersetzung, ZEV 2001, 340
ders, Der Nachlass mit Auslandsbezug – Aufgaben und Funktionen der Bank in der Erbauseinandersetzung, ZEV 2001, 480
WERNER, Fälle zum Erbrecht, 15. Fall
WESSER, Beendigung gemeinschaftlicher Rechtszuständigkeit am Beispiel der Erbauseinandersetzung, AcP 204 (2004) 208
WESSER/SAALFRANK, Formfreier Grundstückserwerb durch Miterben, NJW 2003, 2937
WILCKE, Vorschläge zur Verbesserung der Vorschriften über die Auseinandersetzung unter mehreren Erben, DR 1938, 70
WINKLER, Verhältnis von Erbteilsübertragung und Erbauseinandersetzung – Möglichkeiten der Beendigung der Erbengemeinschaft, ZEV 2001, 435
ZUNFT, Die Übertragung sämtlicher Nachlassgegenstände an einen Miterben gegen Abfindung der übrigen Miterben, JZ 1956, 550.

Weitere Schrifttumshinweise s Vorbem zu §§ 2032 ff.

Systematische Übersicht

Alphabetische Übersicht

I. Die Miterbengemeinschaft als Abwicklungsgemeinschaft

Die Erbengemeinschaft ist keine auf Dauer bestimmte Zusammenführung der Gemeinschafter, sondern ihrem Wesen nach eine Abwicklungsgemeinschaft, die nur für eine gewisse Übergangszeit mit dem Ziel der Auflösung geschaffen ist (BGH NJW 1955, 1227; Leipold Rn 721; Palandt/Weidlich Rn 1; Bartholomeyczik, in: FS Nipperdey 149; Johannsen WM 1970, 573; Jülicher AcP 175 [1975] 149; **krit** Ann, in: FS Spiegelberger [2009] S 956 f). Diese vollzieht sich idR durch **Auseinandersetzung**, dh Beendigung der vermögensrechtlichen gesamthänderischen Bindung. Mit dem Ausdruck „Auseinandersetzung" bezeichnet das Gesetz den gesamten Vorgang der Aufhebung der Gemeinschaft unter den Miterben, also einmal den *Vertrag,* durch den die Miterben idR den Rechtsgrund für die Verfügungen über den Nachlass festlegen und sich zu diesen Verfügungen verpflichten, sodann aber auch seine *Ausführung* (Palandt/Weidlich Rn 1) durch Vornahme der entsprechenden Verfügungen (Übereignung der Sachen, Übertragung der Rechte usw). Bei der *Haftung* für die Nachlassverbindlichkeiten den Nachlassgläubigern gegenüber entscheidet die *„Teilung",* dh der Vollzug der Auseinandersetzung durch die entsprechenden Verfügungsakte, inwieweit die Gemeinschaft mit dem Nachlass oder der einzelne Erbe persönlich haftet, §§ 2059, 2060 BGB. 1

Eine Aufhebung der Erbengemeinschaft erfolgt nicht, wenn sich noch vor der Auseinandersetzung alle Miterbenanteile in einer Person vereinen (§ 2032 Rn 1), gleich ob diese ein Miterbe oder ein Dritter ist. Eine Vereinigung aller Anteile in einer Hand kann auch als Mittel der Auseinandersetzung dienen (vgl Rn 75). 2

II. Das Recht auf Auseinandersetzung

1. Anspruch auf Auseinandersetzung

a) Grundsätzlich kann **jeder Miterbe jederzeit Auseinandersetzung** des gesamten Nachlasses (nicht Teilauseinandersetzung), also die Auflösung der Gesamthandsgemeinschaft verlangen. Dieses Recht steht ebenfalls dem Erbanteilserwerber (§ 2033 BGB) zu (KG OLGE 14, 154; Palandt/Weidlich Rn 2;), ferner dem *Pfandgläubiger* (BGH ZEV 2019, 267) und *Nießbraucher* eines Erbteils (vgl OLG Köln FamRZ 2015, 441; Palandt/Weidlich Rn 2). Die beiden letzteren können den Antrag nur in Gemeinschaft mit dem Miterben, dem der Anteil gehört, stellen, §§ 1066 Abs 2, 1258 Abs 2, 1273 Abs 2 BGB (RGZ 60, 133; BGH NJW 1969, 1347 = Betrieb 1969, 1103). Mit dem Eintritt der Verkaufsberechtigung fällt diese Beschränkung für den Pfandgläubiger fort, § 1258 Abs 2 S 2 BGB (RGZ 84, 396). Auf das Pfändungspfandrecht findet § 1258 Abs 2–4 BGB keine Anwendung. Von der Pfändung und Überweisung des Erbteils an kann sich der betroffene Miterbe nicht mehr an der Erbauseinandersetzung beteiligen (KG ZBlFG 1909, 630; 10, 763; Bamberger/Roth/Lohmann Rn 4; Damrau/Rissmann Rn 2; vgl auch § 2033 Rn 44). Dem *Pfandgläubiger* gegenüber ist die Auseinandersetzung unwirksam, soweit seine Forderung reicht und sofern er nicht zustimmt (RGZ 83, 27; KG ZBlFG 1910, 593). 3

Ein Miterbe, der aufgrund ausgleichspflichtigen Vorempfangs bei der *Auseinandersetzung nichts erhalten wird,* ist trotzdem berechtigt, die Auseinandersetzung zu verlangen, denn nur so kann er aus der Gemeinschaft ausscheiden und die endgül- 4 tige Nachlasszuordnung bestimmt werden. Allerdings wird man ihm das Recht absprechen müssen, ein Nachlassgrundstück zur Vorbereitung der Auseinandersetzung zur Versteigerung zu bringen (OLG Celle HRR 1935 Nr 353; Soergel/Lettmaier Rn 4). Das Recht auf Auseinandersetzung ist an die Gemeinschafterstellung gebunden und kann *nicht abgetreten* werden. Einem Dritten ist lediglich die Geltendmachung im Namen des Gemeinschafters möglich. Der *Insolvenzschuldner* ist zur Verwertung des Nachlasses im Wege der Auseinandersetzung verpflichtet, vgl § 295 Abs 1 Nr 2 InsO (AG Göttingen ZEV 2015, 183).

5 § 2042 Abs 1 BGB entspricht § 749 Abs 1 BGB bei der Gemeinschaft und § 723 Abs 1 S 1 BGB bei der Gesellschaft, die nicht für eine bestimmte Zeit eingegangen ist. Anders als in § 723 Abs 2 BGB ist in §§ 2042 ff BGB ein Kündigungsverlangen „zur Unzeit" nicht verboten, es kann lediglich aus dem allgemeinen *Gesichtspunkt des Rechtsmissbrauchs* (§ 242 BGB) eingeschränkt werden (RGZ 65, 10; RG HRR 1935 Nr 353; 1937 Nr 158; LG Verden NJW 1947/48, 599; LG Hagen MDR 1947, 258; LG Düsseldorf FamRZ 1955, 303, 304; Palandt/Weidlich Rn 2; Brox/Walker § 31 Rn 2).

6 **b)** Der **Anspruch** auf Auseinandersetzung ist gem §§ 2042, 758 BGB **unverjährbar**. Dies ergibt sich aus der Verweisung des § 2042 Abs 2 BGB auf § 758 BGB (so die ganz **hM**: OLG Rostock FamRZ 2010, 236; Erman/Bayer Rn 21; Palandt/Weidlich Rn 2; Jauernig/Stürner Rn 1). Als Folgeerscheinung der Schuldrechtsreform mit umgestalteten Verjährungsregeln wird von einigen Autoren vertreten, dass der Anspruch auf Auseinandersetzung der Verjährung unterliegt (Nachweise und zum Streitstand Löhnig ZEV 2004, 269). Dem steht zum einen der eindeutige Wortlaut der §§ 2042 Abs 2, 758 BGB entgegen, die durch die Schuldrechtsreform keine Änderung erfahren haben. Zudem entspringt der Auseinandersetzungsanspruch der Miterbenstellung, die nicht durch eine Verjährung zu einer Zwangsgemeinschaft ohne Auflösung bzw Ausscheiden umgestaltet werden darf. Da die Miterbenstellung als Recht unverjährbar ist, entspringt ihr fortlaufend das Recht auf Auseinandersetzung, denn die Gemeinschaft ist auf Abwicklung gerichtet. Wohl aber unterliegt der *Erbschaftsanspruch gegen einen Miterben* als Erbschaftsbesitzer der Verjährung (Palandt/Weidlich Rn 2; vgl Staudinger/Raff § 2026 Rn 12 ff; Sarres ZEV 2010, 292, 293). Durch seine Verjährung wird dem Auseinandersetzungsanspruch gegen einen Miterben, soweit er im Besitz der Erbschaft ist, die praktische Bedeutung genommen.

2. Aufschub oder Ausschluss der Erbauseinandersetzung

7 Ein Aufschub oder Ausschluss der Erbauseinandersetzung erfolgt in den Fällen der §§ 2043, 2044, 2045 BGB. Darüber hinaus können die Miterben durch formlose *Vereinbarung* das Recht auf Auseinandersetzung hinsichtlich der ganzen Erbschaft oder einzelner Gegenstände ausschließen (Palandt/Weidlich Rn 4; vgl Rn 3, 29) bzw von einer vorhergehenden Kündigung abhängig machen. Diese Befugnis ergibt sich aus der grundsätzlich anerkannten Willensherrschaft der Miterben, über Zeit, Art und Inhalt der Auseinandersetzung zu bestimmen (vgl Rn 3, 9; sowie §§ 2042 Abs 2, 749 Abs 2 BGB). Bei wichtigem Grunde kann die Auseinandersetzung trotzdem verlangt werden, §§ 2042 Abs 2, 749 Abs 2 und 3 BGB: Ein wichtiger Grund liegt im Zweifel (also wenn sich aus der Auslegung der Vereinbarung nichts ergibt) beim Tode eines Miterben vor, §§ 2042 Abs 2, 750 BGB. Außerdem kann ein Gläubiger, der die Pfändung des Anteils eines Teilhabers erwirkt hat, ohne Rücksicht auf die

Vereinbarung die Aufhebung der Gemeinschaft verlangen, sofern der Schuldtitel nicht bloß vorläufig vollstreckbar ist, §§ 2042 Abs 2, 751 S 2 BGB. Ist die Vereinbarung nur von einem Teil der Miterben beschlossen worden, beschränkt sie sich auf diese (RG WarnR 1938 Nr 70; KIETHE ZEV 2003, 227).

Die unter den Miterben getroffene Vereinbarung wirkt für und gegen einen Son- 8
dernachfolger im Erbteil (§§ 2042 Abs 2, 751 S 1 BGB). Eine Eintragung der Vereinbarung im Grundbuch ist als überflüssig abzulehnen (RG JW 1935, 3121). Gegenüber dem Pfändungspfandgläubiger, der nicht lediglich aufgrund vorläufig vollstreckbaren Titels in den Anteil vollstreckt hat, gilt der vereinbarte Auseinandersetzungsausschluss nicht, §§ 2042 Abs 2, 751 S 2 BGB (BayObLGZ 28, 817), ebensowenig gegenüber dem Vertragspfandgläubiger gem §§ 1258 Abs 2, 1273 Abs 2 S 1 BGB. Der Nießbraucher eines Erbanteils wird dagegen durch die Vereinbarung gebunden, da er nur die Rechte ausübt, die dem betreffenden Miterben zustehen.

III. Einverständliche Auseinandersetzung

1. Allgemeines

Soweit die **Miterben** sich über die Auseinandersetzung **einigen**, kann sie sich durch 9
Vertrag vollziehen. Die Erben sind, sofern keine bindenden Anordnungen des Erblassers vorliegen (vgl §§ 2044, 2048, 2049 BGB), frei Zeitpunkt, Art und Weise sowie den Inhalt der Auseinandersetzung zu bestimmen (SARRES ZEV 2010, 293, dort auch zur Verjährung dieser Möglichkeit, insbes zu verjährungsverlängernden Vereinbarungen). Zwingende Vorschriften stellt das Gesetz für eine einverständliche Auseinandersetzung nicht auf (RG WarnR 1909 Nr 512; BGH NJW 2002, 2712; STROHAL II § 65 III 2).

Soweit der Erblasser bereits selbst den Nachlass durch eine *Teilungsanordnung* 10
(§ 2048 BGB) verteilt hat, bedarf es keines Auseinandersetzungsvertrages, denn diese Anordnung begründet bereits die schuldrechtliche Verpflichtung zur wechselseitigen Überlassung der entsprechenden Nachlassteile (RG HRR 1930 Nr 1806; vgl Vorbem 20 zu §§ 2032 ff). Die Miterben können sich jedoch einverständlich über die Anordnung des Erblassers hinwegsetzen (vgl § 2048 Rn 24), indem sie in einem Auseinandersetzungsvertrag eine andere Zuteilung festlegen.

Obwohl der Anspruch auf Auseinandersetzung unverjährbar ist (Rn 6), droht im 11
Fall von Teilungsanordnungen oder abweichenden Vereinbarungen zur Auseinandersetzung die **Verjährung** (OTTE, in: SCHRÖDER [Hrsg], Erbrecht: Aktuelle Fragen [2012] 86 ff).

Durch Vereinbarung können die Erben nicht ihre *Haftung für die Nachlassverbind-* 12
lichkeiten mit Wirkung den Gläubigern gegenüber abändern, ebenso wenig die Rechtsstellung eines Nacherben durch eine einverständliche Verfügung beeinträchtigen, § 2113 BGB. Die Zuziehung des Nacherben, der als solcher nicht an der Gemeinschaft beteiligt ist, ist nur notwendig, soweit Rechtsgeschäfte iS der §§ 2113, 2114 BGB in Betracht kommen (KG DRZ 1907, 300).

2. Inhalt und Rechtsnatur des Auseinandersetzungsvertrags

13 Im Auseinandersetzungsvertrag, welchen die Gemeinschafter einverständlich schließen, verpflichtet sich jeder Miterbe gegenüber den anderen, bei Rechtsgeschäften mitzuwirken, die zur Umwandlung der Gesamthandsberechtigung in Allein- oder Bruchteilsberechtigung erforderlich sind (BGH ZEV 2001, 313 zur Verbindung der Auflösung einer Bruchteilsgemeinschaft mit der Erbauseinandersetzung). Partner des Auseinandersetzungsvertrages sind die Mitglieder der Miterbengemeinschaft, die Personen, denen das Recht auf Auseinandersetzung zusteht. Der Auseinandersetzungsvertrag, dh die jeweilige Zustimmung der einzelnen Miterben, ist wie jeder andere Vertrag nach §§ 119 ff BGB **anfechtbar** (Bamberger/Roth/Lohmann Rn 14; dazu KG OLGE 16, 43; Recht 1905, 681 Nr 284; Weissler II, 92; Karger LZ 1925, 1215). Ein Schreibfehler bedarf keiner Anfechtung, es kann – auch im Klagewege – Berichtigung verlangt werden (OLGE 43, 393).

14 Der Vertrag kann sich – soweit nicht Teilungsanordnungen des Erblassers entgegenstehen (§§ 2048, 2049 BGB) – über die gesetzlichen Teilungsregeln hinwegsetzen (vgl Rn 7 ff), zB den gesamten Nachlass einem oder mehreren Miterben zuweisen, wogegen diese den übrigen Miterben eine Abfindung versprechen. Dieser Vertrag kann Kaufvertrag iS des § 433 BGB sein (BGH DNotZ 1955, 406; Johannsen WM 1970, 741; Keim RNotZ 2003, 377), wobei der Erlös unter den Erben als Abfindung aufgeteilt wird. Der Vertrag ist kein Erbschaftskauf iS der §§ 2371 ff BGB (HK-BGB/Hoeren Rn 4). Er erzeugt – selbst wenn die Form des § 2033 Abs 1 S 2 BGB nicht beachtet ist – die schuldrechtliche Verpflichtung, keine erbrechtlichen Ansprüche gegen die Miterben geltend zu machen (RG WarnR 1919 Nr 512; LG Ulm BWNotZ 1985, 141; MünchKomm/Ann Rn 36; **aA** Bühler BWNotZ 1987, 73). Der Vorteil eines Teilungsvertrages gegenüber einem Teilungsplan liegt in der Flexibilität und der Möglichkeit der Vertragsänderung (dazu Roth NJW-Spezial 2010, 167).

15 **a)** Häufig wird sich der Erbauseinandersetzungsvertrag als **Vergleich** iS des § 779 BGB darstellen, so wenn die Auseinandersetzung durch Übernahme der Masse bzw einzelner Nachlassgegenstände seitens eines Erben und Geldabfindung der anderen erfolgt oder wenn die Erben verschiedenartige Gegenstände unter sich verteilen (RG DNotV 1916, 600; Planck/Ebbecke Vorbem 2 vor § 2042; MünchKomm/Ann Rn 33). Hat der Vertrag Vergleichscharakter, wird die verschiedene Bedeutung des *Irrtums* wichtig. Ein Irrtum der Miterben hinsichtlich der Vergleichsgrundlage (zB Gültigkeit eines zur Grundlage der Teilung gemachten Testamentes) macht den Vertrag unwirksam. Dagegen ist ein Irrtum über solche Zweifelsfragen, die durch den Vergleich beseitigt werden sollten, bedeutungslos. Ein Irrtum über den Inhalt der ausgetauschten Vergleichserklärungen oder verkehrswesentliche Eigenschaften eines zugeteilten Gegenstandes begründet Anfechtbarkeit nach § 119 BGB (näheres bei § 779 BGB).

16 **b)** Wurde bei der Auseinandersetzung irrtümlich ein **Miterbe übergangen**, ist der Vertrag unwirksam (Kipp/Coing § 119 III). Der Übergangene kann neue Auseinandersetzung verlangen (Planck/Ebbecke Vorbem 2 vor §§ 2042 f). Ist einem Miterben wegen Nichtberücksichtigung seiner Verbindlichkeiten gegenüber dem Nachlass (§ 2046) oder der Ausgleichspflicht (§§ 2050 ff BGB) **zuviel zugeteilt** worden, kann der überschießende Betrag von den übrigen Erben gemeinsam oder einzeln (§ 2039 BGB) mit der *Bereicherungsklage zurückgefordert* werden (MünchKomm/Ann Rn 41).

Dieser Gesamthandsanspruch begründet den Fortbestand der Gemeinschaft. Eine ergänzende Auslegung des Vertrages ist möglich (OLG Dresden OLG-NL 1999, 105). War die Höhe der Ausgleichspflicht oder der Verbindlichkeit des Erben gegenüber dem Nachlass zweifelhaft und sollten diese Zweifel durch den Vertrag beseitigt werden, liegt ein Vergleich vor. Der Vertrag ist wirksam (vgl Rn 15).

c) Die Auseinandersetzung kann auch in mehreren zwischen den einzelnen Miterben geschlossenen **Einzelverträgen** erfolgen (HK-BGB/Hoeren Rn 4), die aber dann in einem gewollten Zusammenhang stehen müssen, sodass sich die Auseinandersetzung als Ganzes auf alle Miterben erstreckt (RG HRR 1930 Nr 1466; 1934 Nr 1458). 17

d) Eine Auseinandersetzung kann durch **Begründung einer Bruchteilsgemeinschaft** am ganzen Nachlass oder an einzelnen Nachlassgegenständen (zB Mieterträgen eines Hauses, RG 26. 3. 1903 – VII 450/08; Bruchteilseigentum an Grundstücken) unter allen oder einigen Miterben erfolgen (BayObLGZ 32, 381; **aM** OLG Jena ZEV 2014, 603: Eine bestehende Erbengemeinschaft wird nicht dadurch beendet, dass die Beteiligten mit notarieller Urkunde jeweils 1/2 dieser Erbanteile erworben haben. Ein derartiger Erwerb führt nach hM zwar dazu, dass innerhalb der Erbengemeinschaft in Bezug auf die jeweiligen Erbanteile eine Bruchteilsgemeinschaft entsteht, ändert aber nichts am Fortbestehen der gesamthänderischen Bindung in Bezug auf die Erbanteile im Verhältnis zueinander). Soweit bestimmte Nachlassgegenstände unter den Miterben unverteilt bleiben, ist aber nicht ohne Weiteres eine Umwandlung in eine Bruchteilsgemeinschaft gewollt, sondern nur, wenn nach den Umständen eine dahingehende stillschweigende Vereinbarung angenommen werden darf und keine Formvorschriften der Wirksamkeit einer solchen Vereinbarung entgegenstehen (OLG Colmar Recht 1909 Nr 2007; OLGE 21, 316; LG Karlsruhe ZBlFG 1911, 283 f; Crome § 740 Fn 83; Amelunxen ElsLothrZ 1907, 379 f; Josef ZBlFG 1912, 154 f; Strübe Recht 1906, 605 f). Hinsichtlich nicht verteilter Nachlassgegenstände kann auch ein Fortbestand der Gemeinschaft gewollt sein (Teilauseinandersetzung) oder eine gesamthänderische Bindung als Form der Auseinandersetzung. 18

e) Innerhalb einer fortbestehenden Erbengemeinschaft kann keine **engere** auf einen Teil der Erben beschränkte **Erbengemeinschaft** durch Vertrag hergestellt werden (vgl Vorbem 3 zu §§ 2032 ff), denn die Erbengemeinschaft kann nicht durch Vertrag begründet werden (KG OLGE 43, 393 = KGJ 31 A 138 = Recht 1906 Nr 1251; Recht 1927 Nr 349 = DRZ 1927 Nr 195; DNotZ 1952, 84; BGH WM 1975, 1110). 19

3. Form

Der Erbauseinandersetzungsvertrag unterliegt als solcher keiner Form (KGJ 52, 272; KG FamRZ 1963, 468; LG Stuttgart FamRZ 2000, 1251; HK-BGB/Hoeren Rn 4; Bamberger/Roth/Lohmann Rn 11; Palandt/Weidlich Rn 12; Damrau/Rissmann Rn 9; Keim RNotZ 2003, 380). Deshalb kann uU ein wegen Formmangels nichtiger Verkauf eines Erbanteils unter Miterben im Wege der Konversion als Erbauseinandersetzungsvertrag aufrechterhalten werden (so RGZ 129, 122 bei unrichtiger Kaufpreisangabe in der notariellen Urkunde). 20

Wegen der Formfreiheit des Vertrages darf jedoch nicht ohne Weiteres gefolgert werden, es habe eine Auseinandersetzung stattgefunden, wenn einer der Miterben das ererbte Geschäft unter seinem Namen allein fortführt, denn dies ist auch mit 21 einer Beteiligung der Miterben im Innenverhältnis denkbar (RG 29. 8. 1935 – IV 91/35). Soweit in dem Auseinandersetzungsvertrag formbedürftige Verpflichtungen übernommen werden (zB Übereignung eines Grundstückes an einen oder mehrere Erben nach Bruchteilen), sind die dafür bestehenden Formvorschriften zu beachten, zB §§ 311b Abs 1, 766 BGB.

4. Genehmigungsbedürftigkeit

22 **a)** Ein im gesetzlichen Güterstand der Zugewinngemeinschaft lebender **Ehegatte** bedarf der Zustimmung des anderen nur, wenn der Anteil an der Miterbengemeinschaft sein (nahezu) ganzes Vermögen ist, § 1365 BGB (BGHZ 35, 135, 143 = NJW 1961, 1301; Johannsen WM 1970, 741; Keim RNotZ 2003, 379). Das OLG München (MDR 1970, 928) will diesen Grundsatz bei einer Realteilung nicht anwenden, da die wirtschaftliche Grundlage der Familie nicht berührt werde. Auch in diesen Fällen verpflichten sich die Miterben, den Gesamthandsverband aufzulösen; dass jeder Miterbe für den Verlust seiner Mitgliedschaft in der Gesamthand Alleineigentum an einzelnen Gegenständen erwirbt, ist irrelevant (MünchKomm/Koch § 1365 Rn 84). § 1365 BGB stellt nicht auf den wirtschaftlichen, sondern auf den gegenständlichen Erhalt des Vermögens ab (Staudinger/Thiele [2017] § 1365 Rn 35).

23 Einer Genehmigung bedarf es *nur dann nicht,* wenn in Vollzug einer Teilungsanordnung oder nach Maßgabe der §§ 2042 ff BGB auseinandergesetzt wird (Staudinger/Thiele [2017] § 1365 Rn 44), denn hierbei handelt es sich lediglich um die Erfüllung bereits bestehender Verbindlichkeiten.

24 Fällt der Erbanteil eines Ehegatten in das *Gesamtgut einer Gütergemeinschaft* (vgl §§ 1416, 1418 Abs 2 Nr 2 BGB), kann ein Ehegatte den Auseinandersetzungsvertrag allein nur abschließen, wenn er das Verwaltungsrecht iS des § 1422 BGB besitzt und der Erbanteil nicht der einzige Gesamtgutsgegenstand ist, § 1423 BGB.

25 **b)** Steht ein Miterbe unter *Vormundschaft* oder unter *Betreuung,* bedarf der Auseinandersetzungsvertrag nach §§ 1822 Nr 2, 1908 i Abs 1 S 1 BGB der **gerichtlichen Genehmigung**; zuständig ist nach Aufhebung des § 368 Abs 3 FamFG das Betreuungsgericht. Einem Abwesenden kann unter den Voraussetzungen der Abwesenheitspflegschaft (§ 1911 BGB) – sofern noch keine Betreuung besteht – für das Auseinandersetzungsverfahren ein Pfleger bestellt werden; auch hier ist nach Aufhebung des § 364 FamFG nicht mehr das Nachlassgericht, sondern das Familiengericht zuständig.

26 **c)** Die **Eltern** bedürfen grundsätzlich keiner Genehmigung für den Abschluss eines Auseinandersetzungsvertrages für ihr Kind bzw zur Erteilung einer entsprechenden Zustimmung gem §§ 107, 108 BGB, es sei denn, dass mit dem Vertrag oder seiner Durchführung ein nach §§ 1821, 1822 Nr 1, 3, 5, 8–11 BGB genehmigungspflichtiges Geschäft vorgenommen werden soll, § 1643 BGB (BGH FamRZ 1961, 216; Palandt/Weidlich Rn 14).

27 **d)** Bei **Beteiligung mehrerer minderjähriger Erben** muss jeder durch einen besonderen gesetzlichen Vertreter (Inhaber der elterlichen Sorge, Vormund, Pfleger) vertreten sein, wenn die Aufhebung der unter ihnen bestehenden Gemeinschaft

unter Abweichung von den gesetzlichen Auseinandersetzungsregeln vertraglich erfolgen soll; dies wegen sonstiger Interessenkollision, § 181 BGB (RGZ 93, 334; 71, 162; 67, 61; BGHZ 21, 229 = NJW 1956, 1433 = JZ 1956, 657; BGH FamRZ 1968, 245; dazu Keim RNotZ 2003, 379). Nach RGZ 93, 336 (ebenso Palandt/Weidlich Rn 14) soll dies sogar geboten sein, sofern die Auseinandersetzung nur eine „rechnerische" ist, obwohl ein eigentlicher Interessengegensatz nicht vorhanden ist.

Die heutige Rspr stellt dagegen im Rahmen des § 181 BGB mehr auf den Interessenwiderstreit ab (BGHZ 59, 236 = NJW 1972, 2262; BGH MDR 1975, 746; vgl die Erl zu § 181). Erfolgt die Auseinandersetzung allein nach Maßgabe der gesetzlichen Vorschriften (§§ 2046 f iVm § 752 S 2 BGB), ist die Vertretung durch einen gesetzlichen Vertreter zulässig, die Auseinandersetzung dient lediglich der Erfüllung einer gesetzlichen Pflicht (RGZ 93, 336; BGHZ 21, 229 = NJW 1956, 1433). Das Vormundschaftsgericht kann die Vertretungsmacht nicht durch Gestattung nach § 181 BGB erweitern (RGZ 71, 162; vLübtow II 840 f). Gesonderte Vertretung durch verschiedene Pfleger ist nicht erforderlich, wenn mehrere minderjährige Erben einem volljährigen Miterben den gesamten Nachlass (dh sämtliche Erbteile) gegen bestimmte, an jeden einzelnen von ihnen zu zahlende Abfindungssummen übertragen (§ 2033 Abs 1 BGB); doch muss die Form des § 2033 Abs 1 S 2 BGB gewahrt sein (RGZ 93, 335). Wohl ist an gesonderter Vertretung festzuhalten, sofern die Überlassung einzelner Nachlassgegenstände an den Volljährigen erfolgt, da eine solche Verfügung nach § 2040 Abs 1 BGB nur gemeinschaftlich (kraft Einigung) erfolgen kann (RGZ 93, 335). 28

IV. Streitige Auseinandersetzung

Kommt unter den Miterben **keine Einigung** zustande, ist die Auseinandersetzung nach den *gesetzlich* vorgeschriebenen *materiellen Teilungsregeln* vorzunehmen (§§ 2046 ff BGB). Vorrangig sind auch dabei die letztwillige Verfügung des Erblassers (§§ 2048, 2049 BGB) und Vereinbarungen der Erben in Einzelpunkten (BGH NJW 2002, 2712; OLG Jena ZErb 2009, 133). Die gesetzlichen Teilungsregeln begründen ebenso wie eine sie abändernde Anordnung des Erblassers bzw Vereinbarung der Erben eine Verpflichtung der Erben, sich die Teilung danach gefallen zu lassen (BGH ZEV 2002, 319). § 2042 Abs 2 BGB erklärt im Wesentlichen die Vorschriften über die Aufhebung einer Gemeinschaft nach Bruchteilen für anwendbar. Hinzu kommen die Sondervorschriften der §§ 2046–2057a BGB. 29

1. **Zunächst** sind aus dem Nachlass die **Nachlassverbindlichkeiten** zu berichtigen, für die die Erben gem § 2058 BGB als Gesamtschuldner haften, § 2046 Abs 1 S 1 BGB. Diese Pflicht ist den Erben lediglich im Verhältnis zueinander, nicht den Gläubigern gegenüber auferlegt (Damrau/Rissmann Rn 5). Verteilen die Erben den Nachlass, ohne vorher die Gläubiger befriedigt zu haben, können sie sich von der gesamtschuldnerischen Haftung des § 2058 BGB den unbefriedigten Gläubigern gegenüber nur dann befreien und auf die geteilte Haftung berufen, wenn ihnen das Unterlassen der vorherigen Gläubigerbefriedigung nicht vorgeworfen werden kann, § 2060 BGB. Zur Berichtigung der Nachlassverbindlichkeiten ist der Nachlass, soweit erforderlich, in Geld umzusetzen, § 2046 Abs 3 BGB. Zur Befriedigung nicht fälliger oder streitiger Forderungen ist das Erforderliche zurückzubehalten, § 2046 Abs 1 S 2 BGB (vgl § 2046 Rn 20 ff). 30

31 Das **Recht auf** den sog **Dreißigsten** nach § 1969 BGB hindert die Auseinandersetzung nicht (ebenso Palandt/Weidlich § 2045 Rn 1). Der Dreißigste ist ein den übrigen Forderungen an dem Nachlass – ebenso wie die Vermächtnisse – nachstehendes Forderungsrecht (vgl Staudinger/Dutta [2016] § 1969 Rn 11 f). Die Auseinandersetzung und die Versilberung des Nachlasses können ebensowenig gehindert werden, wie uU die Leistung des Dreißigsten ohne Versilberung nicht erfolgen kann (Binder III 255). Die Miterben machen sich ersatzpflichtig, wenn sie die Verwirklichung des Anspruchs schuldhaft vereiteln (Strohal II § 65 Anm 9d). Auf eine die Leistung des Dreißigsten verhindernde Teilungsmaßnahme braucht sich kein Erbe einzulassen.

32 **2.** Der nach Berichtigung der Nachlassverbindlichkeiten verbleibende **Überschuss** ist unter den Erben nach dem Verhältnis ihrer Erbteile zu verteilen, § 2047 Abs 1 BGB. Bei der Teilung sind die allgemeinen Vorschriften der §§ 752–754 BGB über die Gemeinschaftsteilung zu beachten, § 2042 Abs 2 BGB.

33 **a)** Die **Teilung** erfolgt vorrangig in **Natur**, wenn ein gemeinschaftlicher Gegenstand oder mehrere sich in gleichartige, den Erbanteilen entsprechende Teile ohne Wertminderung (Keim RNotZ 2003, 376) zerlegen lassen, §§ 2042 Abs 2, 752 S 1 BGB. Die Verteilung gleichartiger Gegenstände unter den Teilhabern erfolgt durch Los, §§ 2042 Abs 2, 752 S 2 BGB. *Geldbeträge* sind immer teilbar. Ein *Grundstück* ist teilbar, wenn es ohne Wertminderung in mehrere gleich-nutzbare Teile (zB Baustellen) zerlegt werden kann (RG Gruchot 54, 632). Bebaute Grundstücke sind idR nicht in Natur teilbar, doch bietet das Gesetz über Wohnungseigentum (WEG) eine Teilungsmöglichkeit. Die Teilung landwirtschaftlicher Grundstücke (sofern sie nicht schon aus dem Gesamthandseigentum ausgeschieden sind, vgl Vorbem 22 ff zu §§ 2032 ff) ist eine Frage des Einzelfalles. Nach dem RErbhG war eine Teilung in Natur zu Zwecken der Auseinandersetzung ausgeschlossen (vgl Vorbem 22 ff zu §§ 2032 ff).

34 **Teilbar sind**: *Wertpapiere,* sofern gleichartige Stücke vorhanden sind, die auf die Erben anteilsmäßig aufgeteilt werden können (RGZ 91, 416), *Forderungen,* wenn die Leistung, auf die sie gerichtet sind, teilbar ist, dh der durch das Schuldverhältnis bezweckte Erfolg durch eine Mehrheit gleichartiger Leistungen bruchteilsweise verwirklicht werden kann. Dabei ist es unerheblich, ob die Forderung schon eingezogen werden kann (RGZ 65, 7; BGH NJW 1969, 1347; Soergel/Lettmaier Rn 10), *Grundschulden* (RG 22. 12. 1919 – IV 303/19), *Hypothekenbriefe* durch Erteilung mehrerer Teilhypothekenbriefe (RGZ 59, 318; 69, 12). Für die Grundbucheintragung aufgrund eines Zeugnisses des Nachlassgerichtes vgl §§ 36, 37 GBO. Zur Prüfungspflicht des Grundbuchamtes gegenüber derartigen Zeugnissen vgl DRW 1939, 1821. Ein *Erbteil,* der zum Nachlass gehört, ist auf die Erben entspr ihren Erbanteilen zu verteilen (vgl § 2033 Rn 6; BGH NJW 1963, 1611; Johannsen WM 1970, 741). Ein Unternehmen ist eine unteilbare Einheit und unterliegt nicht der Naturalteilung nach §§ 2042 Abs 2, 752 BGB (Bringer ZErb 2006, 39, 40 mwNw). Nach ersatzloser Streichung des § 17 GmbHG aF durch das MoMiG ist eine Aufteilung eines GmbH-Anteils in mehrere Teilgesellschaftsanteile nicht mehr möglich. Nach § 18 GmbHG steht ein Geschäftsanteil mehreren Miterben ungeteilt zu; sie können die Rechte aus demselben nur gemeinschaftlich ausüben. *Aktien* sind ebenfalls unteilbar, § 8 Abs 5 AktG.

35 **b)** Ist **Teilung in Natur ausgeschlossen**, erfolgt die Auseinandersetzung durch Verkauf und Teilung des Erlöses, §§ 2042 Abs 2, 753 BGB. Der Verkauf eines

Nachlassgegenstandes dient der Vorbereitung des Vollzugs der Auseinandersetzung, ein teilbarer Erlös wird lediglich an die Stelle eines unteilbaren Gegenstandes gesetzt (BGH NJW 1969, 1347 = Betrieb 1969, 1002). Die gesamthänderische Bindung besteht an dem Erlös fort, § 2041 BGB. Erst mit Verteilung des Erlöses ist die Auseinandersetzung vollzogen (vgl Rn 90). Der Verkauf einer nicht teilbaren Forderung ist nur zulässig, wenn sie noch nicht eingezogen werden kann; anderenfalls darf jeder Teilhaber gemeinschaftliche Einziehung verlangen (Josef Gruchot 48, 55). Gehört zum Nachlass ein auf den Namen eines Miterben lautendes Sparkassenguthaben, ist gemeinschaftliche Einziehung der Forderung, notfalls deren Verkauf und Teilung des Erlöses, erforderlich. Von dem benannten Miterben kann keine Barzahlung des Betrages verlangt werden (RG 20. 11. 1919 – IV 246/19; LG Kassel SeuffA 64 Nr 10). Möglich ist mit Einverständnis aller Miterben auch der Verkauf des gesamten Nachlasses und Teilung des Erlöses.

Der **Verkauf der Nachlassgegenstände** erfolgt nach den Vorschriften über den Pfandverkauf (§§ 1253 f BGB), bei Grundstücken gem §§ 180 ff ZVG durch Zwangsversteigerung und Teilung des Erlöses, §§ 2042 Abs 2, 753 Abs 1 S 1 BGB (dazu Kürzel DWW 1954, 95; Drischler JurBüro 1963, 242 ff, 502 ff[). Den Antrag auf Zwangsversteigerung des Grundstückes zum Zwecke der Auseinandersetzung kann der einzelne Miterbe stellen (vgl Rn 60). Ein solcher Antrag ist auch gegen den Willen der übrigen Miterben möglich. Bei Pfändung eines Miterbenanteils geht das Antragsrecht auf den Pfändungspfandgläubiger über (BGH ZEV 2019, 267; BGH FamRZ 1999, 433). Eine einstweilige Einstellung ist nach § 180 Abs 2 ZVG möglich. Ist der Versuch, einen Nachlassgegenstand zu verkaufen, erfolglos gewesen, kann jeder Gemeinschafter die Wiederholung des Versuches verlangen, bei dessen Erfolglosigkeit er jedoch die Kosten zu tragen hat. Ein Recht auf Zuteilung von Bruchteilseigentum an Stelle der Zwangsversteigerung von Grundstücken haben die einzelnen Miterben nicht (RGZ 67, 64). Zur Auseinandersetzung hinsichtlich eines Urheberrechtes vgl Fromm NJW 1966, 1244, 1246 f. 36

c) Ist Teilung oder Veräußerung (an Dritte) **ausgeschlossen** (zB wegen Anordnung des Erblassers), ist der Nachlassgegenstand unter den Miterben zu versteigern, §§ 2042 Abs 2, 753 Abs 1 S 2 BGB. Der Erblasser kann auch eine derartige Versteigerung verbieten (RG DJZ 1925, 1265; zur Verwertung eines gepfändeten Miterbenanteils im Wege der Teilungsversteigerung BGH ZEV 1999, 69). 37

d) Wird ein Nachlassgegenstand bei der Auseinandersetzung einem **Miterben zugeteilt**, bestehen Rechts- und Gewährleistungspflichten jedes anderen Miterben wie die eines Verkäufers, §§ 2042 Abs 2, 757 BGB (dazu Strohal II § 65 V 5; Kipp/Coing § 119 I; Küntzel Gruchot 41, 829). Zur Frage, wenn einem Erben eine irrtümlich zum Nachlass gerechnete fremde Sache zugeteilt wurde, vgl Hellmann KritV 39, 239. Haben die Erben sich hinsichtlich der Zuteilung eines Gegenstandes einverständlich auseinandergesetzt, liegt hierin ein Vergleich und hinsichtlich der Mangelfreiheit und Zugehörigkeit zum Nachlass ein Irrtum über die Vergleichsgrundlage. Hat ein Testamentsvollstrecker die Zuteilung vorgenommen, liegt kein Vergleich vor, die Gesamtheit der Erben ist gewährleistungspflichtig. Es handelt sich um eine Nachlassverbindlichkeit, da der Testamentsvollstrecker nicht die einzelnen Erben verpflichten kann (Kipp/Coing § 119 I). Hat der Erblasser die Zuteilung angeordnet, hilft § 2078 Abs 2 BGB. Wurde einem Dritten unter dem Irrtum, er sei Erbe, oder einem 38

Erben in der Annahme eines höheren Erbteils (vgl Staudinger/Raff § 2018 Rn 36) zu Unrecht etwas zugeteilt, bestehen ihm gegenüber Ansprüche aus § 2018 BGB und Bereicherungsrecht (Kipp/Coing § 119 II; MünchKomm/Ann Rn 41).

39 e) **Verlust** oder **Beschädigung** eines Nachlassgegenstandes tragen die Erben gemeinsam bis zum Vollzug der Auseinandersetzung, anschließend der Erbe, dem der Gegenstand zugeteilt wurde (RG LZ 1918, 159).

40 f) Einem auf eine **Teilauseinandersetzung** gestützten Zahlungsbegehren eines Miterben kann der Einwand unzulässiger Rechtsausübung (MünchKomm/Ann Rn 19) entgegengehalten werden (§ 242 BGB), wenn sich aufgrund zwischenzeitlicher Änderung der Verhältnisse herausgestellt hat, dass der Erbe nach dem Ergebnis der noch ausstehenden Schlussabrechnung den verlangten Betrag nicht zu fordern haben wird. Allein die Möglichkeit eines solchen Ergebnisses genügt jedoch nicht (so aber RG HRR 1934 Nr 1458), dieses muss vielmehr mit Sicherheit zu erwarten sein.

V. Auseinandersetzung durch den Testamentsvollstrecker

41 Ist *über alle Erben* ein **Testamentsvollstrecker eingesetzt**, hat er die Auseinandersetzung nach den gesetzlichen Teilungsregeln unter Beachtung der Anordnungen des Erblassers zu bewirken (§ 2204 Abs 1 BGB). Zu diesem Zweck kann er über Nachlassgegenstände verfügen. Trotz § 753 BGB muss er auch zum freihändigen Verkauf zu Teilungszwecken als berechtigt gelten, und zwar nicht nur nach außen, sondern auch im Innenverhältnis zu den Erben. Er ist also nicht an die Regeln über die Zwangsversteigerung eines Nachlassgrundstückes gebunden, weil eine derartige Beschränkung nicht dem Willen des Erblassers entsprechen dürfte (RGZ 108, 289).

42 Soweit Befugnisse des Testamentsvollstreckers bestehen, ist eine Auseinandersetzung durch Vereinbarung unter den **Miterben ausgeschlossen**. Der Testamentsvollstrecker bedarf seinerseits weder der Zustimmung der Miterben noch ist er an deren Vereinbarung gebunden (RGZ 61, 145; 108, 290). Doch muss er einer den Anordnungen des Erblassers nicht widersprechenden Vereinbarung der Miterben Rechnung tragen; insoweit ist sein Ermessen gebunden und er begeht eine Pflichtverletzung, wenn er ohne sachlichen Grund von der Vereinbarung abweicht. Weigert sich der Testamentsvollstrecker, die Auseinandersetzung zu bewirken, können ihn die Erben auf **Erfüllung seiner Pflicht verklagen**.

43 Der Testamentsvollstrecker hat die **Auseinandersetzung zu unterlassen**, wenn dies alle Erben wollen (RG WarnR 1914 Nr 21; OLG Nürnberg ZEV 2011, 35); etwas anderes gilt nur bei Vorliegen eines wichtigen Grundes, §§ 2042 Abs 2, 749 Abs 2 BGB. Zwar hat eine Vereinbarung aller Erben über den (ganzen oder teilweisen) Ausschluss oder Aufschub der Auseinandersetzung grundsätzlich nur schuldrechtliche Wirkung in dem Sinne, dass sie entgegenstehende pflichtwidrige Verfügungen des Testamentsvollstreckers nicht unwirksam macht. Die Aufgabe der Nachlassauseinandersetzung entfällt damit; ist die Testamentsvollstreckung lediglich als Abwicklungsvollstreckung angeordnet, so führt eine derartige Vereinbarung der Miterben ipso jure zur Beendigung der Testamentsvollstreckung (Staudinger/Reimann [2016] § 2204 Rn 13 f; OLG Nürnberg ZEV 2011, 35).

VI. Vermittlungsverfahren

Ist kein Testamentsvollstrecker eingesetzt oder ein vorhandener nach dem Willen des Erblassers nicht mit der Auseinandersetzung betraut, hat auf Antrag nur eines Miterben, aber auch der Vollstreckungsgläubiger nach Pfändung und Überweisung des Anteils (BGH ZEV 2019, 267), der Notar die **Vermittlung der Auseinandersetzung** im Verfahren der **freiwilligen Gerichtsbarkeit** zu übernehmen (§§ 342 ff, 363 ff FamFG). 44

1. Dieses **Verfahren** ist nur solange **zulässig**, wie die Erbengemeinschaft noch besteht (vgl Vorbem 1 zu §§ 2032 ff), nicht also, wenn die vollständige Auseinandersetzung bereits vollzogen ist. Bei erfolgter Teilauseinandersetzung bleibt der Antrag zulässig (RGZ 88, 116; KGJ 46, 81). 45

2. Der **Antrag** ist **unzulässig** während der Dauer der Nachlassverwaltung bzw der Nachlassinsolvenz oder bei Vorhandensein eines zur Auseinandersetzung befugten Testamentsvollstreckers (OLG Colmar OLGE 4, 431; KGJ 49 A 85; RJA 15, 279), desgleichen, soweit die Erbteile noch unbestimmt sind (vgl § 2043 BGB). 46

3. Fälle **bedingter Zulässigkeit** des Antrags ergeben sich aus § 2044 BGB (Ausschluss der Auseinandersetzung durch letztwillige Verfügung des Erblassers), aus §§ 2042 Abs 2, 749 Abs 2, 750, 751 BGB (Ausschluss durch Vereinbarung der Beteiligten) und aus § 2048 S 2 BGB (Auseinandersetzung nach dem billigen Ermessen eines Dritten bei offenbarer Unbilligkeit seiner Bestimmung). 47

4. In dem **Antrag** sollen die Beteiligten und die Teilungsmasse bezeichnet werden, § 363 Abs 3 FamFG. Der Notar kann, falls er vor der Verhandlung mit den Beteiligten eine weitere Aufklärung für angemessen hält, den Antragsteller zu näheren Angaben und zur Vorlage von Unterlagen (Testament) veranlassen, § 348 Abs 2 FamFG. Einem Abwesenden kann uU für das Verfahren ein Pfleger bestellt werden, § 1911 BGB. 48

5. Der Notar hat den Antragsteller und die übrigen Beteiligten (das sind außer den Miterben die Personen, deren Zustimmung nach dem materiellen Recht zur Aufhebung der Gemeinschaft erforderlich ist) zu einem **Verhandlungstermin** zu **laden**, § 365 Abs 1 FamFG. Die Ladung soll den Hinweis enthalten, dass bei Ausbleiben eines Beteiligten über die Auseinandersetzung verhandelt wird und dass die Ladung zu einem neuen Termin unterbleiben kann, wenn der Termin vertagt oder ein Termin zur Fortsetzung der Verhandlung anberaumt werden sollte, § 365 Abs 2 FamFG. Zur Säumnis vgl auch Rn 53. 49

6. Der **Widerspruch eines Antragsgegners** unter Bestreiten der rechtlichen Grundlagen des Verfahrens rechtfertigt für sich allein die Ablehnung der Vermittlung nicht. Betrifft der Streit nicht die notwendige Grundlage des Verfahrens, kann er also durch Willensübereinstimmung der Beteiligten beseitigt werden, ist das Verfahren grundsätzlich trotz des Widerspruchs einzuleiten, da gerade die Beilegung der Streitpunkte versucht werden soll. Nur wenn dieser Versuch von vornherein aussichtslos erscheint, kann der Notar den Antragsteller schon vor Einleitung des Verfahrens auf den Prozessweg verweisen (KGZ, 31 A 135). 50

51 **7.** Falls die im Termin erschienenen Beteiligten vor der Auseinandersetzung eine **Vereinbarung über vorbereitende Maßregeln**, insbesondere über die Art der Teilung treffen (zB Feststellung des Wertes des Nachlasses, Herausgabe und Schätzung von Nachlassgegenständen, deren Veräußerung, Einziehung von Außenständen, Teilung in Natur, Übernahme von Gegenständen zu bestimmten Beträgen), hat der Notar diese Vereinbarung zu *beurkunden.* Gleiches gilt, wenn nur ein Beteiligter erschienen ist, für seine Vorschläge, § 366 Abs 1 FamFG.

52 Sind sämtliche Beteiligten erschienen (oder ordnungsgemäß vertreten, § 10 FamFG), hat der Notar die von ihnen getroffene Vereinbarung zu beurkunden, desgleichen, sofern die nicht erschienenen Beteiligten ihre Zustimmung zu einer gerichtlichen Niederschrift oder in einer öffentlich beglaubigten Urkunde erteilen, § 366 Abs 2 S 2 FamFG. Der Bestätigungsbeschluss unterliegt der sofortigen Beschwerde, § 58 FamFG.

53 Ist ein **Beteiligter nicht erschienen** und hat er auch nicht gem § 366 Abs 2 S 2 FamFG zugestimmt, muss ihm der Inhalt der getroffenen Vereinbarung, soweit sie ihn betrifft, bekannt gemacht werden. Gleichzeitig muss er darauf hingewiesen werden, dass er die Urkunde in den Geschäftsräumen des Notars einsehen und eine Abschrift fordern kann. Damit ist der Hinweis verbunden, sein Einverständnis mit dem Inhalt der Urkunde werde angenommen, wenn er nicht innerhalb einer vom Notar zu bestimmenden Frist die Anberaumung eines neuen Termins beantrage oder in dem neuen Termin nicht erscheine. Anderenfalls hat der Notar die Vereinbarung zu bestätigen. Erscheint der Beteiligte zum rechtzeitig anberaumten neuen Termin, muss die Verhandlung mit ihm fortgesetzt und versucht werden, sein Einverständnis zu der Vereinbarung zu erlangen, § 366 Abs 4 FamFG. Gegen unverschuldete Säumnis erfolgt gem § 367 FamFG Wiedereinsetzung in den vorigen Stand.

54 **8.** In der **Verhandlung** muss der Notar nach Erledigung der vorbereitenden Maßnahmen versuchen, die Zustimmung aller Beteiligten zu einem von ihm aufgestellten **Auseinandersetzungsplan** herbeizuführen. Gelingt dies, hat der Notar die Auseinandersetzung zu **beurkunden** und, falls alle Beteiligten erschienen sind, zu **bestätigen**, § 368 FamFG. Dasselbe gilt, wenn die nicht erschienenen Beteiligten ihre Zustimmung zu gerichtlichem Protokoll oder in einer öffentlich beglaubigten Urkunde erteilen. Gegen den bestätigenden Beschluss ist Beschwerde gem § 58 FamFG statthaft. Auf einen Säumigen findet das Säumnisverfahren des § 367 FamFG entsprechende Anwendung, § 368 Abs 2 S 2 FamFG. Unter gewissen Voraussetzungen (§§ 366 Abs 3, 368 Abs 2 S 1 FamFG) darf er als einwilligend behandelt werden. Der Notar kann sich über den Widerspruch eines Beteiligten nicht hinwegsetzen. Gelingt es dem Notar nicht, eine Vereinbarung zu vermitteln, ist über die Streitpunkte ein Protokoll aufzunehmen und das Verfahren der freiwilligen Gerichtsbarkeit bis zur Erledigung der Streitpunkte auszusetzen, § 370 S 1 FamFG. Der Notar verweist die Beteiligten auf den Prozessweg (vgl Rn 57). Die unstreitigen Punkte sind zu beurkunden und zu bestätigen, § 370 S 2 FamFG.

55 **9.** Mit der **Rechtskraft des Bestätigungsbeschlusses** sind die vorbereitenden Vereinbarungen (Rn 51) und der Auseinandersetzungsplan für alle Beteiligten verbindlich, ebenso wie eine vertragsgemäße Vereinbarung, § 371 Abs 1 FamFG. Die Beteiligten sind verpflichtet, die zum Vollzug der Auseinandersetzung erforderlichen

Handlungen (idR Verfügungen) vorzunehmen (vgl Rn 92). Die zur Rechtsübertragung erforderlichen Einigungserklärungen können in den bestätigten Auseinandersetzungsplan mit aufgenommen werden. Ist dies nicht geschehen, findet aus der rechtskräftig bestätigten Vereinbarung oder Auseinandersetzung die Zwangsvollstreckung statt.

10. Unberührt bleiben **landesgesetzliche Vorschriften**, nach denen die Vermittlung der Auseinandersetzung an Stelle der Gerichte oder neben diesen den **Notaren** übertragen werden kann, § 487 Abs 1 Ziff 3 FamFG oder das Nachlassgericht die Auseinandersetzung, wenn sie nicht binnen einer bestimmten Frist bewirkt ist, von **Amts wegen** zu vermitteln hat, § 487 Abs 1 Ziff 1 FamFG. Hinsichtlich der Einzelheiten wird auf die Kommentare zum FamFG verwiesen. 56

VII. Klage auf Einwilligung (Erbteilungsklage)

Im **Prozessweg** kann jeder Erbe, aber auch der Vollstreckungsgläubiger nach Pfändung und Überweisung des Anteils (BGH ZEV 2019, 267), den widerstrebenden Miterben auf Einwilligung in den vom Notar aufgestellten Auseinandersetzungsplan oder einen vom Kläger vorgelegten Teilungsplan, also auf Schließung eines Auseinandersetzungsvertrages verklagen. 57

1. Das Verlangen kann durch **Klage** im Prozessweg (Zuständigkeit § 27 ZPO) geltend gemacht werden. Der Kläger braucht vorher nicht die Auseinandersetzung im Verfahren der freiwilligen Gerichtsbarkeit (vgl Rn 44 ff) versucht zu haben (LG Kassel SeuffA 64 Nr 10; MünchKomm/Ann Rn 58; Palandt/Weidlich Rn 20). Die Klage ist auf Zustimmung zu der beantragten Auseinandersetzung, also auf den Abschluss eines Auseinandersetzungsvertrages zu richten (RG JW 1910, 655; Bull SchlHAnz 1967, 11). 58

2. Der Kläger muss einen bestimmten, der gesetzlichen Form entsprechenden **Teilungsplan vorlegen** und bestimmte Anträge für die Art der Durchführung der Auseinandersetzung stellen (RG 22. 12. 1919 – IV 303/19; 2. 3. 1922 – IV 516/21; OLG Braunschweig SeuffA 57 Nr 106; 64 Nr 10; OLG Düsseldorf FamRZ 2000, 1049; OLG Jena ZErb 2009, 133; Fraeb ZBlFG 1913, 327; Keim RNotZ 2003, 376). Die Klage kann zugleich auf die dinglichen Einigungserklärungen und die Leistungen gerichtet werden, die zur Ausführung des Teilungsplanes erforderlich sind. Der Richter hat durch sorgfältige Ausübung des Fragerechtes (§ 139 ZPO) auf Stellung klarer und sachgemäßer Anträge hinzuwirken (RG 24. 9. 1936 – IV 110/35; WarnR 1913 Nr 236d; OLG Jena ZErb 2009, 133). Klagen mehrere Erben, macht jeder sein eigenes Recht geltend, sie sind nicht notwendige Streitgenossen (RG WarnR 1919 Nr 42; OLG Nürnberg BayJMBl 1957, 39; OLG Köln ZEV 2004, 428; MünchKomm/Ann Rn 62; Soergel/Lettmaier Rn 18; BGB-RGRK/Kregel 23). Zur Zulässigkeit einer Feststellungsklage hinsichtlich einzelner Streitpunkte BGH DB 1990, 2164 = NJW-RR 1990, 1220 = FamRZ 1990, 1112. 59

3. Die Klage ist grundsätzlich auf **Auseinandersetzung der gesamten Erbengemeinschaft**, dh hinsichtlich des gesamten Nachlasses zu richten (OLG Rostock FamRZ 2010, 329, 330; HK-BGB/Hoeren Rn 7). Auf das Verlangen einzelner Teilauseinandersetzungen brauchen sich die Miterben regelmäßig nicht einzulassen (OLG Koblenz FamRZ 2014, 1945; OLG Rostock ZEV 2009, 465; RG JW 1919, 42 Nr 9; RGZ 108, 423). Wohl kann der 60 einzelne Miterbe bei ungeteilter Erbengemeinschaft auch schon vor Teilung des übrigen Nachlasses zur Vorbereitung der Auseinandersetzung die Versteigerung der Nachlassgrundstücke teilungshalber beantragen, doch muss die Versteigerung regelmäßig die Auseinandersetzung der Erbengemeinschaft überhaupt bezwecken (RGZ 67, 64; 108, 422; RG JW 1919, 42; BGH ZEV 1999, 69; Recht 1919 Nr 443, 444; OLG Breslau OLGE 25, 269; OLG Köln MDR 1958, 517 = JMBlNRW 1958, 129; LG Oldenburg JW 1925, 2162 m zust Anm Stillschweig; Weissler DNotV 1909, 606; Reinhard Recht 1910, 361 f; Kretzschmar DNotV 1915, 143; **aM** die ältere Rspr: OLG Köln OLGE 18, 330; OLG Celle SeuffA 64 Nr 120). Wird mit einer Klage auf Zustimmung der Miterben zu einem vorgelegten Auseinandersetzungsvertrag auch dessen Vollziehung begehrt, kann durch **Teilurteil** über den Antrag auf Zustimmung entschieden werden (OLG Köln ZEV 2004, 428). Allerdings kann sich aus einer Anordnung des Erblassers (vgl Rn 10) die Unzulässigkeit des Antrages eines Miterben auf Zwangsversteigerung nach § 180 ZVG ergeben (RGZ 110, 270 ff = JW 1925, 2120). Gehört zum Nachlass ein Anteil am Gesamtgut einer noch nicht auseinandergesetzten Gütergemeinschaft, kann jeder Miterbe jederzeit auch Auseinandersetzung des Gesamtgutes verlangen (vgl auch § 2039 Rn 50).

61 Inwieweit der **Nachlass** bei Klageerhebung bereits **teilungsreif** (dazu Damrau/Rissmann Rn 15–19) sein muss, ist umstritten. Diese Voraussetzung wird von der hM gefordert (KG NJW 1961, 733; OLG Karlsruhe NJW 1974, 956; Palandt/Weidlich Rn 20 ff; BGB-RGRK/Kregel Rn 22; Erman/Bayer Rn 16; HK-BGB/Hoeren Rn 7; Kapp/Ebeling I Rn 618), vom BGH (zitiert bei Johannsen WM 1970, 744; ebenso Johannsen aaO; Soergel/Lettmaier Rn 20) für nicht erforderlich gehalten, da der Kläger alle zur Teilungsreife erforderlichen Streitigkeiten durch Hilfsanträge klären lassen könne. Umständlichkeit und zusätzliche Kosten können nicht gegen die Ansicht des BGH angeführt werden, denn der Kläger nimmt dies bewusst in Kauf. Entscheidend ist, dass das Gericht keine Gestaltungsbefugnis besitzt, sondern allein über die Zustimmung zu einem vom Kläger vorgelegten Teilungsplan entscheiden muss (vgl Rn 65). Vor dessen Anerkennung muss das Gericht inzidenter die vom Kläger vorgetragenen Angaben und Voraussetzungen prüfen, inwieweit der Teilungsplan den materiellen Auseinandersetzungsregeln entspricht. Damit muss es über die Zugehörigkeit der vom Kläger angegebenen Gegenstände zum Nachlass, die Teilungsquoten und den Wert einzelner Sachen entscheiden, dh die Angaben müssen nicht schon vorher außer Streit sein. Verneint der Kläger im Gegensatz zu dem beklagten Miterben die Zugehörigkeit eines Gegenstandes zum Nachlass (so im Fall des KG NJW 1961, 733) und hat er diesen im Teilungsplan nicht aufgeführt, geht es letztlich um die Frage, ob eine nach Ansicht des Klägers endgültige Auseinandersetzung erfolgen soll, eine Frage, die die Begründetheit der Klage betrifft und daher vom angegangenen Gericht entschieden werden muss. Bedarf es vorheriger Entscheidungen, die nur in einem anderen Verfahren möglich sind (zB Auskunftsanspruch), ist das angegangene Gericht nicht in der Lage, über die Richtigkeit des Teilungsplanes zu entscheiden, der Kläger kann die gewünschte Zustimmung der anderen Miterben nicht erhalten, die Klage ist als unbegründet abzuweisen (MünchKomm/Ann Rn 57).

62 4. **Klagegegner** sind grundsätzlich alle Miterben (RG JW 1904, 61; KG NJW 1971, 565), die dem vom Notar oder von dem Kläger vorgelegten Teilungsplan nicht zustimmen. Ebenso beschränkt sich die Klage bei Erledigung einzelner Streitpunkte auf die Miterben, die davon betroffen sind. Die Klage gegen sämtliche Miterben kann sich auch auf die Feststellung einzelner Streitpunkte beschränken (zB Klarstellung eines bei der künftigen Auseinandersetzung zu berücksichtigenden Rechnungspostens, RG WarnR 1909 Nr 375; 1941 Nr 54). Ausreichend für ein Klagebegehren ist ebenfalls die Verweigerung der Zustimmung zur Verteilung bzw Verwertung einzelner Vermögensgegenstände durch beteiligte Miterben (OLG Köln NJW-RR 1997, 519). Gemeinsam verklagte Miterben sind keine notwendigen Streitgenossen (RG WarnR 1919 Nr 42).

5. In besonderen Fällen ist die **Leistungsklage** als eine zulässige Geltendmachung des Auseinandersetzungsverfahrens anzuerkennen. Das ist der Fall, wenn der Erblasser alle Nachlassgegenstände durch Teilungsanordnung zugewiesen hat, § 2048 BGB. Besteht etwa der Aktiv-Nachlass nur aus einer oder mehreren Forderungen gegen einen Miterben, kann in der Klage auf Zahlung der den Klägern unter Berücksichtigung der Nachlassverbindlichkeiten zukommenden Anteile an diesen Forderungen eine zulässige Auseinandersetzungsklage liegen, auch wenn die Kläger den auf sie entfallenden Anteil in einem einheitlichen Betrag ohne Auseinandersetzung unter sich selbst verlangen (RG WarnR 1913 Nr 236b). Hat ein Miterbe den gesamten Barüberschuss des mit Verbindlichkeiten belasteten Nachlasses in Besitz, können die anderen Miterben unmittelbar auf Auszahlung des ihnen zukommenden Anteils klagen, ohne dass es der Darlegung des ursprünglichen Passivbestandes oder des Bestehens oder Nichtbestehens etwaiger Ausgleichspflichten bedarf (RG WarnR 1913 Nr 236). 63

Miterben, denen der Erblasser durch **Teilungsanordnung** (§ 2048 BGB) bestimmte Gegenstände zugewiesen hat, können unmittelbar auf Leistung statt auf Auseinandersetzung klagen (RG SeuffA 77 Nr 149), denn die *Teilungsanordnung ersetzt insoweit den Teilungsplan* (BGH NJW 2002, 2712; OLG Frankfurt OLGZ 1977, 229 = NJW 1977, 253 = Betrieb 1977, 584). In diesen Fällen ist die Leistungsklage zulässig, da sie das rein rechnungsmäßig zu gewinnende Ergebnis der Auseinandersetzung eines unverschuldeten oder schuldenfrei gestellten Nachlasses vorwegnimmt. In dem Zahlungsbegehren ist das Verlangen auf Auseinandersetzung enthalten, ohne dass es der Vorlage eines Teilungsplanes bedarf (RG SeuffA 77 Nr 149). 64

6. Das **Urteil** ersetzt gem § 894 ZPO die Einwilligung des Beklagten in den Auseinandersetzungsplan (OLG Dresden SeuffA 66 Nr 149; HK-BGB/Hoeren Rn 7), dh seine Zustimmung zum Auseinandersetzungsvertrag. Das Urteil ist anders als bei der gemeinrechtlichen Erbteilungsklage *(actio familiae erciscundae)* kein Gestaltungsurteil, durch das das Gericht die Nachlassgegenstände nach freiem Ermessen zuteilen könnte. 65

7. Der **Streitwert** richtet sich nach dem Wert des gesamten Nachlasses (BGH LM Nr 7 zu § 6 ZPO = NJW 1962, 914, 915; Johannsen WM 1970, 745; Schmidt NJW 1975, 1417), der zur Auseinandersetzung gebracht wird, dh die bereits durch Teilauseinandersetzung ausgeschiedenen Gegenstände oder solche, deren Verteilung unstreitig ist, finden, da nicht Streitgegenstand, keine Berücksichtigung mehr (BGH NJW 1969, 1350; 1975, 1415). Das Gericht entscheidet, abgesehen von diesen Ausnahmen, in dem Verfahren über den gesamten auseinanderzusetzenden Nachlass, nicht nur über den einem Kläger zukommenden Anteil (**aM** BGH NJW 1975, 1415 m abl Anm Schmidt; Speckmann NJW 1970, 1662), denn nicht dessen Leistung wird gefordert, sondern die Zustimmung zum Plan mit den Ansprüchen aller Erben. Soweit nur Einzelfragen (zB Wert eines Nachlassgegenstandes, Zugehörigkeit zum Nachlass) den Gegenstand des Prozesses bilden, handelt es sich nicht um eine Auseinandersetzungsklage, sondern lediglich um die 66

Vorbereitung eines Auseinandersetzungsplanes, sodass nicht der gesamte Nachlass, sondern der einzelne Streitgegenstand den Streitwert bestimmt (BGH NJW 1975, 1415; zum Problem ausführlich Speckmann NJW 1970, 1259 ff; Johannsen WM 1970, 745; 1973, 545; 1977, 272).

VIII. Schiedsverfahren

67 Der Erblasser kann anordnen, dass ein **Schiedsgericht** über den Auseinandersetzungsplan entscheidet, § 1066 ZPO (näheres bei Staudinger/Otte [2017] Vorbem 6 ff zu §§ 1937 ff).

68 Die Erben selbst können sich durch **Schiedsvertrag** einem Schiedsgericht unterwerfen, §§ 1029 ff ZPO. Auch ohne Vorlage eines Auseinandersetzungsvertrages dürfen alle Erben einem Schiedsrichter die Auseinandersetzung (dh Aufstellung des Teilungsplanes) übertragen (BGH NJW 1969, 1493).

IX. Landwirtschaftlicher Betrieb

69 Gehört zum Nachlass ein **landwirtschaftlicher Betrieb**, kann das Landwirtschaftsgericht diesen bei einer auf gesetzlicher Erbfolge beruhenden Miterbengemeinschaft auf Antrag einem Miterben ungeteilt, Grundstücksteile mehreren Miterben zuweisen, §§ 13–17 GrdstVG (dazu ausführlich Erman/Bayer Rn 15; Palandt/Weidlich Rn 24 und die Literatur zum GrdstVG).

X. Aufrechterhaltung der gesamthänderischen Bindung

70 **1.** Die Aufrechterhaltung der gesamthänderischen Bindung kann von den Miterben einverständlich vereinbart werden. Es sind zwei Fälle zu unterscheiden. Einmal bleibt die Miterbengemeinschaft bestehen, weil die Miterben hinsichtlich des ganzen Nachlasses oder einzelner Gegenstände die **Auseinandersetzung ausschließen**, §§ 2042 Abs 2, 749 Abs 2, 3, 750, 751 BGB (BGH WM 1968, 1173 = BB 1968, 1219), dh sie haben sich über die endgültige Zuordnung der Nachlassgegenstände noch nicht einigen können, eine Regelung noch nicht treffen wollen.

71 **2.** Beschließen die Miterben dagegen einverständlich die **Fortsetzung der gesamthänderischen Bindung** auf Zeit oder Dauer, liegt darin eine Auseinandersetzung. Damit ist über die Zuordnung des Nachlassgegenstandes entschieden. An die Stelle der vom Erblasser aufgrund letztwilliger Verfügung bzw kraft gesetzlicher Erbfolge bestimmten Zusammensetzung der Gemeinschaft tritt die von den Miterben gewollte Regelung. Da es aber eine durch Vertrag der Miterben begründete Miterbengemeinschaft nicht gibt, ist mit Vollzug dieser Vereinbarung – zumeist wird er in ihr enthalten sein – eine Umwandlung der Miterbengemeinschaft in eine vertraglich vereinbarte Gesamthandsgemeinschaft erfolgt, dh in eine Gesellschaft bzw, sofern es um die **Führung eines Handelsgeschäftes** geht, in eine OHG.

72 **a)** Eine *identitätswahrende Umwandlung* scheitert nicht daran, dass die Erbengemeinschaft durch den geänderten Gesamthandszweck endet (so aber BFH NJW 1988, 1343, 1344; MünchKomm/Gergen § 2032 Rn 32; Schmidt NJW 1985, 2785, 2786), weil die Verweisung in § 2042 Abs 2 auf § 749 Abs 2 BGB zeigt, dass der Gesetzgeber die

auf Auflösung gerichtete Zielsetzung nicht als konstitutiv für die Miterbengemeinschaft ansieht und auch sonst Zweckänderungen – wie etwa das Beispiel der Besitzgesellschaften zeigt – nicht immer die Identität einer Personengesellschaft in Frage stellen (Schönknecht 63 f). Die Vereinbarung über die Fortsetzung der Gesamthandsgemeinschaft ist der formlos gültige Gesellschaftsvertrag und gleichzeitig *Vollzug der Auseinandersetzung* (Brox/Walker § 31 Rn 3; Schönknecht 32–37; **aA** aber BGH NJW 51, 311, 312; BFH NJW 88, 1343, 1344; Erman/Bayer § 2032 Rn 3; MünchKomm/Ann Rn 36; Palandt/Weidlich § 2032 Rn 7; Eberl-Borges 281 ff, die sowohl einen Gesellschaftsvertrag als auch eine Übertragung der einzelnen Nachlassgegenstände auf die Personengesellschaft fordern, soweit keine Erbteilsübertragung vorgenommen wurde).

b) Die Möglichkeit, eine Auseinandersetzung der Erbengemeinschaft nicht nur durch Umwandlung der Gesamthandsberechtigung in Einzel- oder Bruchteilsberechtigung, sondern auch durch Aufrechterhaltung der gesamthänderischen Bindung herbeizuführen, ist in der Rspr und Literatur anerkannt (zB RGZ 30, 150; 57, 434; BGHZ 21, 234; Brox/Walker § 31 Rn 3; Werner 171). Da die Miterbengemeinschaft ihrem Zweck nach eine Abwicklungsgemeinschaft ist, lediglich für eine gewisse Übergangszeit mit Liquidationszweck geboren, ist sie keine „werbende", sondern eine „sterbende" Gemeinschaft (unstr BGH NJW 1955, 1227; Kapp/Ebeling I Rn 261; vLübtow II 828; Bartholomeyczik, in: FS Nipperdey 149; Jülicher AcP 175 [1975] 149; Johannsen WM 1970, 573). Mit der Vereinbarung einer auf bestimmte oder unbestimmte Dauer gerichteten Aufrechterhaltung der gesamthänderischen Bindung ist der Zweck der Gemeinschaft nicht mehr die Abwicklung, sondern die *gemeinsame Nutzung des Nachlassgegenstandes.* Diese Gemeinschaft ist eine werbende und kann damit keine Miterbengemeinschaft mehr sein. 73

c) Mit dieser identitätswahrenden Umwandlung in eine Personengesellschaft ist die **Miterbengemeinschaft aufgelöst**, die Auseinandersetzung ist vollzogen. *Es gelten nicht mehr die Vorschriften über die Miterbengemeinschaft (§§ 2032 ff BGB), sondern die §§ 705 ff BGB bzw §§ 105 ff HGB* (Brox/Walker § 31 Rn 3). Eine Testamentsvollstreckung ist beendet, der Testamentsvollstreckervermerk im Grundbuch ist zu löschen. Das Recht, jederzeit Auseinandersetzung zu verlangen (§ 2042 Abs 1 BGB), soll nach dem Willen der Gemeinschafter nicht mehr bestehen. Auch dies zeigt, dass es sich um eine andere Gemeinschaftsform als die Miterbengemeinschaft handelt. Wegen der Personenidentität der Gemeinschafter bedarf es einer Übertragung der Vermögenswerte auf die neue Gemeinschaft nicht (damit nicht § 311b Abs 1 BGB), denn die Gesamthandsgemeinschaften sind keine juristischen Personen (vgl § 2032 Rn 4). 74

XI. Teilauseinandersetzung

IdR erstreckt sich die Auseinandersetzung auf den ganzen Nachlass – dieser soll nach dem Zweck der Gemeinschaft der Auflösung zugeführt werden (vgl Rn 1). Die Miterben können die *Auseinandersetzung auf einen Teil des Nachlasses beschränken* (HK-BGB/Hoeren Rn 8; Keim RNotZ 2003, 378), die Erbengemeinschaft besteht dann im Übrigen fort (BGH WM 1968, 1173 = BB 1968, 1219; KG OLGE 21, 317; OLG Köln JMBlNRW 1958, 127). 75

Gegen den Willen eines Miterben kann eine gegenständlich beschränkte Teilausein- 76 andersetzung nur verlangt werden, wenn besondere Gründe dies rechtfertigen und dadurch die Belange der Erbengemeinschaft und der anderen Miterben nicht beeinträchtigt werden (OLG Koblenz ZEV 2013, 513). In diesem Ausnahmefall kann eine teilweise Auseinandersetzung unter vorläufigem Ausscheiden bestimmter Nachlassteile durchgesetzt werden (RGZ 95, 326, 327; RG JW 1910, 846; HRR 1929 Nr 1831; BGH 28. 6. 1965 – III ZR 10/64; BGH LM Nr 4 zu § 2042; OLG Köln MDR 1958, 517 = JMBlNRW 1958, 130; OLG Rostock FamRZ 2010, 330; AG Nürtingen MDR 1961, 606; Lange JuS 1967, 457). Bei großen Nachlässen, bei denen noch viele Fragen offen sind, ist es unzumutbar, die Erben auf die erste Zuteilung Jahre warten zu lassen (Lange JuS 1967, 457; Johannsen WM 1977, 271). Ein Miterbe hat keinen Anspruch auf eine persönlich beschränkte Teilauseinandersetzung (BGH NJW 1985, 51 = FamRZ 1984, 688; Keim RNotZ 2003, 378, 379; ders auch zur Zuziehung des Vor- und Nacherben). Ist der gesamte Barüberschuss des Nachlasses in der Hand eines Miterben, kann dieser nach OLG Celle (ZEV 2002, 363) unmittelbare Klage gegen die restlichen Miterben auf die seinem Anteil entsprechende Summe erheben.

XII. Abschichtung

77 **1.** Denkbar ist die **Übertragung der Mitgliedschaftsrechte** durch einen Miterben auf die Erbengemeinschaft gegen Leistung einer Abfindung (BGHZ 138, 8; BGH NJW 2005, 285; OLG Rostock FamRZ 2010, 235; Reimann ZEV 1998, 213; Damrau/Rissmann Rn 10; Palandt/Weidlich Rn 10; Jauernig/Stürner Rn 1; zweifelnd MünchKomm/Ann Rn 14; ablehnend Keller ZEV 1998, 281). Auf diese Weise wird eine zeit- und kostenintensive Erbauseinandersetzung überflüssig.

78 Bei dieser sog **Abschichtung** (Wesser/Saalfrank NJW 2003, 2938) gilt für die Abwicklung als dritter Weg (BGHZ 138, 8 = BGH NJW 1998, 1557; BGH NJW 2005, 284) neben der Erbauseinandersetzung gem § 2042 Abs 1 BGB und einer Erbteilsübertragung gem § 2033 BGB der Versuch, die Gemeinschaft unter den restlichen Miterben zu erhalten oder sie vollständig aufzulösen. In Anlehnung an das Ausscheiden von BGB-Gesellschaftern erfolgt gem §§ 738–740 BGB ein Ausscheiden einzelner Miterben in der Regel gegen Abfindung durch Verzicht auf ihre Mitgliedschaftsrechte und gleichzeitige **Anwachsung der Anteile der verbleibenden Miterben** (§§ 1935, 2094, 2095 BGB) entsprechend ihren bisherigen Anteilen.

79 **a)** Unter den verbleibenden mehreren Miterben **besteht die Miterbengemeinschaft fort** (BGHZ 138, 8 = NJW 1998, 1557 = DNotZ 1999, 60 m Anm Rieger NJW 2005, 284; vgl aber auch K Schmidt AcP 205 [2005] 310; Lange/Kuchinke § 44 III 2b, die sich auch kritisch mit der Rspr auseinandersetzen und sich gegen die Bezugnahme auf §§ 1935, 2094 f wenden; K Schmidt erkennt nur den Weg der Erbteilsübertragung, nicht des Ausscheidens an, AcP 205 [2005] 319, 320. Er beruft sich hierbei auf die Verschiedenartigkeit von BGB-Gesellschaften und Erbengemeinschaft, die eine Heranziehung des § 738 verbiete, AcP 205 [2005] 327–333). Verbleibt nur noch ein einziger Miterbe, ist die **Gemeinschaft beendet** (OLG München ZEV 2018, 30; Damrau/Rissmann Rn 10).

80 **b)** Das Anwachsen der Nachlassverbindlichkeiten bei dem oder den verbleibenden Miterben führt nicht dazu, dass der abgeschichtete Erbe aus der **Haftung gegenüber den Nachlassgläubigern** entlassen wäre (Rieger DNotZ 1999, 64, 69; anders Jünemann ZEV 2012, 65, 69 unter Verweis darauf, dass alle Verbindlichkeiten einer Gesellschaft

aus ihrer werbenden Tätigkeit resultieren, auf die die Gesellschafter maßgeblichen Einfluss haben, was bei Erblasser- und Erbfallschulden nicht der Fall ist); die Haftung umfasst allerdings lediglich Verbindlichkeiten, die im Zeitpunkt der Abschichtung bereits angelegt waren. In Betracht kommen zugunsten des abgeschichteten Miterben allein Freistellungsvereinbarungen im Innenverhältnis zwischen dem abgeschichteten Miterben und dem/den verbleibenden Miterben, die dem abgeschichteten Miterben freilich nur soweit Sicherheit geben, als die freistellungsverpflichteten Miterben ihrer Verpflichtung auch nachkommen können. Der abgeschichtete Miterbe verliert das Haftungsprivileg des § 2059 Abs 1 S 1 BGB, weil eine Schutzbedürftigkeit des Miterben nur solange besteht, wie dieser seinen Erbteil nicht bereits realisiert hat (Damrau ZEV 1996, 368; Bredemeyer/Tews ZEV 2012, 352, 356).

Die Haftungsfolgen lassen sich (ebenso wie die möglicherweise erforderliche notarielle Beurkundung, vgl Rn 60d) nur dadurch vermeiden, dass der Miterbe eine **Abschichtung im Wege der Ausschlagung** vornimmt, denn hierdurch beendet er seine Mitgliedschaft in der Erbengemeinschaft mit Rückwirkung auf den Erbfall, § 1953 Abs 1 BGB. Hierbei ist jedoch zum einen die kurze Ausschlagungsfrist (sechs Wochen, § 1944 Abs 1 BGB) zu beachten, innerhalb derer die Erbfolge so sicher feststehen muss, dass sich eindeutig feststellen lässt, wem die Ausschlagung zu Gute kommt. Zum anderen wird ein Ausscheiden aus der Erbengemeinschaft regelmäßig nur gegen Abfindung gewünscht sein, die Ausschlagungserklärung lässt sich jedoch nicht an die Bedingung einer Abfindungszahlung knüpfen, § 1947 BGB. In Betracht kommt hier allerdings die Einschaltung eines Treuhänders, an den die begünstigten Miterben die Abfindung bezahlen und der nach wirksamer Ausschlagungserklärung diese Abfindung dann an den Ausschlagenden auszahlt (Keim RNotZ 2003, 375, 387). 81

2. Die Abschichtung erfordert eine nach BGH **formfreie vertragliche Vereinbarung** unter den Miterben (vgl nur BGHZ 138, 8 = BGH NJW 1998, 1557; OLG Hamm DNotZ 2014, 695). 82

a) Unter Berufung auf eine dingliche Rechtsänderung kraft Gesetzes ist nach überwiegender Ansicht ein solcher Abschichtungsvertrag auch dann formfrei, wenn der Nachlass Grundstücke oder GmbH-Anteile enthält (Palandt/Weidlich Rn 10; Damrau/Rissmann Rn 10; Fest JuS 2007, 1081; Keim RNotZ 2003, 375, 386; dagegen für notarielle Beurkundung: Böttcher Rpfleger 2007, 437; Jünemann ZEV 2012, 65, 66). Zum Teil wird allerdings gefordert, die Abschichtungsvereinbarung nach Maßgabe des § 2033 Abs 1 S 2 BGB zu beurkunden, weil auch hier ein Schutz vor dem unüberlegten Verlust des Gesamtrechtes erforderlich sei (Hartlich RNotZ 2018, 285, 287; Schöner/Stöber Rn 976b). Deshalb ist es zu empfehlen, die Vereinbarung *vorsorglich stets beurkunden* zu lassen (vgl Hoffmann-Becking/Gebele/Najdecki Rn 38.1). 83

b) Einer *Voreintragung* der Erbengemeinschaft im **Grundbuch** bedarf es entsprechend nach § 40 Abs 1 GBO nicht, wenn Miterben ihre Erbteile im Wege der Abschichtung auf einen Miterben übertragen, der sodann seine Eintragung als Alleineigentümer beantragt (OLG München FamRZ 2019, 322). 84

c) Die Abschichtungsvereinbarung hat – wie die Erbauseinandersetzung – **keinen Einfluss auf die Erbenstellung** des ausscheidenden Erben, so dass der vor Abschich- 85 tung erteilte *Erbschein* nicht unrichtig wird (OLG Brandenburg ZEV 2013, 614). Allerdings verliert der abgeschichtete Miterbe seinen *Anspruch auf Auseinandersetzung* (BGH ZEV 2011, 38, 39).

86 **d)** Eine familiengerichtliche Genehmigung der Abschichtungsvereinbarung, die ein gesetzlicher Vertreter (Eltern, Vormund, Pfleger) im Namen eines **Minderjährigen** schließt, ist nach Maßgabe der §§ 1643, 1821, 1822 BGB erforderlich (OLG Hamm FGPrax 2017, 276); gleiches gilt beim Abschluss einer Abschichtungsvereinbarung durch einen Betreuer im Namen des **Betreuten**, vgl § 1908i Abs 1 BGB.

87 **3.** Die Vornahme einer nur auf **einzelne Nachlassgegenstände beschränkten Abschichtung** mit einer außerhalb des Grundbuchs sich vollziehenden Rechtsänderung ist – als unzulässige Durchmischung einer persönlichen und einer gegenständlichen Teilauseinandersetzung – **nicht möglich**. Im Wege der Abschichtung können allein die Mitgliedschaftsrechte eines Miterben übertragen werden (OLG Stuttgart ZEV 2019, 305; OLG Frankfurt BeckRS 2019, 6219). Mit Blick auf einzelne Nachlassgegenstände kommt allein eine gegenständliche Teilauseinandersetzung mit dem Ziel der Herausnahme des Nachlassgegenstandes aus der gesamthänderischen Bindung durch Übertragung auf einen oder mehrere Miterben in Betracht.

88 **4.** In der Literatur begegnet das Modell der Abschichtung zum Teil **prinzipieller Kritik** (vgl nur K Schmidt AcP 205 [2005] 305 ff; Kanzleiter ZEV 2012, 447). Diese Kritik stützt sich darauf, dass – eben dies macht die Abschichtung attraktiv für die Rechtspraxis – Form- und Publizitätsregeln, etwa des Grundstücksrechts und des GmbH-Rechts umgangen werden, ohne dass gleichzeitig die erbrechtlichen Formvorschriften der §§ 2033, 2371 BGB anzuwenden wären (K Schmidt AcP 205 [2005] 305 ff; Reimann ZEV 1998, 213, 214). Ein vertragliches Ausscheiden sei der Erbengemeinschaft unbekannt (K Schmidt AcP 205 [2005] 319 ff). Eine Anwachsung sei überdies nur auf gesetzlicher Grundlage zulässig; eine dem § 738 BGB vergleichbare Norm bestehe jedoch für die Erbengemeinschaft nicht (Ann Die Erbengemeinschaft [2001] 280 f). Diese Kritik verfängt; jedoch wird man der in der Rechtspraxis weitverbreiteten Abschichtung inzwischen gewohnheitsrechtliche Geltung zuzubilligen haben.

XIII. Vollzug der Auseinandersetzung

89 **1.** Die – auch im Klagewege erzwungene – Einigung über den Teilungsplan bedeutet noch keinen Vollzug der Auseinandersetzung. Die **Auseinandersetzungsvereinbarung wirkt** lediglich **verpflichtend** (BGH Betrieb 1966, 31 = BB 1965, 1373, 1374). Eine formlos zulässige Rechtsübertragung wird idR in einem derartigen Vertrag mitenthalten sein. Die Verteilung einzelner Nachlassgegenstände ist erst eine Teilauseinandersetzung. Bis zum Vollzug der vollen Auseinandersetzung besteht die Erbengemeinschaft und ein pfändbarer Miterbenanteil der Gemeinschafter. Hinsichtlich nicht verteilter Gegenstände kann eine Auseinandersetzung in der Form gesamthänderischer Weiterbindung liegen (vgl Rn 13), sodass die Miterbengemeinschaft aufgehoben und kein pfändbarer Anteil mehr vorhanden ist (RG LZ 1918, 269).

90 Die Versilberung einzelner Nachlassgegenstände und die Zwangsversteigerung eines Nachlassgrundstückes dienen lediglich der Vorbereitung der Auseinandersetzung, der Erlös bzw der Anspruch auf den Erlös ist gem § 2041 BGB gesamthänderisch

gebundener Nachlassgegenstand. Erst durch die reale Aufteilung des Erlöses unter den Erben ist die Auseinandersetzung vollzogen (BGH NJW 1969, 1347 = Betrieb 1969, 1102; OLG Köln MDR 1958, 517 = JMBlNRW 1958, 129). Erhält dabei ein Miterbe von dem Erlös einen seine Erbquote übersteigenden Anteil, fällt dieser als Surrogat wieder in den Nachlass (OLG Köln NJW-RR 96, 1352).

2. Für den Vollzug der Auseinandersetzung durch **Übertragung** der Nachlass- 91
gegenstände **auf** die **einzelnen Miterben** gelten die für die jeweilige Verfügung bestehenden Vorschriften, insbesondere sind evtl Formvorschriften zu beachten. Zum Erwerb erforderliche Genehmigungen (zB nach § 1 GrdstVG, KG JW 1938, 887) müssen eingeholt werden. Die Übernahme eines Unternehmens bedarf der Übertragung der zum Unternehmen gehörenden Einzelgegenstände nach den für sie maßgebenden Vorschriften (BGH BB 1965, 1373 = Betrieb 1966, 31). Die Übertragung des Eigentums an einem Grundstück bedarf der notariellen Beurkundung, der Auflassung und der Eintragung im Grundbuch, §§ 873, 925 BGB, sowie der Berücksichtigung der §§ 36, 37 GBO. Zur Übertragung des Teileigentums und der Zustimmungsbedürftigkeit durch den Verwalter der WEG: LG Dortmund, MittBayNot 2009, 43.

3. Aufgrund des Auseinandersetzungsvertrages bzw des vom Nachlassgericht 92
bestätigten Auseinandersetzungsplanes (vgl Rn 8) ist **jeder Miterbe verpflichtet**, die zum Vollzug der Auseinandersetzung erforderlichen Handlungen vorzunehmen. Jeder Miterbe kann die übrigen auf deren Vornahme im Prozesswege verklagen.

4. Die **Auseinandersetzung** ist endgültig **vollzogen**, die Gesamthandsgemeinschaft 93
mangels Nachlassvermögens beendet (aufgehoben), wenn alle Nachlassgegenstände entspr dem Auseinandersetzungsverfahren (bzw Auseinandersetzungsplan des Nachlassgerichtes) an die Bedachten übertragen worden sind.

XIV. Beendigung der Miterbengemeinschaft

1. Nach **Vollzug der Auseinandersetzung** hinsichtlich aller Nachlassgegenstände 94
ist die Miterbengemeinschaft beendet, eine vertragliche Wiederherstellung der Erbengemeinschaft ist ebenso wie ihre vertragliche Begründung ausgeschlossen (vgl Vorbem 2 zu §§ 2032 ff). Durch Rücktritt von einem vollzogenen Auseinandersetzungsvertrag entsteht die Miterbengemeinschaft nicht wieder (OLG Düsseldorf Rpfleger 1952, 243). Auch bei Vollzug einer Teilauseinandersetzung kann hinsichtlich des Auseinandersetzungsgegenstandes eine gesamthänderische Bindung nicht mehr begründet werden (OLG Köln OLGZ 1965, 117, 118; KG DRiZ 1952, Rspr Nr 565).

Eine **Wiederherstellung der Erbengemeinschaft** kann nicht mittels eines Bereiche- 95
rungsanspruches herbeigeführt werden (BGH DNotZ 1964, 406). Entstand letzterer bereits mit der Vermögensübertragung an die Miterben, ist die Gemeinschaft nicht erloschen, denn dieser Anspruch war gesamthänderisches Vermögen (vgl aber Rn 11). Ist er erst durch Anfechtung oder Abänderung des Auseinandersetzungsvertrages nach Vollzug der Auseinandersetzung entstanden, war die Gemeinschaft erloschen und kann dadurch nicht wieder begründet werden, denn eine Erbengemeinschaft entsteht allein kraft Gesetzes im Erbfall (**aA** MünchKomm/Ann Rn 46). Wollen die ehemaligen Mitglieder eine neue Gesamthandsgemeinschaft gründen, stehen ihnen die durch Vertrag begründbaren Formen der BGB-Gesellschaft (§§ 705 ff BGB),

OHG oder KG (§§ 105 ff HGB) zur Verfügung (BGH WM 1975, 1110; KG DNotZ 1952, 84; OLG Köln OLGZ 1965, 118).

96 Lediglich eine *Anfechtung* des Vollzuges der Auseinandersetzung wirkt gem § 142 BGB ex tunc und lässt die Gemeinschaft bestehen. Eine Wiederherstellung abgewickelter Erbengemeinschaften ist allerdings durch entsprechende *gesetzliche Anordnung* möglich.

97 **2.** Nach Vollzug der Auseinandersetzung ist kein Erbanteil mehr *vorhanden, eine Übertragung* iS des § 2033 BGB nicht mehr möglich. Einen Erbteilsverkauf (§ 2371 BGB) kann der Miterbe zwar noch tätigen, aber nur erfüllen, indem er die auf ihn entfallenden einzelnen zur Erbschaft gehörenden Gegenstände an den Käufer überträgt (RGZ 134, 298).

§ 2043
Aufschub der Auseinandersetzung

(1) Soweit die Erbteile wegen der zu erwartenden Geburt eines Miterben noch unbestimmt sind, ist die Auseinandersetzung bis zur Hebung der Unbestimmtheit ausgeschlossen.

(2) Das Gleiche gilt, soweit die Erbteile deshalb noch unbestimmt sind, weil die Entscheidung über einen Antrag auf Annahme als Kind, über die Aufhebung des Annahmeverhältnisses oder über die Anerkennung einer vom Erblasser errichteten Stiftung als rechtsfähig noch aussteht.

Materialien: E I § 2154; II § 1917; III § 2018; Mot V 690 f; Prot V 883 f; Jakobs/Schubert ER I 751 f, 780–821; BT-Drucks V/2370, 14, 98; VII/3061, 9, 56; VII/5087, 22, 45.

I. Allgemeines

1 § 2043 BGB enthält eine **Ausnahme** (weitere Ausnahmen in §§ 2044, 2045 BGB) **vom Grundsatz des § 2042 BGB**, dass nämlich jeder Miterbe jederzeitige Auseinandersetzung verlangen kann. Bei allen in § 2043 BGB geregelten Fällen sind einzelne oder alle Erbteile noch unbestimmt. Der Aufschub der Auseinandersetzung soll einen erst nachträglich feststehenden Miterben davor schützen, dass Nachlassvermögen nicht mehr verfügbar ist, wenn seine Erbberechtigung feststeht.

II. Die von § 2043 berücksichtigten Fälle

2 Obwohl sich der Gesetzgeber bewusst war, dass es weitaus mehr Fälle gibt, die eine Unbestimmtheit der Erbteile bedingen können, beschränkte er sich auf die drei in § 2043 BGB geregelten. Die Anerkennung weiterer Fälle soll einer Neuordnung des Erbrechts vorbehalten bleiben (BT-Drucks VII/5087, 22; MünchKomm/Ann Rn 8); eine

derartige Anerkennung ist seither jedoch trotz einiger Erbrechtsnovellen der letzten 45 Jahre nicht erfolgt. Die Redaktionskommission ist der Anregung, allen Fällen der Unbestimmtheit durch eine allgemeine Klausel Rechnung zu tragen, nicht gefolgt. § 2043 BGB ist daher *eng auszulegen* (Planck/Flad Anm 2; vgl auch Rn 11). Nicht erfasst werden die Fälle, in denen wegen Verschollenheit eines Miterben oder noch bestehender Ausschlagungsmöglichkeit eine Ungewissheit besteht. In den von § 2043 BGB erfassten Fällen ist erforderlich, dass die Person, deren Erbberechtigung unbestimmt ist, **bei deren Vorliegen zur Erbfolge gelangen würde**, dh sie darf nicht aufgrund letztwilliger Verfügung oder durch vorrangige gesetzliche Erben ausgeschlossen sein (MünchKomm/Ann Rn 3).

1. Ist die **Geburt eines Miterben** zu erwarten (Abs 1), hängt das Erbrecht der im Zeitpunkt des Erbfalles bereits gezeugten Leibesfrucht gem § 1923 Abs 2 BGB davon ab, ob sie lebend geboren wird, dh einen Augenblick gelebt hat. Da dies erst mit der Vollendung der Geburt festgestellt werden kann, ist die Auseinandersetzung bis zu diesem Zeitpunkt ausgeschlossen. Für den Nasciturus steht dem für ihn bestellten *Pfleger* oder seinem Gewalthaber (§ 1912 BGB) die Teilnahme an der Verwaltung (§ 2038 BGB) zu. Der für den zu erwartenden Erben bestellte Nachlasspfleger (§ 1960 BGB) ist nicht zur Durchführung und Überwachung der Erbauseinandersetzung berufen (RGZ 154, 114), er kann nicht einmal die Annahme der Erbschaft erklären (KGJ 40 A 37; 41 A 34), sondern lediglich die Belange des unbekannten endgültigen Erben wahren. Gleiches gilt für den nach § 1912 BGB bestellten Pfleger. Die Auseinandersetzung durch Teilung bzw Versilberung des Nachlasses kann, soweit sie nach § 2043 BGB zulässig ist, wegen § 2040 BGB wirksam nur durch einen mit der erforderlichen Verfügungsmacht ausgestatteten Testamentsvollstrecker vollzogen werden, §§ 2204, 2205 BGB. Davon abgesehen kann der Vollzug lediglich vorbereitet werden (Binder III 241). 3

2. Die **Annahme als Kind** wird auf Antrag des Annehmenden, bei Volljährigen auch des Anzunehmenden, durch Beschluss des Familiengerichtes ausgesprochen (§§ 1752, 1753, 1767 Abs 2, 1768 BGB). Die mit Rechtskraft des Beschlusses wirksam werdende **Annahme eines Minderjährigen** hat zur Folge, dass dieser die rechtliche Stellung eines Kindes des/der Annehmenden erlangt, § 1754 Abs 1 und 2 BGB, und damit auch gesetzlicher Erbe erster Ordnung, § 1924 Abs 1 BGB, wird. Gleichzeitig erlöschen grds die bisherigen Verwandtschaftsbeziehungen des Minderjährigen zu seiner Ursprungsfamilie, § 1755 Abs 1 BGB, und damit auch die gesetzliche Erbenstellung im Verhältnis zur Ursprungsfamilie. Die ausstehende Entscheidung über einen Antrag auf Annahme als Kind ist deshalb maßgebend für die *gesetzliche* Erbberechtigung des Kindes kraft Verwandtschaft und damit für die Zusammensetzung einer Erbengemeinschaft. Dies gilt sowohl hinsichtlich des Erbverhältnisses zu dem Annehmenden wie zu den leiblichen Verwandten. 4

Mit **Aufhebung** des die Annahme als Kind begründenden Rechtsverhältnisses endigen die Wirkungen der Adoption und das damit begründete *gesetzliche* Erbrecht im Verhältnis zum Annehmenden, § 1764 Abs 2 BGB; die Verwandtschaftsbeziehung zur Ursprungsfamilie lebt wieder auf, § 1764 Abs 3 BGB. Die ausstehende Entscheidung über die Aufhebung des Annahmeverhältnisses (§§ 1760 ff BGB) ist damit ebenfalls maßgebend für die gesetzliche Erbberechtigung des Kindes kraft Verwandtschaft und damit für die Zusammensetzung der Erbengemeinschaft. 5

6 Bei **Adoption eines Volljährigen** hat die rechtskräftige Entscheidung über den Adoptionsantrag lediglich Einfluss auf das Verhältnis zu dem Annehmenden, denn der Angenommene verbleibt in der Verwandtschaft seiner Ursprungsfamilie, § 1770 BGB, wenn nicht ausnahmsweise die Volljährigenadoption mit Wirkungen der Minderjährigenadoption ausgesprochen wird, § 1772 BGB. Gleiches gilt spiegelbildlich für die Aufhebung.

7 Hat der Erblasser die „Abkömmlinge" eines Dritten testamentarisch eingesetzt (§ 2070 BGB), so hängt die Erbenstellung eines Adoptierten von der Wirksamkeit der Annahme als Kind (oder deren Aufhebung) ab.

8 **3.** Die **Genehmigung** einer vom Erblasser **errichteten Stiftung** (§§ 80, 84 BGB) entscheidet über deren Rechtsfähigkeit, also deren Erbberechtigung. Die Stiftung gilt, auch wenn sie erst nach dem Tod des Stifters anerkannt wird, als schon vor dessen Tod entstanden.

III. Wirkung des § 2043

9 **1.** Die Auseinandersetzung ist in Fällen des § 2043 BGB aber nicht schlechthin ausgeschlossen, sondern nur *soweit* und *solange* die Erbteile unbestimmt sind, also im Ausmaß der Unbestimmtheit. Im Übrigen kann die Auseinandersetzung erfolgen (Mot V 670), allerdings können die feststehenden Erben wegen § 2040 BGB die Auseinandersetzung nicht vollziehen. Wird von der zu erwartenden Geburt oder Adoption eines Miterben lediglich die Anzahl und die Höhe der Kopfteile eines Erbstammes beeinflusst, ist die Auseinandersetzung hinsichtlich der anderen Stämme zulässig. Würde dagegen das Erbrecht der ohne das Kind die Miterbengemeinschaft bildenden entfernteren Berechtigten durch dessen Geburt ausgeschlossen, ist bis zur Beseitigung der Ungewissheit die Auseinandersetzung ausgeschlossen. Steht das Ereignis (Geburt, Gerichtsentscheidung, Genehmigung) unmittelbar bevor, dürfte das Nachlassgericht befugt sein, bis zur Hebung der Ungewissheit die Vermittlung der Auseinandersetzung gänzlich aufzuschieben, auch soweit letztere nicht unmittelbar berührt wird, damit die mit einer neuen Teilung verbundenen Weitläufigkeiten vermieden werden (Planck/Flad Anm 1). Mit der Regelung des § 2043 BGB soll verhindert werden, dass den später endgültig feststehenden Erben der Nachlass entzogen wird (Soergel/Lettmaier Rn 2).

10 **2.** Eine entgegen § 2043 BGB vorgenommene Auseinandersetzung hat **keine Nichtigkeit** gem § 134 BGB zur Folge (HK-BGB/Hoeren Rn 3). Die Ausnahmen der §§ 2043–2045 BGB sind nur als Einschränkung des Rechts auf jederzeitige Auseinandersetzung (§ 2042 Abs 1 BGB) aufzufassen (Planck/Flad Anm 1; Palandt/Weidlich Rn 1; Erman/Bayer Rn 7; Soergel/Lettmaier Rn 6; BGB-RGRK/Kregel Rn 5; vLübtow II 829; Bamberger/Roth/Lohmann Rn 3 Damrau/Rissmann Rn 4; Erman/Bayer Rn 6).

11 Ob die Auseinandersetzung wirksam ist, ist eine Frage der Verfügungsmacht. Der Zweck des § 2043 BGB wird schon dadurch erreicht, dass eine erfolgte **Auseinandersetzung nichtig** ist, wenn der fragliche Miterbe später als wirklicher Miterbe festgestellt wird und sie nicht genehmigt (§§ 177, 185 BGB). Die Auseinandersetzung bleibt wirksam, falls der Erbe, dessen Annahme als Kind streitig war, trotz der Ungewissheit bereits bei Vollzug der Auseinandersetzung mitgewirkt hatte. Wird die

strittige Person nicht Erbe und haben die anderen Miterben ihn bei einer schon vollzogenen Auseinandersetzung als Erben mitberücksichtigt, erfolgt hinsichtlich der ihm zugeteilten oder vorbehaltenen Gegenstände eine Nachtragsauseinandersetzung (BGB-RGRK/Kregel Rn 5; Erman/Schlüter Rn 7).

3. Der **Nachlassrichter** hat seine Mitwirkung (vgl § 2042 Rn 31 ff) zu versagen, solange die Auseinandersetzung nach § 2043 BGB ausgeschlossen ist (Kipp/Coing § 116 II 1 d). In den anderen Fällen der Unbestimmtheit (vgl Rn 3) hängt seine Mitwirkung davon ab, ob der Pfleger eine entsprechende Verfügungsmacht hat. Dies ist für den Abwesenheitspfleger des § 1911 BGB zu bejahen, für den Nachlasspfleger (§ 1960 BGB) zu verneinen, der nur bei Verwaltungshandlungen, also der Vorbereitung der Auseinandersetzung, mitwirken kann (vgl Rn 4). 12

4. Ebenfalls ausgeschlossen ist ein **Vermittlungsverfahren** nach § 363 FamFG. 13

IV. Entsprechende Anwendung

1. Eine Erbauseinandersetzung ist weiterhin ausgeschlossen, soweit eine im Sinne von Art 86 EGBGB für den erbrechtlichen Erwerb notwendige Genehmigung fehlt. 14

2. Eine entsprechende Anwendung des § 2043 BGB auf *andere Fälle bestehender Unbestimmtheit* (vgl Rn 2) ist abzulehnen (vLübtow II 828; HK-BGB/Hoeren Rn 2). Dem Bedürfnis nach einer Vertretung des unbestimmten Erben kann durch Bestellung eines Abwesenheits- oder Nachlasspflegers (§§ 1911, 1960 BGB) genügt werden (KG NJW 1971, 565, 566; BGB-RGRK/Kregel Rn 4). Soweit für einen Miterben ein Abwesenheitspfleger nach § 1911 BGB bestellt ist, kann er auch die Annahme der Erbschaft erklären und den Abwesenden bei der Auseinandersetzung vertreten (Kipp/Coing § 116 II 1 e). Auf etwaige unbekannte Abkömmlinge eines für tot Erklärten wird keine Rücksicht genommen (OLG München SeuffA 63 Nr 126). Soweit freilich ein Miterbe die Erbschaft noch nicht angenommen hat, ist eine Teilung ausgeschlossen, denn der Anspruch auf Auseinandersetzung kann gegen diesen Miterben nicht durchgesetzt werden. Aus diesem Grund kann sie von den anderen nicht verlangt werden, da kein Miterbe zu einer Teilung gezwungen werden kann, die fraglich ist (MünchKomm/Ann Rn 8). Dies ergibt sich ohne Heranziehung des § 2043 BGB. 15

§ 2044
Ausschluss der Auseinandersetzung

(1) Der Erblasser kann durch letztwillige Verfügung die Auseinandersetzung in Ansehung des Nachlasses oder einzelner Nachlassgegenstände ausschließen oder von der Einhaltung einer Kündigungsfrist abhängig machen. Die Vorschriften des § 749 Abs. 2, 3, der §§ 750, 751 und des § 1010 Abs. 1 finden entsprechende Anwendung.

(2) Die Verfügung wird unwirksam, wenn 30 Jahre seit dem Eintritt des Erbfalls verstrichen sind. Der Erblasser kann jedoch anordnen, dass die Verfügung bis zum

Eintritt eines bestimmten Ereignisses in der Person eines Miterben oder, falls er eine Nacherbfolge oder ein Vermächtnis anordnet, bis zum Eintritt der Nacherbfolge oder bis zum Anfall des Vermächtnisses gelten soll. Ist der Miterbe, in dessen Person das Ereignis eintreten soll, eine juristische Person, so bewendet es bei der dreißigjährigen Frist.

Materialien: E I § 2153; II § 1918; III § 2019; Mot V 688 ff; Prot V 882 f, VI 389; Jakobs/Schubert ER I 751–753, 780–821; Denkschr 729.

Schrifttum

Bengel, Zur Rechtsnatur des vom Erblasser verfügten Erbteilungsverbots, ZEV 1995, 178
Flume, Teilungsanordnung und Erbschaftssteuer, Betrieb 1983, 2271
Kegel, Nemo minus iuris transferre potest, quam ipse habet, oder warum Erbteilungsverbote so kraftlos sind, in: FS Richard Lange (1976) 927
Kiethe, Ausschluss der Auseinandersetzung der Erbengemeinschaft mit Verfügungsverbot über den Erbteil-Schutz vor unerwünschten Dritten beim Unternehmensnachlass?, ZEV 2003, 225
Kohler, Testamentarisches Familiengut, NJW 1957, 1173
ders, Das Teilungsverbot besonders beim testamentarischen Familiengut, DNotZ 1958, 245
Muscheler, Ausschluss der Erbauseinandersetzung durch den Erblasser, ZEV 2010, 340
Reimann, Die Nachlassauseinandersetzung durch Testamentsvollstrecker bei Erbteilungsverbot und Dauervollstreckung, DNotZ 2016, 769
Weckbach, Die Bindungswirkung von Erbteilungsverboten (1987)
Wendt, Der Regent und sein Vollstrecker: Regieren aus dem Grab – unbegrenzt?, ErbR 2018, 178.

Weiteres Schrifttum bei § 2042.

I. Allgemeines

1 Eine weitere **Ausnahme** (nach § 2043 BGB) **von** der Regel des **§ 2042 BGB** macht § 2044 BGB. Diese Norm gestattet dem Erblasser, in Ausübung seiner Testierfreiheit durch letztwillige Verfügung ein **Teilungsverbot** zu erlassen, wodurch er die Auseinandersetzung in Ansehung des gesamten Nachlasses oder *einzelner Nachlassgegenstände* bzw *einzelner Miterben* ganz ausschließen oder von der Einhaltung einer Kündigungsfrist abhängig machen kann (Kiethe ZEV 2003, 226), um den Inbegriff seiner Vermögensgegenstände zusammenzuhalten. Aufgrund der nur schuldrechtlichen Wirkung eines Teilungsverbotes (Rn 6) kann der Erblasser dieses Ziel nicht ohne weiteres erreichen.

II. Anordnung des Teilungsverbots

2 **1.** Das Teilungsverbot muss durch **letztwillige Verfügung** getroffen werden; es ist auch die erbvertragsgemäße Anordnung (Bamberger/Roth/Lohmann Rn 1; BGB-RGRK/Kregel Rn 1; Kegel 930) oder Anordnung in Form einer wechselbezüglichen Verfügung im Ehegattentestament zulässig. Die Anordnung kann auch bei gesetzlicher

Erbfolge getroffen werden (BayObLGZ 1966, 408 = NJW 1967, 1136; SOERGEL/LETTMAIER Rn 4; BGB-RGRK/KREGEL Rn 1).

a) Das Teilungsverbot bezieht sich, soweit der Erblasser keine abweichenden Anordnungen trifft, auf den gesamten Nachlass. Der Erblasser kann das Verbot aber auch auf **einzelne Nachlassgegenstände oder Miterben** beschränken (Teilauseinandersetzung). 3

b) Darf der Erblasser die Auseinandersetzung ausschließen, muss es auch zulässig sein, sie zu **erschweren**, indem er sie zB von einem qualifizierten *Mehrheitsbeschluss* (etwa Zweidrittelmehrheit) abhängig macht (RGZ 110, 270 f = JW 1925, 2120 = DJZ 1925, 1265) oder nur bestimmte Miterben die Auseinandersetzung verlangen dürfen. Nach RG (Recht 1917 Nr 69) kann der Erblasser anordnen, dass nur die überlebende Witwe als Miterbin die Nachlassgrundstücke nach freiem Ermessen ohne Mitwirkung der miterbenden Kinder veräußern kann und die Kinder weder Veräußerung noch Teilung fordern dürfen. Dagegen bestehen wegen § 2040 BGB Bedenken hinsichtlich der Verfügung über den Nachlassgegenstand ohne Mitwirkung der Erben, so dass dieser Entscheidung nicht zu folgen ist. 4

c) Der Erblasser kann die Auseinandersetzung (in den Schranken des Abs 2, dazu Rn 14) bis zum Eintritt eines bestimmten **Termins** oder einer bestimmten **Bedingung** untersagen. Er darf sie zB bis zur Einführung einer wertbeständigen Währung verbieten. Es handelt sich dabei nicht um eine Währungsklausel, denn es ist keine feststehende Nennwertschuld, sondern lediglich ein vorläufiger Ausschluss des Auseinandersetzungsrechts (OLG Oldenburg MDR 1948, 17; BEITZKE SJZ 1948, 90). Über erleichternde Anordnungen vgl § 2048 BGB. 5

d) Der Erblasser kann für die Geltendmachung des Auseinandersetzungsanspruchs aus § 2042 Abs 1 BGB eine **Kündigungsfrist** anordnen. 6

2. Von der Teilungsanordnung zu unterscheiden ist die zulässige schuldrechtliche **Vereinbarung unter den Miterben**, dass die Auseinandersetzung ganz oder teilweise bis zum Eintritt einer bestimmten Bedingung oder eines Termins unterbleiben solle. Zu beachten ist jedoch, dass bereits eine solche Vereinbarung das Haftungsprivileg nach § 2059 BGB beseitigt, weil dieses nur bis zum Erreichen eines Einvernehmens unter den Miterben gelten soll. 7

III. Rechtsnatur des Teilungsverbots

Das Teilungsverbot kann einen **verschiedenen Sinn** und damit – über die bloße negative Teilungsanordnung hinaus (vgl BENGEL ZEV 1995, 178, 179) – auch eine **verschiedene Rechtsnatur** haben; der Sinn ist durch Auslegung festzustellen (LG München FamRZ 1998, 1538; anders MUSCHELER ZEV 2010, 340 ff). 8

1. Das Teilungsverbot kann den Zweck haben, das den einzelnen Miterben zustehende Recht, auch *gegen den Willen der anderen Erben* die Auseinandersetzung zu verlangen, zu beschränken, ohne damit einer einverständlichen Auseinandersetzung der Miterben im Wege zu stehen (BGHZ 40, 115 = NJW 1963, 2320; KIPP/COING § 116 IV 3 a). Der Erblasser kann damit den einzelnen Miterben die Befugnis einräumen, 9 dem Auseinandersetzungsverlangen eines anderen Miterben während der Zeitdauer der Wirksamkeit der Anordnung zu widersprechen. Die Einräumung eines solchen vorübergehenden Einrederechts ist als **Vermächtnis** (§ 2150 BGB) anzusehen (Bamberger/Roth/Lohmann Rn 4; ebenso Palandt/Weidlich Rn 3; Soergel/Lettmaier Rn 5; Kipp/Coing § 116 IV 3 a spricht von einer vermächtnisähnlichen Bedeutung).

10 Die Anerkennung eines zeitlich begrenzten Widerspruchsrechts schließt den Anspruch aus § 2042 Abs 1 BGB nicht aus und fordert keinen Verzicht auf ihn, sondern steht ihm nur vorübergehend entgegen und verpflichtet den Miterben, seine Geltendmachung vorübergehend zu unterlassen. Diese Konstruktion ist entgegen Binder III 248 nicht künstlicher als die einer jeden aufschiebend bedingten Einrede. Auch wenn die Anordnung das gemeinschaftliche Beste aller fördert, bedeutet sie die Zuwendung eines Vermögensvorteils an jeden einzelnen Miterben iS eines Vermächtnisses. Allerdings sind die Vorschriften des Vermächtnisrechts nur insoweit anwendbar, als sie der besonderen Situation entsprechen. Dies ist nicht der Fall, wenn ein subjektiver Begünstigungswille beim Erblasser fehlt. Dann kommt aber eine negative Teilungsanordnung in Betracht (Bengel ZEV 1995, 178, 179).

11 Ist die Auseinandersetzung bis zur **Wiederverheiratung** des überlebenden Ehegatten, der bis dahin auch zum Testamentsvollstrecker ernannt ist, ausgeschlossen, kann angenommen werden, dass der Ausschluss nur in dessen Interesse angeordnet wurde und dieser die Auseinandersetzung auch vor der Wiederverheiratung vornehmen darf (OLG Stuttgart HEZ 2, 115; BGB-RGRK/Kregel Rn 5).

12 **2.** Das Teilungsverbot kann aber auch bezwecken – und das wird die Regel sein –, die Auseinandersetzung **unabhängig vom Willen der Erben** zu untersagen. Dann hat das Verbot, das auch in diesem Fall auf eine Verpflichtungswirkung beschränkt bleibt (KG OLGE 40, 112), den Charakter einer **Auflage** (§§ 2192 ff BGB) zu Lasten sämtlicher Erben (Bamberger/Roth/Lohmann Rn 5; ebenso Palandt/Weidlich Rn 3; Soergel/Lettmaier Rn 5; BGB-RGRK/Kregel Rn 3; Kipp/Coing § 116 IV 3 b; vLübtow II 829; Kegel 930; Bengel ZEV 1995, 175, 179). Das Recht, die Unterlassung der Auseinandersetzung, die Vollziehung der Auflage zu verlangen, ist den Miterben nicht in ihrem Interesse als den durch die Verfügung Bedachten zugewandt, sondern nur nach § 2194 BGB, um den Willen des Erblassers durchzuführen. Es steht außer den Miterben den in § 2194 BGB genannten Personen zu (vLübtow II 829; Kegel 932), dh auch der zuständigen Behörde, wenn die Vollziehung im öffentlichen Interesse liegt (zB wenn eine der Öffentlichkeit zugängliche Kunstsammlung zusammengehalten werden soll, Planck/Flad Anm 3; BGB-RGRK/Kregel Rn 3).

13 **3.** Die **Anordnung der Dauervollstreckung** schließt das Recht der Erben, die Nachlassauseinandersetzung zu verlangen, aus, wenn und soweit sie mit der Anordnung verbunden wird, die Auseinandersetzung des Nachlasses solle unterbleiben, solange die Testamentsvollstreckung wirksam ist (OLG Karlsruhe ZEV 2005, 256; MünchKomm/Ann § 2209 Rn 9). Die Auslegung der letztwilligen Verfügung wird darüber hinaus in der Regel ergeben, dass bereits die Anordnung der Dauertestamentsvollstreckung als solche den **Ausschluss der Auseinandersetzung** während ihres Andauerns beinhaltet (Reimann DNotZ 2016, 769, 776), weil im Wege der Auseinandersetzung der Testamentsvollstrecker den ungeteilten Nachlass als Objekt seiner treuhänderischen Verwaltertätigkeit verlieren würde. In der Anordnung einer Dauertestaments-

vollstreckung für den gesamten Nachlass ist also im Zweifel zugleich ein Teilungsverbot zu sehen, welches wirkt, solange die Testamentsvollstreckung wirksam ist (vgl Staudinger/Reimann [2016] § 2209 Rn 13).

4. Um den von ihm gewünschten Erfolg zu sichern, ist dem **Erblasser zu raten**, einen **Testamentsvollstrecker** zu ernennen und **gleichzeitig eine Anordunung nach § 2044 Abs 1** BGB zu treffen. Auf diese Weise ist den Erben die Verfügungsbefugnis über den Nachlass entzogen. Gleichzeitig sind die Befugnisse des Testamentsvollstreckers bei gleichzeitiger Anordnung nach § 2044 Abs 1 BGB (anders als bei einer bloßen Verwaltungsanordnung nach § 2216 Abs 2 BGB) mit absoluter dinglicher Wirkung eingeschränkt (Reimann DNotZ 2016, 769, 774). Diese Kombination schließt eine Auseinandersetzung durch die der Anordnung zuwiderhandelnden Erben ebenso aus (Strohal II 110; vgl auch § 2042 Rn 6 und Bengel ZEV 1995, 179 f, der auch auflösend bedingte Erbeinsetzung zur Sicherung von Teilungsverboten erwägt) wie durch den Testamentsvollstrecker. Allerdings kann der Testamentsvollstrecker freilich gemeinsam mit den Erben den Anordnungen des Erblassers zuwiderhandeln (BGHZ 40, 115 = NJW 1963, 2320; BGHZ 56, 275 = NJW 1971, 1805). 14

5. Nicht erforderlich ist die Anordnung eines Teilungsverbots im Rahmen von **Behindertentestamenten**. Hier setzt sich nach Übertragung der einzelnen Nachlassgegenstände auf die Miterben im Zuge der Auseinandersetzung sowohl Nacherbschaft als auch Dauertestamentsvollstreckung an den Gegenständen fort, die dem Behinderten zugewiesen werden (Keim DNotZ 2014, 895, 897 ff). 15

IV. Wirkungen des Teilungsverbots

1. Die Anordnung erzeugt **keine dingliche Wirkung** (Kipp/Coing § 116 IV 1). Lediglich das *Recht des einzelnen Erben,* von den anderen jederzeit Auseinandersetzung zu verlangen, ist eingeschränkt. Die Beschränkung der Auseinandersetzung durch Teilungsverbot kann daher nicht im Grundbuch eingetragen werden (KG DNotZ 1944, 15 = DRW 1944, 191), vgl aber Rn 16. Nach § 137 BGB kann die Verfügungsbefugnis über ein veräußerliches Recht nicht rechtsgeschäftlich ausgeschlossen werden. Da ein gesetzliches Veräußerungsverbot nicht vorliegt (BGHZ 40, 115 = NJW 1963, 2320), hat das Teilungsverbot nur **schuldrechtliche Wirkung**, ebenso wie eine Teilungsvereinbarung unter Miterben (KG OLGE 40, 112; Kegel 930, 931, 937, 938; HK-BGB/Hoeren Rn 2). Dementsprechend können sich die betroffenen Miterben **einverständlich über das Verbot hinwegsetzen**. Etwas anderes gilt nur, wenn der Erblasser durch Vermächtnis oder Auflage Nichterben begünstigt und so Vollziehungsberechtigte geschaffen hat, die seinem Willen aus Eigeninteresse Geltung verschaffen können, oder gleichzeitig Dauertestamentsvollstreckung angeordnet hat. 16

Bei einer entgegen § 2044 BGB zur Vorbereitung der Auseinandersetzung beantragten Zwangsversteigerung eines Nachlassgrundstückes (§§ 180 ff ZVG) können die anderen Miterben entspr § 771 ZPO Widerspruchsklage erheben (OLG Bamberg JW 1927, 2473; OLG Dresden HRR 38 Nr 1060; OLG Hamburg NJW 1961, 610; OLG Köln ErbR 2018, 271; Bamberger/Roth/Lohmann Rn 11; Erman/Bayer Rn 1). Das Gesetz setzt dem Teilungsverbot die gleichen *Schranken* wie einer entsprechenden Vereinbarung der Miterben (Abs 1 S 2) und begrenzt es weiter zeitlich durch Abs 2. 17

18 **2.** Das Teilungsverbot umfasst **jede Art der Auseinandersetzung**, also auch die Umwandlung von Gesamthands- in Bruchteilseigentum. Eine entsprechende **Anwendung des § 1010 BGB** hat zur Voraussetzung, dass der Erblasser die Umwandlung der Erbengemeinschaft in Ansehung eines Nachlassgrundstückes in eine Bruchteilsgemeinschaft zwar gestattet, die Teilung dieser Bruchteilsgemeinschaft aber ausgeschlossen hat. Dann wirkt das Teilungsverbot gegen einen Sondernachfolger in den Anteil des Miterben, wenn es als Belastung im Grundbuch eingetragen ist.

19 **3.** Die Anordnung wirkt für und gegen den **Sondernachfolger**, auf den der Erbteil gem § 2033 BGB übertragen worden ist (OLG Hamburg NJW 1961, 611; vgl auch Rn 15).

20 Hingegen wirkt das Teilungsverbot nicht gegenüber einem Gläubiger eines Miterben, der dessen **Anteil gepfändet** hat. Etwas anderes gilt nur, wenn der Erblasser Testamentsvollstreckung angeordnet hat, denn durch die Anordnung der Testamentsvollstreckung hat der Erblasser den Miterben die Befugnis zur Verfügung über die der Vollstreckung unterliegenden Bestandteile seines Nachlasses entzogen und so gegen eine Verfügung der Miterben gesichert, die seinem Willen widerspricht (BGH NJW 2009, 2458).

21 **4.** Auch das um Vermittlung nach §§ 363 ff FamFG ersuchte **Nachlassgericht** muss seine Mitwirkung versagen (ebenso Palandt/Weidlich Rn 2), das Zuweisungsverfahren nach §§ 13 ff GrdstVG (vgl § 2042 Rn 53) ist unzulässig, § 14 Abs 3 GrdstVG.

V. Schranken des Teilungsverbots

22 **1.** Die Anordnung des Erblassers unterliegt zunächst den gleichen Schranken wie eine entsprechende Vereinbarung der **Miterben**, Abs 1 S 2 (die Anwendung der §§ 749 ff BGB ist eine entsprechende, weil keine Vereinbarung der Gemeinschafter selbst, sondern die Anordnung eines Dritten in Betracht kommt).

23 **a)** Die **Anordnung** ist **wirkungslos**, wenn für die Auseinandersetzung ein **wichtiger Grund** spricht, § 749 Abs 2, 3 BGB. Dies richtet sich nach den Umständen des Einzelfalles (OLG Hamburg NJW 1961, 610, vgl auch Staudinger/Eickelberg [2015] § 749 Rn 77 ff). Die Feststellung setzt also eine umfassende Würdigung aller Umstände voraus, wobei zu beachten ist, dass die Erbengemeinschaft anders als die Gemeinschaft nach §§ 741 ff BGB, auf deren Regel verwiesen wird, von den Mitgliedern nicht freiwillig begründet worden und auf Auseinandersetzung angelegt ist, es wird deshalb großzügiger zu verfahren sein als bei der Gemeinschaft nach §§ 741 ff BGB. Gegebenenfalls entscheidet das Prozessgericht (Bamberger/Roth/Lohmann Rn 7). Aber auch das Nachlassgericht kann im Vermittlungsverfahren (§ 2042 Rn 31 ff) die Anordnung überprüfen, sofern sie Auflagencharakter (vgl Rn 5) hat (RG Recht 1930, 260 Nr 904; BGB-RGRK/Kregel Rn 7; Kohler DNotZ 1958, 247). Ein vom Erblasser mit der Aufgabe des § 2204 BGB ernannter Testamentsvollstrecker hat nach pflichtgemäßem Ermessen über das Vorliegen eines wichtigen Grundes zu entscheiden (RG 11. 6. 1934 – IV 50/34; KG RJA 16, 323; Recht 1919 Nr 1524; LG Düsseldorf FamRZ 1955, 303 f; BGB-RGRK/Kregel Rn 7).

24 Als wichtige Gründe gelten Fälle, in denen ein Miterbe der **Verwertung und Nutzung des Nachlasses bedarf**, zB Verheiratung oder Vermögensverfall (vgl LSG Nordrhein-Westfalen MittBayNot 2015, 168), oder ein **Verbleib in der gesamthänderischen Bindung**

unzumutbar ist (zB Verfeindung der Erben, LG Düsseldorf FamRZ 1955, 304; Bamberger/Roth/Lohmann Rn 7; für den Fall, dass der Erbe volljährig wird, siehe Habersack MittBayNot 1999, 22). Jedenfalls ist der **Eintritt der Volljährigkeit** als wichtiger Grund anzusehen, vgl § 1629a Abs 4 BGB. Befindet sich ein Miterbe in der Wohlverhaltensphase zur Erlangung der **Restschuldbefreiung**, so stellt die Verpflichtung zur Herausgabe der Hälfte des Werts der Erbschaft (InsO § 295 Abs 1 Nr 2) einen solchen wichtigen Grund dar (BGH NJW 2013, 870, 871).

b) Eine auf Zeit getroffene Anordnung tritt mit dem **Tod eines Miterben** außer **Kraft**, § 750 BGB. Es handelt sich hierbei um eine Auslegungsregel (im Zweifel), die also nicht greift, wenn die Auslegung einen gegenteiligen Willen des Erblassers ergibt (vgl auch Staudinger/Eickelberg [2015] § 750 Rn 1 f). 25

c) Der Erblasser kann die Rechte eines Gläubigers, der aufgrund eines nicht bloß vorläufig vollstreckbaren Schuldtitels die **Pfändung eines Erbteils** erwirkt hat, durch ein Teilungsverbot nicht beeinträchtigen, § 751 S 2 BGB. Ebenso wenig wirkt ein solches gegenüber der **Insolvenzmasse eines Miterben**, § 84 Abs 2 S 2 InsO. Lebt ein Elternteil mit minderjährigen Kindern in einer Vermögensgemeinschaft, hat er gem § 1683 BGB bei Wiederheirat die Auseinandersetzung herbeizuführen. Diese Regelung hebt als zwingendes Recht eine Anordnung des Erblassers auf (BayObLGZ 1967, 230, 235; KGJ 21 A 27; Bamberger/Roth/Lohmann Rn 8; Palandt/Weidlich Rn 5; Schumacher BWNotZ 1968, 204; Staudenmaier BWNotZ 1968, 251). 26

2. § 2044 Abs 2 BGB zieht der Wirksamkeit des Teilungsverbots aus Billigkeitsgründen weitere **absolute zeitliche Schranken**. Es sind Zeitgrenzen, die das BGB dem Erblasser grundsätzlich für die zulässigen Bindungen des Nachlasses gesetzt hat; so bei der Nacherbfolge (§ 2109 BGB), dem bedingten oder betagten Vermächtnis (§§ 2162, 2163 BGB) und der Verwaltung des Testamentsvollstreckers (§ 2210 BGB). Die Anordnung wird unwirksam, wenn *dreißig Jahre* nach dem Eintritt des Erbfalls verstrichen sind. Soll die Verfügung bis zum Eintritt eines bestimmten Ereignisses in der Person eines Miterben gelten, bleibt das Verbot über die dreißigjährige Frist hinaus wirksam, möglicherweise bis zum Tod des längstlebenden Miterben (vgl Rn 13). Ist der Miterbe eine juristische Person, bleibt es bei dreißig Jahren. Beispiele sind Teilungsverbote bis zum Tod oder bis zur Verheiratung eines Miterben. 27

Der Ablauf der Dreißigjahresfrist macht das Verbot auch dann nicht unwirksam, wenn die Teilung bis zum Eintritt einer vom Erblasser angeordneten Nacherbfolge (§ 2139 BGB) oder dem Anfall eines Vermächtnisses (§ 2177 BGB) hinausgeschoben ist; doch sind dabei die Zeitgrenzen der §§ 2109, 2162, 2163 BGB zu beachten. § 2044 Abs 2 S 2 BGB gilt aber auch für die Auseinandersetzung hinsichtlich mehrerer Nacherben, sodass durch mehrfach gestaffelte Nacherbfolge das Teilungsverbot über mehrere Generationen hinweg wirksam sein kann (MünchKomm/Ann § 2044 Rn 21; **aA** Weckbach 45 f). 28

3. Eine **beschwerende Teilungsanordnung** stößt gegenüber einem als Miterben berufenen Pflichtteilsberechtigten an die Grenzen des **§ 2306 BGB**, wenn der ihm hinterlassene Erbteil die Hälfte des gesetzlichen Erbteils nicht übersteigt, und eröffnet dem betroffenen Erben das Recht, den Erbteil auszuschlagen und den Pflichtteil zu verlangen. 29

§ 2045
Aufschub der Auseinandersetzung

Jeder Miterbe kann verlangen, dass die Auseinandersetzung bis zur Beendigung des nach § 1970 zulässigen Aufgebotsverfahrens oder bis zum Ablauf der in § 2061 bestimmten Anmeldungsfrist aufgeschoben wird. Ist der Antrag auf Einleitung des Aufgebotsverfahrens noch nicht gestellt oder die öffentliche Aufforderung nach § 2061 noch nicht erlassen, so kann der Aufschub nur verlangt werden, wenn unverzüglich der Antrag gestellt oder die Aufforderung erlassen wird.

Materialien: E II § 1919; III § 2020; Prot V 882; Jakobs/Schubert ER I 809, 815.

I. Allgemeines

1 Wesentliche Voraussetzung für die Nachlassteilung ist **Klarheit über die bestehenden Nachlassverbindlichkeiten**. Dazu eröffnet das Gesetz jedem Miterben zwei Wege: Das gerichtliche *Aufgebot der Nachlassgläubiger* gem § 1970, §§ 454 ff FamFG, und die *private öffentliche Aufforderung an die Nachlassgläubiger,* ihre Forderung binnen sechs Monaten anzumelden, § 2061 Abs 1 BGB. Durch eine dieser Möglichkeiten kann der Miterbe seine Haftung nach der Teilung auf den seinem Erbanteil entsprechenden Teil jeder einzelnen Nachlassverbindlichkeit gegenüber den Gläubigern, die sich nicht rechtzeitig gemeldet haben, beschränken, §§ 2060, 2061 BGB, und zwar selbst dann, wenn er unbeschränkbar, dh mit seinem eigenen Vermögen haftet, § 2058 BGB.

II. Recht auf Aufschub der Auseinandersetzung bis zur Gläubigerermittlung

2 Im Hinblick auf die Haftungssituation der Erben enthält § 2045 BGB nach §§ 2043, 2044 BGB die dritte Ausnahme von dem Grundsatz des § 2042 BGB. Die Norm gibt *jedem Miterben* einen **Anspruch auf Aufschub der Auseinandersetzung** bis zur Beendigung des Aufgebotsverfahrens oder bis zum Ablauf der Anmeldefrist des § 2061 BGB.

3 Das Aufschubverlangen *(Einrede)* ist **gerechtfertigt**, wenn der Antrag auf Einleitung des Aufgebotsverfahrens entweder *bereits gestellt* bzw die öffentliche Aufforderung *bereits erlassen* ist (Satz 1), oder der Aufgebotsantrag bzw die Aufforderung nach § 2061 BGB *unverzüglich* (dh ohne schuldhaftes Zögern, § 121 Abs 1 S 1 BGB) *erfolgt* ist (Satz 2).

III. Verlust des Rechtes

4 **1.** Mit **Beendigung des Aufgebotsverfahrens** geht das Recht, den Aufschub der Auseinandersetzung zu verlangen, verloren. § 2015 Abs 3 BGB ist entspr anwendbar (Palandt/Weidlich Rn 1; MünchKomm/Ann Rn 2). Das Verfahren ist danach erst beendet, wenn nach Erlass des Ausschlussurteils oder Zurückweisung des Antrags auf seinen Erlass die Beschwerdefrist, § 63 Abs 1 FamFG, abgelaufen oder das an die

Beschwerde anschließende Verfahren erledigt ist. Anwendbar ist auch § 2015 Abs 2 BGB, der die Versäumnis des Aufgebotstermins und der Frist zur Beantragung eines neuen Termins usw der Beendigung gleichstellt (BGB-RGRK/Kregel Rn 2; Soergel/Lettmaier Rn 1; Palandt/Weidlich Rn 1).

2. Mit **Ablauf der** in § 2061 BGB bestimmten **Anmeldefrist** geht das Aufschubrecht verloren. 5

3. Mit Ablauf einer **nicht genutzten** angemessenen **Frist** für die Antragstellung oder den Erlass einer Aufforderung nach Geltendmachung des Widerspruchsrechts (vgl Rn 2) geht das Aufschubrecht verloren. 6

IV. Prozessuales

Gegenüber einem im Klagewege gestellten Auseinandersetzungsverlangen führt der Aufschubeinwand, wenn er erst im **Rechtsstreit** erhoben wird, nicht zur Klageabweisung als verfrüht. Das Gericht wird in entsprechender Anwendung des § 148 ZPO die Verhandlung bis zum Ablauf einer von ihm zu bestimmenden angemessenen Frist aussetzen (OLG Dresden BeckRS 2010, 33124; BGB-RGRK/Kregel Rn 3; Bamberger/Roth/Lohmann Rn 3; Damrau/Rissmann Rn 6, 9; MünchKomm/Ann Rn 4). 7

§ 2046
Berichtigung der Nachlassverbindlichkeiten

(1) Aus dem Nachlass sind zunächst die Nachlassverbindlichkeiten zu berichtigen. Ist eine Nachlassverbindlichkeit noch nicht fällig oder ist sie streitig, so ist das zur Berichtigung Erforderliche zurückzubehalten.

(2) Fällt eine Nachlassverbindlichkeit nur einigen Miterben zur Last, so können diese die Berichtigung nur aus dem verlangen, was ihnen bei der Auseinandersetzung zukommt.

(3) Zur Berichtigung ist der Nachlass, soweit erforderlich, in Geld umzusetzen.

Materialien: E II § 1920; III § 2021; Prot V 885 f; Jakobs/Schubert ER I 759–762, 790–816.

I. Allgemeines

Gläubiger des Erblassers sollen durch dessen Tod weder besser- noch schlechterstehen. Weil das Vermögen des Erblassers als Haftungsmasse untergeht, wenn der Nachlass unter den Erben aufgeteilt wird, ordnet § 2046 BGB an, dass Nachlassverbindlichkeiten **vor** der **Auseinandersetzung** berichtigt werden müssen. Diese Verpflichtung besteht allerdings nur im Innenverhältnis der Miterben zueinander. § 2046 BGB bringt eine *Abweichung* von § 2042 Abs 2 BGB mit § 755 BGB, weil dort die 1

Berichtigung erst bei der Aufhebung verlangt werden kann, hier jedoch bereits vor Auseinandersetzung berichtigt werden muss. Ein vorzeitig geltend gemachter Auseinandersetzungsanspruch ist unbegründet (Soergel/Lettmaier Rn 2). Diese Regelung *schützt das Eigenvermögen der Miterben:* Jeder Miterbe haftet als Gesamtschuldner für die Erfüllung gemeinschaftlicher Nachlassverbindlichkeiten, § 2058 BGB; bis zur Teilung kann jedoch die Befriedigung der Nachlassverbindlichkeiten aus dem Eigenvermögen verweigert werden, § 2059 BGB.

II. Vorabtilgung der Nachlassverbindlichkeiten (Abs 1 S 1)

2 **1.** § 2046 BGB legt den Miterben **im Verhältnis zueinander** (Innenverhältnis) die Verpflichtung auf, die Nachlassverbindlichkeiten vorab zu berichtigen, um sich gegen die aus einer voreiligen Teilung erwachsende strenge Haftung zu schützen (RGZ 95, 328). Die Gläubiger haben dagegen kein Recht auf Einhaltung des § 2046 BGB (BGHZ 57, 93 = NJW 1971, 2266; OLG Brandenburg FamRZ 1998, 1521; Bamberger/Roth/Lohmann Rn 1; SoergelLettmaier Rn 2). Sie können aber jederzeit nach § 2059 Abs 2 BGB gegen den ungeteilten Nachlass vorgehen und Sicherungsmaßregeln ergreifen (Soergel/Lettmaier Rn 2).

3 **Nach der Teilung** haften den Nachlassgläubigern, weil der Nachlass als Haftungsgegenstand weggefallen ist, die Miterben als Gesamtschuldner, soweit nicht nach §§ 2060, 2061 BGB nur anteilige Haftung besteht (BSG NJOZ 2014, 1758; vgl § 2045 Rn 1). Außerdem haften die Miterben, selbst wenn sie beschränkt haften, nach §§ 1978–1980, 1990–1992 BGB den Nachlassgläubigern mit ihrem eigenen Vermögen. Dies übt starken Druck auf sie aus, die Nachlassverbindlichkeiten vor der Auseinandersetzung zu berichtigen.

4 **2.** § 2046 BGB enthält **nachgiebiges Recht** (Schindler ZEV 2011, 295; Stein ZEV 1996, 74; Reimann ZEV 2009, 120; BGB-RGRK/Kregel Rn 1; HK-BGB/Hoeren Rn 2; Soergel/Lettmaier Rn 3). Die Miterben können sich über eine vorherige Verteilung aller oder einzelner Aktiva verständigen bzw die Berichtigung einzelner Nachlassschulden zurückstellen; sie können einem von ihnen bestimmte Nachlasswerte zuteilen gegen Übernahme der Verpflichtung, bestimmte oder alle Nachlassschulden zu tilgen. Aus einer solchen Vereinbarung kann auf Erfüllung geklagt werden (RG JW 1909, 223). Der Erblasser kann durch *letztwillige Verfügung* anordnen, die Tilgung einer Nachlassschuld solle im Innenverhältnis einem Miterben zur Last fallen, sei es endgültig oder durch Vorschussleistung (RG DNotZ 1937, 447).

5 **3.** § 2046 BGB gilt auch für den **Testamentsvollstrecker**, der die Auseinandersetzung bewirkt (RGZ 95, 329), und das Nachlassgericht (§§ 363 ff FamFG), wenn nicht sämtliche Miterben andere Anträge stellen (Erman/Bayer Rn 1; Bamberger/Roth/Lohmann Rn 6).

6 **4.** Nicht getilgt werden müssen Forderungen, die mit **dauerhaften Gegenrechten** belastet sind (zB Einrede der Verjährung). Hier mag nach der Auseinandersetzung der Erbengemeinschaft jeder der dann gesamtschuldnerisch haftenden Miterben mit Wirkung allein für sich selbst (Einzelwirkung, vgl Staudinger/Looschelders [2017] § 425 Rn 56 ff) entscheiden, ob er sich auf das Bestehen des Gegenrechts beruft (zB die Einrede der Verjährung erhebt) oder nicht.

5. Die Verpflichtung zur Vorabtilgung besteht ebenfalls hinsichtlich *unklagbarer, sittlicher Verpflichtungen* (RG SeuffA 60 Nr 181; Palandt/Weidlich Rn 2; Erman/Bayer Rn 1). 7

III. Nachlassverbindlichkeiten, die nur einem Teil der Miterben zur Last fallen (Abs 2)

Von dem Grundsatz, dass Nachlassverbindlichkeiten als Gesamthandsschulden alle Miterben belasten, gibt es Ausnahmen. Der **Erblasser** kann einen oder einige Miterben mit *Vermächtnissen oder Auflagen* (§§ 2147, 2148, 2192 BGB) beschweren, sodass nur diese dem Vermächtnisnehmer oder Auflagenbegünstigten gegenüber haften. Bestimmte Nachlassverbindlichkeiten, für die dem Gläubiger sämtliche Miterben gem § 2058 BGB als Gesamtschuldner haften, können im **Innenverhältnis** einem oder einzelnen Miterben zur Last fallen, namentlich aufgrund *Teilungsanordnung* des Erblassers (RGZ 95, 327; RG DNotZ 1937, 447). 8

In beiden Fällen können die belasteten Erben nach § 2046 Abs 2 BGB nicht verlangen, dass die Tilgung aus dem ganzen Nachlass erfolgt, sondern nur aus dem ihnen bei der Auseinandersetzung zukommenden Überschuss, § 2047 BGB. Sie müssen sich eine derartige Berichtigung dieser Schulden gefallen lassen (KG OLGE 9, 389 ff). Nach Abs 1 muss auch in diesem Fall die Berichtigung der Teilung des Nachlasses vorangehen; es wird jedoch eine „Vorteilung" noch vor der eigentlichen Nachlassteilung erforderlich (MünchKomm/Ann Rn 13; RGZ 95, 325; vgl auch Rn 18). Auch diese Regelung gilt wie Abs 1 nur im Innenverhältnis (OLG Naumburg ZEV 2014, 251). 9

Falls ein Miterbe durch Teilungsanordnung des Erblassers ein mit Hypotheken **belastetes Grundstück** auf seinen Erbteil zugewiesen erhält und die darauf lastenden Schulden allein tragen soll, braucht er sich nicht darauf verweisen zu lassen, die Schulden nach der Auflassung selbst zu tilgen, sondern kann verlangen, dass die Schulden vor der Zuteilung an ihn (also vor Entgegennahme der Auflassung) aus dem Grundstück, notfalls durch Versilberung von Nachlassgegenständen, berichtigt werden (RGZ 95, 327). Dies muss er schon, um der weitgehenden Haftung aus § 2058 BGB für alle Nachlassschulden zu entgehen (Damrau/Rissmann Rn 6; MünchKomm/Ann Rn 14). Die Miterben, die nicht belastet sind, können die Begleichung der Nachlassverbindlichkeit aus dem Überschuss, der auf den belasteten Miterben fällt, nur verlangen, wenn sie an der Berichtigung der Schuld ein Interesse haben, weil sie für die Verbindlichkeit als Gesamtschuldner nach § 2058 BGB haftbar gemacht werden können, nicht aber, wenn es sich um Vermächtnisse oder Auflagen handelt, mit denen sie nicht beschwert sind. 10

IV. Nachlassverbindlichkeiten mit anteiliger Innenhaftung

Haften die Miterben als Gesamtschuldner für eine Verbindlichkeit, die sie als Lasten oder Kosten eines Nachlassgegenstandes nach § 748 BGB anteilsmäßig zu tragen haben (Bamberger/Roth/Lohmann Rn 3), kann jeder Miterbe verlangen, dass die Schuld bei der Auseinandersetzung aus dem Nachlass berichtigt werde (vgl §§ 2042 Abs 2, 755 BGB; MünchKomm/Ann Rn 2). Anderenfalls könnte ein einzelner Miterbe nach der Teilung für die ganze Schuld in Anspruch genommen werden, ohne für den Rückgriff gegen die Miterben eine Sicherheit zu haben. 11

V. Forderungen der Miterben

12 **1.** Auf die **Forderungen eines Miterben gegen den Nachlass** ist § 2046 BGB anzuwenden (OLG Celle FamRZ 2003, 1224; OLG Saarbrücken ZEV 2007, 579; Bamberger/Roth/Lohmann Rn 3), da eine Konfusion nicht eingetreten ist (Vorbem 12 zu §§ 2032 ff) und die Gläubigerstellung ein von der Miterbenstellung verschiedenes rechtliches Verhältnis darstellt. Der Miterbe kann für seine Forderung wie jeder Nachlassgläubiger schon vor der Teilung Befriedigung verlangen (RGZ 93, 197; RG Recht 1909 Nr 491; Gruchot 57, 158; OLG Jena Recht 1912 Nr 448; BGH LM Nr 1 zu § 2046 = NJW 1953, 501; Erman/Bayer Rn 2; Soergel/Lettmaier Rn 6; Dütz NJW 1967, 1110; MünchKomm/Ann Rn 13). Die Klage ist gegen die übrigen Miterben auf Duldung der Befriedigung aus dem Nachlass zu richten (RG JW 1929, 584 Nr 14; LZ 1930, 118 Nr 3; OLG Stettin OLGE 40, 114; Damrau/Rissmann Rn 9).

13 **a)** Nach RGZ 93, 197 soll nur die *Gesamthandsklage* des § 2059 Abs 2 BGB zulässig sein. Dagegen soll die *Gesamtschuldklage* des § 2058 BGB während des Bestehens der Erbengemeinschaft unzulässig sein, weil die Miterben im Innenverhältnis nicht als Gesamtschuldner, sondern zu dem ihrer Erbquote entsprechenden Teil haften würden (ähnlich OLG München OLGE 21, 314 = SeuffBl 75, 329 ff; Planck/Ebbecke Anm 3). Diese Begründung überzeugt nicht (ebenso MünchKomm/Ann Rn 8). Es ist nicht einzusehen, warum der Miterbe, der zugleich Nachlassgläubiger ist, deshalb schlechter gestellt sein soll als jeder andere Nachlassgläubiger (iE ebenso Soergel/Lettmaier Rn 6; Kipp/Coing § 117 I 5). Seiner Doppelstellung kann allenfalls dadurch Rechnung getragen werden, dass die Miterben das Recht haben, einen seiner etwaigen Ausgleichspflicht entsprechenden Betrag bis zur Auseinandersetzung zurückzubehalten (dazu OGHZ 1, 46; Bender JherJb 88, 31; Hallstein JW 1929, 584). Dementsprechend hat das RG (RGZ 150, 347) später einen solchen Miterbengläubiger jedenfalls nach der Auseinandersetzung für berechtigt erklärt, die gesamtschuldnerische Haftung jedes Miterben auf den um die Abzüge geminderten Betrag seiner Forderung in Anspruch zu nehmen. Für die Versagung der Gesamtschuldklage vor der Teilung lassen sich nur rechtspolitische Erwägungen geltend machen (vgl Staudinger/Marotzke § 2058 Rn 43).

14 **b)** Zur **Vollstreckung in den Nachlass** müssen bei der Gesamtschuldklage trotz § 747 ZPO Vollstreckungstitel gegen die übrigen Erben genügen (RG Gruchot 57, 188; Erman/Bayer Rn 2; BGB-RGRK/Kregel Rn 10; Kress 103; Hedemann DJZ 1911, 619; **aM** OLG Hamburg SeuffA 59 Nr 57; Böhm Gruchot 42, 709; Schröder SeuffBl 70, 344; vgl Staudinger/Marotzke § 2058 Rn 28, 44).

15 **c)** Ist ein Miterbe gleichzeitig Gläubiger und Schuldner des Nachlasses, kommt ein *Zurückbehaltungsrecht nach § 273 Abs 1* BGB in Betracht (zutr MünchKomm/Ann Rn 5).

16 **d)** Aus der Doppelstellung des Miterben können sich gewisse **Einschränkungen nach Treu und Glauben** ergeben (Einzelfallentscheidung, MünchKomm/Ann Rn 5). Dieser muss sich auf die Teilung verweisen lassen, wenn eine frühere Geltendmachung gegen § 242 BGB verstoßen würde, weil zB eine erforderliche Versilberung nicht ohne Verluste möglich ist oder falls es unter Berücksichtigung früherer Zuteilungen zweifelhaft erscheint, ob er bei der Teilung noch etwas erhält (RGZ 65, 10; 93,

197; BGH LM Nr 1 zu § 2046; BGB-RGRK/Kregel Rn 2). Das RG hat einem Miterben wegen seiner Forderung gegen den Nachlass das Zurückbehaltungsrecht gegenüber einem auf Eigentum gestützten Grundbuchberichtigungs- und Herausgabeanspruch versagt, sofern die Berichtigung oder Herausgabe die Miterben erst in den Stand setzen würde, den Nachlass zur Auseinandersetzung und zur Begleichung der fraglichen Nachlassforderung zu verwerten (RG 30. 6. 1924 – IV 995/23; vgl ferner KG OLGE 40, 114).

e) Der Miterbe, dem ein **Vorausvermächtnis** zugewandt ist (§ 2150 BGB), kann grundsätzlich Vorwegbefriedigung verlangen, sofern nicht ein anderer Wille des Erblassers ersichtlich ist und sein Verlangen im konkreten Fall nicht gegen Treu und Glauben verstößt (RGZ 93, 197; OLG Saarbrücken NJW-Spezial 2007, 472; BGB-RGRK/Kregel Rn 4; dazu Dütz NJW 1967, 1110; Erman/Bayer Rn 2). **17**

2. Eine **Forderung eines Miterben gegen einen anderen Miterben**, die sich *auf die Erbengemeinschaft gründet,* ist nach §§ 2042 Abs 2, 756 BGB bei der Auseinandersetzung zu berichtigen, allerdings nur aus dem Auseinandersetzungsguthaben des betreffenden Schuldners. Vor der Auseinandersetzung ist die Leistungsklage zu versagen, es sei denn, die Auseinandersetzung kann nicht sofort erfolgen (MünchKomm/Ann Rn 9). **18**

In Betracht kommen zunächst Forderungen, die ausschließlich in der Gemeinschaft ihre Grundlage haben, zB die aus der Führung der Verwaltung oder aus Aufwendungen erwachsen, die die Miterbengemeinschaft erstatten muss, aber auch Forderungen, die aus einem zwischen den Miterben und dem Erblasser zu dessen Lebzeiten begründeten Schuldverhältnis herrühren, das durch Erbgang ein gemeinschaftliches geworden ist (RGZ 78, 273 = JW 1912, 396; OLG Hamm DJZ 1905, 946; Planck/Ebbecke Anm 3; Müller Recht 1905, 579; BGB-RGRK/Kregel Rn 5). Nach RGZ 78, 273 gründet sich eine Forderung auf die Gemeinschaft auch, wenn diese nicht die alleinige und ausschließliche Grundlage der Forderung bildet. Letztere muss aber „einem oder mehreren Teilhabern in ihrer Eigenschaft als Teilhaber, also vermöge ihrer Zugehörigkeit zur Gemeinschaft zustehen, im Gegensatz zu solchen Forderungen, die ihnen unabhängig von der Gemeinschaft zustehen" (vgl auch OLG Stuttgart WürttZ 23, 308 f). Trotz einiger Bedenken gegen diese weitgehende Formulierung ist an ihr festzuhalten. Ein Miterbe kann wegen der für den Nachlass gemachten Auslagen nicht die Herausgabe der in seinem Besitz befindlichen Nachlasssachen zur Versteigerung verweigern (KG OLGE 8, 872). **19**

VI. Nicht fällige oder streitige Verbindlichkeiten (Abs 1 S 2)

Die Zurückbehaltung der zur Befriedigung nicht fälliger oder streitiger Nachlassverbindlichkeiten erforderlichen Mittel oder Nachlassgegenstände (Abs 1 S 2) nötigt nicht zur Sicherstellung (Prot V 885 f), sie schließt nur die Verteilung aus. Dies gilt **nur im Verhältnis der Erben zueinander**, welche jedoch andernfalls erhebliche Haftungsrisiken eingehen (J Mayer MittBayNot 2010, 345; § 2042 Rn 21). Der Gläubiger hat auf die Zurückhaltung keinen Anspruch. Die Erben können sich jedoch mit ihm darüber verständigen, um ihn von einem Vorgehen gegen den sonstigen Nachlass abzuhalten. An den zurückbehaltenen Gegenständen dauert die Erbengemeinschaft fort. **20**

21 **Nicht fällig** ist eine Nachlassverbindlichkeit iS des § 2046 Abs 1 S 2 BGB dann, wenn entweder die sich aus dem Schuldverhältnis oder dem Gesetz ergebende Leistungszeit, § 271 BGB, noch nicht gekommen ist oder dem Anspruch fälligkeitshindernde Einwendungen entgegenstehen.

22 **Streitig** ist eine Nachlassverbindlichkeit iS des § 2046 Abs 1 S 2 BGB schon dann, wenn nur unter den Erben Streit besteht. Der Gläubiger-Miterbe ist nicht gehindert, in diesem Fall schon vor der Teilung die Feststellung seiner Forderung gegenüber den Miterben zu betreiben (RG 18. 5. 1905 – IV 1/05). Dies gilt entspr bei einem Streit der Miterben über die Ausgleichungspflicht nach §§ 2050 ff BGB (KG OLGE 9, 389; **aA** Damrau/Rissmann Rn 2). Auch Verbindlichkeiten aus einer Prozessführung des Testamentsvollstreckers fallen unter § 2046 Abs 1 S 2 BGB (RG 28. 1. 1932 – IV 354/31; BGB-RGRK/Kregel Rn 6).

VII. Versilberung (Abs 3)

23 Die Versilberung hat nur soweit zu erfolgen, als zur Berichtigung der Schulden erforderlich. Insoweit muss eine Teilung in Natur (§ 2042 Rn 23) unterbleiben und die Verwertung nach §§ 753, 754 BGB erfolgen, also durch Einziehung von Nachlassforderungen oder Verkauf von Nachlassgegenständen (vgl § 2042 Rn 24 ff).

24 **1.** Die Auswahl der **zu verwertenden Nachlassgegenstände** kann nur einverständlich, nicht durch Mehrheitsbeschluss nach §§ 2038 Abs 2, 745 BGB erfolgen, da es sich bei der Verwertung nicht um eine Verwaltungsmaßnahme handelt (vgl § 2038 Rn 6). Ein widersprechender Miterbe muss daher auf seine Einwilligung verklagt werden. Er darf die Versilberung nicht durch Ausübung eines Zurückbehaltungsrechtes wegen seiner Auslagen für den Nachlass verhindern (RG WarnR 1910 Nr 141).

25 **2.** Soweit **Befriedigung** nur **aus** dem **Überschuss**, der auf den verpflichteten Miterben bei der Auseinandersetzung entfällt, verlangt werden kann und geschuldet wird (vgl Rn 6 f, 15), ist der Überschuss zunächst zu berechnen und dann mangels barer Mittel durch Verwertung von Nachlassgegenständen soweit zu realisieren, als dies zur Tilgung der betreffenden Forderungen erforderlich ist (MünchKomm/Ann Rn 13).

26 **3.** Nach § 15 Abs 2 **HöfeO** vom 26. 7. 1976 sind Nachlassverbindlichkeiten einschließlich der auf dem Hof ruhenden Grundpfandrechte, aber ohne die sonstigen Lasten (Altenteil, Nießbrauch usw) aus dem außer dem Hof vorhandenen Vermögen, soweit es dafür reicht, zu berichtigen. Dies, um den Hof dem Hoferben möglichst lastenfrei zu erhalten. Im Innenverhältnis haften also die am Hof nicht beteiligten Miterben auch für rein dingliche Grund- und Rentenschulden. Soweit die Nachlassverbindlichkeiten auf diese Weise nicht berichtigt werden können, ist der Hoferbe den Miterben gegenüber verpflichtet, sie allein zu tragen und die Miterben zu befreien, § 15 Abs 3 HöfeO. Ein nach Begleichung der Nachlassverbindlichkeiten verbleibender Überschuss ist gem § 15 Abs 4 HöfeO auf die Miterben nach allgemeinem Erbrecht zu verteilen. Der Hoferbe hat einen Anspruch auf Beteiligung an diesem Überschuss nur insoweit, als der auf ihn entfallende Anteil größer ist als der Hofeswert (iS des § 12 Abs 2 HöfeO). Eine Sonderregelung gegenüber § 2046 Abs 2 BGB enthält insoweit auch § 16 Abs 2 GrdstVG.

§ 2047
Verteilung des Überschusses

(1) Der nach der Berichtigung der Nachlassverbindlichkeiten verbleibende Überschuss gebührt den Erben nach dem Verhältnis der Erbteile.

(2) Schriftstücke, die sich auf die persönlichen Verhältnisse des Erblassers, auf dessen Familie oder auf den ganzen Nachlass beziehen, bleiben gemeinschaftlich.

Materialien: E I § 2155; II § 1921; III 2022; Mot V 691 f; Prot V 886 f; Jakobs/Schubert ER I 762 f, 790–816.

I. Grundsätzliches

1. § 2047 Abs 1 BGB enthält einen schuldrechtlichen Anspruch jedes einzelnen 1
Miterben oder sonstigen Gesamthänders (zB Erbteilserwerbers) auf sein Auseinandersetzungsguthaben, also seinen Anteil am Überschuss (Rn 2). Die in Erfüllung dieser Ansprüche vorgenommene Teilung **schließt die Auseinandersetzung des Nachlasses ab**, indem sie die Einigung der Miterben über die Auseinandersetzung oder den entsprechenden Gerichtsentscheid vollzieht. Dies geschieht durch Übertragung der Nachlassgegenstände unter Beachtung der entsprechenden Regelungen (§§ 929 ff; 873, 925; 398 ff BGB). Ausgenommen hiervon sind die in Abs 2 genannten Schriftstücke.

2. § 2047 Abs 2 BGB regelt nicht nur den Umgang mit Rechtspositionen des 2
Erblassers mit höchstpersönlichen Inhalten, sondern lässt zugleich den Rückschluss zu, dass diese (unabhängig von einem Vermögenswert) auf die Erben übergehen. Unstreitig werden dementsprechend höchstpersönliche analoge Dokumente, z. B. Tagebücher und Briefe, vererbt. Gleiches gilt für **digitale Inhalte**, wobei es auf das Speicher- bzw Trägermedium dabei nicht ankommt; Geheimhaltungsinteressen des Erblassers und dessen Kommunikationspartnern sind dem Erbrecht untergeordnet (BGH FamRZ 2018, 1456 gegen KG FamRZ 2017, 1348; hierzu umfassend bei Staudinger/Kunz [2017] § 1922 Rn 594 ff).

3. § 2047 Abs 2 BGB erscheint als **zu eng gefasst** und sollte de lege ferenda auf 3
sämtliche Familienerinnerungsstücke mit besonderem Familienwert und nur geringem Marktwert erweitert werden. Entspr verbietet Art 613 Schweiz ZGB die Veräußerung von Gegenständen, die für die Familie einen besonderen Erinnerungswert haben, wenn auch nur ein Miterbe widerspricht. Bei nicht zu erreichender Einigung entscheidet die Behörde über Veräußerung oder Zuweisung.

II. Verteilung des Überschusses (Abs 1)

1. Ein **Überschuss** (vgl auch §§ 734, 1476 BGB) besteht aus den Nachlassgegen- 4
ständen, die nach Begleichung der Nachlassverbindlichkeiten (§ 2046 BGB) übrig und damit gesamthänderisch gebunden bleiben (Aktivbestand des Nachlasses). Dem

Nachlass sind nach § 2055 BGB (bzw § 2057a BGB) rechnerisch die zur Ausgleichung zu bringenden Zuwendungen zuzufügen, um die auf die einzelnen Miterben entfallenden Anteile zu bestimmen.

5 **2.** Maßgebend für das **Zuteilungsverhältnis** bleibt die durch Verfügung des Erblassers oder gesetzliche Erbfolge bestimmte Anteilsberechtigung des einzelnen Miterben, die rechnerisch regelmäßig in einer Bruchteilsziffer ausgedrückt wird (BGB-RGRK/Kregel Rn 2; vLübtow II 832; MünchKomm/Ann Rn 5). Jeder Miterbe muss sich anrechnen lassen (a.) den Wert der von ihm zur Ausgleichung zu bringenden Zuwendungen auf seinen Anteil am Überschuss (§ 2055 Abs 1 S 1 BGB) und der Nachlassverbindlichkeiten, die ihn allein belasten und aus dem gemeinschaftlichen Nachlass berichtigt sind (vgl § 2046 Rn 6), sowie (b.) den Wert sonstiger Forderungen des Nachlasses gegen sich. Die Übertragung der dem einzelnen Erben zugedachten Erbschaftsgegenstände ist der Vollzug der Auseinandersetzung und richtet sich nach allgemeinen Rechtsgrundsätzen (vgl § 2042 Rn 63). Zur Verfügung über den Anspruch auf das Auseinandersetzungsguthaben vgl § 2033 Rn 11 ff.

6 **3.** § 2047 Abs 1 BGB ist **dispositiv**. Dies gilt zum einen im Hinblick auf die vom Erblasser angeordneten oder kraft gesetzlicher Erbfolge geltenden Erbquoten, sodass im Wege eines Erbauseinandersetzungsvertrags zB auf die **quotale Beteiligung** am Überschuss verzichtet werden kann (Reimann ZEV 2009, 120, 121). Die Erben können sich zum anderen über eine von § 2047 Abs 1 BGB **abweichende Art der Teilung** einigen. Mangels einer solchen Einigung sind §§ 752–754 BGB zu beachten (vgl § 2042 Rn 20 ff).

III. Schriftstücke (Abs 2)

7 **Von der Teilung ausgeschlossen** bleiben die in Abs 2 aufgeführten *Schriftstücke.* Dies rechtfertigt sich – abgesehen von ihrer Eigenschaft als Beweismittel – aus dem ideellen Interesse, das die Miterben an dem Fortbestand einer gesamthänderischen Bindung haben. Nur diese Rechtsform verbürgt den Erhalt und den Zugang für alle Miterben. Ein Gemeinschaftsverhältnis nach Bruchteilen ist nicht gemeint (anders jedoch Prot V 887; Kretzschmar 625 f; wie hier die heute unstr Ansicht: Planck/Ebbecke Anm 2; Kaufmann, Eigentum an Gesellschaftsvermögen 48; Pringsheim 90; Erman/Bayer Rn 3; BGB-RGRK/Kregel Rn 3; Damrau/Rissmann Rn 3; Palandt/Weidlich Rn 3; MünchKomm/Ann Rn 8; Kipp/Coing § 117 II; vLübtow II 833). Die Verwaltung und Benutzung richtet sich nach §§ 2038 ff, 745 BGB. Das Recht auf Einsicht und sachgemäße Benutzung steht jedem Erben zu (Bamberger/Roth/Lohmann Rn 3).

8 § 2047 Abs 2 BGB schließt nur einen **Anspruch** auf Teilung aus, steht aber einer **abweichenden einverständlichen Verfügung** der Miterben (HK-BGB/Hoeren Rn 3) nicht entgegen (zB Zuteilung an einen Miterben, Begründung einer Bruchteilsgemeinschaft, Veräußerung an Dritte). Soweit die Schriftstücke Gegenstand von Urheberrechten sein können (zB Lebenserinnerungen), steht das Urheberrecht allen Miterben gesamthänderisch zu und kann gemeinschaftlich übertragen werden (Planck/Ebbecke Anm 2). Das gilt auch für Familienpapiere, *nicht für Familienbilder* (vgl § 2373 S 2 BGB; Damrau/Rissmann Rn 3). Hat der Erblasser die gesetzliche Erbfolge ausgeschlossen und Fremde als Erben eingesetzt, dabei jedoch die Familienpapiere nicht vermerkt, kann ein Wille bestehen, diese der Familie des Erblassers zuzuwei-

sen (Planck/Ebbecke Anm 2). Allerdings wäre ein solcher Wille wegen Formungültigkeit (§ 2247 BGB) nicht verbindlich und würde allein eine moralische Verpflichtung der Erben begründen.

§ 2048
Teilungsanordnungen des Erblassers

Der Erblasser kann durch letztwillige Verfügung Anordnungen für die Auseinandersetzung treffen. Er kann insbesondere anordnen, dass die Auseinandersetzung nach dem billigen Ermessen eines Dritten erfolgen soll. Die von dem Dritten auf Grund der Anordnung getroffene Bestimmung ist für die Erben nicht verbindlich, wenn sie offenbar unbillig ist; die Bestimmung erfolgt in diesem Falle durch Urteil.

Materialien: E I § 2192; II § 1922; III § 2023; Mot V 688; Prot V 885; Jakobs/Schubert ER I 757 f, 780–816.

Schrifttum

Beck, Grenzen der Teilungsanordnung, DNotZ 1961, 565
Bürger, Neue Abgrenzung erbrechtlicher Sonderzuwendungen, MDR 1986, 445
Coing, Vorausvermächtnis und Teilungsanordnung, JZ 1962, 529
Dieckmann, Bemerkungen zu „wertverschiebenden“ Teilungsanordnungen, in: FS Coing (1982) II 53
Eidenmüller, Vorausvermächtnis und Teilungsanordnung, JA 1991, 150
Emmerich, Teilungsanordnung und Vorausvermächtnis – BGHZ 36, 115, JuS 1962, 269
Grunsky, Zur Abgrenzung von Teilungsanordnung und Vorausvermächtnis, JZ 1963, 250
Kohler, Gemeinschaften mit Zwangsteilung, AcP 91 (1991) 309
Loritz, Teilungsanordnung und Vorausvermächtnis, NJW 1988, 2697
Mattern, Einzelzuweisungen von Todes wegen, DNotZ 1963, 450
Meincke, Das Recht der Nachlassbewertung im BGB (1973)
Müller, Das erbrechtliche Übernahmerecht, Teilungsanordnung oder Vorausvermächtnis (Diss Freiburg 1970)
Natter, Teilungsanordnung und Vermächtnis, JZ 1959, 151
Rudolf, Teilungsanordnung und Vorausvermächtnis (Diss Tübingen 1966)
Siegmann, „Überquotale“ Teilungsanordnung und Teilungsversteigerung, ZEV 1996, 47
Stedler, Die Teilungsanordnung (Diss Greifswald 1912)
Stenger, Die Teilungsanordnung des Erblassers nach geltendem Recht (1933)
Trappe, Der Anspruch auf die Nutzungen bei der Teilungsanordnung – Zur Frage der analogen Anwendung des § 2184 BGB bei der Teilungsanordnung, ZEV 2018, 123
Wöhrmann, Teilungsanordnung und Vorausvermächtnis, RdL 1969, 138.

Weiteres Schrifttum bei § 2042.

I. Allgemeines

1 In § 2048 BGB erkennt das Gesetz – um Zweifel auszuschließen – die Zulässigkeit letztwilliger Anordnungen über die Teilung des Nachlasses ausdrücklich an (Mot V 688). Diese Norm ist ein Ausfluss der Testierfreiheit (HK-BGB/Hoeren Rn 1; Palandt/Weidlich Rn 1; Soergel/Lettmaier Rn 1) und bietet – da dem BGB eine Sondererbfolge grundsätzlich unbekannt ist (zu den Ausnahmen vgl Vorbem 19 ff zu §§ 2032 ff) – dem Erblasser die **einzige Möglichkeit, einzelnen Erben bestimmte Gegenstände zuzuteilen** (vgl Vorbem 18 zu §§ 2032 ff).

2 Damit wird jedoch keine dingliche Zuordnung im Sinne eines Sondererbrechts bewirkt, sondern lediglich ein schuldrechtlicher Anspruch der Miterben auf Übertragung des Gegenstands im Rahmen der Auseinandersetzung begründet. Der von der Teilungsanordnung erfasste Gegenstand fällt deshalb als Teil des Nachlasses mit dem Erbfall der Erbengemeinschaft in gesamthänderischer Verbundenheit zu.

3 Der Erblasser ist berechtigt, durch Teilungsanordnung den gesamten Nachlass zu verteilen, sodass für einen Erbteilungsvertrag zwischen den Miterben kein Raum mehr bleibt (RG HRR 1930 Nr 1806).

4 Die Rechte, die sich für die einzelnen Miterben aus einer Teilungsanordnung ergeben, **verjähren nicht**, denn der übergeordnete Anspruch auf Auseinandersetzung verjährt nicht (§ 2042 Rn 4).

II. Anordnung, Rechtsnatur, Inhalt

5 **1.** Die Teilungsanordnung muss in der **Form** einer letztwilligen Verfügung erfolgen (BGH FamRZ 2010, 27, 29); dies ist grds nur im *Testament* oder *einseitig im Erbvertrag,* § 2299 Abs 1 BGB, möglich.

6 Ist eine Teilungsanordnung als Vermächtnis oder Auflage anzusehen (vgl Rn 6 und 4), was sich nach dem Willen des Erblassers bemisst (RG DR 1942, 977), so kann die Anordnung auch *vertragsmäßig im Erbvertrag* getroffen werden (§ 2278 Abs 2 BGB). Eine im Erbvertrag (oder gemeinschaftlichen Testament) einseitig erklärte Teilungsanordnung kann einseitig vom Erblasser bzw vom überlebenden Ehegatten *jederzeit widerrufen* werden, §§ 2270 Abs 3, 2278 Abs 2 BGB. Das Vermächtnis unterliegt der *Bindungswirkung* der §§ 2270, 2271, 2289–2292 BGB und dem Schutz der §§ 2287, 2288 BGB.

7 **2.** Eine Anordnung nach § 2048 BGB kann auf verschiedenen Ebenen wirken, denn der Erblasser ist befugt, Anordnungen über die Auseinandersetzung des Nachlasses *im weitesten Sinne* zu treffen:

8 **a)** Sie kann als **Verwaltungsanordnung** die Verwaltung des Nachlasses – zumal zur Vorbereitung der Auseinandersetzung – abweichend von § 2038 BGB regeln, insbesondere diese einem oder mehreren Miterben übertragen (vgl § 2038 Rn 20). Ebenso kann der Erblasser *besondere Anweisungen* geben, wie die Verwaltung zu führen sei, wie etwa ein Unternehmen weiterbetrieben werden soll, welche Aufwendungen zu machen und welche Ausgaben zulässig sind. Auch sofern dadurch einige Erben

begünstigt werden, ist darin grundsätzlich nicht der Zweck der Anordnung zu sehen, sondern in der Verbesserung des Betriebes (Planck/Ebbecke Anm 2). Außerdem kann der Erblasser Anweisungen für die Art und Weise der Versilberung von Nachlassgegenständen machen.

Von der Bindung können sich die Erben nur befreien, falls der Zweck der Anordnung nicht oder nicht mehr erreicht werden kann oder ein wichtiger Grund iS des § 749 Abs 2 BGB vorliegt. Dementsprechend sieht § 2216 BGB vor, dass eine für den Testamentsvollstrecker verbindliche Verwaltungsanordnung auf dessen Antrag oder eines anderen Beteiligten außer Kraft gesetzt werden kann, wenn ihre Befolgung den Nachlass erheblich gefährden würde. 9

b) Sie kann die Auseinandersetzung, insbesondere die Art der Teilung betreffen, dh eigentliche **Teilungsanordnung** sein. Die häufigste Form ist die **Zuweisung eines bestimmten Gegenstandes** an einen Miterben. 10

Dies kann bedeuten, dass der betreffende Miterbe das **Recht** haben soll, den Gegenstand (oder einen von mehreren Gegenständen nach seiner Wahl, OLG München ZEV 2017, 114) in *Anrechnung auf seinen Erbteil* zu übernehmen, entweder zu seinem Wert oder zu einem vom Erblasser festgesetzten Übernahmepreis (Coing JZ 1962, 531). In diesem Fall muss der Erbe sein Übernahmerecht durch eine Gestaltungserklärung ausüben und erwirbt erst dadurch ein Forderungsrecht auf Übereignung (Soergel/Lettmaier Rn 4; Kipp/Coing § 44 II 2; Emmerich JuS 1962, 271), welches im Teilungsplan entsprechend zu berücksichtigen ist. Der Gegenstand ist mit dem **objektiven Verkehrswert** anzusetzen (für Landgüter vgl aber § 2049 BGB). Der Anspruch des jeweiligen Miterben auf Übertragung des Gegenstands ist also nicht sofort fällig, sondern erst in der Auseinandersetzung zu berücksichtigen. 11

Der Anspruch auf Befolgung der Teilungsanordnung erlischt wegen Unmöglichkeit, § 275 Abs 1 BGB, soweit ein Gegenstand nicht mehr im Nachlass vorhanden ist. Gleiches gilt, wenn der Erblasser sich zu Lebzeiten zur Übertragung des von der Teilungsanordnung erfassten Gegenstands an einen Dritten verpflichtet hat; in diesem Fall ist der Gegenstand als nicht zum Nachlass gehörig zu fingieren, § 2169 Abs 4 BGB analog (Löhnig/Plettenberg ZEV 2016, 293, 295 f). 12

Ist der *Wert des betroffenen Gegenstandes höher* als dem Miterben seiner Quote nach zukommt, ist er zur **Zahlung eines entsprechenden Ausgleichs** aus seinem Vermögen an die übrigen Miterben verpflichtet. Diese Zahlung muss nicht zur aufschiebenden Bedingung der Teilungsanordnung erhoben werden (BGH NJW-RR 1996, 577; Kummer ZEV 1996, 71; kritisch Siegelmann ZEV 1996, 47); in der Regel wird dies aber anzunehmen sein. Sollte allerdings mit der Zuweisung des Gegenstandes eine Wertverschiebung zugunsten des Betroffenen erfolgen, so liegt ein *Vorausvermächtnis* vor (BGH NJW 1998, 682; zur Abgrenzung sogleich unter Rn 6). Bezieht sich das Übernahmerecht auf ein Landgut, enthält § 2049 BGB eine Auslegungsregel für die Wertberechnung. 13

Denkbar ist auch, dass der betreffende Erbe **überdies auch verpflichtet** sein soll, den Gegenstand in Anrechnung auf seinen Erbteil zu übernehmen. In diesem Fall ist er zur Übernahme verpflichtet und berechtigt; diese Verpflichtung entsteht ohne entsprechende Gestaltungserklärung unmittelbar mit dem Erbfall. 14

15 **c)** Die Teilungsanordnung kann Regeln zur **Lastentragung** enthalten. So kann der Erblasser bestimmen, welcher Miterbe im Innenverhältnis für welche Nachlassverbindlichkeiten aufzukommen hat (Soergel/Lettmaier Rn 7).

16 **d)** Sie kann einem **Dritten die Auseinandersetzung übertragen**, § 2048 S 2 und 3 BGB (Rn 8) oder ein **schiedsrichterliches Verfahren** für die Entscheidung der bei der Auseinandersetzung bestehenden Streitigkeiten vorsehen, § 1066 ZPO (RGZ 100, 77; Palandt/Weidlich Rn 3); gleiches gilt für ein **Mediationsverfahren** (Risse ZEV 1999, 205, 209).

III. Auslegungsfragen

17 **1.** Häufig wird vom Erblasser eine **Teilungsanordnung gewollt** sein, wenn er mehrere Personen ohne Nennung einer Quote zu Erben beruft und dabei nahezu sein ganzes *Vermögen einzeln auf sie verteilt.* Eine solche Anordnung wird, weil der Erblasser nicht einzelne Gegenstände mit dinglicher Wirkung an bestimmte Erben zuweisen kann, als **Erbeinsetzung** im Verhältnis der jeweils zugewandten Vermögenswerte zum Gesamtnachlass im Zeitpunkt des Erbfalls verbunden mit einer Teilungsanordnung anzusehen sein (zuletzt OLG Naumburg RNotZ 2016, 483; OLG München NJW-RR 2017, 1162; OLG Stuttgart FamRZ 2018, 1791 jeweils mwNw).

18 **2.** Die Zuweisung eines Einzelgegenstandes an einen Miterben kann der Erblasser mit einer **Teilungsanordnung oder einem Vorausvermächtnis** erreichen. Wegen der erheblichen Unterschiede zwischen beiden Rechtsinstituten bedarf es bei einer derartigen Erblasserbestimmung einer Entscheidung, wie diese rechtlich einzuordnen ist.

19 **a)** Die Teilungsanordnung in Form der Zuweisung eines bestimmten Gegenstands an einen Miterben regelt allein die Art und Weise der Abwicklung der Auseinandersetzung, *ohne* dass *Wertverschiebungen* im Vergleich zu den angeordneten Erbquoten erfolgen. Ein Vorausvermächtnis liegt dagegen vor, wenn nach dem Willen des Erblassers der Begünstigte mit Blick auf die angeordneten Erbquoten *zusätzlich einen Vermögensvorteil* gegenüber den übrigen Miterben erhalten soll (OLG Koblenz ZEV 2014, 53), also keine Anrechnung oder Ausgleichung im Rahmen der Auseinandersetzung der Erbengemeinschaft stattfinden soll (OLG Hamburg FamRZ 2017, 1086). Die Abgrenzung darf nicht allein anhand des Kriteriums einer wertmäßigen Begünstigung getroffen werden. Diese spricht zwar prima facie für die Anordnung eines Vermächtnisses, entscheidend ist jedoch der **Begünstigungswille des Erblassers** (BGH NJW-RR 1990, 1220; BGH NJW 1995, 721; BGH NJW 1998, 682; krit Loritz NJW 1988, 2697), der dem betreffenden Miterben den Mehrwert ohne Anrechnung auf seine Erbquote, also zusätzlich zu seinem Erbteil, zuwenden wollen muss. Hierbei wird es sich in der Regel um einen Vermögensvorteil handeln, es kommen aber auch Vorteile anderer Art in Betracht (zutr Loritz NJW 1988, 2697).

20 Die **Wahl des Begriffs** „Teilungsanordnung“ in einem von einem juristischen Laien errichteten Testament schließt die Einordnung als Vorausvermächtnis nicht aus (LG Mönchengladbach ZEV 2014, 444). Umgekehrt handelt es sich bei einer mit „Vorausvermächtnis“ bezeichneten Anordnung entgegen dem Wortlaut um eine Teilungsanordnung, wenn niemand im Vergleich zur Erbquote wertmäßig begünstigt werden

sollte, sondern der Erblasser nur festgelegen wollte, welche Nachlassgegenstände die Miterben bei der Auseinandersetzung erhalten sollen (OLG München ZEV 2018, 614). Vielmehr ist, soweit sich ein Begünstigungswille (oder dessen Fehlen) nicht ausdrücklich aus der letztwilligen Verfügung ergibt, der mutmaßliche Erblasserwille – wie stets – kontextbezogen zu ermitteln. Ist in einer letztwilligen Verfügung bestimmt, eine als „Erbe“ bezeichnete Person solle als Erbteil einen **bestimmten Betrag** erhalten, kann darin neben der Erbeinsetzung eine Teilungsanordnung liegen, dass die Person diesen Betrag ohne Auseinandersetzung als Abfindung erhalten soll (RG 24. 10. 1921 – IV 147/21; KG JW 1937, 2200), dann ist die Abfindung idR unabhängig von der Durchführung der Auseinandersetzung zahlbar (RG 2. 3. 1922 – IV 516/21; BayZ 1922, 71; SeuffA 77 Nr 149; Bamberger/Roth/Lohmann Rn 4).

b) Teilungsanordnung und Vermächtnis können – auch im Hinblick auf denselben Miterben – **nebeneinander vorliegen** (BGH NJW-RR 1990, 391). Weil es auf den Begünstigungswillen ankommt, kann die Auslegung des Testaments unter Berücksichtigung des Erblasserwillens, § 133 BGB, ergeben, dass ein bestimmter Gegenstand einem Miterben etwa auch für den Fall zugewendet werden soll, dass er das **Erbe ausschlägt** oder aus anderen Gründen nicht Erbe wird. Ist die Zuwendung des Gegenstands so gemeint, liegt ein von der Erbeinsetzung unabhängiger Geltungsgrund als Vermächtnis selbst dann vor, wenn das Vermächtnis die *Erbquote nicht verschiebt,* sondern nach dem Willen des Erblassers auf die Erbquote anzurechnen ist (BGH FamRZ 1995, 228; OLG Saarbrücken BeckRS 2015, 07786). 21

c) Über die Frage nach einer vom Erblasser gewollten zusätzlichen Begünstigung eines Miterben hinaus bestehen zwischen Teilungsanordnung und Vorausvermächtnis weitere wichtige Unterschiede. Der Anspruch auf das Vorausvermächtnis kann jederzeit gegen die Miterben **geltend gemacht** werden, § 2176 BGB, während die Teilungsanordnung allein im Rahmen der Auseinandersetzung, § 2042 ff BGB, eine Rolle spielt. Deshalb kann im Einzelfall die im Wege eines Vorausvermächtnisses zugewendete Begünstigung auch darin liegen, dass der Erblasser einem Erben die *Möglichkeit einräumt, einen bestimmten Gegenstand als Vermächtnis sofort nach dem Erbfall von den Miterben verlangen zu können,* **ohne** dass dies im Ergebnis zu einer **wertmäßigen Begünstigung** dieses Miterben führt. Gleiches gilt bei der Zuwendung eines Übernahmerechts zum Marktpreis (vgl Soergel/Lettmaier Rn 15). 22

3. Geht ausnahmsweise der Wille des Erblassers dahin, dass die Miterben sich nicht einverständlich über seinen Willen hinwegsetzen können, hat die Anordnung nicht die Rechtsnatur einer Teilungsanordnung, sondern einer **Auflage**, § 1940 BGB. Für ihre Vollziehung gilt das Gleiche wie für ein letztwilliges Teilungsverbot mit Auflagencharakter (vgl § 2044 Rn 5). Eine derartige Anordnung ist nur sinnvoll, wenn der Erblasser Ersatzerben beruft, welche an der Vollziehung der Auflage ein Eigeninteresse haben, weil sie bei Nichtvollziehung in die Erbenstellung einrücken. Selbst bei Vorliegen einer Auflage sind aber von der Anweisung abweichende dingliche Verfügungen wirksam (Soergel/Lettmaier Rn 4). Um dies zu verhindern muss der Erblasser die Erbeinsetzung **auflösend bedingt** durch Nichtvollzug der Teilungsanordnung vornehmen (BayObLGE 23, 151); ob dies der Fall ist, muss ggf im Wege der Auslegung ermittelt werden. 23

IV. Wirkungen der Teilungsanordnung

24 Die Anordnung hat keine dingliche Wirkung, sondern begründet nur eine **schuldrechtliche Verpflichtung** der Miterben gegeneinander (OLG Schleswig SchlHA 1957, 336; OLG Rostock FamRZ 2010, 330; HK-BGB/Hoeren Rn 1; Bamberger/Roth/Lohmann Rn 1). Die Miterben können sich einverständlich **darüber hinwegsetzen** (Mot V 688; Prot V 885; KG OLGE 4, 435; 9, 396, 398; KGJ 28 A 196; BayObLGZ 18, A 227 = LZ 1918, 287; BGB-RGRK/Kregel Rn 3; Soergel/Lettmaier Rn 2; Kress 206). Die Teilungsanordnung der Erblasserin wird durch das Einverständnis der Erben, von der Anordnung abzuweichen und eine anderweitige Teilung vorzunehmen, allerdings nicht aufgehoben (OLG München ZEV 2018, 614).

25 Auch bei Vorliegen einer Teilungsanordnung werden also alle Miterben in ihrer *Gesamtheit als Miterbengemeinschaft* Inhaber des Nachlasses (§§ 1922, 2032 BGB). Der in der Anordnung bedachte Erbe erhält den ihm zugeschriebenen Einzelgegenstand **erst durch Vollzug der Auseinandersetzung**, durch Übertragung der Rechtsposition auf ihn in der dafür vorgeschriebenen Rechtsform (KGJ 28 A 196; LG Neustadt MDR 1960, 497). Bis dahin hat er entspr der letztwilligen Verfügung lediglich einen schuldrechtlichen Anspruch gegen die Miterbengemeinschaft (RGZ 170, 170; OLG Schleswig SchlHA 1957, 336; Werner 166 f).

26 Soll einer von mehreren Erben nach der Teilungsanordnung den Kommanditanteil alleine übernehmen, so sind deshalb gleichwohl zunächst auch die Miterben in das Handelsregister einzutragen (OLG Düsseldorf ZEV 2017, 657; KG FamRZ 2019, 77). Zieht sich die Auseinandersetzung des Nachlasses über einen längeren Zeitraum hin, kann der durch die Teilungsanordnung Begünstigte nach § 2184 BGB analog neben dem zugewiesenen Gegenstand auch etwaige mit dem Gegenstand bis zur Auseinandersetzung **erwirtschafteten Erträge** für sich allein beanspruchen (Trappe ZEV 2018, 123 ff).

27 Testamentsvollstrecker (§§ 2203, 2204 BGB; bei Verwaltungsvollstreckung gilt § 2216 Abs 2 BGB), Richter und Notar (vgl § 2042 Rn 18) müssen die *Teilungsanordnung bei der Auseinandersetzung beachten,* nicht hingegen mögliche abweichende Vereinbarungen der Erben (OLG München ZEV 2018, 614). Eine Teilungsanordnung steht einer von einem Miterben betriebenen Teilungsversteigerung grundsätzlich entgegen. Der begünstige Miterbe kann *gegen die Teilungsversteigerung* im Wege der unechten Drittwiderspruchsklage, §§ 768, 771 ZPO analog, vorgehen. Ein Recht zur Teilungsversteigerung kann aber ausnahmsweise dann bestehen, wenn die Versteigerung erforderlich ist, um einen schweren Nachteil für den Nachlass abzuwenden und berechtigte Interessen des begünstigten Miterben nicht entgegenstehen (OLG Oldenburg ZEV 2014, 217).

V. Auseinandersetzung durch Dritte (Sätze 2 und 3)

28 Die **Teilung nach billigem Ermessen eines Dritten** kann letztwillig angeordnet werden (S 2) und zwar unabhängig von der Ernennung eines Testamentsvollstreckers; das Gesetz weicht an dieser Stelle vom Grundsatz materieller Höchstpersönlichkeit, § 2065 BGB, ab. Doch kann mit der Berufung eines Dritten auch seine Ernennung zum Testamentsvollstrecker unter Beschränkung seiner Aufgaben gemeint sein, § 2208 BGB. Als Anordnung der Auseinandersetzung nach billigem Ermessen gilt

auch, dass Sachverständige den Übernahmepreis zu ermitteln haben, zu dem ein Miterbe einen Nachlassgegenstand übernehmen soll oder darf (OLG Rostock OLGE 36, 242; LG Düsseldorf NJOZ 2018, 1763; zum Anspruch auf Ermittlung einer Wertausgleichsforderung durch einen Sachverständigen vgl LG Nürnberg-Fürth ZEV 2001, 17).

1. Ist der Dritte nicht zum Testamentsvollstrecker berufen, kann er die Teilung nicht selbst vornehmen, sondern ist darauf beschränkt, **Bestimmungen für die Auseinandersetzung** zu treffen, die die Erben befolgen müssen. Er kann insbesondere einen *Auseinandersetzungsplan* aufstellen, ohne an die gesetzlichen Teilungsregeln gebunden zu sein (zB freihändige Veräußerung der Nachlassgrundstücke an Stelle der Zwangsversteigerung). 29

2. **„Dritter“** iSd § 2048 S 2 BGB kann jede Person, auch ein Miterbe oder ein Testamentsvollstrecker sein (RGZ 110, 274; DJZ 1925, 1265 f; Erman/Bayer Rn 10; Kipp/Coing § 117 IV 2; MünchKomm/Ann Rn 19; Bamberger/Roth/Lohmann Rn 6). 30

3. Durch die von dem Dritten getroffene Bestimmung werden die Miterben nur untereinander **schuldrechtlich verpflichtet**, die Auseinandersetzung in der von dem Dritten bestimmten Weise vorzunehmen. Die Erben verlieren nicht die Verfügungsbefugnis über die Nachlassgegenstände, §§ 2040, 137 S 1 (RGZ 110, 273; BGB-RGRK/Kregel Rn 6). 31

4. Die **Bestimmung** ist **nicht verbindlich**, wenn sie „offenbar“ unbillig ist, S 3 iVm § 319 BGB. Das ist zB dann der Fall, wenn sie den Verkauf eines Grundstückes gegen *entwertete Währung* bestimmt (RGZ 110, 274). Die Bestimmung muss allein dann durch **Urteil** erfolgen, wenn die Miterben sich über die Unbilligkeit uneinig sind. Nur im Streitfall muss der Miterbe, der die Entscheidung des Dritten nicht anerkennen will, im Klageweg gegen die widersprechenden Erben vorgehen. Diese, nicht der Dritte, sind zu verklagen, es sei denn, er hat als Testamentsvollstrecker entschieden (BGB-RGRK/Kregel Rn 8). Das angerufene Gericht hat die Entscheidung an Stelle des Dritten, also gleichfalls nach billigem Ermessen, nicht nach den gesetzlichen Teilungsregeln zu treffen und hat damit – anders als im Auseinandersetzungsverfahren (vgl § 2042 Rn 43) – Gestaltungsmacht (Soergel/Lettmaier Rn 12; Kipp/Coing § 117 IV 2). 32

Kann oder will der Dritte die Entscheidung nicht treffen oder verzögert er sie, ist **§ 319 Abs 1 S 2** BGB **entspr** anwendbar. Obwohl § 2048 S 3 BGB dies nicht bestimmt, dürfte das dem Willen des Erblassers entsprechen (Erman/Bayer Rn 10; BGB-RGRK/Kregel Rn 9; Soergel/Lettmaier Rn 12; Strohal ii § 65 Anm 13; **aM** Kress § 23 Rn 19 und Kipp/Coing § 118 V 2d, der im Fall, dass der Dritte die Entscheidung nicht treffen will oder kann, die Anordnung des Erblassers als unbeachtlich ansieht, im Fall der Verzögerung in Analogie zu § 2151 Abs 3 dem Dritten durch das Nachlassgericht eine Frist setzen lassen und erst nach deren fruchtlosem Ablauf den Dritten als nicht berufen ansehen will). Im Prozess besteht keine notwendige Streitgenossenschaft der Miterben (RG WarnR 1919 Nr 42; Soergel/Lettmaier Rn 12). 33

VI. Schranken

Schranken werden der Teilungsanordnung durch das Pflichtteilsrecht gezogen. Nach § 2306 Abs 1 S 1 BGB führt die einen pflichtteilsberechtigten Erben treffende Be- 34 schränkung durch eine Teilungsanordnung in Ansehung eines hinterlassenen Erbteils dazu, dass dieser Erbe den Erbteil ausschlagen und den Pflichtteil verlangen kann.

§ 2049
Übernahme eines Landguts

(1) Hat der Erblasser angeordnet, dass einer der Miterben das Recht haben soll, ein zum Nachlass gehörendes Landgut zu übernehmen, so ist im Zweifel anzunehmen, dass das Landgut zu dem Ertragswert angesetzt werden soll.

(2) Der Ertragswert bestimmt sich nach dem Reinertrag, den das Landgut nach seiner bisherigen wirtschaftlichen Bestimmung bei ordnungsmäßiger Bewirtschaftung nachhaltig gewähren kann.

Materialien: E II rev § 2026; III § 2024; Prot V 860 f; VI 330 ff, 448 ff; Jakobs/Schubert ER I 818–821.

Schrifttum

Becker, Übernahme eines Landgutes nach BGB, AgrarR 1975, 57
Bewer, Hypothetische Ertragswerte im Betriebsvergleich und im Anerbenrecht, AgrarR 1975, 195
Foag, Der Ertragswert bei Landgütern, RdL 1955, 5
Fritzen, Ertragswertermittlung für die Zuweisung, RdL 1963, 5
Grass, Die Entwicklung der landwirtschaftlichen Vermögensnachfolge in den Jahren 2015 und 2016, ZEV 2017, 376
Haegele, Landgut und Ertragswert im Bürgerlichen Recht, BWNotZ 1973, 34
vHausen, Die Bewertung von Landgütern bei Erbteilungen, DJZ 1926, 1490
Kempfler, Die Bewertung landwirtschaftlicher Betriebe im Hinblick auf pflichtteilsrechtliche Ansprüche, ZEV 2011, 337
Köhne, Der Ertragswert landwirtschaftlicher Betriebe, AgrarR 1984, 57
Kronthaler, Landgut, Ertragswert und Bewertung im bürgerlichen Recht (Diss Augsburg 1991)
Meincke, Das Recht der Nachlassbewertung im BGB (1973)
Müller-Feldhammer, Das Ertragswertverfahren bei der Hofübergabe, ZEV 1995, 161
Steffen, Ertragswert eines Landgutes, RdL 1980, 143
ders, Ertragsberechnung eines Landgutes, RdL 1988, 253
Ruby, Das Landwirtschaftserbrecht: Ein Überblick, ZEV 2006, 351
ders, Landwirtschaftserbrecht: Das Landgut im BGB, ZEV 2007, 263.

I. Grundsätzliches

1 Zweck der Regelung ist die Privilegierung des aufgrund einer entsprechenden **Teilungsanordnung** (§ 2048 BGB) übernahmeberechtigten Miterben zu Lasten anderer Miterben oder Pflichtteilsberechtigter aus dem *Gemeinwohlinteresse* an der Erhal-

tung leistungsfähiger Höfe in bäuerlichen Familien. Denn die Übernahme eines Landguts durch einen Erben kann nur dann stattfinden, wenn dieser sich bei der mit der Übernahme verbundenen Auszahlung der anderen Miterben nicht derart verschulden muss, dass er den Hof nicht weiter betreiben kann (Soergel/Lettmaier Rn 1). Deshalb ist bei der Bewertung eines Landgutes grds der niedrigere Ertragswert und nicht der höhere Verkehrswert zugrundezulegen. § 2049 Abs 1 BGB enthält eine **Auslegungsregel**, deren Geltung durch den Nachweis eines anderen Erblasserwillens entkräftet wird. Die Regelung ist im Zusammenhang mit den Bewertungsvorschriften der §§ 1376 Abs 4 BGB (Zugewinnausgleich), 1515 Abs 2 und 3 BGB (Gütergemeinschaft) sowie § 2312 BGB (Pflichtteilsberechnung) zu sehen, die denselben Zweck verfolgen.

Ob diese einseitige Privilegierung des Erben, welcher einen landwirtschaftlichen Betrieb übernimmt, im Vergleich zu Erben, die *andersartige Wirtschaftsbetriebe übernehmen,* noch eine Rechtfertigung findet, darf bezweifelt werden; dies gilt insb im Hinblick auf die Bewertung landwirtschaftlicher Anwesen bei der Berechnung von Pflichtteilsansprüchen (hierzu Kempfler, Die Bewertung landwirtschaftlicher Betriebe im Hinblick auf pflichtteilsrechtliche Ansprüche, ZEV 2011, 337). 2

II. Anwendungsvoraussetzungen

1. Voraussetzung für die Bewertung eines Grundbesitzes nach § 2049 BGB ist, dass der Erblasser angeordnet hat, dass einer der Miterben das Recht haben soll, ein zum **Nachlass gehörendes Anwesen zu übernehmen**, welches als Landgut anzusehen ist (vgl OLG Hamm BeckRS 2012, 19402). Die Norm greift also bei Vorliegen einer entsprechenden wirksamen Auseinandersetzungsanordnung (§ 2048 BGB). 3

§ 2049 BGB gilt überdies auch im Rahmen des § 16 Abs 1 GrdstVG bei der **gerichtlichen Zuweisung** gem §§ 13 ff GrdstVG (vgl § 2042 Rn 69) sowie bei **Übergabeverträgen**, die als Vorwegnahme der Erbfolge einen stark erbrechtlichen Charakter haben (BGH NJW 1964, 1323 = Rpfleger 1964, 312; Haegele Rpfleger 1964, 312). 4

2. Ein **Landgut** ist eine zum selbständigen und dauernden land- und forstwirtschaftlichen Betrieb eingerichtete Grundstückseinheit oder Grundstücksmehrheit, die mit den dazu erforderlichen Einrichtungen ausgestattet ist, insbesondere Hofstellen mit Wohn- und Wirtschaftsgebäuden. Sie muss eine gewisse Größe erreichen und für den Inhaber eine selbstständige Nahrungsquelle darstellen; dass eine Ackernahrung vorliegt, ist aber nicht erforderlich. Der Betrieb kann auch nebenberuflich geführt werden, wenn er nur zu einem erheblichen Teil zum Lebensunterhalt seines Inhabers beiträgt (OLG Hamm BeckRS 2014, 17100; BGH NJW 1964, 1414, 1416; BGH MDR 1972, 496) und nicht nur als Freizeitbeschäftigung anzusehen ist. Auf die Übertragung eines Bruchteiles findet § 2049 BGB keine Anwendung (BGH NJW 1973, 995 f). 5

Die Bodennutzung ist ein entscheidendes Merkmal, sodass *Agrarfabriken oder Massentierhaltung* auf Grundlage zugekaufter Futters Gewerbebetriebe **und keine Landgüter** iSd § 2049 BGB sind: Mastbetriebe, die nicht mindestens die Hälfte des Futters selbst erzeugen, werden als Gewerbebetrieb eingestuft (Grass ZEV 2017, 376, 380). Ebenso fallen „Pferdepensionen" nicht unter diese Norm (OLG Minden NJW-RR 2003, 1518; Ruby ZEV 2007, 264). Teilflächen, die bereits zum Zeitpunkt des Erbfalls für eine 6 andere Verwendung vorgesehen waren (zB auch Bauland), unterfallen ebenfalls nicht dem Privileg des § 2049 BGB. Gleiches gilt, wenn der Betrieb nicht mehr lebensfähig ist oder zwar noch bewirtschaftet wird, aber abzusehen ist, dass er binnen Kurzem nicht mehr als solcher gehalten werden kann (vgl zu Fällen eines negativen Ertragswerts aber Rn 12). Der Wegfall der Hofeigenschaft im Sinne der Höfeordnung führt zugleich zum Wegfall der Landgutseigenschaft (OLG Celle BeckRS 2011, 26290).

7 **3.** Der Zweck der Norm – den Hof als wirtschaftliche Einheit **in einer Hand zu erhalten** (vgl Rn 1) – beschränkt die Anwendung des § 2049 BGB auf die Fälle, in denen der Erblasser Alleineigentümer war und der Hof *als Einheit auf einen Erben übergehen* soll. Der betreffende Miterbe muss im Zeitpunkt des Erbfalls **zur Bewirtschaftung des Landgutes befähigt** sein, also nach seinen körperlichen und geistigen Fähigkeiten sowie nach seinen Kenntnissen und seiner Persönlichkeit in der Lage sein, den Hof in ordnungsgemäßer Weise selbstständig zu bewirtschaften (OLG Celle BeckRS 2011, 26290; OLG München FamRZ 2009, 1439), weil andernfalls dem Normzweck des § 2049 BGB, nämlich der Erhaltung eines noch leistungsfähigen, landwirtschaftlichen Betriebes in der Hand einer vom Gesetz begünstigten Person, nicht Genüge getan wird. § 2049 BGB privilegiert nicht die bloße Vermögensverwaltung in Form dauerhafter Verpachtung des Landguts, sondern greift nur, wenn eine günstige **Fortführungsprognose** in der Person des berechtigten Miterben gegeben ist.

III. Ansetzung nach dem Ertragswert

8 **1.** Eine Auseinandersetzungsanordnung (§ 2048 BGB) ist grundsätzlich **wertneutral**, sodass der entsprechende Nachlassgegenstand dem jeweiligen Miterben auf seinen Erbteil angerechnet wird; gegebenfalls muss ein Miterbe, der mehr erhält, als ihm nach seiner Erbquote zustünde, eine Ausgleichszahlung an den Nachlass leisten. Hierzu ist, soweit der Anrechnungswert nicht vom Erblasser festgesetzt wurde, der Wert des Gegenstandes zu ermitteln. § 2049 Abs 1 BGB bestimmt, dass bei Landgütern in Zweifelsfällen für die Anrechnung der (meist niedrigere) Ertragswert maßgeblich sein soll, nicht der Verkehrswert.

9 Wer das Privileg in Anspruch nehmen will, hat seine Anwendungsvoraussetzungen (Vorliegen eines Landgutes, günstige Fortführungsprognose) **zu beweisen**.

10 § 2049 BGB findet **keine Anwendung**, wenn der *Ertragswert höher* ist als der Verkaufswert (Soergel/Lettmaier Rn 9; BGB-RGRK/Kregel Rn 2; MünchKomm/Ann Rn 8; vHausen DJZ 1926, 1489; Becker AgrarR 1975, 59), denn die Regelung dient allein der Privilegierung des Übernehmers. Der *Erblasser* kann jedoch eine **abweichende Bewertung** oder einen festen Übernahmepreis anordnen. Ist dieser vom Erblasser höher angesetzt als der Ertragswert, liegt darin keine sittenwidrige Bestimmung (RG SeuffA 90 Nr 18). Die Berechnung nach §§ 2312, 2049 BGB darf nicht erfolgen, wenn nicht anzunehmen ist, dass der landwirtschaftliche Betrieb leistungsfähig betrieben werden kann (BGHZ 98, 382 = NJW 1987, 1260). Für den von einem Miterben übernommenen Bruchteil des Eigentums ist nicht vom Ertragswert auszugehen (BGH NJW 1973, 995).

2. Der **Ertragswert** bestimmt sich aus der angemessenen Kapitalisierung des Reinertrages, den das konkrete Landgut nach seiner bisherigen wirtschaftlichen Bestimmung, also ohne Rücksicht auf eine mögliche Änderung der Wirtschaftsweise (Benutzung als Baugelände, bergwerkliche Aufschließung, RG WarnR 1909 Nr 411), bei ordnungsgemäßer Bewirtschaftung nachhaltig (ohne Raubbau) gewähren kann (BGH NJW 1964, 1323 = Rpfleger 1964, 312; OLG Celle RdL 1961, 103; Foag RdL 1955, 6; Fritzen RdL 1963, 5 f; Becker AgrarR 1975, 60). Doch können zweckmäßige Änderungen der Bewirtschaftungsweise, die die wirtschaftliche Bestimmung des ganzen Hofes achten, bei der Bemessung des Reinertrages berücksichtigt werden, zB Gemüse- statt Getreideanbau. 11

Bei der Ermittlung des Reinertrages eines Landguts sind vom Rohertrag als betriebliche Kosten auch (fiktive) Lohnansprüche des Betriebsinhabers und seiner nicht entlohnten mitarbeitenden Familienangehörigen sowie übernommene Verbindlichkeiten (insb Altenteilsverpflichtungen) in Abzug zu bringen (OLG Celle ZEV 2009, 141; Müller-Feldhammer ZEV 1995, 161). Zu beachten ist dabei, dass in derartigen Fällen auch bei einem *negativen Reinertrag* von einem wirtschaftlich tragfähigen Landgut ausgegangen werden kann, wenn dieser negative Reinertrag nur durch den Abzug marktüblicher Lohnkosten des Betreibers und seiner mitarbeitenden Familienmitglieder entsteht und bei einer Korrektur des Lohnansatzes ein positiver Ertragswert entstünde, weil sich die Familienangehörigen mit einem Einkommen unterhalb dessen zufrieden geben dürfen, was als Lohn in abhängiger Stellung verdient werden könnte (OLG München ZEV 2009, 301 m Anm Kempfler ZEV 2010, 415). *Staatliche Subventionen* sind in die Reinertragsermittlung einzubeziehen. 12

Die Berechnung des Ertragswertes wird damit idR Aufgabe eines *Sachverständigen* sein (dazu ausführlich: OLG Frankfurt OLGZ 70, 268, 271; Foag RdL 1955, 5; Fritzen RdL 1963, 5). 13

3. Für die **Ermittlung des Ertragswertes** (zum Ertragswert OLG München ZEV 2010, 415 m Anm Kempfler; Ruby ZEV 2007, 265) gilt § 2049 Abs 2 BGB nur hilfsweise. Sie ist nach Art 137 EGBGB in erster Linie den *Landesgesetzen* überlassen. Gem Art 83 Abs 1 PrAGBGB idF des SchätzungsamtsG v 8. 6. 1918 § 23 Abs 4 soll der fünfundzwanzigfache Betrag des Reinertrages maßgebend sein, genauso nach HessAGBGB § 30; RhPfAGBGB § 24; nach BayAGBGB § 103 und VO v 31. 7. 1926 ist der achtzehnfache Betrag anzusetzen. Der Reinertrag bestimmt sich nicht nach den tatsächlich erwirtschafteten Gewinnen, sondern nach dem bei ordnungsgemäßer Bewirtschaftung nachhaltig erzielbaren Ertrag (OLG Düsseldorf FamRZ 2017, 676). Wegen weiterer Regelungen und Einzelheiten sei auf die Kommentierung zu § 137 EGBGB verwiesen (vgl ferner Becker AgrarR 1975, 60). Die Bestimmung des § 137 EGBGB bezieht sich nur auf den Fall des § 2049 Abs 1, kann also nicht herangezogen werden, wenn feststeht, dass nach dem Willen des Erblassers der Ertragswert nicht maßgebend sein soll (RG HRR 1932 Nr 9. Zur Berechnung des Ertragswertes bei auskiesungsreifen Äckern, für die die Abbaugenehmigung bereits erteilt ist, vgl BGH MDR 1992, 56 = FamRZ 1992, 172). 14

§ 2050
Ausgleichungspflicht für Abkömmlinge als gesetzliche Erben

(1) Abkömmlinge, die als gesetzliche Erben zur Erbfolge gelangen, sind verpflichtet, dasjenige, was sie von dem Erblasser bei dessen Lebzeiten als Ausstattung erhalten haben, bei der Auseinandersetzung untereinander zur Ausgleichung zu bringen, soweit nicht der Erblasser bei der Zuwendung ein anderes angeordnet hat.

(2) Zuschüsse, die zu dem Zwecke gegeben worden sind, als Einkünfte verwendet zu werden, sowie Aufwendungen für die Vorbildung zu einem Beruf sind insoweit zur Ausgleichung zu bringen, als sie das den Vermögensverhältnissen des Erblassers entsprechende Maß überstiegen haben.

(3) Andere Zuwendungen unter Lebenden sind zur Ausgleichung zu bringen, wenn der Erblasser bei der Zuwendung die Ausgleichung angeordnet hat.

Materialien: E I §§ 2157–2159, 2164 Abs 3; II § 1923; III § 2025; Mot V 698 ff, 710 f; Prot V 889 ff, 894; Jakobs/Schubert ER I 763–788, 803–816; Denkschr 729 f.

Schrifttum

Beyer, Die gesetzliche Erbenausgleichung nach dem BGB (Diss Marburg 1900)
Bringer, Auseinandersetzung einer Miterbengemeinschaft als Nachfolgerin eines einzelkaufmännischen Handelsgeschäfts, ZErb 2006, 39
Bührer, Die Einwirkung der Ausgleichspflicht auf die Berechnung des Pflichtteils, ZBlFG 1922, 282
Everts, Vorweggenommene Erbfolge, Ausgleichung, Anrechnung und der BGH – zugleich ein Plädoyer für die Ausstattung – und zugleich Anmerkung zu BGH, Urteil vom 27. 1. 2010, IV ZR 91/09, MittBayNot 2011, 107
Hafner, Zu §§ 2050 ff. BGB, JW 1902, 495
Hamm, Ist die Schuld eines Miterben an den Erblasser auf dessen Erbteil anzurechnen?, DJZ 1906, 496
Herold, Veräußerungen des Erblassers unter Lebenden bei der Erbtheilung, SächsArch 6, 81
Heymann, Die Bedeutung der Ausgleichungspflicht für die Verteilung der Erbschaftsfrüchte, JherJb 42, 459
Keim, Zuwendungsausgleich durch Erbverzicht (Diss Köln 1979)
Langheineken, Anspruch und Einrede 35 f
Maener, Die Ausgleichung unter Pflichtteilsberechtigten, Recht 1921, 145
J Mayer, Anrechnung und Ausgleichung im Erb- und Pflichtteilsrecht, ZErb 2007, 130
Meyer, Ausgleichung unter Miterben und Auskunftspflicht, Recht 1900, 245
ders, Zur Ausgleichungspflicht der Miterben, Recht 1900, 514
Rathge, Die Ausgleichspflicht, JurBüro 1950, 196
Roth, Die Ausstattung im Erbrecht, NJW-Spezial 2010, 39
Sailer, Die Ausstattung als Rechtsgrund von Überlassungsverträgen, NotBZ 2002, 81
Schäfer, Pflichtteilsreduzierung und Pflichtteilserhöhung durch kombinierte Anrechnung und Ausgleichung?, ZEV 2013, 63
Scherer, Zur Ausgleichungspflicht und Auskunftspflicht der Miterben, Recht 1900, 327
Schiffner, Pflichtteil, Erbenausgleichung und die sonstigen gesetzlichen Vermächtnisse nach dem BGB (1897)
Schindler, Zuwendungsarten bei der Ausgleichung unter Miterben nach § 2050 BGB, ZEV 2006, 389

SCHNEIDER, Der Streitwert der Miterbenklagen nach § 2039 und 2050 BGB, Rpfleger 1982, 268
SIEBERT, Erbrechtlicher Ausgleich von Vorempfängen unter Abkömmlingen, FamRZ 2014, 1894
SIESENOP, Die Anwendung der §§ 2050 ff. BGB im Erbschaftsteuerrecht, ZEV 2018, 504
TECKLENBURG, Lebzeitige Zuwendungen in ihrer Entwicklung auf die Erb- und Pflichtteilsberechnung (1904)
WAGNER, Nachträgliche Honorierung von Pflegeleistungen und Pflichtteilsergänzung, ZErb 2003, 112
WEIMAR, Rechtsfragen zur Ausgleichspflicht unter Miterben, JR 1967, 97
WESEMANN, Die rechtliche Natur der Kollation (Diss Göttingen 1906)
ZIMMER, Zur Lehre von der Einwerfung nach dem Sächsischen und nach dem Deutschen Bürgerlichen Gesetzbuch, SächsArch 6, 758.

Weitere Schrifttumsnachweise vgl Vorbem zu §§ 2032 ff und bei § 2042.

Systematische Übersicht

Alphabetische Übersicht

I. Allgemeines

1. Zweck der Vorschrift

Die Ausgleichungspflicht will dem mutmaßlichen Willen des Erblassers Rechnung 1 tragen, der seinen Abkömmlingen schon zu Lebzeiten gewisse Zuwendungen gemacht hat. Das Gesetz geht davon aus, dass der Erblasser die gleichheitliche Stammeserbfolge nicht durchbrechen, sondern alle Abkömmlinge grundsätzlich gleich bedenken will. Zuwendungen sollen deshalb als Vorausgabe auf den künftigen Erbteil angesehen werden (BGHZ 65, 75 = WM 1975, 861; OLG Celle NdsRpfl 1962, 204; Kohler NJW 1963, 227; Werner DNotZ 1978, 83). Das Gesetz *vermutet* (Damrau/Bothe Rn 1) eine solche Absicht bei *Kapitalzuwendungen* zur Ausstattung (Abs 1) und bei – angesichts der Vermögensverhältnisse des Erblassers – übermäßigen Zuwendungen, die als Einkünfte oder zur Berufsvorbildung verwandt werden sollen (Abs 2). Für andere Zuwendungen gilt die Vermutung nicht, vielmehr ist hier eine besondere Anordnung des Erblassers bei der Zuwendung nötig, um sie ausgleichspflichtig zu machen (Abs 3).

Die Beschränkung der Ausgleichungspflicht auf die in § 2050 BGB geregelten Fälle 2 begegnet **berechtigter rechtspolitischer Kritik**; die Regelung sei lückenhaft und anachronistisch, eine umfassende Ausgleichungspflicht entspreche dem Rechtsverständnis vieler Erblasser. Gesetzliches Leitbild müsse der gerechte Erblasser sein, der insgesamt eine gleichmäßige Vermögensausstattung seiner Kinder anstrebt (Röthel NJW-Beil 2010, 77, 78; Kroppenberg NJW 2010, 2609, 2611).

Die Vermutung gilt an sich nur bei der gesetzlichen Erbfolge, bei gewillkürter 3 lediglich unter der weiteren Voraussetzung, dass der Erblasser die Abkömmlinge durch die Erbeinsetzung auf die gesetzlichen Erbteile eingesetzt oder ihre Erbteile in demselben Verhältnis zueinander bestimmt hat, § 2052 BGB. Die Vermutung erstreckt sich in beiden Fällen nur auf Zuwendungen an Abkömmlinge (Palandt/Weidlich Rn 1), nicht an andere Verwandte oder Ehegatten. Ausgleichspflichtig sind alle Zuwendungen, deren Gegenstand sonst zum Nachlass gehören würde, nicht aber

Gegenstände, die einer Sondernachfolge (vgl Vorbem 21 zu §§ 2032 ff) unterliegen (RG JW 1937, 2201).

2. Dispositives Recht

4 Die Vorschriften über die Ausgleichung sind – wie sich schon aus ihrem Grunde ergibt – **nicht zwingender Natur** (Damrau/Bothe Vorbem zu § 2050 Rn 4). Der Erblasser kann die Ausgleichungspflicht ganz oder teilweise, bedingt oder unbedingt **ausschließen** sowie für die Ausgleichung einen unter dem tatsächlichen Wert liegenden Betrag festsetzen (MünchKomm/Ann Rn 28; Soergel/Lettmaier Rn 27; Frischknecht BWNotZ 1960, 270) und zwar nicht nur bei den Zuwendungen des Abs 1, sondern ebenso des Abs 2 (Planck/Ebbecke Rn 2; Palandt/Weidlich Rn 3; Soergel/Lettmaier Rn 22), denn Abs 2 ist lediglich als eine sachliche Erweiterung des Abs 1 gedacht (Prot V 889 f), vgl eingehend Rn 33 ff.

3. Rechtsnatur der Ausgleichung

5 Zur Durchführung gelangt die Ausgleichung nur bei der Auseinandersetzung (MünchKomm/Ann Rn 2, 3; Palandt/Weidlich Rn 1). Die ausgleichungspflichtigen Zuwendungen werden der Erbmasse zugerechnet, aber nicht in Natur durch tatsächliches Hinzufügen (sog Realkollation), sondern durch *Zurechnung ihres Wertes* zur Erbmasse und Anrechnung auf den Erbteil bei der Verteilung der Masse (sog Idealkollation). Die Zuwendung selbst verbleibt also in der Hand des Empfängers, wird nur rechnerisch bei der Verteilung ausgeglichen und ist niemals Bestandteil des Nachlasses (BayObLG OLGE 37, 253). Deshalb kann beispielsweise der vom Erblasser Beschenkte die Herausgabe des Geschenks nach § 2287 BGB nicht mit der Begründung verweigern, dass der Vertrags- bzw Schlusserbe selbst Vorempfänge erhalten habe und nach § 2050 BGB ausgleichspflichtig sei. Derartige Ausgleichspflichten sind nur Rechnungsgrößen im Rahmen der Erbauseinandersetzung und spielen beim Anspruch aus § 2287 BGB keine Rolle (BGH FamRZ 2012, 28).

6 Ist der Erbteil geringer als die Zuwendung, braucht der Erbe nichts herauszugeben, § 2056 BGB. Die Ausgleichungspflicht gestaltet das Erbrecht der Ausgleichungspflichtigen und -berechtigten derart um, dass Erstere aus dem tatsächlichen Nachlass weniger, Letztere mehr erhalten, als ihnen ohne die Ausgleichungspflicht gebühren würde. Dem Ausgleichungspflichtigen, der aus dem tatsächlichen Nachlass wegen zu großer Vorempfänge nichts mehr erhält, verbleibt im Übrigen die Rechtsstellung des Erben (Erman/Bayer Rn 3; BGB-RGRK/Kregel Rn 5; vgl § 2055 Rn 20 f). Er bleibt Teilhaber der Gemeinschaft mit Rechten und Pflichten, mit seinem Anteil an der Verwaltung und Nutzung (§ 2038 BGB), mit seiner Verfügungsberechtigung (§ 2040 BGB), mit der Schuldenhaftung (§§ 2058, 2059 BGB). Rechte und Pflichten zur Ausgleichung hängen als Modifikation des Erbrechts mit dem Erbteil der Abkömmlinge derart zusammen, dass eine Verfügung über den Erbteil (§ 2033 BGB) sowie die Verpflichtung zu einer solchen Verfügung nicht nur den Erbteil, sondern auch die durch die Ausgleichung bedingte Änderung mitumfasst. Der Erwerber eines Erbteils tritt in die Rechte und Pflichten der Ausgleichung ein (Palandt/Weidlich Rn 2; MünchKomm/Ann Rn 3; Bamberger/Roth/Lohmann Rn 5); dem Erbschaftskäufer gebühren die Vorteile der Ausgleichungspflicht (§ 2372 BGB), während ihm der Verkäufer für eine bestehende Ausgleichungspflicht gewährleistungspflichtig ist.

Es handelt sich bei der Ausgleichungspflicht weder um ein rein schuldrechtliches Verhältnis unter den Miterben, noch um eine dingliche Verschiebung der Erbberechtigung oder Anteilsberechtigung am Nachlass, sondern um eine **an** die **Anteilsberechtigung** aktiv und passiv **gebundene Obligation**, die Auseinandersetzung unter Berücksichtigung der Ausgleichungspflicht vorzunehmen (Binder II 56; Brox/Walker § 31 Rn 25), eine Verschiebung der Teilungsquote im Vergleich zur Erbquote (LG Bonn BeckRS 2011, 12737). Dementsprechend ist der Anspruch **unverjährbar** (vgl § 2042 Rn 6). 7

Ein Anspruch aus § 2050 BGB steht nicht gemäß § 2039 BGB allen Miterben gemeinschaftlich, sondern jedem Miterben gegen jeden einzelnen anderen Miterben zu (LG Arnsberg BeckRS 2014, 19701). Bis zur Auseinandersetzung ist die Ausgleichungspflicht auf die Gestaltung der Erbengemeinschaft und die Beteiligung an ihr ohne Einfluss (BGB-RGRK/Kregel § 2055 Rn 8). Dementsprechend erstreckt sich das Recht des Nacherben nicht auf die Vorempfänge des Vorerben. Bei einer Teilauseinandersetzung kann die Ausgleichung unterbleiben, sofern sie bei der Aufteilung des Nachlassrestes erfolgt (BGH NJW 1992, 2158 = NJW-RR 1992, 771 = DNotZ 1993, 169; OLG Koblenz BeckRS 2014, 04987). 8

Die Ausgleichungspflicht ist **keine Nachlassverbindlichkeit**, sie lässt keinen gegen den Nachlass gerichteten Anspruch entstehen. Es ist daher unrichtig und praktisch wertlos, von einem gesetzlichen Vermächtnis zu sprechen (so jedoch Schiffner 115; Lange/Kuchinke § 15 III 4 a; wie hier: Planck/Ebbecke Vorbem § 2050; Palandt/Weidlich Rn 2; Erman/Bayer Rn 3; Soergel/Lettmaier Rn 4; BGB-RGRK/Kregel Rn 3; MünchKomm/Ann Rn 17; Strohal I § 17 II; Binder III 177 f; Oertmann ArchBürgR XI, 197). 9

II. Ausgleichspflichtige und -berechtigte Personen

1. Ausgleichspflichtige

a) **Ausgleichspflichtig** sind die *Abkömmlinge* des Erblassers, soweit sie als *gesetzliche Erben* (vgl § 1924 Abs 1 BGB) zur Erbfolge gelangen, § 2050 Abs 1 BGB. Es ist also denkbar, dass eine Ausgleichung nur zwischen einigen der Abkömmlinge stattzufinden hat. Abkömmlinge, die wegen Todes, Erbverzichts (§ 2346 BGB), Ausschlagung (§ 1953 BGB), Ausschließung (§ 1938 BGB) oder Erbunwürdigkeit (§ 2344 BGB) nicht zur Erbfolge gelangen, kommen nicht in Betracht, jedoch die nach den Vorschriften über die gesetzliche Erbfolge an ihre Stelle tretenden Abkömmlinge, § 2051 BGB. 10

b) Im Zweifel sind zudem die *letztwillig* zu Erben eingesetzten Abkömmlinge ausgleichspflichtig, wenn der Erblasser sie auf das eingesetzt hat, was sie als gesetzliche Erben erhalten würden, oder ihre Erbanteile in demselben Verhältnis zueinander bestimmt hat, § 2052 BGB. Ebenfalls ausgleichspflichtig sind im Zweifel die für weggefallene Abkömmlinge eingesetzten **Ersatzerben**, § 2051 Abs 2 BGB. Ihre Erbteile sind wie die der weggefallenen Abkömmlinge zu berechnen (Erman/Bayer Rn 4). 11

c) Die Ausgleichspflicht trifft nur die *zur Zeit der Zuwendung* (nicht des Erbfalls!) nächsten lebenden Abkömmlinge des Erblassers. **Entferntere Abkömmlinge** 12 sind in den Fällen des § 2053 BGB ausgleichspflichtig, falls der Erblasser bei der Zuwendung die Ausgleichung angeordnet hat.

13 **d)** Ausgleichspflichtig sind auch der an die Stelle eines Abkömmlings tretende *Erbteilskäufer* oder ein den Erbteil *pfändender Gläubiger,* vgl Rn 5.

2. Ausgleichsberechtigte

14 Ausgleichsberechtigt sind nur die *Abkömmlinge des Erblassers,* die als gesetzliche oder iSd § 2052 BGB letztwillig eingesetzte Erben gleichzeitig mit anderen zur Ausgleichung verpflichteten Erben zur Erbfolge gelangen (MünchKomm/Ann Rn 4). Ihnen ist der Miterbe gleichzustellen, der an Stelle eines weggefallenen Abkömmlings als Ersatzerbe zur Erbfolge gelangt (vgl Rn 12 und § 2051). Der miterbende Ehegatte ist also weder ausgleichungspflichtig noch -berechtigt. Die Ausgleichung erfolgt allein unter den aktiv und passiv dabei beteiligten Personen, dh die Ausgleichung kommt lediglich den Abkömmlingen zugute (OLG Celle NdsRpfl 1962, 204; Soergel/Lettmaier Rn 8). Die Auseinandersetzung mit den übrigen Miterben geschieht ganz unabhängig davon. Ein nach § 2053 BGB nicht ausgleichungspflichtiger Miterbe kann gegenüber anderen ausgleichungsberechtigt sein.

3. Übertragbarkeit

15 Ausgleichungspflicht und -recht sind mit dem betreffenden Erbteil des Pflichtigen und Berechtigten **vererblich** und **übertragbar** (MünchKomm/Ann Rn 4; vgl Rn 4).

III. Gegenstand der Ausgleichung

16 Ausgleichungspflichtig können allein Zuwendungen sein, die **vom Erblasser herrühren** und **zu dessen Lebzeiten** gemacht wurden. Ob die Zuwendung die Ausgleichungspflicht begründet, hängt vom Willen des Erblassers ab, dessen Bestimmungsrecht jedoch durch das Pflichtteilsrecht beschränkt wird, § 2316 Abs 3 BGB. Das Gesetz unterscheidet vier Arten ausgleichspflichtiger Zuwendungen (Rn 22 ff).

1. Vermögensvorteil des Abkömmlings

17 Die Zuwendung muss nicht durch Rechtsgeschäft des Erblassers mit dem Abkömmling erfolgen, sie kann auch aus rein wirtschaftlichen Maßnahmen des Erblassers hervorgehen. Es genügt, dass im Zeitpunkt der Zuwendung ein **Vermögensvorteil des Abkömmlings** entsteht, der das **Vermögen des Erblassers** mindert. Als Erblasservermögen ist in Fällen eines Ehegattentestaments nach § 2269 BGB (Einheitslösung mit Schlusserbeneinsetzung der Abkömmlinge) im Erbfall nach dem letztversterbenden Ehegatten auch das *Vermögen des erstversterbenden Ehegatten* anzusehen; hat dieser also einem Abkömmling etwas zugewendet, so kommt eine Ausgleichung im Verhältnis der Schlusserben zueinander nach Eintritt des Schlusserbfalls in Betracht (MünchKomm/Ann Rn 6; Soergel/Lettmaier Rn 14).

18 **a)** Eine ausgleichspflichtige Zuwendung kann **dinglicher** oder **obligatorischer Natur** sein. Zuwendung ist bereits ein vom Erblasser abgegebenes Leistungsversprechen, denn es ist als Nachlassverbindlichkeit von den Erben zu erfüllen. Die Aus-

gleichungspflicht führt nicht zum Untergang des Versprechens, denn wegen § 2056 BGB kann der Vollzug den Abkömmling günstiger stellen als eine „Aufrechnung" der Ausgleichungspflicht mit dem Anspruch (BGHZ 44, 91). Es kommt nicht auf die Rechtsnatur des Vorgangs an, sondern auf die wirtschaftliche Auswirkung, die Schmälerung des Auseinandersetzungsguthabens, sodass auch ein **rein wirtschaftliches Handeln** ohne jede Rechtsgrundlage genügt.

b) Keine Zuwendung liegt vor, wenn das Vermögen des künftigen Erblassers und damit das potenzielle Auseinandersetzungsguthaben durch die Leistung des Erblassers keine Verminderung erfahren hat. Es muss also mit dem Vermögensvorteil des Abkömmlings ein **Vermögensopfer auf Seiten des künftigen Erblassers** korrespondieren, weil es andernfalls nicht zu einer Verringerung des potenziellen Auseinandersetzungsguthabens der anderen Miterben kommen könnte (SCHINDLER ZEV 2006, 390; SOERGEL/LETTMAIER Rn 11). 19

Eine Vermögensminderung tritt nicht ein, wenn der Erblasser nicht freiwillig, sondern aufgrund einer **gesetzlichen Verpflichtung** (zB Unterhaltspflicht) handelt, denn bereits diese Verpflichtung mindert das Vermögen des Erblassers. Gleiches gilt für Leistungen, die **zur Erfüllung einer rechtsgeschäftlichen Verbindlichkeit** erfolgen: Sie enthalten keine Zuwendung iSd Ausgleichungsregeln (RGZ 67, 308; RG JW 1902 Beil 266 Nr 198; SeuffA 67 Nr 231). Auch in einer **entgeltlichen Leistung** kann demnach eine Zuwendung liegen. Dies ist der Fall, wenn zwar eine Gegenleistung des Zuwendungsempfängers erbracht wird, diese jedoch – auch unter Beachtung des Bewertungsermessens – einem Drittvergleich nicht standhält (gemischte Schenkung). Die Regelung der Ausgleichungspflicht wurde bewusst nicht auf „unentgeltliche" Zuwendungen beschränkt (Mot V 704; RGZ 67, 308; 73, 377; RG JW 1902 Beil 266 Nr 198). Daher ist auch eine Einigung beider Teile über die Unentgeltlichkeit wie bei der Schenkung nicht erforderlich (RG 18. 4. 1910 – IV 38/10; das verkennt WERNER ZEV 2013, 66). Nicht zu einer Vermögensminderung führen auch unter der *Verpflichtung zur Rückgewähr* (credendi causa) gemachte Zuwendungen. Hat der Erblasser in einem Gesellschaftsvertrag für einen Abkömmling zu dessen Gunsten ein *Eintrittsrecht in die Gesellschaft* vereinbart, an der seine Teilhaberschaft mit dem Tod erlosch, werden dadurch allein die Erbansprüche der übrigen Miterben nicht geschmälert. Anders, wenn der Erblasser für diese Bedingung besondere Aufwendungen gemacht hat (RG JW 1927, 1201; RG 5. 12. 1935 – IV 190/35). 20

c) Da die **Zuwendung unter Lebenden** erfolgt sein muss, handelt es sich nicht um *eine solche bei einer Anordnung des Erblassers*, ein als Darlehen geschuldeter Betrag solle – wenn er bis zum Erbfall nicht getilgt sei – nicht mehr zurückgezahlt, sondern zur Ausgleichung gebracht werden (MünchKomm/ANN Rn 7). Eine derartige Anordnung bedarf als Vermächtnis der Form letztwilliger Verfügung. Die **Übergabe eines Hofes** gem § 17 HöfeO ist vorweggenommene **Erbfolge** und damit keine Zuwendung unter Lebenden (OLG Schleswig AgrarR 1972, 362; MünchKomm/ANN Rn 7) und deshalb nicht ausgleichspflichtig. Eine teilweise **Vermögensübertragung auf einen Schlusserben** als „vorweggenommene Erbfolge" kann allerdings auch als Ausgleichungsanordnung iSv Abs 3 zu verstehen sein (BGH MDR 1982, 124). 21

2. Zur Ausgleichung zu bringen sind:

22 **a) Ausstattungen**, die ein Abkömmling des Erblassers von diesem erhalten hat **(Abs 1)**. Was zur Ausstattung gehört, bestimmt zunächst § 1624 BGB (MünchKomm/Ann Rn 15; Roth NJW-Spezial 2010, 39; Everts MittBayNot 2011, 107). § 1624 BGB regelt jedoch allein den sachlichen Anwendungsbereich, nicht den **persönlichen Anwendungsbereich**, denn § 1624 BGB betrifft allein Kinder, § 2050 BGB hingegen sämtliche Abkömmlinge. Eine nach § 2050 BGB ausgleichspflichtige Ausstattung kann also auch dann vorliegen, wenn der Erblasser kein Elternteil, sondern ein entfernterer Aszendent ist, soweit nicht die Ausnahmefälle des § 2053 BGB vorliegen (Palandt/Weidlich Rn 7; Soergel/Lettmaier Rn 15).

23 Ausgleichungspflichtige Ausstattung (OLG Karlsruhe FamRZ 2012, 901) ist nach § 1624 BGB alles, was mit Rücksicht auf die Verheiratung, Begründung einer Lebenspartnerschaft (vgl aber § 1 LPartG!), Erlangung einer selbständigen Lebensstellung oder Begründung oder Erhaltung der Wirtschaft oder Lebensstellung zugewendet wird (OLG Karlsruhe ZEV 2011, 531). Es bedarf also einer entsprechenden **Zwecksetzung des Zuwendenden**; größere Zuwendungen sind mangels ersichtlicher anderer Zwecksetzung (zB Hilfe in einer Notlage) allerdings regelmäßig als Ausstattung einzuordnen. Die Vermutung des Abs 1 aE, dass der Erblasser eine Ausstattung zur Ausgleichung bringen will, beruht darauf, dass der Erblasser dem Abkömmling deshalb etwas zuwendet, um ihn bei der Begründung einer eigenen Existenz zu unterstützen, nicht aber um ihn im Verhältnis zu den anderen Abkömmlingen zu bevorzugen; möchte er dies, so hat er eine abweichende Bestimmung vorzunehmen. Erfasst werden nicht nur Zuwendungen, die vor oder bei Begründung der Wirtschaft oder Lebensstellung gemacht werden, sondern auch, was nachher zu deren Fortführung oder Erhaltung gewährt wird (RGZ 67, 204; 79, 267), zB Zahlung von Schulden (RG JW 1912, 913).

24 *Gleichgültig ist,* ob eine Zuwendung den Verhältnissen entspricht oder *übermäßig* ist, ob sie erforderlich war (BGH NJW 1865, 2056) und ob sie vom Zuwendungsempfänger für einen der genannten Zwecke eingesetzt wurde. Die früher in § 1620 BGB aF aufgeführte *Aussteuer* ist eine Unterart der Ausstattung (BGHZ 11, 206; 14, 205); sie fällt unter Abs 1, soweit die Kosten einer Berufsausbildung überschritten werden (vgl auch Rn 30).

25 Die Zuwendung kann durch **einmalige Leistung** (zB Kapitalzuwendung) oder durch **Rentenzahlung** erfolgen. Sie kann in beiden Fällen zur Vermehrung des Vermögens des Abkömmlings (so meist bei einmaligen Zuwendungen) oder als Zuschuss zu den Einkünften (so meist bei Rentenzahlung) gedacht sein. Für die in Rentenform gewährte Ausstattung, die als Zuschuss zu den Einkünften bestimmt ist, **gilt Abs 2**, der die Ausgleichungspflicht nur hinsichtlich des Übermaßes anordnet (RGZ 79, 267); Gleiches gilt, wenn die Zuwendungen zur Finanzierung einer Berufsausbildung dienen (Rn 31). Zu beachten ist, dass auch schlichte **Tätigkeiten für den Abkömmling** als Ausstattung anzusehen sein können, wenn der Zuwendende stattdessen seine Arbeitskraft auf dem Arbeitsmarkt gegen Geld hätte tauschen können; dies kann beispielsweise bei der Renovierung von Wohn- oder Betriebsräumen zugunsten eines Abkömmlings der Fall sein, ebenso bei der unentgeltlichen Mithilfe im Betrieb des Abkömmlings (BGH NJW 1987, 2816).

Einzelfälle: Bedeutet die bloße Ausbedingung des Rechts, in ein *Handelsgeschäft einzutreten,* grundsätzlich keine Zuwendung (BGH NJW 1981, 1956; vgl auch Rn 19), so kann die Einräumung einer Teilhaberschaft mit allen daraus fließenden Rechten und Pflichten als Ausstattung angesehen werden, wenn der Vater die Stellung des Sohnes dabei günstiger ausgestaltet, als er die eines Fremden hätte ausgestalten müssen (OLG Celle NdsRpfl 1962, 204; Schmid BWNotZ 1971, 29). Rein *kapitalistische Beteiligungen* an Gesellschaften werden regelmäßig als Zuwendung anzusehen sein (Kommanditistenstellung, Beteiligung an einer GmbH oder AG). Die Übernahme der Kosten zur *Einrichtung von Praxisräumen,* um dem bisher nicht berufstätigen Abkömmling die Erlangung einer selbständigen Lebensstellung zu ermöglichen stellt ebenso eine Ausstattung dar wie die *unentgeltliche Überlassung* dieser Räume (OLG Düsseldorf FamRZ 2018, 1788). Die Hingabe eines Geldbetrages als *Darlehen* mit der Bestimmung, die Summe brauche nicht zurückgegeben, sondern lediglich zu Lebzeiten des Erblassers die Zinsen bezahlt zu werden, ist eine ausgleichspflichtige Zuwendung, wenn sie als Ausstattung gegeben wurde (RG 30. 10. 1916 – IV 193/16; WarnR 1941 Nr 10). Ausstattung ist auch ein zu Lebzeiten des Erblassers nicht mehr erfülltes *Ausstattungsversprechen,* denn dieses ist von den Miterben zu erfüllen (MünchKomm/Ann Rn 14). 26

b) Zuschüsse, die zu dem Zweck gegeben worden sind, als Einkünfte verwendet zu werden, sind – auch wenn sie unter den Begriff der Ausstattung fallen (vgl Rn 22) – nur unter den weiteren Voraussetzungen des **Abs 2** zur Ausgleichung zu bringen (RGZ 67, 206; 79, 266; RG SeuffBl 68, 242). Abs 2 hat im Verhältnis zu Abs 1 also allein die Funktion einer Begrenzung der Ausgleichungspflicht auf übermäßige Zuwendungen. Dabei ist zu beachten, dass Zuschüsse, die in Erfüllung einer Unterhaltspflicht geleistet werden, von vornherein nicht unter § 2050 BGB fallen (vgl Rn 20). Entscheidendes Kriterium ist die Zwecksetzung des Zuwendenden, die Zuwendungen mögen „als Einkünfte verwendet“ werden; dies kann auch der Fall sein, wenn der Zuwendende den Zweck verfolgt, dem Empfänger zu Ersparnissen zu verhelfen, denn es ist durchaus üblich, einen gewissen Teil der Einkünfte für Rücklagen zu verwenden. Unerheblich ist, wann und wofür die Zuwendung tatsächlich verwendet wird. 27

Die Pluralform „Einkünfte“ deutet auf Einnahmen hin, die *wiederkehrend* auf gewisse **Dauer** und mit gewisser **Regelmäßigkeit** bezogen werden, also der Bestreitung des fortlaufenden Bedarfs dienen (BGB-RGRK/Kregel Rn 9; Palandt/Weidlich Rn 8). In Betracht kommen Zuschüsse, bei denen eine mehrmalige Wiederholung in gewissen Zeitabschnitten in Aussicht gestellt ist, ohne dass der Erblasser eine entsprechende Verpflichtung übernommen haben muss (RG Recht 1910 Nr 2578, 2580). Darüber hinaus (MünchKomm/Ann Rn 24; Soergel/Lettmaier Rn 19) kommen auch **einmalige Leistungen** des Zuwendenden in Betracht. Dauer und Regelmäßigkeit der Gewährung sind lediglich Indizien für den Willen des Zuwendenden, die Einkünfte des Abkömmlings zu erhöhen. Sie sind jedoch keine geeigneten Entscheidungskriterien, weil sonst allein der Auszahlungsmodus über das Maß der Ausgleichungspflicht entscheiden würde. Bei einmaligen Leistungen ist freilich der erforderliche Erblasserwille besonders sorgfältig zu ermitteln und sein Vorliegen vom möglicherweise ausgleichungspflichtigen Abkömmling im Bestreitensfall zu beweisen; war der Wille nicht eindeutig auf die Erhöhung der Einkünfte gerichtet, kommt eine Anwendung der die Ausgleichungspflicht beschränkenden Regelung des Abs 2 nicht in Betracht. **Gegenstand des Zuschusses** können nicht nur Geldzahlungen sein, sondern auch die un- 28 entgeltliche (oder verbilligte) Gewährung des Gebrauchs einer Sache (Wohnung, PKW) oder die Erfüllung von Verpflichtungen des Zuwendungsempfängers (zB Unterhaltsleistungen an einen Dritten).

29 Die Frage des **Übermaßes** ist nach den Umständen des Einzelfalles durch richterliches Ermessen zu entscheiden. Es kommt nicht darauf an, ob die Zuschüsse standesgemäß waren, sondern ob sie den Vermögensverhältnissen des Erblassers zZt der Zuwendung (OLG Hamburg HansRGZ 38 B 387) entsprachen und damals erwartet werden konnte, der Erblasser werde unter Berücksichtigung der vermutlichen Entwicklung seiner wirtschaftlichen Verhältnisse den Zuschuss ohne Beeinträchtigung des gleichen Rechts seiner anderen Abkömmlinge leisten können. Unter dieser Voraussetzung kann er den Zuschuss seinem Vermögensstamm entnehmen, doch kann die Notwendigkeit dazu für die Beurteilung des Übermaßes beachtlich sein. Die persönliche Würdigkeit und Veranlagung des Abkömmlings spielen keine Rolle. Gleichgültig ist, inwieweit die Zuwendungen zur Erreichung des Zwecks erforderlich waren und dazu wirklich verwandt worden sind (MünchKomm/Ann Rn 26).

30 **c) Aufwendungen** für die **Vorbildung zu einem Beruf** (vgl § 1610 Abs 2 BGB) sind ebenfalls – auch wenn sie als Ausstattung anzusehen sind – nur insoweit ausgleichspflichtig, als sie das den Vermögensverhältnissen des Erblassers entsprechende *Maß übersteigen,* **Abs 2** (RGZ 114, 53). Abs 2 hat im Verhältnis zu Abs 1 auch hier (vgl Rn 25) allein die Funktion einer Begrenzung der Ausgleichungspflicht auf **übermäßige** (Rn 27) Aufwendungen für die Vorbildung zu einem Beruf. Gegen die unbedingte Ausgleichspflicht sprach nach der Meinung der II. Kommission (Prot V 890), dass mancherlei Umstände, insbesondere die bessere Veranlagung eines Kindes, es rechtfertigen können, diesem eine kostspieligere Ausbildung zukommen zu lassen als den anderen Abkömmlingen, ohne darin eine zur Ausgleichung verpflichtende Bevorzugung zu sehen.

31 Der **Berufsausbildung dienen** Studien-, Promotions-, Fach-, und Berufsschulkosten, einschließlich Beschaffung der Lernmittel. Die Aufwendungen für die Beschaffung der Mittel zur Berufsausübung (Arztinstrumente, Büroräume, Praxiseinrichtung und dgl) sind als Ausstattung (vgl Rn 22 und 24) dagegen stets ausgleichspflichtig. Die Ausbildung zu einem Beruf ist beendet, wenn die *Fähigkeit zur Ausübung des entsprechenden Berufes* erlangt, der formale dafür erforderliche Nachweis durch Bestehen der Prüfungen erbracht ist (RG WarnR 1913 Nr 237; OLG Düsseldorf FamRZ 2018, 1788: Heilpraktiker; Bamberger/Roth/Lohmann Rn 9). Zuschüsse zur Erlangung nicht berufsnotwendiger akademischer Grade fallen dagegen nicht unter Abs 2, sondern unter Abs 3. Die Kosten der Berufsausbildung stehen im Gegensatz zu denen der **allgemeinen Schulbildung**.

32 Gleichgültig soll sein, ob die Aufwendungen in Erfüllung einer gesetzlichen **Unterhaltspflicht** erfolgen (RGZ 73, 377). Dem ist nicht zu folgen, weil es hier an der Freigiebigkeit fehlt und der Erblasser von einem entsprechenden Anspruch befreit wird (Soergel/Lettmaier Rn 11). Damit fallen Kosten einer Berufsausbildung häufig schon deshalb nicht unter § 2050 BGB und sind nicht ausgleichspflichtig, weil der Kindesunterhalt den gesamten Lebensbedarf des Kindes einschließlich der Kosten einer angemessenen Vorbildung zu einem Beruf umfasst, § 1610 Abs 2 BGB. Fehlt es an einer Unterhaltspflicht – etwa weil der Abkömmling eigenes Vermögen besitzt

oder die Grenzen des § 1610 Abs 2 BGB überschritten sind – ist die Aufwendung nicht schlechthin als Ausstattung gem Abs 1, sondern nur bei Übermaß nach Abs 2 auszugleichen (RGZ 114, 53 f). Zum Teil werden Fälle, in denen der Abkömmling nach Abschluss der ersten Berufsausbildung eine weitere Berufsausbildung beginnt, ebenfalls unter Abs 2 gefasst. (RGZ 114, 54). Dies trifft indes nicht zu, wenn es sich um sog „Abitur-Lehre-Studium"-Fälle und verwandte Konstellationen handelt, die unterhaltsrechtlich als Vorbildung zu *einem* Beruf anzusehen sind (Löhnig NJW 2017, 2234 mwNw).

Ein **Vergleich des Abs 1 mit Abs 2** zeigt, dass Ausstattungen stets, Ausbildungskosten und Einkommenszuschüsse lediglich bei Übermaß auszugleichen sind. Eine vom Erblasser als Ausgleich für die hohen Kosten einer aufwendigen Ausbildung eines Kindes an das andere Kind geleistete Zuwendung wäre daher immer zum Ausgleich zu bringen, die Ausbildungskosten dagegen allenfalls (vgl Rn 29) bei Übermaß (Palandt/Weidlich Rn 10; Erman/Bayer Rn 6–9). Art 3 GG führt insoweit allerdings nicht zu einer korrigierenden Auslegung des § 2050 BGB, denn nach Abschaffung des Aussteueranspruchs aus § 1620 BGB aF zugunsten der Töchter muss heute davon ausgegangen werden, dass Söhnen und Töchtern gleichermaßen Ausbildung und Aussteuer zugutekommen können. Überdies wird angeführt, allein der Umstand, dass eines der Kinder keine Berufsausbildung, sondern lediglich die Aussteuer erhält, dürfe nicht zu einer Ignorierung des Gesetzestextes führen. Die unterschiedliche Berücksichtigung der Ausstattungs- und Ausbildungskosten habe das Gesetz bewusst herbeigeführt (Bamberger/Roth/Lohmann Rn 9; **aA** BGH NJW 1982, 575 mwNw = FamRZ 1982, 55 = WM 1982, 17; Palandt/Weidlich Rn 8; MünchKomm/Ann Rn 15, wonach eine Aussteuer nur zu berücksichtigen sei, sofern sie die Kosten einer angemessenen Berufsausbildung übersteige oder neben einer Berufsausbildung gewährt worden sei). Die vom Erblasser an sich gewollte *Gleichstellung* der Kinder, die eine Aussteuer erhalten, mit denen, die eine Berufsausbildung finanziert bekommen, werde insoweit vom Gesetz ignoriert, obwohl § 2050 BGB dem vermuteten Erblasserwillen Ausdruck geben soll (vgl Rn 1). 33

Diese Argumentation *greift jedoch zu kurz*. Wird eine Zuwendung als Ausgleich für signifikant unterschiedlich hohe Ausbildungskosten der einzelnen Kinder gewährt, ist regelmäßig anzunehmen, dass der Erblasser „bei der Zuwendung ein anderes angeordnet hat", Abs 1 aE, und deshalb eine Ausgleichungspflicht nicht besteht. 34

d) Andere Zuwendungen sind – auch wenn sie zu den an sich nicht ausgleichspflichtigen Zuschüssen gehören – auszugleichen, wenn der Erblasser es bei der Zuwendung angeordnet (dazu Rn 36) hat **(Abs 3)**. Hierunter fallen insbesondere: gelegentliche Geschenke (einschl gemischte Schenkung), Zuwendungen zur Bestreitung von Sonderausgaben, deren Deckung aus den Einkünften nicht als regelmäßig, üblich oder möglich vorausgesetzt wird. In Betracht kommen hier Zuschüsse für Erholungs- oder Ferienreisen (aber nur wenn diese über die gesellschaftlich übliche Reisetätigkeit, deren Aufwand aus den regelmäßigen Einkünften gedeckt zu werden pflegt, hinausgehen), oder für den Erwerb eines zur Berufsausübung nicht notwendigen akademischen Grades. Gleiches gilt für die Bezahlung von Schulden (allerdings nicht solcher, die aus den regelmäßigen Einkünften bezahlt zu werden pflegen, zB Kredite für die selbstbewohnte Immobilie; hier gilt Abs 2) oder die Gewährung eines Darlehens mit der Bestimmung, dass es nicht zurückgezahlt, sondern später ausgeglichen werden solle. 35

IV. Anordnungen des Erblassers zur Ausgleichung

36 **1.** Den vollständigen oder teilweisen **Erlass** der Ausgleichungspflicht nach Abs 1 oder Abs 2 kann der Erblasser *bei* (auch schon vor) *der Zuwendung* bestimmen. Hierfür ist keine **Form** vorgeschrieben. Die Anordnung kann insbesondere auch konkludent erfolgen (RG WarnR 1910 Nr 245; OLG Koblenz FamRZ 2013, 1164; MünchKomm/Ann Rn 31; Damrau/Bothe Rn 13). Ein *nachträglicher* Erlass durch Rechtsgeschäft **unter Lebenden** ist ausgeschlossen (KG OLG 21, 318; Hamburg OLG 34, 26; RGZ 90, 423; Soergel/Lettmaier Rn 27), weil das Gesetz ein derartiges Rechtsgeschäft zulasten der Ausgleichsberechtigten nicht zulässt. Überdies würden die erbrechtlichen Formvorschriften umgangen, denn der nachträgliche Erlass der durch die Zuwendung begründeten Ausgleichungspflicht bedeutet die Zuwendung eines Vorteils aus dem Nachlass; eine derartige Ausnahme von den erbrechtlichen Formen gewährt § 2050 BGB nur bei (oder vor) der Zuwendung. Gleiches gilt für die Beseitigung einer ursprünglich nach **Abs 3** angeordneten Ausgleichungspflicht.

37 Der Erblasser kann den Erlass aber *später* durch Verfügung **von Todes wegen** bestimmen (BGH FamRZ 2010, 27 = ZEV 2010, 33), sei es einseitig, indem der Erblasser dem begünstigten Abkömmling die Befreiung von der Ausgleichungspflicht vermacht, oder vertraglich, indem er ihn in der Form des Erbvertrages von der Ausgleichungspflicht befreit (RGZ 90, 422). Allerdings unterliegt der Erblasser hier den Grenzen des § 2316 Abs 3 BGB: Eine **Beeinträchtigung des Pflichtteilsrechts** kann allein durch Pflichtteilsverzichtsvertrag erfolgen (RGZ 90, 422). Die Beeinträchrigung eines Vertragserben (oder des Ehegatten, soweit wechselbezügliche Verfügungen in einem Ehegattentestament vorliegen) führt dazu, dass der Erlass zwar wirksam angeordnet werden kann, aber ein Anspruch aus § 2287 BGB entsteht (Soergel/Lettmaier Rn 27).

38 Gleiches gilt für die Beseitigung einer ursprünglich nach **Abs 3** angeordneten Ausgleichungspflicht: Eine **nachträgliche Beseitigung der** bei der Zuwendung festgelegten **Ausgleichung** ist allein durch Verfügung von Todes wegen möglich, durch testamentarische Anordnung eines Vorausvermächtnisses oder durch Erbvertrag (RGZ 90, 422; OLG Hamburg OLGE 34, 261; Palandt/Weidlich Rn 3, 10; Strohal I § 13 Fn 18; Ebbecke Recht 1916, 339). Nach RG (BayZ 1921, 45 = LZ 1921, 20) kann in einer testamentarischen Bestimmung, die Erben sollten alles nach Abzug der Vermächtnisse Verbleibende unter sich gleichheitlich teilen, der Erblasserwillen liegen, die Ausgleichungspflicht zu erlassen.

39 Die **Beweislast** für Umstände, die eine Ausgleichungspflicht nach Abs 1 wegen Vorliegens einer Ausstattung begründen, trifft denjenigen, der daraus Rechte herleitet, also die Anrechnung einer Zuwendung auf den Erbteil verlangt (OLG Frankfurt BeckRS 2010, 06332). Beruft sich der Erbe auf den Erlass der Ausgleichungspflicht nach Abs 1 oder Abs 2, muss er dies beweisen (BGB-RGRK/Kregel Rn 22). Gleiches gilt bei Behauptung der Abänderung einer nach Abs 3 bestimmten Ausgleichungspflicht. Die Miterben sind gegenseitig auskunftspflichtig, § 2057 BGB.

40 **2.** Für die **Anordnung der Ausgleichung** nach Abs 3 *bei* (auch schon vor) *der Zuwendung,* bei der es sich um eine empfangsbedürftige Willenserklärung unter Lebenden handelt, ist keine **Form** vorgeschrieben. Sie kann also insbesondere auch konkludent erfolgen (RG WarnR 1910 Nr 245; OLG Koblenz FamRZ 2013, 1164; MünchKomm/Ann Rn 31; Damrau/Bothe Rn 13). Dafür reicht aber **nicht** aus, dass der Erblasser vor der strittigen Zuwendung seine Kinder als gesetzliche Erben *stets gleichermaßen bedacht* hat, insbesondere wenn auch der nunmehr zugewandte strittige Vermögenswert ohne Weiteres teilbar gewesen wäre (OLG Koblenz FamRZ 2013, 1164). Die Anordnung kann bedingt oder befristet werden (J Mayer ZErb 2007, 130, 137). Auch eine Zuwendung als „*vorweggenommene Erbfolge*" lässt sich nicht stets als Anordnung der Ausgleichung ansehen und entbindet den Tatrichter nicht von einer Auslegung der Vereinbarung unter Beachtung aller Umstände (BGH NJW 1982, 43; BGH NJW 1995, 1349; BGH ZEV 2010, 190; vgl auch Rn 36).

Die Anordnung muss *spätestens gleichzeitig mit der Zuwendung* dem Bedachten so zur Kenntnis gebracht werden, dass dieser die Zuwendung ablehnen oder durch ihre Annahme sein Einverständnis erklären kann (RGZ 67, 308; Bamberger/Roth/Lohmann Rn 10). Die Anordnung begründet keine schuldrechtliche Verpflichtung des Bedachten. Ein minderjähriger Begünstigter bedarf daher nicht der Einwilligung seines gesetzlichen Vertreters (BGHZ 15, 168 = NJW 1955, 1353; Palandt/Weidlich Rn 10; BGB-RGRK/Kregel Rn 18; Erman/Bayer Rn 9; Soergel/Lettmaier Rn 20; Westermann JZ 1955, 244; Weimar JR 1967, 98; kritisch Lange NJW 1955, 1343). Die Anordnung kann auch *im Voraus* für zukünftige Zuwendungen erfolgen. Aus dem späteren Verhalten des Erblassers, insbesondere aus der letztwilligen Anordnung lassen sich Rückschlüsse darauf ziehen, ob bei der Zuwendung ein beiderseitiges Einvernehmen über die spätere Ausgleichung bestand (RG ZBlFG 1909, 70). 41

Eine **nachträgliche Anordnung** der Ausgleichungspflicht kann der Erblasser nach dem eindeutigen Wortlaut des Abs 3 nicht *einseitig* durch Rechtsgeschäft **zu Lebzeiten** bestimmen (KG OLGE 21, 318; BGB-RGRK/Kregel Rn 19; Palandt/Weidlich Rn 3). Eine *nachträgliche Vereinbarung* des Erblassers mit dem Begünstigten über eine Ausgleichung als Rechtsgeschäft unter Lebenden ist ein Vertrag zugunsten Dritter, da das Ausgleichungsrecht der übrigen Miterben begründet wird (MünchKomm/Ann Rn 31). Der BGH scheint demgegenüber den gesetzlichen Vorschriften über die Erbauseinandersetzung eine Ausschließlichkeitswirkung zuzumessen (obschon diese dispositiv sind!), sodass die gesetzliche Auseinandersetzungsregelung nicht durch Rechtsgeschäft unter Lebenden zwischen Erblasser und Zuwendungsempfänger modifiziert werden können soll (BGH ZEV 2010, 33 m krit Anm Leipold). 42

Im Rahmen der Erbrechtsreform 2010 war eine Ergänzung des § 2050 BGB um einen Abs 4 vorgesehen, der lauten sollte: „Der Erblasser kann nachträglich Anordnungen über die Ausgleichung oder den Ausschluss der Ausgleichung von Zuwendungen treffen. Die Anordnung erfolgt durch Verfügung von Todes wegen." (BT-Drucks 16/8954, 7). Der Rechtsausschuss des Bundestags (BT-Drucks 16/13543, 12) hat die Streichung dieses Vorschlags mit dem Vertrauen des Zuwendungsempfängers begründet. 43

Jedenfalls kann der Erblasser durch Verfügung **von Todes wegen**, durch Beschwerung des Bedachten mit einem *Vermächtnis* zugunsten der Miterben, die gleiche Wirkung erzielen (Bamberger/Roth/Lohmann Rn 10); hierbei sind jedoch die erbrechtlichen Formen einzuhalten. Doch darf der Pflichtteil eines Abkömmlings hierdurch nicht beeinträchtigt werden (dies kann lediglich aufgrund eines Pflichtteilsverzichts- 44 vertrages geschehen); andernfalls wäre das Vermächtnis mit Blick auf die Ausgleichungspflicht aus § 2316 BGB unbeachtlich (RGZ 67, 307; 71, 136; 90, 422; Bamberger/Roth/Lohmann Rn 10). Bedeutungslos ist eine vor dem Nachlassgericht abgegebene Erklärung, durch welche die Verpflichtung zur Ausgleichung von Vorempfängen einseitig anerkannt wird (RG BayZ 1908, 19).

45 Bei einer Zuwendung im Wege der „vorweggenommenen Erbfolge" ist im Wege der **Auslegung** auf Grundlage einer Gesamtbewertung aller relevanten Umstände zu ermitteln, ob der Erblasser damit eine Ausgleichung gemäß §§ 2361 Abs 1, 2050 Abs 3 BGB, eine Anrechnung gemäß § 2315 Abs 1 BGB oder kumulativ Ausgleichung und Anrechnung gemäß § 2316 Abs 4 BGB anordnen wollte (BGHZ 183, 376 = FamRZ 2010, 640 = NJW 2010, 3023). Ausschlaggebend für den Willen des Erblassers ist für den BGH (aaO), ob mit seiner Zuwendung zugleich auch eine Enterbung des Empfängers mit bloßer Pflichtteilsberechtigung festgelegt (Anrechnung) oder aber (was im Zweifel naheliegender ist) nur klargestellt werden sollte, dass der Empfänger lediglich zeitlich vorgezogen bedacht wird, es im Übrigen aber bei den rechtlichen Wirkungen einer Zuwendung im Erbfall verbleiben soll (Ausgleichung). Bei gleichzeitiger Anrechnungs- und Ausgleichsanordnung ist zunächst die Ausgleichung zu berechnen und anschließend der sich hierbei ergebende Wert bei dem betreffenden Abkömmling um die Hälfte des Zuwendungswertes zu kürzen (weiterführend Schäfer ZEV 2013, 53 ff).

46 Die **Beweislast** für das Bestehen einer Ausgleichungsanordnung nach Abs 3 trifft denjenigen, der daraus Rechte herleitet, also die Anrechnung einer Zuwendung auf den Erbteil verlangt (OLG Koblenz FamRZ 2013, 1164; MünchKomm/Ann Rn 39; Palandt/Weidlich Rn 2). Die Miterben sind gegenseitig auskunftspflichtig, § 2057 BGB.

47 **3.** Will der Erblasser bei der Auseinandersetzung unter Miterben die Anrechnung von Vorempfängen auf den Erbteil über die dazu bestehenden gesetzlichen Regeln hinaus **erweitern**, so ist das ohne Weiteres zulässig. Allerdings muss er dies nach Auffassung des BGH durch letztwillige Verfügung anordnen; für eine Erbauseinandersetzung verbindliche Anordnungen sollen dagegen nicht durch Rechtsgeschäft unter Lebenden getroffen werden können (BGH FamRZ 2010, 27 = ZEV 2010, 33). Das erscheint freilich zweifelhaft, denn es geht hier nicht um die Vornahme einer Zuwendung von Todes wegen, sondern um die Verpflichtung des Zuwendungsempfängers, sich das durch Rechtsgeschäft unter Lebenden Erhaltene später anrechnen zu lassen; derartiges kann folgerichtig auch durch Rechtsgeschäft unter Lebenden vereinbart werden (Leipold ZEV 2010, 35).

48 **4.** Wegen des nicht zwingenden Charakters der Ausgleichungsvorschriften können sich die **Miterben** bei der Auseinandersetzung **einverständlich** über sie hinwegsetzen (BGH FamRZ 2010, 27 = ZEV 2010, 33; Bamberger/Roth/Lohmann Rn 3; Erman/Bayer Rn 10). Die Ausgleichungspflicht kann durch einen unter den Miterben geschlossenen Anerkennungsvertrag begründet werden (RG BayZ 1908, 19; RG 20. 11. 1919 – IV 246/19).

49 **V.** Eine **Leistungsklage** auf Ausgleichung scheidet aus, weil § 2050 BGB keinen Anspruch erzeugt, sondern lediglich einen Rechenmodus festlegt (Rn 5). Statthaft ist jedoch eine **Klage auf Feststellung** des Bestehens oder Nichbestehens einer Ausgleichungspflicht, auch als Stufenklage (Auskunft nach § 2057 BGB – Versicherung an Eides statt – Feststellung des Bestehens/Nichtbestehens der Ausgleichungspflicht). Der besondere Gerichtsstand der Erbschaft ist eröffnet, § **27 ZPO**. Der **Streitwert** richtet sich nach dem Betrag, der dem Kläger von der ausgleichungspflichtigen Zuwendung zugutekommen würde (BGH FamRZ 1956, 381; MünchKomm/Ann Rn 40; Soergel/Lettmaier Rn 29; BGB-RGRK/Kregel Rn 23), denn es geht um die Benachteiligung des einzelnen Erben; es ist der für Feststellungsklagen übliche Abzug vorzunehmen. Festgestellt wird lediglich, inwieweit der Beklagte im Verhältnis zum Kläger einen bestimmten Betrag zur Ausgleichung zu bringen hat (BGH FamRZ 1956, 381).

VI. Erfolgt die **Auseinandersetzung ohne Berücksichtigung der Ausgleichungspflicht**, 50
erwächst den dadurch benachteiligten Miterben im Zweifel ein Bereicherungsanspruch (condictio indebiti), es sei denn, dass ihnen die Ausgleichungspflicht bereits bei der Auseinandersetzung bekannt war (RG 20. 11. 1919 – IV 246/19; BGB-RGRK/Kregel Rn 21).

VII. Die Ausgleichungsregeln sind **nicht entspr heranzuziehen** auf Zuwendungen 51
des Erblassers an andere voraussichtliche Erben als Abkömmlinge (zB Geschwister, Eltern). Dies verhindert der eindeutige Gesetzeswortlaut des § 2050 BGB (BGB-RGRK/Kregel Rn 20; MünchKomm/Ann Rn 36); für eine Analogie ist deshalb kein Raum, weil nur bei Abkömmlingen der Wille des Erblassers zur Gleichbehandlung unterstellt werden darf. Die Anordnung einer Ausgleichungspflicht ist in diesen Fällen lediglich als Teilungsanordnung (§ 2048 BGB) zulässig, dann sind §§ 2055, 2056 BGB entspr anwendbar. Der Erblasser ist grundsätzlich nicht gehindert, die Anrechnung lebzeitiger Zuwendungen an seine gesetzlichen oder gewillkürten Erben nach Belieben letztwillig anzuordnen, soweit er dadurch den Pflichtteilsanspruch nicht beeinträchtigt (RG 30. 10. 1916 – IV 193/16).

VIII. Eine Sondervorschrift über die Ausgleichungspflicht des **Hoferben** enthält § 12 52
Abs 9 HöfeO sowie § 16 GrdstVG über die Abfindung bei einer Zuweisung nach §§ 13 ff GrdstVG (dazu Bergmann SchlHAnz 1961, 314 f).

§ 2051
Ausgleichungspflicht bei Wegfall eines Abkömmlings

(1) Fällt ein Abkömmling, der als Erbe zur Ausgleichung verpflichtet sein würde, vor oder nach dem Erbfall weg, so ist wegen der ihm gemachten Zuwendungen der an seine Stelle tretende Abkömmling zur Ausgleichung verpflichtet.

(2) Hat der Erblasser für den wegfallenden Abkömmling einen Ersatzerben eingesetzt, so ist im Zweifel anzunehmen, dass dieser nicht mehr erhalten soll, als der Abkömmling unter Berücksichtigung der Ausgleichungspflicht erhalten würde.

Materialien: E I § 2160; II § 1924; III 2026; Mot V 704 ff; Prot V 892 f; VI 340 f; Jakobs/Schubert ER I 763–787, 805–817; Denkschr 729.

I. Zweck der Vorschrift

1 § 2051 BGB lässt die Ausgleichungspflicht auf die an die Stelle des weggefallenen Abkömmlings tretenden Abkömmlinge übergehen (Abs 1); gleiches gilt im Zweifel auch für einen vom Erblasser für den Wegfallenden eingesetzten Ersatzerben (Abs 2), trotzdem diese Personen selbst keine ausgleichungspflichtige Zuwendung erhalten haben. Die §§ 2050 ff BGB orientieren sich aber ebenso wie die gesetzliche Erbfolge am vermuteten Willen des Erblassers, der im Zweifel alle Stämme gleichmäßig bedenken wollte (§ 2050 Rn 1). Zudem sollen die Miterben durch den Wegfall eines ausgleichspflichtigen Miterben nicht benachteiligt werden, ein Ausgleichspflichtiger nicht durch Ausschlagung der Erbschaft den Ausgleich vereiteln können. Das BGB hat daher die entsprechende gemeinrechtliche Streitfrage (Windscheid/Kipp III § 610 Fn 20, 21) iSd Eintritts in die Ausgleichungspflicht entschieden.

II. Eintretender Abkömmling (Abs 1)

2 1. **Wegfall eines Abkömmlings**. Ein Abkömmling gelangt nicht zur Erbfolge, wenn er durch Tod vor dem Erbfall (§ 1923 BGB), Ausschließung (§ 1938 BGB), Ausschlagung (§ 1953 BGB), Erbunwürdigkeit (§ 2344 BGB), Erbunfähigkeit oder Erbverzicht (§ 2346 BGB) wegfällt. In der Literatur wird gelegentlich unter dem Stichwort einer sog **„relativen Erbunfähigkeit“** die testamentarische Zuwendung an einen Abkömmling gesehen, der in seiner Eigenschaft als beurkundender Notar, Dolmetscher, Vertrauensperson, Testamentsvollstrecker oder Bürgermeister bei einem Nottestament die Erbfolge nicht antreten darf (dazu Damrau/Bothe Rn 3; Bamberger/Roth/Lohmann Rn 2). Zwar ist aufgrund einer solchen persönlichen Tätigkeit die Erbeinsetzung unwirksam, sodass darin ein gesetzlich vorgesehener Wegfall eines Miterben gesehen werden könnte. Da § 2051 BGB grundsätzlich das Einrücken einer anderen Person als den zunächst in der Reihenfolge in Betracht kommenden gesetzlichen Erben regelt, sollte es grundsätzlich auf den Grund für den Ausfall eines solchen Abkömmlings nicht ankommen, sodass die Norm zur Anwendung gelangt. § 2051 BGB stellt nicht auf die Erbfähigkeit, sondern auf den Eintritt der Erbfolge ab, sodass dieser Gesichtspunkt auch allein entscheidend sein muss (wie hier MünchKomm/Ann Rn 2).

3 2. **Eintritt in die Ausgleichspflicht**. Der an die Stelle des als gesetzlichen Erben (oder gewillkürten Erben nach Maßgabe der Zweifelsregelung des § 2052 BGB) wegfallenden Abkömmlings rückende Abkömmling des Erblassers (er darf nicht von dem Ausschluss miterfasst sein) übernimmt auch die Ausgleichungspflicht des Weggefallenen. Etwas anderes gilt nur, wenn der entferntere Abkömmling durch Vorausvermächtnis von der Ausgleichung befreit wurde. Mehrere an dessen Stelle rückende Abkömmlinge treten auch in die Ausgleichspflicht nach dem Verhältnis ihrer Erbteile ein. Entferntere Abkömmlinge erben kraft eigenen Rechts und haben selbst keine Zuwendung erhalten.

4 Der Eintritt in die Ausgleichungspflicht ist davon **unabhängig**, ob der Abkömmling Erbe des Weggefallenen und ob ihm die Zuwendung zugutegekommen ist. Unerheblich ist ebenfalls, ob der an die Stelle des Weggefallenen tretende Abkömmling des Erblassers auch ein Abkömmling des ursprünglich mit der Ausgleichungspflicht belasteten Abkömmlings ist. Das ist zB nicht der Fall, wenn der mit der Zuwendung

bedachte ausgleichspflichtige Enkel (vgl § 2053 BGB) wegfällt und sich dadurch der Erbteil seiner Geschwister erhöht. Dann treten diese in die Ausgleichungspflicht ein, die sich auf den *Erbteil des Empfängers der Zuwendung beschränkt,* ihr eigener Erbanteil, den sie schon vorher besaßen, bleibt von der Ausgleichungspflicht unberührt, § 1935 BGB. Umgekehrt wird eine Ausgleichspflicht, die auf dem ursprünglichen Erbteil lastet, nicht auf den hinzugekommenen ausgedehnt. Möglich ist, dass der an die Stelle eines weggefallenen Abkömmlings tretende Abkömmling aufgrund **Erbeinsetzung nach dem Verhältnis der gesetzlichen Erbteile** an die Stelle des Ersteren tritt. Falls freilich der kraft Erbeinsetzung berufene Erbe *kein Abkömmling* des Erblassers ist, tritt er in die Ausgleichungspflicht des Weggefallenen nur im Falle des Abs 2 ein, also bei Einsetzung als Ersatzerbe.

3. Aus dem Schweigen des Gesetzes hinsichtlich eines **Ausgleichungsrechts** des 5
eintretenden Abkömmlings kann nicht gefolgert werden, ein solches solle nicht anerkannt werden. Der Erbanteil des Eintretenden ist nach den Grundsätzen zu berechnen, die für den Weggefallenen maßgebend gewesen sind, also auch unter Berücksichtigung der diesem zustehenden Ausgleichsberechtigung. Die Miterben sollen durch den Wegfall eines ausgleichsberechtigten Miterben nicht bevorteilt werden. Zudem lässt sich nur auf diesem Wege der vermutete Wille des Erblassers, im Zweifel alle Stämme gleichmäßig zu bedenken (§ 2050 Rn 1), vollumfänglich verwirklichen.

4. Abs 1 ist **nicht anwendbar**, wenn ein ausgleichspflichtiger Abkömmling stirbt, 6
nachdem er bereits *endgültig Erbe* geworden war. In diesem Fall geht die Ausgleichungspflicht nach allgemeinen Grundsätzen **auf seine Erben über**, ohne Rücksicht darauf, ob diese Abkömmlinge des ersten Erblassers sind (Bamberger/Roth/Lohmann Rn 3). Gleiches gilt, falls die Erben eines ausgleichspflichtigen Abkömmlings die diesem bereits angefallene Erbschaft nach dessen Tode annehmen, denn diese Annahme wirkt ex tunc, § 1942 Abs 1 BGB (BGB-RGRK/Kregel Rn 2).

5. Abs 1 ist ebenfalls **nicht anwendbar**, wenn der Abkömmling vom Erblasser 7
unter Übergehung seines ausgleichspflichtigen Vorfahren **unmittelbar als Erbe eingesetzt** ist (Bamberger/Roth/Lohmann Rn 3). Dann tritt er nicht an dessen Stelle (RG WarnR 1913 Nr 238). Etwas anderes gilt, wenn der Erblasser letztwillig eine Ausgleichungspflicht gerade auch dieses Erben verfügt hat, § 2053 S 1 BGB.

III. Ersatzerben (Abs 2)

Hat der Erblasser für den weggefallenen Abkömmling einen **Ersatzerben**, §§ 2096 ff, 8
2102 BGB, eingesetzt, trifft diesen die Ausgleichungspflicht des Weggefallenen, falls er Abkömmling des Erblassers ist, schon nach Abs 1 (Damrau/Bothe Rn 8). Ist er das nicht, soll er nach dem mutmaßlichen Erblasserwillen nicht mehr erhalten, als der Weggefallene unter Berücksichtigung seiner Ausgleichungspflicht erhalten hätte, Abs 2. Das Gesetz will die Miterben davor schützen, dass sie durch *den Eintritt eines Ersatzerben Nachteile* erleiden, indem sie ihr Ausgleichungsrecht verlieren. Abs 2 bestimmt also eine Höchstgrenze für die Nachlassbeteiligung des Ersatzerben. Diese Regelung gilt jedoch nur „im Zweifel", also dann, wenn sich ein Wille des Erblassers zur Ausgleichungspflicht des Ersatzerben nicht im Wege der Auslegung ermitteln

lässt; die **Beweislast** für eine abweichende Bestimmung des Erblassers trägt der Ersatzerbe.

9 Aus dem Schweigen des Gesetzes hinsichtlich eines **Ausgleichungsrechts** des Ersatzerben kann nicht gefolgert werden, ein solches solle nicht anerkannt werden (so jedoch Kress 210). Der Erbanteil des Ersatzerben soll im Zweifel nach den Grundsätzen berechnet werden, die für den Weggefallenen maßgebend gewesen sind, also auch unter Berücksichtigung der diesem zustehenden Ausgleichsberechtigung (Planck/Ebbecke Anm 2; Bamberger/Roth/Lohmann Rn 4; Palandt/Weidlich Rn 2; Erman/Bayer Rn 2; Soergel/Lettmaier Rn 5; BGB-RGRK/Kregel Rn 4; Binder III 155 Fn 97). Die **Beweislast** für eine abweichende Bestimmung des Erblassers tragen die ausgleichungspflichtigen Miterben.

10 Abs 2 enthält lediglich eine **Auslegungsregel** hinsichtlich des vermuteten Erblasserwillens (Soergel/Lettmaier Rn 6). Der Ersatzerbe kann sich auf einen abweichenden Willen des Erblassers berufen, muss ihn aber beweisen (BGB-RGRK/Kregel Rn 4).

§ 2052
Ausgleichungspflicht für Abkömmlinge als gewillkürte Erben

Hat der Erblasser die Abkömmlinge auf dasjenige als Erben eingesetzt, was sie als gesetzliche Erben erhalten würden, oder hat er ihre Erbteile so bestimmt, dass sie zueinander in demselben Verhältnis stehen wie die gesetzlichen Erbteile, so ist im Zweifel anzunehmen, dass die Abkömmlinge nach den §§ 2050, 2051 zur Ausgleichung verpflichtet sein sollen.

Materialien: E II § 1925; III § 2027; Prot V 891 f; Jakobs/Schubert ER I 764–780, 804–817; Denkschr 729.

I. Grundgedanke

1 Die Ausgleichung unter den kraft Gesetzes zur Erbfolge gelangenden Abkömmlingen entspricht dem mutmaßlichen Willen des Erblassers, seine **Abkömmlinge gleich zu bedenken** (vgl § 2050 Rn 1). Da bei testamentarischer Erbfolge eine ausdrückliche anderweitige Anordnung des Erblassers vorliegt, ist die Erstreckung der Ausgleichungspflicht auf die Erbfolge kraft letztwilliger Verfügung grundsätzlich ausgeschlossen. Eine entsprechende Ausdehnung der Ausgleichungspflicht auf die testamentarische Erbfolge ist jedoch angezeigt, wenn und soweit der Erblasser mit der testamentarischen Bestimmung die gesetzliche Erbfolge wählt, die testamentarische Erbfolge der gesetzlichen entspricht. Der Erblasser hat sich damit der gesetzlichen Regelung angeschlossen, sie in seinem Testament verdeutlicht und unterstrichen (Prot V 891, 892, während die Mot V 699 noch jede Ausgleichungspflicht eines testamentarischen Erben abgelehnt hatten). Deshalb eröffnet § 2052 BGB auch für diese Fälle den Anwendungsbereich der §§ 2050, 2051 BGB, deren weitere Voraussetzungen dementsprechend zu prüfen sind.

§ 2052 BGB ist lediglich eine **Auslegungsregel**, die durch den Nachweis eines abweichenden Erblasserwillens, der auch außerhalb des Testaments liegenden Umständen entnommen werden kann, entkräftbar ist (RGZ 90, 421; MünchKomm/Ann Rn 3; Damrau/Bothe Rn 1; Siebert NJOZ 2009, 3099). Die **Beweislast für einen abweichenden Erblasserwillen** trägt der andernfalls ausgleichungspflichtige Abkömmling. 2

II. Einzelheiten

1. Die Abkömmlinge müssen kraft gewillkürter Erbfolge als Erben (bzw Ersatzerben, § 2051 BGB) eingesetzt sein. Auf dieser Grundlage regelt § 2052 BGB zwei Fälle: **a)** Die Abkömmlinge sind „als gesetzliche Erben" bedacht oder exakt auf ihren **gesetzlichen Erbteil** eingesetzt, oder **b)** die Abkömmlinge sind auf einen Erbteil eingesetzt, der höher oder niedriger als der gesetzliche Erbteil ist, wobei die Erbteile untereinander **im selben Verhältnis zueinander** stehen wie die gesetzlichen Erbteile (RGZ 90, 420). Keine Voraussetzung ist also, dass die Abkömmlinge gleich viel erhalten, wie ihnen bei gesetzlicher Erbfolge zukäme. 3

Beispiel: Die drei Kinder des Erblassers wären neben dem überlebenden Ehegatten gesetzliche Erben zu je 1/6, der Erblasser setzt sie in seinem Testament als Erben zu je 1/10 und den Ehegatten als Erben zu 7/10 ein. 4

Im gleichen Verhältnis eingesetzt sind auch Enkel, die der Erblasser zu gleichen Teilen zu Erben bestimmt hat und die nach seinem Tod infolge Wegfalls vorrangiger Erben zur gesetzlichen Erbfolge berufen sind (RGZ 149, 133). Abzulehnen ist die Auffassung (MünchKomm/Ann Rn 2), dass § 2052 BGB auch bei *„geringfügigen" Abweichungen* vom Grundsatz der Gleichbehandlung der Abkömmlinge gelte, weil man hierin ein stillschweigend verfügtes Vermächtnis sehen könne. 5

2. Die Vorschrift ist auch anwendbar, wenn der Erblasser die Erbteile nicht für alle, sondern nur **für einige Abkömmlinge** nach dem Verhältnis der gesetzlichen Erbteile bestimmt hat. Dann findet die Ausgleichung nur unter diesen statt (unstr RGZ 90, 420; KG OLGE 46, 226; BGB-RGRK/Kregel Rn 2; Erman/Bayer Rn 1; Kipp/Coing § 120 III 2; MünchKomm/Ann Rn 2; Damrau/Bothe Rn 5). 6

3. An der Ausgleichspflicht ändert sich nichts, wenn einem Abkömmling durch Vorausvermächtnis, Auflage oder eine andere Anordnung eine **Begünstigung zugewandt** worden ist. Diese Begünstigung kann gerade mit Rücksicht auf die Ausgleichungspflicht anderer Miterben angeordnet sein, die dem Begünstigten erlassen sein soll (RGZ 90, 421; MünchKomm/Ann Rn 2). Allerdings kann nicht ohne Weiteres angenommen werden, der Erblasser habe einen ausgleichspflichtigen Abkömmling durch die Zuwendung eines auf den Erbteil nicht anzurechnenden Vermächtnisses noch weiter derart begünstigen wollen, dass er auch die ihm unter Lebenden gemachten Zuwendungen nicht auszugleichen brauche (RGZ 90, 422; BGB-RGRK/Kregel Rn 3). Durch die Anordnung, die Abkömmlinge hätten das nach Abzug der Vermächtnisse Verbleibende gleich zu teilen, wird dagegen die Vermutung des § 2052 BGB ausgeschlossen (RG LZ 1921, 19 Nr 7; OLG Karlsruhe OLGE 26, 305 f). 7

4. Die Auslegungsregel des § 2052 BGB greift ein, wenn die Abkömmlinge nicht schlechthin als Erben, sondern als **Ersatzerben** eingesetzt sind (Prot V 341). Erhöht 8 sich der Erbteil eines Abkömmlings durch Anwachsung (§ 2095 BGB), gelten beide Erbteile hinsichtlich der Ausgleichungspflicht als selbständige Erbteile (vgl § 2051 Rn 5).

9 5. Beim **gemeinschaftlichen Testament** des § 2269 BGB gilt als Erblasser iSd § 2052 BGB auch der zuerst verstorbene Gatte, obwohl die zu Erben eingesetzten Abkömmlinge grundsätzlich als Erben des zuletzt verstorbenen Ehegatten anzusehen sind. Die Abkömmlinge müssen deshalb ebenfalls die vom Erstverstorbenen gemachten Zuwendungen bei der Auseinandersetzung des Nachlasses des Letztverstorbenen ausgleichen, ebenso etwaige Zuwendungen, die dieser aus dem Nachlass des Erstverstorbenen getätigt hat (unstr: RG 26. 3. 1914 – IV 686/13; RG WarnR 1938 Nr 22; OLG München FamRZ 2015, 1835; BGB-RGRK/Kregel Rn 4; Soergel/Lettmaier Rn 5; Palandt/Weidlich Rn 2; Damrau/Bothe Rn 4). Vgl § 2054 Abs 2 BGB für die fortgesetzte Gütergemeinschaft.

§ 2053
Zuwendung an entfernten oder angenommenen Abkömmling

(1) Eine Zuwendung, die ein entfernterer Abkömmling vor dem Wegfall des ihn von der Erbfolge ausschließenden näheren Abkömmlings oder ein an die Stelle eines Abkömmlings als Ersatzerbe tretender Abkömmling von dem Erblasser erhalten hat, ist nicht zur Ausgleichung zu bringen, es sei denn, dass der Erblasser bei der Zuwendung die Ausgleichung angeordnet hat.

(2) Das Gleiche gilt, wenn ein Abkömmling, bevor er die rechtliche Stellung eines solchen erlangt hatte, eine Zuwendung von dem Erblasser erhalten hat.

Materialien: E I § 2161; II § 1926; III § 2028; Mot V 706; Prot V 892 f; VI 340 f; Jakobs/Schubert ER I 764, 782, 811, 817; Denkschr 729.

1 **I.** Die **Auslegungsregel** des § 2053 BGB macht drei **Ausnahmen von** der in **§ 2050 BGB** ausgesprochenen Ausgleichungspflicht der Abkömmlinge, die nebeneinander zur Erbfolge gelangen. Alle Ausnahmen beruhen auf einer Veränderung der Erbfolge nach dem Zuwendenden zwischen Zuwendung und Erbfall. Der in § 2050 BGB vermutete Erblasserwille, die Zuwendungen als Vorgabe auf den Erbteil zu betrachten, ist idR nicht anzunehmen, wenn der begünstigte Abkömmling im Zeitpunkt der Zuwendung vom Erblasser noch nicht als sein Erbe in Betracht gezogen werden konnte, da noch vorrangige Abkömmlinge existierten (Abs 1) oder er noch kein Abkömmling des Erblassers war (Abs 2). Zuwendungen an solche Abkömmlinge sind deshalb nur auszugleichen, wenn der Erblasser dies bei der Zuwendung angeordnet hat, weil die Vermutung gilt, dass die Zuwendung unabhängig von einem Erbrecht des Zuwendungsempfängers getätigt wurde.

2 Der Regierungsentwurf der Erbrechtsreform 2010 (BT-Drucks 16/8954, 5) hatte vor-

gesehen, Abs 1 um einen Satz 2 zu erweitern, der den im Entwurf vorgesehenen § 2050 Abs 4 BGB (Zulässigkeit einer nachträglichen Anrechnungsbestimmung, vgl § 2050 Rn 42) für anwendbar erklärt. Beide Regelungen wurden vom Rechtsausschuss des Bundestages gestrichen (BT-Drucks 16/13543, 12), weil das Vertrauen des Zuwendungsempfängers schützenswert sei.

II. **Abs 1** regelt als Ausnahme von § 2050 BGB den Fall, dass der Erblasser eine eigentlich nach § 2050 Abs 1 oder Abs 2 BGB ausgleichungspflichtige Zuwendung an einen entfernteren Abkömmling getätigt hat, als dieser Abkömmling – den Eintritt des Erbfalls im Zeitpunkt der Zuwendung unterstellt – *noch nicht gesetzlicher Erbe des Zuwendenden war.* Dies ist zB der Fall, wenn ein Enkel **vor dem Wegfall** des ihn von der Erbfolge ausschließenden näheren Abkömmlings (Sohn oder Tochter des Erblassers) eine an sich ausgleichungspflichtige Zuwendung erhalten hat; ein Wegfall kann eintreten durch Tod nach der Zuwendung aber vor dem Erbfall (§ 1923 BGB), Ausschließung (§ 1938 BGB), Ausschlagung (§ 1953 BGB), Erbunwürdigkeit (§ 2344 BGB), Erbunfähigkeit oder Erbverzicht (§ 2346 BGB). Deshalb ist Abs 1 insb dann **nicht anwendbar**, wenn der nähere Abkömmling im Zeitpunkt der Zuwendung zwar noch lebte, aber bereits durch Enterbung oder Erbverzicht von der Erbfolge ausgeschlossen war. 3

Eine weitere Ausnahme von der Ausgleichungspflicht statuiert **Abs 1** zugunsten eines vom Erblasser als **Ersatzerbe** eingesetzten *Abkömmlings,* wenn dieser die Zuwendung in einem Zeitpunkt erhalten hat, zu dem seine in erster Linie (gesetzlich oder gem § 2052 BGB eingesetzte) berufene Vorperson noch nicht weggefallen war, denn dies lässt vermuten, dass die Zuwendung unabhängig von der Erbenstellung getätigt wurde. Ist ein *Nicht-Abkömmling* zum Ersatzerben eingesetzt, kommt eine Ausgleichungspflicht wegen der ihm persönlich gemachten Zuwendung nach dem Grundsatz des § 2050 BGB ohnedies **nicht in Betracht**. 4

Abs 2 stellt den Vorgenannten die Fälle gleich, in denen ein zur Erbfolge gelangender Abkömmling von dem Erblasser eine Zuwendung in einem Zeitpunkt erhalten hat, in dem er **noch nicht** die rechtliche **Stellung eines Abkömmlings** des Erblassers hatte. Abs 2 bezieht sich ausschließlich auf die *Annahme als Kind* (§§ 1741 ff BGB). Die Regelung findet stets Anwendung in Fällen der *Annahme eines Minderjährigen,* weil diese als „starke Adoption" ausgestaltet ist und dem Angenommenen die rechtliche Stellung eines Kindes des/der Annehmenden verleiht, § 1754 BGB. Auch bei Annahme eines Kindes durch einen Abkömmling des Erblassers wird also zwischen Erblasser und Angenommenem eine Verwandtschaft in gerader Linie, § 1589 BGB, hergestellt. Die *Annahme eines Volljährigen* hingegen hat regelmäßig (vgl aber § 1772 BGB) nur „schwache" Wirkungen und erstreckt sich nicht auf die Verwandten des Annehmenden, § 1770 Abs 1 BGB. Deshalb kommt die Ausnahme des Abs 2 nur bei der Annahme eines Volljährigen durch den Erblasser selbst in Betracht. 5

III. Um dennoch eine Ausgleichungspflicht zu begründen, ist eine entsprechende **Anordnung des Erblassers** bei der Zuwendung nötig. Die **Beweislast** dafür haben die Miterben, die die Ausgleichung behaupten. Da die Vorstellungen des Erblassers für die Annahme der Ausgleichungspflicht entscheidend sind, wird letztere zu verneinen sein, wenn der Vorfahre des bedachten entfernteren Abkömmlings zZ der Zuwen- 6 dung zwar bereits weggefallen war, der **Erblasser** aber noch irrtümlich an **seine Existenz glaubte**. Umgekehrt ist die Ausgleichungspflicht anzunehmen, falls der Erblasser ihn irrtümlich für weggefallen und deshalb den Bedachten für seinen nächsten Verwandten hielt (Bamberger/Roth/Lohmann Rn 2; Erman/Bayer Rn 1; Palandt/Weidlich Rn 1; Soergel/Lettmaier Rn 2; BGB-RGRK/Kregel Rn 1; Strohal I § 14 Anm 3; **aM** Kipp/Coing § 120 V 2 c; MünchKomm/Ann Rn 3).

7 Die **Anordnung der Ausgleichung** bei der Zuwendung an den entfernteren Abkömmling mittels besonderer Willensäußerung erzeugt eine bedingte Ausgleichungspflicht des Bedachten für den Fall *seines* Erbantritts, nicht aber eines zur Erbfolge gelangenden näheren Abkömmlings (Bamberger/Roth/Lohmann Rn 1). Der Erblasser kann allerdings auch Letzteren verpflichten, eine an seine Kinder gemachte Zuwendung zur Ausgleichung auf seinen Erbteil zu bringen, doch nicht durch eine einfache Anordnung bei der Zuwendung, sondern nur durch eine letztwillige Verfügung (Testament oder Erbvertrag) (Damrau/Bothe Rn 4). Möglicherweise kann die von Großeltern unmittelbar an den Enkel getätigte Zuwendung als Ausführung einer dessen Vater oder Mutter gemachten ausgleichungspflichtigen Zuwendung angesehen werden, zB wenn der Großvater auf Bitten seiner verwitweten Tochter deren Kinder ausstattet, um ihr diese Aufwendungen abzunehmen oder zu erleichtern. Infolgedessen ist die zur Erbfolge gelangende Tochter unter den Voraussetzungen des § 2050 BGB ausgleichungspflichtig.

§ 2054
Zuwendung aus dem Gesamtgut

(1) Eine Zuwendung, die aus dem Gesamtgut der Gütergemeinschaft erfolgt, gilt als von jedem der Ehegatten zur Hälfte gemacht. Die Zuwendung gilt jedoch, wenn sie an einen Abkömmling erfolgt, der nur von einem der Ehegatten abstammt, oder wenn einer der Ehegatten wegen der Zuwendung zu dem Gesamtgut Ersatz zu leisten hat, als von diesem Ehegatten gemacht.

(2) Diese Vorschriften sind auf eine Zuwendung aus dem Gesamtgut der fortgesetzten Gütergemeinschaft entsprechend anzuwenden.

Materialien: E I § 2162; II § 1927; III § 2029; Mot V 707 f; Prot V 893; Jakobs/Schubert ER I 763, 767, 783, 787, 805, 811, 817; BT-Drucks I/3802, 29, 84; II/224, 20, 67; II/3409, 31.

1 **I.** § 2054 BGB will Zweifel ausschließen, die sich bei Ehegatten, die im Güterstand der Gütergemeinschaft leben, ergeben, wenn eine **Zuwendung aus dem Gesamtgut** einer ehelichen Gütergemeinschaft (§§ 1415 ff BGB) erfolgt. Die Verwaltungs- und Verfügungsbefugnis steht beiden Ehegatten zu, § 1419 BGB, wenn nicht im Ehevertrag eine abweichende Verwaltungsbefugnis vereinbart worden ist. *Zuwendende* sind dann beide Ehegatten. Hat ein Ehegatte das Gesamtgut nach dem Ehevertrag (§ 1421 BGB) allein zu verwalten, so ist allein er derjenige, der die

Zuwendung tätigt, denn als Alleinverwalter kann er über das Gesamtgut verfügen, § 1422 BGB. Er bedarf lediglich zu Verfügungen über das Gesamtgut im Ganzen, über ein Gesamtgutsgrundstück oder bei Schenkungen aus dem Gesamtgut, die nicht einer sittlichen Pflicht oder einer Anstandsrücksicht entsprechen, der Zustimmung des anderen Ehegatten, §§ 1423, 1424, 1425 BGB. In Fällen einer Alleinverwaltungsbefugnis entstünde deshalb nur eine Ausgleichungspflicht des bedachten Abkömmlings gegenüber dem Nachlass des zuwendenden Gesamtgutsverwalters.

Dies wäre nicht mit dem Wesen der Gütergemeinschaft zu vereinbaren, denn das Gesamtgut gehört (unabhängig von der Regelung über seine Verwaltung) beiden Ehegatten. Die Zuwendung erfolgt damit aus dem Vermögen beider Ehegatten. Deshalb gilt *(widerlegliche Vermutung)* nach § 2054 BGB die **Zuwendung als von jedem Ehegatten zur Hälfte getätigt**, unabhängig davon, ob ein Ehegatte oder beide das Gesamtgut zu verwalten haben. Die Zuwendung ist daher idR zweimal auszugleichen, je zur Hälfte bei der Beerbung jedes Ehegatten, sofern die Ausgleichung nicht bis zur Beendigung der fortgesetzten Gütergemeinschaft hinausgeschoben ist, § 1483 BGB. Jeder Ehegatte, der nach § 2054 BGB als Zuwendender gilt, kann nach Maßgabe der §§ 2050–2053 die **Ausgleichungspflicht erlassen** oder **anordnen** (Mot V 708; Erman/Bayer Rn 2), soweit es einer solchen Anordnung nach bedarf. 2

II. Die Vermutung des § 2054 BGB (Erman/Bayer Rn 2; MünchKomm/Ann Rn 4) gilt nur für Zuwendungen aus dem Gesamtgut einer Gütergemeinschaft iSd §§ 1415 ff BGB an einen gemeinschaftlichen Abkömmling der die Gütergemeinschaft bildenden Ehegatten. Allein in diesen Fällen ist die Ausgleichung je zur Hälfte bei der Nachlassteilung jedes Ehegatten vorzunehmen. Soweit die Ausgleichung bei dem Nachlass des betreffenden Gatten mangels Masse nicht zur Hälfte erfolgen kann, muss nach gängiger Auffassung in entsprechend höherem Maß die Zuwendung als aus dem Nachlass des anderen Ehegatten entnommen angesehen werden (MünchKomm/Ann Rn 8; Bamberger/Roth/Lohmann Rn 2; Damrau/Bothe Rn 2). Dem ist nicht zu folgen. Vielmehr ist § 2056 BGB anzuwenden, wenn im Zeitpunkt der Zuwendung die zugewandte Hälfte durch den Anteil des Erblassers am Gesamtgut gedeckt ist und nicht anzunehmen ist, dass die Ehegatten eine entsprechend höhere Ausgleichung am Nachlass des anderen Ehegatten wollten (Soergel/Lettmaier Rn 4). 3

III. Eine Ausgleichung nur gegenüber dem Nachlass **eines Elternteils** erfolgt in zwei Ausnahmefällen. 4

1. Zum einen bei Zuwendungen an einen Abkömmling, der nur von **einem der Ehegatten** (bzw bei der fortgesetzten Gütergemeinschaft nur von dem überlebenden Ehegatten) **abstammt** (Abs 1 S 2). Dabei kommt es nicht darauf an, welcher der beiden Ehegatten die Zuwendung getätigt hat. 5

2. Zum anderen bei Zuwendungen, für die einer der Ehegatten (bzw bei der fortgesetzten Gütergemeinschaft der überlebende Ehegatte) **zum Gesamtgut Ersatz zu leisten** hat. Hat ein **verwaltender Ehegatte** einem gemeinschaftlichen Abkömmling eine Ausstattung aus dem Gesamtgut versprochen oder gewährt, fällt ihm diese insoweit allein zur Last, als sie das dem Gesamtgut entsprechende Maß übersteigt, §§ 1444, 1446, 1476 Abs 2 BGB (entspr §§ 1465, 1467, 1476 Abs 2, 1538, 1549 BGB aF). Bei anderen Zuwendungen kann er sich ersatzpflichtig machen, wenn er sie in 6

Benachteiligungsabsicht oder ohne die vorgeschriebene Zustimmung des anderen Ehegatten vornimmt (§§ 1423–1425 BGB; Damrau/Bothe Rn 3), zB ist die übermäßige Zuwendung des § 2050 Abs 2 BGB als Schenkung anzusehen, welcher der andere Ehegatte nach § 1425 BGB zustimmen muss. Ersatzpflichtig wird ein Ehegatte auch, falls er eine entsprechende Verpflichtung in Bezug auf sein Vorbehaltsgut eingegangen ist, diese aber aus dem Gesamtgut ganz oder teilweise zu berichtigen hat, § 1445 BGB.

7 Der **nicht verwaltende Ehegatte** kann sich ersatzpflichtig machen, wenn er gem § 1429 BGB in Vertretung des verwaltenden Ehegatten handelt oder nach § 1438 BGB sonst das Gesamtgut wirksam verpflichtet. Maßgebend ist insoweit Auftrags- oder Geschäftsführungsrecht. In diesen Fällen gilt die Zuwendung als **allein von dem betreffenden Ehegatten gemacht**. Entscheidend ist dabei nicht die Person des Zuwendenden, sondern die Ersatzpflicht. Abs 1 S 2 ist vom Sinn und Zweck her dahin einzuschränken, als die Herkunft der Zuwendung von dem betreffenden Ehegatten nur soweit angenommen werden darf, wie die auf ihn treffende Hälfte des Gesamtgutes reicht. Dafür ist nicht der Zeitpunkt der Zuwendung, sondern der Beendigung der Gütergemeinschaft maßgebend (unstr: RGZ 94, 262; Palandt/Weidlich Rn 2; BGB-RGRK/Kregel Rn 4; Bamberger/Roth/Lohmann Rn 3).

8 **IV.** Bei der **fortgesetzten Gütergemeinschaft** (Abs 2) findet keine Beerbung des Erstverstorbenen hinsichtlich seines Anteils am Gesamtgut statt, § 1483 BGB. Daher erfolgt keine Auseinandersetzung und keine Ausgleichung aus dem Gesamtgut, sondern nur hinsichtlich der aus dem Sonder- oder Vorbehaltsgut des Vorverstorbenen erhaltenen Vorempfänge. Die Vorempfänge aus dem Gesamtgut werden erst bei der nach der Beendigung der fortgesetzten Gütergemeinschaft eintretenden Auseinandersetzung ausgeglichen, § 1503 Abs 2 BGB (Damrau/Bothe Rn 4).

9 Da bei der fortgesetzten Gütergemeinschaft der überlebende Ehegatte die rechtliche Stellung des das Gesamtgut allein verwaltenden Ehegatten einnimmt, die beteiligten Abkömmlinge die des Anderen (nichtverwaltenden) (§ 1487 BGB), gilt die Ausstattung der gemeinschaftlichen Abkömmlinge als zur Hälfte aus dem Anteil des überlebenden Gatten, zur Hälfte aus dem Anteil der übrigen Abkömmlinge gemacht. Soweit ein Ehegatte wegen einer Zuwendung aus dem Gesamtgut ersatzpflichtig und der Vorempfang als von ihm herrührend zu behandeln ist (§ 1499 Nr 3 BGB), muss der **fragliche Betrag dem Gesamtgut ersetzt und dann die Ausgleichung** derart vollzogen werden, dass der angemessene Teil der Zuwendung als hälftig aus beiden Anteilen (aus dem des Überlebenden und dem der Kinder) bewirkt anzusehen ist.

10 Die Ausgleichung erfolgt hinsichtlich des Anteils der Abkömmlinge am Gesamtgut der fortgesetzten Gütergemeinschaft bei der Auseinandersetzung nach ihrer Beendigung; soweit der überlebende Ehegatte als der Zuwendende gilt, bei der Auseinandersetzung seines Nachlasses (MünchKomm/Ann Rn 13). Ist von dem überlebenden Ehegatten einem nicht gemeinschaftlichen Abkömmling eine die Ersatzpflicht auslösende Zuwendung gemacht worden (vgl Rn 5 ff), ist zweifelhaft, von welchem Ehegatten sie als getätigt anzusehen ist, von dem der Abkömmling stammt (Abs 1 S 2 HS 1) oder von dem ersatzpflichtigen Überlebenden (Abs 1 S 2 HS 2, § 1499 Nr 3 BGB). Maßgebend dürfte in erster Linie der letztere Gesichtspunkt sein (ebenso BGB-RGRK/Kregel Rn 5).

§ 2055
Durchführung der Ausgleichung

(1) Bei der Auseinandersetzung wird jedem Miterben der Wert der Zuwendung, die er zur Ausgleichung zu bringen hat, auf seinen Erbteil angerechnet. Der Wert der sämtlichen Zuwendungen, die zur Ausgleichung zu bringen sind, wird dem Nachlass hinzugerechnet, soweit dieser den Miterben zukommt, unter denen die Ausgleichung stattfindet.

(2) Der Wert bestimmt sich nach der Zeit, zu der die Zuwendung erfolgt ist.

Materialien: E I § 2163; II § 1928; III § 2030; Mot V 708 f; Prot V 893 f; Jakobs/Schubert ER I 763–784, 805–821; Denkschr 730; Kommissionsbericht 2102.

Schrifttum

Bacher, Werttheoretische Überlegungen beim Erbfall (Diss Konstanz 1990)
R Kohler, Geldentwertung und Erbenausgleichung, AcP 122 (1922) 70
ders, Das Geld als Wertmaßstab beim Erb- und Zugewinnausgleich, NJW 1963, 225
Krug, Die Kaufkraftproblematik bei ausgleichpflichtigen Vorempfängen in der Erbteilung, ZEV 2000, 41
vMaydell, Geldschuld und Geldwert (1974) 303
Meincke, Zum Verfahren der Miterbenausgleichung, AcP 178 (1978) 45
ders, Das Recht der Nachlassbewertung (1973)
Pentz, Berücksichtigung des Kaufkraftschwundes im Erbrecht?, ZEV 1999, 167
Siesenop, Die Anwendung der §§ 2050 ff. BGB im Erbschaftsteuerrecht, ZEV 2018, 504
Philipp, Zur Berücksichtigung des Kaufkraftschwundes bei der Berechnung von Pflichtteilsansprüchen – Ausgleichung von Vorempfängen, Betrieb 1976, 664
Werner, Werterhöhung als ausgleichspflichtiger Zugewinn und erbrechtlicher Vorempfang?, DNotZ 1978, 66.

Weiteres Schrifttum bei § 2050.

I. Grundsätzliches

1. Die Regelung des § 2055 BGB regelt in Verbindung mit § 2056 BGB die Art und Weise der Durchführung der Ausgleichung. Der **Vollzug der Ausgleichung** ist ein Teil des Auseinandersetzungsverfahrens, welches gewährleisten soll, die Abkömmlinge als gesetzliche Erben wirtschaftlich gleichzustellen; deshalb wird fingiert, dass die Gegenstände, die als ausgleichungspflichtige Vorempfänge schon zu Lebzeiten des Erblassers zugewandt worden sind, im Rahmen der Erbauseinandersetzung verteilt werden. Aus diesem Grund ist für die **Berechnung des Nachlasswertes** der Zeitpunkt der Auseinandersetzung, nicht der des Erbfalles maßgebend. Denn die Miterben tragen bis zur Auseinandersetzung Chance und Risiko einer Wertsteigerung oder Wertminderung des Nachlasses (MünchKomm/Ann Rn 12; Soergel/Lettmaier Rn 2; Krug ZEV 2000, 41; **aM** BGH NJW 1986, 931; Meincke AcP 178 [1978] 59; Bamberger/ 1

Roth/Lohmann Rn 4; Erman/Bayer Rn 2;). Die Ausgleichung findet nur im Verhältnis der ausgleichungspflichtigen Abkömmlinge zueinander statt.

2 **2.** Das Gesetz ordnet keine tatsächliche Rückgewähr der Vorempfänge, sondern lediglich die **Anrechnung ihres Wertes auf den Erbteil** (Idealkollation) an (vgl § 2050 Rn 5); die Vorempfänge sind also bloße Rechnungsposten. Der **Gegenstand der Zuwendung** ist mit dem Betrag zu **bewerten**, der im Zeitpunkt der Auseinandersetzung aufzuwenden wäre, um ihn in dem Zustand, den er im Zeitpunkt der Zuwendung hatte, zu erwerben (str, vgl Rn 6 ff). Nach ALR II 2 §§ 303 f BGB wurde der Wert der ausgleichspflichtigen Vorempfänge jedem Nichtbedachten vorab zugerechnet und erst der Rest geteilt. Die II. Komm hat eine andere Regelung gewählt: Der Wert sämtlicher ausgleichungspflichtiger Vorempfänge wird zunächst dem Nachlass zugerechnet, dann von dem so erhöhten Nachlass für jeden Abkömmling dessen Erbteil berechnet und dem Ausgleichspflichtigen von seinem rechnungsmäßigen Erbteil der Wert des Vorempfanges abgezogen. Das Ergebnis beider Methoden ist das gleiche. Allerdings ist die des ALR einfacher im Hinblick auf § 2056 BGB (dazu Staudinger/Lehmann[11] § 2056 Rn 6 und Planck/Ebbecke § 2056 Anm 1). In beiden Fällen muss, sofern der Nachlass nicht ausreicht, um den Nichtbedachten einen den Vorempfängen der anderen Miterben gleichen Betrag auszuzahlen, eine verhältnismäßige Kürzung der Ansprüche der Ausgleichsberechtigten erfolgen, da eine Verpflichtung der Bedachten auf Erstattung zuviel empfangener Zuwendungen nicht besteht.

3 **3.** Wie die gesamten Ausgleichungsregeln sind auch die über den Vollzug der Ausgleichung **nicht zwingend**. Der Erblasser kann im Wege der Teilungsanordnung, § 2048 BGB, abweichen, die beteiligten Abkömmlinge können sich statt der rechnungsmäßigen Ausgleichung (Rn 4) über eine tatsächliche Rückgewähr der Vorempfänge verständigen.

II. Der Mechanismus der Ausgleichung (Abs 1)

4 **1.** Um die Ausgleichung vorzunehmen, ist zunächst der **Wert des Nachlasses** im Zeitpunkt der Auseinandersetzung zu bestimmen (vgl hierzu Rn 1). Die Ausgleichung erfolgt also erst nach der Befriedigung der Nachlassgläubiger (oder zumindest ihrer rechnerischen Berücksichtigung), da der Ausgleichungsanspruch nicht zum Nachlass, sondern zum Eigenvermögen des ausgleichsberechtigten Miterben gehört. Der Nachlass vergrößert sich nicht durch die Ausgleichungspflicht. Diese beeinflusst lediglich die Größe des Wertbetrages, der bei der Auseinandersetzung auf einen Erbteil entfällt.

5 **2.** Anschließend ist der Erbteil der **an der Ausgleichung nicht beteiligten Miterben** auf Grundlage dieses Wertes zu berechnen und *abzuziehen* (Damrau/Bothe Rn 3); die Formulierung „Miterben“ bezieht sich allein auf die nach §§ 2050 ff BGB an der Ausgleichung beteiligten Miterben.

6 **3.** Nunmehr ist der Wert der **ausgleichungspflichtigen Zuwendungen** (zum maßgeblichen Zeitpunkt vgl Rn 6 ff) dem verbleibenden Wert **hinzuzurechnen**. Der Abkömmling, der die Zuwendung erhalten hat, ist Schuldner eines **Auskunftsanspruches** aus § 2057 BGB, der auch die Mitteilung der bewertungsrelevanten Tatsachen umfasst

(§ 2057 Rn 7); zudem hat er die Wertermittlung zu **dulden**. Die **Kosten** der Wertermittlung trägt (wie in § 2314 Abs 2 BGB) ggf der Nachlass.

4. Auf dieser fiktiven Wertgrundlage kann dann anhand der Erbquoten der jedem der ausgleichungsberechtigten oder ausgleichungspflichtigen Abkömmlinge **zustehende Anteil am Nachlass berechnet** werden. 7

5. Zuletzt sind die bereits zu Lebzeiten erfolgten **ausgleichungspflichtigen Zuwendungen** von dem für den Zuwendungsempfänger berechneten Anteil **abzuziehen** (Siebert FamRZ 2014, 1894, 1896). Diese – von seiner Erbquote abweichende – Teilungsquote (BGH NJW 1986, 931) kann der jeweilige Abkömmling bei der Auseinandersetzung verlangen. Hat ein ausgleichungspflichtiger Abkömmling zu Lebzeiten einen Geldbetrag/Wert erhalten, so dass ein **negatives Endergebnis** entsteht, ist er nicht zur Zahlung dieses Fehlbetrags verpflichtet und wird auf diese Weise entgegen dem der Ausgleichung zugrundeliegenden Gleichbehandlungsgedanken privilegiert, denn es sind die Erbteile der anderen an der Ausgleichung beteiligten Abkömmlinge pro rata zu kürzen, § 2056 BGB (vgl dort). 8

6. *Beispiel:* Der Erblasser hinterlässt € 40 000 seiner Witwe sowie vier Kindern, von denen zwei eine ausgleichspflichtige Zuwendung von je € 10 000 erhalten haben. Dann erhält die Witwe 1/2 (§§ 1931 Abs 1, 1371 Abs 1 BGB) = € 20 000. Der Restnachlass unterliegt der Ausgleichung. Dem verbleibenden Betrag von € 20 000 sind deshalb die beiden Zuwendungen zuzurechnen = € 40 000. Auf Grundlage dieser Rechengröße wird anhand der jeweiligen Erbquoten der auf jeden Abkömmling entfallende Betrag berechnet. Im *Beispiel* erbt jedes der Kinder zu $^1/_4$, der Erbteil eines jeden Kindes beträgt somit € 10 000. Die Ausgleichungsberechtigten erhalten je € 10 000, die Ausgleichungspflichtigen erhalten nichts. Hat ein Abkömmling mehr an Vorempfängen erhalten als ihm nach obiger Rechnung zusteht, gilt § 2056 BGB. 9

7. Wurde die **Ausgleichung** bei der Erbteilung irrtümlich **nicht berücksichtigt, erhalten** die **benachteiligten** Miterben im Zweifel einen Bereicherungsanspruch (Erman/Bayer Rn 7; Palandt/Weidlich Rn 1; vgl § 2050 Rn 50). Im Falle einer Teilauseinandersetzung muss die Ausgleichung allerdings, und soweit der ungeteilte Nachlassrest zur Durchführung der Ausgleichung ausreicht, vorrangig bei der weiteren Auseinandersetzung nachgeholt werden (BGH NJW-RR 1992, 771). 10

III. Wertberechnung (Abs 2)

1. Nach § 2055 Abs 2 BGB ist für die Berechnung des Wertes einer ausgleichspflichtigen Zuwendung nicht der Zeitpunkt der Erbteilung oder des Erbfalls maßgebend, sondern der **Zeitpunkt der Zuwendung**. Die Mot (V 708) rechtfertigen dies damit, dass der Erblasser die Zuwendung zu dauerndem Eigentum gegeben habe, sie mithin auf die Gefahr des Bedachten gehen müsse. Richtiger erscheint die Rechtfertigung aus ihrer Eigenschaft als eine für die Dauer bestimmte Vorausgabe auf den Erbteil (Binder III 171). Die Regelung ist **dispositiv** (Rn 19). 11

Das BGB enthält in §§ 1376 Abs 1, 2315 Abs 2 S 2 dem § 2055 Abs 2 BGB gleichlautende Bestimmungen für die Wertberechnung. Jedoch hat der Gesetzgeber für 12 keinen dieser Fälle eine Regelung getroffen, wie der **Wert eines Gegenstandes** festzustellen und auszudrücken sei. Wegen seiner allgemeinen Tauschmittelfunktion kommt als Wertmesser notwendigerweise Geld inländischer Währung in Betracht (Kohler NJW 1963, 225; MünchKomm/Ann Rn 13). Die heute überwiegende Ansicht versteht § 2055 Abs 2 BGB dahingehend, dass der ausgleichspflichtige Vorempfang dem Nachlass mit dem Geldwert zugerechnet und dem ausgleichspflichtigen Erben angerechnet werden müsse, den der Gegenstand zZ der Zuwendung gehabt habe (Damrau/Bothe Rn 2–9; MünchKomm/Ann Rn 2), dh es muss – und dies ist wegen der damit verbundenen Schwierigkeiten zumeist nur durch Sachverständigengutachten möglich (MünchKomm/Ann Rn 13) – der Geldbetrag ermittelt werden, der zZ der Zuwendung für den Erwerb des vorempfangenen Gegenstandes hätte aufgebracht werden müssen. Da aber bereits wegen der **allgemeinen Geldentwertung** (sog Kaufkraftschwund) ein für die richtige Bewertung erforderlicher konstanter Wertmesser fehlt, haben der BGH und die ihm folgende Literatur mit Hilfe des vom Statistischen Bundesamtes ermittelten Lebenshaltungsindexes bei der Erbauseinandersetzung einen um den Kaufkraftschwund erhöhten Geldbetrag als Vorempfang angesetzt (BGHZ 65, 75 = NJW 1975, 1831; genauso OLG Frankfurt BeckRS 2010, 06332; FG Niedersachsen ZEV 2016, 108; BGB-RGRK/Kregel Rn 5, 6; Soergel/Lettmaier Rn 3; Erman/Bayer Rn 4; Kipp/Coing § 120 VI 3; Kohler NJW 1963, 227–229; Löbbecke NJW 1975, 2293; Johannsen WM 1977, 272; eine Berücksichtigung des Kaufkraftschwundes lehnen dagegen ab: Planck/Flad Anm 1; vLübtow I 564, II 856; Lange/Kuchinke § 15 III 4 b; vMaydell 314 f).

13 Diesen Wert (= d) erhält die hM, indem sie den zugewendeten Gegenstand im Geldwert des Empfangszeitpunktes (= a) multipliziert mit dem Lebenshaltungsindex im Zeitpunkt der Erbauseinandersetzung (= c) und diesen Betrag durch den Lebenshaltungsindex zZ der Zuwendung (= b) dividiert:

$$\frac{a \times c}{b} = d$$

(dazu Philipp Betrieb 1976, 664; Werner DNotZ 1978, 69, 70).

14 Diese Ansicht ist schon deswegen zweifelhaft, weil der BGH die Berechnung zunächst für den Zugewinnausgleich (BGHZ 61, 385) gewählt und dann unbesehen auf den erbrechtlichen Vorempfang übertragen hat (BGHZ 65, 75 = NJW 1975, 1831; BGH WM 1975, 1179). Hatte der BGH dies in der ersten Entscheidung mit dem Sinn und Zweck des Zugewinnausgleichs zu rechtfertigen versucht, so hätte es bei der Übertragung auf den erbrechtlichen Vorempfang einer entsprechenden Auseinandersetzung mit dem Sinn und Zweck erbrechtlicher Ausgleichsvorschriften bedurft (dazu Werner DNotZ 1978, 82). Nach Sinn und Zweck der §§ 2050 ff BGB sowie nach den Mot ist § 2055 Abs 2 BGB jedoch dahingehend zu verstehen, dass der Gegenstand der Zuwendung (Geld und Sachzuwendungen) mit dem Geldbetrag dem Nachlass zu- und dem Ausgleichspflichtigen angerechnet wird, der im Zeitpunkt der Auseinandersetzung aufzuwenden wäre, um ihn in dem Zustand, den er zZ der Zuwendung hatte, zu erwerben. Der Gegenstand wird im Zustand zum Zeitpunkt der Zuwendung dem Nachlass zugehörig behandelt. Das Wort „Wert" in § 2055 Abs 2 BGB ist nicht als Geldwert, sondern als Zustand (dh Neuwert, Gebrauchswert usw) zu verstehen. Insoweit wird die Sache nach dem Zustand bewertet, den sie zZ der Zuwendung hatte (Werner DNotZ 1978, 80 ff). Diese von der allgemeinen

Ansicht abweichende Auslegung des Abs 2 rechtfertigt sich aus folgenden Überlegungen:

Die Gesetzesmaterialien (Mot V 708) verdeutlichen lediglich, dass Wertveränderungen durch Beschädigung, Zerstörung, Veräußerung, Verbrauch usw den Begünstigten treffen, da er den Gegenstand benutzt und das Risiko tragen muss. Damit soll sich der Ausgleichungsverpflichtete nicht auf derartige Veränderungen bei der Auseinandersetzung berufen dürfen, dh der Gegenstand wird so angesetzt, wie er ihn erhalten hat (Werner DNotZ 1978, 82). §§ 2050 ff BGB sollen zu einer Gleichstellung der Abkömmlinge führen (§ 2050 Rn 1), indem die ausgleichspflichtige Zuwendung so behandelt wird, als wäre sie noch im Nachlass vorhanden und würde erst bei der Auseinandersetzung an den Begünstigten gelangen (BGHZ 65, 75; Kohler NJW 1963, 227). Dann muss der Gegenstand aber auch so, wie ihn der Begünstigte seinerzeit erhalten hat, als im Nachlass existent bzw dem Begünstigten bei der Auseinandersetzung zugewiesen behandelt und bewertet werden, also nach dem Geldwert im Auseinandersetzungszeitpunkt. § 2050 Abs 2 BGB soll lediglich verhindern, dass sich der Ausgleichspflichtige bei der Auseinandersetzung darauf beruft, die Zuwendung sei inzwischen nicht mehr vorhanden, durch Zeitablauf oder Gebrauch im Wert gesunken oder gar wertlos geworden (Werner DNotZ 1978, 83 ff). Er muss ihn sich so anrechnen lassen, wie er ihn erhalten hat. 15

Allein diese Auslegung des § 2055 Abs 2 BGB entspricht dem vermuteten Erblasserwillen, an dem sich die §§ 2050 f BGB orientieren, und verhindert unbillige Ergebnisse (Werner DNotZ 1978, 66 ff, 85). Es bedarf nicht der umständlichen Einbeziehung des Lebenshaltungsindexes zwecks Berücksichtigung des Geldwertschwundes. Eine solche ist zudem abzulehnen, da die Geldentwertung auf der durchschnittlichen Werterhöhung aller Güter beruht, also eine pauschal errechnete darstellt (Werner DNotZ 1978, 70). Bei §§ 2050 ff BGB handelt es sich aber um die Bewertung eines einzelnen Gegenstandes, dessen Wert allein zugrunde gelegt und nicht durch eine auf andere Lebensgüter bezogene Teuerungsrate verfälscht werden darf (Werner aaO). Die einfachere Handhabung der hier vertretenen Ansicht zeigt sich auch bei der Inflation, die ebenso wie der allgemeine Geldwertschwund ohne Bedeutung ist, da allein der Geldwert zZ der Auseinandersetzung entscheidend ist, um die Sachen im Zustand der Zuwendung zu bewerten. So haben auch die Rspr und die ihr beistimmende Literatur Vorempfänge, die in Inflationszeiten geleistet worden sind, in den Sachwert umgerechnet, den die Zuwendung im Zuwendungszeitpunkt nach der Kaufkraft der bei der Auseinandersetzung geltenden stabilen Währung hatte. Allerdings wurde eine schematische Umrechnung nicht anerkannt, sondern lediglich eine Schätzung nach den Umständen des Einzelfalles vorgenommen (so Staudinger/Lehmann[11] § 2055 Rn 6). 16

2. Der **Untergang der Zuwendung** befreit nicht von der Ausgleichungspflicht (unstr Palandt/Weidlich Rn 1; MünchKomm/Ann Rn 5). Zuwachs, Zinsen und Nutzungen bleiben außer **Betracht** (Bamberger/Roth/Lohmann Rn 4), denn sie sollen dem Bedachten nach dem Willen des Erblassers bereits vor dem Erbfall zugutekommen. Hierin liegt die eigentliche Bevorzugung gegenüber den ausgleichsberechtigten Erben (Werner DNotZ 1978, 86). Dies übersieht Meincke AcP 178 (1978) 66 f. 17

3. **Wertsteigerungen und Wertsenkungen** aufgrund Änderung der Marktlage 18 (nicht aufgrund Nutzung, Verbrauch usw) gehen zugunsten und zulasten des Nachlasses (Werner DNotZ 1978, 66 ff) und nicht wie bei der hM (MünchKomm/Ann Rn 13) zugunsten und zulasten des Ausgleichspflichtigen. Bei Sachzuwendungen ist die allgemeine Geldentwertung ebenso wie eine Währungsreform ohne Bedeutung. Lediglich Geldzuwendungen müssen bei Währungsreformen in die neue Währung umgerechnet werden. Zur Umstellung nach dem UmstG (vgl insoweit Staudinger/Lehmann[11] Rn 7).

19 **4.** § 2055 Abs 2 BGB ist wie alle Regelungen der §§ 2050 ff BGB **nichtzwingender Natur**, dh der Erblasser kann bei der Zuwendung eine anderweitige Regelung treffen (MünchKomm/Ann Rn 16). Insoweit gelten die Auslegungsregeln der §§ 133, 157 BGB (OLG Hamm MDR 1966, 330; Werner DNotZ 1978, 85). Auch bei der testamentarisch angeordneten Ausgleichungspflicht (vgl § 2050 Rn 37) ist einem abweichenden Willen des Erblassers Rechnung zu tragen. Die Anordnung, ein Darlehen sei nicht zurückzuzahlen, sondern lediglich auszugleichen, kann den Willen ergeben, den Empfänger nicht in höherem Maße ausgleichungspflichtig zu machen, als er als Darlehensschuldner zur Rückgewähr verpflichtet gewesen wäre (RG JW 1927, 1120; HRR 1930 Nr 1805). Eine **Grenze** setzen die **Pflichtteilsansprüche** der an der Ausgleichung Beteiligten, deren Wert im Ergebnis nicht unterschritten werden darf (Ebenroth/Bacher/Lorz JZ 1991, 277, 280 ff); dies gilt für die anderen Abkömmlinge, § 2316 Abs 3 BGB, ebenso wie für den Abkömmling, der eine ausgleichungspflichtige Zuwendung erhalten hat.

IV. Rechtsstellung der Miterben

20 Die Rechtsstellung der **ausgleichungspflichtigen** und **-berechtigten Miterben** in der Erbengemeinschaft bestimmt sich bis zur Auseinandersetzung nach Maßgabe der ihnen zustehenden Erbteile ohne Berücksichtigung der erst bei der Auseinandersetzung vorzunehmenden Ausgleichung. Eine dingliche Verschiebung der Erb- oder Anteilsberechtigung tritt nicht ein (BayObLG ZEV 2002, 24, 27). Mit der Anteilsberechtigung ist lediglich die Pflicht und das Recht verbunden, bei der Auseinandersetzung die Ausgleichung vorzunehmen, also die Anteilsrechte der Ausgleichungspflicht entspr zu gestalten (Planck/Strohal Vorbem 3 zu § 2050).

21 **1.** Die Miterben sind allein **entspr** ihren **Erbquoten** (Bamberger/Roth/Lohmann Rn 2) an der **Verwaltung** und **Verfügung** über die Erbschaft beteiligt und dementsprechend stimmberechtigt. Ausgleichungspflicht und -recht sind insoweit ohne Bedeutung. Das gilt selbst für einen Miterben, der mehr erhalten hat, als ihm bei der Auseinandersetzung zukommen würde und nach § 2056 BGB von der Herausgabe des Mehrempfanges befreit ist (heute unstr Erman/Bayer Rn 1; vgl § 2050 Rn 6). Doch können bei Gefährdung der bei der Auseinandersetzung vorzunehmenden Ausgleichung durch einstweilige Verfügung Sicherungsmaßnahmen (zB Aussetzung bzw Einschränkung des Stimmrechts oder Fruchtbezuges) ergriffen werden (BGB-RGRK/Kregel Rn 8; MünchKomm/Ann Rn 6; Strohal II § 64 Fn 4; Heimann JherJb 1942, 459 f; zur Aufteilung der Früchte vor der Auseinandersetzung vgl § 2038 Rn 60).

22 **2.** Den **Nachlassgläubigern gegenüber** bleibt trotz etwaiger Ausgleichungspflichten der Erbteil maßgebend und nicht der Anspruch auf das, was bei der Auseinandersetzung auf den Anteil des betreffenden Miterben unter Berücksichtigung der

Ausgleichungspflicht entfällt (Bamberger/Roth/Lohmann Rn 2). Selbst der aufgrund Vorempfanges völlig befriedigte Miterbe haftet ihnen nach den allgemeinen Vorschriften der §§ 2058 ff BGB. Im Innenverhältnis ist er freizustellen, er kann nach § 2046 BGB die Berichtigung der Nachlassverbindlichkeiten aus dem Nachlass verlangen, ggf die anderen Miterben anhalten, ihn von der Verbindlichkeit zu befreien oder ihn für das darauf Geleistete schadlos zu halten. Auch *nach der Auseinandersetzung* haften die Miterben grundsätzlich als Gesamtschuldner, aber – soweit sie das Beschränkungsrecht nicht verloren haben – nur auf das, was sie unter Berücksichtigung der Ausgleichungspflicht wirklich aus dem Nachlass erhalten haben (MünchKomm/Ann Rn 9). Die ausgleichungspflichtige Zuwendung kann nicht als aus dem Nachlass empfangen angesehen werden (Strohal II § 91 I), sodass gegen einen voll gedeckten Miterben, der nichts mehr bei der Auseinandersetzung erhalten hat, die Vollstreckung unmöglich ist.

3. Der **Gläubiger eines Miterben**, der dessen Anteil am Nachlass gepfändet oder die Zwangsvollstreckung in den Anteil des Miterben vor der Teilung betrieben hat (§ 2059 Abs 1 S 1 BGB), erlangt hinsichtlich der Ausgleichungspflicht die gleiche Stellung wie der Miterbe selbst (Bamberger/Roth/Lohmann Rn 2), folglich auch dessen Ausgleichungsansprüche und Ansprüche aus dem Innenverhältnis nach § 2046 BGB. Dies wird bedeutsam für den Fall der geteilten Haftung, soweit der Gläubiger den Teil der Verbindlichkeit, der dem ideellen Anteil des leer ausgegangenen Miterben entspricht, von diesem nicht beitreiben kann, weil dieser gar nichts oder weniger erhalten hat. **23**

4. Bei **Fortsetzung einer Gesellschaft** nach dem Tod eines Gesellschafters durch dessen Erben gehen die Gesellschaftsanteile auf letztere entspr ihren Erbanteilen unmittelbar kraft Sondererbfolge über (vgl Vorbem 35 zu §§ 2032 ff). Eine Auseinandersetzung, bei der allein eine Ausgleichung erfolgen kann, findet insoweit nicht statt. Jedoch zeigt sich die Bedeutung der Ausgleichungspflicht insoweit, als bei der Auseinandersetzung des ganzen übrigen Nachlasses eine Veränderung der Größe der Anteile möglich ist, auch wenn die Ausgleichung nur rechnungsmäßig vor sich geht und keine Veränderung der Erbteile mit sich bringt (RG WarnR 1942, 62). **24**

§ 2056
Mehrempfang

Hat ein Miterbe durch die Zuwendung mehr erhalten, als ihm bei der Auseinandersetzung zukommen würde, so ist er zur Herauszahlung des Mehrbetrags nicht verpflichtet. Der Nachlass wird in einem solchen Falle unter den übrigen Erben in der Weise geteilt, dass der Wert der Zuwendung und der Erbteil des Miterben außer Ansatz bleiben.

Materialien: E I § 2164 Abs 1, 2; II § 1929; III § 2031; Mot V 709 f; Prot V 893 f; Jakobs/Schubert ER I 783 f, 805–818; Denkschr 730.

Schrifttum

Schäfer, Pflichtteilsreduzierung und Pflichtteilserhöhung durch kombinierte Anrechnung und Ausgleichung?, ZEV 2013, 63.

1 **I. § 2056 BGB ergänzt** die Regelung des § 2055 BGB für den Fall, dass ein Miterbe durch ausgleichspflichtige Zuwendungen bereits mehr erhalten, als ihm bei der Auseinandersetzung gem § 2055 BGB zukommen würde. Hier schließt § 2056 S 1 BGB jede Pflicht zum Sach- oder Wertersatz aus; dem Fall, dass der Ausgleichspflichtige mehr erhalten hat, steht der gleich, in dem er **gerade soviel** erhalten hat, als auf ihn nach § 2055 BGB entfallen würde. § 2056 BGB entspricht dem **vermuteten Willen** des Erblassers, der mit der Zuwendung verdeutlicht hat, dass der Vorempfang bei dem Begünstigten verbleiben solle (Bamberger/Roth/Lohmann Rn 1); dies ist freilich nicht zwingend, weil ein Fall des § 2056 BGB auch dann eintreten kann, wenn der Erblasser alle Abkömmlinge gleichbehandeln wollte, sich seine Vermögenslage aber wider Erwarten verschlechtert hat. Es wäre allerdings zudem unbillig, den Empfänger mit Herausgabe oder Ersatzansprüchen zu belasten, da er die Zuwendung als Vermögensmehrung betrachten durfte und zumeist verbraucht hat (MünchKomm/Ann Rn 1).

2 Eine **Ausnahme** zu § 2056 BGB regelt § 12 Abs 9 HöfeO: Der Hoferbe hat den Mehrbetrag herauszugeben, wenn er durch eine nach § 2050 BGB ausgleichungspflichtige Zuwendung mehr erhalten hat als die Hälfte des nach Abzug der Nachlassverbindlichkeiten verbleibenden Wertes nach § 12 Abs 3 S 1 HöfeO. Der **Erblasser** hingegen **kann nicht** entgegen § 2056 BGB eine Rückgewähr oder eine Ausgleichszahlung an den Nachlass anordnen (RG Recht 1920 Nr 686; OLG Celle OLGE 32, 52; Bamberger/Roth/Lohmann Rn 1).

3 Zu beachten ist, dass bei der Anwachsung von Erbteilen durch Wegfall eines gesetzlichen oder gewillkürten Erben, §§ 1935, 2094 BGB, der **angewachsene Erbteil** im Hinblick auf die Ausgleichung als selbständiger Erbteil gilt, § 2095 BGB. Die einen Erbteil überschwerende Ausgleichung ist von dem anderen Erbteil folglich nicht zu tragen.

4 **II.** Wer wegen § 2056 BGB nichts herauszugeben hat, kann auch nicht mit dem **Pflichtteilsanspruch** nach § 2316 BGB belangt werden (Bamberger/Roth/Lohmann Rn 1; Erman/Bayer Rn 1), obwohl der Pflichtteil gem § 2316 Abs 1 BGB unter Berücksichtigung der Ausgleichungspflicht zu berechnen ist; dies selbst dann nicht, wenn die zur Ausgleichung zu bringende Zuwendung das einzige (rechnungsmäßige) Aktivum des Nachlasses bildet (RGZ 77, 282).

5 Der **Pflichtteilsergänzungsanspruch** der §§ 2325 f BGB erstreckt sich lediglich auf Schenkungen, nicht auf andere Zuwendungen (RGZ 77, 283; offengelassen in BGH NJW 1965, 1526; Damrau/Bothe Rn 16; Erman/Bayer Rn 1). Ausgleichspflichtige Zuwendungen dürfen also bei der Berechnung der Pflichtteilsergänzung nur soweit dem Nachlass zugerechnet werden, als sie Schenkungscharakter haben (die Ausstattung, § 1624 BGB, ist nicht als Schenkung anzusehen). Die Beschränkung aus § 2056 BGB

gegenüber einem Pflichtteilsergänzungsanspruch tritt jedoch allein ein, falls der Vorempfang eines sonst ausgleichspflichtigen gesetzlichen Erben höher ist als dessen gesetzlicher Erbteil bei *Hinzuziehung der auszugleichenden Vorempfänge zu dem um den Wert der Schenkung vermehrten Nachlass* (BGH NJW 1965, 1526 f; MünchKomm/Ann Rn 4; Kessler DRiZ 1966, 399; vgl auch Scholz, Die Wirkung des § 2056 BGB im Pflichtteilsrecht, JherJb 84, 294 f, 304).

Ein Anspruch des durch Schenkungen des Erblassers **benachteiligten Vertragserben** (oder Ehegatten, soweit wechselbezügliche Verfügungen in einem Ehegattentestament vorliegen) aus § 2287 BGB gegen den Miterben, der die Zuwendung erhalten hat, ist neben der Ausgleichung anwendbar, soweit der vertragsmäßig bedachte Miterbe trotz der Ausgleichung durch die Schenkung noch beeinträchtigt ist (BGH NJW-RR 1989, 259). 6

III. Die **Verteilung des Nachlasses vollzieht** sich im Sonderfall des § 2056 BGB so, dass der Wert der Zuwendung und der Erbteil des voll gedeckten Miterben außer Ansatz bleiben (S 2). 7

1. Der voll gedeckte Miterbe scheidet sowohl mit seinen (an sich anzurechnenden) Vorempfängen als auch mit seinem Erbteil nur für die Auseinandersetzung aus, ohne dass sich ansonsten seine **Stellung als Erbe** ändert (vgl § 2055 Rn 14). Selbst bei zwei Miterben, von denen der eine aufgrund ausgleichspflichtigen Vorempfanges bei der Auseinandersetzung leer ausgeht (Bamberger/Roth/Lohmann Rn 2), wird erst bei der Auseinandersetzung der nicht ausgleichspflichtige Erbe Alleinberechtigter hinsichtlich der Nachlassgegenstände. 8

2. Durch das Ausscheiden der Vorempfänge des leer ausgehenden Miterben erfährt die Teilungsmasse keine Erhöhung. Wohl ändert sich durch sein Ausscheiden (infolge Wegfalls seines Bruchteils) der **Teilungsbruchteil** für die Übrigen. Die Bruchteile müssen – nur hinsichtlich der Auseinandersetzung – auf einen anderen Nenner gebracht werden, aber in demselben Verhältnis zueinander bleiben (ebenso BGB-RGRK/Kregel Rn 2). 9

Beispiel: Nachlasswert € 12 000. Erben sind der Sohn A zu 1/2 und zwei Enkel X und Y zu je 1/4. X hat € 6000 auszugleichen. Auf ihn würden bei Zurechnung seines Vorempfanges entfallen: 1/4 von € 18 000 = € 4500. Da er bereits € 6000 erhalten hat, scheidet er aus. Der Nachlass ist unter A und Y im Verhältnis von 2/3 zu 1/3 zu teilen: A erhält € 8000, Y € 4000. 10

3. Haben **mehrere Abkömmlinge Zuwendungen auszugleichen**, kann das Ausscheiden eines Abkömmlings nach § 2056 BGB zur Folge haben, dass nunmehr ein anderer Miterbe, dessen Erbteil nun nicht mehr die Höhe seines Vorempfanges erreicht, ebenfalls bei der Auseinandersetzung leer ausgeht. 11

Beispiel (nach Küntzel Gruchot 41, 617): Nachlass € 28 000. Erben sind: Zu 1/3 = 6/18 der Sohn A, zu je 1/6 = 3/18 die Kinder V und W des vorverstorbenen Sohnes B und zu 1/9 = 2/18 die Kinder X, Y und Z des vorverstorbenen Sohnes C. Zur Ausgleichung zu bringen sind von W € 8000, von Z € 12 000. Nach § 2055 BGB ergibt sich eine Teilungsmasse von € 48 000. Daher hat Z, auf den nur 1/9 fällt, nach § 2056 12

BGB nichts mehr zu erhalten. Das Verhältnis der Erbteile bleibt aber unberührt. Da Z bei der Teilung ausscheidet, bleibt eine Teilungsmasse von € 36 000 und ein Verhältnis der zur Teilung Berechtigten von 6: 3: 3: 2, der Nenner des Bruchteils wird infolge des Ausscheidens des Z 16 statt 18; dh A hat 6/16, V und W je 3/16, X und Y je 2/16 zu erhalten. Da W einen Vorempfang von € 8000 hat, 3/16 von € 36 000 jedoch nur € 6750 betragen, scheidet nunmehr auch W bei der Nachlassverteilung gemäß § 2056 BGB aus. Es bleibt ein Nachlass von € 28 000 als nach dem Verhältnis 6: 3: 2: 2 unter A, V, X und Y zu teilende Masse, der Nenner wird 13. Es erhalten A 6/13, V 3/13, X und Y je 2/13 von € 28 000.

§ 2057
Auskunftspflicht

Jeder Miterbe ist verpflichtet, den übrigen Erben auf Verlangen Auskunft über die Zuwendungen zu erteilen, die er nach den §§ 2050 bis 2053 zur Ausgleichung zu bringen hat. Die Vorschriften der §§ 260, 261 über die Verpflichtung zur Abgabe der eidesstattlichen Versicherung finden entsprechende Anwendung.

Materialien: E II § 1930; III § 2032; Prot V 894; Jakobs/Schubert ER I 805–818; Denkschr 730.

Schrifttum

Cornelius, Auskunfts- und Wertermittlungsverlangen des enterbten Pflichtteilsberechtigten bei pflichtteilsergänzungsrechtlich relevanten Veräußerungen, ZEV 2005, 286
Horn, Auskunftsrechte des Erben gegen den Pflichtteilsberechtigten, NJW 2016, 2150.
Lindenau/Arweiler, Auskunftspflichten im Erbrecht, NJW 2017, 3553.
Lütze, Der Informationsanspruch im Zivilrecht, JuS 1986, 2
Sarres, Auskunftspflichten zwischen Miterben über lebzeitige Zuwendungen gemäß § 2057 BGB, ZEV 2000, 349
ders, Erbrechtliche Auskunftsansprüche (2017)
ders, Die Entwicklung pflichtteilsrechtlicher Auskunftsansprüche, ZEV 2016, 306.
Schöne, Auskunftsansprüche im Erbrecht (1983).

1 **I.** Die Vorschrift ist erst von der II. Komm eingefügt worden und entspricht einem **praktischen Bedürfnis**. Vielfach werden die Zuwendungen des Erblassers an die ausgleichspflichtigen Miterben nicht bekannt sein. Deshalb gibt § 2057 BGB den „übrigen" Miterben, dh jedem von ihnen, das Recht, von jedem anderen miterbenden Abkömmling Auskunft über die von ihm oder seinem Vorgänger (vgl § 2051 BGB) erhaltenen Zuwendungen zu verlangen. Dadurch wird die Erfüllung der Ausgleichungspflicht gesichert. Vor Erteilung der Auskunft kann **Auseinandersetzung der Erbengemeinschaft** deshalb nicht verlangt werden.

2 Darüber hinaus enthält das Gesetz keine allgemeine Auskunftspflicht der Miterben untereinander über den Nachlass. Allerdings kann im Einzelfall ein **Auskunftsanspruch aus § 242 BGB** hergeleitet werden, weil zwischen den Miterben die für die

Anwendung des § 242 BGB erforderliche Sonderverbindung in Form der Erbengemeinschaft besteht. Das ist beispielsweise dann der Fall, wenn ein Miterbe Auskunft über den Wert des einem Miterben vor dem Erbfall zugewendeten Gegenstandes begehrt, weil er den Wert nicht selbst ermitteln (lassen) kann (OLG Hamm FamRZ 1983, 1279; OLG Frankfurt BeckRS 2017, 150920).

II. Das **Recht auf Auskunftserteilung** steht jedem *Miterben* als Individualrecht (kein § 2039 BGB) zu. Voraussetzung hierfür ist der (von ihm zu beweisende) Umstand (MünchKomm/Ann Rn 2; Damrau/Bothe Rn 1; Erman/Bayer Rn 2; Bamberger/Roth/Lohmann Rn 2), dass er selbst und der Auskunftspflichtige zu den Abkömmlingen bzw deren Ersatzerben zählen, die an sich gem §§ 2050–2052 BGB ausgleichspflichtig und -berechtigt sein können. Überdies hat diesen Anspruch auch ein *pflichtteilsberechtigter Abkömmling,* der nicht Erbe ist, wegen § 2316 Abs 1 BGB (RGZ 73, 372 = JW 1910, 708 Nr 13; OLG Nürnberg NJW 1957, 1482; Erman/Bayer Rn 2); dieser Anspruch tritt neben den Auskunftsanspruch aus § 2314 BGB. Auskunftsberechtigt ist auch der mit der Auseinandersetzung beauftragte *Testamentsvollstrecker,* vgl die Verweisung in § 2204 BGB, da die Erfüllung seiner Aufgaben die Berücksichtigung etwaiger Vorempfänge erfordert (MünchKomm/Ann Rn 3; Erman/Bayer Rn 2). 3

Nachlass- und Nachlassinsolvenzverwalter können den Anspruch lediglich erheben, wenn sie ein besonderes Interesse daran haben, den Bestand eines Erbteils klarzustellen, um Nachlassverbindlichkeiten berichtigen zu können, mit denen dieser Erbteil belastet ist (Soergel/Lettmaier Rn 2; Damrau/Bothe Rn 1). 4

Hingegen soll der *Alleinerbe* gegen einen Pflichtteilsberechtigten, der seinen Anspruch geltend macht, keinen Auskunftsanspruch nach § 2057 BGB analog haben (OLG München NJW 2013, 2690; genauso wohl OLG Köln ZEV 2014, 660), denn es bestehe keinerlei Bedürfnis für den Alleinerben, derartige Informationen zu erhalten. Selbst wenn ein Abkömmling eine höhere Zuwendung als den ihm letztlich bei der Auseinandersetzung zustehenden Anteil erhalten haben sollte, brauche er nichts herauszubezahlen, § 2056 BGB, und bei der Berechnung der Pflichtteile anderer Abkömmlinge bleibe in einem solchen Fall der Wert der Zuwendung und der Erbteil des Zuwendungsempfängers ganz außer Betracht. Die wirtschaftliche Gesamtsituation des Erben, der nicht erbenden Abkömmlingen Pflichtteile schuldet, verändere sich insoweit nach dem Gesetz aufgrund einer Ausgleichungspflicht von Zuwendungen im Ergebnis nicht. 5

Dem ist nicht zu folgen (so auch OLG Koblenz ZEV 2016, 206) vor dem Hintergrund, dass der Erbe die Pflichtteilsschulden zu erfüllen hat, § 1967 Abs 2 BGB, wozu er mangels Auskunft nicht in der Lage ist, weil er zwar die gesamte Pflichtteilslast, nicht aber die einzelnen Pflichtteilsansprüche berechnen kann. Es muss dem Pflichtteilsschuldner aber möglich sein, seine Schuld autonom korrekt zu erfüllen, ohne erst auf die Aktivität eines Gläubigers warten und dann reagieren zu müssen (Ruby/Schindler ZEV 2014, 29). 6

III. Die **Pflicht zur Auskunftserteilung** trifft jeden *Miterben,* der zu den von der Ausgleichungspflicht betroffenen Personen gehört; dies sind die Abkömmlinge des Erblassers als gesetzliche (§ 2050 BGB) oder gewillkürte Erben im Sinne des § 2052 BGB. Gleiches gilt für einen enterbten und deshalb lediglich *pflichtteilsberechtigten* 7

Abkömmling (BGH ZEV 2010, 190; OLG Frankfurt DNotZ 2011, 59; OLG Koblenz ZEV 2016, 206), damit eine zutreffende Berechnung des Pflichtteilsanspruchs unter Anwendung des § 2316 BGB erfolgen kann. Hat der Erblasser testamentarisch angeordnet, dass ein *Miterbe, der nicht Abkömmling ist,* ausgleichspflichtig sein soll, soweit Zuwendungen an ihn zu Lebzeiten erfolgt sein sollten, so ist dieser in analoger Anwendung des § 2057 BGB ebenfalls auskunftspflichtig.

8 **IV. Gegenstand der Auskunftspflicht** sind alle Zuwendungen an den jeweils auskunftspflichtigen Miterben (oder einen weggefallenen Abkömmling, § 2051 BGB), die nach ihrer allgemeinen Eigenart von der Ausgleichungspflicht der §§ 2050–2053 BGB betroffen werden können.

9 **1.** Die Pflicht erstreckt sich also nicht auf schlechthin alle Zuwendungen, die der Miterbe jemals vom Erblasser erhalten hat (so jedoch RGZ 58, 91; Erman/Bayer Rn 3; Damrau/Bothe Rn 3, 4). Sie beschränkt sich aber umgekehrt auch nicht auf diejenigen, die bei richtiger Anwendung der §§ 2050 ff BGB tatsächlich ausgleichungspflichtig sind (so jedoch RGZ 73, 376 f; wie hier Sarres ZEV 2000, 349). Der hier vertretene Mittelweg rechtfertigt sich daraus, dass die Entscheidung, welche Zuwendungen im konkreten Fall betroffen sind, nicht dem subjektiven Ermessen oder gar Belieben des Auskunftspflichtigen überlassen werden kann und weiterhin eine an §§ 2055 ff BGB gemessene Beschränkung erforderlich ist (wie hier: Palandt/Weidlich Rn 1; Soergel/Lettmaier Rn 6).

10 **2.** Der **Auskunftspflichtige** muss **angeben**: Inhalt und Umfang jeder in Frage kommenden Zuwendung, jede Tatsache, die für die Bewertung von Belang ist (BayObLGZ 19 A 44 = OLGE 37, 253; BGHZ 183, 376 = BGH FamRZ 2010, 640 Rn 28; Erman/Bayer Rn 3; MünchKomm/Ann Rn 5), den Zeitpunkt der Zuwendung und eventuelle Anordnungen des Erblassers über ihre Ausgleichung.

11 **3.** Wer **Auskunft** und **Versicherung an Eides statt** fordert, braucht nicht einen bestimmten Ausgleichungsposten zu behaupten, noch weniger muss vorher die Hingabe einer Zuwendung festgestellt werden. Handelt es sich um ein bereits bekanntes Rechtsgeschäft, das sich äußerlich nicht als Zuwendung **darstellt**, hat der Auskunft verlangende Miterbe nachzuweisen, dass es ganz oder zum Teil eine Zuwendung darstellt (RG JW 1906, 358; Bamberger/Roth/Lohmann Rn 5; MünchKomm/Ann Rn 10 f).

12 **V.** Die **Form der Auskunft** ist im Gesetz nicht näher geregelt. Ein Bestandsverzeichnis iS des § 260 Abs 1 BGB ist nur vorzulegen, wenn die Zuwendung einen Inbegriff von Gegenständen umfasst hat (Palandt/Weidlich Rn 2; Damrau/Bothe Rn 11). Ist der Erbe dazu verurteilt worden, durch Vorlage eines notariellen Nachlassverzeichnisses Auskunft über den Nachlassbestand zu geben, sind allein der Kenntnisstand und die Erkenntnismöglichkeiten des Erben der Maßstab dafür, ob die Auskunft vollständig gegeben wurde (OLG Koblenz FamRZ 2019, 146). §§ 260, 261 BGB finden allein hinsichtlich der Verpflichtung zur Abgabe einer eidesstattlichen Versicherung entsprechende Anwendung (Damrau/Bothe Rn 12).

13 **1.** Der Auskunftspflichtige genügt zunächst seiner Pflicht durch die **einfache Angabe**, eine bestimmte oder keine Zuwendung erhalten zu haben, die nach § 2050

BGB als ausgleichungspflichtig in Betracht kommen könnte. Weigert er sich, die Auskunft zu erteilen, ist er dazu durch Klage und Zwangsvollstreckung gem § 888 ZPO anzuhalten (Erman/Bayer Rn 3). Legt der Auskunftsberechtigte schlüssig dar, dass der Erbe noch nicht vollständig Auskunft über den Nachlassbestand gegeben hat, kann er nach § 888 ZPO vorgehen und ist nicht darauf zu verweisen, vom Erben die eidesstattliche Versicherung über die Vollständigkeit der Auskunft zu verlangen (OLG Koblenz FamRZ 2019, 146).

2. Zur Abgabe einer **eidesstattlichen Versicherung** ist er auf Verlangen des Auskunftsberechtigten nur verpflichtet, wenn Grund zu der Annahme besteht, dass die Auskunftspflicht nicht mit der erforderlichen Sorgfalt erteilt worden ist (OLG München FamRZ 2016, 1877). Ein solcher Verdacht kann sich uU aus der Weigerung des Pflichtigen ergeben, die Auskunft in ordnungsmäßiger Form – also regelmäßig schriftlich unter Angabe der erforderlichen Einzelheiten – zu geben (BGB-RGRK/Kregel Rn 7); gleiches gilt bei widersprüchlichen Angeben des Auskunftspflichtigen (OLG Karlsruhe FamRZ 2019, 564). Da lediglich §§ 260, 261, nicht aber § 259 Abs 3 BGB für entspr anwendbar erklärt werden, besteht die Pflicht zur Abgabe der eidesstattlichen Versicherung auch hinsichtlich Zuwendungen von geringer Bedeutung (BGB-RGRK/Kregel Rn 7). 14

a) Ist der **Auskunftspflichtige** zur Abgabe der eidesstattlichen Versicherung **bereit**, regelt sich das Verfahren nach §§ 410 Nr 1, 412, 413 FamFG. Die Versicherung ist vor dem AG (Rechtspfleger, § 3 Nr 1b RpflG) des Wohnsitzes des Pflichtigen (als Gericht des Erfüllungsortes, § 269; § 23a Abs 1 Nr 2 GVG; § 411 FamFG) zu leisten. Ist der Pflichtige im Prozesswege **verurteilt**, ist gem § 889 ZPO vor dem AG als Vollstreckungsgericht (Rechtspfleger, § 20 Nr 17 RpflG) die Versicherung abzugeben. 15

b) Die eidesstattliche Versicherung wird im **Wortlaut** dahingehend zu fassen sein (§ 261 Abs 2 BGB), dass der Verpflichtete die nach §§ 2050 ff BGB von der Auskunftspflicht erfassten (im Anschluss an das Gesetz zu bezeichnenden) Zuwendungen nach bestem Wissen so vollständig angegeben habe, als er dazu imstande sei (vgl BayObLGZ 19 A 46 = OLGE 40, 149; MünchKomm/Ann Rn 11). Eine dem Gericht nach § 261 Abs 2 BGB freigegebene, den Umständen entsprechende Änderung der Versicherung kann sich namentlich daraus ergeben, dass gewisse Behauptungen des Auskunftspflichtigen über bestimmte Zuwendungen zu berücksichtigen sind. 16

c) Die **Kosten** hat – außerhalb des Prozesses – der Miterbe zu tragen, der die Abgabe der **eidesstattlichen** Versicherung verlangt hat, § 261 Abs 3 BGB. Gebühr für die Verhandlung im Termin: § 124 KostO (Palandt/Weidlich Rn 2; Bamberger/Roth/Lohmann Rn 6). 17

d) Der **Wert des Beschwerdegegenstands** bemisst sich bei der Verurteilung zur Abgabe einer eidesstattlichen Versicherung nach dem Aufwand an Zeit und Kosten, den die Abgabe der eidesstattlichen Versicherung erfordert (BGH FamRZ 2013, 783; BGH FamRZ 2017, 1954). Der eigene Zeitaufwand ist in Anlehnung an die Regelungen für Zeugen im JVEG anzusetzen. Die Einschaltung eines Rechtsanwalts kann dem verurteilten Beklagten dann nicht verwehrt werden, wenn der Urteilsausspruch nicht hinreichend bestimmt genug ist, so dass Zweifel über seinen Inhalt und Umfang im 18

Vollstreckungsverfahren zu klären sind, oder wenn die sorgfältige Erfüllung des titulierten Anspruchs Rechtskenntnisse voraussetzt (BGH FamRZ 2013, 783).

19 **e)** Ein Miterbe kann sich auch **vertraglich** zur Abgabe einer eidesstattlichen Versicherung verpflichten. Dann hat das Gericht nicht zu prüfen, ob die gesetzlichen Voraussetzungen gegeben sind (unstr: OLG Hamburg HansGZ 1940, 98; Soergel/Lettmaier Rn 8; MünchKomm/Ann Rn 10).

20 **VI.** Der Auskunftsanspruch dient nach verbreiteter Auffassung der Durchsetzung und Erhebung eines Herausgabeanspruchs und unterliegt damit der dreißigjährigen **Verjährung** gem § 197 Abs 1 Nr 1 BGB (Palandt/Weidlich Rn 1; Damrau/Bothe Rn 7; Sarres ZEV 2010, 292); der Ausgleichungsanspruch ist jedoch kein Herausgabeanspruch, so dass diese Auffassung fehlgeht. Eine weitere Auffassung sieht den Auskunftsanspruch als Hilfsanspruch zum Ausgleichsanspruch nach §§ 2050 ff an, der lediglich eine rechnerische Verschiebung innerhalb der Teilungsmasse zur Folge habe, nicht aber die Berechtigung zur Auseinandersetzung betreffe, und deshalb nach 3 Jahren verjähre, §§ 195, 199 Abs 1 BGB (OLG Stuttgart ZEV 2018, 614).

21 Der Auseinandersetzungsanspruch ist jedoch nicht nur auf die Abgabe einer Willenserklärung in Form der Zustimmung zu einem Teilungsplan gerichtet, der nicht von einer vorherigen Auskunft abhängig ist, sondern die Zustimmung zum Teilungsplan hängt rechtlich gerade von der vorherigen Erteilung der Auskunft ab. Ein Miterbe muss einem Teilungsplan nur zustimmen, wenn der Teilungsplan die Ausgleichung zutreffend berücksichtigt (Jaeger ZEV 2019, 26); der Auskunftsanspruch geht dem Auseinandersetzungsanspruch vor. Als Bestandteil der Auseinandersetzung ist der Auskunftsanspruch deshalb nach zutreffender Ansicht ebenso wie der Auseinandersetzungsanspruch **unverjährbar**.

§ 2057a
Ausgleichungspflicht bei besonderen Leistungen eines Abkömmlings

(1) Ein Abkömmling, der durch Mitarbeit im Haushalt, Beruf oder Geschäft des Erblassers während längerer Zeit, durch erhebliche Geldleistungen oder in anderer Weise in besonderem Maße dazu beigetragen hat, dass das Vermögen des Erblassers erhalten oder vermehrt wurde, kann bei der Auseinandersetzung eine Ausgleichung unter den Abkömmlingen verlangen, die mit ihm als gesetzliche Erben zur Erbfolge gelangen; § 2052 gilt entsprechend. Dies gilt auch für einen Abkömmling, der den Erblasser während längerer Zeit gepflegt hat.

(2) Eine Ausgleichung kann nicht verlangt werden, wenn für die Leistungen ein angemessenes Entgelt gewährt oder vereinbart worden ist oder soweit dem Abkömmling wegen seiner Leistungen ein Anspruch aus anderem Rechtsgrund zusteht. Der Ausgleichungspflicht steht es nicht entgegen, wenn die Leistungen nach den §§ 1619, 1620 erbracht worden sind.

(3) Die Ausgleichung ist so zu bemessen, wie es mit Rücksicht auf die Dauer und den Umfang der Leistungen und auf den Wert des Nachlasses der Billigkeit entspricht.

(4) Bei der Auseinandersetzung wird der Ausgleichungsbetrag dem Erbteil des ausgleichungsberechtigten Miterben hinzugerechnet. Sämtliche Ausgleichungsbeträge werden vom Wert des Nachlasses abgezogen, soweit dieser den Miterben zukommt, unter denen die Ausgleichung stattfindet.

Materialien: BT-Drucks V/4179, 31, 32, Ber 6.

Schrifttum

Bosch, Erbrechtliche Probleme des Nichtehelichengesetzes, FamRZ 1972, 169, 172
Brüggemann, Das neue Erbrecht, DAVorm 1969, 221
Damrau, Erbersatzanspruch und Erbausgleich, FamRZ 1969, 579, 580
ders, Erbrechtlicher Ausgleich von Zuwendungen und Pflegeleistungen, ErbR 2009, 170
Dressel, Die Ausgleichungspflicht im Höferecht bei besonderer Mitarbeit und Pflegetätigkeit eines Abkömmlings (§ 2057a BGB), RdL 1970, 146
Fenn, Die Mitarbeit in den Diensten Familienangehöriger (1970)
Firsching, Umgestaltung des Erbrechts durch das Nichtehelichengesetz, Rpfleger 1970, 48 = BayNotV 1970, 1
ders, Gesetz über die rechtliche Stellung der nichtehelichen Kinder v 19. 8. 1969, DNotZ 1970, 519, 535
Knur, Familienrechtliche und erbrechtliche Probleme des Gesetzes über die rechtliche Stellung der nichtehelichen Kinder, Betrieb 1970, 1061, 1113 = FamRZ 1970, 269, 276
Kollmeyer, Ausgleich von Pflegeleistungen unter Abkömmlingen, NJW 2017, 1849
Kroppenberg, Ist unser Erbrecht noch zeitgemäß?, NJW 2010, 2609
Ludyga, Die Berücksichtigung von Pflegeleistungen gemäß § 2057a BGB nach der Erbrechtsreform, ZErb 2009, 289
Lutter, Das Erbrecht des nichtehelichen Kindes (2. Aufl 1972) 100
Odersky, Nichtehelichengesetz (3. Aufl 1973) Art 1 Nr 90 (§ 2057a)
Otte, Bessere Honorierung von Pflegeleistungen, ZEV 2008, 260
Petersen, Die Beweislast bei der Ausgleichspflicht unter Miterben nach § 2057a BGB, ZEV 2000, 432
Sailer, Die Ausstattung als Rechtsgrund von Überlassungsverträgen, NotBZ 2002, 81
Schiemann, Erbrechtliche Folgen familiärer Leistungen, in: FS Schwab (2005) S 549
Schneider, Berücksichtigung von Pflegeleistungen eines Abkömmlings im Erbfall, ZEV 2018, 380
Schramm, Die Auswirkungen des neuen Nichtehelichenrechts im Erbrecht, BWNotZ 1970, 9
Wagner, Nachträgliche Honorierung von Pflegeleistungen und Pflichtteilsergänzung, ZErb 2003, 112
Weimar, Der Ausgleichsanspruch eines Abkömmlings bei besonderer Mitarbeit und Pflege (§ 2057a BGB), MDR 1973, 23.

Systematische Übersicht

Alphabetische Übersicht

I. Allgemeines

1 **1.** § 2057a BGB wurde durch Art 1 Nr 90 NichtehelG 1970 eingefügt. Der Gesetzgeber hat auf Vorschlag des Rechtsausschusses mit § 2057a BGB die Problematik der Erbringung besonderer Leistungen durch einen Abkömmling generell, dh unabhängig von der (seit 1998 nicht mehr zu unterscheidenden) ehelichen oder nichtehelichen Abstammung des erbenden Abkömmlings geregelt. Diese Vorschrift soll bei der Erbauseinandersetzung zwischen den als gesetzlichen Erben berufenen Abkömmlingen eine **Ausgleichung für besondere Leistungen** gewähren (Abs 1), die ein Abkömmling gegen unangemessen niedriges Entgelt oder unentgeltlich (Abs 2) zum Wohl des Erblasservermögens erbracht hat (BT-Drucks V/4179 Ber 6; zur Motivation des Gesetzgebers auch Brüggemann DAVorm 1969, 228). Außerdem soll die Norm einen **Anreiz** dafür bieten, Pflegeleistungen zugunsten der Eltern oder Großeltern selbst durchzuführen.

2 Eine genaue Berechnung und Bewertung der Tätigkeit des Abkömmlings ist häufig nicht möglich. Um Schwierigkeiten bei der Bemessung des Ausgleichsanspruchs zu vermeiden, soll entspr der Formulierung des Abs 3 eine genaue Nachrechnung aller Einzelheiten nicht erfolgen, sondern eine pauschale Schätzung genügen (BT-Drucks V/4179 Ber 6; Odersky Anm I 3). Es werden nur außergewöhnliche und erheblich ins Gewicht fallende Leistungen berücksichtigt (Abs 1).

3 Im Regierungsentwurf des Gesetzes zur Reform des Erb- und Verjährungsrechts vom 30. 5. 2008 (BT-Drucks 16/8954) war eine Ergänzung des § 2057a BGB vorgesehen. Geplant war ein neuer § 2057b BGB, der die Pflegeleistungen erweiternd aller als gesetzlicher Erben berufenen Personen ausgleichen sollte (dazu Otte ZEV 2008, 260; Windel ZEV 2008, 305; Köbl, in: FS Frank [2008] S 159). Dieser Vorschlag wurde nicht in das Gesetz zur Änderung des Erb- und Verjährungsrechts vom 24. 9. 2009 (BGBl I 3142, in Kraft zum 1. 1. 2010) übernommen, sondern lediglich in Abs 1 S 2 durch Streichung der Worte „unter Verzicht auf berufliches Einkommen" die Ausgleichung unter Abkömmlingen für Pflege insoweit erweitert, als das Erfordernis eines Verzichts auf berufliches Einkommen nicht mehr Voraussetzung blieb (zum Entwurf: Keim NJW 2008, 2072; ZEV 2008, 161; Muscheler ZEV 2008, 105; Schaal/Grigas BWNotZ 2008, 2; zur erfolgten Gesetzesänderung: Lange DNotZ 2008, 732; Langenfeld NJW 2008, 3121; Reimann FamRZ 2009, 1633). Vor diesem Hintergrund begegnet die Norm noch immer **berechtigter rechtspolitischer Kritik**: Solange Deutschland ein familienbasiertes Pflegesystem unterhält, hat der Gesetzgeber die Aufgabe, familiäre Pflegeleistungen auch erbrechtlich weiter auszugleichen als dies bisher der Fall ist (Kroppenberg NJW 2010, 2611).

4 **2.** Obwohl es sich nicht um den Ausgleich von Vorempfängen handelt, hat der Gesetzgeber die Mitwirkung des Abkömmlings bei der Schaffung und Mehrung des Erblasservermögens mit der allgemeinen Ausgleichspflicht unter Abkömmlingen verbunden und als solche technisch ausgestaltet. Im Gegensatz zu §§ 2050–2057 BGB geht es nicht um Leistungen, die ein Abkömmling vom Erblasser zu dessen Lebzeiten erhalten hat, sondern um **Leistungen des Abkömmlings**, die dem Erblasservermögen zugutegekommen sind. Die Ausgleichung kann nur im Rahmen der Auseinandersetzung, nicht als selbständiger Anspruch geltend gemacht werden (MünchKomm/Ann Rn 4).

3. Wie alle Regelungen der §§ 2050 ff BGB geht auch § 2057a BGB vom **vermuteten Erblasserwillen** aus (Damrau/Bothe Rn 2). Einer solchen Vermutungsregelung bedarf es nicht, wenn der Erblasser einen diesbezüglichen Willen geäußert hat. Die **Testierfreiheit** erlaubt es ihm, in letztwilliger Verfügung die Ausgleichspflicht des § 2057a BGB aufzuheben oder abzuändern, dh die Mitarbeit des Abkömmlings auf eine andere Weise oder überhaupt nicht zu honorieren (Erman/Bayer Rn 8; MünchKomm/Ann Rn 3; Bamberger/Roth/Lohmann Rn 1; Odersky Anm I 4, II 6; Lutter § 6 IV). Die übrigen Miterben erfahren durch eine solche Befreiung von der Ausgleichungspflicht des § 2057a BGB eine Begünstigung, sodass die Erblassererklärung idR ein Vermächtnis darstellt (Odersky Anm I 4; Erman/Bayer Rn 8; BGB-RGRK/Kregel Rn 7; Schlüter Rn 724; Damrau FamRZ 1969, 581; Bosch FamRZ 1972, 174; Weimar MDR 1973, 25). 5

4. Das Recht auf Ausgleichung verjährt als Bestandteil des **unverjährbaren** Anspruchs auf Auseinandersetzung nicht (§ 2042 Rn 6). Die **Miterben** können sich im Rahmen der Auseinandersetzung auch einverständlich über den zur Ausgleichung zu bringenden Betrag **einigen**, ohne dass dabei die Voraussetzungen des § 2057a BGB vorliegen müssen (MünchKomm/Ann Rn 3). 6

II. Voraussetzungen des Ausgleichsanspruchs (Abs 1)

1. Persönlicher Anwendungsbereich

a) Ausgleichungsberechtigte

Wie die allgemeine Ausgleichung der §§ 2050 ff BGB findet die des § 2057a BGB allein unter den erbenden Abkömmlingen des Erblassers statt, dh es müssen grds *mehrere Abkömmlinge* als *gesetzliche Erben* (§ 1924 BGB) zur Erbfolge gelangen. Nach zutreffender Auffassung (Soergel/Lettmaier Rn 3) ist die Ausgleichung nach § 2057a BGB auch dann durchzuführen, wenn einer von mehreren Abkömmlingen *Alleinerbe* wird, da sie über § 2316 BGB zugunsten des nach § 2057a BGB berechtigten Alleinerben für die Pflichtteilsberechnung relevant ist (Rn 37). 7

Auch wenn der Abkömmling zum **Zeitpunkt der Leistung** noch nicht damit rechnete, Erbe zu werden, da er von einem näheren Verwandten ausgeschlossen war oder noch nicht die Stellung eines Abkömmlings innehatte (vgl § 2053 BGB), ist § 2057a BGB anwendbar (MünchKomm/Ann Rn 7). § 2057a BGB stellt auf die Tätigkeit des späteren Erben und auf die Vermögensvermehrung beim Erblasser ab, die später dem Leistenden zugutekommen soll. Die Motivation, die Leistung allein im Hinblick auf den später zu erwartenden Ausgleich zu erbringen, ist kein Tatbestandsmerkmal. Eine analoge Anwendung des § 2053 BGB ergibt daher, dass § 2057a BGB nicht nur für die Leistungen gilt, die der Abkömmling erbracht hat, als er bereits vorrangiger gesetzlicher Erbe war (Soergel/Lettmaier Rn 10). 8

Durch die in Abs 1 S 2 angeordnete entsprechende Anwendung des § 2052 BGB besteht im Zweifel – dh soweit der Erblasser keine andere Bestimmung getroffen hat – die Ausgleichsberechtigung auch bei *gewillkürter Erbfolge,* soweit die Abkömmlinge auf ihre gesetzlichen Erbteile oder in dem Verhältnis der gesetzlichen Erbteile zueinander eingesetzt sind (vgl § 2052 Rn 3). 9

10 Ebenfalls ausgleichsberechtigt sind **Abkömmlinge**, § 2051 BGB analog, oder **Ersatzerben**, die an die Stelle eines ausgleichsberechtigten Abkömmlings treten, welcher vor oder nach (Ausschlagung etc) dem Erbfall **weggefallen** ist. Gleiches gilt für den Erbteilserwerber, falls der Veräußerer ausgleichsberechtigt war.

b) Ausgleichungspflichtige

11 Ausgleichungspflichtig sind nur Abkömmlinge, die *gesetzliche Erben* sind. Durch die in Abs 1 S 2 angeordnete entsprechende Anwendung des § 2052 BGB gilt im Zweifel – dh soweit der Erblasser keine andere Bestimmung getroffen hat – die Ausgleichspflicht auch bei *gewillkürter Erbfolge,* soweit die Abkömmlinge auf ihre gesetzlichen Erbteile oder in dem Verhältnis der gesetzlichen Erbteile zueinander eingesetzt sind (vgl § 2052 Rn 3). Erben eines ausgleichspflichtigen Abkömmlings rücken ggf ebenso in die Ausgleichspflicht ein wie ein Erbteilserwerber.

12 Der aufgrund Gesetzes miterbende **Ehegatte des Erblassers** oder ein auf einen Teil der Erbschaft letztwillig eingesetzter gewillkürter Erbe bleibt von der Ausgleichung unberührt (MünchKomm/Ann Rn 15; Brox/Walker § 31 Rn 28; vgl § 2050 Rn 14, § 2052 Rn 3). Der Erblasser kann die Ausgleichungspflicht jedoch im Wege letztwilliger Verfügung ausweiten; hierbei wird es sich in der Regel um ein Vorausvermächtnis handeln.

13 Beim **gemeinschaftlichen Testament des** § 2269 BGB gilt hinsichtlich der Ausgleichsregelung als Erblasser nicht nur der Letztverstorbene, sondern auch der Erstverstorbene (vgl § 2052 Rn 9). Daher ist ebenfalls eine Leistung nach § 2057a BGB ausgleichspflichtig, die ein Kind an den Vater erbracht hat, obwohl aufgrund des sog „Berliner Testamentes“ die Ehefrau des Leistungsempfängers zunächst alleinige Erbin geworden war und erst sie von dem Leistenden und seinen Geschwistern beerbt wird (Odersky Anm II 1; MünchKomm/Ann Rn 7; Knur FamRZ 1970, 277).

2. Leistungen eines Abkömmlings

14 Eine Ausgleichung unter den Abkömmlingen setzt Leistungen eines oder mehrerer von ihnen voraus, die in besonderem Maße dazu beigetragen haben, das Vermögen des Erblassers zu erhalten oder zu vermehren. Die Leistung muss sich positiv auf den Vermögensbestand des Erblassers ausgewirkt haben. Geschäftsfähigkeit des Leistenden ist dabei nicht erforderlich (Dressel RdL 1970, 146), denn der Ausgleich wird außerhalb vertraglicher Ansprüche gewährt. Die nachfolgend aufgezählten Arten von Leistungen sind nicht abschließend zu verstehen, da der Gesetzgeber eine Auffangregelung („oder in anderer Weise“) in Abs 1 aufgenommen hat.

15 **a)** Die **Mitarbeit** im Haushalt, Beruf oder Geschäft des Erblassers beschränkt sich nicht, wie die Gesetzesmaterialien andeuten (vgl BT-Drucks V/4179 Ber 6), auf bäuerliche und kleingewerbliche Betriebe. Die Formulierung des Gesetzes verdeutlicht, dass jede Art der Mitarbeit in irgendeinem vom Erblasser ausgeübten Beruf bzw betriebenen Geschäft oder Haushalt gemeint ist.

16 **Haushalt** des Erblassers umfasst (wie der in § 1619 BGB enthaltene Begriff des Hausstandes) alle Bereiche, die sich auf Wohn- und Aufenthaltsort des Erblassers beziehen und ihm die Lebensführung in häuslicher Hinsicht (Wohnung, Ernährung,

Freizeit) ermöglichen. Die Mitarbeit im Haushalt erstreckt sich somit auf alle Aufgaben, die Pflege, Versorgung und ordnungsgemäße Haushaltsführung mit sich bringen, zB Wohnungsreinigung, Wäschepflege, Zubereitung der Mahlzeiten, Reparaturen in der Wohnung (Weimar MDR 1973, 23).

Der **Beruf** des Erblassers kann selbständiger oder unselbständiger Art sein (Weimar MDR 1973, 23), denn in beiden Fällen vermag die Mitarbeit des Abkömmlings dem Erblasser die Ausübung zu erleichtern, erst zu ermöglichen bzw kostensparend zu wirken. Die Mitarbeit beschränkt sich nicht auf den engen beruflichen Bereich, dh Mitarbeit bei der Berufstätigkeit, es genügt jedwede Unterstützung, die in Zusammenhang mit dem Beruf steht (zB Korrespondenzführung, Fahrt zur Arbeitsstätte). 17

Geschäft (vgl § 1619 BGB) ist jeder Geschäftsbetrieb. Der Erblasser muss nicht Alleininhaber gewesen sein. Mitinhaberschaft oder Mitbeteiligung (bei Gesellschaft) genügt, denn auch in diesem Fall kann die Mitarbeit den Geschäftsanteil sichern und wertmäßig erhöhen (unstr: Odersky Anm II 2 a; Weimar MDR 1973, 23). 18

Die Mitarbeit kann verschiedener Art sein und vom Abkömmling **persönlich**, durch seine Familie oder durch **andere Personen** (Hilfskräfte) *in seinem Auftrag geleistet* werden (unstr: Odersky Anm II 4; MünchKomm/Ann Rn 20, 27; Lutter § 6 III 1 b; Knur FamRZ 1970, 277; Firsching DNotZ 1970, 536; Bosch FamRZ 1972, 173 Fn 36). Entscheidend ist, dass die Tätigkeit vom Abkömmling aufgrund seiner Abstammung veranlasst oder für den Erblasser erbracht wurde. Der Abkömmling kann die Mitarbeit haupt- oder nebenberuflich leisten. Sie muss jedoch während **längerer Zeit** erfolgen, wobei ein zusammenhängender Zeitraum nicht erforderlich ist. Wenn auch keine absolute Mindestgrenze aufgestellt werden kann (MünchKomm/Ann Rn 18), muss die Abgrenzung gegenüber der nicht erfassten gelegentlichen Aushilfe liegen (Odersky Anm II 2 b), dh es muss eine planmäßige, auf längere Zeit (nicht auf einmalige Hilfe) gerichtete Tätigkeit sein. 19

Die Mitarbeit muss in **besonderem Maße** dazu beigetragen haben, das Vermögen des Erblassers zu erhalten oder zu vermehren. Odersky (Anm II 2 c) hält zutreffend jede Mitarbeit prima facie ursächlich für Erhöhung und Erhaltung des Vermögens. Wer dies bestreite, müsse den Gegenbeweis führen. Allerdings berechtigt nach § 2057a BGB nicht jede werterhaltende oder werterhöhende Mitarbeit zur Ausgleichung, sondern nur die, welche dies in besonderem Maße erreicht hat. Es obliegt daher dem Abkömmling zu **beweisen**, inwieweit seine Mitarbeit dieses besondere Maß erreicht hat (OLG Oldenburg FamRZ 1999, 1466; siehe zu Beweisfragen Petersen ZEV 2000, 432). Das wird ihm insb dann gelingen, wenn ohne seine Hilfe der Erblasser hätte eine Arbeitskraft einstellen und bezahlen müssen (Dressel RdL 1970, 146). 20

b) Erhebliche Geldleistungen des Abkömmlings an den Erblasser werden der Mitarbeit gleichgestellt und begründen eine Ausgleichungspflicht (zum Kredit vgl Rn 22). Hinsichtlich der Erheblichkeit gilt das zu Rn 20 Gesagte. Die Erfüllung einer *gesetzlichen Unterhaltspflicht* aus §§ 1601 ff BGB begründet die Voraussetzung des § 2057a BGB *nicht* (Odersky Anm II 3; Soergel/Lettmaier Rn 6), denn gem § 1602 BGB ist der Erblasser vermögenslos, die Geldleistung kann daher nicht zur Erhaltung und Vermehrung des Erblasservermögens dienen. Anders bei freiwilliger Unterhaltsleis- 21 tung, um dem Erblasser einen Zugriff auf sein Vermögen zu ersparen (Odersky Anm II 3).

22 c) **Leistungen sonstiger Art** („in anderer Weise") führen ebenfalls zur Ausgleichung, wenn sie in besonderem Maße zur Erhaltung und Mehrung der Erbmasse geführt haben. Damit erfasst § 2057a BGB neben den speziellen letztlich alle vom Abkömmling zugunsten des Erblasservermögens erbrachten erheblichen Leistungen: Sachleistungen, Gebrauchsüberlassungen (zB Grundstücke, Darlehen), Sicherheitsleistungen (zB Bürgschaft, Grundschuld), Bezahlung von Schulden und Übernahme von Tätigkeiten für den Erblasser.

23 d) **Pflegedienste** (Abs 1 S 2) des Abkömmlings gegenüber dem Erblasser sind eine auszugleichende Leistung. Hierunter sind insb solche Leistungen zu verstehen, die im Rahmen des *Begriffs der Pflegebedürftigkeit* in § 14 SGB XI aufgeführt werden. Darüber hinaus kann nach zutreffender Auffassung des OLG Schleswig (ZEV 2017, 400) auch die *bloße Anwesenheit* des Abkömmlings als Teil der Pflegeleistung anzusehen sein, soweit er für Gespräche einerseits und für die Sicherheit des Pflegebedürftigen im Fall plötzlich notwendig werdender Hilfe zur Verfügung steht. Dies begründet das Gericht damit, dass im Interesse der Pflegebedürftigen eine Heimunterbringung oder eine Versorgung durch fremde professionelle Kräfte möglichst zu vermeiden sei.

24 Die Pflegetätigkeit muss, da sie der Mitarbeit des Abs 1 S 1 gleichgestellt wird, wie diese **während längerer Zeit** erfolgt sein und als Leistung in besonderem Maße anerkannt werden (dazu Rn 19). Eine Mindestgrenze kann für die Pflegezeit nicht absolut festgelegt werden (vgl Kollmeyer NJW 2017, 1849, 1850). Es bedarf einer wertenden Betrachtung; dabei darf vom Sinn und Zweck der Vorschrift her keine allzu enge Grenze gesetzt werden. Schon eine Pflegetätigkeit von einmonatiger Dauer kann das erhebliche Maß erreichen, wenn sie aufgrund der Umstände besonders intensiv erfolgen musste. Es geht also um überobligatorische Leistungen, die über das im Rahmen einer normalen Eltern-Kind-Beziehung Übliche, von § 1618a BGB Vorausgesetzte hinausgehen. Ein Hinweis auf den Umfang der erbrachten Pflegedienstleistungen kann sich aus der *Eingruppierung des Erblassers in einen bestimmten Pflegegrad* ergeben (OLG Frankfurt BeckRS 2013, 22801).

25 Darüber hinaus fordert § 2057a BGB nach Novellierung durch das Gesetz zur Änderung des Erb- und Verjährungsrechts (vgl Rn 3) **nicht** mehr, dass der Abkömmling dabei **auf berufliches Einkommen verzichtet** hat. Der Abkömmling braucht die Pflege nicht allein zu übernehmen, er kann sie zusammen mit anderen Familienmitgliedern oder (auch von ihm bezahlten) Hilfskräften durchgeführt haben (MünchKomm/Ann Rn 27; BGB-RGRK/Kregel Rn 6; Weimar MDR 1973, 24). Setzt der Abkömmling allein fremdes Personal ein, welches er bezahlt, handelt es sich um eine Geldleistung.

26 Die Pflegeleistungen müssen – ebenso wie Leistungen nach Abs 1 S 1 – in **besonderem Maße** dazu beigetragen haben, das **Vermögen des Erblassers** zu erhalten oder zu vermehren. Das ist insb dann der Fall, wenn der Erblasser sich Aufwendungen erspart, die er – auch bei fiktiver *Gegenrechnung von Leistungen der Pflegeversicherung* – zusätzlich aus seinem Vermögen für eine professionelle Pflege oder gar für eine Heimunterbringung leisten hätte müssen (OLG Schleswig ZEV 2017, 400). Da die

Leistungen des Abkömmlings generell zu einer Vermögensmehrung zugunsten des Erblassers führen müssen, kommt als Empfänger der Pflegeleistung allein der Erblasser in Betracht. **Pflegeleistungen**, die der Abkömmling **zugunsten von Familienangehörigen des Erblassers** erbringt, kommen nicht diesem als Pflegeleistung zugute, sondern allenfalls als Leistungen sonstiger Art (vgl Rn 23), die zu einer Vermögenserhaltung und Mehrung beim Erblasser führen, wenn er ohne die Leistung des Abkömmlings anderweitige Pflegedienste hätte bezahlen müssen (iE ebenso Odersky Anm II 4).

3. Der Billigkeitsregelung des § 2057a BGB entspricht es ferner, bei **Leistungen aller** zur Erbfolge berufenen **Abkömmlinge** nur die Leistungen zu berücksichtigen, die sich von denen der anderen deutlich durch längere Dauer und größeren Umfang abheben (Odersky Anm III 2). Die Ausgleichungsvorschrift des § 2057a BGB soll allein dem Abkömmling einen Ausgleich schaffen, der im Gegensatz zu den anderen das Erblasservermögen erhöht oder erhalten hat. 27

III. Einschränkung des Ausgleichsrechts (Abs 2)

Durch den Ausgleichungsanspruch soll ein Abkömmling für Leistungen gegenüber dem Erblasservermögen entschädigt werden, dh er soll seine Leistung honoriert erhalten. Die untätigen Abkömmlinge sollen nicht durch gleichberechtigte Beteiligung am Nachlass von der Leistung eines anderen Abkömmlings in gleicher Weise profitieren wie dieser selbst. Dieser Gedanke rechtfertigt ein Ausgleichsrecht allerdings nur, wenn die Leistung ganz oder zum Teil unentgeltlich erfolgt ist, der Abkömmling also noch **kein angemessenes Entgelt** von dem Erblasser erhalten hat. Nur dann ist durch die Leistung eine Vermögensvermehrung beim Erblasser eingetreten, hat der Leistende ein ausgleichungswürdiges Opfer gebracht. Hat der Leistende ein angemessenes Entgelt erhalten (zB über die Pflegeversicherung), besteht kein Grund für eine nochmalige Honorierung. 28

Die **Beweislast** für das Vorliegen der Voraussetzungen der Einschränkung aus Abs 2 tragen die ausgleichspflichtigen Abkömmlinge, welche darzulegen und ggf zu beweisen haben, dass ein angemessenes Entgelt gewährt oder vereinbart wurde. 29

1. Eine **unentgeltliche Leistung** liegt nicht vor, wenn der Leistende ein Entgelt erhalten oder mit dem Erblasser vereinbart hat (zB Arbeitsverhältnis) bzw aus sonstigen Rechtsgründen (GoA, ungerechtfertigte Bereicherung, dazu Damrau FamRZ 1969, 581) beanspruchen kann. Derartige Erblasserverpflichtungen bestehen nach dem Erbfall als Nachlassverbindlichkeiten fort (§ 1967 BGB), belasten den Nachlass und garantieren dem Abkömmling eine Gegenleistung für seine Tätigkeit. Es bedarf keines zusätzlichen Ausgleichs gem § 2057a BGB. Der Anspruch aus dieser Norm ist gegenüber den unmittelbaren Ansprüchen auf Leistungsentgelt subsidiär (Richter BWNotZ 1970, 7). Anders, wenn der Abkömmling die Voraussetzungen für diese Ansprüche nicht nachweisen kann. Dann ist von der Unentgeltlichkeit mangels Durchsetzbarkeit des Gegenleistungsanspruchs auszugehen (Odersky Anm II 2 d; Bamberger/Roth/Lohmann Rn 9; Johannsen WM 1970, 744; Damrau FamRZ 1969, 581). 30

Dies gilt auch, wenn dem Anspruch die **Verjährungseinrede** entgegengesetzt wird (Brox/Walker § 31 Rn 28; Bamberger/Roth/Lohmann Rn 9; **aM** Firsching Rpfleger 1970, 53), 31 denn durch die Nichtgeltendmachung seines Anspruchs hat der Abkömmling das Vermögen des Erblassers – bewusst oder unbewusst – vermehrt und erhalten. Eine Auffassung möchte berücksichtigen, dass die anderweitigen Ansprüche den ganzen Nachlass belasten, während der Anspruch aus § 2057a BGB allein die Abkömmlinge trifft. Diese dürften aber nicht dadurch schlechter gestellt werden, dass der ausgleichungsberechtigte Abkömmling seine anderweitigen Ersatzansprüche hat verjähren lassen. Das spreche dafür, die Abkömmlinge nicht nur in dem Umfang haften zu lassen, als sie bei Befriedigung des Ausgleichungsanspruchs aus dem gesamten Nachlass belastet gewesen wären, sondern den Ausgleichungsanspruch insgesamt zu versagen (Soergel/Lettmaier Rn 25; MünchKomm/Ann Rn 35).

32 *Dem* ist nicht zu folgen. Die Durchsetzung eines Anspruchs gegen einen Vorfahren zwecks Vermeidung der Verjährung darf aber von einem Abkömmling nicht verlangt werden. Die anderen Abkömmlinge sollen nicht zu seinen Lasten von seiner Anständigkeit gegenüber dem Erblasser profitieren können (iE ebenso Odersky Anm II 2 d; Lutter § 6 II 2 b; Damrau FamRZ 1969, 581). Ist der Anspruch durch **Verwirkung oder Verzicht** des Abkömmlings erloschen, kann er nicht mehr als Ausgleichsanspruch geltend gemacht werden (Lutter § 6 II 2). Dies wäre widersprüchliches Verhalten.

33 **2.** Eine **teilweise unentgeltliche** Leistung führt nur zur Berücksichtigung des unentgeltlichen Teils bei der Ausgleichung. Dies ist etwa der Fall, wenn Pflegedienstleistungen erbracht werden und dabei pflegender Abkömmling und Erblasser die Einkünfte des Erblassers für das gemeinsame Zusammenleben verwenden (vgl OLG Schleswig BeckRS 2013, 08631), der Abkömmling also Kost und Logis erhält (OLG Oldenburg FamRZ 1999, 1466). Richtschnur für die teilweise Unentgeltlichkeit ist die üblicherweise für eine solche Leistung zu erbringende Gegenleistung (MünchKomm/Ann Rn 19). Da aber alle Leistungen des Abkömmlings in besonderem Maße dazu beigetragen haben müssen, das Vermögen des Erblassers zu erhalten und zu vermehren (Abs 1), führt eine Leistung, die nur zu einem geringen Teil unentgeltlich erfolgte, nicht zu einem Ausgleichsanspruch. Dies gilt vornehmlich, wenn das Entgelt wegen der verwandtschaftlichen Beziehung zum Erblasser nur geringfügig unter dem üblichen lag (Odersky Anm II 2 d).

34 **3.** Dem Ausgleich nach § 2057a BGB steht es nicht entgegen, dass es sich bei der Leistung des Abkömmlings um die Erfüllung einer Pflicht aus § 1619 BGB oder um Aufwendungen iS des § 1620 BGB gehandelt hat, für die zu Lebzeiten des Erblassers kein Ersatz verlangt werden konnte (Abs 2 S 2).

35 **4.** Ein **Hoferbe** kann ebenfalls einen Ausgleichsanspruch gem § 2057a BGB geltend machen, selbst wenn dieser sich auf die Mitarbeit im ererbten landwirtschaftlichen Betrieb bezieht (MünchKomm/Ann Rn 21; Bamberger/Roth/Lohmann Rn 1). Nach § 12 Abs 3 S 2 der bis zum 30. 6. 1976 geltenden Fassung der HöfeO stand dem Hofeserben ein Voraus zu, mit dem seine Mitarbeit zu Lebzeiten des Erblassers abgegolten war, ein zusätzlicher Ausgleichsanspruch aus § 2057a BGB wurde durch § 12 Abs 3 S 5 HöfeO aF ausdrücklich ausgeschlossen (dazu Lutter § 7 II 2; Dressel RdL 1970, 146 ff). Nach der geltenden Fassung der HöfeO erhält der Hofeserbe den Voraus nicht mehr. Damit besteht kein Grund, ihm den Anspruch aus § 2057a BGB zu versagen (BT-Drucks VII/1443, 24; Wöhrmann/Stöcker, Das Landwirtschaftserbrecht

[6. Aufl 1995] § 12 HöfeO Rn 85; Becker AgrarR 1976, 186 f). § 12 Abs 3 S 5 HöfeO aF wurde deswegen ersatzlos gestrichen.

IV. Höhe des Ausgleichsbetrages (Abs 3)

Bei der Berechnung des Ausgleichsbetrages hat der Gesetzgeber davon abgesehen, eine genaue Nachrechnung der Leistung des Abkömmlings und der Bereicherung des Erblasservermögens vorzunehmen, weil eine solche Berechnung zumeist ohnehin nicht möglich wäre (BT-Drucks V/4179 Ber 6) und den verwandtschaftlichen Beziehungen zwischen Erblasser und Abkömmling nicht gerecht würde. Es erfolgt lediglich die Ausgleichung durch einen Betrag, der unter Berücksichtigung der Dauer und des Umfangs der Leistung sowie des Wertes des Nachlasses der **Billigkeit** entspricht. Es geht also nicht um eine mathematische Berechnung, sondern um eine wertende Betrachtung. Damit wird der Richter mangels genauer Anhaltspunkte vor eine schwierige Aufgabe gestellt (Erman/Bayer Rn 9; BGB-RGRK/Kregel Rn 8; Damrau/Bothe Rn 15; Brox/Walker § 31 Rn 28; Damrau FamRZ 1969, 580; **aM** Richter BWNotZ 1970, 7). Zudem besteht wegen der in § 2057a BGB enthaltenen unbestimmten Begriffe Rechtsunsicherheit. Letztlich hat der Richter eine Gesamtschau vorzunehmen, in die folgende Aspekte einzustellen sind (OLG Schleswig ZEV 2013, 205): 36

1. **Dauer und Umfang** der vom Abkömmling erbrachten Leistung sind die *erste Grundlage* der Billigkeitsentscheidung. Dabei ist zu berücksichtigen, mit welchem täglichen Aufwand und über welchen Zeitraum hinweg der Abkömmling tätig war, welche Aufwendungen erforderlich waren und inwieweit ein Einkommensverlust bei der Pflegetätigkeit entstanden ist (Vermögenseinbußen des Abkömmlings). Dafür müssen keine minuziösen Einzelfeststellungen erfolgen, sondern ggf nur soweit Beweise erhoben werden, als Grundlagen für eine Gesamtschau erforderlich sind (Odersky Anm III 2). 37

2. Des Weiteren ist in einem *zweiten Schritt* in die Gesamtschau mit einzubeziehen, in welchem Umfang der **Nachlass** durch die Erbringung der Leistungen **in seinem Wert erhalten** wurde. Es muss festgestellt werden, inwieweit der Anteil, der durch die Leistung des Abkömmlings begründet ist, in besonderem Maße zu der Entstehung bzw Erhaltung eines Nachlassaktivums beigetragen hat (Soergel/Lettmaier Rn 17). Möglich ist, dass der Erblasser sein Vermögen allein durch die Tätigkeit des Abkömmlings (zB Unterhaltsleistungen) erhalten konnte (vgl Rn 21). Andererseits dürfte bei Luxuszuwendungen der Vermögensstand des Erblassers kaum berührt worden sein, wenn der Erblasser ansonsten diese Ausgaben nicht aus seinem Vermögen getätigt hätte. Nach zutreffender Auffassung des OLG Schleswig (ZEV 2017, 400) ist auch die besondere Bedeutung der Pflegeleistungen des Abkömmlings für den Erblasser – ihr **immaterieller Wert** – zu berücksichtigen. Die Ausgleichung kann deshalb durchaus höher ausfallen als der in Geld ausgedrückte Wert, um den diese Leistungen das Vermögen des Erblassers erhalten haben. 38

3. Als weitere Bemessungsgrundlage sind in einem *dritten Schritt* der **Wert des Nachlasses** heranzuziehen, dh wie hoch die nach Abzug aller Nachlassverbindlichkeiten zu verteilende Masse ist. Je geringer der Nachlass, umso niedriger ist der Anspruch anzusetzen und umgekehrt (Lutter § 6 III 2). 39

40 **4.** *Zuletzt* sind auch die **Vermögensinteressen der weiteren Erben** zu berücksichtigen. Es darf nach gängiger Auffassung jedenfalls nicht der gesamte Nachlass als Ausgleichungsbetrag angesehen werden (LG Magdeburg BeckRS 2011, 20919; BGB-RGRK/Kregel Rn 9; Erman/Bayer Rn 10; Damrau FamRZ 1969, 580; Weimar MDR 1973, 24); dies mag im Regelfall im Ergebnis zutreffen, ist dem Gesetz aber nicht zu entnehmen (Damrau/Bothe Rn 17).

41 **5.** Die **fehlende Honorierung** der Leistung des Abkömmlings durch den Erblasser in einer letztwilligen Verfügung darf nicht mindernd auf den Ausgleichsbetrag wirken (so jedoch Odersky Anm III 2), denn die Ausgleichsregeln setzen eine fehlende letztwillige Verfügung bzw die Anordnung der gesetzlichen Erbfolge ohne Berücksichtigung eines Ausgleichungsbetrages gerade voraus.

V. Durchführung der Ausgleichung (Abs 4)

42 Der Ausgleichsanspruch ist keine Nachlassverbindlichkeit, die vor der Auseinandersetzung zu befriedigen wäre (OLG Frankfurt BeckRS 2013, 22801; MünchKomm/Ann Rn 4; Damrau/Bothe Rn 3). Er wird vielmehr wie die Ausgleichung der Vorempfänge nach §§ 2050 ff BGB **erst bei der Auseinandersetzung** berücksichtigt. Er ändert die Erbteile der an der Ausgleichung beteiligten Abkömmlinge nicht, deren Erbenstellung bleibt unberührt (vgl § 2050 Rn 5). Vielmehr bewirkt er eine Abweichung der Teilungsquote von der Erbquote.

43 **1.** Um die Ausgleichung vorzunehmen, ist zunächst der **Wert des Nachlasses** im Zeitpunkt der Auseinandersetzung zu bestimmen (vgl hierzu § 2055 Rn 4). Die Ausgleichung erfolgt also erst nach der Befriedigung der Nachlassgläubiger (oder zumindest ihrer rechnerischen Berücksichtigung), da der Ausgleichungsanspruch nicht zum Nachlass, sondern zum Eigenvermögen des ausgleichsberechtigten Miterben gehört. Der Nachlass vergrößert sich nicht durch die Ausgleichungspflicht. Diese beeinflusst lediglich die Größe des Wertbetrages, der bei der Auseinandersetzung auf einen Erben entfällt.

44 **2.** Anschließend ist der Erbteil der **an der Ausgleichung nicht beteiligten Miterben** auf Grundlage dieses Wertes zu berechnen und *abzuziehen.*

45 **3.** Da es sich bei der Ausgleichung des § 2057a BGB nicht um einen Vorempfang zu Gunsten der Abkömmlinge, sondern um eine Leistung an den Erblasser handelt (vgl Rn 4), kann der Ausgleich nicht nach § 2055 BGB (Zurechnung der ausgleichspflichtigen Leistung zum Wert des Nachlasses) vollzogen werden. Der gem Abs 3 festgestellte Ausgleichsbetrag wird vielmehr **vom Wert der Teilungsmasse abgezogen**, der Rest unter den Abkömmlingen geteilt, wobei dem Ausgleichungsberechtigten der Ausgleichungsbetrag wieder zu seinem Anteil gutgeschrieben wird (Brox/Walker § 31 Rn 29 mit Bsp).

46 **4.** Auf dieser fiktiven Wertgrundlage kann dann anhand der Erbquoten der jedem der ausgleichungsberechtigten oder ausgleichungspflichtigen Abkömmlinge **zustehende Anteil am Nachlass berechnet** werden. Anders als bei der allgemeinen Ausgleichung kann der Ausgleichungsberechtigte daher nicht gem § 2056 BGB bei der Verteilung des um seinen Anspruch gekürzten Nachlasses leer ausgehen, § 2056

BGB kann bei der Ausgleichung gem § 2057a BGB nicht eingreifen (BGB-RGRK/Kregel Rn 9; Erman/Bayer Rn 10; Damrau FamRZ 1969, 580). Wohl aber können im Einzelfall die ausgleichungspflichtigen Abkömmlinge leer ausgehen (Rn 40).

5. Zuletzt sind die zu Lebzeiten **an den Erblasser erbrachten Leistungen** von dem für die ausgleichungspflichtigen Abkömmlinge berechneten Anteil pro rata **abzuziehen**. Diese – von seiner Erbquote abweichende – Teilungsquote kann der jeweilige Abkömmling bei der Auseinandersetzung verlangen. 47

6. Sind **neben Leistungen** eines Abkömmlings auch **ausgleichspflichtige** Zuwendungen des Erblassers an einzelne Abkömmlinge gem §§ 2050 ff BGB auszugleichen, so sind diese Vorempfänge dem Nachlasswert zuzurechnen (Abs 4) und von dem Endwert der Ausgleichungsbetrag des § 2057a BGB abzuziehen. Die Beteiligung der einzelnen Erben ist folgendermaßen zu errechnen: Nach Bestimmung des um die Nachlassverbindlichkeiten geminderten Nachlasswertes ist der Erbteil der nicht an der Auseinandersetzung beteiligten Miterben (zB Ehegatte) abzuziehen. Diesem Betrag sind die gem §§ 2050–2057 BGB ausgleichungspflichtigen Vorempfänge zuzurechnen. Von dieser Summe sind die Ausgleichungsbeträge der gem § 2057a BGB berechtigten Abkömmlinge abzusetzen. Der Rest wird unter die Abkömmlinge gem ihrem Erbanteil verteilt, wobei die gem § 2050 BGB ausgleichungspflichtigen Beträge den Pflichtigen von ihrem Anteil abgezogen (§ 2055 BGB), der Ausgleichungsbetrag aus § 2057a BGB dem Anteil des daraus Berechtigten zugeschrieben werden. 48

Beispiel: Nachlassaktivum € 80 000. Erben sind die Ehefrau E und die Kinder A, B, C, wobei A einen Vorempfang von € 7000 zur Ausgleichung zu bringen, C an den Erblasser Leistungen iS des § 2057a BGB in Höhe von € 2000 erbracht hat. E erhält gem §§ 1931 Abs 1, 3, 1371 Abs 1 BGB 1/2 = € 40 000. Dem Restnachlass von € 40 000 wird der Vorempfang des A zugerechnet, damit beträgt der rechnerisch noch zu verteilende Nachlasswert € 47 000. Davon werden gem § 2057a Abs 4 BGB € 2000 zugunsten des C abgezogen. Von den verbleibenden € 45 000 erhält jedes Kind 1/3, dh € 15 000, wobei A sich die bereits erhaltenen € 7000 anrechnen lassen muss, also € 8000 erhält, B erhält € 15 000 und C € 15 000 zusätzlich € 2000 aus § 2057a BGB = € 17 000. 49

VI. Übertragbarkeit

Ausgleichungspflicht und -recht des § 2057a BGB sind wie die des § 2050 BGB mit dem Erbteil verbunden, dh mit diesem **übertragbar und vererblich** (MünchKomm/Ann Rn 4; Odersky Anm II 5; Lutter § 6 III 4 b). 50

VII. Pflichtteil

Bei der **Berechnung des Pflichtteils** stehen Ausgleichungspflichten gem § 2057a BGB über § 2316 Abs 1 S 1 BGB (dazu Lutter § 6 V; Schramm BWNotZ 1970, 15). Ein zum **Alleinerben** eingesetzter pflichtteilsberechtigter Abkömmling kann die Ausgleichung seiner Leistungen gegenüber den Pflichtteilsansprüchen anderer Abkömmlinge geltend machen (BGH NJW 1993, 1197 = DNotZ 1993, 533; vorgehend OLG Nürnberg NJW 1992, 2303; MünchKomm/Ann Rn 5; Bamberger/Roth/Lohmann Rn 2); dem lässt sich nicht zwin- 51 gend entgegenhalten, dass der Alleinerbe ohnehin bereits durch seine Erbeinsetzung zulasten der anderen Abkömmlinge honoriert wird. Pflichtteilsansprüche können solange nicht zugesprochen werden, als Feststellungen zu der Frage fehlen, inwieweit besondere Leistungen zur Ausgleichung gebracht werden können (BGH FamRZ 2010, 640).

52 Nur für einen **Pflichtteilsergänzungsanspruch** nach § 2325 BGB ist die Ausgleichspflicht nach § 2057a BGB von Belang, nicht bei einem nach § 2329 BGB (KG ZErb 2011, 52), weil es in letzterem Fall an einem zur Befriedigung des Ergänzungsberechtigten ausreichenden Nachlass fehlt.

VIII. Prozessuales

53 Eine **Leistungsklage** auf Ausgleichung scheidet aus, weil § 2050 BGB keinen Anspruch erzeugt, sondern lediglich einen Rechenmodus festlegt. Die Entscheidung über das Bestehen oder die Höhe des Ausgleichsanspruchs ist vielmehr mit Hilfe einer **Feststellungsklage** herbeizuführen. Es ist der Gerichtsstand der Erbschaft, § 27 ZPO, eröffnet (BGH NJW 1992, 364). Der *Streitwert* richtet sich nach dem vom Abkömmling geltend gemachten Anspruch mit einem Abschlag, weil nicht Leistung, sondern nur Feststellung begehrt wird. Wegen des erheblichen Bemessungsspielraums ist ein *unbezifferter Klageantrag* möglich. Ein bereits anhängiges Auseinandersetzungsverfahren ist bis zur Erledigung des Rechtsstreits nach § 370 FamFG auszusetzen.

Untertitel 2
Rechtsverhältnis zwischen den Erben und den Nachlassgläubigern

Vorbemerkungen zu §§ 2058–2063

Schrifttum

AHNER, Die Rechtsstellung der Erbengemeinschaft in Prozess und Zwangsvollstreckung (2008) 43 ff, 95 ff

ANN, Die Erbengemeinschaft (2001) 129 ff

BAYER, Die Schuld- und Haftungsstruktur der Erbengemeinschaft (1993)

BENDER, Gesamtschuldklage des Miterben-Gläubigers (Zugleich ein Beitrag zum Recht des Unternehmens), JherJb 88 (1939/40) 31

BINDER, Die Rechtsstellung des Erben nach dem deutschen Bürgerlichen Gesetzbuch III (1905) 272–355

BÖRNER, Das System der Erbenhaftung, 3. Teil: Sonderregeln für Miterben, JuS 1968, 108

ders, Die Erbengemeinschaft als Gesellschafterin einer offenen Handelsgesellschaft, AcP 166 (1966) 426

BORCHERDT, Die Haftung des Erben für die Nachlaßverbindlichkeiten, AcP 94 (1903) 197, 213 ff

BUCHHOLZ, Der Miterbe als Nachlaßgläubiger – Überlegungen zur Auslegung des § 2063 Abs 2 BGB, JR 1990, 45

DAUNER-LIEB, Unternehmen in Sondervermögen (1998) 411 ff

EBBECKE, Beitragspflicht der Miterben zur Tilgung der Nachlaßverbindlichkeiten, LZ 1920, 945

EBELING/GECK, Handbuch der Erbengemeinschaft (Loseblatt, Stand Juli 2001, II.-V. Teil, betr Steuerschulden)

EBERL-BORGES, Die Erbauseinandersetzung (2000) 292 ff, 469 ff

dies, Die Rechtsnatur der Erbengemeinschaft nach dem Urteil des BGH vom 29. 1. 2001 zur Rechtsnatur der (Außen-)GbR, ZEV 2002, 125

ECCIUS, Haftung der Erben für Nachlaßverbindlichkeiten, Gruchot 43 (1899) 801

EMMERICH, Die Haftung des Gesellschaftererben nach § 139 HGB, ZHR 1986, 193, 204 ff

ENDRISS, Der Miterbe als Nachlassgläubiger (2003)

ERMERT, Einfluß der Ausgleichung auf die Erbenhaftung (Diss Leipzig 1911)

FINGER, Die Nachfolge in einer offenen Handelsgesellschaft beim Tode eines Gesellschafters (1974) 39 ff, 52 ff

FISCHINGER, Die Beschränkung der Erbenhaftung in der Insolvenz (2013) 139 ff

GRÜNDER, Die materiellen Voraussetzungen und die prozessuale Geltendmachung der beschränkten Haftung des Alleinerben im Vergleich mit der des Miterben (Diss Heidelberg 1912)

HAEGELE, Fragen der Zwangsvollstreckung im Erbrecht, II. Zwangsvollstreckung gegen Erben in Erbengemeinschaft, BWNotZ 1975, 129, 130 ff

HEDEMANN, Zugriff auf den ungeteilten Nachlaß, DJZ 1911, 619

HEIL, Ist die Erbengemeinschaft rechtsfähig? – Ein Zwischenruf aus der Praxis, ZEV 2002, 296

HEINRICH, Der Miterbe als Nachlaßgläubiger (Diss München 1910)

HOEPFNER, Grundzüge der Erbenhaftung, Jura 1982, 169, 172

JAEGER, Erbenhaftung und Nachlaßkonkurs im neuen Reichsrecht (1898) 23–28

JOACHIM, Die Haftung des Erben für Nachlassverbindlichkeiten (2002) Rn 316 ff

JOHANNSEN, Die Rechtsprechung des BGH auf dem Gebiete des Erbrechts, 9. Teil: Die Erbenhaftung, WM 1972, 914, 919

KICK, Die Haftung des Erben eines Personenhandelsgesellschafters (1997) 92 ff, 178 ff

KIESERLING, Die erbrechtliche Haftung des

Miterben-Gesellschafters einer Personengesellschaft bis zur Nachlaßteilung (Diss Münster 1972)
Kowerk, Die Wirkung der Ausgleichung auf die Haftung der Erben für Nachlaßverbindlichkeiten, insbesondere auf das interne Haftungsverhältnis der Miterben untereinander, ZBlFG 13 (1912/13) 437
Kress, Die Erbengemeinschaft nach dem Bürgerlichen Gesetzbuche für das Deutsche Reich (1903) 140 ff
Kretzschmar, Haftung der Miterben für die Nachlaßverbindlichkeiten, SeuffBl 73 (1908) 113–120 und 163–171
ders, Die Haftung des Miterben für die Nachlaßverbindlichkeiten unter besonderer Berücksichtigung der Beweislast dabei, ZBlFG 15 (1914/15) 325
Lange, 3. Denkschr d ErbrA d AkDR (Die Regelung der Erbenhaftung, 1939) 200 ff
Liermann, Zweifelsfragen bei der Verwertung eines gepfändeten Miterbenanteils, NJW 1962, 2189
Meier, Gesamtschulden (2010)
Messink, Die unternehmenstragende Erbengemeinschaft in der Insolvenz (2007)
Meyer, Praktische Streifzüge auf dem Gebiet der Erbenhaftung (1904) 34
Münchmeyer, Haftung des Erben und Miterben für die Nachlaßverbindlichkeiten (1899)
Muscheler, Die Haftungsordnung der Testamentsvollstreckung (1994) (im Folgenden: Haftungsordnung) 108 ff
ders, Erbrecht Bd II (2010) (im Folgenden: Erbrecht II) § 49
Noack, Vollstreckung gegen Erben, JR 1969, 8
ders, Pfändungsvollstreckung in den Nachlaß, Kommunal-Kassenzeitschrift 1980, 10
Paech, Die Haftung für Nachlaßverbindlichkeiten bei Vereinigung mehrerer Erbteile in einer Hand (Diss Königsberg 1906)
Raddatz, Die Nachlaßzugehörigkeit vererbter Personengesellschaftsanteile (1991) 56 ff
Riering, Gemeinschaftliche Schulden (1991) 54–99, 196–198
Riesenfeld, Die Erbenhaftung nach dem Bürgerlichen Gesetzbuch (1916; *sehr ausführlich)* I 181–337 (Allgemeines), II 25–45 (Inventar), 329–357 (Aufgebot), 369 – Schluss (zu §§ 1974, 2060, 2061)
Rissmann (Hrsg), Die Erbengemeinschaft (2. Aufl 2013) § 5
Seemüller, Die fortgesetzte Erbengemeinschaft (Diss Hamburg 1976) 106 ff
Siber, Haftung für Nachlaßschulden nach geltendem und künftigem Recht, mit einem Gesetzesentwurf (1937) 104 ff
M Siegmann, Personengesellschaftsanteil und Erbrecht (1992) 207 ff
Spiritus, Haftungsbeeinflussende Nachlaßteilung zugleich mit erbrechtlicher Nachfolge in eine Personalhandelsgesellschaft? (1974)
Stodolkowitz, Nachlaßzugehörigkeit von Personengesellschaftsanteilen, in: FS Kellermann (1991) 439, 449 ff
Strohal, Das deutsche Erbrecht auf Grundlage des Bürgerlichen Gesetzbuchs II (3. Aufl 1904) §§ 87–92
P Ulmer, Gesellschafternachfolge und Erbrecht (Zugleich eine Besprechung einschlägiger Monographien von Behrens, Huber, Küster, Rokas, Säcker und Schmitz-Herscheidt), ZGR 1972, 195, 324, 327–331, 335
ders, Die Gesamthandsgesellschaft – ein noch immer unbekanntes Wesen?, AcP 198 (1998) 113, 124 ff
Weipert, Die Erbengemeinschaft als Mitglied einer Personengesellschaft, ZEV 2002, 300
Wernecke, Die Aufwendungs- und Schadensersatzansprüche bei der Notgeschäftsführung des Miterben, AcP 193 (1993) 240
H P Westermann, Haftung für Nachlaßschulden bei Beerbung eines Personengesellschafters durch eine Erbengemeinschaft, AcP 173 (1973) 24
Windel, Über die Modi der Nachfolge in das Vermögen einer natürlichen Person beim Todesfall (1998) 278 ff
Zimmermann, Das private Gläubigeraufgebot durch Miterben (§ 2061 BGB), ZErbR 2011, 259.

Vgl auch das bei Staudinger/Kunz Vorbem zu §§ 1967 ff angegebene Schrifttum.

1. Die Haftung **des Erben** für die Nachlassverbindlichkeiten ist in den §§ 1967–2017 BGB und einigen ergänzenden Bestimmungen geregelt (vgl Staudinger/Kunz Vorbem 3 ff zu §§ 1967 ff). Die §§ 2058–2063 BGB enthalten Sondervorschriften für den Fall, dass **mehrere Erben** vorhanden sind. Durch diese Technik erscheint der Fall, der im Leben die Regel bildet, im Gesetz als ein besonderer. Zu den Grundzügen der §§ 2058–2063 BGB vgl die Erl und die systematische Übersicht zu § 2058 BGB. 1

Wegen der in §§ 2058 ff BGB enthaltenen Sonderregelungen haben die Nachlassgläubiger uU ein rechtliches Interesse an der gerichtlichen Feststellung (§ 256 ZPO), ob der beklagte Erbe Allein- oder nur Miterbe ist (vgl OLG Karlsruhe FamRZ 1967, 691, 694; zust NK-BGB/Kick § 2058 Rn 48).

2. **Soweit sich aus §§ 2058–2063 BGB nichts anderes ergibt, gelten die Vorschriften über die Haftung „des" Erben auch für die Haftung von Miterben.** Auch gegen einen Miterben kann ein Anspruch, der sich gegen den Nachlass richtet, vor der Annahme der Erbschaft gerichtlich nicht geltend gemacht werden (§ 1958 BGB). Die *Dreimonatseinrede* des § 2014 BGB steht jedem Miterben gesondert zu (Staudinger/Dobler § 2014 Rn 2 f). Jeder Miterbe ist grundsätzlich berechtigt, die *Behelfe zur Beschränkung seiner Haftung* (§ 2058 Rn 10 ff, § 2060 Rn 2 ff) selbstständig geltend zu machen; die Ausnahme des § 2062 HS 1 BGB wird ausgeglichen durch § 2059 Abs 1 (s § 2059 Rn 2 f). Gem § 455 Abs 1 FamFG kann er ohne Mitwirkung der übrigen Erben das *Aufgebot der Nachlassgläubiger* beantragen und so sich und seinen Miterben (§ 460 Abs 1 S 1 HS 1 FamFG) die Aufgebots- (§§ 2015, 2016 BGB) und die Ausschließungseinrede (§ 1973 BGB) erwerben; vgl ferner die Sonderregelungen in §§ 2060 Nr 1 BGB, 460 Abs 1 S 2 und Abs 2 FamFG. Ebenso kann er die *Verschweigungswirkung* des § 1974 BGB oder die Einrede des § 1989 BGB geltend machen. Auch die *Unzulänglichkeitseinrede* der §§ 1990 ff BGB kann dem Miterben zustehen (vgl Staudinger/Dobler § 1990 Rn 45); darüber hinaus gibt ihm § 2059 Abs 1 S 1 BGB noch das besondere Recht, die Befriedigung eines Nachlassgläubigers aus dem Eigenvermögen bis zur Teilung des Nachlasses zu verweigern, und zwar ohne Rücksicht auf die Dürftigkeit des Nachlasses und unabhängig von der Möglichkeit, eine Nachlassverwaltung oder ein Nachlassinsolvenzverfahren herbeizuführen. 2

Die Eröffnung des *Nachlassinsolvenzverfahrens* kann auch von einem einzelnen Miterben beantragt werden (§ 317 Abs 1, 2 InsO), und zwar sogar noch nach der Teilung des Nachlasses (vgl § 316 Abs 2 InsO und Denkschr zum BGB 731). Die Anordnung einer *Nachlassverwaltung* können Miterben jedoch nur gemeinschaftlich beantragen (§ 2062 HS 1 BGB); der Antrag kann nicht mehr gestellt werden, wenn der Nachlass geteilt ist (§ 2062 HS 2 BGB). Dass sich die haftungsbeschränkende Wirkung der Nachlassverwaltung auch gegen die zugunsten eines Nachlassgläubigers erfolgte Erbteilspfändung richte (Börner JuS 1968, 109), ist nicht anzunehmen (vgl § 2058 Rn 11). Zum Erhalt bzw Verlust des Haftungsbeschränkungsrechts durch *Inventarerrichtung* bzw diesbezügliche *Verfehlungen* vgl § 2059 Rn 4 ff und die Erl zu § 2063 BGB.

3. **Bis zur Teilung des Nachlasses** haften die Miterben für gemeinschaftliche Nachlassverbindlichkeiten als *Gesamtschuldner* (§§ 2058, 421 BGB), **später** uU nur noch *teilschuldnerisch* (§§ 2060, 2061 Abs 1 S 2 BGB). 3

4 **4.** Soweit nichts anderes bestimmt ist, haften Erben für die aus dem Nachlass zu entrichtenden **Steuerschulden** nach den Vorschriften des BGB (vgl Staudinger/Marotzke [2008] § 1922 Rn 370 f; Staudinger/Kunz § 1967 Rn 59, 65, 110 ff sowie speziell zur Erbschaftsteuer Staudinger/Marotzke [2010] § 1967 Rn 33 ff; Staudinger/Kunz § 1967 Rn 111 ff, 119 f). Ein heute idR nur noch rechtshistorisch interessantes Thema ist die Haftung von Miterben für Verpflichtungen aus dem **Lastenausgleichsgesetz** (Näheres bei Staudinger/Marotzke [2010] § 1967 Rn 15 f und Staudinger/Marotzke [1996] § 2060 Rn 37).

5 **5.** Besonderer Betrachtung bedarf die **Haftung gegenüber Nachlassgläubigern, die selbst zu Miterben berufen sind** (vgl Staudinger/Löhnig § 2046 Rn 12 ff und unten § 2058 Rn 92 ff, § 2063 Abs 2).

6 **6.** **Zur Haftung des Hoferben** vgl § 15 HöfeO und die nachfolgend genannten Textstellen (Staudinger/Kunz [2017] § 1922 Rn 138 sowie unten § 2058 Rn 98 f, § 2059 Rn 44 ff).

7 **7.** **Bei gerichtlicher Zuweisung eines landwirtschaftlichen Betriebes** an einen Miterben (§§ 13 ff GrdstVG) ist bzgl der zZ des Erwerbes noch bestehenden Nachlassverbindlichkeiten die Sondervorschrift des § 16 Abs 2 GrdstVG zu beachten.

8 **8.** Gehört zum vererbten Vermögen ein Anteil an einer trotz des Erbfalls nicht aufgelösten **Personengesellschaft**, so sollen nach Ansicht von Heckelmann (FS vLübtow [1980] 619, 632, 641) wegen der insoweit stattfindenden Singularsukzession (beschrieben bei Staudinger/Marotzke [2008] § 1922 Rn 176 ff; Staudinger/Kunz [2017] § 1922 Rn 198 ff) die §§ 2058 ff BGB „auf den Gesellschaftsanteil" unanwendbar sein, sodass „insoweit auf die allgemeinen Erbenhaftungsvorschriften der §§ 1967, 1975 ff BGB zurückzugreifen" sei. Die „danach im Prinzip unbeschränkte Haftung" (kein § 2059 Abs 1 BGB!) könne der Nachfolger-Erbe „durch die Einleitung einer gesonderten Nachlaßverwaltung (§§ 1975 ff BGB) beschränken" (ähnlich Raddatz 63 f, 73 ff für den Fall, dass der vererbte Gesellschaftsanteil „einziger wesentlicher Nachlaßbestandteil" ist; auch Windel 278 ff, 285 ff folgt Heckelmann mit der Maßgabe, dass die gegenständlich beschränkte Nachlassverwaltung sowohl den Gesellschaftsanteil als auch den Erbteil des Nachfolger-Erben erfasse; ähnlich NK-BGB/Kick § 2062 Rn 6). Hiergegen spricht jedoch, dass es eine auf einen Erb- oder Gesellschaftsanteil beschränkte Nachlassverwaltung nicht gibt (vgl Staudinger/Dobler § 1975 Rn 21; § 2062 Rn 6, 27 f). Zudem wäre solch eine *Teil*-Nachlassverwaltung schwerlich geeignet, die gesamtschuldnerische Haftung des betr Erben *vollständig* (also nicht nur hinsichtlich einer seiner Beteiligung am Gesamtnachlass entsprechenden Quote jeder Verbindlichkeit) auf den Nachlass bzw den Erbteil (oder den Gesellschaftsanteil?) zu beschränken. Das letztgenannte Bedenken hat auch Raddatz 63 f, 76 ff nicht auszuräumen vermocht (ebenso wenig Windel 287 f; Dauner-Lieb 432 Fn 533). Er hat es stillschweigend übergangen, obwohl sein Vorschlag, im Fall „der ausschließlichen Sondererbfolge" statt der §§ 2058 ff die §§ 1967 ff BGB anzuwenden, wohl nicht so verstanden werden darf, dass die gesamtschuldnerische Haftung aus § 2058 BGB von vornherein durch eine teilschuldnerische ersetzt sein solle (was aus den bei § 2058 Rn 2 und § 2060 Rn 15 f, 17 ff, 50, 53 ff genannten Gründen zu missbilligen wäre; vgl ergänzend § 2060 Rn 46 ff, 50 f zur Frage einer *späteren* Herabminderung der gesamtschuldnerischen Haftung zu einer teilschuldnerischen). Es muss deshalb dabei bleiben, dass die grundsätzliche Anwendbarkeit der §§ 2058 ff BGB nicht dadurch ausgeschlossen wird, dass der Nachlass im Wesentlichen nur aus einem

vererbten Personengesellschaftsanteil besteht (ebenso M Siegmann 217 f; Kick 108 ff). Näheres bei § 2058 Rn 39, § 2059 Rn 44 ff, § 2060 Rn 46 ff, § 2062 Rn 25 ff. Vgl ferner § 727 BGB, §§ 128 ff, 131 ff (insbes § 131 Abs 3 S 1 Nr 1 und § 139) HGB sowie das oben genannte Schrifttum.

9. **Zur Haftung des überlebenden Ehegatten** infolge Eintritts der fortgesetzten Gütergemeinschaft vgl § 1489 BGB. **9**

10. Zur Haftung **des zu mehreren Erbteilen** berufenen Allein- oder Miterben vgl § 2007 BGB (und § 2060 Rn 94 ff). **10**

11. Zur Haftung für Nachlassverbindlichkeiten bei **Veräußerung von Erbteilen** vgl §§ 1922 Abs 2, 2382–2385 BGB (und Staudinger/Olshausen [2016] § 2382 Rn 9 f, § 2383 Rn 27 ff; § 2059 Rn 42 f, § 2060 Rn 36, 40 ff). **11**

12. **Recht der ehemaligen DDR**: § 2058 Rn 101 ff, § 2060 Rn 13, 18. **12**

13. **Rechtspolitisches und Gesetzeskritik**: Vgl zunächst die Hinweise bei § 2058 Rn 2, § 2059 Rn 5 ff, 10, 77, § 2060 Rn 13, 17 f, 20 ff, 53 ff, 85, § 2062 Rn 18 ff, § 2063 Rn 19 ff, 24. **13**

Eine **grundsätzliche Neuregelung der Miterbenhaftung** wird vorgeschlagen von Ann (in seinem Buch: Die Erbengemeinschaft [2001] 147, 150, 171 f, 330, 410 f, 412 ff). **14**

Ann empfiehlt (171 f, 413), sowohl § 2058 als auch § 2059 Abs 1 BGB zu streichen und an deren Stelle eine Regelung folgenden Inhalts zu setzen:

„Vor der Teilung können die Nachlaßgläubiger Befriedigung nur aus dem ungeteilten Nachlaß fordern. Sofern Miterben für Nachlaßverbindlichkeiten unbeschränkt haften, haften diese Miterben schon vor der Teilung als Gesamtschuldner."

In § 2060 BGB möchte Ann (172, 413) den Textteil, der den Ziffern 1–3 vorangestellt ist, wie folgt fassen: **15**

„Nach der Teilung haften die Miterben als Gesamtschuldner für gemeinschaftliche Nachlaßverbindlichkeiten. Nur für den Teil einer Nachlaßverbindlichkeit, der der Quote seines Auseinandersetzungsguthabens entspricht, haftet ein Miterbe …" (Ziff 1–3).

Hiergegen bestehen erhebliche Bedenken: **16**

Satz 1 der von Ann vorgeschlagenen Ersatzvorschrift zu §§ 2058, 2059 Abs 1 BGB (s Rn 14) nimmt den Nachlassgläubigern ohne triftigen Grund das Recht (vgl § 2058 Rn 11 ff, 32, 53 ff, § 2059 Rn 75) zum Zugriff auf die Erbteile. Besonders hart trifft dies die Gläubiger aus „Erbteilsverbindlichkeiten" (vgl § 2058 Rn 24 ff, 32 ff). Betroffen sind aber auch ganz „normale" Nachlassgläubiger. Nachteilige Abweichungen vom geltenden Recht beinhaltet Satz 1 zB dann, wenn eine Nachlassteilung zwar bereits begonnen, aber noch nicht beendet wurde (s Rn 20) oder wenn die Miterben die Nachlassteilung bewusst hinauszögern (s § 2059 Rn 74 ff [besonders Rn 75 aE, 77]). **17**

18 Satz 2 der von ANN vorgeschlagenen Ersatzvorschrift zu §§ 2058, 2059 Abs 1 BGB (s Rn 14) erhebt die „unbeschränkte“ Miterbenhaftung zur Voraussetzung dafür, dass die betreffenden Miterben schon vor der Teilung als Gesamtschuldner in Anspruch genommen werden können. Das ist zu eng (s Rn 17). Unklar bleibt zudem, was mit dem Wort „Sofern“ gemeint ist. Sollte es sich inhaltlich mit den hiesigen Ausführungen bei § 2059 Rn 6 ff und § 2060 Rn 13 decken, wäre es wünschenswert, dafür eine etwas präzisere gesetzliche Grundlage zu haben. Den § 2059 Abs 1 BGB (also auch dessen einschlägigen S 2) will ANN aber gerade streichen.

19 Der von ANN unterbreitete Vorschlag zu § 2060 BGB (s Rn 15) ersetzt die Worte „nur für den seinem Erbteil entsprechenden Teil einer Nachlassverbindlichkeit“ durch die Formulierung „nur für den Teil ..., der der Quote seines Auseinandersetzungsguthabens entspricht“. Das kann eine Verbesserung bedeuten, sicher ist das jedoch nicht (vgl § 2060 Rn 15, 17 ff, 20 ff und den Gesetzgebungsvorschlag bei § 2060 Rn 18).

20 Erst nach der Teilung des Nachlasses will ANN eine gesamtschuldnerische Inanspruchnahme der Miterben zulassen (von der bei Rn 18 angesprochenen Ausnahme einmal abgesehen). Eine solche Abweichung vom bisherigen Recht (s § 2058 Rn 1 ff, § 2059 Rn 1 ff) hätte zur Folge, dass ein Nachlassgläubiger, der einen oder mehrere Miterben als Gesamtschuldner in Anspruch nimmt, im Prozess zu behaupten und notfalls zu *beweisen* hätte, dass der Nachlass bereits geteilt wurde. Es ist jedoch nicht sachgerecht, dem Nachlassgläubiger die Behauptungs- und Beweislast für Vorgänge aufzubürden, die sich nicht in seiner eigenen, sondern in der Sphäre der möglichen Anspruchsgegner ereignet haben. Ob die Teilung des Nachlasses bereits beendet, ob sie noch unvollendet oder ob sie überhaupt noch nicht begonnen wurde, können aus eigener Anschauung idR zwar die Erben, nicht aber die Nachlassgläubiger beurteilen. Dies gilt vor allem dann, wenn man den Teilungsbegriff mit dem Gesichtspunkt der Schuldendeckung verquickt (s § 2059 Rn 33, 38, § 2062 Rn 22). Zudem sollte man den Nachlassgläubigern nicht die ihnen nach geltendem Recht *selbst bei durch § 2059 Abs 1 BGB beschränkter Erbenhaftung* zustehende Möglichkeit nehmen, ihre Befriedigung auch aus solchen Gegenständen zu suchen, die bereits *vor* der eigentlichen Nachlassteilung aus der Miterbengesamthand in die Einzelvermögen der Miterben überführt bzw die im Wege der Sondererbfolge an der Miterbengesamthand „vorbeivererbt“ wurden (vgl zur ersten Fallgruppe § 2059 Rn 3, 35 und zur zweiten § 2059 Rn 49, 62 f). Auch dies spricht gegen eine Gesetzesänderung, nach der die gesamtschuldnerische Miterbenhaftung erst mit Abschluss der Nachlassteilung beginnt (so der von ANN vorgeschlagene § 2060 Satz 1) und die Nachlassgläubiger „vor der Teilung ... Befriedigung nur aus dem *ungeteilten* Nachlass fordern“ können (so jedoch ANN; s oben Rn 14).

21 Vor der Teilung des Nachlasses sieht ANN nicht die einzelnen Miterben (sofern diese nicht unbeschränkt haften, s oben Rn 14, 18), sondern die als rechtsfähig gedachte Erbengemeinschaft als richtigen Anspruchs- und ggfls auch Klagegegner der Nachlassgläubiger an (ANN 147, 150, 171 f; ähnlich EBERL-BORGES ZEV 2002, 125, 130 ff mit dem allerdings gewichtigen Unterschied, dass die Zulässigkeit einer auf § 2058 BGB gestützten Klage gegen einen, mehrere oder sämtliche *Erben* nicht bestritten wird). Der Gedanke einer Pflichtsubjektivität des Nachlasses hat sicherlich eine gewisse Berechtigung (s § 2058 Rn 48, 51). Er sollte jedoch mit Vorsicht verwendet und nicht dazu benutzt werden, die Miterbengesamthand zu einem parteifähigen Gebilde aufzuwerten. Die §§ 2058 ff

BGB und das zugehörige Prozessrecht (s § 2058 Rn 52 ff, 65 ff) führen idR zu besseren Ergebnissen, wenn man sie so praktiziert, wie sie *gegenwärtig* beschaffen sind. Ließe man die Klage eines Nachlassgläubigers vor der Teilung des Nachlasses nur zu, wenn sie nicht gegen einen, mehrere oder sämtliche Miterben, sondern gegen die als parteifähig gedachte Erbengemeinschaft gerichtet ist, so liefe der Kläger Gefahr, dass ihm durch eine willkürlich herbeigeführte Nachlassteilung der Prozessgegner oder – wenn dieser bereits verurteilt wurde – der Titelschuldner entzogen wird. Muss der Kläger jetzt um die Früchte seiner Prozessführung bangen und mit vollem Kostenrisiko erneut klagen, und zwar nunmehr gegen die einzelnen Erben? Oder kann, obwohl nach Ann 149 f, 411 unterschiedliche Streitgegenstände und Schuldinhalte vorliegen (dazu § 2060 Rn 1), nötigenfalls eine Titelumschreibung gegen die einzelnen Erben erfolgen (bejahend Ann 172; vgl auch Ann 150 bei Fn 96)? Auch gegen solche Erben, die an der Prozessführung nicht beteiligt waren, bei der Nachlassteilung leer ausgegangen sind (zB wegen §§ 2050 ff BGB) und ihr Haftungsbeschränkungsrecht noch nicht gem § 1994 Abs 1 S 2, § 2005 oder § 2006 Abs 3 BGB verwirkt haben? Ist wenigstens ein Haftungsbeschränkungsvorbehalt analog § 780 ZPO zu machen? (Anscheinend will Ann 171, 410, 413 die Miterben nach der Nachlassteilung *unbeschränkbar auch mit ihren Eigenvermögen* haften lassen.) Und wie ist zu verfahren, wenn die bereits beendete Gesamthandsgemeinschaft infolge eines Nachlassinsolvenzverfahrens, das auch noch nach der Teilung zulässig ist (s § 2060 Rn 91 f, § 2062 Rn 16), „wiederbelebt" und das Nachlassinsolvenzverfahren sodann *ohne vorherige Masseverteilung* aufgrund Insolvenzplans beendet wird? ME führt eine auf der Grundlage des § 2058 BGB erhobene *Gesamtschuldklage* (s § 2058 Rn 52 ff, 65 ff), wenn sie *gegen sämtliche Miterben* gerichtet wird (notfalls nach Pflegerbestellung gem §§ 1960, 1961; s § 2058 Rn 67 aE), in allen diesen Fällen zu weniger Problemen als der nur auf den ersten Blick elegantere Vorschlag einer Prozessführung gegen die als parteifähig gedachte Miterbengesamthand. Die §§ 2058, 2059 Abs 1 BGB und die diese ergänzenden §§ 747, 859 Abs 2 ZPO sollten deshalb nicht gestrichen, sondern konsequent angewandt werden (vgl zu den Vorzügen des geltenden Rechts auch P Ulmer AcP 198 [1998] 113, 130 f; Heil ZEV 2002, 296, 298 f; Reuter AcP 207 [2007] 673, 704 ff, 715 f). Zwar hat der BGH die aktive und passive Parteifähigkeit der GbR und der Wohnungseigentümergesellschaft inzwischen bejaht (BGHZ 146, 341 ff [für die BGB-Gesellschaft]; BGHZ 163, 154 ff [für die Wohnungseigentümergesellschaft; bestätigend der spätere § 10 Abs 5 WEG] = NJW 2005, 2061 ff = ZIP 2005, 1233 ff m abl Besprechungsaufsatz Bork ZIP 2005, 1205 ff). Auf die Erbengemeinschaft und ihr Verhältnis zu den Nachlassgläubigern kann das jedoch nicht ohne Weiteres übertragen werden (§ 2058 Rn 67 mwNw; vgl auch AG Duisburg NZI 2004, 97 f; HK-InsO/Marotzke [10. Aufl 2020] Rn 9 vor §§ 315 ff).

§ 2058
Gesamtschuldnerische Haftung

Die Erben haften für die gemeinschaftlichen Nachlassverbindlichkeiten als Gesamtschuldner.

Materialien: E I § 2051 S 2; II § 1932; III § 2033;
Mot V 526 ff; Prot V 843, 867 ff; Denkschr 730 f;
Jakobs/Schubert ER I 748, 789 ff.

Systematische Übersicht

I. Allgemeines

1. Entstehungsgeschichte und Sinn der Vorschrift

1 Nach ALR I 17 § 127 konnten Miterben, wenn die Erbschaft unter Vorbehalt erworben und die Teilung des Nachlasses noch nicht vollzogen war, für die Nachlassverbindlichkeiten nur gemeinschaftlich, dh so in Anspruch genommen werden, dass die Klage gegen alle Erben zusammen gerichtet wurde (Denkschr z BGB 730; zur heutigen Rechtslage s Rn 52 ff). Das gemeine Recht und E I § 2051 S 2 sahen eine *teilschuldnerische* Haftung der Miterben vor. Abweichend von diesen Vorläufern stellt das BGB in § 2058 den Grundsatz der *gesamtschuldnerischen* Haftung auf, der die Inanspruchnahme beliebiger – also auch einzelner – Miterben für die volle Nachlassverbindlichkeit ermöglicht (§ 421 BGB) und den in Anspruch genommenen Erben auf den Regress gegen seine Miterben verweist (§ 426 BGB).

2 Die Entscheidung für die gesamtschuldnerische Miterbenhaftung fiel nach Prot V 871 deshalb, weil der Gläubiger durch den Tod des Schuldners nicht schlechter gestellt werden dürfe als vorher: „Der Schuldner habe bei Lebzeiten nicht das Recht gehabt, das Schuldverhältniß ohne Einwilligung des Gläubigers auf mehrere Schuldner zu vertheilen. Der Gläubiger müsse auch nach dem Tode des Schuldners in der Lage sein, zum Zwecke seiner Befriedigung nur eine Person in Anspruch zu nehmen, soweit das Vermögen des Schuldners auf diese übergegangen sei. Die Theilung der Haftung beeinträchtige den Gläubiger insofern, als er sich wegen des Ausfalls, welchen er bei einem Miterben erleide, nicht an die anderen Miterben halten könne, selbst wenn das, was diese erhalten haben, ihren Antheil an den Nachlaßverbindlichkeiten übersteigt."

2. Haftung bis zur Teilung des Nachlasses

Solange der Nachlass gemeinschaftliches Vermögen aller Erben bleibt (§ 2032 Abs 1 BGB), ist ein einzelner Erbe ohne Mitwirkung der übrigen Miterben nicht in der Lage, sich die zur Berichtigung der Nachlassverbindlichkeiten erforderlichen Mittel durch Verfügung über einzelne Nachlassgegenstände zu beschaffen (vgl §§ 2033 Abs 2, 2040 Abs 1 BGB). Als Einzelner kann ein Miterbe zunächst nur über seinen Erbteil (§ 2033 Abs 1 BGB) und über sein Eigenvermögen verfügen. Um wenigstens das Eigenvermögen zu schützen, gewährt § 2059 Abs 1 S 1 BGB bis zur Teilung des Nachlasses jedem einzelnen Miterben **das Recht, die Berichtigung der Nachlassverbindlichkeiten aus dem Vermögen, das er außer seinem Anteil am Nachlass hat, zu verweigern** (zu den sonstigen Haftungsbeschränkungsmöglichkeiten vgl Vorbem 2 zu §§ 2058 ff). Dieses Recht steht einem bereits *unbeschränkbar* haftenden Miterben in Ansehung des seinem (ideellen) Erbteil entsprechenden Teils der jeweiligen Nachlassverbindlichkeit nicht zu, § 2059 Abs 1 S 2 BGB. Hinsichtlich der übrigen (Bruch-)Teile der Verbindlichkeit bleibt es bei dem Beschränkungsrecht des Abs 1 S 1 (so dass sich die „unbeschränkte" Haftung eines Miterben zumindest bis zur Teilung des Nachlasses – mE aber auch darüber hinaus [s § 2059 Rn 6 ff] – nur auf einen *Teil* der Nachlassverbindlichkeit bezieht, das Haftungsbeschränkungsrecht *im Übrigen* also noch nicht verwirkt ist!). 3

Verfehlt ist es, aus § 2059 Abs 1 S 2 BGB zu schließen, dass die **Gesamtschuld** (§ 2058 BGB) der Miterben im Falle „unbeschränkter" Haftung *erst mit der Erbteilung* eintrete (so aber SIBER, Haftung für Nachlaßschulden 115; STAUDINGER/LEHMANN[11] Vorbem 4 und § 2060 Rn 1, 7, 3. Denkschr d ErbrA d AkDR 109 und dort Fn 1). Denn ebenso wenig wie das dem noch beschränkbar haftenden Miterben durch § 2059 Abs 1 S 1 BGB zugestandene Recht, die Leistung aus seinem Eigenvermögen zu verweigern, dessen Gesamtschuld zu einer *Teil*schuld macht (Prot V 871), kann dasselbe – und durch § 2059 Abs 1 S 2 BGB sogar noch geschmälerte – Recht des „unbeschränkt" haftenden Miterben dessen Gesamtschuld zu einer Teilschuld herabstufen (s auch MünchKomm/ANN § 2059 Rn 1; SOERGEL/WOLF § 2059 Rn 7). In beiden Fällen wirkt § 2059 Abs 1 BGB überhaupt nicht, solange der Miterbe dieses Verweigerungsrecht nicht geltend macht (§ 2059 Rn 16, 24 ff). Selbst wenn sich der Erbe auf dieses Recht beruft, berührt das die *gesamt*schuldnerische Haftung mit seinem „Anteil an dem Nachlass" nicht. 4

Gem § 2063 Abs 2 BGB kann die in § 2059 Abs 1 S 2 BGB vorgesehene Einschränkung des Leistungsverweigerungsrechts aus § 2059 Abs 1 S 1 BGB nicht eintreten gegenüber einem Nachlassgläubiger, der selbst zu den Miterben gehört (RGZ 93, 197). 5

3. Haftung nach der Teilung des Nachlasses

Soweit sich aus § 2060 oder § 2061 Abs 1 S 2 BGB nichts anderes ergibt, haften die Miterben nach der Teilung des Nachlasses **weiterhin gesamtschuldnerisch gem § 2058** 6

BGB (BGH NJW 1998, 682 = MDR 1998, 108 = LM § 2058 BGB Nr 8 m Anm Marotzke; BayObLG NJW-FER 1999, 124 f = FamRZ 1999, 1175, 1176 = ZEV 1999, 223; BayObLG FamRZ 2004, 908 = NJW-RR 2004, 994). **Zugleich entfallen** mit Vollendung der Nachlassteilung **das Leistungsverweigerungsrecht des § 2059 Abs 1 BGB und die Möglichkeit zur Herbeiführung einer Nachlassverwaltung** (vgl § 2062 HS 2 BGB), die ein wichtiges Mittel der Haftungsbeschränkung darstellt (§ 1975 BGB).

7 Vor diesem Hintergrund **ist allen Miterben dringend zu raten**, vor der Teilung des Nachlasses zunächst einmal, wie in §§ 2045, 2046 BGB vorgesehen, die Nachlassverbindlichkeiten zu berichtigen (vgl auch § 2062 Rn 16). Gegenüber Gläubigern, deren Forderungen den Miterben unverschuldet nicht bekannt geworden sind und die deshalb bei der Erbauseinandersetzung nicht gem § 2046 BGB berücksichtigt werden konnten, verwandelt sich die gesamtschuldnerische Haftung der *gutgläubigen* (§ 2060 Rn 53 ff) Erben unter den Voraussetzungen der §§ 2060, 2061 Abs 1 S 2 BGB in eine **teilschuldnerische**. Nach Auffassung des Gesetzgebers verlangt der Zweck der Erbauseinandersetzung diese Teilung der Haftung für unbekannt gebliebene Forderungen (vgl § 2060 Rn 16).

8 Nachteilige Auswirkungen hat die Teilung des Nachlasses uU auf das Recht der Erben, ihre Haftung auf den Nachlass bzw auf das aus ihm Erlangte zu beschränken (vgl § 2060 Rn 2 ff).

9 Mit der Auseinandersetzung endet die Haftung des Nachlasses für die *Steuer* der am Erbfall Beteiligten (s § 20 Abs 3 ErbStG und Staudinger/Kunz § 1967 Rn 116, 119 f).

4. Beschränkbarkeit der Haftung

a) Allgemeines

10 Die Frage, **mit welchem Vermögen** die Miterben für die Nachlassverbindlichkeiten haften – ob nur mit dem Nachlass (also beschränkt) oder auch mit ihrem sonstigen Vermögen – ist völlig unabhängig von der Frage nach der gesamt- oder teilschuldnerischen Haftung zu beantworten (vgl § 460 Abs 2 FamFG; Prot V 879; Denkschr 731 sowie unten Rn 16). **Der in § 1975 BGB vorgesehenen Beschränkung der Haftung „auf den Nachlass" entspricht im Fall der Erbenmehrheit eine Beschränkung der Haftung auf das Vermögen, welches die Erben geerbt bzw aus dem Nachlass erlangt haben** (vgl zu Letzterem Prot V 877; Raddatz 42 f; Erman/Bayer Vorbem 10 sowie die Parallele der §§ 1480 S 2, 2144 Abs 1 HS 2).

11 Zu dem Vermögen, mit dem ein Miterbe den Nachlassgläubigern auch nach Ergreifung eines Haftungsbeschränkungsmittels haftet, gehört also (Rn 10) auch sein **Anteil am Nachlass** (vgl § 2059 Abs 1 BGB und BGH NJW-RR 1988, 710, 711 aE). Unrichtig ist deshalb die Annahme, dass ein Miterbe die durch einen Nachlassgläubiger erwirkte **Erbteilspfändung** (§ 859 Abs 2 ZPO) dadurch zu Fall bringen könne, dass er zunächst – gemeinsam mit den übrigen Erben, § 2062 HS 1 BGB – eine Nachlassverwaltung herbeiführe und dann gegen die Pfändung gem §§ 780, 781, 784 Abs 1, 785 ZPO interveniere (so aber Börner JuS 1968, 109; vgl auch Boehmer, Erbfolge und Erbenhaftung [1927] 44–46, 197 f; ders JW 1932, 1389; Riesenfeld I 187, 193; Muscheler, Haftungsordnung 112, 115; ders, Erbrecht II [2010] Kap 15 Rn 3808; Endriss 98 bei Fn 419). Gegen diese Annahme spricht sowohl, dass Miterben zur Beantragung der Nachlassverwaltung der Zustim-

mung des Pfandgläubigers bedürfen (§ 2062 Rn 9), als auch, dass der Erbteil, dessen Pfändung dem Gläubiger bzgl des nachlassfremden Vermögens keinerlei Rechte gewährt, nicht nur iS des § 1975 BGB, sondern auch iS des § 784 Abs 1 ZPO als „Nachlass" (bzw als Recht am Nachlass) anzusehen ist (**aM** MUSCHELER, Haftungsordnung 112 Fn 47; ders, Erbrecht II [2010] Kap 15 Rn 3808 Fn 599; ENDRISS 98 bei Fn 419).

Richtig ist allerdings, dass aufgrund eines auf einen Erbteil zielenden Pfändungs- und Überweisungsbeschlusses nicht die *Auseinandersetzung* verlangt werden kann, solange eine – zB auf Antrag eines anderen Nachlassgläubigers angeordnete, § 1981 Abs 2 BGB – Nachlassverwaltung schwebt (nur darum ging es letztlich auch BOEHMER 197 f). Das folgt aber schon daraus, dass aus dem Nachlass vor dessen Teilung zunächst die Verbindlichkeiten zu berichtigen sind (§ 2046 BGB) und gerade dies der Hauptzweck auch der Nachlassverwaltung ist (§ 1975 BGB). Außerdem kann der Pfändungsgläubiger nicht mehr Rechte haben als der Erbe, und für diesen gilt während der Nachlassverwaltung die seine Mitwirkung an der Nachlassteilung hindernde Verfügungsbeschränkung des § 1984 BGB (so in Bezug auf den Erben auch KEIDEL/ZIMMERMANN FamFG[19] § 363 Rn 34). **12**

Da aufgrund einer Erbteilspfändung die Auseinandersetzung während der Dauer einer Nachlassverwaltung nicht betrieben werden kann (Rn 12), der Pfändungs- und Überweisungsbeschluss während dieser Zeit also nicht zur Befriedigung des Gläubigers aus den zum Nachlass gehörenden Gegenständen führt, muss es nicht nur den Nachlass-, sondern auch den *Eigengläubigern* der Erben gestattet sein, trotz bestehender Nachlassverwaltung in die Erbteile zu vollstrecken (**aM** schon bzgl der *Nachlassgläubiger* COSACK § 159 II 3 unter Hinweis auf den – deren Zwangsvollstreckung aber gar nicht ausschließenden – § 1984 Abs 1 S 3). **13**

Selbst eine aufgrund des § 857 Abs 5 ZPO erfolgte *Veräußerung* des gepfändeten Erbteils könnte das Recht des Nachlassverwalters, über die zum Nachlass gehörenden Gegenstände zu verfügen, und folglich auch das Recht der Nachlassgläubiger, von dem Verwalter aus dem Nachlass befriedigt zu werden (§§ 1984 Abs 1 S 3, 1985 Abs 1, 1986 BGB), nicht beeinträchtigen (vgl auch STAUDINGER/DOBLER § 1984 Rn 9: Nachlassverwaltung hindert nicht Verfügungen der Miterben über ihre Anteile). Die §§ 1984 Abs 2 BGB, 784 Abs 2 ZPO sind demnach auf Erbteilspfändungen nicht anzuwenden (zur Begründung dieses Ergebnisses braucht man Erbteile also nicht zum Eigenvermögen der Miterben zu rechnen; so aber in anderem Zusammenhang [vgl Rn 11] BÖRNER JuS 1968, 108 f; HOEPFNER Jura 1982, 173; RIESENFELD I 193). **14**

Jedoch kommt als **„Drittschuldner"** iSd § 829 Abs 3 BGB (iVm §§ 857 Abs 1, 859 Abs 2 BGB) ZPO auch der Nachlassverwalter in Betracht (so auch das bereits bei STAUDINGER/MEŠINA [2017] § 1960 Rn 51 aE erwähnte Urteil LG Kassel InVo 1998, 77 f = MDR 1997, 1032 f m insoweit zust Anm AVENARIUS). **15**

Bereits andernorts beschrieben sind die verschiedenen **Möglichkeiten zur Beschränkung der Haftung auf das geerbte Vermögen** (vgl STAUDINGER/KUNZ Vorbem 67 ff, 72 zu §§ 1967 ff, STAUDINGER/DOBLER Vorbem 3 ff zu §§ 1975 ff sowie Vorbem 2 zu §§ 2058 ff, § 2058 Rn 73, § 2060 Rn 2 ff). Die Teilung des Nachlasses kann eine spätere Beschränkung der Haftung uU ausschließen (vgl § 2060 Rn 2 ff, 14). **16**

b) Verlust des Haftungsbeschränkungsrechts

17 Der Verlust des Haftungsbeschränkungsrechts durch Versäumung der Inventarfrist (§§ 1994 Abs 1 S 2, 2005 Abs 1 S 2 BGB), Inventaruntreue (§ 2005 Abs 1 S 1 BGB), Verweigerung der eidesstattlichen Versicherung (§ 2006 Abs 3 BGB), Versäumen des Vorbehalts der beschränkten Haftung (§ 780 ZPO) oder Verzicht (Staudinger/Marotzke [2010] Vorbem 16 zu §§ 1967 ff; Staudinger/Kunz Vorbem 185 ff zu §§ 1967 ff) trifft immer nur den einzelnen Miterben, in dessen Person die Voraussetzungen vorliegen (§ 425 BGB).

18 Jedoch kommt nach § 2063 Abs 1 BGB die Inventarerrichtung durch einen Miterben auch den übrigen Miterben zustatten, soweit diese noch nicht unbeschränkbar haften. Ferner kann sich ein Miterbe gegenüber einem anderen Miterben, der zugleich Nachlassgläubiger ist, auf die Beschränkung seiner Haftung auch dann berufen, wenn er den anderen Nachlassgläubigern gegenüber *unbeschränkbar* haftend geworden ist, § 2063 Abs 2 BGB.

19 Durch *Inventarverfehlungen* (§§ 1994 Abs 1 S 2, 2005 Abs 1, 2006 Abs 3 BGB) kann ein Miterbe sein Haftungsbeschränkungsrecht nur hinsichtlich eines seiner ideellen Erbquote entsprechenden *Teils* jeder – im Fall des § 2006 Abs 3 BGB: jeder gegenüber dem *Antragsteller* bestehenden – Nachlassverbindlichkeit verwirken (vgl Staudinger/Dobler § 1994 Rn 34, § 2007 Rn 1–4; § 2059 Rn 4 ff, § 2060 Rn 10 f; **anders die hM**; s dazu § 2059 Rn 4 f, 6 ff). Daraus resultieren Besonderheiten bei der Anwendung des § 2013 BGB (vgl Staudinger/Dobler § 2013 Rn 12 und § 2007 Rn 2–4; § 2060 Rn 10 f) und des § 2016 BGB (vgl Staudinger/Dobler § 2016 Rn 3).

5. Die fünf Grundtypen der Miterbenhaftung

20 Aus dem Vorstehenden ergeben sich folgende fünf mögliche Gestaltungen der Miterbenhaftung:

a) gesamtschuldnerisch und beschränkbar bzw beschränkt,

b) gesamtschuldnerisch und *völlig* unbeschränkbar (letzteres zB wegen § 780 Abs 1 ZPO oder aufgrund Rechtsgeschäfts),

c) gesamtschuldnerisch und *hinsichtlich eines der Erbquote entsprechenden Teils der Schuld* unbeschränkbar, im Übrigen jedoch beschränkbar (vgl oben Rn 3 f, Staudinger/Dobler § 1994 Rn 34; § 2059 Rn 4 ff, § 2060 Rn 10 f; **aM** Staudinger/Lehmann[11] Vorbem 3; wohl auch Erman/Bayer Vorbem 15),

d) anteilig (Rn 6 f) und beschränkbar bzw beschränkt (s § 2060 Rn 17 f, 20 ff, 59 f),

e) anteilig und unbeschränkbar (s § 2060 Rn 59).

21 **f)** Eine weitere Unterscheidung ergibt sich daraus, dass der Verlust des Haftungsbeschränkungsrechts sowohl gegenüber sämtlichen als auch gegenüber einzelnen Nachlassgläubigern denkbar ist (vgl Staudinger/Kunz Vorbem 76 zu §§ 1967 ff).

II. Gemeinschaftliche Nachlassverbindlichkeiten

1. Nachlass- oder Eigenverbindlichkeit?

Die §§ 2058 ff BGB betreffen nur die Haftung der Miterben für die *Nachlass*verbindlichkeiten (vgl dazu § 1967 Abs 2 BGB nebst zugehöriger Kommentierung). Unanwendbar sind die §§ 1967 ff, 2058 ff BGB auf die Ansprüche der Nachlassgläubiger gegen den bzw die Erben wegen schlechter Verwaltung des Nachlasses (§§ 1978–1980 BGB), da es sich hier nicht um Nachlass-, sondern um Eigenverbindlichkeiten handelt (vgl Staudinger/Dobler § 1978 Rn 35; § 2060 Rn 31 ff). Dennoch ist auch hier gesamtschuldnerische Haftung denkbar (Staudinger/Dobler § 1978 Rn 38). 22

Zur Zwangsvollstreckung in den ungeteilten Nachlass bedarf es eines Titels gegen sämtliche Miterben (§ 747 ZPO) auch dann, wenn die Vollstreckung wegen einer Schuld erfolgen soll, die nicht Nachlassverbindlichkeit ist (BGHZ 53, 110, 114 ff mwNw). Wegen solcher (reiner Eigen-)Verbindlichkeiten kann während einer Nachlassverwaltung oder eines Nachlassinsolvenzverfahrens nicht in den Nachlass vollstreckt werden (s Staudinger/Dobler § 1975 Rn 6, 9 f, 12, 42, 46; aber auch § 2058 Rn 13 f zu einer die Erbteilspfändung betreffenden Besonderheit). 23

2. Nachlass- und Erbteilsverbindlichkeiten

Indem § 2058 BGB die Erben für die „gemeinschaftlichen" Nachlassverbindlichkeiten als Gesamtschuldner haften lässt, setzt er konkludent voraus, dass es Nachlassverbindlichkeiten geben kann, für die nur einer oder einige der Miterben haften (vgl auch §§ 2007, 1935, 2095 BGB). Treffender wäre es, hier nicht von Nachlass-, sondern von **Erbteilsverbindlichkeiten** zu sprechen (Erman/Bayer Rn 1; MünchKomm/Ann Rn 11). Als Erbteilsverbindlichkeiten kommen nur solche Verpflichtungen in Betracht, die den **Erblasser** noch gar nicht trafen, sondern erstmals mit oder nach dem Erbfall entstehen. Dies ergibt ein Gegenschluss aus der bei Rn 2 genannten ratio legis des § 2058 BGB. 24

Nicht allen Miterben gemeinschaftlich sind **zB** Verbindlichkeiten aus Vermächtnissen und Auflagen, die nur einzelnen Miterben auferlegt sind (vgl §§ 2148, 2192, 1935, 2095 BGB); ferner die Verpflichtung des Miterben eines pflichtteilsberechtigten Erben, diesem den Pflichtteil zu ergänzen (§§ 2305 S 1, 2326 BGB), die auf § 1371 Abs 4 BGB bzw § 6 S 2 LPartG beruhende Verpflichtung des überlebenden Ehegatten bzw Lebenspartners zur Gewährung von Mitteln zu einer angemessenen Ausbildung an Abkömmlinge des Erblassers (dazu Staudinger/Kunz § 1967 Rn 103; Staudinger/Thiele [2017] § 1371 Rn 123 ff), die Verpflichtung eines einzelnen Miterben, die Kosten einer auf seinen Erbteil beschränkten Nachlasspflegschaft zu tragen (vgl Staudinger/Mešina [2017] § 1960 Rn 61). 25

Für derartige Verbindlichkeiten haften die nicht betroffenen Miterben überhaupt nicht. **Wenn zwar nicht alle, aber doch mehrere Miterben beschwert sind**, tritt die in § 2058 BGB vorgeschriebene gesamtschuldnerische Haftung ein, *soweit* die betreffende Verbindlichkeit eine gemeinschaftliche ist (Kretzschmar § 88 IV 1; BGB-RGRK/Kregel Rn 3; Planck/Ebbecke Anm 1; Palandt/Weidlich § 2059 Rn 8; MünchKomm/Ann Rn 11; Soergel/Wolf Rn 4; NK-BGB/Kick Rn 15; Kipp/Coing § 121 VI; wohl iE ebenso Brox/ 26

Walker § 27 Rn 33 [trotz Nichtanwendung des § 2058]; **aM** die ersten beiden Aufl von Planck sowie die zweite Aufl des RGRK unter Berufung auf § 2046 Abs 2, der jedoch – vgl Kregel Rn 3 – nur das Innenverhältnis der Miterben untereinander betrifft).

27 Bei auf **Verfügung von Todes wegen** beruhenden Verbindlichkeiten (Vermächtnissen, Auflagen) kann der Erblasser wirksam anordnen, dass die beschwerten Miterben auch im Außenverhältnis nur teilschuldnerisch haften sollen (vgl Staudinger/Otte [2019] § 2148 Rn 2 f; MünchKomm/Rudy § 2148 Rn 6 und Abschn 2 d meiner Anm zu BGH LM § 2058 Rn 8). Dann entsteht keine „gemeinschaftliche" Verbindlichkeit, sondern es werden *mehrere* auf die Miterben verteilte Einzelschulden begründet.

28 Nicht bloß Erbteilsschulden, sondern „gemeinschaftliche Nachlassverbindlichkeiten" sind die Kosten einer nur für einen Miterbenanteil angeordneten Testamentsvollstreckung (BGH NJW 1997, 1362 f = ZEV 1997, 116 f m zust Anm vMorgen; **aM** zuvor OLG Hamburg ZEV 1996, 184 f m abl Anm Muscheler; weiterführend Muscheler, Testamentsvollstreckung über Erbteile, AcP 195 [1995] 35, 48 ff).

29 **Auf Nachlassverbindlichkeiten, für die nicht sämtliche, sondern nur einer oder einige Miterben haften** und für die deshalb der Begriff „Erbteilsverbindlichkeiten" vorgeschlagen wurde (Rn 24), **sind diejenigen Vorschriften unanwendbar, die eine Haftung sämtlicher Miterben bzw des gesamten Nachlasses voraussetzen.**

30 So kann ein Gläubiger, dem nur *ein* Miterbe haftet, idR weder **Nachlassverwaltung** noch ein **Nachlassinsolvenzverfahren** beantragen (zust MünchKomm-InsO/Siegmann § 317 Rn 5 aE; Goertz, in: Rissmann [Hrsg], Die Erbengemeinschaft[3] § 6 Rn 57). Denn damit würde er auch denjenigen Erben, die ihm nicht haften, die Verwaltungs- und Verfügungsbefugnis über den Nachlass entziehen (vgl §§ 1984, 1985 Abs 1 BGB und § 80 Abs 1 InsO) bzw ihnen, soweit ein Nachlassinsolvenzverfahren mit „Eigenverwaltung unter Aufsicht eines Sachwalters" (§ 270 Abs 1 S 1 InsO) in Betracht kommt, erhebliche Beschränkungen auferlegen (§§ 274 ff InsO). Dies darf nur dann zugelassen werden, wenn der antragstellende Gläubiger zugleich der *einzige* für die Verbindlichkeit *nicht* haftende Miterbe ist (zB in Fällen der §§ 2305, 2326 BGB) oder wenn er das Verfahren *als Miterbe* beantragen kann (was sich beim Nachlassinsolvenzverfahren ua nach §§ 317, 319, 320 InsO richtet, bezüglich einer Nachlassverwaltung hingegen an § 2062 HS 1 BGB scheitert). Zudem setzt das Nachlassinsolvenzverfahren Zahlungsunfähigkeit (zumindest „drohende", § 320 S 2 InsO) oder Überschuldung des *Nachlasses* voraus (§ 320 S 1 InsO); es kommt deshalb nicht in Betracht, wenn lediglich ein *Erbteil* überschuldet ist (Jaeger/Weber[8] KO § 235 Rn 2; MünchKomm/Ann Rn 11 aE; Döbereiner, in: Gottwald [Hrsg], Insolvenzrechts-Handbuch [5. Aufl 2015] § 113 Rn 17). Lediglich in Bezug auf einen *Erbteil* lässt das Gesetz weder ein Nachlassinsolvenzverfahren noch eine Nachlassverwaltung zu (vgl § 316 Abs 3 InsO für das Nachlassinsolvenzverfahren und Prot VI 343 f für die Nachlassverwaltung; zur Gesetzesgeschichte s Staudinger/Dobler § 1975 Rn 21, § 2007 Rn 3).

31 Werden in einem Nachlassinsolvenzverfahren Verbindlichkeiten geltend gemacht, für die nicht *sämtliche* Miterben haften, so müssen uU **Sondermassen** (vgl BGH KTS 1979, 76, 80 f) gebildet werden. Aus den Anteilen der ihm nicht haftenden Miterben kann der Gläubiger keine Befriedigung beanspruchen.

In die Erbteile derjenigen Miterben, die ihm haften, kann ein Nachlassgläubiger auch dann durch Erwirkung eines Pfändungs- und Überweisungsbeschlusses nach §§ 857, 859 Abs 2 ZPO (s Rn 11 f, 53) **vollstrecken**, wenn *andere* Miterben ihm *nicht* haften. Nur von dem Vermögen, das er „außer" seinem Anteil am Nachlass hat, kann ein haftender Miterbe den Gläubiger bis zur Teilung des Nachlasses gem § 2059 Abs 1 BGB abwehren. 32

Befriedigung aus dem ungeteilten Nachlass kann ein Gläubiger, dem nicht sämtliche Miterben haften, eigentlich nicht verlangen (vgl § 2059 Abs 2 BGB und § 747 ZPO; Endriss 144). Aufgrund eines Pfändungs- und Überweisungsbeschlusses in den Erbteil des ihm haftenden Miterben (Rn 32) kann er jedoch von den übrigen Miterben verlangen, dass seine Forderung aus dem berichtigt werde, was dem Inhaber des gepfändeten Erbteils bei der Auseinandersetzung zukommt (vgl § 2046 Abs 2 BGB). 33

Richtet sich ein Anspruch, für den nur einige der Miterben haften, auf *Verschaffung* eines Nachlassgegenstandes (denkbar zB beim Vermächtnis, s Rn 25 ff), so kann er auch schon vor der Teilung des Nachlasses durchgesetzt werden (vgl Rn 57 ff iVm Staudinger/Otte [2019] § 2170 Rn 19; zust Goertz, in: Rissmann [Hrsg], Die Erbengemeinschaft[3] § 6 Rn 57). 34

Der Miterbe, der für eine Nachlassverbindlichkeit allein oder gesamtschuldnerisch mit nur einigen der übrigen Erben haftet, kann sich zum Schutz seines Eigenvermögens bis zur Teilung des Nachlasses auf **§ 2059 Abs 1 BGB** berufen (Rn 32). Auch **das Haftungsbeschränkungsmittel** (§ 1975 BGB) **der Nachlassverwaltung** steht ihm zu (allerdings nur gemeinsam mit allen übrigen Erben, § 2062 HS 1 BGB); denn § 1981 Abs 1 BGB gewährt es dem *Erben* ohne Weiteres. 35

Nach der Teilung des Nachlasses ist sowohl der Schutz des § 2059 Abs 1 BGB („bis") als auch die Anordnung einer Nachlassverwaltung (§ 2062 HS 2 BGB) ausgeschlossen. Ein Nachlassinsolvenzverfahren kann der einzelne (§ 317 Abs 1, 2 InsO) Miterbe wegen §§ 320, 316 Abs 3 InsO nur beantragen, wenn nicht bloß sein Erbteil, sondern der gesamte Nachlass zahlungsunfähig oder überschuldet ist. (Entsprechendes gilt für den in § 320 S 2 InsO normierten Eröffnungsgrund der „drohenden" Zahlungsunfähigkeit.) Ist lediglich der Anteil eines Miterben überschuldet, weil nur dieser für bestimmte Vermächtnisse und Auflagen haftet, so bleibt dem Miterben trotz der Unzulässigkeit eines Sonderinsolvenzverfahrens über den *Erbteil* (§ 316 Abs 3 InsO) bzgl *dieser* Verbindlichkeiten noch das Haftungsbeschränkungsrecht aus § 1992 BGB. Problematisch ist jedoch angesichts der Unzulässigkeit von Sonderinsolvenzverfahren über Erbteile, wie der Miterbe eines pflichtteilsberechtigten Erben, dem er den Pflichtteil ergänzen muss (§§ 2305, 2326 BGB), seine Haftung für diese Verbindlichkeit beschränken kann, wenn der Nachlass geteilt (§ 2062 HS 2 BGB) und nicht dieser, sondern nur der für die Verbindlichkeiten aus §§ 2305, 2326 haftende *Erbteil* überschuldet ist. Analogie zu § 1990 BGB, weil ein Nachlassinsolvenzverfahren hier zwar nicht mangels Masse (vgl § 1990 Abs 1 S 1 BGB), wohl aber wegen §§ 320, 316 Abs 3 InsO nicht in Betracht kommt? 36

Soweit in **§§ 2059 Abs 1 S 2, 2060, 2061 Abs 1 S 2 BGB** von einem „seinem Erbteil entsprechenden Teil" einer Verbindlichkeit die Rede ist, wird man darunter bei dem Miterben, der für die Verbindlichkeit allein haftet, die *gesamte* Verbindlichkeit zu 37 verstehen haben. Bei gesamtschuldnerischer Haftung zwar nicht aller, aber doch mehrerer Miterben sind deren Erbteile ins Verhältnis zu ihrer Summe zu setzen (vgl Lange/Kuchinke § 50 VI mit Fn 80).

3. Gemeinschaftliche Verbindlichkeiten

a) Vom Erblasser herrührende Schulden

38 Allen Miterben gemeinschaftlich sind sämtliche **Verbindlichkeiten, die bereits den Erblasser trafen** (Rn 24). Für sie haften alle Miterben als Gesamtschuldner. So zB das OLG Stuttgart (VersR 1959, 117, 119) bzgl des Ausgleichsanspruchs des auf Schadensersatz in Anspruch genommenen Schädigers gegen den am Unfall beteiligten und dabei getöteten Kraftfahrer.

39 Für Ansprüche der Gesellschaft gegen einen verstorbenen Gesellschafter auf Rückzahlung von Entnahmen haften sämtliche Erben auch dann, wenn der Gesellschaftsanteil des Erblassers nur auf einen von ihnen übergegangen ist (BGHZ 68, 225, 239 f; Kick 137).

40 Ein Anspruch auf Rückerstattung einer vor dem Erbfall geleisteten Sozialhilfe ist ebenfalls „gemeinschaftliche Nachlassverbindlichkeit" gem § 2058 BGB; er entsteht jedoch erst mit der Rücknahme des den Rechtsgrund der Sozialhilfeleistung darstellenden Verwaltungsakts (Staudinger/Marotzke [2008] § 1922 Rn 363, dort Rn 364 auch Hinweise zur erbrechtlichen Behandlung einer etwaigen Pflicht zum Ersatz von Sozialhilfekosten; dazu auch Staudinger/Kunz § 1967 Rn 108 f). Vgl auch unten Rn 52.

b) Sonstige Verbindlichkeiten

41 Auch **nach dem Tod** des Erblassers können noch Nachlassverbindlichkeiten entstehen oder fällig werden, für die alle Erben gesamtschuldnerisch haften (jedenfalls wenn sie zZ der Schuldbegründung noch nicht durch Erbteilsveräußerung oder Teilauseinandersetzung aus der Erbengemeinschaft ausgeschieden waren; vgl Eberl-Borges 329 ff). Das gilt zB für die Pflicht zur Tragung der Beerdigungskosten (§ 1968 BGB), die allerdings dem Grunde nach ohnehin schon mit dem Erbfall entsteht, sowie für Verbindlichkeiten aus Rechtsgeschäften, die durch einen für sämtliche Erben bestellten Nachlasspfleger (vgl Staudinger/Mešina [2017] § 1960 Rn 41) oder durch einen Nachlassverwalter (vgl § 1985 Rn 5) abgeschlossen wurden.

42 Auch **durch Rechtshandlungen der Erben** können unter bestimmten Voraussetzungen (vgl Staudinger/Marotzke [2010] § 1967 Rn 39 ff, 49, 50 aE; Staudinger/Kunz § 1967 Rn 150 ff) noch Nachlassverbindlichkeiten entstehen, die alle Erben gemeinschaftlich treffen (und die oft zugleich Eigenverbindlichkeiten des bzw der Handelnden sein werden; vgl Staudinger/Marotzke [2010] § 1967 Rn 40, 42 aE; Staudinger/Kunz § 1967 Rn 166 ff). Dies gilt zB für „die bis zur Teilung des Nachlasses durch Erhaltung der Nachlassgegenstände erforderlichen Verwaltungskosten" (OLG Braunschweig OLGE 26 [1913/I] 289, 290). Da ein Erbe aber nicht gesetzlicher Vertreter seiner Miterben ist (zu den Vertretungsverhältnissen *bei Vorliegen eines Notgeschäftsführungsrechts aus § 2038 Abs 1 S 2 HS 2* vgl Staudinger/Löhnig § 2038 Rn 27, 45 ff; Erman/Bayer § 2038 Rn 13; Dauner-Lieb 352 f, 457), kann er die übrigen nicht ohne Weiteres verpflichten (vgl BGHZ 30, 391, 394 ff; 32, 60, 67 [zu § 27 HGB; vgl auch Staudinger/Marotzke [2010] § 1967 Rn 57–60; Staudinger/Kunz § 1967 Rn 228 ff; BGH LM § 2032 Nr 2 = NJW 1962, 2196, 2197 f – zur Haftung der Miterben aus Rechtsgeschäften, die in

Fortführung eines vom Erblasser hinterlassenen Handwerksbetriebes von dem das Geschäft allein führenden Miterben abgeschlossen wurden). Soweit es lediglich um die *erbrechtliche* Haftung geht, werden Verbindlichkeiten aus Rechtsgeschäften, die der ordnungsgemäßen Verwaltung des Nachlasses dienen, aber auch dann als „gemeinschaftliche" Verbindlichkeiten anerkannt werden dürfen, wenn sie nur durch *einen* der Miterben begründet wurden (Staudinger/Marotzke [2010] § 1967 Rn 49; Staudinger/Kunz § 1967 Rn 201; vorausgesetzt wohl auch in OLG Hamm OLGZ 1985, 226 f; iE übereinstimmend Ann 54 f; Dauner-Lieb 457; **aM** Erman/Bayer § 2038 Rn 12 b [nur wenn dieser im Namen des Nachlasses und mit Vollmacht sämtlicher Miterben gehandelt habe]; Soergel/Wolf § 2038 Rn 11; wohl auch MünchKomm/Gergen § 2038 Rn 27; OLG München HRR 1939 Nr 365 Sp 365 f). Denn würde dieser die betreffenden Verbindlichkeiten zunächst aus seinem – idR mitverpflichteten (s Staudinger/Marotzke [2010] § 1967 Rn 40; Staudinger/Kunz § 1967 Rn 173; Dauner-Lieb 389 ff) – Eigenvermögen berichtigen, so könnte er im Fall der Nachlassverwaltung oder des Nachlassinsolvenzverfahrens gem § 1978 Abs 3 BGB Aufwendungsersatz aus dem gesamten Nachlass und nicht etwa nur aus dem eigenen Erbteil verlangen. Im Übrigen schließt die Annahme einer Nachlassverbindlichkeit, die im *Außenverhältnis* sämtlichen Erben als Gesamtschuldnern (§§ 2058, 2059 BGB) zur Last fällt, nicht aus, einen Erben, der den Vertrag ohne die nach § 2038 Abs 1 BGB erforderliche Abstimmung mit seinen Miterben geschlossen hat, im *Innenverhältnis* (§ 426 BGB) überwiegend oder gar allein haften zu lassen.

Gemeinschaftliche Nachlassverbindlichkeiten, für welche die Miterben gem § 2058 als Gesamtschuldner haften, sind auch **Verpflichtungen aus einer nach dem Erbfall entstandenen ungerechtfertigten Bereicherung (§ 812 BGB) des Nachlasses** (vgl Staudinger/Marotzke [2010] § 1967 Rn 52; Staudinger/Kunz § 1967 Rn 211; RG JW 1927, 1196, 1197 f [aber: OLG Hamburg NJW 1952, 938 f = MDR 1952, 548 f]; Aderhold JA 1980, 136, 139 f; Balzer-Wehr, Bereicherungs- und Erstattungsansprüche gegen Erben [Diss Erlangen-Nürnberg 1998] 44 ff, 100 ff; Eberl-Borges 334; teilw **aM** Staudinger/Lorenz [2007] § 818 Rn 7). So zB die – allerdings im *öffentlichen* Recht begründete (s zu dieser Streitfrage Staudinger/Marotzke [2008] § 1922 Rn 362; kurze Hinweise auch bei Staudinger/Kunz [2017] § 1922 Rn 156) – Verpflichtung zur Rückgewähr von **Rentenzahlungen**, die irrtümlich noch nach dem Tod des Erblassers auf dessen zum ungeteilten Nachlass gehörendes Konto erfolgt sind (vgl BGHZ 71, 180 ff = NJW 1978, 1385 f; ebenso BGH WM 1982, 101 f; AG Kassel NJW-RR 1992, 585 f; wohl nur scheinbar **aM** KG FamRZ 1977, 349 f [dort war das Erblasserkonto möglicherweise nicht in den Nachlass gelangt; vgl KG FamRZ 1977, 349 aE, 350]). Anknüpfend an die Fortführung des Erblasserkontos durch die Erbengemeinschaft will der BGH für diesen Fall allerdings eine **Nachlasserbenschuld** annehmen (BGHZ 71, 180 ff ad II 1 a; BGH WM 1982, 101 f ad II 1; zustimmendBeckOK-BGB/Lohmann [1. 11. 2019]§ 1967 Rn 20; Schlüter Rn 1066; Staudinger/Lorenz [2007] § 818 Rn 7; **aM** Staudinger/Marotzke [2010] § 1967 Rn 7, 52; Staudinger/Kunz § 1967 Rn 216; MünchKomm/Küpper § 1967 Rn 13). Da die Erben in den entschiedenen Fällen aber schon „als solche" (§ 1967 Abs 2 BGB), nämlich als Inhaber des Nachlasses, bereichert waren (vgl auch BGHZ 71, 180 ff ad II 1 a aE und OVG Münster NJW 1985, 2438), bedurfte es dieses zusätzlichen Anknüpfungspunktes nicht. Die Annahme einer Nachlasserbenschuld (iS des bei Staudinger/Kunz § 1967 Rn 17 ff Ausgeführten) ist ohnehin verfehlt, wenn man der zutreffenden Ansicht des BGH folgt, dass die Miterben ihre Haftung auch bzgl derartiger Bereicherungsschulden gem § 2059 Abs 1 BGB auf den Nachlass beschränken können (BGHZ 71, 180 ff ad II 1 b) und dass sie für derartige Schulden nach der Teilung des Nachlasses nur noch teilschuldnerisch haften, falls die Voraussetzungen 43 der §§ 2060, 2061 BGB erfüllt sind (BGH WM 1982, 101 f ad II 2 – auch zu § 818 Abs 3). Für **reine Nachlassverbindlichkeit** auch AG Kassel NJW-RR 1992, 585, 586 (zu diesem Urteil Staudinger/Marotzke [2008] § 1922 Rn 362; Staudinger/Kunz § 1967 Rn 216; für **reine Erbenschuld [Eigenverbindlichkeit]** hingegen Soergel/Stein § 1967 Rn 13).

44 Das Vorstehende gilt nicht für irrtümliche Rentenfortzahlungen und sonstige rechtsgrundlose Leistungen, die auf das vom Erblasser herrührende Konto erbracht werden, *nachdem dieses bereits in das Einzelvermögen eines Miterben überführt wurde.* Bereichert ist in solchen Fällen von Anfang an nicht die Erbengemeinschaft, sondern nur das Vermögen dieses einen Miterben. Deshalb haften für die Rückzahlung nicht sämtliche Miterben, sondern nur der bereicherte (vgl OLG Dresden NJW 1998, 2609 [LS] = VIZ 1998, 288, 290 f = ZEV 1998, 308, 310 m Anm Ann [zu einem allerdings nur punktuell vergleichbaren Fall]). Und dieser haftet nicht nur „als Erbe" (denn in sein *Einzelvermögen* ist das Konto ja nicht schon kraft Erbrechts, sondern erst durch Rechtsgeschäft gelangt), sondern in gleicher Weise wie jeder andere Empfänger einer ungerechtfertigten Bereicherung. UU haftet in einigen der bei Rn 43 f angesprochenen Fällen sogar die kontoführende Bank (vgl LG Karlsruhe NJW-RR 1988, 818 f; LSG Stuttgart WM 1995, 1876, 1878 f; Dörr NZS 1993, 150, 151; BSG NZI 2001, 502, 504 [Vorinstanz: BayLSG NZS 2000, 419 f]; Staudinger/Kunz § 1967 Rn 215).

4. Leistungsstörungen; Begriff der Gesamt„hand"schuld

45 Ein **Alleinerbe**, der eine bestehende Nachlassverbindlichkeit schuldhaft nicht oder nicht ordnungsgemäß erfüllt, haftet für daraus entstehende Sekundäransprüche des Gläubigers – die mE die Rechtsnatur der verletzten Schuld als Nachlassverbindlichkeit teilen (Staudinger/Marotzke [2008] § 1967 Rn 53 f; krit Staudinger/Kunz Vorbem 119 zu §§ 1967 ff) – ohne die Möglichkeit, seine Haftung auf den Nachlass zu beschränken (vgl Staudinger/Marotzke [2008] § 1967 Rn 53; insoweit übereinstimmend Staudinger/Kunz Vorbem 119 zu § 1967 ff; **einschr** Meier 155 ff: dies gelte idR [aber: 157!] nur bei die Erfüllung vereitelndem aktiven Tun; **gänzlich aM** Riering 96, der deshalb für den Fall, dass Miterben vorhanden sind, bis zur Nachlassteilung § 2059 Abs 1 S 1 BGB anwenden will).

46 Für Ersatzansprüche aus **Pflichtverletzungen, die lediglich einer von mehreren Erben zu vertreten hat**, fehlt aber nur *diesem* Erben das Haftungsbeschränkungsrecht (§§ 2058, 425 Abs 2 BGB; iE wie hier Meier 157; NK-BGB/Kick Rn 10).

47 Wegen § 425 BGB scheint es, als würden die übrigen Miterben insoweit *überhaupt nicht* – also nicht einmal beschränkbar – haften (so in der Tat Riering 97; Eberl-Borges 441 f). Anders wäre es jedoch, wenn man den Ersatzanspruch des Gläubigers auch dann als eine den gesamten Nachlass (nicht bloß den Erbteil des Schädigers) belastende Verbindlichkeit qualifizieren könnte, wenn nur einer der Miterben die Pflichtverletzung zu vertreten hat. Belastet der Ersatzanspruch den gesamten Nachlass, so lässt sich eine (auf diesen beschränkbare, s Rn 50) Mithaftung der übrigen Erben unmittelbar aus § 2058 BGB begründen. Dass der Gläubiger der von *einem* Miterben verletzten Nachlassverbindlichkeit das Recht zum Zugriff auf den *gesamten* Nachlass haben muss (so auch NK-BGB/Kick Rn 10), folgt mE daraus, dass auch die verletzte Primärschuld auf dem gesamten Nachlass lastete. Zur dogmatischen Begründung dieses der Interessenlage angemessenen Ergebnisses bietet sich eine **Analogie zu § 31 BGB** an (vgl in etwas anderem Zusammenhang Aderhold JA 1980, 136, 141 f [III 3]; M Wolf

AcP 181 [1981] 480, 505 f; Wolf/Neuner § 17 Rn 70 f Fn 180; MünchKomm/Arnold [7. Aufl 2015] § 31 Rn 17; Balzer-Wehr, Bereicherungs- und Erstattungsansprüche gegen Erben [Diss Erlangen-Nürnberg 1998] 59 ff; Ann 168 ff, 411; **aM** Eberl-Borges 441 f [anwendbar sei weder § 31 noch § 278]; MünchKomm/Leuschner [8. Aufl 2018] § 31 Rn 7; Staudinger/Schwennicke [2019] § 31 Rn 111; Staudinger/Löhnig § 2032 Rn 9; Soergel/Hadding § 31 Rn 8; Erman/Westermann § 31 Rn 1; Staudinger-Symposion 1998/Bork S 181, 191), wobei von einer *Doppelstellung der Miterben* zum einen als Organe des ohne sie nicht handlungsfähigen Nachlasses (des primären Adressaten der „Nachlass"verbindlichkeiten) und zum anderen als für dessen Verbindlichkeiten persönlich mitverpflichtete (vgl § 2058 BGB und Staudinger/Marotzke [2010] Vorbem 6 ff zu §§ 1967 ff; Staudinger/Kunz Vorbem 32 ff zu §§ 1967 ff;) Einzelpersonen auszugehen ist (bei Gesamtvertretung – vgl §§ 2038 Abs 1, 2040 Abs 1 BGB – genügt für die Anwendung des § 31 BGB das Verschulden *eines* Organs; vgl BGH LM § 31 Nr 13 und BGH NJW 1986, 2939 f, 2941 ff). Wer eine Anwendung des § 31 BGB auf *deliktisches* Handeln beschränkt, kann als Analogiebasis ersatzweise § 278 BGB nehmen (P Ulmer AcP 198 [1998] 113, 139 – allerdings für die GbR).

Die hinter dieser Konstruktion stehende Vorstellung einer **Pflichtsubjektivität des Nachlasses** bzw der Erbengemeinschaft (Eberl-Borges ZEV 2002, 125, 127 ff) mag ungewöhnlich erscheinen (gegen sie zB Henckel ZZP 1984, 447, 452; Staudinger-Symposion 1998/Bork S 181 ff, 189; wohl auch Meier 156, Staudinger/Kunz Vorbem 124 zu §§ 1967 ff), ist aber als argumentative Such- und Denkfigur durchaus legitim (so trotz aller Skepsis wohl auch P Ulmer AcP 198 [1998] 113, 132) und von der Rspr in der Sache längst akzeptiert (vgl den vom OLG Neustadt DNotZ 1963, 58 [LS b], 61 verwandten Begriff der „reinen Gesamthandsverbindlichkeit"; ferner BGH NJW 1962, 791, 793: der Anspruch aus § 1968 BGB richte sich gegen die Erbengemeinschaft als ein gegenüber dem einzelnen Miterben selbstständiges Rechtssubjekt [zur eigenen Ansicht s aber § 2058 Rn 48 ff, 52 ff, 65 ff und Staudinger/Marotzke [2010] § 1968 Rn 19; ebenso jetzt Staudinger/Kunz § 1968 Rn 43]). Selbst das Gesetz scheut sich nicht, von Ansprüchen zu sprechen, die sich „gegen den Nachlass" richten (vgl §§ 1958, 1961, 1984 Abs 1 S 3 BGB und § 778 Abs 1 ZPO). Es geht allerdings nicht so weit, den Nachlass oder die Erbengemeinschaft als solche (als *ein* Rechtssubjekt) mit der Fähigkeit auszustatten, wegen einer Nachlassverbindlichkeit verklagt zu werden (weshalb der Begriff der Gesamthandklage verfehlt ist; vgl Rn 65 ff). Stattdessen eröffnet es in §§ 2058, 421 BGB die Möglichkeit, gegen einzelne, mehrere oder sämtliche (vgl auch § 2059 Abs 2 BGB) Miterben auf Leistung zu klagen und lässt es für die Vollstreckung in den ungeteilten Nachlass genügen, dass der Gläubiger gegen sämtliche *Erben* einen Titel erlangt hat (§ 747 ZPO; anders hingegen § 124 Abs 1 und 2 HGB bzgl der Klage- und Vollstreckungsmöglichkeiten gegen eine OHG). Daran sollte man trotz des Umstands, dass der BGH vor einigen Jahren die *GbR* (BGHZ 146, 341 ff) und die *Wohnungseigentümergemeinschaft* (BGHZ 163, 154 ff = NJW 2005, 2061 ff = ZIP 2005, 1233 ff; bestätigend der später geschaffene § 10 Abs 6 WEG) für prozessual parteifähig erklärt hat, auch de lege ferenda nichts ändern (s Rn 67 f und Vorbem 14 ff, 21 zu §§ 2058 ff). P Ulmer hat es zu Recht als „durchaus denkbar, wenn nicht sogar naheliegend" bezeichnet, „dass Gesellschaft und Erbengemeinschaft in Blick auf deren (Teil-)Rechtsfähigkeit unterschiedlich behandelt werden" müssen (Ulmer AcP 198 [1998] 113, 126 mit ausführlicher Begr; vgl auch Heil ZEV 2002, 296 ff; Reuter AcP 207 [2007] 763, 704 ff, 715 f sowie BGH NJW 2002, 3389 f = ZEV 2002, 504 ff; BGH NJW 2006, 3715 f = ZIP 2006, 2125 f; für weitgehende Gleichbehandlung jedoch Eberl-Borges ZEV 2002, 125, 127 ff; zur Grundbuchfähigkeit s Staudinger/Dobler § 1985 Rn 12 aE). Dies gilt erst recht für die Frage der prozessualen Parteifähigkeit (s auch Rn 67). 48

49 Nach OLG Neustadt DNotZ 1963, 58, 61 (vgl auch Staudinger/Looschelders [2017] Vorbem 72 zu §§ 420 ff) sollten *sämtliche* Miterben für einen Schaden haftbar sein, der daraus entsteht, dass ein einzelner von ihnen mit einer Leistung in **Verzug** gerät, die nach ihrem Inhalt nur von allen gemeinsam erbracht werden kann (dort: Bewilligung der Löschung einer zum Nachlass gehörenden Hypothek). Denn **bei Verbindlichkeiten, die nur von sämtlichen Miterben gemeinsam aus dem Nachlass erfüllt werden könnten**, handele es sich um „reine Gesamthandsverbindlichkeiten", auf die § 425 BGB (der vom Vorhandensein *mehrerer* [Gesamt-]Schuldner ausgeht) nicht anwendbar sei. Mit der angeblichen Unanwendbarkeit des § 425 BGB ist aber noch nicht begründet, weshalb sich die „Gesamthand" das Verschulden eines *einzelnen* Gesamthänders zurechnen lassen muss; zur Ausfüllung dieser Gesetzeslücke bedarf es der bei Rn 47 befürworteten Analogie zu § 31 BGB.

50 Diejenigen Miterben, die rechtzeitig alles getan haben, was ihnen zur Erbringung der Gesamtleistung (Rn 49) ohne Mitwirkung der übrigen Erben möglich war, und die auch nicht mit darüber hinaus evtl (Rn 60 f) geschuldeten Verschaffungsbemühungen in Verzug geraten sind, sollte man für den Ersatzanspruch wie für eine normale Nachlassverbindlichkeit (Rn 46 f) haften lassen, also gem § 2058 BGB gesamtschuldnerisch und unbeschränkt (vgl Larenz, Schuldrecht AT[14] § 36 II c; unklar OLG Neustadt DNotZ 1963, 58 LS b), aber beschränkbar nach §§ 2059 Abs 1, 1975 ff BGB. Wegen § 425 BGB trifft die *unbeschränkbare* Haftung dessen, der die Pflichtverletzung zu vertreten hat (s Rn 45 f und Staudinger/Marotzke [2010] § 1967 Rn 53; Staudinger/Kunz Vorbem 118 ff, 121 ff zu §§ 1967 ff), nicht auch seine Miterben (iE ebenso Meier 157).

51 Als **Verbindlichkeiten der „Gesamthand"** kann man in gewisser Weise *alle* gemeinschaftlichen „Nachlass"-Verbindlichkeiten ansehen (s Staudinger/Löhnig § 2046 Rn 8 Satz 1), also auch solche, die eigentlich auch durch **einen** Miterben erfüllt werden könnten (vgl in anderem Zusammenhang BGH NJW 1962, 791, 793 bzgl des Anspruchs aus § 1968 BGB). Deshalb darf die Auffassung, dass für den Ersatzanspruch aus der von **einem** Miterben nicht oder nicht ordnungsgemäß erfüllten Nachlassverbindlichkeit auch die übrigen Miterben (als durch § 2058 BGB Mitverpflichtete) haften, nicht auf den Fall beschränkt bleiben, dass die betreffende Verbindlichkeit nur von **sämtlichen** Miterben gemeinsam mit Mitteln des Nachlasses erfüllt werden kann (**aM** wohl OLG Neustadt DNotZ 1963, 58 ff [dazu bereits Rn 49 f]).

III. Geltendmachung der gesamtschuldnerischen Haftung

52 **Gem §§ 2058, 421 BGB kann der Nachlassgläubiger seine volle Forderung gegen beliebige – einzelne oder mehrere – Miterben richten und diese wie Alleinerben auf vollständige Erfüllung verklagen**. Dieses Recht haben die Nachlassgläubiger bereits vor der Teilung des Nachlasses (RGZ 68, 221 ff). Bei öffentlich-rechtlichen Ansprüchen sind jedoch das Auswahlermessen begrenzende Sondervorschriften des jeweiligen Sachgebiets zu berücksichtigen (vgl zB das zu § 92c Abs 3 BSHG [jetzt § 102 Abs 3 SGB XII] ergangene Urteil HessVGH FamRZ 1999, 1023 [als nicht entscheidungserheblich offen gelassen in OVG Münster NJW 2002, 695, 697; vgl zum selben Thema BVerwGE 118, 313 ff = NJW 2003, 3792 f]; LG Koblenz FamRZ 2007, 2008 Nr 1282 [im konkreten Fall keine Begrenzung des Auswahlermessens]; BFH NJW 2008, 1759 f [Antrag des erbenden überlebenden Ehegatten auf Aufteilung der Steuern gem §§ 268 ff AO] sowie die sich auf die Möglichkeit des Erlasses von Säumniszuschlägen beziehenden Hinweise bei Staudinger/Marotzke [2008] § 1922 Rn 370; hierauf verweisend

Staudinger/Kunz [2017] § 1922 Rn 156). Zudem besteht bei öffentlich-rechtlichen Forderungen meist die Möglichkeit der Rechtsverfolgung durch Leistungsbescheid (Staudinger/Marotzke [2008] § 1922 Rn 362 ff, 368, 370; hierauf verweisend Staudinger/Kunz [2017] § 1922 Rn 156).

Bis zur Teilung des Nachlasses ist jeder Miterbe berechtigt, die Berichtigung der 53
Nachlassverbindlichkeiten aus dem Vermögen, das er außer seinem Anteil am Nachlass hat, zu verweigern (§ 2059 Abs 1 BGB mit einer Einschränkung zulasten des „unbeschränkt" haftenden Miterben in S 2). Das hindert die Nachlassgläubiger aber weder daran, in die Erbteile der verurteilten einzelnen Miterben zu vollstrecken (Pfändungs- und Überweisungsbeschluss nach §§ 857, 859 Abs 2 ZPO; zur praktischen Bedeutung vgl Staudinger/Löhnig § 2042 Rn 3, 7; BGHZ 52, 99 ff; Schlüter Rn 659; Börner JuS 1968, 108, 109 [dazu aber oben Rn 10 ff]; Liermann NJW 1962, 2189; Noack JR 1969, 8, 9 ff; Eickmann DGVZ 1984, 1881 ff; Stöber, Forderungspfändung [16. Aufl 2013] Rn 1664 ff), noch daran, von *sämtlichen* Miterben Befriedigung aus dem ungeteilten Nachlass zu verlangen (§§ 2059 Abs 2 BGB, 747 ZPO).

Da für die Nachlassgläubiger idR kein Grund besteht, auf die Möglichkeit der 54
Erbteilspfändung (Rn 53) zu verzichten, wird eine **Zahlungsklage**, selbst wenn sie vor der Teilung des Nachlasses gegen sämtliche Miterben erhoben ist (vgl § 2059 Abs 2 BGB), im Zweifel nicht so ausgelegt werden dürfen, dass Befriedigung nur aus dem ungeteilten Nachlass verlangt werde (vgl RG 7. 11. 1916 – III 208/16 [mitgeteilt bei BGB-RGRK/Kregel § 2059 Rn 12]; Ulmer/Schäfer ZHR 160 [1996] 413, 428 f; MünchKomm/Ann § 2059 Rn 20; **aM** Kregel § 2059 Rn 12 unter Hinweis auf RG WarnR 1935 Nr 125, wo aber von vornherein nur auf Befriedigung „aus dem Nachlaß" geklagt worden war und das RG entgegen heutiger hM [Rn 43] annahm, dass ein sog „Miterbengläubiger" – aus dem Recht eines solchen war die Klage erhoben worden – nicht „die Gesamtschuldklage aus § 2058", sondern nur „die gegen die Miterbengemeinschaft als solche zu richtende Gesamthandklage" erheben könne).

Beschränkt sich der Nachlassgläubiger dennoch darauf, die Befriedigung seines 55
Zahlungsanspruchs *nur aus dem ungeteilten Nachlass* zu verlangen, so muss er beachten, dass es zur Zwangsvollstreckung in den ungeteilten Nachlass eines Titels gegen *sämtliche* Miterben bedarf (§ 747 ZPO; vgl ferner Staudinger/Löhnig § 2040 Rn 26). Der Gläubiger wird daher gut daran tun, seine Klage, falls sie lediglich auf Zahlung „aus dem ungeteilten Nachlass" (korrekter, da die Erben selbstverständlich auch mit eigenem Geld erfüllen dürfen: auf Zahlung bei Vermeidung der Zwangsvollstreckung in den Nachlass) lautet, nicht nur gegen einzelne, sondern gegen sämtliche Miterben zu richten. Tut er dies nicht und könnte deshalb ein stattgebendes Urteil wegen § 747 ZPO nicht vollstreckt werden, so ist die Klage aus denselben Gründen, die eine – gleichfalls nicht zu einem Vollstreckungstitel führende – Feststellungsklage als nur unter besonderen Voraussetzungen zulässig erscheinen lassen (dazu Thomas/Putzo/Reichold ZPO § 256 Rn 18), mangels Bedürfnisses für einen Rechtsschutz *dieser* Art abzuweisen (zust Meier 144, 154; vgl auch LG Hamburg MDR 1976, 668 [nicht speziell zu § 2058, ZPO § 747]; ähnlich, wenn auch letztlich § 62 ZPO anwendend, Reinicke/Tiedtke, Gesamtschuld und Schuldsicherung [2. Aufl 1988] 90; **aM** RG WarnR 1935 Nr 125 LS 1 und RG JW 1931, 3541, 3542 [m insoweit abl Anm Rosenberg]: mangels Passivlegitimation [die nur der Erben*gemeinschaft* zustehe; vgl dagegen §§ 2058, 421 S 1 BGB und unten Rn 57 ff]; **gegen** Klageabweisung RGZ 68, 221 ff [Klage auf Zahlung bei Vermeidung der Zwangsvollstreckung aus einer Hypothek auf einem zum ungeteilten Nachlass gehörenden Grundstück]). Etwas ande-

res gilt nur, wenn der Nachlassgläubiger selbst zu den Miterben gehört – dann genügt ein Vollstreckungstitel gegen alle *übrigen* Erben (vgl Rn 97) – oder wenn er gegen die nicht mitverklagten Erben bereits einen Vollstreckungstitel hat; § 747 ZPO verlangt nicht, dass alle Titel gleichzeitig erworben wurden (vgl Staudinger/Löhnig § 2040 Rn 26 und BGHZ 53, 110, 113).

56 Nach zwei Gerichtsentscheidungen soll ein Nachlassgläubiger, der in beiden Fällen zugleich Miterbe war, gegen beliebige einzelne Miterben auf „Einwilligung" in die Bezahlung aus dem ungeteilten Nachlass klagen können (RG Gruchot 57 [1913] 158 ff; OLG Karlsruhe BadRPrax 1931, 15 f). Die dafür gegebene Begründung, dass solch eine Einwilligung von jedem Miterben einzeln erteilt werden könne, überzeugt jedoch nicht, da der Gläubiger an der Einwilligung nur einzelner Miterben kein rechtsschutzwürdiges Interesse hat, wenn nicht feststeht, dass auch die übrigen Miterben an der Bezahlung der geltend gemachten Nachlassverbindlichkeit mitwirken werden (vgl § 2040 Abs 1 BGB; zu großzügig behandelt RG Gruchot 57 [1913] 158, 160 diesen Gesichtspunkt). Außerdem hätte der Gläubiger in beiden Fällen unmittelbar auf Zahlung klagen können, und zwar auch ohne die Einschränkung „aus dem ungeteilten Nachlass" (vgl Rn 92 ff).

57 Von der bei Rn 54 ff erörterten Problematik einer Klage, die auf Zahlung bei Vermeidung der Zwangsvollstreckung in den ungeteilten Nachlass gerichtet ist, unterscheidet sich der Fall, dass der Nachlassgläubiger eine **Verfügung über einen zum ungeteilten Nachlass gehörenden Gegenstand** (zB die Übereignung eines Nachlassgrundstücks) verlangen kann. Denn hier unterliegt nicht nur der Gegenstand einer etwaigen Zwangsvollstreckung, sondern bereits der Gegenstand der *primären Schuld* der gesamthänderischen Bindung an sämtliche Miterben. Gem § 2040 Abs 1 BGB hat dies zur Folge, dass ein einzelner Miterbe die auf diesen Gegenstand gerichtete Nachlassverbindlichkeit nicht ohne Mitwirkung der übrigen Erben erfüllen kann. Wegen dieser Besonderheit stellt sich schon auf materiell-rechtlicher Ebene die Frage, ob auch hier der Grundsatz gilt, dass der Gläubiger seinen Anspruch gem §§ 2058, 421 S 1 BGB gegen beliebige einzelne Miterben richten kann.

58 Das OLG Neustadt sprach in diesem Zusammenhang von *„reinen* Gesamt*hands*-verbindlichkeiten" (DNotZ 1963, 58, 61), hätte also wohl die Anwendbarkeit der Vorschriften über die Gesamt*schuld* und damit auch des § 421 S 1 BGB im Ernstfall nicht befürwortet (im konkreten Fall ging es aber nur um § 425 BGB; s oben Rn 49).

59 Auch Larenz (Schuldrecht AT[14], § 36 II c mwNw) wollte § 421 S 1 BGB auf Verbindlichkeiten, bei deren Erfüllung mehrere Schuldner notwendig zusammenwirken müssen, nicht anwenden; er bezeichnete derartige Verbindlichkeiten als von Gesamtschulden grundsätzlich zu unterscheidende „gemeinschaftliche Schulden" (ebenso jetzt Jauernig/Stürner Rn 4 vor § 420; ders §§ 2058–2063 Rn 8; MünchKomm/Heinemeyer § 421 Rn 6 f; vgl auch Staudinger/Looschelders [2017] § 431 Rn 3 f und Vorbem 72 ff zu §§ 420 ff; terminologisch anders jedoch das BGB selbst, da § 2058 die Miterben ja gerade für die „gemeinschaftlichen" Nachlassverbindlichkeiten „als Gesamtschuldner" haften lässt; für Anwendung der Vorschriften über die Gesamtschuld auch Riering 27 ff, 33).

60 Demgegenüber erkennen das RG und der BGH die Anwendbarkeit der §§ 2058, 421 S 1 BGB auch für die Fälle an, in denen sich die Verbindlichkeit auf Verschaffung

(§ 433 Abs 1 BGB) des Eigentums an einem zum ungeteilten Nachlass gehörenden Gegenstand (dort: einem Nachlassgrundstück) richtet; der Gläubiger soll dann von beliebigen einzelnen Miterben die „Herbeiführung“ der nach § 2040 Abs 1 BGB erforderlichen gemeinschaftlichen Verfügung verlangen können (RGZ 71, 366, 370; BGH NJW 1963, 1611 = JZ 1964, 722 f m insoweit zust Anm Bötticher; vgl auch BGH NJW 1995, 58, 59 f [ad III B 3] = WM 1994, 2124, 2127).

61 Zu der Frage, *wie* ein einzelner Miterbe die Mitwirkung der übrigen notfalls auch gegen deren Willen „herbeiführen“ soll, schweigen die bei Rn 60 zitierten Gerichtsentscheidungen. Bötticher (JZ 1964, 723, 724) verweist den in Anspruch genommenen Miterben auf seinen Anspruch gegen die übrigen aus § 2038 Abs 1 S 2 HS 1 BGB. Ferner ist an den – umständlichen – Weg über §§ 2042 Abs 1, 2046 BGB zu denken (vgl LG Saarbrücken NJW-RR 2007, 1659, 1660 – allerdings zugleich mit Blick auf die Verpflichtung einer Vorausvermächtnisnehmerin, auch auf *Erwerberseite* am Vollzug mitzuwirken). Und schließlich folgt aus § 426 Abs 1 BGB, dass Gesamtschuldner (§ 2058 BGB) einander nicht nur zur Ausgleichung nach bereits erfolgter, sondern auch zur Mitwirkung *bei* der Erfüllung ihrer Gesamtschuld verpflichtet sind (Mot II 169/170; vgl auch Staudinger/Looschelders [2017] § 426 Rn 92 ff; Staudinger/Otte [2015] § 2318 Rn 2 f; BGH NJW 1986, 978, 979; Riering 30 f, 34; Endriss 53 f; s auch Rn 78). Auch aufgrund des § 426 Abs 1 BGB kann der vom Gläubiger gem § 421 S 1 BGB in Anspruch genommene einzelne Gesamtschuldner also die Mitwirkung der übrigen Gesamtschuldner an der gemeinschaftlichen Verfügung (§ 2040 Abs 1 BGB) verlangen. Folgt man dem (zust Riering 67 f, 84, 87, 90; Endriss 53 f; MünchKomm/Ann Rn 24), so besteht kein Grund, einem Nachlassgläubiger, dem der Erblasser ein nunmehr zum ungeteilten Nachlass gehörendes Grundstück verkauft hat, das aus den §§ 2058, 421 S 1 BGB folgende Recht zu versagen, die ihm nach § 433 Abs 1 S 1 BGB geschuldete *Verschaffung (!)* des Eigentums von einem beliebigen *einzelnen* Miterben zu verlangen (ebenso Meier 149 ff; wohl auch Riering 67 f, 84, 87, 90 und Endriss 53 f, indem sie unnötigerweise von einer Klage auf „Herbeiführung“ der Auflassung sprechen).

62 Da die Verpflichtung jedes einzelnen Erben, die zur Übereignung des Nachlassgrundstücks erforderliche Mitwirkung der übrigen Erben „herbeizuführen“, idR weder vollstreckbar noch überhaupt einklagbar ist (vgl Riering 79 ff, 91, 98 f; Meier 150 ff; **aM** RGZ 71, 366, 370; BGH NJW 1963, 1611 = JZ 1964, 722), sollte der Gläubiger seine Klage nicht nur auf „Herbeiführung“ der Übereignung richten, sondern direkt auf „Verschaffung des Eigentums, insbes Erklärung der Auflassung“. (Die Verpflichtung zur Auflassung wäre hinsichtlich des Beitrags des verurteilten einzelnen Miterben diesem gegenüber vollstreckbar gem § 894 ZPO; vgl erg Staudinger/Kunz Vorbem 175 zu §§ 1967 ff). Dass dem verklagten *einzelnen* Miterben die nach §§ 433 Abs 1 S 1, 2058 BGB geschuldete Eigentumsverschaffung subjektiv unmöglich sei, ist nicht anzunehmen, solange ihm die bei Rn 61 erwähnten rechtlichen Einwirkungsmöglichkeiten auf die übrigen Erben zur Verfügung stehen; nur *feststehende* objektive oder subjektive Unmöglichkeit führt zur Abweisung der Erfüllungsklage (Riering 73 f m Bsp; vgl auch Meier 145 ff, 154).

63 Selbstverständlich steht es dem Nachlassgläubiger frei, sich damit zu begnügen, von jedem Miterben nur den seinerseits erforderlichen Beitrag, also die bloße Mitwirkung an einer gemeinschaftlichen Verfügung aller Miterben (vgl Staudinger/Löhnig § 2040 Rn 24 f; RGZ 112, 129, 132) oder die Zustimmung (§ 185 BGB) zu einer Verfügung

(vgl BGHZ 19, 138 f; **aM** RGZ 93, 292, 295/296) eines oder mehrerer Miterben, zu verlangen. Für eine nur auf die einzelnen Mitwirkungsbeiträge gerichtete *Klage* – zB für eine Klage auf „Erklärung der Auflassung" (statt auf „Verschaffung" [oder wenigstens „Übertragung"] des Eigentums) – fehlt aber das erforderliche **Rechtsschutzinteresse** (vgl auch Rn 55), wenn sie nicht gegen *sämtliche* Miterben gerichtet ist und auch nicht feststeht, dass die nicht mitverklagten Erben ihre zu der begehrten Verfügung nötige Mitwirkung bereits geleistet haben oder leisten werden oder zu ihr bereits verurteilt sind (vgl Staudinger/Löhnig § 2040 Rn 24; BGB-RGRK/Kregel § 2059 Rn 11; RGZ 93, 292, 295 f; 112, 129, 132; vgl auch BGH NJW 1962, 1722 f; 1982, 441, 442 [ad II 1]; 1995, 58, 59 f [ad III B 3] = WM 1994, 2124, 2127). Die soeben Genannten bezeichnen dies allerdings nicht als eine Frage des Rechtsschutzbedürfnisses, sondern – soweit sie überhaupt eine Einordnung versuchen – als eine solche der **Passivlegitimation** (RGZ 93, 292 ff; BGH NJW 1962, 1722, 1723; Muscheler, Erbrecht II Kap 15 Rn 3817 mit Fn 620; vgl auch die bereits erwähnten Entscheidungen RGZ 71, 366, 370 und BGH NJW 1963, 1611 = JZ 1964, 722 f, die eine Klage, mit der nicht die „Herbeiführung", sondern nur der „unmittelbare Vollzug" der Verfügung über den gemeinschaftlichen Nachlassgegenstand begehrt wird, als eine gegen sämtliche Miterben als *notwendige* Streitgenossen zu richtende Gesamt*hand*klage bezeichnen; dazu sogleich Rn 65 ff). In Wirklichkeit handelt es sich jedoch auch hier um eine – nach Art einer Teilschuld verkürzte – Geltendmachung der gesamtschuldnerischen Haftung aus § 2058 BGB, für die gem § 421 S 1 BGB jeder Miterbe auch als *Einzelner* passivlegitimiert ist (zust Meier 154; **aM** die Vorgenannten und zumindest de lege ferenda auch Ann; s dazu Vorbem 14 ff zu §§ 2058 ff). Die Notwendigkeit, *sämtliche* Miterben (mit Ausnahme der freiwillig erfüllenden und der bereits verurteilten) zu verklagen, ergibt sich hier nicht daraus, dass § 421 S 1 BGB unanwendbar wäre, sondern daraus, dass der Kläger weniger verlangt, als er gem §§ 433 Abs 1, 1967 Abs 2, 2058, 421 S 1 BGB von jedem einzelnen Miterben verlangen könnte (nämlich die – notfalls auch unter Einsatz des Erbteils und [s aber §§ 1975, 2059 Abs 1] des Eigenvermögens zu bewerkstelligende [vgl RGZ 71, 366, 370 f; Bötticher JZ 1964, 723, 724 sowie § 887 ZPO] – Eigentums*verschaffung;* s oben Rn 60 ff), und dass dieses letztlich auf eine nur *teil*schuldnerische Inanspruchnahme hinauslaufende Weniger (nämlich die bloße *Mitwirkung* des Anspruchsgegners an einer gemeinschaftlichen Verfügung iS des § 2040 Abs 1 BGB) für ihn ohne rechtsschutzwürdiges Interesse ist, solange nicht feststeht, dass *jeder* der Erben seine nach § 2040 Abs 1 BGB erforderliche Mitwirkung leisten wird (ähnlich Meier 154).

64 Abgelehnt wird die hier (Rn 63) vertretene Ansicht von Riering 52 f, 98 (Fn 252), 196 f. Sein auf S 98 angeführtes Argument, das **Rechtsschutzinteresse** für die Verklagung eines *einzelnen* Miterben ergebe sich hier „primär aus der Möglichkeit des Gläubigers, den Schuldner vereinfacht auf Schadensersatz wegen Nichterfüllung in Anspruch nehmen zu können" (es folgt ein Hinweis auf § 893 ZPO und auf den Ende 2001 ohne direkte Nachfolgevorschrift aufgehobenen § 283 aF BGB [vgl nunmehr die keine Verurteilung erfordernden §§ 280 Abs 1, 281 BGB]), setzt jedoch voraus, dass die Klage nicht nur auf *Mitwirkung* an einer gemeinschaftlichen Verfügung aller Erben, sondern darüber hinaus auch auf den geschuldeten Verfügungs*erfolg* (den Eigentumsübergang) gerichtet ist. Dieser Fall ist nicht Gegenstand der Ausführungen bei Rn 63, sondern wurde bei Rn 60–62 behandelt.

65 Es ist üblich geworden, eine Klage, mit der ein Nachlassgläubiger vor der Teilung des Nachlasses die Mitwirkung an einer gemeinschaftlichen Verfügung aller Miterben (§ 2040 Abs 1 BGB) über einen Nachlassgegenstand (Rn 57 ff) oder die Zahlung einer Geldsumme bei Vermeidung der Zwangsvollstreckung in den Nachlass (und zwar *nur* in diesen; vgl Rn 55 ff) begehrt, als **Gesamthandklage** – manchmal auch: Gesamthandsklage – zu bezeichnen (so die zT bereits bei Rn 56 kritisierten Entscheidungen RG Gruchot 57 [1913] 158 f; OLG Karlsruhe BadRPrax 1931, 15 f [je zu einer Klage auf „Einwilligung" in die Befriedigung aus dem ungeteilten Nachlass]; RGZ 71, 366, 370; BGH NJW 1963, 1611 f = JZ 1964, 722 f m Anm Bötticher [jeweils für den Fall, dass nur der „unmittelbare Vollzug", nicht die „Herbeiführung" der nötigen Verfügung verlangt wird; vgl Rn 60 ff]; BGH NJW-RR 1988, 710 f; RGZ 93, 196, 198; OLG Naumburg NJW-RR 1998, 308 f; sowie Erman/Bayer Rn 2a; MünchKomm/Ann § 2059 Rn 19 ff; NK-BGB/Kick Rn 30; BeckOK-BGB/Lohmann [1. 11. 2019] Rn 6; Reinicke/Tiedtke, Gesamtschuld und Schuldsicherung [2. Aufl 1988] 88 ff; Ahner 89 ff; Endriss 71 ff, 142 ff; Brox/Walker § 41 Rn 6 ff) und sie von der sog **Gesamtschuldklage** des § 2058 BGB streng zu unterscheiden.

Diese Begriffsbildung erscheint wenig glücklich (vgl auch Jauernig/Stürner Rn 3 vor § 420; Henckel ZZP 84 [1971] 447, 452; Riering 94 f; Raddatz 65 f; Meier 141 ff; Staudinger/Looschelders [2017] Vorbem 72 zu §§ 420 ff): zum einen, weil sie die in ihrer Pauschalität unzutreffende (vgl Rn 55 aE, 60 ff) Vorstellung suggeriert, dass eine auf Befriedigung aus dem gesamthänderisch gebundenen Nachlass beschränkte Klage nur gegen sämtliche Miterben gemeinsam (die „Gesamthand") erhoben werden könne, und zum anderen, weil sie das Missverständnis fördert, dass eine Schuld, deren Gegenstand einer gesamthänderischen Bindung unterliegt (oder deren Gläubiger sich, beispielsweise bei Geldschulden, ohne rechtliche Notwendigkeit [Rn 54 ff] darauf beschränkt, eine nur in ein Gesamthandvermögen [statt auch in die an diesem bestehenden Anteilsrechte] vollstreckbare Verurteilung zu beantragen), grundsätzlich nicht Gesamtschuld iS des § 2058 BGB und besonders des § 425 BGB (vgl sogleich Rn 67 f), sondern nur eine davon zu unterscheidende Gesamt*hand*schuld sein könne (vgl zB Rn 49 ff). 66

Der Terminus „Gesamthandklage" verschleiert, dass der gesamthänderisch gebundene Nachlass bzw **die Erbengemeinschaft als solche überhaupt nicht verklagt werden kann**. Parteifähig im Sinne des Prozessrechts sind nur die – einzeln oder gemeinschaftlich verklagten – Miterben selbst (vgl BGH NJW 1989, 2133, 2134 sowie BGH, NJW 2002, 3389 ff = ZEV 2002, 504 ff m Anm Marotzke; Staudinger-Symposion 1998/Bork S 181, 193 f; Staudinger/Löhnig § 2032 Rn 10). Anders sind auch die Formulierungen in § 2059 Abs 2 BGB und § 747 ZPO nicht zu verstehen, wie ein Gegenschluss aus § 124 HGB erweist (vgl aber RG WarnR 1935 Nr 125: „gegen die Erbengemeinschaft als solche zu richtende Gesamthandklage"; BGH NJW 1978, 1385, 1386 ad II b: „Klage gegen die Gesamthand nach § 2059 Abs 2"; Lange/Kuchinke § 50 IV 2 b; Kipp/Coing § 121 III 1, 2; richtig hingegen Hallstein JW 1929, 584 f: „Der Unterschied zwischen ‚Gesamtschuldklage' und ‚Gesamthandklage' liegt im Vollstreckungsrecht"; ähnlich RGZ 68, 221, 223; BGH NJW-RR 1988, 710 r Sp; Jauernig/Stürner Rn 3 vor § 420; Henckel ZZP 84 [1971] 447, 452; Larenz, Schuldrecht AT[14] § 36 II c; vgl auch Fischer ZHR 144 [1980] 1, 8 und – zu einem Prozess mit umgekehrten Parteirollen – BFHE 153, 504, 505 = BStBl 1988 II 946, 947). Mittelbar geben das selbst die Vertreter der Gegenansicht zu, indem sie die **Miterben** im Fall der Gesamthandklage als (notwendige) **Streitgenossen**, also als *mehrere* Beklagte und nicht etwa als Gesamtvertreter *eines* Beklagten bezeichnen (zu den abweichenden Vorschlägen von Ann s Vorbem 14 ff zu §§ 2058 ff). Der Erbengemeinschaft als solcher brauchte das Gesetz schon deshalb keine passive Parteifähigkeit zu verleihen, weil § 747 ZPO zur Vollstreckung in den ungeteilten Nachlass nicht einen Titel gegen die Erbengemeinschaft (Gesamthand) verlangt, sondern Titel gegen sämtliche Erben genügen lässt (anders insoweit § 124 Abs 2 67

HGB bzgl der Zwangsvollstreckung in das Vermögen der OHG, der deshalb durch § 124 Abs 1 HGB eigens die Fähigkeit verliehen wird, vor Gericht zu klagen und verklagt zu werden). Für *unbekannte* Miterben mag notfalls ein Pfleger nach §§ 1960, 1961 BGB bestellt werden (das übersieht ANN 412 in seinem Plädoyer für eine – dieses Problem nicht wirklich lösende [s für die BGB-Gesellschaft BGHZ 146, 341, 350 ff] – Parteifähigkeit der Erbengemeinschaft). Dass der BGH eine sehr ähnliche Argumentation in Bezug auf die *GbR* verworfen (s BGHZ 146, 341, 353 ff [der dort näher beleuchtete § 736 ZPO entspricht dem oben erwähnten § 747 ZPO]) und der *GbR-Außengesellschaft* am 29. 1. 2001 die aktive und passive Parteifähigkeit zugesprochen hat (allerdings mit dem Bemerken, dass es gleichwohl „praktisch immer ratsam [sei], neben der Gesellschaft auch die Gesellschafter persönlich zu verklagen"; s BGHZ 146, 341, 357), ist im Zusammenhang mit der Erbenhaftung zwar bemerkenswert, aber nicht präjudizierend (wie hier HEIL ZEV 2002, 296 ff; REUTER AcP 207 [2007] 673, 704 ff, 715 f und, allerdings nicht direkt im Zusammenhang mit Haftungsfragen, BGH NJW 2002, 3389 ff = ZEV 2002, 504 ff m Anm MAROTZKE sowie BGH ZIP 2006, 2125 f = NJW 2006, 3715 f; **aM** EBERL-BORGES ZEV 2002, 125, 127 ff, 130 ff; zur Frage der Übertragbarkeit auf Wohnungseigentümergemeinschaften vgl BGHZ 163, 154 ff = NJW 2005, 2061 ff = ZIP 2005, 1233 ff [deren Rechts- und Parteifähigkeit partiell bejahend; dies iE bestätigend jetzt § 10 Abs 6 WEG]). Denn die Haftung von Miterben für die Verbindlichkeiten des Erblassers – also einer einzelnen natürlichen Person – gehorcht anderen Grundsätzen (vgl zB §§ 2058, 2059 Abs 1 S 2, 2060 ff, 1973 f, 1975 ff, 1989 ff, 1993 ff BGB, §§ 778 ff ZPO, §§ 315, 317 Abs 2, 319, 321 ff InsO und Vorbem 21 zu §§ 2058 ff BGB) als die Haftung der GbR und ihrer Mitglieder für die Schulden der Gesellschaft (vgl zB zur Problematik des Mitgliederwechsels BGHZ 146, 341, 345 ff einerseits und die erbrechtliche Spezialregelung hierzu in §§ 2382 ff [bei Kombination mit Vor- und Nacherbschaft: auch §§ 2115 S 2, 2144 ff BGB, 326, 728 Abs 1 ZPO] andererseits). Auch sind nicht alle Verbindlichkeiten, die sämtliche Miterben „gemeinschaftlich" treffen und für welche die Erben mit dem Nachlass (sowie vielleicht auch mit ihren Eigenvermögen) haften, notwendigerweise *Nachlassverbindlichkeiten;* man denke etwa an Verbindlichkeiten aus gemeinschaftlicher, aber nicht ordnungsgemäßer Verwaltung des Nachlasses (s STAUDINGER/MAROTZKE [2010] § 1967 Rn 42 f; STAUDINGER/KUNZ § 1967 Rn 166, 169).

68 Aus den genannten Gründen sollte man auch in Zukunft daran festhalten, dass die „Gesamthand" bzw die „Gemeinschaft" der Miterben als solche nicht verklagt werden kann (vgl FISCHER, HENCKEL, BORK, HEIL und BGH NJW 2002, 3389 ff = ZEV 2002, 504 ff m Anm MAROTZKE; **aM** ANN 412 und EBERL-BORGES 125, 127 ff, 130 ff [s Rn 67]). **Als Beklagte sind auch bei der sog Gesamthandklage lediglich die einzelnen Gesamthänder anzusehen** (was nur aufgrund ihrer in § 2058 BGB ausgesprochenen gesamt*schuld*nerischen Haftung zur Verurteilung führen kann). Vor diesem Hintergrund stellt sich die Frage, ob die Streitgenossenschaft der beklagten Miterben eine „notwendige" iS des § 62 ZPO ist, ob also die säumigen Beklagten als durch die nicht säumigen vertreten angesehen werden müssen. Erkennt man an, dass das, was die hM irreführend als „Gesamt*hand*klage" bezeichnet, in Wirklichkeit lediglich eine um die Mithaftung der Erbteile und der Eigenvermögen verkürzte Geltendmachung der gesamt*schuld*nerischen (§ 2058 BGB) Haftung der Miterben ist (vgl Rn 54 ff, 57 ff; RGZ 68, 221 ff; BAUR/STÜRNER/BRUNS, Zwangsvollstreckungsrecht Rn 20, 27; MEIER 141 ff; MünchKomm/HELDRICH [4. Aufl 2004] Rn 24; **aM** ANN 149 [differenzierter jetzt MünchKomm/ANN § 2059 Rn 19]; AHNER 89 ff) und dass bei der Gesamt*schuld*klage des § 2058 BGB idR schon wegen § 425 Abs 2 BGB keine notwendige Streitgenossenschaft besteht (unstr; vgl BGH NJW 1963, 1611 f mwNw = JZ 1964, 722 f m Anm BÖTTICHER), so muss das Vorliegen einer „notwendigen“ Streitgenossenschaft idR auch bei der sog Gesamt*hand*klage verneint werden (ebenso, allerdings jeweils zu *Zahlungs*klagen, die bereits bei Rn 55 f erwähnten Entscheidungen RGZ 68, 221, 223 [Zahlung bei Vermeidung der Zwangsvollstreckung aus der ein Nachlassgrundstück belastenden Hypothek]; RG Gruchot 57 [1913] 158 ff und OLG Karlsruhe BadRPrax 1931, 15 f [je zu einer Klage auf „Einwilligung“ in Bezahlung aus dem ungeteilten Nachlass]; Rosenberg JW 1931, 3541 ad 1; **aM** die von Rosenberg besprochene RG-Entscheidung [Feststellungs- und Zahlungsklage]; RGZ 71, 366, 370; BGH NJW 1963, 1611 f = JZ 1964, 722 f m Anm Bötticher [s dazu Rn 60 ff]; BGH LM § 62 ZPO Nr 2; Brox/Walker § 41 Rn 7 aE; Reinicke/Tiedtke, Gesamtschuld und Schuldsicherung [2. Aufl 1988] 88 ff; Ann 149 und überhaupt die ganz hM).

Anders sieht das die hM. Nach ihr soll der Nachlassgläubiger die Streitgenossenschaft der Miterben bereits dadurch zu einer „notwendigen“ iS des § 62 ZPO machen können, dass er statt der in § 2058 BGB vorgesehenen Gesamtschuldklage die sog Gesamthandklage erhebt (vgl RGZ 71, 366, 370; BGH NJW 1963, 1611 f und JZ 1964, 722; OLG Naumburg NJW-RR 1998, 308 f; Bayer 181 ff, 199 f; Brox/Walker § 41 Rn 7 f). Dem ist zu widersprechen. Denn im Vergleich zur Gesamtschuldklage ist die sog Gesamthandklage kein Aliud (zustimmend AK-BGB/Buchholz Vorbem 17 zu § 2058), sondern lediglich ein Minus (s Rn 68; konkludent aM Bayer 184 ff, 200; Ahner 93 und Brox/Walker § 41 Rn 8, indem sie gleichzeitiges Vorgehen mit beiden Klagearten zulassen). Auch für sie gilt deshalb § 425 Abs 1 BGB, der die Antwort auf die Frage, ob und ggfls inwiefern die grundsätzliche Unabhängigkeit der einzelnen Gesamtschulden Ausnahmen erleidet, allein von dem der Klage zugrunde liegenden Schuldverhältnis und nicht von der mehr oder weniger ungeschickten Art seiner prozessualen Geltendmachung abhängig macht (in diesem Sinne auch Rosenberg JW 1931, 3541 ad 1 [Pflichtteilsanspruch] und – allerdings mit den bei Rn 59 angesprochenen terminologischen Besonderheiten und mit zT von Rn 60 ff abweichenden Ergebnissen – Jauernig/Stürner §§ 2058–2063 Rn 8; Staudinger/Looschelders [2017]Vorbem 72 ff zu §§ 420 ff). 69

Aus dem oben Ausgeführten ergibt sich, dass eine Klage, mit der die **Auflassung eines zum ungeteilten Nachlass gehörenden Grundstücks** begehrt wird, auch dann als Gesamt*schuld*klage erhoben werden kann, wenn sie gegen sämtliche Miterben gerichtet ist (iE ebenso [vgl aber auch Rn 60 ff] BGH NJW 1963, 1611 f = JZ 1964, 722 f m Anm Bötticher; **aM** wohl Rosenberg/Schwab/Gottwald, Zivilprozessrecht § 49 Rn 24). **Bei „dinglichen“ Ansprüchen** bzgl eines zum ungeteilten Nachlass gehörenden Gegenstandes (Löschung eines im Grundbuch eingetragenen Widerspruchs; Duldung der Zwangsvollstreckung aus einer Hypothek [vgl RGZ 157, 33, 35, aber auch RGZ 68, 221 f und dazu oben Rn 55 f]) scheint der BGH (NJW 1963, 1611 f) jedoch **eine Ausnahme** machen zu wollen (vgl auch OLG Naumburg NJW-RR 1998, 308 f). Hier besteht in der Tat die Besonderheit, dass sich solche Ansprüche nicht gegen den (gesamten) Nachlass richten, sondern gegen den (jeweiligen) Inhaber einer „pflichtbelasteten Rechtsposition“, so dass die Erben derartigen Ansprüchen nicht wegen des von gesamt*schuld*nerischer Haftung sprechenden § 2058 BGB, sondern wegen ihrer Sukzession in die mit dem dinglichen Anspruch „belastete“ Eigentümerstellung, Besitzposition oder unberechtigte Grundbucheintragung des Erblassers ausgesetzt sind (vgl auch Staudinger/Marotzke [2008] § 1922 Rn 162, 237, 241–243, 246 aE, 266; Staudinger/Marotzke [2010] § 1967 Rn 36; Staudinger/Kunz [2017] § 1922 Rn 381 f, 386 f, 415 ff, 420a, 429; Staudinger/Kunz § 1967 Rn 121 ff; **für** eine Anwendung der §§ 2058, 421 BGB jedoch Riering 94; vgl auch VG Braunschweig NJW 2001, 3281, 3282 = ZEV 2001, 442 f m Anm Pabst). **Ansonsten soll der Gläubiger, folgt man der** 70

hM, bis zur Teilung des Nachlasses die Wahl haben, „ob er die Gesamtschuldklage des § 2058 BGB oder die Gesamthandklage des § 2059 Abs 2 BGB erheben will" (BGH NJW 1963, 1611 f mwNw; MünchKomm/Ann Rn 25; **aM** Gottwald JA 1982, 64, 69; vgl auch oben Rn 60 ff, 69); die Klageart sei notfalls durch Auslegung zu ermitteln.

71 **Der Übergang von der Gesamtschuldklage zur Gesamthandklage** gegen dieselben Beklagten soll nach hM keine Klageänderung darstellen, sondern unter § 264 Nr 2 ZPO zu subsumieren sein (RGZ 93, 196, 198; ebenso für diesen und den umgekehrten Fall Brox/Walker § 41 Rn 8; **aM** für den umgekehrten Fall OLG Karlsruhe BadRPrax 1931, 15 und für beide Fälle Bayer 187 f).

72 Klageerhebung gegen mehrere Miterben als Streitgenossen wird begünstigt durch **§ 28 ZPO**, der den besonderen **Gerichtsstand der Erbschaft (§ 27 ZPO)** auch für Klagen wegen Nachlassverbindlichkeiten gegen Miterben eröffnet, solange diese noch als Gesamtschuldner haften (vgl Rn 6 f und die dort erwähnten Entscheidungen des BayObLG) oder der Nachlass sich noch ganz oder teilweise im Bezirk des betreffenden Gerichts befindet. Die Teilung des Nachlasses beendet den Gerichtsstand also nicht unter allen Umständen. Für Ansprüche aus Vermächtnissen, aus sonstigen Verfügungen von Todes wegen sowie für Pflichtteilsansprüche ist der Gerichtsstand schon nach § 27 ZPO begründet.

73 Nach BGHZ 38, 122 ff (= LM Nr 3 zu § 2058 m Anm Mattern = JZ 1963, 475 ff m Anm Scheyhing) kann ein von einem Nachlassgläubiger belangter einzelner Miterbe die Befriedigung verweigern, solange und soweit sich der Gläubiger durch **Aufrechnung** gegen eine fällige Forderung der Erbengemeinschaft befriedigen kann (Rechtsgedanke des § 129 Abs 3 HGB und des § 770 Abs 2 BGB). Bei einer Klage auf künftige Leistung gilt dies auch dann, wenn die Aufrechnungsbefugnis bei der Erbengemeinschaft besteht und beim Gläubiger nur deshalb fehlt, weil seine Forderung noch nicht fällig ist. Die Leistungsverweigerung führt in diesen Fällen nicht zu einer Verurteilung Zug um Zug, sondern in Höhe der Gegenforderung zur Klageabweisung (BGH NJW 1963, 1611 f).

74 **Fällt während eines Revisionsverfahrens eine Testamentsvollstreckung weg**, so kann die bisher gegen den Testamentsvollstrecker gerichtete Klage eines Nachlassgläubigers jedenfalls dann gegen einen Miterben fortgeführt werden, wenn dies der bisherige Testamentsvollstrecker ist (BGH WM 1964, 1173 f).

75 **Besondere Verfahrensarten**: Auch die Klage auf *Feststellung* einer Nachlassverbindlichkeit kann gegen einen einzelnen Miterben, der sie bestreitet, erhoben werden (RG WarnR 1908 Nr 487). Gem §§ 2058, 425 Abs 2 BGB wirkt das Urteil nur zwischen den Prozessparteien (RG WarnR 1908 Nr 487). Beides gilt auch für die sog *Gesamthandklage* (vgl Rosenberg JW 1931, 3541 [zu einer anderslautenden Entscheidung des RG]; Zöller/Vollkommer ZPO § 62 Rn 21 und oben Rn 54 ff, 57 ff, 65 ff; in ersterer Hinsicht **aM** Rosenberg/Schwab/Gottwald, Zivilprozessrecht § 49 Rn 29).

76 Der Antrag von Miterben auf *Herabsetzung einer Nachlassverbindlichkeit nach dem seit 30. 6. 2000 aufgehobenen Vertragshilfegesetz* erforderte keine einheitliche Entscheidung und konnte uU zu einer unterschiedlichen Behandlung der einzelnen Miterben führen (BGH NJW 1962, 636 f, auch zu den Auswirkungen auf das Innenverhältnis der Miterben gem § 426). Entsprechendes gilt in Bezug auf die meisten sonstigen Abänderungs- oder negativen Feststellungsklagen (s das auch bei STAUDINGER/KUNZ § 1967 Rn 30 erwähnte Urt OLG Zweibrücken FamRZ 2007, 1192 f) und im Zusammenhang mit der Haftung für ererbte *Steuerschulden* bezüglich des Anspruchs auf Erlass von Säumniszuschlägen (s STAUDINGER/MAROTZKE [2008] § 1922 Rn 370; hierauf verweisend STAUDINGER/KUNZ [2017] § 1922 Rn 156).

Klagt ein Miterbe auf Feststellung der Nichtigkeit eines Vertrages der Erbengemeinschaft, der den Beklagten zum Ankauf eines Nachlassgegenstandes berechtigt, so bestimmt sich der *Streitwert* nach dem Interesse des Klägers an der Befreiung von den Vertragspflichten, nicht nach dem entsprechenden Interesse der Erbengemeinschaft (BGH Rpfleger 1955, 101). 77

IV. Das Innen- und Ausgleichsverhältnis der Miterben untereinander

Im Innenverhältnis sind die Miterben einander verpflichtet, nach Maßgabe des § 2046 BGB für die Berichtigung der Nachlassverbindlichkeiten zu sorgen (vgl STAUDINGER/LÖHNIG zu § 2046 [mit Ausführungen zu § 15 HöfeO bei § 2046 Rn 26]). Eine interne Pflicht zur Mitwirkung bei der Berichtigung von Nachlassverbindlichkeiten kann sich **auch aus den Regeln über die Gesamtschuld** ergeben (vgl Mot II 169/170; STAUDINGER/LOOSCHELDERS [2017] Vorbem 72 ff zu §§ 420 ff; STAUDINGER/OTTE [2015] § 2318 Rn 2 f; ENDRISS 53 f; BGH NJW 1986, 978, 979; OLG Oldenburg NJW 2009, 3586 = ZEV 2009, 563, 564 m Anm SCHINDLER; s auch oben Rn 61). Wenn eine *aus dem gesamthänderisch gebundenen Nachlass* berichtigte Verbindlichkeit allen Miterben gemeinsam zur Last fällt (was meist, aber nicht ausnahmslos der Fall ist; vgl § 2046 Abs 2 BGB [und STAUDINGER/LÖHNIG § 2046 Rn 8 f]), ergeben sich unter ihnen keine Ausgleichsansprüche aus § 426 BGB; vgl stattdessen § 2047 Abs 1 BGB. 78

Hat ein Miterbe eine gemeinschaftliche Nachlassverbindlichkeit mit Mitteln seines (bis zur Teilung des Nachlasses jedoch durch § 2059 Abs 1 BGB geschützten) **Eigenvermögens oder unter Verwertung seines** (durch § 2059 Abs 1 BGB nicht geschützten) **Erbteils erfüllt, so kann er von den übrigen Erben** – vorbehaltlich des auch diesen zustehenden Schutzes durch § 2059 Abs 1 BGB (ebenso MünchKomm/ANN Rn 31, 33; OLG München 12. 6. 2019 – 21 U 1295/18, Rn 61 [zitiert nach www.gesetze-bayern.de/Content/Document/Y-300-Z-BECKRS-B-2019-N-11387?hl=true]) – **Ausgleichung verlangen** (OLG München 12. 6. 2019 – 21 U 1295/18, Rn 56 ff). Das folgt aus § 426 BGB. **Die übrigen Erben haften für die Ausgleichung** nicht gesamt-, sondern **nur teilschuldnerisch** (vgl STAUDINGER/LOOSCHELDERS [2017] § 426 Rn 38 ff, 126 sowie speziell zur **Verjährung** OLG München aaO Rn 70 ff; SCHINDLER ZEV 2009, 564 = Anm zu OLG Oldenburg ZEV 2009, 563 f = NJW 2009, 3586). Bei unteilbaren Leistungen kann die teilschuldnerische Haftung zu Problemen führen (vgl STAUDINGER/LOOSCHELDERS [2017] § 426 Rn 41 und unten § 2060 Rn 30). 79

Im Innenverhältnis sind die Miterben entgegen der Regel des § 426 Abs 1 S 1 BGB **nicht zu gleichen Anteilen, sondern** – soweit nichts anderes letztwillig verfügt oder vereinbart ist – **entsprechend dem Verhältnis ihrer Erbteile verpflichtet** (RGZ 93, 196, 197; BayObLGZ 1963, 319, 324; 1970, 125, 132 = NJW 1970, 1800, 1802; MUSCHELER, Erbrecht II Kap 15 Rn 3840). Das ergibt sich aus der Natur des Erbverhältnisses (PLANCK/EBBECKE Vorbem 3 zu § 2058 unter Hinweis auch auf §§ 2038 Abs 2, 748 BGB). 80

81 Der Befund, dass im Innenverhältnis eine nur *anteilige* Verpflichtung besteht (Rn 79 f), hindert den Miterben, der mit Mitteln seines Eigenvermögens einen Nachlassgläubiger vor der Teilung des Nachlasses vollständig befriedigt, nicht daran, von den übrigen Miterben *vollen* Ausgleich zu verlangen, sofern er diesen nur aus dem noch ungeteilten Nachlass begehrt (worauf ihn RGZ 93, 196, 198 bis zur Teilung des Nachlasses beschränken wollte und was – unabhängig von diesem restriktiven Standpunkt des RG – jederzeit, also nicht erst im Zusammenhang mit der Erbauseinandersetzung [aber: Staudinger/Löhnig § 2046 Rn 18] möglich sein muss, da ja auch der – nun allerdings schon befriedigte – Nachlassgläubiger das ihm Zustehende auf dem Weg des § 2059 Abs 2 BGB hätte suchen können). Denn die *volle* Leistung aus dem *ungeteilten* Nachlass bedeutet für jeden Miterben, einschl des anspruchstellenden, nur eine Leistung entspr seiner Erbquote und damit entspr der Ausgleichspflicht aus § 426 BGB (vgl auch Ebbecke LZ 1920, 945 f bei Fn 3; Endriss 156 f; Muscheler, Erbrecht II Kap 15 Rn 3839; OLG München 12. 6. 2019 – 21 U 1295/18, Rn 56 [zitiert nach www.gesetze-bayern.de/Content/Document/Y-300-Z-BECKRS-B-2019-N-11387?hl=true]).

82 Zuzustimmen ist vor diesem Hintergrund der These, dass eine auf einem zum ungeteilten Nachlass gehörenden Grundstück lastende **Hypothek** eines Nachlassgläubigers auf einen Miterben, der sie mit nachlassfremden Mitteln tilgt, in *vollem* Umfang übergehe (vgl Staudinger/Wolfsteiner [2019] § 1163 Rn 59; Meier 463; OLG Freiburg MDR 1950, 484 f mit zustimmender Anm v G und D Reinicke; OLG Celle NdsRpfl 1951, 6 f [die Rückgriffsansprüche gegen die Erbengemeinschaft aus §§ 683, 670 bzw aus § 812 BGB annehmen und dann § 1164 BGB anwenden]; Endriss 157 ff, 163; Muscheler, Erbrecht II Kap 15 Rn 3839; **aM** KGJ 50 [1918] 206, 208 f; OGHBrZ 1, 42, 44; Strecker JR 1951, 582 f; BGB-RGRK/Kregel Rn 9: Übergang der Hypothek auf den Zahlenden nur bzgl der Schuldenquoten der anderen Miterben, im Übrigen werde die Hypothek Eigentümergrundschuld der Erbengemeinschaft). Ob dieses Ergebnis aus § 1164 BGB hergeleitet werden kann, mag zweifelhaft sein (vgl Strecker JR 1951, 582 f; Endriss 157 ff). Jedoch folgt es unabhängig davon auch aus §§ 1153, 401, 412, 426 Abs 2 BGB, bei deren Anwendung der Besonderheit Rechnung zu tragen ist, dass der regressberechtigte Miterbe an dem ungeteilten Nachlass (einschließlich des darin enthaltenen Grundstücks) auch selbst beteiligt ist, sodass eine *vollständige* Ausgleichung seines Vermögensopfers, wenn sie *mit Mitteln des ungeteilten Nachlasses* bewirkt wird, für die übrigen Miterben nur eine ihrer Erbquote und damit ihrer Ausgleichspflicht aus § 426 BGB entsprechende *Teilleistung* bedeutet.

83 Möglicherweise (abl Bayer 170 ff) darf man sogar von einer **Gesamtschuld zwischen den einzelnen Miterben und dem versuchsweise als selbstständiges Pflichtsubjekt gedachten** (vgl Rn 47 ff [„Gesamthandverbindlichkeit"]) **Nachlass** sprechen, wobei dieser die Nachlassverbindlichkeiten im Innenverhältnis (§ 426 BGB) allein zu tragen hätte (vgl zur entspr Frage bei der Haftung für OHG-Verbindlichkeiten GroßKommHGB/Habersack[5] § 128 Rn 20, 23, 43, 48 und MünchKomm-HGB/Schmidt[4] § 128 Rn 31, 92, nach deren Ansicht die cessio legis [gegen eine solche BGHZ 39, 319, 323 f mit Hinweis auf § 110 HGB] aber nicht aus § 426 Abs 2 BGB, sondern aus einer Analogie zu § 774 Abs 1 BGB herzuleiten sein soll; zustimmend Marotzke Betrieb 2013, 621, 623 f).

84 Da ein Erbe, der eine Nachlassverbindlichkeit als Gesamtschuldner aus dem Eigenvermögen beglichen hat, von seinen Miterben nach § 426 BGB *vollen* Regress verlangen kann, wenn er ihn lediglich aus dem ungeteilten Nachlass begehrt (Rn 81 ff), kann er uU auch *ohne* Zustimmung der Miterben als Nachlassgläubiger (§ 426 Abs 2

BGB) die Anordnung einer **Nachlassverwaltung** beantragen (§§ 1981 Abs 2, 2062 BGB). Auch am **Nachlassinsolvenzverfahren** kann er sich mit der gem § 426 Abs 2 BGB auf ihn übergegangenen Forderung des befriedigten Nachlassgläubigers beteiligen. Das folgt hier manchmal bereits aus § 326 Abs 2 InsO (vgl HK-InsO/Marotzke [10. Aufl 2020] § 326 Rn 3 ff; Staudinger/Dobler § 1979 Rn 13 ff). Im Ergebnis ebenso Bayer 173 mit dem Unterschied, dass er an die Stelle der hier ohne Weiteres möglichen *unmittelbaren* Anwendung des § 426 Abs 2 BGB eine *analoge* Anwendung des § 774 Abs 1 S 1 BGB setzen möchte.

Ein **Vollstreckungstitel**, auf den ein Miterbe als Gesamtschuldner geleistet hat, kann auf diesen gegen seine Miterben **umgeschrieben** werden (vgl BayObLGZ 1970, 125, 130 ff = NJW 1970, 1800, 1801 f, wo allerdings eine anteilige Haftung der übrigen Miterben angenommen wird und hohe Beweisanforderungen an die Ausgleichspflicht gestellt werden). 85

Macht der Erbe seine Ausgleichsansprüche aus § 426 BGB erst nach der Erbauseinandersetzung geltend (zB weil er den Nachlassgläubiger erst nach der Teilung des Nachlasses befriedigt hat [und sich seine gesamtschuldnerische Haftung trotz der Nachlassteilung nicht gem §§ 2060, 2061 Abs 1 S 2 BGB in eine teilschuldnerische verwandelt hatte] oder weil er den Nachlassgläubiger bereits vor der Nachlassteilung aus seinem *Eigenvermögen* befriedigt und trotz § 2046 BGB nicht darauf bestanden hat, dass die gem § 426 Abs 2 BGB auf ihn übergegangene Nachlassverbindlichkeit aus dem ungeteilten Nachlass berichtigt wird), **so können sich die ausgleichspflichtigen Miterben nicht mehr auf § 2059 Abs 1 BGB berufen**. Jedoch können sie ihre Haftung unter den bei § 2060 Rn 2 ff genannten Voraussetzungen auch jetzt noch auf das aus dem Nachlass Empfangene beschränken, und zwar auch gegenüber dem Anspruch aus § 426 *Abs 1 BGB* (ebenso Schindler ZEV 2009, 564 f [mit zutr Hinweis auf „Schwächen" des von ihm besprochenen Urteils OLG Oldenburg ZEV 2009, 563 f = NJW 2009, 3586] und iE sogar Endriss 102 ff, obwohl sie in 54 f meint, dass § 426 Abs 1 hier keine Nachlass-, sondern Eigenverbindlichkeiten begründe). Wegen § 425 BGB gilt dies selbst dann, wenn der Miterbe, der den Nachlassgläubiger befriedigt hat, diesem gegenüber das Haftungsbeschränkungsrecht verloren hat (was in den Fällen der §§ 1994 Abs 1 S 2, 2005 Abs 1, 2006 Abs 3 BGB nur bezüglich eines Teils der Verbindlichkeit möglich sein dürfte; vgl § 2059 Rn 4 ff) und den Regressweg des § 426 *Abs 2 BGB* wählt (zust Muscheler, Erbrecht II Kap 15 Rn 3839). Soweit die Forderung des Nachlassgläubigers nicht erloschen, sondern gem § 426 Abs 2 BGB auf den als Gesamtschuldner in Anspruch genommenen Miterben übergegangen ist, kann ein anderer Miterbe seine Haftung für sie wegen § 2063 Abs 2 BGB auch dann noch beschränken, wenn er den übrigen Gläubigern gem §§ 1994 Abs 1 S 2, 2005 Abs 1 BGB *unbeschränkbar* haftend geworden ist (str, vgl § 2063 Rn 22 f). 86

Wenn einzelne Erben ausgleichungspflichtig iS der §§ 2050 ff BGB sind, ist es keineswegs sicher, dass eine mit Mitteln des noch ungeteilten Nachlasses (§ 2046 BGB) bewirkte Tilgung von Nachlassverbindlichkeiten sie und ihre Miterben im Innenverhältnis genau im Verhältnis ihrer **ideellen** Erbteile trifft. Dazu ein Beispiel: Wurde der Nachlass durch die Erfüllung der Nachlassverbindlichkeiten vollständig aufgezehrt, sind die einzelnen Miterben nicht im Verhältnis ihrer ideellen Erbquoten, sondern im Verhältnis der Beträge betroffen, die ihnen nach Vollzug der Ausgleichung aus der Erbschaft **tatsächlich** zugekommen wären. 87

88 Die hM nimmt deshalb an, dass sich die interne Haftung (§ 426 BGB) der Miterben für die Nachlassverbindlichkeiten dann, wenn unter ihnen Ausgleichungspflichten iS der §§ 2050 ff BGB bestehen, durchweg – also auch für einen erst nach der Auseinandersetzung begehrten Gesamtschuldnerregress – nicht allein nach ihren *ideellen* Erbquoten bemesse, sondern nach dem Verhältnis der Beträge, die den einzelnen Miterben unter Berücksichtigung der Ausgleichung *tatsächlich* gebühren (also nach den sog *realen* Quoten am Nachlass; so zB Staudinger/Lehmann[11] Rn 9 und § 2060 Rn 4; BGB-RGRK/Kregel Rn 14; AK-BGB/Buchholz Rn 10; NK-BGB/Kick Rn 40; Kretzschmar § 88 IV 3; vgl auch BayObLGZ 1970, 125, 132 = NJW 1970, 1800, 1802).

89 Dieser Ansicht (Rn 88) ist nicht zuzustimmen (Kowerk ZBlFG 13 [1912/13] 437 ff; MünchKomm/Ann Rn 35; Eberl-Borges 332 Fn 133). Sie beruht auf einer unzulässigen Verallgemeinerung des besonderen Falles, dass der Nachlass durch die Berichtigung aller auf ihm lastenden Verbindlichkeiten *völlig* aufgezehrt würde: Nur dann nämlich würden die Miterben bei Befriedigung aller Nachlassgläubiger aus dem noch ungeteilten Nachlass genau im Verhältnis der Beträge betroffen, die sie unter Berücksichtigung der Ausgleichung erhalten hätten, wenn sie den Aktivnachlass *vor* der Schuldentilgung geteilt hätten. Wie Kowerk (ZBlFG 13 [1912/13] 437, 440 f) anhand eines Beispiels überzeugend dargelegt hat, spielt das Ergebnis der Ausgleichung für die interne Haftung der Miterben (§ 426 BGB) grundsätzlich keine Rolle, maßgeblich sind nur die *ideellen* Erbquoten.

90 Eine Ausnahme will Kowerk allerdings machen, wenn der ausgleichungspflichtige Miterbe aus dem Nachlass überhaupt nichts oder jedenfalls weniger erhalten hat, als der seinem nominellen Erbteil entspr Teil der Nachlassverbindlichkeit beträgt. In solch einem Fall gebiete es der Rechtsgedanke des § 2056 BGB, diesen Erben im Innenverhältnis nur bis zum Betrag des aus dem Nachlass Empfangenen haften zu lassen und die interne Haftung seiner Miterben entsprechend zu erhöhen (Kowerk ZBlFG 13 [1912/13] 437, 442; vgl auch Kretzschmar § 88 IV 3: nur bei Maßgeblichkeit der „realen" Erbteile bleibe der ausgleichungspflichtige Miterbe „gegen eine Herauszahlung geschützt"). Dem ist nicht zu folgen (**aM** MünchKomm/Ann Rn 35). Denn § 2056 BGB beschränkt nicht die im *Außenverhältnis* bestehende gesamtschuldnerische Haftung des ausgleichungspflichtigen Miterben. Auch ein ausgleichungspflichtiger Erbe kann deshalb in eine Lage geraten, in der er für eine Nachlassverbindlichkeit über den Wert seines Erbteils hinaus einstehen muss (vgl §§ 2058, 421, 2059 Abs 1 S 2 BGB [§ 2060 Rn 1 ff], § 780 Abs 1 ZPO) und sich trotz seiner (wie immer auch zu berechnenden) Regressansprüche gegen die übrigen Erben nicht völlig schadlos halten kann, zB weil diese sich auf ihr Haftungsbeschränkungsrecht berufen und der Nachlass zur Berichtigung der betreffenden Verbindlichkeit nicht ausreicht. Und bzgl der *internen* Haftung für die Nachlassverbindlichkeiten verbietet sich eine Privilegierung des nach §§ 2050 ff ausgleichungspflichtigen Miterben schon wegen der Vorempfänge, die er auf Kosten der übrigen Erben bereits zu Lebzeiten des Erblassers erlangt hat und deren Ausgleichung die §§ 2050 ff BGB ja schließlich bezwecken. Da diese Vorempfänge nicht in den Nachlass gelangt sind, kann der Erbe sie meist schon auf Grund seines allgemeinen Haftungsbeschränkungsrechts vor dem Zugriff eines ihn nach §§ 426, 2058 BGB wegen einer Nachlassverbindlichkeit in Regress nehmenden Miterben schützen (vgl oben Rn 86 sowie § 2063 Abs 2). Dieser Gesichtspunkt scheint bislang übersehen worden zu sein.

Hatte ein Miterbe ein **Vermächtnis in Reichsmark** erfüllt, so war sein Ausgleichsanspruch gegen die übrigen Miterben im Verhältnis 1:1 in DM umzustellen (OLG Stuttgart NJW 1956, 269). 91

V. Der Miterbe als Nachlassgläubiger

Mit dem Sonderfall, dass ein Miterbe selbst Nachlassgläubiger ist (vgl auch STAUDINGER/LÖHNIG § 2046 Rn 12 ff), befassen sich die Vorschriften über die Erbenhaftung nur in § 2063 Abs 2 BGB. Da weitere Sonderregelungen fehlen, liegt der Schluss nahe, dass im Übrigen die allgemeinen Grundsätze gelten. 92

Nach RGZ 93, 196 ff soll jedoch **ein Nachlassgläubiger, der zugleich Miterbe ist (sog Miterbengläubiger)**, die übrigen Miterben jedenfalls **vor der Teilung des Nachlasses** nicht als Gesamtschuldner, sondern nur entspr dem Verhältnis ihrer Erbteile in Anspruch nehmen können (vgl auch RG JW 1929, 584 Nr 14 [m abl Anm v HALLSTEIN] und WarnR 1935 Nr 125). Der dafür angegebene Grund (RGZ 93, 196, 198), dass ein Miterbengläubiger wegen der nur anteiligen Haftung der Miterben untereinander (Rn 79 ff) nicht verlangen könne, dass einer der Miterben die Last, wenn auch nur vorläufig, allein trage, **vermag nicht zu überzeugen** (anders uU beim Vorausvermächtnis; vgl STAUDINGER/OTTE [2019] § 2150 Rn 8 ff und Abschn 2 d, e meiner Anm zu BGH LM § 2058 Nr 8; für „analoge" Anwendung des § 2058 ENDRISS 78 f; zum Ganzen auch MUSCHELER, Erbrecht II Kap 15 Rn 3845 f). Denn der Miterbengläubiger macht, sofern er seine Gläubigerstellung nicht lediglich über § 426 Abs 2 BGB erworben hat (s oben Rn 79 ff), einen Anspruch geltend, für den die §§ 2058, 421 BGB das Innenverhältnis der Miterben zueinander als im Außenverhältnis belanglos erklären. Deshalb muss der Miterbe, der selbst Nachlassgläubiger ist, seinen Anspruch grundsätzlich in gleicher Weise geltend machen können wie jeder andere Nachlassgläubiger (so auch ENDRISS 72 ff, 80 ff, 146 ff). Befriedigung wird er auch dann, wenn der Nachlass noch ungeteilt ist, nicht nur aus diesem und damit im Ergebnis von jedem Miterben nur anteilig verlangen können (so aber das RG JW 1929, 584 Nr 14), sondern von jedem beliebigen Miterben als Gesamtschuldner auch aus dessen Eigenvermögen (wogegen dieser sich freilich auf §§ 2059 Abs 1, 2063 Abs 2 BGB berufen kann) sowie aus den Erbteilen. Nur soweit der Miterbengläubiger für seinen Anspruch im Innenverhältnis selbst haftbar ist (also idR für einen seiner Erbquote entsprechenden Teil) und deshalb bei gesamtschuldnerischer Inanspruchnahme eines anderen Miterben dessen Rückgriffsrecht aus § 426 BGB ausgesetzt wäre, wird er sich entsprechend dem Grundsatz **„dolo facit, qui petit, quod statim redditurus est"** einen Abzug gefallen lassen müssen (vgl Abschn 2 d meiner Anm zu BGH LM § 2058 Nr 8 [auch zu der Frage, ob dies von Amts wegen oder – was jedoch abzulehnen ist – nur auf Einrede berücksichtigt werden muss; für Berücksichtigung von Amts wegen auch MUSCHELER, Erbrecht II Kap 15 Rn 3844]; NK-BGB/KICK Rn 36; ENDRISS 85 ff, 170; OLG Düsseldorf MDR 1970, 766 Nr 55; BGH NJW-RR 1988, 710, 711; BGB-RGRK/KREGEL Rn 7; zum *Streitwert* vgl RGZ 156, 263 f; BGH LM § 6 ZPO Nr 5 = MDR 1958, 676). Im Fall der Befriedigung aus dem ungeteilten Nachlass wird ein solches Ergebnis bereits automatisch dadurch bewirkt, dass der Anspruchsteller an dem Nachlassvermögen selbst beteiligt ist (BGH LM § 6 ZPO Nr 5 = MDR 1958, 676; ENDRISS 156 f; MUSCHELER, Erbrecht II Kap 15 Rn 3842). 93

Dass auch dem Nachlassgläubiger, der zugleich Miterbe ist, die sog **Gesamtschuldklage** (Rn 52 ff, 57 ff, 65 ff) zusteht (zu einer Ausnahme s Rn 79), ist heute zu Recht weithin 94 anerkannt (Staudinger/Löhnig § 2046 Rn 13; Muscheler, Erbrecht II Kap 15 Rn 3844; OLG Stuttgart NJW 1959, 1735; BGH NJW 1963, 1611 f = JZ 1964, 722, 723 mwNw; BGH NJW-RR 1988, 710 f; OLG München 12. 6. 2019 – 21 U 1295/18, Rn 56 ff [zitiert nach www.gesetze-bayern.de/Content/Document/Y-300-Z-BECKRS-B-2019-N-11387?hl=true]; MünchKomm/Ann Rn 30 ff; NK-BGB/Kick Rn 36; Endriss 72 ff, 80 ff; BGB-RGRK/Kregel Rn 7 mit Hinweis auf die damit nicht völlig in Einklang stehende Rspr zum Gesellschaftsrecht [Rechtfertigung dieser Unterschiede bei Erman/Bayer Rn 4; Börner JuS 1968, 111 Fn 51; Endriss 147 ff]; rechtspolitische Bedenken und ältere Nachweise bei Staudinger/Lehmann[11] Rn 6).

95 Nach einer im Schrifttum vertretenen Ansicht (Dütz NJW 1967, 1105, 1110) sollen die übrigen Miterben die Befriedigung des Miterbengläubigers gem § 273 Abs 1 BGB verweigern können, bis dieser seinen „zZ fälligen“ Mitwirkungspflichten bzgl der Auseinandersetzung (vgl § 2042 BGB) nachkommt. Die Zuerkennung eines solchen **Zurückbehaltungsrechts** erscheint jedoch wenig praxisrelevant, da die einzelnen Miterben bzgl der Inanspruchnahme ihres *Eigenvermögens* schon durch § 2059 Abs 1 BGB geschützt sind und aus dem *Nachlass* vor der Teilung „zunächst“ die Verbindlichkeiten zu berichtigen sind (§ 2046 BGB), zu denen auch der Anspruch des Miterbengläubigers gehört (zust Endriss 163 f).

96 Die Frage, ob und inwieweit sich aus der Doppelstellung des Miterbengläubigers gewisse Einschränkungen nach **Treu und Glauben** ergeben können (BGH NJW-RR 1988, 710), ist bereits an anderer Stelle behandelt worden (vgl Staudinger/Löhnig § 2046 Rn 16 ff; Endriss 82 ff, 151 ff) und deshalb hier nicht weiter zu vertiefen. Keinesfalls kann ein Miterbe die ihm als Nachlassgläubiger von einem anderen Miterben angebotene Leistung mit der Begründung ablehnen, die Miterben hafteten ihm bis zur Teilung des Nachlasses nur gesamthänderisch und teilschuldnerisch, nicht hingegen gesamtschuldnerisch (OGHBrZ 1, 42, 46 f).

97 **In den ungeteilten Nachlass** kann der Nachlassgläubiger, der zugleich Miterbe ist, trotz § 747 ZPO bereits dann **vollstrecken**, wenn er vollstreckbare Titel gegen die *übrigen* Miterben hat (so auch Staudinger/Löhnig § 2046 Rn 14; Endriss 165 f; Muscheler, Erbrecht II Kap 15 Rn 3842).

VI. Der Hoferbe

98 Auch der Hoferbe haftet, selbst wenn er an dem übrigen Nachlass nicht als Miterbe beteiligt ist, für die Nachlassverbindlichkeiten als Gesamtschuldner (vgl § 15 Abs 1 HöfeO).

99 Auf dem Hof ruhende dingliche Verwertungsrechte (Grundschulden, Rentenschulden, Hypotheken) richten sich jedoch lediglich gegen den Eigentümer des Hofes, also gegen den Hoferben. Nur wenn der Erblasser zugleich persönlicher Schuldner der gesicherten Forderung war, kann der Gläubiger auch die übrigen Miterben in Anspruch nehmen. In § 15 Abs 2 und 3 HöfeO wird das Innenverhältnis des Hoferben zu dem oder den übrigen Erben so zu regeln versucht, dass der Hof auf Kosten des sonstigen Nachlasses entlastet und seine Umsetzung in Geld möglichst vermieden wird. Weitere Ausführungen zum Zusammenspiel von Höfe- und Erbrecht finden sich an den nachfolgend genannten Fundstellen (Staudinger/Löhnig § 2046

Rn 26; § 2059 Rn 44 ff; speziell zu § 15 HöfeO vgl die Nachweise bei Staudinger/Kunz [2017] § 1922 Rn 138 [Fn]).

VII. Gerichtliche Zuweisung eines landwirtschaftlichen Betriebs an einen Miterben

In solchen Fällen (§§ 13 ff GrdstVG) ist bzgl der zZ des Erwerbes noch bestehenden Nachlassverbindlichkeiten die Sondervorschrift des § 16 Abs 2 GrdstVG zu beachten. **100**

VIII. Recht der ehemaligen DDR

Vorab ist zu verweisen auf Staudinger/Otte (2000) Einl 111 zu §§ 1922 ff sowie Staudinger/Marotzke (2010) Vorbem 52 ff zu §§ 1967 ff. **101**

Die „Erfüllung der Nachlassverbindlichkeiten durch Miterben" war in § 412 ZGB geregelt. Die ersten beiden Absätze dieser Vorschrift stimmten im sachlichen Gehalt mit § 2058 BGB überein; sie hatten folgenden Wortlaut:

Abs 1: „Mehrere Erben sind zur Erfüllung gemeinsamer Nachlaßverbindlichkeiten als Gesamtschuldner verpflichtet. Zur Begleichung von Nachlaßverbindlichkeiten, die von einem Erben zu erfüllen sind, ist dieser allein verpflichtet".

Abs 2: „Für gemeinsame Nachlaßverbindlichkeiten sind die Erben untereinander entsprechend ihren Erbteilen zum Ausgleich verpflichtet".

Eine dem § 2059 Abs 1 S 1 BGB entsprechende Vorschrift kannte das ZGB nicht, da der Erbe gem **§ 409 ZGB** ohnehin *„nur mit dem Nachlaß"* zu erfüllen hatte (Ausnahmen in § 411 Abs 2–4 ZGB; vgl Staudinger/Marotzke [2010] Vorbem 52, 54 zu §§ 1967 ff). **102**

Gem **§ 411 Abs 4 ZGB** hatte der Erbe *„Nachlaßverbindlichkeiten ohne Beschränkung auf den Nachlaß zu erfüllen, wenn er die Pflicht zur Errichtung eines ordnungsgemäßen Nachlaßverzeichnisses schuldhaft verletzt hat"* (vgl auch §§ 416 ff, 418 ZGB und Staudinger/Dobler § 1993 Rn 30 ff). **103**

Für den Fall, dass mehrere Erben vorhanden waren, ergänzte **§ 412 Abs 3 ZGB** diese Regelung wie folgt: **104**

Abs 3: „Verletzt ein Erbe schuldhaft die Pflicht zur Errichtung des Nachlaßverzeichnisses, wird dadurch die Verpflichtung der übrigen Erben zur Erfüllung von Nachlaßverbindlichkeiten nicht erweitert. Der Erbe hat den seinem Erbteil entsprechenden Teil der Nachlaßverbindlichkeiten ohne Beschränkung auf den Nachlaß zu erfüllen. Haben mehrere Erben diese Pflicht schuldhaft verletzt, sind sie als Gesamtschuldner verpflichtet".

Satz 1 des zitierten § 412 Abs 3 ZGB führte zum selben Ergebnis wie § 425 BGB. **105**

Satz 2 entsprach der Rechtslage, die sich im Geltungsbereich des BGB zumindest **106** (vgl § 2059 Rn 4 f, 6 ff) für die Zeit bis zur Teilung des Nachlasses aus § 2059 Abs 1 S 2 BGB ergibt.

107 *Satz 3* enthielt eine Einschränkung des S 1, für die aber kein Bedürfnis bestand (vgl Staudinger/Dobler § 1994 Rn 34 aE).

108 Eine dem § 2063 BGB entsprechende Regelung kannte das ZGB nicht.

109 **§ 412 Abs 4 ZGB lautete**:

„Nach Aufhebung der Erbengemeinschaft ist jeder Erbe verpflichtet, Nachlaßverbindlichkeiten bis zur Höhe des aus der Erbschaft Erlangten zu erfüllen."

Indem das ZGB es bei dieser Einschränkung des im § 412 Abs 1 ausgesprochenen Grundsatzes der gesamtschuldnerischen Miterbenhaftung beließ, vermied es den Nachteil einer teilschuldnerischen Haftung (§§ 2060, 2061 Abs 1 S 2 BGB), dass bei ihr uU nicht einmal mehr der gesamte Nachlass für die auf ihm lastenden Verbindlichkeiten haftet (vgl § 2060 Rn 17 ff).

110 Eine Vorschrift, die sich wie § 2062 BGB mit der **Nachlassverwaltung** bei Miterbschaft befasst, war dem ZGB fremd. Aus dem bei Rn 102 genannten Grund hatte die Nachlassverwaltung nach dem ZGB (§§ 420–422) keine haftungsbeschränkende Wirkung.

§ 2059
Haftung bis zur Teilung

(1) Bis zur Teilung des Nachlasses kann jeder Miterbe die Berichtigung der Nachlassverbindlichkeiten aus dem Vermögen, das er außer seinem Anteil an dem Nachlass hat, verweigern. Haftet er für eine Nachlassverbindlichkeit unbeschränkt, so steht ihm dieses Recht in Ansehung des seinem Erbteil entsprechenden Teils der Verbindlichkeit nicht zu.

(2) Das Recht der Nachlassgläubiger, die Befriedigung aus dem ungeteilten Nachlass von sämtlichen Miterben zu verlangen, bleibt unberührt.

Materialien: E II § 1933; III § 2034; Prot V 868 ff; Denkschr 730 f; Jakobs/Schubert ER I 748, 789 ff.

Systematische Übersicht

I. Das Recht der Nachlassgläubiger auf Befriedigung aus dem ungeteilten Nachlass gem Abs 2

1 Grundsätzlich steht es jedem Nachlassgläubiger frei, seine Forderung gem §§ 2058, 421 BGB in *voller* Höhe gegen *irgendeinen* der Miterben zu verfolgen (vgl hierzu und zu denkbaren Ausnahmen § 2058 Rn 52 ff, 92 ff). Für die Nachlassgläubiger liegt es jedoch nahe, sich bis zur Teilung des Nachlasses erst einmal an diesen zu halten und dazu *alle Miterben gemeinschaftlich* in Anspruch zu nehmen. Dieses Recht wird in § 2059 Abs 2 BGB ausdrücklich anerkannt. Es bleibt unberührt durch die Regelungen des Abs 1 und wurde bereits im Zusammenhang mit § 2058 BGB behandelt (s § 2058 Rn 52 ff, 92 ff). Eine passive Parteifähigkeit der Erbengemeinschaft wird durch Abs 2 nicht begründet (vgl § 2058 Rn 48, 67 f).

II. Das Leistungsverweigerungsrecht der Miterben aus Abs 1

1. Grundgedanke des Abs 1 S 1

2 Obwohl er gem §§ 2058, 421 BGB für die Nachlassverbindlichkeiten als *Einzelner* in *voller* Höhe haftet (Rn 1), kann ein Miterbe den Antrag auf Nachlassverwaltung, mit deren Anordnung sich seine Haftung auf den Nachlass und den Erbteil (str; vgl § 2058 Rn 11 ff) beschränken würde (§ 1975 BGB), nicht allein, sondern nur gemeinschaftlich mit den übrigen Erben beantragen (§ 2062 HS 1 BGB). Die Eröffnung eines Nachlass*insolvenz*verfahrens, die ein Miterbe auch allein beantragen kann (§ 317 Abs 2 InsO) und der ebenfalls Haftungsbeschränkungswirkung zukommen würde (§ 1975 BGB), hat zu unterbleiben, wenn im konkreten Fall nicht der Nachlass, sondern nur der *Erbteil* des Antragstellers nicht ausreicht, um alle Nachlassverbindlichkeiten zu erfüllen. Denn obwohl nach §§ 2058, 421 BGB jeder einzelne Miterbe als Gesamtschuldner aufs Ganze haftet, definiert § 320 InsO die Eröffnungsgründe „Überschuldung", „Zahlungsunfähigkeit" und „drohende Zahlungsunfähigkeit" nicht in Bezug auf die einzelnen Erbteile, sondern in Bezug auf den Gesamtnachlass (s auch Rn 57 sowie § 2058 Rn 30). Gäbe es § 2059 Abs 1 BGB nicht, bedürfte ein Mit-

erbe, wenn er nicht wegen Vorliegens eines Eröffnungsgrundes iS von § 320 InsO ein Nachlass*insolvenz*verfahren beantragen kann, zur Beschränkung seiner Haftung (§ 1975 BGB) grundsätzlich der Mitwirkung der übrigen Erben bei dem Antrag auf Nachlass*verwaltung* (§§ 1981 Abs 1, 2062 HS 1 BGB) bzw der Hilfe eines zu einem solchen Antrag berechtigten (§ 1981 Abs 2 BGB) und bereiten Nachlassgläubigers. **Um hier Abhilfe zu schaffen, gewährt § 2059 Abs 1 S 1 BGB** jedem *einzelnen* Miterben, ggfls auch neben und unabhängig von sonstigen Verteidigungsmöglichkeiten wie zB §§ 1958, 2014, 2015, 1973–1975, 1989, 1990–1992 BGB, **ein besonderes Leistungsverweigerungsrecht**: Bis zur Teilung des Nachlasses (vgl dazu Rn 81 ff) kann er die Berichtigung der Nachlassverbindlichkeiten aus dem Vermögen, das er außer seinem Anteil am Nachlass hat, auch dann verweigern, wenn weder eine Nachlassverwaltung angeordnet noch ein Nachlassinsolvenzverfahren eröffnet wird. Solange der Nachlass in gesamthänderischer Bindung zusammengehalten und vom Eigenvermögen der Erben rechtlich getrennt bleibt, ist die **Beschränkung der Gläubiger auf den Nachlass** (Abs 2 iVm Abs 1 S 1) **und die Erbteile** (Abs 1 S 1 [vgl ferner § 2058 Rn 11 f, 53]) auch ohne amtliche Fremdverwaltung des Nachlasses verantwortbar (vgl Planck/Ebbecke Anm 1; Jan Schröder JZ 1978, 379, 385; kritisch Dauner-Lieb 424 f, 437 ff [die aber wohl die sich aus § 1980 BGB und § 319 InsO ergebenden Grenzen dieser Risikoabwägung unterschätzt; s unten Rn 20]).

3 Durch Zuerkennung des in § 2059 Abs 1 BGB geregelten Leistungsverweigerungsrechts wollte der Gesetzgeber die Miterben vor den Nachteilen schützen, die ihnen daraus zu erwachsen drohen, dass sie einerseits aufgrund der §§ 2058, 421 BGB *einzeln* für die *volle* Verbindlichkeit in Anspruch genommen werden können (s Rn 1), sie andererseits aber als *Einzelne* weder über die gesamthänderisch gebundenen Gegenstände des Nachlasses (§ 2040 BGB) noch über ihre Anteile an diesen Gegenständen (§ 2033 Abs 2 BGB) verfügen können (weshalb sie auch nicht einzeln den Antrag auf Nachlassverwaltung stellen können; s Rn 2 und § 2062 Rn 1) und somit im Gegensatz zu einem Alleinerben nicht ohne Weiteres in der Lage sind, die zur Schuldentilgung erforderlichen Mittel aus dem *Nachlass* zu beschaffen (Prot V 871, 873; Denkschr 730; kritisch Dauner-Lieb 426, 442). Dieser Schutzzweck des § 2059 Abs 1 BGB richtet sich nicht gegen die von Nachlassgläubigern betriebene Zwangsvollstreckung in Gegenstände, die bereits vor der eigentlichen „Teilung des Nachlasses" (zum Teilungsbegriff s Rn 30 ff und § 2060 Rn 38 ff) aus der gesamthänderischen Bindung ausgeschieden und in das Einzelvermögen des in Anspruch genommenen Miterben überführt wurden (vgl auch Rn 35, 49, 62). Denn über solche Gegenstände kann der Miterbe, dem sie zugewiesen wurden, genauso leicht verfügen wie ein Alleinerbe, für den § 2059 Abs 1 BGB nicht gilt (vgl Staudinger/Dobler § 2007 Rn 2).

2. Abs 1 S 2

a) Unmittelbarer Anwendungsbereich

4 Abs 1 S 2 blickt auf den „unbeschränkt" haftenden Miterben. Gemeint ist ein Miterbe, dessen Haftung **infolge einer Inventarverfehlung** (Staudinger/Dobler § 1993 Rn 28; Prot V 872 ff.) **teilweise** (s Rn 6 ff) **unbeschränkbar** (Staudinger/Kunz Vorbem 43 zu §§ 1967 ff) geworden ist. Nicht gemeint ist hingegen eine nach § 27 HGB eingetretene „unbeschränkte" Haftung für Geschäftsschulden, da hier eine neben den erbrechtlichen Verpflichtungsgrund getretene Eigenverbindlichkeit vorliegt, für die

§ 2059 ohnehin nicht gilt (vgl STAUDINGER/KUNZ § 1967 Rn 226 ff). Nicht gemeint sind ferner die bei Rn 11 genannten Fälle.

Auch ein bereits „unbeschränkt" (Rn 4) haftender Miterbe hat das Recht, die Berichtigung einer Nachlassverbindlichkeit aus dem *Eigenvermögen* bis zur Teilung des Nachlasses zu verweigern, noch nicht *völlig* verloren. Nur in Ansehung eines seiner ideellen Erbquote entsprechenden *Teils* der Verbindlichkeit (s Rn 10 und § 2060 Rn 10 f) schließt Abs 1 S 2 dieses Leistungsverweigerungsrecht aus. Diese differenzierende Regelung erfolgte nach Prot V 874 deshalb, weil „ebenso, wie zum Nachtheile des Alleinerben, welcher das Inventarrecht verloren hat, angenommen werde, daß der Nachlaß solvent gewesen sei (vgl STAUDINGER/DOBLER § 1994 Rn 33), … hier zum Nachtheile der einzelnen Miterben angenommen (werde), dass der auf jeden von ihnen entfallende Erbtheil ausreiche, um den der Erbquote entsprechenden Theil der Forderung zu decken". Gegen diese Entscheidung des Gesetzgebers ist eingewandt worden, dass sie rechtspolitisch verfehlt sei, da ein Miterbe, der einem Nachlassgläubiger „die Wahrheit über den Nachlass verweigert (§§ 1994 Abs 1 S 2, 2005 Abs 1 S 1, 2006 Abs 3 BGB)", dessen Interessen in „vollem" Umfang der Forderung schade (MUSCHELER, Erbrecht II [2010] Kap 15 Rn 3803 f = S 1969 f). Das ist jedoch nicht derart evident, dass man sich mit dieser Begründung über die Wertung des Gesetzgebers hinwegsetzen dürfte. 5

b) Ausstrahlung über § 2059 hinaus

Konsequent zu Ende gedacht, zwingt Abs 1 S 2 zu folgender Erkenntnis: **Allein durch Inventarverfehlungen** (§§ 1994 Abs 1 S 2, 2005 Abs 1, 2006 Abs 3 BGB) **können Miterben ihr Haftungsbeschränkungsrecht nicht komplett, sondern nur in Ansehung eines ihrem ideellen Erbteil entspr Teils jeder – im Fall des § 2006 Abs 3 BGB: jeder gegenüber dem Antragsteller bestehenden – Nachlassverbindlichkeit verlieren** (STAUDINGER/MAROTZKE [2010] § 1994 Rn 34; STAUDINGER/DOBLER § 1994 Rn 34; **aM** MUSCHELER, Erbrecht II [2010] Kap 15 Rn 3804, dem jedoch aus dem bei Rn 5 aE genannten Grunde nicht zu folgen ist). Dies gilt selbst dann, wenn der Nachlass bereits geteilt wurde (vgl zB § 2060 Rn 10 f). Im Zusammenhang mit der in Prot V 874 als Grundgedanke des Abs 1 S 2 ausgewiesenen Annahme, dass der auf jeden (Miterben) entfallende „Erbtheil" ausreiche, um einen „der Erbquote entsprechenden Theil" der Forderung zu decken (s Rn 5), ist ohne Bedeutung, ob der Nachlass bereits geteilt wurde oder ob er sich noch in ungeteilten Zustand befindet. 6

Ein zusätzliches Argument für die bei Rn 6 vertretene Ansicht folgt aus **§ 2007 S 1 BGB**. Dieser möchte, obwohl er im Unterschied zu § 2059 Abs 1 BGB (Rn 2 f) eine gesamthänderische Bindung des Nachlasses nicht voraussetzt, durch Verweisung auf die für die **Mit**erbenhaftung geltenden Grundsätze bewirken, dass **ein zu mehreren Erbteilen berufener Alleinerbe** das Recht zur Beschränkung seiner Haftung durch Inventarverfehlungen nicht insgesamt, sondern nur bezüglich einer *Quote* verlieren kann, die sich an dem Erbteil orientiert, „in Ansehung dessen er das Inventarrecht eingebüßt" hat (vgl KRESS, Die Erbengemeinschaft [1903] 197 und STAUDINGER/DOBLER § 2007 Rn 1–4 [auch dazu, dass **§ 2013 BGB** der Annahme eines nur *anteiligen* Verlusts des Haftungsbeschränkungsrechts nicht entgegensteht]). Dieses Ziel kann § 2007 S 1 BGB nur dann erreichen, wenn man der bei Rn 6 vertretenen Ansicht folgt. 7

Im Hinblick auf die **Gesetzeskraft** der §§ 2007, 2059 Abs 1 S 2 BGB ist es de lege lata 8 ohne Bedeutung (aM Buchholz JR 1990, 45, 51 Fn 75), dass die in den genannten Vorschriften als zutreffend vorausgesetzte **Theorie des nur anteiligen Verlusts des Haftungsbeschränkungsrechts** in der II. Komm *nach* Beratung und Annahme dieser Vorschriften (Prot V 876 f) nur noch von einer Minderheit vertreten wurde. Bzgl der Haftungsfolgen aus §§ 1994 Abs 1 S 2, 2005 Abs 1, 2006 Abs 3 BGB wird allein die Theorie des nur anteiligen Verlusts des Haftungsbeschränkungsrechts den gesetzlichen Leitideen gerecht (Staudinger/Dobler § 1994 Rn 34 aE; § 2007 Rn 1 ff; Staudinger/Marotzke § 2060 Rn 10 f, 13, 94 ff). Einen erfreulich klaren gesetzlichen Ausdruck fand diese Theorie in § 412 Abs 3 S 2 ZGB der ehemaligen DDR (dazu § 2058 Rn 104, 106). Für das BGB wurde ihre Richtigkeit anscheinend konkludent vorausgesetzt bei BGB-RGRK/Johannsen § 2007 Rn 3 (wo trotz § 2013 Abs 1 S 1 BGB [und trotz der unten bei § 2062 Rn 12 kritisierten Auffassung des RGRK] vertreten wird, dass ein zu mehreren Erbteilen berufener Erbe, der das Haftungsbeschränkungsrecht nur als Inhaber eines der Erbteile verloren habe, eine seine Haftung als Inhaber des anderen Erbteils beschränkende Nachlassverwaltung beantragen könne [zustimmend AK-BGB/Teubner § 2007 Rn 2]; vgl auch die die Gegenansicht nicht unterstützenden, sondern sie nur kommentarlos referierenden Ausführungen bei BGB-RGRK/Johannsen § 2007 Rn 4).

9 Der Umstand, dass § 2059 Abs 1 S 2 BGB auf der Tatbestandsseite ohne jede Einschränkung von dem „unbeschränkt" haftenden Miterben spricht, zwingt schon in Anbetracht des auf der Rechtsfolgeseite *trotzdem* gewährten Haftungsbeschränkungsmittels nicht zu der Annahme, dass damit ein sich auf die *gesamte* Schuld erstreckender Verlust des Haftungsbeschränkungsrechts vorausgesetzt sei. Zudem ist dem Gesetzgeber die begriffliche Umschreibung der unbeschränkbar gewordenen Erbenhaftung auch in anderer Hinsicht nicht vollständig gelungen (vgl Staudinger/Kunz Vorbem 42 ff zu §§ 1967 ff und Staudinger/Dobler § 1993 Rn 3, 28). Deshalb wäre die Überzeugungskraft einer allein auf den Wortlaut des gesetzesgestützten Argumentation in einem Zusammenhang wie diesem sehr viel geringer als sonst.

10 **In der juristischen Fachöffentlichkeit** wird die sich aus Sinn und Zweck der gesetzlichen Regelung (Rn 6 ff) ergebende Konsequenz, dass Miterben ihr Haftungsbeschränkungsrecht sowohl für die Zeit vor als auch für die Zeit nach der Teilung des Nachlasses nur bzgl eines ihrer ideellen Erbquote entsprechenden *Teils* einzelner (§ 2006 Abs 3 BGB) oder sämtlicher (§§ 1994 Abs 1 S 2, 2005 Abs 1 BGB) Nachlassverbindlichkeiten verlieren können (wenn als Verlustgrund lediglich eine der in §§ 1994 Abs 1 S 2, 2005 Abs 1, 2006 Abs 3 BGB erwähnten Inventarverfehlungen in Betracht kommt; s Rn 4 ff, 11), **entweder nicht zur Kenntnis genommen** (vgl etwa LG Kaiserslautern DAVorm 1973, 325 f; Staudinger/Lehmann[11] Vorbem 4 zu § 2058; Siber, Haftung für Nachlaßschulden 112; Kretzschmar ZBlFG 15 [1914/15] 325, 339 f; Kress, Erbengemeinschaft 145 f) **oder aber unter offenem Protest gegen die Wertung des § 2059 Abs 1 S 2 BGB abgelehnt** (Muscheler, Erbrecht II [2010] Kap 15 Rn 3803 f; vgl hiergegen Rn 5 aE, 6). Das überrascht, wenn man bedenkt, dass die hM andererseits dafür plädiert, § 2059 Abs 1 S 2 BGB zugunsten des zu mehreren Erbteilen berufenen *Alleinerben* analog und – da ein Alleinerbe den Nachlass nicht mit sich selbst teilen kann – ohne zeitliche Beschränkung anzuwenden (vgl Staudinger/Dobler § 2007 Rn 2 sowie zu einem anderen Lösungsvorschlag § 2060 Rn 94 ff). Zu dieser analogen, also ausdehnenden Anwendung des Abs 1 S 2, deren Ungereimtheiten (Haftungsbeschränkung ohne gesamthänderische Bindung oder sonstige Separation des Nachlasses) sich übrigens durch eine *offene* Anwendung des hinter Abs 1 S 2 stehenden Grundsatzes des nur *anteiligen*

Verlusts des Haftungsbeschränkungsrechts vermeiden lassen (vgl STAUDINGER/DOBLER § 2007 Rn 2; STAUDINGER/MAROTZKE § 2060 Rn 94 ff), steht in krassem Gegensatz, dass man dieser Vorschrift andererseits rechtspolitische Verfehltheit nachsagt (vgl zB STAUDINGER/LEHMANN[11] § 2059 Rn 11, ders § 2060 Rn 7; SIBER 111; KRETZSCHMAR ZBlFG 15 [1914/15] 325, 339 f). Letztlich beruht dieser Vorwurf aber darauf, dass diejenigen, die ihn erheben, den Sinn der kritisierten Vorschrift ohne Beachtung der Gesetzesmaterialien (s Rn 5 f) zu deuten versuchen und sich deshalb der Auslegung verschließen, nach der ein Miterbe sein Haftungsbeschränkungsrecht infolge einer Inventarverfehlung auch für die Zeit *nach* der Teilung des Nachlasses (s Rn 6 ff) nur bzgl eines seinem ideellen Erbteil entsprechenden Teils der Nachlassverbindlichkeit verlieren kann. So meinte zB STAUDINGER/LEHMANN[11] Rn 1 aE ohne jeden Anhalt in den Gesetzesmaterialien, § 2059 Abs 1 S 2 BGB belasse dem „unbeschränkt" haftenden Miterben das Leistungsverweigerungsrecht (außer in Ansehung des seinem Erbteil entspr Teils der Verbindlichkeit) deshalb, „weil die unbeschränkte Haftung die spätere Teilung der Forderung nicht ausschließt". Diese Ansicht ist unzutreffend. Denn das Gesetz (§§ 2060, 2061 Abs 1 S 2 BGB) will dem Miterben „die spätere Teilung der Forderung" nur in Ansehung solcher Ansprüche gewähren, die ihm bei der Teilung des Nachlasses noch nicht bekannt waren (vgl § 2060 Rn 16, 53 ff). Gegenüber Forderungen, die er nicht kennt, kann sich der Erbe aber ohnehin nicht auf das – ja nur *bis* zur Teilung des Nachlasses bestehende – Leistungsverweigerungsrecht des § 2059 Abs 1 BGB berufen.

Ein **vollständiger** Verlust des Haftungsbeschränkungsrechts und damit auch des Leistungsverweigerungsrechts aus § 2059 Abs 1 BGB kann freilich herbeigeführt werden durch Rechtsgeschäft (STAUDINGER/KUNZ Vorbem 185 ff zu §§ 1967 ff; STAUDINGER/DOBLER § 1993 Rn 28) oder Versäumen des Urteilsvorbehalts im Fall des § 780 Abs 1 ZPO (vgl auch Rn 26 ff). 11

Zum Einfluss des Abs 1 S 2 **auf die Gesamtschuld der Miterben** vgl § 2058 Rn 4. 12

c) Details

Gegenüber einem Nachlassgläubiger, der selbst zu den Miterben zählt, kann die Einschränkung des Abs 1 durch **S 2 nicht durchgreifen** (§ 2063 Abs 2 BGB; vgl RGZ 93, 197). Das gilt auch, wenn der Miterbe seine Gläubigerstellung nach § 426 Abs 2 BGB erworben hat (str; vgl § 2063 Rn 22 f). 13

Verpflichtet die Nachlassverbindlichkeit zu einer **unteilbaren Leistung**, so ist eine *anteilige* Inanspruchnahme des Miterben-Eigenvermögens, wie sie Abs 1 S 2 ermöglichen will, nicht nur in der Weise denkbar, dass man dem Gläubiger das Recht zugesteht, seine Forderung auf ihren Geldwert umzustellen (so aber STAUDINGER/LEHMANN[11] Rn 10; PLANCK/EBBECKE Anm 3; MünchKomm/ANN Rn 17; BGB-RGRK/KREGEL Rn 9; NK-BGB/KICK Rn 24). Der Gläubiger kann durchaus Leistung in Natur verlangen, aus dem *Eigen*vermögen des sich auf Abs 1 berufenden (vgl Rn 24 ff) „unbeschränkt" (Rn 4) haftenden Miterben allerdings nur gegen Erstattung ihres Geldwertes abzüglich eines der Erbquote des Anspruchsgegners entsprechenden Anteils. Vgl auch § 2060 Rn 30 und STAUDINGER/DOBLER § 1991 Rn 23. 14

Beschwert eine Nachlassverbindlichkeit im Innen- und im Außenverhältnis **nur den Erbteil** des „unbeschränkt" haftenden Miterben (vgl § 2058 Rn 24 ff; STAUDINGER/OTTE 15

[2013] § 2148 Rn 2 f), so versteht Abs 1 S 2 unter einem „seinem Erbteil entsprechenden Teil der Verbindlichkeit" die *gesamte* Schuld (§ 2058 Rn 37).

3. Inhalt und Geltendmachung des Verweigerungsrechts

a) Allgemeine Umschreibung

16 Anders als die aufschiebenden Einreden der §§ 2014, 2015 BGB schützt das den einzelnen Miterben durch § 2059 Abs 1 BGB gewährte Leistungsverweigerungsrecht nur das nicht geerbte Vermögen; nur insoweit – nicht hingegen bzgl der Befriedigung aus dem Erbteil (Abs 1) oder dem Nachlass (Abs 2) – hat es **die Kraft einer aufschiebenden Einrede** (zur prozessualen Behandlung vgl Rn 24–29).

17 Aus § 2059 Abs 1 BGB folgt **kein Recht auf Rückforderung** des aus dem Eigenvermögen Geleisteten (KG OLGE 40 [1920] 163, 165). Die allein in Betracht kommende Anspruchsgrundlage des § 813 Abs 1 S 1 BGB greift nicht, weil sie eine Einrede voraussetzt, durch welche die Geltendmachung des Anspruchs „dauernd" (also nicht nur bis zur Teilung des Nachlasses) ausgeschlossen wird.

18 Die Frage, ob die Erhebung der Einrede den Eintritt des **Schuldnerverzugs** hindert, wird meist verneint (vgl OLG München OLGE 30 [1915/I] 203 f; MünchKomm/Ann Rn 15; NK-BGB/Kick Rn 25; BeckOK-BGB/Lohmann [1. 11. 2019] Rn 3; Goertz, in: Rissmann [Hrsg], Die Erbengemeinschaft[3] § 6 Rn 74). Dem ist für den Fall zuzustimmen, dass der Nachlass, auf den sich das Leistungsverweigerungsrecht des Abs 1 ja nicht erstreckt (Rn 16), zur Befriedigung des Gläubigers ausreicht. Soweit der Nachlass jedoch nicht ausreicht und auch keine persönliche Haftung des Miterben aus §§ 1978–1980 BGB besteht (vgl Rn 19 ff), haben die Miterben wegen des ihnen durch Abs 1 gewährten Rechts, die Leistung aus dem nicht geerbten Vermögen zu verweigern, das Unterbleiben der Leistung nicht zu vertreten, sodass dem Eintritt des Schuldnerverzugs § 286 Abs 4 BGB entgegensteht. (Das gilt freilich nur hinsichtlich der Miterben persönlich, nicht auch hinsichtlich des Nachlasses [vgl zu diesem Unterschied Staudinger/Kunz Vorbem 121 ff zu §§ 1967 ff; Staudinger/Dobler § 1990 Rn 36 aE, § 2014 Rn 8]). Die hiergegen vorgebrachten Argumente des OLG München (OLGE 30 [1915/I] 203, 204: es könne dem Erben nicht zustehen, „durch einen Aufschub der Teilung die Berichtigung der Nachlaßverbindlichkeiten auch aus dem eigenen Vermögen zu verzögern"; befänden sich im Nachlass keine flüssigen Mittel, so sei es Sache der Erben, für solche zu sorgen) widersprechen nicht nur dem Wortlaut, sondern auch Sinn und Zweck des § 2059 Abs 1 BGB (vgl Rn 2 f) sowie dem Grundanliegen des Gesetzgebers, den Erben vor einer Inanspruchnahme seines Eigenvermögens durch Nachlassgläubiger tunlichst zu schützen (vgl Staudinger/Kunz Vorbem 99 ff, 118 ff, 121 ff zu §§ 1967 ff und – speziell zur persönlichen Haftung für selbst zu verantwortende Pflichtverletzungen [zu denen auch eine Haftung wegen Verzugs gehören würde] – Staudinger/Marotzke § 2058 Rn 45 ff).

19 Auch die **Aufrechnung** eines Nachlassgläubigers gegen eine zum Eigenvermögen eines Miterben gehörende Forderung wird durch die Einrede – schon durch ihr Bestehen, nicht erst durch die Geltendmachung – ausgeschlossen (OLG Celle 7. 7. 2015 – 6 U 34/15, abrufbar bei juris.de, beck-online.de, rechtsprechung.niedersachsen.de und openjur.de). Dies folgt aus § 390 BGB. Die Anwendbarkeit der Vorschrift mit der Begründung zu verneinen, dass die Einrede des § 2059 Abs 1 BGB nur prozessualer Natur sei (s Rn 18, 24), geht nicht an. Denn die Einrede des § 2059 Abs 1 BGB wird jedem einzelnen Miterben als Ausgleich dafür gewährt, dass er das Haftungsbe-

schränkungsmittel der Nachlassverwaltung nur dann einsetzen kann, wenn alle übrigen Erben mitwirken (s Rn 2 f). Diesem Normzweck entspricht es, die auf das Eigenvermögen eines Miterben übergreifende Aufrechnung eines Nachlassgläubigers wie im Fall der Nachlassverwaltung (Staudinger/Dobler § 1977 Rn 11) als unwirksam zu erachten. Wie § 1990 BGB (zur Aufrechnung s § 1990 Rn 41) ist auch § 2059 Abs 1 BGB Nachlassverwaltungs*surrogat,* nicht lediglich eine *aufschiebende* Einrede wie § 2014 BGB (zur Aufrechnung s § 2014 Rn 11). Die Teilung des Nachlasses markiert nicht nur den zeitlichen Endpunkt der Einrede aus § 2059 Abs 1 BGB, sondern zugleich auch das Ende der – durch § 2062 HS 1 BGB ohnehin schon sehr erschwerten – Möglichkeit, eine den Anwendungsbereich des § 1977 Abs 1 BGB eröffnende Nachlassverwaltung herbeizuführen (vgl § 2062 HS 2 BGB und zur Alternative des Nachlassinsolvenzverfahrens [das ebenfalls zu § 1977 BGB führen würde] oben Rn 2, § 2060 Rn 3 f).

Bei **Zahlungsunfähigkeit oder Überschuldung** des Nachlasses ist der Erbe idR zur **Beantragung eines Nachlassinsolvenzverfahrens** verpflichtet (§ 1980 BGB). Diese Verpflichtung wird durch die Annahme, dass gleichzeitig ein Leistungsverweigerungsrecht nach § 2059 Abs 1 BGB bestehe, nicht notwendig ausgeschlossen (**aM** Dauner-Lieb 439, 441, 443, die – wohl auch deshalb – den Begriff der Nachlassteilung so weit auslegt, dass bei *überschuldeten* Nachlässen von vornherein kein Leistungsverweigerungsrecht nach Abs 1 besteht [s Rn 33]). Entsprechendes gilt vice versa (**aM** Eberl-Borges 314 f; vgl dazu auch unten Rn 21 f, 33, 38). Nicht auf § 2059 Abs 1 BGB berufen kann sich der Erbe aber wohl dann, wenn er eine nach § 1980 BGB bestehende Insolvenzantragspflicht beharrlich verletzt (zum eigenen Antragsrecht der Nachlassgläubiger vgl §§ 317, 319 InsO). **20**

Im Übrigen bedarf es des § 2059 Abs 1 BGB aber zumindest zur **Überbrückung des Zeitraums zwischen Insolvenzantrag und gerichtlichem Eröffnungsbeschluss**, da § 1975 BGB während dieses Zeitraums noch nicht greift und sichernde Maßnahmen nach § 21 InsO nur zugunsten der potenziellen Insolvenzmasse – beim Antrag auf Nachlassinsolvenzverfahren also nur zugunsten des *Nachlasses* – zulässig sind. Dass ein *Alleinerbe* eine dem § 2059 Abs 1 BGB entsprechende „Überbrückungshilfe" *nicht* erhält (weil § 2059 BGB nur für Miterben gilt), rechtfertigt keine andere Beurteilung (**aM** wohl Eberl-Borges 315). Denn ein Alleinerbe befindet sich sowohl nach Art und Umfang seiner Nachlassbeteiligung als auch haftungsmäßig nicht in derselben „schadensgeneigten" Position wie ein Miterbe vor der Teilung des Nachlasses (s Rn 2 f, 80). **21**

Jedoch wird man dem Miterben das Recht, die Leistung aus dem nicht geerbten Vermögen zu verweigern, **analog § 1991 Abs 1 BGB** versagen müssen, soweit er den Nachlassgläubigern im Fall der Nachlassverwaltung oder eines Nachlassinsolvenzverfahrens wegen von ihm zu vertretender Verschlechterungen des Aktivnachlasses oder wegen Verletzung einer bestehenden Insolvenzantragspflicht nach **§ 1978 BGB** oder **§ 1980 BGB** (s Staudinger/Dobler § 1980 Rn 19, § 1991 Rn 8) verantwortlich wäre. Die Zulässigkeit einer (analogen) Anwendung der §§ 1991 Abs 1, 1978, 1980 BGB auf Konstellationen, in denen weder eine Nachlassverwaltung noch ein Nachlassinsolvenzverfahren noch ein Fall des § 1990 BGB oder des § 1992 BGB, sondern lediglich ein Fall des § 2059 Abs 1 BGB vorliegt, ist zwar nicht unbestritten (befürwortend Jan Schröder JZ 1978, 379, 385 Fn 59; Soergel/M Wolf Rn 4; wohl auch RGZ 89, 403, 408 und iS einer Hilfsüberlegung selbst Dauner-Lieb 439; **aM** BGB-RGRK/Kregel Rn 13; MünchKomm/Ann Rn 10, 15; BeckOK-BGB/Lohmann [1. 11. 2019] Rn 2; NK-BGB/Kick Rn 18; **22**

H P Westermann AcP 173 [1973] 24, 30; Muscheler, Haftungsordnung 112 f; ders, Erbrecht II Kap 15 Rn 3808). Für sie spricht jedoch die starke Ähnlichkeit der in § 2059 Abs 1 S 1 BGB angeordneten Rechtsfolge mit derjenigen des § 1990 Abs 1 BGB. Ist § 1991 Abs 1 BGB in Fällen des § 1990 BGB unmittelbar anwendbar, so muss er in Fällen des § 2059 Abs 1 BGB analog angewandt werden.

23 Folgt man dem bei Rn 22 befürworteten Analogievorschlag, so wird man den Miterben, der sich auf § 2059 Abs 1 BGB beruft, analog §§ 1991 Abs 1, 1978 Abs 1, 666, 259 ff BGB auch als zur **Auskunftserteilung über den Bestand des Nachlasses** usw verpflichtet ansehen müssen.

24 Das OLG Dresden (OLGE 4 [1902/I] 120 ff) hat § 2059 Abs 1 BGB als eine Einrede bezeichnet (ebenso RG Recht 1912 Nr 885; **aM** jedoch Binder III 331 f), die lediglich (**aM** OLG München OLGE 30 [1915/I] 203, 205) die **Art der Vollstreckung** des Anspruchs betreffe. Jedoch ist die Einrede **auch materiell-rechtlicher Natur** (s Rn 18 f; **aM** Eberl-Borges 301 Fn 51; wohl auch MünchKomm/Ann Rn 14 f). Allerdings führt ihre **Geltendmachung im Prozess** idR nur zur Aufnahme eines Haftungsvorbehalts (§ 780 ZPO) in das der Klage stattgebende Urteil (s Rn 26 ff), nicht hingegen zur Klageabweisung (OLG München OLGE 30 [1915/I] 203, 205) und auch nicht dazu, dass im Urteil festgestellt wird, dass der beklagte Miterbe nur „nach Kräften des Nachlasses" hafte (OLG Königsberg OLGE 18 [1909/I] 314, 315; **aM** OLG München OLGE 30 [1915/I] 203, 205). Denn mit der späteren Teilung des Nachlasses entfiele die Einrede ja wieder.

25 Zur **Erhebung der Einrede** des Abs 1 genügt nicht der Hinweis, dass der in Anspruch genommene Erbe Miterben habe. Der Erbe muss außerdem noch die Ungeteiltheit des Nachlasses behaupten (RG Recht 1912 Nr 885) und notfalls **beweisen** (RG WarnR 14 Nr 300; KG OLGE 11 [1905/II] 117; BGB-RGRK/Kregel Rn 14; Soergel/M Wolf Rn 5; MünchKomm/Ann Rn 14; **aM** OLG Breslau Recht 1904 Nr 1724; Binder III 332; Planck/Ebbecke § 2058 Anm 3mwNw).

b) Zwangsvollstreckung

26 In der Zwangsvollstreckung richtet sich die Durchsetzung des § 2059 Abs 1 BGB nach §§ **780–785 ZPO** (Prot V 875; **aM** Binder III 331 f).

27 **§ 780 ZPO** soll nach Auffassung der II. Komm allerdings nur bedingt anwendbar sein (Prot V 875 und VI 714 f mit Gesetzesvorschlägen dahingehend, dass es eines **Urteilsvorbehalts** außer in Ansehung des dem Erbteil entspr Teils der Nachlassverbindlichkeit nicht bedürfe). Zur Begründung führen die Protokolle (V 875) aus, dass das Recht, den Gläubiger auf den Erbteil zu verweisen, ein von dem „Inventarrecht" (hierzu Staudinger/Dobler § 1993 Rn 28) unabhängiges Recht sei, soweit (Abs 1 S 2) es mit dessen Verlust nicht gleichfalls erlösche. Insoweit dürfe es deshalb nicht infolge vorbehaltloser Verurteilung des Miterben untergehen. Im Gesetz hat sich diese Auffassung jedoch nicht niedergeschlagen. De lege lata folgt die Notwendigkeit eines Urteilsvorbehalts sowohl aus § 780 ZPO selbst als auch – hilfsweise – aus der Präklusionswirkung, die sich im Fall einer vorbehaltlosen Verurteilung aus § 767 Abs 2 ZPO ergeben würde (iE ebenso die hM: BGB-RGRK/Kregel Rn 8; MünchKomm/Ann Rn 14; NK-BGB/Kick Rn 27; Erman/Bayer Rn 5; Soergel/M Wolf Rn 5; Hagen JherJb 42 [1901] 43, 135–139; Staudinger/Lehmann[11] Rn 8 m älteren Nachweisen; OLG Celle OLGE 2 [1901/I] 507, 508; OLG Königsberg OLGE 18 [1909/I] 314, 315; OLG München OLGE 30 [1915/I]

205, 208; wohl auch RGZ 71, 366, 371; **aM** Binder III 332; OLG Dresden OLGE 4 [1902/I] 120, 122).

Zur Wahrung der Einrede genügt der allgemeine Vorbehalt des § 780 ZPO (RGZ 71, 366, 371), von dem uU – nämlich wenn der Rechtsstreit hinsichtlich des Eingreifens der §§ 1994 Abs 1 S 2, 2005 Abs 1 oder 2006 Abs 3 BGB entscheidungsreif ist (vgl Staudinger/Kunz Vorbem 149 f zu §§ 1967 ff) – ein dem Erbteil des Beklagten entsprechender Teil der Verurteilung auszunehmen ist (vgl Abs 1 S 2 und LG Kaiserslautern DAVorm 1973, 625, 626). 28

Klagt der Gläubiger von vornherein nur auf Befriedigung „aus dem Nachlass", so braucht sich der Miterbe die Beschränkung seiner Haftung nicht vorbehalten zu lassen (§ 308 ZPO). 29

III. Abs 1 S 1: „Bis zur Teilung des Nachlasses …"

1. Begriff der Nachlassteilung

Sowohl nach seinem **Wortlaut** als auch nach **Sinn und Zweck** (Rn 2 f) schützt § 2059 Abs 1 BGB das Eigenvermögen der einzelnen Miterben „bis zur Teilung des Nachlasses". Voreilige Nachlassteilung schadet und kann deshalb nach Maßgabe der §§ 2045, 2046 BGB verhindert werden (s Rn 81 ff). 30

Wesentliches Element einer „Nachlassteilung im Sinne des § 2059 Abs 1" ist in Hinblick auf den Schutzzweck der Vorschrift (Rn 2 f) **die Beendigung der gesamthänderischen Bindung des Nachlassvermögens** zugunsten einer Einzelrechtsinhaberschaft jedes einzelnen Miterben bezüglich der ihm zugeteilten und wirksam übertragenen Nachlassgegenstände. Erst wenn dieser Zustand erreicht ist, sind die einzelnen Miterben unabhängig vom Willen der anderen in der Lage, sich bei der Verschaffung der zur Tilgung der Nachlassverbindlichkeiten erforderlichen Mittel zunächst an die ihnen zugewiesenen Nachlassgegenstände (vgl Rn 3) und erst in zweiter Linie an ihr Eigenvermögen zu halten. Die Einigung auf einen Teilungs**plan** ist noch keine vollzogene Nachlassteilung iS des Abs 1 (Eberl-Borges 296). 31

Von einer Teilung **„des Nachlasses"** kann keine Rede sein, solange noch nennenswerte Vermögensstücke der gesamthänderischen Bindung an die Miterben unterliegen (OLG München 12. 6. 2019 – 21 U 1295/18, Rn 53 ff [zitiert nach www.gesetze-bayern.de/Content/Document/Y-300-Z-BECKRS-B-2019-N-11387?hl=true]; **aM** Dauner-Lieb und Eberl-Borges, die auf den Gesichtspunkt der Schuldendeckung abstellen wollen [dazu Rn 33, 38]; vgl auch Staudinger/Lehmann[11] Rn 6; BGB-RGRK/Kregel Rn 5: die Fortführung der Gemeinschaft hinsichtlich eines Hauses oder eines Handelsgeschäfts stehe der Annahme einer Nachlassteilung nicht entgegen). Auch Miterben, die sich von den übrigen bereits mit demjenigen abfinden ließen, was ihnen bei der Auseinandersetzung zusteht, können sich noch auf § 2059 Abs 1 BGB berufen (Eberl-Borges 329 ff, 335; **aM** MünchKomm/Ann Rn 6). Nicht unter dem Schutz des § 2059 Abs 1 BGB steht jedoch nach Sinn und Zweck der Vorschrift (Rn 3, 35) die geleistete Abfindung; mit dieser haftet der Abgefundene den Nachlassgläubigern trotz § 2059 Abs 1 BGB auch dann, wenn sie nicht aus dem Nachlass entnommen wurde, sondern aus anderen Quellen stammt (Eberl-Borges 322 ff, 335 f, 470 [auf § 1975 und §§ 1989 ff darf dies allerdings nicht übertragen werden, weil die den 32

Nachlassgläubigern haftende Masse sonst *auf Dauer* größer wäre als das vererbte Vermögen; vgl insoweit § 2058 Rn 10]). Ein das Leistungsverweigerungsrecht des Abs 1 beendendes Teilungsverhalten (Rn 48) der übrigen Erben muss sich der Abgefundene zurechnen lassen (gute Begründung bei Eberl-Borges 327 f, 335 f; vgl auch Staudinger/Dobler § 1978 Rn 12 bei „Veräußerung der Erbschaft"). Ob die abgefundenen Miterben weiterhin gesamtschuldnerisch oder nur noch teilschuldnerisch haften, richtet sich nach §§ 2060, 2061 BGB (zu den Abfindungsfällen s § 2060 Rn 39 ff).

33 Nach hM ist die Teilung als erfolgt anzusehen, wenn ein so erheblicher Teil der Nachlassgegenstände aus der Gesamthand in die Miterben-Einzelvermögen überführt worden ist, dass **die Gemeinschaft in ihren wesentlichen Bestandteilen als Ganzes aufgelöst** erscheint (RG HRR 1938 Nr 1602; BGB-RGRK/Kregel Rn 5; MünchKomm/Ann Rn 4; Lange/Kuchinke § 50 IV 1; Schlüter Rn 1202; Ebenroth Rn 1172; Raddatz 57 f; NK-BGB/Kick Rn 6; **krit** Bräcklein NJW 1967, 431 f, der zusätzlich fordert, dass alle Miterben die Absicht oder zumindest das **Bewusstsein** haben, dass der Nachlass geteilt und die Erbengemeinschaft aufgelöst sei; vgl auch Soergel/M Wolf Rn 2; Ann 138 f; Dauner-Lieb 427 ff, 430, 441 f, 444; Eberl-Borges 300 ff, 469, die den Nachlass *erst* dann [so M Wolf und zumindest in Evidenzfällen auch Ann] bzw *schon* dann [Dauner-Lieb, Eberl-Borges] als geteilt ansehen wollen, **wenn der noch unverteilte Rest zur Berichtigung der Nachlassverbindlichkeiten nicht ausreicht**; gegen das Abstellen auf den Gesichtspunkt der Schuldendeckung Ann, Lange/Kuchinke § 50 IV 1, Ebenroth Rn 1172 und NK-BGB/Kick Rn 6; vgl auch oben Rn 19 ff und unten Rn 38, § 2062 Rn 22).

34 **Die Verteilung einiger, selbst wertvoller Nachlassgegenstände bedeutet nicht ohne Weiteres schon eine Teilung „des Nachlasses"** (RGZ 89, 403, 407).

35 **Umstritten ist, ob die derart vorab verteilten Nachlassgegenstände zu dem Vermögen des Erben gehören, „das er außer seinem Anteil an dem Nachlass hat" und aus dem er die Leistung folglich nach Abs 1 verweigern kann.** RGZ 89, 403, 408 bejahte das, hielt aber die Miterben gem §§ 1978 Abs 2, 1991 Abs 1 BGB für verpflichtet, die schon erhaltenen Nachlassgegenstände zum Nachlass zurückzugewähren, und verwies den Gläubiger auf diesen Anspruch (ebenso Soergel/M Wolf Rn 4; wohl auch Jan Schröder JZ 1978, 379, 385 Fn 59; **aM** BGB-RGRK/Kregel Rn 13, MünchKomm/Ann Rn 10 und H P Westermann AcP 173 [1973] 24, 30, weil für solch einen Rückgewähranspruch kein Raum sei, wenn neben den Voraussetzungen des § 2059 Abs 1 BGB, der ja nicht auf § 1978 BGB verweist, nicht auch die des § 1978 – also Nachlassverwaltung oder ein Nachlassinsolvenzverfahren – oder die des § 1990 oder des § 1992 erfüllt seien [vgl dazu oben Rn 22 f]). Praktikabler erscheint es jedoch, § 2059 Abs 1 BGB entspr seinem Sinn und Zweck (Rn 2 f) dahin einzuschränken, dass dem einzelnen Miterben das gewährte Leistungsverweigerungsrecht hinsichtlich derjenigen Nachlassgegenstände, die bereits seiner alleinigen Verfügungsmacht unterliegen, nicht zusteht. **Das Leistungsverweigerungsrecht des Abs 1 beschränkt sich** demnach **auf den Schutz solcher Vermögensbestandteile, die dem Erben unabhängig vom Erbfall gehören** (vgl Rn 16; BGB-RGRK/Kregel Rn 6; MünchKomm/Ann Rn 10; AK-BGB/Buchholz Rn 4; Jauernig/Stürner §§ 2058–2063 Rn 3; Hagen JherJb 42 [1901] 43, 135 Fn 95; Kretzschmar ZBlFG 15 [1914/15] 325, 337; Muscheler, Haftungsordnung 490; ders, Erbrecht II Kap 15 Rn 3808 [Fn 600], 3828; Eberl-Borges 317 ff, 322 ff, 335 f, 470; Ann 152 ff; vgl auch Dauner-Lieb 428 ff; **aM** Soergel/M Wolf Rn 5; BeckOK-BGB/Lohmann [1. 11. 2019] Rn 2; vgl auch H P Westermann AcP 173 [1973] 24, 31). Diese **teleologische Reduktion des Abs 1** ist nicht nur sachgerecht (s Rn 3 aE), sondern auch methodisch unbedenklich, da der Gesetzgeber den Fall der *unvollständigen* Teilung des Nachlasses zwar gesehen (Prot V 871), aber nicht geregelt und die Ausfüllung der Regelungslücke somit der Rechtswissenschaft überlassen hat.

2. Einzelheiten

Wer den Nachlass geteilt hat, scheint nach dem Wortlaut des Abs 1 keine Rolle zu 36
spielen. Dieser Anschein trügt (s Rn 44 ff).

Eine **Zwangsversteigerung** „zum Zwecke der Aufhebung der Gemeinschaft" 37
(§§ 2042 Abs 2, 753 BGB, §§ 180 ff ZVG) stellt selbst dann noch keine Nachlassteilung dar, wenn das versteigerte Grundstück der einzige Nachlassbestandteil war (vgl BGHZ 52, 99, 102 f). Denn an die Stelle des versteigerten Grundstücks tritt im Wege erbrechtlicher (§ 2041 BGB) und zwangsversteigerungsrechtlicher Surrogation der erzielte Erlös (vgl BGHZ 52, 99, 102 f; BGH LM § 2058 Nr 8 [Bl 2] sowie Abschn 2 b, c und Abschn 3 meiner Anm zu BGH LM § 2058 Nr 8).

Ob bereits alle **Nachlassverbindlichkeiten** berichtigt sind oder ob die noch offenen 38
Verbindlichkeiten aus dem Restnachlass gedeckt werden können, ist für die Frage der Nachlassteilung unerheblich (iE wie hier NK-BGB/Kick Rn 6; BeckOK-BGB/Lohmann [1. 11. 2019] Rn 2). Die abweichenden Auffassungen differieren auch untereinander ganz erheblich (vgl Rn 33). Sie finden im Gesetz keine Stütze und machen die Dinge unnötig kompliziert (zutr die Kritik bei MünchKomm/Ann Rn 4; vgl auch unten § 2062 Rn 22). Auch dann, wenn der Nachlass *von vornherein überschuldet* war, müssen sich die Erben zunächst auf § 2059 Abs 1 BGB berufen können (str; s oben Rn 20 ff).

Im Schrifttum wird die Ansicht vertreten, dass das Leistungsverweigerungsrecht des 39
Abs 1 entfalle, sobald der Nachlass durch Zwangsvollstreckung, Nachlassverwaltung, ein Nachlassinsolvenzverfahren oder durch freiwillige Schuldentilgung **völlig aufgezehrt worden sei** (so Staudinger/Lehmann[11] Rn 6; BGB-RGRK/Kregel Rn 7 [beide für die *freiwillige* Schuldentilgung]; Dauner-Lieb 437 ff, 442 f [auch für die *zwangsweise* Schuldentilgung]; Eberl-Borges 314 f [schon wegen § 1980; s aber oben Rn 20 f]; **aM** Riesenfeld I 291; Kress, Erbengemeinschaft 29; H P Westermann AcP 173 [1973] 24, 38). Ob das zutrifft, wird angesichts des in solchen Fällen meist eingreifenden § 1989 oder § 1990 BGB (zur Rechtslage bei „unbeschränkter" Haftung vgl Rn 4 f, 6 ff) nur sehr selten entscheidungserheblich sein. Jedenfalls iS des – nach restloser Aufzehrung des Nachlasses allerdings ohnehin bedeutungslosen (Dauner-Lieb 440 Fn 574) – *§ 2062 HS 2 BGB* liegt dann *keine* Nachlassteilung vor (**aM** Eberl-Borges 358 Fn 297), da die Gesetzesverfasser die *vor* der Teilung erfolgende Schuldentilgung ja gerade als Mittel zur Vermeidung der durch § 2062 HS 2 BGB drohenden Härten ansahen (s § 2062 Rn 16, 24; zum Teilungsbegriff der *§§ 2060, 2061 Abs 1 S 2* vgl § 2060 Rn 45). Den Teilungsbegriff des § 2059 Abs 1 BGB sollte man auch hier nicht ohne Not anders interpretieren als den des § 2062 HS 2 BGB (s unten Rn 47 f).

Eine Teilung iS des § 2059 Abs 1 BGB liegt auch vor, wenn die gesamthänderische 40
Bindung des Nachlasses in der Weise endet, dass die Miterben **alle Nachlassgegenstände schenkweise an Dritte** übereignen (Dauner-Lieb 427; NK-BGB/Kick Rn 7).

Gleiches gilt, **wenn einer der Miterben** infolge der Ausgleichungspflicht (§§ 2050 ff 41
BGB) **den ganzen Nachlass erhält** (BGB-RGRK/Kregel Rn 7; Eberl-Borges 316 f;

NK-BGB/Kick Rn 7; MünchKomm/Ann Rn 7; vgl auch § 2060 Rn 40 ff); ebenso wenn einem Miterben der Aktivnachlass als Ganzes überlassen wird gegen Abfindung der übrigen Miterben durch Zuweisung bestimmter einzelner Nachlassgegenstände (MünchKomm/Ann Rn 6; AK-BGB/Buchholz Rn 5; **aM** Soergel/M Wolf Rn 3).

42 **Darin, dass ein Miterbe die Anteile sämtlicher übriger Miterben gegen ein nicht aus dem Nachlass entnommenes Entgelt erwirbt** (§ 2033 Abs 1 BGB) **und dadurch die Erbschaft als Ganzes in seiner Hand vereinigt, soll nach einem Urt des RG** (27. 9. 1907 – VII 504/06 [ergangen zu § 2062, vgl § 2062 Rn 23]) **keine Teilung des Nachlasses zu sehen sein. Dem ist nicht zuzustimmen**. Denn auch in diesem Fall besteht die Erbengemeinschaft als solche nicht mehr und haben selbst diejenigen Miterben, die ihre Erbteile veräußert haben, zwar nicht dar*aus*, sehr wohl aber da*für* etwas zu ihrer eigenen Verfügung erlangt. (Wenn sie auf ein Entgelt verzichtet hätten, würde das Folgende aber entsprechend gelten, da ein solcher Verzicht auf ihrem freien Willen beruhen würde.) Bei dieser Sachlage ist das Leistungsverweigerungsrecht des Abs 1 durch seinen Schutzzweck (Rn 3) fortan nicht mehr gerechtfertigt; es geht deshalb unter (vgl BGB-RGRK/Kregel Rn 7; Eberl-Borges 327 ff; iE ebenso NK-BGB/Kick Rn 9; zur Frage einer Umwandlung der gesamtschuldnerischen Miterbenhaftung in eine teilschuldnerische vgl § 2060 Rn 40 ff; zur Nachlassverwaltung § 2062 Rn 8, 23). Anders verhält es sich jedoch, wenn nicht alle, sondern nur einige Miterben ihre Anteile auf dieselbe Person übertragen. Denn in diesem Fall (s auch § 2062 Rn 8) ist der Nachlass noch immer gesamthänderisch gebunden. Nicht nur den gegenwärtigen, sondern auch den früheren Anteilsinhabern steht deshalb (Rn 31) im Hinblick auf die fortbestehende Schuldenhaftung (s § 2382 Abs 1 S 1 HS 2 BGB) der Schutz des § 2059 Abs 1 BGB zu (Riesenfeld I 236; Eberl-Borges 470). Dies gilt jedoch nicht in Ansehung einer für die Erbteilsübertragung empfangenen Abfindung bzw eines dafür empfangenen Kaufpreises (vgl in Bezug auf Abfindungen Eberl-Borges 322 ff, 335 f, 470 [nicht übertragbar auf § 1975 und §§ 1989 ff; s oben Rn 32 und Staudinger/Dobler § 1978 Rn 18]; **aM** zumindest hinsichtlich des Kaufpreises Riesenfeld I 236). Ein den Schutz des § 2059 Abs 1 BGB beendendes Teilungsverhalten (Rn 48) des Erbteilserwerbers müssen sich die Veräußerer zurechnen lassen (gute Begründung bei Eberl-Borges 327 f, 335 f; vgl auch Staudinger/Dobler § 1978 Rn 12 bei „Veräußerung der Erbschaft").

43 Einem **Alleinerben**, der alle Erbteile in seiner Hand vereinigt hat, steht die Einrede des ungeteilten Nachlasses iS des § 2059 Abs 1 BGB nicht zu (str; vgl Staudinger/Dobler § 2007 Rn 2).

3. Nachlassteilung durch automatische Singularsukzession?

a) Hof und Personengesellschaftsanteil

44 **Umstritten** ist, ob von einer Teilung des Nachlasses iS des Abs 1 auch dann gesprochen werden kann, wenn die Zuweisung von Nachlassgegenständen an einzelne Miterben nicht rechtsgeschäftlich im Wege der Erbauseinandersetzung, sondern *automatisch* erfolgt, wie es gem § 4 HöfeO bei der Erbfolge in einen **Hof** und nach st Rspr uU auch bei der Vererbung des Anteils an einer **Personengesellschaft** (Rn 52 ff) geschieht.

45 **Die Frage ist im Rahmen der – auch hier anwendbaren** (vgl Vorbem 8 zu §§ 2058 ff) – **§§ 2059 Abs 1, 2062 HS 2 BGB selbst dann zu verneinen, wenn** nach der von selbst

erfolgten Einzelzuweisung des Hofes bzw des Gesellschaftsanteils **kein nennenswerter gesamthänderisch gebundener Nachlass mehr verbleibt** (vgl P Ulmer ZGR 1972, 195, 203 [Fn 44], 327; **aM** – jedoch nur für § 2059 Abs 1, sonst ebenso – H P Westermann AcP 173 [1973] 24, 37; Ann 140 f; Dauner-Lieb 439 ff [s zu den Thesen dieser Autorin auch Rn 20, 33, 70]). Dies ergibt sich aus folgenden Überlegungen:

Jedenfalls **§ 2062 HS 2 BGB** meint mit „Teilung" des Nachlasses nicht allein den Erfolg des Geteiltseins, sondern das Geteiltsein *durch Handlungen bzw mit Einverständnis der Miterben* (§ 2062 Rn 24). Denn § 2062 HS 2 BGB ist das Ergebnis einer Interessenabwägung, die als selbstverständlich voraussetzt, dass jeder Miterbe in der Lage ist, die Teilung des Nachlasses bis zur Berichtigung bzw Sicherstellung der Nachlassverbindlichkeiten zu blockieren (s § 2062 Rn 16). 46

Sowohl in § 2059 Abs 1 als auch in § 2062 HS 2 BGB (iVm § 1975 BGB) geht es um die Frage, unter welchen Voraussetzungen die Miterben ihre Haftung auf den Nachlass beschränken können (während in §§ 2060, 2061 Abs 1 S 2 BGB die ganz andere Frage geregelt wird, ob die Haftung eine gesamt- oder eine nur noch eine teilschuldnerische ist). Im Hinblick auf diese thematische Verwandtschaft sollte man den Begriff der Nachlassteilung bei § 2059 Abs 1 BGB möglichst im gleichen Sinne verwenden wie bei § 2062 HS 2 BGB (zu einer Ausnahme s § 2062 Rn 23). 47

Die §§ 2059 Abs 1 und 2062 HS 2 BGB stimmen auch darin überein, dass sie den Miterben die Teilung des Nachlasses zum *Nachteil* gereichen lassen (anders hingegen die §§ 2060, 2061 Abs 1 S 2 BGB). Auch dem entspricht es, eine Teilung **iS der §§ 2059 Abs 1, 2062 HS 2 BGB** nur dann anzunehmen, wenn der eingetretene Zustand auf Handlungen der Miterben oder auf Vorgängen aus ihrem Einflussbereich beruht (hinsichtlich § 2059 Abs 1 zust NK-BGB/Kick Rn 12; anders aber Rn 11 bei Fn 17). 48

Im Schrifttum ist geltend gemacht worden, die automatische Einzelzuweisung eines Nachlassgegenstandes (Personengesellschaftsanteils), der **das einzige oder das wirtschaftlich wertvollste Nachlassgut** war, müsse schon deshalb als Nachlassteilung iS des § 2059 Abs 1 BGB angesehen werden, weil es in solchen Fällen keinen *sonstigen* Nachlass gebe, auf den die Erben die Nachlassgläubiger nach Abs 1 verweisen könnten (vgl H P Westermann AcP 173 [1973] 24, 37; zust MünchKomm/Ann Rn 8; vgl auch Ann 140 f ad cc). Diese Argumentation ist jedoch nicht überzeugend. Denn in Bezug auf ehemals zum ungeteilten Nachlass gehörende Gegenstände, die ihm inzwischen mit dinglicher Wirkung zugeteilt wurden und dabei unter seine alleinige Verfügungsmacht gelangt sind, steht einem Miterben das Leistungsverweigerungsrecht des § 2059 Abs 1 BGB bei sinnentsprechender Auslegung der Vorschrift ohnehin nicht zu (Rn 3 aE, 35; **aM** H P Westermann AcP 173 [1973] 24, 31). 49

Wahr ist allerdings, dass nach einer den *gesamten* Nachlass umfassenden Singularsukzession nichts mehr übrig bleibt, was Gegenstand einer gesamthänderischen Bindung an die Miterben und deshalb auch Gegenstand einer „Nachlassteilung" iS des § 2059 Abs 1 BGB sein könnte (vgl erg Rn 54 f bzgl der mit einem Gesellschaftsanteil verbundenen Vermögensansprüche). Jedoch wird man diese „Merkwürdigkeit" (Ann 140 f) hinnehmen müssen als Preis dafür, dass man bei der Erbfolge in einen Hof bzw in einen Personengesellschaftsanteil von dem in § 2032 Abs 1 BGB ausgesprochenen Grundsatz, dass der Nachlass „gemeinschaftliches" Vermögen aller Miter- 50 ben wird (§ 2032 Abs 1 BGB), aus besonderen Gründen abgewichen ist (vgl auch Rn 70).

51 Die Gegenansicht, die den Miterben in diesen Fällen (Rn 49 f) das Haftungsbeschränkungsmittel des § 2059 Abs 1 BGB versagt und dafür notgedrungen (vgl Rn 2) jedem einzelnen Miterben entgegen § 2062 HS 1 BGB das Recht zur Beantragung der haftungsbeschränkenden (vgl § 1975 BGB, aber auch die bei Staudinger/Marotzke [2010] § 1967 Rn 61 ff und Staudinger/Kunz § 1967 Rn 236 ff thematisierten gesellschaftsrechtlichen Ausnahmen) Nachlassverwaltung zuspricht (zur Alternative des *Nachlassinsolvenzverfahrens* s oben Rn 2), bedeutet eine noch gravierendere Durchbrechung des Gesetzes mit erheblichen Folgeproblemen (vgl § 2062 Rn 27 f).

b) Personengesellschaftsanteil

aa) Entwicklung einer Problemlösung

52 Bei Beerbung des Gesellschafters einer Personengesellschaft (dazu Staudinger/Marotzke [2008] § 1922 Rn 168 [GbR], 169 ff [OHG], 193 ff [KG]; diese Ausführungen teils durch Verweisung ersetzend [§ 1922 Rn 179 f], teils inhaltlich fortführend Staudinger/Kunz [2017] § 1922 Rn 178 ff) kann es vorkommen, dass der Gesellschaftsanteil des Erblassers, soweit er überhaupt auf die erbrechtliche Bahn gerät (dazu Staudinger/Marotzke [2008] § 1922 Rn 168 ff, 172 ff, 175, 193 f) und die Gesellschaft nicht „aufgelöst" wurde (s Staudinger/Marotzke [2008] § 1922 Rn 176 f; Staudinger/Kunz [2017] § 1922 Rn 198 f), **an der Miterbengemeinschaft vorbei** unmittelbar und geteilt an die *einzelnen* Miterben gelangt bzw von einem der Miterben unmittelbar im Zeitpunkt des Erbfalls im Ganzen erworben wird (dazu Staudinger/Marotzke [2008] § 1922 Rn 178 ff, 197; Staudinger/Kunz [2017] § 1922 Rn 200 ff, 230).

53 **Soweit sich die Haftung der Gesellschaftererben nach Erbrecht richtet** (dazu Staudinger/Marotzke [2010] § 1967 Rn 61 ff; Staudinger/Kunz § 1967 Rn 236 ff), stellt sich die Frage, ob solch eine automatische Aufsplitterung und/oder Zuweisung des Gesellschaftsanteils an die (oder: an einen) einzelnen Erben in Fällen, in denen der Verstorbene außer dem Gesellschaftsanteil kein nennenswertes Vermögen hinterlassen hat (s oben Rn 49 ff), als „Teilung des Nachlasses" iS der §§ 2059 ff BGB angesehen werden muss (dazu ausführlich und kontrovers Kieserling, Spiritus, H P Westermann, Finger [vgl Schrifttum vor § 2058] sowie speziell zu der sehr umstrittenen Vorfrage, ob der Gesellschaftsanteil überhaupt zum „Nachlass" gehört, die bejahenden Stellungnahmen bei Staudinger/Marotzke [2008] § 1922 Rn 102 ff, 186, 198 und Staudinger/Kunz [2017] § 1922 Rn 92 ff, 208 ff, 231).

54 Im Sinne einer Eingrenzung des Themas ist zutreffend darauf hingewiesen worden (Spiritus 211), dass hier von einer Teilung des Nachlasses höchstens dann die Rede sein könne, wenn **nicht nur der Gesellschaftsanteil selbst, sondern auch der hinter ihm stehende Vermögenswert** keiner gesamthänderischen Bindung an die Erbengemeinschaft (mehr) unterliege.

55 Dies führt zu der Frage, ob die Singularsukzession der einzelnen Miterben in die Mitgliedschaft so weit geht, dass auch die vermögenswerten Rechte, die gem § 717 S 2 BGB von der Gesellschafterstellung **abgespalten** werden können, unter Umgehung der Erbengemeinschaft sofort an die einzelnen Miterben fallen. Man wird das bejahen und eine Ausnahme nur hinsichtlich derjenigen Vermögensansprüche (Gewinnansprüche) machen dürfen, deren Entwicklung zur Zeit des Erbfalls bereits völlig abgeschlossen war (vgl Staudinger/Marotzke [2008] § 1922 Rn 187; Staudinger/Kunz [2017] § 1922 Rn 213 ff). Dies ist jedoch ebenso umstritten wie die weitere Frage, welcher Vermögensmasse im Fall einer qualifizierten Nachfolgeklausel etwaige **Wertausgleichsansprüche weichender Miterben** zuzuordnen sind (dazu Staudinger/Marotzke [2008] § 1922 Rn 188; Staudinger/Kunz [2017] § 1922 Rn 218).

Die angesprochenen dogmatischen Schwierigkeiten lassen es verführerisch erscheinen, die §§ 2058 ff BGB insgesamt für „auf den Gesellschaftsanteil unanwendbar" zu erklären. Das wäre jedoch ein Irrweg (vgl Vorbem 8 zu §§ 2058 ff). **Statt völlig aus dem Anwendungsbereich der §§ 2058 ff BGB auszuscheren, sollte man sich Folgendes in Erinnerung rufen**: 56

Das **Bedürfnis** für ein Leistungsverweigerungsrecht nach Art des § 2059 Abs 1 BGB resultiert im Allgemeinen daraus, dass jeder einzelne Miterbe einerseits gem §§ 2058, 421 BGB als Gesamtschuldner für die *volle* Nachlassverbindlichkeit in Anspruch genommen werden kann und dann auf den – oft unsicheren – Rückgriff gegen die übrigen Erben angewiesen ist, er andererseits aber vor der Teilung des Nachlasses wegen dessen gesamthänderischer Bindung als *Einzelner* nicht in der Lage ist, sich durch Veräußerung von Nachlassgegenständen oder seines Anteils an ihnen die zur Schuldentilgung nötigen Mittel aus dem Nachlass zu beschaffen (vgl Rn 2 f). Da der einzelne Miterbe *ohne* Mitwirkung der übrigen Erben sein Eigenvermögen weder durch Beschaffung der zur Schuldentilgung erforderlichen Mittel aus dem ungeteilten Nachlass noch durch Beantragung einer Nachlassverwaltung (§§ 1975, 2062 HS 1 BGB) vor dem Zugriff der Nachlassgläubiger schützen kann, bedarf er des besonderen Schutzes durch § 2059 Abs 1 BGB. (Der ihm gem § 317 Abs 1 und 2 InsO auch als *Einzelnem* zustehende Antrag auf Eröffnung eines Nachlassinsolvenzverfahrens setzt gem § 320 InsO die Überschuldung des Nachlasses bzw dessen wirkliche oder drohende Zahlungsunfähigkeit voraus und hat deshalb keine Aussicht auf Erfolg, wenn lediglich der *Erbteil* des in Anspruch genommenen Miterben nicht ausreicht [vgl auch Rn 2 mwNw]). Nun ist aber auch das Vermögen der *Gesellschaft,* in die die Miterben durch Erbgang – wenn auch einzeln und getrennt – eingerückt sind, gesamthänderisch gebunden. Wegen § 719 BGB kann der einzelne Miterbe seinen Anteil am *Gesellschafts*vermögen und an den einzelnen Gegenständen dieses Vermögens ebenso schwer in Geld umsetzen wie seinen Anteil an *Nachlass*gegenständen, die noch allen Miterben gesamthänderisch zustehen. **Folglich greift der Schutzzweck des § 2059 Abs 1 BGB in gewisser Weise auch hier ein** (jedoch nur mit Einschränkungen, sobald das „Zu-Geld-Machen" *gelungen* ist [Rn 70], und auch vorher *nicht* beim Alleinerben [Rn 73]). Es wäre deshalb nicht sinnvoll, die automatische Verteilung der Gesellschafterstellung auf die einzelnen Miterben ohne Not als eine diese Vorschrift unanwendbar machende „Teilung des Nachlasses" anzusehen (zustimmend Stodolkowitz, in: FS Kellermann [1991] 439, 451 f; Muscheler, Haftungsordnung 489 f; Ulmer/Schäfer ZHR 160 [1996] 413, 424 f; gegen die hier vorgetragene Argumentation jedoch Raddatz 66 ff). Vgl auch die bei Rn 47 ff, 60 ff angeführten Argumente. 57

Als Ergebnis der vorstehenden Überlegungen ist festzuhalten: Das Leistungsverweigerungsrecht des § 2059 Abs 1 BGB wird nicht dadurch ausgeschlossen, dass der Nachlass im Wesentlichen nur aus einem der Sondererbfolge unterliegenden Personengesellschaftsanteil besteht (iE wie hier AK-BGB/Buchholz Vorbem 15 f zu § 2058; Stodolkowitz [oben Rn 57] 453, 459; M Siegmann 216 ff; Spiritus 211; P Ulmer ZGR 1972, 195, 203 58

[Fn 44], 327; ders NJW 1984, 1496, 1500; Hehemann BB 1995, 1301, 1303, 1311; Muscheler, Haftungsordnung 489 f; ders, Erbrecht II Kap 15 Rn 3826 ff; Ulmer/Schäfer ZHR 160 [1996] 413, 424 f und mit Einschränkungen auch Emmerich ZHR 1986, 193, 205 ff; **aM** Raddatz 65 ff, 73 f; Heckelmann [s oben Vorbem 8 zu §§ 2058 ff]; Kieserling 158 ff, 161, 164; H Westermann, Personengesellschaftsrecht [4. Aufl 1979] Rn 526; H P Westermann AcP 173 [1973] 24, 37, 42 f; ders, in: Westermann/Wertenbruch [Hrsg], Handbuch Personengesellschaften, Rn I 1318; MünchKomm/Ann Rn 8; Kick 113 f; NK-BGB/Kick Rn 11 [trotz Rn 12] und Michalski, Gesellschaftsrechtliche Gestaltungsmöglichkeiten zur Perpetuierung von Unternehmen [1980] 153 f; differenzierend Wiedemann, Gesellschaftsrecht II [2004] 474 f, 481 f).

bb) Stellungnahme zu alternativen Lösungsvorschlägen

59 **Eine extreme Gegenposition** wird vertreten von Michalski (Gesellschaftsrechtliche Gestaltungsmöglichkeiten zur Perpetuierung von Unternehmen [1980] 153 f; bereits als aM zitiert bei Rn 58). Danach soll bzgl der Haftung für diejenigen Nachlassverbindlichkeiten, die zugleich Gesellschaftsschulden sind, eine Teilung des Nachlasses iSd § 2059 Abs 1 selbst dann vorliegen, wenn der Erblasser außer dem Gesellschaftsanteil noch erhebliches anderes Vermögen hinterlassen hat. Michalski will damit erreichen, dass die einzeln in eine OHG nachrückenden Miterben für die bis dahin entstandenen Gesellschaftsschulden unbeschränkbar auch mit dem Eigenvermögen haften. Dazu bedarf es jedoch nicht der Annahme einer Nachlassteilung iSd § 2059 Abs 1 BGB (zumal auf diese Weise nicht *sämtliche* Haftungsbeschränkungsmittel ausgeschaltet werden können). Denn ein hinreichender Gläubigerschutz ergibt sich bereits daraus, dass nach fruchtlosem Ablauf der in § 139 Abs 3 HGB bestimmten Frist (arg § 139 Abs 4 HGB) der § 130 HGB eingreift mit der Konsequenz einer die Haftung aus §§ 2058 ff BGB überlagernden und deshalb weder nach § 2059 Abs 1 BGB (oder §§ 1973–1975, 1989 ff BGB) auf den Nachlass beschränkbaren noch nach §§ 2060, 2061 BGB teilbaren *Eigen*verbindlichkeit des betreffenden Miterben-Gesellschafters (vgl Staudinger/Marotzke [2010] § 1967 Rn 64 f; Staudinger/Kunz § 1967 Rn 236 ff). Die These, dass die Erben eines OHG-Gesellschafters ihre Chance, die Haftung für die bisherigen Gesellschaftsschulden nach erbrechtlichen Grundsätzen zu beschränken, bereits zZ des Anfalls der Erbschaft verlieren, wäre zudem unvereinbar mit § 139 Abs 4 HGB, der den Erben diese Chance unter gewissen Voraussetzungen wie zB die fristgerechte Umwandlung des OHG-Anteils in einen Kommanditanteil erhalten will.

60 **Ganz überwiegend** wollen denn auch diejenigen Autoren, die den Nachlass im Fall der Singularsukzession von Miterben in einen das einzig nennenswerte Nachlassvermögen darstellenden OHG-Anteil als geteilt iSd § 2059 Abs 1 BGB betrachten, das Eigenvermögen der Miterben nicht etwa schutzlos lassen, sondern diesen Schutz statt über § 2059 Abs 1 BGB dadurch bewerkstelligen, dass sie entgegen § 2062 HS 1 BGB jedem *einzelnen* Miterben das Recht zugestehen, ohne Mitwirkung der übrigen die haftungsbeschränkende (§ 1975 BGB) **Nachlassverwaltung** zu beantragen. Gegen diesen Lösungsweg sprechen jedoch gewichtige Gründe (s § 2062 Rn 25 ff). Da die Erben kaum in der Lage sein werden, den (im Wesentlichen aus dem Gesellschaftsanteil bestehenden) Nachlass durch Vermengung mit ihren Eigenvermögen zu verschleiern, ist es für die Nachlassgläubiger durchaus tragbar, den Erben die Beschränkung ihrer Haftung auch ohne amtliches Verfahren zu ermöglichen, also die automatische Einzelzuweisung des den einzigen Nachlassgegenstand darstellenden Gesellschaftsanteils *nicht* als eine das Leistungsverweigerungsrecht aus § 2059 Abs 1

BGB beendende „Teilung" anzusehen (ebenso STODOLKOWITZ, in: FS Kellermann [1991] 439, 451 f vor c).

cc) Weitere Details

Einem Nachlassgläubiger, der Wert auf eine **Nachlassverwaltung** legt, bleibt es unbenommen, diese unter den in § 1981 Abs 2 BGB genannten Voraussetzungen zu beantragen (zu § 2062 HS 2 s oben Rn 46). 61

Er kann aber auch eine **Pfändung der** den Miterben zugefallenen **Gesellschaftsanteile** erwirken (§§ 857, 859 Abs 1 ZPO) und auf diese Weise eine ähnlich wirksame Separation herstellen wie im Fall der Nachlassverwaltung (vgl §§ 859 Abs 1, 857 Abs 1, 829 Abs 1 ZPO, §§ 136, 1276 BGB). Trotz Anwendbarkeit des § 2059 Abs 1 BGB haben die Nachlassgläubiger die Möglichkeit, sich im Wege der Zwangsvollstreckung gem §§ 859 Abs 1 ZPO, 725 BGB, 135 HGB aus den Gesellschaftsanteilen jedes einzelnen Miterben zu befriedigen (vgl Rn 3, 35, 49 [jeweils zur Vollstreckung in vor der Teilung des „Nachlasses" verteilte Gegenstände]; KIESERLING 105 ff; RADDATZ 70 ff; ULMER ZGR 1972, 329 f; ULMER/SCHÄFER ZHR 160 [1996] 413, 425 f; H WESTERMANN, Personengesellschaftsrecht [4. Aufl 1979] Rn 526; H P WESTERMANN, in: WESTERMANN/WERTENBRUCH [Hrsg], Handbuch Personengesellschaften, Rn I 1318; **anders** noch ders in AcP 173 [1973] 24, 32 f, 41–43: dieses Recht habe grundsätzlich nur der Nachlassverwalter [vgl dazu STAUDINGER/DOBLER § 1985 Rn 21]). Dass die Gesellschaftsanteile niemals der gesamthänderischen Bindung an eine Erbengemeinschaft unterlagen, ändert nichts daran, dass jedenfalls der hinter ihnen stehende Vermögenswert, soweit er übertragbar (§ 717 S 2 BGB) bzw pfändbar (§ 859 Abs 1 ZPO) ist, den Gläubigern des Erblassers durch dessen Tod nicht ohne Weiteres (Näheres bei MAROTZKE AcP 184 [1984] 541, 556 ff) entzogen werden darf (dies betonen auch H P WESTERMANN AcP 173 [1973] 24, 28; JOHANNSEN FamRZ 1980, 1074, 1082; vgl ferner BGH NJW 1986, 2431, 2433 und – trotz zT anderer Sichtweise [dazu MAROTZKE JZ 1986, 457, 459; ULMER JuS 1986, 856, 859 ff] – BGHZ 91, 132, 136 = JZ 1984, 890 ff m Anm BROX). 62

Freilich bedarf es, wenn man von einer automatischen Aufteilung und Zuordnung des Gesellschaftsanteils an die *einzelnen* Miterben ausgeht, zur Pfändung der durch diese Aufteilung entstandenen kleineren Gesellschaftsanteile nicht eines **Vollstreckungstitels** gegen *alle* Miterben (KIESERLING 107; WIEDEMANN, Die Übertragung und Vererbung von Mitgliedschaftsrechten bei Handelsgesellschaften [1965] 206; ULMER/SCHÄFER ZHR 160 [1996] 413, 427 f, 440; MUSCHELER, Erbrecht II Kap 15 Rn 3829). Für eine Anwendung des § 747 ZPO ist mangels gesamthänderischer Bindung kein Raum. Ein gegen *sämtliche* Erben gerichteter Titel ist zwar ausreichend, aber unnötig. 63

Um Eigengläubiger einzelner Miterben fernzuhalten, ist vorgeschlagen worden (ULMER/SCHÄFER ZHR 160 [1996] 413, 424, 429 ff), den vererbten Gesellschaftsanteil bis zur Nachlassteilung (dazu Rn 70) *„funktional* so zu behandeln, als gehörte er zum *gesamthänderisch gebundenen* Nachlaß" (*Hervorhebungen* nicht im Original). Diesem Vorschlag ist nicht zu folgen. Denn der Abwehr der Eigengläubiger vom Nachlass dienen weder das Gesamthandprinzip noch § 2059 BGB oder § 747 ZPO, sondern die Nachlassverwaltung und das Nachlassinsolvenzverfahren (vgl STAUDINGER/DOBLER § 1975 Rn 6, 10, 12, § 1990 Rn 28; STEIN/JONAS/MÜNZBERG ZPO § 747 Rn 2 [Schlusssatz]; BGHZ 53, 110 [LS 1], 114 f). Zudem müsste der Weg über das Gesamthandprinzip scheitern, wenn nur *ein* Erbe vorhanden ist. Wenn ein Nachlassgläubiger den Gesellschafts- 64 anteil dem Zugriff der Eigengläubiger des oder der Erben entziehen will, muss er also entweder schneller zugreifen als diese (§ 804 Abs 3 ZPO) oder dafür sorgen, dass es tatsächlich zu einer Nachlassverwaltung oder einem Nachlassinsolvenzverfahren kommt (vgl zu einer ähnlichen Problematik Staudinger/Dobler § 1990 Rn 28 sowie speziell zur Nachlassverwaltung § 2062 Rn 25 ff). Dass ein Personengesellschaftsanteil nur beschränkt fremdverwaltungsgeeignet ist (Staudinger/Dobler § 1985 Rn 20 ff), macht derartige Verfahren zwar schwierig, aber nicht entbehrlich.

65 Handelt es sich bei dem vererbten Gesellschaftsanteil um den Anteil an einer **OHG oder KG**, so kann ein Gläubiger, der ihn aufgrund einer Nachlassverbindlichkeit pfänden ließ, die Gesellschaft erst **kündigen**, wenn er zuvor erfolglos die Zwangsvollstreckung in das bewegliche Vermögen des „Gesellschafters" versucht hat (vgl §§ 135, 161 Abs 2 HGB). Bei der GbR gilt § 725 BGB.

66 Als **„bewegliches Vermögen des Gesellschafters" iS des § 135 HGB** (Rn 65) wird man, solange der Nachlass des *bisherigen* Gesellschafters (des Erblassers) trotz der hinsichtlich des Gesellschaftsanteils eingetretenen Einzelnachfolge eines oder mehrerer Miterben nicht iS des § 2059 Abs 1 BGB „geteilt" ist (dazu Rn 44 ff, 52 ff, 70) und soweit auch nicht § 2059 Abs 1 S 2 BGB (dazu Rn 4 ff) oder eine unbeschränkte handelsrechtliche Haftung (Rn 59) eingreift, nur den Nachlass, nicht auch das übrige Vermögen des in Anspruch genommenen und sich auf seine beschränkte Haftung berufenden einzelnen Miterben in Betracht ziehen dürfen (vgl Kieserling 115 ff; Emmerich ZHR 150 [1986] 193, 206; Muscheler, Haftungsordnung 491; ders, Erbrecht II Kap 15 Rn 3830). Der Nachlassgläubiger kann also, solange dieser Zustand andauert, die Gesellschaft bereits dann kündigen, wenn er erfolglos die Zwangsvollstreckung in das übrige bewegliche Vermögen des *Nachlasses* versucht hat, was idR ein Vorgehen gegen sämtliche Miterben voraussetzt (ebenso Raddatz 72).

67 **Sobald der Nachlass iS des § 2059 Abs 1 BGB geteilt ist** (Rn 70), wird als bewegliches Vermögen des „Gesellschafters" **(§ 135 HGB)** das **Gesamt**vermögen des in Anspruch genommenen *einzelnen* Miterben anzusehen sein. Hat dieser jedoch seine Haftung auf das aus dem Nachlass Empfangene beschränkt (§ 2060 Rn 1), so ist nur noch dieses iS des **§ 135 HGB** „Vermögen des Gesellschafters".

68 Diskutiert wird des Weiteren, ob den Miterben-Gesellschaftern gegenüber einem Nachlassgläubiger, der die Gesellschaft kündigt (Rn 65 ff), ein **Wertablösungsrecht** zusteht (ausf Kieserling 119 ff). Praktische Bedeutung hätte solch ein Ablösungsrecht vor allem bei der GbR, da für diese nicht § 135 HGB, sondern § 725 Abs 1 BGB gilt. Entgegen Kieserling (119 ff) dürfte ein Wertablösungsrecht nur unter den Voraussetzungen der §§ 1973 (vgl Abs 2 S 2), 1974, 1989, 1992 BGB anzuerkennen sein (vgl auch Raddatz 72 f).

69 **Sonstige Ablösungsrechte** der Gesellschafter, die allerdings keine *Wert*ablösungsrechte sind, können sich nach Maßgabe der §§ 268, 1249 BGB ergeben. Vgl ferner § 131 Abs 3 S 1 Nr 4 HGB (Fortsetzung der OHG trotz Kündigung durch Privatgläubiger).

70 Vor dem Hintergrund der bisherigen Ausführungen ist nach Beerbung eines Personengesellschafters durch Miterben eine **Teilung des Nachlasses** iS des § 2059 Abs 1

BGB **nur selten** anzunehmen. Zu denken ist jedoch an den Fall, dass außer dem Gesellschaftsanteil noch anderes Nachlassvermögen vorhanden ist; dann kann zumindest *dieses* noch geteilt werden. Fehlt es an solchem zusätzlichen Nachlassvermögen, könnte man angesichts des bei Rn 57 Ausgeführten noch erwägen, eine zum Wegfall des Leistungsverweigerungsrechts (§ 2059 Abs 1 BGB) führende Nachlassteilung jedenfalls dann anzunehmen, wenn jeder Miterben-Gesellschafter seinen ererbten Gesellschaftsanteil durch Rechtsgeschäft aufgegeben, insbesondere ihn durch Veräußerung oder Ausscheiden gegen Abfindung „zu Geld gemacht" hat (bedenkenswerte und zT sogar noch weiter gehende Hinweise bei Stodolkowitz, in: FS Kellermann [1991] 439, 453 Mitte, 458 f; Ulmer/Schäfer ZHR 160 [1996] 413, 426 f, 433; kritisch Dauner-Lieb 433 f mit dem zutreffenden [Rn 46 ff] Hinweis, dass man mit *dieser* Argumentation nicht auch diejenigen Miterben ihr Leistungsverweigerungsrecht verlieren lassen dürfe, die an solchen „teilungsäquivalenten Handlungen" überhaupt nicht mitgewirkt haben – was u a zutrifft auf „weichende" Erben im Fall einer qualifizierten Nachfolgeklausel [s Staudinger/Marotzke [2008] § 1922 Rn 180 ff; Staudinger/Kunz [2017] § 1922 Rn 203 ff]). Ansonsten führt die nach der Konzeption des BGB systemwidrige (vgl § 2032 Abs 1 BGB) Annahme einer Singularsukzession einzelner oder aller Miterben in den Gesellschaftsanteil zu einer *ebenso* systemwidrigen Perpetuierung des Leistungsverweigerungsrechts aus § 2059 Abs 1 BGB (das aber ohnehin nur die *erbrechtliche* Haftung betrifft [Rn 53, 59] und selbst hier der bei Rn 49 angesprochenen *Einschränkung* unterliegt). Wertungsmäßig passt dieses Ergebnis zu den an anderer Stelle (Staudinger/Marotzke [2010] Vorbem 46 ff zu §§ 1967 ff; Staudinger/Kunz Vorbem 215 ff zu §§ 1967 ff) kommentierten Bestrebungen, dem Erben die Haftungsbeschränkung auf den Nachlass de lege ferenda auch ohne eine Nachlassverwaltung oder ein Nachlassinsolvenzverfahren ganz allgemein – allerdings auch unabhängig von der Existenz von *Miterben* und der *Sondervererbung* unterliegender Nachlassgegenstände – zu gewähren. Wer diese Reformvorschläge ablehnt (zB Dauner-Lieb 71 f), wird auch der hier vertretenen Auslegung des § 2059 Abs 1 BGB mit Skepsis begegnen (konsequent deshalb die ablehnende Stellungnahme von Dauner-Lieb 432 ff, 435 ff; direkt hierzu Staudinger/Marotzke [2010] Vorbem 51 zu §§ 1967 ff; Staudinger/Kunz Vorbem 221 zu §§ 1967 ff).

c) Anwendbarkeit des Abs 1 auch in Fällen der §§ 2060, 2061 Abs 1 S 2?

Obwohl der automatische Zerfall eines den einzigen Nachlassgegenstand bildenden Gesellschaftsanteils keine Nachlassteilung iS der §§ 2059 Abs 1, 2062 HS 2 BGB darstellt, kann er iS der **§§ 2060, 2061 Abs 1 S 2 BGB** einer Teilung des Nachlasses gleich zu erachten sein (§ 2060 Rn 44, 46 ff). Man wird einem Miterben-Gesellschafter die Berufung auf § 2059 Abs 1 BGB auch gegenüber solchen Nachlassgläubigern nicht prinzipiell versagen dürfen, denen er gem § 2060 oder § 2061 Abs 1 S 2 BGB nicht mehr gesamt-, sondern nur noch teilschuldnerisch haftet. 71

Zwar will § 2059 Abs 1 BGB in erster Linie (aber: § 2058 Rn 32) die *gesamt*schuldnerische Haftung jedes einzelnen Miterben lindern (vgl Rn 2 f; Prot V 873; Denkschr 730 f), die seine Inanspruchnahme auch für die Teile der Verbindlichkeit ermöglicht, die ihm im Verhältnis zu den übrigen Erben nicht zur Last fallen (§§ 421, 426 BGB). Man könnte deshalb meinen, dass § 2059 Abs 1 BGB nach seinem Sinn und Zweck nicht angewandt werden dürfe, wenn eine derartige Ausgangslage nicht bestehe und der Miterbe das ihm bei der Auseinandersetzung Zukommende bereits erhalten habe (was nach § 2060 Rn 44, 46, 49 Voraussetzung für die Umwandlung der gesamtschuldnerischen Miterbenhaftung in eine teilschuldnerische ist). Ergänzend könnte man argumentieren, dass 72

§ 2059 Abs 1 BGB ja auch dann keine Anwendung finde, wenn ein Gesellschaftsanteil auf einen *Alleinerben* übergegangen sei, und dass ein Miterbe, soweit er nach Empfang der seinem Erbteil entspr Werte nur noch für den seiner Erbquote entspr Bruchteil einer Verbindlichkeit hafte, nicht schutzwürdiger sei als ein Alleinerbe.

73 Bei solch einer Argumentation (Rn 72) bliebe jedoch unberücksichtigt, dass ein Miterbe durch § 2062 HS 1 BGB gehindert ist, ohne Mitwirkung der übrigen Erben das Haftungsbeschränkungsmittel (§ 1975 BGB) der Nachlassverwaltung zu beantragen (vgl aber § 2062 Rn 26 ff). Als Ausgleich (Rn 2 f) bedarf er des Schutzes durch § 2059 Abs 1 BGB, auf den ein *Alleinerbe* schon deshalb nicht angewiesen ist, weil *er* eine Nachlassverwaltung *ohne Weiteres* beantragen kann (vgl auch Rn 21, 80).

4. Die Haftungsverhältnisse bei planmäßiger Teilungsvermeidung

a) Fortgesetzte Erbengemeinschaft und Fortführung eines ererbten Handelsgeschäfts

74 Eine Untersuchung von Seemüller (Die fortgesetzte Erbengemeinschaft [Diss Hamburg 1976] 106–114; zustimmend Muscheler, Haftungsordnung 111 f; ders, Erbrecht II [2010] Kap 15 Rn 3807; vgl auch Dauner-Lieb 425 f) kommt zu dem Ergebnis, dass das Leistungsverweigerungsrecht des Abs 1 nicht nur dann entfalle, wenn der Nachlass geteilt wird, sondern auch dann, wenn die Erben darin übereinkommen, den gemeinschaftlichen Nachlass unter Abbedingung des jederzeitigen Auseinandersetzungsanspruchs (§ 2042 Abs 1 BGB) für bestimmte oder unbestimmte (Seemüller 1), zumindest aber „längere" Zeit (Seemüller 176) ungeteilt zu lassen. Den Grund für diese teleologische Reduktion des § 2059 Abs 1 BGB sieht Seemüller (111) darin, dass das Leistungsverweigerungsrecht des § 2059 Abs 1 BGB als „vorübergehendes Mittel besonderer Art" gedacht sei.

75 ME bedarf es dieser Einschränkung des Abs 1 nicht (zurückhaltend auch Ann 398 ff; Palandt/Weidlich Rn 3 aE). Solange der Nachlass in gesamthänderischer Bindung zusammengehalten und vom Eigenvermögen der Erben rechtlich getrennt bleibt, ist die Beschränkung der Gläubiger auf den Nachlass (Abs 2) und die Erbteile (Abs 1 S 1) auch ohne amtliche Fremdverwaltung des Nachlasses tragbar (vgl Rn 2). Zudem haben die dem Leistungsverweigerungsrecht des Abs 1 ausgesetzten Nachlassgläubiger auch nach Seemüller (123; vgl auch Dauner-Lieb 421, 433) die Möglichkeit, die fortgesetzte Erbengemeinschaft einseitig und vorzeitig zu beenden (vgl §§ 751 S 2, 2044 Abs 1 S 2 BGB, 859 Abs 2 ZPO). Tun sie das, so beenden sie damit zugleich das nur *bis* zur Teilung des Nachlasses bestehende Leistungsverweigerungsrecht des § 2059 Abs 1 BGB. Keinen solchen Ausweg bietet den Nachlassgläubigern der bei Rn 77 erwähnte Gesetzgebungsvorschlag von Ann (dazu auch Vorbem 17 zu §§ 2058 ff).

76 Selbst wenn einziger Nachlassgegenstand ein **Handelsgeschäft** ist und die Miterben dieses als **OHG** fortführen, bleibt uU noch Raum für § 2059 Abs 1 BGB (jedenfalls soweit es um solche Nachlassverbindlichkeiten geht, die nicht zugleich Geschäftsschulden sind; vgl § 27 HGB und direkt hierzu Staudinger/Marotzke [2010] § 1967 Rn 57 ff; Staudinger/Kunz § 1967 Rn 228 ff). Denn nach der Rspr setzt der Übergang des Geschäftsvermögens von der Erbengemeinschaft auf die aus ihr hervorgegangene OHG besondere rechtsgeschäftliche Übertragungsakte voraus (BGHZ 92, 259, 263; vgl auch

OLG Karlsruhe NJW-RR 1995, 1189 = ZEV 1995, 379 m Anm Goette; M Wolf AcP 181 [1981] 480, 486 ff mwNw sowie zu der sehr umstrittenen Frage, *wann* bei Fortführung eines Handelsgeschäfts durch Miterben eine OHG entsteht: BGHZ 92, 259 ff; Seemüller 134–172; K Schmidt NJW 1985, 2785 ff; Astrid Ernst, Haftung des Erben für neue Geschäftsverbindlichkeiten [1994] 119 ff; Dauner-Lieb 464 ff, 506 ff, 513 ff, 516 ff; Ann 350). Erst wenn diese erfolgt sind, kann uU von einer „Auseinandersetzung der Erbengemeinschaft" (BGHZ 92, 259, 263) und einer das Leistungsverweigerungsrecht aus § 2059 Abs 1 BGB beendenden „Teilung des Nachlasses" die Rede sein (nicht anders wohl auch Johannsen FamRZ 1980, 1074, 1076 f).

Mit einem **Gesetzgebungsvorschlag** will Ann die hier angesprochene Problematik lösen. Ann empfiehlt, die persönliche Haftung von Miterben, die ihr Haftungsbeschränkungsrecht noch nicht verloren haben, in *allen* Fällen erst mit der (wenn auch vielleicht sehr späten; vgl Ann 398 ff) Teilung des Nachlasses beginnen zu lassen und den § 2059 Abs 1 BGB als deshalb *überflüssig* zu streichen. Gegen seine eigene Lösung, die als Anspruchs- und Klagegegner bis zur Nachlassteilung nur die als rechts- und parteifähig gedachte *Erbengemeinschaft* vorsieht, bestehen jedoch erhebliche Bedenken (vgl Rn 75 aE und Vorbem 14 ff zu §§ 2058 ff). 77

b) Testamentsvollstreckung

Nach Ansicht von Muscheler soll § 2059 Abs 1 S 1 BGB unanwendbar sein, wenn der Miterbennachlass von einem Testamentsvollstrecker verwaltet wird (Muscheler, Haftungsordnung 108 ff). 78

Muscheler ist zuzugeben, dass „die ratio legis des § 2059 Abs 1 S 1 BGB bei der Testamentsvollstreckung an die Grenzen ihrer Legitimationskraft gerät" (Muscheler, Haftungsordnung 111; ähnlich ders, Erbrecht II [2010] Kap 15 Rn 3807 f). Denn im Fall der Testamentsvollstreckung wird der einzelne Miterbe nicht durch die Widerspenstigkeit der übrigen Erben, sondern – nicht anders als ein Alleinerbe – durch das Verwaltungs- und Verfügungsmonopol des Testamentsvollstreckers gehindert, die zur Gläubigerbefriedigung benötigten Mittel dem *Nachlass* zu entnehmen. Ausgehend von dieser zutreffenden Beobachtung argumentiert Muscheler wie folgt: Wenn man sich aus billigenswerten Gründen (Muscheler, Haftungsordnung 103 ff) beim Alleinerben dafür entschieden habe, die Testamentsvollstreckung nicht als Mittel der Haftungsbeschränkung anzuerkennen, dann dürfe man diese Entscheidung bei der Miterbengemeinschaft nicht durch Anwendung des § 2059 Abs 1 S 1 BGB desavouieren (Muscheler, Haftungsordnung 111). Andernfalls behandle man Miterben und Alleinerben in ungerechtfertigter Weise ungleich. 79

Gegenüber dieser Argumentation lässt sich jedoch einwenden, dass ein Rechtfertigungsgrund für die Besserstellung von Miterben darin gesehen werden kann, dass ein Miterbe nicht wie der Alleinerbe zu 100 %, sondern nur zu einem geringeren Anteil am Aktivnachlass beteiligt ist. Dennoch haftet er den Nachlassgläubigern jedenfalls bis zur Teilung des Nachlasses nicht nur teilschuldnerisch, sondern wie ein Alleinerbe „aufs Ganze" (§§ 2058, 421 BGB). Ausgleichsansprüche gegen die übrigen Erben sind dann zwar begründet, aber nicht immer durchsetzbar (s § 2058 Rn 79 ff). Die Schutzbedürftigkeit des Miterben gegenüber Zugriffsversuchen auf sein Eigenvermögen ist deshalb auch im Fall der Testamentsvollstreckung *größer* als die Schutzbedürftigkeit eines in gleicher Situation befindlichen Alleinerben (der 80 immerhin den *ganzen* Aktivnachlass geerbt hat). Dieser Unterschied lässt es gerechtfertigt erscheinen, § 2059 Abs 1 S 1 BGB im ersten Fall trotz der schwebenden Testamentsvollstreckung anzuwenden (iE wie hier Eberl-Borges 342 f, 471; NK-BGB/Kick Rn 13) und umgekehrt eine *analoge* Anwendung der Vorschrift auf den zweiten Fall gar nicht erst in Betracht zu ziehen. Zudem ist anzumerken, dass es dem hohen Gerechtigkeitswert des § 2059 Abs 1 S 1 BGB (s Rn 2 f) nicht entspricht, in diesem Zusammenhang von einem „Blockadeinstrument" (Muscheler, Haftungsordnung 111) mit „für die Gläubiger verhängnisvollen Konsequenzen" (Muscheler, Haftungsordnung 112) zu reden. Vgl auch § 2062 Rn 2, 4.

IV. Die Nachlassteilung als haftungsrechtliche Zäsur

1. Gefahren der Nachlassteilung

81 **Nur „bis zur Teilung des Nachlasses"** haben die Miterben das Leistungsverweigerungsrecht des § 2059 Abs 1 BGB. Die Einrede des Abs 1 entfällt, sobald der Nachlass geteilt ist (Rn 30 ff). Auch unter einigen anderen Aspekten kann es für die Miterben sehr **gefährlich** sein, den Nachlass ohne vorherige Erfüllung der Verbindlichkeiten zu teilen (dazu ausführlich § 2060 Rn 1 ff; vgl auch meine Anm zu BGH LM § 2058 Nr 8).

2. Verhinderung voreiliger Teilungen

82 Um nicht durch voreilige Teilungswünsche anderer Miterben in eine ungünstige (Rn 81) Haftungssituation gebracht zu werden, sollte sich jeder Erbe vergegenwärtigen, dass er an einer Erbauseinandersetzung (§§ 2042 ff BGB) nur dann mitzuwirken braucht, wenn „zunächst" die Nachlassverbindlichkeiten berichtigt werden. Dies folgt aus **§ 2046 Abs 1 S 1 BGB**. Ist eine Nachlassverbindlichkeit noch nicht fällig oder ist sie streitig, so ist das zur Berichtigung Erforderliche zurückzubehalten (§ 2046 Abs 1 S 2 BGB). Weitere Details sind in § 2046 Abs 2 und 3 BGB geregelt.

83 § 2046 BGB wird ergänzt durch **§ 2045 BGB**. Nach § 2045 Satz 1 BGB kann jeder Miterbe verlangen, dass die Auseinandersetzung bis zur Beendigung des nach § 1970 BGB zulässigen Aufgebotsverfahrens oder bis zum Ablauf einer nach § 2061 BGB bestimmten Anmeldefrist aufgeschoben wird. Ist das Aufgebot noch nicht beantragt oder die öffentliche Aufforderung nach § 2061 BGB noch nicht erlassen, so greift § 2045 Satz 2 BGB. Danach kann auch in solchen Fällen Auseinandersetzungsaufschub verlangt werden, „wenn unverzüglich der Antrag gestellt oder die Aufforderung erlassen wird".

§ 2060
Haftung nach der Teilung

Nach der Teilung des Nachlasses haftet jeder Miterbe nur für den seinem Erbteil entsprechenden Teil einer Nachlassverbindlichkeit:

1. wenn der Gläubiger im Aufgebotsverfahren ausgeschlossen ist; das Aufgebot erstreckt sich insoweit auch auf die in § 1972 bezeichneten Gläubiger sowie auf die Gläubiger, denen der Miterbe unbeschränkt haftet;

2. wenn der Gläubiger seine Forderung später als fünf Jahre nach dem im § 1974 Abs. 1 bestimmten Zeitpunkt geltend macht, es sei denn, dass die Forderung vor dem Ablauf der fünf Jahre dem Miterben bekannt geworden oder im Aufgebotsverfahren angemeldet worden ist; die Vorschrift findet keine Anwendung, soweit der Gläubiger nach § 1971 von dem Aufgebot nicht betroffen wird;

3. wenn das Nachlassinsolvenzverfahren eröffnet und durch Verteilung der Masse oder durch einen Insolvenzplan beendigt worden ist.

Materialien: E II § 1934; III § 2035; Prot V 875–877, 879; Denkschr 731; Kommissionsbericht 2102 (zu Nr 2); Jakobs/Schubert ER I 748, 808 ff.

Neufassung seit 1. 1. 1999: In Nr 3 wurden die Worte „der Nachlaßkonkurs" durch die Worte „das Nachlaßinsolvenzverfahren" und die Worte „durch Zwangsvergleich" durch die Worte „durch einen Insolvenzplan" ersetzt (Art 33 Nr 44 EGInsO).

Systematische Übersicht

I. Allgemeines zum Einfluss der Nachlassteilung auf die Miterbenhaftung

1. Die Rechtslage de lege lata

1 Auch für die Zeit nach der Teilung des Nachlasses gilt der in § 2058 BGB ausgesprochene **Grundsatz der gesamtschuldnerischen Haftung** der Miterben (BGH NJW 1998, 682 = LM § 2058 BGB Nr 8 m Anm Marotzke; BayObLG NJW-FER 1999, 124 = FamRZ 1999, 1175, 1176 = ZEV 1999, 223; vgl auch den letzten Satz der bei § 2058 Rn 2 wiedergegebenen Passage aus Prot V 871), soweit sich aus den §§ 2060, 2061 Abs 1 S 2 BGB nichts anderes ergibt (s unten Rn 15 ff). Solange die gesamtschuldnerische Miterbenhaftung fortbesteht, ändert die Tatsache, dass der Nachlass inzwischen geteilt wurde, nichts am Schuldinhalt; eine automatische Umwandlung von Nichtgeldschulden in Geldschulden findet grundsätzlich nicht statt (zutr P Ulmer AcP 198 [1998] 113, 131; **teilw aM** Ann 411 [bereits de lege lata?]; vgl auch unten Rn 30 für den Fall, dass die gesamtschuldnerische Miterbenhaftung durch § 2060 oder § 2061 Abs 1 S 2 BGB in eine teilschuldnerische verwandelt wurde).

2 Das in **§ 2059 Abs 1 BGB** geregelte Recht der einzelnen Miterben, die Gläubiger durch Erhebung der Einrede des ungeteilten Nachlasses auf den Nachlass und die Erbteile zu verweisen, besteht nur „bis" zur Teilung des Nachlasses (§ 2059 Rn 30 ff, 81).

3 Die Anordnung einer **Nachlassverwaltung**, durch die die Haftung der Erben gem § 1975 BGB auf den Nachlass beschränkt werden könnte, ist nach dessen Teilung gleichfalls ausgeschlossen, § 2062 HS 2 BGB (vgl aber § 2062 Rn 25 ff).

4 **Die Inanspruchnahme seines Eigenvermögens kann der Miterbe jetzt grds** (aber: Rn 5 f) **nur noch dann abwenden, wenn er in der Lage ist, wegen Überschuldung, Zahlungsunfähigkeit oder drohender Zahlungsunfähigkeit des Nachlasses** – nicht: des Erbteils (§ 316 Abs 3 InsO) bzw des aus der Erbschaft Erlangten (s § 2058 Rn 30, § 2059 Rn 2) – **ein Nachlassinsolvenzverfahren herbeizuführen** (vgl §§ 1975, 2062 HS 2 BGB, §§ 316 Abs 2, 317, 320 InsO; Denkschr zum BGB 731); der Nachlass sollte deshalb nicht voreilig geteilt werden (deshalb die Praxishinweise bei Rn 14 und § 2059 Rn 82 f). Die haftungsbeschränkende Wirkung des Nachlassinsolvenzverfahrens (§ 1975 BGB) setzt nicht zwingend voraus, dass der Nachlass bei Verfahrenseröffnung noch ungeteilt war (vgl auch Rn 85 und § 2062 Rn 16).

5 **Die haftungsbeschränkenden Leistungsverweigerungsrechte aus §§ 1990–1992 BGB** können einem Miterben uU auch noch nach der Teilung des Nachlasses zustehen (s Staudinger/Dobler § 1990 Rn 45). Jedoch rechtfertigt allein die bereits erfolgte Nachlassteilung nicht den Schluss auf das Vorliegen der Voraussetzungen des § 1990 Abs 1 S 1 BGB (**aM** das bei Staudinger/Dobler § 1990 Rn 45 erwähnte Urteil OLG Düsseldorf FamRZ 1996, 444 f).

Auch die haftungsbeschränkenden Einreden aus §§ 1973, 1974, 1989 kann der Miterbe noch nach der Teilung des Nachlasses erwerben; insbesondere kann er auch noch jetzt das Aufgebot der Nachlassgläubiger beantragen. Bereits erworbene Haftungsbeschränkungen (zB nach §§ 1973, 1974, 1989 BGB) bleiben ihm über die Nachlassteilung hinaus erhalten (Erman/Bayer Vorbem 12 ff zu § 2058 [der sich mit Recht gegen die Behauptung wendet, dass die Erbteilung *stets* zur endgültig unbeschränkten Haftung der Miterben führe]). 6

Haftet ein Miterbe nach der Teilung des Nachlasses beschränkt, so bezieht sich die *Beschränkung auf das, was* **er** *aus dem Nachlass erhalten hat* (vgl Staudinger/Dobler § 1990 Rn 45; § 2058 Rn 10). 7

Besondere Wirkungen der Nachlassteilung auf die **Pflichtteilslast** regelt § 2319 BGB. 8

Mit der Auseinandersetzung endet die Haftung des Nachlasses für die **Steuerschuld** der am Erbfall Beteiligten (vgl Staudinger/Kunz § 1967 Rn 116, 120). 9

Ein Miterbe, der wegen einer Inventarverfehlung **bereits „unbeschränkt"** (§ 1994 Abs 1 S 2 oder § 2005 Abs 1 BGB) **haftet**, ist dadurch nicht gehindert, bei Vorliegen eines Eröffnungsgrundes (Rn 4) auch noch nach der Teilung des Nachlasses die Eröffnung eines Nachlassinsolvenzverfahrens zu beantragen (§ 316 Abs 1 und 2 InsO). Gem § 2013 Abs 1 S 1 BGB findet dann allerdings § 1975 BGB, die Vorschrift über die haftungsbeschränkende Wirkung, keine Anwendung. Dies kann aber nur gelten, *soweit* der Erbe unbeschränkbar haftet, bei einer gemeinsamen Nachlassverbindlichkeit also nur hinsichtlich der seinem ideellen Erbteil entsprechenden *Quote* (str, vgl aber § 2059 Rn 4 ff). 10

Rückgängigmachung der Nachlassteilung im späteren Nachlassinsolvenzverfahren: Ein Miterbe, der wegen einer Inventarverfehlung „unbeschränkt" (§ 1994 Abs 1 S 2 oder § 2005 Abs 1 BGB) haftet, ist bis zur Teilung des Nachlasses durchaus noch berechtigt, die Berichtigung von Nachlassverbindlichkeiten aus dem Vermögen, das er außer seinem Anteil am Nachlass hat, gem **§ 2059 Abs 1 S 1 BGB** zu verweigern, soweit nicht § 2059 Abs 1 S 2 BGB entgegensteht (was jedoch nur „in Ansehung des seinem Erbteil entsprechenden *Teils* der Verbindlichkeit" der Fall ist). Dieses Verweigerungsrecht erlischt zwar mit der Teilung des Nachlasses (§ 2059 Rn 30 ff, 81). Kommt es jedoch später zu einem Nachlassinsolvenzverfahren, so wird in diesem **der Nachlass wieder zu einer einheitlichen Masse – der Insolvenzmasse – zusammengefasst** (§§ 35 Abs 1, 80 Abs 1, 148 InsO) **und dadurch die bereits vor Verfahrenseröffnung vollzogene Nachlassteilung im Ergebnis rückgängig gemacht**. Die Separation des Nachlasses ist jetzt sogar eine amtliche und somit eine noch strengere als die (für eine Anwendung des § 2059 Abs 1 BGB aber genügende) Bindung an eine Miterbengemeinschaft. Folgerichtig wird man im Fall des Nachlassinsolvenzverfahrens entweder das Leistungsverweigerungsrecht des § 2059 Abs 1 S 1 BGB wieder aufleben lassen und es mit der sich aus § 2059 Abs 1 S 2 BGB ergebenden Einschränkung auch dem „unbeschränkt" haftenden Erben (wieder) zugestehen müssen oder aber ein entsprechendes Ergebnis über § 1975 BGB anzusteuern haben. Vorzuziehen ist mE die zweite Argumentationsschiene (§ 2059 Rn 6 ff). Die in dieser vorausgesetzte, sich an § 2059 Abs 1 S 2 BGB orientierende **„berichtigende" Auslegung** (vgl Staudinger/Dobler § 1994 Rn 34 und § 2007 Rn 3 f) **des** den § 1975 BGB für unanwendbar 11 erklärenden **§ 2013 Abs 1 S 1 BGB** (zur Anwendbarkeit der §§ 1978–1980 in diesen Fällen vgl Staudinger/Dobler § 2013 Rn 12) ist sachlich gerechtfertigt (§ 2059 Rn 6 ff) und methodisch zulässig (§ 2059 Rn 9).

12 **Gegenüber Nachlassgläubigern, die selbst zu den Miterben gehören**, können die übrigen Erben ihr Haftungsbeschränkungsrecht nicht gem §§ 1994 Abs 1 S 2, 2005 Abs 1, 2006 Abs 3 BGB verlieren (§ 2063 Abs 2 BGB; vgl auch RGZ 93, 197 sowie zu denkbaren Ausnahmen § 2063 Rn 22 f).

2. Rechtspolitische Würdigung des möglichen Fortbestands der Gesamtschuld

13 Man hat kritisiert, dass sich für den **unbeschränkbar** haftenden Miterben aus dem möglichen Fortbestand der gesamtschuldnerischen Haftung über die Teilung des Nachlasses hinaus unbillige Härten ergeben könnten, da er dann ohne jeden Schutz seines Eigenvermögens (vgl dagegen § 2059 Abs 1 S 2 BGB für die Zeit vor der Teilung) auch für den Teil der Nachlassverbindlichkeiten einstehen müsse, der ihm im Verhältnis zu den anderen Miterben nicht zur Last falle (Staudinger/Lehmann[11] Vorbem 4 zu § 2058; Siber, Haftung für Nachlaßschulden 112, 115, 117, 119). Dieser Einwand ist entkräftet, wenn man erkennt, dass ein Miterbe sein Haftungsbeschränkungsrecht durch Inventarverfehlungen nur bezüglich einer seinem Erbteil entsprechenden Schuld*quote* verlieren kann (vgl Rn 10 f, § 2059 Rn 4 f, 6 ff und, zu § 412 Abs 3 S 2 ZGB der früheren DDR, § 2058 Rn 104, 106).

14 Allerdings entzieht § 2062 HS 2 BGB auch **beschränkbar** haftenden Miterben das Haftungsbeschränkungsmittel der Nachlassverwaltung, indem es eine solche nach der Teilung des Nachlasses für „ausgeschlossen" erklärt ohne Rücksicht darauf, ob im konkreten Fall ein Nachlassinsolvenzverfahren, das nach § 1975 BGB ebenfalls haftungsbeschränkend wirken würde, zulässig ist. Die Eröffnung eines Nachlassinsolvenzverfahrens wird oft daran scheitern, dass die in § 320 InsO genannten Eröffnungsgründe in Bezug auf den *Gesamtnachlass* vorliegen müssen (s § 2058 Rn 30, § 2059 Rn 2, § 2060 Rn 4). Jedoch können sich die Miterben gegen die Härten, die ihnen hieraus insbesondere bei einem Fortbestand der *gesamt*schuldnerischen Haftung zu erwachsen drohen, schützen, indem sie die ihnen bekannten Nachlassverbindlichkeiten *vor* der Teilung des Nachlasses berichtigen und im Übrigen vor der Teilung alles Erforderliche tun, um ihre gesamtschuldnerische Haftung in eine teilschuldnerische zu verwandeln (vgl §§ 2045, 2060, 2061 Abs 1 S 2 BGB und § 2059 Rn 82 f).

II. Allgemein zu §§ 2060, 2061 Abs 1 S 2

1. Die Rechtsfolge

15 **Unter den besonderen Voraussetzungen der §§ 2060, 2061 Abs 1 S 2 BGB verwandelt sich die gesamtschuldnerische Haftung der Miterben**, die ansonsten über die Nachlassteilung hinaus fortbestehen würde (Rn 1), **in eine teilschuldnerische**. Das ist so gemeint, wie es formuliert ist (**aM** Ann 157 Fn 128). In den Fällen der §§ 2060, 2061 Abs 1 BGB haftet jeder Miterbe nur noch „für den seinem Erbteil entsprechenden Teil einer Nachlassverbindlichkeit". Die Gesamtschuld der Miterben zerfällt in rechtlich selbständige *Teilschulden* mit jeweils nur *einem* Miterben in der Position des Verpflichteten. Es ist behauptet worden, dass die Miterben „auch hier für den

geringsten sich ergebenden Teilbetrag" als *Gesamtschuldner* haften würden (ANN 157). Wäre das richtig, müsste man wegen § 422 Abs 1 S 1 BGB zu dem Ergebnis kommen, dass der Nachlassgläubiger in den Fällen der §§ 2060, 2061 BGB auch dann nicht auf 100 % seiner Ausgangsforderung kommt, wenn er *sämtliche* Miterben in Anspruch nimmt. Das kann der Gesetzgeber nicht gewollt haben.

2. Die ratio legis

Der Gesetzgeber ging davon aus, dass den einzelnen Miterben die strenge gesamtschuldnerische Haftung in den Fällen der §§ 2060, 2061 Abs 1 S 2 BGB nicht mehr zugemutet werden dürfe, da es sich hier um Verbindlichkeiten handele, die ihnen ohne ihr Verschulden unbekannt geblieben seien (Denkschr 731; vgl auch Prot V 877 sowie unten Rn 53 ff) und die sie deshalb vor der Teilung des Nachlasses nicht gem § 2046 BGB berücksichtigen konnten. **Der Zweck der Erbauseinandersetzung verlange die Teilung der Haftung für unbekannt gebliebene Forderungen**, da das bei einer *gesamtschuldnerischen* Haftung drohende Rückgriffsrecht des in Anspruch genommenen Miterben zu einer Änderung der bereits durchgeführten Auseinandersetzung führen könne (Prot V 877; **aM** EBERL-BORGES 352 f mit dem stark vereinfachenden [s § 2058 Rn 79, 86 ff, § 2060 Rn 20 ff, § 2063 Rn 17 ff, 25 ff] Hinweis in Fn 268, dass auch im Rahmen des § 426 jeder Miterbe „nur in Höhe seines Anteils" in Anspruch genommen werde). 16

3. Kritik und Verbesserungsvorschläge

Die §§ 2060, 2061 Abs 1 S 2 BGB sind **im Prinzip sinnvoll. Einige Details sind jedoch zu kritisieren**. Das gilt zum einen für das bei Rn 53 ff angesprochene Redaktionsversehen des Gesetzgebers. Es gilt aber auch in anderer Hinsicht: Eine nur *teil*schuldnerische Haftung auch des *beschränkt* (vgl zB Rn 4 ff, 20 ff, 52, 60) haftenden Miterben begegnet erheblichen Bedenken (STAUDINGER/LEHMANN[11] Rn 1; ders Vorbem 4 zu § 2058; SIBER, Haftung für Nachlaßschulden 112, 116; 3. Denkschr d ErbrA d AkDR 108 ff). Wenn jeder Miterbe ohnehin nur mit dem haftet, was er aus dem Nachlass erhalten hat, dann beeinträchtigt die Teilung *auch der Verbindlichkeiten* die Gläubiger insofern, als sie sich wegen eines Ausfalls, den sie bei einem Miterben erleiden, nicht an die übrigen Miterben halten können, selbst wenn das, was diese aus dem Nachlass erhalten haben, ihren Anteil an den Nachlassverbindlichkeiten übersteigt (vgl die bei § 2058 Rn 2 zitierte Passage aus Prot V 871 sowie das Beispiel bei Rn 21). Die Herabminderung der gesamtschuldnerischen Haftung zu einer teilschuldnerischen kann also dazu führen, dass sogar der *Nachlass* nur noch zum Teil für die auf ihm lastenden Verbindlichkeiten haftet. Mit Recht sah SIBER (116) darin eine **„unerhörte Entrechtung des Gläubigers"**. Zutreffend hat LEHMANN im Anschluss an SIBER (112) darauf hingewiesen, dass die auf den Nachlass beschränkte *gesamt*schuldnerische Haftung der Miterben niemals unbillig sei (STAUDINGER/LEHMANN[11] Vorbem 4 zu § 2058; **aM** BÖRNER JuS 1968, 111). 17

Gut wäre es, wenn man die §§ 2060, 2061 Abs 1 S 2 BGB vor dem Hintergrund dieser Kritik so **auslegen** dürfte, dass die gesamtschuldnerische Haftung der Miterben in Ansehung des Nachlasses und des aus diesem Empfangenen *fortbesteht* und nur in Ansehung der – in den Fällen des § 2060 meist gem § 1973, § 1974 oder § 1989 BGB vermeidbaren – Haftung der *Miterben-Eigenvermögen* in eine teilschuldnerische verwandelt wird. De lege lata wäre diese Auslegung sicherlich sehr gewagt. **De lege ferenda** ist eine ihr entsprechende Regelung aber nachdrücklich zu empfehlen 18 (vgl zB § 412 Abs 4 ZGB der ehemaligen **DDR** [dazu § 2058 Rn 109]; Nachweise zu anderen Gesetzgebungsvorschlägen in Vorbem 14 f, 19 zu §§ 2058 ff und bei Staudinger/Lehmann[11] Vorbem 4 zu § 2058; was dort zu der angeblich unbilligen gesamtschuldnerischen Haftung des „unbeschränkt" haftenden Miterben gesagt ist, erscheint jedoch angreifbar; s oben Rn 13). Bei dieser Gelegenheit könnte man zugleich das bei Rn 53 ff angesprochene Redaktionsversehen korrigieren.

III. Wesen der teilschuldnerischen Haftung

1. Bestimmung der Quote

19 Rechtsfolge der §§ 2060, 2061 Abs 1 S 2 BGB ist, dass der Erbe nur noch für den **„seinem Erbteil entsprechenden Teil"** einer Nachlassverbindlichkeit haftet (zur Bedeutung dieser Formulierung vgl Rn 20 ff und erg Rn 15, 18, 27).

20 Unter **„Erbteil"** versteht man hier (Rn 19) genauso wie bei § 2059 Abs 1 S 2 BGB die ideelle Erbquote (vgl Prot V 877; zu einem **Sonderfall** unten Rn 27), nicht den durch eine etwaige Ausgleichung (§§ 2050 ff BGB) geänderten Anteil am Überschuss (zutr Planck/Ebbecke Vorbem 2 zu § 2058 m ausführlicher Begr; vgl auch Staudinger/Löhnig § 2055 Rn 22; Muscheler, Erbrecht II Kap 15 Rn 3835; Goertz, in: Rissmann [Hrsg], Die Erbengemeinschaft[3] § 6 Rn 182). Das kann dazu führen, dass der Nachlassgläubiger von einem nur *beschränkt* haftenden Miterben, der infolge der Ausgleichung aus dem Nachlass nichts erhalten hat, auch nichts erlangen kann (vgl § 2058 Rn 10), während er gegen einen Miterben, der aufgrund der Ausgleichungspflicht eines anderen Miterben mehr erhalten hat, als seinem ideellen Anteil entspricht, gleichwohl nur einen dem ideellen Erbteil entsprechenden Teil der Verbindlichkeit geltend machen kann.

21 **Beispiel** (nach BGB-RGRK/Kregel Rn 2; anderes Beispiel bei Muscheler, Erbrecht II Kap 15 Rn 3836):

Der Wert der Nachaktiva beträgt 30 000 €. Miterben sind A, B und C zu je 1/3. Wegen hoher Vorempfänge hat C bei der Auseinandersetzung nichts erhalten. A und B haben bei der Auseinandersetzung je 15 000 € erhalten. Es meldet sich ein im Aufgebotsverfahren ausgeschlossener Gläubiger mit einer Forderung von 12 000 €. Lässt man die *ideelle* Erbquote maßgebend bleiben, so kann der Gläubiger gegenüber jedem Erben nur 4000 € geltend machen; er erhält also von A und B nur je 4000 € und von C, wenn dieser sich auf § 1973 BGB beruft, nichts. Obwohl der Nachlass zur Begleichung der Forderung mehr als ausreichend ist, erleidet der Gläubiger also einen Ausfall von 4000 €!

22 **Die Lösung des Beispielfalls ist unbefriedigend** (BGB-RGRK/Kregel Rn 2; vgl auch Rn 6; **aM** MünchKomm/Ann Rn 5 aE; Goertz, in: Rissmann [Hrsg], Die Erbengemeinschaft[3] § 6 Rn 183), soll **aber nach hM hinzunehmen** sein (BGB-RGRK/Kregel Rn 2; MünchKomm/Ann Rn 5; Soergel/M Wolf Rn 5).

23 **Lehmann wollte bei dieser Lösung nicht stehen bleiben und wies folgenden Weg** (Staudinger/Lehmann[11] Rn 4): Der Gläubiger könne den Erbteil des C gem § 859 Abs 2 ZPO pfänden (was aber nach der Teilung des Nachlasses ins Leere gehen dürfte; vgl

Stöber, Forderungspfändung [16. Aufl 2013] Rn 1668) und auf Grund dieser Pfändung gem § 2046 BGB von den übrigen Miterben seine Befriedigung *aus dem Nachlass* verlangen (also auch aus dem Betrag, der infolge der Ausgleichungspflicht des C nicht an diesen, sondern an A und B gelangt ist). Soweit die Miterben dieser Pflicht nicht, wie in § 2046 BGB vorgesehen, *vor* der Teilung des Nachlasses nachgekommen seien, müssten sie sie nachträglich erfüllen. Der Gläubiger falle folglich mit dem auf C entfallenden Teil der Nachlassverbindlichkeit nicht aus, sondern könne sie auf dem Umweg über die Inanspruchnahme des C in Höhe von je 2000 € gegen A und B realisieren. **Gegen** diesen Lösungsvorschlag ist jedoch einzuwenden, dass C *nach* der Teilung des Nachlasses keinen Anspruch auf weitergehende Befriedigung des Nachlassgläubigers mehr hat (BGB-RGRK/Kregel Rn 2). Denn dem C kann es gleichgültig sein, ob der Gläubiger 8000 oder 12 000 € erhält (Kregel Rn 2).

Auch Planck und Strohal haben versucht, das als unbefriedigend empfundene Ergebnis zu vermeiden (vgl Planck/Strohal[3] § 2061 Anm 6). 24

Planck meinte, wegen des im Innenverhältnis der Miterben zu berücksichtigenden Ergebnisses der Ausgleichung (vgl dazu aber § 2058 Rn 87 ff) sei der leer ausgegangene Miterbe verpflichtet, dem Nachlassgläubiger den Erstattungsanspruch abzutreten, den er gegen seine Miterben hätte, falls er dem Gläubiger einen seinem ideellen Erbteil entsprechenden Betrag zahlen müsste. Solch einen Erstattungsanspruch hat er aber in Wirklichkeit überhaupt nicht, da er dem Gläubiger wegen seiner Haftungsbeschränkung ja gerade *nichts* zu zahlen braucht (BGB-RGRK/Kregel Rn 2).

Strohal (Planck/Strohal[3] § 2061 Anm 6) wollte die Grundsätze über die Schuldenhaftung des Übernehmers eines fremden Vermögens (§§ 419, 1388 [beide inzwischen aufgehoben], §§ 1088, 2382 BGB) auf die Haftung der Miterben, die den ganzen Nachlass erhalten haben (vgl zu solchen Fällen auch unten Rn 40 ff), analog anwenden. Dagegen ließ sich jedoch einwenden, dass die Erben, die bei der Erbauseinandersetzung Zahlungen erhalten haben, nicht von dem leer ausgegangenen Miterben in der Form des § 2033 Abs 1 BGB dessen Erbteil übernommen, sondern nur *aus* dem Nachlass das erhalten haben, was ihnen zustand (BGB-RGRK/Kregel Rn 2; vgl auch Soergel/M Wolf Rn 10). Andererseits wird aber nach einer in diesem Kommentar vertretenen Ansicht (Staudinger/Olshausen [2016] § 2382 Rn 5) die Anwendung der §§ 2382, 2385 BGB nicht zwingend dadurch ausgeschlossen, dass der Vertrag den Gegenstand des Veräußerungsgeschäfts nicht ausdrücklich als „Erbschaft" oder „Erbteil" bezeichnet (vgl auch RGZ 60, 126, 131, das bzgl des Erwerbers eines Erbteils [Rn 36, 40 ff] offen lässt, ob seine Haftung für die Nachlassverbindlichkeiten voraussetzt, dass dem Erwerb ein Erbteilskauf oder ein anderes auf Veräußerung gerichtetes Rechtsgeschäft iS der §§ 2382, 2385 zugrunde liegt [hierzu weitere Nachweise bei Rn 36]). 25

Geholfen wäre dem Gläubiger auch, wenn er trotz der bereits erfolgten Erbauseinandersetzung noch eine Nachlassverwaltung herbeiführen dürfte. Dann könnte er während der Dauer des Verfahrens wieder auf den *gesamten* Nachlass zugreifen (vgl Rn 91 ff zu der entspr Frage für den Fall des Nachlassinsolvenzverfahrens). Dies jedoch wird verhindert durch **§ 2062 HS 2 BGB**, der die Anordnung einer Nachlassverwaltung für „ausgeschlossen" erklärt, sobald der Nachlass geteilt ist. Eine wortgetreue Anwendung des § 2062 HS 2 BGB (§ 2062 Rn 18 ff) kann also zu dem merkwürdigen Ergebnis führen, dass der Nachlassgläubiger in dem bei Rn 21 angeführten Beispielsfall besser 26 stünde, wenn der Nachlass um 1 € überschuldet oder wenigstens zahlungsunfähig wäre und deshalb (§§ 320, 316 Abs 2 InsO) mit Aussicht auf Erfolg die Eröffnung eines Nachlass*insolvenz*verfahrens beantragt werden könnte, und zwar seit der ersatzlosen Streichung des § 219 Abs 1 KO (s Staudinger/Dobler § 1975 Rn 36 f) sogar auch von einem nach § 1973 BGB ausgeschlossenen Gläubiger. Alles in allem ist die gesetzliche Regelung wenig überzeugend (vgl auch die **rechtspolitische Würdigung** oben Rn 17 f).

27 Bei **Verbindlichkeiten, die im Außenverhältnis nur einem oder einigen der Miterben zur Last fallen**, gelten für die Bestimmung des dem Erbteil entsprechenden Bruchteils besondere Regeln (vgl § 2058 Rn 37).

2. Prozessuale Berücksichtigung der Schuldteilung

28 Die Umwandlung der gesamtschuldnerischen Haftung (§ 2058 BGB) in eine teilschuldnerische tritt als materiellrechtliche Folge der §§ 2060, 2061 Abs 1 S 2 BGB kraft Gesetzes ein. Im Prozess ist sie **von Amts wegen zu berücksichtigen, nicht nur auf Einrede** (**aM** Jaeger, Erbenhaftung 27). Der Richter darf den verklagten Miterben nur als Teilschuldner verurteilen, wenn sich die Umwandlung der gesamtschuldnerischen Haftung in eine teilschuldnerische bis zum Schluss der mündlichen Verhandlung aus dem Parteivorbringen und einer evtl nötigen Beweisaufnahme ergibt (BFH NJW 1960, 1975, 1976).

29 **§ 780 ZPO ist auf die Weichenstellung zwischen gesamt- und teilschuldnerischer Haftung nicht anwendbar** (BFH NJW 1960, 1975, 1976; **aM** Jaeger 27), da die Umwandlung einer gesamtschuldnerischen Haftung in eine teilschuldnerische etwas gänzlich anderes ist als die Beschränkung der Haftung auf den Nachlass (vgl § 2058 Rn 10 und unten Rn 59). Nur wenn sich der die Schuldumwandlung (Teilschuld statt Gesamtschuld) begründende Tatbestand erst nach dem in § 767 Abs 2 ZPO bezeichneten Zeitpunkt ergibt, kann der als Gesamtschuldner verurteilte Miterbe mit der Vollstreckungsgegenklage nach § 767 ZPO vorgehen (Strohal II § 89 III; Kress, Erbengemeinschaft 271; Binder III 318 Fn 20; Planck/Ebbecke Anm 2; Muscheler, Erbrecht II Kap 15 Rn 3833). Diese Einschränkung gilt jedoch nicht, wenn das Gericht dem Erben die Teilhaftung im Urteil vorbehalten hat (vgl Jaeger 27), was aber unzulässig ist (s oben Rn 28) und deshalb bei einem Vorbehalt „der beschränkten Haftung" nicht ohne Weiteres anzunehmen ist.

3. Unteilbare Leistungen

30 Betrifft die Nachlassverbindlichkeit eine unteilbare Leistung, so ist eine teilschuldnerische Inanspruchnahme eines Miterben nicht nur in der Weise denkbar, dass man dem Gläubiger das Recht zugesteht, seine Anspruchsteile in Geld geltend zu machen (so aber Staudinger/Lehmann[11] Rn 9; Planck/Strohal[3] Anm 4; Crome § 744 Fn 93; Michalski Rn 1010; NK-BGB/Kick Rn 23; Muscheler, Erbrecht II Kap 15 Rn 3833; sympathisierend auch Ann 162 f, 411; vgl auch Staudinger/Looschelders [2017] § 426 Rn 137). Der Gläubiger *kann* zwar so vorgehen, *muss* es jedoch nicht. Er kann durchaus Leistung in Natur verlangen, allerdings nur von dem Erben, der dazu wirklich imstande ist (zB weil ihm der geschuldete Gegenstand bei der Nachlassteilung zugewiesen wurde), und auch das nur Zug um Zug gegen Erstattung ihres Geldwertes abzüglich eines der

Erbquote des in Anspruch genommenen Miterben entsprechenden Bruchteils (vgl auch STAUDINGER/DOBLER § 1991 Rn 23; § 2059 Rn 14; BALZER-WEHR, Bereicherungs- und Erstattungsansprüche gegen Erben [Diss Erlangen-Nürnberg 1998] 49 ff und Abschn 2 d meiner Anm zu BGH LM § 2058 Nr 8 [dort auch abl Stellungnahme zu der in einem vergleichbaren Zusammenhang anzutreffenden Ansicht, dass es sich um eine Zug-um-Zug-*Einrede* handele]).

4. Besonderheiten bzgl der Haftung aus §§ 1978–1980

Unanwendbar sind die §§ 2060, 2061 Abs 1 S 2 BGB auf die Ersatzansprüche der Nachlassgläubiger gegen den bzw die Miterben wegen schlechter Verwaltung des Nachlasses (§§ 1978–1980 BGB). Denn hier handelt es sich nicht um Nachlass-, sondern um Eigenverbindlichkeiten (vgl STAUDINGER/DOBLER § 1978 Rn 35). 31

Ein Miterbe, der sich nach §§ 1978–1980 BGB verantwortlich gemacht hat, bleibt also den Nachlassgläubigern, denen er wegen **§ 2061 Abs 1 S 2 BGB** nur noch teilschuldnerisch haftet, für den *gesamten* Ausfall verantwortlich, den sie im Fall beschränkter Erbenhaftung (zB §§ 1990–1992 BGB) dadurch erleiden, dass zwischen ihm und seinen Miterben ein durch sein Verschulden *geminderter* Nachlass geteilt wurde. 32

Das zu § 2061 Abs 1 S 2 BGB Ausgeführte (soeben Rn 32) gilt nicht in den drei Fällen des **§ 2060 BGB**, da der Erbe den im Aufgebotsverfahren ausgeschlossenen oder ihnen gem §§ 1974, 1989 BGB gleichstehenden Gläubigern ohnehin nicht nach §§ 1978–1980 BGB verantwortlich ist (vgl STAUDINGER/KUNZ § 1973 Rn 22 und zu einer Ausnahme STAUDINGER/DOBLER § 1989 Rn 9 f). 33

Das bei Rn 32 Ausgeführte gilt trotz § 2013 Abs 1 S 1 BGB auch dann, wenn der Miterbe gem §§ 1994 Abs 1 S 2, 2005 Abs 1 BGB *unbeschränkbar* haftend geworden ist (vgl PLANCK/STROHAL³ Vorbem 8 zu § 2058 mwNw und einem Beispiel; DERNBURG, Das bürgerliche Recht V [1905] § 187 Fn 3; **aM** BINDER III 336 ff). In solch einem Fall kann der Gläubiger den Miterben, soweit ihm dessen unbeschränkte Haftung nicht zustattenkommt (weil sie nur eine anteilige ist), für Schädigungen des Nachlasses nach Maßgabe der §§ 1978–1980 BGB verantwortlich machen (PLANCK/STROHAL³ Vorbem 8 zu § 2058; vgl auch STAUDINGER/DOBLER § 2013 Rn 12). Dies gilt jedoch nicht in den drei Fällen des § 2060 BGB (s Rn 33). 34

5. Sonstiges

In den Fällen der §§ 2060, 2061 Abs 1 S 2 BGB kann es kraft Gesetzes dazu kommen, dass eine **Hypothek**, die ursprünglich für eine gegen den Erblasser gerichtete Forderung eingetragen war, nun plötzlich der Sicherung von Forderungen gegen mehrere dient, die nicht mehr in einer Verpflichtungsgemeinschaft stehen (zu der Frage, ob eine solche Hypothek auch gültig *bestellt* werden kann, vgl RGZ 126, 272, 277 ff). 35

Neben dem **Erwerber eines Erbteils** (§§ 2033 Abs 1, 2382, 2385 BGB) bleibt der *veräußernde* Miterbe auch in den Fällen der §§ 2060, 2061 Abs 1 S 2 BGB anteilig haftbar; hinsichtlich des dem Erbteil entsprechenden Teils der Forderung sind beide Gesamtschuldner (BGB-RGRK/KREGEL Rn 3). Ob die Übernahmehaftung des Erbteilserwerbers (dazu auch Rn 41 ff) voraussetzt, dass dem Erwerb ein Erbteilskauf oder ein 36 ähnliches Kausalgeschäft iS der §§ 2382, 2385 BGB zugrunde liegt (verneinend Bartholomeyczik, 5. Denkschr d ErbrA d AkDR 227 f [zu den Unterschieden zwischen der Haftung aus § 419 BGB und der aus §§ 2382 ff BGB ders 220 ff]; unentschieden RGZ 60, 126, 131), ist seit der Aufhebung des § 419 BGB (Staudinger/Kunz Vorbem 35 zu §§ 1967 ff) wieder offen (vgl auch oben Rn 25). Solange § 419 BGB galt, war sie zu verneinen (ausführlich Staudinger/Marotzke [1996] § 2060 Rn 13).

37 Die Eröffnung eines **Nachlassinsolvenzverfahrens** wird nicht dadurch ausgeschlossen, dass sich die gesamtschuldnerische Miterbenhaftung bereits in eine teilschuldnerische verwandelt hat (s dazu Rn 91 ff).

IV. Voraussetzungen der Schuldteilung

1. Teilung des Nachlasses

a) Allgemeine Umschreibung

38 Unter Teilung des Nachlasses verstehen die §§ 2060, 2061 Abs 1 S 2 BGB die **Erbauseinandersetzung** (vgl Rn 16).

39 **Wenn und solange die Auseinandersetzung erst bzgl einzelner Miterben erfolgt ist**, können §§ 2060, 2061 Abs 1 S 2 BGB auf die Haftung der *übrigen* Miterben, die noch in Rechtsgemeinschaft stehen, nicht angewendet werden. Auf die Haftung derjenigen Miterben, mit denen die Auseinandersetzung bereits abgeschlossen ist, wird man die §§ 2060, 2061 Abs 1 S 2 BGB nach ihrem Sinn und Zweck (Rn 16) jedoch anwenden müssen. Da die gegen Abfindung aus der Rechtsgemeinschaft ausgeschiedenen einzelnen Miterben über § 2059 Abs 1 BGB nicht auch die erlangte Abfindung schützen können (s § 2059 Rn 32), bedürfen auch sie des Schutzes durch die §§ 2060, 2061 Abs 1 S 2 BGB (hinsichtlich §§ 2060, 2061 iE übereinstimmend Ann 155; **aM** jedoch Eberl-Borges 354, deren oben bei Rn 16 aE angedeutete aM zum Gesetzeszweck sich hier anscheinend auswirkt).

40 **Wenn** die Erbauseinandersetzung in der Weise erfolgt, dass **ein einzelner Erbe sämtliche Erbteile** der anderen (Mit-)Erben gegen ein nicht aus dem Nachlass entnommenes Entgelt **erwirbt** (§ 2033 Abs 1 BGB) **und auf diese Weise die Erbschaft als Ganzes in seiner Hand vereint**, liegt eine „Teilung" des Nachlasses im umgangssprachlichen Sinne des Wortes eigentlich nicht vor. Gleichwohl ist *im Sinne der §§ 2060, 2061 Abs 1 S 2 BGB* auch hier eine „Teilung des Nachlasses", zumindest jedoch ein der Teilung *gleichwertiger* Tatbestand, anzunehmen. Denn auch hier liegt eine vollzogene Erbauseinandersetzung vor, deren Ergebnis die §§ 2060, 2061 Abs 1 S 2 BGB nach Maßgabe des bei Rn 16 Ausgeführten schützen wollen. Zudem ist auch hier die gesamthänderische Bindung des geerbten Vermögens wirksam beendet worden (vgl ergänzend § 2059 Rn 42, § 2062 Rn 23).

41 **Sind in den bei Rn 40 angesprochenen Fällen auch die übrigen Voraussetzungen des § 2060 bzw § 2061 Abs 1 S 2 BGB erfüllt, so ergeben sich folgende Haftungsverhältnisse**:

Die veräußernden Miterben haften zwar auch weiterhin (das ist selbstverständlich und wird in §§ 2382 Abs 1 S 1 HS 2, 2385 Abs 1 BGB ausdrücklich respektiert), jedoch **nur noch teilschuldnerisch gem § 2060 bzw § 2061 Abs 1 S 2 BGB**.

Wenn sie ihre Haftung noch *gegenständlich* beschränken können (dazu Rn 2 ff), haften sie mit einer für ihre veräußerten Erbteile erlangten Gegenleistung nur, soweit diese aus dem *Nachlass* entnommen wurde (vgl Strohal II § 92 IV; Staudinger/Dobler § 1978 Rn 18; § 2058 Rn 10; Staudinger/Olshausen [2016] § 2383 Rn 36). UU sind sie wegen der Erbteilsveräußerung aber auch persönlich haftbar nach § 1978 BGB (vgl Staudinger/Dobler § 1978 Rn 12; § 2060 Rn 31 ff). Besonderheiten gelten auch im Rahmen des § 2059 Abs 1 BGB (s zu den Abfindungsfällen § 2059 Rn 32, 42), der nach Vereinigung *sämtlicher* Erbteile in einer Hand allerdings unanwendbar ist (§ 2059 Rn 42).

Der Miterbe, der die sämtlichen Erbteile in seiner Hand vereinigt hat (Rn 40), **haftet gem §§ 2382, 2385 BGB** (vgl erg Rn 13) **auch für die Schuldquoten, für die er wegen § 2060 oder § 2061 Abs 1 S 2 BGB als Inhaber des ihm selbst angefallenen Erbteils nicht mehr haftbar wäre** (anders aber wohl, wenn die übrigen Miterben für ihre Erbteile durch Zuweisung von *Nachlass*gegenständen abgefunden wurden, weil dann von einem Übergang von Anteilen an der gesamten „Erbschaft" auf ihn nicht die Rede sein kann). Auf die Haftung des Übernehmers findet **§ 2007 BGB** entspr Anwendung (Staudinger/Olshausen [2016] § 2383 Rn 36; Staudinger/Lehmann[11] § 2007 Rn 1 aE; Strohal II § 92 IV Fn 10). Bezüglich der Schuldquote (§§ 2060, 2061 Abs 1 S 2 BGB), für die ein Miterbe als Veräußerer seines Erbteils weiterhaftet, sind er und der Erbteilserwerber **Gesamtschuldner** (Rn 36).

42 **Die Ausführungen zur Haftung der veräußernden Miterben** (Rn 40 f) **sind übertragbar auf den Fall, dass** die im Zuge der Erbauseinandersetzung (= Nachlassteilung iS der §§ 2060, 2061 Abs 1 S 2 BGB) herbeigeführte Vereinigung des Nachlasses in der Hand eines Miterben nicht in der Weise zustande kommt, dass in der Form des § 2033 Abs 1 BGB die *Erbteile* übertragen werden, sondern dergestalt, dass **ein Miterbe alle Nachlassgegenstände zugeteilt erhält** (vgl das Beispiel bei Rn 21).

43 Ob aber *der* Erbe, der auf diese (Rn 42) Weise Inhaber des *ganzen* Nachlasses wird, für die Schuldquoten mithaftet, die gem §§ 2060, 2061 Abs 1 S 2 BGB auf die übrigen Miterben entfallen, erscheint fraglich (s Rn 36).

44 Im Unterschied zu §§ 2059 Abs 1, 2062 HS 2 BGB (s Rn 1 ff und § 2059 Rn 46 ff) verbinden die §§ 2060, 2061 Abs 1 S 2 BGB mit der Nachlassteilung keinen Rechtsnachteil, sondern einen *Vorteil* der Miterben (s Rn 15 ff, 47). Deshalb steht grundsätzlich nichts entgegen, als **Nachlassteilung iS der §§ 2060, 2061 Abs 1 S 2 BGB** auch solche Vorgänge in Betracht zu ziehen, die sich **ohne Zutun der Miterben** ereignet haben (Näheres bei Rn 46 ff). Erforderlich ist jedoch stets, dass die einzelnen Miterben aus dem Nachlass (oder für ihn) ebenso viel erhalten haben, wie wenn sie sich wirklich aktiv auseinandergesetzt hätten, oder dass sie im Verhältnis zueinander den ohne ihr Zutun eingetretenen Zustand „wie" eine von ihnen selbst vorgenommene Erbauseinandersetzung als endgültig akzeptieren (wenn auch vielleicht erst nach Zahlung von Abfindungen; vgl zB §§ 4 S 2, 12 HöfeO). Denn Schutzgut der §§ 2060, 2061 Abs 1 S 2 BGB ist ja gerade **der befriedete Zustand nach der Erbauseinandersetzung**, der nun möglichst nicht mehr gestört werden soll (Rn 16).

45 **Auch die völlige Auszehrung des Nachlasses durch Tilgung der auf ihm lastenden Schulden** (egal ob durch die Erben, einen Testamentsvollstrecker, einen Nachlassverwalter, einen Nachlassinsolvenzverwalter [Rn 82] oder im Wege der Zwangsvollstreckung) **kann als Teilung iS der §§ 2060, 2061 Abs 1 S 2 BGB anzusehen sein**, da sie die einzelnen Miterben wegen ihrer gemeinsamen Nachlassbeteiligung idR genau entsprechend ihrer Erbquote trifft (zust Goertz, in: Rissmann [Hrsg], Die Erbengemeinschaft[3] § 6 Rn 193; **aM** Riesenfeld I 291 mwNw; vgl aber §§ 2046, 2047 Abs 1 BGB). Diese Argumentation lässt sich jedoch nicht ohne Weiteres auf den Teilungsbegriff der *§§ 2059 Abs 1, 2062 HS 2 BGB* übertragen, da die genannten Vorschriften andere Zwecke verfolgen und auch andere Rechtsfolgen aussprechen (vgl § 2059 Rn 36, 39, 44 ff, § 2060 Rn 44, § 2062 Rn 24).

b) Personengesellschaftsanteile

46 **Die Vererbung eines Personengesellschaftsanteils an Miterben** vollzieht sich meist (Näheres bei § 2059 Rn 52) in der Weise, dass der Gesellschaftsanteil automatisch in mehrere Anteile zerfällt, die nicht zunächst der *Erbengemeinschaft,* sondern entgegen § 2032 Abs 1 BGB unmittelbar und sofort (ohne besonderen Übertragungsakt) den einzelnen Miterben zufallen. **Wenn der Erblasser außer dem Gesellschaftsanteil nichts Nennenswertes hinterlassen hat**, kann durch diese Singularsukzession der einzelnen Miterben eine Güterzuordnung entstehen, die den Erfolg einer Erbauseinandersetzung vorwegnimmt (§ 2059 Rn 54 f, 70) oder von den Miterben – uU erst nach Zahlung von Abfindungen (vgl BGHZ 68, 225, 238 f) – als eine solche akzeptiert wird. In diesen Fällen wird man den Nachlass als geteilt iS der **§§ 2060, 2061 Abs 1 S 2 BGB** anzusehen haben (vgl auch Rn 44; **aM** Raddatz 68 f; P Ulmer ZGR 1972, 195, 327; H P Westermann AcP 173 [1973] 24, 33 f, 37 und Heckelmann, in: FS vLübtow [1980] 619, 632, 641; s dazu Vorbem 8 zu §§ 2058 ff und § 2059 Rn 56).

47 **Dass sich die Verteilung des Nachlasses, zu dem auch ein vererbter Gesellschaftsanteil gehört** (vgl § 2059 Rn 54 f; Staudinger/Marotzke [2008] § 1922 Rn 102 ff, 186, 198; Staudinger/Kunz [2017] § 1922 Rn 92 ff, 208 ff, 231), **in den bei Rn 46 erwähnten Fällen ohne Zutun der Erben vollzogen hat, steht einer Anwendung der §§ 2060, 2061 Abs 1 S 2 BGB nicht entgegen** (s Rn 44; **aM** P Ulmer, H P Westermann AcP 173 [1973] 24, 33 f, 37 und Heckelmann, in: FS vLübtow [1980] 619, 632, 641; NK-BGB/Kick Rn 5 Fn 4). Denn die §§ 2060, 2061 Abs 1 S 2 BGB lassen den Erben die Nachlassteilung nicht zum Nachteil (**aM** anscheinend H P Westermann AcP 173 [1973] 24, 33 f, 37 und Heckelmann, in: FS vLübtow [1980] 619, 632, 641), sondern zum *Vorteil* gereichen; dieser Vorteil besteht in der in den Fällen der §§ 2060, 2061 Abs 1 S 2 BGB stattfindenden Umwandlung der gesamtschuldnerischen Miterbenhaftung (§§ 2058, 421 BGB) in eine nur noch teilschuldnerische (s Rn 15 ff, 44).

48 Zwar wurde für den hier in Frage stehenden Fall der Singularsukzession in einen sich automatisch aufteilenden Gesellschaftsanteil eine Nachlassteilung iS der **§§ 2059 Abs 1, 2062 HS 2 BGB** verneint. Dies geschah jedoch deshalb, weil die Erben vor nicht selbst veranlassten *Rechtsnachteilen* geschützt werden müssen (§ 2059 Rn 44 ff, 52 ff). Da sich die **§§ 2060, 2061 Abs 1 S 2 BGB** von den §§ 2059 Abs 1, 2062 HS 2 BGB aber gerade dadurch unterscheiden, dass sie den Erben die Nachlassteilung zum *Vorteil* gereichen lassen (s Rn 47), besteht entgegen einer im Schrifttum vertretenen Ansicht (NK-BGB/Kick Rn 5) keine Notwendigkeit, die Teilungsfrage im Rahmen der **§§ 2060, 2061 Abs 1 S 2 BGB** ebenfalls negativ zu entscheiden (vgl auch

§ 2059 Rn 71 ff zur Möglichkeit des Zusammentreffens von § 2059 Abs 1 einerseits und §§ 2060, 2061 Abs 1 S 2 andererseits). Zudem regeln die §§ 2059 Abs 1, 2062 HS 2 BGB ja auch nicht, *für welchen Teil einer Nachlassverbindlichkeit* die einzelnen Miterben haften, sondern die ganz andere Frage, *mit welchem Vermögen* sie haften.

Für die Bejahung einer Nachlassteilung iS der §§ 2060, 2061 Abs 1 S 2 BGB spricht 49
des Weiteren, dass für eine (nochmalige) Teilung des Nachlasses im Wege der Erbauseinandersetzung kein Raum bleibt, wenn infolge des automatischen Zerfalls des Gesellschaftsanteils eine die Erbauseinandersetzung vorwegnehmende Güterzuordnung bereits entstanden ist. Den Miterben darf die Chance, für gewisse Nachlassverbindlichkeiten nur noch teilschuldnerisch haften zu müssen, nicht dadurch entzogen werden, dass man die *ohne* ihr Zutun eingetretene Vorwegnahme der Erbauseinandersetzung nicht als Teilung iS der §§ 2060, 2061 Abs 1 S 2 BGB gelten lässt.

Die Feststellung des Vorliegens einer Nachlassteilung iS der §§ 2060, 2061 Abs 1 S 2 50
BGB bedeutet nicht, dass die Miterben-Gesellschafter in solchen Fällen *von vornherein nur teilschuldnerisch* für die Nachlassverbindlichkeiten haften (was unangemessen wäre; vgl § 2058 Rn 2; § 2060 Rn 15 f, 17 ff, 53 ff; Börner AcP 166 [1966] 426, 449 f; Kieserling [Schrifttum vor § 2058] 147 ff; H P Westermann AcP 173 [1973] 24, 37). Denn die §§ 2060, 2061 Abs 1 S 2 BGB setzen neben einer Teilung des Nachlasses noch voraus, dass der Gläubiger entweder im Aufgebotsverfahren ausgeschlossen (§ 2060 Nr 1 BGB) oder säumig iS des § 2060 Nr 2 ist usw. Diese zusätzlichen Voraussetzungen brauchen nicht schon zZ der Teilung des Nachlasses erfüllt zu sein (str; vgl Rn 68 f, 72, 84 ff, § 2061 Rn 10) und können es auch gar nicht, wenn man die Nachlassteilung in dem *sofortigen* Zerfall eines Gesellschaftsanteils erblickt.

Stets ist zu beachten, dass die §§ 2060, 2061 Abs 1 S 2 BGB nur für Nachlassverbind- 51
lichkeiten gelten. Das kann zu **Problemen** führen bei Schulden, die zugleich solche der Gesellschaft sind, **sofern** bei diesen **die erbrechtliche Haftung durch eine gesellschaftsrechtliche überlagert wird** (vgl Staudinger/Kunz § 1967 Rn 236 ff).

Nicht völlig ausgeschlossen ist, dass sich ein Miterben-Gesellschafter gegenüber 52
einem Nachlassgläubiger, dem er gem § 2060 oder § 2061 Abs 1 S 2 BGB nur noch teilschuldnerisch haftet, noch auf **§ 2059 Abs 1 BGB** berufen kann (vgl § 2059 Rn 71 ff).

2. Forderungsunkenntnis zur Zeit der Nachlassteilung

Gemeinsamer Zweck der §§ 2060, 2061 Abs 1 S 2 BGB ist es, die gesamtschuldnerische 53
(§ 2058 BGB) **Haftung derjenigen Miterben abmildernd in eine teilschuldnerische zu verwandeln, denen die betr Forderung zZ der Nachlassteilung unbekannt war**. Im Gegenschluss bedeutet dies, dass es in Bezug auf Verbindlichkeiten, die einem Erben zZ der Nachlassteilung **bekannt** waren, auch dann bei der gesamtschuldnerischen Haftung dieses Erben bleibt, wenn alle übrigen Tatbestandsvoraussetzungen der §§ 2060, 2061 Abs 1 S 2 BGB erfüllt sind. Dies wird zwar nur in § 2061 Abs 1 S 2 BGB ausdrücklich gesagt. In den Fällen des § 2060 BGB kann jedoch nichts anderes gelten (zustimmend AK-BGB/Buchholz Rn 4 und Eberl-Borges 348, 471; Muscheler, Erbrecht II Kap 15 Rn 3834; **anders die hM** [vgl Rn 67, 71; Ann 159 f; unklar Bartsch ZErbR 2010, 345,

349]). § 2061 BGB wurde in der II. Komm *vor* § 2060 BGB beraten. § 2060 BGB verdankt seine Existenz der Anschlussüberlegung, dass, „wenn man [wie in § 2061] der privaten Aufforderung der Miterben die Bedeutung beilege, daß diejenigen Gläubiger, welche sich innerhalb der Frist nicht meldeten, die einzelnen Erben nur nach Verhältniß ihrer Erbquoten belangen können" (wovon § 2061 Abs 1 S 2 BGB jedoch eine bei der Beratung des § 2060 BGB offenbar übersehene Ausnahme für den Fall der Forderungskenntnis macht), es „nur konsequent" erscheine, „die gleiche" Beschränkung der Miterbenhaftung auf einen Bruchteil der Schuld auch in den Fällen des heutigen § 2060 BGB eintreten zu lassen (Prot V 879).

54 Dass das Gesetz die Schädlichkeit einer Forderungskenntnis zwar in § 2061 Abs 1 BGB, nicht aber auch in dem ihm nachempfundenen § 2060 BGB ausdrücklich erwähnt, ist nichts anderes als ein **Redaktionsversehen**. Der Gesetzgeber hielt es für *selbstverständlich*, dass ein Miterbe den Vorteil, künftig nur noch teilschuldnerisch haften zu müssen, nicht verdient, wenn ihm die Forderung bei der Teilung des Nachlasses bekannt war (vgl Prot V 846 [§ k], 877; Denkschr 731). Jedoch war er der Ansicht, dass es nicht genügen (!) dürfe, wenn sich der Erbe einfach nur darauf beruft, dass ihm die Forderung bei der Teilung des Nachlasses unbekannt gewesen sei.

55 Deshalb begann man, abschließend die Gründe zu normieren, die eine Forderungsunkenntnis als *entschuldbar* erscheinen lassen (Prot V 877; vgl auch Denkschr 731). Diese Gründe sind: Nichtanmeldung der Forderung trotz Privataufgebots (§ 2061 Abs 1 S 2 BGB), Nichtanmeldung im gerichtlichen Aufgebotsverfahren (§ 2060 Nr 1) und Überflüssigkeit eines Aufgebotsverfahrens wegen fünfjähriger Säumnis des Gläubigers (§ 2060 Nr 2 BGB) oder wegen eines durchgeführten Nachlassinsolvenzverfahrens (§ 2060 Nr 3 BGB; vgl auch § 457 FamFG [vormals § 993 ZPO], § 28 Abs 1 InsO [Anmeldefrist] und § 30 InsO [öffentl Bekanntmachung und besondere Zustellung]). Bei der Formulierung des § 2060 BGB *vergaß* man lediglich zu erwähnen, *was* die in Nr 1–3 genannten Gründe entschuldigen sollen.

56 Dass hier wirklich nur ein Redaktionsversehen und nicht gesetzgeberische Absicht im Spiel war, zeigt sehr deutlich die Denkschr, in der es heißt (731): „Billigerweise kann jedoch diese Haftung [gemeint: die gesamtschuldnerische Haftung] den Erben dann nicht ohne Weiteres auferlegt werden, wenn es sich um Verbindlichkeiten handelt, die ihnen *ohne ihr Verschulden unbekannt* geblieben sind. Demgemäß haftet … nach der Theilung jeder Miterbe nur für den seinem Erbtheile entsprechenden Theil des Nachlasses [gemeint ist wohl: der Verbindlichkeit], wenn der Gläubiger im Aufgebotsverfahren ausgeschlossen ist …"

57 **Es entspricht also dem erkennbaren** (Rn 53 ff) **Willen des Gesetzgebers, dass die Umwandlung der gesamtschuldnerischen Haftung in eine teilschuldnerische auch in den Fällen des § 2060 BGB nicht zugunsten derjenigen Miterben eintritt, denen die Forderung zZ der Teilung des Nachlasses bekannt war; Sinn und Zweck des § 2060 BGB** (s Rn 16, 53 ff) **gebieten eine analoge Anwendung dieser versehentlich nur in § 2061 Abs 1 S 2 HS 2 Fall 2 BGB zum Ausdruck gebrachten Einschränkung** (**aM** Staudinger/Lehmann[11] Rn 5 [trotz seiner oben Rn 17 f, 21 ff erwähnten rechtspolitischen Bedenken *gegen* eine nur teilschuldnerische Haftung]; MünchKomm/Ann Rn 8 Fn 22).

Wenn die Erbteilung – etwas voreilig – bereits vor Erfüllung der übrigen Tatbestandsmerkmale des § 2060 bzw des § 2061 Abs 1 S 2 BGB erfolgte, stellt sich die Frage nach dem für die Prüfung der Forderungsunkenntnis maßgeblichen Zeitpunkt (s dazu Rn 68 ff, 87 und § 2061 Rn 9 f). 58

3. Beschränkbarkeit der Haftung auf den Nachlass?

Keine Voraussetzung für die Umwandlung der strengen gesamtschuldnerischen (§ 2058 BGB) Haftung in eine teilschuldnerische **ist, dass dem Erben noch das Recht zusteht, seine Haftung auf den Nachlass bzw das aus dem Nachlass Empfangene zu beschränken** (Prot V 879; Denkschr 731; vgl auch § 460 Abs 2 FamFG, § 2060 Nr 1 HS 2 sowie § 2058 Rn 10 ff, 20). 59

Zugunsten des Miterben, der das Haftungsbeschränkungsrecht noch hat, tritt in den drei Fallgruppen des § 2060 BGB oft auch eine gegenständliche Beschränkung der Haftung auf das ein, was er bei der Teilung des Nachlasses aus diesem erlangt hat (vgl §§ 1973, 1974, 1989 BGB und § 2058 Rn 10). Weitere Haftungsbeschränkungsmöglichkeiten sind bei Rn 2 ff erwähnt. Für den Gläubiger kann solch ein Zusammentreffen von gegenständlich beschränkter mit nur teilschuldnerischer Haftung zu bedenklichen Härten führen (vgl Rn 17 f, 20 ff). 60

4. Die drei Fallgruppen des § 2060

a) Allgemeines

In § 2060 und § 2061 Abs 1 S 2 BGB zählt das Gesetz abschließend die Gründe auf, die ein Verschulden des Miterben an der ihm zZ der Nachlassteilung fehlenden Kenntnis der Forderung ausschließen sollen (vgl Rn 53 ff). Im Zusammenhang damit stehen die §§ 2045, 2046 BGB. Nach diesen Vorschriften kann jeder Erbe verlangen, dass die Auseinandersetzung bis zur Beendigung des nach § 1970 BGB zulässigen Aufgebotsverfahrens oder bis zum Ablauf der in § 2061 BGB bestimmten Anmeldefrist aufgeschoben wird und dass aus dem Nachlass vor dessen Teilung zunächst die Nachlassverbindlichkeiten berichtigt bzw sichergestellt werden (vgl auch § 2059 Rn 81 ff). 61

b) Nr 1: Ausschluss des Gläubigers im Aufgebotsverfahren

Zur Beantragung des Aufgebotsverfahrens ist jeder einzelne Miterbe berechtigt (§ 455 Abs 1 FamFG), sobald er die Erbschaft angenommen hat (§ 455 Abs 3 FamFG). Anzudrohen ist den Nachlassgläubigern für den Fall, dass sie sich nicht melden, neben den in § 1973 BGB und § 458 Abs 1 FamFG erwähnten Rechtsnachteilen auch der sich aus § 2060 Nr 1 BGB ergebende (§ 460 Abs 1 S 2 FamFG). Gem § 460 Abs 2 FamFG kann das Aufgebot mit Androhung dieses Rechtsnachteils (und auch desjenigen aus § 1973 BGB, vgl Staudinger/Dobler § 2013 Rn 3) von jedem Miterben sogar dann beantragt werden, wenn er für die Nachlassverbindlichkeiten „unbeschränkt" (dazu Staudinger/Dobler § 1994 Rn 34; § 2059 Rn 4 ff) haftet. Einem „unbeschränkt" haftenden *Alleinerben* steht ein vergleichbares Antragsrecht *nicht* zu (§ 455 Abs 1 FamFG), jedoch sind Ausnahmen denkbar in Fällen des § 2007 BGB (s allerdings unten Rn 94 ff). 62

Gem § 460 Abs 1 S 1 HS 1 FamFG kommen ein von einem Miterben gestellter Aufgebotsantrag und ein von ihm erwirkter Ausschließungsbeschluss auch den üb- 63 rigen Miterben zustatten. Klarstellend heißt es sodann in § 460 Abs 1 S 1 HS 2 FamFG, dass die Vorschriften des BGB, „über die unbeschränkte Haftung“ unberührt bleiben. Das ist selbstverständlich und hindert den Eintritt der Rechtsfolge des **§ 2060 BGB** nicht (s Rn 59, 64).

64 **In Ansehung der auf Rechtsfolgeseite vorgesehenen Umwandlung der gesamtschuldnerischen Miterbenhaftung in eine teilschuldnerische erstreckt sich das Aufgebot auch auf die** ansonsten durch § 1972 BGB verschonten **Gläubiger aus Pflichtteilsrechten, Vermächtnissen und Auflagen sowie auf die Gläubiger, denen der Miterbe unbeschränkt haftet** (§ 2060 Nr 1 HS 2 BGB).

65 **Die in § 1971 BGB bezeichneten dinglichen oder gleichgestellten Rechte** bleiben von den in § 2060 BGB vorgesehenen Rechtsfolgen des Aufgebots unberührt. § 2060 Nr 1 HS 2 BGB modifiziert zu Recht nur § 1972 BGB, nicht auch § 1971 BGB (vgl auch Rn 74).

66 **Dass ein Nachlassgläubiger selbst zu den Miterben gehört** (dazu § 2058 Rn 92 ff), schützt ihn nicht vor den Wirkungen des Aufgebotsverfahrens (Staudinger/Kunz § 1970 Rn 27 f).

67 Hat ein Miterbe vor der Teilung des Nachlasses **Kenntnis** von der im Aufgebotsverfahren ausgeschlossenen **Forderung** erlangt, so ist ihm die Herabstufung seiner gesamtschuldnerischen Haftung zu einer teilschuldnerischen analog § 2061 Abs 1 S 2 BGB zu versagen (vgl Rn 53 ff; **aM** Küntzel Gruchot 41 [1897] 839 f; Staudinger/Lehmann[11] Rn 5; Planck/Ebbecke Anm 3; BGB-RGRK/Kregel Rn 5; NK-BGB/Kick Rn 12; BeckOK-BGB/Lohmann [1. 11. 2019] Rn 4; MünchKomm/Ann Rn 8; Soergel/M Wolf Rn 7; Palandt/Weidlich Rn 2; Goertz, in: Rissmann [Hrsg], Die Erbengemeinschaft[3] § 6 Rn 187; Jaeger, Erbenhaftung 26; Ann 159 f; trotz Bedenken auch Strohal II § 89 Fn 4). Dass der Erbe *das Leistungsverweigerungsrecht des § 1973 BGB* auch gegenüber solchen Gläubigern erwerben kann, deren Forderungen ihm vor Erlass des Ausschließungsbeschlusses bekannt geworden sind (Staudinger/Kunz § 1970 Rn 23), steht dieser Analogie nicht entgegen (vgl aber Staudinger/Lehmann[11] Rn 5; Strohal II § 89 Fn 4; Goertz, in: Rissmann [Hrsg], Die Erbengemeinschaft[3] § 6 Rn 187). Denn auch sonst hat das Aufgebot, soweit es um die Rechtsfolge des *§ 2060 Nr 1 BGB* geht, seine Besonderheiten (s Rn 62 ff). Zudem wirkt sich die Kenntnis auch im Rahmen des *§ 1973 BGB* für den Erben nachteilig aus; immerhin führt sie zu einer Haftungsverschärfung nach Maßgabe der §§ 1973 Abs 2 S 1, 818 Abs 4, 819 BGB. Für eine *teleologische Reduktion des § 2060 Nr 1 BGB in Analogie zu § 2061 Abs 1 S 2 BGB* spricht, dass man die letztgenannte Vorschrift bei der Schaffung des § 2060 Nr 1 BGB zum Vorbild genommen hat (Prot V 879) und der Gesetzgeber dabei wie selbstverständlich davon ausging, dass nur derjenige Miterbe in den Genuss der teilschuldnerischen Haftung kommen sollte, dem die betreffende Forderung bei der Teilung des Nachlasses noch nicht bekannt war (vgl Rn 53 ff).

68 **Eine bestimmte zeitliche Reihenfolge von Aufgebot und Nachlassteilung** ist gesetzlich nicht vorgeschrieben (vgl auch Rn 84 f). Dass das Aufgebot vor der Teilung des Nachlasses durchgeführt oder zumindest beantragt sein müsste (so noch der in Prot V 877 f mitgeteilte Gesetzesvorschlag zur CPO), folgt weder aus § 2060 Nr 1 BGB noch aus § 460 FamFG (vormals § 997 ZPO). Auch ein Ausschließungsbeschluss, der auf

einem erst *nach* der Erbauseinandersetzung eingeleiteten Aufgebotsverfahren beruht, ist bei Vorliegen der übrigen Voraussetzungen (zB Rn 53 ff, 69) geeignet, die gesamtschuldnerische Haftung der Miterben in eine teilschuldnerische zu verwandeln (BGB-RGRK/Kregel Rn 5; Erman/Schlüter[11] Rn 4; Kretzschmar ZBlFG 15 [1914/15] 325, 333 f; Eberl-Borges 349 ff; Ann 158; **aM** Staudinger/Lehmann[11] Rn 5; Küntzel Gruchot 41 [1897] 841; Riesenfeld I 313; Binder III 324 Fn 48; Michalski Rn 1009; AK-BGB/Teubner Rn 4; Erman/Bayer Rn 4; Soergel/M Wolf Rn 4; MünchKomm/Ann Rn 9; Palandt/Weidlich Rn 2; BeckOK-BGB/Lohmann [1. 11. 2019] Rn 4; NK-BGB/Kick Rn 9; Muscheler, Erbrecht II Kap 15 Rn 3837: die Teilung dürfe erst nach Erlass des Ausschlussurteils [seit Inkrafttreten des FamFG: des Ausschließungsbeschlusses] erfolgt sein; vgl auch Planck/Ebbecke Anm 3; Kress, Erbengemeinschaft 265: für § 2060 Nr 1 genüge, dass die Teilung nach *Einleitung* des Aufgebotsverfahrens erfolgte, während Goertz, in: Rissmann [Hrsg], Die Erbengemeinschaft[3] § 6 Rn 186, sogar eine nach „Rechtskraft" des Ausschließungsbeschlusses erfolgte Teilung verlangt). Die hier vertretene Auslegung entspricht nicht nur dem Gesetz, sondern trägt auch der nahe liegenden Überlegung Rechnung, dass sich ein Nachlassgläubiger, der sich auf ein nach der Teilung des Nachlasses ergangenes Aufgebot nicht meldet, vermutlich auch auf ein früher ergangenes Aufgebot nicht gemeldet hätte (vgl auch Rn 86). Für den Ausgang des Aufgebotsverfahrens ist die erfolgte Teilung des Nachlasses ohne Einfluss. Der Einwand (Staudinger/Lehmann[11] Rn 5), es sei unbillig, den Erben, die *voreilig* zur Teilung schreiten, hinterher noch die Möglichkeit zu eröffnen, sich ihre Bereicherung aus dem Nachlass auf Kosten der Gläubiger zu sichern (s oben Rn 17 f, 20 ff), verliert an Schärfe, wenn man anerkennt, dass § 2060 BGB nicht zugunsten solcher Erben eingreift, die bei der Teilung des Nachlasses von der betreffenden Forderung wussten (vgl Rn 53 ff, 67).

Ergeht der Ausschließungsbeschluss erst nach der Erbteilung (Rn 68), wird man die 69
Miterben hinsichtlich des für die Forderungsunkenntnis normalerweise (vgl Rn 53, 67) maßgeblichen Zeitpunkts der Erbteilung so zu behandeln haben, als ob die Erbteilung erst mit Erlass des Ausschließungsbeschlusses erfolgt wäre (zust Eberl-Borges 349; auf einem abweichenden Standpunkt beruht aber wohl die gegenüber der bei Rn 68 vertretenen Ansicht erhobene Kritik von AK-BGB/Buchholz Rn 4 aE). Entsprechendes gilt in den Fällen der Nr 2 und 3 sowie dem des § 2061 BGB (vgl § 2061 Rn 9 f).

c) Nr 2: Fünfjährige Säumnis des Gläubigers

Wenn seit dem Tod des Erblassers (§ 1974 Abs 1 S 1 BGB) bzw seit dem in § 1974 70
Abs 1 S 2 BGB bezeichneten Zeitpunkt (betr Todeserklärung, Feststellung der Todeszeit) fünf Jahre verstrichen sind, ohne dass die Forderung vorher geltend gemacht oder dem Miterben bekannt geworden ist, entschuldigt (Rn 55 f) § 2060 Nr 2 BGB die in Unkenntnis der Forderung vollzogene Teilung des Nachlasses und gewährt dem Miterben den Vorteil der nur noch teilschuldnerischen Haftung.

Diese Vergünstigung tritt nicht ein zugunsten eines Miterben, der bei der Teilung des 71
Nachlasses von der Forderung wusste, gleich ob er diese Kenntnis vor oder nach Ablauf der fünf Jahre erlangt hat (vgl Rn 53 ff, 67; **aM** Staudinger/Lehmann[11] Rn 6; NK-BGB/Kick Rn 15; Ann 160 [bei Fn 138]; wohl auch Goertz, in: Rissmann [Hrsg], Die Erbengemeinschaft[3] § 6 Rn 190: Werde einem Erben die Forderung „binnen der Fünf-Jahres-Frist" bekannt, könne er sich nicht auf § 2060 Nr 2 berufen.). Die fünfjährige Säumnis des Nachlassgläubigers hat bei § 2060 BGB nur die Bedeutung, dass das Gesetz ihm gegenüber keinem Miterben mehr zumutet, noch das Aufgebot (Nr 1, § 2061 BGB) zu beantragen.

72 Endet die Fünfjahresfrist *nach* der Teilung des Nachlasses, so verwandelt sich die gesamtschuldnerische Haftung der Miterben *erst mit Fristablauf* in eine anteilige (Kretzschmar ZBlFG 15 [1914/15] 325, 333; Kress, Erbengemeinschaft 267; Eberl-Borges 350; vgl auch oben Rn 68 f zu der entspr Frage bei Nr 1).

73 Wie sich aus dem in § 2060 Nr 2 BGB enthaltenen Es-Sei-Denn-Vorbehalt ergibt, ist die Vorschrift unanwendbar, wenn die Forderung innerhalb der Fünfjahresfrist im Aufgebotsverfahren angemeldet wurde. Die Anmeldung der Forderung auf das Privataufgebot des § 2061 BGB ist in diesem Sinne keine Anmeldung im Aufgebotsverfahren, kann sich aber als Geltendmachung iS des § 2060 Nr 2 BGB darstellen. Nach einem Urteil des BGH (WM 1982, 101 f ad III) schließt das in Nr 2 enthaltene „Zeitmoment" die Annahme, dass ein Nachlassgläubiger seinen Anspruch schon vor Ablauf der 5 Jahre durch Untätigkeit ganz oder teilweise verwirke, grundsätzlich aus.

74 Soweit ein Gläubiger nach § **1971 BGB** von einem *Aufgebot* nicht betroffen würde (weil sein Recht dinglicher oder quasidinglicher Natur ist), kommt auch eine Anwendung des *§ 2060 Nr 2 BGB* nicht in Betracht (vgl HS 2). Gleiches gilt für § 2060 Nr 1 BGB (s oben Rn 65).

75 Pflichtteilsrechte, Vermächtnisse und Auflagen sind weder von der Anwendung des § 1974 BGB (s § 1974 Rn 16) noch von der des § 2060 Nr 1 BGB (s Rn 64) ausgeschlossen. Grundsätzlich möglich ist auch eine Anwendung des § 2060 Nr 2 BGB. Meist werden solche Verbindlichkeiten dem Erben jedoch vor Ablauf der Fünfjahresfrist bekannt werden.

76 Soweit es nach Nr 2 und den ergänzenden Überlegungen bei Rn 71 auf die Kenntnis von der Forderung ankommt, entscheidet die persönliche Kenntnis jedes einzelnen Miterben. Es kann also vorkommen, dass für dieselbe Forderung ein Miterbe gesamtschuldnerisch, der andere nur noch anteilig haftet.

77 Der Umstand, dass Gläubiger und Miterben aufgrund beiderseitigen Rechtsirrtums fünf Jahre lang übereinstimmend der Ansicht waren, dass die Forderung einen bestimmten Betrag nicht übersteige, steht im Rahmen der Nr 2 der Unkenntnis vom Bestehen der „überschießenden" Forderungsteile gleich (vgl KG OLGZ 1967, 161 f = NJW 1967, 1137).

d) Nr 3: Durchgeführtes Nachlassinsolvenzverfahren

aa) Allgemeine Voraussetzungen der Nr 3

78 Infolge der **Beendigung des Nachlassinsolvenzverfahrens „durch"** (ungenau; vgl Staudinger/Dobler § 1989 Rn 6) **Verteilung der Masse oder einen Insolvenzplan** kann der Miterbe nicht nur die haftungsbeschränkende Einrede des § **1989 BGB**, sondern gem § **2060 Nr 3 BGB** auch den Vorzug erlangen, nach Teilung des Nachlasses nur noch für einen seinem Erbteil entsprechenden Teil der Nachlassverbindlichkeit zu haften.

79 Voraussetzung dieser Umwandlung der gesamtschuldnerischen Haftung in eine teilschuldnerische ist, dass der Miterbe zZ der Teilung des Nachlasses keine **Kenntnis** von der betreffenden Forderung hatte (str, vgl Rn 53 ff).

Keine Anwendung findet § 2060 Nr 3 BGB nach Beendigung einer *Nachlassverwaltung* (s Rn 90). **80**

bb) Nr 3 Alt 1: Verfahrensbeendigung nach Masseverteilung

Streng genommen ist **nach** der in Nr 3 Alt 1 vorausgesetzten **Masseverteilung** eine „Teilung des Nachlasses" nur möglich, wenn trotz § 320 InsO (Verfahrenseröffnung nur bei Überschuldung oder Zahlungsunfähigkeit oder drohender Zahlungsunfähigkeit) **ausnahmsweise** ein **Nachlassüberschuss** verblieben ist. **81**

Normalerweise führt das Nachlassinsolvenzverfahren zu einer **restlosen** Verteilung der Masse an die Gläubiger, sodass nichts übrig bleibt und folglich auch nichts mehr geteilt werden kann. Jedoch wird man den Fall, dass der Nachlass im Nachlassinsolvenzverfahren restlos zur Gläubigerbefriedigung verwendet wurde, im Rahmen der §§ 2060, 2061 Abs 1 S 2 BGB einer „Teilung" des Nachlasses gleichzustellen haben (s oben Rn 45; Strohal II § 89 Fn 10; Knitschky AcP 91 [1901] 281, 300; BGB-RGRK/Kregel Rn 10; MünchKomm/Ann Rn 15; Erman/Bayer Rn 6; AK-BGB/Teubner Rn 7; Jaeger/Weber[8] KO § 230 Rn 6; Binder III 326 Fn 57; **aM** Kretzschmar ZBlFG 15 [1914/15] 325, 334 ff und Kress, Erbengemeinschaft 29, 264 ff, die weiterhin § 2059 Abs 1 anwenden wollen, wogegen jedoch spricht, dass überhaupt kein gesamthänderisch gebundener Nachlass mehr vorhanden ist). **82**

Nennenswerte Vorteile bringt die Anwendung des **§ 2060 Nr 3 BGB** dem Miterben in dem bei Rn 82 angesprochenen Fall nur, wenn der Miterbe vor (Rn 28 f) Umwandlung seiner gesamtschuldnerischen Haftung in eine teilschuldnerische *ohne den Vorbehalt des § 780 Abs 1 ZPO verurteilt* wurde und sich deshalb zur Beschränkung seiner titulierten gesamtschuldnerischen Haftung nicht auf **§ 1989 BGB** berufen kann. Ansonsten braucht er wegen der restlosen Aufzehrung des Nachlasses ohnehin nichts mehr zu leisten (§ 1989 BGB). Das gilt auch nach einer zum Verlust des Haftungsbeschränkungsrechts führenden Inventarverfehlung iS von § 1994 Abs 1 S 2, § 2005 oder § 2006 Abs 3 BGB. Denn einem Miterben, der *infolge einer Inventarverfehlung* „unbeschränkt" haftet, ist das Leistungsverweigerungsrecht des § 1989 BGB nicht insgesamt entzogen, sondern nur bezüglich eines seinem ideellen Erbteil entsprechenden Teils der Nachlassverbindlichkeit (§ 2059 Rn 6 ff; anders die hM). Nach Erschöpfung des Nachlasses haftet *er* also auch ohne § 2060 BGB praktisch nur noch anteilig. **83**

Eine bestimmte zeitliche Reihenfolge von Nachlassinsolvenzverfahren und Nachlassteilung wird in § 2060 Nr 3 BGB nicht vorausgesetzt (vgl auch Rn 68 f, 72). **Auch wenn das Nachlassinsolvenzverfahren erst nach der Teilung des Nachlasses eröffnet wurde** (was § 316 Abs 2 InsO ausdrücklich zulässt [unrichtig Klinger/Ruby NJW-Spezial 2005, 61]), **kommen ihm die in § 2060 Nr 3 BGB zugeschriebenen Wirkungen zu** (BGB-RGRK/Kregel Rn 9; Erman/Schlüter[11] Rn 6; Eberl-Borges 350; Ann 161; Kretzschmar ZBlFG 15 [1914/15] 325, 333 f; Börner JuS 1968, 111; **aM** Erman/Bayer Rn 6; Staudinger/Lehmann[11] Rn 7 [dazu sogleich Rn 85]; Planck/Ebbecke Anm 5; MünchKomm/Ann Rn 16; AK-BGB/Buchholz Rn 7; Jaeger/Weber[8] KO § 230 Rn 6; Strohal II § 89 II 3; Küntzel Gruchot 41 [1897] 481; Kress, Erbengemeinschaft 266; Ebenroth Rn 1181; Michalski Rn 1009; Palandt/Weidlich Rn 4; Lange/Kuchinke § 50 V 4 a Fn 75; Soergel/M Wolf Rn 4, 9; NK-BGB/Kick Rn 17; Goertz, in: Rissmann [Hrsg], Die Erbengemeinschaft[3] § 6 Rn 195; Muscheler, Erbrecht II Kap 15 Rn 3837; Fischinger 155 f). **84**

85 Von Vertretern der Gegenansicht ist argumentiert worden, dass in Fällen, in denen der Nachlass bereits vor der Eröffnung des Nachlassinsolvenzverfahrens geteilt wurde, schon deshalb kein Anlass bestehe, den Miterben die gesamtschuldnerische Haftung noch abzunehmen, weil die Interessen der Nachlassgläubiger nach der Teilung des Nachlasses auch durch ein Nachlassinsolvenzverfahren nicht mehr ausreichend gewahrt werden könnten (STAUDINGER/LEHMANN[11] Rn 7; FISCHINGER 156). Diese Erwägung geht jedoch fehl. Denn § 2060 BGB betrifft nicht die Frage, mit welchem Vermögen der Miterbe haftet, sondern die ganz andere Frage, ob die Haftung des Miterben eine gesamt- oder eine nur teilschuldnerische sein soll (vgl Rn 59 f). Mit der erwähnten Argumentation könnte also zwar die Anwendbarkeit der *§§ 1975, 1989 BGB* auf ein erst nach der Teilung eröffnetes Nachlassinsolvenzverfahren infrage gestellt werden (was aber de lege lata wenig erfolgversprechend wäre; vgl Denkschr 731 [die Anwendbarkeit der §§ 1975, 1989 auch in solchen Fällen ausdrücklich bejahend] und § 2062 Rn 16), nicht jedoch die Anwendbarkeit des § 2060 Nr 3 BGB (zutr KRETZSCHMAR ZBlFG 15 [1914/15] 325, 334).

86 *Für* die Anwendung des § 2060 Nr 3 BGB auch auf den Fall, dass das Nachlassinsolvenzverfahren erst nach der Teilung des Nachlasses eröffnet wurde, sprechen sowohl der weite Wortlaut der Vorschrift (s Rn 84) als auch die Überlegung, dass sich ein Nachlassgläubiger, der sich in einem nach der Erbteilung durchgeführten Nachlassinsolvenzverfahren nicht gemeldet hat (trotz Aufforderung gem §§ 28, 30 InsO), vermutlich auch in einem *früher* durchgeführten Nachlassinsolvenzverfahren nicht gemeldet hätte (vgl auch Rn 68).

87 Wird das Nachlassinsolvenzverfahren erst nach der Teilung des Nachlasses eröffnet, so kommt es für die erforderliche Forderungsunkenntnis des Miterben (Rn 53 ff) auf den Zeitpunkt der Verfahrensbeendigung an (vgl auch Rn 69 zu der entspr Frage bei Nr 1).

cc) Nr 3 Alt 2: Insolvenzplan

88 Wird das Nachlassinsolvenzverfahren durch einen Insolvenzplan beendet (vgl STAUDINGER/DOBLER § 1989 Rn 13 ff), so ist für die Haftung der Miterben gegenüber den vom Insolvenzplan betroffenen Gläubigern in erster Linie der Planinhalt maßgebend. Die in § 2060 Nr 3 BGB vorgesehene Umwandlung der gesamtschuldnerischen Miterbenhaftung in eine teilschuldnerische findet nur statt, soweit der Insolvenzplan nichts anderes bestimmt (wie hier EBERL-BORGES 347 Fn 231 sowie zum Zwangsvergleich des früheren Rechts BINDER III 326 Fn 58; BGB-RGRK/KREGEL Rn 11; SOERGEL/M WOLF Rn 9), insb also gegenüber den vom Insolvenzplan nicht betroffenen Gläubigern (aber nicht *nur* gegenüber diesen; zutr BINDER III 326 Fn 58; **aM** STROHAL II 351 [beide noch zum konkursbeendenden Zwangsvergleich der §§ 193 ff KO; vgl zu den entspr Regelungen der *InsO* STAUDINGER/DOBLER § 1989 Rn 14 ff, 18 f, 28]).

89 Zur **Rechtslage vor Inkrafttreten der InsO** vgl die Vorauflagen dieses Kommentars (zB STAUDINGER/MAROTZKE [1996] § 2060 Rn 32 f).

dd) Analoge Anwendung auf Nachlassverwaltung?

90 Auf die Haftung nach beendeter Nachlassverwaltung (§§ 1975, 1981 ff BGB) ist § 2060 Nr 3 BGB weder unmittelbar noch entsprechend anwendbar (**aM** LANGE/KUCHINKE § 50 V 4 a Fn 76; EBENROTH Rn 1181; MünchKomm/ANN Rn 17; NK-BGB/KICK Rn 19;

Brox/Walker § 41 Rn 15[C III 2 a dd]; Goertz, in: Rissmann [Hrsg], Die Erbengemeinschaft[3] § 6 Rn 196). Denn die Nachlassverwaltung bringt, anders als das Nachlassinsolvenzverfahren, nicht notwendig eine Aufforderung der Gläubiger zur Forderungsanmeldung mit sich und macht deshalb das Aufgebot nicht überflüssig (zum Zusammenhang zwischen § 2060 Nr 3 BGB auf der einen und §§ 457 FamFG, 28, 30 InsO auf der anderen Seite vgl die Hinweise bei Rn 55, 61).

V. Schicksal der teilschuldnerischen Haftung während eines späteren Nachlassinsolvenzverfahrens

Da es auch nach der Teilung des Nachlasses noch zu einem Nachlassinsolvenzver- 91
fahren kommen kann (vgl § 316 Abs 2 InsO; anders § 2062 HS 2 BGB für die Nachlassverwaltung), ist es nicht ausgeschlossen, dass das Nachlassinsolvenzverfahren erst eröffnet wird, **nachdem** sich die gesamtschuldnerische Miterbenhaftung gem § 2060 Nr 1, § 2060 Nr 2 oder § 2061 Abs 1 S 2 BGB in eine teilschuldnerische verwandelt hat. In solchen Fällen wird man annehmen müssen, dass die Aufteilung der Nachlassverbindlichkeiten für die Dauer des Verfahrens (weitergehend der Gesetzgebungsvorschlag bei Rn 18) außer Kraft tritt, soweit Befriedigung aus dem *Nachlass* zu gewähren ist (ebenso anscheinend BFH NJW 1965, 1736 LS c bzgl der gem § 67 LAG vorgenommenen Schuldenteilung). Denn sonst dürften die Nachlassgläubiger wegen der Teilschuld *eines* Miterben nicht aus dem befriedigt werden, was ein *anderer* Miterbe bei der Teilung des Nachlasses erhalten hat, sodass uU nicht einmal der gesamte Nachlass für die auf ihm lastenden Verbindlichkeiten haften würde (s Rn 17 f). Im Nachlassinsolvenzverfahren müssten dann Sondermassen (vgl BGH KTS 1979, 76, 80 f) gebildet werden. Man hätte plötzlich so etwas Ähnliches wie ein Erbteilsinsolvenzverfahren, das § 316 Abs 3 InsO für unstatthaft erklärt.

Für die Annahme, dass eine bereits eingetretene (Rn 91) Schuldaufteilung im Ver- 92
hältnis des Gläubigers zur Haftungsmasse „Nachlass" durch die Eröffnung des Nachlassinsolvenzverfahrens suspendiert wird, spricht auch, dass das Ergebnis der Erbauseinandersetzung, welches die §§ 2060, 2061 Abs 1 S 2 BGB perpetuieren wollen (Rn 16), im Nachlassinsolvenzverfahren ohnehin wieder rückgängig gemacht wird (vgl §§ 35 Abs 1, 80 Abs 1, 148, 159 InsO sowie die Begr zur KO-Novelle [1898] 46 f = Hahn, Die gesamten Materialien zu den Reichs-Justizgesetzen VII [1898] 251).

Nachlassverbindlichkeiten, für die von vornherein – also unabhängig von §§ 2060, 93
2061 BGB – nur einer oder einige der Miterben haften, dürfen freilich auch im Nachlassinsolvenzverfahren nicht aus den Anteilen der nicht haftbaren Erben befriedigt werden (vgl § 2058 Rn 29 ff).

VI. Keine Anwendung auf den zu mehreren Erbteilen berufenen Alleinerben

Unanwendbar sind die §§ 2060, 2061 Abs 1 S 2 BGB auf die Haftung des zu mehreren 94
Erbteilen berufenen *Alleinerben.* Denn die genannten Vorschriften setzen nicht nur das Vorhandensein *mehrerer* Erben voraus (insoweit würde § 2007 S 1 BGB helfen), sondern auch eine Erbauseinandersetzung (Rn 16) oder einen ihr gleichstehenden Sachverhalt (vgl Rn 44 f, 46 ff). Weder eine Erbauseinandersetzung noch ein ihr gleichstehender Sachverhalt liegt vor, wenn sich der Erbe mit einem Nachlasspfleger „auseinandergesetzt" hat, der für einen dem Erben später angefallenen weiteren Erbteil

bestellt worden war (aM Staudinger/Lehmann[11] Rn 8; Planck/Strohal[3] Anm 6 [der §§ 2060, 2061 Abs 1 S 2 hier unabhängig von der Teilungsfrage anwenden will]). Denn in diesem Fall hat sich ja nachträglich herausgestellt, dass der Nachlasspfleger gerade *den* (zunächst noch unbekannten oder ungewissen) Erben vertreten hat, der sich mit ihm wirksam „auseinandergesetzt" zu haben glaubte. Mit sich selbst kann man sich aber auch mithilfe eines Stellvertreters nicht auseinandersetzen. (Der bei § 1976 Rn 7 erörterte Fall, in dem der Handelnde Inhaber *zweier* potenzieller Sondervermögen ist und die Rechtsbeziehungen zwischen *diesen* neu gestaltet werden sollen, liegt hier idR [aber: Baumann, in: FS Otte [2005] 15, 28 f] nicht vor.) Auch ein Rückgriffsrecht aus §§ 2058, 426 BGB, dessen Entstehung die §§ 2060, 2061 Abs 1 S 2 BGB nach der Teilung des Nachlasses verhindern wollen (Rn 16), kann man nicht gegen sich selbst erwerben. Auf den Alleinerben passen die §§ 2060, 2061 Abs 1 S 2 BGB nach ihrem Sinn und Zweck also nicht.

95 **Die Gegenansicht**, die die §§ 2060, 2061 Abs 1 S 2 BGB für anwendbar hält (Staudinger/Lehmann[11] Rn 8; Knitschky AcP 91 [1901] 281, 300 f; Planck/Strohal[3] Anm 6; wohl auch Baumann, in: FS Otte [2005] 15, 32), wird von dem Bestreben getragen, den zu mehreren Erbteilen berufenen Alleinerben, der das Haftungsbeschränkungsrecht nur hinsichtlich *eines* Erbteils – genauer: bezüglich der diesem entsprechenden Schuldquote (vgl Staudinger/Dobler § 2007 Rn 1; § 2059 Rn 4 ff) – verloren hat, die Haftungsbeschränkung hinsichtlich der dem anderen Erbteil entsprechenden Schuldquote weiterhin zu ermöglichen. Dazu bedarf es jedoch keiner Analogie zu §§ 2060, 2061 Abs 1 S 2 BGB (vgl Staudinger/Dobler § 2007 Rn 1–4). Zudem regeln diese Vorschriften auch gar nicht die Frage, *mit welchem Vermögen* der Erbe haftet, sondern die ganz andere Frage, *wofür* er haftet: ob für die ganze Forderung oder nur für einen Bruchteil derselben.

96 Nach Knitschky (AcP 91 [1901] 281, 299 [Erbenmehrheit], 300 f [Alleinerbschaft]) soll, außer in den Fällen der §§ 2059 Abs 1 S 2, 2060, 2061 Abs 1 S 2 BGB (deren unmittelbare Anwendung das Vorhandensein *mehrerer* Erben voraussetzet), eine *nur teilweise unbeschränkbare* Haftung des zu mehreren Erbteilen berufenen Erben schon deshalb nicht in Betracht kommen, weil es dem Erben, der als Inhaber eines Erbteils für die *ganze* Schuld unbeschränkbar hafte, nicht mehr helfe, wenn er für dieselbe Schuld als Inhaber eines später hinzuerworbenen Erbteils nur beschränkt hafte. Diese Argumentation beruht auf der unzutreffenden (§ 2059 Rn 4 ff) Prämisse, dass ein Miterbe (vgl die Verweisung in § 2007 S 1 BGB) sein Haftungsbeschränkungsrecht infolge einer Inventarverfehlung nicht nur für die seinem Erbteil entsprechende Schuld*quote,* sondern *insgesamt* verlieren könne.

VII. Beweislast

97 Die Beweislast für die Tatsachen, aus denen sich ergibt, dass er nur noch anteilig haftet, trägt grundsätzlich (aber: Rn 98) der gem § 2058 BGB als Gesamtschuldner in Anspruch genommene Miterbe. Im Prozess muss er sowohl die erfolgte Teilung des Nachlasses als auch die in § 2060 Nr 1–3 BGB genannten sonstigen Voraussetzungen der behaupteten Umwandlung der gesamtschuldnerischen Haftung in eine teilschuldnerische vortragen und notfalls beweisen.

98 Jedoch muss der Gläubiger, wenn ihm der Ablauf der Fünfjahresfrist (§ 2060 Nr 2 BGB) nachgewiesen ist, seinerseits die früher erlangte Kenntnis des Miterben oder die frühere Anmeldung dartun. Dem Gläubiger obliegt auch die Beweislast dafür, dass seine Forderung dem von ihm als Gesamtschuldner in Anspruch genommenen Miterben bei der Teilung des Nachlasses bzw zu den bei Rn 68 ff, 87 bezeichneten Zeitpunkten bekannt war (Analogie zu § 2061 Abs 1 S 2 BGB aE; s oben Rn 53 ff).

VIII. Recht der ehemaligen DDR

99 Das Recht der ehemaligen DDR enthielt keine Parallelvorschriften zu §§ 2060, 2061 BGB (vgl Rn 13, 18 sowie § 2058 Rn 101 ff, 109).

§ 2061
Aufgebot der Nachlassgläubiger

(1) Jeder Miterbe kann die Nachlassgläubiger öffentlich auffordern, ihre Forderungen binnen sechs Monaten bei ihm oder bei dem Nachlassgericht anzumelden. Ist die Aufforderung erfolgt, so haftet nach der Teilung jeder Miterbe nur für den seinem Erbteil entsprechenden Teil einer Forderung, soweit nicht vor dem Ablauf der Frist die Anmeldung erfolgt oder die Forderung ihm zur Zeit der Teilung bekannt ist.

(2) Die Aufforderung ist durch den Bundesanzeiger und durch das für die Bekanntmachungen des Nachlassgerichts bestimmte Blatt zu veröffentlichen. Die Frist beginnt mit der letzten Einrückung. Die Kosten fallen dem Erben zur Last, der die Aufforderung erlässt.

Materialien: E II § 1935; III § 2036; Prot V 877 ff; Denkschr 731; Jakobs/Schubert ER I 748, 792 ff.

Schrifttum

Zimmermann, Das private Gläubigeraufgebot durch Miterben (§ 2061 BGB), ZErb 2011, 259.

I. Allgemeines

1 **Die Bestimmung ist ALR I 17 §§ 137 ff BGB nachempfunden** (Prot V 878; Denkschr 731). Sie regelt neben den drei Fallgruppen des § 2060 BGB einen weiteren Fall der Umwandlung der gesamtschuldnerischen (§§ 2058, 421 BGB) Miterbenhaftung in eine nur teilschuldnerische (Abs 1 S 2).

2 **Der Inhalt des § 2061 BGB hätte ohne Weiteres als § 2060 Nr 4 BGB präsentiert werden können** (s § 2060 Rn 15 f, 53 ff). Das bei § 2060 Rn 1–61, 91–96 Ausgeführte gilt sinngemäß auch für § 2061 BGB.

II. Das Privataufgebot des § 2061

3 **1. Gem Abs 1 S 1** kann „jeder" Miterbe – auch der bereits unbeschränkbar haftende (vgl § 2060 Rn 59 f) – die Nachlassgläubiger öffentlich (Rn 4) auffordern, ihre Forderungen binnen sechs Monaten bei ihm oder bei dem Nachlassgericht anzumelden (ausführliche Verfahrenshinweise und Formulierungsvorschläge bei Zimmermann ZErb 2011, 259 ff). Es handelt sich um eine Aufforderung durch den Miterben selbst, nicht – wie beim Aufgebot der §§ 1970 ff, 2060 Nr 1 BGB – um eine Aufforderung durch ein Gericht (zutr OLG Köln 5. 10. 2016 – 2 Wx 380/16, wwwzwde/nrwe/olgs/koeln/j2016/2_Wx_380_16_Beschluss_20161005.html). Das Nachlassgericht nimmt lediglich etwaige ihm gegenüber erklärte Forderungsanmeldungen entgegen. Bei § 2061 BGB spricht man deshalb vom *Privataufgebot* oder – noch besser, aber bisher unüblich – vom *privaten Gläubigeraufruf* (vgl Lange/Kuchinke § 48 V; Sirko Harder ZEV 2002, 90, 92 Fn 29). Anders als im *gerichtlichen* Aufgebot (§ 460 Abs 1 S 2 FamFG) braucht die Umwandlung der gesamtschuldnerischen Miterbenhaftung in eine teilschuldnerische im *privaten* Aufgebot (Gläubigeraufruf) nicht angedroht zu werden (Riesenfeld I 213; MünchKomm/Ann Rn 3). Vom gerichtlichen Aufgebot unterscheidet sich das Privataufgebot des § 2061 BGB auch dadurch, dass es nicht zum Erlass eines Ausschließungsbeschlusses und damit weder zu der haftungsbeschränkenden Einrede des § 1973 BGB noch zu der aufschiebenden Einrede des § 2015 BGB führt. Von Bedeutung ist das Privataufgebot auch im Rahmen der §§ 1979, 1980 Abs 2 S 2 BGB (Staudinger/Dobler § 1980 Rn 11).

4 **2. Gem Abs 2 S 1** ist das Privataufgebot durch den Bundesanzeiger (https://www.bundesanzeiger.de/ebanzwww/wexsservlet) und durch das für die Bekanntmachungen des Nachlassgerichts bestimmte Blatt zu **veröffentlichen**. Die Veröffentlichung durch den Bundesanzeiger erfolgt im Internet. In welchem Blatt und in welcher Form die Bekanntmachungen des Nachlassgerichts zu veröffentlichen sind, bestimmt die jeweilige Landesjustizverwaltung (Zimmermann ZErb 2011, 259, 261; MünchKomm/Ann Rn 3 aE).

5 **3. Die Anmeldefrist von sechs Monaten** (Abs 1 S 1) **beginnt mit der letzten Einrückung der Aufforderung** (Abs 2 S 2). Es handelt sich um eine Ausschlussfrist; ihre Hemmung durch höhere Gewalt (§ 206 BGB) ist mithin grundsätzlich ausgeschlossen (uU jedoch analoge Anwendung in Extremsituationen; vgl Zimmermann ZErb 2011, 259, 263). Für ihre Berechnung sind die §§ 187, 188, 193 BGB maßgebend.

III. Kosten

6 **1. Die Kosten des Privataufgebots** (dazu Zimmermann ZErb 2011, 259, 263 f) fallen dem Erben zur Last, der es erlässt (Abs 2 S 3). Daraus folgt nicht zwingend, dass die Kosten des Privataufgebots im Gegensatz zu denen des gerichtlichen Aufgebotsverfahrens (vgl § 324 Abs 1 Nr 4 InsO; Staudinger/Kunz § 1970 Rn 9) reine Eigenverbindlichkeiten des Handelnden sind (arg § 2046 Abs 2 BGB). Dennoch ist dies hM (Staudinger/Lehmann[11] Rn 7; BGB-RGRK/Kregel Rn 6; MünchKomm/Ann Rn 7; Planck/Ebbecke aE seiner Erl; Zimmermann ZErb 2011, 259, 264). Dem Miterben, der das Privataufgebot erlassen hat, gewährt man allerdings je nach Lage des Falles einen Erstattungsanspruch nach den Grundsätzen der Geschäftsführung ohne Auftrag, § 683 BGB. ME sollte man unter der Voraussetzung, dass das Privataufgebot

auch im Interesse der Nachlassgläubiger lag (vgl STAUDINGER/DOBLER § 1980 Rn 11), eine gemischte Nachlasserbenschuld annehmen (vgl STAUDINGER/KUNZ § 1967 Rn 198 ff).

2. Die Gebühr für die Entgegennahme der Forderungsanmeldung durch das Nachlassgericht ist in Nr 12410 Abs 1 Nr 1 der Anlage zu § 3 Abs 2 GNotKG geregelt; gegenwärtig beträgt sie 15 Euro. 7

IV. Eintritt der teilschuldnerischen Haftung gem Abs 1 S 2

1. Das Versäumen der Anmeldefrist durch den Nachlassgläubiger hat gem Abs 1 S 2 zur Folge, dass „jeder" Miterbe, also nicht nur der auffordernde (ähnlich § 460 Abs 1 S 2 FamFG für das *gerichtliche* Aufgebot), nach der **Erbteilung** nur noch für den seinem ideellen Erbteil entsprechenden Teil der Schuld haftet (vgl § 2060 Rn 19 f, 27). Unerheblich ist wie bei § 2060 BGB (s § 2060 Rn 59 f), ob dem Miterben das Haftungsbeschränkungsrecht noch zusteht. 8

Der Miterbe, dem die **Forderung** zZ der Nachlassteilung **bekannt** war, kommt nicht in den Genuss der nur teilschuldnerischen Haftung (Abs 1 S 2 aE). Der Zeitpunkt der Erbteilung bleibt für diese Kenntnis auch dann maßgeblich, wenn die Teilung erst lange nach Fristablauf vollzogen wird. Eine vor Ablauf der Frist vorgenommene Nachlassteilung kommt einem Miterben, der vor Fristablauf von der Forderung erfährt, nicht iS des Abs 1 S 2 zugute (BGB-RGRK/KREGEL Rn 3; vgl auch oben § 2060 Rn 68 f). 9

§ 2061 BGB setzt nicht voraus, dass das Aufforderungsverfahren vor der Teilung des Nachlasses beendet oder zumindest eingeleitet worden ist (Begründung bei § 2060 Rn 68 f; iE ebenso KRETZSCHMAR ZBlFG 15 [1914/15] 325, 333 f; BGB-RGRK/KREGEL Rn 2; ERMAN/SCHLÜTER[11] Rn 2; BROX/WALKER § 41 Rn 15 [C III 2 a aa]; **aM** STAUDINGER/LEHMANN[11] Rn 3; PLANCK/EBBECKE zu § 2061; PALANDT/WEIDLICH Rn 2, die zwar den vorherigen Erlass der Aufforderung, nicht aber auch den vorherigen Ablauf der Anmeldefrist für erforderlich halten; noch weitergehend BINDER III 324; EBENROTH Rn 1181; MICHALSKI Rn 1009; SOERGEL/WOLF Rn 2; MünchKomm/ANN Rn 5; BeckOK-BGB/LOHMANN [1. 11. 2019] Rn 5; NK-BGB/KICK Rn 12; MUSCHELER, Erbrecht II Kap 15 Rn 3837; ERMAN/BAYER Rn 2; ZIMMERMANN ZErb 2011, 259, 262; GOERTZ, in: RISSMANN [Hrsg], Die Erbengemeinschaft[3] § 6 Rn 201: die Teilung des Nachlasses dürfe erst nach Ablauf der Anmeldefrist erfolgt sein). 10

Im Rahmen des § 2061 BGB wirkt das Privataufgebot auch gegen die in **§ 1972 BGB** erwähnten Pflichtteilsberechtigten usw (str; wie hier mit überzeugender Begründung MünchKomm/ANN Rn 6; vgl auch ENDRISS 181 f; GOERTZ, in: RISSMANN [Hrsg], Die Erbengemeinschaft[3] § 6 Rn 205). Jedoch lässt es die Stellung der dinglich oder in ähnlicher Weise Berechtigten **(§ 1971 BGB)** unberührt, soweit es um die Befriedigung aus den ihnen haftenden Gegenständen geht (BGB-RGRK/KREGEL Rn 3; PALANDT/WEIDLICH Rn 2; GOERTZ, in: RISSMANN [Hrsg], Die Erbengemeinschaft[3] § 6 Rn 206). Beides wird allerdings in § 2061 BGB nicht besonders zum Ausdruck gebracht (vgl aber § 2060 Nr 1 HS 2 BGB). 11

2. Die **Beweislast** für die tatsächlichen Voraussetzungen der Umwandlung der gesamtschuldnerischen Haftung in eine teilschuldnerische trägt wie bei § 2060 BGB (s § 2060 Rn 97 f) grundsätzlich der Erbe, der sich auf sie beruft. Der Erbe muss außer der Teilung des Nachlasses den ordnungsgemäßen Erlass der Aufforderung bewei- 12 sen, der Gläubiger dann die rechtzeitige Anmeldung der Forderung oder die Forderungskenntnis des in Anspruch genommenen Erben zZ der Teilung.

§ 2062
Antrag auf Nachlassverwaltung*

Die Anordnung einer Nachlassverwaltung kann von den Erben nur gemeinschaftlich beantragt werden; sie ist ausgeschlossen, wenn der Nachlass geteilt ist.

Materialien: E II rev § 2039; III § 2037; Prot VI 342 f; Denkschr 731; Jakobs/Schubert ER I 749, 815.

Systematische Übersicht

I. Gemeinschaftliche Antragsbefugnis der Miterben (HS 1)

1. Allgemeines

a) Sinn der Vorschrift

1 § 2062 BGB wurde erst bei der Revisionslesung des E II aufgenommen (Prot VI 343). HS 1 bestimmt, dass Miterben eine Nachlassverwaltung nur gemeinschaftlich beantragen können. Diese **Ergänzung des § 1981 Abs 1 BGB** trägt dem Umstand Rechnung, dass den *Miterben* das Recht zur Verwaltung des Nachlasses und zur Verfügung über die Nachlassgegenstände nur gemeinschaftlich zusteht (§§ 2038, 2033 Abs 2, 2040 BGB). Könnte bereits auf Antrag *eines* Miterben Nachlassverwaltung angeordnet werden, so hätte er es in der Hand, auch den übrigen Miterben die Befugnis zur Verwaltung des Nachlasses und zur Verfügung über ihn zu entziehen (vgl §§ 1984–1986 BGB). Das soll § 2062 HS 1 verhindern (Prot VI 343; vgl auch Rn 12, 27; kritisch Dauner-Lieb 420, 442).

* Die zum 1. 1. 2002 eingefügte Überschrift des § 2062 ist irreführend; die Worte „Antrag auf" sollten mE gestrichen werden (arg § 2062 HS 2).

Fraglich ist, ob die Vorschrift auch dann anzuwenden ist, wenn die Verwaltung des Nachlasses nicht den Erben, sondern einem **Testamentsvollstrecker** zusteht. Wer den Erben in solchen Fällen das Leistungsverweigerungsrecht des § 2059 Abs 1 S 1 BGB abspricht (so Muscheler, Haftungsordnung 108 ff), ist gezwungen, die Frage zu verneinen (Muscheler, Haftungsordnung 113 ff), um jedem Miterben die Möglichkeit zu eröffnen, sein Eigenvermögen unabhängig von der Zustimmung der übrigen Erben dann wenigstens über §§ 1981 Abs 1, 1975 BGB zu retten. Geht man hingegen davon aus, dass das Vorhandensein eines verwaltenden Testamentsvollstreckers die Anwendung des § 2059 Abs 1 S 1 BGB nicht hindert (§ 2059 Rn 78 ff), so steht nichts entgegen, die Anwendbarkeit des § 2062 HS 1 BGB mit dem (von Muscheler, Haftungsordnung 115 f abgelehnten) Argument zu bejahen, dass die ratio legis hier zumindest in dem Sinne einschlägig sei, dass kein Miterbe es sich gefallen lassen müsse, dass ohne seine Mitwirkung ein anderer Miterbe dem vom Erblasser eingesetzten Testamentsvollstrecker willkürlich (insbesondere ohne Vorliegen eines Entlassungsgrundes) die Verwaltungs- und Verfügungsbefugnis entzieht. Solange ein verwaltender Testamentsvollstrecker vorhanden ist, sollte man die Herbeiführung einer Nachlassverwaltung nicht ohne Not fördern. Auch dies spricht gegen eine teleologische Reduktion des § 2062 HS 1 BGB (zust NK-BGB/Kick Rn 7). 2

Richtig ist allerdings, dass der *Testamentsvollstrecker* die Anordnung einer Nachlassverwaltung beantragen kann (Staudinger/Dobler § 1981 Rn 14), *ohne* die Miterben auch nur *fragen* zu müssen (Muscheler, Haftungsordnung 116). § 2062 HS 1 BGB gilt nur für das Antragsrecht der Erben, nicht für das des Testamentsvollstreckers. 3

b) Ergänzung des § 2062 HS 1 durch § 2059 Abs 1

Da eine Einigung über die Herbeiführung der haftungsbeschränkenden (§ 1975 BGB) Nachlassverwaltung oft schwer zu erreichen sein wird und Nachlassverwaltung lediglich über einen *Erbteil* nicht in Betracht kommt (Rn 6), gewährt § 2059 Abs 1 S 1 BGB jedem *einzelnen* Miterben das Recht, die Befriedigung einer Nachlassverbindlichkeit bis zur Teilung des Nachlasses aus seinem sonstigen Vermögen (mit Ausnahme des Erbteils) zu verweigern. Nach der Teilung des Nachlasses sind dieses Verweigerungsrecht und die Anordnung einer Nachlassverwaltung (§ 2062 HS 2 BGB) ausgeschlossen. Deshalb sollte jeder Miterbe darauf bedacht sein, dass der Nachlass nicht vor Berichtigung bzw Sicherstellung der auf ihm lastenden Verbindlichkeiten geteilt wird (vgl § 2059 Rn 81 ff). 4

c) Sonstige Haftungsbeschränkungsmittel

Die sonstigen Haftungsbeschränkungsmittel kann ein Miterbe **auch ohne Mitwirkung der übrigen Erben** ergreifen (vgl Vorbem 2 zu §§ 2058 ff und soeben Rn 4). Das gilt auch für die Herbeiführung eines Nachlassinsolvenzverfahrens (§ 317 Abs 1 und 2 InsO). Auf dieses Verfahren trifft die ratio legis des § 2062 HS 1 BGB (s Rn 1) zwar ebenfalls zu (jedenfalls wenn nicht gem §§ 270 f InsO „Eigenverwaltung" angeordnet wird). Jedoch besteht hier die Besonderheit, dass die Verfahrenseröffnung nur bei Überschuldung, Zahlungsunfähigkeit oder „drohender" Zahlungsunfähigkeit zulässig ist (§ 320 InsO) und in den beiden erstgenannten Fällen sogar beantragt werden *muss* (§ 1980 BGB). 5

d) Erbteil, Gesellschaftsanteil, Unternehmen

Über einen **Erbteil** kann weder Nachlassverwaltung angeordnet (s Rn 28, Staudinger/ 6

Dobler § 1975 Rn 21 mwNw und § 2058 Rn 30) noch ein Nachlassinsolvenzverfahren eröffnet werden (§ 316 Abs 3 InsO; vgl erg Staudinger/Dobler § 1975 Rn 31). Auch auf einen ererbten **Gesellschaftsanteil** oder ein **Unternehmen** können diese Verfahren nicht beschränkt werden (s Rn 28; Staudinger/Dobler § 1975 Rn 31). Den Nachlassgläubigern steht aber die **Pfändung** des Erbteils offen (§ 2059 Abs 1 BGB, § 859 Abs 2 ZPO). Gleiches gilt in Bezug auf sondervererbte Personengesellschaftsanteile (§ 2059 Rn 62 ff).

2. Einzelheiten

7 **a)** § 2062 HS 1 BGB gilt nur für das Antragsrecht, das den Erben als solchen zusteht, modifiziert also lediglich den *ersten* Absatz des § 1981 BGB. **Ist ein Miterbe zugleich Nachlassgläubiger**, so kann er die Nachlassverwaltung unter den Voraussetzungen des § 1981 *Abs 2 BGB* auch allein beantragen (KGJ 44 [1913] 72, 75 f; Endriss 99 f). Für den **Antrag eines Nachlassgläubigers** genügt, dass die in § 1981 Abs 2 S 1 BGB genannte Voraussetzung hinsichtlich *eines* Miterben vorliegt (KG HRR 1930 Nr 1109; BayObLGZ 1966, 75, 76).

8 **b)** **Überträgt ein Miterbe seinen Erbteil** gem § 2033 Abs 1 BGB auf eine andere Person (s dazu auch Rn 23), so gehen die durch die Erbengemeinschaft begründeten Rechte – also auch das Recht auf Beteiligung an der Verwaltung des Nachlasses – auf den Erwerber über (Staudinger/Löhnig § 2033 Rn 37 ff). Deshalb (Rn 1) bedarf die Anordnung einer Nachlassverwaltung nun nicht mehr (aber: Rn 23) des Einverständnisses des veräußernden Miterben (der weiterhin den Schutz des § 2059 Abs 1 genießt, s § 2059 Rn 42), sondern des Einverständnisses des Erbteilserwerbers (Riesenfeld I 236; Eberl-Borges 359; wohl auch Staudinger/Olshausen [2016] § 2383 Rn 32).

9 **c)** Das bei Rn 8 Ausgeführte gilt entsprechend, wenn ein Gläubiger gem § 859 Abs 2 ZPO einen **Erbteil gepfändet** hat (**aM** anscheinend Börner JuS 1968, 109 bei I 1 b aa [aE]). Denn dem *Inhaber* des Erbteils ist nunmehr gem §§ 829 Abs 1 S 2, 857 Abs 1, 859 Abs 2 ZPO jede den Pfändungsgläubiger nachteilige Verfügung mit dinglicher Wirkung (§§ 135, 136 BGB) verboten. Spätestens ab Zustellung eines Überweisungsbeschlusses (der idR mit dem Pfändungsbeschluss verbunden wird) dürfte auch eine entsprechende Anwendung des § 1258 Abs 1 (iVm § 1273 Abs 2) BGB möglich sein.

10 **d)** Ein Nachlassgläubiger, der nicht zugleich Miterbe ist und der weder eine Erbteilspfändung erwirkt (s Rn 9) noch sonst ein Recht „an“ einem der Erbteile erlangt hat (zB Rn 8), steht jedoch *nicht* in einer derart engen Beziehung zum Nachlass, dass zur Anordnung einer Nachlassverwaltung seine Zustimmung erforderlich wäre (vgl BayObLGZ 9 [1909] 339, 342 f für das gemeinrechtliche Nachlassvermächtnis).

11 **e)** Ein Erbe, der infolge einer **Inventarverfehlung** sein **Haftungsbeschränkungsrecht** allgemein **verloren** hat (§§ 1994 Abs 1 S 2, 2005 Abs 1 BGB), ist gem § 2013 Abs 1 S 1 HS 2 BGB nicht berechtigt, die Anordnung einer Nachlassverwaltung zu beantragen, da deren haftungsbeschränkende Wirkung (§ 1975 BGB) ohnehin nicht mehr eintreten könnte.

12 Bei der **Miterbengemeinschaft** soll das Antragsrecht nach hM schon dann verloren

gehen, wenn *einer* der Miterben allen Nachlassgläubigern gegenüber unbeschränkbar haftend geworden ist (KG JW 1932, 1389, 1390 = HRR 1932 Nr 956; Staudinger/Lehmann[11] Rn 1; BGB-RGRK/Kregel Rn 1; Erman/Schlüter[11] Rn 1 [nichts hierzu in der von W Bayer bearbeiteten Folgeaufl]; MünchKomm/Ann Rn 3; Soergel/M Wolf Rn 2; Palandt/Weidlich Rn 1; Lange/Kuchinke § 50 IV 3 b α; Jauernig/Stürner Rn 2 zu §§ 2058–2063; BeckOK-BGB/Lohmann [1. 11. 2019] Rn 2; NK-BGB/Kick Rn 13; Knitschky AcP 91 [1901] 281, 299; Goertz, in: Rissmann [Hrsg], Die Erbengemeinschaft[3] § 6 Rn 90). Dem ist zu widersprechen. Denn der Zweck des § 2062 HS 1 BGB erschöpft sich darin, dem einzelnen Miterben die Rechtsmacht vorzuenthalten, „seine Miterben, wenn sie die Erbschaftsregulirung selbst bewerkstelligen wollten, zu zwingen, den Nachlaß einem Pfleger auszuantworten“ (Prot VI 343; vgl auch Rn 1). Die Notwendigkeit der gemeinschaftlichen Antragstellung ist also nur eine Konsequenz des Gemeinschaftsverhältnisses der Miterben untereinander, nicht ihrer Haftung gegenüber den Nachlassgläubigern. Auch wenn ein einzelner Miterbe bereits unbeschränkbar haftet, können die übrigen Miterben deshalb gemeinschaftlich mit ihm (großzügiger Riesenfeld II, 37: sogar *ohne* ihn) noch die Anordnung einer Nachlassverwaltung beantragen (vgl Kretzschmar § 88 III 4 a; Börner JuS 1968, 108, 110; Kipp/Coing § 121 II 1; vLübtow II 1186; AK-BGB/Buchholz Rn 2; Muscheler, Haftungsordnung 114 f; ders, Erbrecht II Kap 15 Rn 3811; Michalski Rn 1005; vorausgesetzt übrigens auch bei BGB-RGRK/Johannsen § 2007 Rn 3 trotz seiner Rn 3 zu § 1981). Der Umstand, dass Miterben das – inzwischen abgeschaffte (Staudinger/Dobler § 1975 Rn 2, 4) – Nachlassvergleichsverfahren schon dann nicht mehr beantragen konnten, wenn *einer* von ihnen „unbeschränkt“ haftete (vgl § 113 Abs 1 Nr 3 VerglO und zur Notwendigkeit „gemeinschaftlicher“ Antragstellung § 113 Abs 1 Nr 1 S 3 VerglO), spricht nicht gegen die hier vertretene Auslegung des § 2062 HS 1 BGB. Denn im Nachlassvergleichsverfahren behielten die Erben den Nachlass in der Hand (Staudinger/Dobler § 1975 Rn 9). Deshalb war ein derartiges Verfahren für die Gläubiger schon dann unzumutbar, wenn *einer* der Erben eine Inventarverfehlung iS der §§ 1994 Abs 1 S 2, 2005 Abs 1 BGB begangen und dadurch seine Unzuverlässigkeit unter Beweis gestellt hatte (zur Bedeutung dieses Gedankens für das **neue** Insolvenzrecht vgl Staudinger/Dobler § 2013 Rn 4). Die größere Strenge der VerglO zeigte sich auch darin, dass der Erbe, der die eidesstattliche Versicherung des § 2006 Abs 3 BGB verweigert hat, zwar noch Nachlassverwaltung beantragen kann (§ 2013 Abs 2 BGB), jedoch am Antrag auf Eröffnung des Nachlassvergleichsverfahrens gehindert war (vgl hierzu und zur Übertragbarkeit dieses Gedankens auf § 270 InsO die Hinweise bei Staudinger/Dobler § 2013 Rn 10).

Da ein Miterbe sein Haftungsbeschränkungsrecht durch *Inventarverfehlungen* nur in Bezug auf einen seinem Erbteil entsprechenden **Bruchteil** jeder Verbindlichkeit verlieren kann (str; vgl § 2059 Rn 4 ff), wird man im Hinblick auf die *im Übrigen noch beschränkbare* Erbenhaftung zu erwägen haben, ob ein gemeinsamer Antrag auf Anordnung der (haftungsbeschränkenden) Nachlassverwaltung auch dann noch zugelassen werden sollte, wenn *sämtliche* Miterben Inventarverfehlungen iS der §§ 1994 Abs 1 S 2, 2005 Abs 1 BGB begangen haben. Im Ergebnis ist das zu verneinen. Wegen § 2062 HS 2 BGB kommt ein Antrag auf Nachlassverwaltung ohnehin nur vor der Teilung des Nachlasses in Betracht. Bis zur Nachlassteilung wird das Eigenvermögen jedes „unbeschränkt“ haftenden Miterben aber schon durch § 2059 Abs 1 BGB hinreichend geschützt, da dessen S 1 durch S 2 nicht völlig ausgeschlossen, sondern nur angemessen beschränkt wird. Es besteht kein Grund, den Miterben zusätzlich auch dann, wenn *jeder* von ihnen eine ihm persönlich gesetzte Inventarfrist 13 versäumt oder Inventaruntreue begangen hat, die Möglichkeit zu geben, sich durch Herbeiführung einer amtlichen Nachlassverwaltung der Eigenverwaltung des Nachlasses zu entledigen. Wenn Miterben das Recht zur Beantragung der Nachlassverwaltung sogar schon durch bloße *Teilung* des Nachlasses verlieren (HS 2), steht wertungsmäßig nichts entgegen, dieselbe Rechtsfolge gem § 2013 Abs 1 S 1 HS 2 BGB auch dann eintreten zu lassen, wenn sämtliche Miterben eine ihnen gesetzte Inventarfrist versäumen oder sogar Inventaruntreue begehen.

14 **f)** Das nach HS 1 erforderliche **Einverständnis** aller Miterben (bzw der bei Rn 8 f bezeichneten Personen) muss **noch zZ der Entscheidung über den Antrag** auf Anordnung der Nachlassverwaltung vorliegen (KG JW 1932, 1389, 1390 = HRR 1932 Nr 956). Nicht nur der Antrag auf Anordnung der Nachlassverwaltung, sondern auch die **Beschwerde** gegen die Zurückweisung eines solchen Antrags muss von sämtlichen Erben eingelegt werden (str, vgl Staudinger/Dobler § 1981 Rn 38). Trotz § 359 Abs 1 FamFG kann die Anordnung der Nachlassverwaltung mit der Beschwerde angefochten werden, wenn sie entgegen § 2062 HS 1 BGB nur auf Antrag *eines* Miterben erfolgt ist (vgl Staudinger/Dobler § 1981 Rn 36).

15 **g)** **Der Antrag auf Aufhebung der Nachlassverwaltung** wegen Erreichung ihres Zwecks braucht nicht von allen Miterben gemeinsam gestellt zu werden. Denn solch ein „Antrag" ist nur eine Anregung zu einer vom Nachlassgericht eigentlich bereits von Amts wegen zu treffenden Maßnahme (OLG Frankfurt JZ 1953, 53; OLG Hamm JMBlNRW 1955, 230 f; **aM** OLG München JFG 14 [1937] 61, 63). Gegen die Ablehnung einer solchen Anregung kann jeder einzelne Miterbe Beschwerde einlegen (OLG Hamm JMBlNRW 1955, 230 f), ebenso gegen die Aufhebung der Nachlassverwaltung als ungerechtfertigt (OLG Düsseldorf 8. 8. 2016 – I-3 Wx 38/16, BeckRS 2016, 18615 LS 1 und Rn 10; Näheres bei Staudinger/Dobler § 1988 Rn 18).

II. Ausschluss der Nachlassverwaltung nach Teilung des Nachlasses (HS 2)

1. Allgemeines

16 Nach HS 2 ist die Anordnung einer Nachlassverwaltung „ausgeschlossen", wenn der Nachlass geteilt ist. Mit dieser Regelung wird vermieden, dass ein gerichtlich bestellter Nachlassverwalter eine bereits erfolgte **Nachlassteilung rückgängig** machen muss. Einem Nachlass**insolvenz**verwalter bleibt das freilich nicht erspart. Denn nach § 316 Abs 2 InsO wird die Eröffnung eines Nachlassinsolvenzverfahrens, das wie die Nachlassverwaltung sowohl ein Gläubigerbefriedigungs- als auch ein Haftungsbeschränkungsinstrument ist, durch eine vorherige Teilung des Nachlasses nicht ausgeschlossen. Auch macht § 1975 BGB die haftungsbeschränkende Wirkung eines solchen Verfahrens nicht davon abhängig, dass es auf einen noch *ungeteilten* Nachlass trifft (vgl Denkschr 731; Staudinger/Dobler § 1975 Rn 31; § 2060 Rn 4, 85). Für beides lassen sich aber gute Gründe anführen (trotz § 2060 Rn 85): Wenn der Nachlass insolvent iS des § 320 InsO ist, sind die *Nachlassgläubiger* schutzwürdiger (deshalb zB §§ 1979, 1980 BGB) und auch für die *Erben* die Rahmenbedingungen schlechter als in Fällen, in denen der Nachlass zur Erfüllung aller Verbindlichkeiten ausreicht. Nur wenn der Nachlass tatsächlich ausreicht, ist es den Erben möglich, „aus dem Nachlass" gem § 2046 Abs 1 S 1 BGB zunächst die Verbindlichkeiten zu berichtigen. (Allerdings dürfen die Miterben auch einen *überschuldeten* Nachlass nicht einfach

unter Missachtung des § 2046 BGB teilen, sondern müssen unverzüglich ihrer Insolvenzantragspflicht aus § 1980 BGB genügen.) Miterben, die den Nachlass ohne vorherige Erfüllung oder Sicherstellung der Verbindlichkeiten teilen (was jeder einzelne Erbe mit den bei § 2059 Rn 82 f beschriebenen Mitteln verhindern kann), haben es sich selbst zuzuschreiben, wenn sie dadurch in einer Situation, in der ein Nachlassinsolvenzverfahren wegen Fehlens eines Eröffnungsgrundes (§ 320 InsO) nicht in Betracht kommt, nun gem § 2062 HS 2 BGB auch noch das Haftungsbeschränkungsmittel der Nachlassverwaltung verlieren (vgl Prot VI 343). Die Überlegung, dass die Miterben in der Lage seien, die von § 2062 HS 2 BGB ausgehenden Härten zu vermeiden, indem sie mit der Teilung des Nachlasses bis zur Erfüllung oder Sicherstellung der auf ihm lastenden Verbindlichen warten, gehört bei § 2062 HS 2 BGB zum **Kalkül des Gesetzgebers** (vgl Prot VI 343). Nach der Denkschrift (731) „will" das BGB sogar „durch diese strenge Haftung die Miterben veranlassen, die Nachlaßverbindlichkeiten vor der Theilung zu berichtigen" (krit Eberl-Borges 356 ff; vgl zu ihrer Interpretation des HS 2 unten Rn 22 f). Dieser Begründungszusammenhang muss bei der Auslegung des § 2062 HS 2 BGB berücksichtigt werden (s Rn 24 ff und § 2059 Rn 39 aE, 45 ff).

Nur wenige Haftungsbeschränkungsmittel bestehen über die Teilung des Nachlasses hinaus fort (vgl § 2060 Rn 2 ff)**; deshalb die taktischen Hinweise bei § 2059 Rn 82 f.** 17

Nach hM gilt HS 2 auch für den vom Wortlaut mitumfassten Fall, dass der Antrag auf Nachlassverwaltung gem § 1981 Abs 2 BGB von einem **Nachlassgläubiger** gestellt wird (BGB-RGRK/Kregel Rn 3; Palandt/Weidlich Rn 2; Lange/Kuchinke § 50 IV 3 b α; Erman/Bayer Rn 2; MünchKomm/Ann Rn 8; Planck/Ebbecke Anm 2; Soergel/M Wolf Rn 3; Eberl-Borges 355 Fn 281; BeckOK-BGB/Lohmann [1. 11. 2019] Rn 4; NK-BGB/Kick Rn 21; Fischinger 153 f, 157 f, 163; **aM** Börner JuS 1968, 108, 112; AK-BGB/Buchholz Rn 5). Dies entspricht dem Hinweis in Prot VI 343, dass „das Interesse der Nachlaßgläubiger" eine Ausnahme von HS 2 nicht erfordere, weil, „so lange der Nachlaß solvent" sei, „kein Grund" bestehe, „die Theilung rückgängig zu machen". Bei dieser Argumentation haben die Gesetzesverfasser aber wohl nicht genügend berücksichtigt, dass ein Nachlassgläubiger den Antrag auf Nachlassverwaltung ohnehin nur stellen kann, „wenn Grund zu der Annahme besteht, dass die Befriedigung der Nachlassgläubiger aus dem Nachlass durch das Verhalten oder die Vermögenslage des Erben gefährdet wird" (§ 1981 Abs 2 S 1 BGB). Eine solche *Gefährdung* der Gläubigerbefriedigung rechtfertigt den (innerhalb der Zweijahresfrist des § 1981 Abs 2 S 2 BGB zu stellenden) Gläubigerantrag mE auch dann, wenn die Erben den Nachlass bereits geteilt haben. Es wäre zynisch, wenn man den Nachlassgläubigern hier den Rat geben müsste, zunächst abzuwarten, bis der Nachlass „reif" für ein Nachlass*insolvenz*verfahren ist (das gem § 316 Abs 2 InsO auch noch nach der Teilung stattfinden darf, wenn ein Eröffnungsgrund iS des § 320 InsO vorliegt). Eine *voreilige* Erbauseinandersetzung sollte durch § 2062 HS 2 BGB nicht zu Lasten der Gläubiger perpetuiert werden. Der Ruf nach einer teleologischen Reduktion des HS 2 (s Börner JuS 1968, 108, 112 und Buchholz Rn 5) erscheint deshalb trotz Prot VI 343 durchaus begründet. 18

Ein *völliger* Ausschluss der Nachlassverwaltung (Rn 18) würde uU auch diejenigen Gläubiger ungerecht belasten, denen ein Miterbe gem §§ 2060, 2061 Abs 1 S 2 BGB nur noch teilschuldnerisch haftet (vgl § 2060 Rn 26). Selbst § 1981 Abs 2 S 1 BGB ist zu 19 eng gefasst, um die Probleme *dieser* Gläubiger (§ 2060 Rn 20 ff, 26) lösen zu können. Deshalb der Gesetzgebungsvorschlag bei § 2060 Rn 18.

20 **Kritik an HS 2** übten bereits vor vielen Jahren Siber, Haftung für Nachlaßschulden (1937) 114; Börner JuS 1968, 108, 112; H P Westermann AcP 173 (1973) 24, 38; detaillierte Hinweise auf negative Konsequenzen der gesetzlichen Regelung jetzt (2013) auch bei Fischinger 154, 157 ff.

2. Teilung des Nachlasses

21 Auch iS des § 2062 HS 2 BGB ist der Nachlass als geteilt anzusehen, wenn ein so erheblicher Teil der Nachlassgegenstände aus der Gesamthand in das Einzelvermögen der Miterben überführt worden ist, dass die Gemeinschaft als **im Großen und Ganzen** aufgelöst erscheint; das zu Teilungsbegriff des § 2059 Abs 1 BGB Ausgeführte (§ 2059 Rn 33 f, 47 f) gilt in *diesem* Punkt entsprechend (zu einigen *anderen* Punkten vgl jedoch unten Rn 23 ff).

22 Wurde die Erbengemeinschaft bereits „im Großen und Ganzen" aufgelöst (Rn 21), steht einer Anwendung des § 2062 HS 2 BGB nicht entgegen, dass der noch ungeteilte und eigentlich nahezu unbedeutende Rest nach Lage des Falles ausreicht, um die noch offenen Nachlassverbindlichkeiten zu erfüllen (**aM** Eberl-Borges 357 f [ua mit dem bei Rn 23 erwähnten Bestandsschutzargument]; vgl zu der entsprechenden Problematik bei § 2059 § 2059 Rn 38). Ob der verbliebene Rest die Verbindlichkeiten wirklich deckt, wird sich oft erst nach langwierigen Ermittlungen klären lassen. Das sollte man dem Nachlassgericht ersparen. Ist die Solvenz des gesamthänderisch gebundenen Restnachlasses hingegen *evident,* so besteht gerade *deshalb* kein dringendes Bedürfnis für eine auf diesen Rest beschränkte Nachlassverwaltung. Die Erben können die Abwicklung in solchen Evidenzfällen ohne nennenswertes Risiko selbst in die Hände nehmen. Dies gilt selbst dann, wenn einzelne Erben noch als Gesamtschuldner auf's Ganze in Anspruch genommen werden können. Denn wenn sogar der noch unverteilte Nachlass*rest* ausreicht, um alle Nachlassverbindlichkeiten zu decken, werden etwaige Rückgriffsansprüche (§ 2058 Rn 78 ff) der in Anspruch genommenen Miterben fast immer werthaltig sein.

23 Nicht ausgeschlossen ist die Anordnung einer Nachlassverwaltung jedoch dann, wenn die **Erbengemeinschaft ohne Verteilung der Nachlassgegenstände aufgehoben** wurde, etwa durch **Vereinigung sämtlicher Erbteile in der Hand eines Miterben** (RG 27. 9. 1907 – VII 504/06 [= Nr 1 zu § 2062 im Nachschlagewerk des RG, BGB Erbrecht]; BGB-RGRK/Kregel Rn 3; Palandt/Weidlich Rn 2; NK-BGB/Kick Rn 22; MünchKomm/Ann Rn 9; **aM** Eberl-Borges 359 [aber auch 327?]; zur Anwendung des *HS 1* in solchen Fällen s oben Rn 8). Solange der Nachlass noch in Erbenhand „beieinander" ist, kann der Fortbestand der gesamthänderischen Bindung an die Erben**gemeinschaft** keine Zulässigkeitsvoraussetzung der Nachlassverwaltung sein. Denn eine Nachlassverwaltung ist ja auch dann zulässig, wenn der Verstorbene von nur *einer* Person beerbt wurde. Mit Blick auf diesen Vergleichsfall ist der Teilungsbegriff des § 2062 HS 2 BGB also enger zu interpretieren als der Teilungsbegriff des § 2059 Abs 1 S 1 BGB (s § 2059 Rn 41 ff) und der des § 2060 BGB (s dort Rn 40 ff).

Es ist eingewendet worden, dass der Vergleich mit der Situation des Alleinerben (s oben und übrigens auch EBERL-BORGES 327) unzulässig sei, weil § 2062 HS 2 BGB auf den Bestandsschutz einer erfolgten Auseinandersetzung abziele und es dafür beim Alleinerben keine Parallele gebe (EBERL-BORGES 359). Das überzeugt nicht. Denn § 2062 HS 2 BGB bezweckt nicht den „Bestandsschutz einer erfolgten Auseinandersetzung", sondern will nur ein amtliches Abwicklungsverfahren verhindern, das wegen der bereits erfolgten Nachlassteilung mit großen Schwierigkeiten verbunden wäre (s Rn 16). Da Miterben den Antrag auf Nachlassverwaltung ohnehin nur gemeinschaftlich stellen können (die Ausführungen bei Rn 8 wären bei grundsätzlicher Anerkennung des Bestandsschutzarguments nochmals zu überdenken), wäre das Bestandsschutzargument *ihnen* gegenüber nicht überzeugend: Volenti non fit iniuria. Im Verhältnis zu den *Nachlassgläubigern* überzeugt das Bestandsschutzargument aus anderen Gründen nicht (Rn 18 f). Zudem ist die Haftung der Miterben in Fällen, in denen es auf HS 2 wirklich ankommt (weil der geteilte Nachlass nicht insolvent iS des § 320 InsO ist), meist noch eine gesamtschuldnerische (weil hier jedenfalls die *Nr 3* des § 2060 BGB nicht erfüllt sein kann und die übrigen Schuldaufteilungs-Tatbestände der §§ 2060, 2061 BGB nur sehr selten eingreifen). Dann aber ist der bereits eingetretene Auseinandersetzungserfolg auch *ohne* Hinzutreten einer Nachlassverwaltung gefährdet (vgl § 2060 Rn 16 aE).

Wie § 2059 Abs 1 BGB setzt auch § 2062 HS 2 BGB voraus, dass die Teilung des Nachlasses durch die Erben erfolgte (ebenso KRESS, Erbengemeinschaft [1903] 28 f und zumindest für § 2062 HS 2 auch RIESENFELD I 291; MUSCHELER AcP 195 [1995] 35, 48) **oder wenigstens mit ihrem Einverständnis geschah** (vgl auch § 2059 Rn 39 aE, 45 ff). Auf Teilungsvorgänge, die sich unabhängig vom Willen der Miterben vollziehen und deren Zeitpunkte die Erben nicht beeinflussen konnten, passt das dem § 2062 HS 2 BGB zugrunde liegende Kalkül des Gesetzgebers nicht (s Rn 16). In solchen Fällen kommt eine Anwendung des § 2062 HS 2 BGB folglich nicht in Betracht. **Aus diesem Grunde steht eine Nachlassteilung, die ohne Zutun der Miterben durch automatische Singularsukzession** (s Rn 25, § 2059 Rn 44 ff) **oder durch Handlungen eines Testamentsvollstreckers** (MUSCHELER AcP 195 [1995] 35, 48) **bewirkt wurde, der Anordnung einer Nachlassverwaltung nicht entgegen** (**aM** zumindest hinsichtlich des zweiten Falls EBERL-BORGES 343 ff, 471 [zu § 2059 Abs 1], 360, 472 [zu § 2062 HS 2]). Allerdings sind Teilungshandlungen eines Testamentsvollstreckers, die unabhängig vom Verhalten der auf Empfängerseite stehenden Erben „von selbst" wirken, nur schwer vorstellbar (insoweit zutr EBERL-BORGES 107, 343 f, die allerdings auf 343 f zu sehr die *schuldrechtliche* Ebene in die Argumentation einbezieht). Das bei § 2060 Rn 45 genannte Beispiel ist zwar in diesem Punkte einschlägig, aber gerade deshalb *nicht* auf § 2062 HS 2 BGB übertragbar (**aM** EBERL-BORGES 360 iVm 358 bei Fn 297). 24

III. Besonderheiten bei Beerbung des Gesellschafters einer Personengesellschaft

Bei der Beerbung des Gesellschafters einer Personengesellschaft durch Miterben lässt die hM entgegen §§ 1922, 2032 BGB eine **Singularsukzession** der einzelnen Miterben **in den sich automatisch aufteilenden Gesellschaftsanteil** zu (dazu bereits § 2059 Rn 52 mit Weiterverweisungen). Obwohl der Gesellschaftsanteil auch in diesem Fall zum „Nachlass" gehört (vgl STAUDINGER/MAROTZKE [2008] § 1922 Rn 102 ff, 186, 198 und STAUDINGER/KUNZ [2017] § 1922 Rn 92 ff, 208 ff, 231 jeweils mwNw auch zur Gegenansicht), kann in der automatischen Aufsplitterung des Gesellschaftsanteils selbst dann keine Teilung des 25

Nachlasses iS der – grundsätzlich auch hier anwendbaren (str; s § 2059 Rn 56 und Vorbem 8 zu §§ 2058 ff) – §§ 2059 Abs 1, 2062 HS 2 BGB gesehen werden, wenn der Erblasser außer seinem Gesellschaftsanteil kein wesentliches Vermögen hinterlassen hat (§ 2059 Rn 45 ff, 53 ff, 58 ff, 70 ff). Die einzelnen Miterben *behalten* also das ihnen durch **§ 2059 Abs 1 BGB** gewährte Recht, die Berichtigung einer Nachlassverbindlichkeit aus anderem als dem geerbten Vermögen zu verweigern – wobei hier wie bereits früher (§ 2059 Rn 53, 59, 70) darauf hinzuweisen ist, dass den Erben weder das Leistungsverweigerungsrecht aus § 2059 Abs 1 BGB noch die haftungsbeschränkende Wirkung der Nachlassverwaltung bzw des Nachlassinsolvenzverfahrens (§ 1975 BGB) etwas nützen, soweit ihre beschränkbare erbrechtliche Haftung durch eine unbeschränkbare gesellschaftsrechtliche überlagert wird (zu den Voraussetzungen dieser Überlagerung vgl Staudinger/Kunz § 1967 Rn 239 ff).

26 **Fast alle Vertreter der hier abgelehnten Ansicht, dass der Nachlass in dem bei Rn 25 beschriebenen Fall als geteilt iS des § 2059 Abs 1 BGB anzusehen sei, erklären § 2062 HS 2 BGB für unanwendbar** (insoweit übereinstimmend oben Rn 24 und § 2059 Rn 46) **und gewähren zudem entgegen § 2062 HS 1 BGB jedem einzelnen Miterben das Recht zur Beantragung der haftungsbeschränkenden Nachlassverwaltung** (Kieserling 153 f; Börner AcP 166 [1966] 426, 451 f; H P Westermann AcP 173 [1973] 24, 37; H Westermann, Personengesellschaftsrecht [4. Aufl 1979] Rn 526; H P Westermann, in: Westermann/Wertenbruch [Hrsg], Handbuch Personengesellschaften Rn I 1318; Wiedemann, Gesellschaftsrecht II [2004] 475, 481 f; MünchKomm/Ann Rn 10; Palandt/Weidlich Rn 2 aE; Kick 115 f; Ann 140 f; vgl auch Emmerich ZHR 150 [1986] 193, 207; **aM** Liebisch ZHR 116 [1954] 128, 159 f). **Die Durchbrechung des § 2062 HS 1 BGB ist aber überhaupt nicht notwendig** (so auch Stodolkowitz, in: FS Kellermann [1991] 439, 452 f), wenn man mit der bei Rn 25 vertretenen Ansicht davon ausgeht, dass das besondere Leistungsverweigerungsrecht, welches **§ 2059 Abs 1 BGB** *jedem einzelnen Miterben* gewährt, nicht allein schon deshalb entfällt, weil es zu einer automatischen Singularsukzession in einen Gesellschaftsanteil gekommen ist und sonstige nennenswerte Nachlassgegenstände nicht vorhanden sind.

27 Von Vertretern der Gegenansicht ist behauptet worden, dass der **Zweck des § 2062 HS 1 BGB** in den Fällen *automatisch* eingetretener Aufteilung des Nachlasses der Anordnung einer Nachlassverwaltung nicht entgegenstehe (Kieserling 154; krit Raddatz 74 ff). Das ist nicht richtig. Da es eine *auf einen einzelnen Erb- oder Gesellschaftsanteil beschränkte* Nachlassverwaltung nicht gibt (s oben Rn 6; **aM** Raddatz 63, 76 ff; NK-BGB/Kick Rn 6 [beide für den Fall, dass der Nachlass im Wesentlichen nur aus einem Personengesellschaftsanteil besteht]; wohl auch Heckelmann [s zu diesen Autoren Vorbem 8 zu §§ 2058 ff und unten Rn 28]), würde die Anordnung einer Nachlassverwaltung *sämtlichen* Miterben – also nicht nur dem das Verfahren beantragenden – die Verfügung über die einer Nachlassverwaltung zugänglichen Elemente (Staudinger/Dobler § 1985 Rn 20 ff) ihrer Gesellschaftsanteile entziehen. Es ist aber gerade der *Zweck* des HS 1, Übergriffe in die Rechtsstellung der den Antrag auf Nachlassverwaltung nicht mittragenden übrigen Erben zu vermeiden (s Rn 1).

28 **Als vermittelnde Lösung** ist vorgeschlagen worden, dann und nur dann, wenn der Verstorbene außer einem an mehrere Personen „singularvererbten" Personengesellschaftsanteil nichts Nennenswertes hinterlassen hat (und es an einem *gesamthänderisch gebundenen* Nachlassvermögen nennenswerten Umfangs somit fehlt), jedem

einzelnen Erben das Recht zuzugestehen, ohne Mitwirkung der übrigen **eine auf den eigenen Erbteil (praktisch: Gesellschaftsanteil) beschränkte „Nachlass"-Verwaltung** zu beantragen (Raddatz 63, 77 f). Auch das ist jedoch kein überzeugender Vorschlag. Er begegnet nicht nur dogmatischen Bedenken (s Rn 6 und Vorbem 8 zu §§ 2058 ff), sondern führt auch zu **praktischen Problemen**: Die Feststellung, ob außer dem Gesellschaftsanteil kein nennenswertes anderes Vermögen vererbt wurde, müsste dann nämlich als *Zulässigkeitsvoraussetzung* eines solchen Verfahrens bereits von dem über die Verfahrenseröffnung entscheidenden Gericht getroffen werden, obwohl doch die „Sichtung" des Nachlasses eigentlich erst Sache des einzusetzenden Verwalters ist. Was soll geschehen, wenn dieser später zu einem ganz anderen Ergebnis kommt als das Nachlassgericht, das zur Zeit seiner Entscheidung weitgehend auf die Angaben des antragstellenden Erben angewiesen war? Aufhebung der „Gesellschaftsanteils-Erbteilsverwaltung" in analoger Anwendung des (eigentlich aber eine *nachträgliche* wesentliche Änderung der Sach- oder Rechtslage voraussetzenden) § 48 Abs 1 FamFG? Und soll die ohnehin nicht ganz leicht zu begründende (s Staudinger/Dobler § 1985 Rn 21) Ansicht, dass der Nachlassverwalter die Gesellschaft **kündigen** könne, wenn das sonstige „Nachlassvermögen" zur Berichtigung der Nachlassverbindlichkeiten nicht ausreicht, nun auch noch dahin modifiziert werden, dass es bei einer Erbenmehrheit nicht auf die Zulänglichkeit des sonstigen „Nachlasses", sondern auf die eines einzelnen „Erbteils" ankommt? Es wäre kaum vertretbar, den überlebenden Mitgesellschaftern des Erblassers eine derart radikale Absenkung der Voraussetzungen zuzumuten, unter denen sie mit einer Kündigung zu rechnen haben.

§ 2063
Errichtung eines Inventars, Haftungsbeschränkung

(1) Die Errichtung des Inventars durch einen Miterben kommt auch den übrigen Erben zustatten, soweit nicht ihre Haftung für die Nachlassverbindlichkeiten unbeschränkt ist.

(2) Ein Miterbe kann sich den übrigen Erben gegenüber auf die Beschränkung seiner Haftung auch dann berufen, wenn er den anderen Nachlassgläubigern gegenüber unbeschränkt haftet.

Materialien: E I § 2146; II § 1936; III § 2038; Mot V 676 f; Prot V 741; 747, 805; Jakobs/Schubert ER I 310, 421 ff.

Schrifttum

Buchholz, Der Miterbe als Nachlaßgläubiger – Überlegungen zur Auslegung des § 2063 Abs 2 BGB, JR 1990, 45

Endriss, Der Miterbe als Nachlassgläubiger (2003).

Systematische Übersicht

I. Inventarerrichtung durch einen Miterben (Abs 1)

1 1. **Die Inventarerrichtung ist in §§ 1993 ff BGB geregelt**. „Errichtung" ist mehr als nur die „Aufnahme" des Inventars (näheres bei Staudinger/Dobler § 1993 Rn 7 ff). Mit Blick auf den Fall, dass *mehrere* Erben vorhanden sind, statuiert § 2063 Abs 1 BGB eine besondere Wirkung der Inventar**errichtung**.

2 2. **§ 1993 BGB definiert das Inventar als Verzeichnis „des Nachlasses"**. Diese Definition bleibt auch dann maßgeblich, wenn *mehrere* Erben vorhanden sind und folglich „Erbteile" existieren. Da der Erbteil eine Quote der Erbschaft ist und sich somit aus Quoten an allen Erbschaftsgegenständen zusammensetzt, ist ein Inventar über den Nachlass stets auch ein Inventar über die Erbteile (Binder II 238; **aM** anscheinend Staudinger/Lehmann[11] Rn 1 bei a; zu einem Grenzfall s Staudinger/Dobler § 2007 Rn 8).

3 3. Das **Recht**, ein Inventar zu errichten, steht jedem Miterben selbstständig und unabhängig davon zu, ob ihm bereits gem § 1994 BGB eine Inventarfrist bestimmt worden ist (KG OLGE 14 [1907/I] 293, 296). Eine gegenseitige Verpflichtung der Miterben, bei der Inventarerrichtung mitzuwirken, besteht idR nicht (vgl Buchholz JR 1990, 45, 49), sie wäre zudem auch nicht erzwingbar (KG OLGE 14 [1907/I] 294 f). Jedoch kann ein Miterbe von dem anderen uU (KG OLGE 14 [1907/I] 294) die Vorlage eines Verzeichnisses der in seinem Besitz befindlichen Nachlassgegenstände verlangen. Auch kann bereits ein *einzelner* Miterbe die amtliche Aufnahme des Inventars gem § 2003 BGB beantragen (KG OLGE 14 [1907/I] 296).

4 4. **Inventarverfehlungen** (§§ 1994 Abs 1 S 2, 2005 Abs 1, 2006 Abs 3 BGB) eines Miterben führen schon wegen § 425 BGB nicht zur „unbeschränkten" Haftung auch der übrigen Miterben. Allerdings kann in der dolosen Bezugnahme (§ 2004 BGB) eines Miterben auf das von einem anderen Miterben errichtete falsche Inventar eine eigene Inventaruntreue des Bezugnehmenden liegen (vgl Staudinger/Dobler § 2004 Rn 9). Der durch die Inventarverfehlung eines Miterben bewirkte Verlust des Haftungsbeschränkungsrechts ist kein vollständiger, sondern gilt nur für einen dem Erbteil dieses Miterben entsprechenden *Teil* einer (§ 2006 Abs 3 BGB) bzw jeder (§§ 1994 Abs 1 S 2, 2005 Abs 1 BGB) gegen ihn verfolgbaren Nachlassverbindlichkeit (str; vgl § 2059 Rn 4 ff).

5 5. **Die Inventarerrichtung** (Rn 1 f) **durch einen Miterben kommt nach Abs 1 auch den übrigen Erben zustatten, „soweit" sie ihr Haftungsbeschränkungsrecht nicht be-**

reits vorher verloren haben (vgl zu dieser Einschränkung Rn 4). Hat ein Miterbe das Haftungsbeschränkungsrecht nicht allgemein (zB gem § 1994 Abs 1 S 2 oder § 2005 Abs 1 BGB), sondern nur gegenüber *einzelnen* Nachlassgläubigern verloren (zB gem § 2006 Abs 3 BGB, § 780 Abs 1 ZPO oder infolge Verzichts), so kommt ihm das von einem anderen Miterben errichtete Inventar lediglich gegenüber den *übrigen* Nachlassgläubigern zustatten.

6. Nicht erforderlich ist in allen Fällen des Abs 1, **dass die Miterben gem § 2004 BGB erklären**, dass das bereits errichtete Inventar als von ihnen eingereicht „gelten" solle (KGJ 34 [1907] A 92, 96 f; BGB-RGRK/Kregel Rn 1; Muscheler, Erbrecht II Kap 15 Rn 3820). 6

7. Trotz des in Abs 1 enthaltenen Wortes „auch" hängt die Rechtsfolge, dass das Inventar eines Miterben den übrigen Erben zustattenkommt, nicht davon ab, dass das Inventar zunächst einmal demjenigen Miterben zugutekommt, der es errichtet hat: 7

a) Ein Inventar, das ein Miterbe erst nach Ablauf einer ihm selbst bestimmten Inventarfrist errichtet, ist in gleicher Weise wie ein *rechtzeitig* errichtetes Inventar geeignet, die einem *anderen* Miterben bestimmte Inventarfrist zu wahren, wenn zumindest *diese* Frist im Zeitpunkt der Inventarerrichtung noch nicht abgelaufen war (vgl auch Staudinger/Avenarius [2019] § 2144 Rn 16 zu dem vergleichbar formulierten § 2144 Abs 2 und Staudinger/Dobler § 2008 Rn 22 zu dem – das Wort „auch" allerdings nicht enthaltenden – § 2008 Abs 1 S 3; **aM** Kretzschmar § 88 III 5; Palandt/Weidlich § 2144 Rn 4). Das in Abs 1 enthaltene Wort „auch" sollte in diesem Zusammenhang nicht überbewertet werden, zumal der andere Miterbe das von dem zuerst aktiv gewordenen Erben errichtete Inventar hilfsweise auf dem Umweg des § 2004 BGB für sich nutzen könnte (vgl zB Kretzschmar § 88 III 5). Es wäre wenig sinnvoll, die Anwendbarkeit einer Vorschrift (des § 2063 Abs 1 BGB) zu leugnen, um dann auf komplizierterem Wege (§ 2004 BGB) trotzdem zu einem ihr entsprechenden Ergebnis zu gelangen (zust Muscheler, Erbrecht II Kap 15 Rn 3821). 8

b) Selbst ein Inventar, das ein Miterbe ungetreu (§ 2005 Abs 1 BGB) errichtet hat, kann den übrigen Miterben gem § 2063 Abs 1 BGB zustattenkommen (zust Muscheler, Erbrecht II Kap 15 Rn 3821; vgl auch Staudinger/Avenarius [2019] § 2144 Rn 16; **aM** jedoch Staudinger/Lehmann[11] Rn 1; Staudinger/Olshausen [2016] § 2383 Rn 15; Kretzschmar § 88 III 5; Planck/Ebbecke Anm 1; BGB-RGRK/Kregel Rn 1; Palandt/Weidlich § 2144 Rn 4 [wegen des – insoweit jedoch belanglosen (Rn 8) – Wörtchens „auch"]; nach Prot V 806 f [dazu Staudinger/Dobler § 2008 Rn 24] soll es darauf ankommen, ob sich der Miterbe auf das von dem anderen Miterben errichtete Inventar gem § 2004 gutgläubig bezogen hat [vgl hiergegen aber Rn 6, 8 aE]). Dies gilt jedoch nur in dem Sinne, dass das *ungetreu* errichtete Inventar des einen Miterben die übrigen Miterben davor bewahrt, ihr Haftungsbeschränkungsrecht schon dadurch anteilig (§ 2059 Rn 4 ff; Staudinger/Dobler § 1994 Rn 34) zu verlieren, dass sie im Vertrauen auf die Richtigkeit dieses Inventars eine ihnen nach § 1994 BGB bestimmte Inventarfrist untätig verstreichen lassen. Da die Inventaruntreue eines Erben seinen Miterben nicht zugerechnet werden kann (Rn 4), kann diesen – da bei *ihnen* ein Fall des § 2005 Abs 1 BGB nicht vorliegt – analog § 2005 Abs 2 BGB auf Antrag eines Nachlassgläubigers eine Frist zur Ergänzung des unvollständigen Inventars bestimmt werden (Kretzschmar § 88 III 5; zust Goertz, in: 9

Rissmann [Hrsg], Die Erbengemeinschaft[3] § 6 Rn 223; vgl auch KGJ 34 [1907] A 92, 97 und die ähnlichen Rechtsfragen bei Staudinger/Avenarius [2019] § 2144 Rn 16; Staudinger/Dobler § 1993 Rn 16, § 2004 Rn 10). Erst mit Ablauf *dieser* Frist verlieren die sie versäumenden Miterben des Inventarerrichters anteilig (s oben) ihr Haftungsbeschränkungsrecht. Die Errichtung eines völlig neuen Inventars werden die Nachlassgläubiger nicht verlangen können (vgl auch KGJ 34 [1907] A 92, 97). Eine nach § 1994 BGB dennoch dazu bestimmte Frist ist zwar nicht ohne Weiteres unwirksam, sie wird aber auch durch Berichtigung des bereits vorhandenen Inventars gewahrt.

10 Die *Vollständigkeitsvermutung* des § 2009 BGB kommt dem ungetreu errichteten Inventar auch zugunsten der Miterben des Errichters nicht zu (vgl Staudinger/Dobler § 2009 Rn 7; **aM** Staudinger/Avenarius [2019] § 2144 Rn 16: zugunsten des Nacherben gehe von einem Inventar, das der Vorerbe ungetreu errichtet habe, die Vollständigkeitsvermutung des § 2009 aus, bis der Rechtsschein gegenüber dem Nacherben zerstört sei, etwa indem das Nachlassgericht dem Nacherben eine Frist zur Ergänzung des vom Vorerben errichteten Inventars bestimme). Anders jedoch nach Berichtigung durch die Miterben des Inventarerrichters.

11 **8.** Da eine **Inventarfrist** (§§ 1994, 2005 Abs 2 BGB) auch *einzelnen* Miterben gesetzt werden kann und nicht allen Miterben gegenüber einheitlich bestimmt zu werden braucht (BayObLG OLGE 6 [1903/I] 70 f; KG OLGE 14 [1907/I] 293, 296; OLG Kaiserslautern DAVorm 1973, 625 f), kann es vorkommen, dass das von einem Miterben innerhalb der ihm gesetzten Frist errichtete Inventar einem anderen Miterben nichts mehr nutzt, weil dieser seine Frist bereits versäumt hat (BayObLGZ 3 [1903] 823, 827 = RJA 3 [1903] 176, 178). Ein unterschiedlicher Lauf einer sämtlichen Miterben einheitlich bestimmten Inventarfrist kann sich zB aus § 1995 Abs 1 S 2, Abs 2 BGB ergeben (vgl Staudinger/Dobler § 1995 Rn 4 ff).

12 Analog Abs 1 kann der von einem Miterben gestellte *Antrag auf amtliche Aufnahme des Inventars* auch die einem anderen Miterben bestimmte Inventarfrist wahren (vgl § 2003 Abs 1 S 2 BGB und § 2003 Rn 6).

13 Hat ein Miterbe ein Inventar errichtet, das den übrigen Miterben nach Abs 1 zustattenkommt, so kann diesen eine *Inventarfrist* nur noch gem § 2005 Abs 2 BGB *zum Zwecke der Ergänzung* bestimmt werden (KGJ 34 [1907] A 92, 97; vgl auch Staudinger/Dobler § 1994 Rn 18; BeckOK-BGB/Lohmann [1. 11. 2019] Rn 2).

14 **9.** Ein Miterbe verliert die **Dreimonatseinrede** des § 2014 BGB im Allgemeinen nicht schon dadurch, dass ein anderer Miterbe ein ihm gem § 2063 Abs 1 BGB zustattenkommendes Inventar errichtet (vgl Staudinger/Dobler § 2014 Rn 3).

15 **10. Die Bekräftigung des Inventars durch eidesstattliche Versicherung (§ 2006 BGB)** kann von einem Miterben auch dann verlangt werden, wenn er das Inventar nicht selbst errichtet hat, sondern es ihm nur nach Abs 1 zustattenkommt (zust Muscheler, Erbrecht II Kap 15 Rn 3821 [zu weiteren Einzelheiten vgl Staudinger/Dobler § 2006 Rn 3, 12]; **aM** BeckOK-BGB/Lohmann [1. 11. 2019] Rn 2 mwNw). *Erzwingbar* ist die eidesstattliche Versicherung ohnehin nicht, jedenfalls nicht aufgrund des § 2006 BGB (vgl § 2006 Rn 2).

16 Nach RGZ 129, 239, 246 soll ein Nachlassgläubiger auch dann, wenn er in unmittelbarer oder entsprechender Anwendung des § 2314 BGB von den Miterben Auskunft über den Bestand des Nachlasses und die Vorlage eines Nachlassverzeichnisses verlangen kann, nicht berechtigt sein, *im Klagewege gem § 260 Abs 2 BGB* von einem Miterben die Bekräftigung des von einem anderen Miterben errichteten Inventars durch eidesstattliche Versicherung zu verlangen. Denn von den Miterben des Inventarerrichters könne nicht gesagt werden, dass sie das Verzeichnis aufgestellt hätten und dass Grund zu der Annahme bestehe, sie hätten es dabei an der erforderlichen Sorgfalt fehlen lassen (vgl § 260 Abs 2 BGB). Anders jedoch, wenn das Inventar durch einen Notar angefertigt und eingereicht worden sei, der von sämtlichen Miterben, wenn auch unter Vermittlung eines von ihnen, damit beauftragt war (RGZ 129, 239, 246). Hervorzuheben ist, dass diese Entscheidung des RG nicht zu § 2006 BGB erging, sondern zu dem durch Klage verfolgbaren Anspruch aus §§ 2314, 260 BGB (für Übertragbarkeit auf § 2006 jedoch BeckOK-BGB/Lohmann [1. 11. 2019] Rn 2).

II. Haftungsbeschränkung unter „unbeschränkt" haftbaren Miterben (Abs 2)

1. Allgemeines

Abs 2 betrifft den Fall, dass ein Miterbe von einem anderen Miterben auf Erfüllung **17** einer Nachlassverbindlichkeit in Anspruch genommen wird. Das kann zB geschehen, wenn der Erblasser selbst Schuldner eines seiner späteren Erben war, wenn er zugunsten eines seiner Erben ein Vermächtnis ausgesetzt hatte (§ 2150 BGB) oder wenn ein Miterbe einem anderen Miterben nach §§ 2305, 2326 BGB den Pflichtteil ergänzen muss. Nachlassgläubiger kann ein Miterbe auch werden, indem er eine Nachlassverbindlichkeit berichtigt, für die er als Gesamtschuldner (§ 2058 einerseits, §§ 2060, 2061 Abs 1 S 2 BGB andererseits) haftet (vgl § 426 Abs 2 BGB und § 2058 Rn 78 ff, 86).

Einige Besonderheiten, die sich aus der Doppelstellung des Nachlassgläubigers er- **18** geben, der zugleich Miterbe ist, werden bereits an anderen Stellen dieses Kommentars behandelt (vgl Staudinger/Löhnig § 2046 Rn 12 ff; § 2058 Rn 86 [für den gem § 426 Abs 2 übergegangenen Anspruch] und § 2058 Rn 92 ff).

Zusätzlich folgt aus **§ 2063 Abs 2 BGB**, dass ein Miterbe, der von einem anderen **19** Miterben auf Erfüllung einer Nachlassverbindlichkeit in Anspruch genommen wird, diesem gegenüber seine Haftung auch dann auf den Nachlass bzw auf das hieraus bei der Teilung Empfangene (vgl § 2058 Rn 10) beschränken kann, wenn er das Haftungsbeschränkungsrecht gegenüber allen anderen Nachlassgläubigern gem §§ 1994 Abs 1 S 2, 2005 Abs 1 BGB verloren hat (zum *Umfang* eines solchen Verlusts [insgesamt oder nur anteilig?] vgl die Ausführungen bei § 2059 Rn 4 ff). **Dieser Regelung liegt der Gedanke zugrunde, „daß jeder Erbe das Inventar selbst errichten könne, er mithin nicht der Inventarpflicht der übrigen Miterben bedürfe, um Aufschluß über den Bestand des Nachlasses zu erhalten"** (Prot V 805; vgl auch Mot V 676 f). Als Konsequenz dieses – freilich nicht in allen Fällen überzeugenden (Rn 20) – Gedankens wird man anerkennen müssen, dass ein Nachlassgläubiger, der zugleich Miterbe ist, den übrigen Miterben *keine Inventarfrist* (§ 1994 BGB) setzen lassen kann, während andererseits die Bekräftigung eines dennoch errichteten Inventars durch die *eidesstattliche Versicherung* des § 2006 BGB im Hinblick auf die dem Inventar anhaftende Vollständigkeitsvermutung (§ 2009 BGB) verlangt werden kann (**bzgl der Inventarfrist ebenso** KG

OLGZ 1979, 276 f; Buchholz JR 1990, 45, 48 f; Endriss 127 ff, 135, 185; BGB-RGRK/Kregel § 1994 Rn 5; Palandt/Weidlich § 1994 Rn 3; Schlüter Rn 1114; Lange/Kuchinke § 48 VI 5 a Fn 126; AK-BGB/Teubner § 1994 Rn 4; NK-BGB/Odersky § 1994 Rn 6; Kretzschmar § 78 Fn 10; **aM** LG Fürth ZBlFG 10 [1909/10] 539 Nr 487 = BadNotZ 09 Nr 4, 197; Staudinger/Lehmann[11] § 1994 Rn 3; Planck/Flad § 1994 Anm 2; MünchKomm/Küpper § 1994 Rn 2; Soergel/Stein § 1994 Rn 2; Strohal II § 73 Fn 10; zweifelnd Binder II 223 Fn 7; bzgl § **2006** vgl die Nachweise bei Staudinger/Dobler § 2006 Rn 5 sowie § 2006 Rn 1 f zum Gesetzeszweck).

20 Das Argument, der Miterbe könne ein berechtigtes Interesse haben, die anderen Miterben zur Inventarerrichtung zu drängen (zB wenn nur diese den Nachlass in Besitz haben oder wenn der Miterbe, der zugleich Nachlassgläubiger ist, die Erbschaft noch ausschlagen oder deren Annahme anfechten kann; vgl Staudinger/Lehmann[11] § 1994 Rn 3 und Strohal II § 73 Fn 10), ist zwar sachlich zutreffend (zumindest im ersten Beispiel); es kollidiert jedoch mit dem bei Rn 19 genannten Grund für die Schaffung des § 2063 Abs 2 BGB (weshalb man die Vorschrift besser streichen sollte; vgl Rn 24).

21 Analog § 1994 Abs 2 S 2 BGB ist es auf die Wirksamkeit einer *bereits erfolgten* Fristbestimmung ohne Einfluss, dass der antragstellende Nachlassgläubiger zugleich Miterbe ist (vgl Strohal II § 73 Fn 10).

2. Nichtanwendung in bestimmten Fällen?

22 Unvereinbar mit dem bei Rn 19 genannten Grundgedanken des Abs 2 ist die Ansicht, dass diese Vorschrift trotz ihres Wortlauts nicht anzuwenden sei, **wenn ein Erbe seine Stellung als Nachlassgläubiger durch Rechtsnachfolge erlangt habe** (so aber Staudinger/Lehmann[11] Rn 2 im Anschluss an Crome, System des Deutschen Bürgerlichen Rechts [1912] V § 741 Fn 27). Nach Prot V 805 gilt die ratio legis des Abs 2 – so angreifbar sie in manchen Fällen sein mag (Rn 20) – „für alle Verbindlichkeiten der Miterben gegeneinander".

23 Eine Ausnahme wird man auch für den Fall nicht anerkennen dürfen, dass ein Miterbe seine Stellung als Nachlassgläubiger gem **§ 426 Abs 2 BGB** infolge Befriedigung eines anderen Nachlassgläubigers erlangt hat (wie hier Buchholz JR 1990, 45 ff; Ann 166 f; Ebenroth Rn 1173 aE; NK-BGB/Kick Rn 19; Endriss 172 ff; **aM** Strohal II § 89 VII [ausführlich mit Beispiel]; Boehmer, Erbfolge und Erbenhaftung 201; Staudinger/Lehmann[11] Rn 2; MünchKomm/Ann § 2058 Rn 36, § 2063 Rn 7; Crome [soeben Rn 22] Fn 21; Wernecke AcP 193 [1993] 240, 254 f, 262; Goertz, in: Rissmann [Hrsg], Die Erbengemeinschaft[3] § 6 Rn 306). Wenn § 2063 Abs 2 BGB auf diesen Fall, der sich aus dem nur fünf Paragraphen vorher ausgesprochenen Grundsatz der gesamtschuldnerischen Miterbenhaftung ergibt, nicht anwendbar sein soll, hätte dies besonders zum Ausdruck gebracht werden müssen.

24 **Am besten wäre es, wenn man Abs 2 ganz streichen würde** (zu diesem Vorschlag krit Buchholz JR 1990, 45, 51). Für einen beachtlichen Teil der in Betracht kommenden Fälle ist die ratio legis fragwürdig (Rn 20) und die Anwendbarkeit der Vorschrift zweifelhaft (Rn 22 f). Nicht zu überzeugen vermag vor diesem Hintergrund der Vorschlag von Muscheler (Die Haftungsordnung der Testamentsvollstreckung [1994] 126), eine dem § 2063 Abs 2 BGB entsprechende Bestimmung auch für das Verhältnis des unbeschränkbar haftend gewordenen Erben zum verwaltenden Testamentsvollstrecker zu schaffen.

3. Kein automatischer Eintritt der Haftungsbeschränkung

Auch gegenüber Nachlassgläubigern, die selbst zu den Miterben gehören, haftet ein Miterbe **nicht ohne Weiteres** endgültig beschränkt nur mit dem Nachlass. Auch diesen Gläubigern gegenüber muss er die Beschränkung seiner Haftung erst *herbeiführen* (BGB-RGRK/Kregel Rn 3; MünchKomm/Ann Rn 4; **aM** anscheinend RGZ 93, 196, 198 [aber nur für die Zeit bis zur Nachlassteilung]; 110, 94, 96). **25**

In Bezug auf „letztwillige" Verbindlichkeiten kann der Erblasser jedoch Abweichendes bestimmen. Insbesondere bei Vorausvermächtnissen (§ 2150 BGB) wird die Auslegung idR ergeben, dass die Miterben dem ebenfalls eine Miterbenstellung innehabenden Begünstigten von vornherein nur mit dem Nachlass haften sollen (vgl Abschn 2 e meiner Anm zu BGH LM § 2058 Nr 8). **26**

Abgesehen von solchen Ausnahmen gilt Folgendes: Nur bis zur Teilung des Nachlasses kann sich der haftende Miterbe zum Schutz seines Eigenvermögens auf § 2059 Abs 1 S 1 BGB berufen. Die in § 2059 Abs 1 S 2 BGB ausgesprochene Einschränkung dieses Leistungsverweigerungsrechts kann wegen § 2063 Abs 2 BGB grundsätzlich (aber: Rn 22 f) nur gegenüber solchen Nachlassgläubigern eingreifen, die nicht zu den Miterben gehören (RGZ 93, 197). Sobald der Nachlass geteilt ist, kann der Miterbe seine Haftung auch gegenüber einem selbst zu den Miterben zählenden Nachlassgläubiger nur noch unter den bei § 2060 Rn 2 ff genannten Voraussetzungen auf den Nachlass beschränken. Auch die §§ 780 ff ZPO werden durch § 2063 Abs 2 BGB nicht verdrängt. Ohne Bedeutung ist § 2063 Abs 2 BGB des Weiteren für die Feststellung, ob die Miterben einem Nachlassgläubiger, der gleichfalls Miterbe ist, gesamt- oder nur teilschuldnerisch haften (vgl dazu § 2058 Rn 92 ff sowie §§ 2060, 2061 Abs 1 S 2). **27**

4. Konvaleszenz von Verfügungen gem § 185 Abs 2 S 1

Die **Verfügung eines Nichtberechtigten** wird gem § 185 Abs 2 S 1 BGB ua dann wirksam, wenn der Verfügende „von dem Berechtigten beerbt wird und dieser für die Nachlassverbindlichkeiten unbeschränkt haftet" (vgl auch Staudinger/Dobler § 1976 Rn 10). Da Miterben einander gem § 2063 Abs 2 BGB auch dann nur beschränkbar haften (jedenfalls bis zur Teilung des Nachlasses, s Rn 27), wenn sie den anderen Nachlassgläubigern gegenüber „unbeschränkt" haften, kann eine Verfügung, die ein Nichtberechtigter zugunsten eines von mehreren miteinander in Rechtsgemeinschaft stehenden Berechtigten vornimmt, nicht dadurch wirksam werden, dass der nichtberechtigt Verfügende von den sämtlichen (Mit-)Berechtigten beerbt wird (vgl RGZ 110, 94 ff; BGH LM § 2113 Nr 1 sowie Staudinger/Avenarius [2019] § 2113 Rn 19) und diese den Nachlassgläubigern unbeschränkbar haftend werden. Denn wenn der Adressat der nichtberechtigten Verfügung des Erblassers einer der Miterben ist, können die übrigen Miterben ihre Haftung ihm gegenüber weiterhin auf den Nachlass – zu dem der Verfügungsgegenstand nicht gehört – beschränken (wenig überzeugend hingegen die Begründungen des RG und des BGH; zur Entscheidung des RG s auch oben Rn 25 sowie die Nichterwähnung des in RGZ 110, 94, 96 zitierten § 1976 in § 2013 Abs 1 S 1). **28**

Sachregister

Die fetten Zahlen beziehen sich auf die Paragraphen, die mageren Zahlen auf die Randnummern.

J. von Staudingers Kommentar zum Bürgerlichen Gesetzbuch mit Einführungsgesetz und Nebengesetzen

Übersicht vom 1. 5. 2020
Die Übersicht informiert über die Erscheinungsjahre der Kommentierungen in der 13. Bearbeitung und deren Neubearbeitungen (= Gesamtwerk STAUDINGER). *Kursiv* geschrieben sind die geplanten Erscheinungsjahre.

Die Übersicht ist für die 13. Bearbeitung und für deren Neubearbeitungen zugleich ein Vorschlag für das Aufstellen des „Gesamtwerk STAUDINGER" (insbesondere für solche Bände, die nur eine Sachbezeichnung haben). Es wird empfohlen, die Austauschbände chronologisch neben den überholten Bänden einzusortieren, um bei Querverweisungen auf diese schnell Zugriff zu haben. Bei Platzmangel sollten die ausgetauschten Bände an anderem Ort in gleicher Reihenfolge verwahrt werden.

	Neubearbeitungen				
Buch 1. Allgemeiner Teil					
Einl BGB; §§ 1–14; VerschG	2004	2013	2018		
§§ 21–79	2005	2019			
§§ 80–89	2011	2017			
§§ 90–124; 130–133		2012	2016		
§§ 125–129; BeurkG			2012	2017	
§§ 134–138	2003	2011	2017		
§§ 139–163	2003	2010	2015		
§§ 164–240	2004	2009	2014	2019	
Buch 2. Recht der Schuldverhältnisse					
§§ 241–243	2005	2009	2014	2019	
§§ 244–248	2016				
§§ 249–254	2005	2016			
§§ 255–304	2004	2009	2014	2019	
§§ 305–310; UKlaG	2006	2013	2019		
Anh zu §§ 305–310			2019		
§§ 311, 311a–c	2013	2018			
§§ 311b, 311c	2012				
§§ 312, 312a–k	2013	2019			
§§ 313, 314	*2022*				
§§ 315–327	2001	2004	2009	2015	
§§ 328–359	2001	2004			
§§ 328–345			2009	2015	
§§ 346–361			2012		
§§ 358–360				2016	
§§ 362–396	2000	2006	2011	2016	
§§ 397–432	2005	2012	2017		
§§ 433–480	2004	2013			
Wiener UN-Kaufrecht (CISG)	1999	2005	2013	2017	
§§ 488–490; 607–609	2011	2015			
§§ 491–512	2004	2012			
§§ 516–534	2005	2013			
§§ 535–562d (Mietrecht 1)	2003	2006	2011		
§§ 563–580a (Mietrecht 2)	2003	2006	2011		
§§ 535–555f (Mietrecht 1)				2014	
§§ 556–561; HeizkostenV; BetrKV (Mietrecht 2)				2014	
§§ 562–580a; Anh AGG (Mietrecht 3)				2014	
§§ 535–556g (Mietrecht 1)					2017
§§ 557–580a; Anh AGG (Mietrecht 2)					2017
Leasing	2004	2014	2018		
§§ 581–606	2005	2013	2018		
§§ 607–610 (siehe §§ 488–490; 607–609)	./.				
§§ 611–613	2005	2011	2015		
§§ 613a–619a		2011	2016	2019	
§§ 616–630	2002				
§§ 620–630		2012	2016	2019	
§§ 631–651	2003	2008	2013		
§§ 631–650v				2019	
§§ 651a–651m	2003	2011	2015		
§§ 652–656	2003	2010			
§§ 652–661a			2015		
§§ 657–704	2006				
§§ 662–675b		2017			
§§ 675c–676c		2012	2020		
§§ 677–704		2015			
§§ 741–764	2002	2008	2015		
§§ 765–778	2013				
§§ 779–811	2002	2009	2015		
§§ 812–822	1999	2007			
§§ 823 A–D	2016				
§§ 823 E–I, 824, 825	2009				
§§ 826–829; ProdHaftG	2003	2009	2013	2018	
§§ 830–838	2002	2008	2012	2017	
§§ 839, 839a	2007	2013			
§§ 840–853	2007	2015			
AGG	2017				
UmweltHR	2002	2010	2017		
Buch 3. Sachenrecht					
§§ 854–882	2000	2007	2012	2018	
§§ 883–902	2002	2008	2013	2020	

§§ 889–902				2019
§§ 903–924	2002	2009	2015	
§§ 925–984; Anh §§ 929 ff	2004	2011	2016	
§§ 985–1011	1999	2006	2013	2019
ErbbauRG; §§ 1018–1112	2002	2009	2016	
§§ 1113–1203	2002	2009	2014	2019
§§ 1204–1296; §§ 1–84 SchiffsRG	2002	2009	2018	
§§ 1–19 WEG	2017			
§§ 20–64 WEG	2017			

Buch 4. Familienrecht

§§ 1297–1352	2007	2012	2015	2018
LPartG		2010		
§§ 1353–1362	2007	2012	2018	
§§ 1363–1563	2000	2007		
§§ 1363–1407			2017	
§§ 1408–1563			2018	
§§ 1564–1568; §§ 1568 a+b	2004	2010	2018	
§§ 1569–1586b	2014			
§§ 1587–1588; VAHRG	2004			
§§ 1589–1600d	2000	2004	2011	
§§ 1601–1615n	2000	2018		
§§ 1616–1625	2007	2014	2020	
§§ 1626–1633; §§ 1–11 RKEG	2007	2015		
§§ 1638–1683	2004	2009	2015	
§§ 1684–1717	2006	2013	2018	
§§ 1741–1772	2007	2019		
§§ 1773–1895	2004	2013	2020	
§§ 1896–1921	2006	2013	2017	

Buch 5. Erbrecht

§§ 1922–1966	2000	2008	2016	
§§ 1967–2063	2002	2010	2016	2020
§§ 2064–2196	2003	2013	2019	
§§ 2197–2228	2003	2012	2016	
§§ 2229–2264		2012	2017	
§§ 2265–2302	2006	2013	2018	
§§ 2303–2345		2014		
§§ 2339–2385	2004			
§§ 2346–2385		2010	2016	

EGBGB

Einl EGBGB; Art 1, 2, 50–218	2005	2013	2018	
Art 219–245	2003			
Art 219–232		2015		
Art 233–248		2015		

EGBGB/Internationales Privatrecht

Einl IPR; Art 3–6	2003			
Einl IPR		2012	2018	
Art 3–6		2013		
Art 3–4			2019	
Art 7, 9–12, 47, 48	2007	2013	2018	
IntGesR	1998			
Art 13–17b	2003	2011		
Art 18; Vorbem A + B zu Art 19	2003			
Haager Unterhaltsprotokoll		2016		
Vorbem C–H zu Art 19	2009			
EU-VO u Übk z Schutz v Kindern		2018		
IntVerfREhe	2005			
IntVerfREhe 1		2014		
IntVerfREhe 2		2016		
Art 19–24	2002	2008	2014	2018
Art 25, 26	2000	2007		
Art 1–10 Rom I VO	2011	2016		
Art 11–29 Rom I-VO; Art 46b, c; IntVertrVerfR	2011	2016		
Art 38–42	2001			
IntWirtschR	2006	2010	2015	2019
Art 43–46	2014			

Eckpfeiler des Zivilrechts	2011	2012	2014	2018

Demnächst erscheinen

§§ 139–163				2020
§§ 315–327				2020
§§ 611–613				2020

Otto Schmidt Verlagskontor / Walter de Gruyter Verlag OHG
Lützowstraße 33, D-10785 Berlin, Telefon (030) 2 60 05-0, Fax (030) 2 60 05-222